北京社会科学年鉴

Beijing Social Sciences Yearbook

2020

北京市社会科学界联合会
北京市哲学社会科学规划办公室 编

北京出版集团
北京出版社

图书在版编目(CIP)数据

北京社会科学年鉴. 2020 / 北京市社会科学界联合会，北京市哲学社会科学规划办公室编. — 北京 ：北京出版社，2021.3

ISBN 978-7-200-16391-9

Ⅰ. ①北… Ⅱ. ①北… ②北… Ⅲ. ①社会科学—北京—2020—年鉴 Ⅳ. ①C121-54

中国版本图书馆 CIP 数据核字(2021)第 038909 号

责任编辑　杜冬梅　陈　平
索引制作　刘瀚岩　丰丹宁
责任印制　武绽蕾
封面设计　许宏宇
版式设计　品欣工作室

北京社会科学年鉴　2020
BEIJING SHEHUI KEXUE NIANJIAN 2020
北京市社会科学界联合会
北京市哲学社会科学规划办公室　编
*
北京出版集团
北京出版社　出版
(北京北三环中路 6 号)
邮政编码:100120
网　址:www.bph.com.cn
北京出版集团总发行
北京建宏印刷有限公司印刷
*
787 毫米×1092 毫米　16 开本　59.25 印张　20 页彩插　1915 千字
2021 年 3 月第 1 版　2021 年 3 月第 1 次印刷

ISBN 978-7-200-16391-9
定价:280.00 元

《北京社会科学年鉴》编辑部
地　址:北京市东城区安外西滨河路 19 号
邮政编码:100011
联系电话:010-64527157
E-mail:nianjian2020@sina.com

《北京社会科学年鉴2020》编纂委员会名单

编辑说明

一、《北京社会科学年鉴》是一部全面系统记述首都北京哲学社会科学事业发展状况和学术动态的年度资料性文献学术工具书，由北京市社会科学界联合会、北京市哲学社会科学规划办公室（简称市社科联、市社科规划办）主持编纂。

二、本年鉴高举中国特色社会主义伟大旗帜，以马克思列宁主义、毛泽东思想、邓小平理论、“三个代表”重要思想、科学发展观、习近平新时代中国特色社会主义思想为指导，坚持为人民服务、为社会主义服务的方向，坚持百花齐放、百家争鸣的方针，坚持吸取借鉴国内外优秀文化成果，解放思想、实事求是、与时俱进、开拓创新，客观翔实和较全面记述北京地区社会科学领域的基本情况，力求年鉴编纂的科学性、客观性、全面性。

三、本年鉴从2000年创刊起，每年出版一卷。当年的编纂出版记述上一年度北京哲学社会科学事业各方面的发展状况，收录的资料来自在京的党政机关和社会科学教学、研究和科研管理等机构。

四、本年鉴宗旨：体现市社科联、市社科规划办秉持的“学者为本、学术为根、学会为基、繁荣学术、服务首都”宗旨。努力为党和政府科学决策提供社会科学方面的参考，为社会科学工作者从事学术研究及教学提供资料和借鉴，为国内外了解首都北京社会科学领域的现状提供新的有价值的信息，努力促进首都北京哲学社会科学的繁荣发展。

五、本年鉴采用分类编辑法，包括文章和条目，行文力求规范、准确、简练、流畅。全书除文字表述外，配以彩色照片、表格，力求具体、形象、生动地反映首都北京社会科学的发展面貌。

六、本卷年鉴栏目设置为特载、学科综述、科研课题、获奖成果、学术活动、机构、大事记、附录、索引。

七、为更好发挥本年鉴的作用、增进使用便利，在编纂出版纸质版的同时编纂出版电子版（CD-ROM）。

本年鉴在资料收集、编写、出版、发行过程中，得到了有关单位领导、学者、同人的大力支持，谨在此表示衷心感谢！

《北京社会科学年鉴》编辑部

2020年10月

The Editors' Notes

October 2020

1. *Beijing Social Sciences Yearbook* is an annual academic reference book of data and documents which, in an all-round and systematic way, records the development of the undertakings of philosophy and social sciences, as well as the concerning academic events in Beijing, the capital of the People's Republic of China. It is compiled under the charge of the Beijing Federation of the Social Sciences Circles and Beijing Planning Office for Philosophy and Social Sciences.

2. In compiling this yearbook, we have raised high the great banner of socialism with Chinese characteristics, followed the guidance of Marxism-Leninism, Mao Zedong Thought, Deng Xiaoping Theory, the important thought of "Three Represents", the Scientific Outlook on Development, and Xi Jinping Thought on Socialism with Chinese Characteristics for a New Era, and adhered to the orientations of serving the people and serving the socialist cause, to the implementation of the policy of "letting a hundred flowers blossom and a hundred schools of thought contend", to the absorption and reference of the excellent cultural achievements both at home and abroad, and to the principles of emancipating the minds, seeking truth from facts, advancing with the times, and blazing new trails in a pioneering spirit. We have tried to record the fundamental situations of the domains of social sciences in Beijing in an objective, accurate and comparatively comprehensive way. We have also done our utmost to be as scientific-minded, objective and comprehensive as possible in compiling this yearbook.

3. This yearbook has been compiled and published once a year since its first issue in 2000. Each volume of this yearbook records the development of the undertakings of philosophy and social sciences in the previous year in Beijing. The data and materials contained in this yearbook have been collected from the Party and Government departments in Beijing, and from the institutions which are engaged in the teaching, research and scientific research management of social sciences in Beijing.

4. This yearbook is intended to embody the mission of "taking the scholars, their academics and their associations as the foundation, to make academics prosperous and do a good service to Beijing", which is undertaken by the Beijing Federation of the Social Sciences Circles and Beijing Planning Office for Philosophy and Social Sciences. In this yearbook, we strive to provide the Party and Government departments with references in relation to social sciences needed in their policy-making, supply the professionals of social sciences with materials and references needed for their academic research and teaching, provide new valuable information to help people both at home and abroad to learn about the current situation in the domains of social sciences in Beijing, and promote the development and prosperity of philosophy and social sciences in Beijing.

5. This yearbook is compiled by the classification method, including articles and subject entries, and trying to make the wording normative, accurate, concise and smooth. This yearbook not only presents itself in written language, but also contains color photos and diagrams, in an attempt to reflect the development of social sciences in Beijing in a concrete, vivid and lively way.

6. The standing columns in the current volume of this yearbook are Special Reprints, Survey of Various Subjects, Lists of Research Topics, Award-Winning Academic Achievements, Academic Activities, Institutions, Chronicle, Appendix and Index.

7. While *Beijing Social Sciences Yearbook* is compiled and published in paper edition, it is available in CD-ROM format simultaneously, so as to bring it into full play and make it more convenient to use.

We would like to express our heartfelt thanks to those leaders, scholars and colleagues of concerning institutions for their immense help in the course of data-collection, compilation, publication and distribution of this volume.

The Editorial Department of
Beijing Social Sciences Yearbook

2019 年 1 月 3 日，中国社会科学院中国历史研究院在北京成立。中共中央总书记、国家主席、中央军委主席习近平发来贺信，代表党中央表示热烈的祝贺，向全国广大历史研究工作者致以诚挚的问候

2019 年 4 月 9 日，中国社会科学院主办、中国社会科学出版社协办的“习近平新时代中国特色社会主义思想学习丛书”出版座谈会在北京举行

2019 年 6 月 18 日，北京市委宣传部、北京市习近平新时代中国特色社会主义思想研究中心、北京市中国特色社会主义理论体系研究中心、北京市社会科学界联合会、北京市哲学社会科学规划办公室、北京日报社、北京大学、清华大学、中国人民大学、北京师范大学共同主办的“首都当代中国马克思主义论坛·2019”在北京大学举行，论坛主题为“新中国 70 年社会主义道路的伟大探索”

2019 年 11 月 16 日，对外经济贸易大学、北京市习近平新时代中国特色社会主义思想研究中心共同举办第三届国际青年人文对话大会

2019 年 11 月 30 日，北京市习近平新时代中国特色社会主义思想研究中心举办“新中国成立 70 周年与中国特色社会主义发展道路研究”2019 年学术研讨会

2019 年 12 月 1 日，全国中国特色社会主义理论研究会、北京市习近平新时代中国特色社会主义思想研究中心共同举办“新中国 70 年：中国特色社会主义道路与制度——‘学习贯彻党的十九届四中全会精神’理论研讨会”

2019 年 3 月 23 日，市委、市政府召开本年度首次专家学者座谈会，就“如何扩大消费，促进北京消费结构升级”听取意见建议

2019 年 9 月 11 日，市社科联、市社科规划办举办《新版北京总体规划的编制与实施》报告会

2019 年 9 月 19 日，市社科联、市社科规划办举办“决策咨询调研与研究报告写作”讲座

2019 年 5 月 28 日，北京市第十五届哲学社会科学优秀成果奖表彰座谈会在北京市委召开

2019 年 6 月 11 日，以“智慧交通：京津冀协同创新与发展”为主题的第 17 届北京两界联席会议京津冀交通协同发展高峰论坛在北京交通大学科学会堂召开。论坛由北京市科学技术协会、北京市社会科学界联合会、北京市哲学社会科学规划办公室联合主办，北京交通大学，北京人文交通、科技交通、绿色交通研究基地，北京综合交通发展研究院共同承办

2019 年 6 月 29 日，由北京市委宣传部、北京市习近平新时代中国特色社会主义思想研究中心、北京市社会科学界联合会、北京市哲学社会科学规划办公室主办，中国传媒大学承办的第十三届北京中青年社科理论人才“百人工程”学者论坛在中国传媒大学举行。论坛主题是“不忘初心、牢记使命，以青春之我创造青春之中国”

2019 年 11 月 11—12 日，由北京市社会科学界联合会、天津市社会科学界联合会、河北省社科院（省社会科学界联合会）共同主办，沧州市委宣传部、沧州市社会科学界联合会承办的第六届京津冀协同发展研讨会，在沧州市举行。本次研讨会以“新突破·新起点·新作为”为主题

2019 年 11 月 2 日，由北京市习近平新时代中国特色社会主义思想研究中心、北京市社会科学界联合会、北京市哲学社会科学规划办公室、北京师范大学联合主办的“2019 · 学术前沿论坛”在北京师范大学举行。论坛以“美好生活：奋斗历程与创新实践”为主题。由北京市社会学学会、北京市历史学会、北京市科学社会主义学会等承办的 20 场分论坛先后举办

2019 年 5 月 17—21 日，以“普及人文社科知识　建设全国文化中心”为主题的“2019·北京社会科学普及周”开幕式在北京市西城区大观园举行。市委常委、宣传部部长杜飞进同志出席开幕式并讲话，首都近 2000 名市民群众参加主会场系列活动

2019 年 8—11 月，周末社区大讲堂活动在全市 16 个区开展。共举办讲座 200 余场，直接受众 4 万余人

2019 年 3 月 27 日，“全国历史学专家学者学习贯彻习近平总书记贺信精神座谈会”在北京召开

2019 年 9 月 25 日，中国历史研究院以院属各单位为依托，联合全国主要史学研究与教学机构联席会议首批成员单位，在北京共同举办以“史学 70 载 共筑中国梦”为主题的“庆祝中华人民共和国成立 70 周年史学成就展”

2019 年 11 月 13 日，由中国社会科学院主办的第十届世界社会主义论坛在北京召开

2019 年 11 月 20 日，第五届郭沫若中国历史学奖颁奖仪式在北京举行

2019 年 10 月 26 日，教育部习近平新时代中国特色社会主义思想研究中心、北京大学习近平新时代中国特色社会主义思想研究院、清华大学习近平新时代中国特色社会主义思想研究院、中国人民大学习近平新时代中国特色社会主义思想研究院共同举办“第二届 21 世纪马克思主义论坛——‘马克思主义中国化和新中国 70 年’”

2019 年 11 月 1—3 日，由北京大学、北京市教育委员会与韩国高等教育财团主办的“北京论坛 2019：文明的和谐与共同繁荣——变化世界与人的未来”国际学术会议举办

2019 年 11 月 17 日，由北京大学外国语学院主办的“传承・创新・引领”外语学科发展高层论坛在北京大学召开

2019 年 3 月 30 日，中国人民大学通州新校区开工现场会在北京市通州区举行

2019 年 7 月 11 日，中国人民大学基础教育处、基础教育研究中心成立仪式举行

2019 年 11 月 1 日，清华大学公共管理学院全球学术顾问委员会成立大会暨第一次会议在清华大学举行

2019 年 11 月 23 日，第七届范敬宜新闻教育奖颁奖仪式暨第五届新闻传播学科高峰论坛在清华大学举行

2019年5月10—11日，由中国心理学会临床与咨询心理学专业委员会和北京师范大学心理学部联合主办的“第六届全国人本心理咨询与治疗学术大会”在北京师范大学举行

2019年12月28日，由北京师范大学和北京设计学会主办的2019“全球未来教育设计大赛”总决赛在北京师范大学昌平校园举行

2019 年 9 月 21 日，“新经济 新企业 新金融——庆祝中央财经大学建校 70 周年企业家论坛”在中央财经大学举行

2019 年 11 月 29 日，中国传媒大学人类命运共同体研究院揭牌仪式举行

2019 年 5 月 24—26 日，由北京科技大学外国语学院、北京科技大学当代语言科学研究中心主办的“具身语言——人工智能时代的语言科学国际会议”在北京召开

2019 年 10 月 12 日，“高等师范教育七十年：使命与挑战”学术论坛在首都师范大学举办

2019 年 10 月 25—26 日，由中国美国经济学会主办，对外经济贸易大学国家（北京）对外开放研究院承办的“中美经贸关系发展论坛暨中国美国经济学会 2019 年学术年会”在对外经济贸易大学召开

2019 年 10 月 29—31 日，由北京工业大学、中国教育发展战略学会人才发展专业委员会和北京市高等教育学会联合主办的"首届全国地方高水平大学发展学术论坛"在北京举行

2019 年 12 月 8 日，由对外经济贸易大学、中国 WTO 研究会主办的"第 18 届 WTO 与中国学术年会"在对外经济贸易大学召开

2019 年 12 月 15 日，创办于 2005 年的"中国交通高层论坛"在北京交通大学国际会议中心召开第十届会议

2019 年 1 月 8 日，中国国际关系学会 2018 年年会在北京召开。此次年会主题为“改革开放以来的中国外交：理论与实践”

2019 年 4 月 12 日，由外交学院主办的“庆祝中日韩合作二十周年研讨会”在北京钓鱼台国宾馆召开

2019 年 12 月 8—10 日，第一届国际林业经济与政策高峰论坛在北京林业大学召开

2019 年 5 月 17 日，由北京印刷学院、中国印协创意设计专业委员会主办的“2019 京津冀印刷文化创意产业发展论坛”在北京举行

2019 年 6 月 6 日，由北京物资学院、中国大运河智库联盟秘书处主办的中国大运河智库联盟成立一周年成果发布暨大运河智库观察家观察员 60 人论坛在北京物资学院举行

2019 年 9 月 16 日，由中国印刷及设备器材工业协会主办，北京印刷学院、北京印刷协会等协办的“印刷业庆祝新中国成立 70 周年报告会”在北京印刷学院举行

2019 年 7 月 18 日，“全国党校（行政学院）系统庆祝新中国成立 70 周年理论研讨会”在北京市委党校召开

2019 年 11 月 22—23 日，由中国李大钊研究会、北京市委党校（北京行政学院）主办的“首届李大钊研究北京论坛暨纪念李大钊诞辰 130 周年学术研讨会”在北京市委党校举办

2019 年 7 月 6 日，由中国社会科学院大学主办的“中俄新时代全面战略协作伙伴关系暨纪念中俄建交 70 周年国际学术会议”在北京举行

2019 年 12 月 7 日，由中国农业大学北京食品安全政策与战略研究基地牵头主办的“京津冀食品安全智库联盟成立大会暨食品安全现代化治理年会”在北京举行

2019 年 3 月 23 日，由北京市鸿儒金融教育基金会、中央财经大学国际金融研究中心和中央财经大学金融学院联合主办的鸿儒大讲堂活动在中央财经大学举行

2019 年 6 月 30 日，中国煤炭经济 30 人论坛（CCEF-30）组委会在中国矿业大学（北京）组织召开 2019 年年会。会议由中国煤炭经济研究院承办，中国煤炭报社协办，北京绿能煤炭经济研究基金会资助

2019 年 10 月 11—12 日，由北京市人民代表大会制度理论研究会秘书处与中共北京市委党校政治学教研部联合主办的“第六届民主与法治学术交流座谈会”在北京举行

目 录

·科研课题·

·获奖成果·

·学术活动·

政治学

经济学

社会学（含人口学）

法　学

历史学（含中共历史、中外史、考古）

民族学　宗教学

城市科学

语言学　文学

文化艺术（含民俗）

管理学（含人才学、信息学）

教育学　心理学

综合（含新闻、国际关系、其他）

·机　构·

·大事记· …………（879）

·附　录·

·索　引· …………（916）

Contents

Award-Winning Academic Achievements

Academic Activities

Institutions

Appendices

·特　　载·

习近平致信祝贺中国社会科学院中国历史研究院成立强调

总结历史经验揭示历史规律把握历史趋势 加快构建中国特色历史学学科体系学术体系话语体系

习近平致中国社会科学院中国历史研究院成立的贺信

值此中国社会科学院中国历史研究院成立之际，我代表党中央，向你们表示热烈的祝贺！向全国广大历史研究工作者致以诚挚的问候！

历史是一面镜子，鉴古知今，学史明智。重视历史、研究历史、借鉴历史是中华民族5000多年文明史的一个优良传统。当代中国是历史中国的延续和发展。新时代坚持和发展中国特色社会主义，更加需要系统研究中国历史和文化，更加需要深刻把握人类发展历史规律，在对历史的深入思考中汲取智慧、走向未来。

历史研究是一切社会科学的基础。长期以来，在党的领导下，我国史学界人才辈出、成果丰硕，为党和国家事业发展作出了积极贡献。希望我国广大历史研究工作者继承优良传统，整合中国历史、世界历史、考古等方面研究力量，着力提高研究水平和创新能力，推动相关历史学科融合发展，总结历史经验，揭示历史规律，把握历史趋势，加快构建中国特色历史学学科体系、学术体系、话语体系。

希望中国历史研究院团结凝聚全国广大历史研究工作者，坚持历史唯物主义立场、观点、方法，立足中国、放眼世界，立时代之潮头，通古今之变化，发思想之先声，推出一批有思想穿透力的精品力作，培养一批学贯中西的历史学家，充分发挥知古鉴今、资政育人作用，为推动中国历史研究发展、加强中国史学研究国际交流合作作出贡献。

习近平

2019年1月2日

新华社北京1月3日电 （记者朱基钗）中国社会科学院中国历史研究院3日在京成立。中共中央总书记、国家主席、中央军委主席习近平发来贺信，代表党中央表示热烈的祝贺，向全国广大历史研究工作者致以诚挚的问候。

习近平在贺信中指出，历史是一面镜子，鉴古知今，学史明智。重视历史、研究历史、借鉴历史是中华民族5000多年文明史的一个优良传统。当代中国是历史中国的延续和发展。新时代坚持和发展中国特色社会主义，更加需要系统研究中国历史和文化，更加需要深刻把握人类发展历史规律，在对历史的深入思考中汲取智慧、走向未来。

习近平强调，历史研究是一切社会科学的基础。长期以来，在党的领导下，我国史学界人才辈出、成果丰硕，为党和国家事业发展做出了积极贡献。希望我国广大历史研究工作者继承优良传统，整合中国历史、世界历史、考古等方面研究力量，着力提高研究水平和创新能力，推动相关历史学科融合发展，总结历史经验，揭示历史规律，把握历史趋势，加快构建中国特色历史学学科体系、学术体系、话语体系。

习近平希望中国历史研究院团结凝聚全国广大历史研究工作者，坚持历史唯物主义立场、观点、方法，立足中国、放眼世界，立时代之潮头，通古今之变化，发思想之先声，推出一批有思想穿透力的精品力作，培养一批学贯中西的历史学家，充分发挥知古鉴今、资政育人作用，为推动中国历史研究发展、加强中国史学研究国际交流合作做出贡献。

3日上午，新时代中国历史研究座谈会暨中国历史研究院挂牌仪式在京举行，会上宣读了习近平的贺信。中共中央政治局委员、中宣部部长黄坤明出席挂牌仪式并在座谈会上讲话。他说，要认真学习贯彻习近平总书记重要指示精神，切实增强做好新时代中国历史研究的责任感使命感，办好中国历史研究院，坚持正确政治方向，团结凝聚历史研究英才潜心治学、研以致用，不断提升中国历史研究水平，为中华民族伟大复兴做出应有贡献。

中国历史研究院以中国社会科学院所属相关研究所为基础组建，下设中国历史研究院院部和考古研究所、古代史研究所、近代史研究所、世界历史研究所、中国边疆研究所、历史理论研究所，承担统筹指导全国历史研究工作，整合资源和力量制定新时代中国历史研究规划，组织实施国家重大项目，讲好中国历史、传播中国文化等职责。

（原载《人民日报》2019年1月4日第1版）

习近平在看望参加政协会议的文艺界社科界委员时强调

坚定文化自信把握时代脉搏聆听时代声音
坚持以精品奉献人民用明德引领风尚

汪洋参加看望和讨论

新时代呼唤着杰出的文学家、艺术家、理论家，文艺创作、学术创新拥有无比广阔的空间，要坚定文化自信、把握时代脉搏、聆听时代声音，坚持与时代同步伐、以人民为中心、以精品奉献人民、用明德引领风尚。

一个国家、一个民族不能没有灵魂。文化文艺工作、哲学社会科学工作就属于培根铸魂的工作，在党和国家全局工作中居于十分重要的地位，在新时代坚持和发展中国特色社会主义中具有十分重要的作用。

中国特色社会主义进入了新时代。希望大家承担记录新时代、书写新时代、讴歌新时代的使命，勇于回答时代课题，从当代中国的伟大创造中发现创作的主题、捕捉创新的灵感，深刻反映我们这个时代的历史巨变，描绘我们这个时代的精神图谱，为时代画像、为时代立传、为时代明德。

新华社北京3月4日电　中共中央总书记、国家主席、中央军委主席习近平3月4日下午看望了参加全国政协十三届二次会议的文化艺术界、社会科学界委员，并参加联组会，听取意见和建议。他强调，新时代呼唤着杰出的文学家、艺术家、理论家，文艺创作、学术创新拥有无比广阔的空间，要坚定文化自信、把握时代脉搏、聆听时代声音，坚持与时代同步伐、以人民为中心、以精品奉献人民、用明德引领风尚。

中共中央政治局常委、全国政协主席汪洋参加看望和讨论。

联组会上，田沁鑫、邓纯东、陈力、王学典、王春法、李大进、冯远征、李前光等8位委员，围绕攀登文艺新高峰、加快构建中国特色哲学社会科学体系、坚持为人民创作、防范和化解意识形态领域风险、发挥博物馆作用、加强基层政府法治建设、重视艺术传承、推进文艺事业守正创新等作了发言。

习近平在听取大家发言后发表讲话。他表示，来看望全国政协文艺界、社科界的委员，听取意见和建议，感到非常高兴。他代表中共中央，向在座各位委员，向广大文化文艺工作者、哲学社会科学工作者，向广大政协委员，致以诚挚的问候。

习近平强调，2018年是极不平凡的一年。在实现"两个一百年"奋斗目标的道路上，中共中央团结带领全党全国各族人民，坚持稳中求进工作总基调，我国经济增长保持在合理区间，社会大局保持稳定，人民群众获得感、幸福感、安全感持续增强，实现了贯彻落实中共十九大精神开门红。这些成绩来之不易，是中共中央坚强领导的结果，是全国各族人民团结奋斗的结果，也凝结着包括在座各位同志在内的广大政协委员的心血和智慧。

习近平指出，一个国家、一个民族不能没有灵魂。文化文艺工作、哲学社会科学工作就属于培根铸魂的工作，在党和国家全局工作中居于十分重要的地位，在新时代坚持和发展中国特色社会主义中具有十分重要的作用。党中央一直高度重视文化文艺事业、哲学社会科学事业。几年来，文化文艺界、哲学社会科学界紧紧围绕举旗帜、聚民心、育新人、兴文化、展形象的使命任务，明方向、正导向，转作风、树新风，出精品、育人才，在正本清源上展现新担当，在守正创新上实现新作为，马克思主义指导地位更加巩固，为人民创作的导向更加鲜明，文化文艺创作生产质量不断提升，中国特色哲学社会科学建设加快推进，取得了显著成绩。文化艺术界、社会科学界的政协委员做了大量工作。

习近平强调，要坚持与时代同步伐。中国特色社会主义进入了新时代。希望大家承担记录新时代、书写新时代、讴歌新时代的使命，勇于回答时代课题，从当代中国的伟大创造中发现创作的主题、捕捉创新的灵感，深刻反映我们这个时代的历史巨变，描绘我们这个时代的精神图谱，为时代画像、为时代立传、为时代明德。

习近平指出，要坚持以人民为中心。一切成就都归功于人民，一切荣耀都归属于人民。要战胜前进道路上的种种风险挑战，顺利实现中共十九大描绘的宏伟蓝图，必须紧紧依靠人民，汇集和激发近14亿人民的磅礴力量。文学艺术创造、哲学社会科学研究首先要搞清楚为谁创作、为谁立言的问题，这是一个根本问题。人民是创作的源头活水，只有扎根人民，创作才能获得取之不尽、用之不竭的源泉。文化文艺工作者要走进实践深处，观照人民生活，表达人民心声，用心用情用功抒写人民、描绘人民、歌唱人民。哲学社会科学工作者要多到实地调查研究，了解百姓生活状况、把握群众思想脉搏，着眼群众需要解疑释惑、阐明道理，把学问写进群众心坎里。

习近平强调，要坚持以精品奉献人民。一切有价值、有意义的文艺创作和学术研究，都应该反映现实、观照现实，都应该有利于解决现实问题、回答现实课题。希望大家立足中国现实，植根中国大地，把当代中国发展进步和当代中国人精彩生活表现好展示好，把中国精神、中国价值、中国力量阐释好。文艺创作要以扎根本土、深植时代为基础，提高作品的精神高度、文化内涵、艺术价值。哲学社会科学研究要立足中国特色社会主义伟大实践，提出具有自主性、独创性的理论观点。

习近平指出，要坚持用明德引领风尚。文化文艺工作者、哲学社会科学工作者都肩负着启迪思想、陶冶情操、温润心灵的重要职责，承担着以文化人、以文育人、以文培元的使命。大家理应以高远志向、良好品德、高尚情操为社会作出表率。要有信仰、有情怀、有担当，树立高远的理想追求和深沉的家国情怀，努力做对国家、对民族、对人民有贡献的艺术家和学问家。要坚守高尚职业道德，多下苦功、多练真功，做到勤业精业。要自觉践行社会主义核心价值观，自尊自重、自珍自爱，讲品位、讲格调、讲责任。

习近平强调，今年是新中国成立70周年。70年砥砺奋进，我们的国家发生了天翻地覆的变化。无论是在中华民族历史上，还是在世界历史上，这都是一部感天动地的奋斗史诗。希望大家深刻反映70年来党和人民的奋斗实践，深刻解读新中国70年历史性变革中所蕴藏的内在逻辑，讲清楚历史性成就背后的中国特色社会主义道路、理论、制度、文化优势，更好用中国理论解读中国实践，为党和人民继续前进提供强大精神激励。

习近平指出，人心是最大的政治，共识是奋进的动力。实现"两个一百年"奋斗目标、实现中华民族伟大复兴的中国梦，需要汇聚全民族的智慧和力量，需要广泛凝聚共识、不断增进团结。要准确把握人民政协的性质定位，聚焦党和国家中心任务履职尽责，加强和改进政协民主监督工作，广泛凝聚实现中华民族伟大复兴的正能量。希望各位政协委员不断提高自身素质和能力，在方方面面都发挥带头作用，做到不负重托、不辱使命。

张庆黎、刘奇葆、夏宝龙、汪永清、刘新成等参加联组会。

（原载《人民日报》2019年3月5日第1版）

习近平主持召开学校思想政治理论课教师座谈会强调

用新时代中国特色社会主义思想铸魂育人 贯彻党的教育方针落实立德树人根本任务

王沪宁出席

办好思想政治理论课，最根本的是要全面贯彻党的教育方针，解决好培养什么人、怎样培养人、为谁培养人这个根本问题。我们党立志于中华民族千秋伟业，必须培养一代又一代拥护中国共产党领导和我国社会主义制度、立志为中国特色社会主义事业奋斗终生的有用人才。在这个根本问题上，必须旗帜鲜明、毫不含糊。

办好思想政治理论课关键在教师，关键在发挥教师的积极性、主动性、创造性。思政课教师，要给学生心灵埋下真善美的种子，引导学生扣好人生第一粒扣子。第一，政治要强；第二，情怀要深；第三，思维要新；第四，视野要广；第五，自律要严；第六，人格要正。

推动思想政治理论课改革创新，要不断增强思政课的思想性、理论性和亲和力、针对性。要坚持政治性和学理性相统一；坚持价值性和知识性相统一；坚持建设性和批判性相统一；坚持理论性和实践性相统一；坚持统一性和多样性相统一；坚持主导性和主体性相统一；坚持灌输性和启发性相统一；坚持显性教育和隐性教育相统一。

本报北京3月18日电（记者张烁） 中共中央总书记、国家主席、中央军委主席习近平18日上午在京主持召开学校思想政治理论课教师座谈会并发表重要讲话，向全国大中小学思政课教师致以诚挚的问候和崇高的敬意。他强调，办好思想政治理论课，最根本的是要全面贯彻党的教育方针，解决好培养什么人、怎样培养人、为谁培养人这个根本问题。新时代贯彻党的教育方针，要坚持马克思主义指导地位，贯彻新时代中国特色社会主义思想，坚持社会主义办学方向，落实立德树人的根本任务，坚持教育为人民服务、为中国共产党治国理政服务、为巩固和发展中国特色社会主义制度服务、为改革开放和社会主义现代化建设服务，扎根中国大地办教育，同生产劳动和社会实践相结合，加快推进教育现代化、建设教育强国、办好人民满意的教育，努力培养担当民族复兴大任的时代新人，培养德智体美劳全面发展的社会主义建设者和接班人。

中共中央政治局常委、中央书记处书记王沪宁出席座谈会。

座谈会上，清华大学马克思主义学院退休教授林泰、中国人民大学马克思主义学院教授刘建军、复旦大学马克思主义学院高级讲师陈果、南京航空航天大学马克思主义学院副教授徐川、新疆农业职业技术学院马克思主义学院教授王学利、西安兴华小学二级教师王良、武汉市解放中学高级教师吴又存、华东师范大学第一附属中学高级教师陈明青先后发言。他们结合实际就贯彻党的教育方针、加强理论教育、提高思政课教学实效、全面做好立德树人工作、推动思想政治工作创新发展、将社会主义核心价值观融入教育教学全过程、当好学生引路人等问题介绍工作情况，提出意见和建议。

在认真听取大家发言后，习近平发表了重要讲话。他强调，青少年是祖国的未来、民族的希望。我们党立志于中华民族千秋伟业，必须培养一代又一代拥护中国共产党领导和我国社会主义制度、立志为中国特色社会主义事业奋斗终身的有用人才。在这个根本问题上，必须旗帜鲜明、毫不含糊。这就要求我们把下一代教育好、培养好，从学校抓起、从娃娃抓起。在大中小学循序渐进、螺旋上升地开设思想政治理论课非常必要，是培养一代又一代社会主义建设者和接班人的重要保障。

习近平强调，思想政治理论课是落实立德树人根本任务的关键课程。青少年阶段是人生的“拔节孕穗期”，最需要精心引导和栽培。我们办中国特色社会主义教育，就是要理直气壮开好思政课，用新时代中国特色社会主义思想铸魂育人，引导学生增强中国特色社会主义道路自信、理论自信、制度自信、文化自信，厚植爱国主义情怀，把爱国情、强国志、报国行自觉融入坚持和发展中国特色社会主义事业、建设社会主义现代化强国、实现中华民族伟大复兴的奋斗之中。思政课作用不可替代，思政课教师队伍责任重大。

习近平指出，党中央对教育工作高度重视。我们对思想政治工作高度重视，始终坚持马克思主义指导地位，大力推进中国特色社会主义学科体系建设，为思政课建设提供了根本保证。我们对共产党执政规律、社会主义建设规律、人类社会发展规律的认识和把握不断深入，开辟了中国特色社会主义理论和实践发展新境界，中国特色社会主义取得举世瞩目的成就，中国特色社会主义道路自信、理论自信、制度自信、文化自信不断增强，为思政课建设提供了有力支撑。中华民族几千年来形成了博大精深的优秀传统文化，我们党带领人民在革命、建设、改革过程中锻造的革命文化和社会主义先进文化，为思政课建设提供了深厚力量。思政课建设长期以来形成的一系列规律性认识和成功经验，为思政课建设守正创新提供了重要基础。有了这些基础和条件，有了我们这支可信、可敬、可靠，乐为、敢为、有为的思政课教师队伍，我们完全有信心有能力把思政课办得越来越好。

习近平强调，办好思想政治理论课关键在教师，关键在发挥教师的积极性、主动性、创造性。思政课教师，要给学生心灵埋下真善美的种子，引导学生扣好人生第一粒扣子。第一，政治要强，让有信仰的人讲信仰，善于从政治上看问题，在大是大非面前保持政治清醒。第二，情怀要深，保持家国情怀，心里装着国家和民族，在党和人民的伟大实践中关注时代、关注社会，汲取养分、丰富思想。第三，思维要新，学会辩证唯物主义和历史唯物主义，创新课堂教学，给学生深刻的学习体验，引导学生树立正确的理想信念、学会正确的思维方法。第四，视野要广，有知识视野、国际视野、历史视野，通过生动、深入、具体的纵横比较，把一些道理讲明白、讲清楚。第五，自律要严，做到课上课下一致、网上网下一致，自觉弘扬主旋律，积极传递正能量。第六，人格要正，有人格，才有吸引力。亲其师，才能信其道。要有堂堂正正的人格，用高尚的人格感染学生、赢得学生，用真理的力量感召学生，以深厚的理论功底赢得学生，自觉做为学为人的表率，做让学生喜爱的人。

习近平强调，推动思想政治理论课改革创新，要不断增强思政课的思想性、理论性和亲和力、针对性。要坚持政治性和学理性相统一，以透彻的学理分析回应学生，以彻底的思想理论说服学生，用真理的强大力量引导学生。要坚持价值性和知识性相统一，寓价值观引导于知识传授之中。要坚持建设性和批判性相统一，传导主流意识形态，直面各种错误观点和思潮。要坚持理论性和实践性相统一，用科学理论培养人，重视思政课的实践性，把思政小课堂同社会大课堂结合起来，教育引导学生立鸿鹄志，做奋斗者。要坚持统一性和多样性相统一，落实教学目标、课程设置、教材使用、教学管理等方面的统一要求，又因地制宜、因时制宜、因材施教。要坚持主导性和主体性相统一，思政课教学离不开教师的主导，同时要加大对学生的认知规律和接受特点的研究，发挥学生主体性作用。要坚持灌输性和启发性相统一，注重启发性教育，引导学生发现问题、分析问题、思考问题，在不断启发中让学生水到渠成得出结论。要坚持显性教育和隐性教育相统一，挖掘其他课程和教学方式中蕴含的思想政治教育资源，实现全员全程全方位育人。

习近平强调，办好中国的事情，关键在党。各级党委要把思想政治理论课建设摆上重要议程，抓住制约思政课建设的突出问题，在工作格局、队伍建设、支持保障等方面采取有效措施。要建立党委统一领导、党政齐抓共管、有关部门各负其责、全社会协同配合的工作格局，推动形成全党全社会努力办好思政课、教师认真讲好思政课、学生积极学好思政课的良好氛围。学校党委要坚持把从严管理和科学治理结合起来。学校党委书记、校长要带头走进课堂，带头推动思政课建设，带头联系思政课教师。要配齐建强思政课专职教师队伍，建设专职为主、专兼结合、数量充足、素质优良的思政课教师队伍。要把统筹推进大中小学思政课一体化建设作为一项重要工程，推动思政课建设内涵式发展。要完善课程体系，解决好各类课程和思政课相互配合的问题，鼓励教学名师到思政课堂上讲课。各地区各部门负责同志要积极到学校去讲思政课。

丁薛祥、孙春兰、陈希、黄坤明、尤权、何立峰出席座谈会。

中央教育工作领导小组成员，中央和国家机关有关部门负责同志，一线优秀思想政治理论课教师代表参加座谈会。

（原载《人民日报》2019年3月19日第1、2版）

纪念五四运动100周年大会在京隆重举行
习近平发表重要讲话

李克强　栗战书　汪洋　赵乐际　韩正　王岐山出席　王沪宁主持

五四运动以来的100年，是中国青年一代又一代接续奋斗、凯歌前行的100年，是中国青年用青春之我创造青春之中国、青春之民族的100年。新时代中国青年运动的主题，新时代中国青年运动的方向，新时代中国青年的使命，就是坚持中国共产党领导，同人民一道，为实现“两个一百年”奋斗目标、实现中华民族伟大复兴的中国梦而奋斗。

新时代中国青年要继续发扬五四精神，以实现中华民族伟大复兴为己任，不辜负党的期望、人民期待、民族重托，不辜负我们这个伟大时代。一是要树立远大理想，二是要热爱伟大祖国，三是要担当时代责任，四是要勇于砥砺奋斗，五是要练就过硬本领，六是要锤炼品德修为。

新华社北京4月30日电　纪念五四运动100周年大会30日上午在北京人民大会堂隆重举行。中共中央总书记、国家主席、中央军委主席习近平在会上发表重要讲话强调，五四运动以来的100年，是中国青年一代又一代接续奋斗、凯歌前行的100年，是中国青年用青春之我创造青春之中国、青春之民族的100年。新时代中国青年运动的主题，新时代中国青年运动的方向，新时代中国青年的使命，就是坚持中国共产党领导，同人民一道，为实现“两个一百年”奋斗目标、实现中华民族伟大复兴的中国梦而奋斗。

李克强、栗战书、汪洋、王沪宁、赵乐际、韩正、王岐山出席大会。

人民大会堂大礼堂气氛庄严热烈。主席台上方悬挂着“纪念五四运动100周年大会”会标，后幕正中是“1919—2019”的红色字标，10面红旗分列两侧。大礼堂二楼眺台悬挂标语：“紧密团结在以习近平同志为核心的党中央周围，发扬伟大五四精神，坚持新时代中国青年运动正确方向，奋力谱写实现中华民族伟大复兴中国梦的壮丽青春篇章！”

大会开始前，全场高唱《我和我的祖国》《没有共产党就没有新中国》《光荣啊，中国共青团》《歌唱祖国》等歌曲，会场洋溢着澎湃的青春热情。

当习近平等领导同志进入会场，全场起立，热烈鼓掌。

上午10时30分，大会开始。全体起立，高唱国歌。

在热烈的掌声中，习近平发表重要讲话。他表示，今年是五四运动100周年，也是中华人民共和国成立70周年。在这个具有特殊意义的历史时刻，我们在这里隆重集会，缅怀五四先驱崇高的爱国情怀和革命精神，总结党和人民探索实现民族复兴道路的宝贵经验，这对发扬五四精神，激励全党全国各族人民特别是新时代中国青年为全面建成小康社会、加快建设社会主义现代化国家、实现中华民族伟大复兴的中国梦而奋斗，具有十分重大的意义。

习近平强调，五四运动，爆发于民族危难之际，是一场以先进青年知识分子为先锋、广大人民群众参加的彻底反帝反封建的伟大爱国革命运动，是一场中国人民为拯救民族危亡、捍卫民族尊严、凝聚民族力量而掀起的伟大社会革命运动，是一场传播新思想新文化新知识的伟大思想启蒙运动和新文化运动，以磅礴之力鼓动了中国人民和中华民族实现民族复兴的志向和信心。

习近平指出，五四运动，以彻底反帝反封建的革命性、追求救国强国真理的进步性、各族各界群众积极参与的广泛性，推动了中国社会进步，促进了马克思主义在中国的传播，促进了马克思主义同中国工人运动的结合，为中国共产党成立做了思想上干部上的准备，为新的革命力量、革命文化、革命斗争登上历史舞台创造了条件，是中国旧民主主义革命走向新民主主义革命的转折点，在近代以来中华民族追求民族独立和发展进步的历史进程中具有里程碑意义。

习近平强调，五四运动以全民族的力量高举起爱国主义的伟大旗帜。五四运动，孕育了以爱国、进步、民主、科学为主要内容的伟大五四精神，其核心是爱国主义精神。爱国主义是我们民族精神的核心，是中华民族团结奋斗、自强不息的精神纽带。历史深刻表明，爱国主义自古以来就流淌在中华民族血脉之中，去不掉，打不破，灭不了，是中国人民和中华民族维护民族独立和民族尊严的强大精神动力，只要高举爱国主义的伟大旗帜，中国人民和中华民族就能在改造中国、改造世界的拼搏中迸发出排山倒海的历史伟力。

习近平指出，五四运动以全民族的行动激发了追求真理、追求进步的伟大觉醒。经过五四运动洗礼，越来越多中国先进分子集合在马克思主义旗帜下，1921年中国共产党宣告正式成立，中国历史掀开了崭新一页。历史深刻表明，有了马克思主义，有了中国共产党领导，有了中国人民和中华民族的伟大觉醒，中国人民和中华民族追求真理、追求进步的潮流从此就是任何人都阻挡不了的。

习近平强调，五四运动以全民族的搏击培育了永久奋斗的伟大传统。通过五四运动，中国青年发现了自己的力量，中国人民和中华民族发现了自己的力量。中国人民和中华民族从斗争实践中懂得，中国社会发展，中华民族振兴，中国人民幸福，必须依靠自己的英勇奋斗来实现，没有人会恩赐给我们一个光明的中国。历史深刻表明，只要中国人民和中华民族勇于为改变自己的命运而奋斗牺牲，我们的国家就一定能够走向富强，我们的民族就一定能够实现伟大复兴。

习近平指出，青年是整个社会力量中最积极、最有生气的力量，国家的希望在青年，民族的未来在青年。新时代中国青年处在中华民族发展的最好时期，既面临着难得的建功立业的人生际遇，也面临着“天将降大任于斯人”的时代使命。新时代中国青年要继续发扬五四精神，以实现中华民族伟大复兴为己任，不辜负党的期望、人民期待、民族重托，不辜负我们这个伟大时代。

习近平对新时代中国青年提出6点要求。一是要树立远大理想，树立对马克思主义的信仰、对中国特色社会主义的信念、对中华民族伟大复兴中国梦的信心，到新时代新天地中去，让青春在创新创造中闪光。二是要热爱伟大祖国，听党话、跟党走，胸怀忧国忧民之心、爱国爱民之情，以一生的真情投入、一辈子的顽强奋斗来体现爱国主义情怀，让爱国主义的伟大旗帜始终在心中高高飘扬。三是要担当时代责任，让青春在新时代改革开放的广阔天地中绽放，让人生在实现中国梦的奋进追逐中展现出勇敢奔跑的英姿，努力成为德智体美劳全面发展的社会主义建设者和接班人。四是要勇于砥砺奋斗，勇做走在时代前列的奋进者、开拓者、奉献者，在劈波斩浪中开拓前进，在披荆斩棘中开辟天地，在攻坚克难中创造业绩，用青春和汗水创造出让世界刮目相看的新奇迹。五是要练就过硬本领，增强学习紧迫感，努力学习马克思主义立场观点方法，努力掌握科学文化知识和专业技能，努力提高人文素养，以真才实学服务人民，以创新创造贡献国家。六是要锤炼品德修为，自觉树立和践行社会主义核心价值观，明大德、守公德、严私德，追求更有高度、更有境界、更有品位的人生，让清风正气、蓬勃朝气遍布全社会。

习近平强调，中国共产党立志于中华民族千秋伟业，必须始终代表广大青年、赢得广大青年、依靠广大青年，用极大力量做好青年工作，确保党的事业薪火相传，确保中华民族永续发展。把青年一代培养造就成德智体美劳全面发展的社会主义建设者和接班人，是全党的共同政治责任。各级党委和政府、各级领导干部以及全社会都要充分信任青年、热情关心青年、严格要求青年，关注青年愿望、帮助青年发展、支持青年创业，做青年朋友的知心人、青年工作的热心人、青年群众的引路人。要主动走近青年、倾听青年，真情关心青年、关爱青年，悉心教育青年、引导青年，尊重青年天性，照顾青年特点，关注青年所思、所忧、所盼，积极为青年创造人人努力成才、人人皆可成才、人人尽展其才的发展条件，为青年取得的成就和成绩点赞、喝彩，让青年英雄成为驱动中华民族加速迈向伟大复兴的蓬勃力量。

习近平指出，共青团要毫不动摇坚持党的领导，增强“四个意识”、坚定“四个自信”、做到“两个维护”，坚定不移走中国特色社会主义群团发展道路，不断保持和增强政治性、先进性、群众性，坚持把培养社会主义建设者和接班人作为根本任务，认真履行引领凝聚青年、组织动员青年、联系服务青年的职责，团结带领新时代中国青年在实现中华民族伟大复兴中国梦的进程中不断开拓创新、奋发有为。一切党政机关、企业事业单位，人民解放军和武警部队，各人民团体和社会团体，广大城乡基层自治组织，各新经济组织和新社会组织，都要关心青年成长、支持青年发展，给予青年更多机会，更好发挥青年作用。

王沪宁在主持大会时表示，习近平总书记的重要讲话，深切缅怀了五四先驱崇高的爱国情怀和革命精神，高度评价了五四运动的历史意义，明确提出了新时代发扬五四精神的重要要求，深情寄语当代青年。我们要认真学习领会、抓好贯彻落实，在实现“两个一百年”奋斗目标、实现中华民族伟大复兴中国梦的宏伟征程中，不断谱写无愧于前辈、无愧于时代、无愧于人民的壮丽篇章。

大会在雄壮的《国际歌》声中结束。

在京中共中央政治局委员、中央书记处书记，全国人大常委会副委员长，国务委员，最高人民法院院长，最高人民检察院检察长，全国政协副主席，以及中央军委委员出席大会。

中央党政军群各部门和北京市主要负责同志，各民主党派中央、全国工商联负责人和无党派人士代表，首都各界群众和青年代表等3000多人参加大会。

（原载《人民日报》2019年5月1日第1、3版）

习近平出席亚洲文明对话大会开幕式并发表主旨演讲

呼吁坚持相互尊重、平等相待，美人之美、美美与共，开放包容、互学互鉴，与时俱进、创新发展，共同创造亚洲文明和世界文明的美好未来

文明因多样而交流，因交流而互鉴，因互鉴而发展。我们要加强世界上不同国家、不同民族、不同文化的交流互鉴，夯实共建亚洲命运共同体、人类命运共同体的人文基础。

第一，坚持相互尊重、平等相待。我们应该秉持平等和尊重，摒弃傲慢和偏见，加深对自身文明和其他文明差异性的认知，推动不同文明交流对话、和谐共生。第二，坚持美人之美、美美与共。我们既要让本国文明充满勃勃生机，又要为他国文明发展创造条件，让世界文明百花园群芳竞艳。第三，坚持开放包容、互学互鉴。我们应该以海纳百川的宽广胸怀打破文化交往的壁垒，以兼收并蓄的态度汲取其他文明的养分，促进亚洲文明在交流互鉴中共同前进。第四，坚持与时俱进、创新发展。我们应该用创新增添文明发展动力、激活文明进步的源头活水，不断创造出跨越时空、富有永恒魅力的文明成果。

本报北京 5 月 15 日电　（记者马小宁、裴广江、赵成）国家主席习近平 15 日在北京国家会议中心出席亚洲文明对话大会开幕式，并发表题为《深化文明交流互鉴　共建亚洲命运共同体》的主旨演讲，指出璀璨的亚洲文明为世界文明发展史书写了浓墨重彩的篇章。亚洲人民期待一个和平安宁、共同繁荣、开放融通的亚洲。我们应该坚持相互尊重、平等相待，美人之美、美美与共，开放包容、互学互鉴，与时俱进、创新发展，夯实共建亚洲命运共同体、人类命运共同体的人文基础。习近平强调，中华文明是在同其他文明不断交流互鉴中形成的开放体系。未来之中国，必将以更加开放的姿态拥抱世界、以更有活力的文明成就贡献世界。

王沪宁出席开幕式。

上午 10 时 30 分许，习近平和外方领导人共同步入会场。在热烈的掌声中，习近平走上主席台，发表主旨演讲。

习近平指出，当前，世界多极化、经济全球化、文化多样化、社会信息化深入发展，人类社会充满希望。同时，国际形势的不稳定性不确定性更加突出，人类面临的全球性挑战更加严峻。应对共同挑战、迈向美好未来，既需要经济科技力量，也需要文化文明力量。亚洲文明对话大会，为促进亚洲及世界各国文明开展平等对话、交流互鉴、相互启迪提供了一个新的平台。

习近平指出，亚洲是人类最早的定居地之一，也是人类文明的重要发祥地。在数千年发展历程中，亚洲人民创造了辉煌的文明成果。亚洲文明也在自身内部及同世界文明的交流互鉴中发展壮大。璀璨的亚洲文明，为世界文明发展史书写了浓墨重彩的篇章，人类文明因亚洲而更加绚烂多姿。我们应该增强文明自信，在先辈们铸就的光辉成就基础上，坚持同世界其他文明交流互鉴，努力续写亚洲文明新辉煌。

习近平强调，亚洲各国山水相连、人文相亲，有着相似的历史境遇、相同的梦想追求。面向未来，我们应该把握大势、顺应潮流，努力把亚洲人民对美好生活的向往变成现实。亚洲人民期待一个和平安宁的亚洲，希望各国互尊互信、和睦相处，广泛开展跨国界、跨时空、跨文明的交往活动，共同维护比金子还珍贵的和平时光。亚洲人民期待一个共同繁荣的亚洲，希望各国合力推进开放、包容、普惠、平衡、共赢的经济全球化，共同消除一些国家民众依然面临的贫穷落后，共同为孩子们创造衣食无忧的生活。亚洲人民期待一个开放融通的亚洲，希望各国秉持开放精神，推进政策沟通、设施联通、贸易畅通、资金融通、民心相通，共同构建亚洲命运共同体、人类命运共同体。

习近平强调，文明因多样而交流，因交流而互鉴，因互鉴而发展。我们要加强世界上不同国家、不同民族、不同文化的交流互鉴，夯实共建亚洲命运共同体、人类命运共同体的人文基础。习近平提出 4 点主张。

第一，坚持相互尊重、平等相待。人类只有肤色语言之别，文明只有姹紫嫣红之别，但绝无高低优劣之分。我们应该秉持平等和尊重，摒弃傲慢和偏见，加深对自身文明和其他文明差异性的认知，推动不同文明交流对话、和谐共生。

第二，坚持美人之美、美美与共。一切美好的事物都是相通的。人们对美好事物的向往，是任何力量都无法阻挡的。我们既要让本国文明充满勃勃生机，又要为他国文明发展创造条件，让世界文明百花园群芳竞艳。

第三，坚持开放包容、互学互鉴。交流互鉴是文明发展的本质要求。文明交流互鉴应该是对等的、平等的，应该是多元的、多向的，而不应该是强制的、强迫的，不应该是单一的、单向的。我们应该以海纳百川的宽广胸怀打破文化交往的壁垒，以兼收并蓄的态度汲取其他文明的养分，促进亚洲文明在交流互鉴中共同前进。

第四，坚持与时俱进、创新发展。我们应该用创新增添文明发展动力、激活文明进步的源头活水，不断创造出跨越时空、富有永恒魅力的文明成果。

习近平强调，中国愿同各国开展亚洲文化遗产保护行动，为更好传承文明提供必要支撑；愿同有关国家一道，实施亚洲经典著作互译计划和亚洲影视交流合作计划，帮助人们加深对彼此文化的理解和欣赏，为展示和传播文明之美打造交流互鉴平台；愿同各国加强各界交流，打造智库交流合作网络，创新合作模式，推动各种形式的合作走深走实，为推动文明交流互鉴创造条件；愿同各国实施亚洲旅游促进计划，为促进亚洲经济发展、增进亚洲人民友谊贡献更大力量。

习近平指出，中华文明是亚洲文明的重要组成部分。自古以来，中华文明在继承创新中不断发展，在应时处变中不断升华，积淀着中华民族最深沉的精神追求，是中华民族生生不息、发展壮大的丰厚滋养。中华文明是在同其他文明不断交流互鉴中形成的开放体系，始终在兼收并蓄中历久弥新。亲仁善邻、协和万邦是中华文明一贯的处世之道，惠民利民、安民富民是中华文明鲜明的价值导向，革故鼎新、与时俱进是中华文明永恒的精神气质，道法自然、天人合一是中华文明内在的生存理念。

习近平强调，今日之中国，不仅是中国之中国，而且是亚洲之中国、世界之中国。未来之中国，必将以更加开放的姿态拥抱世界、以更有活力的文明成就贡献世界。希望大家共同创造亚洲文明和世界文明的美好未来。

柬埔寨国王西哈莫尼、希腊总统帕夫洛普洛斯、新加坡总统哈莉玛、斯里兰卡总统西里塞纳、亚美尼亚总理帕希尼扬、联合国教科文组织总干事阿祖莱也在开幕式上致辞。他们表示，世界是多元的，不同国家、民族和文明共同构成了丰富多彩的世界。不同文明是平等的，没有任何一种文明可以取代其他文明，没有任何一种文明可以对其他文明居高临下。要相互尊重，尊重文明的差异性、独立性和多样性。要加强文明之间沟通对话和交流互鉴，只有这样，才能实现世界的持久和平和人类的繁荣进步。所谓“文明冲突论”十分错误，将破坏甚至切断文明沟通的桥梁。正是文化上的固步自封、唯我独尊和极端主义导致了世界上许多矛盾和冲突。感谢习近平主席倡议举行亚洲文明对话大会，这为亚洲国家及不同文明对话交流提供了重要平台，在当前形势下恰逢其时，意义重大深远。亚洲国家同呼吸，共命运，要加强对话交融，增进相互了解，共享繁荣亚洲。要秉持亚洲文明开放包容的价值观，加强同域外其他文明的交流互鉴，共建和谐世界。

外方领导人表示，古老的中华文明为世界留下了宝贵的财富，习近平主席提出构建亚洲命运共同体和人类命运共同体的伟大构想，是当代中国为世界和平和人类进步做出的又一重大贡献。各国要把握共建“一带一路”的重要机遇，构筑民心相通，促进和平、友谊、合作，共圆美好梦想。

丁薛祥、孙春兰、杨洁篪、蔡奇、王毅、何立峰等出席。

黄坤明主持开幕式。

开幕式前，习近平在迎宾厅同外方领导人一一握手、互致问候。随后，中外领导人共同参观文物展，观赏了来自中国、斯里兰卡、新加坡、希腊、柬埔寨、亚美尼亚的精品文物，并同出席开幕式的重要嘉宾代表合影留念。

亚洲文明对话大会的主题是“亚洲文明交流互鉴与命运共同体”，举办开幕式、平行分论坛、亚洲文化嘉年华、亚洲文明周四大板块共 110 余场文明交流活动。约 1200 名中外嘉宾出席开幕式。

（原载《人民日报》2019 年 5 月 16 日第 1、3 版）

在庆祝中华人民共和国成立 70 周年大会上的讲话

（2019 年 10 月 1 日）

习近平

全国同胞们，

同志们，朋友们：

今天，我们隆重集会，庆祝中华人民共和国成立 70 周年。此时此刻，全国各族人民、海内外中华儿女，都怀着无比喜悦的心情，都为我们伟大的祖国感到自豪，都为我们伟大的祖国衷心祝福。

在这里，我代表党中央、全国人大、国务院、全国政协和中央军委，向一切为民族独立和人民解放、国家富强和人民幸福建立了不朽功勋的革命先辈和烈士们，表示深切的怀念！向全国各族人民和海内外爱国同胞，致以热烈的祝贺！向关心和支持中国发展的各国朋友，表示衷心的感谢！

70 年前的今天，毛泽东同志在这里向世界庄严宣告了中华人民共和国的成立，中国人民从此站起来了。这一伟大事件，彻底改变了近代以后 100 多年中国积贫积弱、受人欺凌的悲惨命运，中华民族走上了实现伟大复兴的壮阔道路。

70 年来，全国各族人民同心同德、艰苦奋斗，取得了令世界刮目相看的伟大成就。今天，社会主义中国巍然屹立在世界东方，没有任何力量能够撼动我们伟大祖国的地位，没有任何力量能够阻挡中国人民和中华民族的前进步伐。

同志们、朋友们！

前进征程上，我们要坚持中国共产党领导，坚持人民主体地位，坚持中国特色社会主义道路，全面贯彻执行党的基本理论、基本路线、基本方略，不断满足人民对美好生活的向往，不断创造新的历史伟业。

前进征程上，我们要坚持“和平统一、一国两制”的方针，保持香港、澳门长期繁荣稳定，推动海峡两岸关系和平发展，团结全体中华儿女，继续为实现祖国完全统一而奋斗。

前进征程上，我们要坚持和平发展道路，奉行互利共赢的开放战略，继续同世界各国人民一道推动共建人类命运共同体。

中国人民解放军和人民武装警察部队要永葆人民军队性质、宗旨、本色，坚决维护国家主权、安全、发展利益，坚决维护世界和平。

同志们、朋友们！

中国的昨天已经写在人类的史册上，中国的今天正在亿万人民手中创造，中国的明天必将更加美好。全党全军全国各族人民要更加紧密地团结起来，不忘初心，牢记使命，继续把我们的人民共和国巩固好、发展好，继续为实现“两个一百年”奋斗目标、实现中华民族伟大复兴的中国梦而努力奋斗！

伟大的中华人民共和国万岁！

伟大的中国共产党万岁！

伟大的中国人民万岁！

（新华社北京10月1日电）

（原载《人民日报》2019年10月2日第2版）

习近平致信祝贺甲骨文发现和研究120周年强调

坚定文化自信　促进文明交流互鉴

习近平致甲骨文发现和研究120周年贺信

值此甲骨文发现和研究120周年之际，我谨向长期致力于传承弘扬甲骨文等优秀传统文化的专家学者们表示热烈的祝贺，并致以诚挚的问候！

殷墟甲骨文的重大发现在中华文明乃至人类文明发展史上具有划时代的意义。甲骨文是迄今为止中国发现的年代最早的成熟文字系统，是汉字的源头和中华优秀传统文化的根脉，值得倍加珍视、更好传承发展。

新中国成立70年来，党和国家高度重视以甲骨文为代表的中华优秀传统文化传承和发展，多部门多学科协同开展甲骨文研究和应用，培养了一批跨学科人才，经过几代人辛勤努力，甲骨文研究取得显著成就。新形势下，要确保甲骨文等古文字研究有人做、有传承。希望广大研究人员坚定文化自信，发扬老一辈学人的家国情怀和优良学风，深入研究甲骨文的历史思想和文化价值，促进文明交流互鉴，为推动中华文明发展和人类社会进步做出新的更大的贡献。

习近平

2019年11月1日

本报北京11月2日电　中共中央总书记、国家主席、中央军委主席习近平近日致信祝贺甲骨文发现和研究120周年，向长期致力于传承弘扬甲骨文等优秀传统文化的专家学者们表示热烈的祝贺，并致以诚挚的问候。

习近平在贺信中指出，殷墟甲骨文的重大发现在中华文明乃至人类文明发展史上具有划时代的意义。甲骨文是迄今为止中国发现的年代最早的成熟文字系统，是汉字的源头和中华优秀传统文化的根脉，值得倍加珍视、更好传承发展。

习近平强调，新中国成立 70 年来，党和国家高度重视以甲骨文为代表的中华优秀传统文化传承和发展，多部门多学科协同开展甲骨文研究和应用，培养了一批跨学科人才，经过几代人辛勤努力，甲骨文研究取得显著成就。新形势下，要确保甲骨文等古文字研究有人做、有传承。希望广大研究人员坚定文化自信，发扬老一辈学人的家国情怀和优良学风，深入研究甲骨文的历史思想和文化价值，促进文明交流互鉴，为推动中华文明发展和人类社会进步作出新的更大的贡献。

纪念甲骨文发现 120 周年座谈会 1 日在北京人民大会堂举行，会上宣读了习近平的贺信。中共中央政治局委员、国务院副总理孙春兰在会上讲话。她说，甲骨文是千年中华文明的鲜明标志，也是对人类文明的重要贡献。要认真落实习近平总书记重要指示和贺信精神，深入学习贯彻党的十九届四中全会精神，进一步深化甲骨文研究和应用，加强收藏保护，做好整理和信息标注，确保文物安全。要推进著录考释，综合运用人工智能识别等技术手段，推动研究实现新突破。要加大对甲骨学人才培养的支持力度，促进多学科交叉融合，不断提升综合素质和创新能力。要推进活化利用，弘扬中华优秀传统文化，深化国际交流，彰显甲骨文的文化魅力和时代价值。

有关专家代表和教育部、河南省负责同志在座谈会上发言。

1899 年甲骨文的发现是中华文明乃至人类文明发展史上的一件大事。甲骨文是汉字的源头，是千年中华文明的标志，具有崇高的象征意义。作为世界四大古文字之一，甲骨文也为推动世界文明进程做出了巨大贡献，成功入选联合国教科文组织“世界记忆名录”。

（原载《人民日报》2019 年 11 月 3 日第 1 版）

中办国办印发《意见》

深化新时代学校思想政治理论课改革创新

新华社北京 8 月 14 日电 近日，中共中央办公厅、国务院办公厅印发了《关于深化新时代学校思想政治理论课改革创新的若干意见》，并发出通知，要求各地区各部门结合实际认真贯彻落实。

《关于深化新时代学校思想政治理论课改革创新的若干意见》全文如下。

为深入贯彻落实习近平新时代中国特色社会主义思想和党的十九大精神，贯彻落实习近平总书记关于教育的重要论述，特别是在学校思想政治理论课教师座谈会上的重要讲话精神，全面贯彻党的教育方针，解决好培养什么人、怎样培养人、为谁培养人这个根本问题，坚持不懈用习近平新时代中国特色社会主义思想铸魂育人，现就深化新时代学校思想政治理论课（以下简称思政课）改革创新提出如下意见。

一、重要意义和总体要求

1. 重要意义。教育是国之大计、党之大计，承担着立德树人的根本任务。思政课是落实立德树人根本任务的关键课程，发挥着不可替代的作用。党的十八大以来，以习近平同志为核心的党中央高度重视思政课建设，作出一系列重大决策部署，各地区各部门和各级各类学校采取有力措施认真贯彻落实，思政课建设取得显著成效。同时也要看到，面对新形势新任务新挑战，有的地方和学校对思政课重要性认识还不够到位，课堂教学效果还需提升，教材内容不够鲜活，教师选配和培养工作存在短板，体制机制有待完善，评价和支持体系有待健全，大中小学思政课一体化建设需要深化，民办学校、中外合作办学思政课建设相对薄弱，各类课程同思政课建设的协同效应有待增强，学校、家庭、社会协同推动思政课建设的合力没有完全形成，全党全社会关心支持思政课建设的氛围不够浓厚。办好思政课，要放在世界百年未有之大变局、党和国家事业发展全局中来看待，要从坚持和发展中国特色社会主义、建设社会主义现代化强国、实现中华民族伟大复兴的高度来对待。思政课建设只能加强、不能削弱，必须切实增强办好思政课的信心，全面提高思政课质量和水平。

2. 指导思想。全面贯彻党的教育方针，坚持马克思主义指导地位，贯彻落实习近平新时代中国特色社会主义思想，坚持社会主义办学方向，落实立德树人根本任务，坚持教育为人民服务、为中国共产党治国理政服务、为巩固和发展中国特色社会主义制度服务、为改革开放和社会主义现代化建设服务，扎根中国大地办教育，同生产劳动和社会实践相结合，加快推进教育现代化、建设教育强国、办好人民满意的教育，努力培养担当民族复兴大任的时代新人，培养德智体美劳全面发展的社会主义建设者和接班人。

3. 基本原则。一是坚持党对思政课建设的全面领导，把加强和改进思政课建设摆在突出位置。二是坚持思政课建设与党的创新理论武装同步推进，全面推动习近平新时代中国特色社会主义思想进教材进课堂进学生头脑，把社会主义核心价值观贯穿国民教育全过程。三是坚持守正和创新相统一，落实新时代思政课改革创新要求，不断增强思政课的思想性、理论性和亲和力、针对性。四是坚持思政课在课程体系中的政治引领和价值引领作用，统筹大中小学思政课一体化建设，推动各类课程与思政课建设形成协同效应。五是坚持培养高素质专业化思政课教师队伍，积极为这支队伍成长发展搭建平台、创造条件。六是坚持问题导向和目标导向相结合，注重推动思政课建设内涵式发展，全面提升学生思想政治理论素养，实现知、情、意、行的统一。

二、完善思政课课程教材体系

4. 整体规划思政课课程目标。在大中小学循序渐进、螺旋上升地开设思政课，引导学生立德成人、立志成才，树立正确世界观、人生观、价值观，坚定对马克思主义的信仰，坚定对社会主义和共产主义的信念，增强中国特色社会主义道路自信、理论自信、制度自信、文化自信，厚植爱国主义情怀，把爱国情、强国志、报国行自觉融入坚持和发展中国特色社会主义事业、建设社会主义现代化强国、实现中华民族伟大复兴的奋斗之中。大学阶段重在增强使命担当，引导学生矢志不渝听党话跟党走，争做社会主义合格建设者和可靠接班人。高中阶段重在提升政治素养，引导学生衷心拥护党的领导和我国社会主义制度，形成做社会主义建设者和接班人的政治认同。初中阶段重在打牢思想基础，引导学生把党、祖国、人民装在心中，强化做社会主义建设者和接班人的思想意识。小学阶段重在启蒙道德情感，引导学生形成爱党、爱国、爱社会主义、爱人民、爱集体的情感，具有做社会主义建设者和接班人的美好愿望。

5. 调整创新思政课课程体系。加强以习近平新时代中国特色社会主义思想为核心内容的思政课课程群建设。在保持思政课必修课程设置相对稳定基础上，结合大中小学各学段特点构建形成必修课加选修课的课程体系。全国重点马克思主义学院率先全面开设“习近平新时代中国特色社会主义思想概论”课。博士阶段开设“中国马克思主义与当代”，硕士阶段开设“中国特色社会主义理论与实践研究”，本科阶段开设“马克思主义基本原理概论”“毛泽东思想和中国特色社会主义理论体系概论”“中国近现代史纲要”“思想道德修养与法律基础”“形势与政策”，专科阶段开设“毛泽东思想和中国特色社会主义理论体系概论”“思想道德修养与法律基础”“形势与政策”等必修课。各高校要重点围绕习近平新时代中国特色社会主义思想，党史、国史、改革开放史、社会主义发展史，宪法法律，中华优秀传统文化等设定课程模块，开设系列选择性必修课程。高中阶段开设“思想政治”必修课程，围绕学习习近平总书记最新重要讲话精神开设“思想政治”选择性必修课程。初中、小学阶段开设“道德与法治”必修课程，可结合校本课程、兴趣班开设思政类选修课程。

6. 统筹推进思政课课程内容建设。坚持用习近平新时代中国特色社会主义思想铸魂育人，以政治认同、家国情怀、道德修养、法治意识、文化素养为重点，以爱党、爱国、爱社会主义、爱人民、爱集体为主线，坚持爱国和爱党、爱社会主义相统一，系统开展马克思主义理论教育，系统进行中国特色社会主义和中国梦教育、社会主义核心价值观教育、法治教育、劳动教育、心理健康教育、中华优秀传统文化教育。遵循学生认知规律设计课程内容，体现不同学段特点，研究生阶段重在开展探究性学习，本专科阶段重在开展理论性学习，高中阶段重在开展常识性学习，初中阶段重在开展体验性学习，小学阶段重在开展启蒙性学习。

7. 加强思政课教材体系建设。国家教材委员会统筹大中小学思政课教材建设，科学制定教材建设规划，注重提升思政课教材的政治性、时代性、科学性、可读性。国家统一开设的大中小学思政课教材全部由国家教材委员会组织统编统审统用，在教材中及时融入马克思主义中国化最新成果、坚持和发展中国特色社会主义最新经验、马克思主义理论学科最新研究进展。地方或学校开设的思政课选修课教材，由各地负责组织审定。研究编制习近平新时代中国特色社会主义思想进课程教材指导纲要，研究编制中华优秀传统文化、革命文化、社会主义先进文化、科技创新文化及总体国家安全观等进课程教材指南，编制中华民族古代历史和革命建设改革时期英雄人物、先进模范进课程教材图谱，分课程组织编写高校思政课专题教学指南，组织专家编写深度解读教材体系的示范教案，实施思政课优秀讲义出版工程，开列马克思主义经典著作、当代中国马克思主义理论著作、中华优秀传统文化典籍书单，建设思政课网络教学资源库。

三、建设一支政治强、情怀深、思维新、视野广、自律严、人格正的思政课教师队伍

8. 加快壮大学校思政课教师队伍。各地在核定编制时要充分考虑思政课教师配备要求。高校要严格按照师生比不低于 1∶350 的比例核定专职思政课教师岗位，在编制内配足，且不得挪作他用，并尽快配备到位。制定关于加强新时代中小学思政课教师队伍建设的意见，加强中小学专职思政课教师配备。各地要统筹解决好思政课教师缺口问题。各高校可在与思政课教学内容相关的学科选择优秀教师进行培训后充实思政课教师队伍，可探索胜任思政课教学的党政管理干部转岗为专职思政课教师机制和办法，积极推动符合条件的辅导员参与思政课教学。高校要积极动员政治素质过硬的相关学科专家转任思政课教师。采取兼职的办法遴选相关单位的骨干支援高校思政课建设。各地应对民办学校指派思政课教师或组建专门讲师团。制定新时代高校思政课教师队伍建设规定。

9. 切实提高思政课教师综合素质。以培育一大批优秀马克思主义理论教育家为目标，制定思政课教师队伍培养培训规划，在中央党校（国家行政学院）及地方党校（行政学院）面向思政课教师举办学习习近平新时代中国特色社会主义思想专题研修班，办好“周末理论大讲堂”、骨干教师研修班，实施好思政课教师在职攻读马克思主义理论博士学位专项计划。建强高校思政课教师研修基地，依托首批全国重点马克思主义学院所在高校重点开展理论研修，依托高水平师范类院校重点开展教学研修，全面提升每一位思政课教师的理论功底、知识素养。建立一批“新时代高校思想政治理论课教师研学基地”，组织思政课教师在国内考察调研，在深入了解党和人民伟大实践中汲取养分、丰富思想。组织思政课骨干教师赴国外调研，拓宽国际视野，在比较分析中坚定“四个自信”。完善国家、省（自治区、直辖市）、学校三级培训体系。本科院校按在校生总数每生每年不低于 40 元，专科院校按每生每年不低于 30 元的标准提取专项经费，用于思政课教师的学术交流、实践研修等，并逐步加大支持力度。中央和地方主流媒体的政论、时政节目要积极推出优秀思政课教师传播理论成果，展示综合素质，增强社会影响力。

10. 切实改革思政课教师评价机制。严把政治关、师德关、业务关，明确与思政课教师教学科研特点相匹配的评价标准，进一步提高评价中教学和教学研究占比。各高校在专业技术职务（职称）评聘工作中，要单独设立马克思主义理论类别，校级专业技术职务（职称）评聘委员会要有同比例的马克思主义理论学科专家。按教师比例核定思政课教师专业技术职务（职称）各类岗位占比，高级专业技术职务（职称）岗位比例不低于学校平均水平，指标不得挪作他用。要将思政课教师在中央和地方主要媒体上发表的理论文章纳入学术成果范畴。实行不合格思政课教师退出机制。

11. 加大思政课教师激励力度。增强教师的职业认同感、荣誉感、责任感，把思政课教师和辅导员中的优秀分子纳入各类高层次人才项目，在“万人计划”“长江学者奖励计划”“四个一批”等人才项目中加大倾斜支持力度。各地要因地制宜设立思政课教师和辅导员岗位津贴，纳入绩效工资管理，相应核增学校绩效工资总量。要把思政课教师作为学校干部队伍重要来源，学校党政管理干部原则上应有思政课教师、辅导员或班主任工作经历。党和国家设立的荣誉称号要注重表彰优秀思政课教师，教育部门要大力推选思政课教师年度影响力人物等先进典型。对立场坚定、学养深厚、联系实际、成果突出的思政课教师优秀代表加大宣传力度，发挥示范引领作用。

12. 大力加强思政课教师队伍后备人才培养工作。注重选拔培养高素质人才从事马克思主义理论学习研究和教育教学，统筹推进马克思主义理论学科本硕博一体化人才培养，构建完善马克思主义理论学科本硕博学科体系和课程体系。全国重点马克思主义学院通过提前批次录取或综合考核招生等方式招收马克思主义理论专业本科生，给予推免政策倾斜鼓励优秀马克思主义理论专业本科生攻读硕士学位，采取硕博连读或直接攻读博士学位的方式加强培养。深入实施“高校思想政治理论课教师队伍后备人才培养专项支持计划”，专门招收马克思主义理论学科研究生，并逐步按需增加招生培养指标。加强思政课教师队伍后备人才思想政治工作，加大发展党员力度，提高党员发展质量。

四、不断增强思政课的思想性、理论性和亲和力、针对性

13. 加大思想性、理论性资源供给。进一步建强马克思主义理论学科，进入世界一流大学建设的高校应将马克思主义理论学科设为重点建设学科，为思政课建设提供坚实学科支撑。深入研究坚持和发展中国特色社会主义的重大理论和实践问题，为增强思政课的思想性、理论性提供多角度学术支持。充分发挥马克思主义理论学科的领航作用，大力推进中国特色社会主义学科体系建设。根据需求逐步增加马克思主义理论学科博士学位授权点，支持有关高校联合申报马克思主义理论学科博士学位授权点。组织思政课教师及时学习习近平总书记最新重要讲话精神，及时学习相关文件精神，全面理解和准确把握党中央重大决策部署。

14. 加大思政课教研工作力度。建立健全大中小学思政课教师一体化备课机制，普遍实行思政课教师集体备课制度，全面提升教研水平。遴选学科带头人担任各门课集体备课牵头人，学校领导干部要积极支持和主动参与。建立思政课教师“手拉手”备课机制，发挥思政课建设强校和高水平思政课专家示范带动作用。加强“全国高校思想政治理论课教师网络集体备课平台”建设，完善思政课教师网络备课服务支撑系统。建立纵向跨学段、横向跨学科的交流研修机制，深入开展相邻学段思政课教师教学交流研讨。推动建立思政课教师与其他学科专业教师交流机制。大力推进思政课教学方法改革，提升思政课教师信息化能力素养，推动人工智能等现代信息技术在思政课教学中应用，建设一批国家级虚拟仿真思政课体验教学中心。

15. 切实加强思政课课题研究和成果交流。国家社科基金规划项目、教育部人文社科研究项目等设立思政课教师研究专项，开展思政课教学重点难点问题和教学方法改革创新等研究，逐步加大对相关课题研究的支持力度。各地要参照设立相关项目并给予经费投入。加强马克思主义理论教学科研成果学术阵地建设，首批重点建设10家学术期刊和若干学术网站，支持新创办一定数量的思政课研究学术期刊。制定思政课教师发表文章的重点报刊目录，将《人民日报》《求是》《解放军报》《光明日报》《经济日报》等中央媒体及地方党报党刊列入其中。委托高校马克思主义学院分片建立高校思政课教学创新中心，设立一批思政课教学质量监测基地。在国家级教学成果奖中单列思政课专项，每2年开展1次全国思政课教学展示活动，定期开展优秀思政课示范课巡讲活动。打造一批思政课国家精品在线开放课程，探索建设融媒体思政公开课，推动优质教学资源共享。

16. 全面提升高校马克思主义学院建设水平。强化“马院姓马、在马言马”的鲜明导向，把思政课教学作为高校马克思主义学院基本职责，将马克思主义学院作为重点学院、马克思主义理论学科作为重点学科、思政课作为重点课程加强建设，在发展规划、人才引进、公共资源使用等方面给予马克思主义学院优先保障。建好建强一批全国重点马克思主义学院和示范性马克思主义学院，依托有条件的高校马克思主义学院建设一批习近平新时代中国特色社会主义思想研究院。建立和完善马克思主义理论学科体系，实施马克思主义理论学科领航工程，在马克思主义理论学习研究宣传上发挥引领带动作用。全面推动各地宣传、教育等部门共建所在地区高校马克思主义学院。实施马克思主义学院院长培养工程，加强马克思主义学院领导班子建设。

17. 整体推进高校课程思政和中小学学科德育。深度挖掘高校各学科门类专业课程和中小学语文、历史、地理、体育、艺术等所有课程蕴含的思想政治教育资源，解决好各类课程与思政课相互配合的问题，发挥所有课程育人功能，构建全面覆盖、类型丰富、层次递进、相互支撑的课程体系，使各类课程与思政课同向同行，形成协同效应。建成一批课程思政示范高校，推出一批课程思政示范课程，选树一批课程思政教学名师和团队，建设一批高校课程思政教学研究示范中心。

五、加强党对思政课建设的领导

18. 严格落实地方党委思政课建设主体责任。地方各级党委要把思政课建设作为党的建设和意识形态工作的标志性工程摆上重要议程，党委常委会每年至少召开1次专题会议研究思政课建设，抓住制约思政课建设的突出问题，在工作格局、队伍建设、支持保障等方面采取有效措施。建立和完善省（自治区、直辖市）党委领导班子成员联系高校和讲思政课特别是“形势与政策”课制度，各省（自治区、直辖市）党委和政府主要负责同志每学期结合学习和工作至少讲1次课。各地要把民办学校、中外合作办学院校纳入思政课建设整体布局。思政课建设情况纳入各级党委领导班子考核和政治巡视。

19. 推动建立高校党委书记、校长带头抓思政课机制。加强和改进高校领导干部深入基层联系学生工作，推动高校领导干部兼任班主任等工作，建立健全高校党委书记、校长及职能部门力量深入一线了解学生思想动态、服务学生发展的制度性安排。高校党委书记、校长作为思政课建设第一责任人，要结合自身学科背景和工作经历，带头走进课堂听课讲课，带头推动思政课建设，带头联系思政课教师。高校党委常委会每学期至少召开 1 次会议专题研究思政课建设，高校党委书记、校长每学期至少给学生讲授 4 个课时思政课，高校领导班子其他成员每学期至少给学生讲授 2 个课时思政课，可重点讲授“形势与政策”课。开学典礼、毕业典礼讲话等要鲜明体现党的教育方针、积极传播马克思主义科学理论、弘扬社会主义核心价值观。要把思政课建设情况纳入学校党的建设工作考核、办学质量和学科建设评估标准体系。

20. 积极拓展思政课建设格局。中央教育工作领导小组要把思政课建设纳入重要议事日程，教育部、中央宣传部等部门要牵头抓好思政课建设，中央军委政治工作部要指导抓好军队院校思政课建设。教育部成立大中小学思政课一体化建设指导委员会，加强对不同类型思政课建设分类指导。有关部门和各地要保证思政课管理人员配备，确保事有人干、责有人负。强化中考、高考、研究生招生考试对学生学习思政课的指挥棒作用，将思政课学习实践情况等作为重要内容纳入综合素质评价体系，探索记入本人档案，作为学生评奖评优重要标准，作为加入中国少年先锋队、中国共产主义青年团、中国共产党的重要参考。坚持开门办思政课，推动思政课实践教学与学生社会实践活动、志愿服务活动结合，思政小课堂和社会大课堂结合，鼓励党政机关、企事业单位等就近与高校对接，挂牌建立思政课实践教学基地，完善思政课实践教学机制。制定关于加快构建高校思想政治工作体系的意见，汇聚办好思政课合力。加大正面宣传和舆论引导力度，推动形成全党全社会努力办好思政课、教师认真讲好思政课、学生积极学好思政课的良好氛围。

（原载《人民日报》2019 年 8 月 15 日第 1、3 版）

中共中央关于坚持和完善中国特色社会主义制度推进国家治理体系和治理能力现代化若干重大问题的决定

（2019 年 10 月 31 日中国共产党第十九届中央委员会第四次全体会议通过）

为贯彻落实党的十九大精神，十九届中央委员会第四次全体会议着重研究了坚持和完善中国特色社会主义制度、推进国家治理体系和治理能力现代化的若干重大问题，作出如下决定。

一、坚持和完善中国特色社会主义制度、推进国家治理体系和治理能力现代化的重大意义和总体要求

中国特色社会主义制度是党和人民在长期实践探索中形成的科学制度体系，我国国家治理一切工作和活动都依照中国特色社会主义制度展开，我国国家治理体系和治理能力是中国特色社会主义制度及其执行能力的集中体现。

中国共产党自成立以来，团结带领人民，坚持把马克思主义基本原理同中国具体实际相结合，赢得了中国革命胜利，并深刻总结国内外正反两方面经验，不断探索实践，不断改革创新，建立和完善社会主义制度，形成和发展党的领导和经济、政治、文化、社会、生态文明、军事、外事等各方面制度，加强和完善国家治理，取得历史性成就。党的十八大以来，我们党领导人民统筹推进“五位一体”总体布局、协调推进“四个全面”战略布局，推动中国特色社会主义制度更加完善、国家治理体系和治理能力现代化水平明显提高，为政治稳定、经济发展、文化繁荣、民族团结、人民幸福、社会安宁、国家统一提供了有力保障。

新中国成立七十年来，我们党领导人民创造了世所罕见的经济快速发展奇迹和社会长期稳定奇迹，中华民族迎来了从站起来、富起来到强起来的伟大飞跃。实践证明，中国特色社会主义制度和国家治理体系是以马克思主义为指导、植根中国大地、具有深厚中华文化根基、深得人民拥护的制度和治理体系，是具有强大生命力和巨大优越性的制度和治理体系，是能够持续推动拥有近十四亿人口大国进步和发展、确保拥有五千多年文明史的中华民族实现“两个一百年”奋斗目标进而实现伟大复兴的制度和治理体系。

我国国家制度和国家治理体系具有多方面的显著优势，主要是：坚持党的集中统一领导，坚持党的科学理论，保持政治稳定，确保国家始终沿着社会主义方向前进的显著优势；坚持人民当家作主，发展人民民主，密切联系群众，紧紧依靠人民推动国家发展的显著优势；坚持全面依法治国，建设社会主义法治国家，切实保障社会公平正义和人民权利的显著优势；坚持全国一盘棋，调动各方面积极性，集中力量办大事的显著优势；坚持各民族一律平等，铸牢中华民族共同体意识，实现共同团结奋斗、共同繁荣发展的显著优势；坚持公有制为主体、多种所有制经济共同发展和按劳分配为主体、多种分配方式并存，把社会主义制度和市场经济有机结合起来，不断解放和发展社会生产力的显著优势；坚持共同的理想信念、价值理念、道德观念，弘扬中华优秀传统文化、革命文化、社会主义先进文化，促进全体人民在思想上精神上紧紧团结在一起的显著优势；坚持以人民为中心的发展思想，不断保障和改善民生、增进人民福祉，走共同富裕道路的显著优势；坚持改革创新、与时俱进，善于自我完善、自我发展，使社会始终充满生机活力的显著优势；坚持德才兼备、选贤任能，聚天下英才而用之，培养造就更多更优秀人才的显著优势；坚持党指挥枪，确保人民军队绝对忠诚于党和人民，有力保障国家主权、安全、发展利益的显著优势；坚持“一国两制”，保持香港、澳门长期繁荣稳定，促进祖国和平统一的显著优势；坚持独立自主和对外开放相统一，积极参与全球治理，为构建人类命运共同体不断作出贡献的显著优势。这些显著优势，是我们坚定中国特色社会主义道路自信、理论自信、制度自信、文化自信的基本依据。

当今世界正经历百年未有之大变局，我国正处于实现中华民族伟大复兴关键时期。顺应时代潮流，适应我国社会主要矛盾变化，统揽伟大斗争、伟大工程、伟大事业、伟大梦想，不断满足人民对美好生活新期待，战胜前进道路上的各种风险挑战，必须在坚持和完善中国特色社会主义制度、推进国家治理体系和治理能力现代化上下更大功夫。

必须坚持以马克思列宁主义、毛泽东思想、邓小平理论、“三个代表”重要思想、科学发展观、习近平新时代中国特色社会主义思想为指导，增强“四个意识”，坚定“四个自信”，做到“两个维护”，坚持党的领导、人民当家做主、依法治国有机统一，坚持解放思想、实事求是，坚持改革创新，突出坚持和完善支撑中国特色社会主义制度的根本制度、基本制度、重要制度，着力固根基、扬优势、补短板、强弱项，构建系统完备、科学规范、运行有效的制度体系，加强系统治理、依法治理、综合治理、源头治理，把我国制度优势更好转化为国家治理效能，为实现“两个一百年”奋斗目标、实现中华民族伟大复兴的中国梦提供有力保证。

坚持和完善中国特色社会主义制度、推进国家治理体系和治理能力现代化的总体目标是，到我们党成立一百年时，在各方面制度更加成熟更加定型上取得明显成效；到二〇三五年，各方面制度更加完善，基本实现国家治理体系和治理能力现代化；到新中国成立一百年时，全面实现国家治理体系和治理能力现代化，使中国特色社会主义制度更加巩固、优越性充分展现。

二、坚持和完善党的领导制度体系，提高党科学执政、民主执政、依法执政水平

中国共产党领导是中国特色社会主义最本质的特征，是中国特色社会主义制度的最大优势，党是最高政治领导力量。必须坚持党政军民学、东西南北中，党是领导一切的，坚决维护党中央权威，健全总揽全局、协调各方的党的领导制度体系，把党的领导落实到国家治理各领域各方面各环节。

（一）建立不忘初心、牢记使命的制度。确保全党遵守党章，恪守党的性质和宗旨，坚持用共产主义远大理想和中国特色社会主义共同理想凝聚全党、团结人民，用习近平新时代中国特色社会主义思想武装全党、教育人民、指导工作，夯实党执政的思想基础。把不忘初心、牢记使命作为加强党的建设的永恒课题和全体党员、干部的终身课题，形成长效机制，坚持不懈锤炼党员、干部忠诚干净担当的政治品格。全面贯彻党的基本理论、基本路线、基本方略，持续推进党的理论创新、实践创新、制度创新，使一切工作顺应时代潮流、符合发展规律、体现人民愿望，确保党始终走在时代前列、得到人民衷心拥护。

（二）完善坚定维护党中央权威和集中统一领导的各项制度。推动全党增强“四个意识”、坚定“四个自信”、做到“两个维护”，自觉在思想上、政治上、行动上同以习近平同志为核心的党中央保持高度一致，坚决把维护习近平总书记党中央的核心、全党的核心地位落到实处。健全党中央对重大工作的领导体制，强化党中央决策议事协调机构职能作用，完善推动党中央重大决策落实机制，严格执行向党中央请示报告制度，确保令行禁止。健全维护党的集中统一的组织制度，形成党的中央组织、地方组织、基层组织上下贯通、执行有力的严密体系，实现党的组织和党的工作全覆盖。

（三）健全党的全面领导制度。完善党领导人大、政府、政协、监察机关、审判机关、检察机关、武装力量、人民团体、企事业单位、基层群众自治组织、社会组织等制度，健全各级党委（党组）工作制度，确保党在各种组织中发挥领导作用。完善党领导各项事业的具体制度，把党的领导落实到统筹推进“五位一体”总体布局、协调推进“四个全面”战略布局各方面。完善党和国家机构职能体系，把党的领导贯彻到党和国家所有机构履行职责全过程，推动各方面协调行动、增强合力。

（四）健全为人民执政、靠人民执政各项制度。坚持立党为公、执政为民，保持党同人民群众的血肉联系，把尊重民意、汇集民智、凝聚民力、改善民生贯穿党治国理政全部工作之中，巩固党执政的阶级基础，厚植党执政的群众基础，通过完善制度保证人民在国家治理中的主体地位，着力防范脱离群众的危险。贯彻党的群众路线，完善党员、干部联系群众制度，创新互联网时代群众工作机制，始终做到为了群众、相信群众、依靠群众、引领群众，深入群众、深入基层。健全联系广泛、服务群众的群团工作体系，推动人民团体增强政治性、先进性、群众性，把各自联系的群众紧紧团结在党的周围。

（五）健全提高党的执政能力和领导水平制度。坚持民主集中制，完善发展党内民主和实行正确集中的相关制度，提高党把方向、谋大局、定政策、促改革的能力。健全决策机制，加强重大决策的调查研究、科学论证、风险评估，强化决策执行、评估、监督。改进党的领导方式和执政方式，增强各级党组织政治功能和组织力。完善担当作为的激励机制，促进各级领导干部增强学习本领、政治领导本领、改革创新本领、科学发展本领、依法执政本领、群众工作本领、狠抓落实本领、驾驭风险本领，发扬斗争精神，增强斗争本领。

（六）完善全面从严治党制度。坚持党要管党、全面从严治党，增强忧患意识，不断推进党的自我革命，永葆党的先进性和纯洁性。贯彻新时代党的建设总要求，深化党的建设制度改革，坚持依规治党，建立健全以党的政治建设为统领，全面推进党的各方面建设的体制机制。坚持新时代党的组织路线，健全党管干部、选贤任能制度。规范党内政治生活，严明政治纪律和政治规矩，发展积极健康的党内政治文化，全面净化党内政治生态。完善和落实全面从严治党责任制度。坚决同一切影响党的先进性、弱化党的纯洁性的问题做斗争，大力纠治形式主义、官僚主义，不断增强党的创造力、凝聚力、战斗力，确保党始终成为中国特色社会主义事业的坚强领导核心。

三、坚持和完善人民当家做主制度体系，发展社会主义民主政治

我国是工人阶级领导的、以工农联盟为基础的人民民主专政的社会主义国家，国家的一切权力属于人民。必须坚持人民主体地位，坚定不移走中国特色社会主义政治发展道路，健全民主制度，丰富民主形式，拓宽民主渠道，依法实行民主选举、民主协商、民主决策、民主管理、民主监督，使各方面制度和国家治理更好体现人民意志、保障人民权益、激发人民创造，确保人民依法通过各种途径和形式管理国家事务，管理经济文化事业，管理社会事务。

（一）坚持和完善人民代表大会制度这一根本政治制度。人民行使国家权力的机关是全国人民代表大会和地方各级人民代表大会。支持和保证人民通过人民代表大会行使国家权力，保证各级人大都由民主选举产生、对人民负责、受人民监督，保证各级国家机关都由人大产生、对人大负责、受人大监督。支持和保证人大及其常委会依法行使职权，健全人大对“一府一委两院”监督制度。密切人大代表同人民群众的联系，健全代表联络机制，更好发挥人大代表作用。健全人大组织制度、选举制度和议事规则，完善论证、评估、评议、听证制度。适当增加基层人大代表数量。加强地方人大及其常委会建设。

（二）坚持和完善中国共产党领导的多党合作和政治协商制度。贯彻长期共存、互相监督、肝胆相照、荣辱与共的方针，加强中国特色社会主义政党制度建设，健全相互监督特别是中国共产党自觉接受监督、对重大决策部署贯彻落实情况实施专项监督等机制，完善民主党派中央直接向中共中央提出建议制度，完善支持民主党派和无党派人士履行职能方法，展现我国新型政党制度优势。发挥人民政协作为政治组织和民主形式的效能，提高政治协商、民主监督、参政议政水平，更好凝聚共识。完善人民政协专门协商机构制度，丰富协商形式，健全协商规则，优化界别设置，健全发扬民主和增进团结相互贯通、建言资政和凝聚共识双向发力的程序机制。

坚持社会主义协商民主的独特优势，统筹推进政党协商、人大协商、政府协商、政协协商、人民团体协商、基层协商以及社会组织协商，构建程序合理、环节完整的协商民主体系，完善协商于决策之前和决策实施之中的落实机制，丰富有事好商量、众人的事情由众人商量的制度化实践。

（三）巩固和发展最广泛的爱国统一战线。坚持大统战工作格局，坚持一致性和多样性统一，完善照顾同盟者利益政策，做好民族工作和宗教工作，健全党外代表人士队伍建设制度，凝聚港澳同胞、台湾同胞、海外侨胞力量，谋求最大公约数，画出最大同心圆，促进政党关系、民族关系、宗教关系、阶层关系、海内外同胞关系和谐。

（四）坚持和完善民族区域自治制度。坚定不移走中国特色解决民族问题的正确道路，坚持各民族一律平等，坚持各民族共同团结奋斗、共同繁荣发展，保证民族自治地方依法行使自治权，保障少数民族合法权益，巩固和发展平等团结互助和谐的社会主义民族关系。坚持不懈开展马克思主义祖国观、民族观、文化观、历史观宣传教育，打牢中华民族共同体思想基础。全面深入持久开展民族团结进步创建，加强各民族交往交流交融。支持和帮助民族地区加快发展，不断提高各族群众生活水平。

（五）健全充满活力的基层群众自治制度。健全基层党组织领导的基层群众自治机制，在城乡社区治理、基层公共事务和公益事业中广泛实行群众自我管理、自我服务、自我教育、自我监督，拓宽人民群众反映意见和建议的渠道，着力推进基层直接民主制度化、规范化、程序化。全心全意依靠工人阶级，健全以职工代表大会为基本形式的企事业单位民主管理制度，探索企业职工参与管理的有效方式，保障职工群众的知情权、参与权、表达权、监督权，维护职工合法权益。

四、坚持和完善中国特色社会主义法治体系，提高党依法治国、依法执政能力

建设中国特色社会主义法治体系、建设社会主义法治国家是坚持和发展中国特色社会主义的内在要求。必须坚定不移走中国特色社会主义法治道路，全面推进依法治国，坚持依法治国、依法执政、依法行政共同推进，坚持法治国家、法治政府、法治社会一体建设，加快形成完备的法律规范体系、高效的法治实施体系、严密的法治监督体系、有力的法治保障体系，加快形成完善的党内法规体系，全面推进科学立法、严格执法、公正司法、全民守法，推进法治中国建设。

（一）健全保证宪法全面实施的体制机制。依法治国首先要坚持依宪治国，依法执政首先要坚持依宪执政。加强宪法实施和监督，落实宪法解释程序机制，推进合宪性审查工作，加强备案审查制度和能力建设，依法撤销和纠正违宪违法的规范性文件。坚持宪法法律至上，健全法律面前人人平等保障机制，维护国家法制统一、尊严、权威，一切违反宪法法律的行为都必须予以追究。

（二）完善立法体制机制。坚持科学立法、民主立法、依法立法，完善党委领导、人大主导、政府依托、各方参与的立法工作格局，立改废释并举，不断提高立法质量和效率。完善以宪法为核心的中国特色社会主义法律体系，加强重要领域立法，加快我国法域外适用的法律体系建设，以良法保障善治。

（三）健全社会公平正义法治保障制度。坚持法治建设为了人民、依靠人民，加强人权法治保障，保证人民依法享有广泛的权利和自由、承担应尽的义务，引导全体人民做社会主义法治的忠实崇尚者、自觉遵守者、坚定捍卫者。坚持有法必依、执法必严、违法必究，严格规范公正文明执法，规范执法自由裁量权，加大关系群众切身利益的重点领域执法力度。深化司法体制综合配套改革，完善审判制度、检察制度，全面落实司法责任制，完善律师制度，加强对司法活动的监督，确保司法公正高效权威，努力让人民群众在每一个司法案件中感受到公平正义。

（四）加强对法律实施的监督。保证行政权、监察权、审判权、检察权得到依法正确行使，保证公民、法人和其他组织合法权益得到切实保障，坚决排除对执法司法活动的干预。拓展公益诉讼案件范围。加大对严重违法行为处罚力度，实行惩罚性赔偿制度，严格刑事责任追究。加大全民普法工作力度，增强全民法治观念，完善公共法律服务体系，夯实依法治国群众基础。各级党和国家机关以及领导干部要带头尊法学法守法用法，提高运用法治思维和法治方式深化改革、推动发展、化解矛盾、维护稳定、应对风险的能力。

五、坚持和完善中国特色社会主义行政体制，构建职责明确、依法行政的政府治理体系

国家行政管理承担着按照党和国家决策部署推动经济社会发展、管理社会事务、服务人民群众的重大职责。必须坚持一切行政机关为人民服务、对人民负责、受人民监督，创新行政方式，提高行政效能，建设人民满意的服务型政府。

（一）完善国家行政体制。以推进国家机构职能优化协同高效为着力点，优化行政决策、行政执行、行政组织、行政监督体制。健全部门协调配合机制，防止政出多门、政策效应相互抵消。深化行政执法体制改革，最大限度减少不必要的行政执法事项。进一步整合行政执法队伍，继续探索实行跨领域跨部门综合执法，推动执法重心下移，提高行政执法能力水平。落实行政执法责任制和责任追究制度。创新行政管理和服务方式，加快推进全国一体化政务服务平台建设，健全强有力的行政执行系统，提高政府执行力和公信力。

（二）优化政府职责体系。完善政府经济调节、市场监管、社会管理、公共服务、生态环境保护等职能，实行政府权责清单制度，厘清政府和市场、政府和社会关系。深入推进简政放权、放管结合、优化服务，深化行政审批制度改革，改善营商环境，激发各类市场主体活力。健全以国家发展规划为战略导向，以财政政策和货币政策为主要手段，就业、产业、投资、消费、区域等政策协同发力的宏观调控制度体系。完善国家重大发展战略和中长期经济社会发展规划制度。完善标准科学、规范透明、约束有力的预算制度。建设现代中央银行制度，完善基础货币投放机制，健全基准利率和市场化利率体系。严格市场监管、质量监管、安全监管，加强违法惩戒。完善公共服务体系，推进基本公共服务均等化、可及性。建立健全运用互联网、大数据、人工智能等技术手段进行行政管理的制度规则。推进数字政府建设，加强数据有序共享，依法保护个人信息。

（三）优化政府组织结构。推进机构、职能、权限、程序、责任法定化，使政府机构设置更加科学、职能更加优化、权责更加协同。严格机构编制管理，统筹利用行政管理资源，节约行政成本。优化行政区划设置，提高中心城市和城市群综合承载和资源优化配置能力，实行扁平化管理，形成高效率组织体系。

（四）健全充分发挥中央和地方两个积极性体制机制。理顺中央和地方权责关系，加强中央宏观事务管理，维护国家法制统一、政令统一、市场统一。适当加强中央在知识产权保护、养老保险、跨区域生态环境保护等方面事权，减少并规范中央和地方共同事权。赋予地方更多自主权，支持地方创造性开展工作。按照权责一致原则，规范垂直管理体制和地方分级管理体制。优化政府间事权和财权划分，建立权责清晰、财力协调、区域均衡的中央和地方财政关系，形成稳定的各级政府事权、支出责任和财力相适应的制度。构建从中央到地方权责清晰、运行顺畅、充满活力的工作体系。

六、坚持和完善社会主义基本经济制度，推动经济高质量发展

公有制为主体、多种所有制经济共同发展，按劳分配为主体、多种分配方式并存，社会主义市场经济体制等社会主义基本经济制度，既体现了社会主义制度优越性，又同我国社会主义初级阶段社会生产力发展水平相适应，是党和人民的伟大创造。必须坚持社会主义基本经济制度，充分发挥市场在资源配置中的决定性作用，更好发挥政府作用，全面贯彻新发展理念，坚持以供给侧结构性改革为主线，加快建设现代化经济体系。

（一）毫不动摇巩固和发展公有制经济，毫不动摇鼓励、支持、引导非公有制经济发展。探索公有制多种实现形式，推进国有经济布局优化和结构调整，发展混合所有制经济，增强国有经济竞争力、创新力、控制力、影响力、抗风险能力，做强做优做大国有资本。深化国有企业改革，完善中国特色现代企业制度。形成以管资本为主的国有资产监管体制，有效发挥国有资本投资、运营公司功能作用。健全支持民营经济、外商投资企业发展的法治环境，完善构建亲清政商关系的政策体系，健全支持中小企业发展制度，促进非公有制经济健康发展和非公有制经济人士健康成长。营造各种所有制主体依法平等使用资源要素、公开公平公正参与竞争、同等受到法律保护的市场环境。深化农村集体产权制度改革，发展农村集体经济，完善农村基本经营制度。

（二）坚持按劳分配为主体、多种分配方式并存。坚持多劳多得，着重保护劳动所得，增加劳动者特别是一线劳动者劳动报酬，提高劳动报酬在初次分配中的比重。健全劳动、资本、土地、知识、技术、管理、数据等生产要素由市场评价贡献、按贡献决定报酬的机制。健全以税收、社会保障、转移支付等为主要手段的再分配调节机制，强化税收调节，完善直接税制度并逐步提高其比重。完善相关制度和政策，合理调节城乡、区域、不同群体间分配关系。重视发挥第三次分配作用，发展慈善等社会公益事业。鼓励勤劳致富，保护合法收入，增加低收入者收入，扩大中等收入群体，调节过高收入，清理规范隐性收入，取缔非法收入。

（三）加快完善社会主义市场经济体制。建设高标准市场体系，完善公平竞争制度，全面实施市场准入负面清单制度，改革生产许可制度，健全破产制度。强化竞争政策基础地位，落实公平竞争审查制度，加强和改进反垄断和反不正当竞争执法。健全以公平为原则的产权保护制度，建立知识产权侵权惩罚性赔偿制度，加强企业商业秘密保护。推进要素市场制度建设，实现要素价格市场决定、流动自主有序、配置高效公平。强化消费者权益保护，探索建立集体诉讼制度。加强资本市场基础制度建设，健全具有高度适应性、竞争力、普惠性的现代金融体系，有效防范化解金融风险。优化经济治理基础数据库。健全推动发展先进制造业、振兴实体经济的体制机制。实施乡村振兴战略，完善农业农村优先发展和保障国家粮食安全的制度政策，健全城乡融合发展体制机制。构建区域协调发展新机制，形成主体功能明显、优势互补、高质量发展的区域经济布局。

（四）完善科技创新体制机制。弘扬科学精神和工匠精神，加快建设创新型国家，强化国家战略科技力量，健全国家实验室体系，构建社会主义市场经济条件下关键核心技术攻关新型举国体制。加大基础研究投入，健全鼓励支持基础研究、原始创新的体制机制。建立以企业为主体、市场为导向、产学研深度融合的技术创新体系，支持大中小企业和各类主体融通创新，创新促进科技成果转化机制，积极发展新动能，强化标准引领，提升产业基础能力和产业链现代化水平。完善科技人才发现、培养、激励机制，健全符合科研规律的科技管理体制和政策体系，改进科技评价体系，健全科技伦理治理体制。

（五）建设更高水平开放型经济新体制。实施更大范围、更宽领域、更深层次的全面开放，推动制造业、服务业、农业扩大开放，保护外资合法权益，促进内外资企业公平竞争，拓展对外贸易多元化，稳步推进人民币国际化。健全外商投资准入前国民待遇加负面清单管理制度，推动规则、规制、管理、标准等制度型开放。健全促进对外投资政策和服务体系。加快自由贸易试验区、自由贸易港等对外开放高地建设。推动建立国际宏观经济政策协调机制。健全外商投资国家安全审查、反垄断审查、国家技术安全清单管理、不可靠实体清单等制度。完善涉外经贸法律和规则体系。

七、坚持和完善繁荣发展社会主义先进文化的制度，巩固全体人民团结奋斗的共同思想基础

发展社会主义先进文化、广泛凝聚人民精神力量，是国家治理体系和治理能力现代化的深厚支撑。必须坚定文化自信，牢牢把握社会主义先进文化前进方向，围绕举旗帜、聚民心、育新人、兴文化、展形象的使命任务，坚持为人民服务、为社会主义服务，坚持百花齐放、百家争鸣，坚持创造性转化、创新性发展，激发全民族文化创造活力，更好构筑中国精神、中国价值、中国力量。

（一）坚持马克思主义在意识形态领域指导地位的根本制度。全面贯彻落实习近平新时代中国特色社会主义思想，健全用党的创新理论武装全党、教育人民工作体系，完善党委（党组）理论学习中心组等各层级学习制度，建设和用好网络学习平台。深入实施马克思主义理论研究和建设工程，把坚持以马克思主义为指导全面落实到思想理论建设、哲学社会科学研究、教育教学各方面。加强和改进学校思想政治教育，建立全员、全程、全方位育人体制机制。落实意识形态工作责任制，注意区分政治原则问题、思想认识问题、学术观点问题，旗帜鲜明反对和抵制各种错误观点。

（二）坚持以社会主义核心价值观引领文化建设制度。推动理想信念教育常态化、制度化，弘扬民族精神和时代精神，加强党史、新中国史、改革开放史教育，加强爱国主义、集体主义、社会主义教育，实施公民道德建设工程，推进新时代文明实践中心建设。坚持依法治国和以德治国相结合，完善弘扬社会主义核心价值观的法律政策体系，把社会主义核心价值观要求融入法治建设和社会治理，体现到国民教育、精神文明创建、文化产品创作生产全过程。推进中华优秀传统文化传承发展工程。完善青少年理想信念教育齐抓共管机制。健全志愿服务体系。完善诚信建设长效机制，健全覆盖全社会的征信体系，加强失信惩戒。

（三）健全人民文化权益保障制度。坚持以人民为中心的工作导向，完善文化产品创作生产传播的引导激励机制，推出更多群众喜爱的文化精品。完善城乡公共文化服务体系，优化城乡文化资源配置，推动基层文化惠民工程扩大覆盖面、增强实效性，健全支持开展群众性文化活动机制，鼓励社会力量参与公共文化服务体系建设。

（四）完善坚持正确导向的舆论引导工作机制。坚持党管媒体原则，坚持团结稳定鼓劲、正面宣传为主，唱响主旋律、弘扬正能量。构建网上网下一体、内宣外宣联动的主流舆论格局，建立以内容建设为根本、先进技术为支撑、创新管理为保障的全媒体传播体系。改进和创新正面宣传，完善舆论监督制度，健全重大舆情和突发事件舆论引导机制。建立健全网络综合治理体系，加强和创新互联网内容建设，落实互联网企业信息管理主体责任，全面提高网络治理能力，营造清朗的网络空间。

（五）建立健全把社会效益放在首位、社会效益和经济效益相统一的文化创作生产体制机制。深化文化体制改革，加快完善遵循社会主义先进文化发展规律、体现社会主义市场经济要求、有利于激发文化创新创造活力的文化管理体制和生产经营机制。健全现代文化产业体系和市场体系，完善以高质量发展为导向的文化经济政策。完善文化企业履行社会责任制度，健全引导新型文化业态健康发展机制。完善文化和旅游融合发展体制机制。加强文艺创作引导，完善倡导讲品位讲格调讲责任、抵制低俗庸俗媚俗的工作机制。

八、坚持和完善统筹城乡的民生保障制度，满足人民日益增长的美好生活需要

增进人民福祉、促进人的全面发展是我们党立党为公、执政为民的本质要求。必须健全幼有所育、学有所教、劳有所得、病有所医、老有所养、住有所居、弱有所扶等方面国家基本公共服务制度体系，尽力而为，量力而行，注重加强普惠性、基础性、兜底性民生建设，保障群众基本生活。创新公共服务提供方式，鼓励支持社会力量兴办公益事业，满足人民多层次多样化需求，使改革发展成果更多更公平惠及全体人民。

（一）健全有利于更充分更高质量就业的促进机制。坚持就业是民生之本，实施就业优先政策，创造更多就业岗位。健全公共就业服务和终身职业技能培训制度，完善重点群体就业支持体系。建立促进创业带动就业、多渠道灵活就业机制，对就业困难人员实行托底帮扶。坚决防止和纠正就业歧视，营造公平就业制度环境。健全劳动关系协调机制，构建和谐劳动关系，促进广大劳动者实现体面劳动、全面发展。

（二）构建服务全民终身学习的教育体系。全面贯彻党的教育方针，坚持教育优先发展，聚焦办好人民满意的教育，完善立德树人体制机制，深化教育领域综合改革，加强师德师风建设，培养德智体美劳全面发展的社会主义建设者和接班人。推动城乡义务教育一体化发展，健全学前教育、特殊教育和普及高中阶段教育保障机制，完善职业技术教育、高等教育、继续教育统筹协调发展机制。支持和规范民办教育、合作办学。构建覆盖城乡的家庭教育指导服务体系。发挥网络教育和人工智能优势，创新教育和学习方式，加快发展面向每个人、适合每个人，更加开放灵活的教育体系，建设学习型社会。

（三）完善覆盖全民的社会保障体系。坚持应保尽保原则，健全统筹城乡可持续的基本养老保险制度、基本医疗保险制度，稳步提高保障水平。加快建立基本养老保险全国统筹制度。加快落实社保转移接续、异地就医结算制度，规范社保基金管理，发展商业保险。统筹完善社会救助、社会福利、慈善事业、优抚安置等制度。健全退役军人工作体系和保障制度。坚持和完善促进男女平等、妇女全面发展的制度机制。完善农村留守儿童和妇女、老年人关爱服务体系，健全残疾人帮扶制度。坚决打赢脱贫攻坚战，巩固脱贫攻坚成果，建立解决相对贫困的长效机制。加快建立多主体供给、多渠道保障、租购并举的住房制度。

（四）强化提高人民健康水平的制度保障。坚持关注生命全周期、健康全过程，完善国民健康政策，让广大人民群众享有公平可及、系统连续的健康服务。深化医药卫生体制改革，健全基本医疗卫生制度，提高公共卫生服务、医疗服务、医疗保障、药品供应保障水平。加快现代医院管理制度改革。坚持以基层为重点、预防为主、防治结合、中西医并重。加强公共卫生防疫和重大传染病防控，健全重特大疾病医疗保险和救助制度。优化生育政策，提高人口质量。积极应对人口老龄化，加快建设居家社区机构相协调、医养康养相结合的养老服务体系。聚焦增强人民体质，健全促进全民健身制度性举措。

九、坚持和完善共建共治共享的社会治理制度，保持社会稳定、维护国家安全

社会治理是国家治理的重要方面。必须加强和创新社会治理，完善党委领导、政府负责、民主协商、社会协同、公众参与、法治保障、科技支撑的社会治理体系，建设人人有责、人人尽责、人人享有的社会治理共同体，确保人民安居乐业、社会安定有序，建设更高水平的平安中国。

（一）完善正确处理新形势下人民内部矛盾有效机制。坚持和发展新时代“枫桥经验”，畅通和规范群众诉求表达、利益协调、权益保障通道，完善信访制度，完善人民调解、行政调解、司法调解联动工作体系，健全社会心理服务体系和危机干预机制，完善社会矛盾纠纷多元预防调处化解综合机制，努力将矛盾化解在基层。

（二）完善社会治安防控体系。坚持专群结合、群防群治，提高社会治安立体化、法治化、专业化、智能化水平，形成问题联治、工作联动、平安联创的工作机制，提高预测预警预防各类风险能力，增强社会治安防控的整体性、协同性、精准性。

（三）健全公共安全体制机制。完善和落实安全生产责任和管理制度，建立公共安全隐患排查和安全预防控制体系。构建统一指挥、专常兼备、反应灵敏、上下联动的应急管理体制，优化国家应急管理能力体系建设，提高防灾减灾救灾能力。加强和改进食品药品安全监管制度，保障人民身体健康和生命安全。

（四）构建基层社会治理新格局。完善群众参与基层社会治理的制度化渠道。健全党组织领导的自治、法治、德治相结合的城乡基层治理体系，健全社区管理和服务机制，推行网格化管理和服务，发挥群团组织、社会组织作用，发挥行业协会商会自律功能，实现政府治理和社会调节、居民自治良性互动，夯实基层社会治理基础。加快推进市域社会治理现代化。推动社会治理和服务重心向基层下移，把更多资源下沉到基层，更好提供精准化、精细化服务。注重发挥家庭家教家风在基层社会治理中的重要作用。加强边疆治理，推进兴边富民。

（五）完善国家安全体系。坚持总体国家安全观，统筹发展和安全，坚持人民安全、政治安全、国家利益至上有机统一。以人民安全为宗旨，以政治安全为根本，以经济安全为基础，以军事、科技、文化、社会安全为保障，健全国家安全体系，增强国家安全能力。完善集中统一、高效权威的国家安全领导体制，健全国家安全法律制度体系。加强国家安全人民防线建设，增强全民国家安全意识，建立健全国家安全风险研判、防控协同、防范化解机制。提高防范抵御国家安全风险能力，高度警惕、坚决防范和严厉打击敌对势力渗透、破坏、颠覆、分裂活动。

十、坚持和完善生态文明制度体系，促进人与自然和谐共生

生态文明建设是关系中华民族永续发展的千年大计。必须践行绿水青山就是金山银山的理念，坚持节约资源和保护环境的基本国策，坚持节约优先、保护优先、自然恢复为主的方针，坚定走生产发展、生活富裕、生态良好的文明发展道路，建设美丽中国。

（一）实行最严格的生态环境保护制度。坚持人与自然和谐共生，坚守尊重自然、顺应自然、保护自然，健全源头预防、过程控制、损害赔偿、责任追究的生态环境保护体系。加快建立健全国土空间规划和用途统筹协调管控制度，统筹划定落实生态保护红线、永久基本农田、城镇开发边界等空间管控边界以及各类海域保护线，完善主体功能区制度。完善绿色生产和消费的法律制度和政策导向，发展绿色金融，推进市场导向的绿色技术创新，更加自觉地推动绿色循环低碳发展。构建以排污许可制为核心的固定污染源监管制度体系，完善污染防治区域联动机制和陆海统筹的生态环境治理体系。加强农业农村环境污染防治。完善生态环境保护法律体系和执法司法制度。

（二）全面建立资源高效利用制度。推进自然资源统一确权登记法治化、规范化、标准化、信息化，健全自然资源产权制度，落实资源有偿使用制度，实行资源总量管理和全面节约制度。健全资源节约集约循环利用政策体系。普遍实行垃圾分类和资源化利用制度。推进能源革命，构建清洁低碳、安全高效的能源体系。健全海洋资源开发保护制度。加快建立自然资源统一调查、评价、监测制度，健全自然资源监管体制。

（三）健全生态保护和修复制度。统筹山水林田湖草一体化保护和修复，加强森林、草原、河流、湖泊、湿地、海洋等自然生态保护。加强对重要生态系统的保护和永续利用，构建以国家公园为主体的自然保护地体系，健全国家公园保护制度。加强长江、黄河等大江大河生态保护和系统治理。开展大规模国土绿化行动，加快水土流失和荒漠化、石漠化综合治理，保护生物多样性，筑牢生态安全屏障。除国家重大项目外，全面禁止围填海。

（四）严明生态环境保护责任制度。建立生态文明建设目标评价考核制度，强化环境保护、自然资源管控、节能减排等约束性指标管理，严格落实企业主体责任和政府监管责任。开展领导干部自然资源资产离任审计。推进生态环境保护综合行政执法，落实中央生态环境保护督察制度。健全生态环境监测和评价制度，完善生态环境公益诉讼制度，落实生态补偿和生态环境损害赔偿制度，实行生态环境损害责任终身追究制。

十一、坚持和完善党对人民军队的绝对领导制度，确保人民军队忠实履行新时代使命任务

人民军队是中国特色社会主义的坚强柱石，党对人民军队的绝对领导是人民军队的建军之本、强军之魂。必须牢固确立习近平强军思想在国防和军队建设中的指导地位，巩固和拓展深化国防和军队改革成果，构建中国特色社会主义军事政策制度体系，全面推进国防和军队现代化，确保实现党在新时代的强军目标，把人民军队全面建成世界一流军队，永葆人民军队的性质、宗旨、本色。

（一）坚持人民军队最高领导权和指挥权属于党中央。中央军委实行主席负责制是坚持党对人民军队绝对领导的根本实现形式。坚持全国武装力量由军委主席统一领导和指挥，完善贯彻军委主席负责制的体制机制，严格落实军委主席负责制各项制度规定。严明政治纪律和政治规矩，坚决维护党中央、中央军委权威，确保政令军令畅通。

（二）健全人民军队党的建设制度体系。全面贯彻政治建军各项要求，突出抓好军魂培育，发扬优良传统，传承红色基因，坚决抵制“军队非党化、非政治化”和“军队国家化”等错误政治观点。坚持党委制、政治委员制、政治机关制，坚持党委统一的集体领导下的首长分工负责制，坚持支部建在连上，完善党领导军队的组织体系。建设坚强有力的党组织和高素质专业化干部队伍，确保枪杆子永远掌握在忠于党的可靠的人手中。

（三）把党对人民军队的绝对领导贯彻到军队建设各领域全过程。贯彻新时代军事战略方针，坚持战斗力根本标准，建立健全基于联合、平战一体的军事力量运用政策制度体系，构建新时代军事战略体系，加强联合作战指挥体系和能力建设，调整完善战备制度，健全实战化军事训练制度，有效塑造态势、管控危机、遏制战争、打赢战争。坚持以战领建、抓建为战，建立健全聚焦打仗、激励创新、军民融合的军事力量建设政策制度体系，统筹解放军现役部队和预备役部队、武装警察部队、民兵建设，统筹军队各类人员制度安排，深化军官职业化制度、文职人员制度、兵役制度等改革，推动形成现代化战斗力生成模式，构建现代军事力量体系。建立健全精准高效、全面规范、刚性约束的军事管理政策制度体系，强化军委战略管理功能，加强中国特色军事法治建设，提高军队系统运行效能。加快军民融合深度发展步伐，构建一体化国家战略体系和能力。完善国防科技创新和武器装备建设制度。深化国防动员体制改革。加强全民国防教育。健全党政军警民合力强边固防工作机制。完善双拥工作和军民共建机制，加强军政军民团结。

十二、坚持和完善“一国两制”制度体系，推进祖国和平统一

“一国两制”是党领导人民实现祖国和平统一的一项重要制度，是中国特色社会主义的一个伟大创举。必须坚持“一国”是实行“两制”的前提和基础，“两制”从属和派生于“一国”并统一于“一国”之内。严格依照宪法和基本法对香港特别行政区、澳门特别行政区实行管治，坚定维护国家主权、安全、发展利益，维护香港、澳门长期繁荣稳定，绝不容忍任何挑战“一国两制”底线的行为，绝不容忍任何分裂国家的行为。

（一）全面准确贯彻“一国两制”、“港人治港”、“澳人治澳”、高度自治的方针。坚持依法治港治澳，维护宪法和基本法确定的宪制秩序，把坚持“一国”原则和尊重“两制”差异、维护中央对特别行政区全面管治权和保障特别行政区高度自治权、发挥祖国内地坚强后盾作用和提高特别行政区自身竞争力结合起来。完善特别行政区同宪法和基本法实施相关的制度和机制，坚持以爱国者为主体的“港人治港”“澳人治澳”，提高特别行政区依法治理能力和水平。

（二）健全中央依照宪法和基本法对特别行政区行使全面管治权的制度。完善中央对特别行政区行政长官和主要官员的任免制度和机制、全国人大常委会对基本法的解释制度，依法行使宪法和基本法赋予中央的各项权力。建立健全特别行政区维护国家安全的法律制度和执行机制，支持特别行政区强化执法力量。健全特别行政区行政长官对中央政府负责的制度，支持行政长官和特别行政区政府依法施政。完善香港、澳门融入国家发展大局、同内地优势互补、协同发展机制，推进粤港澳大湾区建设，支持香港、澳门发展经济、改善民生，着力解决影响社会稳定和长远发展的深层次矛盾和问题。加强对香港、澳门社会特别是公职人员和青少年的宪法和基本法教育、国情教育、中国历史和中华文化教育，增强香港、澳门同胞国家意识和爱国精神。坚决防范和遏制外部势力干预港澳事务和进行分裂、颠覆、渗透、破坏活动，确保香港、澳门长治久安。

（三）坚定推进祖国和平统一进程。解决台湾问题、实现祖国完全统一，是全体中华儿女共同愿望，是中华民族根本利益所在。推动两岸就和平发展达成制度性安排。完善促进两岸交流合作、深化两岸融合发展、保障台湾同胞福祉的制度安排和政策措施，团结广大台湾同胞共同反对“台独”、促进统一。在确保国家主权、安全、发展利益的前提下，和平统一后，台湾同胞的社会制度和生活方式将得到充分尊重，台湾同胞的私人财产、宗教信仰、合法权益将得到充分保障。

十三、坚持和完善独立自主的和平外交政策，推动构建人类命运共同体

推动党和国家事业发展需要和平国际环境和良好外部条件。必须统筹国内国际两个大局，高举和平、发展、合作、共赢旗帜，坚定不移维护国家主权、安全、发展利益，坚定不移维护世界和平、促进共同发展。

（一）健全党对外事工作领导体制机制。坚持外交大权在党中央，加强中国特色大国外交理论建设，全面贯彻党中央外交大政方针和战略部署。深入推进涉外体制机制建设，统筹协调党、人大、政府、政协、军队、地方、人民团体等的对外交往，加强党总揽全局、协调各方的对外工作大协同格局。加强涉外法治工作，建立涉外工作法务制度，加强国际法研究和运用，提高涉外工作法治化水平。

（二）完善全方位外交布局。坚定不移走和平发展道路，坚持在和平共处五项原则基础上全面发展同各国的友好合作，坚持国家不分大小、强弱、贫富一律平等，推动建设相互尊重、公平正义、合作共赢的新型国际关系，积极发展全球伙伴关系，维护全球战略稳定，反对一切形式的霸权主义和强权政治。坚持通过对话协商、以和平手段解决国际争端和热点难点问题，反对动辄使用武力或以武力相威胁。坚持奉行防御性的国防政策，永远不称霸，永远不搞扩张，永远做维护世界和平的坚定力量。

（三）推进合作共赢的开放体系建设。坚持互利共赢的开放战略，推动共建“一带一路”高质量发展，维护完善多边贸易体制，推动贸易和投资自由化便利化，推动构建面向全球的高标准自由贸易区网络，支持广大发展中国家提高自主发展能力，推动解决全球发展失衡、数字鸿沟等问题，推动建设开放型世界经济。健全对外开放安全保障体系。构建海外利益保护和风险预警防范体系，完善领事保护工作机制，维护海外同胞安全和正当权益，保障重大项目和人员机构安全。

（四）积极参与全球治理体系改革和建设。高举构建人类命运共同体旗帜，秉持共商共建共享的全球治理观，倡导多边主义和国际关系民主化，推动全球经济治理机制变革。推动在共同但有区别的责任、公平、各自能力等原则基础上开展应对气候变化国际合作。维护联合国在全球治理中的核心地位，支持上海合作组织、金砖国家、二十国集团等平台机制化建设，推动构建更加公正合理的国际治理体系。

十四、坚持和完善党和国家监督体系，强化对权力运行的制约和监督

党和国家监督体系是党在长期执政条件下实现自我净化、自我完善、自我革新、自我提高的重要制度保障。必须健全党统一领导、全面覆盖、权威高效的监督体系，增强监督严肃性、协同性、有效性，形成决策科学、执行坚决、监督有力的权力运行机制，确保党和人民赋予的权力始终用来为人民谋幸福。

（一）健全党和国家监督制度。完善党内监督体系，落实各级党组织监督责任，保障党员监督权利。重点加强对高级干部、各级主要领导干部的监督，完善领导班子内部监督制度，破解对“一把手”监督和同级监督难题。强化政治监督，加强对党的理论和路线方针政策以及重大决策部署贯彻落实情况的监督检查，完善巡视巡察整改、督察落实情况报告制度。深化纪检监察体制改革，加强上级纪委监委对下级纪委监委的领导，推进纪检监察工作规范化、法治化。完善派驻监督体制机制。推进纪律监督、监察监督、派驻监督、巡视监督统筹衔接，健全人大监督、民主监督、行政监督、司法监督、群众监督、舆论监督制度，发挥审计监督、统计监督职能作用。以党内监督为主导，推动各类监督有机贯通、相互协调。

（二）完善权力配置和运行制约机制。坚持权责法定，健全分事行权、分岗设权、分级授权、定期轮岗制度，明晰权力边界，规范工作流程，强化权力制约。坚持权责透明，推动用权公开，完善党务、政务、司法和各领域办事公开制度，建立权力运行可查询、可追溯的反馈机制。坚持权责统一，盯紧权力运行各个环节，完善发现问题、纠正偏差、精准问责有效机制，压减权力设租寻租空间。

（三）构建一体推进不敢腐、不能腐、不想腐体制机制。坚定不移推进反腐败斗争，坚决查处政治问题和经济问题交织的腐败案件，坚决斩断“围猎”和甘于被“围猎”的利益链，坚决破除权钱交易的关系网。深化标本兼治，推动审批监管、执法司法、工程建设、资源开发、金融信贷、公共资源交易、公共财政支出等重点领域监督机制改革和制度建设，推进反腐败国家立法，促进反腐败国际合作，加强思想道德和党纪国法教育，巩固和发展反腐败斗争压倒性胜利。

十五、加强党对坚持和完善中国特色社会主义制度、推进国家治理体系和治理能力现代化的领导

坚持和完善中国特色社会主义制度、推进国家治理体系和治理能力现代化，是全党的一项重大战略任务。必须在党中央统一领导下进行，科学谋划、精心组织，远近结合、整体推进，确保本次全会所确定的各项目标任务全面落实到位。

制度的生命力在于执行。各级党委和政府以及各级领导干部要切实强化制度意识，带头维护制度权威，做制度执行的表率，带动全党全社会自觉尊崇制度、严格执行制度、坚决维护制度。健全权威高效的制度执行机制，加强对制度执行的监督，坚决杜绝做选择、搞变通、打折扣的现象。

加强制度理论研究和宣传教育，引导全党全社会充分认识中国特色社会主义制度的本质特征和优越性，坚定制度自信。教育引导广大干部群众认识到，中国特色社会主义制度和国家治理体系经过长期实践检验，来之不易，必须倍加珍惜；完善和发展我国国家制度和治理体系，必须坚持从国情出发、从实际出发，既把握长期形成的历史传承，又把握党和人民在我国国家制度建设和国家治理方面走过的道路、积累的经验、形成的原则，不能照抄照搬他国制度模式，既不走封闭僵化的老路，也不走改旗易帜的邪路，坚定不移走中国特色社会主义道路。

把提高治理能力作为新时代干部队伍建设的重大任务。通过加强思想淬炼、政治历练、实践锻炼、专业训练，推动广大干部严格按照制度履行职责、行使权力、开展工作，提高推进“五位一体”总体布局和“四个全面”战略布局等各项工作能力和水平。坚持党管干部原则，落实好干部标准，树立正确用人导向，把制度执行力和治理能力作为干部选拔任用、考核评价的重要依据。尊重知识、尊重人才，加快人才制度和政策创新，支持各类人才为推进国家治理体系和治理能力现代化贡献智慧和力量。

推进全面深化改革，既要保持中国特色社会主义制度和国家治理体系的稳定性和延续性，又要抓紧制定国家治理体系和治理能力现代化急需的制度、满足人民对美好生活新期待必备的制度，推动中国特色社会主义制度不断自我完善和发展、永葆生机活力。

全党全国各族人民要更加紧密地团结在以习近平同志为核心的党中央周围，坚定信心，保持定力，锐意进取，开拓创新，为坚持和完善中国特色社会主义制度、推进国家治理体系和治理能力现代化，实现“两个一百年”奋斗目标、实现中华民族伟大复兴的中国梦而努力奋斗！

（新华社北京11月5日电）

（原载《人民日报》2019年11月6日第1、5、6版）

黄坤明出席国家社科基金项目评审工作会

新华社北京5月23日电　5月23日，2019年度国家社科基金项目评审工作会议在京召开。中共中央政治局委员、中宣部部长黄坤明出席会议并讲话，强调哲学社会科学战线要深入学习贯彻习近平新时代中国特色社会主义思想，坚持正确方向，树立责任担当，积极回应时代要求和人民期待，创造哲学社会科学发展的新业绩，为国家发展和民族复兴提供坚实学理支撑。

黄坤明指出，新中国成立70年来，哲学社会科学事业走过了不平凡的历程，作出了重要贡献。新时代新使命，要自觉坚持以习近平新时代中国特色社会主义思想引领哲学社会科学研究，增进政治认同、思想认同、理论认同、情感认同，加强对党的创新理论的学理化阐释，自觉贯穿融入学术研究和学科建设之中，铸牢新时代哲学社会科学的灵魂。

黄坤明强调，要聚焦构建中国特色哲学社会科学的战略任务，立足中国实践，打开国际视野，加强全局性、前瞻性、战略性问题研究，大力推动理论创新，积极服务经济社会发展。要加强基础研究，提升学术原创水平，增强学术话语权，不断提高我国哲学社会科学的创造活力、发展能力、竞争实力。广大哲学社会科学工作者要坚定学术报国志向，切实增强“四力”、追求德艺双馨，在为国为民、立德立言中成就自我、实现价值。

（原载《人民日报海外版》2019年5月24日第2版）

·学科综述·

概 述

本栏目包含2019年度北京地区哲学社会科学16个学科方向的综述文章57篇，研究北京的综述文章8篇。综述作者均为首都哲学社会科学界重要学术机构的知名学者、学科带头人及有较高学术水平的研究人员。这些学科综述文章较为客观地记述并分析了本年度相关研究领域的重点研究方向、科研项目、学术活动、学术观点和学术成果；栏目还收录了《光明日报》载《2019年度中国十大学术热点》和《北京日报》载《2019年理论学术研究观点要览》《2019年理论视野中的热点问题》等文章。

马克思主义

马克思主义经典著作研究

彭萍萍

2019年，首都理论界、学术界继续开展马克思主义经典著作研究，深入进行学术交流，取得了很多重要学术成果。现对一年来首都理论界、学术界关于马克思主义经典著作的研究情况作一简要综述。

一、关于《德意志意识形态》的研究

有学者指出，《德意志意识形态》是阐发唯物史观最集中、最系统、最完备的马克思主义哲学经典著作，是马克思哲学革命的集中成果，其中所蕴含的以"现实的个人"为前提的实践生成论历史观，不仅为共产主义奠定了科学的唯物史观的真理基础，而且为无产阶级的革命运动指明了方向并提供了基本的原则。实践生成论的唯物史观，打破了经验论和唯理论在历史观问题上的二元对立，确立了不断立足于一定历史物质前提的历史实践活动去理解人类历史的科学世界观，指出了人类历史在未来向度的革命性实践中走向共产主义的必然前景。这对于中国共产党人坚定中国特色社会主义自信、带领人民创造历史伟业具有十分重要的理论意义和实践价值。[①]

有学者对MEGA2编者区分唯物史观与历史唯物主义的情况进行客观分析，认为MEGA2《形态》编者对其所阐释的唯物史观精神实质的解读，并非是为了解构马克思主义而否定历史唯物主义与《形态》的关联，而只是立足于当代西方工人运动崭新的实践空间，以激进的方式强调了为我们长期所忽略的内容，即退回到现实，以实证科学的精神研究现实。虽然他们所提出的以实证科学取代独立的哲学，以及仅仅从运动来把握共产主义是值得商榷的，然而他们对唯物史观这种基本精神的强调，对于新时代中国特色社会主义建设具有重要的现实价值。②

还有学者指出，《德意志意识形态》中有两个相互关联的重要概念，一个是“历史科学”，另一个是加引号的“异化”。这标志着马克思由此开启了一种超越了他所批判的经验论和唯心主义的社会科学之路，其根本特征是从主体行动到客观结构，从而能在最为真实的意义上切中社会现实。当今中国社会发生着巨大变化呼唤着中国特色的社会科学，而中国社会科学的建构也正在进行，因此，重新认识马克思始于《德意志意识形态》的社会科学建构方法，对于中国社会科学建构的健康发展具有十分积极的意义。③

针对 MEGA2 中所提出的《德意志意识形态》“季刊说”，有学者指出，《德意志意识形态》“著作说”的确立过程是《德意志意识形态》手稿流传和研究史的重要构成。它的立论依据源于马克思、恩格斯在世时所作的 3 次公开论述，它的首次提出源于以梅林为代表的德国社会民主党理论家的著述，它的正式确立源于梁赞诺夫和阿多拉茨基主编的世界历史上首版《费尔巴哈》章和首部原文完整版《德意志意识形态》。对“著作说”的确立过程这一元问题的研究和解答，有助于我们更好地辨析 2017 年底由 MEGA2 版《德意志意识形态》所正式确立的“季刊说”的是非对错，有助于深化对《德意志意识形态》的文本学、文献学研究。④

二、关于《共产党宣言》的研究

有学者概括，作为指导马克思主义政党建设的纲领性文献，《共产党宣言》（以下简称《宣言》）中蕴含了诸多体现坚定政治信仰的本质揭示、任务明确和政治保障的思想论述，为坚定政治信仰奠定了观念基础和精神原则。包括：坚持“为绝大多数人谋利益”是坚定政治信仰的本质体现；加强理论武装是坚定政治信仰的首要任务；制定并坚决执行正确政治路线是坚定政治信仰的政治保障。这些论述为更好地用习近平新时代中国特色社会主义思想铸育新时代共产党人坚定政治信仰，提供了文献支撑和理论支持。作为《宣言》精神的忠实传承者，我们重温《宣言》，以此观照新时代坚定政治信仰的时代要求，对于我们夯实思想根基、牢记初心使命、凝聚磅礴力量具有重要意义。⑤

还有学者对《共产党宣言》中的阶级斗争理论进行分析，指出马克思、恩格斯在《共产党宣言》中所阐述的阶级斗争理论是建立在资本主义私有制所决定的社会基础上，而脱离对资本主义私有制的根本认识，是导致阶级斗争理论被弱化、淡化的关键原因。西方学者从不同角度阐释了马克思主义阶级观，提出“改良论”“革命论”路向。双方各有偏颇，为我们理解马克思主义“阶级斗争”理论提供了思想资源，但无视资本主义私有制的现实而放弃“阶级斗争”理论，无疑会导致马克思主义的失语与革命运动的式微。⑥

还有学者对《共产党宣言》中美好生活的价值意蕴进行挖掘，指出发表于 170 多年前的《共产党宣言》，不仅是集中阐述科学社会主义原则的纲领性文件，而且是勾勒美好生活崭新图景的“政治宣言书”。《共产党宣言》既从宏观层面关注 19 世纪资本主义国家的整体风貌，又从微观层面聚焦无产阶级的现实生活，并在此基础上对未来生活做出某些科学设想，为无产阶级勾勒了实现美好生活的崭新图景，即以“自由人联合体”代替阶级和阶级对立的资产阶级旧社会，实现每个人得到自由而全面发展的共产主义社会。重温《宣言》中关于美好生活的论述，将“美好生活意蕴”与新时代满足“美好生活需要”相结合，这是对科学社会主义最好的继承与弘扬，是实现马克思主义时代化、中国化的有效路径。⑦

三、关于《资本论》的研究

《资本论》是马克思的代表作，是马克思主义的重要经典文献，被誉为“工人阶级的圣经”，是世界各国介绍、传播马克思主义的重要文本载体。

有学者对《资本论》的理论主题及其时代价值进行分析，指出《资本论》科学解释了资本主义的历史起源，指出《资本论》中关于资本主义起源和历史必然性的观点不是僵化不变的。无产阶级是资产阶级掘墓人、资本主义的发展必然导致共产主义，确实是《资本论》的核心观点，但这一点还需要根据现实历程进一步阐发。《资本论》的真正力量是对资本主义社会的诊断与批判。当前处于全球资本主义裹挟之中的中国，不可避免地会或多或少受资本积累逻辑的冲击。因此，要克服这一冲击，我们依然需要《资本论》的思想智慧。⑧

作为马克思“倾其一生”的“政治经济学批判”的《资本论》，本质上是一种“对现存的一切进行无情的批判”的批判理论。在《资本论》中，通过批判“政治经济学的形而上学”，马克思揭穿了资本主义普遍性和永恒性的“神话”，阐明了作为“抽象力”的批判的和革命的“政治经济学辩证法”；通过批判古典经济学的“劳动价值论”，马克思揭示了价值规律的“二律背反”，论证了在古典经济学劳动价值论的实证性背后存在一个否定性的过程；通过批判“拜物教”，马克思揭示了“资产阶级意识形态”作为“颠倒意识”和“掩盖矛盾”的本质，在“重建个人所有制”的基础上破除了资产阶级意识形态的“幻象”。正是“在批判旧世界中发现新世界”的《资本论》的“政治经济学批判”，真正开辟了一条由“工人阶级的政治经济学”取代“资产阶级的政治经济学”而走向自由解放的道路。⑨

针对学界关于马克思批判资本主义是否基于某种规范性基础的争议，有学者指出，从贯穿马克思本人一生的理论和实践旨趣来看，马克思对资本主义的批判的确基于某种规范性基础之上，但此种规范性基础不是一般道德伦理意义上的“正义”和“平等”，而是自我实现意义上的“个人自由”，并最终达到“每个人的自由发展是一切人自由发展的条件”之人类解放状态。学者进一步指出，强调马克思资本主义批判理论的规范性基础启示我们，当前学界以资本逻辑批判去深化和推进历史唯物主义研究的范式，尚待提升到一个思想的原则高度，即要把资本逻辑批判推进到关涉个人自我实现意义上的革命逻辑，或人类解放与个人自我实现的逻辑。否则，我们不仅无法真正理解历史唯物主义的实质要义，也将误解乃至错失马克思资本主义批判理论的根本旨趣。⑩

有学者基于1858年《马克思致恩格斯》中阐述的思考《资本论》中逻辑与历史的关系，指出国内学者长期运用逻辑与历史相统一的原则来理解资本主义生产，这符合唯物史观的要求，但以此来说明《资本论》的内在逻辑，似乎与马克思的“简单纲要”和《〈政治经济学批判〉导言》不相符，需要进一步探讨。理解《资本论》的逻辑，应当从“简单纲要”和《〈政治经济学批判〉导言》出发，还必须更深入地理解马克思的社会发展理论及其思想方法。⑪

有学者指出，《资本论》不仅是一部宏伟的政治经济学著作，而且是一部宏伟的哲学著作，是马克思主义哲学一系列基本概念和基本原理的宝库。《资本论》通过对资本的生产过程、流通过程和资本主义生产的总过程的翔实的论述和精辟的分析，不仅阐述了历史唯物主义的一系列基本概念和基本原理，并且阐述了唯物辩证法的一系列基本概念和基本原理。不仅于此，马克思结合资本的运动形式和辩证过程的具体论述和深刻分析，对其中蕴含的历史唯物主义和唯物辩证法的基本概念和基本原理的阐述，比他们在有关哲学著作中（包括恩格斯的《反杜林论》和《自然辩证法》）的阐述更具体、更深刻，内容更丰富，说服力和感染力更强。不研究《资本论》中阐述和蕴含的哲学思想，就不可能深入、具体、全面地理解马克思主义哲学的有关基本概念和基本原理，更不可能建立起完整的马克思主义哲学的学科体系。⑫

还有学者从哲学与经济学类比的视角获得对《资本论》哲学意蕴的新领悟，指出在《资本论》及其手稿中，马克思的实践唯物主义、历史唯物主义、“历史性”思想都获得了自己的具体化形态，马克思的资本批判、形而上学批判、意识形态批判也都得到了具体化和深化，因而实践（和历史）唯物主义有必要“上升”为“《资本论》哲学思想”。我们探究马克思哲学的正确思路是从抽象“上升”到具体，而不是把具体“归结”为抽象。⑬

当前，透过《资本论》语境深化马克思政治哲学研究得到学界的广泛关注。有学者提出，推进马克思政治哲学当代研究需要汲取《资本论》的思想资源，在《资本论》语境中界定马克思政治哲学的理论价值，阐释马克思政治哲学的理论形态。探讨《资本论》的政治哲学解读何以可能，既需要立足经济学与政治哲学关系的古今之变，为《资本论》做出政治哲学史的理论定位，也需要明晰近代政治哲学的政治经济学前提，梳理《资本论》破解市民社会的政治哲学困境的逻辑进路。《资本论》对于商品价值形式、资本生产的剥削机制及其再生产本质的科学研究，既以显性的逻辑批判了资本主义生产方式所支撑的资产阶级政治观念，也以隐性的逻辑重构了现代社会个体与共同体的关系，提出了劳动解放和人的自由全面发展这一全新的政治哲学目标。在这个意义上，《资本论》以政治经济学的话语形式完成了政治哲学的“术语革命”，在“元政治哲学”意义上实现了政治哲学理论形态的变革。⑭

还有学者分析《资本论》与马克思政治哲学研究的关系，指出《资本论》的政治经济学批判，既是马克思政治哲学思想发展的逻辑结果，也是推进马克思政治哲学研究的逻辑前提，更是彰显马克思政治哲学时代内涵的逻辑载体。基于《资本论》阐释马克思的政治哲学思想不是偶然的权宜之计，而是内在于马克思政治哲学思想的发展历程和理论本质的必然逻辑。⑮

有学者介绍《马克思恩格斯全集》历史考证版中《资本论》第一卷文献情况，具体分析马克思和恩格斯对第一卷的修订工作，不但从宏观上勾勒经典作家创作和修改《资本论》的总体情况，而且从微观上逐一展示每个字词的修订情况，在各相关文本之间建立起有机的关联。由此揭示了《资本论》第一卷中的几乎每一句话从草稿到通行本的演变历史，使读者从中看到马克思恩格斯的思维特点和工作方式。这些材料，为我们研究《资本论》第一卷提供了新的视角和新的文献基础。对《资本论》第一卷的几份手稿和相关材料进行研究，对深入理解马克思的研究方法和表述方法，对了解《资本论》创作史和传播史，具有重要意义。⑯

还有学者梳理《资本论》在中国翻译、传播的历史，指出《资本论》在中国的翻译、传播经历了初步介绍、研究阐释、摘译部分内容、出版第一个中文译本（至第 1 卷第 3 章）、出版 3 卷本中文译本（全译本）的渐进历程。《资本论》在中国的译介历史，既是中国马克思主义者认识、学习、接受、掌握马克思主义的过程，又是中国共产党人将马克思主义与中国革命实践相结合、推进马克思主义中国化、探索中国马克思主义话语体系的演进历程。《资本论》的翻译为广大知识分子和中国共产党人直接学习马克思原著提供了基础文本，有力推进了马克思主义经典著作在中国的翻译和传播，也为马克思主义中国化提供了源头文献。⑰

四、关于“人类学笔记”的研究

晚年马克思曾于 1879—1882 年对摩尔根、柯瓦列夫斯基、梅恩等人类学家的著作写下 5 篇重要的读书笔记，后人一般称之为“人类学笔记”或“古代社会史笔记”。作为晚年马克思最重要的遗稿之一，笔记在马克思主义思想史、学术史上占有极为重要的地位。围绕这些笔记，数十年来，国内外理论界做了大量的学术研究，形成了立场迥异的各种观点及学术范式，其中涉及和包含了关于笔记及晚年马克思的许多重大理论问题与现实问题。

有学者指出，在“人类学笔记”研究诸话题中，笔记的“研究性质”问题占有突出的地位，受到国内外研究者的特别关注和深入讨论。其中，占学界主导地位、由西方学者首倡的流行见解认为，马克思的“人类学笔记”从事的是一种实证科学、“经验科学”性质的“人类学研究”；笔记表明了晚年马克思的新动向，即修正或超越传统唯物史观立场，放弃《资本论》创作，转向“经验人类学研究”。对此，该学者提出，晚年马克思在其“人类学笔记”中所从事的学术研究，不应定性为实证科学、经验科学性质的“人类学研究”，而应界定为一种唯物史观色彩的“历史哲学研究”。笔记是为了配合晚年马克思一个重要的唯物史观“创新计划”而作的。澄清这一点，有助于还原马克思主义思想史的真相，深刻理解“人类学笔记”的主题、主旨及晚年马克思学术探索的实质，驳斥西方学界有关“两个马克思”对立的观点。⑱

有学者还指出，马克思、恩格斯高度重视和深入研究了摩尔根的学说。在对待摩尔根学说方面，西方学者制造了马克思、恩格斯思想对立论，割裂了马克思主义整体性。摩尔根的学说和方法使马克思、恩格斯论证了私有制的暂时性，完善了唯物史观的“艺术整体”，厘清了氏族在史前社会中的作用。马克思、恩格斯科学扬弃了摩尔根学说的结构、观点和方法，使之符合唯物主义的要求。虽然马克思、恩格斯在利用摩尔根学说方面存在一些差异，但他们都高度评价了摩尔根及其学说的革命性。这些差异非但没有构成对立，反而是一种互补。所谓的马克思、恩格斯对立论并不成立。⑲

唯物史观是马克思、恩格斯对社会历史发展规律的深刻总结，是他们认识和改造世界的根本观点。有学者指出，晚年恩格斯的理论观点受到很大冲击，背负着与马克思思想断裂、对立等误解，马克思主义发展面临挑战，但恩格斯不畏挑战坚持捍卫马克思的思想，坚持发展马克思主义。通过 5 封书信，恩格斯再次证明他对马克思思想的坚定捍卫与赞扬。讨论恩格斯 5 封书信，就是为了捍卫和发展马克思主义，防止有人故意矮化和丑化恩格斯的思想，制造恩格斯与马克思的理论对立，造成马克思主义创始人的分裂，导致马克思主义理论完整性的断裂，阻碍马克思主义发展。⑳

还有学者指出，长久以来，学界主要关注的是《1844 年经济学哲学手稿》《德意志意识形态》《共产党宣言》《1857—1858 年经济学手稿》《资本论》等马克思主义经典文本中的交往思想，对晚年笔记中的交往思想极少关注。事实上，交往乃是马克思终其一生一直关注的重要问题。晚年马克思在其早期交往理论的基础上，在“人类学笔记”（即《古代社会史笔记》）、《历史学笔记》等文献中，发展了其交往理论，拓宽了其研究范围，深化了唯物史观理论。㉑

五、关于研究方法

在新中国成立70周年之际，有学者回顾中国马克思主义经典著作翻译的历史，指出新中国成立70年来，中国马克思主义经典著作编译事业取得辉煌成就，在国内外产生了深远影响。马克思主义经典著作的翻译和传播，不仅很好地服务了党和国家的中心工作，助推了马克思主义中国化的历史进程，巩固了马克思主义在中国意识形态领域的指导地位，促进了社会主义革命、建设和改革事业的发展；而且很好地推动了中国学术界对马克思主义理论的深入研究，使中国成为当今世界上当之无愧的马克思主义经典著作翻译和研究的大国。从大历史观看，中国化马克思主义典藏体系和文化体系的形成与发展，已经并将继续推动中国传统文化的创造性转化和创新性发展。由此，以马克思主义为指导的21世纪的中华文化体系和中国精神将焕发出日益耀眼的时代光辉，为迎接中华民族伟大复兴提供强大的精神力量。㉒

有学者指出，马克思主义经典著作是学习和研究马克思主义理论的基础文本。要完整把握马克思主义精髓，特别是要完整把握100多年来中国人对马克思主义理解的情况，需要系统整理马克思主义经典文献。文献考据或考证研究是中国学者作学问的优秀传统，也是中国学术的一个显著特点。我们要继承这个传统，同时借鉴现代文献学研究方法，来从事马克思主义经典文献传播研究。按照古今文献考据方法，深入考证研究马克思主义经典著作等文献传入中国的各个方面、各个环节，包括文本考据、版本考据、术语考据、语义考据、语用考据、辨伪考据、人物事件考证等。同时还需要研究马克思主义在中国传播的完整历史，包括马克思、恩格斯、列宁名字的翻译，以及经典著作的片段翻译、经典文本的完整翻译和出版传播等。通过研究传播史，把各个历史阶段的各种经典著作文本的关系弄清楚，通过对其中话语体系主要是概念体系的研究，从整体上弄清中国人100多年来对马克思主义、社会主义的重要概念、主要思想观点的理解，澄清人们在一些重大理论问题上的模糊认识。㉓

马克思主义经典文献在中国传播已有百年历史，深刻影响了中国社会发展的历史进程。在即将迎来中国共产党成立100周年之际，我们应当认真收集、整理百年来马克思主义经典文献的各种版本，并对其做深入的考证研究。做好这项工作，是当代中国实践发展和理论探索之必需，对于提升马克思主义理论研究的学理性，深化马克思主义经典著作文本、版本、概念、术语研究和马克思主义传播史研究，形成现代马克思主义考据研究方法，建立完整而科学的马克思主义典藏体系，加强马克思主义理论的学科体系、学术体系、话语体系建设，在历史比较和国际比较中把握马克思主义理论精髓，廓清思想，统一认识，都具有十分重要的意义。㉔

注：

①董振华：《〈德意志意识形态〉与共产主义的历史命运》，《中共中央党校（国家行政学院）学报》，2019年第6期。

②王代月：《"退回到现实"：MEGA2〈德意志意识形态〉的唯物史观实质研究》，《马克思主义与现实》，2019年第5期。

③王南湜：《〈德意志意识形态〉中的"异化"概念：马克思社会科学理论建构的原点》，《马克思主义与现实》，2019年第6期。

④赵玉兰：《〈德意志意识形态〉"著作说"源起探析》，《马克思主义与现实》，2019年第6期。

⑤李忠军、刘怡彤：《〈共产党宣言〉关于政治信仰的论述探析》，《思想理论教育导刊》，2019年第12期。

⑥张当：《〈共产党宣言〉中阶级斗争理论的两种阐释路向与反思》，《教学与研究》，2019年第3期。

⑦欧阳奇、金星宇：《〈共产党宣言〉中美好生活的价值意蕴》，《中国社会科学报》，2019年9月26日。

⑧汪行福：《〈资本论〉的理论主题及其时代价值》，《中国社会科学报》，2019年2月28日。

⑨白刚、郜爽：《〈资本论〉：马克思的"批判理论"》，《马克思主义与现实》，2019年第5期。

⑩张守奎：《马克思批判资本主义的规范性基础》，《中国社会科学报》，2019年4月23日。

⑪罗雄飞：《反思〈资本论〉中逻辑与历史的关系——基于1858年〈马克思致恩格斯〉的思考》，《马克思主义与现实》，2019年第5期。

⑫赵家祥：《研究的任务在于透过现象揭示本质——〈资本论〉第三卷的哲学意蕴》，《新视野》，2019年第3期。

⑬刘召峰：《〈资本论〉的哲学意蕴：从哲学与经济学类比的视角看》，《教学与研究》，2019年第4期。

⑭高广旭：《〈资本论〉的政治哲学解读何以可能》，《马克思主义与现实》，2019年第6期。

⑮高广旭：《〈资本论〉与马克思政治哲学研究的内在逻辑》，《中国社会科学报》，2019 年 7 月 26 日。

⑯徐洋：《〈马克思恩格斯全集〉历史考证版中的〈资本论〉第一卷文献》，《马克思主义理论学科研究》，2019 年第 4 期。

⑰干保柱、孙道凤：《陈启修译〈资本论〉译介考释》，《马克思主义与现实》，2019 年第 1 期。

⑱林锋：《再论马克思"人类学笔记"的"研究性质"》，《教学与研究》，2019 年第 3 期。

⑲袁雷：《马克思恩格斯对摩尔根学说的科学扬弃——兼驳马克思恩格斯思想对立论》，《马克思主义研究》，2019 年第 8 期。

⑳田鹏颖、姜耀东：《恩格斯对唯物史观的捍卫与发展——基于恩格斯晚年五封书信》，《马克思主义研究》，2019 年第 10 期。

㉑王晓红：《晚年马克思交往思想及其当代价值》，《教学与研究》，2019 年第 12 期。

㉒杨金海：《马克思主义经典著作编译 70 年回眸》，《高校马克思主义理论研究》，2019 年第 2 期。

㉓杨金海：《加强对马克思主义经典文献传播的考证研究》，《高校马克思主义理论研究》，2019 年第 4 期。

㉔《〈马克思主义经典文献传播通考〉出版座谈会在人民大会堂召开》，中国高校人文社科信息网。

（作者：彭萍萍，中央党史和文献研究院编审）

马克思主义中国化

毛　胜　唐洲雁

2019 年，北京地区的专家学者继续开展马克思主义中国化与中国化马克思主义的研究，对毛泽东思想、邓小平理论、"三个代表"重要思想、科学发展观，特别是习近平新时代中国特色社会主义思想，进行了较为深入的研究探讨，提出了许多有价值的观点，使本学科呈现出扎扎实实向前发展的良好态势。限于篇幅，仅对一年来的新进展作一个简要综述。

一、关于毛泽东思想

1. 关于毛泽东与新中国

2019 年是新中国成立 70 周年，首都学者在既往研究的基础上，就毛泽东对新中国建设的探索与贡献进行了进一步梳理和总结。有学者从 5 个方面总结了毛泽东对新中国建立与发展的历史贡献：一是引导中国走上社会主义发展道路，确立了社会主义基本制度；二是领导中国人民开辟了社会主义现代化建设道路，开始了沿着社会主义道路实现中华民族伟大复兴的新纪元；三是开创了人民当家作主的新时代，开始了实现社会主义民主的艰辛而曲折的探索；四是奠定了中国共产党的执政地位，对保持马克思主义政党的先进性和执政地位作了不懈的探索；五是奠定了新中国在国际上的大国地位，为开创独立自主的和平外交作了不懈的努力。[①]

学者们还围绕一些专题展开深入研究。比如有学者分析了毛泽东在新中国成立初期为营造生气勃勃的社会局面所进行的艰辛努力，主要包括：坚持"群众是真正的英雄"，依靠群众，充分动员人民群众参与到新中国各项建设事业中来；坚决反对官僚主义，强调"一定要把领导上的老爷式作风、官僚主义作风、命令主义作风，完全消灭得干干净净"；坚持实事求是，适时调整相关政策，使"人们的思想必须适应已经变化了的情况"，不僵化固化；相信"人民群众有无限的创造力"，鼓励干部群众敢于创造、善于创新等。[②]

2. 关于毛泽东与共产党的初心使命

首都学者认真学习习近平总书记关于中国共产党人初心和使命的论述，对毛泽东与党的初心使命进行了深入研究。有学者认为，毛泽东在青年时代目睹人民群众苦难生活和国家民族积贫积弱的现状，便确立了为人民谋幸福、为国家谋振兴、为世界谋改造的初心。这个初心确立之后，毛泽东积极探索，经历了从君主立宪到社会主义、从呼声革命到武装斗争、从致力于工人运动到建立农村革命根据地的探索过程。在这个探索过程之中，以毛泽东为代表的中国共产党人找到了农村包围城市、武装夺取政权的中国革命正确道路。毛泽东之所以能探索出这条正确道路，与他酷爱读书、重视调研、初心不改这些特质有直接关系。在青年毛泽东的探索过程中，初心使命是促使其不断探索的内在动力，而正确道路的探索又为践行初心使命提供了方法和途径。[③]

有学者专题研究了毛泽东人民观对儒家民本思想的超越，认为毛泽东人民观是一个完整的思想体系，它以唯物史观为哲学基础，既包括思想深刻的人民观点，也含有中国共产党特别重视且行之有效的群众路线的工作方法，以及党的根本宗旨。毛泽东人民观是在马克思列宁主义指导下，吸收中华优秀传统文化的合理因素，根据中国的社会环境和社会阶级基础，通过深入研究和积累，最终形成的可以被验证的思想体系。中国传统儒家思想主张重民、利民、从民，强调老百姓在国家政治和社会生活中具有重要的基础地位。作为中国人，毛泽东受儒家思想中的民本思想影响颇深。毛泽东在领导中国革命、建设的实践中，又创新和发展了传统儒家的民本思想，使之有了质的发展与飞跃。这种超越体现在3个方面，即对重民思想的超越——从“得民心者得天下”到“人民群众创造历史”；对利民思想的超越——从“不患寡而患不均”到“全心全意为人民服务”；对从民思想的超越——从“听政于民”到“群众路线”。[④]

3. 关于毛泽东哲学思想

有学者认为，受近代心学思潮影响，青年毛泽东强调“心之力”及其开启民智的启蒙价值。从他与黎锦熙的通信以及对黎锦熙求学方法的评价中可见其实践心学的务实主张和求是品格，这在他最早发表的文章《体育之研究》中体现得较为充分。他在这篇文章中强调以自觉心强身健体，通过体育锻炼“强筋骨”“增知识”“调感情”“强意志”，以实践的思维方式探究身心关系，呈现了从知行合一到心体合行的实践心学初貌。对意志力的强调可以说贯穿他思想发展的始终，但他在青年时代就认同合规律性与合目的性统一的观点，强调道德实践的必要性和实事求是的原则。事实表明，偏离规律就会出现失误。保持坚定的意志力，必须遵循实事求是的原则，必须符合自由和必然的辩证规律。[⑤]

有学者分析了毛泽东哲学与马克思主义哲学中国化的机制问题，认为马克思主义哲学如何“中国化”的问题，就是马克思主义哲学中国化的途径和机制问题。马克思主义哲学如何才能中国化？“中国化”必须对中国革命和建设的实践经验进行理论化概括；“中国化”必须批判地继承中国传统哲学；“中国化”必须批判地吸取西方近现代哲学的合理成分；“中国化”必须总结现代新科技革命的成果。毛泽东曾强调“将马克思列宁主义的普遍原理和中国革命的具体实践互相结合”，就必须“研究现状”“研究历史”“学习马克思列宁主义的普遍原理”，并“注重马克思列宁主义的运用”。[⑥]

有学者回顾70年毛泽东哲学思想研究轨迹，将之总结为以加强学习为动力、以解放思想为动力、以学科建设为动力、以理论创新为动力、以建构中国哲学知识体系为动力5个阶段。站在新时代历史制高点上，未来毛泽东哲学研究应建立在中国历史文化传统基础上，以反思中国道路为前提，着力研究毛泽东哲学思想与中西哲学思想关系；以中华民族为主体，审视毛泽东话语体系；融通改革开放前后两个历史时期，重新理解和分析毛泽东时代的相关思想及做法。[⑦]

还有学者认为，新时代为创新毛泽东哲学研究提供了契机和动力。在新时代创新毛泽东哲学研究，意味着拓展对毛泽东哲学的理论品格、历史作用的认识，丰富毛泽东哲学理论体系的内容。在新时代创新毛泽东哲学研究的价值是：第一，为中国特色社会主义的道路自信、理论自信、制度自信和文化自信提供有力的历史与理论依据，是讲好中国故事的重要体现；第二，回应20世纪毛泽东哲学研究中提出的问题，推进毛泽东哲学体系的创新建构和理论内容的丰富和发展；第三，为阐释和贯彻新时代中国特色社会主义基本理论、基本路线和基本方略夯实哲学地基；第四，回应两种社会情绪，引领年轻一代的成长。新时代创新毛泽东哲学研究的方法是：第一，文本研读、版本考据和文献研究方法；第二，问题导向的专题研究方法；第三，创新理论研究视野的方法；第四，对话研究方法；第五，面向世界的历史主义研究方法。[⑧]

4. 关于毛泽东经典著作研究

有学者指出，毛泽东在中共扩大的六届六中全会上所作的《中国共产党在民族战争中的地位》，强调中国共产党的任务是“领导一个几万万人口的大民族，进行空前的伟大的斗争”，并根据抗日战争进入新阶段的形势和任务，深刻阐述了怎样进行伟大斗争的若干重大问题。“为着一个光明的中国而斗争”：进行伟大斗争，必须充分认识斗争的意义；“发动全民族中的一切生动力量”：进行伟大斗争，必须努力凝聚斗争的力量；“使马克思主义在中国具体化”：进行伟大斗争，必须创造指导斗争的理论；“在全国人民中形成一个坚强的核心”：进行伟大斗争，必须形成领导斗争的核心。[⑨]

有学者分析了毛泽东为什么能够写出《论持久

战》，认为毛泽东写作《中国革命战争的战略问题》，系统总结中国革命战争中以弱战强的经验教训，为写作《论持久战》奠定了其他人难以具备的理论和实践基础。系统研究敌后抗战的游击战，关系到能不能正确认识持久抗战的一个关键支撑，毛泽东写作《抗日游击战争的战略问题》解答了这个问题。只有洞察抗日游击战争战略地位的高手，才能写出《论持久战》。毛泽东能够写出《论持久战》，也与他善于汲取古今中外以弱抗强的军事智慧，善于集中中国共产党内关于持久战、游击战的集体智慧有重要关联。⑩

还有学者指出，《纪念白求恩》、《为人民服务》和《愚公移山》这3篇经典文献，以其洗练精粹、清晰明快的文风而广为流传，其内在蕴含的话语风格、价值理念和行为规范深深影响了广大党员群众，对中国共产党政党文化的构建和传播具有示范性意义。这3篇经典文献勾勒出的以人民为中心的政党文化建设范式，对新时代中国共产党政党文化建设仍然具有重要的借鉴意义。一是以民族大义为基点，以传统文化为主要依托，以共产主义为价值旨归，构建起中国共产党政党文化话语体系的框架，发挥着引领社会发展的职能。二是以白求恩、张思德和神话中的“愚公”等人物为典型示范，塑造了对工作极端负责的事业观，为人民利益而死的道义观和不怕牺牲、排除万难的奋斗观等弘扬正能量的价值体系，为中国共产党领导人民进行革命和建设提供了基本价值遵循。三是从行为准则的匡正、党内关系的调适和文化标识的塑造等方面对构建党员干部的行为模式发挥了重要作用。四是通过话语的大众表达、人民英雄的形象塑造等，发挥了凝聚社会共识、推动社会发展的功能。⑪

5. 关于毛泽东文化思想

有学者指出，认识和革新乡村文化是中国共产党领导根据地文化建设的基本问题之一。在进入陕甘宁边区后，以毛泽东为主要代表的中国共产党人对乡村文化建设的理论和实践进行了持续系统的探索。战争环境下的文化动员政策并未从根本上解决城乡文化建设的失衡问题，更难以实现革命文化扎根于乡土的目标。为应对这一问题，毛泽东力图通过群众路线实现中国共产党与乡村民众之间的良性互动，加强知识群体与基层群众的联系，提高中国共产党对乡村文化的整合效能，推进新文化扎根于乡村社会。这些理论思考和实践经验对于新时代乡村文化振兴实践具有重要价值。⑫

还有学者认为，在革命和建设的不同时期，毛泽东从提升农民的科学文化素质和培育农民的现代文化性格两个方面深刻阐述了中国农民文化现代化的必要性和实现路径，并进行了可贵的实践探索。从实施乡村振兴战略、实现乡村文化振兴的角度来看，毛泽东的这些思想和实践有重要的启示意义。要使农民文化在现代文化体系中找到自己独特的价值和地位；既要传承和发展农耕文明，又要反对文化复古主义错误倾向；要加强和改善党的领导，让基层党组织成为乡村文化振兴的主心骨。⑬

6. 其他专题

北京学者2019年还把历史与现实相结合，就毛泽东研究领域的一些问题进行深入探讨，充分体现了理论研究中的学术自觉和宽阔视野。比如，有学者指出“新时代”的历史定位和战略判断，是运用毛泽东思想活的灵魂的立场、观点和方法得出的科学结论。实事求是是认识“新时代”的指导思想和基本方法，彰显出习近平新时代中国特色社会主义思想的理论魅力和21世纪马克思主义中国化的基本特征。人民立场上升到全面从严治党和依法治国的战略高度，彰显出“新时代”中国共产党的人民情怀和实现中华民族伟大复兴的力量源泉。独立自主是新时代中国共产党和中华人民共和国立党、立国的重要原则，彰显出中国特色大国内政外交的主线和对人类发展的贡献。⑭

有学者指出，毛泽东是中国历史上最伟大的改革者。他在青年时期就形成了“改造中国与世界”的思想。“改造中国与世界”，就是坚持把社会主义与国际主义、爱国主义与国际主义、长期目标与近期目标相结合，以马克思主义为指导，在中国共产党领导下进行宏大而深刻的社会革命和社会改造。这个思想在新民主主义革命、社会主义革命和改造、社会主义建设的实践中不断走向现实，为改革开放新的伟大革命奠定了坚实基础。虽然历史条件发生了重大变化，但这个思想对新时代全面深化改革依然有许多重要启示，我们必须要坚持有主义、有领导、有底线、有胸怀的改革。⑮

还有学者指出，毛泽东提出了对霸权主义的科学认识，积累了进行反霸斗争的宝贵经验。霸权主义是外强中干的“纸老虎”，只要被压迫者敢于斗争，就一定会取得最终胜利；坚持独立自主、和平发展，掌握反霸斗争的战略主动；推动构建公正合理的国际新秩序，遏制霸权主义产生发展；制定、执行正确的斗争战略策略，实现以弱胜强。学习研究这些历史经验，挖掘其中蕴含的普遍斗争规律、科学斗争方法，有重要的理论与现实意义。[16]

除了上述领域，北京学者2019年对毛泽东思想其他专题的研究也取得新进展。比如，毛泽东党建思想一直是学界关注的重点问题。有学者认为，毛泽东在党的指导思想、制度、作风、纪律建设等方面形成了丰富的思想。这些思想可以从马克思主义理论、传统政治文化、无产阶级革命文化、新民主主义文化、社会主义文化等多个维度进行分析，这也为当今时代中国共产党的党内政治文化建设提供了诸多启示。中国共产党党内政治文化研究在当今时代意义重大，不仅有利于找准中国取得巨大成就的政治密码，而且有利于破解西方政治学理论对中国政治问题解释乏力的问题。要构建党内政治文化研究的路径，就应该避免单一的研究范式，可以从意识形态角度、价值维度、文化的历史维度等多方面去研究。[17]

又如，有学者梳理了《解放日报》在革命时期对毛泽东形象的塑造与评价，认为《解放日报》对毛泽东形象的整体诠释经过历史生成、正面呈现以及侧面评价3个具体阶段。在生成阶段，毛泽东形象形成于革命实践，完善于革命理论，并经过社会评价而丰富，大体表现为领袖形象、理论形象、社会形象。在呈现阶段，毛泽东的领袖形象呈现为“为国”“为民”“为党”形象，毛泽东的理论形象呈现为“交锋者”“纠偏者”“建构者”形象，毛泽东的社会形象呈现为“可亲”“可信”“可感”形象。在评价阶段，国内外和党内外各界群体从毛泽东的历史功绩、思想的指导价值、崇高的精神品质3个方面对毛泽东形象加以肯定和认同。历史和实践表明，《解放日报》对毛泽东形象的塑造和评价，有助于凝聚全党思想共识，清算与批判党内外错误思想，进而为推动毛泽东思想大众化的实践进程提供基本经验积累。[18]

还有学者对深化毛泽东思想研究进行了进一步思考，指出毛泽东思想研究是一个有着数十年历史、话题广泛、研究深入且成果丰富的学术领域，产生了一大批高质量的研究成果，成就了一批国内外著名学者。但也因此带来了“三难”困境，即新材料挖掘和使用难、新研究领域开辟难、创新性观点提出难。如何突围、寻求突破？一是放宽视野，把中国共产党民主革命时期和社会主义建设时期大体60年的历史全部纳入到研究视野中来。二是站在当今时代高度，以时代启发的问题意识为引领，提出新论题，并得出具有启发意义的观点。三是创新方法、躬身实践。[19]

二、关于邓小平理论、“三个代表”重要思想、科学发展观

北京学者能够自觉联系实际，就邓小平理论、“三个代表”重要思想、科学发展观的一些重要理论和实践问题进行深入探讨。比如，有学者指出，从邓小平到江泽民、胡锦涛，中国共产党人创造性地实现了马克思主义党建理论与波澜壮阔的改革发展实践的深度结合，并从思想建设等层面创造性地回答了“建设一个什么样的党，怎样建设党”等重大问题，继承并丰富发展了马克思主义党建理论。在这一过程中，马克思主义党建理论中国化实现了重要转折。

改革开放伊始，邓小平对执政党建设理论的贡献包括：丰富了党的思想路线的内涵，即坚持解放思想与实事求是的统一；回答了在党的建设中实施政治路线的方法问题，即坚持党的基本路线一百年不动摇；回答了坚持党的领导与改善党的领导的关系问题，即坚持和加强党的领导必须改善党的领导；回答了制度在党建中的战略地位问题，即制度更具有长期性、稳定性、根本性；回答了干部队伍建设的方略问题，即“关键在党，关键在人”；回答了克服腐败现象的路径问题，即坚持“两手抓”，克服消极腐败现象。

社会主义市场经济条件下，江泽民对执政党建设理论的拓展包括：进一步丰富了党的思想路线的内涵，即坚持解放思想，实事求是，与时俱进；明确界定了新形势下中国共产党的性质问题，即中国共产党是中国工人阶级的先锋队，同时是中国人民和中华民族的先锋队；回答了对党员领导干部进行教育的要求问题，即领导干部要讲学习、讲政治、讲正气；回答了治国与治党的关系问题，即治国必先治党，治党务必从严；党要管党、从严治党，是保持党的先进性和纯洁性，巩固党的执政地位的重要保证。

新世纪之初，胡锦涛对执政党建设理论的探索包括：回答了怎样执政的问题，即加强党的执政能力建设，改革和完善党的领导方式和执政方式；回答了党建科学化的方略问题，即加强党的先进性建设，保持共产党员先进性；回答了党内民主与人民民主的关系问题，即发展党内民主，以党内民主带动人民民主。[20]

北京学者在邓小平理论、“三个代表”重要思想、科学发展观的专题研究中也取得不少成果。有学者指出，邓小平关于经济改革和发展论述中蕴含的宏观调控思想，主要包括：一是对经济进行宏观调控是必要的，是解决市场失灵的有效方式，是建立和完善社会主义市场经济的必要手段，能够促进经济发展、保持物价稳定、增加就业、提高人民收入、保持国际收支平衡；二是宏观调控的手段，既涵盖以经济手段为主的间接调控，也有包括行政和法律手段在内的直接调控；三是实施宏观调控，一方面要维护党中央的绝对权威，另一方面也要发挥地方的积极性和企业的自主权，同时还要综合运用好不同调控方式。㉑

还有学者总结了邓小平作为“总设计师”的历史地位和历史贡献，认为邓小平作为“总设计师”的历史定位反映了中国社会主义改革开放和现代化建设伟大事业的历史独特性以及邓小平在这一伟大历史事业中的独特作用。邓小平坚持实事求是，是党内公认的“辩证法大师”，对中国建设社会主义作过长期思考和探索，对一些重要问题有独到见解。在理论与实践相结合的基础上，他提出党在社会主义初级阶段“一个中心、两个基本点”的基本路线；提出了小康社会目标和“三步走”的发展步骤；作出从“科技是第一生产力”的论断到科教兴国战略的现代化发展战略重点设计；提出公有制为主体、多种所有制经济共同发展的基本经济制度设计，主张建立和完善社会主义市场经济体制；作出对外开放的基本目标、途径及步骤设计等等。这些基本且基础性的设计，对我国社会主义改革开放和现代化建设的发展具有长远的指导意义。㉒

三、关于习近平新时代中国特色社会主义经济思想

1. 关于习近平总书记著作和论述摘编

近年来，习近平总书记的一系列著作和论述相继出版，为学习和研究习近平新时代中国特色社会主义思想提供了丰富资料。2019 年出版了以下几本：

2019 年 5 月，中央党史和文献研究院编辑的《习近平关于“三农”工作论述摘编》，由中央文献出版社出版。书中收录 286 段论述，共分 11 个专题。坚持农业农村优先发展，实施乡村振兴战略；建立健全城乡融合发展体制机制和政策体系，加快推进农业农村现代化；巩固和完善农村基本经营制度，深化农村土地制度改革；确保国家粮食安全，把中国人的饭碗牢牢端在自己手中；深化农业供给侧结构性改革；以绿色发展引领乡村振兴；传承发展提升农耕文明；加强和创新乡村治理；支持和鼓励农民就业创业，拓宽增收渠道；坚决打赢农村贫困人口脱贫攻坚战；加强和改善党对“三农”工作的领导。有学者指出，该书集中反映了习近平关于“三农”工作的新理念、新思想、新战略，对于我们深刻理解“三农”工作的重要意义，增强实施乡村振兴战略的紧迫感和使命感，以更大的决心、更明确的目标、更有力的举措推进新时代“三农”工作，具有十分重要的意义。㉓

2019 年 8 月，中央党史和文献研究院、中央“不忘初心、牢记使命”主题教育领导小组办公室联合编辑的《习近平关于“不忘初心、牢记使命”论述摘编》（以下简称《摘编》），由中央文献出版社、党建读物出版社出版。书中收录 362 段论述，共分 10 个专题。中国共产党人的初心和使命，就是为中国人民谋幸福，为中华民族谋复兴；新时代中国共产党的历史使命；用新时代中国特色社会主义思想武装全党；坚定理想信念，始终是共产党人安身立命的根本；把政治建设摆在首位，不断增强“四个意识”，坚定“四个自信”，做到“两个维护”；坚持以人民为中心，把群众观点和群众路线深深植根于思想中，具体落实到行动上；勇于自我革命，同一切影响党的先进性、弱化党的纯洁性的问题做坚决斗争；坚决整治形式主义、官僚主义，加强真抓实干的作风建设；加强学习，深入开展调查研究，全面增强执政本领；新时代要有新气象，更要有新作为。中央“不忘初心、牢记使命”主题教育领导小组办公室发文指出，《摘编》是开展“不忘初心、牢记使命”主题教育的基本教材，是学习习近平总书记有关论述的重要读本。

2019 年 10 月，中央党史和文献研究院编辑的《论坚持党对一切工作的领导》，由中央文献出版社出版。书中收录习近平论述坚持党对一切工作的领导的重要文稿 70 篇。有学者指出，习近平围绕坚持党对一切工作领导的重大意义、方向原则、体制机制、方式方法等重大问题所做的深刻阐述，集中反映了新时代坚持党对一切工作领导在实践中的新探索和在理论上的新发展，极大深化了我们党对共产党执政规律、社会主义建设规律、人类社会发展规律的认识。㉔

此外，中央党史和文献研究院编辑的《十九大以来重要文献选编》上册，2019 年 9 月，由中央文献出版社出版，为全党深入学习贯彻习近平新时代中国特色社会主义思想和党中央大政方针提供了重要教材。这本书选收习近平文稿 26 篇，其中有 8 篇文稿是首次公开发表。中央党史和文献研究院负责人指出，这 26 篇文稿是这一时期习近平具有代表性的重要文献，充分反映了十九大以来习近平在改革发展稳定、内政外交国防、治党治国治军等方面提出的一系列新思想，有助于全党深刻领会习近平新时代中国特色社会主义思想的核心要义、精神实质、丰富内涵和实践要求。[25]

2. 关于习近平新时代中国特色社会主义经济思想的整体研究

北京学者在学习宣传贯彻习近平新时代中国特色社会主义经济思想，围绕这一思想的时代背景、实践基础、丰富内涵、实践要求、重大意义，进行了系统深入的研究阐释。

有学者探讨了新时代在党史、新中国史上的重要地位和意义，认为中国特色社会主义新时代是党领导人民进行伟大社会革命的成果和继续，是党史、新中国史的重要组成部分。新时代既是改革开放和社会主义现代化建设新时期各项成就在量的积累上的结果，也是对改革开放和社会主义现代化建设新时期在质的方面的跃升。新时代与新时期紧密相联，它既是对新时期的继承和发展，同时又是一个新的历史发展阶段的开启。新时代全面建成社会主义现代化强国、实现中华民族伟大复兴的中国梦，也必将成为党史、新中国史上一个新的里程碑。[26]

有学者分析了习近平新时代中国特色社会主义经济思想产生的国际背景，指出，进入新世纪以来，尤其是国际金融危机以来，当今时代和当代世界发生了广泛而深刻的变革，当代中国与世界联系发生了历史性变化，“世界怎么了、我们怎么办”“我们从哪里来、现在在哪里、将到哪里去?”成为整个世界都在思考的问题。习近平新时代中国特色社会主义思想就是在思考这些问题的过程中形成和发展起来的，因而它是时代的产物。具体而言，一是当今人类仍处于资本主义向社会主义过渡的时代，但影响时代性质的因素发生诸多变化；二是当今世界正处于百年未有之大变局，世界加速进入经济大动荡、体系大变革、格局大调整的新阶段，世界形势呈现出许多新特点；三是当代中国同世界的关系发生了历史性变化，中国同世界的联系越来越紧密。[27]

有学者指出，习近平的科学社会主义观是21世纪科学社会主义在中国的新发展，其基本内涵包括：在世界社会主义500年的大历史视野下，认识当今世界仍处在马克思主义所指明的历史时代；既不能丢弃科学社会主义的基本原则，又不能将科学社会主义视为一成不变的教条；中国特色社会主义成功开辟了科学社会主义的新境界，使科学社会主义在21世纪的中国焕发出强大生机活力。[28]

有学者认为，“新时代坚持和发展什么样的中国特色社会主义、怎样坚持和发展中国特色社会主义”之所以成为习近平新时代中国特色社会主义经济思想回答的重大时代课题，是历史逻辑、理论逻辑和现实逻辑发展的必然结果。这一重大时代课题是世界社会主义波澜壮阔历史发展的科学反映，是500年社会主义发展历史逻辑的深刻体现。从理论逻辑上看，它是对“什么是社会主义、怎样建设社会主义”的创造性回答。从现实逻辑看，这一重大时代课题是解决中国现实发展中遇到的最重大问题、最深层问题的思想指引。[29]

有学者认为，以人民为中心的发展思想，在理论创新上有三重意蕴。首先强调的是发展，发展是基础，发展是解决中国一切问题的基础与关键，是根本性问题。其次强调了发展的中心，发展必然以人民为中心。一方面发展的主体在人民，作为实践的发展要依靠人民群众，人民是历史的创造者；另一方面发展的目的是为了人民，人民是发展成果的享有者，是幸福感的获得者。最后强调了发展的终极关怀，发展的旨归在于实现人的自由全面发展，以及社会的全面进步，这是新时代中国强起来的重要标志，也是民生幸福的重要标志。[30]

3. 关于习近平新时代中国特色社会主义经济思想的专题研究

在整体研究习近平新时代中国特色社会主义经济思想的同时，首都学者2019年继续对习近平新时代中国特色社会主义思想进行专题研究。2019年3月，中国社会科学院组织近百位专家编写了“习近平新时代中国特色社会主义思想学习丛书”，由中国社会科学出版社出版。该丛书共300多万字，分别为《开辟当代马克思主义哲学新境界》《深入推进新时代党的建设新的伟大工程》《坚持以人民为中心的新发展理念》《构建新时代中国特色社会主义政治经济学》《全面依法治国 建设法治中国》《建设新时代社会主义文化强国》《实现新时代中国特色社会主义文艺的历史使命》《生态文明建设的理论构建与实践探索》《走中国特色社会主义乡村振兴道路》《习近平新时代中国特色社会主义外交思想研究》《习近平新时代治国理政的历史观》《全面从严治党永远在路上》。丛书从12个专题阐释习近平新时代中国特色社会主义思想的重大意义、主要观点、精神实质，阐明这一思想为发展马克思主义做出了中国的原创性贡献，分析这一思想蕴含的马克思主义立场观点方法，呈现其当代中国马克思主义、21世纪马克思主义的理论形态及其伟大意义。

在专题研究中，习近平新时代中国特色社会主义经济思想是学者们持续关注的热点。比如，有学者指出，习近平发表的《不断开拓当代中国马克思主义政治经济学新境界》（以下简称《新境界》）的讲话，如似马克思《〈政治经济学批判〉导言》的中国版本。《新境界》对马克思《导言》的思想赓续和理论创新，体现于马克思主义政治经济学对社会性和历史性的坚守、马克思主义政治经济学中国“历史路标”的镌刻、从“结构”到“系统化的经济学说”的探索、“中国智慧”的思想特征和时代意蕴 4 个方面，对当代中国马克思主义政治经济学发展有着重要的学理和学术的示范效应和指导意义，是推进中国特色社会主义政治经济学发展的方法论上和理论上的“导言”。㉛

有学者指出，习近平新时代经济建设理论，是习近平新时代中国特色社会主义经济思想的重要组成内容。以新时代为起点，以中国特色社会主义经济建设实践为基础，习近平从以人民为中心的根本立场和以经济建设为中心的工作重点出发，对新时代经济建设中完善社会主义基本经济制度、坚持社会主义市场经济改革方向、提高经济建设质量、推进经济协调发展、增强经济发展动力、促进经济开放发展等问题做了全面、系统、深入的论述。“中心论”“制度论”“体制论”“质量论”“协调论”“动力论”“开放论”构成了习近平新时代经济建设论的主要内容。㉜

还有学者认为，习近平高度重视实体经济，将发展实体经济视为经济工作的重中之重。在习近平关于实体经济的重要论述中，不仅对发展实体经济的重大意义和必要性进行充分阐释，而且明确指出了中国发展实体经济的方向和路径。实体经济是人类生存与发展的基础、推动社会文明进步的动力、国家综合国力的体现。对中国而言，发展实体经济是适应和引领经济新常态、构建现代化经济体系、提高经济发展质量、防控金融风险的必然选择。当前，中国实体经济发展面临新形势，必须要抓好制造业，以创新驱动战略提高实体经济发展质量，推动互联网、大数据、人工智能和实体经济深度融合，加大金融服务实体经济的力度，以绿色发展方式和生活方式改造实体经济，加大金融服务实体经济的力度。㉝

习近平生态文明思想是学者们研究的另一个热点问题，取得了一批成果。例如，有学者指出，习近平生态文明思想是一个具有严谨理论逻辑和系统理论框架的理论体系。发展是贯穿其中的一条主线，在对发展问题的思考中，实现了对人与自然、人与人关系的正确认识，是生态文明认识论、生态文明方法论和生态文明价值观的有机统一。在人与自然关系上，生态文明认识论建立在“人与自然生命共同体”基础上，坚持人与自然和谐共生；在人与人关系上，坚持社会主义属性，以实现人的自由全面发展为生态文明价值论的最终目标，同时鉴于生态问题的全球性，生态文明价值论还指向“人类命运共同体”层面。生态文明方法论以系统思维为指导，为推进我国生态文明建设提供了重要路径。生态文明认识论、生态文明方法论和生态文明价值观从“认识—方法—目标”视角对我国生态文明建设进行了系统阐释，实现了思想性与行动性、历史性与现实性、个体性与社会性、民族性与世界性的有机统一。㉞

有学者指出，习近平《推动我国生态文明建设迈上新台阶》的重要讲话，从关乎民族永续发展、民生福祉和党的使命宗旨、坚持和发展中国特色社会主义的高度，指明了社会主义生态文明建设的战略地位，从自然观、发展观、价值观、方法论、治理观、全球观等方面阐明了新时代生态文明建设的基本原则，创造性地提出了加快构建生态文明体系的任务，从实现空间格局、发展方式、治理方式、生活方式绿色化方面指出了新时代生态文明建设的现实路径。这篇文献是习近平生态文明思想的标志性成果，是推动我国走向社会主义生态文明新时代的科学纲领。㉟

有学者探讨了习近平“人与自然生命共同体”理念具有深厚的生态哲学意蕴，包括自然共同体、生活共同体、经济共同体和文明共同体四重内涵。“人与自然生命共同体”经历了 3 个历史发展阶段，并且实现了对机械自然观、人类中心主义、中国传统生态文化和西方共同体观念的四重历史超越。建设“人与自然生命共同体”是新时代中国特色社会主义生态文明建设的伟大历史使命，需要在实践中重构生态治理观、生态正义观和生态价值观，为世界生态文明发展贡献中国智慧和中国方案。㊱

有学者指出，习近平生态文明思想中包含着非常丰富的传统文化元素。他的系列重要论述不仅引用了包括儒家、道家、法家等在内的主要理论学派代表人物的观点，还引用了像《诗经》《左传》及许慎、白居易、苏轼、范仲淹的文论诗赋等众多形式的古代文学作品，以及毛泽东、沈从文、邹立颖等人的许多现当代文学作品。这种融汇古今的理论阐述，在一定程度上深化或“中国化”了我们对于生态文明及其建设理论与政策意涵的既有认知，尤其是习近平总书记对生态文明的自然观、经济观和社会观的阐述。但总的说来，传统文化元素更多是润饰与丰富了习近平总书记生态文明及其建设阐述的话语语境或言说风格，很难说构成一个独立的思想体系维度。㊲

还有学者认为，可以从6个方面认识习近平生态文明思想在全球视野下的意义和价值。一是习近平生态文明思想的形成标志着中国从思想上和理论上站在了世界可持续发展事业的前列。二是习近平生态文明思想将塑造全新的国际环境秩序。三是习近平生态文明思想将为国际社会应对全球环境治理赤字，避免“金德尔伯格陷阱”发挥关键作用。四是习近平生态文明思想使中国成为全球气候治理体系的中流砥柱。五是习近平生态文明思想丰富了中国“贡献论”的内涵。六是习近平生态文明思想对发展中国家的示范意义重大。㊳

在政治、文化、社会和党建、外交等各方面，学者们也提出了不少有价值的观点。有学者指出，围绕“是什么、为什么、怎么办”这3个根本问题，习近平对民主集中制作出了一系列创新性论断。在定位上，习近平从宏观、中观和微观3个层次，分别将民主集中制定位为党的根本领导制度、强化党内监督的核心和干部领导艺术的重要内容。在缘由上，习近平之所以如此重视民主集中制，历史动因是中国共产党优良传统的当代继承，根本动因是马克思主义政党领导原理的理论使然，现实动因是对民主集中制执行不力的科学回应。在路径上，坚持和完善民主集中制，必须在主体上加强领导干部民主集中制教育培训，在制度上完善相关体制机制，在作风上发挥党中央特别是中央政治局的表率作用。㊴

有学者认为，习近平总书记关于文化建设重要论述的基本向度有：以坚持马克思主义的指导为原则向度，以实现对优秀传统文化的“双创”为历史向度，以坚持以人民为中心为价值向度，以建设社会主义文化强国、助推中国梦的实现为目标向度，以立足国情和世情特点为现实向度，以促进文明相互交流借鉴为世界向度。㊵

有学者指出，习近平关于文明的重要论述，从世界层面看，是要通过构建人类命运共同体、坚持正确的文明观、倡导不同文明的交流互鉴，促进人类文明的发展进步；从国家层面看，是要通过建构中国特色社会主义文明体系、建设社会主义精神文明、培育社会主义文明价值观，大力发展社会主义文明；从个体层面看，是要通过教育培养能够促进文明进步的时代新人，提升公民的文明素质。学习和把握习近平关于文明的重要论述的3个层面，有助于我们在新的历史方位下更好地促进文明价值的全面实现。㊶

有学者认为，习近平关于文明交流互鉴的重要论述是理论维度、批判维度、价值维度、实践维度的统一。这些论述以相互尊重、平等相待为基础，以开放包容、互学互鉴为路径，以和谐共生、美美与共为目标，反对封闭自守、霸权主义的文化观点，有助于为世界和平发展保驾护航，为经济全球化持续推进增添动力，为构建人类命运共同体贡献力量。落实这些重要论述要从注重文化传承、借助文化对外传播、搭建文化交流平台等方面着力。㊷

有学者指出，新时代意识形态工作面临的众多新情况、新问题、新挑战、新机遇，要求我们敢于创新、善于创新、积极创新，而创新正是习近平总书记意识形态重要论述最鲜明的特色之一。从重点抓好理念创新、手段创新、基层工作创新到全方位创新，再到强调让互联网成为意识形态创新的主战场、主阵地、最前沿，习近平总书记关于做好意识形态工作创新的一系列重要论述，不仅体现出他对意识形态工作创新的高度重视，更体现出他对广大意识形态工作者乃至全党提出的更多、更高的要求。㊸

有学者指出，习近平关于社会建设的系列重要论述，既是对马克思主义经典作家关于社会建设思想的继承和发展，也是对新时代社会建设面临的现实课题的理性考量和精辟回应。这些论述，把“以人民为中心”作为价值基点，以“民生+社会治理”为主要发展路径，以建构兼具活力与秩序的美好社会为目标取向，具有严谨的内在逻辑结构，呈现出层次性、科学性、耦合性、公共性、时代性、底线性等理论特质。文章认为，在新时代，以习近平关于社会建设的重要论述为指导推进社会建设与创新，应以是否增进公平正义作为根本准绳，以系统思维擘画社会建设的主体建构，以辩证思维剖析和考量社会建设遇到的风险、难题和困境，以基层作为中国社会建设的重点“场域”与基本空间。㊹

有学者认为习近平外交思想科学把握世界发展大势，面对当今世界向何处去的时代之问，习近平外交思想给出了推动构建人类命运共同体的科学答案，推进了世界社会主义事业发展。党的十八大以来，在以习近平同志为核心的党中央正确领导下，中国特色社会主义取得举世瞩目的发展成就，世界上信服马克思主义的人越来越多。习近平外交思想引领全球治理体系创新，积极推动建立更加公正合理的全球治理体系，打破了资本主义在国际政治上的话语霸权。习近平外交思想积极倡导世界大同理想，关注全人类的共同命运，向世界展现出积极向上的力量，给复杂多变的国际局势带来稳定和信心。㊺

有学者指出，“一带一路”倡议的提出和推进是习近平新时代中国特色社会主义外交思想的重要体现。习近平对国际战略问题的重要论述的核心意涵为：统筹谋划国内外互动发展的国际战略思维与全球战略布局，通达天下的宽广战略视野与长远战略眼光，合作共赢的战略远见与实事求是的战略方针，相融相近的大国战略情怀与战略自信，人类命运共同体构建的大国战略担当精神。“一带一路”倡议的提出和实施体现了中国的大国担当精神，也是中国为国际社会提供公共产品并推动人类文明进步的重要战略举措，充分显示出中国作为文明古国与新兴大国在国际社会所具有的大国自信，还是中国为推动建设开放型世界经济贡献大国智慧和大国力量的经典例证。㊻

北京地区学者 2019 年还围绕习近平总书记的一系列重要讲话，进入了深入学习和专题研究。比如，有学者认为，习近平总书记在全国教育大会上的讲话，对我国教育做了全面论述，提出一系列教育改革的新理念、新思想、新观念，可以概括为“九个坚持”，即坚持党对教育事业的全面领导，坚持把立德树人作为根本任务，坚持优先发展教育事业，坚持社会主义办学方向，坚持扎根中国大地办教育，坚持以人民为中心发展教育，坚持深化教育改革创新，坚持把服务中华民族伟大复兴作为教育的重要使命，坚持把教师队伍建设作为基础工作。他指出教育是国之大计、党之大计，第一次把教育提到如此高度，突出党和国家对教育的重视和担当。他还指出，培养什么人是教育的根本，把劳动教育加进党的教育方针，提出“社会主义教育要培养德智体美劳全面发展的社会主义建设者和接班人”。这次大会开启了习近平新时代中国特色社会主义思想在教育领域的新思想、新作为、新篇章，是重大战略部署，对今后我国的教育发展具有重要的指导意义。㊼

纵观 2019 年北京地区专家学者关于马克思主义中国化与中国化马克思主义的研究，无论是宏观问题的深入探讨，还是具体问题的专题研究，均有相当的进展。我们期待专家学者再接再厉，抓住 2020 年全面建成小康社会和 2021 纪念中国共产党成立 100 周年两大节点，在已有基础上取得更大的成绩。

注：

①李捷、秦仆：《上下求索：毛泽东与新中国成立 70 周年——访中国史学会会长李捷教授》，《高校马克思主义理论研究》，2019 年第 2 期。

②樊宪雷：《毛泽东与新中国成立初期生气勃勃的社会局面》，《毛泽东研究》，2019 年第 5 期。

③徐玉凤：《青年毛泽东的初心与道路探索》，《中国井冈山干部学院学报》，2019 年第 1 期。

④戴立兴：《毛泽东人民观对儒家民本思想的超越》，《马克思主义研究》，2019 年第 2 期。

⑤臧峰宇、何璐维：《青年毛泽东知行观的实践心学阐释》，《湖南社会科学》，2019 年第 2 期。

⑥薛广洲：《毛泽东哲学与马克思主义哲学中国化的机制研究》，《湖南科技大学学报（社会科学版）》，2019 年第 4 期。

⑦王立胜：《70 年来毛泽东哲学思想研究的历史轨迹与未来展望》，《毛泽东研究》，2019 年第 6 期。

⑧陈世珍：《新时代创新毛泽东哲学研究的内容、价值与方法论略》，《毛泽东思想研究》，2019 年第 3 期。

⑨毛胜：《毛泽东谈怎样进行伟大斗争——重读〈中国共产党在民族战争中的地位〉》，《新湘评论》，2019 年第 13 期。

⑩曹应旺：《毛泽东为什么能写出〈论持久战〉》，《党的文献》，2019 年第 3 期。

⑪吴波：《中国共产党政党文化建设的基本范式——以毛泽东〈纪念白求恩〉〈为人民服务〉和〈愚公移山〉为例》，《党的文献》，2019 年第 2 期。

⑫吴起民：《延安时期毛泽东乡村文化建设的理论与实践》，《求索》，2019 年第 2 期。

⑬李炼石：《“乡村振兴”视角下的毛泽东农民文化现代化思想探析》，《现代哲学》，2019 年第 1 期。

⑭陈莹：《毛泽东思想活的灵魂在新时代的践行与拓展》，《毛泽东思想研究》，2019 年第 4 期。

⑮金民卿：《毛泽东“改造中国与世界”思想及其对新时代全面深化改革的重要启示》，《毛泽东邓小平理论研究》，2019 年第 3 期。

⑯李珍：《毛泽东领导反对霸权主义斗争的历史经验》，《毛泽东研究》，2019 年第 5 期。

⑰张荣臣、荀立伟：《毛泽东党建思想的党内政治文化维度分析及启示——兼论党内政治文化的研究

方法》，《湖南社会科学》，2019年第4期。

⑱金星宇：《中央党报对毛泽东形象的塑造与评价——以〈解放日报〉为中心（1941—1947）》，《广东党史与文献研究》，2019年第6期。

⑲杨凤城：《困境与突围：毛泽东思想研究的若干思考》，《毛泽东研究》，2019年第4期。

⑳刘锋：《从毛泽东到习近平：马克思主义党建理论中国化的历史演进》，《桂海论丛》，2019年第6期。

㉑刘磊、卢周来：《邓小平关于经济改革和发展论述中蕴含的宏观调控思想》，《党的文献》，2019年第5期。

㉒杨胜群、孔昕：《邓小平作为改革开放和现代化建设“总设计师”的历史地位和历史贡献》，《邓小平研究》，2019年第2期。

㉓闻言：《深入实施乡村振兴战略，书写好中华民族伟大复兴的“三农”新篇章——学习〈习近平关于“三农”工作论述摘编〉》，《人民日报》，2019年7月9日。

㉔闻言：《毫不动摇坚持和加强党对一切工作的领导——学习习近平〈论坚持党对一切工作的领导〉》，《人民日报》，2019年11月22日。

㉕《奋力开创新时代中国特色社会主义事业新局面——中共中央党史和文献研究院负责人就〈十九大以来重要文献选编〉上册出版答本报记者问》，《人民日报》，2019年9月9日。

㉖曲青山：《新时代在党史、新中国史上的重要地位和意义》，《求是》，2019年第19期。

㉗秦宣：《习近平新时代中国特色社会主义思想产生的国际背景》，《教学与研究》，2019年第6期。

㉘何海根、孙代尧：《21世纪科学社会主义的新发展——论习近平的科学社会主义观》，《当代世界与社会主义》，2019年第6期。

㉙王珊珊、辛向阳：《习近平新时代中国特色社会主义思想回答的重大时代课题生成逻辑研究》，《国外社会科学》，2019年第5期。

㉚赵志鸿：《习近平“以人民为中心”发展思想的理论创新》，《中国社会科学院研究生院学报》，2019年第6期。

㉛顾海良：《中国特色社会主义政治经济学的“导言”——习近平〈不断开拓当代中国马克思主义政治经济学新境界〉研究》，《经济学家》，2019年第3期。

㉜张雷声：《习近平新时代经济建设论论纲》，《马克思主义与现实》，2019年第2期。

㉝原磊：《以实体经济筑牢高质量发展的坚实基础——深入学习习近平总书记关于实体经济的重要论述》，《中国井冈山干部学院学报》，2019年第5期。

㉞周杨：《习近平生态文明思想的逻辑架构研究》，《科学社会主义》，2019年第2期。

㉟张云飞：《习近平生态文明思想的标志性成果》，《湖湘论坛》，2019年第4期。

㊱孙要良：《唯物史观视野下习近平人与自然生命共同体理念解读》，《当代世界与社会主义》，2019年第4期。

㊲郇庆治：《习近平生态文明思想中的传统文化元素》，《福建师范大学学报（哲学社会科学版）》，2019年第6期。

㊳张海滨：《略论习近平生态文明思想的世界意义》，《环境与可持续发展》，2019年第6期。

㊴方涛：《习近平关于民主集中制重要论述的理论创新》，《中共杭州市委党校学报》，2019年第4期。

㊵张瑜、孟鑫：《习近平总书记关于文化建设重要论述的基本向度探赜》，《岭南学刊》，2019年第5期。

㊶李毅红、邱华宇：《习近平关于文明的重要论述探析》，《理论学刊》，2019年第2期。

㊷陈明琨：《理解习近平文明交流互鉴重要论述的四重维度》，《党的文献》，2019年第3期。

㊸朱继东：《引领新时代的意识形态工作创新——深入学习习近平总书记意识形态重要论述》，《福建师范大学学报（哲学社会科学版）》，2019年第5期。

㊹康晓强：《习近平关于社会建设的重要论述：逻辑结构、理论特质及其当代意义》，《经济社会体制比较》，2019年第5期。

㊺王京清：《习近平外交思想的世界意义》，《世界社会主义研究》，2019年第12期。

㊻保建云：《基于“一带一路”倡议的习近平国际战略观》，《马克思主义研究》，2019年第6期。

㊼顾明远：《新时代教育发展的指导思想——学习习近平总书记在全国教育大会上的讲话》，《北京师范大学学报（社会科学版）》，2019年第1期。

（作者：毛胜，中共中央党史和文献研究院研究员；唐洲雁，原中共中央党史和文献研究院研究员）

科学社会主义

李瑞琴

2019 年是新中国成立 70 周年。70 年前，积贫积弱的旧中国迎来了中华民族历史上最伟大的时刻。2019 年，对于马克思主义执政党来说，不能忘记的，还有 1989 年的东欧剧变，也已 30 年。由此，2019 年北京科学社会主义研究的主要关注点，也决定于历史发展的重要节点。一是继续深入学习马克思主义经典著作，阐释科学社会主义基本原理及其当代价值；二是围绕新中国成立 70 年、改革开放 40 年，深入研究、阐释、概括、总结、归纳新中国对科学社会主义理论和实践的重大贡献；三是从习近平新时代中国特色社会主义思想就是 21 世纪的马克思主义这一要义出发，深入研究该思想对于世界社会主义理论的重大创新；四是总结东欧剧变 30 年来的曲折之路，关注中国新时代新思想。以下是主要观点：

一、结合学习马克思主义经典著作阐释科学社会主义原理

继 2018 年马克思诞辰 200 周年、《共产党宣言》发表 170 周年掀起的研究热潮，2019 年还有许多研究成果不断推出。研究更加侧重从学科的实践性，阐释马克思主义经典作家、经典著作的理论。

有文章指出，《共产党宣言》不仅是一部科学社会主义的经典文献，也是一部马克思主义思想政治教育的理论巨著，同时其传播和运用的历史更是马克思主义思想政治教育光辉历史的一个生动缩影。以思想政治教育学的视角梳理其基本思想、剖析经典论断、体味辞章艺法、回溯传播历程，对于推进新时代马克思主义思想政治教育理论研究和实践工作有着重要启示。①

有文章紧密结合科学技术的发展，阐释了科学社会主义原理。文章认为，机器动能自动化生产方式，乃是由革命化的科学技术引发的现代大工业第一次工艺革命所取得的重要历史性成果，它使资本主义生产关系走向成熟，同时其自我扬弃进程也被开启。当今人工智能“奇点”临近，意味着现代技术累积性的发展达到了革命化极点，正在引发第二次工艺革命，将锻造出机器智能自动化生产方式，使生产力得到充分解放而趋于奇点，其所引发的经济奇点、工作奇点等将导致两极分化、社会崩溃，资本奇点临近，资本主义时代趋于终结，其生产关系、经济基础、上层建筑等，将越来越成为机器智能自动化生产方式及其释出的生产力进一步发展的障碍，而中国特色社会主义的优越性将越来越充分发挥出来。在当今人工智能时代，重构马克思以“生产工艺学批判”为基础的科学社会主义理论框架，具有重要理论和现实意义。②在当代世界，代表最新科学技术发展水平的人工智能，已然成为不同学科和领域关注的热点，以人工智能“奇点”为切入点，重构马克思以“生产工艺学批判”为基础的科学社会主义理论框架，有一定新意。

有文章认为，学界对马克思恩格斯社会主义特征理论的研究，存在着把社会主义的特征、本质和原则混淆在一起，偏重于生产力、经济基础方面的特征分析，而对上层建筑、意识形态方面的特征则揭示不够的问题。认为，社会主义的本质、特征、原则各自回答了社会主义“是什么”“什么样”“怎么办”。换言之，“是什么”确认了“社会主义本质”，“什么样”表现为“社会主义特征”，“怎么办”是通过执行“社会主义原则”把社会主义的本质和特征变成现实。文章提出，决不能把社会主义本质当作社会主义的一个特征来表述，也不能用科学社会主义原则的概念代替社会主义本质和特征。准确、全面地认识马克思恩格斯社会主义特征的理论，应从生产力、经济、政治、意识形态 4 个方面把握其八大特征。③该观点值得关注。对科学社会主义基本原理的核心概念、本质特征、理论原则、现实表现等进行科学界定，对于更好地坚持和发展科学社会主义，是有益而必须的。

有作者从习近平新时代中国特色社会主义思想对《共产党宣言》中科学社会主义理论的继承与发展这一领域出发，认为其不仅在根本立场、运思方式与理论底色等方面继承了《共产党宣言》确立的科学社会主义原则，而且创造性地在社会主义建设、党的自身建设与全球化等领域发展了其提出的诸多科学社会主义理论。两者共同作为共产党人的精神旗帜，在坚定理想信念、永葆奋斗精神与树立人类解放情怀等方面发挥重要的精神指引与精神奠基作用，鼓舞着中国共产党人与中华民族在新时代中国特色社会主义的实践征程中不断前行。[④]文章起始于《共产党宣言》中的科学社会主义理论，落脚于新时代中国特色社会主义的实践，将理论和实践意义紧密结合在了一起。

有文章从远古的起源入手，研究人类劳动的历史与现实，并力求对科学社会主义作出新的认识。研究认为，人类劳动的起源是带有一定动物性的常态劳动的起源；常态劳动是正态劳动与变态劳动的统一，代表善的正态劳动是人性的劳动，是决定常态劳动属于人类劳动的劳动；代表恶的变态劳动是动物性的劳动。最初的动物性的变态劳动存在是指暴力性的军事变态劳动的存在，这是类人猿劳动在猿人劳动中的直接延续。在原始社会之后，又产生了同属动物性的寄生性的剥削变态劳动。在劳动内部，存在劳动主体的智力因素与体力因素的作用区分和劳动客体的自然条件与资产条件的作用区分，自起源之后推动人类常态劳动发展的决定性因素是智力因素。而劳动的智力因素作用的不断提升，历史地引起劳动整体包含的4种作用中的主要作用的变化决定了社会的发展变迁。在依靠劳动发展人类获得开放的宇宙生存空间的条件下，随着劳动的智力因素作用的再进一步提升，人类常态劳动将实现向完全正态的人类劳动转化，消灭剥削变态劳动和消灭军事变态劳动，实现人类劳动的完善化。由此人类社会将进入共产主义社会发展阶段。而实现劳动完善化的过程就是社会主义社会的存在和发展阶段。因此，社会主义的本质就是人类劳动的完善化。[⑤]

有文章从《资本论》研究的直接目的是揭示资本主义经济规律，最终目的是为科学社会主义提供理论依据的路径出发认为，《资本论》的研究对象、研究目的、研究方法和所阐述的科学社会主义思想，以及马克思对工人阶级的解放和人类历史命运的关切，均表明《资本论》的逻辑指向是科学社会主义。因此，只有在科学社会主义视野下把握《资本论》及其所阐述的市场经济，才能用《资本论》的逻辑理解社会主义市场经济的历史必然性及其发展趋势。社会主义市场经济是中国特色社会主义的必然选择，其历史使命是克服资本主义市场经济的弊端，为向共产主义过渡准备条件，社会主义市场经济改革必须坚持科学社会主义的基本经济原则。[⑥]回归经典，再回到社会实践，能够更好地坚持科学社会主义基本原则，是我国未来改革的必然坚守。

有作者重温经典理论，概括科学社会主义对空想社会主义的超越和扬弃认为，科学社会主义的科学性正是建立在吸收借鉴空想社会主义思想理论的基础上，在3个方面实现了对空想社会主义的超越：一是在思维方式上，科学社会主义用唯物辩证的而非形而上学的方法来观察世界；二是在对资本主义的认识上，科学社会主义坚持从物质的经济事实而非理性原则出发来分析资本主义社会发展的全过程；三是在对未来社会的认识上，科学社会主义从来不对未来社会设计完美的制度方案，它始终是面向实践的，以开放的姿态来把握和认识社会主义的未来发展。[⑦]

还有学者从整体性研究认为，马克思主义及其科学社会主义是审视人类社会历史及其发展规律的科学理论，对于今天人类社会问题得以产生之根源的回答，仍须遵循生产力与生产关系矛盾、经济基础与上层建筑矛盾等关于人类社会发展规律阐释之科学社会主义逻辑思想的指导。当今时代全球性问题产生的根源在于，国家交往、安全格局、经济发展、文化沟通、生态建设等领域的现行全球社会生产关系或全球治理上层建筑阻碍着全球社会生产力的发展。为应对这些全球性问题，应当从现行全球社会生产关系或全球治理上层建筑的调整或变革入手，这恰就是构建人类命运共同体方案的初衷和目标。构建人类命运共同体有其科学社会主义逻辑思想根据。[⑧]

从上述研究看，对马克思主义经典作家科学社会主义基本原理、基本原则、基本理论的研究，既有回归经典、重温经典的理论需求，也有结合时代特点，结合社会实践发展，给予科学社会主义以新的理论阐释，对科学社会主义研究的推动是有成效的。

二、新中国70年对科学社会主义的贡献

在社会主义和资本主义长期并存的大背景下，如何认识社会主义的制度优势，处理好社会主义和资本主义的关系，既是一个重大理论认识问题，也是一个重大现实问题。从根本上说，科学社会主义的理论逻辑是中国特色社会主义制度优势的深刻依据。只有站在科学真理的高度，才能深刻把握这些显著优势，从而坚定中国特色社会主义制度自信。在新中国成立70年的伟大时刻，学界重点阐发了70年来新中国对科学社会主义的理论贡献，呈现出一大批重要成果。

1. 从新中国建立70年的广阔视野看对科学社会主义的贡献

有文章回顾历史强调，鸦片战争以后，无数仁人志士苦苦追寻救国救民的真理。五四运动后，在诸多学说流派风云激荡、各显身手的形势下，马克思主义以其高度的科学性和革命性逐渐被越来越多的先进分子所接受和崇奉。1920 年 8 月，多方求索，远赴法国勤工俭学的蔡和森就曾致信挚友毛泽东提出：“我近对各种主义综合审谛，觉社会主义真为改造现世界对症之方。中国也不能外此。”[9]因此，新中国 70 年是中国共产党在治国理政过程中不断对科学社会主义理论和实践做出重大原创性贡献的 70 年。中国共产党领导广大人民群众在艰难探索中原创性地实现了社会主义从旧发展模式向新发展模式的转型，在与时俱进中原创性地提升了对共产主义远大目标的新认识和新实践，在复杂发展环境中原创性地实现了社会主义社会主要矛盾理论的新发展，并且在长期执政的条件下原创性地阐明了马克思主义政党保持自己的宗旨和政党本色的历史路径。[10]

还有学者总结道，新中国 70 年是经济社会持续、健康、快速发展的 70 年，也是中国特色社会主义制度自信不断增强的 70 年。新中国 70 年中国特色社会主义制度的探索、确立、发展和完善为制度自信创造了基本前提；中国特色社会主义制度优势的彰显和发挥为制度自信提供了重要依据；制度实践取得举世瞩目的成就为制度自信奠定了坚实基础；坚定制度自信的实质在于始终坚持中国共产党的领导。深入分析新中国 70 年与中国特色社会主义制度自信的内在联系，对于深入理解我们制度的巨大优势，坚定制度自信具有重要意义。[11]

有学者回顾，在社会主义革命和建设时期，中国共产党领导中国人民进行探索与实践的过程充满艰辛和曲折，指导思想产生了两个发展趋向。党的十一届三中全会以后，我们党从实际出发，按照解放和发展生产力的要求，带领人民开创了中国特色社会主义，实现了社会主义从“苏联模式”到“中国特色”的发展。党的十八大以来形成的习近平新时代中国特色社会主义思想，续写了中国特色社会主义新篇章。两个相互联系又有重大区别的时期，本质上都是我们党领导人民进行社会主义建设的实践探索，意味着科学社会主义在新中国 70 年的历程中一脉相承。[12]

的确，科学社会主义的整个理论体系以现实的方式关怀着人特别是劳动大众。有文章通过资本主义社会无产阶级的异化生活的描述，阐述了劳动大众是科学社会主义理论的逻辑起点和价值归宿。科学社会主义以现实的具体的历史的方式关照人，区别于宗教的虚幻方式和空想社会主义的幻想方式，展现其特有人文价值。中国特色社会主义建设作为科学社会主义的重要实践，现实地前所未有地深度关照生活中的具体的人，在政治制度、经济建设、精神文明建设、社会建设、生态文明建设等方面为广大人民群众的美好生活提供制度和物质保障。当下，我国人民获得前所未有的自由与民主，群众的生活内容得到极大丰富，生活品质得到极大提高，活动领域得到空前拓宽，彰显着科学社会主义的人文价值。[13]

有文章进行了全景式总结认为：新中国成立 70 年来，中国特色社会主义从奠基、开创到发展、完善，使具有 170 多年历史的科学社会主义在近 14 亿人口的东方大国找到了切实可行的实现路径。中国社会主义 70 年对科学社会主义的重大贡献在于：成功回答了“什么是社会主义、怎样建设社会主义”的历史性课题，使具有 170 多年历史的科学社会主义焕发出强大生机活力；不断深化对社会主义建设规律的认识，形成党和国家与时俱进的指导思想；彰显社会主义制度的巨大优越性，不断建设对资本主义具有优越性的社会主义；为人类进步事业做出了巨大贡献，推动世界社会主义进入新阶段。中国特色社会主义进入新时代，必将为科学社会主义发展、为世界社会主义发展、为人类社会发展进步做出新的更大的贡献。[14]

新中国成立 70 年的历史，证明了一个颠扑不破的真理，没有共产党，就没有新中国；只有社会主义才能救中国。这个结论也是对科学社会主义的贡献。

2. 中国改革开放对科学社会主义的贡献

1978 年末开始的中国改革开放伟大历程，使中国人民从站起来走向富起来。改革开放 40 年，就是中国人民大踏步前进和发展的 40 年，也是对科学社会主义作出重大贡献的时代。

一些学者指出，马克思主义经典作家对未来社会主义发展提出过设想，但没有留下建设社会主义的科学理论体系。中国特色社会主义没有套用马克思、恩格斯设想的模板，而是把马克思主义基本原理与中国国情结合起来，走出了一条改革开放建设中国特色社会主义的新的发展道路。坚持实事求是解放思想的路线，坚持改革开放的前进动力，科学认识社会主义的本质，贯彻以人民为中心的发展宗旨，坚持党的坚强有力的领导，经过 40 年的奋斗，使中国特色社会主义由理论变成了展现强大生机与活力的现实，开创了科学社会主义新纪元。[15]回顾 40 年的历程，中国特色社会主义发展的历史逻辑体现出反思、探索、创新三大鲜明特色。一是在深刻的历史反思中，总结经验教训，校正中国社会主义发展的方向；二是在艰辛的探索中，不断摸索，开辟新的发展道路，发展新的理论；三是在新的伟大实践中，对马克思主义做出创新性的新贡献。[16]坚持和发展中国特色社会主义，是我们党改革开放以来全部理论和实践的主题。

学者们认为，中国特色社会主义道路是科学社会主义理论与中国实际相结合的产物，是实践创新和理论创新良性互动的结果。中国改革开放取得了两大举世瞩目的成果，一是在实践上探索并形成了中国道路，即中国特色社会主义道路；二是在理论上探索并产生了中国理论，即中国特色社会主义理论。[17]中国特色社会主义道路是中国共产党领导全国各族人民在社会主义建设的实践中探索、在改革开放的伟大实践中开创的强国富民的正确道路。其不同于苏联模式，更不同于资本主义现代化模式，而是立足中国国情、符合科学社会主义基本原则的建设道路。其原创性主要表现在：始终坚持中国共产党的领导；发展中国特色社会主义民主政治；社会主义基本制度与市场经济相结合；坚持社会主义性质的改革开放；建设中国特色社会主义文化。中国特色社会主义道路解决了中国的发展问题，拓展了发展中国家走向现代化的途径，为解决人类问题贡献了中国智慧和中国方案。[18]

我们党领导中国人民进行伟大社会革命，历经新中国成立70年的持续探索和改革开放40多年的伟大实践，将中国特色社会主义发展成功推进到新时代。中国特色社会主义的发展进步，是宏大历史叙事中的鲜活实践，也是近14亿中国人正在进行的共同奋斗，更是向着未来无限敞开的伟大创造。伟大的中国特色社会主义历史实践，不仅体现了中国人民的奋斗与智慧，更以其自身的发展进步与探索努力为世界文明演进贡献独特价值。[19]新中国的70年，不仅从根本上改变了近代以来中国的历史进程，而且也从根本上改变了国际共产主义、世界社会主义的历史进程；不仅积累了丰富而宝贵的中国经验、中国智慧，使社会主义在改革开放中焕发出生机活力，而且有力推动着世界社会主义的发展，深化了对共产党执政规律、社会主义建设规律、人类社会发展规律的认识。新时代中国特色社会主义的伟大胜利，将极大改变社会主义与资本主义的力量对比，引领世界社会主义在21世纪走向复兴，为人类发展进步继续贡献中国力量。[20]

三、新时代中国特色社会主义对世界社会主义的贡献

党的十九大以来，我们党的最新理论创新成果，深刻、丰富、全面地体现在习近平新时代中国特色社会主义思想中。在政治、经济、外交、社会发展、全球治理等全方位地发展了科学社会主义，对世界社会主义做出了重要贡献。

1. 习近平新时代中国特色社会主义思想是21世纪的马克思主义

时代是思想之母。进入新世纪以来，尤其是国际金融危机以来，当今时代和当代世界发生了广泛而深刻的变革，当代中国与世界联系发生了历史性变化，“世界怎么了、我们怎么办”“我们从哪里来、现在在哪里、将到哪里去?”成为整个世界都在思考的问题。习近平新时代中国特色社会主义思想就是在思考这些问题的过程中形成和发展起来的，因而它是时代的产物。[21]对发展21世纪马克思主义做出了原创性贡献，在世界范围内产生广泛的感召力和影响力，得到普遍认同和高度赞誉。新时代中国特色社会主义成为21世纪世界社会主义发展的引领旗帜、中流砥柱，推动世界社会主义发展进入了新阶段，开拓了一条人类走向现代化的新道路。中国为解决世界问题提供了新的方案，其发展理念、发展道路、发展模式的吸引力和影响力显著增强，日益发挥着世界和平建设者、全球发展贡献者、国际秩序维护者的重要作用。[22]

学者研究认为，习近平的科学社会主义观是21世纪科学社会主义在中国的新发展，其基本内涵包括：在世界社会主义500年的大历史视野下认识当今世界仍处在马克思主义所指明的历史时代；既不能丢弃科学社会主义的基本原则，又不能将科学社会主义视为一成不变的教条；中国特色社会主义成功开辟了科学社会主义的新境界，使科学社会主义在21世纪的中国焕发出强大生机活力。[23]

学界普遍认为，习近平新时代中国特色社会主义思想是科学社会主义基本原理在当代中国实践运用的最新理论成果，对科学社会主义理论作出了重要贡献，推动着社会主义运动的伟大复兴。认为，实现中华民族伟大复兴的中国梦，开启了社会主义复兴的民族化新进程；新时代对社会发展的统筹，推动了在现代化中充分发挥顶层设计的功能来复兴社会主义的新进程；新时代中国共产党通过全面从严治党的革命性锻造，开启了先进政党引领社会主义复兴的新进程；新时代人类命运共同体战略的提出，提供了人类融合发展中实现社会主义复兴的国际平台。强调习近平新时代中国特色社会主义思想体现了科学社会主义在21世纪的新发展，为社会主义的复兴提供了特殊性与普遍性相统一的逻辑理路。[24]

还有学者从外交视野研究指出，习近平外交思想科学把握世界发展大势，面对当今世界向何处去的时代之问，给出了推动构建人类命运共同体的科学答案，推进了世界社会主义事业发展；引领全球治理体系创新，积极推动建立更加公正合理的全球治理体系，打破了资本主义在国际政治上的话语霸权；积极倡导世界大同理想，关注全人类的共同命运，向世界展现出积极向上的力量，给复杂多变的国际局势带来稳定和信心。[25]

习近平新时代中国特色社会主义思想标注了马克思主义发展史上的新高度，开辟并丰富了21世纪世界社会主义发展的新道路，新时代中国特色社会主义制度在国际竞争中展示出强大生命力和无比优越性。新时代中国特色社会主义取得伟大胜利，不仅意味着马克思主义在一个古老的东方大国取得伟大胜利，而且意味着世界范围内两种意识形态、两种社会制度的较量和斗争发生了有利于马克思主义、社会主义的深刻转变，对世界社会主义在21世纪的创新发展必将产生重大而深远的影响。[26]

2. 新时代中国特色社会主义开辟了世界社会主义新纪元

有文章总结概括了中国特色社会主义发展的优势，认为中国特色社会主义是科学社会主义理论逻辑和中国社会发展历史逻辑的辩证统一；中国特色社会主义，既坚持了科学社会主义基本原则，又根据时代条件赋予其鲜明的中国特色，从而确保了这条道路始终契合国情，充满生机和活力，引领中国人民创造了辉煌的发展奇迹。中国特色社会主义是全面建成小康社会、加快推进社会主义现代化、实现中华民族伟大复兴的必由之路。尊严来自实力，事实胜于雄辩，中国特色社会主义以举世瞩目的发展成就，为它的优越性作出了历史性说明。中国特色社会主义是始终坚持以人民为中心，致力于造福中国最广大人民的康庄大道。人民是阅卷人，是历史的裁判者。中国人民在社会生活的方方面面所发生的天翻地覆的变化，生动回答了中国特色社会主义为什么“好”这个重大问题。中国特色社会主义是不断为人类文明作出更大贡献，推动建设更加美好世界的人间正道。中国共产党带领中国人民成功开创了中国特色社会主义，以无可辩驳的发展成就为科学社会主义注入了强大的生机活力，展现了21世纪马克思主义的思想光辉，也为世界上为数众多的发展中国家更好地掌握自身命运、选择更好的制度安排，提供了重要参考，贡献了发展经验。[27]

的确，中国特色社会主义进入新时代，不是另起炉灶搞社会主义建设，更不是改行其他什么主义，而是旗帜鲜明高举科学社会主义伟大旗帜。因此，新时代中国特色社会主义是科学社会主义和中国社会历史发展的必然结果，具有历史必然性。它既遵循科学社会主义基本原则，又立足当代中国赋予其鲜明的中国特色，是科学社会主义在当代中国发展的新形态。它植根中国大地，反映中国人民意愿，适应中国和时代发展进步要求，开辟了科学社会主义发展的新境界。它彰显了科学社会主义的生机活力和世界意义，为推进社会主义的未来发展提供了国际借鉴，是科学社会主义发展的新阶段。[28]

有学者概括，中国特色社会主义新时代是个新概念，准确把握有4个要点。在理论逻辑上，这个新时代是特殊意义上的“新”时代，与原有时代概念既相联系又有很大的区别，是指中国特色社会主义的一个阶段。在历史逻辑上，这个新时代是“新”时代，与改革开放以来的新时期、新世纪、新起点既是前后相继的，又有新的寓意。在过程逻辑上，这个新时代是“进”时代，进入新时代有比较鲜明的节点，是连续性与阶段性相统一的。在使命逻辑上，这个新时代是“强”时代，具有全面丰富的内涵，最关键的是实现强起来的伟大飞跃。[29]而一个国家实行什么样的主义，关键要看这个主义能否解决这个国家面临的历史性课题，是否有利于这个国家的经济社会发展和人民生活水平提高。中国特色社会主义好，好就好在既坚持了科学社会主义基本原则，又根据时代条件赋予其鲜明中国特色，为解放和发展社会生产力、解放和增强社会活力、永葆党和国家生机活力提供了有力保证，并为解决人类问题贡献了中国智慧和中国方案。[30]

学者们认为，实现现代化是近代以来世界各国的共同追求。实现现代化的过程是中国社会实现伟大变革的过程，也是中国特色社会主义道路探索与发展的过程。虽然中国在世界现代化历史进程中属于后来者，但当代中国的伟大社会变革不是简单延续中国历史文化的母版，而是马克思主义指导下中国历史文化的现代版；不是简单套用马克思主义经典作家设想的模板，而是科学社会主义的中国版；不是其他社会主义国家实践的再版，而是世界社会主义的创新版；不是国外现代化发展的翻版，而是发展中国家实现现代化道路的创新版。中国特色社会主义属于世界社会主义的中国版，是一种新的文明形态的美丽中国版。[31]

3. 中国特色社会主义是当代科学社会主义的新发展

世界社会主义已经走过了波澜壮阔、跌宕起伏、曲折前进的500多年历史进程。新中国的社会主义事业与世界社会主义发展紧密相连。中国在社会主义从一国向多国推进、从一种模式走向多样化发展以及遭遇发展性危机时都发挥了重要作用。当前世界社会主义在低潮中奋进，世界社会主义核心力量东移，中国成为世界社会主义的中流砥柱。新时代中国特色社会主义将在构建人类命运共同体的进程中发展壮大世界社会主义力量，为引领世界社会主义运动走向振兴贡献中国力量和中国方案。[32]中国特色社会主义本质上是科学社会主义，是敢于和善于与资本主义既合作又激烈竞争的制度，在合作与竞争中，中国特色社会主义将更加彰显自身的优势。中国要在下一个百年赢得与资本主义的比较优势，就要坚定不移地走中国特色社会主义道路，坚持和发展中国特色社会主义理论，完善和发展中国特色社会主义制度，繁荣和发展中国特色社会主义文化。[33]

还有学者认为，对社会主义运动普遍性和特殊性的认识关系到社会主义运动的兴衰成败，并同社会主义制度的演进紧密相关。认为苏联模式曾推动了社会主义运动的向前发展，但最后把普遍性推向了极端。实践证明，没有扎根于国情的社会主义是经不起历史的考验的。中国特色社会主义旗帜的确立是对特殊性认识的历史性升华，体现了社会主义制度演进的丰硕成果。特殊性为普遍性开拓道路，中国特色社会主义道路揭示了当代社会主义运动发展的基本规律，是按照不同的民族国家或者地区特色而分别展开的进程，世界社会主义运动要再度复兴，各国的无产阶级政党就应该首先写好科学社会主义的国别篇。[34]

还有文章从世界社会主义百年来革命、建设和改革三大历史过程，去思考和把握新时代中国特色社会主义与世界社会主义及其发展阶段的关系。认为，十月社会主义革命开启了世界社会主义如火如荼革命阶段。二战结束后，世界社会主义阵营建立，社会主义建设步入曲折发展阶段。20世纪八九十年代，从各社会主义国家在改革中陷入低潮到中国特色社会主义理论形成，中国取得了世界社会主义发展史上前所未有的改革开放的伟大胜利，成功开辟了新的社会主义现代化道路。新时代中国特色社会主义为世界社会主义注入新的活力，让科学社会主义在21世纪焕发出新的蓬勃生机。新时代中国特色社会主义推动世界社会主义进入振兴阶段。[35]中国改革开放则创造了人类发展史上的奇迹，彰显了深远的世界意义。中国的持续快速发展为世界经济发展提供了强大动力；中国走出了一条新型的社会主义现代化道路，为广大发展中国家走向现代化提供了成功经验；中国改革开放焕发了科学社会主义鲜活而强大的生机活力，谱写了人类社会改革史和社会主义改革史的壮丽篇章；为全球治理、世界和平与发展贡献了中国智慧、中国方案、中国力量。[36]

当代世界社会主义运动正以多样化、多层次方式纵深发展。发展中国家和发达国家、新兴大国和传统大国、社会主义国家和资本主义国家之间围绕发展道路和发展模式展开激烈较量。西方政治体制承受深重危机和变革压力。中国特色社会主义对世界社会主义产生巨大吸引力，以不断增长的制度优势引领世界社会主义进入新阶段。一个不同于冷战前两极对立、冷战后“历史终结”的世界社会主义运动新格局正在形成。[37]构建人类命运共同体是中国特色社会主义的重要组成部分，为推动新时代世界社会主义发展提供了中国方案，为社会主义国家正确处理国际事务贡献了中国智慧，对于推动世界社会主义发展具有重要现实意义和深远历史意义。[38]

四、东欧剧变30年及国外对中国新时代新思想的关注

2019年是东欧剧变30年，结合对东欧剧变的反思，世界也对中国进入新时代予以特别关注。

有学者认为，关于1989年导致“天鹅绒革命”的关键因素，实际上已经在历史的行进中再度被重解。东欧剧变虽已30年，但东欧各国转型仍在途中，新旧挑战交织而生。中东欧国家在融入欧洲问题上存在共识，但预期与结果相距尚远，出现了“新旧欧洲”的心理围墙和“二等公民”之感。当前，“民主制度”依然脆弱、经济发展未达预期、标志国家稳定的人口状况出现剧烈变动等是中东欧各国面临的严峻问题，也是当代中东欧政治社会状况的突出特点。[39]东欧剧变30年后，留给世界社会主义的仍然是一项必须重视的课题。

有学者认为，汲取了苏联解体、东欧剧变教训的中国特色社会主义，正以雷霆之力震撼世界，给21世纪世界社会主义发展注入新的希望。只要资本主义社会的基本矛盾存在，资本主义的危机就是不可克服的且会愈发尖锐，而作为其对立面的社会主义就永远是人们憧憬的目标，且会更加磅礴于世界。[40]

有学者研究认为，东欧国家或照搬苏联模式，或脱离国情和超越阶段，结果均遭失败。中国的成功为世界社会主义展示了新的发展前景，同时也为人类和平发展事业作出了重要贡献。苏联与东欧的剧变，改变了国际力量对比和世界战略格局。世界社会主义将在艰难求索中大胆创新，在全面创新中锐意发展，在创新发展中迎接未来。世界社会主义未来发展，形式和内容将更加丰富多彩。[41]

前民主德国统一社会党总书记和国务委员会主席埃贡·克伦茨，于东欧剧变30年时撰写了《我看中国新时代》一书，高度赞扬中国高举社会主义旗帜于世界社会主义重要意义。克伦茨认为，中国特色社会主义的成功是对苏东剧变后社会主义失败论的有力驳斥，社会主义的中国正在崛起。中国的胜利是对世界社会主义的一种鼓舞；中国的成功为世界社会主义提供了宝贵经验。中国能够成为教科书，吸引亚洲、非洲和拉丁美洲其他国家思考，究竟应该怎样塑造本国的今天和未来。《我看中国新时代》表达了一位前苏东地区国家共产党前领导人对中国特色社会主义道路伟大成就的钦佩之情，从多角度、多侧面证明了中国共产党选择的道路是正确的，新时代中国特色社会主义的未来是光明的。[42]

还有学者从人类历史发展的长过程看，认为在新世纪，世界社会主义的发展道路和形式是各具民族特色的、多样的，推动生产力发展是现实社会主义的首要任务，社会主义政党和左翼力量坚持人民立场关系到世界社会主义事业的兴衰成败。与此同时，处于资本主义世界体系不同位置的社会主义政党和左翼力量必须正确处理好社会主义与资本主义的关系，才能赢得发展的空间与机遇。当前，世界范围内资本主义与社会主义两种意识形态、两种社会制度的历史演进正在发生有利于马克思主义、社会主义的深刻转变，紧跟时代发展和变革的步伐，21世纪世界社会主义必然不断壮大和持续发展。[43]世界大变局是影响两种制度关系未来发展走向的重要变量和关键因素，正在重构社会主义与资本主义并存关系及共处空间。西方发达国家与新兴大国之间的关系深入调整，关联互动、竞争博弈趋势明显，不同文化交流互鉴、各种政治思潮碰撞争锋异常活跃。西方资本主义政治模式和发展经验光环黯淡，中国特色社会主义在21世纪的中国焕发出强大生机活力，成为振兴世界社会主义的中流砥柱。社会主义代替资本主义是一个长期历史过程，需要各种主客观条件的成熟，最终要靠社会主义取得成功的实例来证明社会主义制度优于资本主义制度。[44]

综上，2019年北京地区科学社会主义研究取得了重大进展，尤其是对中国特色社会主义对科学社会主义的推动研究，呈现出可喜的景象。应该注意的倾向包括，第一，对于新时代中国特色社会主义的关注比较集中，关于科学社会主义基本原理方面的研究，多是从中国的实践对科社基本原理进行阐发，突出了理论对实践的指导作用，但从基本理论出发，结合实践的发展，对科社原理进行研究和创新不够。第二，对于科学社会主义基本原理的研究，多是结合马克思主义经典作家的有关著作进行阐发，有分散化现象，整体研究显不足。第三，科学社会主义领域研究还呈现学科目标模糊、一味追求跨学科、跨领域的现象。科学社会主义是马克思主义三大组成部分最重要部分，无论从学科建设、理论创新、实践发展层面，都有着非同寻常的重要意义，需要突出科学社会主义基本理论的本质特性和整体性发展。

注：

①张智、单晓涵：《〈共产党宣言〉的思想政治教育意蕴》，《思想理论教育导刊》，2019年第11期。

②刘方喜：《生产工艺学批判：人工智能革命的科学社会主义分析框架》，《甘肃社会科学》，2019年第5期。

③许耀桐：《马克思恩格斯社会主义特征理论再认识》，《科学社会主义》，2019年第3期。

④陈步伟：《习近平新时代中国特色社会主义思想对〈共产党宣言〉中科学社会主义理论的继承与发展》，《中共石家庄市委党校学报》，2019年第10期。

⑤钱津：《人类劳动的起源、转化与完善进路—— 一个关于社会主义的定义》，《社会科学动态》，2019年第4期。

⑥段学慧、李婵：《〈资本论〉的科学社会主义逻辑指向——兼论社会主义市场经济的基本原则》，《当代经济研究》，2019年第11期。

⑦张端：《社会主义从空想到科学的跨越——读〈社会主义从空想到科学的发展〉》，《宁夏党校学报》，2019年第2期。

⑧姚选民：《构建人类命运共同体的科学社会主义逻辑基础》，《世界社会主义研究》2019年第3期。

⑨汤涛：《社会主义引领中国走出新路》，《中国纪检监察》，2019年第21期。

⑩任晓伟：《新中国70年对科学社会主义理论和实践的重大原创性贡献》，《中国高校社会科学》，

2019 年第 6 期。

⑪肖贵清、贾绘泽：《新中国 70 年与中国特色社会主义制度自信》，《思想理论教育导刊》，2019 年第 9 期。

⑫刘海涛：《科学社会主义在新中国的思想轨迹》，《理论视野》，2019 年第 10 期。

⑬蔡文桂、卢允庆：《科学社会主义的人文价值探究》，《陕西理工大学学报(社会科学版)》，2019 年第 5 期。

⑭姜辉：《中国社会主义 70 年对科学社会主义的重大贡献》，《当代中国史研究》，2019 年第 5 期。

⑮刘林元：《中国特色社会主义与科学社会主义的新纪元》，《毛泽东研究》，2019 年第 2 期。

⑯周春明：《改革开放以来中国特色社会主义理论创新性发展的三大特点》，《新视野》，2019 年第 1 期。

⑰郝立新：《中国特色社会主义道路从何而来》，《新华日报》，2019 年 7 月 3 日。

⑱肖贵清、夏敬芝：《中国特色社会主义道路的原创价值》，《社会主义研究》，2019 年第 4 期。

⑲靳诺：《社会主义在中国的历史实践与世界意义》，《人民论坛》，2019 年第 35 期。

⑳汪亭友、杨戏戏：《新中国 70 年对世界社会主义发展的伟大贡献》，《马克思主义与现实》，2019 年第 5 期。

㉑秦宣：《习近平新时代中国特色社会主义思想产生的国际背景》，《教学与研究》，2019 年第 6 期。

㉒姜辉：《中国特色社会主义进入新时代在人类社会发展史上的重大意义》，《世界社会主义研究》，2019 年第 10 期。

㉓何海根、孙代尧：《21 世纪科学社会主义的新发展——论习近平的科学社会主义观》，《当代世界与社会主义》，2019 年第 6 期。

㉔孙力、翟桂萍：《习近平新时代中国特色社会主义思想对科学社会主义理论的重大贡献》，《思想理论教育》，2019 年第 3 期。

㉕王京清：《习近平外交思想的世界意义》，《世界社会主义研究》，2019 年第 12 期。

㉖汪亭友：《新时代与世界社会主义的光明前景》，《人民论坛·学术前沿》，2019 年第 17 期。

㉗高翔：《中国特色社会主义的制度优势》，《中国纪检监察》，2019 年 10 月 15 日。

㉘白显良、崔建西：《新时代中国特色社会主义是科学社会主义发展的新阶段》，《思想理论教育》，2019 年第 10 期。

㉙陶文昭：《中国特色社会主义新时代的逻辑要点》，《马克思主义研究》，2019 年第 9 期。

㉚姜辉：《中国特色社会主义为什么“好”当代中国发展进步的根本方向》，《理论导报》，2019 年第 6 期。

㉛余玉湖、李景源：《中国特色社会主义道路的创新与发展——超越“四版”模式的探索》，《当代世界与社会主义》，2019 年第 4 期。

㉜孙代尧、黄斐：《休戚相关：新中国 70 年与世界社会主义的发展》，《马克思主义与现实》，2019 年第 4 期。

㉝辛向阳：《科学社会主义视野下百年未有之大变局》，《世界社会主义研究》，2019 年第 10 期。

㉞孙力、蒋瑛：《普遍性特殊性的辩证逻辑与社会主义的制度演进》，《科学社会主义》，2019 年第 4 期。

㉟李瑞琴：《新时代中国特色社会主义与世界社会主义的振兴》，《当代世界社会主义问题》，2019 年第 3 期。

㊱刘亚：《论中国改革开放的世界意义》，《当代世界与社会主义》，2019 年第 3 期。

㊲柴尚金：《试论当今世界社会主义格局新变化》，《中国浦东干部学院学报》，2019 年第 6 期。

㊳李景治：《构建人类命运共同体的世界社会主义意义》，《世界社会主义研究》，2019 年第 10 期。

㊴李瑞琴：《东欧剧变 30 年：重塑与蹉跎》，《当代世界》，2019 年第 4 期。

㊵吴恩远：《21 世纪世界社会主义将迸发更磅礴伟力》，《人民论坛·学术前沿》，2019 年第 16 期。

㊶于洪君：《在迂回曲折中走向新的发展阶段 21 世纪世界社会主义运动前瞻》，《人民论坛·学术前沿》，2019 年第 16 期。

㊷李瑞琴：《一位共产党原领导人眼中的中国特色社会主义新时代——读克伦茨的新作〈我看中国新时代〉》，《世界社会主义研究》，2019 年第 6 期。

㊸何海根、郭强：《21 世纪世界社会主义发展的理论思考》，《中州学刊》，2019 年第 6 期。

㊹柴尚金：《世界大变局与资本主义、社会主义两种制度关系重构》，《马克思主义研究》，2019 年第 10 期。

（作者：李瑞琴，中国社会科学院研究员）

国外马克思主义

黄继锋　谢　倩

2019年，北京地区学者在国外马克思主义流派、代表人物以及热点问题等方面取得了一系列新的研究成果，现综述如下：

一、关于国外马克思主义热点问题的研究

国外马克思主义的正义理论、空间理论、西方左翼运动及理论等是近年来学者们讨论的热点，本年度对这些热点问题的研究仍在继续深入。

1. 对正义理论的研究

在政治哲学史中，关于马克思主义是否存在正义理论以及在何种意义上构成其合理性始终是争论不休的学术焦点。其中伍德从法权意义上重新审视马克思的正义主张，而柯亨从自我所有权角度捍卫马克思的正义立场，他们从不同的侧面揭示出马克思主义的正义理论实现了科学与价值的辩证统一。在对他们的观点进行评析的基础上，张晓萌指出，马克思主义正义理论包含了三重向度，即历史发展运动中的正义向度、社会生产领域中的正义向度以及社会结构和制度变革的正义向度，并强调对马克思主义正义理论的讨论应当深入到马克思主义的思想语境和历史进程中去。①

张娜通过厘清柯亨与诺齐克关于分配正义原则的争论思考分配正义原则的确立问题。张娜认为，诺齐克出于对自由的信奉，批判罗尔斯的差别原则并不能调和平等和自由，而是对个人权利和自由的侵犯。为此，他提出了一种强调过程的历史的分配正义理论。柯亨出于对平等的捍卫，认为诺齐克的分配正义理论并不是立足于自由，而是自我所有权命题，因为诺齐克对自由的界定是模糊的，他在不知不觉中以自我所有权命题来框定自由。柯亨承认自我所有权命题有其难以否认的直觉吸引力，但他认为诺齐克所倡导的自我所有权只不过是财产所有者的自我所有权，是一种形式上的自我所有权。张娜认为，柯亨对诺齐克的批判开拓出了两个新的研究分配正义的维度：自我所有权和世界资源所有权，这对于我们思考分配正义原则的确立具有启发意义。②

张晓萌、杨磊的文章分析梳理了罗尔斯、诺齐克和科恩关于正义问题的核心要素。文章认为，罗尔斯、诺齐克和科恩从各自视角审视正义理论，形成了关于权利、平等与自由等正义核心问题的争论。左翼自由主义者罗尔斯试图舒缓传统自由主义理论中自由与平等之间的张力，提出“正义总意味着某种平等”的观点；自由至上主义者诺齐克提出自由是最重要的个人权利，任何财富再分配都会侵犯个人权利，主张用持有正义取代分配正义；分析马克思主义者科恩认为社会主义正义最重要的是平等，这是社会主义优于资本主义之所在。3种关于正义的理论视角关键问题都在于如何处理自由与平等之间的关系，同时也呈现了政治哲学的核心主题。③

2. 对空间理论的研究

伴随城市化和全球化发展与20世纪60年代“空间转向”凸显的理论趋势，空间理论成为学术界研究的一个热点。崔丽华的文章对大卫·哈维的新马克思主义空间理论进行了系统分析，探究了其空间理论与马克思主义之间的内在逻辑。文章指出，大卫·哈维从历史唯物主义、政治经济学、乌托邦3个方面对马克思主义进行了改造和升级，其最大功绩就是把马克思主义与空间范畴巧妙地结合在一起。这种结合本身体现了马克思主义的开放性和包容性，同时还赋予了马克思主义时代意蕴和内涵，并给予了马克思主义在新的历史时期新的生长点和跨学科特征。这3个视角一起构成了大卫·哈维空间理论的内核。④

孙全胜的文章探析了列斐伏尔的都市空间规划思想及其现实价值。在列斐伏尔看来，都市空间规划中的技术理性构成统治日常生活的强大力量，让一切都成为消费符号，具有交换功能，都市空间规划的技术理性是一种被动的看与观看，只有将空间生产与日常生活空间、都市空间和意识形态结合起来思考，才能认清都市空间规划中的技术理性弊端。孙文强调，都市空间探究需要从历史革命过渡到空间政治变革。可以说，都市空间革命是共产主义解放的空间化呈现。⑤耿芳兵通过对列斐伏尔重要思想的文本式考察，从阶级、革命、辩证法这3个概念理解“马克思主义的列斐伏尔形象”。耿文认为，这一形象在一定程度上表明了城市与马克思主义哲学的相容性，即城市问题与马克思关注的其他社会问题一样，是马克思的重要研究对象之一 。列斐伏尔作为马克思主义“被遮蔽了的空间理论”的代表人物，对其理论的城市和空间化探索只是其中一种进入路径而非唯一路径。耿文强调，在现实批判层面，列斐伏尔与马克思永远是站在同一战线上的，这绘成了列斐伏尔的马克思主义者底色。[⑥]

3. 对西方左翼运动及理论的研究

张彦琛探究了美国左翼运动及相关理论的现状与发展趋势。张文指出，美国新自由主义的理论主导与政策实践使民众在生产、生活和政治参与中积压了大量不满，直接导致社会中左翼运动再度活跃。张文认为，左翼运动与理论研究之间形成呼应之势，左翼组织总结长期以来的经验教训，培育出推动左翼运动活跃的新增长极。但问题在于，虽然美国民主社会主义者联合会声称要蜕变为一个社会主义政党，但它从未明确表示要遵循马克思主义的指导，甚至于联合会中很多活动家参与运动的初衷也仅仅是对美国社会现实失望。因而，张文认为，美国社会中左翼运动的新趋势能够在何种范围及何种程度上改变美国社会的政治格局，这仍属于一个开放性的问题。[⑦]

西方左翼学者也十分关注全球化背景下中国崛起的研究。当代世界体系论的主要代表人物，包括乔万尼·阿瑞吉、大卫·哈维等人，都在各自的著述中分析了中国崛起的根源、动力、前景和世界历史意义。范春燕认为他们的共同之处在于：都是把中国的崛起置于资本主义体系性危机的大背景下去考察，同时也以中国的崛起为切入点追踪世界体系的当代演化，从而彰显了一种“整体性”和“替代性”兼具的视角。[⑧]

二、关于国外马克思主义流派思潮的研究

本年度对国外马克思主义流派思潮的研究主要集中在对马克思主义女性主义、生态马克思主义、法兰克福学派、新实证主义马克思主义等学派的深入分析和评价上。

1. 对马克思主义女性主义的研究

范春燕以马克思恩格斯合著的《德意志意识形态》为文本基础，系统分析了西方女性主义第二波浪潮中产生的马克思主义女性主义的方法论原则，并指出在20世纪90年代第三波女性主义浪潮的“文化转向”中，马克思主义女性主义再次诉诸历史唯物主义的方法论作为斗争的理论基础。《德意志意识形态》蕴含的“新世界观”是马克思主义女性主义“提出女性主义问题，做出马克思主义回答”的总的理论出发点。范春燕认为《德意志意识形态》不仅为马克思主义女性主义提供了方法论原则，也涵盖了几乎所有的马克思主义女性主义的基本议题，尤其在20世纪60年代兴起的西方女性主义第二次浪潮中，马克思主义女性主义在《德意志意识形态》所提供的方法和论域的基础上，把性别问题引入生产、分工和异化论域，构建了一种以家务劳动为核心、基于性别分析的政治经济学批判。范文认为，20世纪90年代以来，马克思主义女性主义又重新回到了《德意志意识形态》所提供的理论起点，并将其作为构建唯物主义女性主义的重要参照，以恢复被文化和话语所遮蔽了的生产议题。[⑨]

朱进进对马克思主义女性主义的思想历程、理论界定进行了梳理与讨论，并在历史境遇中分析了其发展前景。她认为，女性主义的马克思主义发展至今，经历了3个阶段：马克思主义女性主义、社会主义女性主义、唯物主义女性主义。在对马克思主义女性主义问题的理论界定上，朱文指出，尽管其每个阶段的理论主张各不相同，但其实质都是唯物主义基本方法贯穿始终的西方左翼社会思潮。对于其发展前景，朱文认为，作为女性主义的马克思主义发展最新阶段的解构的唯物主义女性主义，由于其背离了马克思主义的基本原理，且理论缺乏改变社会的现实力量，因而在21世纪世界社会主义不断崛起并强烈呼唤马克思主义复归的背景下，必然不能正确指导资本主义社会的女性解放。朱文认为，如果唯物女性主义不转变对马克思主义的态度，不积极接受马克思主义的科学指导，不仅不能改变女性的受压迫状况，还将葬送自己的前程。[⑩]

2. 对生态马克思主义和生态社会主义的研究

生态马克思主义近年来引起学者们的持续关注，对其研究也在不断深入。张剑通过分析德国、法国、英国、瑞典、澳大利亚、美国、加拿大的生态社会主义思潮和运动指出，西方主要发达国家的生态社会主义思潮和运动普遍具有民主社会主义性质，也较多地具有行动主义特征，但在不同的国家具体表现也不相同。张文强调，生态社会主义并没有认识到马克思主义并非缺失了生态维度，没有认识到马克思主义并不需要生态的“增补”，而种种改造和补充恰恰遗失了马克思主义作为一种批判思想的根本。由于理论生态社会主义在理论上的不彻底性决定了其在组织建设及实践运动中会产生各种问题。张文认为，生态社会主义运动如果要长远发展，需要谋求思想认识上的进一步深化和更加严密的组织化。生态社会主义运动深入发展需要马克思主义的指导。[11]在另一篇文章中，张剑认为，进入 21 世纪，尽管许多生态社会主义者越来越倾向经典马克思主义的立场和观点，但生态社会主义存在着不可克服的内在痼疾，其理论上的不彻底性体现在将环境问题作为根本“枢纽”却没有抓住问题的本质。[12]

秦龙、祝玲玲的文章对生态马克思主义的技术生态转向做了深入探讨。文章从资本主义的文化形态、经济模式、政治制度以及技术类型等维度的生态变革与重建，分析西方学者关于实现技术生态转向的具体路径的观点，认为在技术本体的生态改造与重塑上，生态马克思主义者揭示了技术异化是资本增值的应然逻辑所致，这对于正确认识技术效用，实现技术类型的生态化、绿色化发展具有重要的指导意义。同时，秦文立足于当下生态现实问题的研究指出，西方生态马克思主义者在克服技术异化和探寻技术生态转向路径过程中，关于各种新型生态化技术的设想，依然具有强烈的空想色彩，是一种浪漫主义乌托邦式的追寻。[13]

郇庆治从“生态马克思主义中国化”的视角出发，认为生态马克思主义是一个广义的概念，如果将其主要观点理解为现实资本主义批判和未来社会主义建构这两个方面，那么，它至少应该包括马克思、恩格斯的生态思想，以及欧美各国的各种生态马克思主义（生态社会主义）或绿色左翼思潮及其运动。郇文强调生态马克思主义研究与我国社会主义生态文明建设的整体性视野及其全球环境政治话语权之间是相互构建，生态马克思主义的中国化或当代中国的生态马克思主义等概念为我们分析发展中的社会主义生态文明的理论与实践提供了一个重要的话语语境或视域。[14]

3. 对法兰克福学派的研究

对近代以来启蒙思想的反思与批判是法兰克福学派批判理论的根本主题。吕红霞认为，在《启蒙辩证法》中，霍克海默和阿多诺在对启蒙的倒退进行反思的时候，交织进行的是对启蒙概念的重新确证。霍克海默和阿多诺力图从 3 个方面重构一个肯定的启蒙概念。这个肯定的启蒙概念构成了法兰克福学派反思启蒙困境的理论框架，也是他们思考如何拯救启蒙的出发点。霍克海默和阿多诺将批判焦点集中在资产阶级启蒙思想的理性范畴，通过对工具理性总体性逻辑的批判，展开对启蒙的深刻反思。吕文指出，虽然《启蒙辩证法》在论述过程中始终保持着悲观、灰色的基调，但是，从一开始，霍克海默和阿多诺就确认了他们对进一步启蒙的忠诚与希望。因此，肯定的启蒙概念之中蕴含着拯救启蒙的潜力。[15]

法兰克福学派另一代表人物马尔库塞将马克思主义和弗洛伊德主义综合起来，试图建构一种以解放生命本能为宗旨的社会批判理论。欧阳谦、贾丽艳梳理了马尔库塞的感性哲学及其解放逻辑指出，马尔库塞一方面根据弗洛伊德的爱欲理论重新描绘了马克思的人类解放远景，另一方面又按照马克思的异化理论改造了弗洛伊德的压抑文明学说。在其构建的感性哲学体系中，“人类解放”的目标就是促使“爱欲的非压抑性升华”，最终使得“非压抑性生存方式”真正变为社会现实。这种解放是以促成和塑造人类的新感性为前提的，因而也是一条艺术化的爱欲解放之路。欧文认为从社会批判出发，马尔库塞的感性哲学及其解放逻辑为消除现代工业文明的异化病症开出了一剂审美救世主义药方。[16]

4. 对新实证主义马克思主义的研究

黄晓武认为探讨德拉·沃尔佩对卢梭和马克思思想关系的研究，可以为我们准确评价“新实证主义马克思主义”思想提供一个切入口。德拉·沃尔佩从人类不平等问题出发，探讨了卢梭和马克思在思想上的承续关系，提出马克思在唯物史观的层面继承和发展了卢梭的平等主义思想。黄文结合马克思评述卢梭的具体文本、德拉·沃尔佩的论证分析以及阿尔都塞在这一问题上的看法提出，卢梭的唯物主义和辩证法尚处在比较粗糙的阶段，它为马克思主义的形成提供了批判借鉴的思想资源，但与真正的马克思主义存在实质性的差距，从卢梭到马克思这一线索与其说是思想史上一种直接的承续关系，不如说仅仅反映了德拉·沃尔佩自身思想发展的逻辑。[17]

三、关于国外马克思主义代表人物的研究

在对代表人物研究方面，既有对传统西方马克思主义代表人物的深度分析，也有对近些年来比较活跃的国外马克思主义者的研究。

1. 对早期西方马克思主义代表人物的研究

张秀琴分析了卢卡奇对黑格尔的“实证性”概念的论述。她指出，卢卡奇在《青年黑格尔》中借助对前耶拿时期黑格尔的分析，探索了黑格尔早期思想发展中辩证法的最初萌芽，捍卫了青年黑格尔的理性主义宗教观，阐明了与此相应的客观唯心主义社会历史观的最初形成。[18]此外，张秀琴认为卢卡奇在《青年黑格尔》中将辩证法发展史概念化为“实证

性”阶段和“外化”阶段，认为前一个阶段是后一个阶段的准备和“雏形”。两者的区别在于，前者更倾向于一种非此即彼的二元论模式；后者则从前者的绝对否定中摆脱出来，成为更具体、更历史的扬弃模式。⑲

石涎蔚的文章辩证分析了葛兰西的“知识分子概念”。在葛兰西看来，如果要把一个群体称为知识分子，不应该从他们所从事的职业去划分，而应该从他们所处的社会关系中去考察。石文认为，马克思从社会分工的角度划分出脑力劳动者，这是较早地对知识分子进行身份确认，并且他把知识分子看作既拥有人文知识又拥有科学知识，既拥有理论能力又拥有实践能力，既能进行社会变革和社会革命，又能推动社会进步的群体，从而赋予知识分子理论内涵和社会实践内涵。葛兰西在马克思学说的基础上拓展了知识分子的范围，他把每个人都看作是名义上的知识分子，并强调要想成为有机知识分子，则必须考虑个人与集团和组织的关系——有机知识分子必定是那群为夺取文化领导权而生的人。石文认为，身处时代的洪流，知识分子应该具有何种品性，应该发挥何种作用，都可以在这条线路中得到观照。⑳

2. 对分析马克思主义代表人物的研究

分析马克思主义代表人物柯亨认为，马克思对资本主义社会的剥削的批判是基于自由意志主义的自我所有原则的基础上，因此，马克思对资本主义社会不平等的批判也就会失去其效力。史孝林认为，柯亨从学院派的立场出发对马克思的所有权观作了错误的理解，这是柯亨采用的抽象的哲学反思研究规范性本质的“非历史”学科与马克思的历史唯物主义两种不同哲学基础的理论冲突。事实上，马克思对资本主义社会的批判是建立在对资本主义社会生产方式和生产关系的考察上，以揭露资本主义价值原则的内在矛盾并进而在历史唯物主义的基础上论断了资本主义向社会主义过渡的客观规律。马克思的这一论断不是基于某种平等或正义原则的神学预言，而是基于历史发展规律做出的科学判断。㉑

3. 对后马克思主义代表人物的研究

张蝶批判性地解读了齐泽克对历史唯物主义重释。齐氏从精神分析理论的视域出发，展示了以资本主义生产方式中生产力与生产关系之间的矛盾作为资本主义自身发展的动力这一悖论的逻辑。在历史观问题上，齐泽克一方面颠覆了进化论解读中对历史唯物主义的连续性的强调，凸显了历史唯物主义中的断裂性，从而为革命敞开了可能性空间，更好地展现了无产阶级阶级意识的能动性作用。张文强调，尽管齐泽克对历史唯物主义的重新解读被称为“非正统版本的马克思主义历史唯物主义”，但他用精神分析理论、黑格尔辩证法等思想资源对马克思的历史唯物主义思想进行了新的阐释，力证马克思的历史唯物主义仍然对当今社会具有解释力，在理论旨趣上，坚定地跟随马克思的步伐。张文认为，齐泽克接过了马克思的终极理论目标，即通过对资本主义现状的反思与批判，来达到最终消除资本主义的目标。㉒

4. 对东欧新马克思主义代表人物的研究

科西克作为东欧“新马克思主义”的代表人物之一，其代表作是《具体的辩证法》。员俊雅的文章着重分析了科西克辩证法视野中的“现实”问题。他认为，科西克辩证法把握社会历史现实的路径，至少奠基于两个要素。德国观念论的认知建构主义和马克思从抽象上升到具体的辩证法。一方面，科西克对概念的理解和康德所提出的概念相关，但是他对这个概念进行了历史唯物主义改造，认为“现实”是作为主体感性实践活动结果的社会历史现实。另一方面，受康德所开创的认知建构主义的影响，科西克认为社会历史现实是可以被认识的，认识工具就是马克思“从抽象上升到具体”的辩证法。在此基础上，科西克运用从抽象上升到具体的辩证法分析当代资本主义社会。在科西克看来，资本主义社会的功利主义实践造就的日常思维所揭示的只是作为现实非本质结构的“伪具体”而劳动群众只有在批判的、革命的实践中形成辩证思维，才能打破伪具体，最终实现对社会历史现实的科学把握，即揭示作为现实本质结构的“具体总体”。文章指出，“伪具体”和“具体总体”皆被科西克视为人们对现实进行建构的结果，但只有“具体总体”才在科学的基础上把握了现实的本质结构。㉓

注：

①张晓萌：《马克思主义正义理论的三重向度》，《中国人民大学学报》，2019 年第 3 期。

②张娜：《自由、平等与自我所有权——论 G · A 柯亨与诺齐克关于分配正义原则的争论》，《当代中国价值观研究》，2019 年第 4 期。

③张晓萌、杨磊：《当代西方正义理论的三重视角》，《中国高校社会科学》，2019 年第 3 期。

④崔丽华：《大卫 · 哈维空间理论的三个视角》，《南京社会科学》，2019 年第 11 期。

⑤孙全胜：《都市空间规划问题及其完善对策——列斐伏尔的都市空间规划思想探析》，《武汉科技大学学报》，2019 年第 5 期。

⑥耿芳兵：《阶级·革命·辩证法：列斐伏尔的马克思主义底色》，《前沿》，2019 年第 4 期。

⑦张彦琛：《美国左翼运动的现状与发展趋势》，《马克思主义与现实》，2019 年第 6 期。

⑧范春燕：《西方左翼学者论中国崛起的根源、动力和前景——以当代世界体系论的分析为例》，《枣庄学院学报》，2019 年第 7 期。

⑨范春燕：《马克思主义女性主义：方法和论题——基于〈德意志意识形态〉的分析》，《厦门大学学报》，2019 年第 3 期。

⑩朱进进：《女性主义的马克思主义的思想历程、理论界定及其发展前景》，《山东女子学院学报》，2019 年第 1 期。

⑪张剑：《西方主要发达国家生态社会主义思潮和运动概览》，《毛泽东邓小平理论研究》，2019 年第 3 期。

⑫张剑：《西方发达国家生态社会主义理论的不彻底性》，《世界社会主义研究》，2019 年第 10 期。

⑬秦龙、祝玲玲：《生态马克思主义技术生态转向的思维辨识》，《国外社会科学》，2019 年第 6 期。

⑭郇庆治：《生态马克思主义的中国化：意涵、进路及其限度》，《中国地质大学学报》，2019 年第 7 期。

⑮吕红霞：《什么是启蒙：法兰克福学派的再回答》，《内蒙古社会科学》，2019 年第 9 期。

⑯欧阳谦、贾丽艳：《马尔库塞的感性哲学及其解放逻辑》，《教学与研究》，2019 年第 2 期。

⑰黄晓武：《从卢梭到马克思：德拉·沃尔佩的一种逻辑演绎》，《马克思主义与现实》，2019 年第 6 期。

⑱张秀琴：《卢卡奇论黑格尔的“实证性”概念》，《马克思主义与现实》，2019 年第 3 期。

⑲张秀琴：《卢卡奇对黑格尔外化逻辑的解析及其局限》，《哲学动态》，2019 年第 7 期。

⑳石涎蔚：《知识分子观：从马克思、葛兰西到萨义德》，《社会科学论坛》，2019 年第 5 期。

㉑史孝林：《科亨对马克思所有权观误读的哲学前提》，《理论界》，2019 年第 11 期。

㉒张蝶：《对历史唯物主义的进化论解读之批判——齐泽克对历史唯物主义的重释》，《江海学刊》，2019 年第 3 期。

㉓员俊雅：《科西克辩证法视野中的“现实”》，《苏州大学学报》，2019 年第 4 期。

（作者：黄继锋，中国人民大学教授；谢倩，中国人民大学博士生）

哲　　学

马克思主义哲学

王　东　王晓红

2019 年是极为重要的一年，恰逢中华人民共和国成立 70 周年、五四运动 100 周年，又召开了以制度创新为主题的党的十九届四中全会。在这一重要的时间节点上，首都哲学界围绕如何以马克思主义哲学创新为中国特色社会主义制度创新奠定理论基础这个新时代主题，主要探讨了以下 5 个重大问题：中国特色社会主义制度创新新探——庆祝中华人民共和国成立 70 周年；五四运动百年回顾；价值观新探索——人类命运共同体研究深入开展；唯物史观新探讨；文化观新进展。

一、中国特色社会主义制度创新新探——庆祝中华人民共和国成立 70 周年

王东发表新的学术专著《强国之道》，试图上升到辩证唯物主义、历史唯物主义哲学高度，系统总结新中国成立 70 年历史经验，中国特色社会主义现代化起飞的成功之道，中国奇迹的哲学奥秘。“一个主

题，三篇结构”，是新中国成立 70 年的一条红线。“一个主题”，就是中国现代化，中华民族现代复兴；“三篇结构”，就是“上篇新中国成立初期站起来——中篇改革开放富起来——下篇新时代强起来”。决定成败的关键，是如何处理现代社会中劳动、资本、国家的三元结构关系。现代化西方模式的主要缺陷是资本膨胀、绑架国家，现代化苏联模式的根本弊端是国家垄断；而中国道路的本质特征是在中国共产党领导下，用制度创新、国家创新保证人民主体，解放劳动——创新国家——驾驭资本，从根本上超越了现代化的西方模式与苏联模式，这乃是中国奇迹的深层奥秘与哲学基础①

李君如指出，我们在制度改革和制度建设问题上的实践进程及其认识发展过程，大体经历了从提出“制度改革”任务并全面推进，到提出要“形成一整套更加成熟更加定型的制度”，再到提出“完善和发展中国特色社会主义制度，推进国家治理体系和治理能力现代化”，一直到制定“分三步走”推进制度建设和治理能力建设的《中共中央关于坚持和完善中国特色社会主义制度、推进国家治理体系和治理能力现代化若干重大问题的决定》这样几个发展阶段。我们今天和未来的任务，就是要在制度改革和制度建设中进一步发挥中国制度和治理体系的强大生命力和巨大优越性，实现中华民族从“站起来”“富起来”到“强起来”的历史性伟大飞跃。②

郭建宁认为，从“以苏为鉴”到中国道路、从“物质文化”到“美好生活”、从“两类矛盾”到国家治理，清晰地展现了新中国 70 年来社会主义发展道路的内在逻辑，也反映了中国共产党对社会主义认识的不断深化。要实现国家治理现代化，一是全面深化改革；二是促进公平正义；三是建设法治中国。过去中国的发展靠改革，今后中国的发展还要靠改革。只有改革才能解决深层次的结构性矛盾，克服体制机制的弊端，创造人民美好生活。思想再解放，就要坚定走改革开放道路的信心和决心，深刻总结改革开放经验，以改革开放的眼光看待改革开放。思想再解放，就要高举新时代改革开放旗帜，在更高起点、更高层次、更高目标上推进改革开放。思想再解放，就要发扬改革精神，逢山开路遇水搭桥，把全面深化改革进行到底。③

杨金海指出，解放思想、开拓创新是改革开放的生命。解放思想为改革开放拉开了序幕，为中国特色社会主义理论的创立、发展、完善提供了前提条件，为新时期马克思主义理论研究和建设工作开辟了广阔空间。解放思想、改革创新极大地改变了中国人民的精神面貌。要回答时代问题，应对复杂挑战，仍然要解放思想，开动脑筋，打破思维定式，推动理论创新。进一步解放思想、推进理论创新，必须明确目标、任务和方法，需要深化对习近平新时代中国特色社会主义思想理论的研究阐释。④

韩庆祥对改革开放根本经验进行了哲学梳理，指出中国改革开放的伟大意义，绝不亚于意大利“文艺复兴”，它可称之为中国的“民族复兴”。今天，我们应以理性思维的方式，全面深入总结改革开放的根本经验。可以从多角度、多层面进行总结，但从全局、根本上总结，需要从哲学层面进行。历史方位论、民族复兴论、人民中心论、发展理念论、战略布局论、国家安全论（总体国家安全观）、强军战略论、国际战略论、深化改革论、强大政党论，这 10 方面的原创性思想，构成了习近平新时代中国特色社会主义思想的核心要义或理论大厦。这 10 个方面具有内在逻辑关系，都是基于我国发展起来以后使大国成为强国这一新的历史方位，且围绕实现“强起来”，从不同侧面和角度而展开的。⑤

韩震提出，中国特色哲学理论体系的构建，是一项重大的基础性工作，担负着为其他知识体系建设提供理论基点的重任。在中国特色社会主义进入新时代的历史条件下，哲学研究者应该从人类实践特别是中国特色社会主义伟大实践出发，在马克思主义世界观和方法论引领下，植根于中华优秀传统思想文化，融通马克思主义哲学、中国哲学和世界哲学的丰富思想资源，提炼出具有自主性和独创性的哲学观点，凝练出解答中国问题的中国理论，锻造出反映新时代精神的哲学观念，形成具有中国特色的哲学理论框架、思想观念、话语表达，进而构建中国特色哲学基本理论体系。⑥

庞元正认为，新中国成立 70 年来，马克思主义哲学坚持中国化的发展方向，在实践创新的基础上实现了一系列重大理论创新。从马克思主义与中国实际相结合、提出社会主义社会基本矛盾和正确处理两类不同性质的矛盾、真理标准大讨论与实事求是思想路线恢复和发展、矛盾精髓原理与中国特色社会主义、一切从实际出发与社会主义初级阶段、社会基本矛盾与体制改革、世界历史理论与对外开放、生产力理论和辩证法的发展观与中国发展的理论与实践、主要矛盾转化与中国特色社会主义新时代、马克思主义方法论与提高治国理政能力等 10 个方面，阐述了马克思主义哲学在改变中国命运、引领中国发展中的巨大而深远的作用。[7]

此外，为庆祝新中国成立 70 周年、中国马克思主义哲学史学会成立 40 周年，“马克思主义哲学的发展与展望”理论研讨会暨中国马克思主义哲学史学会 2019 年年会，于 2019 年 7 月 20—21 日在甘肃兰州举行。专家学者 200 余人围绕如何推进马克思主义理论与中国实践的结合、加强对习近平新时代中国特色社会主义思想的深入研究、开拓 21 世纪马克思主义哲学研究的国际视野等方面提出了许多新观点、新理念、新思路，对于推进马克思主义哲学研究进入新境界具有重要意义。郝立新教授总结了中国马克思主义哲学发展的历史经验与现实问题，指出新时代中国马克思主义哲学要取得新突破，就要抓住理论问题、时代问题、现实问题、世界问题、交叉问题，加强马克思主义基本原理、马克思主义哲学史的研究，加强对新时代中国若干重大问题的哲学探索，加强跨学科、交叉学科的研究，加强国际交流与对话，探索构建当代马克思主义哲学的中国形态。[8]

二、五四运动百年回顾

闫志民指出，五四运动在中华民族复兴历史上具有十分重要的地位和作用。这主要表现在：五四运动时期，中国先进的知识分子开始接受、研究马克思主义并用它来解决中国问题，找到了实现民族伟大复兴的科学指导思想；中国先进知识分子选择了民族伟大复兴的正确方向；以俄国为榜样，走社会主义道路；中国人民表现出高度的爱国精神和为新精神，这是推动中华民族伟大复兴的强大精神动力；共产主义知识分子与工人运动相结合，建立中国共产党，为形成中华民族复兴的领导力量奠定了基础。在新时代，我们要发扬五四光荣传统，沿着中国特色社会主义道路继续前进，努力实现中华民族伟大复兴的中国梦。[9]

赵敦华认为，五四运动提倡的“民主与科学”不是一句口号，更重要的是与社会发展的现实紧密结合的时代精神。“民主与科学”和“爱国与进步”不是两条分离的、平行的思想路线，而是同一时代精神的两个方面。五四运动的时代精神，在 20 世纪 40 年代导致新民主主义的建国纲领。此后的时代精神与五四精神不同。需要在继承五四精神的基础上，修正“民主与科学”精神中功利主义和实证主义的因素。五四精神对我们所处的时代仍然有所裨益。[10]

2019 年也是李大钊诞辰 130 周年。杨河指出，李大钊是马克思主义在中国最早的传播者之一，也是中国共产党的重要创始人之一。他和当时聚集在北京大学的那一批中国优秀的先进知识分子一道，铸造和践行着党的初心和使命，使北京大学成为新文化运动中心和五四运动的策源地，马克思主义在中国最早传播和中国共产党最早活动的重要基地，使北京大学的发展与党和国家、民族的前途命运紧紧联系在一起。当前，中国特色社会主义进入新时代，在继续坚持和发展中国特色社会主义，努力实现两个 100 年奋斗目标的征程中，北京大学担负着文化守正创新的历史使命，砥砺前进中，李大钊仍然是我们的先生。[11]

许全兴认为，李大钊是五四新文化运动时期最重视群众、最深刻批判英雄史观的革命民主主义者和启蒙思想家。在转变为马克思主义者之后，他是最着力研究和传播马克思主义群众观的无产阶级革命家和马克思主义史学大家。他的人民创造历史的历史观和人民只能自己解放自己的解放观，至今仍闪耀着真理的光辉。[12]

马俊峰指出，五四运动是在中国社会现代化转型的漫长过程中进入一个关键点的时候发生的，是近代中国人文化自觉的一个典型表现。五四运动对于中国的进步和发展的历史性意义，是全方位的，是至为巨大的。以“爱国、进步、民主、科学”为核心的五四精神是一个丰富的宝藏，其蕴含的资源，足够我们多少代人不断地挖掘、利用，需要我们在总结历史经验的基础上进一步反思、发现、开发。100 年前，五四运动的主体是知识分子，100 年来，对继承和发扬五四精神的感受最为迫切、吁请最为强烈的也依然是知识分子，知识分子在国家政治、经济、社会、文化中的地位如何是与发扬五四精神的高低走势相一致的。现代化本质上是人的现代化，具有科学和民主精神的独立公民、具有创新意识和能力的大量人才，既是中国现代化最重要的支撑者和建设者，也是现代化事业成功的表征。为了实现中国的现代化，实现中华民族的伟大复兴，继承和发扬五四精神依然是我们当今的重要任务。[13]

程美东认为，五四运动的爆发与近代以来逐渐形成的新知识群体有密切的联系。这些受过新式教育的知识群体，不仅接受的知识新颖且视野开阔，他们具有强烈的现代民族国家的情怀和意识。五四运动前夕大量学生社团的出现就是以学生为主体的新知识群体关切社会、改造社会意识的直接体现。五四运动就是新知识群体对于国家被列强蹂躏、社会被无能腐败的官僚阶层统治失望的悲情意识的激情表达。五四运动标志着新式精英知识群体以整体的自觉来承担中国现代化发展的重任。五四运动也标志着以下层民众为主体的社会革命运动开始越来越发挥其对中国现代化的影响了。五四运动促进了马克思主义在中国的传播和被接受，推动了中华民族复兴的发展进程。⑭

2019 年初，《马藏》第一部第一卷至第五卷由科学出版社出版。顾海良作为《马藏》负责人指出，《马藏》是对马克思主义形成和发展过程中相关文献的汇集与编纂，旨在通过对文献的系统整理及文本的再呈现，把与马克思主义在中国传播与发展的相关文献集大成地编纂荟萃为一体。2015 年初，《马藏》编纂与研究工程由北京大学马克思主义学院负责实施开启，至 2019 年五四百年已取得重要的阶段性成果。《马藏》第一部第一卷至第五卷收入的 1894—1903 年间马克思主义在中国传播起始阶段出版的相关著作、译著类文献，呈现了马克思主义在中国这一传播阶段的思想过程和文本特征。⑮

在五四运动 100 周年之际，在习近平新时代中国特色社会主义思想指引下，清华大学的艾四林、杨金海、李惠斌等专家学者创立了马克思主义传播史研究中心，并且在辽宁出版集团支持下，开始推出《马克思主义经典文献传播通考》百卷本。王东指出，这是当代中国思想界、学术界、出版界的一件大事，为我们在新时代开创马克思主义传播史研究新阶段，举行了一个别开生面的奠基礼。这组著作至少作出了 4 点学术创新：一是鲜活历史的再现；二是经典文本新汇总；三是版本得失新评析；四是理论建党新借鉴。《马克思主义经典文献传播通考》的出版，为中国特色社会主义新时代加强马克思主义基本理论建设开启了很有意义的基础工程。⑯

三、价值观新探索——人类命运共同体研究深入开展

习近平同志关于构建人类命运共同体的重要论述，成为近年来学界研究的热点问题。学者们围绕着人类命运共同体的时代背景、丰富内涵、重大意义和实现途径等问题，阐发了众多有新意的观点。

邹广文指出，人类置身于全球化时代，需确立全球性思维。人类命运共同体思想的提出，是当代中国基于马克思唯物史观，结合中国传统文化，向多极化且矛盾重重的世界贡献的中国智慧，在一定意义上，这一理念的提出也是对当代世界处于深刻变动中的国际局势的积极应对。马克思基于人类普遍性交往的视角，对于以“人的依赖关系”为基础的自然共同体、以“物的依赖性”为基础的人的独立性的资本主义社会共同体和以每个人自由全面发展为基础的“自由人联合体”共同体三种形态做出了创造性阐发。⑰

李德顺指出，要用“合作式对话”代替“比较式对话”，“比较式对话”往往立足于文化传统之间的“截然二分”，看重比较，也止步于比较，其最大局限性就在于它是以既定的文本或门派体系为中心，而不是以“问题”为中心。“合作式对话”，则首先立足于对某一公共“问题”的共同关注；基于对文化多元性的承认和理解，保持对话者之间的独立平等；要求充分注意区分“实然”的状况与“应然”的导向。构建“人类命运共同体”，必然依赖于“合作式”的跨文化对话。“合作式对话”代表了人类走向全球化时代最需要把握的一种富有建设性的思维方式。⑱

2019 年 9 月 21—22 日，由中国人学学会和燕山大学马克思主义学院主办的“构建人类命运共同体与人的发展”研讨会暨中国人学学会第 21 届年会在北戴河举行，来自国内 80 多所高校和科研机构的专家学者共 120 余人与会，围绕人类命运共同体的人学意蕴、马克思主义世界历史思想与人类命运共同体的内在关联、构建人类命运共同体的价值观基础、人类命运共同体与人类共同生存境遇、构建人类命运共同体与文明交流互鉴等问题展开深入的讨论。⑲

四、唯物史观新探讨

学术界继续深入研究唯物史观相关问题，深化拓展了马克思主义哲学经典文本研究，阐释了有启发意义的新观点。

郝立新认为习近平时代观彰显了马克思主义时代观的中国风格和中国气派，体现了新时代把握社会发展的战略定力，深化了对共产党执政规律、社会主义建设规律、人类社会发展规律“三大规律”的科学认识，推进了马克思主义时代化的发展进程。⑳

丰子义回顾了发展哲学的兴起，指出发展哲学是伴随我国的发展一步步发展起来的。发展哲学的兴起，不仅拓展了哲学研究的领域，而且成为哲学与社会发展一个更为直接的“接口”。面对新时代，发展哲学应当有所作为。推进发展哲学的研究，重点是要加强这样一些着力点：准确把握新时代的发展现实，突出发展的问题研究，加强发展的经验总结。要使发展哲学健康发展，必须使其研究回到哲学本性上来，突出反思、批判的特点，以哲学的方式来研究发展。

为此，要对发展加强前提性的研究、前瞻性的研究、关键性的研究。在增强方法论自觉的同时，需要拓展研究的视野，这就是要用世界的眼光来审视我国的发展，注意吸收国外发展理论研究的新成果、新方法，加强文明交流、文明互鉴。[21]

魏小萍指出，分配正义问题构成马克思对资本主义的批判与对社会主义探索的主要线索，但是马克思的批判又并非局限于分配正义。在其早期，马克思没有将批判的视野局限于抽象的哲学思考，而是转向现实社会的经济关系，从政治经济学领域入手去探索问题发生的历史轨迹。在其晚期，马克思非常清晰地看到了按劳分配原则的局限性，今天我们需要理清马克思以正义问题为核心批判资本主义思路的发展。[22]

刘军提出，《国家与革命》是集中体现列宁主义国家观创新的重要著作，至今仍有重大现实意义与启迪作用。[23]

王东指出，从 1921 年《论粮食税》到 1923 年列宁最后论著、政治遗嘱，列宁国家观、社会主义观经历了十月革命后的晚年创新、第二次飞跃，这也是我们今天全面深化改革的重要理论源头活水。[24]

2019 年 12 月 21 日，由中国人民大学哲学院、马克思主义哲学研究中心主办的“历史唯物主义与当代中国”高端学术论坛在中国人民大学召开。论坛召开之际恰逢中国人民大学荣誉一级教授陈先达 90 高寿，学者们围绕其新著《历史唯物主义与当代中国》，以“历史唯物主义与当代中国”为主题展开了深入研讨。来自全国 20 余所高校及科研机构，10 多家媒体单位，共计 300 余名专家学者参加了会议。陈先达教授在作大会主旨发言时指出，要深刻把握历史唯物主义与当代中国之间的关系，必须立足于中国共产党领导下进行的中国特色社会主义伟大实践。[25]

五、文化观新进展

学者们主要围绕中华文化的当代价值、文化创新、文化自信、文化的作用等问题展开深入探索，取得新的研究成果。

陈先达认为，我们的文化自信不仅有历史根据，而且有现实依据。可以说，它是历史经验和现实成就的双重结合，既具有历史的连续性又具有现实的可验证性。“源自于”回答了文化何以自信的“历史之问”，“熔铸于”则回答了中国传统文化“向何处去”的问题，“植根于”则是关于推动文化产生、继承、发展的动力和文化的源泉问题。文化的最大力量是“化人”，培育人民的文化自信，我们应该用中华优秀传统文化、革命文化以及社会主义先进文化教育我们的人民特别是青少年，提高他们的人文素质，使全体人民成为有文化有教养的现代文明人。[26]

王伟光提出，构建中华思想史当代中国马克思主义学派，是中华思想史研究的一项重要任务。必须站在时代高度，把握时代主题，梳理、提炼中华优秀思想的脉络和精华；一以贯之地把历史唯物主义的立场、观点和方法贯穿到中华思想史研究的全过程。既要继承传统更要勇于创新，既要立足中国又要放眼世界，从主流意识形态的视角，挖掘出蕴含在中华优秀传统思想中的主流精华，为中国特色社会主义现实服务。[27]

晏振宇指出，党的十八大以来，习近平从实现中华民族伟大复兴和建设文化强国的战略高度出发，提出了一系列关于中国传统文化传承发展的新观点、新论断和新思想。这些重要讲话秉持马克思主义指导、坚持以人民为中心、坚持实践导向、具备国际视野和批判继承传统等 5 个维度，构建起中国传统文化传承发展的方法原则和基本遵循，成为建设文化强国和实现中华文化永续创新的实践进路。这既丰富发展了马克思主义文化理论，又为坚定“更基础、更广泛、更深厚”的文化自信指明了实践妙阶。[28]

杨耕指出，文化的本质是观念形态，属于精神领域，但文化的作用并不限于观念形态、精神领域，人们的经济活动、制度设计、行为方式、日常生活都具有特定的文化内涵，体现着文化的作用。文化的特殊作用和独特功能就是对个人和社会的“教化”，从而塑造个人，引导社会。其一，文化具有传递文明的作用；其二，文化具有规范人的行为的作用；其三，文化具有凝聚社会力量的作用。[29]

刘军认为，消费主义指把对物质的过度占有和无限消费作为人生最高目的的生活方式和价值观念。消费主义有其产生和演变的内在缘由和历史脉络，它是资本逻辑基础上的一种价值观念和意识形态，存在多种表现形式和社会危害。在当代中国，超越消费主义，必须树立科学消费观，积极发挥党和政府在消费问题上的规范和引领作用。[30]

综上可知，2019 年首都马克思主义哲学界在哲学创新上取得了丰硕的成果，为中国特色社会主义制度创新提供了重要的理论基础。

注：

①王东：《强国之道》，吉林人民出版社，2019 年版。

②李君如：《充分发挥中国制度的强大生命力和巨大优越性》，《人民日报》，2019 年 11 月 28 日。

③郭建宁：《新中国 70 年社会主义发展道路的内在逻辑》，《高校马克思主义理论研究》，2019 年第 2 期。

④杨金海：《解放思想无止境 理论创新再出发》，《中国高校社会科学》，2019 年第 1 期。

⑤韩庆祥：《习近平新时代中国特色社会主义思想的原创性贡献》，《中共中央党校（国家行政学院）学报》，2019 年第 3 期。

⑥韩震：《新时代中国特色哲学理论体系的构建》，《哲学动态》，2019 年第 9 期。

⑦庞元正、吴晶晶：《新中国 70 年马克思主义哲学中国化的实践创新与理论创新》，《中共中央党校（国家行政学院）学报》，2019 年第 6 期。

⑧马乔恩、马俊峰：《马克思主义哲学的发展与展望——“中国马克思主义哲学史学会 2019 年年会”综述》，《教学与研究》，2019 年第 11 期。

⑨闫志民：《五四运动与中华民族伟大复兴》，《北京大学学报》，2019 年第 1 期。

⑩赵敦华：《百年回首话五四》，《北京大学学报》，2019 年第 3 期。

⑪杨河：《李大钊先生 130 年祭》，《北京大学学报》，2019 年第 6 期。

⑫许全兴：《人民创造历史——李大钊群众观略述》，《唐山学院学报》，2019 年第 5 期。

⑬马俊峰、王霞：《继承和发扬五四精神依然是当今的重要任务》，《湖北大学学报》，2019 年第 5 期。

⑭程美东：《新知识群体与五四运动》，《北京大学学报》，2019 年第 3 期。

⑮顾海良：《马克思主义在中国传播起始阶段的思想过程和文本特征——〈马藏〉第一部第一至五卷论要》，《教学与研究》，2019 年第 11 期。

⑯王东：《开创马克思主义传播史研究新阶段》，《高校马克思主义理论研究》，2020 年第 1 期。

⑰邹广文、张梅艳：《自我、民族与人类命运共同体》，《江海学刊》，2019 年第 4 期。

⑱李德顺：《用“合作式对话”代替“比较式对话”》，《北京日报》，2019 年 8 月 26 日。

⑲邓佳：《“构建人类命运共同体与人的发展”研讨会暨中国人学学会第 21 届年会综述》，《哲学动态》，2019 年第 12 期。

⑳郝立新、王丽丽：《论习近平新时代中国特色社会主义时代观及其当代价值》，《江汉论坛》，2019 年第 3 期。

㉑丰子义：《面向新时代的发展哲学》，《北京大学学报》，2019 年第 5 期。

㉒魏小萍：《马克思正义观的涵义发展路径及其当代性》，《理论视野》，2019 年第 11 期。

㉓刘军：《〈国家与革命〉精学导读》，科学出版社，2019 年版。

㉔王东：《〈论粮食税〉〈论我国革命〉精学导读》，科学出版社，2019 年版。

㉕刘宗豪：《“历史唯物主义与当代中国”高端学术论坛综述》，《哲学动态》，2020 年第 6 期。

㉖陈先达：《厚植文化自信 增强战略定力》，《红旗文稿》，2019 年第 17 期。

㉗王伟光：《构建中华思想史当代中国马克思主义学派》，《中国社会科学》，2019 年第 11 期。

㉘晏振宇、孙熙国：《习近平关于中国传统文化传承发展的基本遵循》，《山东社会科学》，2019 年第 6 期。

㉙杨耕：《文化的作用》，《金融博览》，2019 年第 7 期。

㉚刘军：《超越消费主义，树立科学消费观》，《人民论坛》，2019 年 10 月中。

（作者：王东，北京大学教授；王晓红，中央民族大学副教授）

中国哲学

王威威　周　仪

2019 年，北京地区的中国哲学研究稳步发展，众多学者回顾、反思新中国成立以来中国哲学研究的成就和不足，展望未来的发展趋势，充分体现出开创中国哲学研究新局面的努力。现从学术会议、学术著作和学术论文 3 方面对这一发展状况进行综述。

一、学术会议

本年度所举办的学术会议规模较大，中国哲学的现代转化、中西文明对话是出现频率较高的会议主题。

先秦诸子可以说是中国哲学的奠基者，他们面对时代的问题有着不同的解答，但其思想交锋有共同认可的前提，也会在争鸣中达成某些共识。2019 年 4 月 19—21 日，华北电力大学国学研究中心、马克思主义学院联合召开了“先秦诸子的争鸣与共识”学术研讨会暨第六届诸子学论坛，70 余位专家学者参加会议。与会学者就儒道关系、儒法关系、道法关系发表观点，各家各派关于心性、伦理、政治问题的争论与共识是议论的焦点。

方以智是明末清初的重要哲学家，其思想深刻且复杂，但由于文献的残缺、混乱，学界对其思想的研究仍不充分。2019 年 9 月 7—8 日，由清华大学国学研究院主办、武汉大学中国传统文化研究中心协办的“方以智与中国哲学学术研讨会”在清华大学召开，30 余位专家学者参会。会议议题包括方以智与明清之际儒学之关系、方以智哲学的特点及定位、方以智的理学思想等。

杜维明先生创造性地提出了“精神人文主义”的概念。“精神人文主义”是对仁学与心学的新阐发，以“仁”为枢纽，以“自我”为核心，将“人”展现为自我、社群、自然、天道 4 个向度。2019 年 10 月 19—20 日，第二届“精神人文主义”学术研讨会在北京大学举行，来自中国、美国、日本、韩国、德国等国家的 100 余名学者参会。此次会议设置了精神人文主义、文化中国、启蒙反思、儒家传统的现代转化、文明对话和儒商论域 6 个不同议题的分会场。杜维明先生在开幕致辞中指出，“精神人文主义”以超越各种宗教诉求为基本要求，同时也使得各种精神文明更加充实。

张岱年先生在中国哲学研究领域取得了诸多重要成果，为中国哲学学科发展作出了重大贡献。2019 年 10 月 20—21 日，由清华大学哲学系、北京大学哲学系、中国哲学史学会和中华孔子学会主办的“中国哲学的传统及其现代开展——纪念张岱年先生诞辰 110 周年学术研讨会”在清华大学召开，100 多位专家学者参会，围绕张岱年的学术思想、各期中国哲学、儒家经学、中国整体文化、中国哲学学科的回顾与展望等议题展开了广泛的讨论。

近些年来，以西方古典学为参照、围绕中国古代文献形成的“中国古典学”成为新兴的研究领域，也为中国哲学研究提供了新角度。2019 年 11 月 22—25 日，由北京大学人文学部、北京大学哲学系主办的“古典世界中的文本、思想与自我——北京大学第三届国际古典学会议”在北京大学举行，来自不同国家和地区的 60 余名专家与会，聚焦古代中国文献与文字的前沿、西方古典学中的自我问题、中国古典思想研究的新视野 3 个领域并就相关议题进行深入讨论，展现出早期中国哲学研究的新视野、新问题以及中西古典学研究的现状及发展趋势。

中国哲学学科的发展一直面临着古今、中西问题的挑战。2019 年 11 月 23—24 日，由中国哲学史学会和中央民族大学主办的“中国哲学的现代性与民族性”学术研讨会暨中国哲学史学会 2019 年年会在中央民族大学召开，来自 40 余所高校和科研机构的 110 余名学者参加会议。会议分设哲学对话、哲学方法论、道家哲学、儒家哲学、宋明理学、哲学与文化、哲学与经典、当代儒学研究等议题，与会学者从不同角度阐发了自己对中国哲学的现代性与民族性的看法。

二、学术著作

本年度北京地区的学者出版了若干重要著作，研究对象集中于儒家和道家，政治和人性问题尤其受到关注，在反思当代新儒家理论立场、研究方法的基础上开展新研究是值得注意的研究思路。

政治哲学是近年来中国哲学界的热门话题，但是关于中国政治哲学的研究对象、问题意识、理论形态、思想特质等问题并没有确定的看法。郑开在《道家政治哲学发微》一书中提出道家政治哲学是比较纯粹的、严格意义上的甚至真正的政治哲学，有其明确的内容范围、理论特征，兼具哲学性和政治性。该书综论了老庄学派和黄老学派的政治哲学要义，又分别探讨了老庄、黄老以及儒道政治哲学的会通等问题。他认为，“玄德”是老庄政治哲学的基础，“帝道”是黄老政治哲学的指针；老庄政治哲学在人性与政治、自由与秩序之间展开思考，黄老政治哲学则聚焦于“抱道执度”“道法之间”“内圣外王”等问题。①

治国、治天下一直是中国古代哲人关注的焦点，先秦诸子为如何治理国家、治理天下以获得稳定的社会秩序提供了各种模式，而治国、治天下又与教民有着直接的联系，与各种治理方式相适应，有不同的教化方式。王威威的《治国与教民：先秦诸子的争鸣与共识》以不同的治理方式和教化方式为纲，通过对先秦诸子治理思想和教化思想的比较，梳理出治理方式和教化方式的提出、发展、演变的线索，展现出不同治理方式和教化方式之间的论争情景，澄清了其中的分歧与共识。②

人性亦是中国哲学的重要问题，与宇宙论、认识论、修养论、治国论密切相关。当前学界关于道家人性论的体系、逻辑结构尚未清晰梳理，关于人性论类型也有性超善恶、人性自然、性真、性善等不同看法。周耿的《先秦道家人性论研究》探讨了人性的来源、人性的异化、人性的复归三大问题，提出了道家的无知无欲的天性—异化人性—无知无欲的天性的“人性衍化三段论”，并从形上、个体、社会3个角度进行论述。他认为，道家的万物生成论是“道气和合论”，在道支配气生成人的过程中，赋予并蓄养了人的善性；多欲多为的政治刺激了人的好恶之情，导致人性异化；从个体角度看，要去情复性，从社会的角度看，要推行无为政治以复性。③

中国古代哲人常常通过对经典的解释表达自己的思想，从经典解释的角度探讨解释者的哲学思想是有益的研究思路。孟庆楠的《哲学史视域下的先秦儒家〈诗〉学研究》针对先秦《诗》学的发展展开讨论，揭示出先秦儒家《诗》学的历史渊源、传承形式和解释方法，并在哲学史视域下系统地梳理了先秦儒家论诗解诗的思想内涵。他认为，先秦儒家继承了作为周礼原则与精神载体的经典之学传统，将对周礼的反思融入《诗》学讨论之中，试图在人心中确立礼法和道德的根基，重塑了《诗》的经典意义与经典性格。④

“超越精神”是儒家道德的根脉，关于其内涵和特征，当代新儒家提出了“内在超越说”，影响深远也被不断质疑。赵法生的《儒家超越思想的起源》从殷商巫术开始探索儒家超越精神的起源与流变。他认为儒家的“超越”并非“内在超越”而是“中道超越”。孔子继承了三代宗教中的外在超越面向，本仁言礼，开出了儒家合内外之道，将道德由天人之际推向身心之际和人人之际，确立了上下、内外和左右3个向度6个方面立体展开的中道超越形态。孟子的性善论包含心性论和气论两个维度，他的超越形态可分为心性的超越、气的超越和身体的超越3个层面，突出了人的主体性，但不能完全归结为内在超越。⑤

牟宗三借鉴康德哲学的概念和框架来阐释儒家思想，建构起以两层存有论为基础的形而上学体系。但是，因为康德哲学与儒家思想在存在论上的差异使得他的哲学建构面临诸多问题。盛珂的《道德与存在：心学传统的存在论阐释》延续了当代新儒家借鉴中国以外的思想资源来阐释儒家思想的研究方法，以对牟宗三哲学的具体分析为开端，以前期海德格尔的基础存在论为基本哲学理论，回归心学文本，对心学传统的重要问题尤其是形而上学作出了解释。⑥

三、学术论文

本年度北京地区学者所发表的论文中有大量值得关注的新成果。学者们在回顾中国哲学学科发展历程的基础上探索中国哲学创新的路径，中国哲学重要思想观念内涵演变的线索梳理及重新阐释成为热点；各期儒学仍然是主要的研究领域，学者们或面向现实或结合出土文献对儒家核心观念做出新的解释，在先秦儒学中，孟荀关系得到了小范围的讨论，宋明理学中，朱熹哲学仍是研究重心；道家哲学的研究成果颇为丰富，关于“自然”观念的讨论仍在继续。

1. 中国哲学通论

王中江和姚裕瑞回顾了中华人民共和国成立以来中国哲学研究的发展历程，将其分为“转向和缺失”（1949—1978年）与“转变和重建”（1978年至今）两大阶段，两大阶段又分别包含不同时期。其中，1978—1990年为回归学术、“反传统”与转变叙事方式时期；1990—2000年是复归传统、走出疑古时代的时期；2000—2019年是中国哲学方法论的自觉与创造性转化时期。他们认为，中国哲学研究从“哲学史”变为“哲学”，从“认同传统”走向传统的“自主创造”，是中国哲学研究转变、重建和确立自身的新阶段。⑦

陈霞对中国哲学知识体系进行了回顾和反思，并探讨了当代中国哲学知识体系的重构问题。第一个知识体系以西方哲学为参照，第二个知识体系以马克思主义为指导，而当代中国哲学知识体系的重构需要从哲学史转向哲学，关注和回应当代社会现实问题。中国哲学界在形而上学、本体论、思维方式等方面提出了一些新的概念、范畴和命题，用新创话语梳理传统哲学，这是重构当代中国哲学知识体系的尝试。⑧

李祥俊梳理了中国传统哲学的基本问题与义理体系。他指出，中国传统哲学的基本问题是具体的人与作为整体的人性、人类、自然、宇宙的关系问题，也就是个体与整体的关系问题。中国传统哲学的体系结构并非固定不变，但变化之中有其演进脉络，构成了家族相似意义下的不同范式的转型。只有对中国传统哲学的基本问题与义理体系进行反思和厘清，在中西哲学平等对话的基础上，才能实现中国传统哲学的内源性发展。[9]

程乐松分析了中国传统思想文本中包含的言说方式及其关于合理性的理解，并围绕言说方式与体认实践之间的张力探讨“说”与“说不得”，“言”与“道”之间的共生前提，以说明“理性”在中国思想语境中的限制。他认为，言说的边界并非思想或思想实践的界限，言说之外的灵性体悟在生活世界中一直存在，并最终让生活世界本身成为理性与灵性无缝联结的场域，也使得浑然的生活成为存在方式提升的过程。[10]

向世陵探讨了中国传统哲学中“真理”观的演变。中国哲学中的“真理”指真实无妄的知识或道理。先秦哲人肯定源自观察思考的观念和知识的真实无妄；佛教的传入动摇了这种一切知识皆真理的观念，形成了真假（俗）对应的认识框架；宋儒承接了佛教注重相对待和因果关系的思维导向，认为真知是彻底完全的知识，且要建立在“行”的基础上；明代心学坚守知与行的统一，气学则强调亲身实践是认识的源泉和检验真理的标准，德性之知建立在闻见的基础上。[11]

王中江考察了《凡物流形》《性自命出》《心是谓中》和帛书《五行》中的“心术论”，展现出早期中国“心灵”概念图像的多样性。4个文本中的“心术论”之间以及它们同传世文本之间有不同程度的同异关系。4个文本中的“人心论”不同程度上都是“二重性的”；4个文本中的“身心二分论”在“心”的合理的能动性、道德的主体性前提下都是“身心主从论”；4个文本中的“心术论”不同程度上都主张“心灵”的修炼和培养；《凡物流形》的“贵心”和“贵一”主要针对政治，《性自命出》和帛书《五行》的“心术论”主要同修身相结合，《心是谓中》主要是建立理性之“心”。[12]

曹峰系统梳理了先秦时期“天人合一”观的发展线索。他认为，先秦时期的天人关系有“以人合天”和“以天合人”两种类型。“以人合天”是主流，以阴阳家、黄老道家为代表，这是广义的“天人合一”；以庄子、孟子为代表的“以天合人”是狭义的“天人合一”，但经二程等人的发扬，孟子式的“以天合人”成为“天人合一”的主流。余英时把中国轴心时代理解为“旧天人合一”向“新天人合一”的转变，有单线化、狭隘化的缺陷，且材料选取、论证过程、结论导出有附会的痕迹。[13]

李锐从质疑余英时的“内向超越说”着手，提出“天人合一”并不是中国哲学与思想的特色。一方面，古希腊哲学中有不少与“天人合一”相近的论述；另一方面，中国古代哲人对“天人合一”有不同看法，对“合一”之“合”有不同理解，有的合于圣人君子，有的把人伦合于天常，有的合于天道而非人道，有的合于天而非人，乃至非圣人，而主张“天人之分”的荀子，也讲天人合一于人。[14]

干春松转换“公”“私”绝对对立的视角，将“大同”观念视为诸子百家的共同价值目标，重新阐发了儒家仁爱思想的内涵和现代意义。自孟子以来，儒家始终努力通过一体性和多样性的关系解决亲亲之爱和普遍之爱之间的矛盾，从血缘亲情中体认爱的自然特性，从“万物一体”中凸显儒家的价值理想。他提出，应矫正将儒家伦理视为缺乏公共关怀、难以建立公德意识的偏见，建立起人类与自然环境的共生共存关系。[15]

2. 先秦两汉儒学

陈来从三代文化尤其是西周文化的发展切入来考察儒家思想的起源。近代以来，学者们以史学和语义学的方法研究“儒”字的起源，没有从根本上挖掘儒家思想体系的起源。他提出，西周的礼乐文化就是儒家所产生的文化土壤，西周思想为孔子和早期儒家提供了世界观、政治哲学、伦理德行的基础。《周书》里新的天命观和“德”的观念对儒家思想的产生和儒家思想品格的形成起到了决定性作用。[16]

刘丰从思想史的角度梳理了先秦儒家的“民之父母”思想，并联系儒家礼学探讨了儒家的治民思想与政治理念。“为民父母”的思想在商周时期已经产生并发展，后被儒家继承，成为早期儒家具有代表性的政治主张。孟子继承这一政治思想，强调君主应爱民如子，并发展出“仁政”思想；荀子则更加突出君王的地位，强调民众对待君主应视如父母，并提出了礼治的政治思想。儒家政治和中国古代政治思想的基本特征都和“为民父母”的思想有密切关系。[17]

王中江围绕帛书《易传》中的“子曰”之言，分析了孔子晚年好《易》的原因，探讨了孔子对《易》的诠释及其对“德义”的追寻。他认为，孔子晚年好《易》是为了通过《周易》的卦爻辞、“古之遗言”及象数达至美德，从《易》中获得普遍法则和价值，其意非在预测吉凶。孔子对《易》的诠释主要采取“取义”的方法，他对《易》的德义、道义以及卦爻辞德义的诠释主要就君子特别是执政者而言，其所说的“德”也集中在君子之德和君主之德方面。[18]

赵金刚从经史互动的视角，分析了孟子与当时诸侯的对话，揭示出孟子的政治思考。结合梁惠王祖上三家分晋的“家史”，他揭示出孟子不讲“利”而讲“仁义”是为了避免“以利为名”所导致的政治失序再次发生。他分析了孟子与齐宣王对话中的谈话艺术，说明孟子为了实现王道理想可耐心尝试。从孟子对于“齐伐燕”的态度可见孟子不反战，而希望通过“义战”实现统一。他认为孟子的政治理想绝非脱离历史实际的空谈。[19]

梁涛剖析了荀子思想中“伪”的多重含义。他提出，荀子的“伪”并非“作为”，而是“心之为”，即心的思虑、认知及行为。《正名》中“伪”的两层定义包含心的运用义与成就义，是“伪”的基本义，礼义以及凡人学习、实践礼义的行为是引申义。荀子认为圣人与凡人人性相同，又区分了圣人之伪与凡人之伪，圣人之伪无所不能，凡人之伪则需经过师长的教化、礼义的引导，于是陷入人性平等说与圣凡差异说的矛盾中。[20]

梁涛提出儒学包括君子儒学与庶民儒学两个维度，君子儒学与庶民儒学的并建可以成为统合孟荀的一个新视角。孟子的性善论及其大丈夫精神、浩然之气、天爵人爵说等对“成人成己”的君子儒学有重要贡献；荀子主张“义利两有”、性恶心善，肯定自然欲望、利益诉求的合理性，发展了“因民之所利而利之”的庶民儒学。重君子儒学、轻庶民儒学使儒学规范君权、维护民权的宗旨无法真正实现，应统合孟荀，通过君子儒学与庶民儒学的并建实现儒学的现代转化。[21]

孟琢立足儒学史的脉络重新考察了《大学》中的“明德”思想。他认为早期明德是上古圣王的政治道德，具有理性化的特点，以天命为依据，具有天人合一的内在结构。《大学》在行为主体和道德内涵两个层面建立起明德的普遍性，将早期明德改造为普遍化的人伦道德，并将明德的基础建立在普遍的人心之中。他提出，《大学》明德开启了儒家的性善论传统，其由君德到人德的转型凸显出建立普遍、追寻平等的人文精神。[22]

3. 道家哲学及“自然”观念研究

丁四新梳理了早期中国“数”的哲学观念的形成与发展，并由此探讨了早期《老子》文本的经典化问题。“数”是古人用来表示哲学观念的重要手段，从二元思维到阴阳观念，从五元思维到五行图式，从“道生一”到“《易》有太极，是生两仪”，均体现出“数”的重要性。在汉代，“数”深入到宇宙论建构之中并具有了本体论的意味，而随着经学的展开，宇宙论的数理影响到了古书的解释、编纂和经典化过程。天道观（宇宙论）的数理也成为汉晋时期《老子》章数设定的通行依据。[23]

于雪棠以战国诸子公共理性的要素即“辨”与“辩”为切入点，考察了《庄子》的思想方法与话语方式。战国诸子多重“辨”，对“辩”则态度不一，《庄子》是“辨”与“辩”的杰出代表。“辨”是其思想方法，以“命名”与“析理”的形态展开；“辩”是其重要的话语方式，在概念的辨析中展开，在命题的出示中推进。《庄子》的“辨”与“辩”拓展并深化了战国公共理性的内涵，促进了论辩文这一文体的发展。[24]

曹峰以“无为—自然”的逻辑结构为起点，从观念史的角度探讨了道家的“自然”观念，从“道法自然”到“道性自然”的演变。他指出，“万物自然”与“道率万物之性”的思想在先秦就已开始流行，而后才出现“天道自然”“道性自然”的观念。当“自然”被理解万物之性，被理解为“天”“天地”“天道”之性，并明确了“性”来自“道”并通过“性”可以返归“道”，由“性”所代表的“自然”与“道”建立起紧密联系，就出现了“道性自然”的观念。[25]

罗安宪探讨了“自然”的两层排斥性意涵。他认为，“自”非“他”非“我”，“自然”非“他然”，非“我然”，突出了与生俱有、天然如此、不可改变的性质，强调了随性而发、率性而行、不执意、不强迫的性质。“然”非“是”非“为”，“自然”非“自是”，也非“自为”，强调的是“非为”，“非执”。“自然”观念排斥“他然”，即排斥外在力量的强迫，亦排斥“我然”“自是”，即排斥内在力量、自我意愿的驱使。[26]

郑开从“自然”与“无”的关系的角度分析了道家的“自然”。他指出，“自然”与“无”相辅相成，又相反相成。从“存有—本体论”的维度看，“自然”概念及其理论赋予了“物”以深刻基础，深化了老子以来的“无物”思想；从“认识—知识论”的维度看，“自然”概念及其理论强化了“无名”“无知”理论，揭示了思想世界的局限性；从“境界心性论”的维度看，“自然”概念内蕴的“自为”“自性”“自发”“自动”等意义皆可能违反“无为”，因此要保持“自然”“无为”两者之间的动态平衡。㉗

刘笑敢从“自然”概念古今义的差别出发，分析了《庄子》中的两种“自然”，即书中明言的“自然”和书中涉及的自然界、自然物。书中明言的 7 处“自然”大都是自然而然、不勉强、没有外来力量干预之义，内篇两处强调顺应外在的自然而然的存在和变化，而外杂篇的 5 处则主张行为主体的行为方式应自然而然。《庄子》对“自然界”有着细致多彩的描写，饱含着万物平等的精神，彰显出人世间的曲折复杂，并展现了作者对宇宙无限性的探索、猜测和感知。㉘

王威威通过辨析韩非思想中“自然”与“理”“势”、“人情”的关系来确定“自然”观念的内涵。韩非的“自然”以“道”为原因、依据，以“理”为最主要的内容；“因自然”具体到人就是“因人情”，好利、自为是“人情”，也是人之“自然”；其势论中的“自然之势”指人力所不能改变的万物的发展趋向。经过综合分析，她认为，韩非的“自然”之意是“本来如此”或“非人为如此”，又可指万物的非人为的本来状态或发展趋势。㉙

4. 宋明理学

唐文明结合《太极图说解》探讨了朱熹的“天地以生物为心”的思想。周敦颐太极图的五层圈分别对应太极、天道、地道、人道和万物之道，太极通贯于天，天通贯于地，地通贯于人，人通贯于万物。按照朱熹的理解，太极图每相邻的两层都有天地之心的作用，太极图也就可以称作天地之心图。在朱熹的宇宙论中，天地之心是更为根本的观念，能够统合理和气，须从心、理、气三者相统一的架构中理解他的宇宙论。㉚

杨立华从“所以”“当然”“必然”等概念入手，对朱熹“天理”观念的内涵给出了确定的哲学阐释。他指出，“气”的世界里的具体存有之间并没有确定的必然规律，对立的两体之间的消长、转化的必然性是“理”的必然性的体现。“天理”作为形上者就是一切层面的存有和一切存有的层面自身同一的倾向，是纯一无杂的“一”，遍在于一切差异和变化中，一切差异和变化都是“一”的推行和实现，这就是“天理”的主宰义和决定义。㉛

王鑫以《孟子集注》为中心探讨了朱熹对“仁术”与“仁心”等核心概念的理解。朱熹关于“仁心”的讨论聚焦于“亲亲、仁民、爱物”所代表的仁心施爱的差序问题，他通过揭示人、物在生成本质上的同一与差异为此差序提供了生成论上的根据。在此基础上，“仁术”被推广至仁心施爱的各个环节，成为直面现实、积极措置从而实现“仁心”的必要行动。㉜

王心竹以程颐和朱熹观点为视角分析了“理一分殊”在宋明理学中的地位。“理一”揭示出了道之大原出于天的形上本体，“分殊”确立了达致本体的功夫之下手处，在程朱理学的体系构建中具有沟通形而上下、上学与下达的结构性作用；“理一分殊”欲解决自孟子以来的“兼爱”与“为我”的争议，体现了程朱理学对孟学道统的继承；二程和朱熹重视“分殊”，既借鉴了佛学的精义，又在儒佛之辩中凸显了儒学的独特价值。㉝

许家星从“好看”“阶梯”“四子”的含义入手，通过《近思录》和朱子《四书》所收“四子说”的比较，辨析了“《近思录》，四子之阶梯”一说。他认为，朱熹从未将《近思录》与《四书》关联，以《近思录》为《四书》阶梯不符合该书的编撰意图、内容主旨，亦与朱熹的治学原则相冲突，当是陈淳学道之见，非朱熹之意。㉞

注：

①郑开：《道家政治哲学发微》，北京大学出版社，2019 年版。

②王威威：《治国与教民：先秦诸子的争鸣与共识》，中国社会科学出版社，2019 年版。

③周耿：《先秦道家人性论研究》，巴蜀书社，2019 年版。

④孟庆楠：《哲学史视域下的先秦儒家〈诗〉学研究》，北京大学出版社，2019 年版。

⑤赵法生：《儒家超越思想的起源》，中国社会科学出版社，2019 年版。

⑥盛珂：《道德与存在：心学传统的存在论阐释》，社会科学文献出版社，2019 年版。

⑦王中江、姚裕瑞：《曲折、转变与新进展——中国哲学 70 年研究历程回顾》，《社会科学战线》，2019 年第 8 期。

⑧陈霞：《从哲学史到哲学——中国哲学知识体系的回顾、反思与重构》，《哲学动态》，2019 年第 9 期。

⑨李祥俊：《中国传统哲学的基本问题与内在体

系辨正》,《当代中国价值观研究》,2019年第4期。

⑩程乐松:《"子不语"与"道可道"——中国古代思想的言说之道与理性的边界》,《哲学动态》,2019年第9期。

⑪向世陵:《略谈中国传统哲学对真理的认知》,《船山学刊》,2019年第3期。

⑫王中江:《"心灵"概念图像的多样性:出土文献中的"心"之诸说》,《哲学研究》,2019年第12期。

⑬曹峰:《先秦时期"天人合一"的两条基本线索——兼评余英时的两重"天人合一"观》,《北京师范大学学报(社会科学版)》,2019年第1期。

⑭李锐:《早期中国的天人合一》,《北京师范大学学报(社会科学版)》,2019年第1期。

⑮干春松:《多重维度中的儒家仁爱思想》,《中国社会科学》,2019年第5期。

⑯陈来:《周文化与儒家思想的根源》,《现代哲学》,2019年第3期。

⑰刘丰:《"为民父母"与先秦儒家的政治哲学》,《现代哲学》,2019年第1期。

⑱王中江:《孔子好〈易〉和追寻"德义"考论——以帛书〈易传〉中的"子曰"之言为中心》,《河北学刊》,2019年第4期。

⑲赵金刚:《孟子与诸侯——经史互动当中的孟子思想诠释》,《中国哲学史》,2019年第4期。

⑳梁涛:《〈荀子·性恶〉篇"伪"的多重含义及特殊表达——兼论荀子"圣凡差异说"与"人性平等说"的矛盾》,《中国哲学史》,2019年第6期。

㉑梁涛:《统合孟荀的新视角——从君子儒学与庶民儒学看》,《哲学动态》,2019年第10期。

㉒孟琢:《明德的普遍性——〈大学〉"明德"思想新探》,《中国哲学史》,2019年第2期。

㉓丁四新:《"数"的哲学观念与早期〈老子〉文本的经典化——兼论通行本〈老子〉分章的来源》,《中山大学学报(社会科学版)》,2019年第3期。

㉔于雪棠:《从战国公共理性看〈庄子〉的思想方法与话语方式》,《中国社会科学》,2019年第9期。

㉕曹峰:《从因循万物之性到道性自然——"自然"成为哲学范畴的演变历程》,《人文杂志》,2019年第8期。

㉖罗安宪:《论"自然"的两层排斥性意涵》,《哲学研究》,2019年第2期。

㉗郑开:《道家的自然概念——从自然与无的关系角度分析》,《哲学动态》,2019年第2期。

㉘刘笑敢:《析论〈庄子〉书中的两种"自然"——从历史到当代》,《哲学动态》,2019年第12期。

㉙王威威:《"理"、"势"、"人情"与"自然"——韩非子的"自然"观念考察》,《晋阳学刊》,2019年第2期。

㉚唐文明:《朱子论天地以生物为心》,《清华大学学报(哲学社会科学版)》,2019年第1期。

㉛杨立华:《所以与必然:朱子天理观的再思考》,《深圳社会科学》,2019年第1期。

㉜王鑫:《仁术与仁心——以朱子的解释为中心》,《中国哲学史》,2019年第2期。

㉝王心竹:《理一分殊何以重要——以程、朱的观点为视角》,《东岳论丛》,2019年第40卷第4期。

㉞许家星:《"〈近思录〉,四子之阶梯"说之重思》,《中国哲学史》,2019年第1期。

(作者:王威威,中国政法大学教授;周仪,中国政法大学硕士生)

外国哲学

王玉峰

一、学术活动

在中国学界对外国哲学的研究中,古希腊哲学和德国古典哲学一直都是重中之重。古希腊哲学是西方哲学的根基,而德国古典哲学则是近代哲学的一个高峰。在古希腊哲学的研究方面,柏拉图哲学和亚里士多德哲学的研究又是重点。以往学界往往偏重于对柏拉图哲学的研究,但是近年来出现的一个现象是柏拉图哲学研究与亚里士多德哲学研究并重。在对德国古典哲学的研究中,以往更多地偏重黑格尔哲学,因为黑格尔哲学被看作是马克思主义辩证法的重要来源,但是近年来康德哲学研究的热度不断上升。2019年,学界的会议主要是集中在柏拉图哲学、黑格尔哲学和康德哲学方面。

2019年3月6日,由中国人民大学哲学院主办的

“人大 AITIA 古希腊哲学论坛系列讲座”第 26 期在人民大学举行。这次论坛的主讲人是北京大学哲学系的吴飞教授，他演讲的题目是“《斐多》中的存在与生命”。在讲座中，吴飞试图从存在与生命的关系的角度重新解读柏拉图对话《斐多》。在吴飞看来，《斐多》的主题是灵魂不朽，但这是在存在哲学与理念论的框架中来讨论的，因而苏格拉底将灵魂不朽等同于灵魂永远存在。吴飞认为，对话中隐含了 3 个层次的存在：物理性存在、生命性存在、哲学性存在。苏格拉底的对话者可以从物理性存在上升到生命性存在，却无法上升到哲学性存在。而苏格拉底的哲学的第二次起航即超越前两个层次，直接从哲学性存在的设定，俯瞰具体事物的存在，并把哲学性存在理解为真正的存在。但生命究竟是何种存在，《斐多》中却保留了相当大的模糊性，值得进一步思考。吴飞最后还对比了中西两种传统对生命的不同理解，以柏拉图为代表的西方哲学是从永恒的角度来理解生命的，而在中国哲学中，死亡似乎构成了生命的一个根本性规定。

2019 年 4 月 1—7 日，应北京大学哲学系邀请，德国洪堡大学资深讲席教授、柏林—勃兰登堡科学院施莱尔马赫研究中心主任、黑格尔研究专家安德烈亚斯·阿恩特教授（Prof. Dr. Andreas Arndt）前来北京大学进行学术交流。4 月 2—5 日晚，阿恩特教授围绕“在黑格尔与马克思之间”这一主题，展开了 4 次内容丰富的专题学术报告。

4 月 2 日，阿恩特教授作了题为“马克思与黑格尔阐释中的辩证法问题”的首场专题讲座，力图澄清马克思的“辩证法”与黑格尔哲学的关系。首先，阿恩特教授展示了马克思对黑格尔辩证法的一般性评价，即马克思认为黑格尔神秘化了辨证法。其次，在梳理《黑格尔法哲学批判》《德意志意识形态》《神圣家族》《资本论》等相关文本的基础上，阿恩特教授揭示了马克思理解的神秘化了的辩证法是什么。就马克思的观点而言，这种“神秘化”大致呈现出以下 3 个步骤：（1）把经验的关系转变为思维规定的关系；（2）思维规定的关系被神秘化为一个源自思维的关系；（3）通过宣称为纯粹自身关联的主体而进一步神秘化“载体”。最后，阿恩特细致地考察了马克思《资本论》中的“价值的规定”与黑格尔辩证法之间的联系。在阿恩特看来，马克思对黑格尔逻辑学的处理在经验上和科学上都是合理的，但在哲学上却不够充分。一旦留意到黑格尔的《逻辑学》与实在哲学之间的区别，那么马克思使用的辩证法就在任何方面都没有替代黑格尔的辩证法。马克思对黑格尔的辩证法运用非但没有驳倒黑格尔，反而在实在哲学层面上证明了黑格尔的逻辑学基础。

在第二场讲座中，阿恩特教授着重处理黑格尔的自由概念以及青年黑格尔派对黑格尔概念的发展。讲座第一部分旨在澄清黑格尔自由概念的具体内涵。阿恩特教授将黑格尔的哲学定义为一种自由的哲学，并且强调黑格尔的自由与法是合二为一的。在阿恩特教授看来，黑格尔将自由的问题归结为塑造社会自然关系和人与人之间的社会政治关系的问题。自由以社会关系为基础，个体自由仅仅是法律状态下的产物，而非法律状态的前提。在讲座第二部分，阿恩特教授试图说明自由意识实现的可能性。法构成了自由的空间，而自然权利的规定本身就是一种自由历史的结果。一方面，世界历史必定在自由意识中进步；另一方面，自由意识也与社会、法律以及政治范畴的实现密切相关。最后，阿恩特教授论述了黑格尔之后异化史取代自由史的理论状况。黑格尔之后，哲学家们通过《精神现象学》中摘出的异化史范式来否定把宗教史当作自由史的做法。在阿恩特看来，黑格尔的理论模型之所以遭受排斥，一方面与黑格尔缺乏系统化的自由史理论模型有关；而另一方面，黑格尔论辩的倾向性也使人们对他在哲学史上的地位产生了怀疑。然而，黑格尔关于自由史的理念也通过青年黑格尔派中保留了下来。这一现象与以下 3 个彼此作用的因素密切相关：（1）自由史的理念成为与宗教哲学争辩的牺牲品；（2）哲学家们的质疑与日俱增；（3）新哲学流派与哲学传统之间出现了断裂，但人们却日益倾向将其粉饰起来。

在第三场讲座中，阿恩特教授将报告分成了“精神现象学与世界历史”“哲学的现实化和自由的实现”“市民社会与国家”3 个部分。从《精神现象学》中精神的自我生成与世界历史的关系出发，阿恩特教授在第一部分讨论了精神劳动与世界历史之间的关系、劳动与财产的关系以及劳动的规定与结构。阿恩特教授在第二部分提出，理念的世界化是连接黑格尔、马克思和青年费尔巴哈的关键。他指出，马克思从主客观两个方面入手，分析了哲学同反思之间的关系，对哲学直接的现实化进行了批判，并且认为哲学在世界化的过程中必然会丧失。在阿恩特教授看来，马克思借用费尔巴哈主谓颠倒的方法，对黑格尔的二元论进行了指责，而这使得哲学的现实化重新遵循思辨的逻辑。不过也应该意识到，马克思后来改变了自己的想法，尝试从现实的历史运动来理解共产主义。在第三部分，阿恩特着重分析了黑格尔的市民社会与国家之间的关系，阐明了黑格尔对需求、贫困以及贱民的态度，并且认为随着贫富贱民产生而出现的权利关系恰恰是马克思最初的洞见。黑格尔认为，市民社会的出现是现代性的本质，并在政治经济学和伦理的相互关系中来理解市民社会。而马克思则认为国家没有管制市民社会的可能性，因此区分了政治解放和社会解放。

在第四场讲座中，阿恩特教授分析了马克思的权利学说与自由概念。首先，阿恩特教授分析了马克思理论中的“自由王国”与“必然王国”，认为在市民社会与个人自由问题上，马克思认为个人自由的实现基于“劳动的财产所有权的否定”和“生产资料的缺乏”这两个方面。马克思将“自由王国”与“必然王国”并置起来，这个“自由王国”并不排斥黑格尔所谓的特殊性领域和个人自由。在“自由人的联合体”中，个体自由被放在很重要的位置。其次，阿恩特教授讨论了马克思的法律观与自由观。在阿恩特看来，马克思对私有产权的批评并不意味着法律虚无主义。马克思的法律观经历了阶段变化。青年马克思与黑格尔基本一致，认为法律在原则上不是对自由的限制，而是自由意志的定在。然而，随着马克思向共产主义立场的过渡，法律不再被看作是精神关系的有意表现，而是被视作物质关系的有意表现；不是主观任意性意义上的自由意志，而是客观联系的意志关系构成了法律的起点。关于国家和法律是否构成“自由人的联合体”的条件，马克思并未阐明。但能够澄清的是，马克思在其叙述中并没有暗示共产主义的共同体或国家制度可以在没有法律框架的情况下实现。然而，苏联关于国家消亡的教条阻止了对法律理论的进一步探讨。

这4场讲座均设有提问环节，与会者积极参与讨论。阿恩特教授就“马克思哲学的逻辑学基础”“唯物主义辩证法与黑格尔辩证法的区别”“黑格尔对多民族共同体的态度”“马克思人的解放与黑格尔自由概念之间的联系”“财产权与重建个人所有制”“资本论逻辑与资本逻辑”等问题进行了有针对性的回答，得到了在座师生的一致好评。

2019年6月7—10日，北京大学哲学系、北京大学外国哲学研究所联合举办了“康德哲学与人类未来”国际学术研讨会。研讨会的主题将康德哲学与关于人类未来的思考联系在一起，植根康德哲学最终旨归，直面人类未来发展境遇，延续北大“哲学与人类未来”研究方向，既是国际顶尖水平专业对话，又是对前沿热点问题的积极回应。本次研讨由10场大会发言和60场分组会议组成。与会嘉宾来自全世界13个国家和地区，其中有国内外康德学界的资深学者、科学院院士，也有取得博士学位不久、刚开始在学界崭露头角的青年学者。

大会开幕式暨“康德哲学专业委员会”成立仪式于6月7日上午在北京大学英杰交流中心阳光厅举行。北京大学副校长、哲学系教授王博；中华全国外国哲学史学会理事长、中国人民大学教授张志伟；德国康德协会（Kant-Gesellchaft）主席、德国乌泊塔尔（Wuppertal）大学哲学系荣休教授曼弗雷德·鲍姆（Manfred Baum）；北京大学博雅讲席教授、哲学系原主任、中华全国外国哲学史学会原理事长赵敦华；德意志联邦共和国驻华大使馆文化参赞、文化处处长蒋玲（Katrin Buchholz）女士；中文版《康德著作全集》主编、中国人民大学教授李秋零；商务印书馆副总编辑陈小文等嘉宾出席了开幕式并分别致辞。开幕式由北京大学哲学系主任仰海峰主持。

王博代表北京大学对各位嘉宾、学者的到来表示热烈欢迎，对康德哲学专业委员会的成立表示祝贺。王博回顾了北京大学的康德研究传统，解读了蔡元培“思想自由，兼容并包”的办学理念与康德哲学之间的联系，肯定了康德哲学超越时空的价值。王博强调，在面向人类的共同话题时，康德哲学对当今世界百年未有之大变局具有重要意义。

张志伟、鲍姆和赵敦华回忆起15年前在北京大学举行的“当代视野中的康德道德哲学”国际研讨会，以及在那次会议上各方代表就成立中国“康德学会”一事所表达的积极意愿。此外，他们还从各自的哲学视角出发，强调了康德哲学在西学东渐、思想启蒙以及回应哲学根本问题等方面的重要贡献。

蒋玲结合自身的成长经历，谈到了康德哲学在当下的现实意义。李秋零和陈小文基于自身的工作，对康德著作在中国的翻译和出版情况作了详细介绍和合理展望。通过这些介绍，人们可以清晰地看到，康德哲学在当今中国的西方哲学研究中毫无争议地占据着首屈一指的地位，而学会的成立无疑顺应了众多专业研究者共同的心声。开幕式结束后，我国著名康德学者、北京大学哲学系韩水法教授作了题为“康德哲学的当代理论意义”的主旨发言。韩水法结合当前人工智能研究的最新进展，探讨了康德哲学中的若干根本概念和命题对于理解思维的本质来说可能具有的重要启发，引起了与会专家们的极大兴趣。

中外学者一致认为，从议题设置、观点交锋、工作语言等多个方面来看，此次会议都充分体现出了跨文化、跨语言对话的特点，而许多西方学者对我国学者在报告和讨论中展现出的独特视角表现出浓厚的兴趣。借本次会议之机，中华全国外国哲学史学会康德哲学专业委员会（即“中国康德学会”）也正式宣告成立。

康德被公认为人类历史上屈指可数的思想巨人之一，对于近 200 年来全世界的哲学发展而言，具有无可比拟的重要意义。我国学界历来高度重视康德研究，而北京大学哲学系的历代学者更是为康德哲学在中国的引介、传播、研究和发展付出大量心血，结出累累硕果，始终引领着学术风气。

与会学者围绕着康德哲学的各个方面展开了深入讨论。学者们的报告中有对康德的理论哲学、实践哲学、宗教哲学和美学等领域中经典问题的重新解释，也有对康德在哲学史上地位和影响的分析，还有关于康德哲学与中国思想间关系的比较研究。值得一提的是，许多学者针对本次会议的主题，专门撰文探讨了康德关于人性的看法，以及这些看法在当下面临的挑战和持续价值。还有一些学者则聚焦于正义战争、移民问题、气候变化等当下十分迫切的现实问题，试图从康德哲学中找到应对它们的理论资源。此外，即使是对上面提到的那些康德研究中更为传统的主题探讨，有不少学者也力图与对人类未来的关切结合起来。康德的世界公民主义理想成为众多中外学者所青睐的主题，表现出康德的这一思想获得了当今国际学界的普遍关注和高度评价。

6 月 8 日，“康德哲学专业委员会”召开了第一次工作会议。与会代表一致通过了专业委员会的管理办法，并推举韩水法任学会负责人暨学术委员会主任，北京大学哲学系助理教授南星任学会工作委员会秘书长。代表们纷纷表示，专业委员会的成立是我国康德研究界的一个标志性事件，学界同仁将依托这一平台，积极开展各项学术活动，以推动我国康德研究乃至一般意义上的哲学研究更好地发展。复旦大学哲学系林晖教授在会上表示，愿意在明年春季主办学会下一届的年度会议。

6 月 10 日，北美康德学会主席、美国西北大学教授瑞秋 · 祖柯尔特（Rachel Zuckert）女士和美国人文与科学院院士、“剑桥版”康德作品集主编、美国布朗大学哲学系主任保罗 · 盖尔（Paul Guyer）教授，韩水法分别致辞。祖柯尔特以个人身份向会议主办方表示衷心的感谢，并代表北美康德学会表达了与中国康德学会开展各类合作交流的意愿。盖尔从他积 40 余年之功的康德研究出发，强调自由和平等的观念在康德哲学中的核心地位，并指出这同时也是一切哲学对话的基础和哲学家的基本信条。韩水法代表主办方，对与会嘉宾的到来和持续多日的积极参与表示感谢，并期待日后能有更多的交流活动。

2019 年 11 月 23—24 日，由北京大学人文学部主办、北京大学哲学系承办的“古代世界中的文本、思想与自我——北京大学第三届古典学会议”召开。作为北京大学人文学部主办的国际级高端学术会议，连续 3 年分别由中文系、历史学系和哲学系承办的“古典学会议”已经形成了常态性的机制和广泛的学术影响力，并且引起了全球古典学界的关注。2019 年度会议的主题为“古代世界中的文本、思想与自我”，尝试聚焦中国古典文献、中国古典思想以及西方古典学研究等 3 个领域，广泛邀请在不同领域的著名学者与会。会议期间，来自全球不同国家和地区的 60 多名中西古典学研究专家与会并就相关主题展开了深入细致的学术讨论。以融贯中西古典研究为基本特色的北京大学古典学会议集中体现了古典学术研究的中国特色，并且以中国特色拓展了古典学术研究的空间，乃至在跨文化传统的语境中展开古典学术研究的对话。

从 2019 年学界主办的这些会议来看，主要呈现出如下几个特点：第一，中国学界对外国哲学的研究，重点仍然聚焦于古希腊哲学和德国古典哲学。第二，柏拉图哲学和康德哲学研究的热度不断上升。第三，无论是对古希腊哲学还是对德国古典哲学的研究都进一步向纵深推进。第四，中国学术界和世界学术界的交流进一步加深。

二、外国哲学史不同时期的研究状况

1. 古希腊哲学研究

2019 年古希腊哲学研究方面，学者们还是主要集中在亚里士多德哲学和柏拉图哲学。研究的范围主要包括亚里士多德的《物理学》《形而上学》《尼各马可伦理学》《论灵魂》等著作，以及柏拉图的知识论、伦理学和形而上学等领域。可以说，2019 年的古希腊哲学研究，中国学者们的专业化水平进一步得到了提升。

聂敏里在《〈物理学〉A3 中的概念辩证法》[①]一文中指出，《物理学》A3 是对巴门尼德存在概念的批判，亚里士多德通过这一批判为物理学研究生成与运动奠定了存在论的基础，但由此亚里士多德在 A3 中也就触及有关存在与不存在的概念辩证法。该文在指出 A3 中这一概念辩证法的思想史意义的基础上，首先就柏拉图《智者篇》通种论论证中所建立起来的概念辩证法进行了讨论，表明差异概念的引入正是存在概念内在含有不存在概念的关键。而接下来通过对《物理学》A3 文本论证的分析和重构，该文详细说明了亚里士多德对存在概念与不存在概念的相对性的论证，从而证明它们彼此是内在统一的。

聂敏里在《〈物理学〉A7 中的主体（hypokeimenon）概念》[②]一文中指出，在《物理学》A7 中亚里士多德通过对生成概念的语义学分析，首次阐明了他有关自然的形而上学三本原理论，而其中居于核心地位的就是主体（hypokeimenon）概念。在属性的变化中主体是持存的，但是，在实体的生成中主体是否持存，却引起了研究者们长期的争论。传统观点认为在实体的生成中主体质料持存，而以查尔顿为代表的一方则认为主体质料不持存。该文通过对《物理学》A7 的仔细解读，指出了亚里士多德的主体概念的两重内涵，即作为实体的主体和作为质料的主体，并以青铜雕像的生成为例，通过引用其他相关文本区分了在实体生灭过程中作为实体的青铜的消灭和作为质料的青铜的持存，从而为实体生灭过程中质料是否持存的争论提供了合理的解答。文章最后对查尔顿的相关观点从文本证据和思想义理方面做了详细的反驳与批评。

詹文杰在《柏拉图哲学中的信念（Doxa）难题》[③]一文中指出，柏拉图哲学中的信念（doxa）概念存在着不确定性，以致人们在翻译和理解时会遇到困难，这就是“信念难题”。该文在施普鲁特（J. Sprute）工作的基础上梳理了西方学界关于信念难题的种种解决方案，并提出了他的解释，即认为柏拉图的信念可以泛指判断或认之为真，而认之为真还可能从两方面得到限定。一方面在于它的来源和根据是感知，这时它表示与理性认识相区分的感性认识；另一方面在于它缺乏充分的客观根据但又被认知者视为在客观上是充分的，这时它成了臆见或伪知识。这种解释不仅能说明柏拉图信念概念的复杂性，也能较好地解决信念与知识的排斥论和兼容论之间的冲突。

陈斯一在《亚里士多德论血气的德性》[④]一文中指出，血气是古希腊文化的核心观念，荷马史诗和柏拉图的《理想国》都对血气进行了详尽的呈现。就本质而言，血气是一种在高度竞争性的政治生活中树立自尊、寻求共同体的认可、追求个人卓越和与之相配的荣誉、争取和分配外在善的欲望。该文试图论证，虽然亚里士多德并未在《尼各马可伦理学》和《政治学》中系统论述血气这个概念，但是从他关于血气的多处零散讨论来看，亚氏不仅有一套完整的血气观念，而且在其伦理学和政治学中居于核心地位的大度和正义这两个德性，就是属于血气这种人类情感的伦理德性。大度和正义都是实践理性对血气进行规范和完善的结果，而这两个德性之间的张力也根源于血气的复杂性。

吕纯山在《对〈论灵魂〉Γ5 中努斯的再讨论》[⑤]一文中从传统上对《论灵魂》Γ5 所讨论的努斯的两种不同理解入手，认为把这一章所讨论的努斯理解成人的努斯是不正确的，这里所讨论的是宇宙中的神圣努斯，但仅理解到这一步也没有准确把握亚里士多德的主旨。该文认为这一章讨论的是神圣努斯和人的努斯之间的关系，也就是神圣努斯如何作用于人，或者说人的努斯从哪里来的问题，这样的理解也解释了亚里士多德为什么在讨论人的灵魂的文本中突然转移话题的问题，同时也弥补了其他文本没有解释二者关系的缺憾。

田书峰在《“人该如何生活”作为苏格拉底伦理学的核心问题》[⑥]一文中指出，“人该如何生活”或“何谓好的生活”是苏格拉底伦理学中的核心问题，是苏格拉底的哲学关切的基本视域。通过与对话者一连串的叩问和对谈、诘难和训诫，苏格拉底所说的“好的生活”的整全面貌也就慢慢呈现出来，第一，“好的生活”必然开始于对德性的追求，这就是“德性转向”，即从对外在的自然事物的关心转向到对内在的灵魂德性的关心；第二，“好的生活”始于对自我的认识，而本真的自我是理性，它不存在于生灭不定的感觉世界（Werden），而是存在于依赖理性的实存世界或本体世界（Sein）；第三，苏格拉底对于“好的生活”或德性的理解并不是一种技艺性的知识（technical knowledge），因为技艺都是价值中立的或有两面性，可被用于好的和坏的目的，而有关德性或“好的生活”的知识一定只能被运用到善的目的上，德性绝对会达致善；第四，“好的生活”必然需要实践智慧，因为智慧是对人的所有类型的价值和善的某种整全理解，并且包含运用到所有情境中的能力；但是，人的智慧是有限的，不能看透所有事物之间的全部的内在联系。所以，苏格拉底至死持守自己的“无知之知”的信条。

2. 中世纪与文艺复兴时期哲学研究

中国的中世纪哲学研究和文艺复兴时期哲学研究一直都是薄弱环节，专门的研究人员以及科研成果都相对较少。不过可喜的是，近年来出现了一些很有实力的年轻才俊，做出了不少优秀的成果。其中主要是雷思温的邓·司各脱研究以及吴功青的文艺复兴时期哲学研究。

雷思温在《邓·司各脱论上帝与世界的偶然性》⑦一文中指出，这个世界是本身就包含目的性的理性根据，还是依赖于不可把握的偶然性？该问题在基督教思想史上，以及在早期现代哲学家们那里引发了争辩。著名经院哲学家邓·司各脱是理解这一问题的枢纽。在其先驱亚里士多德、阿奎那等人那里，偶然性被理解为历时性的，而司各脱创造性地提出共时的偶然性理论。该理论指出，某一事件于现在发生之时，其相反者同时也是可能的，偶然性的根源在于上帝的意志。司各脱这一理论强化了世界的偶然性、神圣意志的决定性与优先性。这使他不但成为中世纪晚期应对亚里士多德主义和拉丁阿维罗伊主义挑战的重要神学家，同时也成为笛卡尔意志论学说的先驱，并为莱布尼茨的可能世界理论提供了必要准备。

吴功青在《存在与一：皮科·米兰多拉论柏拉图和亚里士多德的一致性》⑧一文中指出，文艺复兴时期，随着柏拉图的复兴，柏拉图和亚里士多德之争成为人们讨论的核心问题。其中，斐奇诺站在新柏拉图主义的立场上，认为柏拉图哲学的最高本原是一，高于亚里士多德哲学的最高本原存在，学习亚里士多德是学习柏拉图的基础准备。而皮科·米兰多拉则认为，在存在与一的问题上，柏拉图和亚里士多德的态度在根本上是一致的。该文试结合皮科《论存在与一》的文本，分析表明：他对柏拉图和亚里士多德哲学的调和，主要依据托马斯主义和基督教化的新柏拉图主义（以伪狄奥尼修斯为代表）。皮科的这一调和方案，虽然既不可能容于斐奇诺的新柏拉图主义，也不可能容于亚里士多德主义，但对于重新理解柏拉图和亚里士多德的关系，对于构建他的古代神学、实现哲学的和平，具有十分重要的意义。

3. 近现代哲学研究

2019 年，中国学者对西方近现代哲学的研究主要侧重于洛克、卢梭、康德、黑格尔、谢林、费希特、尼采等哲学家。研究的问题和领域则包括政治哲学、道德哲学、认识论和形而上学等。需要指出的是，近年来一些中国学者并不满足于单纯的介绍西方哲学家们的思想，他们还试图更进一步，融会贯通中国哲学和西方哲学，这样就既能了解西方哲学的长处，也能更深地理解中国哲学自身。这是中国学界的外国哲学研究走向成熟的一个重要标志。

张志伟在《存在之“无”与缘起性空——海德格尔思想与佛教的“共鸣”》⑨一文中指出，在海德格尔的“无”与佛教的“空”之间有很多可以讨论的问题，而且具有现实意义。张志伟教授指出，与轴心时代其他文明纷纷以某种永恒的终极实在为理念来抵御虚无主义的方式不同，佛教倡导“缘起性空”，2000 多年后的海德格尔则试图扭转西方哲学物化的科学思维方式，为克服虚无主义而寻求关于“无”的思想。由此，海德格尔哲学与佛教思想之间便发生了某种“共鸣”。

黄裕生在《黑格尔与启蒙研究》⑩一文中指出，作为人类一种自我突破、自我提高的思想—文化运动，启蒙是人类走向普遍性历史、走向超越性存在的跃升运动。它开始于“本原文化”的出现，也即开始于那些最早觉悟、发现“绝对”与“普遍”的文化的横空出世。唯有这样的“本原文化”才具有启蒙的意义，因为只有达到觉悟“绝对”而达到对“普遍”的自觉与认识的文化，才具有把人类从日常性与特殊性里解放出来而升入超越的普遍性世界的教化力量。近世开始于欧洲的启蒙运动的不同凡响之处就在于，它实质上是由两希本原文化经过千年的碰撞与激荡之后引发出来的，全面刷新了人类对自身与世界的认识。

吴增定在《没有主体的主体性——理解尼采后期哲学的一种新尝试》⑪一文中，试图在海德格尔和后现代主义哲学家的看法之外，对尼采的后期哲学给出一种新的解释。海德格尔批评尼采的后期哲学是一种主体性的形而上学，而后现代主义哲学家则认为尼采完全消解了主体性的问题。本文则认为，尼采哲学是一种全新的主体性哲学，即一种“没有主体的主体性哲学”。在他的哲学中，主体性并不依赖于一种理性的意识、我思、自我或主体，而是意味着一种前反思性的生命本能或权力意志。换言之，真正的主体性意味着生命本能或权力意志的主动性或自发性，也就是权力意志向外和向上的自发性的释放与扩张。在吴增定看来，与此相对，传统形而上学所理解的主体性一方面是从权力意志的主动、自发和原初的主体性中抽象和派生出来的，另一方面也是对于这种主体性的否定和压制。

吴增定在《卢梭论自爱和同情——从尼采的观点看》[12]一文中试图从尼采的视角理解和评价卢梭的道德哲学，尤其是卢梭关于自爱和同情的思想。卢梭不仅将同情看作一种同自我保存或自爱一样原初和基本的情感，而且认为同情是人类一切道德的基础。但从尼采的视角来看，卢梭所说的同情并不是一种原始和基本的情感，而是一种从自爱和“私有之爱”中衍生出来的情感。不仅如此，同情这种情感将痛苦而不是快乐当作人对世界和自身的基本体验，隐含了对于生命和世界的否定。从这个意义上说，尼采认为卢梭的同情学说及其道德哲学最终体现了一种虚无主义。

先刚在《“回忆”和黑格尔精神现象学的开端》[13]一文中指出，黑格尔的《精神现象学》开始于以纯粹存在为对象的感性确定性，终结于同样以纯粹存在为对象的绝对知识，并在这个意义上回到开端。这就是《精神现象学》中那个备受争议的“我们”的来源。“我们”对于精神现象的阐释不是某位哲学家的主观臆想，而是绝对知识对曾经走过的道路的“回忆”。但黑格尔所说的“回忆”同样不是一种主观的想象，而是一个“深入内核过程”。意识的“回忆”或“深入内核过程”和“外化”是同时发生的，通过这个方式，意识将各种外在对象纳入自身，再次逐步达到最高的自我认识。

先刚在《试析早期谢林与费希特的“绝对自我”观的差异》[14]一文中指出，学界通常认为，费希特和谢林（在前者的影响下）都是在其哲学的起步阶段就建立了一种关于“绝对自我”的学说。该文试图表明，费希特在《全部知识学的基础》中从“经验意识的事实”出发，并没有真正建立绝对自我；反之，谢林的原创性体现在，他从一开始就依据概念分析而确立了自我的绝对者地位，从而真正第一次建立起关于“绝对自我”的学说。

聂敏里在《洛克“自然状态”概念的内在理论困难》[15]一文中指出，在洛克的“自然状态”概念中存在着和平状态和战争状态的内在冲突。如何从理论上解释这一冲突，是学界争议的焦点之一。该文首先通过批评阿什克拉夫特的调和方案来揭示这一冲突，然后通过一系列的概念澄清，确定洛克的“自然状态”是一个处于自然法之下的普遍政治状态，并由此指出洛克的“自然状态”概念与霍布斯的“自然状态”概念之内在理论联系，最终证明战争状态就内在于洛克的“自然状态”概念之中，洛克的“自然状态”在逻辑上深陷于战争状态总是不可遏制地要突破和平状态这一理论困境。此内在矛盾根源于原子式个人无限占有权利的基本设定，它造成了洛克“自然状态”概念在战争状态与和平状态之间的冲突。

吴功青在《道德、政治与历史：康德的永久和平论及其内在困难》[16]一文中指出，《永久和平论》被视为康德政治哲学中极具独创性的部分，但自它诞生起就遭遇了无数的争议。20世纪以降，以施米特和哈贝马斯为代表的学者对它的评价趋向两极化。在施米特看来，永久和平缺乏人性的基础，只会让人类堕落；而在哈贝马斯看来，康德设计的国家联盟理念，对于今天的欧盟和联合国都有巨大的启示意义。在吴功青看来，无论是施米特还是哈贝马斯，对《永久和平论》的评价虽然各有道理，但最终都流于片面，忽略了这一理论在康德思想中的复杂性。有鉴于此，该文试图将《永久和平论》置入康德的人性论、宗教理论和历史哲学之中考察，通过还原康德对永久和平的系统思考，力图给出一个既不悖于施米特与哈贝马斯，又与他们有所不同的回答。

总的来看，2019年中国学界对外国哲学的研究，其成果无论是从数量上来看还是质量上来看都是可圈可点的，尤其是对古希腊哲学和近现代哲学的研究，无论深度还是广度都有很大进步。哪怕是相对薄弱的中世纪哲学和文艺复兴时期哲学研究，我们也取得了可喜的进步。

注：

①《世界哲学》，2019年第5期。

②《哲学研究》，2019年第12期。

③《哲学研究》，2019年第10期。

④《现代哲学》，2019年第1期。

⑤《世界哲学》，2019年第4期。

⑥《北京师范大学学报（社会科学版）》，2019年第6期。

⑦《哲学研究》，2019年第1期。

⑧《哲学研究》，2019年第9期。

⑨《世界哲学》，2019年第1期。

⑩《陕西师范大学学报（哲学社会科学版）》，2019年第6期。

⑪《哲学研究》，2019年第5期。

⑫《哲学动态》，2019年第2期。

⑬《江苏社会科学》，2019年第1期。

⑭《云南大学学报（社会科学版）》，2019 年第 4 期。

⑮《哲学动态》，2019 年第 4 期。

⑯《云南大学学报（社会科学版）》，2019 年第 3 期。

（作者：王玉峰，北京市社会科学院副研究员）

科学技术哲学（自然辩证法）

王明玉　张成岗

一、学会活动

2019 年的学会活动侧重运用国际化视野发展科技哲学。在这一年中，自然辩证法领域的学者更加关注学术学风建设，在生态、新兴技术等科技前沿领域做了新的探索，重视“西学东渐”与近现代科技转型，关注自然辩证法的历史发展。

2019 年 4 月 24 日，中国自然辩证法研究会在北京师范大学举办科学道德与学风建设宣讲报告会。中国科学院大学尚智丛作了题为“弘扬科学精神，坚守科学道德”的报告，详细介绍了科研道德和学风建设的重要性，他认为科研诚信是科研工作者的灵魂和尊严，科研工作者需要加强自律，并加强科研制度改革。①

2019 年 5 月 11 日，“人类基因组编辑的伦理和治理问题”学术研讨会在中国社会科学院哲学研究所举办。本次研讨会由中国社会科学院哲学研究所和中国自然辩证法研究会生命伦理学专业委员会共同主办，国内多家知名科研团体共同参与组织，共同探讨有关人类基因组编辑的伦理和治理的理论与实践问题。②

2019 年 11 月 3 日，以“科技前沿问题与人类命运共同体——新时代的机遇与挑战”为主题的中国自然辩证法研究会 2019 年学术年会在北京召开。学术年会围绕习近平生态文明思想与新时代生态文明建设、自然哲学与绿色发展理念、新兴科学技术发展中的伦理问题、智能化社会的伦理挑战、新时代的科技文化前沿问题等进行研讨。③

2019 年 11 月 30 日，以“西学东渐与中国近现代科技转型”为主题的学术研讨会在中国人民大学召开。会议探讨了刘大椿的《西学东渐》和《师夷长技》著作内容。来自全国 38 所高校及科研院所的哲学、历史、宗教、文化等领域的 70 余位专家学者参加了会议。④

2019 年 12 月 8 日，以“恩格斯自然辩证法与生态文明”为主题的座谈会在中国科技会堂举行。座谈会由中国自然辩证法研究会副理事长刘孝廷教授倡议和组织，邀请了中国自然辩证法学界的前辈、专家、学者、长期从事自然辩证法研究的工作者以及来自北京、南京、西安等地的高校教师等近 20 余人就“恩格斯年”的系列学术活动进行交流讨论、建言献策。⑤

二、科学哲学

2019 年，科学哲学主要关注基础理论问题以及跨学科视野给科学哲学带来的新问题、新方法。科学哲学的研究在今年更为关注中国问题，学者们从各个角度尝试用中国话语方式、中国理论来阐述与解决理论问题，并且加大了与其他人文学科甚至是自然科学学科的交流深度，以解决新科技革命给社会带来的问题。

时间方向在不同表现及其理论描述上会遇到各种困难。董春雨在研究中将时间方向的讨论引向了吸引性、整体性、目的性这样的哲学高度，从而启发人们从更加广阔的理论背景中去理解时间方向的本质，去正确看待描述时间方向理论的合理性与局限性。⑥

自晚清直至民国，实现中国科技和教育从传统到近现代的转型，是西学东渐第二波，称之为“师夷长技”。刘大椿记叙和分析这一艰难卓绝的历史实践，把它分为晚清前期、清末时期、袁世凯和北洋政府时期、国民政府时期，并分析 4 个时期师夷长技的特点。⑦“自然规律”是近现代科学的基本概念。樊姗姗和刘大椿考释“自然规律”概念的含义，评析有关“自然规律”概念起源的几种主要观点，追寻此概念是如何从日本引进近代中国并被广泛传播的。⑧

传统的科学哲学和“另类的”科学哲学都没有将科学看作是一种文化。孟建伟指出要使科学哲学从根本上摆脱现有的困境，关键是要在二者之间构建一种既不同于知识论，又区别于文化论的研究范式，即“科学文化论”的研究范式，从而走向一种既不同于传统的科学哲学，又区别于“另类的”科学哲学的第三种科学哲学，即“科学文化哲学”。[9]

人类思想汇集于科学文化的兴起。袁江洋指出现代科学、科学文化与现代文化共生共变，并围绕两个问题进行探讨，即欧洲文艺复兴以来的新人文、新宗教和新科学之间具有怎样的相互关联，这些在长时段历史视角下可近似视为共时关联的关联是不是因果关联？如果不是因果关联，那么，欧洲文化转型的根本动因、科学革命得以发生的思想—文化基础是什么？[10]

哥德尔建立“作为严格科学的哲学”规划。哥德尔从数论的客观主义出发，逐步将实在对象从抽象的数扩展到集合和类上，直到扩展到抽象概念上，最终形成他的柏拉图式概念实在论。刘晓力从5个侧面给出具体分析，指出哥德尔的辩护策略未能免除概念实在论最终遭遇的认识论困境的根源。[11]

在生物学中，价值术语到处存在。如进化论的“进步”“低级”“高级”“适应优势”等。李建会以“进化是不是进步”为案例，说明生物学中的一些概念确实不能把事实因素和价值因素严格区分开；事实和价值在生物学的一些概念里缠结在一起，价值解释在生物学中的存在是合理的。[12]

适应是进化生物学中的重要概念。伴随着进化生物学的3次理论综合，人们对适应的认识发生了变化，环境在适应中的作用也发生了变化。李亚娟和李建会通过讨论环境在各式适应中从“筛子”到“能动者”的作用转变，揭示出进化生物学中进化观的转变——从分离的、静态的进化观到整体的、动态的发育进化观，突出环境视角对进化生物学研究的重要性。[13]

营养保障对于以持久性为主要特征的抗战极为重要。王公和杨舰通过对抗战期间的研究，认为中国的抗日战争催发了近代营养学研究和教育的兴起，而应用导向下的理论研究和人才培养体系的建立过程，则既是抗战这一特殊环境的体现，又形成了该学科在近代中国发展的特质。[14]

基因科学属于所谓的“技性科学”或“技术取向的科学”，它是现代科学的最前沿的研究领域之一。李醒民依次讨论了基因技性科学中基因和基因组、干细胞、基因治疗和基因增强、转基因、克隆和克隆人、合成生物学几个研究分支的伦理争端，并就每一个伦理争议陈述了作者自己的看法。[15]

在具身关系中技术“延展”还是“并入”身体的根本区别在于，是否能引起“身体所有权”的变化。邵艳梅和吴彤指出，身体图式的开放性能够阐释身体与工具的耦合中导致运动和感官能力的变化，但会丧失朝向他人开放的可能性。人的“虚拟身体”作为一种从潜能到现实的可能性的天然倾向，能够糅合“身体图式”与“身体意象”，兼顾感官、社会、文化的维度，可以为技术具身问题开启一种存在论意义上的理论维度。[16]

三、技术哲学与工程哲学

2019年，新兴科技问题仍然是技术哲学与工程哲学关注的重点。机器学习、人工智能、人类增强等技术带来了诸多社会问题与人文反思，从技术治理和工程哲学角度对这些新兴技术现象进行规制，提供新的理解与规范途径，是学者们主要的关注内容。

海德格尔是探讨人与“技术”关系的先驱式人物。宋洁和王伯鲁的研究中指出海德格尔对人与“技术”关系的思考可分为两个阶段：前期主要集中在《存在与时间》中，通过对“用具”的分析构建出“此在”的在世方式，展现出“用具”在构建“此在”与世界关系中的积极作用；后期在《技术的追问》中，他对现代技术进行了批判，追问得出现代技术的本质是“座架”。[17]

技术的性质和意义具有情境性。张成岗认为全面认识技术与社会结构变迁的关系需要整合技术发展的历史镜像和当代特征，社会制度与技术发展的适应关系是一个双向的过程，技术与现代性之间存在的同样是一种复杂的历史关联性，二者之间是一种“相互建构”。人类需要检视现代性的技术理性，以交往理性重塑行动者的公共空间。[18]应对新兴技术的新挑战，需要关注技术发展伦理规约体系滞后问题和对新技术应用后果不确定性风险的深层担忧。张成岗认为对于生命伦理的“恐慌性热议”可以成为理性之起点，而不能成为非理性因噎废食之终点；推动社会发展既需客观的科学研究之努力，又需冷静的伦理规范之反思。[19]

人们普遍认为只要加强科技伦理研究和实施，就可以解决科技风险问题。刘益东提出“致毁知识”概念并以其增长、传播、扩散、应用、禁止、治理等为研究对象开展科技巨风险研究。他认为在知识极易扩散的互联网时代，科技伦理因不能约束所有研发活动而失灵。[20]

刘益东强调科技大爆发与“致毁知识”不可逆增长，导致人类社会发展不能继续依靠经验和试错，要实行“科技创新、风控先行”，人类必须从“经验—试错”社会进入“预演—试错”社会。[21]

在机器“经验”为基础之上的认识论不断发展。董春雨认为它本质上是一种非人类中心的认识论——部分取代人类的机器包括传感器、实验仪器、计算机、存储器、互联网等，在认识过程中发挥着不可替代的作用；因此探讨以机器为中心的认识论，可以帮助人类理解机器以及人工智能等的相关问题，同时也为人类参照机器来认识自身提供了一种有益的视角。[22]

当前人工智能发展中社会影响最大的应用是认知计算和数据智能。段伟文指出人类社会由此正在走向基于数据智能的解析社会，可能会导致差异的革命和极端的不平等，是升级版的“控制革命 2.0”。[23]

人工智能需要伦理建构。于雪和段伟文认为人工智能技术具有不确定性、隐象性和系统复杂性，其伦理建构需要遵循整体性、过程性、适应性、相容性、灵活性和鲁棒性等原则。[24]

人工智能技术科学存在诸多伦理问题。李醒民论述人工智能的定义、分类、发展现状和前景，讨论与人工智能伦理和安全有关的 4 个论题，提出智能社会的综合应对策略。[25]

人工智能技术的发展正在重塑社会现实，带来社会治理领域的新变革。张成岗认为人工智能既是社会治理的工具，又是社会治理的对象。新技术的发展必然带来新的社会议题，人工智能技术及其广泛应用将带来新的社会治理、法律规范及伦理规约问题。[26]

在智能革命的背景之下，技术治理与智能治理成为当前的热点研究问题。刘永谋认为智能治理属于技术治理的新手段，可以将智能技术运用于公共治理领域，使智能治理服务于新时代中国特色社会主义建设事业。[27]

对于智能治理将如何从总体上影响人类社会之问题，存在着“乐观主义”与“悲观主义”两种极端而相反的看法。刘永谋指出智能治理的社会风险，在本质上是政治、制度和实践问题，而不是纯粹的科学技术本身的问题。[28]

技术创新在社会生活中发挥着愈来愈重要的支撑和引领作用。王伯鲁和王宁指出社会技术化是分析社会变迁问题的重要维度，对社会技术化方向、路径、过程、机理、特征、效应等问题的深入探究，有助于人们自觉地引导和驾驭现代社会技术化进程，积极应对现代化、全球化等带来的诸多挑战。[29]

工程实践具有人文意蕴。王大洲从哲学层面透视工程实践的人文意蕴，从工程根植于人的超越性、工程聚合了人类利益关系、工程昭示着人的有限性、工程推动着人类的新进化 4 个方面论证了“工程就是人文”的基本论断。[30]

从知识载体和传承方式视角将工程知识划分为默会知识、物化知识和明言知识。范春萍、邢境元和李伯聪从工程知识形态，工程知识传承方式、特征、历史进程及建制化学校教育等方面的工程知识传承进行探讨，认为工程知识的发展、演化和传承与人工物的发展演化之间存在相互建构性。[31]

自然物和人工物是两类不同的对象。殷瑞钰、傅志寰和李伯聪认为自然物理世界和现实的人工物世界是两个不同的物质世界，需要运用不同的范式、范畴、概念和方法进行研究。[32]

工程知识的演化是工程哲学中的一个重要问题。王楠和李伯聪指出工程知识是以“物化”形态和“纯知识”形态两种形式存在的。工程知识的演化研究需要注意“要素性知识进步”和“知识系统集成”的互动、“工程知识标准化”和“工程知识创新”的互动、研发活动与相关制度的作用等机制性问题。[33]

四、科学社会学与科技政策

2019 年，科学社会学与科技政策重视中国科学的发展历程研究。在这一年中，学者们梳理了五四运动的民主和科学发展历程、新中国成立 70 周年来的科技政策发展历程。学者们从历史溯源和国际比较中提供中国科学技术创新发展的建议。

新文化运动树立了“民主”与“科学”两面旗帜，对此后中国政治、文化的发展产生了极其深远的影响。李正风认为正值五四运动 100 周年之际，要深刻反思新文化运动的科学观。[34]

新文化运动与五四运动既相互联系，又有所区别。李正风和武晨箫认为陈独秀的科学观具有符号化、人格化、政治化的阶段性特征，五四运动后陈独秀的科学观在一定意义上形塑了现代中国处理科学与政治关系的逻辑与策略。[35]

新文化运动时期，科学何以能够在中国战胜儒学。周程认为主要是因为科学与儒学相比在研究对象和宗旨的设定、研究手段和方法的选择等方面存在显著差异。科学与儒学均有各自的社会功用，任何学术观点都要接受理性的洗礼和事实的检验。[36]

知识民主的民主形式及特征还缺乏系统探讨。尚智丛和樊春雨认为历史上民主的发展主要经历了 3 个阶段：从古希腊直接民主到近代代议制民主再到当代的协商民主。知识民主具有 3 个典型特征：多元主体参与、理性协商和知识的平等共享。作为一种规范的民主形式，知识民主在实践过程中有其局限性。[37]

王星拱针对科学外论发表了诸多有学术意义、有实践价值的见解。李醒民剖析了他的观点，加以评点，并提出自己的看法。[38]

会员是科技社团的构成主体。章雁超和尚智丛指出会员服务在科技社团与会员之间形成了互利共赢的共生关系方面发挥作用。对英美科技社团会员服务方式及其基础的研究，能够为我国科技社团的发展和服务能力的提升提供有益的借鉴。[39]

贡献者模式继署名制度之后应运而生。周程发现科学合作分工、商业化研究和数字化发表等现代科学活动特征导致了署名功能紊乱，而贡献者模式能更好地适应这些特征。但贡献者模式也未能完全反映真实贡献，并没有彻底解决署名问题。[40]

日本诺贝尔科学奖得主具有群体特征。周程通过统计数据对日本新世纪诺贝尔科学奖得主所处的社会环境进行考察后指出，日本新世纪出现诺贝尔科学奖“井喷”现象与战后的教育改革有关，他认为全面改良科学技术创新“土壤”比定向培养科学技术创新“苗子”成效更大。[41]

新中国成立70年以来，科技发展理念和工作部署推动中国科技事业蓬勃发展。徐治立和范露芳阐述了新中国70年科技政策的持续创新及其发展阶段、理念、举措及成就。[42]

科技规划在中国的科技发展中占有十分重要的位置。樊春良通过对新中国成立70年发展不同阶段的3个科技规划，研究了不同时期科技规划的目的、实施方式和作用，总结了科技规划成功的经验，并提出新一轮科技规划研究和制定值得借鉴之处。[43]

中国经济体制改革和社会转型伴随着科技创新体系制度基础的变革。李正风和武晨箫从3个阶段分析了中国科技创新体系制度基础形成和变革的历史，总结了制度基础变革的特征与实践经验，并从防止旧体制复归、增强探索新道路的能力、全面认识市场体制的深刻内涵和塑造充满活力的创新生态体系等方面探讨了深化改革可能面临的挑战。[44]

科技发展带来的风险问题，已经成为科学技术与社会领域中科技的社会治理研究热点之一。岳丽媛和刘兵从传播学视角关注风险争议的建构过程，主要相关利益主体政府、石化企业、相关领域专家和公众通过媒体围绕着PX项目进行了丰富的话语实践。[45]

中兴通讯事件暴露出我国半导体产业的技术短板以及我国技术追赶的紧迫性。姚靓和李正风梳理20世纪半导体产业发展史，为中国半导体产业的发展提供借鉴。[46]

进入新时代，我国的创新发展既面临颠覆性技术爆发式增长带来的机遇，又面临“卡脖子”技术频繁出现带来的挑战。肖广岭认为应以“卡脖子”技术创新支撑创新发展，在长期的研发与应用的良性循环中不断改进“卡脖子”技术。[47]

双创政策带动了具有中国特色的众创空间发展。乌仕明和李正风探讨了在双创政策下科技企业孵化器转型为众创空间的机制与动力。他们通过实地案例考察、访谈，分析其设立众创空间服务的背景与特征，认为科技企业孵化器是一边探索传统孵化工作转型的可能性，一边把握了双创政策与创客群体契合的优势，展开了众创空间的探索业务。[48]

五、学术活动与国际交流

2019年北京地区的学术活动与国际交流仍然保持繁荣态势，各个高校是学术活动与交流的主力军。学术活动与交流的主题关注学科发展史、方法论、科技社会的问题等内容，学术交流内容呈现多元化趋势。

2019年3月29日，中国科学院大学人文学院“科学与人文讲座”2019年第1期以“学科思想史研究——以化学史为例”为题在中国科学院大学举办。本次讲座由中国科学院大学人文学院教授袁江洋主讲，他将科学思想史推进到学科层面进行探讨，并提出了有关学科层面上的思维模式、历史视角和形而上学构架等方面的个人看法。[49]

2019年4月12日，中国科学院大学人文学院“科学与人文讲座”以“生物学中的还原论”为题开展。本次讲座由清华大学科学史系教授王巍主讲，他介绍了本体论还原、方法论还原、认识论还原3种还原论。[50]

2019年4月19日，清华科史哲讲座第21讲在科学史系举办。本次讲座的主讲人是斯科特·崔格（Scott Trigg），讲座的题目是“伊斯兰天文学中的物理学课题和哲学问题”。崔格博士以托勒密的“只有数学才能提供确定和无可撼动的知识”这一论断为起点，将听众引向了古代晚期和中世纪关于什么才是对天文现象的科学解释的争论。[51]

2019年4月26日，中国科学院大学人文学院“科学与人文讲座”2019年第4期以“科研评价：影响因子、原创性与优先权”为题在中国科学院大学开展。本次讲座特邀清华大学马克思主义学院教授刘立，他指出在破除“五唯”之时，不能一味抛弃影响因子，而应该分阶段淡化影响因子评价制度，应该立“唯原创性”评价标准。[52]

2019 年 5 月 21 日，逻辑与形而上学工作坊第 12 期：技术治理理论在中国人民大学开展。本次讲座由余俊伟主持，由刘永谋主讲，由来自中国社会科学院、清华大学和中国人民大学的学者点评。本次讲座的内容关注技术治理的选择、调试和控制理论。[53]

2019 年 5 月 30 日，以“‘科学与宗教是什么关系’为什么不是一个好问题?”为主题的当代科技哲学前沿系列讲座在中国人民大学举办。本次讲座由中国人民大学教授刘劲杨主持，由马建波（博士）主讲。本次讲座围绕科学与宗教之间的互动关系开展。[54]

2019 年 6 月 14 日，中国科学院大学人文学院“科学与人文讲座”2019 第 9 期以“人工智能：全球愿景、伦理挑战与科学探索”为题开展报告。本次讲座特别邀请了中国科学院自动化研究所曾毅研究员，他向大家展示了全球人工智能发展总体战略愿景，着重介绍了人工智能的发展共识。[55]

2019 年 6 月 17 日，以“实践智慧与机器信任”为题的国际交流讲座在中国人民大学举办。本次讲座由中国人民大学哲学院教授刘晓力主持，由匹兹堡大学 Colin Allen 教授主讲。讲座对主讲人与 W·Wallach 合著的《道德机器》的批评者进行回应。[56]

2019 年 10 月 8 日，以“大历史背景下的美国科技环境政策演化”为主题的学术讲座在中国人民大学举办。本次讲座由中国人民大学哲学院教授刘晓力主持，由加州州立理工大学普莫娜分校历史系教授王作跃主讲。本次讲座内容围绕“如何从当代美国史大背景下理解其科技环境政策的演化?”等内容开展。[57]

2019 年 10 月 30 日，清华科史哲讲座第 28 讲在清华大学科学史系系厅举办。本次的主讲人是斯坦福大学哲学系的迈克尔·弗里德曼（Michael Friedman）教授，报告题目为“方法论结构主义：现象、由理论中介的测量与科学实在论”（Methodological Structuralism：Phenomena，Theory－Mediated Measurement，and Scientific Realism）。弗里德曼教授介绍了当代实在论的不同版本，并指出由理论中介的测量是对康德“图式”（schemata）观念的一种一般化。[58]

2019 年 10 月 31 日，清华科史哲讲座第 29 讲在清华大学科学史系系厅举办。本次的主讲人是麻省理工学院博物馆馆长约翰·杜兰特（John Durant）教授，报告题目为“建设科学史主题的博物馆馆藏：从何开始?”（Building a museum collection in the history of science：where to start?）他介绍了麻省理工学院博物馆的历史和定位，并以麻省理工学院博物馆近期的馆藏建设为例，探讨了在收集科学史藏品时应注意的若干事项。[59]

2019 年 11 月 15 日，清华科史哲讲座第 30 讲在清华大学科学史系举办。本次的主讲人是中国社会科学院考古研究所刘煜研究员，报告题目为“执简驭繁，匠心天工：论晚商时期的青铜铸造与生产”。她在讲座中介绍了青铜器在上古中国的意义和相应的技术史研究对象、方法等背景知识，描述了夏商时期青铜器范铸工艺的技术演进。[60]

2019 年 11 月 20 日，清华科史哲讲座第 31 讲在清华大学科学史系举办。本次的主讲人是南开大学历史学院的黄相辅副教授，报告题目为“市井科学：十九世纪英国的大众娱乐与科学文化”。他在本次讲座中介绍了“通俗科学”的概念、通俗科学与大众娱乐的结合与互动。[61]

2019 年 12 月 11 日，以“科学哲学的传承和发展”为专题的学术论坛在中国人民大学举办。本次论坛由中国人民大学哲学院教授刘晓力主持，由首届中国自然辩证法研究会终身成就奖获得者范岱年、邱仁宗，分别就“科学哲学回到唯物主义——从张华夏和邦格谈起”和“温故知新——科学哲学面临范式转换”作主题报告。[62]

注：

① 中国自然辩证法研究会秘书处．中国自然辩证法研究会在北京师范大学举办科学道德与学风建设宣讲报告会．(2019-05-05)[2020-06-05]. http：//www. chinasdn. org. cn/xinban/xshd/2019 - 10 - 19/2658. html.

② 中国社会科学院哲学研究所．“人类基因组编辑的伦理和治理问题”学术研讨会预备会议综述．(2019-06-20)[2020-06-06]. http：//philosophy. cssn. cn/xwzx/xwzx/201906/t20190620_ 4921222. shtml.

③ 中国自然辩证法研究会秘书处．中国自然辩证法研究会八届三次理事会暨 2019 年学术年会在京召开．(2019-11-06)[2020-06-05]. http：//www. chinasdn. org. cn/xinban/zyxw/2019 - 11 - 06/2956. html.

④ 刘劲杨、高艺轩、李健民．“西学东渐与中国近现代科技转型”学术研讨会综述．(2019-12-09)[2020-06-06]. http：//www. chinasdn. org. cn/xinban/xshd/2019-12-09/2992. html.

⑤ 中国自然辩证法研究会秘书处．“恩格斯年”系列学术座谈会第一场：恩格斯自然辩证法与生态文明会议综述．(2019-12-12)[2020-06-06]. http://www. chinasdn. org. cn/xinban/xshd/2019 - 12 - 12/2993. html.

⑥ 董春雨：《理解时间方向复杂性的若干问题及其策略》，《自然辩证法研究》，2015 年第 12 期。

⑦ 刘大椿：《师夷长技与中国近现代科技转型》，《自然辩证法研究》，2019 年第 5 期。

⑧ 樊姗姗、刘大椿：《“自然规律”概念的历史演进》，《自然辩证法通讯》，2019 年第 10 期。

⑨ 孟建伟：《走向第三种科学哲学》，《中国人民大学学报》，2019 年第 5 期。

⑩ 袁江洋：《从人类思想的汇聚与整合看现代科学文化之兴起》，《中国科学报》，2019 年第 3 期。

⑪ 刘晓力：《哥德尔的概念实在论及其辩护策略》，《逻辑学研究》，2019 年第 2 期。

⑫ 李建会：《生物学中事实与价值的缠结：以进化是否是进步为例》，《科学技术哲学研究》，2019 年第 6 期。

⑬李亚娟、李建会：《环境在适应中的作用：从“筛子”到“能动者”》，《科学技术哲学研究》，2019 年第 3 期。

⑭王公、杨舰：《抗战营养保障体系的建立与中国营养学的建制化》，《自然辩证法通讯》，2019 年第 8 期。

⑮李醒民：《基因技性科学与伦理》，《山东科技大学学报(社会科学版)》，2019 年第 2 期。

⑯邵艳梅、吴彤：《从运动感知视角看身体与技术的关系》，《自然辩证法研究》，2019 年第 3 期。

⑰宋洁、王伯鲁：《从“用具”到“技术”——海德格尔此在的敞开与遮蔽思想流变解读》，《北京理工大学学报(社会科学版)》，2019 年第 1 期。

⑱张成岗：《文明演进中的技术、社会与现代性重构》，《人民论坛·学术前沿》，2019 年第 14 期。

⑲张成岗：《新兴技术发展与风险伦理规约》，《中国科技论坛》，2019 年第 1 期。

⑳刘益东：《致毁知识增长与科技伦理失灵：高科技面临的巨大挑战与机遇》，《中国科技论坛》，2019 年第 2 期。

㉑ 刘益东：《虚拟科学与大 IT 革命：支撑未来学的快速崛起》，《未来与发展》，2019 年第 10 期。

㉒ 董春雨、薛永红：《机器认识论何以可能》，《自然辩证法研究》，2019 年第 8 期。

㉓ 段伟文：《人工智能与解析社会的来临》，《科学与社会》，2019 年第 1 期。

㉔于雪、段伟文：《人工智能的伦理建构》，《理论探索》，2019 年第 6 期。

㉕李醒民：《人工智能技性科学与伦理》，《社会科学论坛》，2019 年第 4 期。

㉖张成岗：《人工智能的社会治理：构建公众从“被负责任”到“负责任”的 理论通道》，《中国科技论坛》，2019 年第 9 期。

㉗刘永谋：《技术治理、反治理与再治理：以智能治理为例》，《云南社会科学》，2019 年第 2 期。

㉘ 刘永谋：《智能治理的“AI 机器国”与“AI 理想国”》，《洛阳师范学院学报》，2019 年第 1 期。

㉙ 王伯鲁、王宁：《社会技术化机理及其特征剖析》，《社会科学研究》，2019 第 1 期。

㉚ 王大洲：《工程实践的人文意蕴审思》，《北京航空航天大学学报(社会科学版)》，2019 年第 6 期。

㉛范春萍、邢境元、李伯聪：《工程知识传承视角中的工程教育实践本性和应然形态》，《高等工程教育研究，2019 年第 3 期。

㉜殷瑞钰、傅志寰、李伯聪，《工程知识论：工程哲学研究的新边疆——工程知识论研究之二》，《自然辩证法研究》，2019 年第 8 期。

㉝王楠、李伯聪：《论工程知识演化的形式、动力和机制》，《工程研究-跨学科视野中的工程》，2019 年第 5 期。

㉞李正风：《要深刻反思新文化运动的科学观》，《科学与社会》，2019 年第 1 期。

㉟李正风、武晨箫：《五四运动与陈独秀的科学观》，《科学学研究》，2019 第 5 期。

㊱周程：《新文化运动时期科学何以能够战胜儒学?》，《科学学研究》，2019 年第 5 期。

㊲尚智丛、樊春雨：《知识民主及其特征与局限》，《自然辩证法研究》，2019 年第 2 期。

㊳李醒民：《王星拱的科学外论》，《社会科学论坛》，2019 年第 2 期。

㊴章雁超、尚智丛：《英美科技社团会员服务与发展方式探究与启示》，《山东科技大学学报(社会科学版)》，2019 年第 3 期。

㊵和鸿鹏、周程：《从作者到贡献者：科学论文署名制度的困境与转型》，《科学学研究》，2019 年第

10 期。

㊶周程：《社会环境对日本新世纪诺贝尔科学奖“井喷”的贡献》，《科学与社会》，2019 年第 4 期。

㊷徐治立、范露芳：《新中国科技政策的持续创新及发展》，《科技导报》，2019 年第 18 期。

㊸樊春良：《新中国 70 年科技规划的创立与发展——不同时期科技规划的比较》，《科技导报》，2019 年第 18 期。

㊹李正风、武晨箫：《中国科技创新体系制度基础的变革——历程、特征与挑战》，《科学学研究》，2019 第 10 期。

㊺岳丽媛、刘兵：《“风险”的建构：对国内“PX”争议的媒介话语分析》，《科学技术哲学研究》，2019 年第 2 期。

㊻姚靓、李正风：《二十世纪半导体产业技术赶超的历史研究》，《自然辩证法研究》，2019 年第 2 期。

㊼ 肖广岭：《以颠覆性技术和“卡脖子”技术驱动创新发展》，《人民论坛 · 学术前沿》，2019 年第 13 期。

㊽乌仕明、李正风：《孵化到众创：双创政策下科技企业孵化器的转型》，《科学学研究》，2019 年第 9 期。

㊾中国科学院大学人文学院．“科学与人文讲座” 2019 年第 1 期报道：学科思想史研究——以化学史为例．（2019－04－03）［2020－06－06］．https：//renwen. ucas. ac. cn/index. php/rczp/2015－12－09－08－37－01/54446－2019－2.

㊿中国科学院大学人文学院．“科学与人文讲座” 2019 年第 2 期报道：生物学中的还原论．（2019－04－19）［2020－06－06］．https：//renwen. ucas. ac. cn/index. php/rczp/2015－12－09－08－37－01/54472－2019－5.

51清华大学科学史系．清华科史哲讲座第 21 讲纪要：Scott Trigg，“伊斯兰天文学中的物理课题和哲学问题”．（2019－04－22）［2020－06－06］．http：//www. dhs. tsinghua. edu. cn/？ p＝3489.

52中国科学院大学人文学院．“科学与人文讲座” 2019 年第 4 期报道：科研评价：影响因子、原创性与优先权．（2019－05－08）［2020－06－06］．https：//renwen. ucas. ac. cn/index. php/rczp/2015－12－09－08－37－01/54484－2019－8.

53中国人民大学哲学院．逻辑与形而上学工作坊第 12 期：技术治理理论．（2019－05－21）［2020－06－06］．http：//phi. ruc. edu. cn/Index/news_ cont/id/5633. html.

54中国人民大学哲学院．当代科技哲学前沿系列讲座 2019：“科学与宗教是什么关系”为什么不是一个好问题?．（2019－05－26）［2020－06－06］．http：//phi. ruc. edu. cn/Index/news_ cont/id/5634. html.

55中国科学院大学人文学院．“科学与人文讲座” 2019 年第 9 期报道：人工智能：全球愿景、伦理挑战与科学探索．（2019－06－21）［2020－06－06］．https：//renwen. ucas. ac. cn/index. php/rczp/2015－12－09－08－37－01/54550－2019－22.

56中国人民大学哲学院．实践智慧与机器信任．（2019－09－12）［2020－06－06］．http：//phi. ruc. edu. cn/Index/news_ cont/id/5635. html.

57中国人民大学哲学院．中国人民大学科学 · 社会 · 人文论坛．（2019－10－07）［2020－06－06］．http：//phi. ruc. edu. cn/Index/news_ cont/id/5700. html.

58清华大学科学史系．清华科史哲讲座第 28 讲纪要：Michael Friedman，“方法论结构主义：现象、由理论中介的测量与科学实在论”．（2019－11－02）［2020－06－06］．http：//www. dhs. tsinghua. edu. cn/？ p＝4723.

59清华大学科学史系．清华科史哲讲座第 29 讲纪要：John Durant，“建设科学史主题的博物馆馆藏：从何开始?”．（2019－11－02）［2020－06－06］．http：//www. dhs. tsinghua. edu. cn/？ p＝4729.

60清华大学科学史系．清华科史哲讲座第 30 讲纪要：刘煜，“执简驭繁，匠心天工：论晚商时期的青铜铸造与生产”．（2019－11－15）［2020－06－06］．http：//www. dhs. tsinghua. edu. cn/？ p＝4901.

61清华大学科学史系．清华科史哲讲座第 31 讲纪要：黄相辅，“市井科学：十九世纪英国的大众娱乐与科学文化”．（2019－11－21）［2020－06－06］．http：//www. dhs. tsinghua. edu. cn/？ p＝4905.

62中国人民大学哲学院．“科学哲学的传承和发展”专题．（2019－12－06）［2020－06－06］．http：//phi. ruc. edu. cn/Index/news_ cont/id/5843. html.

（作者：王明玉，清华大学博士生；张成岗，清华大学教授）

伦 理 学

陈伟功

一、学术活动

2019年6月22日，新时代政德建设研讨会暨中国伦理学会政治伦理学专业委员会成立20周年纪念会在京召开。会议由中共中央党校（国家行政学院）哲学教研部、中国伦理学会政治伦理学专业委员会、北京伦理学会、中国马克思主义研究基金会、重庆大学马克思主义学院、浙江师范大学马克思主义学院共同主办。来自全国高校和党校系统的60余位专家学者参加了本次会议。

2019年9月28日，“新中国伦理学研究70年暨当代社会伦理前沿问题研究”论坛在京举行。会议由北京市社会科学界联合会、北京市哲学社会科学规划办公室主办，北京伦理学会、中国社会科学院哲学研究所承办。来自中国社会科学院、中共中央党校（国家行政学院）、清华大学、中国人民大学等20多所高校和研究机构的百余位学者与会研讨。

2019年10月12日，首届国杰论坛暨第二届罗国杰伦理教育基金颁奖大会在中国人民大学开坛，论坛由中国人民大学伦理学与道德建设研究中心、中国人民大学哲学院共同举办。来自全国各地百余位专家学者就元伦理学、马克思主义伦理学、规范伦理学和应用伦理学的有关问题展开研讨。

2019年10月24日，全国中华民族传统美德教育研讨会暨百佳传统美德科研骨干培训班在京举行。会议由中国伦理学会传统美德专业委员会主办。来自全国的170名学科代表参加了会议。会议围绕“新时代中华民族传统美德教育如何有效推进”主题，进行了深入研讨与系列培训。

二、主要著作

2019年，北京伦理学代表性专著包括：《传统道德与中华人文精神》（肖群忠，中国人民大学出版社）、《道德理由的追寻：道德推理理论研究》（杨宗元，中国人民大学出版社）、《对H·理查德·尼布尔神学与伦理学思想的概要研究》（张和军，光明日报出版社）、《民法道德论：市民社会的秩序构造》（王利民，法律出版社）、《儒学美德论》（陈来，生活·读书·新知三联书店）、《态度理论：史蒂文森情感主义伦理学思想》（孙伟平，社会科学文献出版社）、《现代伦理学》（龚群，中国人民大学出版社）、《政德论：心理结构与伦理行动的二重维度》（鄯爱红，中国人民大学出版社）、《自我与他者：哲学方法论的效应及其界限》（陈伟功，中国社会科学出版社）等。

三、学术研究

1. 理论形态

（1）体系研究

新中国成立70年来，中国伦理学取得了长足的进步。学者们对此进行了总结。有学者认为，一定的伦理学形态与话语方式总是与一定的道德观相联系的，西方哲学式的反思道德观和马克思主义意识形态论道德观，都是一定历史必然的产物。从中国传统注重“人伦日用”的文化角度诠释道德，关注民众的伦理生活，形成本土的诠释路径和话语方式，不仅有利于克服西方现代伦理学的困境，更是对马克思主义伦理学的继承性发展，这将进一步完成伦理学的本土化和实践化，推动具有中国特色社会主义伦理学的诠释路径、话语体系和理论形态的形成，增强文化自信。[①]有学者指出，马克思主义伦理思想研究是新中国伦理学学科建设的起始点，冯定、李奇、周原冰和罗国杰是中国马克思主义伦理学学科的奠基者和开拓者，他们为新中国马克思主义伦理思想研究和马克思主义伦理学学科建设做出了不懈的努力和艰辛的探索。改革开放以来，中国的伦理学者从解读马克思、恩格斯的经典文献入手，以研究马克思主义伦理思想发展史为突破口，由史入论、以史融论、史论结合，在马克思主义思想研究诸领域取得了丰硕成果。面对新时代道德文化建设的迫切需要，中国伦理学人理应对自己提出更高的学术追求，将马克思主义伦理思想研究推向新境界。[②]

（2）美德伦理

美德伦理学复兴以来，学者们进行了多角度的研讨，有学者关注其在伦理学体系中的定位问题，认为美德伦理学以行为者为中心，而道义论和功利论伦理学以行为为中心。以行为者为中心，不能不涉及人的道德心理，并且将德性作为其理论的基本概念；以行为为中心，以康德为代表的道义论将普遍法则和义务置于其中心，功利论将功利置于其中心。道义论与功利论也有其德性论，但在其理论中都处于从属性地位。[3]学者们同意其重点在于，当代美德伦理学为行为的正当性提供论证，其中以赫斯特豪斯的"完全美德者理论"最有代表性。依据这一理论，一项行为是正当的，当且仅当它可以是由"完全美德者"所实践的。然而，正当行为可以是由"不完全美德者"所实践的。有学者认为，当代美德伦理学仍然无法对于行为的正当性标准提供一种完善的说明。[4]与德性相关的一个命题是"和谐高于正义"，有学者认为李泽厚对照"权利高于善"提出的这个命题具有重大的意义，但李泽厚的伦理学体系并没有真正支持这一口号，因为只有完全奠基于儒家伦理，才能找到其坚实基础，彰显其伟大作用。[5]

（3）功利主义

功利主义原则在伦理思想史上影响深远，有学者主张对功利概念尤其是对休谟与边沁的功利概念作出辨析，以避免混淆和误读。休谟坚持道德以情感为源，通过引入功利概念，在一定程度上克服了道德诉诸情感的主观性，使道德判定具有了客观倾向；而边沁则坚持用功利定义善恶，将其作为唯一的道德根据和来源，并以此发展出了一门道德学说。[6]有学者对当代以来的一种功利主义即平均功利主义进行了研究，认为平均功利主义不仅仅有着罗尔斯所批评的非正义问题，而且内在有着总和、平均与人口之间的复杂关系。平均功利主义也遇到它的难题，即如何对待处于福利水平之下的人群。在平均功利主义的主张里，并没有有效的解决方案。[7]有学者还对西季威克的功利主义做了分析，认为西方学界对西季威克所做辩护之结构，存在3种不同观点，即基础论、融贯论和兼容论，这些观点的分歧在于对哲学直觉和常识道德在西季威克的功利主义辩护中的地位、看法不同。尽管西季威克的辩护仍然遗留下了实践理性二元论的难题，但其对古典功利主义的革新与系统化阐述的贡献无疑是重大的。[8]

2. 基本问题

（1）道德共识

道德冲突既可以表现在内部，也可以表现在外部，如何能达成"共识"是伦理学研究的一个重要问题。对于内部的冲突，有学者研究了康德的伦理学主张，汉森认为康德所说的道德动机是一种"多因素决定论"，其内在构成有两种可能性，一是"冲突论"，即理性通过约束感性欲望而促发行动；二是"一致论"，即在理性与感性欲望相互协调一致的状态下所产生的行动。有学者认为，"道德平静"才是康德道德心理学的核心特征，也正是借助这一理论，汉森所说的"冲突论"与"一致论"之争才能够得以较好地解决。[9]对于外部的冲突，有学者研究了黑尔的观点，认为黑尔四重道德论证法对于克服道德冲突有一定适用性，但也仍然存在形式化的论证、抽象自我的理论基础及个体主义的立场等局限性。[10]还有学者研究了"中华文化"的共识问题，认为仅视"中华文化"为"道德文化"是片面的。倡导"道德文化"者，以儒家为主；此外又有释家，倡导"智慧文化"；尚有道家与道教，倡导"身体文化"。儒、释、道三家有共同目标，曰"可久可大可新"。各家各派之别，乃路径之别，非目标之别。目标相同，即"道"是相同的，"中华文化"是"道同而术异"之文化体系。[11]

（2）道德教育

道德教育往往把重点放在品格养成上，有学者指出，品格是美德伦理学与情境主义争论的焦点。美德伦理学作为一种规范伦理学，尤其关注品格在行动者和德行中的重要性，但情境主义通过心理学道德实验的发现，证明并非品格而是情境决定和改变着人的道德行为。美德与情境之争提醒我们，在当代道德教育中，既不能否认品格教育的重要性，也不能无视情境对道德行为的影响，应把美德培育和情景体验有机结合。[12]有学者挖掘传统道德教育资源，认为清末民初形成了那个时代特有的、开明的教子思想，包括自强自主的自立之道、谦和恭敬的处世之道、因材施教的教法之道、经世致用的为学之道、敬业修德的职业之道等。这种顺应社会转型要求的教子思想对新时代家庭子女教育、优秀家风培育具有重要意义。[13]美国汉学家倪德卫提出了一个类似于美诺"知识悖论"的"德性悖论"，即如果一个人愿意接受道德教育，他一定已经有了德性；如果他没有德性，就根本不会去接受道德教育。有学者认为，"德性悖论"预设了错误的前提，道德教养可以在没有明确的道德意向的时候就发生，它可能是出于理性自我利益的考虑，也可能是先天本性的自然流露，或者习焉不察地受到社会影响。伴随着道德经验和反思能力的发展，人才会对道德和自我形成一种总体性的理解，发生自我作为道德主体以及道德意向的顿悟。孟、荀殊途而同归，可以消解"德性悖论"的挑战。[14]

（3）道德动机

在道德哲学中，通常认为，只有道德情感、道德意志才会为道德实践提供动机，而单纯的道德理性则不会。有学者认为，在人的心理意识结构中，情感、意志、理性都可以为道德实践提供动力。只不过，不同的哲学家对这三者的侧重或排序有所不同而已。对道德实践而言，往往是多种因素共同作用，为我们提供道德实践的动力。[15]比如，“责任心”和“美德”都是可以作为提供道德动机的因素，有学者认为，这二者之间存在微妙而本质的差别。“责任心”意味着一个人有意识地确保自己履行职责，有着两面性。一方面，责任心具有重要的正面意义，能够帮助道德学习者提升道德境界；但另一方面，“责任心”也隐藏着深层的问题，因为它缺乏可靠性、灵活性以及发自美德的礼节，因而也会阻碍一个人变得更有道德。[16]有学者针对道德与理性的关系问题进行了分析，认为在全球化、后工业化进程中，人们将不再仅仅把道德作为一种社会规范，而是会自觉地建构道德生活形态。因而，理性与道德融合的境界也是要到来的，以往关于理性与道德关系的所有讨论也都将失去意义。[17]

3. 道德范畴

(1) 性善

中国传统文化以天地为人与万物的父母，以人为万物之灵。这一思想模式既是中国传统哲学的自然观，也是儒家学说的人性论、人生观、社会观以及道德修养工夫论等的基础。有学者指出，因为人禀受了“天地之中”或“五行之秀气”，所以人为万物之灵，人之“性善”的思想也滥觞于其中。儒家无不重视个人修身和社会教化，以期达到“与天地合其德”的道德境界。[18]有学者具体分析了荀子的人性观，荀子认为人是在共同体中作为类的社会性存在，而善的一个重要表现则是人的知、情、欲与社会性之间的和谐统一。人之“性恶”在于心不会天然知礼义之道，于是情感欲望浅陋无明，易于流向悖理和危险混乱。对于荀子而言，作为性善表现的“孝”不是纯粹天然的情感，它以人有辨有义和能群为逻辑起点，以对礼义之道的觉解为内在精神，以人之差异性的情感为基础，以曲得其情的方法为特征，最终指向于整全自我的实现。[19]有学者还分析了韩非子的人性观，认为学界主要有“性恶”论与“自然人性”论两种观点，而《解老》篇对于仁、智等积极因素的强调，尚未获得关注。《解老》篇强调人类的仁智之性将作为世界客观规矩制度的“道理”与人类为人处世的主观选择，架构为一个密切相关的思想体系。[20]

(2) 自由

自由作为伦理学的一个核心范畴，总是引起学者们的格外关注。有学者对自由的“必须选”的属性进行分析，认为当自由成为一种核心价值时，抉择便构成了当事人唯一的行为选项，即他就陷入了一种“必须选”的苛求之中。于是，顺应行为便成为许多试图逃避自由的人的必然出路。单个人的顺应性行为，可以逐渐与其他人的顺应性行为一起共同演变成一种群体性思维模式，从而导致该群体中所有的人陷入一种疯狂的顺应之强制。由于缺乏以自主性为支撑的怀疑、反思、异议、批评的因素以及及时的纠错机制，单质的群体社会奔向疯狂毁灭的深渊便是其不可逃脱的历史宿命。[21]有学者对自由“不受干涉”，即“消极自由”概念进行了分析，认为其实质是一个人的行动在其私有财产权范围内的不受干涉，从而，私有财产权既规定了一个人的自由，也限制了一个人的自由。基于私有财产权的自由竞争揭示了“消极自由”概念背后所隐含的人与人之间的真实关系，这就是一个普遍冷漠和无是非的社会生活图景。“消极自由”的自由观所体现的实际上是一种合理利己主义的社会生活原则。[22]有学者还从语言的世俗化运动的角度阐述自由的属性，认为“俗语运动”让语言从中世纪的神学话语“下降”到普通人的日常生活世界中，曾被“排除”在语言之外的个体在新语言赋予的交谈功能的帮助下正式走入道德世界。“新口语”在引导人们直接交谈的同时，还将身体从封闭性中带出，身体重获自由权。除语言使用外，新的语言生产在艺术与外部世界中的广泛实施充分诠释着人高于万物的特殊尊严，自由和尊严的主体权利由此获得了有效认证。[23]

(3) 正义

正义作为一种价值，本质上生成于特定时空下现实的人的实践活动。有学者研究了儒家的正义观，认为和平与战争相对而言，儒家向来肯定正义的战争，谴责通过战争去图谋私利、抢夺地盘。和平的到来，需要仁德和国家实力的综合作用。春秋之道有常有变，判定战争与和平是否正义，有维护君臣大义、夷夏之辨和义利之辨等多个标准。热爱和平并不意味就否定战争，正义的原则在这里起着最后的决定作用。[24]有学者研究了马克思的正义观，认为马克思也有着关于道德正义、权利正义、分工正义与分配正义的多元化思考，同时马克思的生产力观反映了他对权利问题、正义问题及其矛盾关系问题的充分认识与重要解决，马克思生产力观在其权利观与正义观中所发挥的统领作用。[25]有学者指出，唯心主义形而上学地分裂时间和空间，片面抽象地谈论正义，历史唯物主义坚持时间性和空间性相统一的时空正义观，因而是关于正义的科学方法论。[26]有学者对3种正义理论进行了小结，认为左翼自由主义者罗尔斯试图舒缓传统自由主义理论中自由与平等之间的张力，提出“正义总意味着某种平等”的观点；自由至上主义者诺奇克提出自由是最重要的个人权利，任何财富再分配都会侵犯个人权利，主张用持有正义取代分配正义；分析马克思主义者科恩认为社会主义正义最重要的是平等，这是社会主义优于资本主义之所在。3种关于正义的理论视角，关键问题都在于如何处理自由与平等之间的关系。[27]

4. 应用伦理

（1）人工智能

在马克思的技术思想下，人工智能的应用为人的解放创造了条件。有学者指出，人工智能的发展也引发了人们的担忧，因此，人工智能的发展指向应遵从人类社会的伦理道德规范及彰显人的价值，人工智能技术的应用应实现共享，其最终导向是为人类解放服务。[28]有学者认为，人机伦理困境的解决，应该摒弃对人工智能算法功能性的抽象考量，转向对人工智能的资本逻辑进行批判。在唯物史观视阈下，唯有将“机器人联合体”看作共产主义“自由人联合体”的建构前提，同时注意到二者所处社会形态的不同，才能厘清“机器人联合体”同人类自由全面发展的辩证关系，为新时代的建设创造条件。[29]有学者认为，基于马克思主义哲学关于人机关系的辩证法，我们应该从人—机关系转向人—机—人关系，与其争论人机对立冲突、人工智能超越人类智能的可能性，不如关注人与人之间因为对智能机器及其他技术的掌控权而导致的分裂和对立。智能时代的人—机—人关系有积极和消极的不同前景，是走向“自由人联合体”“人机命运共同体”，还是走向“美丽新世界”甚至人类毁灭，取决于我们今天开始的思考、选择和行动。[30]

（2）环境伦理

人类与环境，两者存在于统一体中，而环境直接影响着人类的生存。有学者认为，西方的生态伦理有两个核心思想，一是重新思考人类和自然的伦理关系；二是相信自然界存在发展的极限。[31]针对生态现代主义取消现代主义和传统环境主义的自然概念，并提出以强调地方性和交互性的“环境”取代“自然”作为环境伦理的理论根基的主张。有学者认为，生态现代主义认同人类利用技术创新对自然世界进行塑造，这种后自然思想可以为环境伦理在人类世的转型提供新的视角，但是却存在严重的局限性。它无法解决现代主义与生态保护之间的内在张力，并且有可能导致人类对自然无限的人工化。这些局限性会使生态现代主义背离其生态保护的初衷。[32]有学者认为，直面“环境危机”，实质是人类的生存危机，我们必须以环境立法规范自己的环境行为。但倘若我们的环境规范不能正确反映环境伦理，则将不会获得任何有意义的结果。要从自然的生存权、地球有限性、人与自然共依存、代际公平和代内平等、可持续发展等进行分析，力求阐明国际环境立法须基于环境伦理基础，以期国际环境立法切合客观实际，达良法善治之效。[33]

注：

①肖群忠、杨建强：《“人伦日用”中的道德重建——中国特色社会主义伦理学之展望》，《求索》，2019年第4期。

②孙春晨：《新中国70年马克思主义伦理思想研究》，《道德与文明》，2019年第4期。

③龚群：《德性伦理学的基本特征及其与道义论、功利论伦理学的根本区别》，《中国人民大学学报》，2019年第4期。

④董滨宇：《论当代美德伦理学的规则困境》，《伦理学研究》，2019年第6期。

⑤陈来：《论李泽厚的伦理思想》，《复旦学报（社会科学版）》，2019年第1期。

⑥李薇：《功利概念之辨：休谟与边沁》，《学术研究》，2019年第3期。

⑦龚群、张艺博：《总和与平均功利》，《伦理学研究》，2019年第3期。

⑧蔡紫薇、熊道宏：《论西季威克对功利主义的辩护》，《国外理论动态》，2019年第1期。

⑨董滨宇：《从“多因素决定论”到“道德平静”——论康德的道德心理学》，《中山大学学报（社会科学版）》，2019年第6期。

⑩杨志华：《黑尔克服道德冲突的道德论证法及其局限性——一个基于环境伦理的考察》，《湖南师范大学社会科学学报》，2019年第6期。

⑪张耀南：《论“可久可大可新”之作为“中华共识”——“华学道德说”之辨析与批评》，《广东社会科学》，2019年第2期。

⑫陈文娟：《美德与情境之争及其对道德教育的

启示》，《伦理学研究》，2019年第4期。

⑬牛绍娜：《清末民初家训教子思想及其时代价值》，《中国矿业大学学报（社会科学版）》，2019年第2期。

⑭王觅泉：《德性悖论及其消解之道》，《道德与文明》，2019年第3期。

⑮高海波：《道德实践的动力问题——以东亚的性理学为例》，《道德与文明》，2019年第5期。

⑯安靖如、马俊、何中华、李义天：《责任心是美德吗？——美德伦理学视域下重思孔孟荀的主张》，《文史哲》，2019年第6期。

⑰张康之：《在全球化、后工业化中重新认识道德与理性》，《青海社会科学》，2019年第2期。

⑱李存山：《天人合德：性善与成人》，《道德与文明》，2019年第1期。

⑲张奇伟、吴宝红：《“性恶”之人何以为善——基于荀子孝观念的考察》，《中国哲学史》，2019年第6期。

⑳刘亮：《被忽视的性善说：〈韩非子·解老〉篇人性观探微》，《天津社会科学》，2019年第1期。

㉑甘绍平：《对“逃避自由”的伦理审视》，《道德与文明》，2019年第4期。

㉒聂敏里：《回答一个问题：消极自由究竟有什么错》，《道德与文明》，2019年第5期。

㉓徐艳东：《自由、尊严与主体权利——文艺复兴时期的语言伦理向度》，《哲学动态》，2019年第7期。

㉔向世陵：《战争与和平：从〈春秋〉经传看儒家的正义》，《孔子研究》，2019年第6期。

㉕欧阳英：《马克思的权利观、正义观与生产力观》，《哲学研究》，2019年第8期。

㉖侯耀文、沈江平：《历史唯物主义与时空正义问题》，《理论探索》，2019年第6期。

㉗张晓萌、杨磊：《当代西方正义理论的三重视角》，《中国高校社会科学》，2019年第3期。

㉘王阁：《人工智能与人的解放》，《中共福建省委党校学报》，2019年第1期。

㉙高洋：《唯物史观视阈下“机器人联合体”与“自由人联合体”的辩证关系》，《广西社会科学》，2019年第2期。

㉚常晋芳：《智能时代的人-机-人关系——基于马克思主义哲学的思考》，《东南学术》，2019年第2期。

㉛王波、禹湘：《西方生态伦理理论：辨析及启示》，《教学与研究》，2019年第9期。

㉜滕菲：《人类世的到来与生态现代主义的后自然思想》，《福建师范大学学报（哲学社会科学版）》，2019年第5期。

㉝林灿铃、杜彩云：《环境伦理之于国际环境立法》，《比较法研究》，2019年第6期。

（作者：陈伟功，北京第二外国语学院博士）

美　学

孙　焘

本综述第一部分分主题概述、梳理2019年度美学研究成果，包括各单位学者的论文、著作与项目等；第二部分回顾概述本年度的学术会议与活动；第三部分概述北京美学会年会情况。

一、各专业研究成果概述

学者的研究方向较为多元，现根据主要类别，分为“美学理论与当代建设”“中国古典美学”“西方美学与中西对话”“专题研究”，做简要归纳和梳理。

（一）美学理论与当代建设

本年度，北京美学学者在美学理论方面的研究大都具有鲜明的时代关怀。

首都师范大学王德胜主持的国家社科基金艺术学重大项目《“微时代”文艺批评研究》获批立项并顺利开题。该项目以“历史的、人民的、艺术的、美学的”标准作为文艺批评研究的核心原则，紧贴现实文艺实践，面向未来文艺发展，力求通过深入分析“微时代”文化特性，广泛探究“微时代”文艺批评的新现象、新特点和新问题，理论站位高，学术视野开阔，对于改善文艺批评生态、端正文艺创作风气、引领文艺审美风尚，有重要的现实意义和理论价值。同时，项目前期研究基础扎实，研究思路清晰，重点领域突出，体现了较强的前瞻性和可操作性。①

王德胜还专注于美育领域研究。《美学：历史与当下——王德胜学术文集》由人民出版社于 12 月出版，收录王德胜教授 30 多年来从事美学研究的相关论述 28 篇，涉及美学与文艺美学基本问题的思考、中国现代美学思想史研究、当代审美文化现象及理论建构探讨等。王德胜、左剑峰的论文《中国传统美育的再发现》[②]提出，中国传统美育包括发展性积极功能和规约性消极功能两方面。天人合一、节制情欲和塑造平和性格——“和”的这 3 个方面构成了儒家乐教的基本内涵。当前，中国传统美育可以启发我们找到更为全面的美育方向，其积极与消极两方面功能值得转化利用。

首都师范大学的其他学者也各自介入美育领域。孙士聪重在介绍美育理论的国外资源，科研项目《法兰克福学派美育思想及其当代启示》获批北京市教委重点项目立项。李雷关于美育的论文有《美育立人与美术革新——从美育看现代中国“美术革命”的发生》[③]《社区权力场域与公共艺术生产》[④]等。李圣传侧重近现代的历史梳理，论文包括《从“五四”启蒙到 80 年代“新启蒙”—— 一条美学红线与两副理论面孔》[⑤]《论抗战时期朱光潜的美学处境及其心态》[⑥]《“美即美感”与“人化的创造”——高尔泰“人论美学”思想初探》[⑦]等。

中国社会科学院刘悦笛以分析美学的理路讨论比较前沿的理论问题。论文《电影记录与影片虚构的边界何在？——“分析美学”视阈下的纪录片本体论》[⑧]介绍了分析美学家诺埃尔·卡罗尔对尼克尔斯纪录片理论进行的批判，卡罗尔提出了一种把纪录片等同于“假定性论断”电影的替代性方案。该文指出，对纪录片的本体身份确定，还是要从现实与语言的张力结构中来加以综合考量。一方面纪录片使用和参照现实来呈现现实；另一方面它让制作者去发出与观众来接受一种明确而又共通的“意义意图”。

刘悦笛论文《人工智能、情感机器与“情智悖论”》[⑨]提出，机器无法拥有人类意义上的情感，但可以通过“模拟”情感来仿造情感，而无法由内而外地抒发情感。人类具有多元智能，人工智能可以超越其中理性化的智能，但是却难以超越人化的情感，人工智能更多是“智”而不是情。由此，当今科技发展对人类情感领域的积极介入，就要去试图破解一种崭新的“情智悖论”。

也有比较传统的理论话题。中国社科院的徐碧辉发表《自然的人化、自由的形式与情感的境象——后现代语境下美的本质的再探索》[⑩]讨论“美本质”学说里的“主体”问题。围绕美的本质问题的争论中有一种忽略，即“美的本质”的隐含主体是人类，而人们却常常从个体主体的具体审美活动或审美感受出发去讨论，混淆了类主体与个体主体两个层次。要解决这一问题，就要厘清问题域之所属，在类主体的层面上说“美是自然的人化”“自由的形式”等。在个体主体的层面上说，美是主客合一的、某种具有自由联想和想象的“境象”。

徐碧辉的另一篇论文《康德与中国现代美学的开端》[⑪]梳理了学术传播史，梁启超、王国维和蔡元培等都把康德的“审美无利害”作为思想资源和理论依据。中国现代美学的开端是与康德的学说紧紧地联系在一起的。没有康德美学理论在中国的传播，就没有中国现代美学。

（二）中国古典美学

中国古典美学研究有两种进路，一是从断代史和思想史展开，二是从艺术史与文学史展开，两种进路也有一定交集。

北京师范大学的刘成纪以先秦和汉晋美学史为据，侧重儒家文化和美学史。《中国传统诗教如何达至公共阐释》[⑫]指出，传统中国是诗与歌的国度。这种国家特性的形成，最根本地奠基于《诗经》阐释和《诗经》教化在中国历史中获得的公共性。中国传统诗教主要依托 4 个因素：《诗经》文本涵摄意义的普遍性；《诗经》文本的理想主义特质；在解释中被规划进了中国礼乐文明的大传统；儒家教化与国家教育制度的助推。诗对社会政治、伦理建构的广泛参与生成了一种从诗出发的政治学和伦理学，一个风雅的中国正是因此而起的。

刘成纪在《汉晋之间：中国美学从宗经向尚艺的转进》[⑬]中指出，汉代美学之主干为儒家。汉代儒家美学接续了西周以降的礼乐传统而又衍生出新方向。儒家的经、文、艺分别形成经学美学、文学美学和艺术美学，构成了汉代美学的主体框架。这一框架并没有因汉王朝的灭亡而失效，而仍以顺延形式对后世美学形成统摄和纵贯。由此，一是汉代在中国美学史中的地位应重估；二是中国美学在两汉与魏晋之间的连续性大于断裂性；三是解决目前美学史研究的偏至有赖于美学史观的调整。

刘成纪另有《西周礼乐美学研究的新成果》《走向文化诗学》《中国古雅审美的形成》《在中西比较中重新发现中国美育传统》《中国社会早期的器物哲

学》《中国历史上地图与山水画的关系》等文章。本年度共发表文章11篇，其中2篇被《新华文摘》转载，1篇被《中国社会科学文摘》转载，1篇被人大复印资料转载。

中国人民大学的余开亮以道家与儒家美学的比较与阐释展开。论文《郭象玄冥观与审美意象创构的玄学理路》[14]，在传统儒道释等不同的美学体系下，对“情”、“景”与“情景如何交融”的理解存在很大差异，要透彻理解审美意象的深刻内涵与多元意蕴，必须深入考察其创构之不同文化背景。

余开亮的论文《儒家伦理——政治美学与当代美育理论的建构》[15]指出，儒家“美善合一”的综合形态之美不同于现代美学的单维度之美，而是一种内置了“道德善”的古典伦理—政治美学。在当代美学视域中，这种伦理—政治美学依然具有理论的有效性与正当性。

中国人民大学袁济喜的研究集中于魏晋南北朝文论，本年度论文主要有：

1.《“永明体”与永明时代再探》[16]，永明体的形成与时代关系极其复杂，并不仅仅是外表承平的简单反映，对于它的研究，应当透过现象看本质，深入揭示其本来面目。

2.《六朝名士与幽明世界》[17]，六朝名士对幽明世界的讨论立足于现实人生，其中透露出来的不仅是道教与佛教等宗教因素的影响，涉及的也不仅是小说层面内容，更展现出当时人们对幽明、人鬼世界以及对自然、人生的重新认识与思考。

3. 袁济喜另有《论魏晋南北朝书写的“同”与“异”》《论南朝礼学对美学观念的建设》《“和”与中国文化传播》等论文。

4. 北京大学的朱良志论文《论中国传统艺术哲学的“无名艺术观”》[18]，唐宋以来中国传统艺术哲学形成一种“无名艺术观”，这是一种非功利、非目的的艺术观，根源于至人无名、无凡无圣的平等哲学智慧，深刻地影响了传统艺术创造。

（三）西方美学与中西对话

西方美学研究立足于美学史考证及阐发，德国古典哲学美学是重点领域。

中国人民大学的牛宏宝论文《〈判断力批判〉中的隐喻问题》[19]，对“立法权隐喻”、被网结在一起形成系统的类比，以及隐含在反思判断力中的隐喻理论等方面的分析，不仅显露了隐喻在康德搭建自然与自由之间“桥梁”的理论脚手架中扮演着核心角色，也彰显了反思判断力的隐喻式的运作机制，更暴露了康德美学的隐喻性或显现论的性质。这表明康德在第三批判中把类比、隐喻和象征从传统修辞学领域转换到以反思判断力为核心的“扩大的认识论”范围的推进。

北京师范大学的青年教师也专注于康德哲学美学研究。朱会晖发表论文包括《〈实践理性批判〉论证道德法则与自由理念的实在性之进路》《刘慈欣对人性的探索，与中国科幻作品的未来》《康德哲学中先验自由与实践自由之关系新释——批判的建构性道德形上学之基石》；并于2019年1月获批教育部后期资助项目“康德关于理性理念的实在性之思想研究（英文）”。

北京师范大学的周黄正蜜发表文章2篇，包括：*Beauty as a Symbol of Morality*；*Turn from Sensibility to Reason：Kant’s Concept of the Sublime*。出版译著1部：《阅读费希特》，上海人民出版社，2019年版；合编论文集1部：《青年美学论坛（第一辑）》，广西师范大学出版社，2019年版。主持教育部人文社科青年基金项目“美作为从自然到自由的过渡——《判断力批判》体系建构作用研究”。另外，严春友获2019年国家社科基金后期资助项目立项，立项课题为：《存在之思》。

北京大学的彭锋有3篇立足于国际学术交流视角的涉及中国美学的论文：（1）《艺术批评在中国》（*Art Criticism in China*）将中国艺术批评分为伦理批评、商业批评和学院批评，期待学院批评的崛起，发表于斯洛文尼亚《哲学研究》（*Filozofski Vestnik*）第三期；（2）《标记或存有：从儒家角度重构多元论》（*Significance or Presence：Re-conceptualizing Pluralism from a Confucian Perspective*）发表于意大利《美学杂志》（*Rivista di Estetica*）第3期，批判后现代基于标记的多元论，同时反对回归一元论或者二元论的本质主义，从儒家哲学出发，阐述了一种基于存有的多元论——每个人都可以有同样的不一样的生活艺术：同样的是境界，不同的是内容；（3）《艺术的终结与禅》[20]，丹托艺术终结论源于禅宗，如果丹托正确理解禅宗，就会得出艺术家比艺术品更重要的结论。艺术的历史不会终结，而是从围绕艺术品的讲述演变为围绕艺术家的讲述。

（四）专题研究

中国社会科学院刘悦笛的论文《从“美是生活”到“生活美学”：当代中国美学发展的一条主流线索》[21]，体现其“生活美学”的研究方向。该文指出，当代中国美学研究的真正历史起点并非20世纪50—

60 年代的“美学大讨论”，而是车尔尼雪夫斯基的“美是生活”命题。中国美学工作者们对“美是生活”命题进行了大幅度的改造，强调其与马克思主义的“社会性”思想的关联。进入 21 世纪之后，学界新兴学者们试图要超出实践美学及其各种后学的思维范式，再次回归现实的“生活世界”来重构美学。

另外，刘悦笛还有《“中国乐派”亟须美学提升》《巫的理性化、政治化和文明化——中国文明起源的“巫史传统”试探》《为“大启蒙”辩护：中国启蒙的世界价值》《作为“生活美学家”的王朝闻先生》《比较哲学视野中的荀子性恶论》《从“启蒙的理性”到“大启蒙的理性”——由“理性的启蒙”突围的人类理性结构》《再现与“视觉的双重性”——贡布里希的错误与沃尔海姆的建树》《寻求艺术学派与流派建构的“中国艺术语言”》《走向“生活美学”的全球公共艺术》《恢复审美与生活的关联》《以“有人美学”建中国美学学派》等文章。

首都师范大学的史红主持的国家社科基金艺术学重点项目《“舞蹈北京”——北京舞蹈生态与中国舞蹈文化建设研究》获批立项。另有舞蹈美学的论文：《〈美育改革发展备忘录〉背景下的北京市中小学美育改革探索》[22]《林怀民“云门舞集”的舞蹈“别现代”表现》[23]《舞蹈生态学视域下的身体分析》[24]等数篇。

二、各学术单位学术活动概览

2019 年 7 月 22—27 日，首都师范大学美育研究中心与北京大学美学与美育研究中心共同主办的第 4 期“中国美学暑期高级研修班”在北京香山饭店举行。北京大学哲学系资深教授叶朗、中国人民大学陈剑澜教授、北京师范大学刘成纪教授、华东师范大学杨国荣教授、北京大学顾春芳教授、南京大学周宪教授、首都师范大学王德胜教授、浙江大学潘立勇教授等学者，就艺术评论工作者的文化修养、中国美学与传统地理空间、哲学视域中的感受、基于美学研究的艺术阐释学、美学研究的文献学问题、微时代美学批评的空间意识建构、阳明心学的美学智慧等专题做了 8 场高水平的报告。全国各大高校和科研机构的 35 位从事美学、艺术理论教学与研究的教师及科研人员参加了本期研修班。自 2016 年起，研修班已经举办 3 届，每届学员论文皆结集《香山美学论集》出版。[25]

11 月 24 日，《熊秉明文集》十卷本出版座谈会在北京大学美学与美育研究中心举行，来自首都多家高校、艺术界与出版界的 30 多位学者参加。熊秉明是一位在当代中国文艺界具有重要影响的学者和艺术家，《熊秉明文集》由北京大学美学与美育研究中心整理，北京大学资深教授叶朗先生、熊秉明先生夫人陆丙安女士担任主编，中心主任朱良志教授任执行主编，从文献收集到安徽教育出版社最终出版前后历时 9 年。十卷本《熊秉明文集》是熊秉明除雕塑、书法作品之外的存世文字的合编，包括学术著作、随笔、笔记、诗等。文集中有半数以上为未刊稿。其生平重要著述《张旭与草书》第一次由法文译成中文而介绍给国内读者。[26]

其他活动包括：

（一）北京大学的学术讲座

3 月 1 日，施旭升：《梅兰芳与 20 世纪中国戏曲新美学》；

3 月 2 日，金雅：《梁启超、朱光潜与中华美学精神》；

3 月 9 日，刘华杰：《博物学及其复兴》；

4 月 12 日，李简：《论古代曲学中的“戏剧”概念》；

4 月 13 日，张帆：《思想家眼中的历史：王夫之〈通读鉴论〉的价值和特点》；

5 月 11 日，彭锋：《不可识别性与艺术的终结》；

5 月 18 日，刘成纪：《释古雅》；

5 月 27 日，王安奎：《论戏曲美学范畴》；

6 月 1 日，周华斌：《体验、表现、意象：所谓“世界三大戏剧表演体系”的学理反思》。

（二）北京师范大学的学术讲座

1. 姚文放：《说“是”谈“非”论“去”：前现代、现代、后现代审美文化的逻辑走向》；

2. 余玥：《黑格尔〈逻辑学〉本质论》；

3. 叶坦：《美国的三次中国热和新保守主义》；

4. 周黄正蜜：《康德自然概念的辩证发展》；

5. Longuenesse：《第一自然的残余》；

6. 杨植胜：《黑格尔的〈精神现象学〉》；

7. 张政文：《德意志审美现代性的历史生态基因》；

8. 柯蒂斯·卡特：《走向一种舞蹈哲学》；

9. 举办“京师美学·青年学术工作坊”；

10. 章启群：《如何才能“逍遥游”？——从自然哲学看〈庄子〉的“游”》。

三、北京美学会 2019 年年会[27]

2019 年 12 月 8 日，北京市哲学会美学专业委员会（简称北京美学会）年会在清华大学新清华学堂召开。会议由北京美学会秘书长史红教授主持。开幕式首先由北京市哲学会会长杨学功教授发表致辞，从学理上梳理了哲学与美学的关系，也从学会组织层面上厘清了哲学会与美学会的关系，并且充分肯定了北京美学会的工作以及取得的成绩。之后，中华美学学会副会长徐碧辉教授、北京美学会会长宋瑾教授、清华大学艺术教育中心主任赵洪教授等分别致辞。北京美学会秘书长史红教授做美学会年度工作汇报，从举办美学高研班、进行社科联美学讲座、出版学会论文集、设立横向课题、进行社会服务、举行京津冀美学联盟会议6个方面对北京美学会年度工作作了总结。

北京美学会吸收了来自艺术院校的研究者，年会的突出特点是较多艺术美学领域讨论。

1. 侧重中国艺术方向的发言

中央音乐学院宋瑾作了《词曲关系：近质性语言的相互阐释》的发言，阐明古诗词歌曲的词曲关系，实质上是近质性语言的相互阐释。诗词属于表现性语言，区别于概念的表义性语言；音乐是元音乐的返身符号，也是一种表现性语言。曲调与歌词的语言音调、节奏和意境意象一致，呈现出综合艺术的风采。在一定限度内，可产生同词异曲，或同曲异词的作品，构成近质性艺术家族谱系。

中国人民大学余开亮的发言为《刘勰对山水诗的创造性误读与中古诗学的转向》，刘勰通过对山水诗的创造性误读来维护儒家抒情诗学的一贯性。刘勰以物感置换物色，淡去了物色论背后的玄佛自然观；刘勰将山水诗的产生视为山水自身不断清晰化的结果；在情景关系上将《诗》《骚》传统强解为山水诗情景交融法则的“宗经”典范。通过这一系列的创造性误读，刘勰将山水诗的理论基础与实践方向重新纳入了儒家轨辙，深远地影响到了中古诗学的转向。

中国艺术研究院的林琳作了《中国电影“道艺合一”的传统精神——中国电影与中华美学精神的历史关联性研究》的发言。她以“由艺臻道，以道统艺”为贯穿，通过大量的案例分析揭示中国电影与中华美学精神之间的深刻关联，并在回顾历史的基础上提出了“道艺合一”创作与批评原则。

中国戏曲学院的刘志梅作了《浅论戏曲意象化表演形式的“感性同构”》的发言。她将胡塞尔的现象学哲学理论与格式塔心理学理论融会贯通，分析戏曲表演意象的创生过程，论述舞台表演艺术物理场与心理场的异质同构，并在外在同构体与客观对应物的理论基础上，拓展延伸，提出自己的“感性同构”思想。

北京印刷学院龚小凡的发言题目为《1949—1999年红色书籍封面的图像谱系》。她将书籍封面图像置于1949年以来中国的历史情境之中，关注图像与政治体制、意识形态之间，封面图像的特定样貌与中国社会政治生态之间的联系，沟通风格与观念，揭示政治与图像、历史与艺术的深层关联。

北京美学会副会长、中国戏曲学院王九成的发言为《新中国漫画七十年审美探究》。他从4个方面条分缕析，阐明他对中国漫画70年的艺术感受、学术认知以及社会历史文化的深刻变迁：弘扬主旋律，发挥独特性；歌颂真善美，抨击假恶丑；多元化的审美时代到来；从漫画民族化到国漫的探索。

北京工商大学的陈晓环从广告设计角度出发，作了《传统美学的新挖掘——以设计创作为例》的发言，汇报了她所指导的学生是如何以传统美学为精髓，把传统文化内容融入到广告中并屡屡获奖的经验。陈晓环指出，对中国传统美学不应抽象地理解，而应该在物象上表现出来。广告是传统美学的载体，广告的图像活化了传统美学，使得大众更容易引发共鸣。

2. 侧重西方艺术的发言

北京电影学院的顾征宇以多年的绘画创作与教学经验探讨了《几何因素在西方美术中的位置》问题。他认为西方美术中的几何因素主要是指画面的显性构成而言，它见诸于古埃及、古希腊、文艺复兴以及学院派后来到立体派的发展进程之中，从技术到形上层面的各角落都可以明显地观察到，弄清这一点有助于探索艺术的本源及西方文明的构造。

北方工业大学的王文革作了《雷安德罗·埃利希的艺术启示》的发言。雷安德罗·埃利希是当代备受关注的艺术家。其作品取材于生活，但进行了根本性“改编”，变成看起来熟悉但根本上陌生的作品。其作品形成一个开放的时空，观众可以参与、介入，共同构成艺术时空。

中国传媒大学的姜燕作《全媒体时代互联网音频制作观念的迁变》发言，从传统广播到互联网音频，新旧媒体的界限逐渐消失，媒体的环境正在改写着媒体格局并不断促进移动音频形态的变化及用户规模的不断增长，网络音频行业迎来了新的创作与发展空间。

3. 属于“美学理论与当代建设”领域的发言

此方面讨论的鲜明特点是新领域、新问题、新方法。

史红作了《人工智能视域下的舞蹈与身体》的发言，她从舞蹈美学切入美学基础理论问题。人工智能对舞蹈的探索的同时引发的相关问题有：人工智能究竟有无身体？人工智能机器人“新身体”是否可以构成舞蹈的主体？是否可以自我主宰、自我思维、自我运动？人工智能机器人“新身体”与人类身体形成怎样的关系？

北京美学会副秘书长、首都师范大学魏家川发言题为《虚存虚在与实感实应：虚拟哲学视野下的当代美学思考》，他认为在虚拟文化与虚拟哲学蓬勃发展的当下，人类文明与文化系统中的存在定义与存在形态值得置于存在即信息以及信能互转的学术视野下反思。在存在性与感应性的维度下，探讨虚存虚在与实感实应这一话题，无疑对当代美学具有本体意义。他的发言引起与会者的普遍关注与回应。

中国戏曲学院的孙焘作了《美感体验和艺术创造的心理动力讨论》的发言，探讨人为什么要审美、艺术创造和欣赏因何令人满足等基础理论问题。温尼科特的“过渡性客体”学说为我们理解美感、艺术和更广泛的文化现象提供了新颖的理论角度。

4. 专题研究

北京美学会前秘书长、北京电影学院的朱青君作了《美伴人生一路行》的主题报告，缅怀和追忆北京美学会前会长杨辛先生的艺术、学术人生。她的报告引起了徐碧辉副会长的共鸣，并以《那山、那荷、那人——杨辛先生的艺术人生》积极回应。

普及美学公益基金会长邱伟杰作了《普及美学学科初探》的主题报告，其团队成员薛峰的《浅谈传播学视野下的普及美学》、郭建南的《普及美学在经济学科的延伸和影响》分别从传播学、经济学领域审视普及美学等诸多理论与实践问题。

总体而言，北京美学会各位学者会员的研究和发言充分关注兼具理论和现实意义的新话题，重视从艺术史和艺术学中提炼新问题和汲取新材料，多有令人耳目一新之研究、启发新知之成果。

注：

①来自首都师范大学美育研究中心网站新闻，http：//rcae. cnu. edu. cn/sylm/zxxw/164111. htm，依年鉴体例有所删减。

②王德胜、左剑峰：《中国传统美育的再发现》，《山东社会科学》，2019 年第 4 期，《新华文摘》2019 年第 20 期观点摘编。

③李雷：《美育立人与美术革新——从美育看现代中国“美术革命”的发生》，《美术研究》，2019 年第 4 期，《新华文摘》2020 年第 1 期论文摘编，人大报刊复印资料《造型艺术》2020 年第 1 期全文转载。

④李雷：《社区权力场域与公共艺术生产》，《社会科学辑刊》，2019 年第 1 期。

⑤李圣传：《从“五四”启蒙到 80 年代“新启蒙”—— 一条美学红线与两副理论面孔》，《文艺争鸣》，2019 年第 5 期。

⑥李圣传：《论抗战时期朱光潜的美学处境及其心态》，《山东社会科学》，2019 年第 3 期。

⑦李圣传：《“美即美感”与“人化的创造”——高尔泰“人论美学”思想初探》，《西北师大学报（社会科学版）》，2019 年第 1 期。

⑧刘悦笛：《电影记录与影片虚构的边界何在？——“分析美学”视阈下的纪录片本体论》，《电影艺术》，2019 年第 3 期。

⑨刘悦笛：《人工智能、情感机器与“情智悖论”》，《探索与争鸣》，2019 年第 6 期。

⑩徐碧辉：《自然的人化、自由的形式与情感的境象——后现代语境下美的本质的再探索》，《学术月刊》，2019 年第 11 期。

⑪徐碧辉：《康德与中国现代美学的开端》，《上海文化》，2019 年第 6 期。

⑫刘成纪：《中国传统诗教如何达至公共阐释》，《社会科学战线》，2019 年第 2 期。

⑬刘成纪：《汉晋之间：中国美学从宗经向尚艺的转进》，《中国社会科学》，2019 年 11 期。

⑭余开亮：《郭象玄冥观与审美意象创构的玄学理路》，《学术月刊》，2019 年第 2 期。

⑮余开亮：《儒家伦理——政治美学与当代美育理论的建构》，《首都师范大学学报（社会科学版）》，2019 年第 3 期。

⑯袁济喜：《“永明体”与永明时代再探》，《中国人民大学学报》，2019 年第 1 期。

⑰袁济喜：《六朝名士与幽明世界》，《学术研究》，2019 年第 9 期。

⑱朱良志：《论中国传统艺术哲学的“无名艺术观”》，《南京大学学报（哲学·人文科学·社会科学）》，2019 年第 1 期。

⑲牛宏宝：《〈判断力批判〉中的隐喻问题》，《北京大学学报（哲学社会科学版）》，2019 年第 1 期。

⑳彭锋：《艺术的终结与禅》，《文艺研究》，

2019年第3期

㉑刘悦笛：《从“美是生活”到“生活美学”：当代中国美学发展的一条主流线索》，《广州大学学报（社会科学版）》，2019年第5期。

㉒史红：《〈美育改革发展备忘录〉背景下的北京市中小学美育改革探索》，《现代中小学教育》，2019年5月。

㉓史红：《林怀民“云门舞集”的舞蹈“别现代”表现》，《贵州大学学报》，2019年4月。

㉔史红：《舞蹈生态学视域下的身体分析》，《舞蹈》，2019年第1期。

㉕来自首都师范大学美育研究中心网站新闻，http：//rcae.cnu.edu.cn/sylm/zxxw/163238.htm，依年鉴体例有所删减。

㉖来自北京大学美学与美育研究中心网站新闻《〈熊秉明文集〉出版座谈会在北京大学美学与美育研究中心举行》（2019年12月6日），依年鉴体例有所删减。

㉗本年会总结的文字材料主要由北京美学会副秘书长、首都师范大学魏家川教授整理，依年鉴体例做出调整。

（作者：孙焘，中国戏曲学院国际文化交流系副教授）

逻 辑 学

郭佳宏　王子函

2019年北京地区逻辑学学科的发展概况，我们将分成三部分来进行综述。一是学术活动，二是研究成果，三是教学探讨。研究成果的文献主要来自中国知网（CNKI）收录的北京学者所著的中文文章或者北京学者正式出版的著作，论文选取的重点是中国人民大学书报资料中心《复印报刊资料》中《逻辑学》收录的内容。

一、学术活动

2019年北京地区逻辑学界的学术活动相当活跃，主要表现在以下几个方面。

1. 举办第五届“京津冀逻辑论坛”

2019年6月22日，第五届京津冀逻辑论坛在山东大学举行，会议邀请了来自京津冀地区及南部地区的20余位专家学者进行学术交流。本次论坛以“现代逻辑、逻辑哲学及其应用”为主题，学者们共作了10余场学术报告，包括中国人民大学余俊伟的《条件句的一种意义理论探究》；中山大学马明辉的 *Representation of Quasi-Boolean Modal Algebras*；武汉大学程勇的《哥德尔不完全性定理的若干常见误解》；山东大学梁飞的 *Vector Spaces as Kripke Frames* 等。此次会议对于京津冀地区及邻近地区的高校和科研机构之间的逻辑学术交流起到了促进作用。

2. 举办多场学术报告活动

2019年10月11—10月24日，荷兰阿姆斯特丹大学逻辑、语言与计算研究所的Frank · Veltman教授在北京师范大学和中央财经大学作了关于Generics and Generality和On Being V-able等主题的学术报告，斯德哥尔摩大学哲学系的Valentin · Goranko教授作了题为 *Introduction to deontic logics for normative reasoning* 和 *Towards an adequate, many-sorted and multi-agent deontic logic* 的学术报告，为北京的师生们带来了逻辑学术盛宴。

3. 举办“逻辑、语言与意义”跨学科国际研讨会

2019年4月20—21日，清华—阿姆斯特丹大学逻辑学联合研究中心、清华大学哲学系主办“逻辑、语言与意义”跨学科国际研讨会。本次会议是逻辑学与语言学的跨学科会议，把重点集中在了英语、古汉语和现代汉语中的量词、例外词和模态词的意义上。内容上包括清华大学金岳霖教授Dag Westersthl的关于泛化量词的课程报告，来自美国的斯坦福大学，中国的香港中文大学、南京大学、清华大学等高校的各位学者最新研究成果的展示。此次会议通过深入友好的讨论，加强了学科之间的交流与合作。

4. 举办“金岳霖学术讲座”

2019年10月22—24日，清华大学举办“金岳霖学术讲座”，牛津大学计算机系教授、系主任，国际计算机协会（ACM）、人工智能协会（AAAI）、欧洲人工智能协会（EurAI）会士Michael Wooldridge在清

华大学主楼作了3场讲座，题目分别为“*Artificial Intelligence: Fact and Fiction*”“*Logic and Strategic Interaction in Multiagent Systems: Boolean Games*” “*Logic and Strategic Interaction in Multiagent Systems: Equilibrium Checking*”。

5. 举办“学术前沿论坛”

2019年11月23日，北京市社会科学界联合会、北京师范大学主办的2019年学术前沿论坛逻辑学分论坛在北京师范大学京师学堂召开。论坛的主题为“逻辑学的历程：70年回顾与展望”。参会的专家学者们结合自身研究方向分别作了主题报告，其中包括：清华大学刘奋荣的《基于概率的偏好提升》；北京师范大学琚凤魁的“*Temporal logic with dynamic contexts*”；中国社会科学院刘新文的《逻辑基础问题》；南开大学任晓明的《人工智能视域中的纯粹理性批判》；中国人民大学余俊伟的《关于条件句概率语义的思考》；中国社会科学院杜国平的《多值逻辑与排中律、矛盾律》；中国政法大学李楷的《祈使句、应然句与道义逻辑的祈使句语义》；中国人民大学杨武金的《墨家的兼爱论及其与儒家的论争的逻辑问题》；清华大学吴小安的《因果模型与传递性》；以及清华大学石辰威的《论群体的信念，知识与智慧》。

二、研究成果

2019年，逻辑学的各个研究领域都有一批新的研究成果问世。主要表现在以下4个方面。

1. 经典逻辑

杜国平在《基于括号表示法的一阶逻辑系统》中介绍了，括号表示法是一种在形式语言中以括号来表示各种逻辑常项的符号表示方法。与已有的表示方法不同，它是一种整体表示法。以命题逻辑的形式语言为例，可以证明括号表示法的唯一性定理。在形式语言中，运用括号表示法表达的公式，其长度比用中置法表达的公式简短。运用括号表示法改写的一阶逻辑自然推理系统非常简洁。括号表示法为研究逻辑常项的推理结构提供了一个非常良好的分析工具。①

另外，杜国平在《关于“不用联结词的逻辑系统”的注记》介绍了张清宇先生在20世纪90年代创建的不用联结词的逻辑系统，在其中使用括号表达命题联结词和量词的功能，这是一项逻辑符号技术的创新性工作。波兰表示法和括号表示法是逻辑符号表示法的两个相互映衬的典范。在括号表示法中，“不用联结词”指的仅仅是语形层面上的，而不是语义层面上的。基于括号表示法的命题逻辑公理系统H和一阶逻辑系统QH都可以进一步简化。②

2. 哲学逻辑

琚凤魁在与Jan Van Eijck合著的“*A temporal dynamic deontic logic*”中提出了避免行为的公式化和基于过程逻辑的道义逻辑。必须使用克制的概念来处理强制性行为。避免采取行动就是做了其他事情。所使用的过程逻辑是动态逻辑和时态逻辑的混合：其中的动作被解释为路径集，而时态公式描述了执行动作的过程。道义逻辑具有一个时间命题常数，该常数表示在下一刻会有坏事发生。动作的标准属性可以根据执行动作过程中发生的情况来定义。③

刘奋荣在和约翰·范本特姆合著的《图博弈的设计与模态逻辑的发展》中指出，关于图博弈的逻辑学研究是近年来兴起的一个新的研究领域，是逻辑学与博弈论的交叉。该文章的贡献在于提供一种全新的思考方式。图博弈是一种主体间互动的场景，可以使用模态逻辑的语言描述。模态词可以描述博弈玩家的行为，博弈的均衡和玩家的必胜策略则可以考虑用模态逻辑的公式刻画，这些公式往往具有特定的模式。取决于博弈目标的设定、对玩家互动机制的设计，图博弈有着各种不同的设计或版本。与之对应，模态逻辑的语言也在不断发展和扩展，新的逻辑系统呈现不同的性质。一方面，逻辑学是分析现有图博弈的一种方法；另一方面，逻辑学也是设计新博弈的灵感来源。图博弈与逻辑学之间的相互渗透为研究博弈提供了新的视角，也是对博弈论和计算理论方法的重要补充。文章讨论了一般的博弈与逻辑学的联系后，最终认为图博弈是非常理想的工具，既可以作为逻辑学的研究对象，又可以作为评估逻辑学的工具手段。④

王彦晶在和Barteld Kooi、李延军合著的“*A dynamic epistemic framework for reasoning about conformant probabilistic plans*”一文中介绍了一种概率动态认知逻辑框架。该框架可用于在单个代理环境中推理和验证一致的概率计划。在一致性概率计划（CPP）中，他们正在寻找一个线性计划，以使执行该计划后实现目标的概率不小于给定的阈值概率 δ。他们的逻辑框架可以在计划执行期间跟踪代理的信任状态的变化，并验证一致的计划。此外，通过这种逻辑，我们可以通过将目标制定为具有行动方式和概率信念的语言公式来丰富CPP框架。至于主要的技术成果，他们提供了逻辑的完整公理化，并证明了其有效性问题的可判定性。[⑤]

同时，王彦晶等在 *Knowledge-Now and Knowledge-All* 中也提出了一个逻辑框架，该框架用一个新的知识算子扩展了标准的认知逻辑，该算子捕获了关于（物理上）必要事实的知识，例如科学知识。从语义上讲，这个算子的真值不仅取决于与当前现实世界在认识论上无法区分的世界，而且还取决于可以清楚地区分的相关（在物理上）可能的世界。本质上，该算子是标准认知模态和类似必需的模态的结合。文章在单个和多主体情况中完全公理化了相应的认知逻辑，并在两个认知运算符之间建立了有趣的交互公理。[⑥]

3. 逻辑哲学

陈波在《没有“事实”概念的新符合论》（包含上下两篇）中指出，使用“事实”概念的传统符合论遇到了很多严重的困难，主要是难以说清楚“事实”概念以及命题如何与事实“符合”。这不意味着要完全放弃传统符合论，转而求助某种其他形式的真理论。为了确保真理的客观性，符合论的如下核心洞见是任何合理的真理论都必须坚守的：不是我们语言中的东西，也不是我们心智中的东西，而是外部世界中的东西，使得我们描述这个世界状况的命题为真或为假。完全有可能塑述一种不使用“事实”概念又坚持传统符合论核心洞见的新符合论，新符合论有自己的形而上学假定、认识论假定和语言哲学假定。由于语言具有生成性，在定义“真”概念时，新符合论必须诉诸塔斯基所使用的递归程序，先给出命题组成成分的语义值，再定义出最简单的命题即原子命题的真，然后逐步定义出越来越复杂的命题的真。融贯是真理的内在要素。“真”概念绝不是平庸的和不足道的，相反，它是非常重要的和实质性的。追求真理是我们的使命。[⑦]

谷振诣在《普通论证的隐含假设》中提出，分析普通论证的隐含假设是训练批判性思维的重要内容，可是，学者们对隐含假设概念的理解和使用却存在分歧。单纯论证的隐含假设究竟有几种？文章基于对隐含假设与推理关系、科学假说与因果关系、语句预设与语义关系的分析，得出的结论是单纯论证的隐含假设只有两种，也就是被省略的前提和支撑前提的前提。预设不是单纯论证的隐含假设，因为预设是使一个语句有恰当含义和能够成功交流的语义条件，不是一个单纯论证的结论赖以成立的前提。另外，揭示预设和隐含前提的方法不同，若将预设视为单纯论证的隐含假设，就不能给出辨析隐含假设统一的、自洽的准则。[⑧]

刘晓力在《哥德尔的概念实在论及其辩护策略》中指出，哥德尔从数论的客观主义出发，逐步将实在对象从抽象的数扩展到集合和类上，直到扩展到抽象概念上，最终形成他的柏拉图式概念实在论。哥德尔为他的概念实在论提供了3类辩护策略。第一，不可或缺性论证，承认抽象数学对象对于建立物理学理论是必不可少的；第二，以概念实在论在做出重大数学发现过程中所起的助探作用提供辩护；第三，诉诸抽象数学直觉的不可消除性的辩护。论文从以下5个侧面给出具体分析：哥德尔概念实在论的基本立场，哥德尔的3种辩护策略如何与他的数学发现紧密相关；诉诸抽象直觉的策略如何与胡塞尔的现象学产生共鸣，以及这种共鸣的根源又如何与哥德尔建立“作为严格科学的哲学”规划相连。最后指出，哥德尔的辩护策略未能免除概念实在论最终遭遇的认识论困境的根源。[⑨]

王路在《“真的”与“否定的”》一文中阐明，逻辑定律与真相关，它们的一些表达，比如必要条件的表述、假言易位法的表达，使用了否定形式，因而是否定性的，但绝不是消极的。康德在《逻辑学讲义》中的主要思想和论述，在《纯粹理性批判》中几乎都出现了。所以，正确地认识和理解逻辑，正确地认识和理解康德关于逻辑的认识和论述，对于正确地认识和理解康德的思想而言，不仅是不可或缺的，也是至关重要的。[⑩]

同时，王路在《逻辑判断是“消极的”吗？——与邓晓芒教授商榷》中表明，康德对逻辑有批评，但是他对逻辑更多的是褒扬，他基于逻辑来工作，构造出他的先验逻辑。随意组合康德的表述，比如将他说的“否定性的判断”转换为“‘消极的’形式逻辑判断”，是对康德思想的误读。问题反映在关于“否定的”与“消极的”的理解和用法上，根源却在于对逻辑的认识。应该对逻辑有正确的认识，应该对康德对逻辑的看法有正确的认识。这样才能更好地理解康德。[⑪]

王路在与张燕京合著的《达米特与语言哲学——当代分析哲学的一个谈话录》中提出，达米特是最好的弗雷格学者，是杰出的分析哲学家。达米特的著作难懂，是因为他探讨的都是形而上学的基础性问题，他考虑的问题是先验的，考虑问题的方式是逻辑的。达米特框架是达米特对意义理论的主要贡献，关于

“力量”的理论是超出了弗雷格基本思想和理论的。达米特关于形而上学基础的讨论，关于实在论与反实在论的讨论的重大理论意义，会在今后哲学的发展中日益彰显。达米特与戴维森都在弗雷格的基础上向前走，但是二者向前走的方式不同。达米特框架和T语句显然是不同的。语言哲学所说的语言分析与一般人（包括日常语言学派）所说的分析语言的本质区别在于，前者是对语言进行逻辑分析，它要基于逻辑的理论和方法。哲学不是分析语言，而是借助语言分析来做事情。分析哲学不是孤立的东西，应该放在整个哲学史中来考虑。我国应该重视当代形而上学的研究。⑫

余俊伟在《不同层次的逻辑多元论》中指出，Beall 与 Restall 提出了基于后承关系考虑的逻辑多元论。后承关系的一般模式含有参数 x-情形。对 x 做不同解释，就获得不同的后承关系，也即不同的逻辑。这种观点基于“真”概念。如果对“真”概念的理解有分歧，那么，从“真”概念出发，将获得一种更为基本的逻辑观。由此区别出经典逻辑与直觉主义逻辑。这是第一层次的区分。这种区分源自对何为正确推理的解答不同。其差别是哲学观的不同。而对正确推理该如何采用当代逻辑研究范式去刻画，亦有不同理解。这造成第二层次的多元。其他众多非经典逻辑即属此层次。第二层次的多元是不争的事实，多元论与一元论的争论可以消解。真正争议是指第一层次上的，它是形而上学之争，难以消解甚至不可消解。⑬

杨武金在与王垠丹合著的《语言意义的来源》中表明，语言意义的来源问题是意义理论中一个非常重要的问题，它致力于探讨任一语言表达式为什么会具有这样或那样的意义。语言的意义与外在世界以及人类的内在认知相关，其来源在于二者相结合的部分。我们知道，理想的精确语言是一种逻辑语言，它严格地描绘出世界本来的样子，其语义与“真”概念紧密相连；而日常生活中的自然语言的意义则包含了语言主体的心理内容，在各种实现沟通的语言实践中起作用，须满足公共性和可交流性的要求。在这两个维度下，意义都体现出规范性的特征：前一方面本身有客观的规律可循，而后一方面则有规则或公共约定可依。因此，我们认为语言意义的来源是规范的。⑭

4. 应用逻辑

王洪的《拉德布鲁赫公式：司法判决证立问题研究》一书，以司法裁决证立为主要对象，探讨何为法官裁决证立、法官为何证立裁决以及法官如何证立裁决的问题，概括了裁决证立标准与裁决论证模式，并以此为基础建立了司法裁决证立理论的新体系。主要内容包括：其一将法律领域中的论证与推理概括为事实推理、法律推理与判决推理，在此基础上对司法裁决证立问题进行了充分与深入的研究；其二研究了实在法的开放性、非协调性、不完全性问题，研究了法律的不确定性与法律的可推导性问题，在此基础上研究了法律不确定条件下的司法裁决证立问题，概括了法律不确定条件下的裁决证立标准与裁决论证模式，发展了图尔敏论证模型和阿列克西法律论证理论，发展了恩吉施与考夫曼的等置模式和纽特的非单调推理模式理论。本书开辟了法律逻辑研究的一个新领域，促进了逻辑学研究与法学研究在这些领域里的交流与融合。⑮

王洪的《制定法框架下的判决论证模式》一文阐明，制定法框架下的判决论证其本质是法官适用制定法证立判决。其要义不在于创制一般法律规则，而在于将制定法应用于判决证立之中。法官承担依法裁判和公平、公正裁判的义务。但制定法是开放的、非协调的、不完全的法律体系，不可能为每个具体案件都准备好现成答案，法官不得不通过解释制定法以获取裁判理由。法官审判案件受制定法的约束，但法官对制定法具有广泛的解释权与酌处权，具体包括 3 个方面，一是澄清制定法含义；二是平衡制定法冲突；三是正当背离制定法。因此，制定法框架下的判决论证具有 3 种基本模式，即涵摄模式、权衡与平衡模式、衡平模式。⑯

同时，王洪在《逻辑能解法律论证之困吗?》中介绍到，论证其本质是基于法律证立判决，其关键问题是基于规范推导问题与价值选择问题。法律论证之困实际上就是规范推理难题以及价值选择难题。其中约根森难题是规范推理难题，而涵摄与例推难题、德沃金唯一正解难题与明希豪森困境是价值选择难题，也是法律论证之真正难题。逻辑是对有效推理规则的研究。它承担着回答约根森难题的重要任务与使命，必须提供规范推理一致性或有效性标准，应当建构出新的逻辑操作技术，使司法裁决真正受到法教义学和逻辑的双重检验。但它不能解答价值冲突的选择与平衡标准问题，因而不能消解涵摄与例推难题、德沃金唯一正解难题与明希豪森困境。⑰

满海霞和邹崇理合著的《构建汉语行为语法的金字塔分层结构》一文中阐明了，20 世纪 60 年代初，乔姆斯基提出“语言行为”和“语言能力”的区分，前者是语言使用者在具体语境下的语言使用，后者是语言使用者关于语言规则的潜在知识，各种语法形式化理论就是对语言能力的描写，而自然语言处理所面对的真实语料，则是语言行为的现实表现。如何基于语言能力模型构建刻画语言行为的模型，是自然语言处理亟待解决的重要问题。在自然语言处理领域，已知能力语法的形式化理论中计算性能最好的是组合范畴语法 CCG。CCG 以组合逻辑思想为基础。在组合逻辑那里，任何逻辑系统都可以划归为某一函项贴合系统，仅包含函项贴合规则 F 与若干组合子，比如，CCG 可以化归为 F 加 3 个组合子 B、T、S。理想的行为语法因此可以看作一个金字塔结构，表现为 F 结合句法组合子 B、T、S 构成能力语法 CCG，再结合语用组合子构成行为语法 CCGP 的过程。这样一个思路受到了汉语 3 个平面理论思想的支持。通过汉语 CCG Bank 树库的规则例统计数据，可以进一步获得汉语从能力语法到行为语法的语用组合子 K 和 C，从而获得汉语行为语法完整的金字塔分层结构。[18]

5. 逻辑学史

陈波和李琳的《改革开放以来的中国逻辑学》一文中提出，自中国 1978 年采取改革开放政策以来，中国逻辑学者为提升中国逻辑学科研和教学的水准做出了很大的努力，也取得了很大的成就。我们已经与国际逻辑学界建立了实质性的联系，有很多中国逻辑学者在国际三大索引期刊上发表论文，或者在著名的国际出版社出版专著，他们还参加或举办国际学术会议、工作坊以及讨论班。我们成立了许多逻辑学研究机构，其中一些得到了迅速发展，开始具有一定的国际声誉。在逻辑学的一些分支学科中我们也取得了重要的进展，包括逻辑史（特别是中国逻辑史）、归纳与概率逻辑、自然语言逻辑、逻辑哲学、非形式逻辑、批判性思维、论辩理论、法律逻辑等。我们还建立了相对完备的逻辑学教学培养体系。不过，在推进逻辑学科研和教学方面，我们还存在一些劣势与短板，我们的国际化水平仍然较低；我们的逻辑学教育培养状况并不是很好，有待进一步提高；我们还需要一些有能力的中国逻辑学者撰写及出版一系列高水平的逻辑学基础教材，为中国的逻辑学教育打下坚实的基础。[19]

同时，陈波发表了《中国逻辑学 70 年：历程与反思》，介绍了 1949—2019 年，中国逻辑学紧随中华人民共和国的脚步，走过的 70 年的历程。两者的发展轨迹高度重叠，1949—1979 年的前 30 年，中国逻辑学取得了一些成绩，但也走了一些弯路，且发展动能严重不足，总体状况不尽如人意。1979 年前后，中国实行改革开放政策，各种新的学术信息如排山倒海般涌入，很多中国逻辑学者走出国门，到国外大学或研究机构访学或攻读学位，逐渐熟悉甚至融入逻辑学教学与研究的国际主流之中，开拓了逻辑研究的许多新领域，并在逻辑学的各个分支领域内取得重要进展，获得了骄人的成绩，迎来了中国逻辑学教学与研究的发展和繁荣。由此引出的经验教训是：学术研究不能在隔绝状态中发展，要充分拥抱国际学术界，同时坚持独立思考；要始终坚持“百花齐放，百家争鸣”的方针，让不同的学术立场和观点在相互碰撞中得到改善与发展；要培养学术自信心，逐渐从跟随式学习进展到原创性领先。[20]

余俊伟的《回首逻辑之路：兴于技术，回归哲学》一文指出，哲学的核心形而上学是一门以存在（是）本身作为研究对象，寻求世界本原和第一原理的学问。这种探究与自然哲学一样，属于他设定的理论科学。随着理论科学的发展，人类认识水平与能力不断发展，人们逐渐意识到认识活动本身也遵循规律。对认识本身的反思与研究的一个重要方面就是，如何从已有的认识可靠地得到新的认识，即对推理的研究。这种研究在亚里士多德那儿达到一个高峰，创立了逻辑学。[21]

杨武金在《从博弈论的观点看墨家兼爱非攻思想及其当代价值》一文中阐明，兼爱是墨家思想学说的核心，在当代具有重要价值。本文试图从博弈论的观点来分析墨家的兼爱非攻思想学说的实质，认为墨家的兼爱非攻思想属于政治伦理思想上的博弈理论，属于防御性战略理论的最优策略。墨家兼爱非攻思想对于当代弱小国家的国家战略和决策具有重要启示。[22]

三、教学探讨

王路在《逻辑与教学》中提出，逻辑是大学教育中的一个学科，依托的是逻辑这门科学。它有自身的研究对象，形成具有普遍性的理论和方法。所以逻辑成为大学教育中的基础课，甚至被视为必修课。批判性思维不是学科，只是一个理念。依据批判性思维这个理念来改造逻辑教学是错误的，推行这门课程也是错误的，因为这个理念至今也没有说清楚，而一个说不清楚的理念是无法形成学科的，更不可能成为科学。[23]

杨武金在《逻辑与批判性思维能力测评与培养》一文中指出，在逻辑与批判性思维课程教学中，测评和培养学生的能力是十分重要的。通过课程教学的情况，分析和研究课程教学过程中关于学生逻辑和批判性思维的能力培养和测评的具体方式、评价标准和实际效果等方面的问题。逻辑和批判性思维的能力测评和培养，既需要进行开课前的预测，更需要进行期中和期末的考试；既需要进行笔试，更需要进行口试；既需要制作客观试题，更需要制作主观试题；既需要出题考试，更需要进行学生的探究性学习和写作的测评。[24]

注：

①《安徽大学学报（哲学社会科学版）》，2019 年第 3 期。

②《重庆理工大学学报（社会科学）》，2019 年第 4 期。

③ *Journal of Logic and Computation* ，2019 年第 2 期。

④《清华大学学报》，2019 年第 2 期。

⑤*Artif. Intell*，2019，54-84。

⑥*LORI* ，2019，399-412。

⑦《江淮论坛》，2019 年第 5 期、第 6 期。

⑧《中国社会科学院研究生院学报》，2019 年第 5 期 。

⑨《逻辑学研究》，2019 年第 2 期。

⑩《哲学研究》，2019 年第 12 期。

⑪《河北学刊》，2019 年第 4 期。

⑫《西南民族大学学报（人文社科版）》，2019 年第 8 期。

⑬《逻辑学研究》，2019 年第 2 期。

⑭《自然辩证法研究》，2019 年第 7 期。

⑮ 中国政法大学出版社，2019 年版。

⑯《比较法研究》，2019 年第 2 期。

⑰《政法论坛》，2019 年第 5 期。

⑱《湖北大学学报（哲学社会科学版）》，2019 年第 5 期。

⑲《重庆理工大学学报（社会科学）》，2019 年第 5 期。

⑳《河北学刊》，2019 年第 6 期。

㉑《社会科学报》，2019 年 9 月 26 日。

㉒《职大学报》，2019 年第 6 期。

㉓《福建论坛（人文社会科学版）》，2019 年第 1 期。

㉔《河南社会科学》，2019 年第 10 期。

（作者：郭佳宏，北京师范大学教授；王子函，北京师范大学硕士生）

宗 教 学

黄夏年

2019 年的北京地区的宗教研究一如既往，虽然宗教研究的活动频繁，但是实质性的进展不多。

一、宗教与社会主义社会相适应

近年来，当代中国的宗教研究在党和政府的指导下，已经引起了学者的重视。何虎生与胡竞方的《论新时代中国特色社会主义宗教理论》[①]认为，当代中国的马克思主义宗教观，是习近平新时代中国特色社会主义思想的重要组成部分。这主要表现在，一是坚持了党认识和处理宗教问题的基本观点，坚持和发展了马克思主义和毛泽东思想宗教观、中国特色社会主义宗教理论的基本观点，包含了党对宗教本质和社会作用的系统阐释、对宗教问题的精准研判、对宗教工作的顶层设计、对历史经验的科学总结。二是确立了党认识和处理宗教问题的基本方略，用“导”的态度牢牢掌握宗教工作主动权，支持我国宗教坚持中国化方向，提高宗教工作法治化水平，构建积极健康的宗教关系。三是确立了党认识和处理宗教问题的战略部署，努力破解传统宗教领域存在的难题，积极应对宗教领域不稳定不确定因素，解决好民间信仰、互联网宗教、新传入宗教问题，加强无神论宣传教育、宗教团体建设和宗教对外交往工作。四是确立了加强和改进党对新时代宗教工作的领导是做好宗教工作的根本保证，党必须领导宗教工作，要加强党对宗教工作的政治领导，要加强党对宗教工作的组织领导，要牢牢把握大团结大联合的主题，最大限度地团结宗教界人士和信教群众。

宗教在全球范围的发展及其治理问题一直是众多学科共同关注的焦点议题。围绕国家如何治理宗教这一核心问题，肖滨和丁羽《国家治理宗教的三种模式及其反思》[②]总结了三种模式，自由竞争模式倡导政府与宗教划界，不同宗教在宗教市场竞争中“自治”；整合嵌入模式强调政府积极干预，将宗教组织吸纳至体制内加以有效治理；互动平衡模式将宗教间关系视为一种宗教生态，政府仅在必要时刻出手维护宗教生态的“平衡”。金泽《如何理解宗教治理在我国治理体系现代化建设中的地位与作用》③认为，首先要厘清的是“治理”这个概念的内涵。其次要认识到宗教团体的治理有两个层面，一个层面涉及宗教团体内部的治理；另一个层面则是社会框架中的宗教团体的治理。最后是要讨论3个问题，即宗教团体内的自治；社会（尤其是政府管理）中的宗教治理；社会治理与宗教治理的互动。郑筱筠《关于在国家治理体系现代化进程中的宗教治理体系建设之思考》④认为只有坚持宗教治理的原则，不断提升国家系统治理体系法治化水平，夯实宗教综合治理的基础，才能不断完善宗教治理体系。

二、宗教学原理

宗教学原理研究进展较快，马克思主义宗教学成为中国宗教研究中最重要的特色之一。曾传辉《唯物主义无神论者的自由意志与精神超越如何可能？——对马克思博士论文宗教观的一种解读》⑤指出，学生时代为马克思人生观、世界观和思想大厦打下了坚实的地基。博士论文无疑是马克思人格器宇和思想格局的初次整体亮相，贯穿马克思主义理论体系的主旋律——人类自由和解放的主题已然成形。陈丽《洛克论神学命题的认识论意义》⑥认为，神学命题不具备知识的确定性，它属于信念，而不属于知识。郑开《祭与神圣感》⑦认为儒家哲学中最为复杂、最为深邃的概念——“诚”，实际上源于祭仪中特殊而真切的“通于神明”之精神体验，只不过儒家学者将浸淫于古代宗教实践仪式的“通于神明”之精神体验予以创造性转化，并在哲学层面赋予其新的人文理性之意义。肖雁《不可言说的困境与张力：孔子天命、鬼神及生死观探析》⑧认为，孔子对超验世界表现出模棱两可的态度，导致其思想呈现出“二重性”，为后世儒家天命鬼神及生死开拓了空间，也造成了儒家文化缺乏死亡教育，欠缺宗教意义上的临终关怀。孙尚扬《略论17世纪的一项宗教文化试验方案》⑨指出，中国的儒家天主教徒与传教士则在南京教案中提出了一项宗教文化试验方案，其核心原则是通过试验之法论证儒耶相合基础上的天主教的正统性，次要原则是吁请朝廷通过试验对天主教与释道平等相待，予以容纳。这些原则虽然彰显了一些儒家天主教徒较为开放健全的文化心态，却与同样在17世纪产生的早期现代性的一些关键观念（如洛克提出的政教分离、良心自由、宗教自由）颇有距离。

近年来因为我国宗教经济的发达，在宗教领域掀起了一个反对商业化的运动。周建波和毕悦《中古寺院经济的共享特征与现实镜鉴：基于共同信仰的视角》⑩指出，在中国长达数百年的中古史上，寺院扮演了加速财货流转的中介角色。寺院经济与当下备受瞩目的共享经济新业态存在着一定的相似性，在利用闲置资源、发挥平台效应、创造文化氛围、降低社会不平衡等方面均体现出共享经济的现代性特征。

三、佛教研究

2019年的佛教研究新劲不足，可评者不多。学愚《论现当代中国的佛教复兴》认为，一些中国台湾地区的学者避免使用“复兴”理念来形容晚明佛教，大陆学者们似乎习惯了用“复兴”来形容现当代中国佛教。复兴与衰落是一种价值判断，有人认为是佛教复兴的表现，有人则认为是衰落或世俗化趋势。复兴包括两个方面，即传统佛教的恢复和佛教的现代创新，都以契机契理为原则。所谓恢复，即是传统佛教中仍然契合时代社会人生思想、文化和实践的继承；所谓创新，即是以佛法为中心，在传统基础上的再创造，建立契合时代社会人生的文化和实践模式。唯有以佛教基本思想为基础、具足佛教传统的契机创新，才能既保持佛教特色、赋有生命力，亦才能避免只有形式、没有内容的世俗化复兴。张雪芬《〈华严入法界品善财参问变相经〉作者“忠上人”考》⑪，通过对《五相智识颂》序、跋等内容的讨论，考证其与日本收藏的宋代《华严重庆市法界品善财参问变相经》拓本为同一经典，并推断它们的作者“忠上人”可能为靖安县延庆寺僧人“延庆子忠”。李伟《杭州佛教寺院控产制度的演变（14—17世纪）》⑫，初步揭示房头的产生及分房控产的形成、终结等问题，讨论了十方制运行的困境。当十方制在运行中的一些重要规则不能被遵守时，会形成各房子孙山头林立的局面，较之简单的一系僧人子孙相传的情形，其弊病有过之而无不及。从元末明初以来，出现两个明显的变化。一是，很多住持开始建立退居庵院，形成房头，分割寺院财产。二是，“凡度弟子，惟长老一人”的制度被突破，各个房头世世相传，牢不可破。在竞争激烈的社会中，某一系僧人很难独霸寺院，将其变为一家子孙之寺院，而只能先到先得，先行形成房头。十方制尚在运行中，不断有外来新任住持产生，房头也随之产生，渐渐演变为山头林立的子孙寺院。齐德舜《宋代印度密教高僧金总持研究》[13]指出，金总持受邀入主传法院主持译经事务，翻译佛教显密经典数部，被尊称为“译经三藏明因妙善普济大师”。金总持传承了密教的秽迹金刚法、密教祈攘术等，由此成为宋代密教史上一位承上启下的重要高僧。史经鹏《中国初期佛教中的相续思想——以伯 3291 号、伯 2908 号及上博 3317 号为中心》[14]，初步探讨了中国初期佛教中相续思想的发展。从最初假托于神不灭论，到以相续中道力求契合佛教正理的面相来发展；从《成实论》中的相续假思想，到与佛性论结合、突出相续常的特征，再到脱离佛性论成为独立的论题，延伸出相续实性的概念——中国初期佛教中的相续思想与中道、佛性、常无常、真俗二谛、涅槃等概念不断互动，呈现出复杂多样的理论特征，体现了佛教中国化的一个侧面。马丛丛《大元国师法旨碑年代补证》[15]，通过灵岩寺墓塔林所立的《慧公禅师道行之碑》与《方山璧公禅师寿碑》，可以推知定岩 1335—1348 年间住持灵岩寺，据此断定大元国师法旨碑立于 1341 年。乌云《民国时期中央政府对内蒙古地区黄教寺庙的法律调整》[16]，指出民国时期，中央政府加强了对内蒙古地区黄教寺庙的法制化管理，通过颁布一系列的法律法规，依法剥夺了黄教寺庙在行政和经济方面的自主管理权，实现了对黄教寺庙的世俗化管理和控制。景天星《汉传佛教四大菩萨及其应化道场演变考述》[17]，考述了四大菩萨及其应化道场的渊源、发展、转化、定型以及成为“常识”而被普罗大众接受的历史，强调四大名山的形成，是一个动态的过程，是一个长时段的过程。周广荣《声字与般若试论梵语声字在般若经典中的形态与功能》[18]，考察梵语“阿刹罗”（aksara）一词在印度古代文化背景中具有哲学、语言学两个方面的意义。从梵语声字的前后变化中，可以看出它在般若经典的形态经历了一个由简单到复杂、由单一到多样化的过程，其功能与属性也经历了一个由方法到本体，即从“总持无文字，文字显总持”，到“以方便为究竟”“一一声字皆具实相”的言语观念转变。邵佳德《近代佛教的世界格局：以晚清首份汉文佛教报纸〈佛门月报〉为例》[19]，强调 1894 年前后日本东本愿寺在其上海别院出版发行的《佛门月报》，是目前所见最早的汉文佛教报纸，可见其现代办报方式与传统刊印形制的结合、中国目光与世界视野的交汇以及明显的净土真宗本位立场。《佛门月报》诞生的背景及其体现的 19 世纪末，中、日与南亚和欧美佛教间的密切互动，表明当时佛教的世界主义意识和运动已经形成，这一背景对民国以后的中国佛教发展产生了深远影响。

四、道教研究

道教也是我国宗教研究的强项，张鹏《秦汉简所见“禹须臾”与“禹步”新论》[20]认为，从禹步追溯到“禹须臾”，再从“禹须臾”追溯到大禹神话，如果把“禹须臾”这一环节去掉，直接把禹步与大禹神话联系，难免会产生不少附会。吴光正《金代全真教掌教马丹阳的诗词创作及其文学史意义》[21]认为，马丹阳出家苦修是为了超越生死，这个过程是神圣—世俗张力下的挣扎过程，反复自誓自戒自勉自省的背后是一个不断去除物质享受、生理欲求的过程，是一个不断去除我执、战胜恐惧、增长信心最终达至身心安顿的过程，是一个逐渐进入逍遥游最终获得安详静谧、澄明恬淡生命境界的过程，其性命双修的过程本质上就是一个实现生命永恒的过程。[22]李冀《关于〈太上玉发救劫金灯感应篇新注〉的几点探讨》认为，汇真子以儒士身份为人们勾勒出一个“长生者”与天地宇宙万物相辅相生的神学体系。他号召人们通过行“进道”以“正己”，通过培养内在的“刚强之仁”与“义”以“化人”，由“正己化人”而至“长生”，由“长生”而至天下太平。这一由个体善行渐进至天下太平的神学构想可以看作儒家“修身、齐家、治国、平天下”的另类表述。张泽洪《论敦煌文书中的道教写经》[23]认为，道教宣称书写道经，施与众生，共相转读，或自课持，有不可思议的大功德。崇道之士通过写经书法的陶冶，足以历练笃信道教思想的心智，而写经一藏以赠送道观，更被视为大有福报之事。刘志《杨羲写经考——兼论东晋士族与道教写经》[24]指出，杨羲以墨书细字的都体隶书和荆州白笺，开创了上清经写经的基本风格。姜守诚《道教寄库醮仪考释》[25]认为，明《道藏》收录两部道门《受生经》文献（《灵宝天尊说禄库受生经》《太上老君说五斗金章受生经》），仅有还纳受生钱的思想，而未见预存寄库钱的观念。后世道教中流行的“寄库”信仰则是将填还“受生钱”与存纳“寄库钱”合而为一、同时演行，这在《天曹寄库醮仪》及“受生寄库钱合同蝶”中有清楚体现，这是民俗葬礼和宗教信仰逐渐结合的产物，其流行乃基于士庶社会中焚化纸钱以祭死者的风气。李志鸿《程智与道教及民间宗教初探》[26]认为，程智所开创的“易教门”与明清民间宗教三一教无涉，“易教门”乃是易学非民间宗教。

五、民间宗教研究

民间宗教是近年来崛起的一门新的研究，一直保持旺盛的势头。于丽娜的《中国传统社会中政府对民间宗教的法律治理》[27]认为，（一）民间宗教结社的聚众行为有违政府安定政治观。传统社会中的政府并不欢迎任何非政府组织，但出于社会协调和运作的需要，仍要容忍少数的非政府组织，如基于商业往来形成的商会、基于乡缘形成的会馆、文人酬和结成的学社等，这一禁民朋党的政治原则为后世法律制度承继和发扬。（二）民间宗教打破了传统社会政府垄断和控制的通神权。明清时，民间宗教已经发展为观念成熟化、组织体系化、信徒层级化以及信仰制度化的成熟的宗教形态。民间宗教所奉神灵非国家祀典中的合法信仰对象，自行通神，于国家认可宗教系统外别立宗教信仰，圣俗交织而无明显区隔，容易脱离政府控制成为政治异己力量。（三）民间宗教与世俗生活一体化与政府对宗教的管理相冲突。民间宗教与信众日常生活重叠，圣俗不分，宗教信仰在政府神权体系之外，威胁政府控制的通神权，同时有违我国传统社会礼法。孙晓天和李晓非的《妈祖与泰山娘娘共享“碧霞元君”称号再考辨与周郢先生商榷》[28]认为，《颜神镇志》之记载为可信度不高的孤证，难以成立。张明学《昭化寺壁画中的三教合一思想》[29]认为，河北省张家口市怀安县昭化寺大雄宝殿壁画与现存的元末河北省石家庄毗卢寺后殿壁画、明初山西省樱山县青龙寺腰殿壁画、明代山西省阳高县云林寺大雄宝殿壁画等，各寺庙壁画在布局构图上，均以佛教为尊，将佛教重要神祇绘于主壁（北壁），道、儒二教诸神绘于东、西、南三壁，更具人格化，审美倾向更具世俗化，反映了明代三教合一思想的世俗化、民间化特征。尤其昭化寺壁画中，有5幅壁画作品是将佛、道，佛、儒二教人物并置，这在以往的壁画中十分罕见。石沧金的《海南侨乡和东南亚华人的水尾圣娘信仰考察》[30]指出，文昌水尾圣娘主要是海神，定安水尾圣娘可以认为主要是家族神或祖宗神，前者在海南岛传播较广，在民间信仰的影响要远远大于后者。李利安和郭储的《明末清初太兴山真武信仰探析》[31]探讨了太兴山延续至今的“无生老母—真武”信仰体系。朱亚坤的《莆田民间宗教“谢恩拜忏”仪式研究》[32]认为，以宗教仪式特有的符号和象征创制为基础，以多方参与主体对仪式禁忌和规则的权宜再生产为主线，以剧场游戏和历史隐喻为形式，逐步推进仪式实践的时空流动和参与者的情感变位，从而协同绘制了一幅涵括村落共同体与家族的集体意识、传统社会延续的性别格局和帝国政治的历史隐喻等因素混融在一起的行动图景。李瑞祥、古屿鑫的《传统国家祭祀雅乐的人文演绎——以中国台湾地区祭礼雅乐的本土化实践为例》[33]，将传统国家祭祀雅乐与当代民间信仰仪式展演相互印证，从仪式涵养的双重建构、仪式音声的有无转换、仪式乐舞的形神合一三个维度，深入阐释与凸显台湾地区祭礼雅乐本土化实践中对祭祀礼仪人文性层面的现代建构，为当代中华礼乐文明的复兴与重建提供弥足珍贵的人文启示与借鉴意义。[34]宋建晓的《台湾妈祖信俗与乡土社会的互动发展研究》[35]认为，中国台湾妈祖信仰的政治化、商业化、遗产化、国际化反过来加速了妈祖信俗在当代社会的转型和发展，其形式与内容变得越来越复杂，呈现出后乡土时代的特征。妈祖信俗是中国台湾乡土社会和谐的“文化纽带”、治理的“整合器”、经济的“助推器”及运行的“规制工具”。黄建兴的《戏神田公元帅信仰的道教渊源与仪式特色》[36]认为，田公元帅生动地体现了文化累层叠加的理论。在民间道教闾山派的影响下，该信仰发展出了一套用来“降神附体”符篆和咒语，展示了历史上道教与戏剧之间的深度互动。郑莉的《东南亚华人觇童仪式传统——以新加坡兴化人“坛班”为例》[37]强调，新加坡兴化人坛班的发展历程，不仅反映了东南亚华人觇童仪式传统的能动性与生命力，同时也反映了仪式组织对海外华人社会的深刻影响，在庙宇管理和仪式活动中日益占居主动地位。赵洪娟的《中国西北地区燎疮习俗之袄教因素探原》[38]，通过文献梳理和田野调查，发现处于西北黄土高原一带的甘肃、宁夏、陕西、山西等省交界处的部分县市，举行跳火堆的燎疸仪式，与伊朗全国性节日跳火节在日期、仪式形式、仪式功能及意义方面极为相似。表明西北河套地区和闽粤交界一带，历史上均有大量波斯人定居，波斯人和汉人通婚，引起生活习俗与文化的相互融合，可证“一带一路”线上的交往史。

六、基督教研究

基督教研究是随着西方文化与学术在我国的影响而不断增强，并与佛教并列为我国两大宗教研究之一。李向平和布乃斌《“私人信仰方式”与“漏斗效应”——当代中国基督徒人数的增长逻辑》[39]，强调中国基督徒人数增加的现象，始终存在着规律性特征，近几十年来基督徒人数有所增加，但并不能说明基督教结构也同时发生了重大变迁。教会制度没有明显变化，增加的只是基督徒的人数而已，中国基督徒人数的增长逻辑主要是基于私人化的基督教信仰方式，如同私人信仰方式与教会制度之间的“漏斗效应”。王志军《论20世纪50年代中华东正教会的境遇》[40]认为，20世纪50年代成立的“中华东正教会”特殊之处是由中俄两国内部的政教关系和中俄两国间的国家关系决定的。唐晓峰《蒙古翁牛特旗新发现古代基督徒墓顶石初探》[41]基本确认，该墓建造的年代应在元全宁路建城之后。墓主人应为弘吉剌部的陪臣或历任下嫁弘吉剌部各公主的媵臣，他们祖籍中亚，有着虔诚的聂斯脱里派信仰，死后葬于此处。纪建勋《明末“天主”考》[42]，考证中文神名“天主”，从根本上来讲是“借用”西竺佛教，传教士们对其含蕴进行了改造，完全颠覆了“释提桓因”之“帝释天”本义，成为真真正正的天主教之“天主”。由佛教的“帝释天”最终蜕变为基督教的“天主”，其本质上是经由佛教的中国化发展到了基督教的中国化。吴青《晚清传教士韶波〈儒教衍义〉中的耶儒关系探微》[43]认为，儒教成为晚清传教士不得不面对的一种文化阻碍。《儒教衍义》要在全书的结尾处特别申明基督教高于儒教，所呈现出来的跨文本释经和比较经学进路，值得中国的基督教界深思和重视。李韦《论抗战时期的中国基督教学生运动：以社会革命为中心》[44]通过“学运”在抗战时期的发展，抗战时期的基督教学生运动在民族主义的挑战下陷入进退维谷的境地。如果基督徒只关注个人得救，非基督徒的中国民众就会指责他们不爱国，而且基督教自身也会因失去道义上的正确性，失去在中国持续发展的可能性；如果他们加入民族主义的大潮中，他们又会失去其信仰特质，或者使信仰沦为抗战救国的工具。基督教的宗教属性和民族主义的现实诉求的相互矛盾由此得以显现。

魏鹤鸣《信仰与传统——理查德·胡克的理性思想》[45]，说英国教徒胡克在《论教会组织的法律》中，以系统的神学理论表达了他的理性思想，奠定了他作为安立甘宗首席神学家以及英国保守主义先驱的地位。钱雪松《基督教信念规范性驳难的阿尔斯顿方案述评》[46]认为，从“立”上讲，阿尔斯顿方案开创了从宗教经验证成宗教信念合理性的研究进路，从“破”上讲，该方案实际上是改革宗知识论者对启蒙以来的证据主义和强理性主义思潮进行批判性反思的成果。曹坚《列维纳斯的“神圣历史观”与对犹太律法的阅读及诠释》[47]分析列维纳斯的“神圣历史观”的思想来源，首先是西方传统历史认知给他提供的反思，其次是罗森茨威格等犹太思想家的生命体验，最后是犹太律法阅读和诠释活动。李果《维特根斯坦论作为语言游戏的宗教》[48]通过对维特根斯坦后期宗教观点的分析，可以看出与逻辑实证主义者们对形而上学的拒斥之间的某种关联。维特根斯坦对宗教这种特殊的语言游戏有着特殊的同情，导致他坚持宗教这种语言游戏的封闭性和不可批判性。田海华《圣经一神论的渊源与形成》[49]呈现了雅威如何承袭与融合伊勒之特征的过程。经过君王制时代与约西亚的宗教改革，雅威崇拜发展成为以色列人的一神崇拜。巴比伦被掳事件，使雅威崇拜陷入深刻的危机中。在第二以赛亚的倡导下，雅威一神崇拜向一神论演进。伴随着绝对无偶像崇拜、四圣字母读音的消失以及公元70年第二圣殿的被毁，严格意义上的宇宙一神论形成。刘招静《时间的经济伦理学：中世纪基督教会视域中的“出售时间”问题》[50]，提出“出售时间论”首先是一条反高利贷论据，系指“出售上帝的时间”，其历史演变关乎教会在经济伦理问题上的时代因应，同时关乎教会的时间观，与前代后世深层关联。商业实践催生了城市的时间观，然而这种观念有待经院学者接受并使之进入教会视野，才得以确立其合法性，成为推动“上帝的时间”与“个人的时间”相区分的动力。以“利息史”角度观之，经院学者认可商人—贷者的收益补偿即“劳动收益补偿”，其意义甚至盖过了对“劳动收益补偿”本身的认可，具有时代性意义。

七、伊斯兰教研究

伊斯兰教从小众研究变成了有更多的学者介入。吴云贵《从刘智〈天方典礼〉看伊斯兰教中国化的路径方式》[51]，强调从宗教思想上看，实际上是如何构建具有中国特色的伊斯兰教义学问题。刘智的《天方典礼》以及王岱舆、马注等一批知名的中国穆斯林学者的著述，提出的最有价值的新思想是“主变思想”，即伊斯兰教应当随着时间的推移和场域的改变注入时代精神。教义、教理、教法的诠释应当求变革新，以回答时代提出的问题。为了认同中国主流文化，刘智等人提出了儒伊二教同源之说。一是教理同源。儒家学说的根本是“忠孝”观念，而“忠君”“孝亲”也是伊斯兰教根本所在。孔孟之道强调修身、齐家、治国、平天下的政治理论，而伊斯兰教也有相似的理论思想。刘智不仅提出了“天道”与“人道”互补之说，而且认为伊斯兰教“五功”与儒家“五典”（仁、义、礼、智、信）多有相似之处，并把“五典”称为“内五功”。因此，他认为穆斯林遵习“天方之礼”与中国先民遵循“先圣先王之教”，道理是相同的。二是道统同源。中国古代思想体系中的“道统”，是指理论思想传承的世系或连续性。伊斯兰教也有类似的说法，如称之为“圣人之道”的“圣训”，属于仅次于《古兰经》原典的“传述知识”，传述线索的“连续性”是证实所传圣训真实可信的重要依据。从理论框架上看，刘智等中国穆斯林学者的主要贡献可以概括为如下几个方面：其一，阐释具有伊斯兰教特色的宇宙发生论。其二，在“认主学”方面，将儒家的“明明德”理念与苏非“认主学”体认真主之说相结合，使之带有中国文化特色。其三，在本体与属性论问题上提出了独特的见解。其四，认同儒家的伦理纲常之说。其五，用“二元忠诚”来代替“一元忠诚”。金宜久《探析伊斯兰教自我调适》，强调伊斯兰教自我调适，应与时俱进，在坚持宗教中国化大方向的前进中，理直气壮、名正言顺地体现其因时制宜、因地制宜、因族制宜、因事制宜。只有这样，伊斯兰教在接受党和政府的领导，在践行自我调节、自我完善的进程中，才能真正做到与社会主义社会相适应，此乃伊斯兰教在社会主义制度下得以自我发展的必由之路。[52]万兆元《巴哈伊教中国化的早期探索从“波海会”到“大同教”（1915—1937）》[53]指出，民国时期的中国思想界对巴哈伊人类大同、世界和平的理念产生了广泛的共鸣。巴哈伊信仰在华不论杜亚泉最早的中文评介还是本土巴哈伊印行的首份中文传单，不论来华巴哈伊教师儒特的宣教运动还是杰出信徒曹云祥的译经实践，无不贯穿着本土化或中国化的主线。对于中国巴哈伊而言，应否中国化不是问题，如何更好地中国化才需要探讨，这不仅符合中国的历史传统和当今时代的需求，而且高度契合巴哈伊教教义。

现代伊斯兰世界自从“阿拉伯之春”以后，已经发生了根本的变化，原有的西方学者的观点，已经被现实中巨大改变而颠覆。刘精忠和邬晶灵《从“伊斯兰”本义看纳斯尔的“传统伊斯兰”之内涵》[54]认为，近代兴起的传统主义和现代主义两种思潮虽都有其合理性，但从发展创新的眼光看，二者皆有其历史局限性。纳斯尔所倡作为一种“神圣传统”的“传统伊斯兰”理念，在信仰之本原与显现意义上，或为伊斯兰文明的未来勾勒出一扇“神圣”之窗。李福泉和金鹏《伊朗“光明行者”活动初探》[55]，对“光明行者”的活动在当今伊朗政府的宗教文化战略中的重要地位做了评价。把以伊玛目侯赛因为集中体现的什叶派烈士文化作为核心叙事，实现了什叶派信仰与烈士文化的高度结合，借助人们对两伊战争的集体记忆，以一种大规模社会运动的形式，潜移默化地宣扬着伊朗政府的宗教观、历史观、战争观和国家观。王霏《“教派主义”与叙利亚重建》[56]分析论证叙利亚危机不完全属于教派冲突，指出阶级、意识形态、地方关系等也在叙利亚危机中扮演了重要角色。叙利亚“教派主义”因为长期的历史矛盾、短期的危机刺激及教派成员对集体被灭绝的恐惧等诸多因素动员起来。

八、结语

以上对2019年北京地区的宗教研究做了一些基本介绍。作为当代中国宗教研究的中心之一的北京地区，集中了宗教研究最多的学者，拥有当代宗教研究的主要刊物，但是与前些年相比较，北京地区的宗教研究进步不多，很多传统领域的研究成果或炒“冷饭”，或创新度不够，有些文章甚至学术水准也欠缺。但是在近年新兴起的一些领域，例如民间宗教研究和伊斯兰教的研究则提高很快，表现出了一定的水准。良莠不齐的研究现状其实反映的是一些人急功近利的情况，中国宗教研究要走向世界，需要我们沉下心来拿出更好的成果才行。

注：

①《世界宗教研究》，2019年第1期。
②《世界宗教研究》，2019年第2期。
③《世界宗教研究》，2019年第4期。
④《世界宗教研究》，2019年第5期。
⑤《世界宗教研究》，2019年第3期。
⑥《世界宗教研究》，2019年第1期。
⑦《世界宗教研究》，2019年第2期。
⑧《世界宗教研究》，2019年第6期。
⑨《世界宗教研究》，2019年第1期。
⑩《世界宗教研究》，2019年第4期。
⑪《世界宗教研究》，2019年第1期。
⑫《世界宗教研究》，2019年第2期。
⑬《世界宗教研究》，2019年第2期。
⑭《世界宗教研究》，2019年第2期。
⑮《世界宗教研究》，2019年第3期。
⑯《世界宗教研究》，2019年第3期。

⑰《世界宗教研究》，2019 年第 4 期。
⑱《世界宗教研究》，2019 年第 6 期。
⑲《世界宗教研究》，2019 年第 6 期。
⑳《世界宗教研究》，2019 年第 1 期。
㉑《世界宗教研究》，2019 年第 1 期。
㉒《世界宗教研究》，2019 年第 1 期。
㉓《世界宗教研究》，2019 年第 3 期。
㉔《世界宗教研究》，2019 年第 3 期。
㉕《世界宗教研究》，2019 年第 4 期。
㉖《世界宗教研究》，2019 年第 6 期。
㉗《世界宗教研究》，2019 年第 5 期。
㉘《世界宗教研究》，2019 年第 4 期。
㉙《世界宗教研究》，2019 年第 1 期。
㉚《世界宗教研究》，2019 年第 2 期。
㉛《世界宗教研究》，2019 年第 3 期。
㉜《世界宗教研究》，2019 年第 3 期。
㉝《世界宗教研究》，2019 年第 4 期。
㉞《世界宗教研究》，2019 年第 3 期。
㉟《世界宗教研究》，2019 年第 4 期。
㊱《世界宗教研究》，2019 年第 4 期。
㊲《世界宗教研究》，2019 年第 5 期。
㊳《世界宗教研究》，2019 年第 6 期。
㊴《世界宗教研究》，2019 年第 4 期。
㊵《世界宗教研究》，2019 年第 1 期。
㊶《世界宗教研究》，2019 年第 6 期。
㊷《世界宗教研究》，2019 年第 2 期。
㊸《世界宗教研究》，2019 年第 2 期。
㊹《世界宗教研究》，2019 年第 4 期。
㊺《世界宗教研究》，2019 年第 2 期。
㊻《世界宗教研究》，2019 年第 1 期。
㊼《世界宗教研究》，2019 年第 5 期。
㊽《世界宗教研究》，2019 年第 5 期。
㊾《世界宗教研究》，2019 年第 6 期。
㊿《世界宗教研究》，2019 年第 6 期。
51《世界宗教研究》，2019 年第 3 期。
52《世界宗教研究》，2019 年第 6 期。
53《世界宗教研究》，2019 年第 3 期。
54《世界宗教研究》，2019 年第 2 期。
55《世界宗教研究》，2019 年第 1 期。
56《世界宗教研究》，2019 年第 4 期。

（作者：黄夏年，中国社会科学院编审）

经　济　学

理论经济学

杨瑞龙　周　文　李　琼

理论经济学在 2019 年取得了长足的进步，专家学者围绕我国改革开放与经济发展中面临的热点、难点、重点问题展开了热烈的讨论，取得了一系列令人瞩目的成果。本报告主要以北京的专家学者为主、兼顾国内重要的研究成果，反映过去一年理论经济学所取得的进步。

一、中国特色社会主义政治经济学研究

2019 年，经济理论界对中国特色社会主义政治经济学的研究内容丰富、认识深刻、数量可观、层次较高，研究聚焦中国特色社会主义政治经济学的重大理论和现实问题，涵盖面广，涉及中国特色社会主义政治经济学的体系构建、研究重点、基本问题、研究对象、核心理论、对西方经济学的借鉴、对马克思主义经济学的创新、课程教学等内容，现将国内有影响力的著名学者的相关研究综述如下。

刘国光认为随着中国特色社会主义进入新时代，需要不断创新马克思经济学的理论和方法，正确分析和解决中国经济发展面临的问题，具体来说，要不断发展和完善社会主义初级阶段的基本经济制度和分配制度，保障中国社会主义的发展方向和经济社会的持续健康发展；完善社会主义市场经济的基本调节制度，更好发挥国家发展规划的战略导向作用，保障经

济的持续稳定协调发展；在扩大开放中要始终坚持对等开放制度，保障国家的整体利益和人民利益、经济安全和制度安全；坚持用发展变化眼光看待社会主义发展的阶段性，保障中国特色社会主义不断向更高阶段转变。①

洪银兴提出当前构建中国特色社会主义政治经济学理论体系，着力点主要在讲好中国故事、全面创新、走向世界3个方面。中国特色社会主义政治经济学的学科定位体现在，它要提供一种意识形态，分清社会主义和资本主义；它要提供思想教育教材，要解决社会主义的制度自信、道路自信、理论自信问题；它要批判各种非马克思主义的经济思潮，还要当中国特色社会主义经济的建设者。随着中国特色社会主义进入新时代，政治经济学也进入了新时代，中国特色社会主义政治经济学是对中国特色社会主义经济制度和经济发展道路的理论概括，具有新时代特征。构建中国特色社会主义政治经济学理论体系，应遵循目标导向和问题导向，坚持马克思主义经济学的范式，基本立场是以人民为中心，研究对象是生产力和生产关系结合、发展生产力，基本任务是阐释社会主义初级阶段的经济规律尤其是发展的理念，研究方法是唯物辩证法和历史唯物主义，不排除现代方法的应用，以马克思主义政治经济学的话语和新时代中国特色社会主义经济思想的话语为基础。中国特色社会主义政治经济学的研究内容包括经济制度、运行、发展几个层面。②

杨瑞龙认为，创立中国特色社会主义政治经济学需要推进经济学研究范式的创新，为此，我们应努力做到以下几个方面：第一，努力推进马克思主义经济学的当代化与中国化；第二，以全方位开放的学术态度推进中国特色社会主义经济理论体系的构建；第三，倡导直面现实的研究方法；第四，推进研究方法的现代化；第五，充分认识到创建中国特色社会主义经济理论的长期化与艰巨性。③杨瑞龙认为，方法论对于构建一个逻辑一致的社会主义经济理论分析框架至关重要。在直面改革开放与经济发展中面临的重大问题时，有时会发现理论和现实不完全吻合，这时不要简单地怀疑现实，而是应该根据变化中的现实来检验乃至不断地改造现有的理论，进而解释现实，这就是理论创新。在创立中国特色社会主义政治经济学时，要有“问题意识”。如果我们坚持问题导向，直面我国改革发展中面临难点与重点问题，坚持在马克思主义经济理论指导下，合理吸收西方经济学中的有用成分，不懈地进行理论创新，那么我们就能迎来中国经济学的时代。④

刘学梅、郭冠清认为，对于任何一个学科的理论体系构建来说，研究对象问题都是一个首要的基本问题，确立正确的研究对象，是建立中国特色社会主义政治经济学的关键和难点所在。中国特色社会主义政治经济学研究的是“中国特色社会主义”这一社会主义初级阶段的政治经济学，历史阶段不可缺少，需要加强历史维度的研究；中国特色社会主义政治经济学研究的是中国特色“社会主义”政治经济学，社会主义的性质不能丢，需要解决为谁服务的问题；中国特色社会主义政治经济学研究的是中国特色社会主义的“政治经济学”，而不是其他学科，自然应该包括马克思主义政治经济学的内容。基于这样3个判断，作者结合政治经济学研究对象探讨的历程，提出中国特色社会主义政治经济学的研究对象是中国社会主义初级阶段生产方式以及相应的生产和交换条件。⑤

朱鹏华、王天义认为，中国特色社会主义政治经济学是中国探索社会主义道路进程中积累的实践经验总结，其学理依循于马克思主义政治经济学。马克思主义政治经济学的研究对象是生产关系，在研究生产关系时紧密结合生产力，依循这一学理，中国特色社会主义政治经济学的研究对象是在中国共产党集中统一领导下的社会主义初级阶段的生产关系，现阶段这种生产关系遵循五大发展理念的实践指向，凸显了以人民为中心的价值取向。具体来说，中国特色社会主义政治经济学的研究对象有3个基本内涵：以绿色为“底色”，紧密结合绿色发展理念研究生产关系；创新、协调和开放发展的基本经济制度；共享发展的基本分配制度。⑥

刘谦、裴小革提出，对中国特色社会主义政治经济学核心理论进行定位时，应遵循两个基本原则，一是立足于社会主义初级阶段，二是方法论上借鉴马克思在构建其经济学体系时所遵循的原则。根据这两个基本原则，可以将社会主义市场经济理论确立为中国特色社会主义政治经济学理论体系的核心，原因有三：首先，以市场经济为依托发展社会生产力，是我国在构建中国特色社会主义政治经济学理论体系时所处的具体时代特征，社会主义市场经济理论完整反映了这一时代特征；其次，从历史上看，我国对于社会主义与市场经济融合的可能性以及融合的具体方式的探索，自20世纪50年代中期完成社会主义三大改造时起，始终在持续进行着；最后，中国特色社会主义政治经济学理论体系中的生产资料所有制理论、宏观调控理论、经济发展理论、收入分配理论等，都是围绕构建和完善社会主义市场经济理论而存在的。⑦

方福前认为，中国特色社会主义政治经济学以马克思主义政治经济学为指导，扎根于中国改革开放和社会主义现代化建设伟大实践，在现阶段是中国社会主义市场经济学。因此，中国特色社会主义政治经济学既要研究市场经济的一般，也要研究社会主义市场经济的特殊，形成既有别于传统的政治经济学又有别于西方经济学的体系、内容和特色。当前，由于市场体系和市场机制发育不完全，中国社会主义市场经济还只是"半市场经济"，市场机制还没有真正在资源配置中起决定性作用，面对这一现实，中国特色社会主义政治经济学要把市场有效性和政府有效性结合在一起分析，研究市场与政府的最佳结合方式，最终使市场在资源配置中起决定性作用和更好发挥政府作用。现代西方经济学主要研究市场经济一般，其有益的成分和积极的成果可以为建设社会主义市场经济之用，为建设和完善中国特色社会主义政治经济学之用。具体来说，可对西方经济学理论实施"剔除术""整形术""移植术"3 种"手术"，进行中国化改造，使之正确地用于中国特色社会主义市场经济研究，为中国特色社会主义政治经济学建设服务。⑧

郭旭红、武力指出，加强中国特色社会主义政治经济学教学具有重大意义，然而，高校中国特色社会主义政治经济学教学存在被边缘化、空泛化和标签化的趋势，造成这种现象的主要原因是课程定位不明确、理论体系亟待完善、尚无权威的统一教材、教师队伍建设滞后等。为此，必须深化中国特色社会主义政治经济学教学改革，探索解决问题的主要途径。首先，明确课程定位和教学目的，高校经济学基础理论课实行"单轨制"，即中国特色社会主义政治经济学是唯一的经济学理论基础课，而不是中国特色社会主义政治经济学和西方经济学两门课程"并重"。其次，创新完善理论体系，对中国特色社会主义经济的实践经验进行理论总结，上升为系统化的学说。再次，实施经济学教材建设工程，深入探索和研究教材编写，统一思想，明确思路。最后，建设高素质的教师队伍，改革创新课堂教学和实践教学模式，以提高中国特色社会主义政治经济学教学的说服力和感染力，达到"立德树人"的目的。⑨

顾海良从马克思主义政治经济学史的角度提出，习近平在中央政治局第 28 次集体学习时发表的《不断开拓当代中国马克思主义政治经济学新境界》（以下简称《新境界》）的讲话，如似马克思《〈政治经济学批判〉导言》（以下简称《导言》）的中国版本，堪称中国特色社会主义政治经济学的"导言"。《新境界》对马克思《导言》的思想赓续和理论创新，体现在 4 个方面：坚守了马克思主义政治经济学对象的社会性和历史性；镌刻了马克思主义政治经济学发展的中国"历史路标"；探索了从"结构"的"内部联系"到"系统化的经济学说"；蕴含了马克思主义政治经济学创新的"中国智慧"。⑩

张占斌提出构建新时代中国特色社会主义政治经济学具有重要的实践指导意义、理论创新意义和世界性意义。新时代中国特色社会主义政治经济学具有鲜明的理论品格，表现在 5 个方面：一是发展主题的时代性；二是发展目的的人民性；三是发展方式的科学性；四是发展理念的创新性；五是发展维度的全球性。新时代中国特色社会主义政治经济学以马克思主义为理论起点，以中国特色社会主义政治经济学为理论前提，以党的十八大以来经济改革发展为实践基础，以习近平新时代中国特色社会主义经济思想为核心内容，这 4 个基本维度不仅充分体现了新时代中国特色社会主义政治经济学研究的根本立场、基本方法和主要内容，也明确了下一步深入研究的基本原则和重点方向。⑪

2019 年 5 月 17 日，中国社会科学院经济研究所召开了建所 90 周年国际研讨会，来自中国社会科学院、清华大学、北京师范大学、武汉大学、复旦大学等科研机构和高等院校的专家学者就"新时代中国特色社会主义政治经济学"进行了研讨。中国社会科学院张曙光认为，数字信息经济带来了从所有权中心向使用权中心的转变，出现了使用权中心的企业和企业理论，导致企业和企业理论发生一系列变化。清华大学蔡继明提出，中国特色社会主义政治经济学研究应体现中国共产党的领导，处理好经济基础与上层建筑，经济发展与意识形态之间的关系，同时必须能解释现实问题。中国社会科学院胡怀国认为，政治经济学从诞生之日起就带有鲜明的时代特征和政策指向，立足社会主义初级阶段的基本国情，充分利用市场经济的效率，同时坚持以人民为中心，不断促进人的全面发展、全体人民共同富裕，这既是中国特色社会主义政治经济学的核心内容，又是其鲜明的时代特征和政策指向。中央财经大学林光彬主张，在构建中国特色社会主义政治经济学上要有独立自主的探索精神，让理论随时代、实践和科学的发展而发展，要从过去的“照着讲”“接着讲”向“自己讲、讲自己”发展，中国特色社会主义政治经济学要包括经济规律、制度、管理3个层次的内容。中国社会科学院郭冠清基于文本和翻译的角度考察了政治经济学的研究对象，指出政治经济学研究的是生产方式以及和它相适应的生产和交换条件。北京师范大学沈越提出，马克思所说的市民经济就是商品经济或市场经济，按照马克思的市民经济思想，改革开放的关键在于把人从传统经济模式的束缚下解放出来，激发了最活跃、最革命的生产要素即劳动者的创造性和积极性，要建立中国特色的社会主义政治经济学，就应该回到马克思。⑫

二、政府与市场关系问题研究

党的十八届三中全会明确了全面深化改革的若干重大问题，指出经济体制改革是全面深化改革的重点，核心问题是处理好政府和市场的关系，使市场在资源配置中起决定性作用和更好发挥政府作用。多年来，理论经济学界围绕政府与市场关系问题展开了大量学术研究，普遍认为政府与市场的关系问题，是构建中国特色社会主义政治经济学的一个重大理论问题，也是新时代实现经济高质量发展的一个重大现实问题，值得深入研究和探讨。2019年，学术界对政府与市场关系的研究围绕两者关系的历史演变、互补性、研究视角、实践中的具体模式、影响以及如何处理两者关系等内容展开。其中，具有代表性的观点如下：

谢伏瞻指出，斯密的“守夜人”政府与传统计划经济学派分别处在政府与市场关系的两极上，在思想谱系两极之间还有更多的观点。实现政府与市场的完美组合与微妙平衡，一直都是人类在经济制度建构上孜孜以求的目标。新中国成立70年来的经济发展是一段探索政府与市场关系的伟大实践和创新，1953年过渡时期总路线、1978年的党的十一届三中全会、1992年邓小平南方谈话以及当年党的十四大，都是政府与市场关系变化的重要历史节点。党的十八届三中全会明确指出坚持社会主义市场经济改革方向，核心问题是处理好政府和市场的关系，使市场在资源配置中起决定性作用和更好发挥政府作用，这是我们党在理论和实践上的又一重大突破。中国的实践表明，政府与市场二者的关系是动态演进的，作用是互补的，并且在经济发展的不同阶段互补形式有很大不同，此外，地方政府的作用能为政府与市场关系的理论探索提供新的素材和灵感。总之，政府不是越小越好，经济高质量发展需要政府有为、有效，但政府作用要以市场发挥决定性作用为前提，法治政府、责任政府、服务型政府将是“十四五”以及未来更长一段时期政府转型的方向。⑬

杨瑞龙认为，正确处理政府与市场之间的关系是中国特色社会主义政治经济学的重要问题。特殊国情决定了我们既要充分发挥市场机制在资源配置中的决定性作用，又要更好地发挥政府的作用。第一，政府在制度层面的作用；第二，政府在改革层面的作用；第三，政府在宏观调控中的作用；第四，政府在中观层面的作用，我国所处的特殊发展阶段决定了政府将选择恰当的产业政策在产业升级转型中发挥重要的作用；第五，制度在微观层面的作用，如政府为实现社会公平、维护市场秩序等目标，对微观主体实施必要的行政干预。更好发挥政府作用的前提就是要充分发挥市场机制在资源配置中的决定性作用，为此就必须重新界定政府与市场之间的权力边界。政府干预既有成功的例子，也有失败的教训，关键是如何选择合适的政府干预方式以及怎样把政府干预控制在必要的限度内。⑭

程恩富、高建昆提出，经济体系的核心子系统包括经济调节体系、产业体系、市场体系、收入分配体系、城乡区域发展体系、绿色发展体系、全面开放体系7个方面，建设现代化经济体系、推动高质量发展，需根据经济体系的内在结构性特点，正确认识和稳妥把握其核心子系统中的一系列重要关系。其中，完善经济调节体系要把握好政府与市场的关系，原因在于，市场调节具有调节目标偏差、调节速度缓慢、调节成本昂贵、调节程度有限等功能上的短板，在一些重要和特殊资源的长期配置与全局配置上，市场调节往往会失灵，恰恰在这些领域，政府可以通过对重要经济资源的主动规划配置来实现长远利益和整体利益，及时矫正市场失灵的负面影响。因此，把握政府与市场的关系就要形成功能良性互补、效应协同的经济调节体系，对一般资源的短期和局部调节，充分发挥市场在资源配置中的决定性作用，而在市场调节失灵的领域，则更好发挥政府作用，参与配置公共产品等特殊资源，主动规划和引导资源的长期配置。⑮

逄锦聚认为，市场经济作为一种经济形式总是与社会制度结合在一起，市场经济的发展从一开始就存在着政府和市场的关系问题，如何处理好两者的关系是一个世界性难题，从历史发展的角度看，政府和市场的关系并没有固定不变的模式。习近平总书记关于“有效的市场”和“有为的政府”的重要论述，为正确认识和处理政府与市场的关系指明了方向，在这一方向指引下，我国经济体制改革围绕处理好政府与市场关系全方位推进。市场在资源配置中起决定性作用是实践做出的回答，要发挥市场的这一决定性作用，必须按照现代企业制度的要求塑造微观主体，加快完善现代市场体系。更好发挥政府作用是历史的必然选择，我国政府的作用不是要不要发挥的问题，而是把市场该管的交给市场，集中精力把市场做不了做不好的事情做实。[16]

杨瑞龙等认为，产业政策是否有效的争论本质上是回答政府在社会主义市场经济条件下究竟应该扮演什么样的角色。国内学术界对产业政策的争论仍停留在“产业政策是否有效”的阶段，而真正的问题应该是“产业政策什么时候有效”，即产业政策的有效性边界。将不可缔约性引入到具有外部性的产业政策之中，可以看到，产业政策本质上是政府与企业签订的一个不完全契约。由于所有权分配既是缓解不完全契约中“敲竹杠问题”的方法，也是解决外部效应内部化的途径，因此，通过不完全契约理论可以分析不同所有权结构下产业政策的有效性问题。杨瑞龙等认为，产业政策的有效性依赖于 4 个条件：第一，当政府目标与企业目标不一致时，政府对产出价值的评价足够高；第二，政策制定前政府要充分调研，实施时要有因地制宜的配套措施；第三，产权明晰化的微观基础；第四，政府不滥用谈判力。[17]

宋磊、谢予昭提出，引进产业政策是中国式政府—市场关系得以形成的起点之一，产业政策贯穿了中国的市场化改革全过程，而且是中国在政府—市场关系方面可供其他发展中国家借鉴的主要经验，因此，产业政策是理解中国式政府—市场关系的重要视角。从产业政策的角度看，中国式政府—市场关系的演变经过了 4 个阶段：第一阶段以行政思路解读市场逻辑。即将经济计划等同于产业政策，这可能是一种策略性的“误读”，弱化了一些政策机构对于产业政策的抵制，在推行产业政策的过程之中，市场机制必然被引入且作用空间开始增大。第二阶段以行政措施培育市场机制。这一阶段产业政策以助推市场主体和改进市场环境两种形式促进了市场机制的发展，例如企业集团化政策、工业园区政策以及引进外资政策。第三阶段以政策调整引导市场主体。由以市场换技术到自主创新的技术政策转变体现了这一点。第四阶段以行政力量补充市场作用。市场在资源配置中发挥决定性作用，政府也要更好地发挥作用以及政府和企业的关系应该紧密透明，都与产业政策有关。从特征上看，中国式政府—市场关系在形成过程上具有政府主导性，在内部结构上具有多样性，在实质内容上具有创新性。中国式政府—市场关系的理论意义体现在为丰富市场经济多样性理论提供了经验基础，也揭示了发展中国家在当代国际分工体系之下持续地实现自主发展的路径。[18]

李冉、江可可将新中国成立以来我国政府与市场关系的建构历程分为 4 个时期：1949—1977 年政府主导与“两种市场”时期，这一时期政府的行政力量十分强大，但市场本身是存在的，而且表现为“两种市场”，即政府集中控制的国家市场与弹性存在的自由市场。1978—1991 年政府放权与市场转型时期，这一时期我国政府与市场关系实现了从“主辅论”向“层级论”的过渡，政府逐渐减少对自由市场的限制，但在总体上没有跳出计划经济的框架，政府与市场的资源配置作用在探索和试错中具有摇摆性。1992—2012 年政府宏观调控与市场基础作用时期，这一时期我国经济运行特征发生了根本性变革，在实践上开创了社会主义市场经济体制，实现了政府与市场的关系从体制外的分层管理转向体制内的有效结合。2013 年至今市场决定作用与政府更好作用时期，这一时期提出的市场起决定性作用和更好发挥政府作用，标志着我国社会主义市场经济体制市场化改革进入到了二者双向强化的关系构建阶段。随着中国特色社会主义进入新时代，政府与市场的关系尚需进一步完善，要学理上返本开新，在坚持马克思主义有计划按比例规律中发展“两手论”；要紧扣新时代主要矛盾，在处理政府与市场关系中着力解决发展不平衡不充分的问题；要加强党对经济工作的领导，通过贯彻以人民为中心的发展思想引领经济高质量发展。[19]

陈云贤提出，有为政府和有效市场的有机结合造就了中国改革开放 40 年来在经济增长、城市建设、社会民生方面的巨大成效，这已成为海内外的共识，中国特色的社会主义市场经济正在逐步迈向有为政府与有效市场相融合的高质量经济。对此，可从理论和实践两个层面做出论证与判断。从理论层面看，通过分析斯密和凯恩斯理论的不足，发现资源配置不仅与资源稀缺相关，而且与“资源生成”密不可分，随着经济发展和时代进步，资源生成与资源稀缺成为资源配置中的一对孪生儿，在理论发展和经济建设中发挥着不同作用。从实践层面看，可以看到深圳市政府在资源生成领域所遵循的“政府推动、企业参与、市场运作”机制，是深圳改革开放成功的密码之一。这一机制深刻揭示出中国特色社会主义市场经济4个层次的相容：公有制与商品生产的相容、公有制与混合经济的相容、公有制企业参与竞争与市场规则的相容、“有为政府”更好发挥作用与“有效市场”运行的相容。深圳的实践表明，如果将城市资源分为可经营性资源、非经营性资源以及准经营性资源3种类型，赋予政府微观和宏观两种属性从而使市场存在企业和区域政府双重竞争主体。那么，“弱式有效市场”“半强式有效市场”“强式有效市场”“弱式有为政府”“半强式有为政府”“强式有为政府”的组合，将形成现代市场经济与成熟有为政府的9种模式，“强式有为政府”与“强式有效市场”是政府与市场组合的最佳模式，是真正成熟市场经济所要体现的目标模式。[20]

李叶妍、姜楠提出了两个基本假设，其一，市场竞争是提升企业生产效率的重要因素，具体作用效果因企业竞争属性不同而存在差异；其二，中国政府通过“有形的手”给予企业适度补贴政策支持，有利于直接或间接促进生产效率的提升。通过选用中国工业企业数据库1998—2007年的企业样本数据，选取企业全要素生产率、主营业务收入、销售收入、补贴收入、所有制性质等一系列指标，运用固定效应模型进行基准回归和交叉作用分析，得出如下结论：第一，企业的成立年限越长、利润率和出口密集度越高，生产效率水平就越高；企业的规模越大、资本密集度越高，反而不利于其生产效率的进一步提升；企业的所有制性质类型对生产效率的影响不显著。第二，通过有效发挥市场机制作用，企业自由进入或退出行业，实现有限资源的优化配置和行业集中程度，能够间接促进生产效率的提升。第三，政府补贴可以显著促进生产效率的提高。在此基础上提出自上而下强化竞争政策的基础地位、以优化营商环境为契机推动经济高质量发展、政府补贴政策须与市场化手段结合使用的政策建议。[21]

三、进一步完善社会主义市场经济体制研究

2019年10月召开的党的十九届四中全会着重研究了坚持和完善中国特色社会主义制度、推进国家治理体系和治理能力现代化的若干重大问题，会议将社会主义市场经济体制上升为社会主义基本经济制度，提出加快完善社会主义市场经济体制，并就如何加快完善社会主义市场经济体制明确了包括建设高标准市场体系在内的10个方面的工作要求。2019年，理论经济学界在进一步完善社会主义市场经济体制方面的研究，内容丰富，涉及面广，主要选题有：如何完善中国特色社会主义市场经济体制、我国市场取向改革过程中的得失是非、要素市场化改革、营商环境优化、市场准入负面清单制度、社会主义市场经济理论与实践、社会主义基本经济制度的新内涵等。

刘伟指出，中国特色社会主义市场经济是前无古人的历史性命题，坚持社会主义市场经济改革方向，建设中国特色社会主义市场经济体制，关键是将社会主义初级阶段公有制为主体、多种所有制经济共同发展的基本经济制度，与市场机制发挥决定性作用的资源配置方式有机地统一起来。这种统一体现在3个方面：其一，将公有制为主体基础上的社会主义所有制结构的改革与市场机制的引入和培育的统一；其二，在企业产权制度改革和市场价格制度改革的统一中培育社会主义市场经济竞争机制；其三，国有企业产权及治理结构改革与国有经济（资本）分布结构改革相互统一。[22]

卫兴华、李先灵系统梳理了邓小平社会主义市场经济理论的发展过程和我国由计划经济转向市场经济的曲折历程，认为邓小平为我国实行社会主义市场经济起了最终决定性作用，但他的有关理论思想经历了曲折的发展过程，同样，中央关于市场取向改革的目标模式，也经历了曲折的发展过程。我国确立社会主义市场经济体制的曲折历程充分表明，改革的理论和实践并不是一帆风顺地走过来的，始终存在着不同见解的理论争鸣，存在着对立观点的交锋。为了进一步完善社会主义市场经济体制，既要总结成功的经验，也要总结改革中出现过的缺失，应全面总结改革开放的得失是非。[23]

杨瑞龙指出，我国正由高速度发展进入高质量发展阶段，这表明我国正处在转变发展方式、优化经济结构、转变增长动力的重要历史时期。高质量发展依赖于高质量的制度。什么是高质量的制度，那就是建设现代化经济体系，构建微观主体有活力、市场机制有效、宏观调控有度的经济体制，不断增强微观经济创新力和竞争力。构建高质量制度的关键就是要不断深化市场化改革，加快完善社会主义市场经济体制，以完善产权制度和要素市场化配置为重点，实现产权

有效激励、要素自由流动、价格反应灵活、竞争公平有序、企业优胜劣汰。[24]

刘翔峰、刘强认为，在我国经济发展的不同阶段都有主导性生产要素，目前主要包含土地、劳动力、资本、技术、数据5种要素，这些要素呈现出与经济发展阶段相适应和促进生产力发展的新特征。坚持要素市场化改革方向，必须遵循要素市场配置规律，注重使主导性要素引导其他要素积聚形成先进生产力，选择符合中国实际的要素市场化配置模式，明确要素市场化配置是促进生产力发展的最优选择，同时，使要素市场化配置改革能接受实践检验。为了确定要素市场化改革的路径，首先，分析生产要素配置存在的体制机制障碍，诸如要素价格普遍扭曲，要素价格市场化机制尚未形成；要素配置结构失衡和要素配置效率下降导致经济增速放缓；要素市场机制不健全，竞争性要素市场体系尚未构建；要素配置的体制障碍制约了各要素市场化发展，等等。其次，明确要素市场化配置改革应遵循的总体思路，即全面深化要素市场化改革、构建全国统一的要素市场、保证要素充分流动、进行系统性的要素配置改革。再次，按照这一思路推进各要素市场配置改革，包括推动以“农村土地”为核心的土地要素市场化改革、推动以户籍制度为核心的劳动力要素市场化改革、推进以基本制度建设为核心的资本要素市场化改革、加快以技术转化为核心的技术要素市场化改革、加快培育以开放共享为核心的数据要素市场化配置。最后，完善配套改革，主要是加快要素市场价格形成机制，健全要素市场体系建设；发挥政府作用，维护要素市场公平竞争；创新对外开放模式，培育国际竞争新优势。[25]

乌日图提出，优化营商环境是建立完善社会主义市场经济体制面临的重要任务。从改革开放40余年的历史来看，建立完善社会主义市场经济体制始终是经济体制改革的核心任务，是中国特色社会主义经济制度的关键问题，而优化营商环境则伴随着经济体制改革的全过程，建立完善社会主义市场经济体制是优化营商环境的本质。从这个角度讲，优化营商环境和“放管服”改革必须着眼于坚持和完善社会主义基本经济制度，妥善处理政府和市场的关系，加快完善社会主义市场经济体制机制。具体来说，一是要建立完善激发各种所有制经济活力实现共同发展的市场经济体制，建设统一开放、竞争有序的市场体系。包括在投资准入上，要打破各种各样的“卷帘门”“玻璃门”“旋转门”；在经营运行上，要为民营企业获取人才、资金、土地等生产要素提供公平的环境；在履行责任上，要建立形成鼓励各类市场主体积极履行社会责任的机制和氛围。二是要建立完善适应社会主义市场经济要求的行政管理体系，构建职责明确、依法行政的政府治理体系。当前推进“放管服”改革、优化营商环境过程中存在不少制约因素，根源是整个行政体系改革不到位、与市场经济体制不相适应。为此，应在增强行政体制改革系统性和协调性的同时，加强监管能力建设。三是要建立完善适应社会主义市场经济要求的法律体系，随着时代和实践的发展不断发展法律体系。国务院颁布的《优化营商环境条例》，针对当前营商环境存在的突出问题，从体制机制上进行了一些规范。[26]

孙来斌认为，社会主义市场经济理论是中国特色社会主义政治经济学的重要组成部分，是中国共产党在改革开放的伟大实践中不懈探索、勇于创新的理论建树，是对马克思主义政治经济学的重大理论创新，这一理论是在改革开放的伟大实践中产生和发展起来的，没有改革开放的新实践，没有人民群众的实践创造，就不可能形成社会主义市场经济理论。改革开放以来，社会主义基本制度与市场经济结合的中国实践，产生了重大而深远的影响，在理论上实现了三重不同意义的超越：超越了一些马克思主义学者的传统解读、超越了西方主流经济学的理论框架、超越了“市场社会主义”的制度设计。党的十八大以来，以习近平同志为核心的党中央，全面深化改革，加快完善社会主义市场经济体制，集中体现在3个方面：第一，坚持社会主义市场经济改革方向；第二，坚持辩证法、两点论，把社会主义基本制度与市场经济两方面优势都发挥好；第三，针对一些薄弱环节加快完善社会主义市场经济体制。[27]

郭丽岩提出，确立全国统一的市场准入负面清单制度是新时代完善社会主义市场经济体制的重要举措，体现在两方面：一方面，市场准入负面清单制度对市场准入环节实行“非禁即入”管理模式，大幅放宽了准入门槛，配合事中事后监管和优化服务改革，将促进政府治理方式发生根本转变；另一方面，市场准入负面清单制度实行动态调整的机制设计，科学、及时、合法对市场准入负面清单进行年度修订，有利于推动市场准入制度改革和现代市场体系建设不断走向深化。《清单》（2019年版）是市场准入负面清单制度全面实施以来的第一次年度修订，此次修订严守清单定位、缩减清单长度、优化事项表述。今后要进一步健全市场准入负面清单制度，提升制度匹配性，合力推动统一的市场准入体系不断完善。做到进一步强化市场准入负面清单制度与“放管服”改革之间的有效衔接，强化与市场准入负面清单制度相配套的事中事后监管体系建设，不断完善清单修订规则和兜底保障机制，大幅提升社会知晓度和实践完备程度。[28]

戚聿东指出，长期以来，中国在理论和政策上对基本经济制度的理解仅局限于所有制方面，虽然对分配和经济运行体制非常重视，但一直没有将这两个方面上升到基本经济制度的层面进行理解。党的十九届四中全会将所有制、分配和经济体制并行融入基本经济制度中，进行了“三位一体”的概括。在所有制上，基本经济制度是指以公有制为主体、多种所有制经济共同发展；在分配上，基本经济制度是指按劳分配为主体、多种分配方式并存；在经济体制上，基本经济制度是指社会主义市场经济体制。其中，在经济运行机制上，社会主义基本经济制度的体现就是实现社会主义市场经济体制。完善社会主义市场经济体制，就是要构建“市场机制有效、微观主体有活力、宏观调控有度”的经济体制。为此，需要全面深化改革，加快完善现代市场体系，建立公平开放透明的市场规则，完善主要由市场决定价格的机制，建立城乡统一的建设用地市场，完善金融市场体系，深化科技体制改革。同时必须切实转变政府职能，深化行政体制改革，创新行政管理方式，增强政府公信力和执行力，建设法治政府和服务型政府。[29]

四、所有制结构与国有企业改革研究

为纪念新中国成立70周年和改革开放40周年，2019年学术界有大量的论文对我国国有企业70年发展和国企改革40年历程进行回顾与反思。另外，竞争中性原则、混合所有制改革如何深化和落实、如何在建立现代企业制度和完善公司治理结构的过程中充分发挥党组织的领导作用等问题，也是这一年关于所有制结构和国有企业改革研究的热点和重点。

1. 国有企业改革的历史进程

黄速建、胡叶琳从改革思维、经济体制、改革的目标模式与方向、改革的主要变量、所有制结构、改革方法论、改革战略和改革绩效等多个方面，对我国国有企业40年的改革历程及范式做了全面的回顾和分析，认为国企改革遵循的逻辑是中国化、时代化和大众化的发展了的马克思主义政治经济学的理论逻辑，而非西方主流经济学的逻辑。改革和调整国有企业的生产关系以提高其效率从而促进国企发展是国企改革的逻辑起点，问题导向、竞争倒逼、目标取向和应急式推进是推动国企改革的主要力量。[30]葛扬、尹紫翔对我国所有制改革的70年实践进行了回顾和总结，认为70年来我们对生产资料所有制的结构和公有制实现形式的调整，满足了解放和发展生产力的要求。新时代将发展混合所有制作为基本经济制度的主要实现形式，既增强了国企的竞争力，又扩大了民营企业的经营范围，而且混合所有制与我国的国有企业分类改革相辅相成。[31]

文宗瑜将国有企业70年的发展划分为4个阶段：1949—1957年的国有企业全面建立阶段、1957—1978年的奠定新中国工业基础阶段、1978—2002年的被推向市场及参与竞争阶段，以及2002年至今的国企资本化进程加速和利润持续增长阶段，认为国企改革与国有资产管理体制改革是协调推进的，做强做优做大国有资本是国企发展与改革的新目标。[32]武常岐、钱婷等则运用以知识图谱为主的科学文献计量方法，统计了新中国成立以来在CSSCI来源期刊上发表的国有企业管理研究成果，总结了其特征和研究热点的演变及影响因素，并对中国国有企业管理研究提出了建议。[33]

黄群慧、余菁从微观经济结构演变的视角，以国企产出占比不断下降的发展态势来观察和反思国企40年改革，并依据近10年来相当于其他所有制企业，国企运营效率趋于下降，同时国企资产负债率却在“去杠杆”政策的大背景下呈现逆势上升、居高难下的状况，得出了国企低效率问题并未解决的结论。基于此，作者提出了我国在建设现代化经济体系过程中需要重视提升自主创新能力、提高组织管控水平、拓展国际市场机会和高标准履行企业社会责任等方面的政策建议。[34]

2. 混合所有制改革与公司治理

杨瑞龙认为，应该以实施分类改革战略推进国有经济的战略性调整。杨瑞龙发表在1995年《经济研究》上的论文就提出了国有企业分类改革的逻辑与基本原则及之后提出国有企业共同治理的改革思路，近来他进一步提出应该根据国有企业所提供产品性质的不同与所处行业的不同选择不同的改革模式。具体来说，提供公共产品的企业适宜选择国有国营模式，处于自然垄断行业的国有企业适宜选择国有国控模式，处于竞争性领域的大型国有企业适宜进行产权多元化的改造，处于竞争性领域的中小型国有企业适宜完全放开，国有资本可以逐步退出。国有企业的治理结构创新应该扬弃传统的“股东至上主义”的逻辑，遵循“利益相关者合作”逻辑，构建共同治理与相机治理相结合的治理模式。[35]

常修泽提出了广义产权论，认为下一步改革和发展的思路和重点应该放在4种产权制度——产权界定制度、产权配置制度、产权交易制度和产权保护制度的创新与完善上。[36]张晖明在回顾与总结我国混合所有制发展经验与历程并澄清概念混淆和认识误区的基础上，明确了混合所有制企业的经济性质—— 一种资产组织形式，其性质由构成部分中占控股地位的资产所有制性质决定，并提出在发展混合所有制经济的过程中，要特别关注资本的公允定价以防止国有资产流失。[37]

莫龙炯、景维民构建了一个两部门混合寡头竞争模型，以分析国有经济比重对社会福利和政府收益的影响。他们使用我国1997—2016年30个省的面板数据进行验证，发现国有经济对地区经济增长的影响效应随市场进程的变化而变化。由于现阶段我国市场化进程指数尚未超过由正转负的门槛值，所有制结构对地区经济增长的影响仍处于正向效应阶段，因此，混合所有制是一种合理的制度安排，应当继续完善现代经济体系，大力发展混合所有制经济。[38]辛蔚、和军通过比较股份制企业与国有及国有控股企业主要效率指标之间的差值，对2006—2016年国企全部行业和垄断行业混改的收益进行了测算，发现全部行业的混改收益近年来不断增加，而垄断行业混改收益相对较小，据此作者提出了加快竞争性领域的改革和垄断行业混改应稳步推进的建议。[39]

沈昊、杨梅英认为，党的十八大以来国企已完成3批混改试点，形成了一批先进典型，也取得了不少经验，相比之下，国内关于我国国企混改的理论研究则落后于实践。因此他们以央企混改的典型代表——招商局集团为案例，总结和分析其经验以此来促进理论研究。研究发现：第一，混改引入的非公股东的类型与时机对公司业绩和治理有较大影响；第二，处于不同发展阶段和规模不同的企业，其适宜的混改模式也不相同；第三，就国有股权比例与公司控制权的关系来说，国有股是否居于控股地位，并不是决定其在公司治理中地位的标准和关键；第四，在公司治理模式与公司绩效方面，国企控股还是参股，与企业绩效没有必然关系，也没有绝对差别。国有控股不一定带来低效率，关键是要让市场在资源配置中起决定作用。[40]刘琳晨、陈暮紫、吴武清利用2007—2016年我国A股上市公司的董事会投票数据，以独立董事是否提出异议意见作为考察独董“独立性”的指标，在控制了个人、议案及公司等相关变量后发现，有高管背景的独立董事更具有独立性，其中与非国企高管背景的独董相比，国企高管背景的独董更倾向于提出公开质疑，有会计背景的高管独董比没有会计背景的高管独董更具独立性。[41]戚聿东、张任之则基于整体设计与路径协调的视角和系统化改革的理念，构建了一个以“逻辑起点、核心问题、特殊难题、内部机制、外部保障”为内在联系的改革框架，由此展开对高质量发展阶段国有企业改革的“再出发”问题的讨论，并提出了进一步调整优化国有经济总体规模和布局，坚持国有企业去“六化”（即行政化、独资化、独治化、垄断化、独享化、刚性化）和不断放松规制的政策建议。[42]

3. 党组织参与企业公司治理问题

自从中央提出“国有企业党委（党组）发挥领导作用，把方向、管大局、保落实”，中国特色现代国有企业制度的“特”就特在把党的领导融入公司治理各环节，以及党组织参与国企治理“讨论前置”之后，混合所有制企业股权变动、党组织与公司治理之间的关系是近几年学术界讨论较多的话题。

王曙光、冯璐、徐余江以2013—2016年沪深A股上市公司中国有股权发生变动的国有上市公司为样本，从党组织治理的视角，将党组织和国有股权变动这两个变量同时纳入国企公司治理的分析框架，对混合所有制改革过程中国有股权结构的变动与公司治理绩效以及党组织治理模式之间的关系和作用机制进行分析后发现：国有股权占比与公司治理指数呈U型关系，党组织治理与国有股权改革存在交互效应，且党组织治理并不会因为国有股权的增减而被同等程度地增强或削弱。[43]

王高阳、李建标从经济治理视角出发，认为对新时代的混合所有制改革及发展而言，异质性经济主体的良性利益合作是关键，需要通过公司治理转型来去除国有企业的行政型治理残余，并明确国企党组织在公司治理结构中的法定地位，同时优化其参与公司治理的方式、层次和结构。总之，是要在制度设计及实施的过程中始终明晰新时代不断永先的新生利益主体的权力属性和结构变动趋势。[44]

4. 竞争中性原则

竞争中性概念是澳大利亚学者最早提出来，其基本含义就是在要素获取、准入许可、经营运行、政府采购和招投标等方面，对各类所有制企业平等对待。联合国贸易和发展会议也对竞争中性作出了一个定义，就是指任何企业不因所有权而处于有利或不利地位，都普遍限制政府非中立地干预国企与私企的公平竞争。银温泉认为，实施竞争中性政策，可以推动国有企业与民营企业公平竞争，有利于推动国企改革深化和政府改革，以及公平健全、协调高效的市场经济体制的建立，也有利于为世界提供供给侧结构性改革的中国方案。应该大力推动以混改为重点的国企产权制度改革，加快国企分类改革，完善公司治理结构，强化监管中性。[45]

刘湘丽介绍了竞争中性原则的主要内容，认为竞争中性原则与国有企业劳动、人事、分配这3项制度改革是有逻辑关联的，因此，应借助竞争中性原则，摆正政府与国企间关系，界定国企社会责任，构建国企经营活动透明化机制，从而逐步消除其劣势。[46]曹建海、王帆指出，由于几年前我国为反对国际市场和国际规则制定中对国有企业实施歧视性待遇而提出了“所有制中立”观点，反对政府非中立地干预国企与私企的公平竞争，因此，我国应在市场体系改革、减少政府干预、私有财产保护和企业破产制度等方面完善市场制度。[47]

柳学信、曹晓芳将我国混合所有制经济发展和改革历程划分为以横向联合为中心的形式混合阶段、以股份制为中心的产权混合阶段以及以治理体系为中心的机制混合阶段这3个阶段。他们将混合所有制经济发展及改革的本质理解为国有经济对以非公经济为代表的市场机制的采纳和吸收过程，提出要进一步厘清政府与市场的作用边界，利用竞争中性原则营造公平的竞争环境。[48]黄速建、肖红军、王欣也从竞争中性理论出发，论述了国有企业改革40年来的样化方向正在逐步向竞争中性趋近和收敛。[49]

五、收入分配问题研究

1. 马克思主义政治经济学视角下的收入分配问题

刘伟、王灿等对改革开放以来我国城乡间、地区间和行业间的居民收入分配差距状况进行了分析，认为在我国的经济发展中，由于存在诸如限制人口流动、与地区经济状况不匹配的区域发展政策、不合理的税收结构以及贸易自由化等问题，这些都加大了居民收入的不平等。因此，作者提出了未来需要注重维持经济增长与收入结构调整平衡等政策建议。[50]

王朝明、张海浪、王彦西遵循逻辑与历史相统一的方法，将改革开放40年来中国特色社会主义收入分配理论划分为：收入分配理论的拨乱反正与正本清源、收入分配理论的突破与探索、收入分配理论的创新与发展这3个历史阶段，并从社会生产力的发展、以人为本、公平正义、所有制结构的改革、市场经济体制的目标模式等角度对中国特色社会主义收入分配理论进行展望。[51]

杨小忠、丁晓钦根据资本主义积累的社会结构（SSA）理论，用剩余价值率作为判断SSA是否稳定的标准，在劳动力匹配模型下分析收入分配、剩余价值率与SSA之间的内在关系，并得出了SSA的不稳定来自于资本主义制度下劳资关系的对抗性和不可调和性，生产资料私有制是其根源的结论。[52]

孔祥智、张琛通过对新中国成立以来农业农村从机会不平等向机会平等转变过程的分析，说明以扶贫为落脚点，扶贫发展模式由改革开放初期的短期扶贫向精准扶贫、由最初的输血式扶贫向造血式扶贫转变，以及扶贫组织由政府主导的单一模式向以政府和市场为核心的多元模式转变，这些都有利于实现收入分配的机会平等，从而缩小收入分配差距。[53]孙咏梅、秦蒙回顾了新中国成立70年的高速增长及减贫成就，认为“滴漏经济学”所推崇的高速增长可以自动消减贫困的理论缺乏解释力，只有通过经济结构调整等方式推进的“利贫式经济增长”，由高速度增长变为高质量增长，才能从根本上消除贫困。[54]

李帮喜、刘充、赵峰、黄阳华通过将马克思的再生产图式拓展为由固定资本、一般性生产资料、消费资料组成的三部类结构表，利用中国1987—2015年的投入产出表，分析和检验了投资驱动型增长下的收入分配与宏观经济效率之间的关系，结果验证了马克思关于利润率下降趋势的分析。作者对宏观经济效率的分析表明，传统增长方式对宏观效率改善的空间十分有限，必须打造经济增长新动能，转换经济发展方式。[55]

刘震、蔡之骥采用问卷调查法和深度访谈法，对北京市某些互联网专车平台及其从业司机的收入分配模式进行了分析，发现在分享经济的收入分配模式中，剥削率的提升来自于平台的垄断和资本的逐利性。因此，只有建立有利于分享经济健康发展的目标和路径，才能充分保障其改善收入分配的机制畅通。[56]

2. 收入分配与宏观经济及效率

刘晓光、刘元春、申广军探讨了杠杆率影响收入分配的理论机理，然后利用世界银行1981—2015年的跨国面板数据以及中国家庭追踪调查2012/2014年家户数据，就杠杆率对收入分配的影响进行了实证分析，结果证实，杠杆率会加剧收入分配不平等的结论。[57]

李实、岳希明等认为，进入21世纪之后，中国的收入分配格局发生了新的变化。他们利用中国家庭收入调查的数据，研究发现：以2007—2008为分界点，在此之前收入差距处于上升阶段，在此之后收入差距基本稳定甚至有所下降。通过对2007年以来中国经济变化的特征以及与收入分配密切相关的民生政策的走向的分析，作者说明了导致这两个时期收入差距变动的因素。[58]

贾俊雪、孙传辉从效率视角论述了垄断对最优的劳动所得税和货币政策的影响机理，并利用异质性居民模型，以数值模拟考察了垄断引致的公平与效率权衡及其对最优的劳动所得税和货币政策以及产出、居民收入差距和社会总福利的影响。作者的实证分析结果说明，消除垄断、营造更具竞争性的市场环境有利于实现公平与效率的兼顾。[59]许坤、许文立等利用广义矩估计的面板向量自回归（PVAR-GMM）模型对税收负担影响收入分配差距的机理进行了实证研究，结果表明：税收负担、产业结构、政府投资以及收入分配差距间存在显著的动态关联。同时，作者还发现，虽然税收负担并不直接影响收入分配差距，但它能通过产业结构调整和政府投资间接影响收入在企业部门和居民部门间的分配，且税收负担对产业结构调整具有显著的正效应，对政府投资却存在显著的负效应。因此，作者提出了强化直接税在税收体系中的作用、降低政府对国民经济运行的干预程度以及加速基本公共服务全国范围内发均等化等政策建议，以促进收入的公平分配。[60]

叶静怡、程强在总结新中国成立以来全国收入差距基尼系数动态变化的基础上，通过构建个人（家庭）最优化决策模型，根据我国经济转型和制度变迁对居民财富积累路径和分配机制的影响，分析了收入差距动态变化的原因，并论述未来出现收入差距持续缩小的可能性。[61]余志利、高铭对1978—2017年、1978—2000年和2001—2017年3个时期中国收入不平等进行了经验研究，通过对资本余收入不平等、经济增长、基于发展和经济开放度对收入不平等的影响的分析，发现改革开放以来，中国的资本、教育发展和经济开放度都显著扩大了收入不平等，而经济增长则显著缩小了收入不平等。[62]

何欢浪、张娟基于1998—2007年中国城市最低工资和中国工业企业数据，研究了最低工资对企业劳动收入份额的影响。作者发现，最低工资通过替代效应和生产率效应降低了企业的劳动收入份额，但影响具有异质性，也就是说，最低工资的提升更多的是降低了低资本密集度、低生产率和低工资水平企业的劳动收入份额，且最低工资提升对东部沿海地区劳动收入份额的负向影响更大。[63]

教育是阻断贫困代际传承的重要因素，王浩名、岳希明从经济因素（主要是贫困家庭人口特征和家庭经济状况）、政策因素（主要是政府公共政策、教育成本和助学制度等）、社区因素（主要是同伴和邻居的示范效应、社区环境和资源的变化等）对贫困家庭子女受教育程度产生的影响，介绍了理论界关于贫困家庭子女受教育程度决定因素的研究进展。[64]

3. 收入分配的国际比较

周慧、岳希明说明了中国1978—2016年各部门间初次收入分配格局的变化趋势，通过与OECD国家的比较，他们发现，直到2016年，我国居民收入份额依旧低于发达国家约8.66个百分点，而金融部门和非金融部门分别高出约3.51和3.80个百分点，因此，作者提出了降低金融和非金融部门中垄断行业收入份额，并适当降低政府部门收入份额从而提高居民部门收入份额的政策建议。[65]

叶初升以中国为中等收入国家的典型样本，分析和阐述中低收入阶段经济发展的理论逻辑、基本架构和研究任务，认为宏观上的经济结构失衡与微观上的供给结构向上刚性是中等收入阶段经济发展的基本问题，而人力资源的异质性与资产专用性、创新乏力和技术进步迟滞、市场扭曲导致的不同生产部门间的资源错配、较高的制度性交易成本阻碍产业转型升级等是导致这些宏观与微观问题的主要和直接原因。[66]

六、宏观调控理论与政策研究

1. 宏观调控政策研究

中国人民大学国家发展与战略研究院关于中国宏观经济分析与预测的报告，是国内最具影响力的高水平宏观经济理论与政策的研究报告。刘元春等人执笔完成的2019—2020年中国宏观经济报告，分析了中美贸易冲突全面加剧、世界经济回落背景下处于结构调整攻坚期的中国宏观经济，认为我国宏观经济可以完成预期目标，但由于经济增速回落、结构分化严重和升级型结构调整缓慢等因素，导致2019年宏观经济下行的趋势性力量和结构性力量会持续发力，经济增速还会有所下滑。以这一判断为基础，报告对2020年的宏观调控给出了包括构建货币政策新稳健的新框架、积极的财政政策需要新积极、全面开启新一轮全方位改革开放和新一轮供给侧结构性改革来解决深层次的结构性和体制性问题等8个方面的政策建议。另外，该年度报告中的8个分报告分别就实体经济、通货膨胀、财政政策、货币政策、不确定性和中美贸易摩擦等问题进行了深入分析。[67]

郭克莎认为，在我国经济发展进入新常态和国内需求增速下行的条件下，相当长的一段时期内经济增长主要依靠宏观调控的作用。为了稳增长和调结构，必须坚持实施适度扩大总需求的政策，根据稳中求进的工作总基调，完善需求管理政策，积极扩大出口和引进外资，保持价格总水平相对稳定，防范结构性通缩和结构性通胀的交错影响，协调好总量政策与结构政策、稳增长和防风险的关系，促进投资稳定增长和消费较快增长，并且依据形势变化加强政策的微调预调。[68]

针对企业面临的高杠杆和短债长用这两大核心债务问题，刘晓光、刘元春基于2000—2015年中国上市公司面板数据，对高杠杆和短债长用对企业绩效和债务风险的影响，以及二者间的交互影响进行了分析，结果显示，杠杆率会降低企业总资产回报率并提高债务风险，但可以提高净资产回报率，且短债长用与杠杆率之间存在显著的交互效应，从而弱化了杠杆率的积极作用。[69]另外，由于宏观调控实践中提升金融监管有效性、推动经济去杠杆具有重要意义，刘晓光、刘元春、王健从监管机构和监管模式两个维度，考察发现了金融监管机构对杠杆率有显著影响，而监管模式对杠杆率的直接影响却不显著；考虑到不同发展水平经济体存在的异质性，对发展中经济体而言，中央银行负责混业监管最有效。[70]许光建、许坤、卢倩倩利用TVP-VAR模型分析了货币政策对实体部门融资规模和结构的影响，并检验了实体部门发展对不同时期货币政策冲击响应方式的差异。[71]

王博、李力、郝大鹏构建了一个包含货币政策不确定性和风险冲击的非线性DSGE模型对我国货币政策的不确定性及其经济效应进行了分析，并从宏观总量层面检验了货币政策不确定性冲击对违约风险和实体经济的影响，分析结果显示，货币政策不确定性的增加会带来违约风险的上升和产出的下降，而违约风险上升还会进一步强化货币政策不确定性对于产出的负向冲击。[72]杜爽、岳树民则从增值税原理出发，结合我国金融体系的特点、金融发展与改革趋势、税收管理等情况，提出应当继续坚持对金融服务征收增值税的方向，但要完善金融服务增值税政策，构建中性的增值税制度，创新金融服务增值税的管理模式，从而实现金融更好地服务实体经济。[73]

2. 宏观调控的理论研究

方福前认为，对应于改革开放40年经济体制由计划经济体制到有计划的商品经济体制，再到社会主义市场经济体制，以及现在的建设社会主义现代化强国的新时代，我国宏观调控思路的演进大致可以划分为计划调控、间接调控、政策调控和稳进调控4个阶段。由此我们可以看出，我国宏观调控思路始终是围绕着如何处理好政府（计划）和市场的关系这条主线而展开的，是随着改革开放的不断深入而发展演进的。“稳进调控”则是最具中国特色和丰富内涵的调控思路。[74]王国刚指出，新中国成立70年来，虽然经历了不少困难与波折，“稳健”一直是我国货币政策的主基调。稳健的货币政策既有效地支持了国民经济健康可持续发展和人民生活水平的提高，还帮助我们抵御了多次国际金融危机的冲击，为发展中国家制定货币政策、完善宏观调控提供了宝贵经验。[75]

鉴于现有的各理论流派（包括新古典经济学、政治经济学、现代金融学等）对金融化概念、属性、驱动因素及逻辑内涵存在巨大分歧，并对决策层的现实判断形成干扰，张成思从宏观、中观和微观3个层次阐述了金融化的逻辑和相互关系，认为这3个层次的金融化都反映了资本的逐利本性和经济体对多元化金融体系日益增长的需求。因此，应该合理利用金融化理念，通过推进多元化和市场化的金融体系发展来实现金融与实体经济的良性互动，因为即便是过度金融化，它给经济带来的负面冲击也是随机冲击而非系统性冲击，不能将其简单等同于“矛盾的积累”和“发展的陷阱”，也不会引发经济危机。[76]刘晓光、苟琴、姜天予利用OECD国家1970—2010年面板数据构建最优产业配置模型，分析和检验金融结构对经济增长与波动的影响和作用机制。研究发现：与银行主导型金融结构相比，市场主导型金融结构能够更加有效地促进资源配置向最优配置状态收敛。[77]

为了研究储蓄率对宏观经济的影响机理，刘哲希、随晓芹、陈彦斌构建了一个含有融资约束的动态宏观模型，在用41个代表性经济体1966—2017年的面板数据进行实证分析后发现，第一，高储蓄率虽然会导致高杠杆率，但二者间呈现的是显著的U型关系，而不是简单的正相关关系；第二，高杠杆下，较高的储蓄率可以有效降低金融危机的发生概率，储蓄率下降则会加大金融危机的发生概率。结合测算的U型曲线拐点值和中国的实际情况，他们预计储蓄率下降在降低杠杆率方面的效果很有限，因此作者建议，为守住不发生系统性金融风险的底线，我国应该高度重视近年来的储蓄率下滑问题，更不能用降低储蓄率的方式来降低杠杆率。[78]王蕾、周小攀则研究了债券市场对其他金融市场的风险溢出效应，发现企业债券市场外溢效应远高于国债市场，因此建议将债券市场纳入宏观审慎监管框架，并加强对债券市场的风险溢出管理。[79]

王国刚在《中国外汇》撰文分析和阐述我国外汇储备和利率市场化改革问题上，他认为，由于人民币还不是主要的国际货币，因此西方经济学教科书中关于国际收支中“贸易项”和“资本项”的双顺差，会使央行为应对持续流入的外汇而被迫发行货币进行对冲，并由此引致3个负面效应（货币政策独立性丧失、经济过热和群体性事件频发），在中国失去了发挥作用的前提条件，因为中国人民银行并没有投放等额的新增货币来对冲外汇，而主要是通过存量资金来实现的。因此，进入21世纪以后，虽然中国的外汇储备快速增加，但我国的经济运行中并未发生严重的经济过热、投资过热、通货膨胀等现象，走出了一条不同于西方经济学教科书理论的新路子。[80]芦东、周梓楠、周行从实证层面考察了人民币汇率变动对央行货币政策的非对称影响。然后，作者通过一个包含银行部门与货币错配的开放宏观经济模型，分析了美联储加息使人民币面临贬值压力时货币政策和宏观审慎政策的配合如何影响宏观经济和金融的稳定。作者认为，在存在宏观审慎政策的前提下，相对于完全浮动汇率制，管理浮动汇率制从中长期看能进一步促进产出和外债等核心变量的稳定。[81]

注：

①刘国光：《关于中国政治经济学研究的几个基本理论问题》，《当代经济研究》，2019年第8期。

②洪银兴：《中国特色政治经济学的体系构建和研究重点》，《政治经济学评论》，2019年第11期。

③杨瑞龙：《新中国成立70年来经济学研究范式的演变与创新》，《经济理论与经济管理》，2019年第11期。

④杨瑞龙：《中国特色社会主义经济理论的方法论与基本逻辑》，《政治经济学评论》，2019年第6期。

⑤刘学梅、郭冠清：《中国特色社会主义政治经济学研究对象的探索》，《经济学家》，2019年第12期。

⑥朱鹏华、王天义：《中国特色社会主义政治经济学研究对象探析》，《马克思主义与现实》，2019年第1期。

⑦刘谦、裴小革：《中国特色社会主义政治经济学核心理论定位研究》，《经济学家》，2019年第1期。

⑧方福前：《论建设中国特色社会主义政治经济学为何和如何借用西方经济学》，《经济研究》，2019年第5期。

⑨郭旭红、武力：《中国特色社会主义政治经济学教学改革创新探索》，《湖北社会科学》，2019年第11期。

⑩顾海良：《中国特色社会主义政治经济学的“导言”——习近平〈不断开拓当代中国马克思主义政治经济学新境界〉》，《经济学家》，2019年第3期。

⑪张占斌：《对构建新时代中国特色社会主义政治经济学的思考》，《中国特色社会主义研究》，2019年第2期。

⑫胡家勇、简新华等：《新时代中国特色社会主义政治经济学》，《经济学动态》，2019年第6期。

⑬谢伏瞻：《中国经济学70年：回顾与展望——庆祝新中国成立70周年笔谈（上）》，《经济研究》，2019年第9期。

⑭杨瑞龙：《中国特色社会主义经济理论的方法论与基本逻辑》，《政治经济学评论》，2019年第6期。

⑮程恩富、高建昆：《建设现代化经济体系需稳妥把握七个重要关系把握好政府与市场关系是完善经济调节体系的关键》，《财经界》，2019年第7期。

⑯逄锦聚：《破解政府和市场关系的世界性难题》，《红旗文稿》，2019年第18期。

⑰杨瑞龙、侯方宇：《产业政策的有效性边界——基于不完全契约的视角》，《管理世界》，2019年第10期。

⑱宋磊、谢予昭：《中国式政府—市场关系的演进过程与理论意义：产业政策的视角》，《中共中央党校学报》，2019年第1期。

⑲李冉、江可可：《新中国成立以来我国政府与市场关系的建构历程与前景展望》，《复旦学报（社会科学版）》，2019年第5期。

⑳陈云贤：《中国特色社会主义市场经济：有为政府+有效市场》，《经济研究》，2019年第1期。

㉑李叶妍、姜楠：《市场竞争、“有形的手”与生产效率》，《宏观经济研究》，2019 年第 12 期。

㉒刘伟：《坚持社会主义市场经济的改革方向——中国特色社会主义经济转轨的体制目标》，《中国高校社会科学》，2019 年第 2 期。

㉓卫兴华、李先灵：《我国确立社会主义市场经济体制的曲折历程——纪念改革开放 40 周年》，《宁夏党校学报》，2019 年第 2 期。

㉔杨瑞龙：《高质量发展需要高质量的制度来保障》，《经济学动态》，2019 年第 7 期。

㉕刘翔峰、刘强：《要素市场化配置改革研究》，《宏观经济研究》，2019 年第 12 期。

㉖乌日图：《优化营商环境加快完善社会主义市场经济体制——学习党的十九届四中全会精神的体会》，《中国人大》，2019 年第 12 期。

㉗孙来斌：《破解经济学世界性难题的理论创新》，《中国中小企业》，2019 年第 3 期。

㉘郭丽岩：《健全市场准入负面清单制度体系是完善社会主义市场经济体制的重要举措》，《中国经贸导刊》，2019 年第 12 期。

㉙戚聿东：《深刻理解社会主义基本经济制度的新内涵》，《人民论坛》，2019 年 11 月上。

㉚黄速建、胡叶琳：《国有企业改革 40 年：范式与基本逻辑》，《南京大学学报：哲学 · 人文科学 · 社会科学》，2019 年第 2 期：38-48 页。

㉛葛扬、尹紫翔：《70 年所有制改革：实践历程、理论基础与未来方向》，《经济纵横》，2019 年第 10 期：9-15 页。

㉜文总瑜：《国有企业 70 年改革发展历程与趋势展望》，《经济纵横》，2019 年第 6 期：29-36 页。

㉝武常岐、钱婷、张竹、轩宇欣：《中国国有企业管理研究的发展与演变》，《南开管理评论》，2019 年第 4 期：69-79 页。

㉞黄群慧、余菁：《国有企业改革的进程、效率与未来方向》，《南京大学学报：哲学 · 人文科学 · 社会科学》，2019 年第 1 期：87-98 页。

㉟杨瑞龙：《中国特色社会主义经济理论的方法论与基本逻辑》，《政治经济学评论》，2019 年第 6 期。

㊱常修泽：《“产权市场构想”提出 30 年与下一步发展思路——在中国产权市场（井冈山）高峰论坛上的演讲》，《创见》，2019 年 7 月 16 日：16-20 页。

㊲张晖明：《中国经济发展中的混合所有制再认识》，《上海商学院学报》，2019 年第 2 期：3-17 页。

㊳莫龙炯、景维民：《转型时期混合所有制的经济增长效应》，《经济学动态》，2019 年第 11 期：46-58 页。

㊴辛蔚、和军：《国企混合所有制改革收益、成本与优化路径》，《政治经济学评论》，2019 年第 5 期：101-116 页。

㊵沈昊、杨梅英：《国有企业混合所有制改革模式和公司治理——基于招商局集团的案例分析》，《管理世界》，2019 年第 4 期：171-182 页。

㊶刘琳晨、陈暮紫、吴武清：《独立董事的高管背景与独立性—基于董事会投票的经验数据》，《南开经济研究》，2019 年第 6 期：199-218 页

㊷戚聿东、张任之：《新时代国有企业改革如何再出发？——基于整体设计与路径协调的视角》，《管理世界》，2019 年第 3 期：17-30 页。

㊸王曙光、冯璐、徐余江：《混合所有制改革视野的国有股权、党组织与公司治理》，《改革》，2019 年第 7 期：27-39 页。

㊹王高阳、李建标：《混合所有制改革的政策实践与理论演进》，《中国特色社会主义研究》，2019 年第 3 期：35-41 页。

㊺银温泉：《竞争中性视角下的国企改革》，《宏观经济管理》，2019 年第 10 期：8-12 页。

㊻刘湘丽：《竞争中性视角下国有企业三项制度改革的症结与对策》，《经济体制改革》，2019 年第 5 期：12-19 页。

㊼曹建海、王帆：《贸易战、市场开放与中国国有企业改革》，《经济纵横》，2019 年第 6 期：46-54 页。

㊽柳学信、曹晓芳：《混合所有制改革态势及其取向观察》，《改革》，2019 年第 1 期：141-149 页。

㊾黄速建、肖红军、王欣：《竞争中性视域下的国有企业改革》，《中国工业经济》，2019 年第 6 期：22-40 页。

㊿刘伟、王灿、赵晓军、张辉：《中国收入分配差距：现状、原因和对策研究》，《社会科学文摘》，2019 年第 1 期：45-47 页。

51 王朝阳、张海浪、王彦：《改革开放四十年中国特色社会主义收入分配理论回顾与展望》，《江西财经大学学报》，2019 年第 2 期：27-34 页。

52 杨小忠、丁晓钦：《劳动力匹配、收入分配与资本主义积累的社会结构稳定性》，《世界经济》，

2019 年第 8 期：3–24 页。

㊸孔祥智、张琛：《新中国成立以来农业农村包容性发展：基于机会平等的视角》，《中国人民大学学报》，2019 年第 5 期：27–38 页。

㊹孙咏梅、秦蒙：《高速增长会自动消减贫困吗？——新中国成立 70 年取得的减贫效果评价》，《教学与研究》，2019 年第 5 期：14–25 页。

㊺李帮喜、刘充、赵峰、黄阳华：《生产结构、收入分配与宏观效率—— 一个马克思主义政治经济学的分析框架与经验研究》，《经济研究》，2019 年第 3 期：181–193 页。

㊻刘震、蔡之骥：《分享经济中收入分配模式的政治经济学分析——以我国互联网专车行业为例》，《政治经济学评论》，2019 年第 2 期：162–177 页。

㊼刘晓光、刘元春、申广军：《杠杆率的收入分配效应》，《中国工业经济》，2019 年第 2 期：42–60 页。

㊽李实、岳希明、史泰丽、佐藤宏：《中国收入分配格局的最新变化》，《劳动经济研究》，2019 年第 1 期：9–31 页。

㊾贾俊雪、孙传辉：《公平与效率权衡：垄断、居民收入分配与最优财政政策》，《管理世界》，2019 年第 3 期：48–63 页。

㊿许坤、许文立、郭柃沂：《税收负担对收入分配差距的影响——基于面板向量自回归模型的分析》，《税务研究》，2019 年第 7 期：101–106 页。

⑥①叶静怡、程强：《经济转型视角下我国收入差距动态变化研究》，《北京大学学报(哲学社会科学版)》，2019 年第 1 期：124–136 页。

⑥②余志利、高铭：《改革开放 40 年中国收入不平等的经验研究》，《财经问题研究》，2019 年第 6 期：3–11 页。

⑥③何欢浪、张娟：《最低工资会提高中国企业的劳动收入份额吗?》，《世界经济文汇》，2019 年第 4 期：51–66 页。

⑥④王浩名、岳希明：《贫困家庭子女受教育程度决定因素研究进展》，《经济学动态》，2019 年第 11 期：112–125 页。

⑥⑤周慧、岳希明：《中国国民收入分配格局的现状与国际比较》，《国际税收》，2019 年第 10 期：30–34 页。

⑥⑥叶初升：《中等收入阶段的发展问题与发展经济学理论创新》，《经济研究》，2019 年第 8 期：167–182 页。

⑥⑦中国人民大学国家发展与战略研究院、中国宏观经济论坛：《中国宏观经济分析与预测—(2019–2020)结构调整攻坚期的中国宏观经济》

⑥⑧郭克莎：《适度扩大总需求与产业结构调整升级》，《经济学动态》，2019 年第 2 期：3–16 页。

⑥⑨刘晓光、刘元春：《杠杆率、短债长用与企业表现》，《经济研究》，2019 年第 7 期：127–141 页。

⑦⓪刘晓光、刘元春、王健：《金融监管结构是否影响宏观杠杆率》，《世界经济》，2019 年第 3 期：47–68 页。

⑦①许光建、许坤、卢倩倩：《货币政策、社会融资结构与实体经济发展》，《山西财经大学学报》，2019 年第 1 期：1–16 页。

⑦②王鹏、李力、郝大鹏：《货币政策不确定性、违约风险与宏观经济波动》，《经济研究》，2019 年第 3 期：119–134 页。

⑦③杜爽、岳树民：《金融服务增值税的理论、实践与中国选择》，《国际税收》，2019 年第 12 期：49–56 页。

⑦④方福前：《我国宏观调控思路的历史性进展》，《理论探索》，2019 年第 1 期：109–114 页。

⑦⑤王国刚：《新中国 70 年践行稳健货币政策的历史经验》，《光明日报》，2019 年 9 月 17 日第 11 版。

⑦⑥张成思：《金融化的逻辑与反思》，《经济研究》，2019 年第 11 期：4–20 页

⑦⑦刘晓光、苟琴、姜天予：《金融结构、经济波动与经济增长—基于最优产业配置框架的分析》，《管理世界》，2019 年第 5 期：29–43 页，198 页。

⑦⑧刘哲希、随晓芹、陈彦斌：《储蓄率与杠杆率：一个 U 型关系》，《金融研究》，2019 年第 11 期：19–37 页

⑦⑨王蕾、周小攀：《债券市场对其他金融市场的风险溢出效应研究》，《投资研究》，2019 年第 6 期：69–81 页。

⑧⓪王国刚：《外汇储备增加并不必然引致货币发行量增大》，《中国外汇》，2019 年第 6 期：14–17 页。

⑧①芦东、周梓楠、周行：《开放经济下的“双支柱”调控稳定效应研究》，《金融研究》，2019 年第 12 期：125–146 页。

（作者：杨瑞龙，中国人民大学教授；周文，中国人民大学副教授；李琼，中国人民大学副教授）

宏观经济学

陈享光　李振新

2019年，我国宏观经济学的研究主要集中在高质量发展的实现机制与路径、不确定性和风险冲击下的宏观经济波动、货币政策与宏观审慎政策的协调、财政政策效果与财政政策转型、治理转型与绿色发展、收入分配公平与宏观效率、开放经济下的外部冲击与宏观经济稳定等问题上，我们对相关研究文献进行了梳理，综述如下。

一、高质量发展的实现机制与路径

高培勇等①认为建设现代化经济体系本质上是经济体系转换的过程，现代化经济体系的转换主要包括社会主要矛盾、资源配置方式、产业体系、增长阶段4个层面的变化。4个层面之间相互关联和作用，形成经济体系内部的4个作用机制，即社会主要矛盾决定着资源配置方式；资源配置方式决定着产业体系的内部特征；产业体系的内部特征与经济增长阶段的一致性，实现经济高质量发展需要以服务业主导、不同产业内部结构高级化；经济体系的内生转化。高速经济增长到一定程度，社会主要矛盾向结构性转化，引起经济体系向现代化经济体系的内生转化。

刘思明等②研究了在经济高质量发展过程中国家创新驱动力的作用，构建了包括科技创新和制度创新等要素在内的指标体系，以此测度国家创新驱动力指数。根据对2009—2016年全球40个主要国家的创新驱动力指数的测算，得出以下结论：（1）国家创新驱动力与一国经济发展水平密切相关，这种联系在发达国家表现更为显著。（2）近年来，我国的创新驱动力指数明显提升，科技创新、制度创新等各项创新指数，均对一国经济高质量发展具有显著正向影响。因此他们建议，推进创新型国家建设，需要坚持科技创新的核心地位，稳步提升科技创新能力，加大创新投入，同时加快建设与科技创新发展水平相适应的制度体系。

黄宪等③研究了不同法系下金融发展对经济增长的影响，据此提出法对金融与经济增长的社会机制和适应机制，并对其进行实证检验。其研究样本区分为英美法系、德国法系和法国法系，研究得出以下结论：法系理念和特征通过社会机制和适应机制，对一国金融发展与经济增长之间的作用产生正面影响；分法系看，德国法系下促进作用的持续性最强，英美法系居中，法国法系最弱。因此他们认为，对于促进经济增长，没有最优或最完美的金融发展模式，我国金融发展在深化改革和对外开放的过程中，必须尊重自身特点和所处阶段的客观规律，深入考察和汲取不同模式中适合本国的元素，通过不断吸纳、扬弃和完善，从而推动我国金融发展与经济增长之间的良性循环。

陈彦斌等④研究了如何应对老龄化问题，他们通过构建含有人工智能和老龄化的动态一般均衡模型，探寻人工智能影响经济增长的主要机制以及人工智能如何应对老龄化的途径，得出人工智能对老龄化影响的3个机制：（1）人工智能能够不断提高社会化大生产的自动化和智能化程度，减少社会生产活动对劳动力的需求，减轻老龄化背景下劳动力成本上升对经济增长的负面作用。（2）人工智能能够提高资本回报率，减缓老龄化对资本边际报酬递减的加速作用，进而提高社会储蓄率和投资率，减缓储蓄率和投资率下降对经济增长的冲击。（3）人工智能能够促进技术进步和全要素生产率提升，从而减低老龄化对经济增长的负面冲击。然而，当前我国人工智能的发展面临较大的技术难题，而且可能带来短期失业问题以及恶化国民收入分配的问题。因此他们建议，应有效发挥政府作用，政府有必要加大对人工智能关键技术领域的资金支持，同时防范可能引发的失业和收入分配问题。

张勋等⑤评估了数字金融对我国包容性增长的影响。研究发现：（1）数字金融对居民家庭收入具有正向促进效应，并且这种促进效应在农村低收入群体中表现得更为显著，这说明数字金融的发展能够促进包容性增长。（2）数字金融主要通过提高农村居民创业概率的传导机制实现包容性增长。因此他们建议，需要持续推进数字金融的发展，强化其在促进农村居民创业、增加收入和改善国民收入分配上的作用；注重提升农村居民人力资本水平，增强数字金融的普惠性；强化甄别机制，优化信贷资源配置。

蔡跃洲和陈楠⑥考察了人工智能对宏观经济增长、劳动就业及收入分配的影响机制，他们发现：

(1) 人工智能主要通过两个途径促进宏观经济高质量增长。一方面人工智能与其他社会领域结合，通过增加生产要素贡献、提高投入产出效率、加快知识创造等作用机制，推动经济高质量增长；另一方面人工智能蕴含着庞大的产业体系。(2) 人工智能的推广，在减少部分就业岗位的同时，可以通过补偿效应和创造效应增加就业岗位，并且这种效应具有长期性。(3) 人工智能可以提高全要素生产率。然而，人工智能也可能在中短期内对我国宏观经济造成严重的结构性冲击，以及居民收入差距扩大等问题。因此他们建议，应当加大对新一代信息技术领域关键核心技术研发的支持力度、调整行业监管规则、健全完善社会保障制度、建立就业培训和职业教育体系、深化高等教育改革等。

二、不确定性和风险冲击下的宏观经济波动

王博等[7]通过构建包含货币政策不确定性和风险冲击的非线性动态随机一般均衡模型（DSGE），从理论上考察货币政策不确定性冲击对于违约风险和宏观经济的影响，研究发现：(1) 货币政策不确定性的上升容易导致违约风险的增大，从而引起社会产出的减少。(2) 违约风险与货币政策不确定性具有紧密联系，风险越高会导致货币政策不确定性带来的负面作用越大。为应对不确定性冲击，应增强宏观政策调控的透明度，适时采用前瞻性指引等创新性货币政策工具，加强与公众的沟通，充分发挥预期管理的作用，从而减低政策不确定性，主动防范与及时化解政策性冲击的负向效应。

闫先东和张鹏辉[8]构建了一个包含土地财政和政府隐性担保融资机制的新凯恩斯动态一般均衡模型，从而借以研究我国当前经济体制下土地价格和政府隐性担保对我国宏观经济稳定的影响机制。研究结果表明：(1) 货币政策、土地供给和土地需求这 3 个层面极易导致土地价格的上下波动。(2) 正向的土地需求冲击能够抬高土地价格，通过抵押约束机制引起宏观经济波动，借助土地财政进一步推动土地价格的上升，从而导致在此前基础上更为剧烈的宏观经济波动；正向的土地供给冲击能够明显减少土地价格的上涨幅度，并减弱宏观经济波动的程度。因此，应当逐步构建起事权与财政支出责任，即权责统一的财税体制机制；通过货币政策、土地供给政策等财政政策措施，构建系统完备的政策体系框架；在价格调控方面，主要加强预期对资产价格的引导作用。

卢盛荣等[9]将中间品厂商区分为国有企业和民营企业，据此构建了一个包含“二元”经济结构的新凯恩斯动态随机一般均衡模型，从而在信贷资源错配的条件下，分析宏观经济要素对我国经济波动的具体影响。研究发现：(1) 正规金融与影子银行的信贷利率有差异，因此，正规金融机构和国有企业能够通过影子银行进行套利活动，游离于正规金融体系之外的影子银行能够很好地缓解中小企业的融资难的问题，然而却抬高了中小微企业的生产资金成本。(2) 我国影子银行体系的发展，抑制了我国货币政策的有效性，从而在短期内导致强烈的经济波动。(3) 技术冲击的负面影响在民营企业和国有企业之间具有明显的不同。国有企业能够以较低的成本获得正规银行体系的信贷资金，然而国有企业却难以对民营企业产生技术外溢效应，结果导致公共资源利用的低效率。他们建议，要严格控制影子银行体系的规模，继续推动利率市场化改革；增大企业的研发投入，促进生产效率的提升；加快国企改革的进程，减少国有企业在技术准入、金融服务等方面的行业壁垒。

费兆奇和刘康[10]在动态因子模型的框架下，通过混频技术构建了我国宏观经济的日度先行指数，从而对我国经济运行的短期波动进行高频监测研究。研究发现：(1) 中国经济在 1997 年亚洲金融危机和 2008 年国际金融危机后，分别采取了两种不同模式的经济复苏之路：1997 年危机之后，我国经济在改革的驱动下保持了平稳、高速的增长趋势；但 2008 年危机之后，在货币驱动的作用下，我国宏观经济波动幅度显著增大，并且经济运行的可持续性较差。(2) 通过 MIDAS 模型发现，日度先行指数对 GDP 的样本外预测误差最小，该指数在 2015 年 1 月跌入低于-1 区间内，而且始终在低位波动，接近 2008 年国际金融危机时的水平。他们认为，宏观调控应注重协调结构和稳增长之间的关系，明确实施扩张性政策，加大财政政策和货币政策的宽松力度。

马丹、何雅兴[11]构造了能够有效衡量世界各国经济周期联动性的评价指数，进而估计全球 48 个国家和地区之间的经济周期联动性水平，分别从区域和经济体两个视角阐述经济危机的传递路径和具体影响，进而探讨自 20 世纪以来，世界各国经济周期联动性的新变化及其影响因素。研究发现：(1) 世界各国的经济周期联动性呈现出明显的“倒 U 型”取向特征，尤其是在 2008 年国际金融危机之前，世界各国的经济周期联动性达到了有史以来的最高水平。

(2) 结果发现“危机恐惧”的假说难以成立，一国或地区的宏观经济波动在很大程度上受自身经济因素的影响。(3) 在2008年国际金融危机后，逆全球化的发展趋势对世界各国经济周期的联动性水平产生明显的负面作用，而在这其中，对外贸易政策的调整是最主要的方面。他们认为，各国应当加强经济合作，营造稳定有序的发展环境，避免逆全球化对世界经济联系的破坏；有必要探讨新兴市场和发展中国家主导的多边贸易规则，促成非关税的贸易争端解决协商机制。

刘晓君等[12]通过构建时变参数向量自回归模型(TVP-VAR模型)，从动态变化的角度观察货币政策对经济增长率和通货膨胀率具体影响的时变特征，他们进一步将微观主体的信心指数纳入模型进行考察，从而分析了微观主体的信心指数对我国货币政策和宏观经济变动的具体作用情况，他们发现：(1) 两个信心指数均对我国宏观经济波动具有直接和间接效应，其中，直接效应体现为信心指数本身可以引起我国宏观经济波动，间接效应体现为良好预期通过刺激消费和利率渠道，引起货币需求上升，推动利率下降和经济发展。(2) 货币政策不仅通过传导机制对宏观经济产生影响，而且还会通过影响公众预期，进而作用于消费、投资，引起我国宏观经济波动。(3) 外部冲击的存在会导致经济增长率和通货膨胀率的剧烈波动，尤其是在经济衰退期。他们建议，在面对强烈外部冲击的可能下，我国货币政策的制定应当具有前瞻性，注重维持宏观调控在一定合理的调控区间内，而货币政策则要保持中性适度灵活的特征，通过合理的预期管理提振微观主体的生产和消费信心，以此稳定通货膨胀、促进经济稳步增长。

三、货币政策与宏观审慎政策的协调

马勇[13]考察了货币政策和宏观审慎政策的“双支柱”调控的现实必要性和操作可行性。他发现，随着金融和宏观经济之间联系的日益深刻和日益密切，金融体系的稳定对宏观经济的影响具有重要作用，但传统货币政策重在维持货币价格稳定，对于实现金融稳定目标的作用有限，在传统货币政策的基础上纳入宏观审慎政策，从而构建“双支柱”调控框架，进而实现价格稳定目标和金融稳定的目标，具有现实必要性和可行性。他认为，有必要构建分层指数化的金融稳定目标体系，更好地兼顾总量问题和结构失衡问题；建立“目标导引式”的政策工具指南，健全货币政策与宏观审慎政策协调配合的规则与机制。

李斌和吴恒宇[14]系统梳理了全球金融管理理念的变化，分析了宏观审慎政策和“双支柱”调控框架的形成逻辑和基本内涵，总结了我国在建立“双支柱”调控框架的实践经验。研究认为，建立健全“双支柱”调控框架有利于实现我国货币稳定和金融稳定的“双目标”，通过结合经济周期、金融周期、币值稳定和金融稳定等因素，能够更好促进宏观经济的稳定和发展。因此，应当继续完善货币政策框架，健全宏观审慎政策框架，搭建货币政策和宏观审慎政策协调配合的体制机制；设计和丰富宏观审慎管理工具，把握好逆周期调节的方向和力度；加强多部门统筹协调，完善宏观审慎调控的组织架构，建立和完善货币政策、宏观审慎政策和微观审慎监管相互协调的体制机制。

方意等[15]从系统性风险的层面，从理论上分析了宏观审慎政策与货币政策对系统性风险的作用机制，从而为建立宏观审慎政策和货币政策的双支柱政策框架体系提供理论基础。无论时间层面还是空间层面，宏观审慎政策同货币政策都有所不同。宏观审慎政策时间层面上主要关注金融部门与实体经济之间的顺周期性效应，空间层面，宏观审慎政策注重金融部门的复杂网络联系而引起的风险水平上升。而货币政策从时间层面看是通过“资本缺口”机制作用于系统性风险，空间层面看，货币政策供求匹配机制和风险偏好机制作用于系统性风险。因此，时间维度上，实施宏观审慎政策要关注货币政策对时间维度系统性风险的外溢效应，并通过政策工具有效解决；空间维度上，要加强宏观审慎监管的理念更新和政策工具的创新。

马骏和何晓贝[16]考察了货币政策与宏观审慎政策“双支柱”调控框架在理论和实践过程中可能存在的问题。研究发现：如若在一国内部实现价格稳定和金融稳定的双重目标，有必要协调搭配货币政策与宏观审慎政策，发挥各自的经济金融稳定效应，由于货币政策以及宏观审慎等政策之间的替代效应和互补效应的存在，对货币政策和宏观审慎政策的具体操作有赖于政策制定者依据其面临的经济形势进行相机抉择。他们认为，需要在货币政策和宏观审慎政策之间建立畅通且互补的协调机制，从法律上强化人民银行的金融稳定职责；强化中央银行的宏观审慎管理的地位和权力等。

黄益平等[17]分析货币政策和宏观审慎政策的“双

支柱”宏观调控框架对我国宏观经济稳定的具体影响。他们认为，货币政策与宏观审慎政策的双支柱宏观调控框架，应重点关注两种不同政策目标之间的互补与替代、传导渠道、冲击类型等方面。他们通过建立新凯恩斯动态随机一般均衡模型，研究双支柱宏观调控对经济稳定的影响机制和传导途径，研究发现：(1)货币政策的实施能够有效促使宏观经济达到稳定状态，尤其是在浮动汇率管理制度下，货币政策对经济体系的稳定作用更明显。(2)在实施传统货币政策的前提下，增添宏观审慎政策工具，能够很好遏制金融市场的顺周期效应，增强宏观经济的稳定性。(3)双支柱宏观调控的效果与汇率制度紧密相关，汇率制度的灵活性越低，其对于经济稳定的效果越好。

芦东等[18]研究了对外开放经济下货币政策和宏观审慎政策“双支柱”调控框架对我国宏观经济稳定和金融稳定的影响。他们估计了加入本币汇率的拓展货币政策规则，从而分析本币汇率变动对我国货币政策变动的影响，通过构建包含银行部门和货币错配的开放宏观经济模型，研究“双支柱”调控对我国宏观经济和金融的作用。他们的研究表明。(1)浮动汇率制对我国货币政策具有非对称性的作用，人行货币政策对本币汇率贬值反应明显，而对本币升值的反应不显著。(2)宏观审慎政策和货币政策双支柱调控框架能够在本币汇率变动时，降低部分宏观经济波动幅度，有利于实现宏观经济稳定和金融稳定的目标。他们认为，央行应提高跨境宏观审慎管理水平，加强对金融主体货币错配情况的监测预警，完善系统风险应对的体制机制，协调搭配货币政策和宏观审慎政策双支柱调控框架。

四、财政政策效果与财政政策转型

王立勇和纪尧[19]依据我国的经济现状构建了财政政策运动方程，从而测算我国劳动税和资本税率，并估算出财政政策的波动性，利用DSGE模型研究我国财政政策波动性的宏微观效应，他们认为：(1)我国财政政策存在较大波动性，尤其是金融危机的发生。(2)财政政策波动性冲击对社会总产出的影响始终为负面。(3)开放条件下的财政政策波动性或财政政策不确定性的不利影响更强烈，金融摩擦能够部分抵消该负面效应。(4)财政规则的不同不会影响财政政策波动性的负面效应。他们认为，政府应继续完善宏观调控体系，注重对财政政策波动性影响的判断评估，科学定位政府与市场的关系，给企业及微观主体更大自主空间，加强预期管理，兼顾相机抉择和规则性调控。

陈创练和林玉婷[20]以财政政策时变反应函数模型为基础构建了时变参数模型，进而对单一政策以及财政货币政策组合的时变政策效果展开测度和评估。研究结果表明：(1)我国财政政策具有较好的灵活性，财政政策注重盯住政府债务目标。具体来看，在财政赤字比较严重时，紧盯债务杠杆目标为政府的主要政策取向；而财政赤字比较轻微时，对债务杠杆的逆周期操作为主要政策取向。财政赤字高企是引起我国政府债务上升的主要因素。(2)从时变角度看，2008年国际金融危机之前，我国财政政策没有以盯住房价和稳定资产价格为主要的政策目标导向，2009年以后，我国实施土地财政政策。(3)我国财政政策明显以经济增长目标为主要的政策取向。他们认为，当前去政府债务杠杆目标和抑制泡沫需要依赖于财政和货币政策的有效组合，同时不宜依赖于过度的财政扩张来促进经济增长。

李华等[21]使用我国的宏观经济运行数据，运用马尔科夫区制转换向量自回归模型对我国财政政策如何影响经济增长进行了实证分析，并进一步讨论了不同税种对经济增长的具体作用，他们认为：(1)我国财政政策对经济增长的影响是时变的，2012年前需求端的财政刺激政策是我国政策的主要方面，而在2012年后这一政策取向发生了转变，需求端政策逐渐弱化，并且被供给侧结构性改革取代，后者日益成为我国现代财政政策的核心。(2)长时间来，我国的财政政策对经济增长的具体影响主要表现出非凯恩斯效应。即增加财政支出，反而在一定程度上对产出或消费产生明显的抑制作用。(3)来自于外部的税收冲击对经济增长的影响主要表现出非线性特征。(4)不同税种对我国经济增长的影响具有明显的不同。他们建议，在规则性政策前提下，应提高相机抉择政策规则的使用；优化我国当前不合理的财政支出结构；通过不断完善税制体系，逐步优化当前的税制结构，建立完善直接税为主的税收体系。

王燕武和吴华坤[22]在基准的动态随机一般均衡模型基础上引入存货变量，进而对存货调整对我国财政政策有效性的影响进行分析，他们的结论是：(1)企业存货的变动，会导致财政支出产出乘数的短期乘数变大，长期乘数变小。(2)财政支出的增大能够引起私人消费水平的上升，短期内对投资水平产生挤出效应，而长期内提高私人投资水平，然而二者的综合效应微弱。因此他们认为，我国财政政策的实施需要重点关注企业存货变动对财政政策实施效果的影响，财政政策应注重创造合理消费需求，同时满足“去库存”的要求。

陈创练等[23]利用具有约束的VAR模型，测算了我国财政支出和政府融资的时变冲击乘数、时变累积乘数以及时变现值乘数，并通过理论模型分析了我国财政政策的乘数效应及其影响因素。研究发现：（1）政府投资乘数和消费乘数均呈减弱趋势。（2）税收乘数明显为负且稳定，债务发行乘数呈减弱趋势。由于税收乘数处于较低水平，没有导致大规模挤占效应，我国税收格局和税收政策暂处合理水平。（3）政府投资乘数和政府消费乘数均为正，扩张性财政政策能够优先减缓经济衰退。他们认为，政府可以通过增加消费性支出来促进经济增长，重点盯住和管控债务规模，适当考虑调整财政支出结构，更多提供生产性投资支出或公共物品供给。

杨源源等[24]构建了新凯恩斯动态随机一般均衡模型，并利用Markov-Switch方法对我国现行的财政和货币政策之间的协调机制进行估计测算，探讨了最优的财政货币政策组合。研究表明：（1）1978年以来我国主要采取以主动型财政政策和被动型货币政策组合为主的宏观调控模式。（2）以价格稳定为主要目标的主动型货币政策和以债务稳定为主要目标的被动型财政政策组合对经济波动的减缓效果最好。因此他们认为，应逐步促成主动型货币政策和被动型财政政策为主的政策组合，健全和完善宏观调控机制，并为维护我国宏观经济稳定。

五、治理转型与绿色发展

许宪春等[25]主要研究大数据平台对绿色经济发展的影响，首先，从绿色发展和大数据的概念及特征出发，通过经济、社会、环境3个层面分析我国绿色发展的现实性及如何发挥大数据的作用；其次，以货车帮、滴滴出行等大数据平台为例，从实证层面对大数据与绿色发展之间的联系进行检验。得出以下结论：（1）传统的经济增长方式难以为继，节约能源、保护环境、实现绿色发展是今后的主要方向。（2）大数据能够明显促进我国绿色经济的发展。（3）大数据能够为绿色发展提供强有力的保障。实现绿色发展重在解决引起环境污染的深层问题，即过度依赖传统产业、投资等粗放式经济增长模式。因此他们建议，应当加快大数据与传统产业的深度融合，赋能传统产业提质增效；推动数据共享；建立健全保障大数据安全的法律法规制度和促进其发展的体制机制。

杜龙政等[26]基于治理转型的视角，研究了不同治理类型导致的创新阶段的差异化特征，通过全局曼奎斯特—鲁恩博格生产率指数，测算了我国30个省的工业绿色竞争力，利用GLS和系统GMM等计量经济学方法，实证分析了环境规制、治理转型对我国工业绿色竞争力提升的影响。研究发现：（1）环境规制与工业绿色竞争力之间呈典型的U型关系。（2）治理转型和环境规制能够对我国工业绿色竞争力产生复合效应，治理转型能够加快环境规制拐点到来以及波特假说的实现。因此他们认为，应当加大民营经济发展力度，以治理转型促进地区工业绿色发展；扩大“对外经济开放”力度，稳步分阶段降低外资准入门槛，通过引入外部竞争，提升我国工业绿色竞争力。

郭进[27]为检验有关环境规制措施的有效性，利用2006—2010年我国省际平衡面板数据，考察了环境规制与我国绿色技术创新之间的关系。研究发现，相比于环境行政处罚和颁布地方性法规规章，通过收缴排污费和环境保护财政支出等规制措施，对于我国绿色技术创新水平上升的促进效果更加显著，环境规制工具的选择对于环境规制作用的发挥具有重要作用。因此，提出如下对策：（1）构建以市场调控为基础的环境规制体系，避免实施控制型环境规制工具。（2）强化地方政府对环境规制的顶层设计，推动具体措施的落地。（3）适当提高收缴排污费、环境保护支出等规制强度，促使污染企业外部成本内部化，推动企业绿色技术创新。

刘锡良和文书洋[28]通过考察各行业的污染排放性质和金融资源的行业配置状况，进而建立包含环境约束、异质性企业和金融部门的内生增长模型，研究金融机构的利益最大化选择对经济增长的环境代价造成的影响，并利用2005—2015年我国的省级面板数据进行了实证检验。研究发现，在经济平衡增长路径上，信贷资源向污染行业的倾斜会导致经济增长质量的下降。因此他们认为，环境污染问题部分是由金融机构引起的，金融机构对环境的担责方法不仅在于选择“正确”的行业，而在于选择正确的方向，如支持行业内部的技术升级改造，通过精细化的贷后管理提升企业生产能力和绿色健康发展。

林伯强和谭睿鹏[29]利用2004—2016年我国285个地级及以上城市的面板数据，采用非径向方向距离函数在超效率DEA框架下构建了评价城市绿色经济效率的指标，将各城市地形起伏度以及是否通铁路作为经济集聚度的工具变量，从而实证分析了经济集聚对我国绿色经济效率的影响。研究得出结论：（1）经济集聚的影响是非线性的。经济集聚度保持在合理区间时，对绿色经济效率的作用是正面的；当经济集聚度超过区间临界值时，对绿色经济效率的作用是负面的。（2）经济集聚主要从 3 个渠道作用于绿色经济效率，即基础设施、劳动力市场发展程度以及环境规制。最后他们建议，避免人为采取行政措施限制人口向大城市聚集，充分考虑本地区的经济、基础设施以及自然资源的承载力，防止集聚程度过高带来的负面影响。

六、收入分配公平与宏观效率

白仲林等[30]将家庭收入异质性和细化财政政策工具纳入新凯恩斯动态随机一般均衡模型（DSGE），考察了我国财政政策调节居民收入的经济机理，分析了外生政策冲击对居民消费水平、收入再分配等方面的动态效应。研究结论为：（1）减税为主的财政政策有利于促进经济增长，但其对收入不平等的影响在方向上和程度上具有较大差异。消费和劳动减税能够改善收入不平等，资本减税恶化了收入分配差距。（2）不同类型的政府性支出的增加，可以在短期内加快经济增长、改善本地区的就业水平。他们认为，在进一步落实减税降费政策时，应着重考虑税制的结构性改革；优化完善我国城乡居民的个人所得税结构，逐步降低中低收入等弱势群体的宏观税负水平；适当提高资本税率，缓和居民收入分配的恶化；通过改善政府投资性支出和转移性支出，强化其对于城乡居民收入分配的促进效应。

李建军和韩珣[31]首先利用 2009 年和 2015 年县域层面的数据，采用 OLS 最小二乘法，实证检验银行服务包容性对城乡和农村居民人均可支配收入的影响。同时选取 2002—2015 年我国 31 个省级行政区作为研究样本，采用 DID 双重差分法实证检验普惠金融的政策效应。研究发现：（1）从县域层面看，普惠金融发展初期可以有效缩减城乡居民的收入差距。（2）正规金融机构往往容易忽略对弱势群体的金融服务，导致弱势群体金融服务可得性难以提升。（3）信息化普惠金融能够实现对弱势群体的金融包容，降低贫困发生率。他们认为，要通过政府和市场的双重引导，构建稳定的政策目标；推进普惠金融的差异化政策配比，加强对弱势群体金融可得性的支持；加强金融软环境建设，普及普惠金融教育，提高城乡居民的金融知识和金融意识；同时还要注重推进信息化普惠金融体系建设。

李帮喜等[32]以马克思的再生产理论为基础，拓展了由固定资本、一般性生产资料、消费资料组成的“马克思—斯拉法”型三部类结构表，通过我国 1987—2015 年的投入产出表，研究了投资驱动型增长下收入分配与宏观效率之间的关系。研究发现：（1）我国宏观经济结构调整与宏观经济效率变动之间基本保持一致，是推动中国经济维持长期高速增长的重要原因。（2）供给侧生产结构与需求侧收入分配结构之间的同步调整，是中国保持宏观高效率的基础。他们认为，宏观政策应当注重改善收入分配结构，稳步发挥消费升级对生产结构调整优化的作用。提高新型固定资产投资的识别能力，搭建财政政策、金融政策和产业政策的有效组合，促进适应新经济的重大产业和新型基础设施建设。

卢洪友和杜亦譞[33]改进了传统的财政再分配分析方法，将财政收入和财政支出纳入统一的考察体系内，综合测度我国财政再分配效应与减贫效应。研究发现：（1）我国财政分配体系对市场分配呈正向作用，各分项财政再分配工具的综合效应导致我国基尼系数减少了 4. 06%。（2）我国财政再分配工具呈现明显的减贫效应，引起全国的贫困广度、贫困深度和贫困强度降低 20%左右。（3）我国财政再分配表现出弱累进性，与公平发展和共享发展存在着明显矛盾。他们认为，应当建立并完善以税负公平和受益公平为核心的现代化财政再分配体制；实施精准扶贫和社会救助制度，提升贫困人口自身发展能力；规范政府与市场的作用边界，发挥市场初次分配的基础性作用。

陈宗胜和康健[34]通过构建基于人力资本投资的两期交叠模型，对当前二元经济体制条件下，我国居民收入分配格局“葫芦型”的内在形成机制进行了理论阐释。研究表明，城乡二元分割体制的约束造就了农村家庭更高的人力资本溢价、更高的壁垒，导致其在技能转变时面临更严格的启动机制，从而抑制了中等收入群体规模的扩张，全国呈现出“葫芦型”的收入分配格局。仅仅依靠经济增长自发缩减城乡差别困难较高。因此他们建议，要改革当前的二元户籍体制，摆脱城乡二元经济的制度性约束；促进城乡公共服务均等化，发挥人力资本对于农村居民收入增长的中央作用；加大农村贫困人口的财政转移支付力度，通过加大农村人力资本投资，建立并完善真正的长效脱贫机制。

七、开放经济下的外部冲击与宏观经济稳定

武力超等[35]为研究金融部门开放与制造业企业技术创新之间的关系，利用世界银行微观企业调研数据库和服务贸易限制数据库，实证分析了金融部门开放对企业技术创新活动的影响。研究表明，金融部门开放能够提高制造业企业新产品收入占比，明显地促进了企业技术创新活动，金融部门开放主要通过融资纾解的途径对企业技术创新产生正向作用。因此他们建议，尤其是发展中国家，应该主动采取政策措施推动国内金融服务部门的发展，逐步对外开放金融服务部门，鼓励制造业企业的自主创新，提升国家科技创新实力，支持国内经济的可持续发展。

郭红玉和杨美超[36]主要研究金融开放背景下资本管制对金融危机的影响。通过选取 30 个发达国家和 31 个新兴市场国家 1980—2014 年的数据作为实证研究样本，采用面板数据的多元 Logit 模型进行实证分析，得出以下结论：名义资本管制在降低金融危机风险方面的作用几乎是无效的，只有实施实际资本管制才能明显降低金融危机的发生，而这依赖于政府实际资本管制能力的提升。为此他们建议，新兴市场国家应将资本管制纳入宏观审慎政策框架中，从而强化政府对资本流动的管制能力，避免大规模国际资本流动导致国内金融危机的产生。

王胜等[37]构建了涵盖名义价格黏性和抵押担保约束的新凯恩斯动态随机一般均衡模型（DSGE）来考察外部利率冲击对宏观经济的影响机制，通过抵押担保条件的偶然紧约束特性来阐述国外利率冲击的非对称性影响，最后采用反事实分析法衡量偶然紧约束导致的非对称资本流动规模。研究结论表明：（1）外国利率的变动能够作用于耐心家庭部门对本国借贷资金的供给，从而引起跨境资本流动的强烈波动。（2）通过运用粒子滤波方法估计企业家部门的抵押担保约束乘子，验证了我国的非对称资本流动现象。因此他们建议，相比于欧元区和日本的降息货币政策，应当高度警惕美联储持续加息的货币政策对我国宏观经济的外溢效应；我国有必要实施一定范围和一定程度的跨境资本流动管制，规避国际资本流动对我国经济波动的影响。

彭红枫和朱怡哲[38]利用 2007—2016 年我国的宏观经济金融数据，运用时变参数向量自回归模型（TVP-VAR 方法），重点分析我国资本账户开放对金融稳定及实体经济的动态影响。主要结论如下：（1）以资本账户开放为主要特征的金融开放，对我国经济增长的短期影响波动较为强烈，而在中长期则表现出一定的规律性。（2）资本账户开放主要在中短期影响我国的宏观金融稳定。（3）金融扩张能够在短期内推动经济增长，但是中长期影响并不稳定，从而在一定程度上减弱了资本账户开放的作用。他们建议：（1）应当加快与资本账户开放相对应的配套性金融制度安排，对外汇率制度改革，对内完善多层次金融市场建设。（2）现阶段不是推进资本账户开放的最佳时机，仍要强化对跨境资本流动的管理，谨慎有序稳妥地开放资本账户。

李振新和陈享光[39]将境外部门纳入中央政府和地方政府的动态博弈模型中，借以讨论境外金融资本和外资企业对我国金融分权的影响机制，利用 2005—2016 年我国省级宏观经济运行数据，通过构建动态 GMM 模型和空间误差模型实证分析对外开放对我国金融分权的具体作用。研究结论如下：（1）金融业对外开放导致境外金融资本日益成为影响我国金融分权变动的重要方面。（2）外资企业的进入带来内外资企业在市场上的激烈竞争，在一定程度上对国内中小企业产生挤出效应，进而提高了地方政府对金融资源的干预动机，从而极易导致金融分权。因此他们建议，谨慎推行资本账户开放，有必要采取积极探索与稳中求进相结合的渐进式开放道路；规范地方政府行为，明确政府与市场边界；加强我国内资企业的自主创新；强化对中小微企业等弱势群体的金融可得性建设。

刘一楠、徐雅婷[40]通过构建涵盖海外信贷抵押约束的开放经济下的新凯恩斯动态随机一般均衡模型（DSGE），论证在国际资本自由流动下，浮动汇率制难以有效化解金融跨境传染，从而难以保证货币政策的独立性。研究发现，境外信贷抵押约束收紧引起资产价格的下降，从而导致本币贬值，进而触发境外债务——通缩机制，而浮动汇率机制对此束手无策，保证一国货币政策独立性需要强化对跨境资本流动的宏观审慎监管，维持房地产价格的稳定，逐步增加汇率弹性，在全球化进程中逐步实施有效的货币政策国际协调。

注：

①高培勇、杜创、刘霞辉、袁富华、汤铎铎：《高质量发展背景下的现代化经济体系建设：一个逻辑框架》，《经济研究》，2019 年第 4 期。

②刘思明、张世瑾、朱惠东：《国家创新驱动力测度及其经济高质量发展效应研究》，《数量经济技

术经济研究》，2019 年第 4 期。

③黄宪、刘岩、童韵洁：《金融发展对经济增长的促进作用及其持续性研究——基于英美、德国、法国法系的比较视角》，《金融研究》，2019 年第 12 期。

④陈彦斌、林晨、陈小亮：《人工智能、老龄化与经济增长》，《经济研究》，2019 年第 7 期。

⑤张勋、万广华、张佳佳、何宗樾：《数字经济、普惠金融与包容性增长》，《经济研究》，2019 年第 8 期。

⑥蔡跃洲、陈楠：《新技术革命下人工智能与高质量增长、高质量就业》，《数量经济技术经济研究》，2019 年第 5 期。

⑦王博、李力、郝大鹏：《货币政策不确定性、违约风险与宏观经济波动》，《经济研究》，2019 年第 3 期。

⑧闫先东、张鹏辉：《土地价格、土地财政与宏观经济波动》，《金融研究》，2019 年第 9 期。

⑨卢盛荣、郭学能、游云星：《影子银行、信贷资源错配与中国经济波动》，《国际金融研究》，2019 年第 4 期。

⑩费兆奇、刘康：《中国宏观经济波动的高频监测研究——基于混频模型对日度经济先行指数的构建和分析》，《管理世界》，2019 年第 6 期。

⑪马丹、何雅兴：《危机传递、逆全球化与世界经济周期联动性》，《统计研究》，2019 年第 77 期。

⑫刘晓君、姜伟、胡劲松：《基于 TVP-VAR 模型的信心、货币政策与中国经济波动研究》，《中国管理科学》，2019 年第 8 期。

⑬马勇：《“双支柱”调控框架的理论与经验基础》，《金融研究》，2019 年第 12 期。

⑭李斌、吴恒宇：《对货币政策和宏观审慎政策双支柱调控框架内在逻辑的思考》，《金融研究》，2019 年第 12 期。

⑮方意、王晏如、黄丽灵、和文佳：《宏观审慎与货币政策双支柱框架研究——基于系统性风险视角》，《金融研究》，2019 年第 12 期。

⑯马骏、何晓贝：《货币政策与宏观审慎政策的协调》，《金融研究》，2019 年第 12 期。

⑰黄益平、曹裕静、陶坤玉、余昌华：《货币政策与宏观审慎政策共同支持宏观经济稳定》，《金融研究》，2019 年第 12 期。

⑱芦东、周梓楠、周行：《开放经济下的“双支柱”调控稳定效应研究》，《金融研究》，2019 年第 12 期。

⑲王立勇、纪尧：《财政政策波动性与财政规则：基于开放条件 DSGE 模型的分析》，《经济研究》，2019 年第 6 期。

⑳陈创练、林玉婷：《财政政策反应函数与宏观调控政策取向研究》，《世界经济》，2019 年第 2 期。

㉑李华、官高俊、黄宝华：《财政政策转型的区制分析与效应对比》，《财政研究》，2019 年第 7 期。

㉒王燕武、吴华坤：《企业存货调整与中国财政政策的效力发挥》，《管理世界》，2019 年第 1 期。

㉓陈创练、郑挺国、姚树洁：《时变乘数效应与改革开放以来中国财政政策效果测定》，《经济研究》，2019 年第 12 期。

㉔杨源源、于津平、尹雷：《中国财政货币政策协调配合范式选择》，《财贸经济》，2019 年第 1 期。

㉕许宪春、任雪、常子豪：《大数据与绿色发展》，《中国工业经济》，2019 年第 4 期。

㉖杜龙政、赵云辉、陶克涛、林伟芬：《环境规制、治理转型对绿色竞争力提升的复合效应——基于中国工业的经验证据》，《经济研究》，2019 年第 10 期。

㉗郭进：《环境规制对绿色技术创新的影响——“波特效应”的中国证据》，《财贸经济》，2019 年第 3 期。

㉘刘锡良、文书洋：《中国的金融机构应当承担环境责任吗？——基本事实、理论模型与实证检验》，《经济研究》，2019 年第 3 期。

㉙林伯强、谭睿鹏：《中国经济集聚与绿色经济效率》，《经济研究》，2019 年第 2 期。

㉚白仲林、尹彦辉、缪言：《财政政策的收入分配效应：发展不平衡视角》，《经济学动态》，2019 年第 2 期。

㉛李建军、韩珣：《普惠金融、收入分配和贫困减缓——推进效率和公平的政策框架选择》，《金融研究》，2019 年第 3 期。

㉜李帮喜、刘充、赵峰、黄阳华：《生产结构、收入分配与宏观效率—— 一个马克思主义政治经济学的分析框架与经验研究》，《经济研究》，2019 年第 3 期。

㉝卢洪友、杜亦譞：《中国财政再分配与减贫效应的数量测度》，《经济研究》，2019 年第 2 期。

㉞陈宗胜、康健：《中国居民收入分配“葫芦型”格局的理论解释——基于城乡二元经济体制和结构的

视角》，《经济学动态》，2019 年第 1 期。

㉟武力超、张馨月、童欢欢：《金融服务部门开放对制造业企业技术创新的影响》，《财贸经济》，2019 年第 4 期。

㊱郭红玉、杨美超：《金融开放背景下实际资本管制能力对金融危机影响的实证研究》，《国际金融研究》，2019 年第 9 期。

㊲王胜、周上尧、张源：《利率冲击、资本流动与经济波动——基于非对称性视角的分析》，《经济研究》，2019 年第 6 期。

㊳彭红枫、朱怡哲：《资本账户开放、金融稳定与经济增长》，《国际金融研究》，2019 年第 2 期。

㊴李振新、陈享光：《中国对外开放下的金融分权——基于我国省级面板数据的实证研究》，《国际金融研究》，2019 年第 10 期。

㊵刘一楠、徐雅婷：《信贷抵押约束、资产价格与二元悖论——基于开放经济下的 DSGE 模型分析》，《国际金融研究》，2019 年第 8 期。

（作者：陈享光，中国人民大学教授；李振新，中国人民大学博士生）

微观经济学

陈享光　朱仁泽

2019 年经济学界对微观经济学的研究主要集中在消费者行为、企业融资约束、市场竞争与企业创新、政企关系与企业行为、人口老龄化与养老服务市场等问题上，在如下研究方面取得了积极进展。

一、异质性、财富效应与消费者行为

刘向东等[①]探讨了移动支付方式对异质性消费者线下消费行为的影响，发现移动支付方式能够显著提升消费者线下消费金额、消费频率，且随着时间的推移，移动支付方式对线下消费者行为的促进作用会随之增强；另一方面，移动支付方式对异质性消费者行为具有不同的影响，移动支付方式能够显著提高女性和低收入水平消费者的消费金额和消费频率，以及中等收入水平消费者的消费金额。

戴国良[②]认为在相同价格折让水平下，不同促销方式的顾客感知价值对消费者网络口碑传播意愿的影响不同。价格折扣促销和特价/秒杀促销对网络口碑传播意愿有正向刺激。价格折扣和特价/秒杀的实际支出低于买赠、满赠、满减和返券促销，实际支出较低的促销方案其消费者感知价值和网络口碑传播意愿较高。由于买赠和满赠的赠品价格高于价值和赠品的可选择性不强，所以消费者不偏好买赠和满减促销。由于消费者满减和返券促销经常增加消费者预算，所以此种促销方式也不受消费者偏好。首先选择价格折扣和特价/秒杀，这两种促销方式对促进网络口碑传播方面优于买赠促销、满赠促销、满减促销和返券促销。当选择买赠和满赠促销时，应增加赠品的可选择性，且其价格不能高于其他电商平台。当选择满减促销时，应考虑消费者的消费预算，满减额应不超过或略低于消费者预算。

王夏阳等[③]认为当产品的单位运营成本增加幅度超过某一阈值点时，企业就有可能不再满足所有顾客的订货需求；并且较之事后调整型的订单取消与临时缺货，事先有考虑的战略性缺货策略会更加有利于电商企业。然而，该研究仅考虑了单次大型促销活动的决策问题，没有考虑多次促销活动中运用战略性缺货时对消费者心理预期乃至消费者重复购买决策的影响。

韩雪珂等[④]探讨了“遣词造句”与消费者的关系，发现营销管理者可以从产品品牌名称的语音语义、语句修辞、句式选择、语段叙述方式、多语种和字符副语言使用等维度着手，基于有关研究结论优化其沟通语言。

柯晨旭等[⑤]研究了存在战略消费者时，网络零售商通过两种销售模式——普通网购模式和网络团购模式向消费者出售产品，网商利润随着战略消费者比例的增大而降低。为了获取最大利润，网络零售商须设置最优团购阈值，引导战略消费者选择最有利于网商的购买方式。当战略消费者比例很低时，零售商会设定低团购阈值吸引战略消费者参与团购，从而获取更大利润值；当战略消费者比例很高时战略消费者选择普通网购有利于网商利润最大化。

赵礼强等[⑥]研究表明，网络零售商以低于传统零售商 10%～15%的价格优势吸引越来越多具有“搭便车”行为的消费者到网上购物，导致传统零售商成为消费者的“试衣间”。尽管传统零售商采取的定金膨胀策略减少了搭便车消费者的数量，但并未提升市场份额，只是靠提升价格来盈利。产品差异化战略在应对消费者搭便车行为上不仅促进传统零售商提升价格，还扩大了市场份额，减少了搭便车消费者数量，但不利于网络零售商。

陈雯等[7]从策略消费者行为的视角分析不同供应链渠道（传统的集中供应链，数量承诺下的集中供应链，分散供应链）下的产品质量、价格和订购量决策。当生产商决定产品质量时，分散供应链下的产品质量与供应链上下游的议价能力相关，生产商议价能力越强，产品质量越高；当生产商完全掌握确定产品质量和批发价格的权利时，策略消费者的行为加剧了生产商和零售商之间利润分配的不公平，生产商能获得更大比例的利润；面对策略消费者时，厂商承诺产品数量有限能够实现比集中供应链下更高的利润，存在合适的产品质量和批发价格，使得分散供应链能实现数量承诺下的最优利润，并实现提升质量和增加供应链整体利润的双赢。

何兴强等[8]研究说明，房价收入比高时家庭消费水平也相应较高，但显著降低了家庭消费的房产财富弹性；拥有两套及以上住房、有房出租家庭消费的房产财富效应受房价收入比高的弱化影响更小，拥有大产权比小产权房更能抵御房价收入比高对消费房产财富效应的弱化影响，高收入家庭的抵御能力更强。对于房价收入比高的城市不宜盲目放松房地产调控政策，否则会削弱消费的房产财富效应，抑制甚至挤出消费。何兴强建议，鼓励房地产商和居民将闲置的房产出租，增加租金收入促进消费。加大对居民住房产权的保护力度，降低小产权房的交易成本。

徐臻阳等[9]利用动态随机一般均衡模型，分析了包含国有企业和民营企业的货币政策的价格传导机制。由于民营企业面临的金融摩擦更大，其融资成本会提高；而国有企业在隐性担保下仍能够以较低的利率获得贷款。民营企业主要生产下游的消费品；而国有企业主要生产上游的投资品。两类企业之间的融资成本差异传导到价格上便体现为 CPI 高于 PPI。当采用加息的方式试图“去杠杆”时，民营企业的杠杆率先升后降，而国有企业的杠杆率长时间徘徊在高位。

二、信息不对称、异质性与融资约束

孙文娜等[10]认为资金供给者难以获取中小企业信息，是导致一些有发展潜力的中小企业不易获得融资的重要原因。征信机构有遍布全国的网络去搜集信息，征信机构与司法、税务、海关、供水、供电等部门联系，以增加信息来源，各种信息还可以相互印证，从而使提供的信息更加准确。利用征信机构可以助力解决中小企业融资中的信息不对称难题。

章玲超等[11]认为民营中小企业因生命周期短、信息不透明、无正规财务报表、缺少银行认可的抵押资产等特点，较难得到外部贷款机构认可。内源融资是民营中小企业获得资金的主要方式，然而企业应收账款的增长却不断削弱中小企业内源融资能力。对此，应加快建设企业征信服务平台、建立评分体系，加强企业风险评估有效性，应收账款给付法定化保障货款支付。

方成等[12]从地理空间维度回答了中小银行究竟是做好本土金融服务，还是“攻城略地”。由于远距离贷款伴随着更高的信息和监督等成本，中小企业银行贷款定价随着空间距离远近存在显著价格差异，与银行总部距离越远的企业贷款利率越高，而且遭遇信贷配给的可能性也越大。然而，相比靠近银行总部的中小企业，距离较远的企业贷款违约概率更高。

吴莉昀[13]认为财政补贴、税收优惠等政府补助行为有利于缓解中小企业融资约束。财政补贴因其传导机制更为直接，对于缓解企业融资约束的缓解效果好于税收优惠政策工具。政府补助对于处于成长期、国有化程度低、经营绩效欠佳的中小企业的作用效果也最为明显。因此，应加大政府补助、因企施策和进一步发挥信号机制缓解中小企业融资约束。

王凤荣等[14]认为在经济换挡背景下，政府干预作为转型经济中资源配置的重要方式和治理机制，呈现出对金融部门和实体经济部门的干预异质性。中小银行发展有利于中小企业融资约束的缓解，不过较强的政府干预力度所引致的信贷配给行为并不利于民营中小企业融资约束的缓解。

吴阳芬等[15]认为我国新三板中小企业整体融资效率有待提升，企业上市前后融资效率变动幅度很小。受政府干预、市场障碍、技术创新等因素制约，企业融资很难达到帕累托最优，技术创新对企业融资效率的作用非常明显。技术创新驱动技术进步能够提高企业全要素生产率和投入产出率，企业净资产收益率、营业收入同比增长率等得到提高，从而实现企业融资成本降低和融入资金使用效率提高。

张蕴萍等[16]检验了科技型中小企业与新三板企业融资约束，发现两种企业的投资对于内部融资波动具有正敏感性；现金资产对于现金流具有正敏感性，这均表明我国中小企业面临一定程度的融资约束。然而，新三板挂牌中小企业组的融资受限程度更低，这表明我国金融市场的发展的确起到了缓解中小企业融资约束的功能。

姜付秀等[17]认为银行竞争显著缓解了企业融资约束，并且降低了企业债务融资成本。此外，在企业信息不对称程度更严重的情况下，银行竞争缓解企业融资约束的作用更大，且银行竞争能够降低企业贷款的交易成本。

刘贯春等[18]发现金融资产持有份额有助于平滑企业投资波动，且该效应在投资不足时更强，而金融渠道获利不存在显著影响。相比于国有企业，金融资产持有份额的平滑作用在私有企业中更强。

三、市场竞争与企业创新

刘亭立等[19]研究了市场竞争与企业投资间的关系，认为市场竞争通过“抢占先机”和“攀比动因”两个路径驱动了企业的过度投资；而企业市场地位的差异会带来“自然防护效应”和“信息壁垒效应”，这修正了市场竞争对过度投资的影响。企业市场地位的提升会加剧市场竞争对过度投资的驱动作用。

张楠等[20]认为产品市场竞争的加剧会促进企业的创新投入，知识产权保护能增强这种促进作用。相较于传统行业，高科技行业对于知识产权保护调节作用更敏感；相较于其他地区，知识产权保护调节作用对东部地区的影响更大。产品市场竞争对企业创新产出也有促进作用，知识产权保护对这种效应的增强存在时滞性，并且行政保护比司法保护的时滞性更长。我国政府应加快完善知识产权保护法律体系，加大对知识产权保护的宣传力度，加大法院及知识产权局执法力度，为企业创新行为提供制度保障。

彭中文等[21]研究发现，产品市场竞争对于企业技术效率提升具有显著促进作用；相较于国防科技相关企业，这种正向效应在具有军工资质的民企中表现得更为显著，并且随着国防与民营经济的融合发展，这两种正向效应更为显著。当引入知识外溢与产品市场竞争交互项时，无论是技术人员知识外溢还是技术人员产出外溢，随着外溢程度增加，均会抑制产品市场竞争对企业技术效率的正向影响；在国有国防科技相关企业中，技术人员产出外溢效应的抑制作用更强。

王靖宇等[22]利用准自然实验的方法研究了产品市场竞争对企业创新的影响及其作用路径。产品市场竞争程度的提高通过降低管理层与股东的代理冲突、提高管理层激励有效性以及提高企业信息透明度三种路径促进企业创新。并且，产品市场竞争对企业创新的促进作用随着内部治理、企业市场化程度以及企业竞争性的提高而提高。

张春鹏等[23]探讨了市场竞争与金融化的关系。市场竞争促进了高技术企业的创新投资，降低了企业金融化水平；市场竞争抑制了低技术企业的创新投资，提高了企业金融化水平：即市场竞争对于高技术制造业企业金融投资扮演了“拦路虎”角色；对于低技术制造业企业金融投资扮演了“助推剂”角色。

许良超等[24]揭示了市场竞争与股票收益的关系。产品市场竞争与公司股票收益呈“倒 U 型”关系，垄断或过于激烈的竞争会降低股票收益；产品市场竞争与固定资产投资负相关；产品市场竞争通过影响企业固定资产投资策略进而影响股票收益。

袁靖波等[25]基于企业规模将其划分为大、中、小3个战略群组，企业与来自同一战略群组的竞争对手之间的竞争视为组内竞争，企业与来自不同战略群组的竞争对手之间的竞争视为组间竞争。基于亚洲 14个国家（地区）电信企业的数据，作者检验了企业竞争行动与销售绩效之间的主效应，以及组内竞争和组间竞争对上述主效应的调节作用。企业竞争行动密集性、异质性与销售绩效正相关，企业竞争行动简单性与销售绩效负相关；市场竞争（包括组内竞争与组间竞争）对企业竞争行动密集性、异质性与销售绩效之间的关系存在负向调节，对企业竞争行动简单性与销售绩效之间关系存在正向调节。在企业成员规模越小的战略群组中，组内竞争对企业竞争行动与销售绩效之间关系的调节效应越强；在企业成员规模越大的战略群组中，组间竞争对企业竞争行动与销售绩效之间关系的调节效应越强。组内竞争不利于小企业，组间竞争不利于大企业。

基于期望理论和企业行为理论，连燕玲等[26]发现，当企业实际绩效低于行业竞争期望时，组织为扭转行业竞争劣势的局面，会实施偏离行业既定水平的战略突破，即随着行业竞争期望落差的扩大，组织战略背离的程度越强；经济政策不确定性会弱化行业竞争期望落差与战略背离之间的关系，而行业竞争程度、高管团队社会资本和组织冗余则会强化上述关系。

吴汉洪等[27]认为，在转换成本和网络效应存在下互联网产业通过产品创新活动争夺市场份额。某些“创新”的主要目的为排除竞争。互联网产业一个典型的发展过程是：企业依靠外部融资支撑的策略性创新，降低消费者向其产品转换的成本，争夺市场份额，并在投资约束的限制下走向合并，最终抬高了市场集中度。特别的，转换成本的存在让企业有动力通过事前控制转换成本的创新，争夺事后的市场势力，并且“收割”事后锁定的用户。

四、政企关系与企业行为

孙艺宁等[28]认为，为应对经营与管理及发展过程中环境不确定性带来的风险，企业纷纷通过超额现金持有或降低负债比例等方式构建一定水平的财务弹性策略。财务弹性储备水平越高，企业就越倾向于采取资产负债率越低的资本结构策略。财务弹性储备水平为企业现金弹性与负债弹性之和，其中现金弹性为企业现金持有水平与行业平均现金持有水平的差值；负债弹性为同行业平均负债水平与企业负债水平的差值。政企关系、银企关系等社会关系负向调节着财务弹性储备水平与企业资本结构策略之间的相关性。

邓宏图等[29]通过构建一个中央政府—地方政府—龙头企业的3层博弈模型，分析了龙头企业在地方政府不设租、地方政府设租、地方政府设租+龙头企业寻租3种情况下龙头企业进行多元化的临界条件与特点。龙头企业进行多元化所获得投资回报率足够高时，龙头企业有更高的参与意愿，地方政府无须设租。投资回报率较低时，地方政府需要通过设租引导龙头企业涉足其他领域进行多元化，且地方政府倾向于引导与自身利益关系更为稳定的龙头企业进行多元化。

刘军等[30]讨论了营商环境与企业产能利用率之间关系。营商环境优化改善了企业面临的政企关系和商业关系，进而促进产能利用率的提升，且政企关系的作用大于商业关系。

陈作华等[31]认为，与国有企业相比，民营企业在获取关键资源和营商环境等方面存在先天劣势，使民营企业更加注重政企关系。民营企业家通过参政议政的方式与政府建立政企关系，有助于企业规避特质风险。政企关系缓解了融资约束，进而有助于企业规避特质风险；相对于弱政企关系，强政企关系对企业特质风险的影响更为显著。

王宇光等[32]指出税收征管力度越高的地区，企业的信息披露质量越高。税收征管的这种影响因企业产权性质的差异而有所不同。税收征管能够显著改善民营企业的信息披露质量，但对国有企业的影响并不明显。

刘佳刚等[33]以战略性新兴产业为例，对政企关系进行研究。政府补贴通过成本约束、政企关系两大路径对企业捐赠形成“激励效应”，政企之间的诱制性“隐性契约”机制促使企业对政府补贴进行正反馈。政府补贴对企业捐赠的效应强度随企业产权不同而呈现差异化特征，国有企业具有更强的正反馈意愿与强度，企业营收与地区市场化水平对该效应强度具有中介效应与调节效应，会弱化企业捐赠对政府补贴的正反馈。政府补贴对企业捐赠的促进作用以及企业捐赠的影响因素具有区域异质性。

于文超[34]考察地方官员更替对企业创新的影响。地方官员更替越频繁，企业创新概率和创新强度越高，且这一效应对于中小企业以及国有股权比重较低的企业而言更强。然而，企业创新概率以及创新强度随着官员更替频率增加呈现“倒U型”，这一关系主要存在于政府管制较强与法制环境较差的地区。

夏后学等[35]基于世界银行对中国企业营商环境的调查数据发现，在市场机制尚未健全的转型经济中，寻租作为非正规补偿手段和“关系资本”，一定程度上对市场创新产生了扭曲。优化营商环境显著调节寻租对企业不同创新活动的影响，有利于无寻租企业开展自主创新。

龚强等[36]认为当前我国基础设施水平和产业发展水平已大幅提升，如果地方政府仍然事后对社会资本施加公共品负担，将严重弱化社会资本的进入激励，引发PPP项目落地难、实施效率低等问题。当前地方政府的最优策略是通过合理界定自身权力边界，减少地方政策的“时间不一致性”，唯此才能提高社会资本的进入激励，让PPP模式缓解地方财政压力、保障公共品供给的重要作用得以充分发挥。

五、人口老龄化与养老服务市场

龚锋等[37]认为人口老龄化对人均公共福利性支出以及福利性支出与消费型支出比值的影响，取决于老年人福利性支出的受益率以及年轻人负担的劳动所得税税率的高低。在人口老龄化加速推进的背景下，政府不仅要适度增加福利性公共服务的供给，还应提高老年人在养老、医疗等社会福利体系中成本分摊和受益分享的对应性，避免公共福利性支出的增长对代际财政平衡和财政可持续性产生巨大冲击。

于长永等[38]认为人口老龄化带来的日益突出的养老问题，是中国亟待解决的战略任务。根据中国当前的基本国情、农村社会政策发展的现状以及国外发达国家社会福利发展的趋势，解决农村老年人的养老问题，不可能完全依靠政府（当然，从历史贡献的角度，政府担负起农民的养老义务责无旁贷），也不可能完全依靠家庭，而应该构建以家庭为基础、政府为主导、社区为支撑和老年人多元参与的积极的养老保障体系。

常亚轻等[39]剖析了“养儿防老”困局背后的原因。由于计划生育政策的实施，农村大批青壮年劳动力进城务工，人均预期寿命的延长引致病残压缩和病残扩张，基本养老保险制度人群分割进一步弱化了部分家庭经济供养功能，这些因素叠加在一起增加了“养儿防老”的风险。

阳旭东等[40]以时间线为脉络指出我国农村养老保障经历的3个阶段：家庭与集体共担养老、家庭养老、家庭社会化养老并行。为实现全体国民“老有所依、老有所养”的中国梦，政府在统筹城乡养老保障发展，财政支出，建立协作与对口帮扶机制，挖掘农业生产和家庭养老价值方面需加大执行力度。

陆杰华等[41]梳理了党的十八大以来养老政策、养老服务网络及设施、养老模式探索及养老保障水平4个方面概括所取得的主要成效，并指出我国社会化养老起步晚、养老投入欠账多、老年人健康状况不佳、家庭养老功能弱化等问题。对此，需加大农村养老公共财政投入，增强社会力量的养老服务主体作用；以需求为导向加快养老服务业发展，增强农村养老服务的均等化；重构多元共融养老照料机制，构建涉老政策体系与社会环境；构建城乡统筹性社会保障体系，提升其与地区养老服务体系的协同性；注重培育养老服务人才，加强对护理人员的培训和继续教育。

郭春燕[42]认为，我国老年人经济供养方式的替代效应具有时间变化性和城乡区域不均衡性。在城市老人的经济供养上，出现的替代效应主要是社会供养对于家庭供养的线性替代效应和对劳动自养的不完全挤出效应。在城市老人的经济供养上，出现的替代效应主要是社会供养对于家庭供养的线性替代效应和对劳动自养的不完全挤出效应。在乡村老人的经济供养上，2010年之前的旧农保对于乡村家庭供养和劳动自养没有产生影响，而且社会变革和劳动力迁移导致乡村家庭供养下降，2010年后的新农保等社会供养不存在对劳动自养的挤出效应，而社会供养对于家庭供养表现为非线性的挤出效应，其拐点与社会保障完善程度有关。在县镇老人的经济供养上，社会供养对于家庭供养的挤出效应是线性的。社会供养对于劳动自养的挤出效应只存在于2010年之前并呈现非线性状态。2010年后，家庭供养的回归使得劳动自养比例下降，这一点类似乡村。

娄飞鹏[43]认为，美国、日本、德国的养老金融对我国具有借鉴意义。美国养老金融发展的特色产品创新、日本农村养老金融发展的支持政策、德国通过李斯特改革建立的养老金三支柱框架，分别对应了我国养老金融发展中针对性产品缺乏、农村养老金融发展薄弱以及对基本养老金依赖过重的问题。

注：

①刘向东、张舒：《移动支付方式与异质性消费者线下消费行为》，《中国流通经济》，2019年第12期。

②戴国良：《不同促销方式对网络口碑传播意愿的影响》，《中国流通经济》，2019年第10期。

③王夏阳、张斌：《消费者选择行为下的电商战略性缺货问题研究》，《管理科学报学》，2019年第10期。

④韩雪珂、钟科、李新宇：《“遣词造句”如何影响消费者行为？——营销沟通中的语言心理效应研究综述》，《外国经济与管理》，2019年第9期。

⑤柯晨旭、颜波：《战略消费者行为下普通网购和网络团购模式》，《系统管理学报》，2019年第4期。

⑥赵礼强、常芮：《考虑消费者搭便车行为的零售商定价策略分析》，《商业研究》，2019年第7期。

⑦陈雯、徐贤浩：《产品质量设计与供应链渠道优化——基于策略消费者行为的视角》，《中国管理科学》，2019年第6期。

⑧何兴强、杨锐锋：《房价收入比与家庭消费——基于房产财富效应的视角》，《经济研究》，2019年第12期。

⑨徐臻阳、鄢萍、吴化斌：《价格指数背离、金融摩擦与“去杠杆”》，《经济学》(季刊)，2019年第4期。

⑩孙文娜、苏跃辉：《征信机构如何破解中小企业融资信息不对称难题》，《人民论坛》，2019 年第 29 期。

⑪章玲超、林彬、王禹媚：《构建企业征信服务平台缓解中小企业融资难题——应收账款融资的视角》，《上海金融》，2019 年第 10 期。

⑫方成、丁骋骋：《"攻城略地"还是"扎根本土"：空间距离与中小企业融资便利——来自城市商业银行贷款数据的实证》，《南开经济研究》，2019 年第 4 期。

⑬吴莉昀：《政府补助与中小企业融资约束——异质性作用结果与机制研究》，《商业研究》，2019 年第 8 期。

⑭王凤荣、慕庆宇：《政府干预异质性、中小银行发展与中小企业融资约束——结合经济换挡背景的分析》，《经济与管理研究》，2019 年第 5 期。

⑮吴阳芬、曾繁华：《我国新三板中小企业融资效率测度研究》，《湖北社会科学》，2019 年第 1 期。

⑯张蕴萍、陈言、刘志强、郭琪：《中国中小企业融资约束对比研究——来自科技型中小企业和新三板企业的微观证据》，《济南大学学报：社会科学版》，2019 年第 6 期。

⑰姜付秀、蔡文婧、蔡欣妮、李行天：《银行竞争的微观效应：来自融资约束的经验证据》，《经济研究》，2019 年第 6 期。

⑱刘贯春、刘媛媛、张军：《金融资产配置与中国上市公司的投资波动》，《经济学》（季刊），2019 年第 2 期。

⑲刘亭立、蔡娇娇、杨松令：《市场竞争会驱动过度投资吗？——基于战略性新兴产业的经验证据》，《管理评论》，2019 年第 12 期。

⑳张楠、徐良果、戴泽伟、李妍锦：《产品市场竞争、知识产权保护与企业创新投入》，《财经科学》，2019 年第 11 期。

㉑ 彭中文、曾龙基、魏浩：《产品市场竞争、知识外溢与企业技术效率提升》，《科技进步与对策》，2019 年第 19 期。

㉒王靖宇、付嘉宁、张宏亮：《产品市场竞争与企业创新：一项准自然实验》，《现代财经（天津财经大学学报）》，2019 年第 12 期。

㉓张春鹏、徐璋勇：《市场竞争："拦路虎"还是"助推剂"——技术异质性企业"脱实向虚"的证据》，《财经科学》，2019 年第 8 期。

㉔许良超、王志强：《产品市场竞争对股票收益的影响研究——基于固定资产投资的中介效应分析》，《投资研究》，2019 年第 1 期。

㉕袁靖波、周志民、周南、周晨：《管制放松后的企业竞争行动、竞争对手分类与销售绩效》，《管理世界》，2019 年第 6 期。

㉖连燕玲、叶文平、刘依琳：《行业竞争期望与组织战略背离——基于中国制造业上市公司的经验分析》，《管理世界》，2019 年第 8 期。

㉗吴汉洪、王申：《转换成本视角下互联网企业的创新竞争策略》，《经济理论与经济管理》，2019 年第 3 期。

㉘孙艺宁、彭颖：《社会资本、财务弹性储备水平与企业资本结构》，《财会通讯》，2019 年第 33 期。

㉙邓宏图、柳昕、李康：《地方政府官员晋升激励、政企缔约与龙头企业多元化》，《经济科学》，2019 年第 4 期。

㉚刘军、付建栋：《营商环境优化、双重关系与企业产能利用率》，《上海财经大学学报》，2019 年第 4 期。

㉛陈作华、刘子旭：《政企关系与企业特质风险》，《管理科学》，2019 年第 4 期。

㉜王宇光、赵茜、潘越：《税务机关与企业：零和博弈还是互助共赢？——基于上市公司信息披露质量视角的研究》，《经济与管理》，2019 年第 2 期。

㉝刘佳刚、张琼霞：《政府补贴能让企业更慷慨吗——来自战略性新兴产业的实证研究》，《会计之友》，2019 年第 4 期。

㉞于文超：《政企关系重构如何影响企业创新？》，《经济评论》，2019 年第 1 期。

㉟夏后学、谭清美、白俊红：《营商环境、企业寻租与市场创新——来自中国企业营商环境调查的经验证据》，《经济研究》，2019 年第 4 期。

㊱龚强、张一林、雷丽衡：《政府与社会资本合作（PPP）：不完全合约视角下的公共品负担理论》，《经济研究》，2019 年第 4 期。

㊲龚锋、王昭、余锦亮：《人口老龄化、代际平衡与公共福利性支出》，《经济研究》，2019 年第 8 期。

㊳于长永：《农村老年人的互助养老意愿及其实现方式研究》，《华中科技大学学报（社会科学版）》，2019 年第 2 期。

㊴常亚轻、黄健元：《农村"养儿防老"模式何以

陷入窘境?》,《理论月刊》,2019 年第 3 期。

㊵阳旭东、王德文:《从缺位到归位——新中国成立以来农村养老保障与政府责任的再思考》,《学术界》,2019 年第 1 期。

㊶陆杰华、沙迪:《新时代农村养老服务体系面临的突出问题、主要矛盾与战略路径》,《新疆师范大学学报(哲学社会科学版)》,201 年第 2 期。

㊷郭春燕:《我国老年人经济供养方式替代效应的城乡差异和时间性研究》,《公共管理学报》,2019 年第 1 期。

㊸娄飞鹏:《发展养老金融的国际实践与启示》,《西南金融》,2019 年第 8 期。

(作者:陈享光,中国人民大学教授;朱仁泽,中国人民大学博士生)

国际经济学

黄 剑 黄卫平

2019 年北京地区国际经济学学科发展呈现新的动态,包括举办重要的学术会议和学术活动、出版及发表有影响力的著作和论文,以及该学科中涌现前沿性、代表性的新思想、新观点、新成果。

一、学术会议和学术活动

2019 年北京作为中国文化中心、国际交往中心,举办了众多《国际经济学》学科领域的学术会议和学术活动,涵盖国际贸易、国际金融、国际投资、学科发展等方面。具体如下:

(一)学术会议

1. 2019 年 2 月 21 日,“中日韩经贸合作前瞻论坛”在北京中国国际经济交流中心举行。

2. 2019 年 3 月 20 日,中国国际经济交流中心举办“《政府工作报告》解读”论坛。

3. 2019 年 4 月 9 日,中国—葡语国家经贸合作论坛成立 15 周年第三方评估报告评审会在京召开,该论坛旨在促进中国与葡语国家经贸合作和澳门经济社会建设。

4. 2019 年 4 月 29 日,“第九届亚洲研究论坛:新形势下的东北亚合作”国际学术研讨会在北京举行。

5. 2019 年 5 月 13 日,“中美经贸关系研讨会”在京举行,中国社科院、美国彼得森国际经济研究所等中美智库学者就中美经贸关系展开研讨。

6. 2019 年 6 月 13 日,“一带一路”系列丛书发布会在中国国际经济交流中心举行。

7. 2019 年 7 月 6—7 日,“2019 国际货币论坛”在中国人民大学举行,发布《人民币国际化报告》,并就“金融开放与跨境支付”“金融科技与开放金融变革”等议题深入探讨。

8. 2019 年 9 月 25 日,联合国贸易额发展会议主办、中国社会科学院世界经济与政治研究所承办的“2019 年联合国《贸易与发展报告》”北京站发布会举行。

9. 2019 年 11 月 2—5 日,“‘一带一路’倡议与中泰命运共同体构建”学术研讨会在京举行。

10. 2019 年 12 月 8 日,由对外经济贸易大学、中国世贸组织研究会主办的“第十八届世贸组织与中国学术年会”在对外经济贸易大学举行。

11. 2019 年 12 月 15 日,北京大学国家发展研究院主办的“第四届国家发展论坛”在京召开,主题为“全球变局与国家发展”。

(二)学术活动

1. 2019 年 2 月 26 日,“全球金融治理中新兴市场国家的角色转变”研讨会在中国人民大学举行,美利坚大学、墨尔本大学教授参会。

2. 2019 年 4 月 12—14 日,“第五届全国高校国际贸易学科协作组青年论坛暨 2019 年国际经贸博士生论坛”在中央财经大学举行。

3. 2019 年 4 月 16 日,“一带一路”发展研讨会在京举行,中国社会科学院、“一带一路”智库合作联盟、蓝迪国际智库等共 200 余人参会。

4. 2019 年 5 月 24 日,商务部综合司和国际贸易经济合作研究院联合发布《中国对外贸易形势报告(2019 年春季)》。

5. 2019 年 5 月 31 日,“中美经贸关系高端研讨会”在中国国际经济交流中心举行。

6. 2019 年 7 月 6 日,“中美贸易摩擦:影响评估与前景展望”研讨会在中国人民大学举办。会议围绕“中美脱钩论”“贸易摩擦的战略应对及影响”等议题进行研讨。

7. 2019 年 10 月 18 日，“当前美国战略与中美关系前景”研讨会在京举行，中国人民大学国发院、中国社会科学院美国所、中国现代国际关系研究院、清华大学等机构从事国际经济的多位学者参会。

8. 2019 年 10 月 29 日，日本贸易振兴机构东京总部海外调查部到访中国社科院世界经济与政治研究所，双方就中美贸易摩擦对中国企业和在华外资企业供应链的影响进行了交流。

9. 2019 年 11 月 5 日，国际货币基金组织驻华代表处、中国人民大学国际货币研究所在京联合主办“2019 年国际货币基金组织《全球金融稳定报告》”发布会。

10. 2019 年 11 月 14 日，《中国与太平洋岛国共建“一带一路”的机遇与挑战》报告发布会暨研讨会在京举行。

11. 2019 年 12 月 9 日，“2019 年的中国与世界—国际形势年终锐评”研讨会在中国社会科学院举行。

12. 2019 年 12 月 10 日，“百年大变局下的国际形势与中国外交”研讨会在京举行，中国社会科学院、清华大学、外交学院等国内高校及学术科研机构共 20 多位知名专家学者出席此次研讨会。

二、北京地区学者出版及发表的有影响力的著作和论文

（一）出版著作

1. 刘伟、王文：《“一带一路”大百科》，长江出版传媒·崇文书局，2019 年版。

阐述“一带一路”历史渊源、理论依据、发展思路和已有成就，词条释义通俗易懂。

2. 张宇燕：《国际形势黄皮书—全球政治与安全报告》，社会科学文献出版社，2019 年版。

对中俄美三国关系、全球治理现状及网络安全、国际大宗商品市场、“一带一路”倡议进展进行专题讨论。

3. 王永利：《世界金融大变局下的中国选择》，四川人民出版社，2019 年版。

对货币裂变与本质、记账清算出现和深刻影响、金融发展划分与方向、互联网金融与区块链、国际货币体系变革等方面深入分析。

4. 黄卫平等：*WIN-WIN FUTURE*，中国人民大学出版社（韩文版），2019 年版。

（二）发表论文

1. 车丕照：《是“逆全球化”还是在重塑全球规则?》，《政法论丛》，2019 年第 1 期。

2. 冯仲平：《改革开放 40 年的中欧关系》，《国际论坛》，2019 年第 2 期。

3. 关雪凌：《以全面深化改革开放沉着应对国际经济新形势》，《人民论坛》，2019 年第 13 期。

4. 关雪凌、杨博、刘漫与：《“冰上丝绸之路”与中俄参与全球经济治理的新探索》，《东北亚学刊》，2019 年第 3 期。

5. 黄群慧：《粤港澳大湾区：对接“一带一路”的全球科技创新中心》，《经济体制改革》，2019 年第 1 期。

6. 黄卫平：《经济全球化与变化中的世界经济规则》，《世界经济导刊》，2019 年第 3 期。

7. Weiping Huang，Jian Huang：*Win-win Future Between China and The Rest World*，*AZJA-PACYFIA*，2019.

8. 黄剑、黄卫平：《“新常态”时期中国跨境电商发展形势与创新》，《全国流通经济》，2019 年第 23 期。

9. 李稻葵：《中美经济新格局》，《中央社会主义学院学报》，2019 年第 3 期。

10. 李莉文：《“逆全球化”背景下中国企业在美并购的新特征、新风险与对策分析》，《美国研究》，2019 年第 1 期。

11. 李扬：《必须重视 Libra 的挑战》，《中国外汇》，2019 年第 15 期。

12. 林毅夫：《金融创新如何推动高质量发展：新结构经济学的视角》，《新金融评论》，2019 年第 4 期。

13. 隆国强：《经济全球化的新特点新趋势》，《商业观察》，2019 年第 3 期。

14. 隆国强、张宇燕、裴长洪、张燕生、周弘：《改革开放 40 年与对外经济关系》，《财经智库》，2019 年第 1 期。

15. 裴长洪：《继续发挥外商投资在高质量发展中的作用》，《中国外资》，2019 年第 5 期。

16. 裴长洪、刘斌：《中国对外贸易的动能转换与国际竞争新优势的形成》，《经济研究》，2019 年第 5 期。

17. 彭刚、胡晓涛：《欧美逆全球化背景下国际经济格局调整》，《政治经济学评论》，2019 年第 1 期。

18. 桑百川：《外商直接投资动机与中国营商环境变迁》，《国际经济评论》，2019 年第 5 期。

19. 谭雅玲：《通过外贸预判人民币需求水平》，

《中国经济周刊》，2019 年第 6 期。

20. 王晋斌、刘璐、陈金至：《全球金融周期和全要素生产率——基于发展中国家的经验证据》，《投资研究》，2019 年第 3 期 。

21. 王孝松、田思远：《制度质量、对外援助和受援国经济增长》，《世界经济研究》，2019 年第 12 期 。

22. 姚枝仲：《贸易强国的测度：理论与方法》，《世界经济》，2019 年第 10 期 。

23. 余淼杰、王宾骆：《临时性贸易壁垒和企业融资行为》，《学术研究》，2019 年第 3 期。

24. 余永定：《中美贸易战的深层根源及未来走向》，《财经问题研究》，2019 年第 8 期。

25. 张宇燕：《笔谈：金融危机十年来的世界政治变迁》，《世界政治研究》，2019 年第 1 期。

26. 张宇燕：《全球投资安全审查趋紧，国际投资格局面临重构》， 《国际金融研究》，2019 年第 1 期。

三、新思想、新观点、新成果

20 世纪 20 年代《国际经济学》在国际贸易学和国际金融学的基础上逐渐发展，伴随国际分工格局的不断变化、科技革命的不断深入、各国对外贸易政策的动态调整、世界市场消费需求的新趋势涌现、国际贸易商业形态的不断创新，国际贸易方式以及全球价值链、供应链、产业链、企业链也必将随之进行调整，进而影响国际贸易格局、国际投融资及国际金融市场、国际货币体系，国际经济活动呈现多元化特点、国际经济关系复杂多变陷入不确定性状态。2019 年国内外学者对《国际经济学》领域的研究涌现的新思想、新观点、新成果主要集中在以下若干方面：

1. 世界面临百年未有之大变局的国际经济形势

大变局的重要表现之一是出现了人们所说的“逆全球化”的过程，对于全球化的理解应该是一种过程，而非制度安排或体制构建。全球经济治理中存在着游戏规则的制定者和接受者的区别，但变革在显现。[①]对百年变局的理解可以从大国实力对比变化、科技进步影响深远并伴随众多不确定性、民众权利意识普遍觉醒、人口结构改变、国际货币体系演化、多边体系瓦解与重建、美国内部制度颓势显露和中美博弈加剧等 8 个维度进行。[②]世界经济还表现出国际贸易增速放缓、国际直接投资活动低迷、全球债务水平持续提高和金融市场出现动荡等特征。[③]当前我国经济发展的外部环境正在发生深刻变化，伴随中国经济高速增长向高质量发展阶段，因而中国需要持续推进供给侧结构性改革。[④]美国贸易开放政策的转向建立在对国家层面利益的考虑之上，中国应当与其他发达国家和广大发展中国家找寻利益共同点，在现有国际体系框架下进行调整。[⑤]中国经济目前面临多年少有的复杂局面，全球经贸规则面临重大调整，国内民营经济预期和信心、经济转型也面临诸多难题。[⑥]

2. 中美贸易摩擦的多维度分析

中美贸易摩擦表面上看是由中美间长期经常账户失衡引起的贸易争端，但从更长期的视角来看，背后折射出的是中、美两国在长期经济增速以及生产率进步上的差异。[⑦]特朗普政府推出了一些新的国际经济规则改革动议，新的规则动向表现出明显的孤立中国和抑制中国体制优势等方面的特征。[⑧]美国对中国高技术企业的禁运和封锁就是要把中国踢出全球价值链，美国对中国高新技术行业进口产品加征关税，尽最大可能保持美国对中国的技术差距，希望借此遏制中国高端制造业发展。[⑨]中美贸易战和科技竞争的加剧，源于美国内部利益再分配的机制和调整能力出现问题，而不仅限于中国的崛起。[⑩]

3. 人民币国际化推进及汇率决定影响分析

从 2018 年起，中国政府似乎已经开始通过新的“三位一体”策略（人民币计价的原油期货交易+加快开放国内金融市场+鼓励“一带一路”沿线的人民币使用）来推动人民币国际化。[⑪]“一带一路”与人民币国际化具有内在协同逻辑，两者“双轮驱动”方能达到相辅相成、事半功倍的效果。[⑫]人民币的国际地位与中国的国际地位不匹配，高质量发展需要人民币国际化再出发。[⑬]必须着力发展以人民币计价、交易、结算的投融资产品，协调好人民币和外币双向开放步调，突出本币优先原则。[⑭]汇率改革至今，人民币实际有效汇率失调程度都在 10%以下。进出口贸易对人民币实际有效汇率失调有双向作用，表明了我国经济的韧性较强。[⑮]

4. 金融科技发展与金融创新研究

金融科技需要进一步向新领域进军，在安全可靠条件下为人们的生活带来更多便利，推动政府职能转变和经济提质增效。[⑯]现阶段我国金融发展有供给错配之虑和脱实向虚之忧，其症结在于我国金融体系存在 3 个层次的 7 个金融结构矛盾。[⑰]只有在机制健全、运行正常的金融体制机制下，新技术应用才会沿着正常、有效率的路径发展。[18]越来越多的支付已经深深融入产业链中，不但成为产业转型升级的一部分，而且推动企业深度参与到全产业链的金融服务中。[19]使用 1996—2014 年期间由 23 个国家组成的小组，研究表明金融创新与总资本之间存在净正关系。[20]金融创新通过改善用于借贷资金的金融工具和支付工具来实现，货币需求与利率的增长、银行提供的总信贷额度的增长、技术进步和公用事业账单支付服务呈负相关。[21]

5. 全球价值链、供应链与增加值贸易研究

整体上，全球价值链双向参与都有利于提高全要素生产率，但前向参与产生的促进作用略大，融入高收入发达经济体生产网络的生产率效应相对较大。[22]确定全球价值链整合的决定因素对于理解其过去的扩张和当前的放缓至关重要，在具有相对较高的转换成本和相对较低的分段成本的行业中，国内价值链会成为绊脚石。[23]当今世界的供应链和产业链是在全球价值链分工主导下形成的，是在现代运输技术和信息技术支撑下资本全球化的产物。[24]不同国家所处全球价值链的地位不同，因而导致经常账户失衡差异。[25]建立在低成本基础上的产业集群位于全球价值链低端，发展方式粗放，缺乏创新性的国际竞争优势。[26]考虑到产品的异质性，结合供应链投入产出数据，研究表明美国从墨西哥进口可以使得价值分配从 18%上升至 30%，并且加大了北美自贸区贸易战福利成本。[27]利用中间范围理论检验发现，美国制造商可以利用供应链定位促进全球供应商的响应能力。[28]

6. 数字经济方兴未艾

数字经济的前提是经济的数字化，技术是实现经济数字化的手段。[29]数字经济创造了众多就业机会和收入提升，但也带来了更大的不确定性和挑战。[30]数字技术可以改变经济活动，降低寻找、复制、运输、追踪以及核实成本。[31]数字经济下人们使用个人自动辅助系统，获取信息并完成各种商业活动。[32]数字化不仅通过技术降低信息成本，同时也通过科技网络提高效率。[33]区块链技术对共享经济具有潜在影响，人工智能、大数据分析、智能网络等技术与经济具有内在联系。[34]20 国集团要求经合组织审查规则时，改革国际税收以跟上数字经济的步伐比最初预想的要困难。[35]

注：

①黄卫平：《经济全球化与变化中的世界经济规则》，《世界经济导刊》，2019 年第 3 期。

②张宇燕：《理解百年未有之大变局》，《国际经济评论》，2019 年第 5 期。

③姚枝仲：《世界经济形势新变化及演变逻辑》，《中国经济报告》，2019 年第 2 期。

④高培勇：《持续推进供给侧结构性改革（经济形势理性看）》，《人民日报》，2019 年 4 月 25 日。

⑤彭刚、胡晓涛：《欧美逆全球化背景下国际经济格局调整》，《政治经济学评论》，2019 年第 1 期。

⑥刘世锦：《走到全球市场经济竞争和发展的前列》，《中国中小企业》，2019 年第 4 期。

⑦姚洋、邹静娴：《从长期经济增长角度看中美贸易摩擦》，《国际经济评论》，2019 年第 1 期。

⑧姚枝仲：《中美经贸冲突中的规则之争》，《当代经济研究》，2019 年第 10 期。

⑨余永定：《中美贸易战的深层根源及未来走向》，《财经问题研究》，2019 年第 8 期。

⑩李稻葵：《中美经济新格局》，《中央社会主义学院学报》，2019 年第 3 期。

⑪张明、李曦晨：《人民币国际化的策略转变：从旧“三位一体”到新“三位一体”》，《国际经济评论》，2019 年第 5 期。

⑫黄卫平、黄剑：《“一带一路”作用人民币国际化路径研究》，《中国物价》，2019 年第 4 期。

⑬郭凯：《人民币国际化再出发》，《新金融评论》，2019 年第 4 期。

⑭林楠：《稳步推进人民币国际化》，《经济日报》，2019 年 10 月 31 日。

⑮谢非、刘婷婷：《人民币汇率失调与进出口贸易的双向影响效应研究》，《改革》，2019 年第 3 期。

⑯全湘溶、吴辉：《我国金融科技发展面临的机遇和挑战》，《信息通信技术与政策》，2019 年第 4 期。

⑰林毅夫：《金融创新如何推动高质量发展：新结构经济学的视角》，《新金融评论》，2019 年第 4 期。

⑱李扬：《完善金融制度是金融科技健康发展的前提》，《清华金融评论》，2019 年第 5 期。

⑲王一鸣：《移动支付是中国金融科技走在世界前列的重要标志》，《金融电子化》，2019 年第 8 期。

⑳Maxence Bernier，Michael Plouffe：*Financial Innovation*，*Economic Growth*，*and The Consequence of Macroprudential Policies*，*Research in Economics*，2019(02).

㉑Ala Bashayreh, Mohammad W. Alomari: *Bank's Financial Innovation and the Demand on Money*, *International Journal of Monetary Economics and Finance*, 2019 (03).

㉒郑玉、姜青克:《全球价值链双向参与下的生产率效应——基于 WIOD 数据库的实证研究》,《财贸研究》,2019(08)。

㉓ Beverelli, Cosimo: *Domestic Value Chains as Stepping Stones to GVC Integration*, *The World Economy*, 2019(05).

㉔黄群慧:《全球供应链、产业链与创新生态不容破坏》,《经济日报》,2019年6月10日。

㉕Johannes Brumm, Georgios Georgiadis: *GVC Participation and Current Account Imblabce*, *Journal of Money and Finance*, 2019(97).

㉖裴长洪:《促进劳动密集型产业集群迈向全球价值链中高端》,《国际贸易》,2019年第12期。

㉗ Alonso de Gortari: *Disentangling Global Value Chains*, *NBER Working Papers* 25868, Nov. 2019.

㉘ Davis-Sramek, Beth: *Leveraging Supply Chain Orientation for Global Supplier Responsiveness: The Impact of Institutional Distance*, *International Journal of Logistics Management*, 2019(01).

㉙高承实:《数字经济与区块链的未来》,《张江科技评论》,2019年第6期。

㉚ Haytham Karar: *Algorithmic Capitalism and the Digital Divide in Sub-Sahran Africa*, *Journal of Developing Societies*, 2019(04).

㉛ Avi Goldfarb, Catherine TuCker: *Digital Economics*, *Journal of Economic Literature*, 2019(01).

㉜ Oliver Budzinski, Victoriia Noskova: *The brave new world of digital personal assistants: benefits and challenges from an economic perspective*, *Economic Research and Electronic Networking*, 2019(02).

㉝Elitsa R Banalieva, Charles Dhanaraj: *Internalization Theory for The Digital Economy*, *Journal of International Business Studies*, 2019(50).

㉞Myriam Ertz , milie Boily: *The rise of the digital economy: Thoughts on blockchain technology and cryptocurrencies for the collaborative Economy*, *International Journal of Innovation Studies*, 2019(12).

㉟Bill Dodwell: *Digital Economy Makes Global Tax Reform Difficult*, *Accoun-tancy* , 2019(02).

(作者:黄剑,中国人民大学世界经济研究中心研究员;黄卫平,中国人民大学世界经济研究中心主任)

宏观经济理论与政策

方 芳 艾建伟 李英杰

2019年是新中国成立70周年,是全面建成小康社会、实现第一个百年奋斗目标的关键之年。我国正处在转变发展方式、优化经济结构、转换增长动力的攻关期,结构性、体制性、周期性问题相互交织,“三期叠加”影响持续深化,经济下行压力加大。当前世界经济增长持续放缓,仍处在国际金融危机后的深度调整期,世界大变局加速演变的特征更趋明显,全球动荡源和风险点显著增多,但我国经济稳中向好、长期向好的基本趋势没有改变,具体来看,我国即将全面建成小康社会,对精准扶贫提出了新要求;“一带一路”建设稳中有进,推动全方位对外开放;中美贸易关系给经贸发展带来新不确定性。从今年学术界关注热点来看,主要集中于经济增长与发展,宏观经济调控,精准脱贫,“一带一路”,中美贸易摩擦5个问题。

一、促进经济增长与发展——着力推动高质量发展

党的十九大报告指出,“我国经济已由高速增长阶段转向高质量发展阶段”,“高速增长”阶段主要依靠高投资、劳动参与率增加等要素驱动,“高质量发展”阶段则主要依靠技术进步、效率驱动。

(一)高质量发展的内涵

高质量发展根本在于经济的活力、创新力和竞争力,供给侧结构性改革是根本途径。当前转向高质量发展具备很多有利的基础性条件,最终消费的上升、服务业占比的提高大大增强了经济运行的稳定性,中等收入群体规模的不断增大提供了强大的市场驱动力,供给侧结构性改革有效强化了市场功能,科技创

新和技术扩散为高质量发展提供了技术支撑，全球价值链的变化为高质量发展提供机遇。学者们对此进行了一系列思考和研究。

刘伟表示，在微观上，高质量发展要建立在生产要素、生产力、全要素效率的提高之上，而非靠要素投入量的扩大；在中观上，要重视国民经济结构包括产业结构、市场结构、区域结构等的升级，把宝贵资源配置到最需要的地方；在宏观上，则要求经济均衡发展。①

王一鸣表示，所谓高质量发展，从微观层面来看，通常指产品和服务的质量。中观层面来看是产业和区域发展质量。宏观层面主要指国民经济的整体质量和效益，通常也可以用全要素生产率去衡量。从投入产出关系来看，高质量是投入少、产出多、效益好的发展模式。②

（二）实现高质量发展面临的问题

党的十九大对中国经济发展做出的一个重大判断，强调我们正处在一个攻关期，要攻克 3 个关口：转方式、优结构、增动力。三大变革既是推动高质量发展的根本途径，也是实现高质量发展的重要标志。近年来，我国经济发展质量出现积极变化，发展效率开始改善，发展动力正在转换，但受经济社会发展客观条件变化、制度扭曲和国际环境复杂多变等多重因素制约，实现“三大变革”依然面临着难题和困境，影响经济高质量发展顺利推进。朱紫雯等众多学者对高质量发展进程中所遇到的问题有以下总结：③

1. 高端要素供给不足，阻碍短期经济难以实现高质量发展

我国人力资本素质和技术创新等高端要素不足，难以支撑产业结构升级和产品质量提升。劳动力市场存在供需结构性矛盾，每年相当大一部分大学毕业生面临就业难、学非所用困境，制造业转型升级急需的高技术、高技能型人才严重短缺。我国拥有全世界规模最大的“流水线型”劳动力资源，但产业工人的整体素质偏低，难以满足新科技产业革命和产业转型升级对创新型、技能型、复合型员工的需要。

从科技创新看，我国是世界上第三个国内发明专利拥有量突破百万件的国家，但申请的专利多为实用新型和外观设计专利，最能体现创新能力的发明专利占比不足 30%。专利质量不高，竞争力总体不强，与技术强国尤其是美国存在较大差距。

2. 资源配置效率低下，阻碍经济高效率运转

劳动生产率增速下降。随着经济社会发展水平不断提高，劳动生产率水平也随之提高，经济发展到一定阶段后，劳动生产率增速会逐渐放缓，这是客观规律。在劳动生产率水平偏低的情况下，出现过早减速，已经成为制约我国经济高质量发展的重大问题。劳动生产率的下降，客观原因在于我国经济结构转型客观规律，劳动生产率较高的第二产业比重下降与第三产业比重的上升。但同时也存在制度上的因素，科研、教育、文化、医疗、金融等劳动生产率水平较高的行业尚未完全放开市场准入，体制性约束阻碍了行业活力进一步释放和效率进一步提高。

资本产出效率持续下滑。增量资本产出率持续上升，既有资本存量积累过程中资本边际效益下降的客观规律，更与政府主导型投资体制和现行金融体系有关。政府尤其是地方政府干预企业投融资行为依然比较普遍，不仅在基础设施、公共服务等领域，而且一些竞争性领域也存在行业垄断、地区保护，造成投融资市场信号不准确或被扭曲，致使企业盲目投资和重复建设，区域投资结构和产业结构趋同，严重制约投资效率提高。

全要素生产率增长呈下滑趋势。我国全要素生产率增长率下降，既与尚未出现重大科技创新这一大环境有关，也与我国制度扭曲有很大关系。科技体制改革不到位，科技创新水平和科研成果产业化率低，大量科研成果以转化为现实生产力，是制约全要素生产率持续提高的主要原因。

能源利用效率提升进展缓慢。2011 年以后，单位工业增加值能耗水平基本不变，显示出能源利用效率提高缓慢。出现这一现象，客观上与能源持续利用带来的效率提升效应边际递减有关，深层次原因则在于能源体制改革滞后，能源价格市场化形成机制不完善，尚不能充分引导能源优化配置。

3. 产业结构、空间布局引发不平衡不充分发展

在产业结构上，产能过剩与短板并存。政府主导、投资驱动的增长阶段之下，容易发生低水平重复建设，并导致部分行业产能过剩。而且，产能过剩与大量的“短板”并存，高质量产品供给严重不足，创新驱动的行业发展不充分，构成经济中的短板。

在空间布局上，高速增长过程中供给体系对需求体系的适应并不总是均匀的，而是有显著的不平衡性。从区域看，东部地区实现了率先发展，中西部地

区发展相对缓慢。从城乡关系看，城镇化进程持续推进，但是也出现了市民化进程滞后，城乡差距扩大等问题。从对外开放看，则是出口和进口的不平衡、引进来和走出去的不平衡。

（三）推动经济高质量发展的思路和建议

1. 着力解决高端要素供给不足问题，加快提高劳动力、技术、资本等关键要素质量

培育支撑高质量发展的人力资本，培养和吸引一批具有国际水平的战略科技人才、领军人才和高水平创新团队。政府应发挥积极作用，充分认识到人才重要性，制定吸引人才的政策措施。潘士远等从美国减税如何影响中国人才流失、经济增长和中美技术差距角度，据此探讨中国的应对之策。美国减税将可能吸引一些中国高研发能力的人才移民至美国，从而在长期中扩大中美两国的技术差距，建议为了提升人均社会福利水平，中国企业所得税税率需从现行法定的25%降至约 18.5%。④

优化研发经费投入结构，加大对重大关键性公益技术研发的投入力度，将基础研究占科研经费比加强工业互联网、工业大数据、现代供应链等数字经济时代产业基础设施建设，持续积累更多高水平、高质量的技术装备和基础设施，全面提升基础支撑体系质量，培育经济发展新动能。张勋认为，人类正在经历的以互联网为基础的第三次技术革命，对效率和公平的影响巨大且深远。中国尤其得益于互联网革命，使得中国实现了数字经济和数字金融的快速发展。⑤

2. 宏观微观并重，推动效率提升

以市场化改革为取向，推动各类要素优化配置，持续改善关键要素的投入产出效率。为应对我国劳动力效率下降的难题，一方面提升人力资本，加快完善社会保障制度。另一方面，也要看到人工智能等新兴技术对于经济发展的影响，合理运用应对我国目前面临的老龄化等一系列人力资本问题。陈彦斌等研究了人工智能是否能够有效应对老龄化对经济增长的不利影响，认为人工智能主要通过三条机制应对老龄化的冲击，进而促进经济增长。一是提高生产活动的智能化和自动化程度从而减少生产活动所需的劳动力，二是提高资本回报率从而促进资本积累，三是提高全要素生产率。⑥

促进资本产出率提高，进一步化解过剩产能，清理“僵尸企业”，盘活存量资本，提高资本配置效率；进一步优化投资结构，严格控制政府在基础设施、产业发展和社会事业发展领域的盲目投资和重复建设，引导资金投向发展“短板”领域，改善区域投资结构，提高区域空间投资配置效益效率。陈斐从实际公共—私人投资比入手，发现其偏离最优公共—私人投资比将对中国经济增长产生显著的负向影响；但无论是全国层面还是分地区而言，中国公共投资的实际规模总体上高于其潜在的最优规模。预示着在中国经济的未来发展中适度控制中国公共投资的实际规模是必要的。⑦

提高能源利用效率，加快推动电力、石油、天然气市场化改革，建立权责清晰、运行高效、监督有力的能源管理体系，建立健全能源价格市场形成机制。郑新业等分析了未来中国能源需求走势，指出，经济总量对能源需求的影响是通过高耗能行业进行的，经济结构变动是能源需求变动的主要因素。全面推动绿色发展，加强对高耗能行业的调控，将是实现中国能耗总量控制目标的关键选择之一。⑧

3. 高质量发展中实现产业结构升级

产业结构变迁中的一个重要现象——服务业占比持续上升得到了众多学者的关注，虽然服务业占比上升意味着经济结构发生了变化，但服务业占比上升背后的原因有可能是需求变动、结构变动、产业分工的结果，也有可能是成本上升所引致的被动提高。张建华等指出，由于制造业效率低下和成本上升带来的服务业占比上升的结构转变可能会带来结构性减速，对未来发展形成挑战。他认为在结构转型过程中的动能转换意义重大，实现向知识密集型服务业的结构转变是实现服务业结构高级化，防止低效服务业蔓延和服务业“成本病”的重点。⑨

4. 加快完善政府引导调控体系

在经济结构不断变迁的过程中必然会出现外部市场失灵问题，因此一个因势利导的有为政府对克服在经济转型升级中的外部性和协调性问题十分重要。龙小宁认为，如果要依赖市场机制，就需要打造公平竞争的市场，当政府规制或者政府政策能够有针对性地解决市场竞争无法公平开展的问题时，政府就成为了推动经济高质量发展的有为政府。⑩

二、坚持“稳中求进”工作总基调——统筹兼顾做好“六稳”

2019 年中央经济工作会议明确提出，宏观经济调控政策上继续坚定不移贯彻“稳中求进”工作总基调，“要完善和强化‘六稳’举措，健全财政、货币、就业等政策协同和传导落实机制”。

（一）“稳中求进”工作总基调具有深刻意义

在当前世界经济增长持续放缓、国内经济下行压力加大的背景下，确保“六稳”对于保持经济运行在合理区间、推动高质量发展，具有重要意义。而全面做好“六稳”工作，最主要的是打好宏观政策“组合拳”，将各项举措落到实处。就业稳，提前实现全年预期目标；金融稳，严控风险，宏观杠杆率趋于稳定；外贸稳，加快转型升级，出口产品竞争力越来越强；外资稳，特斯拉、巴斯夫等外资纷至沓来，项目含金量更高；投资稳，重大项目纷纷落地，增速保持稳定；预期稳，制造业PMI重回扩张区间，企业和百姓信心更足。在此背景下，学术界对宏观经济调控的讨论也主要集中在“六稳”工作。

（二）宏观调控中面临问题及政策应对

1. 多措并施保证就业形势稳定

把就业摆在更加突出的位置，从宏观政策的层面落实就业优先政策。目前，稳就业尚面临一些潜在风险，我们必须继续贯彻就业优先的一系列政策措施，通过做好稳定就业总量、改善就业结构、提升就业质量等方面的工作，多措并施保持就业形势稳定。对于当前引起较多关注的关于人工智能是否对劳动力就业产生影响，学术界有着激烈的讨论。孙早等认为，随着科技和产业变革步伐加快，内含前沿技术的先进设备投资大规模增长，“机器换人”成为许多地区技术改造的主要方式。工业智能化将促使先进设备替代初中和高中学历劳动力，并增加对高、低教育程度劳动力的需求，导致中国劳动力就业结构整体上呈现出“两极化”特征。劳动力的受教育程度越高，劳动力就业受到生活成本因素的负向影响就越小。⑪

另外，对于就业结构、劳动力转移问题的讨论，主要与城乡区域、国际贸易问题、产业结构问题相联系。赵波等从农业与非农部门就业分类，考察中国就业明显的无周期性特征，认为农业部门劳动力在农业和非农两个部门的顺周期再配置。劳动力市场摩擦会放大农业部门劳动力对于非农部门的经济冲击反应，从而加剧农业就业和非农就业的波动性，但总就业仍然表现出波动较小、与GDP相关性较弱的特征。⑫

2. 坚持稳健的货币政策，疏通政策传导机制

“稳金融”就是严控风险，将宏观经济杠杆率控制在合理水平，因此稳健的货币政策要灵活适度。要保持流动性合理充裕，货币信贷、社会融资规模增长同经济发展相适应，降低社会融资成本。要深化金融供给侧结构性改革，疏通货币政策传导机制，增加制造业中长期融资，更好缓解民营和中小微企业融资难融资贵问题。

新时代我国货币政策应如何操作，许光建等回顾过去我国货币政策执行情况，提出了经济新常态下宏观调控以供给侧结构性改革为主线。在货币政策由被动型向主动型以及由数量型向价格型转变的过程中，中国人民银行通过调整常规性货币政策工具、补充临时性货币政策工具以及创设定向调控的货币政策工具，有效实现了调节市场流动性、推动供给侧结构性改革以及促进货币市场和金融市场的市场化发展等任务。⑬

宏观金融政策应更加注重政策的普惠性。郭晔等基于A股和新三板企业的微观数据检验定向降准货币政策的实施是否对农业和小微企业等所谓“弱势部门”的信贷资源产生了作用，从而实现政策的“普惠”效应。我国定向降准政策可以促进农业企业和小微企业获取信贷资源，发挥了普惠效应；银行竞争可以在一定程度上对定向降准政策的“普惠”效应表现出正向调节作用，具体来说，时间维度的银行竞争对定向降准政策的“普惠”效应的影响较为明显，区域维度的银行竞争没有调节作用。⑭

3. 继续发挥在国际贸易中的优势

外贸稳，就要加快转型升级，出口产品竞争力越来越强，尽管当前国际经贸环境不确定因素增加，中美贸易摩擦变数难测，但中国稳中向好的经济基本面并没有改变，中国外贸新旧动能转换已经释放出强劲动力，外贸新业态不断涌现，中国外贸竞争新优势初步形成。

裴长洪等从三方面论述了我国外贸方面三大竞争优势：首先，互联网与跨境电商挑战了新新贸易理论中“企业异质性主要体现于企业生产率”的基本假设，异质性消费偏好为中小企业跨境电商比较优势的形成提供了市场环境。其次，中欧班列的运行重塑了传统世界海运贸易的理论范式，重构了国际贸易的经济地理，加快了中国“向西开放”的步伐，逐渐形成了东西共济的全球价值链“双向环流”。再次，中国自由贸易试验区的试验优势、新要素禀赋优势和制度优势三重叠加，复合比较优势初现，自由贸易港建设将会把动态比较优势推进到更高层面。⑮

4. 继续扩大开放，引进外资

“稳外资”伴随我国对外开放程度的加大，具有越来越重要的意义，各类外资纷至沓来，由此带来的机遇与风险引起了较多的关注。当前，在中国加快构建

形成开放型经济新体制的背景下，各级政府需针对利用外资存在的问题进行政策引导和制度创新，切实提升全方位利用外资的水平和质量，实现外资与中国本土经济成分的互融共生。毛其淋研究发现外资进入不仅显著提高了创新程度，而且还有利于延长本土企业的创新持续时间。知识产权保护强化了外资进入对本土企业创新的促进作用，研发能力增强与融资约束程度降低是外资进入促进本土企业创新的两个重要渠道。[16]

5. 积极的财政政策持续发力

积极的财政政策要大力提质增效，“提质”和“增效”两方面相互协调、相互支撑。“提质”要求积极的财政政策更加精准、发力点更加合理；“增效”要求在发力点确定以后，有效配置资金，充分落实政策。要更加注重结构调整，坚决压缩一般性支出，做好重点领域保障，支持基层保工资、保运转、保基本民生。

为保证企业投资意愿，企业减税是当前供给侧改革的重要内容。刘啟仁等从税制改革角度提出，固定资产加速折旧政策带来了额外的税收优惠，资产结构越偏长期税收优惠越大，该政策显著促进了试点行业内企业的固定资产投资，特别是对资产偏长期和急需更新固定资产的企业助推作用尤为显著。[17]

6. 稳定当前预期，合理应对不确定性

“六稳”的落脚点是在稳预期上，怎样稳预期、怎样引导预期、怎样管理预期，成为当前宏观政策的重心。当今世界正经历新一轮大发展、大变革、大调整，大国战略博弈全面加剧，国际体系和国际秩序深度调整，人类文明发展面临的新机遇新挑战层出不穷，不确定不稳定因素明显增多，党中央做出一个重大判断：世界处于百年未有之大变局，在面临众多不确定性下如何做出判断与抉择，这是对我国宏观经济运行的重大考验，学术界对于不确定性下的问题研究也逐渐丰富起来。

刘贯春等对在经济政策不确定性下，利用国民经济投入产出表测算行业资产可逆性，考察资产可逆性如何影响经济政策不确定性与固定资产投资的关系随着所处行业的资产可逆性提升，经济政策不确定性对企业固定资产投资的抑制作用被弱化，且该效应在融资约束严重的企业更为凸显。[18]

因此，做好“稳预期”，降低中国宏观经济运行中的不确定性对于保证我国经济高质量发展具有至关重要的作用，促进经济平稳运行，创新和完善宏观调控，强化政策协同协调，切实稳定市场预期。

三、精准脱贫：决胜全面小康社会

自2017年10月18日党的十九大把精准脱贫作为决胜全面建成小康社会必须打好的三大攻坚战之一后，精准脱贫工作持续推进。2019年是打赢精准脱贫攻坚战的关键之年，关系到2020年我国能否实现精准脱贫目标、全面建成小康社会的历史任务。国内学者针对精准脱贫的现状、路径与可持续发展等方面进行深入研究并提出相应政策建议。

（一）精准脱贫的现状与问题

尹成杰对我国农村全面小康社会建设进行了阶段划分，提出2013—2020年是农村小康攻坚建成阶段，我国扶贫开发战略实现根本性转变，进入精准脱贫和农村全面建成小康社会的新阶段。在这一阶段中，脱贫攻坚的目标、任务、制度、政策，是史上要求最严、力度最大、成效最明显的脱贫攻坚行动。按照新的扶贫标准，6000多万农村贫困人口稳定脱贫，年均减少近1400万人，为我国扶贫历史最好成绩，提前10年实现联合国2030年可持续发展议程确定的减贫目标，继续在全球减贫事业中保持领先地位。在2019年这个关键节点，要将解决问题作为巩固精准脱贫成果、决胜全面建成小康社会的重要任务，加快农业农村现代化，推进农村高质量发展，彻底打赢脱贫攻坚战。[19]

章文光认为精准脱贫与乡村振兴紧密结合，因为城乡二元体制仍是制约经济社会发展的巨大障碍，决胜全面建成小康社会最薄弱的环节仍在农村，经济社会发展中最明显短板仍是“三农”问题。自2013年精准脱贫战略思想的提出，到2017年党的十九大要坚决打好精准脱贫攻坚战，各项脱贫政策相继实施，农村人口贫困状况得到巨大改善，农业现代化取得长足发展。但是，农村民生领域历史欠账多，城乡基本公共服务和收入水平差距仍然较大。过去核心资源要素从农村到城市的单向流动，造成农村“空心化”和“贫血症”，成为精准脱贫的“硬骨头”和“深水区”。还需要我们考虑的是绝对贫困问题解决的过程中凸显的相对贫困问题，农村人口又将成为相对贫困的主要群体。[20]

（二）精准脱贫的路径与困难

乔慧、刘爽和郑风田从建档立卡视角出发，以甘、陕、晋、赣、川5个中西部省份农户与村级调研数据为样本，运用PSM-DID方法检验了建档立卡政策的增收效应。建档立卡政策显著提高了贫困户的转移支付性收入，但是对其农业经营收入和转移就业收入的增收作用不明显。造成这一结果的原因，一是扶贫资金主要被用于普惠性项目，对促进贫困户内部积累、自我发展能力提升的项目具有“挤出效应”；二是贫困户对“造血式”扶贫项目参与度及效果评价不高，且项目开展过程中存在非贫困户对贫困户的挤出效应；三是扶贫开发催生了“福利依赖”现象，“等、靠、要”的心态使得“输血式”扶贫项目更受贫困户的欢迎。[21]

黄薇从精准脱贫下保险政策的角度，针对保险扶贫政策实施过程中目标不精准、需求不满足与贫困人口收入约束之间的困局，构建贫困人口潜在保险需求转换成有效需求的理论分析框架，利用 2000—2011 年先后开展的 5 期“中国家庭健康与营养调查”微观数据，实证检验了倾斜性保险扶贫政策在减贫实践中的作用。以适当财政补贴个人缴费、降低起付线、放宽封顶线、提升报销比例为核心的“倾斜性保险扶贫政策”，能够显著激发贫困户医疗保险的需求，对其收入和支出等福利具有显著正向影响，从而起到积极的减贫效果。同时，借助以提升保费补贴程度和住院报销比例等为重点的倾斜性保险扶贫政策，对帮助脱贫和防止返贫具有积极的影响。[22]

（三）建立可持续脱贫的长效机制

教育扶贫是脱贫的根本，也是我国精准脱贫的长效路径。杨均华和刘璨采用固定效应计量模型和回归分解方法研究农户脱贫的决定因素与反贫困策略，认为家庭储蓄、家庭教育支出、支农政策、社会保障和通信设施对农户脱贫有全面性影响；人力资本、耕地和林地、农业经营劳动投入、非农经营劳动投入和社会网络对农户脱贫有结构性影响。教育对农户精准脱贫起着关键作用，人力资本丰裕程度直接关系到农户参与社会经济活动的机会和程度。我国应增加贫困群体人力资本积累，完善农村学前教育和义务教育体系，提高贫困人口生存、生产和发展能力，阻断贫困代际传递；同时进行文化扶贫，对农户思想观念扶贫，进行农业技术和非农技术培训，实现“学中干、干中学”。[23]

郑秉文认为，2020 年精准脱贫攻坚战即将收官，8 月 16 日习近平总书记在《求是》杂志发表《在解决“两不愁三保障”突出问题座谈会上的讲话》为“后 2020”时期建立一个“让脱贫具有可持续的内生动力”的“稳定脱贫长效机制”作出战略部署，如今我们更加需要构建可持续脱贫机制。我国应该在 4 个方面着力建设脱贫长效机制，首先，脱贫攻坚政策设立过渡期，避免“断崖式”退出，防止返贫；其次，精准定位和精准识别，将有限资源用于最贫困群体，持续消除绝对贫困；再次，使社会保障制度成为脱贫长效机制的基础性制度，发挥“托底”功能；最后，是确保脱贫政策制度化运行，整合社会保障资源，减少“运动式”脱贫，使脱贫政策在制度化轨道上推进。[24]

四、“一带一路”倡议：新 5 年的新要求

2018 年 3 月 20 日，习近平主席在第十三届全国人大第一次会议中提出，要继续积极推进“一带一路”建设，加强同世界各国的交流合作。2019 年是“一带一路”倡议新 5 年的开始，我国推动全方位对外开放、优化开放布局，要扎实推进共建“一带一路”，健全投资政策和服务体系。

（一）“一带一路”倡议建设的成效

对外来看，中国推进共建、共商、共享“一带一路”倡议对沿线国家经济发展产生深刻影响。贾妮莎和雷宏振基于开放经济国家产业结构升级的数理模型，利用 2003—2015 年我国对沿线国家的直接投资流量和存量数据以及 43 个沿线国家经济指标进行实证分析，认为中国 OFDI 整体显著推动了沿线东道国产业升级，主要通过技术溢出效应、要素供给效应及生产率效应推动沿线东道国产业升级。中国 OFDI 更能显著推动包含华人经济圈的沿线国家产业升级，与中国非相邻沿线国家的产业升级效应强于与中国相邻的沿线国家。我国应制定共建“一带一路”背景下中国与沿线国家产业联动升级的合作框架，实现共赢。[25]

对内来看，“一带一路”倡议共建的推进，同样影响着中国自身经济的发展。徐思、何晓怡和钟凯以“一带一路”倡议的出台作为准自然实验，运用双重差分法考察倡议对中国企业融资约束的影响及其作用路径，认为“一带一路”倡议的实施显著降低了受倡议支持企业的融资约束，对支持企业融资约束的缓解作用在新兴优势行业、外向型节点城市中更显著。原因机制在于受倡议支持企业外源融资、银行贷款增量更多，贷款融资成本、融券成本更低，同时获得更多的税收优惠，即受支持企业在融资来源与经营成本两个渠道减少了企业的融资约束。[26]

王桂军和卢潇潇认为，“一带一路”倡议在中国经济进入新常态的背景下提出，其对中国企业升级的影响具有重要的意义。他们以“一带一路”倡议提出的准自然实验为切入点，利用双重差分法考察倡议对中国企业升级的影响及作用路径，基于产业生命周

期理论将中国产业分为新兴产业、成熟产业和瓶颈产业，指出“一带一路”倡议可以通过研发创新助推中国企业升级，并且对瓶颈产业的企业升级影响最大，得出“一带一路”倡议可以显著地助推中国以全要素生产率提高为表征的企业升级的结论，并且提出“一带一路”还可以同时助推国有企业和民营企业升级，开创“国进民进”的新格局。㉗

（二）“一带一路”倡议新5年面对新要求

严佳佳、刘永福和何怡从我国对沿线国家直接投资效率与投资摩擦干扰的视角出发，基于时变随机前沿引力模型的实证检验，提出我国在“一带一路”倡议建设中的直接投资具有明显的空间溢出效应，效率水平在时间上呈现平滑增长的趋势并且空间收敛，整体水平逐步提升。但对沿线国家和地区的直接投资效率目前仍处于较低水平，对发展中国家投资效率高于发达国家，对“海上丝绸之路”的投资效率高于“丝绸之路经济带”，出现明显不均衡现象。他们分别从投资国别、投资区域以及投资战略等角度提出，我国在新时期共建“一带一路”倡议的过程中需要进一步提高投资效率，注重投资质量，加强战略联动等政策建议。㉘

关于推进“一带一路”倡议建设的新要求，叶海林从认知风险与防范风险角度出发，通过构建不完全信息下重复非合作博弈的分析框架，提出未来“一带一路”倡议仍会面对很多争议，中国需要维护共建“一带一路”外部环境的基本稳定，加强风险管理和抗御意识，在风险、成本和预期收益这三大要素中建立更加平衡和合理的权衡体系，风险可能是对建设“一带一路”倡议前景最大的动摇。在中美贸易关系发生变化的新时期，“一带一路”倡议关系到中国经济发展的转型和对外战略的调整，倡议新5年即将开始，一定要避免急于求成的短期心态，不能忽视政策的短视性，重视风险防范。㉙

吴浩着重分析了“一带一路”发展的新动能，他认为“一带一路”亟需解决的重点与难点仍然是在与相关国家的竞争性与互补性中寻求平衡，实现互利共赢。第三方市场合作能将中国的优势产能、发达国家的先进技术和广大发展中国家的发展需求有效对接，可能成为“一带一路”倡议建设的新动能，对于推动我国产业迈向高端水平、促进发展中国家工业化和经济发展、助力发达国家开辟互利共赢新空间等方面具有重大意义。我国应围绕重点区域开展第三方市场合作的市场开发与维护，加强全产业链合作，同时发挥金融支撑引领作用，将第三方市场合作打造成为优化开放布局的新高地，积极借鉴发达国家在项目投资与管理上的先进经验，充分释放第三方市场合作新动能。㉚

五、中美贸易：积极理性磋商，提出中国方案

自2018年起，中美两国贸易摩擦逐渐升温，贸易关系紧张，最终美国方面发起中美贸易战。中美之间的贸易争端对全球贸易造成短期冲击，给中国经济发展带来压力和挑战。2019年我国面对复杂的外部环境，继续积极推进两国经贸磋商，理性协商解决贸易争端。针对中美贸易争端的现状、原因和解决措施，很多学者进行了相关讨论。

（一）中美贸易摩擦的本质

刘志东和高洪玮基于市场分割理论，利用中美双边贸易与企业研发、创新及全要素生产率数据，从异质性视角探究了中国制造业出口在长期内对美国制造业企业创新产出的影响，认为长期内中国的制造业出口在一定程度上促进了美国制造业企业创新产出的增加，美国核心制造业企业的累积研发投入没有大量减少，同时生产要素实现了由非核心制造业行业向核心制造业行业的转移，这种生产要素的重新配置促进了美国国内生产分工的专业化，提高了美国制造业企业整体的创新产出。这说明了西方主导的“中国威胁论”是错误的，同时也说明美国方面发动贸易战的深层次动因并不是因为中国制造业发展对美国制造行业产生较大冲击。㉛

沈伟认为，中美贸易战不仅是全球金融危机之后中美两国经济力量和影响力发生变化之后的必然结果，也是逆全球化背景下以世界贸易组织为基础的国际贸易体系地位下降的必然结果。其背后的深层次逻辑是“修昔底德陷阱”的遏制与反遏制。从美国角度看实质上是为了遏制中国的经济和工业的发展，不仅通过《外国投资风险审查现代化法案》的制定限制中国企业对美投资，而且通过美、墨、加3国协定中的“非市场经济”条款，意图通过双边和多边自由贸易协定将中国排挤出自由贸易体系之外，以国际规则的方式对中国形成合围和遏制之势。这些反映的是美国致力于维持现有国际贸易、经济和政治秩序的政策。㉜

（二）中美贸易摩擦的现实影响

王永中认为，中美贸易摩擦对中国经济的负面影响总体是有限的、可控的。第一，中国不会单独承担加征关税而带来的成本，而是与美国和其他国家分担福利损失，因此中国的货物出口和贸易顺差的规模下降幅度是有限的。第二，经贸摩擦将导致中国短期出现失业增加、产业链转移与技术进步放慢等问题，但也会助推中国企业"走出去"，故其程度可控。第三，中国经济基本实现内需主导，2018 年净出口贡献为负值，经贸摩擦不会改变中国经济基本面。第四，是经贸摩擦会削弱国内投资者信心，对股票市场稳定性、短期资本流动和人民币汇率稳定会产生负面影响，但目前股票市场继续下调空间很小，中国巨额的外汇储备和有效的资本项目管制措施将会提供强有力的缓冲力量，故其程度可控。[33]

王晓星和倪红福将估算进口需求弹性的方法推广到双边层面，利用 123 个国家或地区 2000—2016 年 HS6 进口品数据，对双边进口需求弹性和贸易限制指数进行估算，并重点评估了中美经贸摩擦的福利损失。他们认为中国总体进口需求弹性平均值为-1.79，基于双边弹性和关税测算的贸易限制指数值低于利用多边关税测算的值，这表明已有文献高估了中国的贸易保护程度，此外中美经贸摩擦可使中美贸易顺差下降 975.45 亿美元，使中美两国无谓损失分别增加 25.70 亿美元和 79.49 亿美元，此次经贸摩擦对美国福利的影响程度要高于中国。美国加征关税带来的无谓福利损失，如果再考虑其他价格交叉效应和上下游产业之间的相互关联，那么造成的损失会更大，最优解还是应该通过谈判合作的方式解决贸易争端。[34]

（三）应对中美贸易摩擦的中国方案

张彬和王梓楠基于异质性理论建立多维度固定效应的线性概率模型，考察了美国技术性贸易措施（TBT）对中国企业出口决策和企业出口贸易额的影响，认为美国实施的技术性贸易措施对中国出口决策和出口贸易额有负面影响。在美国技术性贸易措施实施过程中，异质性企业理论成立，且对中国企业不存在歧视。但各国 TBT 措施的实施仍是在世贸组织的"TBT 协定"框架下，意味着各国间技术法规和标准的差异越小，技术性贸易措施的负面影响就越小，这就为中国应对美国技术性贸易措施提供了思路，我国企业应积极提高技术水平，缩小与国际标准的差距，合理有效利用技术性贸易措施，保护本国相关行业，并利用自贸区战略，积极与其他国家达成标准的相互认可或协调。[35]

吕越、马嘉林和田琳基于全球价值链视角考虑中美贸易争端的解决策略，提出中国经济已转向高质量发展阶段，要进一步深化供给侧结构性改革，加快传统产业优化升级。第一，通过构建现代化产业体系、提高对外开放水平及加强国际交流合作，以更高定位融入全球价值链分工体系中去。第二，构建以中国为主导的"带路"价值链或区域价值链，通过"一带一路"倡议优化开放布局深度参与全球价值链，共享经济全球化红利。第三，主动参与和引领国际经贸规则重构，持续同欧盟及"一带一路"沿线国家交流合作，增强在 WTO 改革中的话语权和影响力，为全球价值链分工体系良性发展创造良好国际经济秩序。[36]

综合来看，2019 年中国宏观经济发展稳中有进。高质量发展推动了中国经济的持续优化升级，宏观调控的"六稳"举措保证全国经济形势"稳中求进"，精准脱贫为我国 2020 年打赢脱贫攻坚战、决胜全面小康奠定了基础，"一带一路"倡议开启新 5 年建设为经济发展提供新机遇，中美贸易争端的理性磋商下我国需要主动防范风险，提高自身发展水平。2019 年宏观调控目标较好完成，实现了国内经济社会的健康发展，为实现全面小康社会的伟大目标奠定了良好基础。

注：

①刘伟：《中国特色社会主义市场经济机制增强了经济增长的稳定性》，《经济研究》，2019 年第 10 期。

②王一鸣：《深化供给侧结构性改革 推动经济高质量发展》，《全球化》，2019 年第 2 期。

③朱紫雯、徐梦雨：《中国经济结构变迁与高质量发展——首届中国发展经济学学者论坛综述》，《经济研究》，2019 第 3 期。

④潘士远、朱丹丹、何怡瑶：《美国减税之中国应对研究：基于人才流失的视角》，《经济研究》，2019 年第 10 期。

⑤张勋：《数字经济、普惠金融与包容性增长》，《经济研究》，2019 年第 8 期。

⑥陈彦斌、林晨、陈小亮：《人工智能、老龄化与经济增长》，《经济研究》，2019 年第 7 期。

⑦陈斐：《偏离最优公共——私人投资比对经济增长的影响》，《中国工业经济》，2019 年第 1 期。

⑧郑新业、吴施美、李芳华：《经济结构变动与未来中国能源需求走势》，《中国社会科学》，2019 年第 2 期。

⑨张建华、程文：《服务业供给侧结构性改革与跨越中等收入陷阱》，《中国社会科学》，2019 年第 3 期。

⑩龙小宁：《如何推动科技创新与实体经济发

展?》,《经济研究参考》,2019 年第 2 期。

⑪孙早、侯玉琳:《工业智能化如何重塑劳动力就业结构》,《中国工业经济》,2019 年第 5 期。

⑫赵波、谭华清:《劳动力市场摩擦、劳动力再配置与中国的就业周期》,《经济科学》,2019 第 3 期。

⑬许光建、许坤、卢倩倩:《经济新常态下货币政策工具的创新:背景、内容与特点》,《宏观经济研究》,2019 年第 4 期。

⑭郭晔、徐菲、舒中桥:《银行竞争背景下定向降准政策的"普惠"效应——基于 A 股和新三板三农、小微企业数据的分析》,《金融研究》,2019 第 1 期。

⑮裴长洪、刘斌:《中国对外贸易的动能转换与国际竞争新优势的形》,《经济研究》,2019 年第 5 期。

⑯毛其淋:《外资进入自由化如何影响了中国本土企业创新?》,《金融研究》,2019 年第 1 期。

⑰刘啟仁、赵灿、黄建忠:《税收优惠、供给侧改革与企业投资》,《管理世界》,2019 年第 1 期。

⑱刘贯春、段玉柱、刘媛媛:《经济政策不确定性、资产可逆性与固定资产投资》,《经济研究》,2019 年第 8 期。

⑲尹成杰:《关于农村全面建成小康社会的几点思考》,《农业经济问题》,2019 年第 10 期。

⑳章文光:《精准扶贫与乡村振兴战略如何有效衔接》,《人民论坛》,2019 年第 4 期。

㉑乔慧、刘爽、郑风田:《精准脱贫背景下建档立卡政策的增收效应测度:自我"造血"还是外部"输血"?》,《经济与管理研究》,2019 年第 9 期。

㉒黄薇:《保险政策与中国式减贫:经验、困局与路径优化》,《管理世界》,2019 年第 1 期。

㉓杨均华、刘璨:《精准扶贫背景下农户脱贫的决定因素与反贫困策略》,《数量经济技术经济研究》,2019 年第 7 期。

㉔郑秉文:《"后 2020"时期建立稳定脱贫长效机制的思考》,《宏观经济管理》,2019 年第 9 期。

㉕贾妮莎、雷宏振:《中国 OFDI 与"一带一路"沿线国家产业升级——影响机制与实证检验》,《经济科学》,2019 年第 1 期。

㉖徐思、何晓怡、钟凯:《"一带一路"倡议与中国企业融资约束》,《中国工业经济》,2019 年第 7 期。

㉗王桂军、卢潇潇:《"一带一路"倡议与中国企业升级》,《中国工业经济》,2019 年第 3 期。

㉘严佳佳、刘永福、何怡:《中国对"一带一路"国家直接投资效率研究——基于时变随机前沿引力模型的实证检验》,《数量经济技术经济研究》,2019 年第 10 期。

㉙叶海林:《中国推进"一带一路"倡议的认知风险及其防范》,《世界经济与政治》,2019 年第 10 期。

㉚吴浩:《第三方市场合作:"一带一路"的新动能》,《人民论坛》,2019 年第 2 期。

㉛刘志东、高洪玮:《中国制造业出口对美国企业创新的影响》,《中国工业经济》,2019 年第 8 期。

㉜沈伟:《"修昔底德"逻辑和规则遏制与反遏制——中美贸易摩擦背后的深层次动因》,《人民论坛》,2019 年第 1 期。

㉝王永中:《中美经贸摩擦对中国经济增长影响几何》,《人民论坛》,2019 年第 22 期。

㉞王晓星、倪红福:《基于双边进口需求弹性的中美经贸摩擦福利损失测算》,《世界经济》,2019 年第 11 期。

㉟张彬、王梓楠:《美国技术性贸易措施如何影响中国企业出口》,《经济理论与经济管理》,2019 年第 4 期。

㊱吕越、马嘉林、田琳:《中美贸易摩擦对全球价值链重构的影响及中国方案》,《国际贸易》,2019 年第 8 期。

(作者:方芳,中国人民大学教授;艾建伟、李英杰,中国人民大学硕士生)

法　学

法 理 学

冯玉军　周剑威

2019 年，中国法理学界对众多法学理论与实践问题展开了广泛而深入的研究和讨论，北京地区法理学者本着务实、创新和探索的精神，对法治与国家治理、党规与国法关系理论、地方法治理论、人权与权利理论、法学方法论、立法理论与实践、司法理论与实践、法律文化以及法理与法理学科等主题进行了深入研讨，取得了丰硕的研究成果，并发表了一批高质量的学术论文与著作。

一、重要学术研讨会

本年度，北京地区召开了一系列重要的学术研讨会，主要包括：

2019 年 4 月 21 日，由中国人民大学法学院与《法学家》杂志社共同主办的“构建中国特色法学知识体系、话语体系和法治体系”学术研讨会在中国人民大学举行。此次研讨会推动了不同学科之间的交流和对话，强调部门法研究在专业化和精细化的同时，也要关注对基础性宏观问题的思考，以促进法学研究的深化。

2019 年 10 月 26—27 日，由中国政法大学法学院法律史研究所和中国政法大学人权研究院联合举办的“自然法、人权与中国传统文化国际研讨会”在京召开。会议邀请到了牛津大学法学院荣休教授、圣母大学法学院荣誉教授约翰·菲尼斯（John Finnis）参会，菲尼斯教授是当代著名法学家、自然法学派的代表人物，在法哲学领域享有世界性声誉，此次也是菲尼斯教授首次访问中国。与会学者分别围绕“自然法的西方传统”“自然法的中国传统”“自然法与法理”“人权与自然法”“自然法与传统中国法”5 个单元进行了精彩发言和深入探讨。

2019 年 11 月 9—10 日，由中国人民大学主办，《中国法律评论》编辑部、《人大法律评论》编辑部协办的“中国法理学的知识体系”学术研讨会在京举办。与会学者与专家就“中国特色社会主义法治体系”“中国特色社会主义法律体系”“马克思主义法理学的知识体系”“法理学的知识体系”“社科法学的知识体系”“国家治理体系中的规范协同”6 个方面的问题展开了广泛深入的交流。

2019 年 11 月 23—24 日，由中国政法大学法学院法理学研究所、“法理研究行动计划”秘书处以及《法制与社会发展》编辑部主办的“法理与法教义学”学术研讨会暨“法理研究行动计划”第十二次例会在北京召开。法理研究行动计划自 2017 年启动，该计划聚焦新时代中国法学理论创新，以法理打开理论新思路，凝聚学术共识，探索研究新范式，催生话语新增量，促进了学科之间的对话和交流，提升了法学界的理论自信。与会学者与专家围绕“马克思主义法学与法理”“部门法教义学与法理”“法学方法论与法理”“从法教义学迈向法理学”等议题多角度、多层次地展开热烈的讨论。

二、重要学术著作

本年度，北京地区法学学者出版的法理学著述主要有：泮伟江著《法学的社会学启蒙》；张志铭著《司法沉思录》；史彤彪著《西方法治思想精义》；孙海波著《裁判对法律的背离与回归》；赵晓力著《代表制研究》；高鸿钧、申卫星主编《信息社会法治读本》，等等。

三、研究热点与创新

综观 2019 年度北京法理学界发表的论文，其研究与讨论的热点与创新点主要集中在以下几大方面：

1. 法治与国家治理

有学者指出，法治是共和国 70 年来最重要的制度成就，而法治道路的构建应在普遍性与特殊性之间权衡摸索适合国情的道路。以国家为中心建构法治秩序是依法治国实践中的基本立场与价值取向，也是势所必然的选择，突出表现在立法和司法领域。新时代全面推进依法治国，从“自治型法”迈向“回应型法”，需要坚持开放包容的国家主义立场，讲好中国故事，展示中国对人类法治文明的贡献。①

有学者从现代法治理论的学理出发，基于对全球视野和中国经验的把握，来探讨中国法治道路和法治模式的重构。他认为，应该激活中国古典立法传统、西方现代法律传统和社会主义政法传统，立足法律多元主义视角，超越18世纪“旧法治”的窠臼，在多元一体的政党法治架构下重构中华法系，将党的领导、人民当家做主和依法治国在中国法治模式下实现有机贯通，以真正理解、诠释和解决中国特色社会主义建设中的法治与治理问题，并为人类法治建设提供“中国法治方案”。②

有学者指出，从司法改革到政法改革是法治领域改革的一次历史性飞跃，标志着法治领域改革迈入新阶段。在他看来，新时代政法改革的主要任务是，加强党对政法工作的领导，深化政法机构改革、法治实施体制改革、社会治理体制改革、政法公共服务体系建设、政法职业管理制度改革、政法科技体系创新，推进政法工作体系和工作能力现代化。③

有学者认为，中国特色社会主义法治具有三重历史使命，首先是对法治的使命，准确地说，是要承担对人类法治文明的历史使命，成为比以往的其他各种类型的法治更加浓厚、更加饱满的法治。其次是对社会主义的使命，要为不断发展的社会主义事业提供新的理论依据，要为人的自由而全面的发展提供新的方案。最后是对中国的使命，应当在中华民族伟大复兴的过程中，以法治的方式提升国家治理能力，促进国家治理现代化，以此承担对中华民族实现伟大复兴的历史使命。④

有学者认为，改革开放以来的法治形态可被概括为转型法治，他从思想史中归纳出3种转型范式，继而识别出有别于例外状态和规范状态的改革状态。在他看来，改革状态中的法治不再是某种理想类型，而是一种正在进行中的转型法治。在转型法治的宪制结构中，引领型的政治代表具有特别重要的地位，它在代议制政府体系之上，发挥着引领、认知和勇于担当的重要作用，这构成了转型法治的基本特征，即政党与国家立法机关的二元代表制。政党既领导国家立法，又要受到国家法律的约束，与此同时，政党还必须通过党规党纪来实现自我约束。⑤

有学者认为，当代中国法治建设将始终面临西方意义的规则主义法治观与中国特色实用主义法治观之间的碰撞与张力，二者的互容与调和必须建立在关于法治的最低限度共识基础之上。⑥

2. 党规与国法关系理论

有学者依据中国人民大学法治评估研究中心的调研数据撰文指出，近年来我国党规与国法的协调性有了很大改善，党内法规实施的好评率也有明显提升，领导干部带头的守法好评率提高幅度较大；人们对党内法规执行的满意度也有较大幅度的提升。但是，党内法规在实施中仍然存在着一些问题，如党规国法的协调性仍旧是党内法规体系中好评率评价较低的指标；党内法规实施的好评率上升幅度仍然小于党内法规制定的好评率；各种形式的党内法规监督之间的差距仍十分明显，党委监督和纪委监督强而党员监督和社会监督弱，等等。这些结论为我们下一步补足短板，全面加强党内法规建设提供了重要依据。⑦

有学者介绍了普通法系对政党的规制实践。在普通法系，由于强调契约自由，国家法律把政党视为私人性组织、非法人团体，对政党不做专门法律规制。但是近年来，鉴于政党日益增强的公共性，普通法系国家对政党进行越来越多的法律规制，又鉴于政党的自治性和党规的局限性，法院不愿介入政党事务。美国是普通法系的例外情形，由于政党候选人选拔向社会开放，政党扮演公共角色，政党事务由州法律规制，进而引致法院的介入。⑧

有学者指出，在面对党规问题时，分析法学有它的局限性，因为分析法学强调法律与宗教、道德的“分离”，党规作为一种社会规范，其独立性也存在着从国家法律“分离”的逻辑和实践要求。该理论认为国家权力是法律规范性的主要来源，并且以其作为判断法与非法的核心标准。因此，我们需要跳出分析法学的概念桎梏，从社会法学的视角观察党规，以回应中国特色社会主义法治体系建设的实践需求。⑨

3. 地方法治理论

有学者指出，营商环境建设掀起了中国第二波法治竞争，使得竞争规模从地方之间上升到国家之间，竞争内容从针对特殊主体的法治保障升级为针对所有市场主体的法治建设，竞争方式全面引入了指标治理，竞争的激烈程度远远超过了第一波法治竞争。第二波法治竞争主要发生于经济领域，在短时间内取得了显著成效，其他领域的法治建设可以借鉴其经验，开展实质法治的建设，采取国际指数评估、国内绩效评估、第三方评估相互结合的方式，充分发挥指标治理的功能。⑩

有学者指出，地方法治理论有两种论证模式：横向层面和纵向层面。前者聚焦“地方”自身的特殊性，影响较大；后者强调“地方”相对于“中央”的自主性，种类较多。政治锦标赛理论和行政发包制理论，有力地支撑了地方法治理论。他利用9个省份法治的调研结果进行分析，得出结论，省级地方法治的差异不大，东部省份的法治未必领先于中西部省份，地方法治具有明显的“对上不对下”特征。横向层面的地方法治理论的事实依据和适用范围都有限，纵向层面的地方法治理论更为客观全面，两者应该互补。国家法治与地方法治的分工，取决于其治理事项的纵向发包程度和横向竞争程度。只有在发包和竞争程度都很高的经济领域和少数社会领域中，地方法治才能完整存在。其他领域应该以国家法治为主。⑪

有学者认为，虽然目前关于“地方（区域）法治（制）”的讨论相当热烈，但由于这同“法治的目标就是对专断权力的限制”这个法治的核心含义难以匹配，所以“地方（区域）法治（制）”并不能成为一个有效的概念。⑫

有学者认为，地方法治要想提供对于法治的独特理解，前提在于“地方法治”能够成为一个规范性概念。但“地方法治”的实体论定义解释力不足（独特性不明显），且必然要以“法治”的概念为前提；而作为方法论之“地方法治”的诸多要素最终都来自于特定版本的法治观念。目前，“地方法治”至多只是一种非理想的规范性概念，“地方”仅具有经验色彩。⑬

4. 人权与权利理论

有学者认为，发展权兼具政治性和法律性。发展权首先在政治意义上被确认为基本人权，但其法律化依然面对一些难题。发展权概念的法律化难题正是有关政治争论的延伸。在他看来，全面理解发展权的概念，既不能拘泥于过度实证主义的法律权利概念，也不能过度“泛化”发展权的概念，而应当明确发展权概念所指向的重心、目标所在，以及其内在的局限性所在。对发展权概念的范围界定，对其功能和价值定位等理论探讨，有助于更有效地保障和促进发展权。⑭

有学者认为，在一国法律中，人之尊严既是具有绝对性的宪法价值，也是一种相对的宪法权利。失去了“天赋”的支撑，国家同人权一样都需要通过合法性的证立来维持自身的权威。国家能力建设与权利保障的意愿互为表里，权利保障是国家的软实力，国家的硬实力是兑现权利承诺的行动基础。人之尊严要求国家能力和权利保障的意愿相互匹配，这是世俗化时代法治建设的基础。⑮

有学者认为，耶林的《为权利而斗争》在我国权利研究的学术史历程中具有重要位置。通过将耶林的权利学说还原到耶林的整体思想脉络中，联系前后多部作品进行解读，可以发现，耶林的权利学说是由3个维度组成的完整体系，其中目的理论是中轴，利益理论和法感理论则是目的理论的两翼。在主观上，权利属于道德的范畴，反映在由历史和经验所促生的法感上；在客观上，维护法感就是维护个人和社会的利益（社会生活条件），而用国家强制力来维护这种社会生活条件的就是法律。⑯

新兴权利之“新”不仅意味着新的时空维度和权利（诉求）样态，也意味着对权利法理基础的重新反思。尤其当思考民生权时，既有的经典契约范式由于其可能导致经济上的臣属性和伦理上的对立性，无力负担对民生权的证成功能。而承认范式以主体间关系为基本分析单位，追求个人性与社会性的统一、自由与伦理的和解，能够为民生权提供有力的理论支撑。⑰

有学者指出，新兴权利的泛化危及了权利观念本身的重要性。为此要明确新兴权利的证成标准，以严格区分权利主张与权利本身。一项新兴权利要得到证成，首先要符合权利的概念标准，即被保护的合理性。它一方面必须体现正当利益，另一方面还必须说明对个人选择保护的重要性，后者与个人的道德地位和自治相关。其次，这项新兴权利应当为既有的法律体系所容纳，即通过权利推定的方法证明，它可以从法律明文规定的基础权利中推衍出来。最后，还要证明它有被实现的可能性，也就是基于社会成本或政治现实等方面的政策性考量它在当下是有可能实现的。⑱

权利泛化，通常被认为是关于权利重要性的一项合理指责。因为这会导致权利的“通货膨胀”或引发成本上的无力支持。但这两项指责因建立在对权利实践的误解之上，故很容易被驳回。不过，对权利泛化最重要的指责，是围绕权利的性质提出来的，即权利泛化可能危及对公共利益与共同善的追求。但如果承认权利与个人道德主体地位直接关联，那么权利就会对共同善或公共利益提出某些基本限制，而这些限制将消除对权利泛化的担心。因此，权利泛化不应当被视为一项对权利重要性的指责。⑲

有学者指出，关于权利保护的对象有意志论和利益论两种看法，由于权利在概念上的重要性在于，一项权利所拥有的规范力要明显超过该权利之内容所拥有的道德分量，因此以保护个人利益为中心的利益论，将无法匹配权利的规范力要求。虽然利益论的支持者将“共同善”当作补强权利规范力的策略，但由于共同善这个概念的核心要素必然是个人的自由意志或自治，于是这个策略存在蜕化为选择论的危险，而且它还难以匹配指向性义务的要求，因此这种经过补强的利益论仍然难以成立。[20]

5. 法学方法论

有学者认为，法教义学是一种“弱意义上的科学”，但它能够成为一种不断趋向于理性化的事业。与传统自然科学不同，法教义学中的价值判断难以避免，但是通过方法、规则与程序，它可以被认为具有主体间性意义上的客观性，由此获得的理性共识已接近于知识。（作为知识的）法教义学不是公理体系，并非从不证自明的前提（公理或定理）出发通过逻辑推演获得的知识整体。但法教义学体系也非基于偶然和任意的实证材料之上，它是具有融贯化和动态化特质的开放包容体系。[21]

有学者追溯了法教义学的历史渊源。从历史上看，教义学观念首先起源于古希腊医学，随后古希腊哲学和古罗马的“规则法学”继受了相关观点并予以创新。法教义学经中世纪注释法学与人文主义法学奠定雏形，并由理性自然法学说提供方法论基础。在基本观念上，法教义学被认为是用以表述法律的一般性规则或命题，具有权威性；在方法论上，法教义学被认为是公理演绎方法（几何学方法）构造出的概念—命题体系。这使得作为知识形态之法教义学有别于研究型思维、决疑术和论题学。[22]

有学者梳理了规范法学在中国的40年历史，他认为，规范法学在研究主题的广度和深度上不断拓展，也逐步实现了方法意识的觉醒。规范法学在法概念和基本法律概念、法学方法论、法伦理学、法学的科学性等方面取得了一些突破，尤其是分析法学的兴起彰显未来发展方向。[23]

有学者认为，中国法律史研究中的“法律社会史”范式绝大多数实际上并不是对“瞿同祖范式”的直接复兴，而是主要来自于历史学传统的社会史研究进路在中国古代法律议题上的延伸和展开。就其背后的推动力量而言，主要受益于近20多年来法律史料利用的便利性大大增强，以及由此带来的史料利用范围的拓宽。他认为，从总体来看，当代学者的中国“法律社会史”研究在对社会史实的发掘以及事实性描述方面日益丰富和深入，但也往往在分析框架的推陈出新、理论命题的概括提炼等方面力不从心。若要重构一种兼顾历史真实性和理论启发性的“法律社会史”研究范式，我们应当重新理解并认真对待瞿同祖留下的学术遗产。[24]

有学者通过对人民法院组织机构变化的梳理以及司法研究中学术话语流变的考察，展示出知识—司法实践关系的双向互动。这一互动机制的研究对解决当下法学研究以及司法实践中的问题有着正本清源的作用。同时，司法研究的学术史考察为法学研究者提供了背景素材，加深了其对本领域问题的理解。[25]

有学者认为，当代中国法理学的历史是由不同知识偏好的法理学者共同塑造的，因此也不会有唯一正确的法理学的定义和知识体系。这不仅体现在法理学的课程体系和教学体系中，也体现在法理学的研究中。晚近10多年来，社科法学的研究兴起，并且与法教义学形成鼎立之势。与此同时，马克思主义法理学的教学研究热度也在不断攀升。[26]

有学者将中国批判法律理论置于国际政治场域、国内体制改革的政治场域以及由此形成的中国文化思想场域中，考察批判法律理论放弃了批判立场而走向妥协，并最终形成了古典礼法传统、社会主义政法传统和改革开放以来形成的法治传统之间的综合的深层原因。[27]

6. 立法理论与实践

有学者指出，围绕人大主导立法的现有研究大都将人大视为一个物理学意义上的“质点”，而没有充分意识到“人大”内部的复杂结构关系。官方对于人大主导立法的主体认知基本上穷尽了“人大”概念的所有可能所指。此种过于宽泛的认知方式反而导致了立法权的过度沉淀，造成了对主导立法之主体的不当界定。在他看来，功能适当原则解释了立法权沉淀的原因，但该原则本身应当受到民主正当性要求的制约。他认为，人大主导立法首先应当发挥“有立法权的人大”自身的主导作用，在后者之中又应当首先发挥全国人大的主导作用。完善人大主导立法需要统筹考虑各方面主体之间的关系。[28]

有学者认为，语义学和法哲学的相关理论引入到法律明确性的论域，绝对明确性受到了全方位的质疑。他认为，凯尔森的“框架”法律理论为我们重新理解法律明确性原则建立了一个新的诠释模型，在这种相对明确性的理论框架下，适用者的自由裁量空间得以证立，从而使得法律适应现代社会需求，同时法律拘束权力的诉求也能得到满足。[29]

7. 司法理论与实践

有学者检讨了针对“同案同判”的怀疑论观点，他发现其问题在于对“同案同判”的本质以及内在原理的认识存在一些偏差。在他看来，“同案同判”作为一项法律原则，对裁判者提出了义务性的要求，这一要求的实现有着深厚的理论基础和制度保障。通过重构“同案同判”运行赖以为基的方法论体系，可以从根本上破除那种将其视作法治神话的错误的命题主张。[30]

有学者认为，司法裁判之“后果”，主要指的是它可能影响的一般社会后果；“后果考量”可被区分为“后果主义”和“后果论证”（基于后果的论证）这两个维度。他通过分析发现，无论是在法的发现还是在法的证立层面上，后果主义都无法一般性地成立，而后果论证可以为既有的法学方法所蕴含，至多只能在客观目的论证的框架内具有有限的独立性。所以他认为，后果考量既不具有“元方法”的地位，亦非一种完全独立的新方法，尽管它值得被认真对待。[31]

有学者认为，立足于审判为中心的主体立场看问题，合法性是证据的必要属性，非法证据不是证据，区分证据概念和证据资格、证据的证明力和证据的证明能力，是一种理论上似是而非、实践上有害的做法。合法性相对于证据相关性和真实性的优位，体现了人类社会生活秩序作为人伦秩序的伦理性要求。合法性优位是案件事实裁判中证据认定操作的基本要求，其制度设定和操作的适度，则不仅体现程序正义，也不必然背离证据的相关性和真实性要求而有悖于实事求是原则和实体正义。如此释明非法证据排除规则的法理意涵，就使得该规则对于中国司法的发展具有了确然的意义。[32]

有学者指出，环境司法能动是法院立足于司法实践层面，针对环境问题研究、推进环境保护、维护环境权益的司法理性保障模式，其有助于弥补环境立法的滞后、实现环境司法个案的公正以及保障公民和社会利益。环境司法能动应当在自由裁量权行使、调解运用和司法克制这 3 个方面保持相应的限度。[33]

有学者认为，从中国基层法庭空间的某些另类实践出发，可以探索法庭空间的新型理论框架。从环境心理学和更广泛的社会心理学看，中国基层法庭另类实践中体现的“感受相互性”和“空间重叠”的概念，是推进法庭空间理论再理解的引擎。由此而进，在法庭空间的理性、庄重、冷峻之外，看到感性、活泼、暖心的价值，并看到不同案件纠纷类型适用不同法庭空间塑造的制度意义，可以提升司法活动的整体社会适应能力，增进司法的社会认同。[34]

有学者采用实证研究方法，阐释了基层司法具有服务乡村社会治理、推进建立健全现代乡村社会治理体制、助力打造充满活力及和谐有序的善治乡村的积极作用。[35]

有学者认为，习惯法源于共同体的规范性实践，在性质上属于“法”的一种类型，是一种基于事实性权威的效力渊源，立法无权对它进行规定和限制；相反，习惯在性质上不是“法”，而是一种基于说服性权威的认知渊源，需要立法的认可。习惯法首先是行为规范，然后才是裁判规范，但习惯仅仅是裁判规范。在此基础上可剖析发现，《民法总则》第 10 条对法官适用习惯解决纠纷发挥着授权和限制的双重功能。[36]

8. 法律文化

有学者指出，中国古代的“法言法语”与现代社会法律语言的日益专业术语化不同，是术语、俗语、雅语并用。值得今人借鉴的是，中国古代的立法与社会密切结合，力求社会各阶层的理解与遵循。与礼教密切结合的俗语、雅语所具有的普及性自不待言，即使以术语表达的刑律，古人也通过“讲读”等各种形式使其尽可能的通俗化，以便于公众接受。法律语言与公众之间的无间隔，法言法语依据受众及功能的不同而多样化并力求易为公众接受，使中国古代社会形成了高度的法的共识，而法律的权威也由此形成。[37]

有学者从文明观视角解读了法律与文明的关系，他认为，人类从野蛮走向文明，法律陪伴着文明向前推进。法律与文明交互作用，过去记载了文明的成果，现在维持着文明的演进，将来促进着文明超越。当文明战胜野蛮时，法律忠实地记录着文明的点点滴滴，充当文明的载体；当野蛮扰乱文明时，法律调节着社会变化的节奏，将野蛮导向文明。[38]

有学者认为，法家法治在法治与功利之间构建起逻辑严整的体系；民主法治在法治与权利之间构建起相辅相成的体系；儒家法治则在法治与道德之间构建起体用兼备的体系，可谓一种尤为独特的法治类型。现时代重新审视儒家法治及其学理基础和生发可能，可以将中国文化传统维度引入法治视域，由此洞察为法家法治和民主法治所忽视的一些方面，进而为现代中国的法治构建开拓新的维度，具有现实意义乃至世界意义。[39]

有学者指出，20世纪80年代后期以来形成的将“无讼”“厌讼”“贱讼”“耻讼”等视为中国传统诉讼文化之特质的“理想类型”概括，近10年来受到法律社会史领域研究结论的质疑与颠覆。但是，后者所作的学术工作主要只是搜集更多的史料证据加以展示，而并没有针对中国传统诉讼文化研究中常见的思维框架及其概念使用进行反思。即便对于像中国传统诉讼文化这样非常本土化的学术议题，研究者也必须清醒注意到“法律意识”“权利意识”等概念所附随的“西学”知识背景对此类议题之讨论的微妙影响，从而在研究中国传统法律文化时对此类概念谨慎使用。[40]

有学者指出，中国法律文化传统受到儒家学说和佛教道教思想的深远影响，在国家治理模式、价值追求、司法原则、纠纷解决、法制实施和人性化制度规定等方面卓有特色。西方法律文化则在对法律主体、法治观、实践方式等方面具有鲜明的制度优势和强大生命力。他认为，应该在继续学习借鉴西方法治合理因素的同时，创造性转换中国法律文化传统中的有益元素，助力法治中国早日建成。[41]

9. 法理与法理学科

有学者强调，在中西古代法律文献中，“理”和“法理”这些词语的运用是不统一的，受语境支配的。总体上看，如何理解“理”及其与“道”之关系，取决于思想者持何种哲学本体论和认识论。历来的思想者都是首先在本体论层面来解释“理”这一概念的，从本体论上看，所谓“法理”，其实是指法律规整或法律规范规定的待处理事项，尤其是事项处理的行为构成要件（或“事实类型”诸条件）结构和法律后果之要素结构内嵌的根据（原因性的规定根据）。在认识论意义上，“法理”同样可以表现为人的“言理”。这种“言理”根本的是要证成“法理”之“（实践）正确”，而被证成的“（实践）正确之理”的实质是“正义”（法的先验终极规范性原理），故此“法理”也可以称为“正义之理”。[42]

有学者认为，作为独立科学的法教义学，在逻辑上必然地预设并需要将各个部门法教义学建构成为一门完整的科学，即“法理学”。法理学的主要研究对象有二，一是存在于各部门法教义学之上诸概念间的关系，这些概念共享着相同的逻辑基础；二是保证各部门法教义学作为科学所需共享的方法。与法教义学不同，法理学的研究对象是理性观念的而不是经验的，是形式的而不是实质的。这样的法理学的研究内容是任何具体司法裁判所必然预设的，它是裁判的总则部分、是任何法律决定的“无声前言”。但是，作为纯法学的法理学只有能力回答“什么是法律”的问题，它只能也只提供了关于“哪些规范是法律规范或有效法律规范”的认识理由，而无法也没有提供其存在理由。因此，它必须要迈向实践哲学，或向其他社会科学开放。[43]

有学者指出，法理学是关于法律是什么的一般理论。然而，在什么样的方法论能够匹配相关理论的问题上，存在着严重的对立。其中，法实证主义者一般认为，法理学是一套价值中立的描述性理论；而德沃金认为，法理学是一套蕴含价值承诺的诠释主义理论。然而，由于描述性理论必然预设关于法律功能的评价性态度，又兼德沃金的诠释主义在价值问题上存在困难，因此，最佳的选择应该是蕴含关于形式法治这个价值的诠释主义。[44]

有学者指出，法理学的学科自主性面临着科学性不足、缺乏实践性和相对于部门法的冗余性等批评，那种传统的法理学指导部门法教义学和法律实践的模式正面临危机。拯救法理学的学术尝试也随之展开。其中，“无用之用说”坚持法学的纯粹科学性，放弃法理学的实践性；“实践参与模式”采取二元论，将法理学分为规范理论与后设理论两个部分，各自兼顾法理学的实践性与科学性，但却仍无法论证后设理论的实践性与规范理论的科学性。将法理学看作是科学系统与法律系统之结构耦合的理论，能够更好地说明法理学的科学性与实践性这两个面向及其相互关系。法理学是法律系统内部分化出来与裁判系统、法教义学系统并列的子系统，其任务是在法律系统内部对法律系统的整体进行自我描述和自我反思，从而在法律系统与社会的共同演化过程中引导二者关系的调整，促进法律系统随社会发展而发展与演化。[45]

注：

①张志铭：《中国法治进程中的国家主义立场》，《国家检察官学院学报》，2019年第5期。

②强世功：《中国法治道路与法治模式——全球视野与中国经验》，《行政管理改革》，2019年第8期。

③黄文艺：《新时代政法改革论纲》，《中国法学》，2019年第4期。

④喻中：《论中国特色社会主义法治的历史使

命》，《南通大学学报（社会科学版）》，2019 年第 5 期。

⑤张龑：《改革时代的转型法治与政治代表》，《中外法学》，2019 年第 4 期。

⑥封丽霞：《大国变革时代的法治共识——在规则约束与实用导向之间》，《环球法律评论》，2019 年第 2 期。

⑦朱景文：《关于党内法规实施及其效果评估的几个问题》，《陕西师范大学学报（哲学社会科学版）》，2019 年第 7 期。

⑧王立峰：《法律中的政党：普通法传统》，《山东警察学院学报》，2019 年第 4 期。

⑨王宏哲：《党规定义的“法分析模式”批判》，《齐齐哈尔大学学报（哲学社会科学版）》，2019 年第 6 期。

⑩孟涛：《中国法治竞争的第二波》，《江苏行政学院学报》，2019 年第 5 期。

⑪孟涛：《地方法治理论的两种模式——基于省级行政区域的实证研究》，《人大法律评论》，2019 年第 1 辑。

⑫陈景辉：《地方法制的概念有规范性基础吗》，《中国法律评论》，2019 年第 3 期。

⑬雷磊：《“地方法制”能够成为规范性概念吗》，《中国法律评论》，2019 年第 3 期。

⑭叶传星：《发展权概念辨析：在政治与法律之间》，《东岳论丛》，2019 年第 12 期。

⑮张龑：《人之尊严：世俗化时代的法权基础》，《中国人民大学学报》，2019 年第 5 期。

⑯雷磊：《“为权利而斗争”：从话语到理论》，《苏州大学学报（哲学社会科学版）》，2019 年第 2 期。

⑰董静姝：《从契约到承认：民生权的法理基础》，《东南大学学报（哲学社会科学版）》，2019 年第 2 期。

⑱雷磊：《新兴（新型）权利的证成标准》，《法学论坛》，2019 年第 3 期。

⑲陈景辉：《回应“权利泛化”的挑战》，《法商研究》，2019 年第 3 期。

⑳陈景辉：《权利的规范力：一个对利益论的批判》，《中外法学》，2019 年第 3 期。

㉑雷磊：《作为科学的法教义学》，《比较法研究》，2019 年第 6 期。

㉒雷磊：《法教义学观念的源流》，《法学评论》，2019 年第 2 期。

㉓雷磊：《主题的拓展与方法意识的觉醒——四十年来规范法学的发展》，《北京航空航天大学学报（社会科学版）》，2019 年第 1 期。

㉔尤陈俊：《中国法律社会史研究的“复兴”及其反思——基于明清诉讼与社会研究领域的分析》，《法制与社会发展》，2019 年第 3 期。

㉕侯猛：《知识结构的塑造——当代中国司法研究的学术史考察》，《现代法学》，2019 年第 4 期。

㉖侯猛：《当代中国法理学的变化与反思——一个局内人的知识社会学观察》，《北京航空航天大学学报（社会科学版）》，2019 年第 1 期。

㉗强世功：《批判法律理论的场域——从〈秋菊打官司〉看批判法律理论的转向》，《学术月刊》，2019 年第 10 期。

㉘赵一单：《论人大主导立法的适格主体》，《政治与法律》，2019 年第 5 期。

㉙裴洪辉：《在价值理想与客观认知之间：法律明确性原则的理论空间》，《法学论坛》，2019 年第 2 期。

㉚孙海波：《“同案同判”：并非虚构的法治神话》，《法学家》，2019 年第 5 期。

㉛雷磊：《反思司法裁判中的后果考量》，《法学家》，2019 年第 4 期。

㉜张志铭、延柄斗：《非法证据排除规则的法理意涵》，《浙江社会科学》，2019 年第 8 期。

㉝傅思明、刘田原：《环境司法能动：机理、限度及实现》，《中南林业科技大学学报（社会科学版）》，2019 年第 2 期。

㉞刘星：《基层法庭空间的塑造：从中国另类实践看》，《法律科学（西北政法大学学报）》，2019 年第 4 期。

㉟高其才：《司法如何推进乡村治理体系的健全——以江西省寻乌县人民法院为对象》，《人大法律评论》，2019 年第 1 辑。

㊱雷磊：《习惯作为法源？——以〈民法总则〉第 10 条为出发点》，《环球法律评论》，2019 年第 4 期。

㊲马小红：《法不远人：中国古代如何寻找法的共识——中国古代“法言法语”的借鉴》，《中共中央党校（国家行政学院）学报》，2019 年第 5 期。

㊳徐爱国：《法律与文明的交互关系论》，《民主与科学》，2019 年第 2 期。

㊴胡水君：《儒家法治：学理可能及其现代生发》，《天府新论》，2019 年第 1 期。

㊵尤陈俊：《中题西影：反思中国传统诉讼文化研究的思维框架及其概念使用》，《现代法学》，2019年第1期。

㊶冯玉军：《中西法律文化传统的形成与比较》，《政法论丛》，2019年第6期。

㊷舒国滢：《“法理”：概念与词义辨正》，《中国政法大学学报》，2019年第6期。

㊸王夏昊：《从法教义学到法理学——兼论法理学的特性、作用与功能局限》，《华东政法大学学报》，2019年第3期。

㊹陈景辉：《法理学的性质：关于法律一般属性的讨论如何可靠》，《吉林大学社会科学学报》，2019年第4期。

㊺泮伟江：《在科学性与实践性之间——论法理学的学科定位与性质》，《法学家》，2019年第6期。

（作者：冯玉军，中国人民大学教授；周剑威，中国人民大学博士生）

宪 法 学

胡锦光 杨 凡

2019年北京地区宪法学研究成果主要聚焦宪法学说与方法论、国家权力与机构、宪制下的央地权属、合宪性审查制度，以及公民权利与国家义务重思这5个主题。在此5个主题之中，宪法与部门法的关系探讨日趋深入，国家机构宪治经验的总结日趋精细，合宪性审查制度的研讨日益系统，而有关公民基本权利和国家义务的研究则重新回潮，且多有补足前人未到之处，如其对于公有产权、自然资源使用权、通信自由、个人数据权、健康权，以及儿童监护之国家法义务的思考等，代表性论文即有近60篇之多。有4部代表性的宪法学著作出版发行，涉及宪法思维与法治素养、规范释读、宪法与澳门特区基本法，以及宪法审查视角下的宪法判断。大型的学术会议包括纪念宪法学先贤的学术研讨会、年度性的宪法事例学术评选会、宪法学与其他部门法学科的深度对话等。

一、宪法学说与方法论

1. 宪法之用

有学者考察宪法与和平的关系，认为在信息化、全球化时代，和平秩序的维护成为国际社会的基本共识与宪法共识。特别是在面对着新的技术革命时，宪法要控制科技的非理性，降低战争的风险，使科技的发展遵循“造福人类”的宗旨，以推动人类和平事业的发展。①

有学者总结了我国依宪治国和法治的五大特点，即坚持中国共产党的领导与宪制、法治的统一；突出以人民为中心，强调保障人民政治权利，更强调保障人民社会经济权利；特别强调正确处理权力与权利的关系，既强调坚持人民代表大会制度，以权利制约权力，也重视国家权力的相互分工、以权力制约权力；特别强调正确处理国法与党规、硬法与软法的关系；特别强调正确处理形式法治和实质法治的关系，既强调形式法治，做到有法可依、有法必依、执法必严、违法必究，也重视实质法治，追求良法善治。②

有学者提出“引领型政治代表”的概念，认为它在代议政府体系之上，发挥着引领、认知和勇于担当的重要作用。这构成了转型法治的基本特征，即政党与国家立法机关的二元代表制。政党既领导国家立法，又要受到国家法律的约束，与此同时，政党还必须通过党规党纪来实现自我约束。③

而随着1993年“社会主义市场经济”入宪，社会主义市场经济的宪法基础更加明确，为完善社会主义基本经济制度提供了宪法依据。以社会主义市场经济入宪背景与过程的分析为基础，可以发现其规范结构与特点，以此为基础进一步完善社会主义市场经济体制。④

有学者提出，国家工作人员向宪法宣誓，有利于强化宪法的最高法地位，有利于强化人民主权的理念；其实质就是要求国家工作人员从内心里尊崇宪法、认同宪法作为国家根本法的价值及宪法中所确认的价值，严格依据宪法的理念和思维行使权力。⑤

在实践中，最高人民法院关于裁判文书能否适用宪法规定不一，各地法院做法也不尽一致；适用宪法过程中，有的是在裁判理由部分适用，有的是在裁判依据部分适用，即使作为裁判依据部分适用，有的是单独适用，有的是与法律规范同时并用。研究我国法院适用宪法的空间问题，对于厘清对宪法的认识和法院的权能、统一裁判文书标准，都具有重大意义。[⑥]

2. 宪法研究方法

作为比较宪法（史）与比较制宪的知识工具，“宪法汇编”在勾勒世界宪法格局的同时，亦再现着编订者的意义世界。于是以比较的视野，呈现出中国与德国在不同时期的宪法汇编所再现的多重“宪法世界”。在认知与规范的双重世界里，中国与德国分别代表了两种“宪法世界”的构造方式，两种进入“宪法世界”的典型路径，仍影响着当下的宪法观念。[⑦]

有学者提出一种“人民意志视野下的法教义学”，认为在现代民主社会，法律人应当一方面保持自觉与审慎，在价值层面以人民意志为基础，通过法教义学将人民意志最终内化为法律共同体的一部分；另一方面通过法教义学来规制和提升人民意志，从而实现民主与法治的辩证与良性互动。[⑧]

有学者认为，追求纯科学化的实证主义宪法理论，奉行绝对客观性的教条化立场，没能回答并处理好对德国实现自由宪政最关键的一系列实质问题，无法确保个人自由权利与分权机制在德国政治与社会的真正落实。实证主义宪法学传统缺少对个人的价值关怀这个根本缺陷加深了德国宪法思想与现代宪法人权传统的内在分野。[⑨]

3. 宪法与部门法

有学者认为，应以明确效力等级的纵向思维，而非并列的、重叠的、模糊的横向思维来处理宪法与部门法的关系，并在“法律对宪法的具体化”、“法律的合宪性解释”和“法律的合宪性审查”3个层次上具体分析。在理解“部门法的宪法化”趋势的同时，也应看到宪法与部门法的“交互影响”。[⑩]基本权利的防御权功能和保护义务功能均涉及宪法对部门法的约束，分别适用不同的分析框架。前者的核心审查标准是比例原则，后者的核心审查标准是不足之禁止原则。[⑪]宪法和民法都是存在立法委托的“母法”，但是不能得出宪法与民法效力相等的结论。同时，所谓“根据宪法、制定本法”，主要不是指民法要依据宪法上的某个条文来制定，也主要不是指“民法是宪法的具体化”，而在于宪法为民法介入私人自治设定框架或者界限上。[⑫]

有学者认为，我国宪法在司法上的不可适用性，导致其所架构的权力制约机制存在缺陷，无法切实履行保障基本权利与制约国家权力的使命。基于此，有必要让作为部门法的刑法承担一部分的宪法使命。通过将宪法层面的基本价值融入刑法之中，使得刑法体系能够在相当程度上充当权力制约机制中的重要部件，充当个体基本权利保护的大宪章。[⑬]

而从刑法的角度解释宪法可以发现，罪刑法定主义、法益保护主义、责任主义是源于刑法的宪法原则。从宪法角度解释刑法，不仅使刑法解释多了一个新的视角和有效的解释路径，而且有利于根据宪法对刑法进行违宪判断；对空白刑法规范、终身监禁、剥夺言论自由以及没收财产都需要进行违宪判断。[⑭]

通过宪法委托、裁量基准、法律解释、基本权利限制、国家权力配置等整合手段，德国在整个法律体系中落实了环境保护的规范实效，对我国2018年修宪后“环境宪法”的学理建构有明显的启发意义。在我国宪法现有条款下，宪法学与环境法学的协力可以为我国环境保护的落实提供充分的规范支持。[⑮]

还有所谓“劳动宪法”的提法，认为《劳动法》有意识地将自己视作宪法实施法，但是尚不能很好地支撑宪法价值。为了推动中国劳动宪法的兴起，需要发挥现有立法的行宪作用，制定新的行宪立法，并且着眼未来，探讨释宪方法。[⑯]

甚至有对税法困境及其宪法出路的探讨：如果说中国现行税法是一个杂乱的林园，那么立法机关就是园丁，扶正植株、修剪树枝、清除杂草以及培育新树是他的重要任务。这些任务高度复杂、牵涉面广，唯有准确、深刻地把握宪法上的平等原则和纳税义务，才能妥当完成。[⑰]

二、国家权力与机构

有学者以英联邦国家为分析对象，探讨议会主权体制下的司法审查权及其限度，认为自20世纪80年代起，部分英联邦国家尝试将司法审查与议会主权体制融合，通过制定宪章或权利法案，建立起“弱司法审查制度”。一方面，他们积极利用宪章或权利法案赋予的权力，拓展司法审查权的边界；另一方面，法官也会有意识地进行自我约束，避免在司法能动的方向上走得太远。[⑱]

回到中国的语境，有学者认为，与民主集中制的理论建构相比，议行合一能够更好地描述我国国家权力在横向上的分配。议行合一并不反对国家权力之间的适当分工，它主张的只是权力机关的“全权性”及其在整个国家权力体系中的优越地位，其背后隐含着人民主权不可分割的宪法原理，并因此与分权原则形成对立。“有分工，不分权”，这才是议行合一的基本内涵。[⑲]

虽然宪法和法律规定人大主席团由选举产生，但实践中却系由“一揽子”表决办法产生，事实上变更了产生办法，限缩了代表的选择权。可以在充分权衡人大会期长短、人大和主席团的规模、主席团的权力性质、代表的同质性和政党的影响力等因素的情形下，以效率原则作为阻却其违反民主原则的事由。[20]

另外，当前人大议事规则所确立的特定问题调查制度、代表权利保障制度、代表联系选民制度存在诸多弊端，无法适应国家治理现代化的要求。立足我国国家治理的实际情况，在现有制度基础上进一步健全、加强和优化三项制度，从而为我国人大议事规则的修改筑牢基础，这也是发挥人大在国家治理现代化中的制度优势的重要保障。[21]

不过围绕人大主导立法的现有研究，大都将人大视为一个物理学意义上的“质点”，而没有充分意识到“人大”内部的复杂结构关系。人大主导立法首先应当发挥“有立法权的人大”自身的主导作用，在后者之中又应当首先发挥全国人大的主导作用。完善人大主导立法需要统筹考虑各方面主体之间的关系。[22]

中国国家监察制度的70年发展，围绕人民性、独立性、实效性等核心命题，解决在社会主义国家如何通过制度建构实现廉能统一。在保持国家能力的前提下对公权力形成有效约束之问题，走出一条中国特色社会主义的反腐之路。[23]

此外，对政治体制改革中的宪法收缩需要客观评判，适度收缩对于革新和重塑宪法秩序具有积极意义，但过度收缩亦非社会主义民主政治的目标。必要的宪法控制能够维护一系列改革底线，包括宪法权威、宪法原则和立宪价值，特别是有助于坚持党的领导、人民当家做主、依法治国的有机统一。[24]

三、宪制下的央地权属

有学者认为，我国《宪法》第3条第4款中的“主动性”和“积极性”是调整中央与地方关系的基本原则，但对其规范内涵的关注和研究非常不够。而目前的地方试点、隐性对抗策略、地方联合体和地方责任弱化等都可视作主动性的实践，基于“中央统一领导”的前提，并非所有地方主动性实践都能为《宪法》第3条第4款所认可。[25]

而地方法制要想提供对于法治的独特理解，前提在于“地方法制”能够成为一个规范性概念。但“地方法制”的实体论定义解释力不足（独特性不明显），且必然要以“法治”的概念为前提；而作为方法论之“地方法制”的诸多要素最终都来自于特定版本的法治观念。而目前，“地方法制”至多只是一种非理想的规范性概念，“地方”仅具有经验色彩。[26]

虽然目前关于“地方（区域）法治（制）”的讨论相当热烈，但由于这同“法治的目标就是对专断权力的限制”这个法治的核心含义难以匹配，所以“地方（区域）法治（制）”并不能成为一个有效的概念。同理，如果仍然在“法治”的含义下来理解“地方法制”的概念，那么它也不存在成立的基础。[27]

有学者认为，2018年修宪新增关于设区的市地方性法规制定权的第100条第2款，具有鲜明的“谨慎放权”意图。在下放地方立法权的同时，实施以《立法法》为基础的合法性控制，以及作为兜底性保障的合宪性控制。[28]

另外，在城镇化进程中，出现了建立县辖市或者镇级市的制度设想和某些实践，但其可行性受到质疑。从《宪法》的规范体系上看，如果按照政区间的管辖关系，县辖市或者镇级市难以获得成立依据。但是，《宪法》中的“市”和“镇”可以从城市功能的层面予以理解，由此，二者的制度鸿沟并非不可跨域。[29]

中央与地方共同事权中地方公安机关的决断边际也需要法律明确规定，因为《人民警察法》第6条规定的14项职责基本上可以解构为中央事权、中央与地方共同事权，而地方事权是交织在14项职责之中的，很难抽象地条分缕析，必须通过立法明确宣示。[30]

四、合宪性审查制度

有学者认为，合宪性审查还面临一系列严峻挑战。在新的历史起点上，要坚持党对合宪性审查工作的领导，破解自我审查困局，健全相关法律制度，统筹构建合宪性审查体制，加强宪法理论研究，不断推动合宪性审查工作取得实实在在的成效。[31]

不过近年来，备案审查工作取得了新的进展。一是备案审查各项制度和工作机制更加健全；二是备案审查工作力度进一步加强；三是备案审查信息化水平大幅提升；四是实现了备案审查工作在常委会层面的显性化。[32]

当然，理顺不同审查主体之间的职能分工关系，理顺合宪性审查与合法性审查的关系，有权提出审查“要求”的主体需要积极启动审查，将合宪性审查决定特别是理由向社会公开，明确合宪性审查决定是否具有溯及力。[33]

有学者认为，与司法中心的违宪审查制度下的宪法教义学不同，中国合宪性审查制度下的宪法学应更多关注“立法中的宪法教义学”，从积极和消极两个层次，为立法的“内容形成”和“越界控制”提供智识支撑。还应将宪法教义学的视野从基本权利领域拓展到国家机构领域，并积极推进“宪法程序法”研究。[34]

有学者则认为，合宪性审查、合法性审查、适当性审查最主要的不同体现在审查内容上。三者虽然存在不同，但也具有联系。在实际操作中，应当遵循“先合法性审查、再合宪性审查、最后适当性审查”的阶层性审查次序。[35]

而在全国人大常委会肩负合宪性审查的宪制前提下，通过修改其议事规则，稳妥增加合宪性审查的制度元素，是一条“理性的中道”，可以透过法律系统自身的赋权与确证，实现实证法秩序内部的更新与发展，最终实现政治系统与法律系统在宪法及实施层面的耦合、同频与共振。[36]

甚至在中央要求加强备案审查制度和能力建设的背景下，有权机关应当将特区立法备案审查制度纳入到我国备案审查体系建设中来，构建一个公开、透明和高效的特区立法备案审查机制。[37]

有学者认为，“议会（人大）至上”不等于它要对所有的问题事必躬亲，不宜将对合宪性审查的功能期待全部置于宪法和法律委员会一身，而是应当直面我国立法与司法的真实过程，根据各级立法与司法主体的实际能力，使其承担相应的合宪性审查职责，构建体系化的合宪性审查工作机制。[38]

五、公民权利与国家义务的重思

有学者认为，在法律实践中，尊严的保护需要放置在一个互惠性证成模式之中。在宪法内涵上，尊严为权利提供价值基础；在私法内涵中，尊严与人格权的保护存在着弱的互惠性证成关系。面对新兴科技带来的尊严危机，应该从乐观视角构建一种包含着开放性、实质价值推理和互惠性规制的尊严法理。[39]

而作为最初以集体人权形式出现的发展权，其主体是否包括个人以及个人在其中的主体地位问题，是研究发展权应当解决的问题。发展权既是一项集体人权，也是一项个人人权。个人作为发展权的主体，其权利实现受到其阶层、性别、能力等各方面因素的影响。[40]

有学者认为，现行宪法要求建立合乎社会主义初级阶段国情且引领未来社会发展趋势的社会权保障体系，一方面为公民社会权提供了宪法依据，另一方面也为社会权立法及其保障确立了具体路径，使得公民借由教育、就业、医疗卫生、社会保障等公共服务享有普遍而平等的社会权，成为丰富自足的人，并最终实现人与社会共同发展的最高目标。[41]

有学者通过反思所谓的“权利泛化论”，认为对权利泛化最重要的指责，是围绕权利的性质提出来的，即权利泛化可能危及对公共利益与共同善的追求。但如果承认权利与个人道德主体地位直接关联，那么权利就会对共同善或公共利益提出某些基本限制，而这些限制将消除对权利泛化的担心。因此，权利泛化不应当被视为一项对权利重要性的指责。[42]

回到文本，有学者认为，在直接或间接地主观化的语境下，宪法总纲条款事实上成为储备性的基本权利供给源，由立法者根据社会经济发展状况和国家现实需要，不断将总纲中确立的“将来时”的目标和任务转化为公民可请求的主观权利，从而完成总纲和基本权利交互模式的运作。[43]

有学者论证中国宪法上的风险预防义务规范体系包括“监测—评估—控制”、“反思—协调—学习”、“处置—转移—分散”和“完善—发展—容忍”4种规范形态。风险预防活动必须接受合宪性审查，以防止国家滥用剩余风险的分配权或借助预防侵犯公民基本权利。[44]

具体权利类型而言，公有产权的配置务必着眼于平衡公权与私权、公益与私益的双重向度，眷注于民众作为公共财产实质所有权人的使用权、收益权与政府作为公共财产名义所有权人的管理权的协调制衡，聚焦于对国有公物公众合理使用权之拱卫和国有私物收益全民共享机制的构建。[45]

有学者认为，我国公共服务供给体制厘革历经从政府垄断供给到市场主导的民营化改革再到公共性回归的嬗变演进，一直难以契合人民日益增长的公共服务需求，滞碍了改革成果共享和人民群众获得感提升。掩藏于制度流变背后的逻辑，不应是政府与市场的二元对立，也不是政府给付责任的市场化，而是政府、市场、社会合作供给体制的完备以及公私权责分配谱系的重塑。[46]

而自然资源使用权限制的法律表达，则有待于拓展私有财产权行使限制的宪法规定，通过民法典分编回应自然资源使用权限制的私法规则，在自然资源单行法中明确自然资源使用权的私法限制及行使规定，并完善自然资源使用权私法限制的配套规则。[47]

对于近年来颇受关注的房地产税，也有难得佳作。如有学者提出房地产税立法应在形式上和实体上符合宪法的要求。立法者在设定税率时应确保税额不超过预期收益，否则，房地产税的征收将产生逐步没收公民财产的效果，侵犯宪法财产权。[48]

《宪法》第40条设定了限制通信自由的严格条件，对立法者的拘束程度甚高，因此有必要对其保护范围做限缩解释，以免过度拘束立法者的形成自由。通话记录虽然不受《宪法》第40条的保护，但作为隐私受宪法较低程度的保护，对通话记录的调取仍须符合法律保留原则的要求。法院依据诉讼法的规定调取通话记录，符合宪法的规定。[49]

对于香港特别行政区而言，在不通过我国《香港特别行政区基本法》第23条立法，也不通过该《基本法》附件三实施全国性的、与国家安全和公共秩序相关法律的前提下，香港特别行政区目前已经拥有一系列法律，可以对危害社会秩序的煽动性言论做出规制与惩罚。[50]

"数据"也是近年讨论的热点。而目前法学界在数据问题的研究上，存在着对传统法律理论（尤其是私法）予以机械适用的路径依赖现象，而缺乏对于"数据"这一新型法律对象在理论和立法模式构建上的有效创新。通过"分享—控制"一体化理论结构，在立法上可以完善相关制度以释放分享的潜力，并在严格确定数据控制理由的基础上构建公法上系统的数据公共秩序。[51]

更有域外经验的反思，谓欧盟个人数据权经历了4个阶段的演进，近期通过《通用数据保护条例》，不仅为消费者从他国企业转向本土企业提供携带权，而且还赋予个人数据权人权地位和行政监管机制的域外效力。在本土企业主导国内市场的情况下，我国不能照搬欧盟的个人数据权机制来限制本土企业的发展。[52]

关于宗教信仰自由，有学者以德国经验为证明，认为在世俗多元的现代国家，应当将宪法宗教自由的保护范围限定为真正的、纯粹的、核心的宗教信仰和活动，而不宜将其扩张为一种基于宗教动机的宽泛的行为自由。[53]

关于学术自由的探讨也日趋具体化，如说我国《宪法》第47条第二句保障了作为积极权利的学术自由，作为积极权利的学术自由对科研经费制度形成产生一定的下限制约。国家应当本着科研经费制度匹配科研活动类型、科研活动类型之间资源分配平衡的原则构建合宪的科研经费制度。[54]

还有颇为热门的环境权，如说环境权属于基本权利体系中的社会权，包含两种请求权内容，一是请求国家提供符合人的生存需要的清洁安全的环境，二是基于平等原则，请求共享良好的环境。我国环境权入宪的现实意义在于弥补环境公益诉讼的不足。[55]

而健康作为权利，是集体主义与自由主义平衡的产物，得益于各国公共卫生实践与世界卫生组织官方选择的双重制度契机。健康权的价值兼具治理功能和司法救济功能，前者关涉健康作为权利之于人类发展、个体平等与尊严等福祉的增进，后者指向权利救济的个体主义机制及其自下而上的运作方式所具有的制度功能。[56]

按照司法介入程度进行划分，各国健康权救济方式则大致可被归结为3种：强司法救济、弱司法救济和准司法救济。由"强"到"弱"再到"准"的"降阶"并非对健康权救济效果的刻画，而是寻找一种无干其价值取向的叙事框架。[57]

更有儿童监护之国家法义务的思考，国家对儿童监护的干预，需要与家庭自治衡平，家庭是儿童最自然的成长环境，儿童的监护应以家庭监护为先，国家则是儿童的最终监护人。家庭监护一旦出现问题，就生成了国家介入的条件，此时国家应全方位回应覆盖各类困境儿童，使儿童在家庭之外获得支持并得到不间断的监护。[58]

六、学术著作探讨的问题

本年度北京地区有4部代表性的宪法学著作出版发行。

2019年6月，由国家行政学院法学部李勇教授、中共四川省委党校胡业勋副教授合著的《宪法思维与法治素养》由人民出版社出版。该书梳理了宪法精神的历史脉络、发展主题、演变规律，串成一条宪法知识启蒙的脉络，用简洁易懂的语言让初学者揭开宪法的神秘面纱，感悟宪法的独特魅力，自觉以宪法思维与宪法方式来研究、分析宪法的实践问题，不断彰显宪法的中国特色与智慧。

2019年10月，国家行政学院法学部任进教授新著《宪法与澳门基本法》由江苏人民出版社出版。该书以中国宪法和澳门特别行政区基本法为基本研究对象，对宪法和基本法中涉及的一些重大的理论和实践问题，特别是对依宪治国与民主形式、宪法发展、推进合宪性审查的机制、中央与澳门特别行政区的关系、澳门特别行政区行政长官法律地位和产生方式等方面，简明扼要地有所涉及，并作了学术思考。

2019年11月，由全国人大常委会法制工作委员会许安标副主任主编的《宪法及宪法相关法解读（修订版）》一书由中国法制出版社出版。该书以问答的形式，对我国宪法和我国的选举制度、立法制度、代表制度、监督制度等系列宪法性制度作了解读，力求使读者更好理解我国的宪法制度，从而更好树立忠于宪法、遵守宪法、维护宪法的意识，成为宪法的忠实崇尚者、自觉遵守者、坚定捍卫者。

2019年12月，中国社会科学院法学研究所翟国强研究员新著《宪法判断的原理与方法：基于比较法的视角》由清华大学出版社出版，本书将宪法判断的方法加以体系化，提出较为完整的方法论框架，以宪法审查制度为平台，较好地平衡宪法判断过程中的价值、事实与规范的关系，以相关案例的分析为基础，提出具有解释力的研究思路。

注：

①韩大元：《战争、和平与宪法共识》，《环球法律评论》，2019年第6期。

②姜明安：《中国依宪治国和法治政府建设的主要特色》，《政治与法律》，2019年第8期。

③张龑：《改革时代的转型法治与政治代表》，《中外法学》，2019年第4期。

④韩大元：《中国宪法上"社会主义市场经济"的规范结构》，《中国法学》，2019年第2期。

⑤胡锦光：《领导干部宪法宣誓的宪法意涵》，《人民论坛》，2019年6月下。

⑥胡锦光：《论我国法院适用宪法的空间》，《政法论丛》，2019年第4期。

⑦李富鹏：《比较法视野下的近代宪法汇编》，《法学评论（双月刊）》，2019年第6期。

⑧丁晓东：《人民意志视野下的法教义学——法律方法的用途与误用》，《政治与法律》，2019年第7期。

⑨黎敏：《德国宪法学的实证主义转向及其根本问题》，《比较法研究》，2019年第2期。

⑩张翔：《宪法与部门法的三重关系》，《中国法律评论》，2019年第1期。

⑪陈征：《论部门法保护基本权利的义务及其待解决的问题》，《中国法律评论》，2019年第1期。

⑫王锴：《宪法与民法的关系论纲》，《中国法律评论》，2019年第1期。

⑬劳东燕：《刑事政策刑法化的宪法意涵》，《中国法律评论》，2019年第1期。

⑭张明楷：《宪法与刑法的循环解释》，《法学评论（双月刊）》，2019年第1期。

⑮张翔、段沁：《环境保护作为"国家目标"——〈联邦德国基本法〉第20a条的学理及其启示》，《政治与法律》，2019年第10期。

⑯阎天：《重思中国劳动宪法的兴起》，《中国法律评论》，2019年第1期。

⑰刘志鑫：《税法的困境及其宪法出路》，《中国法律评论》，2019年第1期。

⑱朱学磊：《弱司法审查是中国实施宪法的蹊径吗——"合宪性审查工作体系化"的提出》，《政治与法律》，2019年第4期。

⑲杜强强：《议行合一与我国国家权力配置的原则》，《法学家》，2019年第1期。

⑳柳建龙：《人大主席团产生办法的合宪性分析》，《中国法律评论》，2019年第6期。

㉑焦洪昌：《如何完善我国人大议事规则——基于欧、美、日的分析与借鉴》，《中国法律评论》，2019年第6期。

㉒赵一单：《论人大主导立法的适格主体》，《政治与法律》，2019年第5期。

㉓薛小建、王理万：《中国国家监察制度七十年发展变迁》，《沈阳工业大学学报（社会科学版）》，2019年第5期。

㉔李少文：《国家监察体制改革的宪法控制》，《当代法学》，2019年第3期。

㉕郑毅：《论中央与地方关系中的"积极性"与"主动性"原则——基于我国〈宪法〉第3条第4款的考察》，《政治与法律》，2019年第3期。

㉖雷磊：《"地方法制"能够成为规范性概念吗》，《中国法律评论》，2019年第3期。

㉗陈景辉：《地方法制的概念有规范性基础吗》，《中国法律评论》，2019年第3期。

㉘郑毅：《谨慎放权意图与设区的市地方性法规制定权实施——基于〈宪法〉第100条第2款的考察》，《当代法学》，2019年第3期。

㉙于文豪：《县辖市问题的宪法评价与政区优化》，《法学评论（双月刊）》，2019年第2期。

㉚余凌云：《警察权的央地划分》，《法学评论（双月刊）》，2019年第4期。

㉛李忠：《合宪性审查七十年》，《法学论坛》，2019年第6期。

㉜梁鹰：《全国人大常委会2018年备案审查工作

报告述评》，《中国法律评论》，2019 年第 1 期。

㉝胡锦光：《健全我国合宪性审查机制的若干问题》，《人民论坛》，2019 年 11 月上。

㉞张翔：《“合宪性审查时代”的宪法学：基础与前瞻》，《环球法律评论》，2019 年第 2 期。

㉟王锴：《合宪性、合法性、适当性审查的区别与联系》，《中国法学》，2019 年第 1 期。

㊱王旭：《全国人大常委会议事中的合宪性审查规则建构》，2019 年第 6 期。

㊲胡锦光、刘海林：《论全国人大常委会对特区立法的备案审查权》，《中共中央党校（国家行政学院）学报》，2019 年第 3 期。

㊳朱学磊：《议会主权体制下的司法审查权及其限度——以英联邦国家为分析对象》，《比较法研究》，2019 年第 5 期。

㊴郑玉双：《人的尊严的价值证成与法理构造》，《比较法研究》，2019 年第 5 期。

㊵戴菁：《论作为发展权主体的个人》，《现代法学》，2019 年第 2 期。

㊶徐爽：《宪法上社会权的发展：传统、改革与未来》，《政法论坛》，2019 年第 4 期。

㊷陈景辉：《回应“权利泛化”的挑战》，《法商研究》，2019 年第 3 期。

㊸王理万：《制度性权利：论宪法总纲与基本权利的交互模式》，《浙江社会科学》，2019 年第 1 期。

㊹王旭：《论国家在宪法上的风险预防义务》，《法商研究》，2019 年第 5 期。

㊺李蕊：《论我国公有产权的双向度配置》，《法商研究》，2019 年第 3 期。

㊻李蕊：《公共服务供给权责配置研究》，《中国法学》，2019 年第 4 期。

㊼潘佳：《自然资源使用权限制的法规范属性辨析》，《政治与法律》，2019 年第 6 期。

㊽谢立斌：《房地产税的宪法学思考——以宪法财产权为中心》，《比较法研究》，2019 年第 4 期。

㊾杜强强：《法院调取通话记录不属于宪法上的通信检查》，《法学》，2019 年第 12 期。

㊿吴昱江：《香港现行法律对煽动性言论的规制》，《法学论坛》，2019 年第 1 期。

51梅夏英：《在分享和控制之间数据保护的私法局限和公共秩序构建》，《中外法学》，2019 年第 4 期。

52张金平：《欧盟个人数据权的演进及其启示》，《法商研究》，2019 年第 5 期。

53田伟：《德国宪法上宗教自由保护范围的扩张与反思》，《法学评论（双月刊）》，2019 年第 5 期。

54湛中乐、黄宇骁：《国家科研经费制度的宪法学释义》，《政治与法律》，2019 年第 9 期。

55王锴：《环境权在基本权利体系中的展开》，《政治与法律》，2019 年第 10 期。

56李广德：《健康作为权利的法理展开》，《法制与社会发展（双月刊）》，2019 年第 3 期。

57李广德：《健康权如何救济？——基于司法介入程度的制度类型化》，《清华法学》，2019 年第 3 期。

58林建军：《论国家介入儿童监护的生成机理与生成条件》，《中国法律评论》，2019 年第 3 期。

（作者：胡锦光，中国人民大学教授；杨凡，天津理工大学讲师）

行 政 法

胡锦光　董　妍

2019 年，北京地区行政法学者在行政法领域取得了丰硕的成果，总体而言，呈现出以下特点：第一，对新时代、新问题、新挑战做出了行政法回应，并对行政法的发展趋势进行了讨论；第二，针对高新科技领域的规制、诉讼等问题进行了探讨，行政法与具体领域结合得愈发紧密；第三，对传统行政法理论进一步深入研究，对传统理念阐发新的解释。2019 年 10 月 19—20 日，中国法学会行政法学研究会 2019 年年会召开，主题是“新中国成立 70 周年与行政法的发展”。分议题包括“数字时代的行政法”“社会信用与行政法”“行政处罚法的修改”“部门行政法”等。马怀德指出，随着改革开放日益深入，发展环境发生重大变化，法治建设面临的问题也层出不穷，对新出现的问题和挑战，行政法学界必须一一回应。要深刻认识所处的历史方位，深入研究各类新课题，积极为法治建设建言献策。

一、行政法总论

新时代中国行政法学面临诸多新的挑战，姜明安教授指出，其中最重要者有三：其一，在新时代，传统行政管理向公共治理转化，对传统的行政主体理论、行政行为理论形成了挑战；其二，在新时代，党和国家机构改革、行政机构与党的机构合并或者合署办公对传统的民主、宪制和法治理论形成了挑战；其三，现代高科技迅猛发展，互联网、大数据、人工智能、信息技术等对传统的行政管理方式及其理论形成了挑战。为应对这些新挑战，新时代中国行政法学应特别注重国家治理创新，关注现代行政法学新的历史使命。新时代中国行政法学的新课题主要有五：一是党内法规与行政法治的关系；二是行政决策法治化的途径；三是行政执法的正当法律程序；四是生态环境的法治保障；五是廉政和反腐败的法治机制。①

杨建顺教授认为，新时代深化党和国家机构改革等一系列重大改革举措，为行政法学研究带来重大挑战和机遇。在将党和国家的机构改革融为一体统筹设置的背景下，应当对行政法学之父奥特·玛雅提出的“宪法消亡，行政法依然存在”这个命题加以修正，使行政法与宪法相辉映，共同支撑人权保障、法治行政与政治文明建设。具体而言，行政法学肩负着论证和促成如下命题的使命：遵循经济和社会发展规律，就是政治文明的体现和目标；实现了法治行政，则人权保障的问题也就迎刃而解；坚持积极提供规范但不忘补充性原则，则法治行政和政治文明也就水到渠成。最为重要的还是确认、承继和发展。只有确认了经典，夯实了基础，找准了问题，确定了方向和目标，才能扎实推进行政法学研究适应国家治理体系和治理能力现代化的要求，在更高层次、更高水平、更高质量上建构中国特色社会主义行政法学理论。②

应松年教授的《从依法行政到建设法治政府》记录了我国法治发展的历程，同时也体现了作者在我国从依法行政到建设法治政府的伟大历程中对一些重大理论和实践问题的研究和贡献。③胡锦光教授的《新时代法治政府建设与行政执法规范》以法治政府建设为背景，对法治政府的目标、原则、任务，如何保证行政行为合法等问题进行了解读，该书将理论、制度与案例结合，对行政执法具有一定的价值。④余凌云教授《行政法讲义》（第 3 版）出版，该书承袭了前两版的风格，以专题的形式对行政法的机构进行了重新梳理和调整，在讲述行政法重点理论的同时关注学术前沿与实践。⑤程琥法官的《法治政府评估研究》以大量鲜活案例介绍当前行政案件基本情况、当前依法行政取得的主要成效以及存在的主要问题和不足，并结合当前北京市依法行政面临的新形势和新要求，阐述了进一步加强法治政府建设的重大意义和有效路径。⑥

有学者对于目前党政机关合署办公的机构改革进行了行政法回应，林鸿潮教授指出，党政合并设立、合署办公的机构改革，对中国行政法理论和制度造成了冲击。既有的行政法理论主张从形式标准入手，强调党政融合机构对外行使职权必须使用行政机关名义，但这仅解决了行政救济问题，并不能回应有关组织结构和权力运行中的新问题。有学者提出从区分党务、政务的视角进行回应，但并未厘清党政融合机构中党、政角色分工的实质。对此，应当区分行政过程中的政治决策与法律执行两种不同性质的活动，由此确定党、政两者在行政过程中的职责分工。对于党政融合机构，应当责“实”而不循“名”，坚持运用实质性标准区分党、政两种角色及相应的活动空间，在此基础上重构行政主体、行政法的法律渊源、公共部门及其官员的责任分配等行政法基础理论。⑦

行政法基本原则仍然是学者关注的重点内容之一。沈岿教授提出了行政法效能原则，认为 20 世纪 80 年代末的行政法学主流学说，在行政法学脱离行政学的独立意识、行政诉讼法制定和实施的需要以及大陆法系行政法学法官适法导向方法论的影响之下，摈弃了行政效能（效率、效益）原则作为行政法一般原则的主张。然而，一直以来，制定法持续不断地向行政机关提出效能要求，代表机关和行政系统内部都在加强对政府效能的监督审查，法院对行政行为合法性的审查判断也在一定情形中应用效率原则。这些在法律系统中实际发生的事实，应当受到近年来整体上反思传统方法论的行政法学的关注。现代公共行政有制度建构和法规范适用两类功能。效能原则在制度建构论维度上的规范内涵是，市场或社会自治优先原则和管理或服务制度的效益最大化原则；在法适用论维度上的规范内涵是，行政手段有效性原则和行政手段效益最大化原则。行政效能原则不能突破依法行政原则、不能拒斥正当程序原则，与比例原则、信赖保护原则有一定程度相合之处，但不可彼此替换。该原则列入行政法一般原则体系，恰是行政法平衡理论所期待的。⑧

王留一博士探讨了行政行为明确性原则及其司法适用问题，他认为，行政行为的明确性是指行政行为的内容和法律效果应当明确。行政行为之所以应当明确，是基于法的安定性之要求。行政行为应当明确的是相对人的实体权利义务，而不须要明确程序权利义务。命令行为、形成行为与确认行为各自应当明确的实体权利义务有着一定的差别。不明确的行政行为，在效力上应为可撤销，撤销的理由是适用法律、法规错误。行政机关对不明确的行政行为负有释明的义务。在司法审查中，对行政行为明确性的审查强度应当高于对法律明确性的审查。⑨在行政行为明确性原则的司法适用中，应当采用要素判断法对行政行为是否明确进行判断。一般而言，行政行为的内容应当明确的要素包括两个：一是授予或者侵害权益的类型；二是授予或者侵害权益的程度。在行政法实践中贯彻行政行为明确性原则的要求，需要推进行政行为内容要素的明确化、制度化，在行政决定书中尽量采用数字化的表达方式并确立行政机关对行政行为内容的法定解释义务。⑩

学者们的关注点除了行政法基本原则的传统重点内容之外，还有学者从新的角度对行政法总论进行了解读。王贵松教授继续对行政法上的法律优位进行了探讨，指出法律优位是依法律行政原理的重要组成部分，它不仅在我国宪法上有表现，而且植根于全国人大的最高地位，源自于国家的民主性与理性化要求。法律优位的“法律”应当是全国人大及其常委会依照立法程序所制定的法律，应当是具有规范性、明确性和合宪性的法律。法律优位要求，一切行政活动不得违反现行的法律，法律只能由法律变更废止。在观念上，行政机关不得以改革创新、提升行政效能等为借口，突破法律的范围。在制度上，法律优位虽非绝对原则，允许有例外存在，但应严格限定于有更强理由的情形，以确保法的安定性。⑪

黄宇骁博士梳理比较了职称行政法总论的概念工具——行政法总论的阿基米德支点，通过对这一支点的概念演绎便可以编排出行政法的教义体系。迄今为止，几种比较主流的阿基米德支点方案包括单一行政行为方案、经典行政行为形式方案、行政过程论方案、传统行政法律关系方案、新行政法律关系方案、行政法律机制方案、行政手段方案等。在阐明行政法学总论理想形态的基础上，通过主观法体系与客观法体系、节点与整体、监控模式与管理模式三大区分标准，可以对上述方案进行比较与评判。行政法律机制具有以机制为框架，以制度为单元，内嵌行为形式的树状结构特征。将行政法律机制作为行政法学总论的阿基米德支点可以有效促进法解释学与法政策学的融合。⑫

赵宏教授对主观公权利进行了解读，认为主观公权利是德国现代公法的核心设置，其核心是在法治国家框架下重新构建个人相对于国家独立的法地位，它的提出亦使权利成为理解和整序公法的全新线索。主观公权利在德国法上历经复杂嬗变，这也使其意涵相当复杂多样。我国对这一理论的吸收目前还局限于行政诉讼原告资格的判定。但这一传统学理的当代价值更在于：其对个人权利的探求是在实证法中找到连接点，并借助请求权的解释框架和教义，有效避免因为现代行政作用效果不断扩散所导致的个人自由的无轮廓和无边界，个人权利也因此获得稳定清晰的实证法基础。德国公法在主观公权利支配下所形成的公民实体请求权与诉权的相互对照，揭示了一种体系化的公法权利观对于整体公法所产生的统摄和影响作用。⑬

同时，学者们在比较行政法研究上也做出了不懈努力。2019 年 11 月 9 日，中国人民大学宪政与行政法治研究中心比较行政法研究所 2019 年年会暨“比较行政法视野中的正当程序”学术研讨会举行。本次研讨会分为“程序、法定程序与正当程序”“正当程序的构成要素、价值追求及判断基准”“行政裁量的过程规制与说明理由制度”“程序瑕疵的治愈与行政行为的效力”4 个单元，对相关问题展开了深入讨论。

二、行政组织法

有学者就行政主体理论进行了探讨，认为行政主体理论是当代中国行政法学中一个争论不休的问题，争论的起因在于法学概念移植的认知分歧，争论的关键还是在于本土化与普适化的矛盾。“行政主体”的称谓虽有缺陷，但已约定俗成，没有必要更换一个新的概念。中国的行政主体理论的确存在内在的缺陷，但是，也有其长处，能够更好地明确实际行为者的法律责任。中国行政主体理论的重构必须理清行政主体的核心内容、主要功能及其与法人理论的纠葛。全面引入西方行政主体理论必须在具备一定的社会背景和理论底蕴的条件下完成。

赵宏教授从原告资格出发，探讨了从“不利影响”到“主观公权利”的转变，认为2017年的“刘广明诉张家港市人民政府行政复议案”再审裁定中，法院首次使用德国法上的主观公权利和保护规范理论，释解作为我国行政原告资格基准的“利害关系”。从此前的“不利影响”到“主观公权利”，刘案对域外学理的吸收，对我国行政诉讼原告资格的判定发挥了重要的推进作用。除引发我们重新认识行政诉讼原告资格问题外，主观公权利和保护规范理论对于重新考量行政实体法与行政诉讼法的关联、原告资格与诉讼的整体定位关联，以及如何寻获权衡“诉权保障/防堵滥诉”的教义学基础都有重要的启发意义。但刘案裁定对上述理论的适用仍旧存在值得商榷的不当之处，案件未尽问题也不在少数。[14]

2019年，伴随着新修订的《公务员法》的实施，有学者就该领域进行了论述。侯猛教授以《公务员法》的修改为视角，探讨了法官管理制度，认为公务员法与法官法是一般法和特别法的关系，因此，修改后的《法官法》未来在施行过程中，需要与同样刚修改通过的《公务员法》进行对照和衔接。这主要包括：法官管理的基本事项要与公务员管理的基本事项大致对应；法官职务序列管理要与公务员的职务职级序列管理大致对应；法官等级不是法官职务，属于公务员法中所规定的衔级，但评定仍要与职务职级相对应。[15]

有年轻学者就高校自治权的问题进行了探讨，指出我国公法学者对高校自治权研究聚焦于高校与学生之间内部权利义务关系，对于高校校园管制行为关注较少。公立高校的校园管制行为并非完全的私法自治行为，该行为可能对公民享有的一般自由权和法定相邻权产生侵害。公立高校具有公法人属性，其行使自治权影响外部主体权利义务时，应当遵循公法上的比例原则，尊重其他权利主体依法享有的公私权利。另外，公立高校较于中小学校不同，具有自由、开放、包容等特征，高校管理应避免陷入封闭性自治误区。[16]

三、行政行为法

行政行为法历来是学者们研究的重心所在，也是行政法的核心部分，2019年对行政行为的研究热度依然不减，尤其在各部门行政法领域中，学者们的研究呈现出越来越专业化的特征。

（一）行政行为一般理论

在行政行为一般理论方面，2019年学者们表现出持续的关注。王世杰探讨了行政行为构成要件这一经典问题，指出行政行为的构成要件效力是指无审查权的行政机关和法院应尊重已生效的行政行为，受行政行为的拘束，并将其作为自身决定的构成要件的事实。这一效力产生于行政行为生效之时，拘束对行政行为具有审查权的法院、复议机关以及对行政事务真正享有管辖权的主管机关之外的其他所有国家机关。之所以承认构成要件效力，主要是基于宪法维度的权力分立与机关忠诚、行政系统内的权限分配以及行政的一体性。借由构成要件效力，行政机关的权限以及法的安定性得以确保。行政行为构成要件效力的拘束效果是以禁止废除为基础的禁止偏离。通常具有构成要件效力的只有形成性行政行为，而不包括确认性行政行为，由此也能给我国的民行交叉、刑行交叉案件提供部分解决路径。[17]

（二）行政处罚

行政处罚是与公民日常生活联系极为密切的行政行为，目前，《行政处罚法》正在修改过程中，2019年10月30日下午，《行政处罚法（修正草案征求意见稿）》专家研讨会暨中国法学会立法专家咨询会在北京召开。专家学者会前对《行政处罚法（修正草案征求意见稿）》进行了认真审读，会上逐一发表了进一步修改完善的意见，并对有关重点问题进行了深入讨论。

在学术成果方面，王青斌教授对没收违法所得进行了探讨，认为没收违法所得是我国《行政处罚法》所规定的处罚种类之一，其功能在于剥夺非法收益。从行政处罚的功能是“惩戒”这一角度出发，没收违法所得不具有惩戒功能，因而不应认定为行政处罚，而是独立的具体行政行为类型。在没收违法所得与行政处罚的关系上，应构建以罚款为主的行政处罚制度，而将没收违法所得作为行政处罚制度的补充。在违法所得的认定标准上，应当坚持违法所得是非法收益这一标准，扣除合理的支出或成本。此外，没收违法所得的适用对象应广于行政处罚，在程序上，没收违法所得应遵守说明理由制度和听取意见制度，且在一定条件下也可以适用简易程序。[18]

有学者对专门领域的行政处罚进行了研究，如王茜探讨了邮政行业行政处罚裁量基准，指出构建邮政行业行政处罚裁量基准制度，需先结合行业现状明确制度目标和裁量基准制定权的归属主体。这一制定权的实质是行政裁量权的延伸，因而享有该基准制定权的主体限于各级邮政管理部门。在具体设计制度内容时，相关部门应综合运用情境化技术、分格化技术和法律解释技术，以增强制度内容的科学性、可操作性和确定性。在制度运行过程中，为保障各项规则的有效适用，维护行政处罚相对人的合法权益，须重点关注内外部保障机制的构建。内部保障机制包括裁量基准变更制度、行政系统内部监督制度；外部保障机制如公众参与制度、基准公开制度、说明理由制度。[19]对于证券领域的行政处罚，冒智桥法官认为，股票交易中，频繁申报和撤单行为较为常见。如何区分合法的短线交易行为与短时间内虚假申报操纵行为，在执法实践中是个难题。他认为虚假申报操纵市场行为认定，应包含3个构成要件——主观故意、客观行为和行为后果。主观故意的认定应当依据客观行为进行推定，而客观行为的构成则不仅包括频繁的申报和撤单，还应当包括反向卖出行为及正常交易习惯等因素。行为后果要件需要考量虚假申报行为是否达到影响证券交易价格或者交易量的程度。虚假申报行为和操纵后果之间不需要直接因果关系，只需有足够条件能认定产生了实际影响即可。判断是否产生了影响，则需要综合考量申买量占同期市场申买量的比例以及涉案股票的委比数值和股票的价格呈正相关关系等因素。[20]

周浩仁对行政处罚诉讼进行了群案研究，认为“行政处罚明显不当”在行政诉讼中存在较多新的表现形式。“行政处罚明显不当”的诉讼现状表现为对于是否构成“行政处罚明显不当”法院的审查和认定标准不一致，人民法院适用撤销判决还是变更判决标准不一致，人民法院进行变更的原因多样，与“法律适用错误”存在竞合，变更判决与其他判决同时适用等。“行政处罚明显不当”行政诉讼存在的问题是案件事实主要证据不足时判决变更，错误认定“违法所得”，运用新出现的事实对原行政行为进行裁判，不符合“明显”标准时人民法院过度行使变更权，做出或不做出变更时判决说理不充分等。[21]与之相关的，王锴教授对行政收费进行了研究，认为行政收费乱象的根源不仅仅是法律依据的不统一，更在于收费理由和标准的不明确。长期以来，我国立法中一方面混淆了行政收费与公用事业或公益性服务价格、政府性基金、罚款、税的区别，另一方面又将代履行费排除在行政收费之外。尤为严重的是，税费不分导致收费成为国家增加财政收入的来源，因此需要从理论上予以厘清。税与费的区分关键在于国家给付的“可归因于个人性”，具体表现为额外成本、个别受益和经济诱导性，其中行政规费的理由主要是额外成本原则，特许规费、需要使用许可的使用规费、受益费的理由是个别受益原则，社会抚养费和拥挤性公共物品的使用规费则更多表现为经济诱导性。行政收费的标准包括对等原则和成本覆盖原则，需要根据不同的收费理由而定。[22]

（三）行政协议

随着行政协议相关司法解释的颁布，学术界越来越多地关注行政协议问题。余凌云教授以一则案例为切入点，探讨了行政协议判断标准，指出行政诉讼法修改之后，无论在理论上，还是实践上，行政契约都得到了肯认。但是，除了行政诉讼法上明确列举的政府特许经营协议、土地房屋征收补偿协议之外，如何判断一个合同属于行政协议，依然存在争论。要证成行政协议，“主体说”“目的说”（公共利益）都显得苍白无力，形式意义大于实质意义。上述标准都必须结合并最终落实到“具有行政法上权利义务内容”这一个重要标准上。其在合同之中的具体体现，以往学者多拘束于行政优益权理论，而忽视了隐含在行政契约之中的行政机关对未来权力行使的事先处分与约定。这决定了行政协议与民事合同在解决纠纷上的不同理路，成为判断行政协议的根本性标准。[23]

陈天昊认为2015年新《行政诉讼法》生效以来，最高人民法院行政庭法官倾向于通过对“行政协议”要素的边界进行扩张解释，而最高人民法院民事庭法官则倾向于基于“行政职权”要素对其边界进行缩限解释。造成双方分歧的原因，乃根植于我国宪法中“保障公共利益”与“尊重私人权益”两者价值之间的内在张力。化解双方的分歧，需要引入“比例原则”，即只有当行政职责足够重要时行政主体才可适用行政协议制度，若通过民事合同便能确保行政职责的实现，则显然不必认定行政协议；与此同时，为了避免造成司法资源的不必要浪费，民事庭法官亦需要尊重法定的“有名行政协议”之范围，为诉讼当事人提供相对确定的管辖指引。[24]该学者还就行政协议的平等原则进行了探讨，认为行政协议乃是行政主体主动进入市场、寻求与市场主体开展合作的尝试，双方当事人只能通过平等协商才可达成关于权利、义务的合意，进而建立行政协议关系，这与民事合同完全一致；公法及行政法基础理论的现代演进，也使得行政主体与相对人之间不再表现为传统的“命令—服从”模式，而逐步走向双方法律地位的平等，这也为平等原则在行政协议中的适用提供了可能。然而，不同于民事合同之平等原则，行政协议之平等原则具有更富包容性的内涵，其并不限于民事合同中所要求的双方在权利、义务上的“对等”，而同时涵括双方在权力与权利上的“结构性均衡”，此两种平等模式围绕如何更好地实现公共利益这一目的交替并存。此种“交替式二元性”的特征，就导致行政协议中双方当事人在法律地位上的平等并不必然指向《合同法》第三条所规定的“一方不得将自己的意志强加给另一方”的训条，进而能够与行政主体之单方变更权及单方解除权协调并存。[25]

有学者对行政协议纠纷案件受案范围的理解与适用进行了讨论，认为理论与司法实务中，对于土地收购储备中心与被征收人签订的安置补偿协议的性质尚有不同认识。通常情况下，如果土地收购储备中心被法规、规章授予相应的行政职权，或者受政府的委托，与被征收人签订安置补偿协议，那么该协议系行政协议，双方发生的纠纷属于行政诉讼受案范围。否则，双方所签协议就属民事协议，发生的争议应通过民事诉讼途径解决。[26]

（四）规制与治理

规制与治理是近几年行政法研究的一个热点，特别在一些专业性较强的领域，规制与治理理论的兴起解决了很多现实问题。2019 年，行政法学者继续在这一领域深耕。

张力教授对行政审批中的工具进行了研究，认为长期以来，行政审批制度改革一直是政府简政放权的重要组成部分，其中，减少审批项目数量更是主要手段，这体现了我国政府规制活动与许可工具之间密切的联系。虽然是以许可程序的简化和优化为名，但是，先证后核的出现却暗示，将来的政府规制活动应当转向对多样化规制工具的探索。因此，可以借鉴消极许可制度改造先证后核机制，强化其独立的规制工具属性，并在分析总结先证后核机制“由点到面”形成经验的基础上，通过不断的规制工具试验，逐步确立适合我国的规制谱系及其法律规则。[27]

卢超副研究员探讨了约谈这一工具，认为在中国监管型国家的建构过程中，约谈作为一类新型政府规制工具，日益得到广泛运用，尤其在社会性规制领域，约谈工具呈现出市场约谈与科层约谈并存的双轨形态。就市场约谈而言，约谈工具在某种程度上体现出“回应性规制”的政策特点，其在“执法金字塔”底部与其他威慑性执法手段相协同，并配合信用规制等组合装置，被用以实现规制合规之监管目标。与市场约谈模式相对应，当代中国社会性规制中的科层约谈模式则发挥了监管型国家的组织内控功能，尤其在经济分权与行政发包背景下，中央或上级政府需要借助科层约谈来调整下级政府的政策注意力，履行日常行政中往往无力重点关注的社会性规制义务。当代中国社会性规制中约谈工具的双重架构属性及其内嵌张力为反思监管型国家的中国模式提供了全新的思考路径。[28]

食品安全规制问题一直是行政法学者关注的重点之一。2019 年 11 月 24 日，中国食品安全法治大会（2019）在中国人民大学举行。会议以“食品安全法实施十周年暨食品经营领域放管服改革的法治保障”为主题。与会者认为，十九届四中全会做出关于推进国家治理体系和治理能力现代化的决定，为食品安全治理提出指导；强化法治理念，健全法规制度、标准体系，持续加强和改进食品安全监管，深化法治治理是推进食品安全领域国家治理体系和治理能力现代化的重要保障；推进食品经营领域放管服改革，减少制度性交易成本，是食品安全科学监管社会共治原则的具体体现，有利于实现食品安全精准治理，激发市场主体活力，推动食品产业高质量发展，各地实现一些可推广的模式，是放管服改革实践的典型样本；应深化共享、共治、共建的食品安全社会共治新格局，多管齐下，内外并举，综合施策，标本兼治，构建企业自律、政府监管、社会协同，公众参与、法治保障的食品安全社会共治格局，凝聚起维护起食品安全的强大合力，确保人民群众舌尖上的安全。

在食品安全研究方面，学者们较为关注国外的最新研究成果，孙娟娟博士翻译的《食品“私法”》一书涉及议题为欧洲食品私法领域内较为前沿的问题，对国内从事食品安全、食品标准等问题的研究者及政策制定者，以及食品从业人员具有较大的参考价值。[29]

王青斌教授的《区域规划法律问题研究》认为我国区域规划的编制和实施缺乏法律规范和保障，不同类型的规划之间的衔接亟待改进。有必要借鉴国外区域规划的法治经验，将区域规划纳入法制轨道，明确区域规划的内涵与外延，理清区域规划的法律关系，制定以宪法为统领，包括规划基本法、区域规划法、地方区域发展规划条例在内的区域规划法律体系。[30]

（五）人工智能、大数据与政府信息公开

关于人工智能和大数据的规制问题，也是学者们讨论的重点。徐凤探讨了人工智能算法黑箱的法律规制问题，认为人工智能算法不公开、不透明，被称为“算法黑箱”。面对算法黑箱，不少人主张和呼吁算法透明。但绝对的透明是不存在的，即使透明也是相对的透明。换言之，在人工智能时代，算法的不公开是原则，公开才是例外。尽管如此，人们应有权要求算法公平。算法透明追求的其实是算法的简要说明，包括算法的假设和限制、算法的逻辑、算法的种类、算法的功能、算法的设计者、算法的风险、算法的重大变化等方面。算法透明的具体方法除了公开披露之外，还可以有诸如算法备案、算法解释权等替代工具，还应有算法审查、评估与测试、算法治理、第三方监管等保障算法公平的其他措施。㉛

汪庆华教授对人工智能法律规制路径进行了探讨，认为中国、美国和欧盟在人工智能的法律规制上初步呈现出自身的特点。面对人工智能技术的发展，中国通过分散式的立法对它在电子商务、新闻内容推荐以及智能投顾等领域的应用进行了回应，算法公开透明是贯穿于这些层级各异的立法的共同要求。美国则是通过司法判例对算法的法律性质进行了明确，在搜索引擎算法的案例中，它被看成言论，刑事辅助审判系统中的算法则被认定为是商业秘密。与中国、美国的个别化进路形成鲜明对比的是，欧盟通过对个人数据权利的严格保护，形成了对人工智能的源头规制模式。在数字经济成为经济发展的新动力的背景下，这 3 种模式体现了在数据权利保护和人工智能产业发展平衡问题上的不同侧重。㉜

吕廷君所著的《大数据时代政府数据开放及法治政府建设》，认为大数据时代的政府数据开放只有从数据权理论出发，才能真正认识数据开放的目的和意义。我国现有对大数据的立法不足，提出大数据时代的政府掌控着全社会 80%以上的数据资源，政府在数据开放中除了法律政策的制度建设之外，还需要建立政府数据开放平台，不断扩大政府数据开放的范围和数量，提高政府数据质量，倡导社会力量参与政府数据开放，加强隐私权保护。并且数据开放不仅需要目的正当性，还需要形式合法性。该书建议在《政府信息公开条例》基础上制定《政府数据开放法》等，推进大数据时代政府数据开放的法治化路径探索。㉝

张莉副研究员的《数据治理与数据安全》从数据治理的基本概念入手，提出治理策略。㉞

2019 年 3 月 23 日，北京师范大学法学院数字经济与法律研究中心主办的“个人信息保护立法的体系建构与现实路径”学术研讨会举行。会议就个人信息权的本质及其权利束、个人信息保护权的具体展开、个人信息保护立法的国际比较 3 个主题展开讨论。2019 年 3 月 30 日，“政府数据开放的理论与实践”学术研讨会暨中财—京东数科“数据治理与大数据法制沙龙”第二期在中央财经大学举行，就政府数据开放的理论与实践问题，从宪法、行政法、经济法、民商法等多学科领域，展开了全面而深入的研讨，与会者认为，数据开放不仅是一个行政法问题，还需要同民商法、经济法、国际法等不同学科加强对话，共同探讨相关理论与实践问题，以促进我国数字经济良性健康发展。

四、行政救济法

2019 年，在行政救济法方面，学者的讨论依然围绕着行政复议、行政诉讼、国家赔偿以及信访问题展开。

针对《行政复议法》的修改，王万华教授认为，“实质性解决行政争议”主要包含两方面内容：行政诉讼程序终结后未再启动新的法律程序；行政实体法律关系经由行政诉讼程序获得实质处理。相较于行政诉讼，行政复议具有更大空间实现“实质性解决行政争议”。经由复议体制改革和复议程序制度改革，行政复议制度的立法定位逐渐由内部监督机制向行政争议解决机制转型，有必要将“实质性解决行政争议”引入行政复议法的修订中。未来的行政复议机构应与政府法制工作机构分离，在行政复议机关之下直接设立专门的行政复议机构，组织形式采用行政复议委员会模式而非行政复议局模式；复议案件审理模式的建构，应强调发挥复议机构的能动性，在引入直接言词原则的基础上采职权主义；复议决定体系的完善，应建构以变更决定和明确履职内容的履职决定为主的复议决定体系，侧重对行政实体法律关系直接进行调整，与以撤销之诉为核心的行政诉讼形成合理分工。㉟

王青斌教授对复议机关作为共同被告进行了反思，认为该制度目前取得了一定的成效，但从成本收益分析的角度来看，该制度则存在着成本过高等问题。从理论角度而言，行政复议“行政性”的性质判定导致了行政复议和原行政行为“一体化”的制度设计，并且将行政复议决定作为行政诉讼的对象更是错误地将“程序标的”误认为是行政诉讼标的的结果。无论从成本收益分析角度而言，还是从理性分析而言，都不应让行政复议机关作为行政诉讼共同被告，恢复行政复议“准司法”的固有属性，同时通过建立事后的责任追究机制等，让行政复议发挥其作用，进而成为我国解决行政争议的主渠道。[36]

除学术成果外，学术界还举办研讨会，就《行政复议法》的修改展开讨论，2019 年 10 月 27 日下午，“行政复议的实践与发展”研讨会在北京召开。本次会议由中国行政法学研究会主办，中国政法大学法治政府研究院承办。

在行政诉讼方面，程琥法官探讨了合法性审查标准，认为当前我国行政法治正处于从形式法治迈向实质法治的转型期，形式法治强调行政行为的形式合法性，实质法治则强调行政行为的实质合法性，这对行政诉讼合法性审查原则提出新的挑战和要求。面对实质法治的挑战，当前对于合法性审查原则存废有较大争议。从我国国情和政治制度出发，合法性审查原则作为我国行政诉讼制度的基本原则，在明晰司法权与行政权权力边界，保证依法行政原则在司法审查领域必要延伸具有重要意义，应当得到长期坚持。同时，合法性审查原则不应故步自封，应当围绕实质法治的挑战和要求进行回应和创新。合法性审查原则创新的基本思路是构建形式合法性审查和实质合法性有机统一的合法性审查范式。形式合法性审查是初次审查，先依据硬法规范对行政行为的职权要素、事实要素、依据要素、程序要素进行审查，这是从行政行为广度上进行审查，只有通过形式合法性审查的行政行为，才能进入二次审查，未能通过审查的违法行政行为，人民法院应当径行做出判决。实质合法性审查是二次审查，依据软法规范对行政行为是否存在明显不当进行审查，这是从行政行为深度上进行审查。[37]

王万华教授探讨了行政复议与行政诉讼的衔接，指出行政复议与行政诉讼均以行政争议为审理裁决对象，并非完全平行的两套救济机制，而是存在十分密切的衔接关系。探讨行政复议与行政诉讼的衔接机制之意义在于将二者视为行政救济机制的整体，以对二者进行合理分工，充分发挥行政救济与司法救济各自的优势，合理配置行政救济资源，将更多行政争议化解在行政复议和行政诉讼渠道内，降低和减少信访数量，减轻基层维稳压力。[38]

在行政救济方面，卢超副研究员就信访制度改革中的问题进行了探讨，认为信访法治化改革一直被视为构建多元纠纷解决机制，实现行政信访、复议、行政诉讼等各类救济机制之间协调配合的改革突破口。尤其是近年来，中央围绕信访法治化进程从程序建制、信息化建设以及清单渠道分流等制度面向出台了一系列政策文件，然而，这些法治改革举措在自上而下的政策传导过程中遭遇了诸多制度悖论。信访救济的法治化趋势不仅可能会给基层治理模式带来冲击，更可能形成群众路线与法治主义之间的内嵌冲突，如何处理信访法治主义与群众路线之间的制度张力，并无损信访制度对于政治合法性的续造功能，将是行政信访法治化改革的棘手议题。另外，从国家救济体系的角度观察，相比于行政诉讼等传统司法救济模式，对于当事人的渠道选择倾向而言，行政信访体现出明显的制度竞争优势，从而导致各类救济渠道之间的比例失调，信访法治化改革应当具备一种国家治理体系构造的整体思维，行政信访的后续改革亟须各类司法救济渠道自身制度能力的提升配合。[39]

回顾 2019 年，北京地区行政法学界就《行政处罚法》《行政复议法》等法律修改等实务问题以及食品安全、政府数据开放、个人信息保护等社会热点问题召开了学术研讨会，对现实问题予以积极回应，同时在行政法基本原则、行政行为一般理论等基础理论方面继续深入研究，在各部门行政法研究中也取得了丰硕的成果，显示了行政法学者的真诚努力和不懈追求。从 2019 年行政法的研究来看，可以预见，北京地区行政法学者必然就该领域展开更为深入的研究，对传统行政法概念、理论赋予新的含义，并且学者会越来越关注现实问题，部门行政法也将结合各专业领域，继续深入发展，特别地，由于科技的发展，环境、大数据、人工智能等全球面临的问题，对该领域规制的研究也必然会融入到全球治理的大背景之中。

注：

①姜明安：《新时代中国行政法学的转型与使命》，《财经法学》，2019 年第 1 期。

②杨建顺：《新时代行政法学的使命——人权保障、法治行政与政治文明》，《上海政法学院学报(法治论丛)》，2019 年第 3 期。

③应松年：《从依法行政到建设法治政府》，中国政法大学出版社，2019 年 4 月。

④胡锦光：《新时代法治政府建设与行政执法规范》，中国政法大学出版社，2019 年 11 月。

⑤余凌云：《行政法讲义》(第 3 版)，清华大学出版社，2019 年 11 月。

⑥程琥：《法治政府评估研究》，中国法制出版

社，2019 年 12 月。

⑦林鸿潮：《党政机构融合与行政法的回应》，《当代法学》，2019 年第 4 期。

⑧沈岿：《论行政法上的效能原则》，《清华法学》，2019 年第 4 期。

⑨王留一：《论行政行为的明确性》，《法商研究》，2019 年第 4 期。

⑩王留一：《论行政行为明确性原则的司法适用与制度实现》，《行政法学研究》，2019 年第 5 期。

⑪王贵松：《论行政法上的法律优位》，《法学评论》，2019 年第 1 期。

⑫黄宇骁：《行政法学总论阿基米德支点的选择》，《法制与社会发展》，2019 年第 6 期。

⑬赵宏：《主观公权利的历史嬗变与当代价值》，《中外法学》，2019 年第 3 期。

⑭赵宏：《原告资格从"不利影响"到"主观公权利"的转向与影响——刘广明诉张家港市人民政府行政复议案评析》，《交大法学》，2019 年第 2 期。

⑮侯猛：《从〈公务员法〉看〈法官法〉修改——以法官管理制度为主线》，《法律适用》，2019 年第 9 期。

⑯郭胜习：《开放或封闭：公立高校自治权限制》，《西部法学评论》，2019 年第 5 期。

⑰王世杰：《论行政行为的构成要件效力》，《政治与法律》，2019 年第 9 期。

⑱王青斌：《行政法中的没收违法所得》，《法学评论》，2019 年第 6 期。

⑲王茜：《邮政行业行政处罚裁量基准制度研究》，《政法论丛》，2019 年第 6 期。

⑳冒智桥：《虚假申报操纵市场认定规则探究——以阮某诉证监会行政处罚案为例》，《法律适用》，2019 年第 18 期。

㉑周浩仁：《"行政处罚明显不当"的行政诉讼研究——基于 134 份行政诉讼裁判文书的分析》，《西部法学评论》，2019 年第 4 期。

㉒王锴：《论行政收费的理由和标准》，《行政法学研究》，2019 年第 3 期。

㉓余凌云：《行政协议的判断标准——以"亚鹏公司案"为分析样本的展开》，《比较法研究》，2019 年第 3 期。

㉔陈天昊：《行政协议的识别与边界》，《中国法学》，2019 年第 1 期。

㉕陈天昊：《行政协议中的平等原则 比较法视角下民法、行政法交叉透视研究》，《中外法学》，2019 年第 1 期。

㉖谭红、孔冰冰：《对行政协议纠纷案件受案范围的理解与适用》，《法律适用》，2019 年第 8 期。

㉗张力：《先证后核、消极许可与规制工具试验》，《中国行政管理》，2019 年第 5 期。

㉘卢超：《社会性规制中约谈工具的双重角色》，《法制与社会发展》，2019 年第 1 期。

㉙[荷]贝尔恩德·范·德·穆伦著，孙娟娟等译：《食品"私法"》，知识产权出版社，2019 年 10 月。

㉚王青斌：《区域规划法律问题研究》，中国政法大学出版社，2019 年 3 月。

㉛徐凤：《人工智能算法黑箱的法律规制——以智能投顾为例展开》，《东方法学》，2019 年第 6 期。

㉜汪庆华：《人工智能的法律规制路径：一个框架性讨论》，《现代法学》，2019 年第 2 期。

㉝吕廷君：《大数据时代政府数据开放及法治政府建设》，人民出版社，2019 年 6 月。

㉞张莉：《数据治理与数据安全》，人民邮电出版社，2019 年 9 月。

㉟王万华：《行政复议法的修改与完善——以"实质性解决行政争议"为视角》，《法学研究》，2019 年第 5 期。

㊱王青斌：《反思行政复议机关作共同被告制度》，《政治与法律》，2019 年第 7 期。

㊲程琥：《诉讼合法性审查原则新探》，《法律适用》，2019 年第 19 期。

㊳王万华：《完善行政复议与行政诉讼的衔接机制》，《中国司法》，2019 年第 10 期。

㊴卢超：《行政信访法治化改革及其制度悖论》，《华东政法大学学报》，2019 年第 2 期。

（作者：胡锦光，中国人民大学教授；董妍，天津大学副教授）

刑　法　学

韩玉胜　史丹如　张学永

2019 年度，我国的刑法学研究继续保持繁荣的局面。北京地区的刑事法学专家，对众多基础理论和热点问题进行了深入研究，在全国范围内具有较大影响。本年度除了有多篇有影响力的专著和译著出版之外，关于刑法基本原则、正当防卫、紧急避险、共同犯罪、单位犯罪、过失犯罪等总论部分，以及关于诈骗罪、受贿罪等个罪方面，都有颇具影响的优秀论文发表。此外，以单位犯罪、刑事合规与检察监督、互联网安全与刑事法制等为主题的研讨会和学术论坛交流活动，也为北京乃至全国刑事法学的发展交流提供了源源不断的动力。

一、重要论著

本年度内学术出版依然活跃，其中比较有代表性的有：高铭暄著《当代刑法前沿问题研究》（人民法院出版社）；陈兴良著《刑法学的编年史：我的法学研究之路》（法律出版社）、《走向规范的刑法学》（北京大学出版社）、《走向教义的刑法学》（北京大学出版社）、《走向哲学的刑法学》（北京大学出版社）、《刑法的格物》（北京大学出版社）、《刑法的致知》（北京大学出版社）；张明楷著《刑法的基本立场》（商务印书馆）；刘仁文著《社会变迁与刑法科学新时代》（中国社会科学出版社）、《社会变迁中的刑法发展》（社会科学文献出版社）；阮齐林等著《中国刑法总论》（中国政法大学出版社）；王世洲著《追寻刑法理想》（北京大学出版社）；周光权著《刑法学习定律》（北京大学出版社）、《刑法公开课》（北京大学出版社）；刘志伟著《案例刑法》（法律出版社）；王志远著《刑法学案例研究指导》（中国政法大学出版社）；王宏治著《中国刑法史讲义：先秦到清代》（商务印书馆）；杰瑞米·侯德著、时延安等译《阿什沃斯刑法原理》（中国法制出版社）；埃里克·希尔根多夫著、何庆仁等译《德语区刑法学的自画像》（社会科学文献出版社）；等等。此外，各种学术期刊还公开发表了数百篇刑法学领域的学术论文。

二、研究的热点与创新

1. 刑法总论相关问题研究

众多学者对刑法总论问题进行了深入研究探讨，包括刑法基本原则、正当防卫、紧急避险、因果关系、共同犯罪、单位犯罪、过失犯罪等方面，有着广泛影响力的论文发表。

在刑法基本原则方面，有学者认为，在法律实务上贯彻刑法基本原则需注意民营企业的平等保护问题，“罪责刑适应”原则除了涉及量刑阶段，也涉及定罪阶段，同时基于罪责刑相适应原则的要求，规范层面同种数罪也可以并罚。①

近年来，正当防卫的有关问题受到我国刑法理论界和司法实务界关注和热议，这对正当防卫的理论发展和完善起到了极大的推进作用。在防卫过当的认定方面，有学者认为，防卫过当是行为超过必要限度的行为过当和结果超过必要限度的结果过当的统一，二者同时过当才能成立防卫过当。在“唐雪正当防卫案件”中，既不存在行为过当也不存在结果过当，因此唐雪正当防卫成立。②另有学者也认为，唐雪的行为认定为正当防卫是妥当的。这一方面因为唐雪的行为符合正当防卫的前提条件，并且其防卫行为没有超过必要限度。其特别指出，我国刑法第二十条第三款是注意规定，可以和第一款同时适用，第三款是对第二款防卫过当的判断标准的提示，指出该款列明的防卫行为没有过当。另外，即使存在恐惧和愤怒的心理，也不影响防卫人防卫意识的存在。③关于“赵宇案件”的行为认定，有学者认为赵宇的行为从防卫性质、防卫限度等方面都可以成立正当防卫④，而且，从正当防卫认定程序的角度，公、检、法三机关均可依法认定。⑤有学者对“昆山案”进行了学理解读，认为正当防卫是一场抗击侵略的战争，而不是拳击比赛，不能对防卫人的要求过于苛刻。⑥

关于共同犯罪的研究，有学者从单一正犯的视角研究共同正犯问题并认为，共同正犯是在区分共犯和正犯的犯罪参与体系内为了弥补该体系的缺陷而产生的概念，我国刑法理论和实务采用单一正犯的体系，不存在区分共犯和正犯的犯罪参与体系的定罪处罚的缺陷，因此也不需要引入共同正犯理论即可解决相关的定罪处罚问题。⑦另有学者提出不同观点，认为不管是单一制正犯体系的犯罪参与理论还是区分制共犯体系的犯罪参与理论，都不能否认客观存在的共同正犯的犯罪参与形态，也就不应否认共同正犯的概念。其进一步指出，共同正犯可分为实行共同正犯和共谋共同正犯，而且共谋共同正犯和我国刑法规定并不矛盾，我国刑法规定的教唆犯包括普通教唆犯和共谋共同正犯，因此也没必要否认共谋共同正犯的概念。⑧另有学者提出，由于共犯论和犯罪论体系密切相关，是犯罪论的特殊问题，因此对于共同犯罪的理论应当从犯罪论体系的框架内予以解决。由于我国平面的犯罪构成体系，共同犯罪理论只能是从共同犯罪行为和共同犯罪故意进行阐释的对合共犯论，难以像阶层共犯论那样进行深入和复杂的理论研究，因此，有必要在引入阶层犯罪论的同时，相应地从对合共犯论向阶层共犯论转变。⑨关于对向犯问题，有学者展开了深入研究，认为片面对向犯中的必要参与行为的处罚范围及其根据，是一个重要的理论问题。当必要参与行为侵害的是参与者自身的法益时，该参与行为不成立共犯，但是当必要参与行为侵害了公共法益、复杂法益或选择性法益时，该参与行为有成立共犯的可能，要依照共犯的处罚根据进行综合判断。⑩有学者认为，对于中性业务活动是否成立帮助犯的问题，应当结合客观归责理论进行规范判断和实质判断，根据中性业务行为是否增强正犯行为的危险性判断是否可以对其归责。因为律师民事代理业务不仅没有增强正犯行为的危险性，反而降低了正犯行为的危险性，不可因此对律师民事代理业务归责，所以其难以成立帮助犯。⑪

有学者对当前理论界关于因果关系问题的研究进行了反思，并重构了因果关系的判断标准，其认为，无论客观归责理论、条件理论还是相当性理论，都有其偏离技术性和缺乏普适性的缺陷。在刑法因果关系的判断中，应当遵循结果归因与规范归责的逻辑路径，其中结果归因依照“以必要条件关系为原则、以现实充分条件关系为补充”的现实条件关系，规范归责依照“以相当关系为原则、以致果共生关系为补充”的相对相当关系，分别进行综合判断。⑫

关于单位的刑事归责，有学者进行了深入研究，其认为，从教义建构的角度，应当对单位犯罪和自然人犯罪的刑事归责进行区分。由于单位缺少自然人所具有的“意志”，因此，应立足现实，对于单位犯罪应放弃机械的故意或过失的主观要件，即部分放弃罪责主义，构建新的单位犯罪的归责路径。对单位犯罪的归责应建立在单位的内部治理和经营方式上，如果单位具有完善的合规计划并认真实施，则排除对单位的刑事归责。⑬也有学者认为，美国刑法中的关于企业具有合规建设可以减免其刑的做法有其自身缺陷，从责任原则的角度而言具有先天不足的问题，我国不能照搬美国做法。我们可以通过对包括企业合规建设在内的企业文化建设的考查来确定企业刑事责任。⑭

有学者对过失犯罪进行了深入研究，强调了对于过失犯认定具有重要价值和意义的注意义务，其认为，注意义务的规范本质为能力维持规范，且对注意义务的标准设定应坚持一元的行为人标准，德国刑法理论中流行的二元注意义务标准说并不妥当。⑮

2. 刑法各论问题研究

关于受贿罪的法益，有学者运用刑法教义学进行了审视并认为，关于受贿罪法益的公正性说和不可收买性说均存在缺陷，难以通过基于目的理性体系刑法思想的体系融贯性和合目的性的双重审查，二者均存在解释论的难题和相关法条之间的不协调，以及难以符合刑事政策的合目的性要求的问题，因此二者均非解读受贿罪法益的妥当理论。⑯该学者进而提出，受贿罪的法益应确立为“公职的不可谋私利性”，据此，受贿罪的不法构造不以形成交易关系为必要，能够对受贿罪及斡旋受贿和利用影响力受贿罪的不法构造等问题进行妥当的解释说明，也能够合理地将事后受财和感情投资型受财行为纳入犯罪圈，符合刑事政策的目的。⑰

有学者对居间受贿进行了深入研究，提出了对“利用职权地位条件”的规范理解问题。其认为，“利用职权地位条件”是居间受贿实行行为的典型构成要件要素，且“利用职权地位条件”和“利用职务之便”具有根本区别，前者存在职权隶属与制约关系，是一种“职权传递”的职权利用，后者存在职权关系的影响，是一种“职权本位”的职权利用。⑱

关于诈骗罪，有学者提出修正的整体财产说来限缩诈骗罪的范围，突出财产损失这一客观要件在诈骗认定中的作用，在计算诈骗数额时，要坚持犯罪嫌疑人非法利益和被害人财产损失的“素材同一性”和被害人的“主体同一性”来确定财产损失的犯罪数额，必要时需要扣除犯罪成本。⑲另有学者提出重构诈骗罪的设想，其指出，传统的诈骗罪理论中被害人和行为人视角交织，带来了构成要件解释的困难和争议，同时也带来了归责的关联性和完整性的破坏，因此，基于中国刑法语境，可以从行为人角度重构诈骗罪，认为其不法本质在于行为人对于交易基础信息的操控，进而通过对被害人施加影响使其做出有利于行为人的财产交易或安排使行为人非法获利（或被害人受损)。[20]

关于盗窃罪和抢夺罪的区分问题，有学者重申我国刑法理论通说的观点，认为盗窃罪和抢夺罪区分的关键在于行为人取财的行为是“秘密窃取”还是“公然（或公开）夺取”他人财物，这种区分既具有理论的合理性，又便于司法机关的认定操作。而将二者的区别确立为行为是否使用对物的暴力和财物是否属于他人紧密占有的“新说”，既无取代通说的合理理由，又增添了区分二者的难度，难以在司法实践中操作执行。[21]

针对我国正在进行的扫黑除恶专项斗争，有学者深入研究了恶势力犯罪，其通过对恶势力犯罪概念演变的梳理，分析了恶势力人数、手段、地域、犯罪、本质等方面的特征，并论述了如何区分恶势力集团犯罪与普通集团犯罪、黑社会性质组织犯罪的界限，认为应该从是否造成较为恶劣的社会影响、组织程度的高低、经济实力的强弱、非法控制的有无等方面区分恶势力集团犯罪与普通集团犯罪、黑社会性质组织犯罪。[22]

关于“套路贷”问题，有学者指出，在打击相关犯罪的过程中，不能以“套路贷”概念取代犯罪构成，而应坚持罪刑法定原则，严格按照刑法规定的犯罪构成对相关犯罪进行定罪处罚。[23]

有学者对骗取贷款罪的构造进行了论述，认为骗取贷款罪不是行为犯，而是结果犯，即“取得银行或者其他金融机构贷款”是构成要件结果，给银行或者其他金融机构造成“重大损失”或有其他“严重情节”不是构成要件结果或构成要件要素而是客观处罚条件，在该罪的司法认定上，应比照贷款诈骗罪的构造，合理界定该罪的处罚范围。[24]

对于在高速收费口通过跟随前车偷偷溜走逃交高速通行费的行为性质如何认定，学界产生了一定的争议，有学者论述，盗窃罪必须具有转移占有的本质属性，该罪的构成要件具备“窃取（拿走）他人财物”的要求。因此，通过“偷偷溜走”的方式逃交高速通行费的行为，不可能构成盗窃罪，因该行为符合骗取有偿服务的诈骗罪的构成特征，因此可以成立诈骗罪。[25]

关于“顾雏军案”，有学者指出，我国刑法中的法定犯有较多的空白规范，导致法定犯随着相关法律法规的修改而出现构成要件的变动，对此，应当严格贯彻我国刑法规定的从旧兼从轻原则，做出对当事人有利的处理。在相关法律、法规变化影响虚报注册资本罪的犯罪构成时，应坚持从旧兼从轻原则，对顾雏军虚报注册资本的行为做无罪处理。[26]关于顾雏军挪用资金罪，有学者指出，其挪用资金的行为符合我国刑法和司法解释中挪用本单位资金归个人使用的本质特征，而相关立法和司法解释准确把握了此类行为的社会危害性特征，是妥当的，因此对于该罪的认定具有合理性和正当性。[27]

有学者对互联网账户恶意注册相关问题进行了刑法教义学的思考，认为互联网账户恶意注册黑色产业可能构成相应犯罪。其将该黑色产业分为为恶意注册黑色产业提供信息资料、程序工具和技术支持的上游行为，完成注册和养号过程的中游行为，以及出售恶意注册账号、利用恶意注册账号从事违法犯罪活动的下游行为。其中，上游行为可能构成侵犯公民个人信息罪，非法获取计算机信息系统数据罪，使用伪造、变造、买卖的身份证件罪；中游行为可能构成提供侵入、非法控制计算机信息系统程序、工具罪，帮助信息网络犯罪活动罪；下游产业可能构成非法利用信息网络罪。[28]

对于利用计算机信息系统妨害业务的行为，有学者进行了研究，认为当前我国司法实践对上述行为以破坏生产经营罪定性居多，也有少数以破坏计算机信息系统罪、非法经营罪定性，存在对罪刑法定原则的冲击。因此，应当针对利用信息网络妨害业务的危害行为增设具体的妨害业务罪，以更好地保护法益，并更好地贯彻罪刑法定原则。[29]

有学者对比特币洗钱犯罪问题进行了深入研究，重点关注了相关犯罪的刑事治理。其认为，比特币由于具有匿名性和双向兑换的特性，因此具有洗钱的风险，而且中介商在其中具有重要的地位。但是，目前我国关于惩治比特币洗钱犯罪的制度供给不足，在追究平台责任和个人责任方面都存在问题。因此，应从交易平台和行为人两个方面妥善处置相关刑事责任问题，从而治理比特币洗钱犯罪。[30]

3. 其他问题研究

关于比例原则，有学者认为其应当普遍适用于公法领域，但是由于刑法基本原则已经涵盖了比例原则的内涵，而且责任主义原则设立了更为严格的约束刑罚权的规范，因此比例原则不能为刑法提供新的规范指引，其对刑法的意义主要在于，确立了刑法原则的刚性地位，即哪些原则是不容突破的而哪些原则可以存在例外情形。[31]

有学者对积极主义刑法观进行了倡导和支持，认为积极主义刑法观是社会发展变化的需要，也和当前的刑事立法的适度犯罪化现状相协调，并且与刑法的谦抑性并不矛盾。在积极主义刑法观之下，判断立法的犯罪化适度与否的关键在于刑事政策的考量，而判断司法上的犯罪认定的合理性，则应通过阶层式犯罪成立体系中针对各个阶层的具体解释来加以落实。[32]

有学者提出，应当谨防刑法的过度工具主义化，因为刑法的过度工具主义化有导致刑罚权过度膨胀和个人自由权利过度萎缩的风险，其表现为立法的过度犯罪化和司法上自由裁量权与解释权的扩张。防止刑法的过度工具主义化的策略在于，立法上坚持刑法的最后手段性，司法上坚持罪刑法定原则并从严限制刑法解释。[33]

有学者对于刑事政策的刑法化进行了深入研究，认为刑事政策的刑法化应体现宪法价值，即刑事政策的法治化要求刑事政策的刑法化不仅关注有效性，而且要恪守法治、人道、科学等方面的合理性。只有这样，宪法价值才能融入刑法体系，刑法才能真正成为基本权利的大宪章。[34]

有学者对刑法的正当化基础进行了论述，其认为，刑法正当化的基础在于社会的伦理道德，刑法学研究也应当以社会伦理道德判断来检验，并使其在立法和司法过程中发挥作用。当前社会伦理道德的作用机制可以通过容忍、选择和排斥规则加以说明，此三项规则同样可以用于检验刑事立法和刑事司法的过程。[35]

有学者对刑法法理进行了深入阐释，认为刑法法理分为3个层次，第一层次为刑法本原论，包括刑法观、犯罪观和刑罚观；第二层次为价值论，主要包括罪刑法定主义；第三层次为刑法知识论，主要阐述刑法教义学。[36]其进而指出，我国刑法学近40年发展的主要成果，就是注释刑法学经由刑法哲学提升到教义刑法学。[37]

三、重要学术交流活动

1. 2019年5月15日，由中国人民大学刑事法律科学研究中心、《中国刑事法杂志》编辑部共同主办的“合规、刑事风险与单位犯罪”研讨会在中国人民大学举行。

2. 2019年5月22日，改革开放40年立法回顾讲坛第一讲“刑法四十年”在中国人民大学举行，十一届、十二届全国人大常委会委员、法律委员会委员，全国人大常委会法制工作委员会原副主任委员郎胜主讲。此次讲坛由彭真民主法制思想研究与教育基金、中国人民大学法学院、中国人民大学刑事法律科学研究中心共同举办。

3. 2019年6月11日，集资类刑事案件疑难问题研讨会在中国人民大学举行，此次研讨会由中国人民大学刑事法律科学研究中心、北京蓝石律师事务所共同主办。

4. 2019年7月28日下午，新时代法刑关系论坛成立大会在京举行。会议由北京师范大学刑事法律科学研究院、中国人民大学刑事法律科学研究中心、中国商业法研究会、中国行政法学研究会4家单位共同主办。

5. 2019年12月14日，2019年互联网安全与刑事法制高峰论坛在北京举行，论坛由中国犯罪学学会、中国人民大学刑事法律科学研究中心、腾讯公司安全管理部共同主办。

6. 2019年12月20日，刑事法学研究与教育的挑战与机遇学术研讨会在中国人民大学法学院举行，研讨会由中国人民大学刑事法律科学研究中心主办。

注：

① 劳东燕：《刑法基本原则的实现机理：立足于技术和方法的视角》，《中国检察官》，2019年第13期。

② 陈兴良：《本案为何不是防卫过当》，《法制日报》，2019年12月31日。

③ 张明楷：《唐雪防卫行为的简要分析》，《检察日报》，2019年12月31日。

④ 陈兴良：《赵宇正当防卫案的法理评析》，《方圆》，2019年第5期。

⑤ 陈兴良：《赵宇正当防卫案的法理评析》，《检察日报》，2019年3月2日。

⑥ 车浩：《昆山启示录：正当防卫不是拳击比赛而是抗击侵略》，《刑事法判解》，2019年第1期。

⑦ 刘明祥：《单一正犯视角下的共同正犯问题》，《中外法学》，2019年第1期。

⑧ 张明楷：《共同正犯的基本问题　兼与刘明祥教授商榷》，《中外法学》，2019年第5期。

⑨ 陈兴良：《从对合共犯论到阶层共犯论》，《比较法研究》，2019年第5期。

⑩ 张明楷：《对向犯中必要参与行为的处罚范围》，《比较法研究》，2019年第5期。

⑪周光权：《中性业务活动与帮助犯的限定——以林小青被控诈骗、敲诈勒索案为切入点》，《比较法研究》，2019年第5期。

⑫张小虎：《刑法因果关系判断标准的反思与重构》，《人民检察》，2019 年第 13 期。

⑬时延安：《合规计划实施与单位的刑事归责》，《法学杂志》，2019 年第 9 期。

⑭黎宏：《合规计划与企业刑事责任》，《法学杂志》，2019 年第 9 期。

⑮陈璇：《注意义务的规范本质与判断标准》，《法学研究》，2019 年第 1 期。

⑯劳东燕：《受贿犯罪两大法益学说之检讨》，《比较法研究》，2019 年第 5 期。

⑰劳东燕：《受贿犯罪的保护法益：公职的不可谋私利性》，《法学研究》，2019 年第 5 期。

⑱张小虎：《居间受贿中“利用职权地位条件”的规范解读》，《国家检察官学院学报》，2019 年第 1 期。

⑲付立庆：《财产损失要件在诈骗认定中的功能及其判断》，《中国法学》，2019 年第 4 期。

⑳王莹：《诈骗罪重构：交易信息操纵理论之提倡》，《中国法学》，2019 年第 3 期。

㉑刘明祥：《也谈盗窃与抢夺的区分》，《国家检察官学院学报》，2019 年第 5 期。

㉒陈兴良：《恶势力犯罪研究》，《中国刑事法杂志》，2019 年第 4 期。

㉓张明楷：《不能以“套路贷”概念取代犯罪构成》，《人民法院报》，2019 年 10 月 10 日。

㉔张明楷：《骗取贷款罪的构造》，《清华法学》，2019 年第 5 期。

㉕刘明祥：《“逃交”高速公路通行费如何定性》，《检察日报》，2019 年 8 月 13 日。

㉖张明楷：《顾雏军等虚报注册资本案的刑法适用分析》，《检察日报》，2019 年 4 月 11 日。

㉗时延安：《关于顾雏军案中挪用资金罪的看法》，《检察日报》，2019 年 4 月 11 日。

㉘陈兴良：《互联网账号恶意注册黑色产业的刑法思考》，《清华法学》，2019 年第 6 期。

㉙周光权：《刑法软性解释的限制与增设妨害业务罪》，《中外法学》，2019 年第 4 期。

㉚时延安、王熠珏：《比特币洗钱犯罪的刑事治理》，《国家检察官学院学报》，2019 年第 2 期。

㉛田宏杰：《比例原则在刑法中的功能、定位与适用范围》，《中国人民大学学报》，2019 年第 4 期。

㉜付立庆：《论积极主义刑法观》，《政法论坛》，2019 年第 1 期。

㉝谢望原：《谨防刑法过分工具主义化》，《法学家》，2019 年第 1 期。

㉞劳东燕：《刑事政策刑法化的宪法意涵》，《中国法律评论》，2019 年第 1 期。

㉟时延安：《刑法的伦理道德基础》，《中国刑事法杂志》，2019 年第 3 期。

㊱陈兴良：《刑法法理的三重语境》，《中国法律评论》，2019 年第 3 期。

㊲陈兴良：《注释刑法学经由刑法哲学抵达教义刑法学》，《中外法学》，2019 年第 3 期。

（作者：韩玉胜，中国人民大学教授；史丹如，中国人民公安大学副教授；张学永，中国人民公安大学讲师）

民商法学

姚　辉　李付雷

2019 年，民法典编纂工作进入冲刺阶段，也因此成为我国民商法学发展过程中的关键一年。作为法学研究的重镇，北京地区民商法学取得了一系列的丰硕成果，并推动引领了全国民商法学的发展。

一、重要学术活动

2019 年 3 月 23 日，由中国法学会婚姻法学研究会、中国人民大学法学院、中国人民大学民商事法律科学研究中心和法学家杂志社共同举办的中国民法典婚姻家庭编与继承编立法研讨会召开。与会学者立足司法实践、深究立法理论，就中国民法典婚姻家庭编与继承编的相关问题进行了讨论。

2019 年 6 月 23 日，中国人民大学营商环境法治研究中心成立大会暨首届学术研讨会召开。会议由中国人民大学营商环境法治研究中心主办，全国人大财经委以及财政部、司法部、商务部、最高人民法院、证监会、国家市场监督管理总局等派代表出席会议并发言，共同关注营商环境法治化的历史、现状与前瞻。

2019 年 9 月 21—22 日，由中国法学会民法学研究会、中国人民大学法学院与中国人民大学民商事法律科学研究中心主办，德国国际合作机构中德法律合作项目及华东政法大学罗马法和欧洲法研究中心协办的“中欧民法典国际研讨会”在中国人民大学法学院举办，来自中欧等地的专家学者共70余人参会，围绕“民法典人格权编及侵权责任编草案”进行深入探讨。

2019年10月13日，由中国法学会民法学研究会、中国人民大学法学院与中国人民大学民商事法律科学研究中心、中国法学会审判理论研究会民事审判理论专业委员会主办，中国人民大学营商环境法治研究中心协办的“民法典合同编分则草案立法研讨会”在中国人民大学法学院举办。

2019年11月16—17日，由北京航空航天大学法学院和台湾政治大学法学院共同主办的第九届两岸民商法前沿论坛在北京航空航天大学举办。来自海峡两岸的两百余位专家学者和实务部门代表出席论坛，并以“民法典编纂的最后冲刺与定型”为主题展开热烈研讨。

2019年11月16日，北京市债法学研究会筹备大会暨“中国民法典与二十一世纪债法发展”研讨会在中国政法大学召开。会议由北京市债法学研究会主办，中国政法大学比较法学研究院、清华大学法学院、北京市安理律师事务所承办。

2019年12月1日，由中国人民大学民商事法律科学研究中心、中国企业联合会维权工作委员会、中国集团公司促进会、中国国际经济贸易仲裁委员会共同主办的第七届中国企业法治论坛（2019）在中国人民大学举办。论坛主题是“投资贸易与企业法治”，旨在共同思考和研究新时代企业改革发展、投资贸易的法律政策、体制机制、运作模式等突出问题，为企业高质量发展建言献策。

2019年12月22日，由中国人民大学法学院、中国人民大学商法研究所主办的“2019年中国资本市场法治论坛”举行，与会专家围绕公司法修改中公司类型、公司治理与股权保护的制度创新进行研讨、建言。

二、重要学术著作

2019年出版的学术著作包括：王利明著《民法典分则编纂疑难问题专题研究》（法律出版社）；姚辉编《民法总则基本理论研究》（中国人民大学出版社）；杨立新、姚辉编《新中国民法七十年》（中国法制出版社）；高圣平著《担保法前沿问题与判解研究（全四卷）》（人民法院出版社）；高圣平、曹明哲、范佳慧著《中国担保法裁判综述与规范解释》，（人民法院出版社）；王欣新、郑志斌主编《破产法论坛（第十五辑）》（法律出版社）；朱庆育编《合同法评注选》（北京大学出版社）；《民法总则专题讲义》编审组著《民法总则专题讲义》（法律出版社）；程啸著《不动产登记法研究》（法律出版社）；王利明著《人格权重大疑难问题研究》（法律出版社）；彭冰著《规训资本市场》（法律出版社）；李东方著《证券监管法论》（北京大学出版社）；陈洁编《商法界论文集》（法律出版社）；张莉著《数据治理与数据安全》（人民邮电出版社）；武亦文著《保险法约定行为义务制度构造论》（中国社会科学出版社）；张晓飞著《我国公司资本制度配套改革研究》（法律出版社）；最高人民法院民事审判第二庭编《商事审判指导（总第49辑）》（人民法院出版社）；李玉泉著《保险法（第三版）》（法律出版社）；李美云、刘亚天著《有限责任公司股东利润分配请求权法律问题研究》（中国政法大学出版社）；郭雳著《主权财富基金的监管因应与治理改革——以中投公司为例》（北京大学出版社）；小口彦太、韩世远、王成、松岗久和等著《中国合同法研究：中日民事法学之对话》（人民法院出版社）；朱大明著《日本商事信托立法研究》（法律出版社）等。

三、研究动态及学术观点

1. 民法典编纂

2019年，全国人大常委会对民法典草案进行了二次审议，并结合《民法总则》形成完整的民法典草案。专家学者对民法典进行深入研究讨论，并形成了一系列成果，兹分述如下：

（1）立法技术

21世纪的民法典是人文主义的民法，其核心价值是维护人的尊严。①民法典的编纂必须实现形式体系和价值体系的统一，且具有严密的逻辑性。②民法典编纂将促进民法学学科的体系化、价值体系的完善、民法学研究的发展、现代化和法律解释学的体系化发展。③《民法典各分编（草案）》的逻辑体系存在的问题，一是“合同”架空了“总则”，使其失去了应有的作用；二是模糊“债权合意”与“物权合意”。④要克服这一局限性，就必须在法解释与法运用中坚持实质正义标准，而非机械地唯逻辑论。⑤

（2）人格权编

第一，民法典人格权编草案的逻辑结构严谨、和谐，自身体系完整、自洽，重点突出，是一部比较成功的法律草案。[6]第二，人格权编除应处理好内在的编排体例问题之外，还应处理好外在体例问题，置于民法典分编之首。[7]第三，民法典人格权编草案应增加未成年人人格权保护和人格权特别保护的规则，且应将个人信息确认为权利。[8]第四，民法典人格权编草案应区分隐私权与个人信息，并进一步完善侵害个人信息的民事责任规定，如归责原则、因果关系、损害的认定、减免责事由、责任承担方式等。[9]

（3）物权编

第一，我国民法典编纂仍应坚持用侵权请求权取代物权请求权的方案，完成保护物权的任务。[10]第二，民法典物权编拟增加居住权制度回应社会的现实需求，实现“住有所屋”的目标。[11]第三，民法典物权编有必要全面规定预告登记具有保障债权实现的效力、对抗第三人的效力、限制物权处分的效力、确定权利顺位的效力。[12]第四，担保规则再体系化必须克服现行担保规则“商化不足”和“商化过度”的流弊，民法典需要合理区分民商关系，以解决担保从属性和连带保证方式推定的难题。[13]第五，民法典《物权编》有必要反思物权法草案“违宪”事件造成的不良影响，对当初为权宜之计而增设的宪法性、管理性规定和一些被删除的必要规定，做出删除与增补。[14]第六，民法典物权编应当规定混合共同担保人之间的追偿权，追偿份额的确立原则上应予以平摊，特定情况下需按比例确定。[15]第七，消灭隐形担保应成为民法典担保物权制度构建的核心思路之一，采用占有改定这种伪公示方式的动产让与担保，或者缺乏公示的“后让与担保”不能进入民法典。[16]

（4）合同编

第一，民法典合同编典型合同的立法实质上是《合同法》分则的一次再法典化，必须要扩增典型合同，尤其是服务类合同。[17]第二，民法典与单行法分别调整商事合伙的立法模式具有内在合理性且符合域外法经验，民法典编纂后仍应当予以坚持，《合伙企业法》优先于民法典适用，民法典具有补充法的性质。[18]第三，民法典合同编的规范设计一要识别民商事合同，二要识别民商事合同规范以及在此基础上的规范区分设计。[19]第四，民法典合同编“一审稿”前两章宜增加规定鼓励交易和保护信赖原则，并协调合同编与民法总则的关系，删除不必要的重复或提示规定。[20]第五，民法典设置形式意义上的债法总则具有现实和理论的妥当性，但仍需要对现有的合同法总则通过适当的技术路线予以改造，将债法总则“嵌套”入合同法总则。[21]第六，违约方申请解除合同制度是为了打破合同僵局，通过明确违约方申请解除合同权的严格要件，可以避免道德风险和投机主义行为，从而控制社会成本，减少无意义的资源浪费，具备正当性。[22]

（5）侵权责任编

第一，民法典侵权责任编草案重申网络侵权责任一般规则，补充相关制度，将使我国的网络侵权责任规则形成完善的规范体系。[23]第二，民法典侵权责任编草案二审稿在征求意见稿和一审稿的基础上进行修改完善，使侵权责任制度更为丰富、准确。[24]第三，民法典侵权责任编对网约车交通事故责任应根据不同的情形做出规定，应当区分人身伤亡和财产损害，分别确定好意同乘时机动车使用人责任的减轻或者免除。[25]第四，民法典侵权责任编的起草应当树立正确的侵权责任救济理念，突出损害赔偿功能与过错责任原则，排除不应当属于侵权责任法调整的内容。[26]

（6）婚姻家庭编

第一，民法典婚姻家庭编有4个现实问题需要解决，进一步规范家庭协议，扩大法定亲属关系的范围，建立婚姻性质的“非婚同居”关系的一般规则，完善夫妻共同财产制度。[27]第二，从总体上看，民法典婚姻家庭编草案规定的离婚冷静期是为离婚当事人在登记离婚中设置适当的时间“门槛”，促进当事人冷静思考、妥善抉择。[28]第三，我国民法典有关成年人自主监护的规则亟须体系化，成年人自主监护的缔约双方资格、监护人的条件、监护人主观同意与客观可能、双方合意的形式等规则应当细化。[29]

（7）继承编

民法典继承编草案应当解决4个方面的问题：规定更能够保护自然人私人财产权的法定继承人范围，规定更符合市场经济社会需求的法定继承顺序，规定更完善的遗嘱继承制度，规定更完善的应当规定而没有规定的继承规则。[30]

2. 民法学

2019年完成的民法学主要研究成果和创新观点如下：

（1）民法总论

第一，运用民事手段保护个人信息的效果尚未彰显，需要探讨民事司法保护个人信息的积极作用，同时从民法分则和制定《个人信息保护法》两方面强化个人信息的立法保护。[31]第二，不可抗力不以合同条款论，而应产生法定效果；不可抗力条款超出法律界定的不可抗力部分的，才作为合同条款，其法律效果遵循法律关于合同条款的控制。[32]第三，个人信息收集的告知同意原则要受通信自由和通信秘密宪法权利的限制，要受隐私权的限制，还要受目的原则与必要原则的限制。[33]第四，《民法总则》第 153 条不再将民事法律行为明定为“合法”行为，此为向传统民法理论的回归，具有合理性，也彰显了我国民事立法的进步。[34]第五，代理人未公开代理而相对人不知情的情形由《合同法》第 403 条规定，该条并非效果直接归属规范，教义上可采取债权转让和债务移转的解释构造，具体规则有进一步补充完善的余地。[35]第六，多数国家一般将胎儿利益的保护限于继承和损害赔偿请求权，我国《民法总则》第 16 条将“继承”和“接受赠与”明确列入其中，却没有规定胎儿的法定代理人，此为体系化中的漏洞。[36]

（2）人格权

生活安宁权是一种人格权，有必要在人格权法中加以规定，但不宜作为一般人格权，也不宜作为与隐私权相分离的单独人格权，而应将其视为隐私权的重要组成部分。[37]

（3）物权法

第一，民法典可抽象出共同担保的一般规则，担保人按其担保额占全部担保额的比例承担责任；单个担保额和债权总额不同时，应以价值较小者为准；担保人承担超出其份额的担保责任后，对超出部分享有法定代位权。[38]第二，非典型担保虽然不是严谨的法律概念，难以形成统一的裁判规则，但是根据担保效力的不同，可将其区分为物权性和债权性两种类型予以处理。[39]第三，绿色原则并非仅有环境保护一端，而是有环境保护与节约资源双重面向。全面的节约资源等同于社会成本最小化或社会财富最大化，才是绿色原则的未来。[40]第四，在民事法律适用层面，价值判断不仅是衡量当事人利益关系的工具，而且会对事实认定的形成以及价值共识的寻求产生重要影响。[41]第五，土地经营权在性质上属于债权，现行法上“以其他方式取得的土地承包经营权”已被界定为土地经营权，土地承包经营权的主体仅限于由本集体经济组织成员构成的承包农户。[42]第六，土地经营权是市场化的财产权利，在性质上属于债权，经登记的土地经营权具有类似于物权的效力。[43]第七，宅基地用益物权权能的完善主要体现为宅基地使用权抵押和转让（退出）等处分权能的强化。宅基地有偿使用制度是解决目前超占宅基地、“一户多宅”问题的有效路径，但也应适用于供地紧张地区的初次分配。[44]

（4）合同法

第一，中国合同法的现代化应特别重视者有二，一是民法典体系的内外双修；二是认真对待立法中的共通性与独特性，尽量呈现共通性而减少独特性。[45]第二，借助“社会公共利益”条款裁定违反行政规章的合同无效之逻辑，一方面要充分论证损害社会公共利益之具体内容；另一方面也要受到类似“违反法律、行政法规的强制性规定”适用的双重限制。[46]第三，合同变更多发，情况多变，发生的合同变更纠纷复杂、多样，仅靠现有的法律规定不敷实用，立法应借鉴各国民法典有关债的更新的规定，全面构建我国广义合同变更规则体系。[47]第四，对于特定合同类型、在特定领域，违约责任实行无过错责任原则具有必要性和合理性。但对于更多合同类型、在较为广阔的领域，确立过错责任原则更为合理。[48]第五，合同解释应该以客观主义为主，以主观主义为辅；体系解释也是合同解释的原则；习惯和惯例应当具有一定普遍性。[49]第六，当事人通过合同或其他类型的法律行为赋予第三人以法律上的利益时，修正的单方行为模式，较好地兼顾了效率性需求和受益人私人自治之尊重的需要，是一种值得推荐的制度构造模式。[50]第七，机会损失虽以可能性的减损为表现，但其实质内涵在于当事人获取利益或避免损害有利条件的减损或灭失。[51]第八，快递服务合同具有典型化的可行性，应当从厘清合同相关主体、构建合同义务群和明确合同救济措施三个方面，着力构建快递服务基本规范体系。[52]第九，演艺经纪合同当事人不能基于委托合同任意解除权规则解除合同，而应当采取分立规则与结合规则相结合的混合合同适法规则。[53]第十，合同法应采取书面形式或合同书形式订立的合同确立特别的合同成立规则，如“当事人签字或者盖章时合同成立”及“一方履行主要义务，对方接受的，该合同成立”。[54]

（5）侵权责任法

第一，改革开放至今 40 年，中国侵权法经过 4 个阶段，取得了丰硕的成果，当下正是作为第四个阶段的民法典分编侵权责任编的编纂。[55]第二，共同饮酒引发醉酒死亡，同饮者未尽法定救助的作为义务，应当承担不作为的侵权责任。[56]第三，电子商务平台经营者在自营业务中，其身份地位是商品销售者或者服务提供者，而不属于平台经营者，造成消费者损害时应承担产品责任或者违约责任。[57]第四，违反安保义务的补充责任的理性方案是故意侵权的第三人与安保义务人承担混合责任，即第三人对全部损害承担责任，并对安保义务人应承担的责任部分承担连带责任。[58]

（6）婚姻家庭法

第一，在新中国成立后70年中，学界在婚姻家庭法与民法关系、夫妻财产制结构、裁判离婚标准三个议题上的学说演进与对策建议，对立法产生了积极影响。[59]第二，新时代需要筑牢落实男女平等的制度根基，强化国家特别是政府的主体责任，防止男女平等问题妇女化、妇女问题妇联化，建立健全性别平等评估机制，发现和消除制度性的性别歧视。[60]第三，夫妻债务应当根据风险控制能力和获益可能性，通过不同情形中的具体类型认定、责任承担方式和举证责任的整体配置实现，包括连带债务、共同债务和个人债务三种类型。[61]第四，夫妻互相忠实使双方形成类似于债的法律关系，一旦一方违反忠实义务的行为达到一定严重程度，便须承担因婚姻解除而发生的准债务不履行责任或违约责任，包括物质损害赔偿和精神损害赔偿。[62]第五，法律需要承认彩礼不同于其他普通的金钱和财物的文化意义，并以悔约确立彩礼返还的基本规则，同时增加过错和同居考量，最终确定彩礼是否返还和返还多少。[63]

3. 商法学

2019年，北京的商法学研究也取得了丰硕成果，主要创新观点如下：

（1）商法通则

第一，在商法学界集体推动《商法通则》制定出台之时，有必要对《商法通则》的体系“提前讨论”，其体例应当采行“七编制”。[64]第二，商事信用不只是一种对商事主体履约或清偿能力的主观评价，同时也是一种客观的履约能力，包括商事信用权、商事信用信息公示、商事信用信息征集和商事信用的评价以及商事信用的守信激励与失信惩戒等多项制度。[65]第三，我国应将信用责任纳入法律责任体系，使其作为与民事责任、行政责任与刑事责任比肩而立的第四类新型独立法律责任。[66]第四，“私法商法化”是大陆法系私法发展过程中的重要阶段，民法典编纂有必要借鉴欧陆经验并在自身国情基础上建构具有中国特色的私法体系。[67]

（2）公司法

第一，我国2005年《公司法》明确规定公司的社会责任，但其内涵和外延以及在公司法上如何落实贯彻均不清晰，公司法可以并仅在“公司守法”“治理结构”“商业决策”“社会披露”4方面落实社会责任。[68]第二，公司有权机构做出的担保决议非经司法裁判为无效或被撤销，不能以违反《公司法》第16条作为判定担保合同效力的直接依据，《合同法》《担保法》不能穿透《公司法》第16条径行决定担保合同的效力。[69]第三，差异化表决制度的核心在于如何防范公司控制权与公司经济利益或现金流的背离，以及在这种背离下产生的代理成本和滥用控制权的风险。[70]第四，董事会的规模可能是公司根据所面临的内外市场环境所做的一种反应，公司会本着“成本—效益原则”自主选择一个最适合自身的规模及结构，公司法对其规制不仅要注意强度的合理性，而且在规制路径上也有比强制规制人数区间更优的选择。[71]第五，公司代表越权担保的，依照《民法总则》第61条的规定，产生归属于公司的私法效果；相对人请求公司承担责任时，公司得以相对人知道或者应当知道公司代表违反《公司法》第16条第1款为由拒绝承担责任。[72]第六，股东压制是封闭公司的治理难题，为受压制股东提供有效的救济规则是公司法的重要任务，英国不公平损害制度提供了一揽子的救济方案。[73]第七，在发生股东资格纠纷时，工商登记具有最优的法律效力，作为判定股东资格的法定依据，除非有相反证据推翻登记内容不实。[74]第八，股份有限公司回购股份已经从单纯的减资手段，转而兼具股权激励、转换可转换公司债券和安定操作等多种功能，适用《公司法》第142条应准确把握该条款的规范目的。[75]第九，“非破产加速”可填补“破产加速”衍生的规制漏洞，透过给股东施加清偿压力，解决“主观清偿不能”的公司赖债现象，其弊端也完全可以通过破产撤销权的运用控制在合理范围内。[76]第十，公司内部共同会议应淡化其决议功能，强化其信息沟通功能，也应改造公司决议的效力评价机制，让股东会/董事会回归“讨论/辩论的场所”，软化对公司决议效力的司法干预。[77]第十一，非公司制企业不仅在数量上不断增长，而且在制度形式上还不断推动着公司的进化，甚至形成“公司企业的非公司化”，中国的公司法不宜走以公司法统领全部企业类型的道路。[78]第十二，有限公司的清算义务人不是股东，只有董事才是妥当的清算义务人，保护债权人利益的正道在于继续保留清算义务人制度，增设董事的破产申请义务。[79]

（3）证券法

第一，《证券法》（三审稿）对部分债券规则的引入和更新，已令人窥见未来债券法制的发展前景。[80]第二，证券违规增持合同是有效的，其交易结果不得改变，违规增持者可以获得股票所有权。但是，违规增持是违反证券法规定的复合型信息错误行为，不能只责令补充披露相关信息，还需以“恢复原状”来阻止“暗度陈仓”。[81]第三，监管机构有必要在肯定双层SPV资产证券化商业价值的基础上将其纳入企业资产证券化框架监管，予以贯彻必要原则和穿透原则，提升信息披露透明度并建立有效的约束规则，回应这一复杂法律构造的风险传导机制，助力其健康发展。[82]第四，在确定损害赔偿时，应考虑基金托管人的主观过错、损失受托管的影响程度、履职的客观条件以及托管费的有限性，体现权、责、利三者的统一。[83]第五，股票质押式回购是具备资格的证券公司开展的融资，在法律性质上属于担保资金借贷合同，主要倚重当事人之间的合同约定。[84]

（4）合伙企业法

第一，合伙是一种纯粹的契约关系，不具组织性，不能成为民法上的主体，民事合伙各合伙人的连带责任源自其相互之间的共同共有关系。[85]第二，合伙企业能否成为单位犯罪主体直接攸关合伙企业的兴衰，将合伙企业作为单位犯罪主体违反了合伙人罪责自负原则。将合伙企业排除于单位犯罪主体之外，是司法解释与指导性案例的主旋律，也是司法实践中的普遍性做法。[86]

（5）破产法

第一，在清算程序中负有全面配合和协助清算组清算工作义务的公司内部配合清算义务人，是承担妥善保管并向清算组移交公司财产、账册、重要文件等资料的义务主体，并直接承担未能履行上述义务的法律责任。[87]第二，对处于重整程序中的公司而言，明确债券持有人的特殊债权人属性，规定并保护债券持有人的表决权、监督权、知情权与转让权等制度可以最大程度契合重整关于实现企业价值最大化之目标。[88]

（6）信托法

我国民法典可以参考国外立法，对信托财产所有权做概念层次的特别规定，从而为信托单行法（尤其是信托财产关系）的解释和实施留出空间，避免单行法下的信托游离于整个法律体系之外。[89]

注：

① 杨立新：《民法典分则各编的核心价值是维护人的尊严》，《福建论坛（人文社会科学版）》，2019年第5期。

② 王利明：《民法法典化与法律汇编之异同》，《社会科学家》，2019年第11期。

③ 王利明：《民法典编纂与中国民法学体系的发展》，《法学家》，2019年第3期。

④ 李永军：《论民法典“合同编”与“总则编”和“物权编”的体系关联》，《华东政法大学学报》，2019年第2期。

⑤ 耿林：《民法典中的形式逻辑与正义—— 一种法技术视角》，《云南社会科学》，2019年第2期。

⑥ 杨立新：《民法典人格权编草案逻辑结构的特点与问题》，《东方法学》，2019年第2期。

⑦ 石佳友：《人格权立法的进步与局限——评〈民法典人格权编草案（三审稿）〉》，《清华法学》，2019年第5期。

⑧ 王利明：《民法典人格权编草案的亮点及完善》，《中国法律评论》，2019年第1期。

⑨ 程啸：《民法典编纂视野下的个人信息保护》，《中国法学》，2019年第4期。

⑩ 王轶：《民法典如何保护物权》，《中国法律评论》，2019年第1期。

⑪ 王利明：《论民法典物权编中居住权的若干问题》，《学术月刊》，2019年第7期。

⑫王利明：《论民法典物权编中预告登记的法律效力》，《清华法学》，2019年第3期。

⑬谢鸿飞：《民法典担保规则的再体系化》，《社会科学研究》，2019年第6期。

⑭朱广新：《民法典物权编编纂的历史与体系思考》，《吉林大学社会科学学报》，2019年第1期。

⑮王利明：《民法典物权编应规定混合共同担保追偿权》，《东方法学》，2019年第5期。

⑯龙俊：《民法典物权编中让与担保制度的进路》，《法学》，2019年第1期。

⑰朱广新：《论合同法分则的再法典化》，《华东政法大学学报》，2019年第2期。

⑱王利明：《论民法典对合伙协议与合伙组织体的规范》，《甘肃社会科学》，2019年第3期。

⑲李建伟：《民法典合同编分则“二审稿”民商事规范的区分设置检讨》，《法律适用》，2019年第21期。

⑳韩世远：《民法典合同编一般规定与合同订立的立法问题》，《法学杂志》，2019年第3期。

㉑朱虎：《债法总则体系的基础反思与技术调整》，《清华法学》，2019年第3期。

㉒石佳友：《违约方申请解除合同权：争议与回应》，《比较法研究》，2019年第6期。

㉓杨立新：《民法典侵权责任编草案规定的网络侵权责任规则检视》，《法学论坛》，2019年第3期。

㉔杨立新：《民法典侵权责任编草案二审稿的立法进展与完善》，《上海政法学院学报》，2019年第2期。

㉕程啸：《民法典侵权责任编中机动车交通事故责任的完善》，《法学杂志》，2019年第1期。

㉖张新宝：《侵权责任编起草的主要问题探讨》，《中国法律评论》，2019年第1期。

㉗孙宪忠：《民法典婚姻家庭编草案应该解决的四个现实问题》，《中国人大》，2019年7月5日。

㉘杨立新、蒋晓华：《对民法典婚姻家庭编草案规定婚姻冷静期的立法评估》，《河南社会科学》，2019年第6期。

㉙费安玲：《我国民法典中的成年人自主监护：理念与规则》，《中国法学》，2019年第4期。

㉚杨立新：《民法典继承编草案修改要点》，《中国法律评论》，2019年第1期。

㉛张新宝：《〈民法总则〉个人信息保护条文研究》，《中外法学》，2019年第1期。

㉜崔建远：《不可抗力条款及其解释》，《环球法律评论》，2019年第1期。

㉝张新宝：《个人信息收集：告知同意原则适用的限制》，《比较法研究》，2019年第6期。

㉞易军：《法律行为为"合法行为"之再审思》，《环球法律评论》，2019年第5期。

㉟朱虎：《代理公开的例外类型和效果》，《法学研究》，2019年第4期。

㊱李永军：《我国〈民法总则〉第16条关于胎儿利益保护的质疑》，《法律科学》，2019年第2期。

㊲王利明：《生活安宁权：一种特殊的隐私权》，《中州学刊》，2019年第7期。

㊳谢鸿飞：《共同担保一般规则的建构及其限度》，《四川大学学报（哲学社会科学版）》，2019年第4期。

㊴姚辉、李付雷：《非典型担保的裁判规则》，《社会科学》，2019年第8期。

㊵贺剑：《绿色原则与法经济学》，《中国法学》，2019年第2期。

㊶姚辉：《民法适用中的价值判断》，《中国法律评论》，2019年第3期。

㊷高圣平：《农地三权分置改革与民法典物权编编纂》，《华东政法大学学报》，2019年第2期。

㊸高圣平：《农村土地承包法修改后的承包地法权配置》，《法学研究》，2019年第5期。

㊹高圣平：《宅基地制度改革政策的演进与走向》，《中国人民大学学报》，2019年第1期。

㊺韩世远：《合同法的现代化：为何及如何》，《法治研究》，2019年第6期。

㊻李建伟：《行政规章影响商事合同效力的司法进路》，《法学》，2019年第9期。

㊼杨立新：《广义合同变更规则研究——〈合同变更案件法律适用指引〉的内容及依据》，《法治研究》，2019年第3期。

㊽崔建远：《合同法应当奉行双轨体系的归责原则》，《广东社会科学》，2019年第4期。

㊾崔建远：《合同解释的三原则》，《国家检察官学院学报》，2019年第3期。

㊿薛军：《合同涉他效力的逻辑基础和模式选择》，《法商研究》，2019年第3期。

51李显东：《机会损失赔偿理论的反思与突破》，《河南社会科学》，2019年第3期。

52郑佳宁：《快递服务合同典型化的立法表达和实现路径》，《法学家》，2019年第1期。

53刘承韪：《论演艺经纪合同的解除》，《清华法学》，2019年第4期。

54朱广新：《书面形式与合同的成立》，《法学研究》，2019年第2期。

55程啸：《中国侵权法四十年》，《法学评论》，2019年第2期。

56杨立新：《共同饮酒引发醉酒死亡侵权案件的法律适用界限》，《法律适用》，2019年第5期。

57杨立新：《电子商务平台经营者自营业务的民事责任》，《求是学刊》，2019年第1期。

58谢鸿飞：《违反安保义务侵权补充责任的理论冲突和立法选择》，《法学》，2019年第2期。

59薛宁兰：《与立法相伴前行：七十年来的婚姻家庭法学研究》，《暨南学报（哲学社会科学版）》，2019年第10期。

60党日红：《筑牢落实男女平等基本国策的制度根基和精神支撑》，《中华女子学院学报》，2019年第4期。

61朱虎：《夫妻债务的具体类型和责任承担》，《法学评论》，2019年第5期。

⑥②张家骥、缪宇:《夫妻忠实义务的准债务探析》,《华中师范大学学报(人文社会科学版)》,2019年第3期。

⑥③金眉:《论彩礼返还的请求权基础重建》,《政法论坛》,2019年第5期。

⑥④蒋大兴:《〈商法通则〉〈商法典〉总则的可能体系》,《学术论坛》,2019年第1期。

⑥⑤赵旭东:《商事信用的界定和制度构成》,《浙江工商大学学报》,2019年第5期。

⑥⑥刘俊海:《信用责任:正在生长中的第四大法律责任》,《法学论坛》,2019年第6期。

⑥⑦夏小雄:《私法商法化:体系重构及制度调整》,《法商研究》,2019年第4期。

⑥⑧施天涛:《〈公司法〉第5条的理想与现实:公司社会责任何以实施》,《清华法学》,2019年第5期。

⑥⑨施天涛:《〈公司法〉第16条的规范目的:如何解读,如何适用》,《现代法学》,2019年第3期。

⑦⓪朱慈蕴:《差异化表决制度的引入与控制权约束机制的创新》,《清华法学》,2019年第2期。

⑦①李建伟:《董事会规模强制规制模式的解释与反思》,《法学杂志》,2019年第10期。

⑦②邹海林:《公司代表越权担保的制度逻辑解析——以公司法第16条第1款为中心》,《法学研究》,2019年第5期。

⑦③李建伟:《股东压制的公司法救济:英国经验与中国实践》,《环球法律评论》,2019年第3期。

⑦④刘凯湘:《股东资格认定规则的反思与重构》,《国家检察官学院学报》,2019年第1期。

⑦⑤叶林:《股份有限公司回购股份的规则评析》,《法律适用》,2019年第1期。

⑦⑥蒋大兴:《论股东出资义务之"加速到期"——认可"非破产加速"之功能价值》,《社会科学》,2019年第2期。

⑦⑦蒋大兴:《重思公司共同决议行为之功能》,《清华法学》,2019年第6期。

⑦⑧蒋大兴:《需要重建公司王国吗——不宜用公司法统领全部企业类型》,《环球法律评论》,2019年第6期。

⑦⑨梁上上:《有限公司股东清算义务人地位质疑》,《中国法学》,2019年第2期。

⑧⓪洪艳蓉:《〈证券法(三审稿)〉债券规则评析》,《立法》,2019年第4期。

⑧①梁上上:《论违规增持的私法救济》,《法商研究》,2019年第2期。

⑧②洪艳蓉:《双层SPV证券化的法律逻辑与风险规制》,《法学评论》,2019年第2期。

⑧③洪艳蓉:《论基金托管人的治理功能和独立责任》,《中国法学》,2019年第6期。

⑧④洪艳蓉:《股票质押式回购的法律性质和争议解决》,《法学》,2019年第11期。

⑧⑤李永军:《民事合伙的组织性质疑》,《法商研究》,2019年第2期。

⑧⑥刘俊海:《合伙企业不是单位犯罪主体的法律逻辑》,《法律适用》,2019年第23期。

⑧⑦王欣新:《论清算义务人的义务及其与破产程序的关系》,《法学杂志》,2019年第12期。

⑧⑧朱晓娟:《公司重整中债券持有人权利保护机制的构建》,《社会科学》,2019年第6期。

⑧⑨楼建波:《信托财产关系与物权法原则的冲突——兼论信托财产关系的民法典表达》,《交大法学》,2019年第2期。

(作者:姚辉,中国人民大学教授;李付雷,中国人民大学博士生)

诉讼法学

陈卫东　汤维建　刘计划　胡守鑫　郭丰璐

一、刑事诉讼法学

2019年,北京刑事诉讼法学界持续关注修改后《刑事诉讼法》的贯彻实施情况,主要围绕认罪认罚从宽制度、《监察法》与《刑事诉讼法》衔接等问题展开了深入研究,成果丰硕。

1. 研究概况

(1) 代表著作

本年度北京地区学者出版的代表著作主要有:陈瑞华著《看得见的正义》(第三版),法律出版社;戴长林主编《非法证据排除规定和规定理解与适用》，法律出版社；樊崇义著《刑事诉讼法哲理思维》，中国人民公安大学出版社；樊学勇等著《刑事证据运用专题研究》，中国政法大学出版社；雷小政著《法律实证研究方法：场域、样本与经验》，法律出版社；时延安、刘计划主编《大案余温：前行的中国刑事法制》，中国言实出版社；等等。

（2）学术会议

本年度召开的学术活动主要有：1月10日，“法庭科学与冤错案件防范”圆桌研讨会在京举行，美方专家详细介绍了美国鉴定科学的历史与防范冤错案件的经验教训，与会学者就相关议题进行了深入讨论和交流。1月15日，由中国人民大学刑事法律科学研究中心主办，中国人民大学反腐败与法治研究中心与中国人民大学未来法治研究院智慧法律科技创新研究中心共同承办的“新时代中国反腐败工作法治化规范化”学术研讨会在京举行，来自中央有关部门、纪检监察一线以及各高校与学术机构的与会代表就反腐败指数与量化、反腐败工作法治化与规范化、国家监察体制改革等议题展开了热烈讨论。3月30日，由智慧检务创新研究院、中国人民大学刑事法律科学研究中心、北京大成律师事务所争议解决专业委员会、大成律师事务所刑事专业委员会联袂发起和主办的“电子数据的司法运用和前沿理论高端论坛”在京举行，与会的理论学者和实务专家就电子数据在实践中的应用难点进行了跨界交流与深入研讨。5月15日，由中国人民大学刑事法律科学研究中心、《中国刑事法杂志》编辑部共同主办的“合规、刑事风险与单位犯罪”研讨会在北京举行，与会的高校学者、律师代表以及企业相关人士就如何探索我国刑事合规的建设路径，防范单位及其工作人员的刑事风险等问题展开了深入交流。6月3日，由中国政法大学证据科学研究院、法庭科学标准研究中心与国家司法文明协同创新中心主办的“第三届法庭科学/司法鉴定标准建设研讨会”在京召开，研讨会致力于促进“跨专业、跨领域、跨学科”的法庭科学标准研究，推动建设科学可行的法庭科学/司法鉴定标准。9月14日，由中国政法大学刑事司法学院、中国政法大学诉讼法学研究院主办，中国政法大学刑事诉讼法学研究所承办的“中德刑事法前沿问题国际研讨会”在京召开，会议围绕认罪认罚从宽制度与刑事缺席审判制度进行了深入探讨。10月9日，中国人民大学刑事执行检察研究中心成立仪式暨“中国刑事执行检察的新发展”学术研讨会在京举行，来自理论界和实务界的专家就中国刑事执行检察的理论研究和实务工作中遇到的问题展开了热烈讨论。

2. 热点与创新

（1）刑事诉讼法治40年回顾与展望

自1979年首部《刑事诉讼法》施行以来，我国刑事诉讼法治已历经了40年风雨征程。这40年，代表了我国整个刑事诉讼法治的发展历程。[①]在此期间，刑事诉讼法治愈发科学化、精细化，建成了以法典为主体，以司法解释、司法解释性文件、办案机关工作规范为补充的规范体系，实现了刑事执法的“有法可依”；而刑事诉讼法治在人权保障方面的成就也有目共睹，犯罪嫌疑人、被告人的权利保障程度逐渐提升。在刑事诉讼法治40年的时间节点，回首过去的成就与经验，是为了更好地出发。[②]

基础理论的研究水平直接关系到整个刑事诉讼法学理论体系的完善与发展。从20世纪90年代初期，刑事诉讼法学的基础理论研究开始受到学者们的重视，在刑事诉讼目的、刑事诉讼价值、刑事诉讼构造、刑事诉讼文化等方面产出了一系列奠基性成果，为刑事诉讼制度的改革与发展奠定了坚实的理论基础。[③]

在前述基础理论的指导下，刑事诉讼的各项具体制度也在40年间取得了长足的进步与发展。例如，辩护制度在下述5个方面发生了重大变化：一是律师从“国家法律工作者”向“法律代理人”的转变，律师职业伦理随之从注重公益义务走向对忠诚义务的强化；二是律师辩护阶段从“法庭辩护”逐步走向“全流程辩护”；三是从注重被告人“有权获得辩护”走向保障被告人“获得律师帮助”；四是从律师参与诉讼走向“律师有效辩护”；五是在辩护权利的保障机制上引入律师权利救济机制和法律风险防控机制。当然，辩护制度在上述5个方面也存在深层的制度问题，更存在着进一步改革和发展的空间。[④]

此外，作为衡量刑事法治文明的内核性要素，我国审判制度也取得了重大的突破性进展。40年来，我国刑事审判制度发展过程并不总是尽如人意，其间或有跳跃、或有徘徊甚至挫折，但其发展呈不断弥补缺陷的上升趋势，与司法文明、人权保障理念相呼应，与程序科学化、法治化进程相“伴随”。[⑤]此外，2018年修改的《刑事诉讼法》引入了缺席审判程序，旨在构建常设的追赃追逃机制。值得注意的是，作为刑事诉讼的“例外程序”，缺席审判程序存在诉讼权利保护不力、证明标准过高、救济机制不完善、与没收程序的衔接不明确等弊端，亟须进行弥补与完善。[6]

（2）关于认罪认罚从宽制度

经过一年多的运行，认罪认罚从宽制度获得了更为广泛的实践应用，在提升诉讼效率、节约司法资源方面取得显著成效。[7]但是也应看到，在全面推进这一制度的进程中，相关的实践难题和争议问题也暴露出来。在此背景下，学者对于认罪认罚从宽制度的研究热度有增无减，形成了丰富的学术成果。

第一，认罪认罚案件中的控辩审关系。

有学者提出，认罪认罚从宽制度的正式入法，在某种程度上打破了刑事诉讼中原有的控、辩、审三方关系和力量对比。例如，在认罪认罚案件中，“具结书”仅是对犯罪嫌疑人、被告人的约束，检察机关在审判过程中可以调整量刑建议，造成控辩双方之间地位不对等。[8]律师在认罪认罚案件中进行“交涉性辩护”时，面临着交涉对象过于强势、交涉能力极为有限以及交涉机制严重缺失等诸多瓶颈因素。[9]此外，值班律师基本上处于“见证人”和“认罪认罚辅助者”的地位，没有有效参与量刑协商的机会，而法官的司法审查又处于流于形式的状态。[10]概言之，在认罪认罚案件中，侦控方的力量明显得到加强，而辩方力量则未得到相应的强化。

还有学者认为，2018 年《刑事诉讼法》明确了检察机关在认罪认罚从宽制度中的主导地位和作用。[11]具体而言，在诉审关系中，除法律规定的例外情形，检察机关的指控罪名和量刑建议对于法院具有拘束力。在诉辩关系中，检察机关应当尊重被追诉人的主体地位，就认罪认罚从宽的内容与被告方充分协商，同时还应对其履行关照职责。在诉侦关系中，法律应当明确认罪认罚的从宽幅度，并在此基础上进一步完善检察机关的起诉裁量权，拓展酌定不起诉的适用空间。[12]

第二，认罪认罚案件中的量刑建议。

2019 年 12 月公布的《人民检察院刑事诉讼规则》强调，对于犯罪嫌疑人认罪认罚的案件，检察机关提出的量刑建议一般应当以确定刑为主、幅度刑为辅。由此，关于量刑建议的精准与幅度问题，逐渐成为理论与实践的争议焦点。

检察院人士的代表性观点是，在认罪认罚案件中，“确定性”是量刑建议不断走向精准化的重要方面。其一，认罪认罚案件中量刑建议是控辩协商合意的结果，确定的量刑建议是合意最直接、最充分的体现。其二，确定刑量刑建议有助于达成控辩协商，并增强认罪认罚适用的稳定性。其三，确定刑量刑建议有助于诉讼分流，并助益法官对重大疑难复杂案件的办理。其四，认罪认罚案件在审前阶段已经解决了定罪量刑的争点，具有提出确定刑建议的可能。其五，从量刑建议的历史发展沿革看，确定刑量刑建议更符合量刑建议制度的发展趋势。[13]

而法院人士则认为，确定刑量刑建议突出了检察机关在认罪认罚案件中的主导性，给审判活动带来一定的“检察官司法”的感觉，有僭越法院量刑权之嫌。对此，有学者指出，量刑建议属于检察机关职权范围内的诉讼行为，检察机关拥有完全的自主性。确定刑量刑建议确实“加固”了检察机关在认罪认罚程序中的主导地位与作用，但法院仍然享有定罪量刑的最终决定权，检察机关只是建议机关。从这个意义上说，检察机关的主导地位与作用，并不能取代人民法院在审判阶段的主导地位与作用。[14]

第三，认罪认罚从宽制度与值班律师制度。

在刑事速裁程序与认罪认罚从宽制度试点的过程中，改革者始终重视律师的参与和为犯罪嫌疑人、被告人提供法律帮助，由此催生了值班制度在我国的确立和发展。[15]自这一制度诞生以来，对于值班律师的定位，特别是值班律师是否应当具有辩护职能的问题，学术界争论不已。

2018 年《刑事诉讼法》新增值班律师制度，并将值班律师的职责定位为“为犯罪嫌疑人、被告人提供法律帮助”。然而，在实践中，值班律师的功能呈现出异化趋势，即从应然的法律帮助人蜕变为诉讼权力行为合法性的“背书者”。这种“名”“实”不符的尴尬局面，难以保证被追诉人认罪认罚的自愿性和明智性，一些不应适用认罪认罚从宽的案件也被纳入该程序，这也为冤错案件的发生埋下隐患。[16]

针对司法实践中出现的值班律师见证人化的现象，一些学者提出了“值班律师辩护人化”的改革主张。对此，有学者提出，从比较法视角来看，值班律师相当于急诊科医生，而法律援助辩护律师相当于日常科医生，二者有着明显的区别。因此，我国应当维持法律援助值班律师和辩护律师二元制的基本架构，在现阶段，由于法律援助辩护律师尚不能满足司法需求，可以在一定程度上强化值班律师的功能。[17]

此外，还有学者对认罪认罚从宽制度中的特殊不起诉展开了细致研究，并指出该制度适用条件之一的“重大立功”，应限缩解释为特别重大立功。该制度的另一适用条件“案件涉及国家重大利益”则是对我国起诉便宜实践的扩展，可比照《刑法》第63条第2款“案件的特殊情况”的规定厘清其内涵。值得注意的是，特殊不起诉中选择性起诉的规定折射出协商性司法中“罪数协商”、以刑事案件为刑事诉讼客体在我国立法和司法中的发展和深化。⑱

（3）关于《刑事诉讼法》与《监察法》的衔接

《监察法》的制定和《刑事诉讼法》的修改，解决了两法重大冲突的问题，但也使得两法衔接问题凸显出来。为了确保监察调查程序的正当性，兼顾惩治腐败与保障人权的价值目标，有效约束监察机关的权力⑲，“两法”衔接问题，包括案件管辖、立案程序、调查措施、强制措施、证据适用等方面⑳，逐渐成为学术界关注的焦点。

在证据适用方面，有学者指出，根据《监察法》与《刑事诉讼法》的规定，监察证据无须转化便可直接获得刑事诉讼证据资格，但作为职务犯罪案件的定案根据，必须具备刑事诉讼证据的形式条件和实质条件。㉑另外，在司法实践中，不少地方的法院、检察院对监察证据适用非法证据排除规则存在不少困惑。对此问题，有学者认为，非法证据排除规则针对的对象是使用非法方法的各类取证行为，调查行为的本质是取证行为，理应成为非法证据排除规则的适用对象。㉒还有学者指出，研究两法关于录音录像资料移送与调取规定的生成原因以及重点问题，不仅对于进一步规范监察调查程序有重要意义，也对后续其与审查起诉程序和审判程序的衔接有重要影响。㉓

在强制措施方面，有学者对留置措施展开了深入研究。该学者以法解释学为工具，将留置定位为一种特殊逮捕，并提出应当打破逮捕既有的理论窠臼，以宪法的视角引入基本权利干预理论，以理念的革新推动留置条件的体系化与阶层化，最终将留置分为普通留置与重罪留置，将留置条件区分为作为基础性要件的证据要件、否定性要件的罪责要件以及核心要件的社会危险性要件。㉔另有学者提出，对监察机关调查的案件，拘留是刑事诉讼衔接留置的一种强制措施；逮捕是检察机关在审查起诉阶段依照《刑事诉讼法》自行决定的一种强制措施。㉕

（4）其他

需要指出的是，这一年，仍有部分学者将目光聚焦于刑事诉讼中传统的理论问题和实践争议，并结合立法的最新规定和实践的最新进展展开了深入的分析与研究。

有学者对我国逮捕制度改革进行了系统性的检讨，认为过度适用逮捕的问题至今未获解决，根本原因在于，检察机关惯于先行做出“有罪认定”进而奉行“构罪即捕”，不能真正履行社会危险性要件的审查义务。2018年修法，仅在逮捕条件条文中增加一款社会危险性考虑因素的规定，并无实质意义。鉴于检察机关审查批准逮捕模式无法克服自身局限，建立法院统一审查逮捕模式从而实现逮捕审查司法化方为出路。㉖

还有学者对刑事审判中的事实问题与法律问题进行了界分，该学者指出，刑事审判中的“事实”“法律”及其分类具有权力（利）界定的功能，它确定人民陪审员与法官、初审法院与上诉法院之间的权限。刑事审判中的事实进一步细分为构成性事实和证据性事实、一般事实和专业事实，它还进一步确定法庭与鉴定人、普通证人与鉴定人的权限。在我国独特的司法解释体制下，审判法院与最高法院在法律问题上分享具体解释权和抽象解释权。㉗

也有学者结合案例对证明标准展开了深入研究。根据《刑事诉讼法》第55条第2款的规定，应将刑事证明标准做广义与狭义之区分。狭义证明标准仅指认定某一事实的心证条件，而广义证明标准除心证条件之外，还包括该款所要求的实体条件和程序条件。以这一区分为基础，证明标准的层次性也包含显性层次与隐性层次两个方面。证明标准的显性层次是指因对不同性质的事实做不同心证程度的要求，从而形成的狭义证明标准之层次。证明标准的隐性层次则是指，在心证程度不变的情况下，因法律对该心证程度之形成所要求的法定程序在严格性上的差别，而形成的广义证明标准之层次。㉘

二、民事诉讼法学

1. 重要学术会议与活动

1月21日，由中国法学会举办的2019年第5期立法专家咨询会在京召开，与会专家学者主要围绕《法官法（修订草案第二次审议稿）》发表了修改完善意见。1月21日，由中国法学会举办的2019年第6期立法专家咨询会在京召开，参会专家学者认真审读了《检察官法（修订草案第二次审议稿）》，并发表了相关修改意见。4月9日，由北京互联网法院主办、《中国知识产权》杂志社协办的主题为“创新与冲突——人工智能的法律挑战与司法应对研讨会”在北京召开，与会人员就“人工智能产业战略及行业应用现状”、“人工智能带来的立法及司法挑战”以及“人工智能给著作权保护带来的挑战及司法应对”等内容进行了深入探讨。4月20日，由中国行为法学会执行行为专业委员会和中国国际经济贸易仲裁委员会共同主办的“仲裁裁决的执行与强制执行立法研讨会”在京召开，会议认为对于仲裁的执行要以有利于仲裁事业发展的角度为指导思想，进而完善仲裁执行的相关制度，与会专家学者还就仲裁裁决给付内容不明的处理方式、虚假仲裁的识别与审查、案外人权利救济与仲裁裁决效力、仲裁裁决执行对投资环境的影响、仲裁裁决的执行对推动仲裁创新与发展的影响等理论及实践问题进行了相关讨论。4月21日，由中国法学会民事诉讼法学研究会主办、中国法学会民事诉讼法学研究会家事及非讼程序理论研究专业委员会（筹）和中国人民大学法学院承办、北京天驰君泰律师事务所和上海埃孚欧律师事务所协办的主题为“家事诉讼程序理论和实务相关问题、家事审判方式及工作机制改革中的难点问题及解决论坛”在中国人民大学召开，与会专家学者以及实务界人士就家事诉讼程序制度、家事审判方式改革、家事纠纷多元化解决机制以及比较法上家事审判改革动态等问题发表了相关意见与建议并进行了研讨。8月17日，由北京市检察院主办的“北京市检察机关与相关社会组织公益诉讼座谈会”在北京召开，在座谈会上北京市检察系统介绍了民事公益诉讼的工作情况，各个社会组织机构介绍了本组织参与民事公益诉讼的情况。10月24日，由中国法学会举办的2019年第23期立法专家咨询会在京召开，与会人员就《民事强制执行法草案（稿）》逐一发表了修改完善意见，并对强制执行法中的重点理论问题进行了讨论。

2. 研究的主要问题

（1）基础理论研究

中国民事诉讼法具有何种特点和优势，需要在哲学层面加以认识。有作者指出，新时代中国特色社会主义程序法治的涵盖范围非常广泛，包括了立法程序、行政程序、诉讼程序以及其他纠纷解决程序。中国特色社会主义程序法治体现了普适性和国情性的统一、静态性和动态性的统一、法律性和政策性的统一、阶段性和终极性的统一，就其理念而言，集中体现在程序法治与实体法治并重的理念、以人民为中心的理念以及价值平衡的理念[29]。

有学者指出，将来民事诉讼法学的研究应当将宏观研究与微观研究同时兼顾、在民事诉讼法学的研究中，应当更加强调民事诉讼程序研究的本位性特征，要继续增强民事诉讼法学对司法实务的引领性和批判性功能，突破民事诉讼法学研究被司法实务所“裹挟”从而难以彰显其自主性的藩篱和瓶颈[30]。

民事诉讼程序模式论是民事诉讼法研究中的基础理论之一。民事诉讼模式通常可分为当事人主义模式与法院职权主义模式。有论者指出民事诉讼模式的理论分野源于对民事诉讼解决当事人民事实体请求、要件事实与证据以及诉讼程序事项等问题的基本方式与基本规范不同，其中民事私益案件多采当事人主义中的处分主义与辩论主义，而民事公益案件中则多采法院职权主义中的职权干预主义与职权探知主义，民事诉讼程序合并适用职权进行主义与当事人进行主义，但民事公益诉讼案件中的职权进行主义的内容应有更多体现。[31]

诉讼请求是由当事人提出并请求法院进行裁判的对象，在诉讼进行中当事人可以变更自己提出的诉讼请求。我国法律虽有对于诉讼请求变更的原则性规定，却并未规定诉讼请求变更的程序规则，这使实践中诉讼请求变更具有随意性，影响了诉讼请求变更的正当性并影响了诉讼程序进展的效率。有论者指出诉讼请求的变更应当依据诉讼标的的性质进行处理，原则上应将诉讼请求的数额变更通过程序与管辖制度处理，而不以诉讼请求变更来对待，诉讼请求变更上可借鉴比较法上的模式，设置时间条件、对方当事人同意以及例外情况等条件，同时设置变更程序以共同完善诉讼请求变更，为实现这一目标应当尽快制定司法解释并修订《民事诉讼法》。[32]

既判力是判决所具备的法律效力之一，亦是民事诉讼法学研究的重点问题之一。我国理论界对待既判力理论大多源于大陆法系的通说，但我国实务界却对既判力理论的认知与实践存在较大不同。有论者认为，为了缩小理论界与实务界关于既判力理论上的分歧，应对既判力理论进行本土化改造，即以我国既判力问题为导向，重构符合本土国情特点的既判力理论，在既判力消极作用与积极作用方面，应充分关注到实务界将法律后果区分为裁定驳回起诉与做出相应实体判决，并以此为基础提供一套便于实践操作把握的规则方案，同时基于既判力两种作用所产生的价值内涵，积极作用为适应法的安定性因而可以适度扩张，而消极作用则应更多关注减少对诉权自由的限制。[33]

（2）公益诉讼研究

公益诉讼是近来的热点话题，检察机关是提起公益诉讼的主力军，有作者指出，检察机关应当建立

“三合一”的公益诉讼检察体制，将民事公益诉讼、行政公益诉讼和刑事公益诉讼合在统一的诉讼程序中加以一体化解决，包括机构的三合一、人员的三合一和程序的三合一。[34]同时，主张应在更大的格局下完善检察公益诉讼制度，建立包括民事公诉人、行政公诉人和刑事公诉人在内的完整的公诉人制度体系。[35]

公益检察监督是检察机关的法定职能之一。有论者指出检察公益诉讼的目的在于维护公共利益，因此其诉讼地位不同于普通诉讼中的原告而是民事、行政公诉人，在诉讼构造上表现为横向的公诉化构造与纵向的两阶化构造，在前者的诉讼构造中，检察权不能超越审判权，也不能凌驾于被告之上，反而应当承担更多的诉讼证明责任且又需要同审判机关共担职权主义的角色，在后者的诉讼构造中，诉讼前置程序能够更加体现检察机关作为公益诉讼主体的地位，并有利于实现检察监督的职能效果。[36]根据《人民检察院组织法》第21条规定：“人民检察院行使本法第20条规定的法律监督职权，可以进行调查核实。”因此，检察机关在提起公益诉讼之前，对有关证据具有调查核实权。有作者指出，检察机关提起公益诉讼除了一般的民事取证模式之外，还存在刑事取证模式与行政取证模式，但这两种取证模式不具有广泛的应用性，属于偶然效果，故而应当推动公益诉讼立法并采用别具一格的公益取证模式。[37]为了使我国公益诉讼制度进一步趋于完善，有作者比较研究了海峡两岸的公益诉讼制度，提出了扩大公益诉讼原告资格范围，赋予社会组织以行政公益诉权，修改《证券法》，规定证券公益诉讼等立法建议。[38]

（3）检察监督研究

检察机关是我国的法律监督机关。检察机关的检察职能主要体现于刑事检察、民事检察、行政检察以及公益检察，有观点认为为了促进检察事业的发展，应当处理好以下六大关系：一是检察改革和检察发展之间的关系；二是民事检察、行政检察、公益检察以及刑事检察之间的关系；三是惩罚职能、监督职能与服务职能之间的关系；四是办案数量与办案质量之间的关系；五是静态检察和动态检察之间的关系；六是深化办案和推动立法完善的关系。[39]

有学者指出，在“四大检察”四位一体的工作格局提出后，应将民事检察监督予以重新定位：在规律定位上，我国民事检察监督经历了由弱到强、由小到大、由局部到全面、由对立监督到协同监督、由一元到多元、由无保障到有保障、由单纯的刚性监督到刚柔并济的复合监督等变化；在原则定位上，我国民事检察监督应从内部与外部两个层面寻求制度创新与制度实践的空间，为实现民事检察监督的两个定位，应完善以下制度机制：律师强制代理申诉监督机制、案件办理的繁简分流机制、民事检察调解机制、再审检察建议与抗诉的递进机制、检察长列席审判委员会常态机制、检察建议宣告送达机制、申诉案件审查听证机制、民事检察公开机制以及民事检察保障机制等。[40]有观点认为，民事检察监督应当以精准化为目标，为了实现这一目标应当处理好以下关系：其一，同级监督与上下级监督的关系；其二，抗诉型监督与建议型监督的关系；其三，程序型监督和实体型监督的关系；其四，私权救济型监督与公益保障型监督的关系；其五，法治型监督与政策型监督的关系；其六，本体型监督与延伸型监督的关系；其七，息诉型监督和纠错型监督的关系。[41]为了推动新时代民事检察发展，有学者指出，应当抓住八大支点，即全面化、协同化、规范化、诉讼化、阶梯化、社会化、公开化和刚性化。[42]

（4）智能化司法研究

人工智能是近年来人们热议的话题之一。人工智能大大改变了人们的日常生活，也同样给法律规则带来了巨大冲击。法学研习者必须关注现实社会，关注人工智能的动态发展。法律也应当及时调整相应规则。有论者指出，人工智能在诉讼领域中的立案、案件管理、庭审、裁判以及执行阶段均有广泛的利用，在非诉纠纷解决领域中同样也有深度应用，人工智能目前在法律检索、法律文本自动化生成以及裁判预测等方面取得了巨大成就，并朝着实现算法裁判的最终目标而努力，但人工智能在认知推理任务上没有取得突破性进展，为了真正实现“互联网+”时代的智能化与全方位纠纷解决体系，应当构建“人工智能+纠纷解决机制”框架并运用“对话+推理”的认识识别方法。[43]有论者认为，人工智能可以实现对法官在法律问题上的替代，而区块链则可实现在事实问题上对法官的完全替代，随着区块链技术的不断成熟，在近期，区块链可以解决电子证据认定难的问题，在中期，可通过法定数字货币的财产查控系统解决执行难的问题，在远期，可通过债权行为的“可视化”系统以解决虚假诉讼的问题。[44]

（5）强制执行程序改革研究

有论者提出在当前执行体制改革中，应当对执行实施权进行优化配置，即集约化的执行改革，改革应秉持的原则为分权与集约，即将不同案件所涉及的同类权力交由相同机构或人员行使，将同一案件中的不同种类的具体的执行实施权交由不同机构或人员行使，在当前改革中，执行实施权在集约化层面已经取得了优化配置，但分权层面各地实践做法差异较大，所以未来的执行实施权改革的重点应当是优化分权，即完善执行指挥中心运行机制、强化3个统一的执行工作机制、推行以法官为核心的执行团队办案模式以及探索执行实施事务内部分权与外部委托的限度。[45]执行人员队伍改革亦是执行体制改革的重点领域之一。有论者认为在《人民法院组织法》删除“执行员”的表述后，应在理论与实践中重新定位《民事诉讼法》中的“执行员”角色，该论者认为在我国“一元制”的执行体制中，应当让执行法官专注裁判性工作事项，同时要设置专业化乃至职业化的非法官执行人员，在具体分类管理上应当把握执行工作中的裁判性要素与事务性要素的区分，非法官的执行人员应专门负责弱裁判性以及事务性的执行实施工作，同时将书记员以及司法警察进行单独序列管理，明确司法警察负责执行警务保障，并在未来可创设专职或职业执行员或执行司法警察。[46]执行体制改革的目的之一是为了解决执行难的问题。有论者认为在教义学中我国执行难的成因源于诉讼保全中限缩了诉权范围、轻视了程序规定以及误读了证明标准等问题，以解决夫妻共同财产的执行难问题为例，追加被执行人或《查扣冻规定》中第14条并非十分完美的方法，合理的解决方法是明确债权人起诉夫妻另一方请求权基础，在夫妻个人债务的执行中强调贯彻形式化原则，同时兼顾夫妻另一方程序权利的保障与执行效率的提升。[47]

执行救济体制的改革与完善是我国执行体制改革中的一方面。有论者提出我国执行救济体制的现状对于有效解决执行乱以及维护当事人合法权益等目标尚有进步空间，为了完善执行救济体制的建设应以体系化的思维对执行程序中的实体与程序问题加以区分，并在此基础上分别构建执行救济体制，其中针对实体问题的救济，应当建立请求异议之诉、增设执行回转之诉、慎待执行文付与制度并完善债权人异议之诉，针对程序问题应当设立“移审异议+原审异议”的二元救济方式。[48]我国目前尚未有债务人执行异议之诉。有论者认为，我国应当增设债务人执行异议之诉，债务人执行异议之诉与事后救济的不当得利之诉或损害赔偿之诉相比，具有事先防御的功能，其会产生剥夺执行依据强制力的法律效力，增设债务人执行异议之诉不仅不会降低执行效率，反而有利于保障债务人的实体法地位，有利于减轻法院审判与执行的工作负担。[49]当被申请人为个人或其他组织且其责任财产不足以清偿全部债务时，应在执行程序中适用参与分配制度以解决债权人之间的公平清偿问题。权利人对于分配方案存在异议的，可以提起分配方案异议之诉。有论者认为，参与分配方案之诉属于形成之诉，提起该诉的原告虽然可以是债权人也可以是债务人，但应当限制债务人的范围，其诉讼形态为类似必要共同诉讼，没有提出异议其他主体可作为无独立请求权第三人参加诉讼，在主张责任上，原被告双方应围绕本方享有或对方不享有分配方案中记载的份额提出主张，在证明责任上，原告应承担债权发生的障碍与消灭的事实，被告应证明自己债权的产生事实，最终法院应当直接于判决书主文中变更分配方案，该判决具有对世效力。[50]有论者指出，执行和解协议中的担保条款与执行担保不同，其目的在于避免执行和解过度复杂化并促进和解债权的实现，故而应首先准确识别并区分担保方式，在此基础上规范担保条款强制力的实体要件、设置相应的实现权利程序并设置相应的救济程序。[51]

查封是执行以及保全程序中财产查控的重要手段之一，但我国法律上尚未明确查封的效力问题。有论者认为，查封的构成要件包括法院做出的生效查封裁定以及法院完成财产查控的公示行为，此外，查封产生两种效力：一种是公法效力，具体指除查封法院以外，任何其他公权力机关或民事主体均不得对查封标的物进行再次查封；另一种是私法效力，具体是指查封赋予债权人具有担保物权的效力，同时限制查封财产所有权人的相关权能，但查封又不影响其他物权人的权利实现。[52]

（6）其他问题研究

除上述论题外，有论者就域外替代性纠纷解决方式进行了比较研究，并提出了完善我国替代性纠纷机制相应意见。[53]有论者就我国仲裁机构的改革提出了相关建议。[54]有论者围绕附强公证债权文书的可诉性展开研究。[55]

注：

①陈卫东：《〈刑事诉讼法〉最新修改的相关问题》，《上海政法学院学报》，2019年第4期。

②陈卫东：《刑事诉讼法治四十年：回顾与展望》，《政法论坛》，2019年第6期。

③卞建林、谢澍：《新中国刑事诉讼制度的诞生和发展——写于中华人民共和国成立 70 周年暨〈刑事诉讼法〉颁布 40 周年之际》，《暨南学报（哲学社会科学版）》，2019 年第 10 期。

④陈瑞华：《刑事辩护制度四十年来的回顾与展望》，《政法论坛》，2019 年第 6 期。

⑤汪海燕：《中国刑事审判制度发展七十年》，《政法论坛》，2019 年第 6 期。

⑥施鹏鹏：《缺席审判程序的进步与局限——以境外追逃追赃为视角》，《法学杂志》，2019 年第 6 期。

⑦樊崇义：《刑事诉讼模式的转型——评〈关于适用认罪认罚从宽制度的指导意见〉》，《中国法律评论》，2019 年第 6 期。

⑧魏晓娜：《结构视角下的认罪认罚从宽制度》，《法学家》，2019 年第 2 期。

⑨李奋飞：《论“交涉性辩护”——以认罪认罚从宽作为切入镜像》，《法学论坛》，2019 年第 4 期。

⑩陈瑞华：《刑事诉讼的公力合作模式——量刑协商制度在中国的兴起》，《法学论坛》，2019 年第 4 期。

⑪曹东：《论检察机关在认罪认罚从宽制度中的主导作用》，《中国刑事法杂志》，2019 年第 3 期。

⑫汪海燕：《认罪认罚从宽制度中的检察机关主导责任》，《中国刑事法杂志》，2019 年第 6 期。

⑬陈国庆：《量刑建议的若干问题》，《中国刑事法杂志》，2019 年第 5 期。

⑭张建伟：《检察机关主导作用论》，《中国刑事法杂志》，2019 年第 12 期。

⑮顾永忠：《刑事辩护制度改革实证研究》，《中国刑事法杂志》，2019 年第 5 期。

⑯汪海燕：《三重背离：认罪认罚从宽程序中值班律师制度的困境》，《法学杂志》，2019 年第 12 期。

⑰熊秋红：《比较法视野下的认罪认罚从宽制度——兼论刑事诉讼“第四范式”》，《比较法研究》，2019 年第 5 期。

⑱董坤：《认罪认罚从宽中的特殊不起诉》，《法学研究》，2019 年第 6 期。

⑲陈瑞华：《论国家监察权的性质》，《比较法研究》，2019 年第 1 期。

⑳王秀梅、黄玲林：《监察法与刑事诉讼法衔接若干问题研究》，《法学论坛》，2019 年第 2 期。

㉑张中：《论监察案件的证据标准——以刑事诉讼证据为参照》，《比较法研究》，2019 年第 1 期。

㉒程雷：《刑事诉讼法与监察法的衔接难题与破解之道》，《中国法学》，2019 年第 2 期。

㉓卞建林、陶加培：《论监察法与刑事诉讼法衔接中录音录像制度》，《中国刑事法杂志》，2019 年第 3 期。

㉔孔祥承：《留置措施规范化论要》，《政法学刊》，2019 年第 1 期。

㉕朱孝清：《修改后刑诉法与监察法的衔接》，《法治研究》，2019 年第 1 期。

㉖刘计划：《我国逮捕制度改革检讨》，《中国法学》，2019 年第 5 期。

㉗魏晓娜：《刑事审判中的事实问题与法律问题——从审判权限分工的视角展开》，《中外法学》，2019 年第 6 期。

㉘孙远：《刑事证明标准层次性理论之适用问题研究——以〈刑事诉讼法〉第 55 条第 2 款之解释为视角》，《法学家》，2019 年第 5 期。

㉙汤维建、陈爱飞：《论新时代中国特色社会主义程序法治的品格》，《法治现代化研究》，2019 年第 6 期。

㉚汤维建：《新突破、新拓展、新发现：2018 年民事诉讼法学研究综述》，《人民检察》，2019 年第 3 期。

㉛邵明、常洁：《民事诉讼模式重述——以公益和私益为论述角度》，《中国人民大学学报》，2019 年第 6 期。

㉜张卫平：《诉讼请求变更的规制及法理》，《政法论坛》，2019 年第 6 期。

㉝陈晓彤：《既判力理论的本土化路径》，《清华法学》，2019 年第 4 期。

㉞汤维建：《构建“三合一”型检察公益诉讼的理想模式》，《人民政协报》，2019 年 11 月 14 日。

㉟汤维建：《在更大的格局下完善检察公益诉讼制度》，《人民政协报》，2019 年 11 月 28 日。

㊱刘辉：《检察公益诉讼的目的与构造》，《法学论坛》，2019 年第 5 期。

㊲汤维建：《公益诉讼的四大取证模式》，《检察日报》，2019 年 1 月 21 日。

㊳汤维建、张明哲：《海峡两岸公益诉讼比较研究及对策建议》，2019 年第 1 期。

㊴汤维建：《促进检察事业发展，应处理好六大关系》，《团结》，2019 年第 2 期。

㊵汤维建：《新时代民事检察的定位与作为》，《检察日报》，2019 年 12 月 9 日。

㊶汤维建、王德良：《民事检察精准化发展路径探析》，《人民检察》，2019 年第 10 期。

㊷汤维建：《新时代民事检察发展的八大支点》，《人民检察》，2019 年第 19-20 期。

㊸龙飞：《人工智能在纠纷解决领域的应用与发展》，《法律科学》，2019 年第 1 期。

㊹史明洲：《区块链时代的民事司法》，《东方法学》，2019 年第 3 期。

㊺肖建国、庄诗岳：《论民事执行实施权的优化配置——以我国的集约化执行改革为中心》，《法律适用》，2019 年第 11 期。

㊻雷彤：《执行体制改革背景下"执行员"的再解读》，《当代法学》，2019 年第 1 期。

㊼任重：《民事诉讼法教义学视角下的"执行难"：成因与出路——以夫妻共同财产的执行为中心》，《当代法学》，2019 年第 3 期。

㊽张卫平：《执行救济制度的体系化》，《中外法学》，2019 年第 4 期。

㊾金印：《论债务人异议之诉的必要性——以防御性司法保护的特别功能为中心》，《法学》，2019 年第 7 期。

㊿刘颖：《分配方案异议之诉研究》，《当代法学》，2019 年第 1 期。

51刘君博：《执行和解协议中担保条款研究》，《法律科学》，2019 年第 4 期。

52刘哲玮：《论民事司法查封的效力》，《国家检察官学院学报》，2019 年第 4 期。

53龙飞：《替代性纠纷解决机制立法的域外比较与借鉴》，《中国政法大学学报》，2019 年第 1 期。

54姜丽丽：《论我国仲裁机构的法律属性及其改革方向》，《比较法研究》，2019 年第 3 期。

55肖建国、李佳意：《对赋强公证的债权争议之可诉性研究》，《华南理工大学学报（社会科学版）》，2019 年第 5 期。

（作者：陈卫东、汤维建、刘计划，中国人民大学教授；胡守鑫、郭丰璐，中国人民大学博士生）

经济法学

朱大旗 吴宏伟 胡延玲

一、2019 年中国经济法立法之简要梳理

1. 颁布或修正的法律

《中华人民共和国证券法》（2019 修订）已由中华人民共和国第十三届全国人民代表大会常务委员会第十五次会议于 2019 年 12 月 28 日修订通过，自 2020 年 3 月 1 日起施行。

《中华人民共和国台湾同胞投资保护法》（2019 修正）已由第十三届全国人民代表大会常务委员会第十五次会议于 2019 年 12 月 28 日做出《关于修改〈中华人民共和国台湾同胞投资保护法〉的决定》第二次修正并公布，自 2020 年 1 月 1 日起施行。

《中华人民共和国资源税法》（2019 修订）已由中华人民共和国第十三届全国人民代表大会常务委员会第十二次会议于 2019 年 8 月 26 日通过并公布，自 2020 年 9 月 1 日起施行。

《中华人民共和国城市房地产管理法》（2019 修正）已由第十三届全国人民代表大会常务委员会第十二次会议于 2019 年 8 月 26 日做出《关于修改〈中华人民共和国土地管理法〉、〈中华人民共和国城市房地产管理法〉的决定》第三次修正并公布，自 2020 年 1 月 1 日起施行。

《中华人民共和国土地管理法》（2019 修正）已由第十三届全国人民代表大会常务委员会第十二次会议于 2019 年 8 月 26 日做出《关于修改〈中华人民共和国土地管理法〉、〈中华人民共和国城市房地产管理法〉的决定》第三次修正并公布，自 2020 年 1 月 1 日起施行。

《中华人民共和国反不正当竞争法》（2019 修正）已由第十三届全国人民代表大会常务委员会第十次会议于 2019 年 4 月 23 日通过并公布，自公布之日起施行。

《中华人民共和国车船税法》（2019 修正）已由第十三届全国人民代表大会常务委员会第十次会议于 2019 年 4 月 23 日做出《关于修改〈中华人民共和国建筑法〉等八部法律的决定》予以修改并公布，自公布之日起施行。

《中华人民共和国外商投资法》（修订）已由中华人民共和国第十三届全国人民代表大会第二次会议于 2019 年 3 月 15 日通过并公布，自 2020 年 1 月 1 日起施行。

2. 颁布或修正的行政法规

《中华人民共和国外商投资法实施条例》（2019 修订）已由国务院于 2019 年 12 月 12 日第 74 次常务会议通过并公布，自 2020 年 1 月 1 日起施行。

《中华人民共和国外资保险公司管理条例》（2019 修订）根据 2019 年 9 月 30 日《国务院关于修改〈中华人民共和国外资保险公司管理条例〉和〈中华人民共和国外资银行管理条例〉的决定》第三次修订，自 2019 年 9 月 30 日起施行。

《中华人民共和国外资银行管理条例》（2019 修订）根据 2019 年 9 月 30 日《国务院关于修改〈中华人民共和国外资保险公司管理条例〉和〈中华人民共和国外资银行管理条例〉的决定》第三次修订，自 2019 年 9 月 30 日起施行。

《税务登记管理办法》（2019 修正）根据 2019 年 7 月 24 日《国家税务总局关于公布取消一批税务证明事项以及废止和修改部分规章规范性文件的决定》修正，自 2019 年 7 月 24 日起施行。

《期货公司监督管理办法》（2019 修订）已由 2019 年 6 月 4 日第 1 次主席办公会议审议通过，予以公布，自 2019 年 6 月 4 日起施行。

《中华人民共和国城镇土地使用税暂行条例》（2019 修订）根据 2019 年 3 月 2 日《国务院关于修改部分行政法规的决定》第四次修订，自 2019 年 3 月 2 日起施行。

《企业国有资产监督管理暂行条例》（2019 修订）根据 2019 年 3 月 2 日《国务院关于修改部分行政法规的决定》第二次修订，自 2019 年 3 月 2 日起施行。

3. 发布的国务院规范性文件

《国务院关于 2018 年度中央预算执行和其他财政收支审计查出问题整改情况的报告》于 2019 年 12 月 25 日公布，自公布之日起施行。

《国务院关于财政生态环保资金分配和使用情况的报告》于 2019 年 12 月 25 日公布，自公布之日起施行。

《国务院关于加强固定资产投资项目资本金管理的通知》（国发〔2019〕26 号）于 2019 年 11 月 20 日公布，自公布之日起施行。

《中共中央、国务院关于推进贸易高质量发展的指导意见》于 2019 年 11 月 19 日公布，自公布之日起施行。

《国务院关于进一步做好利用外资工作的意见》（国发〔2019〕23 号）于 2019 年 10 月 30 日发布，自公布之日起施行。

《国务院关于印发实施更大规模减税降费后调整中央与地方收入划分改革推进方案的通知》（国发〔2019〕21 号）于 2019 年 9 月 26 日公布，自公布之日起施行。

《国务院办公厅关于有效发挥政府性融资担保基金作用切实支持小微企业和“三农”发展的指导意见》于 2019 年 1 月 22 日公布，自公布之日起施行。

《国务院关于今年以来预算执行情况的报告》（国办发〔2019〕6 号）于 2019 年 1 月 22 日公布，自公布之日起施行。

二、学术研讨活动（按会议时间排序）

1. 第十四届中国经济法治论坛

2019 年 6 月 15 日，由中国人民大学经济法研究中心主办，深圳大学法学院、深圳大学社会科学部承办的第十四届“中国经济法治论坛——优化营商环境与法治建设研讨会”在深圳大学召开。来自中国人民大学、北京大学、上海交通大学、武汉大学、南开大学、对外经济贸易大学、中南财经政法大学、扬州大学、海南大学、深圳大学等 30 多所高校和科研机构的 70 余名专家学者以及前海管理局和广东华商律师事务所相关领导和 20 余名代表出席了本次会议。

中国法学会经济法学研究会副会长、中国人民大学法学院史际春教授在开幕式致辞中指出，在中美贸易战背景下，全国范围内正在进行如何优化营商环境的热烈讨论，本次会议研讨的是广义的营商环境，已经远远超出了世界银行所讲的营商环境的范畴，会议以“营商环境与法治”为主题，正是期待参会代表能够不拘一格，借鉴“营商环境”的概念来做更高层次、更深入的探讨，为促进营商环境建设与法治的协调与互动贡献学者智慧。

在会议研讨环节，中国经济法学研究会副会长、中国人民大学法学院史际春教授，中国经济法学研究会原副会长、深圳大学特聘教授王晓晔教授，中国经济法学会副会长、上海交通大学法学院王先林教授，湖北经济学院党委副书记刘大洪教授，长江学者特聘教授、辽宁大学法学院杨松院长，中国人民大学徐孟洲教授、朱大旗教授，北京大学叶姗教授，武汉大学孙晋教授等学者就营商环境建设与竞争中立，营商环境建设与经济法基本理论、金融税收制度改革、政府角色转变、市场规制法律制度更新等议题展开广泛研讨。

2. 北京市经济法学会第四次会员代表大会暨2019年“优化营商环境与经济法治研究”学术年会

2019年6月29日，北京市经济法学会第四次会员代表大会暨2019年“优化营商环境与经济法治研究”学术年会在中国人民大学举办。

年会开幕式由中国人民大学法学院孟雁北教授主持，北京市法学会党组书记、专职副会长萧有茂，中国人民大学法学院副院长张翔教授，中国法学会经济法学研究会会长、北京大学法学院张守文教授出席开幕式并致辞。

与会代表认真听取和审议了《北京市经济法学会第三届理事会工作报告》、《北京市经济法学会第三届监事会工作报告》以及《北京市经济法学会章程修改说明》。在北京市经济法学会第三届理事会副会长席月民研究员主持下，会议通过了北京市经济法学会第四届理事会选举办法，选举产生了第四届理事会理事、常务理事和监事，并由新一届理事会选举产生了会长、副会长、秘书长，监事会选举产生了监事长。其中，中国人民大学法学院朱大旗教授当选为第四届理事会会长。

年会的研讨主题是“优化营商环境与经济法治研究”，共分为3个阶段进行了会议交流。第一阶段研讨由原北京市高级人民法院民二庭庭长刘兰芳主持。中国人民大学法学院徐孟洲教授、中国政法大学民商经济法学院刘继峰教授、北京市盈科律师事务所高级合伙人王风和律师、北京大学法学院叶姗教授分别上台发言，北京李晓斌律师事务所主任李晓斌律师和北京大学法学院邓峰教授进行了与谈。第二阶段研讨由首都经贸大学法学院高桂林教授主持。北方工业大学王斐民教授、中央民族大学法学院陈群峰教授、中国政法大学民商经济法学院李蕊教授、天津工业大学付大学副教授分别登台演讲，中国人民大学法学院张世明教授与金善明副研究员进行了与谈。第三阶段研讨由中共中央党校（国家行政学院）政法教研部王伟教授主持。北京师范大学法学院袁达松教授、挪威Polybo AS中国区总裁李业顺先生、北方工业大学文法学院陈兰兰副教授、中国政法大学民商经济法学院博士生梁伟亮同学分别做了主题发言，北京交通大学法学院李文华副教授和《首都师范大学学报》石新中编审作为与谈人进行了互动。

会议闭幕式由北京市经济法学会秘书长、中国人民大学法学院副教授姚海放主持。北京市经济法学会副会长、中国人民大学法学院孟雁北教授对本次会议进行了总结。

3. 中国法学会财税法学研究会2019年年会暨第三十一届海峡两岸财税法学术研讨会

2019年9月21日，中国法学会财税法学研究会2019年年会暨第三十一届海峡两岸财税法学术研讨会在河北大学举行，由中国法学会财税法学研究会主办，河北大学政法学院、河北大学国家治理法治化研究中心承办。

本次年会的主题为“新中国70年财税改革暨财税法治建设的主要成就”。来自北京大学、中国人民大学、武汉大学、厦门大学、中国政法大学、中南财经政法大学、西南政法大学、中央财经大学、华东政法大学等高校、科研机构、法律实务部门、期刊出版机构等200多名专家学者和实务工作者参加会议。

开幕式由河北大学政法学院副院长陈玉忠主持，开幕式后进行了为期一天半的学术研讨。与会专家学者围绕“财政法治与地方财税法治建设”“税收征管制度的完善”“个人所得税制度的完善”“税务诉讼与税务复议”“纳税人权利保护”“社会保险征管制度”“税制国际比较与中国经验”等多个议题进行了深入交流，形成了一系列有价值、有见地的学术成果，为我国财税改革和财税法治建设提供了理论支撑和实践指南。

4. 中国法学会经济法学研究会2019年年会暨第二十七届全国经济法理论研讨会

2019年11月16日，中国法学会经济法学研究会2019年年会暨第二十七届全国经济法理论研讨会在广州召开，此次大会由中国法学会经济法学研究会主办、华南理工大学法学院、广州市委依法治市办承办，广东华璟律师事务所、广州市破产管理人协会以及华南理工大学法治经济与法治社会研究中心协办。

中国法学会副会长王其江、广东省法学会会长梁伟发、中国法学会经济法学研究会会长张守文出席了此次年会，来自北京大学、中国人民大学、中国政法大学、清华大学、华东政法大学、武汉大学、西南政法大学、对外经济贸易大学、南京大学、厦门大学、中南财经政法大学、北京师范大学、南开大学、复旦大学、中山大学、中国社会科学院法学所、上海财经大学、西北政法大学等110余家高校与研究机构的近300名专家学者围绕“全面依法治国与经济法”这一主题展开了激烈的学术研讨与思想碰撞。

16 日上午大会伊始，在华南理工大学法学院院长蒋悟真教授的主持下，中国法学会经济法学研究会会长张守文教授发表开幕致辞。

随后，大会进入主题演讲环节，在中国法学会经济法学研究会监事长徐孟洲教授与西南政法大学副校长岳彩申教授的主持下，中国人民大学法学院史际春教授、南京大学法学院李友根教授、华东政法大学经济法学院任超教授、南京大学法学院宋亚辉教授以及华南理工大学法学院胡明副教授分别作了主题发言，中南财经政法大学法学院刘大洪教授与中央财经大学法学院邢会强教授就 5 位演讲人的发言进行了精彩与谈。

16 日下午的年会正式开幕式由华南理工大学法学院院长蒋悟真教授主持，华南理工大学校长助理房俊东、中国法学会经济法学研究会会长张守文、广东省法学会会长梁伟发、中国法学会副会长王其江分别莅临致辞。

16 日下午至 17 日上午，大会进入分会场研讨环节。与会专家学者围绕“经济法总论”“市场规制法”“宏观调控法”3 个议题，分 12 个单元对经济法原理、经济法理论回应与制度发展、市场规制法原理、竞争法专题、宏观调控法与营商环境、金融法专题、经济法统合立法研究、经济法立法理论、消费者权益保护、市场规制法相关制度、财税法理论与制度以及宏观调控法与相关制度等问题展开了激烈的交锋。

17 日下午，中国法学会经济法学研究会副会长卢代富教授主持大会交流环节，中国法学会经济法学研究会顾问、中山大学法学院程信和教授做了题为“构建经济法制度整体框架及其话语体系——《经济法通则》之命运”的交流发言，程信和教授对制定《经济法通则》以实现经济法统合立法进行了精彩的论述。随后，江西科技师范大学法学院张继恒教授、中国社会科学院法学研究所金善明副研究员以及中央财经大学法学院邢会强教授分别就年会 3 个议题的讨论情况及其成果进行了概括性汇报。

5. 中国法学会银行法学研究会 2019 年年会

2019 年 11 月 9 日，中国法学会银行法学研究会 2019 年年会在复旦大学举行。本次研究会由中国法学会银行法学研究会主办、复旦大学承办。

中国法学会银行法学研究会会员、理事、常务理事、副会长、会长及来自中国银行保险监督管理委员会、中国人民银行、最高人民法院、最高人民检察院、上海市银行同业公会、中国建设银行及上海市分行的特邀嘉宾 400 余人出席了会议。

开幕式由中国法学会银行法学研究会副会长、复旦大学法学院教授季立刚主持。然后由中国法学会银行法学研究会副会长、西北政法大学经济法学院教授强力主持。中国法学会银行法学研究会副会长、国家开发银行法律事务局局长白映福，中国法学会银行法学研究会副会长、中国政法大学教授刘少军，中国法学会银行法学研究会副会长、华东政法大学教授吴弘，中国法学会银行法学研究会副会长、中国泛海集团副总裁王科进，最高人民检察院三级高级检察官罗曦，腾讯金融研究院副院长刘建围绕“新形势下的银行合规管理”“《商业银行法》组织制度修改中的特殊权责分配问题”“国际金融中心建设与金融法制发展”“加强完善金融法治，防范化解金融风险”“金融犯罪疑难问题探析”“金融科技规制法律问题探讨”分别做了演讲。

在分组讨论环节，与会代表以“银行立法与金融监管”“金融业进一步开放与风险防范”“金融科技发展与银行法治完善”“金融市场参与者的权益保护”“金融司法与金融法治”等议题进行了研讨、交流。

6. 北京市金融服务法学研究会 2019 年年会

2019 年 12 月 1 日下午，北京市金融服务法学研究会 2019 年年会在北京师范大学举行。本次会议由北京市金融服务法学研究会主办，北京师范大学法学院经济法与金融法研究中心承办，会议主题是“大数据时代的金融服务法治”。

开幕式由北京市金融服务法学研究会副会长、北京大学法学院教授刘燕主持，由北京市法学会研究部干部肖然和北京市金融服务法学研究会会长、中央财经大学法学院教授曾筱清致辞。

会议专题研讨上半部分由北京师范大学教授、经济法与金融法研究中心主任袁达松主持。中央财经大学法学院教授、北京市金融服务法学研究会副会长兼秘书长邢会强带来主题为“大数据交易背景下个人信息财产权的分配与实现机制”的发言，指出数据确权的关键在于“个人信息”的确权的问题。腾讯金融研究院副院长、高级经济师刘建以“金融科技规制法律问题探讨”为题进行了发言，他认为需要关注到金融科技规制尚面临诸多法律问题待解，如：金融科技规制的法律主体的问题、金融科技发展规划中金融科技行业未来的目标如何体现市场发展的包容性、前瞻性等。上海师范大学助理教授刘岳川以《金融创新的反身法治理模式》为题进行发言，从社会系统理论角度出发，分析了金融创新的反身法治理模式。北京大学法学院王彦光博士以《个人金融信息的区分化保护》为题，从信息保护在民商事方面的区分及金融消费者与投资者的概念区分角度，探讨了对个人金融信息的区分化保护路径。北京工业大学文法学院副教授陈兰兰详细阐述了区块链和数据传输监管等问题。

会议下半场由《首都师范大学学报（社会科学版）》编审、首都师范大学法学院石新中教授主持。北京师范大学法学院教授、经济法与金融法研究中心主任袁达松以“金融制裁及其应对、反制的法律机制”为题展开发言。武汉东湖大数据交易中心杜乐总经理作出题为“数据中心的演进与技术展望”的发言。国家开放大学安徽分部何宗泽副教授以“智能投顾侵害金融消费者权益的法律责任研究”为题展开发言。北京师范大学法学院硕士研究生李志丹的发言题目为“欧盟与美国金融隐私信息保护立法比较及对我国的启示”。

会议闭幕式由北京师范大学教授、经济法与金融法研究中心主任袁达松主持。中央财经大学法学院教授、北京市金融服务法学研究会副会长兼秘书长邢会强作闭幕致辞，邢教授再次强调了研究金融法回避不了大数据的问题。

7. 第二十届中国财税法前沿问题高端论坛

2019 年 12 月 25 日，由中国法学会财税法学研究会主办、北京大学法学院和北京大学财经法研究中心承办的第二十届中国财税法前沿问题高端论坛——“中国特色财税法的理论与制度”研讨会在北京大学法学院举办。来自北京大学、清华大学、上海交通大学、中国政法大学、中国社会科学院、中国社科院大学、中央财经大学、武汉大学、西南政法大学、华东政法大学、西北政法大学、厦门大学和辽宁大学等高校的 60 多位学者参加了本次论坛。

与会学者一致认为，近年来，在全面依法治国方略的指引下，税收法定原则逐步落实。新一轮税制改革之后我国的税制体系基本成熟定型，税收实体法法律层级的整体提升有望实现。制定一部统领税法体系、规定税法领域基本问题的《税法总则》的立法时机已经成熟。刘剑文、熊伟等教授指出，《税法总则》的法律定位应当是税法领域的“母法”或者“准宪法”，对于落实税收法定原则意义重大。提升国家治理体系和治理能力现代化，具体到财税领域则体现为税收法律体系的现代化，所以应当尽快启动该法的立法进程，使其成为税法现代化的标志性法律。

中国法学会财税法学研究会会长、北京大学法学院刘剑文教授提出，从党的十八届三中全会《决定》中明确提出“落实税收法定原则”以来，我国税收立法步入快车道，现有 18 个税种目前已经制定了 9 部法律，其余多部税收法律草案也已进入立法程序。

三、经济法学术研究的基本情况

1. 关于法治经济理论发展与制度建设

有学者认为，以 1978 年开始的改革开放为界，可将新中国 70 年的发展历程分为前 30 年和后 40 年两个阶段。在前一阶段，随着计划经济体制和集中统一经济管理体制的推行，以及“经济宪法”对计划经济的强调，经济法制度日渐衰微、沉降，几近于无。在后一阶段，随着市场经济体制和适度分权经济管理体制的确立，以及“经济宪法”对“计划与市场”等重要关系的重新定位，经济法制度日益强盛、浮升。经济体制、经济管理体制、“经济宪法”对“政府与市场的关系”具有直接影响，它们是导致经济法制度变迁的三大因素。经济法制度的兴衰与沉浮、荣枯与有无、多少与强弱，与上述三大影响因素的变动具有内在一致性。历史、系统地分析经济法的制度变迁，尤其有助于经济法的理论深化和制度完善，从而推动新时代中国特色社会主义经济法治的发展。①

有学者认为，基于市场、政府双失灵这一逻辑基础和理论前提构建的经济法范式框架基础十分薄弱，存在明显缺陷。从法律规制常常失灵这一现象入手，剖析法律规制失灵的原因，探讨新时期经济法功能定位转变的可能进路。法律规制失灵不可避免，因为法律规制无法改变市场运行尤其是市场主体竞争稀缺资源的本质，而只会改变竞争的准则和稀缺资源配置的方式；同时，法律规制的成功要求规制者、被规制者以及规制的保护对象三类市场主体合理行动，而这很难实现。最后，法律规制还可能带来一系列潜在的成本，使其难以满足比例原则的要求。未来应当基于治理理论重新审视政府与市场之间的复杂关系，寻找经济法的理论基础和功能定位。②

中国经济法学的产生与发展，与经济体制改革和经济法制建设相伴随行。虽然中国经济法学借鉴了苏联以及东欧国家的经济法理论成果，参考了德国、日本、法国等市场经济国家的经济法研究成果，但更多的是立足于本土化的中国国情与中国立场，通过自我化的过程形成了中国经济法学的性格与品格。③

2. 关于宏观调控法的研究

（1）关于财税法的研究

有学者认为，在现代社会中，财税是国家治理的关键，关乎政府与人民、立法与行政、中央与地方的关系，必须接受宪法的指导和制约。我国宪法中除直接涉及财税的条款外，还有大量有关国家任务、公民基本权利的条款，它们对财税立法、行政与司法都会产生规范效力。可见，财税法学与宪法学联系紧密，二者之间并非平行对立，而是存在一定程度的交叉重叠，由此催生了财政宪法学这个新领域。随着预算管控的精细化、税收法定原则的落实、国地税机构合并，以及地方债问题的日益严峻，财税问题不断引发全社会关注，其立场已经不再局限于一地一事，而是提升到了国家治理现代化的高度，对宪法学和财税法学都提出了新的挑战。宪法学需要研究财税运行的逻辑，财税法学则需要研究依宪治国的规律，二者共同思考如何将宪法的精神、原则和规则运用于财税领域。④

有学者认为，税法处在多部法律的交界地带，涉及多个重要法律关系。一方面，税法处在经济法、宪法、行政法的交界领域。首先，中国曾经实行计划经济制度，由于这一制度背景，税法在改革开放之初就被视为经济法的一个领域。随着经济的高速发展，社会出现大量问题，税收被国家作为一种重要的引导调控工具，税法的经济法属性没有降低反而有所增加。其次，在学理上，是否遵从宪法，是否认同宪法的平等原则、私有财产权等基本权利在税法领域具有最重要的指导作用，是税法学区分于财政学、经济学、税收学的最重要标准。在改革开放初期，无论是国民整体税负还是公民个体税负都很轻，彼时税负过重和税负不平等还未成为公众关注的问题。随着改革开放进入深水区，国民整体税负和公民个体税负都明显增多，税负不平等问题也随之迅速凸显。正是在此背景下，近年来个人所得税、房地产税的修改和酝酿，尤其是其中的税负平等问题，触及纳税人私有财产权保护和平等原则等基本宪法权利，引发社会各界长期关注。在制度建设上，税负平等将是税收法治改革的重中之重。⑤

有学者认为，税制建构的讨论中，人们大多习惯从提高征管效率角度出发，从便利征收的立场思考制度和机制设计。但仅是征管便利并不能保障税收效率的实现，即使强调税收征管便利，其内涵也应包括纳税人和税务机关的双方便利。在平衡的税收征收法律关系中，征税和纳税双方便利是统一的。国家财政活动需贯穿“方便且有利于纳税人”思维，实现税法对纳税人形式方便与实质有利的两相结合。⑥

以“方便并有利于纳税人”为内涵的纳税便利思想，从理论上确证了纳税人权利的将来保障面向，进而主张国家有为实现税收债务提供相应便利之义务。但当纳税便利回应构建法律规范的需要时，或面临权利泛化、概念模糊、叙事混乱和实效有限的理论考问时，援引公法的“国家义务”理论，纳税便利的实现须臾不能离开国家准备条件、予以配合甚或提供帮助。在优化营商环境和减轻税收负担法治实践背景下，分析纳税便利容让协助国家义务的构造原则，能够促进国家税权的正位平衡运行，充分彰显纳税人权利保障范式的理论与实践价值。⑦

有学者认为，房地产税法在性质上属于分配法的范畴，其建制中应始终遵循量能课税原则。房地产税是一种设置于房地产保有环节，以房地产应有收益为计税依据的资产本体税，其经济上的可税性和法律上的可税性皆有诸多可议之处。设立房地产税的正当性源于宪法上财产权的社会义务，其经济来源可能是应税房地产的收益或处分所得，也可能是纳税人的财产和其他所得。房地产税的税收负担取决于应税房地产的评估价值、税率、豁免征税条件和税收优惠等课税要素。若收入房价比超出合理范围，而纳税人又不愿意为缴纳房地产税而处置应税房地产时，税务机关有权在该房地产上设定税收保障受偿权，即纳税人未能及时足额缴纳房地产税，且经责令限期缴纳后仍未缴纳的，税务机关可以在应税房地产上依法设定税收保障受偿权；进而，当纳税人处置应税房地产时，税务机关可以从其处置所获收益中优先收取纳税人所欠缴的房地产税税款及其滞纳款项。⑧

有学者认为，房地产税的开征仍需面临立法目的的选择、征税对象可税性的论证以及量能课税原则的约束。完善地方税制体系是名义上最为正当的立法目的，但难以指望房地产税成为地方财政收入的主要来源；调控房地产市场则是一个似是而非的目的，不能以此作为立法的正当性基础。可税性的论证则需要针对城镇房屋、农村住房、小产权房进行区别考量，以确立合理的征税范围。以量能课税原则检视，未来的房地产税法还需要考虑纳税人的经济承受能力、房屋价款中的税费比重调整以及房地产税与个人所得税之间的衔接问题，并在课征收入的使用范围方面做出合理的规定。[9]

（2）关于金融法的研究

随着金融产业链的不断发展，金融消费者权益保护已成为金融安全的组成部分，消费方式与消费理念早已伴随着科学经济的发展进行了更新，金融消费虽给我国公民带来了多元化的金融服务，但同时随着金融市场的复杂化，企业对利益追求的最大化，使金融市场的矛盾日益凸显，在金融交易中却出现了许多侵害金融消费者权益的现象。互联网保险消费者作为新型金融消费者的一类，值得关注。[10]

有学者认为，信息型操纵是目前证券执法的一大热点，但其学理尚不成熟。结合当前执法实践，可将其分为编造传播虚假信息型和利用信息优势型两个基本类型。根据上市公司信息发布和关联主体配合买卖的模式，后者又可分为 3 个亚类。认定编造传播虚假信息型操纵的关键，是行为人具有能够影响市场的特定身份。认定利用信息优势型操纵的关键是以直接或间接证据认定操纵故意。除了操纵计划书、当事人口供等直接证据外，用间接证据认定不正当信息发布行为时，应能证明信息发布过程的草率性、发布时点的反常性和发布内容的草率性。认定不正当信息发布和外部事件之间配合关系的间接证据应当能证明二者在时间轴上具有关联性、对应性，以及配合结果可能产生特定的操纵作用力。上市公司是不正当信息发布的行为人，其责任不应当低于实际控制人，其责任应当高于外部配合交易者或市值管理方案提出人。执法部门应积极主动地指明其构成要件，在保持各自立场一致时，行政执法和刑事司法部门亦应协调法律适用标准。上市公司强化信息披露治理，能有效减少信息型操纵发生的可行性。[11]

有学者认为，信托制度不同于传统的民商事法律制度，无论是运行机制还是财产权结构，信托都具有相当大的特殊性。由于其重要性以及制度的特殊性，很多民法典都通过不同模式、不同角度对信托制度进行相应的逻辑表达。出于民法典的体系化、系统化以及现代性和国际化的需要及考量，我国民法典也应将信托纳入其中。这种纳入既要在分则中体现也要在总则中体现，在民法典分则中，应采取特殊制度规范模式，将信托安排在物权和债法之间或者物权和债法之后并单独作为一编。在民法典总则中，信托应该在民事主体和民事权利部分予以体现，民事主体部分应对商业信托有所提及，民事权利部分应该涵盖信托财产权利。[12]

2012 年以来，在国内以投资为主导的市场环境以及相对宽松的监管背景下，银行、信托、证券、基金、期货、保险等金融机构的资产管理业务进入爆发式发展的黄金时期，至 2017 年年底，资管规模已发展至百万亿元。但资产管理行业在蓬勃发展的同时，也衍生了种种金融乱现状：金融分业监管下各类金融机构的差异化监管标准驱动了以金融创新为名、规避金融监管为实的通道业务、多层嵌套等套利行为，以通道、嵌套、高杠杆配资、资金池等为表征的刚性兑付的投融资结构催生了规模庞大的中国式影子银行，实体企业杠杆畸高，金融脱实向虚，给我国的金融市场埋下了巨大的系统性风险隐患。资产管理业务链条很长，产品结构复杂，涉及的利益主体众多，更关系到金融市场的稳定以及对于实体经济发展的助力等关乎国计民生的重大问题，加强监管无疑是保障百万亿级规模的资管市场健康发展的基石。[13]

随着可持续发展战略的不断推进，绿色金融的积极效用日渐得到关注和认同，但在其发展过程中也存在诸多问题，包括绿色金融制度保障滞后、绿色金融市场基础欠缺、绿色金融实践运行动力不足等问题。绿色金融现存问题的解决需秉持政府引导、市场主体和理念培育三位一体的基本思路，并应遵循如下基本路径：宏观政府角度从法律、政策和配套设施上加以完善，中观市场层面构建金融组织体系和创新金融工具，微观角度培育各阶层绿色金融参与主体的绿色金融发展理念。生态环境日益恶化，可持续发展面临大挑战，推进绿色发展已经成为世界性的发展趋势，而将金融产业发展与生态环境保护结合的创造性效果也使得绿色金融的发展成为当代中国贯彻可持续发展战略的必然选择。[14]

有学者认为，在国内外金融实践的持续发展过程中，金融法律体系依然不够完善，金融执法、金融创新、农村金融这些方面依然存在不足，那么不断加强金融立法、健全金融法制体系，是我国金融法制体系中亟待解决的任务。[15]

3. 关于市场规制法的研究

（1）关于反不正当竞争与反垄断法的研究

有学者认为，卡尔·施密特将法学思维方式区分为规范论、决断论和制度论。制度并不是规则的机械加总，个体性和空洞化的决断也不会产生稳定秩序，施密特在扬弃规范思维和决断思维的基础上，提倡对抗规范主义的制度思维。纸面上的规则必须经过反复实践才能结构化，建立起行为框架结构，成为一种制度。制度是具体秩序的载体，具体秩序是法的固有要素，是决断的限制性条件。制度化的过程促进秩序的形成，秩序的形成有赖于制度的利器。制度论对于竞争法学既具有形而下的“器”的意义，这体现在竞争过程培育机理的发现、相关市场等制度性事实的界定、竞争权概念的祛魅、竞争法制度保护功能的定位等方面，又具有形而上的“道”的意义，倡导内嵌中道思维的制度论有助于深刻理解竞争与合作、自由与干预、单一效率目标论与多元价值目标论等组合范畴间的关系。某种意义上，竞争法既反对自由放任主义，又区别于经济干预主义，明晰群己界分的竞争自由底线，是维护竞争自由的社会协调之法。[16]

有学者认为，我国建立的公平竞争审查制度的定位是以自我审查为主要实践路径的行政机关内部决策合法性审查机制，这其实只是依法行政原则在行政权力内部运行机制中的具体展开和实践体现，而非创新之举。公平竞争审查制度实施的文本规范呈现出严重的同质化倾向，且实践模式单一僵化，无法形成有效的外部化约束，预设的制度效果难以期至，确有反思与检讨之必要。在考量现行制度的基础上，应重新审视公平竞争审查机制在经济治理中的地位和作用，适时将其拓展为行政权力运行的外部监督机制，并内化至现行的法律法规等规范性文件制定程序约束机制之中，从整个法治体系层面优化其实践路径并不断完善外在保障机制，从而以最低的治理成本获得最优的竞争效果、营造公平有序的营商环境。[17]

有学者认为，对于国家发展来讲，市场经济发展水平是衡量一个国家发展程度的重要指标。自从我国加入 WTO 以来，随着经济全球化的发展，世界市场为我国市场经济的发展带来了巨大的发展契机，与此同时，也为我国市场经济的发展带来巨大挑战。在复杂多变的市场发展中，如何提升自身在市场竞争中的地位，已经成为每个企业发展必须思考的问题。文章认为价格垄断在市场发展中是最为常见的垄断行为表现，也是最有效的竞争方式，很多的经营者在竞争市场份额时，往往利用操纵价格的手段获取市场地位，这样，不仅仅使得市场秩序变得混乱，更严重的是严重损害了消费者的合法权益。因此有必要对反价格垄断法律进行分析。[18]

有学者认为，经营者作为经济法的主体，其内涵和外延的界定极为重要。我国《反不正当竞争法》《价格法》《消费者权益保护法》《反垄断法》均明确将经营者纳入其调整范围，但规定又有所不同。厘清经营者的内涵对于法律适用极为重要。我国各经济法律规范对于经营者的概念界定各有不同，在实践中也存在着较大的争议和分歧。通过立足于经济法视野，考虑其立法原意，能够确定和完善经济法中经营者的概念。[19]

垄断与市场经济联系比较紧密。由于垄断对社会发展具有负面影响，国内外都在采取措施，避免垄断干扰经济发展。制定反垄断机制乃是解决经济问题的重要方法。如今，计算机、互联网、信息技术的成熟发展使得经济形态出现了新的特征。而工业经济背景下的反垄断法愈加不能满足社会发展需求。因此，应该着力探究反垄断法出路，提高反垄断法发展水平。[20]

有学者认为，工业产权的不正当竞争行为屡禁不止，主要原因在于利用工业产权进行不正当竞争的界限无法界定，存在不正当竞争出现时的救济难和救济不够全面的问题。同时，当今世界不仅面临传统意义上的不正当竞争的问题，而且还需要应对由于新兴科技带来的不正当竞争的挑战。[21]

有学者认为，管制行业因规模经济性、范围经济性和网络经济性而具有较高的市场集中度甚至具有垄断状态，也有专门的法律、法规或者政策对市场准入、价格等进行调整和规范，但如果没有法律的明确规定，《反垄断法》当然要在管制行业实施。反垄断法在管制行业实施过程中，需要关注适用范围因政府产业管制而受到一定程度限制的问题，需要协调好竞争政策与产业政策的关系，需要将推进公平竞争审查制度与禁止行政性垄断行为作为工作重点，需要研究经常适用经营者承诺制度等法律实施的个性特征，还需要做好管制行业市场竞争状况的细分研究等基础性工作。[22]

企业合作是企业为了应对新经济、新业态、高龄化、市场萎缩等现实问题所实施的相关降低成本、追求经营活动效率化的一种企业间的战略合作行为。该行为具有增进各方收益、促进新产品开发、开拓新市场、分散风险、互补资源等诸多益处。合作中的企业仍保有经济活动的独立性乃是区别于经营者集中的显著特征。企业合作行为对市场竞争既有积极的促进竞争效应也有限制竞争的消极效应，而且合作模式不同其对市场竞争的影响也不相同，应该对其开展反垄断审查。其中，界定相关市场、考察市场竞争状况、评估合作对市场竞争的影响等是反垄断审查中重要考量要素。而企业合作中各类型的信息交换、成本结构的共通化等则是反垄断审查的重点行为。[23]

（2）关于政府与市场关系的研究

有学者认为，在现代经济法中，人们对政府干预、市场等方面形成了正确的认识，其内容更加全面，具有较强的适用性。其具有有限理性假设、政府适度干预、经济民主等特征。对于有限理性假设方面，社会的发展实践表明，人们对社会的发展不能进行全面控制，社会发展受到较多因素的影响，不是人们可全面决定的。人们自身生活在社会中，不可能做到完全理性，受到社会规则的限制，摆脱不了社会体系的束缚，所以，现代经济法具备有限理性假设特征。[24]

有学者认为，市场本身虽具有一定的自我调控作用，但却不是万能的，市场失灵是市场自身调控作用出现混乱的一种表现。随着我国经济的逐渐发展，经济法逐步完善，经济法在解决市场失灵的问题上发挥了巨大作用。[25]

（3）关于破产法的研究

有学者认为，我国《企业破产法》规定，法院认为必要时，可以决定设立小额债权组以对重整计划草案单独进行表决。有关上市公司破产重整案件的数据显示，小额债权单独分组优惠清偿的案件在数量上只有普通债权分段递减清偿案件的1/3左右。如何评价小额债权的单独分组优惠清偿，其是否违背债权平等原则，是否能够真正达到重整计划表决的效率目标，多数案件所采用的分段递减清偿是否违背破产法关于单独设立小额债权组的立法初衷，此等问题似未引起理论上的足够重视。小额债权纳入普通债权分段递减清偿的做法较之于单独分组优惠清偿，既能更好地贯彻债权平等原则，又能有效提高重整计划表决通过的概率，未来立法应以普通债权的分段递减清偿来替代小额债权的分组优惠清偿。[26]

在公司破产清算程序中，清算组在对公司进行债权重新分配时会冲击股东与债权人之间的利益配置机制，出现不合理地分配经营风险的现象，使股东陷入公司经营风险的窘境中。由于外部债权人不参与公司经营与公司日常管理，承担较少的经营风险，而作为拥有公司重大事项表决权、利润分配请求权、剩余利益索取权等权利的股东参与公司经营管理，在权利配置机制作用下，公司进入破产清算程序过程中，必将侵害债权人与股东的合法权益。[27]

有学者认为，近年来，随着我国市场经济的发展、《企业破产法》的普遍适用，主张制定个人破产法的呼声高涨。个人破产立法要实现促进竞争、鼓励创新、宽容失败、保障生存的立法目的，并通过自由财产和免责等个人破产的特色制度激励财务失败的债务人积极融入社会、创造财富，客观上达到使各方利害关系人减少损失或共同受益的效果，同时促进市场经济发展、维护社会稳定。自由财产制度要解决的，是在债务人破产时，为债务人及由其抚（扶）养家庭成员的基本生活提供必要的金钱与财产保障，为其继续工作提供合理的条件，以及为其重新创业提供无生存负担的环境，但不是为其保留或提供用于经营活动的、超出工作保障条件的财产与资金资源。免责制度保护的是破产的诚实而不幸的债务人，对那些进行欺诈债权人、损害债权人利益的行为或违反破产法规定义务者，是不适用免责制度的。我国应当采取许可免责主义，而不能采取当然免责主义，应明确规定债务人的若干种行为属于不免责行为，有此类行为者便不予免责，并确定什么样的债务属于不免责债务。破产程序终结后，对债务人免责之前要设置一定期间的良好品行期以持续清偿债务。[28]

4. 其他法律制度的研究

自由贸易港是我国在自贸试验区的基础上构建全方位对外开放新格局的重要战略。竞争中立，作为近年来国际和国内社会中的“热词”，与自由贸易港的设立和发展有着天然的契合性。一方面，自由贸易港的建设需要竞争中立的引入与实施，开放、自由的市场离不开竞争中立的保障；另一方面，竞争中立在自由贸易港中也能更好地发挥功效，形成越贯彻落实竞争中立、越吸引各方资本流入、越焕发市场生机活力的良性循环。海南作为我国第十二个被批准设立的自贸试验区，与其他自贸试验区之间存在“共性”，竞争中立在原则性赋予、负面准入清单、统一信息平台、金融税收政策等方面的内容也得到彰显；同时，海南肩负着自由贸易港建设的特殊使命，也具有其“个性”，竞争中立在要素市场、文化旅游、公共教育和高新产业等方面应该相应有所放宽或缩紧。要在海南自由贸易港发挥竞争中立的功效，有赖于国家层面的统一立法和自贸港层面的授权立法、授权地方改革试点推进立法保障，并在公平竞争审查的具体化立法和负面清单的创新性立法上进行法律优化的深度探索。[29]

有学者认为，在“一带一路”倡议实施的背景下，中国投资者逐渐加快了“走出去”的步伐，中国的对外直接投资进入了高速发展的黄金时期。据相关数据显示，自2013年，提出有关“一带一路”概念以来，中国对“一带一路”沿线国家的直接投资额与中国对外投资总量的比例为10.9%。“一带一路”倡议的实施，给沿线国家带来的最直观的好处便是刺激投资，同时更深层次的好处则是推动中国与他国进行深入的经济交流，实现国家优势互补，改善国内的产能过剩的问题；同时也有利于优化中国的产业结构，平衡国内的发展。[30]

有学者认为，改革开放以来，国企改革的重心是将国企改造为独立自主的竞争主体。但是，当国企以一个“正常的”竞争者的角色进入市场以后，其凭借监管、税收、融资等倾斜性政策而攫取竞争优势，会对私企产生“挤出效应”；在国际层面，竞争中性成为西方国家继国家安全审查之后限制国企对外投资的新工具。国企改革引入竞争中性能妥适解决上述“内忧外患”。我国引入竞争中性应通察发达经济体，尤其是倚重国企的新兴经济体的经验与教训，坚持以所有制中立为前提，采取嵌入式和渐进式的改革进路，并通过“一带一路”倡议向世界推广中国方案，积极参与竞争中性国际规则的再造。具体路径上，应秉持“入乎其内、出乎其外”的方法论，从国企内部结构优化和外部竞争环境塑造两方面推进竞争中性改革。[31]

但也有学者认为，“竞争中立”，也称“竞争中性”，原为澳大利亚在PRIVATIZATION改革中采取的一项政策工具，意在解决国有企业市场化改制后面临的政策性亏损和经营性亏损如何区分的问题，以防政府对国有企业的政策倾斜和补贴被用于其竞争性业务而损害市场公平竞争。而后以美国为主的西方国家扩张解读“竞争中立”并大力推动，试图将其发展为一项所谓市场经济国家遵循的国际规则，赋予国有企业及政府与企业的关系以负面价值判断，并加以遏制。无论赋予“竞争中立”何种含义，对中国而言都不是真命题，因为中国实践中并不存在相关问题。“竞争中立”与中国的体制相悖，与公平竞争也是不吻合、不相关的。因而我国不应引进“竞争中立”概念并将其作为国家政经体制、社会主义市场经济、经济法和竞争法中的一项基本规则、政策或制度。[32]

从经济发展的方面来分析，商业法有效地促进了我国市场经济的发展，其做出的贡献是非常大的。中国经济正在进步，欢迎世界各国到中国进行经济活动，中国也参与更多的全球性组织。因此，中国目前正处在市场经济过程中。市场经济条件下商法的作用可以从以下几个方面分析：首先，中国市场经济在不断进行科学的调整，逐步形成了一套有效的经济关系。换句话说，我们要从整体出发，统筹全局。因此，我们只在商业法中完美地完成了宏观管理和微观管理的融合，这是其他法律无法做到的。其次，经济法会不断促进整个社会的经济发展。为了推动市场经济的进步，它不可避免地会带来一些困难和障碍。有关部门建立适当的市场机制，以便顺利发展市场经济，调整整个社会经济的发展。引入科学合理的调控，需要有力的法律支持，才能有效规范市场机制。商法能够为公司的治理提供直接或间接的法律保障。第三，商法需要有力的支持，才能发挥效果，才能实现社会效益。商业法律可以降低成本，同时，它们还为市场经济的发展做出贡献。第四，商法维护了社会正义，换句话说，我们有效地规范了市场经济的运行，创造有利于经济发展的环境，在社会福利和个人利益之间达成平衡。[33]

注：

① 张守文：《回望70年：经济法制度的沉浮变迁》，《现代法学》，2019年第7期。

② 范良聪：《从经济规制到经济治理——经济法功能定位转变的可能进路》，《法治现代化研究》，2019年第8期。

③ 单飞跃、薛克鹏、鲁篱、金福海、甘强：《改革开放40年中国经济法学研究的回顾和展望笔谈》，《现代法学》，2019年第1期。

④ 刘剑文、苗连营、熊文钊、熊伟：《财税法学与宪法学的对话：国家宪法任务、公民基本权利与财税法治建设》，《中国法律评论》，2019年第2期。

⑤ 刘志鑫：《税法的困境及其宪法出路》，《中国法律评论》，2019年第2期。

⑥ 单飞跃：《纳税便利原则研究》，《中国法学》，2019年第2期。

⑦ 李悦：《国家义务视域下的纳税便利——基于优化营商环境和减轻税收负担的法治实践》，《行政与法》，2019年第10期。

⑧ 叶姗：《房地产税法建制中的量能课税考量》，

《法学家》，2019 年第 1 期。

⑨ 徐阳光、武诗敏：《房地产税的正当性反思与立法建议》，《行政管理改革》，2019 年第 4 期。

⑩ 张雯雯：《互联网保险消费者权益保护问题研究》，《法制与经济》，2019 年第 10 期。

⑪ 缪因知：《信息型操纵市场行为执法标准研究》，《清华法学》，2019 年第 11 期。

⑫徐卫：《信托融入民法典的逻辑理据与体例选择》，《交大法学》，2019 年第 4 期。

⑬张妍：《“大资管”时代的行业监管困境与出路》，《中国法律评论》，2019 年第 4 期。

⑭姚钰明：《绿色金融：发展、问题与路径探析》，《法制与社会》，2019 年第 10 期。

⑮杜文雅：《浅析金融法体系建设问题》，《法制博览》，2019 年第 8 期。

⑯张世明：《大道贵中：制度思维与竞争法学建构》，《财经法学》，2019 年第 6 期。

⑰金善明：《公平竞争审查机制的制度检讨及路径优化》，《法学》，2019 年第 12 期。

⑱徐建明：《我国反价格垄断法律制度研究》，《法制与经济》，2019 年第 12 期。

⑲周凝希：《论经济法中的经营者》，《法制与经济》，2019 年第 12 期。

⑳吴舒颖：《新型市场环境下如何打破反垄断法的困境》，《法制博览》，2019 年第 12 期。

㉑王嘉伟：《论工业产权的不正当竞争》，《法制博览》，2019 年第 1 期。

㉒孟雁北：《论我国反垄断法在管制行业实施的特征》，《天津法学》，2019 年第 3 期。

㉓高重迎、李雨阳：《企业合作行为的反垄断审查思考》，《中国价格监管与反垄断》，2019 年第 12 期。

㉔张晶：《中国经济法现代化的若干思考》，《中国集体经济》，2019 年第 12 期。

㉕王喆：《经济法角度浅谈我国市场失灵问题》，《法制博览》，2019 年第 12 期。

㉖韩长印：《从分组到分段：重整程序中的小额债权清偿机制研究》，《法学》，2019 年第 12 期。

㉗孙艳丽：《破产清算程序中股东权利保护问题研究》，《法制与社会》，2019 年第 1 期。

㉘王欣新：《用市场经济的理念评价和指引个人破产法立法》，《法律适用》，2019 年第 11 期。

㉙孙晋、徐则林：《竞争中立在中国自由贸易港的法律实现——以海南自贸港为中心展开》，《法律适用》，2019 年第 9 期。

㉚刘继军：《“一带一路”倡议下我国海外投资法律防范》，《法制与社会》，2019 年第 11 期。

㉛孙瑜晨：《国企改革引入竞争中性的正当性及实现路径——以新兴经济体的实践经验为镜鉴》，《北方法学》，2019 年第 11 期。

㉜史际春、罗伟恒：《论“竞争中立”》，《经贸法律评论》，2019 年第 3 期。

㉝李轶楠：《关于经济法的社会经济功能的几点思考》，《法制博览》，2019 年第 12 期。

（作者：朱大旗、吴宏伟，中国人民大学法学院教授；胡延玲，中国矿业大学（北京）文法学院副教授）

环境与自然资源法

周　珂　孙思嘉

2019 年，北京地区环境资源法学研究的热点涵盖了环境法法典化、环境法基本理论、环境立法研究、环境行政执法研究、环境司法研究 5 个领域，一方面聚焦理论前沿，紧跟时代步伐，回应了生态法治实践的迫切需求；另一方面，为我国环境法法典化提供了理论证成与方法自觉。整体上看，2019 年北京地区环境资源法学研究在相关立法、执法、司法等方面呈现出不断深入和细化的趋势。

一、重要学术活动

2019 年 4 月 13 日，由中国法学会指导，中国环境资源法治研究方阵、中国法学会环境资源法学研究会主办，由中国政法大学民商经济法学院环境资源法研究所承办的“2019 年度中国环境资源法治研究方阵高端论坛”在北京召开。本次论坛以“新时代语境下的典型环境诉讼”为主题，对“环境诉讼的理论讨论”“环境诉讼的法制框架”“环境诉讼的实践与挑战”和“环境诉讼的发展与展望”4个专题展开了深入研讨。

2019年6月1日，由对外经济贸易大学法学院主办的碳排放权交易立法研讨会于北京举办。与会专家学者对《碳排放权交易管理暂行条例（征求意见稿）》出台的立法目的、法律依据、规制客体、文本结构、语言逻辑，以及其中涉及的有关“碳排放权”的法律属性、监管机构的权责界定、市场化及交易后果等具体问题，结合国际经验和研究成果，进行了深入探讨与交流。

2019年6月8日，由中国法学会宪法学研究会与中国法学会环境资源法学研究会主办，北京航空航天大学法学院承办，《中国法律评论》期刊社和广东海瀚律师事务所协办的“首届宪法与环境资源法对话”暨“环境宪法的理论与实践”学术研讨会在北京航空航天大学召开。本次研讨会围绕“生态文明入宪与‘环境宪法’问题”“生态文明在宪法中的展开”两个对话主题进行了深入探讨。

2019年12月14日，由中国法学会法学期刊研究会与中国法学会环境资源法学研究会共同主办，中国政法大学民商经济法学院环境资源法研究所与清华大学环境资源与能源法研究中心共同承办的“法学期刊与新时代环境法学发展研讨会”在中国政法大学召开。与会专家学者围绕“法学期刊与环境法学的互动”和“环境法学学科发展与法学期刊的作用”两个主题展开深入研讨和交流。

二、环境法法典化

有学者就中国环境法法典化的必要性与可行性、法典化的模式、路径以及法典的框架内容进行了论述，指出环境法法典化已成为世界各国环境法发展的趋势和方向，对我国环境法进行法典化既可以为生态文明建设提供法律保障，解决环境法律法规之间的重叠、交叉与矛盾问题，也有利于提升我国环境法治软实力及国际影响力。我国在立法数量、人才储备、理论研究方面已经为环境法法典化奠定了坚实基础。在环境法法典化的模式和路径选择上，应该从我国实际情况出发，选择便于执行和遵守的法典模式，并采取循序渐进、分步推进的路径。环境法法典的框架应涵盖污染防治、生态保护、资源保护等主要方面，囊括法律责任规范和程序性规范，同时避免一味追求大而全的法典内容和太过烦琐细致的规定。①

有学者从比较法的视角探讨了我国环境法法典化过程中的几个重要问题。指出在形式编纂与实质编纂之间，中国环境法典应当选择适度法典化作为目标定位，并以法典体系效益为纲，从确定性、稳定性与开放性3个维度予以具体展开。确定性维度要求对环境法典的调整范围予以明确，应当综合考量比较法上所呈现出的划界依据并具体分析特殊规范的法域归属。比照欧陆环境法典在内部体例上所普遍遵循的论理体，我国环境法典的稳定性取决于总则的抽象程度与分则的编排逻辑。环境法典还需对其外部留存的环境法渊源保持一定的开放性以保持自身的更新与进化，正视与环境单行法的关系以回应解法典化的质疑，同时与其他相关部门法相配合以形成法律合力。②

有学者认为，以《法国民法典》《德国民法典》为代表的不朽法典都具有一些共同的特点，即坚实的科学基础、严谨的体系结构和鲜明的时代性。瑞典、法国和德国为代表的欧洲环境法法典化进程略显仓促，原因在于未能将民法法典化进程中所形成的逻辑基础、结构原则和应变能力贯穿于欧洲环境法法典化的始终；而我国的主要环境立法，也存在着逻辑主线不清、法典化思路与设想呈现碎片化等问题。据此，我国的环境法典应以生态整体主义理念和热力学第二定律作为内在逻辑基础，以体现鲜明的时代印记及对自然秩序的应有尊重。③

有学者认为，环境法法典化的基本目标是建构一个符合形式法治要求的规范体系。环境法规范的体系化要求环境法学者在方法论上回归法教义学，通过解释和体系化进行规范的整合。为了避免体系与社会发展变化脱节，在环境法规范体系化过程中仍需要进行实质性的价值判断，而且价值判断也需要规范化，以形成基本的价值共识。规范的识别需要确保价值来源的类型化，而规范的选择则需要遵守特定的价值选择规则。④

三、环境法学基础理论

对于环境立法方法论问题，有学者认为环境立法因其政策性与二元目的等特点，决定了其立法方法论的特殊重要性，集中体现价值共识、创制方法、价值安排和实现程序这4个基本问题上。基本国策与严格意义上的立法有一定差异，前者在环境保护的初期阶段更具必要性和可行性，立法方法论要求政治意识应当尽快转化为全体共识的法律规范。环境法是否具有基础性法律的定位，很大程度上取决于立法方法论上的法律创制方法，要以生态文明建设的要求来设计环境保护基本法的理念，使其基本法律价值更充分和完整地实现。[⑤]

对于环境法制的革新问题，有学者认为生态文明因其代表了社会发展的建构方向，展现了人类进步的必然趋势，已成为新时代的主题。生态文明所蕴含的价值理念从根本上改变着现代环境法制变革的伦理价值、理论基础和价值功能，从而内在地推动着现代环境法制的革新和发展。以“生态文明入宪”为契机，我国环境法制在继承传统、立足新时代和指向未来的基础上，必将积极回应生态文明“天人相睦”的价值诉求，除弊立新，助推“环境法制”向新时代“生态法治”的建构与跨越，从而进一步促成我国未来环境法学从“环境法”向“生态法”研究范式的转型和学科名称的转换。[⑥]

对于生态文明时代的法哲学问题，有学者认为从工业文明向生态文明的转型中，环境法时代的“保护利用”思路转变为生态法时代的“共生”思路。尽管提出了生态文明建设的方针，我国法律仍然把环境作为一个可以利用，但也需要保护的客体。欧洲各国虽然也延续了人拥有环境的思路，但是新的法律实践已经倾向承认生态圈的内在价值。新的国际法承认自然价值的同时正视自然与人类社会的依存关系。[⑦]

对于生态法基本原则问题，有学者认为生态法的基本原则影响一国生态法的体系、内容和发展趋向，是衔接生态法的价值理念与法律制度的根本准则。生态法的基本原则体系应由生态优先原则、风险预防原则、受益者补偿原则和公众参与原则构成。在这一体系中，生态优先原则是目标性原则，风险预防原则和受益者补偿原则是构成性原则，公众参与原则是程序性原则。这4项基本原则相互交叉、相互渗透、相互补充、相互支撑，共同构成完整的生态法基本原则体系，为生态法律制度的体系科学构建和有效实施提供依据。[⑧]

对于环境法与领域法的关系问题，有学者认为作为典型的领域法，环境法的发展得益于强烈的问题意识以及对环境保护领域本体性的正视与尊重。环境法发展过程中领域法特质最为鲜明地表现在3项问题辨识与对策形成技术：准确定位法律问题并将其从部门法体系中相对剥离、保持与特定领域专业知识的适当张力、凝练法治共识与基本原理以矫正专业信息偏差。以此3项技术为核心的领域法学研究范式形成了与传统法律判断生成模式次序交错却形异神同的决策形成模式与规范建构路径。[⑨]

对于风险预防原则问题，有学者在生态文明语境下考察了风险预防原则的变迁与适用。预防原则经由国际环境法普遍认可后，在国家立法层面逐步得到确立。目前在环境保护的一些领域内，正在经历从预防原则到风险预防原则的理路转向过程。新中国成立70年以来，我国环境法的基本原则也经历了这样的变化，这在土壤污染防治法等领域体现得尤为明显。在程序法层面，预防性环境公益诉讼备受关注，也体现了风险预防原则适用领域的延展。风险预防原则在国家立法和司法裁判领域的逐步确立和展开，内在地要求生态环境保护采用协同治理模式，推动生态环境治理模式由单一维度的管理控制模式，向多元主体共同参与的互动模式和多区域联合治理的模式转变。[⑩]

对于环境权的问题，有学者指出，环境权的法律规定不足导致学者转向宪法寻找环境权的规范基础。环境权要想成为宪法上的基本权利，必须解决其是否属于主观权利、从宪法何条推导而出以及环境权的请求权内容有哪些这3个问题。环境权虽然旨在保护环境公益，但仍可以作为主观权利，一方面，环境权是一种可以由集体成员行使的集体权利，另一方面，通过客观法的再主观化，国家的保护环境义务可以成为公民针对国家的环境保护请求权。[⑪]

对于环境法律现象的认识问题，有学者提出界权论对环境法作一种新的解释。认为自然为人类提供的利益可分为经济性利益与生态性利益。自然的经济性利益易于分割，已转化为法律上的财产权利。而自然的生态性利益是一种整体性、保障性的利益，无法转化为具体的法律权利。生态性利益的保护是财产权利存在的前提，保护自然因此构成财产权利的内在要求。界权论主张环境法本质上是对现有财产权利体系进行重新界定之法，通过将生态要素注入现有财产权利体系，调整现有权利边界，使自然的经济性利益与生态性利益之间实现平衡。从界权论的视角出发，可以对环境法的立法目的、调整对象、调整手段、环境法与其他部门法的关系等现象进行新的解读。[⑫]

四、环境立法

对于环境法制建设问题，有学者回顾了我国环境法治历程，指出新中国成立以来，中国环境法治建设从无到有，从紧跟世界环境法前行的步伐到引领世界环境法治建设实践，探索出一条适合中国国情的环境法治道路，取得了巨大的成就。中国环境法治建设历经在艰难时期起步、在改革开放中健康发展、迎来新时代三个历史阶段，留下了环境立法凸显中国理念、环境执法探索中国道路、环境司法体现中国制度、环境治理弘扬中国文化的鲜明轨迹，持之以恒地探寻具有中国特色的环境法治规律，为共建人类美好家园提供了“中国方案”和“中国经验”。展望未来，实现建设美丽中国目标的任务依然任重道远，需要从实现环境权“入宪”、启动环境法典编纂、完善环境与发展综合决策机制等方面予以积极回应和妥帖安排。[13]

对于自然保护地制度问题，有学者从新的利益冲突、实践经验、理论研究、执政者立法意志几方面分析我国目前已具备自然保护地立法基本条件和重要机遇，当前仍存在自然环境保护地立法的法学理论基础还相当薄弱、多学科基础支撑和衔接尚待加强等问题。指出我国自然保护地立法应该是一个综合性的立法体系，理想模式是“基本法+专类保护地法”模式，应是以自然保护地基本法为主干、以国家公园等不同类型的自然保护地法规规章为基础的立法体系，需要通过合理确定“国家公园法”的制度类型，同步开展“自然保护地法”的立法研究来逐步实现。[14]

对于国家公园制度问题，有学者对国家公园基本理念的“生态保护第一”进行了法律解释和规范构造。由于国家公园制度在目标定位和所蕴含的环境利益上的多元性，“保护优先原则”规范内涵的付之阙如所带来的适用困境在国家公园管理领域体现得尤为突出。尽管环境原则本身具有强烈的非法律化特征，对保护优先进行简单政策化处理将会低估这一原则的规范功能。我国应为国家公园资源的不同使用方式赋予不同权重，通过合目的性和兼容性检测形成位阶序列；借助损害标准厘清保护优先原则的规范构造，充实下位法律规则和具体制度构建，通过细化规制结构促进该原则指导实践功能的落地。[15]

对于排污许可制度问题，有学者指出，法律责任是排污许可制度的重要组成部分，也是确保排污许可实施效果的法律保障。排污许可的实施涉及行政机关及其工作人员、排污单位、第三方等多方参与主体，为确保各主体能够切实遵守排污许可相关法律规定，履行自身义务，必须为各主体的行为设定相应的法律责任。当前有关排污许可法律责任的规定尚未健全，正在制定的《排污许可管理条例》应当对法律责任作出全面细致的规定，使法律责任覆盖排污许可实施过程中的所有主体以及各主体的所有义务。[16]

对于长江保护立法问题，有学者指出，《长江保护法》的制定需要“中医”方案的理念。当前已有长江经济带建设的立法涉及多层级、多机关、多法律关系，各种规范的出台背景、价值取向、核心内容、制度体系缺乏协同性，所导致的权利冲突是造成长江经济带生态环境恶化的制度原因；解决现存的权利冲突，需要为长江保护专门立法，而为长江立良法的前提是确定长江保护法的价值取向。“生态优先、绿色发展”目标应通过法律语言的转换，具体化流域安全、流域公平、流域可持续发展的立法价值取向；长江保护立法是在一定价值取向指引下对权利义务、权力责任等立法资源的配置过程，从立法技术和方法上，应注重优化立法资源，厘清长江保护法的基本概念，合理借鉴国外经验，明确立法技术路径；按照发展与环境综合决策原则，合理配置政府事权，建立实现“绿色发展”决策体制；建立以实现绿色发展为目标的多元共治机制，广泛鼓励公众参与。[17]

对于海南自由贸易区生态环境法制问题，有学者指出，作为一个海岛省份，海南自由贸易区的设立必然带来其经济的高速增长，相应的生态环境问题需要未雨绸缪。国际上面临的主要问题是自由贸易与环境保护的紧张关系；国内则主要是生态红线的划定与管理问题及南中国海的环境保护问题。中国大陆近年来须有效协调国际自由贸易与环境保护的冲突，并通过建立南中国海特别敏感区制度、完善海南省生态保护红线制度、加强海南自贸区区域环境合作中的公众参与等措施实现多主体环境协作共治。[18]

对于生物安全损害赔偿制度问题，有学者指出，国际社会对生物安全损害赔偿的关注由来已久，并经过几十年的努力形成了一个框架性法律机制。与国际层面的积极努力相比，生物安全损害赔偿法律机制在国别法层面的响应相对冷淡，在我国亦为如此。关于现代生物技术及其法律规制的争论的主要原因在于对风险认知的不同解读。将风险认知与风险的客观性混同，将风险事件是否发生作为衡量风险本身客观性的依据，在逻辑上存在瑕疵。由客观存在的风险引发的生物安全损害，理应纳入法律规制的范畴。可从立法模式、法律原则、赔偿范围、司法救济等方面入手，完善生物安全损害赔偿机制。我国目前正着手制定生物安全专门立法，可在该法中就生物安全风险规制，特别是损害赔偿做出明确的规定。[19]

对于生态补偿制度问题，有学者指出，当前我国生态补偿制度遭遇了法治化发展的困难。为此，应以环境资源开发利用限制为分析路径，建构生态补偿制度的权利义务体系，生成生态补偿权利的法律样态及主客观判断的法律准则。生态补偿权利的利益客体是环境资源开发利用消极行为所形成的正外部性生态效益，权利性质是发展权而不是财产权，但其与环境资源开发使用权等财产权具有衍生关系。生态补偿权利对应的义务是权利主体必须履行国家环境质量标准和资源保护义务且提供生态环境的正外部性效益。我国需要对现行生态补偿的实践范式进行完善，应当明确政府在生态补偿中的主体地位，塑造生态补偿区域制、项目制的法律品格，构建生态补偿权利义务的解释体系，发挥发展权实证功能，设置生态补偿资金或市场分配机制。[20]

对于生态岛建设问题，有学者从生态岛建设的国际经验出发，指出各国在探索个性化生态岛发展之路的同时，不约而同地勾勒出以生态安全为底线，通过政府统一规划与行动，创造一个人居和谐的生态社区的生态岛发展框架。崇明生态岛建设获得了国内外良好声誉，同时也存在一些问题与风险。借鉴国际经验和教训，崇明应尽快建立起生态岛建设的法治保障体系：建立完善的统一规划体系，“一张蓝图”贯彻世界级生态岛建设的始终；立足于本岛的生态基础，构建以生态保护红线为核心的生态安全法律保障制度，完善自然保护区制度；以创造人居福祉为目的，完善生态补偿机制和公众参与机制。[21]

对于环境损害赔偿立法问题，有学者指出，当代中国环境损害赔偿立法有特殊的历史境遇和使命：一方面，通过中国民法典侵权法编的制定，要完成西方近代民法阶段的侵权行为法模式的功能和叙事；另一方面，要在跨越东西方文化的维度上，完成从近代侵权行为法模式向现代侵权责任法模式、从现代社会的侵权法模式向风险社会的事故法模式的双重转变。这是一种时空延续、时空叠加和时空骤变的场景，既面对丰富理论资源和立法资源，也面对巨大挑战。当下应做好三项工作：一是清理地基，厘清各自功能界限；二是体系整合，整体发挥三种模式的最大效用；三要科学定位侵权法在整体环境损害救济立法体系中的功能地位。[22]

对于可再生能源配额制度问题，有学者指出，随着可再生能源市场的扩大，可再生能源电力补贴的压力逐渐增大，客观上要求国家在固定电价制度之外发展可再生能源配额制度。可再生能源配额制度的关键问题是电力消纳问题。美国部分州通过立法规定了社区选择集合制度，由地方政府来集合所有零售电力需求，与可再生能源电力供应商签订长期的电力销售协议。社区选择集合制度为电力供应商提供了稳定的市场预期，并为消费者提供廉价的可再生能源电力，从而推动可再生能源消费的增长。我国可以借鉴美国的经验，设计类似的制度，从而推动可再生能源电力的需求侧改革。[23]

对于碳排放权交易市场制度问题，有学者指出，中国碳排放权交易市场的建设经历了一个从单向参与国际碳市场到国内自愿减排交易，再到总量控制型交易与自愿减排交易相结合的过程。碳排放配额价格异常波动和碳泄漏是碳排放权交易市场失灵的主要表现。中国碳排放配额的价格干预机制存在手段单一、操作性不强等问题，应当建立配额存储与借贷机制、价格上下限机制以及配额的回购、投放机制。中国碳泄漏的法律应对首选以市场为基础的安全阀机制和早期减排信用机制；在安全阀机制和早期减排信用机制不能有效减少碳泄漏时再适时启用碳关税、增值税减免和碳泄漏补偿机制，并且优先适用碳泄漏补偿机制。[24]

对于生态环境损害治理的法律制度选择问题，有学者指出，生态环境损害治理对生态文明建设具有重要意义。“责任主体”和“责任强制主体”是决定生态环境损害治理制度模式的两项核心“变量”。变量的组合将产生不同的治理模式，包括贯彻“污染者付费”原则以司法机关为责任强制主体的“生态环境损害赔偿”模式，以及贯彻“污染者付费”原则以行政机关为责任强制主体的“生态环境损害补救”模式。实践中“生态环境损害赔偿”模式出现了责任承担止于金钱赔偿、无关环境损害恢复等问题，同时，司法机关亦不适合对环境损害案件进行处理。相对而言，“生态环境损害补救”模式可以在较大程度上克服“生态环境损害赔偿”模式的缺陷，并与我国现行体制相契合，具备现实可行性。[25]

对于生态环境损害责任立法问题，有学者指出，民法典各分编（草案）中，“侵权编”第7章“生态环境损害责任”对现行《侵权责任法》第8章“环境污染责任”进行了大规模修改，其中对责任结果要件、主体要件、原因行为要件、举证责任及责任承担方式的规定，需要从法典体系化要求和生态环境损害赔偿或治理责任效果的角度进行慎重的考虑。“生态环境损害责任”不宜在民法典中进行规定，而宜交由特别法处理；对生态环境损害民事责任的原因行为应在“污染”的基础上进行适当扩张，但这种扩张宜以“列举典型事实+概括”的形式进行，而不宜以内涵不清的概念作为特殊侵权责任的构成要件；应对生态环境损害民事责任的主体要件进行明确，可以是确立并采用“生态环境损害责任人”或“运营人”的概念，概念内涵既可以通过立法进行专项规定，也可以以法解释的方式进行确立；关于因果关系的举证责任宜采用“推定”式的规定，而不宜保留“举证责任倒置”式的规定。㉖

五、环境行政

对于生态环境监测机构的监管问题，有学者指出，我国已初步形成由政府生态环境部门所属生态环境监测机构组建，由政府其他行业主管部门所属相关生态环境监测机构、社会化生态环境监测服务机构等共同参与的生态环境监测网络体系。然而在政府强化生态环境监管的进程中，生态环境监测数据造假与监测结果公信力不足等现象在一定程度上反映出国家对生态环境监测机构监管缺位的客观现状。未来应当在制定“生态环境监测条例”的过程中通过健全环境监测市场规则，实现全过程的监督管理，完善公众参与和社会监督机制，加强行业自律和信用管理，严厉制裁违法犯罪行为等方式不断加强对生态环境监测机构的全过程监督管理。㉗

有学者指出，合同能源管理制度作为一种市场化的能源管理手段，对于提高能源效率、实现节能减排目标有着重要作用。该制度在我国实施的时间不长，实践过程中存在着运行效率低下、主体能力较弱以及运行保障不足等特点。在激励机制中，财税激励方式运用失衡、融资激励运用不足，以及公共机构示范性激励作用的缺乏，也造成了我国合同能源管理制度发展的阻碍。在监管机制中，事前监管的有效性不足、事中监管的缺位、事后监管的低效率以及节能量认定中的前后矛盾，也制约着合同能源管理的发展。为此，可从合同能源管理制度运行机制、激励机制和监督机制入手，进一步推进我国合同能源管理制度的发展与完善。㉘

对于京津冀机动车尾气污染治理问题，有学者指出，源发型污染总量多、治理难度大，流动型污染流量多、执法力度弱，规避型污染增量多、管制措施少，违规型污染数量多、监管难度大是京津冀机动车尾气污染治理面临的实际情况。应从制度规范入手，统一行政处罚标准、实现执法数据联网、明确区域限行规则、实现跨区域行政执法、确定加重处罚规则、统一市场管理标准、引入监察监督机制，实现京津冀机动车尾气污染的协同治理。㉙

对于环评否决制度问题，有学者指出，我国环评法明确规定了建设项目环评否决制，近年来却出现一些质疑，亟须澄清。对我国环评否决相关立法规范要求的解释分析，显示其并未割裂环保与其他考虑因素，反而是特定社会条件下确保“综合决策”所必需；体现生态阈限要求的环评否决具有保障环保“红线”落实的功能，赋予环评否决效力也比可能的替代方案更有利于保障环评真正融入开发决策，因而我国当前不宜削弱环评否决制。为此，应当进一步明确环评否决的适用情形，并有必要坚持环评前置、对环评的行政监督等相关机制。㉚

对于绿色技术专利强制许可问题，有学者指出，绿色技术专利强制许可要求将环境利益明确纳入公共利益范围，而专门的绿色技术专利强制许可制度则进一步要求针对绿色技术构建特殊许可通道。功能主义观念以环境保护目标的必要性来证成绿色技术专利强制许可的正当性，但没有解释绿色技术、环境保护、公共利益之间的具体联系，从而不能证明绿色技术专利强制许可背后的法律逻辑。法治主义视角下，从强制许可事由、审查程序以及许可费三方面来看，该制度会引起一系列的正当性问题。未来需要将专门的绿色技术专利强制许可制度限定在政府实施的范围内，并依据权利人自认来确定绿色技术的范围。㉛

六、环境司法

对于中国环境司法的发展，有学者观察了2017年7月至2018年12月的中国环境司法状况，指出环境司法继续平稳健康发展，一是专门化体系基本形成，体现为专门环境审判机构数量有所增长、环境审判队伍专业化建设得到加强、环境审判职能规范发展以及环境司法理念得到贯彻等方面。二是环境司法的专业化内涵不断拓展，体现为环境资源案件审判更加凸显“生态”特性，专业化审判规则不断完善，案件审理类型化、精细化进展明显。生态文明建设新时代司法的“绿色”脉络已清晰可见。展望未来，环境司法仍需在专门化道路上继续前进、更加充分发挥环境资源审判的独特功能，同时，也要在普通案件审理中落实“绿色发展”理念，为实现建设“美丽中国”目标提供有效的司法保障。㉜

对于环境民事公益诉讼的司法联动问题，有学者指出，由于环境问题的严峻性，环境司法作为新生司法领域且自身力量薄弱，仅凭环境审判机关的力量难以达到环境保护的最佳效果，环境诉讼的程序亦应当与普通的民事诉讼程序有所不同，因而环境民事公益诉讼的司法联动尤为必要。在环境民事公益诉讼领域构建以审判为中心的环境司法联动“同心圆”制度，来落实环境民事公益诉讼的司法联动。该制度主要体现为4个嵌套式的“同心圆”，分别为环境审判机关内部联动、环境司法内部联动、环境司法外部联动以及环境司法与多元纠纷解决联动，均以审判为中心，而“半径”范围各不相同，因而合并称之为“同心圆”制度。[33]

对于环境司法与环境行政执法协调联动问题，有学者指出，环境司法与环境行政执法的协调联动被认为是推动环境审判、提升环境法律实施效率的重要保障。超越以往仅针对环境刑事诉讼与环境行政执法的“两法衔接”问题，全面地观察司法部门与生态环境部门在环境刑事诉讼、环境行政诉讼和环境民事诉讼中的互动关系，并由它们之间的互动关系出发，深入剖析二部门在协调联动上存在的障碍，即由于权力行使的结构性矛盾、职权行使的行为理念和机制冲突以及信息的不对称导致了二者的沟通配合不畅。提出解决司法与行政执法部门之间协调联动障碍的基本思路，即通过技术手段减少信息不对称，通过规则建立和机构设置减少行为理念和机制冲突。但环境司法与环境行政执法在互动中的协调冲突不可能完全消除，其根源于权力分配、机制体制等方面的制衡需求。[34]

对于环境民事公益诉讼的责任承担方式问题，有学者指出，目前国内环境民事公益诉讼的司法实践与该领域的规则制定已经形成了良好的互动局面。责任条款作为重要的规则内容与责任裁判作为司法实践的基本任务，两者之间互相促进也得益于这个良好局面。同时也还有不少问题需要正视：诉讼请求范围与针对公益诉讼特点的裁决主文规则缺乏；责任承担方式的审判和执行规则不足；生态损害评估制度的选择和完善需要进一步加强；环境服务功能损失的确定及修复存在诸多困境；环境修复赔偿费用的管理使用问题需要得到解决。对于这些问题的解决根本出路在于未来继续扩大和深化已有经验。同时，在司法实践中不断完善和构建包括预防性责任承担与行为保全规则、恢复性责任方案规则、修复方案的裁判和执行规则、替代性责任丰富发展等在内的具体事宜。[35]

对于环境民事诉讼中“重大风险”的司法认定问题，有学者指出，现有司法解释明确规定了对具有损害社会公共利益重大风险的污染环境、破坏生态的行为可以提起环境民事公益诉讼，但由于缺乏统一的“重大风险”司法认定标准，在司法实践中出现了“重大风险”意涵不明、证明标准模糊、举证责任有待明确、认定主体专业性不足等问题。为此，应基于风险预防原则，从明确“重大风险”损害结果的认定标准、厘定“重大风险”的证明标准、完善“重大风险”的证明规则、完善专家参与制度等方面入手，对环境民事诉讼中“重大风险”的司法认定标准进行完善。[36]

对于环境民事公益诉讼的诉讼时效问题，有学者指出，诉讼时效直接关涉赔偿环境损害的诉讼请求能否实现。在私益和公益诉讼并行的“二元诉讼结构”下，我国环境民事公益诉讼因缺乏环境权理论支撑，并在微观层面与《环境保护法》中既有规定产生概念相左、主体分化和客体异化的排斥效应，致使尚无与其公益特质相称的适当规定。诉讼时效作用于实体法上的请求权，然环境民事公益诉讼并不存在相对应的基础权利，为契合“二元诉讼结构”，采用“公益诉讼请求权”概念，并代替私益诉讼中“知道或应当知道”作为时效起算标准。同时，考虑到权责相称、企业寿命的事实，最终确立环境民事公益诉讼的时效期间为“公益诉讼请求权产生之日起十年内，最长期限为损害行为终了之日起二十年；如遇有特殊情况，可以申请最高法院延长”，以兼顾公益和私益间的平衡。[37]

对于生态环境损害民刑诉讼衔接的顺位规则问题，有学者指出，造成生态环境损害的行为同时具有民事违法以及刑事违法双重属性，生态损害索赔诉讼与关联刑事诉讼的有效衔接对生态环境损害赔偿制度目的的实现具有重要影响。采用先刑后民与刑民并行模式处理生态环境损害民刑诉讼衔接问题存在弊端，一方面不利于生态环境及时修复，另一方面也不利于赔偿义务人积极履行生态环境修复义务。采用先民后刑模式则可以有效避免上述弊端，是处理生态环境损害民刑诉讼衔接的最优方案，同时还需要建立健全环境行政与司法的联动机制，保障先民后刑模式的顺利施行。[38]

对于环境行政公益诉讼的诉前程序问题，有学者指出，环境行政公益诉讼的诉前程序是前置性程序，与美国的穷尽行政救济原则、中国台湾地区的诉愿前置主义在理论上相通。诉前程序的独立价值体现为司法资源的节约、补救机会的扩大、环境公益的及时保护和国家权力的制约平衡。我国环境行政公益诉讼的诉前程序已为立法所确认，但是该制度尚处于起步阶段，司法实践中出现对“未全面履行”界定过宽、检察建议规范性不够、行政机关履职情况判断标准过宽、检察建议与诉讼请求不一致等问题。为此，应当从行政机关不履职的判断标准、诉前程序管辖与诉讼程序管辖的衔接、检察建议的对象与被告选择的衔接等方面对诉前程序与诉讼程序的衔接规则进行细化。[39]

对于生态环境损害赔偿制度与环境民事公益诉讼的衔接问题，有学者指出，在摒弃结果主义导向基础上，基于权利和义务配置类型不同，各主体间在起诉动力、利害关联、责任风险以及专业程度方面存在差异，显然视其为义务者优于视其为权利者：赔偿磋商作为赔偿权利人的法定义务优于被归为权利范畴的环境民事公益诉讼；环境行政公益诉讼作为检察院的法定义务优于被视为其以及环保组织权利范畴的民事公益诉讼。此外，两种制度体系在应用范围等方面也具有较大区别，为实现全面衔接，避开“生态环境”与“环境公益”间的概念纠缠，赔偿权利人以通过转委托方式将其难以确定起诉主体的案件移交环保组织。[40]

注：

①王灿发、陈世寅：《中国环境法法典化的证成与构想》，《中国人民大学学报》，2019 年第 2 期。

② 李艳芳、田时雨：《比较法视野中的我国环境法法典化》，《中国人民大学学报》，2019 年第 2 期。

③ 邓海峰、俞黎芳：《环境法法典化的内在逻辑基础》，《中国人民大学学报》，2019 年第 2 期。

④曹炜：《论环境法法典化的方法论自觉》，《中国人民大学学报》，2019 年第 2 期。

⑤周珂：《我国环境立法价值与功能之方法论研究——兼论彭真环境立法方法论》，《政法论丛》，2019 年第 5 期。

⑥刘洪岩：《接驳与拓展：“生态文明入宪”与环境法制革新》，《吉林大学社会科学学报》，2019 年第 5 期。

⑦朱明哲：《生态文明时代的共生法哲学》，《环球法律评论》，2019 年第 2 期。

⑧于文轩：《生态法基本原则体系之建构》，《吉首大学学报(社会科学版)》，2019 年第 5 期。

⑨吴凯、汪劲：《论作为领域法的环境法：问题辨识与规范建构》，《辽宁大学学报(哲学社会科学版)》，2019 年第 1 期。

⑩于文轩：《生态文明语境下风险预防原则的变迁与适用》，《吉林大学社会科学学报》，2019 年第 5 期。

⑪王锴：《环境权在基本权利体系中的展开》，《政治与法律》，2019 年第 10 期。

⑫梁忠：《界权论：关于环境法的另一种解释》，《中国地质大学学报(社会科学版)》，2019 年第 2 期。

⑬吕忠梅、吴一冉：《中国环境法治七十年：从历史走向未来》，《中国法律评论》，2019 年第 5 期。

⑭吕忠梅：《关于自然保护地立法的新思考》，《环境保护》，2019 年第 3 期。

⑮马允：《论国家公园“保护优先”理念的规范属性——兼论环境原则的法律化》，《中国地质大学学报(社会科学版)》，2019 年第 1 期。

⑯汪劲、梁忠：《〈排污许可管理条例〉法律责任条文设计的几个问题》，《环境保护》，2019 年第 23 期。

⑰吕忠梅：《建立“绿色发展”的法律机制：长江大保护的“中医”方案》，《中国人口 · 资源与环境》，2019 年第 10 期。

⑱周珂、史一舒：《克服自由贸易的环境问题瓶颈——海南自由贸易区生态环境法制保障》，《月旦法学杂志》，2019 年第 290A 期。

⑲于文轩：《生物安全风险规制的正当性及其制度展开——以损害赔偿为视角》，《法学杂志》，2019 年第 9 期。

⑳杜群、车东晟：《新时代生态补偿权利的生成及其实现——以环境资源开发利用限制为分析进路》，《法制与社会发展》，2019 年第 2 期。

㉑曹明德：《世界级生态岛建设的法治经验与启示》，《北京大学学报(哲学社会科学版)》，2019 年第 5 期。

㉒侯佳儒：《环境损害救济：从侵权法到事故法》，《政法论丛》，2019 年第 5 期。

㉓曹炜：《可再生能源配额制建构中的地方政府消纳义务》，《地方立法研究》，2019 年第 2 期。

㉔刘明明：《论碳排放权交易市场失灵的国家干预机制》，《法学论坛》，2019 年第 4 期。

㉕林潇潇：《论生态环境损害治理的法律制度选择》，《当代法学》，2019 年第 3 期。

㉖林潇潇：《中华人民共和国民法典草案侵权编

第七章“生态环境损害责任”存在的问题》，《月旦法学杂志》，2019年第290A期。

㉗任洋、汪劲：《关于对生态环境监测机构实施全过程监管的法律思考》，《环境保护》，2019年第15期。

㉘王灿发、宋丽容：《面向能效促进的合同能源管理制度之完善》，《地方立法研究》，2019年第2期。

㉙于钧泓、高桂林：《京津冀机动车尾气污染的协同治理》，《人民论坛》，2019年第19期。

㉚金自宁：《我国环评否决制之法理思考》，《中国地质大学学报(社会科学版)》，2019年第2期。

㉛曹炜、张舒：《绿色技术专利强制许可法律问题研究》，《中国环境管理》，2019年第1期。

㉜吕忠梅、刘长兴：《环境司法专门化与专业化创新发展：2017—2018年度观察》，《中国应用法学》，2019年第2期。

㉝周珂、金铭：《环境民事公益诉讼的司法联动研究》，《月旦法学杂志》，2019年第290A期。

㉞张燕雪丹、周珂：《环境司法与环境行政执法协调联动的基本模式及主要障碍》，《南京工业大学学报(社会科学版)》，2019年第3期。

㉟马军、李璐玲：《在司法实践中探索环境民事公益诉讼的多元化责任承担方式》，《月旦法学杂志》，2019年第290A期。

㊱于文轩、牟桐：《论环境民事诉讼中“重大风险”的司法认定》，《法律适用》，2019年第14期。

㊲李树训、冷罗生《论环境民事公益诉讼的诉讼时效》，《中国地质大学学报(社会科学版)》，2019年第4期。

㊳汪劲、马海桓：《生态环境损害民刑诉讼衔接的顺位规则研究》，《南京工业大学学报(社会科学版)》，2019年第1期。

㊴于文轩、杨胜男：《论环境行政公益诉讼的诉前程序》，《中国应用法学》，2019年第1期。

㊵冷罗生、李树训：《生态环境损害赔偿制度与环境民事公益诉讼研究——基于法律权利和义务的衡量》，《法学杂志》，2019年第11期。

（作者：周珂，中国人民大学教授；孙思嘉，中国人民大学博士生）

国际法学

张文亮　李一帆

2019年，北京地区国际法学者在国际法领域的研究紧紧围绕国内外有关的国际法实践，回应现实问题，为我国的国际法实践建言献策，丰富了我国的国际法研究体系。具体来说，国际法学者的研究领域广泛，主要涉及国际投资、“一带一路”、WTO、国际民商事争议解决、南海仲裁案、国际经贸规则以及国际人权保护等领域。从总体上来说，这些研究成果十分丰富，并在很大程度上引领了我国国际法学的研究，具有突出的理论和实践价值。

一、有关的国际法会议

2019年12月8日，北京国际法学会2019年学术年会暨变革世界中的国际法新使命及中国话语的构建主题研讨会在北京举办。本次年会由北京国际法学会主办，中国政法大学国际法学院承办。与会人员按照“国际公法、国际私法、国际经济法”三个分论坛开展学术研讨交流。其中，国际法与科技的交叉融合、国际法基础理论研究、“一带一路”争端解决机制、WTO争端解决机制等国际法最新发展问题成为学者广泛深入交流的话题。

二、国际海洋法

在国际海底矿产资源的开发和利用方面，有学者通过梳理国际海底矿产资源法的产生和发展状况，指出国际海底矿产资源法从基于发达国家意志和利益的“自益型”国内法演变为基于全体人类利益的“互惠型”国内法，又进一步调整为“自益与共惠兼容型”的国际法与国内法“双轨模式”，其基本态势是“自益”与“共惠”的兼容，而相关的支撑性理论概念则从经济自由、公海自由转变为人类共同继承财产。[①]有学者进一步就国际海底矿产资源的法律地位展开了讨论，认为在《联合国海洋法公约》产生之前，主要有“无主物”和“共有物”等理论观点，相应的基础理论则是“公海自由论”。《联合国海洋法公约》把国际海底矿产资源确定为“人类共同继承财产”，但该概念存在一定缺陷。应把“公共信托”与“人类共同继承财产”结合起来，以“公共信托框架下的人类共同继承财产”作为国际海底矿产资源的法律地位。[②]

随着南极地位的日益凸显，南极治理成为国际合作与国际博弈的新议题，也成为中国参与全球治理的重要组成部分。有学者认为南极治理机制是南极治理的核心，其主要来源系南极条约体系。作为一种机制复合体，南极治理机制通过“增生”与“裂变”的方式形成与发展，各个机制共享相同的核心原则与价值理念。南极治理机制背后公私混杂的价值理念构成南极治理机制的内涵。目前，南极治理的权力持续扩散、资源利用规范悄然兴起，南极治理机制将迎来新的变化。[③]有学者研究后进一步指出，欧盟作为南极海洋环境治理机制参与主体之一，依据相关条约参与区域海洋环境治理的行为也受到其行为体特征和力量性质的限制，并承受来自不同条约体系的结构性张力。2018 年的“南极海洋保护区案”在一定程度上解决了欧盟与成员国的权能争议，推动欧盟进一步协调内部立场，但欧盟与成员国之间围绕南极海洋保护区建设仍存在博弈的空间。同意欧盟内部立场，不断拉近不同海洋治理机制之间的差距，通过国际合作把握各方参与南极海洋环境治理的通约性，将是欧盟深度介入南极地缘政治格局、维护其利益诉求的主流路径。[④]

在海洋争端的解决方面，有学者指出，解决这些海洋争端，国际司法或仲裁无疑是两条重要途径，这其中首先要厘清管辖权问题，即法院或仲裁庭是否有权审理相关争端。尤其是《联合国海洋法公约》引入“强制管辖”条款，管辖权问题更为关键，包括强制管辖的适用范围、主体、例外等。通过分析国际司法的同意原则和自裁原则，探讨研究中国与周边国家和地区的海洋争端提交国际司法或仲裁管辖权的基础问题，特别是这些争端提交国际司法或仲裁的可能性问题。[⑤]有学者认为，国际海洋法法庭特别分庭于 2017 年“大西洋划界案”对油气因素之于海洋划界的影响进行了全面系统的检验。在油气活动对海洋划界默示协议影响和油气因素对海洋划界主流方法影响方面，该案维护了海洋划界国际法原则，彰显了海洋划界国际法的可预见性，有利于法庭吸引潜在的海洋划界争端。但是，在油气活动对海洋划界国际责任的影响方面，该案避开了对《联合国国际法公约》第 83 条第 3 款实质义务的解释，而且对划界判决效力的阐述有鼓励争端当事国在争议海域不保持克制之嫌。中国应当依据东海和南海划界争端的不同情形，仔细评估油气活动现状，采取有针对性措施，切实维护中国的海洋权益，同时应当根据具体情形建议周边国家达成某种实际性临时安排，还应当警惕周边国家可能就划界争端责任问题对中国提起强制仲裁。[⑥]

三、国际环境法

有学者针对目前日益突出的环境污染和生态破坏引发的环境健康问题，指出有效规制环境健康风险成为重要议题。风险预防原则在制度构建过程中应特别注意科学性和规范性的有效实现，应实行弱风险预防原则，明确风险程度和风险等级，实现价值与理性的衡平适用。在此基础上，通过健全政策基础，完善技术基准，加强项目管理和司法救济机制，将风险预防原则融汇于环境健康风险法律规制之中。[⑦]有学者指出，“环境危机”，实质是人类的生存危机，我们必须以环境立法规范自己的环境行为，须从解析环境的实质切入，从自然的生存权、地球有限性、人与自然共依存、代际公平和代内平等、可持续发展等方面进行阐述，阐明国际环境立法须基于环境伦理基础，以期国际环境立法切合科研实际，达良法善治之效。[⑧]

有学者指出，环境影响评价规则滥觞于美国，经过数十年被其他国家广泛接受为法律，而国际条约和国际组织在环境影响评价形成习惯法的过程中也起到了帮助传播的作用。跨境环境影响评价是环境影响评价在可能产生重大跨界环境影响的规划或项目的环评中的应用，没有任何一个国家在法律中明确地排除了对项目跨界影响的评估。国际法院、联合国海洋法法庭和国际常设仲裁法院等国际司法机构从 21 世纪开始，审理了数个相关案件，并肯定了其已经成为一项国际法规则，通过判例陆续澄清了该规则的内涵。中国也通过自己签署的多边条约、区域性条约和双边条约接受了这样规则，在一些项目上开展了跨界环评实践。[⑨]有学者指出，虽然现在部分国际条约规定了环境影响评价义务的具体要求，但其缔约国数量有限，而相关“建议”或“指南”本身缺乏法律拘束力。因此，国际法院的司法判例更具普遍借鉴意义。国际法院认为，国家有义务对具有严重跨界损害危险的活动进行环境影响评价，强调其习惯国际法属性。此外，国际法院也提出了环境影响评价义务的适用、程序要求以及相关国家责任形式。不过，国际法院强调环境影响评价的程序义务属性，在实体内容和实质影响方面，从事规划活动的国家仍然具有较大的自由裁量权，并且仅仅违反环境影响评价义务本身一般只能引起抵偿的国家责任。[10]

有学者认为，国际社会对生物安全损害赔偿的关注由来已久，并经过几十年的努力形成了一个框架性法律机制。与国际层面的积极努力相比，生物安全损害赔偿法律机制在国别法层面的响应相对冷淡，在我国亦为如此。关于现代生物技术及其法律规制的争论的主要原因在于对风险认知的不同解读。将风险认知与风险的客观性混同，将风险事件是否发生作为衡量风险本身客观性的依据，在逻辑上存在瑕疵。由客观存在的风险引发的生物安全损害，理应纳入法律规制的范畴。可从立法模式、法律原则、赔偿范围、司法救济等方面入手，完善生物安全损害赔偿机制。我国目前正着手制定生物安全专门立法，可在该法中就生物安全风险规制，特别是损害赔偿做出明确的规定。[11]

四、国际贸易与投资

在国际经贸规则的机构方面，有学者认为，美国近年来对某些多边安排的背离不应被认定为“逆全球化”。全球化是难以逆转的历史进程，美国从自身利益出发也不可能反对全球化。美国不满的只是现行国际规则之下的全球化。在背离某些现行多边机制的同时，美国也在通过各种途径来重塑全球规则。对美国背离多边安排的同时重塑全球规则的策略应保持警觉，对我国将面临的制度上的挑战也应早做准备。[12]有学者特别分析了国际法中国有企业问题。多边国际经贸投资规则采取所有制中性做法，聚焦商业活动，而近期发达经济体采取的一系列措施对现行国有企业规则提出了挑战。中国在推进国有企业改革时既要符合自身实际需求，又要顾及国际规范，并通过实践影响国际法规则的发展。中国目前在国有企业性质和职能认识上还不尽统一，下一步的国有企业改革应国资国企改革两手抓，继续坚持政企分开原则，采取国有企业分类和分级制度，加快政资分开，建立相应的中国特色现代企业治理制度，促进公平竞争。[13]

有学者特别分析了向解决投资争端国际中心提交国家通知的法律意义或功能，认为随着中国经济的发展和世界环境的变化，1993 年向该中心提交的中国通知的“留撤”问题日益凸显且亟待解决。意义或效果是决定中国通知“留撤”的主要依据。理论上国家通知可能构成或撤回国家同意；实践中，国家通知具有限定仲裁庭属物管辖权的作用，而对国家同意却并无撤销或限制的实际效果。我国的缔约实践抵消了中国通知对属物管辖权可能产生的限制作用；中国通知并不具有撤回和限制中国同意的效果。[14]

有学者指出，贸易战是和平时期国家竞争的极端表现，是国内外高度关注的重大现实问题。对贸易战的防避和应对，离不开相互关联、相互促进的两大路径：一是通过在法治框架下促进国际层面的法律协调，推动相关规则的形成和实施，加强全球经济治理；二是通过在国内层面落实国际规则，以及在国际规则缺失的情况下加强制度创新，实现经济法的完善。当国际法律协调难度较大时，加强国内经济法的制度完善更为重要。此外，还应关注与国际贸易相关的国家安全、贸易管制、域外适用或长臂管辖等问题，防止相关权力或制度的滥用，切实遵循全球市场经济或公平贸易的基本规律。[15]

有学者持续跟踪 WTO 争端解决机制的研究，认为该机制的高效运行对维护多边贸易体制的良好运作并促进世界经济贸易的稳定发展至关重要。世界贸易组织上诉机构的改革，不仅要考虑成员控制与上诉机构独立性之间的平衡，而且要以全面的系统的视野去应对。鉴于上诉机构即将停止运作这一迫在眉睫的危机，中国应联合其他重要贸易组织成员采取紧急行动，考虑启动多数成员投票程序，设计利用替代性上诉仲裁，并将国际规则引领与国内深化改革有机结合。[16]也有学者主张，应在 WTO 框架之外建立一个与现有的争端解决机制并行的超大型争端解决机制，并论证了该提案在法律上的可行性，呼吁立即开始这项新的上诉机构所需的大型协议谈判。[17]此外，有学者基于利用仲裁方式解决贸易争端的角度，从三方面探讨如何应对 WTO 上诉机构危机：第一，将 DSU 第 25 条仲裁作为解决成员间贸易争端的替代性机制；第二，对 DSU 第 25 条进行适当设计变通，将其作为专家组报告的上诉替代机制；第三，在具有相同意愿的 WTO 成员间谈判订立诸边《仲裁协定》，使仲裁解决贸易争端系统化和机制化。我国作为进出口双向贸易大国和 WTO 多边贸易体制的积极维护者，应尽快研究利用 DSU 第 25 条“仲裁”进行贸易争端解决，并倡导和引领诸边谈判，发挥在 WTO 改革和应对上诉机构危机中的积极作用，对全球经贸治理贡献中国智慧和力量。[18]

五、国际民事诉讼

外国判决的承认与执行是当前国际民事诉讼中的重要问题，有学者研究后指出，在承认和执行外国判决领域，美国法经历了州法逐渐取代联邦普通法的发展变迁，并由此陷入国家利益与州利益难以兼顾的困境，这对中国有多重意义：在司法协助层面，人民法院裁定是否承认和执行美国判决，须以判决作出州的州法为依据；为便利中国判决在美国得到承认和执行，相关当事方可制定针对性的诉讼策略。在立法层面，美国法困境表明在该领域制定全国统一的规则体系极为重要。在相关公约的地界层面，国内法困境使美国有推进缔约的现实需要，这对我国制定缔约方案特具价值。⑲有学者探讨了外国判决承认与执行中的“送达抗辩”，认为“送达抗辩”成为一项最显著的拒绝承认与执行理由，其合理适用成为增进判决在国家间流动的关键因素。送达抗辩的架构应围绕其基本要素而展开，这主要包括送达对象、送达课题及送达方式等，更为关键的是送达质量，特别是缺席审理的情形之下，应确保当事人答辩机会的有效实现。我国关于送达抗辩的国内立法及司法实践相对滞后，双边条约体系亦不完善。2017 年 9 月 12 日，我国签署了在外国判决承认与执行领域具有重大国际影响的《选择法院协议公约》，该公约对送达抗辩做了明确、合理的规定。借鉴域外经验，确立合理的“送达抗辩”标准，是完善中外判决承认与执行体系的基本要求。⑳

此外，有学者分析了外国法判决承认中的“法院宣告制”和“自动承认制”两种模式，我国现在采用的是法院宣告制。我国现行的法院宣告制是在特定历史时期对《民事诉讼法》第 281 条及第 282 条理解或解释出现偏差的结果。在当前国际交往中应该遵循国际主义精神，为更有效地保护当事人合法利益、维护法律关系稳定、避免因出现相互矛盾的判决而产生跛行法律关系、节省司法资源及减少当事人的负担等，应将我国的承认制度作自动承认制之解释。㉑

有学者指出中国国际商事法庭的构建对于公正高效解决商事争议，服务和保障“一带一路”建设意义重大。其中，管辖权的扩大是国际商事法庭的发展趋势，中国国际商事法庭可考虑将涉港澳台商事案件以及自贸区外商独资企业之间商事纠纷纳入管辖范围，同时放开对“实际联系”的要求；“一站式”国际商事纠纷解决机制宜通过仲裁调解机构的选定实现争议解决的国际化和专业化，应重视调解的适用并确保各类文书的有效承认和执行；国际商事专家委员会作为中国创举，应充分发挥专家委员会在争议解决中的作用，并关注专家委员的利益冲突；诉讼程序便利化改革则权衡公正与效率、自治与法定、公开与私密等问题。㉒

六、国际人权法

有学者认为，切实保障人权的实现，是当代中国法治和社会、经济发展的重要任务。从法律上讲，必须重视一种基本的工具，即“权利方式”，其作为一种结构性的体系，至少包括主体、权利、义务、侵权与救济等要素构成的完整结构。当各种人权以“权利方式”加以法律化、结构化，在法律上就可以确立和提供人权实现的结构性力量。㉓有学者研究指出，在全球治理中，中国的世界大国角色与弱势人权话语权很不协调，如何构建适应世界大国角色的中国人权话语体系成为亟待解决的问题。我国的人权话语体系应有诸多自身的特点，要以贯通古今、融合中西、理论联系实践的路径来构建中国人权话语体系。㉔

有学者分析了具体人权，其中，发展权的概念是在持续的争议中逐步确立并完善的。发展权首先在政治意义上被确认为基本人权，1986 年《发展权利宣言》是发展权被纳入人权体系的重要政治标志，但其法律化依然面对一些难题。发展权概念的法律化难题正是有关政治争论的延伸。发展权兼具政治性和法律性。全面理解发展权的概念，既不能拘泥于过度实证主义的法律权利概念，也不能过度“泛化”发展权的概念。应当明确发展权概念所指向的重心、目标，以及其内在的局限性所在。㉕也有学者研究健康权，指出该权利作为二战后兴起的一项重要人权，其发展路径具有从国际法向国内法扩展的特点。“人身的固有尊严”是健康权的正当性基础所在，也决定着健康权的基本内涵。㉖

有学者认为，人工智能武器在国际法上仍然属于新生事物，“智能”或者“自主性”是其区别于传统武器的本质属性，在这个意义上，任何一种在“关键功能”上具备自主性的武器系统，也就是说能够在没有人类参与的情况下选择和攻击目标的武器或者武器系统都可以被称为人工智能武器。从国际人道法的角度来看，人工智能武器主要带来了两个方面的挑战：一是武器系统选择和攻击目标能否尊重国际人道法规则；二是如果武器系统的使用明显违反国际人道法，能否归责于个人或国家，并追究他们的责任。为了确保国际人道法得到遵守，各国一方面应当建立对新武器的国内法律审查机制，另一方面应当推动起草和制定有关人工智能武器的国际条约。㉗

七、国际刑事司法协助

有学者指出，内地与香港在逃犯移交协议方面的探讨历时已久，但受制于内地与香港始终没有签署刑事司法协助安排，加之香港司法的独立性，使得“一国两制”下的刑事司法协助，特别是逃犯移交的区级刑事司法协助，或多或少受到国际刑事司法协助中的一些禁止性原则的影响，也为反腐败追逃追赃带来一定的障碍。可以借鉴欧盟国家间的区域刑事司法协助中普遍适用的《欧盟逮捕令及移交程序框架协定》规定的原则和措施，结合我国内地与香港的具体问题，探讨建立内地与香港移交腐败犯罪或经济犯罪逃犯制度存在的问题。[28]

有学者指出，美国的引渡制度是由国内法、国际公约、双边条约共同构建而成的。迄今，美国已与100多个国家或欧洲联盟等多边组织签署了双边或多边引渡条约，并加入了多个含有引渡内容的国际公约。近年来，美国以“长臂管辖权”为由，针对中国公民发动的一系列与引渡有关的事件在国际国内引起了轩然大波。从实体法来看，对于政治犯，美国一般都规定了不引渡原则；对于死刑犯和本国国民，美国同意在一定条件下可以引渡；对于可引渡罪行的范围，美国从严格基于列表即犯罪清单转为主要基于可引渡罪行的最低处罚标准来确定。美国的引渡程序，一般包括临时逮捕程序、提出引渡请求程序、审查和移交程序等。[29]

有学者指出，反腐败国际追逃追赃是我国反腐败斗争的重要组成部分，目前还存在成功追逃追赃难度越来越大、追逃防逃监管对象数量大幅增加、相关法律制度实施效果不佳、追逃过度依赖劝返和国际警务合作等方式、国际条约利用率低、国际追逃追赃能力建设不足等问题。应着力从4个方面努力：一是国内协调整合机制完善与国际合作长效机制构建双管齐下；二是理念、制度、能力、队伍建设同时发力；三是追逃、追赃、防逃一体推进；四是个案协调攻坚与长远制度建设统筹兼顾。[30]

有学者指出新颁布的《中华人民共和国国际刑事司法协助法》在协助外国查封、扣押、冻结涉案财物问题上，果断地放弃了“立案”要求，为执行外国相关请求规定了一系列比较符合刑事司法协助特有属性的条件。在协助外国没收违法所得及其他涉案财物问题上，没有使用“法院”和“裁判”这两个术语，使得各主管机关均可以依照法定条件决定提供没收协助。在此问题上，我国《刑事诉讼法》关于违法所得没收的特别程序以及检察机关启动该程序的申请权需得到充分考虑。在返还违法所得及其他涉案财物问题上，确立了关于财产被害人合法权利的证明标准，除没收后返还外，各主管机关还可以不经没收程序直接根据合法所有权证明返还被查获的违法所得。[31]

八、人类命运共同体

有学者认为人类命运共同体理念蕴含丰富的国际法渊源，以推进全球治理体系变革为视角，其既是对传统国际法理论学说和当代国际法原则的继承、弘扬和发展，同时也深化了现代国际法治的精神内涵，促进了国际法律体系的建立与完善，为全球治理体系变革提供了相应法治保障。人类命运共同体理念、国际法与全球治理体系之间相互促进共同引领重塑公正合理的世界政治经济新秩序。国际法不仅是人类命运共同体理念的具体表现形式，更是将其纳入法治化轨道的主要载体，通过国际法能够帮助确立人类命运共同体倡议的国际法律地位、推动人类命运共同体理念的规范化、制度化、体系化，从而以法的形式切实保障人类命运共同体理念在国际社会中的推广适用，为联合世界各国人民“共商共建共享”良好国际法治环境和新型全球治理体系奠定制度基础、创设有效路径。[32]

有学者指出，在人类命运共同体思想的引领下，应当崇尚尊重并善意履行国际法的国际法解释态度，明确立足中国兼及全球治理的国际法解释立场，坚持国际、国家、人类3个层面价值的国际法解释维度。将国际法解释的态度、立场与维度融入推动构建人类命运共同体的具体行动之中，不仅有利于践行人类命运共同体思想中的国际法思想，也有益于更好地实现国际法治与全球治理的伟大目标。[33]

有学者指出，人类命运共同体的形成是史无前例的，要建构和维系人类命运共同体，必须有新的道德知识和实践智慧来处理全球性问题，要树立因应和解决全球性伦理问题的新的道德思维，要为全球性协同行动提供“可持续发展”的全新价值坐标，并培育作为世界公民的新的道德意识。与此相适应，全球治理要有新的治理理念和治理模式。但国际法治不是国内法治的简单翻版，要将国内法治的理念与实践推广到全球治理中去，需要实现从国家本位到以人为本、从绝对主权到相对主权、从个体性权利到连带性权利的内在视域和逻辑上的转换。[34]

九、涉外法律适用

有学者特别分析了涉外法律适用中的连结点，主张连结点与法律关系和准据法应具有对应性，即属人连结点应当对应人身关系和属人法，属物连结点应当对应物的关系和属物法，属行为连结点应当对应以行为为核心的法律关系和调整民商事行为的法。这种对应性重在基于法律关系的性质而选择连结点，体现了法律选择规则设置的合理性，又因为连结点与法律关系的对应而可提高法律选择结果的预见性，还能成就法律适用的有效性。[35]涉外婚姻家庭中的法律适用问题是历来较为复杂的领域。有学者从中德比较的视角来探讨中国涉外结婚关系的法律适用问题，借鉴德国较为成熟的涉外结婚的法律适用制度，比较研究中国涉外结婚的冲突规范。[36]

有学者指出，近年来，美国频繁通过具有域外效力的国内法，采取国内法域外适用措施，使得国内法的域外效力和域外适用问题再次成为国际社会的焦点。国家采取不符合国际法的国内法域外适用措施，以及滥用国内法域外适用措施，都会构成对国际秩序和国际法治的冲击和破坏。赋予国内法域外效力并适度进行国内法域外适用，不仅能够保护本国公民和企业的利益，也能够为国际秩序和国际法的发展提供契机。但现行中国法域外适用法律体系的指导思想不明确，重要领域立法缺失并导致执法缺位，法律责任规定过于模糊，基本无法实现上述目标。因此，在现有国际法规则框架下，完善中国法域外适用法律体系，适度进行国内法域外适用，既是深化国内法治改革的需要，也是履行大国责任和深度参与国际治理的需要。[37]

十、“一带一路”倡议

有学者认为，在同“一带一路”沿线国家的能源合作中，能源运输通道安全是一个非常关键的问题。能源运输通道法律机制的现状中存在检讨相关国际公约效力局限、协调机制不足、专门法律制度缺位等弊端。“21 世纪海上丝绸之路”框架下能源运输通道安全保障法律机制有如下完善路径：制定“一带一路”能源运输专门性公约；完善沿线国家多边合作协议；解决能源运输环保问题；构建专门协调机制，协调沿线国家能源通道管辖权；建立完善争端预防和解决机制，通过政治、外交、法律途径预防和解决争议纠纷。[38]

有学者指出，可以尝试用区域制度一体化方式打破知识产权壁垒，进而为贸易合作铺平道路，对知识产权的区域性价值贡献具有重要意义。沿线各国知识产权制度各不相同，保护力度参差不齐，知识产权区域制度一体化面临诸多问题。鉴于此，中国应推进“一带一路”倡议，实施“中国方案”，充分发挥国内、国际双向促进作用，加强区域知识产权合作与交流，尊重各国差异，共同构建知识产权统一规则，推动知识产权区域制度一体化，促进共同发展。[39]

十一、其他

有学者指出，随着新加坡、中国香港特区的立法改革，第三方出资机制作为一种争议解决费用的承担方式，已经在亚太区域的商事仲裁市场崭露头角。树立二元监管模式，以金融市场和仲裁程序两条主线规范第三方出资机制，既能保障仲裁事业健康有序发展，亦可引导、鼓励第三方出资产业化，使其真正服务于实体经济、提高纠纷解决效率。[40]

有学者指出，现代海上拦截主要是由军舰或者合法授权的政府公务船舶实施的拦截某类物资或者人员进出某个国家或者特定地区的行动。海上拦截行动机制本质上是一种控制紧张局势加剧和武力对抗升级的机制，是海上武力的低烈度运用，既适用于平时，也适用于战时或者武装冲突期间。它与海上封锁、临检和拿捕、紧追、中立、隔离都有一定的历史渊源。海上拦截是对海洋自由的一种限制，其适用除应有充分的合法性理由外，还应谨慎实施，在当下不应过分夸大其维护争议岛屿主权和海域权属的作用，但因其契合中国一贯的外交主张和国防政策，中国可以主导和构建公正、合法、有效的区域海上拦截机制。[41]

有学者认为外空和网络的法律属性不是全球公域而是共用物，其要素为“共用、共享、共治”和“自制、善意、包容”。它是构建国家在外空、网络的主权法律关系的法理基础。国家在外空、网络的主权法律关系都包括对人、物、行为和数据信息等客体的管辖权和“自我限制”理念，但因网络的地域性及其缺乏专门系统的国际条约调整，两者在管辖权渊源、内容上有所区别。而在“涉及外空的网络活动”的交叉领域，两者可以相互借鉴或在此基础上创设新规则。[42]而在外空安全和网络安全的交叉领域，外空活动中的网络安全未受到应有重视，相关国际规则研究和制定相对滞后。外空活动网络安全国际规则的客体是外空活动中的网络行为，主要指利用网络手段攻击、侵入、干扰和破坏卫星等空间资产及其地面基础设施。外空活动网络安全国际规则与外空法和网络法，是特别法与普通法的关系。外空法中的基本原则和规则如和平利用原则、妥为顾及义务在外空网络活动领域有具体要求。外空及天体上的军事网络活动不被禁止，但应遵守自我约束和结果控制原则；应尊重他国对卫星等空间资产及其地面设施的管辖权，禁止恶意使用信息技术损害空间物体安全。外空活动中网络行为的归因应以最密切联系、权利义务一致、关键问题区分等原则为指导，在个案中对外空法和网络法（一般国际法）中的一般控制标准、整体控制和有效控制标准进行选择适用。[43]

注：

①孙雪妍：《国际海底矿产资源法的价值追求与制度模式》，《中国政法大学学报》，2019 年第 3 期。

②王明远、孙雪妍：《论国际海底矿产资源的法律地位》，《中国人民大学学报》，2019 年第 4 期。

③王婉潞：《南极治理机制的内涵、动力与前景》，《极地研究》，2019 年第 2 期。

④马金星：《欧盟参与南极海洋环境治理的路径及趋势》，《欧洲研究》，2019 年第 6 期。

⑤吴盈盈、孔庆江：《我国与周边国家海洋争端的国际管辖权问题研究》，《亚太安全与海洋研究》，2019 年第 5 期。

⑥朱利江：《在原则与例外之间：油气因素对海洋划界的影响》，《政法论坛》，2019 年第 2 期。

⑦朱炳成：《环境健康风险预防原则的理论建构与制度展开》，《暨南学报（哲学社会科学版）》，2019 年第 11 期。

⑧林灿玲、杜彩云：《环境伦理之于国际环境立法》，《比较法研究》，2019 年第 6 期。

⑨边永民：《跨界环境影响评价的国际习惯法的建立和发展》，《中国政法大学学报》，2019 年第 2 期。

⑩宋岩：《论环境影响评价的国际法义务——以国际法院判例为视角》，《武大国际法评论》，2019 年第 6 期。

⑪于文轩：《生物安全风险规制的正当性及其制度展开——以损害赔偿为视角》，《法学杂志》，2019 年第 9 期。

⑫车丕照：《是"逆全球化"还是在重塑全球规则》，《政法论丛》，2019 年第 1 期。

⑬韩立余：《国际法视野下的中国国有企业改革》，《中国法学》，2019 年第 6 期。

⑭陈正健：《论解决投资争端国际中心国家通知的撤回》，《环球法律评论》，2019 年第 4 期。

⑮张守文：《贸易战、全球经济治理与经济法的完善》，《武汉大学学报（哲学社会科学版）》，2019 年第 5 期。

⑯石静霞：《世界贸易组织上诉机构的危机与改革》，《法商研究》，2019 年第 3 期。

⑰孔庆江：《一个解决 WTO 上诉机构僵局的设想》，《清华法学》，2019 年第 4 期。

⑱石静霞、白芳艳：《应对 WTO 上诉机构危机：基于仲裁解决贸易争端的角度》，《国际贸易问题》，2019 年第 4 期。

⑲霍政欣：《论承认和执行外国判决的美国法困境——中国的因应与殷鉴》，《法律科学（西北政法大学学报）》，2019 年第 5 期。

⑳张文亮：《外国判决承认与执行语境下"送达抗辩"研究》，《当代法学》，2019 年第 2 期。

㉑李旺：《论外国法院判决的自动承认制度》，《清华法学》，2019 年第 6 期。

㉒石静霞、董暖：《我国国际商事法庭的若干核心问题》，《西安交通大学学报（社会科学版）》，2019 年第 3 期。

㉓程梦婧：《"权利方式"：人权实现的法律工具》，《政法论坛》，2019 年第 5 期。

㉔孙平华：《论全球治理中中国人权话语体系》，《中国政法法学学报》，2019 年第 3 期。

㉕叶传星：《发展权概念辨析：在政治与法律之间》，《东岳论丛》，2019 年第 12 期。

㉖王晨光、饶浩：《国际法中健康权的产生、内涵及实施机制》，《比较法研究》，2019 年第 3 期。

㉗张卫华：《人工智能武器对国际人道法的新挑战》，《政法论坛》，2019 年第 4 期。

㉘王秀梅、尹燕红：《论中国内地与香港逃犯移交制度的构建——以欧盟逮捕令为参考》，《法学》，2019 年第 10 期。

㉙黄芳：《美国引渡制度研究》，《法律适用》，2019 年第 15 期。

㉚彭新林：《我国反腐败国际追逃追赃面临的挑战与对策》，《江西社会科学》，2019 年第 9 期。

㉛黄风：《协助外国追缴违法所得的条件与程序》，《法学杂志》，2019 年第 6 期。

㉜李猛：《全球治理变革视角下人类命运共同体理念的国际法渊源及其法治化路径研究》，《社会科学研究》，2019 年第 4 期。

㉝杜焕芳、李贤森：《人类命运共同体思想引领下的国际法解释：态度、立场与维度》，《法制与社会发展》，2019 年第 2 期。

㉞曹刚：《人类命运共同体与全球伦理和国际法治》，《北京大学学报（哲学社会科学版）》，2019 年第 2 期。

㉟沈涓：《再论继承准据法确定中的区别制与同一制——以法律关系、连结点和准据法三者的对应性为视角》，《环球法律评论》，2019 年第 6 期。

㊱刘懿彤：《中德涉外结婚冲突规范比较研究》，

《法学杂志》，2019 年第 8 期。

㊲廖诗评：《中国法域外适用法律体系：现状、问题与完善》，《中国法学》，2019 年第 6 期。

㊳翟雨嘉：《“21 世纪海上丝绸之路”框架下能源通道安全保障法律机制探究》，《法学评论》，2019 年第 2 期。

㊴王泽君：《“一带一路”倡议与知识产权区域制度一体化问题研究》，《电子知识产权》，2019 年第 4 期。

㊵侯鹏：《第三方出资机制的二元监管模式》，《法学评论》，2019 年第 3 期。

㊶李卫海、刘瑞强：《海上拦截合法性的国际法分析》，《法学评论》，2019 年第 3 期。

㊷王国语：《外空、网络法律属性与主权法律关系的比较分析》，《法学评论》，2019 年第 5 期。

㊸王国语：《外空活动中的网络安全国际规则探析》，《当代法学》，2019 年第 1 期。

（作者：张文亮，中国人民大学副教授；李一帆，中国人民大学硕士生）

法律史学

赵晓耕　王云霞　范依畴　萨蠡荣贵

中国法律史学研究综述

一、重要学术会议

1. 中国法律史学会老庄与法律文化研究会与眉山市法学会联合举办“三苏（苏洵、苏轼、苏辙）法治思想研讨会”

2019 年 11 月 29 日，由中国法律史学会老庄与法律文化研究会与眉山市法学会联合举办的“三苏（苏洵、苏轼、苏辙）法治思想研讨会”在眉山市举行。会议就“三苏法律思想与传统法律文化”主题进行了深入的学术交流。

2. 中国法学会法治文化研究会主办“法治文化视野下的乡规民约研究”研讨会

2019 年 3 月 27 日，由中国法学会法治文化研究会主办的“法治文化视野下的乡规民约研究”在北京举行。

3. “官法同构——中国古代官僚体制与法律制度”青年学者研讨会

2019 年 8 月 8—9 日，由中国政法大学法律史学研究院与中国政法大学近代法律研究中心主办的“官法同构——中国古代官僚体制与法律制度”青年学者研讨会在北京召开。

4. “回顾与前瞻：中国法律史学研究七十年”学术研讨会举办

2019 年 10 月 26 日、27 日，由中国政法大学法律史学研究院主办、中国法律史学会中国法制史专业委员会协办的“回顾与前瞻：中国法律史学研究七十年”学术研讨会在北京召开。此次会议为回顾 70 年来中国法律史学研究进程、总结研究方法、交流学术新见、前瞻学科发展而举办，提交学术论文 50 篇，其中 29 篇进行了专题报告。本次研讨会专题报告紧扣学术前沿，评议专业精深，讨论热烈开放，体现了一流的学术水平。

5. “多元视角下的传统法律文献研究”国际学术研讨会

2019 年 11 月 23 日、24 日，庆祝中国政法大学法律古籍整理研究所成立 35 周年暨“多元视角下的传统法律文献研究”国际学术研讨会在中国政法大学举办。

6. 北京市法学会中国法律文化研究会 2019 年年会

2019 年 11 月 30 日，北京市法学会中国法律文化研究会 2019 年年会在京召开。此次年会由中国政法大学法学院承办。

二、重要学术著作简介

在法律史学著述方面，北京法律史学诸位同仁本年度取得了非常丰硕的成果。

中国社会科学院荣誉学部委员杨一凡研究员主编的《清代判牍案例汇编》①问世，本套案例汇编分甲乙两编，每编 50 册，共 100 册。甲编收入清初至嘉庆朝的珍稀判牍案例文献 17 种，其中 4 种为抄本；乙编收入嘉庆朝至清末的珍稀判牍案例文献 27 种，其中 7 种为抄本，另有多种文献系海外图书馆所藏孤本。该书可为中国古代法制史研究提供重要的文献材料，同时对于当前中国法制建设也具有重要的借鉴作用。

中国政法大学终身教授张晋藩先生的《中华法文化要略》[②]一书，收录了作者近年来撰写的17篇学术文章，内容涉及中华法系综论、中国古代治国智慧之镜鉴、中国传统法律文化之精神，以及清代法律制度等。全书内容宽广，有古代，也有近代，有法制史，也有法文化史，贯穿其中的一条主线就是阐述中华法文化史的镜鉴价值。

中国人民大学法学院张希坡教授的《革命根据地法律文献选辑（第四辑）》[③]问世，本文献选编是暨2017年第一辑和2018年第二辑、第三辑后，最新的一辑。本辑为第三次国内革命战争时期解放区人民政府的法律文献选辑，共250余万字。编者对于每一个文献，从文字形式、内容和思想诸方面进行严格的文献学研究，均经过编著者的细心考察，反复校勘、比对，大限度地纠正流传积久的错、衍、讹、夺现象，以还原其历史原貌。

中国社会科学院法学研究所张生研究员、高汉成副研究员主编的《法律史学人的坚守与追寻》[④]一书，作为“法学所60年学术精品选萃”丛书之一，辑录了社科院法学所自成立以来从事法律史学研究的所有人员的代表性作品，较为全面地回顾了中国社会科学院法律史学科的学术脉络与轨迹，回顾和总结了法律史学研究的主要成就，是法学所法律史同仁60年来学术研究对中国法律史学作出贡献的全面展示。

中国社会科学院法学研究所张生研究员、北京工商大学邹亚莎副教授合著的《仁道与中国古代法统秩序研究》[⑤]一书，详述了仁道与中国古代法统秩序的关系。作者从个人、社会、政治3个层次阐发“仁”本身的含义与发展，以及在“超级国家社会”中仁道与法统价值体系的相互融合渗透，详述了仁道对法统的深刻影响和古代法统的制度体系及其现代转化。

中国政法大学王宏治教授的《中国刑法史讲义（先秦至清代）》[⑥]一书，对中国古代刑法问题进行了专题探讨，抓住了刑法思想史上特别侧重报应天罚、重刑主义的要害，由此铺陈开来，由点带面，浑然一体。古代的刑法特色是中国法律文化中法家法治儒家礼治思想的集中反映，这些特色的归纳为今日研究中国传统法治文化的现代意义留下了诸多思考的空间。

中国政法大学法律史学研究院张中秋教授的《传统中国法理观》[⑦]一书，对传统中国法理进行了探索。作者从法史中抽绎法理，用法理来解读法史，提出传统中国法理的核心是动态的合理正义观。动态的合理正义观就是传统中国法的公平正义观，其内涵为道德、仁义、情理以及这三者的贯通，其实质是对世界有序性与创生性这一对立统一辩证关系的概括与表达，而其背后为贯通天、地、人、法的阴阳——道德文化原理。

中国社会科学院法学研究所高旭晨副研究员的《在神权与王权之间——中国古代宗教法律规制述略》[⑧]一书，对中国古代宗教法律规制进行了探讨和研究。该书简略介绍了中国古代各个朝代对宗教进行法律规制的法律整体状况。作者比较全面地介绍了中国古代对宗教进行法律规制的整体状况，包括对合法宗教的规制、民间宗教的规制和近代对基督教的规制等3个方面的内容。

中国政法大学喻中教授的《梁启超与中国现代法学的兴起》[⑨]一书是作者多年阅读、理解、研究梁启超法律思想的成果总结。该书通过研究梁启超关于权利义务论、法治主义、国体、国家结构、司法独立等方面的法学著述与实践，展示了梁启超思想中广阔而幽深的法学世界，描述了中国现代法学兴起的复杂而立体的过程。

清华大学法学院陈新宇副教授的《寻找法律史上的失踪者》[⑩]一书再版，此次增订版相较于第一版（广西师范大学出版社2015年版），增加了4章的内容，继续寻找并分析了康有为、冈田朝太郎、赫善心、沈家本和楼邦彦这几个“法律史上的失踪者”的法律故事。

中国政法大学法律古籍整理研究所赵晶副教授《三尺春秋——法史述绎集》[⑪]一书，以学术评论为主要体裁；分别梳理、评论了正史《刑法志》、敦煌吐鲁番法律文献、日本古文书学、《至正条格》、传统“公司”形态等学术史；对9部海内外中、日文著作的研究性书评，并附录两篇作者回应；以4部书的读后感为线索，讨论中国法制史教科书的编写、日本东洋法制史课程设计、近代中日法制史学界交往、民国时代法学学术状况等问题。

中国农业大学胡震副教授《清代省级地方立法：以“省例”为中心》[⑫]一书，对清代省级政府制定的规范本省具体事宜的地方性立法“省例”进行了研究。该书对清代各省省例的含义、性质、产生、刊刻、汇编、适用效力及其与中央立法的关系等方面，对清代省级地方立法进行了综合性阐释。作者指出，通过对代表性省例《治浙成规》和“当赃取赎”法律问题的微观分析，可以发现清代地方立法并非中央立法的简单复制，而是在一定范围内由各省根据省情因地制宜的产物。

国家图书馆副研究馆员郑小悠《清代的案与刑》[13]一书，以重述案件的方式还原历史现场，从侧面描绘出清代由盛世坠入末途中的政局更迭、官场生态与世情人心。该书分两编，上编《旧案重审》，以充满现场感的叙述，重现了自雍正至光绪年间的多桩案件。下编《刑期无刑》，选取清代法制体系中的一些重要职位，如仵作、禁卒、提牢官乃至皇帝，展现他们作为体制中的"螺丝钉"所发挥的作用，以及履行职责时面临的困境，并由此展现了清代法制体系的审案流程、机构设置、人事机制以及明暗规则。

为了配合教育部将中国法制史与中国法律思想史合并为中国法律史一个学科课程的规划，自 2019 年起，多部全新的《中国法律史》教材修订问世。

中国政法大学终身教授张晋藩先生主编的《中国法律史》[14]一书，全面阐述了法律史学科的基本理论。该书融制度史和思想史于一体，上迄夏商西周，下至新中国成立，按照朝代顺序细致铺陈，对重点朝代的法制思想、刑事立法、行政立法、民事立法、经济立法、司法制度等进行了分章论述。该书将法制史与法律思想史合二为一，不仅可以更全面地说明法律制度的发生、发展、变革与转型，而且可以完整地展现中国法制史的生动的本来面目，进而增强中国法制史的理论意义和实践价值。

中国政法大学朱勇教授主编的《中国法律史》[15]一书，以形成期的中国法律、发展期的中国法律、发达期的中国法律和中国法律的近代化为基本脉络，分别对夏商、西周、春秋战国、秦朝、汉朝、魏晋南北朝、隋朝、唐朝、宋朝、辽夏金元、明朝、清朝、民国时期等不同时期的法律制度及法律思想进行了介绍。全书以中国历史上的法律制度为主，兼及中国历史上的法律思想，按照历史阶段论述中国历史上的法律制度和法律思想发展的概况，部分重要法律思想融入相关制度论述之中。

中国人民大学法学院赵晓耕教授主编的《中国法律史》[16]一书，系统介绍了中国近 5000 年的法律发展历史，从制度和思想两方面阐述了法律史学科的基本理论和主要内容。全书以历史时序为经，以王朝的法律思想、立法概况、主要法律制度、司法制度为纬，对中国传统法律进行系统论述，每章设置关键词、思考题、参考书目等内容，注重吸收国内外法律史学研究的新成果，以开阔学生的法律文化视野，培养学生的理论分析能力。

三、本年度学科研究重点问题

2019 年北京地区中国法律史学科研究的热点问题，总结起来，主要有以下几个方面：

1. 关于传统法律文化的宏观研究

本年度，从宏观角度来讨论传统法律文化的成果较丰富，这其中涉及了许多深层次的理论问题。有学者对中国传统司法制度进行了反思，指出中国司法制度史是中国法制历史的核心内容，其理论基础、制度建构、实践价值和经验积累都达到了极高的水准。中国古代司法实践的成功经验包括公平公正、依法断罪、法理情相统一的司法考量、善法与良吏相结合、严格执法、调解息争、司法监察的制度化、重视司法官的选任与培养、严格司法官的责任、惩罚司法渎职行为等诸多方面。中国古代司法实践的成功经验，具有十分重要的镜鉴价值，可为当前司法体制改革提供传统法文化方面的支撑。[17]

有学者对中国古代的"官法同构"治理模式进行研究，指出中国古代法律必须适应国家治理的基本需要，首先应注重对于文武百官的全面治理。通过直接"治官"，推动间接"治民"，以实现"官民兼治"的双重目标。国家法律将普通社会主体概括为君、官、民三大类别，并对由其产生的君官、官官、官民三大涉官关系实行重点调整。重点调整涉官关系，重点规制官吏行为，推动法律对于文武百官实施规制，促成了"官法同构"的制度体系建构模式。在"官法同构"制度体系建构模式之下，古代法律紧紧抓住国家权力结构的重点部位与权力运作的关键环节，构建与官制体系相适应的法律体系，实现对于文武百官行为举止与社会关系的全覆盖，有效促进了国家治理与社会管理的秩序与效率。[18]该学者进一步指出，从汉唐至明清，官制经历了从"三公九卿"到"三省六部"的演进，法制则经历了"六事法体系"的萌芽、建立、成熟、完善等发展阶段。至明清之时"六事法体系"成熟完善。这一法律体系符合古代国情，满足古代治国理政需要，并在维护国家统一、构建社会秩序等方面发挥重要作用；既体现了古代国家治理、社会管理方式的鲜明特色，也展示了中华民族的政治与法律智慧。[19]

此外，还有学者分别对中国古代的孝治天下[20]、古今社会国家二元合一问题[21]、帝制中国的"权利"[22]、中国传统诉讼文化[23]等问题展开了研究和讨论。

2. 关于中国古代法律史的研究

本年度，在古代法律史研究领域，有学者探讨了“八议”制度的源流及其与腹边文化的互动关系，指出“八议”律条自曹魏入律以后，经晋唐以迄明清，成为中国固有法律的鲜明特征之一。在比较了中原王朝与边疆诸族政权在君臣关系和政治伦理等领域的差异后，指出前者是尊卑关系，后者是主奴关系，伦理亦然。源于八辟的八议律条是中原政权的独特创造，有赖于农耕文化的支撑；在以游牧、渔猎文化为主导的边疆政权入主之时，便难免会发生种种变异。[24]

有学者对清代州县词讼积案问题进行研究，指出清代法律制度在要求州县官及时审结自理词讼方面，多有细致而严格的规定，但在基层司法实践中，自理词讼积压却异常严重。自清中期以降，历任皇帝在位时多发布各种上谕，催促各省高官监督基层官员及时审结案件。州县官必须按月向上级申送自理词讼清册，以供上司核查。就制度而言，州县官听讼面对知府、道员及省级官员等重重监督的压力。但是在实践中，这种多层级高压并未带来有效的监督效果。多层级监督体系效率低下，地方官之间基于利益合谋，共同规避中央的监督要求。上级监督州县官听讼明显具有“人存政举”的特征，统治者对导致词讼尘积的客观因素视而不见。州县官处理命盗案件审转尚且顾及不暇，遑论自理词讼，因此词讼积压问题并未得到有效解决。[25]

有学者对事例在完善明代典例法律体系中的功能展开了研究，以翔实的史料，揭示了明代洪武年间法律实施“以事例为主”的真相，揭示了洪武朝后百余年间的立法活动“以制定事例为主”的史实，论述了《会典》事例的内容构成和功能，指出事例在明代典例法律体系确立和完善过程中发挥了重大作用。[26]

有学者对清代法律中的盗毁神物罪进行了比较法视角的探析，指出《大清律例》对“神物”有超乎对普通物品的特殊保护，并主要体现在“盗大祀神御物”“毁大祀丘坛”等律例之中。但是这些规则因受周孔以降人文精神影响，对神明由盲目崇拜转向实则对伦常秩序的关注，“敬神而不佞神”，严格限定律例中神物的种类、范围以及侵害的方式。宗教在我国传统时代通常能享有一种“消极的”自由，近代以后逐渐形成一种相对“积极的”的宗教自由制度。我国有关神物的规则在近代转型的过程中，继承了欧西的这类体现“积极的”宗教自由规则，放弃了传统的模式。[27]

还有学者对中国古代的宗教治理进行了法律解读，指出自孔子以来的儒学体系，奠定了中华文明重视道德伦理的文化特征，在中国古代国家治理中“礼乐刑政”并用。汉末以降佛教东传，尤其作为外来的佛教在经典翻译、信仰体系传播过程中不断调整自身并和王权博弈以适应中国“礼乐刑政”共治的大传统。佛教通过对儒家经学的影响，进而影响到传统法治的法律思维与法律思想。隋唐之际中国宗教形成独特的宗教“道统”，形成道德疏导与相对自治的法律管理模式。[28]

此外，还有学者对传统中国国家治理体系中的田土细故[29]、中国古代逮捕制度[30]、清代的秋审制度之当今启示[31]、晚清法律翻译问题[32]、秦汉时期的异地诉讼[33]、“讼师恶报”话语模式的功能[34]、清代的“永远监禁”[35]等问题展开了研究和讨论。

3. 关于中国近代及民国法律史的研究

在近代法律史研究领域，有学者对民国时期民法体系中的判例展开了研究，指出民国时期为建构稳定而开放的民法体系，最高审判机关所创制的民事判例发挥了重要的作用。民国政府时期，大理院从发布判例全文汇编，到编辑和发布判例要旨，再到判例要旨的独立汇编，在法律体系不完备的条件下，判例整合了制定法、习惯、条理等既有法律渊源，在功能上发挥了规范选择与体系建构的作用，为民法体系提供了稳定性。民法典颁行以后，南京国民政府最高法院严格遵循制定法效力优先原则，采取了判例要旨附属于制定法的汇编形式，在功能上是制定法的解释和补充，判例为民法体系提供了扩展性规范。[36]

有学者对近代社会立法与福利国家的建构等问题展开了讨论，指出政府主导的社会救济体制在中国有着悠久历史，而古代中国早熟的官僚体制为荒政的落实提供了必要条件。近代中国遭遇了严重的自然灾害与战乱，政府也以复兴传统的“大同”理想为号召，部分移植以德国为代表的西方社会福利制度。在近代中国转型过程中，社会福利由消极的临时性赈济变为积极的常态化救济，由在上者单方面的“恩赐”转变为国家的责任与人民的权利。[37]

有学者对废除《六法全书》问题展开讨论，指出应当将废除六法体系与六法全书上升为新政权的宪法性要求，与其后的旧法改造、司法改革等存在着必然、合理与正当的内在逻辑。对特定历史条件下的主客观互动结果，做出符合历史实际的评价[38]。

4. 关于法律思想史与学术史的研究

关于法律思想史的研究，有学者探讨了儒家天命学说的法律意义，指出中国古代的文明是一个连续性的文明，儒家无疑是这一文明的传承者和突破者，其中最为瞩目的特征就是儒家对于天人之际的探究。儒家继承了夏商周以来的上帝或天命信仰，儒家的仁政思想源于周公的敬天保民和明德慎罚，儒家将“诚”作为天人合一的枢纽，它既是人德也是天道。仁作为规范的“立法者”，具有比法律规范本身更大的“创造性”，此时天命参与到个体人生中，在对于天命的追寻中儒家讲究“正心诚意”，以期达到“天人合一”。[39]

有学者探讨了荀子刑法思想对今天的启示意义，指出荀子的刑法思想在坚持儒家“礼义”的同时，又借鉴了法家的“重法”主张。荀子对刑法的态度比其他儒派学者更为积极，其刑法思想在先秦儒派学者中也是最为全面而深刻的。刑法作为现代社会的重要治理手段，其妥当施用对于推进国家治理体系和治理能力现代化具有重要意义。荀子的刑法思想在当下具有相当的合理因素与现实意义，值得思考和借鉴。[40]

还有学者对近代著名法学家王宠惠的思想和学术展开了研究，指出王宠惠的治学领域涉及宪法、刑法、民法等学科，并对司法改良提出过具体的意见。从学术谱系来看，王宠惠是现代中国第一代法学家中的佼佼者，他以点滴的著作和法律实践为群策群力建设的中国现代法学大厦贡献了块砖片瓦。[41]

关于学术史的研究，有学者总结了中国法律史学研究 70 年的历程，指出中华人民共和国成立之初，中国法律史学是最早复兴的法学学科之一，但限于当时的知识导向，中国传统法律只能通过“国家与法权历史”的形式得以传承。改革开放以后，中国法律史学是最早兴盛发展的法学学科，传承与发展的研究工作主要沿着制度史和思想史两个方向展开，在史料整理、考证解释、通史、断代史和专题研究诸方面均取得丰硕成果。如何“阐释建构，贯通古今”，为建设现代化法治国家提供文化支持，成为传承和发展传统法律的时代主题。[42]

有学者对几种法律史成说提出了质疑，在简述法律史研究缺陷和需要重新审视的各种成说的基础上，重点针对至今影响颇大的“中国法律儒家化”说、明清《会典》“官修史书”及“行政法典”说、明清“律例法体系”说、古代“司法判例制度”说逐一驳正，剖析其认识误区，论证新见之理据。并呼吁学界应以“质疑成说”为突破口，重述法律史，并就如何推动学科理论创新提出建言。[43]

有学者对中国法律社会史研究方法进行了探讨和反思，指出中国法律史研究中的“法律社会史”方法，通常被认为是由瞿同祖的《中国法律与中国社会》一书中所开创。20 世纪 90 年代后期以来，在明清诉讼与社会研究领域中研究的作品，主要来自于历史学传统的社会史研究方法在中国古代法律议题上的延伸和展开。就其背后的推动力量而言，这主要受益于晚近 20 多年来法律史料利用的便利性大大增强，以及由此带来的史料利用范围的拓宽。从总体来看，当代学者的中国“法律社会史”研究在对社会史实的发掘以及事实性描述方面日益丰富和深入，但也往往在分析框架的推陈出新、理论命题的概括提炼等方面力不从心。若要重构一种兼顾历史真实性和理论启发性的“法律社会史”研究范式，则应当重新理解并认真对待瞿同祖留下的学术遗产。[44]

还有学者对《宋案重审》一书进行了评论，指出聚讼百年的“宋教仁案”，可从 3 个层面进行考察，即作为历史事件的“宋案”、作为刑事案件的“宋案”以及近代转型视野中的“宋案”。该书在历史事件层面创获最大，作为刑事案件则仍有深入分析的空间，同时对转型视野中的考察有一定启发。[45]

外国法律史学研究综述

一、主要学术会议

2019 年北京法律史学界举办或参与的外国法制史学科学术交流活动主要包括：

1. 全国外国法制史研究会第 32 届年会

全国外国法制史研究会第 32 届年会于 2019 年 8 月 24—25 日举行。本次年会由全国外国法制史研究会主办，山西大学法学院、华东政法大学法律文明史研究院承办。本届年会主题为“近代宪法文明的起源和变迁——暨魏玛宪法颁布一百周年纪念”。会议全程分为 6 个专题进行研讨，分别是“魏玛宪法的制度与反思”“魏玛宪法的历史反思”“英美法系的宪法经验”“大陆法系的宪法历程”“宪法学的理论与实践”“中国宪法的近现代变迁”。来自中国人民大学、中国政法大学、中国人民公安大学、商务印书馆等北京科研单位的部分专家学者与会交流与讨论。

2. 全国西方法律思想史研究会 2019 年年会

西方法律思想史研究会 2019 年年会暨第四届大国法治论坛于 2019 年 11 月 9—10 日举行。本次会议由中国法律史学会西方法律思想史研究会主办，汕头大学承办，年会主题为“西方法治文化与中国当代法治”。分议题为“中国法治的西方文化来源”、“西方法治的源流论”、“中西法治理论比较研究”以及“中国法治现代化与西方法治的文化差异”来自北京大学、中国人民大学、中国政法大学、中国社会科学院等高等院校和科研机构的部分北京地区专家和学者与会交流与讨论。

3. 全国比较法学研究会2019年年会

中国法学会比较法学研究会2019年年会于2019年9月21—22日举行。本次会议由中国法学会比较法学研究会主办，西南政法大学民商法学院承办。来自北京大学、清华大学、中国人民大学、中国社会科学院、中国政法大学、北京航空航天大学等科研机构的部分北京地区专家学者，围绕“比较法学与新科技革命”这个主题进行了深入交流与研讨。

4. 第七届青年比较法论坛“比较法与法律史研究”研讨会

中国法学会比较法学研究会主办、中国人民公安大学法学院承办的第七届青年比较法论坛“比较法与法律史”研讨会于2019年6月15日在中国人民公安大学举行。与会专家学者围绕“比较法与法律史的方法与范式”“比较法视阈中的法律变迁”“法律与空间”“比较法与社会治理”“法律史研究视域中的比较法”“比较法与人工智能、大数据”等主题展开深入探讨和交流。

二、重要学术著作

1. 教材类

外国法律史学科较有代表性的教材包括以下几种：

《罗马法（第三版）》[46]一书于2019年再次修订出版。作者力图遵循盖尤斯的教科书体系，以人、物和诉讼为中心再现罗马私法的特有框架，并认为罗马法教科书还需兼顾现代民商法学的体系，特别是现代民法典的一般体系，因此将体例结构划分为民事诉讼程序、人法、家庭和婚姻法、物法、债法和继承法六大部分，便于在罗马法和现代民法之间进行对比。

《比较法学原理》[47]一书对比较法基础理论和当今比较法学上较重要问题加以分析，重点讨论了比较法学的历史、原理、方法等问题，以及法律区域化、全球法和比较法的应用等关系到比较法实践意义的内容，向读者展现比较法与近100年来人类历史的深刻联系及其自身理论的蓬勃生机，并证明理解各种法律制度之动态发展的重要性。

《比较法总论（第四版）》[48]（新编21世纪法学系列教材）2019年再次修订出版。该书宏观上研究了世界各国的法律制度、法系之间的关系，包括世界法律制度的分类，历史沿革，各个法律集团、法系在法律结构、法律渊源、法律适用、法律职业等方面的关系及其发展趋势。

2. 专著类

出版的专著主要着眼于较为宏观的历史发展进程，围绕法律思想、近代亚非拉地区法等问题展开全景式分析，同时也有学者对罗马法、外国宪法、法典编纂体系等进行纵深研究，还有学者聚焦国外文物保护法制等微观研究。

贾婉婷著《罗马物权法：所有权与占有》[49]一书以罗马法的所有权和占有制度为主要内容，对这两种制度的产生过程、发展变化、具体内容以及法律保护方法等进行深入细致的分析，尽可能还原其历史原貌。

史志磊著《罗马法中的信托制度研究》[50]一书主要从历史主义视角，分析前古典时期和古典时期信托制度的样貌，认为其产生和发展与特定时空背景下的社会、经济、文化等要素密切相关，由此形成的相关规范与罗马法中的其他规范密切配合，共同维护信托制度的有效运转。

顾祝轩著《体系概念史：欧陆民法典编纂何以可能》[51]一书以17—19世纪中叶在欧洲大陆传播的法典编纂体系思想为对象，讨论了体系的起源、体系的主要建构者、体系概念的历史变迁。

王云霞主编《五国文物法制比较研究》[52]一书系统阐述了英、美、法、意、日5国文物法律体系的形成、发展及其法律渊源，全面介绍这些国家的代表性法律制度，在此基础上比较其异同，并分析造成差异的主要原因。

赵立新著《日本修宪：历史、现状与未来》[53]一书中以《日本国宪法》的修改为中心，从历史、现实到未来的整体视角展示了日本修宪的全过程，分析了日本主要党派的修宪构想，并预测日本修宪的未来。

何勤华等著《近代亚非拉地区法（中卷·非洲法分册）》[54]一书选择埃及、阿尔及利亚、利比亚、苏丹、肯尼亚、尼日利亚、刚果（金）、南非8个非洲国家的法律制度进行具体研究，从法律发展史、宪法、行政法、刑法、经济法、民商法、社会法、诉讼法、司法制度等方面概括该国法制文明的总体状况。

史彤彪著《西方法治思想精义》[55]一书从法治、

自由、平等、立法、守法 5 个方面，系统梳理了 38 位西方思想家的相关见解，秉承“思想、制度和实践”融为一体的写作理念，以 150 个左右的经典事例和判例来诠释观念、验证制度。

刘星著《西方法律思想：传说与学说（增订版）》[56]一书系统梳理了西方法律思想，在叙述的过程中时常以“夹叙夹议”的方式展开讨论，注意将法律思想的分析融入对具体的法律实践活动的分析讨论中，力图呈现“实践中的理论分析”的表征。

3. 译著类

出版的译著类作品既有罗马法的经典译著，也有欧洲法律简史和全球法律史方面的译著。

马里奥·塔拉曼卡著、周杰译《罗马法史纲（第二版）》[57]是由 11 位世界知名罗马法学家参与编写的当代罗马公法与罗马法史研究领域的重要著作。该书详细地论述了罗马建城以来至东罗马帝国晚期的罗马法以及罗马法研究的历史发展进程，涉及罗马法的主要渊源、实体法与程序法的发展和相互影响、法典编纂、法学发展及其代表人物、相关历史事件和人物对罗马法发展的影响等主题。

塔玛尔·赫尔佐格著、高仰光译《欧洲法律简史》[58]一书介绍了欧洲法 2500 年的历史，从罗马法到普通法，从自然法到欧盟法，从大陆法系到普通法系，从北美独立到法国大革命，内容丰富又不失简练。

托马斯·杜斐著，李富鹏、曹高君、高仰光译《全球法律史导论》[59]一书收录了托马斯·杜斐有关全球法律史研究的 3 篇代表性论文，以德国法律史、欧洲法律史和全球法律史为主题，反思了以民族国家为边界的历史框架和欧洲中心主义的观念屏障，试图通过一种关联与互动的全球视角，来打破自我与他者、欧洲与亚洲之界限。

4. 文集类

何勤华主编《外国法制史研究（第 21 卷）》[60]收录了全国外国法制史研究会第 31 届年会的优秀会议论文，主题为“法律文明的起源和变迁——以五大古文明为中心”。本书涉及法律文明的起源和变迁的主要问题，法律文明与历史学、考古学和人类学之间的关系等问题。

高鸿钧主编《中国比较法学：改革开放与比较法（2018 年卷）》[61]一书主要针对改革开放与比较法这一主题展开，收录的文章多为近一年来中国比较法学者有关比较法治文化的代表性研究成果，反映了比较法学在中国的发展动态。

三、研究热点问题

外国法律史学者发表的学术论文涉及领域较为广泛，运用了一定的新材料、新观点，拓宽了该领域的研究视野。

1. 古代、中世纪法研究

学者在古代、中世纪法研究领域关注的热点问题主要集中在罗马法、优士丁尼《学说汇纂》、印度法以及法律与宗教等主题。有学者[62]通过解读波利比乌斯的《通史》探讨罗马混合宪制理论，阐释了罗马人用 53 年征服几乎整个世界的根本原因在于其混合宪制。有学者[63]通过梳理罗马法中人役权流变史，对人役权体系下 3 种权利：用益权、使用权和居住权的分析，认为 3 种权利的演进过程并非理论推演的结果，而是满足现实生活需求的产物，体现了罗马法更重视制度功能而非形式逻辑的底色。有学者[64]对优士丁尼《学说汇纂》文本的形成、失传、再发现、勘校、注释以及实践应用来看罗马法在欧洲复兴的历史，揭示了这个历史与“学术法学家”阶层的兴起，以及欧洲诸多法学流派的起伏兴衰的密切关联。有学者[65]对传统印度法的语义和保守性进行分析，认为传统印度法并非停滞不变，而是在漫长的历史过程中发生了许多重要变化。有学者[66]对传统印度法的发展过程中宗教法的突出作用进行分析，认为宗教法不仅渗透到传统印度法的主要制度中，而且决定着传统印度法的发展方向。有学者[67]以 1555 年《奥格斯堡宗教和约》及其规制意义为研究对象，展现该和约确立的关于宗教和平的基本规则，认为它是从一种临时性的宗教解决方案转变为体现了宗教自由和宗教平等的“神圣的帝国基本法”。

2. 英美法系研究

学者对英美法的研究不仅包括美国宪法这一持续的热点问题，还对专利法、版权纠纷以及离婚制度等具体问题进行深入分析，拓宽了英美法系的研究范围。有学者[68]通过考据并解释美国 1787 年宪法“破产条款”的入宪背景和原因，提出“破产条款”入宪是早期北美早期殖民地的破产立法与实践的需要，也是保障美国建国初期债权人阶层经济利益的必然结果。有学者[69]以美国宪法的历史进程为背景，从宪法的总设计师和监护宪法两重意义上审视麦迪逊作为宪法之父的身份。有学者[70]探讨了 18—19 世纪美国对英国文学作品进行长时间大规模盗版问题，总结与归纳美国迈向发达国家进程中对版权保护产生应然变化的原因和规律。有学者[71]通过对英国工业革命中专利法的演进进行梳理，以相关史料论证了英国发明人在立法进程中的作用，以及发明人和专利法之间的互动关系，认为借鉴英国经验对当今中国具有重要意义。

3. 大陆法系研究

学者在大陆法系研究领域侧重于制度史的研究，拓宽了研究进路。有学者[72]梳理了德国参审制改革进程，认为在从法国法中移植和继受陪审制，进而走向参审制的整个过程中，德国重要学者和政治家对待陪审制的态度，很大程度上影响了这一嬗变过程。有学者[73]分析了1848年后德国宪法学出现的重要历史转向，将这一问题置于整体历史境遇下，比较观察阐释其走向，揭示实证化宪法学研究中的价值论缺陷。有学者[74]研究了1519年和1711年神圣罗马帝国关于德意志国王选举的《选举让步协议》的历史发展过程，及其作为神圣罗马帝国的"帝国基本法"所具有的宪法意义。有学者[75]通过解读1942年《意大利民法典》民商合一模式，指出该模式源于意大利长期的民商合一理论传统，以及与法西斯意识形态相关的职团主义思想，导致了民法的公法化、商法的经济法化。

4. 西方法律思想史与法律文化研究

学者对西方法律思想史的研究或从问题入手，进行各种思想的阐发，或围绕某一学派对其思想学说进行梳理，或对某一观念的源流进行探究。有学者[76]从19世纪3次围绕法典展开的演讲来分析"法典化时代"的法律观，认为3次演讲分别形成了以法律创造论、法律进化论和法律工具论为内核的法律观。有学者[77]从学说史角度梳理了法兰克福"规范秩序"学派的理论背景与学术谱系，认为"规范秩序"研究对中国法学发展具有启示意义，中国法学理论应直面全球化进程，为其提供一种规范秩序的法律构造理论。有学者[78]阐述了法教义学观念的源流及其方法论，认为作为知识形态之法教义学有别于研究型思维、决疑术和论题学。澄清这一源流可以为当下的法教义学研究提供更为扎实的"历史的向度"。

在法律文化研究方面，有学者[79]通过对"文明"一词在中西方的起源和发展，以及历史学、考古学等专业对文明的认识的详细梳理，当代学者对文明的讨论以及文明与文化之内涵的辨析，认为构成现代文明的核心价值是科学、富裕、教养、自由、民主、平等、法治、正义、和平、安宁和人类的普世价值。

注：

①杨一凡：《清代判牍案例汇编》（甲乙编·全100册），社会科学文献出版社，2019年版。

②张晋藩：《中华法文化要略》，法律出版社，2019年版。

③张希坡：《革命根据地法律文献选辑（第四辑）》，中国人民大学出版社，2019年版。

④张生、高汉成主编：《法律史学人的坚守与追寻》，社会科学文献出版社，2019年版。

⑤张生、邹亚莎：《仁道与中国古代法统秩序研究》，黑龙江教育出版社，2019年版。

⑥王宏治：《中国刑法史讲义（先秦至清代）》，商务印书馆，2019年版。

⑦张中秋：《传统中国法理观》，法律出版社，2019年版。

⑧高旭晨：《在神权与王权之间——中国古代宗教法律规制述略》，中国社会科学出版社，2019年版。

⑨喻中：《梁启超与中国现代法学的兴起》，中国人民大学出版社，2019年版。

⑩陈新宇：《寻找法律史上的失踪者》，商务印书馆，2019年版。

⑪赵晶：《三尺春秋——法史述绎集》，中国政法大学出版社，2019年版。

⑫胡震：《清代省级地方立法：以"省例"为中心》，社会科学文献出版社，2019年版。

⑬郑小悠：《清代的案与刑》，山西人民出版社，2019年版。

⑭张晋藩主编：《中国法律史》，中国政法大学出版社，2019年版。

⑮朱勇主编：《中国法律史》，高等教育出版社，2019年版。

⑯赵晓耕主编：《中国法律史》，高等教育出版社，2019年版。

⑰张晋藩：《论中国古代的司法镜鉴》，《政法论坛》，2019年第3期。

⑱朱勇：《"官法同构"：中国古代的大国治理之路》，《学术月刊》，2019年第11期。

⑲朱勇：《论中国古代的"六事法体系"》，《中国法学》，2019年第1期。

⑳苏亦工：《法宜容情——古人为何以孝治天下?》，《清华法学》，2019年第5期。

㉑黄宗智：《重新思考"第三领域"：中国古今国家与社会的二元合一》，《开放时代》，2019年第3期。

㉒李启成：《帝制中国的"权利"辨析——从"治

道”角度的分析》，《清华法学》，2019 年第 1 期。

㉓尤陈俊：《中题西影：反思中国传统诉讼文化研究的思维框架及其概念使用》，《现代法学》，2019 年第 1 期。

㉔苏亦工：《“八议”源流与腹边文化互动》，《法学研究》，2019 年第 1 期。

㉕邓建鹏：《清代州县词讼积案与上级的监督》，《法学研究》，2019 年第 5 期。

㉖杨一凡：《论事例在完善明代典例法律体系中的功能》，《暨南学报（哲学社会科学版）》，2019 年第 4 期。

㉗谢晶：《古今之间的清律盗毁神物——神明崇拜、伦常秩序与宗教自由》，《政法论坛》，2019 年第 1 期。

㉘建志栋：《中国古代宗教治理的法律解读》，《政法论坛》，2019 年第 2 期。

㉙王帅一：《“无法”之讼：传统中国国家治理体系中的田土细故》，《学术月刊》，2019 年第 12 期。

㉚杨依：《逮捕制度的中国进路：基于制度史的理论考察》，《政法论坛》，2019 年第 1 期。

㉛何慧：《我国死刑复核制度之完善研究——以清朝秋审为视角》，《法学杂志》，2019 年第 9 期。

㉜李富鹏：《改造“律例”——晚清法律翻译的语言、观念与知识范式的近代转化》，《政法论坛》，2019 年第 6 期。

㉝王安宇：《秦汉时期的异地诉讼》，《中国史研究》，2019 年第 3 期。

㉞尤陈俊：《“讼师恶报”话语模式的力量及其复合功能》，《学术月刊》，2019 年第 3 期。

㉟姜翰：《时间与刑罚：清代“永远监禁”考略》，《清史研究》，2019 年第 4 期。

㊱张生：《民国时期民法体系中的判例：形式与功能的变化》，《学术研究》，2019 年第 1 期。

㊲聂鑫：《近代中国社会立法与福利国家的建构》，《武汉大学学报（哲学社会科学版）》，2019 年第 6 期。

㊳赵晓耕、刘盈辛：《再议“六法全书”及旧法体系的废除》，《四川大学学报（哲学社会科学版）》，2019 年第 6 期。

㊴邵芳：《儒家天命及其法律意义》，《法学评论》，2019 年第 4 期。

㊵詹奇玮：《荀子刑法思想及其当代启示》，《史学月刊》，2019 年第 10 期。

㊶刘猛：《法学家王宠惠的思想与学术》，《政法论坛》，2019 年第 3 期。

㊷张生：《新中国法律史学研究 70 年：传统法律的传承与发展》，《四川大学学报（哲学社会科学版）》，2019 年第 5 期。

㊸杨一凡：《质疑成说，重述法史——四种法史成说修正及法史理论创新之我见》，《西北大学学报（哲学社会科学版）》，2019 年第 6 期。

㊹尤陈俊：《中国法律社会史研究的“复兴”及其反思——基于明清诉讼与社会研究领域的分析》，《法制与社会发展》，2019 年第 3 期。

㊺李启成：《事件、刑案与中国近代转型——读尚小明宋案重审》，《近代史研究》，2019 年第 1 期。

㊻黄风：《罗马法（第三版）》，中国人民大学出版社，2019 年版。

㊼高祥、朱明哲：《比较法学原理》，中国政法大学出版社，2019 年版。

㊽朱景文：《比较法总论（第四版）》，中国人民大学出版社，2019 年版。

㊾贾婉婷：《罗马物权法：所有权与占有》，中国法制出版社，2019 年版。

㊿史志磊：《罗马法中的信托制度研究》，法律出版社，2019 年版。

51顾祝轩：《体系概念史：欧陆民法典编纂何以可能》，法律出版社，2019 年版。

52王云霞：《五国文物法制比较研究》，文物出版社，2019 年版。

53赵立新：《日本修宪：历史、现状与未来》，知识产权出版社，2019 年版。

54何勤华、夏秀渊、洪永红等：《近代亚非拉地区法（中卷 · 非洲法分册）》（《法律文明史》第 12 卷），商务印书馆 2019 年版。

55史彤彪：《西方法治思想精义》，黑龙江教育出版社，2019 年版。

56刘星：《西方法律思想：传说与学说（增订版）》，广西师范大学出版社，2019 年版。

57［意］马里奥 · 塔拉曼卡著，周杰译：《罗马法史纲（第二版）· 上、下卷》，北京大学出版社，2019 年版。

58［美］塔玛尔 · 赫尔佐格著，高仰光译：《欧洲法律简史》，中国政法大学出版社，2019 年版。

59［德］托马斯 · 杜斐著，李富鹏、曹高君、高仰光译：《全球法律史导论》，商务印书馆 2019 年版。

⑥0何勤华：《外国法制史研究（第 21 卷）：法律文明的起源和变迁——以五大古文明为中心》，法律出版社，2019 年版。

⑥1高鸿钧：《中国比较法学：改革开放与比较法（2018 年卷）》，中国政法大学出版社，2019 年版。

⑥2高全喜：《波利比乌斯〈通史〉的罗马混合宪制论》，《清华法学》，2019 年第 1 期。

⑥3汪洋：《从用益权到居住权：罗马法人役权的流变史》，《学术月刊》，2019 年第 7 期。

⑥4舒国滢：《优士丁尼〈学说汇纂〉文本的流传、修复与勘校》，《清华法学》，2019 年第 5 期。

⑥5高鸿钧：《传统印度法停滞不变吗》，《中外法学》，2019 年第 2 期。

⑥6高鸿钧：《法律与宗教：宗教法在传统印度法中的核心地位》，《清华法学》，2019 年第 1 期。

⑥7王银宏：《人性、宗教信仰与帝国秩序——1555 年〈奥格斯堡宗教和约〉及其规制意义》，《史学月刊》，2019 年第 11 期。

⑥8陈夏红：《美国宪法"破产条款"入宪考》，《中国政法大学学报》，2019 年第 5 期。

⑥9田雷：《"构建一个由人管理人的政府"——论麦迪逊作为"宪法之父"的两种身份》，《清华法学》，2019 年第 6 期。

⑦0张南：《近代英美版权纠纷探考》，《东北师大学报（哲学社会科学版）》，2019 年第 4 期。

⑦1张南：《英国工业革命中专利法的演进及其对我国的启示》，《当代法学》，2019 年第 6 期。

⑦2黄河：《陪审向参审的嬗变——德国刑事司法制度史的考察》，《清华法学》，2019 年第 2 期。

⑦3黎敏：《德国宪法学的实证主义转向及其根本问题》，《比较法研究》，2019 年第 2 期。

⑦4王银宏：《从"政治共识"到"共识政治"：神圣罗马帝国〈选举让步协议〉的制度意涵及其宪法意义》，《学术月刊》，2019 年第 5 期。

⑦5徐国栋：《民商合一的多重内涵与理论反思：以 1942 年〈意大利民法典〉民商合一模式的解读为中心》，《中外法学》，2019 年第 4 期。

⑦6朱明哲：《从 19 世纪三次演讲看"法典化时代"的法律观》，《清华法学》，2019 年第 3 期。

⑦7高全喜：《法兰克福"规范秩序"法学派及其启示》，《中外法学》，2019 年第 1 期。

⑦8雷磊：《法教义学观念的源流》，《法学评论》，2019 年第 2 期。

⑦9何勤华：《"文明"考》，《政法论坛》，2019 年第 1 期。

（作者：赵晓耕、王云霞，中国人民大学教授；范依畴，中国人民大学副教授；萨蠡荣贵，中国人民大学博士生）

政 治 学

政 治 学

王续添　蹇　炘

2019 年是中华人民共和国成立 70 周年，也是我国近现代政治学科发端创立 120 周年。当此建设中国特色世界一流政治学科之际，北京地区的政治学者们取得了丰硕的研究成果，为中国政治学的发展做出了巨大贡献。在政治学基础理论领域，"回到历史" 为突破政治学理论上和实践上面临的瓶颈提供了新的出路。同时，因近几年西方民主的危机而对民主理论进行反思与创新，国家理论与治理理论仍是重要研究话题；在中国政治和比较政治学领域，政治学理论、政治制度、研究方法等都有进一步的研究；在政治思想史领域，学者们对古今中外的政治思想宝库进行挖掘，以期对中国政治学的发展做出贡献。

一、政治学基础理论

1. 政治学学科建设与历史政治学

当前，我国政府正在大力推进一流政治学学科建设规划，标志着建构自主性中国政治学的学科体系、话语体系成为重要的时代议程。一流政治学学科的衡量标准是能否建成自主性政治学理论，这是政治学其他分支学科最重要的基础。[①]因此，探讨中国政治学学科体系、学术体系、话语体系建设的发展经验，是过去一年北京政治学界的重中之重。2019 年 10 月 12 日，中国社会科学院社会政法学部、中国社会科学院政治学研究所、中国政治学会、中信改革发展研究基金会共同主办的“新中国 70 年政治发展理论与实践”学术研讨会在京举行。来自各高校和科研院所的 120 多名专家学者参加了本次会议。[②]

正如 2019 年北京地区的众多学术成果所呈现的，“回到历史”是建构自主性中国政治学学科体系的重要方法。有学者回顾了近代中国政治学科发轫和创立的历史，可知近代中国政治学科是在中国社会现代化转型的背景下发轫，在启蒙知识分子努力以近代西学取代传统儒家、以西方制度变革拯救民族危亡的知识努力下创建的。[③]改革开放以来，中国所取得的成就不但挑战了比较政治学的理论常识，也对其研究前设提出了深刻的质疑。在这种背景下，政治学研究本身成为一个需要不断加以反思的对象。[④]

政治学发展到今天，在世界范围内流行的基于理性人假设的“政治科学”已经难以解释和回答西方国家、非西方国家的难题，更难以解释中国的政治发展。中国历史的政治史、国家史特性意味着，历史不但是历史学研究范畴，也是政治学的研究对象，这种统一的研究路径就是历史政治学。[⑤]

2019 年 5 月 16 日，历史政治学研究中心成立仪式暨“历史政治学与中国政治学”圆桌论坛于中国人民大学召开。诸多参会学者和校内外师生就历史政治学的基本框架、未来规划及其对中国政治学发展的学术与实践意义进行报告和探讨，积极参与到历史政治学的创立和发展工作当中，共同探寻一条新的政治学和社会科学研究出路。至此，历史政治学研究中心正式成立。

不同于历史社会学，历史政治学不仅具有认识论和方法论意义，更重要的是其本体论价值，回答的是各国政治价值、政治制度以及政治行为是怎么来的，为我们理解当下中国政治与历史上的政治关联性提供了清晰解释。历史政治学连接着中国历史与政治科学、世界历史与政治科学，是政治学学科的交汇区和知识增长点。历史政治学不但具有历史社会学的发现理论、检验理论的学术功能，还有历史社会学没有的政治价值即功能主义分析。[⑥]

过去 10 余年来，社会科学的历史转向以及定性方法的发展都为历史政治学奠定了坚实的方法论基础。历史政治学中的“历史”并非仅仅指代曾经发生的事，它更强调研究者“历史地”看待政治现象。历史政治学通常以案例研究为基础，尤其关注非对称性的因果关系，其构成概念具有多维性与层次性的特征。作为一种研究传统，历史政治学重点关注情境与时间是如何对那些影响着政治经济社会关系的观念、制度和行为的起源与流变发挥作用。近些年，越来越多的学者开始强调时间与情境在政治分析中的重要性，并通过历史视野与国际比较重新审视政治学研究中的基础理论与重大问题。[⑦]

历史政治学的中国议题主要有三：第一，完整地描述国家形态在中国的演变历史，以揭示当代国家形态之渊源、把握政治演变之趋势、探讨改善政治之方案；第二，通过历史的比较政治分析，充分发掘中国最早建立现代国家、长期实行郡县制、国家规模持续扩大且保持超大规模这三个重要事实的理论意义，以重新思考、构建关于政治、国家的一般理论；第三，揭示中国与中国以外国家的政治互动过程，立足中国，发展世界历史政治学，研究世界政治体系演变的历史，以探讨中国为改善世界体系可发挥之积极作用。[⑧]

2. 国家理论

伴随着历史政治学的出现，2019 年 11 月 9—10 日，中国人民大学政治学论坛 2019 暨“历史政治学视野下的当代中国国家建设”学术研讨会在京召开。论坛共邀请国内外 70 余名学者参会，分别来自剑桥大学、北京大学、清华大学、复旦大学、南京大学、吉林大学、中山大学、上海交通大学、华中师范大学、中国社会科学院、中国人民大学等国内外知名高校和科研院所。论坛分设“战争与现代中国”“文化与现代中国”“当代中国的基层治理”“政治文化与当代中国国家建设”等 12 个专题，在学术界得到了积极回应。

国家学说是现代政治学或者现代政治分析的基石：现实中，政治要么发生在民族国家之内，要么发生在民族国家之间；理论上，政治学中的关键概念、主要议题都与国家概念丝丝相扣。有学者注意到，正在发生的新技术革命很可能釜底抽薪、彻底颠覆现有的国家理论。在新技术革命条件下，传统国家理论的支柱性概念——暴力、战争、疆域都发生了根本性的变化。[⑨]

在国家理论研究中，对民族国家的研究是不可忽视的。民族国家是伟大的现代性造物，它的产生得益于近代早期那些伟大思想家的设计和规划。不过，就其客观原因来看，应当是工业化、城市化发展的必然结果。同时，民族国家又是与民族主义联系在一起的，或者说，是民族主义的物化形态。[⑩]

近现代历史上的民族建构对内追求同质化，对外追求差异性。有学者指出，事实上，民族国家内部相对均质的状态只存在了相当短一段时间，而经济、社会、文化和个体层面的融合与同化也并非政治统一的充要条件。民族国家理论对均质化的假定是民族主义的“乌托邦”。由于微小的差异一旦被政治化便可能造成严重的群体对立，执着于消除异质性的民族建构最终会被证明是一场没有终点的马拉松。对于内部长期存在异质性的多民族国家而言，真正需要消除的不是具体的差异，而是对界限的过度关注和对差异的过度政治化。良性的民族建构必须能够保持族群身份一定程度上的流动性，尽可能避免在多重认同之间制造剧烈的竞争。[⑪]

3. 民主理论

在当代民主化研究中，转型学范式及其衍生出的丰富概念家族占据着主流学术市场，在认识论上它们强调线性发展观与二元政体论，在方法论上它们立足微观和静态的视角，着重强调行为人尤其是精英博弈对民主化的影响。但是，由于现实世界的复杂性，单纯地凭借量化工具与博弈模型的“反历史”研究无助于研究者认识真相。巴林顿·摩尔及其追随者们的学术传统为当下的民主化研究提供了两个重要的分析维度：阶级分析的方法与比较历史的视野。在社会冲突的视角下，阶级力量对比与阶级联盟的态势决定着政治发展的方向；而“民主化研究的历史转向”则更加强调长时段的因果分析，关注民主化过程中的“关键片段”及不同因素在时间序列中的互动与演化。[⑫]

一直以来，分离主义常常借着民主制度来从事分离，最典型的做法就是搞所谓的“分离公投”，这不仅对国家主权和领土完整构成了挑战，也对国际秩序的稳定产生了不利影响。他们竭力论证公民投票的正当性，并将其作为分离的理论武器。“民主分离论”不仅具有严重的危害性，而且具有很强的迷惑性，博得了很多人的同情和支持。通过解析自决与民主、主权与民主、公民投票与民主的关系，不难发现，这些貌似合法、合理、正当的民主理论，其实在法理、学理、历史和现实等方面均站不住脚。[⑬]

近几年，“民主的脆弱性”引起政治学者的关注。为什么有些新兴民主国家走向了民主稳固，而另一些则始终政治动荡甚至民主崩溃？各种解释中，经济政策的取向是一个重要维度。对于诸多新兴民主国家，温和的经济自由主义有利于民主稳固，而经济民粹主义取向是民主动荡或崩溃的重大助推力。一方面，经济民粹主义损害经济绩效，从而影响民主的绩效合法性；另一方面，经济民粹主义的敌我话语恶化社会撕裂，从而影响民主运行的政治文化基础。新兴民主国家不同于发达民主国家，经济水平有限以及民主质量不足使其格外容易成为经济民粹主义的俘虏，其民主体制更可能退化为追逐短期选票最大化，而不是长期发展最大化的恩惠—庇护主义。[⑭]

4. 治理理论

自1949年以来，中华人民共和国经历了70年的改革和发展，内外部治理结构不断调整，经济社会条件持续改善。尤其在1978年以来，中国加速融入国际体系，实现开放发展，为自身改革和创新提供了新的动力和方向。继成功举办2017年、2018年两届“国家治理深度论坛”之后，北京大学政府管理学院、复旦大学国际关系与公共事务学院和复旦大学陈树渠比较政治发展研究中心于2019年5月18—19日举办第三届“国家治理深度论坛”。此次论坛聚焦“新时代的国家治理：新挑战与新机遇”，深入探讨在新形势下推进中国国家治理体系和能力现代化面临的问题、已有经验和发展方向，以进一步推进相关领域科学研究的积累和发展，凝聚在政治学和公共管理学领域的中国理论共识和拓展发展空间。

近两年的治理理论研究离不开对改革开放的总结与反思。有学者认为，并不是所有的改革开放都能成功，改革开放的成功有赖于一个有效政府的存在。历史的、跨国的和当代的研究都表明，政治经济体制转型（改革开放）比较顺利、现代经济增长出现比较早的国家都是国家能力增强在先，经济发展随后。时间前后揭示了逻辑关联，经济发展很可能不仅仅是改革开放的结果；除了改革开放的方向与举措正确以外，还需要一个有效政府作为前提条件。改革开放和国家能力的建设与维护相辅相成，缺一不可，但两者都不是充分条件。[⑮]

国家治理能力体现为国家机制的运行情况和国家维护公共利益的政策，彰显了公权力的权威和效力，规范着国家、社会、市场之间的关系。从结构分化的视角来看，当前发展形势下，国家治理能力建设的重点是汲取能力、控制能力、创新能力等方面的制度建设。[16]

二、中国政治

改革开放40年来，中国经济、政治、社会等诸领域都发生了巨大的变化。中国的政治建设、政治制度及社会治理、政党政治与统一战线建设等方面都取得了较大进展。

1. 改革开放40年中国政治建设

中国改革开放成功的秘诀在于治理体系现代化的转变。不过，中国的治理体系现代化变革，并不是在各个方位上呈现出同力度、同深度的变化。中国改革开放的宏观体制避险、中观体制着力与微观体制放任的差异性特征，给人以深刻印象。这是治理体系诸构成面之间一种不对称的变化态势。其中，中观着力，乃是中国改革开放成功之道；宏观避险，则是中国改革开放能在既定轨道上持续展开的前提条件；微观搞活，正是中国改革开放呈现极大活力的基本保障。正是这样的治理变革，促使中国经济总量迅速增长，并催生了“中华民族伟大复兴的中国梦”。[17]

有学者认为，中国政治经济发展战略的调整，在根本上取决于中美欧之间大国竞争的态势和格局。中国正在重拾持久战的战略意识，力图在愈演愈烈的国家间竞争中，激发经济发展的内生动力，提高企业尤其是国家的技术能力，坚持产业政策、技术创新和发展战略的自主性。[18]

2. 理论工具与分析路径

2019年恰逢五四运动100周年纪念。从政治学的角度来看，如何从历史中提炼出“政治”，对这一命题乃至中国政治学的研究路径都是很关键的。从五四运动到联省自治运动所体现的中国现代国家改造走向地方的总体过程可以视为一种“战略退却”，实际上是“五四”知识精英和地方政治精英在国家改造问题上不约而同地退而求其次和顺“势”而为。“五四”爱国运动对中国现代国家改造成效和局限并存，成为联省自治运动兴起的一个基本背景和条件。通过主体参与、思潮和舆论传播、制度平台等途径，中国现代国家改造实现了从“五四”到“联省”即从“国家”走向“地方”的变化。五四运动与联省自治运动的历史连接，彰显了从1919年甚至是1912年直至1949年中国政治演化从分散走向集中的关键转换。[19]

合法性这一政治概念基于考察民众对国家的认同和支持而产生，但不同政体、不同地域和不同时代的国家在实际发展中的差异使得学者对合法性来源及其特征争论不休。已有研究将合法性来源简单归结为西方的竞争性选举程序，并认为以绩效或经济增长为支撑的合法性无法根本解决政治认同和支持危机，此类研究视角忽略了合法性来源的多重多样性。在梳理合法性来源的一般理论基础上，可将其划分为基础性来源和补充性机制，并基于大数据时代不同合法性来源与技术变革的互动表现，建构出一个复合型合法性来源分析框架。通过对中国改革开放以来的政治实践运作分析，展示该分析框架的合理性与有效性，为中国政治发展成就的理论诠释提供新视角。[20]

3. 宏观研究与基本制度

从晚清至今，中国一直处在适应、拒斥与重构国际规则的矛盾状态，这直接制约了中国国家治理的态势与结果。从历史演进来看，这一时段的中国经历了由崇尚德行到尊崇规则的国际认知变化，与国际条约体系遭遇后的立约、废约与修约的复杂过程，最后在国家独立具有保障的情况下，经过一段自陷孤立，终于走上融入国际规则的轨道。正是在顺应国际规则的40年中，中国的经济总量迅速增长，国家治理绩效明显提升。在经济增长的鼓舞下，中国再次萌生修订甚至重构国际规则的强烈愿望。以“构建人类命运共同体”为旨归，导向新的国际规则体系，正成为中国近期努力的方向。[21]

公共政策是国家治理的重要工具。有学者认为，如何使公共需求进入公共政策议程，中央政府部门如何调动地方积极性并促进地方的政策试验，如何在掌握公共资源的各职能部门间取得共识，这是公共服务政策制定的三个关键问题。[22]

编制的精简控制与编外人员的差异性增长是中国政府治理灵活性和适应能力的体现。随着深化党和国家机构改革的推进以及编制资源的跨地区、跨部门动态配置，利用财政预算限制编外人员总量，以及以“机器换人”来适度替代编外人员成为编制管理改革的重要选项。[23]

4. 政党政治与社会治理

新中国成立70年来，中国政党理论研究经历了对西方政党理论的批判否定到学习借鉴，再到自觉构建中国政党理论话语体系的历史进程。这一进程鲜明地体现在3个方面：一是在中国政党制度的理论解读和学理辩护上，“政党中心主义”成为解释中国政党制度形成和发展的主要理论基础，“和合文化”成为制度形成的重要文化基因。二是在中国执政党研究的议题转换上，从普遍性的政党理论到特殊的中国执政党议题。三是在对参政党的性质、功能与结构的研究与关注上，要“把民主党派摆进去”，完整而系统地解释中国政党制度的结构与优势。[24]

国家与社会关系是社会科学研究中的一个基本范畴，其在中国场景下的具体运用始终伴随着不同维度的反思，其中政党进路构成了一个颇具学术潜力的视角。就政治功能而言，中西政党都发挥了相似的中介功能——连接（市民）社会与国家。然而，相似的功能无法消弭两者之间的结构性差异。西方政党是市民社会的组成部分，而中共的位置在国家中构成了公权力的组成部分。政党的位置差异深刻影响了国家与社会关系的性质。根据中国国情，对国家与社会关系分析范畴进行必要的调适是一个合乎逻辑的结论。[25]

中国多元的治理形式和复杂的治理领域，亦为社会科学理论发展提供了详尽的研究资源。随着治理现代化进程的不断深入，如何进一步理解中国政治运作过程、经济绩效稳固成为亟待解决的问题。承载着历史趋势、政治文化及治理现实的中央与地方关系，成为探索中国治理发展轨迹及经验规律的重要线索。[26]

三、比较政治研究

1. 研究路径与方法

比较政治学视域下，量化研究方法对学科发展做出了突出贡献，推动了整个学科朝着科学化方向发展，推动了方法论范式遵循着“密尔五法—量化研究—多元方法论范式”的路径发展，推动了理论范式遵循着“国家中心主义—结构功能主义—新制度主义—理性选择主义为代表的多元范式”的路径发展。但是，量化研究方法存在的局限性阻碍其进一步发展。为解决统计数据真实性、学术研究独立性、研究议题解释性等问题，研究者需要以“解释政治现象”为研究目的，以“实证主义、经验分析、比较研究”为研究路径，以研究问题和对象为导向来选择适合的研究方法，在研究设计中结合定性、定量、质性比较研究的优势，构建具有解释力的理论范式。[27]

当今欧美政坛乱局横生，暗流汹涌，新现象、新问题层出不穷。如何理解这些新变化的本质与根源，判断这些新变化的走向与趋势，既是重大的理论问题，也是紧迫的现实问题。在当前学界已提供的分析范式和解释框架中，国家极化现象最应被关注，也最易被忽略。国家极化既是当前欧美政治的显著特征，也是晚近系列变革的症结所在，受全球化、资本化、民主化、自媒体化、后物质主义等浪潮推动，又对民粹主义、保守主义、激进主义、逆全球化和“后真相”等思潮影响深远。[28]

2. 比较政治制度与比较政党研究

当前中国反腐败斗争的任务是巩固发展反腐败斗争压倒性胜利，取得更大战略性成果。在这种背景下，健全“吹哨人保护制度”无疑是一项良好的制度化选择。国外在这方面有着比较丰富的理论和实践经验，但是学界对其研究和讨论相对较少并且缺少系统性和深度。有学者系统梳理了国外吹哨人保护制度的历史沿革、立法框架、保护对象、保护领域、保护内容、受理及审查、跟进与救济、宣介与激励以及定期评估。[29]

群体代表制理论是当代西方政治代表理论的一个分支，主张赋予那些代表性不足的弱势群体以特殊代表权，旨在实现和维护弱势群体的集体权利。相较于个人主义代表制理论，群体代表制理论比较关注“谁”是代表者，强调代表的对象是群体而不是个体，代表的内容是视角而不是利益或意见，代表的方式是委托而不是独立。[30]

在比较政党研究方面，有学者认为英国脱欧运动导致政党本身聚合社会分歧的功能下降，导致无法凝聚选民共识而产生悬浮议会，“行政权—立法权”之间由绝对多数政党占据议会并组阁而形成的协同机制遭到破坏，一党少数派内阁及其党内分裂，加之司法介入，最终导致“议行”关系被彻底重塑。[31]

在分析现代政党的产生和类别的基础上，有学者通过对比世界上的重要执政党，区分了“人民主权”和“议会主权”，以及对应的“全民党”和“社会代表党”，认为人民的权力与人民的权益及人民的福祉不是一回事。中国共产党是立足于中国社会传统产生的，不是西方意义上的“党”，而是中国传统执政集团的延续。[32]

3. 国别研究

身份成为政治的议题，古已有之，在经济全球化与民族国家激烈碰撞的21世纪，身份所引发的政治问题更是空前棘手。2016年以来美欧政治剧烈右转，其间身份问题的影响清晰可见。由于特朗普当选美国总统对西方民主和世界政治的重大影响，深入研析美国政治背后的身份困境显得格外重要。[33]

20世纪90年代以来，学界开始关注国际因素在民主化转型过程中的作用，但是，国际因素究竟是以什么方式影响了民主化进程？这仍然是一个有待进一步探索的问题。国际因素影响一个国家的民主进程有两种主要方式——强制移植和外部诱导。有学者从“政治结构—行为者”和“政治精英—大众”两个维度4个方面出发，分析国际因素发挥作用的具体机制，考察欧共体如何为西班牙民主化提供了动力，并促进其民主力量的成长。只有将国内因素和国际因素结合起来，才能更好地理解西班牙民主转型的成功故事。[34]

西方国家的社会政治秩序建立之初，一个基本的原则是政治平等与社会差异的相互隔离。但在历史的演进中，政治领域的平等不断向社会领域扩展，这表现在经济、文化层面，也表现为移民和难民问题，而社会领域的差异也开始向政治领域内渗，表现为认同政治的产生。政治与社会之间边界的失守，而非暂时的政策失误，是导致当前西方国家诸多社会政治问题的根本原因之一。当前西方国家的政策调整并非简单地对某些外部因素的回应，而是西方国家内在矛盾使然。[35]

强人政治回潮是当前世界政治中的重要现象。强人政治的核心是具有显著卡里斯玛型权威的政治领袖，他们具有改变现有政治组织和政治制度的强烈意愿和能力，试图在其执政期间改变政治精英结构和国家政治体制。政治领袖要成就强人政治，可以诉诸两种动员能力，即社会动员力和政体动员力。同时，政治领袖也必须面对两种环境约束条件，即政党组织和政体制度。其中政党组织既对政治领袖构成组织约束，也是政治领袖的动员能力的重要来源。使用基于动员能力的类型学分析框架，可以对世界政治中较为典型的强人政治案例进行比较研究，以阐释强人政治的多样性。[36]

四、政治哲学与思想史

1. 古典与近代西方政治思想史

近年来，西方学界围绕着亚里士多德《政治学》第三卷第11章中的“宴会之喻”展开了激烈的讨论，将亚里士多德塑造成为一位认识论民主论者或协商民主论者。但也有学者指出，“宴会之喻”与其说是对民主政体的赞美，还不如说是对公民政体的期待。[37]

托马斯·莫尔是文艺复兴时期英国著名的人文主义思想家。他高举人文主义大旗，对自己所处时代的一切黑暗和罪恶进行了无情的鞭挞。他批判天主教会，呵护信仰的圣洁；批判路德新教，捍卫基督秩序；批判专制暴政，呼唤政治清明；批判圈地运动，吁求社会公正；批判国王任性，守护良心自由。莫尔的这些批判向后人展示了英国人文主义发展史上光辉灿烂的一页。他所建构的乌托邦，代表着一种人文情怀、一种对现实的批判、一种对社会危机的回应、一种对社会不公正的持续关注、一种对美好未来的向往、一种对精神家园的守望。[38]

2. 现当代西方政治思想史

日本政治思想史是一个很值得研究的对象。鉴于日本政治思想史自身的特点，对其研究无法直接照搬西方或中国思想史的方法，日本学界的相关研究同样不能不加区别地采用。日本著名学者丸山真男并非西方中心意义上的“近代主义者”。通过对日本思考模式的讨论，丸山触及了对整体（包括西方）思想史研究方法的反思，并提出了可能拓展的方向。战后日本学界对丸山研究方法的争论本身就体现出日本某种根本性的思维方式仍未改变。对此现象的认识与反思不仅是日本思想界的重要课题，作为极具典型性的思想问题，也值得亚洲国家乃至所有国家共同加以关注。“非西方”世界相对于西方世界的复杂性不仅提出了思想史研究的众多新课题，也为思想史的方法论发展提供了契机。[39]

3. 古代中国政治思想

中国古代政治思想与现代政治学分属不同的知识系统，知识间的张力、问题意识的错置、概念衔接的障碍、方法上的落差，给中国政治思想史研究的对象选择、概念建构带来很大的困难。在中国政治思想史学科百年发展史上，“采政治学之观点”与关照中国古代政治思想的特殊性，这两种不同的研究进路相向而行，推动着中国传统政治思想与现代政治学这两个知识体系的融通和两套话语系统的互释，也昭示了当下中国政治思想史研究的发展方向。[40]

作为理想的现实主义或现实的理想主义，天下体系试图发现对于政治冲突的一个理性化最优解，但不能许诺人人幸福的终极世界，只是设想了一个永久和平、普遍安全、有着文明活力的可能世界，因此完全区别于所有种类的历史终结论。关于“天下”和“天下主义”，我们需重视如下观点：第一，天下并非乌托邦，而是有现实可能性的理想；第二，天下政治的目的是以化敌为友的能力解决冲突问题，这是一种区别于斗争概念的新政治；第三，天下的设想是基于三个宪法性概念，即世界内部化、关系理性和孔子改善。这三个概念建构了化敌为友的政治概念。[41]

《晋书·元帝明帝纪》展示了相关的历史图景，令人可以透视相关的政治和战略机理，并且提取较有普遍意义的、关于国家创建及巩固的历史教益，特别是政治平衡：政治领导与其执政基础之间的平衡，还有政治基础内部不同的基本成分中间的平衡，这些平衡往往取决于创新性的政治调整，连同不可多得的具体、细致和复杂的战略战术操作。[42]

南宋时期陈亮与朱熹的义利王霸之辩，反映了当时事功政治思想的脉动。然而，学界对于陈亮功利思想的解读却存在偏颇倾向。科学准确地把握陈亮的功利思想，应该遵循历史唯物主义，延沿儒家基本思想脉络，联系南宋时期程朱理学的天理思想背景，从清楚认知陈亮"气一元二面向"的世界观出发，深入评析其伦理观在道德优先框架下的功利合理性，进而揭示陈亮"义利双行、王霸并用"的义利统一逻辑，由此管窥陈亮义利统一观，以为其功利思想评价之辨正。[43]

4. 近现代中国政治思想

现代世界体系的矛盾症候已经从两大冷战阵营交互揭批的公开展示中退隐到了西方内部，而后又伴随着全球化进程扩散到了全球社会之中。只有把"历史终结"论的普世主义话语还原为现代西方有限的具体经验，我们才能上升到比较文明的高度，重新审视中国儒法文明回应西方挑战的政治史和思想史，深刻理解当代中国的发展道路。[44]

梁启超是现代中国政治学的开创者之一，以启蒙为志向的西学引进奠立了这门学科的现代基础。作为现代立国者的实践成熟催生了任公中晚期的启蒙反思，对于政治学内在的历史与文明维度加以自觉维系则构成历史政治学的现代源头之一。钱穆极力表彰梁启超的所谓"晚年契悟"，更加系统地依据中国历史传统提出了一系列具有比较政治意味的学术思想概念和论题，形成了基于中国文明自觉的现代政治学论衡。[45]

注：

①杨光斌：《论政治学理论的学科资源》，《政治学研究》，2019 年第 1 期。

②徐篪瑶：《"新中国 70 年政治发展理论与实践"学术研讨会综述》，《政治学研究》，2019 年第 6 期。

③王浦劬：《近代中国政治学科的发轫初创及其启示》，《政治学研究》，2019 年第 3 期。

④景跃进：《中国政治学的转型：分化与定位》，《政治学研究》，2019 年第 2 期。

⑤杨光斌：《什么是历史政治学》，《中国政治学》，2019 年第 2 期。

⑥杨光斌：《什么是历史政治学》，《中国政治学》，2019 年第 2 期。

⑦释启鹏：《历史政治学的方法论基础》，《中国政治学》，2019 年第 2 期。

⑧姚中秋：《历史政治学的中国议题》，《中国政治学》，2019 年第 2 期。

⑨王绍光：《新技术革命与国家理论》，《中央社会主义学院学报》，2019 年第 5 期。

⑩张康之：《论民族国家在全球化中的处境》，《学术界》，2019 年第 3 期。

⑪梁雪村：《民族国家的"错觉"：差异与认同》，《中央社会主义学院学报》，2019 年第 2 期。

⑫释启鹏：《回到摩尔：重拾民主化研究的阶级分析与历史视野》，《国外理论动态》，2019 年第 6 期。

⑬王英津：《比较视域中的"民主分离论"：剖析与澄清》，《兰州大学学报(社会科学版)》，2019 年第 1 期。

⑭刘瑜：《经济政策取向与新兴民主的稳固》，《探索与争鸣》，2019 年第 8 期。

⑮王绍光：《改革开放、国家能力与经济发展》，《中国政治学》，2019 年第 1 期。

⑯梁波：《结构分化视域下的国家治理能力建设》，《教学与研究》，2019 年第 2 期。

⑰任剑涛：《宏观避险、中观着力与微观搞活：中国治理体系现代化》，《政治学研究》，2019 年第 1 期。

⑱欧树军：《国家间竞争与中国发展战略转型》，《中国政治学》，2019 年第 2 期。

⑲王续添：《从"国家"到"地方"：中国现代国家改造中的"战略退却"》，《中共党史研究》，2019 年第 5 期。

⑳臧雷振：《政治合法性来源的再审视》，《求实》，2019 年第 2 期。

㉑任剑涛：《国际规则与全球化的中国方案》，《探索与争鸣》，2019 年第 2 期。

㉒吕芳：《公共政策制定过程中的主体间互动机制》，《政治学研究》，2019 年第 3 期。

㉓杨志云、陈小华：《编制管理软约束抑或体制灵活性：基于四个城市辅警扩张的实证研究》，《政治学研究》，2019 年第 2 期。

㉔柴宝勇：《新中国 70 年政党理论的回顾与总结》，《政治学研究》，2019 年第 6 期。

㉕景跃进：《将政党带进来》，《探索与争鸣》，

2019 年第 8 期。

㉖臧雷振、张一凡：《理解中国治理机制变迁：基于中央与地方关系的学理再诠释》，《社会科学》，2019 年第 4 期。

㉗王宏禹、王丹彤：《比较政治学视域下量化研究方法的边界》，《上海行政学院学报》，2019 年第 1 期。

㉘庞金友：《国家极化与当代欧美民主政治危机》，《政治学研究》，2019 年第 3 期。

㉙彭成义：《国外吹哨人保护制度及启示》，《政治学研究》，2019 年第 4 期。

㉚黄小钫：《弱势群体的集体权利及其代表：当代西方群体代表制理》，《国外理论动态》，2019 年第 3 期。

㉛周淑真、孙润南：《悬浮议会、全民公投和政党政治结构性问题》，《政治学研究》，2019 年第 4 期。

㉜潘维：《中外执政党比较》，《中央社会主义学院学报》，2019 年第 1 期。

㉝林红：《身份政治与国家认同——经济全球化时代美国的困境及其应对》，《政治学研究》，2019 年第 4 期。

㉞谈火生：《外部诱导型制度变迁：欧共体与西班牙民主力量的成长》，《学海》，2019 年第 3 期。

㉟唐士其：《西方国家基本的社会政治秩序及其内在矛盾》，《亚太安全与海洋研究》，2019 年第 3 期。

㊱张汉：《世界政治中的强人政治何以可能?》，《中央社会主义学院学报》，2019 年第 2 期。

㊲谈火生：《亚里士多德的“宴会之喻”是民主的认识论证明?》，《政治学研究》，2019 年第 3 期。

㊳蒲国良：《批判与守护：托马斯·莫尔人文主义思想一瞥——纪念托马斯·莫尔诞辰 540 周年》，《中国政治学》，2019 年第 1 期。

㊴邱静：《“非西方”的可能性：丸山真男的日本政治思想史研究》，《日本学刊》，2019 年第 4 期。

㊵杨阳、孙晓春、葛荃、任剑涛：《中国政治思想史研究（笔谈）》，《天津社会科学》，2019 年第 5 期。

㊶赵汀阳：《天下：在理想主义和现实主义之间》，《探索与争鸣》，2019 年第 9 期。

㊷时殷弘：《旨在创建及巩固国家的创新性政治平衡：〈晋书·元帝明帝纪〉摘录和评注》，《中国政治学》，2019 年第 1 期。

㊸王浦劬：《陈亮功利思想辨证》，《中州学刊》，2019 年第 6 期。

㊹张广生：《在历史与理论之间：西方冲击、儒法传统与中国发展道路》，《中国政治学》，2019 年第 1 期。

㊺任锋：《历史政治学的双重源头与二次启航：从梁启超转向到钱穆论衡》，《中国政治学》，2019 年第 2 期。

（作者：王续添，中国人民大学教授；蹇炘，中国人民大学博士生）

社　会　学

社　会　学

奂平清　马志容

总结新中国成立 70 周年社会发展与社会建设的成就与经验，回顾和总结中国社会学恢复重建 40 年的历程和成就，是 2019 年中国社会学界讨论的热点话题，也是北京社会学界关注的重点。北京社会学者积极回应新时代经济社会发展的重大理论与现实问题，在社会学理论、社会学（思想）史与社会学研究方法，社会变迁、发展与社会建设，城镇化与农村社会学，社会政策与社会工作，社会分层与流动，社会心理与社会心态，政治社会学与社会治理，教育社会学，经济与组织社会学，网络社会学，婚姻家庭与性别研究，人口、健康与老龄化研究，历史社会学，空间社会学，民族社会学等领域，都取得了丰硕的成果。

一、社会学理论、社会学（思想）史、社会学研究方法

在新中国成立70年和改革开放40年之际，学者们对社会学相关学科的发展历程进行了回顾。有学者从中国社会学的本土化努力、中国社会学对现代化道路探索和转型的研究、中国社会学理论和实践创新等方面对中国社会学学科建设做了回顾与反思。①有学者指出，中国人类学所具有的文化自觉、包容性和心存异趣为其参与世界更大范围的事务提供了方法论的前提与基础。②有学者回顾总结了70年民俗学学科建设的经验，讨论了新时代民俗学的发展方向。③有分析指出，中国社会理论研究主要集中于对国内外社会理论传统的专门研究，在创建“中国社会理论”方面仍然任重道远。④

学术界在对马克思主义社会学的认识方面，取得了重要成果。有学者指出，马克思、恩格斯从基本立场、方法论原则和一系列重大思想观点等方面系统创立了马克思主义社会学，并在大量经验研究的基础上，以历史唯物主义名义深刻阐述了马克思主义社会学的基础理论。明确认识马克思主义社会学的本质特点、学术地位、历史发展和广泛影响，是继承和发展马克思主义社会学、推进和创新中国社会学研究应当认真面对的重大课题。⑤有学者认为，在马克思主义中国化的早期进程中，阶级阶层分析是一系列重大问题的焦点。当前对马克思主义阶级阶层分析这一领域的再认识仍有广阔的空间。⑥

有学者对西方社会学理论中的“实践”概念与理论做了梳理分析，认为在吉登斯“结构化理论”中，“实践意识”概念消解了行动和结构之间的二元对立。⑦布迪厄的“实践理论”对“实践”和“实践逻辑”的含义做出了独特的诠释，为我们理解实践提供了一些新的方向。⑧

社会学者自觉地从对中国传统社会思想的挖掘和对中国社会学史的梳理中，推进中国社会学本土化和构建中国社会学话语体系。有学者主张，中国应当建立与悠久文明体系相称的、与庞大而复杂的中国社会以及与丰富且连续的社会思想史相称的中国社会学话语体系。⑨中国社会学史要以群学命题演进史的形式来重新书写，以荀子的群学元典为基础，中国社会学可以建立起真正具有中国特色的话语体系和学科体系。⑩有学者对作为学术运动的中国社会学本土化的源起和表现做了梳理与分析。⑪有学者分析了康有为的“人生八有”社会福利思想，并肯定其在新时代的现实意义。⑫有学者通过分析梁漱溟对“中国问题”和“人生问题”的著述与实践，强调梁漱溟的文化论和人生观对现代中国社会学的意义。⑬有学者从“人伦”和“位育”两个方面梳理和概括了潘光旦的社会学思想。⑭还有学者对林耀华《金翼》的分析指出，普通人在宗族、家族等多重关系格局及其流变中所守持的平衡，是中华文明得以延续传承的根本。⑮

对费孝通思想的梳理与拓展性研究，仍是一个重要研究议题。有学者通过分析丧服制度内的“父子”关系，指出“慈孝一体”是中国社会差序格局核心层的重要特征。⑯有学者提出从“文化自觉”和“自我与他者的相互性理解”的角度解读费孝通的思想。⑰有学者从《乡土中国》探讨了“社会”的多重构成，以回应“社会是如何可能的”这一社会科学经典问题。⑱有学者回顾了“魁阁时期”燕京学派的研究成果，概括了这一时期研究的主要特点。⑲有学者在肯定费孝通的理论的同时，提出了人类学和民族学创新与本土化的新要求。⑳

在社会学研究方法方面，有学者从人文主义和实证主义范式层面反思了量化和质化研究之间的关系。㉑有学者论证了个案研究迈向社会全体的可行性。㉒有学者强调社会学民族志的力量，主张以独特的情感结构连接经验的观察和道德理想的重生。㉓有学者强调传记法在中国社会研究中的潜力和可能性。㉔有学者指出，“开放性”是质性研究区别于量化研究的最主要特点之一。㉕在量化研究方法方面，有学者从误差、国家能力和意图、个体理性选择3个方面，解释了数据造假的缘由。㉖有研究者分析了项目缺失数据的成因和机制，并对若干处理技术做了有效性评估。㉗

二、社会变迁、发展与社会建设

社会学者全面总结了新中国70年和改革开放40年来社会变迁与发展和社会建设的成就和经验。

中国社会科学院庆祝改革开放40周年系列智库论坛第九场学术会议，就改革开放40年来中国社会发展取得的成就、经验及面临的挑战进行了深入探讨。李培林概括了我国社会发展的5大成就、4条主要经验和5个未来的发展趋势；李强分析了中国社会分层结构变迁和当前社会结构存在的主要问题，并就如何扩大中等收入群体提出建议；谢立中提出要从民生和民和两方面理解改革开放40年来的社会发展，强调社会关系的和谐；张翼分析和反思了中国社会转型的动力和转型中面临的风险。[28]

学者们从理论和经验两个方面对中国社会变迁和发展的独特性做了分析。有学者从文明差异的角度，强调中国社会发展模式的独特性[29]；有学者指出，与其他国家相比，中国发展的独特之处和优势在于对现代化建设进行了卓有成效的规划。[30]有学者以农村发展和减贫为例，讨论了中国社会发展中的社会文化主体性问题及其意义。[31]

社会学者也高度关注中国社会变迁与发展及其面临的挑战。有学者认为，中国社会的发展集中体现在受教育年限的延长和平均预期寿命的增长等方面。[32]有学者认为，协调因分化和市场化而产生的权利和利益冲突，是社会面临的重大挑战[33]；也有学者指出社会结构变迁给社会发展和稳定带来了诸多风险，包括人口老龄化、就业和社会流动等方面[34]；还有学者分析了改革开放后出生的新生代在新时代面临的均衡发展的挑战。[35]

在社会建设方面，有学者总结了新中国社会建设的基本经验，肯定了中国特色社会建设体系的独特优势[36]；还有学者总结了中国社会学在社会建设研究领域形成的诸多富有原创性的学术成果。[37]在未来社会建设方面，有学者认为“美好生活”是社会主义建设的强大动力[38]；有学者强调要探索适合本国的民生建设之路，将“福利中道论”视为一种可能的解决思路[39]；有学者强调社会公正[40]；还有学者强调重大决策社会稳定风险评估机制在社会稳定中的重要意义。[41]

三、城镇化与农村社会学

乡村发展和城乡关系是新时代中国社会发展中的核心问题。有学者指出，中国目前的城市化与农村的现代化建设相脱节，提升城市化质量的关键在于积极厚植城市化的有机生长性，应当将城市化建设的重点放到社会建设方面，积极反哺农村的现代化建设。[42]有学者认为，构建友好城乡关系需要国家权力的合理介入。[43]有分析指出，随着我国城乡发展战略的根本改变以及国家一系列惠农政策的实施，由城乡二元体制导致的城乡不平衡已经得到很大程度的扭转，但城乡结构仍然处于失衡的状态，面临着城乡社会经济发展差距显著、户籍人口城镇化率偏低、农民工市民化进程缓慢、制度壁垒依然严重等发展问题。解决深层次的体制性难题是未来城乡结构调整的基础和关键。[44]有学者对“半工业化乡村”这一具体的乡村形态做了研究，发现了碎片化的劳动力与劳动力密集型工业在乡村中的相互成就，并由此看到城市与农村之间中国乡村的一个归处。研究发现，与空心村和完全工业化乡村相比，在半工业化乡村中，劳动密集型产业提供的低门槛、高灵活的工作岗位保障了村庄黏性，维持着成员的稳定，保有了共同体紧密的社会网络。在乡村内部，闲置的碎片化的半劳动力被就地整合进劳动力市场，改变了家庭收入结构、代际关系以及进城购房预期，有利于形成区别于完全城镇化或断裂城镇化的“城乡连续统”。[45]

中国城乡发展为农村社会学研究提供了丰富的实践资源。有学者对40年来中国农村社会学的重建和发展历程做了回顾和总结，认为在小城镇与发展模式研究、村民自治与乡村治理研究、乡村流动与农民工研究以及“三农”问题与乡村建设研究等诸领域取得了显著的发展。未来农村社会学将越来越关注乡村文化与乡村振兴的关系，更加注重运用定量研究方法探讨现代化背景下的农村社会与乡村振兴等方面的重大问题。[46]

与国家实施的乡村振兴战略相呼应，社会学者对乡村振兴做了社会学的解释和研究。有学者指出，国际农政问题研究的马克思主义、实体主义、新古典/新制度经济学、后现代/后结构主义和生计框架等理论，是乡村振兴基础理论研究可以援引的学术资源，认为乡村振兴研究应重视乡村振兴理论阐述的多元性，提炼乡村振兴的基础理论，提升乡村振兴理论范式的国际话语权。[47]有学者从文化相对论的视角，主张结合各地乡村的特色资源和传统，走多样性的乡村振兴道路[48]；有学者指出，乡村振兴离不开文化主体性，应以文化自觉保护和振兴文化主体[49]；有学者强调，以人为本的乡村生活的重建是乡村振兴的手段与目的[50]；还有学者从功能主义的视角出发，主张遵循乡村价值体系，整合乡村资源，实现乡村的全面振兴。[51]

四、社会政策与社会工作

社会政策对于中国社会发展的重要性日益凸显。有学者从西方福利国家变迁讨论了社会政策在实现社会平等与经济繁荣之间的平衡中的作用，并分析了在自由主义与全球化威胁下社会政策面临的挑战。[52]有学者强调社会政策在确保群众基本生活底线方面的兜底保障功能[53]，有学者认为应将社会公平作为中国社会政策改革创新的价值基础，强调社会政策是实现社会公平的主要手段。[54]还有学者关注和借鉴西方国家社会政策范式的变迁，对我国的社会政策改革提出建议。[55]

随着我国城市化发展、老龄化和生育政策的调整，家庭社会政策受到越来越多的关注。有学者分析了新中国城镇儿童抚育政策的变迁及其对女性社会角色的影响[56]；有学者分析了中国生育支持政策的现状及存在的问题，强调政府、企业、社会和社区等支持主体要给父母、子女、祖辈和其他利益相关者提供生育的时间保障、资金补贴、服务供给和就业支持等，并与外部的制度、物质、服务和社会环境形成协调的互动关系。[57]还有学者关注亲职假政策，认为相对于其他国家，我国的产假长度和津贴额度都有改善，但亲职假在种类、长度、覆盖面等多个方面都处于滞后的状态，需进一步完善[58]；还有学者认为新时代“幼有所育”的定位应该是强调家庭作为婴幼儿照料的主体和中心场域，社会服务是其必要延伸，要围绕家庭需求形成政府主导、市场主体、社会补充、社区依托的服务机制，要托育服务总量供给和质量保障两手抓。[59]

关于社会政策学科建设，有学者指出，社会建设、社会体制、社会领域制度创新以及社会治理等问题所涵盖的领域都属于社会政策的范畴。我国社会政策学科建设需要在教材课程体系、人才队伍、学生就业、处理与相关学科关系和学科制度建设等方面做很多深入、扎实、细致的工作。[60]有学者认为，从社会政策的本质特征即“自性”（“社会性”）来看，我国改革开放初的社会政策处于“低自性”状态，进入新世纪以来走向“中自性”，社会政策实践的进一步发展需要促进社会政策研究。[61]有学者结合学科发展规律和现实需要，论述了社会政策在社会学中的学科定位以及当前加强社会政策学科建设的重要意义。[62]还有学者关注社会政策研究的发展方向，从知识生产的角度，提出“迈向证据为基础的社会政策研究”倡议。[63]

社会工作作为广义社会政策的重要组成部分，在实践、学科及专业发展方面都取得了重要发展。在此基础上，我国社会工作将走向高质量进阶式发展，包括知识和理论体系的发展，人才队伍素质的提高，处理复杂问题能力的明显提升，符合我国实际的社会工作实践模式的建立，以及社会工作制度的建立。[64]加强社会工作学科建设，其中一个重要的内容就是加强中国特色的社会工作体系和话语体系建设。[65]构建中国特色社会工作的方法论原则是要明确以马克思主义为指导，立足当代社会服务现实，开发传统社会服务资源，借鉴国外社会工作经验。[66]

有学者以社会工作专业实践过程为例，讨论了实证知识和实践逻辑之间的辩证关系[67]，并对结构主义、实用主义、实证主义三大实践研究传统进行了归纳和梳理，讨论如何将实证知识和实践智慧结合起来。[68]有学者探究了专业社区工作在动员群众参与社会主义各项事业建设方面的有效性[69]；还有学者分析了精准扶贫实践中群众的“求贫”心理，提出在精准扶贫中应重新审视、认识、研究群众的情感和情绪问题，要“以理驭情”和“以情治情”，重点对长期贫困者、刚刚陷入贫困者和即将脱贫者进行分类治理，同时兼顾一般群众的嫉妒和失衡心理。[70]

五、社会分层与社会流动

新中国成立以来，我国阶级阶层结构发生了巨大变化。有学者认为我国社会分层与流动研究经历了完全由政治主导的阶级理论逐步走向理论取向多元、主题视角多维度和多层面、研究方法实证导向、关注现实问题和政策效应的严谨深入的学术研究，研究既受到西方社会分层理论和经验研究的影响，同时也具有突出的时代特征和中国特色，反映了中国社会分化的进程。[71]

有学者认为，改革开放 40 年来中国社会结构变迁的基本特征是从一个高度集中、相对同质性的社会结构体系逐渐分化为资源、地位、机会和利益相对分散、相对独立的结构体系。社会结构正在从过去国家建构的简单的两个阶级、一个阶层框架或“身份等级”社会逐渐分化为一个复杂的阶级阶层化的社会，阶级阶层代际之间的相对流动率经历了一个由低到高，又由高到低的波动过程。[72]有学者指出，我国的社会分层结构既有工业化初期特征、工业化后期特征，也有后工业化时期的特征，这为准确把握我国现阶段的社会分层特征、矛盾、趋势增加了难度。因此，在研究方法上，需要将关注点放在纵向的历史变化上，要引入大数据等新的研究方法来推进社会分层的研究。[73]

有学者分析了源于经济学的“中等收入群体”概念和社会学的“中产阶层”概念之间的联系与区别，并结合 CGSS 2013 年数据分析，认为“阶层”对社会政治领域的现象有更强解释力，“收入群体”更适合解释经济现象。[74]也有学者分析了当代“新中产阶层”的概念流变和发展趋势。[75]

对于社会分化与分层的发生机制，有学者关注劳动力市场中的不平等，讨论了体制二元分割下的劳动力市场状况，以及由此产生的工作流动的发生机制及其经济后果。[76]有研究发现，社会不平等程度与教育市场化水平的增强都会强化教育机会的不平等。[77]有研究分析了人们把自我类别化为弱势地位群体的倾向及其机制，提出要培育向上流动机制以缓解群际冲突，要利用社会身份的复杂性促进社会融合，维护社会和谐稳定。[78]

对于流动人口的研究，有研究发现，由于户籍类型和户籍地点的双重区隔，使得乡—城流动人口和城—城流动人口在流入地分别面临市民化和再市民化的挑战。要推进以人为本的新型城镇化，政府、社会、市场、个体共同发力，有效地推进流动人口市民化进程。[79]有学者讨论了当代中国城市本地人排斥进城农民问题发生的“替罪羊”机制。[80]还有研究用劳动体制理论分析了农民工群体的劳动力本质和社会生活特征，从制度和行为及其互动关系的角度理解农民工群体的“结构化”现象。[81]关于社会流动的影响，有学者分析了社会流动对亲属关系的影响。[82]有研究表明儿童流动对其学业成就有积极作用，并分析了其具体影响机制。[83]有学者分析了游戏商品化对留守儿童生活的不利影响。[84]

六、社会心理与社会心态

在社会快速发展的过程中，关注社会心理和心态，加强社会心理服务，培育自尊自信、理性平和、积极向上的社会心态显得日益迫切。有学者分析了中国公众社会公平感及结构的变动趋势，发现公众对社会公平状况的总体评价基本处于好评区间，不同群体的评价呈现总体提升且趋同的态势。[85]有学者分析了近10多年来全国居民安全感、幸福感和获得感的现状和特点，并分析三者之间的关系，提出相关的政策建议。[86]还有研究分析了主观阶层与社会参与意愿的关系，发现向上的阶层流动感知以及适当的向上流动空间是促进各阶层积极社会参与的关键。[87]还有学者关注社会质量评价，研究发现社会下层的需求及其对社会整体发展评价的标准与社会中上层有着较为显著的差异，社会中上层主要考虑的是社会凝聚和社会赋权，下层群体则主要考虑社会经济保障和社会包容。[88]

关于社会心理问题及其防治，有学者主张从满足民众基本安全需求出发，加强社会心理服务体系建设，以应对各种可能的社会风险。[89]有学者强调社会情绪治理“宜疏不宜堵”，要创造出多种差异性的制度与组织机制，使得社会负向情绪能够在多个渠道上得到一种缓慢释放。[90]

七、社会治理

随着社会转型的深入和社会矛盾与社会风险的突显，社会秩序和社会规范亟待重建[91]，中国社会对社会治理现代化要求日益迫切。有学者指出，社会结构决定了社会治理模式与治理方法的选择[92]，当前中国已经进入到了网络社会和自媒体社会，这就决定了社会治理的主体以及各个主体所采取的治理行动都应该发生一定的变化。[93]有学者分析了当前中国社会风险转为政治风险的可能性，认为就总体而言，中国中近期社会风险转为政治风险的可能性较小。[94]还有学者关注“全面从严治党”背景下中国各省份执行反腐政策的效果差异，研究表明，“从严反腐”明显提高了中国民众对政府绩效的评价。[95]

系统的社会治理研究可以为社会治理实践提供更好的学理支持。既要强化社会治理历史思维，充分研究过去社会治理的历史实践[96]；也要直面当前中国的社会建设和社会治理实践，从中发现新问题、构建新理论[97]，在理论和实践的良性互动中，推进中国社会治理体系和实践现代化。2019年7月6日，北京师范大学主办“第九届中国社会治理论坛”，与会学者围绕“中国社会治理现代化：70年回顾与前瞻”主题，全面总结新中国成立70年来社会治理现代化建设的成就、经验和启示。

基层社会治理是实现有效社会治理的基本领域，是新时期国家治理格局下社会治理的一种有益探索。[98]有学者从国家治理体系视角分析了项目制治理的特点、优势和问题。[99]有学者通过对相关社会治理试点项目的分析，发现城市更新中日益增长的社会压力使基层政府产生制度硬化的需求，但持续的高压体制又使其延续制度弹性的逻辑，两者间张力凸显，构成当前的治理困境。[100]有学者强调以社区协商的法治化和常态化促进基层社会治理有效运转[101]；有学者探讨了社区自组织培育过程的具体方法，分析了线上社区治理模式的效果和优势。[102]有研究分析了新中国70年来首都基层社会治理的发展逻辑，认为首都社会治理实践经历了治理单元的空间化、治理主体的多元化和治理手段的技术化，其经验启示是强化基层社区治理的异质性视角，注意基层治理的空间限度、避免“空间决定论”，注重基层治理体系建设。[103]

乡村治理是当前我国社会治理的薄弱环节。有学者分析了乡村治理现代化的进展、问题和建议。[104]有学者深入讨论了在乡村礼治和法治机制双失灵的条件下，民间纠纷解决的过程、目标和法律运用方式等方面的异化。[105]为了规避民间纠纷解决中法律运用的意外效应，需要在当代乡村治理中加强基层纠纷管理。[106]有学者从农民心态变迁的角度分析了化解征地纠纷的根本路径。[107]

八、教育社会学

学生学业的影响因素及机制研究，是教育社会学的重要内容。有学者从学生个人、家庭、学校和社会4个维度分析学生学习成绩和能力的影响因素，认为提升学习能力的核心是培养学生的“内源性动机”，培育学习兴趣、乐趣和信心，家庭、学校和社会都应为此服务。[108]有研究分析了教养方式对儿童的语文认知能力的影响，发现权威型教养方式对童年中期（6~9岁）的语文能力有更为显著的正向效应，进入青少年早期（10~15岁）后，宽容型教养方式则有更为积极的作用。[109]有学者以教育期望偏差作为解释中介，分析了家庭背景对学业表现的影响机制。[110]有研究分析了失地农民家庭的教育支出和教养方式对其子女学业表现的影响。[111]还有研究发现，家庭文化资本的具体化形态、客观化形态和制度化形态对初中生“影子教育”获得均具有显著正向影响。“影子教育”作为文化资本传递和转化的一种方式，实现了家庭资本优势的代际传递，进而推动了社会结构的再生产。[112]

有分析指出，人均预期寿命的提高激励了延长教育时间的投资需求，经济结构的转型和升级需要更高水平的劳动力素质，当前这两大因素为中国普及高中阶段教育提供了基础和驱动力。尽早将高中阶段教育（包括职业教育）纳入义务教育体系，有助于提升全民教育水平，也有助于降低教育不平等，促进社会公平，推动经济转型，助力中国早日迈入高收入国家行列。[113]有研究分析了近年来日益严重的非法“校园贷”问题，发现就读于高职院校或普通本科、学习成绩较差或很差的大学生，来自低收入家庭的大学生更可能使用“校园贷”等高风险贷款平台和高风险还款方式。[114]

九、经济和组织社会学

在经济社会学领域，有研究分析了新加坡在行政架构、教育培养、人才引进和社会保障软环境等方面的人才政策举措，总结了其人才政策体系的优势经验，为我国提供了可供借鉴的实践经验及路径。[115]有学者研究了民营企业家的政治关联类型对企业绩效的影响程度和影响机制。[116]有学者强调，在人工智能产业快速发展和伦理等社会问题凸显的背景下，要加强文科人工智能人才的培养。[117]

在组织社会学领域，有学者研究了新中国70年社会从无组织化到高度组织化，再到去组织化，最后到今天的再组织化的变化过程，指出社会组织方式与时俱进不断调整变化，在保持强大的组织动员能力的同时，又能调动人民群众的积极性和创造性，推动中国特色社会主义事业不断向前发展。[118]有研究者以地方“网约车”政策为例，测量并解释了政策制定与政策执行的偏差及其原因，认为地方政府“严于制定，宽于执行”的管理方式，实际上是为缓解地方治安综合治理与公共服务供给之间的冲突而有意为之的策略性行为。[119]有研究发现，在特殊工业化路径下，珠三角地区经济分化造成宗族内部普遍的关系破碎化，但宗族维系的存在也避免了彻底的分裂或原子化，该地区宗族表现出“外强—中干”的特殊动态结构。[120]有研究考察了北京大栅栏社区自组织培育的过程及具体方法，分析了在互联网时代和大数据技术支持下社区治理的效能及优势。[121]

十、网络社会学

网络社会的特点、问题与挑战，是社会学者关注的重点。有学者认为，网络社会信息、技术导致的不确定性与人为不确定性之间的冲突会滋生社会风险，冲击社会秩序。需要清楚认识植根于信息本质和信息技术运用的不确定性，克服单纯追求确定性的“固化了”的人为不确定性，在知识、权力和目标的重新建构中寻求网络社会的动态的新社会秩序。[122]有研究发现，互联网社会通过延长性生命周期、新兴职业体系和扁平化社会结构放大了“中年危机”。[123]网络时代“社会游戏化”的趋势，以及社会成员的生存、生活内容被系统性地纳入“仪式性、比赛性、玩闹性活动”之中后，社会心态、文化和组织等都面临着新的挑战和机遇。[124]有学者分析了网络直播吸引青年的原因，认为直播通过营造轻松的参与体验和搭建心理群体认同平台，满足了青年在新媒介环境下的网络文化需要。因此，可利用网络直播促进青年网络文化积极发展。[125]

十一、婚姻家庭与性别研究

在家庭研究方面，有学者指出，在现代思想体系中，作为私人生活场域的家庭呈现出“意识形态化”的特点。作为一种价值观的家庭意识形态和作为一种工具性治理方式的家庭理念，呈现出左右分野。研究中国式家庭与个体的关系过程，需要考虑国家这一个核心因素。[126]有学者研究了代际同住家庭中老年人地位的历史变迁及影响因素。[127]有学者分析了在生命历程的不同阶段以“孝”与“慈”为代表的亲子关系的变化。[128]还有学者从历史溯源的角度，探讨新时代优良家风的主要意涵和传承方式。[129]

在婚姻研究方面，有学者分析了我国人口初婚年龄模式和初婚年龄匹配模式在不同时期的变动情况，分析了婚龄和夫妻年龄匹配情况同个体主观福利之间的关系。[130]

在两性关系方面，有学者分析了 1990—2010 年两性关于男人养家观念的变迁，发现各个群体在男人养家观念方面均出现向传统回归的趋势，城镇男性尤甚。其主要影响因素是两性的职业和经济地位。需要通过劳动力市场政策、消除性别歧视以及支持女性就业政策等方面努力，以推动性别平等的社会实践。[131]有学者利用跨国数据比较分析两性所面临的家庭—工作冲突及影响因素，表明工作特征和家庭特征是劳动者家庭—工作冲突差异的主要影响因素，通过转变性别观念、减少工作时间、改善家务分工等途径，可以降低冲突。[132]

在女性研究方面，有学者运用“性别—母职双重赋税”理论探讨性别、婚姻、生育等给女性带来的职场困境，并提出了减轻“性别—母职双重赋税”的政策和建议。[133]有学者关注中国女性遭受亲密伴侣暴力的现状、趋势和可能的影响因素。[134]还有学者以女知青与农民婚姻的两类叙事为例，分析了社会记忆中的性别话语，特别是女性解放话语。[135]

十二、人口、健康与老龄化研究

人口变迁研究和人口预测是相关政策制定的基础。有学者从生育率、死亡率、净增率、总和生育率等方面分析了新中国成立以来人口政策变迁和人口发展轨迹，讨论了不同时期的人口政策及其对当前的积极影响和消极影响，并提出了“三步走”的未来人口政策改革建议。[136]有学者综合比对多种人口预测数据，分析了我国中长期人口发展趋势和未来人口变化的潜在风险，应对这些潜在风险需要转变人口发展理念和战略思维。[137]有学者从初婚年龄、同居率、离婚率以及生育方面对我国“第二次人口转变”的主要指标进行了全面评估，认为我国第二次人口转变历程与西方有着不同的轨迹，不同方面的家庭行为的变化程度差异较大。对我国家庭领域变化的理解应该充分考虑我国独特的社会、历史和文化背景。[138]有研究指出，我国人口发展面临的主要问题是人口红利下行、老龄化加剧、生育水平持续降低等，应该作为人口学研究的重点领域。[139]有研究分析了人口负增长时代的主要特征及其成因，预测了其可能带来的经济、社会、文化方面的潜在风险，并提出了应对策略。[140]

在健康研究方面，有学者从健康社会学视角分析了现代整体健康观和健康管理问题。[141]健康不平等问题受到较多关注，有研究发现，在灾后应急救灾阶段政府再分配能力骤增，提升了弱势阶层的医疗资源可及性，进而降低了阶层健康不平等。但一旦重建结束、外部资源减少，不平等会回到常态社会水平。[142]有研究表明，我国不同职业群体在自评健康、工伤、职业病等方面均存在显著差异。[143]健康扶贫是脱贫攻坚战的重要举措，有学者分析了“因病致贫、返贫”的发生机理和健康扶贫作用机理，分析了健康扶贫的主要措施及实施困境。提出要通过加强公共卫生和疾病防控工作、合理确定医疗保障水平、重视基层医疗人才培养、实施代帮代办、加强对医疗机构的监督和约束、完善健康扶贫部门之间的衔接机制等优化健康扶贫政策的实施。[144]有研究发现，生育事件会通过社会机制对老年人健康产生影响。[145]

老龄化及老龄社会问题日益成为研究的热点。有学者分析了新中国 70 年人口老龄化的发展历程，认为经济社会发展是人口老龄化的根本动因，并通过低生育、长寿命和人口迁移作用于年龄结构“金字塔”的底部、顶端和中部，共同推动人口老龄化进程。在老龄化成为人口常态、家庭结构深刻变化、养老功能极大弱化的情况下，家庭、社会、政府如何携手应对，成为新时代重大的民生议题与挑战。[146]有学者指出，全世界应共同应对长寿社会的风险与挑战，因此要共建全球公共治理体系，探索“理念创新—制度构建—资源整合—战略把握”的全球公共治理新路径。[147]

老龄社会的养老服务及养老模式，自然也成为学者关注的焦点。有学者认为，中国社会特有的“责任伦理”文化强调老年人依靠自己的力量来解决自己生存必需的经济来源提供和日常生活照料这两件大事，同时也强调老年人在与子女相处时责己严、待人宽的态度，这使老年人将减轻自己给子女的负担看成是义不容辞的责任，从而接受“积极养老”的理念，使延长自己健康生活的年龄成为可能。在老龄化社会治理中应注重利用这种文化资源。[148]有学者讨论了社会转型背景下不同代际之间养老责任观念的现状、变化及其差异性，认为其影响因素主要是经济、健康状况和家庭结构等。[149]有学者通过对智慧康养事业的考察，认为应通过微观基础建设和激发老年人对智能产品的需求并提升他们的使用能力，助推新时代中的“积极老龄化”。[150]有学者通过分析当前我国老年人群的基本社会特征，从需求侧视角，提出未来推动养老服务发展的政策建议，强调精准度、政府主导和家庭视角。[151]有学者分析了2005—2014年我国社区老年服务供需的动态变化，发现社区老年服务在供需结构、地区、城乡间的不平衡进一步凸显。[152]有研究注意到城市居家养老服务面临的供需侧改革不匹配的突出矛盾，指出应从需求侧视角出发加强对城市和乡村养老服务体系建设和完善。[153]有学者分析了我国目前出现的机构抱团疗养型、候鸟式安居养老型、季节性休闲度假型、互动式旅游养老型、移居探亲交友型等5种异地养老模式及各自的优势和不足，并讨论了发挥这些养老模式优势及作用的保障体系建设。[154]

十三、历史社会学

有分析指出，历史社会学已经历过三波发展思潮，实现了研究焦点从社会结构到主体行动的转变，行动者的能动性和情感被赋予新的解释。最近10多年来，历史社会学在研究方法、理论建构、宏观及微观研究议题等方面都经历了新的发展，表现出第四波思潮。[155]有学者认为，相对于辨析学科边界、明确研究方法，我们应将历史社会学看作一个总体视域，明确其“非方法”面相及其“方法论”的多层意涵，进一步凝聚本土历史社会学研究的问题意识，厘清既有的方法资源，从而激活历史社会学的理论洞察力与学术生命力，助力于建立面向中国自身历史与文明的学问系统与话语体系。[156]

有学者注意到政府行为与中国社会发展研究上的范式转变，认为社会学在分析政府行为时，已逐步突破了“国家与社会”的二元分析范式，迈向具有历史维度的社会学研究。[157]有学者关注中共制度史研究的跨学科理论传统与“问题意识”，讨论社会学视野下中共制度史研究的可能路径。[158]有学者关注中国共产党的群众路线，运用微观比较历史分析方法，以1928年闽西永定暴动为例，分析了在党群关系上顺应群众与引领群众的调适，这种实践成为中国共产党日后真正成熟的党群关系的重要源头。[159]

有学者以王维的生命史、编年诗及他与其他诗人的交往为线索，考察其如何在仕隐之间调适精神世界的矛盾冲突。[160]有学者以京剧《四进士》剧本为例，探讨了“差序格局”中“推”的真正含义，即如何能从亲属关系推展到天下范围。[161]还有学者关注和分析了中国传统艺术形式相声从“江湖”到“庙堂”，兼具民情表达与政治效应的演进逻辑。[162]

十四、空间社会学

有学者梳理分析了空间社会学从物理学到现象学的知识基础转移，认为面对新形势下更加复杂的空间现象与问题，应认真总结经典与当代空间社会学的理论与方法，在主观与客观的统一中开展把地理空间、社会空间、网络空间和表象空间统一起来的空间社会学研究。[163]有学者倡导以实践为基础的当代空间社会学研究，强调以马克思理论为基础、以实践为线索，以此串联起列斐伏尔、福柯、布迪厄、吉登斯、卡斯特等人的空间社会学理论。[164]

有研究回顾了将空间“社会学对象化”的4种方案，认为可以从“空间”本身为中心转向空间“使用—体验”为中心的空间社会学研究。[165]有学者基于哈格斯特朗与布迪厄的时间地理学与实践理论的互构，拓展空间理论图景。[166]也有学者注意到智能手机所引发的时空变迁——“时空随性”，即从生活时空、构想时空和社会时空来看，人们一定程度上拥有了定义时空结构、掌控时空形态及畅享时空体验的权力和能力。[167]

十五、文化人类学研究相关内容

对于新时代筑牢“中华民族共同体意识”和构建人类命运共同体的理论与实践需要，社会学、人类学者也做出了积极回应。有学者基于中国的“一带一路”倡议，提出应建立一种“一带一路”人类学，以此构建“和而不同”的人类命运共同体。[168]有学者在“一国多族”的范式中讨论“国家—民族”关系，在总与分、实与虚两个层面，论述了中国自上而下的伞式关系权利分配和资源配置，重申中华民族共同体和中华民族共同体意识的社会文化精神凝聚力。[169]

对少数民族人口发展变化的关注有助于促进各民族的和谐稳定和均衡发展，有学者基于1982—2010年4次全国人口普查的数据，对我国壮族、回族、满族、维吾尔族、藏族和蒙古族这6个少数民族30年来的人口变迁做了描述和分析。[170]有学者基于历史的反思和现实的考虑，指出学习国家通用语言是少数民族走向现代化和共同繁荣的桥梁。[171]

有研究者在系统梳理民国时期边疆社会研究学术脉络的基础上，概括了民国边疆研究的知识生产和社会实践形成的三重事业，即社区研究、田野考察和实践应用。[172]有学者通过对清末民初四川康区东部一个寺庙从远离社群的山上搬到方便政府监督的河谷附近并由此获得了较为宽松的管理和发展空间案例的分析，对斯科特在国家与社会关系上的抵抗、逃避或同化理论做了补足性反思。[173]有学者讨论了阿来作品结构与社会结构的同源性，认为阿来事实上展现了藏文化内部一种幽微的中间型心性和主体性建构，并以此超越了当下的本质主义民族观念。[174]

注：

①李强：《中国社会学学科建设的回顾与反思》，《广州大学学报(社会科学版)》，2019 年第 5 期。

②赵旭东：《人类学的中国 70 年——处在一种分合激荡大潮中的学科文化自觉》，《河北学刊》，2019 年第 5 期。

③萧放、贾琛：《70 年中国民俗学学科建设历程、经验与反思》，《华中师范大学学报(人文社会科学版)》，2019 年第 6 期。

④赵立玮、陈涛：《中国社会理论研究评述(1949—2019)》，《社会学研究》，2019 年第 6 期。

⑤刘少杰：《马克思主义社会学的学术地位与理论贡献》，《中国社会科学》，2019 年第 5 期。

⑥杨敏：《早期马克思主义社会学中国化：焦点议题及其当代价值——马克思主义阶级阶层分析的一种再认识》，《人文杂志》，2019 年第 4 期。

⑦谢立中：《主体性、实践意识、结构化：吉登斯“结构化”理论再审视》，《学海》，2019 年第 4 期。

⑧谢立中：《布迪厄实践理论再审视》，《北京大学学报(哲学社会科学版)》，2019 年第 2 期。

⑨景天魁：《中国社会学话语体系建设的历史路径》，《北京工业大学学报(社会科学版)》，2019 年第 5 期。

⑩景天魁：《欲兴其学先正其史——略谈中国社会学史研究》，《人文杂志》，2019 年第 6 期；景天魁：《论群学元典——探寻中国社会学话语体系的第一个版本》，《探索与争鸣》，2019 年第 6 期。

⑪刘能、吴苏：《再论作为学术运动的社会学本土化》，《济南大学学报(社会科学版)》，2019 年第 1 期。

⑫徐珺玉、景天魁：《“人生八有”：康有为社会福利思想探析》，《天津师范大学学报(社会科学版)》，2019 年第 3 期。

⑬闻翔：《梁漱溟与现代中国社会学——以“中国问题”与“人生问题”为线索》，《江海学刊》，2019 年第 2 期。

⑭周飞舟：《人伦与位育：潘光旦先生的社会学思想及其儒学基础》，《社会学评论》，2019 年第 7 期。

⑮渠敬东：《探寻中国人的社会生命——以〈金翼〉的社会学研究为例》，《中国社会科学》，2019 年第 4 期。

⑯周飞舟：《慈孝一体：论差序格局的“核心层”》，《学海》，2019 年第 2 期。

⑰赵旭东：《文化自觉与人的相互看——由作品去理解费孝通思想的一种途径》，《武汉科技大学学报(社会科学版)》，2019 年第 5 期。

⑱王建民：《找回“社会”的自然和神圣维度——以〈乡土中国〉为例的文本解读》，《社会学评论》，2019 年第 3 期。

⑲杨清媚：《“魁阁时期”燕京学派的经济人类学研究探析》，《社会学评论》，2019 年第 4 期。

⑳张继焦：《费孝通的三个重要理论都过时了吗？——对人类学民族学研究范式转型的思考》，《云南民族大学学报(哲学社会科学版)》，2019 年第 2 期。

㉑谢立中：《再议社会研究领域量化研究和质化研究的关系》，《河北学刊》，2019 年第 2 期。

㉒渠敬东：《迈向社会全体的个案研究》，《社会》，2019 年第 1 期。

㉓田耕：《社会学民族志的力量：重返早期社会研究的田野工作》，《社会》，2019 年第 1 期。

㉔赵丙祥：《将生命还给社会：传记法作为一种总体叙事方式》，《社会》，2019 年第 1 期。

㉕黄盈盈：《定性研究中的“开放性”思维与实践》，《学习与探索》，2019 年第 12 期。

㉖刘能、马俊男：《数据生产和数据造假：基于社会学视角的分析》，《江苏行政学院学报》，2019 年第 3 期。

㉗范叶超、肖晨阳：《项目缺失数据的若干处理技术及其有效性评估——以中国版环境关心量表(CNEP)的应用为例》，《南京工业大学学报(社会科学版)》，2019 年第 3 期。

㉘李培林、李强等：《改革开放 40 年与中国社会发展》，《财经智库》，2019 年第 1 期。

㉙马戎：《不同文明基础上的不同话语体系与社会发展模式的多样性》，《中央社会主义学院学报》，2019 年第 6 期。

㉚吴忠民：《规划性与中国的现代化》，《马克思主义与现实》，2019 年第 3 期。

㉛王春光：《中国社会发展中的社会文化主体性——以 40 年农村发展和减贫为例》，《中国社会科

学》，2019年第11期。

㉜张翼：《新中国70年社会发展与社会变迁》，《江苏社会科学》，2019年第5期。

㉝李路路：《中国70年社会结构变革及其研究》，《社会科学战线》，2019年第8期。

㉞龚维斌：《我国社会结构：变化、特点及风险》，《中国特色社会主义研究》，2019年第4期。

㉟李春玲：《改革开放的孩子们：中国新生代与中国发展新时代》，《社会学研究》，2019年第3期。

㊱吴超、龚维斌：《新中国成立以来社会建设发展历程与基本经验》，《中国特色社会主义研究》，2019年第6期。

㊲杨敏：《改革开放40年社会建设回眸》，《西北师大学报》，2019年第3期。

㊳龚维斌：《把握美好生活内涵的五个维度》，《中国党政干部论坛》，2019年第11期。

㊴景天魁：《探索适合中国的民生建设新路》，《学习与探索》，2019年第8期。

㊵吴忠民：《社会公正与中国现代化》，《社会学研究》，2019年第5期。

㊶陆杰华、刘芹：《转型期重大决策社会稳定风险评估体制机制探究》，《中国特色社会主义研究》，2019年第3期。

㊷吴忠民：《应当高度重视城市化的有机生长性问题》，《学术界》，2019年第7期。

㊸郭星华、刘朔：《中国城乡关系七十年回望：国家权力的下沉、回缩与再进入——有关城乡关系变迁的社会学思考》，《社会科学》，2019年第4期。

㊹刘保中、邱晔：《新中国成立70年我国城乡结构的历史演变与现实挑战》，《长白学刊》，2019年第5期。

㊺李蹊、董磊明：《半工业化乡村与劳动力的"碎片整理"——工业化潮流冲击下的乡土社会的存续》，《北京师范大学学报(社会科学版)》，2019年第6期。

㊻陆益龙：《中国农村社会学40年的重建与发展》，《西北师大学报(社会科学版)》，2019年第3期。

㊼叶敬忠等：《乡村振兴的多元理论视角》，《社会科学战线》，2019年第11期。

㊽陆益龙：《村庄特质与乡村振兴道路的多样性》，《北京大学学报(哲学社会科学版)》，2019年第5期。

㊾麻国庆：《乡村振兴中文化主体性的多重面向》，《求索》，2019年第2期。

㊿王晓毅：《重建乡村生活实现乡村振兴》，《华中师范大学学报(人文社会科学版)》，2019年第1期。

51章爱先、朱启臻：《基于乡村价值的乡村振兴思考》，《行政管理改革》，2019年第12期。

52房莉杰：《平等与繁荣能否共存——从福利国家变迁看社会政策的工具性作用》，《社会学研究》，2019年第5期。

53洪大用：《强化社会政策兜底保障功能》，《社会政策研究》，2019年第1期。

54李迎生：《中国社会政策改革创新的价值基础——社会公平与社会政策》，《社会科学》，2019年第3期。

55吕朝华：《社会政策范式变迁及其对完善我国社会政策的启示》，《社会建设》，2019年第4期。

56佟新、陈玉佩：《中国城镇学龄前儿童抚育政策的嵌入性变迁——兼论中国城镇女性社会角色的变化》，《山东社会科学》，2019年第10期。

57杨菊华：《生育支持与生育支持政策：基本意涵与未来取向》，《山东社会科学》，2019年第10期。

58马春华：《亲职假政策现状及其影响跨国比较研究和分析》，《中华女子学院学报》，2019年第5期。

59杨菊华：《新时代"幼有所育"何以实现》，《江苏行政学院学报》，2019年第1期。

60李强：《推进社会学的"社会政策学科"建设》，《社会学研究》，2019年第4期。

61王思斌：《我国社会政策的"自性"特征与发展》，《社会学研究》，2019年第4期。

62冯仕政：《学科生态、学科链与新时代社会政策学科建设》，《社会学研究》，2019年第4期。

63刘能：《迈向证据为基础的社会政策研究》，《学海》，2019年第3期。

64王思斌：《走向我国社会工作的高质量进阶式发展》，《社会工作与管理》，2019年第5期。

65李迎生：《中国特色社会工作体系建设初探》，《人文杂志》，2019年第9期。

66李迎生：《构建中国特色社会工作的方法论原则》，《社会工作》，2019年第4期。

67郭伟和：《专业实践中实证知识和实践逻辑的辩证关系——以循证矫正处境化实践为例》，《社会学研究》，2019 年第 5 期。

⑥⑧郭伟和：《中国社会工作专业实践的研究理路——整合结构主义和实用主义、实证知识和实践智慧的本土创新》，《社会工作》，2019 年第 4 期。

⑥⑨郭丽强、郭伟和：《通过专业化促进合法性——专业社区工作参与社区党建工作的个案研究》，《社会工作与管理》，2019 年第 4 期。

⑦⓪卫小将：《精准扶贫中群众的“求贫”心理与情感治理》，《中国行政管理》，2019 年第 7 期。

⑦①李春玲：《中国社会分层与流动研究 70 年》，《社会学研究》，2019 年第 6 期。

⑦②李路路：《改革开放 40 年中国社会阶层结构的变迁》，《武汉大学学报（哲学社会科学版）》，2019 年第 1 期。

⑦③李培林：《改革开放四十年我国阶级阶层的变化》，《中国社会科学评价》，2019 年第 1 期。

⑦④朱斌、范晓光：《中产阶层抑或中等收入群体——当前中国中间阶层的再审视》，《江海学刊》，2019 年第 1 期。

⑦⑤何祎金、朱迪：《当代“新中产阶层”研究：概念、发展及趋势》，《青年探索》，2019 年第 2 期。

⑦⑥周扬、谢宇：《二元分割体制下城镇劳动力市场中的工作流动及其收入效应》，《社会》，2019 年第 4 期。

⑦⑦朱斌：《教育扩张、社会转型与教育机会不平等的变迁》，《复旦教育论坛》，2019 年第 4 期。

⑦⑧陈满琪：《自我类别化及其对群际关系的影响》，《青年研究》，2019 年第 5 期。

⑦⑨杨菊华：《流动人口（再）市民化：理论、现实与反思》，《吉林大学社会科学学报》，2019 年第 2 期。

⑧⓪柳建坤、许弘智：《利益威胁、政府工作满意度与市民对进城农民的接纳意愿：基于 CSS2011 数据的实证分析》，《社会》，2019 年第 2 期。

⑧①徐法寅：《农民工群体的结构化及其劳动体制分析》，《浙江社会科学》，2019 年第 2 期。

⑧②刘娜：《社会流动对亲属关系的影响分析：以北京市流动人口为例》，《浙江大学学报（人文社会科学版）》，2019 年第 4 期。

⑧③朱斌、王元超：《流动的红利：儿童流动状况与学业成就研究》，《人口与发展》，2019 年第 6 期。

⑧④张明皓、叶敬忠：《游戏商品化中的留守儿童》，《探索与争鸣》，2019 年第 4 期。

⑧⑤李炜：《社会公平感：结构与变动趋势（2006—2017 年）》，《华中科技大学学报（社会科学版）》，2019 年第 6 期。

⑧⑥王俊秀、刘晓柳：《现状、变化和相互关系：安全感、获得感与幸福感及其提升路径》，《江苏社会科学》，2019 年第 1 期。

⑧⑦谭旭运等：《主观阶层、流动感知与社会参与意愿——基于网络调查的实证研究》，《社会发展研究》，2019 年第 1 期。

⑧⑧崔岩、黄永亮：《中国社会质量研究——不同阶层社会质量评价分析》，《浙江大学学报（人文社会科学版）》，2019 年第 2 期。

⑧⑨王俊秀：《社会心理服务体系建设与应急管理创新》，《人民论坛 · 学术前沿》，2019 年第 5 期。

⑨⓪赵旭东：《社会情绪治理“宜疏不宜堵”》，《人民论坛》，2019 年第 23 期。

⑨①郭星华：《新时期社会秩序重建的困境及对策》，《人民论坛》，2019 年第 22 期。

⑨②张翼：《社会转型与社会治理格局的创新》，《中国社会科学评价》，2019 年第 1 期。

⑨③张翼：《社会结构变迁与社会治理创新》，《中国国情国力》，2019 年第 1 期。

⑨④吴忠民：《关于社会风险转为政治风险的可能性问题——中国中近期社会安全前景的一种判断》，《山东社会科学》，2019 年第 12 期。

⑨⑤柳建坤：《从严反腐与中国政府绩效评价的优化——来自准自然实验的证据》，《公共行政评论》，2019 年第 4 期。

⑨⑥洪大用：《在社会治理现代化进程中强化历史思维》，《社会治理》，2019 年第 7 期。

⑨⑦洪大用：《为社会治理实践提供更加深入的学理支撑》，《中国社会科学评价》，2019 年第 1 期。

⑨⑧王思斌：《新中国 70 年国家治理格局下的社会治理和基层社会治理》，《青海社会科学》，2019 年第 6 期。

⑨⑨豆书龙、叶敬忠：《项目制研究何以成为“显学”：概念辨析、性质定位与实践探索》，《内蒙古社会科学（汉文版）》，2019 年第 4 期。

⑩⓪施芸卿：《一把尺子如何“量到底”：基层治理中的制度硬化：以一个城市更新试点项目为例》，《社会》，2019 年第 2 期。

⑩①柳建坤等：《社区协商：一种新的社区治理范式》，《治理现代化研究》，2019 年第 2 期。

⑩②梁肖月、罗家德：《城市社区自组织培育历程研究——以大栅栏街道培育社区自组织为例》，《国际社会科学杂志(中文版)》，2019年第1期。

⑩③营立成：《新中国70年首都基层社会治理的发展逻辑与经验启示》，《社会治理》，2019年第9期。

⑩④李建伟、李兰、王伟进：《乡村治理现代化：进展、问题与建议》，《社会政策研究》，2019年第4期。

⑩⑤陆益龙：《乡村民间纠纷的异化及其治理路径》，《中国社会科学》，2019年第10期。

⑩⑥陆益龙：《民间纠纷解决中的法律运用及其意外效应——对一起乡村邻里官司的反思》，《河北学刊》，2019年第1期。

⑩⑦郭星华、曹馨方：《从农民的心态变迁看征地纠纷的根本化解》，《探索与争鸣》，2019年第12期。

⑩⑧李强、卢尧选：《学生学习成绩和学习能力影响因素之研究——四个维度的分析框架初探》，《西北师大学报(社会科学版)》，2019年第3期。

⑩⑨朱美静、刘精明：《教养方式对儿童学业能力的影响》，《社会发展研究》，2019年第2期。

⑪⓪李适源、刘爱玉：《家庭背景对学业表现的作用机制研究——以亲子教育期望偏差为解释中介》，《教育探索》，2019年第6期。

⑪①柳建坤、贺光烨：《农民失地会影响子女的学业表现吗——来自中国家庭追踪调查的证据》，《教育研究》，2019年第8期。

⑪②刘爱玉、徐春蕾：《初中生家庭文化资本与影子教育获得——基于控制要素的调查问卷》，《中华女子学院学报》，2019年第6期。

⑪③谢宇、李汪洋、靳永爱：《普及高中阶段教育的背景、意义和挑战》，《北京大学学报(哲学社会科学版)》，2019年第4期。

⑪④朱迪：《当代大学生的信贷消费与“校园贷”风险》，《青年研究》，2019年第6期。

⑪⑤李政毅、何晓斌：《新加坡面向创新驱动型经济的人才政策经验与启示》，《社会政策研究》，2019年第2期。

⑪⑥何晓斌等：《民营企业家的政治关联类型与企业绩效——基于2014年全国私营企业调查数据的实证检验》，《学海》，2019年第6期。

⑪⑦何晓斌、石一琦：《人工智能的发展和我国人工智能文科人才的培养》，《清华大学教育研究》，2019年第4期。

⑪⑧龚维斌：《新中国70年社会组织方式的三次变化》，《中共中央党校(国家行政学院)学报》，2019年第6期。

⑪⑨郑路、蒋理慧：《政策制定与执行之间的偏差何以产生——以地方政府对“网约车”的管理为例》，《江苏社会科学》，2019年第4期。

⑫⓪李健民、董磊明：《经济分化与宗族的“外强-中干”——以珠三角地区为研究对象》，《中国农业大学学报(社会科学版)》，2019年第3期。

⑫①梁肖月、罗家德：《城市社区自组织培育历程研究——以大栅栏街道培育社区自组织为例》，《国际社会科学杂志(中文版)》，2019年第1期。

⑫②刘少杰：《网络社会的不确定性冲突与化解原则》，《社会科学研究》，2019年第2期。

⑫③王水雄：《互联网社会如何放大了“中年危机”》，《人民论坛》，2019年第8期。

⑫④王水雄：《从“游戏社会化”到“社会游戏化”——网络时代的游戏化社会来临》，《探索与争鸣》，2019年第10期。

⑫⑤高文珺：《基于青年视角的网络直播：参与的盛宴，多元的融合》，《中国青年研究》，2019年第4期。

⑫⑥吴小英：《思想谱系中的家庭及其左右分野——兼论家庭研究的本土化焦虑》，《河北学刊》，2019年第2期。

⑫⑦张新辉、李建新：《现代化变迁与老年人家庭地位演变——以代际同住家庭经济决策权为例》，《人口与经济》，2019年第4期。

⑫⑧刘蔚、黄家亮：《“慈”与“孝”：生命历程中亲子关系的流变——鲁中礼庄村个案研究》，《广西民族大学学报(哲学社会科学版)》，2019年第4期。

⑫⑨杨菊华、刘轶锋：《论新时代优良家风的历史溯源与主要意涵》，《中国特色社会主义研究》，2019年第2期。

⑬⓪张新辉、李建新：《婚配年龄模式对个人主观福利的影响》，《人口与社会》，2019年第2期。

⑬①刘爱玉：《男人养家观念的变迁：1990—2010》，《妇女研究论丛》，2019年第3期。

⑬②张春泥、史海钧：《性别观念、性别情境与两性的工作—家庭冲突——来自跨国数据的经验证据》，《妇女研究论丛》，2019年第3期。

⑬③杨菊华：《“性别—母职双重赋税”与劳动力市场参与的性别差异》，《人口研究》，2019年第1期。

⑬④杜鹃、潘绥铭、黄盈盈：《中国女性遭受亲密

伴侣躯体暴力的实证研究》，《山东女子学院学报》，2019 年第 3 期。

⑬⑤刘亚秋：《社会记忆中的性别话语——以女知青与农民婚姻的两类叙事为例》，《青年研究》，2019 年第 3 期。

⑬⑥张翼：《新中国成立 70 年来中国人口变迁及未来政策改革》，《中国特色社会主义研究》，2019 年第 4 期。

⑬⑦赵玉峰、杨宜勇：《我国中长期人口发展趋势及潜在风险》，《宏观经济管理》，2019 年第 8 期。

⑬⑧於嘉、谢宇：《中国的第二次人口转变》，《人口研究》，2019 年第 5 期。

⑬⑨陆杰华、刘芹：《人口发展转向背景下中国人口学研究的重点领域及其展望》，《人口学刊》，2019 年第 3 期。

⑭⓪陆杰华：《人口负增长时代：特征、风险及其应对策略》，《社会发展研究》，2019 年第 1 期。

⑭①唐钧、李军：《健康社会学视角下的整体健康观和健康管理》，《中国社会科学》，2019 年第 8 期

⑭②洪岩璧、赵延东：《灾后重建中的资源再分配与健康不平等基于三期汶川地震重建调查》，《社会》，2019 年第 6 期。

⑭③梁童心、齐亚强、叶华：《职业是如何影响健康的？——基于 2012 年中国劳动力动态调查的实证研究》，《社会学研究》，2019 年第 4 期。

⑭④汪三贵、刘明月：《健康扶贫的作用机制、实施困境与政策选择》，《新疆师范大学学报（哲学社会科学版）》，2019 年第 3 期。

⑭⑤刘瑞平、李建新：《生育对老年人健康长寿的影响》，《宁夏社会科学》，2019 年第 4 期。

⑭⑥杨菊华等：《新中国 70 年：人口老龄化发展趋势分析》，《中国人口科学》，2019 年第 4 期。

⑭⑦陆杰华、汪斌：《长寿社会下全球公共治理新动向研究》，《中国特色社会主义研究》，2019 年第 6 期。

⑭⑧杨善华：《“责任伦理”主导下的积极养老与老龄化的社会治理》，《新视野》，2019 年第 4 期。

⑭⑨陆杰华等：《社会转型背景下不同代际队列的养老责任观念变化探究——来自 2015 年中国综合社会调查数据的验证》，《华中科技大学学报（社会科学版）》，2019 年第 2 期。

⑮⓪杨菊华：《智慧康养：概念、挑战与对策》，《社会科学辑刊》，2019 年第 5 期。

⑮①张静等：《养老服务需求与发展对策研究——基于 CGSS 和 CHARLS 两项全国老年人口调查数据的实证分析》，《老龄科学研究》，2019 年第 3 期。

⑮②张新辉、李建新：《社区老年服务供需动态变化与平衡性研究——基于 CLHLS2005—2014 的数据》，《社会保障评论》，2019 年第 2 期。

⑮③陆杰华、周婧仪：《基于需求侧视角的城市社区居家养老服务满意度及其对策思考》，《河北学刊》，2019 年第 4 期。

⑮④陆杰华、沙迪：《老龄化背景下异地养老模式类型、制约因素及其发展前景》，《江苏行政学院学报》，2019 年第 4 期。

⑮⑤严飞：《历史社会学的第四波思潮：议题与趋势》，《广东社会科学》，2019 年第 3 期。

⑮⑥孟庆延：《历史社会学的“非方法”面相及其“方法论”意涵》，《天津社会科学》，2019 年第 3 期。

⑮⑦周飞舟：《政府行为与中国社会发展——社会学的研究发现及范式演变》，《中国社会科学》，2019 年第 3 期。

⑮⑧孟庆延：《社会学视野下的中共制度史研究：理论传统与“问题意识”》，《中共党史研究》，2019 年第 1 期。

⑮⑨应星、刘水展：《在顺应群众与引领群众之间：党群关系的早期调适——以闽西永定暴动为例》，《西北师大学报（社会科学版）》，2019 年第 6 期。

⑯⓪王建民：《诗与士人的精神世界：试以王维的生命史和编年诗为例的社会学探索》，《社会》，2019 年第 6 期。

⑯①凌鹏：《京剧〈四进士〉中的“异乡人”与“好人”：论明清社会中“差序格局”的另一面》，《社会》，2019 年第 6 期。

⑯②孟庆延：《谁在舞台中央：相声中的民情与政治》，《社会》，2019 年第 4 期。

⑯③刘少杰：《从物理学到现象学：空间社会学的知识基础转移》，《社会科学战线》，2019 年第 9 期。

⑯④刘少杰：《以实践为基础的当代空间社会学》，《社会科学辑刊》，2019 年第 1 期。

⑯⑤营立成：《迈向什么样的空间社会学——空间作为社会学对象的四种路径与反思》，《中国社会科学评价》，2019 年第 1 期。

⑯⑥刘一鸣、吴磊、李贵才：《空间理论的图景拓展——基于哈格斯特朗与布迪厄的理论互构研究》，《人文地理》，2019 年第 6 期。

⑯⁷邵占鹏、营立成：《时空随性：智能手机引发的时空变迁》，《新视野》，2019年第2期。

⑯⁸赵旭东：《迈向和而不同的人类命运共同体——基于"一带一路"人类学与中华民族共同体意识构建的新思考》，《西北民族研究》，2019年第2期。

⑯⁹张继焦、党垒：《中国现代国家治理体系下的"一国多族"范式——四论"国家—民族"关系》，《统一战线学研究》，2019年第6期。

⑰⁰李建新、刘梅：《我国少数民族人口现状及变化特点》，《西北民族研究》，2019年第4期。

⑰¹马戎：《学校教育是少数民族走向现代化和共同繁荣的桥梁——少数民族大学生的学习与就业》，《民族教育研究》，2019年第2期。

⑰²杨玲、景天魁：《社区、民族与建设：民国边疆社会研究的三重视野》，《云南师范大学学报（哲学社会科学版）》，2019年第1期。

⑰³郑少雄：《把寺庙搬下山：在直接互动中获得社会空间——对斯科特的一个补足性反思》，《云南社会科学》，2019年第3期。

⑰⁴郑少雄：《阿来如何反思藏边村庄的命运：从〈空山〉到〈机村史诗〉》，《新视野》，2019年第1期。

（作者：奂平清，中国人民大学副教授；马志容，中国人民大学硕士生）

民俗学

萧放 贾琛

2019年北京地区民俗学研究在总结民俗学学科史及学术史，探讨实践民俗学的哲学基础与范式转型，构建中国特色的本土理论与话语体系，直面民俗传统在当代社会语境中的危机与转机，思考田野调查的伦理原则方面做出了诸多探索。依靠历史、立足当下、扎根民间、对话国际、朝向未来的民俗学学科建设呈现出曙光，但仍待继续致力耕耘。

一、民俗学学科史及学术史

2019年是中华人民共和国成立70周年，也是现代中国民俗学转型提升的关键时期，为促进民俗学科更加具备面向日常生活的理论自觉与方法自觉，学者总结学科历程与学术经验，反思学科范式与科研伦理，在学术史及学科史的综合研究、专题研究方面做了诸多工作。

叶涛主编的《新中国民俗学研究70年》分"民间文学""民俗学"两卷综述学科研成果，是民俗学科继往开来的重要著作。北京民俗学者承担了该著作的大部分内容，毛巧晖以民间文学的基本问题为底线，分阶段探讨了"民间文学思想史"；张多总结了中国神话研究史；王尧选取重要的研究范式概括了传说研究的内在理路流变；王娟对歌谣研究中的成绩与不足做了总结反思；陈娟娟梳理了谚语研究的面向与进展；祝鹏程回顾了曲艺说唱研究范式的特征及转型；户晓辉讨论了经验研究范式到先验实验范式的根本转换，提出建立实践民俗学为本体论的学科范式格局；董德英、萧放总结了岁时节日研究成果；王丹、王祺综述了民间游戏研究史；孙英芳、萧放对民俗学参与乡村社会治理的研究成果做了总结与分析；施爱东讨论了学术期刊创办在学科建设发展中的重要意义。①

2019年6月16日，中央民族大学、中国民俗学会主办的"中国民俗学70年：学科发展与话语体系建设学术研讨会"召开，围绕中国民俗学学科建设、70年中国民俗学学术史、非物质文化遗产传承保护议题，学者们或宏观综述学科史，或细致考察专题问题，或进行跨学科比较分析，或从国际视野进行学术关照，深刻审思了民俗学的学科范式，论述了民俗学的现实关切，对"以人民为中心"的学科理念做了更深层次的探讨。②

期刊论文中也产出了诸多书写民俗学史/民间文学学术史的文章。

高丙中用两个解释框架论述了中国民间文学70年的发展历程和发展方向，首先讨论了"民"和"民间"概念在"古—今""内—外"关系模式中从"对立—冲突"到"贯通—共生"的发展过程，接着以"民族性—人民性—艺术性"关系模式梳理了民间文学事业的框架，认为三者相互赋能的结构才有益于现代国家的发展转型。总之，作者认为现代民族国家建设形成了既要改造又要传承文化传统、国民精神的内在矛盾，通过发现"民"的主体性，民间文学的公共文化性质，才能对之形成化解。[3]

萧放、贾琛梳理中国民俗学学科建设历程，对比国际民俗学发展路径，总结了中国民俗学学科建设的独特经验，并从自主性与独立性、实践性与历史性、本土性与国际性、融合性与开放性4个方面讨论了中国民俗学学科的建设前景。作者认为民俗学是关注人民生活文化的日用之学，也是助力国家非物质文化遗产传承与乡村社区文化建设的公共政策之学，拥有不可替代的学科优势与贴近地气的勃勃生机。[4]

万建中对近40年中国民间文学学术史书写进行研究，认为20世纪80年代研究者对民间文学学术价值的关注远甚于对学术方法本身的关注，学术史研究几乎处于空白。20世纪90年代文本研究日益受到挑战，学界在焦虑之中更无暇顾及民间文学学术史的建设。进入21世纪，专题研究、理论研究、整体研究视角下的民间文学学术史书写才逐渐成形和兴盛。[5]

巴莫曲布嫫以中国社会科学院民族文学研究所的学科实践与学术科研为视角，勾勒了史诗学70年间的实践进路。作者认为，20世纪口头程式理论、民族志诗学、演述理论的引介和本土化实践，推动史诗研究形成了“以口头传统作为方法”的学科历程和学术成果。最近10年，在朝戈金的倡导和民文所学者的接续努力下，史诗研究最终确定了“口头诗学”的理路取向。[6]

林继富回顾并展望了中国民间故事传承人研究成果，认为20世纪50年代，钟敬文、刘魁立先生最先认识到民间故事传承人的重要性；20世纪80年代以后，随着“中国民间文学三套集成”工作的开展，民间故事传承人研究受到重视。未来民间故事传承人研究应在传承人讲述研究、传承人与听众关系研究、传承人当代意义研究方面继续做出探索。[7]

岳永逸以燕京大学邢炳南和虞权对平郊村的农具、住宅设备研究为中心，考察反思了中国现代民具学百年学术历程；以燕京大学薛诚之硕士论文《谚语研究》为重点，从谚语的形态学与生态学研究两方面勾勒了百年谚语学的发展阶段。[8]

祝鹏程总结了中国民俗学在民间文学与口头传统、民族志研究、都市民俗学、历史民俗学、非物质文化遗产保护研究方面的成绩，认为“朝向当下”成为当代民俗学学科的重要共识，其伦理意识与参与意识得到前所未有的加强。但是学科间发展不平衡、重个案轻理论、囿于旧范式的窠臼、重视当下忽视历史等也是不可忽略的问题。[9]

此外，朝戈金、董晓萍论述《西北民族研究》在民俗学学科建设及多民族跨文化研究中的贡献[10]；廖元新、万建中讨论歌谣学从研究“歌谣中的生活”向“生活中的歌谣”的转变[11]；林继富、谭萌总结2018年民俗学的成果与特征[12]；林继富、周灵颖评估西藏民间故事70年研究成果[13]；林旻雯、岳永逸总结70年曲艺研究史[14]；毛巧晖讨论“中国民间文艺研究会”对1949—1966年民间文艺学的引导[15]；毛巧晖反思“传承人”的研究历史与“他者化”境遇[16]；祝鹏程以神话、传说与故事为主总结2018年民间文学研究成果[17]；张多考察美国学者在中国民间文学搜集、整理、研究中的贡献[18]；谭佳分析中国神话70年研究成果[19]；程艳林梳理中国现代民俗学在“杭州时期”的研究成绩[20]；谭萌以“中国演唱文艺研究会”及其会刊为中心考察美国国内从事中国民间文艺学研究的重要学者及其作品[21]；朱婧薇讨论中国鼠婚故事90年研究[22]等也是对民俗学学科史与学术史研究做出的重要论述。

二、“实践”民俗学

自吕微、户晓辉提出“实践民俗学”理念以来，中国民俗学界以“实践”为关键词做了诸多争论，学者们或从先验层面探讨“民”的自由意志，或从思想史层面论及实践理论的学术脉络，或从方法角度讨论个体叙事的权利和交流式民俗志的写作，或从本土概念出发关注民俗学参与社会实践的合法性，研讨过程中，民俗学的学术范式、研究方法、科研伦理、学科关怀得到了深刻辨正，“实践”民俗学成为当下最具活力和潜力的学术话语。

继续之前的先验哲学讨论，吕微重新定义了神话学研究的基础理论，他否定神话学是以神话现象的没落，也就是理性思维和信仰心理相分离为条件的研究，而认为人自身作为自由主体的存在方式的超验意向性结构（神话本身）在逻辑上恰恰是无论人的信仰心理（神话）还是理性思维（理论神话学）等经验现象的先验条件。而只有以神话本身，也就是人自身的本体论存在方式为条件，才能建构起神话学成为面向当下的学科的必要理论前提。[23]

户晓辉论证了民俗学的基础理论，认为传统民俗学的“现在学”以经验论为基础进行的现代性反思必然陷入自相矛盾的理论困境，实现以实践民俗学为本体论，以维护民俗之“民”的自由意志能力和文化权利为目的论的“现在学”才是中国民俗学应该坚持的学科范式格局。[24]他也从实践民俗学角度重新讨论了“日常生活”转向问题，认为胡塞尔超越论意义上的生活世界是日常生活的先验基础，它在纯粹观念世界论证了民先验地具有自由意志能力和文化权利；而以生活世界为先验奠基的“日常生活”是一个“中层概念”，既是研究对象、理论概念、描述性概念，更是研究方法、实践概念、规范性概念，作者认为应在学科实践和民俗实践中建立以生活世界为基础和以实践理性目的为条件的完整的日常生活。[25]

刘铁梁将实践民俗学理解为“面向日常交流实践的民俗学”，提出重视个人叙事、建立研究者与受访谈人平等协商的话语与交流的民俗志、注重分析包括话语与文献在内的田野资料的生产过程、概括提炼本土性的概念术语和研究框架、关注集体叙事与个人叙事交织等主要观点。[26]该文是民俗学面向当下生活、面对民众主体进行研究时重要的理论更新与范式转换。

尹虎彬立足后现代主义对现代性的突破，讨论了中国民俗学回归主体实践的学科趋向。作者认为现代性使得民俗成为对象化、工具化的文化他者，而后现代主义借助反身性的思辨实现了科学向伦理的转换，引导民俗学从文本的研究、传承的研究转向日常生活实践研究，包括实践理论和现象学的实践，以及实践民俗学倡导等。作者认为后者在理论反思层面引导了观念变革，但是其在理论哲学与实践哲学的衔接方面还需继续突破。[27]

萧放、鞠熙认为实践民俗学应秉持跟随民众、面向未来、主动倾听、主动实践的学术态度，他们梳理西方民俗学实践理论的复杂特征以及有关实践转向的批评讨论，以之反观中国古代“风俗”论，总结出其中古已有之的物我整体观、观风知政论与政治行动特征，认为实践民俗学也需要找回中国古代的“风俗”研究传统，在坚持多元主体的前提下进入社会现场、设计研究路径、跟随行动者的本土逻辑、促进沟通理解，这才是“知行合一”的“实践”本意。[28]

王杰文从民俗学思想史角度梳理了“实践民俗学”的转型背景，对来源于康德哲学的“实践民俗学”做了反思。作者认为，语言学从语言研究向言语研究的转型为实践民俗学的发展提供了第一因，20世纪70年代末80年代初，人类学和社会学也实现了实践论转型，而同时期文化研究形成的权力、历史、文化关键词也成为实践研究重要的工具概念。接着，作者反思了学术研究实践本身和学者理论理性与民众实践理性的区分，认为实践民俗学的研究应是对民众日常生活实践逻辑的理解、阐释，甚至容忍，然后将普通民众未加反思的常识提升到系统的反思与批判的哲学层次上来。[29]

在另一篇文章中，王杰文从历史层面和逻辑层面论述了民俗学与启蒙主义、反启蒙主义的关系。作者认为在思想脉络上民俗学起源于反启蒙主义，他借助以赛亚·柏林对维柯、赫尔德的研究成果，认为正是反启蒙主义对启蒙主义所坚持的以恒久不变的人性作为普遍目标、追求建立“人文科学”以实现理性统治的批判才形成对民俗的正面赋值。作者认为尽管反启蒙主义强调文化特殊性，它并不完全否认普遍价值，中国民俗学者不应该为了康德而牺牲维柯和赫尔德。[30]

另外，王杰文通过探讨“古典语文学”与“本土语文学”的研究差异，梳理民间文学与民俗学的“本土语文学”起源，总结“本土语文学”关注日常生活中当下熟悉的话语交流，关注特定人群的生活世界中的日常生活实践特征，讨论了现代民间文学的学术定位与学术方向[31]；通过研究巴赫金“哲学人类学”、超语言学、类型论思想，讨论了巴赫金思想在国际民俗学、民间文艺学范式转型过程中提供的理论支撑，以及其对于国际民俗学的未来实践研究的哲学价值。[32]

三、本土理论及话语体系

中国的民俗学研究是在理解本土民众生活实践与文化传统基础上进行的研究，在科研过程中要注重提炼本土概念和方法，在引介理论时要重视本土语境的对话与检验。当代中国民俗学更为自觉地构建中国特色的学术体系与话语体系，更为理性地思考国际性与本土性的关系，在建设民俗学的中国学派方面做出了一定成绩。

陶立璠关注到了“风俗”概念，认为风俗史研究和民俗志书写相结合是中国民俗学的特色，他区分了风俗和民俗，认为风俗指流传地域广、代代相传的思想观念和生活文化，或指一定的社会文化区域内人们共同遵守的思想规范和行为模式，它是官方和民间共同作用的结果，具有比民俗更丰富的文化内涵，是文化大传统的体现。[33]

朝戈金对口头传统进行讨论，认为口头传统作为古老又常新的信息交流方式未得到学界应有的重视，他结合本土案例讨论了口头传统与书面文学的历史关系、功能区别，以及与历史研究的合作及分别，概述了口头传统研究的国际流派及以“口头诗学”为重点的晚近成果，认为口头传统关涉人们认识世界和呈现世界的方式，是人类观念传承和知识传递的过程和结果，不仅具有认识论价值，也具有方法论意义。[34]

董晓萍对民俗学的跨文化研究做出探讨，《文献与口头》研究中国历代经典名著中的故事类型，从偏重口头民俗研究转向了“文献与口头”两个中心的研究；《国家·历史·民俗》尤其关注女性民俗学者在揭示国家历史多样性和多元理念方面的历史遗产；《跨文化技术民俗学》从技术民俗学的内涵界定、基本问题、个案研究入手分析了中国技术民俗学的特色以及跨文化对话的方式。[35]

萧放、何斯琴立足礼俗互动视角讨论人生礼仪传统的当代传承与重建，将“礼仪”置于中华文明演变的语境中探讨“礼仪”的生成机制与文化逻辑，以田野调查和史籍考辨为基础研究传统礼仪与民间社会、日常生活的复杂关系，分析了传统礼仪所蕴含的理论价值，以及对于实现日常生活“礼仪化”的重要意义。[36]

漆凌云、万建中在创新借鉴、反思批评国内外故事学研究成果的基础上，重新定义母题为“故事中与主角命运相关的事件或行为，具有抽象性和具象性、稳定性与变异性、易识别性与独立性特征，是构成民间故事的基本单位”，并搭建了以母题为基础单元的“母题位—母题—母题变体—中心母题链—故事类型—类型变体—类型丛”多层次故事学术语体系。[37]

张举文从概念史角度反思了童话概念在国际上的传播以及在中国的意义蜕变，认为童话概念被引介中国是民族主义和儿童教育的意识形态产物，由此童话被固定为文学类型后产生了诸多定义与分类问题，作者认为应超越类型来重新认识童话作为生活信仰的重要意义。对于民俗、类型、体裁、民族等概念，也应该做出学术分析，避免意识形态霸权。[38]

朱霞、王惠云采用文献法和田野调查法研究松香生产技术的历史传承与现代变迁，讨论认为社会支持系统的作用下松香生产技术在不同时代的传承变迁呈现相当不同的特点和态势，在技术史与社会史的综合研究方面做出了一定创新。[39]

不同于将《山海经》定性于神话怪谈的观点，刘宗迪从天文历法、地理博物、民俗文化等角度解读《山海经》蕴含的知识内涵。2019 年，作者继续考证《山海经》的地理博物志特征。《山海经的尺度》认为《山经》是一部建立在全面筹划、实地观察、科学测量基础上的地理博物志，考证了《东次三经》的位置；《昆仑何在？——〈山海经〉昆仑地理考》研究了《西次三经》的位置，论证了昆仑为泰山的观点；《执玉帛者万国：〈山海经〉民族志发凡》认为《大荒经》是流传至今最古老的民族志文献，具有四裔志的基本特征，奠定了战国秦汉之际的华夏世界观；《蜮生南越：传统博物学的南方想象》通过“蜮”的意义变迁和形象蜕变，讨论了词与物、语言与世界、文化与自然的关系。[40]

施爱东认为故事是“密闭时空之中，依照特定规则运行的虚拟游戏”，从故事的封闭性特征、故事的结局、故事的最简结构、情节的核心设置、打破常规几方面对这一语言游戏的结构规律和逻辑法则做了分解概括。[41]

安德明认为现代民俗学研究过程中形成了以家乡为研究场域的学术传统，作者对这一现象进行理论与方法论的剖析，认为家乡民俗学是一种研究视角与研究方法，“平等交流，相互尊重；同情理解，理性批判；朝向当下”等特征使得家乡民俗学具有了适应当代民俗研究理念与方法的天然优势和内生特征。[42]

杨利慧对构建“朝向当下”的神话学学科体系具有首创之功，她主张突破“以古代文献记录和考古资料为分析中心的研究和以土著民族的神话为考察中心的研究”所内含的“向后看”视角，梳理考察当代文学、数字媒介、遗产旅游、图像艺术等文化场域中挪用与重构神话的现象，构建朝向当下社会生活语境的当代神话学学科体系。[43]

张勃考证认为端午龙舟竞渡习俗至迟在唐代已经出现，她对史料的搜集与释读方法提出思考，认为围绕共同的民俗史话题，由感兴趣的学者共同搜集史料，共同释读分析，共同探讨方法，是深化民俗史研究的一个可行且有益的方法。[44]

岳永逸在中国都市民俗学研究中，创新提出将“杂吧地儿”作为方法的观点。作者以北京天桥为例，认为旧京前门外三教九流混杂的天桥是居住者的生活、人情、心性所在，但是新京对现代化、国际化的追求使得天桥老街化、博物馆化、百老汇化，天桥被割裂为工具与符号而与人脱离关系。但即使如此，杂吧地儿的理念与气韵却继续以音声北京、蛛网地铁等方式散布在新京的大小角落。作者认为，作为批评方法的杂吧地儿指向的是一种理想型的人生图景和文化形态，杂吧地儿为各色人等的生存和生活创造空间，应是伟大城市真正的生态和常态。[45]

鞠熙讨论民俗学的学科对象，认为现代中国民俗学经历了“以民定俗”向“以俗定民”的转变。但是“以俗定民”并非仅为现代产物，古代中国风俗研究的首要目的就是建立群体认同，北京内城乾隆御制碑也说明乾隆在以碑刻方式公开书写并传承北京风俗以创造了一种“北京人”的群体概念。因此，依赖于地方性空间的“风俗”而不是附着于族群的“族群性”才是构建身份认同的首要标志。[46]

四、民俗传统与当代社会

伴随着互联网科技的发展、经济生活方式的变迁、社会现代化的迈进、人际交往方式的变革，民俗传统在当代社会的生存方式、当代社会利用传统资源自我整合的必要、民俗学者面向日常生活进行研究的方法等成为民俗学者持续关注和思考的话题。对于乡村振兴战略、非物质文化遗产保护战略，民俗学者也利用学科优势从民俗传统、文化传统出发做了诸多探讨。

关于在网络传媒背景下进行民间文学研究的方法和效度，王杰文在媒介融合背景下对“数码一代”创新应用“口头传统”的传播方式与实践模式作出讨论，认为网络媒介并没有影响人们结成“社群”，生成“传统”，相反，数码时代的口头传统可以实现更平等理想的人际交往模式，体现更具现代意义的实践性和个体价值，展现与口头表演相似而特别的叙事形式和传播模式。作者认为数字媒介技术已经成为“口头传统”传播最重要的载体与语境，当代民俗学应重视“数码一代”创造性地定义与应用“口头传统”的实践。[47]黄悦研究当代网络文学对中国神话的创造性转化方式，并对其体现出的神话结构长盛不衰但信仰功能弱化、神话符号活跃但内涵更具流动性、从神圣的公共文本过渡到个体化创作舞台、从信仰现象蜕变为心理现象等转化规律做了简要概括。作者认为神话作为一种精神生产机制，在与其他文化体系的交流互鉴中得以激活。[48]

民俗传统与乡村振兴、非物质文化遗产保护话题也激发了诸多讨论。

潘鲁生关注城镇化过程中民族传统工艺美术的现状及发展策略，认为历史进程中民艺与赖以生成的社会土壤以及艺人生存状态的内在关系是研究的重点。作者结合调研情况分析了城镇化过程中民艺的生存困境，并对“乡村振兴”战略下民艺的发展机遇做了分析。[49]

萧放认为民俗传统是乡村振兴的重要保障，他讨论了民俗传统的五大类型，以及民俗传统助力乡村振兴的七大途径、三大原则，认为乡村振兴的关键在于激发村落社会的内生力量，而只有深入乡村内部，总结提炼乡村的民俗传统资源，根据乡民需要和社会需求推动传统资源的创造性转换和创新性发展，才能从根本上把握乡村振兴的有效方向。[50]

胡兆义、林继富讨论了故事讲述与村落传统的关系，认为孙家香从自身经历出发对故事投注情感化改造，以讲述的形式实现了家庭伦理的建构。孙家香故事中的家庭伦理记忆深植于土家族伦理道德传统，其本人也以积极传承人的身份守护地方知识的传承，实现了地方传统的建构。[51]

鞠熙将传统文化定义为被有意识挑选的，用以为当下行动正名、赋权和提供行为模式的文化符号。作者认为传统文化在为乡村的产业兴旺提供智识资源、为生态宜居提供地方经验、为有效治理提供贴近民心的策略方面有积极作用。但学者必须对传统文化参与社会治理保持足够的反思，不能仅将其视作精神性的创造物或文化表象，而应从社会治理角度进行理性研究。[52]

萧淑贞认为传统和乡土的知识系统所具有的人文主义特征有助于修复和疗愈工业文明带来的问题，因此在工业时代向生态文明过渡时，需要关注到乡村社会文化和技艺的复兴。在生态文明视域下，非遗不再是行将消失的文化，而可以通过作为生态的生活方式获得重新定义，人们对美好生态生活的向往也就转化为了非遗“活化”和乡村振兴的内生动力。[53]

王丹以《阿诗玛》为例讨论非物质文化遗产保护，认为不应只保护作为非物质文化遗产项目的《阿诗玛》，更应该保护其生活传统、口头传统、文化生态，进而探索并构建撒尼人生活传统综合实践的非物质文化遗产保护路径。[54]

五、田野调查的伦理原则

围绕《背过身去的大娘娘：地方民间传说生息的动力学研究》回流到民俗实践地后得到的田野反馈，尤其是罗兴振与陈泳超的书信来往，吕微、施爱东、王尧、刘倩几位学者围绕民俗学的目的、方法、伦理问题从不同角度做了讨论。[55]

罗兴振作为民间信仰实践者，坚信“尧舜实有说”“舜耕历山在洪洞”观点，他对陈泳超在著作中表现出来的“疑古派”倾向深受伤害，并交流了自己认识和实践民俗的可信性和正当性。陈泳超回信认为，虽然自己坚持“按说有”的学术观点，但尧舜真实性并非自己的研究问题，他更关注地方民众的心理认同及民俗实践这种历史真实，并以之为材料讨论民间传说存在和传承的动力机制。

吕微认为该论题不仅涉及民俗实践者，应是其与民俗学者之间的互动命题，将之命名为“罗兴振—陈泳超学案/公案”，他先验辩护了民间信仰的必然正当性。他首先从理论理性的方法论辨析了两人分别侧重“逻辑判断的概念直观图型法”和“事实验证的事实证据方法”之间的方法论悖论，讨论了它所反映出的“信仰实践的目的”和“认识的目的”的差异。接着作者从图型法在民间信仰中的实践运用讨论了民俗学理论理性和民俗实践理性的目的论悖论，罗兴振是根据实践法则的超验概念直观图型在实践中建构信仰对象，生成信仰对象的经验实在性幻象，而陈泳超严格区分了理论理性和实践理性，它反映了不区分理论与实践的民俗和区分理论与实践的民俗学之间的理性悖论。接下来，作者讨论了民俗和民俗学共同作为实践理性的内部目的论的二律悖反，根据罗羊与陈泳超、罗兴振是否承认民间信仰实践可以建立在灵验现象的超自然根据的实用类型基础上的差异判断，作者讨论了幸福与道德的关系，提出了幸福纳入道德法则并成为纯粹理性动因的两种途径，作者认为中国文化民间信仰正当性的主观必然性基础也就奠定于这两者之间，它正是普通民众纯粹实践理性道德法则的体现，而学者无目的的审美鉴赏判断与之有根本性差别。在以上讨论的基础上，作者提出了普通民众自觉的自我启蒙，以及民众与学者自觉的相互启蒙，建立“人格权”社会的必然可能性与可能现实性。

施爱东讨论了学术与生活的不可通约性。以“学术与生活的距离”为标准，作者总结出“理论民俗学—常规民俗学—应用民俗学—精英民俗观—大众民俗观”金字塔状的学术层级，认为有效对话仅存在于同一层级内或者相邻层级之间，而要实现观念和知识跨越层级的流动只能通过相邻下一层级的认同和时间的考验才能实现，但是这一过程呈现出时间迟滞、数量减少、信息递减等特征。最后作者得出结论，“学术与生活之间是不可通约的，不仅跨层对话之间不可通约，而且学术介入生活也是空洞无力的，学术工作者既不要对学术干预生活寄予过高的美好期许，也不必为学术妨碍生活背负过重的伦理包袱。”在调查研究中，只要与田野对象共同坚持相互敬重、各自独立的精神态度，就是理性可取的学术与生活对话的方式。

王尧关注到田野调查中的性别政治，讨论了田野调查中的女性优势，认为女性特质可以弱化被访者的戒备心理，也更有利于接近地方精英所有意隔离的异见者。并针对在人身安全、社交中的性别规范、民俗中的性别禁忌、学术共同体对于女性的偏见等方面所形成的对女性调查者的负面意见进行了反驳。作者以田野中女性民俗精英尤宝娅的社会影响力为对照，呼吁回到性别分类之前的“人”本身来看待女性民俗学者，实现个体之间的平等对话，避免“性别差异论”所造成的隐性暴力。

刘倩讨论了田野和学术中的情感伦理问题。她支持“罗兴振命题”的定义，认为它所反映出来的民俗信仰实践者“按说有”就是“真的有”的态度反映了以知识和理性臣服于情感和信仰的常见表现，她认为信念越“诚”，就距离理性之“真”越远，在任何时候民俗学者都不能任由情感信念“绑架”理性的清明。她同时批判吕微的观点，认为其所寄望民众在相互启蒙过程中让民俗从传统走向现代的伦理实践并没有关注到“最大基数的普通村民”对“灵验传说”的坚持和信仰。

六、小结

20 世纪 90 年代以后，围绕民俗学的现代转型，中国民俗学界形成了一股声势浩大、百家争鸣的学术潮流。这一潮流是在反思研究传统、对话哲学理论、参与公共建设、面对日常生活等多种背景下交织产生的。总的来说，民俗学学科如何自证其在现代社会科学体系和社会生活现实中的合法性成为学者们反复思考的主题。经过 20 余年的艰辛探索，民俗学的学科属性与研究视野实现了重要突破，学术范式与哲学根基得到了深入论证，尤其以日常生活理论、表演理论、实践民俗学为主要指导，民俗学可然与应然的学术关怀、不可为和不能为的研究伦理更加清晰晓畅，依靠历史、立足当下、扎根民间、对话国际、朝向未来的民俗学学科建设呈现出希望的曙光。但不可否认，理论与实践的分层、口头传统与历史文献的互斥、民俗学本土概念理论的建设等问题仍然有待民俗学者的继续耕耘与致力。正如施爱东将民俗学比喻成一条大船，认为不同研究取向和学科流派应以同舟共济的态度结成民俗研究的健全结构一样[56]，民俗学的航程也有赖于民俗学人肩负使命、前赴后继的努力。2019 年的民俗学研究为我们积累了宝贵的财富，未来的民俗学征程仍有赖于学科内外同仁的共同协力。

注：

① 见叶涛主编：《新中国民俗学研究 70 年》，中

国社会科学出版社，2019 年 7 月；又见毛巧晖：《民间文学搜集整理七十年》，《民间文化论坛》，2019 年第 6 期；王尧：《民间传说研究七十年》，《民间文化论坛》，2019 年第 4 期；陈娟娟：《中国谚语研究七十年》，《民间文化论坛》，2019 年第 4 期；户晓辉：《新时期中国民俗学基础理论研究的逻辑进程》，《东方论坛—青岛大学学报(社会科学版)》，2019 年第 4 期；孙英芳、萧放：《中国民俗学乡村社会治理研究七十年》，《民间文化论坛》，2019 年第 6 期；施爱东：《学术期刊创办与学科建设发展》，《民间文化论坛》，2019 年第 4 期。

② 覃奕：《中国民俗学 70 年：学科发展与话语体系建设学术研讨会综述》，《民间文化论坛》，2019 年第 4 期。

③ 高丙中：《发现“民”的主体性与民间文学的人民性——中国民间文学发展 70 年》，《民俗研究》，2019 年第 5 期。

④ 萧放、贾琛：《70 年中国民俗学学科建设历程、经验与反思》，《华中师范大学学报(人文社会科学版)》，2019 年第 6 期。

⑤ 万建中：《中国民间文学学术史研究 40 年》，《西北民族研究》，2019 年第 2 期。

⑥ 巴莫曲布嫫：《以口头传统作为方法：中国史诗学七十年及其实践进路》，《民族艺术》，2019 年第 6 期。

⑦ 林继富：《中国民间故事传承人研究的回顾与展望》，《民族艺术》，2019 年第 3 期。

⑧ 岳永逸：《器具与房舍：中国民具学探微》，《民族艺术》，2019 年第 4 期；岳永逸：《谚语研究的形态学及生态学——兼评薛诚之的〈谚语研究〉》，《民族文学研究》，2019 年第 2 期。

⑨ 祝鹏程：《改革开放以来的中国民俗学：热点回顾与现状反思》，《民俗研究》，2019 年第 2 期。

⑩ 朝戈金、董晓萍：《〈西北民族研究〉与民俗学学科建设》，《西北民族研究》，2019 年第 2 期；董晓萍：《文化主体性与跨文化》，《西北民族研究》，2019 年第 2 期。

⑪ 廖元新、万建中：《学术史视角下歌谣与生活的关系》，《中原文化研究》，2019 年第 5 期。

⑫ 林继富、谭萌：《“以人为本”的学科实践——2018 年中国民俗学》，《原生态民族文化学刊》，2019 年第 2 期。

⑬林继富、周灵颖：《西藏民间故事研究 70 年：理论建构与意义阐释》，《中国藏学》，2019 年第 3 期。

⑭林旻雯、岳永逸：《言地语人：曲艺研究七十年》，《民间文化论坛》，2019 年第 6 期。

⑮毛巧晖：《民研会：1949—1966 年民间文艺学重构的引导与规范》，《中央民族大学学报(哲学社会科学版)》，2019 年第 1 期。

⑯毛巧晖：《“文化展示”中的传承人：基于非物质文化遗产保护的思考》，《民间文化论坛》，2019 年第 4 期。

⑰祝鹏程：《改革开放以来的中国民俗学：热点回顾与现状反思》，《民俗研究》，2019 年第 2 期。

⑱张多：《美国学者搜集整理、翻译中国民间文学的学术史和方法论》，《文化遗产》，2019 年第 2 期。

⑲谭佳：《中国神话学研究七十年》，《民间文化论坛》，2019 年第 6 期。

⑳程艳林：《中国现代民俗学发展的“杭州时期”研究》，《赣南师范大学学报》，2019 年第 5 期。

㉑谭萌：《20 世纪 70 年代以来美国的中国民间文艺研究——以一个学会及其会刊为中心的考察》，《赣南师范大学学报》，2019 年第 5 期。

㉒朱婧薇：《中国鼠婚故事研究 90 年》，《民俗研究》，2019 年第 2 期。

㉓吕微：《“神话”概念理论定义的二论背反》，《当代比较文学》，2019 年第四辑。

㉔叶涛主编：《新中国民俗学研究 70 年》，中国社会科学出版社，2019 年 7 月，第 215—241 页；户晓辉：《新时期中国民俗学基础理论研究的逻辑进程》，《东方论坛—青岛大学学报(社会科学版)》，2019 年第 4 期

㉕户晓辉：《实践民俗学的日常生活研究理念》，《民间文化论坛》，2019 年第 6 期。

㉖刘铁梁：《个人叙事与交流式民俗志：关于实践民俗学的一些思考》，《民俗研究》，2019 年第 1 期。

㉗尹虎彬：《回归实践主体的今日民俗学》，《民族文学研究》，2019 年第 5 期。

㉘萧放、鞠熙：《实践民俗学：从理论到乡村研究》，《民俗研究》，2019 年第 1 期。

㉙王杰文：《“实践”与“实践民俗学”》，《民俗研究》，2019 年第 6 期。

㉚王杰文：《反启蒙主义与民俗学——以赛亚·

柏林论维柯、赫尔德》，《民间文化论坛》，2019 年第 6 期。

㉛王杰文：《本土语文学与民间文学》，《民族艺术》，2019 年第 6 期。

㉜王杰文：《民俗研究的哲学根基——来自哲学家巴赫金的启示》，《天津社会科学》，2019 年第 5 期。

㉝陶立璠：《风俗志、风俗史与中国特色民俗学的构建——〈中国风俗发展简史·前言〉》，《民间文化论坛》，2019 年第 2 期。

㉞朝戈金：《作为认识论和方法论的口头传统》，《内蒙古社会科学(汉文版)》，2019 年第 2 期。

㉟参见董晓萍等：《文献与口头》，上海大学出版社，2019 年 9 月；董晓萍：《国家·历史·民俗》，中国大百科全书出版社，2019 年 8 月；董晓萍：《跨文化技术民俗学》，中国大百科全书出版社，2019 年 4 月；董晓萍：《历史经典中的民俗母题》，《北京师范大学学报(社会科学版)》，2019 年第 5 期。

㊱萧放、何斯琴：《礼俗互动中的人生礼仪传统研究》，《民俗研究》，2019 年第 6 期。

㊲漆凌云、万建中：《“母题”概念再反思——兼论故事学的术语体系》，《民俗研究》，2019 年第 4 期。

㊳张举文：《文学类型还是生活信仰：童话在中国的蜕变及其思考》，《民族艺术》，2019 年第 6 期。

㊴朱霞、王惠云：《松香生产技术的传承变迁及其社会支持系统》，《自然辩证法通讯》，2019 年第 12 期。

㊵刘宗迪：《执玉帛者万国：〈山海经〉民族志发凡》，《民族文学研究》，2019 年第 6 期；刘宗迪：《山海经的尺度》，《读书》，2019 年第 6 期；刘宗迪：《昆仑何在？——〈山海经〉昆仑地理考》，《民俗研究》，2019 年第 4 期；于沁可、刘宗迪：《蜮生南越：传统博物学的南方想象》，《文化遗产》，2019 年第 4 期。

㊶施爱东：《理想故事的游戏规则》，《民族艺术》，2019 年第 4 期。

㊷安德明：《作为范畴、视角与立场的家乡民俗学》，《西北民族研究》，2019 年第 3 期。

㊸杨利慧：《“朝向当下”的神话学论纲：路径、视角与方法》，《西北民族研究》，2019 年第 4 期。

㊹张勃：《端午龙舟竞渡习俗至迟出现于唐代考——兼谈民俗史研究中史料的搜集与释读问题》，《民族艺术》，2019 年第 4 期。

㊺岳永逸：《“杂吧地儿”：中国都市民俗学的一种方法》，《民俗研究》，2019 年第 3 期。

㊻鞠熙：《北京内城乾隆御制碑中的“俗”与“民”》，《文化遗产》，2019 年第 4 期。

㊼王杰文：《“数码一代”的口头传统实践——从“关于兔子的一些笑话”说起》，《杭州师范大学学报(社会科学版)》，2019 年第 2 期。

㊽黄悦：《论当代网络文学对中国神话的创造性转化》，《西北民族研究》，2019 年第 4 期。

㊾潘鲁生：《城镇化进程中民艺调研的路径与方法》，《民俗研究》，2019 年第 5 期。

㊿萧放：《民俗传统与乡村振兴》，《西南民族大学学报(人文社会科学版)》，2019 年第 5 期。

51胡兆义、林继富：《女性故事与家庭伦理记忆——基于孙家香故事的讨论》，《文化遗产》，2019 年第 1 期。

52鞠熙：《传统文化与乡村振兴》，《社会治理》，2019 年第 4 期。

53萧淑贞：《生态的生活方式：生态文明和乡村振兴视域下的“非遗”》，《民间文化论坛》，2019 年第 2 期。

54王丹：《从非遗项目走向生活传统的综合实践——基于〈阿诗玛〉保护的讨论》，《西南民族大学学报(人文社会科学版)》，2019 年第 8 期。

55罗兴振：《来自田野的回音——〈背过身去的大娘娘〉读后感》；陈泳超：《理智、情感与信仰的田野对流——兼覆罗兴振来信》；吕微：《“日常生活—民间信仰”自觉的相互启蒙者——对“罗兴振—陈泳超公案”的康德式道德图型论思考》；施爱东：《学术与生活的不可通约性》；王尧：《“女性调查者”：学术共同体中的性别他者?》；刘倩：《诚与真：田野情感和学术伦理》，《民族文学研究》，2019 年第 1 期。

56施爱东：《民俗学的未来与出路》，《民间文化论坛》，2019 年第 2 期。

（作者：萧放，北京师范大学教授；贾琛，北京师范大学博士生）

民 族 学

民 族 学

杨圣敏　祁进玉　郭　跃

2019年，民族学人类学研究在学科建设、基本理论与研究方法等方面都取得较大的进步，各分支学科也在教育教学和科研方面得到了长足的发展。近年来，我国的民族学人类学学科发展呈现出3个良好的发展态势：一是民族学分支学科的不断细化，新兴交叉学科领域不断拓展，研究成果不断深入；二是民族学人类学学科在加强整合研究方面能力不断提高，进行了大量跨学科交流和协同研究的尝试，并取得了一系列成果；三是强调问题意识，注重学科的应用取向，强调学科为现实社会发展做出贡献。

在全球化背景下，我国民族学人类学聚焦国内相关研究与加强“一带一路”沿线国家民族志研究并重，进一步加强关于周边国家和地区政治、经济、文化、宗教信仰等基本情况的研究，深化了跨界民族认同、跨区域人口流动与文化变迁的研究。集中关注全球化背景下多民族国家的族际关系与社会稳定之间的关系，开展了“一带一路”倡议下跨国民族文化交流与互动的相关研究；采取多学科、多视角的方式对我国少数民族地区文化生态、环境与社区发展进行研究，特别重视民族特色村寨、历史文化名村的开发与保护；充分关注城市少数民族发展与权益保障，重点关注长三角、珠三角等经济发达地区少数民族人口流动与社会适应、城市化与弱势群体权益保护等议题；我国的民族学人类学研究继续与社会热点相结合，学界加大对中国特色社会主义新时代民族地区发展的研究，加强了对精准扶贫的研究，加深对人口较少民族的社会发展和文化保护情况的研究。同时，在新中国成立70周年之际，我国民族学人类学界也对学科发展进行了大量回顾与反思，产出了一批具有回顾和反思精神的成果，为学科的进一步发展奠定了基础。

在民族学人类学学科建设与专业设置等方面，新兴的跨专业、跨学科、交叉的分支学科的教学与研究得到充分重视，国内很多高校设立了民族学人类学学科并加大了对民族学人类学学科建设的研究经费支持，多个高校的民族学硕士或博士点成功获批，进一步完善高校民族学人才培养机制，扩大民族学学科的影响力。在学科建设方面，中央民族大学民族学学科被国家确立为“双一流”重点建设学科，继续领跑国内高校的民族学教学与科研工作。国内多所院校对世界民族和海外民族志研究的兴趣加大，重视“一带一路”倡议和人类命运共同体建设语境下中国与周边国家的关系，积极开展世界民族研究，并在相关研究领域取得了显著的进步。

本研究重点从民族学人类学学科建设和基本理论与方法研究；全球化与民族主义、民族理论与民族政策研究；民族与族群问题；民族地区发展与建设；少数民族社会历史文化、民族宗教研究；主要分支民族学人类学学科发展的最新动向；世界民族研究；重要学术会议、学科学术交流活动等8个方面，逐一进行总结概述。

一、民族学人类学学科建设、基本理论与方法研究

中国民族学人类学学科经过百余年的发展，在很多方面的研究都取得了显著的成果，为中国的社会建设也做出了巨大的历史贡献。回顾学科发展的历史，杨圣敏教授作出反思，民族学学科自西方传入已有一百多年，但至今中国民族学界的研究成果仍未站到国际民族学人类学舞台的中央，主要原因是缺乏在学科理论上的中国特色与创新。解决之道就是坚持和发展马克思主义民族学，从数千年的传统文化中汲取营养，创建民族学中国学派。①

对于中国特色哲学社会科学学术体系的构建，是需要一种自上而下的运动，还是遵循学术研究规律进行自下而上的探究，学术界有着不同的意见。王铭铭认为，学术体系往往是自然生成的，要守护它的成长，需要给学界自下而上悄然展开的自主积累留出更

大空间。同时，他认为这一倡议的出台应有自下而上的基础。②

中国民族学人类学伴随着中华人民共和国的成长已走过了70年的历程。在这个过程中，逐渐形成了南北不同的研究取向。赵旭东认为民族学人类学的中国时代伴随着一种文化自觉在大踏步发展，民族学人类学的包容性和心存异趣为学科参与世界更大范围的事务，提供了一种方法论的前提与基础。中国的民族学人类学需要有一种更为强劲的“在一起”的努力去迎接学术文化新时代的到来。③

学科建设离不开学者的努力，因此，回顾学者个人生命史是考察学科知识传统变化的一个重要路径。每个学者的学术生命史可以透视其自然生命史，也折射出其学科知识传承、学科形态、学科知识发展以及学术话语体系的变迁，还有学科与社会环境的互动。潘蛟与彭文斌的对话，回顾了中国民族学的早期社会形态研究与本土化问题，族群理论和族群关系以及中国民族学学科知识传承与变迁等问题，反映了中国民族学学科自主探索和发展的历程。④色音通过分析1980年以来中国民族学学会的成长过程，探讨了中国民族学的发展历程。他指出，改革开放初期，中国民族学学会在民族学界拨乱反正、学科重建、人才培养、学术体系建构等方面起到了非常重要的作用，为后来中国民族学的繁荣发展奠定了坚实的理论和实践基础。近年来，学术年会的主题紧扣中华民族伟大复兴、中央民族工作会议精神等时代主题和民族学如何进步等学科建设的前沿议题，为中国民族学理论的创新发展和学科建设做出了不可磨灭的贡献，中国民族学事业取得了辉煌的成就。民族学界的诸位学人应该继续把民族学学科的繁荣发展推进到新时代，发表和出版高质量、高水平的学术成果，助力新时代中国特色哲学社会科学话语体系、学科体系、学术体系的创新发展。⑤

费孝通等人就中国社会现实提出的“差序格局”“中华民族多元一体格局”“文化自觉”等一系列理论，成为民族学中国学派的重要理论支柱。张继焦分析指出改革开放40年以来，中国社会发生了翻天覆地的变化，经济社会的全面大转型要求人类学民族学研究者进一步总结中国经验、讲出中国理论，向前推进，以便提出更适合新时代发展需要的理论。面对当前学科理论创新不足的现状，中国人类学民族学界亟须形成新的学术理论或研究范式，逐渐实现从“差序格局”到“社会结构转型”，从“多元一体格局”到“一国多族”，从“文化自觉”到“文化自信”的转变，为世界学术贡献更多的中国智慧。⑥

二、全球化与民族主义、民族理论研究、民族政策研究

中华人民共和国成立70年来，民族工作实现了历史性的飞跃，取得了举世瞩目的成就。王延中将70年来取得的成就归纳为：建立并发展了社会主义民族关系，以民族区域自治为依托的统一多民族国家现代治理体系不断完善，少数民族和民族地区的现代化水平不断提高，民族地区民生保障水平持续提升，中华民族大团结格局将会更加牢固。⑦

近年来在学术界对我国民族理论、制度与政策的讨论中，如何看待民族区域自治制度成为核心议题和争议焦点。马戎回顾了我国“民族区域自治制度”产生的历史过程，将1952年的《中华人民共和国民族区域自治实施纲要》与1984年的《民族区域自治法》进行比较，讨论了1952年以来历次《宪法》有关“民族区域自治”的条款。他还特别强调，应该对2014年中央第四次民族工作会议中关于“民族区域自治”的表述予以特别关注，在保持传统话语的同时，加强“中华民族共同体意识”和各民族交往交流交融，为今后中国民族理论的发展和民族工作指出了大方向。⑧

毛泽东创立了中国社会主义民族理论，改革开放时期邓小平开创了中国特色社会主义民族理论，江泽民、胡锦涛发展和完善了中国特色社会主义民族理论。党的十八大以来，习近平开创了新时代中国特色社会主义民族理论。金炳镐回顾中国特色民族理论的发展历程，提出中国特色民族理论，在理论上解决了什么是民族、什么是民族问题两个基本问题，实践上解决了如何促进民族发展、如何协调民族关系两个核心问题；解决这些核心问题的主要民族政策就是实现民族平等、民族团结、民族区域自治、民族发展繁荣。⑨中国共产党是具有执政为民高度权力自觉的马克思主义政党。青觉认为新时代中国民族事务治理进程中应该进一步贯彻“以人民为中心”的思想，遵循以下路径：在一国、一体、一心的基础上铸牢中华民族共同体意识；在共建、共治、共享的基础上保障各族人民有序政治参与；在自治、法治、德治的基础上构建民族事务治理的多维格局。⑩

21世纪以来，新一轮的民粹主义浪潮席卷了整个欧美世界。基于“经济焦虑”的左翼民粹主义与基于“身份焦虑”的右翼民粹主义共同激荡于西方政坛，冲击着整个世界的政治格局。严庆等人认为，欧美发达国家的民粹主义力量在面对外来移民和全球化等问题上表现出民族民粹主义的底色。民粹主义者借助新媒体和互联网的推波助澜，使得民粹主义声音在“回音室效应”和“极化效应”的作用下充斥整个社会，成为搅乱世界秩序的结构性难题。⑪周少青通过理念、政治参与模式、经济社会发展路径、语言文化权利保障范式以及国家凝聚力与社会（民族）团结建设模式5个方面的中西方对比发现，中国的民族政策，不仅体现在“权利”分殊层面，更是上升到“命运共同体”高度。在中国共产党领导下的中国，民族关系总体和睦向上，各民族之间的发展水平日益趋向真实的平等；而西方国家的民族（种族）关系在相对保持稳定的情况下，不时出现反复，其族群间发展水平差距有扩大之势。不同的理念、制度和文化观造就了中国和西方国家不同的民族关系和发展现状。⑫

三、民族与族群问题研究

中华民族建设一方面要包容文化和民族的多样性，一方面又要认同国家的政治和文化，实现国家层面的一体化。王希恩认为，铸牢中华民族共同体意识首先要从文化认同上表现出来。中华民族是一个文化共同体，同时也是一个基于政治、经济和地域等因素的利益共同体和命运共同体。因此铸牢中华民族共同体意识，除了讲文化认同之外，还要讲中华民族的政治认同，既包括国家认同，也包括利益认同与命运认同。自觉认识和发挥中国民族建设的优势，高扬中华民族的伟大旗帜，努力培育和铸牢中华民族共同体意识，是当前我国民族理论工作的一项重要责任。⑬

对于跨境民族来说，其身份及认同具有多重性。国家认同是基于政治保障和情感需求的双重考量。族群认同是源于血缘、宗教和社会定位的结果，是最天然、最真实的原生性认同。民族认同掺杂了集体利益的获取和历史印记的捍卫，是出于情境性考虑做出的理性选择。白萍以内蒙古华俄后裔为个案，分析其民族身份本身中天然的双重性。在华俄后裔形成至今的百余年间，对其民族身份中的两个元素——汉族和俄罗斯族的选择和认同始终伴随其中。在梳理华俄后裔多重性身份认同的基础上，着重对其双重民族身份背景下的身份选择与认同问题进行了分析和探讨。⑭

在民族学研究过程中，民族认同和民族偏见是衡量民族关系的两个重要指标。属于一个民族的民众通常会表现出对本民族的认同和对他民族的偏见，二者之间相互影响，相互制约。苏发祥等认为，民族认同是引起民族偏见的一个主要原因，民族偏见的产生又会增强民族认同感。民族之间的相互交往、存在的差异性既是民族偏见产生的前提条件，也是民族认同存在的根本。他们尝试从民族认同和民族偏见的角度，通过调查问卷和访谈中设置的问题和指标，分析并评估西藏城镇居民的汉藏民族关系，为维护地方团结和社会稳定提出意见和建议。⑮

在现代化和全球化急速发展的浪潮中，每个人和民族、国家不断发生身份认同的各种变化，并真切地感受到“认同危机”。沈卫荣指出，中国各民族拥有作为单一民族和中华民族的多重身份认同，中国及其各民族的传统和现实以及身份认同也都面临巨大冲击，少数民族的身份认同危机尤为显著。这激发了对民族文化传统的积极保护（如国学热），进而对传统重建和身份认同做出重要的贡献。另一方面，我们可以拥有多种身份认同，不应过分强调自己特有的民族文化身份认同，对中华民族的身份认同不该有丝毫疑虑，还须对其他民族的文化传统保持开阔和包容的心态，从而构建既丰富多彩又和谐友爱的多元文化社会。⑯

守望相助是民族团结的中国化创新表达，是习近平总书记关于民族工作的重要论述。乌小花等分析指出，内蒙古以草原文化为思想底蕴，以草原丝绸之路为历史传承，以“模范自治区”建设历程为实践基础，其守望相助的理念内涵丰富，意义重大。中华民族共同体意识与守望相助理念相通、目标关联，是更高面向的守望相助。以守望相助理念铸牢中华民族共同体意识，有助于建设新时代“模范自治区”，同时，为构建中华民族命运共同体提供情感以深化认同，汇入文明理念以促进繁荣复兴。⑰

四、民族地区发展与和谐社会建设

民族区域自治是我国的制度优势，要坚持和完善民族区域自治制度。郝时远提出，在中国解决民族问题的实践中，“尊重差异、缩小差距”是实现中华民族伟大复兴的“两把钥匙”。一把开启文化多样的尊重，一把开启经济生活的公平。这一内政之属的发展目标，延伸到“一带一路”建设的对外发展理念中，体现了“外交是内政的延伸”这一公理。新时代要遵循内政与外交相统一的准则。对内尊重差异、缩小差距、铸牢中华民族共同体意识，对外包容多样、互利共赢、构建人类命运共同体，这是内政与外交理念统一的有机结合。中华文化自信、坚持和完善民族区域自治制度，是铸牢中华民族共同体意识的根本保障，也是构建人类命运共同体愿景的内政支撑。[18]

近年来随着我国人口城市化趋势显著，民族人口分布从“大杂居、小聚居”转向“大散居、小聚居、交错杂居”，在此背景下，艾斌基于新时代民族交融论述与社会实践理论，运用少数民族地区社会调查数据与结构方程模型，揭示了民族交融的构成维度与影响机制及其发展趋势。他发现，从乡村社会向都市社会的场域的转换，促使民族交融的总量大幅度提高以及各维度构成作用发生改变，影响机制发生三个趋势性变化：一是社会资本的直接促进作用大幅度上升；二是族群惯习的直接阻碍作用大幅度下降；三是社会资本通过影响族群惯习对于民族交融的间接促进作用显现。[19]

从 1959 年西藏民主改革到 2019 年，西藏实现了从封建农奴制社会到社会主义社会的伟大飞跃，西藏社会面貌与人民生活都发生了翻天覆地的变化。邓笑、徐平以西藏日喀则市江孜县班觉伦布村为个案，自 1995 年多次进行追踪调查，用具体生动的数据和事实，真切地反映出西藏农村的变迁与人民生活的变化，充分肯定了西藏民主改革的巨大成就。[20]

做好涉及民族问题的新闻舆论工作，尤其是民族地区的新闻舆论舆情工作尤为重要。余梓东等选取新浪微博作为主要舆情来源，从构成网络舆情的网民要素、时空要素、事件要素以及观点要素 4 个维度出发，分析针对民族院校的网络负面舆情的特点，并且针对网络舆情发展的一般规律，提出民族院校应对网络负面舆情的方略，即平稳期监测研判、发生期加强引导、扩散期多方联动以及消退期善后总结，以确保民族院校的和谐发展，维护民族团结、社会稳定、国家统一的大局。[21]

民族地区小微企业是民族地区发展的重要动力，在促进民族地区社会经济发展、保障民族地区就业方面做出了巨大贡献。郭思文、陈建伟使用“中国小微企业调查”数据发现，民族地区的小微企业平均带动就业岗位数量低于非民族地区小微企业，在制造业等吸纳就业的重要行业中，这一差距更大。在进一步构建计量模型时发现，小微企业自生能力弱、发展环境有待改善是其就业带动能力较低的重要原因。在即将开始的“十四五”规划期间，有必要加大中央财政对民族地区创新创业的支持力度，通过政府采购提升民族地区小微企业的能力，积极营造有利于小微企业高质量发展的经营环境，可以有效地促进民族地区的全面发展。[22]

五、少数民族社会历史文化、民族宗教研究

近代百年，民族史书写已经成为与现代中国建构密切相关的文化事项，马克思主义历史观的引入为人们全面辩证认识历史中国的“民族”状况提供了重要理论工具。周竞红提出，吕振羽作为中国第一代马克思主义史学家，著就了他那个时代最具特色的《中国民族简史》，重读这一著作对于进一步理解中国历史转型中的民族关系及马克思主义民族观确立过程具有重要意义。[23]

民族关系史是民族历史研究中重要的一环。13 世纪初，蒙古人在北方的蒙古草原崛起后，开始了其开疆拓土的历史进程。伴随着蒙古人的西征南下，大量的蒙古人口迁移到青藏高原与蒙古高原过渡地带的甘青地区。秦永章指出，自 13 世纪初至 20 世纪初的 7 个世纪里，蒙古族迁入甘青地区的活动几乎未曾中断过。蒙古族迁入甘青地区，不仅改变了当地的民族分布格局，极大地促进了各民族间的经济文化交流和民族融合，并对维护西北民族走廊的畅通等产生了积极的影响。[24]付马根据汉文文献考察了三个回鹘家族的谱系及其成员的本族人名，显示即使在回鹘家族。汉姓、汉名之后，其原命名传统也得到保留。其产生的契机是 12 世纪西辽对中亚东西部的统一。西州回鹘被纳入多族群、多语境的帝国体系中，受到突厥穆斯林的文化影响，部分回鹘人开始在人名最后添加家族标识成分。[25]

民族地区社会政治结构是影响民族地区社会发展的重要一环。N. 哈斯巴根根据国家图书馆藏有的 11 件蒙古八旗佐领印轴和族长印轴等珍贵满文档案，初步探讨了宗族组织与清代蒙古八旗牛录的编立、佐领承袭、驻防等的关系问题。概括而言，尽管在雍正、乾隆时期清廷对八旗制进行过一次大规模的改革，以强化中央集权，然而在八旗基层的牛录内部，从部落时代延续下来的宗族组织仍然在发挥着重要的作用。[26]彭武麟、张传跃提出湘西永顺土司与土家族历史研究关系密切，主要是它与土家族古代社会政治形态、土客（少数民族与汉族）关系、社会政治历史发展演变及历史文化认同等问题；从研究维度来看，应当将民族区域政治史的相关研究纳入到民族地方社会发展的研究范畴中。[27]

藏传佛教活佛管理既涉及宗教问题，也涉及西藏地方社会的管理，一直是历代中央政府重点关注的民族宗教事务之一。喜饶尼玛等认为，国民政府成立后，在边疆危机之际，沿袭清朝政府管理办法，结合时代的需要，建立了一套初具规模的管理体系，包括活佛转世制度、活佛奖励办法、活佛惩处办法等。这对国家宣示对西藏地方主权，规范藏传佛教活佛管理制度，引导藏传佛教领袖稳定边疆地区社会起到了一定作用，其历史经验及教训值得关注。[28]

六、分支民族学、人类学学科发展

随着民族学人类学与其他学科不断交流和互动，拓展出很多的分支学科，不同的分支学科采用交叉的研究方法，对民族地区和民族群体的发展进行了大量研究，为理解民族和认识民族地区的发展提供了独特的视角。

1. 社会人类学研究

乡村振兴是实现精准扶贫，增强乡村内生动力的主要措施。麻国庆特别强调，乡村振兴离不开文化主体性。文化遗产和文化景观构成其显性记忆与符号表达，而社会结构和非物质文化遗产则是其隐性基础与活力象征，综合而成文化生态区。保护和振兴文化主体性，需基于文化自觉，处理好"保人"与"保文化"的关系，避免"见物不见人"。[29]

分娩实践是生育文化的重要组成部分，近代以来，中国人的分娩实践经历了三个主要时期，分别是旧法接生时期、新法接生时期和住院分娩时期。郑观蕾以广西一个平地瑶村为例，梳理各时期分娩实践的文化意涵，发现在旧法接生时期，平地瑶的分娩实践深受传统文化的影响。随着社会的发展，新的分娩文化逐渐取代传统的分娩文化，分娩从生理行为演变为医疗行为，产妇与接生者的关系也从熟人关系演变为基于陌生人关系的医患关系。[30]

2. 历史人类学研究

在中国传统文化中，尧舜与炎黄既是传说也是神话。他们处于半神半人状态，反映了史前社会某些特点，影响了历史进程。易华认为，汉族或中华民族多元一体，是夷夏混合而成。尧舜传说不是历史，炎黄神话不是科学，但我们可以历史地看待传说，科学地分析神话。尧舜和炎黄就算是古人编撰故事，也反映了一些历史事实，蕴含科学道理。尧舜是夷人传说，象征着新石器时代东亚定居农业文化与礼乐文明兴起；炎黄是夏人故事，反映了青铜时代游牧文化与尚武好战风气东进。正本清源，明确尧舜炎黄先后本末关系，才能破除迷信，重新走上和乐之道。[31]

费孝通在中华民族多元一体理论中所提出的中华民族史观是一种建立在各民族普遍联系这一"整体史观"基础上的各民族共创中华的历史凝聚叙事模式。其所谓"汉族核心"是指在各民族的联系网络中，汉族发挥了核心骨架作用，将各民族结合为一个历史文化共同体。苏航提出，新清史等片面强调中国历史上的内亚性的理论范式，其实质是一种"内亚王朝史观"，这种范式并不能对历史中国的性质这种带有全局性的问题进行回答。[32]

对于历史上的民族关系，蔡丹君特别就十六国时期的胡汉民族关系作出了分析，认为其是在乡里社会生活基础上存续的。他们围绕乡里社会生活，展开对乡党、乡里宗族、乡里制度的经营，是胡主深化和加强自身统治，并实现民族融合的重要途径。[33]

3. 语言人类学研究

中国民族语言研究坚持走自主道路，逐渐形成具有中国特色的民族语言研究。其中傅懋勣先生做出了巨大的贡献，他既是我国著名的语言学家，也是民族语文工作的领导者和实践者。张军总结他的贡献主要有：开掘少数民族语言宝库的语言国情调查研究；围绕少数民族文字"创、改、选"进行的语言规划研究；致力于少数民族语言文字规范化、现代化的语言生活研究及民族语言政策和语言文化研究等诸多方面。傅先生的研究实践为中国社会语言学开启了一条颇具少数民族特色的学科之路，并树立了学术典范、传承了学科脉络，对中国社会语言学发展特别是关于少数民族语言的社会语言学研究做出了巨大贡献。[34]

新中国成立70年来，国家十分重视少数民族古文字文献的保护、整理、研究。中国少数民族古文字与古文献研究取得了丰硕的成果，各文种及其文献的研究都取得了长足的进步。木仕华在总结大量研究材料的基础上，将中国少数民族古文字文献按照语系、语族的分类框架，回顾梳理了70年的研究历程，展示代表性成果，以点带面，突出重点，勾勒中国少数民族古文字文献整理研究的主要线条和脉络，体现中国少数民族古文字文献研究70年的特色和典型成就。[35]

4. 法人类学研究

民族事务治理是公共事务治理领域的重要内容。在深化依法治国实践的大背景下，依法治理民族事务是法治国家、法治政府、法治社会一体化建设的重要体现，对实现民族事务治理现代化的作用毋庸置疑。彭谦、马雅琦从法治视域研究民族事务治理，阐述民族事务治理的基本内涵，以实证研究客观分析影响民族事务治理的因素，指出破解民族事务治理困境在于构建多元主体协同共治格局、创新民族事务治理方式、优化民族事务治理环境。[36]

5. 教育人类学研究

少数民族双语教育是中国民族教育的重要组成部分，对其研究亦是民族教育研究最重要的研究领域之一。巴战龙以裕固族为个案，提出裕固族有两种本族语言，均属世界濒危语言，其双语教育的改革发展在人口较少民族双语教育中却一直处于"探路者"和"领航者"的位置。他认为面对本族语言濒危的现状，裕固人在现代性背景中选择应对策略时都会不自觉地、无意识地考虑到本族与他族的区别性文化要素和社会特征，抑或说追寻族群性是裕固族双语教育改革发展的根本动力所在。[37]

地方性知识作为文化传承的载体与道德教育具有密切关联，但在实践中两者关联性存在问题。侯馨茹、祁进玉以甘肃省甘南藏族自治州Z藏族中学为个案，发现唯有以深度挖掘地方性知识中的道德教育理念为切入点，才能基于地方性视角帮助学生逐步认知道德思想，筛选地方性知识作为道德教育课程内容帮助学生内化道德观念，最终回到地方性知识生产和践行的原生"场域"，达到践行道德品质的目的。[38]

在新时代背景下，民族地区乡村振兴的有序推进为双语教育发展提供了新契机，铸牢中华民族共同体意识为双语教育发展提出了新目标，构建人类命运共同体为双语教育发展提供了新动力。苏德等发现，新时代的双语教育也存在潜在的挑战：民族地区乡村振兴计划推行中少数民族语言将会面临工具属性逐渐弱化的挑战，"一带一路"倡议推广中国家通用语言将会面临语言安全威胁的挑战，铸牢中华民族共同体意识中社会主体将会出现双语教育认知偏差的挑战。他们提出，新时代背景下双语教育的发展策略应该在构建城乡共同体过程中注重民族语言保护工作，铸牢中华民族共同体意识过程中加强语言认同教育，构建人类命运共同体过程中提高语言安全意识。[39]

6. 生态人类学研究

文化生态和自然生态的双生态文明，应是生态文明建设的核心内容。张小军指出，黄河是中华民族的母亲河，黄河文明也蕴育着不朽的中华文明。要让大河文明重焕活力，首要的是建立和谐的文化生态，才能让黄河文明重新变为一个自足的文明体系，成为文化生态的典范。[40]

杨群、张积家采用探索性因素分析方法比较蒙古族人和马的性格特征，探讨动物对民族性格的塑造作用，并提出蒙古族人具有亲和性、愉悦性、责任心和负性因子的性格特征；马具有宜人性、负性因子、可靠性、正效价的性格特征。蒙古族人与蒙古马的性格特征存在着中等强度的正相关，主要表现在外向性、情绪性和人际关系方面。这足以说明蒙古族人在驯化马的同时也受马的影响，生态环境中的动物乃是影响民族性格形成的重要因素。[41]

7. 艺术人类学研究

音乐是重要的文化感知方式、表达形式和表征媒介，音乐民族志研究在切入角度的拓展和变化过程中，在音乐的社会文化表达、多感官与情绪情感的探究等多方面为人类学研究提供了借由音乐认识和理解文化的途径，扩展对于人类社会与文化的认识视域。王建民等提出音乐民族志不仅是民族音乐学学科发展和实现理论突破的基石，也是将民族音乐学与普通人类学或者社会文化人类学本体密切联系在一起的重要纽带。实现人类学学科与音乐民族志实践之间更为紧密的衔接，能够推动对于音乐的更清晰、更丰富、更透彻的认识、理解和阐释，也将有助于人类学学科理论与方法论的增长。[42]

新中国成立以来，少数民族电影事业获得了长足发展，制作能力越来越强，发行途径日趋多样。杨青青对大热影片进行研究，发现这些影片涵盖了藏族、傣族、裕固族、彝族、蒙古族等多个不同民族题材的故事，呈现了不同民族电影工作者的思考，追问了时下的一些焦点追问。在这些少数民族题材电影中，隐喻频繁而广泛地被应用。无论是对电影主题的隐喻，还是单个意象的隐喻，抑或是声、色、画面的多模态系统交叉隐喻综合应用，都在呈现出当前少数民族的生活状态和身份认同的困境。[43]朱靖江对《解放西藏大军行》《通向拉萨的幸福道路》《百万农奴站起来》《西藏农奴制度》等纪录片进行了分析，发现这些影片在拍摄难度、篇幅长度、文献价值以及学术意义等方面，均堪称同期中国纪录片的代表性作品，这一时期的涉藏纪录片西藏纪录片的创作先驱们留给后人的，不仅仅是刻画在电影胶片上的一道道历史痕迹，更是人们认识和理解当代西藏，进而思考中国社会发展道路的一面光影之镜。[44]

郑少雄以文学人类学的方法分析阿来的作品，发现其作品结构与社会结构的同源性，作者向读者展现了藏文化内部一种幽微的中间型心性和主体性建构，并以此超越了当下的本质主义民族观念。作者对于少数民族村落命运的讨论，固然关涉他所哀伤的藏族乡村乃至中国乡村的普遍命运，另一方面不妨也视为边缘亚族群自我救赎的努力。[45]

8. 体质人类学

中国医学人类学自改革开放以来，尤其近10多年，取得了长足的进步。景军选择性地回顾当代中国医学人类学历程，方便其他领域的学者了解中国医学人类学的进展及探究医学和健康问题的学科特征，通过一系列可以阐释学科基础的研究案例，强调医学人类学并非医学科学的配角，而是要从社会文化视角系统阐述人类健康的多重意义[46]。

日本学术界的史前拔牙风俗研究始于1918年，不少学者曾从事拔牙类型和样式的研究。20世纪上半叶的分类与下半叶的分类有明显的不同。何星亮介绍称日本存在三种较普遍的分类方法：一是以左右对称为原则，二是以非左右对称为原则，三是以时代和地区的不同为原则。其研究特点主要有三：一是研究时间早、持续时间长；二是拔牙既有类型之分，也有样式之别；三是分类多、争议大。希望可以介绍日本学术界的分类方法为我国学术界提供参考和借鉴。[47]

9. 应用人类学及其他

感觉包括嗅觉、听觉、视觉、味觉、触觉等。人类的感觉器官是一样的，但是不同文化对感觉的表述却有可能不同。巫达指出，在认识感觉文化的时候，需要区分“聚群”与“族群”的差别。“聚群”可以共享相同的感觉文化，也可以不共享相同的感觉文化，但“族群”是指共享同一套感觉文化的群体。[48]

饮食是人类学研究的一个重点，杨筑慧发现西南地区的一种食物——瘪，在实现了华丽转身后，从落后、肮脏成为健康、原生态的表征，以及地域文化的象征符号。她指出瘪的话语建构，反映了人们追求新奇、包容多元的现代性反叛，借助于瘪，那些曾被视为原始、落后的地域和人们一定意义上实现了身份标签的扭转。[49]

“节日日常化和日常节日化”是2015年中国节日的基本格局，也是当代中国节日生态的缩影。张青仁指出，当代中国的节日格局是改革开放以来包括国家、资本在内的多元主体生成和参与建构的结果。这一节日生态在满足民众多层次诉求、丰富中国节日构成的同时，也消磨着节日对日常生活补偿的意义功能，使其成为现代社会机械生活的组成。[50]

以本土“文化形式”对全球流通的“文化质料”进行灵活多样的解读与使用，是理解文化全球化与本土化并行发生、全球化时代文化多样性维续生成的重要分析维度。常姝指出，这一分析最终要落实到以个体行动者特别是“关键行动者”的实践为分析单位和对象。中国对外文化传播应借助人类学民族志田野研究这一有力的方法工具，加强对各国文化本土特色的了解与尊重，并借靠本土关键行动者的力量来推动中国文化的在地融入。[51]

七、世界民族研究

民族（包括移民、族群）问题在当今许多国家都是十分凸显的社会政治问题。民族问题的重要性、复杂性、敏感性和突发性等特点，已为人们所普遍认识。如何处理民族问题，是世界许多国家都在探索的课题。刘泓通过追溯新中国世界民族研究日益走向成熟的发展历程，指出世界民族研究本着为我国民族提供国外借鉴、发展马克思主义民族理论的宗旨，学科以研究当代世界民族理论和民族问题为主要任务，得到国内民族学界的肯定，并引起国家有关部门的重视。经过多年的努力，世界民族学科已经日益走向成熟，成为我国民族学和人类学学科发展中的重要学科。[52]

关于东南亚的研究，龚浩群通过描述和分析主流佛教与内部及外部他者的关联性及其相互建构，展示出当代泰国宗教与社会内在的异质性与变迁动力。并以南传佛教在泰国的文明化为个案，强调中国人类学的海外研究应当以他者为方法，而非仅仅以他者为对象。[53]

关于南亚地区的研究，和红梅、周少青在分析印度复杂多样性的基础上，较为详细探讨了印度政府应对这一复杂多样性的政治策略，即废除种姓制度，实行国民一律平等的宪政民主制度，在应对复杂多样性问题上，印度政府的做法基本上是成功的，它有效地维护了印度政治上的一体化和国家的统一性。[54]吴晓黎提出，独立后的印度在“多样性中的统一”的国族叙述之下，并没有一个像中国的“民族”一样具有政治和治理意义的统一范畴来水平划分组成国族的多元单位，它的多样性范畴和制度可分3个层面，这些范畴和制度的形成，要追溯到自英国殖民以来的印度国家建构过程。[55]

俄罗斯是我国重要的合作伙伴，阿尔泰共和国是俄罗斯联邦主体之下的小共和国，作为欧亚大陆的中心，该地是多民族、多种生态景观、文明、宗教、文化结构发源、发展、汇聚中心。阮氏芳簪认为阿尔泰地区可以被视为具有特纳所说的“阈限”特征的“缓冲区”之一。对该地的文化溯源有助于进一步深入了解与该地域相关社群的文明文化发展、社会结构，这一地域的独特文化遗存提醒着研究者应将阿尔泰地区视为人类学家积极开拓、探索与研究的“应许之地”。[56]

非洲民族现象因其独特性、复杂性和变化性，长久以来吸引着国际学术界的目光——非洲是人类学最重要的田野调查区域之一，生产出众多经典的非洲民族志，非洲民族关系则成为人类学与民族学、政治学等多学科展开理论阐释的热点。施琳聚焦于近年来非洲民族研究领域的重要变化，提出在当前中非关系全面快速发展的新形势下，非洲民族研究需要积极探索“宏观结构+量化分析”和“广域深景”民族志等新研究范式，打造更为精准的“工具库”，以有效提升非洲民族研究的广度、深度与精度，夯实中非民族文化交流互鉴的基础，从而为构建中非命运共同体贡献学科力量。[57]

中亚在历史上是东西方文明交流的要冲，如今是“一带一路”的重要节点，和中国的过去、现在与未来有着极为密切的关联。基于对中亚历史性定位及其近代变迁的梳理，袁剑对中亚民族学与人类学研究的历史演变作了分析性叙述，强调我们所构筑的基于整体理解的中亚人类学框架与路径，必须与西方既有研究中的殖民学术色彩划清界限，与此同时，又必须汲取东方学认知中的合理要素，并整合既有的历史学、民族学资源，从而形成具有整体性特征的、中国的“中亚人类学+”的研究路径与分析框架。[58]

八、重要学术会议、学术交流活动

2019 年 8 月 20 日，以“富民兴藏与决胜小康”为主题的第三届藏学珠峰论坛在北京开幕。此次论坛由中国西藏文化保护与发展协会和中国藏学研究中心联合主办，论坛与会专家认为，我国藏学研究事业的起步发展始终与国家改革、发展、建设同步，与维护祖国统一、加强民族团结建设同频，我国藏学研究的学术影响力不断拓展，学术话语权不断提升，得到了广泛认同和充分肯定。

会议既有涉藏理论创新与探索，也有藏区实践经验总结，切合西藏和四省藏区工作的实际需要，从经济、社会、文化、生态等不同维度丰富了“富民兴藏与决胜小康”的内涵，对藏区扶贫脱贫、保障民生福祉提出了富有针对性的政策建议。

2019 年 10 月 11—13 日，由中国民族学学会主办，中央民族大学民族学与社会学学院、中国社会科学院民族学与人类学研究所共同承办的中国民族学学会 2019 学术年会暨“新中国民族学七十周年与民族学中国学派之路”学术研讨会在中央民族大学举行，来自中国社会科学院、北京大学、清华大学、中国人民大学、中央民族大学、北京师范大学等 80 多所高校和科研院所的专家学者 180 余人参加了学术研讨。本次大会得到了全国民族学人类学学者的关注，共设立 6 个专题讨论：专题一为民族学理论与研究方法，专题二为精准扶贫、乡村振兴与村落发展，专题三为人口流动、民族地区发展与城市民族工作，专题四围绕铸牢中华民族共同体意识展开讨论，专题五为海外研究与旅游开发研究，专题六为生态文明建设与非物质文化遗产保护，老中青学者从不同专业领域、不同地域视角，对“新中国民族学七十周年与民族学中国学派之路”进行了充分的学术讨论，增进了学界同仁的学术交流，在关于中国民族学学科发展的重大问题上达成了共识，为中国民族学学科的发展提供了坚实的理论与实践基础，中国的民族学与人类学学者将继续探索民族学中国学派的道路，为民族地区发展、民族团结进步、铸牢中华民族共同体意识、构建人类命运共同体提供智力支撑并做出应有的贡献。

2019 年 11 月 2 日，由中国社会科学院民族学与人类学研究所、中央民族大学、中国社会科学院西藏智库主办，中国社会科学院民族学与人类学研究所藏学与西藏发展研究室、中央民族大学藏学研究院承办的中国藏学论坛暨纪念西藏民主改革 60 周年学术研讨会在京召开。会议认为，藏学研究是一门宏大的学问，既有重要的学术价值，也有深刻的政治内涵。不仅关系到民族文化的继承弘扬，也关系到藏区的经济社会发展，不仅关系到 240 多万平方公里国土的安宁，也关系到国家安全和国际形象。搞好藏学研究是国家一贯的重要方针，也希望国内各藏学研究机构和专家学者加强沟通、协调、合作、广泛搭建平台，形成最广泛的藏学研究合力。

2019 年 11 月 16—17 日，第十届东北亚民族文化论坛“‘一带一路’背景下东北亚区域社会发展”国际学术研讨会在北京召开。该论坛由中央民族大学民族学与社会学学院、中央民族大学东北亚民族文化研究所主办，中国民族学学会东北亚民族文化研究会、韩国仁荷大学多元文化与跨文化交流中心、中蒙游牧民族文化与历史民族学研究中心和中央民族大学影视人类学研究中心共同承办。与会学者们表示东北亚地区位于欧亚战略中轴线的东部，是世界主要大国美、中、日、俄势力并存与矛盾交汇的地区，对全球性新秩序的探索也有深远影响。当下，应在“一带一路”倡议目标下，充分发挥东北亚地区丰富文化资源和文化历史传统的作用，增进区域内族群/民族间接触和交流，开展更广泛的国际合作。

2019年12月20—22日，中国世界民族学会2019年度常务理事会暨“多民族国家治理与当前民族问题热点”学术研讨会在中央民族大学召开。本次会议由中国世界民族学会和中央民族大学中国民族理论与民族政策研究院共同主办。来自国家民委研究室、中央民族大学、中国政法大学、中央党校以及中国社会科学院民族学与人类学研究所、欧洲研究所、宗教研究所等15个高校与研究单位的学者50多人参加了此次会议。

与会专家学者分别就“多民族国家建设”、“铸牢中华民族共同体意识”、“欧洲民粹主义与分离主义”、“‘一带一路’沿线国家民族宗教热点”以及美国、拉美、中东地区民族问题等主题进行了研讨。与会学者一致同意，伴随着全球化趋势的转向，多民族国家内部民族问题“增多趋强”的态势十分明显。在当今国际舞台上，民族问题已经成为引发社会动乱和政治危机的重要因素。通过本次会议，国际民族问题得到进一步梳理，有关民族理论与民族政策的研究也得到不断丰富充实，为我国民族社会治理提供了借鉴。

注：

① 杨圣敏：《走向世界学术舞台中心的道路——建设民族学中国学派》，《西北民族研究》，2019年第2期。

② 王铭铭：《从地理—宇宙形态、历史时间性看学术体系构建》，《中国社会科学评价》，2019年第4期。

③ 赵旭东：《人类学的中国70年——处在一种分合激荡大潮中的学科文化自觉》，《河北学刊》，2019年第5期。

④ 潘蛟、彭文斌：《学科史对话：从社会进化论到东方学批评——我们经历过的学术变迁》，《中南民族大学学报(人文社会科学版)》，2019年第4期。

⑤ 色音：《改革开放与中国民族学的繁荣发展——以中国民族学学会为例》，《西北民族研究》，2019年第1期。

⑥ 张继焦：《费孝通的三个重要理论都过时了吗？——对人类学民族学研究范式转型的思考》，《云南民族大学学报(哲学社会科学版)》，2019年第2期。

⑦ 王延中：《中国民族工作70年的巨大成就与基本经验》，《社会治理》，2019年第10期。

⑧ 马戎：《中国民族区域自治制度的历史演变轨迹》，《中央社会主义学院学报》，2019年第3期。

⑨ 金炳镐：《新中国成立70周年中国特色民族理论政策发展》，《中央民族大学学报(哲学社会科学版)》，2019年第5期。

⑩ 青觉：《“以人民为中心”：新时代民族事务治理的情境与路径》，《中南民族大学学报(人文社会科学版)》，2019年第5期。

⑪ 严庆、平维彬：《冲突与动荡：以人民的名义——新一拨民粹主义对当前世界民族问题的影响》，《世界民族》，2019年第5期。

⑫周少青：《中西比较视野下的中国民族交融发展道路》，《民族研究》，2019年第3期。

⑬王希恩：《中华民族建设中的认同问题》，《西南民族大学学报(人文社科版)》，2019年第5期。

⑭白萍：《内蒙古华俄后裔的身份选择与认同》，《世界民族》，2019年第1期。

⑮苏发祥、包美丽、乔小河：《从民族认同和民族偏见视角解读民族关系——西藏城镇居民汉藏关系分析》，《中国藏学》，2019年第1期。

⑯沈卫荣：《我们应当如何看待身份认同》，《中央社会主义学院学报》，2019年第6期。

⑰乌小花、郝囡：《践行守望相助理念与铸牢中华民族共同体意识——论内蒙古民族团结进步的理论与实践》，《民族研究》，2019年第5期。

⑱郝时远：《文化自信与民族区域自治》，《贵州民族报》，2019年12月20日(A02)。

⑲艾斌：《民族交融的影响机制及其发展趋势研究——基于2018年云南省少数民族地区综合社会调查数据》，《民族研究》，2019年第6期。

⑳邓笑、徐平：《西藏民主改革60年来的农村生活变迁——以帕拉庄园所在班觉伦布村为例》，《中国藏学》，2019年第1期。

㉑余梓东、杨晛曦：《新时代民族院校应对网络负面舆情方略探析》，《民族教育研究》，2019年第5期。

㉒郭思文、陈建伟：《民族地区小微企业就业带动能力及其影响因素研究——基于“中国小微企业调查”数据的比较分析》，《民族研究》，2019年第6期。

㉓周竞红：《马克思主义理论与民族史书写——重读吕振羽〈中国民族简史〉》，《学术界》，2019年第2期。

㉔秦永章：《简论历史上蒙古族迁入甘青地区的

特点及影响》，《青海民族研究》，2019 年第 3 期。

㉕付马：《12—14 世纪回鹘人名中的家族标识成分及其产生原因》，《民族研究》，2019 年第 5 期。

㉖N. 哈斯巴根：《宗族组织与蒙古八旗牛录——以国家图书馆藏清代满文印轴为例》，《民族研究》，2019 年第 4 期。

㉗彭武麟、张传跃：《湘西永顺土司与土家族古代社会政治文化史研究诸问题刍议——兼谈土司学与民族区域政治史研究》，《中央民族大学学报（哲学社会科学版）》，2019 年第 3 期。

㉘喜饶尼玛、李双：《国民政府管理藏传佛教活佛措施评析》，《民族研究》，2019 年第 5 期。

㉙麻国庆：《乡村振兴中文化主体性的多重面向》，《求索》，2019 年第 2 期。

㉚郑观蕾：《平地瑶分娩实践的变迁——基于一个平地瑶村落的民族志研究》，《青海民族研究》，2019 年第 4 期。

㉛易华：《尧舜与炎黄——〈史记·五帝本记〉与民族认同》，《南方文物》，2019 年第 4 期。

㉜苏航：《“汉族中心”还是“汉族核心”：费孝通“中华民族多元一体格局”理论新探——兼评新清史的内亚王朝史观》，《西南民族大学学报（人文社科版）》，2019 年第 9 期。

㉝蔡丹君：《基于乡里社会的十六国胡汉民族关系——以华北与关中地区诸政权为例证》，《上海大学学报（社会科学版）》，2019 年第 5 期。

㉞张军：《中国社会语言学的“民族”之路——以傅懋勣先生社会语言学研究为中心》，《黔南民族师范学院学报》，2019 年第 6 期。

㉟木仕华：《新中国少数民族古文字与古文献研究 70 年》，《西藏民族大学学报（哲学社会科学版）》，2019 年第 5 期。

㊱彭谦、马雅琦：《法治视域下的民族事务治理：困境分析与路径选择》，《北方民族大学学报（哲学社会科学版）》，2019 年第 4 期。

㊲巴战龙：《追寻族群性——裕固族双语教育改革发展根本动力的探索性案例研究》，《青海民族研究》，2019 年第 1 期。

㊳侯馨茹、祁进玉：《地方性知识融合学校道德教育教学的初步探讨——以甘肃省甘南藏族自治州 Z 藏族中学为例》，《民族教育研究》，2019 年第 4 期。

㊴苏德、张良、江涛：《新时代背景下的少数民族双语教育：机遇·挑战·策略》，《民族教育研究》，2019 年第 4 期。

㊵张小军：《黄河：不朽的大河文明》，《民主与科学》，2019 年第 1 期。

㊶杨群、张积家：《马对蒙古族人性格的影响——兼论动物对民族性格的塑造作用》，《贵阳学院学报（社会科学版）》，2019 年第 5 期。

㊷王建民、曹静：《音乐民族志对于人类学学科的价值和意义》，《民族艺术》，2019 年第 5 期。

㊸杨青青：《当前少数民族题材热点电影隐喻与身份认同研究》，《卫星电视与宽带多媒体》，2019 年第 11 期。

㊹朱靖江：《雪域之光——西藏和平解放与民主改革纪录片研究（1951—1961）》，《中国藏学》，2019 年第 1 期。

㊺郑少雄：《阿来如何反思藏边村庄的命运：从〈空山〉到〈机村史诗〉》，《新视野》，2019 年第 1 期。

㊻景军：《当代中国医学人类学评述》，《医学与哲学》，2019 年第 15 期。

㊼何星亮：《日本史前拔牙的类型和样式及其研究》，《中原文物》，2019 年第 4 期。

㊽巫达：《感觉、文化与族群边界：感官人类学的视角》，《西南民族大学学报（人文社科版）》，2019 年第 11 期。

㊾杨筑慧、胡文兰：《异味与佳肴：瘪的话语建构与象征意义》，《民族学刊》，2019 年第 1 期。

㊿张青仁：《节日日常化与日常节日化：当代中国的节日生态——以 2015 年为案例》，《北京社会科学》，2019 年第 1 期。

51常姝：《转向个体实践取向的文化全球化与本土化研究探析》，《思想战线》，2019 年第 3 期。

52刘泓：《新中国世界民族研究评析：历史与现实》，《黑龙江民族丛刊》，2019 年第 5 期。

53龚浩群：《泰国佛教中的他者与文明化：兼谈海外民族志研究中作为方法的他者》，《青海民族大学学报（社会科学版）》，2019 年第 4 期。

54和红梅、周少青：《印度民族国家构建中应对复杂多样性的政治策略及其效果》，《西南民族大学学报（人文社科版）》，2019 年第 6 期。

55吴晓黎：《从印度的视角观照印度“民族问题”：官方范畴与制度框架的历史形成》，《民族研究》，2019 年第 3 期。

56阮氏芳簪：《人类学家的“应许之地”——西伯利亚南部的阿尔泰共和国》，《青海民族大学学报（社会科学版）》，2019年第4期。

㊾施琳：《超越“共生”与“冲突”：非洲民族研究方法论的精进与启示》，《世界民族》，2019年第1期。

㊿袁剑：《固化与流动——中亚民族学与人类学研究的背景、演变与范式转型》，《西北民族研究》，2019年第4期。

（作者：杨圣敏、祁进玉，中央民族大学教授；郭跃，中央民族大学博士生）

教 育 学

教 育 学

劳凯声 陈 冲 刘晓鑫 王 申 李 硕 陈 强 王亦僖

一、教育研究热点

1. 教育治理

我国在治理主体上打造多方协同的主体结构；在治理客体上明确各层治理关系；在治理工具上丰富绩效、质量保障手段；在治理能力上提高参与者的治理技能；在治理文化上培育信任、包容的价值认同。[①]多元主体参与是现代治理理论的应有之意，也是实现善治的根本途径。学区制改革就是探索一种介于区域教育治理与学校治理之间的新型教育治理体制和模式，以实现多元主体参与共治。[②]

从各国治理经验来看，英国在继承学术自由传统的基础上，借助中介组织落实教育治理；法国追求欧洲教育合作，发挥集权优势进行治理改革；加拿大贯彻教育层级分权，依靠法律法规分工治理；新加坡打造地区教育枢纽，重视国际化和绩效治理。世界经合组织的国际教育指标研发工作经历了从教育数据的“搬运工”到教育数据的“生产者”，从为教育系统“体检”到为教育系统“诊断”的两次“质变”。使得经合组织的国际教育指标生成了全球教育的双重治理功能：一是提供评估、问责依据，生产教育的“国际标准”；二是树立绩效标杆，选拔教育的“国际模范”。[③]经合组织利用其话语资源和制度资源，在全球治理中形成了三种互不排斥的全球教育治理机制，基于教育观念建构的认知式治理、基于教育指标研发的数字式治理和基于教育政策评议的规范式治理。[④]

2. 新中国成立70周年教育发展

新中国成立70年来，少数民族基础教育的发展经历了以优先发展小学教育为重心的教育起步阶段、以普及义务教育为目标的恢复发展阶段和以民族团结教育为抓手的内涵发展阶段三个阶段。教育规模不断扩大、师资队伍逐步优化、双语教育稳步推进、教育投入持续增加、民族团结进步教育不断深化。[⑤]高等教育取得了巨大成就：高等教育规模不断扩大、高等教育质量显著提高、高等教育国际化水平大幅提升、高等教育体制机制改革取得突破、高等教育的公平性协调性有所改善。[⑥]研究生教育着眼于服务国家发展战略，立足于培养高层次创新型专门人才，对经济社会持续健康发展起到了重要的支撑引领作用。[⑦]

在教育法治建设方面，高等教育法制建设在改革开放后伴随法治理念的确立而快速发展，至今已形成初步的法律规范体系并在依法治国背景下加快建设高等教育法治体系。[⑧]教育督导法制化建设深入推进，督导机构的独立性和权威性不断增强，督导队伍日益壮大。[⑨]

在课堂改革方面，70年来围绕提高教学质量、处理教与学的基本关系、促进学生的全面发展而展开，开辟了一条主要以教学实验来改革课堂教学、提高教学质量的道路，确立了“学生主体”的教学思想，形成了有利于落实学生主体发展的多样综合的课堂教学结构（模式）。[⑩]中小学教科书也经历了4个阶段的改革发展，进入了一个质量不断攀升、体系日益完善的时期。[⑪]

3. 教育惩戒权

教育惩戒权指学校或教师具有针对学生的特别管

束权，这一权力有操作性的界定，使学校、教师在实施教育惩戒时可以严格把握教育惩戒的“度”。世界上许多国家，无论是普通法还是罗马法，都认可学校、教师的管教权力，认为这一权力来自家长权力的让渡，其中包括了惩戒的权力，对过度的惩戒行为应当严格约束，建立相应的监督机制。[12]由于我国法律、法规规定的体罚与变相体罚过于简略，未对其做出必要的界分，一些体罚形式与教育惩戒存有某种程度的交叉，在实践中经常导致二者的混淆。[13]惩戒是教育活动的内在要求必要组成部分，它通过借助对失范行为的惩罚来达到戒除、教育的目的。体罚则是通过身体接触、使学生身体感到痛苦的一种具体惩罚形式，严重的可造成学生身心健康损害。[14]

4. 教育立法

从 1978 年十一届三中全会召开到 1985 年是我国教育法治的启动和探索阶段；从 1985 年到 1993 年教育法制建设进入全面部署、重点推进的阶段；从 2003 年开始，教育法治建设进入了完善发展阶段；进入新时代，中国的教育法治建设进入了良法善治的新阶段。我国教育法律的框架已基本形成，现行的 7 部教育法律总体上涵盖了教育各个层次、领域的法律关系。[15]未来应当将法治情怀与教育理念结合在一起，从“落地校园、教育相融、教育立法、全员参与”4 个方面构建多元立体式法治教育体系，推动教育从自由走向自觉，引导学生从成才走向成长。[16]

教育法治评估包括教育立法评估、依法治校评估等方面，目前我国还没有成熟的教育立法评估机制，没有科学的教育立法评估指标体系，没有有效的教育立法评估方法，甚至很少进行教育立法评估活动。[17]

学前教育立法已正式进入起草阶段，立法应坚持普惠原则与最有利于儿童发展原则，并且应填补普惠性幼儿园与非营利性幼儿园认定标准不协调的漏洞。[18]公共性是学前教育的基本属性，维护和提升学前教育的公共性是学前教育的立法宗旨。学前教育立法的原则包括：维护学前教育公益性、维护学前教育公平性、体现学前教育理性、维护学前教育自由性、尊重两类学前教育机构的差异性。[19]

家庭教育立法已提上议事日程，其内容与实施路径集中表现为“四个结合”，家庭教育和社会发展相结合；家庭教育和学校教育相结合；家庭教育与家庭建设相结合；家庭教育与言传身教相结合。[20]

二、教育学元研究

教育学的元研究旨在对教育学的学科本身进行批判和审思。在夸美纽斯撰写《大教学论》的时代，didactica（didactics）和 paedagogia（pedagogy）都是常用来表示教育的概念。Paedagogia 历史悠久，运用广泛，原初之意为“教仆之学”，可见教师地位较为低下；而 didactica 则承载了哲学和道德的教化，为“教师之学”，夸美纽斯以第二种概念建立一种“伟大的教育”。[21]人们对于卢梭教育思想“爱弥儿是谁”出现了两种理论分歧，一种看法认为爱弥儿是自然人，另一种看法则主张爱弥儿是公民。出现分歧是因为对于《爱弥儿》这一文本进行了选择性解读，并受到高度复杂的《爱弥儿》文本结构和微言大义的卢梭式写作方式等因素的干扰。卢梭真正的教育意图是培养立法者，立法者是爱弥儿取名的意义，也是他与学生爱弥儿形成的人格纽带。[22]

在教育学科的不断细化发展中，特殊教育学融汇了中西方特殊教育理论和实践，创生了中国特殊教育学学科的特色理念，开启了特殊教育学本土化的里程碑式发展进程。[23]教育社会学长期关注本土的教育公平问题，努力寻求解决问题的措施。该学科的研究重心与国际同行的理论关注点更加趋同，并结合国际上具有较大影响力的社会理论深入分析和解释我国的教育现实与问题。[24]高等教育学在研究高等教育人物、思想、制度、高等教育活动及其发展与运行规律、高等教育管理等方面的研究取得了显著的成就和经验。[25]研究生教育学是一门研究研究生教育问题、揭示研究生教育规律及其运行特征的学科[26]，应在提升学科认同感、加强理论研究、拓展研究范式和打造国际学术共同体等方面发力，以扩大研究生教育研究的影响力和话语权。[27]

三、教育研究方法论

科学技术与我们的生活学习不可分割，教育计算实验研究基于教育系统的客观事实，利用计算机仿真技术实现教育系统模拟，通过参数演化，自动化、快速生成大数据，基于大数据分析观察教育系统演化过程，总结教育演化规律，使教育研究可量化、可检验、可重复。基于大数据的计算实验为教育提供了新的研究方法与分析技术。[28]学习习惯动力学研究基于量化学习、人类动力学、已有学习习惯研究等三类研究的支撑而形成，定位于运用大数据分析方法，深入挖掘学习者的学习行为轨迹，建立学习习惯的多场景模型，对学习者的学习习惯进行动力学分析，探索学习习惯的动力学机制。该学科研究为学习习惯的诊断、预测和干预提供支持，对设计和构建个性化学习支持服务系统提供指导。[29]

比较教育研究的前提假设正在超越西方中心的世界体系，走向平等对话的人类命运共同体。其中高等教育研究强调既要吸收借鉴西方发达国家的理论与经验，更要深刻认识和把握中国优秀教育理念。中国特殊教育通史研究的价值取向从“教科书传统”转向认识功用观，开始探索中国传统特殊教育思想的内在价值，建构中国当代特殊教育话语体系。[30]课程改革历史研究则强调揭示课程改革的复杂性、系统性、层次性和过程性，强调对不同类型的课程改革进行具体分析。在综合比较课程改革的哲学、心理学、社会学与政治学、管理学和教育学逻辑框架局限的基础上，基于课程改革实践活动系统要素分析，通过历史研究揭示课程改革演变的条件逻辑、主体逻辑、方式逻辑、对象逻辑和因果逻辑。[31]

四、家庭教育

1. 家庭教育成本

在家庭教育成本方面，我国教育贫困率的敏感性不断增强，教育贫困发生率在地区上表现出较大的差异[32]，并且在公共教育资源的投入方面，教育财政支出对教育贫困的缓解效应最为明显，但其长期的综合效应在下降，呈现出明显的省际和地区差异。[33]在家庭教育时间投入、经济投入和青少年发展的关系上，相较于经济投入，父母的时间投入是影响子女学业发展的主因。[34]近年来，虽然扶贫政策的实施和经济增长的拉动对农村脱贫发挥了巨大作用，但是大量农户仍处于经济脆弱状态，农村的留守儿童现象较为严重，而经济上的劣势对于农村儿童的教育问题产生了较大的影响。

2. 家庭教育理念

在家庭教育理念方面，有学者以颜氏家训为例，提出重视家教的思想有助于更新当代家庭教育理念。[35]在现代中小学家庭教育中，存在着家长学校实际运行状况不理想、家长委员会职责不清、家庭教育指导的内容不全面等问题[36]，需要更新教育观念，提升家庭教育的指导能力，并且发挥好家委会的作用。有学者提出劳动教育的重要意义，认为在家庭教育中应有机融入劳动教育，帮助孩子全面发展。[37]

3. 家校合作

在家校合作方面，有学者提出为了更好促进孩子德智体美劳的全面发展，家长应加强家庭教育的作用，积极配合学校，共同担负育人的责任，推进家校合作。[38]还有学者以河南省郑州市金水区文化路第一小学翰林校区系统建设“知行院”家长教育课程为例，主张学校从实际出发，构建“问道、齐家、同行”[39]三大类课程的系列家长教育课程，以此推动家校合作。

五、基础教育

1. 学前教育

有学者指出，学前教育是我国基础教育最为薄弱的环节，亟须构建学前教育公共服务体系。当前学前教育公共服务体系建设存在的突出问题有：“入园难、入园贵”问题未得到根本解决；个别地方政府对学前教育政策存在误读现象；学前教育的均衡发展依然面临严峻挑战；各级政府的学前教育治理能力需进一步提升；对普惠性学前教育公共服务体系建设的问题需要进行系统设计，推进体制机制的改革。[40]面对这些问题必须以供给侧改革为抓手，大力推进我国普惠性学前教育公共服务体系的结构调整。[41]同时，发展学前教育事业需要秉持整体性治理的理念，形成政府、市场、社会多方协同的制度合力。[42]未来，我国学前教育将实现从公民责任到公共责任、补偿供给到优质供给、快速成长到规范发展、资本为王到质量为王的转变。[43]

教育政策和财政投入是教育事业发展的保障，当前我国学前教育政策管理体制尚未深入涉及，不同部门政策之间的不协调，政策资源供给仍不充分。[44]供给型政策工具运用不足、环境型政策工具运用过多、需求型政策工具运用缺乏[45]是主要问题。在政策议题方面，根本性的体制机制议题尚未深度涉及、议题探索与选择缺乏一致性、具体化不充分、结构化程度不高等问题。[46]为此今后我国学前教育政策应以明确管理体制为核心，以学前教育公共服务体系建构为目标，进一步完善政策体系，促进不同系统部门协同，推进政策与政策资源的匹配。[47]政策议题应调整为公共服务体系的建构问题，以此为中心推进议题的结构化，优化议题产生机制，并对政策资源供给以及部分其他相关政策同步调整。[48]在财政投入方面，有学者提出学前教育阶段的区域投入均衡和收敛速度有待进一步加强。[49]

幼儿园的办园质量是学前教育领域的重要问题，幼儿园的办园质量从结构性质量来看，当前普惠性幼儿园 1/3 的班级师幼比尚未达标；大班额依然存在，教师学历基本在大专及以上，但仍有超 1/4 的教师无职称，教龄结构偏于年轻化；从过程性质量来看，师幼互动质量总体处于中等偏下水平，教学支持尤为薄弱。[50]当前大量民办幼儿园园长专业背景尚未达到国家标准；在园长专业素养中，民办幼儿园园长对组织领导素养较为自信，教学领导素养比较薄弱，价值领导素养最为薄弱。[51]幼儿园教师的 TPACK 知识水平整体情况良好，教师五大领域内容知识（CK）和教学法知识（PK）得分较高；与技术相关的知识，包括技术知识（TK）、整合技术的教学法知识（TPK）以及整合技术的领域内容知识（TCK）得分居中；得分最低的是领域教学知识（PCK）。[52]

"普惠性"是近年来学前教育政策研究领域的聚焦点。普惠性学前教育应当包括付得起、达得到、配得齐、顾得广、适得度五个方面的内涵。[53]普惠性民办园政策存在着认定标准不合理、政府支持不足、定价有失公平等问题，难以为民办园普惠化进程提供充足动力。[54]同时，普惠性民办园发展还涉及公民与政府、上下级政府、政府与普惠性民办园等多重委托代理关系，客观存在着委托人和代理人之间信息不对称和目标函数不一致的问题，造成普惠性民办园发展在认定、激励和监督方面面临着诸多困境。[55]

2. 义务教育

义务教育是由国家实施和保障的公共服务事业，义务教育的均衡发展是对社会公平的基本追求。均衡发展包括基本均衡发展和优质均衡发展两方面，在指标数量和标准设定上，优质均衡都要严于基本均衡。区县在推进优质均衡发展中还面临着硬件条件和教育质量均衡这两大困难。[56]城乡学校布局过程中存在片面注重规模效益、过度开展撤点并校的问题，布局问题背后有主观的价值取向、决策机制和政策执行等问题，也有经济社会发展迅速和地区差异巨大等客观因素。[57]民族地区义务教育均衡发展也存在一些值得关注的问题。这与人们对民族地区义务教育均衡发展的内涵理解不够全面、准确，以及由此而采取的某些措施不恰当、不深入等不无关系。[58]义务教育学校中的"大班额"班级数量较多，且呈两极分化态势，实验小学班级均为"大班额"班级；城区中小学"大班额"班级数量高于乡镇中小学，乡镇中小学"大班额"班级数量高于村级小学；县域之间义务学校"大班额"占比差异较大。[59]

2019 年临近国家脱贫攻坚战收官之年，有学者探寻义务教育和教育脱贫之间的关系。我国尚未形成真正意义上的集中连片特困地区义务教育精准扶贫制度体系，制度设计与集中连片特困地区外部环境契合度不够；教育无用论思想误区及公众自主脱贫意识淡薄等使得教育精准扶贫目标不集中；教育精准扶贫制度协同性欠缺；激励机制不健全，项目推动乏力。[60]通过对 20 世纪 90 年代中期二片地区"国家贫困地区义务教育工程"的政策效果进行评估，发现通过新建或改扩建小学与初中校舍、购置教学设备等措施，该工程较好地实现了"增智"的目标：受益儿童成年后的受教育年限显著提高 0.7 年左右；但工程的"增收"效果却十分有限，受益儿童成年后收入并未显著提高。[61]

教师是教育基本要素之一，通过分析两会数据，发现呼吁提高和保障教师待遇的呼声有 3 个高峰期。20 世纪 80 年代中后期，要求增设细化津补贴规定的呼声形成第一个高峰。伴随 1993 年《中华人民共和国教师法》的颁布，呼吁落实教师待遇的法律保障形成第二个高峰。2006 年后，中央财政对教师工资的转移支付不断增强，教师工资和学校收入能力脱钩，且中央加大对地方津补贴政策的清理，两会对增设各类津补贴和待遇保障的呼声形成第三个高峰。[62]与教师待遇相关的还有班主任岗位津贴，班主任岗位津贴与工作强度不匹配的情况已成为班主任职业倦怠问题的重要原因。不同地区、学校之间班主任津贴总体差距大；超六成班主任认为津贴待遇不公平；班主任普遍期待增加一定的津贴。[63]随着教师待遇的不断提高，有研究显示当前教师处于基本满意状况，工作满意度指数得分为 67.24。教师的政府保障感知对工作满意度的总体效应处于较高水平，并通过学校支持感知和教育期望间接影响工作满意度水平。[64]

3. 高中教育

《中国教育现代化 2035》提出"全面普及高中阶段教育"的发展目标，"全面普及"的推进需处理好规模扩张与质量提升、普通教育与职业教育、义务教育与非义务教育、均衡化与多样化、整体与局部这 5 对关系，重点在教育标准完善、供给结构调整、学校活力激发、教育需求引导等多方发力，推动普及模式从强调规模的外延式向强调质量的内涵式转变，实现我国高中阶段教育发展水平的全面提升。[65]高中教育进入内涵发展阶段，对育人模式变革提出更高要求。育人模式转变仍面临应试行为失偏、教育资源失衡、教育评价失格、学生发展指导失位等现实困境，超越这些现实困境建构新时代要求的普通高中育人模式，需要从贯彻立德树人根本任务、学校课程体系整体建构、"留白"式学校治理、综合素质评价育人功能的发挥、学生发展指导多方面入手，抓住关键环节撬动育人模式变革。[66]当前普通高中组织结构具有“散点拟合——线面结合”的特征，应以“系统耦合”的路径探索普通高中的组织结构变革。[67]虽然高中教育取得了巨大发展，但在个别民族地区高中教育发展还有一定差距。深度贫困自治州的高中阶段教育普及水平快速增长，各州之间差距缩小，但普及水平较低，地区内部仍存在发展不均衡、普职比极不合理、校均规模小等多重发展困境。[68]高中教育改革还涉及学校与校外培训机构的关系，教师群体对学生参加校外培训呈现积极态度；家长群体的高教育期待与高教育支出成为无奈的必然选择；而学生的学业表现和家庭教育支出、父母教育期待呈正相关的关系。需要从教育资源配置、考试评价制度改革和多元利益相关群体综合治理三方面着手实现标本兼治。[69]

普通高中学业水平考试是对整个基础教育的大考，高中学业水平考试承载着鉴定与选拔的双重任务，兼有标准参照和常模参照的测量学属性，既要依据课程标准考查学生是否达到标准中规定的知识和能力，尤其是核心素养的要求，又要准确描述其所达到的水平，以区分出等级，以利高校选拔人才。[70]高中学业水平考试标准是考试命题的理论依据和实践指南。从学业水平考试的功能定位出发，依据高中课程标准和高考评价体系，突破以往考试大纲知识要求和能力要求的框架，探索从考查内容、考查要求、考查情境等方面制定学业水平考试标准，构建有利于核心素养测评的框架，促进高中课程改革和新高考改革的顺利实施。[71]高中学业水平考试设计要结合常模与标准综合考虑，采用混合式设计。混合式考试设计的命题组卷，可以借助建构图和怀特图建立考试标准与试题内容、考生能力和试题难度之间的关系。混合式考试设计的成绩报告，既要直观地显示考生在群体中的相对位置，又要提供考生能力所处的等级。[72]

六、高等教育

1. 全面推进“双一流”建设

面向未来，高校“双一流”建设必须全面深化综合改革，将服务国家发展战略和社会经济发展作为学校发展的重心，聚力在学校内涵式发展上，持续提升自身能力和水平。[73]需要大力释放学科建设的活力，形成良性互动的学科生态体系，以学科建设带动学校发挥优势、办出特色。[74]要明确办学理念和目标定位，形成先进人才培养模式和有效质量保证体系，开展优质学科建设和科学研究，要具有开放的国际视野和实质性的国际交流与合作，提供精良的人力资源和丰富的物质资源保障，构建科学的治理体系和运行机制，营造优良的校园文化和育人氛围。[75]中国特色和世界一流是一对矛盾统一体，在现阶段鼓励高校差异化发展的背景下，每所高校面对的具体情况更是复杂多样。[76]

2. 高等教育内涵式发展

“内涵式发展”作为政策性话语，是党中央，对高等教育发展方向目标与实践路径所做的顶层设计规划，是本土性核心理念，要以不同高校稳定规模、准确定位为前提；以更科学理性地实现高校的基本职能为依托；以体制机制改革与创新为重点；以表达和彰显社会文化特色为时代内容。[77]高水平人才培养体系建设本质上是高等教育内涵式发展的过程，更加强调结构与质量、市场与社会需求，强调合作协同育人机制，把科研与教学的结合与成效作为重要标准，构建多层次、多类型的异质化人才培养体系。[78]

3. 高等教育普及化、大众化

我国高等教育普及化进程，呈现出分类发展、因材施教、多元治理的发展趋势，基于欧美经验的大众化理论有待在我国高等教育实践基础上进行创新。[79]进入普及化阶段，要求高校教学质量评价做出新的路径选择，要完善教学质量评价体系，探索学习结果导向的评价方法，强化教学评价主体地位，鼓励多元参与教育治理体系，走向多元群体的广泛参与，实现教学质量共同治理。[80]要打开学科边界、打开学习边界、打开学校边界，营造良好的学术氛围和学习环境，真正释放学者和学生的创造力和学习潜力。[81]

七、职业教育

1. 内涵发展路径

职业教育在我国经济发展和现代化过程中发挥了巨大作用，建成了世界上最大规模的职业教育体系，培养培训了数以亿计的高素质劳动者和技术技能人才。[82]《国家职业教育改革实施方案》提出在职业院校、应用型本科高校启动“学历证书+若干职业技能等级证书”制度试点工作，完善职业教育和培训体系、深化产教融合校企合作的重要制度设计创新。[83]建设现代化经济体系的重点是推动质量、效率、动力三大变革，目的是提高全要素生产率，要以专业建设为龙头、以教育教学为中心、以优质就业为导向、以产教融合为主线、以合作发展为支撑。[84]

2. 分层分类有序发展

高等职业教育的发展模式难以真正建立起来，产教“两张皮”分离现象突出，学校和企业“双主体”

办学是推动高职教育模式改革、实现产教融合的根本出路。[85]需要研究高等职业教育的中国特色发展、应用技术大学的转型、地方普通高校的洼地、偏远地区高等教育资源不平等以及对世界同行讲好中国高等教育故事等问题。[86]中等职业教育要摆在经济社会发展中更加突出的位置，助力脱贫攻坚，服务乡村振兴，供给新增劳动力，稳定就业市场，需要多方共同努力，才能提高发展水平。[87]

八、终身教育和特殊教育

1. 终身教育

终身教育是构建学习型社会的重要方面，我国终身教育政策的价值构成要素主要包括对终身教育的界定、对终身教育目标的描述、对终身教育对象的规定、对终身教育原则的厘定4个方面。终身教育政策价值构成背后的逻辑基础为工具理性与价值理性的统一；其社会基础为我国政府、市场与教育关系的变革和世界范围内终身教育理念的复归。[88]终身教育政策中对物理空间的规划经历了从强调学校、工作单位到学校、工作单位、生活场所、网络并重的转变；对构想空间的规划经历了从着重强调职业素养到职业素养与生活素养并重的转变；对体验空间的规划经历了从着重强调精英化的青壮年从业者到全体社会成员的转变。[89]终身教育体系建设在承担机构方面，从强调学校与工作单位主导转向到强调学校、工作单位、社区并重。在配套制度方面，从强调岗位与职业培训制度建设转向到强调岗位与培训制度、社区教育制度、学习成果衔接制度协同建设。[90]终身教育建立和发展过程中出现了社会对终身教育认识片面、教育方式和内容产生偏差、教育广度和深度不足等问题，这些问题可以通过辩证总结和分析洪堡思想的终身教育元素寻觅理论参考和经验指引。[91]

2. 特殊教育

我国特殊教育自新中国成立以来的70年间取得了举世瞩目的成就，普及程度稳步提高，保障力度不断加强，师资队伍建设不断推进，教育教学质量稳步提高，法律法规和政策体系不断完善，走出了一条汲取世界先进经验、符合中国经济社会发展实际、与整个教育事业改革发展相协调的中国特色发展道路。但是，当前我国学前特殊教育与中央普及普惠安全优质的要求还有相当大的差距，残疾儿童义务教育普及攻坚和质量提升的任务依然繁重，残疾人高中教育的瓶颈问题急需有效解决，特殊高等教育改革发展步伐需进一步加快[92]。当前特殊教育发展呈现出的若干特点：确定推进融合教育为发展宗旨；制订和实施基础标准成为工作突破口；依托特殊教育研究成果开展改革。[93]特殊教育的发展离不开一支高素质专业化的特殊教育教师队伍，建设高素质专业化的特殊教育教师队伍应当以加强特殊教育教师培养和提升待遇为关键抓手。应当坚持“复合型”的总体建设思路，创新特殊教育人才培养机制，推动建立特殊教育学校教职工编制标准，落实待遇提升政策、提升特殊教育教师地位。[94]特殊教育教师的职业承诺与职业倦怠、教学效能感紧密连接，职业承诺、教学效能感对职业倦怠的主效应、交互效应均显著。教学效能感在职业承诺与职业倦怠之间起调节作用。[95]特殊教育教师职业认同感、工作满足感分别与离职意向呈负相关；特殊教育教师职业认同感与工作满足感呈正相关。[96]

九、课程与教学论

1. 构建中国特色教材体系

要坚持多元文化诉求下对教科书民族性、乡土性以及中华优秀传统文化的研究，构建跨学科、多学科和边缘学科的综合创新研究模式，努力构建以中国话语分析中国教科书的研究体系。[97]要在瞄准问题的基础上处理好国家统一要求与教学灵活性之间的关系、学科体系完整性与学习内容选择性的关系、教材的稳定性与开放性的关系，要在把握趋势的基础上筹划未来，教材管理要规范化、教材研发要专业化、教材形态要多样化。[98]统编教材必须充分体现党和国家的政治思想、意识形态和核心价值；必须建立和完善与中国特色社会主义基本经济制度相适应的教材政策；必须集中力量和智慧编写出具有中国特色、世界一流的统编教材；必须打造一批高素质、专业化、职业化的教材建设队伍；统一出版发行是统编教材顺利实施的重要条件；科学研究是统编教材创新的奠基工程。[99]

2. 课程教学改革

要筑牢意识形态安全的堤坝、要坚持马克思主义理论基础、要运用兼收并蓄的研究范式、要加强课程领域的队伍建设、要提升课程领域的文化自觉、要构建中国特色的话语体系。[100]综合课程研究将进一步挖掘课程的人文价值，围绕核心素养理念进行设计，与教育技术革新紧密结合，解决内容组织、师资队伍建设以及课程评价等实践问题。[101]课堂教学改革围绕提高教学质量、处理教与学的基本关系、促进学生的全面发展而展开，以教学实验来改革课堂教学、提高教学质量的道路，确立“学生主体”的教学思想，形成有利于落实学生主体发展的多样综合的课堂教学结构（模式）。[102]

3. 数字教材研究

互联网+教育推动课程教学模式变革，运用大数据，完善学校课程体系建设。[103]数字教科书是体现为信息化教与学方式的集富媒体层、知识库层、社会化学习环境层为一体的体系化教学文本。[104]它具有教学资源与内容的丰富性和整合性，突破了纸质教科书学习内容的固化藩篱；建构以学习者为中心的个性化学习模式，冲破了纸质教科书学习步调的僵化阻碍；激励教师自主反思能力与教学素养提升，带来了师生交往的新景象。[105]数字教科书无限扩展性，带来无限可能性，或将过于把学生引向大数据支配的方向，或使得学生发展的预期性可控性大幅度下降。[106]数字教科书不是风险无涉，而是风险负载的，主要面临“教什么”的内容风险、“如何教”的教学风险以及“技之殇”的技术风险。[107]

十、教师教育

1. 目标设定

在目标设定方面，有学者提出了构建学生发展本位、“1+2+1”的教师培养模式以及重塑教师教育组织机构等举措，以此来精准定位教师教育培养目标。[108]而新时代的教师教育则要在“唤醒文化自觉”“落实文化自主”“增强文化自信”“追求文化自强”[109]这几方面下功夫。

2. 体系建设

在体系建设方面，学者们从国外经验和国内举措两方面切入进行探讨。通过对美国大学研究生助教“三段进阶培养模式”[110]、芬兰“教师教育一体化”[111]、加拿大不列颠哥伦比亚大学的“PBL模式”[112]以及新加坡“职前化学教师教育模式”等国外教师教育模式的分析，来探讨有益于中国教师教育体系建设的经验。通过对我国“U-G-F-S协作下的中小学教师专业发展模式”[113]、“基于师范类专业认证”[114]的教师教育体系，以及教师教育“实践共同体”模式的探讨，来分析我国教师教育体系的利弊，从而探索出我国教师教育体系在未来的发展方向。

3. 支撑因素

在支撑因素方面，学者们主要着眼于教师素质、政策支持、科技手段这3个方面。一些学者探讨了教师情感、知识结构、职业认同对教师教育发展的影响，认为我国虽出台了一系列有益于教师教育的政策，但“省级政府作为责任主体，在教师队伍建设中面临着主体角色缺失、多维联动管理机制不畅”[115]等现实问题。随着科技发展，“人工智能+教师教育”[116]、“微型移动学习”[117]、MOOC等教育方式成为有利于教师教育发展的重要因素。

十一、德育研究

1. 德育目标

在德育目标方面，有学者结合杜威对赫尔巴特德育前提的置换，对大中小学的德育目标建构进行了反思，指出了我国德育教育中“不按领域来建构的操作方式将本属于习俗、个人等领域的问题全部泛化为道德问题”[118]的弊端。为解决当前德育低效的问题，有学者提出了“重视德育目标的人本化”“强化德育方法的内生化”“加强德育主体的合作化”[119]的观点。

2. 德育理论

在德育理论方面，学者们关注于德育理论的中国探索与转型之路，对德育理论体验教育与中学生核心素养培育的关系进行讨论，并对中小学校长德育领导力提升的现实困境进行了研究。学者们提出现阶段中小学校长德育领导力提升主要存在对德育工作开展的广度和深度认识不够、以管促育、生活化育的管教融通的顶层设计缺失、德育建设感召力不足等方面的困扰，进而提出通过不断推进德育理论建构与实践设计、创新德育工作思路、加强德育创新研究进而提高德育队伍素质的解决办法。[120]通过对从新中国成立之初到现今的德育教育研究，有学者展望未来，认为中国德育理论研究必将在中西方学术思想的交流与碰撞中不断走向深化和拓展，并在新时代背景下逐步构建起具有中国特色的德育理论话语体系，从而实现德智体美劳全面发展的育人目标。[121]

3. 德育实践

在德育实践方面，学者们阐释了德育叙事的本性、现实样态与实践逻辑，提出现代德育叙事要挖掘叙事的深层内涵，突破方法论层面的局限，寻求德育叙事现象学层面的本体论意义从而将德育过程中蕴含的规范伦理和价值伦理有机地统一起来。[122]此外也有学者提出，德育实践要从他律转向自律，在道德教育的过程中遵循“自主自立、自尊自爱、自省自控和自然自由”的原则[123]，以德育课程、专题活动、生活实践为途径，潜移默化达到道德教育的目标。

十二、学术会议

1. 基础教育

2019年1月6日，北京大学高中教育大数据实验室举办了“新高考背景下高中研究性学习创新实践模式”专题研讨会。本次会议的议题主要包括三部分：高考改革与研究性学习模式创新，研究性学习开展思路与实践途径探索，研究性学习实施支持方案与服务模式研讨。

7 月 16 日，由高等教育出版社和首都师范大学联合主办、初等教育学院承办的“2019 新时代小学德育教师专业化暨小学德育课程与教学研修会”在京召开。

8 月 5—8 日，由北京师范大学未来教育高精尖创新中心主办，教育部—中国移动联合“移动学习”实验室、北京师范大学现代教育技术研究所承办的“创新教育 · 学科融合 · 精准教研”技术与教育的双向融合经验交流研讨会，暨第十六届全国“基础教育跨越式发展创新试验研究”年会在北京师范大学昌平校园召开。

9 月 21 日，北京师范大学外国语言文学学院主办的新中国 70 年外语基础教育论坛“回顾与展望”在北京举行。

10 月 24—25 日，以“走近 · 对话 · 共享——多元取向小学教师教育理论与实践”为主题的 2019 年小学教师教育国际会议在首都师范大学召开。

11 月 22 日，首都师范大学学前教育学院主办的第五届首都学前教育论坛——“幼儿园教师艺术教育能力提升的理论与实践”论坛在首都师范大学召开。

12 月 28—29 日，“2019 未名语文教育论坛”在北京大学举行。论坛以多维的视角和灵活的形式，着眼新课标、新教材、新高考背景下，围绕语文学科特点，落实学科核心素养，探讨新时代语文教育的价值定位，寻找语文课程改革的方向和策略，引领语文教育发展的未来。

2. 高等教育

4 月 12 日，第三届全国研究生教育学学科建设理论与实践高端论坛在北京召开。论坛由中国学位与研究生教育学会研究生教育学专业委员会和会员部共同主办，清华大学、北京大学、北京理工大学、北京航空航天大学承办。

4 月 21 日，由清华大学教育研究院、天津大学教育学院和北京大学教育学院共同发起举办的首届“综合性大学教育学科建设与发展论坛”在清华大学举行。此次论坛的主题为“教育学科与大学发展”。

5 月 17 日，由首都师范大学主办，首都师范大学音乐学院和《中国音乐教育》杂志社共同承办的“2019 北京院长论坛 · 高等院校音乐教育专业的当代发展与人才培养”开幕。

5 月 19 日，中国人民大学教育学院主办的 2019 年全国高校教育学研究生学术论坛在中国人民大学举办。本届论坛主题为“推进教育现代化，建设教育强国”。

8 月 21—22 日，在北京大学研究生院的“全球视野 · 研究生学术交流支持计划”支持下，北京大学数字化学习研究中心在北京大学教育学院举办了 2019 年北京大学“人工智能+教育”博士生国际学术论坛。

10 月 12 日，“高等师范教育 70 年：使命与挑战”学术论坛在首都师范大学举办，论坛围绕新时代一流师范大学建设、师德师风建设与人才培养、高等师范教育国际化 3 个专题展开形式多样的交流与研讨。

3. 其他

1 月 12 日，清华大学教育研究院在清华大学举办第一届清华大学学习与人类发展学术论坛“连续的成长，贯通的教育”，携手教育学、哲学、社会学、经济学、生物学、神经科学等多个学科的专家学者与教育一线工作者，对学习与人类发展理论、学习政策和人才战略、基础教育与高等教育的政策和实践、学习与人类发展的测量和评价等话题进行深入探讨。

3 月 30 日，由北京教育法治研究基地（中国人民大学）和中国人民大学教育学院共同主办的第五届“中国人民大学教育法律政策论坛”在中国人民大学召开。本届论坛的主题为“校园安全与教育法治”。

5 月 16 日，“亚洲教育的多样性和共同关切”主题沙龙在首都师范大学举办，该沙龙是 2019 年亚洲文明对话大会“维护亚洲文明多样性”分论坛的重要分支活动。

6 月 14 日，由首都师范大学主办、信息工程学院承办、《中国电化教育》与《现代教育技术》杂志社协办的“2019 年人工智能+教师教育”国际研讨会在首都师范大学举行。

6 月 14 日，由首都教育政策与法律研究院、北京教育法治研究基地首都师范大学基地、首都师范大学家庭教育研究中心联合举办的“聚焦家庭教育立法”学术沙龙在首都师范大学教育学院举行。来自首都师范大学、北京师范大学、中南财经政法大学、中国教育科学院、中国青少年研究中心等科研院所的专家学者参加了此次活动。

6 月 19 日，由首都师范大学教育学院主办、中国教育政策评估研究中心承办的“教育政策执行学术研讨会 2019”在北京举行。本次会议的主题是“教育政策执行的问题与创新”。

6月20日，由北京师范大学与中俄教育类高校联盟共同主办、北京师范大学教育学部承办、教育部区域与国别研究基地北京师范大学俄罗斯研究中心协办的“2019中俄教师教育论坛”在北京师范大学举办。本次会议以“未来的教育、教育的未来”为主题。

8月24日，中国民办教育论坛在北京师范大学举办，会议分智能、国际、融合、素质、资本和知识付费几个板块，讨论了各领域和行业的发展前景以及面临的机遇与挑战。会上，《2019中国民办教育蓝皮书》同步发布，该书由北京师范大学杨娟教授主编，整体分析了民办教育的综合发展趋势和特点。

9月28日，由北京高校思想政治理论课高精尖创新中心和中国人民大学马克思主义学院主办，首都师范大学马克思主义学院、北京高校中国特色社会主义理论研究协同创新中心承办的思想政治理论课“青椒论坛”（第14期）举行。本次论坛主题为“新中国70年与高校思想政治理论课”。

10月31日—11月1日，2019年学校技术教育国际研讨会在北京召开。本次研讨会由首都师范大学教育学院主办，北方工业大学信息学院、北京教育科学研究院基础教育教学研究中心协办。本次研讨会以“科技发达时代的学校技术教育学科转型：国际趋势与中国探索”为主题，围绕“技术教育政策与改革发展”“劳动与技术教育改革与发展”“STEM教育与创客教育研究”“技术教师教育与教师专业发展”4个分论坛议题开展研究探讨。

11月2日，北京师范大学教育学部主办的“马克思主义与教育：东方与西方”中外学者高端论坛在北京师范大学召开。论坛聚力推进对马克思主义教育学的时代性探讨。

11月17日，“2019学习科学与未来教育前沿论坛”在北京大学举行，会议主题为“让学习更科学、更快乐、更有效”。本次论坛由北京大学教育学院主办，北京市海淀区教育科学研究院、北京教育学院朝阳分院协办，由学习科学实验室和基础教育研究中心承办。

11月22—24日，由首都师范大学中国基础教育教材研究院、中国基础教育教科书研究与评价中心、教育学院主办的“第七届海峡两岸暨港澳地区教科书学术论坛”在北京召开。

12月1日，由北京师范大学中国教育与社会发展研究院、浙江大学区域协调发展研究中心联合主办的中国职业教育服务“一带一路”建设论坛在北京师范大学举办。

12月24日，由北京市关心下一代工作委员会、北京教育系统关工委和首都师范大学主办，北京市关工委家庭教育研究中心、首都基础教育研究基地、学前教育学院和教育学院承办的“2019年首都教育论坛——家校社共育：北京行动”在北京举行。

注：

①段世飞、马雪梅：《高等教育的全球治理：国际组织推动高等教育国际化研究综述》，《现代教育管理》，2019年第7期。

②黄传慧、鲍传友、叶铖垒：《多元主体参与下的学区治理困境与突破：一个案例的研究》，《教育学报》，2019年第3期。

③丁瑞常：《经合组织国际教育指标的演变及其全球教育治理功能》，《清华大学教育研究》，2019年第5期。

④丁瑞常：《经济合作与发展组织参与全球教育治理的权力与机制》，《教育研究》，2019年第7期。

⑤孙杰远、韩小凡：《70年少数民族基础教育发展的“中国经验”》，《民族教育研究》，2019年第6期。

⑥高东燕、胡科：《70年高等教育的发展历程、成就与挑战》，《江苏高教》，2019年第10期。

⑦王战军、张微：《70年探索奋斗：中国研究生教育发展规律与启示》，《学位与研究生教育》，2019年第9期。

⑧申素平、邓雨薇：《我国高等教育法治70年发展史》，《教育发展研究》，2019年第17期。

⑨张彩云、方晨晨：《教育督导70年回顾与展望：从制度化走向现代化》，《行政管理改革》，2019年第6期。

⑩郭华：《70年：课堂教学改革之立场、思想与方法》，《中小学管理》，2019年第9期。

⑪石鸥：《中小学教科书70年忆与思》，《湖南师范大学教育科学学报》，2019年第2期。

⑫劳凯声：《如何看待教育惩戒问题》，《教育科学》，2019年第4期。

⑬劳凯声：《教育惩戒的合法性及其在教育中的适用》，《人民教育》，2019年第23期。

⑭余雅风：《论教育惩戒的必要性与可行性》，《人民教育》，2019年第23期。

⑮李连宁：《教育法治的回顾与展望》，《中国高

教研究》，2019 年第 3 期。

⑯梁蕾：《多元教育中法治情怀的缺失与构建》，《教育理论与实践》，2019 年第 27 期 。

⑰申素平、吴楠：《教育立法评估初探》，《湖南师范大学教育科学学报》，2019 年第 4 期。

⑱申素平、周航：《学前教育立法亟待厘清的几个问题》，《中国教育学刊》，2019 年第 4 期。

⑲余雅风、吴会会：《论学前教育立法的宗旨与原则》，《湖南师范大学教育科学学报》，2019 年第 3 期。

⑳薛二勇、周秀平、李健：《家庭教育立法：回溯与前瞻》，《北京师范大学学报（社会科学版）》，2019 年第 6 期。

㉑娄雨：《Didactics 还是 Pedagogy——〈大教学论〉与伟大的教育精神》，《湖南师范大学教育科学学报》，2019 年第 2 期。

㉒君进、檀传宝：《爱弥儿是谁？——教育学情境中卢梭教育思想研究的理论分歧及其澄清》，《现代大学教育》，2019 年第 1 期。

㉓王雁、朱楠：《70 年的跨越：特殊教育学学科发展》，《教育研究》，2019 年第 10 期。

㉔杜亮、牛丽莉、张莉莉：《21 世纪以来我国教育社会学研究进展述评》，《清华大学教育研究》，2019 年第 5 期。

㉕郭建如：《高等教育管理研究与学科发展四十年：回顾与展望》，《高校教育管理》，2019 年第 1 期。

㉖王传毅、郑湘、杨佳乐：《2000 年后教育学科研究生教育发展的跨国比较——基于 8 国数据的历时性分析》，《中国高教研究》，2019 年第 7 期。

㉗王战军、乔刚：《研究生教育学：创建与发展》，《研究生教育研究》，2019 年第 1 期。

㉘余胜泉、徐刘杰：《大数据时代的教育计算实验研究》，《电化教育研究》，2019 年第 1 期。

㉙武法提、殷宝媛、黄石华：《学习习惯动力学研究范式及其创新价值》，《现代远程教育研究》，2019 年第 1 期。

㉚肖非、瞿婷婷：《中国特殊教育通史研究的范式转型与价值意蕴》，《西北师大学报（社会科学版）》，2019 年第 5 期。

㉛胡定荣：《课程改革历史研究的概念澄清与理论分析框架构建》，《中国教育科学》，2019 年第 6 期。

㉜张俊良、张兴月、闫东东：《公共教育资源、家庭教育投资对教育贫困的缓解效应研究》，《人口学刊》，2019 年第 2 期。

㉝张俊良、张兴月、闫东东：《公共教育资源、家庭教育投资对教育贫困的缓解效应研究》，《人口学刊》，2019 年第 2 期。

㉞李佳丽、何瑞珠：《家庭教育时间投入、经济投入和青少年发展：社会资本、文化资本和影子教育阐释》，《中国青年研究》，2019 年第 8 期。

㉟张红霞、刘敏：《论颜氏家训对当代家庭教育的涵养价值》，《学校党建与思想教育》，2019 年第 4 期。

㊱马爱兵：《中小学家庭教育指导存在的问题及改进策略》，《教育理论与实践》，2019 年第 5 期。

㊲胡睿：《在家庭教育中有机融入劳动教育》，《中国教育学刊》，2019 年第 1 期。

㊳谢婳婳：《家长应加强家庭教育作用推进家校合作》，《中国教育学刊》，2019 年第 1 期。

㊴侯清珺：《建设家长教育课程　提升家庭教育胜任力》，《中小学管理》，2019 年第 5 期。

㊵姜勇、庞丽娟：《我国普惠性学前教育公共服务体系建设的突出问题与破解思路》，《湖南师范大学教育科学学报》，2019 年第 4 期。

㊶姜勇、庞丽娟：《以供给侧改革为抓手推进普惠性学前教育公共服务体系建设》，《教育发展研究》，2019 年第 8 期。

㊷高杭：《以整体性治理助力学前教育改革发展》，《清华大学教育研究》，2019 年第 5 期。

㊸高书国：《中国学前教育发展战略转型研究：从快速成长到规范发展》，《教育科学研究》，2019 年第 6 期。

㊹吕武：《〈纲要〉颁行以来我国学前教育政策的进展、成效与未来思考》，《现代教育管理》，2019 年第 6 期。

㊺冀东莹：《政策工具视角下我国学前教育政策研究》，《上海教育科研》，2019 年第 8 期。

㊻常晶：《改革开放以来我国学前教育政策议题演变、问题与调整的思考》，《现代教育管理》，2019 年第 2 期。

㊼吕武：《〈纲要〉颁行以来我国学前教育政策的进展、成效与未来思考》，《现代教育管理》，2019 年第 6 期。

㊽常晶：《改革开放以来我国学前教育政策议题

演变、问题与调整的思考》,《现代教育管理》,2019年第2期。

㊾周远翔、宋旭光、张丽霞:《教育财政投入、空间收敛与基础教育公平》,《北京师范大学学报(社会科学版)》,2019年第5期。

㊿洪秀敏、朱文婷、钟秉林:《不同办园体制普惠性幼儿园教育质量的差异比较》,《中国教育学刊》,2019年第8期。

51洪秀敏、魏若玉、缴润凯:《民办幼儿园园长专业素养的调查与思考》,《现代教育管理》,2019年第1期。

52于开莲、赵南、张慧:《幼儿园教师整合技术的领域教学知识(TPACK)调查研究》,《电化教育研究》,2019年第3期。

53姜勇、李芳、庞丽娟:《普惠性学前教育的内涵辨析与发展路径创新》,《学前教育研究》,2019年第11期。

54杨大伟、胡马琳:《我国民办园普惠化的动力、运行机制及其政策制度优化》,《教育科学》,2019年第1期。

55杨大伟:《委托代理视阈下普惠性民办园发展的困境及治理对策》,《现代教育管理》,2019年第2期。

56吴建涛:《我国县域义务教育优质均衡发展的主要困难与对策研究》,《教育科学》,2019年第3期。

57金志峰、庞丽娟、杨小敏:《乡村振兴战略背景下城乡义务教育学校布局——现实问题与路径思考》,《北京师范大学学报(社会科学版)》,2019年第5期。

58袁梅:《推进民族地区义务教育均衡发展:内涵重释与路径深化》,《民族教育研究》,2019年第6期。

59杨涵深、游振磊:《义务教育"大班额":现状、问题与消减对策》,《教育学术月刊》,2019年第12期。

60李芳:《集中连片特困地区义务教育精准扶贫制度模式探究》,《华东师范大学学报(教育科学版)》,2019年第2期。

61汪德华、邹杰、毛中根:《扶教育之贫的增智和增收效应》,《经济研究》,2019年第9期。

62冯昕瑞、王江璐:《财政体制改革下义务教育教师待遇诉求变迁》,《教育发展研究》,2019年第2期。

63田汉族、贾萌萌:《义务教育阶段班主任津贴问题及解决对策》,《当代教育论坛》,2019年第3期。

64武向荣:《义务教育教师工作满意度影响因素的实证研究》,《教育研究》,2019年第1期。

65李建民:《"全面普及高中阶段教育"的内涵释要与路径选择》,《教育研究》,2019年第7期。

66李建民、陈如平:《新时代普通高中教育转型发展关键在育人模式变革》,《中国教育学刊》,2019年第9期。

67石静:《新高考背景下普通高中组织结构变革的路径探究》,《教学与管理》,2019年第25期。

68成刚:《民族区域自治州高中阶段教育普及水平及影响因素研究》,《民族研究》,2019年第1期。

69王学男:《"减负"与校外培训治理的可能》,《上海教育科研》,2019年第8期。

70刘世洪、肖立宏、刘昕、张思思、韩晓彤:《基于标准的高中学业水平等级性考试命题研究——以物理学科为例》,《中国考试》,2019年第7期。

71程力、史辰曦:《高中学业水平考试标准制定的实施路径》,《课程教材教法》,2019年第7期。

72黄晓婷、韩家勋:《浅谈标准参照与常模参照相结合的高中学业水平考试设计方法》,《中国考试》,2019年第7期。

73周海涛、乔刚、廖苑伶、景安磊、李健、胡万山、刘永林、王新凤、郑淑超:《提升一流人才培养与创新能力——基于〈中国教育现代化2035〉的解读》,《中国电化教育》,2019年第8期。

74钟秉林:《大学发展与学科建设(笔谈)》,《中国高教研究》,2019年第9期。

75钟秉林:《大学学科建设的若干思考》,《中国高教研究》,2019年第9期。

76德吉夫、包艳华:《新中国成立70年来高等教育重点建设政策的选择与变迁》,《中国高教研究》,2019年第11期。

77崔瑞霞、谢喆平、石中英:《高等教育内涵式发展:概念来源、历史变迁与主要内涵》,《清华大学教育研究》,2019年第6期。

78李立国:《高等教育内涵式发展下的高水平人才培养体系建设:逻辑框架与作用机制》,《清华大学教育研究》,2019年第6期。

79钟秉林:《迈入普及化的中国高等教育:机遇、

挑战与展望》,《中国高教研究》，2019 年第 8 期。

⑳钟秉林、王新凤：《普及化阶段我国高校教学质量评价范式的转变》,《中国大学教学》，2019 年第 9 期。

㉑林建华：《面向未来的中国高等教育》,《教育研究》，2019 年第 12 期。

㉒聂伟：《改革开放 40 年我国职业教育体系的建立和完善》,《职教论坛》，2019 年第 6 期。

㉓唐以志：《1+X 证书制度：新时代职业教育制度设计的创新》,《中国职业技术教育》，2019 年第 16 期。

㉔周建松、陈正江：《新时代中国特色高等职业教育的内涵与发展路径》,《中国高教研究》，2019 年第 4 期。

㉕马陆亭、宋晓欣：《新时代高等职业教育的模式改革》,《吉首大学学报(社会科学版)》，2019 年第 2 期。

㉖洪成文：《高等教育研究如何呼应高教实践》,《教育科学》，2019 年第 6 期。

㉗聂伟：《新时代中等职业教育需要高水平发展》,《中国职业技术教育》，2019 年第 7 期。

㉘王海平、郑霁鹏、马明：《中国终身教育政策的价值构成》,《成人教育》，2019 年第 9 期。

㉙王海平、郑霁鹏、马明：《中国终身教育政策变迁的空间分析》,《职教论坛》，2019 年第 5 期。

㉚王海平：《从分工到整合：我国终身教育体系建设政策的话语演变》,《中国职业技术教育》，2019 年第 16 期。

㉛彭海蕾、陈志伟：《论洪堡思想的终身教育元素及对当代的现实价值》,《成人教育》，2019 年第 5 期。

㉜李天顺：《新中国特殊教育 70 年》,《中国特殊教育》，2019 年第 10 期。

㉝杨希洁：《当前特殊教育发展若干特点及问题的思考》,《中国特殊教育》，2019 年第 8 期。

㉞徐知宇、王雁：《学习〈全面深化新时代教师队伍建设改革的意见〉——加快建设高素质专业化特殊教育教师队伍》,《教师教育研究》，2019 年第 1 期。

㉟班永飞、孙霁、白冰玉：《特殊教育教师职业承诺对职业倦怠的影响：教学效能感的调节效应》,《中国特殊教育》，2019 年第 8 期。

㊱唐佳益、王雁：《特殊教育教师职业认同感与离职意向：工作满足感的中介作用》,《中国特殊教育》，2019 年第 2 期。

㊲石鸥：《中小学教科书 70 年忆与思》,《湖南师范大学教育科学学报》，2019 年第 2 期。

㊳申继亮：《新时代教材建设面临的挑战、问题和趋势》,《课程·教材·教法》，2019 年第 9 期。

㊴彭茜、王本陆：《我国 70 年师生教学关系研究的主题分析》,《课程·教材·教法》，2019 年第 2 期。

⑩李孔文：《中国课程研究东学西渐的战略思考》,《课程·教材·教法》，2019 年第 12 期。

⑩李俊堂、郭华：《综合课程 70 年：研究历程、基本主题和未来展望》,《课程·教材·教法》，2019 年第 6 期。

⑩郭华：《70 年：课堂教学改革之立场、思想与方法》,《中小学管理》，2019 年第 9 期。

⑩王鑫：《习近平大数据论述引领课程教学改革》,《课程·教材·教法》，2019 年第 3 期。

⑩王润、张增田：《师生交往视角下的数字教科书价值与限度》,《河北师范大学学报(教育科学版)》，2019 年第 1 期。

⑩王润：《数字教科书作为教学文本：价值与限度》,《课程·教材·教法》，2019 年第 6 期。

⑩石鸥：《中小学教科书 70 年忆与思》,《湖南师范大学教育科学学报》，2019 年第 2 期。

⑩陈文新、张增田：《论数字教科书的三维风险》,《课程·教材·教法》，2019 年第 6 期。

⑩赵正、李莎莎：《地方高师院校教师教育培养目标定位的困惑与思考》,《黑龙江高教研究》，2019 年第 11 期。

⑩郑春林：《教师教育应聚焦教师的文化价值取向》,《教学与管理》，2019 年第 36 期。

⑩李醒东：《“未来大学教师”教育：美国大学研究生助教“三段进阶”培养模式解析》,《东北师大学报(哲学社会科学版)》，2019 年第 5 期。

⑪魏戈：《教师教育一体化的芬兰经验》,《外国中小学教育》，2019 年第 1 期。

⑫史东芳、李锋：《教师教育中 PBL 模式实施研究——来自加拿大不列颠哥伦比亚大学的实践经验》,《外国中小学教育》，2019 年第 10 期。

⑬罗嘉文、刘义民、杜德栎：《U-G-F-S 协作下的中小学教师专业发展模式建构研究——基于田家炳基金会协同教师教育的实践与思考》,《当代教育与

文化》，2019 年第 4 期。

⑭刘河燕：《基于师范类专业认证的教师教育课程内容改革研究》，《现代大学教育》，2019 年第 4 期。

⑮燕学敏：《省级政府统筹下的教师教育一体化发展研究》，《教育科学》，2019 年第 6 期。

⑯吕恺悦、孙众：《“人工智能+教师教育”的现状、动态与问题》，《现代教育技术》，2019 年第 11 期。

⑰陈雷：《“人工智能+教师教育”生态系统的初步探究》，《现代教育技术》，2019 年第 9 期。

⑱袁尚会：《大中小学德育目标建构的反思与改进》，《学校党建与思想教育》，2019 年第 19 期。

⑲杨晓、张杨阳：《杜威对赫尔巴特德育前提的置换及其启示》，《河北师范大学学报（教育科学版）》，2019 年第 3 期。

⑳徐向英：《中小学校长德育领导力提升的现实困境及实践路径》，《教育理论与实践》，2019 年第 5 期。

㉑叶飞：《德育理论的中国探索与转型之路（1949—2019）》，《南京师大学报（社会科学版）》，2019 年第 4 期。

㉒马蕾：《德育叙事的本性、现实样态与实践逻辑》，《当代教育科学》，2019 年第 9 期。

㉓刘娟娟、霍东军：《德育重心：从他律转向自律》，《中学政治教学参考》，2019 年第 18 期。

（作者：劳凯声，首都师范大学教授；陈冲、刘晓鑫、王申，首都师范大学博士生；李硕、陈强、王亦僖，首都师范大学硕士生）

心 理 学

心 理 学

李 纾 丁 阳 李佩威 符佳慧 刘姝妤 杜思源 李云箫 赵 宁 梁竹苑

2019 年心理学各个领域研究成果颇丰，研究者们在致力于心理学理论研究的同时，关注社会热点问题，用心理学的方法解决现实问题。推动了心理学的实践服务。

一、学术会议

2019 年 2 月 22 日，我国第一本《心理健康蓝皮书》发布会在北京举行。此次会议由中国科学院心理研究所和社会科学文献出版社共同主办。编撰作者认为，作为智库成果，蓝皮书能够对提高公众认识和影响政策制定发挥积极作用。发布会上，《心理健康蓝皮书》编撰团队呼吁全社会关注和重视心理健康，为提升我国国民的心理健康水平和心理健康素养发挥更大作用。

2019 年 3 月 20 日，北京市社会心理学会换届大会暨 2019 年学术前沿论坛召开。会员代表大会由第九届理事会秘书长蒋奖主持，全体代表听取并一致通过了第九届理事会和监事会的各项工作报告，选举产生了北京市社会心理学会第十届理事会理事 30 人、监事会监事 3 人，审议通过了《北京市社会心理学会民主决策制度》等 7 项内部管理制度。当晚还举行了北京市社会心理学会 2019 年学术前沿论坛。

2019 年 5 月 9—10 日，由中国科学院心理研究所与瑞典卡罗林斯卡学院老化研究中心联合主办的脑、健康与老化国际研讨会在北京召开。近百位来自瑞典、美国和国内认知老化领域的学术界及产业界的专家学者参加本次会议。本次会议为促进我国脑、健康与老化基础和应用研究，推动健康中国战略实施发挥重要作用。

2019 年 5 月 10—11 日，第六届全国人本心理咨询与治疗学术大会于北京师范大学召开，大会由中国心理学会临床与咨询心理学专业委员会和北京师范大学心理学部联合主办。会议集结了国内外 50 多个相关机构的人本主义心理学领域的专家学者、高校师生、社会从业者 200 余人，从“科学与人文融合、研究与实践对话”的视角探讨人本心理咨询与治疗在当今时代的新发展。

2019 年 5 月 17—19 日，中国心理学会经济心理学专业委员会（筹）第一届学术年会在中央财经大学召开，年会由中国心理学会经济心理学专业委员会和中央财经大学社会与心理学院联合主办。会议以“新时代 · 心经济”为主题，议题涵盖当今中国现实中的经济心理学问题、营销和消费心理学研究、助推研究等多个领域，标志着经济心理学在我国的发展进入了一个全新的历史阶段。

2019 年 6 月 20—21 日，首届华人运动行为与脑健康学术研讨会暨全国第二届运动认知神经科学学术年会在北京召开。此次大会是首次在体育运动领域召开的大规模脑科学会议，由中国科学院行为科学重点实验室、中国心理学会体育运动心理学专业委员会、中国体育科学学会运动心理学分会主办。

2019 年 6 月 28 日，由清华大学社会科学学院、海淀区教育委员会、中国心理学会积极心理学专业委员会（筹）以及清华幸福科技实验室共同举办的第一届全国积极教育大会在清华大学召开。大会邀请了来自全国 24 个省市自治区、516 所学校及行政事业单位的近 700 位教育局领导、校长和老师代表们参与，致力于促进积极教育事业的发展，共同助力中国教育事业未来发展。

2019 年 10 月 30—31 日，第一届儿童脑智发育国际研讨会在北京师范大学召开，本次研讨会由北京师范大学、北京儿童医院、国家儿童医学中心联合主办，北京自然科学基金委员会、国际《神经影像》杂志协办。大会涵盖儿童脑智发育相关的组织学、心理学、神经影像学、儿科学、神经精神病学、计算机科学、神经生理学等不同主题，300 多位来自全国科研院所和临床医院的听众出席了本次会议。

2019 年 11 月 1 日，由中国科协指导、中国心理学会主办的中国心理学会重大科学问题“情绪意识的产生根源”进展专题座谈会在中国人民大学举行。“情绪意识的产生根源”是中国心理学会所提交重大问题难题中进入最终发布环节的议题。此次研讨中，各领域、多方向专家学者集思广益，形成对这一问题的深入认识和思考。

2019 年 11 月 22—24 日，2019 应用心理学高峰论坛于北京大学召开，此次论坛由中国社会心理学会应用心理学专业委员会和北京大学心理与认知科学学院主办，主题聚焦于管理心理学和经济与消费心理学。会议吸引了国内外该领域的优秀专家学者，为研究的心理学学者提供一个知识分享、问题探讨的高层次平台。

二、学术研究

1. 人格与社会心理学

（1）人格与道德

为探究中国人善、恶两种人格的结构和维度，一项基于词汇学方法的研究对中国文化下的善恶特质词汇进行了整理与归纳。研究使用现代汉语词典和开放性问卷调查收集了善与恶的人格词，最终得到 27 个“善”人格词汇与 28 个“恶”人格词汇。因素分析及结构方程模型结果显示：中国人的“善”人格包含尽责诚信、利他奉献、仁爱友善、包容大度 4 个维度；“恶”人格包含凶恶残忍、虚假伪善、污蔑陷害、背信弃义 4 个维度。①人性观方面，研究者发现相较于美国被试而言，中国被试对人性的主观评定更倾向于性善的一端，在向善人性观的作用下，中国被试在道德方面，特别是在规范性道德方面具有更高的要求。②

亲社会表现指人们在社会交往中的帮助、合作、分享等行为，涉及助人者和受助者双方。有研究发现，不同的助人者类型影响个体在亲社会行为、意愿、情绪 3 个维度的亲社会表现。年幼儿童倾向帮助他人获得积极结果，成年人和年长儿童表现出亲社会损失规避现象。③随着我国人口老龄化加速，老年人抑郁受到了广泛的关注。一项研究表明，共情可分别通过领悟社会支持与心理弹性，以及领悟社会支持—心理弹性的链式中介作用预测老年人抑郁。④

在道德领域，有研究发现物理变量对道德产生影响，软硬这一对物理量在具身认知和隐喻语言两种机制上都对道德判断起到了影响。人们在感受到软时，会偏向于做出更具有“人情味”的义务论判断；而当感受到硬时，人们会偏向于做出更冷酷的结果论判断。⑤个体体验到的不公感越强烈，越容易表现出不道德行为。研究者就公正世界信念和社会责任感之间的关系进行了探索，发现公正世界信念可以显著预测大学生社会责任感，并且在男大学生群体中，人际信任在二者间起到中介作用。⑥基于中国综合社会调查 2010 年数据的研究也发现，个体的公平感越高，越倾向于对社会不平等进行内部归因，且经济水平越低，公平感对于社会不平等的内部归因正向预测作用越大。⑦

（2）人际关系与社会行为

幸福感是社会心理学领域中的一个重要话题。有研究表明关系流动性可显著正向预测主观幸福感，拒绝敏感性在其中起中介作用。高关系流动性能预测个体的低拒绝敏感性，进而预测更高的主观幸福感。[8]在人口老龄化的背景下，被称为“老漂族”的随迁老人虽然可能获得更好的物质生活水平，但却因为环境的更迭精神生活水平大幅降低，一项有关幸福感的研究发现：群际接触质量能显著正向预测随迁老人和本地老人的幸福感水平。[9]

随着智能拍照手机和互联网社交平台的普及，发布自拍逐渐成为现代社交与生活中重要的组成部分。研究者发现自我感知的外表吸引力与自拍发布行为间存在有调节的中介关系：自我感知的外表吸引力显著地正向预测个体的自拍发布行为，外倾性在其中起部分中介作用，而表现欲能调节外倾性与自拍发布行为的关系。[10]自拍风潮可能是一种从众行为，有研究探讨了对创造性产品的评价是否存在从众效应，发现被试对“创新产品”和“革新产品”在新颖性和实用性上的评价都具有从众效应，但对“创新产品”在实用性评价上比“革新产品”更容易从众，这可能是其中的不确定性更高所导致的。[11]

在社会交往领域，研究者就自尊与社交焦虑的关系进行了基于中国学生群体的元分析，结果表明个体的自尊水平与社交焦虑存在中等程度的负相关，且这种关系在跨性别、跨年龄段均保持稳定性。[12]环境适应能力也能预测青少年网络成瘾，研究者对2177名中学生进行问卷调查发现：青少年的消极退缩与积极应对可直接影响其网络成瘾，也可通过孤独感间接影响网络成瘾。[13]社会支持对戒毒动机的影响研究中，发现未来结果预期在合成类毒品成瘾者社会支持与戒毒动机间起中介作用，其作用主要通过长期结果预期维度实现。[14]

（3）行为决策助推社会发展

行为决策的助推方法是提供简约且低成本的选择架构，使人们的行为朝着预期的方向改变。近年来行为决策研究在帮助政府及组织制定和实施公共政策方面，发挥越来越大的应用价值。2018—2019年，我国心理学旗舰期刊《心理学报》开设了《以小拨大：行为决策助推社会发展》专栏，共刊发稿件12篇。其中，在缓解我国低生育率现状方面，研究者发现生育年龄的限制感可以提升未婚女性对儿童的内隐态度和已婚女性的计划生育数量，即生育限制感提高了女性的生育意愿。政府和相关部门可以采取创设女性对适宜生育的年龄有限制感的环境而非进一步放开人口生育指标，助推提升育龄女性的生育意愿。[15]

互联网公益平台和移动支付的兴起提高了捐赠的便捷性，网络公益逐渐走进公众视野。研究表明，在网络公益平台中将默认选项设置为高金额会显著地减少个人的捐赠意愿。[16]且操纵感知在该关系起到中介作用：默认选项的金额设置为高金额时，人们的被操控感知增强，进而降低了捐赠意愿。道德认同水平则起调节作用：当个体道德认知水平较低时，高默认金额相较于低默认金额会降低其捐赠意愿；而个体道德水平较高时，在高、低默认金额选项中并无显著性差异。这对于网络公益平台进行捐赠金额的设置具有重要的实践意义。

课外辅导已成为学生学习生活的重要部分。为促进基础课与拓展课程均衡发展，研究者发现：在选课中简单采用拒绝反应模式便可助推小学生家庭选择更多基础课程，从而实现两类课程均衡的目的。此外，实验还表明：三代人在接受和拒绝反应模式下均偏好选择拓展课，均在拒绝反应模式下选择更多课程，而父母组选择的辅导课总数显著多于其余两组。[17]

2. 健康、临床心理及心理咨询

（1）心理疾患与心理障碍

心理疾患中，抑郁症和精神分裂症是学者们关注的重点之一。一项研究探究了抑郁症患者接受磁惊厥治疗（MST）前后，其默认脑网络的脑区间功能连接的改变情况，发现了MST治疗抑郁症的神经调控机制，即通过调节抑郁症患者默认网络功能连接异常，而起到抗抑郁作用。[18]重性抑郁障碍患者的认知功能对抑郁患者的自杀意念有影响，且注意、延时记忆是自杀意念的保护因素。[19]精神分裂症往往严重损害患者的社会功能。一项研究旨在探索精神分裂症患者的自我管理动机亚型，结果初步揭示了精神分裂症患者中的自我管理动机亚型及其特征，可为精准化的自我管理动机支持策略提供科学依据。[20]且使用卷积神经网络辅助诊断的模式，对于精神分裂症有较强的诊断力。[21]

孤独症患儿的出生往往意味着一个家庭的不幸。一项研究收集了1505例汉族孤独症患者及1308例性别匹配健康对照者的出生体质量等信息，发现中国汉族人群中，MTHFR基因C677T多态性、低出生体质量与孤独症患病风险有关联，提示了可利用基因技术开展孤独症的早期诊断和治疗。[22]

火山地震、流行疫情、意外事故在世界范围内频频发生，创伤后应激障碍（PTSD）也因此伴随出现。一项关于失独父母 PTSD 的研究表明，失独父母的 PTSD 症状有明显分类特征，应该对失独群体中的女性、年龄较小和心理韧性水平较低的个体给予更多关注和干预。[23]

（2）心理咨询与健康心理学

心理咨询行业在我国蓬勃发展，但来访者的情感和认知对心理咨询的效果存在较大影响。一项研究考察了心理咨询中来访者的不安全依恋问题，发现来访者的依恋焦虑可以经由过度疏远的修正性体验，转化为自主感的增长，但来访者的依恋回避并不能通过过度亲近的修正性体验转化为投入感的增长，两者的转化机制不同。[24]另一项大学生心理疾病污名化的调查和干预研究则发现，大学生对心理疾病存在内隐污名，教育性、接触性的干预策略有助于改善大学生对相关知识的了解，但不能改进大学生对心理疾病的内隐污名化水平。[25]

健康心理学的研究重点是利用心理学方法提高特殊人群的身心健康水平。如，分娩自我效能感可在孕妇正念水平和分娩恐惧之间起部分中介作用[26]，睡眠护理干预可提高婴幼儿的深度睡眠占比，提高粗大运动的发育水平。[27]在青少年人群中，研究者发现反应风格能够解释青少年孤独感与抑郁症状之间的内在机制，且性别在其中具有调节作用。[28]青少年的自主支持存在 4 个潜在剖面，男生、年龄大的青少年更可能归为父母中等-班主任低的自主支持组；高自主支持组幸福感最高、孤独感最低，较高自主支持组次之，父母低-班主任较高自主支持组与前者完全相反；父母自主支持更为重要。[29]在高校学生中，负性情绪在医学专业研究生压力源与焦虑症状中起着部分中介作用，并且社会支持在其中起着多重调节作用。[30]大学生依恋焦虑可通过影响归属需要受挫，进而间接影响社交网络成瘾，而性别在归属需要受挫与社交网络成瘾之间具有调节作用。[31]

3. 发展与教育心理

（1）认知与情绪、情感的发展

儿童语素意识与儿童的阅读能力密切相关。有研究者对小学一年级儿童进行了为期 3 年的追踪，结果发现：儿童汉语语素意识、口语词汇知识、阅读准确性和阅读流畅性在小学 1～3 年级间有显著增长；控制一般认知能力、语音意识、快速命名后，口语词汇知识在儿童早期的语素意识与后期的阅读能力之间起跨时间点的中介作用。儿童早期的语素意识水平能够提高词汇知识获得的效率，进而促进阅读能力的发展。[32]另一项研究者对小学一年级学生进行了两年的追踪研究，发现在小学低年级阶段，儿童的默读流畅性在早期语素意识与之后的阅读理解中发挥跨时间点的中介作用，且该中介效应随儿童认知技能的发展会发生一定的变化。[33]

共情和依恋是儿童和青少年情绪发展中的核心环节之一。研究使用追踪设计，以母婴为被试，探讨母亲影响儿童共情发展的机制。结果发现：婴儿期母亲的不同特征可分别正向预测 5 岁时儿童的 3 种共情模式：恰当的心理相关评论预测行为共情，不协同的心理相关评论预测认知共情，陪伴总时间预测情绪共情。且婴儿期母亲陪伴总时间可调节对情绪共情与认知共情的预测作用：恰当的心理相关评论正向预测陪伴总时间短的儿童的情绪共情，及母亲陪伴总时间长的儿童的认知共情。[34]在依恋研究方面，有研究关注了母亲守门行为对母子依恋的间接效应模型，结果发现：母亲的开门行为对母亲教养投入和母子依恋均具有正向预测作用，母亲教养投入对母子依恋具有正向预测作用；从发展阶段来看，母亲开门行为的间接效应模型在 3 个发展阶段均成立，且间接效应大小无差异；母亲关门行为的间接效应模型只在早期和后期成立，且两发展阶段的作用性质相反，早期为正向预测作用，后期为负向预测作用。[35]另一项研究以青少年为被试关注了父亲协同教养的作用，发现父子依恋在父亲协同教养的团结、贬低行为与青少年同伴依恋之间发挥中介作用；青少年的情绪性在父子依恋影响青少年同伴依恋的关系中起调节作用，即情绪性调节了中介过程的后半路径，具体而言，当青少年情绪性升高时，父子依恋对青少年同伴依恋的促进作用减弱。[36]

（2）家庭教育和环境的影响

家庭教育是影响儿童和青少年发展的核心因素。在父母支持方面，有研究者调查了初中和高中学生，发现基本心理需要和个人成长主动性在父母自主支持和青少年未来教育、职业规划之间均起着显著的链式中介作用，基本心理需要和个人成长主动性是影响父母自主支持与青少年未来规划之间关系的重要内因。[37]父母婚姻质量通过协同教养对青少年问题行为起着长期的、重要的影响。研究发现：父母婚姻质量与协同教养之间不仅存在同时溢出效应，而且存在滞后溢出效应；在同一时间段内，父亲婚姻质量通过父亲团结性协同教养对青少年问题行为具有负向预测作用；母亲婚姻质量不仅在同一时间段内，而且在不同时间段内通过母亲的冲突性、贬低性协同教养对青少年问题行为具有正向预测作用。[38]

家庭环境中，父母的压力可以预测儿童的问题行为。有研究追踪测量了幼儿及其母亲，考察了儿童早期（9~38个月）母亲生活压力对5岁时儿童行为问题的预测效应及其作用机制。结果发现，母亲生活压力对儿童行为问题具有预测效应，这种效应的机制包括母亲生活压力的直接效应以及通过积极养育、努力控制的间接效应。[39]父母的抚养压力在母亲抑郁和学龄前儿童内、外部问题行为间具有链式中介作用：母亲抑郁可以正向预测儿童的内、外部问题行为；母亲抚养压力和母亲抚养压力-父亲抚养压力这两条路径，可以部分中介母亲抑郁对儿童内部问题行为的作用，并完全中介母亲抑郁对儿童外部问题行为的作用。[40]此外，家庭社会经济地位可以通过家庭支持影响自我效能感：女生的家庭支持显著高于男生，自我效能感显著低于男生；家庭支持在家庭社会经济地位对自我效能感的影响中起中介作用；该中介作用受到性别因素的调节，较之男生，女生的家庭支持受到家庭社会经济地位的影响作用更为显著。[41]

（3）社会认知、社会关系及其影响

儿童在早期就形成了对社会化因素的认识。例如，有研究者探究了不同卷入情境下儿童基于资源价值的分配行为特点以及内群体偏爱在其中的作用，研究呈现给儿童两种实验情境，结果发现比起年幼儿童，年长儿童基于资源价值的公平行为发展得更好，并且在两种卷入情境下受内群体偏爱的影响均更小。两个实验均发现儿童的分配行为表现出内群体偏爱，5~6岁儿童比7~8岁儿童更明显。并且，5~6岁女生比男生有更明显的内群体偏爱，但在7~8岁组无这样的性别差异。[42]劳动在人们的所有权判断中起着重要作用。一项研究以中国3~5岁的幼儿和成人为对象，考察了他们在拿和借两种转移方式下基于劳动的所有权判断。结果发现转移方式会影响个体基于劳动的所有权判断，并且从4岁开始幼儿能够区分不同转移方式的作用。4~5岁的幼儿及成人在两种转移方式下的所有权判断存在显著差异。相比于拿条件，他们在借条件下不太倾向于判断劳动者是新加工物品的所有者。[43]

社会关系，尤其是同伴关系是青少年的社会化发展中的关键环节之一。朋友冲突对男生的孤独感影响更大，亲子冲突对女生的孤独感影响更大。一项对初中生的追踪研究通过交叉滞后的方法探讨亲子冲突、朋友冲突和孤独感之间的相互作用。结果发现，对男生而言，先前亲子冲突对随后朋友冲突和孤独感预测作用不显著，而朋友冲突与孤独感为相互预测关系，亲子冲突和朋友冲突不存在显著预测关系；对女生而言，先前亲子冲突可以显著正向预测随后孤独感，而朋友冲突则不能，亲子冲突与朋友冲突为相互预测关系。[44]一项研究考察了汶川地震8.5年后青少年的社会支持、自我效能感、自尊与创伤后成长（PTG）之间的关系。结果发现社会支持对PTG影响的一个重要机制是通过提升个体的自我效能感、增加其自尊来实现的。创伤暴露程度对PTG具有显著的预测作用；而在控制创伤暴露后，社会支持不仅可以直接促进PTG，也可以分别通过自我效能感和自尊促进PTG，还可以通过自我效能感经自尊的多重中介作用来促进PTG，表明自我效能感和自尊在社会支持与PTG的关系中发挥着显著的中介效应。[45]

4. 组织行为与人力资源

（1）组织与员工关系

良好的员工组织关系可以对双方都产生积极正向影响。有研究发现，在中小学教师中，组织认同显著正向影响知识共享，团队认同在组织认同与知识共享之间起着部分中介作用，且这一作用受到关系冲突的调节：在低关系冲突的条件下，团队认同在组织认同影响知识共享过程中的中介作用显著，但在高关系冲突的条件下，其中介作用不明显。[46]同时，个人—组织匹配正向预测组织公民行为，员工工作敬业度在两者关系中起中介作用；主管支持、员工主动性人格对个人—组织匹配与组织公民行为之间的关系具有调节作用。[47]良好的组织结构还能产生激励的作用，基层农技推广人才所在组织的工作条件、组织分配公平感知、组织程序公平感知、规范承诺、关系性社会资本以及外部宏观环境对于其主观幸福感具有较为显著的正向影响，而基于组织的机会承诺则具有显著的负向影响。[48]

辱虐管理作为新的视角引发研究者对其消极影响的探索。在中国文化情境下，主管的辱虐管理行为会通过心理契约破坏的中介作用，对员工创造力产生间接的消极影响；但该负向的间接关系的强度对高中庸思维者而言较弱。[49]因此，如果组织能够对员工提供适当的心理保健福利，有助于员工更好地投入工作，例如，研究发现在个体内层面，正念与工作-家庭增益正相关，工作投入在这一关系间起到中介作用；个体间的表层扮演调节了个体内的正念与工作投入的关系及工作投入的中介作用，即表层扮演水平越高，正念对工作投入的影响及工作投入的中介作用相对更弱。[50]

（2）领导类型与领导力

为深化理解领导行为对员工以及组织的影响，研究者将其划分为多种类型并分析其特点和影响。有研究采用元分析发现，授权型领导、伦理型领导、变革型领导、领导-成员交换、真实型领导、交易型领导、服务型领导以及家长式领导与敬业度之间均呈显著的正相关关系，且对敬业度的解释力递减。[51]同时，谦卑型领导和心理特权可以对资质过剩感与亲组织不道德行为的关系产生影响，资质过剩感显著正向影响心理特权，心理特权在资质过剩感与亲组织不道德行为之间起到中介作用，谦卑型领导显著负向调节资质过剩感与心理特权的关系。[52]

优秀的领导方式可以有效增益员工和组织。有研究开发了基于公共价值的青年领导力测验量表，以实现对领导力的有效度量。该量表包含自我管理、人际交往、团队组织和公共价值 4 个维度结构。[53]青年群体的马基雅维利主义既可以直接预测创业意向，又可分别通过生涯适应性和创业自我效能感的中介效应，以及生涯适应性—创业自我效能感的链式中介效应间接预测创业意向。[54]

（3）消费心理

了解消费者对产品价格的偏好和购买渠道选择，可以更加科学有效地进行产品设计、市场营销，实现个性化商品推荐等。如，折中商品的不可得性对消费者受余下商品的吸引力呈现非对称性的影响。中等价格中等质量商品的不可得将显著提升低价格商品的吸引力；随着质量属性模糊性的降低或提高，折中商品不可得效应相应减弱或加强。[55]除了产品价格设定，构建用于预测消费者渠道决策的数理模型也能进一步了解消费者心理，有研究者构建了该模型，并发现成本和体验是影响购买渠道决策的重要因素，同时验证了量化模型预测消费者渠道行为的可行性。[56]

5. 情绪、认知和脑神经科学

（1）情绪

焦虑是情绪心理学的重要研究课题之一。为了探究社交焦虑、控制感和自我聚焦注意（即自我意识）之间的关系，研究者通过网络测试了自我意识问卷、Shapiro 控制问卷和社会交往焦虑问卷，发现自我意识程度越高，个体的社交焦虑程度就越高，控制感中介了自我意识与社交焦虑的关系。[57]在与状态焦虑有关的研究中，研究者探讨了状态焦虑对时距知觉的影响，以及注意偏向与认知评价在其中的中介和调节作用。结果发现，在特定时距时，状态焦虑会导致对时距的高估，注意偏向在状态焦虑对时距知觉的影响中具有部分中介作用，且只有当认知评价得分较高时，即个体认为焦虑对心理健康有害程度较高时，状态焦虑可以通过注意偏向影响时距知觉。[58]

另外一些研究关注羞耻情绪对欺骗行为的影响，发现当个体的羞耻情绪由道德失范而诱发时，会遏制其欺骗行为的产生；羞耻情绪对欺骗行为的影响机制可能是：感受到羞耻的个体，为恢复和保护受损的道德自我，通过调集更多自我控制资源的方法来减少欺骗行为的出现。[59]

失独者的情绪是社会的重要关注对象。有研究者探查自传体记忆功能和家族主义情感对失独者希望的影响。结果表明，自传体记忆的自我功能对失独者希望的预测作用不显著，但社会功能和指导功能对希望均有正向预测作用。以失独者的希望为因变量，当以自传体记忆的自我功能或指导功能为自变量时，家族主义情感的调节效应显著；以社会功能为自变量时，家族主义情感的调节效应亦临界显著。所以，高的家族主义情感能促进自传体记忆功能对失独者希望的正向影响。[60]

（2）知觉与记忆

信息掩蔽刺激对字母视觉搜索的干扰大于能量掩蔽刺激，为了探究其脑中枢机理，研究者采用记录脑代谢激活模式的功能性近红外光学脑成像技术。结果表明信息掩蔽较匹配的能量掩蔽对视觉搜索有更大干扰作用，并在初级和联合视觉皮层引发更大的激活，且字母掩蔽和字母碎片掩蔽的作用方向在大脑皮层上所造成的加工负载存在差异。[61]

人们通过整合自身运动信息进行的空间巡航称为路径整合。有研究采用头盔式虚拟现实和分段式虚拟迷宫，探究个体的预期如何影响其路径整合的准确性。实验结果表明，个体返回起点的行为反应受到外出路径特点的影响，而且反应的准确性在实际情形违背预期时比符合预期时更低。这表明，预期作为一种非感知觉因素影响人们进行路径整合，体现了人类路径整合的高度适应性和策略性。[62]

前瞻记忆时刻影响我们的日常生活。研究者采用绝对重要性的指导语操纵前瞻记忆任务的任务重要性，并以 Stroop 任务作为进行中任务考察绝对重要性和认知负荷对基于事件前瞻记忆的影响。结果发现低认知负荷条件下的前瞻记忆表现好于高认知负荷条件。这说明认知负荷会影响前瞻记忆的重要性效应，并支持了多重加工理论。[63]

（3）语言、思维与决策

具身模拟影响汉语肢体动作动词的理解。研究发现，汉字的具身方向与箭头方向一致促进被试对箭头方向的判断，汉字的具身方位与字母方位一致促进对字母方位的识别，同时，理解汉语肢体动作动词不仅在整字层次上存在着具身模拟，在部件层次上也存在着具身模拟。义符在汉字加工中期被激活了，并且持续到加工晚期。整个研究表明，汉语肢体动作动词理解是一个跨通道的具身模拟过程。[64]

语言和文化对颜色认知的影响存在着直接语言效应和间接语言效应的争论。为了探究这一争论，基于绿色和红色在维吾尔族和汉族的语言和文化中分别具有重要的意义，研究者考察两个民族的大学生对红、绿的认知。结果表明，与汉族相比，维吾尔族对绿色的辨认、分类和再认存在反应优势，对红色认知存在反应劣势。与颜色辨认反应比，两个民族的颜色再认反应时显著长。这说明语言和文化对颜色认知的影响存在着间接语言效应，语言与文化塑造个体的颜色知觉空间。[65]

为了探讨不同水平特质反刍思维个体的注意范围及其调节能力，研究者采用注意范围任务测量反刍思维高低被试的注意范围大小及调节能力。结果发现，高低反刍思维个体的注意范围大小没有差异；高反刍思维个体的注意范围调节能力（尤其是注意范围扩大能力）比低反刍思维个体更差。[66]

风险决策和跨期决策与人类生存发展密切相关，为检验二者是否具有共同过程机制，研究者以风险决策中的确定效应和跨期决策中的即刻效应为例，采用眼动追踪技术比较了它们的局部、整体过程及模型拟合，辅以贝叶斯因子分析实验数据。结果表明两类决策更可能遵循非折扣模型预期的简捷、启发式规则，而不是折扣模型所假设的补偿性、基于选项规则。[67]

6. 心理统计与测评

（1）心理量表

量表修订是心理测量学的重要内容。研究者修订了适合中国文化背景的网络使用父母干预方式问卷，使其适用于我国中学生及其家长，更好地测量父母的网络干预方式。探索性因素分析发现，修订后的学生版和家长版问卷均包括：主动帮助、陪伴、约束、监控及技术限定这 5 个维度，且问卷结构效度良好。[68]有研究者对 Fantuzzo 等人编制的父母参与问卷（缩减版）进行本土化修订，使其适用于我国学前儿童父母这一群体。结果表明，修订后的父母参与问卷（缩减版）在父亲、母亲群体中均具有良好的信效度，适于考察我国学前儿童父母参与的情况。[69]为了研究依赖导向和成就导向，研究者修订依赖导向与成就导向心理控制量表，并在中国青少年群体中检验其信、效度。探索性因素分析和验证性因素分析的结果支持了二因素模型，量表修订版在中国青少年群体中具有较好的信度、效度。[70]

模型比较在量表修订中也具有重要意义。研究者验证了儿童抑郁量表的五因素模型及二阶单因素模型，并在留守与非留守儿童间进行测量等值性检验。结果表明，五因素模型修正后拟合良好，且优于二阶单因素模型，儿童抑郁量表能够测量两类儿童抑郁的多种症状，但量表中五因素可能还受到其他因素的影响，使用和解释时须谨慎。[71]

（2）计算机化测验

研究者提出两种认知诊断计算机自适应测验下平衡属性收敛的新方法（MABI、RTA），模拟研究系统探讨和比较了此二者与已有方法（ABI、IABI 和 RABI）的表现。结果发现：较不考虑属性收敛的方法，新方法的准确率更高，题目使用率更均衡；较 ABI 和 RABI，新方法的准确性稍低，但题目使用率更平衡；新方法与 IABI 相比，二者的准确性和题目使用率在不同选题策略下各有优势。总之，两种新方法较好地兼顾测量准确性、题目使用率以及题库曝光情况。[72]

推荐系统是计算机科学与心理学的交叉领域。研究者基于推荐系统中协同过滤推荐的思想，提出两种可以利用已有答题者数据的 CAT 选题策略：直接基于答题者推荐（DEBR）和间接基于答题者推荐（IEBR）。两种推荐选题策略对题目曝光率的控制优于两种传统选题策略，测量精度不亚于传统选题策略，其中 DEBR 侧重选题精度，IEBR 对题目曝光率控制最好。已有答题者数据的特点和质量是影响推荐选题策略表现的主要因素。[73]

为探究在计算机化多维测验中如何利用作答时间数据来辅助评估多维潜在能力，以及为我国义务教育阶段教育质量监测提供数据分析方法上的理论支持，研究者以 2012 年和 2015 年国际学生能力评估（PISA）计算机化数学测验数据为例，提出了一种可同时分析作答时间和作答精度数据的多维 Rasch 模型。根据新模型对 PISA 数据的分析结果，引入作答时间数据不仅有助于提高多维 Rasch 模型参数的估计精度，还有助于数据分析者在今后利用被试的作答时间信息来做进一步的决策和干预（例如：对异常作答行为或预备知识的诊断）。[24]

注：

①焦丽颖、杨颖、许燕、高树青、张和云：《中国人的善与恶：人格结构与内涵》，《心理学报》，2019 年第 10 期。

②吴言动、王非、彭凯平：《东西方文化的人性观差异及其对道德认知的影响》，《心理学探新》，2019 年第 1 期。

③肖凤秋、郑志伟、陈英和：《受助者结果类型对亲社会表现的影响：成人与儿童的对比研究》，《心理发展与教育》，2019 年第 3 期。

④庞芳芳、赵佳、苏英、官锐园：《老年人共情能力与抑郁：领悟社会支持和心理弹性的多重中介作用》，《中国临床心理学杂志》，2019 年第 2 期。

⑤吴言动、喻丰、彭凯平、刘书青：《心真的会"软"吗？软硬感受与语义改变道德判断》，《心理学探新》，2019 年第 6 期。

⑥易梅、田园、明桦、黄四林、辛自强：《公正世界信念与大学生社会责任感的关系：人际信任的解释作用及其性别差异》，《心理发展与教育》，2019 年第 3 期。

⑦张茂鑫、刘红云：《公平感对社会认知的影响：经济因素的调节作用》，《心理学探新》，2019 年第 2 期。

⑧文植、张笑笑、赵显：《关系流动性、拒绝敏感性与主观幸福感的关系》，《心理学探新》，2019 年第 2 期。

⑨宋晓星、辛自强：《随迁老人和本地老人的群际接触与其幸福感的关系》，《心理发展与教育》，2019 年第 5 期。

⑩洪伟、刘儒德、郭明佳、甄瑞、蒋舒阳、金芳凯：《自我感知的外表吸引力与自拍发布行为的关系：一个有调节的中介模型》，《心理科学》，2019 年第 1 期。

⑪张红、任靖远、刘晨阳、罗劲：《创造性产品评价中的从众效应》，《心理学报》，2019 年第 6 期。

⑫张亚利、李森、俞国良：《自尊与社交焦虑的关系：基于中国学生群体的元分析》，《心理科学进展》，2019 年第 6 期。

⑬陈云祥、李若璇、刘翔平：《消极退缩、积极应对对青少年网络成瘾的影响：孤独感的中介作用》，《中国临床心理学杂志》，2019 年第 1 期。

⑭刘宇平、夏嫣雨、苏贵生、史庆国、贾志刚、王立勋、张卓、杨波：《社会支持对合成类毒品成瘾者戒毒动机的影响：未来结果预期的中介作用》，《中国临床心理学杂志》，2019 年第 3 期。

⑮邢采、孟彧琦、林青青、秦子玉：《生育年龄限制感提高女性的计划生育数量》，《心理学报》，2019 年第 4 期。

⑯樊亚凤、蒋晶、崔稳权：《网络公益平台默认选项设置对个人捐赠意愿的影响及作用机制》，《心理学报》，2019 年第 4 期。

⑰刘隽、张震、孙彦、韩布新、陆勤、刘萍萍：《接受还是拒绝？反应模式助推基础课与拓展课均衡选择》，《心理学报》，2019 年第 4 期。

⑱王健、姜玮、杨春林、马辛：《磁惊厥对抑郁症默认网络功能连接神经调控作用的研究》，《中华行为医学与脑科学杂志》，2019 年第 1 期。

⑲李伟、冀成君、杨甫德、卞清涛、童永胜、王志仁、杨可冰、蔡海鹏、王鑫、谭云龙：《重性抑郁障碍患者认知功能对自杀意念的影响》，《中华行为医学与脑科学杂志》，2019 年第 9 期。

⑳周晨曦、李峥：《精神分裂症患者自我管理动机的异质性探究：基于聚类分析和潜在剖面分析》，《中国临床心理学杂志》，2019 年第 4 期。

㉑刘津、贺勇、王久菊、权文香、田菊、冯超南、于淏岿、南彩、纪俊：《卷积神经网络在精神分裂症诊断中的应用研究》，《中华行为医学与脑科学杂志》，2019 年第 7 期。

㉒张纪水、王芳、苏怡、鲁寒、张天、王力芳、尚少梅、岳伟华：《孤独症患儿亚甲基四氢叶酸还原酶基因 C677T 多态性、出生体质量与患病风险的关联研究》，《中华行为医学与脑科学杂志》，2019 年第 8 期。

㉓布威佐热姆·艾力、郑昊、马珠江、张静、刘正奎：《失独父母创伤后应激障碍症状的潜在类别及其相关因素》，《心理科学》，2019 年第 6 期。

㉔周江萍、侯志瑾、徐梦飞：《不安全依恋在心理咨询中的转化：治疗距离的视角》，《中国临床心理学杂志》，2019 年第 4 期。

㉕张君睿、温旭、任红旭、钱铭怡、刘军、赵峥

峥、孙旭海：《大学生心理疾病污名的干预研究》，《中华行为医学与脑科学杂志》，2019年第11期。

㉖刘艳君、上官芳芳、郑睿敏、沈亚晴、徐慰：《分娩自我效能感在孕妇正念水平与分娩恐惧间的中介作用》，《中华行为医学与脑科学杂志》，2019年第9期。

㉗张增莲、刘昕：《睡眠护理干预对婴幼儿睡眠状况及粗大运动发育的影响》，《中华行为医学与脑科学杂志》，2019年第10期。

㉘张春阳、余萌、王建平：《青少年孤独感与抑郁症状：反应风格的中介作用以及性别的调节作用》，《心理科学》，2019年第6期。

㉙李若璇、刘红瑞、姚梅林：《父母和班主任自主支持对青少年幸福感和孤独感的影响：个体为中心的视角》，《心理科学》，2019年第4期。

㉚侯琳、张镇：《医学专业研究生压力源与焦虑症状：负性情绪的中介作用和社会支持的调节作用》，《中华行为医学与脑科学杂志》，2019年第12期。

㉛陈云祥、钟姝、戴莉、邓衍鹤、刘翔平：《大学生依恋焦虑对社交网络成瘾的影响：有调节的中介模型》，《中国临床心理学杂志》，2019年第3期。

㉜方铖豪、程亚华、伍新春：《小学低年级儿童汉语语素意识、口语词汇知识对阅读能力的影响：一项追踪研究》，《心理发展与教育》，2019年第1期。

㉝赵英、伍新春、陈红君：《汉语儿童语素意识对阅读理解的影响：默读流畅性的中介效应》，《心理发展与教育》，2019年第4期。

㉞张青、刘婷婷、刘斯漫、王争艳：《婴儿期母亲将心比心对儿童5岁共情的预测：母亲陪伴总时间的调节作用》，《心理发展与教育》，2019年第2期。

㉟邹盛奇、伍新春、黄彬彬、刘畅：《母亲守门行为与母亲教养投入、母子依恋的关系及发展性差异》，《心理学报》，2019年第7期。

㊱黄彬彬、邹盛奇、伍新春、刘畅：《父亲协同教养行为与青少年同伴依恋的关系：父子依恋的中介作用与青少年情绪性的调节作用》，《心理发展与教育》，2019年第2期。

㊲许丹佳、喻承甫、窦凯、梁梓勤、利振华、聂衍刚：《父母自主支持与青少年未来规划：基本心理需要与个人成长主动性的中介作用》，《心理发展与教育》，2019年第1期。

㊳卢富荣、张彩、刘丹丹：《父母婚姻质量、协同教养对青少年问题行为的影响：同时或者滞后溢出?》，《心理发展与教育》，2019年第6期。

㊴郝叶芳、王争艳、董书阳、刘斯漫、武萌、卢珊：《儿童早期的母亲生活压力对其5岁行为问题的预测效应：链式中介分析》，《心理学报》，2019年第1期。

㊵马心宇、陈福美、玄新、王耘、李燕芳：《父亲、母亲抚养压力在母亲抑郁和学龄前儿童内外部问题行为间的链式中介作用》，《心理发展与教育》，2019年第1期。

㊶楚啸原、理原、王兴超、王鹏程、雷雳：《家庭社会经济地位与青少年自我效能感的关系：家庭支持的中介作用与性别因素的调节作用》，《心理科学》，2019年第4期。

㊷刘璐、肖雪、刘丽莎、徐良苑、张旭然、李燕芳：《儿童在不同卷入情境下基于资源价值的分配行为特点：内群体偏爱的作用》，《心理学报》，2019年第5期。

㊸李占星、喻丰、倪晓莉、朱莉琪：《转移方式对基于劳动的物品所有权判断的影响》，《心理科学》，2019年第2期。

㊹胡思远、梁丽婵、袁柯曼、边玉芳：《初中生亲子冲突、朋友冲突对孤独感的影响及其性别差异：一项交叉滞后研究》，《心理科学》，2019年第3期。

㊺周宵、伍新春、王文超、田雨馨：《汶川地震8.5年后青少年的社会支持与创伤后成长的关系：自我效能感和自尊的中介作用》，《心理发展与教育》，2019年第5期。

㊻郑建君、付晓洁：《组织认同对中小学教师知识共享的影响——团队认同和关系冲突的作用研究》，《心理科学》，2019年第2期。

㊼陈佩、徐渊、石伟：《服务业员工个人—组织匹配对组织公民行为的影响：有调节的中介模型》，《心理科学》，2019年第2期。

㊽董杲、萧鸣政：《基层农技推广人才激励——基于主观幸福感的实证分析》，《领导科学》，2019年第10期。

㊾沈伊默、马晨露、白新文、诸彦含、鲁云林、张庆林、刘军：《辱虐管理与员工创造力：心理契约破坏和中庸思维的不同作用》，《心理学报》，2019年第2期。

㊿郑晓明、倪丹、刘鑫：《基于体验抽样法的正念对工作-家庭增益的影响研究》，《管理学报》，2019年第3期。

㊿胥彦、李超平：《领导风格与敬业度关系的元分析》，《心理科学进展》，2019 年第 8 期。

52褚福磊、王蕊：《资质过剩感与亲组织不道德行为：心理特权与谦卑型领导的作用》，《心理科学》，2019 年第 2 期。

53祝军、曾庆松：《基于公共价值的青年领导力结构与测量》，《领导科学》，2019 年第 4 期。

54苏迪、乔志宏：《马基雅维利主义对创业意向的影响：链式中介效应分析》，《中国临床心理学杂志》，2019 年第 5 期。

55姚卿、陈荣：《质量还是价格？折中产品缺货情境下的消费者选择》，《心理学报》，2019 年第 5 期。

56丁宁、王晶：《基于感知价值的消费者线上线下购买渠道选择研究》，《管理学报》，2019 年第 10 期。

57黄韵榛、蒋婧琪、姚泥沙、赵楠、钱铭怡：《自我聚焦注意与社交焦虑：控制感的中介作用》，《中国临床心理学杂志》，2019 年第 6 期。

58刘静远、李虹：《状态焦虑对时距知觉的影响：认知评价和注意偏向有调节的中介作用》，《心理学报》，2019 年第 7 期。

59范伟、任梦梦、肖俊泽、简增郸、杜晓明、傅小兰：《羞耻情绪对欺骗行为的影响：自我控制的作用》，《心理学报》，2019 年第 9 期。

60张宇迪、贾晓明：《自传体记忆功能和家族主义情感对失独者希望的影响》，《中国临床心理学杂志》，2019 年第 4 期。

61杨海波、刘和珺、章鹏、李量：《掩蔽刺激对目标识别加工的作用：来自 fNIRS 的证据》，《心理学报》，2019 年第 11 期。

62张为威、黄建平、宛小昂：《预期对路径整合的影响》，《心理学报》，2019 年第 11 期。

63毕蓉、郑小阳、孙猛、魏萍、王岩：《绝对重要性和认知负荷影响基于事件的前瞻记忆》，《心理科学》，2019 年第 1 期。

64王斌、李智睿、伍丽梅、张积家：《具身模拟在汉语肢体动作动词理解中的作用》，《心理学报》，2019 年第 12 期。

65杨群、张启睿、冯意然、张积家：《语言和文化影响颜色认知：直接语言效应抑或间接语言效应?》，《心理学报》，2019 年第 5 期。

66黄韵榛、周鹏、丁欣放、蒋婧琪、杨寅、钱铭怡：《特质反刍思维个体的注意范围及其调节能力》，《中国临床心理学杂志》，2019 年第 2 期。

67周蕾、李爱梅、张磊、李纾、梁竹苑：《风险决策和跨期决策的过程比较：以确定效应和即刻效应为例》，《心理学报》，2019 年第 3 期。

68吴依泠、沈熙、苏彦捷：《网络使用父母干预方式问卷的修订》，《中国临床心理学杂志》，2019 年第 4 期。

69刘倩倩、李晓巍：《父母参与问卷（缩减版）在学前儿童父母群体中的修订》，《中国临床心理学杂志》，2019 年第 1 期。

70邓衍鹤、高芯芸、徐陈晰、孙治英、岳艳春、刘翔平：《依赖导向与成就导向心理控制量表修订版在我国青少年中的信效度检验》，《中国临床心理学杂志》，2019 年第 2 期。

71柳之啸、李京、王玉、苗淼、钟杰：《中文版儿童抑郁量表的结构验证及测量等值》，《中国临床心理学杂志》，2019 年第 6 期。

72孙小坚、王钰彤、张世夷、辛涛：《认知诊断计算机自适应测验中平衡属性收敛的新方法》，《心理科学》，2019 年第 5 期。

73王璞珏、刘红云：《让自适应测验更知人善选——基于推荐系统的选题策略》，《心理学报》，2019 年第 9 期。

74詹沛达：《计算机化多维测验中作答时间和作答精度数据的联合分析》，《心理科学》，2019 年第 1 期。

（作者：李纾，中国科学院研究员；梁竹苑，中国科学院副研究员；丁阳、李佩威、符佳慧、刘姝妤、杜思源、李云箫、赵宁，中国科学院大学硕士生）

历 史 学

史学理论及史学史

汪高鑫 马新月

2019年，北京地区学者关于史学理论与史学史的研究，取得了丰硕的成果。学术交流也非常频繁，举办了多场主题学术研讨会。学者们主要围绕马克思主义史学、中外历史编纂学、中外史学思想、史学理论与史学史的理论总结与学科建设等问题，作出了深入探讨。现将本年度的研究概况综述如下：

一、马克思主义史学研究

1. 马克思主义史学中国化研究

首先，马克思主义史学中国化的不同发展阶段。有学者探究了20世纪30年代社会史论战对马克思主义史学中国化的重要意义：一方面，论战反映出各政治派别对中国社会性质的不同认识，其中马克思主义者通过探究中国古代社会史问题，为中共继续进行反帝反封建的民主革命提供了历史依据；另一方面，论战也是将唯物史观运用到中国历史研究中的尝试，涌现出中国第一批马克思主义史学典范之作，形成了中国马克思主义史学研究的新范式。[①]有学者论述了近代中国革命进程中马克思主义史学的民族化转向，认为马克思主义史学的民族化是在马克思主义史学中国化的基础上，强调历史研究为中华民族的求亡图存和伟大复兴服务。马克思主义史学民族化的转向始于七七事变前后，在全民抗战的时期，马克思主义史家在坚持和发展马克思主义史学中国化的基础上，表现出浓厚的爱国主义和民族主义的关怀。[②]

其次，马克思主义中国化与马克思历史理论的中国形态构建。学者认为，马克思主义历史理论的中国形态构建体现出马克思主义史学中国化、民族化、实践化的过程。新中国成立后，史学工作者在历史研究中更加全面、系统地理解马克思主义学说，从中认识历史发展的总趋势与规律；更加注重马克思主义历史理论与时俱进的特质，将其中的一般原则与中国和世界的具体实际相结合，自觉地纠正各种错误认识。[③]而对改革开放以来马克思主义史学的发展，学者指出，史学工作者坚持以马克思主义为理论指导，将历史研究根植于中国特色社会主义的实践之中，强调对历史过程或历史现象进行马克思主义的理论分析，并且关注现实，努力做到研究成果的历史感与现实感的统一。[④]

再次，马克思主义史学中国化的具体践行。有文章总结了林甘泉先生对马克思主义史学中国化的贡献，指出林先生的历史研究坚持以马克思主义为指导，关注中国史学发展的重大理论问题，在马克思主义史学中国化的学术道路上，逐渐形成了自身的方法论与特色。林先生提出，要考察马克思主义基本原理的历史形成，不能断章取义，也不能采取简单化和公式化的理解；要辩证地看待马克思主义与中国历史实际的关系，并且在世界史视野下对具体问题进行具体分析；坚持历史主义与阶级观点的统一，坚持史与论的统一。[⑤]

2. 历史虚无主义研究

有学者对历史虚无主义思潮的产生背景、主要表现及其危害作了阐述。指出东欧剧变后，世界的社会主义运动陷入低谷，“历史终结论”在西方世界大行其道；随着我国对外开放力度的加大，不可避免会受到西方思想文化的影响；党内形势复杂严峻，有人趁机借助历史含沙射影否定党的领导。历史虚无主义有以下主要特征：第一，集中针对中国近代史、中华人民共和国史、中共党史等历史内容发表言论，否定唯物史观和马克思主义的社会形态理论；第二，在谈及历史时往往以点带面、以偏概全；第三，表面上在谈论历史，实际落脚点却是现实政治，常常借题发挥。历史虚无主义传播了错误的历史观，否定了历史事实，扭曲了社会价值观，败坏了学术风气，对社会和学术的发展都造成了较大的危害。[⑥]

有学者针对历史虚无主义的言论进行了具体辨析和批驳。如有学者以马克思所提出的英国殖民者“双重使命”论为理论依据，辨析了帝国主义侵华“有功”论。指出西方资本主义的殖民侵略虽然在客观上推动了殖民地国家资本主义的发展，但这不是其主观目的；而帝国主义侵华“有功”论“倒果为因”，片面强调西方资本主义对中国社会现代化发展的影响力，忽视了其殖民侵略的主观动机以及对近代中国造成的巨大灾难。⑦面对历史虚无主义者对中国传统历史文化的抨击和否定，有学者加以批驳，认为历史虚无主义者对中国传统文化的“全盘否定论”宣扬了一种中国历史文化“无根性”的错误观点，否认了历史发展的连续性，不利于中国文化自信的树立和本土学术文化话语体系的建立。⑧

3. 马克思主义历史教育研究

有学者考察了中国共产党“读书会性质的马克思主义研究会”的历史教育实践。指出马克思主义研究会作为中共在革命时期建立的理论宣教机制，大力推进了党内的理论教育和宣传，其工作内容体现出鲜明的历史教育特色。马克思主义研究会建立专门的图书室，搜集并编译了许多国内外马克思主义史学的研究资料，其中包括《共产党宣言》《路易·波拿马的雾月十八日》《法兰西内战》等专门阐释唯物史观的著作，也有基佐的《欧洲文明史》、刘彦的《中国近时外交史》、黄郛的《欧战史要》等历史书籍。此外，马克思主义研究会还定期组织演讲与辩论活动，并且在会员间先后形成了唯物史观、阶级斗争、剩余价值、社会主义史、经济史与经济学史、《资本论》研究等专题研究组。⑨

还有学者以叶蠖生的《中国历史课本》为例，探讨了中共延安根据地的中学历史教育。指出 20 世纪 40 年代延安根据地的中学历史教育经历了由自编讲义到编订历史教科书的转变，叶蠖生编著的《中国历史课本》是其中具有代表性的历史教科书。该书的编著遵循唯物史观的价值立场，通过对中国历史的重新叙述，塑造学生认知世界的方式，从而服务于现实的革命需要，体现出根据地历史教育政治化与现实化的历史叙事模式，反映了马克思主义史学在延安根据地历史教学中的实践。⑩

二、中外历史编纂学研究

1. 历史编纂学学科理论研究

有学者辨析了中国历史编纂学史与史学史学科的关系，具体论述了中国历史编纂学的研究内容和侧重点。指出中国历史编纂学史是史学史的分支学科，其研究内容主要包括史著产生的时代条件和史家著史精神、史著体裁选择和内容特色、史著体例运用、史学名著的史论成就、历史叙事技巧、史官制度的演变以及官修和私修的互动、史著成就的影响等。认为中国历史编纂学史与史学史其他分支领域的内容有所交叉也各有侧重，因此中国历史编纂学史的研究应把握其重点。⑪

还有学者从文化比较的立场深入剖析了中西历史编纂学不同的学术内涵。指出中国传统的历史编纂学带有国家性的学术立场，历史编纂的内容以反映政治实体的治乱兴衰为主，注重文本组织形式的多样性。而西方的历史撰述相当长时间属于个人行为，没有被纳入国家职能之中，其编纂内容多为史家个人亲历或听闻的重大历史事件，不太考虑社会因素的整体性与关联性，而关注人性的善恶，其文本组织更注重表现事件情节发展的线性过程。⑫

2. 中国历史编纂学研究

其一，对史书史料来源与编纂体裁发展的研究。有学者探究了《左传》的史料来源问题，“在弄清史源的基础之上，力求通过‘想象其境’的方法，去体会作者深藏于表面文字之后的真实意蕴”。⑬有学者论述了简帛文献中的史类文献对中国早期历史编纂学发展的重要意义。如楚竹书《楚居》《良臣》以及睡虎地秦简中《世书》等史篇展示了中国早期“世”类史书的某种形态，推进了关于《世本》成书与来源的认识；马王堆汉墓帛书《春秋事语》和清华简《越公其事》则代表了中国早期“语体”类史学文献，对后来《国语》的形成有着重要的意义。⑭有学者具体分析了《春秋事语》《系年》《编年纪》3 种出土简帛文献的历史叙事特点，指出《春秋事语》兼具记事与记言，以评论史事为重点；《系年》的历史叙事首尾完具，明显运用了纪事本末的编纂方法；《编年纪》是家族记述的编年史，其历史叙事具有系统性的特征。⑮还有学者对汉魏至南朝时期郡国书这一史书体裁的发展作了系统的考察，指出郡国书兴起于两汉，魏晋时期达到顶峰，南朝时逐渐走向衰落。⑯

其二，对史书编纂特点的具体考察。有学者全面评述了赵翼《檐曝杂记》的历史编纂特点和史学价值：一方面记载范围广泛，涵盖军政、皇室、科举、官场、风俗、地理、外国等内容，有较高的史料价值；另一方面，书中史学批评展现了作者对历史编纂体式与方法、史书记述内容、史料采择、历史叙述等方面的认识。⑰有学者论述了晚清教会学校历史教科书的编译情况及其编纂特点，指出在体例上将各国的历史沿革按照经纬进行重新梳理整合，创立新的编纂体例；在内容上详细记载西方民主制度，突出国家整体改革；在编译方法上编译者为了便于中国读者理解，对原书的表述形式作了不少修订；在思想上有着明显的基督教宣传教化的思想。[18]

其三，对历史书写问题的研究。有学者从中国近代史学转型的角度考察了社会史书写的发展特点：第一，大多将社会视为一个整体以研究其发展规律，反映出中国史学从过去的政治史书写传统向社会化和世俗化的转变；第二，大量引入西方社会科学理论，且史家对这些理论的价值认知逐渐从史料考订提升到历史解释的层面；第三，所依托的社会科学理论从20世纪初一家独大的“社会进化论”发展到20年代的多种社会史的概念；第四，存在用中国历史迎合西方社会科学之“公理公例”的倾向，后来的社会史书写则更加注重挖掘中国历史发展的特性。[19]有学者分析了民国时期吕思勉、傅斯年、顾颉刚等史家在“民族问题”书写上的不同观点，认为吕思勉对傅斯年、顾颉刚的“民族问题”书写提出的批评，反映出影响民国史家书写“民族问题”产生分歧的3个因素：族群认识差异、概念含义混乱和现实需求不同。[20]

3. 西方历史叙事与历史书写研究

首先，关于史书体裁及其历史叙事特点。有学者以《法兰克王国编年史》为例，论述了欧洲中古早期编年史的历史叙事。指出这部编年史采纳了严格的基督纪年年代，以复活节和圣诞节两大宗教节日作为每年叙事的起始文句；在此文体形式之内，史家通过记载加洛林君王所做的符合基督教政治道德理想的事件，刻画了理想化的加洛林基督教君王形象，从而创造了一种外圣内王式的基督教编年叙事形式。[21]有学者论述了希腊化时代史家波利比乌斯《历史》的普世史叙述体系，指出波利比乌斯对以往史家“戏剧化历史”的撰史传统进行了正面的批评，体现出史学求真的精神。但是波利比乌斯同样运用技术革命、史料裁剪、演说词虚构和命运主题等修辞性手法，建构了一套戏剧化的罗马共和国统一地中海世界的普世史，在一定程度上损害了《历史》历史叙事的客观性。[22]

其次，关于历史书写。有学者比较了古希腊史家希罗多德和色诺芬在历史书写中塑造的不同的居鲁士形象，指出希罗多德试图说明居鲁士的成功具有必然性，而色诺芬则刻画了居鲁士的成功历程，更注重教育对居鲁士的作用。但两书的历史书写在重视神意和命运必然性的同时，又试图将命运与人事相结合，体现了古典时代人文精神的发展。[23]有学者探究了古典时代历史书写中西西里文明边疆形象的二重性问题，指出希罗多德、修昔底德等史家将西西里描述成居民成分驳杂、文化水平低下、政治立场可疑的希腊蛮荒边疆，而狄奥多鲁斯的史著则书写了西西里作为希腊的军事屏障、文艺舞台的正面形象。[24]有学者论述了弗仑提努斯的《论水道》对罗马水务问题的历史书写，指出《论水道》介绍了罗马城中水的分配与使用情况，较为详细地记载了水道的管理与维护制度，收录了大量有关水务的法律法规，全面展现了公元1世纪罗马城市生活、市政管理和社会关系面貌。[25]还有学者分析了澳大利亚殖民农业史书写的发展演变。指出殖民地农业开拓议题最初被嵌套进“征服自然”说，又在澳大利亚民族国家建构时期被纳入民族主义进步书写；而面对日益严峻的生态和文化危机，则开始反思殖民进程引发的生态破坏，恢复和重塑少数族裔生态地位；近来这一历史书写主题又超越进步主义与殖民批判语境，成为反思历史时期人地关系的主要内容。[26]

三、中国史学思想研究

1. 中国古代史学评论研究

有学者对经典史家的史学评论进行了研究。如有学者探究了唐代史家刘知幾的史官论，剖析了刘知幾对史官的价值，史官的历史，史官的品德、职责与社会贡献等方面的论述。学者认为，刘知幾形成了对中国古代史官评论的整体认识，反映出史官自我价值的认知以及史学评论的自觉意识。[27]

有学者对群体性、长时段的史学评论作了考察。如有学者综合考察了唐代史注家的史学批评思想，指出有唐一代的史注家具有自觉的史学批评意识，他们注重对史书体裁和体例的探讨，重视史书内容的真实性与史学的鉴戒意义，突出了历史撰述彰善瘅恶的思想主旨。[28]有学者则从明清学术思潮发展的角度探究了这一时期郑樵史学的接受情况。学者指出，明代中期地方史叙述中表彰乡贤的活动，以及晚明实学风气的兴起扭转了此前郑樵在《宋史》中的消极形象。清代汉学与宋学的门户之争使学者对郑樵史学思想的接受表现为两个极端，钱大昕、戴震等推崇汉学的学者抨击宋儒进而殃及郑樵；而章学诚则认为郑樵不以汉学考据见长，而力倡其史学的独断义理。[29]

2. 经史关系研究

学者们的研究主要集中在汉代。有学者剖析了《史记》与汉代经学、春秋公羊学大一统的历史思想以及何休《公羊解诂》的历史哲学等问题。[30]有学者对班固《汉书》的以易解史作了论述，在学术源流上，《汉书》依据《易传》“一致百虑”的思维，以“六经”为诸子之源，以《周易》为“六经”之首；在天人观上，易学的天人一体思维启发了《汉书》的天人一体与社会和谐思想，而汉易学好言灾异的传统则影响了《汉书》的神意史观；受易学忧患意识的影响，《汉书》积极阐发“安不忘危，盛必虑衰”的思想。[31]有学者从今古文经说融通的角度考察了东汉经学大家郑玄经籍笺注的史学价值。指出郑玄基于古文经学的学术立场，注重名物训诂和史实考辨，其经籍笺注保存大量反映上古三代历史的文献资料，具有较高的史料价值；同时郑玄的经籍笺注蕴含了丰富的历史思想，他对天命王权的宣扬、古史系统的构建，以及对礼治思想的阐发都力求融合今古文经说以解释历史的发展。[32]

此外，有学者分析了魏源经史之学的内在关联。指出魏源的经学与史学都以经世致用为目的，其经学思想有着浓厚的历史哲学的特色，其中的“气运论”“王道说”为解释历史危机和现实困局提供了理论依据；其史学注重“食货之学”与“西学”，是其经学经世思想的延伸和实践。[33]

3. 中国近现代史家治学思想研究

主要集中于对李大钊、陈垣、白寿彝等近现代著名史学家治史思想的论述。关于李大钊，有学者指出，中国传统历史理论对历史发展必然性、历史发展动力、历史认识论等问题的探讨是李大钊历史观形成与发展的基础，李大钊在汲取西方社会理论以推动其历史观近代化的同时，也使中国传统历史思想的精华以崭新的形式传承、延续下来。[34]有学者专门论述了李大钊史学思想中的历史解喻说，指出李大钊将历史解喻看作历史研究的重要环节和任务，并且提出了历史解喻的具体方法：第一，选择正确的历史观作为历史解喻的基础；第二，历史解喻需要在人类认识能力的范围内进行；第三，要运用研究历史事物的专门的方法；第四，以逻辑的思维进行演绎、推理的研究；第五，借用其他学科的方法以验证历史研究的结果；第六，历史研究的综合建构与文字表述应具有艺术的性质。[35]

关于陈垣，有学者将陈垣的学术精神概括为 5 个方面的内涵：第一，自由、平等、民主的近代精神；第二，实事求是的科学精神，追求史学研究的客观真实；第三，爱国主义与民族精神，提倡“有意义的史学”；第四，对中华传统历史文化的坚定自信；第五，现实关怀的人文精神，史学研究的选题方向紧随时代变革的趋势。[36]有学者总结了陈垣的史学贡献：研究内容上开辟了宗教史、中外交通史、年代学、历史文献学等新的研究领域；研究方法上推陈出新，推动了新历史考证学的发展。[37]有学者指出陈垣早期的史学研究专注于历史考证，抗战时期发表了大量富有思想性和政治意义的议论，彰显了民族大义。这种从专重考证到提倡“有意义之史学”的学术转变，实现了其学术研究向自觉体现时代精神的飞跃。[38]还有学者依据陈垣先生 1943 年所作《现在中国史之作法》一则札记，具体论述了“有意义之史学”的思想内容。[39]

关于白寿彝，有学者将白先生的史学研究分为以下 3 个阶段：第一，抗战时期至新中国成立以前，史学研究注重感受时代精神，呼吁改革史书编纂形式，确立“立体式”的著史目标；第二，新中国成立后，努力探索构建新的历史学学术体系，自觉以唯物史观为指导，强调中国传统史学遗产价值；第三，改革开放后，在中国通史、史学史、民族史、历史教育等方面取得重大成就，大力推进了史学史学科体系的建设。[40]有学者指出，中国通史的研究和多卷本《中国通史》的编纂是白先生史学研究的核心内容，体现出恢宏的史学器局；而史学史研究则为其史学的通识思想、历史编纂才能、历史责任感以及成一家之言的学术气魄的形成奠定了坚实的学术基础。[41]有学者论述了白先生在民族史研究上的理论贡献，指出白先生的民族史研究从中国多民族统一规模的发展、统一意识的传统以及“一”和“多”的辩证关系 3 个方面阐述了中国统一多民族国家的形成与发展，揭示了各民族在历史发展进程中的交往融合，指出了各民族共同推动历史前进是中国历史上民族关系的主流。[42]

此外，有学者探究了 1940 年前后顾颉刚古史观念的转变问题，即“从考索之功进于独断之学”，而背后的核心观念都是中国旧有古史系统乃“层累”造成。[43]有学者围绕萧一山的《中国通史讲演大纲》考察其早期的史学思想，指出萧氏不主张以“人类进化现象”为对象来界定历史，认为“历史者，宇宙现象之叙述录也”；主张用“今世社会史家之眼光观察”，以求得中国古史系统“大概之情形”。

四、西方史学理论研究

1. 西方史家史学思想研究

有学者系统论述了修昔底德的史学致用思想。指出修昔底德在西方史学史上第一次对史学致用与求真的关系有了自觉的认识，其史学致用思想建立在人性说的基础之上，一方面肯定历史事实对现实的借鉴意义，另一方面又揭示出人性是人类活动和历史现象背后的本质。修昔底德认为史学致用是有限度的，尽管人类可以运用理性认识历史，却无法改变历史，历史的发展不以人的主观意志为转移。[44]有学者论述了瑞典史家布克哈特历史观念中“人的发现”。布克哈特提出人文主义的精粹在于培养有个性的创新性人才，并且具体讲述了文艺复兴时期新人产生的途径，即认清社会需要、技能培训、社会应用、道德提升。学者指出，布克哈特对意大利文艺复兴史的研究，凸显出人的发展与社会发展之间的联系。[45]还有学者论述了美国政治史家塞缪尔·海斯治史路径的转变，指出他在20世纪50—70年代与其他学者共同开创了美国新政治史的研究范式，将政治史放入社会背景下进行分析；而到了70年代末，他又转向了环境政治史的研究，开拓了在环境史中进行政治研究的新领域。学者认为，海斯在政治史与环境史两个领域有着开创性的贡献，其史学研究路径反映出美国政治史的转变与发展。[46]

2. 西方现当代史学理论研究

其一，当代史学理论发展趋势。有学者系统总结了近20年来西方史学理论的发展趋向，具体论述了后现代主义史学、史家对“史学危机”的回应，史学类型与性质，历史语境理论，历史时间观念，全球化史观等多个近年来西方史学理论的热点问题。[47]

其二，后现代主义史学研究。有学者总结了半个世纪以来英美史学界围绕后现代主义史家海登·怀特有关历史话语之修辞性的史学理论的论辩，在批评与回应的不断对话中，怀特的史学理论不断丰富发展，形成了转义、叙事以及对现代主义文学作品的讨论等多个方面的议题。而进入新世纪以后，一些史学家又对怀特史学理论不同阶段间的融贯性进行研究。[48]有学者探讨了荷兰史学家艾尔克·鲁尼亚的“在场”理论：一方面，历史学家是被动经验过去的，修正了后现代主义理论中史著与过去无关的极端主张；另一方面，将史家的个体经验视作史著与过去之关系的唯一保证，这又贯彻了后现代主义对史学个体性和史家自由性的强调。[49]有学者阐释了澳大利亚历史哲学家麦卡拉的“真理批判理论”，指出麦卡拉试图在传统史学的朴素经验论和后现代主义极端怀疑论之间另辟蹊径，寻求一种更为稳妥的历史真理论。学者认为，考察麦卡拉的真理批判理论有助于我们重新思考历史真实性的问题。[50]

其三，后人类主义史学。有学者论述了后人类主义史学对“人类世”概念的讨论，指出这一概念有助于人们重新思考历史研究中的时间和空间，摒弃历史叙事中人类中心主义的倾向，凸显出非人类因素在历史研究中的重要性。[51]有学者剖析了后人类主义史学的大历史观念，指出大历史观念描述了万物从无到有、从有又趋于无的终极故事，试图从规模和基础、对整个人类前景的关注、为人类社会在宇宙演化的大背景下定位几个方面尝试超越，但缺少精神维度的追求，未能归纳出“人类下一阶段的道德规范”。[52]还有学者论述了后人类主义史学的理念与实践的张力，表示来源于科技革新和展望的后人类主义冲击了现代历史学的基础，促使史家从“后人类”的角度审视历史研究的前景，但近年“后人类史学”的实践亦表明，这一史学新潮在未来的发展仍将面临不少挑战。[53]

五、史学理论与史学史的理论总结与学科建设

1. 70年来中国史学理论与史学史学科建设的成就总结

有学者将70年的史学理论研究划分为3个阶段：新中国成立17年是历史理论探索的萌芽阶段，其特征是唯物史观主导地位的确立；“文革”10年阶段，历史理论运用走向了极端化；改革开放40年，史学理论研究在批判与继承前人成果的基础上更加注重关怀现实，引领史学潮流。指出70年来史学理论研究表现出的规律性内容就是批判与建构的辩证统一，强调新中国的史学理论建设以坚持马克思主义的思想指导为前提。[54]有学者将70年来中国史学史学科发展历程分为三个阶段：第一，“十七年”时期是探索与奠基的阶段，学者们对中国史学史研究的学科基础理论，以及学科教材的编纂原则与方法展开了广泛的讨论；第二，1978—1999年是开拓奋进的阶段，北京师范大学、华东师范大学、中国社会科学院成立史学史研究所，为中国史学史研究搭建了重要的学科平台，出版了数十种中国史学史论著；第三，2000—2019年是蓬勃发展阶段，出版了不少多卷本中国史学史的经典著作，其编纂形式突破了以往粗线条式的撰述，反映出中国史学史研究趋于成熟。[55]有学者回顾了70年来中国史学史学科发展的轨迹，着重强调了“经典史学史”在中国史学史学科建设中的重要意义，认为“经典史学史”的研究最能体现中国史学史学科本质内容和研究活动。[56]还有学者在文章中提到70年来史学理论的研究在学科建设中的重要意义。学者指出，史学史是对历史学进行反思的学科，在新中国 70 年来的史学发展中，历史研究的意义、历史与现实的关系、史学在社会中的位置、求真与致用、史学与政治、革命范式与现代化范式等史学理论问题不断被学界提出进行讨论，史学工作者对这些理论问题的不断研究和反思，为中国历史学的发展与史学史学科体系的建设奠定了坚实的基础。[57]

2. 史学理论与史学史学科建设的理论探讨

其一，关于中国史学史学科建设。有学者论述了中国史学史学科位置和研究框架，认为中国史学史的学科建设是帮助人们深入地了解中国史学乃至认识中国历史的一条有效途径。对于中国史学史的研究框架，则综合了白寿彝、朱维铮两位史学家的观点，指出中国史学史的研究离不开广义的史学理论（观念）史和广义的历史编纂学史这两个基本方面；而 19 世纪末—20 世纪以后，随着中外文化的交流发展，中外史学的比较又加入到学科研究框架中，从而形成了中国史学史研究的三大板块。[58]

其二，关于外国史学史学科建设。学者们多着眼于近年来学科研究方法与范式的发展。有学者指出，当代西方史学史的研究在研究方法上，社会史、文化史的方法促使研究者思考历史知识如何生成；在研究材料上，研究者不再只关注史学经典作品，而开始发掘大众史家、女性史家等非传统史料中的历史意识；在研究视野上，对欧洲中心论的批判促使研究者开始关注非西方史学，将全球视野引入史学史的研究中。[59]有学者重点讨论了跨文化的史学史研究范式，认为跨文化的史学史研究范式将史学研究置于不同文化传统的多重语境中进行重新审视，这为中国的史学研究者提供了新的学术契机，也为史学史研究体系的建构提出了新的问题和发展方向。[60]

注：

①左玉河：《政治性与学术性：中国社会史论战的双重特性》，《史学月刊》，2019 年第 7 期。

②郑大华：《近代中国革命进程中马克思主义史学的民族化转向》，《史学月刊》，2019 年第 7 期。

③于沛：《马克思历史理论中国形态的构建》，《社会科学战线》，2019 年第 7 期。

④于沛：《历史科学与中国特色社会主义》，《中国社会科学》，2019 年第 10 期。

⑤靳宝、卜宪群：《马克思主义史学中国化的践行者——忆林甘泉先生》，《光明日报》，2019 年 9 月 9 日版。

⑥夏春涛：《历史虚无主义的产生背景、主要特征及其危害》，《史学理论研究》，2019 年第 3 期。

⑦左玉河：《“魔鬼”还是“天使”：帝国主义侵华“有功”论辨析》，《史学理论研究》，2019 年第 3 期。

⑧高希中：《中国优秀传统文化不容否定》，《史学理论研究》，2019 年第 3 期。

⑨谢辉元：《“读书会性质的马克思研究会”与中共历史教育实践》，《延安大学学报（社会科学版）》，2019 年第 3 期。

⑩付耶非：《延安根据地中学历史教育——以叶蠖生〈中国历史课本〉为例》，《历史教学问题》，2019 年第 5 期。

⑪陈其泰：《历史编纂学史与史学史学科关系辨析》，《南开学报（哲学社会科学版）》，2019 年第 1 期。

⑫向燕南：《说历史编纂学：一个中西史学文化比较的立场》，《史学史研究》，2019 年第 3 期。

⑬王和：《左传探源》，社会科学文献出版社，2019 年版。

⑭靳宝：《简帛文献与中国早期史学史研究》，《中国史研究动态》，2019 年第 5 期。

⑮陈其泰：《出土文献与历史叙事》，《东岳论丛》，2019 年第 3 期。

⑯曲柄睿：《试论郡国书的形成与演变》，《文学遗产》，2019 年第 3 期。

⑰单磊：《野史撰述的实践：赵翼〈檐曝杂记〉的史学价值》，《地域文化研究》，2019 年第 6 期。

⑱郭蔚然：《晚清教会学校与历史教科书的编译》，《河南师范大学学报（哲学社会科学版）》，2019 年第 3 期。

⑲李政君：《中国史学近代转型视域下的“社会史”书写及其演变》，《近代史研究》，2019 年第 4 期。

⑳姜萌：《影响民国史家书写“民族问题”的三个因素——从吕思勉对傅斯年与顾颉刚的批评说起》，《史学史研究》，2019 年第 4 期。

㉑李隆国：《外圣内王与中古早期编年史的叙述复兴》，《史学史研究》，2019 年第 3 期。

㉒吕厚量：《戏剧化元素与波利比乌斯的普世史体系》，《世界历史评论》，2019 年第 2 期。

㉓李渊：《居鲁士形象的塑造：以希罗多德和色诺芬为例》，《史学史研究》，2019 年第 2 期。

㉔吕厚量：《古典时代西西里文明边疆形象的二重性及其历史源流》，《古代文明》，2019 年第 3 期。

㉕张尧娉：《弗仑提努斯〈论水道〉及其史料价

值》，《史学史研究》，2019 年第 4 期。

㉖乔瑜：《澳大利亚历史书写中的人与自然：以殖民农业史为中心》，《史学理论研究》，2019 年第 3 期。

㉗瞿林东：《怎样看待古代史官的作用——略说刘知幾〈史通〉的史官论》，《文史知识》，2019 年第 12 期。

㉘朱露川：《唐代史注家的史学批评意识》，《中州学刊》，2019 年第 3 期。

㉙向燕南：《从表彰乡贤到汉宋门户：明清学术思潮与郑樵接受史之分析》，《贵州社会科学》，2019 年第 4 期。

㉚刘家和：《史苑学步：史学与理论探研》第一辑《中国古代史学与经学》，北京大学出版社，2019 年版。

㉛汪高鑫、陶有浩：《〈汉书〉的以易解史》，《南开学报(哲学社会科学版)》，2019 年第 6 期。

㉜汪高鑫、马新月：《今古文融通：郑玄的经籍笺注及其史学价值》，《求是学刊》，2019 年第 5 期。

㉝谢辉元：《魏源经史之学的内在关联》，《史学理论与史学史学刊》，2019 年第 1 期。

㉞廉敏：《李大钊历史观的三个阶段——兼论中国古代历史理论对李大钊历史观近代化的意义》，《河北学刊》，2019 年第 6 期。

㉟邹兆辰：《李大钊史学思想中的历史解喻说》，《唐山学院学报》，2019 年第 4 期。

㊱牛润珍：《试论陈援庵先生的学术精神》，《史学史研究》，2019 年第 2 期。

㊲周少川：《与时奋进：陈垣对 20 世纪中国史学的贡献与影响》，《史学史研究》，2019 年第 2 期。

㊳陈其泰、张艳玲：《从专重考证到提倡“有意义之史学”——陈垣先生治史轨迹》，《淮阴师范学院学报(哲学社会科学版)》，2019 年第 5 期。

㊴毛瑞方：《陈垣“提倡有意义之史学”新证》，《史学史研究》，2019 年第 2 期。

㊵陈其泰：《白寿彝先生治学的使命意识和坚韧精神》，《史学史研究》，2019 年第 3 期。

㊶周文玖：《史学史研究与白寿彝先生的史学器局》，《史学理论与史学史学刊》，2019 年第 1 期。

㊷王东平：《白寿彝先生民族史研究之理论贡献及其当代意义》，《史学史研究》，2019 年第 4 期。

㊸李政君：《1940 年前后顾颉刚古史观念转变问题考析》，《史学理论研究》，2019 年第 4 期。

㊹李永明：《试论修昔底德的史学致用思想》，《史学理论与史学史学刊》，2019 年第 1 期。

㊺朱孝远：《论布克哈特的“人的发现”》，《历史教学》，2019 年第 16 期。

㊻胡宇哲：《从新政治史到环境政治史：塞缪尔·海斯治史路径的转变》，《史学理论研究》，2019 年第 3 期。

㊼邓京力：《近二十年西方史学理论与历史书写》，中国社会科学出版社，2019 年版。

㊽金嵌雯：《海登·怀特与半个世纪以来的英美史学理论研究》，《学术研究》，2019 年第 4 期。

㊾苏萌：《论艾尔克·鲁尼亚的“在场”理论》，《史学史研究》，2019 年第 2 期。

㊿董立河：《麦卡拉“真理批判理论”释读》，《史学史研究》，2019 年第 4 期。

(51)张旭鹏：《“人类世”与后人类的历史观》，《史学集刊》，2019 年第 1 期。

(52)孙岳：《大历史与“超越”》，《史学集刊》，2019 年第 1 期。

(53)屠含章：《后人类主义与“后人类史学”：理念与实践之张力》，《史学集刊》，2019 年第 1 期。

(54)李桂芝：《“新中国 70 年的史学理论研究”——中国社会科学院史学理论研究中心召开 2019 年度工作会议》，中国社会科学网，http：//www. cssn. cn/sjs/sjs_ xsdt/201909/t20190911_ 4970759. shtml。

(55)陈其泰、张峰：《70 年来中国史学史研究的进展》，《史学理论研究》，2019 年第 4 期。

(56)周文玖：《回顾与思考：70 年来中国史学史学科的轨迹及未来发展》，载《2019 年史学理论与史学史国际学术研讨会论文集》，第 389—404 页。

(57)杨艳秋：《进路：“反思”特质的中国史学史研究》，《四川师范大学学报(社会科学版)》，2019 年第 5 期。

(58)张越：《中国史学史的学科位置与研究框架》，《河北学刊》，2019 年第 1 期。

(59)张一博：《方法·材料·视野：当代西方史学史研究的新趋向》，《史学理论研究》，2019 年第 4 期。

(60)邓京力：《跨文化的史学史研究范式》，《史学理论研究》，2019 年第 1 期。

（作者：汪高鑫，北京师范大学教授；马新月，北京师范大学博士生）

中国古代史

仝卫敏　宋文汐

一、主要学术交流活动

2019 年度北京地区中国古代史学界组织召开了多种形式的学术会议。5 月 25—26 日，首都师范大学历史学院主办"文"与"物"的生成：多学科视野下的文本制作学术研讨会，与会学者分别从图像文本及知识的生成、时代性文本的蕴生及物质文本的制作等角度交流研讨。6 月 15—16 日，中国唐史学会主办、中央民族大学历史文化学院中国古代史研究中心承办的"唐朝多维角度的审视——唐史专题研讨会暨唐史学会理事会专议"在京举办，近 30 位学者尝试从出土墓志、新视角、新方法等多维度重新审视唐朝历史。6 月 15—16 日，"宋史研究诸层面——思考与实践"在京召开，40 多位海内外学者就宋史研究的 6 个专题予以回顾与展望，同时针对 7 篇论文展开激烈交锋。7 月 6 日，中国民族史学会、中国社会科学院民族学与人类学研究所主办"清代统一多民族国家与中华民族共同体的发展"学术研讨会，京内外 20 余名专家运用民族史、清史、民族学、人类学等相关学科的理论与方法分别探讨。为庆祝新中国 70 周年华诞，9 月 5 日，中国历史研究院"中国历史学研究 70 年"在京举行发布会。中国历史研究院古代史研究所所长卜宪群指出，新中国成立 70 年来，中国古代史研究为揭示中国历史的独特发展道路与规律、深化全社会对中国古代历史文化的认识、服务党和国家大局、向世界展示悠久灿烂的中华文明做出了独特贡献。10 月 11—14 日，北京师范大学历史学院商周文明研究中心主办"商周国家与社会国际学术研讨会"，国内外 40 多位学者就商周时期的国族、武王克商、彝铭简帛、西周王权与国家结构等论题切磋研讨。10 月 31—11 月 1 日，故宫博物院故宫学研究所举办的"清代内务府造办处学术研讨会"在故宫召开，26 位来自海峡两岸的专家集中讨论了造办处的历史沿革、经费来源、匠役群体等议题。11 月 23—24 日，中央民族大学历史文化学院和中国边疆民族历史与地理研究基地主办"13—20 世纪中央欧亚历史与文化"国际学术研讨。12 月 6—8 日，北京师范大学历史学院、中国古代史研究中心主办"中国中古制度与社会国际学术研讨会"，与会学者就传统议题和新史学范畴的研究主题展开学术争鸣。

二、出土材料的整理与研究

甲骨卜辞领域，在卜辞分期断代论争中"两系说"是代表性的观点，有学者再次提出质疑，并按照字体特点和称谓等特点分别对无名组卜辞和历组卜辞进行重新分类，重申无名组卜辞产生比历组卜辞早两代，二者在武乙、文丁时期同时并存，但其主体在康丁时代。对卜辞断代而言，地层学是根本，类型学要与之配合，同时还应注意类型学本身的局限性。[①]有学者考证了花东卜辞中作为地名出现的"末"字，结合地望关系推测它正是文献所载的"沬"地，与牧野实即一地。花东氏族长期在此狩猎、祭祀甚至居住，早在武丁时期即有宫室类建筑，故有"末京"之称。纣王时扩建离宫别馆。[②]

金文领域，北京大学出土文献研究所编的《青铜器与金文》（第三辑）收录北京地区古史学者多篇铭文研究成果，分别对金文辞例"拜手稽首"、何尊铭文、金文"辟"的身份性质、裘卫鼎盉铭文与西周土田移转等议题重加考辩。[③]《史墙盘》铭文字词繁难，且分歧颇多。有学者重新疏通文句，认为铭文意在赞颂成、康两代周王，用词虽简但准确可靠。成王、康王对于周王朝的巩固和发展有重大贡献，史称"成康之治"是有道理的。[④]有学者结合新近面世的霸姬盘盉铭文及西周晚期的攸从鼎，对西周时期奴隶的所属权问题重加辨析，指出因奴隶所有权明确，故奴隶逋逃不复而产生诉讼则为势之必然。奴隶的主要来源是战俘盉罪隶，贵族可通过赏赐、买卖或战争获取。[⑤]

简帛研究方面，有多位学者分别从简帛学史研究的理论研究及其意义、对简帛学史分期标准的思考、《简牍学大辞典》的编纂体例及价值等角度对百年简帛学的形成发展予以总结。[⑥]还有学者纵论近年来利用出土文献进行古史研究之短长，认为关键其实是对古书史料的认识问题，以及古史的时间与空间问题，希望学界能在方法和理论上反思，以告别旧的方式，探索新的范式。[⑦]有学者以里耶秦简《秦更名方》中与"邦"有关的职官、名号的更名为线索，追溯其源流，从秦帝国的形成出发，梳理秦由商鞅变法时单一型的“邦”发展到战国后期复合型结构的过程，进而分析其中所体现的政治理念变化。[8]清华简依然是焦点。《封许之命》为研究西周诸侯及外服体系提供了新材料，有学者辨析了简文“侯于许”辞例，并进而指出西周外服体系包括“侯、田、男”等外服君长“诸侯”，未受封而称“公、伯、子”的邦君，以及称“采、卫”的某些内服王官及卫官。所谓“公、侯、伯、子、男”五等爵制是战国学者汇总各时代文献而成。[9]《保训》是清华简引起争议最大的一篇。一般认为它是周文王临终遗训，有学者对简文出现商人祖先舜及上甲微表示疑惑，并进而分析了《国语·鲁语》、《礼记·祭法》及周原西周甲骨所揭示的不同祭祀系统，指出《保训》是一篇准确反映西周早期历史的东周时期形成的文献。[10]还有学者分析了《越公其事》中所揭示越王勾践时代的经济制度，其本质是对农业、手工业、商业实施全面管控，为后来发动平吴战争提供有效的保障。[11]还有学者分析了《系年》与北大汉简《赵正书》等新出简帛中的“书”类文献，发现它们均不同程度地呈现出“政治规训着历史书写”的观念，编纂者会按照某一主题又据情势之不同进行相应的转换和改编，以表达自己的政治目的。[12]

其他竹简亦有人关注，有学者考释了荆州高台M46出土汉武帝初年的三块记钱木牍，订正了关于轻、重钱的使用方式、子钱的支付周期及跨里按“家”征钱等误解。[13]还有学者利用长沙走马楼三国吴简材料，系统研究孙吴基层行政制度，以及吴制与汉、晋制度的关系。[14]

隋唐史方向，有学者利用吐鲁番出土文书材料，考察了唐代西州地区的货币流通，作为当时最主要的货币，银钱本位从6世纪中叶一直持续到8世纪初；贞观十四年（640年）铜钱开始进入西州地区，并在8世纪以后取代银钱发挥度量价值；而绢帛则始终扮演着一般等价物的职能。[15]近年来《俄藏敦煌文献》、《大谷文书集成》（《第三卷》）和《国家图书馆藏敦煌遗书》的刊布，其中包含唐律、《律疏》和唐格残片，引起多位学者关注。或对俄藏《格式律令事类》残卷进行考释，或考证其中的唐律、唐格残片。[16]

西夏文书依然是辽宋夏金元方向研究的重点。有学者考证英国国家图书馆藏的一件西夏文草书写本的抵押贷粮契，认为该契约反映了西夏后期社会贫富差距拉大、贷粮手段多样、存在无人身自由的阶层等社会现象。[17]还有人通过分析军事类文书，深入探讨西夏兵民合一的军事体制和管理特点，西夏军队“人人自备其费”的说法值得商榷。[18]有学者从语法的角度，对黑水城出土的西夏文类书《圣立义海》中几处与存在动词、人称呼应相关的词句重新校勘、翻译，有助于准确认识西夏自然环境和伦理道德。[19]有学者对黑水城出土西夏文《亥年新法》这一西夏晚期的重要法律文献进行释读，并结合律令对西夏通检推排等相关制度进行探讨，指出这是西夏后期政治环境恶化的情况下不得已的改革举措。[20]在分析纳甲筮法类文书后，有学者认为此类文书在河西走廊民众基础广泛，且正处于我国纳甲筮法体系建构之初。[21]宗教类文书亦引起关注，有学者对俄藏西夏文《三观九门枢钥》重新释读，厘清了该佛教文书的译名、作者、主旨、翻译时间等问题。[22]还有学者通过对佛经和律令的梳理，发现西夏王朝在前期就受到了藏传佛教的影响，且藏传佛教在西夏的流传与西夏统治阶层的支持密切相关。[23]

三、传统研究领域的新进展

在传统研究领域的各个断代方向，北京地区的古史学者们也取得诸多突破。

1. 政治史研究

先秦史方向，有学者对齐桓公“尊王攘夷”的霸政内涵提出新的阐述，认为它是霸者合法性权威身份的建构过程。齐国在最初的“创霸”阶段通过“服鲁”重构成周王室在东部地区的权威体系，“攘夷”时段，北伐山戎既解决诸夏的危机，又为霸政的展开寻找合法性。[24]春秋时期吴楚战争的作战特点鲜有人关注，有学者由此出发分析了两国交战浓厚的诡诈特点及其原因，并指出这种高频率的诡诈用兵对当时的作战方式及用兵思维均产生巨大冲击，也促进了传统兵学文化的发展和完善。[25]

秦汉魏晋南北朝隋唐史方向，有学者从解析北大汉简《赵正书》入手，通过对读《史记》与《赵正书》，论证了《史记》等传世文献关于秦始皇记载的信实性，揭示他重视儒生与儒学的侧面，梳理始皇帝的姓、氏与名，并破解宦官赵高身份之谜等诸多秦史上习焉不察的问题。[26]秦统一后，从自称到各级行政体制均采取整齐化变革。有学者特别考察了变革发生的具体形势及其举措，指出邦尉的更名最为突出，也是郡主集权推动下产物。[27]还有学者分析了西汉前期刘氏宗室、吕氏外戚及功臣三大政治集团之间错综复杂的关系，汉高祖以盟誓兼笼络手段维持三者之间的平衡，吕后当政后强行晋封吕氏为王，最终导致吕氏外戚集团被其他两个集团联合诛灭。[28]还有学者梳理了汉代九卿制度的形成及演变过程，认为《史记》《汉书》所见九卿秩中二千石是历时性演变的结果，九卿在最初泛指同一秩级的若干官职；王莽时创造以三孤卿加六卿的另类九卿形式；东汉时方确立以太常九职为九卿的成熟制度。[29]还有学者着力考察纸张取代简牍成为主要书写载体对中国古代地方的行政管理和权力运作模式所长生的重要影响。魏晋时期纸张代替简册后，基础账簿从秦汉时期的乡上移至县廷，基层事务也由县令统揽，从而为基层统治重心的上移提供了技术条件，但县廷并不具备直接面对个人小农的能力。[30]

宋辽金元史领域，有学者通过梳理宋代“言路”的建设以及执行与滞碍，考察作为重要信息通进渠道的“言路”通塞与制度文化的关联。[31]还有学者以北宋中枢政务流程为线索，重新审视三司与宰相的职权关系。[32]还有学者分析司马光本人政治品格，考察在太皇太后、其他宰执、台谏官等各方权力主体的互动关系网中，司马光生命最后 18 个月的政治环境，及其政治追求破灭的原因。[33]有学者提出辽朝文献对契丹开国年代的两种时间书写，实是史官对历史的重构与改造，是当时重构契丹开国史乃至整个建国前史的重要环节，体现了辽朝后期对于政权合法性、正统性的强烈诉求。[34]再有学者考辨《经世大典·官制》中对台宪官吏设置沿革的记载疏误，深化了对元代监察制度的认知。[35]

明史研究领域，有学者指出，帝制中国的国家决策机制在明代发生了重要变化，发展为圣裁、阁议和廷议三种机制并行的复合机制，体现了决策方式由传统向近代的转变。[36]还有学者持续关注明朝丝绸之路的开拓与发展，将郑和下西洋置于全球史视野下进行讨论[37]，并通过研读永宁寺碑文等史料，提出明代卫所网络是东北亚丝绸之路发展新样态的观点。[38]明代军事一直是关注热点，有学者考证洪武初年明军两次征讨元顺帝的战争进程和关键地点[39]；还有学者探讨亲军卫中锦衣卫的制度源流，及其在明代军事体制中的功能与作用[40]；另有学者分析明九边易主与明清易代的关系，以及清初原明九边地区战略地位差异[41]。

清史研究中档案和少数民族语言史料的作用日益凸显。有学者对比礼部和理藩院两大机构管理境内族群的不同分工，探讨清朝在区分族群、整合多族群文化方面的努力及其政治价值，提出清朝礼制的最大特色是多元化族群色彩，反映了满洲对于本族及其他边疆族群的文化价值的认知和认同。[42]有学者利用清初满汉文档案，厘清部院司官制确立的曲折过程，从而加深对“清承明制”的理解。[43]也有学者利用档案和文献对地方官“年终密考”制度的研究，从创制、执行者、考评内容等方面解析制度的实际运作，指出该制度对外官的考核和简选的确发挥了独特作用。[44]还有学者关注法制方面，从司法档案入手分析“亲亲相隐”原则在天山南路地区刑案审判中的运用情况，进而探讨清朝法律制度在边疆少数民族地区的实施和意义。[45]

2. 经济史研究

先秦史方向，有学者从分析甲骨文的“买”字字义入手，结合青铜铭文和考古材料全面分析了商代的商业：不同社会阶层商品交换的品类不同，贝作为商代货币，已具有支付手段、价值尺度、流通手段和储藏功能。“商”字的本义与“交易”行为并无关系，只是这种行为出自商族人的缘故而被称为“商业”，而从事这种行业的人则称为“商人”。[46]

秦汉魏晋南北朝隋唐史方向，有学者梳理传世文献与秦汉简牍中的商品记载，分析了大一统经济文化背景下优势地方品牌商品的频频出现，指出这反映了“直道、驰道”等交通建设促使全国范围内的经济联系实现空前的规模。[47]还有学者分析了西汉巨量黄金的主要来源，认为其消失的原因在于西汉的厚葬、聚财意识，战争以及东汉后黄金支付功能的消退、储藏功能上升，因此被陪葬和窖藏在皇陵、诸侯王墓室及富商大贾活动的地方。[48]

宋元明清史方向，有学者总结了宋朝夜市的繁荣原因，指出主要包括市籍制、市制的衰落和崩溃，宋代商品经济和消费市场的发展，以及宋代财经政策的导向。[49]有学者着重考察南宋货币，梳理绍兴时期见钱关子产生的背景及与专卖体系的关系演变，以及东南会子的诞生过程。[50]并从东南会子的发行数量、财政用途、民间交易和税赋中的钱会比例等角度，重点论述南宋前期东南会子的性质与流通状况，指出不应将不同时段的东南会子视作一体。[51]有学者通过梳理徽州休宁县升科河税一案，提出明中期以后，黄册在人户统计方面的功能逐渐削弱，但徽州地区的黄册在赋役征收、产权确认等事务中仍然发挥着重要作用。[52]还有学者从明清时期记载田赋科则的文献《赋役全书》的性质转变入手进行分析，对本色米复归做出新解，认为田赋征收在明末清初的部分地区并没有出现所谓从白银向实物的大规模回归现象。[53]还有学者利用新出史料分析了清代中后期公主婚后的经济待遇、经济困境和皇室力图解决该问题的努力，认为公主的经济困境也是当时制度困局的一个缩影。[54]有学者从对盐商的评价、盐业缉私、改革思路等角度考察嘉道时期经世思想家包世臣的盐业思想，指出其与同时代西方学者相比仍有较大差距。[55]

3. 思想文化史研究

先秦史方向，有学者考证了甲骨文“俎”的多重含义，指出除了用以表示俎肴和祭名之外，还用作适宜之意。盖以为俎置牲肉平稳得当，故引申为宜。西周、春秋时期又以“宜”的同音字“义”表示其适宜之意，由此而衍生出威义（仪）之意蕴，继而引申出美善、标准等意。春秋时代“义”已经成为社会公认的表示社会准则及伦理道德的观念。孔子所使用的“义”是春秋社会上普遍行用的观念，但仍谓“义者，宜也”。[56]《礼记·礼运》篇“殽地”一语历来多有分歧，有学者通过论述“地”观念的起源，认为合理的理解应当将“殽”作为使动用法，“殽地”即使地殽（效）法天命。《礼运》篇尊天卑地是战国时期流行的社会观念之一。[57]孟子的人性论关注者颇多，但很少从历时性角度考察。有学者根据孟子与告子辩论时孟子年岁为几点，发现孟子人性思想的变化脉络：由发现人禽之别，到破除自然人性论，提出性善论，再到力图解决圣人与常人人性差别问题。[58]

秦汉魏晋南北朝隋唐方向，西汉废帝海昏侯刘贺做皇帝前后出现多次妖祥现象，时人或后世多认为是其败亡的征兆。有学者分析认为此现象与当时的政治形势及西汉中期的神秘政治文化密切相关。汉昭帝时期，妖祥现象频发的只有昌邑王国和燕国，且只有这两个侯国与皇权产生直接关联与冲突。[59]原壤由于言行背离儒家信条，在汉魏经学家视为反面人物。魏晋六朝时期玄学家、经学家及佛教学者相继用“方外”观念来阐释原壤的怪异行为。这些论调因唐代官学及南宋理学厌恶而湮灭不彰。[60]

宋金元明清方向，有学者比较西夏与辽宋时期的涅槃图像，探究图像背后蕴含的思想观念及信仰的变迁。[61]还有学者从鉴藏史的角度探讨金元之际的东平士人在书画鉴藏风气转移中发挥的重要作用，这些北方文化精英促进了书画鉴藏的南北融合，为元初书画鉴藏做出了贡献。[62]再有学者着眼于童蒙文化研究，指出孔颜孟三氏子弟教育体系在金元时期逐渐成形，并为明代因袭，成为三氏学的开端。[63]明清史领域，有学者对百年来清代思想文化史研究的基本方法和理论视角进行系统梳理[64]，并对“经世观”的学界已有认知做了着重检讨[65]，另外还对学界流行的清代考据学评价模式进行反思和讨论。[66]也有学者聚焦18世纪理学官僚群体，考察其对道德教化、事功、朱陆异同等问题的看法，探研理学官僚对治理地方和建构学统方面的观点，从而理解盛清时期政治与学术的交错，以及18世纪朱子学的新发展。[67]还有学者回应“新清史”论者的满洲中心观，通过史实举证，指出认同中国历史文化上的政统和道统，并以承继者自居，是满族统治者认同中华历史文化的政治与文化的体现，这种选择也是历史的必然。[68]也有学者对“内亚”及其衍生概念进行讨论和反思。[69]另有学者以朝鲜的“胡无百年之运”的观念为研究对象，探究在清朝入主中原的最初一百年中，此观念在朝鲜认知和处理与清朝的交往上所发挥的作用，进而揭示明清易代对整个东亚世界的影响。[70]在清入关前后，汉官群体都试图以“正君心”为手段，影响最高统治者的政治文化选择，有学者将其归纳为三个阶段，认为这对清初政治有积极作用。[71]再有学者深入发掘乾隆朝禁毁三教堂案，从地方化的视角，重新梳理清初政教关系、思想运动以及民间教派之间的复杂关系。[72]

4. 社会史研究

上古中古史方向，有学者辨析了秦汉时期两类“小”“大”身份并存现象，指出第一类根据身份年龄划定偏重于自然身份，第二类则以傅籍为标志界定，与傅籍、爵制密切相关，是一种社会身份。[73]还有学者以寓居晋阳的一个从北魏中后期一直绵延到唐代300多年的胡人家族龙氏为个案，分析了该家族风俗传统的演变历程：从保留焉耆人的祆教信仰、音乐歌舞和善于经商，到渐染华风，由尚武向崇文发展；中唐以后逐渐融入华夏。[74]

宋元史方向，有学者从议题、视角、概念、资料等4个方面，对宋代城市史研究进行思考和方法论指导。[75]另有学者通过研读田子茂墓志铭，还原他的生活轨迹，并将其纳入当时的时代背景加以考察，探究一个普通人改变命运的过程中涉及的历史场景。[76]有学者借由考察吉水亿田刘氏这一三代内多人举业成功的平民家族，探究宋代科举社会形成的乡村土壤及科举与基层社会之间的互动，从区域和基层视角解读北宋科举社会的乡村形态。[77]元代廉氏家族声名显赫，对其宅园兴衰变迁研究较多，有学者通过一方圣旨碑文，考订廉园具体方位，并对其与万柳堂的关系做出考辨。[78]

明清史领域，有学者提出，明清时期的民间组织类型繁多，一定程度上弥补了政府职能的缺失，促进了政府职能不断完善，而国家也加强对其引导、管理和监督，增强其社会服务功能。[79]还有学者以重开会通河的功臣宋礼和白英的际遇，及其子孙编造文献、建构宗族、占垦湖田等活动为研究对象，探究运河修筑及管理体制变迁对地方家族文化的影响。[80]有学者将视角转向明代商人的社会参与问题，指出明代商人在赈济捐施、参与庶务、议策盐政、抵御倭患等方面积极活动，成为支撑国家社会运行的必要基础，使社会权力结构渐次向绅商共同支配体系演进。[81]另有学者系统考察太原晋祠及周边村庙的变化轨迹，展示华北地区长程历史的复杂性和多元性，并进而讨论这一地区结构过程的差异性。[82]还有学者从形成过程、形态、功用等方面将清代普通旗人官修家谱分成承袭册型和户籍册型两类分别讨论，对文书本体、形成制度和官修性质进行考量，拓宽了相关研究视角。[83]

5. 民族史研究

本年度民族史领域成果颇丰。

有学者结合简牍、石刻与传统史料，分“边裔与中心”“发现与想象”“名号与传统”“墓志与历史”4个主题，对汉唐游牧地理、中古南方族群的历史变迁、十六国北朝时期内入北族的政治发展与文化转型、北朝碑刻墓志的调查与研究等重要问题进行深入精当的论说。[84]

辽金元方向，金代对长白山的封祀情况鲜有系统论述，有学者梳理世宗和章宗两朝册封、报谢长白山的举动，阐释其中涉及的地理问题、金人对长白山的三重意象，以及金朝山川祭祀体系中女真与汉制并重的二元特征。[85]有学者使用多语种史料，对与察合台相关的卒年、驻地、汉民与投下4个问题进行了细致考述，深化了学界对相关问题的认知。[86]还有学者对波斯、汉文史料进行对勘，考证出速混察·阿合实是畏兀儿人，澄清了西方学者长期将其与另一同名显贵混淆的错误，并对其生平事迹进行梳理，从而探讨畏兀儿人群体在伊利汗国政治舞台上的重要性。[87]

明清史领域，有学者深入研究明代的“野人女真”，提出明代“野人女真”又称“东海女真”的主流说法并不准确，《满文老档》中东海三部的范围与明代“野人女真”范围不同，不应将两者等同。[88]还有学者考察明朝在东北地区设立鞑靼、女真羁縻卫所，及建立京师会同馆和在东北地区设立驿站交通网的历史过程，提出这些羁縻卫所在对东北亚诸民族、部落实行怀柔管理和经贸往来方面发挥了积极作用，是东北亚整体丝绸之路的重要组成部分。[89]有学者研究清代民族图册中的《皇清职贡图》，指出绘图的主要目的是为宣扬“大一统”的政治理念。[90]还有学者考察哈密回部的战略地位及其独特性，认为其在清朝历次西北边疆战事和管理新疆上发挥了重要作用。[91]国家图书馆藏有尚未利用的11件蒙古八旗佐领印轴和族长印轴等满文档案，有学者深入研究其中4件，发现在中央集权强化的背景下，宗族组织在八旗基层牛录内部仍在发挥重要作用。[92]此外，也有学者通过汉文、波斯文史料及考古资料，考察蒙元时期汉人迁徙伊朗的历史过程及汉人移民在当地的生活状况，指出移民将汉地文化带到伊朗，为波斯文明打上了不可磨灭的汉文化印记。[93]

6. 北京地方史研究

本年度北京地方史研究包含多个方面。6月22日，北京师范大学历史学院中国古代史研究中心举办的第四届“幽州学”学术研讨会举行，以“守正与创新：幽州学研究的新进展”为主题，30余位专家学者立足史书典籍等传统文本和石刻墓志等出土文献，就区域史、政治史、社会生活史等领域问题深入交流。

具体研究成果集中于大运河、长城、西山永定河3个文化带。有学者指出郭守敬主持的元大都水脉整治，确立了此后数百年间城市引水和排水的基本格局，使其成为北京地区历史文脉的重要奠基者之一。[94]有学者梳理了大运河文化留下的非物质文化遗存。[95]有学者考察了乾隆年间对永定河湿地的治理理念和举措，指出人占水地加大了治理的成本与难度。[96]另有学者通过分析南苑地区水脉的历史变迁过程，探讨社会发展与环境变迁之间的相互影响。[97]对宗教领域的关注依然热度不减，有学者通过白云观的历史演变探求北京道教文化发展变迁情况[98]；有学者提出潭柘寺并非建于晋代而是建于金代[99]；还有学者通过考辨史料指出长椿寺的创建时间应为万历四十年[100]。

此外，一些学者还就清代北京典当业的类别和业务[101]，清代长辛店的交通与商业[102]等专题分别论述，丰富了北京城市史的研究。

注：

①曹丁云、刘一曼：《四论武乙、文丁卜辞——

无名组与历组卜辞早晚关系》，《考古学报》，2019年第2期。

②晁福林：《殷卜辞所见“末（沬）地考”》，《中国史研究》，2019年第2期。

③北京大学出土文物研究所编：《青铜器与金文》（第三辑），上海古籍出版社，2019年版。

④晁福林：《〈史墙盘〉铭文补释——兼论“成康之治”》，《学术月刊》，2019年第11期。

⑤冯时：《周代的臣鬲与陪台——兼论穆王修刑与以刑辅德》，《考古学报》，2019年第4期。

⑥蔡万进、郭晴：《简帛学史研究的理论价值及其意义》；魏德胜：《对简帛学史分期标准的思考》；胡平生：《论说〈简牍学大辞典〉》，见《简帛学史的理论总结与研究（笔谈）》，《郑州大学学报（哲学社会科学版）》，2019年第4期。

⑦李锐：《新出土史料与古史研究中的问题》，《中原文化研究》，2019年第2期。

⑧高智敏：《由“邦”到“天下”——秦“邦”更名所见制度变革及其意义》，《中华文史论丛》，2019年第2期。

⑨邵蓓：《〈封许之命〉与西周外服体系》，《历史研究》，2019年第2期。

⑩张瀚墨：《新出文本与历史真实：王位继承语境下清华简〈保训〉篇解读及相关问题讨论》，《浙江大学学报（人文社会科学版）》，2019年第2期。

⑪刘成群：《清华简〈越公其事〉与勾践时代的经济制度》，《社会科学》，2019年第4期。

⑫杨博：《新出简帛文献与“书”类文献的历史书写》，《东岳论丛》，2019年第1期。

⑬石洋：《荆州高台M46出土记钱木牍考释》，《江汉考古》，2019年第2期。

⑭凌文超：《吴简与吴制》，北京大学出版社，2019年版。

⑮赵贞：《吐鲁番文书所见唐代西州的货币流通》，《宗教信仰与民族文化》，2019年第1期。

⑯雷闻：《俄藏敦煌〈格式律令事类〉残卷考释》；史睿：《新发现的敦煌吐鲁番唐律、唐格残片研究》；荣新江、史睿：《俄藏03558唐代令式残卷再研究》；李锦绣：《俄藏03558唐〈格式律令事类·祠部〉残卷试考》等，均见于《法律文化研究》（第十三辑）：敦煌、吐鲁番汉文法律文献专题，2019年第2期。

⑰史金波：《英藏黑水城出土抵押贷粮契考》，《文津学志》（第十二辑），国家图书馆出版社，2019年版。

⑱史金波：《西夏文军抄账译释研究》，《军事历史研究》，2019年第3期。

⑲和智：《西夏语两种重要语法现象拾得——以西夏文〈圣立义海〉为中心》，《西夏学》，2019年第1期。

⑳安北江：《黑水城出土748号税制文书考释——兼论西夏“通检推排”》，《中国农史》，2019年第1期。

㉑王巍：《黑水城出土纳甲箍法文书初探》，《中华文化论坛》，2019年第6期。

㉒孙伯君：《西夏文〈三观九门枢钥〉考补》，《宁夏社会科学》，2019年第4期。

㉓李若愚：《西夏时期藏传佛教的流传》，《宁夏社会科学》，2019年第1期。

㉔熊永：《齐桓公霸政形成新论——以齐桓公权威身份的合法性构建为中心》，《中南大学学报（社会科学版）》，2019年第4期。

㉕诸葛瑞强、黄朴民：《春秋时期的吴楚战争与诡诈用兵》，《湖北社会科学》，2019年第7期。

㉖辛德勇：《生死秦始皇》，中华书局，2019年版。

㉗高智敏：《从“邦”到“天下”——秦“邦”更名所见制度变革及其意义》，《中华文史论丛》，2019年第2期。

㉘孙家洲：《西汉前期三大政治集团的“平衡”及其破局》，《理论学刊》，2019年第6期。

㉙孙正军：《汉代九卿制度的形成》，《历史研究》，2019年第5期。

㉚张荣强：《简纸更替与中国古代基层统治重心的上移》，《中国社会科学》，2019年第9期。

㉛邓小南：《信息渠道的通塞：从宋代“言路”看制度文化》，《中国社会科学》，2019年第1期。

㉜张亦冰：《北宋三司与宰相职权关系新探》，《史学月刊》，2019年第1期。

㉝赵冬梅：《和解的破灭：司马光最后18个月的宋朝政治》，《文史哲》，2019年第5期。

㉞苗润博：《被改写的政治时间：再论契丹开国年代问题》，《文史哲》，2019年第6期。

㉟展可鑫：《〈经世大典·官制〉所见元代台宪官吏设置问题考论》，《中央民族大学学报（哲学社会科学版）》，2019年第6期。

㊱李伯重：《明代后期国家决策机制研究》，《中

华文史论丛》，2019 年第 1 期。

㊲万明：《全球史视野下的郑和下西洋》，《中国史研究动态》，2019 年第 2 期。

㊳万明：《明代永宁寺碑新探——基于整体丝绸之路的思考》，《史学集刊》，2019 年第 1 期。

㊴卢绪友：《洪武初年明军两逐顺帝之战史地考证》，《中国边疆史地研究》，2019 年第 2 期。

㊵张金奎：《游牧文明因子与明朝卫所体系中的亲军卫——以锦衣卫为中心的考察》，《文史哲》，2019 年第 6 期。

㊶邓涛：《明九边防御体系的崩溃与清初九边地区战略地位》，《历史档案》，2019 年第 4 期。

㊷张永江：《礼仪与政治：清朝礼部与理藩院对非汉族群的文化治理》，《清史研究》，2019 年第 1 期。

㊸马子木：《清初部院司官体制考——兼谈作为过程的"清承明制"》，《古代文明》，2019 年第 1 期。

㊹常越男：《清代地方官"年终密考"制度述论》，《中国史研究》，2019 年第 2 期。

㊺王东平：《清代天山南路地区刑案审判中的"亲亲相隐"》，《新疆大学学报(哲学 · 人文社会科学版)》，2019 年第 6 期。

㊻杨升南：《从甲骨文的"买"字说到商代的商业》，《中原文化研究》，2019 年第 3 期。

㊼王子今：《宛珠 · 齐纨 · 穰橙邓橘：战国秦汉商品地方品牌的经济史考察》，《中国经济史研究》，2019 年第 3 期。

㊽唐任伍：《西汉巨量黄金的来源及消失的原因、时间、地点考》，《中国经济史研究》，2019 年第 4 期。

㊾李华瑞：《古代夜市，为何宋朝最兴盛》，《人民论坛》，2019 年第 28 期。

㊿王申：《从便钱到纸币：论绍兴时期见钱关子至东南会子的演进过程》，《中国经济史研究》，2019 年第 3 期。

51王申：《论南宋前期东南会子的性质与流通状况》，《清华大学学报(哲学社会科学版)》，2019 年第 3 期。

52阿风：《明代大造黄册与水权诉讼——以〈万历四十一年至四十三年休宁县升科水利河税事抄招〉为中心》，《安徽大学学报(哲学社会科学版)》，2019 年第 3 期。

53申斌：《清初田赋科则中本色米复归的新解释——兼论明清赋役全书性质的转变》，《中国经济史研究》，2019 年第 1 期。

54毛立平：《金枝玉叶与收支困局——清代中后期公主经济境遇考察》，《历史研究》，2019 年第 4 期。

55倪玉平：《包世臣盐业思想研究》，《盐业史研究》，2019 年第 3 期。

56晁福林：《从甲骨文"俎"说到"义"观念的起源》，《考古学报》，2019 年第 4 期。

57晁福林：《〈礼记 · 礼运〉篇"殽地"解——附论"地"观念的起源》，《人文杂志》，2019 年第 1 期。

58李锐：《从历时性角度再论孟子的人性论》，《江淮论坛》，2019 年第 3 期。

59宋艳萍：《刘贺的妖祥与西汉中期的神秘政治文化》，《中原文化研究》，2019 年第 6 期。

60华喆、李非凡：《儒玄交汇：六朝学术视野下的原壤再研究》，《中国哲学史研究》，2019 年第 1 期。

61于博：《西夏与辽宋时期涅槃图像的比较研究》，《西夏学》，2019 年第 1 期。

62段莹：《金元鉴藏风气转移中的东平士人》，《故宫博物院院刊》，2019 年第 12 期。

63张国旺：《金元时期孔颜孟三氏子弟教育考论》，《首都师范大学学报(社会科学版)》，2019 年第 5 期。

64杨念群：《近百年来清代思想文化研究范式的形成与转换》，《上海交通大学学报(哲学社会科学版)》，2019 年第 4 期。

65杨念群：《"经世"观念史三题》，《文史哲》，2019 年第 2 期。

66杨念群：《清代考据学的科学解释与现代想象》，《史学史研究》，2019 年第 2 期。

67马子木：《十八世纪理学官僚的论学与事功》，《历史研究》，2019 年第 3 期。

68向燕南：《从政统和道统的认同看清统治者历史文化认同的问题——对新清史论者的一个回应》，《河南师范大学学报(哲学社会科学版)》，2019 年第 5 期。

69祁美琴、陈骏：《中国学者研究中的"内亚"概念及其问题反思》，《中国人民大学学报》，2019 年第 3 期。

70桂涛：《论"胡无百年之运"——17、18 世纪朝鲜士人认识清朝的基本框架及其瓦解》，《史林》，

2019年第1期。

⑪朱昌荣：《试析清初汉官群体“正君心”实践三部曲》，《史学月刊》，2019年第5期。

⑫曹新宇：《清前期政教关系中的儒教及三教问题——乾隆朝三教堂案研究》，《清史研究》，2019年第3期。

⑬凌文超：《秦汉时期两类“小”“大”身份说》，《社会科学战线》，2019年第12期。

⑭王永平：《夷俗与华风：中古时期寓居内地的一个胡人家族——以太原龙润家族为中心》，《社会科学战线》，2019年第12期。

⑮包伟民：《城市史的意义——宋代城市研究杂谈》，《唐宋历史评论》，2019年第2期。

⑯游彪：《名门后裔：宋代一个普通人的异常生活轨迹》，《中国史研究》，2019年第3期。

⑰马利清：《宋代科举社会的乡村形态——吉水亿田刘氏家族举业的个案研究》，《北京大学学报(哲学社会科学版)》，2019年第6期。

⑱张良：《元大都廉园的地望与变迁——兼辨其与万柳堂之关系》，《中国史研究》，2019年第1期。

⑲彭勇：《活跃在明清时期的那些民间组织》，《人民论坛》，2019年第13期。

⑳凌滟：《各取所需：运河功臣的再发明——宋礼、白英的立祀及其后裔的宗族建构》，《清华大学学报(哲学社会科学版)》，2019年第5期。

㉑常文相：《明代商人的社会参与》，《中国史研究》，2019年第3期。

㉒赵世瑜：《多元的标识，层累的结构——以太原晋祠及周边地区的寺庙为例》，《首都师范大学学报(社会科学版)》，2019年第1期。

㉓邱源媛：《清代旗人官修家谱档案述论》，《中华文史论丛》，2019年第3期。

㉔罗新：《王化与山险：中古边裔论集》，北京大学出版社，2019年版。

㉕邱靖嘉：《金代的长白山封祀——兼论金朝山川祭祀体系的二元特征》，《民族研究》，2019年第3期。

㉖党宝海：《察合台史事四题——卒年、驻地、汉民与投下》，《西域研究》，2019年第3期。

㉗陈新元：《速混察·阿合伊朗史事新证——兼论伊利汗国的畏兀儿人》，《西域研究》，2019年第1期。

㉘赵令志：《明代“野人女真”称谓刍论》，《民族研究》，2019年第4期。

㉙乌云高娃：《明代鞑靼、女真卫所与东北亚驿站交通网》，《江海学刊》，2019年第6期。

㉚苍铭、张薇：《〈皇清职贡图〉的“大一统”与“中外一家”思想》，《云南师范大学学报(哲学社会科学版)》，2019年第3期。

㉛邓涛：《清代哈密回部的独特性——兼论其在清朝边疆经略中的作用》，《云南师范大学学报(哲学社会科学版)》，2019年第4期。

㉜N. 哈斯巴根：《宗族组织与蒙古八旗牛录——以国家图书馆藏清代满文印轴为例》，《民族研究》，2019年第4期。

㉝陈春晓：《蒙古西征与伊利汗国的汉人移民》，《中州学刊》，2019年第6期。

㉞孙冬虎：《郭守敬：水脉整治与文脉奠基》，《前线》，2019年第10期。

㉟赵雅丽：《大运河的非物质文化遗产》，《北京观察》，2019年第3期。

㊱赵珍、崔瑞德：《清乾隆朝京南永定河湿地恢复》，《清史研究》，2019年第1期。

㊲吴文涛：《从永定河水系到北运河水系——南苑地区水脉的历史变迁》，《北京史学》，2019年第1期。

㊳郑永华：《从天长观到白云观——“北京第一道观”的历史变迁与文化传承》，《前线》，2019年第8期。

㊴王岗：《潭柘寺史事略考》，《北京史学》，2019年第1期。

㊵郑永华：《长椿寺创建时间考辨》，《北京社会科学》，2019年第10期。

⑩①章永俊：《清代北京的典当》，《北京史学》，2019年第1期。

⑩②刘仲华：《清代长辛店的交通与商业》，《北京文博文丛》，2019年第1期。

(作者：仝卫敏，北京师范大学副研究馆员；宋文汐，北京师范大学博士生)

中国近现代史

王　纯　张　皓

2019年度的研究，在“周年纪念”的热点带动下，成果丰硕。既有系列论著出版，又有专题论文，深化了对许多问题的认识。

一、政治史

关于政治史的研究，分3个专题：晚清政治、共产党政治和国民党政治。

1. 晚清政治

太平天国运动强烈震撼了大清王朝，在短短几年内席卷大江南北，最终却以失败告终。刘晨在《萧朝贵与太平天国早期史》①一书中，分析了萧朝贵的历史地位，并以他为切入点分析了太平天国内部的权力斗争，寻找其衰败的端倪。作者在另一篇文章中，分析了太平天国统治区的民变与政府应对，这种民变在某种程度上宣告了太平天国在社会控制层面的失败。②

戊戌变法是晚晴大事，围绕康有为的研究颇多。贾小叶指出1899年康有为的勤王思想随时局不断变动，但终因东摇西摆而流于空谈。③他还分析了戊戌政变后，康党为证明自己的合法性而进行的宣传。这种宣传经历了由塑造“逆后”形象到诋毁“贼臣”荣禄的过程。④张昭军研究了日本杂志《太阳》对康有为、梁启超活动的报道，丰富了康、梁的研究资料。⑤1921年，出于对苏俄革命的恐惧，康有为想借助军阀之力，除掉与苏俄联合的孙中山。刘萍对此进行考察，认为康氏“除孙”实质是要消灭“赤化”。⑥

对于一些细致问题，也有学者进行探讨。比如郭卫东的《晚清中外条约作准文本探析》⑦，邱涛的《晚清长江水师之制度论析——兼与绿营、湘军水师制度比较》⑧，王美珏、马维熙的《清代奏事处续考》⑨等。

2. 共产党的政治

2019年是中华人民共和国建国70周年，有系列著作出版。

《新中国70年》⑩是由中央宣传部指导、中国社会科学院当代中国研究所编写的理论读物，生动展示了新中国成立70年经济、政治等各方面的成就。中共中央党校、中央党史和文献研究院打造的首部反映中华人民共和国70年光辉历程的多卷本通史性著作《中华人民共和国通史》⑪于2019年12月出版。张士义《新中国砥砺奋进的七十年》⑫，用100多幅图画将新中国70年的重大事件一一展现。董伟的《诞生——共和国孕育的十个月》⑬，描绘了新中国从萌芽、发育，到成形、诞生的过程。此外，还有“中华人民共和国史小丛书”。丛书计划出版100册，已出版18册，每册围绕一个主题，比如王爱云的《新中国的文字改革》。⑭

3. 国民党政治

国民党派系斗争历来是学界研究的热点。张皓分析了1935—1937年在对日问题上蒋介石和汪精卫的权力之争，最终“蒋介石基本上实现独裁”。⑮作者还以陈立夫为核心研究了1948年至1949年国民党CC系对国共和谈的阻挠、破坏。⑯汪朝光以1948年行宪国大为切入点展现了国民党派系的相互倾轧和组织涣散。⑰1949年，蒋介石计划退往台湾；桂系企图割据两广，迫不得已时退守海南岛。张皓对蒋桂南撤之争，以及在此过程中解放军利用蒋桂矛盾不断调整部署进行了分析。⑱

除却派系斗争，关于蒋介石的研究继续深化。邓野新著《蒋介石的战略布局（1939—1941）》⑲，认为从德国入侵波兰到日军偷袭珍珠港，蒋介石对国际局势有自己的判断，他希望利用国际变局将日本赶出中国。罗敏主编的《中华民国史研究（第3辑）：在日记中找寻历史》⑳，讨论了蒋介石打天下、争天下过程中的政治、军事斗争以及蒋介石与政敌、部属的互动。1949年，北平国共和谈深刻影响着蒋介石的政治命运，张皓依据大量史料分析了蒋介石的多方考虑和全力应对。㉑此外，冯琳还探讨了退台初期蒋介石与美国“共同防御条约”的签订问题。㉒郭双林分析了张学良的《西安事变反省录》，蒋介石在20年后要张学良撰写它，是为了维护自己编造的谎言㉓。

关于国共合作，孙会修撰文《莫斯科中山大学的中国留学生与国共合作（1925—1928）》，研究了中山大学国民党学生和共产党学生的融合管理，为国共合作开辟了新的研究视角。㉔

二、经济史

关于经济史的研究，分清末至民国和新中国成立后两个阶段进行总结。研究多从具体问题出发，依托经济学数据，专业性越来越强。

1. 清末至民国的经济发展

鸦片战争、太平天国运动等，使清政府陷入财政危机。任智勇分析了1850年前后清政府的财政困局与应对。[25]倪玉平的著作《出入与异同：清代经济史论稿》[26]，系统研究了清代漕运、盐政、关税等诸多经济问题。缪德刚基于20世纪二三十年代“国富”学说在中国的传播，分析了国民经济核算思想在近代中国的发展。[27]王大任探讨了伪满政府对乡村社会经济的脆弱控制。[28]

2. 新中国成立后的经济研究

新中国成立后的经济研究，集中于两个时段：一是全面社会主义建设时期；二是改革开放后。

黄柘淞分析了退押运动与1951年农业税的关系，指出1951年农业税增加10%一事不可能是退押运动的背景。[29]武力探讨了新中国的第一个五年计划。[30]张海荣研究了1958—1961年冀北一个生产大队的收入情况。[31]林盼分析了20世纪60年代我国半计件工资制的实施，并对中国与苏联计件工资制加以对比。[32]此外，徐建青强调研究经济史要关注数据本身的质量。他简述了中华人民共和国第一次手工业调查的过程和内容，指出在手工业研究中需警惕大而化之地运用资料。[33]

魏众撰文指出我国改革初期的思想解放、中外交流等，为中国特色社会主义经济理论的形成做出重要贡献。[34]董大伟探讨了改革开放以来的非公经济。[35]欧阳淞论述了党的领导是改革开放取得成功的关键和根本。[36]

此外，还有一些宏观论述。比如武力回顾了新中国70年经济发展的历程[37]，邓小平思想生平研究会主编了《精神的力量——改革开放中的邓小平》[38]，陈云思想生平研究会主编了《不凡的历程——陈云与改革开放》[39]，以及张海鹏探讨了金融发展中义利之间平衡的问题[40]等。

三、思想文化史

思想文化史的研究成果，体现在3个方面：

一是思想史的理论和研究方法。郑大华对中国近代思想史研究的分期、成就进行了总结。[41]他还提出研究中国近代思想史，必须做到“会通”与“贯穿”。[42]关于“马克思主义史学的民族化”问题，他认为“马克思主义史学的中国化”和“马克思主义史学的民族化”是有区别的，两个概念不能混用。[43]郭双林撰文分析了中国近现代思想史的研究方法。[44]

二是马列主义问题。王士皓撰文分析了“规律”一词的词义变化：在古汉语中它指“规章律令”，随着马克思主义传入后它成为“客观性”“必然性”的术语。[45]葛静波、张昭军对国民革命时期列宁《帝国主义论》的译介与论争进行了研究，列宁《帝国主义论》的译介为中国革命指明了正确道路，其论争也呈现了各界对于反帝问题的不同认识。[46]

三是新文化与五四运动。2019年是五四运动100周年，6月22—23日，北京大学历史学系、北京大学五四运动研究中心、北京大学人文学部联合主办的“百年回看五四运动——北京大学纪念五四运动一百周年人文论坛”在京举行，来自国内外的70多位专家学者交流五四运动研究的最新成果。这些成果围绕着“五四时期历史人物与思想研究”“五四运动与中国现代社会政治”“五四新文学、新学术研究”等主题展开。

1919年的五四运动不仅仅是一次抵抗外辱的示威游行，它掀起社会变革风潮，深刻地影响着中国人的精神世界。杨念群所著《五四的另一面》[47]一书，将五四看作一场社会文化运动，通过把“五四”发生及延续的时段拉长至20世纪40年代，深度考察了“五四”一代成长起来的“新青年”面对各种时势变迁做出的反应和抉择。他还对五四运动前后“个人主义”的地位[48]，以及五四运动前后的“无政府”构想进行了分析[49]。总之，多角度呈现了五四运动产生的思想影响。郭双林分析了电报对五四运动的推动作用[50]，郑大华讨论了“五四”时期百家争鸣出现的原因[51]。耿云志研究了“五四”新文化运动前夕新旧思想的冲突。[52]李帆从学术角度出发，即民国初年北大内部桐城派与章门弟子的关系，分析了北大新文化运动的历史渊源。[53]张昭军认为，当下一些认为“打孔家店”打错了对象是对历史的无视和曲解。[54]

关于“五四”时期历史人物的研究成果颇丰。欧阳哲生分析了胡适与五四时期中西文化交流[55]，他还撰写了《新文化的理想与困窘——蔡元培看五四运动》[56]。在研究中，他指出五四运动是一个意义不断延伸的名词并分析了它不断延伸、发展的过程。[57]彭春凌探讨了章太炎与五四运动。[58]耿云志认为梁漱溟的《东西文化及其哲学》违反学术规范，不重事实，全凭主观武断。[59]杨天石解读了钱玄同和钱三强的家书。[60]王学斌分析了梁启超与“五四”知识人群体。[61]彭姗姗重新考察了杜威访华事件，分析了杜威对新文化运动及新教育改革的参与。[62]

此外还有耿云志的《五四：现代中国的新起点》[63]，金民卿的《五四运动的精神遗产及其在新时代的科学传承》[64]，侯中军的《五四运动前后英国对布尔什维克主义在华传播的监视与评估》[65]，赵妍杰的《为了人生幸福：五四时期家庭革命的个体诉求》[66]，李在全的《"五四"前后社会法律心理之变动》[67]，欧阳哲生的《纪念"五四"的政治文化探幽——一九四九年以前各大党派报刊纪念五四运动的历史图景》[68]等。

四、社会史

民国时期是中国从传统社会向现代社会转型的关键时期，政治鼎革和经济发展导致民国时期社会生活的变革。左玉河主编的《民国社会生活史》[69]，展现了民国时期"新旧并呈、中西杂糅、多元发展"的社会生活图景。他还分析了随着科举废除所兴起的新知识阶层[70]。赵妍杰研究了五四前后中国人的离婚观念，在当时实际生活中女性仍处于弱势，离婚是一个男权概念。[71]黄道炫探讨了抗战和解放战争时期，中共对军队和党政干部婚姻实施的限制。当时，婚恋意外成为个性与党性、个人与集体碰撞与交融的着力点之一。[72]

此外，毛立平研究了清代中后期公主的经济困境。[73]徐鹤考察了清末中国军医参加美国军医大会的细节。[74]张静梳理了1956—1966年新中国学习外国科技，其经历了由"向苏联学习"到"向外国学习"的转变。[75]

五、革命史

抗日战争无论在世界反法西斯战争中还是在中国历史上都占有极其重要的地位。步平、王建朗主编的《中国抗日战争史》[76]出版发行。本书分8个专题，即局部抗战、战时军事、战时政治、战时军队、战时外交等。本书强调抗日战争是"中华民族伟大复兴的枢纽"，突破了以往将抗日战争作为单纯的战争史来研究的局限。在发动全面侵华战争的过程中，日军第1军司令官香月清司与"北支那方面军"司令官寺内寿一发生"大纠葛"。张皓指出这一系列"大纠葛"反映了侵华日军中将权与帅权的冲突。[77]他还分析了七七事变期间日本侵占华北的三步走策略。[78]特别是关于抗战时期南开学子"不畏强暴，继续秉承和发展苦干、硬干、死干"的南开精神的研究，丰富了对抗日战争的认识。南开精神成为中华民族不畏强暴的国难气质。[79]

中国共产党在抗日战争中起着中流砥柱作用。1941—1942年，山东抗日根据地处境艰难。王士花撰文指出中共适时调整战略方针，以小部队潜入地方，与群众建立起血肉联系，对巩固山东根据地意义重大[80]。1943年春，日伪在苏南镇江地区发动"清乡"。吴敏超通过汪大铭日记及相关资料，考察了"清乡"区中共紧张作战的情形，如昼伏夜出的生活方式、开展群众工作等。[81]此外，周祖文讨论了全面抗战时期陕甘宁边区基层动员问题[82]，黄道炫分析了群众组织的地位变化[83]，他还研究了抗战时期中国共产党的贯彻机制[84]。

全面抗战爆发后，为与中共争夺流亡青年、解决军队政工干部匮乏等，蒋介石授意陈诚创办战时工作干部训练团。刘东庆通过对该团研究，指出国民党军队政工制度的多重困境[85]。李在全分析了抗战时期国民党特务人员从事司法工作问题[86]，项浩南研究了1938年胡宗南在陕西创办的中央陆军军官学校第七分校[87]，潘晓霞考察了全面抗战爆发前后国民政府的现金移运[88]。

六、外交史

中国近代外交关系错综复杂，根据研究成果从以下几个方面进行总结：

1. 中美关系

崔志海分析了日俄战争后美国对中国政局的反应：他对贸易投资和利益的追求远胜于对稳定和秩序的关注，由此助长中国国内革命，导致清政府的垮台[89]。2018年9月，齐锡生《从舞台边缘走向中央——美国在中国抗战初期外交视野中的转变（1937—1941）》一书的简体字版出版，引起学界关注。侯中军撰文在评价本书过程中探讨了全面抗战前期的中美关系[90]。姜涛对1942年上半年国民政府对美国有关军事战略的交涉进行了研究。这次交涉目的是使美国改变"先德后日"的导向，但最终以失败而告终[91]。朝鲜战争前后，中国局势及东亚局势剧变使台湾问题成为美国政府远东政策的一个焦点。冯琳指出美国对"托管台湾"态度随着局势变化不断演变[92]。

2. 中法关系

赫德对中法越南问题十分关注，从1880年到1885年，他向清政府提出解决办法与建议20多条。张志勇指出不管清政府是否接受其建议，赫德一直不断为和平解决中法越南问题而努力[93]。马平安分析了奕劻在中法战争中采取的策略，他贯彻慈禧太后以战促和政策，最终促成了1885年《中法会订越南条约》

的签订[94]。朱晓明考察了20世纪二三十年代上海法租界对中国共产党的态度演变[95]。二战爆发前后，面对日军侵占海南岛，国民政府希望同英法组建类似军事同盟的组织。英国无意参与，法国虽然原则上赞同，但无力单独付诸行动[96]。

3. 中日关系

1895—1945年，日本对台湾实施了长达50余年的殖民统治。藏运祜在《日本在台湾殖民统治特征述论》[97]一书中指出，日本的殖民统治因内外情势变迁经历了三个阶段，其方式与策略也有所差异。张展对卢沟桥事变后中国驻日使馆的处境进行了分析。日本当局虽避免公开驱逐中国使领馆，但试图迫使其主动撤退。1938年6月，中国驻日使领馆被迫停止办公，工作人员撤退回国[98]。

围绕日本侵华，牵涉出复杂的中外关系。张皓探讨了德国对七七事变的矛盾态度及原因[99]，他还分析了苏联对七七事变的应对，苏联虽支持中国抗战，但自己不敢单独介入中日冲突中[100]。

注：

①刘晨：《萧朝贵与太平天国早期史》，社会科学文献出版社，2019年版。

②刘晨：《太平天国统治区的民变与政府应对研究》，《近代史研究》，2019年第2期。

③贾小叶：《己亥庚子年间康有为的勤王思想与实践》，《史学月刊》，2019年第12期。

④贾小叶：《从“逆后”到“贼臣”——戊戌己亥年间康党宣传的策略》，《北京师范大学学报(哲学社会科学版)》，2019年第6期。

⑤张昭军：《戊戌政变后日本〈太阳〉杂志对康、梁的报道和评论》，《史学月刊》，2019年第11期。

⑥刘萍：《康有为晚年“定粤除孙”主张的思想基础与政治权谋》，《广东社会科学》，2019年第1期。

⑦郭卫东：《晚清中外条约作准文本探析》，《历史研究》，2019年第5期。

⑧邱涛：《晚清长江水师之制度论析——兼与绿营、湘军水师制度比较》，《军事历史研究》，2019年第3期。

⑨王美珏、马维熙：《清代奏事处续考》，《史学月刊》，2019年第7期。

⑩中国社会科学院当代中国研究所编：《新中国70年》，当代中国出版社，2019年版。

⑪郑谦、庞松主编：《中华人民共和国通史》，广东人民出版社，2019年版。

⑫张士义：《新中国砥砺奋进的七十年》，东方出版社，2019年版。

⑬董伟：《诞生——共和国孕育的十个月》，东方出版社，2019年版。

⑭王爱云：《新中国的文字改革》，北京出版社，2019年版。

⑮张皓：《1935—1937年对日问题上蒋汪权力之争研究》，《史学月刊》，2019年第4期。

⑯张皓：《国民党CC系对国共和谈问题的态度(1948—1949)——以陈立夫为中心的考察》，《中共党史研究》，2019年第3期。

⑰汪朝光：《“行宪”乱局与国民党统治的衰颓——以1948年“行宪国大”为中心的研究》，《近代史研究》，2019年第5期。

⑱张皓：《蒋桂南撤之争与解放军战略大追击》，《历史研究》，2019年第3期。

⑲邓野：《蒋介石的战略布局(1939—1941)》，社会科学文献出版社，2019年8月版。

⑳罗敏主编：《中华民国史研究(第3辑)：在日记中找寻历史》，社科文献出版社，2019年8月版。

㉑张皓：《蒋介石对北平国共和平谈判的应对》，《社会科学》，2019年第12期。

㉒冯琳：《退台初期蒋介石与美国“共同防御条约”再探讨》，《史学月刊》，2019年第8期。

㉓郭双林：《张学良〈西安事变反省录〉再研究》，《中共党史研究》，2019年第3期。

㉔孙会修：《莫斯科中山大学的中国留学生与国共合作(1925—1928)》，《史学月刊》，2019年第7期。

㉕任智勇：《1850年前后清政府的财政困局与应对》，《历史研究》，2019年第2期。

㉖倪玉平：《出入与异同：清代经济史论稿》，科学出版社，2019年版。

㉗缪德刚：《国民经济核算思想在近代中国的传播——基于“国富”学说的考察》，《中国经济史研究》，2019年第5期。

㉘王大任：《伪满财政的畸变——兼论伪满政府对乡村经济的脆弱控制》，《中国经济史研究》，2019年第5期。

㉙黄柏淞：《再议退押运动与一九五一年农业税的关系》，《中共党史研究》，2019年第1期。

㉚武力：《中国的第一个五年计划》，北京出版社，2019年版。

㉛张海荣：《隐藏的秩序：冀北一个生产大队的收入研究（1958—1961）》，《中共党史研究》，2019 年第 12 期。

㉜林盼：《既要效率，也求均等：20 世纪 60 年代半计件工资制的实施》，《中国经济史研究》，2019 年第 6 期。

㉝徐建青：《中华人民共和国第一次手工业普查简析》，《中国经济史研究》，2019 年第 6 期。

㉞魏众：《中国改革初期的思想解放、中外交流和理论创新》，《中国经济史研究》，2019 年第 6 期。

㉟董大伟：《改革开放以来的非公经济》，北京出版社，2019 年版。

㊱欧阳淞：《党的领导是改革开放取得成功的关键和根本》，《中共党史研究》，2019 年第 1 期。

㊲武力：《新中国 70 年的经济发展和辉煌成就》，《史学月刊》，2019 年第 9 期。

㊳邓小平思想生平研究会主编：《精神的力量——改革开放中的邓小平》，商务印书馆，2019 年版。

㊴陈云思想生平研究会主编：《不凡的历程——陈云与改革开放》，商务印书馆，2019 年 4 月版。

㊵张海鹏：《金融发展要在义利之间取得平衡》，《中国经济史研究》，2019 年 1 期。

㊶郑大华：《中国近代思想史研究的分期、成就与反思（1949—2019）》，《河北学刊》，2019 年第 2 期。

㊷郑大华：《中国近代思想史研究的“通”与“贯”》，《史学月刊》，2019 年第 6 期。

㊸郑大华：《近代中国革命进程中马克思主义史学的民族化转向》，《史学月刊》，2019 年第 7 期。

㊹郭双林：《流动的思想：中国近现代思想史研究方法刍议》，《史学月刊》，2019 年第 6 期。

㊺王士皓：《近代以来“规律”的语义变迁——以马克思主义话语体系为重点的考察》，《近代史研究》，2019 年第 1 期。

㊻葛静波、张昭军：《国民革命时期列宁〈帝国主义论〉的译介与论争》，《中共党史研究》，2019 年第 9 期。

㊼杨念群：《五四的另一面》，上海人民出版社，2019 年版。

㊽杨念群：《五四前后“个人主义”兴衰史——兼论其与“社会主义”“团体主义”的关系》，《近代史研究》，2019 年第 2 期。

㊾杨念群：《“五四”前后的“无政府”构想及所受的质疑》，《社会科学文摘》，2019 年第 4 期。

㊿郭双林：《电报与政治时间：重新理解一九一九年的“五四事件”》，《中共党史研究》，2019 年第 11 期。

51郑大华：《论五四时期百家争鸣出现的原因》，《中国文化研究》，2019 年第 2 期。

52耿云志：《五四新文化运动前夕，新旧思想冲突之聚焦》，《兰州学刊》，2019 年第 4 期。

53李帆：《骈散、汉宋之争与“学者”“文人”的纠葛——学术史视野下北大新文化运动的历史渊源》，《近代史研究》，2019 年第 6 期。

54张昭军：《从伦理觉悟到德性启蒙——以五四时期“打孔家店”为中心的讨论》，《安徽大学学报（哲学社会科学版）》，2019 年第 5 期。

55欧阳哲生：《胡适与五四时期中西文化交流》，《国际汉学》，2019 年第 3 期。

56欧阳哲生：《新文化的理想与困窘——蔡元培看五四运动》，《史学月刊》，2019 年第 5 期。

57欧阳哲生：《材料、诠释与意义探寻——百年五四运动史研究之检视》，《历史研究》，2019 年第 2 期。

58彭春凌：《近代思想全球流衍视野中的章太炎与五四》，《中国文化研究》，2019 年第 2 期。

59耿云志：《重读〈东西文化及其哲学〉》，《广东社会科学》，2019 年第 7 期。

60杨天石：《钱玄同、钱三强家书解读》，《世纪》，2019 年第 5 期。

61王学斌：《梁启超与五四知识人》，《博览群书》，2019 年第 5 期。

62彭姗姗：《五四期间杜威与中国的一段“交互经验”》，《近代史研究》，2019 年第 2 期。

63耿云志：《五四：现代中国的新起点》，《历史研究》，2019 年第 2 期。

64金民卿：《五四运动的精神遗产及其在新时代的科学传承》，《中共党史研究》，2019 年第 5 期。

65侯中军：《五四运动前后英国对布尔什维克主义在华传播的监视与评估》，《中共党史研究》，2019 年第 12 期。

66赵妍杰：《为了人生幸福：五四时期家庭革命的个体诉求》，《华中师范大学学报（哲学社会科学版）》，2019 年第 1 期。

67李在全：《“五四”前后社会法律心理之变动》，《湖南科技大学学报（社会科学版）》，2019 年第 1 期。

68欧阳哲生：《纪念“五四”的政治文化探幽——

一九四九年以前各大党派报刊纪念五四运动的历史图景》，《中共党史研究》，2019 年第 4 期。

⑥⑨左玉河主编：《民国社会生活史》上下册，广东人民出版社，2019 年版。

⑦⓪左玉河：《科举废除与新知识阶层的兴起》，《江海学刊》，2019 年第 1 期。

⑦①赵妍杰：《离婚自由：五四前后离婚解体的去道德化及正面化》，《福建论坛(人文社会科学版)》，2019 年第 9 期。

⑦②黄道炫：《“二八五团”下的心灵史——战时中共干部的婚恋管控》，《近代史研究》，2019 年第 1 期。

⑦③毛立平：《金枝玉叶与收支困局——清代中后期公主经济境遇考察》，《历史研究》，2019 年第 4 期。

⑦④徐鹤：《清末中国军医参加美国军医大会考论》，《史学月刊》，2019 年第 6 期。

⑦⑤张静：《新中国学习外国科技的转向(1956—1966)》，《中共党史研究》，2019 年第 9 期。

⑦⑥步平、王建朗主编：《中国抗日战争史》(全八卷)，社会科学文献出版社，2019 年版。

⑦⑦张皓：《侵华日军中之帅权、将权问题——以香月清司与寺内寿一的“大纠葛”为切入点》，《民国档案》，2019 年第 3 期。

⑦⑧张皓：《“现地解决”：七七事变期间日本侵占华北的三步走策略》，《河南师范大学学报(哲学社会科学版)》，2019 年第 3 期。

⑦⑨张皓：《南开精神：日军“七二九”轰炸下的中华民族之国难气质》，《中国浦东干部学院学报》，2019 年第 2 期。

⑧⓪王士花：《小部队建设与山东抗日根据地的坚持》，《中共党史研究》，2019 年第 7 期。

⑧①吴敏超：《苏南反“清乡”：中共干部汪大铭的作战与生活》，《史学月刊》，2019 年第 6 期。

⑧②周祖文：《论全面抗战时期陕甘宁边区基层动员的逻辑》，《抗日战争研究》，2019 年第 3 期。

⑧③黄道炫：《群众组织有什么用——1944 年的一场争论》，《抗日战争研究》，2019 年第 3 期。

⑧④黄道炫：《如何落实：抗战时期中共的贯彻机制》，《近代史研究》，2019 年第 5 期。

⑧⑤刘东庆：《流亡青年与军队政工：战时工作干部训练团的曲折历程(1938—1941)》，《民国档案》，2019 年第 3 期。

⑧⑥李在全：《抗战时期的战区检察官——以国民党特务人员从事司法工作为中心》，《抗日战争研究》，2019 年第 1 期。

⑧⑦项浩南：《缩影：胡宗南与中央陆军军官学校第七分校的创立和办学》，《民国档案》，2019 年第 2 期。

⑧⑧潘晓霞：《全面抗战爆发前后国民政府的现金移运》，《抗日战争研究》，2019 年第 4 期。

⑧⑨崔志海：《日俄战争后美国政府对中国政局的观察和反应》，《史学月刊》，2019 年第 4 期。

⑨⓪侯中军：《如何认识全面抗战前期的中美关系——评齐锡生著〈从舞台边缘走向中央〉》，《抗日战争研究》，2019 年第 1 期。

⑨①姜涛：《“不痛不痒”之间：1942 年上半年国民政府对美国有关军事战略的交涉》，《民国档案》，2019 年第 3 期。

⑨②冯琳：《朝鲜战争前后美国对“托管台湾”态度的演变》，《近代史研究》，2019 年第 2 期。

⑨③张志勇：《赫德与中法越南交涉》，《近代史研究》，2019 年第 2 期。

⑨④马平安：《奕劻与中法战争》，《史学月刊》，2019 年第 8 期。

⑨⑤朱晓明：《二十世纪二三十年代上海法租界对中国共产党的态度演变》，《中共党史研究》，2019 年第 5 期。

⑨⑥侯中军：《二战爆发前后国民政府的中法英军事结盟计划》，《近代史研究》，2019 年第 3 期。

⑨⑦藏运祜：《日本在台湾殖民统治特征述论》，《中共党史研究》，2019 年第 2 期。

⑨⑧张展：《全面抗战爆发后的中国驻日使领馆》，《近代史研究》，2019 年第 2 期。

⑨⑨张皓：《德国对七七事变的矛盾态度及其原因(1937 年 7—10 月)》，《安徽大学学报(哲学社会科学版)》，2019 年第 2 期。

⑩⓪张皓：《1937 年 7 月至 8 月苏联对七七事变的关注和应对》，《党史研究与教学》，2019 年第 4 期。

(作者：王纯，中国人民大学附属中学教师；张皓，北京师范大学教授)

外国史学理论与史学史、世界古代中世纪史

程子妍　刘林海

2019 年，北京地区高校及科研机构的历史工作者在外国史学理论与史学史、世界古代中世纪史领域共发表论著近百种，兹略述如下：

一、外国史学理论与史学史

刘家和指出，黑格尔在其《历史哲学》中称“中国历史就是没有发展的历史”，是西方中心论带来的偏见。中国文明具有不断自我更新的能力。中国历史经历了发展和变化而表现出连续性的特点，因此是世界史有机整体中不可分割的重要部分。[①]世界史不是由中国史与外国史简单相加，而应当是一个有机的整体。古代西方自柏拉图、亚里士多德以来就存在逻辑理性，但并未促成历史理性的发生。在中国，从事物的运动变化中把握真理的历史理性长期居主导地位。这两种理性之间是一种同中有异、异中有同的交集关系，不仅可以平等对话和相互理解，也能够相互借鉴和相互补充。[②]张文涛指出，阿克顿的历史哲学是将自由的进步作为历史的主线。阿克顿对信仰与自由二者的调和并不成功，但他提出的自由史观仍然是一项值得重视，且有待完善的历史哲学。[③]

于沛指出，唯物史观是唯一的科学历史观。对历史理论的研究和了解有助于树立正确的历史观。[④]马克思的世界历史理论是在其创立唯物史观的过程中形成的。现今人类仍然生活在马克思所揭示的世界历史时代，世界历史发展的前景是社会主义。[⑤]中国历史学坚定不移地以马克思主义为理论指导，同时广泛汲取中国传统史学和外国史学一切有益的理论成果，在实践中推动新中国历史学持续发展。新中国史学理论是批判与建构的辩证统一。[⑥]吴英指出，马克思的唯物史观为我们研究文明问题提供了理论指导，他揭示的人类社会发展规律其实就是文明发展的规律。[⑦]

夏春涛指出，改革开放之后中国出现的历史虚无主义是一种错误的思潮。高希中指出，历史虚无主义的一个重要表现是否定中国优秀传统文化。这种错误观点否定了中国历史和文化的根基，没有洞见优秀传统文化的重要价值和意义。[⑧]

朱孝远指出，中国的阐释学能够且应当运用到世界史的研究中。中国历史学求真、体系完善、具有高情感和高境界，中国世界史阐释学对于中国学者破除西方史学中的某些强制阐释，在国际社会中建立学术话语权有益。[⑨]布克哈特“意大利为近代欧洲第一个产儿”的看法，只是他“人的发现”理论的一个组成部分。布克哈特讲述了文艺复兴时期新人产生的 4 个步骤，即认清社会需要、技能培训、社会应用和道德提升，通过这一途径方能培养出社会所需要的合格人才。布克哈特“人的发现”理论中的一些观点对现今的人们仍有启示。[⑩]李永明指出，修昔底德将史学的求真和致用联系在一起，其史学致用思想以人性说为基础。人类历史背后是人性在发挥作用，在历史中对人性的了解为预见未来提供可能，但是人性中的非理性和理性的局限性也决定了人类不能真正把握历史变化。[⑪]

张一博指出，传统西方史学史研究多关注经典作家及其作品，但近年来史学史研究在方法、材料和视野上都发生了巨大的变化，呈现出“去经典化”的趋向。这些变化打破了传统史学史研究的单一模式，呈现出复杂多元的态势。[⑫]向燕南指出，中国史学文本在立场和视角上具有国家性，在内容上具有整体性。西方史学在相当长的时期属于个人行为，关注点多局限于个人亲历或传闻，不太考虑整体性，更注意表现事件的线性过程和情节。[⑬]高国荣指出，农业史和环境史作为史学的不同领域，尽管有密切关联，但也存在诸多差异。差异主要表现在助推动力、研究宗旨和叙事方式这三方面。[⑭]

刘新成指出，全球史的最大突破是从学理上颠覆了世界史学界根深蒂固的“西方中心论”。全球史的批判性大于建设性，它对西方的世界历史学传统进行尖锐的批评，但并没有建立一个新世界史阐释体系取而代之。[⑮]王立新指出，历史研究的跨国转向与全球转向是当前国际史学界最强劲的学术潮流，引入跨国和全球史的方法可以让民国史研究者更加重视世界性潮流和国际环境变化对中国的影响。[⑯]邓京力和林漫指出，思想史的全球转向相对滞后。在思想史与全球史的结合中，思想史可以有效弥补全球史中非物质因素的缺位；全球史的空间转向有望修正思想史长期忽略空间概念的问题。[⑰]张帅指出，全球史的研究视角可应用到中国古代丝绸之路的研究中。[⑱]

何顺果指出，后现代主义史学无论在研究对象和重点上，还是在研究理念和方法上，均与本来意义上的历史学不同。其最大的问题是具有客观实在性的历史事件在历史研究中的缺席，而取而代之的所谓事实只是语言性的存在。[19]董立河指出，为回应后现代主义者对朴素经验主义的质疑和挑战，澳大利亚历史哲学家麦卡拉提出所谓的“真理批判理论”。考察麦卡拉的这一真理观，可以帮助我们重新思考历史真实性问题。[20]金嵌雯指出，海登·怀特在不断思考历史学本质及历史学所面临现实困境的基础上，发表了一系列有关历史话语之修辞性的论著和文章。为应对一批史学家对其理论中相对主义的担忧，怀特试图通过讨论现代主义文学以回应危机。[21]艾俊树指出，20世纪70年代至今，史学在重塑客观性的问题上对海登·怀特的文本主义史学理论进行扬弃，并逐渐走向一种新的科学立场。[22]

王晴佳指出，20世纪90年代起世界史坛出现后人类史学的趋向，后人类史学的探索和实践或将对整个现代史学产生革命性的改造。[23]法国思想家米歇尔·福柯对当代史学研究的影响具体表现在5个方面。一是不再希图探讨历史规律；二是将历史研究的对象从中心转移到了边缘；三是扩大了史料的范围；四是引发了历史学中的语言学转向；五是揭示了知识与权力的关系。[24]美国学者弗朗西斯·福山展现了当代的一种思辨历史哲学。福山从唯心主义的视角探究历史的演化，认为世界人类历史不是走向终结，而是发现了一个共同的目标。[25]屠含章指出，后人类主义新思潮大致有两大来源，一是福柯对人文主义的反思；二是在科技革新的刺激下产生的“后人类主义”思考。历史学家尝试突破人类中心论和人类特殊论的传统观念，开拓新的研究领域。[26]王晴佳和屠含章指出，清代中后期的考据学者对儒学的探寻有复古主义的兴趣，与欧洲近代早期的人文主义者有相似之处。历史学家应当将历史观念和史学研究的方法论作为一种全球现象加以分析，从而超越东西方二元的方法论。[27]张旭鹏指出，近年来对人类世的研究开始关注人类世的社会意蕴及人文内涵，历史学家也参与到人类世的讨论中。对人类世的关注有助于人们重新思考历史研究中的时间和空间概念，摒弃历史叙事中人类中心主义的倾向，看到非人类因素在历史研究中的重要性。[28]

李永斌指出，通过梳理希腊城邦兴起问题的相关理论可以发现，早期希腊历史研究的路数和理论经历了“以文献为基础—以考古为基础—文献与考古相结合”几次转向。这显示了学术研究的发展和进步，但是一些新的研究方法和理论还有待进一步的实证研究来检验。[29]徐晓旭指出，历史语言学和考古学对希腊人的种族起源问题的研究起到了奠基作用。这项研究的一系列成功可以为史前史、古代史乃至新兴的全球史若干领域提供经验参照。[30]

侯树栋指出，西方史学界在晚期古代和中世纪早期史研究中的一系列新论断，呈现出价值观的再定向，表明了史学与时代的互动。从古典文化本位论到多元文化论、从政治史和制度史到宗教文化史、从族主义到欧洲主义，都反映出晚期古代和中世纪早期史研究领域新的价值取向。晚期古代说、罗马世界转变说、连续说等，具有当下关怀。[31]黄广连指出，在十字军东征期间西方基督徒与穆斯林的关系问题上，西方学界长期赞美十字军、贬抑穆斯林。近20年来在全球史与记忆史的影响下，这种对立的评价得到修正。[32]张炜指出，西方学者对英格兰加冕礼的研究从颇具宗教色彩的议题起步，近30年在新文化史潮流推动下呈现出新的景象。从官方与民间多种材料出发，进一步廓清以加冕礼为代表的重要仪式在国家治理中的作用，是今后研究的一大着力点。[33]

刘程指出，西方学者对汉萨同盟的研究经历了3个阶段。第一阶段是19世纪汉萨史研究步入职业化和专门化，研究主要围绕政治制度展开；第二阶段是1950年新政治史和新经济史研究范式的引入；第三阶段是1970年，以综合型、跨学科研究为特征的新史学兴起，汉萨社会史、语言史、法律史和区域史各自探得新视角，开拓新领域。[34]徐浩指出，16世纪不信神问题长期受到历史学家的关注，但不同时期学者们的观点却大相径庭。自20世纪早期以来科学历史学、年鉴学派和后现代史学都对此问题进行过研究，却得出了截然不同的结论。不同时代学者的研究范式在很大程度上影响了他们对该问题的历史认识。[35]

陈启能指出，在我国史学理论作为历史学科的一个分支学科，是在20世纪80年代提出并得到确立的，因此是一个新学科。研究历史应当重视理论，理论是历史学的命脉。[36]陈其泰和张峰指出，中华人民共和国成立后中国史学史学科获得全面发展。一大批史学工作者自觉运用马克思主义的理论和方法研究中国史学的遗产，开启了中国史学史研究的新时代。[37]李政君指出，中国史学中社会史书写的演变，既反映了西方社会科学理论在近代中国史学界日趋多元的演变特点；也反映了中国史家的历史书写理念回归历史学本位的趋向。[38]

马克垚指出，中国世界史学科的发展可分为 3 个阶段。第一阶段是新中国成立后开始院系调整，在高校设置世界史课程；第二阶段是改革开放到 20 世纪 90 年代，世界史学者对历史观拨乱反正；第三阶段是 90 年代之后的大发展。中国世界史学科仍存在一些问题，包括发展的不平衡、在理论上与西方的差距。中国人研究世界史，不仅要有中国人的眼光，而且还要有世界的眼光。[39]汪朝光指出，新中国成立以来中国世界史研究以马克思主义唯物史观作为指导，在通史、国别史和专题史的研究上都取得了成绩。但中国世界史研究也仍存在缺乏原创论题及其分析问题。[40]

二、世界古代史

蒋家瑜指出，安塔赫舒节日不仅是赫梯人举办的宗教性活动，还是以赫梯国王和王后为代表的统治阶层实行国家行政管理和稳定社会秩序的手段之一。在不同时期的安塔赫舒节日文本中，国王和王后双方角色和作用的变换以及其中的矛盾，反映了赫梯国王和王后之间的关系。[41]赫梯的安塔赫舒节日和努恩塔瑞亚斯哈节日里存在着一种“节中节”现象，其在本质上是赫梯统治者们的一种文化统治手段。这种现象仅仅停留在对各个节日形式上的嫁接，并未能形成一个起主流作用的节日文化体系。[42]文明交往的视角应该被引入古代西亚史的教学理念中。基于文明交往理论，楔形文字文明作为一个整体，有自己的文明发展轨迹和特点，其内部诸文明也相互交往。[43]如果以地中海为中心来叙述人类的文明史，能看出这样一条地理线索：人类的文明发端于河流，而后通过平原、高原以及沿海陆地等区域，一直走向了海洋。[44]

国洪更指出，古巴比伦法官断案不引用《汉穆拉比法典》并不能成为否定其法律效力的主要依据。古巴比伦法官未曾援引《汉穆拉比法典》判案，与其因政治环境而未曾广泛实施，王权与地方势力在司法权方面的角力，以及习惯法在司法审判中的巨大影响力有关。[45]郭子林指出，古埃及人的本土文化受到外来文化影响，并最终在公元 6 世纪发生根本转变。其根本原因是埃及的生产力和生产技术落后于同时代的周围世界。[46]颜海英指出古埃及与古希腊文明的交融和碰撞经历了三个阶段，分别为希腊文化全面覆盖埃及文化时期、希腊文化与埃及文化融合时期和埃及文化的强烈回流时期。[47]研究古埃及预言文学与魔法文献在希腊罗马时期的演变和流传，有助于探讨埃及宗教对后世的影响，以及埃及文化与希腊文化的融合。[48]

杨光明指出，宗教信仰的演变与古代希腊城邦的形成关系密切，其对城邦共同体意识和城邦的形塑发挥着重要作用。[49]吕厚量指出，古典早期希腊本土作家构建了西西里的正面形象，而古典盛期史家笔下西西里却成为希腊世界边缘的一处蛮荒之地。西西里文明边疆正面形象在古典盛期的急剧衰落反映了古典时期雅典知识精英政治立场与蛮族观念的深刻变迁。[50]波利比乌斯的普世史观扭曲了古代地中海史上连通性与碎片化并存的基本史实，在一定程度上损害了其《历史》的客观性。古希腊史学思维特征的历史局限性与整体史撰述的普遍困难，共同导致了波利比乌斯普世史观中的认识偏差。[51]

晏绍祥指出，雅典的阿吉纽西审判体现了希腊城邦的固有弱点。阿吉纽西审判的发生，是长期战争对城邦制度的压力、将军们的失误以及精英阶级操纵等多重因素共同导致的结果。[52]公元前 5 世纪阿尔戈斯的民主政治诞生，其民主政治更接近亚里士多德所界定的温和类型，在民主程度上与雅典民主政治有一定距离。研究阿尔戈斯的民主政治有利于打破希腊史研究中以雅典与斯巴达为中心的倾向。[53]张岩和晏绍祥指出，传统研究认为公元前 5 世纪到公元前 4 世纪雅典将军的职务和地位发生显著变化，实际上在这一时期将军都是城邦严格掌控下的军事将领。将军在雅典政治中的作用和地位在两个阶段中并无本质区别。[54]张岩指出，三列桨战舰是公元前 5 世纪到前 4 世纪古希腊海军战斗中的主力。针对三列桨战舰内部空间狭小的问题，古希腊海军发展出规律性的补给活动和相关的海军战术。[55]伯罗奔尼撒战争对阿提卡地区农业的影响不只限于耕作和生产，其对雅典公民团结、城邦政治、公民社会身份和雅典民众心理都有不同程度的影响。[56]

徐晓旭指出，保萨尼亚斯在《希腊纪行》说第 25 届奥林匹亚赛会设立希腊人的裁判，这一记载是可靠的。埃利斯人设立希腊人的裁判，是其为对抗试图夺取赛会管理权的皮萨人，争取斯巴达人支持的一项举措。[57]名祖由族称虚构而来，希腊从古风时代初期神话中可能已有波斯名祖，后在波斯帝国向爱琴海世界扩张时期波斯名祖神话引发出新的神话和谱系版本。波斯名祖谱系神话，对以想象的血缘作为界定族群决定性标准的理论构成了挑战。[58]将外族他者化是是古风时代伊奥尼亚人的一项发明。希波战争后涌现的各类蛮族意象，结果是“蛮族人”作为对所有非希腊族群的蔑称，最终为所有希腊人所熟知。[59]李艳辉指出，古希腊肖像艺术从古风时代到公元前5世纪经历了长期酝酿和缓慢发展，在亚历山大时期达到高峰。在古希腊肖像艺术的发展过程中，城邦传统观念是其主要抑制因素，图像的政治性纪念功用则是其核心推动力。[60]

刘家和、刘林海指出，公元3—6世纪，中西都经历了政治分裂、新起民族政权的挑战和新宗教的冲击，但在历史现象层面的相似背后，蕴含着同中之异。中国历史和文明历经危机而得以连续发展，西方历史和文明则在危机中断裂，这个结局并非偶然，而是由双方的政治、民族及文化等结构差异所决定的。[61]吴曦指出，在公元3世纪后期至4世纪中期，西哥特人始终为实现自身权益和政治地位抗争，罗马则在政治和军事动荡时依靠西哥特人的力量维系统治秩序，两者之间的关系是脆弱的平衡。罗马对哥特人的政策朝令夕改，最终导致关系破裂。[62]张帅指出，政治因素通常是罗马帝国皇帝迫害或是宽容基督教的主要因素。罗马帝国有时为巩固自身统治，会采用扶持基督教的方式，使其成为维护帝国统治的重要政治力量。[63]

三、世界中世纪史

彭小瑜指出，克里斯·威克姆教授在《罗马帝国的遗产》一书中的研究有助于我们认识和摆脱柳宗元对封建制的过度悲观主义、对郡县制的过度乐观主义。范文澜曾提出对古代政治得失和政治文化的评价不能简单地用一个制度的模式去到处套用。同样的道理也适用于我们对中外历史上不同发展阶段的帝国、封建制和郡县制的研究和评判。[64]李隆国指出，与基督教早期编年史相比较，中古早期编年史有继承也有创新。在继承前者以计时为主的文体特性外，拉丁语西部和东部希腊语地区的中古早期历史学家们都逐渐利用基督教编年史来记载帝王的功业，形成了一种外圣内王式的基督教编年史。[65]

金德宁指出，对于英格兰而言中古是一个政治危机频发的年代，贵族在政治危机中扮演了重要角色。当贵族自身利益得不到满足，尤其是有关土地的诉求得不到解决时，往往可能触发危机。[66]陈倩晗指出，中世纪晚期的英国大贵族通过扈从制建立私家军队，同时利用庇护制扩大自身权力，谋取地位和名望。贵族内部原本固化的等级模式也逐渐转变为通过契约合同建立的相对自由的关系，大贵族的军事实力和政治地位都得到空前加强，其野心也随之膨胀，由此造成中世纪晚期英国社会动荡的政治局面。[67]温灏雷和赵芷琦指出，英国海军的起源可追溯至中世纪时期的王家舰队。百年战争期间王家舰队在英王的支持下发展壮大，亨利五世时期达到巅峰状态，亨利六世时期出现私有化趋势，后被中央权威主导下的海军事业取代。[68]

陶芳指出，中世纪晚期英格兰世俗慈善权威的建立，在思想领域最为突出的体现就是为慈善救济注入了更多世俗性和宗教个人主义的色彩。正因为对慈善救济的探讨有时会杂糅在那个时代的信仰和政治需求中，涉及其本身的一些重要问题被忽略，慈善救济去魅化尚未实现。[69]刘程指出，12世纪以来，欧洲具有现代市场导向的需求关系萌生，以北海-波罗的海为轴线的北欧贸易网络日趋成熟。其中，在时空跨度上与北欧贸易变革历程相契的汉萨同盟最具代表性，对其进行深入考察具有重要学术价值。[70]裴鹏程指出，中世纪欧洲的犹太女性往往呈现出与同时期欧洲其他女性群体的差异。中世纪晚期意大利中部犹太妇女的经济活动对个体家庭乃至社区、城市均产生了重要影响。[71]

王静指出，国王和教会是影响大学获得自治的主要因素，在国王和教会两方势力的掣肘中，牛津大学稳步扩大特权，最终发展为一所享誉欧洲的自治团体。[72]周施廷指出，丹麦在1536年前后进行的宗教改革是其政治改革的重要组成部分，目的在于维护国家统一和领土完整以增强丹麦国力。丹麦宗教改革的模式可为研究丹麦政治史和欧洲宗教改革史提供一个新的视角。[73]

夏继果和王玖玖指出，西方学界对中世纪西班牙史的认识存在两种互为对立的观点，一是认为中世纪西班牙史就是作为西哥特人后裔的基督教徒赶走宗教异端，实现西班牙复兴的历史，可概括为“哥特神话”；一是从穆斯林、犹太人和基督教徒彼此依傍和共栖伊比利亚半岛的角度来理解这段历史，可概括为“互动共生”。在全球联系日益紧密，不同文化群体的共存问题愈加受到重视的今天，“互动共生”已成为中世纪西班牙史研究的主流。[74]

俞金尧指出，欧洲人对夜晚的态度随着时代的变化发生变迁。从古希腊到中世纪，黑夜常常作为恶的化身。近代以后，黑夜成为现代生活方式所必需的一个时段，人类对黑夜的态度伴随着经济社会的发展而发生转变。[75]王超华指出，在中古晚期的西欧，丧葬仪式是一项持续时间长、参与者众多、内容丰富的活动。对中世纪晚期西欧丧葬内涵的研究，可以加深我们对中古西欧社会的理解，也可以为中古西欧社会史和文化史研究提供一些线索。[76]

注：

①刘家和：《40 年来中西古史比较研究的进展》，《北京师范大学学报(社会科学版)》，2019 年第 2 期。

②刘家和：《史苑学步：史学与理论探研》，北京大学出版社，2019 年版。

③张文涛：《论阿克顿的历史哲学》，《史学理论研究》，2019 年第 3 期。

④于沛：《历史的慧眼：今天我们怎样读历史》，湖南人民出版社，2019 年版。

⑤于沛：《马克思"世界历史"理论与十九世纪》，《史学理论研究》，2019 年第 3 期。

⑥于沛：《批判与建构：新中国史学理论研究的回顾与思考》，《历史研究》，2019 年第 4 期。

⑦吴英：《马克思对文明发展规律的深刻揭示》，《人民论坛》，2019 年第 21 期。

⑧高希中：《中国优秀传统文化不容否定》，《史学理论研究》，2019 年第 3 期。

⑨朱孝远：《中国世界史阐释学的构建：路径与方法》，《中国社会科学评价》，2019 年第 1 期。

⑩朱孝远：《论布克哈特的"人的发现"》，《历史教学》，2019 年第 16 期。

⑪李永明：《试论修昔底德的史学致用思想》，《史学理论与史学史学刊》，2019 年第 2 期。

⑫张一博：《方法 · 材料 · 视野：当代西方史学史研究的新趋向》，《史学理论研究》，2019 年第 4 期。

⑬向燕南：《说历史编纂学：一个中西史学文化比较的立场》，《史学史研究》，2019 年第 3 期。

⑭高国荣：《试析农业史与环境史的区别——以 20 世纪中美两国的相关研究为例》，《社会科学战线》，2019 年第 9 期。

⑮刘新成：《从国家交织中寻找"全球"：越界的全球史》，《世界历史评论》，2019 年第 4 期。

⑯王立新：《民国史研究如何从全球史和跨国史方法中受益》，《社会科学战线》，2019 年第 3 期。

⑰邓京力、林漫：《论思想史的"全球转向"》，《郑州大学学报(哲学社会科学版)》，2019 年第 4 期。

⑱张帅：《全球史观视野下的中国史教学——"以沟通中外文明的丝绸之路"为例》，《中学历史教学参考》，2019 年第 12 期。

⑲何顺果：《后现代主义史学：并非本来意义上的历史学》，《陕西师范大学学报(哲学社会科学版)》，2019 年第 1 期。

⑳董立河：《麦卡拉"真理批判理论"释读》，《史学史研究》，2019 年第 4 期。

㉑金嵌雯：《海登 · 怀特与半个世纪以来的英美史学理论研究》，《学术研究》，2019 年第 4 期。

㉒艾俊树：《历史叙事与"语言学转向"的兴衰——以文本主义史学理论为中心的考察》，《人文杂志》，2019 年第 2 期。

㉓王晴佳：《人写的历史必须是人的历史吗？"后人类史学"的挑战》，《史学集刊》，2019 年第 1 期。

㉔王晴佳：《米歇尔 · 福柯与现代史学思潮变化之渊源》，《河北学刊》，2019 年第 3 期。

㉕王晴佳：《历史的终结还是目标：作为历史哲学家的弗朗西斯 · 福山》，《社会科学研究》，2019 年第 2 期。

㉖屠含章：《后人类主义与"后人类史学"：理念与实践之张力》，《史学集刊》，2019 年第 1 期。

㉗王晴佳、屠含章：《超越东西：博古学、考据学以及近代早期历史学发展的全球性》，《兰州大学学报(社会科学版)》，2019 年第 5 期。

㉘张旭鹏：《"人类世"与后人类的历史观》，《史学集刊》，2019 年第 1 期。

㉙李永斌：《希腊城邦兴起的几种理论及其转向》，《世界历史评论》，2019 年第 2 期。

㉚徐晓旭：《历史语言学、考古学与希腊人种族起源研究》，《史学理论研究》，2019 年第 1 期。

㉛侯树栋：《晚期古代和中世纪早期史研究中的新价值取向》，《北京师范大学学报(社会科学版)》，2019 年第 4 期。

㉜黄广连：《近二十年西方十字军东征研究的新动向》，《史学理论研究》，2019 年第 3 期。

㉝张炜：《英国加冕礼研究两百年》，《史学理论研究》，2019 年第 4 期。

㉞刘程：《西方汉萨同盟史研究述略》，《经济社会史评论》，2019 年第 2 期。

㉟徐浩：《史学范式变化与 16 世纪不信神之争》，《中国人民大学学报》，2019 年第 4 期。

㊱陈启能：《史学理论刍议》，《史学理论研究》，2019 年第 4 期。

㊲陈其泰、张峰：《70 年来中国史学史研究的进展》，《史学理论研究》，2019 年第 4 期。

㊳李政君：《中国史学近代转型视阈下的“社会史”书写及其演变》，《社会科学文摘》，2019 年第 10 期。

㊴马克垚：《70 年砥砺前行的中国世界史学科》，《历史研究》，2019 年第 4 期。

㊵汪朝光：《中国世界史研究 70 年回顾与前瞻》，《社会科学战线》，2019 年第 9 期。

㊶蒋家瑜：《“帝后之争”——赫梯安塔赫舒节日中国王与王后地位考辨》，《首都师范大学学报》（社会科学版），2019 年第 6 期。

㊷蒋家瑜：《赫梯宗教节日的“节中节”现象》，《世界历史》，2019 年第 5 期。

㊸蒋家瑜：《文明交往视角下的楔形文字文明——兼谈高校世界古代史课程中古代西亚部分的教学框架》，《历史教学》，2019 年第 4 期。

㊹蒋家瑜：《不可不知的古代地中海文明史》，华中科技大学出版社，2019 年版。

㊺国洪更：《古巴比伦法官判案不援引〈汉穆拉比法典〉原因探析——以古巴比伦王国司法实践为中心的考察》，《北方论丛》，2019 年第 1 期。

㊻郭子林：《公元 6 世纪埃及本土文化的转变》，杭州师范大学学报》（社会科学版），2019 年第 2 期。

㊼颜海英：《古埃及遇上古希腊：一场对话跨越千年》，《解放日报》，2019 年 8 月 9 日。

㊽颜海英：《希腊罗马时期的文化交融——古埃及预言文学与魔法文学的流传》，《杭州师范大学学报》（社会科学版），2019 年第 4 期。

㊾杨光明：《宗教信仰演变视野下的古代希腊城邦》，《内蒙古民族大学学报》（社会科学版），2019 年第 4 期。

㊿吕厚量：《古典时代西西里文明边疆形象的二重性及其历史源流》，《古代文明》，2019 年第 3 期。

(51)吕厚量：《戏剧化元素与波利比乌斯的普世史体系——基于古代地中海世界连通性的分析》，《世界历史评论》，2019 年第 2 期。

(52)晏绍祥：《阿吉纽西审判与雅典民主政治》，《历史研究》，2019 年第 5 期。

(53)晏绍祥：《公元前 5 世纪阿尔戈斯的民主政治》，《世界历史》2019 年第 6 期。

(54)张岩、晏绍祥：《“沉默的”将军：古典时期雅典将军参政情况研究》，《首都师范大学学报》（社会科学版），2020 年第 2 期。

(55)张岩：《古希腊海军战舰的补给问题研究——以羊河战役为中心的考察》，《内蒙古大学学报》（哲学社会科学版），2019 年第 6 期。

(56)张岩：《伯罗奔尼撒战争中阿提卡地区农业的破坏及其影响》，《农业考古》，2019 年第 6 期。

(57)徐晓旭：《奥林匹亚赛会设立“希腊人的裁判”年代考》，《华中师范大学学报》（人文社会科学版），2019 年第 5 期。

(58)徐晓旭：《波斯人的希腊祖先：跨越族群边界的名祖神话》，《历史研究》，2019 年第 2 期。

(59)徐晓旭：《创造蛮族：古代希腊人建构他者新探》，《武汉大学学报》（哲学社会科学版），2019 年第 2 期。

(60)李艳辉：《论古希腊肖像艺术的早期发展——人像的政治性纪念功用的衍进与个性的强化》，《南京艺术学院学报》（美术与设计版），2019 年第 3 期。

(61)刘家和、刘林海：《3—6 世纪中西历史及文明发展比较研究》，《北京师范大学学报》（社会科学版），2019 年第 5 期。

(62)吴曦：《试析罗马与西哥特人关系的演变——从提奥多西一世时代到 410 年罗马沦陷》，《武夷学院学报》，2019 年第 7 期。

(63)张帅：《罗马帝国皇帝对早期基督教态度变化及其原因综述》，《新西部》（下旬刊），2019 年第 5 期。

(64)彭小瑜：《重新理解古代政治文化》，《读书》，2019 年第 11 期。

(65)李隆国：《外圣内王与中古早期编年史的叙述复兴》，《史学史研究》，2019 年第 3 期。

(66)金德宁：《贵族视域下的中古政治危机——1258 年英国贵族改革运动的发生》，《中山大学学报（社会科学版）》，2019 年第 2 期。

(67)陈倩晗：《中世纪晚期英国贵族内部关系的分化》，《延安大学学报（社会科学版）》，2019 年第 6 期。

(68)温灏雷、赵芷琦：《中世纪英国的“王家舰队”探析》，《经济社会史评论》，2019 年第 2 期。

(69)陶芳：《中世纪晚期英格兰世俗慈善救济权威建立中的传承与超越——以威克里夫和罗拉德派为例》，《历史教学》，2019 年第 1 期。

(70)刘程：《北欧区域贸易变迁与经济体兴衰探究——以汉萨同盟为例》，《贵州社会科学》，2019 年第 1 期。

⑦裴鹏程：《14—15 世纪意大利佩鲁贾地区犹太女性经济自主权研究》，《中华女子学院学报》，2019 年第 1 期。

⑫王静：《13—14 世纪牛津大学自治因素探析》，《唐山师范学院学报》，2019 年第 4 期。

⑬周施廷：《丹麦宗教改革与新教国家联盟的形成》，《世界历史》，2019 年第 5 期。

⑭夏继果、王玖玖：《从“哥特神话”到“互动共生”：中世纪西班牙史叙事模式的演变》，《世界历史》，2019 年第 2 期。

⑮俞金尧：《欧洲夜史：人类对夜晚态度之变迁》，《民主》，2019 年第 4 期。

⑯王超华：《试论中古晚期西欧丧葬仪式的内涵》，《世界宗教文化》，2019 年第 4 期。

（作者：程子妍，北京师范大学博士生；刘林海，北京师范大学教授）

中国共产党历史

王炳林　张亚东

2019 年是五四运动 100 周年，中国人民抗日战争暨世界反法西斯战争胜利 74 周年，中华人民共和国成立 70 周年，北平和平解放 70 周年，李大钊诞辰 130 周年，北京地区中共党史研究继续保持活跃态势，研究内容持续拓展，研究成果不断丰富，举办了各种规模的座谈会、纪念会和学术研讨会，推动着中共党史研究深入发展。

一、重要学术活动和学术著作

1. 主要学术活动

（1）庆祝中华人民共和国成立 70 周年大会

2019 年 10 月 1 日，庆祝中华人民共和国成立 70 周年大会在北京天安门广场举行。中共中央总书记、国家主席、中央军委主席习近平出席大会并发表重要讲话。习近平回顾了中华人民共和国 70 年波澜壮阔的历史，强调指出：前进征程上，我们要坚持中国共产党领导，坚持人民主体地位，坚持中国特色社会主义道路，全面贯彻执行党的基本理论、基本路线、基本方略，不断满足人民对美好生活的向往，不断创造新的历史伟业；前进征程上，我们要坚持“和平统一、一国两制”的方针，保持香港、澳门长期繁荣稳定，推动海峡两岸关系和平发展，团结全体中华儿女，继续为实现祖国完全统一而奋斗；前进征程上，我们要坚持和平发展道路，奉行互利共赢的开放战略，继续同世界各国人民一道推动共建人类命运共同体；中国人民解放军和人民武装警察部队要永葆人民军队性质、宗旨、本色，坚决维护国家主权、安全、发展利益，坚决维护世界和平。习近平指出，全党全军全国各族人民要更加紧密地团结起来，不忘初心，牢记使命，继续把我们的人民共和国巩固好、发展好，继续为实现“两个一百年”奋斗目标、实现中华民族伟大复兴的中国梦而努力奋斗。李克强、栗战书、汪洋、王沪宁、赵乐际、韩正、王岐山也出席了大会，大会由李克强主持。

（2）纪念李大钊同志诞辰 130 周年座谈会

2019 年 10 月 27 日，纪念李大钊同志诞辰 130 周年座谈会在北京人民大会堂召开，中共中央政治局常委、中央书记处书记王沪宁出席并讲话。王沪宁在讲话中回顾了李大钊同志的生平业绩和卓越贡献，指出李大钊同志为共产党人树立了标杆，是信仰坚定、对党忠诚，坚守初心、为民造福，勇于担当、敢于斗争，坚持真理、实事求是，清正廉洁、品德高尚的表率。中央和国家机关有关部门、民主党派、人民团体、解放军和北京市、河北省的领导同志，李大钊同志的亲属代表、长期从事李大钊生平思想研究的专家学者等参加座谈会。

（3）纪念中国人民抗日战争暨世界反法西斯战争胜利 74 周年座谈会

2019 年 9 月 3 日，由中央宣传部、中央统战部、中央党史和文献研究院、中央军委政治工作部联合举办的纪念中国人民抗日战争暨世界反法西斯战争胜利 74 周年座谈会在北京举行。参加过抗日战争的老战士和老同志代表、抗战烈士遗属代表，中央党政军群有关部门负责同志，各民主党派中央、全国工商联负责人和无党派人士代表，为中国人民抗日战争胜利做出贡献的国际友人或其遗属代表，首都各界群众代表等约 200 人参加座谈会。与会代表从不同角度回顾了中国人民为维护民族独立和自由、捍卫祖国主权和尊严建立的伟大功勋，充分表达了坚定不移走和平发展道路的崇高愿望。

（4）学习习近平总书记关于历史科学重要论述理论研讨会

2019年8月26日，学习习近平总书记关于历史科学重要论述理论研讨会在人民大会堂举行。来自中宣部、中央网信办、中央党校（国家行政学院）、中央党史和文献研究院、文化和旅游部、教育部、国家广播电视总局、中央军委政治工作部、国家文物局、国家哲学社会科学工作办公室等单位负责同志、全国主要史学研究与教学机构联席会议首批32家成员单位领导、中国社会科学院历史学部的专家学者参加会议。与会代表指出，习近平总书记关于历史科学的重要论述，贯通学史、治史、用史的方方面面，涵盖党史国史、中华民族史、世界史等各个领域，体现着当代中国共产党人对历史和历史科学的深刻把握，彰显着高度的历史自觉和历史意识、宽广的历史视野和大历史观、强烈的文化自信和历史担当。与会代表一致认为，习近平总书记关于历史科学的重要论述，是包括党史研究在内的新时代中国史学研究的重要指针和基本遵循。

（5）“学习贯彻习近平总书记庆祝中华人民共和国成立70周年系列重要讲话精神”座谈会

2019年10月2日，中央党史和文献研究院、中共文献研究会、中共党史学会、中共党史人物研究会、马克思恩格斯研究会、国际共产主义运动史学会在北京联合举办了“学习贯彻习近平总书记庆祝中华人民共和国成立70周年系列重要讲话精神”座谈会。党史和文献研究院及各个学会的有关领导、专家和代表共120余人参加了会议。与会代表围绕着深入学习贯彻习近平总书记庆祝中华人民共和国成立70周年系列重要讲话精神，深刻认识中华人民共和国成立70年的光辉历程、伟大成就和宝贵经验等方面，进行了主题发言和深入讨论。与会代表一致认为，习近平总书记的重要讲话是新时代坚持和发展中国特色社会主义的光辉文献，高度评价了新中国成立的历史意义，指出中国人民从此站起来了，中华民族走上了实现伟大复兴的壮阔道路；深刻阐明了新中国70年创造的人间奇迹，强调没有任何力量能够撼动我们伟大祖国的地位，没有任何力量能够阻挡中国人民和中华民族的前进步伐；豪迈展望了中华民族伟大复兴的光明未来，明确指出了前进征程上团结奋斗的方向，强调中国的昨天已经写在人类的史册上，中国的今天正在亿万人民手中创造，中国的明天必将更加美好。会议代表一致赞同，习近平总书记的讲话鼓舞和激励着亿万中华儿女满怀豪情、充满自信，为实现伟大梦想而继续奋斗。①

（6）纪念李大钊同志诞辰130周年学术研讨会

2019年10月30日，由中共党史学会、李大钊研究会、中共北京市委宣传部和北京大学联合发起的纪念李大钊同志诞辰130周年学术研讨会在北京大学召开。来自中央有关部门和全国19个省、市、自治区的李大钊研究工作者，以及李大钊的亲属和家乡代表共150余人与会。研讨会以“先驱者的初心与新时代的使命”为主题，围绕李大钊对建党的突出贡献和建党后的重要革命活动，以及李大钊研究领域的现状、动态、学术前沿和发展走向等方面进行了主题发言与深入讨论。与会代表普遍赞同，要把李大钊研究事业不断推向新阶段，沿着李大钊等先驱开创的中国特色社会主义道路奋勇前进，为实现中华民族伟大复兴中国梦做出更大贡献。

（7）纪念北平和平解放70周年座谈会

2019年1月30日，中共北京市委党史研究室、北京市中共党史学会联合召开纪念北平和平解放70周年座谈会。出席座谈会的有亲历北平和平解放的老一辈无产阶级革命家后代，中央党史和文献研究院、军事科学院、清华大学等高校和科研机构的党史、国史、军史专家及全市党史部门工作者。老一辈革命者后代、专家学者纷纷发言，在重温北平和平解放历史的同时，阐述了北平和平解放的重大意义，总结了70年北京革命、建设、改革发展的辉煌成就。与会专家学者表示，新时代条件下我们纪念北平和平解放，要始终不渝坚持中国共产党的领导，要不忘初心永远保持中国共产党人的奋斗精神，要进一步弘扬红色文化、传承红色基因。

（8）“陈云与商务印书馆——纪念陈云走上革命道路起点100周年”学术研讨会在京召开

2019年11月20日，中共文献研究会陈云思想生平研究分会、陈云纪念馆、商务印书馆在北京联合举办了“陈云与商务印书馆——纪念陈云走上革命道路起点100周年”学术研讨会。来自中央国家机关和全国各地的50多位相关领导与专家学者出席了本次研讨会。与会专家在发言中指出，商务印书馆不仅是现代中国首屈一指的出版教育机构，更是大革命时代“革命的大本营”，为党的早期建设做出过重要贡献。

在回顾陈云同志为中国革命和建设伟大贡献的基础上，与会学者认为，商务印书馆是陈云同志革命道路的起点，7 年的商务印书馆工作经历是陈云革命生涯的重要阶段，对他一生的学习成长有着重要影响。

(9) 百年回看五四运动：北京大学纪念五四运动一百周年人文论坛

2019 年 6 月 22—23 日，由北京大学五四运动研究中心、北京大学人文学部、北京大学历史学系联合主办的“百年回看五四运动——北京大学纪念五四运动 100 周年人文论坛”在北京大学召开。来自中国社会科学院、鲁迅博物馆、北京大学、中国人民大学、北京师范大学、澳门大学、台北中央大学、美国纽约大学等等国内外高校和科研机构的 70 余名专家学者参会。与会学者们畅所欲言，不仅将五四运动置于世界视野加以考察，对五四运动与中国现代学术、思想、文化的历史关系提出诸多新观点，重新梳理了五四运动与中国现代社会政治的关系，而且还关注到五四新文化运动在宗教、教育、科学等专门领域的推进情况，深入开展“五四”人物及其思想研究，并对五四运动的评价与历史纪念做了出新的阐述。可以说，本次论坛具有鲜明的跨学科、跨专业取向，挖掘出不少新材料，推出许多新内容，提出一些新观点，极大拓展了五四运动史研究的广度和深度。[②]

2. 重要学术著作

(1)《中华人民共和国大事记（1949 年 10 月—2019 年 9 月）》出版

中央党史和文献研究院编写的《中华人民共和国大事记（1949 年 10 月—2019 年 9 月）》，由人民出版社出版。该书坚持以习近平新时代中国特色社会主义思想为指导，以权威史料为基础，突出反映了党领导人民探索、开创、坚持和发展中国特色社会主义的伟大实践及其重大理论、制度创新成果，客观、准确、生动展现了新中国成立 70 年来经济、政治、文化、社会、生态文明、军队和国防、“一国两制”和祖国统一、外交、党的建设等方面取得的辉煌成就。《大事记》是目前反映新中国历史时间跨度最长、最为权威的编年体的新中国简史，也是中宣部庆祝中华人民共和国成立 70 周年重点主题出版图书，是一部了解和研究新中国成立 70 年辉煌历史的代表性著作。

(2)《中国共产党历史系列辞典》出版

中共党史学会组织编纂的《中国共产党历史系列辞典》，由中共党史出版社、党建读物出版社出版。这部辞典各卷收录的内容，时间起止大体从 1919 年五四运动到 2016 年 7 月 1 日，共收入一万余个词条，近 500 万字，分别反映了中国共产党历史上的重要事件、重要会议、重要文献、组织机构、重要人物及其他相关内容，全面准确反映了党的历史的主题和主线、主流和本质。作为一部党史知识大型工具书，这部辞典坚持党性原则和科学精神相统一、守正与创新相结合，史料权威、内容详实、表述准确，体现了较高的学术水准，可谓本年度党史研究的代表性著述。

(3)《新时代在党史新中国史上的重要地位和意义》出版

曲青山撰写的《新时代在党史新中国史上的重要地位和意义》，由人民出版社出版。该书围绕新时代在党史新中国史上的重要地位和意义展开，从中国共产党人的初心和使命、正确认识和把握历史方位、旗帜和核心、新时代中国特色社会主义建设、“四个伟大”、“两个伟大革命论”、新中国 70 年发展的历史逻辑等 10 个方面深入系统阐释了习近平新时代中国特色社会主义思想的深刻内涵，明确提出新时代标注了党和国家发展的新的历史方位，既是我国改革开放历史新时期的延伸，同时又是新的历史阶段的开始，可作为正确认识和把握新时代在党史、国史上重要地位和意义的通俗性图书阅读。

(4)《从站起来、富起来到强起来：中国为什么行》出版

王炳林等撰写的《从站起来、富起来到强起来：中国为什么行》，由人民出版社出版。该书运用史论结合的方法，系统梳理了新中国成立 70 年来我国经济、政治、法治、科技、文化、教育、民生、国防、社会治理、生态环境保护等诸多方面的发展成就，集中总结了中国人民实现从站起来、富起来到强起来伟大飞跃的成功经验，全景式展现出中华人民共和国的辉煌成长历程，兼具学术性和通俗性，为广大党员干部学习党史、国史提供了一本生动的教材。

二、重要学术观点

1. 五四运动专题研究

2019 年是纪念五四运动 100 周年，五四运动研究取得了丰硕成果。

更加注重考察历史细节，还原不同历史面相，并以此为切入点进一步丰富对现代中国发展理论与实践的阐释，是近年来五四运动研究的重要趋向。有学者从电报与政治时间关系的角度出发，对 1919 年“五四事件”做出新的解释，认为正是电报技术的普遍使用，使得原未准备在巴黎和会上提出山东问题的中国

代表团得以提出该问题，且将中国外交失败的消息迅速传回国内，导致北京的“五七”国耻纪念提前爆发，并直接引爆了上海的“三罢”运动；在巴黎和会期间，广大民众还通过“通电”这一特殊手段，直接参与了现代政治的决策过程，从某种意义上改变了现代中国政治的运作模式。可以说，电报构成了五四运动发生发展的技术基础，极大地改变了现代中国的政治时间。③

自1920年以后，每逢“五四”，各大党派的报刊媒体就会开辟纪念专栏，发表纪念文章，这为我们观察五四运动及其影响提供了重要窗口。有学者通过勾勒1949年以前各大党派报刊媒体的“五四地图”及考察其发表的纪念五四运动的文章内容，指出1949年前纪念五四运动其实就是当时政治造势、社会动员的重要组成部分，确是国共两党“主义”之争的基本延伸。国共两党在纪念五四运动时所做的政治动员、政治宣传、政治规训以及形成的“五四”话语系统，在历史与现实之间构建起新的关系链，成为中国现代政治文化一道特有的风景线。④

反帝反封建的性质，是长期以来我们对五四运动的基本认知。有学者考察了这一历史认知的形成过程，发现在20世纪40年代之前，左翼知识人、共产党人、一般知识界甚至国民党人都曾论及过五四运动的反帝反封建特征。毛泽东在撰写新民主主义文化史的时候则系统地论述了五四运动，将其作为中国近代史重要分期的标志，并做了鲜明的定性：五四运动是一次彻底地不妥协地反帝反封建的运动。此后，很多人再谈及五四运动，都是围绕毛泽东的论断而展开的。⑤

五四运动的历史意义与五四精神的传承接续，一直是学术界研究的重点内容。长期以来，人们习惯把五四精神简单称之为“科学”“民主”精神。有学者研究指出，就五四运动的全景来看，同样是张扬“科学”和“民主”，其内里各派实际的含义是颇为分歧、很不一样的，实用主义、实证主义、进化论思想、西方民主等各种学说都有，五花八门。其中，唯有以李大钊等人为代表的早期共产主义者，操持的是新式的思想武器，并把目光投向了科学的唯物史观和工农劳动群众当家作主的社会主义民主上面，这才赋予了五四运动以真正的魂魄。⑥有学者从思想史的视角来认识五四运动的精神财富，指出这是一场彻底反帝反封建的爱国革命运动，铸就了维护国家利益、捍卫民族尊严的爱国主义精神；是一场具有中国特点的思想启蒙运动，铸就了追求民主、科学、进步的思想启蒙精神；是一场推动中国历史发生重大转折的社会革命运动，铸就了以实现中华民族复兴为根本目标的思想解放精神。当然，五四运动及其精神遗产也存在一些矛盾和不足，如属于自发运动，缺乏明确领导力量和指导思想，在思想方法上的“全盘西化论”和形式主义特点等。新时代科学传承和弘扬五四运动的精神遗产，不仅要全面准确地把握两个不同时代社会变迁的不同走向，科学辩证地处理马克思主义、中国优秀传统文化和外来文化资源的关系，而且要立足时代条件弘扬爱国主义精神，但在坚持解放思想的同时，决不能放弃底线。⑦

2. 新中国成立70周年专题研究

2019年是新中国成立70周年，相关成果不断涌现。

有学者考察了新中国社会主义现代化建设奋斗目标的历史演进过程。具体来说，新中国成立后，以毛泽东为主要代表的中国共产党人从实现社会主义工业化入手，在推动工业化建设的过程中逐步提出了到20世纪末实现“四个现代化”的奋斗目标；十一届三中全会后，我们党对实现“四个现代化”的内涵标准和发展步骤进行了调整，提出了“中国式现代化”的命题和“小康社会”的具体目标，制定了“三步走”的发展战略，进而逐步提出了全面建成小康社会的奋斗目标；十八大以来，以习近平同志为核心的党中央在带领全国人民为全面建成小康社会而奋斗的进程中，丰富了“两个一百年”奋斗目标的内涵，对新时代推进社会主义现代化建设做出新的顶层设计，提出了全面建成社会主义现代化强国这一更高目标。⑧

有学者则从国际视域出发，对新中国70年工业发展水平的变化与工业化道路的选择进行了深入分析。经过1949—1978年优先发展重工业，1979—1997年工业外延式扩张，到1998—2011年重化工业重启，再到2012—2019年从工业大国迈向工业强国的努力，中国逐步完成了从农业大国向工业大国的快速转变，成为“世界工厂”，而突破工业强国的技术封锁与围堵，实现技术与效率上的赶超成为中国未来工业升级的重点所在。回顾新中国70年工业发展历程，可以得出重要启示：实现工业升级既要发挥好政府作用，又要发挥好有效市场的作用；处理好技术引进与自主创新的关系；运用好大国优势，在开放中推动工业转型升级。⑨

技术引进与自主创新是后发国家赶超型工业化进程中最核心的命题。有学者对新中国成立 70 年来技术引进的基本过程进行了细致检视，认为其可以分为三个历史时期：从新中国成立初期的植根于独立自主，到改革开放初期的“以市场换技术”，再到新世纪以来在技术引进的同时强化对自主创新及核心技术研发的关注。在不同历史时期的技术引进理念、技术引进主体以及技术引进方式实际上经历了一个漫长的根据内外部条件进行“相机抉择”的自我调整过程，技术引进与自主创新两个命题贯穿始终。[10]

3. 北京党史专题研究

关于北京党史的相关研究，近年来受到北京党史学界的持续关注，2019 年也取得了一些具有代表性的研究成果。

新中国成立初期党的高校治理工作，是近年来党史研究的热点问题之一。有学者从“党管高校”的视角出发，对中共北京市高等学校委员会，这个 20 世纪 50 年代党在组织系统设立的专司高校党的工作的职能机构进行了细致研究。作为市委管理高校的助手，1953—1959 年高等学校委员会建立了以联络员为桥梁的工作联系机制，以简报为载体的工作信息机制，以“人、北、清、师”为抓手的重点高校工作制，履行管思想、管政治、管政策、管干部的职责，成为实施高校建党、政治思想教育、统一战线、干部管理等各项工作的主要推手，显示出中共治理高校在制度设计、组织建设与治理绩效方面的过程、特征与效应。[11]

新中国成立初期北京市的民生和环境问题，也开始引起学者们的瞩目。有学者深入考察了 1949—1966 年北京城市住宅建设的设计和实施工作，指出虽然存在新建住宅的标准总体上低于计划水平等问题，但这项工作的推进使得中共追求社会公平正义的思想在城市空间里得以微观化和日常生活化，具有巨大的价值引领作用。北京新建城市住宅的不断调整实际上可以视为新中国政治发展、思想激变和社会演进等宏观时代变动的微观缩影。[12]有学者则回顾了 20 世纪七八十年代以消烟除尘工作为中心的北京市空气污染治理过程。自 20 世纪 70 年代初起，北京市就以消烟除尘工作为中心，从空气污染调查入手，将空气污染治理逐步从末端治理向根源治理推进，十一届三中全会之后更是通过综合治理，初步遏制了北京的空气污染状况。总结这一时期北京市空气污染治理的经验与教训，可以更好地理解中国空气污染治理和环境保护的长期性、系统性、复杂性、艰巨性。[13]随着相关档案资料的整理开放和公众领域的关注，此类问题可能会成为今后北京党史研究的新热点。

4. 党史人物专题研究

党史人物思想和生平研究，一直是党史研究的重点领域。

《论持久战》是毛泽东的代表性军事论著，对中华民族抗日战争胜利产生过重大影响。那么毛泽东为什么能写出《论持久战》呢？有学者研究指出，主要有三个方面的原因：首先，毛泽东写作《中国革命战争的战略问题》，系统总结了中国革命战争中以弱战强的经验教训，为写作《论持久战》奠定了其他人难以具备的认识基础；其次，毛泽东写作《抗日游击战争的战略问题》，系统研究了敌后抗战的游击战，解答了怎样正确认识持久战和怎样进行持久战的关键问题；最后，毛泽东善于汲取古今中外以弱抗强的军事智慧，善于集中党内关于持久战、游击战的集体智慧，这也是他能写出《论持久战》的原因之一。[14]

日侨归国问题，是抗日战争以来中日关系史上的一件大事，也曾是十分棘手的难题。有学者以最新出版的《建国以来周恩来文稿》第 4 至第 13 册中披露的相关档案为基础，细致考察了周恩来为解决日侨归国问题所做的努力。1952 年，周恩来把握日本代表来华参加亚洲及太平洋区域和平会议的契机，与其就日侨归国问题进行了初步沟通，此后又促成中日双方关于日侨归国的 4 次正式会谈，并对中方在谈判中的原则立场、方式方法等进行了具体指导。在周恩来的直接参与下，处理日侨归国问题决策快、谈判快、落实快，并且通过解决这一问题，周恩来也实践了“民间先行，以民促官”的方针，从而推动了中日民间外交的开展，树立了新中国的良好形象。[15]

邓小平的政治生涯与中共中央书记处的职权演变和发展历程紧紧相连。有学者研究了新中国成立后邓小平在中央书记处的工作经历与变化，认为可以分为三个阶段：在中共八大前，邓小平参与中央书记处的决策工作，主持中央秘书长会议，协助处理日常事务；在主持中央书记处工作的 10 年中，邓小平一直处在中央领导工作的第一线，协助中央研究处理各种问题，发挥了重要作用；改革开放后，邓小平积极倡导重设中央书记处，并对恢复设立的中央书记处如何发挥职能提出了重要的指导思想，对党中央领导体制的完善，对改革开放和社会主义现代化建设的顺利进行，起到了积极的促进作用。[16]

近年来，关于陈云民生思想的相关研究开始丰富起来。有学者研究指出，陈云的民生思想，实际上是与他的党风建设思想紧密联系的，因此理解陈云的民生思想离不开研究他的党风建设思想。从党风建设角度看陈云的民生思想，具体包括以下几方面的内容：要从维护群众利益出发看待民生问题，应结合政治观点和群众观点来看待；要处理好基本建设与民生的关系，生活必需品的生产必须先于基建，但提高人民生活水平不能过急；要处理好经济改革与民生的关系，但改革绝不能以牺牲民生为代价；要解决群众实际困难，提高群众生活质量。[17]

注：

① 袁昕：《“学习贯彻习近平总书记庆祝中华人民共和国成立70周年系列重要讲话精神”座谈会综述》，《党的文献》，2019年第6期。

②欧阳哲生：《“百年回看五四运动——北京大学纪念五四运动一百周年人文论坛”综述》，《中共党史研究》，2019年第7期。

③郭双林：《电报与政治时间：重新理解一九一九年的“五四事件”》，《中共党史研究》，2019年第11期。

④欧阳哲生：《纪念“五四”的政治文化探幽——一九四九年以前各大党派报刊纪念五四运动的历史图景》，《中共党史研究》，2019年第4期。

⑤张太原：《五四运动“反帝反封建说”的历史考察》，《党的文献》，2019年第3期。

⑥董学文：《五四运动的历史意义和时代价值》，《红旗文稿》，2019年第8期。

⑦金民卿：《五四运动的精神遗产及其在新时代的科学传承》，《中共党史研究》，2019年第5期。

⑧张金才：《新中国社会主义现代化建设奋斗目标的历史演进》，《党的文献》，2019年第6期。

⑨肖翔、廉昌：《国际视域下新中国70年工业发展的历史考察》，《当代中国史研究》，2019年第6期。

⑩王丹莉：《新中国技术引进的历史检视》，《中共党史研究》，2019年第7期。

⑪耿化敏：《“党管高校”视角下的中共北京市高等学校委员会研究》，《中共党史研究》，2019年第5期。

⑫董佳、马骋：《北京城市住宅建设的设计和实施（1949—1966）》，《中共党史研究》，2019年第12期。

⑬徐轶杰：《20世纪七八十年代北京市空气污染治理的历史回顾——以消烟除尘工作为中心》，《当代中国史研究》，2019年第3期。

⑭曹应旺：《毛泽东为什么能写出〈论持久战〉》，《党的文献》，2019年第3期。

⑮张颖、潘敬国：《周恩来与日侨归国问题的解决——基于〈建国以来周恩来文稿〉的考察》，《党的文献》，2019年第2期。

⑯张金才：《邓小平与新中国成立后的中共中央书记处》，《当代中国史研究》，2019年第5期。

⑰朱佳木：《从党风建设角度看陈云的民生思想》，《党的文献》，2019年第1期。

（作者：王炳林，北京师范大学教授；张亚东，中国农业大学讲师）

世界近现代史

郭家宏　郑绍健

2019年北京地区的世界近现代史研究呈现出如下几个主要特点：（1）重视总结和反思学科建设经验，体现出了世界史学人的文化自觉和文化自信；（2）区域国别研究更加深入、全面，研究主题更加丰富、多样，同时在很大程度上反映出了全球史和跨国史、环境史等新兴的研究趋向；（3）史学理论与史学史研究领域不断拓宽，研究内容不断创新；（4）明显突出了翻译的作用，一方面体现在原始外文档案等资料的选辑，另一方面体现在对国外学人有益成果的译介。

一、美国史研究

魏涛对伯纳德·贝林的美国早期移民史进行了考察，认为贝林一方面把研究兴趣从政治思想史转向社会史，另一方面使用中心-边缘模式和大西洋视角来解释17世纪和18世纪北美移民史。[①]于展指出美国冷战外交史研究中的“种族取向”包括以种族为核心的公共外交和文化外交研究、以种族为纽带的对第三世界的外交和反殖民主义国际斗争研究以及隔离主义者的保守主义外交研究等。[②]他还认为，冷战初期美国黑人的联合国请愿活动引发了全球对美国种族问题日益增加的关注，清楚地证明国内的种族歧视成为美国外交政策的致命要害，也为后来美国黑人的国际斗争提供了榜样。[③]王立新认为，美国精英通过对“西方文明”叙事和“大西洋共同体”的构建完成了美国文化与地缘政治身份的重塑，从而使美国在二战后得以加入欧洲力量当中，打造出一个新的“西方”。[④]王希指出，威尔逊的美国政府体制研究经历在帮助我们了解美国政治体制的演进和美国政治学学科起步的同时，也提供了一个观察新型知识人如何在美国国家体制转型时代扮演“国家建构者”的角色的机会。[⑤]王道认为，作为杜鲁门政府实际上的外交决策者，时任副国务卿迪安·艾奇逊成为二战后美国政坛标榜遏制政策的旗手，逐渐成为冷战初期西方政坛的关键人物。普遍主义的思维导向潜移默化地主宰了美国政府的外交理念。[⑥]张瑾探析了20世纪50年代美国的南亚政策，认为冷战初期，美国的南亚政策是为冷战服务的，最终目标是遏制共产主义。美国国家安全委员会文件对南亚的战略包括了对南亚的局势分析、政策目标和具体行动方案等方面。美国这一时期的南亚政策一定程度上取得了进展但也存在复杂的危机。[⑦]邓超认为，美国共产主义运动的第一年直观地展现了跨国因素的作用过程，同时潜藏着美国共产党难以发展壮大的重要原因。[⑧]张红菊认为，美国联邦个人所得税制度经历了从无到有历时100多年。联邦个人所得税制度的建立与发展受到了美国政治经济、社会文化、法律传统以及战争等多种因素的影响，同时个人所得税制度的完善又对美国公民意识的培养、现代价值观的形成、社会公平正义的促进以及政府职能的转变产生了广泛而深刻的影响。[⑨]姚念达从身份和认知的角度切入，考察了美国精英在建国初期对欧洲的“他者”想象，认为这种对欧洲的认识推动了美国孤立主义外交原则的形成。[⑩]张大鹏指出，在麦卡锡时代，反共运动促使美国军团在政治上迅速转向，以捍卫它所理解的传统美国文化，并将“美国主义”的理念与实践推向保守主义的方向。[⑪]马晓璇以美国母婴法案的立法过程为线索，对美国妇女组织波折的博弈过程和该法案的影响进行了论述。认为，虽然法案于1929年废止，但在提高妇女立法话语权及改善妇女健康条件等问题上发挥了积极作用。[⑫]薛冰清将皮尔博物馆的创设与欧洲启蒙时代的文化传统和美国建国初期的政治文化相结合，考察查尔斯·威尔逊·皮尔本人的共和理念与博物馆本身的文化意涵，关注精英和民众在其中的互动，进而揭示了文化事业在美国早期国族构建中的地位和作用。[⑬]

二、英国史研究

刘翔鹏论述了20世纪70年代以来的英国工业革命史研究新范式，新范式强调经济发展的缓慢增长，强调在此基础上对工业革命概念的全面分析，但也存在一定的局限性。[⑭]张炜梳理了两百年以来欧美学术界对英格兰加冕礼的研究历程，认为从官方与民间多种材料出发，进一步廓清以加冕礼为代表的重要仪式在国家治理中的作用，则是今后研究的一大着力点。[⑮]杜宣莹梳理了英国国家档案自近代早期直至今日的建构、归档、编整以及发布的沿革历程，论述了英国国家档案由私向公的转型以及英国对于档案的重新定位，认为档案的价值不在纪念性或供少数人使用，而是在于开放性的普及使用；[⑯]她还认为16世纪流亡欧陆的英格兰天主教徒在面对英政府以拘禁、死刑、返国许可及家族存续等恩威并施之术下，逐渐萌生生存焦虑；流亡群体内部亦基于国家情感、神意期待与世俗统治权等理念分歧而日渐分裂，此双重情势促使众多反战派开始投效伊丽莎白新教政权的情报系统以换取生存与信仰的并存。[⑰]杭聪研究了英国国内政治在帝国解体过程中的作用，指出帝国解体的实质是居于统治地位的利益集团联盟丧失了维系帝国的能力。[⑱]张北晨论述了冷战国际形势下英国核力量发展的3个阶段，指出英国核力量发展道路和模式受到冷战国际形势的制约，但也有利用国际局势创造有利条件的一面。[⑲]陈志坚、谢洁宇对近代早期英国社会转型时期复杂社会背景进行了考察，指出严格土地授予实际上是地产贵族在丧失经济上的相对优势之后实施的一种防守型策略。[⑳]姜南认为18世纪，面对劳动人民遭受的苦难，英国大卫·休谟、亚当·斯密等系统的关于同情的理论著作，丝毫没有表现出对现实社会底层人苦难的同情。卫斯理却带领他创立的循道宗教友们为减缓以上这些人的苦难做了大量效果卓著的工作，以实际行动表达了他们对底层人苦难的深切同情。[㉑]张炜以英格兰宗教改革时期天主教建筑的毁坏与书籍的流散为中心，考察了当时天主教文化艺术传统遭受的剧烈冲击，认为宗教改革对英格兰以国王为首的政教秩序的确立以及资本主义经济模式的发展皆具有深远影响。[㉒]荆玲玲从文化视角来分析咖啡文化、茶文化这两种饮食文化与英国民族认同之间的关联，认为与平等、公开、复杂的咖啡文化相比，茶文化更能适应英国传统的贵族文化、性别文化和高雅文化，因而英国人更认同茶文化，并不断将其发扬光大。[23]

三、法国史研究

高毅重温了乔治·勒费弗尔的名著《1789年大恐慌》，认为该著作有助于使读者体认法国大革命的历史必然性以及进一步认清法国大革命的历史本质。[24]庞冠群对19世纪以来关于高等法院的历史角色以及它是否导致旧制度崩溃这一问题的论争进行了学术史的分析；[25]对启蒙运动史家对后现代主义批判的回应和21世纪以来启蒙运动研究的新视野等问题进行了梳理，认为20世纪中后期，英美学者介入高法研究，他们深化了争论，在新史学论点的支持下破除了君主制可以改良的神话，更新了被年鉴学派边缘化的高等法院政治史，大大拓展了这一领域的研究空间。[26]顾杭对法国历史中的禁奢法令及其引发的启蒙时代的“奢侈之争”进行了探究，认为现实政治的演进为启蒙时代的“奢侈之争”提供了一种答案。[27]倪玉珍认为圣西门的“社会生理学”学说融合了社会科学和社会主义的萌芽，促进了法国从革命向社会重建的重要转变，给后世留下了情感与理性双重的精神遗产。[28]

四、俄国史研究（含苏联、当代俄罗斯时期）

张建华对“纪念史学”视野下的2017年俄罗斯及国际史学界、中国学术界的俄国史相关研究动态进行了总结和分析。指出2017年是中国史学界和国际史学界的重要年份。该年度的学术活动反映了冷战结束近30年后国内外史学的重要变动乃至转折。[29]黄立弗以苏联粮食供应危机对苏联剧变的影响为视角，对与此相关联的最重要的内部和外部因素进行了考察，并分析了此研究给予史学认识与史学研究方法的两方面启示。[30]王晓菊论述了帝俄晚期西伯利亚开发过程中的修铁路、促移民、办大学、废流放等具体措施及其取得的成效，并指出了这一时期西伯利亚开发的历史局限性和深远的历史意义。[31]马龙闪对俄罗斯总统助理苏尔科夫文章《普京的长久国家》进行了解读，认为“普京主义”推出了政治强国模式。[32]侯艾君对苏联后期反腐运动中的“乌兹别克案”的起因与过程、性质、后果及其与当代中亚的关系进行了评析，指出“乌兹别克案”是苏联解体进程中的重要环节。[33]俞紫梅对1953—1964年“冷战”和“解冻”双重背景下苏联对外科学文化政策的调整进行了探究，回顾了1953年以前的苏联对外科学文化政策，并重点评析了1958年苏共中央意识形态委员会成立前后科学文化策略的变化。[34]张丹对1991年以来俄罗斯住房所有制结构的转变、管理权的变更、建设结构以及分配结构的变化进行了评析，并指出住房体制转型的实质是权力的重新分配。[35]周峪竹对2018年俄罗斯《教育法》修正案及教师法律改革历程进行了考察，当代俄罗斯教师发展改革呈现出更加立体化、多元化、人性化的特征，在一定程度上为我国高等教育提供了有益借鉴。[36]庄宇认为1956年戏剧《电话谋杀案》排演风波的出现，为苏联党内文化政策管理部门和艺术工作者们的探索设立了一个标杆，苏共中央意识到文化政策导向的重要性，使得“解冻”的内在边界得以确定。[37]

五、日本史研究

张艳茹回顾了20世纪90年代以来日本学界明治维新史的研究动向。[38]李文明研究了从明治时期到1945年以后日本史学界明治维新史编撰与叙述中的史观问题。[39]张跃斌认为，半藤一利的历史认识属于中间派，其对一些右翼史观的批判，其反对战争、反对修改和平宪法的态度，在日本社会发挥了一定的积极作用。同时，其避重就轻的历史反思表现出一定程度的狭隘民族主义情绪，也对日本的舆论氛围造成了消极影响。[40]他还认为，对于亚洲而言，明治维新遵循的对外交往模式破坏本地区的合作和进步，其结局值得深思；对于中国而言，明治维新乃至日本近代以来的历史，足资借鉴，常看常新。[41]刘晓峰、龚卉认为，《大日本史》的编纂过程展现了一个受中国传统史学影响书写历史框架、再填入神道元素以建构“皇国”观的受容过程。[42]王新生认为，自由民权运动中的“国民国家论”和“抗争政治”均强调了以宪政体制为中心的国民主权在近代国民国家形成过程中的核心作用，自由民权运动因而是为形成国民国家的政治文化运动；[43]他指出，日本的平成时代是从工业化社会向后工业化社会过渡的时期，具有重要的历史地位，以计算机网络为核心的技术革命导致了工作与生活个人化社会的出现。[44]他还认为在战后初期日本的经济复兴时期，有泽广巳提出著名的“倾斜生产方式”，即将有限的资源优先投入煤炭、钢铁等基础产业，该政策建议为政府采纳并产生积极效果。尽管该政策建议很快为美国政府主导的“道奇计划”所取代，但这一统制经济模式在日本独立后以“行政指导”的形式延续下来，成为经济高速增长的政策基础。[45]臧运祜选取 1871 年《中日修好条规》与 1978 年《中日和平友好条约》为视角，分析和总结近百年中日关系的演变过程，认为后者所体现的“和平”“友好”是两国关系发展的永恒主题。[46]刘晓峰研究了日本古神道重要的祭祀仪式“践祚大尝祭”，重点考察古代日本天皇如何获得作为“现人神”神格的传承，并对相关仪式环节进行了分析和解读。[47][48]陈伟指出，原敬内阁顺应一战后国际局势之演变对“满蒙”政策进行了调整，但在坚持以及扩大日本在“满蒙”权益方面并未有任何实质性改变。[49]邢媛媛指出，1792 年亚·埃·拉克斯曼使团访日是俄国官方正式对日接触的开端，奠定了 19 世纪俄国对日政策的基调，对俄日关系的历史进程影响深远。[50]高娟认为东亚文化协议会是日本侵华期间的文化侵略机构，并论证了文化侵略的巨大危害性。[51]

六、德国史研究

张绪山探讨了德国联邦法院关于“把枪口抬高一厘米”的一份判决案例，即 1989 年 2 月的一天傍晚，东德士兵英格·亨里奇守卫柏林墙时，射杀了试图翻墙逃往西德的东德青年克里斯·格夫洛伊并就政治伦理相关主题进行了论述。[52]王超对 1949—1990 年西德对东德的经济诱变政策进行了分析，认为这为由西德主导的两德统一奠定了基础，但东西融合过程至今尚未完成。[53]王宏波认为，现代意义的社会保险起源于德国，目前已经在世界上绝大多数国家普及。梳理和分析了近代德国社会保险制度的起源、特征，以及对我国完善社会保险制度所能提供的启示和借鉴。[54]

七、欧洲其他地区研究

周施廷论述了丹麦宗教改革和新教国家联盟的形成，认为丹麦的宗教改革的实质是利用宗教改革为其构建近代民族国家服务，这种模式为研究丹麦政治史和欧洲宗教改革史提供了一个新视角。[55]国春雷介绍了 16—18 世纪波兰“贵族民主制”的两大支柱“自由选王制”和“自由否决权”，认为随着大贵族控制这两种制度，贵族民主制逐渐蜕变为大贵族寡头政治，给波兰社会带来了巨大消极影响。[56]

八、南亚、西亚史研究

金永丽介绍了印度饮茶文化的百年变迁，认为饮茶文化见证了印度民族主义运动的壮大、饮食消费文化的转换、本土和外来文化交流等，是我们了解印度的一扇窗。[57]宋丽萍介绍了表列种姓、印度政府的平权政策，指出表列种姓内部的高度分化、种姓观念的顽固及种姓政治化是阻碍解决表列种姓历史问题的主要原因；[58]她还认为印度教特性运动经历了种族民族主义、整体人本主义、极端教派主义、经济和文化民族主义 4 个发展阶段，印度教特性概念是一个社会政治概念。如如何抛弃狭隘的教派主义观点，降低各种类型的民族主义意识形态在政治和社会领域的影响，是印度教特性运动未来发展面临的主要挑战。[59]

昝涛以民族主义、独立革命与世俗化为例，以全球史的视野对 20 世纪前期土耳其的革命与变革进行了考察，认为土耳其的革命与变革通常被视为一连串与民族国家有关的故事，这种视角并非错误，但不全面。若以全球史视野审视土耳其的革命与变革，其思想来源的多样性、内外因素的互动、超出自身范围的影响等等，都将得以被重新聚焦和评价。即使是最为民族主义的、与民族国家关系最为密切的历史主题，同样也具有丰富多彩的“全球性”维度。[60]侯艾君认为，中国在外高加索地区拥有巨大的地缘政治、地缘经济和地缘文化利益，因而必须正视外高加索国家自身存在的消极问题乃至安全风险，并审慎规避。[61]成振海对伊拉克土库曼人社会地位的演变及其政治前景进行了探析；[62]他还论述了土耳其正发党政府对伊拉克库尔德地区政府政策的演变及其原因、影响和性质，认为由传统的敌对政策向以能源合作为基础的“伙伴关系”政策的这一转变本质上是一种基于现实主义的利益考量，并不意味着放弃对库尔德问题的安全认知。[63]

九、拉丁美洲史研究

杜娟认为，第二次世界大战“日本战败”在巴西日侨社会内所引发的“战胜派”和“战败派”两大派系的激烈冲突及其产生的社会乱象在本质上是日本“皇国臣民”的愚民教育以及巴西政府强制同化政策和战时管制政策共同作用下的产物，其根源是在巴西激进民族主义的高压下形成的日侨极端民族主义；[64]她还以废奴期间巴西试图大规模引进华工遭遇失败为切入点，对巴西主要利益群体有关外来劳动力争论的焦点进行了剖析，认为在这场争论中，外来移民对于巴西而言不仅是经济符号，也是社会、文化和政治制度符号，争论归根到底是新旧两种社会力量之间的较量。[65]王文仙论述了 20 世纪 50 年代墨西哥贫民聚集区的成因以及 70 年代以来墨西哥政府对贫民窟的积极治理措施和成效，指出这在一定程度上为世界上其他国家治理贫民窟提供了某些借鉴经验。[66]

十、非洲史研究

毕健康、陈勇认为，当代埃及社会依然是中间层及以上30%的人口与其余70%的人口二元对峙的金字塔型社会结构，这种两极分化的社会结构和社会的普遍贫困，造成了埃及三大发展困境，即人口与人力困境、储蓄与投资困境、治理与政治困境。[67]杭聪认为，种族隔离时代土地权利的不平等是构成当今南非贫困和不平等的历史根源。后种族隔离时代的南非政府本着种族和解的精神，运用法律手段形成市场导向的土地改革机制，以“愿买愿卖”的原则重新分配土地，成效显著。尽管如此，南非土地改革仍旧存在不少难题，道路并不平坦。展望未来，土地改革是大势所趋，但会在法律框架下以平稳有序的方式开展。[68]他还认为肯尼亚在1945—1963年间的宪制改革根源于移民经济的经济压榨和殖民统治的政治歧视，茅茅起义促使肯尼亚发展道路发生了改变，奠定了独立后新政治经济联盟的基础；[69]他还对战后英属撒哈拉以南非洲帝国解体的原因进行了探究，认为归根结底，英帝国解体源于殖民地民族主义力量的崛起，此外还有英帝国支柱的崩溃、国际环境的改变以及相关各方观念的转变等因素。[70]艾俊树、黄德凯结合非洲历史发展进程，总结了非洲民族国家建构的一般模式和特征，认为鉴于现有民族国家理论的西方中心主义色彩，非洲民族国家建构还须从其自身历史中寻求理论依据。从文明史观来看，非洲民族国家建构整体上呈现为“先国家再民族”模式和“后发型”“反复性”“外部干预”3种基本特征。加纳民族国家建构的经验对非洲民族国家建构理论和实践具有重要的参考意义。[71]

十一、国际关系史（含当代国际关系研究）、全球史与跨国史研究

张宏毅认为，“读懂中国”是美国正确制定对华政策的关键所在，但直至今天，美国似乎始终面临是否“读懂中国”的考验。[72]李兴对当今时代的中美俄新型三角关系进行了评析：认为中俄新时代全面战略协作伙伴关系最为稳固，中美关系是大国竞合关系，虽然存在不确定性和一定竞争关系，但不是敌对关系；俄美之间虽博弈不断，但双方关系处于总体可控状态。[73]李兴、耿捷分析了中国和哈萨克斯坦跨界河流合作中的问题“安全化”和“去安全化”的进程，认为中哈未来在跨界河流领域的合作应与“一带一路”、区域治理、区域发展等问题结合起来；[74]李兴、耿捷、成志杰探究了“一带一路”框架下的金砖合作机制与中俄关系：认为金砖合作机制是推动“一带一路”共建的关键力量，俄罗斯是“一带一路”建设的节点国家，“一带一盟”对接合作是“一带一路”建设的亮点，中俄关系是推动“一带一路”共建的核心关系。[75]庄宇认为，20世纪50年代大量中国戏剧在苏联的传播，为深化两国文化交流、增进人民友谊发挥了重要的作用。[76]蔡佳对1961—1976年和平队与美国、印度两国的关系进行了论述，他认为在全球冷战背景下，和平队作为美国外交政策的一种工具，始终把美国国家利益作为该组织的最高目标。对印度而言，和平队是获得美国援助来发展自身的一个途径，印度国家利益始终是其根本出发点。和平队是当时世界上最强大国家的政府志愿者组织，但它又是脆弱的，就像一个政治足球，在国家间的政治游戏中被踢来踢去。[77]

陈奉林论述了历史上的东亚经济圈的形成与发展，认为从大历史的视野来看，东亚经济圈同东亚的历史一样悠久，并且远比世界其他地区内容丰富和复杂多样。近代西方国家的殖民入侵使这一体系彻底解体；[78]他考察了西方的冲击与近代东方外交体制的自我调整，认为既要看到欧美国家对东方古老社会的解体与变异所产生的历史性影响，又要看到东方国家奔向近代的内因条件。[79]刘文明探讨了“文明”话语与甲午战争的关系，认为“文明”话语依附于西方霸权而在当时成为国际政治和国际舆论中的一种潜在规范力量，并强加于中国而成为一种话语暴力，由此，清朝被贴上“野蛮”标签，丧失了对日战争的正义性，遭受屈辱而未能得到美国舆论的同情。日本则因声称战争目的为推进“文明”而符合并顺应了当时西方的“文明使命”，虽制造了旅顺大屠杀并最终通过《马关条约》损害中国主权，反而得到美国舆论的支持。田甜考察了早期美国驻俄公使詹姆斯·布坎南对俄国政治制度、贵族活动、自然状况与民众生活的观察，并分析了其俄国印象所反映的俄国现实问题，布坎南对俄国的观察也是美国了解俄国的探索性开端。认为为了实现他的外交目标，布坎南费尽心力融入俄国贵族的生活圈，从而以美国人的视角为我们展开了一幅19世纪早期俄国贵族的生活画卷。[80]

许海云认为欧洲百年来一直徘徊于定乱与战和之间，和平与战争、稳定与动荡几乎交替于欧洲历史全程，形成欧洲特有的安全周期律。西方的民主与自由制度、普世价值观以及安全理论等虽能助益欧洲安全，但却无法打破这一安全周期律。从当前欧洲安全形势所见，唯有转换思维、确立新安全理念，以合作代替对抗，确立大一统安全目标，才能打破欧洲安全周期律。[81]金海指出，美国的独立使美英关系发生了质的变化，如何规划这种新关系成了英美两国政府必须面对的问题。英美两国在1794年签署的《杰伊条约》构筑了未来英美关系的发展框架，成为双方关系逐步改善乃至发展成为盟友的重要基础。[82]鲍宏铮分析了欧盟东扩后中东欧新成员国与欧盟间的3类问题、中东欧国家与欧盟关系中的欧洲大国因素，认为欧盟未来将难免陷入一种或明或暗的分裂之中。[83]张秦瑜对20世纪50—70年代冰岛水域出现过度捕捞问题的成因和发展，以及其如何导致冰、英两国爆发“鳕鱼战争”的历史过程进行了具体考察，认为冰、英两国在过度捕捞问题上迟迟无法达成共识，导致矛盾被激化，最终引燃两国间的海上战争。[84]王秋怡、许海云分析了乌克兰危机后北约对俄罗斯安全战略及其转型，指出未来北约对俄战略在短期内不会发生逆转，从长远看，欧洲安全架构将出现分治趋向。[85]

十二、环境史研究

梅雪芹指出“绿色公众史学”是环境史学的一部分，致力于提供和传播如何关注生态环境、呵护自然生态和参加环保实践的公共历史知识。[86]侯深、侯文蕙从《荒野与美国思想》出发，探究了美国文化中荒野意识的来龙去脉，认为其意义在于让文明所创造的技术能更符合生态共同体运行的规律。[87]侯深认为中美两国比较环境史研究是可能的，也是有意义的，中美两国的自然环境具有很大的共性，这为比较环境史的研究奠定了坚实的基础。[88]李韶星围绕20世纪70年代初美国《垃圾法》的颁布缘由，以及实施过程中的挑战、困境与成效，论述了联邦政府治理工业废水污染的努力，指出美国联邦政府治理工业废水污染的过程是美国环境政治中不同主体间“博弈”的真实写照。[89]黄耘子对20世纪60年代美国红杉国家公园设立之争进行了考察，分析了政府、环保组织、木材商等各方的不同诉求，认为就政府而言，考虑多方面利益，允许争议并在争议中求同存异，才有可能实现可持续环保目标。[90]刘梦霏、梅雪芹围绕“圣林”，重新解读了督伊德教中的自然元素，指出自然的文化知识与信仰与更大的社会文化背景相关联，并在不同的时代反映出不同的社会渴求。[91]高国荣认为农业史和环境史作为史学的不同领域，尽管有密切关联，但也存在诸多差异。从这两个领域在美国和中国的发展情况来看，农业史和环境史的差异主要表现在3个方面：其一，助推动力不同；其二，研究宗旨不同；其三，叙事方式不同。[92]陈林博、钱克非对第三次世界环境史大会进行了述评，认为该会议体现了大加速时代的特征。[93]乔瑜以灌溉农牧业的发展为中心，呈现了欧洲人试图在澳大利亚建立“新欧洲”的过程及其对土著社会的冲击、土著社会的生态反馈，并分析了影响这一历史进程的动力；认为澳大利亚土著居民长期以来的环境管理为殖民时代的灌溉农牧开垦提供了有利条件，为澳大利亚发生的生态帝国主义进程奠定了环境基础。[94]她认为19世纪中后期，全球范围内存在以印度、美国、澳大利亚为重要节点，以工程师、科技官员和科研工作者的访问、派驻，灌溉工程学、传播农学与土壤科学研究的成果的灌溉知识交流网络。灌溉知识交流网络依托英帝国和白人移民殖民地内的既有权力结构和文化纽带运行，与资本扩张和殖民开拓相辅相成。三地共同遭遇的生态危机反映了资本主义工程与技术文化对自然内在价值的忽视与破坏。[95]她还以殖民农业史为中心，考察了澳大利亚历史学对人与自然关系的探讨，指出澳大利亚社会的转型和与之匹配的学术风向变化支撑了澳大利亚历史书写的演变。[96]

十三、学术综述与学科建设

钱乘旦认为，改革开放以来，中国世界史学科经历了快速发展，取得了巨大进步。具体表现在：学术研究质量不断提高，领域不断扩大，高质量的学术著作相继出现，不仅得到国内学术界的高度认可，也得到了国外同行的密切关注。[97]马克垚认为，自1949年新中国成立以来，我国的世界史学科开始了自己从无到有、从小到大的发展历程，现在已经升堂入室，可以到世界史坛上和同行辩道问难，相互切磋，这真是一个很大的飞跃，值得我们深刻铭记，鼓舞我们继续砥砺前行。[98]于沛强调在新时代需要加强中外历史进程中的重大理论问题研究。[99]汪朝光总结了中国特色世界史学科体系的形成、世界史研究的主要成就及其不足以及研究新趋向，并对世界史学科的发展前景进行了前瞻性思考。[100]张顺洪认为，历史研究要以学术精品奉献人民。[101]

钱乘旦认为，在世界史学科范围内，近代史是最重要的组成部分，不仅是因为“近代”与现在紧紧相连，而且因为近代以后世界发生了翻天覆地的变化，改变了人类社会。世界近代史研究学科建设取得成效，学术研究日渐深入，但仍存在学科涵盖面仍不够、人才问题凸显等需要努力之处；[102]徐蓝指出，世界现代史研究在学术梯队建设、建立学术体系、专题研究以及资料建设方面成就显著，彰显了中国话语权。[103]朱孝远在接受北京大学现代教育技术中心的访谈中讲述了对教学理念、教学方法和课程设置的理解，以及对国内外大学教学、人才培养方面的看法；[104]指出了把中国的阐释学运用到世界史研究领域的重要性并论述了路径和方法。[105]滨下武志、张建华、陈奉林等就中国目前的东亚史学科建设问题进行了专门研讨。[106]王立新认为，在民国史研究领域引入跨国和全球史的方法可以丰富和深化对民国历史的阐释；[107]他指出，在全球化时代，中国历史学家应当努力担负起寻找历史真相、促进跨文化理解和培育世界主义观念3项使命。[108]

十四、其他类

仲伟民认为，成瘾性消费品既是近代生活方式和近代文化产生的催化剂，也是世界近代化的助推器，还是全球化进程的重要推动因素。[109]孟庆龙论述了保罗·肯尼迪对大国兴衰更替规律的研究，指出在当今世界，大国的博弈正在精彩进行，而“大国兴衰”命题已经过时。[110]俞金尧认为，黑夜从长久以来作为恶的化身，到近代以后成为现代生活方式所必需的一个时段，人类对它的态度伴随着经济社会的发展而发生转变。[111]姚百慧介绍了美国国家安全委员会档案的解密与出版，内容包括各总统图书馆的国安会档案、美国国家档案馆中的国安会档案，具体到国安会档案，可以主要在 RG 273（国家安全委员会档案）和 RG 59（美国国务院档案的非核心文件部分）两个“文件组合”中查阅。[112]姚大志、李文靖通过考察夏普塔尔对拉瓦锡新化学体系态度的转变，以及该事件在知识演进和产业技术发展双重维度上的历史意蕴，主张科学革命和工业技术进步在18世纪晚期已形成复杂的结构关系。[113]李文靖围绕化学奠基人问题对新、旧两种科学史编史学纲领进行了评析，并提出了一种关于化学革命的新的叙事方式。[114]

注：

①魏涛：《伯纳德·贝林与美国早期移民史研究》，《史学理论研究》，2019年第1期。

②于展：《美国冷战外交史研究中的“种族取向”》，《近现代国际关系史研究》，2019年第1期。

③于展：《冷战初期美国黑人的联合国请愿活动》，《首都师范大学学报(社会科学版)》，2019年第4期。

④王立新：《美国国家身份的重塑与“西方”的形成》，《世界历史》，2019年第1期。王立新：《美国国家身份的重塑与“西方”的形成》，《社会科学文摘》，2019年第4期。

⑤王希：《威尔逊与美国政府体制研究——〈国会政体〉的写作与意义》，《美国研究》，2019年第4期。

⑥王道：《普遍主义的胜利——迪安·艾奇逊与“杜鲁门主义”之缔造》，《历史教学问题》，2019年第5期。

⑦张瑾：《20世纪50年代美国的南亚政策探析》，《杭州师范大学学报(社会科学版)》，2019年第3期。

⑧邓超：《美国共产党建立过程中的跨国因素及其影响》，《当代世界与社会主义》，2019年第6期。

⑨张红菊：《美国联邦个人所得税制度的确立及其社会影响》，《安徽史学》，2019年第6期。

⑩姚念达：《远离“旧世界”：美国精英对欧洲的“他者”想象与孤立主义外交的起源》，《史学集刊》，2019年第4期。

⑪张大鹏：《麦卡锡时代的美国军团与“美国主义”的转向》，《美国研究》，2019年第1期。

⑫马晓璇：《社会福利的尝试——美国1921年母婴法案研究》，《文化学刊》，2019年第6期。

⑬薛冰清：《美国建国初期的公共文化空间与国族构建——以皮尔博物馆为中心》，《史学月刊》，2019年第3期。

⑭刘翔鹏：《试论英国工业革命史研究的新范式》，《石家庄学院学报》，2019年第4期。

⑮张炜：《英格兰加冕礼研究两百年》，《史学理论研究》，2019年第4期。

⑯杜宣莹：《走入公众——近现代英国国家档案的管理沿革》，《档案学通讯》，2019年第3期。

⑰杜宣莹：《“生命与灵魂共存”——16世纪晚期英格兰天主教流亡者的政治顺从》，《世界历史》，2019年第6期。

⑱杭聪：《英国国内政治与英帝国解体》，《学术探索》，2019年第4期。

⑲张北晨：《冷战国际关系下的英国核力量发展之路》，《军事历史》，2019年第4期。

⑳陈志坚、谢洁宇：《身份、责任与传统：近代早期英国严格土地授予再审视》，《世界历史》，2019年第4期。

㉑姜南：《18世纪英国同情的理论和实践》，《天津师范大学学报(社会科学版)》，2019年第6期。

㉒张炜：《社会转型期传统文化的命运——英格

兰宗教改革时期天主教建筑的毁坏与书籍的流散》，《社会科学论坛》，2019年第2期。

㉓荆玲玲：《咖啡与茶——英国的饮食文化与民族认同》，《文化研究》，2019年第1期。

㉔高毅：《勒费弗尔〈1789年大恐慌〉重温新得》，《历史教学（下半月刊）》，2019年第9期。

㉕庞冠群：《高等法院是否导致了法国旧制度的崩溃？——一个学术史的分析》，《浙江学刊》，2019年第2期。

㉖庞冠群：《后现代之后重审法国启蒙运动》，《上海师范大学学报（哲学社会科学版）》，2019年第1期。

㉗顾杭：《被誉为“奢侈品王国”的法国为何禁止奢侈？》，《工业博览》，2019年第5期。

㉘倪玉珍：《寻求对“社会”的理解：圣西门的社会生理学》，《社会》，2019年第1期。

㉙张建华：《“纪念史学”视野下的俄国史研究》，《武汉科技大学学报（社会科学版）》，2019年第3期。

㉚黄立茀：《粮食供应危机与苏联剧变——以内、外因素对苏联剧变的影响为视角》，《安徽史学》，2019年第5期。

㉛王晓菊：《论帝俄晚期的西伯利亚开发》，《东北亚学刊》，2019年第4期。

㉜马龙闪：《“普京主义”推出政治强国模式——解读俄罗斯总统助理苏尔科夫〈普京的长久国家〉一文》，《人民论坛》，2019年第12期。

㉝侯艾君：《“乌兹别克案”：苏联后期反腐运动评析》，《安徽史学》，2019年第1期。

㉞俞紫梅：《“冷战”与“解冻”：双重背景下苏联对外科学文化政策的调整（1953—1964年）》，《俄罗斯研究》，2019年第6期。

㉟张丹：《俄罗斯住房体制转型评析》，《俄罗斯学刊》，2019年第6期。

㊱周峪竹：《从俄罗斯联邦现行〈教育法〉看教师法律改革新动向》，《北京教育（高教）》，2019年第6期。

㊲庄宇：《苏联文化政策的转向（1946—1956）——〈电话谋杀案〉在苏联的排演风波》，《俄罗斯研究》，2019年第1期。

㊳张艳茹：《1990年代以来日本学界明治维新史研究动向》，《聊城大学学报（社会科学版）》，2019年第1期。

㊴李文明：《日本明治维新史编撰与叙述中的史观问题》，《史学理论研究》，2019年第1期。

㊵张跃斌：《半藤一利的昭和史叙事评析》，《世界历史》，2019年第5期。

㊶张跃斌：《世界历史潮流中的明治维新》，《人民论坛·学术前沿》，2019年第21期。

㊷刘晓峰、龚卉：《江户时期日本对中国传统史学的吸收与改造——以〈大日本史〉编纂为例》，《南开学报（哲学社会科学版）》，2019年第2期。

㊸王新生：《国民国家与近代日本宪政之路——以自由民权运动为中心》，《中央社会主义学院学报》，2019年第4期。

㊹王新生：《平成时代开启后工业化社会》，《世界知识》，2019年第8期。

㊺王新生：《有泽广巳经济思想及其对战后日本经济体制的影响——兼谈政府主导型经济发展模式对赶超型现代化国家的利与弊》，《日本文论》，2019年第1期。

㊻臧运祜：《关于近百年中日关系的历史思考——以1871年、1978年条约为视角》，《社会科学辑刊》，2019年第3期。

㊼刘晓峰：《天皇践祚大尝祭的仪式结构与文化解读》，《日本学刊》，2019年第5期。

㊽刘文明：《“文明”话语与甲午战争——以美日报刊舆论为中心的考察》，《历史研究》，2019年第3期。

㊾陈伟：《原敬内阁的“满蒙”政策》，《安徽史学》，2019年第3期。

㊿邢媛媛：《亚·埃·拉克斯曼官方使团赴日与早期俄日关系》，《日本问题研究》，2019年第6期。

51高娟：《东亚文化协议会：日本的文化侵略机构》，《北华大学学报（社会科学版）》，2019年第3期。

52张绪山：《“把枪口抬高一厘米”如何做到？——从德国联邦法院的一份判决说起》，《社会科学论坛》，2019年第3期。

53王超：《西德对东德经济诱变政策剖析》，《中国社会科学报》，2019年12月23日。

54王宏波：《近代德国社会保险制度的特征与启示》，《中国发展观察》，2019年第24期。

55周施廷：《丹麦宗教改革与新教国家联盟的形成》，《世界历史》，2019年第5期。

56国春雷：《近代波兰荒唐的“选王制”与“否决权”》，《中国社会科学报》，2019年12月30日。

㊼金永丽：《印度百年茶文化变迁》，《中国社会科学报》，2019 年 4 月 25 日。

㊽宋丽萍：《平权政策与印度表列种姓问题》，《西安文理学院学报》，2019 年第 3 期。

㊾宋丽萍：《印度教特性运动的政治文化解读》，《南亚研究》，2019 年第 4 期。

㊿昝涛：《全球史视野下的土耳其革命与变革——以民族主义、独立革命与世俗化为例》，《社会科学战线》，2019 年第 3 期。

61侯艾君：《中国在外高加索地区的安全风险及其规避》，《国际安全研究》，2019 年第 2 期。

62成振海：《伊拉克土库曼人社会地位的演变及其政治前景探析》，《世界民族》，2019 年第 3 期。

63成振海：《土耳其正发党政府对伊拉克库尔德地区政府政策》，《国际研究参考》，2019 年第 3 期。

64杜娟：《二战后巴西日侨社会乱象及其原因》，《四川大学学报(哲学社会科学版)》，2019 年第 2 期。

65杜娟：《废奴前后巴西关于外来劳动力问题的争论》，《拉丁美洲研究》，2019 年第 2 期。

66王文仙：《从贫民聚居区看墨西哥贫民窟的成因及其治理》，《陕西师范大学学报(哲学社会科学版)》，2019 年第 6 期。

67毕健康、陈勇：《论当代埃及的社会结构与发展困境》，《阿拉伯世界研究》，2019 年第 2 期。

68杭聪：《南非土地问题的缘起、演进和前景》，《当代世界》，2019 年第 3 期。

69杭聪：《肯尼亚移民经济、民族反抗和宪制改革(1945—1963)》，《唐山学院学报》，2019 年第 1 期。

70杭聪：《战后英属撒哈拉以南非洲帝国解体原因新探》，《苏州科技大学学报(社会科学版)》，2019 年第 1 期。

71艾俊树、黄德凯：《非洲本土视域下的民族国家建构——模式、特征和路径》，《国际关系研究》，2019 年第 1 期。

72张宏毅：《美国再次面临是否“读懂中国”的考验》，《世界社会主义研究》，2019 年第 9 期。

73李兴：《中美俄新型三角关系评析》，《统一战线学研究》，2019 年第 5 期，第 54-62 页。

74李兴、耿捷：《“安全化”与“去安全化”：中哈跨界河流合作中的问题与对策》，《国外理论动态》，2019 年第 11 期，第 115-127 页。

75李兴、耿捷、成志杰：《“一带一路”框架下的金砖合作机制与中俄关系》，《国外理论动态》，2019 年第 4 期，第 115-126 页。

76庄宇：《1950 年代中国戏剧在苏联的传播》，《俄罗斯文艺》，2019 年第 3 期。

77蔡佳：《美国、印度与和平队(1961—1976)》，《近现代国际关系史研究》，2019 年第 1 期。

78陈奉林：《历史上的东亚经济圈兴衰》，《世界知识》，2019 年第 11 期。

79陈奉林：《西方的冲击与近代东方外交体制的自我调整》，《青海师范大学学报(哲学社会科学版)》，2019 年第 2 期。

80田甜：《早期美国驻俄公使詹姆斯·布坎南的俄国印象》，《西伯利亚研究》，2019 年第 5 期。

81许海云：《欧洲安全周期律的历史与现实解读——对当前欧洲安全问题的再思考》，《人民论坛·学术前沿》，2019 年第 7 期。

82金海：《〈杰伊条约〉与美国建国初期的美英关系》，《世界历史》，2019 年第 1 期。

83鲍宏铮：《中东欧与欧盟关系的现状与前景》，《俄罗斯学刊》，2019 年第 3 期。

84张秦瑜：《冰英“鳕鱼战争”爆发起因探究》，《文化学刊》，2019 年第 5 期。

85王秋怡、许海云：《乌克兰危机后北约对俄罗斯安全战略及其转型分析》，《现代国际关系》，2019 年第 8 期。

86梅雪芹：《共建共享生态家园——绿色世界公众史学畅想》，《鄱阳湖学刊》，2019 年第 2 期。

87侯深、侯文蕙：《重访美国文化中的荒野意识——从〈荒野与美国思想〉说起》，《世界历史评论》，2019 年第 3 期。

88侯深：《“例外的”自然——论中美比较环境史研究的重要性》，《学术研究》，2019 年第 2 期。

89李韶星：《废水之治——20 世纪 70 年代初美国联邦政府治理工业废水污染的努力》，《学术研究》，2019 年第 2 期。

90黄耘子：《因为红杉——20 世纪 60 年代美国红杉国家公园设立之争》，《学术研究》，2019 年第 2 期。

91刘梦霏、梅雪芹：《自然及“圣林”在督伊德教信仰中的作用辨析》，《学术研究》，2019 年第 2 期。

92高国荣：《试析农业史与环境史的区别——以 20 世纪中美两国的相关研究为例》，《社会科学战线》，2019 年第 9 期。

⑨③陈林博、钱克非：《大加速时代下环境史研究新动向——第三次世界环境史大会述评》，《鄱阳湖学刊》，2019 年第 4 期。

⑨④乔瑜：《生态帝国主义在澳大利亚：以灌溉农牧业的发展为重点(1830—1860)》，《首都师范大学学报(社会科学版)》，2019 年第 5 期。

⑨⑤乔瑜：《19 世纪中后期灌溉知识交流网络的形成与演变》，《江海学刊》，2019 年第 5 期。

⑨⑥乔瑜：《澳大利亚历史书写中的人与自然：以殖民农业史为中心》，《史学理论研究》，2019 年第 3 期。

⑨⑦钱乘旦：《新时代中国世界史学科建设问题》，《历史研究》，2019 年第 1 期。

⑨⑧马克垚：《70 年砥砺前行的中国世界史学科》，《历史研究》，2019 年第 4 期。

⑨⑨于沛：《新时代呼唤中外历史重大理论问题研究》，《中国社会科学报》，2019 年 1 月 29 日。

⑩⓪汪朝光：《中国世界史研究 70 年回顾与前瞻》，《社会科学战线》，2019 年第 9 期。

⑩①张顺洪：《历史研究要以学术精品奉献人民》，《中国社会科学报》，2019 年 3 月 19 日。

⑩②钱乘旦：《世界近代史研究成绩斐然》，《中国社会科学报》，2019 年 9 月 27 日。

⑩③徐蓝：《世界现代史研究彰显中国话语权》，《中国社会科学报》，2019 年 12 月 9 日。

⑩④朱孝远：《世界史通识课程的教学实践》，《中国大学教学》，2019 年第 10 期。

⑩⑤朱孝远：《中国世界史阐释学的构建：路径与方法》，《中国社会科学评价》，2019 年第 1 期。

⑩⑥滨下武志、张建华、陈奉林等：《东亚史学科建设问题鼎谈》，《世界历史评论》，2019 年第 1 期。

⑩⑦王立新：《民国史研究如何从全球史和跨国史方法中受益》，《社会科学战线》，2019 年第 3 期。

⑩⑧王立新：《全球化时代中国历史学家的使命》，《世界历史评论》，2019 年第 1 期。

⑩⑨仲伟民：《全球化、成瘾性消费品与近代世界的形成》，《学术界》，2019 年第 3 期。

⑪⓪孟庆龙：《大国兴衰与更替的密码——〈大国的兴衰〉揭示的世纪性规律》，《人民论坛》，2019 年第 16 期。

⑪①俞金尧：《欧洲夜史：人类对夜晚态度之变迁》，《团结报》，2019 年 4 月 15 日。

⑪②姚百慧：《美国国家安全委员会档案的解密与出版》，《冷战国际史研究》，2019 年第 2 期。

⑪③姚大志、李文靖：《夏普塔尔的皈依：18 世纪晚期技术进步与科学革命的交互介入》，《自然辩证法通讯》，2019 年第 5 期。

⑪④李文靖：《谁是近代化学之父——化学革命的三种叙事》，《中国科技史杂志》，2019 年第 1 期。

（作者：郭家宏，北京师范大学教授；郑绍健，北京师范大学硕士生）

考　古　学

考　古　学

张天宇　高崇文

2019 年，北京地区各科研单位及高校陆续发表了一系列新的考古资料和研究成果，在众多研究领域均取得了重要进展。现综述如下：

一、重要学术活动

2019 年 10 月 12 日，以纪念北京大学考古学科创办人苏秉琦先生诞辰 110 周年为契机，“苏秉琦与中国考古学：反思与展望”学术研讨会在北京大学举行。会议旨在号召当今考古工作者与学生深入学习理解苏秉琦先生的学术思想，并以此为基础，探讨中国考古学在中华民族伟大复兴新时代的核心使命与发展方向。[①]

2020 年 5 月 5 日，由中国文物报社和中国考古学会主办的2019年度“全国十大考古新发现”评选结果揭晓，入选项目是：（1）陕西南郑疥疙洞旧石器时代洞穴遗址；（2）黑龙江饶河小南山遗址；（3）陕西神木石峁遗址皇城台；（4）河南淮阳平粮台城址；（5）山西绛县西吴壁遗址；（6）甘肃敦煌旱峡玉矿遗址；（7）湖北随州枣树林春秋曾国贵族墓地；（8）新疆奇台石城子遗址；（9）青海乌兰泉沟吐蕃时期壁画墓；（10）广东“南海Ⅰ号”南宋沉船水下考古发掘项目。[②]

2020年1月10日，由中国社会科学院主办、中国社会科学院考古研究所和考古杂志社承办的“中国社会科学院考古学论坛·2019年中国考古新发现”在北京举行。论坛评选出山东滕州市西孟庄龙山文化遗址、黑龙江齐齐哈尔市洪河遗址、陕西神木市石峁遗址皇城台大台基遗迹、山西绛县西吴壁遗址、湖北随州市枣树林春秋曾国贵族墓地、青海乌兰县泉沟吐蕃时期壁画墓等6个考古项目为2019年度中国六大考古新发现。另外，7项入围项目分别是陕西汉中市疥疙洞旧石器时代遗址、浙江义乌市桥头新石器时代遗址、内蒙古化德县四麻沟新石器时代遗址、山东滕州市大韩东周墓地、湖北荆州市胡家草场汉墓、吉林图们市磨盘村山城遗址、重庆市江津区石佛寺遗址。此外，作为中国考古“走出去”的成果之一，湖南省文物考古研究所与孟加拉国欧提亚·欧耐斯恩考古研究中心联合开展的孟加拉国毗诃罗普尔古城纳提什瓦遗址考古项目获选为2019年国外考古新发现。[③]

二、综合研究

水下考古研究获得了新的发展。国家文物局水下文化遗产保护中心、湖北省水下文化遗产保护中心及国家水下文化遗产保护武汉基地等单位联合组队，从均州古城入手，启动丹江口水库水下考古调查，逐步探明丹江口水库水下文化遗产的分布和保存状况，通过研究评估其文物价值，为进一步保护水下文化遗产提供依据，并为武当山古建筑群水下淹没部分、明清城市规划等研究提供了新资料。[④]

考古学史的研究也是学者关注的重点。刘一楠对于20世纪90年代俞伟超与张忠培先生之争的语境进行了详细的辨析，对“考古学中国学派”的提出背景进行了回顾，讨论两人在探索考古学“中国学派”新方向上的分歧，梳理他们在考古学基本理论方法、学科性质、发展阶段等“存异”的若干争点，并从个人性情、学风思潮即心理和历史的双重语境，对这场论战进行了辩证解读。[⑤]

亦有学者对中国考古学研究的范式与范式变迁进行了反思。陈胜前指出，目前学科内外对中国考古学的发展状况缺乏理论化的系统把握，经过修正的范式与范式变迁的概念可以作为了解它的工具。尽管中国考古学在范式形成之前存在一些约束因素，但经过数十年的发展已形成数个类似范式的研究形态。在这些形态中，从新石器—原史考古中兴起的文化历史考古范式达到了比较成熟的程度。这一范式对考古学的另外两个分支旧石器—古人类考古、古典—历史考古领域产生了显著的约束。从学科内外关联的角度以及与西方考古学的范式变迁比较可以发现，中国考古学的范式变迁中存在着一些外在但关键的约束，限制了考古学理论的扩展。如果能够加强理论建设，中国考古学研究还有可能形成若干真正的范式。[⑥]

文化遗产学的研究是考古学研究中不可忽视的一项内容。孙华对遗产价值的本质、属性、结构、类型和评价等问题进行了详细的论述，指出遗产价值问题是遗产保护学的重要内容，与价值哲学的价值一样，是人这个主体与遗产这个客体发生联系后产生的，属于关系范畴而非实体范畴。人对遗产价值的认知具有主观性，因而遗产价值也具有多样性和变异性。遗产价值有内在存在价值和外在使用价值两大类，两者之间主要依靠精神情感进行关联。遗产的艺术价值和科学价值应该是遗产对现世科学技术和艺术审美的作用，艺术史价值和科技史价值都应归属历史价值。遗产价值评估的意义主要体现在遗产重要性的分级，以及遗产保护行动先后次序的安排上。[⑦]

三、石器时代考古发现与研究

2019年，旧石器考古在资料整理、发掘方法及石器工艺及特点研究等方面都有新的成果。由北京大学考古文博学院与广东省文物考古研究所、英德市博物馆等部门合作的广东英德市青塘遗址2016—2018年的发掘简报正式发布，发表了墓葬和火塘等遗迹以及古人类化石、石制品、陶器、蚌器、骨角器和动物骨骼化石等各类遗物的资料，为华南—东南亚地区新旧石器时代过渡阶段考古学文化的研究提供了重要资料。[⑧]中国社会科学院考古研究所联合河北省文物研究所及阳原县文物管理所对河北阳原县西白马营旧石器时代遗址进行了发掘，遗存年代跨度大，遗址点数量众多，考古学文化序列完整，是研究中国北方地区旧石器考古学文化演变序列、发展规律，探讨古人类演化和环境适应性行为的重要区域。[⑨]李锋等人讨论了“水平层”与旧石器时代遗址考古发掘的方法，指出旧石器时代遗址的考古发掘有自身的特点，即以考古地层学为指导，在“堆积层”的基础上按一定厚度的水平层进行自上而下的发掘，并详细记录遗迹、遗物等的三维空间坐标。[10]王幼平对华北晚更新世的石片石器进行了研究，重点讨论了晚更新世华北石片石器与现代人在该地区出现与发展历程之间的关系，提出石片石器是华北地区旧石器文化发展的主流，亦是追溯该地区现代人出现与发展课题至关重要的考古学证据。[11]仪明洁研究指出，旧石器时代晚期中国北方的细石叶技术遗存或与西伯利亚地区有关，细石叶技术使狩猎采集群体流动性提高，但其攫取式获食方式迫使人类改变生产方式和社会组织方式，定居程度提升又导致细石叶技术优势丧失，相关的社会组织方式转变是社会组织复杂化的早期阶段，或为彻底定居化乃至进入新石器时代提供了基础。[12]付永旭对华南地区广泛分布一种极具地方特征的古代文化遗物——带凹窝的砾石进行了研究，认为凹石存在内陆和沿海两个明显的分布区域，从旧石器时代晚期延续至战国秦汉时期甚至更晚，其功能或为用于加工坚果和处理贝壳，或是穿孔石器的半成品和加工石器的工具。[13]

长江中下游地区及山东地区新石器时代遗址的工作有了新的进展。中国社会科学院考古研究所与湖北省文物考古研究所、荆门市博物馆以及沙洋县文物管理所合作发掘的湖北沙洋县城河新石器时代遗址王家塝墓地的简报于 2019 年发表，介绍了墓葬、陶器坑等遗迹及陶器、玉石器、象牙器、猪下颌骨等大量遗物的信息，为研究屈家岭文化的埋葬习俗和社会结构等提供了珍贵的资料。[14]中国人民大学考古文博系与宁波市文物考古研究所及宁波奉化区文物保护管理所联合发掘的宁波市下王渡遗址方桥发掘区 2017 年度的简报正式发表，介绍了河姆渡文化晚期、良渚文化中晚期、东周等时期的遗存，有利于认识宁绍平原距今 5600~4500 年的文化特征和发展序列，了解宁绍地区乃至浙北地区的考古学文化格局。[15]中国社会科学院考古研究所山东队联合中山大学人类学系、山东省文物考古研究院及日照市莒州博物馆对山东莒县薄板台遗址进行了调查、勘探和试掘，确定其为一处从龙山文化早期延续至龙山文化中期的史前城址，发现了城墙、环壕、房址、灰坑、墓葬等遗迹，出土了一批陶器和石器，该城址是沭河上游地区发现的第一座史前城址，填补了该区域史前城址研究的空白，并丰富了鲁东南地区龙山文化的内涵与布局。[16]

对新石器时代的区域聚落与居民研究有了阶段性的结果。由张弛、陈星灿、邓振华等主编的《区域、社会与中国文明起源：国家科技支撑计划课题“中华文明起源过程中区域聚落与居民研究”成果集》介绍了相关成果，包括论文 22 篇，内容包括课题设立的 21 个子课题调查、发掘和研究的阶段性成果，涉及的区域、遗址和地点有甘肃武威西城驿、临潭陈旗磨沟，青海民和喇家，河南灵宝西坡、新密新砦、禹州瓦店、邓州八里岗，山西绛县周家庄，陕西高陵杨官寨、神木石峁，山东章丘城子崖及周边区域，四川新津宝墩、广汉三星堆，湖北天门石家河，湖南澧阳平原，江西清江筑卫城，安徽含山凌家滩、蚌埠禹会村，上海青浦福泉山，江苏张家港东山村，内蒙古扎鲁特旗南宝力皋吐、通辽哈民忙哈等。[17]

另外，还有学者对新石器时代的玉器进行了探讨。朱乃诚对红山文化弯板状玉臂饰的形制特征及使用方式与功能、年代及被改制的玉器原形进行了梳理，讨论了利用斜口筒形玉器改制的其他弯板状玉臂饰的形制特征、使用方式及年代，总结出由斜口筒形玉器改制的弯板状玉臂饰的形制演化特点，并推测了红山文化弯板状玉臂饰的渊源来自凌家滩文化玉器的影响。[18]

四、夏商周时期考古发现与研究

都城及封国依旧是夏商周时期考古发掘和研究中的重点。中国社会科学院考古研究所河南第二工作队对偃师商城宫城祭祀 D 区进行了发掘，清理出较为集中的多个埋藏猪骨的祭祀坑，发现了一处新的祭祀地点，不仅填补了偃师商城早期宫城东南部布局上的空白，也为宫室制度、宫城布局研究提供了新的资料，改变了原来认为宫城内自南向北依次为宫殿区、祭祀区、池苑区的宫城布局特征。[19]中国社会科学院考古研究所安阳工作队发表了对安阳殷墟豫北纱厂地点 2011—2014 年的发掘简报，数次发掘发现了比较丰富的殷墟时期制骨、制陶手工业遗存，可知这一带为殷商都城手工业作坊区之一，对进一步研究殷墟文化和殷墟都城的布局有一定的学术价值。[20]另外，中国社会科学院考古研究所安阳工作队还发表了大司空村东南地 2015—2016 年的发掘报告，对殷墟族邑的发展演变、房址的空间布局、刻辞卜甲的特征等问题的研究提供了全新的资料，将进一步推动洹河北岸区域殷墟都邑布局的深入研究。[21]何毓灵研究指出，殷墟手工业作坊可分为 4 个工业区，每区内多种手工业生产并存，工业区之间在时间和空间上相充，以满足殷商贵族、平民对产品的需求；手工业生产至少存在家族及王室等两种管理模式，以便手工业生产技术的传承与掌控；殷墟手工业布局承自二里头文化和早商时期，同时对西周时期的手工业布局产生了巨大影响。[22]陈建立、陈坤龙、常怀颖等以湖北随州叶家山墓地出土铜器为中心研究了西周早期社会青铜工业的生产机制，通过对合金成分、微量元素、铅同位素的检测，发现叶家山与王畿地区及王畿地区以外的其他诸侯国青铜文化的联系密切，并指出西周青铜工业生产组织形式为在周王室统筹下开展青铜冶铸生产并分配给各诸侯国。[23]

青铜器及金文的研究依旧是商周考古研究中的热点领域。孙机就三足爵的形制特征以及当时的习俗判断其非日常使用，又根据出土爵底部和内部的特点判断，其实为祭祀中用于歆、祼的礼器，流行时限可至西周晚期；除三足爵外，另有用于祭礼的瓒形爵以及稍后出现的雀形爵，因“爵”“雀”同音而进一步强调雀的形象；还有至南宋以后发展出便于使用的杯形爵。[24]王祁对尊卣配对组合的类型、演变及其所反映的礼制变化进行了讨论，探究了这种特殊铜器组合的文化内涵，认为从尊卣的演变来看，西周“礼制变革”是渐进的，另外，“卣”的起源可能在殷墟二期晚段或稍早时期，并且与提梁壶的关系密切。[25]黄益飞、刘佳佳对山西翼城大河口墓地M2002出土的霸姬盘铭文进行了考释，对水器组合的作器制度进行了讨论，并对霸姬盘铭文反映的事件起因、立誓与成誓过程进行了梳理，使西周誓制的面貌更加清晰。[26]汤毓赟对殷墟青铜容器的来源构成进行了研究，将墓葬铜器组合分为“单一来源型”和“多来源型”两类，通过追溯器物来源为探究来源背后的社会关系提供帮助，发现同墓青铜器的作器者、献器者不是单一的。[27]

研究者也关注到中原地区之外的区域。施劲松对成都平原先秦时期的墓葬、文化与社会进行了全面的考察，指出成都平原先秦时期的墓葬就其自身特点而言可以分为宝墩文化、三星堆与十二桥文化、春秋、战国等4个阶段，每个阶段富有自身的特色，从外界传入成都平原并深刻影响了当地文化与社会的并不限于器物和技术，更重要的是观念。[28]

科技分析方法在夏商周考古研究中依然发挥着重要的作用。北京大学考古文博学院与四川大学历史文化学院及湖南省文物考古研究所合作对湖南宁乡炭河里与望城高砂脊出土铜器的铅同位素进行了分析，对于两地铜器生产的背景得出了初步的认识，基本可以明确商人携带中原铜器到湘江流域的事实。[29]

《清华大学藏战国竹简》第九辑的出版掀起了出土文献研究的一个新热潮。[30]李守奎对《治政之道》篇的治政理念与文本的问题进行了探讨，着重强调了其中的“文威”“武威”等思想，并根据文本特征分析了作者国别、成文年代、论证结构、语言与思想特征等问题，指出其与《墨子》之间的关系。[31]贾连翔讨论了《成人》篇及有关先秦法律制度的问题，认为法制已是当时治理国家的核心手段；同时，《成人》在思想上与《吕刑》一脉相承，在一些文句的表述上也具有刻意模仿《吕刑》的特点，足见作者对《吕刑》的熟知和尊崇；篇中其他一些关于司法程序的规定可与出土文献中的司法文书，尤其是包山楚简相印证；该篇简文的发现必将对先秦法制史研究产生重大而深远的影响。[32]程浩则对《祷辞》篇与战国祷祀制度进行了探讨，对祷祀仪式中所告之神、所献之物、祷祀仪程等内容进行了辨析，指出该篇简文的发现一定会为早期祷祀制度的研究打开新的局面。[33]

五、汉唐时期考古发现与研究

墓葬是汉唐时期考古发掘和研究工作中的重点。北京市文物研究所对北京市大兴区三合庄东魏韩显度墓进行了发掘，发现东魏纪年墓一座，出土铭文砖及陶器碎片等遗物，为研究北京地区北朝墓的形制特点提供了重要标尺，同时也为研究古代移民路线问题提供了线索。[34]北京市文物考古研究所发表了2016—2017年对北京市通州区唐开成二年幽州潞县丞艾演墓的发掘简报，该墓圆形的墓葬形制应是直接继承了北朝东北部地区的做法，同时，该墓的资料明确定位了汉代路县县治的地理位置。[35]徐龙国对山东临淄山王村汉墓陪葬坑的布局、性质、年代及特点进行了研究，指出山王村陪葬坑的年代可早至西汉中期以前，性质为诸侯王墓陪葬坑，墓主为“七国之乱”以后的3位齐王之一，最可能是齐懿王刘寿。[36]

对汉唐时期墓葬出土的重要遗物进行历史学、美术史等方面的研究得到了学者们的关注。高崇文对马王堆汉墓T形帛画的名称、功用与寓意进行了探讨，认为马王堆汉墓所出T形帛画是墓主神灵所凭依之物，将其指认为遣策中所记的“非衣”是不合适的，其应是丧葬礼仪中所建的铭旌，以标识墓主神灵，用于整个丧葬礼仪的全过程，帛画内容乃是当时宇宙观、生死观、灵魂观和鬼神观相融会的综合体现，其寓意并非“引魂升天”。[37]田天对西汉遣策“偶人简”进行了研究，指出西汉前期的偶人简成为遣策中固定的组成部分，比例大幅上升，对偶人的描述也更为具体，西汉偶人简与同时期流行的“告地策”类文献有直接关系，二者组合，模仿现实中的户籍迁移文书，在这类随葬文本建构的世界中，死者在地下的生活，不只是简单的模拟，更是地上生活的延续。[38]耿硕与杨曼宁合作对南京石子冈南朝墓出土模印拼镶画像砖从技术角度进行了分析和整理，对M5所出画像砖进行了复原与比较，进而研究了墓砖的种类和原状，指出以“竹林七贤与荣启期”画像砖为重点，可从图像来源、刻制模具、印制墓砖和刻写编号、砌筑墓室等方面研究砖印壁画的制作和砌筑过程。[39]陈悦新对河北出土北朝隋唐石刻造像的佛衣类型进行了梳理，指出河北出土石刻造像中的覆肩袒右式和上衣搭肘式佛衣，受到北朝文化中心平城与洛阳的影响，露胸通肩式和通肩式佛衣受到南朝文化中心建康的影响，而中衣搭肘式佛衣，则是6世纪邺城作为中国北方的文化中心时所创制的独特的佛衣样式，其影响波及北朝后期东、西两地，唐代成为流行的佛衣类型，历经辽宋金直至明代，在汉地绵延千余年。[40]郑岩对唐代韩休墓壁画乐舞图的绘制过程进行了研究，指出在这幅壁画中所看到的是题材和画法的错误对接，由此导致了画面一改再改，混乱不堪；尽管如此，韩休墓乐舞图在结构和细节上，还是呈现了唐代同类壁画中最为华美绚丽的一种图式。[41]

城市考古和建筑考古是汉唐考古中另外两个热门领域。北京大学考古文博学院与山东省文物考古研究院、济南市考古研究所合作发掘的济南市章丘区东平陵城遗址铸造区的简报发表了夯土地基、熔铁炉及锻炉、烘范窑等铸造遗迹以及铁器、板材和铸范等与铸铁相关遗物的资料，为研究汉代的铁器生产及汉代东平陵城的城市布局提供了重要资料。[42]陈轩对东汉的束竹柱与瓦棱柱进行了梳理和讨论，指出这两种相近的建筑纹饰看似同源，却来自不同的文化背景，瓦棱纹与束竹纹在东汉晚期以及随后数百年的结合使用，体现了本土文化对于外来文化的兼容并蓄。[43]彭明浩对巩义石窟窟檐建筑遗迹及其年代进行了探讨，通过对巩义石窟外壁面建筑遗迹与补凿龛像空间关系的考察，结合遗留石刻文献，可推知石窟自北魏开凿以后，唐初进行了大范围改造，除补凿龛像外，还增建了窟檐与窟门；从窟檐建筑梁孔规格不一可以看出营造工程属于民间行为，与壁面补凿龛像的规模和题铭相符。[44]何岁利对唐大明宫“三朝五门”的布局进行了研究，指出考古新资料所揭示的唐大明宫内部以三道宫墙为框架，并形成外朝、中朝和内朝三朝区域格局，是唐代对于传统三朝五门礼制的新诠释，大明宫三朝五门布局的空间建构与唐王朝统治阶级的政治需求密不可分。[45]

另外，还有学者对长城进行了全新的探索。魏坚、孟燕云结合历史文献、实地考察、最新长城资源调查成果，重新阐明了泰常八年长城位于北魏六镇以南，基本沿用战国秦汉长城；太平真君七年畿上塞围采信“（平城）北线说”；太和年间六镇长城南线与太和长堑修筑方式一致，共同构成最北端的军事防线，说明北魏长城防线是随着其国力的增强而不断北移的。[46]

六、宋元明清时期考古发现与研究

2019年，辽金都城考古掀起了新的高潮。中国社会科学院考古研究所内蒙古第二工作队联合内蒙古文物考古研究所对内蒙古巴林左旗辽上京宫城南门遗址进行了发掘，根据建筑形制、营造次第和出土遗物等信息结合历史文献推知其应为《辽史》所载“承天门”，是研究辽上京城址布局沿革、都城制度、建筑技术等方面的重要资料。[47]董新林对辽上京规制和北宋东京模式进行了研究，指出唐朝以后中国古代都城制度出现“辽上京规制”和“北宋东京模式”两套系统，前者反映了北方少数民族统治者“因俗而治”的政治制度，而后者突出汉族帝国“皇权至上”的统治思想。[48]

中国社会科学院考古研究所与澳门特别行政区政府文化局合作在澳门圣保禄学院遗址进行的发掘工作是内地与澳门第一次合作进行的考古发掘，工作中对于澳门早期建筑组群平面布局、明末清初陶瓷器和建筑材料的认识，都对澳门历史的研究有所裨益，特别是大量出土的“克拉克”类型青花瓷器，对于研究中葡贸易史、中外文化交流，以及澳门在东亚地区乃至全球贸易体系中的重要地位都具有重要价值，为中国外销瓷、海上陶瓷之路的研究提供了重要物证。[49]

建筑考古和石窟寺考古依旧是宋元考古研究中最活跃的分支之一。北京大学考古文博学院联合山西省古建筑保护研究所及高平市文物局对山西高平南赵庄二仙庙大殿进行了考察和测绘，对该庙的历史沿革、大殿现状进行了描述，综合碑文记载、建筑结构形制和碳十四测年，辨析了各主体构造的年代，指出该庙的发现对研究地方信仰传播、村落组织结构及区域社会历史有重要意义。[50]中国社会科学院考古研究所边疆民族考古研究室联合吐鲁番学研究院对新疆鄯善县吐峪沟西区中部回鹘佛寺进行了发掘，清理出包括佛堂、僧房和储藏设施等在内的地面佛寺遗址，遗址年代为10世纪后半叶—14世纪后期的高昌回鹘时期，对认识西州回鹘时期佛教石窟寺院营建中心的分布、回鹘佛教石窟寺院的图像构成十分重要。[51]

学者对于宋元明清时期出土遗物的研究有了新的进展。王珊等学者对辽代庆州白塔佛经用纸进行了科技检测，对佛经印刷问题进行了探讨，指出与应县木塔和天宫寺塔相比，庆州白塔的建成时间更早，发现的印经数量更大，研究价值巨大。[52]周静对川渝地区明墓谷仓罐的出土情况、类型、分期及年代、来源等问题进行了梳理，指出川渝地区明墓出土的谷仓罐与宋元两湖地区所发现者有密切关系；其随葬方式具有程式化的特点，说明谷仓罐在川渝地区的出现应是葬俗传播的结果；谷仓罐空间分布重心存在自东向西的转移，且多沿长江及其支流分布，或许与移民迁入路线有关；基本可以确定明代川渝地区出现的谷仓罐，应是明代“湖广填四川”移民活动的产物。[53]

七、中外文化交流考古发现与研究

曲彤丽和陈宥成在欧亚大陆的视野下对旧石器时代晚期至新石器时代中期欧洲、西亚及中国境内的雕塑进行了探讨，通过揭示雕塑的出现和变化过程以及区域特征来了解史前社会与文化的发展，指出新石器时代欧亚大陆西部雕塑数量呈现明显增加的趋势，与此同时欧亚大陆东部雕塑也开始出现，这些变化与新的生活方式、社会关系的复杂化及文化交流密切相关，蕴含新的含义。[54]王鹏对周原遗址青铜轮牙马车与东西文化交流的课题进行了研究，指出公元前3千纪末—公元前2千纪初，西亚地区车辆上的青铜轮牙和实心二轮车辆经中亚地区传入草原地带，随着印欧人向东的扩张，双轮轻便马车开始东传，大致在殷墟文化二期，家马和马车大量出现在我国中原地区，而周原遗址出土的青铜轮牙马车直接继承殷商的传统。[55]

对宗教的研究往往重视中外文化交流的背景。沈睿文对中古中国的祆教信仰与丧葬问题进行了论述，对极具代表性的相关墓葬材料进行了综合研究，同时对中古中国的粟特胡及其后裔的宗教信仰和丧葬形式进行了系统梳理。在此基础上，新甄辨出太原金胜村唐墓以及固原南塬墓葬中的粟特、祆教元素，总结出中古中国粟特胡的祆教信仰内容和丧葬形式及其演变，大大加深了相关问题的认识，丰富了我们对中古中国粟特裔祆教徒的理解。[56]

八、外国考古发现与研究

2011年5—6月和9—10月，中国国家博物馆与西北大学丝绸之路文化遗产保护与考古学研究中心及陕西省考古研究院组织联合考察队，先后对塔吉克斯坦和乌兹别克斯坦两个中亚国家的24个重要文化遗产点和13个博物馆进行了考察，2019年发表的简报主要介绍了泽拉夫善河流域、瓦赫什盆地发现的粟特时期城址和佛教寺院遗址，为了解该时期中亚地区的粟特文化及区域间的文化交流提供了重要资料。[57]

2012年起，中国社会科学院考古所与乌兹别克斯坦科学院考古所合作组成中乌联合考古队，在帕米尔高原西侧的费尔干纳盆地先后8次对明铁佩古城遗址进行考古发掘工作，逐渐揭开了这座古城的“神秘面纱”，获取了一大批重要考古资料如陶器、骨骼等，双方一致认为明铁佩古城是公元前后费尔干纳盆地里面积最大的一座城池，而且极有可能和中国文献资料中记载的大宛国国都有关系。[58]

注：

①《“苏秉琦与中国考古学：反思与展望”学术研讨会在北京大学举行》，“北京大学考古文博学院”微信公众号，2019年10月12日。

②十大考古办公室：《2019年度全国十大考古新发现结果公布》，“文博中国”微信公众号，2020年5月5日。

③《2019年中国考古新发现》，《人民日报》，2020年1月11日。

④《丹江口水库湖北库区水下考古调查简报》，《文物》，2019年第12期。

⑤《谁之学派，何种考古学？——20世纪90年代俞伟超与张忠培先生之争的语境再释》，《古代文明》(辑刊)，2019年第13卷。

⑥《中国考古学研究的范式与范式变迁》，《中国社会科学》，2019年第2期。

⑦《遗产价值的若干问题——遗产价值的本质、属性、结构、类型和评价》，《中国文化遗产》，2019年第1期。

⑧《广东英德市青塘遗址》，《考古》，2019年第7期。

⑨《河北阳原县西白马营旧石器时代遗址2015年试掘简报》，《考古》，2019年第10期。

⑩《试论“水平层”与旧石器时代遗址考古发掘方法》，《考古》，2019年第1期。

⑪《华北晚更新世的石片石器》，《人类学学报》，2019年第4期。

⑫《中国北方的细石叶技术与社会组织复杂化早期进程》，《考古》，2019年第9期。

⑬《试论华南地区的凹石》，《考古》，2019 年第 8 期。

⑭《湖北沙洋县城河新石器时代遗址王家塝墓地》，《考古》，2019 年第 7 期。

⑮《浙江宁波市下王渡遗址方桥发掘区 2017 年发掘简报》，《考古》，2019 年第 9 期。

⑯《山东莒县薄板台遗址的调查、勘探与试掘》，《考古》，2019 年第 12 期。

⑰《区域、社会与中国文明起源：国家科技支撑计划课题“中华文明起源过程中区域聚落与居民研究”成果集》，科学出版社，2019 年版。

⑱《红山文化弯板状玉臂饰研究》，《文物》，2019 年第 8 期。

⑲《河南偃师市偃师商城宫城祭祀 D 区发掘简报》，《考古》，2019 年第 11 期。

⑳《河南安阳市殷墟豫北纱厂地点 2011～2014 年发掘简报》，《考古》，2019 年第 3 期。

㉑《安阳殷墟大司空村东南地 2015～2016 年发掘报告》，《考古学报》，2019 年第 4 期。

㉒《论殷墟手工业布局及其源流》，《考古》，2019 年第 6 期。

㉓《试析西周早期社会青铜工业生产机制——以湖北随州叶家山墓地出土铜器为中心》，《文物》，2019 年第 5 期。

㉔《说爵》，《文物》，2019 年第 5 期。

㉕《商周铜尊卣配对组合研究》，《考古》，2019 年第 3 期。

㉖《霸姬盘铭文与西周誓制》，《考古》，2019 年第 3 期。

㉗《试论殷墟墓葬青铜容器的来源“构成”》，《考古》，2019 年第 5 期。

㉘《成都平原先秦时期的墓葬、文化与社会》，《考古》，2019 年第 4 期。

㉙《湖南宁乡炭河里与望城高砂脊出土铜器的铅同位素分析及相关问题》，《考古》，2019 年第 2 期。

㉚清华大学出土文献研究与保护中心：《清华大学藏战国竹简(玖)》，中西书局，2019 年版。

㉛《清华简〈治政之道〉的治政理念与文本的几个问题》，《文物》，2019 年第 9 期。

㉜《清华简〈成人〉及有关先秦法律制度》，《文物》，2019 年第 9 期。

㉝《清华简〈祷辞〉与战国祷祀制度》，《文物》，2019 年第 9 期。

㉞《北京市大兴区三合庄东魏韩显度墓》，《考古》，2019 年第 9 期。

㉟《北京市通州区唐开成二年幽州潞县丞艾演墓》，《考古》，2019 年第 2 期。

㊱《山东临淄山王村汉墓陪葬坑的几个问题》，《考古》，2019 年第 9 期。

㊲《非衣乎？铭旌乎？——论马王堆汉墓 T 形帛画的名称、功用与寓意》，《中原文化研究》，2019 年第 3 期。

㊳《西汉遣策“偶人简”研究》，《文物》，2019 年第 6 期。

㊴《试论南京石子冈南朝墓出土模印拼镶画像砖的相关问题》，《考古》，2019 年第 4 期。

㊵《河北出土北朝隋唐石刻造像的佛衣类型》，《文物》，2019 年第 4 期。

㊶《试析唐代韩休墓壁画乐舞图的绘制过程》，《文物》，2019 年第 1 期。

㊷《济南市章丘区东平陵城遗址铸造区 2009 年发掘简报》，《考古》，2019 年第 11 期。

㊸《东汉束竹柱与瓦棱柱的初步研究》，《考古》，2019 年第 5 期。

㊹《巩义石窟窟檐建筑遗迹及其年代》，《文物》，2019 年第 12 期。

㊺《唐大明宫“三朝五门”布局的考古学观察》，《考古》，2019 年第 5 期。

㊻《北魏长城考辨》，《文物》，2019 年第 7 期。

㊼《内蒙古巴林左旗辽上京宫城南门遗址发掘简报》，《考古》，2019 年第 5 期。

㊽《辽上京规制和北宋东京模式》，《考古》，2019 年第 5 期。

㊾《澳门圣保禄学院遗址 2010—2012 年发掘报告》，《考古学报》，2019 年第 4 期。

㊿《山西高平南赵庄二仙庙大殿调查简报》，《文物》，2019 年第 11 期。

51《新疆鄯善县吐峪沟西区中部回鹘佛寺发掘简报》，《考古》，2019 年第 4 期。

52《辽代庆州白塔佛经用纸与印刷的初步研究》，《文物》，2019 年第 2 期。

53《川渝地区明墓出土谷仓罐研究》，《考古》，2019 年第 12 期。

54《欧亚大陆视野下的史前早期雕塑》，《考古》，2019 年第 10 期。

55《周原遗址青铜轮牙马车与东西文化交流》，

《考古》，2019年第2期。

㊻《中古中国祆教信仰与丧葬》，上海古籍出版社，2019年版。

㊼《塔吉克斯坦、乌兹别克斯坦考古调查——粟特时期》，《文物》，2019年第1期。

㊽蔡国栋：《中乌考古学者揭开中亚传奇古城“神秘面纱”》，新华网，2019年11月1日。

（作者：张天宇，北京大学博士生；高崇文，北京大学教授）

语言学

中国语言学

余德江　鲁方昕　王春茵　何治春　陈晓蓓　陈保亚

本文从语音、词汇句法、汉语方言、汉语史、民族语5个方面介绍2019年北京市语言学学科的研究成果。

一、语音

语音学的发展伴随着技术手段的更新，以及随之而来的方法论进步，最终又立足和回归于语言学本体，不断积累语料数据，深化理论创新。在研究对象和范围上，也体现出了视野的广度与跨学科优势。主要成果集中在以下几方面：

声学分析与感知实验相结合是当前语音学研究的一大主流；其应用领域涵盖汉语及各民族语、外语的语音现象，也在语言习得研究中大有可为，特别是二语习得中的感知和迁移过程。

我国有丰富的民族语资源，包含复杂多样的发声类型、声调、音类等等，还有诸多未能准确定性的语音特征，要进行精准的描写与分析，还需借助实验语音学、认知音位学等方法。陆尧、孔江平运用声学和感知方法对载瓦语声调进行研究，合成样本进行了识别和区分实验，发现基频、发声类型对声调感知都有一定的贡献，且当发声类型缺失时，被试会出现“基频感知中立”[①]。刘文、汪锋、孔江平研究了北五里桥白语声调的发声及变异，使用开商、速度商、时长参数构成三维声学发声空间，分析了T1和T6、T3和T5两组声调的对立基础。在发声类型上，T3均是高音调嗓音，T6发音人之间存在个体差异，有气嗓音和紧嗓音两种。另外，时长也是声调描写的一个重要维度[②]。唐留芳、牟飘飘探讨了安顺大硐口苗语的上（T3）、常（T1/T2/T5/T7）、下（T4/T6/T8）三域八调的声调系统，还综合参考语图表现和声学参数，进一步明确了上述调类的发声态[③]。呼和提出了“语音声学空间分布类型”的概念，基于这一框架，比较了蒙古语、维吾尔语和鄂温克语词首音节短元音系统声学空间分布的相似度，对于语言类型学、历史语言学等有一定的意义和贡献[④]。

普通话及各汉语方言的语音学研究也有一定进展。邓丹从感知角度对普通话轻声的感知特性加以分析，指出音高和音长都会对轻声的感知产生影响，作用强度由强到弱的排序为：调型>音长>起点音高。从轻声与非轻声组合的调型相似度来看，相异组合更容易受到音高影响，而相似组合受音长的作用更为显著[⑤]。曹冲、张劲松通过3个汉语普通话鼻韵尾感知实验，得出结论：鼻韵母音节知觉难度排序为/i/组>/ə/组>/a/组；其中/i/组和/ə/组的范畴感知边界非常接近，与/a/组差异显著；最终得出结论：元音和鼻音尾在鼻韵母感知过程中的信息加工模式属于整合型，即二者出现了相互干扰的效应[⑥]。陈六君等设计了汉语方言语音差异的量化模型，用21个特征来刻画一个汉字音节[⑦]。

除了对各音段性音类、音位的分析，在语调韵律、超音段特征等方面也与实验方法相结合，取得了一定的进展。汉语普通话及各方言作为有声调语言，颇具研究价值。李蓝调查了甘肃红古方言的单字调和双字调，对其中较为独特的串调现象、复杂多变的连读模式加以描写，指出红古方言并无轻声；区分“概念调”和“真实调”，在此基础上探讨了各方言之间的历史演变关系[8]。轻声的研究近年来热度不减。黄靖雯、石锋对比北京话轻声陈述句和轻声音节的音高、音长、音强三要素，发现句末字存在调域扩展，从正常重音到完全轻声之间存在一个连续统，且在语流中的表现和孤立单念时不同[9]。于梦晓总结了普通话轻声性质及声学关联物的研究成果，指出音高和音长是主要声学关联物，其中音高因素更为关键，且音高点的高低、调型的曲拱都对感知有重要作用；此外，还思考了轻声与音节响度之间的关联[10]。在方言语音的分析上，翟占国、张维佳总结了西北官话中16个仅有两个单字调的方言点的情况，根据拱度模式可分为平升型、降升型、平降型3种，并用实验语音学方法加以佐证[11]。

跨语言比较、二语习得等领域也取得了累累硕果。邓丹、朱琳比较了欧洲汉语学习者与汉语母语者轻声的感知和产出情况，结果表明：对母语者而言，音高和音长都会影响轻声感知，且音高作用大于音长；而对非母语者而言，音长起主要作用。在产出上，音高偏误包括非轻声音节声调偏误和轻声音节调型偏误；而音长偏误主要表现为音长缩短幅度变小[12]。王玮、张劲松着重解决中介语语音库构建中的文本方案问题，采用单音节、音韵平衡双音节文本，还包含了覆盖音段、声调、调联三音子的句子集合，借助收集到的丰富的汉语中介语语料，可更好地支持语音习得、计算机辅助教学等方面的研究[13]。

新技术的运用为语音学及相关领域的发展开拓了更广阔的空间。吴西愉系统介绍了4类语音观测设备——磁共振成像、超声、电磁发音仪和电子腭位仪，并分别评述了这些设备的技术原理、研究数据、适用范围和各自的优点与不足。可为未来少数民族语言、濒危语言的保存和研究提供数据基础[14]。林茂灿结合大规模语料与AI技术，提出了利用语音合成、人工智能技术记录濒危语言；具体而言，语言学家对语言数据进行标注，包括语音、句法、篇章结构等，再通过智能语音合成系统进行合成验证，进一步提高合成的自然度[15]。

病理语言学相关的语音研究也受到了越来越多的关注。宝音、呼和考察了蒙古族唇腭裂患者术后的元音鼻化度，发现其数值比正常成年人的高，且范围更大；元音舌位的高低特征与内在鼻化度之间存在正相关[16]。

二、句法语义

本年度句法语义领域产出依然较多，热点主要集中在语用以及互动语言学研究、语言类型学、语言的认知研究等。此外，汉语的韵律问题、语言的设计特征、汉语的时范畴、语言的功能分类也有相应的文章讨论。

在过去的几年中，语用以及互动语言学研究一直是汉语语法研究的热门，互动研究十分注重口语语料，同时注重交流中听话人、说话人之间的互动关系以及语境的作用，该领域的研究对象一般比较具体。崔希亮讨论了汉语中句末语气词“嘛”的功能，文章指出“嘛”有两种基本功能：话题标记和情态意义[17]。方梅从语用层面分析了汉语中的无定NP主语句（最常见的是一+量+名结构作主语），指出需要区分两类无定主语：个体性指称与类指性指称[18]。完权从互动的视角讨论了人称代词移指的问题。文章使用自然坐标系与话语坐标系的概念，说明移指发生在话语双方在不同坐标系转换的结果。相比于前人移情的分析，这种分析要更为具体[19]。徐晶凝分析了汉语中的追补句，系统地梳理了追补句的各种类型以及特征，指出追补句的形成同时受句法机制以及信息传递机制的双方面制约[20]。丁健综述了过去一段时间国际上关于“交互主观性”的研究，分析了“交互主观性”的概念内涵、分类以及主要理论假说[21]。宋作艳借助百度指数对2006年年度新词进行了个案研究，将搜索指数曲线分为凸起型、下降型、上升型3类，以此探究语言与社会的共变[22]。

类型学领域的研究主要涉及库藏裂变、名词的时体范畴、格范畴的蕴涵等级等问题。刘丹青在库藏类型学的框架下，从音系、词汇、句式等不同层面进一步阐释了库藏裂变的概念[23]。王灿龙综述了国外对于名词时体范畴的研究。文中所提的时范畴在世界语言中并不多见，而体范畴类似于先前认知语言学中“有界”与“无界”的分析[24]。近年来名词时体范畴的研究逐渐增多，也有一些争议，但这些研究对我们认识世界语言以及思考汉语的特征无疑是有帮助的。除了时体范畴，名词格范畴也有跨语言的研究。鲁方昕、陈保亚等讨论了世界语言中不同的格的优先度问题。通过分析近300种语言的格系统，文章得出了一条新的格序列（蕴涵等级），即主格〉宾格/施格〉属格〉与格〉地点格/离格〉工具格〉向格〉伴随格〉其他。

认知语言学的研究主要涉及构式语法、复合形容词的构词、名词语义类型、语言的隐喻性等问题。施春宏以汉语的把字句为例讨论了构式语法框架下句式意义分析的方法。尹会霞考察了汉语中的复合形容词的隐喻模式，指出跨属性的AA类复合形容词（如“轻松”）在隐喻上比同属性的AA类（如“肥胖”）更容易发生隐喻，同时，跨属性AA类复合词是不对称的，比如，有“高深”但无“低浅”[25]。李强、袁毓林立足于生成词库理论，研究了动名复合词、名名复合词的语义结构，还指出了部分复合名词和合成类名词的词典释义的不足之处[26]。曾静涵、袁毓林以“白”为例，考察了现代汉语中隐性否定副词的语义和语用功能，将共时与历时层面相结合，分析了“白”在各历史层面上的语义演变情况及其背后的机制[27]。袁毓林探讨了语言的属性与语言学研究之间的关系，文中指出现代语言学过于注重堆砌理论，而忽视了语言事实。作者以形式语言学中的“语壳”“轻动词”等概念举例，指出这些理论过于执着句法语义同态以及意义的组合性两条原理，进而导致对一些现象的解释牵强或者多余。文章认为语言的本质在于隐喻，因此形式与意义之间并不完全对应[28]。

两篇论文涉及了汉语中的韵律问题，尤其是四言格的问题，沈家煊指出四言格在汉语中极为常见，是汉语语法的基本格式[29]。周韧则主要讨论了汉语中双音节与四音节的对立[30]。陈保亚、余德江讨论了霍凯特的语言设计特征，文中指出易境性与还原生成性是人类语言区别于动物交流系统的重要特征[31]。朴珉娥、袁毓林讨论了汉语的时态问题，文章认为汉语是一种介于时态语言与无时态语言之间的“半时态语言”[32]。李宇明、王春辉提出了从功能视角对世界语言分类的方案[33]。这里的“功能”主要指语言的工具功能以及文化功能，这种分类的意义更多在于国家语言政策的制定。

三、汉语方言

语音演变机制是方言研究关注的一个重点。赵彤结合汉语语音史讨论了王士元（1969）列举的4种语言演变模式问题，认为除“语音渐变、词汇突变”“语音突变、词汇渐变”外，其他两种演变模式也是存在的[34]。实际上这当中涉及观察的时间尺度问题，所谓突变只是在大时间尺度上的观察，语音上是否连续性，取决于我们对语音细节有多深的认识。孙伯君讨论了汉语北方话的“番式”变读，提醒学界注意民族语对汉语的共时变读与汉语的历史演化之间的区别，以及“番式”变读与历史演化层次之间的区别[35]。实际上，从语言接触的角度看，所谓的“番式”变读就是汉语民族方言，文中译语中的所谓增音、减音问题就是接触中汉语与少数民族的匹配问题。陈六君等人从声母、韵母和声调是哪个方面对汉语方言的语音特征进行了量化，以此度量与方言在地区之间的差异，特别是同一个字在不同方言中的语音差异[36]。

声调和变调研究也有一些成果。谢留文等讨论了江西吉水方言的变调，指出在某些条件下吉水方言的前字调会变为高降调和高升调，发生变调的词以名词为主[37]。翟占国等讨论了西北官话中的两声调方言，认为根据中古声调对应情况和拱度模式可分为4种和3种类型，并根据自己的调查讨论了西北方言四声调〉三声调〉两声调的演化模式[38]。

儿化问题的研究也继续得到推进。邵燕梅等讨论了山东沂水方言的儿化，指出沂水的儿化不但有向韵尾、韵腹传导的倾向，部分儿化甚至会引起声母的改变[39]。沈明讨论了晋语中儿化在某些词中的残存情况，指出某些亲属、动物、时间类词后的鼻音原本为儿化，后来发生了合音和语音磨损，今天已经意识不到里面有“儿”的存在[40]。韵尾方面，张爱云讨论了“深臻曾梗”四摄鼻韵尾分混表现南北不同，南方往往相混，而北方方言则从分，并在宋代大致定型。北方方言从分的现象最早来自金元时期的幽燕方言，而南方相混的现象主要源自中原官话，并随着通语地位扩展开[41]。

声母方面，夏俐萍讨论了汉语方言“浊音清化”发生在“浊上变去”之后，据此作者认为粤语、湘语、平话中浊上字在清化后的送气与不送气之别，是后起的结果，而非古全浊上声字为送气浊音的表现[42]。李蓝讨论了甘肃秦安方言的声母特点，包括有五套塞擦音、知系声母三分、古全浊仄声白读送气、端组读［ts］、疑母读［k］等重要现象[43]。

覃远雄比较了广西平乐、钟山等地的“本地话”与周围平话、粤语的差异，认为“本地话”中与桂北平话相同的特征是晚近演变造成的，其早期应该是一种勾漏片粤语[44]。麦耘考察了广州方言中的“涿”［tok55］，认为此字应是“豚”，表示“臀部”之义，后转用为这个部位的排泄物的量词，最后引申为其他排泄物，如口水、痰等的量词[45]。

在方言语法方面，杨永龙讨论了甘青河湟话的形成原因，认为河湟话是早期操SOV型语言的母语者在转用汉语后母语在汉语中的遗留[46]。赵绿原讨论了青海民和甘沟话的致使结构，指出甘沟话的致使结构主要有两类：形态型和分析型，前者用“给”标记表示，后者用“说”。同当地的土族语比较后，作者认为致使标记"给"的来源与土族语中的-gha-，是接触的结果[47]。唐正大将以往零散讨论的人称代词及其包括性、排他、旁称等融合到同盟性和威权性的参项下去考察，在认识上比以往更为深入[48]。吴福祥等讨论了汉语方言介词"趁"的多功能性和语义演变问题，认为汉语"趁"从最早的"追逐"义，演变为表示"时间原点"[49]。陈伟蓉、吴福祥等讨论了闽南方言"共"和"合"的多功能性，结果表明：二者不是简单的替换关系，而是由自己的词汇来源和演变路线[50]。这类方言的多功能研究，就共时描写来说其价值是不可辩驳的，但这些研究最后或多或少都转向语义演变的讨论，这种讨论必须要基于对方言文字的详细考证，否则演变链条就容易失据。荣晶等根据《汉语方言地图集》的材料，对汉语完成体标记的出现环境进行了描写，总结出汉语方言完成体标记有5种重要来源。文中对汉语方言完成体的归纳较为全面[51]。刘丹青讨论了吴江同里话与英语 if 相对应的"如果"的31种对应形式[52]。这种对一种语言某种范畴表达的穷尽性的讨论非常重要。他提供了该类范畴演变的"库藏"选项。此外，作者还讨论了吴江同里话"到"的多功能性及演变路径，即"到"从趋向动词到条件标记，在到"主观大量"的演变[53]。作者的研究基于大量的自然语料分析，方法值得提倡。项开喜分析安徽枞阳方言的疑问副词"么事"与"么话"，发现二者在使用上的差异与事件或行为的自主与否有关，在功能上也有差异[54]。

另外，方言词汇的语源及历史演变也得到了一定的研究，倪志佳结合历史文献材料，讨论了"伢"这一方言词的来源和发展历程，印证了关注方言词汇历史层次的重要性[55]。

总的来说，汉语方言研究取得了较多的成果。不过从理论方法看，还有可提升的空间，尤其是对于目前正在发生的方言之间、方言与普通话之间的语言接触等现象关注度不够，尚未充分意识到该领域研究的重要价值。

四、汉语史

语料的使用问题得到强调。语料是汉语史研究的基础，针对语料的选取、使用问题，蒋绍愚在辨析"口语、书面语、文言、白话、语体"等汉语史基本概念的基础上，提出了"两种说话方式"，把历史文献中的文白混杂分为4种类型，进而对汉语史（尤其是中古、近代汉语）研究中如何选择和使用语料给出了建设性的意见[56]。蒋绍愚还从古汉语辞书编纂的角度出发，从注音、释义和义项、书证3个方面讨论了语料的运用问题[57]。

建立在新材料基础上的研究成果颇丰。王志平以《荀子》现存古文沠、屮、滄三字为例，利用现有的古文字学知识，与战国、秦汉文字比对，找出了沠（流）、屮（艸）、滄（寒）等字的古文字来源，并以辨别这些时间、地域明确的标志性字词来帮助弄清《荀子》有关篇章成书的时代和地域[58]。胡敕瑞结合秦汉简帛文字相混的例证，校订传世典籍中因隶书形近而导致的4种讹误，即漫与濘相误、布与蚤相误、七与十相误、带与舞相误，研究指出这些讹误很有可能发生在隶书通行的时代，结论具有构建校勘年代学的意义[59]。孙玉文从出土文献和长的韵段的角度进一步系统论证了上古汉语的声调有五调的观点，认为上古除了有平声、上声、短入（即有人所谓入声），还有去声和长入两个调类[60]。徐朝东通过对敦煌文书中的韵文、非佛经音义等语音材料的研究，指出一系列在唐五代西北地区出现新的语音现象：全浊声母普遍清化、非敷奉不分、泥娘母不分、知照组合流、精见组声母有腭化现象、零声母已经产生、鱼韵读入支微韵、鼻韵尾已显出了消失的迹象、入声尾开始弱化且与阴声韵相混、平声与去声调相近等[61]。

除了扎实的个案研究之外，研究方法和理论探讨也成为亮点。赵彤从汉语史材料出发讨论音变问题，提出音变过程除了新语法学派主张的"语音渐变、词汇突变"和词汇扩散说主张的"语音突变、词汇渐变"两种模式以外，还存在"语音渐变、词汇也渐变"和"语音突变、词汇也突变"两种模式[62]。庄卉洁、张美兰对近20年来的汉语常用动词历时演变研究成果进行了综述，在此基础上总结常用动词历时演变的规律，并就当前学界汉语常用词的研究方法及不足等提出了一些意见和建议[63]。吴福祥讨论了语义演变与词汇演变的概念内涵及其相互关系，主要观点是：（1）语义演变指的是义位的增加（添加新义）或消失（丢失旧义），而非某个义位本身的改变；（2）词汇演变主要是指词汇单位的产生、更替、消亡以及词汇系统或词库结构的变迁；（3）语义演变有时会引发词汇演变，反之亦然[64]。孙玉文结合先秦便存在的对偶句、排比句的规律，对以往古汉语研究中一些误读、误解现象加以纠正，主张推动语言和文学相结合的研究[65]。

词汇的历史演变也受到了一定重视，蒋绍愚探究了"开—关"概念场中词汇的历时替换以及词义演变，对其途径和背后机制加以阐释[66]。虚词及其相关结构的研究更为集中。朱冠明从“是”和“此”在中古以后的消长出发，讨论唐代始见于文献的近指代词“這”的来源。文章从语法功能和语音变化两方面论证“這”是一种“伪新形式”，来自中古以前常见的近指代词“是”促化后的“適”，中古以后它在北方方言中演变为“這”而在南方方言中发展为“底”[67]。姜南利用中古译经及梵汉对勘材料，厘清了汉语史上先后产生又共存于中古的“见笑方家”、“慈父见背”和“人见断绝”几个“见”字式间的关系，认为它们的相继出现与汉语受事主语句的发展合流，而前附于动词的“见”字，其意义虽渐趋虚泛，但作为语态标记的性质未变[68]。张赪考察了明清时期“来”构成的目的结构“来 VP”和“把 NP 来 VP”的语法意义及历时演变过程，根据动作发生时是否有位移、动作是否发生将“来 VP”和“把/将 NP 来 VP”两类结构的语法意义分为 3 类进行描写，并联系前后历史时期描写其来源与发展。文章同时辨析了“VP 来主、”VP1 来 VP2“结构，指出它们都不是目的结构[69]。

关于语法范畴和句法语篇的讨论主题更为丰富多样。董秀芳、郝琦研究了汉语在量化表达方面发生的从综合到分析的变化，文章比较全面地描写和分析了上古汉语“莫、靡、或、罔”等量化代词的表达方式和特点，指出了这批代词消失的时间，并分析这类代词的现代汉语对应形式的结构特点，认为其系统性的消失反映了汉语的量化表达从以单语素的量化代词为主到量化算子和描述性内容分立表达的变化过程，而这一变化符合汉语从综合到分析的演变大趋势[70]。宋亚云基于变价的视角分析了古汉语动词的两种“他动词化”趋势，并分别探讨了语义价与语法价的变化情况[71]。徐式婧从历时研究视角出发，对汉语原因句和目的句在语序和关联标记两个方面的演变过程进行考察，并以此为基础，深入讨论原因句与目的句在不同历史阶段的发展共性与差异，探寻各自的演变路径及其演变动因[72]。赵长才以东汉 29 种和魏晋南北朝 65 种汉译佛经为基本语料，考察中古译经里叹词和应答引导语的使用情况，并与同期本土文献比较，尝试建立中古译经里叹词和应答引导语的表达系统，并对上古到中古叹词和应答引导语的变化趋势及原因进行了探讨[73]。

五、民族语研究

民族语言研究有 3 个主要方向：一是对各民族语基本面貌进行调查、描写，二是在民族语方言描写的基础上进行历史比较和原始语重构，三是对民族语和汉语的接触现象进行研究。

民族语调查描写方面取得一定的实绩。例如刘文等对白语北五里桥方言的语音、词类和语法进行了描写[74]；洪波等对泰语句末小品词进行了梳理，归纳出 4 个类别[75]；杨将领对独龙语孔当话的状貌词进行了专门的分析[76]；姜静对彝语山苏话存在类动词的类别、用法和句法特征进行了描写[77]；朱艳华对载瓦语的容器工具格标记［mai31］进行了描写，并分析了其功能扩展的路径[78]。描写是进一步研究的基础，目前对民族语调查描写的兴趣主要集中在语法专项上。在语音描写方面，除了传统的音系归纳研究，结合实验语音学进行专项分析也是研究的一个重点，例如刘文等对五里桥白语声调的发声和变异开展了实验研究[79]；陆尧等对载瓦语的声调进行了感知实验研究[80]。感知实验、社会变异等方面的研究将加深民族语描写和分析的深度，揭示更多微观的机制。

民族语的历史语言学研究有较好的推进。陈保亚、袁琳研究了原始蒙古语中塞擦音声母/ ＊$tʃ^h$/和/ ＊tʃ/的分化时间与路径，指出其分化时间不晚于 19 世纪，是多元化规则（the Rule of Diversification）和断裂规则（the Rule of Fracture）竞争的结果[81]。李锦芳等对仡佬语多罗方言进行了语音、词汇、句法等方面的比较分析[82]；李子鹤在对纳西方言进行调查比较的基础上，重构了原始纳西语带辅音韵尾的韵母[83]；刘文重构了原始瑶语声母并探讨了瑶汉语源关系[84]。在理论方面的探索也取得了一定的进展，汪锋讨论了原始白语重构对探讨初始汉语形成机制的启发[85]；陈保亚、余德江系统地回顾了汉藏语语源关系研究中的方法，提出了一个基本的汉藏语谱系结构[86]。音位功能与语言演变的关系得到了重视，孔江平基于音位功能负担的计算讨论了声调演化的问题[87]；陈其光讨论了音位功能强弱和音位演变可能性之间的关系，认为音位功能越强，发生演变的可能性越低[88]；音位功能负担的探讨对讨论具体音类的产生、演化机制是十分有益的。总的来看，关于民族语历史语言学方面的理论探讨新意不多。结合基因、考古等学科进行跨学科探索，是研究的一个取向，例如杨海潮结合云南案例所做的基因、语言和人群关系的探讨[89]。跨学科研究是民族语历史语言学研究的他山之石，深入扎实地揭示语言演化的具体微观机制才是语言学家应该着重关注的镇宅之宝。

在民族语研究中兼具接触视野是十分难得的。过去一年在这方面取得的研究成绩比较少，这主要是由于两个原因导致的：一是民族语接触研究难度较大，需要对民族语有比较深入的追踪描写，同时为了比较清晰地揭示语言接触带来的语言演变，还需要具备坚实的历史比较研究；二是对民族语接触以及民族语和汉语方言、普通话的接触重视不足，这一类接触现象是目前正在发生的、可观察微观机制的现象，对研究者而言是一个难得的研究窗口。

重要图书出版方面，由于语言保护工程的推动，2019 年由商务印书馆出版了《中国濒危语言志》丛书 30 册，该丛书记录了 30 种中国境内的濒危语言，是民族语学者积数年之功取得的重要成果。学术会议方面，2019 年 11 月在华东师范大学召开第 11 届演化语言学国际研讨会。

注：

① 陆尧、孔江平：《载瓦语声调的声学及感知研究》，《民族语文》，2019 年第 1 期。

② 刘文、汪锋、孔江平：《北五里桥白语声调的发声及变异研究》，《当代语言学》，2019 年第 1 期。

③ 唐留芳、牟飘飘：《安顺大硐口苗语的三域声调系统》，《民族语文》，2019 年第 2 期。

④ 呼和：《语音声学空间分布类型初探》，《民族语文》，2019 年第 4 期。

⑤ 邓丹：《普通话轻声感知特性再分析》，《语言文字应用》，2019 年第 1 期。

⑥ 曹冲、张劲松：《鼻韵母元音对汉语普通话鼻韵母感知的影响》，《语言教学与研究》，2019 年第 3 期。

⑦ 陈六君、孙如月、刘艳等：《汉语方言语音差异的量化模型》，《北京师范大学学报（社会科学版）》，2019 年第 2 期。

⑧ 李蓝：《甘肃红古方言的单字调与连读调r——兼论甘肃汉语方言的连读调》，《语文研究》，2018 年第 1 期。

⑨ 黄靖雯：《汉语轻声音节韵律表现的多样性》，《语言文字应用》，2019 年第 1 期。

⑩ 于梦晓：《普通话轻声的性质与声学关联物研究综述》，《科教文汇》，2019 年第 4 期。

⑪翟占国、张维佳：《西北官话中的两声调方言》，《民族语文》，2019 年第 2 期。

⑫邓丹、朱琳：《二语学习者汉语普通话轻声的感知与产出》，《语言教学与研究》，2019 年第 5 期。

⑬王玮、张劲松：《汉语中介语语音库的文本设计》，《世界汉语教学》，2019 年第 1 期。

⑭吴西愉：《基于观测设备的语言发音研究综述》，《民族语文》，2019 年第 6 期。

⑮林茂灿：《结合大规模语料与 AI 技术推动濒危语言保护工作》，《中国社会科学报》，2019 年第 3 期。

⑯宝音、呼和：《唇腭裂患者的元音鼻化度考察——以蒙古语为例》，《满语研究》，2019 年第 2 期。

⑰崔希亮：《汉语语气词“～嘛”的情态意义》，《语言教学与研究》，2019 年第 4 期。

⑱方梅：《从话语功能看所谓“无定 NP 主语句”》，《世界汉语教学》，2019 年第 2 期。

⑲完权：《人称代词移指的互动与语用机制》，《世界汉语教学》，2019 年第 4 期。

⑳徐晶凝：《交际互动视角下的追补句——易位句/延伸句/话尾巴句研究补遗》，《中国语文》，2019 年第 5 期。

㉑丁健：《语言的“交互主观性”——内涵，类型与假说》，《当代语言学》，2019 年第 3 期。

㉒宋作艳：《从百度指数看新词语的热度变化》，《语言学论丛》，2019 年第 1 期。

㉓刘丹青：《汉语中的库藏裂变》，《语言教学与研究》，2019 年第 5 期。

㉔王灿龙：《名词时体范畴的研究》，《当代语言学》，2019 年第 3 期。

㉕尹会霞：《认知和类型视角下汉语复合形容词的强势词法模式分析》，《语言教学与研究》，2019 年第 5 期。

㉖李强、袁毓林：《生成词库理论和名词语义的结构描述与概念解释》，《语言学论丛》，2019 年第 1 期。

㉗曾静涵、袁毓林：《隐性否定副词“白”的功能扩散、语义识解及其演变机制》，《语言学论丛》，2019 年第 1 期。

㉘袁毓林：《为什么要给语言建造一座宫殿？——从符号系统的转喻本质看语言学的过度附魅》，《语言战略研究》，2019 年第 4 期。

㉙沈家煊：《说四言格》，《世界汉语教学》，2019 年第 3 期。

㉚周韧：《汉语韵律语法研究中的双音节和四音节》，《世界汉语教学》，2019 年第 3 期。

㉛陈保亚、余德江：《易境创新实验：人与动物语言区别的可实证窗口》，《贵州民族大学学报（哲学社会科学版）》，2019 年第 1 期。

㉜朴珉娥、袁毓林：《汉语是一种“无时态语言”吗?》，《当代语言学》，2019 年第 3 期。

㉝李宇明、王春辉：《论语言的功能分类》，《当代语言学》，2019 年第 1 期。

㉞赵彤：《从汉语史看音变过程的几种模式》，《中国语文》，2019 年第 1 期。

㉟孙伯君：《汉语北方话的“番式”变读》，《方言》，2019 年第 2 期。

㊱陈六君、孙如月、刘艳等：《汉语方言语音差异的量化模型》，《北京师范大学学报（社会科学版）》，2019 年第 2 期。

㊲谢留文、李桂兰：《江西吉水（醪桥）方言的变调》，《方言》，2019 年第 1 期。

㊳翟占国、张维佳：《西北官话中的两声调方言》，《民族语文》，2019 年第 2 期。

㊴邵燕梅、石清洋：《山东沂水方言儿化的语音形式》，《方言》，2019 年第 4 期。

㊵沈明：《晋语里残存的“儿[n]”缀》，《方言》，2019 年第 2 期。

㊶张爱云：《“深臻曾梗”四摄韵尾分混的地域分布及历史来源》，《古汉语研究》，2019 年第 3 期。

㊷夏俐萍：《“浊上变去”与“浊音清化”》，《语言研究》，2019 年第 1 期。

㊸李蓝：《甘肃秦安（吴川村）方言声母的特点》，《方言》，2019 年第 1 期。

㊹覃远雄：《广西平乐、钟山“本地话”的性质》，《方言》，2019 年第 4 期。

㊺麦耘：《广州话的排泄物量词[tok˥]小考》，《方言》，2019 年第 1 期。

㊻杨永龙：《甘青河湟话的混合性特征及其产生途径》，《民族语文》，2019 年第 2 期。

㊼赵绿原：《青海民和甘沟话的致使结构》，《中国语文》，2019 年第 2 期。

㊽唐正大：《社会性直指与人称范畴的同盟性和威权性——以关中方言为例》，《当代语言学》，2019 年第 2 期。

㊾吴福祥、金小栋：《东南方言多功能介词“趁”的语义演变》，《方言》，2019 年第 4 期。

㊿陈伟蓉、吴福祥：《闽南方言的多功能虚词“共”和“合”》，《中国语文》，2019 年第 3 期。

51荣晶、丁崇明：《现代汉语方言完成体标记的类型分布》，《方言》，2019 年第 1 期。

52刘丹青：《“如果”的 31 种（或 86 种）对应形式——吴江同里话的条件标记库藏》，《方言》，2019 年第 1 期。

53刘丹青：《“到”字语法化的新去向：吴江同里话的条件标记及主观大量标记“到”》，《语文研究》，2019 年第 2 期。

54项开喜：《安徽枞阳方言的疑问副词“么事”与“么话”》，《方言》，2019 年第 4 期。

55倪志佳：《汉语方言词“伢”的来源与演变》，《语言学论丛》，2019 年第 1 期。

56蒋绍愚：《汉语史的研究和汉语史的语料》，《语文研究》，2019 年第 3 期。

57蒋绍愚：《古汉语辞书的编纂和资料的运用》，《辞书研究》，2019 年第 1 期。

58王志平：《〈荀子〉古文举隅》，《中国典籍与文化》，2019 年第 2 期。

59胡敕瑞：《隶书形近相误揭例》，《古汉语研究》，2019 年第 4 期。

60孙玉文：《从出土文献和长韵段等视角看上古声调》，《阅江学刊》，2019 年第 3 期。

61徐朝东：《敦煌世俗文书所见之语音现象》，《语言研究》，2019 年第 1 期。

62赵彤：《从汉语史看音变过程的几种模式》，《中国语文》，2019 年第 1 期。

63庄卉洁、张美兰：《汉语常用动词历时演变研究的现状与展望》，《海外华文教育》，2019 年第 3 期。

64吴福祥：《语义演变与词汇演变》，《古汉语研究》，2019 年第 4 期。

65孙玉文：《从对偶句或排比句看古文的若干字义和字音》，《语言学论丛》，2019 年第 1 期。

66蒋绍愚：《“开—关”概念场中词汇的历史演变》，《语言学论丛》，2019 年第 1 期。

67朱冠明：《再谈近指代词“這”的来源》，《中国语文》，2019 年第 6 期。

68姜南：《“见”字新解——从“见笑方家”到“慈父见背”“人见断绝”》，《历史语言学研究》，第 13 辑。

69张赪：《明清时期“来”构成的目的结构研究》，《清华大学学报（哲学社会科学版）》，2019 年第 6 期。

70董秀芳、郝琦：《从上古汉语一批代词形式的消失看汉语量化表达的变化》，《当代语言学》，2019 年第 4 期。

⑦宋亚云：《从变价的角度看古汉语动词“他动词化”的趋势》，《语言学论丛》，2019 年第 1 期。

⑦徐式婧：《汉语原因句与目的句的演变差异及其动因研究》，《青海师范大学学报（哲学社会科学版）》，2019 年第 3 期。

⑦赵长才：《中古译经中的叹词和应答引导语》，《历史语言学研究》，第 13 辑。

⑦刘文、汪锋：《北五里桥白语初探》，《汉藏语学报》，2019 年第 1 期。

⑦洪波、曾惠娟：《泰语句末小品词研究》，《民族语文》，2019 年第 2 期。

⑦杨将领：《独龙语孔当话的状貌词》，《民族语文》，2019 年第 5 期。

⑦姜静：《彝语山苏话的存在类动词》，《民族语文》，2019 年第 5 期。

⑦朱艳华：《载瓦语容器工具格标记 mai31 及其功能扩展》，《民族语文》，2019 年第 3 期。

⑦刘文、汪锋、孔江平：《北五里桥白语声调的发声及变异研究》，《当代语言学》，2019 年第 1 期。

⑧陆尧、孔江平：《载瓦语声调的声学及感知研究》，《民族语文》，2019 年第 1 期。

⑧CHEN Baoya，YUAN Lin. 2019. When and How the Affricates /*tʃʰ/ and /*tʃ/in Initial Positions of Proto-Mongolian Diversified in Khalkha. Journal of Chinese Linguistics. 47(2).

⑧李锦芳、阳柳艳：《中越仡佬语多罗方言比较研究》，《民族语文》，2019 年第 1 期。

⑧李子鹤：《原始纳西语带辅音韵尾的韵母及其来源》，《枣庄学院学报》，2019 年第 6 期。

⑧LIU Wen. 2019. The proto-Yao initials and the relationship between Yao and Chinese. Journal of Chinese Linguistics, Monograph Series Number 29.

⑧WANG Feng, 2019. The reconstruction of Proto-Bai and the formation of Chinese. Journal of Chinese Linguistics, Monograph Series Number 29.

⑧CHEN Baoya，YU Dejiang. 2019. On the genetic relationship of Sino-Tibetan languages—based on rank analysis of clusters of cultural words and core words. Journal of Chinese Linguistics, Monograph Series Number 29.

⑧KONG Jiangping. 2019. A study on tone emergence based on phoneme load. Journal of Chinese Linguistics, Monograph Series Number 29.

⑧陈其光：《音位功能与语音演变》，《民族语文》，2019 年第 3 期。

⑧YANG Haichao. 2019. Language，gene and ethnos：The case of Yunnan. Journal of Chinese Linguistics, Monograph Series Number 29.

（作者：余德江、鲁方昕、王春茵、何治春，北京大学博士生；陈晓蓓，北京大学硕士生；陈保亚，北京大学教授）

英语语言学

王逢鑫

王馥芳[1]从“话语构建的底层机制是社会认知模型”这一基本社会认知语言学理论假设出发，探讨了社会认知语言学视角下的话语构建问题，提炼并总结出两个在很大程度上具有内在对抗性的重要底层社会认知模型：“强区分”和“弱区分”模型。王馥芳认为，基于“强区分”模型所构建起来的体系性话语在很大程度上具有潜在的社会破坏性；而基于“弱区分”模型所构建起来的体系性话语在很大程度上具有潜在的社会有益性。

姜望琪[2]以特朗普的“我不责怪中国”为例，阐释了社会认知语用学视角的必要性。特朗普这句话什么意思？他真的不怪中国吗？单纯从语义信息角度，很难做出肯定的回答。姜望琪把社会、认知维度作为语境因素引入语用推理模式，对特朗普这句话进行了分析，提出：分析类似话语必须在注意信息真假的同时考虑情感因素，即要同时考虑语言的社会、认知两个维度。这就是社会认知语用学视角，也是当代语用学的出路所在。

王馥芳[3]从认知诗学的视角分析了特朗普政治话语构建的“前景化”特征，揭示了特朗普政治话语构建的认知和策略模式。研究发现：（1）特朗普政治话语构建高度“前景化”的根源在于“强区分”

认知模式；（2）特朗普政治话语构建践行了“超人秀”话语策略模式，保证其竞选前后话语风格的延续性和一致性。

认知语言学和互动语言学都兴起于20世纪八九十年代，但后者却长期未引起国内学界的足够关注。直到近几年，互动语言学研究成果才逐渐增多。但其理论意义和应用价值依然未得到清晰揭示。国际上互动语言学的发展却相当可观，已呈现出跨学科的态势，如认知语言学与互动语言学的结合研究。张媛、王文斌[4]认为：应从宏观层面的潜能和微观层面的可操作性两个层面探讨认知语言学与互动语言学的可互动性。

学科体系不但是学科赖以生存和发展的基础，也是学科构建的关键。李民、王文斌[5]以系统哲学为指引，首先指出外语教育学学科体系的构建须遵循整体性、层次性、开放性、边界相对性等原则，然后以外语教育过程及其关键影响因素为依据，将外语教育学学科体系划分为外语学习研究、外语传授研究、外语课程研究等结构要素，并根据这些结构要素在外语教育过程中的逻辑关系，将它们分为哲学研究、历史研究、规划研究、实施研究和管理研究五大层面，揭示出外语教育学学科体系诸要素间的内在关联性。

如何在英语教学中培养思辨能力？如何同步提高语言能力和思辨能力？这些是当前高校英语专业技能课程教学改革乃至大学英语教学改革的重要命题和紧迫任务。孙有中[6]提出思辨英语教学八项原则，包括：对标、评价、操练、反思、探究、实现、融合和内容，旨在为思辨型英语课堂教学设计提供策略和路径。上述原则的实施将能够有效促进高校英语专业乃至大学英语教学改革创新与人才培养质量提升。

张虹[7]通过开放性问卷调查，探究了117名高校英语专业教师对其在课程中培养学生思辨能力的认知、面临的困难与需求。研究发现：他们基本认同应将思辨能力培养融入英语专业课程教学，但在具体实施过程中遇到来自学生、环境和教师自身的制约；他们提出了教师培训、资源建设，以及院系领导、同事、政策等制度和环境支持等方面的需求。张虹指出：教师在推进思辨英语教学改革过程中应发挥主观能动性，提高语言能力与思辨能力。

韩宝成、梁海英[8]以整体外语教学理念为基础，依据系统功能语言学理论以及有关语言运用的论述，结合语类理论和活动理论，参考语类教学法构建了整体外语教学流程。该流程基于特定语类的语篇，依次开展3类语言活动：一是意义理解活动，含“体验”与“探析”两个次类；二是意义协商活动，含“再现”与“共建”两个次类；三是意义表达活动，含“初创”与“呈现”两个次类。这些活动既有先后顺序又相互影响，具有动态性和渐进性。在教师指导下，学生通过完成这些活动学会运用语言建构意义。这是一个以语类为依托、以语言活动为支撑、以意义建构为目标，进而促进学生全面发展的整体外语教学模式。

盖淑华[9]结合我国基础外语教育情况，提出外语学习的“语言匹配输入假说”，并根据儿童的心理发展特点和现有的英文阅读分级体系，提出了可操作方案。该假说认为：语言输入的内容应该与学习者（尤其是儿童外语学习者）的心智水平相匹配，而非偏重语言形式去创造超出现有水平的输入。语言输入的同时应伴随大量语音输入，为低龄外语学习者创造丰富而自然的语言环境，从而提高学习效率。

杨越森、苏杭、卫乃兴[10]采用语义序列路径探讨学科话语中高频复现短语型式与学科文化的联系。他们选取语言学、管理学、物理学和计算机科学等4类学科分别代表纯理型软学科、应用型软学科、纯理型硬学科和应用型硬学科，以中国学者学术话语为语料，构建了相应的语义序列分析框架。语料分析显示：4类学科共享部分语义序列，软硬学科、纯理与应用型学科的语义序列既呈现出规律性的特征，也有错综的表征，显示出学科性质和文化的复杂性。

何伟、李璐[11]对英汉词组单位之传统语法、形式主义及功能主义语言学视角的相关研究进行梳理。结果表明：在不同时期，各个流派对词组的认识和重视程度不同。传统语法没有统一的语言学理论作为指导，对词组单位的描述不够充分。形式主义语言学在句法分析时主要从形式入手，并采用二分原则，从而造成了词组与其他句法单位的界限不够明晰。功能主义语言学强调语言研究以意义为导向，同时重视意义的体现形式，因而句法分析采取多分原则。认知功能学派擅长对具体词组的描写和解释，而对词组的整体认识有待加强。系统功能学派强调句法单位的等级构成关系，对词组的整体描写较为系统。二者在词组的描写和解释方面各有侧重。何伟等认为二者的结合应有益于词组及其他句法单位的描述和阐释。

语境中的词汇意义具有多变性的本质，这在语义学界已成共识。词汇意义、词汇语义、词汇概念是不同的概念，学界常混淆使用。邬菊艳、王文斌[12]基于语言与情境模拟理论，将词义构建问题与心理学研究相结合，力图阐释词汇意义构建的心理表征，并论证词汇意义、词汇语义、词汇概念之间的区分具有认知心理现实基础。实际语言理解中，语言层面的词汇语义通过语义确认、语义关联和语义组合等机制进行表层加工，同时导引概念层面的词汇概念进行深层加工，而词汇概念的深层加工其本质是一种心理情境模拟过程，通过语言与情境模拟的融合交互作用，基于特定语境的词汇意义得到适切的解读和构建。基于语言使用的假设，特定语境的词汇意义的解读和构建本身就是词汇概念形成的过程。词汇概念经固化入语言便成为词汇语义。因此，词汇语义、词汇概念和词汇意义，在不同层面的相互作用是词汇意义构建的认知心理现实。

在词义研究中，有两个问题学界始终悬而未决：一是词义到底是指词汇的“语义”“意义”，还是“概念”？二是人们如何能凭借稳定的“词汇语义”就可获取语境中多变的“词汇意义”？邬菊艳、王文斌[13]提出从“词汇概念”切入，厘清词义3个层面之间的关系，揭示词汇概念的本质属性，可为研究这两个问题提供一个新的研究视角。结论：（1）词义在语言层面表现为稳定的“词汇语义”，在使用层面表现为多变的“词汇意义”，在概念层面表现为图式性的“词汇概念”；“词汇概念”是“词汇语义”和“词汇意义”的后台操作基础。“词汇语义”借助“词汇概念”反映客观事物。“词汇意义”只有基于“词汇概念”，才能在具体语境中得到适切的构建；（2）“词汇概念”具有两极性：一极处于“词汇语义”的语言物质外壳，与语言系统相连；另一极提供路径以通往词汇概念结构，与概念系统相连。“词汇概念”具有包容性和选择趋向性特征；其中，包容性是“词汇概念”两极性的本质体现，而选择趋向性则是“词汇概念”的生物识别码。

秦洪庆、王馥芳[14]试图在整合认知语言学和构式语法相关理论思想的基础上，详细描述和揭示新构式在寻求语言形式和意义之“非规约化”匹配过程中所关涉的概念化和再概念化路径。研究表明：一类新事物不断出现，人们与之频繁互动，产生感知，进而产生意象图式，在认知机制的作用下形成概念。起初人们用语言描述这一概念时，常采用词组甚至是句子，但在对这一概念的反复使用中，概念由具体逐渐抽象，经概念化、再概念化以及图式化等过程，与某一语言形式进行匹配，随之被反复使用，逐渐固化、规约化，成为语言单位，也即作为词汇新构式在语言中确立。

系统功能学界对词组类型的划分主要存在以悉尼语法和加的夫语法为代表的两类观点。何伟、李璐[15]通过对两者的考察，发现加的夫语法以其意义贯彻的充分性及语法描述的简洁性在词组描写中有一定优势，但在某些词组类型的描述上也存在不妥。何伟等秉承“以意义为中心，形式体现意义”的功能描述思想，以加的夫语法对词组类型的描述为基础，借鉴悉尼语法对个别词组的处理，将英汉词组类型重新整理并划分为名词词组（包括字符串）、性质词组、数量词组、连词词组、介词词组以及与词组位于同一层级的介词短语。新的划分保留了词组与短语之分，取消了素有争议的动词词组这一类别，并对原有的词组类型进行了有效的合并与细化。

何伟、李璐[16]以英、汉语为例，基于功能视角对名词词组之潜势成分限定词的功能、分类、体现形式以及多项限定词的排序进行考察，目的是为限定词提供一个较为全面而系统的描述，同时对英、汉语在该维度上的异同加以阐明。研究表明：限定词在功能上主要是通过不同手段明确所言之“物”，包括界定指示、确定顺序、明晰比例、明确数量、引介修饰语、凸显极性程度、识别范围、圈定类型及锁定位置等。据此，限定词可以分为指示限定词、序数限定词、比例限定词、数量限定词、修饰语引介限定词、最高级限定词、部分限定词、类型限定词以及位置限定词（只在汉语中出现）。当多项限定词共现时，英、汉语均遵循由强到弱特指的顺序排列。

何伟、仲伟[17]以系统功能语言学为理论依据，对比了英汉非限定小句的功能及体现形式。从功能意义角度，英汉非限定小句比较一致。从经验功能角度，它们所表达的过程不具有“直接定位”功能；主语参与者的参与度呈现出一个从强到弱变化的连续统。从逻辑功能角度，英汉非限定小句在配列关系上体现的嵌入性呈现出一个从强到弱的连续统，在逻辑语义关系上与限定小句形成投射关系和扩展关系，但扩展关系通常具有不明确性。从人际功能角度，英汉非限定小句没有语气选择，不能单独承担言语功能。从语篇功能角度，英汉非限定小句体现的信息缺失性促进语篇连贯，推动语篇发展。从体现形式角度，一方面英汉非限定小句都以较相同的隐性方式表达其逻辑、人际及语篇功能，另一方面在经验功能表达上，如过程定位及主语参与者的体现形式方面，英语表现出比汉语更高的语法化程度。

何中清[18]在功能语法视角下，分析英语中的同位语，重点关注其语法形式、语义关系和句法结构。研究发现：同位语是一种语法关系，主要表征为短语、小句和句子3个语言单位的相互组合。其语法形式有3种：名词短语同位语、非名词短语同位语和小句/句子同位语。英语同位语中的两个成分之间存在4种语义关系：共指、近义、归属和例证。它们取决于同位语成分外延之间的重叠程度。名词短语同位语结构中的两个成分共同充当主语、宾语和补语等多个句子成分，同时同位语自身呈现3种类型的结构："中心语+中心语"、"中心语+补语"以及"中心语+修饰语"。

房印杰[19]聚焦中国英语学习者和英语本族语者的关系代词取舍，通过基于大规模语料的多因素分析，发现：（1）二者的关系代词取舍均受一系列语言学因素的制约，表现出相似的原型性和概率性；（2）当认知加工负载增大时，中国英语学习者倾向过度使用显性关系代词以降低认知加工负载；（3）不同于第一语言习得中基于范例的概率性归纳路径，中国英语学习者分别使用概率性预测与抽象语法规则来处理低/高认知加工负载的关系从句。研究表明：两个群体的关系代词取舍体现出总体相似性与细节差异性。

房印杰[20]以中国英语学习者和英语本族语者的关系代词取舍为研究对象，通过双回归模型分析，发现：（1）关系代词取舍并非随机选择，而是受到与认知加工负载相关因素的制约；（2）与英语本族语者相比，中国英语学习者过度使用显性关系代词，但对隐性关系代词学习较好；（3）中国英语学习者与英语本族语者的组间差异体现为关系代词取舍制约语境的典型性。在典型语境下，二者差异较小；在非典型语境下，二者差异增大。研究表明：基于可比语境的双回归分析能够准确剥离关系代词取舍中的显著制约因素，提取组间差异。

王义娜、李银美[21]基于认知语法的情境植入视角，从述题角度对比考察汉英主题结构在自然口语中的使用倾向。研究发现：汉英述题小句的情境植入层级差异显著；汉语主题结构偏于态度限定，呈现出明显的主观性特征；英语主题结构偏好于时间情境限定，主观表达受限。从具体对比数据可见：汉语的悬置主题结构最为主观，其次是主语主题和偏置主题；宾语主题结构相对客观；英语主要为偏置主题和主语主题结构，前者汉英表现趋同，后者差异明显。从限定方式看，汉语的高层情境标记具有事态限定和主题关涉双重作用，其表达偏好可为汉英语言的类型差异提供新的解释角度。

崔靓、王文斌[22]基于认知语言学概念化理论，对比汉英对动作和时间的不同概念化方式。主要发现有：（1）汉语对部分动作的概念化具有双向可逆特征，而英语却表现出单向不可逆特征；（2）汉语对时间的表征具有二维空间性，而英语对其则呈一维线序特征。汉英在这两方面存在区别的深层缘由，或许与二者的时空性思维差异有关。

基于眼动技术，并结合敲键记录，武光军、王瑞阳[23]以汉语为母语的英语专业研究生作为受试，通过测量译者在隐喻与非隐喻、不同隐喻范畴以及隐喻翻译策略等方面的行为数据，探讨译者在翻译经济文本中婚姻隐喻时付出的认知努力。实验结果发现：（1）在英译汉过程中，受试在翻译婚姻隐喻时所需要的认知努力比翻译非隐喻时更大，这一点印证了以往对隐喻翻译的研究。（2）在婚姻隐喻的不同范畴（包括婚姻主题范畴、婚前求爱范畴与婚姻典礼范畴）中，译者在婚前求爱范畴中投入的认知努力最多，这表明当源语与目的语的文化差异程度大时，隐喻翻译的认知难度就会增大。（3）受试在运用隐喻翻译策略时，对源语意象替换策略所花费认知努力最多，释义策略花费认知努力最少。保留源语意象比释义策略要花费更多的认知努力，这一结果与以往的研究不同。

卢信朝、王立弟[24]以3名会议口译员3场国际会议英汉同声传译语料为提示，就信息损耗原因对译员进行回溯性访谈。访谈发现：认知精力不足与认知能力不足是造成信息损耗的主要原因。同声传译听、译同步的工作方式易致译员认知精力不足，源语语速、信息密度等进一步凸显认知精力不足。认知能力不足主要体现在口音所致词汇辨识困难、词汇不熟悉、句子结构复杂与同声传译渐进性加工方式导致句子理解困难、数字、术语与专有名词加工困难等。认知能力不足多与英语二语理解困难有关。访谈还发现：译员会通过利用认知语境进行推理，积极寻求最佳关联、评估和筛选拟译信息等策略应对各种困难，保持译语不中断。

王立非、崔璨[25]基于商务英语的跨学科领域、语言与商务的交叉属性，阐述了商务英语跨学科研究范式与方法，提出商务英语研究应以解决实际问题为导向，避免单学科思维和方法的局限。商务英语跨学科研究应以系统观和现实观为指引，结合语言学、经济学、管理学、大数据科学、统计学等多学科范式，合理运用语言指数思维、语言计量思维、语言建模思维、语言大数据思维和语言统计思维。

周流溪[26]指出：生态环境的恶化启发人们关注人类语言生态的逆转而催生了语言生态学。全球的众多语言反映了其使用者的文化特点及认识世界的方式和成果，是人类的宝贵精神财富。但随着现代化的推进尤其是全球化和信息化的加速，世界绝大部分语言迅即先后失去其使用者，仅少数还维持活力，而霸权主义的英语夹带着美国的价值观和生活方式正席卷全球。语言生态学提倡人类语言多样性和语言权利，研究造成语言生态失衡的主、客观原因并探讨语言规划和语言教育等方面的对策，以延缓人类语言单一化进程，维持人类文化多样性，确保世界和谐的可持续发展。也有学者提倡生态语言学，并主张它应该对改善生存环境发挥作用。

李琳、王立非[27]采用定量方法考察 2008—2017 年间我国语言服务研究现状，结果发现：（1）语言服务论文数量呈逐年递增态势，且研究范围较广，但高水平论文较少；（2）研究热点为语言规划、语言政策、语言生态、语言景观等；（3）综合性学报和语言学期刊更为关注语言服务研究；（4）非实证研究方法占主流，实证与非实证性研究之间差距较大，混合研究方法应用逐年增加。

辩证研究是一种以唯物辩证主义为哲学基础的新范式。文秋芳[28]指出与现行研究范式相比，辩证研究有 4 个明显特色：（1）以解决中国外语教育中系统且关键问题为研究对象；（2）以追求理论—实践—阐释同步优化为目标；（3）以学习借鉴—提出理论—实践理论—反思阐释多次迭代循环为研究流程：（4）以多元化成员为研究团队。自这一范式提出以来，人们提得最多的问题是：它与行动研究有何差别。

王克非[29]提出：新中国翻译学科的 70 年发展是一个从萌芽到逐渐成长，再到充分发展的过程。（1）在萌芽期，翻译作为学科发展的条件尚不充分；（2）成长期的标志是国外译论涌入、学科意识提升、学术机构创建、翻译教学系统化；（3）在发展期，翻译学科在国家层面获得认可，国内的翻译研究迅速发展，逐渐形成两大取向，即接轨国际的研究和中国特色的研究。翻译研究的发展促进了中国翻译学科体系的建构。

戴曼纯[30]认为国家语言能力有广义和狭义之分，指出：（1）国家语言能力建立在资源、制度和运筹之上，分为内在能力与外在运用；（2）资源包括语言资源、语言人才和语言相关人才，其中人才是根本；（3）国家语言能力具有结构模块性、实用功能性和系统动态性等本质属性。

注：

①王馥芳：《话语构建的社会认知语言学研究》，《现代外语》，2019 年第 3 期。

②姜望琪：《论社会认知语用学视角——以“我不责怪中国”为例》，《外语研究》，2019 年第 1 期。

③王馥芳：《特朗普政治话语构建模式的认知诗学分析》，《外语研究》，2019 年第 1 期。

④张媛、王文斌：《认知语言学与互动语言学的可互动性探讨——宏观和微观层面》，《外语教学与研究》，2019 年第 4 期。

⑤李民、王文斌：《试论外语教育学学科体系》，《中国外语》，2019 年第 5 期。

⑥孙有中：《思辨英语教学原则》，《外语教学与研究》，2019 年第 6 期。

⑦张虹：《思辨英语教学：英语专业教师认知视角》，《外语研究》，2019 年第 4 期。

⑧韩宝成、梁海英：《整体外语教学的实施路径》，《外语教学与研究》，2019 年第 4 期。

⑨盖淑华：《基础外语学习的“语言匹配输入假说”》，《外语教学与研究》，2019 年第 4 期。

⑩杨越森、苏杭、卫乃兴：《语义序列与学科文化探索》，《外语教学与研究》，2019 年第 4 期。

⑪何伟、李璐：《英汉词组研究综述》，《中国外语》，2019 年第 4 期。

⑫邬菊艳、王文斌：《论词汇意义的构建：以语言与情境模拟理论为视角》，《外语学刊》，2019 年第 3 期。

⑬邬菊艳、王文斌：《词汇概念及其包容性和选择趋向性特征阐释》，《外语与外语教学》，2019 年第 3 期。

⑭秦洪庆、王馥芳：《词汇新构式创生概念化和再概念化路径研究》，《外语教学理论与实践》，2019 年第 1 期。

⑮何伟、李璐：《系统功能视角下的词组类型研究：以英汉为例》，《外语与外语教学》，2019 年第 3 期。

⑯何伟、李璐：《限定词之功能视角研究：以英汉为例》，《山东外语教学》，2019 年第 2 期。

⑰何伟、仲伟：《英汉非限定小句之功能视角对比研究》，《外语教学理论与实践》，2019年第3期。

⑱何中清：《功能语法视角下的英语同位语分析》，《山东外语教学》，2019年第2期。

⑲房印杰：《关系代词取舍的多因素分析——中国英语学习者与英语本族语者的对比研究》，《外语与外语教学》，2019年第4期。

⑳房印杰、梁茂成：《可比语境下关系代词取舍的多因素分析》，《外语教学与研究》，2019年第3期。

㉑王义娜、李银美：《汉英主题结构的主观性：述题的情境植入视角》，《外语教学与研究》，2019年第2期。

㉒崔靓、王文斌：《汉英对动作和时间的不同概念化：时空性差异的映显》，《外语教学理论与实践》，2019年第1期。

㉓武光军、王瑞阳：《基于眼动技术的英译汉过程中隐喻翻译的认知努力研究——以经济文本中的婚姻隐喻翻译为例》，《中国外语》，2019年第4期。

㉔卢信朝、王立弟：《英汉同声传译信息损耗原因：基于会议口译员有提示回溯性访谈的研究》，《外语研究》，2019年第2期。

㉕王立非、崔璨：《论商务英语跨学科研究范式与方法》，《外语界》，2019年第2期。

㉖周流溪：《语言生态学的宏观性研究》，《当代外语研究》，2019年第1期。

㉗李琳、王立非：《基于计量可视化的我国语言服务研究十年现状分析（2008—2017）》，《山东外语教学》，2019年第5期。

㉘文秋芳：《辩证研究与行动研究的比较》，《现代外语》，2019年第3期。

㉙王克非：《新中国翻译学科发展历程》，《外语教学与研究》，2019年第6期。

㉚戴曼纯：《国家语言能力的缘起、界定与本质属性》，《外语界》，2019年第6期。

（作者：王逢鑫，北京大学教授）

外国语言学（英语除外）

鲍 红

一、语言学与语篇学

赵爱国针对语言与文化研究的“新本体论”阐述了自己的观点。语言与文化研究作为当代的一门语言哲学，其本体的确立显然要受到哲学本体论转换的影响和制约。初步研究表明：在世界哲学本体实现的4次重大转向中，第四次的文化学转向本质上决定着语言与文化研究“新本体论”的生成，即由原先的“文化语义”本体论转向了现阶段的“跨文化交际”本体论，而聚焦“说话的人”，“语言意识”和“观念分析”等构成了“新本体论”的基本特征。作者还与万真宜关于观念分析中“观念阈”学说的几个问题进行分析研究。观念分析的目的是对操语言者的语言意识的特性做出语言学的解释，因此，观念分析不能仅停留在单个观念称名词的词汇语义及语法手段的层面上，而应该将其拓展到观念赖以生存与运作的“观念阈”中加以综合考察。两位学者在系统梳理学术流派对观念阈的概念内涵、结构类型和研究方法等所做的不同界说的基础上，从“文化空间”和“认知空间”视角提出了对观念阈进行整体审视的设想。[①]无论语言学还是语言哲学，意义是语言研究的核心命题已经成为公理。然而，意义和含义两个术语的并存说明，上述公理还需要进一步研究。因此，李洪儒将积极语法或者交际语法中句子的含义组织为研究对象，以点带面，进一步推动相关意义理论的发展；同时，笔者不仅考虑报道发出者（说话人），而且考虑报道接受者（受话人）。句子的含义是句子承载的真正意义，其组织由命题和人对命题的心智操作构成。研究发现：语句中经过说话人认识（表象）和行为方式来描写世界图景和说话人人格的态式部分，是语言学范畴“情态”的主要内容。情态是语言学中对于理解主观性和分析整体句子（语篇）含义都具有重要价值的范畴之一。[②]“功能”是功能主义语言学研究中的核心概念，它关乎整个功能理论研究模式的构建。“功能”概念含有变量因素的特征为语言功能研究的对象与范围、方法与路径等的多样选取提供了前提，从而在根本上影响了功能研究模式的建立，带来了多种研究类型并存的格局。刘珏主要阐述俄罗斯语言学家邦达尔科（А. В. Бондарко）和佐洛托娃（Г. А. Золотова）的有关理论，探讨他们的功能观及其在理论体系构建中的统摄作用。[3]俄英语同源词指俄语和英语中具有共同词源的词。俄英语同源词虽然同出一源，但其语义不尽相同，同一源词在俄语和英语中可能发生相同或者相异的语义演变。胡荃指出俄英语同源词语义演变的异同与其词源、词类和运用领域具有一定的规律性关联。俄英语同源词语义演变既存在相同也存在相异的现象，这一事实符合语言的共性与个性并存同时又相互约束、和谐发展等基本特征。[4]联想实验作为实验心理学的最古老的方法之一，对心理语言学研究有着特殊的意义，是仔细探讨、深入研究和分析语义的心理语言学技术。高国翠和周言艳以“борьба”作联想刺激词，对俄罗斯阿尔泰边疆区、乌拉尔地区、莫斯科等地 7 所高校的区域学、经济学、俄语语言文学、汉语等 23 个专业领域的 90 名大学生进行了联想实验。以此为依据，对“борьба”联想场进行分析，看俄罗斯大学生词汇提取的语义特征，并揭示其语言意识。[5]姜宏和刘彦晶采用计量的方法分析研究感叹句使用的特征及文学篇章功能。感叹句是最常用的交际句类之一。从语气的角度，句子可以划分为感叹句和非感叹句。感叹句的使用具有独特的规律和特征，可以在语料库的基础上、采用计量的方法进行分析，从而得出感叹句在各功能语体中的分布特点、不同类型感叹句的使用规律、感叹句在语篇中出现的位置特点，以及性别、年龄和情感类型对感叹句使用的影响情况。而通过分析文学作品中的感叹句，可以得知感叹句在文学篇章中具有塑造人物角色和语篇衔接的功能。掌握俄语感叹句的使用特征和文学篇章功能，对感叹句的运用有着积极的指导作用，同时对外语教学也有着一定的参考价值。计量方法不仅使结论更加可信，而且可以为其他交际句类的分析提供参考。[6]预设概念自哲学、逻辑学领域进入语言学领域获得了学界的广泛关注，传统的预设研究围绕着语义预设和语用预设展开，为探讨语篇层面的预设奠定了基础。陈铭在阐述语篇预设内涵的基础上，以韩礼德的语篇成为理论为依据，对预设在语篇成分中的特性与作用进行分析和探究。[7]语型是一个具有明显俄罗斯语文学特色的概念，它是语言布局的组成部分，是可以融入所有语言单位和统一体的序列。作者可以通过语型在文本中平行展开、碰撞、交替、相互渗透等方式来实现相应的布局功能。王璐瑶和郑文东基于俄罗斯文学修辞学理论来研究篇章语言布局的语型，首先介绍了布局和语言布局的概念，阐释了作为语言布局材料的语型定义和特征，然后重点分析了语型的分类及其在篇章语言布局动态展开中的作用，并以俄罗斯文学作品中的典型例子佐以分析。[8]

二、认知语言学与语义学

称名是一种基本而核心的语言行为方式和表义手段，其信息载蓄功能和语义构成相同价值意向性具有不可分割的联系。彭玉海以价值功能和认知、语用、概念化为视角，主要从称名的价值意向动因、价值意向功能对称名问题进行多维分析和研究。研究表明：称名从认知价值意向和情态语义方面进入思想表达的主观现实认识层面，并由此通达语言表达所对应的思想，意念和情感、精神现实；称名的价值意向分析可以发掘出语言思维中的价值意识和认知表现潜势对自然语言所具有的特殊语义驱动力。该研究从文化、认知、语用视角对称名问题进行整合性的新的审视和研察，突破了传统上称名逻辑分析、结构语义分析的局限，为称名表义语义逻辑研究提供了新的思路和分析线索，表明价值意向是称名（功能）的深层语言实质和本体性的概念语义生发点与操作端，而称名的价值意向特质决定它本身即构成语言世界图景的重要组成部分和表现形式。[9]赵亮探究了俄语存在构式与处所构式、领属构式的认知关联。俄语存在句与处所句、领属句在意义和形式方面紧密相关，一直是中国俄语学界关注的重点。俄语存在句与处所句表达的意义相近，同时也有差异，存在句强调“某处有某物”，处所句则强调“某物在某处”。俄语领属句与存在句在形式构成上相近，但意义与后者不同，领属句强调“领有者领有某物”。在构式语法框架下，俄语存在构式、处所构式和领属构式分别代表了不同的形式—语义配对。俄语存在构式和处所构式所包含的形式要素和语义要素相似，构成近义构式，而俄语领属构式通过隐喻扩展联接与存在构式构成承接关系。作者与易绵竹针对承继联接与俄语存在构式范畴的建构提出自己的观点，指出俄语存在句句法语义的现有研究成果以描写为主，对于俄语存在句对存在动词的选择机制、存在句不同意义之间的衍生关系，以及背后的认知动因并没有得到充分的阐释，因此，有必要从新的角度对俄语存在句进行深入研究。由于语义和语用条件影响俄语存在句的句法条件，并使其区分于处所句，因此，可在构式语法框架内对俄语存在句进行描写和解释。俄语存在构式的形式构成为“存在阈+存在动词+存在事物”，交际中强调的重点是“存在事物”。俄语存在构式为原型性范畴，包括中心构式和具体扩展构式，具体扩展构式与中心构式通过承继联接建立认知关联。[10]数范畴是俄语中重要的语法范畴之一，数范畴的完全聚合体由单数和复数组成，数的意义与其所表示的现实事物密切相关。俄语食物名词语义场中的词汇在数聚合体的方面颇具特点，其中与事物的有界与无界、离散性与连续性、同质性与异质性特征密不可分。田秀坤和韩琳从认知语言学视角，从人们对世界的认知体验和感知方式角度出发，对俄语食物名词的数范畴理据进行考究。[11]俄罗斯认知语言学是在西方认知语言学思潮的推动下形成和发展的，但俄罗斯学者没有盲目地接受西方认知语言学的思想理论，而是将其与本国的语言学相融合，形成了独具特色的认知语言学研究流派，该流派在研究内容、研究方法、术语体系上体现出自身的特点。刘佐艳从观念和观念域、语言世界图景、心智、语言意识、认知语言文化研究几个方面对俄罗斯认知语言学的研究进行了综述。[12]蒋春丽和杨可从政治话语视角分析俄语新年致辞话语的功能。政治话语是交际参与者为达到某种政治目的而进行的与政治内容有关的公共性话语活动。政治话语的基本功能是夺取和维护政治权力。俄语新年致辞作为一种典型的政治话语体裁，其话语功能表现为：载储功能、社会整合功能、寒暄功能、激励功能和美学功能，它们借助显性或隐性的语言手段得以表达。[13]20世纪80年代，随着配价理论广泛应用到构词学研究中，促进了词素配价学的形成，并成为构词学新的分支。不同于积淀深厚、成果丰硕的构词学与词素学研究，由于配价理论用于构词学研究时间不长，词素配价学研究明显不足，国内学界更是鲜见词素配价方面的研究成果。孙淑芳梳理了构词学、词素学和词素配价学之间的相互关系，阐释了词素配价、词素语义、语义配价等相关概念，分析了词素配价限制类型以及谓词性词素语义配价现象。词素语义配价分析任务是描写和揭示构成派生词的语义机制及其在构词模式中的反映。[14]许宏和刘雪娟从主观性视角出发，以“слушай（те）”为例，对语义虚化的感知动词形式构成的话语词用法进行考察。研究表明：话语词“слушай（те）”可以调控言语行为施事语力；强化言者的态度和情感表达；体现言者构建连贯语篇的主体意识；体现言者对听者注意力、“面子”和“自我形象”的关注，具有交互主观性特质。[15]语料库语言学的兴起和发展，为词汇学的多维角度研究提供了方法和途径。李勤和苗盈盈试图借助俄语国家语料库（НКРЯ）以及检索软件（AntConc 3.2.1）对俄语中表示“完全、十分”类副词进行考察，揭示其使用频次、语域分布、语义韵等方面的差异。基于语料库对同义词进行研究是在传统定性分析的基础上的扩展和补充，以及直观清晰的量化统计与分析，使得研究结果更具科学性和准确性，对俄语中的词汇教学以及词典编撰起到了一定的借鉴和辅助作用。[16]

三、语法学与教学

自20世纪末至今的近30年，在俄罗斯社会剧变的影响下俄语内部发生了较大变化，词汇层面的变化尤为明显，其中包括熟语。研究发现：新时期熟语所反映的内容大多与社会生活、政治体制、经济模式密切相关，换言之，主要分布在政治经济领域，故我们称之为政治经济熟语。褚敏对当代俄语中的政治经济熟语体现的内容进行具体分类，并探析政治经济熟语的构成来源。[17]俄语趋向于简化，口语句型增多，人们在交际过程中往往能够意识到逻辑上的主体，一些人称句逐渐向无人称句转变，无人称句相对的增多，俄语句子结构更加丰富多彩，更加简练，更加准确地表达人们的思想感情。无人称句的研究对语法和逻辑学的研究都非常重要。刘长春和胡谷明从现代俄语无人称句的意义和分类法、其各种类型核心词的表达法以及与人称句在修辞上的差异等多个角度，对俄语无人称句进行了全方位的阐述和研究。[18]俄语语言词汇研究具有十分重要的理论指导意义及学术价值。范帅、王淼多维度探究俄语语言词汇，涉及的内容包括俄语语义词序的语用研究，实义切分的语用分析、俄语并列连接语用分析、俄语本土词重音、外来词重音规范及其发展、俄语被动名语义研究、俄语成语文化的体现分析、俄语成语文化分析以及汉语、俄语言语行为动词的配价研究等。[19]窦可昀介绍俄罗斯法律语言学研究的历史与现状，并着重介绍俄罗斯学者对法律语言的定义及其在研究对象、任务及研究方法上的“俄罗斯”特色。通过分析俄语法律术语研究的内容、目的、方法，依据俄语的特性和构词特点，对俄语法律术语的来源和语义结构做了归纳，对俄语法律术语中同义、多义和歧义现象产生的原因从历时和共时角度进行了剖析，并对俄罗斯法律语言学者在俄汉、俄英等法律术语翻译实践中遇到的问题做了深入细致的探讨。[20]袁长在结合自己30余年的教学实践，从最基本的俄语语音和语调等概念开始，逐步深入，呈现了俄语逻辑语调的完整体系。[21]李向东和阿娜尔及冯帆以中国6所高校俄语专业本科生为研究对象，通过实证研究，分析俄语学习者动机类型及强度、自我认同因子及其发展变化特点，并在此基础上，分别从动机强度与自我认同、动机类型与自我认同两个角度，探讨学习者学习动机与自我认同变化之间的关系。研究结果显示：学习者的个人发展动机、社会和家庭责任动机，对学习者努力程度的正面影响最大，与学习者正向、积极的自我认同变化关联最为显著。[22]王珏和邵楠希在诠释屏幕语境教学界面建构的基础上，揭示了信息化俄语教学中的语境空缺现象。通过屏幕语境建模分类的主体模型、背景模型、行为模型和参照模型中语境空缺的识解，深入分析了语境空缺对外语认知的影响及虚拟语境建模在俄语教学中的语境补缺作用。[23]

四、俄汉对比研究

刘永红运用组合语法的原理和方法，通过俄汉小句比较研究，建立了汉语小句的句子模式及其系统，希望能够促进汉语小句、汉外小句比较与翻译以及整个汉语语法的研究。基本框架是以“小句中枢”为指导思想，以组合语法为贯彻主线，以俄汉小句句子模式为基本材料，以建立汉语小句句模及其系统（包括23种核心小句）为最终目标。作者还分析了俄汉反递构式的生成理据。俄汉反递构式是一种反转性递进句式，其生成有一定的理据性，表现在3个方面：构式上的压制力，即俄汉反递框架“不但不/не только не p，反而/ но q”对入句概念p和q的制约和语义上的递距差，即预期判断与实际结果的差距越大，反递句越能够成立以及意图上的顺逆比，即说话人意欲向听话人提供信息、索取信息或令其感受评价而采用的顺逆表达方式。构式压制是反递关系实现的形式基础，语义差距是反递关系实现的内容尺度，而言者意图的顺逆比是反递关系实现的语用依据。这3个因素使反递构式能产而又富有表现力。[24]支配副词行使功能的规则涉及语言的所有层面，目前提高对副词的关注尤为迫切。近20年来汉语副词在句法、语义和语用3个层面的研究全面且深入，而俄语副词的研究则明显滞后于汉语，与此同时，在信息处理进入以语句篇章处理为主的今天，句法、语义和语用等基础理论的整合研究与应用尤为重要。因此，靳铭吉以汉俄语副词为主要研究对象，从宏观、中观及微观3个层面对俄汉语副词的句法、语义、语用特征进行系统的整合研究。具体而言，一方面借鉴汉语副词研究的成功经验，对俄汉语副词进行宏观的理论建构，另一方面合理吸纳和运用相关理论对俄汉语时间副词、程度副词进行中观和微观研究，力求全面呈现俄汉语副词在句法功能、语义特征，衔接功能、话题述题功能等方面的特点，从中总结共性和个性特征，挖掘潜在的语言机制，以期为构建俄汉副词词汇信息库以及实现自然语言的信息处理提供理论及实践参考。[25]可比语料库作为近年来语料库研究的热点方向之一，可广泛应用于语言学研究和自然语言处理领域。本体是一种基于语义网技术的知识表示方法，它与可比语料库的融合式研究是对可比语料库获取、组织和应用方法的一次革新，将更好地发挥可比语料库的效能并扩展其应用领域。原伟经过前期调查分析发现：国内外鲜有可比语料库相关研究，未见基于本体的俄汉可比语料库相关成果，进而首先在理论层面分析了可比语料库研究的现存问题，提出将本体引入可比语料库研究的思路，并以此为基础提出了基于本体的可比语料库理论构想。随后在实践层面将该理论构想运用到了面向俄汉可比语料库的多种语言复合型本体构建、基于该本体的俄汉可比语料获取、语料库构建和语料库应用等核心问题的研究中。原伟与代勋勋和徐琳宏还自建小型俄汉新闻网络评论可比语料库，设计了情感标注体系，对同一新闻主题的30426条俄汉网评中表达情感的名词、动词、形容词、副词和词组进行了标注，以进行情感倾向性判定和表达手段对比。结果发现：构建的可比语料库和标注体系可有效用于情感倾向性半自动分析及对比中，要提高分析精度还需考察其他词类、修辞方法、标点符号等对情感表达的影响，而情感词典可借助语料标注搭建；中文网评趋向使用短评论、动词和名词表达情感，而俄文网络评论趋向使用长评论、形容词和动词表达情感；俄汉网评中均存在情感评价主题迁移现象，中文此类现象略多。该成果可为俄语话语分析、情感识别、舆情监控等研究提供帮助。[26]杨茗和张志军以俄汉 солнце/“太阳”观念为例，进行了以实证主义分析方法为主导的民族文化观念的对比研究。民族文化观念是在人类中心范式观照下形成的独特的世界认知方式，它立足于语言文化学文化观念研究，在具体操作上强调民族文化的对比分析。对兼具语义结构和民族色彩的言语化观念进行研究的出发点是词汇语义变体，以此为基础从客观的数据出发，发掘观念在语言意识层面以及语料库使用层面的不变含义和隐含，并借助于卡方检验的统计学方法进行语言对比分析。[27]近年来，政治语言学作为一门新兴的交叉学科，引起学界的广泛关注。政治隐喻是政治语言学的主要研究对象之一，是隐喻思维对政治现实进行概念化和范畴化的重要工具，同时也是透视文化独特性的棱镜，政治隐喻研究对了解政治家们的治国之道和文化理念具有重要的学术价值。孙淑芳和孙福庆以政治话语政治隐喻概念阐释为切入点，以概念隐喻理论为支撑，以政治话语腐败概念隐喻模式为分析对象，选取2012—2014年度中俄两国媒体有关腐败主题的报道，自建小型语料库，同时运用定量与定性分析相结合的方法，从认知和文化视角阐释俄汉语腐败概念隐喻模式异同的深层原因，旨在揭示它们的共性与差异特征。[28]李佳探讨了俄汉语言观念对比的理论基础与方法。随着语言学人类中心范式研究的兴起，观念研究变得愈加热门，研究方向也由语内比较研究转向语际对比研究，但俄汉语言观念的对比研究至今未形成完善的理论框架和研究方法。因此，有必要结合汉语言自身特点，对近几年语言观念对比研究存在的问题进行剖析。研究表明：二元对立关系框架是对语言观念进行对比研究的主要理论基础，词源、构词、修辞、搭配能力、语言文化、语言认知等是俄汉语言观念对比研究的重要维度和方法。[29]朱玉富和吴婧文及刘璐根据中国社会科学院2012年版的《现代汉语词典》、上海外国语大学2009年版的《汉俄大辞典》等词典以及本人的词典编研经验，以汉俄对比的方法全面展示分析汉字“中”的语法形态、语义的运用规律及其在中国文化的地位，深刻剖析总结中国语言文字构成规律和与俄语表达方式的异同。通过大量的例证，求证汉字“中”的使用频率，求证汉俄翻译的认知和技巧，求证联同它搭配的语义、语用的产生、作用的特征。旨在为研究中国文化、认知语言学、语言哲学以及中国语言文化在国外的传播提供借鉴。[30]

五、翻译研究

杨仕章着重分析研究了文化翻译机制。文化翻译机制涉及文化翻译学认识论问题，是文化翻译学的重要研究任务之一。文化翻译机制是对文化翻译过程所做的模式化描写，借以说明译者在翻译文化素时所进行的一系列思维活动。通过运用“黑箱”办法，可以揭示文化翻译机制包含3个基本环节：文化素的认知、文化翻译策略的确定以及为实现文化翻译策略而进行的文化翻译方法的选择。研究文化翻译机制对认识文化翻译过程、完善普遍意义上的翻译机制研究具有积极意义。[31]借助符号学理论可对翻译过程进行新的解读。翻译是一种符号延伸方式，它联系着两个不同系统中的符号文本。翻译过程中符号经过跨语际、跨文化的解释而被重建，意义可能会发生增加、流失或改变，读者对符号的解释可能已不同于作者最初的意图。译者应对符号可能获得的解释进行预测，针对不同的翻译目的和文本类型，采取适当的翻译策略。于鑫从符号学的视角探究汉俄政治文献的翻译，结合汉俄政治文献翻译中的具体实例分析翻译中的信息偏离与校正，以及跨越符号系统时的文化和语言干扰等问题。[32]在西方传统的翻译研究中，经常把等值性和等同性作为翻译的标准来论述。他们的目的就是想让译文能代替原文，因而就产生了翻译的代表性问题。胡谷明首先梳理了翻译等值性和等同性术语产生的根源和内涵，然后在吸收借鉴科米萨罗夫、秋列涅夫对翻译代表性的理解基础上，对翻译代表性的具体标准进行了详尽的说明。[33]近年来，随着中俄交往日益频繁，人们对俄语翻译提出了更高的要求，翻译是选择的艺术，译者面临词汇的选择、意思的权衡以及风格的传译等等。姜占民从翻译的基本理论出发，分析了俄语翻译的方法、俄语翻译的技巧、俄语笔译翻译、俄语口译翻译及新时期译者需具备的技能与技术等方面的知识。[34]而《俄语基础翻译理论研究》则围绕着俄语基础翻译理论进行研究，包括翻译的定义、本质、分类、原则、过程、策略、译论等。内容丰富翔实，知识系统全面，兼顾理论和实践，注重科学性与实用性，既是一本优秀的俄语翻译研究著作，又是一本实用的俄语翻译理论参考书。[35]文学性是文学文本的“魂”，也是文学翻译转换的核心。俄、汉语文本内文学性表达手段差异明显，转换过程中审美损失在所难免。文学性增译是再现原作之美、补偿译作所示的方法。朱英丽和黄忠廉尝试明确文学性增译内涵，通过文学平行语料的对比与分析揭示文学性增译的双刃效果。[36]《论语》是我国儒家文化的经典之一，其中的“仁、义、礼、智、信”等核心思想是我国传统文化的精髓。精准翻译这些文化负载词有助于儒家文化在海外的传播和接受。“义”字是“仁”和“礼”的基础构念，在《论语》的核心思想中占据重要地位，贯穿整个思想体系。在外译的过程中，由于不同文化语境的影响以及翻译中空缺和不对等现象，“义”字出现了多种翻译形式。韩悦通过对比影响较大的英俄译本中“义”字的翻译，分析不同语境下的文化负载词翻译的异同，旨在探寻更恰当的翻译方式，探寻中国文化海外传播视阈下向接受端传播儒学的有效途径。[37]随着“一带一路”倡议各项举措的实施和推进，中俄两国关系持续升温，战略协作伙伴关系不断深化，两国在科技领域的合作日益密切，因此科技翻译也向译者提出了更高的要求。科技术语的翻译在科技文本翻译中占有重要的位置，刘颖和高硕以科技术语翻译为切入点，主要分析科技术语特点、翻译原则、针对科技术语翻译的难点提出应对策略，以期为科技翻译提供有价值的借鉴。[38]

注：

①赵爱国：《谈语言与文化研究的“新本体论”》，《中国俄语教学》，2019年第3期；万真宜、赵爱国：《关于观念分析中“观念阈”学说的几个问题》，《中国俄语教学》，2019年第1期。

②李洪儒：《交际语法视域中句子的含义组织》，《外语学刊》，2019年第2期。

③刘珏：《“功能”及其在功能语言学理论构建中的作用——以俄罗斯语言学家邦达尔科和佐洛托娃的功能研究为例》，《中国俄语教学》，2019年第1期。

④胡荃：《俄英语同源词语义演变探究》，《中国俄语教学》，2019年第4期。

⑤高国翠、周言艳：《从 борьба 联想场看俄罗斯大学生词汇提取的语义特征及其语言意识》，《中国俄语教学》，2019年第2期。

⑥姜宏、刘彦晶：《基于计量方法的感叹句使用特征及文学篇章功能研究》，《外语学刊》，2019年第5期。

⑦陈铭：《语篇成分中的预设研究》，《中国俄语教学》，2019年第3期。

⑧王璐瑶、郑文东：《语型在篇章语言布局动态展开中的作用》，《中国俄语教学》，2019年第2期。

⑨彭玉海：《称名的价值意向探析》，《中国俄语教学》，2019年第4期。

⑩赵亮：《论俄语存在构式与处所构式、领属构式的认知关联》，《解放军外国语学院学报》，2019年第6期；赵亮、易绵竹：《承继联接与俄语存在构式范畴的建构》，《外语学刊》，2019年第6期。

⑪田秀坤、韩琳：《从认知语言学视角看俄语食物名词的数范畴》，《中国俄语教学》，2019年第4期。

⑫刘佐艳：《俄罗斯认知语言学研究概览》，《解放军外国语学院学报》，2019年第3期。

⑬蒋春丽、杨可：《政治话语视角下的俄语新年致辞话语功能分析》，《中国俄语教学》，2019年第1期。

⑭孙淑芳：《俄语词素语义配价探究》，《中国俄语教学》，2019年第1期。

⑮许宏、刘雪娟：《俄语中语义虚化的感知动词的主观性研究——以 слушай(те) 为例》，《中国俄语教学》，2019年第3期。

⑯李勤、苗盈盈：《基于 HKPЯ 的俄语同义词量化研究——以俄语“完全、十分”类副词为例》，《中国俄语教学》，2019年第2期。

⑰褚敏：《当代俄语政治经济熟语》，《中国俄语教学》，2019年第3期。

⑱刘长春、胡谷明：《现代俄语无人称句研究》，武汉大学出版社，2019年版。

⑲范帅、王淼：《俄语语言词汇探究》，黑龙江人民出版社，2019年版。

⑳窦可昀：《俄语法律词汇——法庭辩护词中的法律词汇研究》，中国社会科学出版社，2019年版。

㉑袁长在：《俄语语调：理论与实践》，黑龙江大学出版社，2019年版。

㉒李向东、阿娜尔、冯帆：《大学生俄语学习动机与自我认同研究》，《中国俄语教学》，2019年第1期。

㉓王珏、邵楠希：《屏幕教学界面语境空缺现象研究》，《中国俄语教学》，2019年第2期。

㉔刘永红：《俄汉反递构式的生成理据分析》，《中国俄语教学》，2019年第4期。

㉕靳铭吉：《俄汉语副词对比研究》，科学出版社，2019年版。

㉖原伟：《基于知识本体的俄汉可比语料库建设与应用研究》，世界图书出版社，2019年版；原伟、代勋勋、徐琳宏：《基于俄汉新闻网评可比语料库的情感分析研究》，《解放军外国语学院学报》，2019年第2期。

㉗杨茗、张志军：《以实证主义分析方法为主导的民族文化观念对比研究——以俄汉 солнце/“太阳”观念为例》，《中国俄语教学》，2019年第2期。

㉘孙淑芳、孙福庆：《俄汉政治话语腐败概念隐喻模式探究》，《外语学刊》，2019年第2期。

㉙李佳：《俄汉语言观念对比的理论基础与研究方法》，《解放军外国语学院学报》，2019年第5期。

㉚朱玉富、吴婧文、刘璐：《汉字“中”的汉俄对比及语言文化的解读》，《中国俄语教学》，2019年第2期。

㉛杨仕章：《文化翻译机制研究》，《中国俄语教

学》，2019年第1期。

㉜于鑫：《从符号学视角看汉俄政治文献翻译》，《解放军外国语学院学报》，2019年第3期。

㉝胡谷明：《翻译的等值性、等同性、代表性论说》，《中国俄语教学》，2019年第2期。

㉞姜占民：《俄语翻译基本理论及实践》，吉林大学出版社，2019年版。

㉟《俄语基础翻译理论研究》，黑龙江教育出版社，2019年版。

㊱朱英丽、黄忠廉：《文学性增译双刃效果论》，《中国俄语教学》，2019年第2期。

㊲韩悦：《〈论语〉英俄译本中核心概念文化负载词"义"的翻译对比研究》，《中国俄语教学》，2019年第3期。

㊳刘颖、高硕：《俄语科技术语特点、翻译难点及应对策略研究》，《中国俄语教学》，2019年第4期。

（作者：鲍红，北京大学副教授）

文 学

文 艺 学

吴子林 陈 加

一、学术活动概况

2019年3月30日—4月1日，由中国人民大学文学院主办的"文艺理论的现状与未来：新时期文学理论的嬗变与走向"学术研讨会在中国人民大学召开。该会议旨在反思和研讨新时期以来中国文艺理论的现状与未来，其中一个重要议题是以学术研讨的方式追思中国人民大学已故著名教授陈传才先生。会上，围绕百年中国文艺理论的进展、新时期文学基本理论的成就与问题，新时期马克思主义文艺理论的基本概念、范式和方法等具体问题，以及西方文艺理论的最新进展、中西方文艺理论汇通等主题，数十位与会专家学者展开了深入研讨。

中国社会科学院文学研究所于2019年5月26—27日在北京召开了"中国文学研究70年"学术研讨会。该会议会聚了国内文学研究领域的知名学者，分别从马克思主义文艺理论、中国古代文学和现当代文学研究领域进行了充分研讨，围绕马克思主义文艺理论的历史语境转换与范式创新、马克思主义文学批评的研究方法、讲好中国故事与中国叙事传统的与时俱进、中国特色文学理论建构的历史经验等重要议题，尝试总结"诗言志"的文化纲领、古典文学研究在当代文化建设中的贡献与责任，阐释民间文艺学的双重建构、海峡两岸的连带视野、比较文学的中国话语等，深化和拓展新兴学科的研究理路。与会者从不同侧面观照了70年来中国文学研究的巨大成就与经验，同时也展望了学科创新的方式与方法。对中国文学研究70年的回顾与总结，既是中国文学研究的一次盛会，也将成为未来中国文学研究学科发展与创新的一次契机。

2019年10月21—23日，北京师范大学文艺学研究中心和美国西北大学德语文学和批判理论研究项目作为共同主办方，于北京师范大学召开了"审美、社会与批评理论的旅行"国际学术会议。本次会议邀请了美国西北大学塞缪尔·韦伯（Samuel Weber）教授和彼得·芬沃斯（Peter Fenves）教授，美国加州大学伯克利分校马丁·杰伊（Martin Jay）教授，法国巴黎第十大学阿兰·米隆（Alain Milon）教授以及其他海外学者，也邀请了清华大学、复旦大学、中国人民大学等国内高校的相关领域专家。会议以批判理论的双重关切"审美和社会"为视域，以理论旅行中诸文化的交汇融合为契机，不局限于欧洲文化的单一立场，不拘泥于理论概念的抽象言说，从跨学科、跨地域的多维视角透视批判理论形成发展的复杂历史文化语境，展现该理论穿行于世界文明、门类艺术和现代社会之间的阐释活力。本次会议的丰硕成果，体现了它逐渐走出以欧洲思想为中心的话语圈子，广泛与亚洲特别是东亚地区建立了思想关联，发现了它与这些区域思想、历史、文学、艺术隐秘错综而不可忽视的联系。

2019 年 11 月 9—10 日，由中国艺术研究院主办，中国人民大学文学院、清华大学人文学院合办，文艺研究杂志社承办，首都师范大学文艺美学高水平创新团队协办的“改革开放四十年中国文艺理论建设暨《文艺研究》创刊四十周年学术研讨会”在北京举行。来自全国 40 余所高校和科研机构的资深学者、人文社科界重量级期刊代表及媒体记者共计 130 余人与会。研讨会期间，与会学者分别围绕“改革开放四十年文艺理论建设历史回顾”“中国文艺理论前沿问题”“中西文论比较问题”“《文艺研究》与文艺理论期刊建设”等 4 个议题进行了专题发言和交流互动。此外，与会学者还就中国学术期刊如何有效策划选题、如何加强跨学科交流、如何增强国际影响力等问题展开了热烈讨论，提出了若干新思路和新见解。

二、重要出版著作

钱中文《新理性精神与当代文论建设》（黄山书社）立足于今天全球化的语境，积极思考西方文化思潮及市场经济对中国当代文化和文论研究的影响。钱中文提出“新理性精神”文学论，从 4 个方面探讨了“新理性精神”的内涵。“新理性精神”以现代性为指导，以新的人文精神为内涵与核心，倡导在人与人之间、学术探讨之中确立一种交往对话主义的关系。这是一种新的文化、文学艺术的价值观。

高建平等著《当代中国文学批评观念史》（中国社会科学出版社）系统梳理了从新中国成立到 2019 年当代中国文学批评观念的发展情况。书稿按“史”的顺序，提炼出“现实主义文艺理论体系”的建设与深化、困境与复兴的线索，深入分析了“文艺批评与文艺意识形态建设”“科学方法论在文学领域的历险”“文学是人学”等具有标识性、在中国文学批评史上具有重要意义的问题，并作出了客观评价。

李春青《中国诗学：从古典到现代》（黄山书社）是关于诗学的专题研究，内容主要包括 3 个方面：一是中国古代诗学观念的生成、演变，涉及儒家思想与诗学的关系、文人身份与诗学观念的关系；二是关于中国古代诗学的研究方法，主要包括中国文化诗学的理论与实践及其基本特点；三是中国诗学传统的现代断裂与重建，主要阐述中国现代如何在中国古典诗学与西方诗学的双重影响下逐渐建立新传统的问题，具有很高的学术价值。

李春青《在文本与历史之间——中国古代诗学意义生成模式探微》（人民出版社）第一编“观念分析”阐释了中国古代哲学思想对诗学观念的决定性影响，同时也揭示了诗学背后隐含的深层文化意蕴。分别论述了以儒学和老庄之学为代表的诸子之学对先秦诗学的影响，两汉经学与诗学之间的互动关系，魏晋玄学与诗学的关系。第二编“范畴分析”深入探讨了中国古代诗学中几对核心范畴形成的历史轨迹与文化蕴含，具体分析了“文”与“道”、“自然”与“丽”等范畴产生的历史轨迹，及其与士人心态之间的密切关联。第三编“文本分析”旨在揭示蕴含于文学文本之中的诗学观念与文化意义。

王岳川《当代西方美学主潮》（黄山书社）集中展示了 20 世纪后半叶西方美学研究中影响深远的 6 个主要流派，旨在为深入了解当代西方美学主潮提供一个独到的视域。该书力求以中国美学研究者的眼光重新审理 20 世纪西方美学中重要的理论现象，分析其得失，发现其内在的美学精神，为创立中国当代美学流派做一些基础清理性的工作。

吴子林《文学瞽论》（黄山书社）围绕“文学与意识形态”“文学与政治”“文学与信仰”“文学与文化”“文学与意义”等几大主题，展开较为细致深入的思考。该著竭力沟通古今中西，化书本知识为性灵体悟，化知识为人生智慧，执着于一种精神的探险，理智与情感交融，经验与超验汇合，系统呈现了个人对文学的多层面的理解。

金惠敏《差异即对话》（中国社会科学出版社）以“差异即对话”为主题，重点探讨了文化的差异性问题，主张文化之间的对话与共同发展。该书一方面意在反对某些后现代和后殖民理论家以文化差异和特色拒绝异质文化的进入，拒绝文明互鉴和文明对话的观点；另一方面也是为了解构价值观上的西方霸权主义，将西方价值地方化、语境化、文化化；其最终目标则是形成“价值星丛”或“文化星丛”。该书分为上、中、下三编，上编侧重于宏观理论，中编侧重于文化研究和文化问题，下编侧重于文艺理论和美学研究。

金永兵《马克思主义文论与中国问题》（文化艺术出版社）基于文艺问题性的时代变化，分别从当代的文艺新现实与理论新挑战、当代马克思主义文论的中国问题和中国马克思主义的构建等方面，探讨了马克思主义理论与美学面对当代中国社会的急剧转型及文艺的快速发展变化的现实。该书重点对西方马克思主义理论家和中国当代马克思主义文论家做了个案分析，考察他们面对各自独特的时代命题所做的富有价值的理论探索，尤其是深入分析了作为中国当代马克思主义的习近平文艺思想的丰富面向和理论特质，以此为中国当代文论发展提供丰富而有力的理论思索。

方维规《概念的历史分量》（北京大学出版社）将起源于德国学界的“概念史”研究方法介绍到中国，对于西学东渐过程中的一些重要概念在中国的产生和流传历史，中外学界至今存在“以讹传讹”的现象极力做了“正本清源”的厘定。例如，通过探究“夷”“洋”“西”“外”及其相关概念，探讨近现代中国“文明”“文化”观；对“民族”及相关核心概念进行通考；对“经济”译名进行溯源；对“知识分子”概念进行辨析……该书试图用“概念史”方法进行翔实的知识考古，以结构性的目光来理解近代历史演进的内在脉络。

方维规《海外汉学与中国文论（欧洲卷）》（北京师范大学出版社）是中国学界关于欧洲汉学之中国古代文论研究的较为系统的考察和评论。该书专注于疏通主要知识范型，进而讨论欧洲汉学界对于中国古典文论的思考和认识，对欧洲大陆四大汉学重镇（意大利、法国、德国、俄国）的中国古文论研究各设专章，通过整体扫描与个案研究相结合的方式，集中辨析中国古文论研究在欧洲的主要方式和发展方向，深入地探讨这一研究领域与诸如美学、哲学、历史学、政治学等其他研究领域之间的互动和关系，呈现出欧洲中国古代文论研究的清晰形貌，并将有利于中国学界了解欧洲汉学古代文论研究的大致情况。

三、学术研究概况

2019年正值五四运动100周年，又是中华人民共和国70华诞。在这个具有历史意义的重要时刻，文艺理论研究界在马克思主义文论、中国古代文论、西方文论、美学研究以及文学理论体系建构等论域，推出许多让人耳目一新、分量厚重的研究成果，提出了不少体现原创性、时代性的思想灼见，一个走向未来创境、臻于成熟的中国文艺理论体系已然呼之欲出。兹择北京地区文艺学研究其要予以评述。

1. 马克思主义文艺理论研究

1940年前后，大批受到先进思想熏陶的文化人来到延安，为了尽快将他们纳入革命队伍，中国共产党开展了文艺体制建设。刘卓研究了延安时期的文艺体制，指出延安时期的文艺体制着眼于文化人的自我改造和成长，重心在于思想、立场的一致；延安文艺体制的组织性源于同时期共产党的党建经验，通过将作家与党的关系转变为作家与群众的关系，使作家们自觉成为无产阶级自己的“有机知识分子”。“群众”在作家的改造过程中具有重要作用，是延安时期文艺体制的关键理论装置，作家与群众的关系构成了延安文艺体制的“非制度性”基础。①

李圣传追溯了中国国民经济调整期（1960—1962）文学理论的话语建设，指出以周恩来为代表的中央领导人的系列报告、讲话为当时极端教条化、政治化的文艺氛围松了绑，勉力营造出了较为健康的政治局面，为“总结中国经验”的全国高等学校文科教材编写工作提供了历史机遇。该时期中国文科教材努力突破“苏联模式”，创造符合中国国情、具有中国特色的理论教材，产生了一批有代表性的学术成果。尽管未能彻底摆脱“苏联模式”，且随后由于国际国内形势突变，这一探索进程也戛然中止，但仍然为新时期以来的文艺理论、人文科学的健康发展开启了方向。②

刘方喜提出，新中国成立70年来的文论话语经历了3个问题域：以前30年为代表的“文艺与政治关系问题域”，理论焦点聚于文学艺术的意识形态性；改革开放后凸显的“文艺与市场关系问题域”，主要反思市场经济冲击下的文学生产；21世纪以来逐渐呈现的“文艺与技术关系问题域”，因应于互联网与人工智能对文艺生产—消费过程的巨大影响。这三大问题域具有鲜明的时代特点，但并不“代谢”，而是在当下交织并存着。这三大问题域都具有马克思主义的话语空间，立足于马克思的生产工艺学批判理论，在理论建构中整合这三大问题域，将是中国马克思主义文论的重大创新点。③

时胜勋探析了中国当代政治文论的概念内涵、理论再生产机制与文化归宿，指出中国当代政治文论就是与现实政治实践密切联系并彰显主流意识形态价值的文论。他将中国当代政治文论的生产主体分为政党领袖、文宣管理干部、学者型马克思主义文论家和学者型文论家4类予以阐述，指出中国当代政治文论的再生产机制大体有3个方面：一是吸收马克思主义文艺思想的历史遗产；二是在积极应对社会现实中理解、把握当前的文化文艺现象；三是吸收、借鉴古典文论和西方文论等有益资源。当前中国政治文论的最大困境在于政治的符号化与学术的薄弱，中国当代政治文论应处理好自身与时代的关系，凭借自身特色与其他中国当代文论共同促进文艺发展，最终归宿于中华文化精神传统。[4]

张炯系统阐述了习近平关于文艺重要论述的理论背景和历史渊源，指出习近平的文艺观念以马克思主义为底色，萃取了中外文论的精华；既继承了中国共产党的文艺理念传统，又针对性地回答了时代提出的问题，是对马克思主义文论的丰富和发展。习近平关于文艺的论述至少涵盖了文艺与时代的关系、文艺与人民的关系、文艺与真善美的关系、文艺的思想性和艺术性与中国精神的关系、党与文艺的关系等 5 个方面。习近平关于文艺的重要论述有重大的历史意义：第一，从多方面发展了马克思主义文艺理论，具有普遍的指导意义；第二，密切结合中国古今文艺实践，特别注意继承、发扬中国优良传统，讲好中国故事；第三，具有中华民族伟大复兴和构建人类命运共同体的宏大视野，对当前时代提出的问题给出了正确回答，为新时代文艺的繁荣兴盛开辟广阔的道路，对世界各国人民文艺的发展也具有长远的启示作用。[5]

刘跃进指出，坚持马克思主义的指导地位，坚守中华文化立场，立足当代社会现实，这是 70 年来中国文学研究学术体系建设的思想基础。遵循学术规律，整合学科优势，夯实研究基础，彰显学术特色，这是 70 年来中国文学研究学术体系建设的重要收获。总结历史经验，中国文学研究学术体系建设的核心要义，就是要坚持以人民为中心，面向现代化、面向世界、面向未来，坚持走民族化、科学化、大众化的道路。只有关注时代、关注社会、关注民生，我们的研究才能更有效地实现文学研究的价值，才能更深刻地彰显学术成果的意义。[6]

2. 中国古代文论研究

李春青研究了文人“相轻”与“自轻”现象。他发现，在历史上士人对自己的这一文人身份常常表现出某种轻视，对此我们称之为“文人自轻”现象；这种现象的产生有着复杂的原因，根本上是由于对于士人阶层而言，诗文书画虽然具有重要功能，却始终只是雅好，不是一种职业，故不足以使人安身立命，也就不能获得真正的自律性，其合法性乃来自其他“场域”。这一现象与“文人相轻”现象构成某种矛盾：“文人相轻”说明在文人眼中“文人身份”具有重要性；“文人自轻”现象则说明对一个文人来说吟诗作赋并非人生最高追求。这种“相轻”与“自轻”矛盾状态对于中国古代文艺思想的发展演变产生了重要影响。[7]

周兴陆指出，自西方而来的 Literature，译为中国传统的“文学”，二者从内涵到外延都有一个对接榫合的过程。晚清的骈体正宗论，重新解释传统的“文笔”论，引申出“美文”概念，继而接引了西方的“纯文学”观念。国人接受了西方的审美主情论，特别是戴昆西“知的文学”与“情的文学”的分野，走出大文学、杂文学的传统，确立了“纯文学”的观念。“纯文学”引入中国后，一度采用“三分法”，以诗歌、小说、戏曲为正宗，排斥散文于文学之外；但是因为强大的散文传统和繁盛的现代散文创作，促使现代文论修正“三分法”，增入散文而形成具有中国特色的“四分法”。在外患内忧交困的艰难时势中，传统的“文以载道”虽曾遭到激烈抨击，但功利主义文学观在 20 世纪三四十年代得到重新确立，审美超功利的“纯文学”并没有绽放出绚丽的花朵，相反，它的某些先天不足倒是值得省思的。[8]

余开亮以郭象《庄子注》的玄冥观为切口，揭示了审美意象创构的玄学理路。郭象思想中物我关系与庄子心物关系有别：其一，庄子心物关系的展开立足于主体心性的精神境界，郭象物我关系则立足于主体的生命本性；其二，庄子的物观念表现为超越表象的本然之物，郭象的物观念则表现为各具其性的“殊物”。基于物我关系的理念，郭象玄冥观的展开就是人之本性与物之本性的直接照面，从而具有丰富的美学意蕴，导向了不同于汉魏“感物缘情”的“寓目美学”观，为东晋以来的诗歌风尚从重情志转为重物色奠定哲学基础，对山水诗的出现贡献极大。审美意象创构的玄化路径，具有摒弃感物之人情而充满物我之玄思的特点，刘勰、钟嵘调和“寓目美学”“感物缘情”，催生出了“情景交融”的诗学观念。[9]

中国文学批评有一个象喻传统，其所取譬对象有人体自身、人文器物和自然物 3 类。冯晓玲指出，自然物之喻发端于汉末魏晋，壮大、成熟于唐宋元，于明清拓展到戏曲、小说等领域。自然物之喻有深厚的学理依据。首先，文学作品的发生与自然物之间具有内在联系；其次，“物象表达”符合中国美学传统和中国哲学观物取象的认识论传统；再次，自然物之喻符合中国美学的农业文明特征；最后，自然物之喻所代表的“泛宇宙生命化”批评符合中国哲学的宇宙生命观。自然物之喻有多方面的意义：联结文学世界与自然世界，拓展文学艺术的言说空间和意蕴空间；打通多种艺术批评之间的界限，形成一批中国美学中常用的自然物象批评语言；强化中国文学批评、中国美学的生命意识和抒情传统。[10]

冷霜指出，“新时期”以来，从王瑶开始，学界对新诗与古典诗歌之间关联的研究日益增多。在文学“现代化”的研究诉求下，人们主要通过梳理、考察中国现代主义诗歌的艺术探索，逐渐形成了“中西诗艺的融合”这一新诗史叙述。古典诗歌“传统”在这一联系中具有支配性的地位，新诗的创作实践呈现了其中复杂的继承性关系。[11]

3. 西方文论研究

刘小枫指出，古希腊“诗学”诞生于对民主政治的哲学思考。他考察了古希腊“诗”和“诗学”的起源，发现古希腊词汇 poiētēs（诗人）和 poiēsis（诗）目前最早可见于希罗多德的《原史》。从《原史》中“诗”一词的使用入手，刘小枫研究了希罗多德关于荷马等人的诗论，并通过回到希罗多德所处的历史语境，对希罗多德的诗式史书写作加以细致的考察。古希腊人的作诗恰恰发生于雅典民主政治时期，此时雅典诗人们主要在其创作中思考民主政治的德行品质问题。从文本看，希罗多德的《原史》正是因应时代所做的纪事之诗，但希罗多德对民主政治的态度并不明朗，在其《原史》的制作中，他不曾观念先行。尽管人们围绕希罗多德的修辞产生了诸多议论，但希罗多德“尽量让故事本身说话”的叙事无疑极富生气。[12]

张永清追溯了“白尔尼—海涅论争”的起因、经过和结果，阐发了这一文学批评历史事件的当代意义。白尔尼和海涅的论争源于“歌德论战”，其焦点在于歌德在法军入侵时期的政治不作为。白尔尼对歌德的政治态度持激烈的批判，认为海涅是个党派观念不专的家伙；海涅则对歌德持折中态度，并从艺术维度为歌德辩护。“歌德论战”和“白尔尼—海涅论争”的实质在于：如何看待诗人的政治态度，如何看待文学与革命、艺术与现实之间的关系。在当时的情境下，白尔尼获得了更多的赞誉和肯定，其社会、政治影响力远超海涅；海涅在当时则多遭批判，却在后来的岁月中文学声名愈隆。“白尔尼—海涅论争”表明，对文学批评的政治之维、审美之维等的价值评判应从社会历史语境出发，应从现实问题出发；文学批评应恪守批评的边界，真正的文学批评应是真诚的、理解的、同情的批评。[13]

钱翰以罗兰·巴特的思想发展为线索，发现“中性”一词贯穿其一生的思考，然而这个词并没有明确的定义，也缺乏严格的内涵和外延，我们应该将其视为罗兰·巴特用来表达其文学和生活美学风格的理论工具。在罗兰·巴特的文学思想中，“中性”最初指向一种纯净的文学写作，不受任何意识形态或象征符号的污染；后来“中性”不再是回归“零度的写作”，而显现为对多元现实的接纳，差异和杂多成为“中性”的新特点。罗兰·巴特认为，所谓意义、价值、意识形态都形成于人在聚合关系中的选择，“中性”意味着破除此聚合关系，从而破除价值偏执，为意识形态祛魅，最终达到自由。“中性”也是罗兰·巴特的生存风格，他基本不参与政治活动。但悖论的是，“中性”实际上也是一种对价值的执着，罗兰·巴特在显示自己对政治活动的“中性”态度时，仍然无法释怀自己的政治立场。[14]

4. 文学基本理论与美学研究

高建平追溯了文学理论的性质及其形成学科的历史，指出文学理论至少有两种形态：一种是关于文学的零散的理论言说，作者并非职业的文学理论家；一种是关于文学理论的系统言论，作者有意识地进行文学理论建构。当代中国文学理论有五大理论资源，分别为革命根据地文学理论、俄苏文学理论、中国古代文学理论、西方文学理论和“五四”以来的现代中国文学理论。1949 年后的文艺学将文学艺术视为意识形态并不完全符合实际，相比之下，文学艺术更是一种社会文化现象。高建平还将文学理论分为规范性的与描述性的，倡导理论应当有助于文学创作、文学批评和文学史写作，并能够介入社会问题；既要广泛采纳其他学科的方法和成果深化文学研究，又要拒斥“没有文学的文学理论”。他为当下的中国文学理论建设提示了 3 个关键词：“拿来主义”“实践检验”“自主创新”。[15]

陶东风指出，新时期以来文学理论的范式演变与体系建构经历了 5 个阶段：1978 年前后以“为文艺正名”为核心的“向内转”思潮，否定“文艺工具论”，同时强调文艺的语言/形式/符号属性和精神/心理/心灵属性；1992 年以后，后现代、后殖民主义等“后学”涌入，现代性成为反思对象；与“后学”几乎同时开始的文化研究及其本土化；援接文化研究进入文学理论的建构；重新审视文学与政治的关系。与此同时，陶东风坦陈了个人的学术思想历程，为中国当代文论建构提供了一例鲜活的标本。[16]

吴子林努力探索一种融通中西古今的思想与言说方式的述学文体，身体力行地倡导“毕达哥拉斯文体”的写作。其哲思路径有二：其一，返回中国文化之“本源”，通过“回向”即“深入历史语境”的

“处境分析”，祛除“理障”或“知识障”，在“进”—“出”—“进”反复往返的研究过程中，既明“事理”又通“心理”。其二，“思即言”，一方面接续中国古代悠远的述学传统，包括五四文人之“文脉”；另一方面汲取西方“Essay”的创造性文体实践成果，融通“隐喻”型与“演绎”型两种述学文体，构建一种“没有体系的体系”，与永远处于变化之中的思维相汇合。⑰

彭锋梳理了“现代美学”的源流，将设定了时间、地域和类型等含义的现代美学称为狭义现代美学。狭义现代美学认为，现代美学乃是诞生于18世纪欧洲、以审美无利害性概念为核心的美学。彭锋指出，狭义现代美学的观点乃是一个经由克里斯特勒、斯托尔尼茨、盖耶等人逐步建立起来的神话，其立论基石并不牢靠，受到诸多美学史家的质疑。据此，彭锋提出“普遍现代美学”的观念，其形式特征是多样性和国际化。中国现代美学也构成了普遍现代美学的一种独特类型，美学的现代进程不是推行某种版本的美学，而是促进不同美学传统之间的对话，在对话过程中敞开新的理论前景。⑱

祝晓风研究了钟惦棐的电影美学，指出其根本特性是实践性，即从实践中来，自觉地接受实践检验，积极地指导电影创作实践并取得重要的创作实绩。钟惦棐的电影美学具有原创性、融通性（打通电影的内部研究与外部研究）、高度理论性和反对洋教条。作为马克思主义理论家，钟惦棐坚持真理、独立思考的精神，启发、鼓舞了一代又一代后辈学者。⑲

2003年伊始的“日常生活审美化”讨论是一个影响较大的理论事件，赵勇重返历史现场，还原了童庆炳与陶东风师徒之间的论争场景，认为这是“现代型知识分子”与“后现代型知识分子”之争，是“立法者”与“阐释者”之争，是文学理论界“两条路线”之争，一如当年英国的威廉斯—利维斯之争。不过，这“两条路线”没有绝对的是非对错，文化诗学与文化研究之间不是“非此即彼”、你死我活，而应“亦此亦彼”，并行不悖：我们可以在文学与大众文化的“结合部”展开思考，在文学研究与文化研究之间产生一种新的研究范式。⑳

王一川分析了文艺美学的3次转向与当前文学的间性特征。文艺美学是伴随改革开放时代而兴并引发争议的学科，先后经历3次转向：文艺学的美学论转向，表明文学研究范式从政治论范式向美学论范式转型；文艺学的文化论转向，力求走出纯审美圣殿而面向文化原野开放；文艺学的语言艺术论转向，意味着重返文学作为语言艺术这个现代性原点。王一川认为，当前重建语言艺术论范式需要在若干层面同时推进：一为文归于艺和文以导艺，二为文异于艺和文先于艺，三为文入于艺、文为艺魂，四为文入文化、文导文化；还需深探当前文学的间性特征，重新认识在艺成文、文为艺心及艺导文化等文学特性。今日文化更应当注重语言艺术的引导，从而更应当成为语言艺术引导的文化即语艺文化。㉑

注：

①刘卓：《“群众的位置”——谈延安时期文艺体制的“非制度性”基础》，《陕西师范大学学报（哲学社会科学版）》，2019年第1期。

②李圣传：《经济调整期文学理论话语的突破和重建》，《中国文学批评》，2019年第3期。

③刘方喜：《文艺与政治、经济、技术：七十年文论问题域的演进》，《中国文学批评》，2019年第3期。

④时胜勋：《试论中国当代政治文论的概念、机制与归宿》，《澳门理工大学学报（人文社会科学版）》，2019年第1期。

⑤张炯：《论习近平关于文艺的系列论述及其历史意义》，《中国当代文学研究》，2019年第1期。

⑥刘跃进：《70年来中国文学研究的学术体系建构》，《文学评论》，2019年第5期。

⑦李春青：《论文人的“相轻”与“自轻”》，《文学评论》，2019年第5期。

⑧周兴陆：《“文学”概念的古今榫合》，《文学评论》，2019年第5期。

⑨余开亮：《郭象玄冥观与审美意象创构的玄学理路》，《学术月刊》，2019年第2期。

⑩冯晓玲：《自然物之喻与中国文学批评》，《文艺理论研究》，2019年第3期。

⑪冷霜：《“中西诗艺的融合”：一种新诗史叙述的生成与嬗变》，《文学评论》，2019年第4期。

⑫刘小枫：《希罗多德与古希腊诗术的起源》，《文艺理论研究》，2019年第1期。

⑬张永清：《“白尔尼—海涅论争”及其当代意义》，《西北大学学报（哲学社会科学版）》，2019年第1期。

⑭钱翰：《“中性”作为罗兰·巴特的风格》，《文艺研究》，2019年第2期。

⑮高建平：《论“文学理论”》，《澳门理工大学学

报（人文社会科学版）》，2019年第3期。

⑯陶东风：《新时期文学理论的范式演变与体系建构》，《文艺研究》，2019年第11期。

⑰吴子林：《“投入智慧女神的怀抱”——“毕达哥拉斯文体”的哲思路径及其意义》，《清华大学学报（哲学社会科学版）》，2019年第5期。

⑱彭锋：《现代美学神话的建构与解构》，《文艺争鸣》，2019年第4期。

⑲祝晓风：《论钟惦棐电影美学的实践性和原创性》，《文学评论》，2019年第6期。

⑳赵勇：《日常生活审美化与童庆炳—陶东风之争——一个理论事件的回顾与反思》，《文艺争鸣》，2019年第1期。

㉑王一川：《回到语言艺术原点——文艺美学的三次转向与当前文学的间性特征》，《文学评论》，2019年第2期。

（作者：吴子林，中国社会科学院研究员；陈加，中国社会科学院大学硕士生）

先秦两汉文学

罗姝鸥　常　森

2019年度，北京地区先秦两汉文学研究的成果主要集中在以下几方面：一、出土文献相关研究；二、作家作品相关研究；三、文学史相关研究；四、学术史、思想史、文化史相关研究；五、其他方面研究（附通讯）。

一、出土文献相关研究

上海博物馆藏战国楚竹书《诗论》（学术界亦往往称之为《孔子诗论》），是《诗经》学史乃至中国一般诗学史上最重要的出土文献。而见于湖南长沙马王堆汉墓帛书的《五行》（其核心内容即通常被称为“经”者，后来又见于湖北荆门郭店战国楚墓所出土的竹书），堪称儒家学术思想史上最重要的发现，它使堙没大约两千年之久的子思五行体系重现于人间。常森《简帛〈诗论〉〈五行〉疏证》一书，选择吸收一系列重要前期研究，从更为开阔和充分的学术思想史视野中，对《诗论》《五行》进行诠释和探究，辨正是非，发明本末，为今后文史哲各领域学人使用该文献提供了崭新的校释成果和文本依据；同时，它以诠释和考证文本意涵的形式，呈现了《诗论》《五行》与传世文献更深层次的整合，对春秋战国思想学术史研究也将发挥重要的推动作用。①

常森指出，新出《诗论》载录的主要是孔子的论说，它是关于文本阐释的早期重要经典，具有《诗经》学和一般诗学的重大意义。联系其他新出儒典，可以看出，早期儒家诗学是在“心”“性”“物”三者构成的体系框架之上建构的“言志”“言情”的同一体。“心”“性”“物”在该体系中的强力凸显，“言志”与“言情”的一体性等等，从不同程度上刷新了我们对诗学史的认知。显而易见，《诗论》以及其他相关早期儒典在大约两千年间的突然“缺席”，以《诗序》《毛传》《郑笺》为核心的强大的汉唐《诗经》学形态模式的确立，以及《诗序》碎片化地承继孔子诗学所产生的误导作用，造就了后人对中国早期诗学的巨大认知偏差。②

常森又指出，见于郭店上博竹书的早期儒典已经刷新了我们对先秦思想学术史的一系列认知，对于《墨子》思想之承继儒学者，此前学界的认知流于简单化，既不周全，也不到位。审视早期儒典及《墨子》对“仁”“义”等范畴的界定，考察二家鬼神观念的异同，及其依据视听等经验感知来确认物之实有性的理念，可以确定，孔门七十子及其后学的思想深刻地影响了墨家的核心思想建构。③

清华简《周公之琴舞》中“成王儆毖，琴舞九卒”之一的“元纳启”，与《周颂·敬之》文辞相似，为学界讨论之热点。马银琴认为，《周公之琴舞》通过“琴舞”“启曰”“乱曰”等表现出来的乐歌属性，并非其文辞的本来面目，而是后世改制的结果。其中的歌辞很可能来源于周公致政成王时发生在君臣之间的“儆毖”之语。它们最早只是史官记载的产物，未与仪式配乐发生关联，也未被纳入收录仪式乐歌的《颂》中。至周穆王经历家难、仓促继位时，通过“言古以剀今”的改制，周成王“自儆”的“元纳启曰”，遂成为周穆王继位典礼上“诸侯进戒嗣王”的《敬之》。经过改制配入仪式，既是《周公之琴舞》的“元纳启曰”进入《周颂》的途径，同时也是导致《敬之》在情感上游离于《闵予小子》

等3首诗歌的根源。就周代仪式乐歌的制作方式而言，“言古以剀今”的《敬之》提供了一个范例。尽管《周公之琴舞》的“儆毖”属性与后世“疾而歌之”的讽刺之“诗”略有不同，但“言古以剀今”的方式所包含的纳谏意味，以及诗歌本身的“儆毖”主题，仍然让《敬之》成为周代诗歌史上最早的具有“诗”之意味、并借助于仪式变成乐歌的作品，为后世“诗人仪式”的正式登场开启了方便之门。④

常森还从整体上讨论了新出土简帛古书对中国古典学的意义。他认为，正是在古典学意义上，新出简帛的价值得到了有力的凸显。《诗论》《五行》等新出秦汉以前的文献（从时间上说，它们大约关联着从孔子到孔门七十子以及子思子的时代），是照亮先秦学术思想史一系列巨大黑洞的光。因为它们，很多极为重要的学术思想关联和轨迹在失踪千百年后重现人间，中国古典学本体及其研究和认知被刷新、被改写，令人既惊且喜。中国古典学因此不得不重新开始。相信简帛古书的价值仍将得到持续不断的发掘。⑤

二、作家作品相关研究

诗歌方面，赵敏俐对《诗经》与《楚辞》皆有论述，他基于诗歌艺术本质，探讨了《诗经》语助词及嗟叹词的特点和功能，此外还研究了屈原职务与其创作之间的关系。李山探讨了《小雅·楚茨》的题材归属及其中所突出的“礼仪”意识，又跟蒋清宇一同辨析了《周颂》31篇诗歌的属性。散文方面，围绕《庄子》的值得关注：于雪棠分别从“公共理性”与“公共话语”两个角度，探讨了《庄子》的思想方法、话语方式，以及《逍遥游》的主旨；程苏东探讨了《庄子·让王》篇的文本问题。除此之外，过常宝讨论了《史记·太史公自序》中世系与统系的建构问题。具体情况如下：

前人研究大多从语法学角度探讨《诗经》中语助词的功用，然而《诗经》毕竟是歌唱的艺术，其语言运用首先是基于情感表达和歌唱的需要。赵敏俐《〈诗经〉嗟叹词与语助词的音乐及诗体功能》一文，试图回归到诗歌艺术的本身，来探讨《诗经》语助词的特点。他从语助词中重新发掘并界定了“嗟叹词”的意义，并且从音乐功能与诗体功能两方面入手，重新审视了中国早期诗歌中嗟叹词与语助词在声音组合与四言诗体建构中的重要作用。赵敏俐从早期诗乐一体的角度出发研究《诗经》中的嗟叹词与语助词，可以更深入地了解嗟叹词与语助词的产生与功能，使我们对中国诗歌体式发展演变有了新的认识。⑥

从《毛诗序》开始，人们便将《周颂》诸篇视为“告神明”的献祭乐章。而根据李山、蒋清宇《颂歌献给谁——论〈诗经〉雅颂祭祖诗篇的“礼乐”品格》一文所做的考察，《周颂》31篇诗歌中，《清庙》《维清》《臣工》《噫嘻》《有瞽》《有客》《振鹭》《敬之》《载见》《闵予小子》《访落》《烈文》《小毖》等10余篇皆非宗庙献祭神明的诗歌。就具体情况而言，在那些献祭神明的诗篇中，也不是所有祖宗都得到了祭祀献歌的待遇。《周颂》祭祀诗在祭祀对象上有“周文王”与“后稷”两个中心。献颂周文王，是因为“文王受命”，祭祖诗篇宣明这一点有两方面的意义：其一是确证西周王朝的法理基础，其二是凝聚众多文王子孙以及殷商遗民。献歌始祖后稷，歌颂其“立我烝民”的功德，则是有意把周人的历史与尧舜的文明统绪相连接，从历史的维度确证周代统治的合法性。由此，古老的祭祖之礼嬗变为新的礼乐文明的组成部分。⑦

《小雅·楚茨》因强调“粢盛”出自藉田，而常被归于农事题材，而实际上此诗虽表现出了对农耕的重视，其主旨却在于表现一场年终以藉田所产“粢盛”祭祖的典礼。由此李山以为就这个内容来说，将其划入“祭祀类”题材似乎更为合理。李山《凝铸传统的诗篇——论〈诗经·小雅·楚茨〉的仪式书写》一文，从“书写”角度切入，解析《楚茨》篇重在表现年终以藉田所产粮食祭祖的特点，进一步讨论西周农耕意识的变化及以典礼凝聚传统的文化方式。典礼具有保存传统记忆的价值，而将典礼凝铸在诗篇中，经由传唱，可以将典礼所高扬的传统深植于人们的记忆中，久远流传。这就使得《楚茨》有别于《周颂》中《噫嘻》《臣工》等篇，而别具意义。⑧

艺术创作不只是天才的产物，还需要具备相应的专业修养。屈原作为中国历史上第一位伟大的个体诗人，其艺术成就的取得与其所从事的事业有着直接的关系。赵敏俐《屈原职务与其创作关系》一文考证了屈原所曾担任的“三闾大夫”与“左徒”二职的职责，认为其职能皆与楚国巫术活动相关，屈原可能兼神职、宗职、政职于一身。屈原所承担的职务，使他有条件比其他人学习和掌握更多的历史文化知识和诗歌艺术技巧，奠定了他作为诗人的艺术创作基础，这是他创作出《离骚》《九歌》等优秀作品的知识背景和艺术条件。从艺术生产的角度来讲，任此二职期间的屈原可以称得上是一个“半专职的艺术家”。而屈原的人生及其歌诗艺术生产活动也被其政治遭遇分割为前后两期，“早期的屈原处于人生得意之时，又在楚国任有要职，是一个半专职的艺术家；而后期的屈原由于政治上的失意而远离朝廷，则逐渐由一个半专职的艺术家变成了身遭不幸、忧国忧民的个体歌诗艺术生产者。由于屈原在楚国的实际社会生活中扮演了这样两种不同角色，他个人一生的歌诗艺术创作相应的也大致可以分成两种不同类型，一类是《九歌》《招魂》，一类是《离骚》《九章》《天问》”。屈原从早期的“半专职的艺术家”转变为“个体抒情诗人”，以其丰富的艺术实践，开启了中国诗歌创作从群体到个体、从歌诗到诵诗的历史转化。由此可进一步认识屈原在中国诗歌发展史上的重要意义。[9]

于雪棠《从战国公共理性看〈庄子〉的思想方法与话语方式》一文引进了当代英美政治哲学领域中的“公共理性”概念，从这一新角度，将《庄子》作为主要研究对象，考察了战国诸子的思想方法与话语方式。她认为，“辨”是战国诸子普遍运用的思想方法，而“辩”是诸子普遍运用的话语方式，二者构成战国公共理性的两大基石。儒、墨、道、法、名诸家不仅实践了“辨”与“辩”的方法，还对二者的特点进行了具体的论述。诸子均重“辨”，但对“辩”的态度参差不一。战国论辩之风的盛行，也催生了众多侧重辨析的公共议题。虽然《庄子》有齐物之论，但辨察物之分际，疑析概念之确定性，亦是其重要方法。《庄子》虽标举“辩不若默”，然而论辩是其常用的话语方式。《庄子》之辨的展开方式是“命名”与“析理”。其“命名”，是在纯思理的世界提出概念，并加以界定。而推进式地析分，穷究事物之理，是《庄子》之辨的显著特征。《庄子》对某些公共议题的辨析，其命名、析理的方式，不仅具有鲜明的学派特色，而且拓展、深化了战国公共理性的内涵。《庄子》以长于辨析的话语方式将战国论辩文的艺术水平提升到了新的高度。[10]

《庄子·逍遥游》篇的主旨，历来众说纷纭。“自得”“自适”等以往解说皆是从篇题入手分析其篇旨，而篇题与文本内容实际上可能并不一致。于雪棠在《〈逍遥游〉的主旨与战国公共话语——兼及文本问题》一文中，基于文本内容解析《逍遥游》之主旨，认为其主旨不是“逍遥”与“游”，也不是追求精神的绝对自由，而是小大之辩和无己、无功、无名。《逍遥游》中的“逍遥”与“游”都是在“小大之辩”主旨上旁逸而出的卮言。小大之辩的提出，则与战国公共话语有关，也有庄子为其大言做辩护的意图。而己、功、名，也属于战国公共话语。《逍遥游》中无己、无功、无名之说，主要是针对儒墨两家而发。此外，对于《庄子》内七篇为庄周作的传统观点，现当代有些学者提出了质疑。于雪棠从《逍遥游》主旨角度考察文本，认为其全文具有清晰的论说逻辑，尽管呈现出“卮言曼衍”的文本形态，但并不能因此将它视为片段性文字的组合。然而其文本缺乏对“至人无己”的申说，或许存在脱文情况。[11]

《庄子·让王》篇的真伪、成书时代及其与《吕氏春秋》相关互见文本之间的关系，历来是学界关注的问题。程苏东《〈庄子·让王〉脱文辑证——基于衍生型文本生成方式的研究》一文，通过对《吕氏春秋》中互见文本的细读，认为其中有部分文本具有较强的异质性特征，应是从其他文本中摘引、截取而来的，其中，《贵生》篇中存在一段与全篇主旨、行文逻辑颇不相符的文本，属于战国秦汉时期衍生型文本中常能看到的“失控的文本”。通过对这段文本与《让王》篇整体结构、行文的多方面比勘，基本可以认定这段文本的原生环境正是《庄子·让王》篇，是在隋代以前即被脱落的一段佚文。而这段佚文，可以帮助我们重建对于《让王》内部结构及思想的认识，同时也为我们认识早期文本的“结章”艺术提供了重要的参考。[12]

在《史记·太史公自序》中，司马迁追溯了自己史官家族的谱系，并将孔子撰《春秋》和“五百年必有王者兴”的统系关联起来，为《史记》的撰述建构了一个具有权威性的职事话语传统。过常宝《世系和统系的构建及其意义——〈史记·太史公自序〉相关内容解读》一文，详细解读了《史记·太史公自序》的相关内容。原本西周时代只有天子能祭祀本族神性始祖，春秋时代则以分野理论来满足诸侯国君的僭越之志，《史记》却将始祖追溯扩展到社会各主要阶层，这反映了汉代文化建设的新需要。司马迁根据《国语》中“程伯休甫”“失其守而为司马氏”一句，将自己的祖先追溯到重、黎，并想当然地认为“司马氏世典周史”，因此构建了一个悠久的史官家世。同时，他还根据孟子“五百年必有王者兴”的观点，强调自己著史继承了一个神圣的王道传统，拥有“贬天子，退诸侯，讨大夫”的特权。司马迁所构建的这两个传统都十分脆弱，但却赋司马迁史官职事以合法性和权威性。[13]

三、文学史相关研究

“诗言志”与“诗缘情”是中国诗学的两大纲

领性命题。自从“诗缘情”说被提出之后，关于“言志”与“缘情”之间的关系问题便被历代学者关注。“诗言志”是周代礼乐背景下围绕《诗经》作品而产生的《诗》学阐释命题，基于《诗》的政教功能，“诗”所言之“志”也表现出密切关联于政治教化的特点。而“诗缘情”则是在有意为文的魏晋时代，以创作者为主体的对于创作机制的探究。马银琴《论“诗言志”与“诗缘情”的关系及其理论嬗变》一文认为，从“诗言志”所代表的阐释批评，到“诗缘情”所表达的根源探究，这个过程蕴含着丰富的历史内容。它既是一个由《诗》到“诗”的意义扩展过程，也是从“情、志一也”到“情”“志”分化的发展过程。同时，它还是一个创作主体由幕后走到台前，最终成为文学活动主宰者的自觉过程。在“缘情而绮靡”的追求让六朝诗歌蜕变为“亡国之音”所引发的反思与讨论中，孔颖达对“诗言志”与“诗缘情”进行了深度整合，使得这两个产生于不同历史时段、具有不同诗学内涵的命题得以相互补足，从而奠定了唐代乃至整个后世诗歌理论的基础。⑭

四、学术史、思想史、文化史相关研究

学术史、思想史及文化史方面，过常宝重新审视了春秋赋诗与“断章取义”现象及其文化意义，于迎春讨论了汉代“文人”群体的复合性特点。具体情况如下：

《左传》襄公二十八年有“赋诗断章，余取所求”的记载。长期以来，人们根据“余取所求”4个字，认为“赋诗断章”即“赋者与听者各取所求，不顾本义，断章取义”之意。过常宝则认为，《左传》中并不存在不顾本义的赋诗情况。相反，在赋诗活动中，诗之本义还相当重要，虽然对本义的理解会有不同，但断章的目的，正是为了更为恰当地利用诗义。他在《春秋赋诗及“断章取义”》一文中，考察了春秋赋诗、“断章取义”现象及其在当时的文化意义。春秋赋诗大多发生在国君为前来聘问会盟的外臣举行的燕礼中。春秋燕礼融合了西周朝聘燕礼和祭礼“燕私”之传统，赋诗受到“燕私”之“无算乐”仪节的影响。“无算乐”本意在于“尽欢”，卿大夫亦借此机会作诗讽谏，而“无算乐”曾催生了西周“献诗”和“采诗”制度。春秋赋诗较为自由，有“慈惠”和“布政”两个功能，这与“无算乐”及其“尽欢”和讽谏的功能相对应。在长期实践中，春秋燕礼赋诗形成了有赋有答、遵守“类”的规范性等规矩。以交流观点、情感为目的的赋诗，使得“断章取义”在所难免。赋诗“观志”、引诗议论与燕礼赋诗有着相近的文化逻辑。“赋诗断章，余取所求”，使得诗从仪式文献转变成为一种权威的世俗话语资源，对中国话语形态的转型有着标志性的意义。⑮

“文人”指中国古代社会中一个特有的人物类型，这个概念具有宽与狭两种含义：宽泛地说，是指有读写能力和一定程度古典人文知识的受教育者，而狭义上说，则是指以诗文为主的艺术性的写作者。这两个范围不同的含义，都与“士”这个社会政治—文化阶层有关。于迎春《论汉代“文人”的复合性》一文立足于狭义“文人”概念，试图以它自先秦到汉代的演变过程为线索，在确立其意义内涵和概念范畴的同时，论析它指涉的人物群体在社会身份和角色上所表现出的复合性特点，以及这一特点与其母体的深刻关系，认为“文人”是从“士”这一社会政治文化阶层内部自然分化出的一个人物集群或类别，始终体现着这个阶层价值的综合性，即道德、事功、学术文化的三位一体。随着“士”在汉代被体制化和行政上的逐步“士大夫”化，文人也获得了多重的社会身份和角色，以此阐释着中国古代文学和社会文化的固有特色。⑯

五、其他方面研究及通讯

“卮言”作为《庄子》独特的言说方式之一，向为学界重视，在英语世界中也不例外。于雪棠对《庄子》各种英译本及相关论文中的“卮言”研究进行了述评。⑰

现存《文选》版本十分复杂，有唐写本系统、李善注系统、五臣注系统、五臣—李善注系统、李善—五臣注系统，等等。其中五臣—李善注较好地保存了李善注的体式和风貌，比单行的李善注本具有更高的研究价值，却一直为研究者所忽略。踪凡总结了自己在钩稽东汉曹大家（班昭）《幽通赋注》佚文时，依赖李善注本以及李善—五臣注（俗称六臣注）本，而忽略五臣—李善注（俗称六家注）本造成数据错误，指出只有全面观照李善注、五臣—李善注、李善—五臣注这3类注本，仔细对勘，才能更好地还原李善注的原貌。⑱

傅刚从文学与史学研究的区别方面，讨论了先秦文学文献学的性质、特征及研究方法。⑲赵敏俐总结了20世纪前期中国文学研究的4个特色，⑳并就《文学遗产》的发展与当下中国古代文学研究提出了一些建设性意见。他认为，如今的古代文学研究最需要做的两件事，是“重新思考中国文学的本质特征”与“重新思考中国文学研究的学科意义”。[21]过常宝强调，中国古代文学是中华传统文化的核心内容之一，也最能体现中国传统文化的特质。对于当代人来说，古代文学除了其超越时代的审美功能之外，本身也是中国优秀传统文化的重要载体，所以，学习古代文学不能离开2000多年的传统文化，古代文学教学也有传播传统文化的责任。[22]方铭发表了关于“回归中国古代歌诗传统”的讲话，[23]又从“乡里制度的形成与演变”“乡里制度的功能与乡贤的选择”“乡土文化的内涵与意义”“乡土温情是国家向心力的基石”等几个方面，讨论了“乡土情怀的文化意义”。[24]

游国恩先生（1899—1978）是享誉中外的楚辞研究专家、文学史家，北京大学教授，著有《先秦文学》《楚辞概论》《离骚纂义》等多部学术专著，主编有《中国文学史》，对中国文学史学科的建设作出了卓越贡献。2019年12月28—29日，由北京大学中文系主办的“纪念游国恩先生诞辰120周年学术研讨会”在北京大学举行。会议吸引了来自海内外的50余名知名学者参加，对游国恩先生建立20世纪新楚辞学的功绩，以及他的文学和文学史观作了深入探讨，一致肯定了由他主编的《中国文学史》教材对后辈学人的深远影响，高度评价了他楚辞学著述的开拓价值和范式意义。此外，与会学者还围绕楚辞学、先秦文学及文献、中国文学史书写三大领域，开展了卓有成效、富有建设意义的研讨，涉及了《诗经》的早期传播、“文学考古”、中国早期书写中的潜文本等前沿话题。在闭幕式上，常森教授总结道，“绝对文学观”阻碍我们进入真正的文学的历史，个性化的文学史书写依然值得重视；而随着大量早期文献的出土，中国古典学的本体发生了深刻变化，新的学术生长点业已形成，游国恩等前辈学者的学行将永远鼓舞我们前进。

注：

①常森：《简帛〈诗论〉〈五行〉疏证》（国家古籍整理出版专项经费资助项目），北京大学出版社，2019年8月。

②常森：《新出土〈诗论〉以及中国早期诗学的体系化根源》，《北京大学学报（哲学社会科学版）》，2019年第1期；中国人民大学书报资料中心《中国古代、近代文学研究》，2019年第6期；中国社会科学杂志社《中国社会科学文摘》，2019年第6期。

③常森：《论〈汤吴之道〉等新见儒典对〈墨子〉思想的影响》，《山东大学中文学报》，2019年第1期（总第1期），山东人民出版社，2019年2月。

④马银琴：《〈周公之琴舞〉与〈周颂·敬之〉的关系——兼论周代仪式乐歌的制作方式》，《清华大学学报（哲学社会科学版）》，2019年第2期。

⑤常森：《从“中国古典学”说起》，《中华读书报》，2019年10月30日。

⑥赵敏俐：《〈诗经〉嗟叹词与语助词的音乐及诗体功能》，《文学遗产》，2019年第6期。

⑦李山、蒋清宇：《颂歌献给谁——论〈诗经〉雅颂祭祖诗篇的“礼乐”品格》，《中南民族大学学报（人文社会科学版）》，2019年第4期。

⑧李山：《凝铸传统的诗篇——论〈诗经·小雅·楚茨〉的仪式书写》，《中国诗歌研究》，第18辑。

⑨赵敏俐：《屈原职务与其创作关系》，《福建师范大学学报（哲学社会科学版）》，2019年第5期。

⑩于雪棠：《从战国公共理性看〈庄子〉的思想方法与话语方式》，《中国社会科学》，2019年第9期。

⑪于雪棠：《〈逍遥游〉的主旨与战国公共话语——兼及文本问题》，《求是学刊》，2019年第5期。

⑫程苏东：《〈庄子·让王〉脱文辑证——基于衍生型文本生成方式的研究》，《复旦大学学报（社会科学版）》，2019年第3期。

⑬过常宝：《世系和统系的构建及其意义——〈史记·太史公自序〉相关内容解读》，《中国人民大学学报》，2019年第2期。

⑭马银琴：《论“诗言志”与“诗缘情”的关系及其理论嬗变》，《中南民族大学学报（人文社会科学版）》，2019年第5期。

⑮过常宝：《春秋赋诗及“断章取义”》，《文艺研究》，2019年第4期。

⑯于迎春：《论汉代“文人”的复合性》，《中国典籍与文化》，2019年第2期。

⑰于雪棠：《英语世界〈庄子〉“卮言”研究述评》，《中国社会科学报》，2019年4月9日。

⑱踪凡：《从班昭〈幽通赋注〉看〈文选〉五臣—李善注的价值》，《天中学刊》，2019年第2期。

⑲傅刚：《先秦文学文献学的性质、特征及研究方法》，《文献》，2019年第5期。

⑳赵敏俐：《二十世纪前期中国文学研究的特

色》，《人民政协报》，2019 年 4 月 22 日，第 10 版。

㉑赵敏俐：《加强在古代文学研究的理论建设和人文关怀》，《文学遗产》，2019 年第 1 期。

㉒过常宝：《古代文学教学要维系文化传统》，《中国大学教学》，2019 年第 4 期。

㉓方铭：《回归中国古代歌诗传统》，《职大学报》，2019 年第 1 期。

㉔方铭：《乡土情怀的文化意义》，《人民政协报》，2019 年 4 月 22 日。

（作者：常森，北京大学教授；罗姝鸥，北京大学博士生）

魏晋南北朝隋唐五代文学

马自力　白　敏　李　伟

2019 年北京地区的魏晋南北朝隋唐五代文学研究，在作家作品研究、各体文学研究、文学理论研究以及学术史研究和文献梳理等方面，都有所推进。

2019 年是五四运动爆发 100 周年，新中国成立 70 周年。在这一具有特殊意义的时间点，2019 年 7 月 6—7 日，中国社会科学院《文学遗产》编辑部与中国人民大学文学院在北京联合举办了“问题与方法的历史：1949—2019 年先唐文学研究的回顾与展望学术研讨会”，来自全国 10 余所高校和科研机构的先唐文学研究者，围绕新中国成立 70 年来的先唐文学研究展开了热烈而充分的讨论。①

2019 年 10 月 19—20 日，由北京大学中国语言文学系、中国社会科学院《文学遗产》编辑部联合举办的“中国古代小说国际学术研讨会（2019）”在北京召开。来自海内外 40 余所高等院校、科研机构的近 60 位专家学者出席此次研讨会。与会学者主要讨论了古代小说理论与文体研究，古代小说史的个案与宏观研究，古代小说研究的新材料与新视域，古代小说的海外传播等 4 个方面的问题。②

2019 年 12 月 28—29 日，由北京大学中文系主办的“纪念游国恩先生诞辰 120 周年学术研讨会”在北京大学成功举行。本次会议邀请北京、上海、武汉、杭州、西安等地及韩国的 50 余名专家学者，就楚辞学、先秦文献与文学、中国文学史书写等议题展开讨论。

另外，2019 年北京地区学者的科研立项内容丰富，数目众多，引人瞩目。在这些立项中，首都师范大学马自力主持的“制度、文体与中国古代文章学研究”，北京外国语大学石云涛主持的“汉唐间丝绸之路历史书写和文学书写文献资料整理与研究”，中国社会科学院文学研究所丁国旗主持的“改革开放 40 年文学理论学术史研究与文献整理”均获得国家社科基金重大科研立项。此外，还有多个立项获得国家社科年度一般项目和青年项目，如中国社会科学院夏薇主持的“日常生活史与中国古代小说研究”，中国社会科学院杨康主持的“汉末魏晋子书与文学批评研究”，北京师范大学王娜主持的“汉晋琴学文献生成研究”，北京语言大学刘青海主持的“汉唐献赋制度与赋体创作研究”，中国人民大学吴真主持的“海外重要唐乐文献《教训抄》整理与研究”，中国社会科学院孙少华主持的“汉赋文本与理论研究”均获得国家社科基金年度一般项目；中国人民大学李猛主持的“南朝政治与文学研究”，中共中央党校（国家行政学院）孙羽津主持的“唐至北宋礼制与文学研究”获得国家社科基金青年项目。

在上述学术氛围的推进下，北京地区的魏晋南北朝隋唐五代文学研究呈现出一些新的特点：一、分体文学研究方面，诗歌研究仍然是重点，但是学者开始关注散文、小说、赋等其他文体的研究方面，并且有了初步成果；二、学者的反思文章继续增多，对古代文学研究范式的转型和发展做了深入探讨，显示学者创新之思；三、古代文论和古代文学的理论研究稳步发展，《文心雕龙》相关范畴及思想的研究虽然占据文学理论探讨的主阵地，其他文本的思想研究也后来居上；四、文学与其他学科的交叉研究方兴未艾，新的思路和方法逐步呈现；五、学者们的学术眼界不断拓宽，魏晋南北朝隋唐五代时期的海外重要文献逐渐走入学者的研究视野，同时国际学术交流也不断增加；六、古代文学文献研究和整体观照不仅重视方法论的探讨，也加强学术史的整理，富有启示意义。

一、以诗歌为主的文体文学研究

1. 诗歌体式研究

诗歌体式研究，一直是诗歌研究的重点。如何利用学界近百年的古代诗学与诗史研究成果，从更深层面探讨中国古代诗歌体式的产生、定型、演变的过程和原因，是当代学者的思考方向。袁济喜对永明体及其所产生的时代进行了进一步探索。永明时代外表承平，实则统治集团政争异常激烈，酝酿着祸乱，士人游移于各个政治派别与集团之间，心态十分复杂，他们通过粉饰太平，探讨诗歌的声律问题，催生了以“四声八病”为内容的永明声律说，永明体在此基础上形成。永明体的形成与时代关系应当透过现象看本质，深入揭示其本来面目。③

现存的汉魏六朝诗歌作品中有些韵脚字存在异文，这些异文的产生大多是因后世传抄或雕版时校雠不精，还有因后人不明古音为了合韵而擅改所致。杜晓勤主要从诗歌用韵的角度，同时结合词义、诗意、对仗及版本等因素，对逯钦立所编《先秦汉魏晋南北朝诗》所收汉魏六朝诗歌作品中的失韵之处，尤其是一些韵脚字的异文，综合分析，进行校勘。④

本年度诗歌研究方面，最具创新视角的当数钱志熙《士大夫文化视角中的中国古代女性诗歌发展史》，该文将研究对象锁定中国古代女性诗歌。中国古代女性诗歌发源于原始歌谣，从歌谣、风诗到汉代乐府及五言，女性在诗歌史上的地位近乎可与男性平分秋色。魏晋以降，随着士族及其文化、文学传统的确立，女性诗歌开始进入主要依附士大夫文学的发展阶段，在唐、宋、明、清各代，其均有与当时士大夫文化联系的不同方式，与封建时代后期的士族制度的变化也有同步趋势。同时，与男性文人群体的阶层化相似，中国古代的女性文学家群体中也存在阶层化的现象。⑤对于女性诗歌的研究，范子烨也进行了探索。他从蔡琰《悲愤诗》二首切入，从音乐和诗歌双重文化属性来解读。前一首长篇五言叙事诗，是纯粹的吟读文本；后一篇骚体抒情诗是入乐的楚调歌诗，属于琴曲歌词，是汉魏时代一曲惊风泣鬼、震古烁今的悲歌。蔡琰的诗歌风格真情自然，这不单是建安时期的影响，更重要是由蔡文姬的人生经历决定的。⑥

此外，关于近体诗的定型，蔡丹君认为归功于沈佺期与宋之问。在考虑近体诗定型的标准时，过去的研究相对而言拘泥于声律的定型尤其是合律程度，较少言及其他诗学要素。沈宋在促进近体诗学走向稳定的过程中，主要功绩之一就是将声律之学与对属之学有机结合起来，做了语词运用上的诸多探索；尤其是他们对诗歌如何才能将“性情”与“辞彩”结合在一起的讨论，丰富了近体诗的体调理论。因此，沈宋被认为在近体诗定型之功上超越了他们的同代人。⑦

2. 其他文体研究

不同于往年诗歌研究独领风骚，其他文体稍显薄弱的局面，本年度学者开始关注散文、小说、赋等其他文体的研究，并且有了初步成果。

在赋体研究方面，钱志熙的《汉魏六朝“诗赋”整体论抉隐》中对“诗赋”这一继“辞赋”而出现的重要文学术语进行专门研究。赋论来自汉儒诗论，而魏晋以降以“丽”、绮靡为基本观念的诗论，来自赋体创作经验及相关赋论。“诗赋整体论”的文学史事实，对于认识汉魏六朝文学的发展具有纲领性意义。⑧对于唐代赋体的研究，钱志熙在《柳宗元、刘禹锡古赋体略论——兼论唐赋之源流与分野》作了深入的探讨。中唐继盛唐复古未完之业，文体上有向更古老的文体取法的表现。柳宗元深于骚体，其辞赋以屈原、贾谊为宗，他有意识地效法屈原的人格。刘禹锡的古赋主要取法贾谊以下及魏晋南朝阮籍、江淹诸家。柳、刘两家赋体创作，反映了中晚唐辞赋乃至于其他文学进一步摆脱初盛唐辞赋润饰鸿业的作风，向个体抒情转化的发展趋势。⑨

散文研究方面，马自力、王朋飞的《笔记体与宋代诗学》开始关注并探究笔记体这种随笔记录式的散文文体。该文指出，以笔记为体是宋代诗论的重要形式，以笔记为诗是宋代诗艺的一种倾向，以笔记为格是宋代诗学的主要特征。笔记有终宋一代始终伴随着宋代诗学的发展，其对宋代诗学面貌的形成产生了重要作用。从笔记的角度考察宋代诗学，有助于认识宋代诗学体系构成的丰富性和复杂性。⑩

骈文研究方面，周剑之对宋代上梁文的研究也值得深思。他认为每一种文体都对应着一类“写作场”，这是一个相对稳定又具有开放性的非实体场域，场内各种因素的变化与互动，塑造着该文体的典型叙写方式。在此观照视角下，宋代上梁文可分为中央型、地方型、私人型三大类别：中央型上梁文拥有奉天承运的宏大叙事与对君主德政的极力颂赞；地方型上梁文乐意展示当地的历史地理与风俗形胜，彰显地方官员或地方精英的功绩；私人型上梁文则形成了自我观照的叙写视角，以对心志品格的表露和对居处生活的想象，拓展了上梁文抒怀言志与精细摹写的层次。⑪

从上述研究，可以发现，当今学者的中国古代文体学研究担负着“开拓本土的学术传统与价值”“推动现代中国的学术转型与文明复兴”⑫的双重使命。本年度，关于文体的研究，还有一个值得深入的思考方向，就是孙少华提出的“文体流动”现象。他的《试论中古文学的“文体流动”现象》从萧统、刘勰对“吊文”分类的认识差异切入，指出文体分类命名上的差异是文体学的一个重要现象，文体具有“双重性”特征和“流动性”特征。⑬中古文学中的“文体流动”现象，对深入开展中古文学研究具有重要启示意义。此外，李飞跃从文本生成的角度提出，应当根据诗词曲同源这一基本历史事实打通诗词曲之间的文体区隔，将它们视为歌诗的不同艺术形态与历史形态，辩证地理解它们之间的共生关系，并由此重新思考戏曲、小说等文体的发生与特征。⑭

二、作家作品研究

本年度作家研究的重点是陶渊明、李白、杜甫、白居易、孟郊；作品研究涉及《文选》《玉台新咏》，还有汉魏六朝的别集以及志怪小说等。

1. 以陶、白、李、杜为主的作家研究

本年度的陶渊明研究，还是以范子烨为代表。他提出“写心”是陶渊明在诗歌创作方面的自觉追求。陶渊明的《赠羊长史》由自我心灵的幽曲隐微，彰显具有普适意义的历史情怀和人文精神，是此方面的重要代表。这首诗在诗史上的地位并不显赫，然而它的历史背景却极为宏阔、极其复杂，就考察陶渊明的生平、思想和诗人身处晋宋易代前夜的心态而言具有特殊价值。陶渊明能够成为“古今隐逸诗人之宗”，能够创写田园诗，也是由其政治阅历和政治素养所决定的。站在陶渊明的角度和陶渊明的高度，更能看清晋宋易代之际的社会、历史和人性。⑮

李白研究则以詹福瑞《李白研究述略》⑯为集大成者。20世纪—2019年，李白研究在文集版本校注与整理、诗文系年、诗歌选本编选、概述性研究、身世生平、思想性格、艺术成就、诗歌接受、经典化研究、普及著作及赏析文章等方面有了长足发展，取得了一系列具有创造性的学术成就。既有传统基础性研究方面超越往昔的成果，也有在现代学术思想指引下研究新领域的开拓，还有普及类著作和赏析性文章的繁荣。这些学术成就从多方面推动了李白研究的发展与进步。冷成金《李白诗歌悲剧意识新论》⑰是在现代学术思想引导下开拓的李白诗歌的新研究领域。文中指出，中国主流文化以悲剧意识的兴起作为建立正确价值观念的重要保障机制，从而建构起指向审美超越的悲剧精神。而李白诗歌以最本真、自然的生命与世事人生、社会历史、宇宙自然展开对话并进行追询，其诗歌的悲剧意识表现为在悲剧真相中深情地追询，追询自然、仙、梦中的精神乐园而不得的悲剧感，用“酒”来激发和超越悲剧意识，在怀古中抒写浓郁的历史悲剧意识以及由对生命存在的清晰感受而产生的生命悲剧意识，对展示中国文化中的悲剧意识具有典型意义。

杜甫研究在平稳中前进。曾祥波从杜甫宋本的编次源头出发探讨研究杜集，相对于宏观的“卷帙分合”与微观的“异文校勘”两个层次，中观层次的“篇目编次”研究具有合法性、合目的性与便于操作3点优势。这对唐人别集研究也具有一定的方法论意义。⑱孙少华从《破船》诗切入，研究杜甫晚年去蜀的心境。因此诗涉及其东下出峡之必要交通工具，故与其去蜀关系甚大，且隐含着杜甫去蜀的复杂心态，由此可探寻杜甫晚年去蜀心境。《破船》诗与佛教“身如破船”之喻有某种联系，蕴含着典型的儒、释、道思想。我们在读懂杜甫泛舟江湖的“江海心”的同时，还理解了他这种选择背后的宗教情结与精神动力。⑲葛晓音著《杜甫诗选评》分“少壮漫游”“旅食京华”“奔赴行在”“度陇入蜀”“定居草堂”“滞留夔州”“漂泊荆湘”7个时期，精选诗篇76首，加以导读、注释和评赏。从个人史见其成长与变化，从文学史见其突破与影响，从唐代史见其“诗史”精神，纵横比较，文史兼顾，视角宏阔而讲述细致，立论深刻而平易可读。⑳陈才智则从李杜之争中，通过评述其不同来阐释其对后世的垂范意义：李白侧重感发情兴，杜甫则侧重描绘家常。李诗的主导风格，形成于大唐帝国最为辉煌的年代，以抒发个人情怀为中心，咏唱对自由人生的渴望与追求，气度风流，一泻千里，为其显著特征。杜诗的主导风格却是在“安史之乱”的前夕开始形成，滋长于其后数十年天下瓦解、遍地哀号的苦难之中，两座并峙的高峰，也构成唐诗的分野，在风流与日常的不同流脉下，对后世产生不同的垂范意义。㉑

白居易研究仍然是陈才智包揽。他从现代研究思路出发，认为孟浩然和白居易的诗文创作，可以从影响与接受的视角加以分析和探讨，并兼顾时间与空间的考量。白居易从青年时代在襄阳结识孟浩然并视之为榜样。10多年宦海风波后，白居易对孟浩然的命运，增添了感同身受的认知和理解，诗文创作中可以看到其影响。这种影响，不仅仅在一词一句的化用，更多是“语淡而味终不薄”的风格气度的学习。㉒

孟郊研究又一次进入学者的视野。孟郊被视为“诗囚”，前人对他却有“局天蹐地”和“胚胎造化”

两种截然相反的评价。这一矛盾在孟诗中客观存在。生命的紧迫感和现实的压迫感导致他与中唐的尚奇诗人感受到天地的狭窄，这就促使他们的艺术视野发生转变，并在天宝大历诗人的同道中追溯艺术表现的渊源，产生“补元化”“探天根”“穿月胁”的惊人奇想。其意义在于发掘出“笔补造化天无功”的创作理念，为中唐诗歌开拓了深邃奇险的新境界。[23]

关于其他作家研究，刘宁《王维孟浩然诗选评》[24]将王维一生分为“声华早著”“贬官与隐居”“出塞与知南选”“半官半隐”“余生晚景”5段，将孟浩然一生分为“待仕乡园”“长安求仕不利”“漫游与入幕”3段，由诠释文本而述论生平，善于纵横比较，广征陶渊明、谢灵运、李白、杜甫、岑参、裴迪、贾至等人之作以见王孟特色，为该书笼上一层厚重的历史感。《康震讲书系》是一套以唐宋时期最负盛名的诗人、词人为对象，品读其经典作品和一生传奇经历的书籍，该书系史料翔实丰富，点评精深独到，语言平实生动，打通文史，关怀内心，照应古今。全套书籍一共10册，包括《康震讲诗词经典》《康震讲诗仙李白》《康震讲诗圣杜甫》《康震讲韩愈》《康震讲柳宗元》《康震讲欧阳修 曾巩》《康震讲王安石》《康震讲苏东坡》《康震讲三苏》《康震讲李清照》。[25]

2. 作品研究

刘明著《汉魏六朝别集研究》以汉魏六朝人的作家作品集为研究对象，主要呈现为六朝旧集、宋人重编之集和明人重编之集3种成书层次。此书对汉魏六朝时期别集的发展做基于“史”的描述，揭示别集如何由个别作品演化成目录学体系中的集部类目之称。学术界对成书层次和别集的诸如缘起、形成和发展的过程均有所涉及，有必要从学术史的角度进行一番梳理，既可把握已有的研究成果及现状，也有助于进一步深化此时段的别集研究。[26]

关于《文选》的研究，王楚从选文类名出发，认为像班固《典引》之类的文章皆与“封禅”关系匪浅，萧统却舍“封禅”，以“符命”为类名，是关注文中申说符命、宣扬正统的部分，轻视其与实际封禅典礼的关系，与东晋、南朝的现实状况有一定关联。依循萧统的选文逻辑，可知班固《典引》应是《文选》“符命”类文章的代表作。[27]李成晴从选文研究出发，通过对中古著作之序与“文帝集序”文体属性差异的厘分，辅以后者内在文本结构的分析，推定后者实际是曹丕自编文集时将繁钦、陈琳两封书信并载于自己书信之前继而撰写的解题性质的篇序。篇序与并载，是中古别集在成立初期便已成熟的编集善例，其体例特点与应用的普遍性可借助传世文献进行“纸上考古”。诗文篇序与并载所留存的他人相关诗文，在别集的文本层级中皆属于“副文本”，是别集进行叙事表达的两种展开方式，具有构建史事秩序以及互文、完形的文本功能。[28]

《玉台新咏》是六朝时期著名的诗歌总集，明清学者在此集整理方面卓有成就。傅刚于去年梳理了《玉台新咏》的编纂与刊刻，并充分肯定了《玉台新咏》在文学史上的重要价值。[29]张蕾《〈玉台新咏校正〉整理与研究》是对纪昀《玉台新咏校正》的校订之功、批评理念及版本系统进行的全面深入的论述，客观呈现纪昀多次批校的情形，见出纪氏精益求精的批校过程，以及批点文字的摇曳变化，以窥乾嘉学者整理总集的经典性之所在。[30]詹福瑞为此书做序言，他指出，学术研究永无止境，文献整理亦然。经过前人反复耕耘的相关选题也有很多继续推进的空间。[31]

对于六朝志怪小说的研究，袁济喜从志怪文化盛行的现象出发，通过对六朝名士与幽明世界的研究，探索六朝文学新的特色。名士们对幽明世界的讨论是立足于现实人生的，其中透露出来的不仅是道教与佛教等宗教因素的影响，涉及的也不仅是小说层面的内容，更展现出当时人们对幽明、人鬼世界以及对自然、人生的重新认识与思考，积淀着深厚的文化内涵。[32]

三、文学理论研究

魏晋南北朝隋唐五代是中国文学理论与批评实践发展的重要阶段，这一阶段的文学理论研究一直是学界关注的重点。2019年北京地区学者的研究主要集中在文学理论概念辨析、选本批评和文学理论作品的研究上。

1. 文学理论概念辨析

理论概念探析方面，袁济喜《论魏晋南北朝书写的“同”与“异”》借助西方书写概念来观察魏晋南北朝文艺创作与文艺理论的范畴。魏晋南北朝书写指包括文艺写作在内的一种介于原创与传达在内的概念，魏晋南北朝书写充满辩证统一，既强调人类文艺创作活动与天地自然的同一性，主张回归自然，又看到了文艺创作活动与文本有着不同于其他文体的特性，在文体论与文艺形式美理论上取得了独特的成就，奠定了中国古代文艺理论的一些形式美理论的基本范畴。[33]

“体制”是传统文体观念中的一个极其重要的概念。党圣元认为，“体制为先”是中国古代文体观念的逻辑起点。一个时代兴盛一定的文类或文体式样，文类、文体之演兴盛衰则是从文章体制、体式的变化而来。因此，传统文学批评中的文章“体制”论，对于我们深入把握传统文体观念的发展演变意义深远。[34]

“任诞”出自《世说新语》，是指出现在魏晋时代的一种社会现象，它在士人阶层流行，是名士风流的主要表征。它对于文学批评领域产生了一定的影响，对于《文心雕龙》的理论构建亦有所浸润。对于这种任诞现象及其文学批评意义的认识，是今天值得关注的课题。[35]

2. 选本批评

“选本批评”是传统文体批评的重要形式之一，在文体形态、文体观念、文体分类、辨体 4 个批评指向方面对中国文体形态发展和文体观念演变产生了重要的影响和促进作用。历代总集、选本、书目等所代表的“选本批评”在文体批评方面是一种强势话语，相比之下传统诗文评论著中大量存在的文体批评话语显得有些淹而不彰。[36]

左东岭指出，在当前提倡建立中国话语体系、中国理论方法的语境下，认真总结新中国成立以来这方面的理论与实践，具有重要的意义。中国文学思想史研究是中国学者自己独立创建的理论方法与学科体系，它以还原中国古代文学观念的真实历史内涵为研究目的，以理论批评与创作实践相结合为基本学术方法，以文人心态研究作为连接文学思想与社会历史环境的中间纽带，以总结中国优秀文学思想的传统与增强民族自信为基本学术宗旨，从而形成了中国特色与中国气派的研究体系，为中国理论话语的建设做出了自己的贡献。[37]

3. 古代文论专著研究

刘勰的《文心雕龙》在中国古代文学批评史上具有开创性的意义和复杂的影响，历代龙学研究者多着眼于《原道》《征圣》《宗经》《情采》《风骨》等篇，试图解说刘勰的思想价值，而本年度，学者对其他篇目的研究也越来越深入，对于当代文坛也有很多启示。戚悦、孙明君对《文心雕龙·声律》篇进行了深入解读，认为这是六朝声律理论中现存最为完整的经典文献，但目前学界对它的研究还很不够，且对其中不少问题的认识似是而非。尤其是对刘勰的“双叠”论，以往既未能区分双声叠韵词和双声叠韵字，更将其与“八病”说中的一些内容相混淆，以致把刘勰的批评之语当成了肯定之辞。作为文论家，刘勰反对那些故意拼凑双声叠韵字的做法，认为那样会使得文章声势不顺，从而破坏抑扬顿挫、自然流畅的韵律之美。[38]郝慕新：《差若毫厘，谬以千里：〈文心雕龙·指瑕〉的内容镜像与现代价值》指出，《指瑕》篇起的意义不仅在于批评当时文坛弊病，亦为警示后人——差若毫厘的文章乃谬以千里。对于当今的文坛，《指瑕》依然有着积极的意义。[39]

四、古代文学文献研究与学者反思

古代文学研究以文献研究为基础，做好文献研究是提高文学研究水平的前提。本年度，魏晋南北朝隋唐五代时期的海外重要文献逐渐走入学者的研究视野，学者的基础研究视野不断扩大，不断尝试新材料、探索新方法。

1. 文献整理

汉魏六朝时期，随着文学创作的繁荣，中国古典文献学史上的经史子集四部分类法逐渐成熟、定型。刘跃进《汉魏六朝集部文献的集成之作》[40]，以《隋书·经籍志》为例，系统探讨了这个时期集部文献的特点、演变线索及其对后代文学发展的重大影响，详细介绍了作者主持的国家社科重大项目“汉魏六朝集部文献集成”的编纂背景、收录原则及其学术价值。刚刚付梓的图书《汉魏六朝集部珍本丛刊》[41]是该项目的子课题，选录汉魏六朝别集、总集、诗文评 200 多种，均是存世最佳底本。此书目的是为汉魏六朝集部汇集一套可靠的善本，每种书均撰有提要，便于学界使用和研究。此书把古代作品与当前研究熔铸统摄，把经典研究与一般研究区别开来，突出重点，兼顾其他。

杜晓勤《汉魏六朝诗歌韵脚字异文校考》从诗歌用韵的角度，同时结合词义、诗意、对仗及版本等因素，对逯钦立所编《先秦汉魏晋南北朝诗》所收汉魏六朝诗歌作品中的失韵之处，尤其是一些韵脚字的异文，综合分析，进行校勘。[42]

2. 海外典籍

近百年来，中国学者在研究中国古代文学时多注意利用 20 世纪初新发现的敦煌残卷中的资料，对数量更多、价值更大的日本古代典籍，则相对关注不够。杜晓勤在吸收学界已有研究成果的基础上，探讨日本古代典籍对唐诗研究的意义：日本现存的唐人文集古抄本尤其是唐抄本，对辑佚唐诗作品、考察唐集原貌，具有极大的文献价值；保存了很多唐时中日诗人交游、创作交流的珍贵史料；大量保存了唐诗体格律理论和诗学评论资料。[43]

葛晓音也从日本典籍出发，探讨日本古乐书《教训抄》将“苏莫者”是否来自唐代“苏莫遮”，通过考察舞人形象的原型，分析吹笛者或为役行者，或为圣德太子的两种传说，可以确认这两种传说均与比叡山台密系教派在平安后期到镰仓时代兴起的背景有关。在此基础上进一步追溯密教的形成和湿婆教杜尔加女神祭的关系，最后得出结论：中、日苏莫者之间有渊源关系。[44]

3. 学者反思

自1978年改革开放以来，中国古代文学研究已经整整走过了40年的历程，关于改革开放以来古代文学研究的总结和反思依旧是本年度学界关注的热点话题。左东岭用“成熟”二字概括这40年中国古代文学研究的业绩与特点。这种成熟的特点主要体现在以下5个方面：其一是研究目的的二重性，独立性和现实性相融合；其二是学术规范体系的逐步完善；其三是研究格局的均衡化与立体化；其四是研究理论与方法的圆融自觉；其五是中外学术交流的圆融与成熟。[45]

韩经太认为，新中国70年唐宋文学研究的总体观照，具体表现为以下3种经验范式的总结分析：一是文学思想性主导的经验范式；二是思想方法创新思潮主导的经验范式；三是学术争鸣关乎中国特色文学体系建构的经验范式，启示学界关注中国古典文学体系构建的文学性这一本质问题。[46]这些文章，既是对40年来古代文学这一学科成长发展的回顾与反思，也对新时代古代文学研究具有启发和推进意义。

五、文学与其他学科的交叉研究

文学交叉型研究突破了从作家到作品或从作品到作家的单向研究模式，将文学放到一个更广阔复杂的政治、经济、文化乃至整个人类生存状态的关系中去探讨，给文学研究提供了无限的开拓空间。

1. 文学与语言学的关系研究

谢思炜通过文本调查，探讨汉语诗歌中的语法、句法歧义句，整理了五七言诗歌中线性连接的各种形式，还总结了五七言句式的特点。这是文学与语言学交叉研究又一次成功的尝试。[47]

他调查了五七言诗二字节中使用两字组合与线性连接的情况，归纳了线性连接的各种形式，说明这二者在与字节的吻合程度上有一定差别。根据调查，在魏晋以后五言诗的写作中，存在着更多地使用两字组合的倾向。[48]除了两字组合，他还开展了对《文选》五言诗中“三字脚”各种形式的调查。他得出以下3个结论：首先，三字词只占其中一小部分；在对“三字脚”节奏进行分析时应加入空拍这一因素；三字脚并不是所有单音节语言的普遍节奏形式，而是在汉语诗歌中特别发展起来的。[49]

他还从句法分析的角度出发，以《文选》五言诗、《唐诗三百首》等为研究样本调查得出：在早期阶段，五言诗中的二段式（2+3）占比较高；此后三段式（2+1+2/2+2+1）逐渐占有优势。五言诗在早期还接受了一些文章句式，在发展中又逐渐淘汰了其中某些句式。五言诗的各种主要句式在不同时期的分布情况没有明显变化，发生变化的仅限于一些不太常用的句式和常用句式的变体，可能与诗人的主动选择有关。[50]在五言句式中，他选择杜甫五律中的话题句来研究，指出采用话题结构与一般主谓句为对，出现不少不合对偶严格要求的句例。[51]关于七言句式，谢思炜在去年发表的《七言诗句式探考》的基础上，对分类体系又有调整：与四三式主谓句一致，在四三式谓语句中增加状动句一类，相应的动宾句、动补句两类也有变动，以方便某些句型归类。

2. 文学与文化的关系研究

文化交流为唐诗提供了丰富的素材，唐诗中蕴含着有关中外关系的丰富的历史信息，其中表现出的思想情感方面的内容更是其他史料不能替代的。石云涛《沧海虽然阔　诗情接扶桑——中日关系与交流在唐诗中的反映》[52]从中日文化交流的史实出发，认为唐诗的描写在某种程度上可补史料之缺。在日本遣唐使与中国唐朝的交往活动中，诗歌曾发挥了重要作用，不仅是沟通双方情感的心灵桥梁，在推动东亚汉文化圈的形成和发展中唐诗发挥了重要的作用。

3. 文学与音乐的关系研究

文学与音乐的关系相辅相成，音乐制度和音乐形式对文学创作也具有一定的影响。本年度，学者们更多关注的是词体的产生和词体的本质特征，他们或从现代音乐的视角出发，或利用丰富的文献，扎实的考证中富含创新。钱志熙《词与燕乐关系新论》从大量文献出发，重新梳理燕乐的源流，重新审视隋唐燕乐的新声俗乐性质，认为唐宋相承的坐部伎、教坊乐为词乐的基本归属，玄宗开元、天宝时期俗乐兴盛为词体兴起的重要节点，并对词与古乐府及声诗的关系做一番新探讨。同样是词体的兴起问题，李飞跃提出，词体尤其词的起源研究，离不开对乐工、歌伎等乐人活动的考察。唐代乐人的流动主要有两种趋势，先是汉魏以来的胡乐东渐，大量乐人由西域流入中原，带来了新的乐器、技法与乐曲，相当一部分词调就源自胡乐。胡乐东渐促进了隋唐燕乐的繁荣，并成为曲子词兴起的音乐基础。[53]他还认为，学界以往对词之本质特征的界定，过于强调其不同于声诗、乐府的以词从乐、由乐定词的一面，而忽略了其选词配乐甚至以乐从词、依字行腔的一面。唐宋诗词乐谱是骨干谱，一曲多变是其常态，不同于确定自足的西方现代乐谱。现代音乐学为我们将词的起源归结为一种音乐或乐曲形态提供了理论与实践依据，同时也夸大了音乐的决定作用并造成了对“倚声”的狭隘理解。[54]

4. 文学与其他学科的关系研究

文学与其他学科的交叉研究，方法多样，视角新颖，参与学者广泛，取得的成绩也较为突出。蔡丹君《从乡里到都城》一书着力探讨西晋末年之后，文学发展的空间与秩序是如何从破坏走向重建的。作者论文衡史，从社会空间的角度入手，在“乡里”与“都城”的视野中探讨文学形态与力量的存续升降，关注乡里士人与胡族政权的文学联系。本书是对“北朝文学”的新研究与新理解，使文学话题在历史、文献、思想史等多个维度中呈现更为丰富的面相。

王聪、康震从文学和政治的关系出发指出，《李峤百咏》作为初唐五律定型过程中的范式，在对象选取、意象用典和意境营造中带有明显的注重祥瑞的特点。这与当时的宫廷咏物诗风以及李峤的官职和写作经验有关，同时也与当时的政治需求及李峤的政治立场存在内在的联系。因为武后以女身称帝，尤其需要借助祥瑞表征来凸显自身的天命之应，而李峤以诗歌的形式参与武后的天命建构与祥瑞宣传。[55]

石云涛则从诗史互证的角度，研究唐诗镜像中的陇西，从地域文化的角度出发，反映唐人心态和情感。自然地理意义上的陇西即今黄河以南、青海湖以东至陇山的地区。唐诗中的陇西镜像反映了陇西之地前后期政治形势的变化，表达了诗人们关心国事和建功立业的理想，为我们了解唐代丝绸之路盛衰和政治形势变化提供了重要的参考资料。

注：

① 沈相辉：《先唐文学研究再出发——“问题与方法的历史：1949—2019 年先唐文学研究的回顾与展望学术研讨会”综述》，《文学遗产》，2019 年第 6 期。

② 左怡宾：《“中国古代小说国际学术研讨会(2019)”综述》，《文学遗产》，2020 年第 1 期。

③ 袁济喜：《“永明体”与永明时代再探》，《中国人民大学学报》，2019 年第 1 期。

④ 杜晓勤：《汉魏六朝诗歌韵脚字异文校考》，《文献》，2019 年第 5 期。

⑤ 钱志熙：《士大夫文化视角中的中国古代女性诗歌发展史》，《中国高校社会科学》，2019 年第 5 期。

⑥ 范子烨：《诗乐的交响——重读蔡琰〈悲愤诗〉二章》，《古典文学知识》，2019 年第 4 期。

⑦ 蔡丹君：《近体诗定型首功归于“沈宋”考论》，《唐宋历史评论》，2019 年第 1 期。

⑧ 钱志熙：《汉魏六朝“诗赋”整体论抉隐》，《文学遗产》，2019 年第 4 期。

⑨ 钱志熙：《柳宗元、刘禹锡古赋体略论——兼论唐赋之源流与分野》，《中国文化研究》，2019 年第 4 期。

⑩马自力、王鹏飞：《笔记体与宋代诗学》，《清华大学学报》，2019 年第 1 期。

⑪周剑之：《写作场与文本生成——宋代上梁文叙写方式的形塑与流变》，《中山大学学报》，2019 年第 6 期。

⑫吴承学：《中国文体学研究的百年之路》，《华东师范大学学报(哲学社会科学版)》，2019 年第 4 期。

⑬孙少华：《试论中古文学的“文体流动”现象》，《铜仁学院学报》，2019 年第 4 期。

⑭李飞跃：《诗词曲辨体的文艺融通与史论重构》，《中国社会科学》，2019 年第 1 期。

⑮范子烨：《易代前夜的心曲：陶渊明〈赠羊长史诗〉发覆》，《文学遗产》，2019 年第 2 期。

⑯詹福瑞：《李白研究述略》，《西华大学学报》，2019 年第 1 期。

⑰冷成金：《李白诗歌悲剧意识心轮》，《浙江社会科学》，2019 年第 10 期。

⑱曾祥波：《杜集宋本编次源流考论——兼论〈草堂先生杜工部诗集〉成书渊源及意义》，《中华文史论丛》，2019 年第 4 期。

⑲孙少华：《〈破船〉与杜甫晚年去蜀心境试解》，《杜甫研究学刊》，2019 年第 1 期。

⑳葛晓音：《杜甫诗选评》，上海古籍出版社，2019 年 4 月。

㉑陈才智：《风流与日常——重斟李杜之争及其

垂范意义》，《杜甫研究学刊》，2019年第4期。

㉒陈才智：《白香山对孟襄阳的理解和接受》，《中原文化研究》，2019年第4期。

㉓葛晓音：《“诗囚”的视野变异及其艺术渊源》，《北京大学学报（哲学社会科学版）》，2019年第3期。

㉔刘宁：《王维孟浩然诗选评》，上海古籍出版社，2019年8月。

㉕康震：《康震讲书系》，中华书局，2019年11月。

㉖刘明：《汉魏六朝别集研究》，国家图书馆出版社，2019年6月。

㉗王楚：《〈文选〉“符命”类名诠解》，《文学遗产》，2019年第6期。

㉘李成晴：《中古别集篇序、并载之体例及其副文本功能——以〈文选〉李善注引“文帝集序”释证为中心》，《文学遗产》，2019年第3期。

㉙傅刚：《玉台新咏与南朝文学》，中华书局，2018年版。

㉚张蕾：《〈玉台新咏校正〉整理与研究》，上海古籍出版社，2019年9月。

㉛詹福瑞：《〈《玉台新咏校正》整理与研究〉序言》，《中国语言文学研究》，2019年第2期。

㉜袁济喜：《六朝名士与幽明世界》，《学术研究》，2019年第9期。

㉝袁济喜：《论魏晋南北朝书写的“同”与“异”》，《江海学刊》，2019年第1期。

㉞党圣元：《传统诗文评中的文章“体制”论》，云南师范大学学报（哲学社会科学版），2019年第2期。

㉟袁济喜：《六朝“任诞”与文学批评》，《中国高校社会科学》，2019年第6期。

㊱党圣元：《论选本的文体批评功能》，《甘肃社会科学》，2019年第3期。

㊲左东岭：《建立具有中国特色的文学思想史研究体系》，《文学遗产》，2019年第4期。

㊳戚悦、孙明君：《〈文心雕龙〉的“双叠”论》，《暨南学报（哲学社会科学版）》，2019年第11期。

㊴郝慕新：《差若毫厘，谬以千里：〈文心雕龙·指瑕〉的内容镜像与现代价值》，《青年文学家》，2019年第35期。

㊵刘跃进：《汉魏六朝集部文献的集成之作》，《东吴学术》，2019年第6期。

㊶刘跃进：《汉魏六朝集部珍本丛刊》，国家图书馆出版社，2019年4月。

㊷杜晓勤：《汉魏六朝诗歌韵脚字异文校考》，《文献》，2019年第5期。

㊸杜晓勤：《日本古代典籍对唐诗研究之价值》，《文史哲周刊·文学遗产》，2019年12月16日。

㊹葛晓音：《“苏莫遮”与日本唐乐舞“苏莫者”的关系》，《文艺研究》，2019年第1期。

㊺左东岭：《走向成熟的中国古代文学研究》，《文学遗产》，2019年第2期。

㊻韩经太：《七十年来唐宋文学研究的历史启示》，《文学遗产》，2019年第5期。

㊼谢思炜：《汉语诗歌歧义句探析》，《武汉科技大学学报（社会科学版）》，2018年第3期。

㊽谢思炜：《线性连接与诗歌构句——五七言诗二字节的考察》，《清华大学学报（哲学社会科学版）》，2019年第2期。

㊾谢思炜：《三字脚与五言诗的韵律——以〈文选〉诗歌卷为考察对象》，《北京社会科学》，2019年第3期。

㊿谢思炜：《五言诗基本句式的历史考察》，《西北师大学报》，2019年第3期。

51谢思炜：《杜甫五律失对现象调查：话题句》，《中华文化论坛》，2019年第6期。

52石云涛：《沧海虽然阔　诗情接扶桑——中日关系与交流在唐诗中的反映》，《武汉科技大学学报》，2019年第5期。

53李飞跃：《唐代乐人的流动与曲子词的兴起》，《中国社会科学报》，2019年1月29日。

54李飞跃：《重审唐宋词体研究的现代音乐学视角》，《浙江大学学报（哲学社会科学版）》，2019年第5期。

55王聪、康震：《〈李峤百咏〉的祥瑞书写及其成因——兼及武周天命建构中的文学创作动机》，《陕西师范大学学报》，2019年第1期。

（作者：马自力，首都师范大学教授；白敏，首都师范大学博士生；李伟，《北京科技大学校报》编审）

宋元明清文学

孙大海　李鹏飞

一、诗词文的研究

本年度的诗词文研究中，散文研究成果斐然。诸葛忆兵、左东岭、郭英德等学者，都多有创获。

诸葛忆兵大大推进了宋代散文类型研究的广度与深度。他以科举文化为中心，对宋代的进士题名记、科场论述文、科举辞赋、科举考试送别文、贡院记、贡庄记 6 种不同类型的散文都展开了专题论述。

进士题名记属于“序”类散文，亦可视之为记体散文，主要是叙说某地撰刻进士题名记的情况，旁涉当地文化、教育、景物、风俗等。此类文章语言风格大致趋向古朴典雅，偶尔亦有佶屈聱牙的倾向。①

宋代科场论述文，留存作品极少。然而，嘉祐二年省试史论《刑赏忠厚之至论》，曾巩、苏轼、苏辙 3 人之作得以留存，典型地表现了宋代考场论述文之风貌。这类文章具有短小精练和史论性质两大特征，对宋文创作影响深远。此外，欧阳修利用嘉祐二年权知贡举的权力，痛击“太学体”，录取曾巩等，一起引领宋代文坛新的创作风气。此后，通达流畅、明白如话成为文坛新的风尚。②

诸葛忆兵将宋代科举辞赋分为考场内外两大类展开探讨。宋代科场考试辞赋保留至今的极少，主要内容是“颂圣”，所秉承的是辞赋“劝百讽一”的创作传统。宋人通过任何一级考试都有谢启与贺启，为程式化的骈赋，此类辞赋虽以应酬为主，但能文者或于骈偶之中叙述种种事实，表达种种观点，其内容与情感远远比科场律赋丰富多彩。上述两大类辞赋之外，苏轼《复改科赋》独树一帜，苏轼关于诗赋考试更易于选拔人才的观点，贯穿全赋。宋人辞赋创作中，讨论科举制度变革者仅此一篇。③

宋人还有大量与科举相关的送别文章，大致分为送人赴试、送落第者、送中举者荣归或赴任 3 类。3 类送别文，反映了宋人对科举制度的评价、宋人参加科举考试的复杂心情、科举考试的利弊得失等内容。④

贡院是科举考试的专门场所，北宋末年朝廷明令各地建造贡院，记载贡院建造的贡院记随之出现，诸葛忆兵对此亦有专论。贡院记以古拙典雅之语言、对话体之结构、夹叙夹议之表达，表现出独特的写作风格，在宋代记体散文中是非常特殊的一类创作。⑤贡庄是宋人为资助科举考生赴试而设立的庄园，见于文献资料的贡庄都建于南宋。贡庄记多为表彰地方官之教育文化建设政绩，追述当地教育文化历史，展望当地教育和科举之前景，风格典雅，常用对话式结构。⑥此外，诸葛忆兵还关注到宋代科场文化背景下的一个鲜活个案——李昴英的中第家书。这些家书丰富细腻地展现了新科探花中第后在京城的生活情态和心态，宋代科举社会场景和制度变得鲜活生动。⑦

左东岭的研究集中在元明之际的文学思潮与创作上。他认为，台阁文学是贯穿于元明两代的创作类型，绝非仅属于明代前期一个历史时段，而且元代的台阁文学自有其特点，与流行于明永乐之后以“三杨”为代表的台阁体不尽相同。元代的台阁文学与山林文学是一组并列的概念，一直被文坛所广泛使用，以致最终在元明之际形成一种流行的批评话语。⑧而在入明之后，文人或主动或被动地进入朝廷官员行列，身份的改变遂使得山林文学逐渐被轻视，而台阁文学却呈现出一种雄丽盛大的气象。这种以“鸣盛”为主的观念，与永乐之后台阁体的倡导教化、追求平和的主旨明显不同。上述内容，以前的文学史研究或语焉不详，或存在种种误解。有鉴于此，左东岭对元明之际的“台阁”与“山林”文坛地位的升降浮沉及文学思潮的演变做了比较深细的论证，并揭示出其复杂的社会历史原因。⑨

基于上述研究，左东岭还进一步考察了元明之际文人人生模式的生成与转换。元明两代的文人由于受到宋代以来理学观念的影响，同时又面对朝代更替、民族冲突与融合以及各种复杂的政治环境，为了坚守自己或行道或守道的人生信念，必须做出出仕与归隐的选择，并由此形成其不同的人格心态，同时也对当时的文学创作与文学观念产生了深刻而持久的影响。⑩左东岭又以《赠梁建中序》为切入点，重点讨论了宋濂在元明之际文学观念的变迁：宋濂的学文作文经历本是一个自我提升的过程，但又呈现出易代之际纷繁多变、丰富复杂的文学思想内涵，这种文学思想也代表了浙东派元明之际的典型特征。⑪

左东岭本年度的诗学研究，也是在元明之际文学思潮的整体框架下展开的。他指出，在元明之际的诗坛上，曾经存在着两种截然不同的诗学思想。一种主张诗歌应该随时代之变化而变化，作者生逢乱世就应该有变风变雅的声音出现，以针砭现实、指摘时弊，写出沉郁顿挫的诗作。另一种则认为，诗人虽身处世变而依然应保持自我的人格与操守，处乱世而不易其节，其诗风仍应有悠然之风与闲适之态。此两种诗学观念代表了元明之际的两种主流诗学倾向，显示了有异于承平时代的审美追求，凸显了易代之际的诗学特征。从诗歌发展史的角度看，此种由元至明的朝代变迁所带来的诗歌审美倾向的改变，既突破了台阁文学颂美朝廷的儒家诗学审美形态，又催生出超然物外的审美追求，为这个不幸的时代增添了些许亮色。[12]

郭英德同样着眼于易代之际的研究。他敏锐地注意到明末六朝文的流播与文风丕变问题。在明代文坛上，秦汉文和唐宋文成为散文复古思潮的两大文学资源，而六朝文则作为一股潜流，一直混杂在复古思潮之中。到天启、崇祯年间，各种总集和别集的编纂、评点、刊刻，为六朝文的流播提供了可能性；而有助举业的认可和实效，更为六朝文的流播提供了必要性和可行性。于是，六朝文在与秦汉文和唐宋文之间相互角逐与交融的胶着状态中广为流播，以其独特的审美风貌和创作实绩，形成一种重要的文学范式，推动明末文风的丕变，进而参与清初文学风尚的重建。这一文学史发展的动态景观，为我们提供了一个深入审视传统文学资源在现实文化语境中展示其价值、地位、影响和变异的生动场景。[13]

郭英德还从“布衣之文”入手，说明了清前期文坛身份意识的强化与文化权力的转移。在清前期，“布衣之文”成果丰硕，足以与“缙绅之文”并驾齐驱，甚至凌驾其上，由此推动古文创作趋于鼎盛，文坛上呈现出文化权力下移的趋向。为古文注入超迈的精神气质和丰厚的道德修养，以“布衣”人格的内蕴与内化，提升“布衣之文”的文化品格，这是清前期布衣之士在古文理论、批评与创作上的共同追求。但是，经过100多年的较量，到乾隆年间，布衣之士终于败下阵来，士大夫文人重新执掌文坛大权，评骘文品优劣，主导文风走向，布衣之文也渐渐失去原有的光彩。[14]

同时，郭英德也对清初的“国朝三家”说展开了辨析，指出《国朝三家文钞》着力揭橥古文的文化渊源和文体精神，表现出康熙年间文坛为古文定界、塑形和示范的自觉和努力。该选本冠以“国朝”之名，并以“三家”之文标示清初“风气还淳”的趋向，标志着朝廷与民间共同认可的古文形态的确立，展现出清朝独特的文治气象。“国朝三家”并非历史事实，而是“文化建构”的结果，不足以概括清初古文，乃至散文的历史状貌。[15]郭英德对《四库全书总目》的古文观，也进行了详细论述。他认为，《四库全书总目》的古文观，主要涉及对“古文”的基本性质和形态特征的认识，承续了源远流长的古典审美理想，从一个侧面揭示了清代前、中期以朝廷为代表的主流文学思想。[16]

张剑则延续着清人日记的研究。他从晚清军机大臣何汝霖道光二十七年至道光二十九年的回乡丁忧日记中，发掘出很多重要的社会史和生活史资料。何汝霖的日记详于天气、水况的记录，为道光年间两次最大的水灾留下了详尽珍贵的气象学、水利学、灾害学数据。何汝霖对江苏吏治败坏和绅风不竞的无情揭露，也具有重要的政治史和地方文化史意义。[17]

张剑还综合晚清重臣季芝昌的日记、奏折、诗歌等材料，考察了其“引疾”始末。[18]

在其他的散文研究中，周剑之主张从“写作场”的概念去考察宋代上梁文叙写方式的形塑与流变。她指出，每一种文体都对应着一类“写作场”。“写作场”是一个相对稳定又具有开放性的非实体场域，场内各种因素的变化与互动，塑造着该文体的典型叙写方式。在此观照视角下，宋代上梁文可分为中央型、地方型、私人型三大类别：中央型上梁文拥有奉天承运的宏大叙事与对君主德政的极力颂赞；地方型上梁文乐意展示当地的历史地理与风俗形胜，彰显地方官员或地方精英的功绩；私人型上梁文则形成了自我观照的叙写视角，以对心志品格的表露和对居处生活的想象，拓展了上梁文抒怀言志与精细摹写的层次。[19]

本年度的诗歌研究中，周剑之也有所贡献，她提出了“卧听”这一古代诗歌中的经典事象。作为事象，“卧听”包含着具体的动作行为，联结着行为的施者、受者以及行为展开的特定时空，并具有时间轴上的可持续性。这些富于叙事性的元素参与着诗意的呈现与诗境的建构。凭借对“卧听”事象的施者、受者、时间、空间、流动进程等方面的层层考察，接受者得以步步深入“卧听”的诗意世界。对“卧听”诗意世界的勾勒与描绘，显示了事象研究的可行性，亦拓展了古典诗境的立体性与丰富性。[20]

谷曙光则关注到曾巩的诗歌创作。他认为，宋代文学大家曾巩的诗名久为文名所掩，对其诗向来缺乏深入研讨，曾巩诗的主要艺术渊源为韩愈诗，曾诗的散文化特征明显，精整凝练，如风中莲花，摇曳生姿。曾巩诗在宋诗中常被忽视，实则在北宋诗文革新中，曾巩羽翼欧、王，接力苏、黄，乃宋诗之重要一环。[21]

于小亮、朱万曙考察了清代乾嘉时期的新正重华宫茶宴联句。这种联句是由皇帝亲自主持，每岁定期举办的君臣唱和活动，绵延数十年，是清代一项重要的宫廷文学活动。该联句唱和在开始时为现场举行，但从乾隆十年起，由现场写作转变为预先制备，实为名不副实的“联句”创作。联句诗的文本结构和规模日益扩张，由最初的五言排律变为七言排律，参与联句之人为皇帝、大臣和王族。与历代宫廷文学相比，清代宫廷联句活动具有更为突出的政教色彩，特别是不在现场的“预拟”写作，使得该活动成为一次次的“文学表演”，被纳入了清王朝的政治文化建构之中。[22]

本年度词的研究中，陶文鹏对稼轩词的考察颇为深入，系统论证了稼轩词体的集大成与新开创之处。他认为，辛弃疾仿效花间体、白乐天体、介庵体、朱希真体，尤其是东坡体，广收博采，使其词具有多样风格。辛弃疾对宋代流行的福唐独木桥体、集句体、檃括体、禁体、藏字体、药名体等带有游戏性质的特殊词体也都有兴趣，用它们创作出一些兼具思想性、艺术性与娱乐性的佳篇，使其词笔更加灵动活泼。辛弃疾还以筚路蓝缕的精神创造出醉翁操体、天问体、招魂体，又从诗文、戏曲、小说中借鉴表现技法，创造了戏剧体与小说体，在词中表现角色对话，描述故事情节和细节，展开戏剧冲突，刻画历史英雄与现实中各种人物生动传神。辛弃疾堪称词体的集大成者和第一开辟手。[23]他还梳理出辛弃疾词中的 4 类女性形象。[24]

李简注意到宋元时期士人群体的分化这一文化背景，指出柳永是其中一个颇值得关注的例证。柳永是当时中下层士人的代表。其词作传达的“除此外何求”“表里都峭”的生活态度体现出娱乐日渐发达中，士人对传统的承袭与变化。其歌词写作的才能与趣味、与伎艺人的合作、歌妓乐工的追捧，包蕴着士人一种新的生活选择。柳永昭示着文学创作的新变，与元代的杂剧作家声息相通。[25]

张剑对李清照《醉花阴》词中的“人比黄花瘦”句进行了索隐。该句“黄花”写的是重阳之菊，可有“肥”“瘦”两种理解。从全词语境看，“瘦”义较胜；但这种“瘦”并非实指，而是因时令变化和相思情深塑造出的一种心理与情感之“瘦”。菊花抱枝而枯的特性，又使“人比黄花瘦”隐含了宣誓爱情坚贞不渝的意味。后世接受者发展了从外形近似的角度以“瘦”菊喻人的一面，而过滤了原作复杂的情韵，并非成功的模仿。[26]

二、小说的研究

本年度的小说研究，依然延续着前几年的繁荣局面。

刘勇强、潘建国、李鹏飞继前些年的中国古代小说“十大问题”系列笔谈之后，又开启了“中国古代文学经典再发现”的系列研究。《搜神记》是一部魏晋志怪小说经典，也是后世小说、戏曲取之不竭的故事渊薮，具有十分重要而深远的文学影响。刘勇强、潘建国、李鹏飞本次的系列研究，即围绕《搜神记》的成书方式、编撰动机以及小说品格 3 个话题展开：潘建国《〈搜神记〉的形成：以前代故事文本辑采为例》一文，扣住《搜神记》的集成性特点，从观念、文体及叙事艺术 3 个维度，以史志《五行志》《风俗通义》《列异传》为相应的个案文本，考察干宝如何激活并汇聚前代典籍中的志怪故事资源，熔冶成 30 卷的小说集；[27]李鹏飞《干宝的态度：释“亦足以明神道之不诬”》一文，从《搜神记》编撰动机“亦足以明神道之不诬”一语入手，通过对干宝鬼神观的自我表述、若干文本故事的取舍改造，以及在志怪叙事中透露出“以德禳灾”观念等问题的论述，清晰而深细地阐释了“明神道之不诬”的具体含义及指向；[28]刘勇强《宗教信仰制约下的艺术想象——〈搜神记〉小说品格的反思》一文，聚焦于小说品格的反思，结合精到的文本分析，敏锐地指出《搜神记》为小说虚构开启了艺术思维之门，但又表现出受制于宗教信仰的发育初期的种种特点，而这些特点实质上乃为神怪小说的发展预留了空间。[29]3 篇文章的论述重心有所不同，但存有相近的学术旨趣，即回到魏晋时期的思想文化语境之中，运用文本细读深析的方法，客观地认知《搜神记》作为经典的历史样貌和丰富内涵。

叶楚炎在之前话本小说分回研究的基础上，又产生了新的思考。他认为，在宋元话本小说的文本中，存在着大量的“体制性”韵文，这些体制性韵文也是文本修订者重点删改的对象。正是由于小说文本往往都经历过删改，在其他看似与话本小说体制无关的“非体制性”韵文里，其实也存在着很多原先的体制性韵文。借由对于体制性韵文与非体制性韵文的区分和辨析，可以对话本小说中的韵文做更为细致的探讨，从而对其叙事功能也会有一个更为清晰的审视。[30]

叶楚炎还将话本小说分回研究扩展到章回小说体制的考察。他指出，在宋元话本小说中广泛存在的分回标志物也大量出现于宋元讲史话本里。这些标志物既标识了说话伎艺表演时的分回痕迹，也显现出文本所经历的修改。当修订者在面对文本内部的分回问题并要采取靠近说话伎艺现场表演的文本策略时，问句的分回潜能被充分激发，成为最为重要的分回标志物，文本的分回也以问句为基础逐步建立起来。经由这一迂曲的过程，“表演的分回”最终演化成为“文本的分回”，章回小说中的分回体制也由此而渐次确立。[31]

叶楚炎对《儒林外史》的研究亦有推进，他通过对宁楷和吴烺、戴翼子、严长明等人交游、唱和的考察，以及对相关文献资料的考索推断，《修洁堂初稿》中的几篇诗文写作时间都在乾隆十八年之后，郑志良所认定的《修洁堂初稿》应成书于乾隆十八年的观点难以成立。《修洁堂初稿》的成书时间应在吴敬梓去世之后。他进而指出，《〈儒林外史〉题辞》、“幽榜”一回以及宁楷其他作品之间存在着密切关联，宁楷应是“幽榜”一回的增补者。[32]

叶楚炎的《儒林外史》原型人物考也有了新的发现。他否定了平步青《霞外捃屑》卷九中所提及的荀玫“似指卢雅雨”之说，并通过进一步考辨指出，荀玫与袁枚在姓名字号、籍贯、科名、形容、年岁、家境、行迹等各个方面都存在着极为绵密的关联，且在袁枚和吴敬梓之间有诸多关系密切的共同友朋。因此，袁枚应当便是小说中荀玫的原型人物。从袁枚是荀玫的原型人物入手，或许可以为吴敬梓与袁枚交游谜题的破解提供某些关键的线索。而在这一原型人物的映射下，既可以更为深入地探讨荀玫的塑造方式、叙事意义等，也能对《儒林外史》中的原型人物和本事人物有一个更为明晰的审视。[33]

《聊斋志异》的研究中，马振方考察了《醒梦骈言》对《聊斋志异》的白话改编状况。他分析认为，《醒梦骈言》的“编次”者、“偶辑”者和序中的“集逸事”者应是三人，不能混为一人。《醒梦骈言》所据《聊斋志异》版本，当为清代广为流传的十六卷本。该书将各篇时代均写作明确的明代年号，主人公姓名也均与《聊斋志异》不同，归根结底都是躲避清代文字狱所致。《醒梦骈言》是白话《聊斋志异》拟话本，与近年的白话《聊斋志异》译法大异。它不是逐句对应而译，而译其大段和全篇的思想内容，文字多有增减。这虽有所短，亦有所长，能充分传达作品的意义和人物的精神，而且常出新意可观。[34]

蒲松龄在《聊斋志异》中构撰了一些人化异类小说，张庆民、张人勐认为其中有两种值得关注的类型：一种是人暂时变形为异类，既而恢复人形；一种是人变形为异类，却不再恢复人形。蒲氏如此精心构撰，乃与其道德观及对当时社会现实之态度有关。《聊斋志异》人化异类情节构设，实成为作家解决现实矛盾、斗争的一种手段，是作家试图以小说干预社会现实生活的体现，与六朝志怪小说及唐人传奇中人化异类情节构设有质的分野。[35]

《金瓶梅》的研究中，侯忠义指出《金瓶梅》是一部讽刺意味深长的小说。并通过大量的文本细节，论证小说如何借由人物的言谈、举止，或客观自然的描写，来表现作者的讽刺和揶揄之情。[36]刘紫云则关注到《金瓶梅》中的物象描写：首先，小说通过一组物象群描写，将《水浒传》中已出现的边缘人物西门庆重塑为主要人物，并赋予其晚明商人的新特质；其次，物象描写参与白银崇拜、物质消费、流通交换等情节的建构；最后，私人空间中的物象描写展现了西门庆的审美实践。借助于物象描写与人物特质、情节走向、空间审美等要素的互动关联，《金瓶梅》呈现出以西门庆为代表的晚明新兴商人的物质世界，进而服务于具有普遍意义的反思性主题。[37]

本年度，《红楼梦》依然是关注度最高的古代小说名著。

李鹏飞的《历史退化论、末世论与〈红楼梦〉中的末世图景》指出：历史退化论和末世论在中国古代有悠久的渊源，这对明清小说的社会与历史观有很大影响，明清时代的《醒世姻缘传》《儒林外史》等小说的主题都受到这种历史观的影响。《红楼梦》也不例外，该书对贾家家族发展趋势的描写就带有退化论和末世论的色彩，在小说的具体情节中，也处处表现了这两种观念。此外，《红楼梦》中的这两种观念还跟康乾时代的历史背景有关，当时享受特权的八旗子弟作为一个群体，开始走向没落，成为严重的政治与社会问题。这一问题表现在小说中，加重了蕴含着历史退化论色彩的感叹[38]。

在《红楼梦》的叙事研究中，“怡红夜宴”座次问题自俞平伯先生撰文以来，继论者甚多。李小龙提出了前人未曾留意的两个逻辑前提：方向顺逆与是否离位，并分析指出晴雯当为令官。李小龙还强调，此回情节的点数看上去似乎是随机的，其实作者通过对点数的精确控制实现了夜宴掣签依照座次的设定，甚至为了实现其以晴雯、宝钗始，以黛玉、袭人结的大章法，又不能使座次参差，便使李纨不必掷骰而移于黛玉。读者甚至可以进一步从概率的角度来探究这些点数发生的可能性，从而了解作者安排此“假作真”的情节背后“真亦假”的叙事智慧。[39]

《红楼梦》大量引用了前人的诗句来为叙事世界服务，但其所引诗句中，有不少与传世文本不同。如何考察这些歧误，是深入理解所引诗词对叙事文本意义的关键。如果这些歧误只是手误，则只有讨论版本的辅助意义，但李小龙经过考察发现并非如此。他将歧误分为 3 类，即无意使用异文之例、有意使用异文之例及擅改之例，并分别讨论其呈现方式及与小说叙事之关系。李小龙认为，可将这种引诗歧误的现象视为作者在小说创作中的“用典”，并从用典的角度对引诗歧误现象作出解释。[40]

李玫对荣国府演出《荆钗记》的段落进行了考察，认为林黛玉看到《男祭》一出戏时讥讽戏中人物王十朋，实是表达对贾宝玉是日到井台边祭祀金钏的“不满”。《荆钗记》这一剧目的选择，既反映了《荆钗记》在清代流行的实情，又恰到好处地引出了林黛玉对王十朋的议论，从细微处凸显出宝黛间的亲密关系和林黛玉言谈机智的特点。《红楼梦》庚辰本将《男祭》改为《祭江》，这一改动曾令研究者困惑。李玫通过梳理分析明刊本《荆钗记》不同版本情节差异以及明清两代《时祀》演出本出目的变化，解答了庚辰本为何将《男祭》改为《祭江》这一问题。[41]

夏薇通过对生活习惯和情志的失衡与饮食、欲望与饮食、宴会上的求同还是求异、分食与合食等方面的考察，阐述了饮食在《红楼梦》中表现出的各种隐喻功能。透过饮食活动，读者不仅可以窥探到小说人物的内心世界、他们的欲望和疾病、了解到贾府“忽喇喇似大厦倾”的内因和作者的创作意图，还能把握到从后台走到前台来的隐含作者的脉动。[42]

刘紫云从物质纠纷情节入手，讨论了《红楼梦》中性别秩序的重构和瓦解。她认为，贾宝玉不仅重新构拟了以女性为核心的新秩序，在女性内部也进行了更为细致的概念界定与等级划分。在围绕物象纠纷展开的矛盾叙事中，看似偶然的女性个体间的冲突，被提升为贾宝玉所构拟的“女儿”与“女人”间的结构性对立。同样，借助于物象所引发的矛盾叙事，小说进一步揭示了在这两类人结构性冲突的表象之后，实际上又隐伏着荣国府内部贾赦、贾政两支之间的复杂纷争。因此，“女儿”与“女人”的结构性对立，并非只是基于心灵品质与道德水平的差异，而与大家庭中的权势消长与利益得失不无相关，这就消解了“女儿”的优越性，进而撼动贾宝玉重构的新秩序。[43]

人物研究方面，如何理解李纨判词后两句“如冰水好空相妒，枉与他人作笑谈”，以及《晚韶华》曲中的“虽说是，人生莫受老来贫，也须要阴骘积儿孙”，影响到对李纨、贾兰的总体评价，并且关系着对凤姐、李纨关系及巧姐结局的理解。井玉贵在梳理古今学者相关观点的基础上，重申李纨、贾兰为正面形象的共识不可动摇，凤姐、李纨的关系总体而言是融洽的，曹雪芹灵动、周密的艺术手法尚需深细体察。[44]

曹立波探究了《红楼梦》佳人形象的文学基因。她认为：在形貌上，古代四大美女中杨贵妃、西施的意态给钗黛形象的塑造以启示；在情韵上，《西厢记》和《牡丹亭》等戏曲中的佳人与佳句为《红楼梦》增添了抒情效果；在文才上，红楼佳人形象对才子佳人小说中的才女内涵有所沿革，吸纳了佳人的诗文才气，摒弃了借美人所寓托的男权理想，凸现了女儿的独立审美价值。红楼女子身上的貌、情、才，兼容了历代文学作品中女性美的基因特征，林黛玉和薛宝钗，已由小说中的人物形象，升华为红楼佳人的文学意象。[45]

周春在乾隆末年提出高景芳是《红楼梦》中史太君原型的说法。詹颂认为，这一说法虽不能令人信服，但周春的本事索隐指向八旗侯府世家，则显示了他对《红楼梦》中人物族群身份的准确判断。以高景芳为代表的居于江南的八旗女性的生活世界与文学世界正是《红楼梦》中相关内容的现实背景与基础，而且高景芳集中还有与《红楼梦》相同的文学意象，表明二者皆受到明末才女叶小鸾故事的影响。因此，了解清前期女性特别是以高景芳等人为代表的八旗世家女性的生活与创作，探讨其作品中相关的文学意象，有助于深入理解《红楼梦》中的女性人物与闺阁世界，亦能对《红楼梦》中文学意象相较于前人的创造性发展有更为全面的把握。[46]

《红楼梦》的文献研究中，刘世德依然从文本细节入手，探讨版本问题。他以甄士隐女儿名字（“英莲”或“英菊”）之歧异为例，讨论了《红楼梦》脂本中的甲戌、己卯、庚辰三本成立的先后序次问题，最后断定己卯本、庚辰本的成立要早于甲戌本。[47]他又通过辨析薛宝钗与薛蝌的序齿问题，说明程甲本、程乙本前八十回和后四十回的表述是自相矛盾的，进而指出，如果高鹗是前八十回的编辑者、修改者，那么，后四十回的续作者便不可能是他。[48]

第二十二回薛宝钗的灯谜诗、第四十九回香菱的咏月诗，在《红楼梦》十几个版本中呈现出了出韵、改韵、署名等复杂异文状况。曹立波通过细致梳理，归纳分析出相应的版本关系。进而推断，《更香》和《竹夫人》等灯谜恐非曹雪芹手笔；与贾雨村《咏月》首句可押邻韵相比，香菱《咏月》末句“圆”字，明显出韵。其原因不排除“团圆”一词习惯性表达的疏忽，但也可视为作者为香菱学诗情节而特意设置。出韵现象成为考察成书过程的可寻路径。前人有《石头记》和《红楼梦》两个系统的提法，现就出韵现象而言，《脂砚斋重评石头记》系统亦独具特色，《红楼梦》3 个版本组之间的承传关联，透过每两组中某些版本的藕断丝连迹象凸显出来。[49]

《红楼梦》的语言不完全是以北京方言为代表的北方话，还包含不少以吴语为代表的南方话。不过，在不同抄本中，已经出现了对方言进行修改的情况。段江丽、黄园园通过比对几种代表性抄本的方言词修改情况发现，庚辰本、已卯本保留的修改痕迹为《红楼梦》版本研究提供了重要的“标记”，值得重视；庚辰本、已卯本所保留的点改文字可否作为曹雪芹原笔值得商榷；抄本的方言修改已呈现出“去南趋北”的倾向；从方言修订的角度看，程高本与甲辰本关系最为接近，似可为程高本的底本为甲辰本之说提供比较有力的辅证。[50]

自 1973 年吴恩裕发表《曹雪芹佚著和传记材料的发现》一文至今已近 50 年，《废艺斋集稿》的真伪问题已演变为当代曹学公案。去年黄一农题为“曹雪芹《废艺斋集稿》的重探与证真”的学术报告引起广泛关注，相关话题再次成为学界关注的热点。段江丽以客观理性的态度，对《废艺斋集稿》的来龙去脉进行了梳理，并以代表性“问题”为线索，对有关《废艺斋集稿》真伪的论争情况进行了择要介绍，同时也指出了继续存疑的问题点。[51]

在《红楼梦》的传播研究中，曹立波、武迪指出，近代石印技术直接促进了印刷业的升级与转型，推动了清末书籍和报刊的出版与发行。《红楼梦》的刊行借助这一时代潮流而加大了传播力度。从 1791 年《红楼梦》首度刊刻问世至清末民初，在百年岁月中，《红楼梦》的出版经历了从活字摆印、木版刻印到铅排石印、照相石印的发展历程。印刷术的革新为出版业带来的变化及影响，可从《红楼梦》出版史上得到印证。[52]

《红楼梦》传入日本后的近一个半世纪里，一直处于被冷落的境遇中，对此学界多有描述，但原因探讨却大多流于浮泛，不成体统。石雷认为，此中原因，非止一端，乃为多种因素合力的结果，它与日本江户至明治时期的文化变迁、中日文化的差异，以及《红楼梦》独特的文学叙事与语言运用存在密切关系。揭示这一点，不仅有助于了解《红楼梦》在日本的曲折传播接受历程，同时对于深入探究《红楼梦》的全球传播而言也有一定的启示意义。[53]

魏崇新以美国汉学家梅维恒主编的《哥伦比亚中国文学史》（2001）、德国汉学家顾彬主编的十卷本《中国文学史》（2002），美国汉学家宇文所安、孙康宜主编的《剑桥中国文学史》（2010）中的《红楼梦》书写为讨论对象，从去经典化、知识谱系、文本诠释、评价与定位、学术传承等方面，探讨了 3 部文学史对《红楼梦》书写方式的异同，揭示了其中所反映的西方当代《红楼梦》研究的视角与方法，并借以透视出《红楼梦》在当今西方的传播与影响。[54]

本年度，夏薇还延续了“明清小说中女性的日常生活”系列研究。她指出，古代女性无论是原本被允许的在“看街楼里”和“看街帘后”的消遣活动，还是不被允许但实际生活中却时有发生的“倚门看街”“倚窗看街”，在绝大部分古代小说作者眼中都是一种“危险的消遣”，并大都在故事中变成了引发祸事的根源。夏薇对看街和看街楼进行了详细的考索，分析了“看街”在诗词曲等文学体裁中的表现，结合这些研究，最后对比明清小说中对女性“看街”的描写，分析了明清小说作者对于女性看街的态度和这种态度在其创作中的影响与作用等。[55]

本年度还有不少研究都是基于文言小说展开的。诸葛忆兵在考察科场相关的散文之外，也关注到《夷坚志》中科场故事。他认为，宋代通过科举考试极其艰难，登进士第后升迁顺畅，科场上有多种偶然因素，再与一定程度佛道思想、神鬼迷信相结合，由此造成宋人“科名前定”思想。《夷坚志》神鬼故事内容大都是考前种种预兆，预兆获得之方式，主要有 4 种：求神获梦，术士预测，风水堪舆，谶言预告。而且，往往多种方式混杂。《夷坚志》无故意虚构创作之意图，有时以为是真实人物和事件的记录，不过其事件往往具有怪异之特征。作者意在“游戏笔端，资助谈柄”，并不关注神鬼故事常常具有的劝善惩恶之功能。故事情节简单，鬼神形象粗略。[56]

“前世为僧”故事源自魏晋志怪，在宋人笔记中成为苏轼神异故事的一种。王昕梳理了有关这个故事的各种文献，揭示出唐宋文人的自我精神书写与民间文学的改造兴味。两宋笔记中的苏轼“前世为僧”故事，根源于苏轼的性情和他的宗教态度。他以自称“我本修行人”的方式表示对佛教的接受。苏轼的名人效应，使他成为早期话本，如小说、“说参请”等的主人公。苏轼“前世为僧”故事和他的很多轶事，促成话本的“两世因缘”主题和结撰方式，这些都对明清小说戏曲产生深远影响。[57]

郑志良介绍了现藏于山东省图书馆的清初著名文言小说家钮琇的稿本《揖云斋集》。集中有文言小说多篇，其中有些篇目被收入钮琇的文言小说集《觚剩》。郑志良对照稿本，发现钮琇对一些小说做了不同程度的修改。分析其原因，一方面当是钮琇受明遗民思想的影响，秉笔实录，以作史之补遗；另一方面，在清初的政治环境下，钮琇有惧祸的心理，时有曲笔，在他出仕为官，进入清政府的官僚体系之后，又有意删除小说中的违碍内容。比较《揖云斋集》与《觚剩》中的小说，可以看出钮琇复杂的小说创作心态。《揖云斋集》中还有很多小说未收入《觚剩》，这些作品有助于加深对钮琇小说思想内容与艺术风格的理解。[58]

本年度李小龙关于古代小说命名的系列研究，也多聚焦于文言小说。[59]他还注意到，中国古代小说命名多有标识文体的“体字”，以传、记二字为最。此种传统或袭自由《史记》确立的史书纪传之体，还可追溯到经部注疏中的传体与记体，这种基因也决定了传、记二体的文体差异。在中国古代文言小说中，传体重人，记体重事；故传体以人为主，叙事紧凑，记体列叙事件，结构散漫；传体多单篇，记体多丛集。章回小说在延续文言小说传、记二体各自特点的同时又有新变，由于各种原因，章回小说中传体占优，但因作品篇幅的扩大，传体亦必不能拘于一人之事，从而向记体倾斜；记体最初多为神魔类作品，后亦渐与传体合流。此后的翻译小说与早期新小说仍多笼罩在这一传统之下，随着西方小说文体影响力的日渐深入，这一传统也逐渐消失。[60]

李小龙又指出，中国古代文言小说的命名中，除了名末标识文体的用字外，还会出现一些使用率很高的“谱字”，如“怪”“异”“神”“仙”之类。这与中国小说多含异于普通生活之奇异情节有关。[61]

此外，李小龙也将小说命名问题与中西小说文体差异结合起来考察。他认为，中西方小说命名有3个最大的差异：一是中国小说命名重集体，而西方小说命名重个人，这当然与孕育此文体的中西方文化传统有关，也与西方小说文体逻辑中主人公的设定有关；二是中国小说命名多在名末缀有表示文体的体字，西方小说则几乎没有，这与中国小说有复杂的史、子渊源有关；三是中国小说命名的格局大多倾向于三字名，这与中国传统文化中的人名、地名命名的惯例是有关联的。[62]

三、戏曲的研究

本年度的戏曲研究，很多都存在与小说研究的互动。

彭利芝发现，北平辅仁大学毕业论文《西游记杂剧本事演变考》是民国时期一篇全面细致对《西游记》杂剧的本事演变进行考证的文章。该文在孙楷第、郑振铎等先生的研究成果基础上，对《西游记》杂剧的作者、名称、本事演变、人物故事等进行了深入探究，补充与完善了前人学术成果。它既具有典型的学生毕业论文的特征，又体现了民国时期戏曲故事源流考证研究的时代风貌。通过它，或可体悟顾随先生曲学研究理念对学生的影响。[63]民国论文《西游记演变》涉及彼时《西游记》研究中的诸多热点问题，也是观照民国时期《西游记》学术研究生态的重要史料。[64]

吴真研究明代说唱词话的诵唱本《云门传》，指出《云门传》上承元明词话，下开清代鼓词，连接起明清说唱文学发展史的若干个断链处，为今人研究词话、道情到弹词、鼓词的承接和转变提供了新的文本依据。[65]

吴真还以冯梦龙改编《云门传》为例，探讨了说唱词话到白话小说的演进问题，指出《云门传》作为文体转换的一个“标本”，不仅有助于重新讨论冯梦龙“改订旧本”的编创策略，也有助于了解说唱文学在“文言小说—说唱词话—白话小说”演进路线上所起到的关键作用。[66]

在戏曲文献传播方面，吴真还注意到贯云石《孝经直解》在日本的传播与影响，[67]并对《脉望馆钞校本古今杂剧》的发现史进行了重新梳理，利用相关信札、日记等新出文献，对照日方记录，将《脉望馆钞校本古今杂剧》的发现与购藏经过，放置于1938年日本侵华时期“江南文物遭劫最甚”的时代背景之下，重新讨论这批珍籍所牵涉旧书业的人事与利益。[68]

郭英德在考察明末清初文风的同时，也关注到明清之际王时敏家族的戏曲活动与江南戏曲生态。他指出，明清之际苏州府太仓州的王时敏家族，与盛行于江南的昆曲艺术缔结了密切的因缘关系。从王时敏的祖父王锡爵开始，王氏家族的“剧迷”传统传承一百数十年，绵延不断。王时敏一生深嗜戏曲，自备家班，与其子王抃、王抑等一起，频繁举办厅堂演剧，撰写戏曲剧本。这些戏曲活动成为明清之际文人“游于艺”的一种生存方式，并在江南地区营造出独特的戏曲生态，推进了戏曲艺术文化品位的提升和表演技艺的新变。[69]郭英德、李志远还结合着《明清戏曲序跋纂笺》的编撰，探讨了明清戏曲序跋的整理问题。[70]

郑志良利用新发现的文献，重新审视《遇合奇缘记》，指出它所描写的内容在整个中国古代戏曲作品中是极为罕见的，其艺术价值及戏曲史意义不容忽视，同时也让存华这位久不为人知的宗室曲家浮现于世人面前。[71]

本年度也有一些学者侧重于戏曲理论、文本、主题的研究。

李玫即详细阐述了李渔《闲情偶寄·词曲部》“文贵洁净”说的理论意义。李渔的“文贵洁净”说，指出了文学作品中，语言的多与少，并非单纯以数量论，与文字所表现的内容和语言本身的意、韵相关，接受者的主观感受也参与其间。李渔论“文贵洁净”，继承和发扬了前人诗文理论及戏曲理论中的精华，不仅对戏曲宾白创作有指导意义，实际上也从理论上揭示了文学语言的特质，对文学及戏曲创作有重要指导作用。[72]

杜桂萍、马丽敏探讨了袁枚、俞樾的戏曲观。袁枚与俞樾同为浙籍文化大家，且都在晚年进入戏曲活动的活跃期，常常被后人相提并论。袁枚诗主性灵，所评点的戏曲作品也多为性灵之作，认为戏曲创作应以情为圭臬，表达主体的内在情愫。俞樾亦强调“感人”是戏曲功能实现的关键，然更为重视的还是戏曲化民成俗的教化功能。袁枚和俞樾的戏曲活动皆发生在与人交往的过程中，鲜明表现出诗歌之于戏曲的影响，从另一个维度揭示了传统戏曲受制于诗学的必然性。[73]

李简从《西厢记》中“春”与“秋”的描写入手，揭示了《西厢记》的新变与经典意义。她认为，王实甫重塑《西厢记诸宫调》，把崔张故事放置于年度“春”与“秋”的转换之间，使故事的演述凝练、简洁。而在“会和以春，别离以秋”的时间框架下，长于情辞的王实甫用杂剧这种当时盛行的大众娱乐形式，发挥传统文化中对节序的认知、诗歌中春思秋怨的积淀，强化借景抒情的表现手法，使故事的敷衍具有了充沛的感情色彩，使杂剧的主题得到彰显。王实甫的《西厢记》，也由此成为文人杂剧写作的精致代表，成为中国戏曲史上的不朽经典。[74]

往日研究关汉卿杂剧《关张双赴西蜀梦》的著述，全部集中在“鬼魂戏”范畴之内。但麻国钧认为，该剧不能简单地以“鬼魂”二字给予判断，而是一出“镇魂”意义的典型作品，是中国古典戏曲乃至中国古典文学、诗歌以及信仰风俗中源远流长的“镇魂”文化思维在元人北曲杂剧的体现。与之相颉颃却晚出的日本能剧《关羽》也以镇魂为主旨，二者异曲而同工，表明以“镇魂”为母题的剧作在中日古典戏剧中的普遍存在。[75]

四、小结

通过以上回顾总结，可以发现，本年度的散文研究打开了重要突破口，科举文化视野下的散文研究，与易代之际文人思潮、文风的考察都堪称亮点。小说方面，在深入研究白话小说名著的基础上，也在更多地向文言小说倾斜。戏曲研究与小说研究的互动有所增强，戏曲研究内部各个面向亦稳步推进。诗歌的研究仍然维持平稳局面，但也显得缺乏开拓意识。而从整体来看，跟各类文体相关的原创性的理论研究，仍有较大的深入拓展的空间。

注：

①诸葛忆兵：《宋代进士题名记论略》，《文学遗产》，2020年第1期。

②诸葛忆兵：《宋代科场论述文论略》，《齐鲁学刊》，2020年第1期。

③诸葛忆兵：《宋代科举辞赋论略》，《武汉科技大学学报(社会科学版)》，2020年第1期。

④诸葛忆兵：《宋代科举考试送别文论略》，《中国人民大学学报》，2019年第4期。

⑤诸葛忆兵：《宋人贡院记论略》，《四川大学学报(哲学社会科学版)》，2020年第1期。

⑥诸葛忆兵：《宋人贡庄记论略》，《江西社会科

学》，2019 年第 10 期。

⑦诸葛忆兵：《李昴英中第家书释论》，《厦门大学学报(哲学社会科学版)》，2020 年第 3 期。

⑧左东岭：《台阁与山林：元明之际文坛的主流话语》，《首都师范大学学报(社会科学版)》，2019 年第 5 期。

⑨左东岭：《“台阁”与“山林”文坛地位的升降浮沉——元明之际文学思潮的流变》，《文学评论》，2019 年第 6 期。

⑩左东岭：《行道与守道：元至明初文人人生模式的生成与转换》，《文史哲》，2020 年第 2 期。

⑪左东岭：《〈赠梁建中序〉与宋濂元明之际文学观念的变迁》，《求是学刊》，2020 年第 3 期。

⑫左东岭：《闲逸与沉郁：元明之际两种诗学形态的生成及原因》，《文艺研究》，2019 年第 9 期。

⑬郭英德：《明末六朝文的流播与文风丕变》，《文学遗产》，2020 年第 1 期。

⑭郭英德：《布衣之文：清前期文坛身份意识的强化与文化权力的转移》，《福建师范大学学报(哲学社会科学版)》，2019 年第 5 期。

⑮郭英德：《文人典范 · 文章矩矱 · 文治气象——“国朝三家”说平议》，《文艺理论研究》，2019 年第 6 期。

⑯郭英德：《论〈四库全书总目〉的古文观》，《文艺研究》，2020 年第 2 期。

⑰张剑：《居乡诚不易——从〈何汝霖日记〉看一位晚清显宦的乡居生活》，《清华大学学报(哲学社会科学版)》，2019 年第 4 期。

⑱张剑：《季芝昌“引疾”始末及其诗歌中的疾病书写》，《中华文化论坛》，2019 年第 5 期。

⑲周剑之：《写作场与文本生成——宋代上梁文叙写方式的形塑与流变》，《中山大学学报(社会科学版)》，2019 年第 6 期。

⑳周剑之：《“卧听”事象的诗意呈现与诗境构建》，《文学评论》，2020 年第 2 期。

㉑谷曙光：《被遮掩的诗名和影响力——论宋代古文大家曾巩的诗歌创作》，《中国人民大学学报》，2020 年第 2 期。

㉒于小亮、朱万曙：《清代“新正重华宫茶宴联句”考论》，《苏州大学学报(哲学社会科学版)》，2020 年第 2 期。

㉓陶文鹏：《论稼轩词体的集大成与新开创》，《江苏师范大学学报(哲学社会科学版)》，2020 年第 1 期。

㉔陶文鹏：《论稼轩词的女性形象创造》，《北方论丛》，2020 年第 2 期。

㉕李简：《柳永与宋元时期士人群体的分化》，《哈尔滨工业大学学报(社会科学版)》，2020 年第 3 期。

㉖张剑：《“人比黄花瘦”索隐》，《华南师范大学学报(社会科学版)》，2020 年第 1 期。

㉗潘建国：《〈搜神记〉的形成：以前代故事文本辑采为例》，《中国高校社会科学》，2019 年第 4 期。

㉘李鹏飞：《干宝的态度：释“亦足以明神道之不诬”》，《中国高校社会科学》，2019 年第 4 期。

㉙刘勇强：《宗教信仰制约下的艺术想象——〈搜神记〉小说品格的反思》，《中国高校社会科学》，2019 年第 4 期。

㉚叶楚炎：《论宋元话本小说中的“体制性”韵文和“非体制性”韵文》，《国学学刊》，2019 年第 4 期。

㉛叶楚炎：《从“表演的分回”到“文本的分回”——论章回小说分回体制的形成》，《文学遗产》，2020 年第 1 期。

㉜叶楚炎：《〈修洁堂初稿〉及〈儒林外史题辞〉续考——再与郑志良先生商榷》，《中国文化研究》，2020 年春之卷。

㉝叶楚炎：《荀玫原型为袁枚考》，《明清小说研究》，2019 年第 3 期。

㉞马振方：《从〈醒梦骈言〉想到白话译〈聊斋〉》，《蒲松龄研究》，2019 年第 4 期。

㉟张庆民、张人勐：《论〈聊斋志异〉人化异类问题》，《蒲松龄研究》，2019 年第 4 期。

㊱侯忠义：《〈金瓶梅〉的讽刺艺术》，《内江师范学院学报》，2020 年第 3 期。

㊲刘紫云：《〈金瓶梅〉的物象与晚明商人的物质世界——兼论物象描写的语言风格》，《上海师范大学学报(哲学社会科学版)》，2019 年第 6 期。

㊳李鹏飞：《历史退化论、末世论与〈红楼梦〉中的末世图景》，《红楼梦学刊》，2019 年第 1 期。

㊴李小龙：《“怡红夜宴”座次综考及叙事智慧探析》，《曹雪芹研究》，2019 年第 3 期。

㊵李小龙：《〈红楼梦〉引诗歧误综考》，《红楼梦学刊》，2020 年第 1 辑。

㊶李玫：《论荣国府演〈荆钗记〉和林黛玉对王十朋的“讥讽”》，《红楼梦学刊》，2019 年第 6 辑。

㊷夏薇：《〈红楼梦〉饮食中的隐喻》，《红楼梦学

刊》，2020年第2辑。

㊸刘紫云：《〈红楼梦〉的物质纠纷与性别秩序的重构和瓦解》，《曹雪芹研究》，2019年第4期。

㊹井玉贵：《李纨判词、曲子之谜再探——关于凤姐、李纨关系及巧姐结局问题》，《曹雪芹研究》，2019年第3期。

㊺曹立波：《〈红楼梦〉佳人形象的文学基因探究》，《中国人民大学学报》，2019年第5期。

㊻詹颂：《周春眼中的史太君原型与历史上的高景芳》，《曹雪芹研究》，2019年第3期。

㊼刘世德：《"莲菊两歧"与甲戌、己卯、庚辰三本成立的序次——〈红楼梦〉创作过程研究又一例》，《红楼梦学刊》，2019年第4辑。

㊽刘世德：《薛宝钗与薛蝌序齿问题辨析》，《曹雪芹研究》，2019年第4期。

㊾曹立波：《〈红楼梦〉律诗出韵现象与小说的补遗订讹——兼谈三个版本组的演变关系》，《明清小说研究》，2020年第2期。

㊿段江丽、黄园园：《论〈红楼梦〉抄本的方言词修订问题》，《红楼梦学刊》，2020年第1辑。

51段江丽：《〈废艺斋集稿〉的来龙去脉及真伪论争》，《曹雪芹研究》，2019年第3期。

52曹立波、武迪：《近代印刷术革新与〈红楼梦〉刊行研究的新突破》，《河北学刊》，2020年第1期。

53石雷：《错位与认同——〈红楼梦〉在日本流播的某个面向》，《红楼梦学刊》，2019年第6辑。

54魏崇新：《21世纪西方中国文学史中的〈红楼梦〉书写》，《红楼梦学刊》，2019年第5辑。

55夏薇：《危险的消遣："看街"——明清小说中女性的日常生活(二)》，《明清小说研究》，2019年第3期。

56诸葛忆兵：《〈夷坚志〉"科名前定"思想与鬼神叙述》，《江海学刊》，2020年第1期。

57王昕：《论苏轼神异出身故事的渊源及其文学性影响》，《浙江学刊》，2019年第5期。

58郑志良：《稿本〈揖云斋集〉与钮琇的文言小说创作》，《文献》，2019年第5期。

59李小龙：《唐代单篇传奇命名检讨——以〈异闻集〉为坐标》，《扬州大学学报(人文社会科学版)》，2019年第6期。

60李小龙：《中国古代小说传、记二体的源流与叙事意义》，《北京社会科学》，2020年第1期。

61李小龙：《中国古代文言小说命名"谱字"考》，《蒲松龄研究》，2020年第1期。

62李小龙：《中西方叙事艺术视野中的小说命名研究》，《西华师范大学学报(哲学社会科学版)》，2020年第3期。

63彭利芝：《新见辅仁论文〈西游记杂剧本事演变考〉述略》，《北京社会科学》，2020年第2期。

64彭利芝、陈黎：《新见民国论文〈西游记演变〉与〈西游记〉早期研究热点述略》，《学术交流》，2020年第1期。

65吴真：《〈云门传〉：词话到鼓词的过渡形态》，《文艺研究》，2020年第6期。

66吴真：《从说唱词话到白话小说的演进——以冯梦龙改编〈云门传〉为例》，《文学评论》，2020年第2期。

67吴真：《贯云石〈孝经直解〉在日本的传播与影响》，《民族文学研究》，2019年第6期。

68吴真：《〈脉望馆钞校本古今杂剧〉发现史之再发现》，《文献》，2019年第5期。

69郭英德：《明清之际王时敏家族的戏曲活动与江南戏曲生态》，《安徽大学学报(哲学社会科学版)》，2020年第1期。

70郭英德、李志远：《精心构筑戏曲理论宝库——谈明清戏曲序跋的整理》，《中国戏曲学院学报》，2019年第3期。

71郑志良：《虽说是奇缘，其实是孽缘——清宗室曲家存华与〈遇合奇缘记〉考论》，《文学遗产》，2020年第3期。

72李玫：《李渔〈闲情偶寄·词曲部〉"文贵洁净"说的理论意义》，《铜仁学院学报》，2019年第6期。

73杜桂萍、马丽敏：《袁枚、俞樾的戏曲观及原因、意义探赜》，《南开学报(哲学社会科学版)》，2019年第6期。

74李简：《〈西厢记〉中的"春"与"秋"》，《智慧中国》，2020年第Z1期。

75麻国钧：《北曲杂剧〈关张双赴西蜀梦〉与能剧〈关羽〉主旨臆说》，《北方工业大学学报》，2020年第1期。

(作者：孙大海，北京大学博士生；李鹏飞，北京大学长聘制副教授)

中国现代文学

何亦舒

2019年中国现代文学学科稳中求变，延续对于既往热点问题的关注，历史视野的扩展、新材料的发掘、新方法的应用推动着研究在原有基础上进一步发展，对“史”的关注与跨学科的尝试成为新的趋向，研究者通过具体作家作品的分析将小情境与大环境嵌套起来回应20世纪重大历史问题。总之，在问题与方法上多有自觉而有益的尝试，呈现出历史化、跨学科、跨文化的特点，愈来愈呈现出布局全面的学科形态。

一、“五四”研究

“五四”新文学与文学革命一直以来都是中国现代文学研究的重点，2019年正值五四运动100周年纪念，北京大学人文社会科学研究院举办了“五四与现代中国”学术论坛，邀请中国社会科学院、北京大学、复旦大学、华东师范大学、日本京都大学、哈佛大学、剑桥大学等国内外高校、研究机构的专家学者参会，主论坛有陈平原、王德威、狭间直树、罗志田等教授进行主题演讲。分论坛围绕“五四与新思潮”“五四与新文学”两大议题深入探讨。

北京鲁迅博物馆（北京新文化运动纪念馆）、中国鲁迅研究会联合主办了“在文学与历史之间——纪念五四运动100周年学术研讨会”，来自北京鲁迅博物馆、上海鲁迅纪念馆、中国社会科学院、北京大学、复旦大学等机构和高校的专家100余人出席了会议，围绕“五四”综合研究、鲁迅研究、新文化人物研究三大主题进行了深入研讨①。除此之外《文艺争鸣》特开设“五四运动100周年纪念专辑”进行讨论，文章个案研究和跨学科色彩明显。

作为现代中国文学与文化的关键性事件，五四研究历来受到研究者的关注，呈现出宏观与微观结合，理论和实践互补的研究形态。欧阳哲生②的文章从材料、诠释与价值重估3个方面对五四运动的研究做了学术史的检视，认为五四运动在当时报刊、亲历者的回忆以及后人诠释中呈现出多元面向，而五四的思想价值正在这些不断阐释中不断生发、弘扬。

个案研究内容丰富，集中于发生学探究、语言文学形式的变革、报刊等媒介的研究、新文化人物个案研究等，其中聚焦于语言形式变革与话语形式的研究较为丰富。孙郁系统地讨论五四新文化人的话语方式③，他指出除了史学家不断叙述的改良话语、批判话语，自审话语也是重要的组成部分。通过对1918年到1919年《新青年》中文章的爬梳、域外文学的解读，以鲁迅在《新青年》上的创作、翻译工作为例阐释了自审话语的形态、内涵与价值。认为恰恰是自审话语使当时的新文化人成长为“自我更新、不断克服自己的有限性的进取者”，而五四新文化人的自审话语才因而得以获得超越时代性的品格。袁一丹的文章④注意到文化革命前后句读理论与实践的转换问题，从句读到西方标点符号的蜕变并不应只聚焦在“五四”一个节点上，标点的规范与接受是一场漫长的读写革命，陈独秀、钱玄同、陈大齐等人在其中都发挥了重要作用。刘静的文章对钱玄同与周树人、周作人的两封信件进行对照释读并结合刘半农《言文对照的尺牍》再现了五四时期白话文改革的实验现场。⑤

海外研究者多聚焦于文学革命的潜能与延续性。王德威的文章通过鲁迅文论“悬想”“神思”两个概念概括鲁迅的文学革命，而韩松重启早期鲁迅对科学与文学的批判性思考，指出二者都植根于历史指向解放的可能。⑥宋明炜敏锐地捕捉到了当代科幻小说与鲁迅以《狂人日记》为表达的创作之间隐秘的对话关系。他认为韩松科幻作品中借用许多典型的鲁迅文化符号与标志语句以回应鲁迅的一些主题。比如关于疾病和社会、现实与真相、医学与文学的思考。韩松的小说十分注重探讨技术与真实世界的关系，通过科幻小说独特的文学再现形式，日常生活被重新编码，并产生某种陌生化效果，这间接阐明了现实中“不可见”的方面，这无疑和狂人日记的旨趣相呼应。⑦

除此之外，专著方面，商务印书馆推出了陈平原、夏晓虹主编《触摸历史：五四人物与现代中国》增订本，邓晓芒新书《批判与启蒙——纪念五四新文化运动100周年》用“新批判主义”的方法对儒家思想进行批判，希图推动当代“第三次启蒙”。

二、鲁迅研究

鲁迅作为现代文学关键性人物，其研究牢牢占据五四新文化研究的中心。2019年是《阿Q正传》100

周年，中国鲁迅研究会、湖南大学、湖南省文联共同主办“纪念五四运动一百周年国际学术研讨会暨中国鲁迅研究会2019年会”，与会者就鲁迅与现实政治、鲁迅生平与时代的细节考释、鲁迅与同时代人研究、海外比较文学视野中的鲁迅研究等进行了充分讨论，出现很多新热点，如“立人”思想的当下实践价值、从“文学者鲁迅”再出发重释“政治者鲁迅”、重构鲁迅所处的文学场域关键环节、讨论鲁迅生平文艺活动弃医从文等细节等等。

鲁迅文本解读是鲁迅研究的重要组成部分，很多研究从具体文本的小切口入手，旁及左右，从细读中透视鲁迅文学与思想的深层内涵，历史视野的扩展与重构、文本阐释的详备与深入为鲁迅研究打开了新的空间。孟庆澍通过对阿金这一人物的文本细读指出阿金打破了作者与笔下人物看与被看的关系，其对鲁迅的反观与不受控是对这一套权力机制的挑战从而使得鲁迅感到不适。这种权力的反转恰恰带有新人特质，城市逻辑的兴起使得中国被裹挟进入都市社会，呈现出特殊性和复杂性。而鲁迅的愤怒恰恰彰显着鲁迅晚期对这一新可能的发觉以及不理解，层层修辞圈套之下鲁迅的自我指涉才是《阿金》文本复杂性的真正根源。[⑧]刘彬的文章将《呐喊·自序》、《无题》与《时光老人》进行对读，种种迹象表明《自序》从内容到写法都经过了反复思考和裁选。其主题与意涵的选取反映着鲁迅心态的变化，为鲁迅进入新文化运动前心理空间的打开提供了新的角度。[⑨]张业松通过对《狂人日记》细读提出对“狂人”及其结局的新理解。他发现“狂人”仅仅出现在愈后自题，而日记正文他人和他自己都没有称其为“狂人”，可见这是一种出于自我反省的志向下沉，是鲁迅受到尼采和康德的影响的一种表征。而《狂人日记》的创作有赴日留学时期明治知识的熏陶，更多是“从太炎游”的思想和人格典范作用所致，代表了晚清—民国时期“狂人”话语的主流形态。同时张业松也重新定义了《狂人日记》经典性，认为《狂人日记》在现代白话形成新的书面语言上发挥了巨大作用，同时提供了以文学方式呈现现实的表达手段。[⑩]李国华的文章通过胡适《论短篇小说》和《狂人日记》的对读梳理出二人对短篇小说时间理念的异同，为中国短篇小说这一文体的构建与实践提供了新的角度。二人都从进化论线性时间出发赋予短篇小说重要的历史地位和文学意义，但胡适的时间意识上，重视小说叙事细节，将客观事件碎片放置在时间整体中才有意义。鲁迅则认为细节不从属于情节结构整体而是从属于叙事动力。《狂人日记》中两套纪元方式便暴露了文本内部存在两套时间系统。事实上，胡适《论短篇小说》更像是理论上胜利者的开端，表现为启蒙文体或教导文体，而鲁迅《狂人日记》却呈现出实践中的怀旧气质，表现为乡愁文体或忏悔文体，中国现代短篇小说在理论与实践的拉扯慢慢生成。[⑪]

除此之外，在近代史思想史脉络中考察鲁迅的政治实践取得了可喜的成果。邱焕星将眼光投向鲁迅的厦门时期和广州时期，聚焦这两个时段鲁迅思想道路的发展。厦门时期对鲁迅来说是“党同伐异”的革命化时期，有从文化转向政治的趋向。[⑫]而进入广州的鲁迅渐渐发现“党同伐异”的问题，意识到政治对革命的压迫，在经历了“主动革命—反思批判—思想创造”3个阶段的变化后，提出了“革命同路人”“革命人文学”的“文学政治”存在模式。[⑬]张武军通过《广州民国日报》及其副刊研究发现了作家南下与国家革命的紧密联系。[⑭]

周氏兄弟互为参照的研究路径也成为重读鲁迅的一种方式。王芳的文章关注鲁迅和周作人的开蒙经验，注意到博物杂学和多识趣味获取的重要性。二人以杂学开蒙，养成文本层面的博物趣味以及以图像为中介的现实观照，这也是日后二人接受西方以个体趣味为专业导向的人本理论的基础，清儒考据知识取向塑造了二人知识考据的风尚。而鲁迅赴日留学接触西方科学熏陶在博物学、生物学等方面有所精益，进一步开拓了开蒙杂学与实践经验。[⑮]文学史上“周氏兄弟”指向周树人、周作人却并不包含周建人，陈平原对此提出质疑，通过“百草园的过客”“兄长的提携”“大哥的影子”对周建人的生平进行梳理勾勒出兄弟三人的牵连，指出周建人可以作为镜子反映出文人与政治之间繁杂的联系，折射出政治史上文人形象及功能的演变。[⑯]孙郁的文章聚焦于周作人从多重视野去观照大乘佛教，指出与其对六朝的关注、儒家视野、学者风范与文人心态、西方开放包容的心态等等有关，彰显出广阔开放的学术精神。[⑰]

三、20世纪40年代文学研究

近年来，越来越多研究者进入20世纪40年代文学研究，成果颇丰。20世纪40年代文学呈现出空前的丰富性与复杂性，作家的流徙、文学区域的互动、“战时中国”的重建等热点问题被不断发掘和讨论。解放区文学、沦陷区文学研究都取得了一定突破，战争书写研究呈现井喷趋势。

解放区文学是20世纪40年代的重要组成部分，也是探究现代文学与当代文学承上启下的关键部分。伴随着近年来在哲学、文学、社会学、政治学、历史学等领域发生的“情感转向”，越来越多的研究者开始关注中国革命的情感因素。路杨以解放区知识分子的情感改造为切口，将文艺工作者的下乡运动视为一种“情感实践”来审视，探究革命的知识分子主体的情感经验如何生成，进而作为一种具有艺术有效性的形式实践如何重塑了乡村基层社会的内部结构，为中国革命的情感史研究打开新的问题空间。[18]危明星以1940年前后延安文学中的教堂书写为中心，以茅盾散文、《我在霞村的时候》以及鲁艺师生陈荒煤、贺敬之等人对教堂空间的刻画为对象，勾勒1940年前后延安复杂的文化语境以及历史延续中文艺与革命的多种面向。[19]冷嘉的文章解读丁玲延安时期对农村妇女的书写，以《新的信念》中的老太婆为例，战时困顿的环境中，丁玲注意到了底层人物身上的这种本能的生命力，并在对这一发现的书写中开始重新思考和调整“启蒙”的关系模式中知识分子和大众的位置。[20]

在20世纪40年代文学场域中，从延安文学到社会主义文艺实践和文化政治，是现当代文学的衔接点，也是近年研究热点。围绕上海大学文学院副教授朱羽的新著《社会主义与“自然”》，“中国社会主义文艺实践与文化政治”讨论会举办。与会者围绕“20世纪文学与‘社会主义文化’的难题性”“批评理论、交叉视域与社会主义文学、文化研究”“社会史视野里的社会主义文艺与政治”3个主题展开讨论，强调了跨学科的方法和社会史的视野给社会主义文艺研究带来的新启发。[21]沙垚以“农村俱乐部”为焦点，研究新中国成立后农民文化主体性与农村文艺组织化的生成，将中华人民共和国成立初期农村社会主义文艺研究从文本转向实践，打开新的研究空间。[22]路杨对土改叙事中的“翻心”研究，同样关注文学写作在土改政策、工作经验与现实结构之间的互文与重构，[23]但在关注现代文学发生时的历史进程和社会结构时，路杨强调如何打开革命文艺的“形式”这一问题还有待回答，社会史视野为现代文学打开的整体性视野可以让研究者进一步去反思现代以来的“文学”“艺术”等概念背后蕴含的艺术秩序、文化权力结构、评价标准的历史性[24]。

长期以来，沦陷区文学是20世纪40年代文学研究中相对薄弱的方面。还原20世纪40年代文学全貌离不开对沦陷区文学的发掘，而2019年可喜地看到对此部分文学作品的细读研究填补了这部分空白。刘东的文章以《夏侯杞》的文本审视20世纪40年代上海生态与作家创作的复杂互动，指出《夏侯杞》的写作为作者提供了疗愈个人的空间以推动沦陷区作家继续坚守持续战斗。[25]罗雅琳在《碧血花》中也看到了对大众趣味和孤岛时势的抚慰与迎合。[26]

20世纪40年代文学研究离不开战争主题，“战时中国”作为内部视角为作者审视个人、审视社会、思考国家重构提供了新的空间，对战争书写的关注也成为40年代研究的热点问题，研究者通过对时代症候性文本的细读让我们看到了危机时刻中言说方式的多样性。姜涛的文章以抗战初期卞之琳的“战地报告”为对象，认为卞之琳并非如前研究所说，只是一种“道旁”书写，无力生成新的主体。恰恰相反，作为现代诗人，当他游走于前线和后方时，虽然仍带着镜子和画框，但战争语境提供了走出封闭镜像的可能，卞之琳笔下的画框具有流动性，跳出了抒情内面，在个体和历史之间实现了一种新的“组织”，通过对社会微观情状的描写，表达出一种向上的历史之势和诗人特殊的历史感受力。[27]同样关注“战争语境”对作家与作品影响的，还有吴晓东对《围城》中“战争”话语作为一种讽喻和寓言的诗学解读，战争话语构成叙述者的修辞方式同时也构成小说人物的表意形态，最终承担了使小说丧失远景的功能性使命，战争话语成为作者呈现危急时刻的特有言说方式。[28]李永东对茅盾《清明前后》仓促换调和移步换形的抗战书写进行分析，聚焦《清明前后》的生产过程，将作家的特定情势和个人心绪与作品写作勾连起来，揭示出40年代文学较为普遍的结构性问题。[29]罗雅琳则根据《棠棣之花》历次修改中的审美价值变动，解读郭沫若在不同危机时刻的政治态度，包括郭沫若对抗阴谋政治的“真诚”理念，“弱中求强”的政治构想等。[30]同样以郭沫若的战时书写为研究对象的还有刘奎对郭沫若抒情诗学和情感政治的分析，研究者认为抗战初期，郭沫若重启的情感诗学实践具有让抒情传统与史诗传统从二分走向统一的意义，形成了相互生产相互促进的有机结构。[31]

四、新诗研究

新诗研究作为相对独立的研究范畴近年来愈来愈呈现出与社会文化研究相融合的趋势，以文本为中心建立多层次的理解空间与实践文化对话成为较为常见的研究范式。整体来看，诗歌研究以诗人、诗刊或是某一阶段的诗歌状况为对象进行梳理取得了一定成果，打开了新的研究空间。朱钦运的文章梳理了新诗自诞生伊始即为旧体诗词所责难的“百年滋味”，并试图在此基础上“进行一种较为宽泛和宏观的‘辨认’和‘辩护’”。作者认为新诗与旧诗不能用同样标准衡量，而新诗的批评机制又未能被大众接受从而新旧诗都未在新时代成为真正主流。[32]张洁宇的文章以叶公超的文学活动为中心，着重梳理了其在新诗史上的贡献。在新诗理论上，叶公超的重要贡献之一是对艾略特的译介和阐释；在技巧上，叶公超颇为重视诗歌语言的格律问题，认为诗歌要有“说话的节奏”；在语言问题上，叶公超尤其推重卞之琳与何其芳，重视“平淡语体的节奏”的运用。[33]卢晓霞的文章以刊物为视角，梳理了中国诗歌会在抗战及20世纪40年代的发展状况。[34]基于研究界对20世纪40年代中国诗歌会关注较少，作者搜集了中国诗歌会后期的主要刊物，如《时调》《五月》《行列》《春草集》《战歌》《诗创作》《中国诗坛》《新诗歌》等，并对其发表情况和特点作了简要的介绍，打开了新诗研究新的空间。

新材料的发现推动研究与解读的深入，王贺根据新发现的4篇冯至诗论、文论及演讲稿，深入研究冯至20世纪四五十年代的诗学思考。[35]李煜哲在1943年昆明《春秋导报》上发现了署名“查良铮”的连载长文《苦难的旅程——遥寄生者和纪念死者》，这篇穆旦1943年自印度回国初期对于缅战经历的回忆散文为重新理解穆旦在缅战前后所写的诗歌提供了可能。[36]王家新、方邦宇在《当代评论》中找到了《冯至全集》中缺失的《新诗蠡测》一文的内容并对其进行阐释。[37]

五、现代文学学科建设

在学科构建方面，2019年中国现代文学学术史研究主要集中在对研究范式的批评和开拓上。季剑青的文章梳理了海外汉学“早期现代中国”论述的谱系，他认为“早期现代中国”打破了“冲击—回应”范式对以鸦片战争作为现代中国起点的刻板论述，试图超越“西方中心论”的研究路径，但同时有“早期现代性”标准带来的局限性。这种梳理为现代文学起点的探源整理了思想资源。[38]王德威对《哈佛新编现代文学史》的阐释显示出北美中国现代文学以及文学史研究的新思路。[39]谭桂林的文章回顾了新中国成立70年来现代文学“学科化”所取得的成就。作者认为，在现代文学研究的知识谱系中，革命性、现代性、民族性和世界性是4个基柱。在方法论上，新时期以来现代文学研究得以不断突破以辩证唯物主义和历史唯物主义为主导的单一范式，提出了诸如“20世纪中国文学”“内部研究”“多维发展”等新的研究视角。[40]在方法论上，严程的文章提示“数字人文”在现代文学研究中的可能性和应用前景。[41]

注：

① 范国富：《在文学与历史之间——纪念五四运动100周年学术研讨会会议综述》，《鲁迅研究月刊》，2019年第5期。

② 欧阳哲生：《材料、诠释与意义探寻——百年五四运动史研究之检视》，《历史研究》，2019年第2期。

③孙郁：《五四新文化人的话语方式——以1918、1919年的〈新青年〉为例》，《文艺争鸣》，2019年第5期。

④袁一丹：《创造一种新的可读性——文学革命前后的句读论及其实践》，《中国现代文学研究丛刊》，2019年第6期。

⑤ 刘静：《尺牍之间的“文白之变”——〈新青年〉同人应用文改革之实践》，《鲁迅研究月刊》，2019年第5期。

⑥ 王德威：《鲁迅、韩松与未完的文学革命——“悬想”与“神思”》，《探索与争鸣》，2019年第5期。

⑦宋明炜：《回到未来：五四与科幻》，《现代中文学刊》，2019年第2期。

⑧ 孟庆澍：《〈阿金〉与鲁迅晚期思想的限度》，《文学评论》，2019年第4期。

⑨ 刘彬：《旧“事”怎样重“提”——以〈呐喊·自序〉为例》，《中国现代文学研究丛刊》，2019年第2期。

⑩ 张业松：《〈狂人日记〉百年祭》，《现代中文学刊》，2019年第2期。

⑪李国华：《时间意识与小说文体——胡适〈论短篇小说〉与鲁迅〈狂人日记〉对读》，《文艺争鸣》，2019年第7期。

⑫邱焕星：《“党同伐异”：厦门鲁迅与国民革命》，《文艺研究》，2020年第1期。

⑬邱焕星：《广州鲁迅与“在朝革命”》，《文学评论》，2019年第2期。

⑭张武军：《作家南下与国家革命》，《文学评论》，2019年第4期。

⑮王芳：《周氏兄弟开蒙经验中的博物杂学和

"多识"趣味》，《中国现代文学研究丛刊》，2019年第1期。

⑯陈平原：《二周还是三周——现代中国文化史上的周建人》，《中国现代文学研究丛刊》，2019年第1期。

⑰孙郁：《周作人欣赏大乘佛教的原因》，《文艺争鸣》，2019年第6期。

⑱路杨：《革命与人情：解放区文艺下乡运动的情感实践》，《中国现代文学研究丛刊》，2019年第6期。

⑲危明星：《阶级与性别话语改写下的教堂空间——1940年前后延安文学中的教堂书写》，《文艺理论与批评》，2019年第6期。

⑳冷嘉：《战争、家国与"新女性"的诞生——论丁玲延安时期对农村妇女的书写》，《中国现代文学研究丛刊》，2019年第5期。

㉑叶青、谢俊、林俊涛：《"自然"与中国社会主义文艺实践和文化政治——"中国社会主义文艺实践与文化政治"讨论会暨〈社会主义与"自然"〉研讨会综述》，《中国现代文学研究丛刊》，2019年第7期。

㉒沙垚：《再谈农村俱乐部：农民的文化主体性与农村文艺的组织化》，《文艺理论与批评》，2019年第4期。

㉓路杨：《"斗争"与"劳动"：土改叙事中的"翻心"难题》，《中国现代文学研究丛刊》，2019年第12期。

㉔路杨：《历史与形式：新的整合如何可能?》，《文艺理论与批评》，2019年第4期。

㉕刘东：《上海文学生态与师陀的创作选择——以〈夏侯杞〉为个案》，《现代中文学刊》，2019年第1期。

㉖罗雅琳：《趣味与时势之间的"女英雄"——论阿英〈碧血花〉》，《现代中文学刊》，2019年第1期。

㉗姜涛：《动态的"画框"与历史的光影——以抗战初期卞之琳的"战地报告"为中心》，《中国现代文学研究丛刊》，2019年第5期。

㉘吴晓东：《"既遥远又无所不在"——〈围城〉中作为讽喻的"战争"话语》，《中国现代文学研究丛刊》，2019年第7期。

㉙李永东：《移步换形的抗战书写与仓促换调的〈清明前后〉》，《中国现代文学研究丛刊》，2019年第2期。

㉚罗雅琳：《危机时刻的美学与政治——以郭沫若历史剧〈棠棣之花〉为中心》，《文学评论》，2019年第5期。

㉛刘奎：《浪漫如何介入历史：抗战初期郭沫若的抒情诗学与情感政治》，《中国现代文学研究丛刊》，2019年第6期。

㉜朱钦运：《汉语新诗的"百年滋味"——以来自旧体诗词的责难为讨论背景》，《中国现代文学研究丛刊》，2019年第8期。

㉝张洁宇：《新诗史上的叶公超》，《中国现代文学研究丛刊》，2019年第9期。

㉞卢晓霞：《从诗刊看中国诗歌会的后续发展》，《中国现代文学研究丛刊》，2019年第3期。

㉟王贺：《冯至四五十年代的诗学思考及其他》，《中国现代文学研究丛刊》，2019年第3期。

㊱李煜哲：《从"苦难"到"祭歌"：穆旦的缅战经历叙述之变——从穆旦集外文〈苦难的旅程——遥寄生者和纪念死者〉说起》，《现代中文学刊》，2019年第2期。

㊲王家新、方邦宇：《〈新诗蠡测〉意义之蠡测》，《中国现代文学研究丛刊》，2019年第3期。

㊳季剑青：《"早期现代中国"论述的谱系与可能性》，《文艺理论与批评》，2019年第2期。

㊴王德威、李浴洋：《何为文学史？文学史何为？——王德威教授谈〈哈佛新编中国现代文学史〉》，《现代中文学刊》，2019年第3期。

㊵谭桂林：《与时代对话中的知识谱系建构——新中国70年现代文学研究成就概述》，《文学评论》，2019年第5期。

㊶严程：《现代文学研究的"数字人文"方法刍议》，《现代中文学刊》，2019年第1期。

（作者：何亦舒，北京大学博士生）

中国当代文学

邵燕君 许 婷 马 哲

2019年北京地区的当代文学研究，相比此前出现了以下趋势：1950—1970年文学研究有所减少；1980—1990年文学研究相对稳定，围绕经典作家、经典作品展开；2019年的新世纪文学研究对新锐作家的代际区分更为关注，关注热点话题，对“非虚构写作”的讨论也在继续推进；文化研究方面对电影艺术关注较多，网络文学研究则以二次元转型为线索对流行文化进行阐发；当代文学史与文学批评领域，重点对长时段文学史研究进行了总体性把握与反思；台湾与海外文学研究有所增加，主要集中在海外文学在中国的影响史梳理。

一、1950—1970年文学研究

2019年，1950—1970年的文学研究较少，主要集中在文学与传统文学、文学与大众的关系等重要问题上。贺桂梅从文本解读的角度，对毛泽东诗词的具体修辞方式和构成要素中所包含的文化想象进行了深入探讨。贺桂梅指出，毛泽东诗词中的山水拥有着独特的主体视点和属于它们自身的“历史”，可以看作“天下”与“革命中国”的混溶化身。诗词中作为抒情主体的“我”与“山水”、“人间”的互动关系则深刻地显示了毛泽东关于人与历史、主观与客观之间辩证法哲学的理解。①

张霖以通俗文艺刊物《说说唱唱》为中心，对赵树理与中华人民共和国成立初期的北京通俗文艺改造问题进行了梳理讨论。他指出，《说说唱唱》的创刊在一定程度上是工农兵文艺全面夺取城市文化领导权的重要象征，但随着新中国文化控制的逐渐增强，赵树理的通俗化的编辑方针已经不能满足改造通俗文艺工作的政治需要。该杂志在短暂繁荣之后的迅速衰落，反映了通俗文艺在社会主义文化建设中地位的浮沉，也展现了不同文艺派别之间的互动、合作与竞争。②

洪子诚借助《论无边的现实主义》对当前“十七年文学”研究的成果进行反思。洪子诚指出，“十七年文学”的成绩、经验与它存在的严重问题、困境纠缠在一起，回到“十七年文学”展开的历史情境，决不能回避、剥离这些已经一再被反思、检讨的问题。加罗蒂在《论无边的现实主义》中面对社会主义文学理论和实践出现的错误和危机做出的反应正是一种发生于“内部”的自我修正。③

二、1980—1990年文学研究

1980—1990年文学研究主要围绕经典作家展开。程光炜以韩少功从《西望茅草地》到《爸爸爸》的创作阶段为典型，对其创作变线进行探讨。程光炜通过文本细读和对韩少功自述的梳理，结合其当时所处社会生活环境，指出韩少功的急剧转型实际上是“在替当代文学分忧”，以牺牲自己创作为代价承担起了引导新时期文学前进的使命。这种愿望先于创作的思维模式，才使得《爸爸爸》与《西望茅草地》之间出现了一个不可理解的断裂。④

通过对阿来小说《尘埃落定》创作过程的还原，及对其文本内含的“双族别”身份、“双语言”能力的解读，程光炜认为，《尘埃落定》这一小说应当归入“寻根文学”之中。从文学史角度来看，寻根文学运动虽然结束于1985年之后一两年，然而一些作家的寻根创作，却在后来被称为“地域小说”的长篇小说中延续发展着。在这个意义上，程光炜认为文学史研究是一种沉淀式的研究，也是一种与今昔当代文学不断对话的研究。⑤

张清华认为，阿来写作的核心是他个人童年的成长记忆，这是阿来一切叙事的经验基础，其中包含了革命、工业化与自然的毁弃、社会动荡与创伤等等，但其中最核心的是亲人及族群记忆中的离散，这些本身就构成了阿来的诗性叙述。阿来与其他藏族作家同时还创造了一种反现代的时间模型，这种模型在藏地文化、民俗与信仰的环境中出现了奇妙的契合与复魅效果。⑥

从治辰将《尘埃落定》放到西藏书写的历史传统中，并与马原、扎西达娃对西藏的书写进行了比较。他认为阿来对权力的书写充满着世俗气息的欲望表达，小说展现了其处于边缘的叙事境地及兼具藏汉血缘的叙事者身份。《尘埃落定》的伟大之处在于对处于古典时代向现代转换边缘的西藏多重可能的探索，这使其成为西藏书写谱系中重要的一环。⑦

张清华以马原以及马原的访谈录《重返黄金时代》为切口，对20世纪80年代文学变革重新解读。张清华指出，20世纪80年代文学形式变革的同时也带来了观念的变革，这一时期原始思维与边缘性文化的彰显更推动了这个年代文学的生长。[8]

针对海子的长诗，张清华进行了细致的个人解读。张清华认为，海子是在农业文明的背景下，在以农业经验为根基的一套话语系统中所诞生的“最后一位”大诗人。海子的长诗是未完成的作品，具有强烈的神性意味。[9]理解海子的长诗，应当在哲学和形而上学的意义上进行，考虑“文本”的同时更要考虑“人本”。[10]

三、新世纪文学研究

2019 年第十届茅盾文学奖产生了 5 部获奖作品：梁晓声的《人世间》、徐怀中的《牵风记》、徐则臣的《北上》、陈彦的《主角》、李洱的《应物兄》。徐刚分别点评了这 5 部作品，认为这 5 部作品表现了中国当代文学最具典范性的审美范式。[11]

“非虚构写作”的研究继续推进，杨庆祥认为，要在整体性视野中推进对“非虚构写作”的研究，对于这一文学现象来说，它最大的特点是实践性，对个人生活的表现力。但现在的作品没有触及本质的问题，也缺乏想象力。[12]徐刚则认为，非虚构写作除了体现出对虚构的质疑，让人重新反思虚构的现实意义，另一个理论贡献在于积极推进“写作的民主化”。[13]

在“80 后”文学研究方面，徐刚分析了“80 后”的“逃离”叙事，认为青年写作亟待超越“文青话语”获得更为深切，更具历史感和批判性的文学表达。刘欣玥则指出除了在共时层面上区分学术研究与批评，在历时层面上也有必要更有效地区分作为文学史概念的和作为批评概念的“80 后”。将“80 后”视作一个当代中国文学的历史概念以备进一步的研究工作，其意义与价值要远远大于继续固守着一个“姑且用之”的批评概念，以陈词滥调回应现场新作。[14]鲁太光评价了“80 后”作家郑小驴的长篇小说《去洞庭的途中》，对其人物塑造予以肯定，通过人物“勾勒出了当代中国的一个颇具代表性的空间，并通过这个空间凸显时代”，但也指出小说在某种程度上也有美化 20 世纪 80 年代之嫌，这在一定程度上使“人物的丰富性”“空间的开放性”“作品色调与情绪”受到影响。[15]

徐则臣、石一枫、付秀莹这些 20 世纪 70 年代末出生的作家近年来的作品愈加成熟，受到学者们的重视。徐刚指出徐则臣的《王城如海》通过“雾霾”的隐喻，“构形”北京这座城市的现代意义。以余松坡这个人物为“中介”，“不仅探讨北京城市空间的复杂面貌，更在现实与记忆的纠结缠斗中探索中国城市及其现代性的确切意涵”。[16]杨庆祥以《陌上》为例指出付秀莹之所以“在农村题材写作中脱颖而出”与她对风俗、风景与乡村关系的描写密切相关。[17]程光炜细读了《陌上》肯定了付秀莹抒情风格的发挥，认为这是“历史性的抒情”。[18]刘大先认为石一枫自《世间已无陈金芳》以来的一系列作品逐渐具有了明显的个人风格，“通过时代预言的书写，塑造了一种有总体性世界观的叙事”。[19]

张莉在 2018 年对 67 位新锐女作家以及 60 位新锐男作家分别进行了“我们时代的女性写作调查”[20]及“我们时代文学的性别观调查”[21]，目的在于普及“今天我们每个人的性别观构成了时代性别观”的常识。[22]

四、大众文化研究与网络文学研究

科幻文化延续了上年的热度，对此，戴锦华提出科幻在中国已从热爱者的小圈子转变为“被资本青睐、被政策加持的科幻生态”，有必要重视科幻在世界上究竟是一个文类还是社会功能的问题。[23]肖汉指出 2018 年中国科幻小说的创作更加“注重中国元素的科幻表达与主要人物的价值塑造”，更具人文主义气息。[24]林品则根据网络媒体与网民围绕《流浪地球》电影展开讨论的“中国故事”、“硬科幻”电影、“中国科幻电影元年”等 3 项议题，分析了当今中国舆论界的三大迷思。林品指出由这些议题衍生出的话语其背后建立在民族国家体系之上的赶超逻辑令人质疑。虽然《流浪地球》是“贺岁档”电影的票房冠军，但包括这部电影在内现今的科幻电影普遍缺乏“对工具理性主义、科技乐观主义与人类中心主义”的反思，未来对科幻电影的期待应当超越“硬科幻/软科幻”“中国故事/美国故事”等二元对立的框架。[25]

电影方面，恰逢五四新文化运动 100 周年之际，戴锦华接受孙柏的访谈讨论了“五四与电影”的关系。戴锦华指出早期电影文化中的女侠、女明星、新女性都是五四时期对“女性”的发明的集中体现。现代中国以“女性”这一概念召唤和建构现代意义上的“人”，即现代中国的历史主体。[26]

除了对早期电影史的关注外，中国电影在 2019 年出现了多部佳片，引起众多学者的关注。王小帅导演的电影《地久天长》男女主角分获柏林电影节影帝影后，影片在国内取得了不俗的票房成绩和观众口碑。但龚自强从导演对“流量明星”的启用到影片的叙事、结局大团圆的处理指出导演王小帅在消费悲情，影片缺乏批判性，在作者电影的创作谱系中该影片问题明显。[27]

赵勇分析了电影《芳华》与其原著小说之间的关系，他认为虽然严歌苓的原著是“小女人小说”“电影小说”，但冯小刚在改编中启用了怀旧机制，弘扬“真善美”的价值观，所以电影《芳华》才会在商业上大获成功。赵勇将《芳华》定义为“遵循大众文化的生产规律，严守大众文化的价值底线”的文化产品。[28]

贺桂梅分析了许鞍华电影文本中呈现出的中国内地想象和香港想象，以内地和香港叙述关系中的格局分析香港人中国认同的独特性。她将许鞍华的电影定位为“既是一种表达普通日常生活中人和人沟通的艺术媒介，同时也可以充当内地和香港社会心理沟通的文化政治媒介”。[29]

对二次元文化的研究也有了新拓展，高寒凝以初音未来举办首场个人演唱会为例，从技术革新、粉丝赋权与生产机制等角度分析指出偶像工业自诞生时便孕育其中的虚拟化转向，而这一内需与二次元文化合流便造就了虚拟偶像。[30]

除此之外，网络文学在经历20年发展后，也开始向“二次元”方向转型，作家与读者都呈现明显的年轻化趋势，为此邵燕君带领“北京大学网络文学研究论坛”的核心成员编选了具有“断代史”意义的《中国网络文学20年·典文集/好文集》。根据邵燕君的介绍，研究团队的成员以学者视野和方法，编选具有典范意义的网络类型文，评选出了5位具有经典指向性的作家，在此基础上，修订了网络类型小说的“经典性”特征。与此同时，以粉丝的情感和立场，遴选了20篇“好文”，将其作为“学者型粉丝”的同好推广。[31]

邵燕君还借用网文界出现的“传统网文”的概念，对网络文学20年的发展史进行“断代史”性质的考察，界定了包括传统网文、起点模式、网络文学“金字塔生态系统”这几个基础性概念。在网络文学的评价问题上，强调重视网络文学类型本身的价值，提出“类型套路是一种集群体智慧的文学发明”。[32]

郑熙青以《伪装者》和《悲惨世界》的同人写作为例，探讨了当代网络同人写作中的革命叙事。从革命、信仰与当下社会的联系这一维度，肯定了流行文化视野里这种将革命与爱情重新连接在一起的叙事。[33]

除了对具体现象的分析、阐释外，在理论与学科发展上，曾瑾、胡疆锋盘点了2018年中国内地出版的文化研究类图书，图书种类多样，涵盖了经典译介，当下学科话语阐释还有基于中国语境所展开的具体个案研究。[34]

五、当代文学史与文学批评研究

白烨回顾了习近平的系列文艺讲话并表示在中国特色社会主义进入新时代的历史节点上，习近平文艺论述是文艺新时代的行动新指南，论述的总体性特征包括“中华性的本位立场”“人民性的价值指向”“时代性的问题意识”“特色鲜明的总体性”。[35]

今年是新中国成立70周年，陈晓明指出探索精神贯穿着70年的中国当代文学，并以探索性为线索，将中国当代文学分为3个阶段：20世纪五六十年代展开关于社会主义文学方向的探索，20世纪80年代中后期“回到文学本身”的艺术探索，20世纪90年代以来乡土中国叙事融合的多样性的艺术经验。[36]

程光炜认为中国当代文学经过70年的发展，文学史研究进入了“下沉期”，“评论对象变成了研究对象”，“十七年”文学这个领域近年的史料工作成绩斐然。学科兴起应以“史料学”为基础，重识史料是学科自律的要求。另外，20世纪80年代文学研究和对已故作家的研究还在“半下沉期”，存在材料不齐、遗漏，个别评价不准的问题。20世纪七八十年代之交的文学研究还有很多工作需要跟进，“做好这10年的研究，就为新时期文学40年打好了基础。”[37]另外，程光炜在接受魏华莹的访谈时表示目前当代文学整体性研究很流行，但存在流于表面的现象，应该先做分段的具体研究，重视史料整理和收集。[38]

在《中国当代文学史》出版20周年之际，洪子诚结合个人经历和学科史回顾了这本书的写作，介绍了本书内容与文体上的特点，对“20世纪50年代形成的阶级论的革命文学观”和“20世纪80年代以新启蒙、人道主义为基点的历史意识”经验的吸取和反省。也回应了这本书存在的问题，包括理念、逻辑上存在不统一的现象；定位不准，介于教科书和专著之间的文学史，缺乏背景性情况和少数民族文学、港澳台文学。[39]

贺桂梅提出要在21世纪中国的主体视野里重构20世纪中国文学的历史图景，与其相关有3个重要问题：如何理解“中国”、“长20世纪”与“短20世纪”的关系、“战争”对20世纪中国与文学的影响。[40]同时她还表示以往关于中国当代文学史的研究对“中国”关注的少，通过对 1940—1970 年这一时期“民族形式”问题的理论探讨，发现“从‘民族形式’问题提出时起，有关社会主义（或马克思主义）的勾选和实践，就始终与‘新中国’这一第三世界民族国家主体的建构勾连在一起。”贺桂梅认为“社会主义”以“最大多数”人民大众介入政党政治实践，来改变国家机器的品性。这也正是革命中国与当代文学具有着超越民族主义和民族国家文学限制的根本所在。[41]

张柠认为城市文学研究亟须解决学科归属的问题，建议对城市文学做外部研究，避免传统文学研究的规则制约，“城市学范畴内的城市文学研究，使得叙事演变与精神历史的共鸣和互证得以成立”。同时他还提出了街道布局形态、结构中心、民居建筑和日常生活的关系、城市精神和市民心态这 4 个城市研究的切入点。[42]

文学批评方面，陈晓明回顾了改革开放 40 年文学理论与批评的发展史，他指出“中国当代的文学理论与批评始终站在思想解放的前列，不断地拓展‘新时期’现实主义理论的边界”。关于理论和批评的关系，陈晓明认为“理论向批评转化是必然趋势，失去理论宰制的批评，可以从中国当代文学创作中获得创新的互动资源，这可能是中国当代的文学批评寻求中国品格的一种路径。在 21 世纪全球化的背景下，中国改革开放取得丰硕的成果，也促进了当代理论向着多元化和多样化的格局展开新的历史建构”。[43]

时胜勋也关注着理论和批评的关系，他分析了文学批评作为一种话语实践其具体形态与话语机制。从近年理论的危机来看，他指出“文论或可借由这一话语实践观照自身的危机，反躬自省，实现理论的自我救赎”。文学理论和文学批评都应该是一种跨学科、超学科的分析，文论“需要思考由全球化所激发并置身其中的身份问题与共同体问题”。[44]

张柠在和朱永富的访谈中进一步阐释了当代文学从形式史到精神史的研究方法，他表示“发现一部作品的艺术经验和时代的精神生活之间的同构关系”，“建立起作品研究跟学科史之间连续性的关联”，这两点是当代文学批评确立合法性的关键。[45]

在具体个案上，廖四平、郑钰评议了对《丰乳肥臀》作为一部“近乎反动的作品”[46]的批判，总结了这种话语批判所采用的方法、存在的问题，“批判者对《丰乳肥臀》的批判实际上是一种远离文学的文学评论”。[47]

六、台湾与海外文学研究

2019 年北京地区的台湾文学研究主要有计璧瑞对《回忆录四部曲》和《巨流河》的分析解读。《回忆录四部曲》和《巨流河》作为两部重要的回忆录文本，计璧瑞将二者书写记忆的动机和功能概括为寻求意义和治愈创伤。就个人回忆与历史叙事的关系而言，计璧瑞指出，鲜活的、充满激情的回忆同样可以具有历史的真实性和有效性，甚至可以提供传统历史叙事所难以提供的更具体丰富的经验，因此两部回忆录文本应属历史叙事的一部分。《巨流河》中历史的呈现主要通过个人和家族的命运轨迹和亲情、友情的抒发来完成；《回忆录四部曲》则有着更多样的历史叙事方式。[48]

本年度的海外文学研究明显增加。洪子诚对 1963 年前后欧洲左翼文学界与苏联关于现实主义边界的争论进行了分析。他指出，这些争论体现了马克思主义内部在文化问题上的分化，它们与各自的政治情势、不同文化背景相关，也为不同地理空间的文化构成所制约，这与中国在 20 世纪 80 年代走出“文革”后进行的“反思”有很多相似之处。[49]

洪子诚梳理马雅可夫斯基在当代中国的接受史，他指出，被树立为无产阶级诗人典范的马雅可夫斯基在中国的评价，以 20 世纪八九十年代为界，呈现浮沉升降的状态。其在当代中国的接受状况，既与国际政治形势有关，也与他在“典范”化过程中，生命和诗歌的复杂、丰富性被简化、缩减有关。近年来中国诗歌界和俄苏文学研究界推动其“复出”的重释和重评，构造出有很大差异的诗人形象和诗歌经验，也与以前树立的诗人形象构成“互文”关系。[50]洪子诚还对马雅可夫斯基的戏剧理念和剧作主要艺术特征进行了考察，并对其剧作《臭虫》与田汉《十三陵水库畅想曲》和孟京辉同名戏剧《臭虫》之间的关联加以分析，进而讨论了社会主义文艺中技术、形式探索的“政治意味”，以及时代变迁导致的文学乌托邦想象在性质和形式上发生的难以弥合的裂痕和变异。[51]

注：

①贺桂梅：《长时段视野里的中国与革命——重读毛泽东诗词》，《文艺争鸣》，2019 年第 4 期。

②张霖：《赵树理与建国初期的北京通俗文艺改造——以〈说说唱唱〉为中心》，《东吴学术》，2019 年第 3 期。

③洪子诚：《内部的反思——“完整的人”的问题》，《读书》，2019 年第 12 期。

④程光炜：《韩少功的变线——从〈西望茅草地〉到〈爸爸爸〉的话题谈起》，《南方文坛》，2019 年第 1 期。

⑤程光炜：《〈尘埃落定〉与寻根文学思潮》，《中国现代文学研究丛刊》，2019 年第 7 期。

⑥张清华：《阿来的多重文本》，《阿来研究》，2019 年第 1 期。

⑦丛治辰：《在西藏书写的谱系中理解〈尘埃落定〉》，《阿来研究》，2019 年第 1 期。

⑧张清华：《如何缅怀“黄金时代”——关于马原和 80 年代的一些话题》，《当代文坛》，2019 年第 3 期。

⑨张清华：《一次性写作，或伟大诗歌的不归路：解读海子的前提》，《文艺争鸣》，2019 年第 3 期。

⑩张清华：《海子六讲之二：以梦为马的失败与胜利、远游与还乡：海子诗歌入门》，《文艺争鸣》，2019 年第 4 期。

⑪徐刚：《当代文学的经典生产与典范示例——第十届茅盾文学奖获奖作品述评》，《艺术评论》，2019 年第 10 期。

⑫杨庆祥、沈闪：《“非虚构”与“体制化”——“非虚构写作”对谈》，《当代文坛》，2019 年第 1 期。

⑬徐刚：《虚构性的质疑与写作的民主化——非虚构写作漫议》，《当代文坛》，2019 年第 1 期。

⑭徐刚、姜肖、宋嵩、行超、于文舲、刘欣玥：《转型，或正名正义：“80 后”文学创作与批评局限》，《当代文坛》，2019 年第 2 期。

⑮鲁太光：《陌生的写作——郑小驴长篇小说〈去洞庭的途中〉读札》，《南方文坛》，2019 年第 6 期。

⑯徐刚：《“雾霾”隐喻，或“构形”城市的方法——〈王城如海〉的“北京叙述”》，《当代作家评论》，2019 年第 5 期。

⑰杨庆祥：《陌上相逢谁家女——由〈陌上〉兼及“乡土叙事”》，《小说评论》，2019 年第 3 期。

⑱程光炜：《心思细密的小说家——读付秀莹长篇小说〈陌上〉》，《中国当代文学研究》，2019 年第 2 期。

⑲刘大先：《时代寓言与道德故事——石一枫与我们时代的“现实主义”》，《中国文学批评》，2019 年第 2 期。

⑳张莉：《当代六十七位新锐女作家的女性写作观调查》，《南方文坛》，2019 年第 2 期。

㉑张莉：《当代六十位新锐男作家的性别观调查》，《中国现代文学研究丛刊》，2019 年第 2 期。

㉒贺桂梅、张莉、杨庆祥：《作家的性别观会长久地影响未来的读者》，《文艺报》，2019 年 3 月 29 日。

㉓戴锦华：《遗骸、幻境或未来之乡》，《文艺报》，2019 年 11 月 18 日。

㉔肖汉：《技术未来的心灵对话——2018 年科幻小说盘点》，《中国图书评论》，2019 年第 5 期。

㉕林品：《中国故事 · 硬科幻 · 元年——〈流浪地球〉热潮中的三大迷思》，《电影评介》，2019 年第 5 期。

㉖戴锦华、孙柏、杨烨莹、安爽：《“文化革命”、“女性”的发明和中国电影——戴锦华谈“五四与电影”》，《电影艺术》，2019 年第 3 期。

㉗龚自强：《消费悲情的三重症候——论电影〈地久天长〉》，《艺术评论》，2019 年第 4 期。

㉘赵勇：《从小说到电影：〈芳华〉是怎样炼成的——兼论大众文化生产的秘密》，《文艺研究》，2019 年第 3 期。

㉙贺桂梅：《许鞍华电影的香港叙事与中国认同》，《南方文坛》，2019 年第 41 期。

㉚高寒凝：《偶像本虚拟：偶像工业的技术革新、粉丝赋权与生产机制》，《媒介批评》，2019 年第 11 期。

㉛邵燕君：《“典文”、“好文”与“经典性作家”——关于〈中国网络文学二十年 · 典文集/好文集〉》，《中国文学批评》，2019 年第 1 期。

㉜邵燕君：《网络文学的“断代史”与“传统网文”的经典化》，《中国现代文学研究丛刊》，2019 年第 2 期。

㉝郑熙青：《当代网络同人写作中的革命叙事——以〈伪装者〉和〈悲惨世界〉同人为例》，《文艺理论与批评》，2019 年第 6 期。

㉞曾瑾、胡疆锋：《用薪火之光，照亮世界更多角落——2018 年度中国内地文化研究类图书盘点》，《中国图书评论》，2019 年第 8 期。

㉟白烨：《文艺新时代的行动新指南——习近平文艺论述的总体性特征探悉》，《中国当代文学研究》，2019 年第 5 期。

㊱陈晓明：《中国当代文学的探索道路》，《文艺

报》，2019 年 9 月 27 日。

㊲程光炜：《中国当代文学史的“下沉期”》，《当代作家评论》，2019 年第 5 期。

㊳程光炜：《当代文学七十年的分期、研究和史料建设》，《文艺报》，2019 年 6 月 24 日。

㊴洪子诚、李静：《朝向现实与未来的文学史——洪子诚教授访谈录》，《当代文坛》，2019 年第 4 期。

㊵贺桂梅：《在 21 世纪重新思考“20 世纪中国文学”》，《探索与争鸣》，2019 年第 9 期。

㊶贺桂梅：《“民族形式”问题与中国当代文学史（1940—70 年代）的理论重构》，《文艺理论与批评》，2019 年第 1 期。

㊷张柠：《城市经验和城市研究》，《小说评论》，2019 年第 4 期。

㊸陈晓明：《文学观念与话语的解放——略论改革开放 40 年的文学理论与批评》，《中国当代文学研究》，2019 年第 1 期。

㊹时胜勋：《当代文学批评话语实践及其对文学理论的启示》，《南京社会科学》，2019 年第 1 期。

㊺张柠、朱永富：《从形式史到精神史如何可能？——张柠教授访谈录》，《当代文坛》，2019 年第 6 期。

㊻何国瑞：《歌颂革命暴力、爱国主义和国际主义的文艺——社会主义文艺本质论之二》，《武汉大学学报（人文科学版）》，1999 年第 6 期。

㊼廖四平、郑钰：《远离文学的文学评论——莫言的〈丰乳肥臀〉批判评议》，《中国语言文学研究》，2019 年第 2 期。

㊽计璧瑞：《文化记忆与文学—历史叙事——论王鼎钧的〈回忆录四部曲〉与齐邦媛的〈巨流河〉》，《华文文学》，2019 年第 3 期。

㊾洪子诚：《可爱的燕子，或蝙蝠——50 年前西方左翼关于现实主义边界的争论》，《现代中文学刊》，2019 年第 5 期。

㊿洪子诚：《死亡与重生？——当代中国的马雅可夫斯基》，《文艺研究》，2019 年第 1 期。

51洪子诚：《与〈臭虫〉有关——马雅可夫斯基，以及田汉、孟京辉》，《中国现代文学研究丛刊》，2019 年第 8 期。

（作者：邵燕君，北京大学教授；许婷，北京大学博士生；马哲，北京大学硕士生）

东方文学

魏丽明　阎鼓润

2019 年 3 月 27—30 日，中国社会科学院外国文学研究所、人民文学出版社、贵州人民出版社在浙江越秀外国语学院联合举办“国际视野中的大江健三郎文学研究暨第四届大江健三郎文学研讨会”以及“大江健三郎文学研究中心成立仪式暨大江健三郎文集第一辑新书发布会（全 14 卷，人民文学出版社）”。

“《蒙古文学研究拾璀》与蒙古比较文学问题”学术研讨会于 2019 年 5 月 6 日在北京大学召开。会议由北京大学东方文学研究中心、教育部人文社会科学重点研究基地内蒙古大学蒙古学研究中心和中央民族大学蒙古语言文学系联合主办，来自北京大学、中国社会科学院、中国人民大学、中央民族大学、内蒙古大学、内蒙古社会科学院等教学科研单位的百余位学者参加了本次会议，探讨了蒙古比较文学的理论建设和学科建设问题。

2019 年 7 月 2—12 日，北京大学东方文学研究中心、外国语学院共同举办了主题为“东方文学的虚构与想象”的暑期学校，共有来自全国 40 余所高校和科研机构的 100 余名学员参加。23 位各有专长的主讲教师从各自的学术研究领域出发，以东方文学研究为基点，为学员们展现多维的文学文化视角并提供多元的研究角度和思考方法。

2019 年 7 月 23—24 日，北京大学东方文学研究中心和泰国艺术大学、泰国诗琳通人类学中心联合举办的“‘一带一路’沿线地区东方文学、艺术与文化”国际学术研讨会，在泰国首都曼谷举行。此次会议发言分为“艺术史与考古”“文学”“社会文化”3 个专题，涉及“一带一路”相关的文学、宗教、图像、写本、历史、文化等领域。

2019 年 10 月 12 日，2019 年教育部高等学校外语专业教学指导委员会阿拉伯语分委员会与高校阿拉伯语专业负责人联席会议与中国阿拉伯文学研究年会开幕式在北京大学隆重召开，会议期间举行了“新时代中国阿拉伯语本科教学研讨会”与“新中国阿拉伯文学翻译与研究研讨会”。

2019 年 11 月 9 日，北京大学东方文学研究中心主办的“《云使》在东亚的传播”国际学术研讨会在北京大学举行。来自印度、日本、蒙古和中国的 40 多位学者齐聚一堂，就古代印度经典诗歌《云使》及其在东亚各国的传播与翻译展开了深入的研讨与学术交流。

一、综合类

整体文学方面，《文化转型中的东方集体想象》[①]一书对 19 世纪中叶—20 世纪亚非地区盛行的民族主义文学思潮开展研究，围绕几个东方现代民族主义文学中的特殊现象，从不同视角和层面，揭示“东方现代民族主义文学思潮”的内核、特征及其丰富性，阐释这一文学思潮在现代世界文学整体中具有的独特价值和意义。《东方文学创作研究》[②]一书对东方文学的界定、历史地位、基本特征、文化潜质与分期进行了专题的研究。

《近四十年来我国“东方文学史”的三种形态及其建构》[③]分析了“社会学”“文化学”“东方学”3 种理论形态对“东方文学史”的建构历史并希望从理论层面为文学史创作提供学理支撑。《〈东方乐舞戏剧史论〉序》[④]和《〈东方乐舞戏剧史论〉后记》[⑤]从零散、杂驳鲜为人知的丝绸之路民族文艺理论中，整合东亚诸国的民族音乐、舞蹈、曲艺、戏曲、杂技、美术的文化要素，试图构建东方各国之间共存的“民族乐舞戏剧文化”理论体系。《后殖民视角下的东方镜像——林丰民〈东方文艺创作的他者化倾向〉学术评述》[⑥]对书中揭示的东方各地区存在的“为翻译而写作”“为获奖而拍摄”“为展览而美术”的悖谬现象进行评述，剖析背后的深层根源。

二、东亚文学研究

日本整体文学方面，《我国近十年来的日本文学研究（2009—2018 年）》[⑦]系统梳理了日本文学研究十年学术史。《日本文学中的中国叙事传统经验探析》[⑧]以《源氏物语》《平家物语》等日本文学史上经典作品及夏目漱石、井上靖、村上春树等著名作家的作品为例，详细分析日本文学与中国叙事传统经验的契合之处。《汉语翻译与汉语写作——“日本文学”的另一个面向》[⑨]在勾勒近代以来日本人用现代汉语翻译和创作概况的基础上，通过对这类特殊的汉语作品的研究，为克服民族国家观念下的日本文学概念提供了一个新的视角。《“平成”书写、“昭和”回望与“未来”虑思——2018 年日本文坛研究》[⑩]一文认为，2018 年日本文坛中坚作家和资深作家以历史为依托创作的长篇大作是对过去时代的写照，同时也充满了对日本未来社会的想象。

日本古代文学和民间文学方面，《汉文佛经文体影响下的日本上古文学——研究卷》[⑪]囊括日本上古文学佛经文体研究方法论、《古事记》文体与佛经文体、《日本书纪》文体与佛经文体、《万叶集》《怀风藻》《风土记》文体与佛经文体、日本上古文学佛典句式考释等。《汉文佛经文体影响下的日本上古文学——资料卷》[⑫]旨在全面论述日本上古文学与汉文佛经的影响关系，系统揭示上古文学作品的佛教文体特征。《一曲“文章经国”的挽歌：嵯峨天皇的薄葬遗诏》[⑬]结合当时汉文向和文（假名文）转化的时代特征，指出其脱离本土文脉所构建的汉籍拼接式文本注定了被否定的命运。

日本现当代文学方面，《日本文学现代特质研究》[⑭]从总体上分析日本文学现代主义文学特征所产生的具体文本，并从现代主义作品的流派、表现技巧与内容、表现形式等方面做进一步分析。《井上靖的中国文学视阈》[⑮]梳理井上靖创作的中国题材的历史小说和散文诗、随笔等作品，并对其重点作品《苍狼》《孔子》以及对战争的文学反思等领域进行了深入研究。《战争半未亡人的精神之恋：川端康成的文学抵抗与妥协》[⑯]认为战时乃至战后系列战争半未亡人的情爱物语不仅折射出历史与文本之间制约与反制约的关系，也留存着作家在与时代洪流的疏离与参与中由抵抗转向妥协的印记。《帝国时代的罪与罚：夏目漱石的救赎之“门”》[⑰]深入研究了由个人叙事与国家叙事共同建构起来的勾绘日本殖民扩张时代之罪恶与救赎的文本。《从灾难文学透视当代日本社会困境——以第 61 届群像新人文学奖作品〈美颜〉为视角》[⑱]认为《美颜》所揭示的日本政治环境、媒体报道、社会氛围和国民心理变化等问题，不仅凸显了日本灾难文学的时代意义，也有助于解读当代日本社会的困境。《英语世界大江健三郎的翻译与研究》[⑲]系统梳理英语世界大江研究的 5 部专著。《池泽夏树〈核能容器〉的空间叙事》[⑳]深入分析了小说内涵意蕴，将其视作弥合民众疏离感的政治书写尝试。《林京子的时间——以〈再致露易〉为中心》[㉑]联系林京子的其他作品，分析其独特的时间表现策略。《和歌戏仿与反战——深泽七郎小说中庶民的主体性》[22]通过研究小说《风流梦谭》和《安芸的八云歌》的和歌戏仿揭示其中深刻的反战主题。

朝韩文学方面，《通往大都之路——高丽后期文集中的“中国”认同》[23]指出通过前往大都朝圣，不少高丽精英取得了地位与声誉，其进退出处完全以中国为中心，成为一种“想象的共同体”。《论朝鲜半岛词文学的产生》[24]认为只有辨明文学事物同音乐事物的联系与区别，辨明词作品内容要素和形式要素的文化内涵，才能正确认识朝鲜半岛词文学的产生过程。《朝鲜儿童文学中的“中朝友谊”书写——以20世纪50年代〈儿童文学〉为例》[25]辨析了与“中朝友谊”与朝鲜本国实际的政治导向和教育追求的内在关联。《韩国战后文学批评话语中的传统观》[26]分析了民族文学论者和现代主义论者关于传统的争论以及对战后文学现状的深刻反省，对韩国现代文学创作和批评的走向产生的深远影响。

蒙古文学方面，“一带一路”沿线国家经典诗歌文库丛编中的《蒙古国诗选》[27]出版。《蒙古文学学科史综论》[28]从学科理论着手讨论了蒙古文学学科史的几点问题，包括学科概念、蒙古文学学科的古代形态与现代形态的形成及其发展阶段等。《陈岗龙蒙古比较文学研究观探析——以〈文学传统与文化交流：蒙古文学研究拾璀〉为例》[29]认为陈岗龙教授蒙古比较文学研究中体现的方法论、在评价策·丹木丁苏荣比较文学研究中体现的蒙古比较文学观、直接提出的关于蒙古比较文学研究的观点等形成了其独特而系统的蒙古比较文学研究观。《陈岗龙比较文学研究方法的学科意义》[30]从比较视野出发，分析了陈岗龙教授在影响研究中积极倡导的跨语言和主题学研究方法的意义。

比较文学方面，《十八世纪朝鲜文人与日本古文辞派的“李王”对话——以通信使笔谈资料为中心》[31]认为朝日文人在学“李王”还是学“宋诗”，是“学而不同”还是“直逼汉唐”等问题上存在的差异，体现了18世纪朝日文坛上文风升降的不同走向，同时也反映出朝日两国推崇与批判“程朱”两种不同思潮的较量。《中韩女性文学比较研究》[32]阐述了现代中韩女性文学、新历史时期中韩女性文学的环境比较、中韩女性文学的体裁比较、中韩女性文学的创作艺术比较等内容。

三、南亚文学研究

印度古代文学方面，《从古印度民间神话到中国现代新十日谈小说——论沈从文故事小说〈扇陀〉的印度文学渊源》[33]一文从故事的源流、文本的叙事艺术和故事主题的演绎与发展层面，探讨了古印度民间神话发展影响的痕迹。《〈摩诃婆罗多〉的“灵肉双美”意识探析》[34]认为理论上的灵之美与实践上的肉之美相得益彰，印度原始初民对时间的最初体悟也促进了“灵肉双美”意识的产生。《“伊利沙”和“卢至长者”——佛经中的吝啬鬼典型及其故事的跨文化流变》[35]探析吝啬鬼形象的书写方式及其故事的文本和图像的跨文化流变，为世界文学中的吝啬鬼典型形象的比较提供另一种文化语境中的例证。

印度现当代文学方面，《现当代印度文学汉译：“水平翻译”与“同一性他者”构建》[36]以20世纪以降中国对印度文学的译介为研究对象，用“水平翻译”指称以中印为代表的非西方文化体间、非等级化权力关系中的翻译活动，并着重从语言中介和文本选择两方面入手，探讨此类翻译活动的策略性和复杂性。《鲁丝·普罗厄·贾布瓦拉晚期印度小说后殖民创伤研究》[37]从身体创伤、历史文化创伤、创伤的讲述与治愈3个维度来梳理贾布瓦拉晚期印度小说中印度人和客居印度的西方人所经历的双重后殖民创伤。《廓尔喀民族主义的兴与变：论基兰·德赛〈失落的承袭〉》[38]一文作者认为，这位印度英语小说家借助廓尔喀人的“边缘”际遇阐释了廓尔喀民族主义兴起的根由，并通过“放纵”的廓尔喀人揭示了其民族主义异变中的问题。

乌尔都语文学方面，《略论萨加德·查希尔的文学创作》[39]论述了萨加德·查希尔对印度进步文学运动的重要意义。《萨加德·查希尔的自由体诗集〈熔炼的蓝宝石〉》[40]认为构成诗歌的其他方面都是形式、方法和分散的元件，只有作者的思想才是灵魂，而这是对乌尔都语传统诗学的极大创新，也是对诗歌的本质的新见解。

四、东南亚文学

整体文学方面，《东方文学研究者眼中的“中国—东盟文学”》[41]邀请多位中国东方文学研究会著名专家和广西本土重要的相关专家参加研讨，针对“中国—东盟文学研究现状与前瞻”问题发表看法。《东南亚文学史分期问题探析》在梳理前人研究成果的基础上，从宏观和微观两个维度入手，分析东南亚文学史分期研究的特征并探究其深层原因。

越南文学方面，《中国儒家思想对越南文学〈金云翘传〉的影响》[42]试图分析作者阮攸的儒家背景及其影响。《19世纪末至20世纪初越南文学的中西交融——以小说〈素心〉为例》[43]将宏观社会背景、文学发展概况与典型文学作品联系起来，探讨这一时期越南文学中西交融的特征。

其他东南亚国家方面，《泰国〈金刺鳍鱼〉及异文的母题研究》[44]通过比较《金刺鳍鱼》异文的母题变异试图探讨其中的文化内涵。《童话故事不止有想象——宾兰·散卡拉克利〈公主〉赏析》[45]探讨了泰国作家宾兰·散卡拉克利运用童话故事的创作方法实现自己深度思想传递的写作策略。《我国缅甸文学研究的历史回顾与展望》[46]以缅甸文学在中国的存在生态为切入点，收集整理缅甸文学在中国的文献状态，回顾其在我国的发展历程。《人类精神觉醒视角下的菲律宾民间文学》[47]探讨菲律宾神话、传说和民间故事中所展现出的天人关系、人际关系和对于人本质的反思，并据此将菲律宾民间文学作品按人类精神觉醒的进程分为3个阶段进行讨论。《四大文化体系影响下的马来西亚文学发展研究》[48]一文深入探讨了马来西亚文学所具有的世界文化与民族文化相交融的特征。

五、中亚、西亚及北非文学

阿拉伯文学方面，《虚构与真实：2018年阿拉伯文学研究》[49]指出反思革命在很长一段时间内是阿拉伯文学创作的基本主题，而且呈现出更加深刻沉稳的特点，创作手法更具艺术性。《新中国70年来阿拉伯诗歌研究历程》[50]认为，自20世纪70年代末以来，国内对阿拉伯诗歌的研究主要体现在以下3个维度：一是国内对阿拉伯诗歌研究的宏观性论述；二是国内对阿拉伯诗歌研究的微观性论述；三是国内对阿拉伯诗歌研究的文学理论运用。《埃及文豪塔哈·侯赛因与民国时期的中国知识界》[51]一文总结了民国时期中国知识界对塔哈·侯赛因的译介，认为这一译介扩大了中国读者的阅读范围，丰富了中阿关系史的资料。《当代巴以诗歌中"土地"空间的两种构建——以达尔维什与阿米亥》[52]认为两人的诗作既写实地再现巴以双方敏感的"分割"现状，亦呼唤构建一个相互理解、对话的和平空间。《阿拉伯现代戏剧对〈一千零一夜〉的化用》[53]追踪考察了阿拉伯现代戏剧发展的不同时期，并从《一千零一夜》演绎成的多部戏剧为切入点，试图彰显阿拉伯现代戏剧的民族身份意识。《马哈福兹小说〈宰阿贝拉维〉的苏菲主义倾向研究》[54]将小说中马哈福兹的苏菲主义倾向归纳为3个特点：信仰与真主、救赎与出世、人主合一。《〈弗兰肯斯坦在巴格达〉中怪物形象的多重意蕴》[55]探讨小说中复合型的怪物形象，认为小说对宗派主义、集权主义、族群中心主义等阿拉伯传统社会积弊进行了有力的批判。

土耳其文学方面，《帕慕克"文化杂合观"探析》[56]指出帕慕克"文化杂合"的突围之路是一种乌托邦式的想象。《土耳其现代化的隐喻——论帕慕克〈红发女人〉中的弑父与寻父》[57]认为小说中的"弑父"展现了现代土耳其社会中不同思想派别之间的矛盾和冲突，而"寻父"体现了土耳其社会内部在精神和身份层面上的一种延续和继承。《诗意和记忆：论帕慕克文学作品中的废墟书写》[58]，认为作者废墟书写再现多元历史文化记忆，从而抵抗土耳其现代化进程中有意割弃历史传统的观点和行为。

波斯文学方面，《"鲁拜/柔巴依与绝句发生关系论"献疑》[59]一文质疑波斯语"鲁拜"这种诗体与汉语的绝句以及中国其他民族如维吾尔族的鲁拜或柔巴依诗体在历史上存在联系的观点。《〈菩提树〉：伊朗现代历史进程中的双重"物崇拜"隐喻》[60]认为小说中由物质欲望建筑起来的"菩提树城"是社会伦理道德的完全崩溃的隐喻，而像伊朗这样的东方文明古国如何保持传统宗教文化的生命力，又不陷入宗教狂热，这是一道十分复杂的命题。

中亚文学方面，《中亚东干文学评论》[61]一书对东干民间文学、作家文学和翻译文学进行了系统的梳理和评价。《方言口语阐释东干民歌主题意向的艺术范本——中亚东干学者M. 苏尚洛的东干语文学批评论》[62]分析了用中国西北方言口语阐释东干民歌的主题意向的文坛特点。《"一带一路"沿线国家文学外交探析——以中哈两国为例》[63]梳理哈萨克斯坦文学作品在中国的译介和研究状况，并在此基础上试图提出开展两国文学外交的建议。《马赫江·居马巴耶夫与哈萨克文学启蒙》[64]介绍了马赫江·居马巴耶夫的生平与文学创作。《哈萨克斯坦苏联时期文学——中国苏联文学研究的"熟荒地"》[65]回顾了国内学者中文著述中论及哈萨克斯坦苏联文学的研究成果。

六、撒哈拉以南非洲文学

非洲文学研究方面，《从"民族问题"到"后民族问题"——对西方非洲文学研究两个"时代"的分析与批评》[66]和《澳大利亚非洲英语文学研究的崛起与非洲区域形象的建构》[67]分别介绍并评论了西方和澳大利亚的非洲文学研究成果。《非洲文学在新中国的出版及其特点》[68]《中国的非洲文学研究展开的历史前提、普遍形式和基本问题》[69]《21 世纪中国的非洲文学研究述评》[70]系统梳理了国内非洲文学研究译介的特点与问题。《南非英语文学在英美的接受与研究》[71]一文指出，近半个世纪以来，英美学界在研究南非英语文学时将其与南非的社会环境紧密结合起来，一方面关注作者的英语语言意识，另一方面透过文本语境解读作家的创作。《非洲文学与非裔文学的加拿大之维——“黑色大西洋”再审视》[72]梳理加拿大的非洲英语文学研究，由此透视非裔加拿大文学创作和研究的特征和走向。

非洲整体文学方面，《文学与政治之辨：非洲文学批评的转身》[73]认为非洲文学作为一种“表达平面”通过“政治机器”的配置不断介入“内容平面”，并介入非洲去殖民化浪潮，加速了非洲政治变革的进程。《非洲语境中的语言、文学与写作》[74]探讨了作家选择域外语言进行书写的原因，认为他们运用多语言策略达到颠覆文化和语言层级的目的，并以此建构自己的话语权。

非洲国别文学方面，《“非洲之心”的崛起——肯尼亚英语文学的斗争之路》[75]从源头上梳理肯尼亚英语文学发展的脉络，对其进行深入的学理研究。《津巴布韦英语文学的新拓展与新范式》[76]分析研究非洲文坛近 30 年特别是进入 21 世纪后迅猛发展的津巴布韦英语文学。《20 世纪 60—90 年代东非英语文学的历史嬗变》[77]系统梳理了东非文学 30 年的发展历程。

非洲作家文学方面，《沃勒·索因卡：后殖民主义文化与写作》[78]通过深入解读索因卡的文学作品，试图探讨作家作品的后殖民主义色彩。《“语言非殖民化”——索因卡和非洲文学的语言政治》[79]认为索因卡和其他非洲作家的写作对英语进行了改造，是一种地方英语文学，突破了正统英语文学的界限，本质上是对欧洲中心话语的一种解构。《一种非洲轮回观的民族国家隐喻——索因卡诗作〈阿比库〉解读》[80]认为流浪和重复循环是阿比库的特征，是民族创伤的记忆，而殖民历史导致了地理空间的离散以及现实暴政的邪恶循环。《恩古吉·提安哥：流散者的非洲坚守和语言尴尬》[81]指出在西方文化和非洲文化这两种并非势均力敌的异质文化的双重塑造下，恩古吉的主体性是破碎的、不完整的，他通过语言观和系列作品所展现出来的抵抗性姿态只不过是重构完整的主体性的一种努力。《大历史，小叙事——阿迪契〈半轮黄日〉中的历史创伤叙事》[82]认为作品有效处理了历史真实、虚构叙事和创伤记忆之间的关系，以非“独调”性的多元化叙事形态建构起小说的历史创伤叙事。《论库切“耶稣系列”小说中乌托邦社会的建构》[83]从教育乌托邦、婚姻乌托邦和宗教乌托邦等维度，对“耶稣系列”中的乌托邦世界加以分析。《阴影中的女斗士：玛利亚玛·芭》[84]通过梳理作家的成长经历、创作内容与写作特点，探究其在 50 岁选择步入文坛的原因，挖掘其创作中与众不同的文学艺术价值。

从上文综述可以看出，2019 年国内东方文学研究取得长足进展，主要有以下几个特点：第一，新的研究方向新的亮点频出，除了对新人新作的关注外，对经典作家作品的研究角度不仅日益多元，而且日趋深入；第二，对文学史及文学研究史的关注度明显有所提升且有深度梳理，这对于东方文学学科的建设和发展无疑具有指导作用；第三，此前处于学科边缘略显小众的撒哈拉以南非洲地区的文学研究日益引起学界的关注，研究成果已略具规模，有望形成具有中国研究特点的研究体系。对撒哈拉以南文学的关注和持续的研究无疑有助于东方总体文学研究的推进，对于进一步完善东方文学学科建设也具有积极的促进意义。

注：

①黎跃进等：《文化转型中的东方集体想象》，北京大学出版社，2019 年。

②齐园等：《东方文学创作研究》，中国书籍出版社，2019 年。

③王向远：《近四十年来我国“东方文学史”的三种形态及其建构》，《社会科学文摘》，2019 年第 4 期。

④王向远：《〈东方乐舞戏剧史论〉序》，《北方工业大学学报》，2019 年第 6 期。

⑤黎羌：《〈东方乐舞戏剧史论〉后记》，《北方工业大学学报》，2019 年第 6 期。

⑥黎跃进、吴鹏：《后殖民视角下的东方镜像——林丰民〈东方文艺创作的他者化倾向〉学术评述》，《北方工业大学学报》，2019 年第 4 期。

⑦邱雅芬：《我国近十年来的日本文学研究（2009—2018 年）》，《东北亚外语研究》，2019 年第 3 期。

⑧邵雪飞：《日本文学中的中国叙事传统经验探析》，《东北亚外语研究》，2019 年第 3 期。

⑨王志松：《汉语翻译与汉语写作——“日本文

学”的另一个面向》，《东北亚外语研究》，2019 年第 4 期。

⑩周阅：《“平成”书写、“昭和”回望与“未来”虑思——2018 年日本文坛研究》，《外国文学动态研究》，2019 年第 4 期。

⑪马骏等：《汉文佛经文体影响下的日本上古文学——研究卷》，社会科学文献出版社，2019 年版。

⑫马骏等：《汉文佛经文体影响下的日本上古文学——资料卷》，社会科学文献出版社，2019 年版。

⑬尤海燕：《一曲“文章经国”的挽歌：嵯峨天皇的薄葬遗诏》，《外国文学评论》，2019 年第 3 期。

⑭曹永馨：《日本文学现代特质研究》，中国纺织出版社，2019 年版。

⑮卢茂君：《井上靖的中国文学视阈》，知识产权出版社有限责任公司，2019 年版。

⑯张杭萍：《战争半未亡人的精神之恋：川端康成的文学抵抗与妥协》，《外国文学评论》，2019 年第 1 期。

⑰邱雅芬：《帝国时代的罪与罚：夏目漱石的救赎之“门”》，《外国文学评论》，2019 年第 1 期。

⑱熊淑娥：《从灾难文学透视当代日本社会困境——以第 61 届群像新人文学奖作品〈美颜〉为视角》，《东北亚学刊》，2019 年第 6 期。

⑲曹顺庆、李甡：《英语世界大江健三郎的翻译与研究》，《当代外国文学》，2019 年第 1 期。

⑳吕斌：《池泽夏树〈核能容器〉的空间叙事》，《当代外国文学》，2019 年第 4 期。

㉑周阅：《林京子的时间——以〈再致露易〉为中心》，《外国文学动态研究》，2019 年第 2 期。

㉒郭晓丽：《和歌戏仿与反战——深泽七郎小说中庶民的主体性》，《国外文学》，2019 年第 1 期。

㉓张春海：《通往大都之路——高丽后期文集中的“中国”认同》，《外国文学评论》，2019 年第 1 期。

㉔王小盾：《论朝鲜半岛词文学的产生》，《文学评论》，2019 年第 1 期。

㉕马圣恩：《朝鲜儿童文学中的“中朝友谊”书写——以 20 世纪 50 年代〈儿童文学〉为例》，《浙江师范大学学报(社会科学版)》，2019 年第 6 期。

㉖金鹤哲、牛林杰：《韩国战后文学批评话语中的传统观》，《东疆学刊》，2019 年第 1 期。

㉗陈岗龙：《蒙古国诗选》，作家出版社有限公司，2019 年版。

㉘满全：《蒙古文学学科史综论》，《民族文学研究》，2019 年第 2 期。

㉙树林：《陈岗龙蒙古比较文学研究观探析——以〈文学传统与文化交流：蒙古文学研究拾璀〉为例》，《内蒙古民族大学学报(社会科学版)》，2019 年第 6 期。

㉚吴刚：《陈岗龙比较文学研究方法的学科意义》，《内蒙古民族大学学报(社会科学版)》，2019 年第 6 期。

㉛韩东：《十八世纪朝鲜文人与日本古文辞派的“李王”对话——以通信使笔谈资料为中心》，《外国文学评论》，2019 年第 1 期。

㉜李新东：《中韩女性文学比较研究》，延边大学出版社，2019 年版。

㉝王伟均：《从古印度民间神话到中国现代新十日谈小说——论沈从文故事小说〈扇陀〉的印度文学渊源》，《中国比较文学》，2019 年第 4 期。

㉞田克萍：《〈摩诃婆罗多〉的“灵肉双美”意识探析》，《南亚东南亚研究》，2019 年第 3 期。

㉟陈明：《“伊利沙”和“卢至长者”——佛经中的吝啬鬼典型及其故事的跨文化流变》，《国外文学》，2019 年第 4 期。

㊱姜景奎：《现当代印度文学汉译：“水平翻译”与“同一性他者”构建》，《中国语言文学研究》，2019 年第 1 期。

㊲黄然：《鲁丝·普罗厄·贾布瓦拉晚期印度小说后殖民创伤研究》，《外国语言与文化》，2019 年第 3 期。

㊳黄芝：《廓尔喀民族主义的兴与变：论基兰·德赛〈失落的承袭〉》，《外国文学评论》，2019 年第 2 期。

㊴刘曙雄：《略论萨加德·查希尔的文学创作》，《北方工业大学学报》，2019 年第 4 期。

㊵刘曙雄：《萨加德·查希尔的自由体诗集〈熔炼的蓝宝石〉》，《北方工业大学学报》，2019 年第 6 期。

㊶麦永雄：《东方文学研究者眼中的“中国—东盟文学”》，《玉林师范学院学报》，2019 年第 1 期。

㊷甘丽：《中国儒家思想对越南文学〈金云翘传〉的影响》，《名作欣赏》，2019 年第 30 期。

㊸黄以亭、景秀稳：《19 世纪末至 20 世纪初越南文学的中西交融——以小说〈素心〉为例》，《东南亚纵横》，2019 年第 2 期。

㊹邱碧：《泰国〈金刺鳍鱼〉及异文的母题研究》，

《德宏师范高等专科学校学报》，2019 年第 4 期。

㊺张美娟：《童话故事不止有想象——宾兰 · 散卡拉克利〈公主〉赏析》，《文教资料》，2019 年第 24 期。

㊻张智、寸雪涛：《我国缅甸文学研究的历史回顾与展望》，《文化与传播》，2019 年第 1 期。

㊼王彧：《人类精神觉醒视角下的菲律宾民间文学》，《红河学院学报》，2019 年第 3 期。

㊽李晓滢、汪华：《四大文化体系影响下的马来西亚文学发展研究》，《江苏外语教学研究》，2019 年第 2 期。

㊾尤梅：《虚构与真实：2018 年阿拉伯文学研究》，《外国文学动态研究》，2019 年第 4 期。

㊿王颖：《新中国 70 年来阿拉伯诗歌研究历程》，《文学教育》，2019 年第 12 期。

51马保全：《埃及文豪塔哈 · 侯赛因与民国时期的中国知识界》，《中国穆斯林》，2019 年第 12 期。

52唐珺：《当代巴以诗歌中“土地”空间的两种构建——以达尔维什与阿米亥》，《外国文学动态研究》，2019 年第 3 期。

53余玉萍：《阿拉伯现代戏剧对〈一千零一夜〉的化用》，《北方工业大学学报》，2019 年第 1 期。

54黄超：《马哈福兹小说〈宰阿贝拉维〉的苏非主义倾向研究》，《长春大学学报》，2019 年第 3 期。

55余玉萍：《〈弗兰肯斯坦在巴格达〉中怪物形象的多重意蕴》，《外国文学研究》，2019 年第 4 期。

56高华：《帕慕克“文化杂合观”探析》，《河北科技大学学报(社会科学版)》，2019 年第 3 期。

57朱春发：《土耳其现代化的隐喻——论帕慕克〈红发女人〉中的弑父与寻父》，《外国文学动态研究》，2019 年第 1 期。

58朱春发：《诗意和记忆：论帕慕克文学作品中的废墟书写》，《外国文学研究》，2019 年第 1 期。

59杨曦：《“鲁拜/柔巴依与绝句发生关系论”献疑》，《外国文学动态研究》，2019 年第 6 期。

60穆宏燕：《〈菩提树〉：伊朗现代历史进程中的双重“物崇拜”隐喻》，《外国文学研究》，2019 年第 1 期。

61苏尚洛等：《中亚东干文学评论》，世界图书出版广东有限公司，2019 年版。

62惠继东：《方言口语阐释东干民歌主题意向的艺术范本——中亚东干学者 M. 苏尚洛的东干语文学批评论》，《宁夏师范学院学报》，2019 年第 6 期。

63王晓宇：《“一带一路”沿线国家文学外交探析——以中哈两国为例》，《俄语学习》，2019 年第 5 期。

64王晓宇：《马赫江 · 居马巴耶夫与哈萨克文学启蒙》，《中国穆斯林》，2019 年第 2 期。

65蒙曜登：《哈萨克斯坦苏联时期文学——中国苏联文学研究的“熟荒地”》，《欧亚人文研究》，2019 年第 1 期。

66蒋晖：《从“民族问题”到“后民族问题”——对西方非洲文学研究两个“时代”的分析与批评》，《文艺理论与批评》，2019 年第 6 期。

67刘略昌：《澳大利亚非洲英语文学研究的崛起与非洲区域形象的建构》，《学术论坛》，2019 年第 6 期。

68殷明明：《非洲文学在新中国的出版及其特点》，《齐齐哈尔大学学报(哲学社会科学版)》，2019 年第 5 期。

69蒋晖：《中国的非洲文学研究展开的历史前提、普遍形式和基本问题》，《文艺理论与批评》，2019 年第 5 期。

70郭东彦、查文仙、周筠松：《21 世纪中国的非洲文学研究述评》，《保山学院学报》，2019 年第 3 期。

71韦杰：《南非英语文学在英美的接受与研究》，《外国文学动态研究》，2019 年第 3 期。

72綦亮：《非洲文学与非裔文学的加拿大之维——“黑色大西洋”再审视》，《上海师范大学学报(哲学社会科学版)》，2019 年第 5 期。

73姚峰、孙晓萌：《文学与政治之辨：非洲文学批评的转身》，《上海师范大学学报(哲学社会科学版)》，2019 年第 5 期。

74科瓦库 · A. 吉雅西、孙晓萌：《非洲语境中的语言、文学与写作》，《外国语文研究》，2019 年第 4 期。

75朱振武、陆纯艺：《“非洲之心”的崛起——肯尼亚英语文学的斗争之路》，《外国语文》，2019 年第 6 期。

76朱振武、蓝云春：《津巴布韦英语文学的新拓展与新范式》，《上海师范大学学报(哲学社会科学版)》，2019 年第 5 期。

77杨建玫、汪琳：《20 世纪 60—90 年代东非英语文学的历史嬗变》，《苏州科技大学学报(社会科学版)》，2019 年第 2 期。

⑱宋志明：《沃勒·索因卡：后殖民主义文化与写作》，《国外文学》，2019年第4期。

⑲宋志明：《"语言非殖民化"——索因卡和非洲文学的语言政治》，《外国文学》，2019年第2期。

⑳宋志明：《一种非洲轮回观的民族国家隐喻——索因卡诗作〈阿比库〉解读》，《国外文学》，2019年第4期。

㉑袁俊卿、朱振武：《恩古吉·提安哥：流散者的非洲坚守和语言尴尬》，《人文杂志》，2019年第12期。

㉒张勇：《大历史，小叙事——阿迪契〈半轮黄日〉中的历史创伤叙事》，《当代外国文学》，2019年第3期。

㉓蔡圣勤、吕曰文：《论库切"耶稣系列"小说中乌托邦社会的建构》，《外国文学研究》，2019年第4期。

㉔汪琳：《阴影中的女斗士：玛利亚玛·芭》，《外国文学动态研究》，2019年第5期。

（作者：魏丽明，北京大学教授；阎鼓润，北京大学硕士生）

西方文学（不含英美）

龚若晴　喻天舒

2019年北京地区的西方文学（不含英美）研究成果颇丰，其显著特征：一是作品文本仍然是研究的重点。多数研究仍然聚焦于文本的解读、阐释与深入分析，纯理论研究较少，理论与文本的结合度更高。二是除了对各西方语言本国文学的研究外，学者们对该语言区文学作品的研究也明显增加。如德语文学研究并不局限于德国，而是将奥地利文学也纳入自己的考察目光之中。再如法语文学研究，对瑞士地区的法语创作同样给予了必要的关注。三是不同语言间研究数量与深度的不平衡有所缓解。虽然德语、法语文学的研究仍然更盛，但西、葡、意语也逐渐出现更丰富的研究内容与成果。四是研究对象与理论方法更为多元。许多语种的文学研究都不再局限于经典作家或某一类型作家，而是发掘更多值得译介与研究的作家作品。

以下，我们将分西方古典文学研究，德语文学研究，法语文学研究，西班牙语、葡萄牙语及意大利语文学研究，文学理论研究5个方面，就笔者掌握的资料，对本年度西方文学（不含英美）的研究状况加以综述。

一、西方古典文学研究

2019年，西方古典文学研究仍致力于经典之中发掘出新的观察角度、新的文化视野，且在研究的纵向深度与横向广度上都有不同程度的拓展。

陈斯一的文章为《伊利亚特》的解读提供了一个新颖的切入角度。文章认为，《伊利亚特》的核心是英雄自然之力与习俗社会之间的悲剧性张力与最终和解。英雄具有神的血统，又在战斗中暴露出了野兽般的嗜血性和残酷性。这种超越人类习俗政治世界的自然力量将他们排除于人类习俗共同体之外。但在《伊利亚特》中，阿基琉斯带着至高的神性来到特洛伊战场，在命运的捉弄下经受了常人不可承受的愤怒和悲痛，暴露出至深的兽性，释放出可怕的自然力量，最终在神的干涉下这种兽性的情绪趋于平缓。最终，他与自己的秉性和命运达成和解，从而在全新的层面回归了人性。正因为如此，阿基琉斯不仅仅是神灵和猛兽，也是一个完整而真实的人。①

张源的文章分析了柏拉图对话中的时间线索与社会历史事实之间的联系。文章指出，柏拉图对话35篇大多暗藏时间线索，从《卡尔米德》到《普罗泰戈拉》，进而到《会饮》以及《泰阿泰德》，再到《巴门尼德》，最后到《理想国》，篇目中的时间设置越发复杂，也更引来众说纷纭。它们或指向重大历史事件，或与城邦政治活动密切相关，这些重要的时间节点构成了对话内在的戏剧时间，是对话不可或缺的背景要件。②

除了具体作品的阐释理解外，西方古典文学也是西方文论的溯源之本。对古典作品的解读也更进一步推动了文学概念与理论的研究。

二、德语文学研究

2019年，德语文学的关注重点发生了较大的变化。就体裁而论，学者们对德语文学的研究涵盖了小说、戏剧、诗歌等多个文类，且在小说体裁内，研究的关注点亦从传统小说转向自传体小说、日记体小说等更丰富的形式。从研究区域来看，本年度的德国本土作品研究数量下降，学者的视角转向了广阔的德语地区。

杨宏芹的文章阐释了德国诗人斯特凡·格奥尔格在一战前夕出版的诗集《联盟之星》中“神圣的战争”一词的内涵。由于时间的巧合，这一“神圣的战争”的提法，一直被人误解为支持威廉二世发动一战的宣言，《联盟之星》也长期被认为是给战场上年轻人的诗歌手册。杨文认为，应该将“神圣的战争”一语放回诗歌文本的语境中解读：诗集中，格奥尔格把诗比为“金色战船”，并称之为“神圣的家园”，与“神圣的战争”呼应，这些意象及其背后暗藏的经典，隐含了格奥尔格的真实思想，即战争似大洪水，意在消除现实中的罪恶，此乃其神圣之意；虽然消除罪恶也是一种净化与拯救，但真正的拯救来自诗人与诗，诗才是现代人的诺亚方舟。由此可见，格奥尔格描写毁灭与拯救建构了一个完整的属于他自己的救世方案。他的“神圣的战争”之说离不开他对“金色战船”的自信，而“战船”本身也暗示了战斗。因此，毁灭与拯救一起，构成了格奥尔格的神圣战争观。这实则是一种面向诗歌的、极具乌托邦性的救赎理想。[③]

在德语区文学的研究中，奥地利作家作品的研究取得了尤为重要的成果，不仅在数量和质量上颇为突出，而且在体裁与内容上也丰富多元。

彼得·汉德克因获得2019年的诺贝尔文学奖而吸引了研究者的关注。李明明的文章借用本雅明和阿甘本关于姿势批评的相关理论，分析了汉德克两部说话剧《预言》和《自我控诉》。文章指出，作为基本语言能力和日常语言行为的“说话”成就了这种新的戏剧形式。“说话剧”中，词语和概念替换了图像，指向世界的姿势替换了被展示的镜像世界，剧场性替代了戏剧性，姿势替换了意义。“说话剧”所模仿的对象不再是虚构的行动，而是日常口语表达所呈现出的“姿势”，而姿势的模仿在剧场中产生出“反讽”的效果。因此，作为姿势的词语既是说话剧的表现媒介和手段，又是其指向的对象和揭示的目标。而这种姿势批评与述行批评的到来，共同揭示了戏剧中心从文本向身体、姿势和剧场的转变，既有生命政治领域的重要性，也对文学研究和文学批评有着极大的意义。[④]

韩璐璐的文章论述了奥地利作家托马斯·伯恩哈德“自传小说五部曲”中对权威的批判与反抗。伯恩哈德的自传体小说回顾他个人少年时代痛苦的心路历程，透过挣扎的少年展示出战后奥地利的社会全景图，批判了纳粹和天主教作为精神权威给民众心理造成的压力和思想控制。另外，文章指出，伯恩哈德自传小说中外公的形象有着双重的特质：一方面作为反纳粹反教会的理想形象，是主人公成长与觉醒的导师；但另一方面，外公与主人公又展现出一层“权威”与“反抗者”的关系。通过对精神权威和家长话语的批判，伯恩哈德的小说体现出强烈的社会承诺与反抗精神。[⑤]

徐畅的文章将奥地利作家罗伯特·穆齐尔的《没有个性的人》和约瑟夫·罗特的《拉德茨基进行曲》与广阔的历史环境相结合，探究作为前帝国居民的两位作家是如何以后奥匈时代的视角勾勒和审视帝国晚期的文化的。文章指出，奥匈帝国的解体给当时的作家带来了极大的震撼和对未来的迷茫，成为他们作品的重要母题。穆齐尔以“奥匈帝国”这一名称中的“发音缺陷”为象征，揭示出帝国整体认同的缺失及各个族群被拉扯撕裂的危险；罗特的小说则表达了一种“不充足理由律”，即对自身的存在没有必然性信念的状态和对国家信念的缺失和动摇。通过对两部小说的分析，文章揭示了始于19世纪的民族主义浪潮和政治现代化进程所引发的国家认同危机和信念危机，及其对于多民族帝国的瓦解作用，为思考特定共同体模式在特定历史阶段的条件和可能性问题，带来更多的参照。[⑥]

除了奥地利地区的德语文学外，学者对瑞士的德语区文学作品也不乏兴趣。

安尼的文章分析了体现在瑞士德语作家罗伯特·瓦尔泽的日记体小说《雅各布·冯·贡腾》中的辩证元素。文章指出，这种辩证元素主要表现为在叙事技巧以及文本内涵两个层面上传统与现代的共生现象：就叙事层面而言，《雅各布·冯·贡腾》看似是传统小说——主人公雅各布频繁交叠的自我否定与自我褒奖，对未来生活带有诅咒意味的开篇设定，与走向未知的开放结局，似乎也是遵循着传统修养小说的脉络，形成了一个首尾呼应、结构完整的圆环；然而，小说假借日记体形式，于全知视角和第一人称叙事之间跳跃，是在用一个修养小说的叙事逻辑，塑造一段反修养、反启蒙的故事。在内涵层面上，《雅各布·冯·贡腾》开篇即设定了一个违反常人认知的价值观，反启蒙的人物与场景设定，城市人流、上层社会风景与个体的具体感知，处处体现出传统与现代价值的共生与冲突。因而，安文认为，瓦尔泽是德语现代文学的开先河者，是文学史上叛逆文化的继承者；《雅各布·冯·贡腾》是一部以学习为名的反修养小说，本雅曼塔学校是作者制造的一则现代社会寓言，它影射了现代人自愿倒退为奴的趋势。[⑦]

三、法语文学研究

2019年法语文学研究的内容相当丰富。从研究对象看，既有福楼拜等经典作家，也有亨利·米肖等新步入研究视野的作者。从研究内容看，既有立足传统与本土的讨论，又有对于东西方文化交融问题的观照。

刘海清的文章从福楼拜的交游、审美特性与其创作之间的关系切入，分析其作品中的视觉性风格。文章认为，福楼拜的写作以物言说，通过客观化的叙述手段来间接表达小说的思想内涵和情感意识，并运用艺术形式来填充文学思维和丰富叙述策略。艺术化书写将现实感知升华为审美意识，视觉审美化的小说空间负载着人物的精神诉求和心灵世界，缔造了颇具暗示性、视觉性和造型美的文体效果。从文学与艺术作品的独立性地位和先进的表达理念来看，福楼拜引领的客观性写作、现代性审美与印象派艺术、摄影艺术颇有共通之处，其小说叙述的视觉性外观变得比主题内容本身更为重要。[⑧]

苏林的文章[⑨]从《罗兰·巴特之死》切入，探讨了德里达的“他者”主题。文章指出，哀悼的悖论性困境在于语言的指向问题：被纪念者在言辞中在场，但又因为死亡永远缺席。德里达对罗兰·巴特《明室》的解读又将哀悼与摄影相关联，摄影也落入一种哀悼的宿命：当摄影保留指涉物存在的痕迹之时，又在同一瞬间声明了指涉物的不再在场。无论是在哀悼还是在摄影中，主体都不得不去面对自身的有限性并最终借助他者来锚定自身。然而这一对他者的定位又使得他者有可能成为一种新的、准形而上的意义核心。因此，哀悼其实始于将他人内化于己身的运作，最终我们乃是借着这他者来言说“我”或“我们”。

自我与他者的理论不仅体现在德里达身上，也体现在东西方作为“自我”与“他者”的相互观照中：法国文学与东方文化的交流与影响同样是本年度法语文学研究的重点内容之一。

王佳玘的文章[⑩]在对亨利·米肖游记《一个野蛮人在亚洲》的解读上提出了同此前不同的观点。文章梳理了米肖与东方文化的渊源：米肖年少时就沉迷中国文字，其早期的写作就暗合中国文化古老玄奥的表达特质，表现出潜移默化的文化影响。作者本人更是一直向往着去东方的旅行。但是，文章指出，米肖以“野蛮人”自称，不只是对东方文化的认同与崇拜，更多是赋予自我一种绝对自由的、超出二元对立的视角。“野蛮人”一词源自希腊语，用来指称本城邦之外的所有族群。随后无论这个概念外延如何变化，其内核始终充斥着欧洲种族中心主义的意识形态。而在19世纪末米肖写作的历史情境下，这一称谓开始变得中性化，用于隐喻与“自我”相对的“他者”。作家与艺术家的创作中，“野蛮人”往往用以区别作为主体的“自我”，继而展开对“相异性”这一核心命题的持续思考。

黄晞耘的文章以罗兰·巴尔特的思考反观属于东方文化的日本俳句。文章认为，西方文化视角的观看和感受往往能揭示主体文化所忽视的内涵与意义，带给人以全新的启示。几次日本之行让巴尔特感受到了日本的感性与美学意味，他在此后的访谈和著述中也多次提到俳句。巴尔特认为，俳句的“季语”以及对日常生活的关注隐含着诗人的生命感受，具有存在论意义上的作用；俳句对细微差异和偶发事件的高度敏感则使其摆脱了概念化、普遍性以及陈旧的语言表达，成为一种个体化的、感性的审美形式；西方文化倾向于赋予一切事物以过多的意义，因而充斥着各种理论、学说和意识形态，而仅由17个假名构成的俳句则恰似对意义的“脱脂”，避免了词语因为充满意象、意蕴而令人窒息；俳句令人产生写作的欲望，在日本当代文化中仍然葆有新鲜的活力。文章指出，巴尔特极少评论诗歌，但俳句的异质性和独特性为他提供了一个反思西方文化的参照物，他也从一个独特的角度揭示了俳句的本质和价值，为包括俳句在内的诗歌赏析提供了一个崭新的视角。[⑪]

对法语文学的研究也显示出学者们对单一的以东方或西方为中心的理论视角反思。梁展的文章指出，萨义德认为18世纪的西方旅行家和学者将包括中东和埃及在内的内容复杂而丰富的东方塑造成了一个精神性或宗教性的单一名目，并将其与另一个单一名目——“西方”——对立起来。这掩盖或消除了东方社会在文化上表现出来的多元性。但在从反对帝国主义和殖民主义的立场出发来批判西方的东方主义话语的同时，萨义德也不自觉地陷入了他着力加以批判的文化本质主义陷阱，即认为每个民族的命运均取决于这个民族自身的文化和宗教的观念。因而梁文从热门的“东方主义”理论移开视角，另辟蹊径，就17世纪法国医生、哲学家和旅行家弗朗索瓦·贝尔尼埃的思想及其《大莫卧儿帝国旅行记》展开讨论，分析了东方主义话语生成之前欧洲旅行者对东方的描述。文章认为，在启蒙运动之前，欧洲人的东方书写对西方中世纪的经济政策和政治制度起着批判和镜鉴的作用，贯穿其中的自然、伦理和政治思想同时成了 18 世纪全欧启蒙思想的重要组成部分。在此意义上，启蒙运动并非欧洲独特的发明，而是伴随印度洋贸易的东西文化交流的产物。而这才是被单一的西方中心与东方中心话语所蒙蔽的、文化社会交流发展的本质与精髓。⑫

除了法国本土外，同时盛产德语经典与法语名作的瑞士同样受到研究者的关注。

陈玮的文章聚焦于 2017 年瑞士文学奖获奖作家及其作品在瑞士国内外的出版和反响情况，结合瑞士国内外其他重要文学奖的获奖概况，梳理了瑞士作为一个四语国家的文学发展景象。文章指出，瑞士以德语、法语、意大利语及拉丁罗曼什语 4 种语言为官方语言，多语种环境带来了多样的文化，也推动了文化间的传播、交流与对话。瑞士于 2016 年颁布了 2016—2020 年鼓励出版法令，并出台了一系列支持文化活动的新政。自 2012 年起，瑞士联邦文化局每年颁发瑞士联邦文学奖，面向所有官方语言和方言作者，表彰其作品的出版与传播贡献。2017 年的瑞士文学奖颁发给了国内 3 位法语区作家和 4 位德语区作家。同时，“瑞士文学大奖”和两年一度的“传播特别奖”分别颁给了法语区作家帕斯卡尔·克莱默和德语区评论家查尔斯·林茨迈尔。陈文认为，对异质性的多样语言文化的尊重，构成了瑞士多元文化的共存与交流，这是瑞士文学文化发展的优势所在；但瑞士国外重要奖项的获奖者无一例外都是德语作家，也说明多语文学的创作与传播在瑞士仍然任重道远。⑬

苑宁的文章分析了瑞士诗人及翻译家菲利普·雅格泰作品中“鸟”的视觉与声音形象，并由此梳理作者的审美、创作，及其对人类状况的思考。文章表示，雅格泰笔下的鸟儿经常逃离于视野之外，因而诗人对鸟的认知更聚焦于其叫声，并从中感受到时间和空间上的规律性。在雅格泰的诗作中，在鸟鸣这简洁而神秘的自然音乐中体现着秩序，这是保持宇宙圆滑顺畅运行的秩序，是一种普世秩序。诗人通过倾听，找到内心对鸟鸣节奏的回应，找到存在于自身的宇宙秩序。同时，在诗歌中，鸟的形象常常代表了神圣的信使，它来自人类“无法追忆”的时代，掀起尘封的记忆碎片，让诗人隐隐想起“古老的契约”，即人与世界之间互相供给、相互平衡的自然和谐关系。而且，在鸟被“诗化”或者说“精神化”的过程中，“内”与“外”的边界消融，鸟与外在世界完美融合。对于雅格泰来说，鸟的形象和歌声不仅是艺术审美的对象，还能够启迪诗人对人类命运进行深入思考。⑭

四、西班牙语、葡萄牙语及意大利语文学研究

历年来，西班牙语、葡萄牙语及意大利语文学研究一直数量较少，但随着国内西葡意语教学的不断发展，本年度的西葡意语文学研究数量有所上升。研究者既深入研究该语言本土的作家作品，也对该语言其他地域的文学发展投以关注的目光。

较之葡萄牙语、意大利语文学研究，西班牙语文学研究起步更早，积累更丰富，也得以在更坚实的基础上兼顾研究的深度与广度。

范晔的文章借助中国古典文学中的“恒道”与“卮言”，论述了西班牙黄金世纪的诗人圣若望如何完成对“不可言说之物”的言说。文章指出，不可言说性常被视为神秘主义及神秘经验的核心特征，但这种“不可言说性”本身又需要语言来传达。圣若望在作品中，借助迂回语、吊诡语、模棱语和荒唐语，在语言中留白，在这一自我否定的悖论中展现出言说与沉默的诗学张力，也成就了其神秘主义诗歌的非凡魅力。⑮

王军的文章紧跟西班牙国内的文学时事，聚焦于 2018 年获得西班牙“全国小说奖”的女作家阿尔慕德娜·葛兰黛丝的作品，探究其如何处理当代西班牙敏感的历史记忆问题。文章选择了作家 3 部作品进行重点分析：《冰冷的心》采用双线交叉的方式记述内战失败者与胜利者的故事，将个体记忆与国家历史有机结合了起来；《伊内斯与快乐》通过虚实结合的手法，将大写的历史人物与虚构的小人物联系起来，展现出从内战到战后的西班牙复杂政治局势；《加西亚大夫的病人》在丰厚历史材料的基础上，以全景式的写法揭开了西班牙官方长期避而不谈的历史，即与德国纳粹政府的密切合作。文章最后指出，葛兰黛丝在历史与文学、真实与虚构之间达到了完美的平衡，用写作对抗遗忘，用记忆承担起了作家的社会承诺和历史责任。⑯

除了西班牙地区的研究外，拉丁美洲地区的作家作品研究也有收获。

晏博的文章聚焦于波拉尼奥两部小说《遥远的星辰》与《2666》中的血腥场景，以探求作者的写作意图。文章指出，死亡是波拉尼奥叙事作品反复涉及的主题之一，而这两部小说中的死亡多是手段极其残忍的谋杀。文章认为，小说中血腥、恐怖的谋杀影像与沉默的观看者、冷漠无情的描述语言共同揭示出复杂的人类心理，是对文明与野蛮这一永恒命题在 20

世纪末拉美社会背景下新的审视与探讨。而波拉尼奥以精巧的构架、波澜不惊的叙述来揭示当代拉美社会中隐秘的罪恶与暴行，探讨西班牙语国家的人们乃至全人类的后现代生存状况。这是作者对邪恶面前人类失语状态的揭露和对生命意义的关注与追问。[17]

本年度，葡萄牙语文学研究取得了令人瞩目的进展。

闵雪飞的《书写真实的奇迹：葡萄牙语文学漫谈》辑录了国内青年学者近年来为葡萄牙语文学所写的普及性文章，共计30余篇。本书按照国家和地区分为葡萄牙篇、巴西篇和非洲篇，各部分以相关的综述性文字开篇，立足于整体，侧重澄清国内对葡语文学的成见与误解。每部分按照时间顺序，介绍葡语国家的经典作家如费尔南多·佩索阿、若泽·萨拉马戈、若热·亚马多、克拉丽丝·李斯佩克朵、米亚·科托等，及其代表作品，深入浅出地阐释文本，联系历史与现实，介绍各国文化。书中文章兼顾学术性、前沿性与科普性，是近年来葡语文学译介与研究的一项重要成果。[18]

巴西作为葡语国家，同样吸引着研究者的注意。樊星的文章为巴西经典作家亚马多的作品——《奇迹之篷》的研究，提供了新的视角。文章认为，《奇迹之篷》并不是如传统的批评所理解的那样，仅仅是一种简单政治正确的混血文化颂歌，而是以谐谑与轻浮展现出巴西式抗争的真正特质。亚马多从有色人种的视角出发，展现了巴西混血文化的形成过程：他们遭遇过压制和不公，也进行了斡旋与反抗。最终，作者以“每个人都是混血儿”的宣告，颠覆了不同人种之前只能对立的偏见，构建起以混血性为根基的巴西民族认同。[19]

意大利语文学的研究文章不多，但切入角度新颖，极具社会现实意义。

周婷的文章探讨的是涉及家庭语言暴力议题的意大利当代社会问题剧《尘》。文章从剧情与语言两个方面入手，肯定了剧作者在剧中通过日常场景的复制和扭曲对话的重复这些司空见惯的日常生活片段，展现作为男主人公的丈夫对作为女主人公的妻子的习以为常的精神羞辱、打压和控制。指出这种并非视觉意义上的暴力的隐性的家庭冷暴力，就像空气中飘浮的灰尘，无处不在，无孔不入。文章认为，在《尘》剧中，剧作者借助简单的生活场景和日常对话冷静地揭示家庭问题并进而暴露社会矛盾，使创作主旨直指事物本质。[20]

五、文学理论研究

西方文论研究虽然在数量上不及作品研究，但依旧在西方文学研究领域占据着重要的地位。近年来，兼顾社会讨论、媒介传播等各方面的文化研究以及不断推陈出新的马克思主义文论仍然是学者讨论的重中之重。

车致新的文章以“历史化”为思考线索，重新爬梳了基特勒与“信息论之父”克劳德·香农以及结构主义理论家米歇尔·福柯的对话关系。文章指出，基特勒理论背后的思想谱系非常难以定位。概括而言，基特勒的研究思路是建在人文科学与自然科学的“两种文化”之间的对话与跨越；具体而言，基特勒的思想资源既有德国古典哲学和战后法国批判理论，也有20世纪的科学哲学话语及以“多伦多学派”为代表的媒介理论等内容，是诸多异质性的思想传统的后现代“拼贴”。[21]

文章指出，1948年香农的《通信的数学理论》标志了“信息论”这一学说的诞生，其中存在着两个层面上的历史化：即“历史化”地使用“信息论”，以及“信息论”作为一种理论话语自身的“历史化”。然而，基特勒还指引着我们去思考另一个维度：对“历史”自身所进行的“历史化”。这种对“历史”自身的革命性的理解，正集中体现在基特勒与福柯的对话关系之中。而在基特勒的表述中频繁出现而又模糊的“话语网络”恰好引向这一关系。基特勒对“话语网络”的思考在历史时期或研究对象的意义上拓展了福柯在《词与物》中对3种“知识型”的研究——福柯的“知识考古学”最终停止在了“现代”知识型，因此没能把20世纪也纳入他的论域之中，而20世纪恰恰是基特勒思考和研究的重点。梳理基特勒与香农、福柯二者的对话关系，帮助厘清并深入理解基特勒有关媒介学思想的源流与特征，并借助基特勒的批判性阅读在全新的历史—技术语境下回溯性地激活香农与福柯的思想。

唐干钧的文章以卢卡奇青年时代的重要作品《小说理论》作为切入点以讨论卢卡奇的总体观思想。文章认为，《小说理论》是卢卡奇批判现实社会的异化状况的文学或美学形式呈现。青年卢卡奇以文学为内容，以黑格尔辩证法为形式，以左翼立场为理论意涵，诠释出了这样一幅图景：古希腊的史诗时代是一个具备总体性的时代，但过渡到古希腊戏剧的历史环节后，总体性就被打破了；而以柏拉图主义为代表的古希腊哲学则彻底制造了现存世界和理念世界的二元对立；要恢复总体性，必须寄希望于小说。他认为小说是现代社会的产物，而现代社会自身保留着呼唤总体性复归的力量，因而小说也承担着恢复总体性的历史使命。㉒

此外值得一提的还有，各高校及科研机构在2019年亦开展了丰富的学术活动。重要的如北京大学《“一带一路”沿线国家经典诗歌文库》（第1辑）发布会，2019年北京论坛分论坛“多元文明交融下的语言、文化与认同”，中国人民大学“德语经典作家学术研讨会·茨威格作品集发布会暨张玉书先生追思会”，“作家研究：理论、方法与实践”高端专题研讨会，北京外国语大学“第四届《翻译界》高端论坛暨新时代中国文化外译理论与实践国际学术研讨会”等。

注：

①陈斯一：《阿基琉斯的神性与兽性》，《外国文学》，2019年第4期。

②张源：《柏拉图对话里的时间》，《国外文学》，2019年第3期。

③杨宏芹：《论斯特凡·格奥尔格的神圣战争观》，《国外文学》，2019年第4期。

④李明明：《词语的姿势——对汉德克两部说话剧的解读》，《外国文学》，2019年第6期。

⑤韩璐璐：《论托马斯·伯恩哈德自传体小说中的反“权威”主题》，《学术交流》，2019年第2期。

⑥徐畅：《回望帝国：后奥匈时代作家笔下的奥匈帝国——以〈没有个性的人〉和〈拉德茨基进行曲〉为例》，《同济大学学报（社会科学版）》，2019年第6期。

⑦安尼：《佯装与反叛——解析〈雅各布·冯·贡腾〉的辩证艺术》，《国外文学》，2019年第2期。

⑧刘海清：《无我之境与艺术之境——论福楼拜小说的客观化叙述和视觉性风格》，《国外文学》，2019年第1期。

⑨苏林：《朝向他者的哀悼与摄影——解读德里达的〈罗兰·巴特之死〉》，《文学评论》，2019年第6期。

⑩王佳玘：《“翻转的野蛮人”——亨利·米肖的东方游历》，《国外文学》，2019年第4期。

⑪黄晞耘：《论罗兰·巴尔特关于俳句的思考》，《文艺研究》，2019年第12期。

⑫梁展：《土地、财富与东方主义：弗朗索瓦·贝尔尼埃与十七世纪欧洲的印度书写》，《外国文学评论》，2019年第4期。

⑬陈玮：《瑞士当代文学概览——以2017年瑞士文学奖为中心》，《法语国家与地区研究》，2019年第2期。

⑭苑宁：《菲利普·雅格泰作品中“鸟”的意象》，《西安外国语大学学报》，2019年第3期。

⑮范晔：《恒道与卮言：圣十字若望之不可言说的言说》，《中国比较文学》，2019年第1期。

⑯王军：《葛兰黛丝，西班牙历史记忆的发掘者》，《外国文学动态研究》，2019年第3期。

⑰晏博：《1974—2666：波拉尼奥小说中的谋杀与看客》，《外国文学》，2019年第1期。

⑱闵雪飞：《书写真实的奇迹：葡萄牙语文学漫谈》，商务印书馆，2019年版。

⑲樊星：《“混血儿的面孔”：亚马多〈奇迹之篷〉中的混血文化书写》，《外国文学评论》，2019年第1期。

⑳周婷：《无处不在的尘，无处不在的家庭语言暴力——解读意大利当代社会剧文本〈尘〉》，《戏剧文学》，2019年第8期。

㉑车致新：《“历史”的历史化——基特勒之后的香农与福柯》，《国外文学》，2019年第1期。

㉒唐干钧：《〈小说理论〉与卢卡奇总体观思想的萌芽》，《世界哲学》，2019年第3期。

（作者：龚若晴，北京大学硕士生；喻天舒，北京大学教授）

英语文学

丁林棚

英语文学研究是外国文学研究的重镇。西方现当代文学理论和文学批评的许多重要现象和思潮都对欧美英语文学创作产生了重要影响。2019年，北京地区英语文学研究取得丰硕的成果，在文学研究和文学批评领域都取得了重要进展，呈现出社会文化研究、生态研究、伦理研究、历史研究多元并进的局面，在传统较为薄弱的领域内也有长足进展，如古典学和现当代文学的交互影响领域，等等。本年度的研究成果大致可以归纳为以下几个特征：1. 在欧美英语文学领域中，研究焦点仍然集中于经典历史时期作家和作品的深入阐发。例如莎士比亚诗歌与戏剧、济慈、伍尔夫、福克纳、麦尔维尔、19 世纪英国文学、女性作家文学。2. 除了 19 世纪英美经典作家之外，英美文学研究范围还涵盖了当代美国文学，其形式包括后现代主义文学、后殖民主义文学、族裔文学、生态文学等，并在文化研究、翻译研究、叙事学研究等诸多领域内有结出硕果。3. 在其他英语国别文学方面（如加拿大文学、澳大利亚文学）的研究也得到了继续深入，体现出更广的范围和更为多元的研究视角。美洲英语文学研究主要集中在加拿大文学方面，尤其对加拿大著名作家阿特伍德的关注依然是学术焦点，在研究视角和途径方面较之以往也有更大拓展。4. 叙事学研究方面，申丹发表了多篇论文，对不同国家的英语文学作品进行解读，阐释了其隐性叙事理论。5. 研究方法和视角多元，具有跨学科的特性，结合了文化、文学、社会、历史、政治、文本主题分析等多元视角。鉴于本年度论文的数量巨大，我们仅能选其精粹，对最具代表性的学术成果进行重点归纳和总结，希冀能够以此归纳出本年度的学术动态，起到抛砖引玉的作用。

一、英国文学

英国文学方面，本年度的学术兴趣主要集中于经典作家和作品之上，时间跨度很大，从古英语到中古英语、文艺复兴时期的戏剧、18 世纪和 19 世纪英国小说、20 世纪小说，内容精彩纷呈，呈现出一种可喜的“立体”状态。

文艺复兴时期的诗歌和戏剧是研究重点。近年来出现了从文化研究、精神分析、女性主义、空间研究，乃至法律研究等多元角度解读莎剧的潮流。

从最初的《亨利六世》到最后的《亨利八世》，“乌托邦”的主题贯穿了莎士比亚的戏剧创作而构成“莎士比亚诗教”的一处关键。张沛认为，这一主题意象或者说莎士比亚的乌托邦理想具有双重聚焦的两副面相：首先是以完美王者为人格代表的理想国家及其对立面，即反乌托邦的政治狂欢人物与场景，这是莎士比亚的第一个乌托邦；其次，莎士比亚的第二个乌托邦则是以花园和森林意象为代表的、与宫廷和城市生活相对的自然生活或生命的自然状态。在莎士比亚笔下，它们互为镜象并最终成为自身的空置反讽。在这个意义上，莎士比亚既是欧洲中古乌托邦文学传统的最后传人，也是现代反乌托邦主义的源初作者。例如《亨利六世》。

《维纳斯与阿多尼》是莎士比亚创作的第一部诗歌作品，在当时影响极为广泛。但学者对该作的批评却发出了不同声音，甚至形成了反差。这些批评大多体现在作品的主题和人物形象方面。章燕认为，《维纳斯与阿多尼》在主题和人物形象方面显示出多元融合性，在主题方面作品表现出渴望爱欲和否定爱欲的融合，在人物形象方面表现出维纳斯和阿多尼多重形象或身份的融合。《维纳斯与阿多尼》的批评之所以形成这一态势一方面是由于不同的时代背景造成的。这种多元复杂性表明莎士比亚在继承奥维德传统的基础上对爱欲内在矛盾性和复杂人性有清醒的认识和思考。不同的批评和解读恰恰说明了作品内涵的丰富，因而对作品任何单一性的解读都是不可取的。

在当代的传播中，莎士比亚作品为中文语境的观众所熟悉，而汤显祖作品逐渐进入英文语境中的观众视野。分析 6 个改编实例可见，汤莎经典在跨文化舞台上都经历了变形，以适应对方的语境，其精妙之处可能难以传达，致使改编言不尽意，或改变本意。然而，在舞台上，直观可感的形象是阐释原作或赋予作品新视角的手段，跨文化改编版的舞台之“象”常给观众深刻的印象。当言不尽意时，舞台作品可以“立象”以“尽意”，甚至“立象以生新意”。“象”与“意”的互补带来经典作品传播中原意的损失和新意的增加，进而引向传统文本在世界舞台上如何阐释与评判的问题。对经典本意的把握和当下的跨文化流传不是非此即彼的选择，而应超越单一标准。

从 20 世纪 70 年代末开始，新历史主义逐渐成为济慈诗歌研究领域一支重要的学术力量，极大地推动了济慈研究的发展。但是，卢炜认为，新历史主义理论对济慈《秋颂》的阐释原则可能导致评论界在分析和解读文本时产生两个重要的理论局限：过度强调社会现实性和忽略想象力的作用。

“自然”和“儿童”是威廉·华兹华斯诗歌中的高频词汇，也是诗人教育思想的关键词。徐红霞的论文指出，华兹华斯自始至终都着意培养读者的诗意想象力，认为想象力的滋养离不开自然、书籍和宗教的协同作用。尽管在此过程中，自然的重要性逐渐让位于虚构类书籍和宗教，但三者从未真正分离。[①]

桑德拉·吉尔伯特和苏珊·古芭在《阁楼上的疯女人》中将《简·爱》界定为一部女性成长小说，指出简“追寻自我的朝圣之旅”是从反基督教方向对班扬《天路历程》的重新定义，换言之，勃朗特用“自然乐园”击败“天国之城”，实现了对父权统治的文学反抗。萧莎的论文从夏洛蒂·勃朗特捍卫“荆棘冠”的自我辩护人手，将《简·爱》的文本分析与维多利亚社会意识形态研究相结合，试图匡正吉尔伯特与古芭的去历史化倾向。论文指出，勃朗特的女性主义意识一方面因寄生于维多利亚主流意识形态福音主义之中而获得合法性和表达权，另一方面也因此受到后者局限，以致将简反叛之路的终点设为向福音主义“家中天使”理想的臣服与回归。

在爱略特作品研究中，李涛认为，爱略特对吉卜赛文化的高蹈状“虚构”有自身的审美用意。因与现实的对立，虚构中的审美世界成为现实世界的构建者，有关吉卜赛人的想象变成了审美中介，产生了通过解放感性来唤起改变现实的冲动的效果，让爱略特作品从图景的展开到表达手段都带有审美乌托邦性质。在爱略特创造的审美文化图景中，“吉卜赛特征”已被抽象化，与吉卜赛种族本身分离开来，除了代表对在转型期谨慎处理社会和经济问题的提醒和警示，还表达了对多元文化理念的倡导。爱略特作品对吉卜赛文化的虚构表现出异在性、否定性和救赎性，用审美乌托邦特质演绎了追求人性自由的精神史诗。

詹姆斯·霍格的《一个清白罪人的忏悔》中的双视角叙述一直是批评家们关注的焦点。鉴于小说双视角的特点，以往的批评家关注的大多是二者之间的冲突与对立，笔者在下文中从叙述与个人身份的关系的角度考察两者所达成的主题上的统一。李宛霖认为，该小说中不同角度的叙事都体现了叙述者利用叙述手段掌控自己或者别人身份的企图，此外，论文还联系作者詹姆斯·霍格的自身经历，尤其是他与《布莱克伍德杂志》对“埃特里克牧羊人”这一身份的争夺，分析霍格在复杂市场环境下形成的特定创作观——个人身份建构于文字之上，随作者目的与动机的变化而变化。论文认为，自 18 世纪以来，英国文学市场发生了深刻的变化，随着版权法的确立与完善，印刷技术的革新，赞助人制度逐渐衰落，文学创作开始了职业化与市场化的进程。在这一新环境下，大众对于作者的概念也在悄然发生变化，作者不再是依靠“神启”创作的工具性存在，而是“在作品中表达自己独特个性的个体”，作者“创作的灵感源于自身，而不是外在”。这一观念解放了作者的个性，也让大众对作者有了不同于以往的期待。霍格的多个自传就是在这样的环境中应运而生的。这一市场上的作者不仅以更个体化的姿态出现，经常展现不同的人格，而且还对市场状况更加关注。也正是因为影响作家决策的因素错综复杂，作者身份才始终以一种动态、不断变换的形式存在，而叙述或者写作正是作家用以影响、塑造自己或者别人的作者身份、使之朝自己期待的方向变化的重要手段。深谙这一点的霍格，不被任何一种作者身份所困，而是自觉调动自己掌握的叙述资源，使之为自己变化的需要服务。[②]

现代主义是英国文学研究的重点领域。胡秋冉借用文本世界理论这一视角，对乔伊斯的短篇小说《伊芙琳》进行解读。指出文本世界理论为小说的叙事结构分析画出边界，即伊芙琳理应周全的思绪空间。在这一封闭的“亚世界”中，更实在、更有解读价值的叙事空白，是女主人公对安全变数和伦理影响之考量的缺失。

在英国意识流文学代表人物弗吉尼亚·伍尔夫的众多作品中，《空袭中的沉思》（1940）在同名散文集中是一篇有着反战历史观和女权视角，并融合了多种表现手法和叙事风格的复合型文本。王莹的论文指出，这篇散文以看似矛盾的奇异对照，深刻地表达了超越时空的反战思想和女权主义精神。《空袭中的沉思》中伍尔夫的自我认同是家族史、社会史、国家史三重历史经验的巧妙融合。这种自我认同并非以直接的身份认定的方式呈现出来，而是以复调叙事的高超技巧，以表文本（surfacetext）与潜文本（subtext）时而交织、时而并行的方式加以呈现。

石黑一雄是当代英国文学的杰出代表。“二战”以来，相关理论中后殖民主义批评家们运用“他者”概念，强调平等、差异和多元，反对种族歧视。随着当今世界不断涌现出民族矛盾、宗教纷争、地缘政治冲突等新问题，“他者”在后现代语境中也因其内在的自我解构性得到不同甚至截然相反的解读。他者与自我的关系更为深化细化，也带来更复杂的伦理挑战。叶伟论文指出，石黑一雄在《被掩埋的巨人》中便留下这样一系列悬而未决的问题，即：身份认知构建如何实现社群期待与内心良知的统一，二元对立的矛盾能否调和，不同立场的双方能否在铭记历史的前提下打破仇恨的循环，真正实现和平共处等等。作家本着人道主义精神，用冷静、细腻的笔触勾勒出一个虚构与现实、历史与当代交融的情景，揭示了普遍意义上界定他者与自我的认知困境。[③]

二、美国文学

在美国文学研究方面，2019年的学术兴趣主要集中在19世纪以来的当代美国文学研究，其中既有经典作家如福克纳等作品的研究，也有对冯古内特、品钦的后现代作品的多篇文章。在研究角度上，学者们不拘一格，从历史、叙事学、宗教研究、文体学、女性主义等各方面着手对文本进行深度解读，充分展示了美国文学的新气象。但研究数量对比以前则稍有下降。鉴于本年度论文发表、期刊来源数量较大，所涉及的文学作品时代、风格、题材等各不相同，本文主要选取有关英国文学、美国文学、爱尔兰文学、加拿大和澳大利亚文学的有关研究论作进行代表性选介。

1814年，《刘易斯和克拉克探险日记》得以出版，成为美国政府和民众了解国家新西部的重要信息来源，是美国成立以来最为重要的探险叙述之一。郭巍深入探析《日记》作为美国早期重要探险叙述与杰斐逊"自由帝国"领土空间生产之间的密切关联。指出刘易斯和克拉克的探险叙述促进了杰斐逊"自由帝国"的领土空间生产：将西部转化为能被清晰识别的国家领土，驳斥了"美洲退化论"的知识霸权；用"博爱叙述"帮助印第安人建立超越部落族群意识的国家共同体思想；美国新地景话语有助于实现杰斐逊的"农业共和国"构想，地图绘制帮助消除与他国的领土争端。刘易斯和克拉克的探险叙述让美国人了解到西部蕴藏的巨大资源，理解了西部对国家的重要战略意义，为杰斐逊赢得了国会的支持，为"自由帝国"领土的继续扩张创造了有利条件。[④]

"替身"又称"双影人"抑或"二重身"，是世界文学殿堂中一个极其重要的文学现象。于雷撰文指出，爱伦·坡正是学界公认的替身叙事大师。替身小说是坡笔下不容忽视的亚文类，它们不仅展现出哥特文学的一个独特母题，更能够为心理学围绕无意识世界中的否定缺失找到一种"否定的回归"。替身文学不仅在人物的心理学层面也同样在叙述的结构性层面呈现出"双重束缚"所引发的精神分裂症候，它一方面为文学认知的发生逻辑提供了科学阐释的依据，另一方面也为坡旨在倡导的所谓"秘密写作"创造了有效技术手段。在此意义上，申丹教授在叙事学领域所开创的"隐性进程"概念显得尤为重要。替身现象既存在于文学作品的人物镜像关联之中，也会以巴赫金式的对话性逻辑呈现为显性情节与隐性进程所共同构建的叙述动力学；它不仅为当今西方学界的"表层阅读"流派提供了有效案例，更使得坡所一贯倡导的"秘密写作"获得了叙事学阐释的绝佳模型。[⑤]

美国文学大师菲利普·罗斯互文性的重复将他的所有作品维系成一个相互解释、彼此支撑、表面玩世不恭的稳固体系。菲利普·罗斯擅长以戏谑的方式探讨美国的政治问题。结合罗斯作品中荒唐的男女关系来对照研究美国的政治问题有助于深刻了解美国民主制度可能存在的弊端：美国的民主并非完美无缺，它可能会滋生出清除异己、挟私报复的麦卡锡主义，并最终演变成歇斯底里的政治闹剧；美国政府和民众很多时候在潜意识的驱动下，会做出种种非理性行为；美国的社会土壤永久地埋藏着恐惧心理，在特定条件下，美国优先原则会催发出法西斯主义政府。杨卫东的论文还提及罗斯对中国发展模式的认可，并指出只有中美两国加强了解和沟通，才是消解两国分歧的最好办法。[⑥]

安帅对唐·德里罗《天秤星座》的研究指出，唐·德里罗的《天秤星座》以空间—时间双轨并行的叙事模式重现了肯尼迪刺杀案，但在基于"个人"和"阴谋"的双层情节进程背后，还存在着另外一种围绕象棋游戏的逻辑展开的隐性进程。象棋是作者平衡历史书写和虚构叙事的一个切入点，在3个层面上为小说提供了隐性的叙事动力。首先，德里罗在建构文本、谋篇布局的过程中借用了象棋的逻辑，其重要情节线索的展开和主要人物的塑造无不像象棋游戏一样依托于对空间的想象、填充以及对空间位置的流动、多维空间转换的表征。其次，站在历史进程的角度，从冷战中美苏两大阵营对峙数十年、波及全球的时空维度来看，肯尼迪刺杀案是由一系列的棋局不断接龙而成的一个大的棋局，所有人本质上都是棋子，都受到自身以外无从抗拒的各种外部力量的作用，都无从跳出历史布下的棋局。最后，具体到肯尼迪刺杀案的主角，同时也是小说主人公的奥斯瓦尔德这一个体，其在成长过程中的认知方式、世界观的形成无不受到象棋游戏的影响，致使其在人生的关键节点上总是自觉或不自觉地借用象棋的逻辑来做出选择——这些主观选择不仅改变了他自身的人生轨迹，也在客观上改变了历史进程的走向。后两个层面看似矛盾，实则辩证统一。这是因为，在真实的棋局中，棋子是没有生命力的，是任由外界摆布、绝对不会失控的，而历史这个隐喻棋局的棋子是有血有肉的人，因为其具备能动性而有可能失控。此外，由于个人视野的局限性，以奥斯瓦尔德为代表的、处在历史洪流中心的人物并不会把自己视为受人操控的棋子；相反，他们认同和始终谋求的身份是游戏的参与者。这样，个人既是历史轮盘上一枚受制的棋子，又可能成为自己生命历程中能动的玩家，即外部力量的作用会受到内部动因的制衡，这其实也是注重平衡的“天秤星座”的题中之意。这3个层面交互作用，联手构成与情节并列前行的隐性进程。⑦

沈非的论文指出，唐·德里罗一贯追踪和剖析批判后现代社会文化，以至于其作品被冠以后现代状况小说。这在其长篇处女作《美国志》中就得到充分体现。《美国志》的独特价值和意义在于，它呈现和批判了后现代文化“图像转向”趋势下的形象及其社会影响，堪称一部“美国形象志”。沈非的论文指出，《美国志》主要通过主人公、电视传媒网络公司高管和影视制作人戴维·贝尔第一人称视角透视各种形象及其衍生品，探究居于形象世界中的人的存在意义，揭示形象对人的社会生活诸方面的宰制。后现代形象时代中，“伟大哲学发现”这种现代性宏业已经沦为形象交换的反射延异游戏。德里罗的“美国形象志”对美国后现代状况做出的诊断，就是后来杰姆逊指出的晚期资本主义文化的一个重要侧面：形象对人感知现实能力的“感染毒化”和“催眠作用”以及形象“对现实的否定”。美国著名评论家哈罗德·布鲁姆称德里罗写出了美国的“时代风格”，这个“时代风格”在《美国志》中的体现就是它对后现代社会中形象的“意识形态”表征的把握与揭示。⑧

美国当代诗人加里·斯奈德是美国艺术与文学院院士和普利策奖获得者，也是引领环境保护运动进入美国主流文化的标志性人物。近年来，斯奈德吸引了越来越多的生态批评研究者的关注，学界曾从生态伦理、生物区域主义、生态诗学以及与儒释道文化对比等角度进行过研究。然而，这些研究虽然已经比较成型，却主要集中于对斯奈德的自然书写的挖掘，对其创作中的重要母题——城市叙事线索并未给予足够的重视。马特指出，面对后现代城市空间的生态焦虑与碎片化的自然经验，加里·斯奈德在后现代城市叙事中编织起一张因陀罗网式的城市生态网络，将自然存在与人造产物平等地纳入其中，解构文明与自然之间的二元对立，指出一切都属于“一个世界”，形成了一种“无自然”的自然观。在此基础之上，斯奈德提出以生态实践的方式在城市中实现和平的重新栖息，指出只有回归地方，在生态社区中“扎根”，才能重建大地，建构起“真正的城市”。

三、文学理论

文学理论对于文学研究的重要意义不言而喻。而自20世纪80年代以来，文学理论的发展逐渐走向多元化和立体化，和文化研究、哲学、美学等领域产生了重叠和交叉，使文学研究形成跨学科的特色。在文学批评领域，文学文本的研究形成了多元模式，转向了诸如语言学、叙事学、文化和社会研究、历史研究、后殖民主义、女性主义等多个阵地，近年来还出现了生态主义、动物伦理等新的研究方向，这使文学研究出现了百花齐放、欣欣向荣的局面，也使文学真正和文化、社会、人文等建立了更加密切的联系，同时也挑战了文学与哲学、文本与理论的界限。20世纪下半叶，“理论”在西方盛行，成为一切人文学科的统治话语。进入21世纪，“理论帝国”开始衰落，西方进入理论之后的时代。在这一新时代，有“回归美学”的“尝试”，也有强势的“伦理转向”。不过，“回归美学”的尝试似乎动力不足，难以为继，而纯粹的“伦理转向”则受到猛烈抨击，对于伦理的关注更多地走向了形而上学和辩证哲学。在这一背景下，形而上学转向、神学转向、辩证转向似乎更具动力。就文学理论而言，更多地走向哲学，包括文学哲学。哲学开始登场，但哲学已经经过理论的洗礼，不再是以往的哲学。

2019年度北京地区学者在文学和文学理论研究方面成绩斐然，在理论构建、拓展和理论应用等方面都有所推进。既有从宏观理论视角展望“理论之后”的文学与哲学发展趋势的论述，也有结合某一理论和哲学流派深入探讨其学术思想根源与内涵的论述。下面仅选取最具代表性的论文，对本年度的学术动向作一简要陈述，以反映在过去的一年中文学理论研究阵线的总体趋势。

现代主义小说在20世纪初也被称为“新小说”。学界普遍认为，相对于传统现实主义小说，现代主义小说的“新”覆盖了内容和形式两方面：现代派们把视线转向人的内在体验，人物的精神生活或情感生活取代外部事件登上了叙事的大舞台，在内容上实现了向内转；同时，对传统线性叙事的突破，意识流、蒙太奇、时空倒错等技巧的频繁使用颠覆了传统小说的叙述常规，给小说创作带来了全新的图景。邵凌的论文指出，相较于精神生活或情感生活，“意识生活”或“意识体验”更能涵盖它的表现内容，与此相应，在叙事上现代主义小说体现了意向的特征。邵凌的论文引入胡塞尔的“意向性”概念，在与现实主义小说文本进行比较的基础上，从现代主义小说的意识视角以及意向性表征带来流动性、动态反复与交互主体的美学效果3个角度，对现代主义小说意向的文本特征予以解说。现代主义小说在人物的意识体验中不仅持续地朝向和构造自身，同时也持续地、交互主体地朝向和构造非我、朝向和构造周边世界，这种叙述方式应和了胡塞尔的意向性逻辑。借助主客体交融于意向关系的叙述方式，现代主义小说家们成功扭转了班内特等人的小说中物我分离的世界观和机械表征等问题。连最最普通的物体，比如电话机，亦失去了它的固体性质，不再是单纯的物质，而变得透明、可感，成为生活的一部分。还有最寻常不过的动作：上电梯、吃蛋糕等等，也不是机械的行为，动作的过程中蕴含着一系列的意识、知觉、念头以及显然正卧在心灵之墙酣睡的记忆。人物乃至整个世界在人物的意向进程中自发地、交互主体地呈现出来，“最终我们看到的并不是事物本身，而是被看与观者水乳交融、难解难分的混合体”。现代主义小说不仅呈现了“现象与观察者的头脑的关系”，而且把这种关系表现为意向关系。

穆杨撰文指出，批评界针对当代英美小说的总体特征已经提出了诸多概念，其中威廉·加斯的“元小说”、弗雷德里克·詹明信的“后现代拼贴”、琳达·哈钦的“后现代戏仿”和“历史编纂元小说”最具代表性和影响力。但上述概念存在显见的矛盾：当代小说的总体特征到底是偏重内容（“后现代戏仿”）还是偏重形式（“元小说”“后现代拼贴”），抑或是兼而有之（“历史编纂元小说”）？实际上，这些概念有一个重要的交叉点——改写，而改写既可以针对前文本的内容也可以针对前文本的形式或兼而有之。本文提出具有先锋性和代表性的当代英美小说的共同特征是通过改写重新审视小说与真理之间的关系，这种对真理的内容的反思以及对小说本身作为真理叙事形式的自省，标志着小说作为求真叙事在当代发生的最根本的转变，而改写的具体形式是对真理的“删除保留”，即把前文本中的真理置于小说创作的核心地位，运用改写的方式为其画上删除线（真理），改写的结果是真理既被质疑也被保留甚至被凸显，目的是揭示前文本隐含的真理和前文本运用的真理叙事形式的不合理性、矛盾性、自我消解性、不稳定性。此种改写与20世纪60年代以来的后结构主义思潮一脉相承。

约翰·斯道雷是文化研究领域最具影响力的学者之一，其代表作《文化理论与大众文化导论》曾对中国的文化研究界产生了广泛而深远的影响。2019年，斯道雷出版了一部题为《激进乌托邦主义与文化研究：拒做现实主义者》的专著。在这本新书中，斯道雷不但从文化研究的视角，对“乌托邦主义”这个众说纷纭、充满争议的概念进行了深刻的考察，而且尝试面对当今世界的多重困局，建构一种“激进乌托邦主义”，以重新唤起文化研究的政治承诺。林品的论文着重探讨斯道雷是如何从拉康的理论中获取思想资源，借此重新激活左翼脉络的乌托邦主义的。他指出，在约翰·斯道雷提出的“激进乌托邦主义”理论主张中，包含两个关键要点，即“乌托邦式的陌生化”与“乌托邦欲望的生产”，而这两个要点又分别联系着拉康理论的两个重要问题——“现实”与“真实”的区分，以及“欲望”与“匮乏”的关系。那么，这种对于“激进”事件的设想，如何真正地转化为改造社会的切实行动？最为重要的启示也许就是：改造社会的政治事业的开展，不仅需要理论家的思想创见，不仅需要思想遗产的创造性转化，更有赖于思想与实践的有机互动，有赖于新的社会组织形式、社会实践路径的生成，有赖于那句涂鸦/格言所启示的——“求不可能之事”与“做现实主义者”的真正结合。⑨

叙事理论在中国取得了长足进展，作为叙事理论的核心概念之一，布思1961年提出的“隐含作者”在中国叙事研究界得到广泛关注，成为经久不衰的热门话题。申丹指出，中国学者对这一概念的认识超越了西方学者，通过在国际一流期刊发声，帮助纠正西方学者的错误理解，在西方学界产生了积极影响。我们首先需要了解布思为何会在当时的历史语境中提出“隐含作者”，认清其深层逻辑。然后考察：1.“隐含作者”在中国受到的批评，以此来看中西作者观各自的长处、局限性和互补性；2.“隐含作者”在中国得到的肯定、阐发和运用，以此来看这一概念的现实意义；3. 介绍中国学者的研究对西方学界的反向影响，并探讨如何增强中国外国文学研究的国际影响力。中国学者若从事外国文学研究，需要尽力扩大在国际学术界的影响。从理论研究来说，我们可以从两方面入手：一是发现西方学者在理论阐释上的偏误，抓住机会予以纠正。西方学者普遍误解了“隐含作者”，处于不同社会文化环境中的中国学者有的避免了误解，有的即便误读了布思的“创造”隐喻，其论述中也有可供西方学者借鉴之处。我们在向西方学界介绍中国学者的研究时，可注意扬长避短，重点介绍中国学者论述中的长处。此外，需要旗帜鲜明地剖析西方学者的错误阐释，指出正确的解读方式，以求减少不必要的批评争议，并看到相关概念当今的理论意义和应用价值。二是提出新的理论概念和研究模式。聂珍钊在西方发表了论文，系统阐述了“文学伦理学批评”的理论；申丹提出了“整体细读”“语境决定的反讽”“隐性进程”“双重叙事进程”等概念和模式。就作品阐释而言，我们要善于发现西方学者阐释中出现的偏误。不少西方学者戴着“进步”的有色眼镜来看凯特·肖邦的作品，将《黛西蕾的婴孩》阐释成反奴隶制的，或将《一小时的故事》阐释成女性主义的。如果我们借鉴布思对隐含作者的探讨，揭示出这些作品隐含作者的真正立场，并说明这些立场与肖邦生活经历（所谓“真实作者”）的关联，就能帮助推进西方的文学批评，并能很好地展示理论与批评的相互作用和相互促进。⑩

注：

①徐红霞：《自然、书籍和宗教——华兹华斯诗教理想的变与不变》，《国外文学》，2019 年第 2 期。

②李宛霖：《从“清白罪人”到“埃特里克牧羊人”——〈一个清白罪人的忏悔〉中的叙述与个人身份》，《国外文学》，2019 年第 1 期。

③叶伟：《〈被掩埋的巨人〉中他者的瓦解与构建》，《外国文学研究动态》，2019 年第 2 期。

④郭巍：《刘易斯和克拉克探险叙述与杰斐逊“自由帝国”空间生产》，《外国文学评论》，2019 年第 2 期。

⑤申丹：《“双重束缚理论”与坡的替身小说》，《外国文学研究》，2019 年第 5 期。

⑥杨卫东：《美国政治与男女之事——罗斯小说中的政治世界》，《外国文学研究动态》，2019 年第 2 期。

⑦安帅：《历史的棋局、空间的游戏——〈天秤星座〉中的隐性进程》，《外国文学研究》，2019 年第 1 期。

⑧沈非：《〈美国志〉中的形象与后现代那喀索斯》，《外国文学研究》，2019 年第 3 期。

⑨林品：《论斯道雷的“激进乌托邦主义”对拉康理论的吸收与转化》，《外国文学研究动态》，2019 年第 6 期。

⑩申丹：《“隐含作者”：中国的研究及对西方的影响》，《国外文学》，2019 年第 3 期。

（作者：丁林棚，北京大学副教授）

俄罗斯文学

赵桂莲　胡　颖

2019 年俄罗斯文学领域北京期刊和北京作者刊发的学术论文达 170 余篇，与往年相比，不仅数量上有了显著增长，总体而言学术性也值得肯定，此外，研究者展示学术成果的平台也拓展了不少。专著付梓了近 10 部，成绩可观，其中有作家作品专论，有主题研究，更多是文论研究。

一、古代及古典文学研究

刘雅悦的论文应当得到重点推荐，其研究的是几乎没有得到我国学术界关注的俄罗斯民间宗教弹唱诗歌《鸽书》，该民间作品的重要性正在于其东正教思想体系“有别于官方东正教”，在于其“民间性”，俄罗斯文学乃至文化呈现出的诸多独特性由此溯源会有不少发现。①

刘颖洁认为，《伊戈尔远征记》呈现了对罗斯共同体的想象，其想象策略一是靠妖魔化“他者”完成对“自我”和“他者”的定义与区分，二是通过想象罗斯人在时间层面共享一样的历史文化、在空间层面共享一样的地理景观构筑拥有相似思维方式和审美判断的共同体。②林精华③借助 19 世纪初的历史小说研究了俄罗斯民族的身份认同问题，认为该类小说不仅开启了俄罗斯人的身份认同，而且引领了之后的方向，只不过因为其多为通俗作品，并未引起文学史家的尊重。该作者的另一篇文章研究了俄罗斯的大众文学：大众文学与城市化紧密相关，因此俄罗斯的大众文学始于彼得一世时期，此外，大众文学与经典文学是互动关系，其中的不少作品影响力超过官方倡导的文学作品。徐乐的文章异曲同工，只不过其研究的是19世纪俄罗斯文学经典对西伯利亚的呈现和读者对西伯利亚的接受：俄国精英阶层不仅对吸纳西伯利亚进入俄罗斯文明空间达成共识，而且将其整合并呈现为一种有关世界秩序的神话，目的是激发俄罗斯民族改造自身性格、担负上天使命以领导世界的欲望。[4]研究苏联3位小说家作品的孙婷的文章放到这里总结，是因为该文与徐乐的文章形成了对照。有趣的是，西伯利亚在19世纪和20世纪的文学作品中呈现出如此不同的意义，该研究者认为，后者构建的是苏联文化空间中的西伯利亚“文学异托邦”，是在力求“去中心化”。[5]

为纪念普希金诞辰220周年，《俄罗斯文艺》2019年第3期在“符号学视域下的普希金”框架下发表了4篇论文，研究者分别运用雅各布森的诗性功能理论和结构主义神话诗学、洛特曼文化符号学理论等解读了普希金的诗歌和小说，深化并丰富了对诗人创作的理解。[6]中国外国文学学会俄罗斯文学研究会和黑龙江大学于2019年6月共同主办了“纪念普希金诞辰220周年”国际学术研讨会，与会代表的发言主要集中在普希金作品研究、影响研究与比较研究方面。吴允兵、吴晓都归纳总结了普希金诞辰100周年时俄罗斯侨民作者的评论文章，这些文章视角各异，观点不一而足，重点阐释了诗人个性中的俄国元素、西方因素、艺术天赋、政治观和精神世界。[7]吴晓都的另一篇文章研究的是布尔什维克确立普希金崇高地位的问题，作者指出，普希金的影响在旧俄晚期已经日渐式微，使其崇高地位重新得到确立的却是布尔什维克党的文化政策，而使其获得空前崇高地位的时期恰恰是斯大林时代，其原因之一是践行列宁的社会主义文化建设观念，借由普希金引导苏联人民更加完整地保护民族文化遗产，弘扬俄罗斯文化精神，其二是推举普希金的文化创作和语言遗产充当民族文化的精神黏合剂，凝聚全体民心，团结各方文化人士，为社会主义文化建设积聚力量。[8]朱建刚关注的现象正相反，是19世纪四五十年代果戈理成为文坛盟主而普希金败下阵来的原因。被研究者纳入视野的是辩论中败北的、极少引起重视的一方，即捍卫普希金的审美派和保守派，其研究显示，审美派捍卫普希金是立足艺术的永恒性而反对艺术功利主义，保守派捍卫普希金的本质是弘扬俄罗斯文化的独特性，力证俄国应摆脱西方文化影响，走上独立发展道路。[9]刘永红从“象似度”切入对普希金诗歌《致凯恩》意象图式、事件框架、语言表达的分析细腻深刻，对于认识何为好诗提供了一个切实可感的角度。[10]陈方阅读翻译牛津大学俄国文学教授安德鲁·卡恩主编的《剑桥普希金阅读指南》的感悟是：这部将俄国本土、欧美和俄国侨民的普希金学融为一体以及将诗人置于文学史和思想史语境中多角度阐释的著作呈现了多重“融合”，体现了各国学者的成功合作。[11]

耿波独树一帜，针对俄罗斯一系列文学作品提出了一个新概念：“多余人——索菲亚交织性人物形象”。“多余人”可以理解为失败的堕落者，“索菲亚”则是不离不弃的女性拯救者，在研究者看来，俄罗斯文学之所以会屡屡呈现出这一组形象，是与东正教的深远影响分不开的。[12]杨玉波的果戈理研究关注的是其创作与圣像艺术的关系：圣像不仅是作家描写的对象，而且常常是推动小说情节发展的重要因素，也是理解作家及其创作思想的钥匙。[13]刘洪波集中探讨了19—20世纪之交俄罗斯文学评论家勾画的果戈理“文学肖像”，这些肖像生动形象，或突出作家个体生命的某些特征，或揭示其心理或精神的某些特质，或展现其艺术创作和思想探索的某种姿态或趋向，对于深入把握作为人和作为艺术家的果戈理很有帮助。[14]宋胤男提供的也是该时期评论家看果戈理的视角，文章集中评述的是罗赞诺夫不断变化的果戈理观。[15]林精华对果戈理的“尴尬”原因做了这样的解释：该作家成为“俄罗斯文学经典”得益于俄罗斯知识分子对其俄罗斯化的阐释，“俄罗斯”具有的强大话语建构能力使任何类型的批评家论述他时都尽可能遮蔽其乌克兰身份，凸显其俄罗斯情怀，由此导致其乌克兰身份、尤其是晚期对乌克兰的诉求无法得到彰显。[16]陈新宇的果戈理研究有所突破，其突破点体现在通过医学视角挖掘泼留希金形象的特点和作家的创新，不过需要指出的是，从果戈理本人早衰、泼留希金丧妻分析该文学人物极端吝啬的原因是否窄化了其意义呢？[17]与该文同属心理学研究范畴的是王逸群研究《罪与罚》主人公杀人动机的文章，该文也可以被认定为犯罪学研究，角度不可谓不新，但却不得不说与作家的创作动机南辕北辙。[18]吴笛研究《从彼得堡到莫斯科旅行记》的角度也别出心裁，其关注的是该作品中的法学思想。[19]柏英研究屠格涅夫“初恋三部曲”中的“花语”，发现小说中不同的花具有暗示情节发展、表达作者态度的作用。[20]张建华的《父与子》研究着眼于其中的家庭、青春和代际鸿沟3个维度，强调其中潜藏着屠格涅夫超越社会和时代的人文关怀和伦理悲悯。[21]马洛丹集中探讨了俄罗斯的旅行文学、其生成的历史文化机制、独有的特点和规律，得出旅行写作涵盖了俄罗斯文化隐喻的结论。[22]彭甄叙事学角度的研究表明，《谁之罪?》中的非叙事性构成使其具有了“思想小说”的特质。[23]

张变革与俄罗斯《旗》杂志第一副主编、文学评论家娜塔莉娅·伊万诺娃的访谈录[24]让我们看到了陀思妥耶夫斯基创作历久弥新的价值。刘旭围绕三位一体性展开的《卡拉马佐夫兄弟》研究颇有深度，凸显出了该小说的核心主题，作者的研究表明，三位一体性使该小说在结构和思想上成为一个和谐的整体。[25]吴晓都在“俄罗斯文学的世界意义”的框架下发表的论文围绕陀思妥耶夫斯基对资本主义的态度问题追溯了苏联数位马克思主义文论家的评价，驳斥了西方文论在该问题上秉持的所谓作家态度“不偏不倚”的认识。诚然，陀氏否定资本主义，同时他也不认可改造了环境就可以解决人的问题。[26]向洁茹把陀氏的风景书写与俄罗斯独特的现代性追求结合起来予以考察，认为作家利用作品中的恐惧景观和神圣景观完成了对现代性的表征、反讽和反思。[27]万海松认为，研究《被侮辱与被损害的》中的浪子形象和浪子回头主题对于凸显该作品在陀思妥耶夫斯基创作道路上所具有的承前启后地位有价值，因为在这部作品中作家在竭力求得一种平衡：既彰显浪子的个性意识觉醒，又不偏离东正教根基。[28]程文强的研究聚焦于《地下室手记》中3种空间的隐喻，作者由此得出的结论并不新鲜，值得关注的是其研究角度，丰富了对该作品的解读空间。[29]侯朝阳的研究聚焦于一直以来屡被诟病的《罪与罚》的尾声部分，认为尾声与主体结构虽貌似分离但却暗合为一，其理由恰恰因为小说的中心事件是男主人公的精神复活。[30]在张磊看来，《白痴》中提出的“美拯救世界”的理念在陀氏的创作思想中一以贯之，同样体现在《卡拉马佐夫兄弟》之中，与其中的生活主题息息相关，是作家秉承传统文化记忆的生命意识与乌托邦历史观的艺术表达。[31]季明举同样以“美拯救世界”为论题，认为作家的这一美学宣言一方面依托的是东正教弥赛亚主义末日论，另一方面又具有深刻的俄罗斯民族文化叙事功能。[32]

吴琼比较研究了罗扎诺夫和列夫·托尔斯泰的宗教观，认为二者的“新宗教”思想虽然具有相似性，探讨的是相同的主题，但由于思维方式不同，得出的结论却往往是相反的。[33]唐可欣从“陌生化”角度展开的契诃夫戏剧的研究比较有新意，通过对剧作家作品中“花园”“远方”“对错”“神秘力量”等意象的分析，作者看到的是社会变革时期俄罗斯人的生存状态。[34]郑晔认为，契诃夫小说文本内和文本间情节结构的反复应引起研究者重视，前者深化作品主题，后者体现作家艺术世界的完整性。[35]

二、20—21 世纪文学研究

王宗琥的研究表明，俄罗斯先锋主义文学呈现的极端主义、虚无主义、矛盾性和不稳定性等是一种本土特色，很大程度上归因于俄罗斯民族文化传统、民族心理及其思维方式。[36]该研究者与张宇合著的论文作为个案重点关注了马雅可夫斯基在中国由片面到全面、由主观到客观、由单一到复合式的认知演变及其对中国诗歌创作的影响。[37]爱普施坦考察了先锋主义与宗教的关系，认为二者的特质看似矛盾，但实际上却存在着千丝万缕的联系：先锋主义既现代，同时又具有强烈的宗教性，它与圣愚类似，关注语言难以表达的东西，喜欢打破权威，反对偶像崇拜，把丑提升为美，否定社会公认的审美标准，故而观众与作品之间的“怀疑”只能通过信仰才能解决。[38]冯玉芝以马雅可夫斯基为个案的研究印证了一点：外在的编年史与内部的诗学阐释一成不变是文学史的两个基本构成部分，而俄罗斯现代文学恰恰反映了历史与文学融合衍生为新的民族文化的重要过程。[39]马丽娜以库普林的创作为切入点剖析了19—20世纪之交俄罗斯新现实主义内容和形式上的创新，其创新点在于淡化历史和政治立场，更加突出人性特点。该研究者以弗·索洛维约夫的索菲娅学说为理论指导论述象征派诗人勃洛克的文章让读者追溯诗人的创作本质有迹可循。[40]张煦的研究表明，俄国象征派诗人接受美国诗人爱伦·坡在很大程度上与重新确立个体内部及个体与世界的边界有关，究其根本，是以世界观领域的变革为主要目标的。[41]谢春艳以巴别尔为代表研究了被称为“南方文学”的“敖德萨流派”：该流派文学在审美上具有艺术对象地域化、语言方言化的特点，此外，神话色彩、狂欢化也是其重要风格。[42]李莎通过分析《魔法师》运用的“碎片化”“第一人称叙述”“元叙述”3种叙述手法透视茨维塔耶娃的伦理探索，认为该作对于认识诗人身份意识具有重要地位。该作者同时还从悲剧意识、权力意志和宗教反思3个方面研究了茨维塔耶娃《美少年》中的尼采主题，认为诗人的这部诗作是在尝试颠覆俄罗斯民间观念中的善恶标准。[43]王永、王思齐研究的是当代观念主义诗人普利戈夫的创作，作者认为，作为作家和艺术家，将普利戈夫诗歌创作和艺术创作结合起来进行研究，才能揭示出其诗的艺术性和艺术的诗性。[44]

张猛围绕作者和读者分析二战时期列宁格勒围困的文章填补了该领域研究的空白。[45]李重阳借助先例理论对苏联诗人奥库扎瓦诗歌的分析是比较新颖的尝试，具有借鉴性。[46]陈蔚的研究也关注了先例现象，以布宁的文本为语料研究了文化浅蕴辞的实践和理论价值。[47]赵燕分析了布宁小说《苏霍多尔》“作者形象”中蕴含的几个鲜明特点：童趣昂然、怀乡清切、善用色彩修饰语、对待农民的态度真挚而复杂。[48]列伊德尔曼和利波维茨基合作完成的研究《日瓦戈医生》的论文以“新艺术策略”为主题，这种新艺术策略就体现在作家通过“生命的奇迹”驳斥将当下的生活理解为“光明未来”的前提、以美好理想的名义对生命的自然进程施加暴力，在承认世界混乱状态的同时借助耶稣基督确定的道德原则为混乱的世界确定秩序。[49]汪磊、王加兴的专著《〈日瓦戈医生〉叙事特色与语言艺术研究》（北京大学出版社，2019年版）重点研究该小说的叙述方式、叙事语言和叙事中的互文，在此基础上探索了隐藏在文本之中的思想核心和精神内涵。

王丽丹指出，现实主义作家拉斯普京作品中呈现的“幻象”这类形而上成分发挥了以下作用：是作家与祖先交流的方式，是肯定传统价值的人民意识，是集体无意识的影射。[50]俄国学者波尔沙科娃研究该作家的角度是“文学记忆原型”，这些原型具体体现为上帝—世界—人、17世纪的教派分裂运动、乡村和城市等。[51]捷斯利亚借助白银时代宗教哲学家罗赞诺夫对“氏族”“性别”的认识也从记忆角度研究了拉斯普京的创作，只不过对于罗赞诺夫而言，“氏族”“性别”可以延续，而拉斯普京却讲述着“世代相传的东西”的终结。[52]傅星寰、陈石泽剖析的是索尔仁尼琴《第一圈》中“莫斯科文本”蕴含的意义：小说中由上中下3个政治空间构成的“莫斯科”是一个价值体系被完全颠倒了的世界，其中呈现的是作家对人的存在价值的思考和道德选择的探索。[53]杨正通过分析阿斯塔菲耶夫小说中用来界定体裁的副标题，发现这种界定反映的是作家的“体裁意识”，其中呈现的远非形式方面的意义，更承担着揭示作品主旨、引导读者阅读期待的重要功能，故而应对此给予足够的重视。[54]

刘旭以“记忆诗学”为切入点，从言语形象、历史记忆、人的信仰价值3个层面挖掘沙罗夫小说《返回埃及》深厚的历史、文化和宗教底蕴，总结出该小说的诗学特征具有多层次性和隐喻性的特点。[55]孙婷对该小说的界定是对俄罗斯历史的“重写”，按照摩西出埃及的情节被重写成“埃及”与“乐土”之间的巡回往返，作家由此揭示了俄罗斯历史的悲剧性。[56]唐可欣对乌利茨卡娅早期作品研究的结论是：在这一时期该女作家并非纯粹的女性主义者。该作者以“戏仿契诃夫”为主题研究了当代俄罗斯的后现代主义戏剧、新现实主义戏剧、通俗文学戏剧和“重写剧”，认为不同流派剧作家戏仿的做法各有目的，或是消解权威，或是否定历史，或是对当下人类精神状态不满。[57]梁真从象征意象的解构和重构、人物角色的重塑和再造、艺术精神的融会与重铸3个方面剖析了美国戏剧大师田纳西·威廉斯以契诃夫的《海鸥》为蓝本改编完成的《特里果林的笔记本》，作者不认为后者是戏仿之作，因为从本质上说，两部剧作蕴含的精神是相通的。[58]刘溪专门研究了在思想探索、美学理念、戏剧体制建设等方面具有突破性的“新戏剧”，得出其文化身份鲜明、艺术思潮史意义突出的结论。[59]王树福的关注点是中国舞台选择排演了哪些当代俄罗斯戏剧、选择动因及其呈现出来的各方博弈，该论文的理论和现实意义在于透过俄罗斯戏剧呈现中国文化视角。[60]侯玮红对最近几年的俄罗斯现象级文学作品《祖列依哈睁开了眼睛》的全方位解读让读者不由思考文学的本质，思考文学真实的力量和无穷的魅力究竟何在。[61]于明清整体分析了从古至今的俄罗斯生态文学，重点落在被具体划分为社会生态、自然生态、精神生态的20世纪文学，作者认为，与之前存在一定差异，该时期生态文学的主要特点是理性精神。[62]刘文霞的专著《俄国后现代主义小说论》（中国人民大学出版社，2019年版）既注重学理分析，又兼顾通俗性，可谓是雅俗共赏之作。

重要的学术会议除前文提到的纪念普希金诞辰220周年的国际研讨会以外还有3场：2019年7月由复旦大学外文学院、《俄罗斯文艺》编辑部主办的以“20—21世纪俄罗斯文学研究”为主题的第九届《俄罗斯文艺》国际学术论坛，2019年10月由中国外国文学学会俄罗斯研究分会、中国俄语教学研究会和安徽师范大学共同主办的“回顾与展望中俄文学70年”国际学术研讨会暨中国外国文学学会俄罗斯文学研究会分会，2019年11月由首都师范大学外国语学院、北京斯拉夫中心、俄罗斯文学研究会主办的“俄国文学的中国阐释”学术研讨会。

三、文学史、文学批评与文论研究

如何在俄罗斯文学研究中发出中国学者的声音，如何撰写中国自己的俄罗斯文学史，这类问题越来越引起学界的重视。立足于个人丰富的研究经验，刘亚丁认为，对话性不失为研究俄国文学、书写俄罗斯文学史有效的补充性角度：一方面，对话性可以沟通分离的、不同的文化元素；[63]另一方面，对话性能够打通不同时期文学的血脉联系。作为国家社科基金重大招标项目“多卷本俄国文学通史”的阶段性成果，刘文飞的文章在充分介绍其他国家俄国文学史特色的前提下勾勒出其主持撰写的文学通史的如下几个“中国特色”：体现中国学者的俄国文学史观；纳入有史以来中国学者的研究成果；适当加入俄国文学的中国接受史和中俄文学交流史方面的内容。[64]郑体武在总结已有成果短长的基础上也力求“写一部中国的俄罗斯诗歌通史”，文章在从何时开始写、如何分期、如何架构等方面分享了宝贵的经验。[65]刘宁的《跨文化俄苏文学访谈录》（中国大百科全书出版社，2019 年版）收录了作者 20 世纪 80 年代 4 次访苏时与诸多俄罗斯大师级学者的访谈，访谈涉及主题丰富，视野广阔，具有很高的学术性和史料价值。王鸿博对曾思艺教授的专著《俄罗斯诗歌研究》予以了充分的肯定，认为其突出贡献在于以世界文学为接受屏幕，综合运用多学科理论方法，以文献阅读和翻译实践为基础的立论扎实可靠，是对俄罗斯诗歌研究的拓展和对经典的重构。[66]王宁总结了文学批评家、文艺理论家钱中文多年以来的主要贡献：是巴赫金在中国的重要推手和首席批评家，对于新理性精神的理论多有建树和研究。[67]

田刚建、张政文合写的专著《当代俄罗斯大国重建中的文艺战略研究》（中国社会科学出版社，2019 年版）最值得肯定的价值是对中国建构文化战略的参考意义，该书考察到的俄罗斯高度关注文化安全的战略眼光、保护民族语言文学典范价值的基本观念、提升国民文化教育质量的改革态度理应引起我们的重视。

中国社会科学出版社在“20 世纪俄罗斯诗学流派研究”的总框架内于 2019 年 4 月集中推出了程正民担任主编的 6 部学术专著，即程正民的《巴赫金的诗学》、王志耕的《俄罗斯社会学诗学》、马晓辉的《俄罗斯历史诗学》、贾放的《普罗普的故事诗学》以及张冰的《俄罗斯形式主义诗学》和《洛特曼的结构诗学》，全方位地展示了中国学者对各诗学流派的研究成果和独到见解。

其他值得关注的研究成果有王志耕的杜勃罗留波夫研究、赵婷廷的俄罗斯侨民学者的民间文学研究、杨婷婷的梅列日科夫斯基研究以及凌建侯的巴赫金小说理论研究等。王志耕[68]指出，杜勃罗留波夫的文学批评虽然过分信赖文学作品的现实意义而忽略其艺术价值，但究其根本，这是在适应俄国社会转型时期的现实需求。杨婷婷总结了梅列日科夫斯基文学批评的特点，把其定义为“原型批评”。所谓“原型”，是指梅氏挖掘出的作家无意识深处固化下来的文化内涵，具体到屠格涅夫，这些文化内涵体现为“东西方综合”“永恒女性”“凡间基督”等。该研究者强调，认识梅氏的“原型批评”是正确理解其文学批评思想的钥匙。[69]赵婷廷的文章最值得关注的是其史料价值，丰富了对俄罗斯学界民间文学研究的认识。[70]朱涛指出，“大型”文学期刊与当代俄罗斯文学批评的关系应当被纳入关注视野，因为刊载在这些期刊中的评论文章兼具时效性、经典性、专业性和严肃性。[71]

注：

①刘雅悦：《民间东正教的“圣经”——俄罗斯宗教弹唱诗歌〈鸽书〉的结构与思想分析》，《俄罗斯研究》，2019 年第 4 期。

②刘颖洁：《罗斯共同体的想象策略——以〈伊戈尔远征记〉为例》，《俄罗斯文艺》，2019 年第 1 期。

③林精华：《俄罗斯认同始于何时何处？——欧洲浪漫主义运动俄国化的文学表现》，《俄罗斯学刊》，2019 年第 9 卷总第 49 期；《大众文学在俄国的起源和发展考》，《俄罗斯研究》，2019 年第 4 期。

④徐乐：《19 世纪俄国文学经典与西伯利亚——兼论西伯利亚的民族性与世界性意义》，《文学与探索》，2019 年第 10 期。

⑤孙婷：《苏联乡村小说中的西伯利亚异质空间——以阿斯塔菲耶夫、拉斯普京和舒克申作品为例》，《俄罗斯文艺》，2019 年第 1 期。

⑥王新朋、王永祥：《雅各布森诗学视域下的普希金作品分析》；孔朝晖：《〈黑桃皇后〉的符号学解读》；谢新媛、康澄：《洛特曼对〈黑桃皇后〉中“纸牌”的符号学阐释》；支冉、赵利娟：《普希金研究的动向·视角与方法——基于 CNKI 与 WEB OF SCIENCE 数据库》。

⑦吴允兵、吴晓都：《1937 年俄国侨民界论普希金——纪念普希金诞辰 220 周年》，《外国文学》，2019 年第 5 期。

⑧吴晓都:《布尔什维克与普希金崇高地位之确立——纪念普希金诞辰220周年》,《文艺理论与批评》,2019年第3期。

⑨朱建刚:《捍卫普希金——从审美派及保守派的视角》,《中国俄语教学》,2019年第38卷第3期。

⑩刘永红:《普希金名作〈致凯恩〉的艺术象似度分析》,《俄罗斯文艺》,2019年第2期。

⑪陈方:《融合的普希金学》,《俄罗斯文艺》,2019年第3期。

⑫耿波:《长篇小说中的交织性人物形象诗学》,《中国政法大学学报》,2019年第2期。

⑬杨玉波:《果戈理创作中的圣像艺术——以小说〈肖像〉为例》,《俄罗斯文艺》,2019年第1期。

⑭刘洪波:《白银时代的几幅果戈理文学肖像》,《中国俄语教学》,2019年第38卷第1期。

⑮宋胤男:《一生爱恨纠缠:瓦·罗赞诺夫评果戈理》,《中国俄语教学》,2019年第38卷第2期。

⑯林精华:《果戈理的尴尬:“乌克兰作家”或“俄罗斯文学”?》,《外国文学评论》,2019年第3期。

⑰陈新宇:《从泼留希金的形象看果戈理的创新》,《俄罗斯文艺》,2019年第1期。

⑱王逸群:《拉斯柯尔尼科夫的杀人动因——基于舍勒“怨恨”说的考察》,《俄罗斯文艺》,2019年第4期。

⑲吴笛:《论拉吉舍夫作品中的法律书写》,《俄罗斯文艺》,2019年第4期。

⑳柏英:《屠格涅夫爱情小说〈阿霞〉、〈初恋〉、〈春潮〉中的“花语”》,《俄语学习》,2019年第4期。

㉑张建华:《家庭、青春、代际鸿沟——屠格涅夫长篇小说〈父与子〉的三个维度》,《中国俄语教学》,2019年第38卷第3期。

㉒马洛丹:《“在路上”:俄国经典文学中的旅行写作探究》,《外国文学动态研究》,2019年第3期。

㉓彭甄:《赫尔岑长篇小〈谁之罪?〉的非叙事性构成及其功能》,《中国俄语教学》,2019年第38卷第4期。

㉔张变革:《陀思妥耶夫斯基与俄罗斯当代文学》,《俄罗斯文艺》,2019年第2期。

㉕刘旭:《〈卡拉马佐夫兄弟〉中三位一体性的关联性研究》,《中国俄语教学》,2019年第38卷第2期。

㉖吴晓都:《马克思主义文论视野下的陀思妥耶夫斯基》,《学习与探索》,2019年第10期。

㉗向洁茹:《作为隐喻的风景——陀思妥耶夫斯基的风景书写与现代性》,《俄罗斯文艺》,2019年第2期。

㉘万海松:《〈被侮辱与被损害的〉的浪子回头主题与东正教人道主义思想》,《外语与外语教学》,2019年第4期。

㉙程文强:《人的“大写”与“小写”——〈地下室手记〉中的空间隐喻》,《现代交际》,2019年第17期。

㉚侯朝阳:《〈罪与罚〉尾声的诗学问题》,《俄罗斯文艺》,2019年第3期。

㉛张磊:《“美拯救世界”:兼论〈卡拉马佐夫兄弟〉的生活主题》,《俄罗斯文艺》,2019年第4期。

㉜季明举:《“美拯救世界”——陀思妥耶夫斯基的审美人道主义》,《俄罗斯文艺》,2019年第4期。

㉝吴琼:《俄罗斯罗扎诺夫与列夫·托尔斯泰的“新宗教”思想研究》,《世界宗教文化》,2019年第1期。

㉞唐可欣:《契诃夫戏剧中的“陌生化”意象》,《凯里学院学报》,2019年第37卷第2期。

㉟郑晔:《论契诃夫小说中情节结构的反复》,《俄语学习》,2019年第1期。

㊱王宗琥:《俄罗斯先锋主义的本土特色》,《俄罗斯文艺》,2019年第4期。

㊲张宇、王宗琥:《马雅可夫斯基在中国的接受与影响》,《中国俄语教学》,2019年第38卷第4期。

㊳爱普施坦:《先锋主义与宗教》,《俄罗斯文艺》,2019年第4期。

㊴冯玉芝:《历史图景中的诗学认知——以马雅可夫斯基为例》,《俄语学习》,2019年第3期。

㊵马丽娜:《新现实主义视角下库普林创作研究》,《绥化学院学报》,2019年第39卷第9期;《索洛维约夫索菲娅学说视角下的〈美妇人集〉时空特点探析》,《西伯利亚研究》,2019年第46卷第1期。

㊶张煦:《俄国象征派视域中的爱伦·坡》,《俄罗斯文艺》,2019年第2期。

㊷谢春艳:《巴别尔与“敖德萨流派”》,《俄罗斯文艺》,2019年第1期。

㊸李莎:《诗人的诞生:茨维塔耶娃长诗〈魔法师〉的叙述风格与伦理探索》,《俄罗斯文艺》,2019年第3期;《茨维塔耶娃长诗〈美少年〉中的尼采主题》,《中国俄语教学》,2019年第38卷第3期。

㊹王永、王思齐:《当代文学经典的艺术表

现——评俄罗斯观念主义诗人普利戈夫》，《俄罗斯文艺》，2019 年第 4 期。

㊺张猛：《讲述灾难的方式：列宁格勒大围困诗歌研究》，《国际比较文学》，2019 年第 2 卷第 4 期。

㊻李重阳：《奥库扎瓦〈葡萄籽〉中的文学先例现象探析》，《名作欣赏》，2019 年第 24 期。

㊼陈蔚：《文化浅蕴辞及其在文学文本中的体现——以伊万·布宁作品为例》，《俄语学习》，2019 年第 3 期。

㊽赵燕：《布宁小说〈苏霍多尔〉中的“作者形象”分析》，《俄语学习》，2019 年第 5 期。

㊾列伊德尔曼、利波维茨基：《新艺术策略的形成：论〈日瓦戈医生〉》，《俄罗斯文艺》，2019 年第 3 期。

㊿王丽丹：《超验感悟与精神之旅——拉斯普京“幻象”的思想意义与艺术价值》，《俄罗斯文艺》，2019 年第 1 期。

51波尔沙科娃：《记忆的真实：论拉斯普京的散文》，《俄罗斯文艺》，2019 年第 1 期。

52捷斯利亚：《罗赞诺夫视野下的瓦连京·拉斯普京》，《俄罗斯文艺》，2019 年第 1 期。

53傅星寰、陈石泽：《〈第一圈〉中“颠倒的”莫斯科》，《俄罗斯文艺》，2019 年第 2 期。

54杨正：《论阿斯塔菲耶夫小说创作的体裁意识》，《俄罗斯文艺》，2019 年第 3 期。

55刘旭：《沙罗夫小说〈返回埃及〉的记忆诗学与果戈理传统》，《外国文学动态研究》，2019 年第 2 期。

56孙婷：《〈返回埃及〉：重写的历史》，《中国俄语教学》，2019 年第 38 卷第 1 期。

57唐可欣：《乌利茨卡娅早期作品人物塑造模式中的男性视角》，《海南师范大学学报（社会科学版）》，2019 年第 2 期；《俄罗斯当代“戏仿契诃夫”戏剧的情节架构》，《徐州工程学院学报（社会科学版）》，2019 年第 3 期。

58梁真：《田纳西·威廉斯对〈海鸥〉的再创作》，《俄罗斯文艺》，2019 年第 3 期。

59刘溪：《当代俄罗斯“新戏剧”概念、风格与特性考析》，《俄罗斯文艺》，2019 年第 2 期。

60王树福：《当代俄罗斯戏剧在中国的舞台阐释》，《俄罗斯文艺》，2019 年第 2 期。

61侯玮红：《人工智能时代的灵魂之书——评当代俄罗斯长篇小说〈祖列依哈睁开了眼睛〉》，《东吴学术》，2019 年第 6 期。

62于明清：《俄罗斯生态文学发展态势及其三维构成》，《河北学刊》，2019 年第 39 卷第 6 期。

63刘亚丁：《对话性：研究俄国文学的一种有效角度》，《首都师范大学学报（社会科学版）》，2019 年第 2 期。

64刘文飞：《有中国特色的〈俄国文学通史〉：构想与可能》，《首都师范大学学报（社会科学版）》，2019 年第 2 期。

65郑体武：《写一部中国的俄罗斯诗歌通史》，《俄罗斯文艺》，2019 年第 1 期。

66王鸿博：《研究拓展与经典重构——评〈俄罗斯诗歌研究〉》，《俄罗斯文艺》，2019 年第 3 期。

67王宁：《钱中文的俄苏文学和文论批评》，《中国文学批评》，2019 年第 3 期。

68王志耕：《杜勃罗留波夫：文学社会学批评的现实之维》，《首都师范大学学报（社会科学版）》，2019 年第 2 期。

69杨婷婷：《梅列日科夫斯基的原型批评——以屠格涅夫为例》，《俄罗斯文艺》，2019 年第 1 期。

70赵婷廷：《20 世纪二三十年代的俄罗斯侨民民间文艺学研究》，《俄罗斯文艺》，2019 年第 1 期。

71朱涛：《“大型”文学期刊与当代俄罗斯文学批评关系研究综述》，《外国文学动态研究》，2019 年第 3 期。

（作者：赵桂莲，北京大学教授；胡颖，北京大学博士生）

管 理 学

工商管理学

王永贵 史梦婷

2019年，管理科学问题与管理实践难题方面的研究取得了较大进展，不仅丰富了工商管理的相关理论，而且也对组织的管理实践提供了有效指引。本文主要以2019年度北京学者发表在12种中文权威学术期刊上的工商管理学科代表性论文为基础，结合在北京举办的工商管理学科的重要学术会议，从企业管理、会计与财务管理、技术经济与管理、旅游管理4个方面对相关研究成果进行了梳理和归纳，并指明了未来的重点研究方向。其中，本文所选取的这12种期刊分别是《管理世界》《管理科学学报》《南开管理评论》《科研管理》《经济管理》《经济与管理研究》《外国经济与管理》《会计研究》《中国软科学》《中国工业经济》《技术经济》《旅游管理》，它们分别涵盖了工商管理一级学科下面的企业管理（含市场营销、人力资源管理和财务管理）、会计学、技术经济与管理、旅游管理4个二级学科。

一、企业管理学科的相关研究

在企业管理领域，北京地区的专家和学者于2019年重点围绕管理理论与方法、市场营销与电子商务、组织与人力资源管理以及创新与创业管理等领域展开了深入研究和探索。

1. 管理理论与方法

2019年恰逢新中国成立70周年，专家和学者们在管理理论与方法的研究上取得了诸多高质量成果。

（1）研究现状

北京地区的专家与学者们立足于本土企业，从企业管理实践出发，将中华民族优秀传统文化、管理思想融入现代管理理论与方法体系当中，提出了富有原创性的，具有中国特色和传统文化内涵的管理理论，丰富了中国企业管理学的理论体系。例如，陈劲和吴庆前基于四个自信，从传统思维方式、传统理念与信仰、传统组织与制度、传统器物与科技等方面深入挖掘了中华传统文化的创新因素和创新价值，并指出：在理念和信仰方面，中华传统的人性论和人格境界说是对当代西方管理理论和领导力理论的突破和升华[①]。同时，学者们在对现有理论进行拓展方面也取得了重要进展。例如，陶秋燕和高腾飞在阐述社会创新研究源起与概念的基础上，从影响因素、作用机制、边界条件和影响效果4个方面提炼出了整合式社会创新理论框架，推动了国内社会创新研究与国际前沿的接轨[②]；在“一带一路”背景下，祝继高等学者整合多个视角，构建了中央企业履行社会责任的理论框架，进一步理清了内外部因素对战略性和反应性社会责任的作用机制[③]；吕文晶、陈劲和刘进则着眼于中国企业的管理实践问题，构建了极具特色的商业模式，如工业互联网的智能制造模式——“海尔集团COSMO平台”[④-⑤]。诸如此类的管理理论与商业模式的创新，推动了中国企业的转型升级。而且，王永贵和李霞在对我国管理学研究进行回顾、总结和梳理的基础上，提出了面向新时代创新发展中国特色企业管理学的目标，并提出了有价值的管理学研究方向[⑥]。

（2）不足与展望

在充分认识到管理理论与方法方面取得研究成就的同时，王永贵和毛基业等学者也反思了亟须改进之处，这主要体现在：理论依然在一定程度上脱离实践、为了本土化而本土化、把实践现象与理论简单地糅合在一起、生搬硬套西方管理学理论而未有实质性突破、对理论的研究有待深入等[⑥-⑦]。例如，王永贵指出，在根植中国大地来构建中国管理理论与方法体系方面，尚存在较大的提升空间[⑥]；毛基业和苏芳指出，国内对质性研究的科学哲学基础认识还相对薄弱，存在不同范式的质性研究之间错配的问题[⑦]；肖红军等人指出，未来要深化公益企业成长理论和实证研究，探索本土化的公益企业的评价认知体系[⑧]。

李克强总理于2019年9月2日主持召开了国家杰出青年科学基金工作座谈会。他强调：“基础研究决定一个国家科技创新的深度和广度，‘卡脖子’问题根子在基础研究薄弱。”显然，这同样适用于工商管理学科，我们需要高度重视基础理论并从事扎实的基础研究。在中国社会科学院学部委员金碚研究员发起成立的“经济学管理学中国学派研究 60 人论坛”上，以中央民族大学李曦辉教授、中国人民大学毛基业教授、首都经济贸易大学王永贵教授等为代表的多名学者出席并发表演讲，这是发出中国声音、塑造中国话语体系的良好开端，是中国学术体系建设的一种创新[9]。在未来，工商管理学要继续立足中国现实，中国人民大学伊志宏教授强调要遵循学术发展规律创新管理理论，构建中国管理学术话语体系[10]。无独有偶，首都经济贸易大学王永贵教授等人在《人民日报》发表论文指出：从研究对象看，应聚焦国内本土企业，重心放在中国企业如何进行管理以及谋求发展方面；从研究选题看，紧密联系国家及社会需求，重点关注中国现实意义和前沿性的核心问题；从研究内容看，重点关注中国企业实践中的特殊元素，探索具有中国特色的企业管理学概念，梳理概念之间的逻辑关系；从研究情景看，根植于中国企业管理实践的特殊视角或情景，并对现象进行深入剖析和阐述；从研究方法看，坚持辩证唯物主义和历史唯物主义的方法论，吸收借鉴西方现代管理学的研究方法，提高管理学研究结果的可靠性和可操作性，进一步巩固学术研究的合法性[6]。

2. 市场营销与电子商务

（1）研究现状

市场营销研究源于企业营销活动和顾客行为的现实问题，并运用科学研究方法实现理论构建和理论检验，研究领域主要包括消费者行为学、营销战略与 4Ps（产品、定价、渠道、促销）、服务营销与服务管理、关系营销与客户关系管理、品牌管理、整合营销沟通、定制化战略、互联网营销与电子商务以及精准营销与顾客资产管理等领域[11]。目前，中国的市场营销在经过经济增长动能转换之后已经进入到创新发展阶段[11]。而且，伴随着互联网的普及和迅猛发展，传统营销环境正在持续地发生变化，市场营销所包含的内容也更加丰富，与消费者的接触互动模式也在不断推陈出新，顾客的个性化需求与偏好得到了普遍关注。相应地，移动电子商务与互联网相关的营销实践与理论创新也得到了前所未有的关注。

在市场营销和电子商务的研究中，呈现出逐渐从“以产品为中心”向“以客户为中心”转变的明显趋势。具体来看，主要包括以下 4 个方面的研究：①有关消费者相关的研究。在这方面，主要涉及消费者行为[12]、消费者口碑[13]和消费者决策[14-15]有关的研究，它们探讨了消费者需求、购买行为、购买决策的演变等。例如，在消费者口碑的研究中，电子商务学科尤其注重消费者在线评价的相关研究[13]；在消费者决策的研究中，钱明辉和徐志轩基于机器学习算法开发出了针对个体消费者品牌决策偏好的即时识别模型，并发现机器学习算法模型的性能比传统识别方法更能够准确地识别消费者的品牌决策偏好，大大提高精准营销的效率[15]。同时，有关消费者的研究还关注了顾客参与问题[16-18]。例如，北京第二外国语大学马双博士研究了顾客参与带来的协调复杂性并发现企业内外部异质性特点会强化或弱化顾客参与的影响效应[16]；陶晓波等学者研究了顾客参与对新产品开发绩效的影响机理[17]；中国人民大学刘凤军教授等基于顾客责任归因视角，采用 5 个实验设计分析了事前补救类型与顾客参与度的匹配对补救绩效和顾客购买意愿的影响[18]。②有关国际营销与创新管理的研究。例如，首都经济贸易大学王永贵教授和华侨大学王娜博士依据资源依赖理论，探讨了逆向创新对子公司权力产生影响的认同效应和竞争效应，他们发现：逆向创新对子公司权力有显著的正向影响，母子公司创新整合正向调节逆向创新与子公司权力之间的关系，子公司权力进一步对当地公民行为产生显著的积极影响，政治关联在上述二者之间的关系中扮演了正向的调节作用[19]。③有关营销模式与营销创新的研究。在这方面，学者们先是关注营销策略及营销理念等问题，随后则进一步拓展到了体验营销、数字化营销[13]和新零售[20]等领域。例如，在新零售研究方面，刘向东等学者探讨了数字经济时代连锁零售商的空间扩张与竞争机制创新，为传统企业的转型升级乃至整个流通产业的高质量发展提供对策建议[20]。④有关移动电子商务和网络平台的研究。例如，张辰和田琼以在线旅游服务提供商（OTA）参与的市场为背景，研究了航空公司对在线直销与分销渠道的选择和最优定价问题[21]。邬文兵和张明玉等学者基于技术接受模型，引入了“感知安全”变量，构建了司机对共享物流平台的持续使用意愿模型。他们发现：共享物流平台提供的信息管理、平台培训和支付管理分别通过影响司机的感知有用性、感知易用性和感知安全，提升了司机的持续使用意愿。[22]

2019 年 3 月 16 日，市场营销学科领域重要会议——“第三届营销科学与创新国际会议暨 Journal of International Marketing 全球营销与管理专辑工作坊”（MSI 2019）在北京如期召开，会议主题为“新时代背景下的国际商务、消费者行为与创新管理研究——基于中国的经验探索”，来自该领域国际与国内顶级和权威期刊的主编和教授们作了主题发言，并分别进行了国际期刊主编面对面和国内期刊主编面对面等学术活动，共有500多位来自于国内外的营销学者和博士研究生重点围绕消费者相关主题、国际营销主题、营销模式与营销创新主题展开了研讨。

（2）不足与展望

在信息爆炸的时代，数字技术使消费者能够获得更大范围的产品或服务选择。与此同时，消费者为获取更多的个性化服务也暴露了大量的有关自身数字行为的数据。结果，数据隐私逐渐成为社会经济稳定发展中的新挑战[11]，但这方面的理论研究明显滞后于实践发展的需要。在未来，有必要加强与消费者隐私关注相关的研究[11]。同时，在未来的研究中，一方面要密切关注新技术所带来的营销环境变革、商业模式创新和企业竞合新动态；另一方面也要密切关注大数据和互联网情境下的消费者需求及其行为机理的研究[23]。

3. 组织与人力资源管理

（1）研究现状

组织与人力资源是理解、预测和改变在组织情景中发生的人类行为的研究，它更聚焦管理学中的研究对象——“人”[24-26]。其中，这里的“人”既可以是个体，也可以是群体。一般而言，组织中的“人”既是具有独立思想和主观能动性的个体，又是组织群体中的一员。

综合来看，北京地区的专家与学者主要围绕以下几个方面展开了相关研究：①有关领导类型的研究。在这方面，主要涉及变革型[24-25]、授权型[26]及其他类型领导的研究[27-29]，并主要围绕领导风格的作用机理和影响效果等加以展开。其中，代表性研究包括首都经济贸易大学黄苏萍等学者基于情景实验法的研究。他们研究了企业家权威型与仁慈型两种领导风格与消费者产品质量感知的关系。他们发现：企业家有风格胜于没风格，而且‘外显霹雳手段，内隐菩萨心肠’的企业家会更有助于提升消费者产品质量感知[29]。②有关员工、团队和组织的研究，主要包括以下两个方面：一是有关员工[30-31]、团队、组织[32-33]三层面的绩效作用机制问题的研究。例如，首都经济贸易大学高中华等学者研究了交互视角下知识分享报酬的影响机制[31]；陈梦媛研究了组织政治氛围与组织绩效的关系[32]。二是有关员工行为[34]与员工职业发展[35-36]、工作场所无礼行为[37]与工作强化[38]、组织活动[39]与组织形态演进[40]等方面的研究。例如，在工作强化的研究中，赵慧军和王娟娟采用归纳和演绎相结合的方法，参考国外关于工作强化的结构维度和测量方面的研究成果，开发并检验了中国情境下的工作强化量表——包含工作强度增加和工作时间延长两个维度，与西方的测量量表存在一定的差异[38]。在组织形态演进的研究方面，李海舰和李燕以时代变化为主线，梳理了新中国成立以来中国企业组织形态的演进路线——分别是传统企业形态—实体型组织、新型企业形态—虚拟型组织、现代企业形态—智慧型组织、未来企业形态—共生型组织[40]。③有关人力资源管理实践创新的研究。例如，谢克海基于实践层面的人力资源战略管理决策，创新性地提出了清晰区分企业人才的“361 体系”，即 360+1 体系。其中，360 代表 360 度评价方法，1 代表 360 度评价之后的一次圆桌会议。该体系在清晰区分企业人才的逻辑和流程方面，发挥着非常重要的作用[41]。

此外，主题为“新挑战 · 新机遇 · 新征程：中国人力资源管理的特色与发展”的第八届中国人力资源管理论坛也成功召开，学者们探讨了当前多元文化背景下中国人力资源研究和实践的重大问题。

（2）不足与展望

伴随着技术的进步与工作环境的变化，该领域在领导类型与领导的动态过程、工业机器人与员工的关系、中国情境下有关量表的设计与开发以及基于中国本土的人力资源理论的构建等方面还有很大的提升空间。因此，未来组织与人力资源的研究需要进一步拓展研究视角，并重点在以下几个方面实现突破：①持续关注领导类型、领导活动的动态过程及其影响机制，并深入开展跨学科研究，运用多种方法收集样本以提升相关研究的解释力和结果的稳健性。例如，黄苏萍等作者指出，未来可以继续研究不同企业家领导风格对产品质量感知的影响以及产生影响的具体机制[29]。②关注技术对员工管理的影响。随着工业机器人在企业的大量使用，工业机器人对传统单调、重复、低端的替代作用将进一步增强，未来需要关注工业机器人对员工招聘、员工培训和薪酬管理等方面的影响[36]。③拓展基于中国情境的研究，即构建中国情境下的组织与人力资源理论。例如，在中国情境下深入研究工作强化的前因和后效，进一步寻找缓解员工对工作强化的感知及其负性情绪和行为的措施，完善员工管理的相关理论等[38]。

4. 创新与创业管理

（1）研究现状

伴随着全球范围内新经济和新技术的发展，创新创业也逐渐成为管理研究的重要议题。在创新管理方面，北京地区的学者主要聚焦以下几个方面的研究主题：①有关知识产权的研究。例如，肖冰等学者揭示了知识产权司法保护与企业创新活动之间的互动机制[42]。②有关企业创新投资的研究。例如，孙艳梅、郭敏等学者利用国内上市公司 2007—2014 年的创新投资数据，从崩盘风险的视角，探究企业风险承担行为对金融市场的影响及其机制，研究结果表明：企业创新性投资活动可以缓解信息不对称和代理冲突，降低企业风险承担及股价崩盘风险的正向关系[43]。③有关创新能力的研究。在这方面，主要包括围绕企业创新能力[44]、行业创新能力[45]、国家创新能力[46]展开的研究。例如，从整个创新链的视角，冯泽、陈凯华和戴小勇研究了有关税收优惠政策与企业创新能力的关系，既肯定了我国研发费用加计扣除政策，又为政府制定创新政策、进行政策激励提供了新的视角[44]；唐孝文等学者通过对影响北京现代制造业的创新能力的因素进行分析后发现，科研经费及科技人才投入是创新能力提升的关键因素[45]；朱兰探究了国家创新能力对经济增长的影响并发现：国家创新能力对经济增长具有显著的门槛效应，而且其作用取决于经济体的所处的收入阶段和拥有的要素禀赋[46]。

在创业管理研究方面，北京地区的专家和学者主要关注以下两个方面的研究：①有关创业者特质的研究。例如，清华大学李纪珍教授等学者探讨了女性创业者合法性的构建与重塑过程[47]。②有关创业企业商业模式的研究。例如，中国人民大学王凤彬教授等基于海尔向平台组织转型的嵌入式案例研究，探讨了超模块平台组织结构与客制化创业支持，丰富和发展了平台组织理论，为传统制造业企业向平台型企业转型提供借鉴[48]；冯海红和曲婉探究了不同社会网络对众创空间的创业模式的影响[49]；纪雪洪则研究了创业企业商业模式调整机制中的直接动因、调整过程与主要模式[50]。

2019 年 8 月 22—23 日，第六届全球创新创业会议在北京召开，会议以“新全球化时代的创新创业模式：中国与世界”为主题，围绕新全球化时代的创新驱动发展、新时代创新创业趋势与模式、科技创新创业的过去与未来等议题展开了研讨。

（2）不足与展望

在该领域，现有研究的不足主要体现在：关于 UCVA 时代（不确定性、复杂性、动荡性、模糊性）的创业理论研究较少，对于商业模式创新的研究深度还远远不够。在未来，需要充分关注 UCVA 时代对创业的影响，并拓展创业决策机制、创业生态以及独特本土化创业理论的研究；在商业模式创新研究方面，鉴于初创企业的商业模式创新与既有企业显著不同，未来需要展开专门的研究。而且，影响商业模式创新的因素有很多，如管理者认知、商业模式验证结果、创业者的个人特征、风险投资结构、供应商、政府等相关利益者等因素，未来有必要探讨上述因素的差异性影响及其边界条件。

二、会计与财务管理的相关研究

在会计与财务管理的研究方面，会计、财务、审计和治国理政、内部控制与公司治理是 2019 年北京地区专家学者主要探讨和研究的内容。

1. 会计、财务、审计和治国理政

（1）研究现状

在会计、财务、审计和治国理政方面，北京学者们的相关研究主要集中在以下几个方面：①有关会计的研究，主要围绕会计学的学科性质[51]、会计改革[52-53]等主题加以展开。例如，首都经济贸易大学栾甫贵认为，会计提供相关经济信息，是经济管理的重要组成部分[51]；王世定提出会计改革要服从经济改革的大局[52]；刘尚希对会计改革展开了研究并指出，会计改革可以推动政治文明建设：通过实施政府会计改革和建设政府会计准则制度，会计可以反映政府收支和行政运行情况，这有利于提高政府透明度、完善政府治理、建设服务型政府，进而推动国家治理体系现代化建设[53]。②有关财务管理的研究，有学者构建了基于中国情境的上市公司财务状况质量分析的理论框架和评价体系[54]。③有关审计的研究，学者们主要围绕审计质量展开了相关研究[55-59]。例如，程丽华提出大力提升审计质量是提高经济信息质量、执行财经法规和维护市场秩序的重要制度安排，可以有效防范化解风险并服务经济社会发展[55]；程璐等学者研究了区域会计师事务所数量对审计质量的影响[59]。④有关治国理政的研究。在这方面，郭庆旺提出：制定财政整顿策略、实行税收支出预算、推进财政收入体系现代化措施，以确保减税降费政策落地生根、防范财政风险、保证财政健康发展、深化财政改革和加快建设现代财政制度[60]。

（2）不足与展望

在该领域，也存在着一定的不足和值得进一步研究的问题，首先表现在我国国际会计准则体系的话语权与经济体量不匹配，尚未构建起统一高效的会计监管平台以及与现代企业制度相适应的监管框架；其次，表现在缺少数字背景下有关会计和审计的研究；最后，表现在深化国企财务制度改革及发展趋势的研究。在未来，学者可以在以下3个方面继续进行深入研究：首先，要围绕国际会计准则体系展开深入研究，积极为制定国际会计准则做出中国贡献[59]，并强化有关会计监管平台和监管框架的研究与探讨[61]；其次，学者们需要充分关注大数据、区块链技术对会计和审计等方面的影响，尤其是关注数字背景下会计与审计技术、方法与模式的发展以及创新管理模式和组织方式的研究[62]；最后，在国企财务制度改革及发展趋势方面，要密切关注财务管理体制、财务运行机制、财务变革对象、财务管理重心等方面的变化及其影响[63]。

2. 内部控制与公司治理

（1）研究现状

北京地区的学者有关内部控制的研究，主要表现在以下两个方面：①有关内部控制与企业创新的研究，如有学者实证检验了内部控制在企业创新中的作用机理[64]。②有关企业风险的研究。有学者研究了税收规避、内部控制与企业风险之间的关系[65]。在公司治理研究中，北京地区的学者研究主题集中在以下3个方面：①有关内部治理的研究，主要围绕董事会治理[66-69]、高管治理[70-71]、党组织治理[72]等加以展开。例如，郑志刚通过研究超额委派董事、大股东机会主义与董事投票行为发现：实际控制人超额委派董事这种现象的存在往往会对董事以投非赞成票方式履行监督职责造成严重干扰[66]。张任之针对国有企业高管腐败现象，从股权结构和治理结构两个维度考察非国有股东参与国有企业治理对高管腐败的影响，进一步分析了国有企业行政层级和行业竞争程度对上述效果的调节作用[71]。王舒扬等学者通过实证研究，探讨了民营企业党组织治理参与对企业绿色环保投资的影响。他们发现：民营企业党组织的公司治理参与显著促进企业进行绿色环保投资，而环境规制则可以进一步增强党组织治理参与对企业环保投资行为产生的正向影响[72]。②有关外部治理的研究，主要围绕利益相关者治理[73]、信息披露[74]、外部监管[75]等方面加以展开。例如，刘艳霞等学者围绕管理者自信与投资效率进行了研究。他们发现：管理者自信通过促进过度投资与投资不足而降低投资效率[73]。伊志宏教授等研究了分析师研究报告负面信息披露对股价暴跌风险的影响[74]。申丹琳研究了社会信任对企业风险承担的影响[75]。③有关国有企业混合所有制改革的研究，主要围绕改革模式[76]与路径[77]加以展开。例如，沈昊和杨梅英教授以招商银行为例，研究了国有企业混合所有制改革模式和公司治理。他们发现：混改引入非公股东的类型与时机对公司业绩和公司治理有较大影响，国有控股的治理模式不一定会带来低效率，重点是要真正让市场在资源配置中起决定性作用[76]。北京师范大学戚聿东和中国社会科学院张任之基于整体设计与路径协调的视角，探究了新时代国有企业改革再出发的问题。他们发现：竞争模式改革和运营模式改革相对容易，而产权模式改革和治理模式改革次之，价格和规制模式改革则最为复杂[77]。

2019年9月21日，“中国会计学会内部控制专业委员会2019年年会暨内部控制专题研讨会”在首都经济贸易大学举办，会议主题为“数字时代的内部控制”。首都经济贸易大学顾奋玲教授和申慧慧回顾了本次会议：本次会议主要围绕互联网、大数据及人工智能时代背景下内部控制的新变革、新方法及新应用展开了对话和探讨[78]。此外，在“经济学管理学中国学派研究60人论坛”中，戚聿东教授探讨了数字经济时代下的管理变革与治理创新，并指出应该重点关注以下7个方面：战略转型、企业目标转换、产权设计、公司治理机制创新、VIE结构、数字营销战略与策略、内部组织结构再造。

（2）不足与展望

自新中国成立70年来，伴随着新中国企业制度建立，公司治理研究和公司内部控制不断取得进展，但当前仍有一些问题有待深化：①公司治理学科交叉的深度还不够，未来有待与政府治理学科及环境科学学科进一步融合展开研究。同时，国有企业混合所有制改革中有关改革模式与路径的研究有待进一步深化，并在未来充分关注党组织嵌入公司治理框架的方式，并尝试建立起与国有企业相关的理论体系[77]；②有关信息化对内部控制的影响的研究还比较匮乏，未来需要进一步探讨信息化对内部控制风险、程序和执行等方面所产生的影响，进而强化有关会计管理和内部控制强化的探讨。

三、技术经济与管理的相关研究

中国特色社会主义经济思想与新时代中国经济发

展、企业经济与产业经济、技术创新与区域经济等，是 2019 年北京地区专家学者在技术经济与管理领域较为关注的热点主题。

1. 中国特色社会主义经济思想与新时代中国经济发展

（1）现状研究

北京地区专家与学者重点对中国特色社会主义经济思想进行了以下两个方面的研究：①关于习近平新时代中国特色社会主义经济思想的研究。其中，中国社会科学院马建堂研究员从方向论、目标论、主体论、认识论、方略论、动力论、底线论这 7 个方面梳理归纳了习近平新时代中国特色社会主义经济思想。同时，他还指出，要实施创新驱动发展战略，持续推进制度创新、管理创新、商业模式创新、业态创新等各方面创新，以提高创新能力，并用创新提升核心竞争力[79]。②关于新时代中国特色社会主义政治经济学开放理论的研究。其中，中国人民大学刘伟教授等指出，习近平同志提出的构建“人类命运共同体”全球治理理念构成了新时代中国特色社会主义政治经济学开放理论的核心[80]。

同时，在新时代中国经济发展方面，北京地区的学者重点关注了绿色发展问题，主要包括以下两个方面的研究：①有关传统企业转型[81]、城市转型[82]和产业转型升级[83]的研究。例如，在传统企业转型的研究中，许宪春等学者以货车帮、滴滴出行等典型的大数据相关企业为例，分析了大数据与绿色发展之间的关系。他们发现：大数据在资源整合、科学决策和环境监管等方面都发挥着重要作用[81]。在城市转型的研究中，杨键军等学者运用线性规划方法对成长型资源城市绿色转型进行了研究。他们发现：资源型城市必须要走绿色转型之路，关键是要在成长期主动转型，核心是优化资源型城市资源型产业发展路径[82]。在产业转型升级的研究中，邓慧慧和杨露鑫研究了环境治理对工业发展的效果。他们发现：雾霾治理能够显著推动当地工业的绿色转型[83]。②有关生态文明建设的相关研究，主要围绕公众参与环境治理[84]、初始碳配额[85]、自然资源资本化[86]等方面展开研究。例如，余亮基于不同类型环境污染的视角研究了中国公众参与对环境治理的影响[84]；北京物资学院王文举教授等基于责任与目标、公平与效率的视角展开了中国省级区域初始碳配额分配方案研究[85]；崔莉等人以南平市为例，创新性地提出了“生态银行”模式，从设计思路、总体架构、交易流程、操作模式等 4 个方面研究了自然资源资本化的实现机制[86]。

（2）不足与展望

在中国特色社会主义经济思想和新时代中国经济发展研究取得发展的同时，也存在着一定的不足：①基础理论研究不够深入，有关技术融合的测度也不够完善，未来需要重视相关的基础理论研究，进一步完善有关技术融合的测度，进而筛选最优技术组合并解决复杂的技术经济问题[87]，同时要深化技术创新的理论研究[88]。②我国低碳城市的科学评价指标体系也有待进一步优化，未来应该坚决落实习总书记“绿水青山就是金山银山”的理念，深入研究有关绿色发展、绿色经济、绿色增长、低碳经济和可持续发展等方面的关键问题，以进一步完善我国低碳城市科学评价指标体系的建设与优化。

2. 企业经济、产业经济与区域经济

（1）研究现状

北京地区的专家与学者主要围绕企业经济、产业经济与区域经济进行了以下 3 个方面的研究：①有关企业经济的研究，主要围绕数字技术[89-90]、企业煤化工技术[91]与新兴技术[92]加以展开。例如，邢小强教授等通过对中国互联网短视频行业两家头部公司的案例研究，运用扎根理论方法，归纳出了与 BOP 相关的数字技术和商业模式创新的构念维度与主要特征，并建立起数字技术与 BOP 商业模式创新协同推动包容性市场建设的理论框架[89]。同时，邢小强教授等人还以淘宝村为例，研究了在包容性创业中的数字技术通过赋权机制对个人和社区能力所产生的影响[90]。王江和张月对煤化工技术进行技术群组的分类以及趋势预测[91]。罗晓梅等学者将“有效距离”理论从传染病扩散模型中借鉴过来，构建了新兴技术跨领域扩散机理模型[92]。②有关产业经济的研究，主要围绕产业结构[93]及价值链[94]加以展开。例如，李金华研究员对中国高新技术企业、产业集群、企业孵化器的发展及政策进行了研究。他指出，在制造强国的建设中，需要培育具有较强创新能力的高新技术企业，促使高新技术向全球价值链高端迈进；依托创新型产业集群和基地建成先进制造集聚区，提升集群和基地竞争力；增强孵化功能，提升在孵企业质量，加快建成创业孵化链[93]。潘文卿和赵颖异考察了中国低技术制造业、中技术制造业和高技术制造业嵌入国家价值链和全球价值链的特征[94]。同时，也有学者围绕产业政策[95-96]与产业发展[97]进行了研究。例如，在产业政策的研究中，林梦瑶和张中元实证检验了区域贸易协定中的竞争政策条款水平深度对 OECD 国家对外直接投资的影响[95]；戴觅等人研究了中国加入 WTO 后的进口关税削减对各城市工资相对增长的影响，并从区域劳动力市场角度考察了贸易自由化的收入分配效应[96]；在产业发展的研究中，有学者基于制造业企业营商环境的数据，探究了企业成长价值与政府部门和市场环境之间关系[97]。③有关区域经济的研究，主要围绕“一带一路”展开了深入研究[98]。例如，赵书博等人通过进一步对“一带一路”沿线国家增值税制度的研究，总结了可供我国学习的经验，其中包括税率档次简化、税收优惠规范、税收扣除规定明确、对留抵税额给予退税、对小企业实行简化的征税办法、进行增值税协调等[98]。同时，也有学者围绕城市群协同发展展开了研究，主要包括评价指标体系的测度与分析[99]、区域经济与金融的发展等[100-102]。例如，在评价指标体系的测度与分析方面，王海芸和刘杨测度了中国 30 个省（市、自治区）的科技金融发展水平[99]；在区域经济与金融的发展方面，杨越和成力为探索了金融发展对能源效率的影响机理和传导路径[102]。

此外，在 2019 年 11 月 22 日，第六届科学监管与监管科学论坛在首都经济贸易大学举办，论坛主题为“高质量发展与市场监管：挑战与回应”。该次会议围绕“市场监管技术创新的治理现代化”“互联网+监管”“走向良好的政府监管”“中国特色社会主义新时代新监管理论之探”“关于监管构成的管窥与共探”等主题进行了深入讨论。

（2）不足与展望

总的看来，虽然企业经济、产业经济与区域经济的发展研究方面取得了较好的进展，但是在以下几个方面仍有不足，需要学者们进行更深入的研究：①有关企业经济的研究。新兴技术与商业的融合发展研究还不够深入，未来需要对“人工智能的治理与责任式创新”议题给予重点关注，探讨人工智能等新技术所引发的新业态和新模式。②有关产业经济的研究。例如，有关政府政策对产业发展的研究，尚存在很大研究空间，未来需要持续关注政府支持对产业发展产生影响的机制。③有关区域经济的研究。在与“一带一路”相关的研究中，尚缺少针对特定国家与制度文化的深入研究，未来需要积极推进关于“一带一路”国家中针对具体国别的价值链整合和区域经济合作研究。

四、旅游管理学科的相关研究

2019 年，北京地区专家学者结合会议主题和实践热点，主要围绕旅游学科及地理与空间区位、文化与旅游及旅游消费与创新这两方面主题展开了研究。

1. 旅游学科、地理与空间区位

（1）研究现状

在旅游学科、地理与空间区位的主题中，主要包括以下两个方面的研究：①有关旅游管理相关的研究。在这方面，主要涉及旅游学科发展[103-104]、旅游学术评价[105]、旅游本土化[106]有关的研究。例如，伴随着 20 世纪 70 年代我国旅游教育的诞生，中国的旅游学科逐渐成长起来。从 1979 年上海旅游专科学校成立，再到 1980 年教育部批准北京第二外国语学院分院成立北京旅游学院筹备处和全国第一个旅游管理专业（本科）正式招生，为中国建立旅游学科奠定了基础[103-104]。张凌云等人通过分值、h 指数与 g 指数等不同维度对旅游类学术论文进行分析并发现：旅游类学术成果发表在地理学、经济学、环境科学、体育学、政治学等类别的学术期刊上[105]。通过对旅游本土化进行深入的研究，首都经济贸易大学王永贵教授等人发现，国内学者们重视西方理论的应用，本土化创新不够，研究方法的规范化和多元化也需要加强。对于旅游理论的研究，一方面，有学者尝试对西方理论加以创新和利用，但是多数学者仍未意识到中国情境下旅游管理研究必要性；另一方面，也有一些学者过于强调情景的特殊性，但未将现象背后的规律提炼到理论的层面，忽视了理论的普适性[106]。②有关旅游地理与空间区位的研究。在这方面，主要涉及旅游感知[107]、空间作用[108-110]、传统村落[111-112]、康乐休闲[113]和黑色旅游[114]相关的研究。例如：韩雪和刘爱利研究旅游感知的研究内容及测评方法并发现：旅游感知的研究内容不断深化，测评方法也有了定性研究、定量研究等多种方法的综合应用[107]。殷平等人采用旅游空间作用、交通边际效用、旅游平均中心和标准距离等指标，研究了高速铁路网与京津冀旅游的空间作用与结构演化并发现：高速铁路对京津冀地区旅游空间作用显著，并且作用效果随时间逐年增大[108]。庞世明研究了劳动、资本和全要素生产率对旅行社业增长的贡献和空间分异特征[109]。时少华和李享以北京市爨底下村为例研究了传统村落旅游发展中信任与利益网络效应[112]。张玉钧和张海霞对国家公园游憩的利用规制进行了详细论述[113]。王金伟等人对黑色旅游地游客动机和目的地形象的结构特征及其内部影响关系进行了分析并发现：“情感”是黑色旅游目的地形象内部演化的关键内核[114]。

此外，第十二届旅游研究北京论坛暨首届全国旅游学年会于 12 月 14 日在北京联合大学召开，论坛以“国家战略与旅游协同发展”为主题，重点关注区域旅游如何创新发展以推动国家战略的落地实施。

（2）不足与展望

在旅游学科、地理与空间区位领域取得研究进展的同时，在研究方法、基础理论、中国情景下有关高铁及传统村落研究等方面还有很大的提升空间，未来可以重点在以下几个方面实现突破：①有关研究方法方面。国内旅游研究存在研究方法单一的问题，受西方主流研究范式影响，早期研究集中于定性研究方法，方法的规范性不够，虽然在向实证主义努力，但是与其他学科的多种研究方法相比，还存在着较大的差距，未来需要朝着方法的多元化与规范化发展。②有关旅游的基础理论方面。在旅游的基础理论研究方面，仍然存在相对薄弱的问题，未来需要结合地理和环境等不同学科理论，进一步扩展本土化的深入研究[109]，并加强对旅游基础理论的研究，进而构建中国本土旅游管理的相关理论。③关注中国情境下有关高铁及传统村落的研究。学者们对高铁如何重构旅游城市间的空间作用及空间结构、传统村落的类型与发展模式的研究还有待进一步深化，未来需要一方面关注高铁如何重构旅游城市间的空间作用和空间结构[110]；另一方面需要关注和构建“主体（H）、产业（I）以及空间（S）”视角下整体研究框架，从形成与机理、人地关系地域系统与目的地系统管理等方面开展研究[111]。

2. 文化与旅游、旅游消费与创新

（1）现状研究

北京地区的专家与学者关于文化与旅游、旅游消费与创新的研究主要从以下两个方面展开的：①有关文化与旅游的研究。在这方面，主要从幸福[115]、国家政策[116]、人才培养[117]以及多视角[118]等方面对文化与旅游的关系展开了研究。例如，徐金海提出文化和旅游虽然有不同，但二者的立足点和最终目标都是实现人的幸福[115]。宋子千从国家政策的角度分析了文化和旅游的关系。他们发现，在不同时期，对文化和旅游有不同的处理方式。在早期的国家文化政策中很少提及旅游，与二者有关的政策出发点都是强调各自领域的发展，很难实现融合发展。随着文化和旅游部成立，国家及部门政策能更好地统筹文化及旅游的发展[116]。毕绪龙从人才培养角度探讨了文化和旅游的关系[117]。宋瑞从心理学和社会心理学视角理解文化与旅游之间的关系，为二者融合发展提供了理论基础[118]。此外，在机构改革的背景下，张辉等人提出旅游治理需要强化文化和旅游部与协会之间的协作，进一步完善旅游治理体系[119]。②有关旅游消费与创新的研究。在这方面，主要围绕旅游消费增长的趋势及其影响因素[120-121]和经营者创新[122]等方面展开了研究。例如，在旅游消费增长的趋势及其影响因素的研究中，魏翔等人基于“中国国民旅游休闲调查”，建立了“假日—消费模型”[120]。张云亮和冯珺从居民家庭旅游消费的时间约束条件出发，构建框架并借助中国家庭金融调查数据，分析了影响家庭旅游消费的收入结构因素[121]。在旅游服务创新的研究中，吕宁等人基于计划行为理论构建了中小旅游企业的经营者创新行为影响机制模型，探究了经营者的认知和态度对其创新行为的影响[122]。

此外，2019 年《旅游学刊》中国旅游年会的主题为“新时代旅游教育与研究”，重点关注了乡村旅游和新乡村建设、文化融合与文化旅游、体育休闲与大健康旅游、品质消费与服务创新、新媒体时代的旅游目的地营销与研究等前沿问题[123]。

（2）不足与展望

文化旅游与旅游服务创新等方面的研究取得了一定的进展，但同时也存在以下 3 个方面有待学者们进一步研究：①在有关文化与旅游的研究方面，尚缺少多学科、多视角的纵贯研究，未来可以从本质属性、内在特征、发展机理、产业载体和功能效果等方面进行深入的系统研究。②在有关创新行为的研究方面，亟须更多地探讨经营者的认知、态度对创新行为的影响与相应的影响机理。未来可以运用科学的研究方法，选择不同案例景点对旅游企业经营者的创新行为进行更为深入的研究[122]。③在旅游解说的研究方面，学者的相关研究并未给予应有的关注，有关旅游解说方面的研究还相对匮乏，未来需要关注旅游解说情感化、视角微观化和方法交叉性等新趋势的系统研究[124]。

注：

①陈劲、吴庆前：《中华传统文化中的创新因素与第四代管理学》，《科研管理》，2019 年第 8 期。

②陶秋燕、高腾飞：《社会创新：源起、研究脉络与理论框架》，《外国经济与管理》，2019 年第 6 期。

③祝继高、王谊、汤谷良：《“一带一路”倡议下中央企业履行社会责任研究——基于战略性社会责任和反应性社会责任的视角》，《中国工业经济》，2019 年第 9 期。

④吕文晶、陈劲、刘进：《智能制造与全球价值链升级——海尔COSMOPlat案例研究》，《科研管理》，2019年第4期。

⑤吕文晶、陈劲、刘进：《工业互联网的智能制造模式与企业平台建设——基于海尔集团的案例研究》，《中国软科学》，2019年第7期。

⑥王永贵：《面向新时代创新发展中国特色企业管理学》，《人民日报》，2019年11月25日。

⑦毛基业、苏芳：《质性研究的科学哲学基础与若干常见缺陷——中国企业管理案例与质性研究论坛（2018）综述》，《管理世界》，2019年第2期。

⑧肖红军、阳镇、焦豪：《共益企业：研究述评与未来展望》，《外国经济与管理》，2019年第4期。

⑨李曦辉、刘沛：《经济学管理学中国学派研究60人论坛成立》，《中国工业经济》，2019年第3期。

⑩伊志宏：《管理学术话语体系建设需遵循学术发展规律——读盛昭瀚教授〈话语体系：讲好管理学术创新的"中国话"〉有感》，《管理科学学报》，2019年第6期。

⑪王永贵、王帅、胡宇：《中国市场营销研究70年：回顾与展望》，《经济管理》，2019年第9期。

⑫杨晶、李先国、周笑：《财务受限对消费者自我提升类产品选择的影响研究——基于自我价值与财务关联度的调节作用》，《中国软科学》，2019年第1期。

⑬邱凌云、肖娴、庞隽：《个体评论与总体评分一致性对评论有用性的影响》，《南开管理评论》，2019年第6期。

⑭孙瑾、陈静、毛晗舒：《品牌暗示性、商品功能与消费者决策》，《经济管理》，2019年第1期。

⑮钱明辉、徐志轩：《基于机器学习的消费者品牌决策偏好动态识别与效果验证研究》，《南开管理评论》，2019年第3期。

⑯马双、谷慧敏、杨志勇：《新服务开发中顾客参与价值共创带来的协调复杂性：服务氛围及顾客不公平性的调节效应》，《管理评论》，2019年第9期。

⑰陶晓波、张欣瑞、范正芳、樊潮：《顾客参与对新产品开发绩效的影响机理研究》，《中国软科学》，2019年第4期。

⑱刘凤军、孟陆、杨强、刘颖艳：《责任归因视角下事前补救类型与顾客参与程度相匹配对服务补救绩效的影响》，《南开管理评论》，2019年第2期。

⑲王永贵、王娜：《逆向创新有助于提升子公司权力和跨国公司的当地公民行为吗？——基于大型跨国公司在华子公司的实证研究》，《管理世界》，2019年第4期。

⑳刘向东、刘雨诗、陈成漳：《数字经济时代连锁零售商的空间扩张与竞争机制创新》，《中国工业经济》，2019年第5期。

㉑张辰、田琼：《考虑旅客忠诚度的航空机票在线定价策略研究》，《管理科学学报》，2019年第12期。

㉒邬文兵、李爽、项竹青、张明玉：《司机对共享物流平台的持续使用意愿研究——TAM模型的实证分析》，《经济管理》，2019年第10期。

㉓王永贵、洪傲然：《营销战略研究：现状、问题与未来展望》，《外国经济与管理》，2019年第12期。

㉔徐洋洋、林新奇、习怡衡：《孤独的员工何时会更投入：未来工作自我清晰度和变革型领导的干预效应研究》，《南开管理评论》，2019年第5期。

㉕宋孜宇：《将创新内化为责任：变革型领导激发员工创新行为的新路径——一个有调节的中介模型》，《经济与管理研究》，2019年第10期。

㉖康飞、曲庆、张涵：《授权式领导对员工敬业度的影响研究》，《科研管理》，2019年第11期。

㉗杨朦晰、陈万思、周卿钰、杨百寅：《中国情境下领导力研究知识图谱与演进：1949—2018年题名文献计量》，《南开管理评论》，2019年第4期。

㉘侯楠、彭坚、尹奎、杨皎平：《领导者恩威并施的阴暗面及其治理机制——基于不确定性管理的视角》，《南开管理评论》，2019年第6期。

㉙黄苏萍、马姗子、刘军：《霹雳手段还是菩萨心肠？刻板印象下企业家领导风格与产品质量感知关系的研究》，《管理世界》，2019年第9期。

㉚赵中华、孟凡臣：《知识治理对目标方知识员工行为激励的机理研究》，《南开管理评论》，2019年第3期。

㉛高中华、赵晨、吴春波：《交互过程视角下知识分享报酬的影响机制研究》，《科研管理》，2019年第9期。

㉜陈梦媛、吴隆增：《组织政治氛围与组织绩效的关系研究》，《南开管理评论》，2019年第1期。

㉝杨博旭、王玉荣、李兴光：《"厚此薄彼"还是"雨露均沾"——组织如何有效利用网络嵌入资源提高创新绩效》，《南开管理评论》，2019年第3期。

㉞王哲、张爱卿：《内部企业社会责任对员工反生产行为的影响——组织认同的中介和理想主义道德标准的调节》，《经济管理》，2019 年第 8 期。

㉟唐乐、杨付、杨伟国：《如何实现员工的工作和家庭两不误？——基于技能与关系的视角》，《经济与管理研究》，2019 年第 6 期。

㊱王才、周文斌、赵素芳：《机器人规模应用与工作不安全感——基于员工职业能力调节的研究》，《经济管理》，2019 年第 4 期。

㊲夏宇寰、张明玉、李爽、蓝媛媛：《工作场所无礼行为对员工建言行为的影响——一个有调节的中介模型》，《经济与管理研究》，2019 年第 8 期。

㊳赵慧军、王娟娟：《中国情境的工作强化研究：结构探索与量表开发》，《经济管理》，2019 年第 5 期。

㊴王涛、陈金亮、沈孟如：《外部知识获取与内部知识创造的融合——组织交互嵌入情境下的跨界团队》，《经济与管理研究》，2019 年第 7 期。

㊵李海舰、李燕：《企业组织形态演进研究——从工业经济时代到智能经济时代》，《经济管理》，2019 年第 10 期。

㊶谢克海：《谁上谁下：清晰区分企业人才的"361 体系"——基于实践层面的人力资源战略管理决策》，《管理世界》，2019 年第 4 期。

㊷肖冰、肖尤丹、许可：《知识产权司法保护与企业创新的互动机制研究——基于专利侵权诉讼的分析》，《科研管理》，2019 年第 12 期。

㊸孙艳梅、郭敏、方梦然：《企业创新投资、风险承担与股价崩盘风险》，《科研管理》，2019 年第 12 期。

㊹冯泽、陈凯华、戴小勇：《研发费用加计扣除是否提升了企业创新能力？——创新链全视角》，《科研管理》，2019 年第 10 期。

㊺唐孝文、相楠、李雨辰：《低碳经济下北京现代制造业创新能力影响因素研究》，《科研管理》，2019 年第 7 期。

㊻朱兰：《国家创新能力视角下的中等收入转型——基于新结构经济学理论》，《经济与管理研究》，2019 年第 12 期。

㊼李纪珍、周江华、谷海洁：《女性创业者合法性的构建与重塑过程研究》，《管理世界》，2019 年第 6 期。

㊽王凤彬、王骁鹏、张驰：《超模块平台组织结构与客制化创业支持——基于海尔向平台组织转型的嵌入式案例研究》，《管理世界》，2019 年第 2 期。

㊾冯海红、曲婉：《社会网络与众创空间的创新创业——基于创业咖啡馆的案例研究》，《科研管理》，2019 年第 4 期。

㊿纪雪洪、张思敏、赵红：《创业企业商业模式调整机制研究：直接动因、调整过程与主要模式》，《南开管理评论》，2019 年第 5 期。

(51)栾甫贵：《论会计学的学科性质》，《会计研究》，2019 年第 3 期。

(52)王世定：《企业会计改革的回顾与反思》，《会计研究》，2019 年第 2 期。

(53)刘尚希：《新时代新会计新功能》，《会计研究》，2019 年第 2 期。

(54)张新民、钱爱民、陈德球：《上市公司财务状况质量：理论框架与评价体系》，《管理世界》，2019 年第 7 期。

(55)程丽华：《大力提升审计质量服务经济社会发展》，《会计研究》，2019 年第 9 期。

(56)曹强、胡南薇：《审计师子群体地位与审计质量》，《会计研究》，2019 年第 8 期。

(57)孟庆斌、施佳宏、鲁冰、宋祉健：《"轻信"的注册会计师影响了审计质量吗——基于中国综合社会调查(CGSS)的经验研究》，《会计研究》，2019 年第 7 期。

(58)宋衍蘅、宋云玲：《空气质量会影响审计师的专业判断吗?》，《会计研究》，2019 年第 9 期。

(59)程璐、董沛武、于海瀛：《区域会计师事务所数量对审计质量的影响研究》，《中国软科学》，2019 年第 5 期。

(60)郭庆旺：《减税降费的潜在财政影响与风险防范》，《管理世界》，2019 年第 6 期。

(61)李晓慧、张明祥：《会计监管的演进与发展研究》，《会计研究》，2019 年第 2 期。

(62)张庆龙、韩菲、胡明霞、孙娜：《推进新时代审计事业新发展——2018 年中国审计学会审计教育分会学术年会观点综述》，《审计研究》，2019 年第 1 期。

(63)粟立钟、马巾英、谢志华：《改革开放 40 年国企财务制度变革规律与发展趋势》，《会计研究》，2019 年第 2 期。

(64)杨道广、王佳妮、陈丽蓉：《"矫枉过正"抑或"合理管控"？——内部控制在企业创新中的作用》，

《经济管理》，2019年第8期。

⑥5张新民、葛超、杨道广、刘念：《税收规避、内部控制与企业风险》，《中国软科学》，2019年第9期。

⑥6郑志刚、胡晓霁、黄继承：《超额委派董事、大股东机会主义与董事投票行为》，《中国工业经济》，2019年第10期。

⑥7雪莲、朱玉杰：《董事会选择更多的通讯会议形式影响公司投资么？——基于A股上市公司的实证检验》，《中国软科学》，2019年第2期。

⑥8王楠、黄静、王斌：《董事会社会资本、CEO权力与企业研发投资——基于创业板上市公司的实证》，《科研管理》，2019年第5期。

⑥9高明华、郭传孜：《混合所有制发展、董事会有效性与企业绩效》，《经济与管理研究》，2019年第9期。

⑦0袁蓉丽、王群、夏圣洁：《董事高管责任保险与增发费用》，《中国软科学》，2019年第6期。

⑦1张任之：《非国有股东治理能够抑制国有企业高管腐败吗?》，《经济与管理研究》，2019年第8期。

⑦2王舒扬、吴蕊、高旭东、李晓华：《民营企业党组织治理参与对企业绿色行为的影响》，《经济管理》，2019年第8期。

⑦3刘艳霞、祁怀锦：《管理者自信会影响投资效率吗——兼论融资融券制度的公司外部治理效应》，《会计研究》，2019年第4期。

⑦4伊志宏、朱琳、陈钦源：《分析师研究报告负面信息披露与股价暴跌风险》，《南开管理评论》，2019年第5期。

⑦5申丹琳：《社会信任与企业风险承担》，《经济管理》，2019年第8期。

⑦6沈昊、杨梅英：《国有企业混合所有制改革模式和公司治理——基于招商局集团的案例分析》，《管理世界》，2019年第4期。

⑦7戚聿东、张任之：《新时代国有企业改革如何再出发？——基于整体设计与路径协调的视角》，《管理世界》，2019年第3期。

⑦8顾奋玲、申慧慧：《数字时代的内部控制：发展与展望——中国会计学会内部控制专业委员会2019年学术年会综述》，《会计研究》，2019年第10期。

⑦9马建堂：《伟大的实践深邃的理论——学习习近平新时代中国特色社会主义经济思想的体会》，《管理世界》，2019年第1期。

⑧0刘伟、王文：《新时代中国特色社会主义政治经济学视阈下的"人类命运共同体"》，《管理世界》，2019年第3期。

⑧1许宪春、任雪、常子豪：《大数据与绿色发展》，《中国工业经济》，2019年第4期。

⑧2杨键军、杨学刚、武其甫、石敏俊：《成长型资源城市绿色转型研究》，《技术经济》，2019年第10期。

⑧3邓慧慧、杨露鑫：《雾霾治理、地方竞争与工业绿色转型》，《中国工业经济》，2019年第10期。

⑧4余亮：《中国公众参与对环境治理的影响——基于不同类型环境污染的视角》，《技术经济》，2019年第3期。

⑧5王文举、陈真玲：《中国省级区域初始碳配额分配方案研究——基于责任与目标、公平与效率的视角》，《管理世界》，2019年第3期。

⑧6崔莉、厉新建、程哲：《自然资源资本化实现机制研究——以南平市"生态银行"为例》，《管理世界》，2019年第9期。

⑧7娄岩、杨培培、黄鲁成：《基于专利的技术融合测度方法及实证研究》，《科研管理》，2019年第11期。

⑧8蔡勇峰、李显君、孟东晖：《基础研究对技术创新的作用机理——来自动力电池的实证》，《科研管理》，2019年第6期。

⑧9邢小强、周平录、张竹、汤新慧：《数字技术、BOP商业模式创新与包容性市场构建》，《管理世界》，2019年第12期。

⑨0彭瑞梅、邢小强：《数字技术赋权与包容性创业——以淘宝村为例》，《技术经济》，2019年第5期。

⑨1王江、张月：《煤化工技术群组分类和趋势预测：来自专利数据的分析》，《技术经济》，2019年第8期。

⑨2罗晓梅、王亢抗、乔铮：《基于有效距离的新兴技术跨领域扩散模型》，《技术经济》，2019年第4期。

⑨3李金华：《中国高新技术企业、产业集群、企业孵化器的发展及政策思考》，《经济与管理研究》，2019年第7期。

⑨4潘文卿、赵颖异：《中国制造业嵌入国家价值链和全球价值链的产业—区域特征》，《技术经济》，

2019 年第 3 期。

⑮林梦瑶、张中元：《区域贸易协定中竞争政策对外商直接投资的影响》，《中国工业经济》，2019 年第 8 期。

⑯戴觅、张轶凡、黄炜：《贸易自由化如何影响中国区域劳动力市场?》，《管理世界》，2019 年第 6 期。

⑰于潇宇、庄芹芹：《政府补贴对中国高技术企业创新的影响——以信息技术产业上市公司为例》，《技术经济》，2019 年第 4 期。

⑱赵书博、张书慧、张雪：《"一带一路"沿线国家增值税比较研究》，《管理世界》，2019 年第 7 期。

⑲王海芸、刘杨：《区域科技金融发展水平测度与分析》，《技术经济》，2019 年第 4 期。

⑳李爱民：《"十一五"以来我国区域规划的发展与评价》，《中国软科学》，2019 年第 4 期。

(101)孙祥栋、尹彦辉、郑艳婷：《区域经济异质视角下电力消费因素分解及"拐点"分析》，《技术经济》，2019 年第 7 期。

(102)杨越、成力为：《区域金融发展影响能源效率的阶段性特征》，《科研管理》，2019 年第 4 期。

(103)刘德谦：《旅游学科建设断想》，《旅游学刊》，2019 年第 12 期。

(104)刘德谦：《中国旅游 70 年：行为、决策与学科发展》，《经济管理》，2019 年第 12 期。

(105)张凌云、韩兰、张燕雪、周晓莹、张嗣：《2003—2018 年我国旅游学术共同体学术评价》，《旅游学刊》，2019 年第 12 期。

(106)王永贵、李霞：《旅游本土化研究的探索——现状、困境与展望》，《旅游学刊》，2019 年第 10 期。

(107)韩雪、刘爱利：《旅游感知的研究内容及测评方法》，《旅游学刊》，2019 年第 4 期。

(108)殷平、杨寒胭、张同颢：《高速铁路网与京津冀旅游：空间作用与结构演化》，《旅游学刊》，2019 年第 3 期。

(109)庞世明：《中国旅行社业增长的要素贡献与空间分异》，《旅游学刊》，2019 年第 5 期。

(110)陈怡宁、李刚：《空间生产视角下的文化和旅游关系探讨——以英国博物馆为例》，《旅游学刊》，2019 年第 4 期。

(111)陶慧、麻国庆、冉非小、乔婧：《基于 H-I-S 视角下传统村落分类与发展模式研究——以邯郸市为例》，《旅游学刊》，2019 年第 11 期。

(112)时少华、李享：《传统村落旅游发展中信任与利益网络效应研究——以北京市爨底下村为例》，《旅游学刊》，2019 年第 9 期。

(113)张玉钧、张海霞：《国家公园的游憩利用规制》，《旅游学刊》，2019 年第 3 期。

(114)王金伟、杨佳旭、郑春晖、王琛琛：《黑色旅游地游客动机对目的地形象的影响研究——以北川地震遗址区为例》，《旅游学刊》，2019 年第 9 期。

(115)徐金海：《文化和旅游关系刍论：幸福的视角》，《旅游学刊》，2019 年第 4 期。

(116)宋子千：《从国家政策看文化和旅游的关系》，《旅游学刊》，2019 年第 4 期。

(117)毕绪龙：《从人才培养角度看文化和旅游的关系》，《旅游学刊》，2019 年第 4 期。

(118)宋瑞：《文化和旅游：多视角的透视》，《旅游学刊》，2019 年第 4 期。

(119)张辉、范梦余、王佳莹：《中国旅游 40 年治理体系的演变与再认识》，《旅游学刊》，2019 年第 2 期。

(120)魏翔、吴新芳、华钢：《带薪休假能促进国内旅游消费吗？——基于"中国国民旅游休闲调查"的检验》，《旅游学刊》，2019 年第 6 期。

(121)张云亮、冯珺：《中国家庭收入来源差异与旅游消费支出：基于中国家庭金融调查 2011—2015 年数据的分析》，《旅游学刊》，2019 年第 5 期。

(122)吕宁、韩霄、赵亚茹：《旅游中小企业经营者创新行为的影响机制：基于计划行为理论的扎根研究》，《旅游学刊》，[2020-06-22]. https：//doi. org/10. 19765/j. cnki. 1002-5006. 2019. 00. 008.

(123)刘鲁、孙佼佼：《新时代旅游教育与研究——2019〈旅游学刊〉中国旅游研究年会会议综述》，《旅游学刊》，2019 年第 11 期。

(124)柯祯、刘敏：《旅游解说研究进展与差异分析》，《旅游学刊》，2019 年第 2 期。

（作者：王永贵，首都经济贸易大学教授；史梦婷，首都经济贸易大学博士生）

行政管理学

孙彩红

2019年是中华人民共和国成立70周年，在行政管理学的研究中，政府改革或治理发展的总结性研究成为重要部分。同时，对政府放管服改革的持续关注和研究，对大数据与数字政府治理、基层政府治理以及公共管理的一些理论问题的探讨等，是北京学界研究中比较多的内容。

一、重要的学术研讨活动与著作

本领域的学术研讨活动或会议基本结合了政府改革实践中的重要现实问题；学术著作类成果也很丰富。

1. 主要学术论坛和研讨活动

1月18日，国家机关事务管理局主办召开“纪念改革开放40周年推进机关事务工作高质量发展”学术研讨会。

5月18—19日，北京大学与复旦大学联合主办“国家治理现代化：理论探索与经验研究”论坛在北京召开，聚焦新时代国家治理问题、经验和发展方向，拓展中国理论发展空间。

7月20—21日，中国行政管理学会数字政府治理研究中心指导，并与有关单位合办的第四届数字政府治理高峰论坛召开。

11月2日，清华大学主办的全球科技发展与治理国际论坛在北京召开，中外专家学者与政府机构负责人参加论坛。

11月8日，北京市社会科学界联合会主办了“新中国成立70年国家治理理论的创新与发展”学术论坛。

11月24日，中共中央党校（国家行政学院）和中国行政体制改革研究会联合主办“首届国家治理现代化论坛、第八届中国行政改革论坛”，主题为“国家治理现代化：70年回顾和新时代展望”。

11月28—29日，“学习贯彻党的十九届四中全会精神　深化‘放管服’改革　优化营商环境研讨会暨中国行政管理学会2019年会”召开，围绕政府治理、简政放权与优化政府职责体系、优化营商环境与政务服务等专题深入研讨。

2. 重要学术专著成果

（1）政府管理的一些基础性或前沿问题研究。比如《国家性质与政府功能》，运用契约主义视角，从起源学和本体论来考察国家和政府形成和演化过程；运用协作系统中社会共同治理机制及其衍生的要求，探究有为政府和有效市场之间互补和共生性。互联网和大数据与政府治理前沿问题研究，也有比较多的著作成果。①例如《互联网时代的政府治理》，阐述互联网对政府突破自身发展瓶颈、解决深层次矛盾和问题的重要意义，描述以互联网为代表的新型信息技术在政府领域包括市场监管、行政审批和公共服务等领域的实践，探索互联网技术对推动政府治理现代化的愿景。②中国人民大学公共管理学院行政管理学系编写了《中国公共治理前沿问题研究》，探讨了政府治理现代化、公共行政的结构等问题。

（2）地方政府改革与创新实践的研究。这类学术专著主要聚焦于地方政府改革与创新实践分析。例如《中国地方政府大数据运用》，主要是对一些省市政府大数据政策总结，以及地方政府在不同领域运用大数据实践的重要特点，发现我国地方政府大数据发展政策呈现长远性、综合性和宏观性特点。③《“最多跑一次”改革》，主要是对浙江“最多跑一次”改革实践考察分析，致力于求解包括中国在内的全球公共管理理论与实践的重大问题，尝试提出突破政府中心主义的中国方案，即“以民众为中心”的公共治理。④《城市管理学》，以城市公共事务为研究对象，致力于回答谁管城市、管什么和怎么管的问题；对国内外市政体制进行比较研究，从城市经营、城市治理变革、网格化、政府绩效评估等角度对我国城市管理创新理论与实践进行了介绍和评述。城市治理作为地方政府治理的一个重要组成部分，这一研究具有特定现实意义。⑤

（3）政府具体行为领域的研究。例如《2018中国地方政府效率研究报告》，分析了改革开放40年来政府效率理论研究与实践变迁，剖析了典型案例与经验，发布了2018年中国地方政府效率排行榜，本项研究拓展研究样本的代表性及广泛性、体现新时代地方政府履职及深化“放管服”改革内容。⑥《行政协调的方式选择及其影响因素研究》，通过我国跨部门、跨区域和跨流域事务管理以及突发危机事件管理的8

则经典案例分析构建了行政协调机制—对象—环境匹配理论的分析框架模型和应用模型 12 条原则。[⑦]此外，还有关于政府公共服务、基层政府角色行为、政府某一领域职能等具体政府行为的研究，研究领域不断拓展。

二、对重要研究问题的主要观点总结

为总结行政学领域研究进展，主要检索了《政治学研究》《中国行政管理》《行政论坛》《公共行政评论》《公共行政》《国家行政学院学报》等重要核心期刊和专业领域期刊。本年度研究在结合政府治理重大现实问题和重要发展实践基础上，比较多地集中在政府改革与治理的总结性研究、放管服改革的持续研究、大数据治理领域、基层政府治理研究，对行政管理基础问题探讨等。

1. 对政府治理或改革的总结性研究

对 70 年政府改革或治理的总结性回顾与研究。2019 年是中华人民共和国成立 70 周年，行政管理学界出现了一些总结性研究成果。有学者总结认为，政府改革总目标是优化政府职能和组织结构，精简政府机构和规模，提高行政效率和效能。[⑧]政府改革历程及其发展路径表明，经济社会发展需要和行政管理现代化要求是政府改革的动力和基础，政府改革正在两个因素共同作用下逐步深化，形成了自身特有的运行逻辑和推进方式。

对改革开放以来中国公共管理发生的变化加以总结。公共管理基础实现了从计划经济体制向市场经济体制的转变，管理职能实现了从全能政府向有限政府的转变，管理运作实现了从政府单一主体向社会多元参与的转变，管理技术实现了从手工业作坊式的管理向电子政府和网络行政的转变等。在国家治理体系和治理能力现代化的重要时代命题之下，针对制约政府治理现代化的主要问题，要“通过法治政府、回应性政府、协调政府、智慧政府以及廉洁政府的建设，实现我国政府治理现代化的目标，提升政府治理现代化水平”。[⑨]

对 70 年来行政体制改革的历史性总结与分析。有代表性观点认为，70 年来中国根据不同时期的政治、经济、社会、科学技术发展水平等情况，进行多次行政体制改革，中央政府机构及其职能结构发生了很大变化，改革开放前数次行政体制改革巩固了国家政权和计划经济体制，改革开放后的数次行政体制改革适应并推动了市场经济体制的建立完善。[⑩]另有学者总结分析了 70 年来在社会转型时代背景下，中国行政体制改革的演进逻辑，逻辑基础是解决社会主要矛盾、提高行政效率，逻辑范式是以放权和竞争为路径，外在逻辑是以政府机构改革为表征，内在逻辑以政府职能转变为内核。[⑪]

2. 对政府放管服改革的持续研究

政府的放管服改革是近些年从中央到地方全面深化政府改革的重要议题，各级各地都推进放管服改革，解决企业和群众反映突出的问题，改革从不同维度取得了明显成绩，但同时也反映出来一些问题。2019 年，李克强总理在政府工作报告中，再次提出要深化“放管服”改革，并对全面优化营商环境进行了部署。行政管理学界对此也呈现出一种持续研究的状态，为深入研究放管服改革和政府治理变革提供参考和借鉴。

对放管服改革目标与发展方向的综合性研判。有些学者从总结“放管服”改革的思想渊源和发展历程，分析了“放管服”改革对政府管理理念、职能转变、组织结构、运行机制、技术工具、服务方式等方面产生的重大变革，并对放管服改革的发展趋势进行了分析和展望。[⑫]学术界已经达成共识的认识是，放管服改革是要重塑政府与市场关系的深刻变革，要不断优化营商环境和促进经济发展。在具体改革方法和手段上，有些学者认为，要取得放管服改革的重大突破，在方法与价值上要运用信息技术来提升政府治理能力、从企业公众角度推进放管服改革。[⑬]另有一些研究是从放管服改革存在的具体问题出发提出解决思路，有的认为要“突破政府自身改革的阻力与困境，着力塑造公民本位、社会本位、市场本位、权利本位的现代政府管理理念”。[⑭]

对政府监管改革与路径方面的研究。加强监管与放管结合，是全面推进放管服改革的重要环节。本年度对政府监管和市场监管方面的研究比较集中。有些学者从政府职能视角切入，针对中国政府监管中重审批轻监管的问题及其原因，提出了重塑政府监管的路径，包括将风险监管运用于日常监管机制，从运动式监管走向风险监管、建设风险监管型政府是推进国家治理体系和治理能力现代化的现实需求。[⑮]2018 年国家机构改革中组建市场监管总局，这是实现统一市场监管的重大突破。有些学者从监管机构改革的角度论证加强监管的改革路径，形成大监管格局。还有些研究以地方案例为基础探讨了数字监管方式与发展前景，“互联网+监管”是数字化监管的重要形态，数字化监管是线上智慧监管与线下实体监管高度融合一体化发展的监管现代化模式。例如，以某区推进数字化监管的实践为案例，认为“高层推动、动态策略平衡与效能提升的可见性是持续驱动基层数字化监管改革的核心要素”。[16]还有些学者对国外市场监管模式的比较分析，例如，对美、日、德三国市场监管体系进行比较，总结监管机构设置、监管模式、中央与地方关系、社会参与等维度的不同特点，[17]对中国市场监管体制改革完善具有一定借鉴意义。

对优化政务服务和公共服务领域的研究。优化服务是放管服改革的又一个重要组成部分。这也是近几年持续关注和研究的问题，本年度对互联网+和优化营商环境的政务服务有较多探讨。例如，对网上政务服务能力研究，解释了中国省级政府网上政务服务能力差异的生成逻辑，“发达地区最重要路径是较高政府组织开放性、较高财政资源能力和较高公众需求压力的组合，而欠发达地区的最重要路径为较高自身重视程度及高政府组织开放性和高中央政府支持的组合”。[18]这对于提升不同地区、不同类型政府网上服务能力的对策具有借鉴作用。不少地方的优化营商环境实践取得了进展，比如北京、上海通过全面便捷化改革，“为全国放管服改革、优化营商环境树立了标杆，为国内其他地区提供了大量可学习、可复制的宝贵经验”。[19]通过大数据或人工智能技术有效提升政务服务质量和效率，还需要解决数据整合问题、加强相关人才培养、加强隐私保护和研发力度以及完善伦理约束和立法保护等方面的问题，从而优化政务服务水平。[20]

优化服务在一定意义上也包含着对公共服务质量提升的要求。但在体制和法规约束条件下，公共服务改革的效果仍不理想，存在公共服务需求表达不够顺畅、跨部门合作动力不足、部门之间信息共享受限、管理信息平台整合不够、公共服务资源整合困难等问题，所以还要通过精准化供给破解难题，通过多元主体参与推动供给侧结构性改革。[21]

3. 大数据与数字政府治理领域的研究

近几年对大数据和政府治理及其关系研究成为一个热点问题和公共管理问题，行政学界也展开了比较多的研究。

互联网发展对政府数据治理变革的影响。数字化政府治理兴起于大数据、云计算、人工智能等新一代信息技术应用成熟且政府信息化与社会信息化深度融合时期。特别是互联网+的技术导向，是技术与政府相结合的治理模式，“政府驱动、技术驱动、市场驱动、社会驱动是当前建设有中国特色的智慧治理的动力机制”。[22]政府的数据治理变革面临着全球环境的影响与挑战。有学者认为在全球竞争背景下，要立足于维护我国数据主权、促进数字经济发展的基本价值立场，更有效地实现国家对数据的最高控制权，统筹研判数据治理与数据主权、数字经济的内在逻辑联系和外在规范支撑，不断完善中国对数据治理的应对策略。[23]数据治理还对个人信息和隐私安全带来挑战，也是一个普遍性问题。比如，很多 APP 存在着违法违规收集和使用个人信息行为，成为对个人信息保护的挑战。对此，有些学者提出了“制定与时代发展相适应的数据治理法律法规，立法应该实现发展与安全之间的平衡，在保护个人权利的同时激励社会更好地沉淀和使用数据”。[24]

数据治理和数字化政府改革的研究。信息技术和大数据迅猛发展，推进数字治理已成为国家治理现代化建设的题中之义。有些学者认为，数字治理不应仅限于传统信息技术层面，而应该更加注重数字社会形态下生产关系本身的转型，应秉持“发展与安全并重”“国际与国内同构”这两个治理原则，从技术、行为、组织 3 个层面系统推进数字治理体系框架建设，并在技术能力、规范能力、组织能力 3 个方面加强数字治理能力建设。[25]根据大数据的特征之一，很多研究认为数据共享对传统行政管理而言是重大变革，“背后蕴含着丰富且深刻的有关理念转变、权力整合、流程再造以及方式融合的内在逻辑。充分挖掘数据共享的驱动作用，可以有效提升地方政府效能”。[26]信息与通信技术在政府治理理念层面的渗透，转变政府思维方式、促进观念更新、培植公民本位治理理念；在政府治理结构层面的传导，使得政府组织精简化、社会治理多元化。[27]数字时代政府改革必须坚持以人民为中心，坚持包容发展、安全可控、共建共享原则，推进数字共享的法治化，实现技术创新与体制改革的协同增效，推进国家治理体系和治理能力的现代化。[28]

大数据发展中对人工智能的研究。随着人工智能嵌入政府的不断深入，“传统公共管理者的信息角色、决策角色以及服务角色均遭到人工智能的挑战和冲击，引发了公共管理者角色的重新定位，促使人工智能场景下公共管理者成为规则制定者、风险防范者以及责任承担者”。[29]人工智能治理核心议题是“风险和收益的平衡以及相关公共决策的知识合法性和参与合法性的协调”。[30]就人工智能与治理关系而言，从科技公共治理视角，要应对人工智能发展带来的挑战，从原则、制度建设和工具开发等层面改进我国人工智能治理体系。

4. 行政管理或公共管理基础理论问题探讨

基础理论研究是一个学科发展的重要基础，虽然本年度对行政管理基础理论问题的研究成果数量不是很多，但从性质上、从学科发展角度具有重要意义。

对公共管理学研究发展的反思。有些学者认为，当下中国公共管理学深陷严重的身份、理论、方法、价值和发展危机。[31]造成这些危机的主要原因是缺乏必要理论和文化自信、国际学术的隐形扩张、过度人为干预、急功近利的学术氛围。为此提出了研究发展的出路，重塑学科的独立地位和身份，突破理论传统和加强理论与思想创新，增强研究方法的规范性和科学性，反对形式主义和唯方法主义，形成学科特有的价值体系。学术界应该通过这些路径积极主动推动行政管理学的学科发展。

公共行政的研究要回应重大现实问题。代表观点认为，公共行政研究必须根植于现实，回应时代所提出的挑战，并对关系国家和人类命运前途的共同问题予以思考和回答，变革与创新是解决时代问题的唯一出路。[32]治理体系本身面临着巨大挑战，公共行政的理论研究者不能置身于外，需要重点思考人与自然、个人与社会、国家与人民、国家与国家、不同文化与文明之间的关系，真正推动公共行政研究的突破性进展。有些学者从本体论角度对公共行政理论重构进行阐释。"政府作为公共行政学不断变化的最大公约数，在千变万化的议题之中，'公共特质'成为公共行政议题的重要锚定点，也即一旦所研究议题与公共特质无关，则其必然也不再是公共行政学议题。"[33]政府理论重构意味着重建场景、重建理性以及重建秩序，这是公共行政学的学科使命，也是对时代需求的更好回应。

公共管理学者要抓住重大问题进行研究，对一个学科发展至关重要。有些学者认为，公共管理研究者应该结合我国历史传承，同时纵深学习先行发展国家经验和当代管理科学、自然科学发展前沿，研究好公共管理的微观目标、阶段性目标和终极目标之间的关系，成为助推现代国家治理体系和治理能力构建、引领世界文明的重要力量。[34]当然，不同时代面临的大问题不一样，这要求研究者具备敏锐判断力与学科发展情怀，在当前尤其值得关注和研究国家治理、治理战略、技术治理、文化治理等重大问题。

5. 对地方和基层政府治理的一些研究

国家全面推进政府治理与行政体制改革的政策，终究要在基层政府落地。对地方和基层政府治理与改革研究，也成为本年度一个组成部分。

基层政府管理体制或机制改革研究。就北京地区基层政府改革的研究，更多集中在对北京市"街乡吹哨、部门报到"的基层管理改革研究与讨论。从实践观察，北京市以党建引领基层创新治理，从"街乡吹哨、部门报到"延伸至"接诉即办""未诉先办"，推动为民办事常态化、机制化；由自上而下单向治理向多元化主体协商共治转变，构建起具有首都特点的超大城市基层治理新格局。[35]北京市的吹哨报到管理体制机制改革，成为本年度对基层政府改革研究的一个比较突出的内容。从改革逻辑和驱动力视角，有些学者认为，北京市基层政府"街乡吹哨，部门报到"机制，可看作是问题驱动的基层治理方式改革过程，它以公共问题制导，以解决公共问题过程来构建基层治理的组织形式，促动治理方式变革。[36]基层实践原创的"吹哨报到"机制聚焦于一线公共问题，以通过自下而上地发现与界定问题来启动治理流程，建立了党建引领、向街乡镇行政授权、驱动"中间管理层"、协同条线与属地关系、基于清单制划分权责和实施综合执法的基层治理方法。解决问题驱动的基层治理以弹性的机制和工具改革，弥补了科层体制的僵化与低效，同时，引导基层政府及其官员转变对基层治理的认知模式、激励动力结构、行为方式。

基层政府和街道机构改革研究。面对基层治理一些现实挑战，从治理主体的政府机构角度，基层政府机构改革成为一个应对路径。但这些机构改革中不只是有经验，同时也有一些问题值得关注。例如，有些学者研究了街道大部门制改革状况，以东城区为例，大部门制改革取得了一定成效，通过整合街道内设机构、下沉执法力量，推进向街道赋权，提高了人力资源配置效率，提升了属地管理能力。改革也面临一些新问题，需要推进街道党工委组织再造，强化街道办事处的统筹协调和督办职能，推进区政府大部门制改革，完善社区议事会制度，推进街道编外人员规范化管理。[37]有些学者从简约治理角度，针对现代社会发展与中国面临的基层治理问题，认为以协作机制构建国家与社会良性互动关系和以整体性治理理顺街道体制内部关系是简约治理的内在要求，综合化、扁平化、网格化、智能化、社会化将成为下一步街道机构改革的路径选择。[38]这些研究基于不同的实践与角度提出了建议思考。

此外，公共服务是政府的一项重要职能。研究中对政府的公共服务供给状况、存在问题、如何促进基本公共服务均等化，给予了更多关注。例如有些观点是针对新时期推进基本公共服务均等化目标提出来的，为解决当前我国基本公共服务均等化方面存在的突出焦点问题，要以需求均等为核心推进基本公共服务均等化，科学确定基本公共服务标准，科学设计转移支付制度，不断强化政府基本公共服务职能。[39]

三、对本年度研究状况的简要评价

整体观察，本年度研究能够抓住政府改革领域重要现实问题展开，取得了丰富成果。能够围绕政府治理与发展中心工作进行研究，包括对新中国成立70年来政府改革或行政体制改革的经验总结、逻辑分析等，以及对“放管服”改革的很多研究成果，都很好地体现了抓住中心、服务政府改革大局的研究特点。同时，对地方和基层政府改革的关注与研究也在加强，对北京的基层政府管理体制改革研究就是其中之一。

但是，本年度研究仍存在一些不足之处或者需要加强的地方。第一，有些领域研究成果质量不高，有待深入。比如，关于放管服改革的研究，发表文章的确不少，但真正从理论上有突破性的成果很少，多数是描述改革现状或简要分析总结式的文章，理论深度还不够。第二，研究内容上，2019年度对国外的政府管理领域的研究比较少，这是一个表现不积极的领域，前几年对国外政府治理等领域都有较多关注和研究，而本年度呈现减少的趋势。这可能不利于进一步开拓中国政府管理研究的国际视野与历史视野。第三，理论层次上，对行政管理或公共行政的理论哲学层面的思考还比较少。这是影响行政管理学学科发展的一个因素。比如，对公共行政研究的本土化或本土公共行政研究的本体论、价值论、认识论的逻辑和研究，还需要进一步深化。以后的研究还是需要抓住政府治理现代化发展过程中的重要问题，运用科学规范的研究方法，展开更广范围、更深层次的研究。

注：

①朱富强：《国家性质与政府功能》，人民出版社，2019年版。

②陶勇：《互联网时代的政府治理》，经济科学出版社，2019年版。

③李文彬：《中国地方政府大数据运用》，新华出版社，2019年版。

④郁建兴等：《“最多跑一次”改革》，中国人民大学出版社，2019年版。

⑤杨宏山：《城市管理学》，中国人民大学出版社，2019年版。

⑥北京师范大学政府管理研究院：《2018中国地方政府效率研究报告》，社会科学文献出版社，2019年版。

⑦张晓兰等：《行政协调的方式选择及其影响因素研究》，中国社会出版社，2019年版。

⑧潘小娟：《中国政府改革七十年回顾与思考》，《中国行政管理》，2019年第10期。

⑨胡仙芝、李晴：《新时代中国政府治理现代化的目标选择及实现路径》，《新视野》，2019年第3期。

⑩宋世明：《中国行政体制改革70年回顾与反思》，《行政管理改革》，2019年第9期。

⑪蒋硕亮、徐龙顺：《中国行政体制改革的逻辑、样态与趋向》，《江汉论坛》，2019年第10期。

⑫中国行政管理学会课题组：《深化“放管服”改革　建设人民满意的服务型政府》，《中国行政管理》，2019年第3期。

⑬沈荣华：《推进“放管服”改革：内涵、作用和走向》，《中国行政管理》，2019年第7期。

⑭程波辉、彭向刚：《两种政府模式下的“放管服”改革比较》，《行政论坛》，2019年第5期。

⑮徐国冲等：《中国式政府监管：特征、困局与走向》，《行政管理改革》，2019年第1期。

⑯叶岚、王有强：《中国数字化监管的实践过程与内生机制》，《上海行政学院学报》，2019年第5期。

⑰刘鹏等：《比较公共行政视野下的市场监管模式比较及启示》，《中国行政管理》，2019年第5期。

⑱韩娜娜：《中国省级政府网上政务服务能力的生成逻辑及模式》，《公共行政评论》，2019年第4期。

⑲赵鹏：《京沪为全国“放管服”改革树标杆》，《北京日报》，2019年10月26日。

⑳张文静：《人工智能为优化政务服务“铺路搭桥”》，《人民论坛》，2019年第1期。

㉑邓念国等：《迈向精准化：传统公共服务供给双重困境之新解》，《天津行政学院学报》，2019年第6期。

㉒沈费伟：《智慧治理：“互联网+”时代的政府治理变革新模式》，《中共福建省委党校学报》，2019年第4期。

㉓吴沈括：《数据治理的全球态势及中国应对策略》，《电子政务》，2019年第1期。

㉔张璁：《谁动了我的个人信息?》，《人民日报》，2019年5月30日。

㉕鲍静、贾开：《数字治理体系和治理能力现代化研究》，《政治学研究》，2019年第3期。

㉖皇甫鑫、丁沙沙：《数据共享、系统性创新与地方政府效能提升》，《中共福建省委党校学报》，2019年第4期。

㉗朱仁显、樊山峰：《信息与通信技术变革政府治理模式机制分析》，《理论探讨》，2019年第1期。

㉘张丙宣：《技术与体制的协同增效：数字时代政府改革的路径》，《中共杭州市委党校学报》，2019年第1期。

㉙颜佳华、王张华：《人工智能与公共管理者角色的重新定位》，《北京大学学报》，2019年第6期。

㉚卢阳旭、何光喜：《我国人工智能治理面临的机遇和挑战》，《行政管理改革》，2019年第8期。

㉛杨立华：《中国公共管理学的危机与出路：恢复重建三十年后的反思》，《行政论坛》，2019年第5期。

㉜张成福：《意识的转化与内在革命——关于我们时代公共行政大问题的对话》，《中国行政管理》，2019年第10期。

㉝何艳玲等：《危机即新纪元：基于本体论反思的公共行政理论重构》，《政治学研究》，2019年第5期。

㉞蓝志勇：《也谈当代中国公共管理的大问题》，《中国行政管理》，2019年第10期。

㉟孙宏阳：《基层治理的“北京经验”：到基层一线解决问题》，《北京日报》，2019年11月17日。

㊱孙柏瑛等：《解决问题驱动的基层政府治理改革逻辑——北京市“吹哨报到”机制观察》，《中国行政管理》，2019年第4期。

㊲杨宏山等：《城市街道大部门制改革的制度分析》，《北京行政学院学报》，2019年第2期。

㊳曹海军、吴兆飞：《简约治理视角下街道机构改革的理论逻辑与实践路径》，《天津行政学院学报》，2019年第1期。

㊴李军鹏：《新时期推进基本公共服务均等化的思路与对策》，《新视野》，2019年第6期。

（作者：孙彩红，中国社会科学院研究员）

新闻传播学

新闻传播学

郭庆光　胡宏超

数十年来，新闻传播学各领域经历了长足的发展。时值新中国成立70周年，2019年为各学科回首梳理发展成长之路提供了良好契机。同时，5G、VR、区块链等新兴技术对传媒业的影响仍在继续，因此，关注媒介技术及由其引导而成的媒介格局是2019年的新闻传播学研究的总体特征之一。在继承并深入研究往年部分热点议题的同时，2019年的新闻传播学研究坚持开阔视野、立足本土、展望未来，涌现出了一系列扎实的理论成果，以及通过多样研究方法开展的具有现实意义的应用研究。

一、新闻学研究

经过多年探索，中国特色社会主义新闻学成为中国新闻学的发展方向，加快构建新时代中国特色新闻学，已经成为当前新闻传播学学科建设的重要议题，它以马克思主义为指导，吸取中华优秀传统文化思想资源，融汇东西方新闻传播科学成果，加强理论与实践的结合，围绕中国实践和问题推动新闻学概念、知识、理论的重构和创新，深化中国共产党新闻思想研究。有研究在梳理了新中国成立以来70年的中国新闻学理论发展轨迹后，提出需从传承与创新的视域来建构中国特色社会主义新闻学：一方面，从思想传承的角度，寻找并深耕新闻思想的理论之基；另一方面，从理论创新的角度，呼唤新思想、新理论，与时俱进地构建中国特色社会主义的新闻学术和话语体系，真正确立起在哲学社会科学学科领域的支撑性地位。[①]学者季为民认为，以中国新闻实践和新闻教育为基础，中国特色社会主义新闻学包含三大体系：学科体系、学术体系和话语体系；三者是一个有机整体，学科体系是基础，学术体系是核心，话语体系既是学术体系的表征，也是学科体系的载体，三者相关联系，相互作用，相辅相成，在一定条件下可以相互转化；而建构中国特色新闻学的“三大体系”，需要把握历史、现实和理论3个研究逻辑，通过学术传统和发展脉络的梳理，新闻实践、新闻教育与新闻理论的互动探索，核心理论和专业知识系统的构建，最终通过学理传承、社会联系、知识系统、研究方法和学术平台的协同融会，实现中国特色社会主义新闻学“三大体系”的创新建构。[②]此外，作为中国特色社会主义新闻学的核心领域和重要组成部分，马克思主义新闻学在发展中逐步经历了从面向政治现实逻辑到面向社会现实逻辑的转向过程，有研究提出宜将“马克思主义新闻学”看作一种理论范畴，而非学科，即基于马克思主义视角的一系列新闻理论研究，且多维度和双向度的社会现实逻辑将是中国马克思主义新闻学研究继续发展壮大的重要途径。[③]

近年来“建设性新闻”颇受学界关注。狭义层面上，建设性新闻指的是在互联网新媒体环境下一类积极参与解决社会问题的新闻实践，这类新闻实践强调在新闻报道中除了要坚持内容的客观真实外，也应积极主动介入社会生活，要以解决问题为报道的导向；广义层面上，建设性新闻可被视为近年来在此类新闻实践基础上将其宗旨抽象概括而形成的一种新闻理念。[④]建设性新闻主要根植于积极心理学，报道框架集中于对社会问题提出解决方案，并注重赋予受众权力，因此具有解决特定问题、强调公民赋权、新闻核心功能、积极情绪、记者干涉、以未来为导向等特征。[⑤]建设性新闻的概念起源于欧美，在东西方语境中对比“建设性新闻”与“constructive journalism”可以发现，不同国家和地区的学者和新闻从业者因地制宜地探索符合社会发展需要和媒介规范的建设性框架和报道方式，比如北欧采取民主法团规范下的多元协商机制，美国因虚假信息泛滥而试图通过提升透明度和覆盖范围，挽回失去的受众信任，重建新闻业在社会发展中的进步性力量，而在中国，追求新闻报道的建设性意义长期以来都深刻影响着中国新闻从业者对于新闻价值的判断。[⑥]研究发现，从全球看，尽管语境不同、体制不同、文化不同，对建设性新闻的理解和认知不乏差异处，但在积极和参与的核心元素上，中国由正面报道而始的建设性新闻探索与欧美的建设性新闻实践形成了并行发展之势，并与其他国家和地区媒体进行的探索形成了共振。[⑦]学者胡百精指出理解建设性新闻的关键在于重返原初语境，因此需将建设性新闻置于公共协商与社会整合的宏观社会历史语境下充实概念内涵，厚植理论根基。[⑧]学者蔡雯则从职业观念转变的角度分析了西方新闻改革运动中的建设性新闻。[⑨]此外，还有研究指出建设性新闻面临着若干困境，如新闻质的规定性与引导性表达的伦理冲突引发质疑，媒介环境核心力量的扁平化影响建设性新闻的成长性，专业记者的离散与社会认同的弱化消减了建设性新闻的主体性张力，以及工具理性与价值理性的失衡对建设性新闻建构带来巨大挑战。[⑩]

在其他新闻理论研究方面，学者杨保军分析了作为宏观新闻规律的“技术主导律”，即技术主导新闻的变化与发展，主要内容可以概括为四大方面：技术进步主导新闻业态的更新、技术演进主导新闻活动方式、技术发展主导新闻媒介形态的更新、技术变革影响新闻观念的变化。[⑪]学者王润泽等总结了新闻价值要素的西方生产路径，认为新闻价值要素具有明显的商业经济和工业时代痕迹：在近代新闻业的发展过程中，西方国家凭借技术优势和行业先行发展优势，确立并主导了世界范围内的新闻价值话语权，并反思了信息时代中国的新闻价值体系构建问题。[⑫]关于新闻职业的研究多采用实证研究方法，有研究通过深度访谈分析了融合媒体背景下媒体从业人员的职业认同感，[⑬]也有研究通过问卷调查了北京地区新闻从业人员的择业动机。[⑭]此外，还有若干研究分别关注了数据新闻、名流新闻、公民新闻等概念。

二、新闻史研究

从上古时期到近当代，从图像新闻到北京调查，新闻史方面的研究成果具有时期跨度大、议题多元化的特点，且主要集中在中国新闻史研究。有研究对中国上古时期的媒介革命进行了梳理讨论，甲骨文是华夏文明最早的文字媒介，通过对甲骨文、鼎彝金文起源、孕育文化及记述内容的详细考察，研究发现甲骨文向金文转变，并不是简单的文字介质转变，而是伴随着“巫史理性化”过程的一次媒介革命，即文字从“人与神”的媒介转变为“人与人”的媒介，完成了社会理性交往战胜原始宗教的第一步。[15]在近代史方面，学者梁君健主要关注了视觉媒介技术、具体历史文化语境以及新闻观念三者之间的互动关系，通过对《点石斋画报》关于中日战争的图片报道的符号学分析及社会文化背景的探讨，研究发现《点石斋画报》在报道战争新闻时，展示出了一种不同于摄影媒介和现代新闻观念的时空特征，这不仅可以影响读者对中日战争的感知和想象，同时还可折射出中国在发展现代新闻观念过程中的困境。而这种时空观念的形成，一方面受当时的历史语境可以提供的智识资源和视觉媒介的限制，另一方面也因为现代战争对于新闻观念可能带来的革新被消解。[16]另有研究关注个体人物，考述了爱国人士梁士纯的生平，他是中国近现代史上的著名学者和社会活动家，是民国时期公共关系的布道者与实践者，他将公共关系的原理与方法自觉应用于国际宣传、国民外交与社会动员的实践中，在抗日战争、中美建交等多个历史关键时期发挥过积极作用。结合当时的内部档案、新闻报道，以及梁氏后人提供的原始手稿与文本，辅之以其家人的口述等多方面的历史资料，该研究在考证梁士纯生平的基础上，还探究了其公共关系实践活动以及思想来源，对近现代公共关系研究具有一定的贡献。[17]将研究视线转至当代时期，有研究将“北京调查”作为研究对象，重点考察了中国改革初期（1982—1992）“北京调查”的出现和发展历史，作为新闻改革的标示性历史事件之一，“北京调查”与传统新闻工作存在着必然的历史联系，同时，作为应用现代化、科学化研究方法的受众调查，它也被视为“传播学在中国”发端的重要历史事件。[18]

有研究对中国新闻史研究 70 年的发展历程进行了综合性梳理和论述，文章将中国新闻史研究分为了 4 个阶段：艰难起步（1949—1978）、逐步恢复（1978—1992）、全面开花（1992—2007）、多元拓展（2007—2019），并通过语义网络分析方法对每个阶段的研究成果进行关键词透析，以及从基金项目、研究队伍、研究内容和研究范式等多维度进行历史梳理，全方位呈现了中国新闻史研究在数十年间的发展轨迹和学术图景。[19]而在外国新闻史研究领域中，有研究关注了 20 世纪三四十年代美国新闻记者笔下的中国形象问题，不同于以往研究将埃德加·斯诺、艾格尼丝·史沫特莱、安娜·路易斯·斯特朗等记者的新闻活动纳入中国新闻史体系当中，该研究将这一系列历史活动放置于美国社会发展的历史框架下，重新审视理解他们的动机、创作文本和传播行为。研究发现美国记者群笔下的中国存在从“专制”到“民主”、从“停滞”到“进步”、从“野蛮”到“文明”的形象转向，这种转向可以被看作是美国在彼时重塑主体性的思潮在新闻领域的实践。[20]

三、新闻传播教育研究

历经起步成长（1918—1949）、曲折发展（1949—1976）、恢复开拓（1977—1999）、创新深化（2000 年至今）等阶段，中国新闻传播学科和专业教育的内涵和外延日益拓展，从最初的报学发展到新闻学，延伸至广告、广播电视、出版、公共关系、新媒体等诸多领域，从职业教育到不同层次学历教育的新闻传播人才培养体系，已然成为一个蔚然壮观的新闻传播教育事业。[21]新闻传播专业人才培养是众多高校院系的首要任务之一，有研究在调研国内 55 家新闻传播院校的本科专业课程设置后发现，本科专业核心课程范围在扩大，“跨学科”特征愈加明显，课程“存量”与“增量”之间矛盾突出，不同专业对学院平台课程的评价不同，不同专业面临的突出问题排序亦有差异，国内新闻传播教育界对本科专业核心课程设置的自我满意度普遍不高。[22]还有研究通过问卷调查对北京某高校新闻院系在校本科生和硕士生的职业认同状况及其影响因素进行探析，发现新闻院系在校生群体的职业认知认同水平整体较高，但职业情感认同和职业行为认同则相对较弱；并且存在着 3 种不同类型的职业认同危机，即职业认知认同危机、职业情感认同危机和职业行为认同危机。与此同时，职业认同危机类型也直接影响着在校生群体的职业情感认同和行为认同表现，具体表现为：在校生职业认知认同危机程度越高，其职业情感认同和职业行为认同表现得越消极；而当在校生职业情感认同危机程度越高时，该群体的职业行为认同则会表现得越积极。[23]除了高校专业教育，实践知识也可发挥培养专业人才的效用，比如“好记者讲好故事”活动让一线工作的编辑记者们走上演讲台，让新时代的中国故事传播到更多的新闻院校，让好记者对职业的忠诚和坚守影响到更多的新闻学子；以实践知识哺育理论知识，探索了马克思主义新闻观教育的新途径，打造了新闻传播人才德育新模式，并指明了一条新闻传播人才培养的新方向。[24]而放眼未来，中国新闻传播学科应以中国特色、世界一流为建设目标，以服务“治国理政，定国安邦”为价值追求，以加强学科话语体系建设、提升国际话语权和影响力为发展路径，稳步提升整体实力。[25]

除了针对专业人才的新闻传播教育外，媒体教育作用于各行各业每个人，最典型的教育成果便是媒介（体）素养。媒介（体）素养被理解为人与媒介的信息互动过程中的一种能力，电信技术是媒介（体）素养演进的重要动力，随着人机互动、物物互联的5G时代的到来，我们正在从“物质世界信息化”走向“信息世界物质化”，诞生于大众传播时代的媒介（体）素养在泛在媒介中被赋予了新的时代内涵，有研究认为5G时代媒介（体）素养将是一种内化于心外化于行的一种教养和修养（culture），用户通过“参与”媒介来实现理性公民的目标；而5G时代的媒介（体）素养教育模式将蕴含技术素养、符号素养与情感素养于一体，并与分级模式与融合模式相结合。[26]另有学者从媒介环境学的理论视角反思了媒体教育、媒介（体）素养和跨文化能力在世界日益全球化的传播生态中的重要性，提出在全球化3.0时代，媒体教育应包含批判性思维，即如何去批判地看待媒介和人的作用，在媒介科技体系或环境中恰当地设置限制，并提倡跨文化能力的学习，应将之纳入媒体教育课程中。[27]除媒介（体）素养外，还有研究探讨了互联网扩散形成的“双重滞后”现象，具体表现在农村区域的扩散严重落后于城市，中老年世代的扩散严重落后于年轻世代，以及由此显现出的“后喻文化”，即年轻人将文化传递给前辈的过程，“后喻文化”实际上是一种对数字代际鸿沟和区域鸿沟的自发性弥合机制。[28]

数字技术、大数据等发展为整个教育行业尤其高等教育带来了机遇和挑战。关于互联网技术与教育变革之关系，互联网何以带来教育变革这一本质问题值得探讨，对此，学者周廷勇从互联网和教育之间的根本连接点——人的存在切入进行了反思：互联网的本质是计算意志主导下的物之聚集；教育变革须应和人的本质转向，回归内在化的教育本真，其真正任务是改变物和人的无保护性，中断人类中心主义的思维惯性，根本的是将互联网和教育观入到世界的整体性存在的本质在场，告别主体性意识和对象化思维方式，并在语言赠予的思想意愿中完成计算理性逻辑到心灵逻辑的内在回归。另有研究就高等教育治理这一问题在大数据时代的发展变化进行了剖析归纳，认为高等教育治理应从传统安全向“互联网+”安全转型、从经验判断向大数据研判转型、从追求事实向追求价值转型、从传统思维向大数据思维转型，且更加注重“内容+”关系传播和“互联网+”风险，以及安全风险由线下向线上蔓延、单一风险向多种风险交织、由舆情风险向社会风险转变等新动向、新趋势，同时还需处理好数据收集与数据安全、定性与定量分析、因果与关联分析、整体与个体利益等关系。[29]

四、传播学研究

在传播学方面，研究成果颇为丰富，研究议题也呈现多元样态。随着媒介技术的发展和社会形态的变迁，一些经典传播学理论和概念获得了新的诠释，比如“新宣传”的提出，与20世纪在世界大战中应用的“宣传”有所区别，学者叶俊认为应超越旧的概念范式，重构“新宣传”概念，且厘清宣传与传播、公关之间的界限，从而明确宣传概念，进而在此基础上，提出新宣传的宣传治理依靠主体协商。即对宣传主体的权力进行约束，对宣传主体与客体的关系进行制约并建立协商机制，最后通过强化宣传伦理和加强宣传启蒙的方式以保证宣传的正当化。[30]还有研究运用计算传播学研究方法，从社会网络关系的角度出发，对网络讨论中的意见领袖、沉默螺旋和群体极化现象进行模拟仿真，并对互联网时代下的群体讨论与信息传播特点进行反思：这些现象在互联网时代可能呈现出不同于当下研究情境中的特点，相较于以往强调个人特质或者网络关系等作用，该研究认为恰恰是个人特质与网络位置的交互作用对群体讨论的结果产生重要影响，而这一影响的效果又受到群体结构（网络结构）的调节。[31]另有研究关注媒介环境学派代表学者麦克卢汉，如学者胡泳解读了麦克卢汉的媒介观，认为麦克卢汉在一个更宽广的和人类行为、人类思维方式相关的领域中探讨媒介，恢复了媒介原有的广阔内涵，从而规定了日后媒介研究的语境，即我们与媒介的关系是相互构造的——我们创造它们，它们也创造我们，因此，不应简单地将麦克卢汉视为技术决定论者。[32]又如有研究解读了麦克卢汉在其著作中对新民俗广告进行的研究性批评，新民俗广告重塑了“山巅之城”消费神话的“梦境”，虚构“我们”的共同身份与社会地位，实现了对工业时代“美国梦”客体赋形与主体赋能，而广告的“市场欲化”机制成为制造“美国梦”的主导模式，由此，作为观念器的“美国梦”，是广告与媒体、技术构建“地球村”的精神动力和道德资源，以其“昭昭天命”进行全球市场扩张与意识形态渗透。[33]

关于传播学历史与方法的研究多为综述，如有学者对新媒介研究史进行了梳理，构建考量新媒介产生、演进、趋势、影响的学术史框架，认为新媒体自身、新媒体与人的关系、新媒体与社会的关系构成了新媒介研究重要的3个面向，并以此梳理新媒介研究学术史的发展脉络，从补偿、替代旧媒介，到新媒介革命与“虚拟现实”的构建，媒介形态不停在变化，同时，新媒介与社会的关系也发生了从结构到意识形态的变化。[34]有研究讨论了“信息”在中国新闻界的转型与传播学的兴起：随着20世纪80年代中国兴起“信息热”，“信息”概念被新闻学界引入与讨论，成为沟通新闻学与传播学的桥梁。研究提出，与“新闻”的融合并非“信息”进入新闻界的初始状态，1978—1992年，“信息”经历了几重转型：1984年前以传播批判学派的理论视野短暂出现，此后在讨论中转换身份，实现与“新闻”、科学方法论的融合，进而推动实证主义主导的传播学在中国兴起。[35]关于研究方法方面，有学者梳理评价了新中国70年来的新闻与传播学方法研究，研究认为，研究方法的规范化是现代学科建制的基本要求，20世纪90年代中期伴随新闻与传播学学科独立而带来的现代学科建制对研究方法的强调，促使了中国新闻与传播学研究方法越趋规范化并逐步被制度化重视；在过去70年间，新闻与传播学方法研究形成了一些核心议题，达成了方法薄弱、方法制约学科发展等共识，但依然存在质化与量化之间的争议、方法对知识贡献的价值不大、方法会束缚研究者、量化研究过于简化等不同声音。[36]

在实证研究方面，研究成果多元化的特点更加明显，在不同研究领域，关于不同研究话题，诸多学者运用不同研究方法展现了传播学研究的丰富多彩，而其中，关注个体是众多实证研究的共同点之一。互联网等新媒体依然是传播学研究的重点研究领域，尤其是社交媒体，比如有研究从后真相视角讨论网民情绪化传播问题，以中国公共卫生类“后真相”舆情事件为例来分析“后真相”舆情事件中网民的情绪宣泄，进而探讨中国社交媒体舆论场内网民的情绪化传播成因，反思新闻如何回归理性与真实；有研究分析了网民对公共议题的注意力周期变化，发现公众对议题的关注周期缓慢但显著地缩短，即使加入了事件类型、同期热门事件数等控制变量后，议题注意力周期逐渐缩短的变化趋势仍然显著；还有研究关注社交媒体中的哀悼行为以及相应的社会规范，基于情感社会学视角，从哀悼的“边界感”和哀悼者的身份等角度呈现了影响哀悼真诚度的关键因素，并将线上的哀悼规范回溯至线下，探讨二者的关联。此外，还有研究以特定群体为研究对象，如农民工、“一带一路”沿线消费者等，呈现出了有趣且新鲜的研究成果。

五、广播电视研究

数字技术的变革为视听媒体的发展提供了不容小觑的推动作用，随着互联网时代的全面来临，音视频内容与制作也在更新中努力跟随技术与社会形态的变革步伐。新媒体的兴起对传统广播电视新闻媒体无疑产生了巨大冲击，从整体来看，中国电视业经历了从节目时代到频道时代的基于时段资源开发的电视频道开拓历程，然而，数字化浪潮之下，电视业面临受众流失、广告价值不断缩水等现实困局，一方面，日益收缩的收视需求与过度饱和的频道供应之间失衡，另一方面，“时间逻辑”主导的传播模式失效，频道已经成为视听传播与消费中被架空的一环，在时间的碎片化、地点的移动化和内容保存的容量和延时性等方面均无法适应新媒体影响下变化的受众需求。[37]但互联网与新媒体的崛起，并不意味着电视就会走向消亡，只要审时度势，及时适当做出相应调整，在融合发展背景下，传统媒体也能焕发出新活力。以主流电视媒体《新闻联播》为例，从栏目求变到品牌突破，在技术变革、用户迁移、样态创新等条件驱动下，当前主流媒体电视新闻语态变革呈现出“亲民”的总体特征，即在促进传受“互动”的过程中，不断提升内容呈现和叙述表达的亲和力、亲切感，努力与用户达成内容共享、思维共识、情感共鸣，具体表现形式包括注重话题式传播、活用互联网话语、强化主持人网感等。[38]网络技术发展和受众/用户需求的双重驱动，促使电视节目摆脱传统大屏的束缚，走向“大、中、小”多屏交会的传播联动，受众的注意力被分散到不同的屏端，媒介使用呈现出“时空多维+传受一体”的新特征，传统媒体也面临着跨屏传播的必修课。而近年来蓬勃发展的短视频，凭借技术驱动、内容驱动、平台驱动和资本驱动，促进了当今可视化生态圈的形成，主流媒体也纷纷走上短视频之路，包括传统意义上的纸质媒体如《人民日报》，也开始尝试多媒体融合的跨屏传播。短视频的传播特点可以为电视媒体提供创新启示，比如新创节目务必要从传播出发倒推创作，从存量内容中持续寻找开发及版权销售机遇，以及用社交属性拓展电视媒体的发展空间，实现人际传播与大众传播的融合等等。诚然，以短见长、以小博大是短视频可以期许的未来，然而流量不是恒久的能量，要想让短视频以一厘米的宽度挖掘一公里的深度，除了赋能艺术魅力、人文内涵之外，还要激发短视频作品释放出强大的社会价值。传统短视频更多是浅表性阅读，带来的问题是观众看过之后缺乏思考，但优点是可以将很复杂的内容浅显化表达出来，省时高效地传递给观众。而传统媒体作为优质内容创作的主要平台，应注重长报道、长视频的可拆分和可分发性，对接短视频的分发诉求，让传统新闻媒体更好地成为优质短视频内容的重要源头。[39]还有研究提出，在综合考察评估维度、指标设置、数据来源、权重分配等因素的基础上，建构一个由多维度、多层次、多指标、多数据源组成的综合性评估体系，并通过层次分析法为各指标赋权，以此评估电视节目的跨屏传播效果。[40]

除了传统新闻媒体，在媒介融合的时代背景与传播生态环境下，纪录片的定义和本体也正在经历着挑战与颠覆。受众对纪实性视听作品的欣赏能力逐步提升，纪录片的“网红”与“爆款”引起受众的热议，透露出受众对纪实性作品的需求猛增。一方面，中央电视台与一线卫视正逐渐成为纪录片的中坚力量，工业型纪录片日益成熟、品牌运作渐趋完善、新品牌陆续诞生，而新媒体为品牌提供了全产业链运营的机制。另一方面，纪录片传播方式的变化、市场环境的变化、受众需求的变化为纪实性视听作品带来变革，加速多元融合，促使了节目类型的跨界融合，节目形式也在不断融合之下呈现崭新的样态，如《如果国宝会说话》《奇遇人生》等微纪录片、体验式纪录片、纪实短视频等创新节目模式在实践中获得成功。[41]

此外，影视剧及综艺节目也引起了不少学者的关注，研究从不同角度对这一类视听作品进行分析，研究对象覆盖早期电影、创世电影、小说改编电影、文化价值主导型电视剧、身体交换类影视剧、网络文学IP剧、文化类综艺节目、央视春晚小品等多类型、多题材、多时期的视听作品，研究内容则在传统文化表达、性别修辞、电影社会学、非逻辑美感、叙事模式、评价体系等议题中穿梭。总体来看，广播电视研究可谓紧跟时代热点，注重媒介技术影响，研究主要在新闻媒体、纪录片、影视综艺这三大类研究领域中开展，而研究者具有高度集中于中国传媒大学的特点。

六、新媒体研究

互联网的崛起催生了新媒体研究，伴随着5G、VR等新兴技术的发展，新媒体研究也在不断发掘新鲜话题，当然，互联网依然是新媒体研究的重点领域。互联网发展的一个重要线索，是人与人的连接的演变，连接也已成为互联网的一个内在法则。但学者彭兰意识到，不断增长的连接在延伸人的社会关系的同时，也将更多关系负担与社会压力传递给人，当连接达到一定限度后，它对用户的意义可能就会减弱，甚至走向反面，由此提出基于某些情境的适度不连接或“反连接”思维也可能成为互联网未来发展中的另一种法则，以及这种适当的反连接意识与能力在未来或许应作为一种新的网络素养，是人在网络时代保持独立与自主性的一个基础。[42]若将互联网传播放置于全球化背景下，有研究讨论了互联网内容碎片化与宏观叙事的关系，并回答“在全球传播的背景下碎片化到底意味着什么”的问题。研究发现，在全球化的框架下，互联网传播往往是基于指向清晰的“点”和“面”的社会人际关系网传播，具有无比轻便和锐利的特征，从这个意义上，可以说互联网传播上呈现的“碎片化”能够解构甚至颠覆传统的宏大叙事所维护的制度和结构，同时也在重构一种以“网络化的个人主义”为特征的社会结构。[43]在关于互联网的宏观研究方面，还有研究关注网络安全问题，以美国所倡导的“互联网自由”治理话语为分析对象，从这一话语的形成、内涵与实践等角度入手，对该话语的产生及其“霸权”地位的获得过程展开讨论，研究认为，美国“互联网自由”治理理念的内涵阐释，经历了从放置于国内民权与经济发展领域，到嵌入于全球人权与外交政策领域的变化，这一理念的提出目标、实践过程均显示出强烈的美国单边主义和利己主义色彩，“互联网自由”是美国持续维护其全球领导地位和权力地位的企图，也是美国尝试在国际网络治理体系中占据主导地位的重要手段；对此，中国有必要进一步增强本国“网络主权”话语的影响力，在迂回反驳美国“互联网自由”在合法性与合理性上的不足，增强“网络主权”话语主体与表达渠道的影响力，讲述“网络主权”故事以丰富和拓展这一理念的合法性与合理性等方面继续提升本国在国际网络安全领域的规则创制话语权，重塑全球网络安全治理格局。[44]

关于在线社群的研究，多采用实证研究方法。比如有研究基于“江歌案”移动端媒体文本和网民评论的内容分析，发现移动网民对“江歌案”的讨论存在明显的群体极化现象，且充斥着“愤怒”等负面情绪，并认为在源头事件刺激、自媒体煽动的影响下，具有全新媒介使用习惯的网民在移动互联网空间互相传染、彼此暗示，加速了极端倾向的形成、极端情绪的扩散和极端态度的固化。[45]有研究通过个人访谈与问卷调查探究了个人使用网络课堂的动机与效果，发现人们对于知识获取、表现预期、同行/社会压力、娱乐享受的社会心理预期会影响其对网络课堂的使用，进而影响个人的内部和外部自我满意程度；且娱乐享受的使用动机明显高于知识获取的需求。[46]另外，还有学者对中产阶层、网络女性自治区等社区群体也进行了研究。

从数量上来看，健康传播研究在近几年总体呈现出上升势态。日渐深入的社会网络化对人们的健康行为产生了诸多影响，包括人们的健康信息检索方式、求医模式，甚至是患病经历。有研究发现，在互联网的群体动力机制下，社会成员的求医资源和疾病状态发生了结构性转变，越来越多的社会求医者成为网络化病人，即通过互联网搜索和分享而获得疾病认同的病人身份。随着网络化个体的趋势越来越明显，网络化病人的行为特征也越来越突出，其中一些极端化特征已经出现，比如自我医学化，在日常生活中随意使用医疗词汇，以“患者”身份消遣个人生活，可能对健康医疗构成某种规范性的威胁。[47]但另一方面，互联网也为健康互助群组的建立提供了条件，在线健康群组可以促成患有相同疾病人群之间更紧密的虚拟关系，提供社会扶持，有研究以癫痫病症 QQ 群为研究对象，发现只有当成员主观上感觉和群里成员的互动性很强的时候，比如经常提出问题、回答问题等，才能感觉到明显的社会支持，同时证明了对 QQ 网络互助群组的参与互动感可以直接有效地作用于缓解成员的抑郁程度，表明对群组的参与感本身就可以带来积极的心理作用。[48]

综合观察，社交媒体是新媒体研究中频繁出现的研究对象，除了以人为具体研究客体，分析用户行为，也有不少研究关注社交媒体内容，具体研究话题涉及了社交媒体新闻、辟谣模式、内容管理等多方面。另外，随着互联网的全方位普及，关于网络接触的研究数量有下降趋势，研究更多关注特别群体，如有研究基于对北京市郊区农民培训的调研，发现农民的日常信息获取行为在自身原有的知识和年龄基础上形成了乡土性和实践性特征，并指出“农民处于信息不平等的弱势地位”的宏大结论的不合理之处。[49]

七、传媒经济研究

新中国成立以来，大众传媒从单一属性的信息播发平台发展为社会主义市场经济中活跃且重要的一分子，逐步走向市场并具备产业化属性。传播活动引发的经济现象激发了传媒经济研究的从无到有，从最初零散的片段求解，到由点及面的发散探索，再到研究成果的涌现和研究体系的初步成型。中国传媒经济研究 70 年轨迹可分为破冰（1949—1978）、重启（1978—1990）、活跃（1990—2000）、系统化（2000—2010）、下半场（2010 年至今）等 5 个阶段，也可将改革开放之后的研究轨迹再细分为萌芽期（1978—1992）、初始期（1992—2002）、成型期（2002—2012）、发展期（2012 年至今）4 个阶段。总体来看，在传媒制度与技术等力量的交织共演推动下，中国传媒经济研究充分反映传媒经济实践图景，学科影响力得到了核心发表平台认可；但同时还存在着一些不足：基础理论体系初步建立，但尚未成熟完善；学科交叉强弱有别，对传媒经济研究的强烈现实需求与经济学研究在该领域供给的极度短缺，形成了一种巨大的反差；研究者存在断代现象，缺乏学术协作的共同体。有研究指出，新时代的传媒经济研究将具有 3 个新定位新面向：首先，信息技术催生媒体变革，“传媒”边界日益模糊，需要进行学理上的再认识；其次，传媒业涌现大量新的经济增长点，为传媒经济活动的理论与实践注入了新的活力；最后，在全新的经济和文化环境中，亟须对传媒经济研究展开新的思考和探索。[50]

广告收入、用户规模和影响力的“断崖式下滑”正在成为传统媒体危机的来源，传统媒体面临的多重危机，也凸显了媒体行业从诸多层面出发，进行行业创新的必要性。有学者从宏观层面提出应将以商业模式重塑为核心的颠覆性创新作为关键概念，推动传媒业变革研究的范式转变，即新的市场颠覆者通过定位于被主流市场忽略的低端客户或需求未被满足的客户，发掘真实的市场需求，并搭建全新的价值网络，逐渐实现对市场份额的占据，甚至是对建制化大企业的颠覆。[51]同时，尝试将新兴技术合理纳入传媒经营与管理实践中，可以激发出令人惊喜的成果。比如伴随着计算机网络技术的发展和产业升级，数字经济蓬勃发展，而作为数字经济关键要素的数字化知识和信息在其价值开发过程中还普遍存在着易被复制、收益分配不合理、资源庞杂不易管理等一系列问题，而区块链技术的发展则为数字资产价值的充分开发利用提供了新的途径。[52]

广播电视、影视剧等视听产业是传媒经济研究的重点领域之一。在宏观层面，有研究总结了广播电视市场化演进及其与市场结构、产业经济增长的关系，发现广播电视产业市场化程度与该产业市场集中度呈负相关，与该产业经济增长呈显著正相关；收入来源市场化水平、产品市场发育程度对该产业经济增长的贡献较大。[53]而在微观层面，研究成果更加丰富，研究视角和内容也不尽相同，有基于投融资视角的电视剧项目价值评估研究，基于版权价值评估视角的中国电视剧收视率预测模型研究，还有中国艺术电影盈利与艺术导向的生存模式分析，营销节奏对网络剧播放量的影响因素探析等等。

注：

①费雯俪、童兵：《新中国新闻学建设70年：从"新闻无学"到"显学"初现》，《新闻与传播研究》，2019年第9期。

②季为民：《中国特色社会主义新闻学"三大体系"的建构》，《新闻与传播研究》，2019年第9期。

③周俊：《马克思主义新闻学研究70年（1949—2019）》，《新闻与传播研究》，2019年第8期。

④唐绪军：《建设性新闻与新闻的建设性》，《新闻与传播研究》，2019年增刊。

⑤徐敬宏、郭婧玉、游鑫洋、胡世明：《建设性新闻：概念界定、主要特征与价值启示》，2019年第8期。

⑥史安斌、王沛楠：《多元语境中的价值共识：东西比较视野下的建设性新闻》，《新闻与传播研究》，2019年增刊。

⑦殷乐：《并行与共振：建设性新闻的全球实践与中国探索》，《新闻与传播研究》，2019年增刊。

⑧胡百精：《概念与语境：建设性新闻与公共协商的可能性》，《新闻与传播研究》，2019年增刊。

⑨蔡雯：《从当代西方新闻改革运动看职业观念转变——"建设性新闻""方案新闻""公共新闻"评析》，《新闻与传播研究》，2019年增刊。

⑩漆亚林、刘静静：《建设性新闻的生成逻辑与现实困境》，《新闻与传播研究》，2019年增刊。

⑪杨保军：《论作为宏观新闻规律的"技术主导律"》，《国际新闻界》，2019年第8期。

⑫王润泽、张凌霄：《新闻价值的西方生产路径与话语权的确立》，《现代传播》，2019年第11期。

⑬唐峥：《能动的在场：融合背景下的职业权威性——对近百位中国媒体从业者的深度访谈》，《国际新闻界》，2019年第6期。

⑭王亦高、钟愉靖、黄从浩：《北京地区新闻从业人员择业动机再探——基于北京地区的一项调研初步数据》，《国际新闻界》，2019年第7期。

⑮赵云泽、董翊宸：《中国上古时期的媒介革命："巫史理性化"与文字功能的转变及其影响》，《新闻与传播研究》，2019年第7期。

⑯梁君健：《视觉媒介与中国近代图像新闻中的时空观念——基于对〈点石斋画报〉中日甲午战争图片报道的分析》，《新闻与传播研究》，2019年第3期。

⑰王晓乐、赵波：《民国时期公共关系的布道者与践行者：梁士纯生平考述》，《新闻与传播研究》，2019年第7期。

⑱方晓恬、王洪喆：《从"群众路线"到"人的现代化"："北京调查"与传播学在中国的肇始（1982—1992）》，《新闻与传播研究》，2019年第2期。

⑲张晓锋、程河清：《中国新闻史研究70年（1949—2019）》，《新闻与传播研究》，2019年第8期。

⑳曹培鑫、薛毅帆：《书写"红色圣地"：世界新闻史上的"中国时刻"》，《现代传播》，2018年第11期。

㉑邓绍根、李兴博：《百年回望：论中国新闻传播教育发展历程及其特点》，《现代传播》，2019年第6期。

㉒周茂君、罗雁飞：《我国新闻传播学本科专业核心课程设置研究——基于55家院校调查数据》，《现代传播》，2019年第8期。

㉓丁汉青、王军：《冲突与协调：传媒从业者后备军职业认同状况研究——以北京某高校新闻学院在校生为例》，《国际新闻界》，2019年第2期。

㉔冷爽：《实践知识哺育理论知识："好记者讲好故事"之于新闻传播人才培养的启示》，《现代传播》，2019年第3期。

㉕庞亮、赵康帅：《目标、价值与路径：新闻传播学走向世界一流的若干思考》，《现代传播》，2019年第7期。

㉖李炜炜、袁军：《融合视角下媒介素养演进研究：从1G到5G》，《现代传播》，2019年第9期。

㉗林文刚：《媒介环境学和媒体教育：反思全球化传播生态中的媒体素养》，《国际新闻界》，2019年第4期。

㉘崔凯：《后喻文化与双重滞后：中国互联网的十年扩散历程（2005—2015）——基于4组CGSS数据的APC模型分析》，《现代传播》，2019年第2期。

㉙王保华、葛自发：《大数据时代的高等教育舆情研判与决策支持》，《现代传播》，2019 年第 9 期。

㉚叶俊：《新宣传的历史溯源、概念重构与关系治理》，《国际新闻界》，2019 年第 3 期。

㉛虞鑫、许弘智：《意见领袖、沉默的螺旋与群体极化：基于社会网络视角的仿真研究》，《国际新闻界》，2019 年第 5 期。

㉜胡泳：《理解麦克卢汉》，《国际新闻界》，2019 年第 1 期。

㉝王凤翔、刘年辉：《幻象、欲望与观念器：麦克卢汉新民俗广告批评中的"美国梦"》，《新闻与传播研究》，2019 年第 12 期。

㉞张虹、熊澄宇：《源流与趋向："新媒介"研究史论要》，《全球传媒学刊》，2019 年第 1 期。

㉟方晓恬：《走向现代化："信息"在中国新闻界的转型与传播学的兴起（1978—1992）》，《国际新闻界》，2019 年第 7 期。

㊱朱鸿军、苗伟山、孙萍：《学科建制下的规范化：新中国新闻与传播学方法研究 70 年（1949—2019）》，《新闻与传播研究》，2019 年第 10 期。

㊲周勇、倪乐融：《拐点与抉择：中国电视业发展的历史逻辑与现实进路》，《现代传播》，2019 年第 9 期。

㊳崔林、陈昱君、林嵩：《"互动"与"亲民"：融合发展背景下主流媒体电视新闻的语态变革——以央视〈新闻联播〉为例》，《新闻与写作》，2019 年第 11 期。

㊴冷凇：《论短视频对传统电视新媒体化赋能的独特性》，《现代传播》，2019 年第 10 期。

㊵刘燕南、张雪静：《内容力、传播力、互动力——电视节目跨屏传播效果评估体系创新研究》，《现代传播》，2019 年第 3 期。

㊶司若、赵静超：《融媒时代纪实性视听作品创新模式研究》，《现代传播》，2019 年第 3 期。

㊷彭兰：《连接与反连接：互联网法则的摇摆》，《国际新闻界》，2019 年第 2 期。

㊸杨伯溆：《宏大叙事与碎片化：全球化进程中互联网传播及其意义》，《国际新闻界》，2019 年第 11 期。

㊹刘小燕、崔远航：《话语霸权：美国"互联网自由"治理理念的"普适化"推广》，《新闻与传播研究》，2019 年第 5 期。

㊺黄河、康宁：《移动互联网环境下群体极化的特征和生发机制——基于"江歌案"移动端媒体文本和网民评论的内容分析》，《国际新闻界》，2019 年第 2 期。

㊻孙萍、牛天：《知识获取 VS 娱乐享受——基于 UTAUT 拓展模型的网络课堂使用探究》，《新闻与传播研究》，2019 年第 5 期。

㊼苏春艳、吴玥：《"网络化病人"：互联网对患病行为的影响研究》，《国际新闻界》，2019 年第 7 期。

㊽潘曙雅、邱月玲：《移动端网络健康互助群组的参与度对成员感知社会支持和抑郁程度的影响研究——以癫痫病症 QQ 群为例》，《国际新闻界》，2019 年第 2 期。

㊾李红艳、牛畅、汪璐蒙：《网络时代农民的信息获取与信息实践——基于对北京市郊区农民培训的调研》，《新闻与传播研究》，2019 年第 4 期。

㊿黄可：《与实践同行：新中国传媒经济研究 70 年（1949—2019）》，《新闻与传播研究》，2019 年第 12 期。

(51)曾繁旭、王宇琦：《重新定义传媒业的创新：续性传媒创新与颠覆性传媒创新》，《新闻与传播研究》，2019 年第 2 期。

(52)任锦鸾、蔡霖：《基于区块链的数字资产价值开发模式研究》，《现代传播》，2019 年第 2 期。

(53)陶喜红、曾光：《广播电视产业市场化演进及其与市场结构、产业经济增长的关系》，《新闻与传播研究》，2019 年第 1 期。

（作者：郭庆光，中国人民大学教授；胡宏超，中国人民大学博士生）

军 事 学

军 事 学

昝瑞礼

2019年，是中国人民解放军建军92周年、古田会议决议诞生90周年、新中国成立70周年，也是人民海军和人民空军成立70周年、澳门回归祖国20周年。从2019年初召开中央军委军事工作会议到10月1日70周年国庆大阅兵，再到12月28日下午纪念古田会议，回顾2019年这极不平凡的一年，军事学的创新发展成就在中国人民解放军92年的发展史上又谱写了光彩夺目的新篇章。

一、回首中国人民解放军92年的发展光辉历程

（一）中国人民解放军建军92周年：人民军队的初心和使命

解辛平在《中国人民解放军建军92周年：人民军队的初心和使命——写在中国人民解放军建军92周年之际》一文中认为，人民军队迎来92岁生日，一部以“八一”为开篇的厚重史书翻开新的一页。

一是回望昨日中国，审视今日中国，眺望未来中国，有两个永不磨灭的时间里程碑。以1921年和1949年为界，“时间的中段”是遵义会议召开的1935年。那一年，红军跋涉在长征路上，扭转了一个民族的命运。以1978年和2049年为界，“时间的中段”是党的十八大之后的2013年。这一年，党领航中国和人民军队迈进了新时代，踏上中华民族伟大复兴的新长征。二是南昌城头的枪声，标志着中国共产党独立领导革命战争、创建人民军队的开端，开启了中国革命新纪元。三是2019年初，亿万人的目光注视着科幻大片里中国军人参与的一次远征——《流浪地球》中，中国军人挺身而出，最终拯救了地球。四是92年来，人民军队走出了一条苦难辉煌之路。无论是从时间维度审视，还是从空间维度审视，这条路都见证了太多不可思议的传奇。五是回望92年来的征程，昨天的星火，点亮了今天的征程。今天的星火，孕育着未来的辉煌。不忘初心，将初心变为恒心；牢记使命，把使命视作生命。英雄，与初心同在；英雄，与使命同行。六是历史的长河潜流深沉，要经过时间的沉淀，才能发现水道令人惊叹的转换。政治建军，引领人民军队重整行装再出发；改革强军，使人民军队体制一新、结构一新、格局一新、面貌一新；科技兴军，驱动现代化建设“弯道超车”；依法治军，推进治军方式实现根本性转变；备战打仗，锻造召之即来、来之能战、战之必胜的精兵劲旅；正风反腐，为人民军队清除蛀虫，扫去阴霾，重焕天青。七是建设世界一流军队。世界一流，不仅是一个理论概念，更是一个实力指标。在世界强手的坐标系中找到自己的前排座次，不仅需要超“己”，还要超“前”，更要超“强”。八是中国人民军队建军92周年的精神历史，在中华民族的精神谱系中，它们是人民军队用初心和使命凝聚而成的结晶体，也是强军兴军征途上的燎原星。九是从2019年8月1日起，全军开始实行新的司号制度。当诞生于战争年代的嘹亮军号再次回荡神州，一支支英雄的部队已经换上了崭新的番号，见证了人民军队的换羽新生。①

（二）人民军队永远是战斗队——写在中国人民解放军建军92周年之际

王雷在《人民军队永远是战斗队——写在中国人民解放军建军92周年之际》一文中认为，92年来，人民军队在武装斗争中诞生、在浴血奋战中成长、在强敌重压下百炼成钢。从“黄洋界上炮声隆”到“四渡赤水出奇兵”，从平型关大捷到千里跃进大别山，从血战长津湖歼灭美军一个团到三军协同攻占一江山岛……我军始终在艰难困苦的条件下，以相对落后的技术装备和匮乏的物质保障迎战强大的对手，却能从小到大、由弱到强，攻无不克、战无不胜，用胜利改变历史的进程，创造出以劣势力量战胜优势力量的战争奇迹，成长为世界军事舞台上的强军劲旅。在人类社会快速步入智能化时代、战争形态发生急剧变化的今天，回望人民军队的战斗历程，有助于我们洞悉这支军队在战火中锻造的独有特质、解析打赢未来战争的制胜密码。一是党对军队的绝对领导是我军战无不胜的根本。二是正确的军事战略指导是我军战无不胜的关键。三是灵活机动的战略战术是我军战无不胜的精髓。四是英勇顽强的战斗作风是我军战无不胜的基础。②

（三）新时代人民军队的使命和担当

解辛平在《中国人民解放军建军 92 周年：人民军队的初心和使命——写在中国人民解放军建军 92 周年之际》一文中认为，新时代，人民军队的使命任务是什么？今年八一前夕，刚刚发布的《新时代的中国国防》白皮书上是这样表述的——为巩固中国共产党领导和社会主义制度提供战略支撑，为捍卫国家主权、统一、领土完整提供战略支撑，为维护国家海外利益提供战略支撑，为促进世界和平与发展提供战略支撑。实现“四个战略支撑”，人民军队应当具备什么样的能力？最核心的能力，就是习主席反复强调的“能打仗、打胜仗”。在这个世界上，一切都可以复制，唯有胜利不可复制。护航中国，人民军队有着清醒的认识——当今世界，正经历百年未有之大变局，中国前所未有地接近世界舞台中央，我们“比历史上任何时期都更需要建设一支强大的人民军队”③。

（四）我们是一支不可战胜的力量——献给中国人民解放军建军 92 周年

李宣良、梅常伟在《我们是一支不可战胜的力量——献给中国人民解放军建军 92 周年》一文中指出，1927 年 8 月 1 日，南昌城头一声枪响，划破历史长空。从此，中国共产党拥有了自己的武装，中国人民有了自己的子弟兵；1949 年 10 月 1 日，天安门广场五星红旗冉冉升起，人民当家做主的新中国宣告诞生。人民军队始终与人民同呼吸、与祖国共奋进，成为捍卫国家主权、安全、发展利益的钢铁长城；在实现中华民族伟大复兴的新征程上，人民军队迈入全面建成世界一流军队的关键阶段，已经并将继续证明——我们是一支不可战胜的力量；一是力量来自党对军队的绝对领导——听党话、跟党走。自诞生之日起，人民军队就以党的初心为初心，以党的使命为使命，以党的旗帜为旗帜、以党的意志为意志、以党的方向为方向，人民军队始终如一、力量无穷；二是力量来自性质宗旨的始终坚守——为了人民、依靠人民，人民军队初心不改、一往无前。人民立场是我军的根本立场，是人民军队区别于其他国家武装力量的显著标志。人民军队能够无往而不胜、无敌于天下，就是因为赢得了民心所向、民意所归、民力所聚。始终把人民放在心中，人民军队积蓄起无敌于天下的制胜伟力。“兵民是胜利之本。”只有服务人民，才能赢得人民；只有赢得人民，才能赢得胜利。“军队打胜仗，人民是靠山。”漫漫征途，人民军队越战越勇、越打越强，一刻也离不开人民群众的支持。三是重整行装再出发，人民军队焕发出新的生机活力；军旗永随党旗红，人民军队汇聚起源源不竭的奋进动力。④

二、纪念古田会议胜利召开 90 周年

90 年前的古田会议和 5 年前的古田全军政治工作会议，是我们党在初心使命的召唤下，对人民军队红色基因进行创建、恢复和传承的大手笔。2019 年 12 月 28 日下午纪念古田会议 90 周年暨第四届全国“红地标党校”理论研讨会召开。来自中共中央党校（国家行政学院）、中共中央党史和文献研究院、国防大学及相关单位的红色专家、学者，以及革命前辈后代等百余人参加研讨会，博采众长，凝聚了新的共识。

（一）毫不动摇坚持党对人民军队的绝对领导——纪念古田会议胜利召开 90 周年

中央军委政治工作部在《毫不动摇坚持党对人民军队的绝对领导—— 纪念古田会议胜利召开 90 周年》一文中认为，古田，是新型人民军队定型的地方。1929 年 12 月召开的古田会议，确立思想建党、政治建军原则，实现人民军队浴火重生、凤凰涅槃。2014 年 10 月召开的古田全军政治工作会议，确立新时代政治建军方略，引领全军重整行装再出发。两次具有里程碑意义的会议，跨越时空、承载厚重，在坚持党指挥枪这个根本问题上作出历史性贡献。一是人民军队从胜利走向胜利彰显了党的领导的伟大力量，必须坚持军队最高领导权和指挥权属于党中央，全面深入贯彻军委主席负责制。二是用进步的政治精神贯注部队是最有效的政治训练，必须持续深入推进习近平强军思想学习武装，培养“四有”革命军人、锻造“四铁”过硬部队。三是严密的组织体系保证了党的领导直达基层、直达士兵，必须全面提高军队党的建设质量，把党组织锻造得更加坚强有力。四是能打仗、打胜仗是军队一切工作的根本指向，必须牢固确立战斗力这个唯一的根本的标准，把党的政治优势和组织优势转化为制胜优势。⑤

（二）马克思主义军事理论中国化的伟大创举

林青旺、朱西林在《马克思主义军事理论中国化的伟大创举——纪念古田会议召开 90 周年》一文中

认为，著名的古田会议把马克思列宁主义的基本原理同中国革命的实际相结合：一是提出了“政治建军”理论，科学地回答了在半殖民地半封建的中国“建设什么样的军队”“怎样建设军队”的根本性问题，为马克思主义军事理论中国化闯出了新路子、奠定了新基石、开辟了新境界，是科学推进马克思主义军事理论中国化的伟大创举。二是从胜利走向胜利，一个重要的历史经验就是在建军之初确立了党对军队绝对领导的根本原则和制度，凝结了“党指挥枪”的军魂，解决了中国革命发展进程中最核心最根本的问题。三是“农村包围城市、武装夺取政权”的革命道路和以“十六字诀”为代表的游击战作战原则，是中国共产党和红军在这一历史时期的伟大创造。标志着中国化的马克思主义即毛泽东思想的初步形成，由此开辟了马克思主义军事理论中国化的新境界。⑥

（三）党对军队的绝对领导要时代化制度化

中央军委政治工作部在《毫不动摇坚持党对人民军队的绝对领导——纪念古田会议胜利召开90周年》一文中认为，90年来，党对军队的绝对领导融入我军血脉，成为须臾不可动摇的建军之本、强军之魂，确保了人民军队不断从胜利走向胜利。党的十九届四中全会从坚持和完善中国特色社会主义制度、推进国家治理体系和治理能力现代化的高度，对坚持和完善党对人民军队的绝对领导制度作出新的战略部署。面对强国强军的时代要求，我们要毫不动摇地坚持党对人民军队的绝对领导，不忘初心、牢记使命、继续前进，为实现党在新时代的强军目标、把人民军队全面建成世界一流军队而奋斗。人民军队从胜利走向胜利彰显了党的领导的伟大力量，必须坚持军队最高领导权和指挥权属于党中央，全面深入贯彻军委主席负责制。⑦

（四）90年后，古田会议和今天的对话

顾钱江、涂洪长、陈弘毅在《90年后，古田会议和今天的对话》一文中认为，90年前，一支建党8年、建军2年的红色革命队伍，在这里探索出了“思想建党、政治建军”的光辉道路。古田，因此成为载入中国革命史册的重要红色“原点”之一。当年12月召开的古田会议确立了“思想建党、政治建军”的重大原则，成为新型人民军队定型的地方，嘹亮的古田军号吹开了中国革命的灿烂曙光。如今，一是红色基因薪火相传、革命精神历久弥新、老区苏区跨越赶超，守护红色文化之魂，见证和诉说着中国共产党人的永恒初心。二是守住这一方革命圣地的魂，古田坚定而智慧。三是经过多年努力，古田会议会址已经实现了从点到面、从单个建筑的保护到红色文物建筑群整体保护活化、从单纯参观到培训研学深度游的转变。在古田，不仅接受了革命教育，眼前舒展开的是一幅红色、绿色和谐共生的画卷。四是90年后再出发，古田会议精神对当代中国意味着什么？最根本的就是古田会议不仅为中国共产党在当时的历史条件下如何进行建党建军找到了初步答案，而且在后来的历史进程中始终指引着我们前进的方向。五是“在全球经济、思想、制度与综合实力全面竞争与合作的当今时代，党面临着‘四大危险’和‘四大考验’，这些问题影响着党的长期执政能力建设和先进性纯洁性建设。而面对这些新问题，古田会议精神给我们启发，唯有实事求是，敢于调查并直面问题，才能找到解决问题的金钥匙”。六是“政治学习永远是每一个共产党员的终身课题，”古田会议决议强调“有计划地进行党内教育”，如今，一批批党员干部来到古田，开展主题教育活动及干部培训，传承红色基因，接受革命火种淬炼。革命圣地的精神不断向外播撒。七是新时代党的一系列制度建设，都是对古田会议精神的赓续与完善。进入新时代，建设伟大工程，仍然要像古田会议一样不断推进马克思主义党建理论中国化，坚持守正和创新相结合，不断破解党的建设中存在的各种问题。⑧

（五）从古田探寻人民军队定型的基因“密码”

刘铭、刘光明在《从古田探寻人民军队定型的基因“密码”》一文中认为，中国共产党人在古田的伟大创造给人民军队注入了生生不息的红色基因，从古田探寻人民军队定型的基因“密码”，很能给我们以深刻启迪。一是坚持不忘初心、牢记使命是永葆人民军队红色基因的根本。二是坚持思想建党、政治建军是永葆人民军队红色基因的首要。三是坚持扶正祛邪、革弊鼎新是永葆人民军队红色基因的关键。四是坚持完善制度、厉行法纪是永葆人民军队红色基因的保证。

随着新型作战力量和部队现代化的发展，红色基因的传承面临着能否适应新体制新职能新使命等新问题。我们要在研究探索如何确保红色基因的“质”永恒不变的同时，推动其“形”的多样化发展，使红色基因以更加旺盛的生命活力传承下去、弘扬开来。⑨

（六）古田之光耀征程——写在古田会议90周年和古田全军政治工作会议5周年之际

解辛平在《古田之光耀征程——写在古田会议

90 周年和古田全军政治工作会议 5 周年之际》一文中认为，历史选择了古田，古田成就了历史。一是古田是我们党确立思想建党、政治建军原则的地方，是我军政治工作奠基的地方，是新型人民军队定型的地方。二是历史不是简单的重复，却有惊人的相似。在生死存亡的危急时刻，毛主席定型了工农红军。在走向复兴的历史关头，习主席重塑了人民军队。三是历史迎来拐点，拐点仍在古田。2014 年 10 月 30 日，在古田全军政治工作会议上，习主席全面总结了我军必须坚持的“十一个优良传统”，深刻指出部队中特别是领导干部中存在的“十个方面突出问题”，严肃指出这些问题已经到了非解决不可的时候，“否则军队就有变质变色的危险”。四是从古田再出发，思想建党、政治建军的灵魂之火，继续淬炼着这支人民军队的思想纯度和政治品格。五是党的绝对领导下所形成的一整套建军治军原则、人民战争的战略战术、人民军队特有的光荣传统和优良作风。让这些红色基因历久弥新、永不褪色的保证，就是党领导的革命军队的政治工作，这是我军的生命线。六是行程万里，不忘初心。90 年来，古田会议精神熠熠生辉，永放光芒。七是人民军队 90 多年波澜壮阔的发展史，既是一部艰苦卓绝的奋斗史，更是一部敢为人先的创新史。中国共产党领导人民军队经历无数次风险挑战、生死关口，却每一次都能转危为安，彰显了非凡的创造力。八是古田之光，照耀征程。从古田再出发，让我们在新时代的壮阔天穹下扬帆远航，向着实现党在新时代的强军目标、全面建成世界一流军队，写一路壮歌，载一船星辉。[10]

三、辉煌的 70 年，巨变中的中国军队

今年是新中国成立 70 周年，也是人民海军、人民空军成立 70 周年。70 年披荆斩棘，70 年风雨兼程，70 年砥砺奋进，在我军 92 年来的发展创新史上，绘就了一幅波澜壮阔、气势恢宏的历史画卷，谱写了一曲感天动地、气壮山河的奋斗壮歌。

（一）雄关漫道向复兴——写在中华人民共和国成立 70 周年之际

《解放军报》编辑部在《雄关漫道向复兴——写在中华人民共和国成立 70 周年之际》一文中指出，1949 年 10 月 1 日，“时间开始了”。一是新中国 70 华诞。70 年奋进跨越，是一部不朽的英雄史诗；70 年沧桑巨变，是一幅光辉的历史画卷，从创立新中国，到奋进新时代，进而实现中国梦强军梦，是人民的选择、历史的必然。二是 70 年来，党领导的人民军队，“脚踏着祖国的大地，背负着民族的希望”。这“希望”，就是民族复兴。三是 70 年来，我军一次次亮剑证明：侵犯他国领土、践踏和平者，必将遭遇可耻的失败；为一己私利粗暴干涉别国内政的霸权主义，没有好果子吃；任何损害中国领土、主权、发展利益的企图，都不能得逞！四是中华民族复兴，离不开边疆长治久安。千年以来，边疆地区战乱纷扰，发展缓慢。70 年来，使命像一根红线，贯穿人民军队在党的领导下打出新中国、保卫新中国、建设新中国的征程。70 年来，使命召唤，何惧赴汤蹈火。邢台、唐山、汶川、玉树抗震，大兴安岭灭火、九八抗洪、抗击非典、利比亚撤侨……人民子弟兵都是最美“逆行者”。五是 70 年来，我们走在富国强军大路上，国富才能强军。而国防强大，人民才能过太平日子。六是和平需要保卫。70 年来，国防和军队建设取得伟大成就，重振政治纲纪、重整斗争格局、重构建设布局、重树作风形象踏上新征程，官兵更加自信自豪。七是 70 年后再出发，而今迈步从头越。今天，船到中流浪更急，人到半山路更陡。威胁和平与发展的“炮火”仍在，在“一片喝彩声、赞扬声中”，头脑要特别清醒。人民军队要居安思危，枕戈待旦。[11]

（二）新中国成立 70 年来国防和军队现代化建设的伟大成就

赵周贤、徐志栋在《不断推进国防和军队现代化建设》一文中认为，新中国成立 70 年来，国防和军队建设不断适应形势任务变化，取得伟大成就。一是政治工作生命线作用充分彰显；二是构建中国特色军事力量体系迈出历史性步伐；三是武器装备体系建设和现代化水平实现历史性跨越；四是国防和军队建设法治化水平不断提高；五是有效履行维护国家主权、安全和发展利益的使命任务。新中国成立 70 年来，我们党领导国防和军队建设取得的伟大成就、积累的宝贵经验，为我们在新时代开辟国防和军队建设新境界提供了深刻启示。一是坚持党对军队的绝对领导；二是坚持先进军事理论指导；三是不断提高履行使命任务能力；四是坚持改革创新；五是坚持富国和强军相统一。[12]

（三）朝着建成世界一流军队阔步前进

张翚、闵仕君在《朝着建成世界一流军队阔步前进》一文中认为，今年是中华人民共和国成立 70 周年。70 年来，中国实现了从站起来到富起来、强起来的伟大飞跃。人民军队积极投身社会主义革命和建设，全面履行保卫祖国、保卫人民和平劳动的职能，为巩固新生人民政权、捍卫中国特色社会主义制度、维护中华民族的发展与尊严提供了坚强后盾。一是经历“民族救亡—改革开放—民族复兴”主题变奏。回顾我军的发展历程，人民军队现代化建设始终是我党建军治军思想的重要内容，并伴随着国家安全与发展利益经历了“民族救亡—改革开放—民族复兴”的主题变奏。二是实现从器物到精神、从“面子”到“里子”的全面重塑。党的十八大以来，人民军队现代化建设实现从器物到精神、从“面子”到“里子”的全面重塑。习主席适应世界新军事革命发展趋势和国家安全需求，强调人民军队要“全面推进军事理论现代化、军队组织形态现代化、军事人员现代化、武器装备现代化”，进一步丰富发展了军队现代化的时代内涵，揭示了新的历史条件下，军队现代化建设的基本规律和主要内容，抓住了全面推进国防和军队现代化建设的“牛鼻子”。三是吹响承前启后、继往开来，加快推进军队现代化的出征号角。国防和军队建设正站在新的历史起点上，吹响了承前启后、继往开来，加快推进军队现代化建设宏伟事业的出征号角。我们要认真贯彻落实党的十九大决策部署，坚定不移沿着中国特色强军之路阔步前进。⑬

（四）铸造强国利器70年

朱启超在《铸造强国利器70年——新中国国防科技和武器装备发展历程与启示》一文中认为，我军诞生于革命战争年代，创造了许多以劣势装备战胜优势敌人的辉煌战绩，书写了可载入世界史册的军事篇章。新中国成立以来，从毛泽东主席提出“建设现代化革命武装力量和发展现代化国防技术”的重要指导思想，到习近平主席在十九大报告中提出“同国家现代化进程相一致，全面推进军事理论现代化、军队组织形态现代化、军事人员现代化、武器装备现代化，力争到2035年基本实现国防和军队现代化，到21世纪中叶把人民军队全面建成世界一流军队”的宏伟目标，可以说，建设现代化的人民军队一直是党和人民的夙愿。实现国防现代化，必须实现国防科技和武器装备现代化。新中国的成立，使得我国国防科技和武器装备发展才真正有了一个相对稳定的环境，才真正走上了奋力实现国防和军队现代化的征程。⑭

（五）人民海军：扬帆奋进70年

沈金龙、秦生祥在《人民海军：扬帆奋进70年》一文中认为，1949年4月23日，伴随着百万雄师横渡长江的胜利凯歌，人民海军在江苏泰州白马庙应运而生。70年波澜壮阔，70年风雨征程。在人民海军成立70周年之际，回眸劈波斩浪的奋斗历程，展望气壮山河的新时代征程，我们感到无比光荣和豪迈。历史告诉我们，强于天下者必强于海，弱于天下者必弱于海，海权是影响大国兴衰沉浮的重要因素。历史永远铭记，是中国共产党人为中国有海无防的历史画上了句号！在中国共产党的坚强领导下，人民海军在战火中诞生，在艰苦中创业，在战斗中成长，在创新中发展，白手起家，披荆斩棘，从“空潜快”到航母编队初步形成体系作战能力，从沿岸近海到远海大洋，逐步发展成为五大兵种齐全、核常兼备的战略性军种。一路走来，人民海军赤胆忠诚；一路走来，人民海军战无不胜；一路走来，人民海军恪守宗旨；一路走来，人民海军英雄辈出。中国特色社会主义进入新时代，人民海军开启了全面建成世界一流海军的新航程。信仰——在坚定追随中不断提纯。组织——在固根立本中更加强化。能力——在淬火磨砺中显著增强。转型——在踔疾步稳中加速推进。航迹——在挺进深蓝中延伸拓展。精神——在接续奋斗中砥砺激昂。昨天的耻辱来自海上，今天的挑战来自海上，明天的机遇同样来自海上。如今的人民海军，正以全新姿态屹立于世界的东方！⑮

（六）中国空军70年的辉煌成就

张杰、刘扬在《七十岁中国空军取得啥成就　装备型谱焕然一新》一文中认为，70年来，人民空军的建设成就斐然，建设转型空军、实战空军、战略空军已经成为共识，正在由一支国土防空型空军，向一支“攻防兼备、空天一体”的空军阔步前进。一是装备建设支撑空军转型；二是实战化训练砥砺实战空军；三是向世界一流战略空军挺进。为加快建设一支空天一体、攻防兼备的强大人民空军，按照规划，空军将分三步向战略空军挺进：第一步，到2020年基本跨入战略空军门槛，初步搭建起“空天一体、攻防兼备”战略空军架构，构建以四代装备为骨干、三代装备为主体的武器装备体系，不断增强基于信息系统的体系作战能力；第二步，进一步构建全新的空军军事力量体系，推进空军战略能力大幅提升；再用一段时间，全面实现空军军事理论、组织形态、军事人员、武器装备现代化，基本完成空军战略转型，到2035年初步建成现代化战略空军，具备更高层次的战略能力；第三步，到21世纪中叶全面建成世界一流战略空军。⑯

四、2019年国防和军队建设的闪光亮点

2019年是令人兴奋极不平凡的一年，国防和军队建设呈现的喜事多，亮点众多。

（一）70周年国庆阅兵九大亮点

赵莹莹在《国庆70周年阅兵有9大亮点　将创这些“首次”和“之最”》一文中指出，这次阅兵创多项“首次”“之最”：一是按改革重构的中国特色现代军事力量体系，编组徒步受阅方队，全军各大单位均有力量参阅，不少方队是首次亮相。二是国庆70周年阅兵计划编59个方梯队和联合军乐团，总规模约1.5万人，受阅装备580台（套），是近几次阅兵中规模最大的一次。三是安排陆军、海军、空军、火箭军和战略支援部队部分新型武器装备受阅。继朱日和沙场阅兵和海上专项阅兵后，首次亮相的新型武器装备比重较高。四是绝大部分方队编设将军领队，由受阅部队2名指挥员共同担任，将军人数超过以往，是历史上高级指挥员受阅数量最多的一次。五是女兵方队将首次安排女将军受阅。六是参阅武器装备全为国产现役装备。七是红色基因的传承接续有力体现。八是仿真模拟的手段运用成效明显。九是高效集约的保障路径逐步走开。[17]

（二）军事专家解读《新时代的中国国防》六大亮点

朱鸿亮、孟娜在《军事专家解读〈新时代的中国国防〉六大亮点》一文中指出，国务院新闻办公室2019年7月24日发表《新时代的中国国防》，军事专家对这部白皮书中的六大亮点进行了解读。亮点一是首次构建新时代中国防御性国防政策体系。亮点二是首次正式公开新时代军队“四个战略支撑”的使命任务。亮点三是首次把“永不称霸、永不扩张、永不谋求势力范围”作为新时代中国国防的鲜明特征。亮点四是首次把服务构建人类命运共同体作为新时代中国国防和军队建设的重要指向。亮点五是首次全景式介绍深化国防和军队改革取得的历史性成就。亮点六是首次通过国防开支的国际比较阐明中国国防费与保障需求的差距。[18]

（三）2019年度十大国际军事新闻

一是新中国成立70周年盛大阅兵举行；二是美国退出《中导条约》；三是太空军事化进程加剧；四是北约与俄强力对峙；五是土耳其出兵叙利亚；六是战争阴云笼罩波斯湾；七是利比亚战火再起；八是印巴多次发生交火；九是韩日安保合作遇冷；十是巴格达迪在美军袭击中自杀身亡。[19]

（四）2019年国际军事合作十大亮点

徐琳在《走向世界的和平足迹——2019年中国军队开展国际军事交流与合作回顾》一文中认为，2019年国际军事合作十大亮点是：一是人民海军成立70周年多国海军活动举行。二是第七届世界军人运动会以“体育传友谊”。三是《新时代的中国国防》白皮书发表。四是北京香山论坛规模再创新高。五是中俄轰炸机首次联合战略巡航提升两军战略协作水平。六是举办庆祝中华人民共和国成立70周年国际军事合作成就展。七是参加俄军“中部—2019”演习。八是东盟防长扩大会反恐专家组联合实兵演习举行。九是首届中非和平安全论坛助力中非合作。十是中美两军举行人道主义救援减灾联合演练。

回首是为了更好前行。放眼未来，中国军队有决心有信心有能力战胜一切威胁挑战，为实现中华民族伟大复兴的中国梦提供坚强战略支撑，为服务构建人类命运共同体作出新的更大贡献。[20]

（五）第九届北京香山论坛彰显了四大亮点

宋歆、邵龙飞、刘雄马在《让北京香山论坛更具时代魅力——访第九届北京香山论坛秘书处办公室主任赵小卓》一文中指出，第九届北京香山论坛秘书处办公室主任赵小卓认为，北京香山论坛是一个很好的沟通对话平台。第九届北京香山论坛彰显了四大亮点：第一个亮点是习主席的贺信。这封信使在场的各国国防部部长、官方代表团，以及众多安全防务学者，对中国的政策和立场有更直接和准确的认识。第二个亮点是北京香山论坛越发成为一个决策者的交流平台，这对我国、我军了解外部世界的关切和看法，有很大的帮助。第三个亮点是此次论坛上的很多双边会见，有助于促进我军与外军之间的交流互信。持续下去，就会产生潜移默化的推动作用。第四个亮点是学术交流成果十分丰富。除了向外界公开的会议，还进行了5场小型闭门研讨会。[21]

（六）难忘的2019年强军梦里喜事多

回顾2019年，中国风景这边独好，不仅强国梦中奋斗出奇迹，而且强军梦里也喜事多。

一是2019年1月，习近平出席中央军委军事工作会议并发表重要讲话。他强调要把新时代军事战略思想立起来，把新时代军事战略方针立起来，把备战打仗指挥棒立起来，把抓备战打仗的责任担当立起来，为更加扎实有效地做好军事斗争准备工作、开创新时代强军事业新局面提供了科学指南。[22]

二是经中央军委批准，军委政治工作部组织编写的《习近平强军思想学习纲要》印发全军。[23]

三是在中国人民解放军海军70华诞之际，中共中央总书记、国家主席、中央军委主席习近平23日出席在青岛举行的庆祝人民海军成立70周年海上阅兵活动。[24]

四是党的十八大以来首部综合型国防白皮书《新时代的中国国防》发布。[25]

五是为深入学习贯彻习近平新时代中国特色社会主义思想和习近平强军思想，由中央军委政治工作部宣传局组织编写的通俗理论读物《军营理论热点怎么看·2019》，印发全军。[26]

六是全军挂像英模图，正式推出！近期，军委政治工作部统一印制：张思德、董存瑞、黄继光、邱少云、雷锋、苏宁、李向群、杨业功、林俊德、张超10位挂像英模画像。[27]

七是中央宣传部、中央军委政治工作部联合发布9位“最美新时代革命军人”。中央宣传部、中央军委政治工作部在今年建军节前夕联合发布9位“最美新时代革命军人”。[28]

八是最美退役军人。19名“最美退役军人”个人和国网江苏电力（如东公司）退役军人党员服务队1个集体，是广大退役军人的优秀代表。[29]

九是全军老干部工作暨“三先”表彰电视电话会议在北京召开。表彰了全军19个先进干休所、35名离退休干部、15名老干部工作者。[30]

十是武汉军运会是2019年中国举办的规模最大的综合性运动会。中国军团在家门口斩获133金64银42铜的好成绩，头一回领跑军运会奖牌榜。武汉也创造了无数的第一：第一次在同一个城市举办全部的比赛；第一次兴建军运村；第一次实现走出军营军民联合办赛；第一次使用5G技术传输视频信号……武汉军运会充分展现了国际军体“体育传友谊”的办赛宗旨，为各国军体健儿增进友谊、交流互鉴提供了很好的机遇与平台，谱写了“创军人荣耀，筑世界和平”的新篇章，同时也展示了我国改革开放的新成果，为维护世界和平、推动构建人类命运共同体作出了扎实贡献。[31]

十一是广泛开展“赓续血脉、矢志强军”红色故事群。经各单位层层推荐，47名优秀选手参加了初赛，20名选手晋级决赛。

十二是第四届“五个一百”网络正能量精品评选活动结果揭晓。军队系统11个网络正能量榜样、47件网络正能量作品获评。[32]

十三是庆祝中国人民解放军进驻澳门20周年大会举行。[33]

五、军事理论研究新进展

军事理论只有扎根于军事实践的沃土，才能充分激发活力，保持旺盛的生命力。党的十九大报告指出，全面推进军事理论现代化、军队组织形态现代化、军事人员现代化、武器装备现代化。明确了军事理论现代化在“四个现代化”中的首要地位，赋予我军现代化建设新的时代内涵，同时也为军事理论的研究与创新注入强大动力。

（一）全面推进新时代强军事业的科学指南

沈志华、崔连杰在《全面推进新时代强军事业的科学指南》一文中认为，习近平强军思想：一是开拓了当代中国马克思主义军事理论和军事实践发展新境界；二是全面推进新时代强军事业的科学指南；三是闪耀着马克思主义真理光芒的科学理论体系；四是新时代学习贯彻党的军事指导理论，最重要最现实的就是深化习近平强军思想武装。[34]

（二）习近平军事战略思想的新境界

王达在《新版国防白皮书提出习近平军事战略思想》一文认为，习近平军事战略思想，开辟了马克思主义战争观安全观的新境界，开辟了支撑中华民族伟大复兴战略布局的新境界，开辟了维护国家安全战略运筹的新境界，开辟了国防和军队现代化战略设计的新境界，是当前和今后一个时期我军军事力量运用和建设的根本遵循和科学指南。[35]

（三）军事理论现代化的时代背景内涵特征和发展趋势

彭廷华在《把握军事理论现代化时代内涵》一文中认为，研究军事理论现代化的规律和特点，要把握下列几个方面：一是应分析军事理论现代化的时代背景和要求。从当代国际军事理论发展轨迹来看，军事理论现代化是伴随战略环境、军事技术、战争形态的变化而产生发展的。军事理论正成为一门与社会科学、自然科学和技术科学等众多学科相互渗透的综合性理论，客观上要求军事理论内在发展更加系统和科学。二是正确把握军事理论现代化的定义：运用当代世界创造的政治、军事、科技、教育、管理和文化等方面的优秀成果，通过创新使国家对国防和军队建设的理解认识和知识体系等方面达到当代先进水平，引领军队组织形态、军事人员和武器装备现代化水平发展及其过程的统称。这个定义主要包括4层含义：①军事理论现代化是实现的目标，也是发展过程；②军事理论现代化的灵魂是创新；③实现军事理论现代化要广泛利用当代先进文明成果；④明确了军事理论现代化在军队现代化建设的引领地位与作用。三是军事理论现代化的主要特征：①思维的超前性；②系统的完整性；③方法的创新性；④成果的推广性。四是军事理论现代化的发展趋势：①设计战争：孕育军事理论现代化新空间。②理技融合：开拓军事理论现代化新使命。③研战结合：夯实军事理论现代化发展基础。[36]

（四）把握特点规律创新理论

陈东恒在《把握特点规律创新理论》一文中认为，把握信息化智能化战争的特点规律，既是打赢现代战争的内在要求，也是战争和作战理论创新的基础前提。创新发展战争和作战理论，必须把握信息化智能化战争的特点规律，着力转观念、理思路、找对策、推发展。[37]

（五）为军事理论研究插上科技翅膀

李晓辉、李明在《为军事理论研究插上科技翅膀》一文中认为，随着现代科学技术的迅猛发展，军事科技对军事学术的影响渗透越来越大，军事理论研究人员只有了解现代科技知识，掌握现代科技思维方法，理解现代战争的科学技术基础，才能真正取得高质量的研究成果。为此，军事理论科研人员应增强对现代科学技术的理解力，深刻认识现代战争中技术因素地位作用日益提升的发展趋势，增强对新技术、新发明、新知识的敏锐性，重视追踪挖掘新技术、新装备、新理论的军事价值及影响，努力将军事理论研究创新的增长点转到基于科技进步和运用科学方法上来。[38]

（六）2019《军事论坛》十大重点选题回溯

刘秋丽在《我们的脚步·我们的思索——2019〈军事论坛〉十大重点选题回溯》一文中认为，今天是 2019 年的最后一天，值此辞旧迎新之际，回望来路，一年来《军事论坛》紧紧围绕“研究军事、研究战争、研究打仗”谋篇布局，努力推陈出新，积极助力强军兴军实践。年终岁尾，勾勒航迹是为了新的出发。我们特别甄选了 2019 年《军事论坛》十大重点选题策划，借此与您一起，进一步增强问题意识、强化问题导向，厘清研究思路、凝聚思想智慧、激发创新活力，为中国军人挺立潮头、制胜未来而不懈努力。

一是智能化战争重点选题回溯。智能化战争已初露端倪。我们着眼构建智能化战争理论体系选题，先后编辑刊发了《智能化战争并不遥远》《透视未来智能化战争的样子》《智能化战争研究离不开辩证思维》《智能化作战应“化”在哪里》《智能化战争不会让人走开》《智能化无人装备改变了什么》《智能化无人保障改变了什么》等版面头条文章 10 余篇。这些文章直击智能化战争前沿，从战争形态演变到国防和军队建设如何因应变化、主动作为等，对智能化战争进行了多角度研讨。

二是以史为鉴重点选题回溯。历史是最好的老师。我们着眼深化以史为鉴研究选题策划，编辑刊发了《昨天的战史如何启迪明天的战场》《冰血长津湖：“气多”战胜“钢多”》《大渡河战役：红军的生死存亡之战》《上海战役：一场完胜的政治军事仗》《一江山岛战役：开创我军联合作战先河》《“外科手术式”空袭缘何屡屡得手》《向毛泽东学习战略管理艺术》《近代日本对外侵略战争的历史特征及警示》等多篇重点文章，从历史中总结战争与作战的经验，也从历史中借鉴战争与作战的教训，更从历史中思考这些经验与教训今天的现实意义与实践运用。

三是信息化战争重点选题回溯。信息化战争正向纵深发展。我们着眼深化信息化战争理论研究选题策划，编辑刊发了《虚拟时代需要什么样的战争观》《信息化战争应有怎样的力量观》《信息化战争应有怎样的优势观》《信息化战争应有怎样的时空观》《信息化战争应有怎样的融合观》《信息化战争应有怎样的制权观》《信息化战争应有怎样的作战观》《信息化战争应有怎样的胜利观》等版面头条文章。这些文章站在已有的信息化战争理论研究成果基础之上，进一步深化了信息化战争和作战理论的研究。

四是人工智能应用重点选题回溯。人工智能和军事应用正成为理论研究的热点。我们先后编辑刊发了《抢占人工智能技术发展制高点》《寻找人工智能新突破点》《让军事智能化步入科学发展轨道》《辩证视域下的军事智能化》《加速推进军事智能化》《机械化信息化智能化如何融合发展》等版面头条文章和相关研究性文章。这些文章站在人工智能迅猛发展的时代潮流之上，深入探索人工智能在军事领域发展应用的理论问题，力求深化对人工智能技术军事应用的认知与把握。

五是战争制胜重点选题回溯。新军事革命浪潮正在颠覆传统的制胜观念。我们着眼深化战争制胜问题研究，编辑刊发了《在变与不变中探寻智能化战争制胜之道》《智能化战争的制胜机理变在哪里》《战争制胜应确立全域聚优理念》《陆军全域作战制胜基点在哪里》《制胜机理“变”与“不变”的断想》《智能化战争的制胜精髓》等版面头条文章，还特别组织了《先知者胜》《精算者胜》《无畏者胜》《以奇者胜》《善谋者胜》《心定者胜》等短小精悍文章30多篇。这些文章从不同视角、不同层面入手，既阐明制胜的一般性原理，更重视当下实践的结合运用。

六是无人化作战重点选题回溯。无人化作战等新型作战正劈空而来。我们紧紧抓住这一全新作战样式，编辑刊发了《降域打击：未来作战新样式》《“蜂群”作战到底改变了什么》《微型分布式作战：以小博大制胜战争》《夜间城市作战怎么打》《无人作战如何重塑作战观》《无人作战如何改变战争形态》《无人作战如何冲击战争伦理》《海上作战智能化变革路在何方》《为新型作战体系画个像》等版面头条文章10多篇。这些文章着眼无人化作战发展潮流，深入探索未来战争作战可能样式、特点以及对策。

七是军队建设重点选题回溯。一流军队需要一流理论支撑。我们着眼深化一流军队理论研究选题，编辑刊发了《把好战区主战这个新体制运行要求》《加速推进联合训练标准化建设》《推进新时代军事管理革命的思考》《重塑与能打胜仗相适应的“四个秩序”》《以军事职业教育赢得人才强军加速度》《塑造新时代一流军队院校好样子》《准确把握新时代为战育人着力点》《着力破解指挥员“五个不会”问题》《加紧锤炼提升官兵学习能力》等重头理论文章。这些文章从推进军事理论现代化、军队组织形态现代化、军队人员现代化等方面，深入探讨一流军队建设理论。

八是核心关键技术重点选题回溯。核心关键技术特别是颠覆性技术是打赢战争的“命门”。我们着眼深化先进技术理论研究选题策划，编辑刊发了《用好科技创新这个战斗力提升加速器》《颠覆性技术引发战术变革》《数据：信息化智能化作战血液》《制电磁权，未来战争入场券》《无人化作战系统“非对称”优势》《区块链如何影响现代军事》《武器装备机械化、信息化、智能化怎么融》《军事能源转型：升级军事能力的原力》《切勿陷入算法迷信》等理论文章。这些文章着重阐述先进技术在军事领域影响和应用，特别是颠覆性影响和应用。

九是作战保障重点选题回溯。制胜战场，保障先行。我们围绕联合作战环境下的作战保障难题选题策划，编辑刊发了《努力建设强大的现代化后勤》《厘清作战保障之时代新变化》《联合作战后装保障将会是啥样子》《明晰军事需求铺就胜战之路》《无人系统将刷新未来战场补给方式》《让军事物流建设紧扣时代脉搏》《智能化时代后勤保障啥模样》等版面头条文章。这些文章站在联合作战保障理论前沿探索未来战争联合作战保障问题，特别是对未来智能化战争形态下联合勤务保障理论进行了初步探索。

十是创新方法论重点选题回溯。军事理论创新是赢得战争的先手棋。我们注重从方法论角度入手，着眼深化军事理论创新选题策划，编辑刊发了《坚持理技融合研究设计战争》《善于提炼标识性军事学术概念》《把握军事理论现代化时代内涵》《让科学与艺术联姻互动》《为军事理论研究插上科技翅膀》《把握战争设计的科学途径》《把握作战样式的创新设计》《作战设计重在落地落实》《作战环境是战法研究的依据》等重点文章。这些文章从理论与实践结合、理论与技术结合、宏观与微观结合等多角度、多层次探讨军事理论创新的特点规律、方法路径。㊴

六、军事教育研究新进展

军事竞争的关键在人才，人才的培养基础在教育。强军必须先强校。开创院校教育和人才培养新局面，军事教育研究又有了新的进展。

（一）开创院校教育和人才培养新局面的科学指南和根本遵循

吴杰明在《开创院校教育和人才培养新局面的科学指南和根本遵循——学习贯彻习主席在全军院校长集训开班式上的重要讲话》一文中认为，习主席在全军院校长集训开班式上的重要讲话，全面总结这些年来军事教育创新发展的成功经验，鲜明提出新时代军事教育方针，对全面深化军事院校改革、提高院校长办学治校能力作出重大部署，为开创院校教育和人才培养新局面提供了科学指南和根本遵循，是指导做好新时代我军军事教育工作的纲领性文献。一是党的军事教育理论的新突破。习主席的重要讲话，站在时代发展和战略全局的高度，将马克思主义军事教育理论与新时代我军实际相结合，科学回答了院校建设和人才培养一系列带根本性、方向性的重大问题，是党的军事教育理论创新发展的又一座里程碑。二是提出了新时代军事教育方针，把立德树人和为战育人并列起来，体现了政治与军事相统一的军事辩证法思想，彰显了政治建军和能打胜仗对育人的规律性要求。三是要深刻学习领会习主席重要讲话的丰富内涵和精神实质。①首次鲜明提出新时代军事教育方针。②对深化军事院校改革创新作出全面部署。③院校长要讲政治、懂教育、钻打仗、善管理、严自律，做办学治校的行家里手。④以高度政治自觉和强烈使命担当深学深悟笃信笃行。四是讲话是马克思主义真理观与价值观的统一。作为真理观，它回答和解决的是遵循新时代军事教育规律和人才培养规律的问题；作为价值观，它回答和解决的是军事教育如何为强国兴军服务的问题。要全面彰显这一重要讲话的巨大指导作用和强大威力，就必须把它作为根本尺度来加以运用。[40]

（二）把立德树人作为检验人才培养成效的根本标准，确保党和军队事业后继有人

陶传铭在《把立德树人作为检验人才培养成效的根本标准，确保党和军队事业后继有人——学习贯彻习主席在全军院校长集训开班式上的重要讲话》一文中指出，习主席在全军院校长集训开班式上郑重提出新时代军事教育方针，并将“立德树人”作为其重要内容进行深刻阐释，科学回答了事关军队院校发展和人才培养带根本性、方向性的重大问题，为推动新时代军队院校教育和人才培养工作达到一个新水平提供了重要遵循，必须认真学习领会、坚决贯彻执行。一是院校教育是高素质专业化人才培养的主渠道，必须把立德树人摆在人才培养首要位置。二是把立德树人作为检验人才培养成效的根本标准，确保党和军队事业后继有人。三是把思想政治教育贯穿育人全过程，确保立德树人要求落到实处，切实发挥好院校党委在军队院校全面建设中的主心骨作用，各级组织切实履行好抓思想政治教育的主体责任，确保军事教育领域始终成为坚持党的领导的坚强阵地。[41]

（三）领军拔尖人才群体加速崛起

柯明君在《领军拔尖人才群体加速崛起》一文中报道：2019 年两院院士增选结果日前公布，国防科技大学教授王怀民、李东旭当选为中国科学院院士，研究员姚富强当选为中国工程院院士。这是该校系统、持续推进高层次人才建设取得的喜人成果。盘点该校人才建设成果，一个领军拔尖人才群体正在加速崛起：从 2009 年开始，该校连续有 10 人当选两院院士；近 5 年来，新增长江学者特聘教授和长江青年学者 8 人，入选国家“千人计划”“万人计划”“百千万人才工程”和军队高层次科技创新人才工程的中青年专家达 150 余人次。在 2019 年初颁布的国家科学技术奖励中，该校获得包括国家科技进步一等奖、国家自然科学二等奖在内的 6 项奖励，在全国高校中名列前茅。[42]

（四）强军之道，要在得人

王传宝在《聚天下英才　兴强军伟业》一文中认为，搞现代化建设、抓军事斗争准备，最核心的问题是人才。强军之道，要在得人。得什么样的人？当然是得能指挥打仗、能带领军队打胜仗的人。聚天下英才，兴强军伟业。“最强大脑”“学霸方队”“71%都是博士硕士”……庆祝中华人民共和国成立 70 周年阅兵徒步方队中，一支由军事科学院、国防大学、国防科技大学联合抽组而成的院校科研方队，成为人们热议的话题。一个阅兵方队的人力构成，成为我军人才建设成就的一个缩影。“只有塑造后天的军队，才能打赢明天的战争。”时代给了我们最好的机遇。实现党在新时代的强军目标，打赢未来战争，有效履行使命任务，必须聚天下英才而用之。[43]

（五）切实提高人才培养使用效益

曹志刚在《切实提高人才培养使用效益》一文中认为，文职人员是我军作战支援保障的重要力量，大批优秀社会人才加速向强军伟业汇聚，优化了军队人才队伍组织结构，需要各级更新人力资源管理理念。文职人员队伍建设与运用效能如何，关键看各级党委能否真心爱才惜才，下大力育才用才，切实提高人才培养使用效益。一是必须聚焦主战需求和职能任务，采取有力举措，抓好文职人员队伍接续培养。二是文职人员的身份属性，决定了对这支队伍的管理教育，既要体现与现役军人的共性要求，又要有所区别、分类施策，营造有利于干事创业、拴心留人的环境氛围。三是新的文职人员制度大幅提升关键在于能否把这些好政策用足用好。四是建立常态联络机制，形成顺畅高效、合力落实的工作局面，真正让广大文职人员放心满意，不断增强文职人员在军队工作的归属感获得感。[44]

（六）树立为战育人的崇高事业追求

周燕虎在《树立为战育人的崇高事业追求——寄语军事教育战线上的文职教员们》一文中认为，为战育人，是新时代军事教育方针的鲜明特点。使命催人奋进，责任不容懈怠。作为从事新时代军事教育的军队文职人员，要想挺立时代的潮头浪尖，担当起培养新型军事人才的历史重任，不仅要向德才兼备的高素质、专业化新型军事人才方向挺进，更要树立为战育人的崇高事业追求，坚持一切教学活动向打仗聚焦，让三尺讲台时时彰显实战化、处处充满硝烟味，成为胜战人才加钢淬火的熔炉。一是为战育人是强军兴军的时代要求，也是军事教育的目标指向。文职教学岗位与军队战斗力建设紧密相连，承担的使命是培养新型军事人才，面对的教学对象将来是要带兵打仗的。只有坚持把为战育人作为矢志不渝的事业追求，化为

高度自觉的教学行为，才能真正立起新时代军队文职人员好样子，成为院校教学的力量中坚。二是为战育人不只在军事专业教学的课堂，还要贯穿所有教学活动，体现在人才培养的全过程。三是对为战育人的内涵外延缺乏深刻理解，为战育人的事业追求树得还不够牢，这是当前需要解决的现实课题。四是努力把为战育人深植灵魂血脉，化为核心教学理念和崇高事业追求。五是军事院校要重视加强文职人员队伍能力建设，大兴研战、教战、学战之风，加快推动文职人员军事素养的培塑，引导他们视岗位为战位、把教学当教战，争做培养新型军事人才的军中名师。[45]

七、军事思维研究新进展

任何创新都是主体内在思维创新的外化结果。思维理念具有先导性，如果理念滞后就难免陷入“新瓶装旧酒”的窘境；思维方式具有支配性、操作性，如果思维方式陈旧就难免犯“把卡宾枪当棍棒用”的低级错误。只有以强烈的危机感、紧迫感解决好“换脑”问题，用科学思维破除认知盲区、力避思维短路，才能在作战理论创新上赢得先知、优知、智知优势。

（一）革新军事思维方式具有特别重要的意义

邹振宁在《从哲学角度辨析信息化作战指挥》一文中认为，从哲学层面上来分析，不难发现，在作战指挥观念更新的过程中，革新军事思维方式具有特别重要的意义。一是要克服守旧的思维习惯，提倡开放的、创新的军事思维方式。二是要摒弃片面的、绝对的思想倾向，提倡全面的、辩证的军事思维方式。三是要废除静止的、停滞的思想观念，提倡动态的、发展的军事思维方式。作战指挥发展史表明，“如果武器改进了，技术有了新的进步，那么军事组织的形式、军队指挥的关系也会随着改变”。因此，作战指挥观念是一个不断发展、不断更新的动态过程。一旦出现新技术所能引发作战指挥形态变化，就有可能带来作战指挥观念的更新，必须随时以新的姿态来正视作战指挥观念的更新。[46]

（二）联合作战需要新思维观念

刘孝良、李美丽、樊军波在《联合作战呼唤什么样的思维观》一文中认为，当前，战争形态加速向信息化演变，武器平台的火力强度、机动速度、打击精度、智能化程度大幅跃升，战场空间不断拓展，作战行动耦合更加紧密，战场态势变换更加迅速，“多域战”“分布式杀伤”“蜂群”等新作战理论层出不穷，对指挥人员思维理念、思维方式提出很大挑战。指挥人员应适应未来联合作战需求，以崭新思维观念谋划作战设计、调控作战行动，才可能最大程度地发挥谋略优势，赢得作战胜势。一是树立多维化思维观。未来联合作战，指挥人员不能简单地陷入机械化战争“有什么条件打什么仗”的固定思维，而应从多维度思考“用什么组合”打胜仗，谋求制胜战场的最佳组合。二是树立体系化思维观。联合作战指挥人员应树立体系化思维观，在筹划力量运用时，应着眼体系能力最大化，合理配置功能要素，科学编组、体系配置，攥指成拳，以我之可靠手段重击敌体系弱点，实现对敌体系的最大毁伤。三是树立网络化思维观。运用网络化思维，一方面应注重建网强网，即构建好己方的侦察报知网、筹划决策网、行动协调网、需求感知网，以共享战场信息无缝链接各作战单元，重塑指挥流程，自主协同行动，精准快速保障；另一方面应注重击网破网，即把敌各作战力量、作战单元置于网络体系之中，分析其关键链路节点，采取软硬结合方式，断其信息传输、阻其指挥控制、瘫其网络体系。[47]

（三）打仗呼唤多变思维

张西成在《打仗呼唤多变思维》一文中认为，战场上的对抗，一定意义上可以说是敌对双方作战思想和思维的对决。思维方式偏了向，则可能陷入“山重水复疑无路”的困局；思维方式对了头，则比较容易找到破解难题的办法，从而形成“柳暗花明又一村”的胜局。战争具有天然的复杂性、多变性，打仗的思维方式也应该因地制宜、丰富多彩。一是，打仗需要逻辑思维的洞见。做出“敌人只能这样”的科学判断。二是，打仗需要辩证思维的透析。面对混沌变幻的战争实践，善于把问题想得复杂些，多些进与退、利与弊、得与失的权衡，方能获得更多的主动权。三是，打仗需要发散思维的通达。一名指挥员如果总是“一根筋”想问题、“一条道”走到底，迟早会被对手知晓看透，那么失败也就成为一种必然。四是，打仗需要逆向思维的睿智。战争史告诉我们，最大的不可能处蕴含着最大的可能性；兵家之“机”，有时存在于兵家之“忌”中。[48]

（四）不断提升战略思维能力

卢晓东、高凯在《不断提升战略思维能力》一文中认为，当前，风起云涌的世界新军事变革推动战争形态高速发展，对战略思维能力提出了更高要求。不断提高战略思维能力，才能不断增强工作的原则性、系统性、预见性、创造性。提高战略思维能力应把握下列问题。一要把握战略思维精髓。二要构建完备学习模式。三要精于“复盘”内化习惯。面对战略“大棋局”，要想成为最出色的棋手，就要养成“复盘”的良好习惯。应把每一次的案例研究、事件构想、模拟推演都当成下一盘棋，不断“复盘”自己的思维过程，反思不足、分析原因、总结经验、改进提高，通过不断“复盘”练习，内化战略思维习惯，从而提升战略思维能力。[49]

（五）善用逆向思维谋划决策

魏军民在《善用逆向思维谋划决策》一文中指出，逆向思维，也称求异思维，是对已成定论事物或观点反向思考的方式。战争中运用逆向思维，善于“反其道而行之”，往往能够产生作战奇效。一是缺陷逆向思维，主旨在于利用和放大自己的缺陷，让对手放松警惕。二是角度逆向思维，即换位思考，站在对手的角度来考虑问题。战争中，应善于站在敌方的立场上，思考敌人想什么、怕什么，从而找准敌人弱点、掐住敌人命脉。三是心态逆向思维，即打破日常所形成的心理习惯，在敌方心态放松之际，反时机、反常规行动。四是定式逆向思维，是指超出常规模式、不循规蹈矩、不墨守成规。五是属性逆向思维，是指事物属性是多方面的，既要正面分析，又能反面思考。未来信息化战场上，制胜机理更加复杂，应多用属性逆向思维，凡事正反对比、利弊思考，多从反面思考问题。[50]

（六）智能化战争研究离不开辩证思维

马荣升在《智能化战争研究离不开辩证思维》一文中认为，人工智能运用于军事领域是柄双刃剑，一方面极大提高了作战效能，另一方面也需要高度重视人工智能潜在的弱点和漏洞。智能武器的运用不表明人的作用下降了，而是人的部分功能被转移物化在武器之中了。武器延长了人的肢体，也延伸了人的大脑，激发了人的创造性和能动性。在开展智能化战争研究时，应坚持辩证思维，防止研究“脱实向虚”“以偏概全”“重技轻理”，科学分析智能化战争的特点规律，才能真正推动研究走深走实。一是谨防“脱实向虚”，需用科学方法论和认识论分析问题，如系统论视角、全局性思维、工程化设计。二是力避“以偏概全”，需以对立统一思维把握矛盾对立面。如人与武器的关系、进攻与防御的关系、传承与创新的关系。三是防止“重技轻理”，需以理技融合推动技术与理论创新，如观念融合、学科融合。[51]

（七）智能化战争突破人类思维极限

李明海在《智能化战争的制胜机理变在哪里》一文中认为，智能化战争突破人类生理和思维极限。一是作战空间和领域极度拓展。未来智能化作战是立体、全维、全领域作战，战争空间将从传统的空间领域，向极地、深海、太空等极限拓展，特别是向认知域、信息域渗透并贯穿其他领域，作战领域更加模糊。二是作战进程极度加快。无人自主作战大幅压缩“观察—判断—决策—行动”周期，从信息化战争的“瞬时摧毁”发展为智能化战争的“即时摧毁”。智能化战争的胜利，是通过预警时间提前、决策时间缩短，作战行动向前延伸，达到先手布局、先发制人的效果。三是作战行动极度灵活。智能化战争中，人工智能能够提出极为丰富的作战方案，加之无人作战平台，能够在不同功能角色之间快速切换，作战行动更为大胆冒险，战术战法更为出乎意料。即使作战要素中的某一个丧失功能，“去中心化”的功能也会确保群体功能不受影响。[52]

八、未来战争设计研究新进展

一流军队设计战争。夺取未来战争主动权、构想制敌胜战之法、前瞻预测未来作战进程和结局、科学生成军事需求牵引军事斗争准备、指导备战打仗实践、引领军队建设发展，都重在搞好作战设计。设计战争首先要科学认知战争，树立科学的设计观。这是夺取信息化战争优势、形成未来战争胜势的首要前提和基本原则。

（一）创新具有我军特色的军事战略设计路子

张翚、闵仕君在《朝着建成世界一流军队阔步前进》一文中认为，创新我军特色战争指导。面向未来，才可能赢得未来。没有创新的思想和理论，就不可能有创新的实践。战争指导理论与实践的创新发展，是军队面向未来能力的重要体现，甚至决定着未来战争的胜负。应坚持以新形势下军事战略方针为统揽，紧贴国情军情实际，强化以敌为师的学习观、能战言和的制胜观、以斗求稳的管控观、以进为重的经略观，结合时移世转的新情况，发挥具有我军特色的非对称作战、人民战争和体系作战优势，创新具有我军特色的军事战略设计路子，实现从战争中学习战争向战前研究战争、从被动应对战争向主动设计战争的转变。[53]

（二）把握作战样式的创新设计

李珂在《把握作战样式的创新设计》一文中认为，作战样式是依据敌情、战场环境等不同情况，对作战类型的具体划分，是从作战方式方法的视角来研究打仗。设计作战样式，就是设计一场战争“打什么”“怎么打”，并据此牵引军事斗争准备和作战能力的提升。一般而言，作战样式创新遵循普遍性的客观规律，它既是时代的产物，又与作战目的、战场环境、作战对手、作战能力、作战行动等因素紧密相关。一是基于作战目的。以作战目的为牵引来设计作战样式，侧重解决“打什么仗”的问题。二是着眼战场环境。以战场环境为依据来设计作战样式，侧重解决“在哪里打仗”的问题。三是立足作战能力。以作战能力为依托来设计作战样式，侧重解决“靠什么打仗”的问题。四是体现作战行动。作战样式是由作战行动来支撑的，依赖各类作战行动的筹划与运用，侧重解决“具体怎么打仗”的问题。设计作战样式须紧盯作战对手，深入研究其作战思想、作战体系、作战行动等，不能被眼花缭乱的“构想”“概念”牵着走，要把对手的真实意图搞清楚，摸准命脉，击其要害，发展形成专打敌方“痛点”的作战样式。[54]

（三）把握战争设计的科学途径

闫晓峰在《回答好“战争可以是什么样”——把握战争设计的科学途径》一文中认为，科学进行战争设计主要有以下 3 条途径：一是以研究现实对手为设计起点。此类战争设计的流程是：战前判断—战略性作战设计—军事需求生成。二是以运用创新技术为设计起点。此类战争设计的流程是：军事技术创新—武器装备发展—战争样式创新—军事需求生成。三是以研究安全需求为设计起点。此类战争设计的流程是：安全需求判断—作战概念形成—战争构想设计—军事需求生成。战争设计以未来安全需求的不确定性为逻辑起点。以研究未来安全需求为起点的战争设计通常时间跨度较长，主要着眼未来 20 年或更长时间，同时也是国防和军队长远建设发展的起始，既是逻辑的起点也是时间的起点，牵引着军事技术和武器装备发展、军队组织编制调整改革和军事人力资源建设。[55]

（四）坚持理技融合研究设计战争

吕俊杰在《坚持理技融合研究设计战争》一文中认为，坚持理技融合研究设计战争，已经成为突破传统战争研究窠臼的新视窗，成为推进战争设计的必由之路。理技融合研究设计战争的重大意义：一是坚持理技融合是探寻战争制胜机理的重要举措；二是坚持理技融合是开发核心作战概念的重要保证；三是坚持理技融合是有效创新战法手段的重要途径。

理技融合研究设计战争的路径方法：坚持面向战场、面向部队、面向未来，把战争设计与备战打仗结合起来，把战争设计创新链与作战指挥链、建设管理链高效对接、融合起来。一是理论思辨法。二是仿真实验法。三是演训实践法。四是迭代优化法。融合研究设计战争应注意的问题：理技融合研究设计战争自身也是个复杂巨系统，在创新发展中有些关键环节需要重点加以关注。一是搞准目标需求。二是把准重点内容。三是完善制度机制。四是开发系统平台。五是理技融合研究设计的总原则。推动战争设计成果进入战争准备和军事训练实践并接受实践检验，形成理技合一战争研究新结构新布局。[56]

（五）突出主要内容搞好战争设计

王科、白光炜、袁艺在《突出主要内容搞好战争设计》一文中认为，战争设计的重点是研究战争特点、发现战争规律、运用战争规律、改进创新战争指导、牵引备战打仗，应突出战争形态、战争预测、战争制胜机理、战争构想和军事力量体系需求等 5 个方面内容搞好战争设计。战争形态是基础，准确预测战争是前提，把握制胜机理是中心，开发战争构想是关键，构建力量体系是落脚点。[57]

（六）设计武器装备就是设计未来战争

“设计武器装备就是设计未来战争。”杜黑说：“一个想要制造一件好的战争工具的人，必须首先问问自己下次战争将是什么样的。”当今世界正处于新一轮科技爆发前夜，人工智能、信息网络、生物交叉、微纳材料、定向能武器、人体机能改良等重大战略前沿技术演进之快、影响之广，已超出旧知识体系的认知范围，并呈现出多点迸发、群体突破的态势。西方强国的武器装备研发，已经完成从“有什么武器打什么仗”向“打什么仗发展什么武器”的转变。我军武器装备近年来极大改善，但与强敌相比仍有差距。武器装备研发必须充分吸纳科技发展的最新成果，找准其泛在联动的关键节点，坚持有所为有所不为，在军事上设计好抢先预置、抢先突破、抢先应用的快捷路径和高效方法，力争抢占新一轮军事革命的战略制高点和前沿“无人区”。[58]

九、未来战争制胜因素研究新进展

胜战是一支军队存在的根本价值。“在党和人民需要的时候，我们这支军队能不能始终坚持住党的绝对领导，能不能拉得上去、打胜仗，各级指挥员能不能带兵打仗、指挥打仗?”习主席提出的这 3 个“能不能”，是人民军队战斗力建设必须回答的“胜战之问”。拉直这个问号，就必须强化备战打仗的鲜明导向，全面提高新时代打赢能力。坚决破除“和平积弊”，一切工作都必须坚持战斗力标准，向能打仗、打胜仗聚焦。

（一）人是战争制胜决定因素

徐立在《智能化战争不会让人走开》一文中认为，研究智能化战争的一项重要任务，就是找准智能化战争中人的定位。当前，对智能化战争的研究方兴未艾。一些观点认为，智能化战争将以无人化为核心表现形式，无人机、无人潜航器、机器人士兵等无人装备将成为战争主角，战争形态也将从“人机协同作战”的联袂主演，最终发展到“机器对机器大战”的独角戏。人似乎成了智能化战争的旁观者，大有“智能化战争让人走开”的意味和态势。曾一直是战争主体的人，在智能化战争中的地位和作用究竟是什么，这是研究智能化战争应当首先解决的问题。马克思主义战争观认为，武器是战争的重要因素，但不是决定的因素，决定的因素是人而不是武器。虽然在高级阶段的智能化战争中，人不再直接操控武器，但以下因素仍然决定了人是战争的主体和关键的制胜力量。首先，战争是政治的继续，战争的发动、战争进程的掌控，必须由人视政治需要作出决定。其次，战争筹划和指挥只能由各级指挥员来实施。第三，武器装备智能化水平高低最终取决于人类。第四，控制智能化武器装备和作战平台的只能是人。第五，破解、控制敌人智能化武器装备的只能是人。

总之，智能化战争中人仍然是战争的主体，是战争胜负的决定性因素。研究智能化战争的一项重要任务就是找准智能化战争中人的定位。否则，就容易陷入“见物不见人”“唯武器论”“唯技术论”的唯心主义泥沼。[59]

（二）未来战争制胜因素四个方面更凸显

李义在《未来战争，哪些制胜因素更凸显》一文中认为，制胜未来战争的关键要素或可概括为以下4个方面：一是算法制胜。算法是兵棋推演、人工智能和指挥控制系统的核心，是实现智能决策、指挥和协同的关键。二是数据制胜。数据主导决策将是获得战场优势的关键，掌握了“制数据权”才能掌握制信息权。未来战争将是“小规模作战，大数据支撑”，大数据成为解析未来战争的“显微镜”，只有运筹于数据之中，决胜于数据之上，才能使战场变得清晰透明、才能使指挥变得精准高效，从而破解战争迷雾、打赢未来战争。三是材料制胜。材料改变着人类的生活水平，也决定着战争的进行方式。未来智能型、隐身型、无人型、高能型武器装备将进一步加快装备体系的更新速度，也将深刻改变战争的制胜机理。四是人才制胜。技术可以辅助作战，但战争终究是人类发起的，决定战争的根本因素仍然是人，只不过未来人与武器可能逐步分离，人由战争前沿退向后方，战争决胜因素更多取决于人的战前设计。[60]

（三）智能化战争的制胜精髓

柴山在《智能化战争的制胜精髓》一文中认为，当前，世界军事强国都在争相设计智能化战争，研究智能化作战理论，打造智能化军队，抢占军事智能技术制高点。打赢智能化战争，是研究智能化战争的根本目的，也是推进军事智能化建设的逻辑起点，只有把准智能化战争的制胜精髓，搞清战争以何胜、如何胜，才能更加科学地设计智能化战争，进而牵引军事智能化建设全面发展。一是以算制胜，是智能化战争制胜的核心。二是以联制胜，是智能化战争制胜的基础。三是以快制胜，是智能化战争制胜的关键。四是以智制胜，是智能化战争制胜的根本。[61]

（四）未来战争是因机者胜

张自廉在《因机者胜》一文中认为，兵法云：“善将者，必因机而立胜。”所谓“机”，即有利于我，不利于敌的作战时机。战争实践告诉我们：战机把握得好，就能赢得战场主动，稳操胜券；战机把握得不好，就会陷入被动，丧失赢得胜利的机会。战机虽然不是战斗力，却是战斗力得以充分发挥的倍增器。一是利用战机：利用敌之空隙、弱点及其所犯的错误，乘虚而入，出其不意地给予打击。二是持重待机：战机尚未出现时，不动声色、不露痕迹，冷静观察，以待有利战机的出现。避敌锐气，待机破敌，后发制人等，都属于待机、寻机的范畴。三是创造战机：应用各种手段，通过示形造势，让敌人暴露出弱点，从而达成有利于己的态势或造成为自己所利用的有利时机。如诱敌深入、声东击西、虚于周旋、釜底抽薪等，都是创造战机的方法。四是把握战机：选择和捕捉有利的作战时机，适时有力地打击敌人。主要包括战机的选择、捕捉和有效适时的把握，关键在于掌握“火候”，不早不迟，既不能轻率地去“击”，又不能消极地“等”。[62]

（五）未来战争“以小克大”的制胜观

赵先刚、游碧涛在《以无人作战如何重塑作战观》一文中认为，机械化时代的战争史是一部武器装备大型化、大功率和作战行动大规模、高毁伤的进化史，大炮克小炮、大舰打小舰，坦克、舰艇、飞机也逐代增大，武器威力越来越大。进入信息化时代，战争由“大吃小”变成了“快吃慢”。但是，这种“快吃慢”的原理是以OODA作战循环周期为视角，在“大吃小”前提下的“快吃慢”，只有“大吃小”不成为问题的情况下，“快与慢”才能上升为双方对抗的焦点，并具有直接决定战争进程和结局的作用，这实质上仍然是“大吃小”在发挥效应。而无人作战则可能改变战争的制胜法则，即先进无人作战平台的大量运用正使作战规则向着“快吃慢”加“小吃大”转变，从而导致未来战场上出现“尺度不均衡对抗”局面。因此，未来的无人作战，不同量级、不同空间、不同功能的无人作战平台混合编组成不同的作战集群，对敌实施多个方向、多重毁伤模式的突袭作战，能够快速瘫痪敌作战体系、迅速达成作战目的，达成“小而多”胜“大而少”的效果，未来战场上可能会出现“蚂蚁啃大象”和“小鬼擒巨魔”的“以小制大、以微制巨”的战争奇观。[63]

（六）未来战争是勇武者胜

冯进、陆锋在《勇武者胜》一文中认为，“勇武一人，为三军雄”，勇士通常与英雄画上等号，是军队的标杆和楷模。“将者，智、信、仁、勇、严也”，“勇”是中国传统“将德”的重要内容之一，也是克劳塞维茨笔下“武德”的关键要素。无勇敢，不竞争。“勇”是决胜疆场、视死如归的豪迈，是藐视敌人、睥睨困难的气概，是心怀家国、舍我其谁的担当。“齐勇若一，政之道也。”一是力强而勇。力生强，强生勇。军人之勇来自于健康强健的体魄、千锤百炼的摔打和吃苦耐劳的品质。二是气壮而勇。气为兵神，勇为兵本。“勇”并不仅仅来自于身体的力量和精良的武器装备，而是来自于内心那一股子“气”，是一种浩然正气。三是谋定而勇。“勇”与“气”“力”相伴相生，但并非后两者简单的释放。四是无畏而勇。勇者无畏，勇者无敌。勇者不仅能战胜外在敌人和客观困难，更能战胜内心的怯懦和恐惧，尽情释放自身的力量和正气。[64]

十、全球军事研究新进展

（一）全球核军控陷入“多事之秋”

凌胜利、周昶在《全球核军控陷入“多事之秋”》一文中认为，全球核军控陷入“多事之秋”，可从背景、现状和前景来认识：背景——全球核军控“三个阶段”陷停滞。自核武器问世以来，有关核军控已经历3个阶段。第一阶段是全球核军控的开启阶段。第二阶段是20世纪60—90年代全球核军控全面快速发展时期。第三阶段为21世纪以来的不均衡发展阶段。现状——全球核军控“三大问题”难破解。即核不扩散问题、核恐怖主义问题和全球核裁军乏力。全球核军控的核大国主导特点鲜明，大国战略博弈、有核国家与无核国家之间的分歧等成为全球核军控面临的难题。前景——全球核军控“三组力量”争不休。展望未来，全球核军控将受到核大国、有核国家与无核国家、国家与核恐怖组织等3组力量不断博弈的影响。全球核大国博弈依然会主导全球核军控的进程。有核国家与无核国家的博弈会引发全球核治理变革。国家和核恐怖组织之间的博弈将影响全球核军控的效果。[65]

（二）军事科研要警惕“SCI崇拜”

吴敏文在《军事科研要警惕“SCI崇拜”》一文中认为，目前，中国科技界存在所谓“三大索引”，即SCI（科学引文索引）、EI（工程索引）、ISTP（科技会议录索引）。这些索引基本主导了科技研究的价值评判标准。军事科研要警惕“SCI崇拜”，原因在于：一是如果说民用领域的“SCI崇拜”仅是损失一些科技资源，那么在军事领域如果也奉行“SCI崇拜”，则隐藏着巨大的战斗力风险。“SCI崇拜”某种程度体现的是英语语言霸权。无法想象，西方的科技研究成果会优先用中文发表在中国科技期刊上。二是正是对军事科研成果的保护和保密，才使得美军在信息化建设上取得了对于其他国家军队的“代际”优势。三是在西方军事领域，不仅最新科技成果不会随便发表，甚至在技术上已经落后的产品，都会受到严密保护。四是保护军事科研成果至关重要。因为在军事上，技术突然性就是强大的战斗力，能够产生强烈的震慑效果。五是如果我们在军事领域的科学研究、技术发明、论文撰写，也以“三大索引”为导向，那么，我们不仅是将自己的军事创新自动提供给西方国家，还可能不自觉地落入西方国家预设的陷阱，在决定国家民族生死存亡的关头，将会面临无法承受的风险和代价。[66]

（三）盯紧战场“黑天鹅”

潘金宽在《盯紧战场“黑天鹅”》一文中认为，未来战场不确定性因素大大增强，“黑天鹅”更是无处不在、无时不有，甚至成为影响战场走势的“拐点”、决定成败的“变量”。应对战场不确定因素，必须能动把握规律，创造克敌制胜招法：一是加强侦察。战场上不确定因素动态呈现，时隐时现，指挥员必须注重情报侦察，做到耳聪目明，不放过战场上的蛛丝马迹。二是抓住重点。对于战场上出现的不确定因素，指挥员必须沉着冷静，快速反应，科学分析，趋利避害，不被牵制和迷惑，牢牢抓住敌我对抗的主要矛盾和矛盾主要方面，判明影响战局发展的主要因素、战斗焦点。三是灵活应变。当战场情况发生较大变化时，指挥员可以使用本级预备队或请求上级力量予以支援。四是突然制敌。就是运用好奇正结合，以奇制胜，给敌以意想不到的打击。[67]

（四）外军军事管理的启示

李新安在《外军军事管理的启示》一文中认为，管理出效率，管理出战斗力。外国一些军队在推进军队现代化过程中，注重推进管理创新、以管促建，给我们带来一些有益的启示。

一是注重“硬措施”与“软手段”结合。这启示我们，柔性管理能很好地弥补硬性管理触发的抵触情绪，起到独特的精神激励和心理抚慰作用，是现代管理必不可少的手段。

二是注重科学理论与先进技术融合。现代军事管理是科学理论和先进技术的结合。从泰勒“科学管理”理论延伸进军事领域到信息化智能化技术的大规模应用，现代军事管理日益呈现出“理技融合”的发展趋势。这启示我们，科学技术是核心战斗力，也是核心管理力。现代管理技术一经与现代管理理论相结合，就会爆发出无穷的管理能量，极大提升管理工作效能。

三是注重自主创新与学习借鉴并重。他山之石，可以攻玉。当今世界是一个广泛联系的世界，管理工作也是一项不同领域间相互传导影响的工作。在自主创新的战略基点上认真学习借鉴外来经验是世界强国军队的普遍经验。这启示我们，一支自主创新能力强的军队，再加上善于学习外来经验，两者结合释放的动能无疑更为强大。

四是注重专家治理与军士管理统一。军事管理是一个大系统，协调一致才能运转自如。外军通常配备通晓现代管理的专门人才实施一体化管理，战略层面主要靠懂管理的专家，基层部队主要靠会管理的军士。这启示我们，专业化的管理内在要求专业化人才来负责。自上而下由专业人员管理的制度设计，增强了管理工作的科学性。[68]

（五）美推进网络部队集成化暴露霸权野心

郑大壮在《美推进网络部队集成化暴露霸权野心》一文中认为，在美军看来，网络空间已成为制胜未来战争的关键领域，未来战争将首先在网络空间打响，“无网不胜”正成为战争新法则。为了谋求在“第五空间”霸权地位，早在 2005 年 3 月，美国就发布了《国防战略》报告，明确将网络空间定义为与陆、海、空、天同等重要的五大空间之一。

为适应现代战争数字化、网络化和智能化发展趋势的要求，美军加速推动网络部队向一体化、集成化方向转型，努力将网络战、信息战、电子战、情报战、太空战等能力融于一身。有消息称，美军网络部队还将融合人工智能、无人作战等复合元素，打造更具优势的强力“网军”。加速推进网络部队的集成化转型，暴露了美军通过争夺“制网权”来维护全球霸权的野心，也给世界其他国家及全球网络安全带来巨大的威胁。未来，如何有效维护网络安全、如何避免网络空间的“军备竞赛”，都是国际社会应当严肃对待的课题。[69]

（六）近代日本对外侵略战争的历史特征及警示

傅婉娟、魏希楠在《近代日本对外侵略战争的历史特征及警示》一文中认为，“历史是最好的教科书，也是最好的清醒剂。”一部日本近代史，就是一部日本对外侵略扩张史。

日本对外侵略战争的频率如此之高、范围如此之广、对象如此之众，在世界战争史上是极为罕见的。其重要特征如下：

一是战争土壤的根植性。日本统治者推动对外侵略扩张的历史可谓“源远流长”。

二是战争体制的举国性。为适应侵略战争需要，日本统治者利用家国同构、忠孝尊皇的民族传统对本国人民进行洗脑，统筹政治、经济、外交与战争等诸多领域的事务，形成举国对外的战略指挥体制和政策制度保证。

三是战争决策的冒险性。一次次战争冒险的成功，给日本带来了丰厚的回报，使其胆量越来越大，更加刺激了日本军国主义分子的野心，使之更加信奉以攻为守、武力征服世界的战略。

四是战争准备的狡黠性。日本为发动侵略战争，长期确定某一假想敌，据此进行深入细致的情报搜集，以及体制、武器装备、后勤保障等方面的全面准备。一旦时机成熟，还要根据具体情况制定详细的战略战术和作战计划，进行充分的临战准备和训练。

五是战争推销的欺骗性。日本军国主义发动的侵略战争，无不伴随对内对外的蒙蔽欺骗。

六是战争结盟的攀附性。明治维新后，日本外交从消极被动向积极主动转变。日本从实用主义出发，依靠攀附强大的列强国家，从而为攫取自身利益占据有利地位。

七是战争发起的偷袭性。尽管日本对外侵略战争大多是经过长期密谋和精心准备后实施的，但在具体的开战时机选择上，则多为不宣而战，发动突然袭击甚至是偷袭。

八是战争手段的残暴性。日本军国主义发动侵略战争的野蛮性为世所罕见。

九是战争掠夺的空前性。通过对外武力扩张和战争掠夺来实现国家发展目标，是日本进入近代社会的显著特征。

当今世界，战争的根源并未根除，霸权主义、冷战思维、强权政治依然存在，军国主义阴魂不散。我们必须牢记国家被侵略、民族被凌辱、尊严被践踏、发展进程被打断的惨痛历史，必须加快建设与我国国际地位相称、与国家安全和发展利益相适应的巩固国防和强大军队，为国家和平发展营造有利战略态势，为世界和平稳定提供坚强力量支撑。[70]

注：

①解辛平：《中国人民解放军建军92周年：人民军队的初心和使命——写在中国人民解放军建军92周年之际》，《解放军报》，2019年7月31日。

②王雷：《人民军队永远是战斗队——写在中国人民解放军建军92周年之际》，《解放军报》，2019年8月1日。

③解辛平：《中国人民解放军建军92周年：人民军队的初心和使命——写在中国人民解放军建军92周年之际》，《解放军报》，2019年7月31日。

④李宣良、梅常伟：《我们是一支不可战胜的力量——献给中国人民解放军建军92周年》，《宣讲家网》，2019年8月1日。

⑤中央军委政治工作部：《毫不动摇坚持党对人民军队的绝对领导——纪念古田会议胜利召开90周年》，《求是》，2019年第24期。

⑥林青旺、朱西林：《马克思主义军事理论中国化的伟大创举——纪念古田会议召开90周年》，《中国社会科学报》，2019年12月5日。

⑦中央军委政治工作部：《毫不动摇坚持党对人民军队的绝对领导——纪念古田会议胜利召开90周年》，《求是》，2019年第24期。

⑧顾钱江、涂洪长、陈弘毅：《90年后，古田会议和今天的对话》，新华网，2019年12月30日。

⑨刘铭、刘光明：《从古田探寻人民军队定型的基因“密码”》，《解放军报》，2019年12月6日。

⑩解辛平：《古田之光耀征程——写在古田会议90周年和古田全军政治工作会议5周年之际》，《解放军报》，2019年12月28日。

⑪《解放军报》编辑部：《雄关漫道向复兴——写在中华人民共和国成立70周年之际》，《中国国防报》，2019年9月30日。

⑫赵周贤、徐志栋：《不断推进国防和军队现代化建设》，《人民日报》，2019年7月31日。

⑬张晕、闵仕君：《朝着建成世界一流军队阔步前进》，《光明日报》，2019年8月24日。

⑭朱启超：《铸造强国利器70年——新中国国防科技和武器装备发展历程与启示》，中国新闻网，2019年10月5日。

⑮沈金龙、秦生祥：《人民海军：扬帆奋进70年》，《求是》，2019年第8期。

⑯张杰、刘扬：《七十岁中国空军取得啥成就　装备型谱焕然一新》，《环球时报》，2019年4月16日。

⑰赵莹莹：《国庆70周年阅兵有9大亮点　将创这些“首次”和“之最”》，《北京日报》，2019年9月24日。

⑱朱鸿亮、孟娜：《军事专家解读〈新时代的中国国防〉六大亮点》，新华网，2019年7月24日。

⑲庞清杰：《〈解放军报〉评出2019年度十大国际军事新闻》，《解放军报》，2019年12月26日。

⑳徐琳：《走向世界的和平足迹——2019年中国军队开展国际军事交流与合作回顾》，《解放军报》，2019年12月27日。

㉑宋歆、邵龙飞、刘雄马：《让北京香山论坛更具时代魅力——访第九届北京香山论坛秘书处办公室主任赵小卓》，《解放军报》，2019年10月23日。

㉒王士彬、刘建伟：《习近平出席中央军委军事工作会议并发表重要讲话》，《解放军报》，2019年1月4日。

㉓《人民日报》，5月21日。

㉔李学勇、李宣良、梅世雄：《习近平出席庆祝人民海军成立70周年海上阅兵活动》，新华网，2019年4月23日。

㉕《解放军报》，2019年7月24日。

㉖《解放军报》，2019年8月12日。

㉗《人民日报》，2019年1月30日。

㉘《人民日报》，2019年8月1日。

㉙梅世雄、张金娟：《最美退役军人》，新华网，2019年12月24日。

㉚《人民日报》，2019年12月10日。

㉛文元、仇建辉：《体育的力量》，《解放军报》，

2019 年 12 月 18 日。

㉜《解放军报》，2019 年 10 月 11 日。

㉝毛磊：《庆祝中国人民解放军进驻澳门 20 周年大会举行》，《人民日报海外版》，2019 年 12 月 9 日。

㉞沈志华、崔连杰：《全面推进新时代强军事业的科学指南》，《解放军报》，2019 年 5 月 22 日。

㉟王达：《新版国防白皮书提出习近平军事战略思想》，《中国青年报》，2019 年 7 月 24 日。

㊱彭廷华：《把握军事理论现代化时代内涵》，《解放军报》，2019 年 12 月 5 日。

㊲陈东恒：《把握特点规律创新理论》，《解放军报》，2019 年 6 月 25 日。

㊳李晓辉、李明：《为军事理论研究插上科技翅膀》，《解放军报》，2019 年 5 月 30 日。

㊴刘秋丽：《我们的脚步 · 我们的思索——2019〈军事论坛〉十大重点选题回溯》，《解放军报》，2019 年 12 月 31 日。

㊵吴杰明：《开创院校教育和人才培养新局面的科学指南和根本遵循——学习贯彻习主席在全军院校长集训开班式上的重要讲话》，《解放军报》，2019 年 12 月 9 日。

㊶陶传铭：《把立德树人作为检验人才培养成效的根本标准，确保党和军队事业后继有人——学习贯彻习主席在全军院校长集训开班式上的重要讲话》，《解放军报》，2019 年 12 月 6 日。

㊷柯明君：《领军拔尖人才群体加速崛起》，《解放军报》，2019 年 12 月 17 日。

㊸王传宝：《聚天下英才　兴强军伟业》，《解放军报》，2019 年 10 月 1 日。

㊹曹志刚：《切实提高人才培养使用效益》，《解放军报》，2019 年 8 月 21 日。

㊺周燕虎：《树立为战育人的崇高事业追求——寄语军事教育战线上的文职教员们》，《解放军报》，2019 年 12 月 25 日。

㊻邹振宁：《从哲学角度辨析信息化作战指挥》，《解放军报》，2019 年 3 月 6 日。

㊼刘孝良、李美丽、樊军波：《联合作战呼唤什么样的思维观》，《解放军报》，2019 年 12 月 9 日。

㊽张西成：《打仗呼唤多变思维》，《解放军报》，2019 年 7 月 25 日。

㊾卢晓东、高凯：《不断提升战略思维能力》，《解放军报》，2019 年 9 月 10 日。

㊿魏军民：《善用逆向思维谋划决策》，《解放军报》，2019 年 10 月 15 日。

(51)马荣升：《智能化战争研究离不开辩证思维》，《解放军报》，2019 年 7 月 4 日。

(52)李明海：《智能化战争的制胜机理变在哪里》，《解放军报》，2019 年 1 月 23 日。

(53)张翚、闵仕君：《朝着建成世界一流军队阔步前进》，《光明日报》，2019 年 8 月 24 日。

(54)李珂：《把握作战样式的创新设计》，《解放军报》，2019 年 8 月 27 日。

(55)闫晓峰：《回答好"战争可以是什么样"——把握战争设计的科学途径》，《解放军报》，2019 年 8 月 8 日。

(56)吕俊杰：《坚持理技融合研究设计战争》，《解放军报》，2019 年 11 月 6 日。

(57)王科、白光炜、袁艺：《突出主要内容搞好战争设计》，《解放军报》，2019 年 6 月 20 日。

(58)张翚、闵仕君：《朝着建成世界一流军队阔步前进》，《光明日报》，2019 年 8 月 24 日。

(59)徐立：《智能化战争不会让人走开》，《解放军报》，2019 年 10 月 17 日。

(60)李义：《未来战争，哪些制胜因素更凸显》，《解放军报》，2019 年 4 月 11 日。

(61)柴山：《智能化战争的制胜精髓》，《解放军报》，2019 年 6 月 4 日。

(62)张自廉：《因机者胜》，《解放军报》，2019 年 8 月 30 日。

(63)赵先刚、游碧涛：《无人作战如何重塑作战观》，《解放军报》，2019 年 7 月 11 日。

(64)冯进、陆锋：《勇武者胜》，《解放军报》，2019 年 8 月 13 日。

(65)凌胜利、周昶：《全球核军控陷入"多事之秋"》，《解放军报》，2019 年 6 月 27 日。

(66)吴敏文：《军事科研要警惕"SCI 崇拜"》，《解放军报》，2019 年 5 月 9 日。

(67)潘金宽：《盯紧战场"黑天鹅"》，《解放军报》，2019 年 7 月 23 日。

(68)李新安：《外军军事管理的启示》，《解放军报》，2019 年 7 月 23 日。

(69)郑大壮：《美推进网络部队集成化暴露霸权野心》，《解放军报》，2019 年 11 月 4 日。

(70)傅婉娟、魏希楠：《近代日本对外侵略战争的历史特征及警示》，《解放军报》，2019 年 9 月 3 日。

（作者：昝瑞礼，国防大学研究员）

北京研究

北京经济

孟 斌 刘 坚

2019年，北京市人民在党中央、国务院和市委、市政府的坚强领导下，坚持以习近平新时代中国特色社会主义思想为指导，把新中国成立70周年庆祝活动服务保障作为重大政治任务和全市工作的重中之重，团结一心、砥砺奋进，大力加强“四个中心”功能建设、提高“四个服务”水平，抓好“三件大事”，打好三大攻坚战，办成了一系列大事喜事，较好地完成了北京市十五届人大二次会议确定的目标任务，实现了经济平稳健康发展与社会和谐稳定，围绕“北京经济”，学者们展开一系列学术研究，取得了丰硕的科研成果。

一、重要学术会议简介

1. 第十二届中国产学研合作创新大会

第十二届中国产学研合作创新大会于2019年1月6日在北京举行。此次大会以“加强产学研用深度融合　促进民营经济创新发展”为主题，来自全国产学研界第一线的千余名科技工作者代表汇聚一堂，通过这次大会聆听科技部等有关部委关于国家在推进产学研的最新的政策和举措，政产学研协同，共推创新驱动战略落地，对推动基层的产学研工作具有重要的指导作用。同时，与会代表总结产学研、政金介、商媒用协同创新经验，希望以产学研合作为突破口，发挥民营企业在科技创新方面的重要作用，促进和引领民营经济创新发展。

2. 第十二届中国国土区域城市经济学家新春论坛

2019年2月23日，由中国国土经济学会主办，以“中小城市高质量发展”为主题的第十二届中国国土区域城市经济学家新春论坛在北京梅地亚中心召开。来自5个全国学会的专家、学者和地方官员共90余人出席。专家学者们围绕中小城市高质量发展的重要性、创新和人才是中小城市高质量发展的核心问题、空间规划的优化是推动高质量发展的重要契机、要立足都市圈来规划建设中小城市、产业发展是支撑中小城市高质量发展的关键以及从国家区域政策走向与几个典型案例分析等进行了热烈讨论。

3. 第五届“经济与历史”学术研讨会（2019）暨纪念新中国成立70周年——历史实践与理论创新专题研讨会

第五届“经济与历史”学术研讨会（2019）暨纪念新中国成立70周年——历史实践与理论创新专题研讨会于2019年11月2日在中国人民大学举行。本次会议由中国人民大学经济学院等单位共同合办。来自中国社会科学院经济所、北京大学等院校和科研单位的学者们齐集一堂，畅所欲言，围绕着中国历史与现实、经济思想的理论建构问题展开了激烈而富有成效的讨论。会议分中国现代经济思想的形成与发展、外国经济思想史与新中国70年、中国知识体系构建的历史实践与现代经济增长、中国金融发展变迁与历史经验等4个分论坛，主要围绕着中国经济的历史经验与发展成就与问题，进一步探索中国发展的经验和可能性，并将经济史与经济思想史学科的发展，与现实经济社会发展相结合。

4. 北京农业经济学会2019学术年会暨乡村振兴与京津冀协同发展研讨会

2019年12月22日，北京农业经济学会2019学术年会暨乡村振兴与京津冀协同发展研讨会在北京西郊宾馆召开。本次会议由北京农业经济学会主办，来自全国53家单位近300名专家学者参与会议。本次会议围绕“乡村振兴与京津冀协同发展”主题，共设有12个专题，内容涵盖农业技术推广、生产率测度，农村金融、土地流转、农业与农村环境等众多社会经济热点问题。本次学术论坛的主题十分切合中央和北京市委精神，有效地呼应了刚刚闭幕的中央农村工作会议，很好地继承了学术前沿论坛“立足学术前沿，把握时代脉搏，聚焦民生国事，探讨发展思路”

的宗旨，体现了首都学界应有的责任担当。

5. 2019（第三届）中国经济峰会

12 月 28 日，由中国商报社、《经济》杂志社和中国企业网联合主办的 2019（第三届）中国经济峰会在北京隆重举行。本次会议以“协同发展 · 融合共赢”为主题，与会部委领导、经济专家、企业领袖及媒体人士围绕当前中国经济面临的内外形势，分享高质量发展经验，求解各行业破局路径，助推产业交流与合作，探索未来经济发展新动能。在主题论坛环节，嘉宾们跨界交流，就“大变革时代的全球经济与中国企业机遇”展开热烈探讨，各抒己见，共同为新形势下的中国企业创新发展贡献路径。

6. 第二届应用经济学高端前沿论坛暨“中国应用经济学发展 70 年”研讨会

2019 年 11 月 9 日上午，北京大学经济学院与中国工业经济杂志社合作主办的第二届应用经济学高端前沿论坛暨“中国应用经济学发展 70 年”研讨会在北京大学经济学院东旭学术报告厅隆重举行。来自北京大学等院校、科研院所的专家学者、入选论文作者、在校师生以及校友等 400 余人出席了论坛。本次会议主要围绕中国经济转型升级和应用经济学前沿问题展开讨论，目的在于用中国的发展实践推进经济学的理论创新，用新的经济学理论演绎中国的发展故事，更好发挥经济学服务中国特色社会主义新时代的作用。

二、重要学术论著简介

1. 北京文化创意产业发展论著

《文化资本与公共文化论》认为国民是否拥有健康、高尚的精神生活是一个国家精神文明的重要标志。随着市场经济的发展、科学技术的进步和资本逻辑向社会生活各个层面的渗透，人的精神生活物质化倾向日益凸显，这一全球性的现象已经成为当代中国文化建设的突出问题，也是当前公共文化面临的突出问题。精神生活的物质化，给人的全面发展、社会的良序运转以及国家的文明进步都造成了不利影响，超越当代中国人精神生活物质化倾向，成为公共文化的重要使命。文化资本积累是国家软实力的重要组成部分，对于经济资本的积累也有着不可忽视的能动作用。文化体制和制度的供给是文化资本积累的重要方面。公共文化的发展呼唤改革的同时，需要制度建设和体制机制的保障。本书针对当前公共文化改革与发展领域的问题——公共文化服务供给侧改革、公共文化机构法人治理结构改革及国有文化经济战略性调整和国有文化企业混合所有制改革等进行了专题研究并提出了对策性的政策建议。[①]

《互联网+背景下的经济特区发展与传统文化传承创新研究：以深圳与故宫的合作为研究中心》认为传统文化如何借助“互联网+”的平台完成形式、内容、内涵的革新与活化，高雅而平易地走进人们的生活，成为公众日常的一部分，仍是现在与未来的重要命题。集中华传统文化之大成的故宫，在“互联网+”大背景下借助网站群、APP、微信、微博、文创产品等实现创意化、数字化、生活化，为中国博物馆与传统文化的现代化发展提供了范例。[②]

《文化创业：移动互联网时代的文化生产与创新》本书站在全球科技创新的背景之上，全面、系统地梳理中国互联网、移动互联网时代的文化创业，涉及数十个代表性的创业产品、项目和公司团队，称得上文化创业的“清明上河图”。作者从文化驱动、创新驱动、新物种驱动、互联网思维驱动、新兴需求驱动、商业模式驱动、资本驱动、文化技术驱动等 8 个维度，复盘了文化创业的内在机理和成败得失，达成了对文化创业的深度把握。本书将文化创业与文化创新结合起来，剖析了创业、技术、资本对网生代亚文化的赋权，展现了文化创新势力与守成巨头、技术与价值之间的抵抗与收编图景。[③]

2. 创新产业发展论著

《智慧企业工业互联网平台开发与创新》本书的主要内容包括如何理解和搭建企业的工业互联网数字化架构、如何在这一架构之上规划企业数字化转型的技术路线，以及制造企业如何运用工业互联网技术在数字化产品、数字化制造、数字化服务 3 个领域中进行转型与创新。本书内容涉及物联网、工业 4.0、大数据、数字化双胞胎、数字化主线、大规模定制、数字化供应链、分布式制造、人工智能与机器学习、预测性维护、制造向服务转型等技术。这些内容都是目前国内企业非常关心和热门的话题，它们对企业工业互联网项目的成功实施发挥着非常重要的作用。[④]

《创新驱动：战略性新兴产业发展路径与政策》本书在新常态和创新驱动背景下，对战略性新兴产业创新驱动发展的理论进行了分析；提出了战略性新兴产业创新驱动发展的路径，构建了路径选择的系列博弈模型并进行了分析；构建了战略性新兴产业创新驱动发展路径的实现机制模型并进行了模糊评价和分析；以华兰生物、安图生物、太龙药业公司为典型案例，对战略性新兴产业创新驱动发展进行了探索性案例研究；在对典型国家战略性新兴产业创新驱动发展政策分析的基础上，得出了对我国战略性新兴产业创新驱动发展的重要启示，并提出了具体对策与建议。⑤

《“互联网+”区域合作与产业创新》本书主要围绕“互联网经济研究、互联网+服务业创新、互联网+区域合作与人才培养”等三大部分，从理论到实践进行系统解析，详细解析了“互联网+乡村振兴”“互联网+智慧旅游”“互联网+区域产业创新”“互联网+智慧医疗”“互联网+区域合作与人才培养”等几大专题内容，为中国“互联网+”背景下区域合作、产业发展提供借鉴和思路。⑥

3. 其他产业发展论著

《2018—2019年中国制造业创新中心建设蓝皮书》本书系统和完整地介绍了我国制造业创新中心工程的实施背景、建设要求、13家国家制造业创新中心的建设进展以及江苏、广东等地区省级制造业创新中心建设情况。同时，本书介绍了美国、英国制造业创新载体建设进展、发展趋势和经验做法。希冀通过本书，读者可以更加了解国内外制造业创新的最新趋势、动向以及我国制造业创新中心建设进展。⑦

《跨国公司嵌入对物流产业集群创新的影响》本书以嵌入、产业集群、跨国公司溢出效应、知识资源与学习能力等相关理论为基础，综合运用探索性案例分析、理论归纳与演绎、问卷调查、统计分析、社会网络等多种方法，从网络演进、创新机制及情境因素等方面深入探讨了跨国公司嵌入对物流产业集群创新的影响，深化了跨国公司溢出效应的相关研究，也对我国地方政府引进跨国公司、培育和引导本地物流产业集群创新发展具有较高的实践指导价值。⑧

《数字经济与创新创业管理实务——跨界融合（第二版）》大数据、云计算、物联网、人工智能、区块链等新技术不断显现，正在重塑传统产业结构和形态，催生众多新产业、新业态、新模式。企业、大学、政府围绕创新创业正在跨界融合发展，他们的创新创业管理也面临新的机遇与挑战，因此，本专著应运而生。全书由6章组成，紧紧围绕数字经济发展的特点，以跨界融合的视角，通过案例，紧扣实务，聚焦到企业（或大学与企业的合作）的商业模式创新、营销策略创新、品牌创新发展、知识管理战略、数字化管理、协同创新和联盟战略的关键内容。⑨

4. 农村经济及农业发展论著

《精准脱贫与乡村振兴的理论和实践》2018年8月，中国社会科学院农村发展研究所与贵州省社会科学院联合主办了“乡村振兴战略与精准脱贫研讨会暨第十四届全国社科农经协作网络大会”。本书汇集了此次会议的重要成果，从理论与实践结合的角度，对乡村振兴战略与精准脱贫的重大问题进行了深入探讨，介绍了各地的有益探索和创新经验，具有一定的学术和决策参考价值。⑩

《北京推进实施乡村振兴战略的对策研究》本书通过5个部分的研究：对标国家发展改革委乡村振兴战略规划要求，专题分析农村人口分布、老龄化、空心化、闲人现象等现状问题，系统研究北京市农业农村总体发展状况和特点以及发展不平衡不充分的突出问题（基础设施、公共服务、产业、社会保障等），围绕产业兴旺、生态宜居、乡风文明、治理有效、生活富裕的总要求，研究提出落实乡村振兴战略的规划任务和政策措施建议，为编制北京市乡村振兴战略规划、加快推进乡村振兴战略实施提供参考。本书通过北京落实乡村振兴战略的现实基础，北京落实乡村振兴战略面临的形势分析，乡村社会结构的变迁及乡村功能的变化，北京实施乡村振兴战略的对策建议等几个方面的研究，对标国家发展改革委乡村振兴战略规划要求，专题分析农村人口分布、老龄化、空心化、闲人现象等现状问题，系统研究北京市农业农村总体发展状况和特点以及发展不平衡不充分的突出问题（基础设施、公共服务、产业、社会保障等），围绕产业兴旺、生态宜居、乡风文明、治理有效、生活富裕的总要求，研究提出落实乡村振兴战略的规划任务和政策措施建议，为编制北京市乡村振兴战略规划、加快推进乡村振兴战略实施提供参考。⑪

5. 旅游业发展论著

《中国文旅产业发展报告（2019）》本书由海内外学界、业界、政府部门、行业协会等众多专家共同编写，立足于中国文旅全产业链，探索中国文旅产业的整体结构，全方位、广视角地对中国文旅产业各领域的产业现状、市场问题、风险防控等展开研究和分析，并对未来中国文旅产业的发展规律和趋势进行科学的分析和研判。本书对全面了解2018年中国文旅产业发展概貌和未来发展趋势具有重要价值，对旅游行业、文化创意行业、地产行业、影视行业等多行业多元化读者来说是一部有意义的参考书。⑫

《中国特色旅游发展道路的探索》本书是作者在中国社会科学院30多年研究中发表的代表性论文集，从学术研究的角度勾画出改革开放以来中国旅游发展的轨迹以及国家相关政策的沿革，是对探索具有中国特色旅游发展道路的记录与佐证。这些研究成果对后人研究中国旅游发展的历史演进具有重要的参考价值，也为国际社会研究中国改革开放发展历程与经验、研究具有中国特色的旅游发展模式提供了重要依据。⑬

《北京旅游发展报告（2019）》本书总报告在回顾2018年北京市旅游业发展的基础上，分析了北京市文旅融合发展的新局面，提出北京市文旅融合新思路，并对2019年的工作进行了展望。围绕“促进民营旅游经济发展”这一主题，在总报告之下设立综合篇、营商环境篇、转型发展篇、民宿旅游篇、社会责任篇、实践探索篇6个篇章展开讨论，每篇文章都有较高的理论价值与实践意义，能给读者带来新的启迪与思考。⑭

6. 京津冀协同发展论著

《京津冀协同发展报告（2019）》本书站在河北的角度从动力机制、协同活力、政策效用及监管机制等4个方面分析了推进协同发展中存在的突出问题，并提出了依托“京津冀协同创新共同体”建设的重要意义、基本方略及对策措施。从河北高质量协调发展、奥运经济、绿色发展、产业发展和体制机制创新突破等角度分别提出了未来改革方向与对策思路；从对外开放、科技创新、智慧城市、体制机制创新、农业发展和原住民获得感等角度出发，深入分析了当前现状、问题，并提出下一步发展设想。⑮

《京津冀发展报告（2019）》。本书在系统梳理创新理论的基础上，构建了包括集聚力、行动力、影响力、辐射力、承载力5个层面的指标体系，运用复合系统协同度模型，对京津冀协同创新指数、企业创新能力、科技创新与产业结构升级的耦合等专题进行了系统研究，旨在探寻京津冀打造创新驱动经济增长新引擎的基本路径。⑯

《京津冀协同发展过程中的邻避风险防范研究》本书借鉴国内外的经验和教训，系统研判和论述京津冀协同发展中邻避项目可能引发的社会稳定风险，并从风险沟通和风险管理等方面提出防范和应对邻避风险的具体建议，可供行政管理、城市规划、经济发展、安全管理、社会治理、环境保护等领域的学术研究者和管理实践者阅读。京津冀协同发展是新时期的一项重大国家战略，必然伴随着大量的基础设施、产业、环境保护等大型项目的建设。随着我国公民对环境、健康和安全风险的防范意识日益提升，公众对所在周边地区建设可能具有潜在风险的公共项目和产业项目的态度十分敏感，导致近年来我国多地出现反对垃圾处理设施、石化项目、核电站、有色金属冶炼项目等危险设施选址的抗议。本书将从风险沟通和风险管理等方面提出防范和应对邻避风险的具体建议。⑰

《京津冀区域产业经济生态系统协同发展研究》国家改革开放进程中陆续成立的“开发区”已成为中国经济可持续发展的“永动机”，产业发展布局和空间优化也一直是中国区域经济发展的两大主题，更是京津冀区域协同发展战略实现的重要路径之一。本书以京津冀区域内已有的国家级经济技术开发区为载体，从促进区域产业协同发展的视角切入，借助仿生学理论中的生态位理论体系，展开本书的研究工作。书中提出了经济生态位和经济生态系统概念的内涵和运行机理，该成果丰富了区域产业经济发展理论，研究成果对如何发挥区域内13家国家级经济技术开发区的“示范效应”和“扩散效应”，加速京津冀协同发展战略的落地，具有一定的应用价值。为郑州大力推进的雄安新区建设工作提供理论和政策支撑，具有一定的学术价值。⑱

7. 其他方面论著

《北京经济高质量发展研究》党的十九大报告指出“我国经济已由高速增长阶段转向高质量发展阶段”，实现高质量发展，是保持经济社会持续健康发展的必然要求，是适应我国社会主要矛盾变化和全面建设社会主义现代化国家的必然要求。在首都“四个中心”战略定位和疏解功能谋发展的大背景下，首都经济要实现好、高质量发展、必须以减量发展为约束，以创新发展为出路，以高质量发展为目标。有鉴于此，首都社会经济发展研究所联合北京14家部委班子，对推动首都经济高质量发展的主要做法、存在问题和政策建议做了认真研究。本书从整体上剖析了经济高质量发展的内涵、经济高质量发展与当前北京重点工作的关系，介绍了北京经济高质量发展的现状及问题，建立了北京经济高质量发展指标体系，并提出了建设性的对策建议。⑲

《北京财经发展报告（2019—2020）》是以中央财经大学财经研究院、北京财经研究基地的研究人员为核心团队成员，撰写的介绍北京市宏观经济、财政、金融等方面发展形势的年度研究报告。本书一方面对2018年北京市的宏观经济、财政、金融的总体情况进行了详尽的描述和分析，并且对2019年北京市总体财经发展形势进行了预测；另一方面，本报告还聚焦于北京与京津冀的高质量发展，选取了一些战略性、关键性的重大财经议题，运用定性与定量分析方法，对高质量发展过程中出现的财经问题进行分析，并且提出了相应的政策建议。[20]

三、北京经济研究

1. 产业研究

第一，各类服务业发展的相关研究。21 世纪以来北京生产性服务业年均增速超过 15%，产业的发展与集聚对北京经济增长形成了强效支撑。杨明和刘传伟通过搜集北京市 2005 年一季度到 2017 年三季度的时间序列数据，选用北京市 GDP、区位熵和工业增加值指标构建 VEC 模型，检验生产性服务业集聚与工业制造业对经济增长的影响以及其产业集聚对工业制造业产生的改造促进作用。研究表明北京市生产性服务业集聚对经济增长的贡献度高于工业增加值，同时其集聚对工业制造业具有一定的带动作用，但由于北京该产业集聚水平较高，人口资源配置难度大，应注重集约型增长和产业转移相结合的方式深化生产性服务业的集聚水平。[21]贾璇基于北京市服务业扩大开放试点工作，从服务业扩大开放的内容出发，分析试点工作 3 年来在业态创新、制度创新、要素供给、促进区域协调发展等方面的进展与成效，并从 3 个角度给出进一步开放的建议。[22]杨茜淋等基于北京市 2012 年 42 部门投入产出表编制非竞争型投入产出表，测算科技服务业及其包含的 4 个行业与经济增长的关系和对产业的拉动作用，研究表明，科技服务业与经济增长关联度较高，对经济增长贡献度高于第一、二产业及除去科技服务业的第三产业；科技服务业拉动增加值能力较强，而拉动总产出能力只略高于平均水平；科技服务业中的科学研究和技术服务业拉动增加值能力及营业盈余占总产出比例都低于金融业。[23]

第二，文创产业。自 2005 年北京市提出大力发展文化创意产业战略以来，其文化创意产业一直呈现出快速增长的发展态势。刘达等在比较分析国内外评价文化创意产业的指标体系特点与角度的基础上，基于 FECDS 模型，从人才竞争、科技创新、文创环境、文创消费、文创规模 5 个层面构建了指标框架，并运用熵值法与复合系数法的线型加权平均值定权，对 2006—2016 年北京文化创意综合指数及分类指数进行了测评，并引入文化创意要素构建经济增长模型，并进行多元回归分析。结果显示，北京市文化创意产业的经济增长效应十分显著，对区域发展具有重要影响。[24]曹珊和王琢分析了北京顺义文化创意产业空间发展历程和特征，比较了顺义文创产业聚集情况与北京中心城区的关系。发现其空间布局较为凌乱，没有充分利用顺义现有的各类资源禀赋，与其空间区位优势不匹配，且东西空间发展差异巨大。文章归纳了文化创意产业对空间的需求特征，并根据文创产业发展趋势，针对性地提出了空间优化策略。[25]

第三，新兴产业。蔡海龙通过对北京地区经济新闻受众进行网络调查，描述了北京地区经济新闻受众的人口特征，归纳总结了他们对新闻媒体的接触情况、对经济新闻的关注情况、对北京市属新闻媒体经济新闻报道的评价与期待情况、对新闻媒体经济新闻报道的改进建议等内容。在上述实证研究的基础上，本文为北京市属新闻媒体经济新闻报道的改革创新提出建议。[26]高谦、周恢认为大数据、物联网和人工智能等新一代信息技术在制造业中应用越来越多，不断引起制造业变革，推动智能化进程。国内外都在加快战略布局，大力推进智能制造产业发展。北京的传统制造业在转型升级过程中，产业结构不断优化，在构建高精尖产业经济结构过程中，聚焦优势产业基础和科技资源，加快推进智能制造技术创新和产业应用，从而推进北京智能制造产业快速发展。[27]

第四，其他产业。韩蕊等以北京近 13 年民航业及社会经济发展相关数据为基础，对各时间序列进行了相关性及平稳性测试，并用因果检验分析了二者间的关系。研究发现，北京地区生产总值、全社会固定资产投资、社会消费品零售总额的增加对其机场旅客吞吐量的增加有影响，同时这 3 项指标与机场旅客吞吐量之间均存在互动关系。此外，北京机场货邮吞吐量与各经济社会指标间在滞后期为 1~3 年时均不存在双向互动关系。总体看，北京民航业与社会经济互动关系并不密切，应加强北京民航业与城市经济的融合发展。[28]

第五，产业结构优化和转型。闫庆友、焦彦华基于节能减排经济可持续增长目标导向构建经济—能源—环境三重约束下的线性规划模型，运用投入产出方法与广义迪氏指数分解法，结合投影梯度和因子分析定量求解满足节能减排经济可持续发展目标的最佳结构变化。研究发现北京地区节能减排目标相对经济增长更为严格，目标要求更高。从各个行业来看，北京应走高精尖产业发展之路，把发展现代服务业放在首位，大力发展高新技术产业等。[29]尽管制造业似乎应该作为疏解的重点领域，然而与上海、广州等同级别城市相比，北京制造业比重已经处于较低水平。因此，未来是否应该进一步压缩制造业发展空间令人困惑。李佳洺通过对北京产业结构的深入剖析和国外发展经验的总结，尝试厘清北京产业调整的方向。北京作为区域经济的核心，应该适当保持一定的制造业，这样不仅有利于北京自身高科技等产业的发展，而且有助于京津冀区域经济的协同。[30]北京作为京津冀城市群的核心城市，过去 40 年，其社会经济不断优化发展，经济结构由工业型转为服务型，工业行业由传统重工业被现代高端制造业替代，工业转型升级是发展的必然结果，也是发展的重要动力。同时，随着经济结构优化，工业产业升级，资源能源消耗持续降低，污染物排放持续减少，推动了首都生态环境稳步改善。因此，孙娟等以工业为切入点，以长时间序列经济数据为基础，从环保角度分析北京工业发展的产业转型历程和环境效益，从而提出对北京工业发展管理的对策建议。[31]

第六，农业、农村发展。李狄洋等基于北京市怀柔区村集体经济发展现状，采用实地走访与问卷调查相结合的方法，从人才建设、组织机构建设、规章制度建设、经济发展方式、筹资方式及盈余分配方式等方面分析村集体经济发展现状，剖析存在的问题，探索壮大农村集体经济的有效路径。[32]康杰认为目前我国乡村旅游发展已进入转型升级的攻坚阶段，仍存在着产品创新开发程度不够、产业链条短、乡村文化建设受轻视、乡村生态资源缺少科学规划和保护等问题。乡村旅游的发展扎根农村、依托农业，以农业多功能性的角度提出要开发特色产品，增加北京乡村旅游产品异质性、促进景区间联动、提升文化竞争力和完善生态保护和投入机制等发展路径，以推动我国乡村旅游的可持续发展。[33]互联网技术在农业领域的渗透，催生了休闲农业新业态。郭美荣等探讨网络环境下休闲农业创新发展需求和模式对我国现代农业产业融合和农业农村经济发展具有重要意义，研究结果表明，北京市“互联网+”休闲农业融合发展主要形成了休闲农业主题网站、休闲农业与互联网金融和会展农业等业态。互联网环境下，基于政府规范管理、消费者参与式消费、休闲产品服务精准化开发和信息沟通反馈的需求，休闲农业发展形成了基于品牌宣传推介的创意体验农业模式、基于休闲农产品营销的电子商务模式、基于产业链服务的个性化定制模式和基于科技示范引领的科普展览模式 4 类。目前，休闲农业转型升级仍面临城乡网络基础设施建设不完善、经营主体受教育程度偏低、建设发展资金不足和专业人才缺乏等限制因素。为此，应持续完善网络基础设施建设，加强经营主体培训，创新生产经营模式，强化人才建设。[34]李治等在探讨农村一、二、三产业融合内涵的基础上，构建一套包括产出高效化、业态多样化、服务社会化、生态绿色化、城乡一体化 5 个方面 15 项具体指标的农村产业融合水平评价指标体系，揭示北京农村一、二、三产业融合发展的区域分异特征。研究发现北京市农村一、二、三产业融合发展较好，但一级指标间发展水平差异较大；北京市农村一、二、三产业融合发展呈明显的梯度差异，以昌平—顺义—通州一线为轴，向南北两侧逐渐降低，北部整体好于南部的分布特征；各区县内部不同指标间呈现差异化发展的现象，文章同时提出了推动北京市农村一、二、三产业融合发展的政策建议。[35]

2. 经济稳定增长影响因素研究

赵艺雯综合过往国内外重大体育赛事对举办地经济发展的影响，就基础设施建设、就业、相关产业与周边地区发展、环境保护与后续场馆遗产利用几方面着手研究如何利用 2022 冬奥会，对北京—张家口两座城市及周边地区经济起到积极拉动作用。[36]陈好凡、王开泳利用地理信息系统技术提取北京经济技术开发区产城空间的空间属性信息，引入空间综合扩展系数、形态紧凑度、空间聚合度和分形维数等指标，从空间形态学的角度对开发区的产城空间扩展格局和分布形态进行了定性和定量化分析，并揭示了影响北京经济技术开发区产城空间结构的主要因素。[37]唐孝文等基于低碳经济视角采用改进的柯布-道格拉斯生产函数分析北京现代制造业创新能力影响因素。研究结果显示，北京现代制造业近年来稳定发展，创新能力不断提升，科研经费和科技人才投入是北京现代制造业创新能力的关键影响因素，能源投入和二氧化氮排放量对于北京现代制造业创新能力有明显的负面影响。为此，提高北京现代制造业创新能力需要加大科研经费和科技人才投入；注重低碳发展，大力发展节能技术，降低能源消耗强度；优化北京现代制造业产业结构，利用信息技术改造现代制造业。[38]江艳泓等利用计量方法分析北京 1999—2016 年的数据发现，创新能力和创新溢出对经济的影响都是正向的；且技术创新对经济的正向影响在技术出现的 2 年内缓慢增长，然后稳定在一定的比例，这种影响呈现 6 年一个小周期的特点；创新溢出对经济增长的影响在 10 年以内都是处于缓慢增长的状态。最后，基于实证研究结论提出应该加大研发投入和对创新主体的政策优惠力度，降低研发成本、促进技术溢出；加大对人才的投入，不断优化人力资本结构；加强基础设施建设，积极加入国际市场和国际竞争，提高外商直接投资对本国经济的促进作用。[39]为塑造新型城镇化格局，文化经济发展模式下的城中村改造成为了行业研究的热点。孙越、林箐以北京市“艺术家社区”何各庄村为例，通过调查问卷、实地考察与随机访谈，对何各庄村的基本情况以及社区满意度与文创产业影响情况进行探究，进而从物质空间、产业形态、社会结构3方面剖析了其改造中的问题与产生原因，并提出了针对性的解决对策，展望了未来的发展模式。[40]北京居民的人均可支配收入位居全国前列，流通业的发展水平和居民消费水平在全国也处于领先地位，作为消费重要构成部分的居民服务消费变化明显，升级特征鲜明，在一定程度上给流通业的创新发展带来了机遇与挑战。基于此，陈少康研究了居民服务消费变化对北京流通业发展的影响，以期为北京市流通业的健康持续发展提供有益参考。[41]相互关联的生产性服务业和技术密集型制造业的共同集聚对于促进产业融合和实现产业创新具有重要意义。冯鹏飞等基于2013年北京市第三次经济普查数据，利用共同集聚指数、双变量空间自相关、阈值法、投入产出分析法等，对北京生产性服务业和电子信息制造业的共同集聚度和集聚区进行定量分析，并结合已有研究分析其影响因素。结论如下：①北京生产性服务业同电子信息制造业具有较高的共同集聚度，其中信息、科技服务业最显著；②中关村海淀园、亦庄、空港、花乡等地区是北京生产性服务业和电子信息制造业的共同集聚区；③较高的产业关联、密切的社会联系网络、政府规划与政策引导、高校和科研院所的集中分布是北京生产性服务业和电子信息制造业共同集聚的主要因素。[42]陈红霞基于第二次和第三次经济普查的数据，以邮区为基本空间单元，从生产性服务业从业人员的微观视角实证分析了北京市生产性服务业空间格局演变及这一过程的影响因素。研究认为，在市域范围内，北京市生产性服务业分布具有显著的集聚特征，以城市中心为原点，随距离增加集聚程度先升后降；两次经济普查期间呈现向心集聚的发展趋势，但总体集聚度有所减弱。在实证分析的基础上，提出从影响因素着手，对生产性服务业集聚水平、集聚区位、集聚过程等进行科学引导的政策建议。[43]

3. 经济发展水平及可持续发展研究

为确保《北京城市总体规划（2016年—2035年）》减量任务的有效落实，强化规划实施成本意识，处理好规划实施总量和规划实施方式的关系，处理好规划统一性和实施分散性之间的关系，北京市以分区规划审查报批为契机，利用规划、土地、地理国情普查、土地变更调查、市场评估土地区位价格、政府固定资产投资和投资设施估算单价、财政可支配财力等政府多部门数据进行多元套核，首次开展了规划实施经济可行性测算分析，并以此反馈优化规划方案编制，在以规划实施经济可行性测算分析优化规划编制领域进行了有益的探索与实践。[44]文魁认为北京的经济发展不宜再以首都冠名，对首都经济进行再认识，建议采取“北京经济的新特性”的提法。而从北京经济发展的实践看，文化对经济的影响是北京的特有优势。应对北京文化经济具备的服务文化、蓝图文化、菜心文化、辐射带动文化和红线文化等主要特性投入关注。[45]梁瑞智从财务视角对集体经济发展进行分析，对优化和创新农村集体资产经营方式有重要意义，也是财务管理理论的拓展和完善。北郎中村是北京集体经济发展的典型代表，被誉为北京都市型现代农业“窗口中的窗口”，是国家级生态村。从财务视角分析北郎中村村级集体经济的发展情况，对制定村级农村集体经济发展的财务战略有借鉴意义。[46]白小伟、马骆茹通过对现代化经济体系的内涵进行分析，阐明城市是现代经济体系的承载主体，并具体表现于科技创新、人力资源和安全应急3个互相依存的要素。其次归纳分析了典型世界城市的经济特征，并通过对标分析，找到北京市经济体系的不足。最后为北京构建现代经济体系提出建议。[47]与国际上一贯的因衰退而收缩、因应对衰退而选择精明收缩的城市有所不同，中国一些城镇化水平高、经济发达、增长强劲的城市甚至主动采取了“收缩”的策略，如北京是我国首个提出减量发展的城市。这就引出另一种完全不同于“因衰退而被动收缩”的情境，其与国际国内目前对收缩的研究在前提条件、收缩过程和机制以及应对的策略上会截然不同。胡毅、孙东琪以北京的“主动收缩”策略为例，探讨其与“被动收缩”的异同，以及可能面临的制度及发展困境，为城市收缩提供新的研究视角。[48]

4. 经济发展对策研究

科技创新中心建设关系首都经济发展方向和全局，为经济发展提供了战略路径指引。邓丽姝分析了以科技创新中心为引领，北京建设现代化经济体系的战略路径。主要包括以下方面：夯实创新能力和创新主体，增强经济发展内生动力；完善创新创业生态系统，提升创新转化和产业化能力；加强产业创新，促进现代农业、现代制造业、现代服务业向“高精尖”方向转型升级。[49]沟域经济作为山区生态经济发展的典型模式，在生态优先理念下，统筹生态保护与山区发展，取得了较好的综合效益，践行了绿色发展的科学理念。穆松林通过选取3条典型沟域，分别从起步期、发展期和集聚机理进行分析，为其他区域沟域经济经济发展提供研究案例与实证借鉴。[50]2018年4月20日，《河北雄安新区规划纲要》（以下简称《规划纲要》）获中共中央、国务院批复。规划中进一步明确了雄安新区“北京非首都功能疏解集中承载地”的战略定位，与北京市在城市总体规划中提出的“对接支持河北雄安新区规划建设”思路一致。邢婷等认为北京市与雄安新区产业关系并不是完全竞争关系，而是在行政力量均衡的条件下，依靠市场力量合理配置资源，提升雄安新区产业发展的环境和结构，加速转移与北京市首都城市战略定位不符的产业环节。虽然在短期内北京市GDP、税收可能受到一定程度影响，但从长期来看会加速北京市产业结构转型升级，双方在产业发展的长期道路上有机会达到协同共进、相得益彰的状态。[51]

5. 城市创新研究

黄孝斌以北京“五位一体”城管物联网平台建设工程为例，提出了城市治理创新2.0模式。[52]2018年初，市委、市政府印发《关于党建引领街乡管理体制机制创新实现“街乡吹哨、部门报到”的实施方案》，确立了党建引领“街乡吹哨、部门报到”，推动街乡体制改革，提升城市治理水平的创新思路。宋贵伦、丁元竹认为“街乡吹哨、部门报到”，是习近平新时代中国特色社会主义思想在京华大地落地生根的生动实践，是落实习近平总书记关于北京工作重要指示、探索大城市治理新路子的实践创新。[53]建设全国科技创新中心是北京城市功能定位之一，将北京与国内主要创新城市进行对比分析，进而探寻其优势与短板具有重要意义。叶堂林、李璐从创新投入、创新产出、创新环境3个层面构建的创新能力评价指标体系，运用熵值法将北京与国内其他9个创新城市的创新能力进行了对比研究，探索提出相应的对策建议。[54]王冬岩认为城市治理涉及面广，领域宽泛，具有综合性、开放性、动态性三大特点，是一项复杂的系统工程。北京作为一个超大型城市，城市治理的难点更趋庞杂。习近平总书记对北京城市治理一直寄予厚望。2017年6月27日，习近平总书记在中央政治局常委会会议审议《北京城市总体规划（2016年—2035年）》时提出，要“加强精细化管理，构建超大城市有效治理体系”。他说：“北京城市大，要解决的问题有很多，要探索构建超大城市治理体系，这也是国家治理体系和治理能力现代化对北京提出的要求。”习近平总书记还强调，“城市管理要像绣花一样精细。越是超大城市，管理越要精细”。作为关乎城市“面子”的基层“里子”治理更要像绣花那样精细。[55]科技创新中心是新一轮北京城市总体规划明确的“四个中心”之一。在国家倡导“大众创业、万众创新”的社会大背景下，北京市各类众创空间蓬勃发展，形成了各具特色的产业集群。王亮等研究指出，当前北京科技创新发展呈现出政府主导与市场内生并存、郊区拓展与城区聚合并存的特征，并产生了制度供给与市场需求不匹配、空间组织与发展要求不匹配等多重问题。这些现象和问题的呈现，凸显了传统城乡规划的创新空间支撑体系已经无法适应当前科创和孵化的需要。研究指出，未来的科技创新空间建设应当以构建完善的创新生态系统为重点，以优化增量空间配给和存量空间利用作为抓手，实现空间的保障和政策的支撑。[56]

注：

①黄威：《文化资本与公共文化论》，人民日报出版社，2019年版。

②高志忠：《互联网+背景下的经济特区发展与传统文化传承创新研究：以深圳与故宫的合作为研究中心》，海天出版社，2019年版。

③翁昌寿：《文化创业：移动互联网时代的文化生产与创新》，中国人民大学出版社，2019年版。

④彭俊松：《智慧企业工业互联网平台开发与创新》，机械工业出版社，2019年版。

⑤闫俊周：《创新驱动：战略性新兴产业发展路径与政策》，社会科学文献出版社，2019年版。

⑥林中燕：《“互联网+”区域合作与产业创新》，社会科学文献出版社，2019年版。

⑦中国电子信息产业发展研究院：《2018—2019年中国制造业创新中心建设蓝皮书》，电子工业出版社，2019年版。

⑧刘荷：《跨国公司嵌入对物流产业集群创新的影响》，社会科学文献出版社，2019年版。

⑨易高峰：《数字经济与创新创业管理实务——跨界融合(第二版)》，中国经济出版社，2019年版。

⑩魏后凯：《精准脱贫与乡村振兴的理论和实

践》，社会科学文献出版社，2019 年版。

⑪陈俊红：《北京推进实施乡村振兴战略的对策研究》，中国经济出版社，2019 年版。

⑫司若等：《中国文旅产业发展报告(2019)》，社会科学文献出版社，2019 年版。

⑬张广瑞：《中国特色旅游发展道路的探索》，社会科学文献出版社，2019 年版。

⑭北京旅游学会：《北京旅游发展报告(2019)》，社会科学文献出版社，2019 年版。

⑮陈璐：《京津冀协同发展报告(2019)》，社会科学文献出版社，2019 年版。

⑯祝合良、叶堂林：《京津冀发展报告(2019)》，社会科学文献出版社，2019 年版。

⑰朱伟：《京津冀协同发展过程中的邻避风险防范研究》，化学工业出版社，2019 年版。

⑱王仕卿：《京津冀区域产业经济生态系统协同发展研究》，经济科学出版社，2019 年版。

⑲盛继洪：《北京经济高质量发展研究》，社会科学文献出版社，2019 年版。

⑳张晓涛、李向军：《北京财经发展报告(2019—2020)》，社会科学文献出版社，2019 年版。

㉑杨明、刘传伟：《北京生产性服务业集聚与经济增长关系的实证——基于季度数据 VEC 模型》，《现代商业》，2019 年第 2 期。

㉒贾璇：《以扩大开放提升北京服务业发展质量》，《北方经济》，2019 年第 2 期。

㉓杨茜淋、张士运、娄峰：《北京市科技服务业产业拉动作用研究——基于非竞争型投入产出表》，《科技管理研究》，2019 年第 14 期。

㉔刘达、王笛、郭俊峰等：《北京文化创意指数及经济增长效应测度》，《城市问题》，2019 年第 2 期。

㉕曹珊、王琢：《北京顺义文化创意产业空间优化策略研究》，《城市规划》，2019 年第 6 期。

㉖蔡海龙：《新媒体背景下经济新闻受众的媒介接触与媒体创新的方向——以北京地区为例》，《新闻知识》，2019 年第 5 期。

㉗高谦、周恢：《北京智能制造产业的机遇、挑战与建议》，《现代制造工程》，2019 年第 3 期。

㉘韩蕊、张丽、韦薇：《北京民航发展与社会经济互动关系研究》，《生产力研究》，2019 年第 8 期。

㉙闫庆友、焦彦华：《节能减排和经济增长导向下北京产业结构优化研究》，《区域金融研究》，2019 年第 1 期。

㉚李佳洺：《功能疏解背景下北京产业结构调整的思考》，《智库理论与实践》，2019 年第 6 期。

㉛孙娟、邱大庆、马静、刘铁军：《环境效益视角下的北京工业转型历程解析与建议》，《环境影响评价》，2019 年第 1 期。

㉜李狄洋、李瑞芬、李书瑜：《乡村振兴战略背景下壮大村集体经济的路径研究——以北京怀柔区为例》，《经济师》，2019 年第 1 期。

㉝康杰：《农业多功能视角下北京乡村旅游的发展路径》，《北京农业职业学院学报》，2019 年第 4 期。

㉞郭美荣、李瑾、冯献：《互联网环境下北京休闲农业创新发展研究》，《农业现代化研究》，2019 年第 2 期。

㉟李治、王一杰、胡志全：《农村一、二、三产业融合评价体系的构建与评价——以北京市为例》，《中国农业资源与区划》，2019 年第 11 期。

㊱赵艺雯：《论重大体育赛事对地区经济的发展影响及对策——展望北京—张家口冬奥会》，《现代商业》，2019 年第 1 期。

㊲陈妤凡、王开泳：《北京经济技术开发区产城空间的演化及其影响因素》，《城市问题》，2019 年第 5 期。

㊳唐孝文、相楠、李雨辰：《低碳经济下北京现代制造业创新能力影响因素研究》，《科研管理》，2019 年第 7 期。

㊴江艳泓、马艳华、宋伟、赵树良：《创新能力、创新溢出对经济增长的动态影响——基于北京的数据》，《科技管理研究》，2019 年第 21 期。

㊵孙越、林箐：《北京朝阳区何各庄村：文化经济发展模式下的城中村困境与对策研究》，《北京规划建设》，2019 年第 6 期。

㊶陈少康：《居民服务消费变化对流通业发展的影响分析——以北京市为例》，《商业经济研究》，2019 年第 6 期。

㊷冯鹏飞、申玉铭、曾春水：《北京生产性服务业与电子信息制造业共同集聚特征及影响因素》，《城市发展研究》，2019 年第 9 期。

㊸陈红霞：《北京市生产性服务业空间格局演变的影响因素分析》，《经济地理》，2019 年第 4 期。

㊹杨浚、寇宗淼、李永庆：《“能用、管用、好用”：减量发展背景下北京分区规划经济可行性测算方法研究》，《北京规划建设》，2019 年第 4 期。

㊺文魁：《文化经济：北京经济的新特性——首都发展要义下对首都经济的再思考》，《人民论坛》，2019 年第 25 期。

㊻梁瑞智：《北京北郎中村村级集体经济发展的财务视角分析及启示》，《科技创新与生产力》，2019 年第 11 期。

㊼白小伟、马骆茹：《借鉴世界城市经验构建北京现代化经济体系》，《全国流通经济》，2019 年第 4 期。

㊽胡毅、孙东琪：《主动收缩：城市可持续发展的一种策略选择——北京城市减量发展的规划应对与转型困境》，《北京规划建设》，2019 年第 3 期。

㊾邓丽姝：《科技创新中心引领北京现代化经济体系建设的战略路径》，《城市发展研究》，2019 年第 2 期。

㊿穆松林：《北京山区典型沟域经济发展实证研究》，《农村经济与科技》，2019 年第 5 期。

㉛邢婷、唐建国、吴志全：《北京市与雄安新区产业发展走向：协同共进、相得益彰》，《现代经济信息》，2019 年第 15 期。

㉜黄孝斌：《城市治理创新 2.0 模式——以北京“五位一体”城管物联网平台建设工程为例》，《城乡建设》，2019 年第 15 期。

㉝宋贵伦、丁元竹：《党建引领：吹哨之源与报到之本——北京城市治理创新实践研究》，《前线》，2019 年第 4 期。

㉞叶堂林、李璐：《北京创新能力研究》，《前线》，2019 年第 7 期。

㉟王冬岩：《朝阳区创新城市基层“三落地”治理模式实践》，《城市管理与科技》，2019 年第 1 期。

56王亮、陈军、石晓冬：《北京市科技创新空间规划研究：特征、问题与发展路径》，《北京规划建设》，2019 年第 5 期。

（作者：孟斌，北京联合大学教授；刘坚，首都师范大学硕士生）

北京历史与文化

龚　卉

2019 年习近平总书记在北京考察时，走访了北京前门地区了解北京老城历史片区的保护工作，他一方面强调要加强对国粹传承和非物质文化遗产保护的支持和扶持，同时强调一个城市的历史遗迹、文化古迹、人文底蕴是城市生命的一部分。《北京城市总体规划（2016 年—2035 年）》中指出北京要充分利用北京文脉底蕴深厚和文化资源集聚的优势，将物质文明与精神文明协调发展，传统文化与现代文明交相辉映，“更加精心保护好北京历史文化遗产这张中华文明的金名片，构建涵盖老城、中心城区、市域和京津冀的历史文化名城保护体系”。在党和国家领导人的关注重视、北京城市总体规划的指导方针之下，针对现实需求，本年度围绕北京的历史与文化的研究具有以下几个特点。

第一，在研究主题上，以《北京城市总体规划（2016 年—2035 年）》所确定的构建“一核一主一副、两轴多点一区”的城市空间结构，以及构建全覆盖、更完善的历史文化名城保护体系的任务要求，在老城、大运河文化带、长城文化带、西山永定河文化带的文化特色挖掘、保护措施与建议等方面有较多成果。其次，针对“首都文化”的内涵阐释，通过对经典案例的深入解读和分析也取得了一定成果。而从 2012 年北京中轴线入选申遗预备名单之后，对中轴线的文化内容和遗产特质的挖掘成为学界和社会重点关注的话题，本年度对北京中轴线的研究也集中在对中轴线的遗产价值、保护和利用等方面。

第二，在研究领域上，突出体现了学科融合的趋势和方向。不仅有传统上融合度较高的历史学和地理学的融合，还有历史学与建筑学、历史学与管理学、历史学与园林学等学科融合，更有人文科学与信息技术等最新的前沿学科的结合。此外，新兴的学科方面以及研究方法等也不断融入相关研究中来，如博物馆学、城市景观学的理论和方法的融入，这使得当前的研究在对象选择、研究方法和思路等方面都表现出不断更新发展的态势。

第三，本年度的研究成果还在解决现实问题、指导实践等方面有突出的表现。现有的专著、论文或报告等不同形式的成果分别从政策、制度、群众参与等多方面不同层次将学术研究与现实需求相结合，针对老城的保护，大运河、长城、西山永定河文化带的规划建设，文化遗产的活化利用，北京传统文化的利用等方面都提出了相对应的办法、措施。

一、学术会议

为了贯彻和落实《北京城市总体规划（2016年—2035年）》中的相关规划，围绕北京的全国文化中心建设、北京历史文脉挖掘和传承、中轴线申遗、北京城市总体规划等重点问题，召集各方研究者和相关工作人员集思广益，力争凸显科学研究反哺社会的功能。主要的会议及其讨论主题如下。

1. 首都文化与北京全国文化中心建设——第二十一次北京学学术年会①

6月22日，由北京联合大学北京学研究基地主办，首都博物馆、《北京联合大学学报》编辑部、北京史研究会和北京地理学会共同协办了以“首都文化与北京全国文化中心建设”为主题的第二十一次北京学学术年会。会议主旨报告题目分别是“基于‘历史性城镇景观’视角的北京中轴线申遗保护”“北京二十四节气文化及其可持续发展研究的价值与路径”“满族文化对京味文化和中华文化的贡献”“表征与非表征：大运河（北京段）文化建构思考”“北京全国文化中心建设评价指标体系构建思路”。会议还围绕着北京古都地理空间、三山五园地名研究、北京历史街区与传统文化、副中心文化政策建议等主题进行了专题报告和评议。第二十一次北京学学术年会贯彻并发展了时、空、人相结合，过去、现在和未来相贯通的研究视角，对北京文化、首都文化的形成过程和机理进行了多角度的阐释，对北京中轴线及其文化内涵、“三山五园”、北京历史文化街区、传统村落和非物质文化遗产、民族文化等具体问题都进行了讨论，体现北京学“立足北京、研究北京、服务北京”的研究宗旨和服务北京全国文化中心建设的首都智库作用。

2. 首届亚洲地方学与地方文化国际学术研讨会②

10月26—27日，北京联合大学北京学研究基地、韩国首尔市立大学首尔学研究所、日本富士学会、北京地理学会和中国地方学研究联席会共同主办了“首届亚洲地方学与地方文化国际学术研讨会”。会议主要围绕地方学研究的理论与方法、亚洲地方历史文化研究及地方文化保护等方面进行了展开，分享了亚洲各国不同环境和历史文化之下地方历史与文化的研究成果和经验，这对于推动亚洲文明之间的对话与交流具有积极作用。

3. 北京中轴线申遗保护国际学术研讨会③

10月28—31日，为了进一步向国际社会宣传北京中轴线的遗产价值，由国家文物局和北京市人民政府联合主办，北京市文物局和中国古迹遗址保护协会联合承办了2019年“北京中轴线申遗保护国际学术研讨会”。14位国际世界遗产专家与30余位国内遗产研究、保护和考古等相关领域的专家学者参加了此次国际学术研讨会。研讨会的主题为“北京中轴线的突出普遍价值与遗产构成”，国际和国内与会专家对北京中轴线相关资产现状和保护工作进行了实地考察，考察地点包括慕田峪长城、景山、先农坛、正阳门、太庙、社稷坛和天安门等遗产点，让国际和国内专家对北京中轴线的形制和文化之美产生直观感受。

在听取清华大学吕舟教授的中轴线申遗工作进展汇报和清华大学孙燕博士文本编纂情况之后，与会专家和申遗团队就“北京中轴线的比较研究”和“北京中轴线的遗产构成”两大议题进行了深入探讨。

4. 北京史地民俗学会成立30周年大会

12月13日，召开了“北京史地民俗学会成立30周年大会暨2019年年会”。会上对2019年工作进行回顾，包括“北京一轴三带”宣传书籍的出版事宜讨论和各种展出等。会上还提出预计在2020年由北京史地民俗学会推动《北京民俗辞典》的出版工作，继续整理和出版《北京史地民俗》会刊用于宣传北京历史文化，普及老北京民俗知识等相关内容。

二、学术研究

随着《北京历史地图集》《北京通史》《北京城市发展史》《北京城市史》《北京文化通史》等相关社科项目和研究成果的陆续出版或研究推进，一方面为北京历史的研究提供了系统性的、扎实的基础文献和史料整理、出版工作，也提供了较为成熟有效的研究体系和方法；另一方面也使得本年度的相关研究进入一个新的积累和酝酿时期，总体上来看综合性、理论性的研究相对较少，各种侧重于实践性和应用型的成果较多，为相关问题发掘了更多的案例素材。

在北京历史研究领域，以《北京的水》《北京的桥》《北京的道路》《金中都》《北京建制概说》等为代表的，出版于2018年的北京历史文化研究专门性著作在本年度明显减少，大量研究成果以期刊论文或会议论文的形式出现。在北京文化研究领域，从信仰和民俗等角度入手仍然是主要方向，出现了一些理论上的反思和批评的成果，还有许多具体的文化案例积累、积极作用于首都文化、红色文化、京味文化和创新文化等问题的分析和解读。

需要注意的是在研究选题上，对北京历史文化名城和遗产保护这一具体话题的研究成果表现突出。相关研究成果在学术专著、期刊会议论文上的数量上有着明显优势。《北京规划建设》《北京党史》《北京档案》等期刊发挥了积极作用，[4]通过专题专辑的设计和特辑的方式汇合相关研究成果，将许多极具操作性和针对性的研究论文收入其中，积极为北京的历史文化名城建设献言献策。

（一）北京历史研究

本年度围绕北京历史的研究成果，虽然相较于去年较为系统的断代史、专门史的研究在数量上有所下降，但这可视为研究进入新阶段的积累期而非出于社会关注度的下降。从研究主题上可以看到鲜明的延续性，同时在具体的研究方向上不断深化，不仅有对北京历史各种专门史的细化研究，在研究角度和方法上也更为多元。

在专门史和断代史方面的专著，有一些属于系列丛书的一部分或已刊图书的再版重修，有一些则提供了新的研究话题丰富了北京历史的整体研究。前者的研究成果有李宝臣的《明北京》，后者有周峰、范军的《幽燕画卷：北京史论稿》，北京市方志馆编的《方志北京：京华论坛文集》等。其中由中共北京市委组织部编的《北京历史文化》，[5]主要用于北京市干部学习培训资料，该书是对已出版的北京历史研究成果的概括和总结，按照历史发展脉络将北京历史发展分为6个时期，在介绍文化历史的同时，还介绍了同时期的历史遗存。该读本是由北京市社科院历史所接受北京市地方志办公室委托而撰写，全书约20万字，其“用很少的字，把北京文化发展的主要脉络，以及丰富多彩的北京文化展示给各位读者，是很困难的”。[6]读本的底稿大约完成于2018年，并于本年度出版发行。继2018年出版的《金中都》之后，本年度李宝臣的《明北京》出版，正如书名和所属出版社所呈现的连续性，《明北京》作为断代史性质专著，详细介绍了明代北京城各个发展阶段，对明北京的营建过程、城垣坛庙和宫殿建筑的建立、北京城的行政管理、经济发展、礼仪文化和社会生活等各方面进行梳理，可以说是一部以城市的发展来展现明代历史的长画卷。[7]专门史研究方面有余音和姜东成的成果。余音所著《废墟花开：帝师孙家鼐与京师大学堂》为代表，该书以担任过光绪皇帝老师的孙家鼐为主要线索，辅以大量的图文资料，对戊戌变法中的一些难题进行解答，还对北京大学前身京师大学堂的历史进行梳理，较好地将人物传记与历史事件、社会发展结合起来。[8]姜东成的《元大都城市形态与建筑群基址规模研究》，是在其2007年完成的博士论文基础上出版的作品，本文结合历史文献和考古资料，通过对明清北京建筑群的勘察来推断元大都城内各建筑群的位置和基址规模，提出了“元大都城市平格网”的概念，还强调元大都建设过程中“蒙古至上”的思想影响深刻。[9]

相较于专著，期刊和会议论文具有较强的应时性和针对性，其研究话题更为多样和细化，研究方法也更为“与时俱进”，一定程度上补充了北京历史研究在理论上的探索和思考。如孙东虎的《北京历史地理研究四十年》、王锦辉的《北京改革开放史研究综述》、尚珩、[10]张依萌[11]对长城周边考古情况的概要等综述性文章，不仅对中华人民共和国成立之后的北京历史研究相关部分进行了总结，还归纳了当前研究的不足和未来研究方向，为其他专门研究提供了较好的参考。如王岗的《北京史研究四十年》虽写于2018年，后收入2019年辑刊之中，该文提出北京历史文化研究是研究生活在北京地区的人们的所作所为，即北京城和北京人两大主要内容，并强调人是北京历史文化研究中的第一要素。[12]王锦辉的文章对改革开放40年以来北京历史研究进行了回顾和总结，提出在资料汇编整理等方面取得了丰富成果，且宏观研究与专题研究相互促进，尤其是在经济史、城市史、社会史、党史等专门领域都有突出成绩。[13]冯蒸的文章讨论了北京话的起源及其历史演变的过程，文中对学术界的北京方言形成时间、形成机制和理论模型等问题进行了梳理，提出北京方言研究应该解决4个主要问题，并通过建设音韵数据库、共时研究和历时研究结合、资料处理与理论依据结合等方法来解决不同层面的问题。[14]此外，一些从历史细节中挖掘文化元素的研究，也丰富了北京历史研究的对象。如李飞在《北平文物临时维护会史事考略》中分析了以马衡、刘复等为北京大学国学门学者为核心成立的北平文物临时维护会，在战争时期积极维护本国文物避免文物流失海外，助力1930年《古物保存法》的编纂，对中国近代以来的文物保护发挥了积极作用。[15]吴庆洲、冯江的《中国营造学社与城市史研究及古城保护》则在文中回顾了朱启钤创建中国营造学社和《中国营造学社会刊》的过程，重点强调营造学社在城市史研究和古城保护方面的开创作用，更有梁思成为代表的历史名城保护先驱，为历史名城北京的保护做出了巨大贡献。[16]李琮的《北京地区现存满文匾额情况研究》对北京现存的各种宫殿、园林、坛庙等满文匾额进行统计整理，文中指出截至2018年北京地区现存满文匾额的文保单位共17处，其中多数为满汉文合璧匾，少部分是满蒙汉三体合璧匾和满蒙汉藏四体合璧匾，还指出北京满文匾额小史的原因主要有皇家建筑损毁、民国时期的“撤换满文匾额”等几方面。[17]

而从包括口述史、社会史、饮食文化史和移民史等多种方式完成的专著和研究论文、报告等，让北京历史的研究变得更为丰富多彩。[18]代表性专著有定宜庄的《老北京人的口述历史》，全书主要包括内城篇、外城篇和郊区篇三大部分，关注的是正史或官方文件中不太关注的中下层社会群体，通过对不同区域的人们进行采访，记载了人们的社会交往方式、生活方式如吃喝住行玩乐等各方面内容，较好地拓展了当前北京历史文化研究的领域和对象范围。[19]论文方面的代表有用“异域之眼”来观察民国时期西方人的北京印象的代表作，林铮的《公园：民国西方旅行者的北京想象》。林铮在文中指出20世纪20年代起西方旅行者受到第一次世界大战的冲击，希望从中国传统文明和政治模式中寻找借鉴，指出北京“是一座活着的过去之城，它如同一个被反复涂抹的重写稿，其宫苑、坛庙、城墙上层层叠叠地刻写着历史……北京成为中国历史的缩写，符合了西方旅行者对于‘真的中国’的期待”。[20]任同新、王海在《北京灌肠寻根——明初移民史视角的考察》一文中，以北京传统小吃灌肠为抓手，考察明初三晋移民的影响，从移民史、饮食文化史和社会经济史的角度扩展了北京历史文化研究。[21]王广义、王可研的《解放战争后期民主人士北上的历史作用及现实意义》，主要对1949年民主人士成功北上，推动了第一届政治协商会议的成功举办。[22]还有李自典的《民国时期城市租房生活管窥》，对北京、上海、天津和南京等地的租房群体进行概述，描绘了近代化过程中以租房为代表的社会转型的历史细节。[23]

由上可知，在北京历史研究方面既有对已有研究成果和方法的继承，也有许多新方法和新话题的引入，研究成果已完成一定的积累进入新的发展阶段。在断代史和专门史专著方面继续产出成果，主要表现为继承性；在研究方法上由于口述史、社会史、饮食文化史、移民史等新兴的研究领域进入，不仅在方法上促进了研究的发展，还提供了更为丰富的历史细节和具体话题，推动北京历史研究进入新阶段。

（二）北京文化研究

本年度随着北京文化中心建设过程中对非物质文化遗产的重视程度提高，本年度对北京文化的研究虽然仍主要是从信仰和民俗等角度入手，但在研究的理论基础和目的、出发点等方面根据国际教科文组织对非物质文化遗产的相关规定和解释有所突出和侧重。此外，在理论和实践两方面都有新的发展，在理论方面有对文化基本概念的讨论，也有对研究方法的反思和审视；在实践方面，越来越多的研究在通过具体的案例分析和积累来推动对北京的古都文化、红色文化、京味文化和创新文化分析解读，不断深化对北京文化和文脉传承问题的理解和落实。

在研究理论和方法上有所思考或创新的作品，有岳永逸的专著《老北京杂吧地：天桥的记忆与诠释》（修订版）、曹文君的《犁铧：北京乡村医生社会历史文化背景研究》、刘丽敏的《晚清华北乡土天主教民的信仰与民间文化》、刘庭风等人的《从道教与龙王信仰中谈三山五园龙王庙》等文章。岳永逸的《老北京杂吧地：天桥的记忆与诠释》（修订版），是作者花费10多年走访调查而形成的考察北京民俗史的作品，全书分成了“口述天桥”和“学术写作中的天桥”两大部分。[24]修订版中新增的作者自序部分较为集中系统地展现了作者对北京天桥文化研究的理论和方法的反思，作者叙述了20世纪初日本学人发起的天桥研究热潮如何从“强调其平民性，到污名、抹黑天桥的转变”过程，还明确提出了天桥研究的方法论意义：“理想型的老街并不一定指向过去。反之，它完全可能是针对当下的一种批判性的存在，是观察、理解当下世界的一种认知论和方法论。尤其是在新进自上而下、强力规划的对老街‘历史文化街区化’的运动式的治理过程中，老街原有的居民——原住民/坐地户——基本处于缺位的状态。他者强调、着重并试图在此留住、堆砌的不少文化符号，成为支配居民挪移（拆迁/腾退）的工具。”[25]曹文君的专著，其所关注的问题“北京乡村医生”与环境史、医疗史等新兴研究领域的发展相适应，从多学科的角度系统梳理了北京乡村医生这一特殊群体的社会文化背景，及其与北京乡村传统社会的建设关系问题等。刘丽敏所著书主要关注中下层民众在中西文化交流碰撞之下的反应和信仰变化，从皈依动机、宗教仪式、宗教观念、宗教仪式与生活，和民教冲突适应等 5 个方面进行具体展开。刘丽敏的著作将视野放在“民”上，试图探讨中西文明冲突对传统乡土社会的冲击和相对社会的应对，对晚清民间社会信仰做了较为详细的梳理，揭示了晚清变局之下乡土社会的一种适应模式。[26]刘庭风等人的《从道教与龙王信仰中谈三山五园龙王庙》对道教中的龙王信仰历史、分类和龙王庙的发展历程进行了介绍，在根据龙王祭祀所对应的降雨、应愿、护海等功能来分析三山五园中龙王庙的空间设计布局，指出这些龙王庙“很好地体现了思想、信仰以及建筑三者之间的关系”。[27]

其次是对北京的传统文化、民俗文化资源进行调查、整理和归纳的作品，这些成果为后续的深入研究提供了非常好的基础和保障。其中对老北京民俗和传统文化方面的研究成果有樊新征主编的专著《传承者的牧歌》、刘选国的《胡同深处的北京》等；也有对运河等文化带历史文化资源的整理，如张秉政的专著《运河·中国：隋唐大运河历史文化考察》、张勃的《二十四节气与北京城》等数篇文章，[28]王辉和郑永华等人的相关文章。[29]《传承者的牧歌》以“保卫乡愁”这一问题为核心话题，记载了各式各样的人物和社会生活的各个方面，既有口述史的记录也有实地探访的记载。[30]刘选国的《胡同深处的北京》是作者在《新华每日电讯》上同名专栏文章的随笔集结，涉及的层面较为丰富包括名人故居、文教遗存、政治事件遗存等内容，除文字之外还有大量的照片，是作者长期走访、记录并考察后对北京胡同的历史、未来及其文化内涵的思考。[31]

最后在文化挖掘和文脉传承方面，则有对红色文化、宗教文化、京味文化等方面的研究。刘锋的《北京红色文化形成发展的土壤和条件探析》，提出北京红色文化是党领导北京人民在革命斗争中形成的特色文化，其中北京悠久的历史、中西文化碰撞、马克思主义的传播等为北京红色文化形成了良好的土壤。王旭的《融汇亲和的京味文化》，系统讨论了京味文化的形成过程、构成要素和现代体现等，将京味文化总结为“诚信重礼”、“通达自在”和雅俗共赏的“兼容博通”等几大特点，为京味文化的内涵和现代传承提供了非常好的解释和参考。[32]张程程、周润年的《雍和宫佛事活动的文化内涵及其作用》，以藏传佛教历史文化古迹雍和宫为中心，讨论雍和宫的佛事活动对北京的藏族佛教文化传承具有的积极意义和作用。[33]

（三）北京历史文化名城保护与遗产保护

2019 年初，在《城市规划通讯》上刊登了《〈北京历史文化街区风貌保护与更新设计导则〉公开征求意见》《〈北京市长城文化带保护发展规划（2018—2035 年）〉公布》《〈历史文化街区工程管线综合规划规范〉发布》等政策层面的意见征集或信息通信，为本年度的相关研究提供了较为清晰的指导方针，大大促进和保障了相关研究的开展和成果的出现。因此本年度与北京历史文化名城保护主题相关的论文比重较高，其中对历史街区的保护和遗产保护、文化带的发展和规划成为最主要的研究方向。[34]在专著方面除了北京市政府、社科研究单位的综合性成果之外，东城区、西城区、雄安新区等各区、县级单位也陆续出版了本地的历史文化名城建设的相关资源和保护措施等成果。在论文方面，诸多研究成果汇集，较为全面地梳理了北京历史文化名城建设的各种文化要素构成，还从学理、政策、执行等不同层面提出了具有针对性的建议。

对北京历史文化名城建设进行综合性、概括性研究的代表成果有王军的专著《建极绥猷——北京历史文化价值与名城保护》。该书通过“北京旧城历史文化价值”“旧城保护实施管理策略”“历史文化名城保护机制”等三大章节介绍了北京旧城的文化价值和保护措施，提出北京旧城在时空格局上包含了丰富的传统文化元素，具有极强的包容性和适应性，还揭示明清北京城子午卯酉的时空格局；针对旧城保护措施，作者还进一步提出了“整体保护”“文保区全覆盖”“腾退开放文物建筑”，并辅以交通政策的调整。[35]另外还有谢正发的专著《文化旅游与经济增长：基于国家历史文化名城视角》，[36]从旅游经济的角度提出了历史文化名城建设和发展建设的途径和方法；郑珺编著的《北京“两轴”与全国文化中心建设》，[37]将“两轴”作为历史文化名城建设的抓手，通过北京具有代表性的文化标志“两轴”来挖掘北京的历史文化内涵。研究论文则有肖金亮等人的相关成果。[38]

从老城区保护等方面进行的研究，主要表现为对老城区的具体保护措施。通过城市规划、制度建设等方面提出建议措施的成果有姜立光、缪剑虹的《北京老城保护和街区更新的西城实践》，贾蓉的《老城复杂系统的集合影响力保护更新实践——以北京西城大栅栏更新计划为例》，于长艺、尹洪杰的《责任规划师制度初步探索——以北京西城为例》等多篇文章。[39]从地名文化遗产入手提出的建议和措施，有岳升阳、魏晋茹的《北京西城地名文化遗产分级保护研究》，借第二次全国地名普查的契机开展地名文化遗产分级保护的研究，推动分级保护机制的建立。[40]还有从建筑、园林等角度提出建议措施的，如王曦晨的《北京西郊万寿寺历史建筑及园林景观研究》，[41]崔宇航、刘洋、曹玺武的《历史文化街区街道文化现状及保护策略初探》，贾彦飞、陶欣冉、郑玮锋的《古都型历史文化名城的产生及其景观特征探析》，董帅、郭智的《从城市中轴线看建筑学意义上的北京气质》等文章。[42]

以中轴线文化挖掘和遗产保护为主要研究对象的相关研究有：故宫博物院单霁翔的访谈和评论文章，[43]中轴线申遗文本撰写团队负责人吕舟的访谈，[44]李建平的相关论文，[45]唐晓峰对中轴线遗产的建议，[46]张宝秀的《中轴线保护的公众感知和参与》，[47]朱祖希、秦红岭等人的文章，[48]王克敏对什刹海在中轴线遗产保护中提出的问题和建议，[49]孙燕等人概述性文章等研究成果。[50]以上成果多以申遗工作为切入，从文化内涵、文化遗产的特质、国际社会的相关规定等多角度提出建议和措施。

以北京"三个文化带"和"三山五园"作为主题的研究成果，在专著方面代表性作品是张秉政的《运河·中国：隋唐大运河历史文化考察》一书，主要是对作为世界文化遗产的大运河的历史、人文、民俗、文学等方面进行讨论，系统展现大运河的文化遗产价值，包括自然生态价值、文化价值、科学价值、艺术美学价值和情感价值等。[51]"三山五园"相关研究论文方面，有赵连稳、逯燕玲、朱强等人的研究成果，分别对"三山五园"的历史、建筑艺术、园林审美等问题进行讨论。[52]"三个文化带"的相关论文则有蔡蕃、崔晨、周侃和朱永杰等人对大运河、长城、西山永定河文化带的文化元素进行考察。[53]

此外各区、县也立足本地资源，发挥在历史文化名城建设中的积极作用。如2012—2016年全国可移动文物普查结束，北京市延庆区文化和旅游局参与编纂的《延庆文物珍藏：北京市延庆区第一次可移动文物普查成果汇编》，该书由延庆区政府文保单位总结区内文物普查的结果，从中选取了253件具有代表性的文物精品，汇编而成了文保成果展示册。[54]北京房山区河北镇组织编写的《大房洞天》，从风俗物产、文化古迹、非物质文化遗产、历史人物和事件，以及文献典籍等不同主题较为全面地整理了当地的文化资源，为进一步的开发活用提供基础。

注：

①吴启琳：《"首都文化与北京全国文化中心建设——第二十一次北京学学术年会"在北京召开》，《地方文化研究》，2019年第5期。

②项江涛：《首届亚洲地方学与地方文化国际学术研讨会在京召开》，中国社会科学网，2019年10月26日。

③徐秀丽：《北京中轴线申遗保护国际学术研讨活动在京举行》，《中国文物报》，2019年11月4日。

④《北京规划建设》专门设置历史文化名城保护和老城区改造等相关特辑，《北京规划建设》2019年S1期以京津冀协同发展为主题，从京津冀协同发展的历史基础、特点、对策和效果等各方面深入思考，发挥智库积极作用。此外，2019年S2期就以正西城区为主要研究对象，积极探讨西城区的历史文化底蕴、"四名工作"体系和文物腾退等具体话题，为西城区的历史街区保护、利用等提供具有建设性的意见和对策。

⑤周峰、范军：《幽燕画卷：北京史论稿》，花木兰文化事业有限公司，2019年版；北京市方志馆编：《方志北京：京华论坛文集》，北京出版社，2019年版。中共北京市委组织部编：《北京历史文化》，北京出版社，2019年版。

⑥王岗：《北京史研究四十年》，《北京史学》，2018年第2期。

⑦李宝臣：《明北京》，北京出版社，2019年版。

⑧余音：《废墟花开：帝师孙家鼐与京师大学堂》，上海远东出版社，2019年版。

⑨姜东成：《元大都城市形态与建筑群基址规模研究》，花木兰文化事业有限公司，2019年版。

⑩尚珩：《北京市长城考古工作的回顾与展望》，《北京文博文丛》，2019年第2期。

⑪张依萌：《2022年北京冬奥场馆周边长城考古工作评述》，《中国文化遗产》，2019年第6期。

⑫王岗：《北京史研究四十年》，《北京史学》辑刊，2018年第2期。

⑬王锦辉：《北京改革开放史研究综述》(上)，《北京党史》，2019年第2期；《北京改革开放史研究综述》(下)，《北京党史》，2019年第6期。

⑭冯蒸：《北京方言形成的历史音韵层次》，《中国社会科学报》，2019 年 12 月 31 日。

⑮李飞：《北平文物临时维护会史事考略》，《中国文化遗产》，2019 年第 6 期。

⑯吴庆洲、冯江：《中国营造学社与城市史研究及古城保护》，《建筑学报》，2019 年第 12 期。

⑰李琮：《北京地区现存满文匾额情况研究》，《满族研究》，2019 年第 3 期。

⑱曹文君：《犁铧：北京乡村医生社会历史文化背景研究》，法律出版社，2019 年。乔冰著、纸上魔方绘：《最早的动画片——北京、百姓篇》，吉林出版集团股份有限公司，2019 年版。此外还有房山区、陶然亭街道等组织编写的当地历史读本，也是从多个方面展现当地的历史，为大众普及作出贡献。如《印象陶然：陶然亭地区历史文化图说》，学苑出版社，2019 年版；王春年：《大房洞天》，中国言实出版社，2019 年版；《雄安故事：雄安地区历史文化读本》，中国旅游出版社，2019 年版。

⑲定宜庄：《老北京人的口述历史》，中国社会科学出版社，2019 年版。

⑳林铮：《公园：民国西方旅行者的北京想象》，《中山大学学报(社会科学版)》，2020 年第 1 期。

㉑任同新、王海：《北京灌肠寻根——明初移民史视角的考察》，《四川旅游学报》，2020 年第 2 期。

㉒王广义、王可研：《解放战争后期民主人士北上的历史作用及现实意义》，《吉林省社会主义学院学报》，2019 年第 4 期。

㉓李自典：《民国时期城市租房生活管窥》，《民国研究》，2019 年第 1 期。

㉔岳永逸：《老北京杂吧地：天桥的记忆与诠释》，生活·读书·新知三联书店，2019 年版。

㉕岳永逸：《老北京杂吧地：天桥的记忆与诠释》(修订版)，生活·读书·新知三联书店，2019 年版。

㉖刘丽敏：《晚清华北乡土天主教民的信仰与民间文化》，人民出版社，2019 年版。

㉗刘庭风、周娉倩：《从道教与龙王信仰中谈三山五园龙王庙》，《中国风景园林学会 2019 年会论文集》(上册)，2019 年 10 月 19 日。

㉘张勃：《二十四节气与北京城》，《光明日报》，2019 年 3 月 31 日；《顺天应时：二十四节气的文化精神》，《中国社会科学报》，2019 年 9 月 20 日。

㉙王辉：《北京法海寺壁画的历史意蕴与文化精神》，《北京行政学院学报》，2019 年第 6 期。郑永华：《从天长观到白云观——“北京第一道观”的历史变迁与文化传承》，《前线》，2019 年第 8 期。

㉚樊新征：《传承者的牧歌》，团结出版社，2019 年版。

㉛刘选国：《胡同深处的北京》，中华书局，2019 年版。

㉜王旭：《融汇亲和的京味文化》，中国社会科学出版社，2019 年版。

㉝张程程、周润年：《雍和宫佛事活动的文化内涵及其作用》，《西藏大学学报(社会科学版)》，2019 年第 4 期。

㉞根据 2002 年出台的《北京历史文化名城保护规划》中提出加强北京历史文化名城的保护有三项重点工作，即文物的保护、历史文化保护区的保护和历史文化名城的保护三方面，而北京市旧城区是保护的重点对象。

㉟王军：《建极绥猷——北京历史文化价值与名城保护》，同济大学出版社，2019 年版。

㊱谢正发：《文化旅游与经济增长：基于国家历史文化名城视角》，经济科学出版社，2019 年版。

㊲郑珺：《北京“两轴”与全国文化中心建设》，经济科学出版社，2019 年版。

㊳肖金亮、林玉军、倪瑞锋：《历史文化名城中的文化景观——双轮驱动下的北京三山五园地区整体性初探》，《中国文化遗产》，2019 年第 3 期。

㊴姜立光、缪剑虹：《北京老城保护和街区更新的西城实践》，《北京规划建设》，2019 年 S2 期。贾蓉：《老城复杂系统的集合影响力保护更新实践——以北京西城大栅栏更新计划为例》，2019 年 S2 期。于长艺、尹洪杰：《责任规划师制度初步探索——以北京西城为例》，2019 年 S2 期；惠晓曦、廖正昕：《北京西城月坛地区城市历史风貌保护的思考》，2019 年 S2 期；牟映璇：《城市更新中的历史文化街区保护与绅士化》，《城市建筑》，2019 年第 27 期；钱川、鞠德东、孙书同等：《北京崇雍大街的文化传承与风貌更新实践》，《建筑技艺》，2019 年第 12 期。

㊵岳升阳、魏晋茹：《北京西城地名文化遗产分级保护研究》，《北京规划建设》，2019 年 S2 期。

㊶王曦晨：《北京西郊万寿寺历史建筑及园林景观研究》，《建筑史》，2019 年第 2 期。

㊷崔宇航、刘洋、曹玺武：《历史文化街区街道

文化现状及保护策略初探》,《遗产与保护研究》,2019年第5期。贾彦飞、陶欣冉、郑玮锋:《古都型历史文化名城的产生及其景观特征探析》,《四川建筑》,2019年第6期。董帅、郭智:《从城市中轴线看建筑学意义上的北京气质》,《自然与文化遗产研究》,2019年第12期等。

㊸单霁翔:《单霁翔访谈》,《世界建筑》,2019年第11期;《保护好、利用好、传承好北京中轴线文化遗产》,《中国文化报》,2019年8月31日。

㊹吕舟:《吕舟访谈》,《世界建筑》,2019年第11期。

㊺李建平:《中轴线申遗与北京历史文化名城保护》,《北京规划建设》,2019年第1期;《北京中轴线及南、北延长线规划建设思考》,《北京联合大学学报》(人文社会科学版),2019年第3期。

㊻唐晓峰:《北京传统城市空间治理:遗产与挑战》,《地理研究》,2019年第6期。

㊼张宝秀:《中轴线保护的公众感知和参与》,《北京观察》,2019年第1期。

㊽朱祖希:《认识"北京中轴线"的几个要点》,《北京人大》,2019年第7期。秦红岭:《"历史性城镇景观"对北京中轴线申遗保护的启示》,《北京人大》,2019年第7期。

㊾王克敏:《中轴线遗产视角下的什刹海历史文脉传承研究》,《资源开发与市场》,2019年第10期。

㊿孙燕、郑楚晗、李梦静等:《浅析作为文化遗产的北京中轴线及其保护现状》,《世界建筑》,2019年第11期。

(51)张秉政:《运河·中国:隋唐大运河历史文化考察》,北京时代华文书局,2019年版。

(52)逯燕玲:《长河连三山,水脉润五园》,《自然与文化遗产研究》,2019年第9期。赵连稳:《西方学者对圆明园的错误解读》,《前线》,2019年第2期。朱强、王钰:《乾隆时期清漪园和圆明园写仿寄畅园现象新探》,《中国建筑学会建筑史学分会会议论文集》(上),2019年版。

(53)蔡蕃:《寻找运河文脉的新表达》,《北京商报》,2019年8月2日。崔晨:《推进北京长城文化带建设》,《北京观察》,2019年第12期。景俊美:《遗产廊道与北京长城文化带构建》,《前线》,2019年第10期。周侃:《北京大运河碑刻的文化记忆与书封递嬗》,《中国书法》,2019年第15期。朱永杰、王亚男:《运河对北京城市空间结构的影响研究——兼论运河文化带保护和建设策略》,《城市发展研究》,2019年第12期。

(54)李静主编,北京市延庆区文化和旅游局编:《延庆文物珍藏:北京市延庆区第一次可移动文物普查成果汇编》,北京美术摄影出版社,2019年版。

(作者:龚卉,北京联合大学助理研究员)

人文北京研究

金元浦 王林生

2019年北京的文化发展在诸多领域取得重大进展。北京诸多学者在相关问题上从理论层面进行了积极探讨,相关文化活动也相继推进文化的创新发展。主要议题集中在以下几个方面:

一、文化内容、载体与行业的新变化

2019年伊始,文创领域以"故宫口红"开启年度文化大戏,2019—2020年之交,李佳琦又以直播带货口红成为最火热的"美妆主播"。年度两个事件充分显示出文化在创造性转化和创造性发展层面,已具有旺盛的市场活力和市场潜力。整体而言,文化的新变化,集中体现为以下3个方面:

1. 文化内容的创意趋向

文化的创意化,是文化新业态的重要趋势。随着"文化+""创意+"与各领域的深度融合,一些创意性的文化内容竞相涌现。高宏存从宏观的层面,概括出文化领域的新变化,从数字技术塑形文化新生态、现代创意造就文化新产品、全新体验推动文化大传播等层面,阐释了新时代传统文化创造性转化和创造性发展。[①]而最能体现这种创造性发展的无疑是故宫。有论者指出"网红故宫是传统文化的创新表达",故宫文创产品成为"抢手货",充分显示了中国文创产业的巨大潜力。[②]陈少峰则从业态指出,在经济发展新常态与新一轮科技革命交汇的大背景下，文化产业的新技术、新业态不断涌现，创新成为文化产业发展的基本动力。在新的趋势下，文化产业呈现出十大趋势：内容升级，生活美学化与创意常态化，IP 可持续化，技术驱动跨界呈现，人类的新娱乐伙伴时代来临，新媒体垂直化、多元化商业模式，产业文化加速，文旅向室内扩展，文体一家亲，通过大力发展家庭文化与国际接轨。③与以上二者从生产的角度有所不同，于萌从消费的视角，指出文化创新是撬动消费的主要力量，认为大力发展文化消费，既有助于进一步强化首都核心功能，也是充分把握消费升级的有利契机，成为为经济提供新动能的重要选择。④

2. 文化科技的载体支撑

文化新业态的发展得益于科技的强力支撑。吴承忠从 5G 技术对文化的影响，认为 5G 时代对人类社会的生产和生活将产生深刻变革，智能化将成为时代发展的主题之一。在 5G 技术影响下，文化产业将在产业技术、文化产品、商业模式、产业管理等方面表现出新的发展趋向，极大改变传统文化产品生产、分配、交换、消费、管理方式，智能化、个性化、快速化、情景化、国际化的文化产品和文化服务的生产消费以及多主体联动式监管成为主流。⑤熊澄宇从数字内容产业的角度出发，指出文化产业面临着从人机交互到产城融合的整体性转变，产业园区是这一转变的载体。⑥曾繁文考察了人工智能、虚拟现实、全息投影等高新技术应用于文化领域，指出当前文化产业的发展呈现出移动音视频行业深度垂直发展、数字出版产业链和创新链或将重组、数字文化产业跨界融合加快推进、优秀自媒体平台将加速崛起、人工智能将助推文化产业供给侧改革、虚拟现实将大幅拓展数字文化消费场景、增强现实技术将强化信息消费体验感、全息投影技术将赋予文化演艺新生命等热点趋势。⑦戴俊骋等尤其关注 AR/VR 等新技术与非遗传承的关系，指出，伴随着 AR/VR 等新技术和新媒体的发展，非物质文化遗产旅游形式也有了新的延展，非遗 ARG 游戏、随境游戏非遗植入、非遗表情包、非遗直播等，拓展了非遗的生长空间。⑧

3. 文化行业的创新发展

文化与科技的融合最终体现为行业的创新发展。夜经济是文化产业最近探讨较多的话题，金元浦探讨了夜经济在文化产业中的意义，认为夜间生活拉长了人们生命的长度和丰度，为文旅产业开辟了另一片天地，使其迎来了倍增的新机遇，夜经济的繁荣既体现了新时代人们内在的更高的文化需求和我国城市构建新的社会功能的需求，也体现了新一代消费群体时尚、浪漫、休闲的新潮流，促进了消费升级。⑨文旅融合也是一个重要的领域，王国华尤其关注工业旅游，指出工业旅游是现代旅游产业的重要组成部分，发展工业旅游能够促进传统工业城市不断更新，推动老工业区的环境改善，优化产业结构的调整，增强企业资源的多次开发与利用。⑩线下文创产业发展的同时，线上以文化娱乐为主要内容业态的产业也有一定程度的发展。张智华等以网络自制纪录节目为例，认为中国网络自制纪录节目更注重现场体验与网络播放，强调多视角与“直播”，且指出未来节目应根据受众需求适当调整与创新。⑪

4. 文化产业存在的障碍与问题

文化产业在各领域的迅速发展，也衍生出一些不可忽视的问题。这些问题一是体现为产业乱象频发。王林生、高宏存以 50 个全国首案为分析对象，集中阐释了文化新业态领域存在的“发现难”“取证难”“追查难”“执法难”等突出问题，并提出在不断加强互联网领域立法、修法和释法，落实互联网平台的主体责任，加强执法部门与互联网平台的协作，加强对互联网新治理技术的应用等多个方面，进行产业乱象治理的探索，提升互联网文化新业态的治理水平。⑫周正兵从文化产业发展专项资金使用的角度反思其得失，认为专项资金设立与改革的本质问题是要厘清专项资金在文化产业特定发展阶段的具体目标与时间限度，⑬在业态和财政问题之外，还有论者重点关注了产业发展中的伦理问题。意娜将伦理问题与数字时代的转型结合在一起。认为数字平台的崛起标志着一个新的时代到来，改变了传统文化产业价值链。传统的商业伦理已经不能全面覆盖新平台时代的数字商业活动，带来集中、垄断、隐私、监管等问题，应致力于构建健康的数字环境。⑭B 站作为二次元文化集中的网站，其商业模式、用户特征及产品生态等多方面体现出鲜明的互联网亚文化的特征，胡娜则从行业与伦理关系的角度，指出 B 站呈现出的新特征决定了互联网文化企业需要面对互联网文化产业发展到一定阶段可能会出现伦理价值遭到冲击的问题。⑮

二、“一城三带”的多向度研究

1. “长城文化带”的要素特征

在具体的研究中，“长城文化带”是一个重点领域。胡建兵划定长城文化带的范围是保护的前提和基础，指出长城是人类共有的文化遗产，加强“长城文化带”建设，必须依照中华人民共和国文物保护法、长城保护条例等有关法规，切实履行对长城的保护职责，对擅自破坏长城的行为必须进行严厉打击，使万里长城得到全面保护和科学利用。[16]马保春认为，长城是历史上中原王朝为了保护农业文明地域、抵抗北方游牧民族南下侵扰而在农牧交错带修筑的具有浓厚军事色彩的大型墙体建筑群系，因此，长城具有本体建筑要素、空间要素、时间要素、文化要素的意义，具有地理、经济、民族、政治和文化等五大属性。[17]崔晨从对《北京城市总体规划（2016年—2035年）》的分析出发，指出加强长城遗产保护、修复长城生态功能、实施基础设施项目建设、推动生态旅游与文化传播是长城文化带建设的四大工作，并通过科技手段，如无人机、传感器等，摸清长城资源家底，建立数字管理系统，提高长城保护的精准性、及时性和有效性。[18]景俊美在全面分析北京长城文化带动态性、复杂性的同时，指出在具体的行动路径上需要在精准评估、分层判别，资源挖掘、景观规划，解说展示、系统设计，公共服务、交通等基础设施建设4个方面有机配合，打造“山水长城人文北京”，不断提升北京地区的区域活力。[19]

2. “大运河文化带”的内涵及影响

大运河文化带是“一城三带”研究的重要内容。首都师范大学文学院王德胜教授担任首席专家主持的北京社科基金重大项目“北京大运河文化带历史遗存及文脉梳理”，以北京市域范围内现存运河遗产、与运河直接或间接相关的历史文化遗产，以及由大运河孕育而生的非物质文化遗产为主要研究对象，对北京运河文化的来源、类型、内涵及价值等多元文化形态以及典型的历史文化符号的归纳、总结和提炼，认为可以用政治国脉、历史文脉、经济动脉、社会命脉和生态水脉的表达，凸显北京运河历史文脉的整体价值和历史文化内涵。[20]

相较于长城文化带具有的家国意义，大运河文化更多地对城市空间产生了重大影响。朱永杰、王亚男认为古运河对北京城市水道格局、商业区、仓储区以及其他空间结构产生了重要影响，当前运河和北京城市空间结构之间存在着密切的联系，并提出了运河文化带保护建设基于遗产廊道视角下的一些可行性策略。[21]王剑、高大伟等从风景园林的专业视角提出“HSES”分析模式，基于历史文脉的总结梳理，通过历史演变的空间叠合、文化遗产的价值评估和沿线景点的调研分析的技术方法，在运河水系恢复、遗产保护利用、公园景点塑造、讲好运河故事等方面提出发展建议。[22]王琪则围绕北京四合院利用近代符号学理论阐释四合院的结构构成、空间节奏和象征意涵等，从而丰富现代建筑的历史文脉符号语言，为我国大运河沿线文化符号解读和建筑设计提供理论支撑和创新探索。[23]

与以上论者视角不同，刘聪聪、张少刚等强调大运河文化带的教育价值。刘聪聪强调大运河北京段线性文化遗产与研学设计之间的关系，认为基于综合思维、区域认知、人地协调观和地理实践力等地理学科核心素养培养，让学生考察与感知大运河北京段线性文化遗产的现状，对传承和加强大运河文化遗产的保护具有一定意义。[24]张少刚认为，未来文化教育中，创新教育模式，创建虚实结合的“运河文化开放大学”，实现线上线下学习、体验、研发与社会服务结合，且通过政府购买有关推动城乡均衡发展的大运河文化教育活动的服务，促进“大运河文化教育带”所连接的城乡均衡发展，有助于通过“互联网+文化”在运河流域的实施，在这个过程中京津冀应充分发挥先行主导作用。[25]

3. “西山永定河文化带”的保护及开发

西山永定河文化带孕育了北京城，流域内拥有灿烂的文化。2019年全国政协提案委员会“永定河流域文化建设”党外委员专题视察，永定河是京津冀晋区域重要水源涵养区和生态屏障，实施永定河综合治理与生态修复，对促进区域经济社会发展、产业结构转型升级、生态文明建设以及历史文化传承具有重要意义。[26]2019年首届永定河论坛历史文化分论坛以“传承永定河历史文化、提升永定河品牌价值”为主题，众多学者从挖掘与流域有关的古人类文化，在流域治理中发展文创产业，城镇群协同发展是带动流域发展的增长极，将永定河打造成环北京生态文化景观带、永定河流域要注重近自然生态修复等层面，阐释永定河文化对北京城市建设的意义。[27]郭来喜从多角度梳理永定河的文化意义，认为永定河属中华母亲河、生态河、文化河、文明河、创新河、非凡河。[28]齐震宇从“遗产廊道”和“文化廊道”的角度，提出创新永定河旅游保护规划的思路和模式，升级北京永定河特色旅游线路设计、遗产保护方式。[29]积极加强永定河生态的同时，积极开发西山永定河流域的红色文化也是重点探讨的对象。西山永定河是红色文化集聚的地带。刘岳、高俊良、方东杰等认为西山永定河文化带彰显了中国共产党人为人民谋幸福、为民族谋复兴的初心与使命，是北京红色文化的重要组成部分，指出打造长辛店、卢沟桥宛平城、香山等七大红色展示群，有助于传承弘扬西山永定河红色文化。㉚

三、文创活动推动文化创新发展

文创活动是文化发展的重要载体。2019年全国大众创业万众创新活动周北京会场主题以“汇聚双创活力，澎湃发展动力”为主题，以服务创新创业者为主线，从多层次全面展示北京建设全国科技创新中心的最新成果。2019年，北京市文化产业保持良好发展态势，1—11月规模以上法人单位实现收入11146.2亿元，同比增长8.3%；其中文化核心领域实现收入9921.4亿元，同比增长10.1%。㉛

电竞作为近年来发展迅速的产业类别，也成为北京文化产业发展的重要增长点。目前，我国已经成长为世界最大的电竞市场。为培育产业发展，2019年第三届中国电竞产业大会在北京召开，大会从产业政策、经济发展、跨界融合等角度共同探讨中国电竞产业发展。同时，2019年中国移动联合腾竞体育和网易暴雪举办的首届中国移动电子竞技大赛在北京拉开帷幕。相关电竞活动的开展，对北京充分聚集电竞产业高端人才和产业配置，建成集文化交流、展示、传播、教育和孵化于一体的全国高等级电竞产业平台具有积极意义。

创意设计是北京文化产业的重要类别。北京国际设计周是北京设计领域的重大活动，2019年北京国际设计周以“产业策动”为主题，以设计引领产业升级、设计引导消费趋势、设计驱动贸易繁荣、设计赋能城市创新为4条发展主线，展示创意设计在促进制造业转型升级、“一带一路”贸易发展、北京疏解非首都功能与创新型城市建设、中华优秀传统文化的产业化创新等领域发挥出的创新引领作用。2019年北京设计奖评选中特设“文博设计奖”，以鼓励和推动文博事业与创意设计的融合。

注：

①高宏存：《以数字技术创新传播优秀传统文化》，《人民日报》，2019年2月26日20版。

②师贵婷：《舆论：网红故宫是传统文化的创新表达》，《艺术品鉴》，2019年第1期。

③陈少峰：《新时代文化产业的十大趋势》，《出版广角》，2019年第9期。

④于萌：《以文化创新撬动文化消费》，《投资北京》，2019年第6期。

⑤吴承忠：《5G智能时代的文化产业创新》，《深圳大学学报(人文社会科学版)》，2019年第4期。

⑥熊澄宇：《数字内容产业：从人机交互到产城融合》，《互联网经济》，2019年第12期。

⑦曾繁文：《文化和科技深度融合的热点趋势及企业指向》，《深圳大学学报(人文社会科学版)》，2019年第6期。

⑧戴俊骋：《非物质文化遗产旅游和地方建构》，《旅游学刊》，2019年第5期。

⑨金元浦：《夜经济是新时代新需求的呈现》，《中国国情国力》，2019年第9期。

⑩王国华：《论推进工业旅游产业发展的理念、路径与措施》，《北京联合大学学报(人文社会科学版)》，2019年第1期。

⑪张智华：《论中国网络自制纪录节目叙事、视听传播与文化创新》，《中国电视》，2019年第12期。

⑫王林生、高宏存：《媒体融合视域下互联网文化产业的秩序失范与行业治理——以50个全国首案为分析对象》，《行政管理改革》，2019年第12期。

⑬周正兵：《关于文化产业发展专项资金的反思：兼评市场化改革的局限性》，《深圳大学学报(人文社会科学版)》，2018年第5期。

⑭意娜：《数字时代大平台的文化政策与伦理关切》，《清华大学学报(哲学社会科学版)》，2019年第2期。

⑮胡娜：《B站的产品生态和伦理价值风险研究》，《同济大学学报(社会科学版)》，2019年第3期。

⑯胡建兵：《划定“长城文化带”利于全面保护和科学利用》，《中国旅游报论》，2019年4月22日003版。

⑰马保春：《延展而辐射的纽带 层累且升华的意义——“长城文化带”内涵探析》，《光明日报》，2019年3月11日14版。

⑱崔晨：《推进北京长城文化带建设》，《北京观察》，2019年第12期。

⑲景俊美：《遗产廊道与北京长城文化带构建》，《前线》，2019年第10期。

⑳《首都师范大学北京社科基金重大项目“北京大运河文化带历史遗存及文脉梳理”成果简介》，《首都师范大学学报(社会科学版)》，2019年第6期。

㉑朱永杰、王亚男：《运河对北京城市空间结构的影响研究——兼论运河文化带保护和建设策略》，

《城市发展研究》，2019 年第 12 期。

㉒王剑、高大伟等：《基于文化传承的北京大运河景观规划研究》，《中国园林》，2019 年第 7 期。

㉓王琪：《中国大运河沿线文化符号解读——以北京四合院为论述中心》，《艺术科技》，2019 年第 11 期。

㉔刘聪聪：《大运河北京段线性文化遗产研学设计与实施》，《中学地理教学参考》，2019 年第 23 期。

㉕张少刚：《京津冀先导先行　共建大运河文化教育带》，《天津电大学报》，2019 年第 3 期。

㉖刘彤：《一河永定——全国政协提案委员会“永定河流域文化建设”党外委员专题视察综述》，《人民政协报》，2019 年 10 月 28 日 008 版。

㉗马颖卓、陈运东：《传承永定河历史文化　提升永定河品牌价值》，《中国水利》，2019 年第 22 期。

㉘郭来喜：《永定河流域文化地理溯源》。

㉙齐震宇：《基于“文化廊道”在文化遗产保护规划方面的思考——以北京永定河为例》，《科技风》，2019 年第 26 期。

㉚刘岳、高俊良、方东杰：《西山永定河文化带红色文化内涵、特色及展示群打造》，《北京党史》2019 年第 4 期。

㉛卢扬、郑蕊：《2019 年 1—11 月北京市文化产业规模以上法人单位实现收入 11146.2 亿元》，《北京商报》，2020 年 1 月 8 日。

（作者：金元浦，中国人民大学国家发展与战略研究院研究员、教授、博士生导师；王林生，北京市社会科学院文化研究所副研究员）

北京环境建设

陈　剑　毛雪峰

一、重要的学术观点

2019 年，在环境治理领域，垃圾分类管理是全国性的热门话题。围绕这个话题，新闻界和学术理论界从不同角度发表观点和看法。

2019 年是打赢蓝天保卫战三年行动计划的关键一年，截至 2019 年底，北京 PM2.5 连续 7 年下降创新低，但秋冬两季污染仍然严重。针对北京大气治理难点问题，北京市生态环境局副局长于建华认为，主要难在 3 个方面：一是污染的减排空间缩窄，措施边际效益下降；二是气象条件对空气质量的影响没有完全脱敏，遇极端不利气象条件，有可能发生空气重污染；三是空气质量改善是长期过程，空气流动需要大范围联防联控，需要长期努力。

围绕北京大气污染治理问题，北京市环境保护科学研究院副院长石爱军认为，应加强对粗颗粒物的防治，具体措施就是扬尘治理，应重点做好道路扬尘和施工扬尘的精细化管控，做深、做细、做实城市的精细化管理；继续深化对柴油车的排放管控，尤其是重型柴油车，减少 PM2.5、氮氧化物排放，做好挥发性有机物的防治。在秋冬季节重点时段，加强区域联防联控和细化重污染天应急减排方案。

针对 PM2.5 防治话题，2019 年 11 月 22 日《光明日报》刊登题为“PM2.5 下降 32%，减排是主因”的文章。文章引用清华大学环境学院郝吉明院士课题组、贺克斌院士课题组等学术观点，认为 PM2.5 和臭氧污染是彼此关联的大气二次污染问题，降低 PM2.5 浓度可能加剧臭氧污染，提出当前我国空气质量管理已进入 PM2.5 和臭氧协同防治的“深水区”。针对以上问题，文章提出，必须在巩固和深化“大气十条”措施和政策基础上，加大力度释放能源、产业和交通结构调整的污染减排潜力；实施更加严格的非电工业行业控制政策，实施柴油机污染防治行动计划和挥发性有机物减排工程，推进农业和畜牧业氨排放治理，加大氮氧化物、挥发性有机物和氨减排力度，实现全国空气质量持续稳定改善，全面打赢蓝天保卫战。

2019 年 12 月 20 日，《北京日报》发表题为“垃圾分类是生活方式更是基本义务”的文章。文章认为：垃圾分类不仅是基本的民生问题，也是生态文明建设的题中之义。思想是行动的先导。这堂先导课的重中之重，就是明确垃圾分类是市民的一项基本义务，而非个人可做可不做之事。文章提出，垃圾分类表面上是物理分拣，本质上是生活理念的变迁。文明不会从天上掉下来，涵养文明的举措和能力，同样是治理能力的体现，北京作为大国首都，理应走在前列，点点滴滴完善北京的城市治理体系，以北京经验为中国之治提供有益参考。

围绕这个话题，2019 年 12 月 10 日《北京青年报》发表题为“推行垃圾分类政府部门和单位要发挥表率作用”的文章。文章认为，政府部门和单位率先实施垃圾分类，可以提前发现问题，总结经验，及时优化政策，增加决策的科学性和实用性，减少垃圾分类综合实施的阻力。在实施过程中，根据实际情况不断改进和完善，进一步明确区、街道（乡镇）垃圾分类责任。垃圾分类的发展可作为主要责任部门、街道和社区居委会的绩效考核内容，有效促进垃圾分类全覆盖。

2019 年 12 月 18 日，修改后的《北京市生活垃圾管理条例》公布，意味着北京垃圾分类进程进入“快车道”。针对这个话题，2019 年 12 月 19 日中讯财经网发表题为“新版《北京市生活垃圾管理条例》公布，下足‘绣花功’才能打赢垃圾分类攻坚战”的文章。文章认为，解决居民在实际操作中遇到的具体而微的问题，考验的是城市精细化治理的能力和管理者的智慧。修订版《北京市生活垃圾管理条例》，由于操作规范标准不一致或不明确，让居民在不少地方感到困惑。七零八碎的麻烦，既会消磨居民垃圾分类的积极性，又会影响垃圾分类的推广效率。文章认为，垃圾分类，必作于细。在管理条例的原则之下，具体实施细则还得再下功夫。应尽快制定简明扼要、便于操作的垃圾分类操作规范，结束各社区垃圾分类自行解释、自行操作的局面，让居民垃圾分类不犯难，既是垃圾分类条例的出发点，也是政策实施的群众基础。

针对以上话题，2019 年 12 月 9 日环卫科技网刊登《北京垃圾分类新规出台后，企业如何践行垃圾分类》。文章认为，树立全民高度环保意识是一个循序渐进的过程，在全面禁止超薄塑料袋的同时，应增加多档次合规购物袋的市场供应，鼓励商家免费提供经济型包装纸或纸袋，满足顾客消费习惯；应适当引入市场竞争机制，建立垃圾分类下游产业的专门回收队伍；实行有利于环保再生资源经营的政策倾斜，调动社区管理积极性，完善再生资源回收最末端的“毛细血管”功能，畅通促进整体循环清洁经济。

围绕垃圾分类话题，有工作于一线的环保人士从亲身实践提出观点：垃圾分类工作的推动需要发挥政府主导与监管作用，调动市场专业力量，同时加大宣传倡导绿色生活方式，培养居民参与的主动性。居民垃圾分类意识的改变非一朝一夕之功，需要持续对居民进行垃圾分类知识的宣传和引导。除了建立积分换礼品的参与激励机制，还需要通过一定的督促手段，推动居民分类习惯的养成。

近年来，废弃动力锂电池对环境的污染和危害问题，成为环境保护的重要话题。针对锂电池的回收处理话题，2019 年 3 月，北京市科协与中国科学院文献情报中心联合共同举办“动力锂电池回收”决策咨询沙龙。与会的中国科学院院士费维扬认为，锂电池的大量应用将导致产生数量极大的退役锂离子电池，必须加强对动力锂电池回收先进技术研发，以实现安全高效拆解与有价金属整体化回收、避免二次污染。

北京绿色智汇能源技术研究院高级研究员杨清雨认为，动力电池回收产业链包括电池回收、梯次利用、预处理、材料再利用等多个环节，产业链融合将是发展趋势，但各产业环节之间存在技术壁垒、数据壁垒、物流务必，需加强上下游合作。

针对这个话题，中国科学院研究员孙峙认为，关注锂电池回收是从资源供给安全与环境污染的角度来考虑，未来应对产业布局进行梳理、对装备技术及污染防治水平等进行技术升级，同时引导产业政策，避免局部市场过热，造成市场波动。

中国汽车流通协会崔东树提出，强势的电池企业占据主导地位已经成为新能源汽车行业发展的特色，未来电池的发展对于整车企业带来巨大的危机与挑战，因此电池回收与资源利用应该由电池企业而非整车企业，尤其是电池龙头企业，起到支撑性的主导作用。

二、论坛和研讨会

2019 年 7 月 8 日，北京市环境保护科学研究院承办“2019 年北京国际大都市清洁空气行动论坛”。论坛主题：清洁空气与应对气候变化行动。联合国环境署，巴黎、伦敦、中国香港等国际大都市和典型地区的官员、学者围绕相关话题进行讨论。针对北京市大气污染治理，专家认为存在以下问题：气象预测模式带来误差较大，PM2.5 中组分的模拟效果相对较差，传输途径无法区分近地面传输和中低空传输，模式分辨率和垂直方向的表现需要评估和调优。针对道路扬尘综合防治问题，专家提出，应强化建筑施工扬尘管控，减少进入道路的扬尘来源；完善道路的自排尘设计，减少雨水夹带、路旁绿化等扬尘来源；采取道路冲洗、吸尘等降低道路积尘负荷的措施；加强路边裸地、非铺装道路路口的降尘管理，防止各类尘土进入道路。

2019年7月18日，北京科技咨询中心、中关村自主品牌创新发展协会等单位共同举办“超高速管道交通的发展与机遇”决策咨询沙龙。北京交通大学教授雷俊卿提出，中国的基建能力及技术发展处于世界领先水平，对于适用于超高速真空管道运输的桥梁结构与水下工程，将是未来科研发展的热点和重点。中国工程院院士卢春房认为，中国需要超高速交通工具来弥补高铁和航空港之间的速度空白，应就经济可行性、工程可行性等方面加快研究，加快试验线的建设，实现中国在超高速交通方面的领先地位。

2019年8月9日，北京农学院、北京市科协等单位共同举办“北京农业文化遗产保护”决策咨询沙龙。与会专家围绕“农业文化遗产与乡村振兴”“农业文化遗产的进展与展望”等话题进行研讨，并对2022年冬奥背景下北京特色农产品农业文化遗产保护提出建议与对策。与会专家认为，农业文化遗产保护，目的和宗旨是应对家庭农业和传统农业遭受破坏的趋势，应对石油农业带来的一些负面影响，保护农业遗产系统及其相关的景观、农业生物多样性和知识系统。中国农科院研究员李先德认为，农业文化遗产在粮食安全、食品安全、提高农户效益、文化和教育等多方面具有重要价值。

2019年8月24日，北京市环境保护科学研究院、中国环境科学学会等单位共同举办第二届“扬尘污染监测与防治技术分会”。会议围绕“北京市精细化扬尘污染管控措施”“中国扬尘污染防治历程、现状与问题”“扬尘在线监测系统量值溯源存在的若干问题”等话题进行研讨。针对目前扬尘在线监测系统的量值溯源存在的问题，与会专家认为：因为缺乏相关技术和标准未能实现在线检定校准；使用的颗粒物标准物质与现场检测有差异，未能准确标定仪器K值等，这些问题导致扬尘在线监测系统的量值溯源方法不够科学准确，量值可比性差，亟须建立相关的评价技术和方法。

2019年10月14日，北京地质学会、中国矿业大学（北京）共同举办“院士讲地质—— 地质资源与生态环境可持续发展高峰论坛”。论坛主题：地质资源与生态环境可持续发展。与会专家围绕地质科技创新进展、地质资源承载力与可持续发展前瞻、北京城市副中心地质资源生态系统服务等议题进行研讨。北京市地勘院副院长刘连刚认为，地质能源产业正处于由传统能源向智慧能源转型升级的阶段，需要行业相关各方多边参与，发挥政府、组织、行业、企业等各种主体作用，加强交流、合作共赢。北京市地勘院副总工程师李宁波针对浅层地温能的开发利用等相关话题，提出“浅层地温能+”创新模式工作思路，对区域能源供给新模式进行展望。

2019年10月17日，北京农学会承办“农业一带一路年度交流会”。与会的毛里求斯富尔肯公民联盟、北京市民间组织国际交流促进会等机构代表和专家学者，围绕农业种植、农民培训等问题展开讨论。毛里求斯富尔肯公民联盟主席冈萨姆对农业新产品和新技术的引进提出5项具体合作方向：一是开展农业技术分析合作，加强农民知识培训；二是进一步开展农业扶贫；三是在农机领域，加大中国农业机械，特别是适合岛国农业作业的小型机械购买和引进；四是加强农业物资的引进；五是做好农业生产用房的建设。

2019年10月19日，北京能源与环境学会、清华大学等单位共同举办“2019中国能源与环境中青年学者高峰论坛”。论坛主题：创新思维引领时代发展。相关领域学者和产学研界代表近200人出席会议。与会专家围绕“现代煤化工进展”“创新推进绿色发展”“深部矿产资源和深部地热共采双赢战略研究”“煤矿沿空巷道支护定量设计方法”“烟气多污染物吸附催化脱除研究进展”“西部煤矿区生物修复及其碳累积生态效应”“高铁振动波场特点及应用前景”“煤炭清洁转化和高效利用”“废水用作循环水零排放技术研发与实践”等话题进行研讨。

2019年11月15日，北京能源与环境学会、中国能源学会共同举办“2019中国能源经济形势报告会”。相关机构专家和代表参加会议。与会专家围绕中美贸易、可再生能源、财政政策、宏观经济、能源安全5个方面进行研讨。与会专家认为：当前国内外经济形势恶化，经济下滑的风险增大，由于能源与经济增长之间0.3~0.5比值的关系，未来中国能源增长将进一步放缓，或低于3%的水平；能源增量空间有限，将进一步挤压非可再生能源，尤其是煤炭的增长；能源结构调整已成为业界共识，非可再生能源，尤其是煤炭将成为众矢之的。

2019年11月24日，北京自然辩证法研究会举办“京津冀生态治理与文化支撑研讨会”。中国人民大学研究员林坚提出京津冀协同发展构想，建议创办中国生态文明大学；信息学院教授陈禹分析了生态环境系统的复杂性，认为需要用复杂性思维来处理问题；中国人民大学一级教授刘大椿回顾了环境思想研究历程，认为实践中垃圾处理、“厕所革命”非常重要；

燕山大学教授刘邦凡探讨了雄安新区水环境价值评估及治理对策；中国农业大学教授李建军主张以绿色发展主导京津冀创新共同体建设；河北北方学院高等教育研究所所长李振良介绍了京西北地区“水资源涵养区、生态文明支撑区建设”。

三、重要课题项目

《电子工业大气污染物排放标准》（DB11/1631-2019），北京市生态环境局委托，北京市环境保护科学研究院承担。该标准主要在 3 个方面对电子工业的大气污染物排放做出规定：一是有组织排放控制要求方面，规定电子工业企业排放的颗粒物、氯化氢、氮氧化物等 14 项污染物的排放限值，针对 VOCs 燃烧（焚烧、氧化）装置规定排放烟气中的氮氧化物、二噁英类的排放限值，明确各项污染物的监测要求和分析测定方法。二是无组织排放控制要求方面，提出 VOCs 物料的储存、转移和输送控制、VOCs 物料的使用过程控制等 6 项无组织控制要求。三是在企业边界污染监控要求方面，规定苯、甲醛、氯化氢、氰化氢、氯气、硫酸雾等 7 项污染物的浓度限值。

《北京市生态保护红线地方立法前期研究》，北京市生态环境保护局委托，北京市社科院生态所承担。课题梳理了国内外相关生态保护管理经验，分析了北京市生态保护现状情况和管理需求，对生态保护红线地方立法中的管控措施、责任界定、调整程序等关键问题进行研究，提出《北京市生态保护红线地方立法前期研究》报告框架，为北京市生态保护红线地方立法打下坚实基础。

《北京市城区居民环境意识及影响因素路径分析》，北京市社会科学基金项目研究基地重点项目，中国人民大学健康科学研究所等单位承担。课题通过对北京市城区居民环境意识现状及影响因素的作用机制进行调查，为提高居民环境意识和实现“全民健康”目标提供理论依据。课题采用配额抽样方法，于 2017 年 3—5 月抽取北京市城区大于 16 岁的 2096 名居民进行环境意识和健康问题认知调查，并对所得数据进行影响因素及路径分析。多因素线性回归及路径分析表明，年龄、受教育程度、职业分类、健康自评状况和体检频率可通过环境知识、环境态度和环境行为不同程度间接影响环境意识。课题结论：居民的不同人口学特征及知信行对环境意识的影响不同，可采取针对性的措施促进居民环境意识的提高，从而有益于全民健康目标的实现。

《河长制下北京水生态环境保护管理路径研究》，北京市科委科技计划项目、国家重点研发计划课题。北京市水科学技术研究院等单位承担。课题立足于北京市水资源和生态环境现状、政策环境和科技水平、经济社会发展状况，探索河长制背景下以政府（包括河长）、企业（市场）、公众为水生态环境保护共同体的管理思路，政府主导，公众参与，相互监督、支持和促进，共同推进水生态环境的保护和发展。课题提出推进和改善北京市水生态系统管理的制度措施，对优化城市水生态系统管理、推进北京市落实河长制相关要求、协调水与经济社会可持续发展和提升水生态管理水平提供决策支撑和技术支持。

四、政策建议

围绕北京市城市环境建设，2019 年 1 月 16 日，北京市政协举办主题为“全面加强生态文明建设，建设天蓝水清土净地绿的美丽北京”的讨论会。与会政协委员结合公职工作，从不同角度提出建议。清华大学艺术博物馆副馆长苏丹认为，城市高密度建筑是城市人居环境恶化的直接原因，建议通过政策引导和工程示范，有计划、有步骤发展楼体绿化、打造“垂直森林”。郑华军委员提出“建立永定河文化博物馆”的建议，他提出应从市级层面建立一个永定河全流域、跨省市之间的联防联控机制，加强上游来水的监管，建立省市之间的沟通机制，拓宽省市间联合执法渠道，确保永定河水源。针对郊区基础设施建设由于资金来源、项目主体等方面不统一的导致工程反复、重复投资的浪费，屈志奇委员建议市政府加大统筹力度，科学规划设计方案，统筹项目主体，“变拉链工程为焊接工程”，最大限度避免重复投资。王武军委员认为，目前北京对于过境超标重型柴油车尚缺乏有效管理，制定移动源排放污染防治条例时应予综合考虑，通过制度创新，加强精细化的管理。

超高速管道交通是领先世界的新型交通轨道运输系统，北京市科学技术协会调研宣传部认为，目前超高速管道交通发展面临的主要问题是：发展超高速管理交通相关政策不明朗，推进速度缓慢；系统集成缺乏国家课题支撑及相关部门支持，整体发展力不从心；缺少中试试验线，没有可供参照的建设标准。针对以上问题，提出如下建议：一是高度关注，加强研究部署。建议相关部门高度关注并支持第五代交通运输技术研发，制定相关政策，在科研立项、规划和建设审批、项目评审、购买服务等方面给予全力支持。二是开展中试试验线选址建设，加大资金扶持力度。

支持超高速真空管道高温超导磁悬浮交通技术创新基地建设，由相关投融资平台带动资本市场助力，共同建设该项目中试试验线及真空载人试验线，促成超高速管道交通试验线尽快落地。

针对北京山区生态林管护工作，房山区科委主任褚潇炜认为，北京山区生态林有功能退化或丧失的风险，原因主要在于山区生态林管护经费人员投入不足、管护水平不够、基础设施简陋等。针对以上问题，他提出如下建议：研究山区以生态保护为中心的生态育林管理机制；成立县乡村三级专业林管护队伍，包括人员配备、待遇、设备等的支出，由财政部门按照平原生态林的管护标准进行拨款；按照生态林的类型面积建立区乡镇村三级管护公司，充实配备林业管理人员。

针对城市热岛效应问题，中科院地理资源所研究员闵庆文提出“四环内布置冷岛效应蓝绿空间”的建议，建议如下：合理配置绿地空间形态，在人口密度高但人均绿地资源相对较低的四环内，优先布置冷岛效应高的水绿一体的蓝绿空间，增加立体绿化与绿色屋顶建设；在四环到六环之间，优先配置冷岛功效中等的大尺度蓝绿空间，从而促进区域内部绿地资源均衡。

《北京城市总体规划（2016年—2035年）》提出加强历史河湖水系和水文化遗存等保护。针对北京水文化遗存保护工作，中国水利学会吕娟教授、中国测绘科学研究院王均研究员、北京社会科学院尹钧科研究员等专家学者认为，北京水文化遗存面临以下严峻问题：水文化遗存不同程度损坏、功能退化、管理和保护不够；管理主体分散，未形成统一的管理机制和水文化建设规划。针对以上问题，他们提出如下建议：①对北京水文化遗存开展全面调查，查漏补缺，建立台账名录，对水文化遗存进行分级（国家级、省级、地市级、地县级）管理。②由水务、园林、旅游、文物等多部门协调合作，建立水文化遗存保护的部门协同工作机制。③加强水文化遗存的分类管理：一是建立以水文化遗存为基础、北京山水文化的视觉动态线，构建北京水系及遗存格局图。二是以遗存为基础，采用遥感技术、地形三维技术、立体镜技术，穿越古今，模拟实景再现。三是通过博物馆、展示馆进行宣传，利用纪录片、微信、特色课程等广泛传播。四是建立水文化遗存遗址公园，建设水文化遗存APP，旅游和教育相结合，面向市民推广水文化旅游等。

2019年7月11日，《北京日报》刊登题为“进一步完善历史建筑保护修缮工作”的文章。文章认为，北京历史建筑保护修缮存在以下主要问题：现行修缮体制亟须改善，专业人才、工匠匮乏，历史建筑技艺的保护性研究和科研薄弱，评定标准不清和底数掌握不准确。文章提出如下建议：①强化顶层设计，深化项目管理机制。建立文物修缮专用经费使用制度，加强工程质量管理，建立追责制度，建立文物古建的分类勘察及修缮标准并强制执行。②加强人才培养，完善职业考评体系。对古建修缮技艺申请国家特殊保护，国家级非物质文化遗产传承人享受特殊待遇。③加大传统建筑技艺的学术研究与科技转化，对北京市现有传统建筑学术资源提供资金、政策等支持。④加大历史建筑的普查力度，运用新技术和大数据科技手段，记录有关历史建筑的详尽信息资料。⑤加强法律法规建设，针对历史街区的保护制定相关的法律法规——《北京历史文化街区保护条例》《北京历史文化街区管理办法》等。

2019年7月11日，人民网刊登题为“时尚创意产业赋能首都城市更新”的文章。文章认为，北京的城市环境建设中，时尚创意产业存在以下问题：一是对时尚创意产业关注不够，二是文创园区聚合效应在城市更新中作用发挥尚不明显，三是文创园区发展“生态营造”思维缺失。针对以上问题，文章提出以下建议：①城市空间规划及建设应注重时尚审美理念。建议着力打造具有文化范、北京范、国际范的城市时尚创意空间，发挥其文化教育引领、时尚艺术熏陶、促进消费升级、体验品质生活的功能，让时尚创意空间功能嵌入城市更新。②注重专业化集聚化。按照北京“一核一城三带两区”总体框架进行提升，重点方向是园区的专业化、集聚化。专业化强调产业链的构建，集聚化强调子产业形成集聚效应。③城市更新需要时尚创意产业平台支撑，在市级层面，建议给予重点扶持。④重视时尚创意人才培养。建议发挥京津冀区域内开设有时尚创意专业高等院校的作用，加强国际时尚文化交流，为北京培养国际化时尚创意产业人才。

2019年9月2日，《北京日报》刊登题为“北京：要全面建立和推行生活垃圾分类制度”的文章，针对北京即将实施的垃圾分类政策，文章提出如下建议：①实现垃圾减量，可按照人口数量限制垃圾产量，科学核定生活垃圾排放总量额度，同时限制一次性用品和过度包装。②明确单位和个人的垃圾分类责任，增加和细化罚则，对发现违规投放垃圾并及时进行举报的群众给予一定奖励，形成全社会监督垃圾分类的良好氛围。③在特殊时段，可针对性地增加垃圾收运频次，避免垃圾投放点超负荷运转，减少二次分拣工作量和衍生污染。④针对农村产生垃圾较多的行业，有针对性地采取集中建设垃圾处理站、增加清运频次等方式，及时对垃圾进行消纳处理。

2019 年 10 月 22 日，《京环之声》发表题为“如何改变餐饮方式才能减少 PM2.5 的排放”的文章。文章认为，餐馆、家庭烹饪油炸时产生的油烟，是城市大气环境污染中细颗粒物的重要来源之一。针对上述问题，文章提出如下政策建议：①政府对辖区内餐饮服务发展统一规划，合理布局。②餐饮服务企业必须按照城市规划使用液化气、电或其他清洁能源，不准使用燃煤炉灶和煤制品。③产生油烟的餐饮服务企业必须安装油烟气净化装置，做到达标排放；推广使用带有 VOCs 净化功能的油烟净化器；推广使用前端安装的具有油雾回收功能的高效油烟净化设施。④餐饮服务企业应合理设置油烟排放口位置，远离居民住宅等环境敏感保护目标。⑤在不利气象条件下，餐饮企业应减少煎炒烧烤操作，推广使用蒸煮菜谱，减少油烟排放。⑥营业性露天烧烤要安装油烟净化装置。⑦环保、工商、规划等多部门相互配合，共同加强日常管理，餐饮服务企业办理工商执照时应坚持实行环保第一审批权。

注：

参考北京市人民政府、北京市发展和改革委员会、首都科技网、北京市规划和自然资源委员会、北京市园林绿化局、北京市生态环境局、北京环保保护监测中心、北京市环境保护科学研究院等相关网站、百度网站新闻栏目、《中国环境报》等资料。

（作者：陈剑，中国经济体制改革研究会研究员；毛雪峰，北京改革和发展研究会经济师）

北京科技创新

陈　剑　毛雪峰

一、有关科技创新的重要观点

2019 年 1 月 23 日，《北京日报》发表评论员文章《推动京津冀引领高质量发展——四论认真学习贯彻习近平总书记考察北京重要讲话精神》。文章认为，北京作为全国科技创新中心，拥有丰沛的科技资源，资源所在是力量所在，也是责任所在，理应发挥辐射带动作用。文章提出北京应立足高端创新资源和人才的集聚优势，推进“三城一区”建设，强化原始创新和自主创新，开展关键核心技术攻关，打造国家自主创新的重要源头和原始创新的主要策源地；推动北京创新成果在京津冀区域转化应用，构建布局合理、梯次发展的产业链条；破除行政壁垒和体制机制障碍，推进人流、物流、信息流等要素市场一体化，为区域协同和高质量发展提供制度保障。

针对科技创新话题，2019 年 6 月 10 日，中国发展网转发文章《双链融合做强“高精尖”产业》。文章认为，北京“高精尖”产业技术含量不足，科技创新能力并没有真正转化为高新技术产业创新能力和国际竞争力。文章提出，加快北京“高精尖”产业发展，离不开创新链与产业链的双链融合发展，应通过双链融合提升北京传统产业的科技含量，加快传统产业转型升级与结构调整；利用智能制造、新一代信息技术，激发传统产业技术革新，实现服务与生产模式的转变，提高产业附加值。应将创新资源高效配置到“高精尖”产业的核心问题和关键领域的研发环节，提高产业企业对新知识、新技术的吸收和再转化能力，以及自主研发能力。

围绕以上话题，2019 年 12 月 9 日《北京日报》发表许强的《用制度创新充分释放科技创新活力》，文章认为，贯彻实施创新驱动发展战略，人才是第一资源，是创新第一要素。科研管理不能等同于行政管理，有其自身规律，核心是要以科研人员为本。减少“繁文缛节”，充分激发科研人员创新活力，切实减轻科研人员负担，促使科技创新的科学价值、技术价值、经济价值、社会价值、文化价值竞相迸发。

北京市政协委员、SK 集团顾问孙子强从金融发展角度发表对科技创新的看法。他认为：金融机构应该成立科技创新支持中心，打造科技金融服务新业态、新模式，搭建业务创新平台，创建和完善科技创新企业不同阶段所需的金融产品，汇聚科技创新动态机制；完善科技金融产品服务渠道及客户分类等标准化建设，构建专业化的科技金融系统评价体系，创新融合，互为客户；为企业提供科技产能和技术专利成果的跨境交易等债券组合金融服务，搭建前沿技术企业及特殊人才的金融产品支持系统，让企业找银行转变为银行找科技。

北京市政协委员、华北电力大学教授冼海珍从“产学研”一体化角度发表对科技创新的看法，她认为，目前企业竞争力不强，最主要的原因是创新能力不足、研发投入不够，产生的原始创新分离成果少，无法保持持久的竞争力；产学研与科研成果的高效转化、转移不够，高校、科研院所的创新科研成果转化率不高。她提出，应鼓励和支持民营非营利组织建立科技成果转化和技术转移专业机构，助推科研成果转化和技术转移，同时促进相关立法，保护和规范民营非营利科技成果转化转移机构的发展，提供法律保障。

对此，北京同仁堂教育学院院长、市政协委员雍莉持相同观点。她认为，目前科技创新水平存在与自身资源禀赋不相对称的问题，应突出协同创新优势，抓好产业创新联盟建设，建立“产学研用”联盟和发展管理机构，支持协助龙头企业、高校、科研院所组建一批产业技术创新联盟，积极推动科技成果与产业培育、企业需求相对接，大力培养创新型人才。

有关科技成果转化问题，民盟北京市委常委柳学全教授认为，北京科技成果在本地的转化率比较低，不及江苏和广东。造成北京科技成果本地转化率低的主要原因是科技创新体制机制不完善，科技创新与产业落地匮乏政策空间，产业链不完整，研发成果“接不住”。他提出以“三城一区”建设为核心，打造世界级原始创新策源地，做好本区产业空间规划和创新规划，构建产学研交互平台，完成科技创新融合，消除科技创新中的孤岛现象，让科技成果和高新产业在北京留得下、稳得住。同时加大知识产权保护力度，把科技成果国际国内转移转化交易平台设在北京，发挥科技创新辐射京津冀的作用。

针对北京南部地区的发展，市政协委员、高级工程师杨文良提出“军民融合、文化与科技融合和南部新城融合”的观点。他认为，北京应大力推进京开绿色临空中心与产业发展的互通互助，带动南部新城融合发展，实现弯道超车，打造首都南部发展新高地；依托“三城一区”、全国科技创新中心建设等平台，加大人工智能、工业互联网、物联网和5G商用等新型基础设施建设力度和技术的协同应用，推动智慧产业发展，打造智慧城市样板。

2019年2月19日，中央一号文件《中共中央国务院关于坚持农业农村优先发展做好“三农”工作的若干意见》发布，“智慧农业”成为新闻舆论热点的话题之一。围绕这个话题，不同领域的专家从不同的角度发表观点和看法。

北京新型智慧农业研究院执行院长李佳认为，智慧农业前景广阔，但面临的瓶颈和问题很多，发展智慧农业还是要依靠政府、相关研究机构学者及相应的企业共同努力。政府应加强引导，制定相关政策、规范，加大资金投入，尤其是对农业创新型企业的补贴力度；研究机构应加强人才队伍建设，将传统的农业耕作知识变成数字化、数据化产品；智慧农业相应的企业应以农户为核心，思考如何帮助农户解决根本性问题，深入一线，重点在于落地。

中国工程院院士罗锡文提出，发展智慧农业和生物机器人技术的基础是农业机械化和现代农业装备技术。目前国内农业机械化基础研究与关键技术研究薄弱，技术集成度不高，可持续发展能力弱，是制约农业转型升级的短板和瓶颈。赵春江院士以智慧农业的技术特征为切入点，认为未来10年智慧农业发展的战略目标是瞄准农业现代化重大需求，突破智慧农业核心技术、卡脖子技术与短板技术，实现农业“机器替代人力”“电脑替代人脑”“自主技术替代进口”的三大转变。

随着全球物联网、大数据、人工智能等新技术的发展和应用，人工智能成为热门话题。围绕物联网和人工智能相关话题，北京联合大学教授何勤认为，当前人工智能政策知晓度较高，但满意度较低，覆盖面不广，需要加强政策宣传力度；目前的政策主要是知识产权保护、税收优惠、租金减免、科技成果转化方面，需要出台人才引培、社会保障、资源共享、标准规范、示范推广、政府采购等支持性政策。

围绕这个话题，业内专业人士发表不同观点。联通物联网公司总经理陈晓天认为，在当前5G的推动下，物联网产业的发展将会迎来新契机，例如工业物联网、智能出行等应用领域在5G的刺激下，迎来爆发期。但同时也面临着诸多的挑战，比如海量的设备如何连接与管理、协议众多无法兼容、行业开拓壁垒以及应用碎片化等等。

微软物联网首席解决方案专家黄骅斐提出，物联网数据的安全问题不容忽视，高安全性的物联网设备应该具有硬件的信任根、深度防护、可信计算基、动态的分区、基于证书的认证、故障报告、可更新的安全策略等几个方面的特性，只有在保证安全的条件下，物联网产业才能健康的发展。

二、重要学术会议

2019年5月15日，北京新型智慧农业研究院、北京物联网智能技术应用协会共同承办“第十三届中国智慧农业创新发展论坛”，会议由中国电子学会主办。会议围绕“数字农业技术创新”“应用现状及发展趋势”等问题进行研讨。与会专家认为，目前智慧农业还处在初级发展阶段，在技术、产品等方面存在很多制约因素，需要企业在产品、技术及服务等领域，以及运营模式上进行创新，同时需要协同发展的平台。也有专家提出，基于物联网的终端设备管理、通信连接、数据采集和基于大数据的数据汇总、运算和分析是智慧农业建设的两大核心，可依托标准化种植模型，通过对作物生态中的各关键因子进行数据监测、干预，实现农业标准化种植的闭环有序控制，最终实现农业生态的数据化、网络化、智能化及农业生态系统的最优化。

2019年5月30日，北京通信学会、北京邮电大学共同举办“2019年北京青年科技人员学术研讨会”。会议主题：AI与5G——产业的变革。论坛围绕人工智能技术（AI）、5G技术、无线通信等领域的重点和热点问题进行研讨。与会专家认为：随着5G和AI技术的发展，传统行业和社会在改变，需要对未来的技术发展方向进行思考；5G作为国家的战略，商业模式还不太成熟，需要不断探索；AI和5G的建设离不开光通信的支持，在光通信技术的研究中可以结合AI和5G技术，在信息化的建设中要对基础设施、云服务和数据等进行统筹考虑，真正让身边老百姓感受到变化。

2019年6月13日，北京数字科普协会、北京博物馆学会等单位共同举办“2019（第八届）北京数字博物馆研讨会”。会议主题：新时代的智慧博物馆建设。科技和相关领域专家学者200余人参加研讨会。与会专家围绕智慧博物馆建设、博物馆数字化内容和技术特点等话题进行研讨。北京大学教授宋向光以“博物馆知识的数字景观”为主题阐述观点，他认为：数字技术深刻影响博物馆知识产生方式和流程，将重新定义博物馆知识数据；数字技术为博物馆知识体验者提供更方便更“具身”的体验，激发体验者兴趣，强化体验记忆；大数据分析和数字技术也将助力当代博物馆成为“知识生产和共享枢纽”等方面的理念和观点。

2019年6月23日，北京科技人才研究会、北京信息科技大学等单位共同举办“2019智能决策与大数据应用国际会议”。国内外智能决策与大数据应用研究方向的专家学者150余人参会。大会分3个分论坛，中国工程院院士杨善林做《大数据与知识工程》学术分享。他认为大数据是一种资源，当前正在进行如何获取、加工以及应用这种资源的研究分析，学者应将大数据与自己的实际应用场景结合起来，探索更多智能化的应用场景以及群体智能协作创造的可能。

2019年9月18日，中关村融智特种机器人产业联盟、北京物联网智能技术应用协会共同举办“2019智能制造与机器人产业学术交流会”。会议围绕人工智能、机器人、工业互联网等话题及最新成果进行交流。北京航空航天大学副教授秦曾昌认为，深度学习技术模型具有处理不同模态信息的能力，其在处理不同模态信息时模型结构上的类似性，以及逐层深入的编码能力，为建立跨模态信息检索模型提供了有力工具。北京理工大学计算机学院特聘副研究员李爽认为，大多数机器学习算法都遵循一个基本假设：训练样本和测试样本需服从相同的概率分布、有标记训练样本足够多，而实际生活当中，许多应用场景都不满足该假设。他认为迁移学习将会是下一个热点。

2019年10月25日，北京电子学会计算机委员会、中国绿色数据中心推进联盟等单位共同举办“移动技术与数字经济发展峰会暨2019智能数据中心建设与运营论坛”。会议主题：数字经济创造无限可能的未来展。相关领域专家者300余人参加会议。会议围绕移动技术和数据经济领域的技术自主创新、5G数字经济、人工智能、大数据、物联网等行业热点，探讨数字经济时代的未来发展趋势。

2019年11月22日，北京通信学会举办“2019年无线及移动通信技术发展研讨会”。会议主题：云网融合，起航5G新时代。相关领域350余名专家学者和科技工作者参加研讨会。与会专家围绕“面向5G时代的云网融合，云网融合的5G网络，5G时代云与网的安全策略应如何制定”“三大运营商统一选择SA核心网，对终端、网络、业务会带来哪些影响”“5G智慧”的含义，如何与业务结合，在网络、终端等方面会有哪些新技术的应用等话题讨论。

2019年12月10日，北京市科协信息中心举办“蝌蚪五线谱网站科学传播与中小学科学教育融合发展研讨会”。与会教师结合自身教育教学经历提出针对性的需求与建议。他们认为，蝌蚪五线谱网站应进一步发挥平台作用，展示科技前沿成果，整合各类科普活动资源，为中小学生学科学习与科普创作做好服务。此外，还应更多走进校园和学生，贴近学科，对标课程，以激发兴趣、辅助教学、指导应用为目的，针对不同年级和学科，多形式拓展科普科学教育。

2019 年 12 月 20 日，北京物联网智能技术应用协会、中国农业机械化科学研究院产业创新中心等单位共同举办“2019AIOT 大农业生态峰会暨智慧农业‘种子工程’TOP50 案例发布会”。会议主题：赋能大农业，共享新生态。会议围绕智慧农业面临的问题、智慧灌溉产业生态的构筑等问题进行交流。与会专家认为，智慧农业是复杂系统的工程，它的实现不是一蹴而就的，需要长期的进程，需要政府、科研单位、高校、企业、农户各个创新的主体加强联合与协作。围绕智慧灌溉产业生成，与会专家认为，智慧灌溉系统是复杂的生态系统，产业链涉及很多环节，每个环节都需要专业的团队完成，因此，产业链上不同环节的企业需要协同发展、合作共赢、共建共享。

2019 年 12 月 24 日，北京科技报社等单位举办“2019 年科普 e 站建设专家研讨会”。针对基层科普，北京脑血管病防治协会主任医师杨军认为，广大社区应针对不同受众群体的不同需求，紧跟时事热点，更有针对性地为居民提供科普宣传活动。不仅要进行健康知识的普及，更要加强对健康技能的传播。中国科普研究所副研究员李红林认同以上观点，她认为，以社区为对象的科普工作需要有针对性，不可一概而论，各区的科普 e 站应根据自身特点随时调整科普工作的内容、方式和策略，她同时建议科普 e 站的站与站之间应加强分享交流的机会，以沟通促创新，以交流促发展。

三、重要课题和项目

《果品气候品质认证技术研究与应用》的课题由北京市气象中心承担完成。课题围绕北京都市型现代农业的服务定位和发展方向，针对当前消费者关注的农产品品质，综合考虑立地条件、气候资源和气象灾害、生产管理水平等因素，形成一套完整的适用于北京地区的果品气候品质认证工作流程。同时针对不同果品，明确不同生长阶段的关键影响因子和影响品质形成的气象要素，研发了多种特色果品气候品质认证指标体系。该课题开辟了气象为农服务的新领域，具有创新性，达到同类研究的国内领先水平。

《首都临床特色应用研究与成果推广》的课题以临床需求为导向，重点支持北京地区有优势特色或新兴的、潜在优势学科开展临床诊疗技术或方法的创新性研究。下设重点、特色、青年 3 类子课题。“重点课题”主要支持北京地区心血管内外科、神经内外科、肿瘤科等北京地区优势特色学科的发展，支持具有临床研究基础、针对单一临床问题扩大规模的临床单中心研究，或研究方案切实可行的临床多中心研究；“特色课题”主要面向北京地区各医院，支持具有一定临床积累、从单一临床问题出发的探索性的临床单中心研究；“青年课题”主要支持具有临床研究能力的青年医生开展临床创新性的探索研究。该专项课题分别由北京市区各大医疗机构承担，2019 年度陆续有 90 多项子课题结项通过验收。

《生物医药与生命科学创新培育研究》是首都专项课题。课题目标：强化北京全国科技创新中心的城市定位，支持与重大疾病临床需求和医药产业发展相关的生命科学前沿研究，形成具有国际影响力的创新性研究成果，使北京成为生命科学的原始创新重要策源地。课题下设重点课题和青年科学家课题，聚焦基因诊断与治疗、免疫治疗等生命科学领域前沿研究方向。课题要求：具有原始创新性，体现研究的国际水准；具有较好的前期研究基础，在未来 2~3 年形成具有国际影响力的创新性研究成果；鼓励医工结合、基础与临床结合，尤其鼓励与国际顶尖研究机构开展合作。本课题由北京市区多个医疗机构分别承担，2019 年陆续有 50 多项子课题结项通过验收。

《科技创新中心建设决策研究》是北京市科技专项。课题分设 3 个子课题：“面向 2050 年科技创新中心发展战略研究”“北京加强全国科技创新中心建设支撑现代化经济体系的战略路径研究”“京津冀协同创新发展地图研究”。分别由北京科学学研究中心、北京决策咨询中心、北京市科学技术情报研究所承担。课题结合国内外科技创新发展趋势，研究北京全国科技创新中心未来 30 年发展定位、发展目标及相关战略，提供决策支撑；研究北京加强全国科技创新中心建设过程中如何构建现代化经济体系并剖析相关路径，针对现代化经济体系建设提出相关对策建议；采用地图形式，展示京津冀协同发展下的创新资源布局和协同创新情况，为京津冀协同创新发展提供决策支撑。

《清洁高效炼焦技术与装备的开发及应用》获国家科学技术进步奖一等奖，是北京科技大学等单位依托科技部“863”计划，“新一代清洁高效炼焦工艺与装备开发”重点项目。课题在清洁高效炼焦工艺、核心装备、智能生产等方面取得重大科技创新，研发了降低优质炼焦煤资源消耗和能源消耗相协同的新一代绿色炼焦及装备技术，形成清洁高效炼焦技术体系和技术规范。项目成果在鞍钢、宝钢、印度 TATA 等 47 个海内外项目中实现系列化应用，取得明显的经济和社会效益。项目对解决中国焦化行业环保与能源困境，实现我国钢铁行业技术升级、炼焦煤资源安全，具有重大战略意义。

《先导与优势材料创新发展》系列研究项目是北京市创新发展专项课题。本年度完成子课题“石墨烯单晶薄膜自动化无损转移技术及装备开发”“石墨烯光纤及其电光调制器研制”“射频用 Si 基 GaN 材料外延及器件研制”“CO_2 超临界剥离法批量制备石墨烯粉体技术研究”“铁基超导长线连接及绕制工艺研究”“少层石墨烯材料的气相剥离法制备及其在电子元件散热材料中的应用研究”等 23 项。分别由清华大学、北京大学、中国石油大学（北京），中国科学院高能物理研究所，中国科学院电工研究所等单位承担完成，2019 年通过专家验收。

四、政策建议

“高精尖”产业是首都经济发展的新引擎，也是北京经济结构调整的核心所在。北京市科协调研部认为，目前首都“高精尖”制造业服务化“转型”未“升级”的问题凸现，抑制了经济增长由传统要素投入主导向创新服务要素驱动的转变，主要表现在：企业自身思维模式固化、转型模式单一、服务支撑开发不足、服务跨界融合的激励政策缺乏。针对以上问题提出如下建议：①以典型成功案例为依托，强化转型理念。打造一批有影响力的高新技术企业制造业服务化转型的典型成功案例。打破惯性思维，强化“高精尖”制造业企业的服务转型意识。②以多元政策为激励，提升转型质效。鼓励和引导金融机构开发符合“高精尖”制造企业服务化特点的金融产品，拓展融资渠道，提升资金补贴力度；以信用评级和创新能力为依据，对“高精尖”企业进行分类，制定差异化服务化转型扶持政策体系，为服务化转型提供政策支撑。③以创新生态系统为基础，打破转型壁垒。

针对北京“高精尖”产业发展话题，2019 年 7 月 11 日，《北京日报》刊登《大力促进“高精尖”产业发展》。文章认为，北京“高精尖”产业发展存在以下主要问题：科技创新对“高精尖”产业发展支撑不够，商业模式创新多、硬技术创新少；产业布局不合理，地区分布不平衡，与新城建设衔接不足；产业用地管理比较粗放。针对以上问题，文章提出以下建议：①强化机制创新，加强科技成果转化统筹协调与服务平台建设，与在京高校、科研院所建立深层次对接机制。②发展具有全局性、前瞻性、引领性、关键性技术。依托重点企业，建设国家级实验室、技术创新中心等开放平台，与津、冀完善产业链，形成产业集群。③以人才为中心，重点围绕企业家、科学家、工程师等创新型人才的需求，构建新型产业载体。④建立“高精尖”产业统计和监测体系。一是制定“高精尖”产业统计分类标准，开展“高精尖”产业测算方法研究。二是对“高精尖”产业研发经费投入和产出效率等指标进行评价和分析，长期跟踪监控。三是建立“高精尖”产业发展跟踪反馈机制，及时发现“高精尖”产业政策设计、执行及产业发展中存在的问题与不足，及时修正。

针对怀柔科学城建设中的规划编制问题，北京市科协调研部提出以下建议：①一是加强对大科学装置运行机制的研究，提前研究谋划运行管理机制，在建设初期，提前研究与大科学装置综合、交叉、前沿、开放等特点相适应的运行管理机制，为外部合作的科学家预留工作设施，提高大科学装置综合利用效率、实现资源共享；二是促进全方位开放共享，对大科学装置的运行管理，建议鼓励开放合作，采用收费但非营利的方式，在满足大科学项目自身需求的同时，实现装置与数据面向相关创新主体共享的管理模式和机制，促进大科学装置更大程度开放共享。②营造与区域发展良性互动的科学氛围。培育发展科普创意产业，一是发展科幻影视产业，形成产业融合发展的叠加效应；二是在培育新兴科普产业，促进科普研发产业形成，建设科技主题公园。

针对全球流感大流行持续威胁，2019 年 9 月 6 日，北京预防医学会等单位举办“第一届全球健康北京论坛暨 2019 年北京流感防控技术与策略国际研讨会”。国内外专家学者从以下 5 个方面提出政策建议：①建立高效敏感的综合流感监测体系，探索建立适宜有效的预警技术手段。②提高重点人群乃至全人群的流感疫苗接种率。③不同地区探寻合理适宜的接种时机，持续开展流感疫苗效果评价和疾病负担评估。④针对重症流感或高危人群早期使用抗病毒药物，减少不良预后。⑤新型抗流感病毒药物的应用与研发、改良型季节性流感疫苗以及通用流感疫苗的研发力度需持续加强。

北京建工集团副总经理常永春从建筑施工的角

度，提出加强智慧工地建设的建议，他认为现阶段智慧工地建设存在以下问题：一是缺少统一明确的建设标准，二是存在“重碎片、轻平台”的现象，三是施工现场的管理大部分无法满足智慧工地的要求，四是政府没有用智慧工地进行现场管理。针对以上问题，他提出如下建议：①建立城乡建设领域工程项目、行业企业以及从业人员综合信息平台。强化对项目主要管理人员的监督与到场管理和对劳务的实名制管理。②依托现已逐步完善的“互联网+移动网络+物联网”体系，通过远程视频监控、数据信息采集的手段建立建筑质量管理、安全管理综合信息平台。③基于上述平台的建立运营，打通城市规划、城市建设、市容管理等多个职能部门之间的业务链条，最大限度减轻政府和企业各自的重复性劳动。④基于上述平台的运营，对关联信息挖掘分析评估，为政府主管部门进行客观评价、进行针对性管理或精准服务提供理论依据，提高综合管理效益提供参考标准。

注：

参考北京市人民政府、北京市发展和改革委员会、首都科技网、北京市科学技术委员会、北京科学学研究中心等网站、百度网站新闻栏目、北京日报、《科学时报》及其他相关资料。

（作者：陈剑，中国经济体制改革研究会研究员；毛雪峰，北京改革和发展研究会经济师）

北京城市建设和管理

孟 斌 陈 喆

党的十八大以来，习近平总书记多次视察北京，对北京发表重要讲话，深刻阐述了“建设一个什么样的首都，怎样建设首都”这个重大时代课题，对首都规划建设工作作出了许多重要指示，为做好新时代首都工作提供了根本遵循。面对新形势新任务，学者们旨在为新时期下北京的发展提供学术支撑，在相关方面开展了大量研究。

一、重要学术会议简介

1. 2019 中国城市规划学会城市更新学术委员会年会

2019 年 8 月 30 日—9 月 1 日，由中国城市规划学会城市更新学术委员会（以下简称学委会）主办的“2019 中国城市规划学会城市更新学术委员会年会”在清华大学召开。本次研讨会以“城市更新，多元共享”为主题，针对新时期强调以人为核心、注重内涵发展和突出城市品质提升的发展需求，结合中国北京、广州、天津、深圳、南京、台北，德国等地探索，采取“特邀专家+征文宣读”相结合的报告方式举行。本次研讨会包括 4 场主题报告和交流讨论，“多元路径”“空间营造”“包容共享”“多样生活”4 个分会场及 33 个分会场报告，并借助于同步直播手段，内容丰富、聚焦主题、形式新颖、富有创新；与此同时，研讨会同期举办了城市更新主题展览，展示了全国近年来在城市更新领域卓有成效的实践和探索，引起参会代表的强烈兴趣和反响。

2. “海绵城市”研讨会

2019 年 6 月 18 日，“海绵城市——为水资源敏感城市寻求适应气候变化的策略”研讨会在北京世园会国际竹藤组织园举办。与会代表分别就立法与公共政策、提高民众认识、雨水收集储存、城市排水、合理利用水资源等热点问题进行了讨论。他们一致认为不同国家或者同一国家的不同区域面临的问题各不相同，目前关于海绵城市仍有很多问题没有好的解决方案，有些问题也不能期待找到唯一的答案，千里之行始于足下，大家应该携起手来共同寻找解决方案。

3. “城市化进程中的劳动力流动与教育政策”研讨会

2019 年 12 月 8 日，由北京师范大学等单位主办的“城市化进程中的劳动力流动与教育政策”研讨会在北京师范大学召开。长期以来，因为多种因素的制约，中国教育还存在一些痛点，在怎么让流动人口享受更公平更有质量的教育，如何破除教育领域妨碍劳动力、人才社会性流动的体制机制弊端等等方面还面临挑战。大会针对如何通过民生保障制度的完善和教育领域体制机制创新，解决劳动力流动中的效益和公平问题，汇聚各方面专家学者的智慧，深入研究、集思广益，提出重要的有价值的研究成果和政策建议。

4. 中国城市政府治理和公共服务指数暨城市治理体系和治理能力现代化专家研讨会

为贯彻落实十九届四中全会关于推进“国家治理

体系和治理能力现代化”的部署，北京大学电子政务研究院于 2019 年 11 月 20 日在北京大学召开了 2019 中国城市政府治理和公共服务指数暨城市治理体系和治理能力现代化专家研讨会。研讨会上，各界专家学者对即将发布的中国城市政府指数表示了肯定和期待，并围绕中国政府指数的意义和社会治理价值提出了修改的意见和建议，从电信大数据应用、重大决策风险研判等领域做了经验分享和交流，并表示将积极参与北京大学电子政务研究院有关中国城市政府指数的研究和应用等工作。

5. “大数据与城市公共管理创新”研讨会

2019 年 11 月 23 日，由首都师范大学管理学院主办的“大数据与城市公共管理创新”学术研讨会在北京召开。在主题报告环节，专家分别就“大数据在国家治理体系与治理能力现代化中的作用”“云计算与大数据技术在医保费用分配与监控中的应用”“大数据在城市治理中的应用实践和创新服务”“公共服务中的数据分析与应用”“基于用户交互行为的政务微博用户群体聚类分析”“大数据应用——相关分析与价值发现”“数字治理下的放管服改革”7 个主题进行了精彩演讲。在分论坛讨论中，与会嘉宾分别就“大数据与政府治理”“大数据与社会治理”“大数据与城市治理”“大数据与社会保障”4 个主题进行了热烈的讨论交流。

二、重要学术论著简介

1. 智慧城市论著

新型智慧城市是党中央、国务院立足于我国信息化和新型城镇化发展实际而做出的重大决策，是推进智慧社会发展的重要抓手。智慧城市将智慧政务、智慧城管、智慧交通、智慧公共安全、智慧管网、智慧教育、智慧社区、城市运行中心、公共信息平台、公共信息化基础资源的一个整合、共享，已成为世界各国城市转型升级的重要途径。

《区块链赋能新型智慧城市白皮书（2019 年）》：新型智慧城市是党中央、国务院立足于我国信息化和新型城镇化发展实际而做出的重大决策，是推进智慧社会发展的重要抓手，是贯彻落实创新、协调、绿色、开放、共享的发展理念。区块链是点对点网络、密码学、共识机制、智能合约等多种技术的集成创新，提供了一种进行信息与价值传递交换的可信通道，并具备不可篡改、可溯源等特性。作为新兴技术，区块链在新型智慧城市诸多领域具有较大潜力。在基础设施方面，运用区块链技术可探索实现信息基础设备间数据信息的高效交换，提升信息基础设施协同能力。在数据资源方面，借助区块链自身数据不可篡改、可溯源等特性，有望打破原有数据流通共享壁垒，提供高质量数据共享保障。在智能应用方面，依托区块链提供的更加可信的合作环境已经涌现出一批“只需跑一次”“数据多跑路”“精准服务”等亮点应用。①

《新型智慧城市发展研究报告（2019 年）》：新型智慧城市是建设数字中国、智慧社会的核心载体。我国新型智慧城市已经进入以人为本、成效导向、统筹集约、协同创新的新发展阶段。各地区从实际出发进行了大量实践，部分省（直辖市）高位统筹推进积极推进，顶层设计成为新型智慧城市建设的前提。新型智慧城市发展重心逐渐从整体谋划、全面建设向营造优质环境、设计长效可持续发展机制转变，全面创新组织管理、建设运营、互动参与等机制。新型智慧城市更强调云网端融合的新型智能设施泛在部署，更强化数据智能、信息模型等共性赋能支撑和平台整合，更注重实现数据驱动、“三融五跨”的智慧生产、智慧生活、智慧生态、智能治理等应用服务发展。新技术创新、新标准规范、新安全配套也在同步突破和不断完善，为新型智慧城市有序发展提供了有力支撑。本报告结合新时期我国新型智慧城市的建设重点，围绕顶层设计、体制机制、智能基础设施、智能运行中枢、智慧生活、智慧生产、智慧治理、智慧生态、技术创新与标准体系和安全保障体系等十大核心要素，深入分析研究了我国新型智慧城市发展态势、行业热点和重大进展。②

2. 生态城市论著

生态城市建设是生态文明与城镇化建设的历史契合点，是城镇建设的目标和方向，也代表着生态文明与城镇化建设的水平。在过去几年里，国家出台一系列改革措施，将生态文明融入国家发展规划，提出要以提高环境质量为核心，实施最严格的环境保护制度，打好大气、水、土壤污染防治三大战役，建立国家层面的环保督察制度，开展环境保护督察工作；中国生态文明建设逐步进入了制度化、法治化轨道。

《生态城市绿皮书：中国生态城市建设发展报告（2019）》深入贯彻习近平新时代中国特色社会主义生态文明思想，仍然坚守与秉持以人为本、绿色发展的理念，坚持循环经济、低碳生活、健康宜居的发展观，牢固树立和践行自然、绿色、健康、生态的社会主义生态文明价值观，以服务城镇化建设、提高居民幸福指数、实现人的全面发展为宗旨，以更新民众观念、提供决策咨询、指导工程实践、引领绿色发展为己任，把生态文明理念全面融入城镇化建设进程中，处理好人与自然的关系，推动绿色循环低碳发展的生产生活方式全面形成。我们依据生态文明理念和生态城市建设指标体系，坚持全面考核与动态评价相结合，运用大数据技术，建立动态评价模型，对国内284个地级及以上城市进行了全面考核与健康指数评价排名；坚持普遍性要求与特色发展相结合的原则，对地方政府生态城市建设投入产出效果进行了科学评价与排名，评选出了生态城市特色发展100强。本报告有针对性地进行“分类评价，分类指导，分类建设，分步实施”，指出了各个城市绿色发展的年度建设重点和难点。在案例研究基础上，继续发布了“双十”事件，对国家城市群的生态城市协同建设、大都市圈的协同建设研究等核心问题进行了深入探讨，提出了对策建议。③

《绿水青山的国家战略、生态技术及经济学》：本书由王浩、李文华等9位海内外专家学者集体编著，主要从水生态治理技术、生态保育与生态发展、未来能源系统、水安全保障技术的创新发展、美丽乡村建设的发展模式、绿色发展和生态城市建设路径、“生态中国与美丽中国”建设、生态技术与商业模式、可持续发展、生态系统的服务价值与功能、绿水青山的经济学等方面，对“绿水青山就是金山银山”国家战略如何指导中国的经济发展和生态保护做了详细阐述和论证。浙江的“五水共治”及全国的“水生态治理”是万亿元的新经济。推动“绿水青山”，必须推动“水生态文明建设”和“海绵城市建设”；要关注水资源的合理利用和调配；要加大湿地建设，扩大水域面积，减少地表径流，促进雨水就地下渗，保护洪泛区面积，实现“一片天对应一片地”的水资源管理模式，以及落实“源头减排、过程阻断、末端治理”的水生态治理原则。生态保护必须竭尽全力搞好河山和矿山的生态修复，推行良好的生态补偿机制，保护好水源林、原始林、生境林、防护林，保护好生物多样性和基因库，保护好当地原始植物种和动物种，绿化城市，建设好城市森林公园、植物园。“绿水青山就是金山银山”，浙江省林下经济规模就有826亿元，所以要大力发展经济林和林下经济。④

3. 健康城市论著

中国的健康城市工作一方面借鉴了国际健康城市的理念和策略，另一方面注重结合中国国情和社会经济发展特定阶段，在组织实施的方式、工作内容等方面具有自身特点。中国健康教育中心牵头进行的一系列评价显示，中国健康城市工作显著提升了城市和县区的健康治理水平；试点市健康治理取得实效，人群健康优于全国平均水平；试点市健康城市建设工作还有较大提升空间，且在不同地区和不同建设领域间发展不平衡。当前，健康城市工作已成为落实健康中国战略的重要内容和抓手。要总结和推广健康城市的中国经验，积极应对健康城市发展中的不平衡和薄弱环节，积极稳步推进健康城市建设工作。

《健康城市蓝皮书：中国健康城市建设研究报告（2019）》由总报告、健康环境篇、健康社会篇、健康服务篇、健康文化篇、健康产业篇、健康人群篇、案例篇、国际借鉴篇9个部分组成。总报告提出健康城市工作已成为落实健康中国战略的重要内容和抓手，总结中国健康城市建设的实践和健康城市的评价工作情况，并指出新时期健康城市建设应总结和推广健康城市的中国经验，积极应对健康城市发展中的不平衡和薄弱环节，积极稳步推进工作。⑤

《健康城市蓝皮书：北京健康城市建设研究报告（2019）》聚焦《北京市“十三五”时期健康北京发展建设规划》实施以来，北京市各级政府、各有关部门和医药卫生系统广大干部职工，以提升城市基础设施水平、改善城乡环境条件、治理影响健康主要因素、普及健康生活方式等方面的具体指标为标尺，如何将培育健康人群、优化健康服务、构建健康环境的重点任务层层落实，有序推进，从而为健康北京建设国际一流的和谐宜居之都，率先全面建成小康社会打下良好基础。报告既重点分析健康北京主要任务的完成情况，又依据客观实践提出的要求，对“十三五”后期推进《规划》全面完成提出对策建议。⑥

4. 特色小镇论著

特色小镇是中国新时代下的一个经济发展新引擎、新动力，对破解大城市病、加速乡村振兴、加速产业合理布局、加速城乡一体化进程，都有着重要意义。特色小（城）镇包括了特色小镇、小城镇两种形态，特色小镇主要指聚焦特色产业和新兴产业，集聚发展要素，不同于行政建制镇和产业园区的创新创业平台。特色小城镇是指以传统行政区划为单元，特色产业鲜明、具有一定人口和经济规模的建制镇。

《中国特色小镇研究报告（2019）》由5篇14章组成，既有介绍中国特色小镇整体发展状况的总报告篇，探讨特色小镇概念体系、理论逻辑和发展逻辑的基础理论篇，政策传递流变和政策工具不同视角的政策研究篇，分析广东特色小镇发展理论与模式创新等的专题研究篇，还有知名特色小镇成败剖析的典型案例篇。该报告不仅能够从理论视角弥补经验认知不足，为特色小镇实践活动的开展提供理论指导，还是新型城镇化实践类型研究的有效补充，能进一步丰富与新型城镇化相关的研究体系，且能为后期政府相关部门规范特色小镇的政策制定提供参考。[7]

《中国特色小镇发展报告（2019）》：为加快推进中国特色小镇智慧化发展的进程，本书系统研究总结了特色小镇的发展模式。本书分为报告篇、国策篇、专家篇和大事记 4 部分。其中报告篇总结呈现了中国特色小镇缘起与创建；国策篇宏观介绍了国家与地方政府有关特色小镇的政策；专家篇以专家视角看小镇，深入浅出，鞭辟入里；大事记浓缩精华，折射出中国特色小镇的价值与光芒。[8]

三、北京城市发展战略相关研究

1. 京津冀协同发展

随着《京津冀协同发展规划纲要》的颁布，京津冀协同发展逐渐成为学术界研究的重点，城市群内部协同发展的相关研究可更好地丰富协同发展的研究深度，并为后续研究奠定基础。

京津冀是我国继长三角经济圈和珠三角经济圈后形成的又一大经济圈，是我国经济发展和中华复兴目标下的一项重大举措。尽管北京市、天津市、河北省的经济发展水平各不相同，但是在地域、产业、资源等主体功能方面具有很大的互补性与互通性，发展前景广阔。京津冀区域创新协同发展是实现这一战略的重大举措。[9]三地只有相互协同与耦合各自的功能、定位与特性，才能提高工业企业技术创新能力，实现真正长远、可持续发展。[10][11][12]

在京津冀可持续发展战略研究领域，刘容飞等提出在京津冀发展中充分利用主体功能区的思想。[13]北京疏解非首都功能、转移中低端产业的同时，应着力逐步提升疏散地的教育、医疗等公共设施建设，使当地居民生活、居住水平逐步与北京接轨。天津则可以利用区位、拥有多所高等院校等优势，积极承担京津冀地区的物流集散功能与科技创新功能。同时，作为京津冀地区面积最大、人口最多同时也是经济最薄弱的一环，河北在承接北京非首都功能的同时，可以提供丰富的农产品、工业产品、手工产品，发挥自身特色与京津地区分工合作，增强经济互补性。彭程提出京津冀地区必须重新整理面对资源的态度，遵循循环经济理念，以此实现地区产业协同发展。[14]

随着京津冀协同发展持续推进，京津冀旅游协同发展受到业界和学者的高度重视。高丽敏等立足实践调研和相关研究成果，深入分析京津冀旅游发展现状、存在的主要问题及发展措施。研究表明：京津冀旅游资源丰富独具特色，京津冀旅游人数呈现总体增长态势，京津冀旅游总收入稳步增长。但也出现了一些亟待解决的突出问题，例如：京津冀旅游试点示范区的建设知名度不高；京津冀旅游一卡通的宣传和使用较差；对京津冀 144 小时过境免签政策了解较少。因此，必须采取加强顶层设计，找准定位，发挥各自优势、统筹管理，联动提升，形成区域合力、打造特色，树立形象，形成文化底蕴及民俗特色丰富的旅游品牌、精准设计、三区联动，开发京津冀协同旅游产品等协同发展措施。[15]

2. 北京首都圈发展战略

首都圈是都市圈中的一种特殊城市群发展模式。北京首都圈的发展虽然存在起步晚、区域不均衡、集聚效应大于辐射效应等问题，但可以利用后发优势加速其发展。李琦等深入分析巴黎、伦敦、东京、首尔、纽约（华盛顿）等成熟的首都圈发展模式。这些发展模式表现出重视统筹规划，产业结构服务业占比高，圈内城市相互补充错位发展，重视教育产业发展等特征，都为北京首都圈建设与规划提供了可借鉴经验。[16]

四、北京城市建设研究

1. 城市副中心建设

《北京城市副中心规划》报送 2016 年 5 月 27 日中央政治局会，习近平总书记充分肯定副中心的战略作用。规划建设中的北京城市副中心位于通州区。中共中央政治局将北京城市副中心建设纳入京津冀协同发展的总体部署中，北京城市副中心建设也正式确定为国家战略。[17][18][19]

在城市副中心规划方面，李秀伟等从副中心选址的基本情况及面临的挑战、副中心战略作用、副中心核心战略思路等方面详细研究副中心战略规划。研究表明北京城市副中心应牢牢把握新时期的战略使命，深入实施京津冀协同发展战略，积极探索新的城市发展模式。一是更加明确城市副中心发展定位，通过承担某几项重要的市级核心职能，带动中心城区的功能疏解和首都空间格局的转变；二是视野更大，着眼于京津冀协同发展谋划副中心发展；三是标准更高，突出绿色、低碳、环保、可持续发展理念，以最先进的理念、最高的标准、最好的质量规划建设好北京城市副中心。[20]李国平认为北京城市副中心应该成为4个中心城市功能建设，特别是全国科技创新中心建设的重要承载空间。要确定城市副中心与中心城区的“同城化”协同创新模式，加快形成体现城市副中心特色的高质量创新集群，推动文化科技产业融合发展，大力发展科技服务业和科技金融服务业，吸引创新型企业形成新的创新集群，加速形成科技服务集聚区。要以高质量发展为目标，大力发展众创空间，构建“高精尖”产业结构，强化城市副中心支撑体系建设。[21]李佳霓等认为北京城市副中心的规划建设是调整北京空间格局与推动京津冀协同发展的重要举措，对于建设以首都为核心的世界级城市群，将北京打造为国际一流的和谐之都有着重大而深远的意义。[22]

叶楠从文化传承建设角度上认为大运河是北京城市副中心的金名片，构建和落实以大运河为核心的文化保护与传承体系是北京城市副中心控制性详细规划编制的核心内容之一。以运河历史水系、古城整体保护为重点，通过划定历史文化保护线明确保护底线，结合城市设计手段加强城市公共空间文化内涵的展示，推动文化设施与文化功能区建设，积极传承并不断创新，最终形成城市副中心古今同辉的文化氛围。[23]

2. 国际体育中心城市建设

随着城市文明的进步与发展，国际体育中心城市已经成为推动社会、经济、文化和生态环境全面发展的时代命题。国际体育中心城市被界定为在国际体育事务活动中处于重要地位，具有综合功能或多种主导功能，各项体育事业比较发达且具有较强的综合竞争力和广泛国际影响力的大城市或特大城市。

陈雷等采用文献资料、专家访谈和资料剖析等手段，认为北京要想成功实现从奥运城市向国际体育中心城市建设的转型，需要在结合国外奥运城市建设国际体育中心城市发展的一般规律和北京特定的历史背景的基础上，系统地把握从奥运城市向国际体育中心城市建设转型的核心环节和关键要素，积极探索并制定出北京从奥运城市向国际体育中心城市建设转型的发展模式，推动北京城市体育生活化、城市和谐影响国际化、城市结构转型与体育格局利益转变的科学化，让体育逐渐成为市民生活中的重要内容，促进人的全面发展，最终完成北京建设国际体育中心城市的总体目标。[24]

3. 海绵城市建设

海绵城市建设的核心是推行现代雨洪管理体系，中国正在稳步推进海绵城市建设，2016年北京市被确定为全国第二批海绵城市建设试点，最终目的是通过增加储水空间，将雨水留下来；通过改造硬质铺装，将雨水渗下去；通过延长汇流路径，将雨水净化好。将北京建成宜居的、充满活力的、缺水地区建设海绵城市的典范。同时，以建设海绵城市为抓手，提升全行业的科技水平、创新能力和管理水平，推动海绵城市产业化，形成经济增长新引擎，实现改善气候环境、降低碳排放的宏观目标。目前，北京市正在积极推进海绵城市建设。结合城市河湖综合治理、雨洪滞蓄工程、下凹式立交桥升级改造等，已累计建成各类城市雨水利用工程2400余处，年雨水利用能力达6100万立方米。同时，加快研究制定海绵城市建设管控办法，开展海绵城市市级示范区建设。依法依规调整划定河湖管理保护范围，加强水域岸线管理。[25]

蔡殿卿等将北京市海绵城市通州试点区的基本情况及建设实践进行概述与总结，认为“海绵城市”是北京城市副中心“六个城市”建设目标之一，开展海绵城市建设是落实党中央、国务院对副中心发展要求的重要举措，也是副中心实现和谐宜居现代化城区建设目标的有效抓手。三年试点建设工作接近尾声，但副中心的海绵城市建设工作仍需按照《北京城市副中心控制性详细规划》及《通州区海绵城市建设专项规划》的要求稳步推进。下一步，试点区将积极总结建设经验，提炼建设模式，为全市乃至全国海绵城市建设提供借鉴。[26]

在海绵城市的实际探索方面，邱倩影等应用SWMM模型可有效评估北京国家海绵城市试点区内某小学区域海绵改造径流控制效果。该项目经过海绵改造后，雨水管网的排水能力可达到3年一遇的标准，径流总量和峰值流量均有一定的削减效果；对于30毫米左右的降雨，径流场次控制率可达到85%以上，径流控制效果显著。同时两个蓄水模块收集的雨水经过处理可回用，提高了雨水的利用率。[27]戴子云等研究了北京市不同类型绿地的土壤水分入渗特征及其与质地、容重和孔隙度等土壤物理性质之间的关系。结果表明北京城市绿地土壤由于受人为活动的影响，土壤物理性质发生了显著变化，表现为土壤容重增大，通气孔隙度降低，压实现象普遍，为北京海绵城市的建设提供科学依据。[28]刘伟勋等以北京市通州区建筑小区为例，从现有问题出发，通过“渗、滞、蓄、净、用、排”等多种技术手段，实现海绵城市雨水的控制与利用目标的同时注重景观的改善和提升。[29]凌玉梅等在北京市北运河管理处迁建项目中，将室外绿地设计理念进行了落实，充分说明了海绵城市的建设发展在改善人居环境、缓解水资源供需矛盾、减少城市热岛效应、降低城市洪涝灾害损失等方面能够发挥出巨大的社会效益、经济效益和环境效益。[30]

4. 城市绿道建设

绿道是为市民和行人提供休闲健身的开放式绿色廊道。“绿色”是指良好的生态空间，“廊道”是指绿道是一个线形的慢行交通系统。它有效地保护和串联起沿途的生态环境、人文景观、自然景观及地方风貌，将保护生态环境、改善人居环境与推动地方经济发展有效地结合结来，进一步升级了城市绿色生态理念。绿道的出现，不仅仅改变了人们的生活，还改变了人们的理念，进一步提升了城市的形象。根据规划，北京市将建设市级绿道 1000 公里以上，带动区级及社区级绿道建设约 1000 公里，形成全市超过 2000 公里的绿道网络。2014 —2018 年，北京市已完成绿道总体建设约 821 公里，其中市级绿道长度约 587 公里，区级绿道长度约 234 公里。完成包括环二环绿道、三山五园绿道、温榆河绿道、园博绿道等 40 个绿道项目。在已完成的绿道中，滨水绿道长度约为 351. 5 公里，占总长度的 42. 8%。规划建设后的市级绿道达 1240 公里，由 28 条主要绿道线路、44 个绿道节点和多条支线组成，覆盖全市 16 区，贯通 11 个新城，在空间上形成“三环、三翼、多廊”的总体布局，并构成“环带成心、三翼延展”的空间格局，三条环形绿道为环城公园环绿道、郊野公园环绿道、森林公园环绿道；三条外翼绿道为东翼大河绿道、西翼山水绿道、北翼山水绿道，以及多条中心城滨水绿道。[31]

在实证研究方面，高大伟等通过 GIS 技术和对目前小西山地区现有路网进行实地踏勘，对沿线自然文化资源、沿途景点、周边居民区分布情况进行综合考虑，利用德尔斐法对现有道路进行综合评价，对绿道潜在道路进行发掘，制定满足多功能需求的小西山绿道线路网络，为北京市其他区县的绿道建设或其他省市山地型绿道建设提供理论方法支持。[32]王振坤等展示了北京市二环绿道的现状。通过研究二环绿道的分布、结构、使用人群及其行为活动，评价了二环绿道的使用情况，并对二环升级改造提供重要参考。绿道具体存在的问题有：绿道功能性较为单一；绿道趣味性较低；绿道管理不到位；绿道连接性与安全性有待提高。[33]陈希希等以北京市海淀区为例，运用多源数据，构建基于 GIS 空间分析（绿道建设潜力空间评价）和大数据社会行为分析（居民绿道日常使用需求评价）的城市绿道选线规划方法，针对海淀区城市绿道建设涉及的道路、河道、铁路廊道和带状绿地等主要空间类型，提出具体改造模式策略，将绿色空间网络与慢行系统相结合，以实现城市线性空间的功能优化。[34]王科等以北京环二环城市绿道为研究对象，通过现场调研和地图数据分析，发现环二环绿道在可达性、连续性、服务功能、边界、视线等方面的问题。以问题为导向，结合场地需求，提出北京环二环城市绿道未来更新的几点策略，包括公平性策略、可达性策略、连续性策略以及开放与封闭策略。[35]

5. 精细化管理研究

北京是全国的政治中心、文化中心、国际交往中心、科技创新中心。党的十八大以来，习近平总书记多次视察北京，对北京发表重要讲话，深刻回答了“建设一个什么样的首都，怎样建设首都”这一重大时代课题，为首都北京城市建设和管理指明了方向，提供了根本遵循。北京市委市政府按照党中央要求，紧跟新时代步伐，落实新发展理念，强化特大型城市精细化管理“八大意识”，即规划意识、红线意识、服务意识、响应意识、开放意识、质量意识、合作意识、引领意识，推动首都高质量发展，使首都功能和服务水平全面提升，人民生活质量大幅提高，城市国际地位和影响力进一步增强。[36]

龙瀛等以北京市西城区为研究区域，结合北京城市体检总体要求与西城区城市精细化规划评估需求，探索科学有效的城市体检体系及其相关关键技术。提出了西城区城市体检指标体系，并将其应用于实际。结果表明，该指标体系可以从时间和空间的角度对城市状况进行定量评价，进而反映城市疾病症状并提出诊断策略，有助于验证西城指标体系的有效性和科学性。构建具体的指标体系，用以科学深入地认识城市发展规律并支持未来决策，是解决城市问题的有效措施。[37]

6. “城市病”治理

治理北京“城市病”是推进京津冀协同发展的重要任务之一，是非首都功能疏解的重要缘起。北京“城市病”具有一般性，更表现出首都城市特有的复杂性和异质性。北京非首都功能疏解在空间维度、产业维度、环境整治维度有效治理了“城市病”，但京津冀区域不协调现象依然突出，现行产业疏解还难以根治“城市病”，疏解整治政策精细化不足。

彭文英等提出为了加快提升首都核心功能，建设宜居北京，还需针对北京“城市病”的异质性特征，促进产城融合发展，进一步强化疏解整治与优化提升并举策略；强化实施环北京都市圈发展战略，加快提升环北京地区的“绝对”发展水平；建设群体利益优先的社会价值体系，提升城市精细化管理效率；以人民群众美好生活需求为导向，加强环境污染防治的跨区域协同。㊳

7. 城市流动人口治理

随着外来流动人口的大量涌入，流动人口已成为北京市人口增长的主要动力，其空间分布格局很大程度上决定了北京城市空间结构变化，直接影响着城市空间效率和可持续发展。因此，把握北京市流动人口扩散规律、引导流动人口合理分布是优化北京城市空间结构、提高城市空间效率和促进城市可持续的科学基础和决策支撑。

赵美风等基于街道/乡镇尺度人口普查数据，利用GIS空间分析和数理统计方法，从规模、占比、密度和空间集聚度等4个层面分析北京城区流动人口扩散特征，并揭示其驱动机制。研究发现：①2000—2010年北京城区流动人口规模和密度增加，但流动人口占常住总人口比重和流动人口空间集聚度下降，流动人口呈现明显的空间扩散态势。②北京城区流动人口呈“核—边扩散”格局，城市核心区流动人口规模、密度、占比和空间集聚度不断下降，城市边缘区流动人口规模、密度、占比和空间集聚度逐步上升。③北京城区流动人口的“核—边扩散”格局是经济因素的直接推动、城建因素的间接推动、交通因素的硬性诱导、制度因素的软性诱导等共同作用的结果。㊴

艾小青等运用2016年京津冀地区流动人口动态监测调查数据，研究了京津冀地区流动人口长期居留意愿特点，以及流动人口的个人特征和收入水平对其居留意愿的影响。研究发现：北京流动人口的居留意愿很强烈。流动人口的个人特征（特别是户口类型、教育程度、停留时间等因素）对居留意愿的影响在三地都是显著的；当家庭月收入在3286~100647元之间，京津冀三地的流动人口的居留意愿都是随收入的增加而增强的；北京流动人口家庭月收入与居留意愿存在着倒“U”型关系，拐点值分别为630852元、100647元。对比2014年和2015年的结果发现，北京地区拐点值逐年增大，这反映了北京的产业疏解和人口疏解对流动人口的影响。政府应该充分考虑流动人口的居留意愿，再制定流动人口相关政策，促进流动人口市民化。㊵

魏玲玲认为北京需要通过推进“以人为本”的非首都核心功能疏解，构建健全流动人口公共服务及社会保障体系。此外，还需要依托社团和传媒培育流动人口新市民观念及文明素养等方面，切实促进制度均衡，进一步推动北京市人口的一体化均衡发展。㊶

王志强等认为在将北京区域性人口流动调整纳入京津冀区域性整体发展的同时，需要注重法律这一重要社会调整手段的运用，使人口流动的法律调整融入区域社会管理与区域发展之中。㊷

冯虹等基于个体居留意愿的视角，提出要借助京津冀协同发展、北京“十三五”规划的契机，加快通州副中心、雄安新区建设，合理有序引导人口流动，达到优化人口分布的目的；同时在调控人口时也要把把握好年龄结构、人力资本状况，以防政策调控削弱人口结构的合理性，影响到城市的可持续发展。㊸

注：

①陈才、张奕卉等．中国信息通信研究院：区块链赋能新型智慧城市白皮书［EB/OL］．http://www.caict.ac.cn/kxyj/qwfb/bps/201911/t20191108_269147.htm. 2019-11-08。

②陈才、刘小林等．中国信息通信研究院：新型智慧城市发展研究报告［EB/OL］．http://www.caict.ac.cn/kxyj/qwfb/bps/201911/t20191101_268661.htm. 2019-11-01. F。

③刘举科、孙伟平、胡文臻：《生态城市绿皮书：中国生态城市建设发展报告(2019)》，社会科学文献出版社，2019年版。

④王浩等：《绿水青山的国家战略、生态技术及经济学》，江苏科学技术出版社，2019年版。

⑤王鸿春、盛继洪：《健康城市蓝皮书：中国健康城市建设研究报告(2019)》，社会科学文献出版社，2019年版。

⑥王鸿春、盛继洪：《健康城市蓝皮书：北京健康城市建设研究报告(2019)》，社会科学文献出版社，2019年版。

⑦曾国军、陈旭、余构雄：《中国特色小镇研究报告(2019)》，社会科学文献出版社，2019年版。

⑧国研智库书院特色小镇课题组：《中国特色小镇发展报告2019》，中国发展出版社，2019年版。

⑨张满银、张丹：《京津冀区域规模以上工业企业创新效率研究》，《统计与决策》，2019年第24期。

⑩李百华：《京津冀区域创新效率动态演化与影响因素研究》，《石家庄职业技术学院学报》，2019年第6期。

⑪樊拥军：《京津冀传媒集成经济协同发展的实践路径与成效检验》，《河北经贸大学学报（综合版）》，2019年第4期。

⑫姜江：《京津冀3E系统协同发展的经济学探讨》，《企业改革与管理》，2019年第24期。

⑬刘容飞、张宏桥：《浅析主体功能区思想在京津冀协同发展中的应用》，《北京规划建设》，2019年第S1期。

⑭彭程：《关于循环经济理念下京津冀产业协同发展的路径与制度研究》，《财富时代》，2019年第12期。

⑮高丽敏、王丽娟、周航：《京津冀旅游协同发展趋势与对策分析》，《科学与管理》，2019年第4期。

⑯李琦、杨明亮：《首都圈经济产业关系国际比较研究》，《北京劳动保障职业学院学报》，2019年第2期。

⑰高越、何迪燊、李思莹、李晶莹：《北京城市副中心对疏解非首都功能贡献度研究》，《调研世界》，2019年第2期。

⑱王璐：《北京城市副中心打造未来之城》，《投资北京》，2019年第2期。

⑲陆娅楠、张志峰、王昊男：《北京城市副中心：建设没有“城市病”的城区》，《宁波经济（财经视点）》，2019年第2期。

⑳李秀伟、路林、赵庆楠：《北京城市副中心战略规划》，《北京规划建设》，2019年第2期。

㉑李国平：《增强城市副中心科技创新功能》，《前线》，2019年第5期。

㉒李佳霓、连彦、张晨：《北京城市副中心城市设计规划管理与实施机制初探》，《北京规划建设》，2019年第2期。

㉓叶楠、刘健：《坚持文化传承　以文化为魂　促进北京城市副中心建设》，《北京规划建设》，2019年第2期。

㉔陈雷、王合霞、朱静：《北京建设国际体育中心城市的发展研究》，《山东师范大学学报（自然科学版）》，2019年第2期。

㉕北京市水务局：《北京水资源保护和水环境治理取得阶段性明显成效》，《北京人大》，2019年第5期。

㉖蔡殿卿、于磊、潘兴瑶、宫永伟、张书函、康振、杨默远：《北京海绵城市试点区建设实践》，《建设科技》，2019年Z1期。

㉗邱倩影、李蔷、陈博、张超、李波、蔡殿卿：《基于SWMM模型的建筑小区类项目海绵改造径流控制效果模拟分析——以北京国家海绵城市试点区内某小学为例》，《建设科技》，2019年第7期。

㉘戴子云、隋静轩、许蕊、李新宇：《北京城市绿地土壤水分入渗性能研究》，《中国园林》，2019年第6期。

㉙刘伟勋、康振、蔡殿卿、韩元、李新建：《海绵城市理念下的北方老旧小区改造方法——以北京市通州区建筑小区为例》，2019年第7期。

㉚凌玉梅、黎国文、宇啸、池诚：《海绵城市背景下公共建筑周边绿地设计探索——以北京某迁建项目室外绿地景观设计为例》，2019年第4期。

㉛王瑞红：《我国城市绿道建设让市民居住环境焕发绿色生机》，《资源与人居环境》，2019年第6期。

㉜高大伟、杜万光、刘明星、杜姗姗、余煌：《北京小西山绿道综合评价与规划研究》，《中国园林》，2019年第12期。

㉝王振坤、林鹏睿：《北京市二环绿道与城市居民休闲生活的半耦合关系》，《现代园艺》，2019年第16期。

㉞陈希希、李倞、谭立、杨璐：《基于空间潜力和社会行为多源数据分析的城市绿道规划研究——以北京市海淀区城市绿道选线规划为例》，《景观设计学》，2019年第6期。

㉟王科、王畅、彭睿怡：《北京环二环城市绿道空间更新策略初探》，《北京规划建设》，2019年第1期。

㊱施昌奎：《新时代北京城市精细化管理的现代意识》，《城市管理与科技》，2019年第6期。

㊲龙瀛、张昭希、李派、周新宇、刘洪岐、刘兴起：《北京西城区城市区域体检关键技术研究与实践》，《北京规划建设》，2019年S2期。

㊳彭文英、滕怀凯、范玉博：《北京“城市病”异质性及非首都功能疏解治理研究》，《学习与探索》，2019年第9期。

㊴赵美风、汪德根：《北京城区流动人口扩散格局及驱动机制》，《地理科学》，2019年第11期。

㊵艾小青、陈连磊、冯虹：《收入越高居留意愿越强吗？——基于京津冀流动人口调查数据的研究》，

《华东经济管理》，2019 年第 2 期。

㊶魏玲玲：《浅析京津冀协同发展战略下人口流动的影响》，《环渤海经济瞭望》，2019 年第 11 期。

㊷王志强、刘园园：《京津冀区域性人口流动及其法律调整》，《经济与社会发展》，2019 年第 5 期。

㊸冯虹、刘永安、艾小青：《北京流动人口调控政策的效果分析——基于个体居留意愿的视角》，《人口与发展》，2019 年第 1 期。

（作者：孟斌，北京联合大学教授；陈喆，首都师范大学硕士生）

北京市习近平新时代中国特色社会主义思想研究中心 2019 年工作总结

市社科联、市社科规划办理论研究部

2019 年，北京市习近平新时代中国特色社会主义思想研究中心坚决贯彻落实中央和市委领导指示精神，始终把习近平新时代中国特色社会主义思想研究宣传阐释作为首要政治任务，进一步汇聚首都资源，优化工作机制，设立一批习近平新时代中国特色社会主义思想专项研究课题，举办“首都当代马克思主义论坛·2019”等一系列学术研讨活动，组织专家在中央“三报一刊”上发表理论文章 197 篇，连续两年在全国 10 家机构中名列第一，持续推动习近平新时代中国特色社会主义思想在京华大地形成生动实践，努力构筑全国一流的党的创新理论研究宣传阐释高地。

一、讲政治强责任，理论成果持续领全国之先

始终把“看北京首先要从政治上看”作为谋划指导工作的基点，把发挥首都示范引领作用作为工作目标，努力交出一份让党中央和市委满意的答卷。

1. 进一步强化工作组织领导。市委高度重视研究中心工作，2019 年 3 月中旬，蔡奇同志对研究中心工作批示要求“继续领全国之先”，为全年工作定调，并多次过问研究中心建设情况，多次提出明确要求，在历次市委全会上都将研究中心工作情况作为市委工作报告内容向全会报告。在市委坚强领导下，研究中心组织领导体制和运行机制更加完善，市委常委、宣传部部长杜飞进同志直接领导、亲自谋划指挥，定期召开研究中心工作会议，出席各类研讨活动；市委宣传部统筹协调有力，市委教育工委、市委党校、市相关社科单位和高等院校积极协作，各系统各单位资源整合、平台共享机制更加健全，市社科联、市社科规划办切实承担起工作责任，“全市一盘棋”格局更加巩固、运转高效，工作组织领导优势愈加突出。

2. 不断突显“三报一刊”理论文章核心竞争力。围绕在中央“三报一刊”组织发表理论文章这个评价考核的“硬指标”，不断健全优化选题策划机制和任务发布机制，探索重大选题集体攻关机制，畅通研究与媒体的供需对接机制，研究中心工作的核心竞争力进一步突显。全年在《人民日报》《光明日报》《经济日报》等中央主要媒体发表理论文章 197 篇，在全国 10 家研究机构大幅领跑，文章数量超第二位近 50%，有力地发出了理论宣传阐释的“北京声音”。文章紧扣全年重大主题进行了多学科、多领域、多视角的深度研究阐释，其中，围绕新中国成立 70 周年，组织发表了《在砥砺奋进中实现伟大飞跃》《书写出更新更美的时代篇章》等重点文章，解读新中国 70 年历史性成就蕴含的内在逻辑；围绕党的十九届四中全会精神，组织发表了《深刻认识中国特色社会主义制度的优势》《不断开辟“中国之治”新境界》等重点文章，阐释中国特色社会主义制度和国家治理体系的显著优势；围绕“不忘初心、牢记使命”主题教育，组织发表了《重温党的历史　牢记初心使命》《牢记初心和使命　奋进伟大新时代》等重点文章，坚定深化党的自我革命、牢记初心使命的思想自觉；围绕推动经济高质量发展，组织发表了《抓住用好新形势下的新机遇》《进一步做好“六稳”工作》等重点文章，分析做好经济工作、确保全面建成小康社会和“十三五”规划圆满收官的形势和任务；同时不断深化对习近平新时代中国特色社会主义思想的研究阐释，涌现出《马克思主义“行”的时代证明》《中国特色社会主义为什么“好”》《习近平新时代中国特色社会主义思想的重大意义》《为发展马克思主义作出原创性贡献》《深刻领会坚持以人民为中心》等一大批有思想、有价值的高质量成果，社会影响广泛深远，也在理论界树起了鲜明的旗帜。

二、抓研究强基础，以重大项目引领理论创新

始终把“研究”作为研究中心工作的立身之本，

不断夯实研究基础，增强研究储备，推动习近平新时代中国特色社会主义思想研究的深度不断增强、领域不断拓展，推动理论创新的作用更加突显。

1. 在推进基础性研究中增强实力。以中央马克思主义理论研究和建设工程重大课题“习近平新时代中国特色社会主义思想对发展马克思主义的原创性贡献研究”“推动学习习近平新时代中国特色社会主义思想往深里走、往实里走、往心里走研究”等为牵引，围绕习近平新时代中国特色社会主义思想一系列重大理论和现实问题，设立“习近平新时代中国特色社会主义思想的逻辑体系研究”“习近平总书记关于加强党的政治建设重要论述研究”“中国共产党精神谱系研究”等北京社科基金专项研究项目 64 项，连同上一年度在研项目，共 120 项左右，涵盖经济、政治、文化、社会、生态、外交和党的建设各个领域。各课题组在深化学理研究基础上，在学术期刊发表《中国怎样实现强起来》《围绕重大时代课题　构建科学理论体系》等高质量学术论文 149 篇，相当一部分论文发表于《人民论坛》《国家治理》《哲学研究》《党建研究》《中国党政干部论坛》等核心期刊；还形成了《习近平治国理政思想研究》《新发展理念的科学内涵与实践路径研究》《当代中国文化自信研究论纲》等 30 部研究报告，孵化出《重大时代课题的深化解答》《贯彻新发展理念建设现代化经济体系》《中国特色社会主义民主政治建设论纲》《习近平生态文明建设思想概论》《习近平治国理政的强军战略》等一批理论专著书稿，增强了习近平新时代中国特色社会主义思想的学理阐释深度和研究中心的研究实力、学术影响力。

2. 在组织研讨交流中推动理论创新。把握理论宣传大势，围绕重大时间节点，组织开展各类研讨活动，在交流中碰撞思想火花、激发创造活力。举办以“新中国 70 年社会主义道路的伟大探索”为主题的“首都当代中国马克思主义论坛 · 2019”，以“美好生活：奋斗历程与创新实践”为主题的“2019 · 学术前沿论坛”，以“不忘初心　牢记使命　以青春之我创造青春之中国”为主题的第十三届北京中青年社科理论人才“百人工程”学者论坛；召开首都理论界学习贯彻党的十九届四中全会精神座谈会，首都文艺界社科界学习贯彻习近平总书记重要讲话精神座谈会，首都知识界学习贯彻习近平总书记致光明日报贺信精神座谈会；统筹联动中央财经大学、首都师范大学、北京工业大学、首都经济贸易大学、市委党校、市社科院等研究基地围绕新中国成立 70 周年、党的十九届四中全会精神等理论热点，举办一系列研讨活动；依托 120 项在研课题的研究团队，以开题论证、研究咨询为契机，召开数十场小型学术研讨会。研讨活动形成了一大批研究成果，提出了一系列创新观点，部分战略性、前瞻性研究为理论创新提供了鲜活素材和理论基础。

3. 在推进信息化建设中加强资料储备。初步建成习近平新时代中国特色社会主义思想数据库，收录党的十八大以来习近平新时代中国特色社会主义思想重要论著和研究专著、学术论文、理论文章等共约 39 万篇（部），较为系统地呈现了习近平总书记系列论著和近年来习近平新时代中国特色社会主义思想研究成果、研究人员信息，并通过数据分析手段对热点问题和研究趋势进行研判，提供辅助研究方向、便利化研究工具和高效的研究服务，为研究中心工作建立起较为充足的资料储备。

三、重传播强影响，推动党的创新理论深入人心

始终把推动党的创新理论“飞入寻常百姓家”作为重要工作目标，探索推动党的创新理论通俗化大众化，在更大范围彰显习近平新时代中国特色社会主义思想的理论魅力。

1. 策划推出《壮丽 70 年　时间都知道》大型通俗理论电视节目等通俗化理论产品。在中宣部理论局和市委宣传部的领导下，研究中心会同北京广播电视台积极组织专家参与大型通俗理论电视节目《壮丽 70 年　时间都知道》摄制工作。该节目从经济、政治、文化、社会、生态文明建设和中国道路 6 个主题，通过故事寻访、理论解读，展现了中国人民改造山河、建设祖国的伟大壮举，展示了国家翻天覆地、沧海桑田的恢宏巨变。节目播出期间，主话题 3 次登上生活记录榜第一名，总计占榜长达 22 小时，主话题近 3 天阅读总量突破 1 亿+，讨论量 4.4 万+，节目多个相关视频在爱奇艺、腾讯、优酷、微博等平台播放总量超 4000 万，引发了观众的热烈反响，通俗化、大众化的呈现方式让理论传播更具历史感、画面感和亲切感，实现了理论节目的深耕与创新。组织编写《直面时代之问：读懂新时代中国特色社会主义》《感悟时代精神：读懂中国特色社会主义文化》等通俗理论读物，其中《直面时代之问》一书聚焦学习领会习近平新时代中国特色社会主义思想的 30 个理论问题，析机明理、解疑释惑，为广大党员干部群众学习新思想、读懂新时代提供了有益参考，上市后在北京市图书订货会上反响良好。

2. 广泛利用全市网络理论平台开展理论成果传播推广。把握互联网传播的规律和特点开展网上理论推介，在“学习强国”北京学习平台“京师学堂”栏目设立“新思想研究撷英”专题，同时依托北京日报社和前线杂志社客户端、“京社科”微信公众号等网络媒体，及时推送研究中心研究动态和最新研究成果，不断拓宽网络理论宣传渠道，推动形式多样的理论产品占领网络宣传主阵地，扩大习近平新时代中国特色社会主义思想网络传播影响力。

3. 探索推动理论国际传播交流。与对外经济贸易大学合作举办“第三届国际青年人文对话大会”，主题为“人类命运共同体与青年全球领导力”，来自10余个国家的专家学者、青年代表，共同探讨了青年一代在推动构建人类命运共同体和引领世界未来中的责任与担当。对话大会由主论坛和“人类命运共同体与青年”“新时代青年领导力科学的理论与实践”“青年菁英全球领导力创新”3个分论坛组成，以国际青年人文对话的形式“引进来”，让世界青年参与人类命运共同体构建，进而感悟习近平新时代中国特色社会主义思想的实践价值和理论意义。对话大会得到国内外数家主流媒体的积极报道，既拓宽了理论对外传播的有效途径，又扩大了研究中心的学术影响力，为推进对外理论话语体系建设发挥了积极作用。

四、建机制强队伍，“三驾马车”作用日益突显

注重发挥北京研究中心在组织动员和工作机制方面的优势，在调动特约研究员队伍积极性的同时，进一步发挥研究基地工作支撑作用和研究课题工作导向作用，推动建立起专家、基地、课题“三驾马车”协同工作机制，更大限度凝聚整合研究力量。

1. 广泛汇聚各方面人才资源。进一步挖掘、联系、整合首都社科理论研究资源，着力打造政治意识强、理论水平高的一流研究队伍。发挥研究中心学术顾问和特聘专家在研究谋划重点工作和推出高质量成果方面的作用；通过会议交流、单位推荐等多种途径，进一步充实特约研究员队伍，研究力量的学科分布、年龄梯次进一步优化；广泛联系，凝聚全市社科专家资源，深入挖掘联系研究基地、在京高校及社科单位、社科类社会组织研究人才，形成了一支由500多名各学科、各领域社科专家组成的研究队伍，为研究中心工作提供坚实支撑；深入调研和有序推动“首都当代中国马克思主义理论人才计划”和优秀博士论文评选奖励工作，强化理论人才储备力量。

2. 巩固研究基地工作支撑体系。增补市政协和市科学技术研究院两家基地，研究基地数量扩大到21家，研究中心工作力量进一步增强。通过研究基地规范化管理、调整优化考核标准、健全完善激励机制，促进形成一批研究特色鲜明、专家人才集聚、宣传阐释有力的战斗堡垒。坚持研究基地主任联席会议制度、畅通研究基地联络员渠道，编发《工作动态》内刊促进工作交流，进一步激活、调动各研究基地工作积极性和有效性，提升研究基地制度化水平和组织化能力，增强研究基地凝聚力向心力战斗力。研究基地已成为研究中心理论成果生产、研讨活动举办、理论课题研究的坚实支撑和重要力量。

3. 建立课题研究孵化理论成果长效机制。充分发挥市社科联、市社科规划办合署办公后在调动全市社科资源方面的优势，发挥北京社科基金项目“指挥棒”作用，将研究中心课题项目整体纳入社科研究规划，同时设定了独立的立项评审标准、成果转化要求和全过程管理机制，以重大理论选题引领研究方向，以成果导向原则明确研究目标，以严格监督管理增强研究实效。在这样的导向引领下，首都多数高校和有关社科单位都建立起将研究中心课题项目和研究成果与本单位科研评价工作相结合的政策体系，广大社科研究人员逐步树立起将个人专科专长与首都理论工作要求相结合的研究意识，推动形成课题项目孵化理论研究成果的长效机制。

2020年将按照中央和市委的要求部署，进一步发挥首都学科、学术、人才优势，统筹资源、健全机制、完善政策，聚焦理论研究宣传阐释，进一步拓展理论传播渠道，全方位扩大社会影响，努力建设全国一流习近平新时代中国特色社会主义思想研究机构，在研究宣传阐释习近平新时代中国特色社会主义思想方面持续发挥领军作用。

（市社科联、市社科规划办理论研究部供稿）

2019 年北京社科基金项目成果综述

肖　龙

2019 年是新中国成立 70 周年，是全面建成小康社会关键之年。按照市委统一部署，市社科联、市社科规划办正式合署办公，以“一个机构、两块牌子”模式开展工作。站在新的起点上，北京社科规划工作坚持以习近平新时代中国特色社会主义思想为指导，深入贯彻党的十九大和十九届二中、三中、四中全会精神，深入贯彻习近平总书记关于哲学社会科学工作系列重要讲话和对北京重要讲话精神，深入贯彻落实市委第十二届历次全会精神，坚持以人民为中心的研究导向，坚持稳中求进、守正创新的工作基调，着力形成“两中心、一中枢”的工作新格局，努力推动首都哲学社会科学工作出规划、出成果、出人才、出品牌、出经验，全面履行“培根铸魂”的使命职责，以优异成绩庆祝中华人民共和国成立 70 周年。

一、2019 年北京社科基金结项项目基本情况

2019 年，市社科联、市社科规划办以“不忘初心、牢记使命”主题教育为契机，守正创新，提高“四力”，努力在统筹各项工作、贯通各类资源上下功夫，不断提升北京社科基金项目中后期管理工作的科学化、规范化、精细化水平。深入科研管理单位和专家学者进行调研，把专家学者和科研管理工作者“请进来”进行交流，利用成果集中鉴定会等机会向专家学者和科研管理工作者征集意见，掌握当前成果管理工作中存在的主要问题，收集专家学者和科研管理工作者的意见建议；对《北京市社会科学基金项目中后期管理细则》《北京市社会科学基金项目成果规范细则》等进行修订完善，探索提高成果管理水平，推动成果质量提升，促进成果应用转化的有效途径；在项目中期管理工作中，明确方向、突出重点、改进方式、务求实效，使项目中期管理切实发挥摸清底数、促进研究、发现问题、推广经验的作用；在成果鉴定工作中，严格遵守《北京市社会科学基金项目管理办法》等系列管理文件规定，认真遴选鉴定专家，严格执行匿名制度、回避制度，严格遵守成果鉴定相关程序，从严把好政治关和学术关，使成果鉴定真正成为把好项目“出口关”、维护北京社科基金项目权威性和严肃性的有力保障；在项目验收结项工作中，严格遵守各项工作纪律、工作程序和工作要求，对于最终成果与课题最初设计不符、成果鉴定程序不规范、经费使用不合规等问题坚决予以纠正，推动北京社科基金项目研究成果质量稳步提升。

全年共有 561 项北京社科基金项目完成研究任务，通过鉴定验收办理了结项手续。从结项等级看，优秀等级 41 项，良好等级 123 项，优良率占结项总数 29%；合格等级 352 项，占结项总数 63%；符合条件免于鉴定 45 项，占结项总数 8%。从最终成果形式看，以研究报告形式结项的 418 项，占 75%；以专著形式结项的 82 项，占 15%；以论文集形式结项的 61 项，占 10%。从应用转化看，有 27 项成果获领导批示 54 人次，31 项成果被相关实际部门参考采纳，68 项成果获各级各类奖项，20 项成果被北京社科基金项目《成果要报》采用，出版专著 62 部，发表学术论文和理论文章近 2400 篇。从学科分类看，数量最多的为经济 · 管理学科 196 项，研究内容主要涉及京津冀雾霾协同治理与大数据应用、京津冀能源互联网建设政策支持系统、京津冀跨域突发事件应急联动、京津冀一体化下应急物资储备、北京新城建设与“城市病”治理、北京“高精尖”产业发展、北京服务外包产业升级、北京网络文化产业发展、北京文化产品国际竞争力提升、北京科技成果转化协同创新、小微企业融资便利化模式、跨境电子商务发展、绿色发展指标体系构建、战略性新兴产业资本配置、城市轨道交通防恐、医院社会责任信息披露、居民食品安全满意度、农业众筹风险防范等；教育学学科 98 项，研究内容主要涉及政府购买学前教育服务、幼儿园教师培养模式改革、青年教师专业化发展、高校辅导员队伍建设、义务教育政策社会评估、教育现代化评价指标体系及推进路径、网络思想政治教育、高校国防教育、“90 后”新生代研究生价值观塑造、大学生中华民族传统文化教育引导、大学生社会主义核心价值观践行策略、大学生信息接受习惯与认知方式、研究生微信行为特征与关注偏好、大学新生心理问题干预策略、青年创业人才成长机制、流动儿童心理健康状况、视力残疾儿童综合康复体系、汉语儿童叙述能力发展等；语言 · 文学 · 艺术学科 80 项，研究内容主要涉及京津冀融媒体协同发展、“一带一路”沿线国

家汉语传播、中华经典英译与跨文化阐释、汉语网络语言认知构式语法、莫言与新时期文学创新经验、北京城市“微形象”对外传播、北京农林文化遗产保护与发展、北京都市空间与新民俗、北京知名品牌英译研究、“互联网+”时代北京传统电视产业转型、北京城中轴线设计美学价值、北部长城文化带保护利用、北京话历史与现状、京味文化谱系、北京明清宅园造景设计艺术、金代中都文学、清代宫廷戏曲等；科社·党建·政治学学科60项，研究内容主要涉及习近平新时代中国特色社会主义思想的精神实质、习近平的“青年观”、马克思国家治理理论与中国国家治理现代化、中国特色社会主义道路的历史渊源、中国梦的实现路径和动力源泉、十八大以来我国系统反腐模式形成与完善、中国与印度反腐败方式比较、中国特色社会主义协商民主理论、党内法规体系建设、新媒体时代公共舆论作用机理与引导策略、提升主流意识形态传播有效性、非传统安全领域网络舆情预警机制、新媒体时代思想政治教育话语权、外籍流动人口社会融入、首都公共文化服务均等化等；社会学学科39项，研究内容主要涉及老龄化与养老体系建设、新生代农民工市民化发展、随迁子女双向融入的困境与对策、成人暴力犯心理矫正、政府购买非营利组织社会服务、城市精细化管理、基层纠纷解决的制度生态和治理、整合式老年居家照护发展模式、社交网络中谣言的数据溯源与监控、超大城市流动人口住房获得与社会融合、北京市民互联网生活模式、北京社区心理建设、北京家庭财富分布及对养老政策启示、首都女性创业等；法学学科36项，研究内容主要涉及刑事责任与民事责任转化关系、审判中心主义视野下辩审关系、国际环境立法伦理基础、知识产权诉讼特别程序、刑事司法领域被遗忘权、民间融资法律规制、城乡二元结构下社会治理改善、中小企业社会责任法律规制、贪污贿赂案件异地审判及量刑标准、网上交易与消费者权益保护、跨境旅游纠纷应对机制、食品安全监管法律对策、未成年人犯罪及其诉讼权利保障、数字音乐产业发展的法律规制、京郊农村土地产权交易制度等；综合学科20项，研究内容主要涉及影视传播对中国道德建设的影响、北京城市形象传播的路径选择、农民工社会管理机制创新、首都关键基础设施安全防恐体系建设、高校突发事件中手机舆情传播及引导、微媒体对大学生行为模式变化影响、“新媒介依赖症”与首都青少年社会化、多种用工体制下的党员教育管理服务、职业体育赛事品牌传播、城乡体育公共服务一体化、民国时期北京的图书馆发展史等；历史学学科14项，研究内容主要涉及北京大运河文化带历史遗存及文脉梳理、北京古都文化、北京抗战遗迹历史文化价值与利用、西文古籍中清代北京老照片与图片、明清皇家坛庙文献整理、近代北京治安防控管理、里耶秦简编年考证等；哲学学科9项，研究内容主要涉及《资本论》与历史唯物主义、《1861—1863年经济学手稿》当代解读、我国经济制度的正义完善研究、叙事医学在构建医患信任中的作用、张九成心学思想、卢梭政治哲学、模态性认识论问题、基于郭店楚简的早期儒家心性论问题、西学东渐与“利玛窦与外国传教士墓地”碑文等；城市学学科9项，研究内容主要涉及京津冀协同发展与城市副中心建设、京津冀一体化发展背景下城市物流设施、北京城市形态演变与未来紧凑发展模式、北京城市文化旅游发展主导模式、北京城市景观文化生态发展、首都城市色彩体系构建、北京轨道站点乘客换乘行为分析与交通组织优化、北京建筑遗产保护模式与人文价值等。

二、2019年北京社科基金结项项目成果概述

2019年度结项的项目能够坚持正确政治导向，用马克思主义的立场、观点和方法开展研究工作。广大专家学者自觉以人民为中心，坚持与时代同步伐，积极从改革发展实践中挖掘新材料、发现新问题、提出新观点、构建新理论，推出一批研究质量过硬、学术价值较高、创新意识较强、转化应用较实的优秀成果，积极发挥服务党和政府决策、服务经济社会发展的思想库智囊团作用，体现了崇尚精品、严谨治学的优秀学风，展现了新时期首都哲学社会科学研究的风貌。

1. 中国特色社会主义理论研究

由中国人民大学陈力丹教授承担的“习近平以人民为中心思想研究”，以习近平总书记一系列论述为基础，系统梳理习近平总书记“以人民为中心”这一发展思想的总体思路和历史渊源，指出习近平总书记关于“以人民为中心”的一系列论述，覆盖了新时代中国特色社会主义条件下的所有方面与领域，是历史唯物主义理论在新时代的发展，具有很强的实践基础，不仅极大丰富了以往党的全心全意为人民服务根本宗旨的内涵，也是一种可以设置标准加以检验的对党的干部和各领域的系统要求，体现了社会主义制度的本质特征，体现了社会主义发展的根本目的和动力源泉；由清华大学肖贵清教授承担的“习近平新时代中国特色社会主义思想的形成与发展研究”，将习近平新时代中国特色社会主义思想放在中国特色社会主义理论体系整体视域中加以分析和把握，对习近平新时代中国特色社会主义思想的时代背景、形成过程、框架结构、理论特征、文化底蕴等进行阐释，概况出其历史维度是实践经验的总结和提炼，文化维度是中华优秀传统文化的继承和发展，理论维度是马克思主义中国化的最新成果，全球维度是人类文明发展的中国智慧，有助于总结新时期中国化马克思主义理论创新的成果与经验，构建具有当代中国特色与风范的话语体系；由中国人民大学张世飞教授承担的“习近平新时代中国特色社会主义思想的精神实质研究”，综合运用文献梳理与归纳法、历史分析与逻辑抽象法、比较研究法，在时代发展的大背景下，密切结合习近平新时代中国特色社会主义思想的丰富内涵、科学品质、基本特色，对习近平新时代中国特色社会主义思想的精神实质进行了多层次的解读，有助于加深对习近平新时代中国特色社会主义思想这一马克思主义中国化最新成果的认识，明确习近平新时代中国特色社会主义思想在马克思主义中国化史上的地位；由北京大学刘军教授承担的“马克思国家治理理论与中国国家治理现代化研究”，从马克思早中晚各个时期的著述出发，系统挖掘、概括马克思各个时期著述中蕴含的国家理论和国家治理思想，在此基础上分析了如何在马克思国家理论和国家治理思想的指导下，把推进国家治理现代化与完善和发展中国特色社会主义制度结合起来，进一步强化中国国家治理的制度韧性，加强和改善党的领导，加强中国国家治理的意识形态战略，完善和发挥中国方案在全球治理中的作用，不断推进中国国家治理的现代化；由清华大学欧阳军喜教授承担的“中国特色社会主义道路的历史渊源研究”，将中国特色社会主义道路放在一个更长的历史时段来考察，放在世界格局大变动中来考察，梳理中国特色社会主义道路的突出特征，立体展现中国共产党探索中国道路的艰辛，通过多方视角探讨、多角度对比论证中国之所以选择这条道路的必然性，有助于丰富中国特色社会主义道路的理论内涵，建构关于中国特色社会主义道路的学术话语，为当代中国政治发展提供学理支撑等。

2. 重大理论与现实问题研究

由中国人民大学刘敬鲁教授承担的“我国经济制度的正义完善研究”，在对中国经济制度事实状况进行充分把握的基础上，借鉴吸收国内外已有研究成果，提出是否合乎实现中国人民的共同经济福祉、是否合乎我国人民在经济生活方面实现共同存在和共同发展的正当要求，是判断中国经济制度正义与否的标准，我国经济制度的根本价值目的是增进社会成员整体的经济福祉，直接价值目的是保持中国经济可持续健康运行和发展以及提高民众物质生活水平，具有理论创新和学术价值；由清华大学李帮喜副教授承担的“收入分配理论与马克思经济学的中国化研究”，运用数学方法对马克思经济学相关理论进行论证，特别是在固定资本和联合生产问题上应用 Moore-Penrose 伪逆的方法解决数理马克思经济学的均衡求解难题，进而描绘中国经济的工资利润曲线和消费投资曲线，从马克思经济学的角度对传统马克思主义政治经济学的各项理论指标进行量化处理，分析中国的收入分配和经济增长问题，为经济宏观调控的必要性提供了理论依据；由北京大学潘维教授承担的“‘西式民主’面临的理论与实践困境研究”，对全球政党制度进行了比较研究，将政党的来源与类别进行了重新分析，阐述政党与人民主权的关系，分析执政党质量与前途，提出不能唯“西式民主”马首是瞻，不可落入民主迷信的陷阱，阐述了中国执政党不同于任何其他政党的特征和优势，指出中国民主政治的优势在于协商民主，是世界上最先进的民主理念和实践，在用中国学术话语体系分析“西式民主”的困境，构建中国民主政治话语框架方面具有重要学术价值；由中国人民大学温铁军教授承担的“城乡二元结构下改善社会治理研究”，以马克思主义政治经济学作为基本理论工具，指出西方社会治理模式不可照搬，分析在中产阶级崛起和经济下行压力下，城乡中产阶级再生产所面临的物质资本以及社会关系再生产困境，提出应通过社会化治理搭建城乡区域共建共享共治的桥梁，通过城乡统筹和良性互动实现社会善治和可持续发展，有助于推进中国化的社会治理理论创新，为通过城乡统筹促进社会善治提供了参考借鉴；由中央财经大学邢会强教授承担的“民间融资的法律规制研究”，在理论上提出金融法的二元结构理论用以指导民间金融监管，在具体的监管方法论上提出运用经济法中的差异性原理来规制民间金融，提出现代金融法的“大证券观”和规范互联网金融的相对安全理念，集中研究了包括 P2P 网络借贷、股权众筹、民间配资等互联网金融问题，有助于丰富金融法相关理论研究，同时对打击非法集资、规范民间借贷融资、防止不公平债务催收、正确处理互联网金融整治、规范和发展互联网金融、促进直接融资体系发展等具有重要参考价值。

3. 首都改革发展稳定研究

由首都经济贸易大学祝尔娟教授承担的“北京绿色发展指标体系及检测研究”，参考国内外权威绿色发展评价体系的分析框架，结合北京市自身发展特点，聚焦北京当前绿色发展过程中的重点领域，分维度、多层面、有重点地构建了北京市绿色发展指标体系，对北京的绿色发展成效及问题、各功能分区绿色发展重点领域的空间聚集发展态势等进行研究，针对土地利用总量与结构失衡制约、环境治理和资源利用效率不高、各功能分区的空间差异现象等问题提出了相应的对策建议；由北京大学吴爱芝博士承担的“基于创新链与产业链融合的北京‘高精尖’产业发展策略研究”，采用模糊综合评价方法，对“高精尖”产业从经济、社会、文化效益等方面进行分析，明确了北京的“高精尖”产业结构，并阐述其与科技创新之间的互动机理，剖析科技创新在北京经济发展中的作用、存在问题及其成因，在借鉴国际大都市科技创新带动城市经济发展经验的基础上，系统梳理出科技创新支撑北京“高精尖”产业结构的脉络结构，因地制宜提出发展方向和重点任务，为确立科技创新推动北京经济发展策略提供了理论支撑；由北京第二外国语学院李星儒副教授承担的“北京城市‘微形象’对外传播研究”，对社交媒体空间内城市形象塑造和世界著名城市外文网站的城市形象塑造与推广进行了调查，综合使用传播学、社会心理学、认知心理学等理论，对北京现有城市形象与目标形象、理想形象间的偏差做出分析解读，寻找弥合偏差、在网络空间内塑造北京城市理想形象的方法，以探索基于网络空间有效提升北京城市形象影响力的新理念、新思路与新途径，尤其在北京城市形象网络空间内的对外传播和北京城市 VI 系统设计方案方面提出了建设性策略；由清华大学晋军副教授承担的“北京提高城市精细化管理水平”，采用观察、问卷调查、深度访谈和座谈会等方式，对北京市公租房配建社区和早期商品房社区进行了案例研究，剖析了公租房配建社区在内部分化、群体关系、居户分离等方面存在的治理难点，总结出早期商品房社区在基层治理创新、精细化管理方面形成的有效经验，以提升公租房配建社区精细化管理，通过“掌上四合院”推进城市精细化管理为切入点，为北京市进一步提高城市精细化管理水平提出政策建议；由中央民族大学彭建副教授承担的“严重雾霾对北京旅游业的综合影响研究”，通过实地调查和在线调查相结合的方式获取一手数据资料，开展了雾霾对北京国内旅游市场需求影响、雾霾对北京入境旅游市场需求影响、雾霾对北京居民旅游需求影响研究，构建雾霾造成旅游经济损失定量评估框架，对雾霾造成的北京旅游资源价值损失、旅游形象损失、旅游交通运输损失以及旅游经济收入损失进行评估，在此基础上就如何应对雾霾冲击、减少旅游经济损失、开发避暑旅游市场等提出一系列对策建议。

4. 京津冀协同发展研究

由中国人民大学王宏伟副教授承担的“京津冀跨域突发事件应急联动中的社会动员协调问题研究”，在研究国内其他区域应急联动机制的基础上，设定了京津冀跨域突发事件应急联动高水平目标，分析现有应急联动低水平状况与我国控制导向型应急模式的关系，提出跨域应急联动中社会动员协调性问题并给出解决问题的对策，为在京津冀重大跨域突发事件发生风险增大的背景下，基于合作治理的理念探索三地在应急联动过程中有效解决跨域社会动员模式可能引发的协调性问题提供了参考借鉴；由首都经济贸易大学杜雯翠副教授承担的“新常态下京津冀经济增长对环境污染的作用机理与情景模拟研究”，运用全球数据拟合新常态下经济增长与环境污染之间的关系，利用 DEA 方法衡量了 2003—2015 年京津冀地区 13 个城市的环境效率，利用 DID 方法对京津冀地区大气污染联防联控的治理效果进行检验，为深入理解不同增速下经济增长与环境污染之间的可能关系提供了理论支持，为增速调整下京津冀地区如何实现经济增长与环境保护的双赢局面提供了可借鉴的证据；由北京化工大学吴卫红教授承担的“京津冀高耗能产业技术创新、节能效率、减排效率协同发展机制研究”，面向京津冀高耗能产业节能减排的需求，将系统发展和协同发展的思想纳入到高耗能产业的节能减排工作中，构建高耗能产业技术创新、节能效率、减排效率协同发展评价模型并进行实证分析，设计京津冀地区高耗能产业技术创新、节能效率、减排效率协同发展机制，为京津冀协同发展中环保和产业升级等重点领域的决策制定提供理论依据，有助于推动京津冀地区经济与社会的可持续发展；由北京师范大学韩晶教授承担的“京津冀地区雾霾治理的协同机制研究”，从借鉴欧美国家的联防联控治污经验出发，构建外溢性污染指标，用以衡量城市间的空气质量相互影响情况，进而设计各城市政府间可协调、可实行的大气污染联控策略，构建企业、地方政府和中央政府间的三方策略模型，其通过政府间协作、市场手段调节、互联网监督的方式，重点在于区域生态补偿机制、环境污染责任险制度、空气质量保障基金制度的设计，可为京津冀地区缓解大气污染提供参考借鉴；由中国科学院大学臧雷振博士承担的“京津冀协同治理模式与包容性政策建构研究”，从政治制度、决策与扩散、经济协作、技术交流、环境构造等角度，研究了京津冀在长期的区域协同治理中取得的成就与存在的不足，指出京津冀已逐步摆脱孤立依靠增长极的区域发展阶段，在空间协同治理方面的成长逐步显现，空间组织也呈现出“彼此互现、空间成长、相互影响”的特征，内生动力促进区域空间协同的阶段正在到来，但壁垒问题仍较为严峻，需要从源头上重视发展区位、规模、时序等相关政策的协同问题等。

5. 北京历史文化研究

由首都师范大学王德胜教授承担的“北京大运河文化带历史遗存及文脉梳理”，通过发表系列学术论文、制作《北京大运河文化带历史遗存影像》、出版《北京大运河书法遗迹·碑刻卷》、撰写咨询报告《“运河五脉”：北京大运河文化的精髓》等形式，论述了北京大运河文化带的独特价值、物质文化遗产点段遗存以及非物质文化遗产的文脉特征，梳理了北京大运河文化带的书法艺术、文学现象与其历史文脉之间的关联，完成大运河沿线文化遗产梳理、非物质文化遗产梳理，并结合遗产点、非遗项目的 GPS 定位进行地图标注；由北京国际城市发展研究院刘新鑫副教授承担的“北部长城文化带保护利用研究”，从修建历史、空间特质、建筑工艺、功能定位、文化内涵等方面对北京长城文化带进行介绍，以全新的视角看待长城，用全新的价值衡量长城，围绕北京长城文化带的守护与传承、如何让其“活起来”等现实问题，提出深入挖掘长城文化内涵和特殊的历史文化价值，弘扬长城精神，避免在开发利用长城中的短期行为，争取更多的社会力量投入到长城保护中，使长城保护和利用工作能够有力支撑经济、社会发展等对策建议；由北京联合大学张勃研究员承担的“北京古都文化研究”，对北京古都文化的内涵与精髓进行了概括，指出其主要体现在恢宏壮观的帝京气象、粲然完备的文物典章、系统完备的礼乐制度、中正和谐的价值偏好、海纳百川的包容胸襟、万国之表的首善追求，围绕如何认识古都文化的性质、内涵、外延，如何发挥古都文化的作用等问题，将理论研究与当下实践相结合，提出进一步加强坛庙整体保护、加强寺庙空间作用的发挥、突出首都北京在良好社会风气方面的引领示范作用等对策建议；由中国人民大学龙国富教授承担的“北京话历时语法研究”，系统梳理和介绍了构式化理论，并将其运用到对北京话历时语法的个案研究中，通过开展构式语法框架下的北京话历时语法研究，语法化框架下的北京话历时语法研究，词汇化理论框架下的北京话历时语法研究，挖掘北京话历时语法演变的新规律，探索北京话历时语法研究中的新经验，开辟北京话历时语法研究的新途径，着力促进北京话历时语法研究与构式化理论相融合，具有较高学术价值；由首都师范大学张桃洲教授承担的“北京京味文化研究”，在全面梳理已有京味文化研究的基础上，从历史与现实的多个维度、立体地呈现京味文化的内涵与特征、生产与传播、继承与发展，尤其立足于党的十八大以后对北京城市功能全新定位的宏阔背景，着眼于京味文化的历史、现状与未来，从理论上重新凝练“京味文化”的独特价值与内涵，在注重传承历史的同时更着力其可能的创新性，并积极回应一些当前迫切需要解决的问题，如“京味文化”开发与完善、保护与利用的有效统一，“京味文化”所蕴含文脉的有效展示等。

6. 其他热点难点问题研究

由北京工业大学李君甫教授承担的“超大城市流动人口住房获得与社会融合研究”，分析了在京流动人口的基本特征，如教育程度、收入、职业、就业单位性质、社会保障等，调查了流动人口在住房水平方面的具体情况，如住房来源、住房条件、住房成本、社区类型、住房性质等，在掌握流动人口主观融合意愿和客观融合情况的基础上，从规范住房租赁市场、增加获得公租房机会、提高公积金覆盖率等方面为改善流动人口住房条件、促进流动人口社会融合提出对策建议；由国际关系学院杨华锋副教授承担的“北京市食品药品安全协同治理的现代化路径研究”，回顾了改革开放以来我国食药安全治理的历史沿革，对北京市公众满意度进行问卷调查，分析梳理政府、社会与市场行动者的偏好，构建回归方程模型讨论影响公众满意度的因素，借鉴域外做法和经验，从协同治理的法治化、公私合作的前置化、权责配置的一致性、协同实践的理性化、治理责任的清晰化等角度，为推进北京市食药安全协同治理现代化提出政策建议；由中共北京市委党校张文君博士承担的“在媒体融合发展中提升主流意识形态传播有效性研究”，探讨了新媒体技术对主流意识形态的挑战、意识形态传播理论的主要观点、当前在推进传统媒体与新媒体融合发展中取得的成就与存在的问题，并对其原因进行深入分析，在借鉴国内外成功经验与吸取失败教训的基础上，构建了在媒体融合发展中提升主流意识形态传播有效性的“三个体系、两个转变、一个融合”系统框架，提出了在媒体融合发展中提升主流意识形态传播有效性的对策建议；由北京石油化工学院倪静副教授承担的“社交网络中谣言的数据溯源与监控对策”，将数据溯源技术应用于社交网络的舆情追踪、发现和定位当中，建立起社交网络舆情普适性的路径发现方法，提出基于完整路径、不完整路径、多源路径和未知路径的追溯框架，形成由传统文本聚类技术、语义相似度对比模型、命名实体识别技术与PROV溯源模型相结合的已有网络文档溯源方法，有助于解决信息追溯密切相关的互操作及起源的自动发现等方面存在的困难，确保数据的可靠性、真实性和信任度，为相关部门舆情监控提供参考和借鉴；由中国农业大学周超副教授承担的“转基因食品法律规范研究”，从转基因食品的市场准入和标签制度等热点问题入手，对美国、欧盟和日本相关转基因食品的政策法规和管理机构进行了系统梳理，对国际法框架下与转基因食品相关的条约和规范进行了梳理分析，根据中国现有的规范和执行情况指出现存问题并提出相关政策建议，特别是提出在发展转基因食品的同时，应保证传统农业与其共存，采取积极措施保护宝贵的种质资源，以确保有机食品与转基因食品的共存与发展等。

（作者：肖龙，市社科联、市社科规划办成果转化部副主任）

附：

2019年度中国十大学术热点

《光明日报》理论部 《学术月刊》编辑部 中国人民大学书报资料中心

热点1 习近平外交思想研究

入选理由：党的十八大以来，以习近平同志为核心的党中央深刻把握新时代中国和世界发展大势，在对外工作上进行了一系列重大理论和实践创新，开创性推进中国特色大国外交，经历了许多风险考验，打赢了不少大仗硬仗，办成了不少大事难事，取得了历史性成就。2018年6月召开的中央外事工作会议，总结并阐述了习近平外交思想。2019年，学术理论界围绕习近平外交思想进行了深入研究阐释。1. 习近平外交思想内涵研究。一方面是整体性研究，聚焦习近平外交思想的框架体系、内在逻辑、时代特征，分析概括这一重大理论成果的历史使命、价值理念、基本原则、战略布局等；另一方面是对习近平外交思想的重要组成部分进行专题研究，如探讨构建人类命运共同体理念，构建相互尊重、公平正义、合作共赢的新型国际关系，秉持亲诚惠容的周边外交理念，以公平正义为理念引领全球治理体系改革等。2. 习近平外交思想实践研究。对双边外交、多边外交、周边外交、首脑外交、主场外交等中国外交实践创新进行了学理分析，对秉持和遵循共商共建共享原则，促进“一带一路”国际合作进行了深入探讨。3. 习近平外交思想国际影响研究。立足当今世界正处于百年未有之大变局的时代背景，聚焦习近平外交思想对推动全球治理体系变革、推动构建人类命运共同体的重大意义及其发挥的重要影响等进行了探讨。

专家点评：习近平外交思想是习近平新时代中国特色社会主义思想的重要组成部分，是我国对外工作的根本遵循和行动指南。自2018年中央外事工作会议确立习近平外交思想的指导地位以来，围绕这一重大理论成果开展的学术研究渐成热潮。2019年，学术理论界围绕构建人类命运共同体、共建“一带一路”、打造全球伙伴关系网络、推动全球治理体系变革以及“百年未有之大变局”重要论断等重大议题，从不同学科、不同角度进行了学理阐释，取得了诸多高质量研究成果。面向未来，学术理论界要立足中国特色大国外交实践，把对习近平外交思想的研究进一步放在新时代中国与世界关系发生深刻变化的大背景下，不断深化对其核心理念、主要内容、实践路径的挖掘，为深刻理解习近平外交思想的丰富内涵和我国外交方针政策提供学术支撑，为探索解决当今世界各种复杂问题提供新思路、新见解。

（点评人：中国人民大学国际关系学院教授黄大慧）

热点 2　新中国成立 70 周年：成就梳理、经验总结与理论阐释

入选理由：2019 年是新中国成立 70 周年。70 年来，中国共产党带领全国各族人民取得的伟大成就，中国特色社会主义的成功实践和宝贵经验，为哲学社会科学研究提供了丰厚资源。学术理论界围绕新中国成立 70 周年这一重大主题，形成了蔚为可观的研究成果。1. 在历史与现实的结合中总结了新中国成立 70 周年来经济、政治、文化、社会、生态文明等各领域取得的重要成就，对中国共产党带领中国人民进行革命、建设、改革的历史经验进行了高度概括。2. 深刻阐释新中国成立 70 周年来创造的经济快速发展和社会长期稳定的奇迹，揭示伟大成就、变革背后的历史逻辑、理论逻辑和实践逻辑，为坚持中国共产党领导、坚持和完善中国特色社会主义制度提供深厚学理基础。3. 多学科、多维度梳理了新中国成立 70 周年来中国学术创新发展脉络，对建设具有中国特色、中国风格、中国气派的哲学社会科学进行了深入探索。

专家点评：新中国成立 70 周年来，中国发生了广泛而深刻的社会变革。这些社会变革，对于实现中华民族伟大复兴、推动人类社会进步和世界和平发展具有深远历史意义。正因如此，梳理和总结新中国成立 70 周年来的成就和经验，成为 2019 年学术理论界高度关注的话题。一年来，学术理论界围绕这个话题召开了一系列国际、国内高端学术研讨会，出版了一批高水平学术专著，发表了一系列前沿性学术论文，运用马克思主义立场观点方法对 70 年来中国社会变革背后的历史逻辑、理论逻辑和实践逻辑做了深度阐释，回答了中国共产党为什么“能”、马克思主义为什么“行”、中国特色社会主义为什么“好”等重大问题。同时，学术理论界还对哲学、历史学、政治学、经济学、法学、社会学等哲学社会科学各学科 70 年来的发展历程、重大成就进行了系统回顾，揭示了坚持和发展中国特色社会主义必须高度重视哲学社会科学，必须坚持马克思主义在哲学社会科学领域的指导地位，并对加快构建中国特色哲学社会科学进行了展望。

（点评人：中国人民大学马克思主义学院教授秦宣）

热点 3　国家制度和国家治理问题研究

入选理由：党的十八届三中全会确立了中国全面深化改革的总目标是完善和发展中国特色社会主义制度，推进国家治理体系和治理能力现代化。党的十九届四中全会准确把握我国国家制度和国家治理体系的演进方向和规律，提出了坚持和完善中国特色社会主义制度、推进国家治理体系和治理能力现代化的总体目标。2019 年，学术理论界聚焦国家制度和国家治理问题，重点关注以下方面：1. 从中国革命、建设、改革的历史维度，深度推进坚持和完善中国特色社会主义制度研究。2. 深化对中国特色社会主义根本制度、基本制度、重要制度的研究，探索把我国制度优势更好转化为国家治理效能的方法路径。3. 推进对国家治理、基层治理、社会治理等领域的理论和实证研究。4. 深度解读党的十九届四中全会精神。

专家点评：国家制度和国家治理问题是马克思主义理论、政治学等学科的重要研究对象。围绕这一主题，2019 年学术理论界进行了深入探索。学者们普遍认为，中国特色社会主义制度和国家治理体系是以马克思主义为指导、植根中国大地、具有深厚中华文化根基、深得人民拥护的制度和治理体系，是实现中华民族伟大复兴的重要保障。国家治理体系是组织、实施与运作国家制度的完整系统，包含治理的制度，治理的理念、目标，治理的组织者、参与者以及治理的方法、运行方式等诸多要素。国家治理能力是运用国家制度管理国家、社会各方面事务的能力，涉及改革发展稳定、内政外交国防、治党治国治军各个方面。构建系统完备、科学规范、运行有效的制度体系，把我国制度优势转化为国家治理效能，业已成为历史与当下有机融汇、理论与现实紧密结合的宏大课题，值得学术理论界持之以恒探究下去，不断推出高质量研究成果。

［点评人：中共中央党校（国家行政学院）教授许耀桐］

热点 4　五四运动百年回顾

入选理由：五四运动是中国近现代史上具有划时代意义的一个重大事件，是一场传播新思想新文化新知识的伟大思想启蒙运动和新文化运动，促进了马克思主义在中国的传播，为中国共产党成立做了思想上干部上的准备，弘扬了爱国主义精神，是中国旧民主主义革命走向新民主主义革命的转折点，在近代以来中华民族追求民族独立和发展进步的历史进程中具有里程碑意义。2019 年适逢五四运动 100 周年，学术理论界坚持唯物史观，在以往研究的基础上，从以下方面展开深入探讨：1. 打破孤立研究历史事件之常规，从全球史视角对五四运动进行了重新审视。2. 依托详尽史料，对五四运动政治史进行了全新发掘和阐释。3. 全面考量五四运动时代语境，对五四运动与中国现代新旧文化交替之间的历史关系做出新的解读。4. 考察了五四运动对现代中国的多元影响，拓展充实了五四运动在教育、科学、人物等专门领域的学术空间，诠释了五四运动的历史意义和时代价值。

专家点评：五四运动对当代中国发展进步影响深远。2019 年，学术理论界从政治史、思想史、文化史、社会史等角度，加强对五四运动历史意义的研究，加强对五四精神时代价值的研究，加强对五四运动以来中国青年运动的研究，加强对五四运动史料以及文物收集、整理、保护，一系列有创见、有深度、有分量的学术成果相继涌现。相关研究厘清了五四运动的重要历史事实，回顾了五四运动以来中国历史的发展进程，重新审视了五四运动的历史地位和现实意义，从政治、经济、思想、文化、社会等结构性因素相结合的角度，以历史与现实、理论与实践相结合的视角，揭示了五四运动对当代中国发展进步的深远影响、新时代发扬五四精神的意义和要求，科学分析了当代中国青年运动的发展规律，探讨了中国文化的现实状况，总结了党和人民探索实现民族复兴道路的宝贵经验，具有重要的学术价值和时代价值。

（点评人：北京大学历史系教授欧阳哲生）

热点 5　船山学新诠释

入选理由：王船山是明清实学的重要代表。2019 年，学术理论界以王船山诞辰 400 周年为契机，多角度、多层次探讨船山学。主要集中在：1. 王船山哲学思想的新阐释。对王船山的“气”“神”“知”“行”等概念进行新诠释，对王船山哲学及明清实学的核心概念进行了深入研究，进一步发掘和研究其思想的时代价值，推动创造性转化和创新性发展。2. 王船山著作的文本新探讨。围绕《周易内传》《周易外传》《张子正蒙注》《读四书大全说》《庄子解》《老子衍》等文本，对王船山的易学、实学等思想进行了新解读。3. 王船山礼学研究的新视野。从人与人、人与社会以及人与自然之间和谐相契的角度，探讨了王船山礼学及其现实意义，从美德伦理学角度探讨了王船山礼学对规范伦理学的超越。4. 对王船山政治思想及其当代价值的再挖掘。主要集中在王船山关于道统和正统的辩证关系、知行观、理欲观等。

专家点评：在中国古代学术发展史上，王船山既是宋明理学的集大成者，又是初具近代人文性质、有影响力的思想家。船山学是王船山思想的理论化体现，也是王船山精神品质的体系性呈现。2019 年学术理论界对船山学的研究，在深度、广度上均有所推进。船山学总结性著作的出版，海外王船山思想研究论著目录的集中发表，是一大亮点。从比较文学的视野对王船山的文学艺术思想各侧面进行研究，则反映了船山学研究的新动向。同时也要看到，为进一步推进船山学研究，学术理论界还需在方法论上做出整体反思。按照传统学术问题分类与现代哲学问题分类研究王船山不同类型著作的论文，多是一种重构式的思想叙事，即关注王船山说了什么、是怎么说的，尚未能追问为什么这样说，其中的道理还需要进一步探究。在世界历史视野下比较研究王船山与同时代世界其他民族思想家的历史贡献，更有待学者开垦发掘。

（点评人：武汉大学哲学学院教授吴根友）

热点 6　中国社会学重建 40 年的回顾与展望

入选理由：2019 年是中国社会学恢复重建 40 年，学术理论界围绕中国社会学 40 年来的发展历程、成就、局限和未来发展开展了广泛研讨。1. 直面中国特色社会主义进入新时代、国际环境风云变幻、新技术革命深刻影响社会各领域的新形势，探讨如何构建中国特色社会学学科体系、学术体系和话语体系。2. 反思中国社会学的学术传统和研究方式，提出应进一步坚持马克思主义社会学从实践出发的基本立场。3. 对中国社会学的本土化历程进行了回顾和反思。总结了西方社会学对中国社会学的影响，讨论了中华文化传统、中国传统社会思想对中国社会学形成与发展的影响，认为应当在古今中外的广阔视野中审视中国社会学的历史演化和学术贡献。4. 关于未来发展方向，提出应进一步深入研究中国社会发展的重大现实问题，如社会结构变迁、智能社会、脱贫攻坚、城市空间变化、乡村振兴、人口问题等。

专家点评：立足中国社会学恢复重建 40 年，展望中国社会学未来发展，是中国社会学、人类学、人口学和社会工作等学科 2019 年热烈讨论的重要话题。中国社会学的恢复重建，与改革开放几乎同步。关于中国社会学恢复重建的经验总结和未来展望，既体现了社会学界对自身发展的深入思考，也体现了学术理论界对中国改革开放成功经验以及新形势新任务的深刻洞察。关于坚持马克思主义社会学实践立场的讨论，有着重要的学术价值，不仅能从根本上站稳马克思主义社会学立场，而且能同立足实践的各种当代社会学流派开展对话。关于建构中国特色社会学“三大体系”的讨论，不仅关系如何把握中国社会学历史演化及其同西方社会学、中国传统社会学思想的关系问题，而且对于推动中国社会学研究本土化，解决当今中国面临的时代课题具有重要学术价值和现实意义。

（点评人：中国人民大学社会学理论与方法研究中心主任、教授刘少杰）

热点 7　中华民族共同体意识研究

入选理由：铸牢中华民族共同体意识是中国共产党新时代民族工作的鲜明主线，对于维护国家统一和长治久安、促进民族团结与社会和谐具有重大意义。2019 年，学术理论界聚焦这一问题进行了持续研究。1. 深度解读中华民族共同体意识的理论内涵，认为中华民族共同体是对中华民族概念的发展与深化，强调中华民族的整体性和命运一体性特征。2. 从中华民族历史发展的视角研究中华民族共同体意识形成与发展的过程，指出中华民族共同体意识是多民族在交往交流交融历史过程中逐渐内生且不断聚合的共识性价值和共鸣性情感，是中华民族历史形塑的精神引领与价值诉求的社会表达。3. 从政治、经济、社会、法律、文化等视角对中华民族共同体的构建进行理论分析，并基于对各民族各地区的实践总结，探索培育路径。4. 把铸牢中华民族共同体意识与新时代民族团结进步事业联系起来，明确民族团结进步事业是培育和铸牢中华民族共同体意识的基础性事业。

专家点评：处理好民族关系是国家政治生活的重要内容。党的十八大以来，以习近平同志为核心的党中央对民族工作高度重视，党的十九大提出“铸牢中华民族共同体意识”并写入党章。中国是一个统一的多民族国家，中华民族是一个命运共同体。中华民族共同体意识，是国家统一之基、民族团结之本、精神力量之魂。加强中华民族共同体教育，引导各族群众不断增强对伟大祖国的认同、对中华民族的认同、对中华文化的认同、对中国共产党的认同、对中国特色社会主义的认同，是建设各民族共有精神家园、促进我国民族团结进步事业蓬勃发展的根本保证，是实现中华民族伟大复兴的必然要求。学术理论界围绕中华民族共同体的构成、建设路径等宏观层面的解读，以及对培育中华民族共同体意识具体实践的多角度研究，具有重要的政治意义和学术意义。

（点评人：中央民族大学中国民族理论与政策研究院教授金炳镐）

热点 8　中国脱贫攻坚理论与实践

入选理由：全面建成小康社会、实现第一个百年奋斗目标，实现现行标准下农村贫困人口全部脱贫是标志性指标。党的十八大以来，以习近平同志为核心的党中央把脱贫攻坚摆到更加突出的位置，打响脱贫攻坚战，全党全国上下同心、顽强奋战，取得了重大进展。2019 年是决战决胜脱贫攻坚的关键之年，学术理论界围绕中国脱贫攻坚理论与实践，从以下方面展开深入研究：1. 脱贫攻坚的理论创新和路径探索。围绕精准扶贫、精准脱贫进程中的思想创新和实践创新，确保稳定脱贫的制度设计和路径选择，深度贫困地区脱贫存在的瓶颈制约等进行了探索和思考。2. 中国对全球贫困治理的贡献。在中国脱贫攻坚实践中形成的一整套具有中国特色的脱贫经验，为破解全球发展难题、实现人类社会共同发展提供了新思路新方法，为世界减贫理论、减贫事业贡献了中国智慧和中国方案，学术理论界对此进行了系统梳理与总结。

专家点评：精准脱贫是决胜全面建成小康社会必须打好的三大攻坚战之一。2019 年，学术理论界围绕中国脱贫攻坚理论与实践进行了深入研究。1. 对新中国 70 周年来的脱贫经验进行了总结和分析，认为改革开放以来经济社会持续健康发展为摆脱贫困提供了基础条件，一系列有针对性的扶贫开发策略有效确保和提升了扶贫效果，中国共产党领导的政治优势和中国特色社会主义的制度优势是打赢脱贫攻坚战的根本保证。2. 对具体扶贫政策和实践效果进行了分析评估，认为扶贫同扶志扶智相结合使脱贫具有了可持续的内生动力，财政扶贫、金融扶贫、产业扶贫、易地扶贫搬迁、健康扶贫、教育扶贫等具体措施将有利于保证贫困人口稳定脱贫。3. 分析了脱贫攻坚和乡村振兴的有效衔接问题，建议将脱贫攻坚的体制机制、政策体系借鉴到乡村振兴中，通过制度建设巩固脱贫成果，保障贫困群众真脱贫、稳脱贫。

（点评人：中国人民大学中国扶贫研究院院长、教授汪三贵）

热点 9　空间布局优化与区域协调发展研究

入选理由：实施区域协调发展战略是贯彻新发展理念、建设现代化经济体系的重要路径。2019 年，学术理论界围绕中国经济转型发展中的空间布局优化与区域协调发展问题进行了深入探讨。1. 关注区域发展的协同性、联动性和整体性，以京津冀协同发展、长江经济带发展、粤港澳大湾区建设、长江三角洲区域一体化发展、黄河流域生态保护和高质量发展等重大战略为重点，深入研究我国区域协调发展战略体系。2. 关注区域协调发展的新格局、新机制和新动能，着重研究了沿海沿江沿线经济带为主的纵向横向经济轴带的形成路径，以及如何拓展城市群、自贸试验区等区域发展新空间，加强中心城市的增长极功能，创新高效的区域发展新机制。3. 着眼区域发展中的突出矛盾，围绕老少边穷地区、老工业基地、资源枯竭地区产业转型升级问题，基础设施、公共服务、生态保障存在的不足等，探讨了如何激活要素活力，形成良性互动，提升区位优势，解决区域发展不协调、不平衡的难题。

专家点评：推动形成优势互补高质量发展的区域经济布局，加快培育新增长动能，是今后相当长一段时间区域经济研究的核心内容。在既有研究基础上，学术理论界还应在以下方面进行深化研究：1. 进一步研究经济带演变规律，探讨不同空间尺度下实现区域经济一体化的途径。2. 进一步研究区域差异问题，探讨加强区域优势互补、控制区域分化的有效途径。当前，传统增长极下滑造成制造业发展停滞和下降，削弱了对中高速经济增长的支撑；数字经济、人工智能等带来新极化现象，区域分工的新形态、新极点正在形成。在此背景下，进行相关研究很有必要。3. 研究解决区域发展中的突出矛盾和问题。重点探讨贫困性质的转变和缓解相对贫困的区域途径；对资源枯竭地区和老工业基地，要研究挖掘创新潜能，探寻振兴发展的新路径。

（点评人：全国经济地理研究会会长、中国区域经济学会副会长孙久文）

热点 10　信息社会的学习方式变革

入选理由：随着信息爆炸、知识激增时代的到来，未来社会对人的素质要求发生深刻变化，课程教学的基本问题逐渐从“什么知识最有价值”“谁的知识最有价值”走向“如何学习最有力量”。在此背景下，学习方式变革引人关注。对此，学术理论界从不同维度进行了深入研究。1. 核心素养培育与学习方式变革。从学科知识技能的掌握到核心素养的培育，其所体现出的不仅是基础教育育人标准的改变，还包括知识观层面上的深层变革，学习方式变革势在必行。2. 信息化学习方式。在现代信息技术助力下，计算机和互联网支持的协作学习、网络学习、移动学习、仿真学习、虚拟学习、翻转课堂、智慧学习等信息化学习方式应运而生。3. 学习方式变革的影响因素与路径。研究认为，学习理念、环境、工具、媒体、材料等都是影响学习方式变革的重要因素，而新理论和新理念、新媒体和新技术、国家政策等成为驱动学习方式变革的主要路径。

专家点评：2016 年印发的《国家信息化发展战略纲要》提出要“着力提高信息化应用水平”，2019 年印发的《中共中央国务院关于深化教育教学改革全面提高义务教育质量的意见》进一步强调，“优化教学方式。坚持教学相长，注重启发式、互动式、探究式教学”。2019 年，学术理论界主要从以下方面进行了研究探讨：1. 因何而变。主要包括政策的大力倡导和新技术的驱动。2. 为谁而变。学习方式变革的目的是“成人”，使学习者拥有适应未来社会生存发展的关键能力、必备品格与价值观念。3. 怎么变。实践中的主要做法包括开展深度学习、项目式学习、问题式学习、跨学科学习等。4. 变到哪里。线上线下相结合的混合学习逐渐成为主流，互联网和信息技术带给我们的不仅仅是优质的信息化环境，更是一种全新的教与学的方式，以及对教学流程进行重构、再造与再定义，形成混合化、泛在化、智能化、个性化的学习体系。

（点评人：华东师范大学课程与教学研究所所长、教授崔允漷）

（原载《光明日报》2020 年 1 月 10 日第 11 版）

2019 年理论学术研究观点要览

马克思主义哲学篇

科学总结新中国成立 70 周年成功实践

续写马克思主义中国化新的伟大篇章

2019 年是新中国成立 70 周年，同时也是五四运动爆发 100 周年。学者们认为，新中国的成立，彻底改变了近代以来中国积贫积弱、受人欺凌的悲惨命运，中华民族走上了实现伟大复兴的壮阔道路。有学者认为，新中国 70 周年是一部社会主义发展史，中国取得了举世瞩目的伟大成就，中华民族迎来了从站起来到富起来再到强起来的伟大飞跃。有学者认为，新中国成立 70 周年积累了宝贵经验，最为关键的一条就是要坚持党的全面领导。

学者们认为，新中国 70 年、五四运动 100 年的实践证明，只有社会主义才能救中国，只有中国特色社会主义才能发展中国，才能实现中华民族伟大复兴。有学者提出，马克思主义是与时俱进的科学真理，作为当代中国马克思主义、21 世纪马克思主义的习近平新时代中国特色社会主义思想，必将随着中国特色社会主义事业的深入推进而不断丰富发展，续写马克思主义中国化新的伟大篇章。

牢记中国共产党人的初心使命

推进马克思主义政党自我革命

为中国人民谋幸福，为中华民族谋复兴，是中国共产党人的初心和使命，是激励一代代中国共产党人前赴后继、英勇奋斗的根本动力。有学者认为，习近平新时代中国特色社会主义思想映照着中国共产党人的初心使命，指引着新时代中国在民族复兴征程上阔步前进，开展“不忘初心、牢记使命”主题教育，根本任务是深入学习贯彻习近平新时代中国特色社会主义思想。有学者提出，要深入探讨中国共产党人初心使命的哲学基础，明确“什么是中国共产党、党为什么存在、党需要什么作为”等重大理论问题。有学者认为，党的初心和使命是党的性质宗旨、理想信念、奋斗目标的集中体现，越是长期执政，越不能丢掉马克思主义政党的本色，越不能忘记党的初心使命，越不能丧失自我革命精神。在新的征程上，我们要把党建设成为始终走在时代前列、人民衷心拥护、勇于自我革命、经得起各种风浪考验、朝气蓬勃的马克思主义执政党，就必须牢记初心和使命，在新时代把党的自我革命推向深入。有学者提出，马克思主义是指导我们改造客观世界和主观世界的锐利思想武器，为推进社会革命和自我革命提供了强大思想武器。

当今世界处于百年未有之大变局

必须增强防风险能力和斗争本领

中国特色社会主义进入新时代，世界正面对百年未有之大变局。有学者提出，我们依然处在马克思所指明的历史时代，这个历史时代是资本主义仍然占统治地位的时代，同时也是社会主义替代资本主义并最终战胜资本主义、走向共产主义的时代。有学者认为，当今世界百年未有之大变局的核心是一个“变”字，本质是世界秩序重塑，全球治理机制完善，主要表现是世界权力转移对象出现根本性变化，国际格局剧烈动荡，世界秩序出现坍塌的危险，世界正面对大调整、大变局要素的比拼前所未有，国家治理机制、手段和执行力的比拼成为主导变局走向的主要因素。我们应抓住机遇、应对挑战，推动变局向有利于中国的方向发展，为实现“两个一百年”奋斗目标创造良好外部环境。与此同时，有学者提出，只要中国坚持中国共产党领导、坚持社会主义制度，各种敌对势力对中国西化、分化的图谋就不会改变；中国离民族复兴目标越近、离世界舞台中央越近，敌对势力越会想方设法攻击抹黑中国道路、理论、制度、文化，加紧进行意识形态渗透和价值观渗透，加大策动“颜色革命”力度。“颜色革命”是西方国家开展意识形态斗争的长期战略，我们要做好防范和抵御西方“颜色革命”的长期准备，发扬斗争精神，增强斗争本领。

中国特色社会主义是中华民族对人类文明进步的重大贡献

推动构建人类命运共同体为世界未来发展指明正确方向

新中国成立特别是改革开放以来，中国特色社会主义道路越走越宽广，使世界上正视和相信马克思主义和社会主义的人多了起来，使世界范围内两种意识形态、两种社会制度的历史演进及其较量发生了有利于马克思主义和社会主义的深刻转变。有学者表示，中国发展为广大发展中国家走向现代化提供了成功经验、展现了光明前景，是促进世界和平与发展的强大力量，是中华民族对人类文明进步作出的重大贡献。有学者认为，构建人类命运共同体是世界发展的历史必然，为解答“世界怎么了、世界向何处去、我们怎么办”的时代之问贡献了中国智慧和中国方案，为世界未来发展指明了正确方向，是对马克思主义理论发展所做的重大贡献。

（作者李建国为中国社会科学院马克思主义研究院研究员）

经济学篇

减少资源的错配

推动高质量发展

资源错配问题持续成为经济学界的重要话题。在资源错配的原因方面，有学者指出，国内市场逐步形成了上游国有企业为多寡头，下游民营企业为垄断竞争的“垂直结构”，这种市场结构使得下游民营企业存在进入不足的问题，导致了资源错配，降低了社会总福利。因此，未来的产业政策应该鼓励民营企业进入，减少垂直结构导致的资源扭曲。另一些学者指出，增值税多档税率会导致抵扣链条出现“低征高扣”和“高征低扣”现象，扭曲中间投入价格，由此造成资源错配和全要素生产率损失。为此，应该尽量减少增值税的税率差异，最好是实行单一税率。还有学者认为，城市之间的资本配置扭曲是导致中国大中城市偏少、小城市数目过多的重要原因。如果消除资本配置扭曲，将使得社会福利提高38%，并伴随着50%的人口重新配置。此外，有学者运用企业数据进行估计，认为中国资源配置效率的改善空间仍然很大，未来10年里即使只释放出配置效率改善空间的一半也能保证每年3.85%的经济增长率，改革“红利”仍然十分丰厚。

改革生育和养老金政策

积极应对人口老龄化

有学者研究发现，过去40多年，中国生育率的下降和预期寿命的延长对经济增长产生了正面作用，但是随着经济发展水平的提高，这种正效应正在消退，向负效应转变。因此，当前中国应尽快出台提高生育率的人口政策，以便优化人口年龄结构。多位学者注意到，养老金政策会对劳动力供给产生影响。有学者发现，城镇职工养老保险会激励职工提早退休。这意味着，中国应稳定养老金增长率，并适时推出渐进式延长退休年龄政策。还有学者指出，为了弥补养老金不足，可考虑国有资本划转养老保险基金。研究发现，从促进劳动力供给增长的角度看，划转的同时降低缴费率，并引导父母同等重视子女数量和质量，将有助于实现养老保险制度与劳动力市场的良性互动发展。也有学者认为，与延迟退休政策相比，人工智能可以较好地应对老龄化对经济增长的不利影响，因此中国可以通过发展人工智能来应对老龄化对经济增长的冲击。

积极应对贸易摩擦

提高中国出口地位

学者们对中美贸易摩擦高度关注，并提出了应对策略。有学者从贸易摩擦导致的不确定性入手，分析了贸易摩擦对企业出口的影响。研究发现，企业在面临贸易政策不确定性时，适度地等待进入时机有助于提高后续出口的稳定性，但过度的等待会适得其反。这意味着，中美两国及时达成贸易协议，消解贸易摩擦，对两国企业的福利损失会较小，而错过最佳窗口期则会使两国企业利益受损。还有学者从舆论对国际贸易影响的角度进行了分析，发现美国舆论环境恶化会促使美国进口贸易下降，但舆论环境趋好对美国进口贸易的影响并不显著。并且，加工程度越复杂、差异化程度越大的产品受到的负面舆论影响越大。

要减少中国在贸易摩擦中的负面冲击，关键还是要做好自己的事情，提高中国出口产品的附加值和国际地位。诸多学者均发现，产业或区域集聚是提升中国出口质量的重要渠道。至于中国出口产品附加值提高的原因，有多种说法。一是企业空间集聚程度的提高有助于增加中国企业的出口国内附加值。二是中国加大人力资本投资，显著推动了加工贸易的升级。三是中国加入世贸组织之后，贸易自由化提高了中国企业出口的国内附加值。

拥抱数字经济

完善金融监管

互联网革命使中国实现了数字经济和数字金融的快速发展。有学者发现，中国的数字金融不但在落后地区的发展速度快，而且显著提升了家庭收入，尤其是对农村低收入群体而言。可见，数字金融促进了中国的包容性增长。渠道研究表明，数字金融的发展帮助改善了农村居民的创业行为，并带来了创业机会的均等化。与此同时，有学者提出，应加强数字经济时代的金融监管，创新监管理念和监管手段。有学者梳理了我国新金融业态的发展历程与主要特征，发现出险前网贷平台普遍面临较大的资金流压力，而规模较大、利率异常的平台出险会加大网贷系统风险；网贷行业出险对银行业系统性金融风险、金融不确定性存在溢出效应，而舆情不是网贷平台出险的决定因素。因此，应重视新业态风险对正规金融市场系统性风险和金融不确定性的溢出效应，并建立金融科技监管沙盒制度、明确准入机制、大力发展监管科技并实行穿透式监管、加强对风险预警和缓释机制的建设。

（作者聂辉华为中国人民大学国家发展与战略研究院研究员、经济学院教授）

伦理学篇

诠释“新时代美好生活”

实现中国道路价值引领

美好生活是人类孜孜以求的愿景和向往，也是人类世代相续的梦想与追寻。新时代美好生活则是21世纪马克思主义的独特命题，是基于中国特色社会主义的历史独创性而展开的。有学者认为，正确阐释的美好生活必然是自主的生活、成功的生活和有意义的生活。有学者指出，伴随着我国社会主要矛盾的转化，“新时代美好生活”成为一种新的生活样态，它内在地包括了“人民主体，政党引领”的主体样态、“矛盾转变，供需融合”的发生样态、“劳动为本，共创共享”的实现样态与“理想同构，世界延伸”的外部样态。在中国特色社会主义现代化建设的过程中，只有摈弃“物的依赖性”并秉持“自由个性”的实践意旨，新时代的美好生活方能完成向“人本身”的“复归”，实现对于中国道路的价值引领。有学者认为，立足当代中国境遇和接续人类精神谱系的新时代美好生活诉求，既有必然的现实逻辑，也有内在的哲学逻辑，其充分展开离不开这样三个维度：一是在本源维度中基于感性生活、德性生活与超越性生活的共生，守护美好生活的生成根基；二是在认知维度中聚焦传统、现代与后现代生活方式的共在，重塑美好生活的观念认知；三是在价值维度中基于意义逻辑、价值尺度与品质境界的共显，映照美好生活的价值关怀。

构建人类命运共同体

寻求共同的价值依归

推动构建人类命运共同体是习近平总书记应对国际复杂挑战、着眼于世界前途和人类发展提出的中国方案，在国际社会产生了广泛的影响。有学者认为，人类命运共同体本质上是一种伦理共同体，它从根本上反映了当代人类对世界发展的国际道德价值判断和诉求，并彰显了当代人类增进共同价值和共同利益的希望。它以强调“世界各国或人类命运与共”作为国际道德价值观念或国际伦理精神的核心，同时倡导同舟共济、同甘共苦、同心同德、同生共荣、同进同退五种国际伦理意识。当今世界强有力的伦理整合力量为构建人类命运共同体提供了现实基础。对于人类命运共同体的具体构建，有学者指出，我国提出的“公平正义”在方法论上是集体主义的，是破解个人利己主义“公平正义”价值疑难、建构人类命运共同体的价值方法。也有学者认为，构建人类命运共同体的实践需要一套与之相适应的共同价值观，从根本上说取决于爱国主义思想的生命力、凝聚力、向心力和感召力。

应对数据时代挑战

构建数据伦理规范

大数据技术具有强大的张力，给人类社会生产、交往活动及思维方式带来系统性、革命性的改变，但它是一把“双刃剑”，在为人类服务的同时也带来了许多挑战。有学者指出，数据是人的第二肉身，数据时代隐私的核心是数据隐私，隐私危机的核心是数据隐私危机。人既是复数的存在，亦是单数的存在。无隐私则无人性陶冶、人格及其尊严。有学者则从“微观权力”的视角切入，认为数据对世界的“解蔽”是对人的“赋权”，“遮蔽”是对人的“祛权”。数据的“赋权”与“祛权”既体现在“同一主体”身上，也体现在“不同主体”之间。其结果会引起社会权力结构的调整，原有的权力结构被打破，新的权力结构被建立。有学者认为，数据化催生了数据主义，数据主义主张数据流最大化和信息自由是至善，其实质是从以人为本走向以数为本，用数本主义取代人本主义，从强调人的自由走向强调数据的自由，用数据主义取代自由主义。因此，为避免数据主义的弊端，应倡导人本主义数据伦理，尊重人的自由和权利。

审慎对待“人类增强”

维护人类根本尊严

“人类增强”是当今时代超人类主义思想运动的一项浩大工程，它希望利用新科技改善或增强人的体能、智力、情感以及道德等方面，超越人类现有状态和限度，趋向后人类目标。基于人类增强在人类进化中的重要作用，有学者提出了人类增强是否可以作为道德义务的疑问。对这一疑问，有学者认为人类增强的伦理学呼吁一种负责任的人类增强事业，只有作为一项负责任“事业”的人类增强才是我们应当去推进并接纳的道德义务。有学者则认为，人类增强虽不会侵犯人类直接来自物种的普遍尊严，但会通过破坏主体间性，给个体发展各种人类的典型潜力设置障碍，从而侵犯或威胁人的获得性尊严。在人类增强技术中，道德增强获得了更多学者的关注。道德增强是以生物医学为技术中介的一种全新的道德建构，用以实现道德主体对道德客体的自由驾驭。道德增强的交锋实质上是传统道德自然主义与道德非自然主义两派博弈的理论翻版，它把技术与道德关系的思考引向深入，有助于人类探寻道德发展的新路径。

（作者龙倩为北京市委党校哲学与文化教研部讲师，郭清香为中国人民大学伦理学与道德建设研究中心副教授）

政治学篇

中国之治离不开中国共产党之志

中国制度优势持续化为治理效能

2019 年是新中国成立 70 周年，许多政治学研究者分析了中国特色的国家治理道路。有研究者认为，中国特色社会主义治理的核心元素和鲜明特色包括

"两导"（党的领导、国家主导），"三化"（制度化、规范化、程序化），"四治"（法治、德治、共治、自治）。对于后发现代化国家，强有力的政治领导是制胜的决定性因素，因此必须坚持并加强作为执政党的中国共产党的领导地位和领导作用。中国之治，离不开中国之制；中国之制，离不开中国共产党之志。同时，中国的各级政府必须在国家治理中起着主导作用，即发挥政府在经济建设、政治建设、文化建设、社会建设、生态文明建设中的龙头牵引作用，实现"有效的政府治理"。

有研究者认为，中国治理的成就源于治理观念变革、治理体系改革、治理政策变迁和治理行为调适。一个国家的开放性和创新性，其观念、体制、政策和行为方式的不断调试变化，正是这个国家得以持续发展的根本原因。中国共产党既强调不忘初心，又倡导与时俱进，这是中国保持持续高速增长的根本原因。

有研究者指出，中国共产党之所以能够实现制度定型、保持制度定力、完善制度定向，带领中国人民摆脱自近代以来的制度自卑，走进制度自信，走向制度自觉，取决于党的品格。党的初心使命保证了制度和治理体系的道德性，党的科学理论保证了制度和治理体系的科学性，党的群众路线保证了制度和治理体系的人民性，党的开阔胸襟保证了制度和治理体系的开放性，党的组织力保证了制度和治理体系的稳定性，党的自我革命精神保证了制度和治理体系的革命性。中国的制度优势之所以能够持续转换为国家治理效能，取决于党的领导制度。

中国政治学学科和研究格局基本形成

全力融入中国实际社会政治生活之中

新中国成立 70 年来，中国政治学学科建设取得了很大成就。有研究者指出，中国政治学经历了建制化、专业化、国际化的渐进演化，研究也不断精细化、科学化，已经基本形成结构合理、特点突出、适应国家需要的中国政治学学科和研究格局。

有研究者指出，当前中国政治学健康发展最为关键的是要全力融入中国的实际社会政治生活之中。研究者指出中国政治学下一个学术繁荣黄金时期的到来，必须实现"学术自主""文化自觉""致用自觉"的有机统一，要激活中国理论的创新之源，唤回其经世致用之魂，使之更合理地回答中国问题，更有效地应对时代挑战。

研究者普遍认为，要用学术语言讲述中国政治，就要熟读马克思主义经典，熟读党史国史文献，深刻学习领会习近平新时代中国特色社会主义思想，全面理解中央的重大决策部署，潜心研究党和国家关注的重大理论和现实问题，要善于从政治立场和政治角度看问题，时刻保持政治敏锐性和洞察力。

正确认识对待危机

不断革新治理方式

习近平总书记指出当前中国面临的几大风险包括政治风险、意识形态风险、经济风险、科技风险、社会风险、外部环境风险、党的建设风险，并就防范和化解这些风险提出了明确要求，要求运用底线思维的方法，在最坏的可能性上制定政策，防范风险应对挑战。风险往往具有意外性和破坏性，化解风险不仅要为事后危机的发生做好应对预案，而且也要为实施的政策和行为事先制订备选方案，必须警惕概率小而影响大的"黑天鹅"事件和概率大且影响大的"灰犀牛"事件。

有研究者指出，对待危机，一方面，要明白问题和危机很多时候是系统发展和创新的重要机会和动力；另外一方面，要从治理的角度，提升制度化水平进行风险管控和危机应对。研究者指出，化解风险、防范危机的根本之道在于：首先，建立有效的信息交流和沟通机制，准确判断风险所在；其次，倡导不变性应变，即以不变应万变，建立完备有效、富有权威的法治体系，提升治理能力；最后，创新性应变，即与时俱进，不断革新治理方式。

有研究者指出，当前世界政治结构发生了根本性变化，世界政治中诸如极端宗教势力、民族主义、民粹主义等纷纷抬头，一些发达国家把国内矛盾转移到国外，中美贸易摩擦在很大程度上就是美国转移国内矛盾的措施。有研究者指出，政治风险防御要重点放在抵御"颜色革命"风险上，善于统筹国际国内两个大局，一手构筑防范境外敌对势力渗透颠覆破坏的铜墙铁壁，一手铲除境内影响政治安全的土壤。

（作者张宁为北京大学国家治理研究院副研究员）

党史学篇

党史和文献工作十分重要

必须坚持正确的政治方向

习近平总书记关于党史国史的重要论述，是习近平新时代中国特色社会主义思想的重要组成部分，丰富和发展了党史国史基本理论与方法论。有学者指出，习近平总书记的相关重要论述，深刻阐明了党史和文献工作在党和国家工作全局中的重要地位和作用。党史和文献工作必须坚持正确的政治原则、政治方向和政治立场；把深化党史研究作为党史和文献工作的第一位任务进一步抓好；党史和文献工作要认真学习马克思主义理论，掌握科学的历史观和方法论。

长时段历史视野下的中共制度史研究

不仅要见“人”还要能见更为丰富的“人”

近来，中共制度史逐渐成为中共党史研究的热点议题。《中共党史研究》2019 年开设“长时段历史视野下的中共制度史研究”笔谈专栏。有学者提出，“中共制度史”的内涵有狭义和广义之分，狭义的“中共制度史”是指中共自身的制度建设及其实践的历史，广义上的制度史则包括中共自身制度建设和实践的历史、中共主导下的国家和社会制度建构的历史及实践。有学者认为，“中共制度史研究”概念的提出及其理论探讨，既体现了历史研究尤其是史学理论自身演变的“钟摆效应”规律，也彰显了部分党史研究者的学术批评和学科反省甚至自我批判的自觉意识。有学者提出，从纵向界定符合中共制度史研究实际的“长”单位，从长时段理论开拓制度史研究的问题渠道，从横向层面对制度进行深入解剖。有学者认为，对于制度史研究而言，或许更要拓展的问题在于，不仅要见“人”，而且要能够见到更为丰富的“人”；不仅要关注制度的实践过程，还要关照制度的生成过程；不仅要讨论制度的历史效果，还要考察制度的理念价值。在这个意义上，社会史与思潮史的深入展开，或可为中共制度史研究的进展提供更多的可能路径。

概念史、观念史领域取得新进展

“人民”如何转化为现代政治概念

2019 年，中共党史研究在概念史、观念史领域取得新的进展。有学者考察了“规律”一词在马克思主义传入中国后，逐渐成为辩证唯物主义和历史唯物主义中表示“客观性”“必然性”含义的正式术语的过程。有学者考察了 1912—1921 年毛泽东对“国民”“人民”等词汇运用在语义学意义上的变化，阐述“人民”怎样从一个倾向于泛指广大社会中下层民众的整体性社会概念，转化为以阶级为标准、以区分敌我为功能的现代政治概念。有学者考察了五四时期“解放”观念的历史演变，认为“解放”观念在五四时期从作为启蒙观念的“个人解放”转变为作为革命观念的“阶级解放”和“民族解放”。有学者考察了对五四运动性质的“反帝反封建说”是如何取得经典地位的，强调毛泽东对五四运动的系统论述充分体现了革命、理论和历史的统一，此后人们再谈及五四运动，很多都是围绕毛泽东的论断而展开的。

国史通史研究和编纂具有根本意义

努力构建国史通史“八通”研究方法

党史是国史的核心，国史研究深化和拓展党史研究。从严格意义上说，国史主要是指国史通史。国史通史研究和编纂具有基础性、战略性和根本意义，其学理基础蕴含着深远的历史思维、哲学思维及其思想理论体系。有学者提出了国史编纂学，努力构建国史通史“八通”研究法。他认为，在马克思主义国家观和历史观的指导下，国史研究和编纂围绕关于新中国的国家理论，构建并形成国史观、国史理论和国史研究理论。国史、国史研究的综合性也决定了国史通史研究和编纂的多重性。概括起来，国史通史具有如下相互联系、交叉融合的“八通”研究和编纂法：中华民族史总体法，新旧中国对比法，改革开放前后历史时期统一法，“五位一体”统筹法，思想、制度和实践融合法，中央与地方关系互动法，中国与世界比较法，党史国史一体法。

（作者宋月红、孙钦梅、章舜粤的单位均为中国社会科学院当代中国研究所）

文化学篇

回顾新中国成立 70 周年

开创发展文化建设新征程

以新中国成立 70 周年为契机，学术界对新中国文化建设史研究给予高度关注。学者认为，中国特色社会主义文化理论是 70 年来我国文化发展最重要的一大理论成就，发展新时代中国特色社会主义文化，不仅要坚持中华文化立场、立足民族本位、依靠自身力量，更要有世界眼光、现代意识和全球视野。在总体发展进程中，呈现出传统文化市场向现代文化市场转移、中国文化市场向全球文化市场开放、城乡文化市场融合发展、现实文化与网络文化市场交相呼应等状貌特征。

有学者认为，传统文化创造性转化和创新性发展成为新时代文化建设最重要的趋势。优秀传统文化与数字技术相遇，新的创意、新的设计与传统文化相结合，赋予传统文化以当代审美和当代价值观，最大限度地将传统文化资源转化为社会共享的文化成果，为社会经济文化的可持续发展注入新的文化动能。

5G 构建“文化+科技”战略新格局

重构文化产业布局推动跨越式发展

5G 是下一代移动互联网连接技术，是未来数字经济的重要引擎。学者指出，在以5G为背景的“加速度”时代，5G带来的数字技术创新，将促使文化生产要素在创新过程中实现优化组合，为文化产业赋予更多的新内涵，催生更多业态涌现，具有可视化、交互性、沉浸式等特性的数字创意产品和服务将成为5G时代的发展趋势。同时，5G通信技术加快了人类社会传输和处理数据的速度，在“万物互联”语境中，网络攻击具有前所未有的“连锁效应”，这对移动办公安全、敏感数据乃至国家基础设施都带来致命的影响。

学者认为，首都作为全国文化、科技高地和5G的首批试点城市，为5G时代“文化+科技”的战略发展提供了重要支撑。“2019年中关村5G创新应用大赛”“2019世界5G大会”“北京创新创业大赛”以及《北京市5G产业发展行动方案（2019—2022年）》的公布，意味着北京将集中优势力量在5G关键元器件等技术及应用薄弱环节补齐短板，这有助于首都文化企业在全国发挥引领示范效应，打破固有的思维定式，提前布局，实现新的跨越式发展。

以业态创新开辟文化消费新模式

探索文化产业与互联网深度融合

随着新业态的涌现及影响力的提升，以文化科技为核心支撑的数字创意产业被纳入国家战略性新兴产业发展规划中。学者指出，新常态下数字文化产业表现出爆发式增长的态势，为中国经济发展走出工业化迈向后工业化阶段发挥了引擎功能，其业态彰显出的“跨界创意融合”特征，有助于文化产业寻求价值链的提升、重塑和协同，推动了传统的文化产业通过融入新技术、新模式、新要素等向高质量方向发展。

新业态必然需要新消费模式与之相适应，有学者在论述消费新模式时，以“消费降级”的批判性质疑为突破口，梳理了当前电商平台消费模式、“线上+线下”一体化消费模式、垂直传播消费模式、IP产业和IP消费模式、网络直播消费模式、众筹消费模式、文惠卡消费模式，重新配置了传统消费模式的生产关系，展现了文化产业与互联网的深度融合。学者认为，社交网络营销的重要性日益凸显，如影视剧中弹幕的流行、消费者对网站评论的关注等，都彰显出数字时代生产、营销与消费之间的界限正在被打破。

夜经济成为拉动消费的新引擎

夜间文化消费得到培育与拓展

《关于加快发展流通促进商业消费的意见》的出台，使得“夜经济”上升到国家顶层设计层面。学者认为，“夜经济”是城市活力的重要指标，也彰显城市的现代化治理水平。“夜经济”的爆发式增长进一步促进了消费升级，体现出新时代人们内在的更高的文化需求、中国城市构建新的社会功能的需求，以及新一代消费群体时尚、浪漫、休闲的新潮流。大力发展“夜经济”，有助于驱动当代城市经济的创新发展。

学者指出，北京出台《关于进一步繁荣夜间经济促进消费增长的措施》，旨在推动北京打造具有全球知名度的“夜京城”消费品牌，而实现这一目标，应跳出“深夜食堂”的传统思路，完全释放夜间消费潜力，这需要破解公共交通基础设施不完善、夜间消费有效供给不足、夜间经济整体布局不足等突出问题。强化夜间文化消费内容的时尚化、创意化、体验化是拓展消费空间的关键，而持续优化夜间消费环境、加强“互联网+”宣传助力夜间消费，以及精准满足不同群体的消费需求等，成为探索北京夜经济消费的重要途径。

（作者王林生为北京社会科学院文化研究所副研究员，金元浦为中国人民大学国家发展与战略研究院教授）

法学篇

民法典编纂意义重大

引发学界讨论与热议

2019年12月23日，民法典草案以完整版形态首次亮相，并首次提请立法机关审议。作为新中国历史上第一部法典化的法律，法学界从未停止过对民法典编纂中难点疑点问题的讨论，其中既有民法基础理论及民法典内在体系的研究，比如对民法典编纂体系而言，有学者对我国民法典编纂采取的“两步走”思路进行反思，认为结合当前立法实际，有必要对这一立法思路进行修正，回到法典化的目标上来，完善民法典的整体设计，对总则编和分则各编草案进行系统的整合，也有各分编相关制度构造及立法技术的分析，比如有学者在对民法典担保权编立法模式的研究中指出，担保权独立成编，有其理论基础和现实要求，既符合法典编纂的形式逻辑，也有利于激活各类担保交易，且域外担保法改革确有先例。还有针对司法实务中的实际问题进行的探讨，比如大数据时代公众普遍关心的个人信息保护问题，有学者认为草案应当跳出“信息自决”的束缚，以信息保护和信息利用平衡为视角，重构相关内容尤其是信息处理的合法性条款，从而实现在保护个人信息的同时，保障相关产业发展的制度目标。

人工智能大数据等新技术新应用

引发网络个人信息保护法律问题

信息技术革命推动了人类社会的改变，也给法学研究带来了新的课题。随着新技术新应用的发展，大量立法空白需要填补，网络空间衍生的新问题也需要法学理论予以解释。比如人工智能技术在不同部门法领域的基础理论、立法规制、法律适用等问题，利用深度学习、虚拟现实等技术进行的“深度伪造”问题，大数据“精准画像”背景下的个人信息保护问题，个性化算法模型信息推送问题，算法偏见甚至算法歧视问题，以及人工智能武器化问题等等，都引发全球性的法理与伦理争议。特别是在网络信息内服服务方面，网络生态治理就成为突出问题。

全民法治期待高涨与各方认识偏差并存

深化依法治国实践需要理论进一步深化

改革开放以来，我国法治建设取得重大成就。立足现实，继承传统，借鉴西方，中国特色社会主义法治道路已经形成，中国特色社会主义法治体系初步构建。在此背景下，党的十九大报告提出了“深化依法治国实践”的战略要求。正如有学者所指出的，这是因为全面从严治党对依法执政提出新要求，全面深化经济体制改革对完善经济法治提出新要求，全面深化机构和行政体制改革对建设法治政府提出新要求，全面深化社会体制改革对建设法治社会提出新要求，全面深化文化体制改革对文化法治提出新要求。但是我国目前的法治建设仍然存在不足，比如全民法治期待高涨与各方法治认识偏差，法治建设宏观成就巨大但公民个体微观感受不佳，法治倒退论不时响起。在这种情况下，应将法治建设的重心转向更加具体的实践方面，倡导“微观法治”，让法治成为公民的生活常态。

共商共建共享原则成全球治理体系变革共识

国内法的域外适用问题引发国内学术界关注

随着时代发展，现行全球治理体系不适应的地方越来越多，国际社会对变革全球治理体系的呼声越来越高。推动全球治理体系变革是国际社会共同的事，要坚持共商共建共享原则，使关于全球治理体系变革的主张转化为各方共识，形成一致行动。要坚持为发展中国家发声，加强同发展中国家团结合作。特别是近两年来，围绕美国对中兴、华为等中国公司的打压，以及美国压力下加拿大对孟晚舟女士的非法扣留，“国内法的域外适用”或者“长臂管辖”问题引发国内学术界广泛关注。为积极应对全球治理变革，法学界围绕“国内法的域外适用”“建设新型国际关系”“人类命运共同体的构建”“网络空间国际治理”等课题开展研究。“长臂管辖”是美国的惯用手段，近几年美国愈加频繁地在涉中国事项中滥用“长臂管辖权”，也引发国内学者对我国国内法的域外效力和域外适用问题进行思考。有学者认为，不同于美国霸权主义的“长臂管辖”，在不违反国际法的基础上适度采取国内法域外适用措施，可以起到保护本国企业和公民利益的作用，这与中国日益增长的海外利益保护诉求基本契合。

（作者刘晶晶为上海大学社会学院博士研究生，支振锋为中国社会科学院法学研究所研究员）

新闻传播学篇

新闻传播学成为显学

各学科成就前所未有

新中国的新闻与传播学在70年的学科发展中取得了前所未有的成就。

学者认为，“新闻无学”的认知和论争贯穿其百年学科史，但新闻学最终形成理论谱系并成为哲学社会科学领域的“显学”；学者认为，新闻史方面通史、专题史、个案史、史料整理方面成绩斐然，研究方法突破了过去的革命史范式；学者认为，中国传播学发展分为理论译介、理论发展、理论批判和理论创新四个逻辑主线，如何突破西方理论的问题语境和阐释框架，形成本土性的思想成果，依然任重道远；学者认为，中国广告学从无到有，从一个研究领域到一门独立学科，经历了宣传话语、去意识形态话化、市场逻辑主导、技术与断裂的转型四个阶段的历史演进；学者还认为，新闻传播学科研究方法上依然存在质化与量化之间的争议、方法对知识贡献的价值不大、方法会束缚研究者、量化研究过于简化等不同声音。

传播技术日新月异影响远

建设性与断言式新闻流行

传播技术的发展一直在重塑传统媒体的新闻生产，最近又引发了建设性新闻和断言式新闻模式的流行。

建设性新闻主要根植于积极心理学，要求采用积极心理学中的不同技巧进行采访报道。它关注的议题包括政治挑战、冲突和社会问题。报道框架集中于对社会问题提出解决方案，并注重赋予受众权力。建设性新闻能对受众的情绪带来积极影响，促进受众精神的健康，有更强的社会政治参与感，推动社会稳定。

建设性新闻对改善我国网络环境中的负面化情绪具有较大意义，媒体可以通过采用建设性新闻的方式对受众情绪加以引导，促进其产生积极的态度与行为。

随着新闻传播技术的不断改进，新闻的传者与受众愈加重视新闻时效性，其结果之一就是断言式新闻逐渐取代传统的确证式新闻，成为当今全球的主要新闻模式。断言式新闻有利于促进传统新闻定义向“对话”与“知识”转变，并从生产过程出发关照新闻失范行为，进而反思“后真相”的新闻模式。这一新闻模式强调，如果我们发现记者或内容提供者只是让人们说话，却不尝试核实事实、质疑断言和检验证据，那他们就在践行一种新闻失范行为，而不需要等到对新闻生产结果的判定。

区块链技术助力提高公众信任

高度透明性实现权威重塑可能

区块链技术是一种偏向空间的技术，目前还处于理论建构阶段，它将在互联网上建立一本公共账簿，所有参与者都被允许记账和核实，这点决定它能够对“后真相”进行重构。尤其是在构建透明公开的新闻生产模式、社交传播平台、重塑公众信任等方面有着显著的技术优势和发展前景。学者认为，社交媒体中区块链技术能够扩大传播的空间，有效地将碎片信息整合到公共的新闻公告板上。在传播过程中，“技术把关”代替传统的“价值把关”，中心节点的存在将不再固定，由人们自由决定。学者还认为，在传统新闻生产模式的变革中，透明性是一种追求事实与真相的方法与程序，其背后包含了互联网时代机构媒体针对当下新闻业危机的自我救赎和权威重塑。区块链技术提供了这种技术操作上的可行性。作为一种新兴的技术范式，区块链具有去中心化、高度透明性、防篡改和可溯源等特性，为陷于重围中的机构媒体新闻生产的透明性重构，提供了一种新的可能。

大数据背景引发对隐私问题关注

隐私权保护需多种手段齐头并进

近十年来，互联网技术尤其是大数据技术的快速发展引发学界对隐私问题的关注和研究。学者认为，大数据时代隐私侵权的一个新特点是隐私主体对隐私侵权行为造成的“精神痛苦”会“无感”。这种伤害不能及时感知，它有滞后性，因而其造成的“精神痛苦”往往会更严重。

学者认为，公共监管机构、商业机构、公众对隐私问题都负有相应义务。我们不仅要借鉴欧盟、德国、美国监管部门与立法机构的经验，尤其要借鉴全球性商业巨头在数字信息经济中平衡商业利益与公众伦理诉求的做法，以在技术层面、法律层面、个人自控层面建立一套隐私保护机制。学者提出，未来的立法可在信息与数据之间做出区分，研究将信息纳入市场机制考虑其财产化的可能；延用分级理论中“保护弱者”的理念，通过事后救济补偿数字弱势群体。

（作者黄春平为深圳大学传播学院副院长、教授）

（原载《北京日报》2019 年 12 月 30 日第 14、15 版）

2019 年理论视野中的热点问题

■庆祝中华人民共和国成立 70 周年：社会主义散发出更加耀眼的光芒

庆祝中华人民共和国成立 70 周年大会于 10 月 1 日举行。庆祝活动主要有：一是隆重举行庆祝大会、阅兵和群众游行，习近平总书记发表重要讲话，庆祝大会以后，举行盛大的阅兵式和群众游行；二是举办首都国庆联欢活动；三是颁授国家勋章和国家荣誉称号。

学者指出，70 年新中国所取得的伟大成就，雄辩地回答了“马克思主义为什么灵？中国共产党为什么能？中国特色社会主义为什么好？中华民族伟大复兴为什么近？”这个“世界之问”，彰显了中国共产党伟大的政党自信，昭示了实现中华民族伟大复兴是不可阻挡的历史洪流。

学者认为，人民是共和国的坚实之基。回顾历史，新中国是在人民艰苦卓绝的奋斗中诞生的；社会主义制度是在人民的共同推进中建立的。同样，改革开放也是在人民的开拓创新中发展起来的。

有学者指出，强有力的政治领导是制胜的决定性因素，党的领导是中国 70 年巨变根本的原因、最大的逻辑。历史实践中，党中央把深刻认识和把握共产党执政规律、社会主义建设规律和人类社会发展规律相统一，以党的政治建设保证马克思主义政党的发展方向和建设效果，发挥思想建党、理论强党、作风塑党、纪律束党、制度治党的合力作用，使加强自身建设发挥了巨大的“赋能”作用。

还有学者认为，新中国70年的历程归结到一点，就是探索出一条能够通向民族复兴彼岸的道路，并形成了与之相适应的战略路线。这条战略路线，经过完善和发展，特别是经过十八大以后的凝练与重构，形成了“五位一体”和“四个全面”这一新时代中国发展战略。统筹推进“五位一体”总体布局，协调推进“四个全面”战略布局，是支撑中华民族伟大复兴中国梦以及“四个伟大”的四梁八柱，是新时代治国理政的主要方略和顶层设计，也是对新中国成立70周年经验的一个深刻总结。

有学者认为，从国际共运历史发展的角度审视新中国70年的社会主义实践，新中国70年的发展使得社会主义制度大放异彩，提升了人们对社会主义活力的认识。有人说，100年前社会主义救中国，100年后中国救社会主义——其的确从一个方面说明了新中国70年的成功发展使得社会主义散发出更加耀眼的光芒。

■“不忘初心、牢记使命”主题教育：唤醒共产党人体内的“红色基因”

“不忘初心、牢记使命”主题教育工作会议于5月31日召开，习近平总书记发表重要讲话强调，“为中国人民谋幸福，为中华民族谋复兴，是中国共产党人的初心和使命”。党的历史其实就是一部永葆初心和践行使命的历史，党的全部理论和实践生动演绎了得到人民支持的“中国共产党为什么能”的“世纪传奇”。

学者认为，“不忘初心、牢记使命”主题教育就是为了唤醒存在于共产党人体内的“红色基因”，使党员干部自觉同人民想在一起、干在一起，将“红色基因”一代代传承下去，从而真正汇聚起实现民族复兴的磅礴动力。

有学者认为，可以从3个方面理解“不忘初心、牢记使命”的深刻内涵。“不忘初心、牢记使命”主体维度着眼于中国人民和中华民族，其价值维度是明确了党的价值追求和价值理想，其实践维度是贯彻新发展理念。

有学者认为，“不忘初心、牢记使命”是把党的政治建设摆在首位，通过开展主题教育坚定党员的政治信仰，改进党的领导方式，提高党员干部的政治本领。还有学者指出，需要坚持思想建党和制度治党紧密结合。思想建党解决“是什么”和“为什么”的问题，制度治党解决“怎么办”的问题。制度治党就是依靠制度管党治党，通过构建科学合理的制度体系，实现全面从严治党制度化、常态化、长效化。加强制度治党需要切实增强广大党员的党章意识、党规意识和党纪意识；需要突出制度带有的根本性、全局性、长期性和稳定性的特点，不断健全完善党内法规制度体系，全方位扎紧制度的笼子；需要狠抓制度落实，将制度科学解读、细化分解，向实处使劲、往细处用力、从严处较真，做到要求明晰、简单好记、易于执行。

■十九届四中全会：为“中国之治”注入新动力

十九届四中全会于10月28日至31日在北京召开，全会审议通过了《中共中央关于坚持和完善中国特色社会主义制度、推进国家治理体系和治理能力现代化若干重大问题的决定》，进一步深化了国家制度建设完善和国家治理现代化的研究，为开辟“中国之治”新境界注入新动力。

学者指出，十九届四中全会为我们绘制了制度和治理体系的路线图、时间表。《决定》把我国国家制度和国家治理体系的优势概括为13个方面，这是对中国特色社会主义制度优势从本质属性到价值理念、从制度立场到制度目标、从制度绩效到制度运行、从宏观到微观的全方位立体画像。

学者指出，国家治理必须讲究方法论，掌握正确的工作方法尤其重要。全会提出的系统治理、依法治理、综合治理、源头治理，就是4个重要的治理原则和方法，是将我国的制度优势转化为治理效能的不可或缺的环节。

还有学者认为，党的领导制度体系被视为中国特色社会主义制度体系建设的“一号工程”。这是迄今最重要的制度建设，对其他制度建设具有统率意义。

还有学者认为，中国之治要引领“世界之治”。如今，中国通过推动建设“一带一路”、亚投行等方式，为世界提供更多的公共产品，为世界的发展赋能。“中国之治”以“国内治理、地区治理、全球治理”三位一体治理观超越国内国际二分法式治理观，为世界各国探索新的治理路径，为“世界之治”的实现贡献中国智慧和方案。

■四大主场外交：中国特色大国外交彰显全球地位与贡献

面对百年未有之大变局，2019年中国特色大国外交成就斐然，成功举办了第二届“一带一路”国际合作高峰论坛、中国北京世界园艺博览会、亚洲文明对话大会、第二届中国国际进口博览会等重大主场外交，中国特色大国外交展现大国担当，为全球治理发出中国声音、提供中国方案和中国智慧，也有力提升了中国的感召力和影响力。

4月26日，习近平主席在第二届“一带一路”国际合作高峰论坛开幕式上发表主旨演讲，提出互联互通新的行动方案，为推动“一带一路”实现高质量发展指明了路径，规划出政策沟通、设施联通、贸易畅通、资金融通、民心相通的合作蓝图。

北京世园会是迄今展出规模最大、参展国家最多的一届世界园艺博览会，为期5个多月的北京世园会共举办3284场活动，吸引934万中外观众前往参观。有学者指出，北京世园会紧扣“绿色生活、美丽家园”的主题，是一场具有时代特征、中国特色、首都特点的精彩盛会，向全世界展示了中国生态文明建设的巨大成就和建设美丽中国的生动实践。

亚洲文明对话大会聚焦“亚洲文明交流互鉴与命运共同体”主题，共商亚洲文明发展之道，共话亚洲合作共赢大计。有学者强调，亚洲文明对话大会不仅将助推亚洲文明续写新辉煌，也将深刻影响人类社会的发展方向。当今世界正面临百年未有之大变局，占世界人口三分之二的亚洲正在复兴，一个倡导文明多样性、不断推进文明交流互鉴的亚洲，对于维护世界和平与发展具有举足轻重的地位。

第二届中国国际进口博览会在上海成功举办，有7000多位境外采购商，大大超过首届。有学者认为，第二届进博会实现了“越办越好”，国际影响力和吸引力越来越大，是习近平新时代中国特色社会主义思想的生动实践，是我国社会主义制度优越性的充分体现。在贸易保护主义和逆全球化思潮泛起的背景下，越办越好的进博会不仅展现了中国扩大对外开放的坚定决心，也为世界经济增添了新动能。

■中美贸易战：不能误解中国发展的真正动力以及中美竞争的本质所在

进入2019年以来，美国出尔反尔，不顾中国的坚决反对，单方面挥舞关税大棒，执意挑起中美贸易战，以所谓国家安全的名义，加强对华出口管制和中资企业在美投资限制，中美之间贸易摩擦和争端不断升级。中方与美方就经贸问题进行多轮沟通磋商，同时对美国进行了坚决有力斗争并采取了必要反制措施，维护了中方的核心利益。

有学者认为，中美经贸摩擦不仅仅是围绕个别产业或部门的经济利益之争，同时也是大国之间在发展模式上的博弈，具有明显的大国战略竞争属性，战略关系也将长期影响中美双边贸易关系走向。

有学者强调，美国先后将中兴、华为等多家中国高新技术企业列入所谓“出口管制清单”“实体名单”，其意图就是要在中美贸易战的背后打响中美科技战，威逼中国放弃占领信息科技高地，迫使中国在技术上、经济上永久地仰人鼻息。进入新时代，我们能否在国际上挺直腰杆，能否真正地由富起来到强起来，很大程度上取决于科技创新能力的提升。如果放弃自主创新，总是指望依赖别人的科技成果来提高自己的科技水平，那就只能跟在别人的后面亦步亦趋，永远做别人的技术附庸、经济附庸。

有学者指出，跳出贸易战看中美关系，美国对中国改革开放以来取得的快速发展难以接受，对自身主导世界的能力产生焦虑，这就导致了它遏制中国的强烈冲动。美国国务院官员甚至提出了中美竞争实质是不同文明之间冲突的荒唐论点。这不仅错误地理解了中国发展的真正动力以及中美竞争的本质所在，还有可能进一步驱动美国在误判国际局势、制定错误战略的道路上越走越远。

■纪念五四运动100周年：什么是爱国精神的最佳“打开方式”

纪念五四运动100周年大会于4月30日召开，习近平总书记高度评价五四运动的历史性质和巨大进步意义，明确提出新时代发扬五四精神的根本要求，为激励全党全国各族人民特别是新时代中国青年在民族复兴的道路上追梦圆梦，注入了新时代的澎湃伟力。

学者指出，纪念五四运动，必须加强对五四运动和五四精神的研究。五四精神的核心内容为“爱国、进步、民主、科学”。爱国主义是五四精神的源泉，是五四精神的核心，勇于探索、敢于创新、解放思想、实行变革是民主与科学提出和实现的途径，理性精神、个性解放、反帝反封建是民主与科学的内容。而所有这些，最终目的都是为了振兴中华民族。因此，纪念五四运动，发扬五四精神，应该把这些方面结合起来，为振兴中华民族而努力奋斗。因此五四精神就是升华了的爱国精神。

有学者指出，与过去几十年的爱国主义不同，当代爱国主义更为集中反映在中国与外部世界的交往上，表现出一种强烈维护国家利益的愿望。这愿望，又以中国的快速发展与日益强大为心理依托，力求实现百年以来我们“自立于世界民族之林”的理想，赢得我们在世界上真正的平等地位。在新的历史时期，爱国精神的最好“打开方式”是什么呢？应该体现出理性的思维、开放的心态和发展的眼光。如果发挥充分得当，她将重塑我们的民族精神，成为振兴中华的强大动力。而且，像过去任何重大历史时期一样，青年群体必将在其中扮演积极而具有建设性的角色。

■第四次全国经济普查：国民经济的高质量“体检”

按照党中央、国务院统一部署，全国160多万基层普查人员克服重重困难，对中国境内从事第二产业和第三产业的法人单位、产业活动单位和抽取的个体经营户逐一入户完成数据采集。此次全国经济普查是中国特色社会主义进入新时代、全面建成小康社会决胜阶段开展的一次重大国情国力调查。为掌握我国经济社会发展状况、加强和改善宏观调控、推动高质量发展、推进国家治理体系和治理能力现代化，提供了大量基础数据支撑，具有很大的意义。

有学者认为，第四次全国经济普查结果深刻反映了我国经济结构的重大变化。我国正处在转变发展方式、优化经济结构、转换增长动能的攻关期，经济普查数据反映了经济结构优化升级、协调发展取得的新进展。

第四次全国经济普查为制定重大发展目标和改革提供了科学的数据支持。中国正处在向“两个一百年”奋斗目标迈进的关键时期。在“第一个百年”目标即将实现的重要历史节点，对经济进行一次全面“体检”，摸清了经济总量、结构、效益等关键指标，对全面建成小康社会、对供给侧结构性改革的重大改革任务推进具有重要意义。第四次全国经济普查数据将为全面总结“十三五”成就，谋划“十四五”发展提供坚实的数据基础。

有学者指出，根据中国现行国民经济核算制度，我国的年度GDP要进行两次核算。第一次是初步核算，每年年初都要公布上一年的GDP。第二次是对GDP的最终核实，主要是根据年度数据资料、财政决算资料和部门行政记录等，每年年底都要对上一年初步核算数进行修订。当遇到经济普查年份时，还要根据经济普查提供的更为全面和翔实的数据对当年GDP初步核算数据进行修订。

■庆祝澳门回归祖国20周年：坚守“一国”之本，善用“两制”之利

庆祝澳门回归祖国20周年大会于12月20日在澳门召开，习近平主席在讲话中指出，澳门“一国两制”实践呈现五大亮点：爱国爱澳成为全社会的核心价值、宪法基本法权威牢固树立、行政主导体制顺畅运行、融入国家发展大局积极主动、包容和谐增强社会凝聚力。

学者认为，这五大亮点反映了澳门在政治、法治、管理模式、把握机遇、塑造社会文化等方面，找到了符合澳门实际的落实“一国两制”成功之道，揭示了全面准确落实“一国两制”的基本规律。

有学者指出，澳门特区政府坚守“一国”之本，善用“两制”之利，全面准确贯彻“一国两制”成效显著。澳门完成国家安全法及国歌法本地立法，全力维护国家主权、安全及发展的核心利益，主动融入国家发展的大局。同时，澳门充分利用国家支持，克服自身地域小、人口少、经济结构单薄的短板，签署横琴岛租用30年的合约，这是中央送给澳门回归20年的大礼包，澳门从此正式有了一个比本土面积大三倍的“新家”。澳门背靠国家支持，面向“一带一路”的全球化新格局，正在继续挖掘及释放“一国两制”的巨大制度红利，将自身发展与民族复兴紧密结合，典范展现了“一国两制”的初衷初心与强大的制度生命力。

■北京大兴国际机场：首都高质量发展上新台阶

北京大兴国际机场于6月30日竣工，定位为综合性大型国际枢纽机场，超过美国亚特兰大机场，成为世界旅客吞吐量最大的航空枢纽，与首都机场一起组成双枢纽模式。

学者认为，作为首都的重大基础设施建设工程，北京大兴国际机场将在区域发展过程中发挥重要的引领作用。其承载的意义主要包括：第一，随着社会经济的不断发展，首都北京的航空旅客数量与日俱增，北京大兴国际机场将在很大程度上缓解首都机场面临的压力。第二，北京大兴国际机场是北京实现全球中心城市定位、京津冀建设世界级城市群的重要支撑。第三，大兴国际机场连接着北京中心城区与雄安新区，也将对京津冀协同发展发挥重要的桥梁、纽带作用。第四，从北京的城市发展来讲，大兴国际机场将逐步改变北京“北重南轻”的城市发展格局。

还有学者指出，大兴国际机场的建设将有效地推动北京服务业的转型升级，也将有力地推动雄安新区的建设步伐，同时也必将在机场周边形成巨大的临空经济区，使得大兴国际机场成为京津冀协同发展的重要支撑，成为京津冀协同发展的样板地区和典型示范。作为重要的疏解承接平台，大兴国际机场将通过建设临空经济区，发展会展产业、商贸物流、健康医疗等临空产业和高端制造业，为北京经济高质量发展提供重要的支撑作用。

学者认为，全球的大城市发展几乎都面临着“大城市病”的挑战。北京正通过疏解、提升、优化布局的方式，探索人口经济密集地区优化开发模式，形成多中心网络化的格局，这为其他城市解决这一问题提供了重要经验。

■上海垃圾分类：培养自觉的环境友好型生活方式

7月1日《上海市生活垃圾管理条例》正式实施，上海打响了垃圾强制分类第一枪。该《条例》将生活垃圾按照可回收物、有害垃圾、湿垃圾、干垃圾分为四大类，个人或单位未按规定分类投放都将面临处罚，社会反应强烈。继上海之后，全国多地陆续进入垃圾分类“强制时代”。

有学者指出，强制性垃圾分类制度的本质是一种从属于“命令与控制”的环境规制，相较于各种垃圾分类的宣传教育工作，这一环境规制无疑具有更强的约束性，并带有一定的惩罚性质。基于环境问题的公共属性，可以发现，环境保护大都正是从“命令与控制”的行政制度建设开始，才能取得后续成效。这是基本规律，也是政府主导的行政制度体系的根本力量所在。

有学者认为，强制性垃圾分类制度的成功落地，离不开政府的行政制度力量、市场的微观制度力量以及社会的行为制度力量，同时也离不开这三种力量背后的内在发展规律。垃圾分类需要争取社会各界最广泛的支持，而不是受到最广泛的抵制，因此建议谨慎罚款，更要谨慎采取信用制裁措施。对于不听劝阻恶意乱扔垃圾、多次大量乱扔垃圾等少数行为，可以处以罚款，但要以提醒和教育为主，避免招致社会的反感。

有专家强调，一些城市在推进垃圾分类的过程中，花高价钱配备了一些指纹识别、刷脸识别等智能化垃圾分类桶，这是与垃圾分类的初衷相违背的。也就是说，垃圾分类的目的是要培养人们养成自觉的环境友好型和资源节约型生活方式，不是搞面子工程，应当用朴素的方式推进垃圾分类。

■高空抛物伤人频发：“最严禁令”守护“头顶上的安全”

2019年，全国各地发生多起高空坠物、抛物伤人事件，社会公众高度关注。最高法出台了《关于依法妥善审理高空抛物、坠物案件的意见》，向高空坠物、抛物发出最严禁令，要求将预防和惩治高空抛物、坠物行为作为当前和今后一段时期的重要任务。

有专家指出，对于高空抛物、坠物，我国现行法律从刑事责任、行政责任和民事责任等方面作了全面明确的规定。这类行为有可能构成犯罪，尚未构成刑事犯罪的也可依据治安管理处罚法、建筑法、安全生产法等法律规定追究行政责任。同时，追究刑事责任和行政责任，并不能免除行为人的民事责任。难点主要在于要及时准确查明高空抛物和坠物的责任人，这就要求公安机关等相关部门及时调查、认真查清。要充分发挥法律的威慑作用，查明责任人之后，该承担什么责任就要承担什么责任，严格执法。另外，还要提高建筑物设计施工的质量，提高公民素质，切实减少高空抛物和坠物情况的发生。

有专家认为，在高楼抛物致人损害的情形下，通常涉及刑事犯罪，在民法典侵权责任编中，建议增加规定：高楼抛物致人损害后，首先由有关部门及时查明行为人。

有专家强调，高空抛物、坠物不仅仅是一个民事侵权问题，同时也对公共安全等产生了危害。因此应当进一步在立法上明确加以禁止，用立法措施，特别是立法中的处罚措施阻却这种违法行为。

（作者：黄雁宁　袁昕）

（原载《北京日报》2019年12月30日第13版）

· 科研课题 ·

概　　述

本栏目记述2019年度12个国家级社会科学研究申报公告、课题指南、招标选题、立项结果，4个教育部（北京地区）立项结果，8个北京市级单位在人文社会科学研究领域通过评审获准立项的课题、开展的学术活动及“三报一刊”发表的部分文章，内容涉及20多个学科及众多研究领域，包括重大项目、重点项目、一般项目、青年项目、后期资助项目等；记述2019年度北京地区部分高校、科研单位承担的国家或省部级人文社会科学研究项目，包括项目名称、承担部门、负责人、项目分类、类别、预期成果形式及计划完成时间等内容。这些信息反映了北京社会科学研究的概貌及2019年度社会科学研究的重点和特点。

国家社会科学基金项目
2019年度课题指南

说明

一、申报国家社科基金项目的指导思想是，高举中国特色社会主义伟大旗帜，以马克思列宁主义、毛泽东思想、邓小平理论、“三个代表”重要思想、科学发展观、习近平新时代中国特色社会主义思想为指导，深入贯彻落实党的十九大和十九届二中、三中全会精神，贯彻全国宣传思想工作会议精神，落实《中共中央关于加快构建中国特色哲学社会科学的意见》，坚持解放思想、实事求是、与时俱进、求真务实，坚持以重大现实问题为主攻方向，坚持基础研究和应用研究并重，发挥国家社科基金示范引导作用，加快构建中国特色哲学社会科学，为党和国家工作大局服务，为繁荣发展哲学社会科学服务。

二、《国家社科基金项目2019年度课题指南》围绕深入学习贯彻习近平新时代中国特色社会主义思想、党的十九大和十九届二中、三中全会精神，在相关学科中拟定了一批重要选题，申请人可结合自己的学术专长和研究基础选择申报。

三、申报国家社科基金项目，要体现鲜明的时代特征、问题导向和创新意识，着力推出体现国家水准的研究成果。基础研究要密切跟踪国内外学术发展和学科建设的前沿和动态，着力推进学科体系、学术体系、话语体系建设和创新，力求具有原创性、开拓性和较高的学术思想价值；应用研究要立足党和国家事业发展需要，聚焦经济社会发展中的全局性、战略性和前瞻性的重大理论与实践问题，力求具有现实性、针对性和较强的决策参考价值。

四、课题申请人须具备下列条件：遵守中华人民共和国宪法和法律；具有独立开展研究和组织开展研究的能力，能够承担实质性研究工作；具有副高级以上（含）专业技术职称（职务），或者具有博士学位。不具有副高级以上（含）专业技术职称（职务）

或者博士学位的，可以申请青年项目，但必须有两名具有正高级专业技术职称（职务）的同行专家书面推荐。青年项目申请人和课题组成员的年龄均不超过35周岁（1984年3月5日后出生）。课题组成员或推荐人须征得本人同意并签字确认，否则视为违规申报。申请人可以根据研究的实际需要，吸收境外研究人员作为课题组成员参与申请。全日制在读研究生不能申请，具备申报条件的在职博士生（博士后）从所在工作单位申请。

五、课题申请单位须符合以下条件：在相关领域具有较雄厚的学术资源和研究实力；设有科研管理职能部门；能够提供开展研究的必要条件并承诺信誉保证。以兼职人员身份从所兼职单位申报国家社科基金项目的，兼职单位须审核兼职人员正式聘用关系的真实性，承担项目管理职责并承诺信誉保证。

六、课题申报范围涉及23个学科，须按照《国家社科基金项目申报数据代码表》填写《国家社科基金项目申请书》（以下简称《申请书》）。跨学科研究课题要以“靠近优先”原则，选择一个为主学科申报。教育学、艺术学和军事学等三个单列学科的申报分别由全国教育科学规划办、全国艺术科学规划办、全军社科规划办另行组织。

七、《国家社科基金项目2019年度课题指南》条目分为具体条目（带＊号）和方向性条目两类。具体条目的申报，可选择不同的研究角度、方法和侧重点，也可对条目的文字表述做出适当修改。方向性条目只规定研究范围和方向，申请人要据此自行设计具体题目。具体条目和方向性条目均可申报重点项目。只要符合《课题指南》的指导思想和基本要求，各学科均鼓励申请人根据研究兴趣和学术积累申报自选课题（包括重点项目）。自选课题与按《课题指南》申报的选题在评审程序、评审标准、立项指标、资助强度等方面同样对待。无论是按《课题指南》拟订的选题还是自选课题，课题名称的表述要科学、严谨、规范、简明，避免引起歧义或争议。

八、2019年度国家社科基金项目继续实行限额申报，限额指标另行下达。各地社科规划办、在京委托管理机构和申请单位要着力提高申报质量，适当控制申报数量，特别是要减少同类选题重复申报。

九、申报课题的资助额度为：重点项目35万元，一般项目和青年项目20万元。申请人应按照《国家社会科学基金管理办法》和《国家社会科学基金项目资金管理办法》（详见我办网站）的要求，根据实际需要编制科学合理的经费预算。

十、国家社科基金项目的完成时限，基础理论研究一般为3~5年，应用对策研究一般为2~3年。

十一、为避免一题多报、交叉申请和重复立项，确保申请人有足够的时间和精力从事课题研究，2019年度国家社科基金项目申请作如下限定：（1）课题负责人同年度只能申报一个国家社科基金项目，且不能作为课题组成员参与其他国家社科基金项目的申请；课题组成员同年度最多参与两个国家社科基金项目申请；在研国家级项目的课题组成员最多参与一个国家社科基金项目申请。（2）在研的国家社科基金项目、国家自然科学基金项目及其他国家级科研项目的负责人不能申请新的国家社科基金项目（结项证书标注日期在2019年3月5日之前的，或在3月5日前已向我办提交结项材料的，可以申请本年度项目。后者具体日期以各地社科规划办寄出结项材料时间或在国家社科基金科研创新服务管理平台中审核提交的时间为准）。（3）申请国家自然科学基金项目及其他国家级科研项目的负责人同年度不能申请国家社科基金项目，其课题组成员也不能作为负责人以内容基本相同或相近选题申请国家社科基金项目。（4）申请2019年度教育部人文社会科学研究一般项目的负责人不能申请同年度国家社科基金项目。（5）不得通过变换责任单位回避前述（1）~（4）条款规定，不得将内容基本相同或相近的申报材料以不同申请人的名义提出申请。（6）凡在内容上与在研或已结项的各级各类项目有较大关联的，须在《申请书》中详细说明所申请项目与已承担项目的联系和区别，否则视为重复申请；不得以内容基本相同或相近的同一成果申请多家基金项目结项。（7）凡以博士学位论文或博士后出站报告为基础申报国家社科基金项目，须在《申请书》中注明所申请项目与学位论文（出站报告）的联系和区别，申请鉴定结项时须提交学位论文（出站报告）原件。（8）不得以已出版的内容基本相同的研究成果申请国家社科基金项目。（9）凡以国家社科基金项目名义发表阶段性成果或最终成果，不得同时标注多家基金项目资助字样。

十二、贯彻落实中央《关于进一步加强科研诚信建设的若干意见》，申报课题须按照《国家社科基金项目申请书》和《国家社会科学基金项目课题论证活页》（以下简称《活页》）要求，如实填写材料，保证没有知识产权争议，不得有违背科研诚信要求的行为。凡存在弄虚作假、抄袭剽窃等行为的，一经发现查实，取消5年申报资格；如获立项即予撤项并通报批评。为保证申报评审的公正性和严肃性，评审会议召开前申报单位或个人不得以任何名义走访、咨询学科评审组专家或邀请学科评审组专家进行申报辅导。凡行贿评审专家者，一经查实将予通报批评；如获立项即予撤项，5年内不得申报国家社科基金项目。凡在国家社科基金项目申报和评审中发现严重违规违纪行为的，除按规定进行处理外，均列入不良科研信用记录。

十三、申报课题全部实行同行专家通讯初评，初评采用《活页》匿名方式，《活页》论证字数不超过7000字，要按《活页》中规定的方式列出前期相关研究成果。

十四、课题负责人在项目执行期间要遵守相关承诺，履行约定义务，按期完成研究任务，结项成果形式原则上须与预期成果一致；获准立项的《申请书》视为具有约束力的资助合同文本。最终成果实行匿名通讯鉴定，鉴定等级予以公布。除特殊情况外，最终研究成果须先鉴定、后出版，擅自出版者视为自行终止资助协议。如计划用少数民族语言文字或者外语撰写成果，请在《申请书》论证中予以说明。

十五、项目申报材料从我办网站下载，或向受理单位索取。《申请书》经所在单位审查盖章后，报送本省（区、市）社科规划办或在京委托管理机构。

十六、各地社科规划办、在京委托管理机构和基层科研管理部门要加强对申报工作的组织和指导，严格审核申报资格、前期研究成果的真实性、课题组的研究实力和必备条件等，签署明确意见后上报我办。

十七、各省（区、市）社科规划办受理当地的课题申报，新疆生产建设兵团社科规划办受理兵团的课题申报，中国社会科学院科研局受理本院的课题申报，中央党校（国家行政学院）科研部受理中央国家机关及在京直属单位的课题申报，教育部社科司受理中央各部委所属在京普通高等院校的课题申报，全军社科规划办受理军队系统（含地方军队院校）的课题申报。全国社科工作办不直接受理个人申报。

十八、各地社科规划办、在京委托管理机构和基层科研管理部门要按规定做好申报数据录入、打印报表、纸质版《申请书》与《活页》及电子版《申请书》（WORD文件格式）的汇总报送等工作。各地社科规划办、在京委托管理机构要按申报单位和申请人分类汇总后，将电子版《申请书》统一刻录成光盘，随同纸质版申请材料一同报送我办。

十九、课题申报时间为2018年12月25日至2019年3月5日。各省（区、市）和新疆生产建设兵团社科规划办、在京委托管理机构须于2019年3月12日前，将汇总并认真校对后的《申请书》中“数据表”数据发至我办邮箱（npopss@vip.163.com），并确保电子数据和《申请书》中“数据表”一致；3月15日前将纸质版《申请书》和《活页》、电子版《申请书》（WORD文件格式）光盘、统计表报送至我办，逾期不予受理。

马克思主义·科学社会主义

＊1. 习近平新时代中国特色社会主义思想对马克思主义的重大贡献研究

＊2. 习近平新时代中国特色社会主义思想在马克思主义中国化进程中的历史地位研究

＊3. 习近平新时代中国特色社会主义经济思想研究

＊4. 习近平新时代中国特色社会主义生态文明思想研究

＊5. 习近平新时代中国特色社会主义外交思想研究

＊6. 习近平新时代中国特色社会主义强军思想研究

＊7. 习近平新时代中国特色社会主义思想的科学逻辑研究

＊8. 习近平总书记关于国家治理现代化的重要论述研究

＊9. 习近平总书记关于构建人类命运共同体的重要论述研究

＊10. 习近平总书记关于加强党的政治建设的重要论述研究

＊11. 习近平总书记关于意识形态工作的重要论述研究

＊12. 习近平总书记关于网络强国的重要论述研究

＊13. 习近平总书记关于教育工作的重要论述研究

＊14. 习近平总书记关于思想政治教育的重要论述研究

＊15. 习近平总书记关于加强和改进人民政协工作的重要论述研究

＊16. 马克思主义经典文献及其当代价值研究

＊17. 马克思主义发展史若干重要问题研究

＊18. 马克思主义时代观研究

＊19. 马克思主义关于坚守人民立场的思想研究

＊20. 马克思主义关于社会矛盾思想研究

＊21. 马克思主义经典作家无产阶级政党建设思想研究

＊22. 马克思主义执政党意识形态的思想引领和社会认同研究

＊23. 马克思主义在中国的传播研究

＊24. 国际共产主义运动的重要问题研究

＊25. 中国共产党领导人民进行伟大社会革命的理论和实践研究

＊26. 中国共产党的自我革命研究

＊27. 新时代政德建设研究

＊28. 新时代中国特色社会主义文化自信研究

＊29. 新时代加强中国共产党党内政治文化建设研究

＊30. 新时代社会主义核心价值观引领作用研究

＊31. 新时代青年价值观培育机制研究

＊32. 新时代高校思想政治教育工作队伍建设研究

＊33. 红色文化融入高校思想政治教育研究

＊34. 青少年社会主义核心价值观培育和践行研究

＊35. “一带一路”倡议与提升中国文化软实力研究

＊36. 新中国成立以来社会主要矛盾演变进程和主要依据研究

＊37. 改革开放以来马克思主义信仰教育基本经验研究

＊38. 改革开放以来我国扶贫成就与经验研究

＊39. 社会主义意识形态凝聚力和引领力建设研究

＊40. “五四精神”的时代价值研究

41. 新时代全面深化改革研究

42. 新时代全面扩大开放研究

43. 新时代社会主要矛盾变化与人的全面发展问题研究

44. 新时代防范和化解社会风险研究

45. 新时代“一国两制”理论与实践研究

46. 新时代爱国主义教育研究

47. 新时代中国革命文化的弘扬与发展研究

48. 新时代中国特色社会主义对外话语体系研究

49. 社会主义核心价值观凝聚社会共识研究

50. 社会主义核心价值观的海外传播研究

51. 中华优秀传统文化传承发展研究

52. 中国特色社会主义政治发展道路研究

53. 中国特色社会主义文化对外传播研究

54. 中国方案的国际影响与世界意义研究

55. 中国对外文化传播能力提升研究

56. 马克思主义关于社会革命理论研究

57. 马克思主义经典作家关于党的政治建设理论研究

58. 马克思主义经典作家关于党的建设学说研究

59. 列宁帝国主义理论的时代价值研究

60. 马克思主义中国化发展历程及历史经验研究

61. 21世纪世界社会主义发展动向研究

62. 中国特色新型智库建设研究

63. 新中国成立以来中国现代化的历史进程和基本经验研究

64. 新中国成立以来中国共产党执政经验研究

65. 新中国成立以来高校马克思主义理论队伍建设研究

66. 新中国成立以来发展观的演变及启示研究

67. 改革开放以来高校思想政治理论课建设的历史进程和基本经验研究

68. 改革开放以来高校意识形态工作基本经验研究

69. 改革开放以来我国社会治理创新的发展历程和基本经验研究

70. 当代资本主义新变化和发展动向研究

71. 西方马克思主义的帝国主义批判研究

72. 当代国外左翼运动和思潮研究

党史·党建

＊1. 习近平总书记关于党史、国史的重要论述研究

＊2. 习近平总书记关于党的建设和组织工作的重要论述研究

＊3. 习近平总书记关于依规治党的重要论述研究

＊4. 树立“四个意识”、践行“两个维护”研究

＊5. 维护党中央权威和集中统一领导研究

＊6. 坚持和加强党的全面领导研究

＊7. 新时代党的建设总体布局和总要求研究

＊8. 新时代中国共产党的历史使命研究

＊9. 中国共产党与中华民族伟大复兴奋斗史研究

＊ 10. 中国共产党指导思想创新史研究

＊ 11. 中国共产党基本理论、基本路线、基本方略形成与发展研究

＊ 12. 中国共产党领导中国人民迎来从站起来、富起来到强起来的伟大飞跃研究

＊ 13. 中国共产党维护国家安全和发展利益的历史经验研究

＊ 14. 中国共产党红色文化发展史研究

＊ 15. 中国共产党革命精神谱系研究

＊ 16. 中国共产党以自我革命推动社会革命的历史经验研究

＊ 17. 中国共产党与民主党派关系的历史研究

＊ 18. 中国共产党领导精准扶贫工作史研究

＊ 19. 中国共产党与五四运动关系研究

＊ 20. 中国共产党局部执政的历史进程和经验研究

＊ 21. 中国共产党全国执政的历史进程和经验研究

＊ 22. 新中国70年的历程、成就与经验研究

＊ 23. 新中国70年国家形象塑造研究

＊ 24. 中国人民政治协商会议70年研究

＊ 25. 新中国70年口述历史的搜集整理与研究

＊ 26. 新中国70年党领导妇女工作的历史与经验研究

＊ 27. 马克思主义经典作家党建学说研究

＊ 28. 共产国际、联共（布）与中国革命关系研究

＊ 29. 中国共产党早期代表性人物与五四运动研究

＊ 30. 五四运动前后进步刊物、进步团体研究

＊ 31. 中国新民主主义革命时期革命根据地史研究（分专题）

＊ 32. 中国共产党新民主主义革命时期奋斗历程、基本经验研究（分阶段、分专题）

＊ 33. 实现中国共产党的自我革命和革命性锻造研究

＊ 34. 把制度建设贯穿中国共产党自身建设各方面全过程研究

＊ 35. 发挥机关党建引领作用、推进模范机关建设研究

＊ 36. 发挥政治建设在机关党建工作中的统领作用研究

37. 新时代党的建设基础理论问题研究

38. 中国共产党党史研究的理论与方法研究

39. 中国共产党党的建设学说相关文献整理与研究

40. 中国共产党党建学科建设与研究方法创新研究

41. 新时代党内法规制度建设的特点和趋势研究

42. 新时代党的基层组织建设研究

43. 新时代党管干部制度体系研究

44. 新时代国有企业党的建设与创新研究

45. 中国共产党长期执政能力建设研究

46. 中国共产党提高运用法治思维和法治方式能力研究

47. 中国共产党历史观研究

48. 中国共产党领导中国社会主义现代化建设发展历程研究

49. 中国共产党领导社会主义革命、建设和改革史研究（分经济、政治、文化、社会、生态文明等专题）

50. 中国共产党领导意识形态工作史研究

51. 中国共产党领导下的工人运动、妇女解放运动和青年运动研究（分专题）

52. 中国共产党的民生观与实践经验研究

53. 中国共产党党章研究

54. 中国共产党党内监督体系研究

55. 中国共产党的重大会议、重大决策、重大事件和重要人物研究（分专题）

56. 中国共产党党史研究中反对历史虚无主义问题研究

57. 党史国史重点和疑难问题研究

58. 巩固中国共产党执政安全研究

59. 提高中国共产党党的建设质量研究

60. 加强群团组织建设、激发群团组织和社会组织活力研究

61. 加强党的巡视工作和巡察工作研究

62. 加强和完善中国共产党纪律检查制度研究

63. 依规治党与坚持和加强党的全面领导关系研究

64. 党内法规功能定位和价值取向研究

65. 党内法规发展历程和经验研究

66. 党内法规学科建设和人才培养研究

67. 党内法规执行力建设研究

68. 健全党和国家监督体系研究

69. 领导干部正向激励效能研究

70. 对红色文化资源、抗日战争重要遗址遗迹等的保护和利用研究

71. 对领袖人物纪念馆和革命旧址发挥教育基地作用的经验研究

72. 新中国成立后党领导对外援助工作的历史与经验研究

73. 网络空间治理与党对意识形态工作领导权研究

74. 改革开放以来党建研究综述与评析

哲学

* 1. 习近平新时代中国特色社会主义思想的哲学研究

* 2. 习近平新时代中国特色社会主义思想的方法论研究

* 3. 习近平总书记关于教育工作重要论述的哲学基础及方法论研究

* 4. 习近平总书记关于民生和扶贫工作重要论述的哲学基础及方法论研究

* 5. 习近平总书记关于意识形态工作重要论述的哲学基础与方法论研究

* 6. 新时代社会主要矛盾的哲学研究

* 7. 新时代全面深化改革和扩大开放的方法论研究

* 8. 新时代生态文明的哲学研究

* 9. 中华人民共和国70年哲学发展历程的反思和展望

* 10. 中华民族伟大复兴历史进程的哲学研究

* 11. 中国发展历史方位的哲学研究

* 12. 建设社会主义现代化强国的哲学研究

* 13. 人类命运共同体的哲学研究

* 14. 时代问题的哲学研究

* 15. 新发展理念的哲学基础及其方法论研究

* 16. 社会主义核心价值观基本理论研究

* 17. 防范和化解重大风险的哲学研究

* 18. 中国社会治理现代化的哲学研究

* 19. 中华文化传播与国家文化软实力提升研究

* 20. 中国特色哲学社会科学话语体系研究

21. 新时代中国特色哲学基本理论研究

22. 新时代马克思主义哲学学科体系构建研究

23. 马克思主义哲学经典著作研究

24. 马克思主义哲学基本理论研究

25. 马克思主义哲学史专题研究

26. 马克思主义经济哲学研究

27. 马克思主义政治哲学研究

28. 马克思主义文化哲学研究

29. 马克思主义社会哲学研究

30. 马克思主义历史哲学研究

31. 马克思主义价值哲学研究

32. 马克思主义科技哲学研究

33. 马克思主义人学研究

34. 马克思主义哲学的中国化、时代化、大众化研究

35. 国外马克思主义哲学研究

36. 中国传统哲学的基础理论问题研究

37. 中国传统哲学文献的整理与诠释专题研究

38. 中国哲学方法论研究

39. 中国哲学断代史研究

40. 中国哲学史人物、流派研究

41. 中国传统宗教哲学研究

42. 中国古代生态文明思想的哲学研究

43. 中国传统核心价值观研究

44. 近代以来中国价值观变迁研究

45. 中国传统哲学的思想特色研究

46. 中国传统哲学当代发展趋向研究

47. 中华优秀传统文化的当代化和现代化研究

48. 中国传统文化的当代性和世界性研究

49. 当代中国阐释学研究

50. 中外哲学交流与比较研究

51. 西方哲学的基础理论问题研究

52. 西方哲学断代史研究

53. 现代西方哲学专题研究

54. 当代外国哲学思潮、流派和前沿问题研究

55. 西方哲学经典著作编译研究

56. 外国哲学国别研究

57. 西方形而上学研究

58. 西方认识论研究

59. 意识与心灵哲学专题研究

60. 西方历史哲学研究

61. 西方政治哲学与法哲学研究

62. 西方语言哲学研究

63. 西方宗教哲学研究

64. 东方哲学专题研究

65. 新时代中国特色伦理学理论体系与学科构建研究

66. 马克思主义伦理学研究

67. 伦理思想史研究

68. 伦理学基础理论与前沿问题研究

69. 道德哲学理论的创新性研究

70. 当代科学技术发展的伦理问题研究

71. 思想道德建设专题研究（含社会公德、职业道德、家庭美德、个人品德）

72. 中华传统美德的传承、弘扬和现代转化研究

73. 新时代中国特色美学理论体系与学科构建研究

74. 美学原理基本问题研究

75. 中国美学史基本问题研究

76. 中国当代美学前沿问题研究

77. 西方美学史研究

78. 当代西方美学专题研究

79. 新时代中国科学技术哲学基本理论体系与学科构建研究

80. 科学技术史基础问题的哲学研究

81. 当代科学技术前沿问题的哲学研究

82. 人工智能前沿问题的哲学研究

83. 未来科技的哲学研究

84. 认知科学的哲学研究

85. 复杂性问题的哲学研究

86. 科学技术社会学研究

87. 当代环境与生态哲学问题研究

88. 重大工程技术问题的哲学研究

89. 著名科学家的哲学思想及方法论研究

90. 中国古代逻辑研究

91. 西方逻辑哲学前沿问题研究

92. 数理逻辑基础问题研究

93. 逻辑、语言与智能研究

94. 非经典逻辑研究

95. 逻辑与博弈（论）研究

理论经济

＊ 1. 习近平新时代中国特色社会主义经济思想研究

＊ 2. 中国特色社会主义政治经济学学科体系、学术体系、话语体系研究

＊ 3. 改革开放 40 年中国特色社会主义经济建设基本经验研究

＊ 4. 新时代加强党对经济工作的集中统一领导研究

＊ 5. 新时代发展和创新马克思主义政治经济学研究

＊ 6. 新时代社会主义市场经济体制的发展与完善研究

＊ 7. 新时代转变政府职能和优化政府机构设置研究

＊ 8. 新时代发展和完善中国特色社会主义收入分配体系研究

＊ 9. 新时代加快实现共同富裕的路径研究

＊ 10. 新时代国民经济高质量发展研究

＊ 11. 新时代防范与化解系统性金融风险研究

＊ 12. 新时代乡村振兴战略研究

＊ 13. 新时代区域协调发展战略研究

＊ 14. 新时代提高财政政策和货币政策前瞻性问题研究

＊ 15. 新时代鼓励、支持、引导、保护民营经济发展研究

＊ 16. 新时代提升中国企业创新能力的政策研究

＊ 17. 中国特色现代国有企业制度建设研究

＊ 18. 新时代深化金融体制改革研究

＊ 19. 新时代中美互利共赢的经贸合作关系研究

＊ 20. 创新、协调、绿色、开放、共享的新发展理念研究

＊ 21. 推动经济全球化更加开放、包容、普惠、平衡、共赢的发展机制研究

＊ 22. 现代化经济体系建设研究

＊ 23. 深化供给侧结构性改革研究

＊ 24. 建设创新型国家的制度保证与实现路径研究

＊ 25. 宏观政策评价体系研究

＊ 26. 宏观政策协调机制研究

＊ 27. 加强世界各国宏观政策协调机制研究

＊ 28. 宏观审慎监管与总需求管理政策协调研究

＊ 29. 结构性去杠杆研究

＊ 30. 减税降费与财政可持续性研究

＊ 31. 深化混合所有制改革研究

＊ 32. 防范和化解地方政府隐性债务风险研究

＊ 33. 坚持“两个毫不动摇”研究

＊ 34. 增强消费对经济发展的基础性作用研究

＊ 35. 提振民间投资的长效机制研究

＊ 36. 住房制度改革和长效机制建设研究

＊ 37. 推动形成全面开放新格局研究

＊ 38. 建设创新包容的开放型世界经济格局研究

＊ 39. 完善全球经济治理体系新思路研究

＊ 40. 新一轮科技革命和产业变革机遇下打造新技术、新产业、新业态、新模式研究

＊ 41. 当代资本主义经济发展的阶段性特征及其发展趋势研究

＊ 42. 西方经济学方法论演进研究

43. 新时代完善地方政府激励机制研究

44. 新时代社会就业结构变动趋势研究

45. 新时代吸引和利用外资相关问题研究

46. 新时代提升中小企业外贸竞争力研究

47. 新时代东北老工业基地发展研究

48. 新时代精准扶贫政策设计及效果评估研究

49. 中国特色自由贸易港建设研究

50. 创新和完善宏观调控体系研究

51. 产业政策和 WTO 规则兼容性研究

52. 国有企业竞争中性原则研究

53. 民营企业融资难、融资贵问题研究

54. 深化利率和汇率市场化改革研究

55. 更加成熟的消费细分市场研究

56. 构建亲清新型政商关系研究

57. 促进内需和外需平衡增长研究

58. 系统性金融风险预警体系研究

59. 人民币汇率稳定机制研究

60. 提升金融服务实体经济能力研究

61. 多层次资本市场建设研究

62. 理顺金融市场间利率传导机制研究

63. 完善各类国有资产管理体制研究

64. 促进中小民营企业发展研究

65. 鼓励民营企业开展和参与基础性创新研究

66. 制造业服务化对产业升级的影响研究

67. 知识产权保护与企业创新研究

68. 大数据方法与宏观经济运行预警体系研究

69. 人工智能与服务业高质量发展研究

70. 人工智能与劳动密集型行业转型研究

71. 数字经济环境下市场有效性和公平性研究

72. 深化土地要素市场化改革研究

73. 深化劳动力市场化资源配置研究

74. 新型城镇化与乡村振兴战略研究

75. 京津冀协同发展研究

76. 长江三角洲区域一体化发展研究

77. 长江经济带发展研究

78. 新时期国际经贸环境变化趋势及应对策略研究

79. 扩大进口与经济高质量发展关系研究

80. 中国企业国际化战略研究

81. 贸易摩擦背景下中国企业风险对冲策略研究

82. 中国对外投资保护问题研究

83. “一带一路”沿线国家资源走廊建设与利益共享机制研究

84. 扩大区域开放与合作研究

85. 中国境外经贸合作区发展研究

86. 中国跨境支付体系建设研究

87. 全球产业链调整新趋势研究

88. 西方发达国家新一轮贸易保护主义研究

应用经济

＊ 1. 我国经济高质量发展的指标体系研究

＊ 2. 推动经济高质量发展的制度环境和政策体系优化研究

＊ 3. 经济高质量发展的产业政策转型研究

＊ 4. 我国现阶段需求总量和结构状况及其变动趋势研究

＊ 5. 新形势下我国宏观调控体系研究

＊ 6. 我国全面建立绩效预算制度研究

＊ 7. 新形势下财政政策与货币政策协调研究

＊ 8. 我国地方政府隐性债务风险研究

＊ 9. 去杠杆进程中地方政府债务管控研究

＊ 10. 政府投资体制改革与推进 PPP 模式研究

＊ 11. 中央与地方财政支出责任研究

＊ 12. 深化增值税制度改革研究

＊ 13. “放管服”改革经济影响评估研究

＊ 14. “减税降费”的政策评估研究

＊ 15. 个人所得税改革影响研究

＊ 16. 我国消费税改革研究

＊ 17. 工业化后期阶段产业结构变动趋势研究

＊ 18. 推进我国服务业开放研究

＊ 19. 我国产业基金发展状况与管理研究

＊ 20. 促进房地产市场稳定发展的长效机制研究

＊ 21. 新能源发展战略研究

＊ 22. 促进制造业绿色转型的政策体系研究

＊ 23. 重大基础设施、基本公共服务中的政府定价研究

＊ 24. “一带一路”背景下新能源汽车发展战略研究

＊ 25. 深化电力体制改革研究

＊ 26. 新时期区域产业分工与高质量发展研究

＊ 27. 健全房地产交易透明机制研究

＊ 28. 发展混合所有制经济研究

＊ 29. 我国营商环境优化战略研究

＊ 30. 竞争中立原则与国有企业改革研究

＊ 31. 企业竞争与资源配置效率研究

＊ 32. 加强保护民营企业财产所有权研究

＊ 33. 企业并购重组中的会计和审计问题研究

＊ 34. 股权质押、公司治理与财务风险预警研究

＊ 35. 促进民营经济发展的财税政策研究

＊ 36. 支持重点耐用消费品租赁的信用和保险机制研究

＊ 37. 国有资本授权经营制度研究

＊ 38. 以改革激发国有企业活力研究

＊ 39. 充分发挥企业家作用的制度和政策研究

＊ 40. 公用事业领域深化国资国企改革研究

＊ 41. 国家生育政策调整对家庭生育及劳动力市场供给的影响研究

＊ 42. 全面提升劳动力素质解决就业结构性矛盾问题研究

＊ 43. 缩小财产和收入差距合理有效途径研究

＊ 44. 跨行政区的经济区域发展机制建设研究

＊ 45. 国家公园管理体制与区域经济发展研究

＊ 46. 特大城市空间布局研究

＊ 47. 推进西部大开发形成新格局研究

＊ 48. 加快东北老工业基地振兴研究

＊ 49. 粤港澳大湾区协同发展研究

＊ 50. 发挥自贸试验区引领高水平开放作用研究

＊ 51. 参与全球产业链竞争对策研究

＊ 52. 我国参与全球治理对策研究

＊ 53. 当前国际资本流动新特点研究

＊ 54. 提高我国投资效率研究

＊ 55. 新形势下金融开放问题研究

＊ 56. 经济下行压力加大条件下防范金融风险研究

＊ 57. 适应经济高质量发展的金融改革研究

＊ 58. 互联网金融市场风险及行业监管应对研究

＊ 59. 我国对外投资安全与质量问题研究

＊ 60. 我国自由贸易区战略研究

＊ 61. 探索建设中国特色自由贸易港研究

＊ 62. 我国维护多边经贸规则问题研究

＊ 63. 我国内需主导的进口战略研究

＊ 64. 我国扩大进口对国际贸易格局的影响研究

＊ 65. 国际多边贸易体制改革与我国对策研究

＊ 66. 稳外贸对策研究

＊ 67. 稳外资对策研究

＊ 68. 推动进一步发展中非经贸关系研究

＊ 69. “一带一路”建设中相关国家债务风险研究

＊ 70. 中美经济关系变化趋势研究

＊ 71. 中美贸易关系新形势下的预期管理问题研究

＊ 72. 美国货币、税收政策对我国经济发展影响研究

＊ 73. 中美贸易关系新形势下我国先进制造业应对策略及转型升级路径研究

＊ 74. 深化生态环境监管体制改革研究

＊ 75. 健全自然资源监管体制机制研究

＊ 76. 绿色发展的国际合作研究

＊ 77. 京津冀绿色发展路径研究

＊ 78. 健全生态补偿机制研究

＊ 79. 重点生态功能区配套政策研究

＊ 80. 土地规划管理体制国际比较研究

＊ 81. 协调推进新型城镇化与乡村振兴战略研究

＊ 82. 乡村振兴战略背景下产业发展投融资创新机制研究

＊ 83. 农村金融服务乡村振兴战略研究

＊ 84. 促进新型农村集体经济发展研究

＊ 85. 深化农村集体产权制度改革研究

＊ 86. 农村宅基地三权分置改革的政策评估研究

＊ 87. 城乡统筹推进农村生态环境治理保护研究

＊ 88. 农业农村优先发展的体制机制与政策体系研究

＊ 89. 小农户生产和现代农业发展有机衔接研究

＊ 90. 新形势下我国粮食安全研究

＊ 91. 农产品国际贸易变化的影响与对策研究

＊ 92. 深化农村土地制度改革研究

＊ 93. 乡村旅游业发展的国际经验和我国发展策略研究

＊ 94. 乡村振兴与妇女发展研究

＊ 95. 土地流转对妇女生计影响研究

＊ 96. 城乡户籍制度与土地制度联动并轨的目标及路径研究

＊ 97. 城乡基础设施和基本公共服务均等化的财政保障体系研究

＊ 98. 建成可持续、多层次社会保障体系研究

＊ 99. 农业转移人口市民化政策体系研究

统计学

＊ 1. 基于 R&D 等核算改革的我国生产率测算研究

＊ 2. 基于大数据的宏观经济数据质量监测评价

研究

∗ 3. 我国环境政策效应的测度与评价研究

∗ 4. 大数据背景下我国新产业新业态新模式统计监测研究

∗ 5. 供给侧结构性改革与我国能源发展质量效率的测度研究

∗ 6. 杠杆率测度与结构性优化研究

∗ 7. 高质量增长约束下我国能源资源优化配置的统计测度研究

∗ 8. “一带一路”沿线国家投资风险的统计研究

∗ 9. 环保税政策有效性统计研究

∗ 10. 基于多数据源的我国脱贫过程监测方法研究

∗ 11. 国际进口博览会经济社会效应研究

∗ 12. 制造业有效创新对价值链上移的作用研究

∗ 13. 基于科技进步统计监测的科技创新中心评价研究

∗ 14. 现代旅游业发展监测方法与中国旅游卫星账户研究

∗ 15. 农业转移人口市民化测度及其空间分布研究

∗ 16. “以房养老”的财富代际传递效应测度研究

∗ 17. 居民住房消费与自有住房服务核算研究

∗ 18. 地方政府财政风险监测与预警的统计研究

∗ 19. 多源审计数据的信息重构与融合技术建模研究

∗ 20. 超高维数据网络模型及其在金融市场风险应用研究

∗ 21. 统计数据工程专业人才创新能力评价研究

∗ 22. 国际比较中的国家与区域链接问题研究

23. 国家与地区治理能力指标体系深化研究

24. 资金流量与存量核算方法及应用研究

25. 深化潜在增长率测度研究

26. 服务业产出和价格测度研究

27. 多视角深化通货膨胀测度研究

28. 我国经济高质量发展的测度与驱动因素研究

29. 我国民营经济发展相关问题的统计研究

30. 宏观经济政策效应的测度、比较与评价研究

31. 知识分享的统计测度与核算研究

32. 数字经济相关统计问题研究

33. 国际比较统计方法与应用研究

34. 民生福祉测度及其提升路径研究

35. 我国人口生育政策调整的效应研究

36. 产业统计国际准则与中国改革及其应用研究

37. 无形资产测度研究

38. 中国资产负债表的编制与应用研究

39. 国际贸易统计方法及主要经济体贸易比较研究

40. 知识型、技能型、创新型劳动力核算体系研究

41. 我国收入分配统计的完善研究

42. 贸易依存度、关税效应与经济增长路径研究

43. 生活质量与幸福感测度研究

44. 我国乡村振兴相关问题的统计研究

45. 我国老龄化社会相关问题的统计研究

46. 我国生态环境治理相关问题的统计研究

47. 政府统计大数据应用研究

48. 传统与非传统数据源的融合路径和综合应用研究

49. 基于多源异构网络大数据的经济行为智能分析研究

50. 就业质量的测度与评价研究

51. 我国不同收入群体的统计界定与规模测算研究

52. 大数据背景下的妇女流动研究

53. 基于大数据的商业个体行为测度与景气监测研究

54. 特征价格方法与应用深化研究

55. 新经济形势下政府统计中的抽样理论方法与应用研究

56. 基于网络大数据的群体智能信息安全评价研究

57. 复杂数据在线监测与建模分析方法在社会经济中的应用研究

58. Meta 模型的理论方法在社会经济大数据分析中的应用研究

59. 大数据背景下随机抽样技术及统计推断方法研究

60. 动态及多目标总体抽样方法与应用研究

61. 混频数据建模方法在社会科学中的应用研究

62. 大数据背景下统计新理论、新方法研究

政治学

∗ 1. 习近平新时代中国特色社会主义思想对马克思主义国家学说的继承和发展研究

＊2. 习近平新时代中国特色社会主义思想对马克思主义民主思想的继承和发展研究

＊3. 习近平新时代中国特色社会主义思想对于马克思主义政党理论的继承和发展研究

＊4. 中国特色社会主义政治学学科体系、学术体系和话语体系研究

＊5. 中国特色社会主义政治学建设的基本学术命题、学术思想和学术观点研究

＊6. 中国特色社会主义政治学新表述、新范畴、新概念研究

＊7. 新时代党的政治建设目标、任务和路径研究

＊8. 新时代完善地方党委和部门党组对重大工作的领导体制机制研究

＊9. 新时代建立健全新型经济组织和社会组织中党的组织机构研究

＊10. 新时代党领导政府的体制机制研究

＊11. 新时代党领导人民代表大会的体制机制研究

＊12. 新时代党领导人民政协的体制机制研究

＊13. 新时代中国特色社会主义政治话语传播策略研究

＊14. 新时代干部选拔体制与机制的改革和优化研究

＊15. 新时代提升领导干部政治素质和治理能力的实证研究

＊16. 新时代干部容错纠错机制研究

＊17. 新时代基层公务员激励机制研究

＊18. 新时代深化行政改革和全面转变政府职能研究

＊19. 新时代国家机关事务管理效能研究

＊20. 新时代完善优化党委和政府责任制度研究

＊21. 新时代爱国统一战线的机制创新研究

＊22. 新时代构建联系广泛服务群众的群团工作体系研究

＊23. 新时代构建和完善地方监察体系研究

＊24. 新时代政府信用建设与政府公共关系优化研究

＊25. 新时代地方政府债务监管体制研究

＊26. 新时代基层政治稳定与风险管控研究

＊27. 新时代提升地方政府执行力的途径研究

＊28. 新时代提升地方政府质量的制度和政策途径研究

＊29. 新时代公务员行政伦理研究

＊30. 新时代公务员工作满意度实证调查研究

＊31. 新时代促进民营企业健康发展的党委和政府职能与政策研究

＊32. 新时代中国特色超特大规模城市治理研究

＊33. 新时代京津冀一体化建设的行政管理体制改革研究

＊34. 新时代乡村振兴与精准扶贫战略协同推进研究

＊35. 中国特色社会主义参政党政治建设的任务及路径研究

＊36. 中国特色社会主义新型政党体制的法理和机理研究

＊37. 中国特色社会主义新型政党制度的社会、文化和政治基础研究

＊38. 党牢牢掌握意识形态工作领导权的体制机制研究

＊39. 地方党委与部门党组落实全面从严治党的体制与机制研究

＊40. 加强和完善人民代表大会的监督职能研究

＊41. 党委、人大和政府法规文件备案审查体制机制比较研究

＊42. 人民政协作为统一战线组织研究

＊43. 人民政协作为实行多党合作和政治协商制度重要政治形式和组织形式研究

＊44. 人民政协作为国家治理体系的重要组成部分研究

＊45. 人民政协制度与外国政治制度比较研究

＊46. 以党的政治建设优化党内政治生态的实现路径研究

＊47. 提高党的依法执政本领研究

＊48. 新时代妇联组织职能定位研究

＊49. 财政税收体制改革背景下的中央与地方事权划分和协同运行研究

＊50. 国家治理现代化背景下的国家机关事务管理改革研究

＊51. 地方机构职能改革背景下的党政关系研究

＊52. 大数据在权力监督实践中的作用机理与实现机制研究

＊53. 互联网与政府公共关系优化研究

＊54. 经济高质量发展背景下的政府绩效考核研究

＊55. 政府促进新旧动能转换的职能及其实现机

制研究

* 56. 核心技术自主创新的政府职能与公共政策研究

* 57. 完善地方政府执行政策方式研究

* 58. 促进人才向基层流动的体制机制创新研究

* 59. 保护知识产权的政府职能及其实现机制研究

* 60. 党委和政府优化民营企业发展环境的职能及其实现机制研究

* 61. 优化事业单位国有资产管理体制机制和政策研究

* 62. 政府向社会力量购买公共服务的绩效评估和质量保障机制研究

* 63. 扩大和保障劳动者民主管理权的体制机制和政策路径研究

* 64. 基层党建促进基层治理机制创新研究

* 65. 社会组织参与社会治理模式研究

* 66. 基层协商民主的运行机制和制度化建设研究

* 67. 实施粤港澳大湾区战略的政府合作协同体制机制研究

* 68. 实施长三角一体化发展战略的行政体制优化研究

* 69. 健全党组织领导下的自治法治德治相结合的乡村治理体系研究

* 70. 农村土地流转过程中的政府职能及其实现机制研究

* 71. 乡村振兴战略背景下加强和优化政府“三农”工作职能研究

* 72. 乡村振兴战略背景下农村社区治理现代化研究

* 73. 新型城镇化背景下妇女在乡村治理中的作用研究

* 74. 当代中国国家认同建构的政治话语建设与创新路径研究

* 75. 我国边疆民族地区长期政治稳定机制研究

* 76. 多民族国家国民塑造的机制与经验研究

* 77. 基本公共服务均等化与增强边疆民族地区政治认同的关系研究

* 78. 民族地区公民参与地方治理的制度优化研究

* 79. 构建党委领导下的多主体参与和多种手段相结合的综合治网格局研究

* 80. 网络极端民族主义的风险防范研究

* 81. 香港澳门助力国家全面开放的政策机制研究

* 82. 香港澳门融入国家发展大局的政策机制研究

* 83. 香港澳门参与国家治理实践的机制研究

* 84. 台湾选举政治对于国家统一的影响研究

* 85. 增强海外侨胞中华民族共同体认同的政治机制研究

* 86. 不同政体模式与国家治理绩效比较研究

* 87. 不同国家地方治理发展模式的比较研究

* 88. 不同政治体制竞争性共存的战略与策略研究

* 89. 西方政党体制面临的问题与挑战研究

* 90. 当代美国政治发展演化研究

91. 新时代国家政治安全理论研究

92. 国家治理现代化的理论基础研究

93. 中国特色社会主义政治体制的文明基础与历史根基研究

94. 近百年中国政治学学科发展史研究

95. 近百年中国政治思想史研究范式及方法反思

96. 中国传统儒家政治意识形态的长期稳定与阶段调适研究

97. 中国传统政治文化的价值结构与内在逻辑研究

98. 中国政治决策案例库建设

99. 中国公共决策模拟仿真系统建设

100. 20世纪以来国家理论发展演变研究

101. 政治制度主义理论和方法研究

102. 当代政党和政党制度理论研究

103. 当代代表理论和制度研究

104. 现当代国家主权理论和实施机制研究

105. 当代国家治理现代化理论研究

106. 现实主义政治学与利益分析途径研究

107. 行为主义政治学的哲学基础和方法研究

108. 政治权力理论与分析路径研究

109. 社会政治生活的公共利益和命运共同体的政治哲学研究

110. 权利政治与公益政治的政治哲学比较分析

111. 政治生态学理论与方法研究

112. 政治社会学理论与方法研究

113. 政治心理学理论与方法研究

114. 地缘政治学理论与方法研究

115. 比较政治学理论与方法研究
116. 公共政策理论与方法研究
117. 当代中国公共政策数据库建设
118. 国家机关运行保障管理基础理论研究
119. 中华优秀传统政治文化创造性转化研究
120. 政治学研究方法研究
121. 人工智能与政治科学发展相互关系研究
122. 大数据与国家治理现代化相互关系研究
123. 近代西方政治体制的文明基础研究
124. 中西方政党制度比较研究
125. 西方共和主义理论的当代演化研究
126. 西方民粹主义思潮及其演变研究
127. 西方新政治经济学理论和方法研究

法学

＊1. 习近平总书记关于建设社会主义法治国家的重要论述研究
＊2. 中国特色社会主义法学学科体系、学术体系和话语体系研究
＊3. 新时代公法理论的创新与发展研究
＊4. 法治与社会文明关系研究
＊5. 网络强国的法治创新保障研究
＊6. 监察法的实施研究
＊7. 生态文明入宪研究
＊8. 完善与基本法实施相关的制度和机制研究
＊9. 机构改革与行政诉讼制度研究
＊10. 党内法规制定权限研究
＊11. 党内法规制定技术规范研究
＊12. 中国特色社会主义刑事诉讼体系要素研究
＊13. 预防性刑法问题研究
＊14. 人工智能的刑法问题研究
＊15. 危害生态环境犯罪研究
＊16. 司法体制综合配套改革研究
＊17. 刑法的社会性别分析研究
＊18. 民法典与民事诉讼法对接研究
＊19. 民事案件事实认定的规则与理论研究
＊20. 企业产权保护立法研究
＊21. “守住不发生系统性金融风险的底线”背景下中国金融市场法律治理创新研究
＊22. 新领域、新业态创新成果知识产权保护研究
＊23. 信息革命的经济法问题研究
＊24. 经济法立法统合研究
＊25. 中国反垄断法的修订与完善研究
＊26. 风险防控的经济法理论研究
＊27. 人类命运共同体理念的制度化研究
＊28. 国际法话语的形成机制研究
＊29. 世界贸易组织改革研究
＊30. 法治与德治的一般原理研究
31. 新时代国家治理与法治建设研究
32. 软法在全面推进依法治国中的地位与作用研究
33. 地方立法理论与实践研究
34. 《资本论》中的法理研究
35. 基层社会治理与“枫桥经验”研究
36. 中国古代礼法关系演变研究
37. 中国古代治国安邦策论研究
38. 诸子百家对中国古代法的影响研究
39. 明清礼教法制研究
40. 民国时期重大案件案例研究
41. 2018 年宪法修正案研究
42. 合宪性审查标准的中国化及体系化研究
43. 宪法与土地制度研究
44. 残障人权益保障制度研究
45. “双随机、一公开”检查制度研究
46. 行政处罚法、行政许可法、行政强制法、行政复议法的修改研究
47. 政府信息公开缠讼问题研究
48. 政务处分法研究
49. 非法侵占海外国有资产犯罪研究
50. 海外投资渎职犯罪研究
51. 国际刑事司法协助的理论与实践研究
52. 严重违背科研诚信的刑法规制研究
53. 公民个人信息的刑法保护研究
54. 非法集资中的罪与非罪问题研究
55. 监察法实施中的证据问题研究
56. 刑事案件事实认定中的经验法则研究
57. 刑事诉讼法修改与律师制度改革研究
58. 刑事缺席审判制度研究
59. 司法改革与司法人员职业伦理研究
60. 司法改革成效评估方法及标准研究
61. 妇女法与妇女权益保障研究
62. 未成年人司法规律研究
63. 审判主管范围确定的理论与实践研究
64. 非判决裁决制度研究
65. 非讼程序体系研究
66. 民事强制执行立法研究

67. 民法典编纂背景下的法人行为与代理行为制度研究
68. 担保物权的新发展研究
69. 民法典视角下担保期间与诉讼时效衔接研究
70. 家事司法的价值、功能及其实现机制研究
71. 证券侵权纠纷解决创新机制研究
72. 公司双层股权结构的法律构造及监管变革研究
73. 公司法、证券法协同修改研究
74. 电子商务法实施问题研究
75. 创新社会治理背景下民间金融协同规制研究
76. 非标准金融商品类型法定研究
77. 编纂商事通则背景下商事主体体系化研究
78. 电子商务平台外卖食品安全法律问题研究
79. 智慧法院背景下类案同判的法理基础与现实路径研究
80. 专利无效宣告与知识产权法院体系建设研究
81. 注册商标使用问题研究
82. 作品构成要件研究
83. 现代市场体系建设的经济法问题研究
84. 降低制度性交易成本的市场监管改革法律问题研究
85. 我国养老保障法律问题研究
86. 农地征收中的社会保障法治研究
87. 中国社会法立法问题研究
88. 保护地立法体系与基本制度研究
89. 现代化经济体系建设的法律保障研究
90. 长江保护立法研究
91. 我国环境健康风险法律规制研究
92. 人类遗传资源法制保障研究
93. 新时代背景下绿色消费法律保障研究
94. 国际贸易法律制度碎片化的整合机制研究
95. 外事体制机制改革问题研究
96. 国际援助法制建设研究
97. 外国非法移民问题及其法律对策研究
98. 海外国有资产监督法制建设研究
99. 国际海洋法律秩序的变革与中国参与研究
100. “一带一路”倡议下国际商事法庭构建研究
101. 国家官员的外国管辖豁免问题研究

社会学

＊1. 习近平总书记关于精准扶贫脱贫的重要论述研究
＊2. 中国特色社会主义社会学学科体系、学术体系和话语体系研究
＊3. 新时代中国特色社会主义社会建设理论研究
＊4. 新时代中国社会变迁与文化转型研究
＊5. 新时代中国社会重大风险预警机制研究
＊6. 新时代我国社会工作制度体系建设研究
＊7. 新中国70年社会发展与社会变迁研究
＊8. 新时代中国社会流动研究
＊9. 中国近代“公益”观念的历史社会学研究
＊10. 中国法律社会学的学术脉络与本土化理论构建研究
＊11. 中国社会工作学科史研究
＊12. 残障社会工作的本土实践与模式创新研究
＊13. 生态环境保护与地方性知识的人类学研究
＊14. 我国持证社会工作者的职业状况研究
＊15. 职业教育促进社会流动作用研究
＊16. 社会活力指数的测度及其实践应用研究
＊17. 特大城市社会治理创新研究
＊18. 改革开放以来工业企业社区变迁研究
＊19. 中国产业政策制定、实施及其效果的经济社会学研究
＊20. 大企业对社会结构的影响研究
＊21. “互联网+”对人们生活方式与健康影响研究
＊22. 互联网金融的社会影响研究
＊23. 智能化时代文化消费转型的社会学研究
＊24. 大数据社会治理中的数据管理、运行与信息安全研究
＊25. 社会治理创新前沿的服务型政府改革路径研究
＊26. 区块链技术与社会信用体系建设研究
＊27. 智能制造趋势下的劳动关系转型研究
＊28. 区域发展与劳动关系比较研究
＊29. 新时代城乡社区治理中的社会参与机制创新研究
＊30. 平台类社会组织参与社区治理的路径选择研究
＊31. 基层干部职业动力研究
＊32. 基层社区舆情疏导的基本方式和效果研究
＊33. 精准扶贫的成效评估与长效机制研究
＊34. 易地搬迁农户的生计可持续发展模式与实现路径研究
＊35. 乡村振兴战略背景下农村劳动力流动与治

理研究

* 36. 乡村振兴战略背景下流动人口的市民化选择研究

* 37. 乡村振兴战略背景下少数民族非物质文化保护与政策响应研究

* 38. 农村传统公共文化空间与乡村振兴研究

* 39. 农村合作社参与社会治理的方式和路径研究

* 40. 现代农业科技应用的社会过程研究

* 41. 西南边疆少数民族地区乡村社会治理机制研究

* 42. 性别视角下当代农村妇女婚育观现状调查研究

* 43. 中国社会养老服务资源配置研究

* 44. 中国长期照护保险建设模式与实践路径研究

* 45. 积极老龄化视域下的老年人力资源再开发研究

* 46. 老年人婚姻社会学研究

* 47. 城市流动老年人口生存状态与社会支持研究

* 48. 农村失能、半失能老人居家养老的社会支持研究

* 49. 乡村老年协会与互助养老研究

* 50. 90 后大学生国家认同研究

* 51. 财产不平等与青年人的结婚意愿研究

* 52. 全面二孩政策背景下女性职业变动研究

* 53. 青年就业创业保障政策体系研究

* 54. “工作虚拟化”的劳动社会学研究

* 55. 新时代志愿服务体系与志愿服务能力研究

* 56. 司法社会工作在未成年人权益保障中的作用研究

* 57. 农村留守儿童多重伤害风险预警与干预机制研究

* 58. 我国孤儿的社会支持、社会扶助体系研究

* 59. 中西比较视野下的家国关系研究

* 60. 大城市来华外国人融入模式及对策研究

* 61. 外籍人口跨境务工与社会治理创新研究

62. 新时代背景下新社会阶层的身份认同研究

63. 新时代人民群众获得感的测量与评估研究

64. 新时代社会情绪与社会治理研究

65. 中国现代化理论与实践的新探索研究

66. 全面建成小康社会后社会政策持续发展的基本方向和主要议题研究

67. 2020 年后反贫困及相关议题研究

68. 全球化与中国社会结构变迁研究

69. 我国社会工作核心能力体系研究

70. 治理能力现代化背景下社会信用体系建设研究

71. 健康中国战略背景下健康平等问题研究

72. 消费升级的社会学研究

73. 绿色生活方式的理论与实证研究

74. 当代家庭伦理变迁研究

75. 当前我国信仰状况的社会学研究

76. “一带一路”沿线国家的共享价值观研究

77. 国内外劳务移民社会治理比较研究

78. 海洋强国建设的社会学研究

79. 中等收入群体的生存压力与社会信心研究

80. 新中国成立以来生产体制变迁的社会学研究

81. 本土化社会学基本理论建构研究

82. 大数据与社会研究方法创新研究

83. 发展社会学视角下的智能社会研究

84. 财政社会学的历史、理论与经验研究

85. 社会工作学科的研究对象和知识体系研究

86. 社会学研究中的学术伦理与学术规范研究

87. 逆城市化的社会学研究

88. 特大城市外籍常住人口研究

89. 乡村振兴战略背景下农村社会组织发展研究

90. 乡村人居环境的社会学研究

91. 返乡创业人员的创业生态与发展状况研究

92. 网络安全及社会治理创新研究

93. 大数据时代网络社会思潮、社群结构及演进规律研究

94. 网络社群的认同机制及治理策略研究

95. 大数据在犯罪治理中的应用研究

96. 基层党建与社区治理研究

97. 社会工作参与脱贫攻坚研究

98. 中国妇女脱贫路径与实践经验研究

99. 独生子女家庭的风险与社会支持研究

100. 金砖国家中等收入群体与社会结构变迁比较研究

人口学

* 1. 中国人口发展的回旋空间及其作用研究

* 2. 中国人口红利转型与实现机制研究

* 3. 人口普查内容与调查方法研究

* 4. 产业转型升级中流动人口失业状况、影响

因素与应对政策研究

＊5. 县域经济发展与人口流动研究

＊6. 乡村振兴与人口流动研究

＊7. 中国家庭结构转变与消费变动研究

＊8. 家庭结构变迁与家庭发展支持研究

＊9. 家庭友好型社会构建与推进研究

＊10. 新时期生育友好型社会构建研究

＊11. 居家养老模式的国际经验研究

＊12. 智慧养老及其趋势研究

＊13. 贫困地区老年人口生活状况与保障路径研究

＊14. 城市空巢家庭老年人口生存状况研究

＊15. 民族地区生育水平变化趋势及影响因素研究

＊16. 国际生育转变的影响因素对中国未来生育水平的启示研究

＊17. 新经济业态对劳动力需求与供给的影响研究

＊18. 东北地区人口流动与经济发展协同演化机制研究

＊19. “三区三州”深度贫困地区精准扶贫与人口发展研究

＊20. 老年人口的健康状况转移与未来健康需求研究

21. 马克思主义人口理论与中国人口发展道路研究

22. 我国人口发展战略研究

23. 人口与资源环境可持续发展研究

24. 特大城市人口问题研究

25. 中国计划生育政策发展研究

26. 中国生育变化及影响因素研究

27. 中国人口死亡变化及影响因素研究

28. 中国人口的空间分布研究

29. 中国人口迁移流动研究

30. 中国人口性别失衡问题研究

31. 大数据与人口学研究的新方法

32. 人口年龄结构变动与经济增长研究

33. 城乡老年人养老需求与供给研究

34. 农民工养老问题研究

35. 老年人口健康问题与对策研究

36. 边疆地区人口发展研究

民族学

＊1. 习近平总书记关于民族团结与铸牢中华民族共同体意识的重要论述研究

＊2. 习近平总书记关于中华文化认同与各民族共有精神家园的重要论述研究

＊3. 习近平总书记关于坚持和完善民族区域自治制度的重要论述研究

＊4. 习近平总书记关于边疆治理与稳定的重要论述研究

＊5. 中国特色社会主义民族理论研究

＊6. 马克思主义民族理论在中国的早期传播和影响研究

＊7. 新中国70年民族工作发展史研究

＊8. 新中国70年中华民族共同体建设历程研究

＊9. 新中国70年少数民族妇女发展研究

＊10. 铸牢中华民族共同体意识的基本要素研究

11. 新时代贯彻落实民族区域自治法研究

12. 我国多民族优势和发展的有利条件研究

13. 中华民族共同体建设的地方经验及其比较研究

14. 中国多民族文化汇聚的中华文化升华研究

15. 中国特色民族团结进步事业的指标体系研究

16. 生态文明建设与筑牢民族地区生态屏障研究

17. 改革开放40年民族地区立法实践研究

18. 改革开放40年民族地区特色经济发展研究

19. 改革开放40年民族地区文化建设研究

20. 改革开放40年民族地区生态环境保护研究

21. 改革开放40年民族地区少数民族干部队伍成长研究

22. 改革开放40年民族地区少数民族专业技术人才培养研究

23. 改革开放40年民族地区普通话推广研究

24. 改革开放40年民族地区双语教育研究

25. 改革开放40年少数民族地区语文使用研究

26. 改革开放40年民族地区城镇化研究

27. 改革开放40年民族地区减贫事业研究

28. 改革开放以来西部地区对国家建设的贡献研究

29. 改革开放以来东部对口支援西部的政策实践研究

30. 改革开放以来国家民族政策的调整和完善研究

31. 改革开放以来少数民族非物质文化遗产保护与传承研究

32. 改革开放以来少数民族特需产品供给体制研究

33. 改革开放以来少数民族传统医药的发展研究

34. 改革开放以来全国各民族人口分布变迁研究（基于普查、抽样数据）

35. 中国共产党巩固边疆发展边疆的奋斗历程和基本经验研究

36. 宁夏回族自治区 60 年的民族团结进步事业研究

37. 广西壮族自治区 60 年的民族团结进步事业研究

38. 内蒙古自治区各民族守望相助的经验研究

39. 新疆维吾尔自治区“访惠聚”与民生改善研究

40. 西藏民主改革 60 年的经济发展与社会进步研究

41. 西藏民主改革 60 年的民生改善与人权保障研究

42. 民族区域自治地方全面建成小康社会的典型案例研究

43. “三区三州”脱贫攻坚的政策实践案例调查研究

44. 少数民族地区脱贫致富进程中的传统观念转型调查研究

45. 少数民族特困地区精准扶贫的社会工作介入机制研究

46. 乡村振兴与少数民族农牧民主体地位的实现路径研究

47. 农村（牧区）乡村振兴的少数民族文化特色研究

48. 农村（牧区）乡风文明建设中的传统文化价值观研究

49. 乡村振兴战略下少数民族传统民居的保护与传承研究

50. 传统牧区的乡村振兴路径、模式和效果调查研究

51. 民族地区“村改居”的基层社会组织转型与建设研究

52. 各民族民俗文化在乡村振兴中的价值及其创新转化研究

53. 台湾少数民族村落现代“社区营造”的经验研究

54. 各民族宗教信仰与风俗习惯的关系研究

55. 多民族散杂居地区共建共治共享的社会治理创新经验研究

56. 中国古代民族史志研究

57. 中国古代民族交往交流交融史研究（断代、区域）

58. 中国少数民族历史文献、档案收集整理研究（按文种、专题）

59. 党在延安时期民族工作的理论与实践研究

60. 全国民族团结进步示范州（地、市、盟）个案调查研究

61. 20 世纪上半叶边疆民族调查的历史民族学研究

62. 20 世纪 50 年代少数民族社会历史调查的学术贡献研究

63. 新中国 70 年民族学学科建设研究

64. 新中国 70 年民族史学科建设研究

65. 新中国少数民族参观团的历史意义与现实功能研究

66. 海峡两岸交流中的台湾少数民族代表团研究

67. 中华文化认同在港澳地区的历史基质与现实发展研究

68. “一带一路”建设与边民互动的民心相通研究（分国别或区域）

69. “一带一路”建设中的周边国家民族志研究（分国别或区域）

70. “一带一路”建设与边疆少数民族多语种优势研究

71. “一带一路”建设与民族地区开放研究

72. “兴边富民”与毗邻国家边疆发展政策比较研究（分国别或区域）

73. 当代西方国家民族分离主义运动研究（分国别或地区）

74. 当代西方国家民粹主义与民族主义研究（综合或分国别）

国际问题研究

＊1. 习近平新时代中国特色社会主义外交思想研究

＊2. 习近平新时代中国特色社会主义思想的国际影响研究

＊3. 习近平生态文明思想与“人类命运共同体”视阈下应对全球气候变化研究

＊4. 中国特色社会主义外交思想体系、理论体系、概念体系和话语体系研究

＊5. 中国实现“两个一百年”奋斗目标的国际战略环境研究

∗ 6. 马克思主义国际关系理论研究

∗ 7. 坚持和发展21世纪马克思主义研究

∗ 8. 新形势下马克思主义关于战争与和平思想研究

∗ 9. 新形势下列宁帝国主义论研究

∗ 10. 新形势下毛泽东“三个世界划分”理论当代意义研究

∗ 11. 新时代网络空间国家安全与“人类命运共同体”构建研究

∗ 12. 国际共同责任与“人类命运共同体”构建研究

∗ 13. “一带一路”倡议与全球治理创新研究

∗ 14. 中国理念、中国方案与“一带一路”相关国家发展理念、发展战略对接研究

∗ 15. 人民币国际化与“一带一路”建设研究

∗ 16. 世界大发展、大变革、大调整的时代特征与发展大趋势研究

∗ 17. 世界面临的不稳定性不确定性问题研究

∗ 18. 新形势下中美俄关系研究

∗ 19. 新形势下中俄互为全面战略协作伙伴关系研究

∗ 20. 俄罗斯北方海航道开发历史档案文献收集与中俄北极合作研究

∗ 21. 中美关系定位及趋势研究

∗ 22. 中国拉美命运共同体研究

∗ 23. 中非合作论坛与中非命运共同体研究

∗ 24. 苏东剧变前后（含原苏联、东欧八国）主要资料汇集研究

∗ 25. 非执政的各国共产党现状及发展趋势研究

∗ 26. 当今世界发达国家、发展中国家左翼与社会主义思潮跟踪研究

∗ 27. 美国政治体系及运行机制研究

∗ 28. 美国联邦储备委员会及其运行机制研究

∗ 29. 美国国内和国际舆论引导机制研究

∗ 30. 美国战略思想家研究

∗ 31. 共济会的历史沿革、现状及作用研究

∗ 32. 转基因作物全球种植情况及影响调查研究

33. 全球治理变革的未来与中国的应对研究

34. 全球治理中的公平正义与“人类命运共同体”研究

35. 中国古代周边治理经验和教训研究

36. 构建“人类命运共同体”背景下的国际组织与国际平台研究

37. 大国战略竞争与中国发展战略和策略研究

38. 中国共产党处理中国同周边国家、大国、发展中国家的关系问题研究（分专题）

39. 中国共产党处理中国同联合国等国际组织关系问题研究

40. 中国共产党在国际上处理和发展党际关系的历史经验研究

41. “一带一路”背景下中国国家形象建构与传播研究

42. “一带一路”文化与人类学田野调查与研究

43. “一带一路”相关国家债务可持续性相关问题研究

44. “一带一路”沿线国家综合研究和国别研究

45. 新时代中美矛盾的本质和特征研究

46. 中俄国际治理观比较研究

47. 美国保守主义的政治秩序理论研究

48. 美国主要智库及其运行机制研究

49. 美国能源革命及其能源战略研究

50. 美国国会涉华议案综合研究

51. 后“美国世纪”的世界体系演化研究

52. “美国优先论”及对国际格局的影响研究

53. 世界去美元化发展趋势研究

54. 欧美扩张政策及对边缘国家的控制研究

55. 中老、中缅经济走廊研究（分国别）

56. 中尼印经济走廊倡议研究

57. 中印经济合作研究

58. 中日韩三国合作相关问题研究

59. 朝鲜半岛形势发展新趋势研究

60. 阿富汗及其地位研究

61. 越南、古巴、朝鲜、老挝党的建设研究（分国别）

62. 国际组织相关问题研究（包括政府间组织和非政府间组织）

63. 凝聚世界维护和平力量、切实阻止较大战争爆发相关问题研究

64. 国际政治中的民主与民粹思潮研究

65. 全球正义视域中的经济全球化与逆全球化研究

66. 全球化与国家转型相关问题研究

67. 全球科技创新、科技革命和产业变革与国际关系研究

68. 政党外交与国际关系相关问题研究

69. 在新型国际关系建构过程中非西方国家特别

是中国的地位与作用研究

70. 和平共处五项原则与建设相互尊重、公平正义、合作共赢的新型国际关系研究

71. 共商共建共享原则与零和游戏规则的本质区别及实现途径研究

72. 互利合作共赢与开展伟大斗争的辩证统一关系研究

73. 世界贸易秩序的重建和 WTO 的改革相关问题研究

74. 单边主义与全球贸易体制、区域贸易体制、双边自由贸易协定相关问题研究

75. 应对贸易摩擦的战略策略研究

76. 国际经济关系中不平等现象的成因及其影响研究

77. 数字贸易和全球数字经济规则研究

78. 国际经济金融制裁与反制裁效果研究

79. 网络信息安全与国际关系相关问题研究

80. 我国与周边国家跨境河流合作研究

81. 国际能源、森林资源和淡水资源合作相关问题研究

82. 国际太空外交与外层空间事务研究

83. 国际海底区域环境保护主要法律问题研究

84. 国际救援组织相关问题研究

85. 应对恐怖主义、分裂主义和极端主义国际合作相关问题研究

86. 十六世纪以来世界体系的生成与变迁研究

87. 世界多极化趋势相关问题研究

88. 帝国概念、谱系与帝国主义研究

89. 金融资本统制时代国际生产链的演变研究

90. 福利国家的社会改革及其发展趋势研究

91. 极右翼派别的政纲比较研究

92. “颜色革命”相关问题研究

中国历史

＊ 1. 习近平总书记关于学习历史的重要论述与治国理政关系研究

＊ 2. 马克思主义史学学科体系、学术体系、话语体系研究

＊ 3. 马克思主义与中国道路选择研究

＊ 4. 马克思主义社会形态理论与中国历史发展进程研究

＊ 5. 马克思主义史学发展史研究

＊ 6. 马克思主义史学大师学术思想研究

＊ 7. 中国特色社会主义与中华优秀传统文化研究

8. 中国文明起源、形成与发展机制研究

9. 中华人民共和国 70 年史研究

10. 新中国 70 年的政治发展道路及其历史经验研究

11. 新中国 70 年文化建设历史文献的整理和研究

12. 新中国外交理论与国际关系研究

13. 中国人民政治协商会议历史研究

14. 中华民族观念的形成与各民族交往交融史研究

15. 中华优秀传统文化的传承及核心价值研究

16. 中国古代民族走廊形成与民族多元发展研究

17. 历代国家的核心决策机构及其决策体制研究

18. 我国历代国家监察体制研究

19. 中国古代边疆治理体系研究

20. 历代中央政府对新疆、西藏的治理研究

21. 历代王朝对西南民族地区的治理研究

22. 历代史学家年谱、传记编纂研究

23. 我国历代吏治的历史经验与教训研究

24. 历代吏员制度研究

25. 我国历代科举作弊与惩治制度研究

26. 我国历代经略海洋研究

27. 我国历代海域港口和交通线（包括航线）研究

28. 吐蕃文献整理与社会经济研究

29. 丝绸之路沿线历史遗存（包括岩画、碑刻、墓葬、村落遗址等）整理与研究

30. 历代帝王神话研究

31. 中国历代望族文化研究

32. 中国乡村慈善史研究

33. 西北出土文献中的水资料整理与研究

34. 汉唐时期生态环境演变研究

35. 南海渔民渔业开发史研究

36. 宋代的汉唐观与国家认同研究

37. 生产力发展与“唐宋中国社会变革”研究

38. 汉唐至明清时期的城市与乡村研究

39. 明清州县体制与日常治理研究

40. 明清时期长江舆图整理与研究

41. 明清之际思想文化转型研究

42. 明清宗藩体制演变研究

43. 清代边防行政管理与东北边疆治理研究

44. 清代债务命案研究

45. 科举考试与晚清学术思想嬗变研究

46. 清代台湾开发进程与台湾社会变迁研究
47. 国外有关中国享有南海主权文献资料记载及其国际法效力研究
48. 近代中国工业化过程中的区域历史地理学研究
49. 中国近代经济区域联动研究
50. 近现代黄土高原水土保持途径研究
51. 近代长江中下游地区生态环境与水利事业研究
52. “旧海关史料”与中国近代对外贸易研究
53. 报刊舆论与清末政局研究
54. 清代至民国时期青海藏族部落与地方社会研究
55. 近代中国人思想观念的演变研究
56. 段祺瑞临时执政府文献搜集、整理与研究（1924—1926）
57. 国民政府时期基层司法建设与社会治理研究
58. 近代中国城市影像史研究
59. 近代城市苦力行业与群体研究
60. 20 世纪以来中国农民工的市民化问题研究
61. 20 世纪中叶以来城市社会治理研究
62. 中国军民抗战图文资料整理研究
63. 国共两党历史书写比较研究
64. 中国少数民族妇女手工艺发展史研究
65. 不同历史时期各大河流域区域文化交流研究

世界历史

＊ 1. “一带一路”沿线区域国别史研究
＊ 2. “一带一路”与中日关系研究
＊ 3. 丝绸之路文物文献调查与整理
＊ 4. 20 世纪以来科技革命与世界历史发展研究
＊ 5. 民粹主义的历史研究
＊ 6. 20 世纪关税与贸易冲突研究
＊ 7. 近代以来各国历史教学比较研究
8. 马克思世界历史理论研究
9. 世界历史进程中的重大理论问题研究
10. 命运共同体视域下的中国与周边国家关系史研究
11. 世界史前史研究
12. 世界古代文明的起源与比较研究
13. 近代以来的世界历史和人类命运共同体研究
14. 亚非拉美国家的史学理论与史学史研究
15. 东北亚民族、文化与思想史研究
16. 20 世纪重要的社会思潮研究
17. 华侨史资料汇编
18. 古代西方政体研究
19. 亚非拉民族解放运动研究
20. 美国历史上的移民和族裔问题研究
21. 殖民史研究
22. 移民史研究
23. 第一次世界大战史专题研究
24. 国际关系史专题研究
25. 冷战史专题研究
26. 国际共运史重大问题研究
27. 中东欧史专题研究
28. 非洲史专题研究
29. 南亚史专题研究
30. 生态环境与社会发展研究

考古学

＊ 1. 新时代文化遗产保护、利用的新理念、新方法研究
＊ 2. 重要考古遗址、墓地发掘资料的整理与研究
＊ 3. 区域文化、文明兴衰的原因、机制研究
＊ 4. 国家遗址公园保护利用现状分析及其对策研究
＊ 5. 夏商周时期各地区考古学文化及其相互关系研究
＊ 6. 我国的世界文化遗产地保护现状分析
＊ 7. 考古学研究和文物保护中的新技术、新方法应用
＊ 8. “一带一路”古代文化交流的考古学研究
＊ 9. 中国博物馆发展现状与对策研究
＊ 10. 高校考古文博专业教育状况分析
＊ 11. 高校文博专业教材编撰
＊ 12. 历史类、考古类博物馆展陈的新方式、新技术、新手段研究
13. 考古学理论研究
14. 考古学史研究
15. 东亚地区人类起源的考古学研究
16. 旧、新石器时代过渡时期遗存研究
17. 中华文明起源、形成过程及其原因机制研究
18. 新石器时代聚落研究
19. 新石器至夏商周时期考古学文化谱系研究
20. 各地区文明化进程研究
21. 古代人与环境关系研究
22. 古代城市的考古学研究

23. 古代墓葬的考古学研究
24. 古代农业的考古学研究
25. 古代手工业的考古学研究
26. 反映古代宇宙观与各时期宗教信仰遗存的考古学研究
27. 古代艺术的考古学研究
28. 古代民族的考古学研究
29. 边疆考古学研究
30. 各区域间文化交流与互动关系研究
31. 古代中外文化交流研究
32. 外国考古学研究
33. 世界其他古代文明研究
34. 中外古代文明比较研究

宗教学

* 1. 习近平新时代中国特色社会主义思想与我国宗教工作研究
* 2. 中国特色社会主义宗教理论研究
* 3. 马克思主义宗教观与中国特色宗教学体系建构研究
* 4. 马克思主义无神论思想中国化研究
* 5. 全面贯彻落实党和国家宗教工作基本方针及相关问题研究
* 6. 中国共产党统一战线工作中有关宗教问题的理论与实践研究
* 7. 多民族融合视域下中国宗教的理论和现实问题研究
* 8. “一带一路”沿线国家的宗教与文化研究
* 9. 儒家宗教观与历代宗教管理政策研究
* 10. 当前佛教发展的理论与实践问题研究
* 11. 《道藏》所涉道教思想文献的系统整理与诠释
* 12. 新形势下我国天主教问题研究
* 13. 西方战略安全决策体系中的宗教因素研究
* 14. 当代中国基督徒社会心态及文化身份研究
* 15. 当代全球伊斯兰信仰格局的变迁对世界及我国的影响研究

16. 我国宗教坚持中国化方向研究
17. 中国宗教与构建人类命运共同体研究
18. 中国宗教领域新情况新问题研究
19. 当代世界宗教发展态势研究
20. 宗教学学科的观念、源流、现状及方法论研究
21. 宗教学经典的翻译、传播与影响研究
22. 国外宗教学文献和海外收藏中国宗教典籍的整理与研究
23. 当代宗教与国际政治关系研究
24. 中国三大语系佛教研究
25. 佛教资料整理与研究
26. 藏传佛教历史与文献研究
27. 道教的历史与现状研究
28. 道教及其文献的国际影响研究
29. 基督教三大教派的历史、思想和文化研究
30. 伊斯兰教的历史与现状研究
31. 我国少数民族地区宗教及其文献整理与研究
32. 民间信仰与民俗文化研究

中国文学

* 1. 习近平新时代中国特色社会主义思想对马克思主义文艺理论的创新发展研究
* 2. 中国特色社会主义文学理论体系研究
* 3. 马克思恩格斯的文学批评实践及其对当下文学批评的指导意义研究
* 4. 马克思主义基本原理在当下文艺理论建设中的指导意义研究
* 5. 马克思主义经典作家与国外文学研究
* 6. 文学理论在马克思主义思想体系中的位置研究
* 7. 当前各种新的文学现象与马克思主义文学理论的发展趋势研究
* 8. 古代文论与中华美学精神的关系研究
* 9. 古代文论与中国传统文化的现代意义研究
* 10. 古代文论与当代文艺理论建设
* 11. 中国古代文论在海外的传播及影响研究
* 12. 中国古代文学海外传播研究
* 13. 中国古代文学数据库建设
* 14. 新文献的发现与中国古代文学研究
* 15. 中国现当代文学与优秀传统文化关系研究
* 16. 中国当代文学经典化研究
* 17. 中国当代“红色经典”与现代左翼文学传统研究
* 18. 中国当代女性文学本土化研究
* 19. 中国乡土小说与当代乡村文化建设研究
* 20. 中国历代典籍在海外的翻译、传播与影响研究
* 21. 海外汉学研究的新成果
* 22. 改革开放 40 年文学综合研究
* 23. 现实主义文学创作与理论的现状及发展趋

势研究

＊ 24. 网络文学批评话语体系研究

＊ 25. 近 40 年文学论争研究与文献整理

＊ 26. 马克思主义文学理论在中国少数民族地区的发展历程研究

＊ 27. “一带一路”沿线国家与中国少数民族文学关系研究

＊ 28. 少数民族网络文学研究

＊ 29. 少数民族女性文学研究

＊ 30. 老一辈少数民族革命家对民族区域自治制度的理论贡献研究

＊ 31. “五四”新文学运动百年综合研究

＊ 32. “新文化运动”以来的翻译文学与中国作家研究

＊ 33. 中外文论概念系统的比较研究

＊ 34. 国外文学与文论的最新文献研究

＊ 35. 外国文学经典在中国的翻译、传播与影响研究

＊ 36. 海外汉学与中国现当代文学研究

＊ 37. 百年来书话文献整理研究与数据库建设

＊ 38. 现代西方文艺理论与马克思主义文艺理论的对话与交融研究

＊ 39. 现当代西方文艺美学历史演进研究

＊ 40. 当代西方文艺美学的新观念与前沿问题研究

＊ 41. 新世纪以来的西方马克思主义文论研究

＊ 42. 西方文艺理论中的意识形态问题研究

43. 马克思主义文学理论与德国古典美学的关系研究

44. 马克思主义与 20 世纪以来西方文学理论的关系研究

45. 马克思主义与现代以来中国文学理论发展的关系研究

46. 21 世纪以来西方马克思主义文艺理论发展现状研究

47. 中国古代文论的话语生成机制研究

48. 中国古代文学制度与古代文论话语形态的关系研究

49. 中国古代文学创作与文论的互动关系研究

50. 中国古代文学共同体的生成对文论话语的影响研究

51. 中国古代文学研究方法

52. 中国古代文学经典化研究

53. 中国古代经典作家及作品研究

54. 中国古代文体发生与文体形态研究

55. 中国古代经学与文学研究

56. 中国古代文学学科史研究

57. 历代总集、别集编纂与刊刻研究

58. 近百年现实主义文学思潮研究

59. 中国现当代重要作家作品研究

60. 中国多民族文学关系研究

61. 中国少数民族著名作家研究

62. 中国游牧民族传统生态知识的传承、保护与应用研究

63. 国外中国少数民族文学研究史

64. 藏文典籍的收集整理与研究

65. 海外华文文学重要作家作品研究

66. 海外汉学文献整理与专题研究

67. 海外图书馆所藏中国典籍的整理与研究

68. 20 世纪中国文学框架中的台港澳文学研究

69. 人工智能与文艺美学交叉研究

70. 外国文论的基本文献与理论范畴研究

71. 20 世纪 90 年代以来的西方叙事学研究

外国文学

＊ 1. 国外马克思主义文艺理论及批评家研究

＊ 2. 中外经典作家翻译研究

＊ 3. 外国文学学科史研究（分语种、国别）

＊ 4. 中东欧文学文化研究（分语种、国别）

＊ 5. 东南亚当代文学研究（分语种、国别）

＊ 6. 拉美当代文学研究（分语种、国别）

＊ 7. 21 世纪俄语文学研究

＊ 8. 英国城乡文学关系研究

＊ 9. 美国文学与国家认同研究

10. “一带一路”区域国别文学研究（侧重中亚和非洲）

11. 五四运动以来中外文学交流史研究

12. 外国经典作家作品研究

13. 外国文学理论重要思潮研究

14. 西方文论前沿问题研究

15. 中国外国文学重要翻译家、学者研究

16. 欧洲文学中的中国意象研究

17. 外国民间文学与文化研究

18. 文艺复兴运动初期欧洲俗语文学研究

19. 外国重要文学期刊研究

20. 外国海洋文学研究

21. 外国科幻文学研究

22. 国外新媒体文学研究
23. 西方来华传教士文学研究
24. 外国文学与国民教育研究（侧重文学史、教科书）
25. 欧洲当代文学研究
26. 亚洲汉文学文献研究

语言学

＊1. 中国特色语言学学科体系、学术体系和话语体系研究
＊2. 中国百年来语言文字规范标准发展研究
＊3. “一带一路”地区语言调查与研究
＊4. 农村留守家庭语言问题调查与语言服务研究
＊5. 流动人口或移民对我国语言格局影响的调查与研究
＊6. 当代中国语言生活发展变化研究
＊7. 基于语料库的新媒体语言研究
＊8. 中国政治与文化核心概念的多语言解读与翻译研究
＊9. 基于中国境内语言的语言学理论创新研究
＊10. 数字化时代语言文字生活现状的调查与研究
＊11. 语言智能的社会影响及社会反馈研究
＊12. 中国学龄前儿童语言语料库建设
＊13. 汉语国际教育和孔子学院研究
＊14. 语境对外语学习（第二语言学习）的影响研究
＊15. 上古汉语致使形态研究
＊16. 汉语语法化与词汇化的界面研究
＊17. 语言类型学视角下的汉语复句及其关联标记研究
＊18. 汉语方言语法类型语料库建设
＊19. 方言文化保护、传承的理论与实践研究
＊20. 脱贫攻坚背景下的语言与贫困关系研究
21. 汉语语音史、词汇史、语法史研究
22. 中国传统语文学（文字、音韵、训诂）的继承与创新研究
23. 出土文献语料库建设与上古汉语研究
24. 汉语方言史研究
25. 晚清以来汉语通语发展史研究
26. 汉语发展中的语言接触研究
27. 语义句法互动的汉语实词的语义演变研究
28. 上古汉语并列结构研究
29. 出土文献的词汇语法研究
30. 近代汉语语法和方言语法对比研究
31. 域内外汉语注音资料系统整理与利用研究
32. 韵书比较研究
33. 汉字发展的理论研究
34. 汉语与汉字的关系研究
35. 历代文献（出土、传世）用字研究
36. 基于出土文献的汉字断代研究
37. 中国语言学思想史研究
38. 中外语言文字学接触交流史研究
39. 汉语新诗韵律研究
40. 汉语虚词的句法和语义属性研究
41. 汉语的语体类型与语言表征研究
42. 汉语方言的全覆盖调查与研究
43. 分省或分方言区方言地图编写
44. 闽、粤、客方言海外流布研究
45. 濒危汉语方言调查与研究
46. 西北、西南语言接触地区方言深度调查与研究
47. 汉语方言差异和历史层次研究
48. 方言语法区域性特征比较研究
49. 语言接触下的汉语方言岛语音变异研究
50. 汉语方言的语义演变研究
51. 汉语方言语音类型比较研究
52. 现代汉语方言音变现象研究
53. 国家语言能力建设研究
54. 世界语言生活的动态研究
55. 语言资源的开发应用研究
56. 海外华语资源库建设研究
57. 不同群体的语言状况调查与研究
58. 儿童语言发展研究
59. 跨境移民语言适应的理论与个案研究
60. 基于双语者视角的语言接触研究
61. 网络时代语言特点与语言文明研究
62. 人工智能语言的开发与应用研究
63. 基于汉语事实的神经、心理语言学研究
64. 汉语语素语义加工的认知和神经机制研究
65. 双语学习的加工、控制的神经机制研究
66. 语言障碍人群的语言机制与语言能力提升研究
67. 聋人语言能力的康复研究
68. 老龄人群语言保持与蚀失研究
69. 跨文化言语交际的语用学研究

70. 汉语语体研究

71. 文体修辞的理论与应用研究

72. 汉语修辞学研究

73. 计算语言学研究

74. 语料库语言学研究

75. 基于中国语言事实的认知语言学研究

76. 区域类型学与区域语言学研究

77. 语言类型学的理论和个案研究

78. 量词的语言类型学研究

79. 我国少数民族语言资源深度保护与开发研究

80. 民族语言地理信息系统研究

81. 我国传统民族文字语言海外文献搜集整理与研究

82. 地方志等历史文献所记录的民族语言资料整理与研究

83. 藏缅语形态演变研究

84. 明清传教士汉语文献与近代方言研究

85. 中国特色外语教育教学理论研究

86. 汉语国际教育的理论和实践研究

87. 新时代外语教材体系与教师发展研究

88. 面向汉语二语教学的现代汉语专题研究

89. 基于实验的汉语作为第二语言的习得研究

90. 第二语言习得理论与实验研究

91. 语言测试与语言能力提升研究

92. 中国翻译理论的构建研究

93. 中英学术话语体系对比研究

94. 汉语言知识库建设及汉外双解词典编纂研究

95. 非通用外语与汉语的平行语料库研制与应用研究

96. 汉外语言对比与翻译研究

97. 大数据时代的机器翻译研究

98. 现代技术与口笔译认知心理过程研究

99. 复合型国际化高端外语人才培养的理论与实践研究

100. 国外语言文字学经典著作翻译及研究

新闻学与传播学

* 1. 习近平总书记关于新闻工作职责和使命的基本原则研究

* 2. 习近平总书记关于新闻队伍建设的基本要求研究

* 3. 中国特色新闻学学科体系、学术体系和话语体系研究

* 4. 新时代党对意识形态工作的领导权研究

* 5. 新时代中国共产党新闻宣传理论与实践研究

* 6. 人类命运共同体与全球传播秩序重建研究

* 7. 中国展现负责任大国形象的海外传播研究

* 8. 新时代中国纪录片国际传播能力建设研究

* 9. 新闻舆论工作的“党性原则”及其实践研究

* 10. “以人民为中心”的新闻宣传思想研究

* 11. 中国共产党领导新闻舆论工作史研究

* 12. 新时代网络舆情的大数据使用与研究

* 13. 新时代公民媒介素养研究

* 14. “一带一路”倡议下中国非物质文化遗产的跨文化传播研究

* 15. “一带一路”倡议的全球传播战略与策略研究

* 16. 大众传媒与乡村振兴研究

* 17. 中国传媒现代治理体系建构研究

* 18. 构建全球网络安全体系研究

* 19. 互联网环境中主流新闻机构公信力和影响力建设研究

* 20. 网络视频监管研究

* 21. 新网络治理环境下政务新媒体受众参与机制研究

* 22. 融合媒介环境下突发事件舆情应对与经验研究

* 23. 网上正面舆论引导基本规律研究

* 24. 互联网条件下舆论学理论体系建构研究

* 25. 智能时代区域性主流媒体传播效力评价研究

* 26. 网络社群中网民价值观引导研究

* 27. 网络媒体时、度、效的方法策略研究

* 28. 社交网络对公众社会认知能力的影响方式及效能研究

* 29. 中美贸易摩擦中我国主流媒体的舆情应对研究

* 30. 新媒体环境下的主旋律叙事研究

* 31. 社交媒体公众号的作者责任及言论规范研究

* 32. 算法时代恐怖主义信息传播的特点与应对策略研究

* 33. 社交媒体对组织传播与管理的影响研究

* 34. 大数据背景下辟谣信息的生成与传播研究

* 35. 智能手机使用对民众生活方式的影响研究

＊ 36. 人工智能对公共信息传播的作用方式及效果控制研究

＊ 37. 中国电视内容生产与传播创新研究

＊ 38. 新中国广播电视新闻生产与社会变革研究

＊ 39. 政治传播视域下纪录片的观念、历史、策略研究

＊ 40. 新时期中国外宣片的传播力、引导力、公信力研究

＊ 41. 网络时代广播发展战略研究

＊ 42. 网络社群文化的品牌消费引领研究

＊ 43. 新媒体时代播音主持创新研究

＊ 44. 新媒体广告的现状与趋势研究

＊ 45. 改革开放以来我国的跨文化广告研究

＊ 46. 媒介融合改革的难点与可行路径研究

＊ 47. 智媒时代的新闻传播教学及人才培养研究

＊ 48. 绿色发展理念背景下的我国环境传播研究

＊ 49. 我国应对气候变化问题的传播对策研究

＊ 50. 新闻侵权多元纠纷解决机制研究

＊ 51. 中国主题出版的历史、现状及趋势研究

＊ 52. 推动出版业发展的新动能研究

＊ 53. 中国编辑学理论的变迁与重构研究

＊ 54. “一带一路”背景下中国出版走出去研究

＊ 55. 场景在数字出版中的应用研究

＊ 56. 数字化时代农家书屋发展研究

＊ 57. 中国近代书业广告研究

＊ 58. 性别视域下自媒体传播研究

59. 中国模式与中国特色新闻学研究

60. 智能媒体时代传播学的理论构建研究

61. 县级融媒体中心建设与发展研究

62. 新时代村镇文化传播研究

63. 公益传播力构建研究

64. 形象宣传片中的国家形象“自塑”策略研究

65. 国外社交媒体内容审查与极端言论规避机制研究

66. 社交媒体正能量传播机制研究

67. 青少年社交媒体使用状况研究

68. 网络新闻污染与治理研究

69. 大数据背景下的信息流动与隐私权保护研究

70. 网络游戏的发展状况与社会影响研究

71. 国际化背景下中国出版品牌传播效果研究

72. 我国出版产业与人工智能技术融合发展研究

73. 区块链技术在出版业中的应用研究

74. 版权保护强度与出版产业效益关系研究

75. 中国传播学史研究

76. 中国古代政治传播研究

77. 中国近代译报与西学东渐研究

78. 五四运动主题文献的出版传播研究

79. 新中国 70 年来我国出版业管理体制改革的演进研究

80. 在华传教士报刊的世俗化研究

图书馆・情报与文献学

＊ 1. 新时代图书情报与档案管理学科体系的重新构建研究

＊ 2. 新时代文化自信视域下的经典阅读研究

＊ 3. 科研用户知识资源采纳的认知机理研究

＊ 4. 在线医疗社区的信息甄别机制研究

＊ 5. 大数据环境下面向图书馆资源的跨媒体知识服务研究

＊ 6. 公共图书馆法人治理结构与模式研究

＊ 7. 面向全面小康战略目标的图书馆发展路径研究

＊ 8. 数字融合出版与图书馆一体化服务战略研究

＊ 9. 大数据环境下图书馆绩效评价研究

＊ 10. 突发事件中网民情感状态演变规律研究

＊ 11. 人工智能环境下的国家安全与竞争情报研究

＊ 12. 情感与认知视角下信息检索行为模型的构建及实证研究

＊ 13. 数字图书馆元数据建设体系研究

＊ 14. 社会力量参与公共阅读空间建设准入机制研究

＊ 15. 少儿时期阅读习惯对成年后阅读与生活的影响研究

＊ 16. 数字图书馆用户信用体系研究

＊ 17. 图书馆自主学习空间建设研究

＊ 18. 公共图书馆企业信息服务创新研究

＊ 19. 助力“双一流”建设的高校图书馆管理与服务创新研究

＊ 20. 乡村振兴战略背景下图书馆精准服务及实现机制研究

＊ 21. 图书馆儿童阅读服务的管理与测评研究

＊ 22. 台湾地区馆藏图书馆学史料整理与研究

＊ 23. 面向智慧服务的多源多维公共文化数据治理及政策保障研究

＊ 24. 基于图书馆主导的小微企业竞争情报精准

定制与运行策略研究

＊25. 我国信息服务机构个人信息管理的“合规性”研究

＊26. 大数据环境下同行评议方法模式研究

＊27. 基于复合数据的科技信息跨维度挖掘与推荐研究

＊28. 建构主义视角下用户网络信息搜索中的学习机理研究

＊29. 人文社会科学领域学术诚信状况的实证分析

＊30. 学习型检索交互中的用户情感研究

＊31. 高校知识产权信息服务机制研究

＊32. 基于语义网的医疗健康信息组织与服务模式研究

＊33. 面向跨界流域管理的应急决策情报体系构建研究

＊34. 数据安全治理研究

＊35. 泛在智慧环境下个人信息保护机制及对策研究

＊36. 电子文件证据地位及证据效力的保障体系研究

＊37. 档案用户体验与感知优化研究

＊38. 新时代我国档案管理体制改革研究

＊39. 数字政府背景下电子文件单轨制管理研究

＊40. “互联网+”背景下多媒体档案知识发现研究

＊41. 我国传统家谱的内容挖掘与可视化方法研究

＊42. 多样化军事行动任务中的档案管理模式研究

＊43. 档案在身份认同中的功能与实现研究

＊44. 互联网时代知识共享与版权保护研究

＊45. 新时代中国出版产业政策与意识形态安全研究

＊46. 开放科学背景下我国人文社会科学国际影响力提升的理论与实践研究

＊47. 中国特色网络内容治理的制度设计与实施路径研究

＊48. 移动场景下学术期刊服务链重构研究

＊49. 基于多源数据的企业融合决策与评价研究

＊50. 信息生态学视野下的在线教育产业构成、运行机制及优化研究

51. 领域大数据治理前沿理论研究

52. 新中国图书馆事业发展研究

53. 当代中国公共图书馆全域服务体系的理论与实践研究

54. 大数据开发利用中的伦理问题研究

55. 新时代图书情报事业发展的新业态与新动力研究

56. 数字人文视域下图书馆转型研究

57. 智慧图书馆建设的模式与路径研究

58. 公共图书馆评估研究

59. 中小学图书馆建设研究

60. 学术大数据环境下的科学成果评价研究

61. 中国图书馆学史人物与思想研究

62. 高被引与高关注学术影响力研究

63. 知识服务的深化及其用户智慧融入方式研究

64. 人文社会科学科研诚信规范体系及建设研究

65. 开放政府数据的应用及用户研究

66. 面向知识关联的档案价值发现和实现技术研究

67. 数字档案资产管理的理论与实践研究

68. 社会建档理论与方法研究

69. 民间历史档案整理与研究

70. 乡村振兴战略背景下档案管理改革研究

71. 大数据背景下个人存档的理论、方法与政策引导研究

72. 台湾地区档案学术思想研究

73. 开放科学背景下学术出版创新与知识服务升级研究

74. 电子商务信息服务新机制研究

体育学

＊1. 习近平总书记关于体育工作的重要论述研究

＊2. 习近平新时代中国特色社会主义思想与中华体育精神研究

＊3. 中国共产党领导的体育工作经验研究

＊4. 中国特色体育学学科体系、学术体系和话语体系研究

＊5. 改革开放40年中国体育发展的历程、成就和经验研究

＊6. 北京冬奥会促进区域体育协同发展研究

＊7. 2008年北京奥运会文化遗产保护对2022冬奥会创新的启示研究

＊8. 东京奥运会中国体育代表团参赛优势与风险研究

∗ 9. 人民美好生活需要与构建公共体育服务体系研究

∗ 10. 更好发挥我国在各类国际体育组织中的作用研究

∗ 11. 中国体育外交研究

∗ 12. “一带一路”倡议实施中体育的重点与难点问题研究

∗ 13. 深化我国运动项目协会改革研究

∗ 14. 体育竞赛体系的科学化研究

∗ 15. 政府、社会、学校、家庭对学生体质健康影响研究

∗ 16. 足球特色学校管理与评价研究

∗ 17. 体育科学数据管理前沿理论研究

∗ 18. 运动促进健康教育体系研究

∗ 19. 新时代我国青少年体育价值观研究

∗ 20. 中外体育思想比较研究

∗ 21. 不同运动项目产业发展规律研究

∗ 22. 推动体育大数据开发与产业化研究

∗ 23. 体育产学研与科技成果转化研究

∗ 24. 中国职业体育发展研究

∗ 25. 奥林匹克教育理论与实践研究

26. 中国特色社会主义体育文化研究

27. 体育强国国际标准研究

28. 举国体制与体育市场机制相结合的新机制研究

29. 中国体育思想研究

30. 体育标准化研究

31. 健康中国与体育发展研究

32. 体育道德与行为规范研究

33. 体育运动中的哲学思想研究

34. 2022 年冬奥会备战参赛研究

35. 2022 年冬奥会志愿者服务研究

36. 竞技体育选材若干理论与实践问题研究

37. 竞技体育的国际竞争力研究

38. 青少年体育后备人才多元培养与整合发展研究

39. 大型体育赛事与专业人才培养研究

40. 体育与新媒体融合发展研究

41. 奥运项目、非奥项目和民族传统项目协调发展研究

42. 互联网、大数据、人工智能与体育深度融合研究

43. 体育赛事与城市发展研究

44. “一带一路”背景下我国体育文化传播研究

45. 中外体育迷（球迷）文化比较研究

46. 民族民间体育赛事研究

47. 群众体育纵深发展研究

48. 冰雪运动与文化旅游产业融合发展研究

49. 冬奥会与全民健身协调发展研究

50. 全民健身科学化研究

51. 城乡体育协调发展研究

52. 城市社区体育设施配套升级研究

53. 精准扶贫与农村体育发展研究

54. 全民健身模范城市建设标准研究

55. 全民健身与全民健康深度融合研究

56. 体医融合研究

57. 运动与健康教育研究

58. 妇女体育研究

59. 农村农民体育研究

60. 残疾人体育研究

61. 特殊人群运动干预研究

62. 新时代中国体育社会组织创新发展研究

63. 促进我国居民体育消费升级的理论与实证研究

64. 提高我国公共体育服务体系质量研究

65. 推进区域体育可持续发展研究

66. 老年人体育健康促进的治理研究

67. 妇女、儿童体育健康促进研究

68. 残疾人体育健康促进研究

69. 区域体育协调发展研究

70. 体育发展与精准扶贫研究

71. 发展不平衡不充分与西部地区体育发展研究

72. 马拉松（路跑）现象及其在中国的兴起研究

73. 新时代农村体育公共服务体系研究

74. 体育促进生态文明研究

75. 改革开放 40 年学校体育发展研究

76. 国际体育新趋势研究

77. 社会主义核心价值观与青少年体育行为研究

78. 冰雪运动进校园研究

79. 深入推进校园足球研究

80. 体育与学生核心素养研究

81. 社会、学校、家庭对青少年体育的影响研究

82. 中外体育教育国际比较研究

83. 体育产业促进就业的渠道和配套政策研究

84. “体旅文商农”融合发展研究

85. 科技创新对体育产业的推动与促进研究

86. 区域体育产业发展研究
87. 体育赛事品牌塑造研究
88. 体育产业投融资研究
89. 我国体育彩票公积金使用效益研究
90. 体育产业与相关产业融合发展研究
91. 经营性体育场所税费政策研究
92. 智慧体育应用与实践研究
93. 运动休闲理论与实践研究
94. 非正规体育社会组织治理研究
95. 武术申奥的对策研究
96. 民族民间体育传承与发展研究
97. 我国民族传统体育的理论创新研究
98. 中华民族传统体育跨文化传播研究
99. 我国少数民族体育的挖掘整理与创新研究
100. 改革开放40年我国体育哲学社会科学发展研究
101. 体育人文社会学学科体系与基础理论研究
102. 体育与军民融合研究
103. 体育与军队战斗力的关系研究

管理学

* 1. 中国特色管理学学科体系、学术体系和话语体系研究
* 2. 新时代深化国有企业混合所有制改革研究
* 3. 新时代培育良好营商环境的政策研究
* 4. 新时代自然保护地管理体制研究
* 5. “一带一路”倡议下中国企业国际化战略研究
* 6. 促进工业绿色转型发展的政策体系研究
* 7. 中美贸易摩擦对中国企业成长战略影响研究
* 8. 中美贸易摩擦对我国科技创新体系建设的影响及对策研究
* 9. 基于价值链的国有企业与民营企业关系研究
* 10. “竞争中立”的相关理论与实践研究
* 11. 中国传统管理哲学思想与现代企业管理理论的融合研究
* 12. 企业绿色治理理论与评价研究
* 13. 中国企业社会责任管理的理论与实践创新研究
* 14. 国有企业出资者财务体系构建研究
* 15. 基于中国制度背景的财务报告概念框架研究
* 16. 企业产融结合模式研究
* 17. 国有企业合规管理研究
* 18. NGO组织治理结构研究
* 19. 网络平台企业风险生成机制及治理对策研究
* 20. 数字经济趋势下企业组织变革研究
* 21. 平台企业社会责任及治理对策研究
* 22. 互联网时代企业领导者角色与作用转型研究
* 23. 人工智能与互联网技术对企业人力资源管理体系的影响研究
* 24. 人工智能时代消费者自主权研究
* 25. 流通企业转型与竞争力提升研究
* 26. 中非企业产能合作研究
* 27. 世界一流企业的理论与实践研究
* 28. 共享经济时代下人力资源管理创新研究
* 29. 共享经济背景下的组织变革研究
* 30. 新生代员工心理与行为研究
* 31. 平台型企业员工的创新行为研究
* 32. 互联网时代的企业管理理论创新研究
* 33. 人工智能背景下的现代企业理论重构研究
* 34. 消费者在线行为模式研究
* 35. 跨国企业商务模式与经营研究
* 36. 跨境电商的发展战略研究
* 37. 数字化转型背景下的商业模式创新研究
* 38. 去中心条件下企业创新生态系统构建与运作机制研究
* 39. 先前创业动机对创业者股权安排和治理机制设计的影响研究
* 40. 创业生态系统内利益相关者共创意愿影响公司创业机理研究
* 41. 人口老龄化与社会保障体系建设研究
* 42. 商业保险参与社会保障体系建设研究
* 43. 农村精准扶贫发展的新趋势研究
* 44. 促进城乡要素流动机制研究
* 45. 乡村振兴战略中的基层治理研究
* 46. 推动绿色发展的公共政策体系研究
* 47. 乡村振兴战略背景下的城乡融合发展体制机制研究
* 48. 我国农业农村现代化模式研究
* 49. 户籍制度对城镇化进程的影响研究
* 50. 全面消除贫困后的农民收入问题研究
* 51. 农业绿色发展中政府、企业和农户的行为

研究

＊ 52. 农村人居环境整治的模式及机制创新研究

＊ 53. 国有森林资源有偿使用制度下深化重点国有林区改革研究

＊ 54. 畜牧业生态化养殖的经济路径、制度设计和政策保障研究

＊ 55. 粮食主产区生态保障体系研究

＊ 56. 重要流域的生态补偿机制研究

＊ 57. 促进生态文明建设的政府公共管理研究

＊ 58. 社会主义市场经济下政府的公共管理和政策研究

＊ 59. 行政区划合理设置与国家治理体系现代化研究

＊ 60. 扩大进口战略下跨境电商发展创新研究

＊ 61. 基于“互联网+智慧流通”的中国流通竞争力提升路经和技术研究

＊ 62. 政府应对卫生健康突发事件的管理机制研究

＊ 63. 以数字经济构建精准扶贫的管理机制研究

＊ 64. 提高社会低收入群体幸福感的公共服务管理研究

＊ 65. 低收入群体的社会保障体系研究

＊ 66. 劳动就业面临的新问题及对策研究

＊ 67. 完善社会组织内部治理结构研究

＊ 68. 区域协同发展模式创新研究

＊ 69. 资源型城市绿色转型研究

＊ 70. 城市化与逆城市化协调发展研究

＊ 71. 城市群管理体制研究

＊ 72. 社会公共安全风险防控研究

＊ 73. 适应区域协同发展的公共管理和政策研究

＊ 74. 区域协同发展中的公共危机管理研究

＊ 75. 区域公共安全协调联动机制研究

＊ 76. 边远地区（少数民族地区）的公共安全与危机管理研究

＊ 77. 网络文化企业治理机制研究

＊ 78. 深化跨军地改革研究

79. 政府治理能力与治理体系现代化研究

80. 共享经济的发展与管理创新研究

81. 共享经济下的消费心理与行为研究

82. 绿色发展战略管理研究

83. 人工智能与先进制造业发展研究

84. 科技创新管理研究

85. 金融科技发展战略管理研究

86. 区块链技术的发展治理研究

87. 国有企业改革创新研究

88. 流通管理创新研究

89. 城乡一体化发展研究

90. 失业社会保障体系研究

91. 医疗社会保障体系研究

92. 养老社会保障体系研究

93. 应急管理机制研究

94. 城市危机管理研究

95. 人口城市化治理研究

96. 智慧城市建设研究

97. 长三角一体化协调发展研究

98. 知识产权保护与创新研究

99. 军民融合深度发展研究

（全国哲学社会科学工作办公室供稿）

2019 年度国家社会科学基金项目立项课题（北京地区）

一、马列·科社

重点项目

序号	项目名称	负责人	工作单位	预期成果	完成时间
1	习近平新时代中国特色社会主义思想的理论贡献研究	黄　刚	中央财经大学	专著	2023. 6. 30
2	习近平关于意识形态工作的重要论述研究	孙来斌	北京大学	论文集	2022. 12. 31

续表

序号	项目名称	负责人	工作单位	预期成果	完成时间
3	习近平关于教育工作的重要论述研究	黄建军	北京师范大学	专著	2021. 12. 30
4	国家治理视野下提升我国社会组织发展质量研究	康晓强	中共中央党校（国家行政学院）	研究报告	2022. 12. 30

一般项目

序号	项目名称	负责人	工作单位	预期成果	完成时间
1	马克思的宗教批判与唯物史观的创建研究	刘春晓	首都师范大学	专著	2023. 6. 30
2	新时代中国共产党自我革命的理论与实践研究	阚和庆	北京工业大学	专著	2022. 12. 31
3	生命共同体视域下的《资本论》生态思想研究	孙　磊	北京外国语大学	专著	2024. 12. 31
4	习近平关于新闻传播重要论述研究	宫承波	中国传媒大学	专著	2022. 3. 31
5	智能时代的意识形态风险防范研究	李　钢	北京邮电大学	研究报告	2022. 6. 30
6	新时代网络思想政治教育原理体系创新研究	谢玉进	中央财经大学	专著	2021. 12. 30
7	习近平关于培养时代新人重要论述研究	何玉芳	北京交通大学	专著、论文集	2022. 6. 30
8	当代中国改革话语的演进与建构研究	刘洪森	北京师范大学	研究报告	2022. 9. 1
9	社会主义核心价值观的海外传播研究	刘左元	北京理工大学	专著	2022. 12. 31
10	毛泽东探索中国工业化道路的历史经验与当代价值研究	王赟鹏	北京科技大学	论文集、研究报告	2022. 12. 31
11	新中国成立以来中国共产党开展农民思想政治教育的历程与经验研究	张玲玲	中国农业大学	专著	2023. 12. 31
12	社会主义发展进程视域下中国妇女运动经验研究	韩贺南	中华女子学院	专著	2023. 12. 30
13	“美国社会主义例外论”研究	邓　超	中国社会科学院世界历史研究所	专著	2021. 12. 30
14	列宁党的政治建设思想及其当代价值研究	樊　欣	中国社会科学院马克思主义研究院	专著	2023. 12. 31
15	基本公共服务均等化及其实现机制研究	刘志昌	中国社会科学院马克思主义研究院	专著、研究报告	2021. 6. 30
16	“一带一路”倡议视阈下中国文化软实力的提升路径研究	王　蕾	中国社会科学院当代中国研究所	专著	2022. 6. 30
17	可行能力视角下深度贫困地区精准脱贫长效机制研究	金英君	中国社会科学院当代中国研究所	研究报告	2022. 12. 31
18	当代中东左翼政党研究	易小明	中共中央党史和文献研究院	专著	2022. 10. 30
19	21世纪科学社会主义应对复杂性问题的方法论建构研究	徐浩然	中共中央党校（国家行政学院）	专著	2023. 12. 30

续表

序号	项目名称	负责人	工作单位	预期成果	完成时间
20	习近平关于底线思维的重要论述研究	古　荒	中共中央党校（国家行政学院）	专著	2022. 5. 31
21	新时代中国共产党人的精神世界建设问题研究	王海滨	中共中央党校（国家行政学院）	专著	2021. 12. 30
22	新时代中国特色劳动关系协商协调机制创新研究	杨成湘	中共中央党校（国家行政学院）	专著	2021. 12. 31
23	唯物史观视野中的中国道路研究	唐爱军	中共中央党校（国家行政学院）	专著	2021. 12. 30

青年项目

序号	项目名称	负责人	工作单位	预期成果	完成时间
1	习近平关于防范系统性金融风险的重要论述研究	张　敏	首都师范大学	专著	2022. 7. 1
2	马克思思想历程中的人类学因素及其当代效应研究	王　莅	中国人民大学	专著	2023. 9. 30
3	苏联—俄罗斯政治转型研究	费海汀	北京大学	专著	2023. 12. 31
4	“以文化人”的理论蕴涵和战略指向研究	王　振	北京师范大学	专著	2022. 5. 30
5	社会主义理论维度下的英国新左翼思想及其当代价值研究	黄　斐	中国人民大学	论文集	2024. 9. 30
6	中国共产党运用中华优秀传统文化凝心聚力的意义与路径研究	许　慎	北京科技大学	专著	2023. 6. 30
7	马克思精神生产理论与全媒体时代主流意识形态的建构研究	梅　岚	中国社会科学院马克思主义研究院	专著	2021. 7. 29
8	金融危机后西方左翼学者的当代资本主义批判研究	雷晓欢	中国社会科学院马克思主义研究院	专著	2022. 12. 31
9	中国特色新型智库法治化建设路径研究	丁启明	中国社会科学院社会科学文献出版社	研究报告	2021. 6. 1
10	习近平生态文明思想的世界意蕴与世界影响研究	申　森	中共中央党史和文献研究院	专著	2023. 5. 30
11	“诗教”传统与民族精神的建构及传播研究	董宇宇	中央社会主义学院	研究报告	2022. 7. 31
12	思想史视域下的马克思主义中国化研究	张　城	中共中央党校（国家行政学院）	专著	2021. 12. 31

二、党史·党建

重点项目

序号	项目名称	负责人	工作单位	预期成果	完成时间
1	坚持和加强党的全面领导研究	祝灵君	中共中央党校（国家行政学院）	专著	2022. 6. 30
2	20 世纪初中国工人的政治认同与革命走向研究	高中华	中共中央党校（国家行政学院）	专著	2022. 6. 30

一般项目

序号	项目名称	负责人	工作单位	预期成果	完成时间
1	乡村振兴背景下农村党支部引领乡村治理机制构建及实现路径研究	黄　峰	中共北京市委党校	专著	2022. 12. 25
2	乡村振兴背景下农村基层党组织领导集体经济建设能力研究	张　晖	中国农业大学	专著	2022. 7. 1
3	深化党的纪律检查体制改革的理论与方案研究	任建明	北京航空航天大学	论文集、研究报告	2022. 6. 30
4	新时代党内法规制度的评估机制建设及优化路径研究	庄德水	北京大学	专著	2022. 6. 30
5	中共中央在香山筹建新中国的历史与经验研究	欧阳军喜	清华大学	论文集、研究报告	2022. 12. 30
6	新中国成立后党领导对外科技援助工作的历史与经验研究	王勇忠	中国科学院大学	论文集	2021. 12. 31
7	党的网络治理领导力提升研究	吴水平	中国传媒大学	研究报告	2022. 8. 30
8	新中国 70 年航天事业独立创新模式及现代意义研究	李成智	北京航空航天大学	专著、研究报告	2022. 6. 30
9	口述历史的搜集整理与国史研究	姚　力	中国社会科学院当代中国研究所	专著	2022. 6. 30
10	新时代党的建设方式方法研究	张　政	光明日报社	研究报告	2021. 3. 1
11	党内法规制度建设基本规律研究	施新州	国家法官学院	专著、研究报告	2022. 6. 30
12	改革开放以来中国共产党西藏工作的历史进程与基本经验研究	王小彬	中国藏学研究中心	专著	2023. 12. 1
13	中国共产党关于改革与经济增长关系的探索历程和基本经验研究	闫茂旭	中共中央党史和文献研究院	专著	2023. 12. 31
14	党章学的理论构建研究	张晓燕	中共中央党校（国家行政学院）	专著	2023. 6. 30

青年项目

序号	项目名称	负责人	工作单位	预期成果	完成时间
1	党领导民营经济的路径演变和完善对策研究	石云鸣	中共北京市委党校	研究报告	2022. 6. 30
2	延安时期党的学习活动考察及对建设学习型政党的启示研究	李雪铭	北京联合大学	专著	2021. 12. 31
3	20 世纪 20 年代苏联培养中共军事干部研究	叶　帆	北京大学	专著	2024. 12. 31
4	新中国成立后党领导对外援助工作的历史与经验研究	穆阿妮	北京师范大学	研究报告	2022. 12. 21

三、哲学

重点项目

序号	项目名称	负责人	工作单位	预期成果	完成时间
1	《资本论》历史唯物主义思想的当代阐释	郗　戈	中国人民大学	专著	2023. 9. 30
2	西方古代至中世纪哲学中的自由与责任研究	吴天岳	北京大学	专著	2022. 12. 31

一般项目

序号	项目名称	负责人	工作单位	预期成果	完成时间
1	早期中国与古希腊宇宙观比较研究	孙　伟	北京市社会科学院	专著	2022. 12. 31
2	明末清初耶稣会士对宋明理学的诠释研究	张凯作	中共北京市委党校	专著	2023. 12. 31
3	《黑皮本》与海德格尔中后期思想研究	朱清华	首都师范大学	专著	2022. 12. 31
4	1949 年以来中国共产党伦理思想研究	沈永福	首都师范大学	专著、研究报告	2022. 6. 30
5	黑格尔的人格财产权理论研究	陈　浩	清华大学	专著	2023. 12. 31
6	当代宗教哲学"恶的难题"探微	钱雪松	中国政法大学	论文集	2024. 5. 30
7	科学与哲学深层关系问题研究	孟建伟	中国科学院大学	专著	2023. 12. 31
8	苏联哲学家凯德洛夫的科学史成果计量分析及科学编史学理论研究	鲍　鸥	清华大学	专著	2021. 12. 31
9	中美"负责任创新"跨文化比较研究	李　平	清华大学	研究报告、专著	2022. 6. 30
10	荀子道德哲学的形上学基础研究	王　楷	北京师范大学	专著	2022. 6. 30
11	元明清通礼著述源流与诠释研究	张　涛	清华大学	专著	2023. 6. 30
12	汉魏经学视域下的王弼易学研究	蒋丽梅	北京师范大学	专著	2022. 6. 30
13	心学的形成发展与四书学的重构研究	孙宝山	中央民族大学	专著	2024. 3. 1
14	斯多亚自然哲学研究	王文华	国际关系学院	专著、译著	2023. 6. 15
15	梵文原典《数论颂》的释读与研究	张保胜	北京大学	专著	2022. 12. 31
16	朱迪斯·巴特勒文学哲学思想研究	王　楠	北京师范大学	译著、论文集	2023. 12. 31
17	中国社会变迁 70 年的公民宪法认同研究	刘　丹	北京师范大学	专著	2022. 12. 1
18	一阶模态逻辑的可判定片段研究	王彦晶	北京大学	论文集	2022. 12. 31
19	动态语境中的策略推理研究	琚凤魁	北京师范大学	论文集	2023. 7. 1
20	浙东学派黄宗羲、黄宗炎易学文献整理与思想研究	胡士颍	中国社会科学院哲学研究所	论文集、其他	2022. 9. 1

续表

序号	项目名称	负责人	工作单位	预期成果	完成时间
21	生命伦理学语境中的道德地位问题研究	李亚明	中国社会科学院哲学研究所	专著	2022. 2. 10
22	权力与资本良性互动的伦理规则研究	靳凤林	中共中央党校（国家行政学院）	专著、研究报告	2022. 6. 30
23	《群书治要》中的德福观研究	刘余莉	中共中央党校（国家行政学院）	专著	2023. 12. 31

青年项目

序号	项目名称	负责人	工作单位	预期成果	完成时间
1	日本江户时代《孟子》文献的整理与研究	张晓明	北京第二外国语学院	专著、研究报告	2024. 6. 30
2	维特根斯坦哲学中的规范思想研究	王彬彬	北京物资学院	论文集	2022. 8. 30
3	《周易》德福观研究	龙　倩	中共北京市委党校	专著	2023. 12. 31
4	科学实践哲学视域下的人工智能框架问题研究	徐　源	清华大学	专著	2022. 6. 1
5	梵本《时论》中的古印度时间哲学研究	赵　悠	北京大学	专著	2022. 12. 31
6	康德形式伦理学的空洞性问题与人性价值研究	郭宇航	北京大学	专著	2023. 12. 31
7	以现实问题为导向的《资本论》哲学思想研究	杨洪源	中国社会科学院哲学研究所	专著	2021. 12. 30
8	斯宾诺莎《梵蒂冈抄本》编译研究	毛　竹	中国社会科学院哲学研究所	专著、译著	2022. 7. 30
9	西方中国逻辑思想研究的历史发展与最新进展研究	崔文芊	中国社会科学院哲学研究所	专著	2023. 12. 31

四、理论经济

重点项目

序号	项目名称	负责人	工作单位	预期成果	完成时间
1	防范和化解地方政府隐性债务风险治理体系优化研究	史锦华	中央民族大学	专著	2023. 6. 30
2	新时代我国大中小企业融通发展的路径与机制研究	尚会永	北京外国语大学	专著	2022. 12. 31
3	新时代中国流动人口就业质量及其对高质量城镇化的影响研究	苏丽锋	对外经济贸易大学	研究报告、论文集	2022. 5. 31
4	外国在华专利与中国出口贸易高质量发展的关系研究	曲如晓	北京师范大学	研究报告	2021. 12. 31
5	无锡、保定 22 村村庄经济的 90 年变迁研究（1929—2018）	赵学军	中国社会科学院经济研究所	专著	2022. 12. 31
6	宏观金融网络视角下的合意杠杆率研究	张晓晶	中国社会科学院经济研究所	研究报告	2020. 12. 31

续表

序号	项目名称	负责人	工作单位	预期成果	完成时间
7	推进农民工落户的区域差别化政策体系构建研究	欧阳慧	国家发展和改革委员会	研究报告、论文集	2021. 12. 30

一般项目

序号	项目名称	负责人	工作单位	预期成果	完成时间
1	异质性消费者视角下消费结构变化促进强大国内市场形成研究	汪　洋	首都经济贸易大学	研究报告	2022. 6. 30
2	我国区域性房地产金融风险空间溢出机制、效应及预警研究	葛红玲	北京工商大学	研究报告	2022. 6. 30
3	增强民营经济韧性的精准金融支持机理与路径研究	杨　宜	北京联合大学	专著、论文集	2022. 12. 31
4	新中国 70 年产业结构演变研究	郭旭红	中国矿业大学（北京）	专著	2022. 6. 16
5	基于大数据分析的城市病分类识别与预警优化系统构建研究	宋　涛	北京师范大学	专著、电脑软件	2022. 3. 1
6	生活成本提高背景下城镇新居民与原地居民公共资源配置研究	舒燕飞	中央民族大学	专著、研究报告	2020. 12. 30
7	乡村振兴背景下城乡高质量融合发展的动力机制研究	侯志茹	中央民族大学	研究报告	2022. 5. 31
8	中小民营企业分类发展的精准扶持政策研究	张培丽	中国人民大学	研究报告	2022. 9. 30
9	2020 年后深度贫困地区提升脱贫人口收入机制与路径研究	张玉刚	中央民族大学	研究报告	2022. 6. 30
10	提振民间投资的长效机制研究	李鹏飞	中国社会科学院工业经济研究所	专著	2022. 12. 31
11	基于多源大数据的京津冀产业协同发展模式及效果评价研究	杨道玲	国家信息中心	论文集、研究报告	2021. 12. 31
12	新时代中国共产党经济治理能力建设研究	张慧君	中共中央党校（国家行政学院）	专著	2022. 12. 31
13	德国社会市场经济经验借鉴下的中国住房制度继续改革和长效机制建设研究	马秀莲	中共中央党校（国家行政学院）	研究报告	2022. 12. 31

青年项目

序号	项目名称	负责人	工作单位	预期成果	完成时间
1	乡村振兴背景下城镇化对粮食生产中劳动力要素的影响研究	徐李璐邑	北京市社会科学院	专著	2022. 12. 31
2	斯拉法体系下固定资本理论研究	黄　彪	中国人民大学	研究报告	2022. 9. 30
3	动态随机一般均衡下企业异质性对中国货币政策制定的影响研究	马　冰	中央财经大学	论文集	2021. 12. 31
4	金融周期、资源错配形势下我国财政与货币政策的关系研究	郑重阳	清华大学	论文集、研究报告	2021. 8. 31

续表

序号	项目名称	负责人	工作单位	预期成果	完成时间
5	基于区块链技术的小额保险深度精准扶贫机制构建与成效评估研究	王丽珍	中央财经大学	论文集、研究报告	2021. 12. 31
6	面向高质量发展的人工智能与制造业良性互动研究	朱　兰	北京大学	论文集	2022. 12. 31
7	经济高质量发展的区域型产业政策转型研究	李欣泽	北京大学	研究报告	2021. 12. 31
8	数字经济驱动下中国文化产业发展的路径与机制研究	田子方	中央财经大学	研究报告	2021. 8. 30
9	高质量发展背景下中国进口结构升级的优化路径与福利效应研究	张永亮	中国矿业大学（北京）	专著	2021. 6. 30
10	国有企业党组织与建设中国特色现代国有企业制度研究	张　弛	中国社会科学院经济研究所	研究报告	2022. 12. 31
11	新一轮科技革命中技术创新的市场选择机制研究	陈明明	中国社会科学院工业经济研究所	专著	2022. 6. 30

五、应用经济

重点项目

序号	项目名称	负责人	工作单位	预期成果	完成时间
1	推动经济高质量发展的产业政策转型研究	范言慧	对外经济贸易大学	论文集、研究报告	2022. 6. 30
2	中国资本市场汇率风险研究	何　青	中国人民大学	论文集、研究报告	2022. 12. 30
3	新技术革命背景下全球创新链的调整及其影响研究	张其仔	中国社会科学院工业经济研究所	论文集、研究报告	2022. 12. 31
4	流通业态创新与品质消费双向促进的路径、作用机制与政策体系研究	依绍华	中国社会科学院财经战略研究院	专著	2022. 6. 30
5	新形势下我国稳外资的思路及对策研究	聂平香	商务部国际贸易经济合作研究院	专著	2021. 6. 30
6	地方政府举债行为对货币金融稳定性的影响研究	时红秀	中共中央党校（国家行政学院）	研究报告	2020. 12. 31

一般项目

序号	项目名称	负责人	工作单位	预期成果	完成时间
1	提升民营科技企业创新质量的财税政策研究	尚洪涛	北京工业大学	研究报告	2021. 12. 31
2	农村金融服务乡村振兴的水平测评、时空分异与改进路径研究	张　峰	北京联合大学	研究报告	2022. 6. 30
3	高质量发展约束下中国进口贸易的微观收入分配机制和效应研究	王明荣	首都经济贸易大学	专著	2022. 7. 1

续表

序号	项目名称	负责人	工作单位	预期成果	完成时间
4	我国儿童基本公共服务供给的财政缺口与保障机制研究	蔡秀云	首都经济贸易大学	研究报告	2022. 6. 30
5	产业发展视角下“军民融合”政策效果评估研究	郝朝艳	中央财经大学	论文集	2023. 12. 31
6	国有企业高质量发展的财务评价体系与实现路径研究	杨棉之	中国石油大学（北京）	研究报告	2022. 7. 1
7	企业创新战略对公司财务决策的影响机理研究	卢　闯	中央财经大学	研究报告	2022. 7. 1
8	生态保护红线区生态补偿机制研究	靳乐山	中国农业大学	论文集、研究报告	2022. . 30
9	城乡融合视角下协调推进新型城镇化与乡村振兴战略研究	王慧英	对外经济贸易大学	论文集、研究报告	2022. 9. 30
10	配额制实施背景下面向区域差异的新能源发展战略研究	董福贵	华北电力大学	论文集、研究报告	2021. 12. 31
11	高速铁路站城双向关系及动态融合发展研究	吴　昊	北京交通大学	研究报告、其他	2021. 8. 30
12	推动经济高质量发展的财政管理体制优化研究	王小龙	中国人民大学	论文集、研究报告	2022. 6. 30
13	多维贫困视阈下财政支出减贫的作用机制和动态效应研究	李晓嘉	对外经济贸易大学	论文集、研究报告	2022. 6. 20
14	新时代金融服务实体经济的功能和机理研究	刘德红	北京交通大学	研究报告	2021. 12. 30
15	全面提升劳动力素质解决就业结构性矛盾问题研究	曲　玥	中国社会科学院人口与劳动经济研究所	研究报告	2022. 6. 30
16	农民合作社参与农村社会治理的实现机制和路径研究	赵　黎	中国社会科学院农村发展研究所	专著、论文集	2022. 12. 31
17	海南自贸区（港）审计体制机制创新研究	姜江华	审计署审计科研所	研究报告	2020. 12. 31
18	海洋经济高质量发展指标体系构建、提升路径及政策建议研究	刘　明	自然资源部海洋发展战略研究所	专著、研究报告	2021. 6. 30
19	电商价值链下小农户生产与现代农业有机衔接的机理与路径优化研究	朱海波	中国农业科学院农业信息研究所	论文集、研究报告	2021. 12. 31
20	粮食收储制度改革对农户种植决策行为的影响及支持政策优化研究	刘　慧	中国农业科学院农业经济与发展研究所	研究报告	2021. 12. 31
21	政府引导型旅游产业基金的绩效评价及提升策略研究	胡抚生	中国旅游研究院	研究报告	2021. 12. 31
22	产业融合视角下的乡村产业兴旺问题研究	施　红	中共中央党校（国家行政学院）	研究报告	2021. 12. 31

青年项目

序号	项目名称	负责人	工作单位	预期成果	完成时间
1	金融发展与技术创新的非线性传导机制及其政策研究	王陆雅	首都经济贸易大学	研究报告	2022. 6. 30
2	结构性宏观债务杠杆的微观形成机制与对策研究	贾君怡	北京工商大学	研究报告	2022. 12. 31
3	金融分权视角下地方债务对地方性商业银行的风险外溢效应研究	方盈赢	北京工商大学	研究报告	2022. 6. 30
4	特大城市边缘区绿色空间布局优化与实施机制研究	李　功	中国社会科学院农村发展研究所	研究报告	2022. 7. 1
5	环境规制对僵尸企业形成的影响机制与异质性研究	孙博文	中国社会科学院数量经济与技术经济研究所	专著	2022. 6. 1
6	消费需求引导企业创新研究	黄娅娜	中国社会科学院工业经济研究所	论文集、研究报告	2022. 8. 31
7	农户偏好和行为反应影响农业新技术应用机制的实地研究	王　宾	中国社会科学院农村发展研究所	论文集、研究报告	2021. 12. 31
8	金融服务增值课税的理论探讨与政策选择研究	杜　爽	中国社会科学院财经战略研究院	研究报告	2021. 12. 30
9	新时代我国生物医药产业分工与高质量发展研究	濮　润	中国生物技术发展中心	专著、论文集	2022. 6. 30
10	农村水环境治理多元化生态补偿机制研究	魏同洋	中国农业科学院农业信息研究所	论文集、研究报告	2022. 6. 30
11	环境规制下企业动态调整的机制路径、生产率效应及对策研究	王　勇	生态环境部环境与经济政策研究中心	研究报告	2022. 6. 30
12	去杠杆进程中地方政府债务管控研究	夏诗园	审计署审计科研所	研究报告	2021. 12. 31
13	金融“双峰”监管体系的理论构建、国际实践与中国抉择研究	钟　震	中国人民银行	研究报告	2022. 7. 30
14	区域优势演变与高质量的产业分工体系构建研究	蔡之兵	中共中央党校（国家行政学院）	专著	2021. 12. 31
15	农业转移人口市民化政策体系研究	邹一南	中共中央党校（国家行政学院）	论文集、研究报告	2021. 12. 31
16	西南地区乡村旅游合作组织运营风险综合防控机制研究	银　元	中共中央党校（国家行政学院）	论文集、研究报告	2022. 12. 30

六、统计学

重点项目

序号	项目名称	负责人	工作单位	预期成果	完成时间
1	购买力平价（PPP）汇总方法研究	陈梦根	北京师范大学	研究报告	2022. 6. 30
2	更好发挥统计在党和国家监督体系中的重要作用研究	毛有丰	国家统计局统计科学研究所	专著、研究报告	2022. 12. 30

一般项目

序号	项目名称	负责人	工作单位	预期成果	完成时间
1	空间面板数据的建模分析及应用研究	关　丽	北京工业大学	研究报告	2022. 12. 31
2	生态学视阈下全球科技创新中心动态综合评价研究	高　菲	北京决策咨询中心	研究报告	2021. 6. 30
3	复杂抽样数据的统计推断方法及其应用研究	吕　萍	北京大学	研究报告	2021. 12. 31
4	我国环境政策效应的测度与评价研究	刘轶芳	中央财经大学	研究报告	2021. 12. 31
5	更高质量和更充分就业的测度评价与实现路径研究	谭永生	国家发展和改革委员会社会发展研究所	研究报告	2021. 12. 31

青年项目

序号	项目名称	负责人	工作单位	预期成果	完成时间
1	我国数字经济增加值核算理论、方法与应用研究	关会娟	首都经济贸易大学	研究报告	2022. 6. 1

七、政治学

重点项目

序号	项目名称	负责人	工作单位	预期成果	完成时间
1	近代中国政治学学科发展史研究	金安平	北京大学	专著	2023. 9. 1
2	基于党史与比较政治学视角的干部激励机制研究	陈雪莲	中共中央党史和文献研究院	专著、研究报告	2022. 12. 30

一般项目

序号	项目名称	负责人	工作单位	预期成果	完成时间
1	公益类事业单位国有资产使用效益优化的监管机制研究	管仲军	首都医科大学	研究报告	2022. 12. 31
2	计算社会科学背景下的政治学研究方法变革研究	严　洁	北京大学	专著、研究报告	2021. 12. 30
3	当代西方国家政党体制的变化研究	陈　崎	中国人民大学	专著	2023. 9. 30
4	多民族国家民族建构的理论与实践研究	梁雪村	中国人民大学	专著、论文集	2024. 9. 30
5	青年农民工政治价值观的实证与引领研究	余艳红	对外经济贸易大学	论文集、研究报告	2022. 5. 30
6	民族主义与民粹主义的当代趋势及其挑战研究	林　红	中国人民大学	研究报告、专著	2023. 9. 30
7	县域政治稳定与风险管控复合治理研究	胡锐军	国家教育行政学院	论文集	2022. 12. 31

续表

序号	项目名称	负责人	工作单位	预期成果	完成时间
8	新时代加强党的全面领导理论与实践研究	柴宝勇	中国社会科学院大学	研究报告	2022. 10. 20
9	基于“制度激励—协同结构”视角的新时代基层公务员激励机制研究	孙晓莉	中共中央党校（国家行政学院）	研究报告、其他	2022. 7. 30

青年项目

序号	项目名称	负责人	工作单位	预期成果	完成时间
1	以党的政治建设优化党内政治生态的实现路径研究	卢文超	北京科技大学	论文集、研究报告	2021. 12. 31
2	城市政治生态学理论和前沿问题研究	张肖阳	清华大学	专著	2023. 12. 30
3	地方监察体系运行机制及优化策略研究	牛朝辉	北京航空航天大学	研究报告、其他	2021. 12. 31
4	中国特色群团组织的行动力研究	姜宁宁	中国矿业大学（北京）	专著	2022. 2. 25
5	基于移动互联网的政府公共关系优化研究	张开平	清华大学	论文集、研究报告	2021. 12. 31
6	大数据时代京津冀区域政府信息资源整合与共享模式研究	蒋敏娟	中国社会科学院大学	研究报告	2022. 7. 30
7	专业农户崛起与典型农区乡村治理现代化研究	陈　明	中国社会科学院政治学研究所	专著	2022. 6. 30

八、法学

重点项目

序号	项目名称	负责人	工作单位	预期成果	完成时间
1	合宪性审查标准的中国化与体系化研究	郑贤君	首都师范大学	专著	2023. 12. 30
2	不当得利法中的获益内容与返还范围研究	许德峰	北京大学	专著	2023. 12. 31
3	担保制度新发展及其法律规制研究	崔建远	清华大学	专著	2022. 1. 31
4	民法典编纂视域下农村土地制度改革试点的法理透视与立法表达研究	宋志红	中央财经大学	研究报告	2021. 8. 31
5	作品类型扩张下独创性理论构建与适用研究	张　今	中国政法大学	研究报告	2022. 7. 30
6	刑法的立体分析与关系刑法学研究	刘仁文	中国社会科学院法学研究所	专著、研究报告	2023. 12. 31
7	民事强制执行立法研究	刘贵祥	最高人民法院	其他	2022. 3. 1

一般项目

序号	项目名称	负责人	工作单位	预期成果	完成时间
1	“枫桥经验”下基层社会治理模式及实施路径研究	杨昌军	中国人民公安大学	研究报告	2022. 6. 30
2	影响我国法官裁判方法选用的因素及制度、程度规制研究	赵言荣	中国政法大学	论文集	2022. 7. 1
3	中国传统法中的地权结构与土地流转研究	夏　扬	北京师范大学	专著	2024. 12. 31
4	我国国家权力配置的功能主义原理研究	张　翔	中国人民大学	专著、论文集	2023. 12. 31
5	中国女性发展权法律保障体系研究	王新宇	中国政法大学	专著、其他	2022. 6. 30
6	公共资源竞争性分配规则研究	张小平	中央财经大学	专著	2022. 6. 30
7	“双重国籍”问题的多维度实证研究	周　明	中国人民公安大学	专著	2021. 12. 31
8	激励性刑法规范与预防性刑法观的实现研究	韩　轶	中央民族大学	论文集	2021. 7. 30
9	互联网金融时代非法集资犯罪认定研究	时　方	中国政法大学	研究报告	2022. 6. 10
10	未成年人罪错行为分级干预与综合矫治体系研究	王贞会	中国政法大学	专著	2022. 12. 31
11	民事判决效力体系性研究	陈杭平	清华大学	研究报告	2022. 12. 31
12	民事诉讼庭前会议制度研究	熊跃敏	北京师范大学	研究报告	2022. 3. 1
13	被害人视野下的我国个人极端暴力犯罪研究	于小川	中国人民公安大学	专著	2022. 12. 31
14	中国特色军地刑事诉讼法治融合研究	彭海青	北京理工大学	论文集	2022. 12. 31
15	科学证据错误的生成与防范机制研究	吴洪淇	中国政法大学	论文集	2022. 12. 30
16	标准的私法效力研究	柳经纬	中国政法大学	专著、论文集	2022. 6. 30
17	民法典中动产与权利担保体系研究	龙　俊	清华大学	专著	2022. 2. 19
18	独立担保制度的本土体系构建研究	高　祥	中国政法大学	专著、研究报告	2022. 6. 30
19	长期照护法律制度研究	刘　建	中国农业大学	专著	2021. 6. 30
20	物债交错视角下交付的体系意义研究	刘家安	中国政法大学	论文集、研究报告	2023. 12. 31
21	未成年人个人信息保护立法研究	冯　恺	中国政法大学	专著、其他	2022. 12. 21
22	民法典体系中亲属间居住权制度研究	孙若军	中国人民大学	专著	2023. 9. 30
23	地方金融系统性风险的“央地协同治理”及其法律构造研究	冯　辉	对外经济贸易大学	论文集	2022. 6. 30
24	中国社会法立法问题研究	杨思斌	中国劳动关系学院	专著	2021. 5. 1
25	劳动合同履行障碍规则体系研究	沈建峰	中央财经大学	专著	2021. 12. 31
26	自然灾害综合防治立法研究	林鸿潮	中国政法大学	专著	2022. 12. 31

续表

序号	项目名称	负责人	工作单位	预期成果	完成时间
27	生态环境损害赔偿视域下鉴定评估意见的认证规则研究	王元凤	中国政法大学	专著、研究报告	2022. 7. 31
28	国家官员外国刑事管辖豁免研究	朱利江	中国政法大学	专著	2023. 7. 1
29	人类命运共同体理念下开发外空资源国际法制度研究	吴晓丹	中央财经大学	专著	2022. 6. 30
30	全球治理体系变革下的国际司法政治实证研究	刘　洋	中国人民大学	论文集、研究报告	2022. 6. 30
31	人工智能背景下自主武器系统相关国际法问题研究	冷新宇	中国政法大学	专著	2023. 8. 30
32	全球经济治理变革背景下的亚投行法律和治理问题研究	顾　宾	北京外国语大学	专著	2023. 6. 30
33	国际海底区域资源用益制度的法经济学研究	邓海峰	清华大学	研究报告、其他	2022. 12. 31
34	以国际商事法庭为核心的我国“一带一路”国际商事纠纷解决机制建设研究	薛　源	对外经济贸易大学	专著	2022. 5. 31
35	打击网络犯罪国际刑事司法协助的理论与实践研究	刘灿华	中国社会科学院法学研究所	论文集、研究报告	2021. 3. 1
36	公司双重股权结构司法审查标准研究	夏小雄	中国社会科学院法学研究所	论文集、研究报告	2021. 12. 31
37	行政许可法修改研究	杨小军	中共中央党校（国家行政学院）	研究报告	2020. 12. 30

青年项目

序号	项目名称	负责人	工作单位	预期成果	完成时间
1	乡规民约在健全乡村治理新体系中的功能研究	池建华	清华大学	论文集、研究报告	2022. 12. 30
2	行政规制与侵权法机制的组合配置研究	孔祥稳	对外经济贸易大学	研究报告	2022. 12. 31
3	地方性立法事务与央地立法权分配研究	俞　祺	北京大学	研究报告	2022. 12. 30
4	行政协议效力制度构建及其法治化路径研究	陈天昊	清华大学	论文集、研究报告	2022. 7. 1
5	未成年人司法规律视野下罪错行为分级处遇体系研究	苑宁宁	中国政法大学	专著	2021. 8. 1
6	个人信息保护视域下的刑事诉讼领域被遗忘权研究	郑　曦	北京外国语大学	专著	2023. 12. 31
7	监察法实施中的证据问题研究	邓矜婷	中国人民大学	论文集、研究报告	2022. 9. 30
8	刑事跨境数据取证法律问题研究	裴　炜	北京航空航天大学	专著	2022. 12. 31
9	民事诉讼视野下的“执行并破产”研究	史明洲	中国政法大学	论文集	2021. 6. 30
10	辅助证据的证据规则研究	宋维彬	中国人民公安大学	专著	2022. 8. 30

续表

序号	项目名称	负责人	工作单位	预期成果	完成时间
11	公司法与证券法协同背景下信义义务的内在体系研究	吴至诚	中国人民大学	专著	2022. 6. 30
12	民事实体法与程序法相互作用研究	金　印	中国人民大学	专著	2024. 6. 30
13	改革开放 40 年来中国重要经济立法的方法论研究	张钦昱	中国政法大学	专著、其他	2022. 6. 30
14	间接正犯研究	武晓雯	中共中央党校（国家行政学院）	专著	2022. 12. 30

九、社会学

重点项目

序号	项目名称	负责人	工作单位	预期成果	完成时间
1	积极老龄化视域下社会资本整合与老年人健康研究	吕　楠	中国人民大学	研究报告	2022. 9. 30
2	非就业性收入对农村居民收入的补偿性作用及其就业效果研究	王春光	中国社会科学院社会学研究所	专著	2023. 12. 31

一般项目

序号	项目名称	负责人	工作单位	预期成果	完成时间
1	基于网格化管理的社区舆情疏导机制研究	毋建军	北京政法职业学院	论文集、研究报告	2021. 12. 30
2	乡村振兴战略下健全自治、法治、德治相结合的乡村治理体系研究	陈　锋	北京工业大学	研究报告	2022. 12. 31
3	青年白领手机信息传播“圈子”文化研究	郭　瑾	北京印刷学院	研究报告	2021. 10. 1
4	社会工作参与少年司法社会支持体系建构的实践模式与行动策略研究	席小华	首都师范大学	专著	2022. 7. 1
5	中国特色社会学学术体系和话语体系研究	陈心想	中央民族大学	论文集、研究报告	2022. 6. 30
6	乡村振兴战略背景下中国农村社区营造机制研究	卢国显	中国人民公安大学	专著、研究报告	2022. 6. 30
7	历史社会学的本土化范式研究	孟庆延	中国政法大学	专著、论文集	2023. 8. 31
8	西方健康社会学的理论视角与核心议题研究	郇建立	北京科技大学	专著、论文集	2023. 9. 1
9	强文化范式视域下社会治理的文化路径研究	张　森	中国政法大学	专著	2022. 8. 31
10	新时期我国公安机关应对非传统安全威胁研究	王明生	中国人民公安大学	研究报告	2022. 3. 21
11	“意识三态观”视野下的家校合作研究	钱民辉	北京大学	研究报告	2021. 5. 31
12	金融从业人员劳动过程研究	庄家炽	中央财经大学	研究报告	2022. 3. 15

续表

序号	项目名称	负责人	工作单位	预期成果	完成时间
13	心理弹性视角下失独老人社会支持系统研究	王大华	北京师范大学	论文集	2022.12.31
14	我国民众的信任水平与其心理健康的动态关系及其干预研究	董 妍	中国人民大学	研究报告	2021.12.31
15	中国—东非农耕文化互动与发展的人类学研究	高良敏	清华大学	论文集	2022.12.30
16	中国民营企业的政治关联类型与创新绩效研究	何晓斌	清华大学	论文集、研究报告	2022.6.30
17	大变革背景下中国社会政策的基本方向与主要议题研究	熊跃根	北京大学	论文集、研究报告	2022.12.31
18	中国特色现代儿童福利与家庭福利制度研究	刘继同	北京大学	专著	2022.8.30
19	少数民族深度贫困地区精准扶贫的社会工作介入机制研究	杨 慧	中央民族大学	研究报告	2021.12.31
20	我国持证社会工作者的职业状况研究	阳 辉	中国劳动关系学院	专著、研究报告	2022.12.30
21	职业教育促进社会流动机制研究	刘保中	中国社会科学院社会学研究所	专著、研究报告	2022.12.31
22	养老服务平台组织发展模式研究	王 晶	中国社会科学院社会学研究所	研究报告	2022.12.30
23	互联网医疗平台上的医患关系研究	苏春艳	中国社会科学院大学	研究报告	2022.6.30
24	我国政府主导下的“多元一体”养老服务模式研究	房莉杰	中国社会科学院社会学研究所	研究报告	2022.5.31

青年项目

序号	项目名称	负责人	工作单位	预期成果	完成时间
1	基于城市权利视角的“违规空间”治理机制研究	营立成	中共北京市委党校	研究报告	2022.6.30
2	共享经济平台用工的劳动过程与平台劳动者权益保障机制研究	雷晓天	首都经济贸易大学	研究报告	2022.7.31
3	当代西方社会实践论的形成、发展及应用研究	范叶超	中央民族大学	专著	2023.6.30
4	改革开放40年来中国人生命历程轨迹的变迁研究	王殿玺	中国政法大学	专著	2022.12.30
5	中国传统社会中的土地与社会治理研究	凌 鹏	北京大学	专著	2022.12.31
6	“过渡型社区”的治理困境与治理优化研究	王海侠	北京师范大学	专著	2022.6.30
7	生命早期阶段教育不平等与新时代中国的社会流动研究	柳皑然	北京大学	研究报告	2022.12.31
8	区域发展和劳动关系治理研究	张 皓	中国人民大学	论文集	2022.3.31

续表

序号	项目名称	负责人	工作单位	预期成果	完成时间
9	集体建设用地建设租赁用房的融资模式及社会影响研究	杜　月	清华大学	论文集	2021. 3. 15
10	“中非友谊”背景下中国人与尼日利亚人的跨国婚姻研究	邱　昱	中央民族大学	研究报告	2023. 8. 31
11	大城市来华外国商人融入模式及对策的人类学研究	林　丹	中国人民大学	论文集	2023. 9. 30
12	疫苗公共卫生事件中的信任困境与信任重建研究	郭　戈	清华大学	专著	2022. 6. 30
13	城市社区中的民意分类与治理匹配机制研究	刘怡然	中国社会科学院社会学研究所	专著、研究报告	2022. 6. 30
14	产痛和癌痛的社会性与文化意义研究	方静文	中国社会科学院民族学与人类学研究所	研究报告、其他	2021. 12. 1
15	大数据时代网络交易市场治理机制研究	孟凡新	中国互联网络信息中心	研究报告	2022. 6. 30

十、人口学

重点项目

序号	项目名称	负责人	工作单位	预期成果	完成时间
1	城市群视角下人口—经济与环境空间耦合机理与调控路径研究	肖周燕	首都经济贸易大学	研究报告	2021. 12. 31

一般项目

序号	项目名称	负责人	工作单位	预期成果	完成时间
1	老年人口的健康状况转变与未来健康需求研究	焦开山	中央民族大学	研究报告	2022. 6. 30
2	中国老年人余寿中的活动能力变化轨迹及其照料需求研究	张文娟	中国人民大学	研究报告	2022. 9. 30
3	失智老人家庭照顾策略形成及其对主要照顾者负担的影响研究	丁志宏	中央财经大学	研究报告	2021. 12. 20
4	中国流动人口调查的比较研究	周　皓	北京大学	研究报告	2021. 12. 31
5	人口福利变迁中的年龄、时期、队列效应研究	马　妍	中国社会科学院社会学研究所	研究报告	2022. 12. 31
6	城乡空巢家庭老年人养老研究	伍海霞	中国社会科学院人口与劳动经济研究所	研究报告	2022. 6. 30
7	残疾人口康复服务模式与精细化管理研究	密忠祥	中国康复研究中心	论文集、研究报告	2021. 10. 31

青年项目

序号	项目名称	负责人	工作单位	预期成果	完成时间
1	京津冀城市群流动人口集聚机制与态势研究	盛亦男	首都经济贸易大学	研究报告	2022. 7. 1
2	听力障碍对老年人口社会功能的影响及社区康复干预的效果评价研究	高嘉敏	北京大学	论文集、研究报告	2022. 12. 31
3	中国农村互助型社会养老模式与运行机制研究	刘妮娜	华北电力大学	专著、研究报告	2021. 12. 31
4	改革开放以来中国家庭结构变迁与家庭发展研究	赵梦晗	中国人民大学	研究报告	2024. 9. 30
5	新经济业态对劳动力需求与就业形态的影响研究	王永洁	中国社会科学院人口与劳动经济研究所	研究报告	2022. 6. 1
6	老年人口健康状况变动趋势与未来健康照料需求研究	李　月	中国人口与发展研究中心	论文集、研究报告	2022. 6. 30

十一、民族学

重点项目

序号	项目名称	负责人	工作单位	预期成果	完成时间
1	马克思主义民族理论基本概念的中国化研究	杨须爱	中央民族大学	专著	2024. 6. 30
2	少数民族传统文化在乡村振兴中的作用及创新转化研究	丁　赛	中国社会科学院民族学与人类学研究所	论文集、研究报告	2021. 12. 30

一般项目

序号	项目名称	负责人	工作单位	预期成果	完成时间
1	社会建设提升人口较少民族全面小康水平研究	徐长恩	北京社会管理职业学院	专著	2023. 6. 30
2	新媒体对铸牢中华民族共同体意识的挑战及应对研究	王冬丽	中央民族大学	研究报告	2021. 6. 20
3	从文本到实践的新时代民族事务法治化研究	彭　谦	中央民族大学	专著、其他	2022. 12. 31
4	非洲政党民族化与民族分离主义运动研究	王　伟	中央民族大学	论文集	2021. 12. 31
5	“一带一路”视域下中俄边民社会交往与互惠的民族志研究	马　强	中国社会科学院俄罗斯东欧中亚研究所	研究报告	2022. 12. 31
6	生态利益共同体视角下的西南地区民族关系研究	艾菊红	中国社会科学院民族学与人类学研究所	研究报告	2022. 7. 31
7	现代国家构建视野下西藏自治区的成立研究（1949—1965）	杨晓纯	中国藏学研究中心	专著	2022. 11. 1

青年项目

序号	项目名称	负责人	工作单位	预期成果	完成时间
1	西夏文《天盛改旧新定律令》校勘与研究	和　智	首都师范大学	专著	2022. 12. 31
2	中国西南跨境民族多元宗教及其文献整理与研究	雷李洪	中央民族大学	论文集、研究报告	2022. 6. 30
3	民族志文献关于元明时期民族交融与认同研究	肖超宇	中国社会科学院民族学与人类学研究所	专著	2022. 12. 31
4	地方自治对西欧暴力型民族分离主义运动的遏制与隐性支持机制研究	刘力达	中国社会科学院大学	论文集、研究报告	2022. 7. 1
5	基于牧民分化和生态补偿的传统牧区乡村振兴路径选择研究	范明明	中国社会科学院民族学与人类学研究所	研究报告	2021. 7. 30
6	柬埔寨华族的文化适应与社会变迁研究	罗　杨	中国华侨华人研究所	研究报告	2022. 6. 30

十二、国际问题研究

重点项目

序号	项目名称	负责人	工作单位	预期成果	完成时间
1	新型国际关系构建进程中的中国角色研究	方长平	中国人民大学	专著、论文集	2023. 9. 1
2	数字贸易规则“美式模板”的演进升级、扩展适用趋向及中国的应对研究	周念利	对外经济贸易大学	论文集	2021. 12. 31
3	“一带一路”背景下印太海上通道安全保障体系研究	楼春豪	中国现代国际关系研究院	研究报告、其他	2021. 8. 8

一般项目

序号	项目名称	负责人	工作单位	预期成果	完成时间
1	我国天然气多元化海外供应体系的实现路径与保障机制研究	王强宇	首都经济贸易大学	研究报告	2022. 6. 30
2	美国总统外交危机话语研究	王　磊	北京第二外国语学院	专著	2024. 6. 30
3	“冰上丝绸之路”倡议下北极经济发展的国际协调机制研究	肖　洋	北京第二外国语学院	专著	2024. 6. 30
4	“一带一路”铁路项目的效应评价与债务可持续性研究	肖　翔	北京交通大学	专著、研究报告	2022. 7. 31
5	中国旅游发展方案与太平洋岛国发展理念、发展战略对接研究	张　瑛	中央民族大学	专著、研究报告	2021. 12. 31
6	美国保守主义的政治秩序理论研究	欧树军	中国人民大学	专著	2024. 9. 30
7	越南民族主义形态嬗变及应对研究	李春霞	国际关系学院	专著、论文集	2022. 6. 30
8	穆斯林移民问题与欧洲的身份认同危机研究	王　联	北京大学	专著	2022. 12. 31

续表

序号	项目名称	负责人	工作单位	预期成果	完成时间
9	产业视角下中美贸易失衡、结构性冲击与美国对华贸易政策研究	王　颖	对外经济贸易大学	论文集	2022. 12. 31
10	东亚产业链视角下的中美经贸关系重构研究	翟东升	中国人民大学	专著	2022. 8. 30
11	俄罗斯北方海航道开发法律文献收集整理与中俄北极合作法律问题综合研究	赵　路	北京师范大学	专著、研究报告	2021. 12. 31
12	拉美政治格局变化与中拉转型发展研究	崔守军	中国人民大学	专著	2022. 9. 1
13	网络空间命运共同体的基础理论与建设路径研究	何　伟	北京邮电大学	研究报告	2021. 12. 31
14	中国新型国际制度设计与“一带一路”机制化建设研究	吴文成	外交学院	研究报告	2022. 7. 31
15	美国的能源革命、能源战略与中美合作策略研究	王永中	中国社会科学院世界经济与政治研究所	研究报告	2021. 9. 30
16	页岩革命背景下的美国能源权力及其影响研究	富景筠	中国社会科学院亚太与全球战略研究院	专著、研究报告	2021. 7. 31
17	中俄北极可持续发展合作研究	初冬梅	中国社会科学院中国边疆研究所	专著	2022. 6. 30
18	“一带一路”倡议背景下中东国家再工业化研究	魏　敏	中国社会科学院西亚非洲研究所	专著	2021. 11. 30
19	“一带一路”倡议与中国的国际组织战略研究	袁正清	中国社会科学院世界经济与政治研究所	研究报告、其他	2020. 12. 31
20	人类命运共同体视域下应对全球气候变化研究	王瑞彬	中国国际问题研究院	专著、研究报告	2021. 5. 31
21	新形势下全球宏观审慎监管的挑战及我国对策研究	耿　楠	商务部国际贸易经济合作研究院	研究报告	2021. 12. 31
22	“一带一路”建设面临的国际舆论挑战及对策研究	袁赛男	中共中央党校（国家行政学院）	专著、研究报告	2022. 12. 31
23	美国印太战略及其对中国的挑战与对策研究	陈积敏	中共中央党校（国家行政学院）	专著	2022. 6. 30

青年项目

序号	项目名称	负责人	工作单位	预期成果	完成时间
1	新时代中国特色大国外交视阈下的伙伴关系外交研究	王　峥	北京大学	研究报告、论文集	2022. 7. 1
2	中俄美三边关系与大国竞合中的世界秩序研究	张　建	外交学院	专著	2022. 3. 1
3	欧洲议会党团对“一带一路”倡议政策差异比较研究	游　楠	清华大学	研究报告	2020. 10. 30
4	拉美民粹主义对构建中拉命运共同体的影响及应对研究	周　楠	中国人民大学	研究报告、其他	2022. 9. 30

续表

序号	项目名称	负责人	工作单位	预期成果	完成时间
5	“美国优先论”冲击下的国际秩序对中国影响及其应对研究	丑则静	国际关系学院	专著	2022. 6. 30
6	国际民粹浪潮下的民主反思研究	赵卫涛	中国农业大学	专著	2024. 7. 1
7	巴阿边境部落地区安全研究	张　元	中国社会科学院世界经济与政治研究所	研究报告	2021. 12. 31
8	区域性公共产品视阈下中拉在“一带一路”框架内的金融合作研究	王　飞	中国社会科学院拉丁美洲研究所	专著	2021. 6. 30
9	“一带一路”框架下中国与斯里兰卡债务合作研究	许　娟	中国社会科学院亚太与全球战略研究院	研究报告	2022. 6. 30
10	竞争中立原则下的国有企业与产业补贴问题研究	姚　曦	中国社会科学院世界经济与政治研究所	研究报告	2021. 12. 31
11	大国战略竞争背景下中美军备竞赛与冲突升级的风险及管控研究	刘　冲	中国现代国际关系研究院	专著、论文集	2022. 3. 5
12	国际战略与中国解决陆地领土争端关系研究	曲鹏飞	中共中央党校（国家行政学院）	研究报告	2021. 6. 30

十三、中国历史

重点项目

序号	项目名称	负责人	工作单位	预期成果	完成时间
1	中国佛教“末法思想”的历史学研究	刘　屹	首都师范大学	专著	2023. 12. 31
2	益阳兔子山遗址七号井出土简牍的整理与研究	张忠炜	中国人民大学	研究报告	2021. 12. 31
3	报刊舆论与清末政局研究	贾小叶	中国社会科学院近代史研究所	专著	2024. 8. 31
4	社会史视野中的近代经学研究	罗检秋	中国社会科学院近代史研究所	专著、论文集	2023. 12. 30

一般项目

序号	项目名称	负责人	工作单位	预期成果	完成时间
1	晚清英国驻天津领事馆档案整理与研究（1860—1895）	耿科研	北京石油化工学院	专著	2022. 6. 30
2	唐两京书写文化在敦煌、奈良的流布与传承研究	田卫卫	首都师范大学	专著	2022. 6. 30
3	清代治黄文献的史学和社会价值研究	王志刚	北京师范大学	专著	2023. 12. 31
4	唐长孺读书笔记整理与研究	刘　莹	北京师范大学	专著	2022. 12. 31
5	波斯史诗文献里的中西交通研究	刘英军	北京大学	专著	2024. 6. 30
6	以“中医药文告”传播为中心的清末民初时期中医医疗史研究	马　捷	北京中医药大学	专著、研究报告	2022. 12. 31

续表

序号	项目名称	负责人	工作单位	预期成果	完成时间
7	秦汉魏晋时期基层吏员研究	戴卫红	中国社会科学院历史研究所	专著	2021. 12. 31
8	清代官学文献整理与研究	李立民	中国社会科学院历史研究所	专著	2021. 12. 31
9	晚清江海关关税收支情况研究	任智勇	中国社会科学院近代史研究所	专著	2024. 4. 1
10	中国近代石油进口与埠际运销网络研究（1863—1937）	常　旭	中国社会科学院经济研究所	研究报告	2021. 12. 31
11	抗战时期中国军民营养与卫生保障问题的史料整理与研究	王　公	中国科学院自然科学史研究所	专著、论文集	2022. 6. 30
12	近代国籍政策的制定、修正及实践研究	李章鹏	中国华侨华人研究所	专著	2024. 5. 1

青年项目

序号	项目名称	负责人	工作单位	预期成果	完成时间
1	汉魏六朝文书行政体系中的官修史研究	聂溦萌	首都师范大学	研究报告、其他	2023. 12. 31
2	明清白洋淀流域水系及人地关系变迁研究	李　诚	北京市社会科学院	专著	2022. 12. 31
3	谶纬辑佚史研究与谶纬文献的重新校理	张学谦	北京大学	专著	2023. 12. 31
4	宋代动植物图像考论	张　钫	中国政法大学	论文集	2022. 6. 30
5	清代债务命案研究	林　展	中国人民大学	专著	2023. 12. 30
6	晚清台湾近代化转型与社会变迁研究	卞　梁	清华大学	专著	2022. 10. 31
7	科举考试与晚清学术思想嬗变研究	贾　琳	北京师范大学	专著	2022. 5. 30
8	敦煌藏文文献中的藏族部落名称考释及相关研究	德倩旺姆	中央民族大学	专著	2022. 5. 30
9	基于文本批判的契丹早期史研究	苗润博	北京大学	专著	2022. 12. 31
10	清代东部蒙古藏传佛教发展研究	魏建东	中央民族大学	专著	2022. 5. 30
11	东汉三国时期的基层统治与乡村社会研究	王　彬	中国社会科学院历史研究所	论文集	2022. 8. 31
12	唐鸿胪井刻石及相关问题研究	朱　尖	中国社会科学院中国边疆研究所	专著	2021. 12. 31
13	域外汉籍所见宋代僧人文化认同研究	纪雪娟	中国社会科学院历史研究所	专著	2023. 12. 31
14	民国时期中日黄海渔业争端与中国政府的渔权维护研究	王　楠	中国社会科学院中国边疆研究所	专著	2022. 6. 30
15	《清儒学案》与民国初年学术研究	朱曦林	中国社会科学院文学研究所	专著	2022. 12. 30
16	波斯文《迹象与生命》译注与研究	陈春晓	中国社会科学院民族学与人类学研究所	专著	2022. 12. 31
17	基于全国地质资料馆馆藏侵华日本在华“地质矿产调查”的图文资料整理与研究	贾丽琼	中国地质调查局发展研究中心	专著、研究报告	2021. 12. 31

续表

序号	项目名称	负责人	工作单位	预期成果	完成时间
18	中国古代日用类书中的农业史料整理与研究	杜新豪	中国科学院自然科学史研究所	专著	2022. 12. 31

十四、世界历史

重点项目

序号	项目名称	负责人	工作单位	预期成果	完成时间
1	围绕中法建交的国际关系史研究	姚百慧	首都师范大学	专著	2023. 6. 30

一般项目

序号	项目名称	负责人	工作单位	预期成果	完成时间
1	日本早期马克思主义研究及对近代中国的影响	史桂芳	首都师范大学	专著	2023. 12. 30
2	《哈萨克斯坦通史》（五卷本）翻译与研究	张　娜	中央民族大学	译著、研究报告	2022. 12. 31
3	古埃及神庙典籍与仪式研究	颜海英	北京大学	论文集	2022. 3. 1
4	罗马帝国后期政教关系研究	王　遥	中央民族大学	专著	2023. 12. 31
5	全球史视野下的土耳其革命与变革研究	昝　涛	北京大学	专著	2024. 12. 31
6	20 世纪 80 年代以来的后殖民史学研究	张旭鹏	中国社会科学院世界历史研究所	专著	2023. 12. 31
7	巴西的日本移民史研究	杜　娟	中国社会科学院世界历史研究所	专著	2021. 12. 31
8	东北亚视阈下俄日关系与中国因素的历史研究（1701—1917）	邢媛媛	中国社会科学院世界历史研究所	专著	2022. 12. 31
9	化学对 20 世纪世界的战争、发展与环境等方面的影响研究	李文靖	中国社会科学院世界历史研究所	专著	2022. 12. 31

青年项目

序号	项目名称	负责人	工作单位	预期成果	完成时间
1	全球史视域下 17 世纪中俄两国早期交往的跨族群、跨大陆、跨文化特征研究	孔　源	首都师范大学	论文集	2022. 12. 31
2	古希腊寡头政体的历史与理论研究	张新刚	北京大学	专著	2022. 12. 31
3	国际史视野下的美国早期国族构建研究（1788—1848）	何　芊	国际关系学院	专著	2023. 12. 30
4	近代中国与土耳其关系研究（1868—1934）	陈　鹏	中央民族大学	专著	2023. 6. 30
5	冷战时期的中国与阿以冲突研究	佘纲正	清华大学	专著、论文集	2023. 6. 30

十五、考古学

重点项目

序号	项目名称	负责人	工作单位	预期成果	完成时间
1	宁夏鸽子山第 10 地点考古调查、发掘资料整理与综合研究	彭 菲	中央民族大学	研究报告、其他	2022. 12. 31
2	海昏侯刘贺墓及车马坑出土铜器的整理与研究	曹 斌	中国人民大学	研究报告	2023. 12. 31
3	中国博物馆发展现状与对策研究	王春法	中国国家博物馆	研究报告	2022. 6. 30

一般项目

序号	项目名称	负责人	工作单位	预期成果	完成时间
1	甘宁北朝石窟寺的营建与供养人研究	陈悦新	北京联合大学	专著	2023. 6. 30
2	唐宋丧葬礼俗与佛教文化交融互动的考古学研究	袁 泉	首都师范大学	论文集	2023. 12. 31
3	新疆扎滚鲁克墓地先民遗骸的整理、数据库建设及儿童头骨体质特征研究	李海军	中央民族大学	论文集、研究报告	2022. 6. 25
4	吉尔赞喀勒墓葬考古发掘整理与研究	巫新华	中国社会科学院考古研究所	研究报告	2020. 6. 30

青年项目

序号	项目名称	负责人	工作单位	预期成果	完成时间
1	旧石器时代装饰品相关理论、方法与实践的系统研究	魏 屹	北京自然博物馆	研究报告	2022. 12. 31
2	曾国青铜器铭文制作工艺研究	陈北辰	首都师范大学	专著	2022. 12. 31
3	魏晋南北朝陵墓制度新探	耿 朔	中央美术学院	专著	2023. 6. 30
4	晋唐时期吐鲁番先民动植物利用的有机残留物分析研究	韩 宾	中国科学院大学	论文集	2022. 9. 30
5	明宣德青花瓷钴料产源的科技考古研究	姜晓晨阳	北京大学	研究报告	2022. 7. 1
6	太原东山汉墓 M6 出土简牍文物科学保护研究	王 恺	北京大学	研究报告	2021. 12. 31
7	城市考古视野下的南北朝墓葬研究	莫 阳	中国社会科学院考古研究所	研究报告	2021. 12. 31
8	关中商代青铜礼器研究	李宏飞	中国社会科学院考古研究所	研究报告	2022. 6. 30

十六、宗教学

重点项目

序号	项目名称	负责人	工作单位	预期成果	完成时间
1	清代道教史研究	汪桂平	中国社会科学院世界宗教研究所	专著	2023. 12. 31

续表

序号	项目名称	负责人	工作单位	预期成果	完成时间
2	民间信仰与社会治理的田野研究	陈进国	中国社会科学院世界宗教研究所	专著	2021. 6. 10

一般项目

序号	项目名称	负责人	工作单位	预期成果	完成时间
1	南北朝敦煌遗书《涅槃经》注疏整理与研究	史经鹏	中央民族大学	专著	2022. 12. 31
2	保罗新观与"因信称义"的中国再诠释	王　梓	中央民族大学	专著	2024. 3. 1
3	达瓦宣教运动及其风险防控研究	杨桂萍	中央民族大学	专著	2021. 12. 31
4	六朝道教"因缘经"的哲学观与实践论研究	强　昱	北京师范大学	专著、研究报告	2024. 12. 31
5	上清经系的形成历史与中古道教信仰的超越性建构模式研究	程乐松	北京大学	专著	2023. 12. 31
6	英美加政教关系模式的比较研究	董江阳	中国社会科学院世界宗教研究所	专著	2023. 12. 31
7	基督教激进改革派研究	杨华明	中国社会科学院世界宗教研究所	专著	2022. 12. 31
8	圣经中译本史	赵晓阳	中国社会科学院近代史研究所	专著	2022. 2. 1
9	伊斯兰教义学体系及其中国化研究	贾建萍	国家宗教事务局宗教研究中心	专著	2022. 6. 1

青年项目

序号	项目名称	负责人	工作单位	预期成果	完成时间
1	方济会来华传教士康和子文献整理与研究	李　慧	北京外国语大学	专著	2023. 6. 20
2	理查德·道金斯和西方新无神论运动研究	冯梓琏	中国社会科学院世界宗教研究所	论文集	2022. 6. 30

十七、中国文学

重点项目

序号	项目名称	负责人	工作单位	预期成果	完成时间
1	中华美学精神的诗学基因研究	张　晶	中国传媒大学	专著、论文集	2022. 7. 31
2	中国文学史书写体系的西化与化西问题研究	方　铭	北京语言大学	专著	2023. 12. 31
3	汉赋文本与理论研究	孙少华	中国社会科学院文学研究所	专著	2022. 8. 30
4	桐城派在晚清民国的命运研究	王达敏	中国社会科学院文学研究所	专著	2024. 6. 30

一般项目

序号	项目名称	负责人	工作单位	预期成果	完成时间
1	明代女性作家考录	张清华	北京开放大学	论文集、研究报告	2022. 6. 30
2	近代北京文化空间与新文学的制度化研究（1921—1937）	季剑青	北京市社会科学院	专著	2023. 12. 31
3	海外重要唐乐文献《教训抄》整理与研究	吴　真	中国人民大学	专著	2024. 9. 30
4	汉晋琴学文献生成研究	王　娜	北京体育大学	研究报告	2022. 6. 30
5	汉唐献赋制度与赋体创作研究	刘青海	北京语言大学	专著	2023. 12. 30
6	文化空间视域下的北宋元祐诗坛研究	马东瑶	北京师范大学	专著	2022. 8. 30
7	香港文学与粤港澳大湾区文学互动关系研究	乐　琦	中国传媒大学	专著	2022. 12. 30
8	中国现代文学视域下的儿童文学叙事模式研究	金莉莉	中国政法大学	专著	2022. 12. 31
9	北运河流域民间文学资源的传承与区域文化建设研究	王卫华	中央民族大学	研究报告	2022. 7. 30
10	汉末魏晋子书与文学批评研究	杨　康	中国社会科学出版社	专著	2021. 10. 30
11	日常生活史与古代小说研究	夏　薇	中国社会科学院文学研究所	专著	2024. 1. 30
12	近代中国的新式教育与教育小说研究（1903—1922）	马勤勤	中国社会科学院文学研究所	专著	2023. 2. 1

青年项目

序号	项目名称	负责人	工作单位	预期成果	完成时间
1	“中兴”思潮与两宋之际文学研究	桂　枭	首都师范大学	专著	2024. 1. 1
2	制礼作乐与西周韵语文献的生成研究	张少辉	中国人民大学	专著	2024. 9. 30
3	祁彪佳曲论汇辑笺校	张诗洋	中国人民大学	专著	2024. 9. 30
4	元代诗歌教习与诗学研究	武　君	北京师范大学	专著	2023. 12. 30
5	新中国第一代作家口述史及其研究	赵天成	中央民族大学	专著	2023. 6. 30
6	文学媒介转型对新世纪小说叙事形态影响研究	姜　肖	北京师范大学	专著	2023. 6. 30
7	当代西方自然主义声音理论研究	张　聪	中国社会科学院中国社会科学杂志社	专著	2023. 12. 31
8	同光记忆与清遗民的文学书写研究	潘静如	中国社会科学院文学研究所	专著、其他	2023. 5. 1
9	城市艺术节对民族非物质文化遗产的存续力影响研究	刘　晓	中国社会科学院民族文学研究所	专著	2023. 12. 31
10	当代中国民间文学生产机制研究（1949 至今）	祝鹏程	中国社会科学院文学研究所	专著	2024. 2. 24
11	诗经图像文献整理与研究	吴　寒	国家图书馆	专著、其他	2023. 12. 31
12	唐至北宋礼制与文学研究	孙羽津	中共中央党校（国家行政学院）	专著	2023. 12. 31

十八、外国文学

重点项目

序号	项目名称	负责人	工作单位	预期成果	完成时间
1	白璧德全集翻译与研究	张　源	北京师范大学	译著、论文集	2024. 2. 1

一般项目

序号	项目名称	负责人	工作单位	预期成果	完成时间
1	中国印度文学学科史研究	王鸿博	北方工业大学	专著	2022. 12. 31
2	美国内战文学与国家认同研究	武月明	北京第二外国语学院	专著	2024. 6. 30
3	后人类主义视域下庄子与拉康主体理论比较研究	王　泉	北京航空航天大学	论文集	2023. 8. 1
4	当代英语文学中的后人类主义思想和人性批判研究	丁林棚	北京大学	专著	2022. 12. 31
5	16 世纪欧洲视域下的《中华大帝国史》与中国形象研究	高　博	北京大学	专著	2024. 12. 31
6	20 世纪朝鲜半岛中国体验诗歌的整理与研究	金海鹰	中国人民大学	专著	2024. 9. 30
7	菲律宾当代文学的现实主义潮流研究	吴杰伟	北京大学	专著	2022. 9. 1
8	俄罗斯黄金时代诗歌研究	汪剑钊	北京外国语大学	专著	2022. 12. 31
9	玛丽·雪莱小说中的科技伦理思想研究	朱岩岩	北京交通大学	专著	2022. 12. 30
10	《格林童话》的神话渊源与德意志民族精神研究	王丽平	清华大学	专著、译著	2024. 6. 10
11	萧伯纳中后期戏剧研究与翻译	谢江南	中国人民大学	专著、译著	2024. 9. 30
12	英国浪漫主义诗歌与视觉艺术关系研究	章　燕	北京师范大学	专著	2023. 12. 31
13	维多利亚小说里的交通和旅行研究	罗　灿	北京林业大学	专著	2023. 6. 30
14	陀思妥耶夫斯基书信文本研究	万海松	中国社会科学院外国文学研究所	专著	2023. 12. 31
15	约翰·罗斯金风景思想研究	乔修峰	中国社会科学院外国文学研究所	专著	2023. 12. 31

青年项目

序号	项目名称	负责人	工作单位	预期成果	完成时间
1	大江健三郎文学中的共同体思想研究	王丽华	北京第二外国语学院	专著、研究报告	2022. 6. 30
2	晚清外交家与中国文学现代性的生成研究	蒋永影	外交学院	专著、论文集	2022. 6. 30
3	巴西“30 一代”左翼作家研究	樊　星	北京大学	专著	2022. 12. 31

十九、语言学

重点项目

序号	项目名称	负责人	工作单位	预期成果	完成时间
1	当代中国“死亡话语”及发展考察	高一虹	北京大学	专著	2022.6.30
2	世界语言生活观测分析及数据库建设	王克非	北京外国语大学	研究报告、电脑软件	2023.12.30
3	中国学前儿童语料库建设及运作研究	李宇明	北京语言大学	论文集、电脑软件	2023.12.30
4	汉语方言语法特征语料库建设	刘丹青	中国社会科学院语言研究所	其他	2022.12.1

一般项目

序号	项目名称	负责人	工作单位	预期成果	完成时间
1	类型学视野下的1—4岁普通话儿童句法发展研究	张云秋	首都师范大学	专著	2023.6.30
2	基于多模态语料库的正常老年人和老年阿尔茨海默症患者语言蚀失及大脑机制对比研究	刘红艳	北京工商大学	研究报告、其他	2021.12.31
3	利用神经网络进行甲骨卜辞字体分类的初步研究	莫伯峰	首都师范大学	研究报告、电脑软件	2023.7.1
4	汉语强调表达的句法、语篇形式及语义来源研究	鲁　莹	北京联合大学	专著	2023.6.1
5	建立在语篇自动标注平行语料库之上的汉法衔接方式对比研究	王秀丽	北京语言大学	专著、电脑软件	2023.12.31
6	基于眼动实验的汉语修辞理论与识别理解研究	陈香兰	北京语言大学	专著、译著	2022.12.20
7	形式类型学视角下汉语名词短语与小句的结构对称性研究	王洪磊	北京航空航天大学	专著	2023.12.31
8	基于构式形态学的汉语词法研究	宋作艳	北京师范大学	论文集	2023.6.30
9	产出导向型国际汉语教材与教法新模式创建研究	朱　勇	北京外国语大学	专著、其他	2022.12.30
10	境内外语料支持下的北京话两百年间的成变研究	周晨萌	对外经济贸易大学	专著、其他	2022.12.31
11	官话方言音韵特征及其扩散研究	熊　燕	中国人民大学	论文集	2024.9.30
12	深圳大鹏半岛濒危方言研究	王莉宁	北京语言大学	专著	2022.12.31
13	语言接触下的粤西北粤语语音特征研究	黄拾全	北京语言大学	论文集、研究报告	2023.12.31

续表

序号	项目名称	负责人	工作单位	预期成果	完成时间
14	基于深度学习方法的语料库索引向量化与自动聚类研究	梁茂成	北京航空航天大学	电脑软件、研究报告	2022. 12. 31
15	现代汉语非现实句的在线加工和习得研究	战立侃	北京语言大学	论文集	2023. 12. 30
16	口译过程认知论建构与人工智能口译研究	王建华	中国人民大学	专著	2022. 12. 20
17	基于历时复合语料库 1919—2019 的翻译对现代汉语语言特征影响研究	赵秋荣	北京科技大学	专著、电脑软件	2023. 12. 30
18	翻译材料难度量化分级研究	孙三军	北京外国语大学	专著	2023. 12. 31
19	《尔雅》注本文献名物词汇史研究	王建莉	中国传媒大学	专著	2023. 12. 30
20	甲骨文字字形义的整理与研究	方稚松	北京外国语大学	论文集	2023. 12. 31
21	基于方言比较的普米语形态演变轨迹研究	蒋　颖	中央民族大学	专著	2022. 7. 1
22	嘉戎语组语言的植物学研究	林幼菁	北京大学	专著	2024. 12. 1
23	广西边境石刻整理研究	何思源	中央民族大学	专著	2023. 12. 31
24	情感文体学视角下的小说动态分析研究	宋成方	对外经济贸易大学	专著	2023. 6. 30
25	新时代卓越外语教师培养模式研究	杨鲁新	北京外国语大学	研究报告	2022. 8. 30
26	高校英语学习者在线自我调控学习的理论构建及教学干预研究	郑春萍	北京邮电大学	专著、论文集	2023. 12. 30
27	新时代中国大学生学术英语能力内涵及提升路径研究	张敬源	北京科技大学	专著	2022. 12. 31
28	中英学术论文写作中的思辨对比研究	陈则航	北京师范大学	研究报告	2022. 12. 31
29	类型学视野下的汉语动词、形容词语义演变研究	苏　颖	中国社会科学院语言研究所	专著	2024. 6. 30
30	蒙古语言学史及理论创新研究	曹道巴特尔	中国社会科学院民族学与人类学研究所	专著	2023. 12. 31

青年项目

序号	项目名称	负责人	工作单位	预期成果	完成时间
1	汉语旁格述宾结构历时演变研究	苏　婧	北京语言大学	专著	2024. 12. 31
2	上古汉语体信息表达方式系统研究	焦一和	北京师范大学	专著	2022. 6. 5
3	契丹语及满通古斯诸语共有词研究	卡　佳	中央民族大学	专著	2021. 12. 31
4	基于 FIELDWORKS 数据库平台的土族语民和方言研究	韩国君	中央民族大学	专著	2022. 6. 30
5	康家语参考语法研究	赖欣欣	中央民族大学	专著、论文集	2022. 6. 30
6	日语近代汉字词的词史研究	邹文君	中国人民大学	专著	2022. 6. 20

续表

序号	项目名称	负责人	工作单位	预期成果	完成时间
7	基于实验范式的现代汉语通感现象研究	赵青青	中国社会科学院语言研究所	专著、研究报告	2022. 12. 31
8	老龄人群语音语料库建设与声学研究	李 倩	中国社会科学院语言研究所	研究报告、其他	2023. 12. 31

二十、新闻学与传播学

重点项目

序号	项目名称	负责人	工作单位	预期成果	完成时间
1	新中国70年来我国出版业管理体制改革的演进研究	周蔚华	中国人民大学	专著	2021. 12. 31
2	新时代中国国际传播实践问题与本土化理论创新研究	张毓强	中国传媒大学	专著、研究报告	2022. 12. 31
3	新时代政府新闻发布评估体系研究	周庆安	清华大学	专著	2022. 12. 31
4	知识服务升级背景下的学术出版能力评价研究	谢寿光	中国社会科学院社会科学文献出版社	专著、研究报告	2021. 6. 30
5	数字化时代农家书屋发展研究	陈含章	中国新闻出版研究院	研究报告、其他	2021. 12. 31

一般项目

序号	项目名称	负责人	工作单位	预期成果	完成时间
1	图书出版业高质量发展内涵、动力及实现路径研究	李治堂	北京印刷学院	研究报告	2021. 12. 31
2	改革开放40年来日本人中国观变迁研究	孙 庚	北京第二外国语学院	专著	2024. 6. 30
3	数据赋能的智慧媒体对青少年行为模式变化影响的研究	徐天晟	首都经济贸易大学	研究报告	2021. 12. 31
4	新闻舆论工作的党性原则及其实践研究	邓绍根	中国人民大学	专著	2022. 9. 30
5	大众传媒与乡村振兴的互动逻辑与路径选择研究	谭云明	中央财经大学	专著	2021. 12. 31
6	媒体融合环境下我国青少年网络素养与价值观引导研究	张 开	中国传媒大学	专著、论文集	2022. 12. 30
7	复杂适应性视域下自媒体短视频不良内容监管机制研究	田维钢	中国传媒大学	专著、论文集	2021. 12. 31
8	网络社群中网民价值观引导研究	郑满宁	中国政法大学	论文集、研究报告	2021. 12. 31
9	人类命运共同体视域下的全球传播秩序重建研究	李 沁	中国人民大学	专著	2022. 9. 30
10	算法中介的网络平台劳动研究	叶韦明	北京大学	论文集、研究报告	2023. 12. 31
11	中国特色新闻学学科体系、学术体系和话语体系研究	季为民	中国社会科学院新闻与传播研究所	专著、研究报告	2023. 12. 31

续表

序号	项目名称	负责人	工作单位	预期成果	完成时间
12	一体化战略视阈下媒体融合的现实困境与实现路径研究	漆亚林	中国社会科学院大学	专著	2022. 12. 31
13	传播犯罪的趋势、类型及立法司法研究	罗　斌	中国社会科学院大学	专著	2023. 12. 31
14	媒介融合背景下新时代主流媒体的改革难点与可行路径研究	马　玥	国家广播电视总局广播电视科学研究院	专著、研究报告	2022. 5. 25
15	大规模社交网络中正负影响力竞争传播的量化计算及引导管控研究	李　阳	国家信息中心	专著、研究报告	2022. 12. 31

青年项目

序号	项目名称	负责人	工作单位	预期成果	完成时间
1	文化认同视阈下形象宣传片中的国家形象自塑策略研究	张慧子	北京工商大学	研究报告、其他	2021. 12. 31
2	大数据背景下网络社群青少年用户价值观引导研究	洪　莹	北京工商大学	研究报告	2022. 6. 30
3	新媒体时代科学与媒介关系及科学话语生产机制研究	史　林	北京师范大学	研究报告、其他	2021. 12. 31
4	人工智能时代新闻生产的边界重构与价值观引领研究	仇筠茜	中国传媒大学	专著	2021. 10. 30
5	气候变化议题的公众细分与传播对策研究	胥琳佳	对外经济贸易大学	研究报告	2022. 12. 30
6	移动互联网环境下的城市空间互动与国家认同机制研究	陈静茜	北京交通大学	专著、论文集	2023. 6. 21

二十一、图书馆 · 情报与文献学

重点项目

序号	项目名称	负责人	工作单位	预期成果	完成时间
1	面向集成管理的政府数据组织与传递机制研究	耿　骞	北京师范大学	专著	2022. 5. 31
2	新时代我国档案管理体制改革研究	徐拥军	中国人民大学	论文集、研究报告	2021. 6. 30
3	明清宫藏丝绸之路档案的整理与研究	李国荣	中国第一历史档案馆	专著、论文集	2021. 6. 30

一般项目

序号	项目名称	负责人	工作单位	预期成果	完成时间
1	智慧图书馆全流程服务设计研究	李晓珊	北京工商大学	专著、研究报告	2022. 7. 1
2	总体国家安全观下军民情报融合机制研究	刘光宇	北京市科学技术情报研究所	研究报告	2021. 12. 31

续表

序号	项目名称	负责人	工作单位	预期成果	完成时间
3	数据开放环境中的词表重用问题研究	贾君枝	中国人民大学	论文集	2022. 9. 30
4	助力“双一流”建设的高校图书馆学科服务创新研究	吴爱芝	北京大学	专著	2022. 6. 30
5	民国时期北京大学对中国图书馆事业的贡献研究	范　凡	北京大学	专著	2021. 12. 31
6	王重民书信与年谱研究	顾晓光	北京大学	专著	2022. 8. 31
7	生态系统视角下开放政府数据价值实现研究	王　卫	北京师范大学	论文集	2022. 6. 30
8	价值驱动的档案数据知识发现与服务模式研究	牛　力	中国人民大学	研究报告、电脑软件	2021. 12. 30
9	新时代国家图书馆为国家立法和决策服务的模式与路径研究	李春明	国家图书馆	研究报告	2021. 12. 31
10	开放获取环境下图书馆转型语境构建与转型路径实践研究	赵　艳	中国科学院文献情报中心	专著、研究报告	2021. 12. 31
11	深化我国公共图书馆法人治理结构改革路径研究	李　丹	国家图书馆	专著、研究报告	2022. 6. 30
12	出版物交换赠送与对外文化交流传播研究	李　伟	国家图书馆	研究报告	2022. 12. 31
13	儿童图书馆利用行为与早期读写能力培养研究	卫垌圻	中国科学院心理研究所	研究报告	2022. 9. 1
14	科技论文全景式摘要知识图谱构建与应用研究	鲜国建	中国农业科学院农业信息研究所	研究报告、电脑软件	2022. 6. 30
15	大数据环境下同行评议方法模式研究	王运红	中国科学技术信息研究所	研究报告	2022. 6. 30
16	中外同学科期刊跨遴选体系联合排序方法研究	王立学	中国科学院文献情报中心	研究报告	2022. 8. 30

青年项目

序号	项目名称	负责人	工作单位	预期成果	完成时间
1	我国传统彝文家谱的内容挖掘与可视化方法研究	叶康杰	中央民族大学	专著	2023. 12. 1
2	社交媒体环境下的学术型用户生成内容质量评估研究	李　蕾	北京师范大学	论文集、研究报告	2022. 6. 30
3	数字政府背景下电子文件单轨制管理的数字连续性保障框架研究	加小双	中国人民大学	研究报告	2022. 9. 30
4	国家元数据库协同构建机制研究	丁遒劲	中国科学技术信息研究所	研究报告	2022. 6. 30
5	国家图书馆藏清宫戏曲文献研究	王　岩	国家图书馆	专著	2021. 12. 31
6	高被引与高关注学术影响力对比研究	林子婕	中国科学技术信息研究所	研究报告	2022. 6. 30

二十二、体育学

重点项目

序号	项目名称	负责人	工作单位	预期成果	完成时间
1	2022 年北京冬奥会危机管理研究	张　锐	北京大学	论文集、研究报告	2021. 12. 31
2	体育彩票公益金绩效管理闭环系统构建及其实现机制研究	白宇飞	北京体育大学	研究报告	2021. 12. 30
3	基于精准测量、精准分析、精准干预工作大幅提升中国学生体质的实验研究	毛振明	北京师范大学	研究报告	2023. 12. 31
4	运动促进身心健康的大中小幼一体化教育体系构建与应用研究	殷恒婵	北京师范大学	专著、研究报告	2023. 12. 31

一般项目

序号	项目名称	负责人	工作单位	预期成果	完成时间
1	新型国际关系视角下新中国 70 年中外体育思想比较研究	张　丽	北京市社会科学院	研究报告	2023. 6. 30
2	2022 年北京冬奥会背景下中国奥林匹克教育传承与创新研究	茹秀英	首都体育学院	专著、研究报告	2023. 6. 30
3	我国运动休闲城市的理论研究与实践探索	李相如	首都体育学院	研究报告	2022. 11. 30
4	2022 年北京冬奥会场馆赛后开发与利用研究	林显鹏	北京体育大学	研究报告	2022. 12. 31
5	利益相关者视阈下我国民间体育赛事协同治理研究	段全伟	北京体育大学	研究报告	2022. 10. 31
6	我国职业体育制度创新研究	靳厚忠	中央财经大学	专著	2021. 6. 30
7	基于文化自信的中国体育学术期刊本土化与国际化协同研究	李勇勤	北京体育大学	研究报告	2022. 12. 30
8	我国体育竞赛与文化表演互动融合模式及实践研究	马鸿韬	北京体育大学	论文集、研究报告	2021. 12. 31
9	我国城市社区自发性体育组织治理创新研究	王　芳	北京体育大学	研究报告	2021. 12. 31
10	以战斗力提升为导向的军队科学化体能训练实践应用研究	李春雷	北京体育大学	论文集、研究报告	2021. 6. 30
11	竞技体育选材与基础培养若干理论与实践问题研究	陈小平	国家体育总局体育科学研究所	专著、论文集	2021. 12. 31

青年项目

序号	项目名称	负责人	工作单位	预期成果	完成时间
1	关系契约视域下新时代中国职业体育俱乐部的社会责任研究	杨献南	北京师范大学	专著、研究报告	2022. 3. 1
2	新中国成立70周年体育教育理论发展与前瞻研究	高　鹏	北京体育大学	专著、研究报告	2023. 5. 31

二十三、管理学

重点项目

序号	项目名称	负责人	工作单位	预期成果	完成时间
1	人工智能对劳动力市场的冲击及劳动者知识技能转换应对研究	何　勤	北京联合大学	专著、研究报告	2022. 12. 31
2	中国机构投资者异化行为与监管政策研究	魏成龙	北京师范大学	专著、研究报告	2022. 12. 30
3	消费者在线行为模式研究	刘凤军	中国人民大学	专著	2024. 9. 30
4	乡村振兴战略背景下城乡融合发展中的闲置土地政策研究	王宏新	北京师范大学	专著、论文集	2022. 3. 1
5	大数据背景下复杂大型建设项目政府投资监控机理、方法及策略研究	乌云娜	华北电力大学	研究报告	2022. 12. 31
6	基于临床路径按病种付费的医疗服务定价研究	陈　颖	北京大学	研究报告	2022. 12. 31

一般项目

序号	项目名称	负责人	工作单位	预期成果	完成时间
1	控股股东股权质押对上市公司财务行为的影响研究	杨克智	北京工商大学	研究报告	2022. 6. 30
2	我国企业员工持股计划的路径取向与经济效应研究	洪　峰	北方工业大学	研究报告	2022. 12. 31
3	国有企业竞争中立制度研究	柳学信	首都经济贸易大学	研究报告	2021. 12. 31
4	《电子商务法》实施背景下的旅游平台经营者法律责任问题研究	孟凡哲	北京第二外国语学院	研究报告	2022. 6. 30
5	面向藻类水华治理的应急决策机制与关键方法研究	王小艺	北京工商大学	研究报告	2022. 6. 30
6	新业态下平台型企业非典型就业的权益保障困境及制度创新研究	魏　巍	北京物资学院	研究报告	2022. 7. 31
7	促进能源工业绿色转型的经济政策体系研究	沈剑飞	华北电力大学	专著、论文集	2021. 12. 31
8	产业融合背景下中国电影企业数字化转型研究	程立茹	中央民族大学	论文集	2022. 12. 31
9	基于数字技术的商业模式创新与反贫困研究	邢小强	对外经济贸易大学	论文集	2022. 9. 30

续表

序号	项目名称	负责人	工作单位	预期成果	完成时间
10	森林保险精准扶贫效果评估与财政补贴机制优化研究	田治威	北京林业大学	论文集、研究报告	2022. 12. 30
11	非金融上市公司过度金融化的测度、驱动机制与经济后果研究	夏　宁	华北电力大学	研究报告	2021. 12. 31
12	乡村振兴战略下农产品区域品牌协同共建机制研究	陆　娟	中国农业大学	论文集、研究报告	2022. 7. 1
13	基于职工福利提升视角的深化重点国有林区改革研究	柯水发	中国人民大学	研究报告	2022. 9. 30
14	中国社会保险管理体制研究	鲁　全	中国人民大学	论文集	2021. 12. 31
15	贫困脆弱性视角下我国农村医疗保障“精准防贫”研究	周新发	北京大学	论文集、研究报告	2021. 12. 31
16	基于“大数据+深度学习”的藏文网络突发事件分析及预警研究	胥桂仙	中央民族大学	论文集、研究报告	2021. 12. 31
17	国家公园体制改革背景下我国自然保护区管理体制研究	王昌海	中国社会科学院农村发展研究所	论文集、研究报告	2020. 12. 31
18	乡村振兴战略中自治、法治、德治相结合的基层治理创新内在逻辑与实现形式研究	刘红岩	农业农村部管理干部学院	论文集、研究报告	2020. 12. 31
19	促进工业绿色创新的环境政策体系研究	王　茹	中共中央党校（国家行政学院）	专著	2021. 4. 30

青年项目

序号	项目名称	负责人	工作单位	预期成果	完成时间
1	团队断层视角下研发团队人才评价机制重构与创新绩效持续提升路径研究	仇　勇	北京工商大学	研究报告	2022. 9. 1
2	畜牧业生态化养殖的实现路径和政策保障研究	于海龙	北京工商大学	研究报告	2022. 8. 31
3	农业产业科技创新联盟的治理及其实现研究	孙永磊	北京化工大学	论文集、研究报告	2022. 6. 30
4	新型城镇化下乡村功能差异化重塑与提升路径研究	高　阳	中国农业大学	研究报告	2022. 6. 30
5	京津冀协同发展升级诉求下区域财政合作框架研究	赵国钦	中央财经大学	研究报告	2022. 6. 30
6	企业参与乡村振兴的长效机制研究	李先军	中国社会科学院工业经济研究所	研究报告	2022. 6. 30
7	地方政府“创城”工作效果评估及优化路径研究	王　哲	国家发展和改革委员会社会发展研究所	专著	2022. 6. 30

（全国哲学社会科学工作办公室供稿）

教育部办公厅关于做好全国教育科学“十三五”规划2019年度课题组织申报工作的通知

教办厅函〔2019〕1号

各省、自治区、直辖市教育厅（教委），教育科学研究院（所），教育科学规划领导小组办公室，新疆生产建设兵团教育局，有关部门（单位）教育司（局），全军军事教育科学规划办公室，部属各高等学校，部省合建各高等学校，部内各司局，各直属单位：

为深入贯彻落实党的十九大和全国教育大会精神，经全国教育科学规划领导小组批准，决定于2019年1月7日至3月15日开展2019年度全国教育科学规划课题申报工作。本年度只设国家重大招标和重点课题指南（见附件1），其他类别课题不设指南，由申请人自拟课题名称申报。同年度申请国家自然科学基金、国家社科基金、教育部人文社会科学及其他国家级科研项目的负责人不能申报全国教育科学规划课题。课题组织申报办法详见附件2。

附件：

1. 2019年度全国教育科学规划国家重大招标和重点课题指南

2. 全国教育科学“十三五”规划2019年度课题组织申报办法

教育部办公厅

2019年1月4日

（全国教育科学规划领导小组办公室供稿）

2019年度全国教育科学规划国家重大招标和重点课题指南

重大招标课题

1. 中国特色社会主义教育理论体系研究
2. 立德树人的落实机制研究
3. 新时代深化我国教育体制改革的目标和框架结构研究
4. 教育适应中国人口结构发展趋势研究
5. 新时代中国教育高质量发展的路径和对策研究

重点课题

6. 新中国成立70年教育发展的历史阶段及其特征与经验研究
7. 人工智能与未来教育发展研究
8. 面向2035中国教育开放战略研究
9. 新时代教师专业标准研究
10. 我国推进教育2030目标监测指标体系及方法研究
11. 教育领域风险点特征与防范机制研究
12. 教育扶贫的现状、问题与对策研究
13. 雄安新区教育与经济社会协同发展研究
14. 新时代劳动教育的中国理论和中国探索研究
15. 职业学校与应用型本科产教融合评价体系与监测研究
16. 中国特色、世界水平的一流本科教育建设标准与建设机制研究
17. 中国学生体质健康综合干预和评估体系研究
18. 构建人类命运共同体视域下国际教育援助理论与我国教育援助策略研究
19. 中小学艺术教育改革研究
20. 教育培训市场治理路径与监测指标研究

（全国教育科学规划领导小组办公室供稿）

全国教育科学“十三五”规划 2019 年度课题组织申报办法

一、申报教育科学规划课题的指导思想是，高举中国特色社会主义伟大旗帜，以马克思列宁主义、毛泽东思想、邓小平理论、“三个代表”重要思想、科学发展观、习近平新时代中国特色社会主义思想为指导，深入贯彻党的十九大和十九届二中、三中全会精神，落实全国教育大会精神，以教育改革和发展中的重大理论和现实问题为主攻方向，解放思想、实事求是、与时俱进、求真务实，大力推进新时代理论创新、制度创新和方法创新，发挥全国教育科学规划课题的示范引导作用，推动教育科学为教育事业发展服务、为教育强国建设服务。

二、申报全国教育科学规划课题，要体现鲜明的问题导向和创新意识，着力推出体现国家水准的研究成果。基础研究要密切跟踪国内外学术发展和学科建设的前沿和动态，着力推进学科体系、学术体系、话语体系建设和创新，力求具有原创性、开拓性和较高的学术思想价值；应用研究要立足党和国家事业发展需要，聚焦教育发展中的全局性、战略性和前瞻性的重大理论与实践问题，力求具有现实性、针对性和较强的决策参考价值。

三、课题申请人须具备下列条件：遵守中华人民共和国宪法和法律；具有独立开展研究和组织开展研究的能力，能够承担实质性研究工作；国家重大和重点课题申请人须具有正高级专业技术职称（职务），能够担负起课题研究实际组织者和指导者的责任；国家一般课题申请人须具有副高级以上（含）专业技术职称（职务）或博士学位。不具有副高级以上（含）专业技术职称（职务）或者博士学位的，可以申请国家青年课题、教育部重点和教育部青年课题，但须由两名具有正高级专业技术职务的同行专家书面推荐。国家青年及教育部青年课题申请人和课题组成员的年龄均不超过 35 周岁（1984 年 3 月 15 日之后出生）。课题组成员或推荐人须征得本人同意并签字确认，否则视为违规申报。申请人可以根据研究的实际需要，吸收境外研究人员作为课题组成员参与申请。全日制在读研究生不能申请，具备申报条件的在职博士生（博士后）从所在工作单位申请。

四、课题申请单位必须符合以下条件：在相关领域具有较雄厚的学术资源和研究实力；设有科研管理的职能部门；能够提供开展研究工作的必要条件并承诺信誉保证。以兼职人员身份从所兼职单位申报全国教育科学规划课题的，兼职单位须审核兼职人员正式聘用关系的真实性，承担项目管理职责并承诺信誉保证。

五、本年度拟设国家重大和重点（含重大和重点的委托项目）课题若干，对教育发展中出现的一些重大问题快速做出反应，为党和政府高层科学决策及时提供政策建议。委托课题的研究内容及课题承担者由全国教育科学规划领导小组领导确定。

六、本年度继续设置国家社科基金教育学西部项目。该项目用于资助在西部地区工作的教育研究人员，重点围绕西部教育改革和发展中的重大理论和现实问题开展研究，更好地服务西部教育和社会发展。西部项目设国家一般和国家青年课题，与年度项目一同申报评审，申报时无需单独注明为西部项目，资助强度和要求与国家一般和国家青年相同，其管理办法按全国教育科学规划的国家一般或国家青年的课题管理要求执行。

七、本年度只设国家重大招标和重点课题指南，其他类别课题不设指南。申报重大招标和重点课题的，其名称须与指南保持一致，不得自行更改或添加副标题；重大招标课题需参加现场答辩，不参加答辩视为自动放弃。流标的重大和重点课题，可以通过委托形式进行研究。其他类别课题由申请人自拟课题名称，鼓励开展反映国家需要和国际趋势的前瞻性、创新性课题研究，不支持以编译著作、编写教材、编写丛书、编写工具书为直接目的的课题研究。自拟课题名称的表述应科学、严谨、规范、简明，一般不加副标题。

八、全国教育科学规划涉及 14 个学科。依照《申请书》列出的学科分类代码填写相应学科，跨学科课题根据“尽量靠近”原则选定一类学科进行申报。国防军事教育课题申报评审工作由全军军事教育科学规划办公室负责另行组织。

九、本年度全国教育科学规划课题继续实行限额申报，限额指标另行下达。各省级教育科学规划领导小组办公室、教育部直属高校和部内司局、直属单位要着力把关提高申报质量，适当控制申报数量，特别是要减少同类选题重复申报。

十、申报课题的资助额度为：国家社科基金教育学重大招标课题为50万元、国家重点课题为35万元、国家一般课题为20万元，国家青年基金课题为20万元；西部项目为20万元；教育部重点课题为3万元、教育部青年专项为2万元。申请人要根据《全国教育科学规划课题成果鉴定结题细则》和《国家社会科学基金项目经费管理办法》的要求，确定申报课题类别，并根据实际需要编制合理科学的经费预算。

十一、全国教育科学规划课题的完成时限，国家重大、重点招标课题原则上要求在2年内完成；其他类别课题基础理论研究一般为3~5年，应用对策研究一般为2~3年。最长年限不超过5年。

十二、为避免一题多报、交叉申请和重复立项，确保申请人有足够的时间和精力从事课题研究，对课题申请作如下限定：（1）课题负责人同年度只能申报一个全国教育科学规划课题，且不能作为课题组成员参与全国教育科学规划课题的申请；课题组成员同年度最多参与两个全国教育科学规划课题申请。在研国家级项目的课题组成员最多参与一个全国教育科学规划项目申请。（2）在研的国家社科基金项目、国家自然科学基金项目、全国教育科学规划课题、教育部人文社会科学课题及其他国家级科研项目的负责人不能申请新的全国教育科学规划课题（结题证书标注日期在2019年3月15日之前的，或在3月15日前我办已经收到提交合格结题材料的，可以申请，但需附证明或与我办核实）。（3）申请国家自然科学基金项目、国家社科基金项目、教育部人文社会科学课题及其他国家级科研项目的负责人同年度不能申请全国教育科学规划课题，其课题组成员也不能作为负责人以内容相同或相近选题申请全国教育科学规划课题。（4）国家重大课题投标者的要求与国家社科基金重大项目投标者的要求相同。（5）凡在内容上与在研或已结项的各级各类项目有较大关联的申请课题，须在《申请书》中详细说明所申请项目与已承担项目的联系和区别，否则视为重复申请；不得以内容基本相同或相近的同一成果申请多家基金项目结项。（6）凡以博士学位论文或博士后出站报告为基础申报全国教育科学规划课题，须在《申请书》中注明所申请项目与学位论文（出站报告）的联系和区别，申请鉴定结项时须提交学位论文（出站报告）原件。（7）不得以已出版的内容基本相同的研究成果申请全国教育科学规划课题。（8）凡以全国教育科学规划课题名义发表阶段性成果或最终成果，不得同时标注多家基金项目资助字样。

十三、贯彻落实中央《关于进一步加强科研诚信建设的若干意见》，申请人应如实填写申请材料，保证没有知识产权争议，不得有违背科研诚信要求的行为。凡存在弄虚作假、抄袭剽窃等行为的，一经发现查实，取消5年申报资格；如获立项即予撤项并通报批评。为保证申报评审的公正性和严肃性，评审会议召开前申报单位或个人不得以任何名义走访、咨询学科评审组专家或邀请学科评审组专家进行申报辅导。凡行贿评审专家者，一经查实将予通报批评；如获立项即予撤项，5年内不得申报全国教育科学规划课题。凡在课题申报和评审中发现严重违规违纪行为的，除按规定进行处理外，均被列入不良科研信用记录。

十四、课题实行同行专家通讯评审初评和专家会议集中复评方式。中小学和幼儿园申请人申报课题，实行单列单评，并给予一定比例的立项数量倾斜。

十五、课题负责人在项目执行期间要遵守相关承诺，履行约定义务，按期完成研究任务，结项成果形式原则上须与预期成果一致，不得低于《全国教育科学规划结题鉴定细则》中的相应要求；获准立项的《全国教育科学规划课题申请书》视为具有约束力的资助合同文本。最终成果实行结题鉴定制度，鉴定等级予以公布。除特殊情况外，国家社科基金项目的最终研究成果须先鉴定、后出版，擅自出版者视为自行终止资助协议。

十六、全国教育科学规划课题申报采用三级审核管理制度。第一级为“申报者所在单位”（如学校、院系、科研院所等），第二级为“省部级管理部门”（含各省级教育规划办、教育部直属高校和直属单位），第三级为“全国教育科学规划领导小组办公室”（以下简称全规办）。各级管理机构要加强对课题申报工作的组织和指导，严格审核申报资格、前期研究成果的真实性、课题组的研究实力和必备条件等，签署明确意见。各级科研管理部门不得收取任何申报评审费用。全规办不直接受理个人申报。

十七、项目申报材料从全规办网站（http：//onsgep. moe. edu. cn）下载。申请书文本须经所在单位审查盖章后，报送至省部级管理部门，最后由省部级管理部门审核盖章后报全规办。

十八、申请书文本要求统一用计算机填写、A3纸双面印制、中缝装订。报送全规办的纸质材料包括：（1）审查合格的国家重大招标和重点课题《投标书》一式6份（原件1份，复印件5份）；其他类别课题《申请书》一式2份（原件1份，复印件1份），活页5份。（2）加盖公章的用统一表格制作的申报数据汇总表。同时报送上述材料的电子版到指定邮箱。

十九、申报时间为2019年1月7日起至3月15日止，逾期不予受理。办公室咨询电话：010－62003471，62003307；各省规划办和教育部直属高校、直属单位报送材料的电子邮箱：qgb@moe. edu. cn；邮政编码：100088；地址：北京市海淀区北三环中路46号全国教育科学规划领导小组办公室。

（全国教育科学规划领导小组办公室供稿）

全国教育科学“十三五”规划2019年度课题立项名单（北京地区）

课题批准号	课题类别	课题名称	申报人姓名	工作单位
VGA190003	国家重大	教育适应中国人口结构发展趋势研究	胡咏梅	北京师范大学
ACA190006	国家重点	人工智能与未来教育发展研究	黄荣怀	北京师范大学
AGA190011	国家重点	雄安新区教育与经济社会协同发展研究	周光礼	中国人民大学
ALA190015	国家重点	中国学生体质健康综合干预和评估体系研究	李红娟	北京体育大学
ALA190017	国家重点	中小学艺术教育改革研究	周　星	北京师范大学
BBA190024	国家一般	核心素养的关键能力构成及其表现研究	邢红军	首都师范大学
BMA190029	国家一般	新中国成立70年民族教育发展的历程、经验与趋势研究	许丽英	中央民族大学
BGA190049	国家一般	社会承担教育责任的机制研究	张　浩	中国教育科学研究院
BFA190053	国家一般	我国中小学教育质量发展性评价体系研究	张彩云	中国教育科学研究院
BFA190066	国家一般	提升国家竞争力框架下中国、俄罗斯教育现代化战略化比较研究	肖　甦	北京师范大学
BDA190071	国家一般	新时代教师领导力提升路径的国际比较研究	张晓光	中国教育科学研究院
BCA190075	国家一般	高职院校信息技术融入技术技能培养的理论及实践研究	刘英群	清华大学
BHA190121	国家一般	数字时代的知识变革与教材编制研究	余宏亮	人民教育出版社
BHA190136	国家一般	高考改革试点省份高中学生选课选考追踪研究	黄晓玲	北京教育科学研究院
BHA190138	国家一般	残疾儿童家庭教育支持的机制构建研究	刘全礼	北京联合大学
BHA190141	国家一般	基于生态学习观的教学策略研究	郑　葳	北京师范大学
BHA190158	国家一般	建国以来小学语文教科书选文研究	郑国民	北京师范大学
BIA190176	国家一般	博士生招生“申请—考核”制的实施成效与改进策略研究	周文辉	北京理工大学

续表

课题批准号	课题类别	课题名称	申报人姓名	工作单位
BIA190180	国家一般	质量文化视角下高校教师教学投入的现状及影响机制研究	杜瑞军	北京师范大学
BIA190182	国家一般	基于学习成果评价的中国大学生高阶思维能力发展状况研究	杨 翊	北京语言大学
BIA190185	国家一般	“一带一路”建设背景下高职院校的跨文化教育研究	高宝立	中国教育科学研究院
BIA190186	国家一般	大学生创业能力与素养的“五位一体”精准培养模式研究	李彦斌	华北电力大学
BIA190195	国家一般	新中国70年大学教学改革的实践逻辑及发展路径研究	李庆丰	北京工业大学
BLA190217	国家一般	基于STEAM教育的艺术课程整合现状、问题与对策研究	万竹青	清华大学
BLA190220	国家一般	文化传承战略中大中小学民族音乐教育衔接机制研究	韩学周	北京科技大学
CFA190252	国家青年	世界一流大学建设的经费结构优化研究	胡 姝	教育部课程教材研究所
CFA190254	国家青年	基础教育公共投入、家庭教育投资与社会代际流动的关系研究	王 骏	北京师范大学
CFA190255	国家青年	教育行政执法协同机制研究	高 杭	中国人民大学
CDA190257	国家青年	国际组织参与全球教育治理的机制与成效研究	丁瑞常	北京师范大学
CJA190262	国家青年	职校教师职业能力诊断与提升的理论和实践研究	张志新	首都师范大学
CHA190270	国家青年	融合教育背景下普通教师职前培养的有效变革：内容、影响因素及策略	冯雅静	中国教育科学研究院
CIA190275	国家青年	《华盛顿协议》背景下我国高校本科生工程实践能力增值及评价研究	齐书宇	北京工业大学
DBA190309	教育部重点	二孩家庭长子女的人际关系与心理适应研究	刘 畅	北京教育学院
DMA190312	教育部重点	“三区三州”深度贫困地区小学理科教师教学胜任力测评及提升研究	任玉丹	教育部民族教育发展中心
DGA190315	教育部重点	我国学分银行建设的现状、问题与对策研究	王海东	教育部考试中心
DGA190316	教育部重点	构建人类命运共同体视野下国际教育援助理论与我国职业教育援助策略研究	赵长兴	教育部职业技术教育中心研究所
DDA190323	教育部重点	日本高等专门学校发展的经验与中国的路径研究	甫玉龙	北京化工大学
DCA190326	教育部重点	信息化环境下高校教师教学能力发展模型及路径研究	杨 娟	清华大学
DCA190327	教育部重点	中小学智能实验教学系统的构建与应用实践研究	刘 强	教育部教育装备研究与发展中心
DCA190331	教育部重点	互联网+教育背景下跨区域同步教学对教育生态的重构研究	曾 杰	中央电化教育馆
DJA190341	教育部重点	近二十年台湾地区本科高等技职教育政策研究	梁 燕	北京教育科学研究院
DEA190359	教育部重点	基于生涯适应力提升的高中个体生涯指导模式研究——家校协同的视角	朱凌云	北京教育科学研究院
DEA190360	教育部重点	小学《道德与法治》教师的专业素养与培育机制研究	钟晓琳	首都师范大学
DHA190362	教育部重点	面向义务教育的学习兴趣测评模型构建	李化侠	人民教育出版社

续表

课题批准号	课题类别	课题名称	申报人姓名	工作单位
DHA190365	教育部重点	基于情绪识别技术的学科情感目标检测与教学设计改进研究	王　凯	北京教育科学研究院
DHA190367	教育部重点	自闭症儿童融合教育生态支持系统建设的研究	王红霞	北京市海淀区特殊教育研究与指导中
DHA190372	教育部重点	卓越教师关键特质和高绩效行为标准的实证研究	秦建平	中国教育学会
DHA190374	教育部重点	学习科学视野下自身认知促进学生思维发展的实证研究	方中雄	北京教育科学研究院
DHA190384	教育部重点	基于语料库的聋生汉语语法偏误分析及教学研究	王玉玲	北京市西城区教育学院
DHA190387	教育部重点	促进中学生科学素养与人文素养协调发展的读写课程开发与实施研究	李卫东	北京教育科学研究院
DIA190418	教育部重点	基于“学—训—赛—研”模式的创新实践型网络安全人才培养模式研究	王　虎	中国矿业大学
DLA190424	教育部重点	面向“教育现代化 2035”中小学体育与健康课程开发研究	陈雁飞	北京教育学院
DLA190426	教育部重点	“互联网+”环境下基于大数据分析的大学生健康管理与监测体系研究	彭　岩	首都师范大学
DHA190431	教育部重点	以立德树人为目标的十二年一贯制学校电影课程开发与实践研究	范胜武	北京市二十一世纪国际学校
DHA190439	教育部重点	园长课程领导力视角下自然探究课程构建的实践研究	赵旭莹	北京市大兴区第七幼儿园
DHA190442	教育部重点	基于落实学生核心素养的高中化学课堂教学目标设计与实施的研究	赵玉泉	北京市第八十中学
DHA190445	教育部重点	高中物理发展性课堂即时评价研究	姜连国	北京市第八十中学
DKA190448	教育部重点	利益相关者参与学习型城市建设的协同机制研究	蒋亦璐	国家开放大学
DHA190454	教育部重点	中华优秀传统文化教育的创新机制研究——基于校际联盟的实践	申敬红	北京师范大学第二附属中学
DHA190456	教育部重点	高中语文学科落实“立德树人”根本任务的策略研究	李荔萍	北京师范大学附属实验中学
EAA190464	教育部青年	新时代中小学教师职业道德规范的研制与实践推进研究	陈黎明	北京教育科学研究院
EBA190466	教育部青年	社会网络视角下同伴对青少年暴力行为的影响研究	沙晶莹	中国人民公安大学
EDA190477	教育部青年	加拿大中小学国家认同教育研究	郑　璐	北京教育学院
ECA190481	教育部青年	核心素养导向下基于语义图示和思维可视化工具的智能教学系统优化设计研究	孟青泉	北京大学
EHA190495	教育部青年	我国小区配套幼儿园治理研究	孙美红	北京教育学院
EIA190505	教育部青年	我国高校教育研究者对政府决策的影响力研究	孟　彦	北京教育学院
EKA190517	教育部青年	新时代下网络教育办学模式比较研究	吕　倩	国家开放大学
EHA190519	教育部青年	面向未来高阶能力和智能素养的中学跨学科人工智能课程体系建设与教学研究	武　迪	中国人民大学附属中学

（全国教育科学规划领导小组办公室供稿）

2019年度国家社会科学基金艺术学项目申报公告

经文化和旅游部、全国艺术科学规划领导小组批准，《2019年度国家社会科学基金艺术学项目课题指南》（以下简称“《课题指南》”）现予发布。现将申报工作有关事项公告如下：

一、申报2019年度国家社会科学基金艺术学项目的指导思想是：以习近平新时代中国特色社会主义思想为指导，深入贯彻落实党的十九大和十九届二中、三中全会精神，贯彻落实《中共中央关于加快构建中国特色哲学社会科学的意见》，坚持基础研究和应用研究并重，加快构建中国特色艺术学体系，推动文化和旅游融合发展，为党和国家工作大局服务，为繁荣发展哲学社会科学服务。

二、申报国家社会科学基金艺术学项目，要体现鲜明的时代特征、问题导向和创新意识，着力推出体现国家水准的研究成果。基础研究要密切跟踪国内外学术发展和学科建设的前沿和动态，着力推进学科体系、学术体系、话语体系建设和创新，力求具有原创性、开拓性和较高的学术思想价值；应用研究要立足党和国家事业发展需要，聚焦经济社会发展中的全局性、战略性和前瞻性的重大理论与实践问题，力求具有现实性、针对性和较强的决策参考价值。

三、申请人须具备下列条件：遵守中华人民共和国宪法和法律；具有独立开展研究和组织开展研究的能力，能够承担实质性研究工作；具有副高级（含）以上专业技术职称（职务），或者具有博士学位。不具有副高级（含）以上专业技术职称（职务）或者博士学位的，可以申请青年项目，但必须有两名具有正高级专业技术职称（职务）的同行专家推荐。青年项目申请人和课题组成员的年龄均不超过35周岁（1984年4月30日后出生）。申请人填报课题组成员或推荐人有关信息资料前，必须征得本人同意，否则视为违规申报。申请人可以根据研究的实际需要，吸收境外研究人员作为课题组成员参与申请。全日制在读研究生不能申请，具备申报条件的在职博士生（博士后）从所在工作单位申请。文化和旅游部机关工作人员不能申请或者作为课题组成员参与申请。

四、申请单位须符合以下条件：在相关领域具有较雄厚的学术资源和研究实力；设有科研管理职能部门；能够提供开展研究的必要条件并承诺信誉保证。以兼职人员身份从所兼职单位申报国家社会科学基金艺术学项目的，兼职单位须审核兼职人员正式聘用关系的真实性，承担项目管理职责并承担信誉保证。

五、《课题指南》条目分范围性条目和具体题目两类。范围性条目只规定研究范围和方向，申请人要据此自行设计具体题目；依据具体题目申报的课题，应选择不同的研究角度、方法和侧重点，题目的文字表述可做适当修改。为进一步突出重点，《课题指南》确定了若干优先研究方向（以“*”标注），优先研究方向的申报课题一经获准立项，可根据研究工作的实际需求，适度放宽资助额度。只要符合《课题指南》的指导思想和基本要求，各学科均鼓励申请人根据研究兴趣和学术积累申报自选课题（包括重点课题）。自选课题与按《课题指南》申报的课题在评审程序、评审标准、立项指标、资助强度等方面同样对待。无论是按《课题指南》拟定的课题还是自选课题，课题名称的表述应科学、严谨、规范、简明，避免引起歧义或争议。

六、2019年度国家社会科学基金艺术学项目实行限额申报，限额指标另行下达。各省（区、市）全国艺术科学规划项目中级管理单位和申请单位要着力提高申报质量，加强对申报项目的审核管理，按照下达的限额申报数审核上报。

七、本年度国家社会科学基金艺术学项目设置重点项目、一般项目、青年项目，同时设立西部项目，对边远贫困地区和少数民族地区特别是西部地区研究项目给予一定倾斜。西部项目不专门申报，从西部地区研究人员申报的项目中评审产生。项目资助额度参考标准为：重点项目35万元，一般项目、青年项目、西部项目20万元。最终确定的资助额度在适当范围内上下浮动，申请人应按照《国家社会科学基金项目资金管理办法》的要求，根据实际需要编制科学合理的经费预算。国家社会科学基金艺术学项目的完成时限，自批准立项之日起计算，基础理论研究一般为3至5年，应用对策研究一般为2至3年。

八、为确保申请人有足够的时间和精力从事课题研究，2019 年度国家社会科学基金艺术学项目申请做如下限定：（1）课题负责人同年度只能申报一个国家社会科学基金艺术学项目，且不能作为课题组成员参与其他国家社会科学基金艺术学项目的申请；课题组成员同年度最多参与两个国家社会科学基金艺术学项目申请。（2）在研的国家社会科学基金项目、国家自然科学基金项目、教育部人文社会科学研究项目及其他国家级科研项目的负责人不能申请新的国家社会科学基金艺术学项目（结项证书标注日期在 2019 年 4 月 30 日之前的可以申请）。（3）申请国家社会科学基金项目、国家自然科学基金项目及其他国家级科研项目的负责人同年度不能申请国家社会科学基金艺术学项目，其课题组成员也不能作为负责人以内容相同或相近选题申请国家社会科学基金艺术学项目。（4）申请教育部人文社会科学研究项目的负责人同年度不能申请国家社会科学基金艺术学项目。（5）不得通过变换责任单位回避前述（1）~（4）条款规定，不得将内容基本相同或相近的申报材料以不同申请人的名义提出申请。（6）凡在内容上与在研或已结项的各级各类项目有较大关联的申请课题，须在申请时注明所申请项目与已承担项目的联系和区别，否则视为重复申请；不得以内容基本相同或相近的同一成果申请多家基金项目结项。（7）凡以博士学位论文或博士后出站报告为基础申报国家社会科学基金艺术学项目，须在申请时注明所申请项目与学位论文（出站报告）的联系和区别，申请鉴定结项时提交学位论文（出站报告）原件。（8）不得以已出版的内容基本相同的研究成果申请国家社会科学基金艺术学项目。（9）凡以国家社会科学基金艺术学项目名义发表阶段性成果或最终成果，不得同时标注多家基金项目资助字样。

九、2019 年度国家社会科学基金艺术学项目实行网上申报。请申请人登录全国艺术科学规划项目申报管理系统［系统路径为：文化和旅游部网站主页→在线办事→办事大厅→全国艺术科学规划项目申报管理系统（2019）］，按照有关说明注册账号并提交申报材料。

十、贯彻落实中央《关于进一步加强科研诚信建设的若干意见》，申请人要如实填写申报材料，保证没有知识产权争议，不得有违背科研诚信要求的行为。凡存在弄虚作假、抄袭剽窃等行为的，一经发现查实，取消 5 年内申报资格，如获立项即予撤项并通报批评。为保证申报评审的公正性和严肃性，评审会议召开前申报单位或个人不得以任何名义走访、咨询学科评审组专家或邀请学科评审组专家进行申报辅导。凡行贿评审专家者，一经查实将予通报批评，如获立项即予撤项，5 年内不得申报国家社会科学基金艺术学项目。凡在项目申报和评审中发现严重违规违纪行为的，除按规定进行处理外，均列入不良科研信用记录。

十一、所有申报项目将通过资格审查、同行专家通讯初评和复评等程序。资格审查和评审工作严格按照《全国艺术科学规划项目管理办法》及本公告的规定进行。同行专家通讯初评采用“活页”匿名方式，“活页”论证字数不超过 4000 字，不得出现申请人、课题组成员姓名及所在单位名称等有关信息，否则取消参评资格。项目评审坚持公平、公正原则，保证质量，宁缺毋滥。评审结果报全国艺术科学规划领导小组审批后公示。

十二、如课题获准立项，申请人填写立项通知书回执后，申报系统形成的《申报书》即成为有约束力的资助合同文本。项目负责人在项目执行期间要遵守相关承诺，履行约定义务，按期完成研究任务。最终成果实行匿名通讯鉴定。除特殊情况外，计划出版的成果须先鉴定、后出版，擅自出版者视为自行终止资助协议。

十三、2019 年度国家社会科学基金艺术学项目实行 3 级申报制度。各单位科研管理部门作为初级管理单位，要做好申报组织及申报材料的审核把关工作，根据本公告及有关规定严格审核《申报书》的所有栏目内容，特别是严格审核申报资格、前期研究成果的真实性、课题组的研究实力和必备条件等，通过申报系统签署明确意见，承担信誉保证。

各省（区、市）艺术科学规划领导小组办公室或文化和旅游厅（局）艺术科研管理部门作为中级管理单位，受理本行政辖区内的课题申报。中级管理单位要加强组织和指导，认真审核，严格把关，努力提高申报质量。要认真负责地做好账号管理、项目审核提交、名单报送等工作，确保网上申报按期完成。

全国艺术科学规划领导小组办公室委托中国艺术科技研究所承担申报材料的受理工作。全国艺术科学规划领导小组办公室不直接受理申报。

十四、课题申报相关文件材料，包括《2019 年度国家社会科学基金艺术学项目课题指南》《国家社会科学基金项目资金管理办法》《全国艺术科学规划项目管理办法》《全国艺术科学规划历年立项课题汇编》等，可在文化和旅游部网站或申报系统主页上查询、下载。

十五、申请人及所在单位网上集中申报和审核提交时间为2019年4月10日至30日，逾期系统关闭不予受理申报及审核。申报单位完成本级资格审查及项目提交后，要同时将系统生成的本单位项目汇总表打印盖章后报送至各省（区、市）中级管理单位；中级管理单位网上审核提交时间为5月1日至8日，中级管理单位完成本级资格审查及项目提交后，要同时将系统生成的本地区项目汇总表打印盖章后报送至中国艺术科技研究所全国艺术科学规划项目管理中心。请严格按照以上时间要求进行申报、审核，因错过受理时间、未按要求操作系统造成的责任由相关人员自行承担。

邮寄地址：北京市东城区雍和宫大街戏楼胡同1号中国艺术科技研究所全国艺术科学规划项目管理中心

邮政编码：100007

咨询电话：010-87930753 孙李蕊、姚宇航

010-87930751 张方天

邮　　箱：qgyskxghb@163.com

特此公告。

附件：1.2019年度国家社会科学基金艺术学项目课题指南

2. 国家社会科学基金项目资金管理办法

3. 全国艺术科学规划项目管理办法

4. 全国艺术科学规划历年立项课题汇编（2013—2018）

5. 各省（区、市）中级管理部门联络表

全国艺术科学规划领导小组办公室

2019年1月16日

（全国艺术科学规划领导小组办公室供稿）

2019年度国家社会科学基金艺术学项目课题指南

艺术基础理论

1. 习近平新时代中国特色社会主义文化重要论述研究＊
2. 马克思主义艺术理论研究＊
3. 艺术学理论学科视野中的艺术史体系构建研究＊
4. 中国传统艺术创造性转化与创新性发展研究
5. 艺术学理论现状与发展研究
6. 中国少数民族艺术观念研究
7. 中国传统艺术观念与体系研究
8. 中国现代艺术观念与体系研究
9. 文化自信与新时代文艺研究
10. 中外艺术比较研究
11. 中外民间艺术比较研究
12. 外来艺术样式中国化研究
13. 中国艺术史（含断代、专题、区域）研究
14. 中国艺术批评史（含断代、专题）研究
15. 流行艺术研究
16. 外国艺术理论研究＊
17. 艺术的跨学科研究
18. 当代中国艺术的伦理问题研究＊
19. 艺术与科技的关系研究
20. 新媒介与文艺创作及批评研究＊

戏剧（含戏曲、话剧、歌剧、音乐剧、曲艺、木偶、皮影）

1. 中国少数民族戏剧研究＊
2. 中国戏剧艺术家研究
3. 戏剧作家作品研究
4. 戏剧舞台美术研究
5. 戏剧表演艺术研究＊
6. 戏剧导演艺术研究
7. 戏曲（曲艺）音乐研究
8. 戏曲文献文物研究
9. 各剧种史论研究
10. 地方戏曲与地域文化研究＊
11. 中国歌剧研究

12. 音乐剧研究
13. 中国话剧史论研究
14. 中国戏剧批评史论研究
15. 戏剧创作、传播研究 *
16. 戏剧受众与文化影响研究
17. 戏剧产业与市场研究
18. 戏剧管理研究
19. 地方曲种研究
20. 曲艺文献研究
21. 曲艺演唱与伴奏研究
22. 曲艺创作与表演研究
23. 曲艺发展与传播研究 *
24. 木偶戏、皮影戏史论研究
25. 木偶戏、皮影戏传承与创新研究
26. 中国儿童戏剧史
27. 中国儿童戏剧的发展现状及策略研究 *
28. 新媒体技术与戏剧艺术创新发展研究
29. 景观剧研究
30. "一带一路"国家戏剧研究 *
31. 戏曲表演场所的文化空间研究 *
32. 中国戏剧域外传播研究
33. 欧美戏剧研究

电影、广播电视及新媒体艺术

1. 新时代中国影视创作理论与美学研究 *
2. "一带一路"背景下中外影视合作与交流研究
3. "一带一路"背景下中外影视译制与国际传播研究
4. 影视如何讲好中国故事研究 *
5. 电影学、广播电视学的学科现状与前沿问题研究
6. 中国电影、电视剧创作现状与传播方式研究
7. 中国影视动画创作及理论研究
8. 外国电影、电视剧艺术创作及理论研究
9. 中国电影专业史、专题史研究
10. 中国电影艺术家研究
11. 中国类型电影、电视剧研究 *
12. 电影、电视技术与艺术互动研究
13. 电影、广播、电视艺术批评研究
14. "互联网+"发展模式对电影创作及产业的影响研究
15. 中国影视产业历史与现状研究
16. 中国影视、动漫、新媒体艺术与产业国际影响力研究
17. 网络电影、网络剧与网络综艺现状及发展研究 *
18. 影视观众感知心理研究
19. 中外电影院线建设与影院运营模式比较研究
20. 中外电影市场的大数据研究
21. 中国纪录片现状与发展研究
22. 大数据时代影视创作理论与批评研究
23. 当代中国娱乐节目的文化价值导向及传播研究
24. 媒介融合环境下的广播艺术发展研究
25. 中国艺术电影创作与市场发展研究
26. 中国影视人才培养现状及发展研究
27. 移动短视频现状与发展研究 *
28. 残障群体媒介权利研究 *
29. 媒体融合发展战略研究 *
30. VR、AR、MR 对影视创作及产业的影响研究
31. 人工智能在影视产业的应用研究
32. 网络文化的传播机制与舆情治理
33. 中国新媒体现状与发展趋势研究
34. 中国儿童影视研究

音乐

1. 中华优秀传统音乐文化的传承与创新研究 *
2. 红色音乐文化研究 *
3. 丝绸之路外文音乐文献整理与研究
4. 音乐学的学科现状与前沿问题研究
5. 中外音乐文化比较研究
6. 中外音乐表演理论与实践研究
7. 中华音乐文化海外传播、传承研究
8. 音乐批评的理论研究
9. 中国音乐断代史专题史研究
10. 中国近现代音乐史研究
11. 中国音乐史学史研究
12. 中国音乐学术史研究
13. 中国音乐美学史研究
14. 中国音乐口述史研究
15. 中国古代音乐文献研究
16. 区域音乐研究
17. 民族声乐研究
18. 民族器乐研究
19. 音乐基础技术理论研究
20. 现当代作曲技术理论研究
21. 中国当代歌剧音乐创作研究
22. 中国当代流行音乐创作的民族化研究

23. 20 世纪中国音乐家研究
24. 中国当代音乐作品与作曲家研究
25. 舞蹈（舞剧）音乐研究
26. 电影音乐研究
27. 音乐社会学研究
28. 音乐生态研究
29. 音乐传播研究
30. 音乐科技研究
31. 音乐产业研究
32. 西方音乐研究
33. 音乐的功能性研究
34. 世界民族音乐研究

舞蹈

1. 舞蹈基础理论研究 *
2. 舞蹈应用理论研究 *
3. 舞蹈史学研究
4. “一带一路”舞蹈文化研究
5. 国家级非遗名录舞蹈研究
6. 中国民族舞蹈、区域舞蹈研究
7. 中国舞蹈创作与表演研究 *
8. 中国当代舞剧研究 *
9. 新舞蹈群体和舞蹈人才研究
10. 舞蹈著作权研究
11. 群众舞蹈创作与活动研究
12. 外国舞蹈文化研究
13. 中外舞蹈交流研究
14. 舞蹈文化跨学科研究
15. 舞蹈创作中的多媒体技术研究
16. 中国杂技基础理论研究 *
17. 中国杂技艺术史研究
18. 当代杂技创作研究
19. 中外杂技交流研究

美术

1. 美术交流与人类命运共同体建构研究 *
2. 当代美术研究
3. 革命题材美术作品研究 *
4. 世界视野中的中国美术研究
5. 中国区域性民族性民间美术研究
6. 中国现实主义美术研究
7. 中国美术史断代、专题研究
8. 中国美术史学史研究
9. 中国古代书论画论研究
10. 中国传统色彩研究
11. 中国近现代绘画研究
12. 中国雕塑史断代、专题研究
13. 中国古代建筑研究
14. 现当代书法研究
15. 现代摄影艺术研究
16. 绘本创作研究
17. 中外美术交流与比较研究
18. 外国美术研究
19. 中国当代美术批评理论研究
20. 西方现代美术批评理论研究
21. 美术馆研究
22. 博物馆、美术馆和图书馆资源建设研究
23. 中国民营美术馆现状调查与研究
24. 中国当代艺术海外传播研究
25. 中国艺术品流散海外情况的调查与研究
26. 中外艺术品市场政策法规比较研究
27. 中外艺术基金会以及艺术品收藏机制研究
28. 美术策展人才培养机制研究 *

设计艺术

1. 中国艺术设计产业发展研究 *
2. 设计推动新农村建设策略与方法研究 *
3. 基于新技术的文化产品设计研究 *
4. 基于传统技艺的创新设计研究 *
5. 中国设计思想及设计理论研究
6. 中国传统纹样的当代运用研究
7. 中国传统营造的文化价值研究
8. 中国传统服装服饰研究
9. 中国当代工业设计理念与方法研究
10. 城市公共环境景观设计研究
11. 室内设计理论与实践研究
12. 中外工艺美术史及专题研究
13. 中国艺术设计史及专题研究
14. 中国设计哲学、伦理学理论研究
15. 工艺美术批评理论研究
16. 艺术设计批评理论研究
17. 中国民间工艺研究
18. 设计政策研究 *
19. 中国服务设计创新发展策略研究
20. 基于信息技术的新媒体艺术设计研究
21. 中国互联网信息平台创新设计研究
22. 中外设计交流研究
23. 城市更新策略背景下工业遗产建筑再设计研究

24. 中国传统工艺研究

25. 交互设计应用研究

26. 中国陶瓷艺术话语体系研究

27. 中国家具设计研究

28. 设计奖项及设计展览的策划和组织研究

29. 中国动漫产品的游戏产品设计研究

30. 弱势人群设计研究

31. 旅游文创产品设计研究

综合

1. 推进文化和旅游治理体系和治理能力现代化研究＊

2. 文化事业、文化产业和旅游业融合发展研究＊

3. 文化和旅游的区域协同发展研究＊

4. 增强中华文化认同的机制和路径研究＊

5. 新时代构建人类命运共同体的文化策略研究

6. 特色文化带文化资源富集型城市发展战略研究

7. 国有艺术院团管理运营机制研究

8. 国有文化企业社会效益评价考核体系研究

9. 促进数字创意产业发展的政策研究＊

10. 文化文物单位文化创意产品开发体制机制研究＊

11. 文化市场管理理论和政策研究

12. 公共文化服务体系建设研究

13. 乡村振兴战略中的文化和旅游建设研究

14. 非物质文化遗产保护与传承的可持续发展研究

15. 中华民族优秀传统文化传承研究

16. 文化艺术作品的知识产权问题研究

17. 艺术产品的产权交易研究

18. 中国大众文化消费研究＊

19. 民营艺术表演团体现状调查与研究＊

20. “互联网+”传统文化产业链创新模式研究

21. 区域特色文化产业发展研究

22. 网络文化对生活方式的影响研究

23. 优秀艺术作品海内外传播平台建设研究

24. 对外文化交流项目绩效评估研究

25. 对外文化贸易研究

26. 非物质文化遗产保护的海外经验和经典案例研究

27. 世界各国文化法律、文化政策比较研究

28. 世界文化思潮及文化热点问题研究

（全国艺术科学规划领导小组办公室供稿）

2019 年度国家社会科学基金艺术学重大项目招标公告

经文化和旅游部和全国艺术科学规划领导小组批准，2019 年度国家社会科学基金艺术学重大项目面向全国公开招标。现将有关事项公告如下：

一、招标单位

全国艺术科学规划领导小组办公室

二、招标对象

主要包括文化艺术和旅游领域重点研究机构、高等院校以及社科研究机构等。投标要以单位名义进行，多单位联合投标须确定一个责任单位。鼓励跨地区、跨单位联合投标，鼓励理论工作部门与实际工作部门合作开展研究。

三、招标工作总体要求

高举中国特色社会主义伟大旗帜，以习近平新时代中国特色社会主义思想为指导，深入贯彻落实党的十九大和十九届二中、三中全会精神，贯彻落实《中共中央关于加快构建中国特色哲学社会科学的意见》，坚持以重大现实问题为主攻方向，坚持基础研究和应用研究并重，发挥国家社会科学基金示范引导作用，加快构建中国特色艺术学体系，推动文化艺术和旅游研究为党和国家工作大局服务，为繁荣发展哲学社会科学服务。

四、招标数量和资助额度

2019 年度共发布 30 个重大项目招标选题，每个招标选题原则上只确立 1 项中标课题。资助额度根据研究的实际需要确定，一般为每项 60～80 万元。

五、投标资格要求

（一）投标责任单位须具备下列条件：

1. 在文化艺术和旅游研究领域具有较强的科研力量

和深厚的学术积累；

2. 设有专门负责科研管理工作的职能部门；

3. 能够为开展重大项目研究工作提供良好条件。

（二）投标课题组须具备下列条件：

1. 遵守中华人民共和国宪法和法律，遵守国家社会科学基金各项管理规定；在相关研究领域具有深厚的学术造诣和丰富的科研经验，社会责任感强，学风优良；首席专家具有正高级专业技术职称或厅局级（含）以上领导职务，能够承担实质性研究工作并担负科研组织指导职责；每个投标课题组的首席专家只能为一人。

2. 在研的国家社会科学基金重大项目、马克思主义理论研究和建设工程重大项目、教育部哲学社会科学重大攻关项目、国家出版基金项目以及其他国家级重大科研项目的课题负责人，不能作为首席专家参加本次投标。申请教育部哲学社会科学研究重大课题攻关项目及其他国家级科研重大项目的首席专家同年度不能投标国家社会科学基金艺术学重大项目。

3. 首席专家只能投标一个项目，且不能作为子课题负责人或课题组成员参与本次投标的其他课题。子课题负责人须具有副高级（含）以上职称，在本次招标中只能参与一个投标课题。课题组成员最多参与两个投标课题。

4. 文化和旅游部机关工作人员不能申请或者参与申请国家社会科学基金艺术学重大项目。

六、投标课题要求

1. 投标课题组须按 2019 年度发布的招标选题（附后）投标，自选课题不予受理。《投标书》文本要简洁、规范、清晰，不加附件。

2. 投标课题要突出研究重点，体现有限目标，课题设计不宜过于宽泛，避免大而全，子课题数量一般不超过 5 个。大型文献典籍整理、丛书编纂、数据库建设等规模较大的课题，可根据实际需要设定子课题数量。每个子课题只能确定一名负责人。

3. 投标课题组要熟知国内外相关领域研究前沿和动态，除必要的学术史梳理外，应着重对同类课题研究状况和他人研究成果做出分析评价，阐明投标课题的价值和意义。

4. 投标课题组要具备扎实的研究基础和丰富的相关前期研究成果。《投标书》要重点介绍首席专家近年来在相关研究领域的学术积累和学术贡献、同行评价和社会影响等方面情况。

5. 投标课题组要树立鲜明的问题意识和创新意识，在框架设计、研究思路、主要内容、基本观点、研究方法等方面，体现创新的学术思想、独到的学术见解和可能取得的突破。

6. 项目完成时间根据研究工作的实际需要确定，一般应在 3~5 年左右完成。

7. 预期研究成果的规模和数量应科学合理，确保质量和学术水准，多出精品力作，避免重复出版；最终成果为大型文献典籍整理、多卷本专著、系列丛书等形式的，应注意编纂体例的科学性和统一性。最终成果为学术专题数据库的，要以公益使用、开放共享为目标，避免重复建设。

七、投标纪律要求

1. 投标责任单位和首席专家要加强审查把关，切实把好政治方向关和学术质量关。各地中级管理单位要从课题设计、课题论证、首席专家、前期研究成果、科研团队和责任单位等方面进行审查，合格者予以上报。

2. 投标课题组要弘扬严谨、求实、创新、诚信的优良学风，自觉坚持公平竞争的原则，严格遵守国家社会科学基金项目管理规定。凡有弄虚作假、抄袭剽窃、违规违纪等行为的，一经查实，即取消参评资格；如获中标，一律撤项，5 年内不得申报国家社会科学基金项目。

3. 投标课题组拟定子课题负责人和课题组成员前必须征得本人同意，子课题负责人须在《投标书》上签字，否则视为违规申报。如获中标，子课题负责人一般不得变更。

4. 投标课题组可提出 2 名以内建议回避评审专家，全国艺术科学规划领导小组办公室将根据评审工作的实际情况予以考虑。

八、申报程序和时间安排

1. 各省（区、市）全国艺术科学规划项目中级管理单位负责受理并审核本行政区划内的投标课题申报并汇总、报送，全国艺术科学规划领导小组办公室委托中国艺术科技研究所承担各地申报材料的分类汇总工作。全国艺术科学规划领导小组办公室不直接受理申报。

2.《招标公告》《投标书》《投标材料汇总表》等相关材料可登录文化和旅游部网站查阅、下载（路径：文化和旅游部网站主页→工作动态→科技教育司）。《投标书》一律用计算机填写、A3 纸双面印制中缝装订，经投标单位审核盖章，由各地中级管理单位审核汇总后，于 2019 年 3 月 15 日前统一报送至中国艺术科技研究所，逾期不予受理。

各地报送的材料为：审查合格的纸质《投标书》一式 8 份，其中 1 份原件（请在封面上标明）、7 份复印件；《投标书》电子版和《投标材料汇总表》电子表格，请发至邮箱（qgyskxghb@163.com），并确保电子数据的真实性、完整性和一致性。

3. 全国艺术科学规划领导小组办公室将对《投标书》进行资格审查，并组织专家对通过资格审查的投标课题进行评审，提出建议中标课题名单。

4. 建议中标课题名单经全国艺术科学规划领导小组审批后，在文化和旅游部及全国哲学社会科学工作办公室网站上公示 7 天，公示结果报全国艺术科学规划领导小组审批后下达立项通知书。

邮寄地址：北京市东城区雍和宫大街戏楼胡同 1 号中国艺术科技研究所全国艺术科学规划项目管理中心

邮政编码：100007

电　　话：010-87930753

联 系 人：孙李蕊，13901192296

姚宇航，13716442689

特此公告。

附件：1. 2019 年度国家社会科学基金艺术学重大项目招标选题

2. 2019 年度国家社会科学基金艺术学重大项目投标书

3. 2019 年度国家社会科学基金艺术学重大项目投标材料汇总表

全国艺术科学规划领导小组办公室

2019 年 1 月 8 日

（全国艺术科学规划领导小组办公室供稿）

2019 年度国家社会科学基金艺术学重大项目招标选题

1. 习近平“以人民为中心”文艺创作重要论述研究

2. 新时代中国特色社会主义文化自信研究

3. 中华传统艺术的当代传承研究

4. “微时代”文艺批评研究

5. 中国戏曲剧种艺术体系现状与发展研究

6. 新中国成立 70 周年中国戏曲史（分省卷）

7. 富连成人才培养体系研究

8. 当代欧美戏剧研究

9. 中国电影表演美学思潮史

10. 网络文化安全研究

11. 中国电影工业化体系构建研究

12. 中国乐派研究

13. 中国声乐艺术研究

14. 中国歌剧重大问题研究

15. 新中国器乐乐种传承发展研究

16. 当代中国舞剧的历史脉络、创作实践与发展态势研究（1949—2019）

17. 中国舞蹈跨文化交流理论与实践研究

18. 中外当代杂技比较研究

19. 中国美术史学史研究

20. 中国共产党领导下的百年新美术运动研究

21. 新时代美术创作中的民族精神研究

22. 中华传统造物艺术体系与设计文献研究

23. 设计美学研究

24. 中国陶瓷艺术发展研究（1949—2019）

25. 构建我国文化和旅游服务贸易国际交流合作新格局研究

26. 文化和旅游融合发展市场主体建设研究

27. 文化和旅游行业人才培养战略、路径与对策研究

28. 文化消费理论和实践研究

29. 科技创新的人文精神研究

30. 革命文物保护利用实践经验与制度创新研究

（全国艺术科学规划领导小组办公室供稿）

2019年度国家社会科学基金艺术学重大项目（北京地区）

批准号	项目名称	责任单位	首席专家
19ZD02	“微时代”文艺批评研究	首都师范大学	王德胜
19ZD03	中国戏曲剧种艺术体系现状与发展研究	中国艺术研究院	王　馗
19ZD06	新中国成立70周年中国戏曲史（北京卷）	中国戏曲学院	吴新苗
19ZD09	富连成人才培养体系研究	北京外国语大学	孙　萍
19ZD12	网络文化安全研究	中国传媒大学	廖祥忠
19ZD13	中国乐派研究	中国音乐学院	王黎光
19ZD14	中国声乐艺术研究	中国音乐学院	王士魁
19ZD15	中国歌剧重大问题研究	中央音乐学院	郭文景
19ZD16	新中国器乐乐种传承发展研究	中央音乐学院	于红梅
19ZD17	当代中国舞剧的历史脉络、创作实践与发展态势研究（1949—2019）	北京舞蹈学院	于　平
19ZD18	中国舞蹈跨文化交流理论与实践研究	北京舞蹈学院	郭　磊
19ZD21	新时代美术创作中的民族精神研究	中央美术学院	范迪安

（全国艺术科学规划领导小组办公室供稿）

2019年度国家社会科学基金艺术学项目（北京地区）

批准号	项目名称	项目类别	负责人	责任单位
19AE004	“舞蹈北京”——北京舞蹈生态与中国舞蹈文化建设研究	重点项目	史　红	首都师范大学
19BA012	西方艺术人类学学术史	一般项目	李修建	中国艺术研究院
19BA013	周代雅乐与中国传统艺术观念的形成研究	一般项目	赵玉敏	中国社会科学院大学
19BB015	跨文化戏剧四十年	一般项目	沈　林	中央戏剧学院
19BB020	改革开放四十年新编戏曲剧目研究	一般项目	赵锡淮	中国戏曲学院
19BB022	中国戏曲史学史研究	一般项目	丁明拥	中国传媒大学
19BB024	新世纪戏曲导演艺术研究	一般项目	赵　娟	中国传媒大学

续表

批准号	项目名称	项目类别	负责人	责任单位
19BC032	融媒环境下现实题材剧的创作、审美与传播新趋势研究	一般项目	戴　清	中国传媒大学
19BC033	影人年谱与中国电影史研究	一般项目	李道新	北京大学
19BC038	“一带一路”背景下中国影视译制艺术与国际传播力研究	一般项目	麻争旗	中国传媒大学
19BC039	香港电影文学改编史（1949—2019）	一般项目	张　燕	北京师范大学
19BC041	认知神经科学理论背景下电影视听元素结合效果研究	一般项目	王宜文	北京师范大学
19BC042	新媒体艺术视野下宋代绘画艺术的创造性转化与创新性发展研究	一般项目	王之纲	清华大学
19BC046	中国电影声音的史学建构及理论研究	一般项目	姚国强	北京电影学院
19BD048	隋唐五代古琴艺术研究及琴学史料编纂	一般项目	章华英	中央音乐学院
19BD055	“弦索声腔系统”音乐研究	一般项目	王宇琪	中央音乐学院
19BD061	日本现存唐乐曲研究	一般项目	严　薇	中国音乐学院
19BD065	中国当代电子音乐作品与作曲家研究	一般项目	王　铉	中国传媒大学
19BD066	藏传佛教中汉藏音乐文化交流遗存的考察与研究	一般项目	银卓玛	中国艺术研究院
19BE070	中国古典舞视觉研究：历史、文化、学科、本体	一般项目	苏　娅	北京舞蹈学院
19BF076	二十世纪传统派画家的“文化心态”与“主体建构”研究	一般项目	杭春晓	中国艺术研究院
19BF086	全形拓与清代金石学传统	一般项目	宗成振	首都师范大学
19BF089	五代宋辽西夏法华美术研究	一般项目	张建宇	中国人民大学
19BF090	德语世界中国艺术的收藏、展览与研究（1860—1949）	一般项目	赵　娟	北京体育大学
19BG102	敦煌历代服饰文化研究	一般项目	刘元风	北京服装学院
19BG104	国家礼仪服饰研究	一般项目	李　薇	清华大学
19BG105	宋代服饰形制文化研究	一般项目	张　玲	中国传媒大学
19BG115	明代官袍结构与规制研究	一般项目	刘瑞璞	北京服装学院
19BG117	中国设计批评思想史研究（1919—2019）	一般项目	芦　影	中国传媒大学
19BG120	基于贵州苗族女性传统服饰技艺的创新设计研究	一般项目	周　梦	中央民族大学
19BG125	国际知识产权格局下中国产品设计市场竞争力提升研究	一般项目	姜　冰	北京理工大学
19BG127	人工智能背景下的交互设计方法研究	一般项目	吴　琼	清华大学
19BG128	从苏作到京作：大运河文化带传统手工艺及其文化范式研究	一般项目	臧小戈	中国政法大学
19BH139	中外艺术品市场法律制度比较研究	一般项目	刘双舟	中央财经大学
19BH147	网络文化对公众生活方式的影响研究	一般项目	吕　欣	中国传媒大学
19BH156	大数据视角下代际差异对文化消费需求的影响研究	一般项目	刘　慧	中国社会科学院大学

续表

批准号	项目名称	项目类别	负责人	责任单位
19CA161	符号学视域中的艺术生成思想及其关键概念整理与对译研究	青年项目	朱俐俐	北京大学
19CC171	中国续集电影的历史与形式研究	青年项目	包 磊	国家艺术基金管理中心
19CD172	调性扩张体系在中国作曲理论中的构建与应用研究	青年项目	李 冬	中国艺术研究院
19CF178	印度新德里藏斯坦因所掠敦煌吐鲁番艺术品研究	青年项目	郑 弌	中央美术学院
19CF180	丝绸之路视野下的汉代纹饰研究	青年项目	陈 轩	故宫博物院
19CH190	政府介入艺术资助的绩效评价体系研究	青年项目	洪 宇	国家艺术基金管理中心
19CH192	公共文化政策法规的软法特征与协同治理模式研究	青年项目	王琳琳	中国传媒大学

（全国艺术科学规划领导小组办公室供稿）

2019 年度教育部在京高校国家社会科学基金重大项目

序号	批准号	课题名称	首席专家	责任单位
1	19ZDA002	习近平总书记关于贫困治理的思想和实践研究	于鸿君	北京大学
2	19ZDA006	《马藏》早期文献（1871—1921）与马克思主义在中国的早期传播	孙熙国	北京大学
3	19ZDA011	中国共产党党内政治生态建设的百年历程与历史经验研究	程美东	北京大学
4	19ZDA069	实质性减税降费与经济高质量发展研究	龚六堂	北京大学
5	19ZDA129	“一国两制”台湾方案研究	李义虎	北京大学
6	19ZDA135	新时代中国特色大国外交能力建设研究	王逸舟	北京大学
7	19ZDA147	新时代我国残疾人社会融合问题研究	叶静漪	北京大学
8	19ZDA199	两宋建筑史料编年研究	徐怡涛	北京大学
9	19ZDA215	中国西北科学考查团文献史料整理与研究	朱玉麒	北京大学
10	19ZDA220	日本全面侵华战争的决策问题研究	臧运祜	北京大学
11	19ZDA236	西方史学史谱系中的文明史范式研究	朱孝远	北京大学
12	19ZDA312	北京大学藏甲骨整理、保护与研究	李宗焜	北京大学
13	19ZDA023	中华比较哲学文献资料编纂整理与研究	张耀南	北京航空航天大学
14	19ZDA012	百年中国高校党的建设历史资料的整理与研究	周良书	北京师范大学
15	19ZDA041	大数据背景下人工智能及其逻辑的哲学反思	郭佳宏	北京师范大学

续表

序号	批准号	课题名称	首席专家	责任单位
16	19ZDA068	中国主动扩大进口问题研究	魏　浩	北京师范大学
17	19ZDA077	技术标准与知识产权协同推进数字产业创新的机理与路径研究	戚聿东	北京师范大学
18	19ZDA100	“一带一路”投资安全保障体系研究	胡必亮	北京师范大学
19	19ZDA118	数字经济对我国经济社会发展的影响效应测度与统计评价	陈梦根	北京师范大学
20	19ZDA337	“一带一路”背景下中国文化海外传播对中国企业国际化的影响研究	曲如晓	北京师范大学
21	19ZDA359	国家基础教育质量监测与评价体系研究	辛　涛	北京师范大学
22	19ZDA363	中国人道德认知和情绪特点的心理、脑与人工智能跨学科研究	刘　超	北京师范大学
23	19ZDA351	北京 2022 年冬奥会和冬残奥会遗产重大问题研究	孙葆丽	北京体育大学
24	19ZDA261	汉唐间丝绸之路历史书写和文学书写文献资料整理与研究	石云涛	北京外国语大学
25	19ZDA319	“一带一路”沿线国家语言资源数据库建设及汉外对比研究	何　伟	北京外国语大学
26	19ZDA338	中国特色对外话语体系在英语世界的译介与传播研究（1949—2019）	张　威	北京外国语大学
27	19ZDA090	建设“长江三峡生态经济走廊”研究	何　伟	北京邮电大学
28	19ZDA238	阿拉伯史学经典《历史大全》的汉译与研究	罗　林	北京语言大学
29	19ZDA297	《世界儿童文学百科全书》翻译及儿童文学批评史研究	张生珍	北京语言大学
30	19ZDA059	中国国际投资史研究	卢进勇	对外经济贸易大学
31	19ZDA064	中国参与多边贸易体制改革的方案设计与谈判策略研究	李计广	对外经济贸易大学
32	19ZDA072	新时代中国预算绩效管理改革研究	李　明	对外经济贸易大学
33	19ZDA101	“一带一路”投资安全保障体系研究	祝继高	对外经济贸易大学
34	19ZDA131	基于大数据的国家安全态势感知原理及冲突数据库建设	董青岭	对外经济贸易大学
35	19ZDA081	面向国家能源安全的智慧能源创新模式与政策协同机制研究	曾　鸣	华北电力大学
36	19ZDA010	党内法规与国家法律有机衔接问题研究	王振民	清华大学
37	19ZDA165	大数据、人工智能背景下的公安法治建设研究	余凌云	清华大学
38	19ZDA329	基于机器博弈的网络信息传播安全多准则动态管控策略研究	沈　阳	清华大学
39	19ZDA353	健康中国与体育强国建设的体医融合协同创新研究	仇　军	清华大学
40	19ZDA272	中国电影文化竞争力与海外市场动态数据库建设	张宗伟	中国传媒大学
41	19ZDA327	我国新闻传播业人工智能应用现状与发展趋向研究	王晓红	中国传媒大学
42	19ZDA096	休养生息制度背景下的耕地保护转型研究	孔祥斌	中国农业大学
43	19ZDA021	文化比较视域下中西思维方式差异性研究	胡　平	中国人民大学

续表

序号	批准号	课题名称	首席专家	责任单位
44	19ZDA024	中国仁学发展史（多卷本）	向世陵	中国人民大学
45	19ZDA123	中国特色政策试验与政府间学习机制研究	杨宏山	中国人民大学
46	19ZDA155	当代中国国家治理中的规范协同问题研究	张志铭	中国人民大学
47	19ZDA207	清代驿站史研究	刘文鹏	中国人民大学
48	19ZDA310	近代汉语后期语法演变与现代汉语通语及方言格局形成之关系研究	龙国富	中国人民大学
49	19ZDA320	新中国70年新闻传播史（1949—2019）	邓绍根	中国人民大学
50	19ZDA335	当代中国图书出版史	周蔚华	中国人民大学
51	19ZDA134	中国特色国家监察学学科体系建设研究	张桂林	中国政法大学
52	19ZDA163	行政诉讼类型制度的构建研究	刘 飞	中国政法大学
53	19ZDA168	美国国会涉华法案文本整理、翻译与研究（1979—2019）	张法连	中国政法大学
54	19ZDA057	中国特色社会主义政治经济学体系中的国家理论研究	林光彬	中央财经大学
55	19ZDA070	实质性减税降费与经济高质量发展研究	马海涛	中央财经大学
56	19ZDA075	全面推进生态创新的财税政策体系研究	樊 勇	中央财经大学
57	19ZDA098	创新驱动战略背景下风投规制化与系统环境构建研究	张学勇	中央财经大学
58	19ZDA173	中国特色社会主义少数民族经济发展经验及国际比较	李曦辉	中央民族大学
59	19ZDA183	中国古代北方多民族服饰文化融合及中华文化认同实证研究	苏日娜	中央民族大学
60	19ZDA241	基督教中国化之经典、礼仪与思想研究	游 斌	中央民族大学

（高校社科管理中心供稿）

2019年度教育部人文社会科学研究一般项目（在京高校）

序号	项目批准号	项目名称	学校名称	申请人	项目类别	学科门类
1	19YJC760150	沉浸式交互技术下的中国水墨动画意境创作与艺术感知研究	北方工业大学	张凤全	青年基金项目	艺术学
2	19YJA630127	创新券提升中小微企业创新能力的协同机制及优化路径研究	北方工业大学	周 霞	规划基金项目	管理学
3	19YJC710106	境外宗教渗透与高校意识形态安全工作研究	北方工业大学	张晓晨	青年基金项目	马克思主义/思想政治教育
4	19YJA890022	“健康中国2030”视域下学生体力活动指南开发——基于大数据分析和定性研究	北京大学	宋 逸	规划基金项目	体育科学

续表

序号	项目批准号	项目名称	学校名称	申请人	项目类别	学科门类
5	19YJA740031	阿拉伯政治冲突的符号化与媒介化趋向研究	北京大学	廉超群	规划基金项目	语言学
6	19YJC880119	大学“三维融通”创新型学习环境的要素构成、过程模型及效果评估研究	北京大学	余　继	青年基金项目	教育学
7	19YJC790053	高铁、结构转型与经济增长的政策效应评估：基于新结构经济学的视角	北京大学	柯　潇	青年基金项目	经济学
8	19YJC630210	决策中断对消费者选择的折中效应影响的研究：内在机制、边界条件和应对策略	北京大学	张成虎	青年基金项目	管理学
9	19YJC720003	马克思哲学的普遍性—特殊性问题研究	北京大学	陈广思	青年基金项目	哲学
10	19YJC760108	南宋时期的木构建筑形制与屋木画研究	北京大学	王书林	青年基金项目	艺术学
11	19YJC630219	社会资本视角下的互联网金融平台用户还款行为研究	北京大学	张晓丹	青年基金项目	管理学
12	19YJC752030	印度“早期现代”黑天文学研究	北京大学	王　靖	青年基金项目	外国文学
13	19YJC770022	中国抗生素药物社会史研究（1941—1978）	北京大学	李彦昌	青年基金项目	历史学
14	19YJC751043	中国现代文学中的“个体”形象与现实主义的边界	北京大学	王　钦	青年基金项目	中国文学
15	19YJA630104	中庸思维对女性领导者应对角色冲突的影响及效果：基于角色理论视角的多方法研究	北京大学	尹　俊	规划基金项目	管理学
16	19YJC840064	子女人力资本对于老年人健康的反哺效应	北京大学	周　羿	青年基金项目	社会学
17	19YJC730010	“五位一体”总布局文化建设背景下北京城宗教建筑的空间分布规律研究	北京第二外国语学院	张　旭	青年基金项目	宗教学
18	19YJC790012	基于截断数据的操作风险分段建模方法与集成度量模式研究	北京第二外国语学院	陈　倩	青年基金项目	经济学
19	19YJC790208	新型城镇化进程中农民工留城创业行为机理、约束条件与支持政策研究	北京第二外国语学院	朱志胜	青年基金项目	经济学
20	19YJC760161	日本当代动画导演创作风格研究	北京电影学院	张　愉	青年基金项目	艺术学
21	19YJC760092	我国电影行业的失范与规范问题研究	北京电影学院	孙俨斌	青年基金项目	艺术学
22	19YJC760014	敦煌唐代供养人像服饰图案研究	北京服装学院	崔　岩	青年基金项目	艺术学
23	19YJCZH075	基于演化博弈的互联网广告流量欺诈的治理研究	北京工商大学	雷　蕾	青年基金项目	交叉学科/综合研究
24	19YJC790077	我国高校教师过度劳动问题的理论与实践研究	北京工商大学	刘贝妮	青年基金项目	经济学

续表

序号	项目批准号	项目名称	学校名称	申请人	项目类别	学科门类
25	19YJAZH092	中美贸易摩擦中的话语博弈与中国话语权提升策略研究	北京工商大学	王　擎	规划基金项目	交叉学科/综合研究
26	19YJC630129	混合所有制改革背景下集团化管理与国企创新研究	北京工业大学	钱　婷	青年基金项目	管理学
27	19YJC790036	教育财政投入对家庭教育支出决策的影响研究：微观机理与实证检验	北京工业大学	何宗樾	青年基金项目	经济学
28	19YJCGJW014	贸易强国建设背景下我国绿色贸易发展战略及政策研究	北京工业大学	邢李志	青年基金项目	国际问题研究
29	19YJA910001	乡村振兴战略下我国城乡发展不平衡的统计测度与演化趋势研究	北京工业大学	艾小青	规划基金项目	统计学
30	19YJC710039	新时代党的意识形态凝聚力和引领力提升研究	北京工业大学	刘　锋	青年基金项目	马克思主义/思想政治教育
31	19YJA880044	“双一流”高校建设成效评价研究	北京航空航天大学	马永红	规划基金项目	教育学
32	19YJC790197	创新投入策略、区域关联与经济增长研究	北京航空航天大学	赵雨涵	青年基金项目	经济学
33	19YJA820051	数据主权研究	北京航空航天大学	翟志勇	规划基金项目	法学
34	19YJA630004	“双一流”建设战略导向下高等教育经费绩效评价与提升研究	北京化工大学	查道林	规划基金项目	管理学
35	19YJC840002	社交机器人社会存在对老年人心理健康的影响机理研究	北京化工大学	陈　娜	青年基金项目	社会学
36	19YJC820048	网络空间自卫权行使的国际法规制研究	北京化工大学	邵　怿	青年基金项目	法学
37	19YJC820077	我国上市公司重整中行政权介入实证及路径研究	北京化工大学	赵惠妙	青年基金项目	法学
38	19YJC630217	新时代增强中小企业数字能力的模式与推进机制研究	北京化工大学	张思雪	青年基金项目	管理学
39	19YJC630148	基于多源数据的不确定路网环境下潮汐车道布局优化方法研究	北京建筑大学	孙　煦	青年基金项目	管理学
40	19YJC840067	基于人口规模及空间分布信息的城市公共资源优化配置研究	北京建筑大学	邹　艳	青年基金项目	社会学
41	19YJC890019	健身跑者对跑步风险认知与应对行为的调查及对策研究	北京建筑大学	胡德刚	青年基金项目	体育科学
42	19YJA820058	“互联网+”背景下新型道路交通现象法律问题研究	北京交通大学	郑　翔	规划基金项目	法学
43	19YJC630081	城市交通出行行为的影响因素研究——基于共享经济的视角	北京交通大学	李　梦	青年基金项目	管理学
44	19YJA760064	国际前沿美学视野下的中国电影视觉造型创新研究	北京交通大学	王丽君	规划基金项目	艺术学

续表

序号	项目批准号	项目名称	学校名称	申请人	项目类别	学科门类
45	19YJC860040	互联网时代的媒体估值：现状、困境与模型构造	北京交通大学	王　田	青年基金项目	新闻学与传播学
46	19YJCZH181	基于大数据视角的中国古代书画家源流分析研究	北京交通大学	王　征	青年基金项目	交叉学科/综合研究
47	19YJC630043	考虑用户使用习惯的城市充电桩布局优化文本挖掘和仿真模型	北京交通大学	宫大庆	青年基金项目	管理学
48	19YJC710114	习近平总书记关于青年社会责任的重要论述研究	北京交通大学	郑士鹏	青年基金项目	马克思主义/思想政治教育
49	19YJAZH032	虚拟现实技术对建筑设计思维与教学的影响机制与应用研究	北京交通大学	胡映东	规划基金项目	交叉学科/综合研究
50	19YJAZH026	装配式建筑工程量清单与 BIM 的计价信息协同及扩展研究	北京交通大学	郭婧娟	规划基金项目	交叉学科/综合研究
51	19YJC760078	VR 电影空间的用户体验设计方法研究	北京科技大学	裴　磊	青年基金项目	艺术学
52	19YJA790032	关键审计事项披露的资本市场政策效应研究	北京科技大学	胡志颖	规划基金项目	经济学
53	19YJC710094	海外中国学研究成果用于高校思政课教学资源的路径研究	北京科技大学	于国辉	青年基金项目	马克思主义/思想政治教育
54	19YJC752028	拉美文学的中国形象研究	北京科技大学	覃　琳	青年基金项目	外国文学
55	19YJC770032	清代官方多语文合璧书写及其政治文化意义研究	北京科技大学	强光美	青年基金项目	历史学
56	19YJA790029	校园欺凌经历对人力资本和劳动力市场表现的影响研究	北京科技大学	胡　枫	规划基金项目	经济学
57	19YJC710110	新时代大学生思想政治教育获得感及其提升研究	北京科技大学	赵　静	青年基金项目	马克思主义/思想政治教育
58	19YJC760144	家具榫卯机巧艺术及数字化研究	北京理工大学	于德华	青年基金项目	艺术学
59	19YJA880094	我国地方学前教育公共财政投入的公平与效应研究	北京理工大学	周　玲	规划基金项目	教育学
60	19YJC710102	延安时期中共对外话语的传递研究	北京理工大学	张　虹	青年基金项目	马克思主义/思想政治教育
61	19YJC760020	中国传统木结构营造与当代智造再设计研究	北京理工大学	付久强	青年基金项目	艺术学
62	19YJCZH211	基于社会网络的知识产权质押贷款信任模型与实验检验	北京联合大学	严鸿雁	青年基金项目	交叉学科/综合研究
63	19YJC880097	民国儿童福利制度研究	北京联合大学	吴媛媛	青年基金项目	教育学
64	19YJA760058	数字复制时代的舞蹈美学辩证	北京联合大学	汤旭梅	规划基金项目	艺术学
65	19YJC760042	基于参与式绘图法和手机信令大数据的历史名园文化服务权衡—协同研究	北京林业大学	李方正	青年基金项目	艺术学

续表

序号	项目批准号	项目名称	学校名称	申请人	项目类别	学科门类
66	19YJC630055	南方集体林区林权结构、经营行为与农户福祉研究	北京林业大学	侯一蕾	青年基金项目	管理学
67	19YJA790101	农村贫困地区创业行为扩散机理与引导机制研究	北京林业大学	薛永基	规划基金项目	经济学
68	19YJC760102	遗址与图画——圆明园园林遗址区复原创作研究与实践	北京林业大学	王丹丹	青年基金项目	艺术学
69	19YJC710024	1927—1937年国共两党的唯物史观之争与当代启示研究	北京师范大学	金 梦	青年基金项目	马克思主义/思想政治教育
70	19YJC770053	从动员到扎根：中共冀鲁豫根据地乡村文化治理的历史考察和经验研究	北京师范大学	吴起民	青年基金项目	历史学
71	19YJC850012	从张毅到陈遐龄：川边镇守使治理康区之研究	北京师范大学	裴儒弟	青年基金项目	民族学与文化学
72	19YJC880141	多源数据驱动的协作学习活动设计方法及优化策略的实证研究	北京师范大学	郑兰琴	青年基金项目	教育学
73	19YJC880133	法国创建世界一流高校的治理改革研究：以高校联盟为例	北京师范大学	张梦琦	青年基金项目	教育学
74	19YJA880009	高中数学核心素养理论框架的实证及实践研究	北京师范大学	郭玉峰	规划基金项目	教育学
75	19YJA740027	汉语故事的篇章语法研究	北京师范大学	李晋霞	规划基金项目	语言学
76	19YJC720051	美作为从自然到自由的过渡——《判断力批判》体系性建构作用研究	北京师范大学	周黄正蜜	青年基金项目	哲学
77	19YJA770023	明清士大夫“书籍之交”研究	北京师范大学	张 升	规划基金项目	历史学
78	19YJC710116	世界历史视域下的马克思共同体理论与习近平命运共同体思想研究	北京师范大学	周 阳	青年基金项目	马克思主义/思想政治教育
79	19YJA630082	事件特征如何影响失败学习：基于社会认知神经科学视角的研究	北京师范大学	王文周	规划基金项目	管理学
80	19YJC890030	数据驱动的高校体育智慧教学平台的构建和应用研究	北京师范大学	马运超	青年基金项目	体育科学
81	19YJA190011	学校生态视角下的校园欺凌监测框架与诊断模型研究——基于全国大样本数据的实证研究	北京师范大学	张云运	规划基金项目	心理学
82	19YJA740035	语言文化学视角下的当代俄罗斯女性文学研究	北京师范大学	刘 娟	规划基金项目	语言学
83	19YJC790006	制造业服务化与价值链升级：基于中国微观企业数据的经验研究	北京师范大学	陈超凡	青年基金项目	经济学
84	19YJC770023	中西比较视野下古希腊的世界观念研究	北京师范大学	李 渊	青年基金项目	历史学
85	19YJC190026	自主支持型教学环境对学生学业成绩的影响机制研究：自我决定理论的视角	北京师范大学	张丹慧	青年基金项目	心理学

续表

序号	项目批准号	项目名称	学校名称	申请人	项目类别	学科门类
86	19YJA890009	足球运动员运动决策能力的脑机制研究	北京师范大学	郎　健	规划基金项目	体育科学
87	19YJA790052	国企混改进程中高管薪酬差距监管与激励机制研究	北京石油化工学院	梁　峰	规划基金项目	经济学
88	19YJAZH007	德语大众剧的艺术传承与历史演变研究	北京体育大学	陈　燕	规划基金项目	交叉学科/综合研究
89	19YJC890064	基于移动互联网技术的网球教学系统模型建构的研究	北京体育大学	赵　月	青年基金项目	体育科学
90	19YJA890039	精准扶贫背景下寒地农民体质健康促进研究	北京体育大学	章碧玉	规划基金项目	体育科学
91	19YJC751009	元代交通与诗歌研究	北京体育大学	黄二宁	青年基金项目	中国文学
92	19YJA890026	中国传统武术的哲学思想研究	北京体育大学	武　冬	规划基金项目	体育科学
93	19YJA860003	"人类命运共同体"理念国际传播的话语策略研究	北京外国语大学	高金萍	规划基金项目	新闻学与传播学
94	19YJCZH271	当代德国影视中的华人影像和中国叙事	北京外国语大学	周海霞	青年基金项目	交叉学科/综合研究
95	19YJC810003	非洲政治领导人的留学经历与对外政策倾向研究	北京外国语大学	郭凤林	青年基金项目	政治学
96	19YJC730004	海上丝绸之路女神信仰研究：以东南亚为例	北京外国语大学	霍　然	青年基金项目	宗教学
97	19YJC740127	汉语学习者在词汇层面和连续语流中声调和音段信息的加工模式研究	北京外国语大学	邹　婷	青年基金项目	语言学
98	19YJA740065	基于历时语料库的汉语问候语演变研究	北京外国语大学	夏登山	规划基金项目	语言学
99	19YJC740109	意汉双向平行语料库的构建与研究	北京外国语大学	余丹妮	青年基金项目	语言学
100	19YJC790189	央行审慎政策、宏观杠杆率调整与中国经济波动	北京物资学院	赵成珍	青年基金项目	经济学
101	19YJC870002	基于深度学习的多源医学数据融合模式研究	北京协和医学院	陈松景	青年基金项目	图书馆、情报与文献学
102	19YJC630047	环境绩效测度的网络数据包络分析方法与应用研究	北京信息科技大学	郭传银	青年基金项目	管理学
103	19YJA860004	中国共产党出版史研究（1921—1949）	北京印刷学院	高杨文	规划基金项目	新闻学与传播学
104	19YJC630120	多重异质条件下政府科技经费投入对产业网络创新绩效的影响机制与优化路径研究	北京邮电大学	马晓飞	青年基金项目	管理学
105	19YJA630025	高管职业经历与企业创新：作用机理、影响因素与价值效应	北京邮电大学	何　瑛	规划基金项目	管理学
106	19YJA630020	公司信用信息的披露特征及经济后果研究——基于年报文本分析的视角	北京邮电大学	高锦萍	规划基金项目	管理学
107	19YJC720033	胡塞尔与萨特想象理论比较研究	北京邮电大学	温　雪	青年基金项目	哲学

续表

序号	项目批准号	项目名称	学校名称	申请人	项目类别	学科门类
108	19YJCZH084	基于机器学习的中国工尺谱自动翻译研究	北京邮电大学	李荣锋	青年基金项目	交叉学科/综合研究
109	19YJCZH046	约翰·洛克“中国笔记”手稿研究	北京邮电大学	韩 凌	青年基金项目	交叉学科/综合研究
110	19YJC740099	百年汉语文白语码择用规范谱系研究	北京语言大学	徐欣路	青年基金项目	语言学
111	19YJCZH230	基于语文教材的文本可读性评价方法研究及应用	北京语言大学	于 东	青年基金项目	交叉学科/综合研究
112	19YJAZH106	人工耳蜗植入儿童的大脑可塑性及其对言语和阅读发展的影响	北京语言大学	张林军	规划基金项目	交叉学科/综合研究
113	19YJCZH012	唐代丝绸之路上的外来绘画研究	北京语言大学	陈 晶	青年基金项目	交叉学科/综合研究
114	19YJC752007	20世纪早期在华法文报刊中的现代中国形象研究	对外经济贸易大学	郭彦娜	青年基金项目	外国文学
115	19YJC740089	“一带一路”沿线国家意大利的语言政策与规划研究	对外经济贸易大学	吴 菡	青年基金项目	语言学
116	19YJC790013	非参数条件分位数模型理论及其应用研究	对外经济贸易大学	陈悉榕	青年基金项目	经济学
117	19YJC790136	港口预防气候变化及相关灾害的投资决策：内部结构、港口间竞争与合作的影响	对外经济贸易大学	王 焜	青年基金项目	经济学
118	19YJC630061	合作型谏言策略的量表，及其产生与影响机制	对外经济贸易大学	贾荣雯	青年基金项目	管理学
119	19YJC740043	基于清代满汉平行语料库的早期北京话满语干扰特征研究	对外经济贸易大学	刘 云	青年基金项目	语言学
120	19YJC630107	基于双重异构信息的多阶段交互式复杂大群体决策模型研究	对外经济贸易大学	刘小月	青年基金项目	管理学
121	19YJA790089	技术进步对岗位创造、收入不平等的影响：基于职位数据和DSGE的分析与预测	对外经济贸易大学	巫 强	规划基金项目	经济学
122	19YJC790153	开发区的技术创新效应评估及其作用机制：基于专利指标的考察	对外经济贸易大学	吴 敏	青年基金项目	经济学
123	19YJC630137	考虑在险价值（value-at-risk）的企业运营与金融对冲策略研究	对外经济贸易大学	任 龙	青年基金项目	管理学
124	19YJC710037	马克思主义文献学视域下的人类命运共同体思想起源研究	对外经济贸易大学	梁 爽	青年基金项目	马克思主义/思想政治教育
125	19YJC630232	企业投融资期限结构错配的经济后果研究——基于企业风险视角的分析	对外经济贸易大学	钟 凯	青年基金项目	管理学
126	19YJC790061	人力资本扩张对制造业企业出口产品质量的影响机制及实证研究	对外经济贸易大学	李 静	青年基金项目	经济学
127	19YJC790096	推进中国与“一带一路”沿线国家服务贸易发展的路径研究——基于总值和增加值视角	对外经济贸易大学	牛 华	青年基金项目	经济学

续表

序号	项目批准号	项目名称	学校名称	申请人	项目类别	学科门类
128	19YJC790010	我国民营中小企业嵌入“一带一路”产业链的模式与政策支撑研究	对外经济贸易大学	陈 廉	青年基金项目	经济学
129	19YJA810010	新时代下公务员职务与职级并行制度实施效果实证研究：跨地区、跨部门、跨类别比较	对外经济贸易大学	吕维霞	规划基金项目	政治学
130	19YJA740012	学术语篇整合策略与影响因素研究	对外经济贸易大学	冯海颖	规划基金项目	语言学
131	19YJAZH101	京津冀区域多中心格局的政策效应与演变前景研究	国际关系学院	杨 卡	规划基金项目	交叉学科/综合研究
132	19YJC752032	金·斯坦利·罗宾逊的生态乌托邦诗学研究	华北电力大学	王 珊	青年基金项目	外国文学
133	19YJA710038	习近平新时代青年担当思想研究	华北电力大学	魏彤儒	规划基金项目	马克思主义/思想政治教育
134	19YJCZH162	新媒体时代美国电子报的中国文化与形象的传播与变异	华北电力大学	王苗苗	青年基金项目	交叉学科/综合研究
135	19YJC630175	“人工智能+”视角下我国智能制造产业集群形成与发展机理及政策研究	清华大学	王雅薇	青年基金项目	管理学
136	19YJA880093	“双一流”建设高校全球人才管理战略研究：一项聚焦外国学生学者的跨学科研究	清华大学	钟 周	规划基金项目	教育学
137	19YJCZH239	“一带一路”下的国际医疗旅游开发的准入与评价体系研究	清华大学	张 丹	青年基金项目	交叉学科/综合研究
138	19YJC751013	敦煌写本、宋刻本所见唐人的别集编撰思想与实践	清华大学	李成晴	青年基金项目	中国文学
139	19YJC630213	基于区块链技术的公益慈善创新模式研究：组织结构、功能与影响因素分析	清华大学	张 楠	青年基金项目	管理学
140	19YJA840019	历史社会学的本土化发展与创新研究	清华大学	严 飞	规划基金项目	社会学
141	19YJA760007	宋辽金工艺美术史料库	清华大学	陈彦姝	规划基金项目	艺术学
142	19YJC760071	形象、物品、时空：中国当代雕塑创作中的具象语言研究	清华大学	罗 幻	青年基金项目	艺术学
143	19YJA760004	振兴中国传统工艺的目标、标准与策略研究	清华大学	陈岸瑛	规划基金项目	艺术学
144	19YJA760077	中国传统蓝染工艺研究	清华大学	杨建军	规划基金项目	艺术学
145	19YJA760096	中国经典动画装饰美学的传承与创新研究	清华大学	祝 卉	规划基金项目	艺术学
146	19YJC630123	工作场所不文明行为的实施、效仿与激化：文化价值观的影响	首都经济贸易大学	毛畅果	青年基金项目	管理学
147	19YJAZH005	基于复杂网络和机器学习的金融市场风险管控研究	首都经济贸易大学	陈 炜	规划基金项目	交叉学科/综合研究
148	19YJA630074	京津冀一体化视域下北京绿色发展的空间治理体系研究	首都经济贸易大学	王德起	规划基金项目	管理学

续表

序号	项目批准号	项目名称	学校名称	申请人	项目类别	学科门类
149	19YJC820061	类型与构造：资产管理人的信义义务研究	首都经济贸易大学	徐化耿	青年基金项目	法学
150	19YJC840012	民国时期农村社会经济调查的整理与研究	首都经济贸易大学	傅春晖	青年基金项目	社会学
151	19YJA790092	我国城市群政策的驱动路径及绩效评估研究	首都经济贸易大学	吴　康	规划基金项目	经济学
152	19YJC790026	中国经济增长路径上的动态环保税、污染防治补贴及生态补偿机制研究	首都经济贸易大学	范庆泉	青年基金项目	经济学
153	19YJC840063	暴力社会学的理论框架与核心议题研究	首都师范大学	周锦章	青年基金项目	社会学
154	19YJA820008	符合法律的宪法解释及其实践研究	首都师范大学	杜强强	规划基金项目	法学
155	19YJA880060	改革开放40年我国教科书话语体系的演变与发展	首都师范大学	王攀峰	规划基金项目	教育学
156	19YJA710036	马克思的社会关系思想与历史唯物主义发展研究	首都师范大学	王洪波	规划基金项目	马克思主义/思想政治教育
157	19YJC760088	西方早期音乐中数理比例创作技术的衍变及当代实践研究	首都师范大学	宋　戚	青年基金项目	艺术学
158	19YJA880023	小学教师德育素养的结构要素与培育机制研究	首都师范大学	李　敏	规划基金项目	教育学
159	19YJC740069	语料库局部语法视阈下的中美英语新闻语篇对比研究	首都师范大学	隋　忻	青年基金项目	语言学
160	19YJA751013	元代乐府诗整理与研究	首都师范大学	郭　丽	规划基金项目	中国文学
161	19YJCZH040	20世纪中国糖尿病史研究	首都医科大学	谷晓阳	青年基金项目	交叉学科/综合研究
162	19YJC840059	基于临终病人与家属互动体验和需求的家庭关怀方案的构建与可行性研究	首都医科大学	岳　鹏	青年基金项目	社会学
163	19YJCGJW001	联合国《2030年可持续发展议程》下全球非传统安全治理研究	外交学院	董　亮	青年基金项目	国际问题研究
164	19YJA770001	中国民主党派报刊史	中国传媒大学	艾红红	规划基金项目	历史学
165	19YJC710066	大学生政治观极化现象的原因及对策分析	中国地质大学（北京）	陶　塑	青年基金项目	马克思主义/思想政治教育
166	19YJC770027	晚清美国驻华领事制度研究	中国地质大学（北京）	刘　芳	青年基金项目	历史学
167	19YJAZH130	明末外销青花瓷的产地研究	中国科学院大学	朱　剑	规划基金项目	交叉学科/综合研究
168	19YJCZH087	煤矿行业作业人员冒险行为的生理指标变化规律研究	中国矿业大学（北京）	李祥春	青年基金项目	交叉学科/综合研究
169	19YJC710005	新时代中国共产党网络意识形态话语传播策略研究	中国矿业大学（北京）	曾庆桃	青年基金项目	马克思主义/思想政治教育

续表

序号	项目批准号	项目名称	学校名称	申请人	项目类别	学科门类
170	19YJC820060	“三权分置”下宅基地权利结构的重构研究	中国农业大学	肖　鹏	青年基金项目	法学
171	19YJC840031	美国农村社会学的兴衰史研究及其对中国农村研究的借鉴意义	中国农业大学	马学军	青年基金项目	社会学
172	19YJC630231	品牌农产品消费者口碑传播机制研究——基于 Agent 建模与仿真	中国农业大学	郑小平	青年基金项目	管理学
173	19YJC710017	新中国成立以来发展观与五年计（规）划互动关系研究	中国农业大学	范　鹏	青年基金项目	马克思主义/思想政治教育
174	19YJA790125	出口质量升级的影响因素：龙头效应还是基础条件	中国人民大学	赵　勇	规划基金项目	经济学
175	19YJC840066	当代中国代际流动模式变迁及其影响因素研究	中国人民大学	朱　斌	青年基金项目	社会学
176	19YJA710035	改革开放 40 年中国大陆畅销书出版与社会思潮传播	中国人民大学	孙利军	规划基金项目	马克思主义/思想政治教育
177	19YJC860034	老年人微信健康信息的使用模式及其对健康行为的影响	中国人民大学	潘曙雅	青年基金项目	新闻学与传播学
178	19YJA751039	乾嘉笔记叙录与整理研究	中国人民大学	王　昕	规划基金项目	中国文学
179	19YJA770007	清代缙绅录研究	中国人民大学	阚红柳	规划基金项目	历史学
180	19YJC752018	日本《改造》杂志及其中国叙事研究（1919—1944）	中国人民大学	刘　妍	青年基金项目	外国文学
181	19YJC630028	我国光伏补贴政策效果评估：基于准实验设计	中国人民大学	董长贵	青年基金项目	管理学
182	19YJC790193	学前教育对儿童认知与非认知能力的短期和长期影响	中国人民大学	赵丽秋	青年基金项目	经济学
183	19YJC710001	在家庭中培育和践行社会主义核心价值观研究——传统家训教化资源的当代启示	中国人民大学	安丽梅	青年基金项目	马克思主义/思想政治教育
184	19YJA751047	中国现代女性主义理论思潮与文献整理研究（1900—1949）	中国人民大学	杨联芬	规划基金项目	中国文学
185	19YJC710002	新时代思想政治教育文化环境研究	中国人民公安大学	白　洁	青年基金项目	马克思主义/思想政治教育
186	19YJA751008	《朝花夕拾》研究	中国社会科学院大学	丁　文	规划基金项目	中国文学
187	19YJA820014	共同犯罪本质的规范理解	中国社会科学院大学	何庆仁	规划基金项目	法学
188	19YJC760034	后电影语境下奇观影像的话语构建与价值审视	中国社会科学院大学	黄媛媛	青年基金项目	艺术学
189	19YJA860001	社交媒体使用对我国未成年人的负面影响及对策研究	中国社会科学院大学	杜　涛	规划基金项目	新闻学与传播学

续表

序号	项目批准号	项目名称	学校名称	申请人	项目类别	学科门类
190	19YJCGJW006	世界贸易组织（WTO）裁判机构的困境与中国方案	中国社会科学院大学	李晓玲	青年基金项目	国际问题研究
191	19YJC630143	制度逻辑、文化资源与组织身份重塑：基于故宫的纵向案例研究	中国社会科学院大学	苏雪梅	青年基金项目	管理学
192	19YJCZH106	规模与环境友好双导向下海洋油气开发激励机制设计与政策研究	中国石油大学（北京）	刘明明	青年基金项目	交叉学科/综合研究
193	19YJC630006	我国跨行业耦合共生的节能减排路径模拟、潜力评估及政策研究	中国石油大学（北京）	曹　馨	青年基金项目	管理学
194	19YJCZH003	习近平主席“一带一路”讲话中集体认同的话语建构研究	中国石油大学（北京）	曾蕊蕊	青年基金项目	交叉学科/综合研究
195	19YJC840023	新型城镇化背景下中国农村信仰转型发生与发展机制研究	中国石油大学（北京）	刘　力	青年基金项目	社会学
196	19YJC720022	《王制》学史	中国政法大学	吕明烜	青年基金项目	哲学
197	19YJA820024	法律近代化视角下的冤案纠正：中华民国大理院非常上诉判决例研究	中国政法大学	李　超	规划基金项目	法学
198	19YJCZH282	反腐新形势下国家监察对象范围与相关法律问题研究	中国政法大学	宗婷婷	青年基金项目	交叉学科/综合研究
199	19YJC740006	基于学习者写作语料库的“动词—论元构式”研究	中国政法大学	丁　韬	青年基金项目	语言学
200	19YJA710026	马克思的“经济—阶级”自由理论与分析方法研究	中国政法大学	罗朝慧	规划基金项目	马克思主义/思想政治教育
201	19YJA790046	民营企业社会网络构建与化解海外投资风险研究	中国政法大学	李　泳	规划基金项目	经济学
202	19YJA820057	数据财产私法规制体系的重塑	中国政法大学	郑佳宁	规划基金项目	法学
203	19YJA820050	司法鉴定标准化统一问题及解决路径研究	中国政法大学	袁　丽	规划基金项目	法学
204	19YJC820071	文以载政：中国古代诗文所见治国理政要略及其当代价值	中国政法大学	张京凯	青年基金项目	法学
205	19YJA820060	我国合宪性审查基准的类型化研究	中国政法大学	周青风	规划基金项目	法学
206	19YJA820056	刑事诉讼中儿童证人研究	中国政法大学	赵珊珊	规划基金项目	法学
207	19YJC820029	刑事证据信息化管理的理论与方法研究	中国政法大学	李小恺	青年基金项目	法学
208	19YJA820041	行政强制执行体制改革研究	中国政法大学	王青斌	规划基金项目	法学
209	19YJA820038	中国古代请托犯罪的国家治理	中国政法大学	孙　旭	规划基金项目	法学
210	19YJC630207	“虎父”为何有“犬子”？家族企业传承失败问题研究	中央财经大学	于晓东	青年基金项目	管理学
211	19YJA72040002	“其他情况均同律”的形式刻画及其推理研究	中央财经大学	张立英	规划基金项目	逻辑学
212	19YJCZH154	城市更新视角下棚户区改造的时空演化、内在机理及引导策略研究	中央财经大学	王　昊	青年基金项目	交叉学科/综合研究

续表

序号	项目批准号	项目名称	学校名称	申请人	项目类别	学科门类
213	19YJA630008	城乡居民基本医保制度并轨的福利效应及政策优化研究	中央财经大学	陈　华	规划基金项目	管理学
214	19YJC710023	传统乡规民约的思想政治教育资源及新时代转化	中央财经大学	简臻锐	青年基金项目	马克思主义/思想政治教育
215	19YJA790068	大股东股权质押的行为、动机与风险研究	中央财经大学	祁怀锦	规划基金项目	经济学
216	19YJC790150	个税递延型商业养老保险产品的政策效应和潜在风险的量化分析	中央财经大学	韦　晓	青年基金项目	经济学
217	19YJC790196	互动式信息披露的行为特征及其影响因素：基于深交所和上交所网络互动平台的研究	中央财经大学	赵　杨	青年基金项目	经济学
218	19YJC790072	基于机器学习的内部控制缺陷预测模型研究：模型构建与应用	中央财经大学	林东杰	青年基金项目	经济学
219	19YJC630005	基于序参量识别的政府投资基金绩效评价指标体系研究	中央财经大学	曹堂哲	青年基金项目	管理学
220	19YJA630022	绩效管理视域下基于心理契约修正模型的并购文化整合路径研究	中央财经大学	郭建鸾	规划基金项目	管理学
221	19YJC630162	经济发展方式转变背景下的财政政策与企业创新模式研究	中央财经大学	王百强	青年基金项目	管理学
222	19YJCZH178	面向多源社交媒体的青年用户性格预测及风险预警研究	中央财经大学	王友卫	青年基金项目	交叉学科/综合研究
223	19YJAZH058	全球气候融资治理格局的演化与中国应对	中央财经大学	刘　倩	规划基金项目	交叉学科/综合研究
224	19YJA790004	时间序列分数单积与体制转换混杂模型的设定检验及应用研究	中央财经大学	邓　露	规划基金项目	经济学
225	19YJCZH253	网络突发事件中负性偏向效应的传递及消解策略	中央财经大学	张　梅	青年基金项目	交叉学科/综合研究
226	19YJA710011	习近平网络强国战略系列论述研究	中央财经大学	胡树祥	规划基金项目	马克思主义/思想政治教育
227	19YJA840016	乡村振兴背景下的城乡连续统建构研究	中央财经大学	王积超	规划基金项目	社会学
228	19YJA752012	战时日本女性作家的中国叙事与战争思想研究	中央财经大学	李　炜	规划基金项目	外国文学
229	19YJC630092	中国会计年度起讫日期的国际接轨路径研究	中央财经大学	李　哲	青年基金项目	管理学
230	19YJC752014	“跨语际小说”理论建构与身份认同研究	中央民族大学	雷　静	青年基金项目	外国文学
231	19YJC760005	当代藏族风格合唱作品分析、指挥艺术处理及教学运用研究	中央民族大学	曾雅兰	青年基金项目	艺术学
232	19YJC880012	德国应用型大学创新化项目模式推动人才培养机制研究	中央民族大学	陈志伟	青年基金项目	教育学

续表

序号	项目批准号	项目名称	学校名称	申请人	项目类别	学科门类
233	19YJCGAT004	基于产业链分工和产业融合测度分析的两岸产业合作研究	中央民族大学	时保国	青年基金项目	港澳台问题研究
234	19YJC850006	极化发展背景下民族间发展差距变化及其治理	中央民族大学	卢小平	青年基金项目	民族学与文化学
235	19YJCZH249	民国时期外国文学与国民教育关系研究	中央民族大学	张　珂	青年基金项目	交叉学科/综合研究
236	19YJC840053	生命历程视角下早期不幸生活经历影响居民健康不平等的中介机制及干预研究	中央民族大学	杨　磊	青年基金项目	社会学
237	19YJA760030	审美现代性视野中的西方音乐观念研究	中央音乐学院	李晓冬	规划基金项目	艺术学

（高校社科管理中心供稿）

2019 年度教育部哲学社会科学研究重大课题攻关项目（在京高校）

序号	项目批准号	课题名称	单位	首席专家
1	19JZD009	《马藏》编纂与研究	北京大学	孙代尧
2	19JZD013	我国自然资源资产核算理论与方法研究	中国农业大学	朱道林
3	19JZD016	我国体育产业高质量发展研究	北京大学	张　锐
4	19JZD021	智慧化养老服务研究	中国人民大学	左美云
5	19JZD034	中华传统美德的传承发展研究	北京科技大学	张红霞
6	19JZD038	中国网络文学创作、阅读、传播与资料库建设研究	北京大学	邵燕君
7	19JZD040	布达拉宫古籍文献（《贝叶经》）抢救性保护研究	中国人民大学	张美芳
8	19JZD046	构建德智体美劳全面培养的教育体系研究	北京师范大学	楚江亭
9	19JZD049	人口变动与教育资源配置研究	北京师范大学	钟秉林
10	19JZD051	非营利性民办学校办学模式创新研究	北京师范大学	周海涛
11	19JZD052	“一带一路”国家与区域教育体系研究	北京师范大学	刘宝存

（高校社科管理中心供稿）

2019 年度教育部哲学社会科学研究后期资助项目（在京高校）

序号	项目批准号	学校	项目负责人	项目名称	学科门类	项目类别
1	19JHQ006	北京大学	张慧瑜	从转型到崛起——新中国电影专题研究（1949—2019）	艺术学	重大项目

续表

序号	项目批准号	学校	项目负责人	项目名称	学科门类	项目类别
2	19JHQ007	中国政法大学	胡继晔	全生命周期养老准备的金融理论与实践创新研究	经济学	重大项目
3	19JHQ008	对外经济贸易大学	魏巍贤	技术创新实现大气污染治理目标的长效机制及政策选择研究	经济学	重大项目
4	19JHQ009	中国农业大学	臧雷振	牛津政治学研究方法手册	政治学	重大项目
5	19JHQ010	中国人民大学	冯玉军	世界宗教法治研究：治理体系与实践经验	法学	重大项目
6	19JHQ012	中央民族大学	丁　宏	社会转型过程中的俄罗斯民族学研究	民族学与文化学	重大项目
7	19JHQ013	首都经济贸易大学	李　强	承接产业转移、资源环境承载力与国土空间格局协同研究	管理学	重大项目
8	19JHQ016	中国人民大学	张晓萌	历史唯物主义视域中的“马克思与正义”研究	马克思主义/思想政治教育	一般项目
9	19JHQ028	北京林业大学	周国文	环境伦理研究	哲学	一般项目
10	19JHQ033	北京语言大学	魏兆惠	明清北京话副词及相关问题研究	语言学	一般项目
11	19JHQ035	对外经济贸易大学	陈香兰	转喻语用推理研究：理论探讨与眼动实验	语言学	一般项目
12	19JHQ037	北京大学	贺桂梅	20 世纪中国女性文学经典重读研究	中国文学	一般项目
13	19JHQ044	北京师范大学	王宜文	中国年度热门影视社会观察研究	艺术学	一般项目
14	19JHQ047	中国传媒大学	卢　蓉	全球文化战略视野下的电视剧比较与跨文化传播研究	艺术学	一般项目
15	19JHQ050	清华大学	章　锐	现当代西方艺术市场体系的发展对完善我国艺术市场机制的借鉴研究	艺术学	一般项目
16	19JHQ051	中国传媒大学	祝　虹	影视文本的叙事和虚构性研究	艺术学	一般项目
17	19JHQ062	中国农业大学	李春顶	从 TPP 到 CPTPP：对中国经济的影响及对策研究	经济学	一般项目
18	19JHQ069	中国政法大学	纪格非	刑民交叉案件诉讼问题研究	法学	一般项目
19	19JHQ071	北京师范大学	冷罗生	日本海洋法律译丛	法学	一般项目
20	19JHQ072	中国政法大学	王银宏	从“政治契约”到“帝国基本法”：神圣罗马帝国的“公法”阐释研究	法学	一般项目
21	19JHQ074	中国政法大学	孙　萌	中国与联合国人权机制研究：影响与变革	法学	一般项目
22	19JHQ077	中央财经大学	程士强	西方空间社会学理论评析研究	社会学	一般项目
23	19JHQ079	中国传媒大学	赵新利	中国品牌对外传播 70 年研究	新闻学与传播学	一般项目
24	19JHQ081	北京师范大学	肖永亮	数字媒体本体论研究	新闻学与传播学	一般项目
25	19JHQ097	北京科技大学	张曾莲	政府行政成本优化研究	管理学	一般项目
26	19JHQ098	国际关系学院	曹　玮	朝鲜半岛国家的战略决策：理论启示与行为预测研究	国际问题研究	一般项目

（高校社科管理中心供稿）

2019年北京市社会科学基金立项项目（不含教委）

序号	项目编号	项目名称	项目类别	申报学科	项目负责人	信誉保证单位
1	19ZDA01	北京冬奥会反兴奋剂法律体系及防控机制研究	法学	重大项目	马宏俊	中国政法大学
2	19ZDA02	我国成文法体制下判例运用的理论与实践比较研究	法学	重大项目	刘　飞	中国政法大学
3	19FXA001	从“政府管制”到“社会共治”：劳动争议调解社会参与机制研究	法学	重点项目	范　围	首都经济贸易大学
4	19FXA002	互联网金融仲裁与金融监管协调研究	法学	重点项目	杜焕芳	中国人民大学
5	19FXA003	北京市心智障碍者保障信托制度研究	法学	重点项目	陈　敦	北京工商大学
6	19FXA004	《人民陪审员法》的理论创新与实施疑难问题研究	法学	重点项目	陈学权	对外经济贸易大学
7	19FXB005	互联网医疗背景下电子处方法律规制问题研究	法学	一般项目	赵晓佩	首都医科大学
8	19FXB006	中国古代监察法制研究	法学	一般项目	明　辉	北京航空航天大学
9	19FXB007	作为新时代首都治理方式的担保制度研究	法学	一般项目	罗智敏	中国政法大学
10	19FXB008	身份关系协议对财产法的参照适用	法学	一般项目	王　雷	中国政法大学
11	19FXB009	基因数据滥用风险的刑法规制	法学	一般项目	王永茜	北京航空航天大学
12	19FXB010	北京暴雷网贷平台非法集资犯罪研究	法学	一般项目	肖　怡	首都师范大学
13	19FXB011	审判中心视角下刑事证明标准适用问题研究	法学	一般项目	肖沛权	中国政法大学
14	19FXB012	海洋命运共同体构建中的战略环境评估制度研究	法学	一般项目	龚向前	北京理工大学
15	19FXC013	大数据时代数据的利用规则与保护制度研究	法学	青年项目	王毅纯	北京交通大学
16	19FXC014	北京智慧城市建设中的数据流通法律支持	法学	青年项目	许　可	对外经济贸易大学
17	19FXC015	首都社会诚信体系法治化研究	法学	青年项目	伏创宇	中国社会科学院大学
18	19FXC016	智能合同适用研究	法学	青年项目	夏庆锋	国际关系学院
19	19FXC017	北京农村房屋租赁制度研究	法学	青年项目	王　丹	北京建筑大学
20	19FXC018	国际法院管辖权的初步反对程序研究	法学	青年项目	宋　岩	外交学院
21	19FXC019	北京地下公共设施系统建构研究	法学	青年项目	汪　洋	清华大学
22	19FXC020	北京市基层“协管员”管理体制研究	法学	青年项目	赵丽君	中共北京市委党校
23	19FXC021	京津冀跨界水污染治理的利益补偿法律机制研究	法学	青年项目	邵莉莉	北京物资学院
24	19ZDA03	构建生态文明体系研究	管理学	重大项目	彭文英	首都经济贸易大学

续表

序号	项目编号	项目名称	项目类别	申报学科	项目负责人	信誉保证单位
25	19ZDA04	“一带一路”背景下中国国家形象建构与传播策略研究	管理学	重大项目	陈德球	对外经济贸易大学
26	19ZDA05	大数据时代面向首都精细化管理的城市发展研究	管理学	重大项目	李学伟	北京联合大学
27	19GLA001	建设用地减量化视角下北京集体土地开发权配置与管控研究	管理学	重点项目	李　强	北京工业大学
28	19GLA002	基于数字金融的京津冀地区居民金融可得性：测度、效果及影响因素	管理学	重点项目	任金政	中国农业大学
29	19GLA003	基于产业链增值的北京非物质文化遗产旅游活化机理与模式创新研究	管理学	重点项目	石美玉	北京联合大学
30	19GLA004	京郊旅游社区能力建设及提升路径	管理学	重点项目	陶　犁	首都师范大学
31	19GLA005	京津冀协同发展中的森林生态产品价值实现研究	管理学	重点项目	温亚利	北京林业大学
32	19GLA006	北京数字创意产业营商环境评价指标体系与改革优化方案研究	管理学	重点项目	张　翔	首都师范大学
33	19GLA007	创新与风险承担视角下高管激励结构的测度、效应及设计	管理学	重点项目	张宏亮	北京工商大学
34	19GLA008	首都失能、半失能老人居家养老的社会支持研究	管理学	重点项目	孙　洁	对外经济贸易大学
35	19GLA009	北京市服务企业雇主品牌对服务员工行为与绩效的跨层影响和理论构建	管理学	重点项目	朱　飞	中央财经大学
36	19GLB010	基于企业环境信息披露质量视角的北京市环境保护及污染治理对策研究	管理学	一般项目	陈咏英	北京第二外国语学院
37	19GLB011	基于群体智能的北京城市副中心人水和谐度研究	管理学	一般项目	尹　静	北京建筑大学
38	19GLB012	基于环境空气监测大数据提升健康北京城市精细化管理水平	管理学	一般项目	赵秀阁	北京健康城市建设促进会
39	19GLB013	基于绿色生态空间优化的北京城市居民生态福祉提升路径研究	管理学	一般项目	米　锋	北京林业大学
40	19GLB014	全球气候变化背景下京津冀地区水资源—电力—社会经济系统耦合模拟研究	管理学	一般项目	周　茜	华北电力大学
41	19GLB015	减排目标约束下的京津冀地区间横向碳生态补偿机制研究	管理学	一般项目	徐军委	中国劳动关系学院
42	19GLB016	区域经济韧性视角下京津冀产业园区协同发展研究	管理学	一般项目	周　霞	北京建筑大学
43	19GLB017	京津冀物流高质量协同发展机制研究	管理学	一般项目	魏国辰	北京物资学院
44	19GLB018	基于知识共享的京津冀特色小镇互惠模式研究	管理学	一般项目	黎　枫	北京信息科技大学

续表

序号	项目编号	项目名称	项目类别	申报学科	项目负责人	信誉保证单位
45	19GLB019	在京 IJVs 控制权动态演进管理决策形成机制与多重效应研究	管理学	一般项目	杨震宁	对外经济贸易大学
46	19GLB020	网络依赖型企业风险蔓延的人机预警机制研究	管理学	一般项目	王凡林	首都经济贸易大学
47	19GLB021	北京市国有企业集团资本优化配置与产业转型升级研究	管理学	一般项目	马　忠	北京交通大学
48	19GLB022	京津冀碳交易协同视角下企业自愿碳排放信息披露影响因素与提升途径	管理学	一般项目	李慧云	北京理工大学
49	19GLB023	北京市休闲农业与乡村旅游高质量转型研究	管理学	一般项目	钟　真	中国人民大学
50	19GLB024	基于能源生态足迹的北京市能源供给结构系统仿真优化研究	管理学	一般项目	王建军	华北电力大学
51	19GLB025	京津冀技能人才职业地位提升研究	管理学	一般项目	郭　名	北京交通大学
52	19GLB026	北京市社区居家养老志愿服务体系构建研究	管理学	一般项目	何　辉	北京工商大学
53	19GLB027	整体性治理视阈下北京失能、半失能老年人居家养老社会支持体系框架及运行机制研究	管理学	一般项目	刘亚娜	首都师范大学
54	19GLB028	北京长租公寓市场供应体系构建和保障机制研究	管理学	一般项目	张　丽	北京建筑大学
55	19GLB029	自动驾驶共享汽车对城市交通出行的影响	管理学	一般项目	秦　华	北京建筑大学
56	19GLB030	平台开放情境下的京津冀电动汽车绿色发展研究	管理学	一般项目	刘颖琦	北京交通大学
57	19GLB031	“放管服”改革视域中的北京市街道管理体制改革研究	管理学	一般项目	李水金	首都师范大学
58	19GLB032	北京共建共治共享的药品安全治理体系研究	管理学	一般项目	马韶青	北京中医药大学
59	19GLB033	首都儿科学科协同模式组织创新动因与引导策略研究	管理学	一般项目	郃　隽	首都医科大学
60	19GLB034	首都城市更新制度建设与治理策略研究	管理学	一般项目	唐　燕	清华大学
61	19GLB035	大客流扰动下北京地铁系统运行网络脆弱性研究	管理学	一般项目	翟怀远	北京交通大学
62	19GLB036	大数据驱动的首都食品安全风险预控管理体系建设研究	管理学	一般项目	毛典辉	北京工商大学
63	19GLB037	基于社会网络视角的京津冀高科技中小企业信用评价及监管研究	管理学	一般项目	华　迎	对外经济贸易大学
64	19GLB038	北京市高精尖产业创新环境对创新绩效的影响机制研究	管理学	一般项目	杨旭华	首都经济贸易大学
65	19GLB039	数字经济背景下京津冀电子商务协同发展机制研究	管理学	一般项目	吕俊杰	北京工商大学
66	19GLB040	大数据驱动下 2022 北京冬奥会网络舆情演化、预警与应对策略研究	管理学	一般项目	欧海鹰	北京物资学院

续表

序号	项目编号	项目名称	项目类别	申报学科	项目负责人	信誉保证单位
67	19GLB041	北京市恐怖主义风险防范管理策略研究	管理学	一般项目	刘忠轶	中国人民公安大学
68	19GLC042	北京市生态环境治理效率评价及提升策略研究	管理学	青年项目	杨　浩	北京市社会科学院
69	19GLC043	基于产业链的京津冀农业污染协同治理策略研究	管理学	青年项目	邓　磊	北京物资学院
70	19GLC044	虚拟黑碳传输视角下京津冀大气污染协同减排策略研究	管理学	青年项目	郭　珊	中国人民大学
71	19GLC045	“煤改气”背景下京津冀天然气稳定供应能力评估及应对策略研究	管理学	青年项目	赵　旭	中国石油大学（北京）
72	19GLC046	乡村振兴背景下北京农村新产业新业态健康发展研究	管理学	青年项目	谢天成	北京建筑大学
73	19GLC047	北京加强全国科创中心建设的科技成果资本化问题与对策研究	管理学	青年项目	向　宁	北京市科学技术研究院
74	19GLC048	京津冀流通体系协同视角下农产品批发市场转型升级的模式与路径研究	管理学	青年项目	陈秀兰	中国矿业大学（北京）
75	19GLC049	北京市数字乡村分类推进模式与实施路径研究	管理学	青年项目	崔　凯	中国社会科学院农村发展研究所
76	19GLC050	北京“一刻钟社区服务圈”零售业态优化研究	管理学	青年项目	李　杨	北京工商大学
77	19GLC051	5G 驱动下的北京智能物流框架及运作模式研究	管理学	青年项目	游思晴	北京物资学院
78	19GLC052	人工智能背景下的新兴文化产业商业模式研究：以直播平台为例	管理学	青年项目	周　静	中国人民大学
79	19GLC053	面向京津冀地区科技创新的科技金融跨区域协同研究	管理学	青年项目	李雨辰	北京工业大学
80	19GLC054	北京建设世界旅游城市与国际消费枢纽城市耦合发展研究	管理学	青年项目	孙　琼	北京联合大学
81	19GLC055	基于科技路线图的脑科学长期发展趋势研究	管理学	青年项目	谢秀芳	首都医科大学
82	19GLC056	基于大数据方法的北京生态空间格局优化与品质提升研究	管理学	青年项目	冯　喆	中国地质大学（北京）
83	19GLC057	“一带一路”沿线国际科技交流互惠与协同创新研究	管理学	青年项目	王菲菲	北京工业大学
84	19GLC058	首都哲社领军人才流动与集聚问题研究	管理学	青年项目	柳　瑛	对外经济贸易大学
85	19GLC059	北京市企业精准扶贫动因、路径与效果研究	管理学	青年项目	黄晓蓓	北方工业大学
86	19GLC060	京津冀转移劳动力就业质量对市民化的影响研究	管理学	青年项目	王　琦	北京联合大学
87	19GLC061	首都失能、半失能老人居家养老的社会支持研究	管理学	青年项目	周　悦	中国社会科学院大学

续表

序号	项目编号	项目名称	项目类别	申报学科	项目负责人	信誉保证单位
88	19GLC062	社会网络视角下京津冀物流基地空间布局分析及功能联动机制研究	管理学	青年项目	刘佳明	北京化工大学
89	19GLC063	基于居民策略型行为的首都停车资源共享的政策支持研究	管理学	青年项目	宋亚楠	北京科技大学
90	19GLC064	互联网医疗背景下北京市在线医疗服务的发展及提升路径研究	管理学	青年项目	吕英杰	北京化工大学
91	19GLC065	北京“新总规”背景下基于多源大数据的职住平衡测度及规划管控指标研究	管理学	青年项目	孙　喆	北京建筑大学
92	19GLC066	基于博弈论的京津冀企业环境信息披露监管政策研究	管理学	青年项目	马艳红	北京信息科技大学
93	19GLC067	京津冀政务服务协同发展研究	管理学	青年项目	徐　军	北京化工大学
94	19GLC068	基于消费者行为大数据的首都优秀传统文化品牌化研究	管理学	青年项目	罗　暖	北京信息科技大学
95	19GLC069	城市基层治理中的多重嵌入：北京市吹哨报到创新实践研究	管理学	青年项目	龚志文	北京科技大学
96	19GLC070	健康类可穿戴设备隐私规制研究	管理学	青年项目	王　忠	北京市社会科学院
97	19GLC071	韧性视角下的大国首都社区安全风险治理经验比较研究	管理学	青年项目	赵鹏霞	北京市科学技术研究院
98	19GLC072	北京市高科技企业创新生态系统共生演化与治理研究	管理学	青年项目	刘锐剑	北京化工大学
99	19GLC073	绿色发展、空间集聚与北京企业技术创新效率测度及提升研究	管理学	青年项目	张琳彦	北京信息科技大学
100	19GLC074	北京市高端科技企业创新能力集聚与外溢效应研究	管理学	青年项目	沈华玉	华北电力大学
101	19GLC075	基于供应链金融的京津冀电子信息产业集群协同发展研究	管理学	青年项目	卢　强	北京工商大学
102	19GLC076	共享经济下北京市小微企业网络融资的风险识别与控制研究	管理学	青年项目	陈前前	北京物资学院
103	19GLC077	价值共创视角下知识付费平台演化机制和发展模式研究	管理学	青年项目	赵　丹	中国传媒大学
104	19GLC078	北京冬奥会比赛场馆特殊人群应急疏散策略研究	管理学	青年项目	王嘉悦	中国人民公安大学
105	19JYA001	大数据背景下北京市属高校新工科人才培养质量过程性评价研究	教育学	重点项目	王兴芬	北京信息科技大学
106	19JYA002	人工智能社会性议题及其教育实践研究	教育学	重点项目	张进宝	北京师范大学
107	19JYB003	人工智能+机器人背景下北京高校工程创新创业教育模式研究及实践	教育学	一般项目	谭　志	北京建筑大学

续表

序号	项目编号	项目名称	项目类别	申报学科	项目负责人	信誉保证单位
108	19JYB004	基于中医饮食文化特色优势的首都校园食育现状与实施对策研究	教育学	一般项目	廖　艳	北京中医药大学
109	19JYB005	对研究生教育收益率与投资风险的研究	教育学	一般项目	李锋亮	清华大学
110	19JYB006	学校舆论建设的理论与实践研究	教育学	一般项目	蒋建华	首都师范大学
111	19JYB007	“放管服”背景下首都高校二级学院的权力配置与监管研究	教育学	一般项目	梁淑红	华北电力大学
112	19JYB008	学习品质的代际传递研究	教育学	一般项目	朱凌云	北京教育科学研究院
113	19JYB009	社会生态系统中北京—伦敦职业教育协同发展比较研究	教育学	一般项目	苑大勇	北京教育科学研究院
114	19JYB010	针灸推拿盲人大学生使用触觉凸图促进思维能力提升的教学实证研究	教育学	一般项目	徐　娟	北京联合大学
115	19JYB011	信息技术与中小学 STEM 教育深度融合的教学实践研究	教育学	一般项目	于晓雅	北京教育学院
116	19JYB012	基于 GIS 的北京市公办学前教育资源区域配置研究：空间特征与优化对策	教育学	一般项目	沙　莉	首都师范大学
117	19JYB013	北京市中小学生分享行为及同伴示范效应的追踪研究	教育学	一般项目	李燕芳	北京师范大学
118	19JYB014	“微治理”视角下北京市社区教育公共服务供给模式研究	教育学	一般项目	陈　岩	北京开放大学
119	19JYB015	基于农转居居民需求与社区素养的共建共治共享社区治理研究	教育学	一般项目	刘视湘	北京联合大学
120	19JYC016	父母管教与儿童执行功能对学业和社会能力发展的影响	教育学	青年项目	邢晓沛	首都师范大学
121	19JYC017	健康养老服务视域下社区老年人死亡教育课程及模式的构建与可行性研究	教育学	青年项目	许丽杰	首都医科大学
122	19JYC018	移动互联网时代促进中小学教师深度学习的支持设计研究	教育学	青年项目	梁文鑫	北京教育学院
123	19LJB001	居民财务杠杆升高对北京市家庭消费增长及结构升级的影响	理论经济	一般项目	俞　剑	中央财经大学
124	19LJA002	新中国成立前后“四面八方”的经济政策及其当代价值研究	理论经济	重点项目	刁琳琳	中共北京市委党校
125	19LSA001	近代北京城市史研究（1900—1949）	历史学	重点项目	王建伟	北京市社会科学院
126	19LSA002	北京河湖水系历史变迁及水文化遗产保护利用研究	历史学	重点项目	王崇臣	北京建筑大学
127	19LSB003	清代北京旗人谱书研究	历史学	一般项目	常越男	北京市社会科学院
128	19LSB004	北京城市历史影像发掘与研究（1949—1966）	历史学	一般项目	吴　琼	北京师范大学

续表

序号	项目编号	项目名称	项目类别	申报学科	项目负责人	信誉保证单位
129	19LSB005	基于清代原始医药档案的燕京医学史研究	历史学	一般项目	谢元华	北京中医药大学
130	19LSB006	明清宫廷外来药物研究	历史学	一般项目	张子龙	北京中医药大学
131	19LSC007	古代两河流域王表研究	历史学	青年项目	陈　飞	北京大学
132	19LSC008	新出石刻与唐代京畿基层社会控制	历史学	青年项目	徐　畅	北京师范大学
133	19LSC009	北京琉璃河遗址保护与活化利用研究	历史学	青年项目	王冬冬	北京科技大学
134	19LSC010	技术史视野下的北京近现代工业遗产保护研究	历史学	青年项目	雷丽芳	北京科技大学
135	19LSC011	金元时期针灸学术史研究	历史学	青年项目	李宝金	北京中医药大学
136	19ZDA06	习近平总书记关于加强党的政治建设的重要论述研究	马列·科社·党建	重大项目	王春玺	北京航空航天大学
137	19KDA001	中国特色社会主义的国际影响与世界意义研究	马列·科社·党建	重点项目	陈明凡	清华大学
138	19KDA002	中国特色哲学社会科学话语体系建构研究(1919—1949)	马列·科社·党建	重点项目	王海军	中国人民大学
139	19KDB003	习近平新时代中国特色社会主义思想的国际视野研究	马列·科社·党建	一般项目	刘武根	中国农业大学
140	19KDB004	融媒体背景下北京红色文化传播策略研究	马列·科社·党建	一般项目	房宏婷	北京印刷学院
141	19KDB005	新中国70年来北京乡村卫生建设研究	马列·科社·党建	一般项目	张晓荣	首都医科大学
142	19KDB006	新中国70年北京的灾害治理历史经验研究	马列·科社·党建	一般项目	王　娟	北京理工大学
143	19KDC007	习近平新型大国关系视角下的中欧关系研究	马列·科社·党建	青年项目	张尔葭	北京理工大学
144	19KDC008	乡村治理视域下习近平乡村文化建设的理论与实践研究	马列·科社·党建	青年项目	张玲玲	中国农业大学
145	19KDC009	习近平新时代中国特色社会主义思想的逻辑体系研究	马列·科社·党建	青年项目	孙一平	中共北京市委党校
146	19KDC010	习近平总书记构建人类命运共同体倡议的经济哲学思维研究	马列·科社·党建	青年项目	陈广亮	北京科技大学
147	19KDC011	学说史视域中马克思的生产方式范畴及其时代效应研究	马列·科社·党建	青年项目	莫小丽	北京理工大学
148	19KDC012	当代资本主义福利治理新动向研究	马列·科社·党建	青年项目	张彦琛	北京工商大学
149	19KDC013	建党100年党的领导法规建设历程与经验研究	马列·科社·党建	青年项目	金若山	中共北京市委党校

续表

序号	项目编号	项目名称	项目类别	申报学科	项目负责人	信誉保证单位
150	19KDC014	北京市基层党建引领城乡社区治理体系研究	马列·科社·党建	青年项目	李　浩	中国农业大学
151	19KDC015	榜样认同视角下新时代高校思想政治教育创新研究	马列·科社·党建	青年项目	付丽莎	北京航空航天大学
152	19KDC016	新时代乡村振兴中基层经济民主制度供给创新研究	马列·科社·党建	青年项目	魏燕妮	北京农学院
153	19KDC017	全媒体时代意识形态安全体系构建研究	马列·科社·党建	青年项目	布　超	中国人民大学
154	19KDA018	新中国成立前后“赶考精神”研究	马列·科社·党建	重点项目	顾　阳	中共北京市委党校
155	19KDA019	新中国成立前后北京城市治理政策研究	马列·科社·党建	重点项目	刘　良	中共北京市委党校
156	19SRA001	首都城市垃圾分类与收费制度研究	社会·人口学	重点项目	陆继霞	中国农业大学
157	19SRA002	北京文化遗产活化研究	社会·人口学	重点项目	金良浚	北京城市发展研究院
158	19SRB003	北京郊区村落日常生活变革研究	社会·人口学	一般项目	曹　荣	中国劳动关系学院
159	19SRB004	社会污名背景下首都严重精神障碍人士社会支持、社会参与及生活满意度研究：现状、问题与政策发展建议	社会·人口学	一般项目	李　莹	中国人民大学
160	19SRB005	新时期北京城市家庭家政服务的需求、挑战与应对	社会·人口学	一般项目	肖索未	北京师范大学
161	19SRB006	“服务链”视域下北京市居家养老服务供需匹配研究	社会·人口学	一般项目	王莉莉	中国老龄科学研究中心
162	19SRB007	居家老年照护服务工作量测算及人力资源配置实现路径的研究	社会·人口学	一般项目	肖树芹	首都医科大学
163	19SRB008	社会心理服务视角下首都社区精神健康服务体系构建研究	社会·人口学	一般项目	姜海燕	中国政法大学
164	19SRC009	社区公共性建构与复合治理的北京实践研究	社会·人口学	青年项目	王旭辉	中央民族大学
165	19SRC010	首都城市基层社会治理体系研究	社会·人口学	青年项目	师　容	中国人民公安大学
166	19SRC011	基于社会多源感知数据的北京中心地区绿色空间评价研究	社会·人口学	青年项目	薛　飞	北京工业大学
167	19SRC012	北京中心城区水文化遗产当代演变特征及空间规划对策研究	社会·人口学	青年项目	张诗阳	北京林业大学
168	19SRC013	首都大学生危机心理状态纵贯分析与危机防控研究——基于社会支持理论的视角	社会·人口学	青年项目	赵思博	中央财经大学

续表

序号	项目编号	项目名称	项目类别	申报学科	项目负责人	信誉保证单位
169	19SRC014	北京非物质文化遗产保护与传承的可持续发展研究	社会·人口学	青年项目	唐璐璐	北京外国语大学
170	19SRC015	早期中国社会学的本土方法论研究	社会·人口学	青年项目	何袆金	北京工业大学
171	19SRC016	北京市互联网+服务业和谐劳动关系建构及社工实务干预模式研究	社会·人口学	青年项目	梁　萌	北京建筑大学
172	19SRC017	北京市老年人长期照护与医疗卫生资源整合路径研究	社会·人口学	青年项目	陈诚诚	北京信息科技大学
173	19SRC018	供需结构性耦合视角下北京市长期照护保障评估及改革路径研究	社会·人口学	青年项目	关　博	国家发展和改革委员会社会发展研究所
174	19SRC019	北京市失能老人长期照护服务需求预测与资源配置研究	社会·人口学	青年项目	蔡娇丽	北京交通大学
175	19SRC020	医养结合背景下北京城区老年人就近健康养老服务需求层次及其满足策略研究	社会·人口学	青年项目	孙　柳	首都医科大学
176	19SRC021	互联网+护理服务质量评价与提升策略研究	社会·人口学	青年项目	肖　倩	首都医科大学
177	19SRC022	北京市基本养老服务均等化评估与实现路径	社会·人口学	青年项目	龙玉其	首都师范大学
178	19WXA001	韩国古典文学中的北京形象研究	文学	重点项目	韩　梅	北京外国语大学
179	19WXA002	新时代中华优秀传统文化创造性转化与创新性发展研究	文学	重点项目	傅秋爽	北京市社会科学院
180	19WXB003	战后初期中国对日传媒的文献整理与综合研究	文学	一般项目	秦　刚	北京外国语大学
181	19WXB004	清末民初北京文化民间叙事研究	文学	一般项目	马宝民	北京第二外国语学院
182	19WXB005	北美汉学界中国现当代文学批评话语演变研究	文学	一般项目	黄　华	首都师范大学
183	19WXB006	传统诗词在媒体传播中的应用与新变	文学	一般项目	辛晓娟	中国人民大学
184	19WXB007	北京多民族文化融合文学叙事研究及文献整理（1978—2018）	文学	一般项目	毕　海	中央民族大学
185	19WXC008	日本京都学派的中国文学研究	文学	青年项目	辜承尧	中国农业大学
186	19WXC009	法国童话在中国的译介与接受（1908—2019）	文学	青年项目	章　文	北京大学
187	19WXC010	托·斯·艾略特文学作品中的战争书写研究	文学	青年项目	黄　强	北京外国语大学
188	19WXC011	21 世纪欧洲法语文学中的北京形象研究	文学	青年项目	刘宇宁	北京语言大学
189	19WXC012	晚近政局与京师词学研究	文学	青年项目	郭文仪	中国人民大学

续表

序号	项目编号	项目名称	项目类别	申报学科	项目负责人	信誉保证单位
190	19WXC013	先秦两汉时期孔子文献的形成与衍生研究	文学	青年项目	刘全志	北京师范大学
191	19ZDA07	习近平总书记关于意识形态与新闻传播工作的重要论述研究	新闻·传播学	重大项目	段　鹏	中国传媒大学
192	19ZDA08	北京冬奥会的国际传播研究	新闻·传播学	重大项目	殷　强	中国人民大学
193	19XCA001	党报理论的学术话语、政治话语、大众话语的互动关系研究	新闻·传播学	重点项目	曹培鑫	中国传媒大学
194	19XCA002	全球互联网治理体系面临的挑战与网络空间命运共同体的构建	新闻·传播学	重点项目	郑文明	首都经济贸易大学
195	19XCB003	北京城市副中心文化供给体系研究	新闻·传播学	一般项目	蒋淑媛	北京邮电大学
196	19XCB004	北京地区高校图书馆共享资源智能化推荐研究	新闻·传播学	一般项目	郭文丽	北京邮电大学
197	19XCB005	城市传播视角下全国文化中心文化传播的路径与机制研究	新闻·传播学	一般项目	张　力	北京市社会科学院
198	19XCB006	智慧城市中的公民隐私忧虑与个人数据合规追溯机制研究	新闻·传播学	一般项目	倪　静	北京石油化工学院
199	19XCB007	基于融媒体可视化的北京可沟通城市建设研究	新闻·传播学	一般项目	畅　榕	北京印刷学院
200	19XCB008	网络空间命运共同体与全球传播秩序重建研究	新闻·传播学	一般项目	高海涛	北京印刷学院
201	19XCB009	新时期北京城市品牌网络传播机制研究	新闻·传播学	一般项目	欧　亚	外交学院
202	19XCB010	新中国 70 年驻京外国记者研究	新闻·传播学	一般项目	赵新利	中国传媒大学
203	19XCB011	海外中国典籍英译调查与研究（2006—2016）	新闻·传播学	一般项目	杨慧玲	北京外国语大学
204	19XCB012	新媒体时代超大城市公众风险认知与传媒抚慰研究	新闻·传播学	一般项目	牛新权	北京信息科技大学
205	19XCC013	融媒体视阈下首都文化符号的精品化构建机制与多元化传播路径研究	新闻·传播学	青年项目	陈　思	北京航空航天大学
206	19XCC014	智能算法对网络内容传播的影响及其治理研究	新闻·传播学	青年项目	翟秀凤	首都师范大学
207	19XCC015	虚拟现实技术对首都老年人群的心理健康干预研究	新闻·传播学	青年项目	刘　茜	北京师范大学
208	19XCC016	媒体与人际：健康传播视角下北京地区医患沟通影响因素研究	新闻·传播学	青年项目	孙鹿童	中国劳动关系学院

续表

序号	项目编号	项目名称	项目类别	申报学科	项目负责人	信誉保证单位
209	19XCC017	基于大数据的京津冀一体化舆论分析与应对研究	新闻·传播学	青年项目	黄彪文	北京交通大学
210	19XCC018	北京冬奥会舆情发散衍生机制研究	新闻·传播学	青年项目	王晓伟	北京石油化工学院
211	19ZDA09	可持续视角下2022年冬奥会遗产对北京市发展促进研究	艺术·体育学	重大项目	孙葆丽	北京体育大学
212	19ZDA10	新时代国家庆典文化与北京城市形象创新研究	艺术·体育学	重大项目	肖向荣	北京师范大学
213	19YTA001	有氧体能影响7~12岁儿童认知功能的脑机制及干预研究	艺术·体育学	重点项目	蒋长好	首都体育学院
214	19YTA002	北京城市雕塑精品创作导向和策略研究	艺术·体育学	重点项目	武定宇	北京联合大学
215	19YTA003	新中国70年北京博物馆建设历程与经验研究	艺术·体育学	重点项目	杨　茗	北京师范大学
216	19YTA004	首都失能、半失能老人居家养老服务与产品设计	艺术·体育学	重点项目	胡　鸿	北京工业大学
217	19YTA005	社区自主营造模式下的北京老城传统居住区更新策略研究	艺术·体育学	重点项目	丁　圆	中央美术学院
218	19YTA006	北京城市副中心先行试点公共艺术文化政策研究	艺术·体育学	重点项目	吴洪亮	北京画院
219	19YTA007	改革开放40年京津冀地区学生生长发育敏感期演进规律与体育考试评价的关联研究	艺术·体育学	重点项目	甄志平	北京师范大学
220	19YTB008	坚持以人民为中心的主旋律电视剧精品创作导向研究	艺术·体育学	一般项目	李胜利	中国传媒大学
221	19YTB009	北京市武术非物质文化遗产的保护与开发研究	艺术·体育学	一般项目	李士英	北京体育大学
222	19YTB010	北京传统体育文化与公共文化建设互动研究	艺术·体育学	一般项目	韦晓康	中央民族大学
223	19YTB011	运动干预对孤独症儿童身心发展的影响	艺术·体育学	一般项目	文世林	首都体育学院
224	19YTB012	法海寺壁画文化价值与传承发展研究	艺术·体育学	一般项目	王　辉	北方工业大学
225	19YTB013	新中国70年北京地区群众服装变迁研究	艺术·体育学	一般项目	刘　卫	北京服装学院
226	19YTB014	清代北京王府建筑艺术解析与传承设计研究	艺术·体育学	一般项目	李春青	北京建筑大学
227	19YTB015	明清北京建筑装饰的创新转化与应用研究	艺术·体育学	一般项目	崔笑声	清华大学

续表

序号	项目编号	项目名称	项目类别	申报学科	项目负责人	信誉保证单位
228	19YTB016	品牌活化战略下北京老字号 IP 形象的塑造及延展研究	艺术·体育学	一般项目	陈晓环	北京工商大学
229	19YTB017	北京智能文创产品情感体验研究与设计	艺术·体育学	一般项目	高炳学	北京信息科技大学
230	19YTB018	文化创意设计驱动北京观光休闲农业发展机制和策略研究	艺术·体育学	一般项目	柳　沙	中国农业大学
231	19YTB019	北京非物质文化遗产保护与传承的可持续发展——以京绣技艺的生态体系研究为例	艺术·体育学	一般项目	沈　飞	北京服装学院
232	19YTB020	新时期首都市民生活方式与审美需求研究	艺术·体育学	一般项目	宫浩钦	北京航空航天大学
233	19YTB021	“智能+”驱动下北京的市花文化生态创新及可持续性策略研究	艺术·体育学	一般项目	蔡东娜	北京林业大学
234	19YTB022	面向中华优秀传统文化的数字化体验设计研究	艺术·体育学	一般项目	吴　琼	清华大学
235	19YTB023	基于交互叙事的沉浸式动画研究	艺术·体育学	一般项目	黄　石	中国传媒大学
236	19YTB024	北京城市影院文化史研究（1905—2017）	艺术·体育学	一般项目	张一玮	中国传媒大学
237	19YTB025	新时代北京传统曲艺音乐传播及策略研究	艺术·体育学	一般项目	王宇琪	中央音乐学院
238	19YTB026	数字化背景下北京农村地区音乐传播与家庭文明建设研究	艺术·体育学	一般项目	佟雪娜	中国传媒大学
239	19YTB027	北京高校大学生抑郁症的音乐治疗有效性研究	艺术·体育学	一般项目	李俊梅	中国传媒大学
240	19YTB028	多模态京剧术语数据库建设研究	艺术·体育学	一般项目	董新颖	中国戏曲学院
241	19YTB029	中国少儿歌曲创作与传播研究	艺术·体育学	一般项目	夏侯晓昱	中国音乐学院
242	19YTC030	北京市随迁老人“体医融合”健康保障体系研究	艺术·体育学	青年项目	郭　娴	北京体育大学
243	19YTC031	北京冬奥会促进区域体育协同发展的效应测度及优化机制	艺术·体育学	青年项目	许焰妮	北京体育大学
244	19YTC032	北京市中小学冬季奥林匹克教育实践模式探索	艺术·体育学	青年项目	刘　沛	首都体育学院
245	19YTC033	北京市小学生动作能力与体质健康状况的相关研究	艺术·体育学	青年项目	王骏昇	首都体育学院
246	19YTC034	唐代敦煌飞天的艺术形象研究	艺术·体育学	青年项目	赵　乔	北京舞蹈学院

续表

序号	项目编号	项目名称	项目类别	申报学科	项目负责人	信誉保证单位
247	19YTC035	北京现代设计史研究	艺术·体育学	青年项目	张馥玫	北京印刷学院
248	19YTC036	长城文化带沿线传统民居营造技艺的数字活化呈现研究	艺术·体育学	青年项目	魏昀赟	北京交通大学
249	19YTC037	京津冀区域空间秩序营建的历史方法与当代传承：以清代为例	艺术·体育学	青年项目	郭　璐	清华大学
250	19YTC038	人工智能与北京文化产业融合发展研究	艺术·体育学	青年项目	米海鹏	清华大学
251	19YTC039	当代北京消费文化空间构建与影响研究	艺术·体育学	青年项目	戴俊骋	中央财经大学
252	19YTC040	基于公共价值提升的北京工业遗存分级保护与景观重构利用研究	艺术·体育学	青年项目	魏　方	北京林业大学
253	19YTC041	京津冀表演艺术团体运营现状与协同发展研究	艺术·体育学	青年项目	马　明	北京舞蹈学院
254	19YTC042	北京公共空间人工智能终端交互设计方法研究	艺术·体育学	青年项目	郭馨蔚	北京科技大学
255	19YTC043	戏曲表演程式动作感知与数字化保护研究	艺术·体育学	青年项目	蔡兴泉	北方工业大学
256	19YTC044	武侠电影视觉的历史解读和美学创新	艺术·体育学	青年项目	张小迪	北京电影学院
257	19YTC045	青年文化视域下的网络文艺生产研究	艺术·体育学	青年项目	梁　岩	北京青年政治学院
258	19YTC046	基于拉班理论的北京市非遗舞蹈研究	艺术·体育学	青年项目	莎日娜	中华女子学院
259	19YTC047	中韩“农乐”祭祀乐舞比较研究	艺术·体育学	青年项目	王竞雄	中国音乐学院
260	19ZDA11	北京市冰雪运动与文化旅游产业融合发展研究	应用经济	重大项目	刘　鹏	北京第二外国语学院
261	19ZDA12	北京经济高质量发展的指标体系和统计体系研究	应用经济	重大项目	王文举	北京物资学院
262	19YJA001	北京经济高质量发展的新能源产业政策转型研究	应用经济	重点项目	杨　洋	中国矿业大学（北京）
263	19YJA002	京津冀大气环境联建联防联治的成本分担和生态补偿机制研究	应用经济	重点项目	李云燕	北京工业大学
264	19YJA003	北京文化与旅游产业融合发展研究	应用经济	重点项目	孙墨笛	人民日报社人民论坛杂志社
265	19YJA004	京津冀协同发展中城乡劳动力转移与市民化问题研究	应用经济	重点项目	李国正	北京工业大学

续表

序号	项目编号	项目名称	项目类别	申报学科	项目负责人	信誉保证单位
266	19YJA005	PPP 模式下首都养老服务资源配置研究	应用经济	重点项目	王　震	中国社会科学院经济研究所
267	19YJA006	基于海外高端消费回流视角的北京市消费升级与产业升级的新路径研究	应用经济	重点项目	张梦霞	对外经济贸易大学
268	19YJA007	北京城市副中心与北三县统筹发展研究	应用经济	重点项目	赵燕霞	北京方迪经济发展研究院
269	19YJA008	北京精准脱贫政策设计及效果评估研究：基于资产扶贫视角	应用经济	重点项目	王再文	北京现代产业规划研究院
270	19YJB009	基于产业结构优化升级和能源效率提高的京津冀地区 TFP 增长的测度研究	应用经济	一般项目	王永哲	北京石油化工学院
271	19YJB010	首都城市生活垃圾分类与收费制度实施困境与对策	应用经济	一般项目	武永春	首都经济贸易大学
272	19YJB011	高质量发展下北京服务业扩大开放对产业升级的促进机制和优化路径研究	应用经济	一般项目	邓慧慧	对外经济贸易大学
273	19YJB012	京津冀建设协同创新共同体的财税政策支持机制研究	应用经济	一般项目	刘　翔	首都经济贸易大学
274	19YJB013	北京防范和化解地方政府隐性债务风险	应用经济	一般项目	吉富星	中国社会科学院大学
275	19YJB014	减量提质条件下北京地方政府债务风险度量与动态可持续研究	应用经济	一般项目	张金宝	北京第二外国语学院
276	19YJB015	北京市互联网金融风险画像与风险图谱构建研究	应用经济	一般项目	梁力军	北京信息科技大学
277	19YJB016	北京市科技成果转化的金融支持模式及利益分配机制研究	应用经济	一般项目	赵　睿	北京联合大学
278	19YJB017	新机场对北京城市空间结构的潜在影响研究	应用经济	一般项目	孙　莉	北京市社会科学院
279	19YJB018	北京市农村宅基地三权分置改革的政策评估研究	应用经济	一般项目	辛　毅	中国人民大学
280	19YJB019	北京高精尖产业与传统产业协同发展机制研究	应用经济	一般项目	杨　萍	北京市科学技术研究院
281	19YJB020	农业保险服务北京乡村振兴战略的机制优化研究	应用经济	一般项目	马宜斐	北京第二外国语学院
282	19YJB021	习近平总书记关于文明交流互鉴的重要论述在北京对外文化贸易中的应用策略研究	应用经济	一般项目	闫玉刚	中国传媒大学
283	19YJC022	运动大数据驱动的北京城区绿地优化配置与居民满意度提升研究	应用经济	青年项目	李　劼	北京林业大学
284	19YJC023	北京市能源消费对 PM2.5 排放和公众健康经济损失影响研究	应用经济	青年项目	李　莉	中国地质大学（北京）
285	19YJC024	北京创新驱动经济高质量发展的产业政策转型研究	应用经济	青年项目	郑文平	对外经济贸易大学

续表

序号	项目编号	项目名称	项目类别	申报学科	项目负责人	信誉保证单位
286	19YJC025	北京市养老机构类型与融资策略探究	应用经济	青年项目	荆中博	中央财经大学
287	19YJC026	“减税降费”对京津冀企业生产效率的影响机制及路径研究	应用经济	青年项目	杜鹏程	首都经济贸易大学
288	19YJC027	京津冀产业链协同发展的财税政策研究	应用经济	青年项目	李德刚	北京第二外国语学院
289	19YJC028	北京市支持新就业形态发展的公共就业服务模式创新研究	应用经济	青年项目	张成刚	首都经济贸易大学
290	19YJC029	基于工作搜寻行为大数据的京津冀高学历人口空间流动意愿及其影响机制研究	应用经济	青年项目	史珍珍	北京信息科技大学
291	19YJC030	价值链分工、产业升级与京津冀高质量协同发展研究	应用经济	青年项目	李跟强	北京航空航天大学
292	19YJC031	低生育率下北京市家庭儿童教育消费升级研究	应用经济	青年项目	申小菊	北京市社会科学院
293	19YJC032	消费升级背景下北京零售业创新效率及空间布局研究	应用经济	青年项目	黄雨婷	北京物资学院
294	19YJC033	融合多源数据的京津冀物流企业信用评价研究	应用经济	青年项目	韩　嵩	北京物资学院
295	19YJC034	北京市职住失衡与城乡协调发展关联性研究	应用经济	青年项目	马光明	中央财经大学
296	19YJC035	基于协同创新的京津冀制造业地图研究	应用经济	青年项目	张　红	北京市科学技术研究院
297	19YJC036	多层复杂网络视角下京津冀金融空间结构差异与演变研究	应用经济	青年项目	江　成	首都经济贸易大学
298	19YJC037	基于大数据的北京市文化旅游统计体系构建研究	应用经济	青年项目	张佳仪	中国旅游研究院
299	19YJC038	国际比较视角下北京经济高质量发展的指标体系及路径优化研究	应用经济	青年项目	李梦雨	北京工商大学
300	19YJC039	政府—非金融企业—金融机构—家庭四部门杠杆联动与北京市系统性金融风险的防范化解	应用经济	青年项目	刘　欢	北京工商大学
301	19YJC040	股权质押视角下北京市系统性金融风险的防范与化解机制研究	应用经济	青年项目	文　雯	北京外国语大学
302	19YJC041	北京市国有企业集团控股上市公司财务行为的传染效应研究	应用经济	青年项目	张修平	对外经济贸易大学
303	19YJC042	京津冀协同发展中的长寿风险度量与应对机制研究	应用经济	青年项目	赵　明	首都经济贸易大学
304	19YJC043	北京市隐性贫困与保险扶贫研究	应用经济	青年项目	廖　朴	中央财经大学
305	19YJC044	北京市政府隐性债务风险的周期性特征及风险治理研究	应用经济	青年项目	李　升	中央财经大学

续表

序号	项目编号	项目名称	项目类别	申报学科	项目负责人	信誉保证单位
306	19YJC045	北京市政府真伪隐性债务风险的识别、评估与控制研究	应用经济	青年项目	张曾莲	北京科技大学
307	19ZDA13	中外学术话语对比与对外翻译策略研究	语言学	重大项目	司显柱	北京第二外国语学院
308	19YYA001	基于“一带一路”英语新闻语料库的中国形象建构之评价研究	语言学	重点项目	董　敏	北京航空航天大学
309	19YYA002	基于数据库的汉语古诗英译史研究	语言学	重点项目	文　军	北京航空航天大学
310	19YYA003	北京市文物景点语料多语种翻译云平台的建制与应用研究	语言学	重点项目	张　政	北京师范大学
311	19YYB004	功能语言分析视角下中国大学生学术英语语篇特征研究	语言学	一般项目	何中清	北京科技大学
312	19YYB005	《中国英语能力量表》框架下北京高校学生元语用意识研究	语言学	一般项目	郑　群	中国科学院大学
313	19YYB006	中医药典籍明清时期的外译西传对“一带一路”文化传播的影响研究	语言学	一般项目	赵　霞	北京中医药大学
314	19YYB007	北京地区汉语国际传播产业化的机制与策略研究	语言学	一般项目	惠天罡	首都师范大学
315	19YYB008	交替传译中认知控制神经机制和策略训练研究	语言学	一般项目	薛　锦	北京科技大学
316	19YYB009	从北京走向世界：太极拳在英语世界的译介传播研究	语言学	一般项目	吴文安	北京外国语大学
317	19YYB010	北京市国际化人才外语沟通能力测评方案研究	语言学	一般项目	杨莉芳	北京外国语大学
318	19YYB011	多语双向跨模态翻译语料库的研制与应用	语言学	一般项目	张　威	北京外国语大学
319	19YYB012	北京“非遗”对外传播创新话语研究	语言学	一般项目	刘　颖	中国传媒大学
320	19YYB013	北京民间文学英文文本的整理与翻译传播研究	语言学	一般项目	姜　静	中央民族大学
321	19YYB014	汉语左边界的制图分析	语言学	一般项目	熊仲儒	北京语言大学
322	19YYC015	新时代语言符号在首都话语生态建设中的流变和传播应用研究	语言学	青年项目	刘琳琪	北京邮电大学
323	19YYC016	自主调节视角下的英语听力教学及学生听力策略发展轨迹	语言学	青年项目	徐　建	北京外国语大学
324	19YYC017	建设国际交往中心背景下北京市大学生跨文化交际能力提升探究	语言学	青年项目	黄文红	外交学院
325	19YYC018	基于语料库的中德媒体视角下的北京冬奥形象的话语分析	语言学	青年项目	刘　磊	北京理工大学
326	19YYC019	基于北京自然口语语料库的强调标记研究	语言学	青年项目	鲁　莹	北京联合大学
327	19YYC020	学龄前儿童语音感知与听觉加工的关系	语言学	青年项目	孔令志	北京语言大学

续表

序号	项目编号	项目名称	项目类别	申报学科	项目负责人	信誉保证单位
328	19YYC021	中国特色经济话语体系建设研究	语言学	青年项目	李　琳	对外经济贸易大学
329	19ZXA001	习近平新时代中国特色社会主义思想对马克思主义哲学的原创性贡献研究	哲学	重点项目	顾伟伟	中共北京市委党校
330	19ZXB002	当代人格同一性理论研究	哲学	一般项目	宫　睿	中国政法大学
331	19ZXB003	康德的“德性义务”理论	哲学	一般项目	范大邯	清华大学
332	19ZXB004	当代美学的兼容性——以德国为例	哲学	一般项目	杨　震	北京市社会科学院
333	19ZXB005	人体基因检测在中国应用的伦理规制研究	哲学	一般项目	梁立智	首都医科大学
334	19ZXC006	北京工业遗产保护与利用研究	哲学	青年项目	焦郑珊	中国科学院自然科学史研究所
335	19ZXC007	宋代理学思想中“理”观念的演变与定型研究	哲学	青年项目	陈睿超	首都师范大学
336	19ZXC008	马克思正义观的文本解读与当代建构	哲学	青年项目	温　泉	北方工业大学
337	19ZDA14	中国在国际舞台上的地位和作用研究	政治学·国际问题研究	重大项目	董青岭	对外经济贸易大学
338	19ZDA15	正确处理政府和市场关系研究	政治学·国际问题研究	重大项目	黄恒学	北京大学
339	19ZGA001	中国共产党政党外交理论与实践	政治学·国际问题研究	重点项目	余科杰	外交学院
340	19ZGA002	北京基层协商民主经验研究	政治学·国际问题研究	重点项目	杨守涛	中共北京市委党校
341	19ZGB003	中国特色民主概念、理论和话语建构研究	政治学·国际问题研究	一般项目	张飞岸	中国人民大学
342	19ZGB004	经济冲击、民粹主义与西方政治重组	政治学·国际问题研究	一般项目	周　强	北京大学
343	19ZGB005	当代资本主义民主发展趋势研究	政治学·国际问题研究	一般项目	霍伟岸	对外经济贸易大学
344	19ZGB006	人民陪审制度与司法民主的北京经验——基于大数据分析视角	政治学·国际问题研究	一般项目	于晓虹	清华大学
345	19ZGB007	社会治理视域下北京市中小学校园突发事件防范与应急处置研究	政治学·国际问题研究	一般项目	李伟清	中国人民公安大学

续表

序号	项目编号	项目名称	项目类别	申报学科	项目负责人	信誉保证单位
346	19ZGB008	基于党建嵌入视角的首都城市基层治理研究	政治学·国际问题研究	一般项目	邢　华	中央财经大学
347	19ZGC009	竞合时代美国对华经济“极限施压”及应对策略研究	政治学·国际问题研究	青年项目	吉菲菲	外交学院
348	19ZGC010	首都外交的辐射影响及其在京津冀协同发展中的实践研究	政治学·国际问题研究	青年项目	韩　笑	中国政法大学
349	19ZGC011	京津冀协同发展中北京核心城市的政府职能定位与能力提升研究	政治学·国际问题研究	青年项目	曹丽媛	华北电力大学
350	19ZGC012	首都功能定位与户籍制度改革研究	政治学·国际问题研究	青年项目	陈　波	北京外国语大学
351	19ZGC013	拉美民粹主义的发展趋势及其对中拉关系的影响研究	政治学·国际问题研究	青年项目	金晓文	中国人民大学
352	19ZGC014	5G 时代我国应对西方数字资本主义渗透的对策研究	政治学·国际问题研究	青年项目	张文君	中共北京市委党校
353	19ZGA015	新中国成立前后政治协商研究	政治学·国际问题研究	重点项目	周美雷	中共北京市委党校

（市社科联、市社科规划办项目规划部供稿）

2019 年北京市社会科学基金研究基地项目

序号	项目编号	项目名称	项目类别	申报学科	项目负责人	科研信誉保证单位
1	19JDFXA001	文化创意产业视角下北京会展业法治路径研究	重点项目	法学	张万春	北京联合大学
2	19JDFXA002	深化北京市应急管理执法改革研究	重点项目	法学	林鸿潮	中国政法大学
3	19JDFXA003	京津冀府际协同执法机制研究——以雄安新区建设为切入点	重点项目	法学	刘　艺	中国政法大学
4	19JDFXA004	再社会化视域下北京市精神残障者社会权利法治保障完善研究	重点项目	法学	张博源	首都医科大学

续表

序号	项目编号	项目名称	项目类别	申报学科	项目负责人	科研信誉保证单位
5	19JDFXA005	中国法治政府年度发展报告（2020）	重点项目	法学	王敬波	中国政法大学
6	19JDFXB006	京津冀海上风电建设的法律规制	一般项目	法学	李　英	华北电力大学
7	19JDFXB007	京津冀区域环境执法、司法一体化研究	一般项目	法学	赵旭光	华北电力大学
8	19JDFXB008	北京文物腾退保护与活化利用法治保障研究	一般项目	法学	李倩茹	北京联合大学
9	19JDGLA001	面向低碳的京津冀物流基地协同运作研究	重点项目	管理学	杨建华	北京科技大学
10	19JDGLA002	北京市综合管廊应急应战功能评估及韧性提升策略	重点项目	管理学	宫大庆	北京交通大学
11	19JDGLA003	全产业链视角下保障北京市农产品安全的供应链协同机制研究	重点项目	管理学	姜　旭	北京物资学院
12	19JDGLA004	养老服务业与养老科技产品制造业协同发展研究	重点项目	管理学	李泉林	北京工业大学
13	19JDGLA005	北京市生态涵养区森林生态产品价值实现机制研究	重点项目	管理学	黄　雷	北京农学院
14	19JDGLA006	基于大数据的北京城市文化活力评价研究	重点项目	管理学	何　丹	北京联合大学
15	19JDGLA007	贸易摩擦视角下北京市高技术产业核心技术的风险与对策研究	重点项目	管理学	何海燕	北京理工大学
16	19JDGLA008	互联互通背景下北京巨灾事件演化过程与影响机制及应对策略研究	重点项目	管理学	孔　锋	清华大学
17	19JDGLA009	“慈善北京”建设的驱动机制及其创新路径研究	重点项目	管理学	魏　娜	中国人民大学
18	19JDGLA010	服装绿色消费指数体系构建与应用研究	重点项目	管理学	詹炳宏	北京服装学院
19	19JDGLA011	首都核心区超高层建筑安全风险预控机制研究	重点项目	管理学	陈　刚	中国人民公安大学
20	19JDGLA012	中国企业海外发展报告 2020	重点项目	管理学	张新民	对外经济贸易大学
21	19JDGLA013	中国城市管理报告	重点项目	管理学	刘承水	北京城市学院
22	19JDGLA014	平安北京建设发展报告 2020	重点项目	管理学	王建新	中国人民公安大学
23	19JDGLA015	北京健康城市建设研究报告（2020）	重点项目	管理学	王鸿春	北京健康城市建设促进会
24	19JDGLB016	行为驱动的北京地铁服务优化与绿色出行助推研究	一般项目	管理学	左　莉	北京交通大学
25	19JDGLB017	基于技术进步与政策协同的京津冀低碳经济协同发展研究	一般项目	管理学	李　果	北京理工大学
26	19JDGLB018	北京市高科技企业中的跨专业团队创新过程与产出	一般项目	管理学	魏　昕	对外经济贸易大学

续表

序号	项目编号	项目名称	项目类别	申报学科	项目负责人	科研信誉保证单位
27	19JDGLB019	基于知识创新的北京高新技术园区价值网络共创机制研究	一般项目	管理学	曲　立	北京信息科技大学
28	19JDGLB020	基于文本挖掘的北京城市生活垃圾分类制度研究	一般项目	管理学	李晓非	北京信息科技大学
29	19JDGLB021	基于数据驱动的北京高精尖产业绿色全要素生产率提升研究	一般项目	管理学	郭传银	北京信息科技大学
30	19JDGLB022	数据驱动的医疗服务供应链协同方法与应用模式研究	一般项目	管理学	尚小溥	北京交通大学
31	19JDGLB023	北京农村股份经济合作社运行机制研究	一般项目	管理学	李瑞芬	北京农学院
32	19JDGLB024	北京中心城区养老驿站资源配置优化研究	一般项目	管理学	黄建毅	北京联合大学
33	19JDGLB025	北京科技军民融合平台协同创新机制研究	一般项目	管理学	张丽红	北京理工大学
34	19JDGLB026	自媒体时代京津冀公众地震灾害风险感知及舆情治理研究	一般项目	管理学	孙　磊	清华大学
35	19JDGLB027	北京城市区街行政体制改革研究	一般项目	管理学	胡　睿	北京城市学院
36	19JDGLB028	城市精细化治理的北京经验研究	一般项目	管理学	汤文仙	北京城市学院
37	19JDGLB029	基于网络消费驱动的北京市经济增长动能转换研究	一般项目	管理学	汤　健	中央财经大学
38	19JDGLB030	基于效率、质量与环境耦合的首都鲜活农产品流通体系优化研究	一般项目	管理学	于海龙	北京工商大学
39	19JDGLB031	北京冬奥会全景式风险管理与决策范式研究	一般项目	管理学	刘　艺	中国人民公安大学
40	19JDJYA001	融合·开放·创新：新工科背景下工程实践教育体系研究	重点项目	教育学	米　洁	北京工业大学
41	19JDJYA002	基于智能技术的市民个性化终身学习的理论与实践研究	重点项目	教育学	蔡大鹏	北京开放大学
42	19JDJYA003	北京市中学生认知与非认知能力对学业成绩的影响研究	重点项目	教育学	杨　娟	北京师范大学
43	19JDJYB004	不同办学体制幼儿园的资源配置和效益评价研究	一般项目	教育学	曾晓东	北京师范大学
44	19JDJYB005	北京市中小学教师工作时间、工资与职业认同感的关系研究	一般项目	教育学	杜　屏	北京师范大学
45	19JDLJB001	非首都功能疏解下京津冀绿色普惠金融协同发展研究	一般项目	理论经济	陈　波	中央财经大学
46	19JDLSA001	日本汉语教学文献中的清末民初北京城市文化研究	重点项目	历史学	赵晓晖	北京第二外国语学院
47	19JDLSA002	民国时期外国来京学者与北京的文化关系研究	重点项目	历史学	席加兵	北京语言大学

续表

序号	项目编号	项目名称	项目类别	申报学科	项目负责人	科研信誉保证单位
48	19JDLSB003	北京中学生历史教育与中华优秀传统文化传承	一般项目	历史学	李　凯	北京师范大学
49	19JDLSB004	三山五园地区红色文化遗产研究	一般项目	历史学	李　扬	北京联合大学
50	19JDKDA001	权力监督的历史哲学研究	重点项目	马列·科社·党建	过　勇	清华大学
51	19JDKDA002	首都城市精细化治理中多元主体共建共治共享机制研究	重点项目	马列·科社·党建	杨巧蓉	北京市社会科学院
52	19JDKDA003	新时代首都网络意识形态话语权风险防范研究	重点项目	马列·科社·党建	刘长军	北京市社会科学院
53	19JDKDA004	人民政协制度形成研究	重点项目	马列·科社·党建	赵连稳	北京联合大学
54	19JDKDA005	中国共产党意识形态建设百年的历史考察与历史经验研究	重点项目	马列·科社·党建	耿化敏	中国人民大学
55	19JDKDB006	北京市非公有制经济组织和社会组织党建工作实践研究	一般项目	马列·科社·党建	张玉宝	中共北京市委党校
56	19JDKDB007	新形势下纪检监察派驻机构改革的问题与对策研究	一般项目	马列·科社·党建	程文浩	清华大学
57	19JDKDB008	习近平总书记青年社会责任教育重要论述研究	一般项目	马列·科社·党建	袁　芳	北京交通大学
58	19JDSRA001	传统建筑风貌保护视阈下的北京老城居家养老环境品质提升策略与路径研究	重点项目	社会·人口学	郝石盟	北京建筑大学
59	19JDSRA002	时空比较视角下北京市老年贫困问题研究	重点项目	社会·人口学	杨菊华	中国人民大学
60	19JDSRA003	北京人口发展研究报告（2020）	重点项目	社会·人口学	胡玉萍	中共北京市委党校
61	19JDSRB004	北京城市副中心基层社会治理创新研究	一般项目	社会·人口学	韩秀记	北京工业大学
62	19JDSRB005	物业管理与首都城市基层治理体系研究	一般项目	社会·人口学	李　升	北京工业大学
63	19JDSRB006	积极老年化背景下隔辈照料对老年人社会网络和心理健康的影响及作用机制研究	一般项目	社会·人口学	唐　丹	中国人民大学
64	19JDSRB007	北京河湖水系的历史变迁及其水文化遗产保护与建设研究	一般项目	社会·人口学	谭江华	北京师范大学
65	19JDSRB008	健康责任视域下首都失能老人居家照护的多元主体协作机制研究	一般项目	社会·人口学	彭迎春	首都医科大学
66	19JDWXA001	比较视阈下的北京形象与文化研究	重点项目	文学	陈戎女	北京语言大学
67	19JDXCA001	基于区块链的北京数字版权产业生态系统构建与应用研究	重点项目	新闻·传播学	王　亮	北京印刷学院
68	19JDXCA002	三山五园文献资源知识图谱构建与应用研究	重点项目	新闻·传播学	董　焱	北京联合大学

续表

序号	项目编号	项目名称	项目类别	申报学科	项目负责人	科研信誉保证单位
69	19JDXCA003	基于知识地图的“北京记忆”数字资源组织与开发研究	重点项目	新闻·传播学	牛　力	中国人民大学
70	19JDXCA004	“京津冀一体化”中的传媒生态位测算及生态圈构建研究	重点项目	新闻·传播学	卜彦芳	中国传媒大学
71	19JDXCA005	北京形象境外社交媒体传播研究	重大项目	新闻·传播学	郑承军	北京第二外国语学院
72	19JDXCA006	北京市政府新闻发布评估体系研究	重大项目	新闻·传播学	周庆安	清华大学
73	19JDXCA007	北京市 2019 年重大活动境外舆情研究	重大项目	新闻·传播学	张惠芹	北京第二外国语学院
74	19JDXCA008	改革开放以来外国人眼中的北京形象研究	重大项目	新闻·传播学	计金标	北京第二外国语学院
75	19JDXCB009	首都全国文化中心与国际交往中心的城市功能耦合研究	一般项目	新闻·传播学	冯若谷	北京工业大学
76	19JDXCB010	全媒体时代下的网络邪教传播与治理研究	一般项目	新闻·传播学	薛　鹏	北京联合大学
77	19JDXCB011	5G 时代背景下首都传媒行业发展战略及趋势研究	一般项目	新闻·传播学	徐　琦	中国传媒大学
78	19JDXCB012	北京主题图书在丹麦出版调查研究	一般项目	新闻·传播学	张喜华	北京第二外国语学院
79	19JDYTA001	建国以来北京举办国际大型体育赛事的历史经验及对 2022 年冬奥会筹办的启示	重点项目	艺术·体育学	王庆伟	首都体育学院
80	19JDYTA002	北京国际电影节对首都核心功能建设之促进作用研究	重点项目	艺术·体育学	李　苒	北京电影学院
81	19JDYTA003	“一带一路”背景下影视中的国家形象建构与传播研究	重点项目	艺术·体育学	慕　玲	北京电影学院
82	19JDYTA004	“古都文化”视域下北京旅游景区导视系统的改造策略研究	重点项目	艺术·体育学	张俊沛	北京工商大学
83	19JDYTA005	北京市城市标识建设研究	重大项目	艺术·体育学	张大玉	北京建筑大学
84	19JDYTA006	北京推进“影视之都”建设研究	重大项目	艺术·体育学	吴曼芳	北京电影学院
85	19JDYTB007	文化的笔墨传承与北京市青少年书法教育研究	一般项目	艺术·体育学	王振波	北京青年政治学院
86	19JDYTB008	2022 年北京冬奥会社会参与研究	一般项目	艺术·体育学	李京律	中国人民大学
87	19JDYTB009	唐代异域高僧与丝绸之路中外美术交流研究	一般项目	艺术·体育学	陈　晶	北京语言大学
88	19JDYJA001	北京防范与化解系统性金融风险研究	重点项目	应用经济	李孟刚	北京交通大学
89	19JDYJA002	北京智慧型社区商业服务模式研究	重点项目	应用经济	王成荣	北京财贸职业学院
90	19JDYJA003	低碳转型背景下北京市再电气化水平评价与政策创新研究	重点项目	应用经济	张素芳	华北电力大学
91	19JDYJA004	推动中关村科学城创新生态系统优化升级的路径研究	重点项目	应用经济	贺　艳	中共北京市委党校

续表

序号	项目编号	项目名称	项目类别	申报学科	项目负责人	科研信誉保证单位
92	19JDYJA005	京津冀数字经济协同发展研究	重点项目	应用经济	张　涛	北京国际城市发展研究院
93	19JDYJA006	“一带一路”倡议下北京文化影响力评价研究	重点项目	应用经济	孙乾坤	北京第二外国语学院
94	19JDYJA007	北京时尚文化产业的智能业态创新研究	重点项目	应用经济	李成钢	北京服装学院
95	19JDYJA008	京津冀协同发展中的区块链与供应链金融应用研究	重点项目	应用经济	冯　科	北京大学
96	19JDYJA009	首都文化贸易发展报告 2020	重点项目	应用经济	李小牧	北京第二外国语学院
97	19JDYJA010	中国交通强国发展报告	重点项目	应用经济	林晓言	北京交通大学
98	19JDYJA011	京津冀发展报告（2020）——区域协同治理研究	重点项目	应用经济	叶堂林	首都经济贸易大学
99	19JDYJA012	中央商务区产业蓝皮书（2020）——以创新转型推动 CBD 发展	重点项目	应用经济	蒋三庚	首都经济贸易大学
100	19JDYJA013	北京产业安全与发展研究报告	重点项目	应用经济	刘　燕	北京交通大学
101	19JDYJA014	北京高端服务业发展研究报告 2020	重点项目	应用经济	朱晓青	中共北京市委党校
102	19JDYJB015	北京高精尖产业科技创新现状、问题及行业财源结构研究	一般项目	应用经济	贾晓俊	北京交通大学
103	19JDYJB016	北京社区生活性服务业评价与品质提升研究	一般项目	应用经济	赖　阳	北京财贸职业学院
104	19JDYJB017	北京市轨道交通网络经济效应及区域优化研究	一般项目	应用经济	刘铁鹰	北京交通大学
105	19JDYJB018	出行者心理因素对北京市交通出行行为的影响研究	一般项目	应用经济	李　梦	北京交通大学
106	19JDYJB019	行为经济学视角下北京地铁错峰激励机制的实验研究	一般项目	应用经济	付婷婷	北京交通大学
107	19JDYJB020	北京农产品消费市场变化对东盟贸易的影响研究	一般项目	应用经济	王怀豫	北京理工大学
108	19JDYJB021	北京市旅游非正规就业的形成机制与分类治理策略研究	一般项目	应用经济	朱志胜	北京第二外国语学院
109	19JDYJB022	适应北京经济高质量发展的人口调控研究	一般项目	应用经济	刘小敏	北京市社会科学院
110	19JDYJB023	扩大服务业开放促进京津冀地区产业升级的路径与策略研究	一般项目	应用经济	王佃凯	首都经济贸易大学
111	19JDYJB024	北京商务中心区与城市副中心商务区产业协同发展研究	一般项目	应用经济	张　弘	首都经济贸易大学
112	19JDYJB025	新《外商投资法》下北京 CBD 扩大开放路径与营商环境优化研究	一般项目	应用经济	李胜旗	首都经济贸易大学

续表

序号	项目编号	项目名称	项目类别	申报学科	项目负责人	科研信誉保证单位
113	19JDYJB026	北京市经济数字化税收治理模式研究	一般项目	应用经济	赵　涛	中央财经大学
114	19JDYJB027	北京市教育机会平等性的研究	一般项目	应用经济	朱梦冰	北京师范大学
115	19JDYJB028	高质量发展背景下京津冀流通业发展政策的协同性有效性研究	一般项目	应用经济	李　丽	北京工商大学
116	19JDYJB029	食品安全风险感知对北京居民食品消费行为的影响研究	一般项目	应用经济	陈祁晖	中国农业大学
117	19JDYYA001	北京地区三大博物馆收藏青铜器自名、定名整理与研究	重点项目	语言学	罗卫东	北京语言大学
118	19JDYYA002	北京基础教育外语教材中华文化呈现研究	重点项目	语言学	张　虹	北京外国语大学
119	19JDYYB003	北京对外文化传播语言人才培养质量评价体系研究	一般项目	语言学	曲　鑫	北京第二外国语学院
120	19JDYYB004	北京著名中医文献学家钱超尘学术思想研究	一般项目	语言学	常佩雨	北京中医药大学
121	19JDYYB005	境外媒体北京冬奥会新闻报道的舆情分析及其对策研究	一般项目	语言学	张　毓	北京航空航天大学
122	19JDZXA001	新时代人民美好生活需要研究	重点项目	哲学	刘志洪	北京师范大学
123	19JDZXB002	北京城市文化发展与审美融合研究	一般项目	哲学	贾　澎	北京市社会科学院
124	19JDZGB001	新时代北京市一体推进“不敢腐、不能腐、不想腐”有效机制研究	一般项目	政治学·国际问题研究	牛朝辉	北京航空航天大学

（市社科联、市社科规划办智库工作部供稿）

北京市教育委员会2020年度社会科学计划重点项目批准立项项目

项目编号	项目名称	负责人	承担单位	研究类别	成果形式	启动时间	完成时间	合作单位
SZ202010005001	北京金漆镶嵌技艺代际传承路径与机制研究	陈亚凡	北京工业大学	基础研究	论文	2020.1	2022.12	无
SZ202010005002	老年群体护理型服装设计研究	张　鹏	北京工业大学	应用研究	研究报告、论文、其他	2020.1	2022.12	《神州养老》杂志中社社会养老产业发展基金、万谦养老运营管理股份有限公司

续表

项目编号	项目名称	负责人	承担单位	研究类别	成果形式	启动时间	完成时间	合作单位
SZ202010005003	建筑信息模型技术在北京核心区公共设施设计中的协同优化研究	韩宇翃	北京工业大学	基础研究	论文、其他	2020.1	2022.12	北京清华同衡规划设计研究院有限公司、北京甲板智慧科技有限公司
SZ202010005004	社会融合视角下随迁子女教育模式研究	魏　爽	北京工业大学	应用研究	研究报告	2020.1	2022.12	北京市东城区教委
SZ202010005005	“一流学科”建设高校国际化发展路径的比较研究	王　超	北京工业大学	综合研究	论文	2020.1	2022.12	无
SZ202010009006	“一带一路”背景下国际商事法庭机制核心问题研究	田晓云	北方工业大学	综合研究	专著	2020.1	2022.12	中国政法大学
SZ202010011007	北京地区高校科技发展存在的问题及对策研究	孙永波	北京工商大学	应用研究	研究报告、论文、其他	2020.1	2022.12	无
SZ202010016008	韧性城市视角下的城市基础设施承载力研究	孙成双	北京建筑大学	综合研究	专著、研究报告、论文	2020.1	2022.12	无
SZ202010020009	乡村振兴背景下乡村绿道文化表达模式研究——以北京市怀柔区为例	冯　丽	北京农学院	应用研究	专著、研究报告	2020.1	2023.5	无
SZ202010025010	医养结合背景下失能老年人“互联网+延续性护理”工作模式的研究	高　丽	首都医科大学	应用研究	论文	2020.1	2022.12	无
SZ202010028011	丝绸之路开通前欧亚大陆文明交流互鉴研究	李永斌	首都师范大学	基础研究	论文	2020.1	2022.12	无

续表

项目编号	项目名称	负责人	承担单位	研究类别	成果形式	启动时间	完成时间	合作单位
SZ202010028012	明代北京文献《蓟丘集》整理与研究	王毓蔺	首都师范大学	基础研究	专著、其他	2020.1	2022.12	无
SZ202010028013	北京语言产业的经济贡献度及其发展策略研究	李　艳	首都师范大学	综合研究	研究报告	2020.1	2022.12	中译语通、声望听力、商务印书馆
SZ202010028014	法兰克福学派美育思想及其当代启示研究	孙士聪	首都师范大学	基础研究	专著	2020.1	2022.12	浙江大学人文学院
SZ202010028015	小学生网络游戏的道德风险点研究	李　敏	首都师范大学	综合研究	研究报告、论文	2020.1	2022.12	北京邮电大学、浙江师范大学
SZ202010028016	流动人口住房分层的时空特征及政策启示	刘　冉	首都师范大学	应用研究	论文	2020.1	2022.12	中国科学院地理科学与资源研究所
SZ202010031017	文旅融合下北京旅游目的地形象的话语构建——多模态话语分析视角	武守强	北京第二外国语学院	应用研究	研究报告、论文	2020.1	2022.6	无
SZ202010031018	约翰·巴思的记忆书写研究	龙　云	北京第二外国语学院	基础研究	专著、论文	2019.9	2022.12	清华大学
SZ202010037019	环首都流通圈三级配送网络集成优化研究	陈红丽	北京物资学院	应用研究	专著、论文	2020.1	2022.12	中国仓储与配送协会
SZ202010037020	促进学习效率提高的短视频学习与多元教学课堂的实践研究	梁雅琼	北京物资学院	应用研究	专著、研究报告、其他	2020.1	2022.12	北京师范大学
SZ202010038021	北京市中期预算引入预算绩效改革问题研究	李红霞	首都经济贸易大学	应用研究	研究报告、论文	2020.1	2022.12	中国财政学科研究院、北京市财政局

续表

项目编号	项目名称	负责人	承担单位	研究类别	成果形式	启动时间	完成时间	合作单位
SZ202010038022	首都非京籍常住人口中的劳动者社会保障体系研究	江　华	首都经济贸易大学	应用研究	研究报告、论文	2020.1	2022.12	无
SZ202010857023	北京市家庭养老支持政策与实践研究	孟凡新	北京信息职业技术学院	应用研究	研究报告、论文	2020.1	2022.12	无
SZ202011232024	基于大数据的京津冀大气污染防治跟踪审计模式研究	张　莉	北京信息科技大学	综合研究	专著、研究报告、论文、其他	2020.1	2022.12	无
SZ202011232025	面向人工智能时代的设计伦理及其方法研究	张　黎	北京信息科技大学	综合研究	论文	2020.1	2022.12	清华大学、北京大学
SZ202011417026	人工智能技术应用对劳动者心理影响及干预策略研究	朱晓姝	北京联合大学	综合研究	研究报告、论文、其他	2020.1	2022.12	无
SZ202011626027	《阳明先生文录》嘉靖间刻本集校	任文利	北京青年政治学院	基础研究	论文、其他	2020.1	2022.12	首都经济贸易大学文化与传播学院
SZ202050061028	协同创新视域下中学化学卓越教师专业素养提升研究	王　春	北京教育学院	综合研究	其他	2019.7	2022.7	北京市大兴区“吴殿更特级教师工作室”、北京市朝阳区“张青杨特级教师工作室”、北京市朝阳区“冯清华特级教师工作室”
SZ202051160029	有意识拖延对网络学习质量的影响与干预研究	周　莹	北京开放大学	应用研究	研究报告、论文	2020.1	2022.12	中国人民大学
SZ202051638030	北京市非物质文化遗产教育传承的实施路径研究	孙万军	北京财贸职业学院	综合研究	研究报告、论文、其他	2019.7	2022.7	首都师范大学、北京老字号协会、中国非物质文化遗产保护协会非遗教育研究中心

（北京市教育委员会技术与研究生工作处供稿）

北京市教育委员会 2020 年度社会科学计划一般项目批准立项项目

项目编号	项目名称	负责人	研究类别	成果形式	启动时间	完成时间
SM202010005001	“一带一路”倡议背景下首都高水平工科院校来华留学毕业生服务企业“走出去”路径探索	李　怡	基础研究	研究报告、论文	2020. 1	2022. 12
SM202010005002	北京建设国际交往中心背景下市属高校留学生趋同化管理模式研究	张优良	基础应用研究	研究报告	2020. 1	2022. 12
SM202010005003	基于用户画像的大学生精准化阅读推广模型构建研究	周培培	应用研究	研究报告、论文	2020. 1	2022. 12
SM202010005004	面向智能交通的城市交通流建模方法及优化路径的研究	薛　蕊	基础应用研究	论文	2020. 1	2022. 12
SM202010005005	随机波动率下的金融资产定价和资产配置模型研究	李永武	基础研究	论文	2020. 1	2022. 12
SM202010005006	新工科背景下首都高校工程伦理教育体系研究	张恒力	基础应用研究	研究报告、论文	2020. 1	2022. 12
SM202010005007	新时代中国文化的结构与功能	邢　荣	基础研究	论文	2020. 1	2022. 12
SM202010005008	北京市城市中小学校园环境发展与优化的研究	杨忠军	应用研究	研究报告、论文、其他	2020. 1	2022. 12
SM202010005009	“中国结”文化传承研究	曹海梅	应用研究	专著、论文、其他	2020. 1	2022. 12
SM202010005010	基于人工智能的儿童教育互动学习系统研究与设计实现	李　颖	应用研究	论文、其他	2020. 1	2022. 12
SM202010005011	基于 3D 打印技术对北京重大文物修复、复刻与衍生品设计的研究	张　岩	应用研究	研究报告、论文、其他	2020. 1	2022. 12
SM202010005012	人工智能背景下英语专业翻译中人机耦合的模式研究	么　娟	应用研究	研究报告、论文	2020. 1	2022. 12
SM202010005013	对话型信息化大学英语课堂教学模式的构建与实践	邹丽玲	应用研究	研究报告、论文	2020. 1	2022. 12
SM202010005014	生态给养视阈下大学生跨文化沟通能力提升研究	高玉英	基础应用研究	研究报告、论文	2020. 1	2022. 12
SM202010005015	“文化自信”视域下汉英语音及句法维度母语迁移影响研究	胡文婷	基础应用研究	研究报告、论文	2020. 1	2022. 12
SM202010005016	北京传统村落保护规划效果影响因子的定性比较研究	郭　聪	基础研究	论文	2020. 1	2022. 12
SM202010009001	传统文化融入高校思想政治教育的内在逻辑与深层实践研究	王润稼	基础应用研究	论文	2020. 1	2022. 12

续表

项目编号	项目名称	负责人	研究类别	成果形式	启动时间	完成时间
SM202010009002	首都文化视域下北京高校思想政治理论课实践教学创新路径研究	周伟婷	基础应用研究	研究报告、论文	2020.1	2022.10
SM202010009003	家庭法上任意性规范的适用研究	田 野	基础研究	论文	2020.1	2022.9
SM202010009004	基于移动媒体的品牌传播场景数字化构建研究	蒲信竹	应用研究	论文	2020.1	2022.12
SM202010009005	日本战后文学视阈下的“战争认知”研究	莫琼莎	基础研究	论文	2020.1	2022.12
SM202010009006	阿什伯利的绘画诗学研究	张慧馨	基础研究	论文	2020.1	2022.12
SM202010009007	中国文化背景下创业者创业动机及其演化研究	张立章	基础应用研究	研究报告、论文	2020.1	2022.12
SM202010009008	北京高精尖产业发展的制度需求与制度供给研究	马骆茹	应用研究	研究报告、论文	2020.1	2022.12
SM202010009009	北京市系统性金融风险研究	韩 洁	应用研究	论文	2020.1	2022.12
SM202010009010	文化自信视域下的设计人才培养创新与实践研究	王雪莹	应用研究	论文、其他	2020.1	2023.12
SM202010011001	减税降费政策下个人所得税法公平性评估机制研究	杜津宇	应用研究	专著、论文	2020.1	2022.12
SM202010011002	首都高校大学生体育学习评价指标体系研究	张超勇	基础研究	研究报告、论文	2020.1	2022.12
SM202010011003	马克思恩格斯的中国观研究	袁 雷	基础研究	研究报告、论文	2020.1	2022.12
SM202010011004	“大外宣”战略下北京市属媒体的国际传播能力建设研究	范 敏	应用研究	研究报告、论文	2020.1	2022.12
SM202010011005	制度视域下首都中小企业供应链融资方式选择研究	卢 强	应用研究	论文	2020.1	2022.12
SM202010011006	首都创新政策效应评价与优化机制研究	张 路	基础应用研究	论文	2020.1	2022.12
SM202010011007	大股东股票质押式回购交易动机及其经济后果研究	张晨宇	应用研究	研究报告、论文	2020.1	2022.12
SM202010011008	一带一路背景下京津冀港口协同发展研究	张笑菊	基础研究	论文	2020.1	2022.12
SM202010011009	北京市城乡居民多层次养老保障体系建设的政府责任研究	杨建海	基础应用研究	论文	2020.1	2022.12
SM202010011010	北京市农地经营权流转价值评估研究	牛晓燕	应用研究	研究报告、论文	2020.1	2022.12

续表

项目编号	项目名称	负责人	研究类别	成果形式	启动时间	完成时间
SM202010011011	孵化器助力中关村创业发展的成效与机理研究	王　康	基础应用研究	研究报告、论文	2020.1	2022.12
SM202010011012	环境协同治理背景下促进京津冀产业升级转型的机制优化研究	许敬轩	应用研究	研究报告、论文	2020.1	2022.12
SM202010011013	共治共享视角下食品安全网络监管演化机制研究	宋绍义	基础应用研究	论文	2020.1	2022.12
SM202010012001	新零售驱动的服装企业商业模式创新研究	赵洪珊	应用研究	研究报告	2020.1	2021.12
SM202010012002	基于模块化概念的面料结构研究与创新设计	白　鸽	应用研究	论文、其他	2020.1	2023.10
SM202010012003	冬季奥运会工作人员、志愿者官方赛时服装设计开发研究	刁　杰	应用研究	研究报告、论文、其他	2020.1	2022.12
SM202010015001	改革开放40年北京出版业发展口述史研究	侯欣洁	应用研究	研究报告、论文、其他	2020.1	2022.12
SM202010015002	基于服务设计的北京市居民生活垃圾分类的劝导式设计研究	杨旺功	应用研究	研究报告、论文	2020.1	2022.12
SM202010015003	北京夜间文化旅游提升路径研究	范文静	基础应用研究	研究报告、论文	2020.1	2022.12
SM202010015004	北京"新国门"城市形象设计研究	张晓东	应用研究	研究报告、论文	2020.1	2023.1
SM202010017001	英人苏柯仁亲历之近代华北野生生态记忆研究	耿科研	基础研究	译著、研究报告、论文	2020.1	2022.12
SM202010017002	北京国资委下属企业内部控制审计问题研究	杨　琳	应用研究	论文	2020.1	2022.12
SM202010017003	京津冀城镇化与生态环境耦合协调评价研究	高志远	应用研究	研究报告、论文	2020.1	2022.12
SM202010017004	慕课背景下英语教师课堂话语标记语的语用认知研究	苏晓娟	应用研究	论文	2020.1	2022.12
SM202010020001	农村社会工作者参与北京市农村基层治理路径研究	孙贝贝	基础应用研究	研究报告、论文	2020.1	2022.12
SM202010025001	基于医学学术英语语料库的高频语块研究及应用	华　瑶	基础应用研究	论文、其他	2020.1	2022.12
SM202010025002	基于信息—动机—行为技巧模型的基层医生处方基本药物行为的研究	邵　爽	应用研究	研究报告、论文	2020.1	2022.12
SM202010025003	家庭医生服务模式下社区慢性病管理专科护士培养方案的构建	刘维维	应用研究	研究报告、论文、其他	2020.1	2022.12
SM202010025004	家庭医生服务模式下签约团队护士岗位胜任力研究	许亚红	应用研究	研究报告、论文	2020.1	2022.12

续表

项目编号	项目名称	负责人	研究类别	成果形式	启动时间	完成时间
SM202010025005	急性缺血性脑卒中护理质量指标体系的构建	马瑞英	应用研究	论文	2020.1	2022.12
SM202010025006	价值共创视域下“互联网+”医患关系改进对策研究	彭迎春	应用研究	研究报告、论文、其他	2020.1	2022.12
SM202010025007	从本质到情境：遗传科学影响下的优生思想演变	李　曈	基础研究	研究报告、论文	2020.1	2022.12
SM202010025008	分级诊疗制度下区域纵向医疗联合体运行效果评估研究	李　丹	应用研究	研究报告、论文	2020.1	2022.12
SM202010028001	英语教师写作教学信念培养之元认知合作理论视角研究	陈文婷	基础研究	论文	2020.1	2022.12
SM202010028002	英国浪漫主义时期动物诗歌研究	陈浩然	基础研究	论文	2020.1	2022.12
SM202010028003	边缘性参与视角下实习教师学习困境与身份建构研究	杨启华	基础研究	论文	2020.1	2022.12
SM202010028004	课例研究对中学英语教师学习的影响效应探析	赵连杰	基础应用研究	研究报告、论文	2020.1	2022.12
SM202010028005	北京市学前教育立法现状及发展研究	刘兰兰	应用研究	论文	2020.1	2022.12
SM202010028006	跨区域文化交流视角下的琉璃河燕国青铜器研究	陈北辰	基础研究	论文	2020.1	2022.12
SM202010028007	民国时期北京孝道观念的变迁与实践（1912—1928）	秦　方	基础研究	论文	2020.1	2022.12
SM202010028008	北京市国学教育的现状分析与对策研究	朱立侠	应用研究	专著、论文	2020.1	2022.12
SM202010028009	托育机构照护质量对0~3岁婴幼儿发展的影响研究	罗　丽	基础应用研究	研究报告、论文	2020.1	2022.12
SM202010028010	基于社会情感学习的幼儿情绪表达自我意识的发展特征与促进研究	曲方炳	基础应用研究	论文	2020.1	2022.12
SM202010028011	医患分享式决策的心理障碍分析：人际互动机制	朱冬青	基础研究	论文	2020.1	2022.12
SM202010028012	二十四史中的书法资料搜集、整理与研究	杨　磊	基础研究	工具书、论文	2020.1	2022.12
SM202010028013	圆明园建筑内檐装修形制与数字化呈现研究	王　欢	基础研究	论文、其他	2020.1	2022.12
SM202010028014	北京地区中小学舞蹈美育实践研究	武巍峰	基础应用研究	论文	2020.1	2022.12
SM202010028015	青年观众对现实主义电视剧的接受研究	杨　慧	基础应用研究	论文	2020.1	2022.12

续表

项目编号	项目名称	负责人	研究类别	成果形式	启动时间	完成时间
SM202010028016	马克思《巴黎手稿》与实践论美学谱系批判	李圣传	基础研究	论文	2020. 1	2022. 12
SM202010028017	《榕音指掌》与《戚林八音》对比研究	李　红	基础研究	专著	2020. 1	2022. 12
SM202010029001	北京冬奥会大学生志愿者英语培训探究	李　琳	基础研究	论文、其他	2020. 1	2022. 12
SM202010029002	中小学体育教师反思型教学实践的特征与策略研究	燕　凌	应用研究	研究报告、论文	2020. 1	2022. 12
SM202010029003	电视体育解说员形象管理与品牌塑造研究	陈岐岳	应用研究	研究报告、论文	2020. 1	2023. 1
SM202010031001	中国古代小说在江户日本的传播及影响	王丽华	基础应用研究	专著、研究报告、论文、古籍整理作品	2019. 9	2022. 9
SM202010031002	外资进入对我国目标企业进出口行为以及海外市场选择的影响研究：基于并购的视角	林建勇	基础应用研究	研究报告、论文	2020. 1	2022. 12
SM202010031003	新时代红色旅游引导的北京革命文物保护与红色文化传承研究	王金伟	应用研究	研究报告、论文	2020. 1	2022. 12
SM202010031004	新数据环境下多尺度中国入境旅游流空间特征研究	秦　静	应用研究	研究报告、论文	2020. 1	2022. 12
SM202010031005	基于《佛教十三经》的身心语义认知研究	田歆桐	基础研究	专著、论文	2020. 1	2022. 12
SM202010037001	北京市小流域水土保持治理法律制度研究	邵莉莉	应用研究	论文	2020. 1	2022. 12
SM202010037002	优化北京营商环境背景下的金融担保创新研究	金　曼	应用研究	研究报告、论文、其他	2020. 1	2022. 12
SM202010037003	网络消费影响下的大学生自我认同危机研究	刘金丽	基础研究	研究报告、论文	2020. 1	2022. 12
SM202010037004	基于依恋理论的抑郁人格形成机制与干预研究	廖　冉	基础应用研究	研究报告、论文	2020. 1	2022. 12
SM202010037005	北京市居民优质乳消费行为研究	程长林	应用研究	研究报告、论文	2020. 1	2022. 12
SM202010037006	创新和完善宏观调控体系研究——基于供给侧改革视角	赵成珍	基础应用研究	研究报告、论文、其他	2020. 1	2022. 12
SM202010037007	公转铁下的北京地区铁路物流制约因素与发展路径研究	胡贵彦	应用研究	研究报告、论文	2020. 1	2022. 12
SM202010037008	新机场对北京城市物流供需结构的潜在影响及对策研究	王晓平	应用研究	研究报告、论文	2020. 1	2022. 12
SM202010037009	文旅产业深度融合视角下北京大运河文化带建设的路径研究	孙　静	应用研究	研究报告、论文	2020. 1	2022. 12

续表

项目编号	项目名称	负责人	研究类别	成果形式	启动时间	完成时间
SM202010037010	人工智能时代北京人才需求与人力资本形成研究	李玉珠	基础应用研究	研究报告、论文	2020. 1	2022. 12
SM202010038001	译者技术传播能力的构成与培养研究	李双燕	基础研究	论文	2020. 1	2022. 12
SM202010038002	“中美贸易战”背景下我国贸易调整援助立法研究	张　建	基础研究	专著	2020. 1	2022. 12
SM202010038003	北京法院涉外商事审判法律适用的问题及解决对策研究	李璐玲	应用研究	研究报告、论文	2020. 1	2022. 12
SM202010038004	资本嵌入下我国上市影视公司发展的制度逻辑及困局迷思	李先知	基础应用研究	研究报告	2020. 1	2021. 12
SM202010038005	赋权视角下的社会组织参与精准救助的逻辑、经验与路径	王世强	应用研究	专著、研究报告、论文、其他	2020. 1	2022. 12
SM202010038006	金融新业态冲击下北京系统性金融风险传染新特征研究	胡　迪	基础研究	研究报告、论文	2020. 1	2022. 12
SM202010038007	高精尖产业发展背景下北京市金融高质量发展研究	张　萍	应用研究	研究报告、论文	2020. 1	2022. 12
SM202010038008	私募股权投资视角下的初创期科创企业估值方法优化研究	赵　琼	应用研究	研究报告、论文	2020. 1	2022. 12
SM202010038009	比例标签学习问题研究及其在破产预测中的应用	陈振松	应用研究	论文	2020. 1	2021. 12
SM202010038010	DRGs 支付方式改革对北京市医生激励机制与医疗行为影响研究	徐凤辉	应用研究	研究报告、论文	2020. 1	2022. 12
SM202010038011	北京市高校毕业生“慢就业”影响机制及对策研究	毛宇飞	应用研究	研究报告、论文	2020. 1	2022. 12
SM202010038012	供给侧结构性改革下资产证券化对北京市实体经济发展的效果研究	刘　丹	基础应用研究	研究报告	2020. 1	2022. 12
SM202010038013	北京市在全球价值链中的嵌入模式、嵌入程度和升级路径研究	闫云凤	应用研究	研究报告、论文、其他	2020. 1	2021. 12
SM202010038014	京郊农户创业集群品牌形成机理、“公地悲剧”与契约治理机制研究	刘建梅	基础应用研究	研究报告、论文	2020. 1	2022. 12
SM202010038015	国有企业党委书记技术背景对创新效率的影响机理研究	王　凯	基础应用研究	论文、其他	2020. 1	2022. 12
SM202010049001	中国共产党百年戏曲理论与政策的沿革与嬗变（1921—2021）	王　莹	基础应用研究	研究报告、其他	2020. 1	2022. 12
SM202010050001	“第二媒介时代”的视听新媒体老龄受众研究	谢　辛	基础应用研究	专著、论文	2020. 1	2022. 12
SM202010050002	中小学影视教育视域下中美科幻电影比较研究	吴　琼	基础研究	专著	2020. 1	2022. 12

续表

项目编号	项目名称	负责人	研究类别	成果形式	启动时间	完成时间
SM202010050003	中外电影制片管理教育比较研究	张　琦	应用研究	研究报告、论文	2020. 1	2021. 12
SM202010050004	美国电影衍生品开发路径研究及启示	吕明月	基础应用研究	论文	2020. 1	2022. 12
SM202010051001	“体态律动”（音乐与动作教育）的学术史研究	谢　呈	基础研究	研究报告、论文、其他	2020. 1	2022. 1
SM202010051002	清代诗歌中的舞蹈资料整理与研究	阮　岷	基础研究	专著、论文	2020. 1	2022. 12
SM202010051003	彝族非遗舞蹈“撮泰吉”影像记录创作实践研究	胡晓娇	基础研究	论文、其他	2020. 1	2022. 12
SM202010051004	中西舞蹈教育史比较研究	靳　金	基础研究	译著、研究报告、论文、其他	2020. 1	2022. 12
SM202010051005	当代中国舞蹈美学研究	武　艳	基础研究	研究报告、论文	2019. 9	2022. 8
SM202010051006	舞蹈艺术跨文化传播机制研究	黄昭文	应用研究	研究报告、论文	2020. 1	2022. 12
SM202010051007	京津冀“非遗”传统舞蹈女性参与研究	杨秀明	基础研究	专著、论文、其他	2020. 1	2022. 12
SM202010051008	艺术学视阈下中国民族民间舞蹈观念更新研究	赵　妮	基础研究	研究报告、论文	2020. 1	2022. 12
SM202010051009	藏族舞蹈家口述史	王晓莉	基础研究	专著、论文、其他	2020. 1	2022. 1
SM202010853001	职教集团背景下职业院校“课程思政”教学体系的创建与实践	谭春玲	基础研究	研究报告、论文、其他	2020. 1	2022. 12
SM202010853002	教学活动中体育教师责任风险控制研究	高晓峰	基础应用研究	研究报告、论文	2020. 1	2022. 9
SM202010853003	新时代高职院校法学教育的创新发展研究	彭　君	基础应用研究	研究报告、论文	2020. 1	2022. 12
SM202010858001	校企命运共同体视角下的职业院校主体责任研究	徐红勤	基础应用研究	研究报告、论文	2020. 1	2022. 12
SM202011232001	基于品牌信任的消费者个人信息安全感知及自我保护行为研究	李　莉	应用研究	论文	2020. 1	2022. 12
SM202011232002	智慧旅游背景下北京胡同文化信息资源开发与服务研究	罗　暖	基础应用研究	论文	2020. 1	2022. 12
SM202011232003	基于数据驱动的北京高精尖产业绿色技术创新效率提升研究	张琳彦	基础应用研究	研究报告、论文	2020. 1	2022. 12
SM202011232004	基于过程优化的北京市绿色全要素生产率测算与提升研究	郭传银	基础应用研究	研究报告、论文	2020. 1	2022. 12

续表

项目编号	项目名称	负责人	研究类别	成果形式	启动时间	完成时间
SM202011232005	复杂要素耦合条件下的高校创新力演化机制及调控方法研究	蒋欣然	基础应用研究	研究报告、论文、其他	2020.1	2022.12
SM202011232006	京津冀城市群新型城镇化与金融支持协调发展研究	杨　慧	应用研究	研究报告、论文	2020.1	2022.12
SM202011232007	基于大数据的在京高校毕业生就业促进研究：工作搜寻、雇佣决策与政策建议	史珍珍	应用研究	研究报告、论文	2020.1	2022.12
SM202011232008	京津冀地区信息空间格局与时空演化研究	王宁宁	应用研究	研究报告、论文	2020.1	2022.12
SM202011417001	新时代高校青年学生社会主义意识形态建设路径研究	丁兆明	应用研究	研究报告、论文	2020.1	2022.12
SM202011417002	以人民为中心思想的历史渊源与当代价值研究	史文瑞	基础应用研究	研究报告、论文	2020.1	2022.12
SM202011417003	艺术治疗对听障儿童情绪理解的干预研究	何海燕	应用研究	研究报告、论文	2020.1	2022.12
SM202011417004	新媒体语境下北京高校大学生主流意识形态认同现状及引导机制研究	张玲娜	基础应用研究	研究报告、论文	2020.1	2022.12
SM202011417005	中英双语重度失语者词汇替代机制研究	任　颂	基础研究	研究报告、论文	2020.1	2022.12
SM202011417006	北京地区辽金佛塔与造像研究	张　雯	基础研究	研究报告、论文	2020.1	2022.12
SM202011417007	全球价值链重构视角下京台电子信息产业深化合作研究	周小柯	基础应用研究	专著、研究报告	2020.1	2022.12
SM202011417008	声音景观：90年代以来影视叙事中的北京形象变迁研究	吴丽颖	基础应用研究	研究报告、论文、其他	2020.1	2022.12
SM202011417009	北京长城文化带村落传统建筑装饰文化内涵和工艺研究	郑慧铭	基础研究	论文、其他	2020.1	2022.12
SM202011417010	北京市棕地再开发利益相关者决策行为的动态模拟及其影响研究	岳晓燕	基础应用研究	研究报告、论文	2020.1	2022.12
SM202011417011	京津冀城市群的城市蔓延与生态效率互动机制研究	田　园	基础研究	论文	2020.1	2022.12
SM202011626001	新时代劳动教育在职业教育领域的推进策略研究	李　雯	应用研究	研究报告、论文	2020.1	2022.12
SM202011626002	新时代家风文化与青年社会主义核心价值观培育研究	王　琪	基础研究	研究报告、论文	2020.1	2022.12
SM202011626003	北京市高职生终身学习能力提升研究	邢　艳	基础应用研究	论文	2020.1	2022.12
SM202011626004	新时代京津冀红色旅游资源开发与青年思想政治教育实效性研究	陈　鑫	基础应用研究	论文	2020.1	2022.12

续表

项目编号	项目名称	负责人	研究类别	成果形式	启动时间	完成时间
SM202014019001	侦查阶段涉案财物处置规范化研究	李　晶	应用研究	研究报告、论文、其他	2020. 1	2022. 12
SM202014019002	北京市入室盗窃犯罪时空聚集和高危人群地域特征模式研究	张　齐	基础应用研究	研究报告、论文	2020. 1	2021. 12
SM202014073001	基于探究式学习理念的高职思政教育云平台建设研究	袁　阳	应用研究	研究报告、论文、其他	2020. 1	2022. 12
SM202014073002	个人投资者开放式基金投资能力评价研究	牛国良	基础应用研究	研究报告、论文、其他	2020. 1	2021. 12
SM202050061001	北京市农村寄宿制中小学生学业幸福感的现状分析与对策研究	马　英	应用研究	研究报告、论文	2020. 1	2022. 12
SM202051160001	智能时代的推送学习模式研究	林海棠	基础研究	研究报告、论文	2020. 1	2022. 12
SM202051638001	我国跨境电商综合试验区发展经验、模式和趋势研究	胡丽霞	应用研究	专著、研究报告、论文	2020. 1	2022. 12

（北京市教育委员会技术与研究生工作处供稿）

2019 年度北京市人大常委会调查研究课题

2019 年度北京市人大常委会主任、副主任主持的市级重点调研课题

序号	题目	主持人	责任部门	负责人
1	增强执法检查监督刚性的实践探索	李　伟	研究室	崔新建
2	实施水污染防治法和条例，依法打好碧水保卫战	刘　伟	城建环保办公室	郝志兰
3	★当前北京市公共文化基础设施的建设投入与实际利用	庞丽娟		
4	★筹办好北京 2022 年冬奥会冬残奥会，大力推动冬季运动普及	闫傲霜		
5	★全面落实城市总体规划、加强老城保护与有机更新，精心保护好历史文化金名片	闫傲霜		
6	积极履行人大职能，服务北京国际交往中心建设	李颖津	民宗侨办公室	孙　杰
7	代表工作平台建设研究——以代表“家”“站”建设为例	张　清	代表联络室	马曙光
8	关于中轴线文物保护情况的调研报告	侯君舒	教科文卫体办公室	刘玉芳

注：带★号题目为民主党派主委课题，由市委统战部统筹安排。

北京市人大常委会机关 2019 年调研课题

序号	题目	责任部门	负责人
1	扎实开展“不忘初心、牢记使命”主题教育　推进党的建设与业务工作融合发展——市人大常委会机关对党建和业务工作融合发展的实践和思考	机关党委	刘云广
2	我市涉众型非法集资利益受损群体信访问题调研	办公厅	董立柱
3	★关于制定《北京市司法鉴定条例》立法调研	内务司法办公室	陈　永
4	《北京市社会信用条例》立法调研报告	财政经济办公室	张伯旭
5	★关于制定《北京市地方金融监督管理条例》的立项论证报告	财政经济办公室	成燕红
6	加强人大全成本绩效预算监督工作，推进全成本预算绩效改革	财政经济办公室	陈京朴
7	北京市国民经济和社会发展规划指标体系研究	财政经济办公室	路海滨
8	北京市院前医疗急救服务现状、问题及对策研究	教科文卫体办公室	胡　姮
9	★关于本市野生动物保护地方立法的调研	农村办公室	金树东
10	关于本市华侨权益保护地方立法的调研	民宗侨办公室	孙　杰
11	关于《北京市志愿服务促进条例》的立法调研报告	社会建设委工作机构	从骆骆

注：带★号题目为法规立项论证项目。

（北京市人大常委会研究室王柏林供稿）

2019 年度北京市调查研究重点课题

序号	题目	主持人	预期成果
一、市级领导调研课题			
1	“回天有我”大型社区治理研究	蔡　奇	研究报告
2	推进服务业高水平对外开放研究	陈吉宁	研究报告
3	增强执法检查监督刚性的实践探索	李　伟	研究报告
4	关于发挥政协专门协商机构作用的调研	吉　林	研究报告
5	北京市贯彻《中国共产党政法工作条例》研究	张延昆	研究报告
6	北京加强市域治理工作的研究	张延昆	研究报告
7	规划建设“微中心”研究	林克庆	研究报告
8	完善转移支付制度，支持区域功能定位	林克庆	研究报告
9	关于推进首都新时代文明实践中心建设路径研究	杜飞进	研究报告
10	关于做精做准政治监督的探索与实践	陈　雍	研究报告
11	北京市推动干部担当作为的实践与思考	魏小东	研究报告
12	着力解决形式主义的突出问题，切实为基层减负	崔述强	研究报告
13	市直机关加强党的政治建设的思考与实践	崔述强	研究报告

续表

序号	题目	主持人	预期成果
14	民营经济统战工作体制机制和平台载体研究	齐　静	研究报告
15	推进统战社团组织社会化改革创新问题研究	齐　静	研究报告
16	市属高校发挥特性优势实现内涵式发展研究	王　宁	研究报告
17	思想政治理论课守正创新研究	王　宁	研究报告
18	降低民营企业、中小微企业、科技创新企业融资成本，更好服务实体经济	殷　勇	研究报告
19	实施水污染防治法和条例，依法打好碧水保卫战	刘　伟	研究报告
20	积极履行人大职能，服务北京国际交往中心建设	李颖津	研究报告
21	代表工作平台建设研究——以代表“家”“站”建设为例	张　清	研究报告
22	关于中轴线文物保护情况的调研报告	侯君舒	研究报告
23	北京冬奥会城市运行指挥及应急保障体系研究	张建东	研究报告
24	城市有机更新政策研究	隋振江	研究报告
25	关于进一步完善退耕还林政策研究	卢　彦	研究报告
26	发挥社会力量，共同提升我市面向乘客的综合交通信息	杨　斌	研究报告
27	关于北京消费升级的研究	王　红	研究报告
28	北京市地下管线消隐工作的实践与思考	张家明	研究报告
29	运用大数据提升首都城管综合执法水平的研究	张家明	研究报告
30	关于政协工作提质增效的调研	杨艺文	研究报告
31	关于落实美丽乡村行动计划，加快少数民族低收入村、户发展的调研	程　红	研究报告
32	关于加强和改进政协委员学习工作的调研	牛青山	研究报告
33	关于打造具有国际影响力的消费枢纽城市的调研	林抚生	研究报告
34	京津冀协同发展司法保障机制创新研究	寇　昉	研究报告
35	检察机关提起公益诉讼实证问题研究	敬大力	研究报告
二、各民主党派市委主委调研课题			
1	大运河非物质文化遗产整体性保护研究——以通州段为例	王　红	研究报告
2	发挥城市副中心承载和辐射带动作用，促进京津冀协同发展	司马红	研究报告
3	当前北京市公共文化基础设施的建设投入与实际利用	庞丽娟	研究报告
4	加强紧密型专科医联体机制建设，促进分级诊疗实施	于鲁明	研究报告
5	大力建设公交都市，进一步完善北京绿色出行体系	于鲁明	研究报告
6	筹办好北京 2022 年冬奥会冬残奥会，大力推动冬季运动普及	闫傲霜	研究报告
7	全面落实城市总体规划、加强老城保护与有机更新，精心保护好历史文化金名片	闫傲霜	研究报告
8	发挥城市副中心承载和辐射带动作用，促进京津冀协同发展	刘忠范	研究报告
9	破解医养结合难题，促进养老产业发展	陈　军	研究报告
三、部委办、各区调研课题			
1	北京市宣传文化系统单位行政诉讼复议风险评估研究	赵卫东	研究报告

续表

序号	题目	主持人	预期成果
2	北京市学前教育条例修订前期调研	刘宇辉	研究报告
3	中小学校党组织领导的校长负责制研究	郑吉春	研究报告
4	当前我市就业形势风险	刘志伟	研究报告
5	首都高校意识形态领域安全	刘志伟	研究报告
6	建立健全网络综合治理体系研究	韩 昱	研究报告
7	全市各类功能区（开发区）管理体制研究	李世新	研究报告
8	台湾青年来京实习落实路径研究	黄塞溪	研究报告
9	以服务保障全市中心工作和重大任务为牵引，促进机关党建与业务工作深度融合研究	吕和顺	研究报告
10	首都职工思想状况调研	韩世春	研究报告
11	北京青年流动大学毕业生群体调研	熊 卓	研究报告
12	北京青年快递小哥群体调研	熊 卓	研究报告
13	深入把握重大活动机遇推动首都发展研究	谈绪祥	研究报告
14	加强宗教团体管理体制和人才队伍建设研究	钟百利	研究报告
15	核心区城市治理大数据协同管理平台研究	张 维	研究报告
16	北京城市副中心规划实施单元划分及实施策略研究	张 维	研究报告
17	发展和规范北京住房租赁市场若干重点问题研究	王 飞	研究报告
18	关于加强城市副中心环境建设管理和运行保障的研究	孙新军	研究报告
19	路侧停车电子收费实施效果评估	李先忠	研究报告
20	国际视角下的北京控烟模式评价及后期实施途径研究	雷海潮	研究报告
21	北京市健康老龄化内涵与发展方式研究	雷海潮	研究报告
22	机构改革后国资监管方式转型研究	张贵林	研究报告
23	规范市属国企混合所有制改革研究	张贵林	研究报告
24	京津冀人民防空超短波电台网可行性研究	张金林	研究报告
25	人民防空工程质量监督评价体系研究	张德华	研究报告
26	北京市深化区域合作研究——以消费扶贫模式为例	马新明	研究报告
27	北京市对口帮扶内蒙古、河北产业扶贫模式研究	马新明	研究报告
28	做好新形势下北京市离退休干部工作研究——离退休干部思想和生活状况调研	张 革	研究报告
29	首都“七有”综合评价体系研究	李万钧	研究报告
30	全面依法治市实践路径研究	苗 林	研究报告
31	北京市大数据管理立法研究	李富莹	研究报告

续表

序号	题目	主持人	预期成果
32	街道办事处相关法律问题研究	李富莹	研究报告
33	关于完善国有金融资本管理问题的研究	吴素芳	研究报告
34	适应新业态发展，促进更高质量和更充分就业	徐　熙	研究报告
35	坚持平台共享、部门负责、执法规范、环保督查、信息公开，提高扬尘污染管控精细化水平研究	陈　添	研究报告
36	北京市农村水管理对策研究	潘安君	研究报告
37	农业农村大数据实践应用研究	李志军	研究报告
38	服务业负面清单探索研究	闫立刚	研究报告
39	首都文化旅游深度融合发展研究	陈　冬	研究报告
40	推动文化和旅游高质量发展研究	宋　宇	研究报告
41	关于加强应急救援专业化队伍建设问题调研	张树森	研究报告
42	关于北京市应急管理社会化问题研究	张树森	研究报告
43	利用大数据创新市场监管机制，提升综合监管能力	冀　岩	研究报告
44	京津冀大气污染联防联控政策落实情况审计研究	马兰霞	研究报告
45	国有企业境外投资风险审计研究	马兰霞	研究报告
46	关于发挥税收职能作用助力首都民营经济高质量发展的思考	李亚民	研究报告
47	文化带建设中如何发挥重要文物的提振作用——以宛平城为例	舒小峰	研究报告
48	足球改革发展进程中深层次制约因素对策研究	赵　文	研究报告
49	北京市“七有”“五性”监测指标体系研究	蒋力歌	研究报告
50	北京消费发展规律、特点及增长潜力研究	庞江倩	研究报告
51	北京市自然保护地管理体系研究	邓乃平	研究报告
52	地方金融监管制度设计	霍学文	研究报告
53	北京市高质量发展指标体系研究（知识产权）	杨东起	研究报告
54	中关村示范区产业用地政策和降成本方式研究	翟立新	研究报告
55	关于中关村示范区发展研发经济的考虑和建议	翟立新	研究报告
56	关于统筹做好老城保护与民生改善的研究	夏林茂	研究报告
57	开展街区更新，推进历史文化街区保护复兴	金　晖	研究报告
58	关于以深化党建引领“街道吹哨、部门报到”改革为牵引，推进城市基层治理体系和能力现代化的实践与思考	卢映川	研究报告
59	以金融街和金科新区建设为龙头，推动区域高质量发展的实践与思考	孙　硕	研究报告
60	朝阳区推进基础建设年工作研究	王　灏	研究报告

续表

序号	题目	主持人	预期成果
61	超大城市提升街道社区治理水平的路径研究	文　献	研究报告
62	海淀区深化“街镇吹哨部门报到”改革，提升街镇统筹能力研究	于　军	研究报告
63	中关村科学城科技场景与创新应用模型研究	曾　劲	研究报告
64	关于落实新版北京城市总体规划推进石景山区高端绿色发展重大问题研究	常　卫	研究报告
65	关于统筹解决老旧小区问题健全完善城市基层治理的研究	陈之常	研究报告
66	关于门头沟区文旅体验产业发展研究	张力兵	研究报告
67	关于门头沟区废弃矿山修复和利用的实践与思考	付兆庚	研究报告
68	坚持“六为”工作思路 全面建设生态宜居示范区和科技金融创新城	陈　清	研究报告
69	全面落实乡村振兴战略 加快建设美丽乡村	郭延红	研究报告
70	把北京城市副中心建设成为京津冀协同发展示范区研究	曾赞荣	研究报告
71	北京城市副中心楼宇经济发展研究	赵　磊	研究报告
72	顺义区强化国门意识，促进港城融合发展的实践与思考	高　朋	研究报告
73	顺义区制造业高质量发展的路径研究	孙军民	研究报告
74	农村土地制度改革与乡村治理结构调研	周立云	研究报告
75	关于北京大兴国际机场及其临空经济区“国家发展新的动力源”研究	王有国	研究报告
76	昌平区“回天有我”大型社区治理问题研究	于长辉	研究报告
77	关于昌平区加快发展能源产业的对策研究	王合生	研究报告
78	怀柔科学城创新创业生态构建	戴彬彬	研究报告
79	关于怀柔区 12345 热线接诉即办工作的实践与思考	于庆丰	研究报告
80	关于深入推进干部力量下沉深化“吹哨报到”机制的实践与研究	王成国	研究报告
81	关于新时代首都重要水源保护地协同推进生态保护和绿色发展的思考	潘临珠	研究报告
82	关于着眼凝聚群众引导群众、深入推进新时代文明实践中心建设的思考	穆　鹏	研究报告
83	关于如何实现世园会遗产可持续利用的思考	于　波	研究报告

（北京市委研究室供稿）

2019 年度北京市习近平新时代中国特色社会主义思想研究中心立项课题

序号	项目名称	项目类别	项目负责人	科研信誉保证单位
1	习近平新时代中国特色社会主义思想的逻辑体系研究	重大项目	肖贵清	清华大学

续表

序号	项目名称	项目类别	项目负责人	科研信誉保证单位
2	习近平总书记关于社会主义法治建设的重要论述研究	重大项目	冯玉军	中国人民大学
3	习近平总书记关于教育“九个坚持”重要论述研究	重大项目	刘复兴	中国人民大学
4	新时代“一国两制”理论与实践研究	重大项目	王英津	中国人民大学
5	习近平总书记关于改革开放的重要论述研究	重大项目	徐　斌	北京师范大学
6	新时代基层党建引领乡村治理的体制创新研究	重大项目	冯留建	北京师范大学
7	习近平总书记关于“一带一路”的重要论述研究	重大项目	范　周	中国传媒大学
8	习近平总书记关于教育工作的重要论述研究	重大项目	何秀超	中央财经大学
9	社会主义意识形态凝聚力和引领力建设研究	重大项目	张小锋	对外经济贸易大学
10	立德树人理论的内涵与评估	重大项目	苏寄宛	首都师范大学
11	新时代健全现代社会治理体系研究	重大项目	麻宝斌	首都经济贸易大学
12	中国特色社会主义的国际影响与世界意义研究	重大项目	王　莉	中共北京市委前线杂志社
13	中国共产党精神谱系研究	重大项目	齐　彪	中共北京市委前线杂志社
14	中国新型政党制度研究	重大项目	柴宝勇	中国社会科学院大学
15	新时代中国国家形象塑造与国家影响力提升研究	重大项目	于小植	北京语言大学
16	习近平总书记关于加强党的政治建设的重要论述研究	重大项目	韩　强	北京联合大学
17	新时代防范和化解杠杆风险研究	重点项目	刘晓光	中国人民大学
18	习近平总书记关于生态扶贫的重要论述研究	重点项目	李　娟	北京师范大学
19	新时代国家治理现代化与法治建设研究	重点项目	马振清	北京师范大学
20	历史、理论与现实三重维度下的伟大改革开放精神研究	重点项目	杨增崇	北京师范大学
21	中美经贸关系定位及变化趋势研究	重点项目	陈文力	北京外国语大学
22	“五四精神”的时代价值研究	重点项目	韩雪青	北京外国语大学
23	京味电视剧的中华优秀传统文化传承发展研究	重点项目	闻　学	北京交通大学
24	全媒体背景下主流意识形态引领工作有效性研究	重点项目	王达品	中国传媒大学
25	中华优秀传统文化传承发展研究	重点项目	杨　杰	中国传媒大学
26	新时代中青年干部培养研究	重点项目	赵付科	中央财经大学
27	习近平外交思想的理论建构与实践创新研究	重点项目	卫　灵	中国政法大学
28	当代资本主义的系统性危机和发展趋势研究	重点项目	郇丽华	中国政法大学
29	在新时代扩大开放中推进现代金融体系建设的路径研究	重点项目	邱兆祥	对外经济贸易大学
30	我国参与全球治理的理论与实践研究	重点项目	王　波	对外经济贸易大学
31	习近平新时代中国特色社会主义哲学思想研究	重点项目	王金磊	中央民族大学
32	新时代中国特色社会主义人权话语体系建构研究	重点项目	韩克芳	中央民族大学
33	新时代中国反贫困实践中的价值观研究	重点项目	孙　英	中央民族大学
34	新中国 70 年北京生态文明建设经验研究	重点项目	计　彤	北京工业大学

续表

序号	项目名称	项目类别	项目负责人	科研信誉保证单位
35	习近平外交思想的新贡献研究	重点项目	姜国权	首都师范大学
36	大变局中的世界社会主义现状与前景研究	重点项目	柴尚金	中共北京市委前线杂志社
37	习近平总书记关于高校德育工作的重要论述研究	重点项目	周志成	北京联合大学
38	基于国家影响力提升的新时代中国国家形象塑造与传播研究	重点项目	李彦冰	北京联合大学
39	话语建构与传播认同：习近平总书记关于网络空间命运共同体的重要论述研究	重点项目	高丽华	北京工商大学
40	中国特色知识产权理论体系研究	重点项目	董　涛	北京第二外国语学院
41	新时代一体推进不敢腐、不能腐、不想腐研究	重点项目	杜治洲	北京航空航天大学
42	习近平新时代中国特色社会主义思想的世界观和方法论研究	重点项目	李红霞	北京体育大学
43	习近平关于学习的重要论述及其教育实践指导价值研究	重点项目	方中雄	北京市学习科学学会
44	习近平生态文明思想建构历程、意涵阐释与实践指导三向度研究	重点项目	吴守蓉	北京林业大学
45	新中国70年社会主义工业化建设历史经验研究	重点项目	曹锦清	北京修远经济与社会研究基金会
46	加强党的巡视和巡察工作研究	重点项目	宋　伟	北京科技大学
47	习近平新时代中国特色社会主义经济思想学理基础研究	一般项目	肖　潇	北京师范大学
48	习近平新时代中国特色社会主义思想对毛泽东思想的继承发展创新研究	一般项目	田永静	北京交通大学
49	社会主要矛盾变化背景下以人民为中心的影视精品创作导向研究	一般项目	周建新	中国传媒大学
50	新主流影视作品传播社会主义核心价值观研究	一般项目	储钰琦	中国传媒大学
51	习近平总书记关于教育工作的重要论述研究	一般项目	赵庆杰	中国政法大学
52	新时代国家治理与法治建设研究	一般项目	孔祥稳	对外经济贸易大学
53	新时代国有企业混合所有制改革的理论与对策研究	一般项目	陈福中	对外经济贸易大学
54	习近平总书记关于文化自信重要论述的内在逻辑与当代价值研究	一般项目	师英杰	中央民族大学
55	习近平开放创新重要论述与我国新时代扩大开放研究	一般项目	周丽群	首都经济贸易大学
56	新时代中国企业对外直接投资风险预警体系构建及化解研究	一般项目	郝宇彪	首都经济贸易大学
57	新时代城市基层治理体系建设与创新研究	一般项目	陈松川	北京建筑大学
58	加强新时代中国青年意识形态工作研究	一般项目	丁兆明	北京联合大学
59	新时代北京高校把握意识形态工作领导权的现实路径选择研究	一般项目	孙　杰	北京物资学院
60	新时代网络意识形态风险防控方式研究	一般项目	李艳艳	北京科技大学
61	中国特色社会主义新时代基本特征研究	一般项目	魏志奇	中国地质大学（北京）
62	习近平总书记关于意识形态话语权的重要论述研究	一般项目	张传泉	北京邮电大学

续表

序号	项目名称	项目类别	项目负责人	科研信誉保证单位
63	习近平“以人民为中心”思想对马克思人的本质理论的创新研究	一般项目	张明明	中国石油大学（北京）
64	新时代社会主义市场经济体制的发展与完善研究	一般项目	宁　阳	华北电力大学

（市社科联、市社科规划办理论研究部供稿）

2019 年北京市习近平新时代中国特色社会主义思想研究中心“三报一刊”发表文章情况

序号	篇名	所发报刊	发表时间	执笔人
1	把新时代发展蓝图一步步变为现实	《人民日报》	2019. 1. 4	齐　彪
2	“四轮驱动”提升新型农业经营主体服务力	《经济日报》	2019. 1. 14	郑风田、阮荣平、高　杰
3	全面深化改革取得历史性成就	《人民日报》	2019. 1. 15	郑新立
4	不断推进当代中国马克思主义的理论创新	《光明日报》	2019. 1. 15	杨　奎
5	聚焦“八字方针”深化供给侧结构性改革	《经济日报》	2019. 1. 17	马一德
6	弘扬“红船精神”　奏响新时代改革开放最强音	《光明日报》	2019. 1. 18	郑文涛
7	重视马克思财富论的现代意义	《人民日报》	2019. 1. 21	卫兴华
8	媒体融合发展需要把握三种思维	《光明日报》	2019. 1. 21	胡　芳、崔　林、汤　璇
9	学深悟透创新理论的本质特征	《经济日报》	2019. 1. 21	清　翔
10	增强中心城市辐射带动力	《光明日报》	2019. 1. 22	陆小成
11	激活道德力量助推乡村振兴	《光明日报》	2019. 1. 23	蔡　杨
12	40 年来人口发展战略的探索与完善	《经济日报》	2019. 1. 28	营立成、尹德挺
13	发展数字经济培育中国经济发展新动能	《光明日报》	2019. 1. 30	胡树祥、韩建旭
14	改革开放呼唤新时代青年奋发有为	《人民日报》	2019. 1. 31	韩宪洲
15	推动京津冀成为引领高质量发展的重要动力源	《光明日报》	2019. 2. 1	刁琳琳
16	发挥科技创新对现代化经济体系建设的支撑作用	《光明日报》	2019. 2. 11	陈　劲、朱子钦
17	实现党对政法工作领导的制度化规范化科学化	《光明日报》	2019. 2. 13	周悦丽
18	坚持以供给侧结构性改革为主线	《人民日报》	2019. 2. 14	林兆木
19	担当脱贫攻坚时代重任展现新时代好干部风采	《光明日报》	2019. 2. 15	赵庆杰
20	在更加开放的条件下实现高质量发展	《经济日报》	2019. 2. 18	韩　震
21	公有制经济是改革发展的中坚力量	《人民日报》	2019. 2. 19	白暴力、方凤玲
22	增强“四力”　培养卓越新闻传播人才	《光明日报》	2019. 2. 19	高晓虹、赵希婧、付海钲
23	强化基层组织建设才能提高党的凝聚力战斗力	《光明日报》	2019. 2. 22	周悦丽

续表

序号	篇名	所发报刊	发表时间	执笔人
24	改革开放精神是民族精神的鲜明标识	《光明日报》	2019. 2. 27	孙 利、季正聚
25	为高质量发展营造良好政治生态	《经济日报》	2019. 3. 5	邵景均
26	改革开放 40 年人大监督更有力度更具权威	《光明日报》	2019. 3. 17	黄小钫
27	“两个维护”是加强党的政治建设的首要任务	《经济日报》	2019. 3. 19	朱昔群
28	以科学理论武装头脑夯实根基	《经济日报》	2019. 3. 19	张润枝
29	以政法改革推动全面依法治国不断深化	《光明日报》	2019. 3. 26	马一德
30	让基层社会治理深植实践温暖人心	《光明日报》	2019. 3. 28	潘 灯
31	抓住我国能源转型发展的突破点	《经济日报》	2019. 3. 31	徐 斌
32	贯彻新时代党的组织路线是全面从严治党的本质要求	《光明日报》	2019. 4. 1	郑文涛
33	建设现代化经济体系是一篇大文章	《经济日报》	2019. 4. 8	文 魁
34	进一步把社会主义核心价值观融入法治建设	《人民日报》	2019. 4. 10	王淑芹
35	高校思想政治理论课教师的新使命	《光明日报》	2019. 4. 10	邹吉忠
36	让共享经济走好未来的路	《人民日报》	2019. 4. 11	张世君
37	生态文明思想蕴含中国传统生态智慧	《经济日报》	2019. 4. 11	张 晶
38	中国特色社会主义文化守正创新之道	《光明日报》	2019. 4. 12	陈名杰
39	培养选拔年轻干部的几个着力点	《经济日报》	2019. 4. 15	赵付科
40	全面形成绿色发展新格局	《人民日报》	2019. 4. 16	林智钦
41	用“四个坚持”引领新时代文艺工作	《光明日报》	2019. 4. 16	陆绍阳、张慧瑜
42	凝聚起实现民族复兴的强大精神力量	《人民日报》	2019. 4. 18	李 文、王尘子
43	为企业发展营造良好法治环境	《人民日报》	2019. 4. 18	谢 凡
44	高校立德树人需要思政课更大担当	《光明日报》	2019. 4. 18	韩宪洲
45	中国对外开放促进世界共同发展	《光明日报》	2019. 4. 19	张志洲
46	谋求民心相通的最大合力夯实“一带一路”建设的社会根基	《光明日报》	2019. 4. 22	李宏伟
47	文明交流互鉴为加强合作提供强大支撑	《经济日报》	2019. 4. 24	柴尚金
48	做新时代的追梦人	《经济日报》	2019. 4. 29	彭维锋
49	促进青年更好成长、更快发展	《经济日报》	2019. 5. 6	韩宪洲
50	中国特色社会主义为什么“好”	《人民日报》	2019. 5. 10	孙来斌
51	不断增强城市的文化底蕴让历史文化和现代生活融为一体	《人民日报》	2019. 5. 14	杨 旎
52	培养高等艺术人才须兼具中国灵魂与国际视野	《光明日报》	2019. 5. 14	段 鹏
53	中国特色社会学的形成与发展	《人民日报》	2019. 5. 20	李 强
54	抓住用好新形势下的新机遇	《人民日报》	2019. 5. 23	林兆木
55	法治保障经济高质量发展	《人民日报》	2019. 5. 23	马一德
56	创新工作机制激活内生动力	《经济日报》	2019. 5. 23	赵小平

续表

序号	篇名	所发报刊	发表时间	执笔人
57	问题链教学法让思政课活起来	《人民日报》	2019. 5. 24	何秀超
58	马克思主义为中国革命、建设、改革提供了强大思想武器	《光明日报》	2019. 5. 27	孙熙国
59	科技创新要坚持以人民为中心	《经济日报》	2019. 5. 28	陈　劲、朱子钦
60	满足人的需求促进城市发展	《经济日报》	2019. 5. 29	黄江松
61	为发展马克思主义作出原创性贡献	《经济日报》	2019. 6. 3	清　翔
62	在守正创新中焕发强大生机活力	《人民日报》	2019. 6. 6	冯秀军
63	以真抓实干精神推动全面深化改革	《光明日报》	2019. 6. 10	胡九龙
64	把握伟大改革开放精神的特质内涵	《经济日报》	2019. 6. 10	陶文昭
65	中国经济不惧经贸摩擦冲击	《人民日报》	2019. 6. 11	刘　英
66	改革开放以来中国人民的精神特质	《光明日报》	2019. 6. 12	韩　震
67	借鉴精准扶贫经验着力推进乡村振兴	《光明日报》	2019. 6. 13	郑风田、刘　爽
68	用好巡视“利剑”，助力脱贫攻坚	《光明日报》	2019. 6. 18	李　莉、云　翀
69	确保主题教育取得扎扎实实的成效	《光明日报》	2019. 6. 18	杜　鹃
70	“零和”是歧途合作为正轨——从中美经贸交往史看贸易战	《经济日报》	2019. 6. 19	李　文、王尘子
71	改革开放孕育党从理论到实践的伟大创造	《光明日报》	2019. 6. 21	邹广文、张九童
72	自主创新是攀登世界科技高峰的必由之路	《经济日报》	2019. 6. 26	李东松
73	马克思主义“行”的时代证明	《人民日报》	2019. 6. 28	卫兴华
74	最重要的是做好我们自己的事情	《光明日报》	2019. 7. 2	黄百炼
75	把握“九个坚持”　提升理论宣讲的时度效	《光明日报》	2019. 7. 3	梁家峰
76	认清新时代网络空间治理核心要义	《光明日报》	2019. 7. 4	张文君
77	坚定文化自信 提高国家文化软实力	《光明日报》	2019. 7. 4	吴玉军、韩　震
78	中国共产党何以能有效治理腐败	《人民日报》	2019. 7. 18	邵景均
79	完善退出制度激发市场活力	《人民日报》	2019. 7. 23	张世君
80	当代中国共产党人政治品格、价值追求、精神风范的集中体现	《光明日报》	2019. 7. 23	王幸生
81	典型引路案例示范	《光明日报》	2019. 7. 24	张　峰
82	正家风重家教助推党风政风清正	《光明日报》	2019. 7. 26	罗冠男
83	坚定不移的理想信念　爱国爱民的赤子情怀	《光明日报》	2019. 7. 28	闻　学
84	涵养创新型人才“蓄水池”	《人民日报》	2019. 7. 30	陆园园
85	“红船精神”与新时代基层党建创新	《光明日报》	2019. 7. 30	杨　奎
86	指导新时代中国特色社会主义建设的纲领性文献	《光明日报》	2019. 7. 31	李宏伟
87	在砥砺奋进中实现伟大飞跃	《人民日报》	2019. 8. 2	韩　震
88	生态修复，重现美丽山川	《人民日报》	2019. 8. 2	张　勇
89	做好稳预期工作助力高质量发展	《经济日报》	2019. 8. 2	文　君、蓝庆新

续表

序号	篇名	所发报刊	发表时间	执笔人
90	破解逆全球化的生成密码	《光明日报》	2019. 8. 6	许　海
91	推动京津冀文化产业协同发展	《经济日报》	2019. 8. 9	张　娜、赵晓军
92	重温党的历史　牢记初心使命	《光明日报》	2019. 8. 14	李忠杰
93	牢记初心和使命　奋进伟大新时代	《人民日报》	2019. 8. 15	黄　峰、姚　桓
94	充分发挥社会主义制度优势	《人民日报》	2019. 8. 16	陶文昭
95	切实推动产学研深度融合	《经济日报》	2019. 8. 19	陆园园
96	找准提高党的建设质量的现实着力点	《光明日报》	2019. 8. 20	王杰群
97	以良好政治生态确保党的事业蓬勃发展	《经济日报》	2019. 8. 21	程美东
98	以百姓心为心	《光明日报》	2019. 8. 22	李民生
99	解析中国经济持续健康发展的密码	《人民日报》	2019. 8. 23	王一鸣
100	激活信访的“智库效能”	《人民日报》	2019. 8. 26	王　凯
101	永远把人民对美好生活的向往作为奋斗目标	《光明日报》	2019. 8. 26	闫　萍
102	习近平新时代中国特色社会主义思想的重大意义	《人民日报》	2019. 8. 27	蒋金锵
103	实施乡村振兴战略的哲学思考	《经济日报》	2019. 8. 28	陈晓华 吴修成
104	以系统减负促担当作为	《人民日报》	2019. 8. 29	谈小燕
105	三波热潮创新传统文化传播形式	《光明日报》	2019. 8. 29	傅秋爽
106	乡村产业振兴面临的挑战及其对策	《经济日报》	2019. 8. 29	朱晓娟　姜文来
107	中国有条件有能力应对中美经贸摩擦	《人民日报》	2019. 9. 2	林建华
108	于安思危于治忧乱	《光明日报》	2019. 9. 3	朱康有
109	找准高校意识形态工作着力点	《光明日报》	2019. 9. 3	蓝晓霞
110	探索学校美育工作新路	《人民日报》	2019. 9. 9	周　侃、郑文涛
111	马克思主义中国化七十年的启示	《光明日报》	2019. 9. 11	严书翰
112	推动金融更好支持民营企业	《经济日报》	2019. 9. 11	邱兆祥、刘永元
113	与时俱进的马克思主义发展观	《经济日报》	2019. 9. 12	韩振峰
114	文化企业“走出去”应提高风险意识	《经济日报》	2019. 9. 16	王林生
115	建设网络强国的三重意蕴	《经济日报》	2019. 9. 16	张文君
116	推动构建全球伙伴关系网络	《人民日报》	2019. 9. 20	李志永、文　君
117	以“标准化”助力高质量发展	《人民日报》	2019. 9. 25	聂爱轩
118	发掘空间经济潜力助力教育精准扶贫	《光明日报》	2019. 9. 25	杨　斌、齐明正、单许昌
119	不断深化经济发展规律性认识	《人民日报》	2019. 10. 8	卫兴华
120	培养涉外知识产权高端人才	《人民日报》	2019. 10. 8	董　涛
121	种好网络安全的“责任田”	《光明日报》	2019. 10. 8	于雯雯
122	向着电影艺术的高峰攀登	《光明日报》	2019. 10. 9	仲呈祥
123	深刻理解“两山”理念的科学蕴含	《光明日报》	2019. 10. 10	杨峻岭
124	法治与德治相结合的现代意蕴	《光明日报》	2019. 10. 11	王淑芹

续表

序号	篇名	所发报刊	发表时间	执笔人
125	新时代人民政协的重大作用与独特优势	《光明日报》	2019. 10. 11	柴宝勇
126	中国特色社会主义政治经济学的主线和逻辑起点	《人民日报》	2019. 10. 14	卫兴华
127	“清正廉洁作表率”的时代价值	《光明日报》	2019. 10. 14	尤国珍
128	筑牢反腐制度防火墙	《光明日报》	2019. 10. 14	靳高风
129	发挥制度建设的中国智慧	《人民日报》	2019. 10. 16	支振锋
130	书写出更新更美的时代篇章	《人民日报》	2019. 10. 16	李忠杰
131	保持推动高质量发展的战略定力	《人民日报》	2019. 10. 16	郭万超
132	从战略高度推动社会信用体系建设	《光明日报》	2019. 10. 16	张世君
133	深刻把握互联网发展战略的基本逻辑	《光明日报》	2019. 10. 18	张文君
134	牢固树立外语教育中的文化自信	《光明日报》	2019. 10. 21	郝运慧
135	新时代中国对外开放的国际影响与贡献	《经济日报》	2019. 10. 21	王宇航
136	深刻理解构建人类命运共同体思想的重要内涵	《光明日报》	2019. 10. 23	谢新水、李有增
137	以高远战略智慧指导新实践	《经济日报》	2019. 10. 25	缪劲翔
138	“流量打假”利好互联网健康发展	《经济日报》	2019. 10. 28	王林生
139	新时代铸牢中华民族共同体意识的行动指南	《光明日报》	2019. 10. 29	刘宝明
140	促进数字经济与实体经济融合发展	《经济日报》	2019. 10. 29	胡继晔
141	深刻领会坚持以人民为中心	《人民日报》	2019. 10. 30	齐　彪
142	进一步做好“六稳”工作	《人民日报》	2019. 10. 31	林兆木
143	新时代公民道德建设的价值指引	《光明日报》	2019. 11. 1	戴木才
144	把握开展“不忘初心、牢记使命”主题教育的方法论	《光明日报》	2019. 11. 1	刘　杰
145	营商环境优化彰显国家治理现代化成就	《光明日报》	2019. 11. 1	支振锋
146	加强思想政治引领广泛凝聚共识	《光明日报》	2019. 11. 2	刘佳义
147	以法治方式呵护营商环境	《人民日报》	2019. 11. 4	张世君
148	新时代伟大斗争的鲜明特色	《光明日报》	2019. 11. 4	韩振峰
149	促进高质量发展与合作共赢的创举	《人民日报》	2019. 11. 5	赵晋平
150	新时代如何更好践行初心和使命	《经济日报》	2019. 11. 7	岳凤兰
151	用法治呵护平安	《人民日报》	2019. 11. 8	李巍涛
152	在党史新中国史中领悟共产党人的初心和使命	《光明日报》	2019. 11. 11	黄　峰、姚　桓
153	我国知识产权治理不断跃上新水平	《人民日报》	2019. 11. 13	马一德
154	优化中小企业创新法治环境	《人民日报》	2019. 11. 14	杨秀清
155	提高科学思维能力助力高质量发展	《经济日报》	2019. 11. 14	文　君、李景瑜
156	加强改进高校党建和思想政治工作	《人民日报》	2019. 11. 18	黄泰岩
157	党对国有企业领导的基本经验	《经济日报》	2019. 11. 18	朱家梅
158	让文艺之花为时代和人民绽放	《光明日报》	2019. 11. 20	周　侃
159	全面把握制度与治理的辩证关系	《经济日报》	2019. 11. 20	李忠杰

续表

序号	篇名	所发报刊	发表时间	执笔人
160	面向新时代创新发展中国特色企业管理学	《人民日报》	2019. 11. 25	王永贵、李 霞
161	深刻把握国家治理现代化的中国逻辑	《光明日报》	2019. 11. 25	张文君
162	以科学思维加强和创新社会治理	《人民日报》	2019. 11. 27	闫 萍
163	推进法治政府建设　持续优化营商环境	《光明日报》	2019. 11. 27	陈力铭
164	探索跨地区生态补偿的有效机制	《经济日报》	2019. 11. 28	彭文英、何晓瑶
165	党和人民的伟大创造	《人民日报》	2019. 11. 29	郑新立
166	媒体融合时代新闻工作者如何锤炼“四力”	《光明日报》	2019. 12. 2	曾祥敏、涂凌波、丰 瑞
167	深入把握“三个统一”的辩证关系	《经济日报》	2019. 12. 2	李宏伟
168	构建中国全媒体传播体系的三个重心	《光明日报》	2019. 12. 3	赵淑萍、吴炜华、王婧雯
169	国际传播类节目影响力与日俱增	《光明日报》	2019. 12. 4	张梓轩
170	像英雄模范那样坚守奋斗	《人民日报》	2019. 12. 5	许 海
171	建设人人有责、人人尽责、人人享有的社会治理共同体	《光明日报》	2019. 12. 6	谭日辉
172	做好意识形态工作既要有斗争意识又要有斗争艺术	《光明日报》	2019. 12. 10	张小锋、王欢欢
173	把主题教育成效体现在推动学校高水平发展上	《光明日报》	2019. 12. 10	谢 辉
174	中华民族迈向伟大复兴的光辉历程	《光明日报》	2019. 12. 11	张海鹏
175	加强新时代公民道德建设培养　担当民族复兴大任的时代新人	《光明日报》	2019. 12. 12	吴玉军
176	做好应急管理体系和能力现代化法治保障	《经济日报》	2019. 12. 12	侯佳儒
177	善于通过网络走群众路线	《人民日报》	2019. 12. 16	孙照红
178	人工智能时代新闻传播事业的守正创新	《光明日报》	2019. 12. 16	秦瑜明、赵希婧、桂笑冬
179	眼力是新闻工作者观察力和判断力的关键因素	《光明日报》	2019. 12. 18	雷跃捷、吕文宝
180	扛起担子，迈开步子，当好引子	《光明日报》	2019. 12. 18	黄 杰
181	彰显和发挥我国新型政党制度的优势	《光明日报》	2019. 12. 20	肖贵清
182	与时俱进发展中国特色人口学	《人民日报》	2019. 12. 23	尹德挺、董亭月
183	提高宏观调控的前瞻性针对性有效性	《人民日报》	2019. 12. 24	郑新立
184	不断开辟“中国之治”新境界	《经济日报》	2019. 12. 24	清 翔
185	以媒体融合发展助力社会治理	《人民日报》	2019. 12. 25	高晓虹、崔 林、付海钲
186	向人类精神高地不断迈进	《光明日报》	2019. 12. 25	胡燕春
187	如何把主流大片送达更多观众	《光明日报》	2019. 12. 25	侯光明
188	将爱国主义教育融入高校教育全过程	《经济日报》	2019. 12. 26	沈千帆
189	切实强化制度意识	《人民日报》	2019. 12. 26	周文彰、岳凤兰
190	深刻认识中国特色社会主义制度的优势	《经济日报》	2019. 12. 26	杨金海
191	发挥民主协商在社会治理中的独特优势	《人民日报》	2019. 12. 27	陈 煦、周 清
192	弘扬创造精神实现复兴梦想	《光明日报》	2019. 12. 27	刘 军
193	优化医保基金监管制度设计破解“不足医疗”和“过度医疗”问题	《光明日报》	2019. 12. 29	张 卿

续表

序号	篇名	所发报刊	发表时间	执笔人
194	运用大数据推动环境治理能力现代化	《经济日报》	2019. 12. 29	侯佳儒
195	推动理想信念教育常态化制度化	《光明日报》	2019. 12. 31	韩　震
196	高校要上好新时代爱国主义教育大课	《光明日报》	2019. 12. 31	包丽颖
197	解读制度建设要抓住三个关键词	《经济日报》	2019. 12. 31	叶小文

（市社科联、市社科规划办理论研究部供稿）

2019 年度部分高校及科研单位承担国家或省部级人文社会科学研究项目

北京大学

序号	项目名称	承担部门	负责人	项目分类、类别	预期成果形式	计划完成时间
1	西方哲学经典和名著解读	外国哲学研究所	赵敦华	教育部基地重大项目	著作、论文	2020. 12
2	儒家经典整理与研究	中国古文献研究中心	刘玉才	教育部基地重大项目	著作、论文	2020. 12
3	东吴三惠研究	中国古文献研究中心	漆永祥	教育部基地重大项目	著作、论文	2020. 12
4	语言变异和接触机制研究	中国语言学研究中心	陈保亚	教育部基地重大项目	著作、论文	2020. 12
5	深入贯彻新发展理念研究	马克思主义学院	王在全	教育部中国特色社会主义理论体系研究专项	论文、咨询报告	2020. 9
6	人类命运共同体的哲学意蕴研究	哲学系	张　梧	教育部中国特色社会主义理论体系研究专项	论文	2020. 9
7	高校思想政治教育改革创新研究——以学生沟通机制为切入点	政府管理学院	李海燕	教育部中国特色社会主义理论体系研究专项	论文、调研报告	2020. 9

（北京大学社会科学部供稿）

中国人民大学

序号	项目名称	负责人	承担部门	项目分类、类别	计划完成时间
1	资本利得税咨询服务	朱　青	财政金融学院	财政部	2019. 11
2	“十四五”时期国民经济重大比例关系研究	刘凤良	经济学院	国家发展和改革委员会	2019. 11
3	基本公共服务标准化、均等化、法制化研究	许光建	公共管理学院	国家发展和改革委员会	2019. 5

续表

序号	项目名称	负责人	承担部门	项目分类、类别	计划完成时间
4	《关于加快完善市场主体退出制度的改革方案》政策评估	徐阳光	法学院	国家发展和改革委员会	2019. 3
5	数字经济情境下的平台生态系统治理问题研究	易靖韬	商学院	国家发展和改革委员会	2019. 11
6	行业区域收入分配差距及调整优化方向和重点研究	许光建	公共管理学院	国家发展和改革委员会	2019. 6
7	新时代背景下探索中俄地方合作新平台——以俄罗斯西北联邦为例	关照宇	财政金融学院	国家发展和改革委员会	2019. 10
8	中美经贸摩擦升级背景下的财税政策研究	马光荣	财政金融学院	国家发展和改革委员会	2019. 7
9	大运河文化保护传承利用评价标准体系研究	张占录	公共管理学院	国家发展和改革委员会	2019. 5
10	构建环境治理体系的指导意见编制支撑工作	昌敦虎	环境学院	国家发展和改革委员会	2019. 7
11	发展消费新业态新模式，促进线上线下消费融合发展的现状与路径研究	王　强	商学院	国家发展和改革委员会	2019. 11
12	“十四五”时期支持相对贫困落后地区加快发展的政策体系研究	孙久文	应用经济学院	国家发展和改革委员会	2019. 11
13	“十四五”时期国际格局重要变动及我国与世界的互动关系	郑新业	应用经济学院	国家发展和改革委员会	2019. 12
14	我国水价形成机制研究	龚亚珍	环境学院	国家发展和改革委员会	2019. 10
15	“十四五”时期国家发展主要目标指标研究	王晓军	统计学院	国家发展和改革委员会	2019. 9
16	破产税收政策问题研究	崔　军	公共管理学院	国家发展和改革委员会	2019. 9
17	海南自由贸易港法律制度构建	韩立余	法学院	国家发展和改革委员会	2019. 6
18	海南省行政体制改革研究	张成福	公共管理学院	国家发展和改革委员会	2019. 6
19	要素价格市场化改革研究	严金明	公共管理学院	国家发展和改革委员会	2019. 3
20	新形势下实物量指标和经济运行走势监测分析研究	郑新业	应用经济学院	国家发展和改革委员会	2019. 10
21	基于算法背景的广电融媒体内容生产研究	唐　铮	新闻学院	国家广播电视总局	2019. 10
22	机关运行保障管理立法深化研究	杨建顺	法学院	国家机关事务管理局	2019. 4
23	发展林业合作经济的相关财政金融扶持政策研究	孔祥智	农业与农村发展学院	国家林业局	2019. 5
24	社会排斥与中华民族共同体意识：归属感与人际敏感性的作用	张登浩	心理学系	国家民委	2019. 9
25	中华民族文化认同的心理机制研究	韦庆旺	心理学系	国家民委	2019. 7
26	不同民族青少年友谊与民族态度的关系研究	陈晓晨	心理学系	国家民委	2019. 1

续表

序号	项目名称	负责人	承担部门	项目分类、类别	计划完成时间
27	世界重大地缘政治冲突、热点问题对我国能源安全影响及战略对策研究	许勤华	国际关系学院	国家能源局	2019. 5
28	市场监管刑事法律责任比较研究及完善建议	时延安	法学院	国家市场监督管理总局	2019. 12
29	食品安全法实施中存在的问题以及修订专家建议稿研究	胡锦光	法学院	国家市场监督管理总局	2019. 12
30	食品药品严重违法失信企业名单和行政处罚到人的实施程序研究	胡锦光	法学院	国家市场监督管理总局	2019. 12
31	滥用行政权力排除限制竞争问题研究	孟雁北	法学院	国家市场监督管理总局	2019. 9
32	食品安全监管的国际趋势与经验借鉴	张成福	公共管理学院	国家市场监督管理总局	2019. 5
33	优化营商环境视野下反不正当竞争法相关问题研究	孟雁北	法学院	国家市场监督管理总局	2019. 12
34	各国市场监管基本规则比较研究	韩大元	法学院	国家市场监督管理总局	2019. 12
35	我国市场监管法律规制整合研究	王　旭	法学院	国家市场监督管理总局	2019. 12
36	产品监管中的政府与市场、安全监管与质量监管之间的关系	彭小龙	法学院	国家市场监督管理总局	2019. 12
37	（国家税务总局）建立全国统一“税务云+税务链”信息化架构体系研究	谭荣华	财政金融学院	国家税务总局	2019. 12
38	税收在国民收入分配格局中的作用	吕冰洋	财政金融学院	国家税务总局	2019. 10
39	复杂数据下半参数分位数回归的模型平均研究和应用	林存洁	统计学院	国家统计局	2019. 12
40	工业统计云建设的路径和方法研究	杨翰方	统计学院	国家统计局	2019. 12
41	国内外健康领域前沿动态研究	杜本峰	社会与人口学院	国家卫生健康委员会	2019. 12
42	完善生育津补贴政策支持家庭生育的路径研究	宋　健	社会与人口学院	国家卫生健康委员会	2019. 11
43	中国人口负增长前瞻性研究	翟振武	社会与人口学院	国家卫生健康委员会	2019. 10
44	中国人口中长期发展预测研究	翟振武	社会与人口学院	国家卫生健康委员会	2019. 10
45	以人为本的整合型医疗卫生服务体系研究子项目 国内典型地区（以城市为主）整合型医疗卫生服务体系建设经验研究	王虎峰	公共管理学院	国家卫生健康委员会	2019. 12
46	人口监测体系和方案设计研究	杨　凡	社会与人口学院	国家卫生健康委员会	2019. 9
47	人口监测指标体系研究	杨　凡	社会与人口学院	国家卫生健康委员会	2019. 9
48	“十四五”医改方案整体研究	王虎峰	公共管理学院	国家卫生健康委员会	2019. 12

续表

序号	项目名称	负责人	承担部门	项目分类、类别	计划完成时间
49	地方政府文物行政执法评估与分析研究	魏　坚	历史学院	国家文物局	2019.12
50	城乡居民医保基金中短期筹资与待遇需求预测研究	杜本峰	社会与人口学院	国家医疗保障局	2019.11
51	美国药价形成机制及特朗普政府降药价情况研究购买服务协议	吕兰婷	公共管理学院	国家医疗保障局	2019.10
52	居民医保个人缴费机制研究	杜本峰	社会与人口学院	国家医疗保障局	2019.9
53	医疗保险在构建优质高效医疗服务体系中的作用机制研究	王虎峰	公共管理学院	国家医疗保障局	2019.10
54	知识产权领域行政执法与刑事司法衔接机制分析报告	杨建顺	法学院	国家知识产权局	2019.12
55	商标权侵权判断标准的法理学分析	张广良	法学院	国家知识产权局	2019.7
56	2019年中国民生调查入户调查分析	阮荣平	农业与农村发展学院	国务院发展研究中心农村部	2019.5
57	脱贫攻坚考核评估总结研究	汪三贵	农业与农村发展学院	国务院扶贫开发领导小组办公室	2019.11
58	易地扶贫搬迁安置地后续帮扶情况摸底调研项目委托服务合同	仇焕广	农业与农村发展学院	国务院扶贫开发领导小组办公室	2019.5
59	脱贫攻坚重点工作数据分析	毛学峰	农业与农村发展学院	国务院扶贫开发领导小组办公室	2019.6
60	投标：2018年贫困县退出抽查项目	汪三贵	农业与农村发展学院	国务院扶贫开发领导小组办公室	2019.5
61	保障性扶贫研究	岳希明	财政金融学院	国务院扶贫开发领导小组办公室	2019.6
62	习近平关于新时代“一国两制”在澳门实践行稳致远的“顶层设计”与“底线思维”研究	齐鹏飞	马克思主义学院	国务院港澳事务办公室	2019.9
63	“竞争中性”有关问题研究	聂辉华	经济学院	国务院国资委	2019.5
64	巩固拓展脱贫成果研究	汪三贵	农业与农村发展学院	国务院研究室	2019.11
65	低收入标准制定和调整方法研究	韩克庆	劳动人事学院	民政部	2019.7
66	深度贫困地区农村留守老年人关爱政策	杨菊华	社会与人口学院	民政部	2019.6
67	中国农村贫困老年人照护体系研究	胡宏伟	公共管理学院	民政部	2019.12
68	高素质农民从业情况研究	钟　真	农业与农村发展学院	农业农村部	2019.10
69	发展壮大乡村产业研究	周　立	农业与农村发展学院	农业农村部	2019.9

续表

序号	项目名称	负责人	承担部门	项目分类、类别	计划完成时间
70	农产品市场与宏观经济运行关联分析	田晓晖	农业与农村发展学院	农业农村部	2019. 9
71	现代农业产业园调查与咨询服务 2019	田晓晖	农业与农村发展学院	农业农村部	2019. 6
72	基于社会化服务的中国特色农业现代化道路研究	钟　真	农业与农村发展学院	农业农村部	2019. 9
73	乡村振兴背景下渔村渔港振兴模式研究	王志刚	农业与农村发展学院	农业农村部	2019. 7
74	合法性审核和公平竞争审查	孟雁北	法学院	农业农村部	2019. 6
75	天然橡胶产业信息监测预警指标体系建设与调查分析 2019	钟　真	农业与农村发展学院	农业农村部	2019. 6
76	小农户与现代农业衔接机制研究	田晓晖	农业与农村发展学院	农业农村部	2019. 6
77	基于合作的紧密型农业产业化利益联结机制研判	钟　真	农业与农村发展学院	农业农村部	2019. 6
78	农村承包地确权登记颁证工作评估	金洪云	农业与农村发展学院	农业农村部	2019. 1
79	农业投入品质量检验及调查（农产品质量安全守信激励与失信惩戒机制）	胡锦光	法学院	农业农村部	2019. 9
80	编制《中国农村社会事业发展报告 2019》	杨开峰	公共管理学院	农业农村部	2019. 6
81	立法调研专家论证	高圣平	法学院	农业农村部	2019. 12
82	城镇化进程中农村土地集体所有权实现形式及发展趋势研究	金洪云	农业与农村发展学院	农业农村部	2019. 11
83	国内外集体经济和集体农庄统计分析	陈传波	农业与农村发展学院	农业农村部	2019. 10
84	法治民企工程研究	刘俊海	法学院	全国工商联	2019. 9
85	国际视野下中国人口老龄化发展态势、影响和应对战略研究	孙鹃娟	社会与人口学院	全国老龄办	2019. 6
86	协调劳动关系三方机制改革研究	黄　伟	劳动人事学院	人力资源和社会保障部	2019. 8
87	应对扩大禁止性补贴	聂辉华	经济学院	商务部	2019. 11
88	新中国成立 70 周年内贸流通领域发展成就及经验启示	王　强	出版社	商务部	2019. 6
89	公众可持续消费的意愿驱动力对企业实施绿色供应链管理效益的影响潜力研究	靳　敏	环境学院	生态环保部	2019. 7
90	美国大选对气候变化国际谈判未来走势的潜在影响研究	王　克	环境学院	生态环境部	2019. 12

续表

序号	项目名称	负责人	承担部门	项目分类、类别	计划完成时间
91	《环境保护法》配套办法实施情况评估专题研究（2019）	竺　效	法学院	生态环境部	2019. 8
92	环保社会组织工作指南	王　华	环境学院	生态环境部	2019. 4
93	岛内陆配权益保障及其对两岸关系的影响研究	王英津	国际关系学院	台盟中央	2019. 3
94	未来5~10年中国国家软实力建设与公共外交战略规划	钟　新	新闻学院	外交部新闻司	2019. 10
95	记者外交评估体系研究：基于对中非新闻交流中心记者交流项目的跟踪评估	钟　新	新闻学院	外交部新闻司	2019. 10
96	环境统计重点调查单位筛选研究	昌敦虎	环境学院	中国环境监测总站	2019. 5
97	衔接二污普的环境统计农村污水处理厂调查方法研究	齐　鲁	环境学院	中国环境监测总站	2019. 6
98	AIdustry工业互联网平台试验测试项目	杨翰方	统计学院	工业和信息化部	2019. 9
99	西方国家国际记者培训知名项目运行模式及对我国的启示	钟　新	新闻学院	外交部	2019. 11
100	文化市场新业态研究	宋洋洋		文化和旅游部	2019. 8
101	《反垄断法》规制图书市场价格竞争问题研究	孟雁北	法学院	中央宣传部	2019. 12
102	税务系统人员编制配备标准研究	杨伟国	劳动人事学院	中央编办二局	2019. 4
103	中美经贸摩擦对高校学生思想政治教育的影响与对策研究	刘成运	党委宣传部	中央教育工作领导小组秘书组秘书局	2019. 12
104	多元思潮对高校学生思想政治工作的影响和对策	伍　聪	体育部	中央教育工作领导小组秘书组秘书局	2019. 12
105	超导材料探索、晶体生长和物性研究	雷和畅	物理学系	中央军委科学技术委员会	2019. 5
106	推进农村宅基地制度改革研究	吕　萍	公共管理学院	中央农办 农业农村部 乡村振兴专家咨询委员会	2019. 10
107	“十四五”深化农业供给侧结构性改革问题研究	刘守英	经济学院	中央农办 农业农村部 乡村振兴专家咨询委员会	2019. 10
108	缩小城乡养老服务差距问题研究	孙鹃娟	社会与人口学院	中央农办 农业农村部 乡村振兴专家咨询委员会	2019. 10
109	数字普惠金融助力县域产业发展研究	赵锡军	财政金融学院	中央农办 农业农村部 乡村振兴专家咨询委员会	2019. 11
110	金融信息深度预警研究工作支撑项目	王　文	重阳金融研究院	中央网信办	2019. 4

续表

序号	项目名称	负责人	承担部门	项目分类、类别	计划完成时间
111	以 5G、区块链为代表的新技术条件下的舆情分析与引导	宋建武	新闻学院	中央宣传部	2019. 12
112	党政合署机构改革下行政诉讼问题研究	薛　峰	法学院	中央宣传部	2019. 5
113	农村危房改造经验调查及低收入群体住房保障机制研究	陶　然	经济学院	住房和城乡建设部	2019. 9
114	自然资源全球治理机制研究	朱　颖	法学院	自然资源部	2019. 12
115	生态保护修复金融工具研究（2019 年度）	王　文	重阳金融研究院	自然资源部	2019. 5
116	《联合国海洋法公约》项下兼容性研究	余民才	法学院	自然资源部	2019. 10
117	知识产权惩罚性赔偿制度研究	郭　禾	法学院	最高人民法院	2019. 5
118	强制执行法草案修订暨强制执行立法问题研究（总则）	肖建国	法学院	最高人民法院	2019. 1

（中国人民大学科研处供稿）

清华大学

序号	项目名称	负责人	承担部门	项目分类、类别
1	党的创新理论引领贯穿管理科学与工程知识体系研究	陈国青	经管学院	教育部人文社科重大委托专项项目（知识体系）
2	党的创新理论引领贯穿设计学知识体系研究	鲁晓波	美术学院	教育部人文社科重大委托专项项目（知识体系）
3	高校落实国家监察体制改革、推进纪法衔接的探索与创新研究	周　磊	公管学院	教育部专项项目
4	高校科研育人的内涵与机制研究	邴　浩	学生部	教育部专项项目
5	我国大学生“隐性辍学”研究：基于学生投入理论	罗　燕	教研院	北京市教育科学规划课题
6	多元人才观及学生发展指导研究	李曼丽	教研院	北京市教育科学规划课题
7	工程教育国际竞争力监测指标构建研究	乔伟峰	教研院	北京市教育科学规划课题
8	学业评价方式对研究型大学拔尖创新人才培养质量的影响研究	郭　菲	教研院	北京市教育科学规划课题
9	国际法视域下海洋环境治理模式的转型及中国对策研究	冯　帅	法学院	中国法学会部级课题
10	推动社区健身提质升级、增强社区居民获得感和幸福感研究	沈群红	公管学院	国家体育总局决策咨询研究项目
11	体育消费发展现状、趋势及拉动政策研究	江小涓	公管学院	国家体育总局决策咨询研究项目

（清华大学文科建设处供稿）

北京师范大学

序号	项目名称	负责人	承担部门	项目分类、类别	预期成果形式	计划完成时间
1	党的创新理论引领贯穿中国哲学社会科学知识体系	顾明远	教育学部	教育部“党的创新理论引领贯穿中国哲学社会科学知识体系”重大专项课题	研究总报告	2020. 12. 31
2	党的创新理论引领贯穿中国哲学社会科学知识体系	林崇德	心理学部	教育部“党的创新理论引领贯穿中国哲学社会科学知识体系”重大专项课题	研究总报告	2020. 12. 31
3	党的创新理论引领贯穿中国哲学社会科学知识体系	郑师渠	历史学院	教育部“党的创新理论引领贯穿中国哲学社会科学知识体系”重大专项课题	研究总报告	2020. 12. 31
4	价值观基础理论研究	吴向东	哲学学院	教育部重点研究基地重大项目	论著、译著和论文等	2020. 12. 31
5	跨文化视野下的海外汉字学研究	齐元涛	文学院	教育部重点研究基地重大项目	论文、著作、数据库	2020. 12. 31
6	跨文化视野下的民俗文化研究	董晓萍	文学院	教育部重点研究基地重大项目	文献集、数据库、著作	2020. 12. 31
7	西方古代学术名著译注	杨共乐	历史学院	教育部重点研究基地重大项目	译著	2020. 12. 31
8	中国马克思主义史学的发展历程及重大问题研究	张　越	历史学院	教育部重点研究基地重大项目	论文、专著、文献汇编	2020. 12. 31
9	中国近代史学与中华民族精神研究	周文玖	历史学院	教育部重点研究基地重大项目	论文、专著	2020. 12. 31
10	中国教师教育质量的评价体系研究	李　琼	教育学部	教育部重点研究基地重大项目	论文、专著、研究报告、数据库	2020. 12. 31
11	中国教师教育质量的基本理论研究	朱旭东	教育学部	教育部重点研究基地重大项目	论文、专著、研究报告	2020. 12. 31
12	经济全球化的新特点新趋势研究	熊晓琳	马克思主义学院	教育部人文社会科学研究专项任务一般项目	研究报告	2019. 7. 1
13	通过“一带一路”建设推动构建反腐败国际合作新秩序	商浩文	刑事法律科学研究院	教育部国际司国别和区域研究项目	研究报告	2020. 9. 1
14	中国与欧洲基础教育国际交流与合作的路径、障碍与对策	滕　珺	教育学部	教育部国际司国别和区域研究项目	论文、研究报告	2020. 9. 30
15	国际一流的首都教育指标体系研究	蔡宏波	经济与工商管理学院	北京市教育科学“十三五”规划年度项目优先关注课题	研究报告、论文	2021. 6. 1

续表

序号	项目名称	负责人	承担部门	项目分类、类别	预期成果形式	计划完成时间
16	高中课程改革背景下学生综合素质评价研究	檀慧玲	中国基础教育质量监测协同创新中心	北京市教育科学“十三五”规划年度项目优先关注课题	研究报告、论文	2022. 6. 1
17	北京市中小学家、校、社共育课程开发与实施研究	边玉芳	中国基础教育质量监测协同创新中心	北京市教育科学“十三五”规划年度项目优先关注课题	研究报告、著作、论文	2022. 7. 1
18	北京市中小学生社会情感能力发展研究	丁道勇	教育学部	北京市教育科学“十三五”规划年度项目优先关注课题	研究报告、论文	2023. 6. 1
19	新时期教师心理健康的现状、特点与对策研究	刘翔平	心理学部	北京市教育科学“十三五”规划年度项目优先关注课题	研究报告、论文	2023. 4. 1
20	数字媒体学习与传统学习效果的比较研究	吴　娟	教育学部	北京市教育科学“十三五”规划年度项目优先关注课题	研究报告、论文	2022. 12. 1
21	“双一流”背景下首都高校国际化发展战略及评价指标体系研究	李　健	教育学部	北京市教育科学“十三五”规划年度项目重点课题	研究报告、论文	2020. 12. 1
22	集团化背景下北京市中小学教师资源共建共享机制研究	桑国元	教育学部	北京市教育科学“十三五”规划年度项目重点课题	研究报告、论文	2020. 9. 1
23	促进数学理解层级发展的学习进阶研究	张春莉	教育学部	北京市教育科学“十三五”规划年度项目重点课题	研究报告、论文	2022. 4. 1
24	积极发展视角下的同伴侵害关键影响因素及预防干预研究	林丹华	心理学部	北京市教育科学“十三五”规划年度项目重点课题	研究报告、论文	2022. 12. 1
25	北京市随迁子女教育政策评价研究	单成蔚	教育学部	北京市教育科学“十三五”规划年度项目青年专项课题	研究报告、论文	2020. 12. 1
26	在线教育中的邻近效应：“课程空间”建模与MOOCs复杂性排序	张婧婧	教育学部	北京市教育科学“十三五”规划年度项目一般课题	研究报告、论文	2022. 8. 1
27	健康中国视域下体医深度融合与发展路径研究	甄志平	体育与运动学院	国家体育总局决策咨询研究一般项目	研究报告	2019. 10. 31
28	足球运动员运动决策能力的脑机制研究	王兆红	体育与运动学院	国家体育总局决策咨询研究一般项目	研究报告	2019. 10. 31
29	现代信息科技的运用给刑法带来的挑战及其应对	刘志伟	刑事法律科学研究院	国家法治与法学理论研究一般项目	论文	2021. 12. 31

续表

序号	项目名称	负责人	承担部门	项目分类、类别	预期成果形式	计划完成时间
30	司法解释中的“不按照犯罪处理”研究	刘　科	刑事法律科学研究院	国家法治与法学理论研究一般项目	论文	2021. 12. 31
31	醉驾行为入刑后引发的问题研究	王志祥	刑事法律科学研究院	国家法治与法学理论研究一般项目	论文	2021. 12. 31
32	中国法域外适用的法律体系建设研究	廖诗评	法学院	国家法治与法学理论研究一般项目	研究报告	2021. 12. 31
33	我国反腐败国际追逃追赃国际合作长效机制研究	彭新林	刑事法律科学研究院	国家法治与法学理论研究中青年项目	论文	2021. 12. 31
34	外国投资移民政策对我国反腐败追逃追赃的影响	杨　超	法学院	国家法治与法学理论研究中青年项目	专著	2021. 12. 31
35	走马楼吴简库类簿书辑校	凌文超	历史学院	古籍整理一般项目	著作	2024. 1. 1
36	《通志》二略通解	毛瑞方	历史学院	古籍整理一般项目	专书	2023. 12. 1
37	钱大昕《元史艺文志》刊误补遗	王　媛	文学院	古籍整理一般项目	专著	2023. 10. 1

（北京师范大学社科处刘娜供稿）

中央民族大学

序号	项目名称	负责人	承担部门	项目分类、类别	预期成果形式	计划完成时间
1	民族语言调查·西藏泽当藏语卫藏方言前藏土语泽当话	刘　洋	预科教育学院	教育部语保项目	研究报告	2020. 7
2	民族语言调查·四川丹巴藏语二十四村话	刘　洁	研究生科研管理	教育部语保项目	研究报告	2020. 7
3	民族语言调查·西藏札达藏语阿里土语札达话	格日杰布	中国少数民族语言文学学院	教育部语保项目	研究报告	2020. 7
4	民族语言调查·西藏吉隆藏语卫藏方言吉隆话	宗晓哲	中国少数民族语言文学学院	教育部语保项目	研究报告	2020. 7
5	民族语言调查·四川峨边彝语北部方言衣诺话	曲木铁西	学校办公室	教育部语保项目	研究报告	2020. 7
6	民族语言调查·四川米易彝语北部方言亚拉话	叶康杰	中国少数民族语言研究院	教育部语保项目	研究报告	2020. 7
7	民族语言调查·云南建水彝语南部方言建水话	胡素华	中国少数民族语言研究院	教育部语保项目	研究报告	2020. 7

续表

序号	项目名称	负责人	承担部门	项目分类、类别	预期成果形式	计划完成时间
8	民族语言调查·云南勐海哈尼语哈雅方言僾尼话	李泽然	中国少数民族语言研究院	教育部语保项目	研究报告	2020.7
9	民族语言调查·四川盐边纳西语东部方言摩梭话	刘正发	中国少数民族语言研究院	教育部语保项目	研究报告	2020.7
10	民族语言调查·云南耿马景颇语贺派话	蒋　颖	中国少数民族语言文学学院	教育部语保项目	研究报告	2020.7
11	民族语言调查·广东连山壮语北部方言连山土语	李锦芳	中国少数民族语言文学学院	教育部语保项目	研究报告	2020.7
12	民族语言调查·云南金平壮语北部方言金平话	韦景云	中国少数民族语言文学学院	教育部语保项目	研究报告	2020.7
13	民族语言调查·贵州威宁布依语第三土语威宁话	朱德康	中国少数民族语言研究院	教育部语保项目	研究报告	2020.7
14	民族语言调查·广西巴马瑶族布努语东挪方言	石德富	中国少数民族语言文学学院	教育部语保项目	研究报告	2020.7
15	民族语言调查·贵州毕节苗语西部方言大南山话	周国炎	中国少数民族语言研究院	教育部语保项目	研究报告	2020.7
16	民族语言调查·甘肃肃北蒙古语卫拉特方言肃北土语	韩国君	中国少数民族语言研究院	教育部语保项目	研究报告	2020.7
17	民族语言调查·云南芒市德昂语弯手寨话	刘　岩	中国少数民族语言研究院	教育部语保项目	研究报告	2020.7
18	民族语言调查统筹与运作	宋　敏	理学院	教育部语保项目	其他	2020.7
19	民族语言调查项目技术支撑	朱德康	中国少数民族语言研究院	教育部语保项目	其他	2020.7
20	民族语言调查项目管理	丁石庆	中国少数民族语言文学学院	教育部语保项目	其他	2020.7
21	民族院校大学生参与民族优秀传统文化传承、传播、交融路径研究	宫骅芮	管理学院	国家民委委托项目	研究报告	2020.12
22	民族团结进步创建工作对民族地区脱贫攻坚作用研究	赵秀琴	出版社	国家民委委托自筹项目	研究报告	2020.12

续表

序号	项目名称	负责人	承担部门	项目分类、类别	预期成果形式	计划完成时间
23	当前流动人口的族际通婚状况分析	沈　思	理学院	国家民委后期资助项目	研究报告	2020. 12
24	新疆边境地区人口发展态势分析	蔡果兰	理学院	国家民委后期资助项目	研究报告	2020. 12
25	从云南地域经验看中华民族共同体意识的形成和发展	杨喻清	中国少数民族语言文学学院	国家民委后期资助项目	研究报告	2020. 12
26	中缅跨境流动人口的日常生活实践与边疆安全研究	杨青青	民族学与社会学学院	国家民委基地项目	论文	2020. 12
27	群体安全感与增进和谐民族关系研究	林含章	民族学与社会学学院	国家民委基地项目	论文	2020. 12
28	欧洲白人极端主义运动研究	王　伟	民族学与社会学学院	国家民委基地项目	论文	2020. 12
29	新媒体对铸牢中华民族共同体意识的挑战及应对研究	王冬丽	民族学与社会学学院	国家民委一般项目	研究报告	2020. 12
30	新中国70年民族经济政策演变的历史逻辑与体系化调整	黄健英	经济学院	国家民委一般项目	研究报告	2020. 12
31	“区域协调发展战略”视阈下民族职业教育社会服务能力提升策略研究	苏　德	教育学院	国家民委一般项目	论文	2021. 12
32	构筑中华民族共同体的历史经验研究	袁　剑	民族学与社会学学院	国家民委青年项目	研究报告	2020. 12
33	涉民族因素网络舆情应对策略研究	毛湛文	新闻与传播学院	国家民委青年项目	研究报告	2020. 12
34	中华民族共同体意识培育与民族地区博物馆定位研究	雷虹霁	历史文化学院	国家民委自筹项目	研究报告	2020. 12
35	新时代“因地制宜”“与时俱进”地实施《民族区域自治法》研究	郑　毅	法学院	国家民委委托项目	研究报告	2020. 12
36	近年来西方民族主义与民粹主义交织案例研究	严　庆	民族学与社会学学院	国家民委委托项目	研究报告	2020. 12
37	中华民族共同体意识的历史渊源	苍　铭	历史文化学院	国家民委自筹项目	研究报告	2020. 12
38	高度重视我国局部地区少数民族人口安全问题	徐世英	理学院	国家民委自筹项目	研究报告	2020. 12

续表

序号	项目名称	负责人	承担部门	项目分类、类别	预期成果形式	计划完成时间
39	新时代民族院校铸牢中华民族共同体意识研究	刘　达 吴月刚	民族学与社会学学院	国家民委委托项目	研究报告	2020.12
40	战马	苏娅菲	舞蹈学院	北京市文化艺术基金项目	艺术成果	2020.11
41	情深谊长	沙呷阿依	舞蹈学院	北京市文化艺术基金项目	艺术成果	2020.10
42	“三区三州”教研员和骨干教师专业成长案例指导和研究	贾旭杰	理学院	教育部民族教育发展中心委托项目	论文	2021.6
43	2019年民族教育舆情研究	许丽英	教育学院	教育部民族教育发展中心委托项目	研究报告	2020.5
44	来华国际流动教师的生活经验研究	杨小兰	教育学院	四川省教育厅基地项目	论文	2020.6
45	生态环境污染刑事治理预防性机制研究	李　梁	法学院	司法部法治与法理学项目	论文	2021.6
46	国际刑事司法合作视野下的缺席审判程序研究	王一超	法学院	司法部法治与法理学项目	著作	2021.12

（中央民族大学科研处供稿）

中国政法大学

序号	项目名称	负责人	承担部门	项目分类、类别	预期成果形式	计划完成时间
1	内地与港澳区际司法协助的现状与问题研究	寇　丽	国际法学院	教育部人文社会研究一般项目	研究报告	2021.3
2	香港居民基本权利的司法保障研究	姚国建	法学院	教育部人文社会研究一般项目	论文、研究报告	2021.3
3	DRG付费对三甲医院医疗服务行为的影响机制及效果研究	廖藏宜	政治与公共管理学院	教育部人文社科研究一般项目	论文	2020.3
4	“思想道德修养与法律基础”课教学资源建设研究	虞花荣	马克思主义学院	教育部人文社科研究一般项目	课程建设	2021.6
5	新时期加强和提升高校离退休干部党支部组织力研究	高浣月	法律史学研究院	北京市教育委员会一般批准立项项目	论文、研究报告	2020.1
6	北京市教育行政执法研究项目	李红勃	法治政府研究院	北京市教育委员会一般批准立项项目	研究报告	2020.8
7	“村民规约”视角下首都农村治理法治化现状调研	赵珊珊	刑事司法学院	北京市教育委员会一般批准立项项目	研究报告	2019.12

续表

序号	项目名称	负责人	承担部门	项目分类、类别	预期成果形式	计划完成时间
8	《中华人民共和国水污染防治法》和《北京市水污染防治条例》实施情况评价	王灿发	民商经济法学院	北京市人大常委会调查研究课题	研究报告	2019.6
9	北京市城市公共治理的法律信息问题研究	张　力	法学院	北京市人大常委会调查研究课题	研究报告	2019.12
10	北京市民意与治理研究	张　森	光明新闻传播学院	北京市人大常委会调查研究课题	研究报告	2019.12
11	国民经济和社会发展计划审查监督的法治保障	赵　鹏	法治政府研究院	北京市人大常委会调查研究课题	研究报告	2019.11
12	完善市场准入负面清单信息公开机制研究	任启明	民商经济法学院	国家发展和改革委员会委托项目	研究报告	2019.12
13	僵尸企业出清的国际经验	陈景善	中国政法大学学报编辑部	国家发展和改革委员会委托项目	研究报告	2019.12
14	社会调查 2019	赵丙祥	社会学院	国家发展和改革委员会委托项目	研究报告	2020.5
15	政府采购行政裁决机制研究	成协中	法学院	财政部委托项目	研究报告	2019.11
16	互联网竞争秩序立法研究	时建中	民商经济法学院	工业和信息化部委托项目	研究报告	2019.7
17	《无线电频谱资源法》立法研究一期项目	于文轩	民商经济法学院	工业和信息化部委托项目	研究报告	2019.1
18	企业社会责任建设工作专项	王传丽	离退休管理处	工业和信息化部委托项目	研究报告	2023.11
19	交通运输部放管服改革评估	王敬波	法治政府研究院	交通运输部委托项目	研究报告	2019.12
20	政务公开和政府信息公开咨询与研究	王敬波	法治政府研究院	科技部委托项目	研究报告	2019.11
21	《中华人民共和国居民委员会组织法》修法研究	焦洪昌	法学院	民政部委托项目	研究报告	2020.8
22	河南省等7省（区、市）农业综合行政执法示范县、示范单位监测评价	王敬波	法治政府研究院	农业农村部委托项目	研究报告	2020.12
23	梳理渔业资源增殖与保护制度体系；《渔业法》相关条款中违法情节的认定	王灿发	民商经济法学院	农业农村部委托项目	研究报告	2019.12
24	制定农业综合行政执法示范创建考核办法	王敬波	法治政府研究院	农业农村部委托项目	研究报告	2019.12

续表

序号	项目名称	负责人	承担部门	项目分类、类别	预期成果形式	计划完成时间
25	制定农业综合行政执法示范创建监测评价办法	王敬波	法治政府研究院	农业农村部委托项目	研究报告	2019. 12
26	涉农国际贸易与投资争端解决案例研究	黄　进	国际法学院	农业农村部委托项目	研究报告	2019. 12
27	农垦国有土地管理制度研究	于文轩	民商经济法学院	农业农村部委托项目	研究报告	2019. 12
28	广东等 10 省（区、市）农业综合行政执法示范县、示范单位创建评审	侯佳儒	绿色战略发展研究院	农业农村部委托项目	研究报告	2020. 1
29	调研信息化手段在渔政执法中的应用和法律地位	侯佳儒	绿色战略发展研究院	农业农村部委托项目	研究报告	2019. 12
30	梳理水产品合法性标签制度的国际实践及对我国渔业管理的借鉴途径	林鸿潮	法治政府研究院	农业农村部委托项目	研究报告	2019. 12
31	农村土地承包经营权纠纷调解仲裁典型案例编写	李　蕊	民商经济法学院	农业农村部委托项目	研究报告	2019. 12
32	农村集体经济组织立法研究	刘金华	民商经济法学院	农业农村部委托项目	研究报告	2020. 6
33	贸易救济规则谈判技术支持	史晓丽	国际法学院	商务部委托项目	研究报告	2023. 11
34	阻断性立法研究	史晓丽	国际法学院	商务部委托项目	研究报告	2023. 11
35	出口管制法配套法规研究	史晓丽	国际法学院	商务部委托项目	研究报告	2019. 12
36	商务部直销法规制度修订研究项目	孙选中	商学院	商务部委托项目	研究报告	2019. 11
37	生物遗传资源保护政策研究	于文轩	民商经济法学院	生态环境部委托项目	研究报告	2020. 6
38	《京都议定书》相关遵约问题研究	兰　花	国际法学院	生态环境部委托项目	研究报告	2020. 6
39	外来入侵物种监管关键制度研究	于文轩	民商经济法学院	生态环境部委托项目	研究报告	2019. 12
40	巴黎协议相关遵约问题研究	兰　花	国际法学院	生态环境部委托项目	研究报告	2019. 12
41	反垄断法上共同市场支配地位的认定与规制	焦海涛	民商经济法学院	司法部国家法治与法学理论研究项目	论文	2023. 12
42	身份关系协议对民法典合同编的参照适用研究	王　雷	民商经济法学院	司法部国家法治与法学理论研究项目	论文	2021. 12

续表

序号	项目名称	负责人	承担部门	项目分类、类别	预期成果形式	计划完成时间
43	民事纠纷解决新形势下的无庭审判研究	欧元捷	民商经济法学院	司法部国家法治与法学理论研究项目	专著	2021.12
44	推进我国人类胚胎基因编辑立法研究	张　南	比较法学研究院	司法部国家法治与法学理论研究项目	研究报告	2021.12
45	大数据视阈下犯罪记录利用与管理制度研究	于　冲	刑事司法学院	司法部国家法治与法学理论研究项目	论文	2023.12
46	北斗卫星导航系统法律体系研究	孔得建	国际法学院	司法部国家法治与法学理论研究项目	著作	2021.12
47	生态环境损害赔偿诉讼与环境公益诉讼关系研究	曹明德	民商经济法学院	司法部国家法治与法学理论研究项目	论文	2021.12
48	航空安全国际法问题研究	宣增益	国际法学院	司法部国家法治与法学理论研究项目	论文	2021.12
49	共享经济对劳动法和社会保险法的挑战与应对	赵红梅	民商经济法学院	司法部国家法治与法学理论研究项目	论文	2021.12
50	共享经济法律规制理论基础研究	薛克鹏	民商经济法学院	司法部国家法治与法学理论研究项目	论文	2021.12
51	无权代理制度建构与司法适用研究	迟　颖	比较法学研究院	司法部国家法治与法学理论研究项目	论文	2020.12
52	“一带一路”倡议下涉外公共法律服务体系建设研究	吴宏耀	国家法律援助研究院	司法部国家法治与法学理论研究项目	研究报告	2021.12
53	商事外观主义原则研究	陈景善	民商经济法学院	司法部国家法治与法学理论研究项目	编著	2021.12
54	中国古代的司法监察机制研究	王宏治	法律史学研究院	司法部国家法治与法学理论研究项目	专著	2021.12
55	生态文明建设法治保障研究	于文轩	民商经济法学院	司法部国家法治与法学理论研究项目	专著	2021.12
56	2019年法治政府建设示范创建活动第三方评估项目	应松年	法治政府研究院	司法部委托项目	研究报告	2020.1
57	司法鉴定实践中文件形成时间技术方法的规范性研究	李　冰	证据科学研究院	司法部委托项目	论文、研究报告	2019.12
58	司法鉴定教育培训问题研究	王　旭	证据科学研究院	司法部委托项目	研究报告	2019.12
59	电子公证书及公证在线服务标准研究	戴士剑	刑事司法学院	司法部委托项目	研究报告	2021.1
60	《英雄烈士保护法》释义导读	解志勇	比较法学研究院	退役军人事务部委托项目	研究报告	2019.11
61	人权条约研究	张　伟	人权研究院	外交部委托项目	研究报告	2019.1

续表

序号	项目名称	负责人	承担部门	项目分类、类别	预期成果形式	计划完成时间
62	如何进一步加强国际环境法原则的作用	李居迁	国际法学院	外交部委托项目	研究报告	2020. 4
63	“一带一路”建设法治保障国别调研	张丽英	国际法学院	外交部委托项目	研究报告	2020. 1
64	文化和旅游领域“放管服”改革政策文件汇编	王敬波	法治政府研究院	文化和旅游部委托项目	研究报告	2019. 12
65	国际旅游规则研究	范晓波	国际法学院	文化和旅游部委托项目	研究报告	2019. 12
66	《生产安全事故报告和调查处理条例》修订若干重大问题专题研究（总则与法律责任部分）	林鸿潮	法治政府研究院	应急管理部委托项目	研究报告	2020. 3
67	关于生产安全事故报告及其批复法律救济途径研究	赵　鹏	法治政府研究院	应急管理部委托项目	研究报告	2019. 12
68	应急管理领域深化“放管服”改革政策措施及评估	林鸿潮	法治政府研究院	应急管理部委托项目	研究报告	2019. 12
69	“两个百年”目标与应急管理体系和能力现代化评价指标体系研究	詹承豫	政治与公共管理学院	应急管理部委托项目	研究报告	2019. 12
70	世界政党政治的转型与调整	林德山	政治与公共管理学院	中共中央对外联络部委托项目	研究报告	2019. 12
71	文化立法五年规划（2018—2022）研究项目	王青斌	法治政府研究院	中共中央宣传部委托项目	研究报告	2020. 4
72	著作权归属问题研究	张　今	民商经济法学院	中共中央宣传部委托项目	研究报告	2019. 11
73	立法专题研究	黎　敏	法学院	中共中央宣传部委托项目	研究报告	2020. 7
74	人权研究翻译	张　伟	人权研究院	中共中央宣传部委托项目	研究报告	2019. 12
75	关于在广播电视和网络视听领域实行一个标准、一体管理的意见	姚泽金	光明新闻传播学院	国家广播电视总局委托项目	研究报告	2020. 7
76	广播电视和网络视听领域严重违法失信联合惩戒备忘录	阴卫芝	光明新闻传播学院	国家广播电视总局委托项目	研究报告	2020. 8
77	广播电视管理条例（专家建议稿）修订	姚泽金	光明新闻传播学院	国家广播电视总局委托项目	研究报告	2019. 8
78	新时代背景下中国广播电视产业国际化发展策略研究	梁　涵	商学院	国家广播电视总局委托项目	研究报告	2019. 9
79	退役军人安置的法律保障	李卫海	法学院	国家民族事务委员会委托项目	研究报告	2020. 12

续表

序号	项目名称	负责人	承担部门	项目分类、类别	预期成果形式	计划完成时间
80	我国惩罚性赔偿制度的优化与完善研究	朱晓娟	民商经济法学院	国家市场监督管理总局委托项目	研究报告	2020. 2
81	行政法学视角下的惩罚性赔偿制度研究	赵　鹏	法治政府研究院	国家市场监督管理总局委托项目	研究报告	2020. 3
82	法治市场监管建设研究	郝　倩	法治政府研究院	国家市场监督管理总局委托项目	研究报告（咨询报告）	2020. 7
83	食品安全司法鉴定制度研究	王敬波	法治政府研究院	国家市场监督管理总局委托项目	研究报告	2020. 6
84	新形势下市场监管的理论基础、内在逻辑和整体思路	席　涛	法与经济学研究院	国家市场监督管理总局委托项目	研究报告	2020. 5
85	国际经贸走势对市场监管的挑战与应对	戴　龙	国际法学院	国家市场监督管理总局委托项目	研究报告	2022. 1
86	知识产权保护与创新经济发展	来小鹏	民商经济法学院	国家市场监督管理总局委托项目	研究报告	2020. 5
87	大市场的食品安全监管制度创新研究	王敬波	法治政府研究院	国家市场监督管理总局委托项目	研究报告	2019. 7
88	政府信息公开行为的性质和救济权利的规范行使研究	王敬波	法治政府研究院	国家市场监督管理总局委托项目	研究报告	2019. 6
89	新《反不正当竞争法》规定的商业秘密保护中涉及的重难点问题	祁　欢	国际法学院	国家市场监督管理总局委托项目	研究报告	2023. 11
90	《产品质量法》实施情况评估和立法起草工作	王成栋	法学院	国家市场监督管理总局委托项目	研究报告	2020. 5
91	市场监管领域投诉举报行为的法律性质及其应对研究	解志勇	比较法学研究院	国家市场监督管理总局委托项目	研究报告	2020. 6
92	公平竞争审查制度责任追究相关问题研究	时建中	民商经济法学院	国家市场监督管理总局委托项目	研究报告	2019. 5
93	食品抽检证据、规律等相关问题研究	王青斌	法治政府研究院	国家市场监督管理总局委托项目	研究报告	2019. 11
94	《反垄断法》修订研究（滥用市场支配地位）	时建中	民商经济法学院	国家市场监督管理总局委托项目	研究报告	2019. 12
95	电商领域知识产权执法实施办法研究制订	来小鹏	民商经济法学院	国家市场监督管理总局委托项目	研究报告	2020. 5
96	中央统计与地方统计、综合统计与部门统计关系研究	侯佳儒	绿色战略发展研究院	国家统计局委托项目	研究报告	2020. 3
97	婴幼儿托育服务法律体系建设研究	张　力	法学院	国家卫生健康委员会委托项目	研究报告	2019. 12

续表

序号	项目名称	负责人	承担部门	项目分类、类别	预期成果形式	计划完成时间
98	全国卫生健康民事类案件分析与对策研究(2018)	王　蔚	法学院	国家卫生健康委员会委托项目	研究报告	2019. 11
99	全国卫生健康行政案件分析与对策研究	解志勇	比较法学研究院	国家卫生健康委员会委托项目	研究报告	2019. 12
100	地方政府文物行政执法评估与分析研究	成协中	法学院	国家文物局委托项目	研究报告	2020. 6
101	《回归之路——建国以来流失文物追索返还成果展（暂定名）》展览大纲起草工作	霍政欣	国际法学院	国家文物局委托项目	研究报告	2020. 8
102	新时代中国流失海外文物追索工作理论与策略研究	霍政欣	国际法学院	国家文物局委托项目	研究报告	2020. 8
103	国家药品监督管理局行政诉讼案件分析和点评	王青斌	法治政府研究院	国家药品监督管理局委托项目	研究报告	2020. 4
104	国家药品监督管理局药品领域行政备案研究	王青斌	法治政府研究院	国家药品监督管理局委托项目	研究报告	2020. 4
105	国家药品监督管理局贯彻落实三项制度情况评估项目	王青斌	法治政府研究院	国家药品监督管理局委托项目	研究报告	2019. 1
106	国家医疗保障局立法权和执法权研究及政策建议	王青斌	法治政府研究院	国家医疗保障局委托项目	研究报告	2019. 6
107	国家医疗保障协议管理制度优化研究	张　卿	法与经济学研究院	国家医疗保障局委托项目	研究报告	2019. 1
108	国家医疗保障基金监管立法研究	张　卿	法与经济学研究院	国家医疗保障局委托项目	研究报告	2019. 6
109	知识产权基本法中知识产权与创新、竞争等制度关系基本问题立法调研论证	冯晓青	民商经济法学院	国家知识产权局委托项目	研究报告	2019. 12
110	海关政务公开咨询研究课题	林　华	法治政府研究院	海关总署委托项目	研究报告	2019. 12
111	青少年法治素养评价体系研究	马抗美	离退休管理处	共青团中央委托项目	论文、研究报告	2020. 8
112	宪法“国家安全”条款的规范研究	陈　征	法学院	中国法学会委托项目	论文等	2020. 11
113	我国宪法的时代特色和实践特色研究	焦洪昌	法学院	中国法学会委托项目	论文等	2020. 11
114	知识产权法利益平衡理论与机制研究	冯晓青	民商经济法学院	中央军委委托项目	研究报告	2020. 1

续表

序号	项目名称	负责人	承担部门	项目分类、类别	预期成果形式	计划完成时间
115	载人航天研究	李居迁	国际法学院	中央军委委托项目	研究报告	2019. 12
116	美欧大数据法律和政策制定和实施跟踪研究	席志国	民商经济法学院	中央网络安全和信息化委员会委托项目	研究报告	2019. 11
117	互联网信息安全监管立法专项支撑服务	赵 鹏	法治政府研究院	中央网络安全和信息化委员会委托项目	研究报告	2019. 11
118	比格尔海峡和塔巴案研究	朱利江	国际法学院	自然资源部委托项目	研究报告	2023. 11
119	拒不执行判决、裁定罪相关问题研究	阮齐林	刑事司法学院	最高人民法院委托项目	论文、研究报告	2023. 11
120	《企业破产法》实施评估工作	李曙光	民商经济法学院	最高人民法院委托项目	研究报告	2020. 7
121	强制执行法草案修订暨强制执行立法问题研究	宋朝武	离退休管理处	最高人民法院委托项目	研究报告	2020. 7
121	执行内分改革路径研究	谭秋桂	诉讼法学研究院	最高人民法院委托项目	专著	2019. 7
123	执行依据不明处理方式与救济问题研究	邱星美	民商经济法学院	最高人民法院委托项目	论文	2019. 7
124	知识产权诉讼特别程序研究	杨秀清	民商经济法学院	最高人民法院委托项目	研究报告	2019. 12
125	粤港澳大湾区建设司法保障问题研究	史 飚	民商经济法学院	最高人民法院委托项目	研究报告	2023. 11
126	执行信息化与智能化问题研究	王立梅	刑事司法学院	最高人民法院委托项目	研究报告	2023. 11
127	我国新时代检察院职业伦理研究	王志远	刑事司法学院	最高人民检察院委托项目	专著、论文	2023. 11

（中国政法大学科研处供稿）

中央财经大学

序号	项目名称	负责人	承担部门	项目分类、类别	预期成果形式	计划完成时间
1	互联网消费信贷对消费者购买行为的影响：心理机制、调节变量及双刃剑效应	李 季	商学院	国家自然科学基金、面上项目	论文	2023. 12
2	目标还是执行？工作自主性的内容结构、双刃剑效应及文化差异	姜 峰	商学院	国家自然科学基金、面上项目	论文	2023. 12
3	铁磁链方程和爱因斯坦方程中若干问题的研究	黄春妍	统计与数学学院、数学教学部	国家自然科学基金、面上项目	论文	2023. 12

续表

序号	项目名称	负责人	承担部门	项目分类、类别	预期成果形式	计划完成时间
4	国际贸易、创新质量与国内技术扩散乘数效应——基于中国专利引文数据的研究	李　兵	国际经济与贸易学院	国家自然科学基金、面上项目	论文	2023. 12
5	基于模糊厌恶的保险需求与投资消费行为决策	周　明	中国精算研究院	国家自然科学基金、面上项目	论文	2023. 12
6	激励相容约束下最优保险合同设计若干问题研究	池义春	中国精算研究院	国家自然科学基金、面上项目	论文	2023. 12
7	基于自适应状态相依Hawkes过程和双重深度Q学习的动态限价指令簿市场微观结构与最优交易执行研究	刘志东	管理科学与工程学院	国家自然科学基金、面上项目	论文	2023. 12
8	基于效力预测的耕地健康产能形成动力机制与财政支持体系研究	柴　铎	政府管理学院	国家自然科学基金、面上项目	论文	2023. 12
9	大规模网络结构数据的统计建模：理论与应用研究	潘　蕊	统计与数学学院、数学教学部	国家自然科学基金、面上项目	论文	2023. 12
10	城乡居民基本医疗保险制度整合的福利效应评估与政策优化研究	陈　华	保险学院、精算研究院	国家自然科学基金、面上项目	论文	2023. 12
11	基于深度图卷积网络的金融风险分析理论研究	白　璐	信息学院	国家自然科学基金、面上项目	论文	2023. 12
12	中国养老基金投资风险调整收益指数研究	杨长汉	商学院	国家自然科学基金、面上项目	论文	2023. 12
13	基于全网数据的消费者跨屏购物行为研究：前因与营销后果	孙鲁平	商学院	国家自然科学基金、面上项目	论文	2023. 12
14	迎接未来新工作：基于自我认同理论的工作塑造与工余塑造双路径研究	林　琳	商学院	国家自然科学基金、面上项目	论文	2023. 12
15	竞争政策与微观企业行为——基于《反垄断法》实施的准自然实验	王彦超	会计学院	国家自然科学基金、面上项目	论文	2023. 12
16	企业杠杆率与创新能力：后果、机制及治理	江轩宇	会计学院	国家自然科学基金、面上项目	论文	2023. 12
17	金融周期视角下的中国银行业系统性风险防范与化解研究	方　意	金融学院	国家自然科学基金、面上项目	论文	2023. 12

续表

序号	项目名称	负责人	承担部门	项目分类、类别	预期成果形式	计划完成时间
18	流动性监管对我国银行系统性风险的影响机制研究	魏 旭	金融学院	国家自然科学基金、面上项目	论文	2023. 12
19	税制改革、税收征管与企业纳税遵从行为研究	樊 勇	财政税务学院	国家自然科学基金、面上项目	论文	2023. 12
20	利率市场化与企业劳动力投资：影响、作用机制与综合效果	李小荣	财政税务学院	国家自然科学基金、面上项目	论文	2023. 12
21	“特殊小股东”与上市公司治理——基于中证投服持股行权的研究	张亚男	会计学院	国家自然科学基金、青年项目	论文	2022. 12
22	不确定性自私路由模型的理论和应用	刁 卓	统计与数学学院、数学教学部	国家自然科学基金、青年项目	论文	2022. 12
23	基于贝叶斯广义线性混合模型的公司债券信用风险测度研究	姚 潇	商学院	国家自然科学基金、青年项目	论文	2022. 12
24	公司创业投资网络影响力的作用机制及评价研究——基于多层动态网络视角	高 婷	管理科学与工程学院	国家自然科学基金、青年项目	论文	2022. 12
25	健康人力资本的宏微观经济效应研究：基于健康投资的视角	郑莉莉	保险学院、精算研究院	国家自然科学基金、青年项目	论文	2022. 12
26	公众科学项目用户参与行为及价值共创效果研究	汤 健	信息学院	国家自然科学基金、青年项目	论文	2022. 12
27	智能服务中用户信任演化机制研究：基于信任构建—信任违背—信任修复的视角	万瑾琳	信息学院	国家自然科学基金、青年项目	论文	2022. 12
28	信息集解码算法若干问题研究	王卯宁	信息学院	国家自然科学基金、青年项目	论文	2022. 12
29	面向社交媒体的垃圾信息协同识别建模与关键技术研究	王友卫	信息学院	国家自然科学基金、青年项目	论文	2022. 12
30	开发区的生产和消费带动效应及微观机制：基于多维度微观数据的实证研究	孙伟增	经济学院	国家自然科学基金、青年项目	论文	2022. 12
31	稳中求进：基于有限成本信息的采购合同设计研究	钱 程	商学院	国家自然科学基金、青年项目	论文	2022. 12

续表

序号	项目名称	负责人	承担部门	项目分类、类别	预期成果形式	计划完成时间
32	残障多元化管理策略的双刃剑效应？——基于信号理论的研究	朱曦济	商学院	国家自然科学基金、青年项目	论文	2022.12
33	基于数据质量分析的供应链信息共享决策研究	卢继周	商学院	国家自然科学基金、青年项目	论文	2022.12
34	证券交易所信息披露监管的长短期治理效果研究：基于问询回函和后续披露的文本分析	李　哲	会计学院	国家自然科学基金、青年项目	论文	2022.12
35	基于中国情景的会计信息公司估值研究	金宇超	会计学院	国家自然科学基金、青年项目	论文	2022.12
36	企业战略与分配决策	王百强	会计学院	国家自然科学基金、青年项目	论文	2022.12
37	上市公司股票回购行为变迁及其经济后果：基于差异化现金分红监管新政的冲击	杨甜娜	会计学院	国家自然科学基金、青年项目	论文	2022.12
38	基于企业脱实向虚行为的中国货币政策有效性研究	彭俞超	金融学院	国家自然科学基金、青年项目	论文	2022.12
39	中国经济增长路径上的绿色财税体系优化配置研究	童　健	财政税务学院	国家自然科学基金、青年项目	论文	2022.12
40	重大原创性科学成果培育举措研究	张　剑	政府管理学院	国家自然科学基金、应急管理项目	论文	2021.12
41	国家重大需求中的基础科学问题凝练与资助机制研究	姜　玲	政府管理学院	国家自然科学基金、应急管理项目	论文	2020.12
42	增加多边贸易体系灵活性的诸边谈判机制研究	唐宜红	国际经济与贸易学院	国家自然科学基金、应急管理项目	论文	2020.4
43	中国非金融企业杠杆率的分化与结构性去杠杆研究	谭小芬	金融学院	教育部后期资助项目	专著	2019.12
44	党的十八大以来党的建设质量不断提高的基本经验研究	赵付科	马克思主义学院	教育部人文社科规划基金项目	论文、报告	2021.6
45	党的创新理论引领贯穿应用经济学知识体系研究	何秀超 李　涛	行政机关	教育部哲学社会科学研究重大课题攻关项目	研究报告	2020.12
46	习近平新时代中国特色社会主义思想融入高校思想政治理论课教学研究	冯秀军	马克思主义学院	教育部专项课题	研究报告	2019.11

续表

序号	项目名称	负责人	承担部门	项目分类、类别	预期成果形式	计划完成时间
47	面向“00后”大学生的高校思想政治理论课创新机制研究	陈文娟	马克思主义学院	教育部专项课题	研究报告	2021. 12
48	基于教学学术共同体的教师教学能力发展机制探索	刘红瑞	行政机关	北京市教育科学规划其他项目	研究报告	2021. 12
49	北京市中学生抑郁倾向的现状及意象对话干预研究	苑　媛	社会与心理学院	北京市教育科学规划重点项目	研究报告	2021. 12
50	思政课“知、信、行”三层教学效果监测体系研究——基于大学生“价值践行”度量的创新	李向军	财经研究院	北京市教育科学规划重点项目	研究报告	2021. 12
51	区块链中 hash 函数安全准则研究	王卯宁	信息学院	北京市自然科学基金、面上项目	研究报告	2020. 12
52	大数据支持下的 B2B 在线供应链金融决策优化及风险控制	晏妮娜	商学院	北京市自然科学基金、面上项目	研究报告	2021. 12
53	突发公共事件中负性偏向效应的演化机制与消解策略研究	张　梅	社会与心理学院	北京市自然科学基金、青年项目	研究报告	2020. 12
54	医疗支出集中性与持续性视角的医疗价值增进研究	彭晓博	经济学院	北京市自然科学基金、青年项目	研究报告	2020. 12
55	基于知识的可解释人工智能——基于决策树的深度神经网络层级可解释模型研究	王秀利	信息学院	国防科技创新特区项目	研究报告	2020. 9

（中央财经大学科研处供稿）

对外经济贸易大学

序号	项目名称	负责人	承担部门	项目分类、类别	预期成果形式	计划完成时间
1	审计机构治理机制与审计质量研究	陈汉文	国际商学院	国家自然科学基金、重点项目	论文或研究报告	2024. 12. 31
2	创新视角下碳市场微观机制设计研究	王明喜	国际经济贸易学院	国家自然科学基金、面上项目	论文或研究报告	2023. 12. 31
3	审计风险评估与应对：基于新审计报告的文本分析与实证研究	刘雪娇	国际商学院	国家自然科学基金、面上项目	论文或研究报告	2023. 12. 31
4	制造业投入服务化、服务贸易壁垒与国际生产分割	刘　斌	中国世界贸易组织研究院	国家自然科学基金、面上项目	论文或研究报告	2023. 12. 31

续表

序号	项目名称	负责人	承担部门	项目分类、类别	预期成果形式	计划完成时间
5	基于网络博弈理论的企业研发专利网络构建研究	张　锦	国际经济贸易学院	国家自然科学基金、面上项目	论文或研究报告	2023. 12. 31
6	个人投资者杠杆交易动机与行为后果研究——基于股票账户数据的分析	胡聪慧	国际商学院	国家自然科学基金、面上项目	论文或研究报告	2023. 12. 31
7	消费者观察学习对 UGC 扩散的影响研究：以线上社交网络为背景	龚诗阳	国际商学院	国家自然科学基金、面上项目	论文或研究报告	2023. 12. 31
8	顾客隐私泄露丑闻对消费者行为的影响及企业的应对策略研究：基于隐私悖论的视角	谢　毅	国际商学院	国家自然科学基金、面上项目	论文或研究报告	2024. 12. 31
9	中国金融市场流动性危机的度量、预警和管理	薛　熠	国际经济贸易学院	国家自然科学基金、面上项目	论文或研究报告	2023. 12. 31
10	投资组合规模对风险投资机构治理角色有效性的研究	王　丹	国际商学院	国家自然科学基金、青年项目	论文或研究报告	2022. 12. 31
11	竞争环境下航班延误的成因分析及损失估算——基于博弈模型和大数据的研究	王　焜	国际经济贸易学院	国家自然科学基金、青年项目	论文或研究报告	2022. 12. 31
12	上市公司股东大会的治理效果——基于收购视角的研究	刘　念	国际商学院	国家自然科学基金、青年项目	论文或研究报告	2022. 12. 31
13	会计师事务所跨区域治理与审计师行为：基于地理因素视角的理论与实证研究	刘思义	国际商学院	国家自然科学基金、青年项目	论文或研究报告	2022. 12. 31
14	会计师事务所社会责任的动机及经济后果：基于“利益协调观”的理论与实证研究	刘　鑫	国际商学院	国家自然科学基金、青年项目	论文或研究报告	2022. 12. 31
15	复杂数据结构下的巨灾保险定价模型及其应用研究	李政宵	保险学院	国家自然科学基金、青年项目	论文或研究报告	2022. 12. 31
16	地方政府债务、企业绩效和企业间资源配置：效应分析与机制研究	吴　敏	国际经济贸易学院	国家自然科学基金、青年项目	论文或研究报告	2022. 12. 31
17	探索性与开发性跨国并购及跨国企业双元创新研究	张　竹	国际商学院	国家自然科学基金、青年项目	论文或研究报告	2022. 12. 31

续表

序号	项目名称	负责人	承担部门	项目分类、类别	预期成果形式	计划完成时间
18	CEO价值观对企业创新投入、过程与绩效的影响——基于高阶理论与委托代理理论的融合视角	郑　玮	国际经济贸易学院	国家自然科学基金、青年项目	论文或研究报告	2022. 12. 31
19	“营改增”的经济转型效应研究：基于分工、创新和贸易的视角	赵　静	全球价值链研究院	国家自然科学基金、青年项目	论文或研究报告	2022. 12. 31
20	企业金融化与投资行为研究：基于产业公司设立私募基金的分析	钟　凯	国际商学院	国家自然科学基金、青年项目	论文或研究报告	2022. 12. 31
21	经济转型国家中的企业腐败行为影响因素与后果研究：政府反腐败的调节作用	陶哲雄	国际商学院	国家自然科学基金、青年项目	论文或研究报告	2022. 12. 31
22	贸易自由化对国有企业杠杆率的影响研究	蒋灵多	国际经济贸易学院	国家自然科学基金、青年项目	论文或研究报告	2022. 12. 31
23	“一带一路”建设与WTO规则的对接研究	林桂军	国际经济贸易学院/国家（北京）对外开放研究院	国家自然科学基金、应急项目	论文或研究报告	2020. 4. 30
24	顺应全球价值链发展需要的WTO改革研究	王　飞	国际经济贸易学院	国家自然科学基金、应急项目	论文或研究报告	2020. 4. 30
25	“一带一路”项目投融资方式研究	江　萍	国际经济贸易学院	国家自然科学基金、应急项目	论文或研究报告	2020. 4. 30
26	基于维护世界线上市场统一的贸易相关电子商务谈判研究	周念利	中国世界贸易组织研究院	国家自然科学基金、应急项目	论文或研究报告	2020. 4. 1
27	规范“走出去”企业的经营行为研究	洪俊杰	国际经济贸易学院	国家自然科学基金、应急项目	论文或研究报告	2020. 4. 1
28	“一带一路”的规则设定与相应国际机构的规则对接研究	殷晓鹏	国际经济贸易学院	国家自然科学基金、应急项目	论文或研究报告	2020. 4. 30
29	我国参与WTO补贴问题改革的挑战和建议研究	屠新泉	中国世界贸易组织研究院	国家自然科学基金、应急项目	论文或研究报告	2020. 5. 15
30	中国企业跨国并购的绩效评价体系研究：以技术寻求型并购为例	张　竹	国际商学院	北京市自然科学基金、青年项目	论文或研究报告	2020. 12. 31
31	多模态与混合模态视角下基于结构稀疏性与分层局部性的膀胱镜下肿瘤识别及智能诊断研究	张　琦	信息学院	北京市自然科学基金-海淀原始创新联合基金项目	论文或研究报告	2022. 12. 31

续表

序号	项目名称	负责人	承担部门	项目分类、类别	预期成果形式	计划完成时间
32	欧洲共同市场跨境商品流动的主要障碍与解决思路研究	杨立强	国际经济研究院	教育部人文社会科学研究特别委托项目	论文或研究报告	2019. 12. 31
33	算法治理的多元路径和中国方案	张　欣	法学院	司法部国家法治与法学理论研究项目	论文或研究报告	2021. 6. 30
34	公司股利分配法律制度研究	楼秋然	法学院	司法部国家法治与法学理论研究项目	论文或研究报告	2021. 9. 30
35	北京消费升级研究	李　钢	国家（北京）对外开放研究院	北京市首都高端智库决策咨询项目	论文或研究报告	2021. 12. 31
36	京沪会展业比较研究	吴承忠	公共管理学院/国家（北京）对外开放研究院	北京市首都高端智库决策咨询项目	论文或研究报告	2020. 12. 31
37	北京自贸区探讨	范黎波	国际商学院/国家（北京）对外开放研究院	北京市首都高端智库决策咨询项目	论文或研究报告	2021. 12. 17
38	适应北京消费升级和城市功能的购物小镇发展研究	林桂军	国际经济贸易学院/国家（北京）对外开放研究院	北京市首都高端智库决策咨询项目	论文或研究报告	2021. 12. 23
39	重大活动带动首都发展的机制研究	夏文斌	马克思主义学院/国家（北京）对外开放研究院	北京市首都高端智库决策咨询项目	论文或研究报告	2021. 12. 23
40	高校博士生培养供给侧改革研究——基于学术社会化和职业社会化视角	辛云飞	金融学院	北京市教育科学“十三五”规划 2019 年度青年专项课题	论文或研究报告	2021. 6. 1

（对外经济贸易大学科研处供稿）

中国农业大学

序号	项目名称	负责人	承担部门	项目分类、类别	预期成果形式	计划完成时间
1	推进农村人居环境整治研究	赵　霞	经济管理学院	农业部软科学项目	研究报告	2020. 6
2	新中国 70 年农村发展与制度变迁成就与经验总结	马　铃	经济管理学院	农业部软科学项目	研究报告	2020. 6

续表

序号	项目名称	负责人	承担部门	项目分类、类别	预期成果形式	计划完成时间
3	“十四五”传承保护弘扬优秀农耕文化研究	孙庆忠	人文与发展学院	农业部软科学项目	研究报告	2020.6
4	“十四五”创新农业生态产品和服务供给路径与政策研究	刘明明	人文与发展学院	农业部软科学项目	研究报告	2020.6
5	绿色转型与耕地生态补偿：粮豆轮作补贴政策研究	司　伟	经济管理学院	农业部软科学项目	研究报告	2020.6
6	“十四五”构建新型农业支持保护政策体系研究	田志宏	经济管理学院	农业部软科学项目	研究报告	2020.6
7	“十四五”国际农产品贸易形势新变化对我国农业的影响及对策研究	韩一军	经济管理学院	农业部软科学项目	研究报告	2020.6
8	防止返贫长效机制研究	王　琳	马克思主义学院	农业部软科学项目	研究报告	2020.6
9	居民亲环境行为的溢出效应分析及政策干预机制研究	杨　树	经济管理学院	国家自然科学基金	论文	2022.12
10	同伴关系网络对我国流动儿童认知与非认知技能发展的影响研究	陈祁晖	经济管理学院	国家自然科学基金	论文	2023.12
11	金融监管地方化对农村金融资源配置效率的影响机理及其监管研究	何　婧	经济管理学院	国家自然科学基金	论文	2023.12
12	我国农村学生营养认知，食物多样性及健康研究	赵启然	经济管理学院	国家自然科学基金	论文	2023.12
13	农地承包权有偿退出对农业转移人口市民化作用机制研究	朱俊峰	经济管理学院	国家自然科学基金	论文	2023.12

（中国农业大学科学技术发展研究院供稿）

首都体育学院

序号	项目名称	负责人	承担部门	项目分类、类别	预期成果形式	计划完成时间
1	影视制作虚拟预演关键技术研发与系统集成	骆秉全	管理与传播学院	科技部重点研发计划项目、子项目	研究报告	2022.6.30
2	新时代青少年体育后备人才培养模式研究	周凯岚	体育教育训练学院	国家体育总局政府决策咨询项目、重点项目	研究报告	2019.10.31
3	中国传统体育文化海外传播新模式研究	杨　静	武术与表演学院	国家体育总局政府决策咨询项目、一般项目	研究报告	2019.10.31

续表

序号	项目名称	负责人	承担部门	项目分类、类别	预期成果形式	计划完成时间
4	运动学习中节省效应的认知机制研究	印　从	运动科学与健康学院	北京市自然科学基金、青年项目	研究报告	2020. 12. 31
5	竞走项目国家队备战2020年东京奥运（2019年度）技战术训练科技服务保障	李厚林	体育教育训练学院	国家体育总局奥运科技服务	研究报告	2019. 12. 31
6	田径链球项目国家队备战东京奥运会（2019年度）科技服务保障	李建臣	体育教育训练学院	国家体育总局奥运科技服务	研究报告	2019. 12. 31
7	钢架雪车国家集训队备战2022冬奥会个性化服务	吴　昊	运动科学与健康学院	国家体育总局奥运科技服务	研究报告	2020. 8. 31
8	自由式滑雪U型场地国家集训队备战2022冬奥会个性化科技服务	吴　昊	运动科学与健康学院	国家体育总局奥运科技服务	研究报告	2020. 8. 31
9	雪上技巧队备战2022冬奥会个性化科技服务	黄　兴	运动科学与健康学院	国家体育总局奥运科技服务	研究报告	2020. 8. 31
10	射击射箭情报信息服务	张宏伟	管理与传播学院	国家体育总局奥运科技服务	研究报告	2020. 8. 31
11	射击射箭运动管理中心身体功能训练服务项目（射箭项目）	尹　军	体育教育训练学院	国家体育总局奥运科技服务	测试数据、分析报告	2020. 8. 15
12	射击射箭运动管理中心身体功能训练服务项目（男子手枪、速射项目）	王骏昇	体育教育训练学院	国家体育总局奥运科技服务	测试数据、分析报告	2020. 8. 15
13	射击射箭运动管理中心身体功能训练服务项目（飞碟项目）	孙永生	体育教育训练学院	国家体育总局奥运科技服务	测试数据、分析报告	2020. 8. 15
14	射击射箭运动管理中心身体功能训练服务项目（女子步枪项目）	扆　铮	体育教育训练学院	国家体育总局奥运科技服务	测试数据、分析报告	2020. 8. 15
15	射击射箭运动管理中心身体功能训练服务项目（女子手枪项目）	李欣鑫	体育教育训练学院	国家体育总局奥运科技服务	测试数据、分析报告	2020. 8. 15
16	射击射箭运动管理中心心理服务项目（手枪项目正念训练）	徐守森	运动科学与健康学院	国家体育总局奥运科技服务	研究报告	2020. 8. 15
17	体育科技“十四五”规划及面向2035城镇化与城市发展体育运动相关领域技术预测的研制	钟秉枢	体育教育训练学院	国家体育总局科教司项目	研究报告、规划	2020. 12. 30

续表

序号	项目名称	负责人	承担部门	项目分类、类别	预期成果形式	计划完成时间
18	服务北京冬奥会电视冰雪体育节目创新策略研究	赵晶晶	管理与传播学院	国家广播电视总局部级社科研究项目	研究报告	2020. 10. 1
19	田径投掷国家集训队综合科研攻关与服务研究	冯晓东	体育教育训练学院	残疾人体育专项研究课题	研究报告	2020. 9. 30
20	自行车国家集训队综合科研攻关与服务研究	李　昕	体育教育训练学院	残疾人体育专项研究课题	研究报告	2020. 9. 30
21	射击国家集训队综合科研攻关与五福研究	李四化	运动科学与健康学院	残疾人体育专项研究课题	研究报告	2020. 9. 30

（首都体育学院科技处供稿）

中国地质大学（北京）

序号	项目名称	负责人	承担部门	项目分类、类别	预期成果形式	计划完成时间
1	致公党扶贫资金绩效评价研究	董　普	经济管理学院	中国致公党北京市委课题	研究报告	2020. 9

［中国地质大学（北京）科技处供稿］

北京科技大学

序号	项目名称	负责人	承担部门	项目分类、类别	预期成果形式	计划完成时间
1	习近平总书记关于青年工作重要思想的时代价值研究	潘建红	马克思主义学院	共青团中央委托项目	研究报告	2020. 12
2	“一带一路”背景下我国社会组织的国际志愿服务的合法化路径研究	王　杨	马克思主义学院	中央文明办、共青团中央委托项目	研究报告	2019. 10
3	发挥二级关工委作用，深化杰出校友回母校品牌建设	孙　铁	自动化学院	教育部关工委委托项目	研究报告	2020. 5
4	新高考改革背景下学生发展指导制度建设评价体系研究	刘成杰	文法学院	教育部基础教育司委托项目	研究报告	2019. 12
5	00后大学新生思想和行为特点与教育对策研究	倪　宇	东凌经济管理学院	北京市教工委委托项目	研究报告、调查报告、论文	2019. 4
6	基于“四个正确认识”要求的新时代高校研究生思想政治教育工作创新研究	孙晓丹	马克思主义学院	北京市教工委委托项目	研究报告、论文、其他	2020. 3

续表

序号	项目名称	负责人	承担部门	项目分类、类别	预期成果形式	计划完成时间
7	新时代高校辅导员思想引领能力模型构建与应用研究	盛佳伟	党校、机关党委	北京市教工委委托项目	研究报告、调查报告	2019. 6
8	教学供给侧改革视域下大学生对思政课 MOOC 接受度的影响因素研究	段晓芳	马克思主义学院	北京市教工委委托项目	研究报告	2020. 4
9	“慢就业”毕业生群体分析及生涯辅导策略研究	陈建帮	党校、机关党委	北京市教工委委托项目	调查报告、论文	2019. 4
10	班级建设评价体系科学化对高校“立德树人”成效的影响研究	刘　震	机械工程学院	北京市教工委委托项目	研究报告	2019. 4
11	考虑不确定性的北京企业双渠道低碳供应链网络优化研究	戴淑芬	东凌经济管理学院	北京市教委共建项目	研究报告、论文	2019. 12
12	北京市与中央共建项目——北京市大学生创业园高校分园建设项目	尹兆华	党校、机关党委	北京市教委共建项目	研究报告	2020. 12
13	新时代团结和凝聚海外华裔新生代对策研究	张　梅	马克思主义学院	北京市委统战部委托项目	研究报告	2019. 9
14	量化服务业贸易自由化的福利效应——基于电影产业大数据的经验证据	俞　峰	东凌经济管理学院	中国博士后科学基金	研究报告	2022. 12
15	道德认同对工作场所资源节约行为的影响机制	周金毅	东凌经济管理学院	中国博士后科学基金	论文	2021. 12
16	钢铁行业低碳技术的综合评价方法与实施路径优化研究	何威俊	东凌经济管理学院	中国博士后科学基金	论文	2021. 12
17	基于市场数据的系统性风险测度方法在中国的应用研究	黄秋彬	东凌经济管理学院	中国博士后科学基金	研究报告	2020. 12
18	企业社会网络对企业社会责任的影响效应及作用机制研究	赵天骄	东凌经济管理学院	中国博士后科学基金	研究报告、论文	2021. 6
19	基于技术史视角的抗战后方矿物资源开发工程师群体研究	雷丽芳	科技史与文化遗产研究院	中国博士后科学基金	研究报告	2020. 12
20	行政裁决救济衔接机制研究	宋　烁	文法学院	中国博士后科学基金	研究报告	2021. 12
21	单分子氨基酸同位素在我国古食谱研究中的尝试	马　颖	科技史与文化遗产研究院	中国博士后科学基金	研究报告、论文	2020. 11
22	拉美文学中的中国形象	覃　琳	外国语学院	中国博士后科学基金	研究报告	2020. 12
23	毛泽东探索中国工业化道路历史经验与启示研究	王赟鹏	马克思主义学院	中国博士后科学基金	研究报告、论文	2020. 11

续表

序号	项目名称	负责人	承担部门	项目分类、类别	预期成果形式	计划完成时间
24	佛山统筹优化公共服务资源配置对策研究	潘建红	马克思主义学院	佛山市人民政府办公室委托项目	研究报告	2019.12
25	新时代中央赋予西藏特殊政策研究	潘建红	马克思主义学院	西藏自治区人民政府研究室委托项目	研究报告	2019.11

（北京科技大学科学技术研究院供稿）

北京交通大学

序号	项目名称	负责人	承担部门	项目分类、类别	预期成果形式	计划完成时间
1	网络意见“领袖”对民族舆情传播的影响研究	苏林森	语言与传播学院	国家民委民族研究项目	研究报告	2020.12
2	中国企业投资海外基础设施的政府违约风险防范与应对	张瑞萍	法学院	司法部国家法治与法学理论研究项目	著作	2020.12
3	“十四五”时期经济领域突出风险及应对研究	李孟刚	经济管理学院	国家发展改革委委托项目	研究报告	2019.12
4	铁路运价形成机制研究	李文兴	经济管理学院	国家发展改革委委托项目	政策建议	2020.6
5	国际产能合作大数据及指标分析报告专题研究	张　纯	经济管理学院	国家发展改革委委托项目	咨询报告	2020.7
6	《铁路法》修订分析评估	张长青	法学院	国家铁路局委托项目	书面意见	2020.9
7	已取消行政许可的事项加强事中事后监管模式构建	陈力铭	法学院	国家铁路局委托项目	研究报告	2020.8
8	相关行业信用体系建设进展调研	刘　菁	经济管理学院	国家铁路局委托项目	研究报告	2019.9
9	通过铁路运单物权化，推动“一带一路”发展	刘世峰	经济管理学院	国家铁路局委托项目	研究报告	2019.12
10	中国国家铁路集团有限公司股份制改造前期研究	张秋生	经济管理学院	国家铁路局委托项目	研究报告	2019.12
11	高铁数量经济研究	李　静	经济管理学院	国家铁路局委托项目	著作	2020.6
12	高铁运输经济研究	李文兴	经济管理学院	国家铁路局委托项目	著作	2020.6
13	高铁效应研究	肖　翔	经济管理学院	国家铁路局委托项目	著作	2020.6
14	高铁产业经济研究	李红昌	经济管理学院	国家铁路局委托项目	著作	2020.6

续表

序号	项目名称	负责人	承担部门	项目分类、类别	预期成果形式	计划完成时间
15	交通和旅游融合发展课题研究	张　辉	经济管理学院	文旅部委托项目	研究报告	2020. 9
16	“十四五”应急管理领域发展战略趋势研究	王树祥	经济管理学院	文旅部委托项目	研究报告	2020. 7
17	产业知识产权评价指标梳理和分析	李孟刚	经济管理学院	国家知识产权局委托项目	咨询报告	2019. 11
18	国家农民合作社示范社监测与分析	傅少川	经济管理学院	农业农村部委托课题	研究报告	2021. 2
19	工程监理制度改革与创新监管措施研究	刘伊生	经济管理学院	住建部委托课题	研究报告	2019. 12

（北京交通大学社科处供稿）

首都师范大学

序号	项目名称	负责人	承担部门	项目分类、类别	成果形式	计划完成日期
1	我国现实主义电视剧的青年受众研究	杨　慧	文学院	国家广电总局一般项目	研究报告	2020. 9. 30
2	中国语言产业发展报告	李　艳	文学院	教育部语言文字信息管理司委托项目	研究报告	2019. 12. 31
3	中国与南斯拉夫在南半球的政策：趋同与分歧	梁占军	历史学院	科技部一般项目	报告	2020. 3. 31
4	义务教育阶段历史课程标准修订调研工作	徐　蓝	历史学院	教育部教材局一般项目	研究报告	2019. 12. 31
5	中央对特别行政区全面管治权的法律内涵研究	郑贤君	政法学院	全国人大、教育部人文社科研究专项委托项目	研究报告	2021. 3. 31
6	未成年人司法社会工作服务标准	席小华	政法学院	共青团中央一般项目	服务标准	2020. 3. 31
7	城镇住宅抗震加固法律环境研究	崔俊杰	政法学院	住房和城乡建设部一般项目	政策汇编、研究报告	2019. 11. 30
8	全国人大宪法和法律委员会法律案审查研究	郑贤君	政法学院	司法部重点项目	论文	2020. 12. 31
9	教育领域“放管服”改革实践研究	王寰安	教育学院	教育部政策法规司一般项目	研究报告	2020. 12. 31
10	义务教育阶段美术课程标准修订调研工作	尹少淳	美术学院	教育部教材局一般项目	调研报告	2019. 12. 31
11	3岁以下婴幼儿托育点管理办法	史　瑾	学前教育学院	国家卫生健康委员会一般项目	研究文本	2019. 7. 31
12	婴幼儿照护服务机构设置政策框架研究	史　瑾	学前教育学院	国家卫生健康委员会一般项目	研究报告	2019. 7. 31

续表

序号	项目名称	负责人	承担部门	项目分类、类别	成果形式	计划完成日期
13	云桥学院：师范生与农村教师专业互助成长共同体	孙　众	信息工程学院	教育部办公厅一般项目	研究报告	2019.9.30
14	全员全程全方位构建“六位一体”的心理育人体系	赵军燕	学生处	教育部思想政治工作司一般项目	研究报告	2020.12.31

（首都师范大学社科处供稿）

首都经济贸易大学

序号	项目名称	负责人	承担部门	项目分类、类别	预期成果形式	计划完成时间
1	国家自然科学基金委员会信息公开制度研究	尹少成	法学院	国家自然科学基金、专项项目	研究报告、建议	2021.12.31
2	委托代理制度下实体经济项目的最优投资策略研究	李亚男	金融学院	国家自然科学基金、青年项目	专著、论文	2022.12.31
3	中国区域知识基础的特征、演化及其对区域经济增长的影响研究	孙瑜康	城市经济与公共管理学院	国家自然科学基金、青年项目	论文、研究报告	2022.12.31
4	基于动态决策的灾后救灾物资分配问题研究	于丽娜	信息学院	国家自然科学基金、青年项目	论文	2022.12.31
5	标签聚合学习视角下破产预测模型与方法研究	陈振松	信息学院	国家自然科学基金、青年项目	论文、研究报告	2022.12.31
6	品牌来源国形象对品牌负面事件溢出效应的影响及其心理作用机制研究	王　夏	工商管理学院	国家自然科学基金、青年项目	专著、论文	2022.12.31
7	卖空机制对企业投资行为的作用机理与效果研究——基于“脱虚向实”的视角	白雪莲	会计学院	国家自然科学基金、青年项目	论文、研究报告	2022.12.31
8	贸易自由化背景下的个体生育率差异及其政策含义	李红阳	经济学院	国家自然科学基金、青年项目	论文	2022.12.31
9	债券投资如何影响商业银行系统性风险——基于系统性风险“冲击—传染”二元生成机制的视角	廉永辉	金融学院	国家自然科学基金、青年项目	论文、研究报告	2022.12.31
10	中国劳动收入份额下降之谜：基于要素成本视角的理论分析和实证研究	杜鹏程	经济学院	国家自然科学基金、青年项目	论文、研究报告	2022.12.31

续表

序号	项目名称	负责人	承担部门	项目分类、类别	预期成果形式	计划完成时间
11	市场规模是否产生企业选择效应研究	牛　毅	国际经济与管理学院	国家自然科学基金、青年项目	论文	2022. 12. 31
12	环保税动态优化、区域结构差异及作用机制研究	范庆泉	财政税务学院	国家自然科学基金、青年项目	论文、研究报告、专著	2022. 12. 31
13	基于“出行即服务”理念的公交网络设计和运营管理	尚华艳	信息学院	国家自然科学基金、面上项目	论文、研究报告	2023. 12. 31
14	全面从严治党视域下思想建设从严的理论逻辑与当代价值研究	连　欢	马克思主义学院	教育部、专项项目	专著、论文	2020. 12. 31
15	基于时空活动链的需求响应型定制公交网络规划研究	尚华艳	信息学院	北京自然科学基金、面上项目	论文、研究报告	2021. 12. 31
16	非首都功能疏解对京津冀生态和经济协同发展影响的仿真研究	姚翠友	信息学院	北京自然科学基金、面上项目	论文	2021. 12. 31
17	空气污染对亲社会行为的影响及其心理机制：基于情绪和认知的视角	贾汇源	工商管理学院	北京自然科学基金、面上项目	专著、论文	2020. 12. 31
18	基于时空可达性的需求响应型定制公交网络规划研究	尚华艳	管理工程学院	北京市教委社科计划重点项目	研究报告、论文	2021. 12. 31
19	基于“共识—行动”协作框架的京津冀养老服务协作治理网络实证研究	潘　娜	城市经济与公共管理学院	北京市教委社科计划重点项目	研究报告、论文	2021. 10. 1
20	全国文化中心视域下北京民间阅读组织研究	司新丽	文化与传播学院	北京市教委社科计划重点项目	研究报告、论文	2021. 12. 31
21	建与首都城市战略定位相匹配的现代化经济体系研究	文　魁	经济学院	北京市委宣传部	研究报告、论文	2021. 12. 31
22	“首都法”研究	张世君	工商管理学院	北京市委宣传部	研究报告、论文	2021. 12. 31
23	生态涵养区“绿水青山就是金山银山”的实现路径和体制研究	张贵祥	城市经济与公共管理学院	北京市委宣传部	研究报告、论文	2021. 12. 31
24	核心区“四个密度”减量研究	杨开忠	城市经济与公共管理学院	北京市委宣传部	研究报告、论文	2020. 9. 30
25	新时期北京市新城发展思路研究	仇保兴	特大城市研究院	北京市委宣传部	研究报告、论文	2021. 12. 31

续表

序号	项目名称	负责人	承担部门	项目分类、类别	预期成果形式	计划完成时间
26	新业态从业青年的职业发展和劳动保障研究	张成刚	劳动经济学院	共青团中央	研究报告	2020. 8. 1
27	青年社会组织参与基层社会治理创新调研	冯　浩	城市经济与公共管理学院	共青团中央	研究报告	2020. 9. 30
28	西藏现代化经济体系建设研究	王桂胜	劳动经济学院	国家民族事业委员会	研究报告	2020. 12. 30
29	无果消费环境的薄弱环节及其改进研究	阮　敬	统计学院	国家市场监督管理总局	研究报告	2019. 10. 30
30	保健市场综合治理思路研究	闫志刚	城市经济与公共管理学院	国家市场监督管理总局	研究报告	2019. 10. 30
31	首都康复辅助器具产业政策与产业发展模式研究	江　华	劳动经济学院	中国残疾人联合会	研究报告	2020. 6. 30
32	金融新业态冲击下的系统性金融风险传染特征：统计监测与管理	胡　迪	统计学院	全国统计科学研究组织管理办公室	综合报告	2021. 9. 30
33	面向 2035 年促进科技型中小企业创新发展措施研究	杨旭华	劳动经济学院	科技部	研究报告	2020. 1. 31
34	国有财产保护公益诉讼等内等外界分研究	何锦前	法学院	司法部政府法制研究中心	论文	2021. 9. 1

（首都经济贸易大学科研处刘佳供稿）

北京工商大学

序号	项目名称	负责人	承担部门	项目分类、类别	预期成果形式	计划完成时间
1	中小企业能力对供应链融资绩效的影响：基于信息的视角	卢　强	商学院	后期资助	专著	2020. 12
2	中国上市公司欺诈的影响因素研究	王爱萍	经济学院	后期资助	专著	2022. 12
3	流通服务业高质量发展的路径选择与政策体系构建	李　丽	经济学院	后期资助	专著	2021. 12
4	思想政治理论课教师的网络发声与高校意识形态安全研究	赵春丽	马克思主义学院	高校思政课研究专项	研究报告	2021. 9

（北京工商大学科学技术处供稿）

北京工业大学

序号	项目名称	负责人	所属单位	项目分类	成果形式	计划完成时间
1	全球价值链参与下贸易保护的治理路径研究	张鹏杨	经管学院	中国博士后科学基金	论文、研究报告	2019. 7
2	现代性视域下历史唯物主义的正义价值研究	史　敏	马克思主义学院	北京市教委项目	论文	2019. 12
3	北京市青年群体移动互联网使用与文化消费研究	陈柏霖	人文学院	北京市教委项目	论文、研究报告	2019. 12
4	首都服务型企业员工服务创新的影响机制研究	宋　萌	经管学院	北京市教委项目	研究报告、论文	2019. 12
5	北京市新能源汽车推广对城市能源节约与可持续发展效果评价	张　烨	城市交通学院	北京市教委项目	论文	2019. 12
6	移动互联网背景下高校创业人才培养研究	朴　玉	经管学院	北京市教委项目	研究报告、论文	2019. 12
7	社会资本理论视野下的北京市社区社会组织研究	曹飞廉	人文学院	北京市教委项目	专著	2019. 12
8	以展览艺术设计为途径的中华优秀传统文化传承研究	王国彬	艺术设计学院	北京市教委项目	论文、研究报告	2019. 12
9	北京市创业投资网络社团划分与投资引导策略研究	杨　娟	经管学院	北京市教委项目	论文、研究报告	2019. 12
10	北京地区屋顶空间生态化景观的设计研究	王今琪	艺术设计学院	北京市教委项目	论文、研究报告	2019. 12
11	首都对外文化贸易评价体系研究	杨正东	经管学院	北京市社科基金项目	论文、研究报告	2019. 12
12	产业升级背景下首都流动人口职业技能衍生路径与培育机制研究	李国正	经管学院	北京市教委项目	论文、研究报告	2020. 4
13	京津冀工艺美术行业传统图案传承与创新运用人才培养	邹　锋	艺术设计学院	国家艺术基金项目	论文、研究报告	2020. 5
14	演化视角下企业创新网络协同的机理及评价研究	魏云凤	城市交通学院	朝阳区博士后科研经费资助	论文、研究报告	2020. 7
15	指向培养国际沟通能力的大学生英汉语语用能力发展互动性研究	赵　燚	外语学院	北京市教委项目	论文	2020. 7
16	习近平新时代中国特色社会主义思想宣传教育的文本路径研究	陈艳飞	马克思主义学院	北京市教委项目	论文	2020. 12
17	基于双一流建设多学科融合的新媒体交互艺术研究	周宏伟	艺术设计学院	北京市教委项目	论文、研究报告	2020. 12
18	新时代党的意识形态建设研究	刘　锋	马克思主义学院	北京市教委项目	论文	2020. 12
19	“双一流”背景下首都高校优势学科发展现状及对策研究	宋　微	高等教育研究所	北京市教委项目	论文、研究报告	2020. 12
20	基于国家治理视角的习近平全面依法治国思想研究	陈洪玲	马克思主义学院	北京市教委项目	论文、研究报告	2020. 12

续表

序号	项目名称	负责人	所属单位	项目分类	成果形式	计划完成时间
21	行动障碍者无障碍服装设计研究	王文娟	艺术设计学院	北京市教委项目	研究报告	2020.12
22	面向生物医药领域的前沿技术预判方法论与模型构建研究	徐　硕	经管学院	其他省市科技项目	论文、研究报告	2021.4
23	京津冀区域高等教育协同创新测度及政策量化评价研究	高　扬	经管学院	北京市教育科学规划项目	论文、研究报告	2021.5
24	中国公众价值观变化及趋势	胡建国	人文学院	北京市教委项目	论文、研究报告	2021.9
25	北京高校学科团队科研质量评价及断裂带角度的提升策略研究	綦　萌	经管学院	北京市教委项目	论文、研究报告	2021.12
26	京津冀城市群的品牌整合建构与国际传播策略研究	冯若谷	人文学院	北京市教委项目	论文、研究报告	2021.12
27	年龄和互动模式对离异家庭中个体心理状况的影响研究	熊明瑞	学生发展指导中心	北京市教委项目	论文、研究报告	2021.12
28	大数据驱动的可制造性知识挖掘与管理方法研究	徐　硕	经管学院	北京市教委项目	论文、研究报告	2021.12
29	人工智能技术在文创产品设计中的知识挖掘与应用方法研究	刘　键	艺术设计学院	北京市教委项目	论文、研究报告	2022.12
30	基于 TPB 与 NAM 的大学生可持续消费影响因素及作用机理研究	王鉴雪	经管学院	北京市教育科学规划项目	研究报告、论文	2022.12

（北京工业大学科发院人文处张爱民供稿）

中国传媒大学

序号	项目名称	负责人	所属单位	项目分类	成果形式	计划完成时间
1	基于 PageRank 和情感分析技术的电视节目影响力评价研究	王　妍	数据科学与智能媒体学院	省（自治区、直辖市）自然科学基金项目	论文、专利、报告	2022.12.30
2	中国传媒人才体系构建研究	高晓虹	电视学院	教育部人文社会科学研究项目－教育部社科重点研究基地项目	专著、研究报告	2020.12.30
3	中国主流媒体内容生产研究	胡智锋	学术期刊中心	教育部人文社会科学研究项目－教育部社科重点研究基地项目	论文、研究报告	2021.11.1
4	融媒体技术支撑及服务模式研究	王永滨	媒体融合与传播国家重点实验室	国家重点研发计划项目	报告、著作、标准、规范、论文	2022.11.30
5	“现代服务业共性关键技术研发及应用示范”重点专项“移动数字阅读服务技术研发与应用”项目课题“移动数字阅读服务关键技术研究”	秦瑜明	电视学院	国家重点研发计划项目	论文、新技术、发明专利	2022.11.30

续表

序号	项目名称	负责人	所属单位	项目分类	成果形式	计划完成时间
6	移动数字无障碍阅读动态信息传播	付海钲	团委	国家重点研发计划项目	论文、新技术、发明专利	2022. 11. 30
7	移动数字阅读图像技术应用拓展研究	桂笑冬	电视学院	国家重点研发计划项目	论文、新技术、发明专利	2022. 11. 30
8	多格式版权文件数据提取技术研究	宋金宝	科学研究处	国家重点研发计划项目	论文、专利、研究报告	2022. 11. 30
9	北京非物质文化遗产的融合传播与推广创新	秦瑜明	电视学院	北京文化艺术基金项目	短视频	2020. 12. 31
10	民族音乐产业创新人才交流平台	李俊梅	音乐与录音艺术学院	北京文化艺术基金项目	专题研究报告	2020. 7. 1
11	基于中国故事的文创设计与传播研究	白晓晴	电视学院	其他国家人才奖励（支持）计划中支持的研究项目	论文	2021. 11. 15
12	电影与游戏融合趋势下的当代中国电影叙事研究	李雨谏	戏剧影视学院	其他国家人才奖励（支持）计划中支持的研究项目	总结报告	2021. 11. 15
13	数字环境下传媒生态研究	隋　岩	新闻学院	各中央直属机构、各部委年度规划类研究项目（规划、专项、招标、特别委托）	中期报告，主题报告，决策咨询报告	2020. 4. 30
14	融媒体环境下广播电视公共服务治理创新与效果研究	高　萍	政府与公共事务学院	国家广电总局特别委托项目	调研报告	2020. 10. 30
15	大数据背景下未成年人网络空间权益保护机制研究	龙　耘	协同创新中心	各中央直属机构、各部委年度规划类研究项目（规划、专项、招标、特别委托）	期刊论文	2020. 7. 31
16	中央网信办课题研究委托合同书——提升弱势信息群体信息能力研究	叶明睿	电视学院	各中央直属机构、各部委年度规划类研究项目（规划、专项、招标、特别委托）	决策意见报告	2020. 4. 30
17	“电视中国剧场”播出效果评估与竞争力提升策略——基于亚洲市场的研究	文春英	国际交流与合作处（港澳台事务办公室）	国家广电总局规划项目	研究报告	2020. 11. 30
18	以人民为中心的高质量主旋律电视剧创作模式研究	李胜利	戏剧影视学院	国家广电总局规划项目	研究报告、论文	2020. 12. 31
19	新媒体语境下短视频的中华传统文化国际传播研究	李飞雪	新闻学院	国家广电总局规划项目	研究报告	2020. 10. 10
20	融媒体视域下主流媒体舆论引导能力提升研究	孔清溪	经济与管理学院	国家广电总局规划项目	研究报告	2020. 12. 31

续表

序号	项目名称	负责人	所属单位	项目分类	成果形式	计划完成时间
21	网络空间漏洞靶场构建和演练评估关键技术研究	范文庆	计算机与网络空间安全学院	教育部中国移动科研基金项目	专利、论文	2021. 12. 31
22	电视综艺节目创新能力建设研究	朱星辰	音乐与录音艺术学院	国家广电总局规划项目	研究报告	2021. 12. 12
23	全媒体语境下广播电视公共服务内容供给质量评价模式研究	周建新	科学研究处	国家广电总局规划项目	研究报告、论文	2022. 3. 17
24	融媒体时代传媒艺术人才培养模式创新研究	周建新	科学研究处	北京市教育科学规划项目	论文、研究报告	2022. 10. 31
25	老少边穷地区广播电视公共服务体系建设与发展研究	熊　皇	互联网信息研究院	国家广电总局规划项目	论文	2020. 10. 10
26	新时代网络剧编剧人才培养战略研究	谭　苗	戏剧影视学院	国家广电总局规划项目	研究报告	2020. 10. 9
27	Cyberoom 旅游景点沉浸式漫游驾驶舱技术应用示范	黄心渊	动画与数字艺术学院	文化和旅游部国家文化和旅游科技创新工程项目	实体驾驶舱	2020. 12. 1
28	公益广告中新时代社会主义核心价值观的情感传播策略研究	冯丙奇	广告学院	国家广电总局规划项目	报告	2020. 10. 1
29	新时代中国播音主持专业教育与实践探索研究	王　青	播音主持艺术学院	国家广电总局特别委托项目	研究报告	2020. 9. 30
30	网络音频行业发展趋势及发展战略研究	伊丽媛	音乐与录音艺术学院	国家广电总局特别委托项目	论文	2022. 4. 10
31	5G 背景下中国融媒体生态体系研究	王栋晗	科学研究处	国家广电总局特别委托项目	研究报告	2020. 10. 1
32	新时代中国动画精品创作与全球传播研究	王建华	新闻学院	国家广电总局特别委托项目	报告	2020. 9. 30
33	5G 时代背景下智能融媒体建设实践研究	宋金宝	科学研究处	国家广电总局特别委托项目	专著	2020. 9. 30
34	新闻媒体从业人员职业资格管理研究	屈善孝	继续教育学部（培训教育管理处）	国家广电总局特别委托项目	报告	2020. 12. 30
35	国际视听媒体融合发展趋势及典型案例研究	赵新利	广告学院	国家广电总局规划项目	专著、研究报告	2020. 10. 1

续表

序号	项目名称	负责人	所属单位	项目分类	成果形式	计划完成时间
36	网络视听节目发展与当代中国社会共识构建研究	秦瑜明	电视学院	国家广电总局规划项目	研究报告	2020. 12. 31
37	综艺节目模式创新发展调查与研究	邹　欣	新闻学院	国家广电总局规划项目	研究报告或书	2020. 10. 1
38	5G 环境下的影视 IP 内容创作研究	张　斌	新媒体研究院	国家广电总局规划项目	报告	2020. 4. 1
39	全媒体时代主流舆论移动传播机制建设研究	韩　霄	互联网信息研究院	国家广电总局规划项目	研究报告	2020. 9. 11
40	电视剧党员干部形象塑造研究	陈友军	人文学院	国家广电总局规划项目	论文、研究报告	2020. 9. 30
41	北京市科技成果转化平台建设	宋金宝	科学研究处	北京市科技类科研项目	中国传媒大学成果转化中心	2020. 8. 1
42	新时代中国现实题材电视剧精品创作模式研究	王利丽	戏剧影视学院	国家广电总局规划项目	研究报告	2020. 12. 31
43	基于复杂网络的信息传播建模及节点影响力研究	刘　杉	信息与通信工程学院	国家自然科学基金－青年科学基金项目	论文	2022. 12. 31
44	大学－产业界知识转移的小世界网络特性及运行模型研究	张　寒	马克思主义学院	国家自然科学基金－青年科学基金项目	论文	2022. 12. 31
45	环球视阙中的地域民族自治与国家统一	杨　勉	离退休工作处	国家其他部委项目－国家民委后期项目	书稿	2020. 12. 31
46	"一带一路"视域下贵州茶国际传播战略研究	杨　懿	党政办公室	其他省市自治区社科研究项目	研究报告	2019. 10. 31
47	融合多源数据的观演空间仿真研究	吕朝辉	信息与通信工程学院	国家重点研发计划项目	软件、系统、论文等	2022. 6. 30
48	党的创新理论引领贯穿戏剧与影视学知识体系研究	周　涌	戏剧影视学院	教育部人文社会科学研究项目－教育部社科重大委托项目	研究报告	2022. 4. 30
49	广播电视融合媒体制播平台关键技术研究	柴剑平	数据科学与智能媒体学院	国家重点研发计划项目	报告等	2022. 6. 30
50	动态异形立体投影面的几何校正与配准技术	牛力丕	信息与通信工程学院	国家重点研发计划项目	专利、论文、软著	2022. 6. 30
51	大尺度静态异形立体投影面的实时几何校正与配准	赵艳明	信息与通信工程学院	国家重点研发计划项目	专利、软件著作权、论文	2022. 6. 30
52	高冗余度投射内容动态生成技术	蓝善祯	信息与通信工程学院	国家重点研发计划项目	专利、论文、软著	2022. 7. 1

续表

序号	项目名称	负责人	所属单位	项目分类	成果形式	计划完成时间
53	多层动态内容在异形立体投影面的自适应感知投影系统	张 岳	信息与通信工程学院	国家重点研发计划项目	专利、论文、软件著作权、系统	2022.7.1
54	观演空间感知投影技术与系统研发	李绍彬	视听技术与智能控制系统文化部重点实验室（挂靠）	国家重点研发计划项目	专利、论文、软件著作权	2022.6.30
55	混合现实环境下的观演空间支撑技术研发	蒋 伟	视听技术与智能控制系统文化部重点实验室（挂靠）	国家重点研发计划项目	新技术、软件、系统、标准、应用解决方案、发明专利、论文等	2022.6.30
56	虚拟预演数字资产库平台研发	吕 欣	动画与数字艺术学院	国家重点研发计划项目	专利、论文、软件著作权	2022.6.16
57	影视制作虚拟预演关键技术研发与系统集成课题二子课题	王 也	数据科学与智能媒体学院	国家重点研发计划项目	论文、专利、软件著作权	2022.6.16
58	无人机数据传输加密与认证技术研究	隋爱娜	计算机与网络空间安全学院	国防预先研究项目（含基金项目）	研究报告	2020.12.31
59	多功能小型文化服务综合体的空间功能支撑技术研究与装备研制	任 慧	信息与通信工程学院	国家重点研发计划项目	研制装备、专利、论文、技术报告等	2022.5.31
60	各民族交往交流交融与中华民族共同体研究——以社会传媒为视角	陈文玲	政法学院	国家其他部委项目－国家民委科研项目	调研报告	2020.12.31
61	拉美国家语言政策与民族关系研究	杜 雯	外国语言文化学院	国家其他部委项目－国家民委科研项目	报告、论文	2020.12.31
62	中国民族文学的跨媒介叙事——以动画艺术的母题传承与变异为研究视角	赵 冰	动画与数字艺术学院	国家其他部委项目－国家民委科研项目	研究报告、论文	2020.12.31
63	西班牙处理加泰罗尼亚独立的经验教训与启示借鉴研究	郑柳依	外国语言文化学院	国家其他部委项目－国家民委科研项目	论文、研究报告	2020.12.31
64	“一带一路”背景下少数民族文化题材微纪录片的对外传播研究	李 智	电视学院	国家其他部委项目－国家民委科研项目	论文	2020.12.31
65	非洲葡语国家学者和资深媒体人士访华团：中非命运共同体下的“一带一路”建设与媒体合作	张艳秋	传播研究院	各中央直属机构、各部委年度规划类研究项目（规划、专项、招标、特别委托）	结项报告	2019.12.30
66	民族语言调查·青海玉树藏语康方言玉树话	哈 澍	人文学院	国家其他部委项目－国家语委科研项目	调查手册及其电子档案、音视频资料	2019.11.30

续表

序号	项目名称	负责人	所属单位	项目分类	成果形式	计划完成时间
67	中国“互联网+”大学生创新创业大赛融合传播创新研究	郑志亮	电视学院	教育部人文社会科学研究项目-教育部高教特别委托项目	作品编创	2019. 12. 31
68	中国“互联网+”大学生创新创业大赛微信公众号建设	丰瑞	电视学院	教育部人文社会科学研究项目-教育部高教特别委托项目	公众号建设	2020. 9. 8
69	民族语言调查·西藏工布江达藏语工布话	李大勤	人文学院	国家其他部委项目-国家语委科研项目	文件电子版、包含纸笔记录的调查手册	2019. 12. 31
70	旅游演艺管理人才培养	朱　敏	文化产业管理学院	国家艺术基金项目-国家艺术基金项目	论文集	2019. 12. 31
71	文旅城镇规划设计与作品展	田卉	文化产业管理学院	国家艺术基金项目-国家艺术基金项目	展览展示活动	2020. 12. 31
72	帕米尔的太阳部落	李　楠	戏剧影视学院	国家艺术基金项目-国家艺术基金项目	服装设计作品	2019. 12. 31
73	中国一拖工业遗产影像纪实	王　真	摄影系	国家艺术基金项目-国家艺术基金项目	摄影作品	2019. 12. 31
74	民族语言调查·西藏普兰藏语卫藏方言普兰话	范丽君	人文学院	国家其他部委项目-国家语委科研项目	调查手册及音像材料	2020. 1. 1
75	当代美国纪录片研究	赵　曦	电视学院	教育部人文社会科学研究项目—教育部后期资助项目	专著	2021. 9. 30
76	面向视听关联的视知觉特征挖掘与量化方法研究	蒋　伟	视听技术与智能控制系统文化部重点实验室（挂靠）	文化和旅游部重点实验室年度竞争性申报项目	形成项目报告	2021. 4. 30

（中国传媒大学科学研究处供稿）

北京林业大学

序号	项目名称	负责人	承担部门	项目分类、类别	预期成果形式	计划完成时间
1	中国生态文明建设发展报告 2019	严　耕	马克思主义学院	教育部人文社科研究项目发展报告项目	著作	2019. 12
2	国家自然科学基金委党建质量提升路径研究	王世永	党政办公室	国家自然科学基金科技活动项目	研究报告、工作规范、理论文章	2021. 12

续表

序号	项目名称	负责人	承担部门	项目分类、类别	预期成果形式	计划完成时间
3	绿色创业生态系统的技术助推与社会创新机制研究	李华晶	经济管理学院	国家自然科学基金、面上项目	研究量表、数据库、论文、专著、研究报告、研究和教学案例	2023.12
4	闪购模式下供应链的定价与库存策略研究	张名扬	经济管理学院	国家自然科学基金青年项目	模型、论文、研究报告	2022.12
5	中国原木进口渠道优化系统研究及应用	程宝栋	经济管理学院	国家林草局重点项目	报告、论文、著作	2021.12
6	应用林业大数据架构森林文化建设	李　慧	期刊编辑部	国家林草局林业软科学研究项目	研究报告	2020.12
7	中国与丝绸之路经济带沿线国家林产品贸易特征及国际竞争力比较研究	庞新生	经济管理学院	国家林草局林业软科学项目	论文、研究报告	2020.12
8	我国建立国家公园体制中的社区协调发展制度研究	谢　屹	经济管理学院	国家林业局林业软科学研究项目	研究报告、论文、政策建议书	2020.12
9	中国当代林业发展史研究	严　耕	马克思主义学院	国家林草局林业软科学研究项目	论文集	2020.8
10	宅基地复垦及增值收益分配案例及对策研究	巩前文	马克思主义学院	中央农办 农业农村部乡村振兴专家咨询委员会软科学课题	研究报告和决策参考报告	2020.6
11	可持续生计视角下新疆南疆四地州帮扶式创业减贫机制研究	薛永基	经济管理学院	国家民委民族研究项目	研究报告	2020.12

（北京林业大学科技处供稿）

中央团校（中国青年政治学院）

序号	项目名称	负责人	承担部门	项目分类、类别	预期成果形式	计划完成时间
1	新时代我国社会主要矛盾变化与青年工作研究	于　昆	马克思主义学院	教育部人文社会科学研究中国特色社会主义理论体系研究专项	论文	2021.3
2	未成年人网络空间权益保护机制研究	王建敏	科研部	共青团中央青少年发展研究项目	论文	2020.7

续表

序号	项目名称	负责人	承担部门	项目分类、类别	预期成果形式	计划完成时间
3	生产力发展与青年地位作用变迁的关系	徐先艳	青年发展战略研究院	共青团中央中特中心规划课题	理论文章	2020. 12
4	新时代中国青年发展与中华民族伟大复兴中国梦关系研究	黄　亮	习近平新时代中国特色社会主义思想教研部	共青团中央中特中心规划课题	理论文章	2020. 12
5	新媒体空间中青年参与产业扶贫的实践研究	马玉娜	党的群众工作教研部	共青团中央中特中心规划课题	理论文章	2020. 12
6	一带一路倡议与青年文化研究	姜微微	研究生部	共青团中央中特中心规划课题	理论文章	2020. 12
7	青年爱国主义精神研究	陈蕴哲	习近平青年工作思想教研部	共青团中央中特中心规划课题	理论文章	2020. 12
8	五四运动的历史意义与时代价值	倪邦文	学校领导	共青团中央中特中心规划课题	理论文章	2020. 12
9	中国共产党改革开放的历史自觉与四个自信	万资姿	习近平新时代中国特色社会主义思想教研部	共青团中央中特中心规划课题	理论文章	2020. 12
10	脱贫攻坚可持续发展战略研究	马玉娜	党的群众工作教研部	共青团中央中特中心规划课题	理论文章	2020. 12

［中央团校（中国青年政治学院）科研部供稿］

中国劳动关系学院

序号	项目名称	负责人	项目分类、类别	计划完成时间
1	国家安全教育案例库建设研究	王　熙	教育部人文社会科学研究一般项目辅导员骨干专项	2021. 12
2	在促进经济高质量发展中推进产业工人队伍建设改革问题研究	燕晓飞	全国总工会理论研究会招标重点课题	2020. 12
3	深化工会改革、履行工会基本职责问题研究	李　磊	全国总工会理论研究会招标专项课题	2020. 12
4	新中国成立 70 年来工运事业和工会工作发展历程与经验启示问题研究	杨冬梅	全国总工会理论研究会招标专项课题	2020. 12

（中国劳动关系学院科研处供稿）

中国社会科学院

2019 年度承担国家社会科学基金项目

序号	项目批准号	项目名称	项目负责人	单位
重大项目				
1	19ZDA048	包容性绿色增长的理论与实践研究	李　钢	工业经济研究所
2	19ZDA050	新时代推进民营经济高质量发展研究	黄速建	工业经济研究所
3	19ZDA095	宏观经济稳增长与金融系统防风险动态平衡机制研究	张晓晶	经济研究所
4	19ZDA130	上海合作组织命运共同体构建研究	孙壮志	俄罗斯东欧中亚所
5	19ZDA132	21 世纪民族主义的发展及其对未来世界政治走向的影响研究	周少青	民族学与人类学所
6	19ZDA146	代际社会学视野下中国新生代的价值观念与行为模式研究	李春玲	社会学研究所
7	19ZDA152	百年社会变革中的中国家庭结构及其变动分析（1911—2010）	王跃生	人口与劳动经济所
8	19ZDA222	哥伦比亚中国社会科学院大学图书馆藏顾维钧档案整理与研究	侯中军	近代史研究所
9	19ZDA224	“156 项”建设工程资料整理与相关企业发展变迁研究	赵学军	经济研究所
10	19ZDA226	新疆温泉阿敦乔鲁遗址与墓地综合研究	丛德新	考古研究所
11	19ZDA262	改革开放 40 年文学理论学术史研究与文献整理	丁国旗	文学研究所
12	19ZDA278	香港文艺期刊资料长编	赵稀方	文学研究所
13	19ZDA302	中国阿尔泰语系语言比较研究	朝　克	民族文学研究所
14	19ZDA331	媒体融合中的版权理论与运营研究	朱鸿军	新闻与传播所

2019 年度国情调研项目

序号	项目编号	项目类型	申报单位	项目名称	主持人
1	GQZD2019001	重大	马研院	高校马克思主义学院师生“巩固马克思主义在意识形态领域指导地位”做法与困难调研	刘志明
2	GQZD2019002	重大	工经所	上饶市工业高质量发展调研	郭朝先
3	GQZD2019003	重大	金融所	中国自由贸易试验区（港）建设跟踪调研	王　力
4	GQZD2019004	重大	数技经所	“淘宝村”促进农村经济增长方式转变的调研	叶秀敏
5	GQZD2019005	重大	哲学所	乡村振兴战略视角下的农村新型集体经济调研	单继刚 王立胜
6	GQZD2019006	重大	世经政所	中美贸易争端对我国企业进出口贸易影响调研	姚枝仲
7	GQZD2019007	重大	数技经所	低碳转型下，地区经济绿色发展的路径选择与差异性研究	蒋金荷
8	GQZD2019008	重大	法学所	协调经济发展与环境保护地方法治建设研究——以粤港澳大湾区发展为视角	刘洪岩
9	GQZD2019009	重大	宗教所	文庙等儒家文化物质载体在乡村可持续发展战略中的地位和作用——以海南、陕西为例	肖　雁
10	GQZD2019010	重大	宗教所	韩国基督教在中国的传教方式及其对中国的影响调查	贾　俐 唐晓峰

续表

序号	项目编号	项目类型	申报单位	项目名称	主持人
11	GQZD2019011	重大	法学所	依法治国地方实践状况的调研	谢增毅
12	GQZD2019012	重大	工经所	基于健康公平的医疗服务体系资源配置调查研究	曹建海
13	GQZD2019013	重大	社发院	企业养老保险负担调查（第一期）	张　翼 高庆波
14	GQZD2019014	重大	农发所	佛山市农村基层社会治理状况调研	谭秋成
15	GQZD2019015	重大	社发院	珠三角地区劳资矛盾的演变与治理经验	汪建华 孙兆阳
16	GQZD2019016	重大	人口所	育龄人群生育意愿与生育行为调查研究	王广州
17	GQZD2019017	重大	宗教所	藏传佛教与藏族和其他民族交往交流交融的关系	赵文洪
18	GQZD2019018	重大	美国所	深圳、贵州、陕西榆林：探究中国故事多元性、提升中国道路话语权	魏南枝
19	GQZD2019019	重大	财经院	旅游助推“一带一路”建设：进展与问题调研	宋　瑞
20	GQZD2019020	重大	财经院	“一带一路”建设进展与问题调研：以中欧班列为例	夏杰长
21	GQZD2019021	重大	俄欧亚所	“一带一路”口岸建设与边境地区经济发展问题	徐坡岭

（中国社会科学院科研局供稿）

中国社会科学院大学

序号	项目名称	负责人	承担部门	项目分类、类别	预期成果形式	计划完成时间
1	关于环境刑事司法中预防性责任方式问题研究	姜文秀	政法学院	最高人民法院司法研究专项委托课题	研究报告	2020. 5
2	未成年人网络空间权益保护机制研究	林　维	校领导	共青团中央青少年发展研究课题	研究报告	2020. 7
3	江苏简牍史	张梦晗	人文学院	江苏省哲学社会科学基金项目	论文	2021. 12

（中国社会科学院大学科研处供稿）

北京印刷学院

序号	项目名称	负责人	承担部门	项目分类、类别	预期成果形式	计划完成时间
1	新时期科学基金重大项目资助与管理改革研究	刘玉琴	新闻出版学院	国家自然科学基金、专项项目	研究报告	2020. 12. 31
2	传统印刷工艺创造性转化设计人才培养	杨　虹	设计艺术学院	国家艺术基金项目、艺术人才培养资助项目	人才培养与艺术作品	2019. 12. 31
3	当代文化语境下传统印刷文明的视觉表现	莫沁杰	设计艺术学院	国家艺术基金项目、青年艺术创作人才资助项目	艺术作品	2020. 6. 30

（北京印刷学院宣传部供稿）

外交学院

序号	项目名称	负责人	承担部门	项目分类、类别	预期成果形式	计划完成时间
1	加强“陆海联动”，构建“一体两翼”的中国—东盟合作新格局	郭延军	亚洲研究所	国家其他部委项目	研究报告	2020. 12. 31
2	一带一路建设境外安全保障	夏莉萍	外交学与外事管理系	国家其他部委项目	研究报告	2019. 8. 31
3	街头抗议运动研究：起源、发展与弥合	梁晓君	外交学与外事管理系	其他部委项目	专著	2019. 11. 27
4	跨界河流管理制度比较研究	郭延军	亚洲研究所	国家其他部委项目	研究报告	2020. 10. 1
5	中国跨界河流利用、保护及国际合作外宣材料编制	郭延军	亚洲研究所	国家其他部委项目	研究报告	2020. 10. 1
6	亚太区域中的“印太战略框架”及其应对	苏　浩	外交学与外事管理系	外交部项目	研究报告	2019. 12. 15
7	国外先进农产品监管模式调查分析	崔海宁	亚洲研究所	国家其他部委项目	研究报告	2020. 3. 31
8	竞合时代美国对华经济“极限施压”及应对策略研究	吉菲菲	周恩来外交研究中心	国家其他部委项目	研究报告	2021. 12. 31
9	当代大学生核心心理品质及有效培养模式的研究	宗　敏	基础教学部	北京市项目-北京市教委项目	研究报告	2022. 11. 8
10	中华人民共和国外交部历史沿革（部史）	梁晓君	外交学与外事管理系	外交部项目	研究报告	2019. 12. 21
11	FTA 升级背景下中国与东盟农业经贸合作研究	何　敏	国际经济学院	国家其他部委项目	专著	2020. 4. 10
12	美国主流价值观融入高校专业课程的机制研究	冉继军	英语系	教育部项目-教育部国别和区域研究项目	专著	2020. 12. 27

（外交学院科研处供稿）

北京物资学院

序号	项目名称	负责人	承担部门	项目分类、类别	预期成果形式	计划完成时间
1	地方政府债券发行中的政府会计功能优化研究	张　军	商学院	教育部哲学社会科学研究后期资助项目、一般项目	专著	2020. 12
2	新时代北京高校把握意识形态工作领导权的现实路径选择研究	孙　杰	党委宣传部	北京市习近平新时代中国特色社会主义思想研究中心项目、一般项目	系列论文	2020. 7

续表

序号	项目名称	负责人	承担部门	项目分类、类别	预期成果形式	计划完成时间
3	京津冀城市群物流业服务创新能力提升研究	刘　艳	物流学院	北京市教育委员会科研计划项目、社科计划重点项目	专著	2021. 12
4	新零售时代北京市零售业转型创新实践及效果研究	黄雨婷	经济学院	北京市教育委员会社科计划、一般项目（2018）	论文、研究报告	2021. 12
5	基于文本挖掘的京津冀企业信用评价方法的优化与实证研究	韩　嵩	信息学院	北京市教育委员会社科计划、一般项目（2018）	论文、研究报告	2020. 12
6	政府引导基金对社会资本带动与优化配置效应的研究	马婷婷	物流学院	北京市教育委员会社科计划、一般项目（2018）	论文	2021. 12
7	基于碳交易的京津冀低碳供应链减排模式及成本分摊策略	于晓辉	物流学院	北京市教育委员会社科计划、一般项目（2018）	论文	2020. 12
8	北京市国企分类分层推进混合所有制改革路径及绩效研究	董丽萍	商学院	北京市教育委员会社科计划、一般项目（2018）	论文、研究报告	2020. 12
9	北京地区普惠金融发展现状及其福利效应研究	吴　锟	商学院	北京市教育委员会社科计划、一般项目（2018）	论文、研究报告	2020. 12
10	京津冀生鲜农产品协同物流视角下的技术创新、环境规制和经济效益关系研究	李　锋	信息学院	北京市教育委员会社科计划、一般项目（2018）	论文、研究报告	2021. 12
11	基于多方法融合的京津冀物流产业关联效应测度研究	韩　嵩	信息学院	全国统计科学研究项目（国家统计局）、重点项目	研究报告、论文	2021. 6
12	我国分布式能源发展统计分析方法应用研究	尹洁婷	信息学院	全国统计科学研究项目（国家统计局）、一般项目	研究报告、论文	2021. 6
13	高校知识型“双肩挑”干部激励机制构建及管理创新	宋晓欣	商学院	北京高校党建研究会课题	论文	2020. 3
14	“北京榜样”助推大学生社会主义核心价值观培育的现状与对策研究	冯凡彦	马克思主义学院	北京市思想政治工作研究会	研究或咨询报告	2019. 12
15	拉萨食品安全监管体系建设研究	刘永胜	商学院	拉萨市哲学社会科学规划专项资金、重大项目	研究报告、论文	2020. 3

（北京物资学院科研处供稿）

国务院发展研究中心

序号	项目名称	负责人	承担部门	项目分类、类别	项目来源单位	预期成果形式
1	面向2040的工程科技需求分析方法与调查研究	吕 薇	创新经济研究部	国家自然科学基金、应急管理项目	国家自然科学基金委员会	论文、研究报告
2	金融干预下的城镇化：机制、影响与对策	卓 贤	发展战略和区域经济研究部	国家自然科学基金、面上项目	国家自然科学基金委员会	论文、研究报告
3	太空视角下的城镇化—政治周期与边界效应	石 光	金融所	国家自然科学基金、青年科学基金项目	国家自然科学基金委员会	论文、研究报告
4	PPP基础性制度建设研究	孟 春	宏观经济研究部	国家自然科学基金、专项项目	国家自然科学基金委员会	论文、研究报告
5	基于大数据的城市群空间演化特征与机制研究	兰宗敏	办公厅	国家自然科学基金、青年科学基金项目	国家自然科学基金委员会	论文、研究报告
6	防范化解中美贸易战可能引发的金融风险研究	赵昌文	产业部	国家社会科学基金、应急管理项目	国家自然科学基金委员会	论文、研究报告
7	全球价值链视角下的国内区域分工与市场一体化研究	李善同	发展战略和区域经济研究部	国家自然科学基金、重点项目	国家自然科学基金委员会	论文、研究报告

（国务院发展研究中心办公厅科研处郭巍供稿）

中共北京市委党校（北京行政学院）

序号	项目名称	负责人	承担部门	项目分类、类别	预期成果形式	计划完成时间
1	国外学者对中国政治领域重大风险研究的评述	庞 宇	领导科学教研部	全国党校（行政学院）系统重点调研课题	论文	2020.8
2	历史文化名城保护与高端服务业发展协同研究	张 勇	经济学教研部	全国党校（行政学院）系统重点调研课题	研究报告、论文	2020.8
3	新时代青年干部的自我认知特点与成长规律研究	孔祥利	公共管理教研部	全国党校（行政学院）系统重点调研课题	研究报告	2020.8
4	突发事件应急预案优化研究	杨 青	公共管理教研部	全国党校（行政学院）系统重点调研课题	研究报告	2020.8
5	基层党组织建设语境下的干部廉政领导力研究	杨守涛	领导科学教研部	全国党校（行政学院）系统重点调研课题	研究报告、论文	2020.8
6	北京大型社区社会稳定风险评估研究	郑 琛	公共管理教研部	全国党校（行政学院）系统重点调研课题	研究报告、论文	2020.8

［中共北京市委党校（北京行政学院）供稿］

北京市社会科学院

序号	项目名称	承担部门	负责人	项目类别	预期成果形式	计划完成时间
1	打造南五环国家功能区探讨	经济所	刘　薇	首都高端智库重大课题	研究报告	2020.3
2	“回天有我”大型社区治理探讨	综治所	袁振龙	首都高端智库重大课题	研究报告	2020.3
3	物业管理条例研究	综治所	马晓燕	首都高端智库重大课题	研究报告	2020.3
4	利用市郊铁路发展北京区域快线的创新路径及规划研究	经济所	王德利	首都高端智库重大课题	研究报告	2020.3
5	街道工作条例研究	城市所	倪维秋	首都高端智库重大课题	研究报告	2020.3
6	既有三条市郊铁路打造成“开往春天的列车”研究	市情中心	唐　鑫	首都高端智库重大课题	研究报告	2020.3
7	北京市城乡建设用地减量发展路径与模式研究	经济所	王德利	北京宣传文化引导基金特别委托项目	研究报告	2020.12
8	京津冀生态文明建设区域协同与结构优化及实现对策研究	城市所	穆松林	北京宣传文化引导基金特别委托项目	研究报告	2020.12
9	“北京城市副中心建设”提升公共服务质量的路径研究	管理所	王　鹏	北京宣传文化引导基金特别委托项目	研究报告	2020.12
10	新中国70年北京的社会建设	社会学所	江树革	北京宣传文化引导基金特别委托项目	研究报告	2020.12
11	北京市持续提升营商环境便利化、法治化和国际化水平对策研究	管理所	鄢圣文	北京宣传文化引导基金特别委托项目	研究报告	2020.12
12	首都学术创新交流平台	院	唐立军	北京宣传文化引导基金特别委托项目	学术活动	2020.12
13	北京市居民垃圾分类引导政策研究	经济所	王朝华	北京宣传文化引导基金特别委托项目	研究报告	2020.12
14	大运河文化历史文献整理与研究	历史所	高福美	北京宣传文化引导基金特别委托项目	研究报告	2020.12

续表

序号	项目名称	承担部门	负责人	项目类别	预期成果形式	计划完成时间
15	北京中轴线城市文化空间和功能研究	文化所	李建盛	北京宣传文化引导基金特别委托项目	研究报告	2020.12
16	总书记到北京：“理论”与“实践”	科社所	刘长军	北京宣传文化引导基金特别委托项目	研究报告	2020.12

（北京市社会科学院科研处供稿）

北京市家庭教育研究会

序号	项目名称	负责人	承担部门	项目分类、类别	预期成果形式	计划完成时间
1	北京市社区家长学校建设调查研究	徐 凡	北京市家庭教育研究会	北京市妇联	研究报告	2019.10
2	北京市家庭教育立法调研	康丽颖	北京市家庭教育研究会	北京市妇联	研究报告	2019.12

（北京市家庭教育研究会秘书处供稿）

北京现代中小学网络教育研究院

序号	项目名称	负责人	承担部门	项目分类、类别	预期成果形式	计划完成时间
1	优质数字资源促进教育均衡发展的研究与实验（课题批准号：1601040467A）	王本陆	科研部	中国教育学会“十三五”重点课题	著作、研究报告	2020.10
2	《提高中小学劳动与技术课教学质量的实践研究》（课题批准号：1603060476B）	韩清林	科研部	中国教育学会“十三五”科研课题	著作、研究报告、教材	2020.10

（北京现代中小学网络教育研究院供稿）

·获奖成果·

概　述

本栏目记述北京市第十五届哲学社会科学优秀成果奖和北京地区部分重要哲学社会科学奖项获奖名单，以及获特等奖、一等奖成果及作者简介；记述北京地区部分高校、科研单位其他国家、省部级人文社会科学研究成果奖获奖情况。获奖成果的记述，包括成果名称、主要作者、奖项名称、颁奖单位、成果形式、获奖等级等内容。这些信息反映出北京地区社会科学研究领域的最新成果和理论贡献。

北京市第十五届哲学社会科学优秀成果奖获奖名单（2015—2018年度）

特等奖

（4项　排名不分先后）

编号	成果名称	申报单位	申报者	成果形式	出版/发表/结项单位	出版/发表/结项时间
1	改革开放以来的中国经济：1978—2018	北京大学	厉以宁	著作	中国大百科全书出版社	2018.5
2	世界佛教通史（14卷）	中国社会科学院大学	魏道儒	著作	中国社会科学出版社	2015.12
3	瞿林东文集（10卷）	北京师范大学	瞿林东	著作	北京师范大学出版社	2017.9
4	续修四库全书总目提要（4部）	清华大学	刘　石	著作	上海古籍出版社	2015.12

一等奖

（41 项　排名不分先后）

编号	成果名称	申报单位	申报者	成果形式	出版/发表/结项单位	出版/发表/结项时间
1	陈先达文集（14 卷）	中国人民大学	陈先达	著作	中国人民大学出版社	2015. 11
2	协调发展研究	北京大学	孙代尧	著作	高等教育出版社	2018. 5
3	中华优秀文化的传承和发展	清华大学	陈　来	论文	《光明日报》	2017. 3. 20
4	中国的价值观	北京师范大学	韩　震	著作	中国社会科学出版社	2016. 6
5	中国特色社会主义经济理论的坚持、发展与创新问题	中国人民大学	卫兴华	论文	《马克思主义研究》	2015 年第 10 期
6	中国共产党理论史稿	中共北京市委党校	侯且岸	著作	北京人民出版社	2016. 6
7	论中国特色社会主义政治经济学的发展与创新	中国人民大学	张雷声	论文	《马克思主义研究》	2017 年第 5 期
8	推进绿色发展 实现全面小康——绿水青山就是金山银山理论研究与实践探索	北京林业大学	陈建成	著作	中国林业出版社	2018. 6
9	牢记嘱托 砥砺奋进——党的十八大以来北京发展纪实	中共北京市委党史研究室	集体成果	著作	北京出版社	2017. 5
10	以更高水平社会进步引领经济新发展	北京市中国特色社会主义理论体系研究中心	洪大用	论文	《求是》	2016 年第 7 期
11	增强中国在国际规则制定中的话语权	北京市中国特色社会主义理论体系研究中心	张志洲	论文	《人民日报》	2017. 2. 17
12	论中国特色社会主义新时代	中国人民大学	陶文昭	论文	《教学与研究》	2017 年第 12 期
13	思想的剥离与锻造——《神圣家族》文本释读	北京交通大学	刘秀萍	著作	中国人民大学出版社	2018. 5
14	马克思意识形态概念理解史	中国人民大学	张秀琴	著作	人民出版社	2018. 3
15	传统文化与十八大以来中国外交话语体系构建	外交学院	孙吉胜	论文	《外交评论》	2017 年第 4 期
16	政府向社会力量购买公共服务发展研究：基于中英经验的分析	北京大学	王浦劬	著作	北京大学出版社	2016. 9
17	股市危机——历史与逻辑	中国人民大学	吴晓求	著作	中国金融出版社	2016. 12
18	人力资本和中国城市住房价格	中央财经大学	陈斌开	论文	《中国社会科学》	2016 年第 5 期
19	中国政府统计问题研究	清华大学	许宪春	著作	社会科学文献出版社	2016. 3

续表

编号	成果名称	申报单位	申报者	成果形式	出版/发表/结项单位	出版/发表/结项时间
20	中国碳排放总量确定、指标分配、实现路径机制设计综合研究	北京物资学院	王文举	著作	首都经济贸易大学出版社	2018. 2
21	中外跨国公司发展史（上、下卷）	对外经济贸易大学	卢进勇	著作	对外经济贸易大学出版社	2016. 12
22	基于学生核心素养的化学学科能力研究	北京师范大学	王　磊	著作	北京师范大学出版社	2017. 12
23	中国学校研究	北京师范大学	顾明远	著作	高等教育出版社	2017. 2
24	学习学（上、下卷）	北京市教育学会	温寒江	著作	教育科学出版社	2016. 6
25	中国法制史大辞典	北京大学	蒲　坚	著作	北京大学出版社	2015. 8
26	中国证据法治发展报告：1978—2014（8 册）	中国政法大学	张保生	著作	中国政法大学出版社	2016. 5
27	陈其泰史学萃编（9 卷）	北京师范大学	陈其泰	著作	华夏出版社	2018. 1
28	六朝道教古灵宝经的历史学研究	首都师范大学	刘　屹	著作	上海古籍出版社	2018. 3
29	北京社区公共服务建设研究	北京大学	黄恒学	著作	中国人民大学出版社	2016. 10
30	中国信息资源产业发展与政策	中国人民大学	冯惠玲	著作	中国人民大学出版社	2017. 8
31	提升中国产品海外形象研究	对外经济贸易大学	林汉川	著作	企业管理出版社	2017. 12
32	中国地方政府规模与结构优化：理论、模型与实证研究	北京市社会科学院	罗　植	著作	经济管理出版社	2015. 12
33	20 世纪中国语言学方法论研究	北京大学	陈保亚	著作	商务印书馆	2015. 12
34	法兰克福学派内外：知识分子与大众文化	北京师范大学	赵　勇	著作	北京大学出版社	2016. 6
35	20 世纪中国新诗理论史（上、下册）	首都师范大学	吴思敬	著作	人民文学出版社	2015. 10
36	立论中国影视	北京师范大学	胡智锋	著作	中华书局	2017. 12
37	青海藏医药文化博物馆藏佉卢文尺牍	北京大学	段　晴	著作	中西书局	2016. 12
38	当代中国社会大事典（1978—2015）（4 卷）	北京师范大学	魏礼群	著作	商务印书馆、华文出版社	2017. 12
39	北京市集体建设用地减量策略研究	北京大学	林　坚	调研报告	北京大学	2018. 6
40	税务机关征收社保费问题研究	首都经济贸易大学	郝如玉	调研报告	国家税务总局	2018. 5
41	当代中国新的社会阶层研究报告	对外经济贸易大学	廉　思	调研报告	光明日报社北京记者站	2018. 4

二等奖

（163 项　排名不分先后）

编号	成果名称	申报单位	申报者	成果形式	出版/发表/结项单位	出版/发表/结项时间
1	从新的历史起点出发奋力实现中国梦	北京市习近平新时代中国特色社会主义思想研究中心	闫志民	论文	《人民日报》	2017.10.18
2	中国力量何以能凝聚并强大起来	北京市中国特色社会主义理论体系研究中心	邵景均	论文	《求是》	2016 年第 1 期
3	特朗普当选，中国面临巨大挑战	中国人民大学	杨其静	调研报告	中国人民大学	2016.11
4	寻找供给侧结构性改革的理论源头	中国人民大学	方福前	论文	《中国社会科学》	2017 年第 7 期
5	现代化视野下的“中国梦”研究	北京大学	程美东	著作	清华大学出版社、北京交通大学出版社	2015.10
6	坚守我们的核心价值观——学习习近平总书记关于核心价值观的重要论述	北京市中国特色社会主义理论体系研究中心	李文阁	论文	《求是》	2016 年第 8 期
7	当代社会发展中的马克思主义阶级心理研究刍议	首都经济贸易大学	李厚羿	论文	《马克思主义研究》	2017 年第 2 期
8	中国共产党党员民主权利保障理论与实践研究	首都师范大学	李东明	著作	中共党史出版社	2016.12
9	马克思主义经典作家“民族”概念及其语境考辨——兼论“民族”概念的汉译及中国化	中央民族大学	杨须爱	论文	《民族研究》	2017 年第 5 期
10	旗帜：社会主义核心价值漫谈	中国人民大学	葛晨虹	社科普及读物	北京人民出版社	2015.12
11	“一国两制”在香港、澳门的成功实践及其历史经验研究	中国人民大学	齐鹏飞	著作	人民出版社	2016.6
12	世界是通的：“一带一路”的逻辑	中国人民大学	王义桅	著作	商务印书馆	2016.6
13	中国智慧：十八大以来中国外交	中国人民大学	金灿荣	著作	中国人民大学出版社	2017.7
14	如何把握新时代的马克思主义	中国人民大学	郝立新	论文	《甘肃社会科学》	2015 年第 5 期
15	马克思主义创始人“资本主义社会基本矛盾”理论发展史初探	中国社会科学院大学	辛向阳	论文	《马克思主义研究》	2017 年第 1 期

续表

编号	成果名称	申报单位	申报者	成果形式	出版/发表/结项单位	出版/发表/结项时间
16	马克思传：人间的普罗米修斯	北京工商大学	袁　雷	著作	中国人民大学出版社	2018.5
17	中国特色社会主义民主政治的鲜明特色和独特优势	北京市中国特色社会主义理论体系研究中心	王怀超	论文	《求是》	2017年第13期
18	在全面深化改革中充分发挥人民代表大会制度优势	北京市中国特色社会主义理论体系研究中心	田洪俊	论文	《光明日报》	2015.10.1
19	坚持以人民为中心是中国梦的本质要求——学习习近平总书记关于实现中华民族伟大复兴中国梦的重要论述	北京交通大学	韩振峰	论文	《光明日报》	2016.6.13
20	《共产党宣言》的国际影响与历史贡献	北京市中国特色社会主义理论体系研究中心	杨金海	论文	《人民日报》	2018.5.28
21	中国特色社会主义制度的大众认同与完善发展	北京师范大学	徐　斌	著作	人民出版社	2017.10
22	当代中国经济法理论的新视域	北京大学	张守文	著作	中国人民大学出版社	2018.1
23	"法治中国"命题的理论逻辑及其展开	中国人民大学	王　旭	论文	《中国法学》	2016年第1期
24	金融发展与反贫困：来自中国的理论与实践	中国人民大学	胡德宝	著作	人民日报出版社	2017.4
25	论社会资本对经济增长的支撑与促进	北京大学	崔　巍	论文	《北京大学学报》	2017年第3期
26	从工业城镇化、土地城镇化到人口城镇化：中国特色城镇化道路的社会学考察	北京大学	周飞舟	论文	《社会发展研究》	2018年第1期
27	完善和发展中国特色社会主义法律体系的理论与实践研究（上、下册）	中国人民大学	冯玉军	著作	北京师范大学出版社	2016.5
28	医保政策精准扶贫效果研究——基于URBMI试点评估入户调查数据	对外经济贸易大学	黄　薇	论文	《经济研究》	2017年第9期
29	政策不确定性、税收征管强度与企业税收规避	对外经济贸易大学	陈德球	论文	《管理世界》	2016年第5期
30	中国文化产品贸易的理论与实证研究	北京师范大学	曲如晓	著作	北京师范大学出版社	2017.1

续表

编号	成果名称	申报单位	申报者	成果形式	出版/发表/结项单位	出版/发表/结项时间
31	中国共产党治理腐败的历程与经验研究	中共北京市委党校	杨云成	著作	中国社会科学出版社	2018. 3
32	共享发展研究	中国青年政治学院	于　昆	著作	高等教育出版社	2017. 10
33	创新生态体系论	清华大学	吴金希	著作	清华大学出版社	2015. 8
34	从社会学角度看现代化的中国道路	清华大学	李　强	论文	《社会学研究》	2017 年第 6 期
35	传统文化与思想政治教育创新	中国人民大学	王　易	著作	中国人民大学出版社	2018. 4
36	人学视域下的立德树人	北京交通大学	路日亮	论文	《光明日报》	2017. 3. 27
37	思想政治教育话语发展研究	北京交通大学	吴　琼	著作	中国社会科学出版社	2017. 4
38	鉴古明今——传统法文化的现实意义	中国政法大学	张晋藩	著作	中国政法大学出版社	2018. 4
39	中国共产党国家文化安全战略	中共北京市委党校	孙　宁	著作	中国社会科学出版社	2016. 8
40	深刻认识坚持和加强党的全面领导	北京市习近平新时代中国特色社会主义思想研究中心	戴焰军	论文	《人民日报》	2018. 6. 4
41	人类命运共同体的构建与国际法的发展	首都经济贸易大学	谢海霞	论文	《法学论坛》	2018 年第 1 期
42	将“四个意识”贯穿党的政治建设全过程	中央民族大学	孙　英	论文	《光明日报》	2018. 3. 2
43	莫辜负新时代	中共北京市委教育工作委员会	集体成果	社科普及读物	人民出版社	2018. 2
44	中国人的正义观念及其现代转型	首都经济贸易大学	麻宝斌	论文	《新视野》	2016 年第 6 期
45	全面理解马克思恩格斯共产主义的科学内涵	中国地质大学（北京）	杨峻岭	论文	《马克思主义研究》	2018 年第 4 期
46	西方国家工人阶级意识问题研究	对外经济贸易大学	童　晋	著作	中国社会科学出版社	2016. 8
47	身体、不死与神秘主义：道教信仰的观念史视角	北京大学	程乐松	著作	北京大学出版社	2017. 3
48	道家形而上学研究（增订本）	北京大学	郑　开	著作	中国人民大学出版社	2018. 5
49	重新理解唯物主义的历史形态及其革命性变革	北京师范大学	杨　耕	论文	《中国社会科学》	2016 年第 11 期
50	一“是”到底论	清华大学	王　路	著作	清华大学出版社	2017. 6
51	周易溯源与早期易学考论	清华大学	丁四新	著作	中国人民大学出版社	2017. 2

续表

编号	成果名称	申报单位	申报者	成果形式	出版/发表/结项单位	出版/发表/结项时间
52	康德《纯粹理性批判》（第2版）中“先验演绎”结构研究	中共北京市委党校	董滨宇	著作	人民出版社	2016.5
53	白晋易学思想研究——以梵蒂冈图书馆见存中文易学资料为基础	中共北京市委党校	陈欣雨	著作	人民出版社	2017.4
54	价值哲学的存在论基础	中共北京市委党校	张　军	著作	人民出版社	2018.5
55	世界权力的转移：政治领导与战略竞争	清华大学	阎学通	著作	北京大学出版社	2015.9
56	观念的民主与实践的民主：比较历史视野下的民主与国家治理	中国人民大学	杨光斌	著作	中国社会科学出版社	2015.11
57	数字政府治理——基于社会形态演变进程的考察	对外经济贸易大学	戴长征	论文	《中国行政管理》	2017年第9期
58	20世纪60年代北京发展“高精尖”工业的历史与启示	中共北京市委党史研究室	董　斌	论文	《当代中国史研究》	2016年第5期
59	中亚费尔干纳盆地的民族过程及相关问题研究	中央民族大学	张　娜	著作	中央民族大学出版社	2016.6
60	公共资源与社会信任：以义务教育为例	中央财经大学	史宇鹏	论文	《经济研究》	2016年第5期
61	我国特大城市CBD金融集聚差异化发展研究	首都经济贸易大学	王曼怡	著作	中国金融出版社	2016.8
62	中国产业安全指数研究	北京交通大学	李孟刚	著作	社会科学文献出版社	2016.5
63	加快推进中国对外经济发展方式转变研究	北京师范大学	李　翀	著作	北京师范大学出版社	2016.4
64	2016中国劳动力市场发展报告	北京师范大学	赖德胜	著作	北京师范大学出版社	2017.1
65	政府统计国际规范概览	中国人民大学	高敏雪	著作	经济科学出版社	2017.8
66	中国通货膨胀动态形成机制的多重逻辑	中国人民大学	张成思	著作	中国人民大学出版社	2016.3
67	第三次工业革命与工业智能化	中国人民大学	贾根良	论文	《中国社会科学》	2016年第6期
68	全球价值链下中国本土企业的创新效应	中国人民大学	张　杰	论文	《经济研究》	2017年第3期
69	Impact of High-speed Rail on China's Big Three Airlines（高铁对中国三大航空公司的影响）	对外经济贸易大学	杨杭军	论文	*Transportation Research Part A*	2017.4
70	基于“艺术城市”概念的“北京古村落文化旅游经济圈”构建研究	北京印刷学院	刘　彤	调研报告	北京市哲学社会科学规划办公室	2017.2

续表

编号	成果名称	申报单位	申报者	成果形式	出版/发表/结项单位	出版/发表/结项时间
71	环境污染治理与规制博弈研究	北京信息科技大学	王　斌	著作	中国财政经济出版社	2017. 4
72	资源型城市转型新动能——基于内生增长理论的经济发展模式与政策	北京大学	李　虹	著作	商务印书馆	2017. 12
73	首都经济运行规律及稳增长对策	北京市发改委	杨旭辉	调研报告	北京市发展和改革委员会	2017. 3
74	创业教育与专业教育融合研究——创业型工程人才培养模式的建构	华北电力大学	白逸仙	著作	社会科学文献出版社	2015. 9
75	基于互联网教育环境的深度学习	北京市海淀区教育科学研究院	吴颖惠	著作	人民邮电出版社	2017. 12
76	美国博士教育的规模扩张	北京航空航天大学	赵世奎	著作	北京大学出版社	2016. 5
77	现代羽毛球专项竞赛体系与训练参赛机制	北京体育大学	徐　刚	著作	北京体育大学出版社	2016. 6
78	终身教职的价值与影响因素——基于美国八所高校的经验研究	北京大学	蒋　凯	论文	《教育研究》	2016 年第 3 期
79	全球化进程中我国高等教育自主发展模式研究	北京师范大学	毛亚庆	著作	北京师范大学出版社	2018. 6
80	学龄孤独症儿童教育评估指南	北京师范大学	胡晓毅	著作	北京师范大学出版社	2017. 4
81	职业教育信息化研究导论	清华大学	韩锡斌	著作	清华大学出版社	2015. 11
82	远程学习中的教学交互原理与策略	北京师范大学	陈　丽	著作	中央广播电视大学出版社	2016. 12
83	教学过程设计的价值取向研究	首都师范大学	张　菁	著作	北京师范大学出版社	2017. 1
84	The "Weakest Link" as an Indicator of Cognitive Vulnerability Differentially Predicts Symptom Dimensions of Anxiety in Adolescents in China（"最弱连接"理论假说对中国青少年的多维度焦虑水平预测的理论论证与实证探讨）	首都师范大学	肖　晶	论文	*Journal of Anxiety Disorders*	2017. 5
85	体系化视角下的意定代理权来源	中央财经大学	尹　飞	论文	《法学研究》	2016 年第 6 期
86	事实行为的基础理论研究	北京大学	常鹏翱	著作	北京大学出版社	2016. 3
87	商事关系的重新发现与当今商法的使命	清华大学	施天涛	论文	《清华法学》	2017 年第 6 期

续表

编号	成果名称	申报单位	申报者	成果形式	出版/发表/结项单位	出版/发表/结项时间
88	侵权责任法（第二版）	清华大学	程　啸	著作	法律出版社	2015.9
89	论法律的法规创造力	中国人民大学	王贵松	论文	《中国法学》	2017 年第 1 期
90	国际贸易投资规则的再构建及中国的因应	对外经济贸易大学	石静霞	论文	《中国社会科学》	2015 年第 9 期
91	中国参与国际气候治理的法律立场和策略：以气候正义为视角	中国政法大学	曹明德	论文	《中国法学》	2016 年第 1 期
92	消费者权益保护专论	北京市社会科学院	马一德	著作	法律出版社	2017.1
93	创新驱动发展的法治保障：理念 制度 行为	中共北京市委党校	周悦丽	著作	人民出版社	2018.3
94	古代北京与西方文明	北京大学	欧阳哲生	著作	北京大学出版社	2018.6
95	儒学西传欧洲研究导论：16—18 世纪中学西传的轨迹与影响	北京外国语大学	张西平	著作	北京大学出版社	2016.6
96	秦汉儿童的世界	中国人民大学	王子今	著作	中华书局	2018.5
97	国际联盟与第一次世界大战后的国际秩序	首都师范大学	徐　蓝	论文	《中国社会科学》	2015 年第 7 期
98	重塑中华：近代中国“中华民族”观念研究	中国人民大学	黄兴涛	著作	北京师范大学出版社	2017.10
99	北京城市史（6 册）	北京市社会科学院	尹钧科	著作	北京出版社	2016.12
100	明代北京社会经济史研究	中共北京市委党校	高寿仙	著作	人民出版社	2015.11
101	出资者财务	北京工商大学	谢志华	著作	经济科学出版社	2018.5
102	中国外资政策有效性研究	北京师范大学	章文光	著作	中国经济出版社	2017.3
103	转型期公共政策过程的适应性改革及局限	清华大学	薛　澜	论文	《中国社会科学》	2017 年第 9 期
104	Extracting Representative Information on Intra-Organizational Blogging Platforms（组织内社会化媒体代表性信息提取）	清华大学	郭迅华	论文	*MIS Quarterly*	2017.12
105	企业创新生态系统论	清华大学	陈　劲	著作	科学出版社	2017.3
106	证券监管效果论	对外经济贸易大学	郝旭光	著作	对外经济贸易大学出版社	2017.7
107	预期会计的理论基础与前景——未来现金流视角	北京邮电大学	曾雪云	论文	《会计研究》	2016 年第 7 期
108	绿色创业导向研究	北京林业大学	李华晶	著作	中国人民大学出版社	2016.10
109	城乡建设用地统筹置换机理与模式	北京市社会科学院	王　婧	著作	科学出版社	2017.9

续表

编号	成果名称	申报单位	申报者	成果形式	出版/发表/结项单位	出版/发表/结项时间
110	中外产学研协同创新研究	中共北京市委党校	陆园园	著作	人民出版社	2017.11
111	中国医疗卫生服务历史沿革中的“钟摆式”公平	中共北京市委党校	杨　旎	著作	中国社会科学出版社	2017.11
112	互联网供应链金融	中国人民大学	宋　华	著作	中国人民大学出版社	2017.2
113	《玉台新咏》与南朝文学（上、下册）	北京大学	傅　刚	著作	中华书局	2018.6
114	十三经注疏校勘记（11卷）	北京大学	刘玉才	著作	北京大学出版社	2015.10
115	阿拉伯传记文学研究	对外经济贸易大学	邹兰芳	著作	中国社会科学出版社	2016.1
116	公共阐释论纲	中国社会科学院大学	张　江	论文	《学术研究》	2017年第6期
117	韦努蒂翻译理论的谱系学研究	首都师范大学	蒋　童	著作	商务印书馆	2016.6
118	老北京土话语法研究	中央民族大学	卢小群	著作	中国社会科学出版社	2017.9
119	南北朝贵族文学研究	清华大学	孙明君	著作	商务印书馆	2018.4
120	新出简帛与古文字古文献研究续集	清华大学	赵平安	著作	商务印书馆	2018.6
121	浪漫的中国：性别视角下激进主义思潮与文学（1890—1940）	中国人民大学	杨联芬	著作	人民文学出版社	2016.4
122	历史进程中的作者——西方作者理论的四种主导范式	中国人民大学	张永清	论文	《学术月刊》	2015年第11、12期
123	绍兴方言研究	北京大学	王福堂	著作	语文出版社	2015.12
124	当代外国文学纪事（1980—2000）·美国卷（上、下册）	北京外国语大学	金　莉	著作	商务印书馆	2015.7
125	粉黛罗绮	北京服装学院	陈　芳	著作	生活·读书·新知三联书店	2015.7
126	艺术的本体与维度	北京大学	陈旭光	著作	北京大学出版社	2017.1
127	西方美术史	北京大学	丁　宁	著作	北京大学出版社	2015.9
128	民族语言媒体研究：功能、效果与受众	中央民族大学	赵丽芳	著作	中央民族大学出版社	2016.12
129	海上丝绸之路的音乐文化	中国音乐学院	杜亚雄	著作	苏州大学出版社	2017.4
130	《鼎峙春秋》研究	中国戏曲学院	李小红	著作	北京出版社	2016.10
131	长城：一部抗战时期的视觉文化史	中央美术学院	吴雪杉	著作	生活·读书·新知三联书店	2018.3

续表

编号	成果名称	申报单位	申报者	成果形式	出版/发表/结项单位	出版/发表/结项时间
132	财局与政局：中国的政治经济关系	中央财经大学	林光彬	著作	人民出版社	2018. 1
133	柳诒徵文集（12 卷）	北京师范大学	杨共乐	著作	商务印书馆	2018. 3
134	文化语言学视域下的北京地名研究	北京语言大学	杨建国	著作	北京大学出版社	2018. 6
135	钓鱼岛列岛归属考：事实与法理	清华大学	刘江永	著作	人民出版社	2016. 9
136	中国城市创业指数编制与测算研究	中国人民大学	袁　卫	论文	《中国人民大学学报》	2016 年第 5 期
137	当前戏曲院团的问题与对策	中央戏剧学院	宋　震	调研报告	中央戏剧学院	2015. 10
138	京津冀协同的北京 2050 和通州副中心空间战略研究	清华大学	吴唯佳	调研报告	清华大学	2016 年
139	与雄安新区功能定位相匹配的人口和住房政策建议	中国人民大学	叶裕民	调研报告	教育部	2017. 4
140	北京市科技型小微企业公共服务体系研究	北京联合大学	陶秋燕	调研报告	北京市教育委员会	2018. 3
141	北京市城市生活垃圾焚烧社会成本评估报告	中国人民大学	宋国君	调研报告	中国人民大学	2017. 3
142	关于加快北京市养老供给侧结构性改革的建议	中国人民大学	黄石松	调研报告	中国人民大学	2018. 1
143	北京市碳排放权交易市场试点的几个关键制度研究	清华大学	张希良	调研报告	北京市发改委	2016. 1
144	北京水生态理想模式初探	北京市中国特色社会主义理论体系研究中心	曹和平	著作	北京大学出版社	2016. 9
145	首都减量发展的新时代创新价值	中国人民大学	刘元春	调研报告	中国人民大学	2018. 6
146	北京非首都功能疏解与减量发展研究	对外经济贸易大学	邓慧慧	调研报告	北京市哲学社会科学规划办公室	2016. 11
147	首都中长期人才发展规划纲要实施中期评估报告	首都经济贸易大学	杨开忠	调研报告	北京市人才工作领导小组	2016. 6
148	北京高校马克思主义理论学科与思想政治理论课建设发展报告（2016）	清华大学	艾四林	调研报告	人民出版社	2017. 11
149	用千年水文化助力文化中心建设	中国民主促进会北京市委员会	李　昕	调研报告	中国民主促进会北京市委员会	2017. 12
150	北京城市副中心	北京市科学技术研究院	王　峥	著作	北京市科学技术出版社	2017. 10

续表

编号	成果名称	申报单位	申报者	成果形式	出版/发表/结项单位	出版/发表/结项时间
151	北京文化创意产业历史文化资源调查报告	北京联合大学	张宝秀	调研报告	北京市文化创意产业促进中心	2017.12
152	北京市重大突发事件心理援助体系构建	中国政法大学	王丽莉	著作	经济日报出版社	2017.10
153	首都人口疏解的行与思	中共北京市委党校	尹德挺	著作	中国社会科学出版社	2017.3
154	北京市保障性住房建设管理机制研究——基于建筑产业现代化的视角	北京交通大学	任　旭	著作	中国建筑工业出版社	2018.6
155	加强危化品产业链本质安全管理的建议	北京物资学院	吴　非	调研报告	北京市哲学社会科学规划办公室	2015.9
156	中国企业“走出去”语言服务蓝皮书（2016）	对外经济贸易大学	王立非	调研报告	对外经济贸易大学出版社	2016.4
157	强化与“一带一路”沿线国家的知识产权保护与合作的建议	北京化工大学	蔡中华	调研报告	中央统战部 北京知识产权研究基地	2017.5
158	助力支持和规范民办教育发展	北京师范大学	周海涛	论文	《教育研究》	2017年第12期
159	完善扶贫脱贫机制研究	北京师范大学	张　琦	著作	经济科学出版社	2015.11
160	宏观政策评价报告2017	中国人民大学	陈彦斌	著作	科学出版社	2017.4
161	《宣传工作条例》可行性研究和草案初拟	北京联合大学	韩　强	调研报告	全国哲学社会科学规划办公室	2017.3
162	义务教育资源配置中的“新城镇偏向”值得警惕	中国农业大学	林万龙	调研报告	国务院扶贫开发领导小组专家咨询委员会	2016.11
163	中日德全要素生产率的测算与比较	北京科学学研究中心	张士运	调研报告	北京科学学研究中心	2018.2

（北京市哲学社会科学优秀成果评奖委员会办公室供稿）

特等奖成果简介

《改革开放以来的中国经济：1978—2018》（著作）

北京大学　厉以宁

中国大百科全书出版社　2018年5月出版

《改革开放以来的中国经济：1978—2018》辑录了作者从改革开放以来40篇具有代表性的文章，每年一篇，主要涉及中国经济体制改革，中国在经济发展过程中的探索与创新，中国经济的机遇与挑战，以及与经济发展密切相关的教育、管理等方面的见解，既有理论方面的深入分析，又有实际工作中的具体调研和探讨，理论联系实际，引经据典，深入浅出。

厉以宁，男，汉族，中共党员、民盟盟员。1930年11月生，江苏仪征人，现任北京大学光华管理学院名誉院长、教授，曾任民盟中央副主席，第七届、八届、九届全国人大常委，第十届、十一届、十二届全国政协常委。厉以宁是我国最早提出股份制改革理论的学者之一，参与推动我国国有企业产权制度改革，主持起草证券法和证券投资基金法，参与推动出台非公经济36条以及非公经济新36条，对我国经济改革发展产生了重要影响。另外，在国有林权制度改革、国有农垦经济体制改革以及低碳经济发展等方面作出了突出贡献。荣获教育部第六届及第七届高等学校科学研究优秀成果奖（人文社会科学）一等奖。2018 年 12 月 18 日，党中央、国务院授予厉以宁同志改革先锋称号，颁授改革先锋奖章，并获评经济体制改革的积极倡导者。

《瞿林东文集（10 卷）》（著作）

北京师范大学　瞿林东

北京师范大学出版社　2017 年 9 月出版

10 卷本《瞿林东文集》，是作者近 40 年来主要研究成果的汇集，旨在阐述中国史学发展的轨迹、特点、基本规律和理论成就，探索中国史学史学科体系建设的路径，为中国史学的进一步发展提供这方面的借鉴。作为中国史学史专业的研究成果，《瞿林东文集》的前沿性在于：一是突破了“史学史”限于“史”的阐述，把中国史学发展过程中提出的理论问题作了较系统的梳理，表明中国史学不仅有血肉，而且也有思想、有精神，从而以具体的研究成果回应了中国古代史学“没有理论”的种种不正确说法。二是提出了中国史学遗产中史学批评的存在及其重要价值。三是突出了中国史学的经世致用传统，论证了中国史学的“经世”与“致用”辩证统一关系，进而阐明史学具有求真与致用的双重品格。

瞿林东，男，1937 年 12 月生，汉族，安徽肥东人，无党派，北京师范大学资深教授，博士生导师，北京师范大学史学理论与史学史研究中心主任，兼任中国史学会理事、中华炎黄文化研究会理事、中国史学会史学理论分会副会长、教育部普通高等学校人文社会科学咨询委员会委员等职。瞿林东教授长期从事史学理论与史学史方面研究，在中国史学史领域有所建树，所著《唐代史学论稿》《中国史学史纲》曾先后获得北京市哲学社会科学优秀成果二等奖。为博士生讲授中国古代历史理论、中国古代史学理论、中国古代史学批评、中国史学史、中国史学名著研读等课程。

《世界佛教通史（14 卷）》（著作）

中国社会科学院大学　魏道儒

中国社会科学出版社　2015 年 12 月出版

《世界佛教通史》由中国社会科学院学部委员魏道儒主编、国内外 20 多位学者参与撰写，2015 年 12 月由中国社会科学出版社出版。全卷共 838 万字，历时 8 年完成，论述佛教从起源到 20 世纪在世界范围内的兴衰演变主要过程，是中国社会科学院创新工程重大科研成果，在国内外学术界属于首创。

《世界佛教通史》以辩证唯物主义和历史唯物主义为指导，坚持历史与逻辑相统一的原则，以史学和哲学方法为主，并且借鉴考古学、文献学、宗教学、文化传播学等相关学科的理论和方法，全方位、多角度对世界范围内的佛教进行深入研究。全书共 14 卷 15 册，各卷本着“原始察终，见盛观衰”的史学原则，对每一研究对象既进行梳理脉络的纵向贯通，又进行考察制约该对象变化的多种因素的横向贯通。

魏道儒，男，1955 年 10 月生，现任中国社会科学院学部委员、中国社会科学院大学特聘教授、中国社会科学院世界宗教研究所研究员、中国社会科学院佛教研究中心主任、内蒙古师范大学佛学文化研究院院长、北京市青少年科技创新学院顾问。

长期从事佛教、中国宗教和中国文化方面的研究。目前承担中国社会科学院大型科研项目《中华思想通史》子项目《中华宗教思想通史》等。合著和主编的著作曾多次获奖，其中包括第四届国家图书奖、全国古籍类图书出版二等奖、中国社会科学院第一届优秀科研成果奖、中国社会科学院第二届优秀科研成果奖等。

《续修四库全书总目提要（4 部）》（著作）

清华大学　刘石

上海古籍出版社　2015 年 12 月出版

《续修四库全书总目提要》正文包括著者生平、内容要旨、学术评价、版本流变 4 个方面。每个方面又包括更为细致的多重要素，如内容要旨大致包括著述缘起、成书过程、书名由来、体例结构、内容梗概、学术源流、序跋简介等，学术评价则有关原书内容的形式特点、成就与贡献、欠缺与局限、学术史地位等，内容丰富完整。

《续修四库全书总目提要》充分参考和吸收已有成果，及时反映当今学术的进展，但侧重于学术界有定论或有基本共识的观点，原则上不采用未被普遍接受的新观点，尽可能避免出现撰稿者个人的主观意见。其间纠正前人及当代学人之误者也时或可见，亦是体现这套提要学术质量的一个方面。

刘石，男，1963 年 11 月生，教授、博士生导师。

1991年博士毕业于北京师范大学中国古典文献学文学专业。1991—1999年任中华书局编辑、副编审、编审，1993年兼任国务院古籍整理出版规划小组副编审、编审。1999年起，受聘于清华大学中文系，现任清华大学人文学院副院长、清华大学中国书法与文化研修中心主任，清华大学古典文献研究中心主任。主要从事中国古代文学和文献学教学与研究。目前承担国家新闻出版总署重大科技文化项目“中华字库工程”（列入中办发《国家“十一五”时期文化发展规划纲要》）子项目“宋元印本文献用字搜集与整理”、国家社科基金重大招标项目“基于大数据技术的古代文学经典文本分析与研究”等。

一等奖成果简介

《陈先达文集（14卷）》（著作）

中国人民大学 陈先达

中国人民大学出版社 北京师范大学出版社

2015年11月出版

《陈先达文集（14卷）》是中国马克思主义哲学界的一座丰碑，汇集了作者不同时期的探索成果，是对其学术生涯的一次全面展现和清晰回顾，是哲学书写风格的革新和哲学大众化普及的典范，是中国马克思主义研究领域的重大成果。

文集主要创新和学术价值在于：1. 对真理验证标准问题中实践检验与逻辑证明的关系进行了有益的探索。2. 提出马克思异化理论的“两次转折”。3. 突破了传统的单线、纵向的研究方法，突出了对马克思历史观的综合性研究。4. 把马克思主义作为一个整体来探讨，这在我国尚属首次。5. 捍卫马克思主义的整体性和科学性，是我国已知最早捍卫马克思主义整体性的一部论述。6.《哲学随笔》延续艾思奇以降的写作风格，蕴含了中国文化现代化的风范。7. 倡导中国马克思主义哲学研究的“问题导向”。8. 把马克思主义中国化与中国传统文化现代化看作同一过程的两个方面。9. 合理解释了文化的社会本性与文化个性的形成问题。10. 提出要从历史的高度来理解文化自信问题。

陈先达，男，1930年12月生，江西鄱阳人。中国人民大学荣誉一级教授，享受国务院政府特殊津贴。现任教育部社会科学委员会委员兼哲学学部召集人、中国历史唯物主义学会名誉会长、北京市社科联顾问等职。曾任中国人民大学哲学系主任、第三届国务院学位委员会哲学学科评议组成员、全国哲学社会科学规划哲学组组长、北京市哲学会会长、中国历史唯物主义学会会长。著有《陈先达文集（14卷）》，《马克思主义和中国传统文化》《文化自信的传统与当代》《马克思主义十五讲》《马克思主义信仰十讲》《哲学与人生》等。著作和论文曾三次获中宣部《五个一工程》奖、教育部优秀著作奖、北京市哲学社会科学特等奖、吴玉章著作奖、吴玉章终身成就奖等多种奖项。

《协调发展研究》（著作）

北京大学 孙代尧

高等教育出版社 2018年5月出版

孙代尧教授的《协调发展研究》一书，紧紧围绕新发展理念中的协调发展这一重大问题，系统梳理我国发展战略的历史演变与理论脉络，深入剖析我国经济社会发展不平衡不充分的表现与原因。本书的主要观点、创新和学术价值是：准确理解协调发展的内涵，首先需要把握辩证唯物主义关于事物发展的基本规律。对于中国来说，发展不协调是长期存在的问题。尽管中国共产党在社会主义现代化建设的各个时期都对协调发展进行了理论探索和实践，但在新的历史时期，协调发展理念的再次提出，针对的是我国经济社会发展的新形势新特点新问题，具有新的内涵、新的目标和新的功能。协调发展理念的提出，既是对中国现阶段发展中面临的突出问题的解决方案，也是对发展理论的新发展，为发展中国家解决发展中的各种结构性矛盾，跨越“中等收入陷阱”贡献了中国理论和中国方案。

孙代尧，男，1964年生，湖北仙桃人。1987年北京大学国际政治系本科毕业，1990年北京大学社会发展研究所研究生毕业并留校任教。1999年任副教授。2001年获北京大学法学博士学位。2006年担任科学社会主义与国际共产主义运动专业博士生导师，2007年任教授。现任马克思主义学院副院长 、科学社会主义研究所（社会发展研究所）所长、院学术委员会委员、院学位委员会主席 。兼任教育部人文社会科学重点研究基地北京大学邓小平理论研究中心研究员、北京大学台港澳研究中心研究员。2001 年入选北京市新世纪中青年社科理论人才“百人工程”学者名单，2004 年入选北京市高校思想政治理论课学科带头人名单，2008 年入选享受国务院政府特殊津贴名单。曾到俄罗斯、捷克、匈牙利、韩国和台港澳地区的高校做访问研究或任客座教授。

《中华优秀文化的传承和发展》（论文）

清华大学　陈　来

《光明日报》2017 年 3 月 20 日

陈来教授的《中华优秀文化的传承和发展》一文，从 4 个方面全面阐述了中华文化传承发展的理论内涵，即“继承与弘扬”“挖掘与阐发”“协调与适应”“创造性转化和发展”。

陈来，男，1976 年中南矿冶学院（现中南大学）地质系毕业。1981 年北京大学哲学系研究生毕业，哲学硕士，同年留系任教。1985 年北京大学哲学系博士研究生毕业，获哲学博士。师从张岱年先生、冯友兰先生。

1981—1986 年任北京大学哲学系教师、讲师，1986 年任北京大学哲学系副教授，1990 年任北京大学哲学系教授，1993 年被国务院学位办评定为博士生导师。1991 年被国务院学位委员会、国家教委授予“有突出贡献的中国博士学位获得者”。1992 年被国家授予“有突出贡献的中青年专家”并获发“政府特殊津贴”。1998 年被评为教育部“跨世纪人才”。研究领域：学术领域为中国哲学史，主要研究方向为儒家哲学、宋元明清理学、现代儒家哲学，其研究成果代表了目前本领域的领先水平。

《中国的价值观》（著作）

北京师范大学　韩　震

中国社会科学出版社　2016 年 6 月出版

《中国的价值观》一书，紧扣社会主义核心价值观，对中华民族的精神世界和当代中国人的价值追求做出了富有思想深度、历史厚度与实践力度的展现。书中介绍了当代中国社会主义核心价值体系建设所取得的主要经验、所取得的主要成就，深入探讨了中国传统价值观与社会主义核心价值观之间的紧密关系，首次系统梳理、提炼出中国当代价值观建设的三个层面，即国家发展的价值目标，社会制度所体现的价值理念，公民社会的价值规范，并提出价值观建设的这三个层面相互依存、缺一不可。

本书的主要创新点，在于把中国古代、近代和当代社会主义核心价值观联系起来阐释，通过贯通古今，将历史性与时代性相结合，将对社会主义核心价值观的阐释与对中国传统价值观的阐释相结合；实现了中国传统文化与马克思主义的有机结合，详尽阐明了当代中国社会主义核心价值观的主要内容。

就理论价值、实践价值而言，《中国的价值观》一书具有以下三大特点：第一，理论视野非常开阔。第二，紧扣当代中国的社会实践，针对性强。第三，有重大理论突破。

韩震，男，汉族，1958 年 5 月生，山东阳谷人，哲学博士，教授，博士生导师。2006 年 2 月—2012 年 8 月任北京师范大学副校长；2012 年 8 月—2014 年 3 月任北京外国语大学校长；2014 年 3 月—2018 年 3 月任北京外国语大学党委书记。曾入选北京市“跨世纪青年理论工作者百人工程”培养计划、教育部“跨世纪人才”培养计划、人事部等部委首批“新世纪百千万国家级人才”、中宣部“四个一批”人才培养人选。2000 年获政府特殊津贴。主要研究方向为近现代欧美哲学、西方历史哲学。1993—1994 年作为高级访问学者赴美国斯坦福大学进修；1998 年获“欧洲-中国高等教育研究项目基金会”资助，作为访问研究员到德国康斯坦茨大学研究欧洲一体化问题；2002 年作为高级访问学者赴美国哈佛大学作学术研究。先后主持国家和省部级科研项目 10 多项，其中重大攻关项目 2 项。发表个人专著和主编著作 10 多部，教材 6 种，译著 4 部，论文、译文 300 余篇。

《中国特色社会主义经济理论的坚持、发展与创新问题》（论文）

中国人民大学　卫兴华

《马克思主义研究》2015 年第 10 期

本文从理论和实践的结合上，对科学社会主义与中国特色社会主义的关系，对中国特色社会主义经济理论中需要科学理解的诸多问题，进行了系统的论述。本文的主要观点：要准确认识科学社会主义与中国特色社会主义之间“源与流”的继承与发展关系；不赞同用中国特色社会主义摒弃“传统社会主义”

的观点。

卫兴华，（1925 年 10 月—2019 年 12 月 6 日），男，山西五台人，中国人民大学荣誉一级教授，享受国务院政府特殊津贴。卫兴华教授长期坚持在教学科研第一线，荣获世界政治经济学学会杰出成果奖、第四届中国图书一等奖、国家级教学成果一等奖、国家教委优秀教材一等奖、教育部第一、二、三届人文社会科学优秀成果二、三等奖、北京市哲学社会科学优秀成果一、二等奖、1998 年宝钢教育奖优秀教师特等奖、中央纪念党的十一届三中全会十周年论文奖以及孙冶方经济科学奖第一、二届论文奖等 20 余项重要奖励。

《中国共产党理论史稿》（著作）

中共北京市委党校（北京行政学院）　侯且岸

北京人民出版社　2016 年 6 月出版

本项目成果具有独创性，它是目前国内外第一部关于中国共产党的理论发展史研究的学术专著，填补了理论空白，丰富了对中国马克思主义思想传统的认知，延伸了中国特色社会主义理论的探究进程，有着很高的学术理论价值和应用价值。它坚持“实事求是、理在事中”的原则和个案分析的研究方法，不回避理论演进中存在的问题与矛盾，进行深入反思，得出符合历史实际的结论。

本书内容分为绪论、11 章、后记。在“会通之论”中包括如下内容：“理论史的认知”“理论史的基石”“理论史中的文化”“理论史之借鉴”。其特色与创新在于：明确理论史的定位、定义，做出研究方法论的解析；探寻中国共产党理论史的真正源头，原始察终、实事求是、破解疑难；探究思辨与认识论的内在联系，还原中国共产党的思想传统；开阔文化视野，注入人文性，反思理论与文化的关系；迎纳国外学术研究的成果，借鉴理论研究诸取向，深化中国共产党理论史研究的内涵。

侯且岸，男，祖籍山西平遥，1953 年 10 月生于北京。1994 年 6 月毕业于北京师范大学法律与政治研究所，获法学博士学位。中共北京市委党校（北京行政学院）退休教授，现任北京师范大学历史学院特聘教授、博士生导师，国际中国文化研究学会副会长，中国李大钊研究会副会长。在国内开创系统的、跨学科的美国现代中国学研究和毛泽东、毛泽东思想研究得到学术界同行的公认。出版专著 10 余部，在《史学理论研究》、《中国研究》（日本）、《中共党史研究》、《文史哲》、《中国人民大学学报》、《北京师范大学学报》、《教学与研究》、《中国特色社会主义研究》、《北京党史》、《新视野》、《北京行政学院学报》、《光明日报》、《学习时报》、《北京日报》等学术期刊和报纸发表学术论文 200 余篇，多次获北京市政府奖、市级优秀论文奖。

《论中国特色社会主义政治经济学的发展与创新》（论文）

中国人民大学　张雷声

《马克思主义研究》2017 年第 5 期

《论中国特色社会主义政治经济学的发展与创新》一文，依据习近平关于中国特色社会主义政治经济学的思想，从研究立场、理论主题、方法特质、逻辑结构 4 个方面，论述了中国特色社会主义政治经济学是马克思主义政治经济学理论逻辑与当代中国社会经济发展历史逻辑相结合的最新理论成果，从而反映了习近平关于中国特色社会主义政治经济学的最新思想，及其对当代中国马克思主义政治经济学新境界的创新。

该成果的主要观点有：第一，“以人民为中心”的研究立场，决定了中国特色社会主义政治经济学的本质是“中国人民的经济学”。第二，中国特色社会主义政治经济学理论主题的“双重维度”，即对中国特色社会主义“生产关系多层次”与对“具体经济制度多层次”并存的研究。第三，中国特色社会主义政治经济学以唯物辩证法的运用为基础形成了自身特有的方法体系。第四，中国特色社会主义政治经济学的逻辑框架具有 9 个方面内容。第五，中国特色社会主义政治经济学是当代中国的马克思主义政治经济学。

张雷声，女，1954 年 2 月生，江苏泗阳人。安徽大学经济系 1977 级本科生，北京师范大学经济系 1984 级研究生，1987 年入职中国人民大学任教至今。现为中国人民大学“大华讲席教授”，校学术委员会副主任，全国文化宣传系统“四个一批人才”，教育部“跨世纪人才培养计划”入选者，享受国务院政府特殊津贴专家。兼任中央马克思主义理论研究和建设工程首席专家、国务院学位委员会马克思主义理论学科评议组召集人、教育部社会科学委员会马克思主义理论学部委员、教育部思想政治理论课教学指导委员会委员、全国高校马克思主义理论学科研究会副会长等职。主要研究方向为马克思主义基本原理、马克思主义经济思想史。主要著作有《马克思主义基本原理与当代中国》《马克思恩格斯经济思想的形成及在世纪之交的发展》等，发表论文 300 余篇。

《推进绿色发展 实现全面小康——绿水青山就是金山银山理论研究与实践探索》（著作）

北京林业大学　陈建成

中国林业出版社　2018 年 6 月出版

陈建成教授等著的《推进绿色发展 实现全面小康——绿水青山就是金山银山理论研究与实践探索》一书，从理论和实践两个层面对“绿水青山就是金山银山”的内涵和模式进行了系统探索。总论此书，有三个特点比较突出：第一，研究视角独特、内容鲜活全面、论述科学准确。第二，总结出的六种实践模式具有典型性和代表性。第三，深入阐述“绿水青山就是金山银山”的内涵、理论，具有系统性。

陈建成，男，1963 年 11 月生，山西芮城人。曾就读于北京林业大学经济管理学院，获管理学博士学位。教授、博士生导师，中国林业经济学会常务理事兼副秘书长，中国林业经济学会林业技术经济研究会主任，山西省林业专家咨询委员会委员，国家核心期刊《林业经济》编委会委员（2003），北京林业大学学报社科版编委会委员（2003）。主要研究领域为林业经济管理、公共管理和林业统计。撰写科技论文 80 余篇，其中《我国林业发展战略研究》《关于建立我国森林资源预警系统的初步设想》等获中国林学会、中国林业经济学会优秀论文奖。主编、副主编教材、专著 20 余部，参加科研项目 12 项，参加国际学术会议多次，曾获国家级奖项，4 次获得部级奖项，曾获北京市科学技术奖、梁希林业科学技术奖，两次获北京市哲学社会科学研究成果奖，其中一等奖 1 项。国家级奖励 1 项。

《牢记嘱托　砥砺奋进——党的十八大以来北京发展纪实》（著作）

中共北京市委党史研究室　陈志楣

北京出版社　2017 年 5 月出版

《牢记嘱托 砥砺奋进——党的十八大以来北京发展纪实》全书分为 9 个专题：京津冀协同发展取得新进展、供给侧结构性改革迈出新步伐、全国科技创新中心释放新功能、文化中心建设彰显新活力、城市治理水平实现新提升、改善和保障民生结出新硕果、服务保障重大活动展示新形象、民主法治建设谱写新篇章、全面从严治党呈现新气象，全方位记录党的十八大以来北京市牢记习近平总书记嘱托、砥砺奋进的历史，集中展现、系统总结 5 年来北京市改革发展的历程特点、主要成就和新鲜经验。

《牢记嘱托 砥砺奋进——党的十八大以来北京发展纪实》出版后，受到全国党史界、全市领导干部和多家媒体广泛关注，产生良好的学术和社会影响，较好地发挥出党史工作资政育人作用。

陈志楣，男，苗族，湖南城步人，中共党员。研究生毕业，教授。历任北京工商大学成人教育学院院长兼继续教育学院院长、人事处处长，北京市社会工委党建工作处处长、北京市委党史研究室副主任，现任市委党史研究室、市地方志办副主任。2000 年入选北京市跨世纪（新世纪）中青年社科理论人才“百人工程”。主要研究领域为：公共经济理论、比较税收制度、财政风险理论与政策研究和党史党建研究。分管北京党史研究工作期间，牵头组织编写《中国共产党北京历史》（第二卷）、《中国共产党北京简史》、《向榜样学习》、《牢记嘱托 砥砺奋进——党的十八大以来北京发展纪实》、《中国改革开放全景录·北京卷》和《中共中央北京香山革命历史丛书》等著作 20 余部，参与《中国共产党北京市组织史资料丛书》（共 21 卷）、《中国共产党北京历史》（第三卷）等审稿工作，主持多项北京市社会科学基金重点项目，在《北京日报》《前线》等报刊发表论文十余篇。

《以更高水平社会进步引领经济新发展》（论文）

中国人民大学　洪大用

《求是》　2016 年第 7 期

本文指出，由于多方面因素影响和国内外条件变化，我国经济仍然处于风险易发多发期，面临着一些突出矛盾和问题。我们需要进一步认识、适应和引领经济新常态，以发展理念转变引领发展方式转变，以发展方式转变推动发展质量和效益提升，确保如期全面建成小康社会。特别是，从社会学的角度看，科学看待和处理经济与社会关系，以更高水平社会进步引领经济新发展是在新时期必须更加重视和遵循的客观规律。

洪大用，男，1967年9月生，安徽东至人。毕业于中国人民大学社会学研究所，获法学（社会学）博士学位。历任中国人民大学社会学系助教、讲师、副教授、教授，先后担任社会学系副主任、社会与人口学院副院长兼党委书记、研究生院副院长，教务处处长等行政职务，2014年担任中国人民大学党委常委、副校长。现任国务院学位委员会办公室副主任、教育部学位管理与研究生教育司司长，兼任中国社会学会副会长、国家生态环境保护专家委员会委员。2008年入选中央实施马克思主义理论研究和建设工程社会学教材编写组首席专家，2014年入选国家“万人计划”第一批哲学社会科学领军人才，2017年入选百千万人才工程国家级人选。主要从事应用社会学、环境社会学和社会政策方向的教学与研究，多次荣获教育部、北京市等方面的教学科研成果奖励。出版《社会变迁与环境问题》（2001）、《转型时期中国社会救助》（2004）、《环境友好的社会基础》（第一作者，2012）、《生态现代化与文明转型》（第一作者，2014）、《迈向绿色社会》（第一作者，2020）等著作。

《增强中国在国际规则制定中的话语权》（论文）

北京市中国特色社会主义理论体系研究中心　张志洲

《人民日报》2017年2月17日

本文从国际制度话语权建设的角度出发，引出国际制度背后更为本质的国际规则话语权问题，进而探讨如何增强中国在国际规则制定中的话语权。本文指出，当前和未来一个时期，我们应针对不同问题，制定相应的国际规则话语权战略，明确增强中国国际规则话语权的着力点。这包括：其一，抓住网络空间这一重点领域；其二，用好中国文化和中国智慧；其三，遵循话语权生成的基本逻辑；其四，遵循融通中外的基本原则。

张志洲，男，1967年11月生，浙江永嘉人，毕业于北京大学国际关系学院，法学博士，1998年至今就职于北京外国语大学国际问题研究所与国际关系学院，现为北外国际关系学院教授。主要研究领域包括国际关系理论，全球治理与国际非政府组织，英国工党政治与意识形态，文化与国际关系，中国国际话语权与话语体系等，是国际话语权研究的知名学者。近年来在《人民日报》《光明日报》《学习时报》《红旗文稿》《当代世界》《澎湃新闻》等重要党政媒体发表一系列有关国际话语权研究的文章产生较广泛影响。2019年获北京市哲学社会科学优秀成果奖一等奖，及北京市宣传思想文化系统“四个一批”人才称号，2020年获“北京高校优秀党员”荣誉称号。兼职有北京市中国特色社会主义思想研究中心北京外国语大学研究基地首席专家、中国人民争取和平与裁军协会理事、北京市对外安全问题专家组成员等。

《论中国特色社会主义新时代》（论文）

中国人民大学　陶文昭

《教学与研究》2017年第12期

《论中国特色社会主义新时代》一文，是党的十九大闭幕之后在马克思主义重要学术期刊上最早论述新时代的理论文章之一。这篇文章为中国人民大学报刊复印资料全文转载，也被评为第二届“期刊主题宣传好文章”之一。北京市公众号“学习新时代”，对文章的主要内容进行了新的传播。论文的主要观点：一是新时代的性质；二是新时代的标准；三是新时代的取向；四是新时代的标志；五是新时代的战略。

陶文昭，男，1965年生，安徽潜山人，中国人民大学马克思主义学院教授、博士生导师。马克思主义学院副院长，习近平新时代中国特色社会主义思想研究院副院长，国家发展与战略研究院副院长。中国人民大学21世纪中国马克思主义研究协同创新中心主任。教育部新世纪优秀人才，全国优秀社会科学普及专家，北京市科学社会主义学会副理事长。1993年毕业于中国人民大学国际政治系，获法学硕士。1996年毕业于中国人民大学马列所，获法学博士。2000—2002年为哈佛大学访问学者，2006—2007年为韩国高级访问学者。主持国家社科和教育部项目10余项，发表论文370余篇。主要研究马克思主义、中国特色社会主义，近年主持国家社科基金重大招标项目：习近平总书记系列重要讲话思想精髓研究；国家社科基金重大委托项目：新时代中国特色社会主义历史方位研究等。

《思想的剥离与锻造——〈神圣家族〉文本释读》（著作）

北京交通大学　刘秀萍

中国人民大学出版社　2018年5月出版

本书在甄别细节、清理思路并据此把握和提炼出贯穿全书总体图景的基础上，整合文本议题，梳理出“以纯观念、精神理解和解释世界”的思维方式在诸如法国大革命、唯物主义史、财产关系、“犹太人问题”、“巴黎的秘密”和社会众生相以及具体现实生活等方面的表现和逻辑，展示了青年黑格尔派与马克思、恩格斯两种观照世界方式的异同，进而认为这些重大的社会问题也恰是马克思、恩格斯形成“以现实、历史和实践视角观照和把握世界”的“新哲学”的契机和背景。

刘秀萍，哲学博士，马克思主义学院教授、博士生导师。兼任中国马克思主义哲学史学会理事，中国辩证唯物主义研究会常务理事。

刘秀萍教授主要从事马克思文本、文献及思想的研究。近年来先后在《哲学研究》《光明日报》《马克思主义与现实》《哲学动态》《天津社会科学》等权威报刊独立发表了40余篇有分量的学术文章。出版两部专著《马克思“巴黎手稿”再研究》和《思想的剥离与锻造——〈神圣家族〉文本释读》。以上著述引起了中央编译局、中国社会科学院、北京大学、清华大学从事相关研究的专家的关注和好评，先后被中国人民大学复印报刊资料《马克思列宁主义》《哲学原理》转载，《人民日报》、《中国社会科学报》、中国社会科学网予以报道和评论。

《马克思意识形态概念理解史》（著作）

中国人民大学　张秀琴

人民出版社　2018年3月出版

《马克思意识形态概念理解史》一书重点探讨了三个方面的内容：（1）缘起与形成：探索马克思意识形态概念的哲学认识论框架与政治社会学方法；（2）传播与流变：追溯马克思意识形态概念的“正统”（第二国际理论家的理解）、“传统”（前苏联官方教科书体系的理解）、“经典”（西方马克思主义的理解）与“中国模式”的解读；（3）历史与现实：呈现马克思意识形态概念理解史背后的问题意识与现实意义。本书着眼于当下中国社会发展与转型过程中产生的问题，力图通过对“意识形态”概念进行全面和历史的理解的条件下，对意识形态介入现实的方式和作为克服社会冲突之手段的本质及其积极功能界限做出说明，以理论自身的力量来有力抵制“意识形态终结论”、“淡化论”和“泛化论”等种种错误思潮的不良影响，从而为当代中国社会转型期的意识形态重建提供基础理论资源和学理支撑。

张秀琴，女，1970年生，祖籍安徽合肥。先后毕业于安徽大学哲学系和中国人民大学哲学系，并获马克思主义哲学专业博士学位（2003）。现任中国人民大学马克思主义学院教授（三级）、博士生导师。中国人民大学首批杰出学者。主要研究方向为国外马克思主义特别是意识形态概念、理论与实践专题。现担任中国马克思主义哲学史学会（一级学会）常务理事（2017年起）、全国当代国外马克思主义研究会（二级学会）副会长（2018年起）。已在《中国社会科学》《哲学研究》《北京大学学报》等学术期刊上发表学术论文80余篇，出版专著多部；先后主持国家社科基金重大招标项目、教育部重点研究基地重大项目、北京市重点研究基地重点项目等多项项目。

《传统文化与十八大以来中国外交话语体系构建》（论文）

外交学院　孙吉胜

《外交评论》2017年第4期

《传统文化与十八大以来中国外交话语体系构建》一文系统论述了如何从传统文化入手来构建中国外交话语体系。本文系统研究了文化对外交哲学的影响，提出了构建中国外交话语体系的新路径。本文的研究有助于更好地构建和完善中国外交话语体系，同时也可以更好地阐释中国外交理论与实践，更好地彰显中国传统文化对中国外交与外交话语的影响。中国只有建立了自己的外交话语体系才可以在世界上更好地宣介中国理念、中国道路和中国外交，更好地提升国际话语权和影响力。研究如何从传统文化角度来构建外交话语体系对于其他领域的对外话语体系建构也具有启示意义。

孙吉胜，1971年5月生于吉林省，中共党员，教授，博士生导师。1993年6月于吉林师范大学获英语语言文学学士学位，1996年1月于吉林大学获英语语言文学硕士学位，2008年1月于外交学院获法学（国际关系）博士学位。

1996年3月起在外交学院任教，历任英语系研究生教研室主任、系副主任、主任、英语系党总支书记（兼）、科研处处长、外交学院院长助理。1999年9月—2000年7月在美国玛瑞埃塔学院讲学，2006年8月—2007年7月在美国哈佛大学国际事务中心任研究员。2011年被评为“北京市教学名师”。现任外交学院副院长、教授、博士生导师、兼任中国国际关系学会秘书长。目前主要讲授“国际关系与语言专题研究”“国际关系理论”“高级外交口译”等课程，主要从事国际关系理论、国际政治语言学、中国外交等领域的研究。著有《语言、意义与国际政治》、《国际政治语言学》（主编），曾在《世界经济与政治》《国际政治研究》《外交评论》等处发表学术论文多篇，主持、参与多项国家级、省部级科研项目。

《政府向社会力量购买公共服务发展研究：基于中英经验的分析》（著作）

北京大学　王浦劬

北京大学出版社　2016年9月出版

本书是中英政府间项目的成果。采取理论与实证、问题与对策、国内外研究相结合的方法，基于我国北京、广州、南京、成都、宁波、南阳6个城市和地区的典型案例，深入研究中国政府向社会力量购买公共服务的成就与问题，并参考英国政府购买公共服务的有益经验，形成研究成果。上编基于中国政府向社会力量购买公共服务的实践经验，阐述中国政府向社会力量购买公共服务的改革意蕴和相关机理。下编概括了英国政府向社会力量购买公共服务的经验，描述了英国政府购买老年人、残疾人与儿童服务的实际情况，并以布莱顿——霍夫市议会购买公共服务的案例，揭示了英国政府购买公共服务的运行过程，以为有益参考。

成果所具有的理论价值与实践意义：1. 有助于促进国家与社会、政府与公民关系的优化。2. 有助于促进公共资源的优化配置。3. 有助于促进服务型政府和服务型社会组织的建设。4. 有助于促进政府基本公共服务质量的提升。5. 有助于促进基本公共服务的公平正义。

王浦劬，男，1956年生，教授，江苏盐城人。北京大学政治发展与政府管理研究所所长（国家教育部人文社会科学研究基地主任）；北京大学、复旦大学、吉林大学“国家治理协同创新中心”联合主任；北京大学政府管理学院教授、博士研究生导师；国务院特殊津贴专家；教育部“长江学者”特聘教授。主要研究领域为政治学理论与方法、当代中国政治与治理。主持国家哲学社会科学重大项目《科学发展观与政府管理改革》、教育部跨世纪人才项目等多项科研项目。主持编撰国家哲学社会科学规划委员会政治学科“十五”“十一五”“十二五”发展规划研究报告，主持《中国高校哲学社会科学发展报告（政治学科）2005/2006/2007/2008/2009/2010/2011》专项研究。担任中央马克思主义理论研究和建设工程政治学组首席专家，《中国大百科全书（第二版）（政治学部分）》副主编。

《股市危机——历史与逻辑》（著作）

中国人民大学　吴晓求等

中国金融出版社　2016年12月出版

《股市危机——历史与逻辑》一书结合历史和理论，着力寻找尽可能避免和有效防范未来可能出现的股市危机的方法途径，为中国大国金融战略的实施起保驾护航的作用。全书分史论篇、专论篇两部分，分别从历史、理论、学术层面分析了股市危机的方方面面。

本书的研究思路及主要结论对于正确把握危机发生的规律，深刻剖析危机形成的原因，科学总结治理危机的得与失，对未来中国资本市场深化改革、扩大开放和建设国际金融中心，无疑具有极其重要的意义。

吴晓求，男，1959年2月生于江西。1990年在中国人民大学获经济学博士学位。1993年6月破格晋升中国人民大学经济学教授。现任中国人民大学副校长、中国资本市场研究院院长、金融学一级教授，中国人民大学学术委员会副主席，中国人民大学学位委员会副主席，在宏观经济、金融改革和资本市场等领域有深入、独到研究。在《中国社会科学》《经济研究》《金融研究》《财贸经济》等重要学术期刊发表论文百余篇，代表性著作主要有：《变革与崛起——探寻中国金融崛起之路》（2011）、《中国资本市场制度变革研究》（2013）、《思与辩——中国资本市场论坛20年主题研究集》（2016）、《股市危机——历史与逻辑》（2016）、《中国金融监管改革：现实动因与理论逻辑》（2018）、《现代金融体系导论》（2019），英文著作 Chinese Securities Companies：An Analysis of Economic Growth，Financial Structure Transformation，and Future Development（Wiley，2014）、Internet Finance：Logic and Structure（McGraw-Hill，2017）等。

《人力资本与中国城市住房价格》（论文）

中央财经大学　陈斌开、张川川

《中国社会科学》2016 年第五期

《人力资本与中国城市住房价格》一文研究发现，城市住房价格的增长主要源于人力资本的空间集聚：（1）人口是人力资本的载体，而人口的集聚——城市化——产生住房需求；（2）作为人力资本主要载体的高学历人口具有高收入，其住房需求为有效（有支付能力的）需求；（3）人力资本的空间集聚带来城市人口收入水平的上升，产生服务需求，导致人口的进一步集聚，放大住房需求；（4）人力资本持续集聚引致对住房有效需求不断增长的预期，推动住房价格以高于收入增长的幅度增长。在理论思想上，文章首次把高等教育发展与城市化和住房价格相联系，分析了高等教育发展和人力资本空间集聚影响城市化和住房价格的逻辑机制。在经验事实上，文章首次刻画了中国房价上涨“非平稳性”和地区“异质性”的典型事实。文章的理论推断和经验事实高度一致，说明作者所提出的理论对现实具有很强的解释力。文章从理论分析和经验分析两个层面同时对城市经济学相关文献做了重要推进。

陈斌开，中央财经大学经济学院院长、教授、博士生导师，北京大学经济学博士，美国威斯康辛大学访问学者，世界银行研究顾问，入选教育部长江学者特聘教授和首批青年长江学者，北京市有突出贡献科学、技术、管理人才，国家百千万人才工程（有突出贡献中青年专家），中组部“青年拔尖人才”（万人计划），教育部“新世纪优秀人才”。研究兴趣主要包括发展经济学和宏观经济学，在《中国社会科学》、《经济研究》、World Development，Oxford Bulletin of Economics and Statistics 等国内外一流经济学刊物发表论文四十余篇，论文获得北京市哲学社会科学优秀成果一等奖、张培刚发展经济学青年学者奖、首届中国城市百人论坛“青年学者奖”等多项高质量奖励。主持国家社科基金重大招标项目、自然科学基金面上项目和青年项目、教育部后期资助项目、北京市社会科学基金规划项目、霍英东教育基金会青年教师基础性研究项目等课题多项。

张川川，经济学博士，现任浙江大学经济学院百人计划研究员、博士生导师。2013 年 7 月毕业于北京大学中国经济研究中心，获经济学博士学位；2011—2012 年于哈佛大学经济系和世界银行总部访学；2013 年 7 月—2020 年 9 月任职于中央财经大学经济学院，先后任讲师、副教授。研究方向为劳动经济学、健康经济学和公共经济学。研究成果发表于《中国社会科学》、《经济研究》、《经济学季刊》、American Economic Journal：Applied Economics，Demography，Journal of Population Economics，Journal of Comparative Economics，Health Economics 等国内外期刊。曾获霍英东教育基金会高等院校青年教师基金奖、北京市哲学社会科学优秀成果奖、湖北省哲学社会科学优秀成果奖和《金融研究》年度最佳论文奖等奖项。

《中国政府统计问题研究》（著作）

清华大学　许宪春

社会科学文献出版社　2016 年 3 月出版

《中国政府统计问题研究》紧紧围绕中国政府统计的改革和发展问题以及社会关注的重点问题进行研究。著作包括中国国内生产总值核算问题研究、中国重要经济统计指标问题研究、中国收入分配统计问题研究、国民财富统计问题研究、中国国民经济核算体系修订问题研究、中国政府统计改革问题研究六大部分。

著作对近年来社会上对中国国民经济核算各个方面的质疑和误解进行了有针对性的回应，起到了正本清源的作用，提高了我国政府统计的公信力。同时，也能够帮助学者、各级政府工作人员以及其他相关人员更好地理解和正确地使用中国官方宏观统计数据，为提高中国哲学社会科学研究质量做出重要贡献。

许宪春，男，1956 年 10 月生，辽宁凌源人，博士研究生，曾任国家统计局副局长、高级统计师，兼任中国国民经济核算研究会名誉理事长，清华大学、北京大学、复旦大学、中国人民大学、厦门大学等高校兼职或客座教授。

《中国碳排放总量确定、指标分配、实现路径机制设计综合研究》（著作）

北京物资学院　王文举

首都经济贸易大学出版社　2018 年出版

本著作采用博弈论、机制设计理论、投入产出理论、计量经济学理论、可计算一般均衡等方法，深入研究我国碳排放总量的确定，指标在不同时期、不同产业、不同地区之间的分配以及碳排放目标的实现途径与机制设计问题，并利用动态模拟方法进行模拟研究，为我国发展低碳经济提供指导与借鉴。著作的主要观点和建树包括以下几个方面：1. 对国际贸易中的隐含碳排放核算及责任分配的研究。2. 对中国产业结构调整及其节能减排潜力的评估。3. 对国际碳排放核算标准选择的公平性研究。著作理论和研究方法的创新主要体现在以下三个方面：1. 构建了系统的碳减排行为博弈模型分析框架。2. 构建了碳排放总量核算的动态投入产出模型。3. 构建了我国最优碳税政策的理论分析模型，并进行了实证检验。

王文举，男，1965 年 8 月生，吉林东丰人。中共党员，理学博士，教授，博士生导师，享受国务院政府特殊津贴专家。北京市高等学校（青年）学科带头人、北京市跨世纪优秀人才，入选北京市新世纪百人工程。教育部普通高等学校经济与贸易类专业教学指导委员会副主任委员。1986 年学士毕业于吉林师范大学数学系，1989 年获东北师范大学理学硕士学位，1993 年获吉林大学理学博士学位，1996 年大连理工大学博士后出站。研究领域：博弈论与数量经济。历任首都经济贸易大学科研处处长，校长助理兼任科研处处长，校长助理兼任科研处处长、图书馆馆长、首都经济贸易大学副校长、北京物资学院院长，现任北京物资学院党委书记。主持国家社科科学基金项目 4 项和省部级项目 10 余项，出版著作和教材 10 余部，发表学术论文 130 多篇。曾获北京市第八届哲学社会科学优秀成果二等奖、2012 年教育部人文社会科学优秀成果三等奖、北京市第十四届哲学社会科学优秀成果二等奖。

《中外跨国公司发展史（上、下卷）》（专著）

对外经济贸易大学　卢进勇

对外经济贸易大学出版社　2016 年出版

《中外跨国公司发展史（上、下卷）》共分 7 篇 30 章，总字数近 130 万字。概括起来，本书具有以下 4 个主要创新点和特点：第一，是国内首部系统论述中外跨国公司成长历史脉络、组织结构与经营战略演变、作用与影响的发展史专著。第二，是一部聚焦研究跨国公司理论与学说演变史的思想史专著。从全球到中国，以不同角度系统阐述了跨国资本流动和跨国公司的主要理论与学说。第三，也是一部探索中外著名跨国公司兴衰变化的企业史专著。全书穿插论述了一批著名的中外跨国公司的诞生和发展史。第四，还是一部有关中外跨国公司发展的政策史专著。该书从单边、双边、区域和多边 4 个层次探讨了国际投资管制史。

卢进勇，男，1957 年 9 月生于北京。对外经贸大学教授、经济学博士、博士生导师、国家级重点学科国际贸易学学科带头人、外国直接投资（FDI）研究中心主任。1982 年毕业于中国人民大学经济学专业，获经济学学士学位；1987 年毕业于中国人民大学经济学专业，获经济学硕士学位；2003 年毕业于对外经济贸易大学国际贸易学专业，获经济学博士学位；1998 年以访问学者身份赴加拿大维多利亚大学（University of Victoria）进修；2002 年以访问学者身份赴澳大利亚莫纳什大学（Monash University）进修；2013 年以研究学者身份赴美国西东大学（Seton Hall University）和哥伦比亚大学（Columbia University）开展合作研究。主要从事国际投资与跨国公司、中国利用外资与海外投资、国际投资发展史、国际经济合作等研究。已正式出版专著和教材 60 余部，已在境内外公开发表学术论文 260 多篇，科研成果获得各种奖项或奖励 20 余次，其中含国家级和省部级 16 项。

《基于学生核心素养的化学学科能力研究》（著作）

北京师范大学　王　磊

北京师范大学出版社　2017 年 12 月出版

《基于学生核心素养的化学学科能力研究》一书全面反映了北京师范大学化学教育研究团队在化学学科能力理论研究、评价研究和教学改进研究方面取得的系列成果。反映了当前化学教育研究与实践改革的最新成果，提供大量鲜活的化学学科能力表现测评案例和教学改进案例，具有很强的理论、方法和实践指导价值。总论此书，在 3 个方面有较为突出的创新价值：1. 在理论方面，此书提出的化学学科能力素养多维整合模型，实质性建立了化学学科核心知识经验与学科能力和素养之间的联系及教学转化机制。2. 在测量评价方面，制定化学学科核心素养学科能力表现指标体系。3. 在教学改进研究方面，基于学生在各核心内容主题上的学科核心能力素养表现证据，精确诊断和定位学生相应主题上能力素养培养的教学关键问题。

王磊，女，北京师范大学化学学院教授，化学课程与教学论专业博士生导师。兼任北京师范大学教育学部部长助理，北京师范大学未来教育高精尖创新中心学科实验室主任，中国化学会理事，中国化学会化学教育委员会主任委员，教育部中学教师培养教学指导委员会委员，《化学教育》杂志副主编。先后获得国家基础教育教学成果一等奖、国家高等教育教学成果二等奖、北京市基础教育教学成果一等奖和二等奖、北京市哲学社会科学研究优秀成果一等奖、全国教育科学研究优秀成果三等奖、宝钢教育优秀教师奖等。

《中国学校研究》（著作）

北京师范大学　顾明远

高等教育出版社　2017 年 2 月出版

本书受约翰·古德莱德（John I. Goodlad）教授《一个称之为学校的地方》的启发，运用实证研究方法，对中国学校进行了系统、深入研究，并以西方学者认同、理解的话语，分别从学生、家长、教师、校长和学校组织 5 个维度，一步一步全景式地深入探究了中国学校内部运行的逻辑，以期揭开中国学校的神秘面纱，并科学提炼、总结我国中小学校的教育经验与模式。

在理论价值方面：第一，采用实证研究方法，有利于弥补当前国内关于“学校教育”缺乏实证性研究的不足；第二，将学校教育作为一个整体来研究，有利于全面整体地了解学校教育；第三，充分利用调查、访谈等各种研究方法，从各个视角更加清楚明了地呈现出当前中国学校教育的现状，勾勒一个“中国学校”的真实样态，并从中发现中国学校教育取得的经验和存在的问题；第四，在研究的基础上，向领导提交学校建设的咨询报告，提出政策性建议；第五，让国际社会更加真实客观地了解中国学校，塑造良好大国形象，提升软实力。

顾明远，男，1929 年 10 月生，江苏江阴人，中共党员，北京师范大学教育学部教授、博士生导师，50 多年来一直在教育战线从事教学、科研和管理工作，是国内外知名的教育家和学者。现任教育部社会科学委员会副主任、北京师范大学教育学部顾问等职。曾任中国教育学会会长、北京师范大学副校长、研究生院院长、教育管理学院院长、国务院学科评议组教育学科组长等职，并曾在世界比较教育联合会任两主席之一。科学研究涉足教育学科的许多领域，均有很高造诣，但最突出的当属比较教育学科。2000 年底，先后出版了顾明远主编的两部大型工具书《世界教育大系》和《世界教育大事典》，被誉为传世精品。

《学习学》（上、下卷）（著作）

北京市教育学会　温寒江

教育科学出版社　2016 年 6 月出版

什么是学习？人们的认识并非一致。通过历时 25 年的“学习与思维”的实验与研究，课题组认为，学习是一种认识过程，思维是这个过程的核心，技能、能力是它的两翼，知识是认识的主要成果。“学习与思维”课题以马克思主义认识论、科学发展观为指导，以认知神经科学（脑科学）为依据，以中小幼主要学科教学为实验平台，先后有四十所学校一千多名教师参加的大型课题。研究的主要方法有以下两种：一是理论与实践相结合，二是历史与逻辑相结合。

温寒江，男，1924 年 5 月生，福建龙岩人，中共党员，1947 年毕业于浙江大学物理系，并于当年加入中国共产党。大学本科学历，副教授，知名教育家，曾任北京三十五中、北京四中、北京八中校长和北京教育学院院长，享受国务院政府特殊津贴专家。1987 年离休。

在职时承担国家重点科研项目《中小学师资培训的研究》，形成《师资培训概论》一书，填补国内空白。离休后长期坚持“发展形象思维的理论研究和教学实验”的课题研究。1992 年开始带领基础教育一线教师把脑科学成果应用于中小学，开始了长达 25 年的思维研究与实践，形成《脑科学 思维 教育丛书》22 本。其中撰写两本理论专著《学习学》（上、下卷）。

《中国法制史大辞典》（著作）

北京大学　蒲　坚

北京大学出版社　2015 年 8 月出版

全书以马克思主义历史唯物主义理论为指导，对中国历代法制进行实事求是的历史的分析研究，这种精神贯穿在全书的每个条目中。全书设置了与中国历代法制有密切关系的“称谓”条目，这是过去一直被法史学界忽略的问题，很多称谓与当时的法制有密切关系，如人们在家庭中的地位、血缘关系、家族宗法关系及其所处的社会地位、政治地位以及在民刑法律关系中的法律地位等，无不与当时的法制有密切关联。全书是清末民初京师大学堂建立法科，开设中国法制史学科，近百年来第一部专业性大辞典，出版后很快受到法史学界高度重视。

蒲坚，北京大学法学院教授，生于1927年，1954年进入北京大学法律系任助教，教授中国法制史直至退休，五十年来，一直从事中国法制史的教学科研工作。1952年院系调整，北京大学的法学院被撤销，1954年北京大学又重建法律系，所以蒲坚老师也是北大法律系重建的第一批教员——重建元勋之一，他的毕生精力都奉献于法律史的教学与研究事业。

《中国证据法治发展报告：1978—2014》（8册）（著作）

中国政法大学 张保生

中国政法大学出版社 2016年5月出版

《中国证据法治发展报告：1978—2014》系列丛书，是中国第一部证据法治发展报告蓝皮书，从立法、司法、法学研究和法学教育的全景视角，审视中国证据制度发展的来龙去脉，梳理证据科学的研究成果，总结证据立法和司法的实践经验。该套丛书在对中国证据法治发展现状进行全面梳理的基础上，对其存在的问题、制度发展与学术研究的道路进行了比较系统的分析、评价和反思。

本丛书的创新和学术价值体现在以下4个方面：第一，它是国内第一部有关证据法治发展状况的年度报告，描绘出36年来我国证据法治发展的基本图景。第二，它横跨证据法学、法庭科学、证据科学等多个领域，从多学科视角共同审视证据法治的发展现状。第三，它覆盖立法、司法实践、科学研究、法学教育等多个领域，全面展示了证据法治的发展轨迹，描绘了中国证据法治36年的全景发展历程。第四，它融资料整理、学理评论于一体，集文献价值、学术意义于一身，梳理与评价功能并重，既有资料整理的“镜子”功能，也包括反思与展望的评价功能。

张保生，男，1956年生。中国政法大学证据科学研究院名誉院长，证据科学教育部重点实验室主任，司法文明协同创新中心联席主任，教授，博士生导师。

《陈其泰史学萃编（9卷本）》（著作）

北京师范大学 陈其泰

华夏出版社 2018年出版

《陈其泰史学萃编》汇集了陈其泰教授30余年来的研究成果，共包含《史学与中国文化传统》《史学与民族精神》《清代春秋公羊学通论》《再建丰碑：班固与〈汉书〉》《梁启超评传》《范文澜学术思想评传》《中国近代史学的历程》《历史编纂与民族精神》《学术史沉思录》9种专著，约336万字。全书将“史学”与“文化”作互动考察，首次在学术界提出“从文化视角研究史学”，采用新视角，跳出了以往单科性研究的局限，从与社会、文化广泛联系的角度更深入揭示历代史学名著的价值。

全书重视上下联系、贯通研究，将史著和史学思潮置于历史长河中进行考察，向上追溯其渊源，向下考察其影响，对史学演进中关键性问题作出理论的新阐释，推进规律性认识。

陈其泰，男，1939年10月生，广东丰顺人，1963年毕业于中山大学。现为北京师范大学史学所教授，博士生导师。主要研究方向：史学与中国文化传统，中国近现代史学。曾先后承担国家及教委社科项目《传统史学的确立及其向近代史学的转变》《范文澜与中国马克思主义史学》《二十世纪中国历史考证学研究》。

《六朝道教古灵宝经的历史学研究》（著作）

首都师范大学 刘屹

上海古籍出版社 2018年3月出版

本书从根本上重建了六朝道教古灵宝经研究的新理论和新框架。主要观点和创新处如下：第一，全面系统地梳理了灵宝经研究近百年的学术史，分析、评述了近200篇中外学者的研究论文。对长期影响灵宝经研究推进的一些思维“定式”，从学术史的角度进行公正客观的辨析。第二，本书最突出的贡献，是对晋宋时期30多卷古灵宝经，提供了一个可以继续验证和讨论的成书先后时间线图。第三，本书揭示和阐发了一些古灵宝经教义、思想和仪式方面的新论题，极大丰富了古灵宝经研究的内容。总之，“新经”早于“旧经”的结论，并不仅仅是通过目录学和文献学的书证，而且还有大量灵宝经内部的思想、教义方面从“新经”发展到“旧经”的线索可以佐证。本书提出了关于“古灵宝经”研究的一系列基础而重要的问题，有些是对前人研究的进一步推进，有些则是在新的灵宝经形成历程框架下才能显现出来的新论题。

刘屹，1972 年生于北京，历史学博士，教授，博士生导师，首都师范大学历史学院院长，兼任中国敦煌吐鲁番学会秘书长。专业领域为敦煌学、中古宗教史。已在国内外各种专业学术刊物上发表专题论文、研究书评、译稿等 130 多篇，出版专著和论文集 6 部：《敬天与崇道》（2005）、《经典与历史》（2011）、《神格与地域》（2011）、《敦煌道经与中古道教》（2013）、《汉唐道教的历史与文献研究》（2015）、《六朝道教古灵宝经的历史学研究》（2018）。

完成国家社科基金项目 2 项、教育部人文社会科学项目 1 项，目前主持国家社科基金重点项目 1 项。获得北京市哲学社会科学优秀成果一等奖和二等奖各 1 项，入选教育部“新世纪优秀人才”计划，1 项成果入选“国家哲学社会科学成果文库”。前 20 年的主要研究领域是道教历史与文献，近年转向中古佛教史研究。

《北京社区公共服务建设研究》（著作）

北京大学　黄恒学等

中国人民大学出版社　2016 年 10 月出版

《北京社区公共服务建设研究》一书是北京市哲学社会科学规划重大项目成果，该成果经严格评审被选入北京社会科学基金成果文库。本书的实际意义在于：总结的“北京模式”对于构建和完善基本公共服务体系具有重要的指导意义；提出社区服务“三分”理论和社区公共服务二元结构理论，能够最大限度地调动政府和社会力量投入社区公共服务建设的积极性，更好地满足城乡居民对于公共服务的需求，具有重要的实践推广价值；提出全方位、智慧型社区居民服务需求—回应机制基本框架，为完善社区公共服务“居民满意度”评价指标体系提供有力依据；结合北京实际对社区公共服务问责制与监管体系进行深入研究，为完善北京市社区公共服务体系提供决策依据。

黄恒学，男，1957 年 10 月生，湖北蕲春人。先后获清华大学管理科学与工程专业工学博士学位、中国社会科学院经济学博士学位，自 1993 年起享受政府特殊津贴。现为北京大学政府管理学院教授，公共经济学系主任。研究范围涉及公共经济学、区域经济、公共财政学、政府经济学、财政与税收、工商行政与市场管理、住宅政策与房地产管理、产业政策、组织管理等领域。主要有《管理学原理》（武汉大学出版社 1991 年）、《中国事业管理体制改革研究》（清华大学出版社 1998 年）、《我国事业单位管理体制改革研究》（黑龙江人民出版社 2000 年）等。

《中国信息资源产业发展与政策》（著作）

中国人民大学　冯惠玲等

中国人民大学出版社　2017 年 8 月出版

《中国信息资源产业发展与政策》一书着眼于我国信息资源产业所处发展阶段，对我国信息资源产业的发展方向与战略规划进行了探索和研究。

全书在国内外既有信息资源产业研究成果的基础上，探索了对信息资源产业发展具有重大意义的政策及管理对策的作用机制和发展规律，取得了一系列富有创新性的研究突破。

冯惠玲，女，1953 年 8 月生，江苏籍贯，中国人民大学信息资源管理学院一级教授。1978 年起在中国人民大学档案学系（现信息资源管理学院）先后获学士、硕士、博士学位，1985 年起在中国人民大学任教至今。兼任第七届国务院学位委员会图书情报与档案管理学科组召集人，教育部社会科学委员会委员，国家电子文件管理专家委员会主任，中国人民大学校务委员会副主任等。主要研究方向为档案学基础理论、电子文件管理、信息资源产业、数字记忆等。先后主持国家级、省部级科研项目 40 余项，撰写和主编专著教材 30 余部，发表论文 150 余篇。

《提升中国产品海外形象研究》（专著）

对外经济贸易大学　林汉川

企业管理出版社　2017 年 12 月出版

《提升中国产品海外形象研究》一书是国家自然基金重点项目（71332007）和教育部哲社重大攻关项目（13JZD017）的研究成果。全书共 6 篇 33 章，系统研究了提升中国产品海外形象的理论基础、创新模式与实现路径。

林汉川，男，1949 年 2 月生于重庆。二级教授，经济学博士，博士生导师，享受国务院政府津贴专家。曾任对外经济贸易大学校学术委员会副主任、校学位委员会副主任、惠园特聘教授、中小企业研究中心主任、北京企业国际化经营研究基地首席专家等职。他长期站在中小企业发展与需求的前沿阵地，为我国中小企业理论创新、实践决策、政策支持与人才培养等方面做出了较突出贡献，已在全国中小企业领域产生较大的学术影响与社会效应。他已主持或完成国家级项目12项，其中国家社科基金重大项目2项、国家自然科学基金重点项目2项、教育部重大课题攻关项目1项；已公开发表论著200多篇，其中在《中国社会科学》《经济研究》《管理世界》等国家权威期刊发表80多篇。他已获得省部级以上奖励26项；已向国家领导、国家社科规划办、国务院有关部门、浙江省委、省政府提交研究报告30多篇（部），其中已有3篇得到国家领导批示。

《中国地方政府规模与结构优化：理论、模型与实证研究》（著作）

北京市社会科学院 罗 植

经济管理出版社 2015年12月出版

《中国地方政府规模与结构优化：理论、模型与实证研究》一书围绕中国地方政府规模与结构优化这一主题，以实证研究为主，理论分析为辅，对中国地方政府规模与结构的历史演进、政府最优规模估计、行政层级结构优化、财政支出结构优化和政府规模内生影响因素这5个逻辑关系密切的重要问题进行了实证分析。

首先，从制度约束角度梳理了中国地方政府规模与结构的历史演进，与激励机制的重要性。其次，从比较视角讨论了适合我国的最优政府规模估计模型。再次，利用“双差分”模型估计了“省直管县”体制对经济绩效的净效应，讨论了中国地方政府行政层级的结构优化。复次，从拥挤性程度衡量公共服务供需匹配程度，讨论了中国地方政府财政支出结构的优化与对策。最后，在内生性假设下估计讨论了政府规模的决定因素。

罗植，男，1983年10月生，河南沁阳人，北京师范大学管理学博士，清华大学博士后，北京市社会科学院管理研究所副研究员，入选北京市青年拔尖人才。现在主要运用计量经济学、优化理论、博弈论和社会模拟研究等方法从事公共管理、公共政策分析和社会治理等相关领域的研究工作。主持国家社科基金青年项目《治理视域下地方公共服务供给的系统优化研究》。主持完成“首都城市治理的标准化战略及实现路径研究”“北京市政府资助企业科技投入的影响因素研究”等多项课题。《促进基本公共服务均等化的供给机制优化研究》获中国博士科学基金一等资助。《京津冀协同发展中的地方政府科技投入行为优化研究》获北京市优秀人才培养资助。在《中国管理科学》《财贸研究》《财经科学》等期刊发表论文10余篇。获北京市第十五届哲学社会科学优秀成果一等奖。

《20世纪中国语言学方法论研究》（著作）

北京大学 陈保亚

商务印书馆 2015年12月出版

1999年作者出版了《20世纪中国语言学方法论》（20印张，约45万字），该书主要以评论20世纪中国语言学方法论为主，留下了很多没有解决的理论问题。本书《20世纪中国语言学方法论研究》（49印张，约90万字），主要针对这些没有解决的理论问题展开调查研究，创新主要表现在：基于田野调查研究提出一套单位还原程序来获取语音、语法层面的基本单位和基本规则，在获得基本单位和规则的基础上提出“无界有阶扩展模型”来解释语言接触和演变的关系。

陈保亚，四川德阳人。1978年2月考入华西医科大学攻读医学学士，后弃医从事语言学研究，师从徐通锵先生。1988年获北京大学中文系文学硕士学位，1994年获北京大学中文系文学博士学位。同年进北京大学社会学所博士后流动站，跟随费孝通先生、徐通锵先生研究社会语言学及汉藏语系发生学分类研究。1996年获国家人事部全国博士后科研流动站博士后证书。1996—1998年在北京大学中文系从事理论语言学教学和研究工作。1998—1999年在香港城市大学电子工程学系做客座研究员，现任北京大学中文系教授，博士导师。

《法兰克福学派内外：知识分子与大众文化》（著作）

北京师范大学 赵 勇

北京大学出版社 2016年6月出版

赵勇教授的《法兰克福学派内外：知识分子与大众文化》是一部围绕法兰克福学派，以知识分子与大众文化为问题框架，对大众文化理论、文学理论和美学理论展开相关探究的专题论集，也是作者出版《整合与颠覆：大众文化的辩证法——法兰克福学派的大众文化理论》（北京大学出版社 2005 年版）之后对法兰克福学派的拓展性研究成果。全书点面结合，中西互动，视野开阔，思考深入，体现了作者多年致力于法兰克福学派研究的学术功力。

赵勇，男，北京师范大学文学院教授。1985 年毕业于山西大学中文系汉语言文学专业，获学士学位；1990 年毕业于山东师范大学中文系文艺学专业，获硕士学位；2002 年毕业于北京师范大学中文系文艺学专业，获博士学位。1985—1987 年、1990—1999 年在山西省晋东南师专（现为长治学院）中文系任教。2002 年至今在北京师范大学文学院文艺学研究中心工作。

主要研究方向：文学基本理论、大众文化理论与批评、西方文论。出版著作：《透视大众文化》，中国文史出版社 2004 年版；《审美阅读与批评》，中国社会出版社 2005 年版；《整合与颠覆：大众文化的辩证法——法兰克福学派的大众文化理论》，北京大学出版社；《文学理论新编》（副主编），北京师范大学出版社 2005 年版；《大众媒介与文化变迁——中国当代媒介文化的散点透视》，北京大学出版社 2010 年版；《反思文艺学》（与李春青合著），北京师范大学出版社 2009 年版。研究课题：主持教育部人文社会科学重大课题："大众文化的冲击与新世纪中国文学的嬗变"。

《20 世纪中国新诗理论史（上、下册）》（著作）

首都师范大学　吴思敬

人民文学出版社　2015 年 10 月

吴思敬教授主编的《20 世纪中国新诗理论史》是对 20 世纪中国新诗理论形态与发展的系统总结，对于全面回顾新文学创作的历史经验，加强新世纪的新诗理论建设，促进创作的繁荣具有重要的意义。

此书的理论创新和学术价值主要体现在以下方面：第一，此书是我国第一部完整描述 20 世纪中国新诗理论发展全过程的著作。第二，此书贯穿一种问题意识，在对不同阶段新诗理论的范畴、结构、内涵、形态、演变等做出梳理和描述的基础上，把研究的重心放在贯穿 80 年的中国新诗理论的若干焦点问题上，从而有助于总结新诗发展 80 年的历史经验，完成了中国新诗理论体系的独特建构。第三，此书对中国新诗理论的发展与形态做出了全方位的描述与剖析，就新诗史的研究而言，提供了整合新诗发展各个历史时期纷纭复杂的诗歌现象的一个新的视角。

吴思敬，1942 年 11 月生于北京，现任首都师范大学文学院教授、博士生导师，《诗探索》主编，中国诗歌学会副会长。2001 年 9 月获得中华人民共和国教育部授予的"全国优秀教师"称号。长期从事诗歌理论研究和中国当代诗歌批评工作。

主要学术著作有：《诗歌基本原理》、《诗歌鉴赏心理》、《写作心理能力的培养》、《冲撞中的精灵》、《心理诗学》、《诗学沉思录》、《走向哲学的诗》、《自由的精灵与沉重的翅膀》、《吴思敬论新诗》、《中国当代诗人论》、《文学原理》（主编）、《中国新诗总系·理论卷》（主编）、《中国诗歌通史》（与赵敏俐共同主编）、《20 世纪中国新诗理论史》（主编）。其中，《写作心理能力的培养》于 1987 年获"北京市高等学校哲学社会科学中青年优秀成果奖"；《诗歌基本原理》于 1992 年获"北京市高等学校第二届哲学社会科学中青年优秀成果奖"；《心理诗学》于 1998 年获北京市第五届哲学社会科学优秀成果一等奖；《中国诗歌通史》（主编）于 2014 年获北京市第十三届哲学社会科学优秀成果特等奖、教育部第七届高等学校科学研究优秀成果一等奖。

《立论中国影视》（著作）

北京师范大学　胡智锋

中华书局　2017 年 12 月出版

《立论中国影视》聚焦中国影视的内容生产、行业发展、文化建设、基础理论及宏观思考，多层面、多维度对中国影视在发展过程中的诸多经验路径与困境问题等做了较为深入而全面的梳理与分析，恰为前述的"亟需"和"呼唤"提供了有代表性、典型性的回应。为中国影视梳理历史经验，解决现实问题，指导未来健康发展提供了重要的理论支撑。全书内容由 5 个部分组成，分别是：内容生产、行业发展、文化建设、基础理论、宏观思考。在内容生产部分，以历史与理论梳理为主要内容，对中国电影电视发展道路与整体特征做了全面的梳理和分析。

胡智锋，1965 年生，毕业于山东大学、北京师范大学。中国传媒学术领域第一位教育部"长江学者"特聘教授，中国广播电视艺术学学科创始人之一，中国电视美学研究主要奠基人，中国电视传播艺术研究创建人，著名电视节目策划人。现任北京师范大学艺术与传媒学院院长、教授、博士生导师。哈佛大学高级访问学者。曾任中国传媒大学学报《现代传播》主编。主持国家级、省部级等各级各类科研项目40余项，已出版学术专著《电视传播艺术学》《影视文化论稿》《电视美学大纲》等30余部，发表学术论文400余篇；多次荣获中国高校人文社科成果奖、北京市哲学社会科学成果奖。参与了百余个电视频道、栏目、大型节目的策划和主创工作；担任中宣部“五个一工程”大奖、中国新闻奖、中国广播影视大奖、国家音像制品奖、中国电视文艺“星光奖”等多个国家级奖项的评委。曾赴亚、非、欧、澳数十个国家进行讲学和学术交流。

《青海藏医药文化博物馆藏佉卢文尺牍》（著作）

北京大学　段　晴

中西书局　2016年12月出版

《青海藏医药文化博物馆藏佉卢文尺牍》针对收藏在青海藏医药文化博物馆（以下简称“青藏医博”）的几件佉卢文木牍进行解读，并在此基础上，结合英国图书馆、和田地区博物馆藏佉卢文文书，对公元3世纪末的鄯善王国职官制度以及物质文化做了深入剖析。书中所著内容基于前所未知的原始文献，从而保证了研究成果是原创的、独到的。

段晴，1953年5月生于北京。北京大学外国语学院教授。著名历史语言学家。北京大学外国语学院东语系教授，梵巴专业教研室主任，梵文贝叶经及佛教文献研究室主任。1971年进入北京大学西语系学习。1978年考入北京大学南亚研究所，师从著名教授季羡林、蒋忠新学习梵语以及印度历史文化，1982年获得硕士学位。1982年11月赴德国留学，师从汉堡大学著名伊朗语教授Ronald. E. Emmerick攻读博士学位。1986年12月通过博士考试，获得德国汉堡大学博士学位。1987年回到北大任教。主要研究领域为基础梵语、印度传统梵语文法、中古伊朗语言、梵汉佛经对比研究等。

《当代中国社会大事典（1978—2015）》（著作）

北京师范大学　魏礼群等

商务印书馆、华文出版社　2017年12月出版

为全面、系统地反映改革开放进程中社会领域的理论创新、体制创新、政策创新和实践创新，真实记录这一时期社会领域改革发展的演变脉络、重大事件和辉煌成就，铭记当代中国社会变迁历史，弘扬改革创新精神，持续推进社会主义现代化建设，大型文献图书——《当代中国社会大事典（1978—2015）》应运而生。该著作是一部兼具学术性、理论性、实践性和工具性，并具有原创性和权威性的大型文献图书，荣获了国家出版基金项目资助，是国家社科基金特别委托重大项目“中国社会管理创新研究信息库建设”的重要内容，在一定程度上填补了社会建设和社会治理领域理论创新和实践总结的空白。

魏礼群，1944年12月生，江苏睢宁人。1963年9月—1968年11月在北京师范大学历史系学习。1968年12月分配到内蒙古牙克石林业管理局工作，先后任文教处干事、党委办公室副主任。1978年2月调入国家计划委员会工作，先后任国家计委政策研究室副处长、处长、副主任、主任，体制改革和法规司司长，国家计委副秘书长、党组成员兼秘书长。1994年8月任中央财经领导小组办公室副主任兼机关党委书记。1998年3月任国务院研究室副主任、党组成员兼机关党委书记。2001年2月—2008年5月任国务院研究室党组书记、主任。2008年5月—2011年4月任国家行政学院党委书记、常务副院长。第十一届全国政协委员、文史和学习委员会副主任。中国共产党第十六届、十七届中央委员会委员。2007年被聘为北京师范大学博士生导师，2010年5月被聘为国家行政学院教授、博士生导师，2013年3月被国家人力资源和社会保障部批准为中国国际经济交流中心资深博士生导师。主要研究经济与社会发展理论和政策，以及研究行政体制改革理论和政策。

《北京市集体建设用地减量策略研究》（调研报告）

北京大学　林　坚

北京大学　2018年6月结项

报告从集体建设用地的资产属性角度入手，探讨了北京市集体建设用地减量化的策略建议。该报告思路开阔、结构严谨、分析深入、论证系统，提出了一系列具有创新性的观点和建议，为北京市城乡建设用地减量发展的相关决策和实践工作提供了重要参考。同时，根据报告整理形成的成果，作为首都高端智库“首都减量发展”重大研究项目成果的重要组成部分，被北京市采用，为北京市构建推动减量发展体制

机制、全面优化国土空间格局、提升城市发展质量提供了有力支持。

林坚，北京大学城市与环境学院城市与区域规划系主任，教授，博士生导师，北京大学首都发展研究院副院长，北京大学不动产研究鉴定中心副主任，兼任全国国土规划纲要专家咨询委员会委员、住房和城乡规划建设部城乡规划标准化技术委员会委员、中国土地学会理事、土地规划分会副主任、中国土地估价师协会常务理事、技术审裁委员会副主任等职。先后承担多项国家自然科学基金、科技支撑计划等课题，曾获国土资源科学技术一等奖、全国优秀城乡规划设计成果一等奖等多项奖励。主要研究方向为土地利用、城市与区域规划、国土空间开发保护与治理。

《税务机关征收社保费问题研究》（研究报告）

首都经济贸易大学　郝如玉

国家税务总局　2018 年 5 月

《税务机关征收社保费问题研究》调研报告采用实地调研、数据分析等方法，通过对浙江、福建、河南、北京等全国多个地区的调研、座谈和走访积累的一手资料，深入剖析了各地开展税务机关征收社保费改革前后的社保费征收率变化，在对调研数据、资料进行梳理、分析的基础上，结合我国目前的社保费征收实践，提出了推广税务机关征收社保费改革、“严征管、降费率”的政策建议。

该报告的主要创新在于：在我国尚未开征社保税、社保部门征收社保费存在缺陷的状况下，通过对全国开展税务机关征收社保费改革的情况进行深入的实地调研，率先对各地改革的经验和效果进行了系统的梳理与总结，并提出了有针对性的建议，对于完善我国社保费的征收体制，保障经济发展和人民社保权益具有一定借鉴意义。

郝如玉，男，1948 年 7 月生于北京。曾就读于中央财经大学财政系，获经济学学士学位。曾任首都经济贸易大学副校长、第十一、十二届全国人大常委、财经委副主任，第十届全国政协委员（无党派届别）、第十一、十二、十三届北京市人大常委，中国注册税务师协会副会长、北京市国际税收研究会副会长。现任北京哲学社会科学国家税收法律研究基地（首都经贸大学）首席专家、中央统战部党外专家建言献策财金组组长，中国税收筹划研究会会长。长期从事税收立法、税收政策与税收征管领域的研究，出版著作多部，发表论文多篇，承担国家社科基金、国家税务总局及北京市等科研课题 30 余项，完成调研报告 60 余篇。其中 40 余条相关政策建议获得中央领导和北京市领导的批示。获得北京市第十五届哲学社会科学优秀成果一等奖和北京市第十三届哲学社会科学优秀成果二等奖。

《当代中国新的社会阶层研究报告》（调研报告）

对外经济贸易大学　廉思等

《当代中国新的社会阶层研究报告》基于四次调查数据，系统梳理了新社会阶层的主要特点和面临挑战，从作用发挥、社会风险、引导路径等方面展开深入分析，并在数据和材料的对比中，加强对新社会阶层的规律性和趋势性研判。此外，还对中国历史上新社会阶层的治理经验进行了梳理和思考，对意识形态输出性强的文化领域新的社会阶层进行了专题研究，对社会关注度高的网络主播群体进行了典型研究，对影响力逐渐增强的新兴青年群体进行了趋势研究。整个报告既有全景透视式的立体画像，也有对具体重点群体的细致精准素描，首次形成了有关当代中国新社会阶层的完整系统认知。

主要特点如下：1. 突出研究的“中国视角”和“时代特色”。2. 融通多个新兴群体，提炼总结阶层共性。3. 政策建议转化率高、落地性强。报告始终紧扣国家和时代发展的脉搏，以新社会阶层的现实问题为主攻方向，在充分占有和分析第一手材料的基础上指明政策未来的可能方向进行趋势研判。

廉思，男，1980 年 6 月生于北京。中宣部文化名家暨“四个一批”理论人才，国家“万人计划”首批“青年拔尖人才”，教育部“新世纪优秀人才”，全国青年岗位能手。现任对外经济贸易大学深圳研究院院长，主要专业领域为社会群体研究、政府治理研究、青年发展研究等。由其领衔的研究团队，以擅长田野调查著称，长期蛰伏在不同群体之中进行深度观察研究，具有击穿社会阶层、对话各种身份、跨越学科分野的能力。首创“蚁族”“工蜂”“洄游”“蜂鸟”等社会学概念，提出“拐点一代”“战疫一代”等青年世代划分称谓。推出的《蚁族》《工蜂》《中国青年发展报告》系列等作品，引起社会各界的强烈反响和深入探讨。撰写的有关社会群体问题的一系列研究报告，数十次得到中央领导高度重视。

（北京市哲学社会科学优秀成果评奖委员会办公室供稿）

第七届钱端升法学研究成果奖获奖名单

一等奖（1项）

序号	成果名称	单位名称	申报人	成果形式	出版单位或发表形式	出版发表时间
1	农地金融化的法律困境及出路	中国人民大学	高圣平	论文	《中国社会科学》	2014年第8期

二等奖（14项）

序号	成果名称	单位名称	申报人	成果形式	出版单位或发表形式	出版发表时间
1	实质犯罪论	东南大学	刘艳红	专著	中国人民大学出版社	2014.12
2	从隐私到个人信息：利益再衡量的理论与制度安排	中国人民大学	张新宝	论文	《中国法学》	2015年第3期
3	类别股与中国公司法的演进	清华大学	朱慈蕴	论文	《中国社会科学》	2013年第9期
4	近代中国宪制的发展	清华大学	聂　鑫	论文	《中国法学》	2015年第6期
5	全球治理视野下的国际法治与国内法治	浙江大学	赵　骏	论文	《中国社会科学》	2014年第10期
6	互联网金融的法律规制——基于信息工具的视角	中国人民大学	杨　东	论文	《中国社会科学》	2015年第4期
7	刑事诉讼法律移植研究	中国政法大学	汪海燕	专著	中国政法大学出版社	2015.11
8	法理学视野下的冲突法	武汉大学	肖永平	专著	高等教育出版社	2008.7
9	大清刑律草案签注考论	中国社会科学院法学研究所	高汉成	论文	《法学研究》	2015年第1期
10	内幕交易惩罚性赔偿制度构建	吉林大学	马新彦	论文	《法学研究》	2011年第6期
11	现实与理想：关于中国刑事诉讼的思考	四川大学	左卫民	专著	北京大学出版社	2013.4
12	政府信息公开中的公共利益衡量	中国政法大学	王敬波	论文	《中国社会科学》	2014年第9期

续表

序号	成果名称	单位名称	申报人	成果形式	出版单位或发表形式	出版发表时间
13	亡者归来——刑事司法十大误区	中国人民大学	何家弘	专著	北京大学出版社	2015. 11
14	转换的逻辑——民事诉讼体制转型分析	天津大学	张卫平	专著	法律出版社	2006. 12

三等奖（22 项）

序号	成果名称	单位名称	申报人	成果形式	出版单位或发表形式	出版发表时间
1	我国农村土地法律制度变革的思路与框架——十八届三中全会《决定》相关内容解读	广东外语外贸大学	陈小君	论文	《法学研究》	2014 年第 4 期
2	检察官办案责任制相关问题研究	四川大学	龙宗智	论文	《中国法学》	2015 年第 1 期
3	论中国法治评估的转型	浙江大学	钱弘道	论文	《中国社会科学》	2015 年第 5 期
4	侵权责任法（第二版）	天津大学	杨立新	专著	法律出版社	2012. 3
5	中国宗教财产的范围和归属问题研究	中国人民大学	冯玉军	论文	《中国法学》	2012 年第 6 期
6	论诉权的人权属性——以历史演进为视角	南京大学	吴英姿	论文	《中国社会科学》	2015. 6
7	信息、权利与交易安全：消费者保护研究	广州大学	应飞虎	专著	北京大学出版社	2008. 9
8	中国农村土地流转问题研究	武汉大学	孟勤国	专著	法律出版社	2009. 1
9	风险社会中的刑法	清华大学	劳东燕	专著	北京大学出版社	2015. 10
10	商标权正当性自然法维度的解读——兼对中国《商标法》传统理论的澄清与反思	西南政法大学	黄　汇	论文	《政法论坛》	2014 年第 5 期
11	制度利益衡量的逻辑	清华大学	梁上上	论文	《中国法学》	2012 年第 4 期
12	中国刑事证据制度体系的优化	华东政法大学	张　栋	论文	《中国社会科学》	2015 年第 7 期

续表

序号	成果名称	单位名称	申报人	成果形式	出版单位或发表形式	出版发表时间
13	现代国际刑法	中国人民大学	朱文奇	专著	商务印书馆	2015. 7
14	社会结构对法官裁判的影响——以1060个刑事判决为样本	中国社会科学院法学研究所	胡昌明	专著	社会科学文献出版社	2015. 12
15	侦查监督制度的中国模式及其改革	中国人民大学	刘计划	论文	《中国法学》	2014年第1期
16	刑名学与中国古代法典的形成——以清华简、《黄帝书》资料为线索	华东政法大学	王　沛	论文	《历史研究》	2013年第4期
17	我国民事庭审阶段化构造再认识	西南政法大学	段文波	论文	《中国法学》	2015年第2期
18	民事公益诉讼制度研究——以团体诉讼制度的构建为中心	武汉大学	刘学在	专著	中国政法大学出版社	2015. 3
19	行政指导与建设服务型政府——中国的行政指导理论发展与实践探索	中国人民大学	莫于川	专著	中国人民大学出版社	2015. 5
20	权利冲突：案例、理论与解决机制	上海师范大学	刘作翔	专著	社会科学文献出版社	2014. 5
21	当代中国社会结构与犯罪	中国人民大学	张小虎	专著	群众出版社	2008. 12
22	外来规则与固有习惯	北京大学	李启成	专著	北京大学出版社	2014. 7

提名奖（18项）

序号	成果名称	单位名称	申报人	成果形式	出版单位或发表形式	出版发表时间
1	农民集体土地所有权的权能	西北政法大学	韩　松	论文	《法学研究》	2014年第6期
2	对我国行政问责制度之省思	清华大学	余凌云	论文	《法商研究》	2013年第3期
3	国际法的人本化趋势与国际投资法的革新	华南师范大学	刘　笋	论文	《法学研究》	2011年第4期
4	完善我国条约保留制度研究	华东政法大学	王　勇	专著	法律出版社	2014. 10
5	清代讼师贪利形象的多重建构	中国人民大学	尤陈俊	论文	《法学研究》	2015年第5期

续表

序号	成果名称	单位名称	申报人	成果形式	出版单位或发表形式	出版发表时间
6	中国宪法实施的双轨制	中国社会科学院法学研究所	翟国强	论文	《法学研究》	2014 年第 3 期
7	现代赦免制度重构研究	北京师范大学	阴建峰	专著	中国人民公安大学出版社	2011. 3
8	内幕交易违法所得司法判断规则研究	华东政法大学	刘宪权	论文	《中国法学》	2015 年第 6 期
9	天学与法律——天学视域下中国古代法律“则天”之本源路径及其意义探究	苏州大学	方　潇	专著	北京大学出版社	2014. 8
10	法律文化的数学解释	西北政法大学	何柏生	专著	商务印书馆	2015. 5
11	世贸规则与产业保护	中国人民大学	韩立余	专著	北京大学出版社	2014. 10
12	“法不禁止皆自由”的私法精义	中国政法大学	易　军	论文	《中国社会科学》	2014 年第 4 期
13	农民土地财产权保护的观念转变及其立法回应——以农村集体经济有效实现为视角	广东外语外贸大学	耿　卓	论文	《法学研究》	2014 年第 5 期
14	土地征收征用中的程序失范与重构	清华大学	程　洁	论文	《法学研究》	2006 年第 1 期
15	司法公信力的理性解释与建构	浙江大学	胡　铭	论文	《中国社会科学》	2015 年第 4 期
16	法治的平衡取向与渐进主义法治道路	华东政法大学	马长山	论文	《法学研究》	2008 年第 4 期
17	实质合宪论：中国宪法三十年演化路径的检视	武汉大学	江国华	论文	《中国法学》	2013 年第 4 期
18	国际人权法：美洲区域的理论与实践	中宣部人权事务局	谷盛开	专著	山东人民出版社	2007. 2

一等奖成果简介

《农地金融化的法律困境及出路》（论文）

中国人民大学　高圣平

《中国社会科学》2014 年第 8 期

在强化市场在农地资源配置中的决定性作用的基本思路之下，提出农地的金融化是农地财产属性和市场化的题中之义，论证了无论是否承认农地的社会保障功能，都不影响农地的金融化。在制度重建时应注意到农地抵押的特殊性。农地抵押权人只能是融资机构，不能是自然人和一般企业；农地抵押人抵押土地承包经营权无须经过发包人同意，也无须有稳定的非农职业或者稳定的收入来源；农地抵押权的设定以登记为公示方法，且登记是其生效要件；农地抵押权的实现不能以折价的方式，可以采取强制管理的方法，将相应农地转包或出租，并以该收益清偿债务，清偿完毕时即归还农地予抵押人，以达到农民不失地、不失去基本生活保障的公共政策目标。

本成果厘清了新一轮土地制度改革中的基本理论问题，为农地金融化的制度重建提供了具有操作性的方案，具有较高的学术价值

（钱端升法学研究成果奖办公室供稿）

第五届郭沫若中国历史学奖获奖名单

序号	成果名称	主要作者	奖项名称	颁奖单位	成果形式	获奖等级
1	清华大学藏战国竹简（壹-柒）	李学勤（主编）	第五届郭沫若中国历史学奖	中国社会科学院	专著	一等奖
2	中国历史自然地理	邹逸麟、张修桂（主编）	第五届郭沫若中国历史学奖	中国社会科学院	专著	二等奖
3	长沙马王堆汉墓简帛集成	裘锡圭（主编）	第五届郭沫若中国历史学奖	中国社会科学院	专著	二等奖
4	西夏经济文书研究	史金波	第五届郭沫若中国历史学奖	中国社会科学院	专著	二等奖
5	欧亚草原东部的金属之路：丝绸之路与匈奴联盟的孕育过程	杨建华等	第五届郭沫若中国历史学奖	中国社会科学院	专著	二等奖
6	明代《万历会计录》整理与研究	万 明、徐英凯	第五届郭沫若中国历史学奖	中国社会科学院	专著	二等奖
7	重塑中华：近代中国“中华民族”观念研究	黄兴涛	第五届郭沫若中国历史学奖	中国社会科学院	专著	二等奖
8	中国古代历史图谱（12卷17册）	张政烺（主编）	第五届郭沫若中国历史学奖	中国社会科学院	图谱	三等奖
9	中国古代物质文化史·陵墓	刘 毅	第五届郭沫若中国历史学奖	中国社会科学院	专著	三等奖
10	中国科举制度通史	张希清、毛佩琦、李世愉（主编）	第五届郭沫若中国历史学奖	中国社会科学院	专著	三等奖
11	北魏平城时代（第三版）	李 凭	第五届郭沫若中国历史学奖	中国社会科学院	专著	三等奖
12	地方督抚与清末新政——晚清权力格局再研究	李细珠	第五届郭沫若中国历史学奖	中国社会科学院	专著	三等奖
13	明代九边长城军镇史——中国边疆假说视野下的长城制度史研究	赵现海	第五届郭沫若中国历史学奖	中国社会科学院	专著	三等奖

续表

序号	成果名称	主要作者	奖项名称	颁奖单位	成果形式	获奖等级
14	明清徽州诉讼文书研究	阿　风	第五届郭沫若中国历史学奖	中国社会科学院	专著	三等奖
15	钓鱼岛问题文献集	张　生　殷昭鲁 董为民　奚庆庆 陈海懿	第五届郭沫若中国历史学奖	中国社会科学院	文献集	三等奖
16	秦汉称谓研究	王子今	第五届郭沫若中国历史学奖	中国社会科学院	专著	三等奖
17	秦西汉印章研究	赵平安	第五届郭沫若中国历史学奖	中国社会科学院	专著	三等奖
18	殷墟花园庄东地甲骨文例研究	孙亚冰	第五届郭沫若中国历史学奖	中国社会科学院	专著	三等奖
19	商代青铜器铭文研究	严志斌	第五届郭沫若中国历史学奖	中国社会科学院	专著	三等奖
20	“非科学”的中国传统舆图——中国传统舆图绘制研究	成一农	第五届郭沫若中国历史学奖	中国社会科学院	专著	提名奖
21	马克思主义是怎样生根中国的——马克思主义在山东早期传播研究	闫化川	第五届郭沫若中国历史学奖	中国社会科学院	专著	提名奖
22	中国古代国家的起源与王权的形成	王震中	第五届郭沫若中国历史学奖	中国社会科学院	专著	提名奖
23	中国近三百年疑古思潮史纲	路新生	第五届郭沫若中国历史学奖	中国社会科学院	专著	提名奖
24	长江三峡历史地图集	蓝　勇（主编）	第五届郭沫若中国历史学奖	中国社会科学院	地图集	提名奖
25	公羊学发展史	黄开国	第五届郭沫若中国历史学奖	中国社会科学院	专著	提名奖
26	正德十六年——“大礼议”与嘉隆万改革	田　澍	第五届郭沫若中国历史学奖	中国社会科学院	专著	提名奖
27	礼与中国古代社会（四卷本）	吴丽娱（主编）	第五届郭沫若中国历史学奖	中国社会科学院	专著	提名奖
28	出土墓志所见中古谱牒研究	陈　爽	第五届郭沫若中国历史学奖	中国社会科学院	专著	提名奖
29	辽史百官志考订	林　鹄	第五届郭沫若中国历史学奖	中国社会科学院	专著	提名奖
30	早期中国——中国文化圈的形成和发展	韩建业	第五届郭沫若中国历史学奖	中国社会科学院	专著	提名奖
31	宋代三衙管军制度研究	范学辉	第五届郭沫若中国历史学奖	中国社会科学院	专著	提名奖
32	法律、资源与时空建构：1644—1945年的中国（五卷本）	张世明	第五届郭沫若中国历史学奖	中国社会科学院	专著	提名奖

续表

序号	成果名称	主要作者	奖项名称	颁奖单位	成果形式	获奖等级
33	政治与事君：吕坤《实政录》及其经世思想研究	解　扬	第五届郭沫若中国历史学奖	中国社会科学院	专著	提名奖
34	秦汉军制演变史稿	孙闻博	第五届郭沫若中国历史学奖	中国社会科学院	专著	提名奖
35	留学生群体与民国的社会发展	周棉等	第五届郭沫若中国历史学奖	中国社会科学院	专著	提名奖
36	唐代刑事诉讼惯例研究	陈　玺	第五届郭沫若中国历史学奖	中国社会科学院	专著	提名奖
37	桑干河流域历史城市地理研究	孙靖国	第五届郭沫若中国历史学奖	中国社会科学院	专著	提名奖
38	桑弘羊评传	晋　文	第五届郭沫若中国历史学奖	中国社会科学院	专著	提名奖
39	晚清民国时期滇藏川毗连地区的治理开发	周智生	第五届郭沫若中国历史学奖	中国社会科学院	专著	提名奖
40	清代地权分配研究	江太新	第五届郭沫若中国历史学奖	中国社会科学院	专著	提名奖
41	楚系简帛中字形与音义关系研究	陈斯鹏	第五届郭沫若中国历史学奖	中国社会科学院	专著	提名奖
42	楚国农业科技与社会发展研究	贾兵强	第五届郭沫若中国历史学奖	中国社会科学院	专著	提名奖

一等奖成果简介

《清华大学藏战国竹简（壹-柒）》

清华大学　李学勤　主编

清华简，是清华大学于2008年7月收藏的一批战国竹简。经碳14测定证实，清华简是战国中晚期文物，文字风格主要是楚国的，简的数量一共约有2500枚（包括少数残断简），在迄今发现的战国竹简中为数较多。

清华简在秦之前就被埋入地下，未经“焚书坑儒”影响，所以能够最大限度地展现先秦古籍的原貌，研究它们有助于了解中华文化的初期面貌和发展脉络。

李学勤（1933年3月28日—2019年2月24日），男，北京人，清华大学哲学系肄业。著名历史学家、古文字学家，清华大学出土文献研究与保护中心主任、教授。

致力于汉以前的历史文化研究，注重将传世文献与考古学、出土文献研究成果相结合，在甲骨学、青铜器、战国文字、简帛学，以及与其相关的历史文化研究等众多领域，均有卓越建树。曾任国际欧亚科学院院士，国务院学位委员会历史评议组组长，夏商周断代工程专家组组长、首席科学家，中国先秦史学会理事长，曾任英国剑桥大学、美国加州大学（伯克利）等多所外国名校的客座教授及国内多所高校的兼职教授。生前主持“清华简”的整理研究工作。2013年获首届汉语人文学术写作终身成就奖。2014年9月获得首届“全球华人国学奖终身成就奖”。2018年1月21日，被评为清华大学首批文科资深教授。

（中国社会科学院办公厅刘玉杰供稿）

第十八届（2018 年度）孙冶方经济科学奖获奖成果

序号	成果名称	主要作者	奖项名称	颁奖单位	成果形式
1	西方经济伦理思想研究（三卷本）	乔洪武等	第十八届（2018 年度）孙冶方经济科学奖	孙冶方经济科学基金会理事会	著作
2	典与清代地权交易体系	龙登高、林展、彭波	第十八届（2018 年度）孙冶方经济科学奖	孙冶方经济科学基金会理事会	论文
3	论国家治理现代化框架下的财政基础理论建设	高培勇	第十八届（2018 年度）孙冶方经济科学奖	孙冶方经济科学基金会理事会	论文
4	中国资源配置效率动态演化——纳入能源要素的新视角	陈诗一、陈登科	第十八届（2018 年度）孙冶方经济科学奖	孙冶方经济科学基金会理事会	论文

获奖成果简介

《西方经济伦理思想研究》（三卷本）（著作）

乔洪武等

商务印书馆　2016 年 12 月出版

该书是乔洪武教授主持的教育部哲学社会科学研究重大课题攻关项目《西方经济伦理思想研究》（10JZD0021）的最终研究成果。

经济伦理是指人们在生产、交换、分配和消费等经济生活中产生的道德观念、道德规范，以及对社会经济行为的价值判断和道德评价。西方经济伦理思想是西方经济思想史的一个组成部分。该领域的研究需要极高的经济学和伦理学的双重素养才能胜任。目前，我国国内尚没有这样的研究专著出版。

全书分为三卷。第一卷研究古代和近代的西方经济伦理思想，即主要研究古希腊、古罗马代表人物，以及近代西方经济学家的经济伦理思想。研究对象包括从公元前 1500 年《圣经》的出现到凯恩斯出现之前的近代西方经济伦理思想，以代表人物的年限递增为研究的纵向发展轴线。第二、三卷研究现当代的西方经济伦理思想，即当代西方主流经济学派，以及当代西方非主流经济学派的经济伦理思想。研究对象包括从凯恩斯到现在的当代西方经济伦理思想研究，以学术流派或学术分支作为研究的横向展开轴线。

乔洪武，1956 年 5 月生，湖北武汉人，祖籍河南南阳。1986 年起在华中师范大学工作，先后在华师物理系、华师管理学院任教。1987 年任讲师，1993 年任副教授。1996 年调入武汉大学经济系。1998 年晋升为教授。2010 年晋升为二级教授。2001 年任博士研究生导师。民革武汉大学委员会副主委，民革湖北省委委员，湖北省特邀国土资源监察专员。

乔洪武教授主要研究方向和招生方向为西方市场经济理论和政策；西方经济伦理思想史。教育部哲学社会科学研究重大攻关招标项目《西方经济伦理思想研究》首席专家。先后出版多部学术专著在《哲学研究》《经济学动态》等刊物发表论文 70 余篇。先后主持国家社科基金、教育部社科基金等课题多项，参与中共中央宣传部马克思主义建设工程，担任《马克思主义经济思想史》教材编写组专家。

《典与清代地权交易体系》（论文）

龙登高　林展　彭波

从土地权利分层与交易的角度，对清代典的分类考察发现，典是约定期限内土地经营权及其全部收益与利息的交易，而不是表面上的“租息相抵”。典与其他地权交易形式各有特点，相互关联，形成“胎借—租佃—押租—典—抵押—活卖—绝卖”层次分明且具有内在逻辑的地权交易体系。典、活卖、押租的回赎机制，有效维护了农户保障与恢复地权的意愿，压缩了绝卖和带有高利贷性质的抵押所容易导致的地权转移空间。多层次的地权交易体系，使农户能够根据市场价格与风险偏好进行选择，以满足自身需求，并有助于实现当期收益与远期收益之间的跨期调剂，从而促进土地流转与生产要素组合，提高经济效率。

龙登高（1966—），男，湖南安化人。清华大学社会科学学院经济学研究所教授、博士，清华大学华商研究中心主任，主要从事中国经济史、制度变迁、华侨华人经济等研究。国家社会科学基金重大项目首席专家，国务院侨务办公室专家咨询委员，中国华侨历史学会副会长。中国社会科学院经济研究所等学术委员会委员。第五届中国经济社会理事会理事。国务院侨务办公室专家咨询委员。中国华侨历史学会副会长、中国商业史学会副会长暨企业史分会会长。曾为哈佛燕京学者、剑桥桑坦德学者、耶鲁访问教授。主持完成国家社会科学基金重大项目、国家自然科学基金项目，在《中国社会科学》《经济研究》《历史研究》《管理世界》《社会学研究》等刊物发表中英文学术论文近百篇。《量化历史研究》辑刊、国际期刊《华人研究国际学报》合作主编，“社会经济史译丛”主编。

《论国家治理现代化框架下的财政基础理论建设》（论文）

高培勇

《中国社会科学》2014年12期

中共十八届三中、四中全会围绕全面深化改革和全面推进依法治国做出的全新理论概括，标志着财政基础理论建设的重大突破：将财政定位于国家治理的基础和重要支柱，使其成为国家治理体系的重要组成部分，从根本上摆正了财政与财税体制的位置；作为各个领域改革的交汇点，财税体制改革在全面深化改革中的重点推进成为率先践行的突破口，从宏观上理清了财税体制改革与全面深化改革的关系；立足于现代财政制度与公共财政制度一脉相承的关系以及总体规划和顶层设计的需要，以公共性、非营利性和法治化三大特征，从总体上勾画了现代财政制度的基本形态。

高培勇，男，汉族，1959年1月生于天津，研究生学历，经济学博士，教授，博士生导师，中国社会科学院学部委员，十三届全国政协经济委员会委员，享受国务院政府特殊津贴，1993年3月加入中国共产党。现任中国社会科学院副院长、党组成员、中国社会科学院学部委员、中国社会科学院经济研究所所长，政协第十三届全国委员会经济委员会委员。兼任国务院学位委员会学科评议组成员、全国审计专业学位研究生教育指导委员会副主任委员、中国财政学会副会长、中国审计学会副会长、中国税务学会副会长、中国国际税收研究会副会长、中国成本研究会会长等社会职务以及20余所高等学校特聘或兼职教授。曾先后3次为党和国家领导人集体学习担任主讲人。

《中国资源配置效率动态演化——纳入能源要素的新视角》（论文）

陈诗一　陈登科

《中国社会科学》2017年4期

将能源要素纳入理论分析框架，构建1998—2013年“地区—部门—时间”三维投入产出面板数据，将中国资源配置效率动态演化及分解研究拓展到国际金融危机爆发后的最新时点，研究发现：虽然中国全要素生产率持续增长，但资源配置效率相对低下，资源配置扭曲导致1998—2013年全要素生产率平均下降42.7%；2003年后的重工业膨胀与2008年的国际金融危机加剧了资源配置的扭曲程度，危机冲击中国期间资源扭曲程度比其他时期高12%，然而中国经济“新常态”下的资源配置扭曲程度有所下降；基于“反事实”策略对资源配置扭曲的分解显示，地区间与部门间的扭曲可以解释总扭曲的51.6%与48.4%，资本、劳动、能源要素扭曲对总扭曲的贡献率分别为43.8%、21.2%与36.1%。近年来，能源扭曲逐渐超越资本扭曲，成为中国资源配置扭曲的首要贡献者，亟须关注。

陈诗一，男，1970年2月生。国家杰出青年科学基金获得者，享受国务院政府特殊津贴专家，百千万人才工程国家级人选，人社部授予有突出贡献中青年专家荣誉称号，上海市领军人才。2006年从韩国庆北国立大学获得计量经济学博士学位后回国在复旦大学经济学院中国经济研究中心工作至今，历任助理教授、副教授、教授、博士生导师。现任复旦大学经济学院党委书记、复旦大学泛海国际金融学院党组织书记、复旦大学可持续发展研究中心主任、香港中文大学和复旦大学共建的沪港发展联合研究所联席所长。主要教学课程包括计量经济学、发展经济学、微观经济学、经济统计学、资源和环境经济学、时间序列分析、当代中国经济等，并担任复旦大学经济学院数量经济学教研室主任。本科计量经济学课程入选“上海市精品课程”。

（中国社会科学院办公厅刘玉杰供稿）

第十届（2019 年）中国社会科学院优秀科研成果奖获奖成果

序号	成果名称	主要作者	奖项名称	颁奖单位	成果形式	获奖等级
1	论语还原	杨　义	第十届（2019 年）中国社会科学院优秀科研成果奖	中国社会科学院	专著	一等奖
2	第一哲学的支点	赵汀阳	第十届（2019 年）中国社会科学院优秀科研成果奖	中国社会科学院	专著	一等奖
3	近代汉语词典	白维国 江蓝生	第十届（2019 年）中国社会科学院优秀科研成果奖	中国社会科学院	工具书	一等奖
4	当代西方工人阶级研究	姜　辉 等	第十届（2019 年）中国社会科学院优秀科研成果奖	中国社会科学院	专著	二等奖
5	当代中国水利史（1949~2011）	王瑞芳	第十届（2019 年）中国社会科学院优秀科研成果奖	中国社会科学院	专著	二等奖
6	重返伯明翰：英国文化研究的系谱学考察	徐德林	第十届（2019 年）中国社会科学院优秀科研成果奖	中国社会科学院	专著	二等奖
7	中国古代国家的起源与王权的形成	王震中	第十届（2019 年）中国社会科学院优秀科研成果奖	中国社会科学院	专著	二等奖
8	亚述赋役制度考略	国洪更	第十届（2019 年）中国社会科学院优秀科研成果奖	中国社会科学院	专著	二等奖
9	夫余兴亡史	范恩实	第十届（2019 年）中国社会科学院优秀科研成果奖	中国社会科学院	专著	二等奖
10	从人口红利到改革红利	蔡　昉	第十届（2019 年）中国社会科学院优秀科研成果奖	中国社会科学院	专著	二等奖

续表

序号	成果名称	主要作者	奖项名称	颁奖单位	成果形式	获奖等级
11	排除农牧民的发展障碍——青藏高原东部农牧区案例研究	朱　玲 杨春学 魏　众 周　济 扎　洛 丁　赛 姚　宇 邓曲恒 金城武	第十届（2019 年）中国社会科学院优秀科研成果奖	中国社会科学院	专著	二等奖
12	新时期全面深化国有经济改革研究	黄群慧 等	第十届（2019 年）中国社会科学院优秀科研成果奖	中国社会科学院	专著	二等奖
13	清代户部银库收支和库存研究	史志宏	第十届（2019 年）中国社会科学院优秀科研成果奖	中国社会科学院	专著	二等奖
14	契丹文字类编	刘凤翥	第十届（2019 年）中国社会科学院优秀科研成果奖	中国社会科学院	专著	二等奖
15	Rationality and Emotion：Comparative Studies of the Franco-German and Sino-Japanese Reconciliations（理性与情感：德法与中日和解的比较研究）	任　琳	第十届（2019 年）中国社会科学院优秀科研成果奖	中国社会科学院	专著	二等奖
16	The Impact of Foreign Direct Investment on Income Distribution in China（外商直接投资对中国收入分配的影响）	刘仕国	第十届（2019 年）中国社会科学院优秀科研成果奖	中国社会科学院	专著	二等奖
17	独联体国家“颜色革命”研究	孙壮志（主编）	第十届（2019 年）中国社会科学院优秀科研成果奖	中国社会科学院	专著	二等奖
18	中东库尔德民族问题透视	唐志超	第十届（2019 年）中国社会科学院优秀科研成果奖	中国社会科学院	专著	二等奖
19	“多长算是长”：论史诗的长度问题	朝戈金	第十届（2019 年）中国社会科学院优秀科研成果奖	中国社会科学院	论文	二等奖
20	论国家治理现代化框架下的财政基础理论建设	高培勇	第十届（2019 年）中国社会科学院优秀科研成果奖	中国社会科学院	论文	二等奖
21	努力形成橄榄型分配格局——基于 2006~2013 年中国社会状况调查数据的分析	李培林 朱　迪	第十届（2019 年）中国社会科学院优秀科研成果奖	中国社会科学院	论文	二等奖
22	大清刑律草案签注考论	高汉成	第十届（2019 年）中国社会科学院优秀科研成果奖	中国社会科学院	论文	二等奖

续表

序号	成果名称	主要作者	奖项名称	颁奖单位	成果形式	获奖等级
23	论互联网法	周汉华	第十届（2019 年）中国社会科学院优秀科研成果奖	中国社会科学院	论文	二等奖
24	从边缘到中心：秦人认同华夏民族的心理历程及其历史意义	彭丰文	第十届（2019 年）中国社会科学院优秀科研成果奖	中国社会科学院	论文	二等奖
25	构建“一带一路”需要优先处理的关系	李向阳	第十届（2019 年）中国社会科学院优秀科研成果奖	中国社会科学院	论文	二等奖
26	战后 70 年日本国家战略的发展演变	杨伯江	第十届（2019 年）中国社会科学院优秀科研成果奖	中国社会科学院	论文	二等奖
27	中国国家资产负债表 2013—理论、方法与风险评估	李　扬 张晓晶	第十届（2019 年）中国社会科学院优秀科研成果奖	中国社会科学院	研究报告	二等奖
28	中国国家资产负债表 2015—杠杆调整与风险管理	常　欣	第十届（2019 年）中国社会科学院优秀科研成果奖	中国社会科学院	研究报告	二等奖
29	隋唐洛阳城——1959 ~ 2001 年考古发掘报告	石自社 韩建华 王　岩 陈良伟	第十届（2019 年）中国社会科学院优秀科研成果奖	中国社会科学院	考古报告	二等奖
30	二里头（1999 ~ 2006）	许　宏 赵海涛 袁　靖	第十届（2019 年）中国社会科学院优秀科研成果奖	中国社会科学院	考古报告	二等奖
31	中华民国时期外交文献汇编（1911—1949）	王建朗	第十届（2019 年）中国社会科学院优秀科研成果奖	中国社会科学院	学术资料	二等奖
32	佛教伦理学导论：基础、价值与问题	李建欣 周广荣	第十届（2019 年）中国社会科学院优秀科研成果奖	中国社会科学院	译著	二等奖
33	青年毛泽东的思想转变之路：毛泽东是怎样成为马克思主义者的？	金民卿	第十届（2019 年）中国社会科学院优秀科研成果奖	中国社会科学院	专著	三等奖
34	欧洲社会主义研究	刘淑春	第十届（2019 年）中国社会科学院优秀科研成果奖	中国社会科学院	专著	三等奖
35	17 ~ 18 世纪西方民主理论论析	辛向阳	第十届（2019 年）中国社会科学院优秀科研成果奖	中国社会科学院	专著	三等奖
36	民主化悖论：冷战后世界政治的困境与教训	张树华 等	第十届（2019 年）中国社会科学院优秀科研成果奖	中国社会科学院	专著	三等奖

续表

序号	成果名称	主要作者	奖项名称	颁奖单位	成果形式	获奖等级
37	八世纪诗风——探索唐诗史上“沈宋的世纪”（705~805）	吴光兴	第十届（2019年）中国社会科学院优秀科研成果奖	中国社会科学院	专著	三等奖
38	文学史微观察	李洁非	第十届（2019年）中国社会科学院优秀科研成果奖	中国社会科学院	专著	三等奖
39	16~20世纪的龙政治与中国形象	施爱东	第十届（2019年）中国社会科学院优秀科研成果奖	中国社会科学院	专著	三等奖
40	满通古斯语族语言研究系列著作	朝　克	第十届（2019年）中国社会科学院优秀科研成果奖	中国社会科学院	专著	三等奖
41	蒙古英雄史诗发展史	仁钦道尔吉	第十届（2019年）中国社会科学院优秀科研成果奖	中国社会科学院	专著	三等奖
42	Encoding and Decoding of Emotional Speech：A Cross-Cultural and Multimodal Study between Chinese and Japanese（情感语音的编解码研究：中日跨文化的多模态研究）	李爱军	第十届（2019年）中国社会科学院优秀科研成果奖	中国社会科学院	专著	三等奖
43	新大众哲学	王伟光 主编	第十届（2019年）中国社会科学院优秀科研成果奖	中国社会科学院	专著	三等奖
44	伦理学的当代建构	甘绍平	第十届（2019年）中国社会科学院优秀科研成果奖	中国社会科学院	专著	三等奖
45	《法礼篇》的道德诗学	王柯平	第十届（2019年）中国社会科学院优秀科研成果奖	中国社会科学院	专著	三等奖
46	可接受的科学：当代科学基础的反思	段伟文	第十届（2019年）中国社会科学院优秀科研成果奖	中国社会科学院	专著	三等奖
47	乡村基督徒与儒家伦理——豫西李村教会个案研究	李华伟	第十届（2019年）中国社会科学院优秀科研成果奖	中国社会科学院	专著	三等奖
48	商代青铜器铭文研究	严志斌	第十届（2019年）中国社会科学院优秀科研成果奖	中国社会科学院	专著	三等奖
49	桑干河流域历史城市地理研究	孙靖国	第十届（2019年）中国社会科学院优秀科研成果奖	中国社会科学院	专著	三等奖
50	归义军政权与中央关系研究——以入奏活动为中心	杨宝玉 吴丽娱	第十届（2019年）中国社会科学院优秀科研成果奖	中国社会科学院	专著	三等奖

续表

序号	成果名称	主要作者	奖项名称	颁奖单位	成果形式	获奖等级
51	旅顺博物馆所藏甲骨（上、中、下）	宋镇豪	第十届（2019 年）中国社会科学院优秀科研成果奖	中国社会科学院	专著	三等奖
52	新中国甲骨学六十年（1949—2009）	王宇信	第十届（2019 年）中国社会科学院优秀科研成果奖	中国社会科学院	专著	三等奖
53	儒学转型与文化新命：以康有为、章太炎为中心（1898—1927）	彭春凌	第十届（2019 年）中国社会科学院优秀科研成果奖	中国社会科学院	专著	三等奖
54	资产阶级与中国近代社会转型	虞和平	第十届（2019 年）中国社会科学院优秀科研成果奖	中国社会科学院	专著	三等奖
55	天国的陨落——太平天国宗教再研究	夏春涛	第十届（2019 年）中国社会科学院优秀科研成果奖	中国社会科学院	专著	三等奖
56	美国环境史学研究	高国荣	第十届（2019 年）中国社会科学院优秀科研成果奖	中国社会科学院	专著	三等奖
57	新能源产业发展与政策研究	史　丹 等	第十届（2019 年）中国社会科学院优秀科研成果奖	中国社会科学院	专著	三等奖
58	技术经济范式协同转变与战略性新兴产业发展	吕　铁 等	第十届（2019 年）中国社会科学院优秀科研成果奖	中国社会科学院	专著	三等奖
59	中国金融稳定：内在逻辑与基本框架	何德旭 等	第十届（2019 年）中国社会科学院优秀科研成果奖	中国社会科学院	专著	三等奖
60	影子银行体系：自由银行业的回归？	周莉萍	第十届（2019 年）中国社会科学院优秀科研成果奖	中国社会科学院	专著	三等奖
61	中国碳排放效率改善的途径及其影响——基于区域和产业视角的分析	张友国	第十届（2019 年）中国社会科学院优秀科研成果奖	中国社会科学院	专著	三等奖
62	行政法释义学：行政法学理的更新	李洪雷	第十届（2019 年）中国社会科学院优秀科研成果奖	中国社会科学院	专著	三等奖
63	国际法上的琉球地位与钓鱼岛主权	罗欢欣	第十届（2019 年）中国社会科学院优秀科研成果奖	中国社会科学院	专著	三等奖
64	民主与发展——亚洲工业化时代的民主政治研究	房　宁 等	第十届（2019 年）中国社会科学院优秀科研成果奖	中国社会科学院	专著	三等奖
65	西夏文教程	史金波	第十届（2019 年）中国社会科学院优秀科研成果奖	中国社会科学院	专著	三等奖

续表

序号	成果名称	主要作者	奖项名称	颁奖单位	成果形式	获奖等级
66	维吾尔语的静词化短语	木再帕尔	第十届（2019年）中国社会科学院优秀科研成果奖	中国社会科学院	专著	三等奖
67	羌笛藏歌——陇南宕昌藏族的族群认同与构建	艾菊红 廖旸	第十届（2019年）中国社会科学院优秀科研成果奖	中国社会科学院	专著	三等奖
68	苗语动词的句法语义属性研究	李云兵	第十届（2019年）中国社会科学院优秀科研成果奖	中国社会科学院	专著	三等奖
69	社会心态理论：一种宏观社会心理学范式	王俊秀	第十届（2019年）中国社会科学院优秀科研成果奖	中国社会科学院	专著	三等奖
70	多元文化模式与文化张力：西方社会的创造性源泉	张旅平	第十届（2019年）中国社会科学院优秀科研成果奖	中国社会科学院	专著	三等奖
71	非自愿住院的规制：精神卫生法与刑法	刘白驹	第十届（2019年）中国社会科学院优秀科研成果奖	中国社会科学院	专著	三等奖
72	Applied General Equilibrium Modelling of China’s Trade（中国对外贸易问题的一般均衡建模与模拟）	东艳 李春顶 John Whalley	第十届（2019年）中国社会科学院优秀科研成果奖	中国社会科学院	专著	三等奖
73	欧洲议会中的党团政治	张磊	第十届（2019年）中国社会科学院优秀科研成果奖	中国社会科学院	专著	三等奖
74	中欧关系研究报告（2014）：盘点战略伙伴关系十年	周弘 主编	第十届（2019年）中国社会科学院优秀科研成果奖	中国社会科学院	专著	三等奖
75	中国与拉丁美洲：未来10年的经贸合作	苏振兴 主编	第十届（2019年）中国社会科学院优秀科研成果奖	中国社会科学院	专著	三等奖
76	转型中的机遇：中拉合作前景的多视角分析	吴白乙等	第十届（2019年）中国社会科学院优秀科研成果奖	中国社会科学院	专著	三等奖
77	美国对外援助——目标、方法与决策	周琪 李枏 沈鹏	第十届（2019年）中国社会科学院优秀科研成果奖	中国社会科学院	专著	三等奖
78	人文社会科学领域文献计量学研究	蒋颖	第十届（2019年）中国社会科学院优秀科研成果奖	中国社会科学院	专著	三等奖
79	关于“依法治国”十个理论问题的思考——学习习近平总书记系列讲话精神和党的十八届四中全会精神的体会（上、下）	李慎明	第十届（2019年）中国社会科学院优秀科研成果奖	中国社会科学院	论文	三等奖

续表

序号	成果名称	主要作者	奖项名称	颁奖单位	成果形式	获奖等级
80	论马克思主义的科学整体性研究——围绕“四个哪些”的阐述	程恩富 余　斌	第十届（2019 年）中国社会科学院优秀科研成果奖	中国社会科学院	论文	三等奖
81	起草党的第二个历史决议的思想史料整理与研究	宋月红	第十届（2019 年）中国社会科学院优秀科研成果奖	中国社会科学院	论文	三等奖
82	强制阐释论	张　江	第十届（2019 年）中国社会科学院优秀科研成果奖	中国社会科学院	论文	三等奖
83	晚唐诗学视野中的右丞诗——司空图对王维的解读	刘　宁	第十届（2019 年）中国社会科学院优秀科研成果奖	中国社会科学院	论文	三等奖
84	对象化的乡愁：中国传统民俗志中的“家乡”观念与表达策略	安德明	第十届（2019 年）中国社会科学院优秀科研成果奖	中国社会科学院	论文	三等奖
85	原富：罗斯金的词语系谱学	乔修峰	第十届（2019 年）中国社会科学院优秀科研成果奖	中国社会科学院	论文	三等奖
86	政治地理学、人种学与大同世界的构想——围绕康有为《大同书》的文明论知识谱系	梁　展	第十届（2019 年）中国社会科学院优秀科研成果奖	中国社会科学院	论文	三等奖
87	论语言库藏的物尽其用原则	刘丹青	第十届（2019 年）中国社会科学院优秀科研成果奖	中国社会科学院	论文	三等奖
88	一种伦理民族主义是否可能——论章太炎的民族主义	张志强	第十届（2019 年）中国社会科学院优秀科研成果奖	中国社会科学院	论文	三等奖
89	看、听和信—克尔凯郭尔和尼采视域下的信仰	王　齐	第十届（2019 年）中国社会科学院优秀科研成果奖	中国社会科学院	论文	三等奖
90	从韩国上林里铜剑和日本平原村铜镜论中国古代青铜工匠的两次东渡	白云翔	第十届（2019 年）中国社会科学院优秀科研成果奖	中国社会科学院	论文	三等奖
91	明代科举之地域专经——以江西安福县的《春秋》经为例	陈时龙	第十届（2019 年）中国社会科学院优秀科研成果奖	中国社会科学院	论文	三等奖
92	法国与中日甲午战争	葛夫平	第十届（2019 年）中国社会科学院优秀科研成果奖	中国社会科学院	论文	三等奖
93	一战爆发后中国的中立问题——以日本对德宣战前为主的考察	侯中军	第十届（2019 年）中国社会科学院优秀科研成果奖	中国社会科学院	论文	三等奖
94	“新党”抑或“逆党”——论戊戌时期康党指涉的流变	贾小叶	第十届（2019 年）中国社会科学院优秀科研成果奖	中国社会科学院	论文	三等奖

续表

序号	成果名称	主要作者	奖项名称	颁奖单位	成果形式	获奖等级
95	中印边界冲突中的英国因素	孟庆龙	第十届（2019 年）中国社会科学院优秀科研成果奖	中国社会科学院	论文	三等奖
96	唐代的化外与化内	王义康	第十届（2019 年）中国社会科学院优秀科研成果奖	中国社会科学院	论文	三等奖
97	全球经济治理、公共品与中国扩大开放	裴长洪	第十届（2019 年）中国社会科学院优秀科研成果奖	中国社会科学院	论文	三等奖
98	突破经济增长减速的新要素供给理论、体制与政策选择	袁富华 张　平 刘霞辉 陈昌兵	第十届（2019 年）中国社会科学院优秀科研成果奖	中国社会科学院	论文	三等奖
99	中国近代企业史的研究范式及其转型	高超群	第十届（2019 年）中国社会科学院优秀科研成果奖	中国社会科学院	论文	三等奖
100	分税制、财政困境与地方政府转型	闫坤等	第十届（2019 年）中国社会科学院优秀科研成果奖	中国社会科学院	论文	三等奖
101	中国城镇化进程中两极化倾向与规模格局重构	魏后凯	第十届（2019 年）中国社会科学院优秀科研成果奖	中国社会科学院	论文	三等奖
102	中国住房需求持续高涨之谜：基于人口结构视角	李　超 倪鹏飞 万海远	第十届（2019 年）中国社会科学院优秀科研成果奖	中国社会科学院	论文	三等奖
103	城市化滞后之谜：基于国际贸易的解释	倪鹏飞 颜银根 张安全	第十届（2019 年）中国社会科学院优秀科研成果奖	中国社会科学院	论文	三等奖
104	中国生产率变化与经济增长源泉：1978~2010 年	李　平 钟学义 王宏伟 郑世林	第十届（2019 年）中国社会科学院优秀科研成果奖	中国社会科学院	论文	三等奖
105	中国国家资产负债表谱系及编制的方法论	李金华	第十届（2019 年）中国社会科学院优秀科研成果奖	中国社会科学院	论文	三等奖
106	中国劳动报酬份额问题——基于雇员经济与自雇经济的测算与分析	张车伟 赵　文	第十届（2019 年）中国社会科学院优秀科研成果奖	中国社会科学院	论文	三等奖
107	延续中国奇迹：从户籍制度改革中收获红利	都　阳 蔡　昉 屈小博 程　杰	第十届（2019 年）中国社会科学院优秀科研成果奖	中国社会科学院	论文	三等奖
108	农民工市民化的成本及其分担机制研究	单菁菁	第十届（2019 年）中国社会科学院优秀科研成果奖	中国社会科学院	论文	三等奖

续表

序号	成果名称	主要作者	奖项名称	颁奖单位	成果形式	获奖等级
109	城市化时间路径曲线的推导与应用——误解阐释与研究拓展	李恩平	第十届（2019年）中国社会科学院优秀科研成果奖	中国社会科学院	论文	三等奖
110	宏观与微观双重视角下中国社会福利制度的路径选择	赵一红	第十届（2019年）中国社会科学院优秀科研成果奖	中国社会科学院	论文	三等奖
111	法学研究进路的分化与合作——基于社科法学与法教义学的考察	谢海定	第十届（2019年）中国社会科学院优秀科研成果奖	中国社会科学院	论文	三等奖
112	蒙古语元音演变的声学语音学线索	呼　和	第十届（2019年）中国社会科学院优秀科研成果奖	中国社会科学院	论文	三等奖
113	公司治理与企业绩效——基于中国经验的社会学分析	杨　典	第十届（2019年）中国社会科学院优秀科研成果奖	中国社会科学院	论文	三等奖
114	“单独二孩”政策目标人群及相关问题分析	张丽萍 王广州	第十届（2019年）中国社会科学院优秀科研成果奖	中国社会科学院	论文	三等奖
115	农民工“进城落户”意愿与中国近期城镇化道路的选择	张　翼	第十届（2019年）中国社会科学院优秀科研成果奖	中国社会科学院	论文	三等奖
116	How can China Avoid Middle Income Trap?（中国如何避免中等收入陷阱?）	姚枝仲	第十届（2019年）中国社会科学院优秀科研成果奖	中国社会科学院	论文	三等奖
117	理解和平共处五项原则的传播——国际规范扩散的视角	袁正清 宋晓芹	第十届（2019年）中国社会科学院优秀科研成果奖	中国社会科学院	论文	三等奖
118	中国工业企业规模与生产率的异质性	高凌云 屈小博 贾　朋	第十届（2019年）中国社会科学院优秀科研成果奖	中国社会科学院	论文	三等奖
119	对列宁斯大林在建立联盟问题上分歧的再认识——兼论苏联联邦体制的问题和缺陷	刘显忠	第十届（2019年）中国社会科学院优秀科研成果奖	中国社会科学院	论文	三等奖
120	俄罗斯对乌克兰政策视角下的乌克兰危机	柳丰华	第十届（2019年）中国社会科学院优秀科研成果奖	中国社会科学院	论文	三等奖
121	从规则视角看美国重构国际秩序的战略调整	高　程	第十届（2019年）中国社会科学院优秀科研成果奖	中国社会科学院	论文	三等奖
123	“一带一路”与东亚“西扩”——从亚洲区域经济增长机制构建的视角分析	朴光姬	第十届（2019年）中国社会科学院优秀科研成果奖	中国社会科学院	论文	三等奖
124	权力变迁、责任协调与中美关系的未来	王　玮	第十届（2019年）中国社会科学院优秀科研成果奖	中国社会科学院	论文	三等奖

续表

序号	成果名称	主要作者	奖项名称	颁奖单位	成果形式	获奖等级
125	重新审视日本“失去的二十年”	张季风	第十届（2019年）中国社会科学院优秀科研成果奖	中国社会科学院	论文	三等奖
126	论日本政治右倾化的民族主义特质	吕耀东	第十届（2019年）中国社会科学院优秀科研成果奖	中国社会科学院	论文	三等奖
127	中国在非洲的国际处境及其演化趋势	张宏明	第十届（2019年）中国社会科学院优秀科研成果奖	中国社会科学院	研究报告	三等奖
128	中华大典·工业典·陶瓷与其他烧制工业分典	魏明孔 李绍强	第十届（2019年）中国社会科学院优秀科研成果奖	中国社会科学院	学术资料	三等奖
129	近代汉语虚词词典	钟兆华（编著）	第十届（2019年）中国社会科学院优秀科研成果奖	中国社会科学院	工具书	三等奖
130	中国新闻传播学年鉴·2015	唐绪军 钱莲生	第十届（2019年）中国社会科学院优秀科研成果奖	中国社会科学院	工具书	三等奖

一等奖成果简介

《论语还原》（专著）

杨　义

中华书局　2015年3月出版

整部《论语还原》逾百万字，对《论语》的发生过程进行了实证的古典学的研究。全书分为内编、外编和年谱编三个板块，其中“内编”采用以史解经、以礼解经、以生命解经的方法，论证了《论语》在公元前5世纪中期前后的50年间的三次编纂，以及每次编纂在文本上留下的生命痕迹；“外编”贯通《论语》和儒家“五经”以及传世文献、出土简帛材料，对孔子和门徒传经的特点和脉络进行知识考古；“年谱编”则缀合大量散落的材料碎片，以历史编年学的方法，采用古代天文历法的知识，对公元前552年—公元190年孔子的生平，及《论语》的编纂、传播、形成定本的历史脉络和历史事件现场，进行逐年和逐时段的排比和考证，形成一幅有助于读者深入理解孔子和《论语》的文化地图。

杨义，男，1946年8月生，广东电白人。中国社会科学院学部委员、文学研究所研究员。1970年毕业于中国人民大学新闻系，1981年在中国社会科学院研究生院获文学硕士学位，毕业后留文学研究所工作，1989年破格升为研究员。1994年获国家人事部有突出贡献的中青年专家称号。2004年出任国家社会科学基金重大项目首席专家。2009年被选为中国鲁迅研究会会长。2010年任澳门大学社会科学及人文学院中文系讲座教授。主要研究方向为中国古典文学、中国现代文学。著述获得国家图书奖、中国图书奖等。主要著作有《中国现代小说史》（3卷）、《中国叙事学》、《中国古典文学图志》、《楚辞诗学》、《李杜诗学》、《重绘中国文学地图》、《现代中国学术方法通论》等40余种，著述量在900万字以上，发表论文500余篇。

《第一哲学的支点（精装）》（专著）

赵汀阳

生活·读书·新知三联书店　2017年6月出版

《第一哲学的支点（精装）》，专著，赵汀阳，生活·读书·新知三联书店2017年6月出版。所谓第一哲学，即哲学的哲学，或称元哲学。这是哲学的根基，西方哲学把形而上学作为第一哲学。在西方哲学史上，第一哲学的核心概念，公认有笛卡尔的“思”和黑格尔的“存在”，赵汀阳此著提出并论证，哲学还需要“行”作为支点，现代哲学要从“思”的问题转向“行”的问题，从反思物的世界转向反思事的世界，事的世界就是人创作出来的生活，接续了他一贯的主张——哲学旨在讨论关于可能生活。赵汀阳的《第一哲学的支点（精装）》，特点在其很强的思辨能力和晓畅的文字表达，逻辑缜密而又别开蹊径，读来给人以思想的乐趣。他的哲学研究路径是，运用西式哲学的方法，处理中国思想的问题，因而既有西式哲学的逻辑性，又具有中国哲学的旨趣，故其思想被称誉为“中国人的形而上学”。

赵汀阳，男，1961 年生，广东汕头人。先后求学于中国人民大学哲学系（本科）、中国社会科学院研究生院（硕士）。现任中国社会科学院学部委员、中国社会科学院哲学研究所研究员（二级）、哲学研究所学术委员会委员，中国社会科学院研究生院哲学系教授、博士生导师。主要从事伦理学、政治哲学研究。代表著作有《美学和未来的美学》《哲学的危机》《论可能生活》《一个或所有问题》《思想迷宫》《天下体系》《坏世界研究》《第一哲学的支点》《天下的当代性》《惠此中国》《四种分叉》，发表论文百余篇。

《近代汉语词典》（工具书）

白维国主编　江蓝生等副主编

上海教育出版社　2015 年 12 月出版

近代汉语是汉语史上一个分期，大致从唐初至清代中叶。这是介于古代汉语和现代汉语之间的一个历史时期，具有广义的共时性质；但就近代汉语时期内部来说，唐、宋、元、明、清各代间的语言既有继承又有发展变化，具有一定的历时性。《近代汉语词典》是以这一时期的基本词汇和口语词为主要收录对象的大型语文词典，收词 5.1 万余条，总字数逾 900 万字，历时 20 年编纂完成，是我国第一部以“具有汉语词汇史性质”为目标进行编纂的历时辞书。此外，该词典收词以作为汉语词汇主干的常用词为主体，力求展现汉语词汇在近代时段发展演变的历史体系。该书的“近代”指的是从初唐到 19 世纪中叶一千多年的历史时期，上接古代汉语，下连现代汉语，作为漫长年代汉民族的思想、交际的工具，近代汉语既是我们了解那段千年历史的一把钥匙，同时也是我们科学认识汉语历史的一个重要的方面。

白维国（1945 年 7 月—2015 年 10 月），男，吉林人。1964 年考入南开大学中文系，1978 年考入中国社会科学院研究生院语言系，毕业后留在中国社会科学院语言研究所工作。研究方向为近代汉语词汇演变，主要著作有《古代小说百科大辞典》（主编之一）、《汉语史通考》（合译）、《金瓶梅词典》、《金瓶梅词话校注》（合著）、《红楼梦语言词典》（著者之一）、《中国中世语法史研究》（合译）、《白话语汇研究》（合译）、《现代汉语句典》（主编）、《白话小说语言词典》（主编）、《近代汉语词典》（主编）；另有普及读物《红楼百问》等。

江蓝生（1943 年 11 月生），女，湖北人，博士生导师。中国社会科学院学部委员，中国社会科学院原副院长。1968 年本科毕业于北京大学中文系语言专业，1981 年硕士毕业于中国社会科学院研究生院语言系，师从吕叔湘、刘坚先生，攻读近代汉语专业。她的研究范围涉及汉语历史词汇和语法、语法化理论、语言接触理论、辞书编纂等多个领域。先后在国内外学术刊物上发表论文 100 余篇，出版专著、工具书 15 部，译著 4 部（包括合著、合译），主持修订《新华字典》第 11 版和《现代汉语词典》第 6 版。与刘坚先生共同主编“近代汉语断代语言词典”，与曹广顺先生合作编写了该项目中的《唐五代语言词典》。

（中国社会科学院科研局供稿）

部分高校、科研单位其他国家或省部级人文社会科学研究成果奖

北京师范大学

序号	成果名称	主要作者	奖项名称	颁奖单位	成果形式	获奖等级
1	深度贫困民族地区脱贫攻坚调研报告——基于31个少数民族贫困村实地入户核查和微观数据分析	章文光	全国民族工作优秀调研报告奖	国家民委	研究报告	一等奖

一等奖成果简介

《深度贫困民族地区脱贫攻坚调研报告——基于31个少数民族贫困村实地入户核查和微观数据分析》(研究报告)

北京师范大学　章文光

深度贫困民族地区能否如期脱贫关乎2020年我国全面建成小康社会的大局。本调研受国务院扶贫办委托，主要围绕少数民族贫困地区如期脱贫“难不难”，脱贫质量“高不高”等问题展开，调研方法包括入村座谈、入户访谈、档案查阅等。通过入户实地核查将31个少数民族贫困村分为如期脱贫有较大难度、如期脱贫有一定难度和能够如期脱贫三类情况，通过微观数据分析指出对于如期脱贫有较大难度的贫困村，主要是拔除受教育程度低、产业发展不足、基础设施欠账、文化水平落后、生态补偿滞后等“硬钉子”；对于如期脱贫有一定难度的贫困村，主要解决产业发展、稳定增收、帮扶力量薄弱困难等“软钉子”；对于可以如期脱贫的贫困村，主要是争取实现高质量脱贫、可持续增收以及防止返贫出现。

章文光，男，1973年3月生，汉族，籍贯湖南，中共党员，博士，北京师范大学政府管理学院院长，教授、博士生导师。1991年9月—1995年7月北京师范大学哲学系教育学学士；1997年9月—2000年7月北京师范大学经济学院经济学硕士；2000年9月—2003年7月北京师范大学经济学院经济学博士；2008年12月—2011年5月北京师范大学管理学院公共管理博士后。主讲课程为：组织行为学（本科生、硕士生、MPA、MBA）；管理学（本科生）；政府经济管理前沿（博士生）。获得荣誉：2010年北京市高等教育自学考试优秀自考命题教师；2010年北京师范大学第十届励耘奖学基金优秀文科学术成果一等奖；2014年北京高校青年教师社会调研优秀项目一等奖；2015年北京师范大学校内网站建设工作先进个人等奖项。

（北京师范大学社科处刘娜供稿）

中央民族大学

序号	成果名称	主要作者	奖项名称	颁奖单位	成果形式	获奖等级
1	中国藏语文信息化发展现状调查及对策建议	赵小兵 王志娟 岳朋雪 袁乌日嘎 姚　洲	国家民委社会科学研究成果奖（调研报告类）	国家民族事务委员会	调研报告	一等奖

续表

序号	成果名称	主要作者	奖项名称	颁奖单位	成果形式	获奖等级
2	近十年涉民族因素网络舆情状况调查研究	毛湛文 范丛慧 宫骅芮 杨金馨 宝阿咪丽	国家民委社会科学研究成果奖（调研报告类）	国家民族事务委员会	调研报告	二等奖
3	关于边疆民族地区人口与经济社会发展情况的调研报告	马胜春 徐世英 李曦辉 魏传华 刘璐琳	国家民委社会科学研究成果奖（调研报告类）	国家民族事务委员会	调研报告	二等奖
4	以全方位教育扶贫计划推进深度贫困民族地区脱贫攻坚——关于四川省凉山彝族自治州教育扶贫的调研报告	吴本健 罗　玲 肖时花 王　庶	国家民委社会科学研究成果奖（调研报告类）	国家民族事务委员会	调研报告	三等奖
5	关于我国民族院校新型智库建设的调查研究	马金生 刘湘晖 马　欣	国家民委社会科学研究成果奖（调研报告类）	国家民族事务委员会	调研报告	三等奖
6	乌兰牧骑发展现状调查与新时代民族艺术传承创新的对策建议	包爱军 楚高娃 李建军 牛小凤 刘洋洋	国家民委社会科学研究成果奖（调研报告类）	国家民族事务委员会	调研报告	三等奖
7	清朝史的基本特征再探究：以对北美“新清史”观点的反思为中心	钟　焓	国家民委人文社会科学优秀成果评估	国家民族事务委员会	专著	一等奖
8	中国少数民族古籍珍品图典：民族古文字古籍整理研究 100 年通览	张公瑾（已故） 黄建明 张铁山 徐丽华 梁庭望 周国炎	国家民委人文社会科学优秀成果评估	国家民族事务委员会	古籍整理类著作	一等奖
9	人类学的全球意识与学术自觉	麻国庆	国家民委人文社会科学优秀成果评估	国家民族事务委员会	专著	一等奖
10	中华民族共同体意识：概念内涵、要素分析与实践逻辑	青　觉 徐欣顺	国家民委人文社会科学优秀成果评估	国家民族事务委员会	论文	一等奖
11	教育均衡发展背景下民族地区“小微学校”建设	苏　德 袁　梅 罗正鹏	国家民委人文社会科学优秀成果评估	国家民族事务委员会	论文	一等奖
12	定性比较分析（QCA）与新闻传播学研究	毛湛文	国家民委人文社会科学优秀成果评估	国家民族事务委员会	论文	一等奖

续表

序号	成果名称	主要作者	奖项名称	颁奖单位	成果形式	获奖等级
13	咸同之际“督办团练大臣”与地方官员的“事权”之争	崔　岷	国家民委人文社会科学优秀成果评估	国家民族事务委员会	论文	二等奖
14	中国少数民族文字珍稀典籍汇编	中国少数民族语言与古籍研究所 黄建明 张铁山	国家民委人文社会科学优秀成果评估	国家民族事务委员会	古籍整理类著作	二等奖
15	中国《玛纳斯》学辞典	托汗·依萨克 阿地里·居玛吐尔地 叶尔扎提·阿地里	国家民委人文社会科学优秀成果评估	国家民族事务委员会	工具书	二等奖
16	信德与德性：耶儒德性伦理的会通与转化	韩思艺	国家民委人文社会科学优秀成果评估	国家民族事务委员会	专著	三等奖
17	“俺答封贡”的创作思考	钟　捷	国家民委人文社会科学优秀成果评估	国家民族事务委员会	论文	三等奖
18	现时代理性认识的特点与中国边疆学建构	吴楚克 徐珊珊	国家民委人文社会科学优秀成果评估	国家民族事务委员会	论文	三等奖
19	重温先声：费孝通的政治经济学与类型学	黄志辉	国家民委人文社会科学优秀成果评估	国家民族事务委员会	专著	三等奖

一等奖成果简介

《中国藏语文信息化发展现状调查及对策建议》（调研报告）

中央民族大学　赵小兵　等

为真实把握藏族同胞手机藏文系统使用情况，了解藏文信息化现状，维护国家信息安全，通过问卷、访谈、查阅文献发现，藏文网站及网络资源无法满足人们生活和学习需求，藏语文信息化研究能力不足，人才匮乏，已有成果社会应用转化力低，藏语文电子商务、信息门户、通讯导航等专业信息技术服务空白，民族品牌手机因藏文输入法缺失及系统软件功能不完善而丧失用户及掌握大数据的主动权，藏文网络监管不到位，国家信息安全存在潜在隐患。建议国产手机增加藏文语言功能，设立专业部门运营维护藏文网站，制定统一的国产手机及App的藏文编码、字体等国家标准，并提供下载服务，完善人才培养及评价机制，扶持藏文应用技术研究项目和产业，增强成果的社会转化能力。本报告系国家民委委托调研报告，以中央民族大学国家语言资源监测与研究少数民族语言中心名义报送国家民族事务委员会教育科技司并被采纳，报告内容受到国家民委领导的重视。

赵小兵，女，1967年2月生，内蒙古呼和浩特人，毕业于北京语言大学，现为中央民族大学二级教授、博士生导师。国家语言资源监测与研究少数民族语言中心主任，第十五届北京市人大代表。主要研究方向为自然语言处理、计算语言学，主持国家自然科学基金重点项目《跨语言社会舆情基础理论与关键技术研究》等科研课题31项，6项通过省部级以上科研主管部门组织的专家技术鉴定。发表SCI、EI、《中文信息学报》等学术期刊及会议论文108篇，出版学术专著8部；主编教材1部、专著4部；获国家发明专利3项、软著2项；获“钱伟长中文信息处理科技进步一等奖”1项、“教育部科技进步二等奖”“北京语言大学优秀博士论文”等各类科研教学成果奖励共17项；获国家发明专利3项、软著2项。

《清朝史的基本特征再探究：以对北美“新清史”观点的反思为中心》（著作）

中央民族大学　钟　焓

中央民族大学出版社　2018 年出版

本书对近年来在国外颇为流行的北美“新清史”学派的学术观点，学风特征以及其背后反映的意识形态倾向进行了相对全面的梳理和商榷。全书通过具体的实证研究揭示出“新清史”学派提出的一系列重要观点在学术上皆难于成立，宜被定性为一种带有先入之见的话语构建的产物，而这种话语构建的背后则折射出鲜明的意识形态色彩。故本书的结语部分对于这种非学术化的政治倾向进行了详尽的揭示和纠正，以起到正本清源的作用。

钟焓，男，1976 年 5 月生。1994—2002 年相继在北京大学考古系及考古文博学院学习，先后获得考古学与博物馆学学士与硕士学位，2002—2005 年在中国社会科学院研究生院学习，并获得专门史（民族史方向）博士学位。2005 年 7 月以来任教于中央民族大学历史系（历史文化学院）。2019 年 1 月晋升教授职称。目前研究方向为中国北方民族史，担任多年的硕士生导师。并在《历史研究 》《民族研究》等知名期刊上发表论文多篇，个人独著两部。

《中国少数民族古籍珍品图典：民族古文字古籍整理研究 100 年通览》（古籍整理类著作）

中央民族大学　张公瑾（已故）

黄建明　张铁山　等

该书收录各民族古籍珍品的图片汇为图册，全书约 350 万字，有图片 1000 幅左右。第一册包括藏文、西夏文、彝文、东巴文、哥巴文、白文 6 种文字文献；第二册包括方块壮字、傣文、水书、布依文（方块布依字）4 种文字文献；第三册包括佉卢字、粟特文、于阗文、焉耆-龟兹文、突厥文，回鹘文、维吾尔文 7 种文字文献；第四册包括契丹文、女真文、八思巴字、回鹘式蒙古文、满文 5 种文字文献。该套书是我国改革开放以来，民族古籍工作的重要阶段性成果，向读者展示我国民族古籍的宝贵财富，总结 100 年来的整理研究成果，为少数民族语言、文字、社会、文化研究提供翔实的资料，也为事业的延续和人才的成长提供优质的养料，为今后的整理研究工作奠定基础。

主编张公瑾教授（已故），男，汉族，1933 年 10 月生，浙江温州人，曾先后就读于东吴大学和复旦大学社会系，1951 年到中央民族学院语文系学习民族语文。曾任中央民族大学少数民族语言文学系教授、博士研究生导师，并任全国高等院校古籍整理工作委员会委员、全国古籍保护工作专家委员会委员、中国文字博物馆专家委员会委员等职。出版有关傣族语言文化、民族古籍和文化语言学的著作 10 余部，发表相关论文 120 多篇。

副主编黄建明教授，男，彝族。1954 年 2 月生，云南昆明人。1984 年毕业于中央民族学院民语系彝族历史文献专业并留校任教。曾任中央民族大学中国少数民族语言与古籍研究所教授、博士研究生导师、国家民委少数民族古籍保护与资料信息中心主任，兼任国家古籍保护专家委员会委员。出版专著《彝族古籍文献概要》《彝文文字学》《文字苦旅——中国南方民族古文字田野调查纪实》等。

副主编张铁山教授，男，汉族，1960 年生于新疆。1978 年考人新疆大学中国语言文学系维吾尔语专业，毕业后在新疆大学中亚研究所工作。后在中央民族学院、中央民族大学获文学硕士、博士学位。现为中央民族大学中国少数民族语言研究院教授，博士生导师。主要从事突厥语族语言文献的教学和研究。出版专著《回鹘文献语言的结构与特点》《突厥语族文献学》等，发表论文 200 余篇。

《人类学的全球意识与学术自觉》（著作）

中央民族大学　麻国庆

社会科学文献出版社　2016 年出版

本书继承了民族学、人类学、社会学三科并立的学术传统，凝聚了作者近 10 余年对于学科建设和学术发展的持续思考，汇集了作者关于人类学学术使命、学科说理方式以及人类学对全球体系反思的研究成果，提出了中国人类学学科建设的 5 个重要方向：人类学学科研究的问题焦点、人类学学科本身的建设以及人类学与其他学科的关系、中国研究的地域格差、后现代西方人文主义与科学主义的对话对中国人类学的影响、反思东方和西方的传统划分模式。书中的内容有两条清晰的线索：一是强调将民族志研究和区域研究、社会研究、文化研究相结合的学术自觉，一是将人类学从田野点上升到区域、跨区域社会体系、全球社会来呼吁中国人类学的全球意识。作者将这两方面的重要思考融汇于具体的研究问题之中，使得本书既富有人类学的阅读趣味，又饱含作者特有的敏锐思考和问题导向的学理创新。本书对推动中国人类学在全球化背景下的学科建设与学术发展起到积极作用。

麻国庆，男，1963年9月生，内蒙古人，北京大学和东京大学联合培养博士生，北京大学社会学（社会人类学）博士。现为中央民族大学副校长、民族学与社会学学院院长、教授、博导。教育部高等学校民族学类专业教学指导委员会主任委员、中央“马克思主义理论研究和建设工程”首席专家、国家民委第二届决策咨询委员、中国民族学学会副会长、中国艺术人类学学会副会长、台湾少数民族研究会副会长。入选2016年度“长江学者奖励计划”特聘教授、第二批万人计划哲学社会科学领军人才、中宣部文化名家暨“四个一批”人才、国家民委领军人才等。主要研究方向为汉族社会与少数民族社会比较研究、民族地区文化与社会发展研究、全球化与跨区域社会体系研究等。著有《家与中国社会结构》《永远的家：传统惯性与社会结合》《走进他者的世界》《人类学的全球意识与学术自觉》等多部专著，并在《中国社会科学》《民族研究》《社会学研究》《新华文摘》等国内外期刊发表论文百余篇。

《中华民族共同体意识：概念内涵、要素分析与实践逻辑》（论文）

中央民族大学　青　觉 等

《民族研究》2018年11月

本文从共同体与共同体意识两个元概念入手，指出中华民族共同体意识就是中华人民共和国国民在体认彼此生存发展的共性条件与历史基础上，秉持共善价值规范与能动维护意愿的复兴凝聚心态。成员承载的共同身份属性是中国国民，也就是国内各族人民，这意味着中华民族共同体意识首先是成员对国家身份与公民身份的辨识确认。在此基础上，共同生存发展的条件既有历史的情感记忆成分，也有当下的创举成就部分，近代抵御外侮殖民的共同患难经历直接催生了中华民族共同体意识，中华民族复兴的伟大前景又成为这种意识的未来延续。中华民族共同体意识由国内各族人民的中国认知体验、中国价值信念和中国行为意愿三大要素构成。

青觉，男，1957年3月生，甘肃天祝人，中央民族大学民族学专业博士。现任中央民族大学中国民族理论与民族政策研究院院长、二级教授、博导。中国人民政治协商会议第十三届全国委员会委员、中央依法治理委员会委员、国务院特殊津贴专家。自2000年以来，出版《马克思主义民族观的形成与发展》等个人专著20余部，在《民族研究》、《中国行政管理》、《清华大学学报》、《中央民族大学学报》、《教学与研究》、《现代国际关系》、《国家行政学院学报》、《中国藏学》、《中国特色社会主义研究》、教育部《高校智库专刊》等期刊杂志上发表论文280多篇。主持国家级重大课题1项、重点课题1项，其他省部级课题20余项，个人科研成果先后获得10余项国家级和省部级奖励。

《教育均衡发展背景下民族地区“小微学校”建设》（论文）

中央民族大学　苏　德 等

《教育研究》2016年11月

在义务教育优质、均衡发展的背景下，民族地区中小学校的布局与调整的工作成为保证民族教育优质均衡发展的基础性内容。在此现实境况中提出民族地区“小微学校”的创建与保留工作符应了民族地区义务教育均衡、良序发展的需求，与此同时，该研究论证了在民族地区，特别是偏远的、交通不便的、人口较为稀少的民族地区教育资源的缺乏与配给相对困难的情况下，积极整合资源，建设一大批“小而美”“小而优”的“小微学校”以改变民族地区特别是偏远地区学校“小而弱”“小而差”的状态具有可操作性、可实施性。本研究指出，要通过恢复、改建和新建的方式，积极恢复和发展之前被撤并的村小和教学点，与此同时，要对现在的一些“小微学校”进行课程设置、教学管理、考试评价等方面的改革，使之更加适合民族地区发展的需要；再者，适当建设一批新型的“小微学校”，赋予其新任务、新目标、新内涵，使之富有特色和吸引力，使之成为推进民族地区义务教育均衡发展的重要“引擎”。

苏德，男，1961年10月生，内蒙古锡林郭勒盟人，中央民族大学二级教授，博导，教育学院党委书记。曾获“国务院特殊津贴专家”“国家民委突贡专家”“宝钢优秀教师奖”“内蒙古自治区第十三届人大常委会智库专家”等多项荣誉。担任全国教育科学规划办评审专家、国家社科基金评审专家、教育部民族教育特聘专家、教育部高校教指委委员等。兼任中国少数民族教育学会副会长，全国少数民族双语教学研究会副会长等。在国内外重要刊物发表论文 100 多篇；著有《蒙汉双语教育研究：从理论到实践》《民族教育政策：文化思考与本土建构》《民族教育质性研究方法：理论·策略与实例》等 20 多部著作。先后主持国家社科基金重大、重点和一般项目、联合国教科文组织项目、教育部民族教育重大委托课题等 20 多项。先后担任《中国教育大百科全书》《蒙古学百科全书》《教育大词典》分卷主编工作。“国家一流本科专业”和“国家民委重点学科”学科专业带头人。

《定性比较分析（QCA）与新闻传播学研究》（论文）

中央民族大学　毛湛文

《国际新闻界》2016 年 4 月

本成果是新闻传播学界第一篇系统介绍和研究定性比较分析方法（Qualitative Comparative Analysis，简称 QCA）的学术论文。文章聚焦于社会科学领域内前沿的研究方法——QCA，对其基本逻辑、适用情境、学术价值、操作技术进行了详尽的分析和评价，并就其在新闻传播学研究中的应用前景予以展望，提出了 4 个值得研究的话题方向。这 4 个话题方向是：基于事件导向的网络事件与集体行动研究；基于组织导向的政府、企业、社会组织传播的研究；基于国家导向的跨国新闻传播问题的比较研究；基于其他案例导向的文本和个人研究。本文将研究的重心放在 QCA 方法的元逻辑与学科的研究情景如何融合上，将论述焦点放在了新闻传播学已有研究传统如何利用 QCA 的工具解决实际问题上，同时注意坚持辩证的视角，对 QCA 方法本身的缺陷给予反思和批判，谨防过度神话这一方法。

毛湛文，男，1988 年 11 月生，河南郑州人，现任中央民族大学新闻与传播学院副教授、副院长，2019 年入选学校高层次人才序列的“优秀青年人才”。博士毕业于中国人民大学新闻学院传播学专业。研究领域为新闻传播基础史论、媒介技术与文化，近年关注的学术焦点为融合新闻业创新、现代媒介与民族观念。为本硕学生讲授《新闻学理论》《传播学理论》《融合新闻概论》等课程。主持国家社科基金青年项目等课题 10 余项，在《国际新闻界》《现代传播》等 CSSCI 来源刊物发表论文 20 余篇，文章曾被《新华文摘》《中国社会科学文摘》转载。

（中央民族大学科研处供稿）

·学术活动·

概　述

本栏目记述2019年度北京地区哲学社会科学各大学科的重要学术活动简况。重要学术活动包括国内和国际理论研讨会、纪念座谈会、学术年会、学术论坛、学术报告会、学术讲座以及调查研究、社科普及活动等。简况包括活动主题、主办协办单位、参与单位、主要出席人士、主要观点、主要成果等内容。

马克思主义　科学社会主义

《2018~2019世界社会主义黄皮书》发布暨中国特色社会主义道路与构建人类命运共同体学术研讨会

3月2日，《2018~2019世界社会主义黄皮书》发布暨中国特色社会主义道路与构建人类命运共同体学术研讨会在北京举行。

中国社会科学院副院长、党组副书记王京清作大会致辞。中国社会科学院原副院长、世界社会主义研究中心主任李慎明作大会主旨报告。中国社会科学院党组成员、当代中国研究所所长姜辉，中央政策研究室原副主任郑科扬作大会发言。

来自中共中央对外联络部、中央政策研究室、中央党史和文献研究院、中共中央党校（国家行政学院）、中央编译局、求是杂志社、中国社会科学院、中国人民解放军国防大学、清华大学、北京大学、中国人民大学、复旦大学、中国社会科学院大学（中国社会科学院研究生院）、厦门大学、辽宁大学、河南师范大学、福建师范大学、中国人民公安大学、对外经贸大学等中央有关部委、研究机构和高校的200余位专家学者参加了研讨会。

由中国社会科学院世界社会主义研究中心组织编写的《世界社会主义黄皮书》始于2005年，属于国家社科基金特别委托项目、中国社会科学院创新工程学术出版资助项目，从各个方面对世界范围内的社会主义思潮、理论、运动与制度进行多视角、深层次、全方位的研究与探讨，反映世界社会主义领域发展和研究的最新动态。此次发布的《2018~2019世界社会主义黄皮书》涵盖学习习近平新时代中国特色社会主义思想、庆祝改革开放40周年、世界社会主义运动与政党动态、世界格局与资本主义研究等七大方面，是马克思主义在当代中国的新发展。

此次活动由中国社会科学院世界社会主义研究中心、习近平新时代中国特色社会主义思想研究中心、信息情报研究院、《世界社会主义研究》杂志编辑部、《中国社会科学报》、中国社会科学网等共同举办。

（中国社会科学院办公厅刘玉杰供稿）

首都文艺界社科界学习贯彻习近平总书记重要讲话精神座谈会　3月20日，首都文艺界社科界学习贯彻习近平总书记重要讲话精神座谈会在北京城市副中心行政办公区召开。北京市委常委、宣传部部长、市习近平新时代中国特色社会主义思想研究中心主任杜飞进出席会议并讲话。市委宣传部副部长赵卫东主持会议。韩庆祥、邓纯东、马一德、韩毓海作为首都社科界代表进行发言。市属社科理论单位负责同志、首都社科界文艺界代表、研究中心研究基地代表、媒体记者代表以及研究中心秘书处工作人员100余人参加会议。

（市社科联、市社科规划办理论研究部供稿）

《习近平新时代中国特色社会主义思想学习丛书》出版座谈会　4月9日，中国社会科学院主办、中国社会科学出版社协办的《习近平新时代中国特色社会主义思想学习丛书》出版座谈会在北京举行。中国社会科学院院长、党组书记、学部主席团主席谢伏瞻，中央宣传部副部长梁言顺，人民日报社副总编辑张首映出席会议并讲话。中国社会科学出版社社长赵剑英代表出版方介绍该丛书出版情况。会议由中国社会科学院副院长、党组成员蔡昉主持。

该丛书由中国社会科学院组织专家学者编写，中国社会科学出版社出版发行，分《开辟当代马克思主义哲学新境界》《深入推进新时代党的建设新的伟大工程》《坚持以人民为中心的新发展理念》《构建新时代中国特色社会主义政治经济学》《全面依法治国 建设法治中国》《建设新时代社会主义文化强国》《实现新时代中国特色社会主义文艺的历史使命》《生态文明建设的理论构建与实践探索》《走中国特色社会主义乡村振兴道路》《习近平新时代中国特色社会主义外交思想研究》《习近平新时代治国理政的历史观》《全面从严治党永远在路上》12个专题阐释习近平新时代中国特色社会主义思想的重大意义、主要观点、精神实质，阐明这一思想为发展马克思主义作出了中国的原创性贡献，分析这一思想蕴含的马克思主义立场、观点、方法，呈现其当代中国马克思主义、21世纪马克思主义的理论形态及其伟大意义。该丛书注重在理论的深化和转化上下功夫，力求把政治话语转化为学术话语，对于引导党员干部群众用马克思主义中国化最新成果武装头脑，不断增进政治认同、思想认同、理论认同、情感认同，具有重要意义。

（中国社会科学院办公厅刘玉杰供稿）

第六届中国社会科学院毛泽东思想论坛　4月13日，中国社会科学院马克思主义理论学科建设和理论研究工程领导小组主办、马克思主义研究院承办的第六届中国社会科学院毛泽东思想论坛在北京举行。本届论坛收到200多篇投稿。来自中国社会科学院、北京大学、中国人民大学、中央民族大学、中国农业大学、中山大学、浙江大学、南开大学、南京大学、武汉大学、湖南大学、厦门大学、湘潭大学、华南师范大学、郑州大学、湖南科技大学、国防大学，以及多个省区市社科研究机构、党校等60多家单位的120多名专家学者围绕论坛主题“毛泽东思想与新中国70年”展开研讨。中国社会科学院党组成员、当代中国研究所所长兼马克思主义研究院党委书记、院长姜辉出席论坛并作了题为“在新时代更好地研究、坚持、弘扬毛泽东思想”的讲话。

中国社会科学院近代史研究所党委副书记、副所长、中国社会科学院毛泽东思想论坛主席金民卿研究员作主旨报告。他认为，中华人民共和国成立前后最重大的社会史事件，就是党团结带领人民创建了中国特色社会主义制度，实现了中国历史上最伟大、最深刻的社会变革。在为新制度奠定基础、创建新制度、巩固新制度的实践展开中，以毛泽东同志为杰出代表的中国共产党人，在政治制度设计、革命道路开辟和建设道路探索等方面，再次把马克思主义基本原理同中国具体实际和时代要求创造性地结合起来，创立了中国化马克思主义的国家政权理论、具有中国特色的社会主义革命道路理论、适合中国国情的社会主义建设道路理论等一系列重大理论创新成果，极大地推进了马克思主义中国化的历史进程，丰富和发展了毛泽东思想的科学理论体系。新的创造性结合，明确了中国社会主义发展道路的正确方向，形成了中国特色社会主义政治、经济、文化等方面的制度框架和发展方向，提供了中国特色社会主义理论体系的思想前导，为理论创新的进一步展开留下了广阔的发展空间。

（中国社会科学院办公厅刘玉杰供稿）

理论政策普及“口袋书”专家研讨会　4月25日，市委讲师团召开理论政策普及“口袋书”专家研讨会。市委讲师团团长梁家峰出席并讲话，来自中共中央党校（国家行政学院）、北京大学、中国人民大学、北京师范大学、市委党校、北京市社会科学院等院校的8名专家学者，围绕如何策划编辑理论政策普及“口袋书”，如何推动习近平新时代中国特色社会主义思想深入农村党员干部群众等，深入开展交流研讨。

（中共北京市委讲师团研究室供稿）

中国马克思主义论坛 2019（高端智库） 6月15日，由中国马克思主义研究基金会、中共中央党校（国家行政学院）马克思主义学院联合主办的“中国马克思主义论坛2019（高端智库）”在北京召开。来自中共中央党校（国家行政学院）、中国社会科学院、北京大学和清华大学等单位的专家学者，以及中共中央党校（国家行政学院）部分在校学员、教师和研究生约500人参加了论坛。

中共中央党校（国家行政学院）副校（院）长甄占民主持了论坛开幕式。中共中央党校（国家行政学院）分管日常工作的副校（院）长何毅亭致辞说，习近平新时代中国特色社会主义思想是马克思主义中国化最新成果，以全新的视野深化了对共产党执政规律、社会主义建设规律、人类社会发展规律的认识。在当代中国，坚持和发展习近平新时代中国特色社会主义思想，就是真正坚持和发展马克思主义。中国马克思主义论坛已初步成为发表马克思主义研究新成果的有影响力的平台。对于马克思主义理论工作者而言，尽自己所能学懂弄通做实习近平新时代中国特色社会主义思想，积极推进马克思主义中国化、时代化、大众化，就是不忘初心、牢记使命的具体行动，就是我们理论工作者不辜负这个伟大时代的有力证明。

中共中央党校（国家行政学院）马克思主义学院院长张占斌教授作了题为“中国马克思主义理论研究的现状与走向”的报告，系统介绍2018年度国内马克思主义研究的总体情况。中国社会科学院邓纯东教授、北京大学孙来斌教授、中国人民大学王易教授、复旦大学陈学明教授、北京师范大学王树荫教授、清华大学李成旺教授、南京大学张明教授、武汉大学罗永宽教授、中共中央党校（国家行政学院）倪德刚教授分别作了专题报告。与会代表围绕深入学习贯彻习近平新时代中国特色社会主义思想、推进马克思主义理论研究进行了分组讨论交流。

（参见《光明日报》2019年6月21日第6版）

首都当代中国马克思主义论坛·2019 6月18日，“首都当代中国马克思主义论坛·2019”在北京大学举办。北京市委常委、宣传部长、北京市习近平新时代中国特色社会主义思想研究中心主任杜飞进出席论坛并作主旨发言。北京市社会科学界联合会党组书记、北京市哲学社会科学规划办公室主任、研究中心常务副主任张淼主持会议。论坛由市委宣传部、北京市习近平新时代中国特色社会主义思想研究中心、北京市中国特色社会主义理论体系研究中心、北京市社会科学界联合会、北京市哲学社会科学规划办公室、北京日报社、北京大学、清华大学、中国人民大学、北京师范大学共同主办，主题为“新中国70年社会主义道路的伟大探索”。顾海良、郑新立、陈晋、郑功成、杨金海先后发言。市委宣传部有关领导，部分在京全国习近平新时代中国特色社会主义思想研究机构、中国特色社会主义理论体系研究中心代表，研究中心研究基地代表，北京大学、清华大学、中国人民大学、北京师范大学等高校师生代表以及新闻媒体代表120余人参加论坛。

（市社科联、市社科规划办理论研究部供稿）

第二届全国马克思主义青年学者北大论坛 6月22日，第二届全国马克思主义青年学者北大论坛（北马论坛）在北京大学隆重开幕。北马论坛是由北京大学马克思主义学院、北京大学习近平新时代中国特色社会主义思想研究院和北京大学中国特色社会主义理论大众化与国际传播协同创新中心共同主办的学术论坛，旨在为全国青年马克思主义学者、博士生提供具有学术理论深度和时代感的学术交流平台，面向文本，面向历史，面向当代，推动马克思主义的基础理论、历史发展和时代化研究，深入学习和研究习近平新时代中国特色社会主义思想、聚焦21世纪的马克思主义理论。

本次论坛以“从马克思主义经典到21世纪马克思主义”为主题，下设10个分论坛，几乎覆盖马克思主义理论研究的所有方面。此次论坛是全国马克思主义青年学者的学术盛会，共有来自全国的青年学者130余人，博士生110余人，学术期刊20余家，发言人数达270余人。

（北京大学社会科学部供稿）

“壮丽七十载　协同谱新篇”宣讲活动启动仪式暨首场报告会 6月26日，北京市委讲师团、天津市习近平新时代中国特色社会主义思想讲师团、河北省委讲师团联合组织的“壮丽七十载　协同谱新篇”宣讲活动启动仪式暨首场报告会在通州区会议中心举行。京津冀三地专家学者同台共话新中国成立70周年特别是京津冀协同发展战略实施五年来三地的发展变化。这是积极探索京津冀三地社科专家同台联合宣讲工作模式的首次尝试。北京市委宣传部副巡视员、市文促中心主任梅松，天津市讲师团副团长、天津市社科联党组成员、专职副主席张博颖，河北省社科院党组成员、副院长刘月出席会议并致辞，通州区委常委、宣传部长汤一原出席会议。来自通州区的300余名党员干部参加。

（中共北京市委讲师团研究室供稿）

第十三届北京中青年社科理论人才“百人工程”学者论坛　6月29日，由北京市委宣传部，北京市习近平新时代中国特色社会主义思想研究中心，北京市社会科学界联合会、北京市哲学社会科学规划办公室主办，中国传媒大学承办的第十三届北京中青年社科理论人才“百人工程”学者论坛在中国传媒大学举办。论坛主题是“不忘初心、牢记使命，以青春之我创造青春之中国”。北京市社会科学界联合会党组书记、常务副主席、北京市哲学社会科学规划办公室主任张淼，中国传媒大学党委书记陈文申出席论坛并致辞。论坛邀请到中央马克思主义理论研究和建设工程咨询委员会委员、中央党史与文献研究室原副主任李忠杰教授，北京大学习近平新时代中国特色社会主义思想研究院副院长韩毓海教授，中国传媒大学电视学院院长、教育部“长江学者”特聘教授、“万人计划”教学名师高晓虹教授，中共中央党校（国家行政学院）辛鸣教授，清华大学马克思主义学院李蕉副教授，中央团校习近平青年工作思想教研部副主任王冬梅副教授共6位演讲嘉宾，聚焦“不忘初心、牢记使命”主题教育活动，围绕习近平总书记在高校思想政治理论课教师座谈会和纪念五四运动100周年大会上的讲话精神，开展研讨交流。

（市社科联、市社科规划办学术活动部供稿）

四校马克思主义学院博士生学术论坛　6月30日，第二十届清华大学、北京大学、中国人民大学、北京师范大学四校马克思主义学院博士生学术论坛在清华大学举行。

清华大学党委副书记、马克思主义学院党委书记向波涛，北京大学马克思主义学院副院长宋朝龙，中国人民大学马克思主义学院党委副书记蔡立庆，北京师范大学马克思主义学院副院长周良书，清华大学马克思主义学院党委副书记何建宇等出席论坛开幕式。来自清华大学、北京大学、中国人民大学和北京师范大学的研究生代表，清华大学马克思主义学院2019级硕博研究生新生代表和入选清华马克思主义学院2019年夏令营全体营员共计200余人参加会议。开幕式由清华大学马克思主义学院副院长肖贵清主持。向波涛、宋朝龙、蔡立庆、周良书分别致辞。何建宇宣读了论坛获奖同学名单，与会嘉宾分别为获奖学生颁发证书。

在优秀论文主题报告环节，围绕“新中国70年与马克思主义在中国的发展”的主题，清华大学孙洁民、北京大学李亚男、中国人民大学陈明琨、北京师范大学陈元元等博士生分别作了“‘中国智慧’‘中国方案’的历史底蕴和现实逻辑”“习近平新时代文明交流互鉴观论析”“‘五四’期刊与‘新青年’观念的形成”“未被兑现的方法论承诺——《1844年经济学哲学手稿》中的循环论证与价值预设”等主题发言。王海军、周良书、林毅、宋朝龙进行学术评议。

清华大学、北京大学、中国人民大学、北京师范大学四校马克思主义学院共同举办的博士生论坛是首都高校特色学术品牌活动。今年的论坛由清华大学马克思主义学院主办，北京大学、中国人民大学、北京师范大学三校马克思主义学院协办，共收到投稿140篇，经四校专家评委分单元交叉评审及复核，共评选出了45篇论文分获一、二、三等奖及优秀奖。

（清华大学文科建设处供稿）

首都知识界学习贯彻习近平总书记致光明日报贺信精神座谈会　7月12日，首都知识界学习贯彻习近平总书记致光明日报贺信精神座谈会在市委组织部北京专家联谊会召开。北京市社会科学界联合会党组书记、北京市哲学社会科学规划办公室主任、北京市习近平新时代中国特色社会主义思想研究中心常务副主任张淼，光明日报社副总编辑李春林出席会议并讲话。光明日报社北京记者站负责同志传达习近平总书记致光明日报贺信精神。首都知识界代表李玮、贾立群、王珏、徐志宏、陈东、张海涛、王涛等专家围绕学习贯彻习近平总书记致光明日报贺信精神作交流发言。

（市社科联、市社科规划办理论研究部供稿）

全国党校（行政学院）系统庆祝新中国成立70周年理论研讨会 7月18日，“全国党校（行政学院）系统庆祝新中国成立70周年理论研讨会”在北京市委党校（北京市行政学院）召开。研讨会紧紧围绕“庆祝中华人民共和国成立70周年，深入学习贯彻习近平新时代中国特色社会主义思想”这一重大主题展开研讨交流。中共中央党校（国家行政学院）分管日常工作的副校（院）长何毅亭，北京市委常委、组织部部长魏小东出席会议并分别致辞，中共中央党校（国家行政学院）副校（院）长谢春涛作大会主旨报告，开幕式由北京市委党校（北京行政学院）常务副校（院）长王民忠主持。

在上午的大会发言阶段，谢春涛副校长作主题为“中国共产党治国理政的经验”的主旨报告。原中共中央党校（国家行政学院）副教育长、中共党史教研部主任柳建辉教授，中央党史和文献研究院对外合作交流局局长杨明伟研究员，中国社会科学院当代中国研究所刘国新研究员，云南省委党校（云南行政学院）科学社会主义教研部主任溥德书教授，上海市委党校（上海行政学院）党史党建教研部杨俊教授，北京市委党校（北京行政学院）政治学教研部黄小钫副教授，内蒙古区委党校（内蒙古行政学院）党史党建教研部主任孙杰教授等专家围绕会议主题，梳理总结了新中国成立以来党领导人民进行革命、建设、改革的奋斗历程及取得的辉煌成就，对党和国家的未来发展作出了深入思考与前沿展望。中共中央党校（国家行政学院）科研部主任林振义主持了上午的大会发言。

在下午的分组研讨阶段，4个分论坛的4位主持人、36位论文作者和近150位会议代表，围绕新中国成立70年以来的经济建设、政治建设、文化建设、社会建设和生态文明建设等领域，从不同地域视角、不同专业角度，采取主题发言、互动交流和总结点评等形式进行了充分研讨。

此次研讨会由中共中央党校（国家行政学院）习近平新时代中国特色社会主义思想研究中心、科研部、中共党史教研部与北京市委党校（北京行政学院）共同主办。来自中共中央党校（国家行政学院）和全国各省级、副省级党校（行政学院）的领导和论文作者代表，以及新闻媒体代表参加了上述会议。

（北京市委党校科研处供稿）

第十二届全国马克思主义院长论坛 7月20日，第十二届全国马克思主义院长论坛在北京举行。论坛以“马克思主义研究70年”为主题。中国社会科学院院长、党组书记，习近平新时代中国特色社会主义思想研究中心主任谢伏瞻出席开幕式并致辞。中国社会科学院副院长、党组副书记，习近平新时代中国特色社会主义思想研究中心副主任王京清，全国人大教科文卫委员会委员、教育部社会科学委员会副主任顾海良，中国社会科学院原副院长、世界社会主义研究中心主任李慎明作主题报告。中国社会科学院党组成员、当代中国研究所所长、马克思主义研究院院长姜辉主持开幕式。

与会学者围绕经典马克思理论研究、马克思主义中国化的历史与理论、习近平新时代中国特色社会主义思想研究、马克思主义理论学科建设等问题展开深入探讨。

经济日报社副总编辑季正聚、中国人民大学习近平新时代中国特色社会主义思想研究院院长秦宣、北京大学马克思主义学院党委书记孙蚌珠、武汉大学马克思主义学院院长佘双好等先后发言。

论坛由中国社会科学院马克思主义研究院、习近平新时代中国特色社会主义思想研究中心、中国特色社会主义理论体系研究中心主办。来自全国各高校及研究机构的约260名专家学者参会。

（中国社会科学院办公厅刘玉杰供稿）

“21世纪马克思主义创新与发展”国际学术研讨会 7月20日，由首都师范大学马克思主义学院、北京高校马克思主义理论高精尖学科、北京高校中国特色社会主义理论研究协同创新中心联合举办的“21世纪马克思主义创新与发展”国际学术研讨会在北京举行。首都师范大学党委书记郑萼、《世界哲学》副主编鉴传今、北京大学哲学系主任仰海峰、复旦大学王凤才教授分别致辞。首都师范大学党委副书记徐志宏主持开幕式。

来自北京大学、中国人民大学、复旦大学、清华大学等知名高校和研究机构及《世界哲学》《中国社会科学》《光明日报》《求是》等报刊的60多位专家学者参会。英国邓迪大学教授、首都师范大学兼职教授弗兰克·鲁达，国际卢卡奇协会主席吕迪格·丹内曼等外籍专家也参加了本次会议。

在发言中，中国社会科学院外国文学研究所副所长、党委副书记崔唯航作“马克思主义哲学把握社会现实的方式”主题发言。中国人民大学哲学院教授张文喜指出创新21世纪马克思主义要努力挖掘经典马克思主义的丰厚思想资源及其现实意义。中国人民大学马克思主义学院教授张秀琴考证了卢卡奇“物象化”概念的缘起。清华大学马克思主义学院教授李义天考察了尼尔森通过“辩证层级结构”对马克思正义概念的理解。北京大学马克思主义学院副院长陈培永提出将正义扩展到公平分配和交换正义领域。首都师范大学教授王洪波以世界性的视角思考了马克思主义的当代发展，李怀涛分析了德里达对马克思的解构主义解读及其理论价值，崔晨考察了阿甘本生命政治问题。

英国邓迪大学教授弗兰克·鲁达作题为“国际马克思研究新进展”的主题发言。国际卢卡奇协会主席吕迪格·丹内曼围绕“卢卡奇的物化理论与社会主义的理念”提交学术报告。与会学者还就21世纪非洲和韩国、英国、俄罗斯等国马克思主义的研究现状与展望及热点问题深入研讨。

（首都师范大学社科处供稿）

马克思主义国际关系理论研讨会　7月24日，由中国社会科学院世界经济与政治研究所马克思主义世界政治经济理论研究室、《世界经济与政治》编辑部联合主办的“马克思主义国际关系理论研讨会”在北京举行。来自全国高校、科研机构的数十位学者与会，并围绕会议主题进行研讨。

围绕“马克思主义国际关系理论新进展”的议题，中国人民大学国际关系学院院长、教育部“长江学者”特聘教授杨光斌作了题为“历史政治学视野下的国际关系理论问题”的发言。中国社会科学院世界经济与政治研究所副所长、研究员邹治波作了题为“马克思主义国际关系理论的当代创新实践——人类命运共同体”的发言。上海外国语大学国际关系与公共事务学院院长、教授郭树勇作了题为“马克思主义国际关系理论与西方国际关系理论比较研究”的发言。同济大学政治与国际关系学院副院长、教授王存刚作了题为“新时代马克思主义国际关系理论研究必须回答的三个问题”的发言。

学者们还围绕“马克思主义国际关系理论中国化”“马克思主义研究领域亟待解决的普遍性与重大性问题”“反思与展望”等分议题展开深入讨论。

（中国社会科学院办公厅刘玉杰供稿）

马克思主义文艺理论论著书系出版座谈会暨中国化马克思主义文艺理论的新发展研讨会　8月16日，由中国文联出版社出版的“马克思主义文艺理论论著书系”出版座谈会暨“中国化马克思主义文艺理论的新发展”研讨会在北京举行，来自学术界、文艺界、出版界的60余位专家、学者和出版人共同见证“马克思主义文艺理论论著书系”出版，交流研讨中国化马克思主义文艺理论的新发展。

“马克思主义文艺理论论著书系”是该社2015年重点规划的主题出版物，旨在学习贯彻习近平总书记在文艺工作座谈会上的重要讲话精神和习近平总书记关于文艺工作的重要论述，巩固马克思主义在文艺理论建设中的指导地位。第一批推出8种图书，分别为《为马克思主义艺术学正名》《人民：文艺的尺度》《沿着马列的足迹——文艺的科学阐述与中国贡献》《马克思主义与艺术人民性》《马克思美学的当代阐释》《人类解放的审美之维——当代西方马克思主义政治美学思想研究》《“新社会主义文学”的探索》《前所未有的路——中国现当代文学中农村的历史叙述问题》。

与会者认为，“马克思主义文艺理论论著书系”的出版具有重要价值，有助于发挥马克思主义文艺理论的指导作用，有助于促进文艺创作与理论创新，有助于培养一批具有扎实理论素养的中青年专家学者。

（参见《光明日报》2019年8月18日第4版）

“百年未有之大变局与中国共产党的领导”学术研讨会　10月11日，“百年未有之大变局与中国共产党的领导”学术研讨会在北京举行。中国社会科学院党组成员、当代中国研究所所长兼马克思主义研究院院长姜辉出席会议开幕式并致辞。

来自全国30多所高校及科研机构的专家学者约200人参加会议，围绕“百年未有之大变局与中国共产党的领导”“社会主义百年探索与世界社会主义运动前景”“金融资本、新帝国主义及其危机”等议题进行深入探讨。

中国社会科学院马克思主义研究院副院长辛向阳、北京大学国际关系学院教授潘维、中国现代国际关系研究院研究员江涌、南开大学马克思主义学院教授王生升等分别发言。

此次研讨会由中国社会科学院世界社会主义研究中心、华北电力大学联合主办，《世界社会主义研究》编辑部、华北电力大学马克思主义学院、北京大学马克思主义学院联合承办。

（中国社会科学院办公厅刘玉杰供稿）

“中国发展道路与发展中国家的现代化”国际学术研讨会　10月12日，“中国发展道路与发展中国家的现代化”国际学术研讨会在北京大学举行。北京大学党委常务副书记、马克思主义学院院长、习近平新时代中国特色社会主义思想研究院院长于鸿君，中国社会科学院学部委员程恩富，拉美社会科学理事会执行秘书、里约热内卢州立大学教授埃米尔·萨德，中央编译局原秘书长、清华大学特聘教授杨金海，北京大学马克思主义学院党委书记孙蚌珠教授，中共中央党校（国家行政学院）、马克思主义学院院长张占斌教授，芬兰社会保障研究中心高级研究员佩蒂·哈基宁，北京大学国家发展研究院、北京大学习近平新时代中国特色社会主义思想研究院李玲教授，北京大学习近平新时代中国特色社会主义思想研究院常务副院长孙熙国教授（按照发言顺序）等近40名国内外马克思主义学者出席会议，数十名学生参加交流。

此次研讨会为期两天，比较全面地总结梳理中国走过的发展和建设道路，总结70年中的经验和教训、成就和不足，并在全球的框架之下与其他国家取得的一系列伟大历史性的成就进行比较和相互借鉴。这对于之后相关国家，尤其是发展中国家的现代化问题有很大帮助。

（北京大学社会科学部供稿）

第二届21世纪马克思主义论坛——马克思中国化与新中国70年　10月26日，教育部习近平新时代中国特色社会主义思想研究中心、北京大学习近平新时代中国特色社会主义思想研究院、清华大学习近平新时代中国特色社会主义思想研究院、中国人民大学习近平新时代中国特色社会主义思想研究院共同举办了“第二届21世纪马克思主义论坛——马克思中国化与新中国70年”。

来自全国80多所高校的专家学者围绕习近平总书记对马克思主义中国化的原创性贡献、人类命运共同体的内涵、中国道路的新范式等问题展开广泛而深入的交流，北京大学200多名来自各个院系的辅导员、师生代表参加了论坛。北京大学党委书记、研究院理事长邱水平参加论坛，北京大学党委常务副书记、研究院院长于鸿君作了题为“习近平新时代中国特色社会主义思想研究院的使命与当前亟须研究的若干重大问题”的讲话，提出了“为以习近平同志为核心的党中央治国理政服务，为中国共产党长期执政服务，为新时代马克思主义中国化服务”的定位和使命。

（北京大学社会科学部供稿）

2019·学术前沿论坛　11月2日，由北京市习近平新时代中国特色社会主义思想研究中心，北京市社会科学界联合会、北京市哲学社会科学规划办公室，北京师范大学联合主办的“2019·学术前沿论坛”在北京师范大学举行。论坛以“美好生活：奋斗历程与创新实践”为主题。北京大学经济学院教授、北京大学经济与人类发展研究中心主任夏庆杰，中国人民大学哲学学院教授、中华传统经典研究中心副主任肖群忠，中国社会科学院社会学所所长、中国社会学会副会长陈光金研究员，中国政法大学法学院教授、宪法研究所所长姚国建，北京师范大学哲学学院教授、北京文化发展研究院执行院长沈湘平共5位专家围绕论坛主题从不同角度回顾中国人民追求美好生活的奋斗历程及其基本经验，探讨新时代人民美好生活需要的丰富内涵，探究实现人民美好生活的基本途径。北京市社会科学界联合会党组书记、常务副主席张淼，北京师范大学副校长郝芳华，北京市社会科学界联合会副主席李翠玲等领导出席论坛，来自北京大学、中国人民大学、北京师范大学、中国社会科学院、中国政法大学等单位的专家学者、各学会代表、师生代表近200人参加论坛。

（市社科联、市社科规划办学术活动部供稿）

新时代生态文明教育理论与实践全国高端论坛　11月3日，北京林业大学马克思主义学院举办“新时代生态文明教育理论与实践全国高端论坛”。北京林业大学党委常委、副校长李雄，党委常委、宣传部部长、马克思主义学院院长孙信丽出席会议，来自国务院发展研究中心、吉林大学、中国人民大学、南开大学、中国海洋大学、北京第二外国语大学附属中学、北京丰台二中等全国10多所高校、研究所、中学的专家、学者、教师及媒体代表，以及学校相关职能部门和学院负责人、马克思主义学院师生代表等40余人参加了会议。开幕式由北京林业大学马克思主义学院党总支书记赵海燕主持。

会上，李雄为生态文明教育研究中心和绿色发展与中国农村土地问题研究中心的7位兼职研究员颁发了聘书。

本次论坛由北京林业大学马克思主义学院主办，生态文明教育研究中心、绿色发展与中国农村土地问题研究中心承办，旨在加强生态文明教育理论与实践双向对话和深度融合，在推进高校、研究机构与中学生态文明教育一体化建设方面进行了积极探索。

（北京林业大学马克思主义学院供稿）

首都理论界学习贯彻党的十九届四中全会精神座谈会 11月5日，首都理论界学习贯彻党的十九届四中全会精神座谈会在北京城市副中心行政办公区召开。北京市委常委、宣传部部长、市习近平新时代中国特色社会主义思想研究中心主任杜飞进出席会议并讲话。会议由北京市委宣传部、北京市习近平新时代中国特色社会主义思想研究中心、北京市社会科学界联合会、北京市哲学社会科学规划办公室、北京日报社等单位共同主办。李忠杰、顾海良、郑功成、汪同三、郭建宁、邹吉忠、王民忠、赵靖云等专家学者先后发言，畅谈学习贯彻党的十九届四中全会精神的心得体会。首都高校和社科研究机构专家学者代表、研究基地负责同志、市属社科理论单位负责同志以及新闻媒体代表70余人参加会议。

（市社科联、市社科规划办理论研究部供稿）

第十届世界社会主义论坛 11月13日，由中国社会科学院主办的第十届世界社会主义论坛在北京召开。本届论坛主题为“新中国七十年与世界社会主义”。中国社会科学院副院长、党组副书记王京清，中国社会科学院党组成员、当代中国研究所所长、马克思主义研究院院长姜辉，中共中央组织部原部长张全景，中央马克思主义理论研究和建设工程咨询委员会主任徐光春，中国社会科学院原副院长、世界社会主义研究中心主任李慎明，中国社会科学院原副院长、当代中国研究所原所长朱佳木，中共中央政策研究室原副主任郑科扬，前民主德国总理、德国左翼党名誉主席汉斯·莫德罗，俄罗斯联邦共产党中央副主席诺维科夫，越南社会科学院副院长、研究生院院长范文德，匈牙利工人党主席蒂莫尔·久洛，纳米比亚驻华大使伊莱亚·乔治·凯亚莫等出席会议。大会由中国社会科学院马克思主义研究院党委书记、副院长、世界社会主义研究中心副主任樊建新主持。

与会专家学者结合世界政治经济形势，围绕论坛主题，就“中国特色社会主义道路的回顾与思考”“世界社会主义运动的回顾与思考”“新中国与世界社会主义运动的相互影响”“习近平外交思想的世界意义”等议题进行了深入探讨。

论坛由中国社会科学院世界社会主义研究中心、习近平新时代中国特色社会主义思想研究中心、马克思主义研究院等单位承办。

（中国社会科学院办公厅刘玉杰供稿）

首届李大钊研究北京论坛暨纪念李大钊诞辰130周年学术研讨会 11月22—23日，由中国李大钊研究会、北京市委党校（北京行政学院）主办的“首届李大钊研究北京论坛暨纪念李大钊诞辰130周年学术研讨会”在北京市委党校举办。研讨会紧紧围绕“坚持‘不忘初心、牢记使命’，推进并深化李大钊思想研究，服务新时代马克思主义中国化和中国特色社会主义建设伟大事业”这一重大主题展开研讨交流。中国李大钊研究会会长、北京大学原党委书记朱善璐教授和北京市委党校常务副校长王民忠教授出席会议并致辞，开幕式由中国李大钊研究会常务理事、执行秘书长胡俊主持。北京市委党校副校长袁吉富教授，中国李大钊研究会副会长侯且岸教授，中国李大钊研究会特邀副会长徐光寿教授出席了开幕式。来自北京、天津、上海、河北、广东、安徽、辽宁、吉林、黑龙江、山东、四川等地的会员代表及北京市委党校教师代表、基层党校教师代表、研究生代表近170余人参加会议。

在22日上午的大会发言阶段，中国李大钊研究会顾问、中国社会科学院朱成甲研究员，中国李大钊研究会常务理事、清华大学马克思主义学院王宪明教授，中国李大钊研究会常务理事、北京师范大学马克思主义学院副院长周良书教授等3位特邀嘉宾分别从李大钊思想的历史地位、反孔与尊孔、与中国现代史学的关系等角度作了主题发言。在下午分组研讨阶段，3个分论坛的3位主持人、28位论文作者和近170位会议代表，围绕李大钊的精神、李大钊的思想、李大钊对马克思主义中国化的贡献等方面采取主题发言、互动交流和总结点评等形式进行了充分研讨。

23日上午，中国李大钊研究会副会长、北京市委党校侯且岸教授；中国李大钊研究会常务理事、学术秘书，北京大学校史馆杨琥副研究员；中国李大钊研究会特聘研究员、北京大钊学社顾问、中共北京市委党史研究室原副主任吴家林教授；北京市委党校党史党建教研部副主任韦磊副教授等4位特邀嘉宾分别从对李大钊研究的新思考、李大钊生平若干史料辨析与考订、回顾中共北京市委党校的李大钊研究、民国教科书对大钊著作的收录等角度作了主题发言。论坛对新时代推进李大钊研究具有积极示范作用。

（北京市委党校科研处供稿）

“新中国70年与马克思主义理论发展”研讨会　11月23日，首都师范大学马克思主义学院、北京高校马克思主义理论高精尖学科、北京高校中国特色社会主义理论研究协同创新中心联合举办“新中国70年与马克思主义理论发展研讨会”。中央有关部门和北京市委教育工委领导专家、全国高校马克思主义学院院长、科研院所负责人和《光明日报》《马克思主义研究》等重要报刊理论编辑150多人参加了研讨会。与会专家学者以习近平新时代中国特色社会主义思想为指导，全面回顾了马克思主义理论学科的发展历程与基本经验，并就进一步推进马克思主义理论学科建设、思想政治理论课改革创新和马克思主义学院建设等议题进行了探讨，进一步统一思想、凝聚共识。

首都师范大学党委书记郑萼、中宣部理论局副局长唐建军、中央党史和文献研究室原副主任李忠杰出席开幕式并致辞。开幕式由首都师范大学党委副书记徐志宏主持。

（首都师范大学社科处供稿）

《马克思主义经典文献传播通考》出版座谈会　11月30日，由清华大学和辽宁省委宣传部联合主办的《马克思主义经典文献传播通考》出版座谈会在北京举行。

中宣部副部长梁言顺，教育部党组成员、副部长翁铁慧出席并讲话。辽宁省委常委、宣传部长张福海，清华大学党委书记陈旭致辞。中国人民大学教授陈先达、中国社会科学院原副院长朱佳木、清华大学马克思主义学院院长艾四林等部分丛书顾问和编委，以及来自全国马克思主义理论界、教育界和出版界的百余位专家学者参加座谈。

《马克思主义经典文献传播通考》是国内第一套比较全面、系统地考证马克思主义经典文献传播的大型主题图书，是一项重大的政治理论建设和出版工程。会上，辽宁出版集团与清华大学马克思主义学院，辽宁人民出版社与清华大学马克思主义学院马克思主义传播史研究中心分别签署了合作协议。

（参见《光明日报》2019年12月6日第9版）

新中国成立70周年与中国特色社会主义发展道路研究2019年学术研讨会　11月30日，由北京市习近平新时代中国特色社会主义思想研究中心主办，北京工业大学马克思主义学院承办的“新中国成立70周年与中国特色社会主义发展道路研究2019年学术研讨会”在北京举办。

本次研讨会主要包括以下两个方面的议题：一是学习十九届四中全会精神；二是新中国成立70周年与中国特色社会主义发展道路学术交流研讨。国家教育行政学院原常务副院长、党委书记黄百炼教授，中共中央党校（国务行政学院）马克思主义中国化研究所所长李海青教授，中国人民大学校长助理、哲学院院长郝立新教授等知名专家为大会作学术报告。来自北京理工大学、河北工业大学、中共北京市委党校、天津工业大学、北京印刷学院、北京物资学院、北京石油化工学院和北京工业大学的120名师生参加了研讨交流会。与会专家认为，党的十九届四中全会系统总结了我国国家制度和国家治理体系所具有的显著优势，尤其是在民主法制建设方面取得的巨大成就。新时期要认真总结中国革命、建设、改革的伟大实践和理论创新成果，为人类探索建设更美好的社会制度贡献中国智慧。

（北京工业大学科发院人文处张爱民供稿）

中国特色社会主义论坛　12月7日，由中共中央党校（国家行政学院）习近平新时代中国特色社会主义思想研究中心、马克思主义学院、培训部与中国马克思主义研究基金会共同举办的“第十一届中国特色社会主义论坛暨中国马克思主义论坛2019”在中共中央党校（国家行政学院）举办。

本次论坛以“坚定制度自信，提升治理能力”为主题，聚焦学习贯彻党的十九届四中全会精神。500余名专家学者和中共中央党校（国家行政学院）部分在校学员等参加了论坛。

与会代表围绕深入学习贯彻党的十九届四中全会精神进行了分组讨论交流。论坛期间还举行了第六届马克思主义研究优秀成果奖颁奖仪式。

（参见《人民日报》2019年12月9日第6版）

“21世纪世界社会主义理论与实践”国际学术会议　12月12日，“21世纪世界社会主义理论与实践”国际学术会议在中国人民大学召开。会议聚焦“社会主义道路：历史、经验与启示”“社会主义制度、理论与国家经验”“社会主义改革与国家治理”“社会主义政党制度与国家政治发展”等4个方面主题，从经济建设、政党政治、社会发展、改革实践等多个角度展开深度研讨，总结世界社会主义运动和社会主义革命、改革、建设的历史经验，展望21世纪世界社会主义发展未来。中国人民大学党委书记靳诺，党委副书记、纪委书记吴付来出席活动。尼泊尔共产党中央常务委员会委员德沃·普拉莎德·古隆，巴西劳工党中央委员彭尼尔登·席尔瓦·菲略，津巴布韦津民盟党校——契特波思想政治学院秘书长芭芭拉·奇古塔，阿根廷共产党国际关系委员会委员玛利亚诺·恰尔法迪尼，越南社会科学翰林院研究生院副院长陈明俊，中国社会科学院党组成员、当代中国研究所所长兼马克思主义研究院院长姜辉，中共中央对外联络部政策研究室主任栾建章等嘉宾受邀出席。来自越南、古巴、巴西、阿根廷、尼泊尔、津巴布韦、澳大利亚等7个国家的10余名海外专家，来自国内30余所高校的百余名知名学者和青年学者，以及媒体记者、中国人民大学马克思主义学院师生等参加活动。

本次活动由中国人民大学马克思主义学院、习近平新时代中国特色社会主义思想研究院、中共党史党建研究院和北京高校思想政治理论课高精尖创新中心共同主办。

（中国人民大学科研处供稿）

学习贯彻党的十九届四中全会精神理论研讨会 12月14日，由北京市社会科学院主办的学习贯彻党的十九届四中全会精神理论研讨会在北京召开。

学者们认为，通过学习党的十九届四中全会的《决定》，可以看出中国在社会主义制度的发展史上有3个重要的里程碑：第一个是社会主义从理论变为现实的基本制度。第二个是通过改革开放建立适合时代特点和本国实际的社会主义制度体系。第三个是推动国家治理体系和治理能力现代化，使社会主义制度的优势和效率充分发挥出来。

有学者指出，十九届四中全会开创了“中国之治”的新境界。中国特色社会主义根本制度，就是体现社会主义本质特征和国家性质、从根本上保证国家始终沿着社会主义方向前进、在社会主义现代化建设中起决定性作用的制度。中国特色社会主义基本制度，就是体现中国社会主义性质，规定着国家政治生活、经济生活基本原则，对国家机器运行和发展具有重大影响的制度。建设现代化经济体系，增强国际竞争力，根本要靠科技创新，必须深化科技创新体制改革。

有学者认为，中国的根本制度充分体现了人民至上的价值取向：一是从党的领导制度这一根本领导制度看，体现了人民立场和人民主体地位的价值取向。二是从人民代表大会制度这一根本政治制度看，体现了人民当家做主、实现人民根本利益的价值取向。三是从我国的根本文化制度看，体现了坚持人民的解放和人的自由全面发展的价值取向。四是从共建共治共享这一社会治理根本制度看，体现了发展为了人民、依靠人民、由人民共享的价值取向。五是从党对人民军队的绝对领导这一根本军事制度看，体现人民安全感、尊严感、幸福感的价值取向。

（参见《北京日报》2019年12月23日第13版）

“新时代学习大家谈”系列讲座 为引导和帮助广大领导干部、理论工作者、教育工作者、青年学生学习贯彻习近平新时代中国特色社会主义思想，打造一个高端的宣讲习近平新时代中国特色社会主义思想平台，北京大学习近平新时代中国特色社会主义思想研究院策划了“新时代学习大家谈”系列讲座。系列讲座组织研究院名家，紧密围绕习近平总书记系列重要讲话，深入研究阐释习近平新时代中国特色社会主义思想的丰富内涵、精神实质与科学体系。以学术讲政治的方式，宣传习近平新时代中国特色社会主义思想。2019年，系列讲座开展了15场。林毅夫、路风、强世功、王绍光、朱威烈等围绕“工业体系与中国经济增长的前景”“中国宪制与法治：全球视野与中国经验”“新中国建立70周年的历史反思和经济学的理论创新”“改革开放，国家能力与经济发展”等主题作了报告。

（北京大学社会科学部供稿）

哲学（含自然辩证法、逻辑学、伦理学、美学）

“中世纪哲学与现代世界”工作坊 4月12—14日，由牛津大学黑衣兄弟会阿奎纳研究所与北京大学哲学系联合筹办的“中世纪哲学与现代世界”工作坊在北京大学举行。此次工作坊旨在探讨中世纪的哲学讨论所涉及的若干主题（特别是在形而上学、自然哲学、知识论与伦理学等基本领域下）与现代世界的相关讨论之间的关联。工作坊包含7场学术讲座，分别由牛津大学 William Carroll 教授、弗里堡大学的 Michael Sherwin 教授，以及北京大学的吴天岳副教授讲授。圣托马斯-阿奎那宗座大学 Thomas Joseph White 教授的讲座由台湾辅仁天主教大学的 Wojciech Golubiewski 研究员代为讲授。来自中国社会科学院、北京大学、清华大学、复旦大学、武汉大学、四川大学与台湾辅仁天主教大学等10所高等教育或研究机构的28名研究生参加了此次工作坊。

（北京大学社会科学部供稿）

人工智能的社会、伦理与未来研究研讨会 4月20日，为了推动人工智能的社会、伦理与未来研究，构筑国内相关研究的网络与平台，中国社会科学院哲学研究所、中国社会科学院科学技术和社会研究中心、国家社科基金重大项目“智能革命与人类深度科技化前景的哲学研究”课题组与中国发展战略学研究会创新战略专委会在中国社会科学院举办了“人工智能的社会、伦理与未来研究研讨会”，并以此会议为契机倡议在中国自然辩证法研究会建立“人工智能的社会、伦理与未来研究专业委员会”。

中国社会科学院哲学所党委书记王立胜和中国自然辩证法研究会副理事长、清华大学吴彤教授到会并致辞。来自中国社会科学院、中国科学院、赛迪研究院、上海社会科学院、清华大学、中国人民大学、北京航空航天大学、北京邮电大学、北京理工大学、国防大学、复旦大学、上海交通大学、上海大学、浙江大学、南京大学、南开大学、大连理工大学、东北大学、青岛大学等研究机构和高校代表，科技部、中国科协、华大基因、华西医院、中国电子技术标准化研究院等部门、企业和机构代表参加会议研讨。

本次研讨会共安排了4场主题报告，分别由中国人民大学的刘晓力教授，复旦大学王国豫教授，北京农业大学教授、北京自然辩证法研究会理事长李建军，西安电子科技大学人文学院副院长、哲学系主任马德林教授，中国人民大学的刘永谋教授，北京航空航天大学的徐治立教授主持，围绕“人工智能的伦理考量”“人工智能的技术模型及未来发展”“人工智能的哲学反思”“人工智能的多样化应用”等议题展开交流讨论。

（中国社会科学院办公厅刘玉杰供稿）

第一届人工智能哲学跨学科高峰论坛 5月15—16日，由首都师范大学政法学院、首都师范大学“人工智能哲学交叉学科平台”与《哲学研究》编辑部、《自然辩证法通讯》编辑部、中国人民大学“哲学与认知科学交叉平台”联合主办的“第一届人工智能哲学跨学科高峰论坛”在首都师范大学召开。来自北京大学、清华大学、中国人民大学等高校、学术机构的60余位学者、专家参会。

开幕式由首都师范大学政法学院副院长吴高臣教授主持，首都师范大学政法学院院长陈鹏教授、中国人民大学“哲学与认知科学交叉平台”首席专家刘晓力教授、《自然辩证法通讯》胡志强主编、《哲学研究》编辑部主任陈德中研究员、山西大学哲学社会学学院梅剑华教授分别致辞。

与会学者围绕“人工智能哲学”“人机交互与智能技术”“人工智能的政治、伦理与法律”“人工智能的心智基础”进行了讨论。

（首都师范大学社科处供稿）

“康德哲学与人类未来”国际学术研讨会 6月7—10日，北京大学哲学系、北京大学外国哲学研究所联合举办了“康德哲学与人类未来”国际学术研讨会。研讨会的主题将康德哲学与关于人类未来的思考联系在一起，植根康德哲学最终旨归，直面人类未来发展境遇，延续北大“哲学与人类未来”研究方向，既是国际顶尖水平专业对话，又是对前沿热点问题的积极回应。该次研讨会由10场大会发言和60场分组会议组成。与会嘉宾为来自全世界13个国家和地区的康德学界的资深学者、科学院院士以及青年学者，会议充分体现出了跨文化、跨语言对话的特点。借该次会议之机，中华全国外国哲学史学会康德哲学专业委员会（即“中国康德学会”）也正式宣告成立。

与会学者围绕着康德哲学展开了讨论。学者们的报告中有对康德的理论哲学、实践哲学、宗教哲学和美学等领域中经典问题的重新解释，也有对康德在哲学史上地位和影响的分析，还有关于康德哲学与中国思想间关系的比较研究。值得一提的是，许多学者针对该次会议的主题，专门撰文探讨了康德关于人性的看法，以及这些看法在当下面临的挑战和持续价值。还有一些学者则聚焦于正义战争、移民问题、气候变化等当下十分迫切的现实问题，试图从康德哲学中找到应对它们的理论资源。

（北京大学社会科学部供稿）

北京大学数理哲学周活动　6 月 23—25 日，北京大学哲学与人类未来中心组织举办了北京大学数理哲学周活动。该次数理哲学周活动旨在比较全面地向大家呈现现代哲学与数学之间的联系，特别是数学工具在哲学研究中的关键作用，以及哲学与理论计算机、人工智能、语言学等相关学科的交叉与融合。

本次活动邀请到了慕尼黑数理哲学中心主任、欧洲科学院院士 Hannes Heitgeb 教授以及北京大学数学科学学院文兰院士等专家带来 4 场面向公众的报告，另有国内外知名的中青年学者带来多场关于因果、无穷以及真理论的前沿学术报告。本次数理哲学周还包括一天的模态逻辑工作坊以及 2 场关于数学哲学、哲学与人工智能的公开辩论。

（北京大学社会科学部供稿）

科技发展与治理——生命伦理专题研讨会　8 月 16 日，为深入探讨前沿科技发展引发的公共治理问题，寻求生命科学领域的发展和伦理风险的二维平衡，清华大学科技发展与治理研究中心召开科技发展与治理——生命伦理专题研讨会。清华大学科技发展与治理研究中心学术委员会联席主任、苏世民书院院长、公管学院教授薛澜主持本次会议开幕式。来自校内外的近 30 名生物科技、生命伦理、科技政策专家学者出席本次研讨会。研讨会分为“合成生物学与基因技术前沿与发展”“生命伦理研究与治理”“科技治理及其影响”“科技发展与社会治理”四大主题，与会专家结合中国生物科技发展与生命伦理发展现状，对生物科技、生命伦理发展过程中的制度设计、治理方法、伦理困境等问题进行了讨论。

（清华大学文科建设处供稿）

新中国伦理学研究 70 年暨当代社会伦理前沿问题研究论坛　9 月 7 日，由北京市社会科学界联合会、北京市哲学社会科学规划办公室主办，中国社会科学院哲学研究所与北京伦理学会承办的新中国伦理学研究 70 年暨当代社会伦理前沿问题研究论坛在北京举行。会议研讨的主要问题有“新中国伦理学研究的历史性总结”“当前社会伦理前沿及社会现实问题”。

（中国社会科学院办公厅刘玉杰供稿）

“破解所予之谜：现象学与分析哲学的对话”国际学术研讨会　10 月 18—20 日，“破解所予之谜：现象学与分析哲学的对话”国际学术研讨会在中国政法大学召开。本次研讨会共有来自德国、美国、意大利、英国、爱尔兰、波兰、日本、爱沙尼亚、墨西哥等多个国家和地区的共 22 位外籍学者和来自中国内地的 22 位学者参会，来自校内外的 20 余名师生旁听了会议。中国政法大学副校长冯世勇教授、人文学院副院长兼哲学系主任张浩军教授、意大利帕多瓦大学哲学系 Andrea Altobrando（安德里亚·奥托布兰多）教授出席开幕式并致辞。

本次会议特邀美国加州大学欧文分校的大卫·伍德拉夫·史密斯（David Woodruff Smith）教授、德州大学奥斯汀分校的盖伦·斯特劳森（Galen Strawson）教授和米歇尔·蒙塔古（Michelle Montague）教授、爱尔兰都柏林大学学院的詹姆斯·奥西（James O’Shea）教授、日本北海道大学的田口茂（Shigeru Taguchi）教授和北京师范大学的李红教授、唐热风教授作主旨报告。会议设 1 个主会场、2 个分会场，共有 31 位学者发表论文。

研讨会上，来自现象学与分析哲学两大传统的学者围绕“所予”问题展开了热烈的讨论，对“所予的神话”有了更加全面和深刻的理解，也对“破解”所予之谜提出了各自的观点和方案。众多与会学者表示，此次会议的选题具有很强的学术性和前沿性，为国内外学者、现象学与分析哲学两大阵营的学者就共同关心的哲学问题展开交流与对话提供了契机和平台，对于了解国际学术动态和相关理论成果具有重要的意义。

（中国政法大学科研处供稿）

“中国哲学的现代性与民族性”学术研讨会暨中国哲学史学会2019年年会 11月23—24日，“中国哲学的现代性与民族性”学术研讨会暨中国哲学史学会2019年年会在北京召开。本次会议由中国哲学史学会和中央民族大学联合主办，中央民族大学哲学与宗教学学院、中华文化研究院承办。会议旨在通过回顾中国哲学史研究已经走过的70年历程，阐旧辅新，为在多元一体格局中建立中华民族共同体意识提供有益的思想资源。来自中国社会科学院、北京大学、清华大学、中国人民大学、北京师范大学、复旦大学、华东师范大学、浙江大学、南开大学、中央民族大学等40多所高校和科研机构的110余名学者参加了本次会议。

本次会议根据学者们所提交的论文内容分别设置了哲学对话专场、哲学方法论专场、道家哲学专场、儒家哲学专场、宋明理学专场、哲学与文化专场、哲学与经典专场、当代儒学研究专场等不同主题的分会场，并专门设立了少数民族哲学专场和伊斯兰哲学专场，这两个专场中的学者们分别从经典文本、概念术语、思想蕴含、历史文化等方面对中国少数民族哲学和伊斯兰哲学作出了细致的分析与讨论，为中国哲学的综合性研究与跨领域研究作出了示范。另外，会议还特别设置了青年学者论坛专场，专门为博士研究生及硕士研究生提供学习与交流的机会。

本次会议反映了中国哲学史研究的最新成果，中国哲学史的研究不仅要回顾过去，还要展望未来，不仅要在多元一体格局中体现中国哲学的中华民族一体性，又要体现中国各民族哲学思维的多元贡献，为铸牢中华民族共同体意识提供了必要的理论支持，也为中国哲学学术事业的发展发挥了积极作用。

（中央民族大学哲学与宗教学学院供稿）

国际儒学论坛·2019 11月30日—12月2日，由中国人民大学、韩国崔钟贤学术院、尼山世界儒学中心主办的“国际儒学论坛·2019”在曲阜尼山圣境举行。来自中国、韩国、日本、美国、英国、澳大利亚等国家和地区的150余位专家学者出席会议。本次论坛的主题是“儒家思想与人类和平”。中国人民大学党委书记靳诺主持开幕式，山东省委常委、宣传部部长关志鸥，韩国崔钟贤学术院院长代表、西江大学教授尹炳男，济宁市委书记傅明先出席开幕式并致辞。中国人民大学副校长杜鹏出席开幕式。论坛开幕式上，还举行了尼山世界儒学中心中国人民大学分中心、山东大学分中心的揭牌仪式和尼山世界儒学中心网站的开通仪式。中国人民大学孔子研究院院长张立文、山东大学儒学高等研究院执行院长王学典、日本东京大学荣誉教授池田知久作论坛主旨报告。在分组会议环节，与会学者围绕“儒家思想与人类和平”这一主题，从儒家思想观念、儒家学术传统、儒家政治哲学等角度，共进行了24场分组会议。会后，学者们还赴孔庙孔府、孔子博物馆等实地调研考察儒家历史文化资源。

（中国人民大学科研处供稿）

“历史唯物主义与当代中国”高端学术论坛 12月21日，以著名哲学家、中国历史唯物主义学会名誉会长、中国人民大学荣誉一级教授陈先达的新著《历史唯物主义与当代中国》出版为契机，由中国人民大学哲学院、中国人民大学马克思主义哲学研究中心联合主办的“历史唯物主义与当代中国”高端学术论坛在北京举办。

论坛开幕式由中国人民大学党委副书记齐鹏飞主持，中国人民大学校长刘伟出席并致辞，陈先达作主旨发言。吉林大学学术委员会主任、资深教授孙正聿，南京大学原党委书记、教育部教学指导委员会（哲学专业）主任委员、教授张异宾，中共中央党校（国务行政学院）原校务委员、副教务长、一级教授韩庆祥，中国社会科学院学部委员、原哲学所所长、研究员李景源等马克思主义哲学研究领域的近百位知名专家出席论坛。

在主旨发言中，陈先达从党的十九届四中全会制度建设的感悟讲起，指出文化与文明既有区别又有联系。文化具有可见性，文明具有不可见性；文化是观念形态，文明是制度形态；但二者又是交叉性的概念，难以完全区分开来。陈先达认为，文化必须转换成文明，中国传统优秀文化中的精华，要在坚持马克思主义指导地位的基础上，为中国现代制度文明所借鉴吸收。当前，需要把“以人民为中心”的发展思想制度化，形成制度、贯注于制度之中。

与会专家学者表示，《历史唯物主义与当代中国》一书，坚持马克思主义唯物史观的基本原理，从历史唯物主义的本质与功能、中国道路和中国文化3个领域入手，对历史唯物主义的本质和当代价值、社会主义实践中的唯物史观、中国历史百年变革的辩证法、中国道路与中国方案、历史周期率与中国特色社会主义、马克思主义与传统文化、文化自信中的传统与当代、文化自信的本质等问题做了有现实意义的理论探索，体现了学术性与政治性的结合。

（参见《光明日报》2019 年 12 月 22 日第 4 版）

“习近平外交思想的哲学向度”学术研讨会　12 月 23 日，“习近平外交思想的哲学向度”学术研讨会在外交学院召开，由周恩来外交研究中心和《外交评论》编辑部共同承办。

会议旨在深入探讨习近平外交思想的哲学渊源和深厚内涵，分别从政治哲学、历史哲学和实践哲学 3 个维度展开研讨。来自中共中央党史研究室、中共中央党校（国务行政学院）、中国社会科学院、中国国际问题研究院、中国社会科学出版社、北京大学、中国人民大学、复旦大学和外交学院等高校和研究机构的 40 多位专家学者参会。

外交学院副院长王帆教授主持会议开幕式并作主旨报告。外交学院院长、中国外交培训学院院长徐坚研究员致辞。中共中央党史研究室原副主任章百家研究员、中国社会科学出版社党委书记兼社长赵剑英教授、中国人民大学国际关系学院院长杨光斌教授和外交学院院长徐坚研究员作主旨报告，他们分别从中国与世界秩序的重构、习近平外交思想的哲学基础、世界政治的深层结构、中国外交哲学等角度发表了自己的看法。

本次会议包含 3 个议题。在第一议题讨论中，外交学院副院长王帆教授、复旦大学中国外交研究中心主任任晓教授、吉林大学行政学院刘雪莲教授等分别作主题发言，以中国特色大国外交、中国对外政策思考、中国与世界的矛盾同一性、人类共同价值、新型大国关系等视角为切入点，回望中国外交史，从历史哲学的角度对习近平外交思想进行科学解读。

在第二议题讨论中，中共中央党校（国务行政学院）国际战略研究院院长刘建飞教授、对外经贸大学国际关系学院院长戴长征教授、外交学院外交学与外事管理系苏浩教授等分别作主题发言，以世界政治环境的新特点对标习近平外交思想新理念，从人类命运共同体的核心要义、全球治理、习近平外交思想的道义元素等视角深刻阐释了习近平外交思想的政治哲学内涵。

在第三议题讨论中，北京大学国际关系学院外交学系主任张清敏教授、中国政法大学全球化与全球问题研究所副所长刘贞晔教授、外交学院科研处处长夏莉萍教授等分别作主题发言，围绕实践哲学、实践理性、“外交为民”实践、全球安全治理和“一带一路”发展合作等主题，就如何将习近平外交思想更好地贯彻落实到中国外交实践之中提出了各自的理论思考和政策建议。

最后，《外交评论》执行主编陈志瑞编审以“历史、政治与实践的契合与融通”为题为会议作总结。

（外交学院周恩来外交研究中心供稿）

政　治　学

“学习习近平总书记重要讲话精神，提升高校思想政治理论课教学质量”研讨会　3 月 24 日，由中国高等教育学会和中国高等教育学会思想政治教育分会联合举办的“学习习近平总书记重要讲话精神，提升高校思想政治理论课教学质量”研讨会在北京师范大学举办。中国高等教育学会副会长、中国高等教育学会思想政治教育分会理事长刘川生，中国人民大学党委书记、教育部高校思想政治理论课教学指导委员会主任委员靳诺，党的十九大代表、首都经济贸易大学党委书记、中国高等教育学会思想政治教育分会副理事长冯培，大连海事大学马克思主义学院教授、中国高等教育学会思想政治教育分会学术委员会委员、“时代楷模”曲建武等出席。

（北京师范大学社科处供稿）

北京市深化党建引领“街乡吹哨、部门报到”改革理论研讨会　4 月 14 日，由北京市委党校和市党的建设研究会共同主办的北京市深化党建引领“街乡吹哨、部门报到”改革理论研讨会在北京市委党校召开。全国人大常委、农业与农村委员会副主任、全国党建研究会副会长、北京市党建研究会会长杜德印出席会议并致辞；市委常委、组织部部长魏小东作总结讲话；中组部组织二局副局长苏金鑫，中组部党建研究所巡视员、全国党建研究会专职副秘书长陈东平等领导应邀出席，常务副校长王民忠主持会议。

会上，市委组织部副部长、市委老干部局局长张革作了题为“推进党建引领基层治理体制机制创新，将党的政治优势转化为城市基层治理优势”的主旨发言。中共中央党校（国家行政学院）原副校（院）长李君如教授、中共中央党校（国家行政学院）社会和生态文明教研部丁元竹教授、中国人民大学公共管理学院杨宏山教授、武汉大学社会学系吕德文研究员、浙江省委党校党史党建教研部邱巍教授和来自北京市委党校社会学教研部的黄江松教授共6位专家学者分别从党领导城市基层治理、街乡管理体制机制改革、提高基层行政管理绩效、乡村治理等角度，就如何深化党建引领“街乡吹哨、部门报到”改革进行了交流研讨。最后，魏小东在总结讲话中指出，要进一步发挥理论研究优势，助推党建引领“街乡吹哨、部门报到”改革向纵深推进。要把握根本遵循，强化问题导向，注重实践实效，在深入学习贯彻习近平新时代中国特色社会主义思想上进一步下功夫，在研究破解“街乡吹哨，部门报到”改革面临的实际问题上进一步下功夫，在提升研究质量、用好理论成果上进一步下功夫，推动“吹哨报到”改革在夯实党建基础、加强党建引领上更加科学有效，在体现首都特色、服务中心大局上取得更多成果，在创新理念思路、探索方法路径上形成更多经验，使首都基层治理更加有魂、有序、有力。

来自中央单位和部分兄弟省市的知名专家学者；市委各部（工）委有关领导，各区委副书记、组织部部长；市党建研究会副会长、监事长、常务理事、学术委员会委员；市委党校全体教师；各区、系统党建研究会及全市党校系统有关领导和专家，以及新闻媒体代表参加了会议。

（北京市委党校科研处供稿）

“身份政治与世界秩序”研讨会　4月20日，由中国社会科学院美国研究所《当代美国评论》编辑部和政治研究室联合举办的“身份政治与世界秩序”研讨会在北京举行。来自中国社会科学院、北京大学、清华大学、中国人民大学、北京外国语大学、复旦大学、华东师范大学等单位的10余位学者，围绕身份政治的兴起与世界秩序的演变进行了深入的研讨。

北京大学社会学系方文教授论述了身份政治的分类逻辑和机制，梳理了认同政治学的理论基础。复旦大学国际关系与公共事务学院包刚升副教授以理想主义与现实主义的政治路径分析了全球化时代西方国家的移民政治境况及其已经出现的政治选项与政策方向，包括文化多元主义、温和现实主义和极端排外主义，并对西方国家未来的移民政策走向做出预判。清华大学政治学系任剑涛教授诠释了身份政治中自由主义、激进主义和保守主义思潮的关系，并将身份政治的兴起归因于现代政治对契约政治建构过程中出现的“身份碎片化”。

中国人民大学哲学院周濂教授分析了多元文化主义的危机与出路。华东师范大学哲学系葛四友教授从道德、真理与人性的层面，探讨身份政治所遵循的原则。北京外国语大学英语学院谢韬教授论证了美国国家认同的转变。中国社会科学院世界经济与政治研究所冯维江研究员分析了身份政治中的身份差异性与多元文化政策。中国人民大学国际关系学院刁大明副教授阐述了美国国内政治现状以及身份政治面临的问题与挑战。

北京大学哲学系何怀宏教授着眼于身份政治与平等理念的关联，主张用较为长远的历史眼光理解身份政治所包含的平等理念和相关运动的兴起。中国社会科学院欧洲研究所孔元博士分析了身份政治的概念演变及美国国家认同的自由主义与保守主义立场，探究世界秩序演变过程中身份政治的构建，认为2016年以来的身份政治运动在某种意义上是世界秩序回归的表现。

（中国社会科学院办公厅刘玉杰供稿）

“新时代大中小学思想政治理论课一体化建设”研讨会　5月11日，由北京市学校德育研究会、首都师范大学主办的“新时代大中小学思想政治理论课一体化建设”研讨会在首都师范大学举行。

来自中国人民大学、北京师范大学、中国人民大学附属中学、首都师范大学附属中学、北京市十一学校、北京市一〇一中学、青岛二中、北京灯市口小学等大中小学校党委书记、校长、学生处处长、思想政治理论课特级教师、高级教师，《思想理论教育导刊》《马克思主义理论学科研究》《中国教育报》等报刊编辑及首都师范大学马克思主义学院师生参加了此次研讨会。北京市委教育工委宣教处副处长安晶晶和北京市学校德育研究会副会长兼秘书长谢春风出席了此次研讨会。

会议开幕式由首都师范大学党委副书记徐志宏主

持。首都师范大学党委书记郑萼致辞。与会专家学者围绕“新时代大中小学思想政治理论课一体化建设”这一主题，就习近平新时代中国特色社会主义德育思想、如何提升思想政治理论课教师的专业素质、如何做好大中小学思想政治理论课内容的有效衔接、大中小学思想政治理论课一体化的理论基础、如何构建以学科素养为主导的活动型学科课程等议题展开探讨。

（首都师范大学社科处供稿）

第三届北京大学—复旦大学国家治理深度论坛 5月18—19日，第三届北京大学—复旦大学国家治理深度论坛——国家治理现代化：理论探索与经验研究在北京大学举办。除北京大学、复旦大学的学者外，还有来自清华大学、浙江大学、中国人民大学、上海交通大学、中山大学、南京大学、吉林大学、华中师范大学、厦门大学、中国政法大学、天津大学、中央研究院、内蒙古大学、江西农业大学、香港中文大学、新加坡国立大学、纽约大学、宾州州立大学、俄亥俄州立大学等20余所中外院校50余位学者参会。与会学者围绕“新时代的国家治理：新挑战与新机遇”主题共同探讨学术前沿问题、已有经验和发展方向等。

北京大学—复旦大学国家治理深度论坛是由北京大学政府管理学院、复旦大学国际关系与公共事务学院2016年共同倡议发起、2017年举办第一次论坛的全国性学术论坛，由北京大学、复旦大学两校轮值主办。通过两校两院的不断努力和论坛的逐渐发展，越来越多的学者关注并参与到深度研讨中，围绕“国家治理”主题展开互动与合作，实现优势互补、共同发展，不断助力政治学学科和公共管理学学科进步。

（北京大学社会科学部供稿）

首届全国高校思想政治理论课建设高端论坛 6月9日，中国人民大学马克思主义学院、北京高校思想政治理论课高精尖创新中心在北京举办了首届全国高校思想政治理论课建设高端论坛。本次论坛以“新中国70年与高校思想政治理论课建设”为主题，来自全国各高校马克思主义学院负责人、学科带头人和思想政治理论课教师代表等200余人参加。

中国人民大学党委书记靳诺和教育部社会科学司司长刘贵芹、北京市委教育工委副书记狄涛致辞，中国人民大学党委副书记、纪委书记吴付来主持开幕式。北京大学马克思主义学院教授顾海良、南开大学马克思主义学院教授逄锦聚、清华大学马克思主义学院教授吴潜涛、中国人民大学马克思主义学院教授张雷声、清华大学马克思主义学院院长艾四林、北京师范大学马克思主义学院院长王树荫等专家学者先后作主题发言。

与会专家认为，办好思想政治理论课要有信心和能力，牢记教育工作和意识形态工作的重要性，了解思想政治理论课的学科建设，确立“四个自信”教学目标，建设一支可信、可敬、可靠、乐为、敢为、有为的思想政治理论课教师队伍。要深刻理解习近平总书记提出的“政治要强、情怀要深、思维要新、视野要广、自律要严、人格要正”的精神实质和科学内涵。思想政治理论课教学要尊重规律性，强化专业性，增强学术性，加强技艺性，着力提高思想政治理论课建设的科学化水平。要提高教师的理论修为和责任担当，实现科研能力与教学能力协同发展，推动思想政治理论课体系建设。

本次论坛设立了院长论坛与6个课程分论坛。在院长论坛环节，20余所全国重点马克思主义学院院长以“马克思主义学院建设与思想政治理论课改革创新”为主题进行广泛研讨，大家围绕学科建设、课程建设、教师队伍建设与人才培养等议题发表了真知灼见。在6个课程分论坛环节，170余位专家学者和一线思政课教师围绕如何上好马克思主义基本原理概论、毛泽东思想与中国特色社会主义理论体系概论、思想道德修养与法律基础、中国近现代史纲要、形势与政策、研究生思想政治理论课等主题展开了深入的研讨和交流。

与会代表回顾和总结了新中国70年高校思想政治理论课教育教学光辉历程和宝贵经验，一致认为新时代思想政治理论课改革创新要深入贯彻党的教育方针，落实立德树人根本任务，用习近平新时代中国特色社会主义思想铸魂育人，不断增强思想政治理论课的思想性、理论性、亲和力和针对性，加快建设一支高素质、专业化的思想政治理论课教师队伍。

（参见《光明日报》2019年6月12日第6版）

“弘扬红船精神不忘初心使命”座谈会 6月30日，中共中央党校（国家行政学院）中共党史教研部、中央党史和文献研究院第七研究部、《光明日报》理论部、中共浙江省委宣传部、中共嘉兴市委、北京非物质文化遗产发展基金会共同主办的“弘扬红船精神 不忘初心使命”座谈会在北京召开。座谈会由中共中央党校（国家行政学院）副校（院）长谢春涛主持。

十二届全国政协副主席、北京非物质文化遗产发展基金会名誉理事长刘晓峰，中央党校（国家行政学院）分管日常工作的副校（院）长何毅亭，中央党史和文献研究院院长曲青山，《求是》杂志社原社长李捷，中央党史和文献研究院原院务委员陈晋、张树军，中共浙江省委常委、省纪委书记、省监察委员会主任任振鹤，中国人民大学中共党史党建研究院执行院长杨凤城等领导与专家学者近60人出席座谈会。

与会专家学者就红船精神的深刻内涵、红船精神在中国共产党人精神族谱中的地位作用以及今天如何更好地继承弘扬红船精神、开展好“不忘初心、牢记使命”主题教育等问题进行交流。大家表示，红船精神是中国革命精神之源，是激励中国共产党人勇往直前的不竭动力，在全党开展“不忘初心、牢记使命”主题教育的时候召开这样的座谈会，对研究、宣传、阐释、弘扬红船精神具有重要意义。

（参见《光明日报》2019年7月1日第3版）

高校思政课程与课程思政相结合研讨会 7月13日，北京工业大学马克思主义学院在北京举办“高校思政课程与课程思政相结合研讨会”。清华大学马克思主义学院教授、博士生导师，《思想理论教育导刊》常务副主编，全国高校马克思主义研究会副会长刘书林；北京大学马克思主义学院教授、博士生导师，教育部思政课教学指导委员会委员，北京高校中国化马克思主义教学研究会会长程美东受邀作专家报告。来自北京理工大学、河北工业大学、中共北京市委党校、天津工业大学、北京印刷学院、北京物资学院、北京石油化工学院和北京工业大学的133名老师和研究生参加会议。

教研交流期间，来自京津冀高校科研院所的专家学者、思政课教师，就学习习近平总书记在学校思想政治理论课教师座谈会上的重要讲话精神、新时代高校思想政治理论课教师队伍建设要求等内容进行交流研讨。经过研讨交流，大家一致认为，在今后的思政课程和课程思政建设与教学工作中要加强以下4个方面的工作：第一，学校要加强思政课程和课程思政建设与教学工作的顶层设计，采取有效措施鼓励和指导全校教师积极探索思想政治教育形式，建立符合学校特色的思政课程和教学体系；第二，坚持习近平总书记强调的“八个统一”，加强思政理论课程建设，不断增强思政课程的思想性、理论性和亲和力、针对性，系统总结思政理论课程的经验和做法，提升思政理论课程教学质量；第三，在各学科专业课程教学中，要深入挖掘思政教育内容，紧密结合本学科专业的特点，创造性地对学生进行思政教育，达到立德树人、润物无声的效果；第四，教师要加强自身政治理论修养，坚定信仰、严格自律，做为学为人的表率，要不断增强思政课程教学的学理性和针对性，在教学中创新方法，用心用情，潜移默化地影响学生。

（北京工业大学科发院人文处张爱民供稿）

北京大学第二届政府管理论坛暨政治学120年纪念大会 9月27日，主题为“开启、转换、传承与创新”的北京大学第二届政府管理论坛暨北京大学政治学120年纪念大会在北京大学英杰交流中心举行。

本次大会由北京大学政府管理学院、北京大学国际关系学院联合举办。北京大学校长郝平、副校长王博，国务院学位委员会政治学学科评议组召集人徐勇，中国政治学会副会长房宁，中国行政管理学会副会长鲍静，兄弟院校的学者代表，曾经为北大政治学科作出积极贡献、见证学科发展历史的政治学人的后代，以及北京大学部分职能部门负责人，北京大学政府管理学院、国际关系学院的师生代表、校友代表齐聚一堂，追忆历史，展望未来。

9月27日下午在廖凯原楼举办了“北京大学政治学学科建设座谈会”“政治学学科发展与学科建设”“国家治理理论与实践”“政治学与公共管理的学科发展”“公共管理的学科发展”“公共管理青年论坛”“初心与使命：李大钊与北京大学”等分论坛，参会人数达500余人。

（北京大学社会科学部供稿）

第六届民主与法治学术交流座谈会 10月11—12日，由北京市人民代表大会制度理论研究会秘书处与北京市委党校政治学教研部联合主办的“第六届民主与法治学术交流座谈会”在北京举行。

本次会议主题是“新时代地方人大工作的理论与实践”，旨在深入学习贯彻习近平总书记关于坚持和完善人民代表大会制度的重要论述，总结交流地方人大设立常委会40年来的成就和经验，为增强新时代地方人大工作整体实效提出意见和建议。

全国人大常委会办公厅研究室副主任、中国人民代表大会制度理论研究会副秘书长陈勇，北京市人民代表大会制度理论研究会会长、北京市人大常委会原副主任柳纪纲出席开幕式并讲话。北京市人大常委会秘书长、北京市人大制度理论研究会副会长刘云广主持大会开幕式，北京市委党校校委委员谭继东在大会开幕式上致辞。北京市人大常委会副秘书长、研究室主任、北京市人大制度理论研究会副会长兼秘书长崔新建主持大会发言，北京市社会科学界联合会党组书记、常务副主席、北京市哲学社会科学规划办公室主办张淼出席开幕式，并主持专题发言。

来自中共中央党校、中国社会科学院、清华大学等高校和科研机构的专家学者，与来自全国人大常委会机关，北京市、区人大常委会，山东省、陕西省、甘肃省等地人大常委会的同志共同研讨新时代地方人大工作的理论与实践问题。

会议共提交了 35 篇论文，近 30 万字，18 位学者作了专题发言，大家围绕“习近平总书记关于坚持和完善人民代表大会制度的重要思想研究”“地方人大设立常委会 40 年来成就和经验研究”“增强新时代地方人大工作整体实效研究”等问题进行了专题研讨。

（北京市人大制度理论研究会秘书处供稿）

党内法规学科建设与理论前沿学术研讨会　10 月 24 日，中国社会科学院大学在北京举办“党内法规学科建设与理论前沿学术研讨会”，就进一步加强学科建设和党内法规理论研究进行交流探讨。中国社会科学院大学党委常务副校长林维，学位办主任谭祖谊，科研处处长王炜，管理学院执行院长柴宝勇等出席会议。来自中共中央党校（国家行政学院）、中共中央党史和文献研究院、中国社会科学院、北京大学、中国人民大学、中国政法大学、中国社会科学院大学、人民出版社、新华文摘杂志社、《学习论坛》编辑部的数十位专家学者参加会议。

与会专家就党内法规学的学科体系、发展方向、基础理论、经验启示，以及党内法规与国家法律、政党理论、国家治理等相关问题展开讨论。

（中国社会科学院大学科研处供稿）

第六届政治传播与社会发展论坛　10 月 26 日，由中国社会科学院大学与北京师范大学联合举办的第六届政治传播与社会发展论坛和第三届“政治与传播”研究生论坛在北京师范大学召开。

本届论坛主题为“政治传播：回到原点，守正创新”。中国社会科学院大学、北京师范大学、清华大学、中国人民大学等 30 多家单位的 60 余位专家学者和博士、硕士研究生参加了此次论坛，聚焦政治传播研究的史、论、方法，展开相关学术交流。

论坛由中国社会科学院大学政治传播研究中心主任、媒体学院何晶教授主持。围绕论坛主题，喻国明教授演讲的题目为“5G 时代政治传播的新机遇新挑战”；中国传媒大学政治传播研究所所长荆学民教授演讲的题目为“理论省思与实践观照：政治统摄传播的双重效应”；教育部青年长江学者特聘教授、中国人民大学新闻学院刘海龙教授的演讲题目为“从宣传 1.0 到宣传 3.0”；南京大学新闻传播学院潘祥辉教授的演讲题目为“古代政治传播史研究的问题意识与方法意识”；中国传媒大学国际传播研究院李智教授的演讲题目为“国际政治传播的研究范式”；香港城市大学媒体与传播系沈菲副教授的题目为“政治传播研究方法”。

论坛上进行了“研究生优秀学术论文”颁奖仪式。

（中国社会科学院大学科研处供稿）

马克思主义学院发展与高校思想政治理论课教师教学能力提升高端研讨会　11 月 16 日，马克思主义学院发展与高校思想政治理论课教师教学能力提升高端研讨会在北京林业大学举办。北京林业大学党委书记王洪元出席会议，来自北京大学、中央财经大学、北京航空航天大学、中南财经政法大学、北京科技大学、中国人民公安大学等全国多所高校马克思主义学院、研究院的院长、专家、学者，以及学校相关职能部门和学院负责人，马克思主义学院师生代表等 40 余人参加了会议。开幕式由北京林业大学党委常委、宣传部部长、马克思主义学院院长孙信丽主持。

本次论坛旨在问计专家、问计同行，通过交流研讨拿出真招实招，不断提升思想政治理论课教师教学科研能力，推动马克思主义学院快速发展，巩固马克思主义在高校意识形态领域的指导地位，为落实好“不忘初心、牢记使命”主题教育要求，建设扎根中国大地的世界一流林业大学和有行业特色的一流马克思主义学院贡献智慧和方案。

（北京林业大学马克思主义学院供稿）

“国家治理现代化的中国实践”学术研讨会暨学习贯彻党的十九届四中全会精神理论研讨会　11 月 17 日，中国社会科学院法学研究所、国际法研究所在北京举办“国家治理现代化的中国实践”学术研讨会暨学习贯彻党的十九届四中全会精神理论研讨会。会议由中国社会科学院法学研究所马克思主义法学研究中心承办。来自全国人大常委会法工委、全国政协社会和法制委员会、中国法学会、中共中央党校（国家行政学院）、清华大学国家治理研究院、中国社会科学院社会发展战略研究院、中国社会科学院法学研究所、中国社会科学院国际法研究所、《人民日报》、《光明日报》等国内多家单位的专家和媒体记者共同参加了研讨会。

研讨会开幕式暨主旨演讲环节由中国社会科学院学部委员、法学研究所所长陈甦研究员主持。中国法学会党组成员、学术委员会主任张文显教授、全国政协社会和法制委员会副主任吕忠梅教授、原最高人民法院审判委员会副部级专职委员胡云腾作主旨演讲。

研讨会主题发言环节由中国社会科学院国际法研究所所长莫纪宏研究员主持。

中国社会科学院学部委员、社会政法学部副主任李林研究员，中共中央党校（国家行政学院）副教育长卓泽渊，中国社会科学院社会发展战略研究院院长张翼研究员，清华大学国家治理研究院院长王振民教授等分享了学习全会《决定》的心得体会，围绕国家治理现代化、规范化和宪法是国家制度体系的基石等主题进行了发言。

（中国社会科学院办公厅刘玉杰供稿）

加强制度理论研究专家研讨会　11月23日，为深入学习贯彻党的十九届四中全会精神，推动加强制度理论研究，更好为坚持和完善中国特色社会主义制度、推进国家治理体系和治理能力现代化提供学理支撑，人民日报社理论部组织召开“加强制度理论研究专家研讨会”。

中央政研室原副主任郑新立、国防大学国家安全学院原院长任天佑、南京大学原党委书记洪银兴、中国社科院国际法研究所所长莫纪宏、中国人民大学习近平新时代中国特色社会主义思想研究院院长秦宣、中共中央党校（国家行政学院）教授辛鸣、北京大学教授孙来斌、中山大学教授张浩参会，探讨构筑中国制度建设理论的学术体系、理论体系、话语体系，为制度理论研究提供哲学支持等问题。

与会者认为，全会《决定》为国家治理现代化指明了方向，也为哲学社会科学研究开辟了新天地。要紧跟时代步伐，不断丰富和发展中国特色社会主义制度理论。人民日报社副总编辑张首映出席。

（参见《人民日报》2019年11月26日第7版）

首届国家治理现代化论坛暨第八届中国行政改革论坛　11月24日，中共中央党校（国家行政学院）公共管理教研部、中国行政体制改革研究会主办的首届国家治理现代化论坛暨第八届中国行政改革论坛在北京举行。本次论坛的主题为“国家治理现代化：70年回顾和新时代展望”。

与会者指出，中国特色社会主义制度和国家治理体系，是中国共产党团结带领中国人民建立起来的保证亿万人民当家做主的全新国家制度和国家治理体系，是人类制度文明史上的伟大创造。新中国成立70年来，中华民族之所以能迎来从站起来、富起来到强起来的伟大飞跃，一个重要原因就是中国国家制度和国家治理体系在国际竞争中彰显越来越大的比较优势，展现出强大生命力和巨大优越性，从而创造出经济快速发展、社会长期稳定的奇迹。与会者认为，党的十九届四中全会《决定》对“坚持和完善中国特色社会主义行政体制，构建职责明确、依法行政的政府治理体系”作出重大部署，对于政府提高按照党和国家决策部署履行职责的能力具有重要意义。

（参见《人民日报》2019年12月13日第9版）

“国家治理70周年的回顾与展望”学术研讨会暨2019年北京市政治学行政学学会年会　12月7日，由北京市政治学行政学学会主办、北京师范大学政府管理学院承办的“国家治理70周年的回顾与展望”学术研讨会暨2019年北京市政治学行政学学会年会在京召开。本次大会共设有3个主旨论坛、3个平行论坛。来自全国高校的130余名专家、学者出席本次会议。

北京师范大学副校长张凯，北京市社会科学界联合会党组书记、常务副主席、北京市哲学社会科学规划办公室主任张淼，中国社会科学院政治学研究所所长、中国政治学会常务副会长张树华研究员，北京市政治学行政学学会会长范文教授在会议开幕式上致辞。北京师范大学政府管理学院院长章文光教授主持会议开幕式。

来自北京大学、清华大学、中国人民大学、北京师范大学、北京航空航天大学、中国政法大学、中共中央党校（国家行政学院）、对外经济贸易大学、北京外国语大学、首都师范大学等高校的13位知名专家学者围绕论坛主题进行发言。

本次会议是北京师范大学政府管理学院贯彻党的

十九届四中全会精神，深入推进“国家治理体系和治理能力现代化”问题研究的重要举措，也是学院落实“立德树人”根本任务，不断提高学科发展水平和人才培养质量的有效途径。

（北京师范大学社科处供稿）

第六届中国廉政理论高端论坛　12 月 8 日，第六届中国廉政理论高端论坛在北京举办。本届论坛由中共中央党校（国家行政学院）、中国法学会指导；中国行为法学会廉政研究委员会，中共北京市丰台区纪委、区监察委联合主办；人民日报数字传播有限公司等单位协办。

本届论坛以“不忘初心、牢记使命”为主题，论坛嘉宾围绕“不能腐”机制之构建、新时期反腐败国际追逃追赃的法治模式、勇于自我革命、加强廉政文化建设、廉政与国家治理现代化、发扬斗争精神、提高青年的廉洁素养等多个角度进行了发言，论述了廉政与国家治理的关系，交流了党的十八大以来党风廉政建设和反腐败斗争工作的成绩和经验，展示了中国在国际反腐败合作领域的成就。

（参见《人民日报》2019 年 12 月 9 日第 6 版）

高校思想政治理论课改革创新暨马克思主义学院院长交流研讨会　12 月 14 日，2019 高校思想政治理论课改革创新暨马克思主义学院院长交流研讨会在中国劳动关系学院举行。中共中央宣传部思想政治工作研究所副所长范希春研究员，中华全国总工会宣教部副部长阳万雄，中国科学社会主义学会原会长、中共中央党校（国务行政学院）教授王怀超，中国劳动关系学院副校长、马克思主义学院院长刘玉方教授出席会议并致辞。来自清华大学、中国人民大学、北京师范大学、中国劳动关系学院等高校和《人民论坛》《光明日报》《工人日报》等媒体以及思想政治工作领域的专家学者、学校师生代表 50 余人参加会议。

主旨论坛环节，清华大学马克思主义学院副院长王雯姝教授分享了清华大学探索思政课慕课混合式教学模式的经验。中国人民大学马克思主义学院副院长宋学勤教授介绍了中国人民大学打造“高精尖”水平思政“金课”的举措。北京师范大学马克思主义学院副院长熊晓琳教授分享了北京师范大学引领教师建设思政“金课”的做法。中央民族大学马克思主义学院副院长苏海舟教授介绍了中央民族大学思政课“经典育人”的经验。首都师范大学马克思主义学院副院长沈永福教授阐述了首都师范大学思想政治教育专业特色、建设成果、现存问题及改革发展思路。中国劳动关系学院马克思主义学院副院长曹凤月教授结合最新劳动教育文件精神和学校的劳动历史、劳动基础，分享了学校以劳动教育为特色深化思政课改革的若干举措。

专题论坛环节，《人民论坛》副总编辑、人民论坛网总编辑陈阳波，《光明日报》高级编辑、主编曹建文，《工人日报》副总编宋澎，《教学与研究》编审李文苓，《思想理论教育导刊》副编审陈娟从理论成果发表与传播的角度，对思政课教师研究选题、论文写作进行了精准指导。刘玉方向与会嘉宾颁发“中国劳动关系学院马克思主义学院思想政治理论课特聘教授、研究员”证书，以共同助力学校思政课和马克思主义学院的改革与创新发展。

（中国劳动关系学院科研处供稿）

人民共和国党报论坛第十六届（2019）年会　12 月 15 日，以“共产党 · 新中国 · 党报”为主题的“人民共和国党报论坛”第十六届（2019）年会在北京举行。

没有共产党，就没有新中国；党的使命就是党报的使命；党性和人民性是统一的。这些体现党报人和党报科研教学工作者追求担当的基本观点，成为与会演讲人和年会论文的主旋律。来自中国记协、中国报协和人民日报社、新华社、经济日报社等媒体的领导、专家和编辑记者，以及来自中国传媒大学、河北大学、天津师范大学等高校的师生，共计百余人与会。本届年会由中国传媒大学党报党刊研究中心和河北大学新闻传播学院联合主办，传媒大学教育基金会协办。

（参见《人民日报》2019 年 12 月 16 日第 6 版）

“新中国 70 年高校思想政治理论课建设暨学习习近平新时代中国特色社会主义思想”学术研讨会　12 月 27 日，“新中国 70 年高校思想政治理论课建设暨学习习近平新时代中国特色社会主义思想”学术研讨会在首都经济贸易大学举行。北京市社会科学界联合会党组书记、北京市哲学社会科学规划办公室主任、北京市习近平新时代中国特色社会主义思想研究中心常务副主任张淼出席活动并致辞。本次活动由北京市习近平新时代中国特色社会主义思想研究中心、首都经济贸易大学主办，北京研究中心首都经济贸易大学研究基地、首都经济贸易大学马克思主义学院承办。首都高校马克思主义理论学科和思想政治理论界专家学者代表，首都高校马克思主义学院院长代表以及新闻媒体代表等90余人参加活动。

（市社科联、市社科规划办理论研究部供稿）

深入学习贯彻习近平总书记关于坚持和完善人民代表大会制度的重要思想交流会 12月27日，北京市召开深入学习贯彻习近平总书记关于坚持和完善人民代表大会制度的重要思想暨纪念地方人大设立常委会40周年交流会。市人大常委会党组书记、主任李伟出席会议并讲话。

李伟说，要把学习贯彻习近平总书记关于坚持和完善人民代表大会制度的重要思想同学习贯彻党的十九届四中全会精神紧密结合起来，在真学真用、笃信笃行中不断增强“四个意识”，坚定“四个自信”，做到“两个维护”。要按照市委实施意见和关于新时代加强改进人大工作的意见细化责任、分解任务、制定清单、逐项落实，切实把学习成果转化为具体行动、治理效能，为首都改革发展提供及时有力到位的民主法治保障。

李伟说，要更加自觉地紧扣中心大局思考问题、发挥作用，不断增强工作的主动性、前瞻性、创造性。要着眼增强工作整体实效，在不断提升常委会自身建设水平的同时，加强交流互动，市区联动，形成合力。要从社会主义民主政治本质特征的高度认识人大代表的重要地位，认识代表工作的基础性地位，精准组织代表学习培训，大力拓展代表参与的深度广度，高质量建设代表之家、代表联络站，密切常委会与代表、代表与人民群众的联系，最大限度凝聚社会共识，推动提升首都精治共治法治水平。

会议传达学习了全国人大常委会日前召开的“深入学习贯彻习近平总书记关于坚持和完善人民代表大会制度的重要思想、加强和改进人大代表工作交流会”精神。会议围绕北京市深入学习和贯彻习近平总书记关于坚持和完善人民代表大会制度的重要思想、地方人大设立常委会40周年实践经验等形成了83篇交流文稿，共25万字，北京市各级人大、人大工作者和人大制度研究学者参与交流。北京市人大常委会办公厅、丰台区人大常委会、海淀区人大常委会万寿路街道工委负责人和国际关系学院教授毕雁英作现场发言。

北京市人大常委会副主任刘伟、李颖津、张清，秘书长刘云广出席。各区人大常委会、部分乡镇人大和区人大街工委负责同志以视频形式在分会场参加。

（北京市人大制度理论研究会秘书处供稿）

经 济 学

首届“会计、法律与资本市场”2019学术研讨会暨“龙马奋进”学科前沿论坛 1月11日，由中央财经大学会计学院、法学院和会计、法律与资本市场学术研讨会组委会联合主办，《经济研究》《中国法学》《会计研究》《当代会计评论》《财经法学》杂志和国家自然科学基金委员会共同支持的首届“会计、法律与资本市场”2019学术研讨会暨“龙马奋进”学科前沿论坛在中央财经大学召开。来自北京大学、清华大学、中山大学、厦门大学、重庆大学、南开大学、中国人民大学等200余位代表参加此次论坛。与会嘉宾围绕“基于中国资本市场实践的会计与法律交叉问题”“大数据等新技术背景下会计与法律研究的理论与方法”“法治化进程与投资者保护”“资本市场发展与立法质量”等问题进行了深入探讨。财政部会计司副司长邵敏，中央财经大学副校长马海涛，中国法学期刊研究会会长、《中国法学》总编辑张新宝，《经济研究》杂志社社长张永山，厦门大学会计发展研究中心主任、会议组委会主任刘峰等出席了论坛。中国社会科学院学部委员陈甦研究员、欧洲科学院院士 IEEE Fellow 教授和中国自动化学会副理事长陈俊龙先生分别作主题报告。

（中央财经大学科研处供稿）

第二十三届（2019年度）中国资本市场论坛 1月12日，第二十三届（2019年度）中国资本市场论坛在中国人民大学举办，本次论坛的主题是“资本市场与现代金融体系”。论坛由中国人民大学金融与证券研究所（FSI）、国融证券股份有限公司和中国人民大学重阳金融研究院共同主办，教育部社科司特别指导。来自中央国家机关、知名高校、研究机构负责人和专家学者，以及证券公司、基金公司、上市公司嘉宾、新闻媒体和中国人民大学一级教授胡乃武等 500 余人与会。中国人民大学校长刘伟出席论坛并致辞。中国人民大学财政金融学院院长庄毓敏主持论坛开幕式。国融证券股份有限公司董事长侯守法代表主办方致辞。中国证监会副主席方星海，国家发展和改革委员会副主任、国家统计局局长宁吉喆作主旨演讲。中国人民大学副校长、金融与证券研究所所长吴晓球作题为“现代金融体系之路：中国的探索”的主题报告。

（中国人民大学科研处供稿）

第五届文化经济发展论坛暨“促进形成强大国内文化消费市场”及《艺术与文化经济学手册（中文版）》文化经济学中国化问题研讨会　1 月 13 日，由中央财经大学文化与传媒学院、东北财经大学出版社共同主办的第五届文化经济发展论坛暨“促进形成强大国内文化消费市场”及《艺术与文化经济学手册（中文版）》文化经济学中国化问题研讨会在中央财经大学召开。来自中国人民大学、清华大学、中共中央党校（国家行政学院）、北京师范大学、中国社会科学院、东北财经大学、山东艺术学院、武汉大学、东北财经大学出版社、中央财经大学文化与传媒学院、文化经济研究院的专家学者参加论坛。

与会专家围绕“促进形成强大国内文化消费市场”的展开讨论，以 2018 年末召开的中央经济工作会议提出的“将促进形成强大国内市场列为明年要抓好的重点工作任务之一，文化消费市场是我国消费市场的重要组成部分”为背景，从不同角度分享了自己对文化消费的发展趋势、如何构建强大的国内文化消费市场、新时代文化消费治理手段、文化消费面临的新背景、如何促进文化消费，扩大文化消费的路径手段、文化消费空间的嬗变以及中国城市影响文化消费的主要因素等问题的认识和思考。

本次论坛还发布了《艺术与文化经济学手册（中文版）》。与会专家认为该手册的出版，将带动产学研各界对文化经济学科进行有利探索，对文化经济学科建设具有里程碑意义。

（中央财经大学科研处供稿）

国研智库论坛·第五届新年论坛（2019）　1 月 20 日，由国务院发展研究中心指导、中国发展出版社主办、国研智库（国研文化传媒集团）和《中国发展观察》杂志社联合承办的“国研智库论坛·第五届新年论坛（2019）”在北京举行。论坛主题为“开放创新　助推中国经济高质量发展——2019 中国经济形势新展望”。来自国家相关部委的领导与专家、地方政府代表、智库机构代表、重点企业代表、媒体代表等约 300 人出席了本次论坛。

国务院发展研究中心主任李伟在题为“关于当前经济形势的几点认识”的主旨演讲中表示，对于当前宏观经济形势，中央的总体判断是“总体平稳、稳中有变、变中有忧”，这个判断是客观准确的。要正确把握“稳”的总体态势，深刻理解“变”的主要内涵，充分重视“忧”的潜在影响。同时，理解当前形势要把握好三对重要关系：内部和外部的关系，供给和需求的关系，短期和长期的关系。2019 年，我们要继续坚持稳中求进工作总基调，坚持以供给侧结构性改革为主线，重点实施好宏观政策、结构性政策、社会政策，努力实现整体优化效果的最大值。

商务部部长助理、党组成员李成钢在题为“新时代，开放的中国与世界共赢”的主旨演讲中表示，改革开放 40 年，中国与世界携手共赢；要正确看待前进道路上的危与机；新一轮开放，为中国和世界带来机遇。他说，改革开放 40 年来，中国经济持续快速增长，全方位新格局逐步形成，人民生活条件得到改善。展望 2019 年，经济发展的不确定性上升，下行压力加大，要“安而不忘危，治而不忘乱”。面对复杂的形势变化，我们依然有充足信心和底气。开放是中国实现高质量发展的必由之路，开放的中国为世界经济增长注入新动力，中国扩大开放的步伐不会停滞。

国研智库论坛自 2014 年创办以来，已成功举办了包括 5 届新年论坛在内的 50 余场高端论坛。近 5 年来，国研智库论坛准确定位、发挥优势，在解读国家政策、传播智库声音、促进科学决策、服务经济社会健康发展方面发挥了积极作用。

（国务院发展研究中心办公厅科研处郭巍供稿）

中国社会科学院国家高端智库论坛暨 2019 年经济形势座谈会　2 月 13—14 日，中国社会科学院国家高端智库论坛暨 2019 年经济形势座谈会在北京召开。中国社会科学院院长、党组书记谢伏瞻出席会议并发表重要讲话，中国社会科学院副院长蔡昉、高培勇，中国社会科学院经济学部主任李扬作主旨报告。中央纪委国家监委驻中国社会科学院纪检监察组组长、党组成员杨笑山，中国社会科学院秘书长、党组成员赵奇等出席会议。

中国社会科学院部分学部委员及来自经济学部各研究所、世界经济与政治研究所、亚太与全球战略研究院的多位专家参加会议并作主旨发言。与会学者围绕世界经济形势与中国发展、经济形势分析与预测、高质量经济发展、城乡融合与绿色发展以及货币与财政政策主题展开深入研讨。会议由中国社会科学院经济学部、科研局、智库建设协调办公室主办，农村发展研究所承办，中国社会科学出版社、社会科学文献出版社、经济管理出版社协办。中国社会科学院职能部门、驻院机构、院直属及主管单位的部分领导及承办方农村发展研究所的部分研究人员也参加了会议。

（中国社会科学院办公厅刘玉杰供稿）

首届互联网与数字经济论坛（2019） 3月2日，中央财经大学中国互联网经济研究院、经济学院联合《经济研究》编辑部在中央财经大学举办了“首届互联网与数字经济论坛（2019）”。来自清华大学、北京大学等兄弟院校的近百名专家学者参加了论坛。

清华大学李稻葵教授和京东集团副总裁曾晨先生分别作了主题演讲。与会专家学者围绕数字经济与增长、大数据与信息技术、互联网平台经济学、数字贸易、互联网就业与区域经济、数字经济与发展、互联网与民生、数字金融、数字经济中的垄断与创新等主题进行了深入探讨。

本次论坛得到了中国信息经济学会的大力支持。论坛推动了互联网与数字经济领域的产学研深度融合，促进理论创新和实践创新，将为全球数字经济发展贡献中国智慧与中国方案。

（中央财经大学科研处供稿）

第三届营销科学与创新国际会议暨JIM全球营销与管理专辑工作坊 3月16—17日，“第三届营销科学与创新国际会议暨Journal of International Marketing全球营销与管理专辑工作坊”在对外经济贸易大学召开。会议由对外经济贸易大学国际商学院、服务营销与管理国际研究中心、对外经济贸易大学科研处共同主办。本届会议以“新时代背景下的国际商务、消费者行为与创新管理研究——基于中国的经验探索”为主题，汇聚国内外营销管理和国际企业管理领域的专家学者，就相关问题进行交流讨论，参会人数共400余人。

出席会议开幕式的嘉宾有对外经济贸易大学校长王稼琼教授、国家自然科学基金委员会管理科学部吴刚处长、北京市教育委员会张宪国处长、*Journal of International Marketing* 联合主编 Robert Palmatier 教授、复旦大学王玉涛教授等。会议开幕式由对外经济贸易大学科研处处长王永贵教授主持。

会议的举办对全球营销领域中对于中国实践经验的探讨和交流起到了促进作用，推动了中国跨国企业相关营销科学与创新理论与实践的发展。

（对外经济贸易大学科研处供稿）

“探路产业互联网”研讨会 3月21日，由清华大学全球产业4.5研究院、腾讯社会研究中心以及清华创新发展研究院共同举办的“探路产业互联网”研讨会在清华大学举行。会议旨在探讨在中国经济从“高速增长”到“高质量发展”转变的关键历史阶段，如何立足中国产业实际，发展产业互联网。国务院发展研究中心原党组书记、副主任陈清泰，中国工程院院士邬贺铨，腾讯高级执行副总裁、云与智慧产业事业群总裁汤道生，国务院发展研究中心产业经济部部长赵昌文等来自政府、学界、企业的专家学者出席会议。清华大学全球产业4.5研究院副院长、经管学院创新创业与战略系教授朱恒源主持会议。

陈清泰在主旨演讲中指出，当前，倒逼中国经济转型的力量十分强劲，经济增长要由投资出口规模扩张拉动为主转向自主创新技术驱动的效率提升。尽管这是一个很高的门槛，但新一轮产业革命的到来恰好为我们提供了一个难得机会。我们有条件乘这次技术变轨之机改变中国产业和企业的竞争地位，为实现工业化强国之梦打下基础。

邬贺铨从组成、技术、实施主体、切入环节、场景特点等方面对产业互联网进行了“问路”。他指出，产业互联网是互联网的下半场，有着跟消费互联网不同的特点，需要以产业数字化为基础，以数据驱动为抓手，融合并不断完善IT和OT的技术，来满足企业应用的高安全性、超可靠、低时延、大连接和个性化的要求。产业互联网可以从不同环节切入，它的全面实现是一个长期的过程，需要信息技术行业和垂直行业的紧密合作，管理创新和技术创新并重来探索发展之路。

汤道生以医疗、教育、车联等智慧产业实践案例，介绍了腾讯对产业互联网的思考。指出腾讯并不认为自己有解决所有产业问题的工具或者能力，只针对自己的优势和能力，选择合适的问题去解决。

赵昌文在发言中将工业互联网与消费互联网相比较，指出工业互联网目前还处在早期阶段，集中度比较高，盈利前景不甚明了，而缺少应用场景、缺乏核心技术能力及企业数字化水平低 3 个短板制约着工业互联网的发展。他表示，发展工业互联网本身不是目的，而是为了提高制造业和工业领域的效率和竞争力，从而加快整个产业升级的速度。

主旨演讲之后，围绕“探路产业互联网”这一主题，中国社会科学院信息化研究中心秘书长姜奇平、中美绿色基金董事长徐林、赛富投资基金首席合伙人阎焱、中国信息通信研究院云计算和大数据研究所所长何宝宏、中国社会科学院工业经济研究所资源与环境研究室主任杨丹辉、中国科学院科技战略咨询研究院产业技术组组长王晓明、清华大学经济管理学院教授王毅、赛迪顾问股份有限公司总裁孙会峰等进行了评论发言。

（清华大学文科建设处供稿）

首期国务院发展研究中心大讲堂（DRC Chair）　3 月 22 日，首期国务院发展研究中心大讲堂（DRC Chair）在北京举行。纽约大学和斯坦福大学教授斯宾塞（Michael Spence）、伦敦政治经济学院教授皮萨里德斯（Christopher Pissarides）、哥伦比亚大学教授费尔普斯（Edmund Phelps）、斯蒂格利茨（Joseph Stiglitz）4 位诺贝尔经济学奖得主围绕“多边贸易体制与 WTO 改革”议题发表演讲并对话。4 位外方专家认为，以 WTO 为核心的多边贸易体制面临决策效率低下、不适应全球经济新变化、贸易问题政治化、知识产权政策扭曲、各方获益不均等严峻挑战，但 WTO 仍有不可替代的积极作用，不可轻易舍弃；需要主要经济体共同推动改革，不断完善相关治理机制。

斯宾塞认为全球经济碎片化发展是一种危险，不仅会带来更多的贸易摩擦，也会带来更多的壁垒，包括对全球贸易进程、新技术、数字经济、服务经济、知识产权保护等方面的负面影响；皮萨里德斯认为 WTO 需要改革的主要原因是因为全球贸易发生了深刻变化，他将这些变化概括为 4 个方面：一是产业链的跨国铺设；二是产品日益差异化；三是知识产权难以监控；四是新技术的出现使制造业的就业机会向高新国家回流。费尔普斯认为应当建立起一个以保护专利制度和专利执行机制为基础的跨境技术交流框架，这样一来在合理规则基础之上，就能够建立起非歧视性的、开放的专利技术市场，而这也将为更多的跨境合作提供激励。斯蒂格利茨认为，大多数人都是支持自由贸易的，但仍是出现了反全球化的潮流，原因是一些人认为自由贸易没有让他们的生活变得更好。之所以出现这种情况，一方面是国内错误政策导致的，包括社会保障体系做得不够等；另一方面，是因为国际规则。

国务院发展研究中心主任李伟，副主任王安顺、张军扩、张来明、王一鸣，党组成员、办公厅主任余斌同志等出席，副主任隆国强主持；来自中共中央对外联络部、中央外事工作领导小组办公室、外交部、国家发展改革委、财政部、商务部、国务院国资委、国际发展合作署、中国社会科学院等部委，以及国务院发展研究中心的 280 多位代表参加。

（国务院发展研究中心办公厅科研处郭巍供稿）

中国发展高层论坛 2019 年会　3 月 23—25 日，由国务院发展研究中心主办的中国发展高层论坛 2019 年会在北京举行，本届论坛主题为“坚持扩大开放，促进合作共赢”。来自国际组织、全球企业界、学术界、中央及地方政府部门共计 1200 余人出席论坛。

韩正副总理出席开幕式并发表主旨演讲。王岐山副主席出席论坛 20 周年欢迎晚宴。李伟主任担任本届论坛中方主席，在论坛开幕式致辞，在经济峰会晚宴致辞，并作论坛总结发言。党组书记、副主任马建堂主持论坛第八单元“开放合作，互利共赢”，副主任、党组成员王安顺（正部长级）主持论坛第七单元“全球经济中的粤港澳大湾区”，副主任张军扩主持“广州：开放新境界”圆桌会，副主任张来明主持第三单元“积极财政政策新举措”，副主任隆国强主持第五单元“推动全方位对外开放”和经济峰会分会场“WTO 改革与全球化的未来”，副主任王一鸣在经济峰会上发言，并主持论坛第四单元“金融业开放与金融稳定”，党组成员、办公厅主任余斌主持经济峰会全体会议“以开放引领未来”。

（国务院发展研究中心办公厅科研处郭巍供稿）

“中国创新政策”专家研讨会　3 月 29 日，国务院发展研究中心创新发展研究部与世界银行中国局共同举办“中国创新政策”专家研讨会，主要围绕中国和全球生产率增长趋势及对中国创新政策的影响、有关发达国家在前沿技术方面采取的创新政策、中国和全球创新体系、发展中国家的高增长型企业以及可供中国借鉴的经验、促进技术推广和企业能力建设的创新性政策、面向“十四五”的创新促进政策等6个议题进行交流讨论。

创新发展研究部部长马名杰致欢迎辞并作总结发言，世界银行中国局局长芮泽先生出席并致辞。创新发展研究部副部长田杰棠、世界银行私营部门发展首席专家张春霖分别主持有关议题讨论。全国人大常委、创新发展研究部研究员吕薇，产业经济研究部部长赵昌文，企业研究所所长马骏，中国社科院数量经济与技术经济研究所所长李平，中国科学技术发展战略研究院院长胡志坚，中国科学院大学经济与管理学院教授柳卸林，牛津大学技术与国际发展系教授傅晓岚，世界银行高级经济学家马尔钦·皮亚考斯基，世界银行金融、竞争力和创新全球业务局副局长丹尼斯·梅德韦杰夫，世界银行私营部门发展高级专家贾斯汀·希尔等参加讨论并发言。创新发展部相关处室同志，以及国家信息中心、国家知识产权局、科技部、中国社会科学院、阿里研究院、国网公司等20多位外部嘉宾参加座谈交流。

（国务院发展研究中心办公厅科研处郭巍供稿）

第二届服务经济与公共政策论坛　3月30日，由清华大学服务经济与公共政策研究院（SEPP）主办的第二届服务经济与公共政策论坛在清华大学举行。本届论坛聚焦于“网络数字时代的文化发展与传播”，探讨如何借助网络数字技术实现新时代文化服务业的发展。文化和旅游部党组成员、故宫博物院院长单霁翔，中国社会科学院文化研究中心副主任张晓明，文化和旅游部国际交流与合作局副局长郑浩等国内文化经济领域专家学者、企业代表等出席了本次活动。公管学院副院长、服务经济与公共政策研究院副院长杨永恒教授主持论坛。在主题论坛环节，单霁翔、胡志鹏、张晓明、江小涓分别围绕《守正创新——网络数字时代的博物馆建设》《网络数字空间的文化生态构建——网易的实践与探索》《关于进入文化产业2.0时代的思考》《网络数字时代中国体育竞赛表演业的发展机遇》作主题演讲。在主题演讲后的圆桌论坛上，郑浩、胡钰、刘绍坚、罗立彬分别围绕“网络数字时代的文化交流与传播”的主题，从文化经济贸易、文化人才培养、文化产业管理和文化公共服务等多个方面表达了自己的观点。论坛吸引了国内文化产业研究领域学者专业、行业人士和清华大学师生近两百人参加活动。

（清华大学文科建设处供稿）

中国区域经济50人论坛2019年年会　3月31日，中国区域经济50人论坛2019年年会在北京举行，此次论坛的主题是“2019：区域政策与稳增长”。与会者围绕当前中国经济转型发展中的空间布局优化与区域协调发展、人口资源环境统筹发展、乡村振兴与城乡一体化发展等问题展开研讨。

与会者指出，正确处理人与自然的关系，树立尊重自然、顺应自然、保护自然的价值观，深入推进生态文明建设，能够加快形成人与自然和谐发展的现代化建设新格局。在空间规划中，应合理确定建设空间、农业空间、生态空间和生活空间，划定城市建设红线、基本农田红线和生态保护红线，以红线确保规划落实，充分发挥规划的约束作用和引领作用。

与会者认为，促进区域协调发展向更高质量迈进，一方面要大力推动已经出台的各项区域发展战略和政策深入实施，注重增强区域发展的协同性、联动性和整体性，促进形成区域协调发展新局面、新动能；另一方面要积极解决区域发展中的突出矛盾和问题。从全局来看，当前需要深入研究和解决老少边穷地区发展、资源枯竭地区产业转型和新动能培育、对标国际领先水平提高发达地区经济发展质量等问题。

（参见《人民日报》2019年4月8日第9版）

中国房地产中青年学者论坛政策专题会议　4月14日，由中央财经大学管理科学与工程学院举办的2019年中国房地产中青年学者论坛政策专题会议在北京召开。来自国务院发展研究中心市场经济研究所、住房和城乡建设部政策研究中心、国家发展改革委员会投资所、北大林肯中心、中国房地产估价师与房地产经纪人学会等机构的专家学者和中国房地产中青年学者参加了论坛。

国务院发展研究中心市场经济所邓郁松研究员、国家发展改革委员会投资所房地产研究室刘琳研究员、上海交通大学国际与公共事务学院陈杰教授、清华大学建设管理系吴璟副教授、哈尔滨工业大学建设管理系杨晓冬教授、上海师范大学商学院崔光灿教授等专家学者分别作主题发言。

与会嘉宾共同探讨了政策研究中需要注意的要点与难点、当下房地产政策研究中的重要问题以及未来房地产政策研究的方向与任务，总结了学术研究和政策研究中需要考虑的不同逻辑和不同要求。

（中央财经大学科研处供稿）

第二届中国金融科技前沿论坛　4 月 27 日，由中央财经大学和中国支付清算协会联合主办的第二届中国金融科技前沿论坛在中央财经大学举行。来自国内高校、科研机构、金融机构、新闻媒体的专家学者和中央财经大学师生 200 余人参加了论坛，共同探讨“人工智能与金融的未来”。

中国人民银行原副行长、中国互联网金融协会会长李东荣，清华大学五道口金融学院常务副院长、金融科技研究院院长廖理，中国建设银行信息总监金磐石，中国人民大学法学院副院长杨东等作主题发言。与会专家围绕“建设网络强国”“人工智能与金融的未来”“人工智能对金融行业的机遇与挑战”“金融科技教育与人才培养”等话题进行了讨论。

中国工程院院士、中国科学院计算技术研究所研究员倪光南以“贯彻落实‘4·19 讲话’精神，为建设网络强国努力奋斗”为题进行发表演说，他深入解读了习总书记“4·19 讲话”精神，对中国网信和核高基发展的重要性进行了深刻解读，强调在这些领域关键核心技术突破的迫切性，以实现网络强国的目标。

（中央财经大学科研处供稿）

国研智库大讲堂 2019　4 月 25 日，“国研智库大讲堂 2019”首讲在位于北京亦庄中国智库创新科学园的国研智库大讲堂举行。国务院发展研究中心副主任隆国强作了题为“中国对外开放新形势新战略”的专题讲座。中国发展出版社社长、国研文化传媒集团（国研智库）董事长包月阳主持讲座。中国发展出版社副社长、国研智库总裁张诗雨，国研智库副总裁任娟、王燕青等出席活动。国研文化传媒集团全体员工，集团所属子公司高管和部分员工代表，中国智库创新科学园和国研智库创新科学园入园企业代表以及媒体记者 80 余人出席了活动。

隆国强指出，过去 40 年，中国对外开放取得了引人注目的成绩，中国从一个比较封闭的经贸小国变成一个经贸大国，这是历史的跨越。40 年来，世界在变，中国也在变，我们面临的国内环境和国际环境都发生了深刻变化。一是新技术革命快速推进，不断深化，对人类社会生活方式、生产方式带来深刻的影响，给我们带来换道超车的新机遇。二是大国关系发生变化。美国对华政策出现重大调整，中国与西方发达国家和发展中国家的关系也在发生变化。三是全球治理体系发生深刻变革。在新的形势下，中国必须与时俱进，实行新的对外开放战略：一是形成全面开放新格局；二是打造参与全球国际合作竞争的新优势；三是构建开放型经济新体制；四是培育参与全球分工的新主体；五是要营造一个互利共赢的国际环境，重要的是要积极参与全球治理体系的变革。

国研智库大讲堂是国研智库创办的高端学术讲座，是“国研智库论坛”的重要组成部分。除在北京的定期讲座外，国研智库以后还将以高校、地方政府、行业协会及大型企业作为巡讲基地，邀请国务院发展研究中心等高端智库机构的专家学者作为主讲嘉宾，深度传播智库成果，服务于经济社会发展。

（国务院发展研究中心办公厅科研处郭巍供稿）

“数字普惠金融助力实体经济”普惠金融国际高峰论坛　4 月 25 日，以“数字普惠金融助力实体经济”为主题的普惠金融国际高峰论坛在北京举行。论坛由中国社会科学院金融研究所、国家金融与发展实验室主办，金融法律与金融监管研究基地、《金融评论》编辑部、凤凰网 WEMONEY 承办，株式会社野村综合研究所提供特别支持。

论坛围绕普惠金融理论、实践及未来进行，深入探讨普惠金融可持续发展的命门，旨在树立行业信心，助力数字普惠金融，推进实体经济发展。

论坛上，中国社会科学院金融研究所副所长、国家金融与发展实验室副主任胡滨发布重磅报告《发展中的普惠金融：理论、创新与实践》，该报告分为 6 个部分，包括总报告（中国普惠金融发展的基础、路径与建议）以及 5 个分报告。其中，分报告具体包括普惠金融的指标体系与国际比较分析、中国农村金融市场的普惠金融现状与发展、传统金融市场的普惠金融政策与发展、互联网金融视角下的普惠金融问题与前景，以及中国普惠金融发展的实践研究和案例分析。

（中国社会科学院办公厅刘玉杰供稿）

《“一带一路”投资风险报告 2019》发布会暨“一带一路”建设高峰论坛　4 月 27 日，中央财经大学研究团队《“一带一路”投资风险报告 2019》发布会暨“一带一路”建设高峰论坛在中央财经大学举办。

本次论坛由中央财经大学国际投资研究中心与财经研究院共同举办。来自对外经济贸易大学、北京交通大学、中央财经大学、中国贸促会研究院、中国商务出版社、国家发展改革委经济研究所、中非泰达投资股份有限公司、国家开发银行、中国进出口银行、中国建设银行、《中国贸易报》、《中央财经大学学报》、经济科学出版社的各位嘉宾及中央财经大学师生60余人参加了会议。中国贸促会研究院国际投资研究部主任刘英奎，北京交通大学经济管理学院卜伟教授，中国商务出版社、《国际贸易》杂志社社长郭周明等作主题发言。

《“一带一路”投资风险报告2019》以现实问题为导向，依据权威数据库，利用科学方法将多维碎片文本信息编码系统化，归纳中国企业“走出去”风险的行业、区域特征，探究风险分布规律与爆发逻辑，系统总结“一带一路”倡议提出以来中国对外直接投资成就与经验，重点分析对外投资的政治风险以及东南亚地区大型项目风险。在“一带一路”建设从“大写意”到“工笔画”发展的背景下，提出从“走出去”“走进去”到“走上去”高质量发展路径以及行稳致远的风险防范对策。

（中央财经大学科研处供稿）

国际乡村振兴论坛　5月6—7日，中国农业大学人文与发展学院举行“国际乡村振兴论坛：乡村建设的国别政策与比较分析”。论坛特邀的国外专家代表分别来自荷兰、法国、意大利和比利时等欧盟国家、巴西及东亚的日本和韩国等7个国家，国内代表来自农业农村部、中国人民大学等机构，还有来自北京和大连的新型农业经营者。巴西前农村发展部部长古伊列梅·卡塞尔先生和中国前农业部常务副部长、农业农村部乡村振兴专家咨询委员会委员尹成杰也作为特邀代表出席论坛并发表演讲。中国农业大学人文与发展学院院长叶敬忠主持了论坛开幕式，中国农业大学校长孙其信致辞。本次论坛围绕乡村振兴问题，分为6个主题发言组，分别是乡村振兴的理论脉络与政策基础、制度设计与社会机制、基层实践与行动创新、小农户与大市场、小农户与现代农业问题以及国际交流与合作网络构建，贯穿理论探讨、政策经验与行动实践3个层面。中国和7个国家的24位代表分享了关于乡村振兴与建设的理论、政策与行动的思想和经验。论坛吸引了来自北京和京外包括高校、农业经营主体、民间组织、和相关政府部门代表200人参加。叶敬忠在论坛闭幕式上表示，本次论坛呈现了丰富的乡村发展理论阐述、行动实践以及政策形态，研究者、行动者和政策制定者仍面临对新实践、新业态和新事物的阐释危机，必须做到“看见他们，走进他们，讲述他们”。同时他提出，“农业就是生活，农业也是社会”，作为从事农业农村研究与实践行动的人，我们应该对农业和农村的社会意义有充分的认识，培养尊重规律、尊重事实的情怀。

本次论坛是人文与发展学院乡村振兴“系列研讨”的第13次行动，对推动乡村振兴主题的国际研讨与交流、借鉴全球乡村建设与发展的宽阔视野和成功经验、构建中国乡村发展的特色叙事具有重要意义。

（中国农业大学科学技术发展研究院供稿）

中美贸易关系专题研讨会　5月12日，中国人民大学国家发展与战略研究院主办的“中美贸易关系专题研讨会”在北京举行。

商务部原副部长、中国国际经济交流中心副理事长兼常务副主任魏建国，中国国际经济交流中心总经济师陈文玲，中国国际经济交流中心首席研究员张燕生，中国人民大学国发院执行院长严金明，商务部国际贸易经济合作研究院对外贸易研究所所长梁明，中国人民大学重阳金融研究院执行院长王文，中国人民大学国发院研究员、经济学院常务副书记兼副院长王晋斌等作主题发言。

与会专家认为，当前中美在进行经贸磋商的过程中遇到一些问题，但这些问题主要是美国方面造成的。经贸关系是中美关系的“压舱石”和“推进器”，不仅影响两国关系，也涉及世界和平与繁荣，美国须与中国相向而行。与会专家强调，合作是中美两国最好的选择，但是合作是有原则的，中方在重大原则问题上决不会让步。

（参见《光明日报》2019年5月13日第12版）

2019年中国和全球农业政策论坛暨《中国农业产业发展报告》《全球粮食政策报告》发布会　5月13日，由中国农业科学院和国际食物政策研究所（IF-PRI）共同举办的“2019年中国和全球农业政策论坛暨《中国农业产业发展报告》《全球粮食政策报告》发布会”在北京举行。2019年的《中国农业产业发展报告》和《全球粮食政策报告》共同聚焦乡村振兴这个主题，分别对中国重大农业产业发展问题及未来发展趋势、全球食物和营养安全进行了深入探讨。农业农村部党组成员、中国农科院院长唐华俊出席论坛并致辞。中国社会科学院学部委员、经济研究所朱玲研究员作为点评嘉宾。有关部委、各国驻华使馆、驻华国际机构、新闻媒体代表共计 300 余人出席了本次会议。

《全球粮食政策报告 2019》以全球视角强调了通过乡村振兴改善农村地区的紧迫性。世界贫困人口大多数生活在农村地区：农村人口占世界总人口的 45.3%，却占全球极端贫困人口的 80%。农村居民与城市地区相比，面临更严峻的挑战：儿童营养不良率居高不下，缺乏基本公共服务，并且深受森林过度砍伐、地下水枯竭、土地退化、环境污染、生物多样性丧失和气候变化等问题的困扰。报告回顾了 2018 年主要的全球粮食政策发展，阐述了 2019 年的挑战和机遇，强调乡村振兴是有望实现《2030 年可持续发展议程》和改善农村生活的重要途径。《中国农业产业发展报告》持续关注了谷物、畜产品、油料、水产品等 17 个农业产业发展形势，探讨了乡村振兴面临的新机遇和新挑战，聚焦乡村振兴的基础、产业兴旺，明确了农业对国民经济的真实贡献，强调了产业兴旺对中国发展、宏观经济、农业产业和居民福利的促进作用，并且对农业产业的热点问题，提供了非常有建设性的相关政策建议。

（中国社会科学院办公厅刘玉杰供稿）

中美经贸关系研讨会　5 月 13 日，中国社会科学院世界经济与政治研究所主办的“中美经贸关系研讨会”在北京举行。来自中国社会科学院和彼得森国际经济研究所等中美智库的学者参加会议。会议的主题是“中美经贸关系”。

中国社会科学院副院长、学部委员高培勇和彼得森国际经济研究所所长 Adam Posen 分别作主旨演讲。中国社会科学院国际合作局局长王镭主持开幕式。

出席专题讨论的美国学者包括美国彼得森国际经济研究所董事会成员 Susan M. Collins、非常驻高级研究员 Robert Z. Lawrence、高级研究员 Jeffrey J. Schott，美国战略与国际问题研究中心副总裁 Matthew P. Goodman，欧亚集团主席 Clifford A. Kupchan，美国夏威夷东西方中心前主任、资深研究员 Charles E. Morrison，米尔肯研究所执行所长 Perry Wong，国际货币基金组织驻华首席代表 Alfred Schipke。出席专题讨论的中国学者包括清华大学公共管理学院院长、教授江小涓；中国世界贸易组织研究会会长崇泉、副会长霍建国；中国国际经济交流中心总经济师、执行局副主任陈文玲；国家发展与改革委员会学术委员会委员、资深研究员张燕生；对外经济贸易大学国家对外开放研究院执行院长、教授林桂军；中国社会科学院美国研究所副所长倪峰，世界经济与政治研究所副所长赵芮、宋泓，世界经济与政治研究所国际贸易室主任东艳等。专家和学者们围绕“经济展望：中国与美国”“全球经济治理与多边贸易体系”“中美经济与贸易合作：问题与解决方案”“区域经济合作”等 4 个议题展开讨论。

中国社会科学院学部委员、世界经济与政治研究所所长张宇燕作闭幕致辞。

（中国社会科学院办公厅刘玉杰供稿）

中国社科院经济研究所建所 90 周年国际研讨会暨经济研究 · 高层论坛 2019　5 月 17—18 日，中国社会科学院经济研究所主办的“经济研究所建所 90 周年国际研讨会暨经济研究 · 高层论坛 2019”在北京举行，来自中外 200 多名学者参加了会议讨论。

中国社会科学院院长、党组书记谢伏瞻，十二届全国政协副主席、中国金融学会会长周小川，中国社会科学院副院长高培勇，中国人民大学校长刘伟，中国社会科学院经济研究所原所长张卓元等致辞并发言。与会者围绕经济高质量发展中的关键性问题进行讨论，取得多方面共识。与会者指出，创新是引领发展的第一动力，创新驱动不仅仅是培育新动能、推进高技术产业化，还要通过技术进步推动传统产业迈向中高端。实施创新驱动发展战略，应坚持技术创新和制度创新“双轮驱动”，发挥好市场“无形之手”和政府“有形之手”的协同作用，通过深化资本市场改革赋能创新发展、促进上市公司高质量发展。

与会者回顾了中国社会科学院经济研究所建所 90 年来的发展历程，希望经济研究所能够在推动构建中国特色社会主义政治经济学上取得新进展，在贯彻落实新发展理念、深化供给侧结构性改革、建设现代化经济体系、促进高质量发展、建设创新型国家等方面推出新的研究成果。与会者指出，中国经济学者应坚持用习近平新时代中国特色社会主义思想武装头脑，坚持以人民为中心，坚持学术研究与时代同步伐，坚持研究和回答新时代课题，为新时代经济高质量发展服务，努力以学术精品奉献人民。

在同时举行的 10 个平行论坛上，十三届全国政协副主席辜胜阻、中国社会科学院副院长蔡昉、南京大学原党委书记洪银兴、经济研究所所长黄群慧等与会者围绕“新时代中国特色社会主义政治经济学”“中国经济学70年回顾与展望”“增长动力转换与高质量发展”“基于大国发展道路的中国经济”“系统性风险的防范与化解”“乡村振兴与扶贫攻坚”“改革开放与全球经济”“国家创新体系建设”“经济学期刊审稿规范与流程管理”“经济研究所90年发展回顾和未来展望”等主题展开了热烈的学术讨论。

（参见《人民日报》2019年6月24日第9版）

2019中国金融学会绿色金融专业委员会年会暨中国绿色金融论坛　5月18日，中国金融学会绿色金融专业委员会在北京举行了理事会换届选举，并与中央财经大学绿色金融国际研究院、中国人民大学重阳金融研究院、清华大学绿色金融发展研究中心共同主办“2019中国金融学会绿色金融专业委员会年会暨中国绿色金融论坛”。

中国人民银行副行长陈雨露，北京市委常委、副市长殷勇，中国银行副董事长、行长刘连舸等出席会议并致辞。中国金融学会秘书长、中国人民银行研究局局长王信主持了换届选举，中国人民银行货币政策委员会委员、清华大学绿色金融发展研究中心主任马骏再次当选为绿色金融专业委员会主任。年会同时对外发布了《ESG信用模型与债券违约率之研究》《金融支持建筑绿色化改造实施路径研究》等多项研究成果。

来自中国人民银行、银保监会、证监会、生态环境部、北京市金融监管局、中国社会科学院、清华大学、中国人民大学等220多家成员单位、70多家相关单位和媒体代表参加了会议，60多位专家学者在论坛中进行了交流和讨论。

（中央财经大学科研处供稿）

“中国社科论坛2019：‘一带一路’经贸合作：回顾与展望”国际研讨会　5月20日，由中国社会科学院学部主席团主办，中国社会科学院世界经济与政治研究所和中国社会科学院—上海市人民政府上海研究院承办的“中国社科论坛2019：‘一带一路’经贸合作：回顾与展望”国际研讨会在北京举行。来自俄罗斯、塞尔维亚、葡萄牙、罗马尼亚、泰国、乌克兰、摩洛哥、白俄罗斯等国以及中国人民银行、国务院发展研究中心、当代世界研究中心、国家开发银行研究院、北京大学和中国社会科学院等机构的20多位中外专家学者参加会议。会议研讨的主题是：“一带一路”经贸合作。

中国社会科学院副院长高翔作开幕致辞，中国社会科学院国际合作局副局长周云帆主持开幕式。与会的中外方专家和学者们围绕“‘一带一路’经贸合作的成就与经验”“‘一带一路’经贸合作的挑战与风险”“‘一带一路’经贸合作的全球视角”“‘一带一路’经贸合作与开发性金融”“‘一带一路’经贸合作的机遇与展望”等5个议题展开讨论。中国社会科学院学部委员、世界经济与政治研究所所长张宇燕作闭幕致辞。

（中国社会科学院办公厅刘玉杰供稿）

新时代高质量发展财税研究学术研讨会　5月25日，由中央财经大学财政税务学院、《财政研究》编辑部、《中央财经大学学报》编辑部主办的新时代高质量发展财税研究学术研讨会在中央财经大学举办。来自中国社会科学院、清华大学、武汉大学、厦门大学、中国人民大学、西安交通大学、中国财政科学研究院、中国宏观经济学会、国家税务总局税科所、京东集团、中央财经大学、中南财经政法大学、西南财经大学、海南大学、辽宁大学、天津财经大学、《世界经济》、《财政研究》、《中央财经大学学报》等专家学者参加研讨会。中国社科院副院长高培勇教授、中国财政科学研究院院长刘尚希研究员、中国宏观经济学会副会长兼秘书长王建研究员、国家税务总局税科所所长李万甫研究员、中央财经大学学术委员会主任李俊生教授等进行了主题发言。本次研讨会对提高学术水平，促进学术创新，形成务实、高效的学术共同体具有重要的现实意义。

（中央财经大学科研处供稿）

中国百家经济学重要期刊主编论坛　5月25日，在北京大学经济学院107周年院庆和《经济科学》创刊40周年之际，由经济学院主办、《经济科学》编辑部承办的“中国百家经济学重要期刊主编论坛”召开，来自129家重点期刊的180位主编和社长出席了本次论坛。改革开放40周年“改革先锋”奖章获得者厉以宁教授为本次论坛撰写题词“路是人闯出来的”。

北京大学校长郝平在致辞中表示，希望国内经济学期刊不断推出中国经济学理论研究创新成果，开创出一条具有中国风格、中国特色、国际视野、国际水平的经济学学科发展之路，为中国经济学学科发展作出开拓性的贡献。

中国人民大学校长刘伟在致辞中指出，中国经济进入新时代，这就要求中国经济学人和经济学期刊扎根中国问题，运用现代经济学研究方法，助力解决中国经济改革和发展的现实重大问题，并把中国的经济学智慧和方案贡献给世界，为推动中国经济学科的繁荣发展作出新贡献。

北京大学经济学院院长董志勇表示，在北京大学经济学院 107 周年院庆和《经济科学》创刊 40 周年之际，希望本次论坛的召开能够给经济学领域的专家学者搭建一个百家争鸣、开放合作的平台，让百家经济期刊共同为丰富经济学理论与实践、繁荣国家与社会发展、新时代中国经济社会发展提供强大的思想支撑与理论指导。

北京大学新结构经济学研究院院长林毅夫指出，改革开放前 30 年为中国发展奠定了完整的工业体系和雄厚的工业基础；改革开放后 40 年，中国采用了渐进式改革的策略，发展外向型经济，充分发挥了后发优势和比较优势，取得了经济增长奇迹。

清华大学中国与世界经济研究中心主任、中国经济思想与实践研究院院长李稻葵认为，政府作用的发挥是中国经济发展实践的特色，政府对市场经济机制的有效发挥起到了重要作用。他呼吁，以“政府与市场经济学”分支开辟为契机，更好地总结中国经济发展的实践经验，服务新时代中国经济社会高质量发展。

（北京大学社会科学部供稿）

第五届 UIBE 国际政治经济高端论坛 5 月 25 日，由对外经济贸易大学国际关系学院主办的第五届 UIBE 国际政治经济高端论坛在对外经济贸易大学成功举行。对外经济贸易大学国际关系学院院长戴长征教授代表主办方致开幕辞。戴长征指出，习近平总书记对转型过渡期和历史交汇期作出了准确判断，西方国家的主导地位正在动摇，西方中心理论正在丧失解释力，世界发展方向模糊不清、现有的国家理论和文明理论解释力有限。在旧秩序难以维持的情况下，中国方案既存在合理性和现实性，但也面临着挑战，转型过渡期需要引领而非支配，需要协商而非强制，需要包容而不排斥、共同而不独占，这是建构中国方案、实现中国方案的路径。本届论坛着眼于转型过渡时期，围绕世界政治和国际关系展开深入的探讨，具有重要的理论和现实意义。

围绕“转型过渡期的世界政治与国际关系”的论坛主题，来自清华大学、北京大学、中国人民大学、外交学院、中国政法大学、南开大学、吉林大学、同济大学、国际关系学院、广东外语外贸大学、中国社会科学院和对外经济贸易大学等国内知名高校和科研院所，代表中国国际关系学界顶级研究水平的一批专家学者进行了深入讨论和交流。

戴长征在论坛总结中表示，本届 UIBE 国际政治经济高端论坛发扬“高度、高效、高质”的理念，秉持理性、开放、真诚的态度，立足世界政治、中美关系与中国自身等多重视角，针对百年未有之大变局与世界秩序之大变化展开富有深度的交流研讨，为中国外交实践和战略理念提供智力支持。

（对外经济贸易大学科研处供稿）

新时代深化税制改革学术研讨会 5 月 25 日，新时代深化税制改革学术研讨会在首都经济贸易大学举行。第十一、十二届全国人大财经委副主任，中央统战部建言献策财金专家组组长，国家税收法律研究基地首席专家郝如玉出席活动并致辞。本次研讨会由首都经济贸易大学与《管理世界》杂志社共同发起，旨在推动深化中国税制改革。《管理世界》杂志社、首都经济贸易大学杂志总社协办。来自中国人民大学、中央财经大学、对外经济贸易大学、中山大学、南开大学、中国社会科学院财经战略研究院等高校、研究院的部分师生参加了此次研讨会。

郝如玉在致辞中肯定了此次学术研讨会的选题，并对新时代下税制改革的重点难点问题发表了学术观点。《管理世界》杂志副总编辑尚增健介绍了此次会议筹备过程，并就选题的重要性作出解读。长江学者、中国人民大学财税研究所所长、首都经济贸易大学财税学院讲座教授郭庆旺围绕减税降费的本质特征、减税降费的潜在财政影响、防范财政风险的有效途径发表《减税降费的潜在财政影响与风险防范》演讲。中国社会科学院财经战略研究院杨志勇研究员发表《面向高水平市场经济的中国税制改革》演讲，围绕税制改革必须走出七大误区、税制改革四大挑战以及税制改革方向作了深入讲解。中央财经大学财税学院樊勇教授从金税三期工程的政策效应评估角度，阐释了税收征管、纳税遵从度与税收优惠的关系。对外经济贸易大学财税系李明教授以增值税转型改革为准自然实验，论证了减税对出口企业国内附加值影响，减税有助于全球价值链中高端攀升。中山大学国际金融学院彭涛副研究员以2017年初创科技型企业税收优惠为准自然实验，系统地讲解税收优惠对风险投资强度以及风险投资地域性的激励效应。

（首都经济贸易大学科研处供稿）

首届中国会计学者论坛　5月25—26日，“首届中国会计学者论坛”在北京大学光华管理学院举办，来自全国57所高校商学院300余位会计学者参会。北京大学光华管理学院会计学联合系主任，多伦多大学罗特曼管理学院卢海教授发表了*Financial Reporting and Disclosure Practice in China*的主题演讲。论坛共计收录论文24篇，内容包含并购、创新、文本分析、企业绩效、企业违规、企业融资、审计、信息披露、公司治理等，几乎涵盖会计学科所有范畴的九大主题。与会的青年教授和博士生们就最新研究成果展示相关主题的精彩演讲。每篇论文报告人演讲结束后，由两位资深会计学科专家学者进行点评，之后在场参会嘉宾进行交流与讨论。

为推动中国会计领域学术研究的发展，促进全国会计学者的交流合作，同时为国家和社会进一步加强培养具有学术钻研与创新精神的高素质会计人才，北京大学光华管理学院与国内各大学商学院、《经济研究》编辑部等总计22家单位于2018年共同发起中国会计学者论坛。

（北京大学社会科学部供稿）

第一届新结构经济学学术研讨会　5月25—26日，北京大学新结构经济学研究院与中南财经政法大学文澜学院共同举办“第一届新结构经济学学术研讨会”，并共同为北京大学—中南财经政法大学新结构经济学研究中心揭牌。中南财经政法大学校长杨灿明、北京大学新结构经济学研究院院长林毅夫先后致辞。

5月27日，由北京大学新结构经济学研究院、武汉大学经济与管理学院、武汉大学经济发展研究中心共同举办的“新结构经济学珞珈论坛2019”在武汉大学举行，并共同见证武汉大学新结构经济学研究中心成立。武汉大学党委副书记沈壮海、北京大学新结构经济学研究院院长林毅夫分别致辞。

北京大学新结构经济学研究院此次与武汉大学、中南财经政法大学合作搭建学术研究平台，有助于发挥各自的学科优势，共同助力新结构经济学研究进步与发展。

（北京大学社会科学部供稿）

首届服务贸易数字化研讨会　5月28日，中国世界贸易组织研究会举办了首届服务贸易数字化研讨会。同时，中国世界贸易组织研究会服务贸易专业委员会正式揭牌。相关负责人表示，委员会的成立开启了世界贸易组织框架下服务贸易领域内理论和实际问题专项研究工作的里程碑。

研讨会上，与会专家、学者还就“服务贸易数字化理论与实践”“构建全球商品追溯体系的可行性研讨”等议题进行了讨论。来自政府部门、商协会、企业和高校的100多名嘉宾参加了此次研讨会。

（参见《人民日报》2019年6月4日第6版）

中国政治经济学学会第二十九届年会暨中国海派经济论坛第22次研讨会　6月1—2日，由中国政治经济学学会和上海财经大学海派经济学研究院共同主办，中国社会科学院经济社会发展研究中心、中国社会科学院马克思主义研究院原理部协办的“中国政治经济学学会第二十九届年会暨中国海派经济论坛第22次研讨会”在北京举行，中国人民大学荣誉一级教授卫兴华、中国社会科学院副院长高培勇、南开大学何自力教授、中国社会科学院原副院长刘国光、首都经济贸易大学原校长文魁、厦门大学原党委书记吴宣恭、中国社会科学院经济社会发展研究中心主任程恩富、中国人民大学经济学院邱海平、武汉大学简新华、中共中央党校（国家行政学院）经济学部王天义等专家学者出席会议。

中国社会科学院、中共中央党校（国家行政学院）、北京大学、中国人民大学、复旦大学、南开大学等国内科研机构和高校以及《中国社会科学》《人民日报》《光明日报》《马克思主义研究》《教学与研究》《红旗文稿》《政治经济学评论》等国内主流媒体期刊的200余名专家学者共聚一堂，围绕马克思主义经济学70年研究进展与历史经验，中国特色社会主义政治经济学守正创新，马克思主义经济学原理、方法与范畴，中外政治经济学对西方经济学的批判与借鉴，政治经济学的应用研究等议题进行了广泛深入的研讨和交流。

会议颁发了第三届“程恩富政治经济学奖”和本届年会10篇优秀论文证书，成立并揭牌“中国政治经济学学会青年智库”。此外，本次会议还举行了中国政治经济学学会换届选举。经过现场投票产生新一届学会理事会，中国社会科学院程恩富教授再次当选中国政治经济学学会会长。

（北京物资学院经济学院供稿）

国家高端智库论坛“中美经贸摩擦问题与出路”研讨会　6月5日，由中国社会科学院主办的国家高端智库论坛“中美经贸摩擦问题与出路”研讨会在北京召开。中国社会科学院院长、学部主席团主席谢伏瞻主持会议，中国社会科学院副院长、学部委员、研究员蔡昉等11位专家学者出席论坛并发表主旨演讲。中国社会科学院有关专家学者、国内主流媒体代表150余人参加会议。

蔡昉作了题为“经济全球化是不可阻挡的历史潮流”的演讲。中国社会科学院原副院长、学部委员、研究员李扬反驳了“美国吃亏论”。国务院发展研究中心对外经济研究部副部长、研究员王金照，中国社会科学院美国研究所所长、研究员吴白乙，中国社会科学院欧洲研究所所长、研究员黄平，商务部国际贸易经济合作研究院美洲与大洋洲研究所副所长、研究员周密，中国社会科学院国际法研究所副所长、研究员柳华文，中国社会科学院经济研究所所长、研究员黄群慧，中国社会科学院工业经济研究所党委书记、研究员李雪松，中国社会科学院日本研究所所长、研究员杨伯江，中国社会科学院世界经济与政治研究所副所长、研究员宋泓等分别在会上发言。

（中国社会科学院办公厅刘玉杰供稿）

“数字经济国际税收政策解构：中国的视角”国际学术论坛　6月11日，由中央财经大学、维也纳经济大学联合举办的“数字经济国际税收政策解构：中国的视角”国际学术论坛在中央财经大学举办。中央财经大学学术委员会主任委员李俊生教授、维也纳经济大学全球税收政策研究中心主任 Jeffrey Owens 和中国国际税收研究会会长张智勇分别致辞。来自财政部、国家税务总局，以及奥地利、澳大利亚、菲律宾、印度尼西亚等国财税机关、相关跨国企业、典型数字经济企业、国际税务师/会计师事务所、IFA 国际财税协会（中国）、ICC 国际商会（中国）、维也纳经济大学全球税收政策研究中心研究团队、CITC-CUFE 中央财经大学国际税务研究中心研究团队等政府、高校和企业的专家学者出席论坛。与会专家学者提出了有关数字经济征税地点认定原则、税务数据安全、税收风险工具的监控指标、税务机关数字化转型对税务人员职业的影响等问题，并进行了充分的交流探讨。本次论坛推动了中国加快形成数字经济国际税收政策立场，推动了国际税收共识的达成，推动了全球数字经济健康发展。

（中央财经大学科研处供稿）

中美物流教育与研究合作论坛　6月13—14日，中美物流教育与研究合作论坛在北京物资学院举行。本届会议由中美物流联合会、北京物资学院等联合主办，旨在为中美两国的物流教育界和学术界的专家搭建一个国际化探讨交流的对话平台，为研究教育机构、物流企业铺设一条沟通合作之路。参与本次论坛的包括中国、美国多所大学代表，企事业单位代表等，参会人数共计300多人。论坛开幕式环节由北京物资学院副校长何明珂主持。

在主旨演讲环节，罗德岛大学商学院副院长、教授赫尔斯就美国高等教育如何应对物流与供应链的发展及中美行业教育的合作机会——通向美国供应链管理研究生的新路径作了主旨演讲。中美物流联合会秘书长李茜作为联合演讲人作了重要发言；北京交通大学交通运输学院副院长、教授姚恩建详细介绍了交通大学目前在物流管理、供应链管理专业具体教学情况；北京物资学院物流学院院长、教授姜旭就多维度国际化实战物流人才培养作了分享。

在嘉宾对话环节，加州州立大学终身教授吴昊然、维斯康星大学终身教授曹梅、北京物资学院教务处处长张旭凤、北京物资学院物流学院院长姜旭、北京工商大学商学院副院长杨浩雄就美国许多大学从物流管理专业转到供应链管理专业的趋势进行了专业分析讨论。

（北京物资学院物流学院供稿）

2019年度中国金融学科终身成就奖颁奖典礼　6月15日，由北京市鸿儒金融教育基金会和对外经济贸易大学共同主办的2019年度“中国金融学科终身成就奖”颁奖典礼在对外经济贸易大学举行。200多位来自金融学界、业界的专家、从业人员和师生欢聚一堂，共同庆祝本届对外经济贸易大学的邱兆祥教授获此殊荣。

中国证监会首任主席、中国金融学院首任院长刘鸿儒，中国人民银行原副行长、中纪委驻中国银保监会纪检组原组长杜金富，中国金融学科终身成就奖评奖委员会主任王广谦教授，鸿儒金融教育基金会理事长崔进才，对外经济贸易大学党委书记蒋庆哲教授，“中国金融学科终身成就奖”往届获奖人曾康霖教授、张亦春教授、赵海宽教授、吴念鲁教授出席颁奖典礼。清华大学、中国人民大学、北京交通大学、中国社会科学院、南开大学、厦门大学、西南财经大学、暨南大学等50余所院校和科研机构的领导和代表，金融业界代表、新闻媒体、师生代表、校友代表等200余人参加活动。

中国金融学科终身成就奖由北京市鸿儒金融教育基金会于2010年设立。旨在表彰优秀金融学科带头人在金融学科建设中的突出贡献，推动高校、科研机构开展金融研究和金融教育，促进中国金融学科建设和发展，为中国金融改革、创新和发展培养优秀人才。截至2019年底，共有22位学者获此奖项。

（北京市鸿儒金融教育基金会供稿）

中国医改十年：回顾与展望国际研讨会　6月15日，“中国医改十年：回顾与展望国际研讨会”在北京开幕，国务院发展研究中心党组书记马建堂出席开幕式并发表主旨演讲。研讨会由中国国际发展知识中心和哈佛大学公共卫生学院联合主办，旨在基于实践证据和国际经验，尽可能客观公正地评估中国医改十年的成效与进展，并提出面向2035年的医药卫生体制改革建议。国务院发展研究中心副主任张军扩主持开幕式并在主题论坛发表主旨演讲。

全国政协人口资源环境委员会主任、中国发展研究基金会理事长李伟，国家卫生健康委员会副主任、党组成员李斌，中国工程院院士、副院长，中国医学科学院院长、北京协和医学院院长王辰，美国科学院院士、哈佛大学卫生经济学教授萧庆伦先生，世界卫生组织驻华代表高力（Gauden Galea）博士，世界银行中国、蒙古和韩国局局长芮泽（Martin Raiser）博士共同出席开幕式并发表主旨演讲。

会议为期2天，邀请了国家卫生健康委、发展研究中心的有关专家，国内高校、研究机构有关专家以及地方卫生健康委、药品监督管理局约50名中方代表；世界卫生组织、世界银行、美国哈佛大学、美国杜克大学、英国健康基金会、伦敦卫生与热带医学院、新加坡医学会等机构10余名外方代表参会。与会代表围绕中国医药卫生体制改革的成效、进展以及持续深化改革的核心体制机制问题以及面向2035年的医药卫生体制改革建议进行了深入讨论。

（国务院发展研究中心办公厅科研处郭巍供稿）

国研智库论坛·2019中国资本峰会　6月15日，中国发展出版社和中联企业管理集团共同主办的“国研智库论坛·2019中国资本峰会”在北京举行。本次峰会主题为“大变局中的中国经济动能与战略安全”，旨在探寻中国经济与企业发展之路的“中国资本峰会”，已成功举办18届。

国务院发展研究中心副主任隆国强、全国工商联专职副主席王永庆在论坛上致辞并作主旨演讲。国务院发展研究中心资源与环境政策研究所副所长李佐军，中联集团荣誉董事、首席经济学家，加拿大加中资本联盟荣誉理事长、首席经济学家王铁锋等分别发表主题演讲。来自全国官、产、学、研领域的代表出席会议并参与互动。中国发展出版社社长包月阳，中国总会计师协会副会长刘萍，中国资产评估协会副会长、中联企业管理集团董事局主席王子林分别主持会议。

隆国强在主旨演讲中表示，当今世界，无论从国际政治、经济格局来看，还是从技术进步带来的深刻变化来看，我们确实面临复杂严峻的百年大变局。如何应对这个变局，关键要有战略定力。具体而言，一是冷静观察，二是坚定信心，三是正确决策，四是奋发作为。任何变局中都会有挑战和机遇，冷静地进行观察和研判，是应对复杂变局最基础的工作。要看到我们面临劳动力成本上涨、供应链短缺、融资难等困难，更要看到中国经济未来发展的潜力。中国拥有巨大的消费市场，中国企业的研发、市场拓展以及全球资源整合等能力也在不断增强，要正确决策，扬长避短。还要奋发作为，把已经看清楚的正确方向变成决策和推进各项事业的具体行动。战略定力体现在我们不会因为外面的扰动而动摇。要坚持全面深化改革，进一步扩大开放，构建全面开放的新格局，坚持创新发展。

论坛发布了由中国发展出版社联合中联企业管理集团编辑出版的《中国智库专辑·2019中国上市公司业绩评价报告》。该报告是上述两家机构联合国务院国资委、国务院发展研究中心等机构的专家组成课题组长期跟踪研究得出的研究成果，具有权威、前瞻、专业和实用等特点。

（国务院发展研究中心办公厅科研处郭巍供稿）

《区域蓝皮书：中国区域经济发展报告（2018—2019）》新闻发布会暨学术研讨会　6月17日，北京市社会科学院与社会科学文献出版社联合举办的

《区域蓝皮书：中国区域经济发展报告（2018—2019）》新闻发布会暨学术研讨会在北京市社会科学院召开。北京市社会科学院党组成员、副院长、区域蓝皮书主编赵弘研究员主持会议，社会科学文献出版社副社长谢炜出席新闻发布会并致辞。中国经济地理研究会会长、中国人民大学经济学院孙久文教授，中国区域经济学会副理事长兼秘书长、中国社会科学院工业经济研究所陈耀研究员担任点评专家。《中国区域经济发展报告》研究团队、北京市社会科学院科研处、社会科学文献出版社、中新社、光明网、《经济时报》等相关人员参加会议。

（北京市社会科学院经济所供稿）

新中国 70 年财政金融协同创新理论研讨会　6 月 29 日，为庆祝中华人民共和国成立 70 周年，回顾总结财政金融事业发展的辉煌成就，展望新时代财政金融协同创新的发展趋势，由中国社会科学院财经战略研究院主办，中国社会科学院财政优势学科平台、中国社会科学院财税研究中心承办，《财贸经济》《财经智库》编辑部协办的新中国 70 年财政金融协同创新理论研讨会在北京召开。中国社会科学院、国务院发展研究中心、中国财政科学研究院、中国人民大学、厦门大学、山东大学、武汉大学、南开大学、上海财经大学、对外经济贸易大学、中央财经大学等单位的专家学者参加了此次研讨会，并就“新中国 70 年财政金融协同创新”这一主题进行深入研讨。

中国社会科学院财经战略研究院副院长夏杰长主持开幕式。中国社会科学院财经战略研究院院长何德旭致辞并作主旨演讲。

中国社会科学院副院长、学部委员高培勇回顾并总结 70 年来中国财政金融协同创新的发展历程，提出在新时代研究财政金融的协同问题不能延续以往惯性的思维方式，需要用新提法表述老问题，用变化的新理念、新思想、新战略，研究新时代、新阶段的财政金融协同创新。国家金融与发展实验室理事长、中国社会科学院原副院长李扬，中国社会科学院学部委员余永定，中国财政科学研究院院长刘尚希，中国社会科学院财经战略研究院党委书记闫坤等分别进行主题发言。

会议还安排了 2019 年度《财贸经济》邓子基财经学术论文奖颁奖仪式。由《财贸经济》编辑部副主任王振霞主持颁奖仪式、邓子基基金会理事长助理赵敏宣布评选结果、邓子基基金会创会副会长林英钊代表邓子基先生宣读贺信、中央财经大学副校长马海涛教授作为获奖代表发言。冯明、任强、田磊、刘贯春、刘凯等获奖代表上台领奖。

（中国社会科学院办公厅刘玉杰供稿）

农业供给侧结构性改革研究报告发布　7 月 5 日，中国发展研究基金会在北京发布《变革三农：农业供给侧结构性改革的挑战与对策》研究报告。该报告历时 2 年，中共中央党校（国家行政院）、中国社会科学院、中国农业科学院、中国人民大学、中国农业大学的相关团队参与了研究工作。中国发展研究基金会副理事长卢迈，知名农业领域专家宋洪远、李周等参加会议。

卢迈在致辞时表示，对农业供给侧结构性改革，要从中国现代化的全局来考虑。农业供给侧结构性改革是中国现代化发展到当前阶段各方面结构性矛盾推动的产物，也要服务于现代化的长远目标。

中国发展研究基金会秘书长助理俞建拖代表课题组介绍了报告的主要成果。报告认为，新中国成立以来，特别是改革开放以来，中国农业生产不断上台阶，保障了粮食安全和各类农产品的供应，有力地支持了国民经济的发展、农民增收和脱贫，中国人民用自己的勤劳和智慧回答了“谁来养活中国”这一“布朗之问”。报告指出，近年来，中国经济社会以及内外发展环境发生了一系列具有基础性和关键性的变化。这些变化将重塑农业在国民经济和社会发展中的角色。农业仍担负着保障粮食安全的重任，但是粮食安全的内涵和重点需要发生变化。农业在国民经济中的地位在降低，但仍是吸纳就业的重要部门。农业作为产业吸引力不足，直接制约乡村社会的活力。农业对农民增收的支持能力在下降，但仍是农民收入的重要来源。农产品总量供给充裕，但是在满足更高消费水平上还存在质量和品类上的结构性失衡。农业发展需要资源要素投入，但面源污染和点源污染问题突出，受到生态环境承载能力的制约。农业将面临更加激烈的国际国内竞争，但是多重因素限制了农业竞争力。从长远的现代化目标出发，农业需要在中国未来经济社会中承担以下功能：一是保障高水平的粮食安全；二是满足对农产品消费升级的需要；三是支持农民增收和缩小城乡、地区收入差距；四是提升农村社会活力；五是促进农村生态环境改善，推动整体生态文明建设。

（国务院发展研究中心办公厅科研处郭巍供稿）

2019 国际货币论坛 7月6—7日，由中国人民大学财政金融学院与中国财政金融政策研究中心联合主办，中国人民大学国际货币研究所（IMI）承办的“2019 国际货币论坛”在中国人民大学举行。论坛主题为“高质量发展与高水平金融开放”，与会嘉宾围绕“金融供给侧改革与金融风险防范”“财税改革与‘双支柱’宏观调控体系”“求是夜话：金融科技之夜”“资产管理与银行理财子公司：机遇与挑战”“人民币国际化与高水平金融开放”“金融科技分论坛”“‘人民币国际化’学术论文研讨会”等七大主题进行了为期2天的研讨。

（中国人民大学科研处供稿）

“金融控股公司风险与监管”学术研讨会暨《中国金融监管报告（2019）》发布会 8月20日，中国社会科学院金融研究所、国家金融与发展实验室联合召开“金融控股公司风险与监管”学术研讨会，并发布《中国金融监管报告（2019）》。

中国社会科学院学部委员、国家金融与发展实验室理事长李扬发表致辞，国家金融与发展实验室副主任、中国社会科学院金融研究所副所长胡滨主持会议并发布研究报告。中国人民银行参事室主任纪敏，中国人民银行宏观审慎局巡视员周诚君，中航资本董事长录大恩、蚂蚁金服副总裁梁世栋，北京大学法学院党委书记、副院长郭雳，北京金控风控部负责人董洪福做点评。

中国社会科学院金融研究所副所长、国家金融与发展实验室副主任胡滨在发布会上分析指出，近年来中国金融控股公司发展迅速，综合金融业务规模不断扩大，在满足各类企业和消费者对多元化金融服务需求的同时，提升了服务经济高质量发展的能力。但实践中有一些金融控股公司，主要是非金融企业投资形成的金融控股公司盲目向金融业扩张，使得监管真空现象出现，导致风险不断累积和暴露。胡滨副所长着重阐述了对进一步完善金融控股公司监管的8点思考：第一，相关概念的界定须更加清晰且具有前瞻性；第二，重视风险处置，强化“生前遗嘱”；第三，避免协同效应与风险隔离之间的潜在冲突；第四，寻找信息、数据共享与加强消费者保护之间的平衡点；第五，进一步契合国家战略与全球金融治理的需求；第六，国际经验与中国国情并重，打破路径依赖；第七，与上位法、其他部门规章的协调；第八，金融控股公司监管呼唤顶层设计。

（中国社会科学院办公厅刘玉杰供稿）

第四届劳动经济学会年会 8月24—25日，劳动经济学会第四届年会在北京召开。本届年会由劳动经济学会和中国劳动关系学院共同主办，中国社会科学院人口与劳动经济研究所、中国人民大学劳动人事学院、北京师范大学经济与工商管理学院、首都经济贸易大学劳动经济学院、《劳动经济研究》杂志社和《中国劳动》杂志社协办。年会主题为“经济高质量发展中的就业与劳动关系”。60多家单位200余名专家、学者以及学生参加会议。会议开幕式由中国人民大学劳动人事学院院长、劳动经济学会副会长杨伟国教授主持。

中华全国总工会党组成员、经费审查委员会主任李晓钟，中国社会科学院人口与劳动经济研究所所长、劳动经济学会会长张车伟教授，中国劳动关系学院党委副书记、校长、劳动经济学会副会长刘向兵研究员先后作年会致辞。

本届年会还设置了8个分论坛，主题分别是“经济高质量发展中的社会保障”“人力资源与员工管理创新”“新职业、新就业与职业生涯管理”“经济高质量发展中的劳动力市场”“人力资本与收入分配”“新经济下的劳动关系与工会”“劳动力匹配与就业质量”“研究生论坛”。共有75位学者分别围绕各自论坛主题展开了广泛而深入的研讨。

（首都经济贸易大学科研处供稿）

首届青年统计学者论坛 8月25日，首届青年统计学者论坛在北京师范大学召开。青年统计学者论坛由《统计研究》编辑部、北京师范大学统计学院、北京大学光华管理学院、清华大学中国经济社会数据研究中心、中国人民大学统计学院、上海财经大学统计与管理学院6家单位发起和主办。来自北京师范大学、国家统计局、中国科学院、中国发展研究基金会、北京大学、清华大学、中国人民大学、厦门大学、山东大学、西南财经大学、天津财经大学、中南财经政法大学等20余家单位的80余位代表参加会议。论坛由北京师范大学统计学院院长宋旭光教授主持，国家统计局总统计师曾玉平致欢迎辞。曾玉平指出，在北京师范大学举行的首届青年统计学者论坛为统计学术交流提供了很好的平台，他希望青年统计学者密切关注国家统计发展的重大需求，聚焦新机遇、新任务和新问题，努力推进中国统计科学研究的新发展。

与会代表围绕“经济社会微观数据开发与应用”“收入分配与贫困问题研究”“大数据理论与应用研

究”“生产率测算与应用”“高质量发展统计研究”“全球价值链研究”“资产负债编制与应用”“新经济与数字经济数量化研究”共计 8 个当前统计学热点问题做了报告，各分会场评论人也做了精彩点评，分会场讨论热烈、气氛融洽，共同探讨了当前统计学前沿和热点问题。

（北京师范大学社科处供稿）

应对中美贸易摩擦新形势研讨会　8 月 27 日，对外经济贸易大学中国世界贸易组织研究院和国家对外开放研究院联合举办了主题为“中国认真履行国际义务，有理有力反击美国霸凌”的应对中美贸易摩擦新形势研讨会。

本次研讨会由对外经济贸易大学中国世界贸易组织研究院院长屠新泉主持。对外经济贸易大学国家对外开放研究院执行院长林桂军从 8 个方面阐述了中美贸易摩擦以来美国涉嫌违背 WTO 规则的行为，美国不仅严重违背了关贸总协定的多个原则，更是在 WTO 争端解决机制中蔑视其他国家的权力，阻碍上诉法官的任命。企图利用政治手段达到自己的目的，极大程度地损害了市场经济的发展。中国世界贸易组织研究会副会长霍建国结合当前美国违背多边贸易体制的做法，表达了自己对中美贸易摩擦的基本判断以及今后中国应对此次贸易战的底线和基本要求。山东财经大学校长赵忠秀认为，美国公然践踏世界秩序，破坏了二战以来我们维护世界和平发展的秩序的格局，与之相对的中国则一直以自己的力量推动国际贸易多变体制的继续发展，可谓是维护世界和平与发展的榜样。中国国际贸易学会专家委员会副主任李永就中美贸易战问题阐述了“三个判断”和“四个事实”。美国单边主义破坏了国际经济规则，也阻碍了国际经济规则的健康发展。对此我们首先要建立百姓和人民的信心，其次要建立企业的信心，真正落实对实体经济的支持。中央广播电视总台等多家媒体对该研讨会进行了报道。

（对外经济贸易大学科研处供稿）

共建经济运行监测合作机制启动会　8 月 28 日，国务院发展研究中心与代表性城市召开共建经济运行监测合作机制启动会，国务院发展研究中心党组书记马建堂同志出席会议并致辞，王一鸣副主任代表国务院发展研究中心与各代表性城市分别签署战略合作备忘录并作会议总结，南京、武汉、成都、西安、大连、宁波、厦门等 21 个城市领导出席会议并发言。

国务院发展研究中心与全国代表性城市共同建立经济运行监测合作机制，旨在通过加强合作进一步创新经济形势分析工作思路与方法，提高宏观经济形势分析研判的精准性，主要内容包括共建经济运行监测固定调研点、建立经济形势调查企业库、有针对性地开展专题合作研究、积极探索数据与研究成果共享等。

马建堂指出，与代表性城市共同建立经济运行监测合作机制，是贯彻习近平总书记重要指示精神，落实国务院领导对改进经济形势分析工作的指示要求，不断创新经济形势分析工作的重要举措。做好经济形势分析工作，要综合利用好统计数据、大数据和问卷调查数据。发展研究中心与各个代表性城市建立经济运行监测合作机制，搞好“一点一库”建设，深入开展实地调研和问卷调查，共同分析研判经济运行态势，把握经济运行中的重大问题，有助于提高宏观经济形势分析研判的精准性，进一步提出更有针对性和操作性的政策建议，更好地服务于党中央、国务院的宏观经济决策，也能够为各代表性城市更好开展经济工作提供支持。

（国务院发展研究中心办公厅科研处郭巍供稿）

2019 中国发展高层论坛专题研讨会　由国务院发展研究中心指导、中国发展研究基金会主办的 2019 中国发展高层论坛专题研讨会于 9 月 6—7 日在京举行。会议主题为“贸易、开放与共享繁荣”。国务院发展研究中心党组书记、副主任马建堂，国家发展和改革委员会副主任兼国家统计局局长宁吉喆，美国奥尔布赖特石桥集团联席董事长、美国商务部前部长卡洛斯·古铁雷斯在开幕式上发表演讲。全国政协人口与环境资源委员会主任、中国发展研究基金会理事长李伟致欢迎辞。国务院发展研究中心副主任王安顺出席会议并在晚宴上致辞。国务院发展研究中心副主任隆国强、王一鸣，全国政协经济委员会副主任、中国发展研究基金会副理事长刘世锦等出席会议并发言。国务院发展研究中心党组成员、办公厅主任余斌主持主题研讨单元。

马建堂在演讲中说，经济全球化尽管有缺憾，却是不可逆转的历史大势，反全球化的措施阻挡不了全球化，只能降低国民福祉，削弱改善收入分配的财富基础。当今世界经济已经深度融合成为一个你中有我、我中有你、不可分割的有机整体，关起门来以邻为壑，解决不了问题。世界各国应当携手改善全球治理体系，积极调整国内政策，在“做大蛋糕”的同时推动合理分配，实现平衡发展，推动实现互利共赢。

宁吉喆在演讲中表示，当前，中国经济发展长期向好的基本面没有也不会改变，我们有信心有能力有条件实现经济社会发展的预期目标。中国推动更高水平开放的脚步没有也不会停顿，中国市场空间广阔，欢迎各国企业界和经济界人士更多到中国投资创业。中国愿与各方一道，共同推动世界经济在遵守和维护全球经贸规则公平合理和权威性的前提下，朝着更加开放、包容、普惠、平衡、共赢的方向发展。

此次研讨会共设5个主题研讨单元，分别为“全球经济增长展望”“加速开放的中国”“中美关系再定位”“中美建交四十年：回顾与展望”“全球创新合作：挑战与对策”，以及15场分组会。来自全球政界、企业界、学界的代表近900人参会。

（国务院发展研究中心办公厅科研处郭巍供稿）

中国税务学会中青年税收研究会成立暨学术研讨会　9月7日，由中国税务学会、中央财经大学主办的中国税务学会中青年税收研究会成立暨学术研讨会在中央财经大学召开。来自清华大学、北京大学等近30所国内高校代表及全国税务系统的科研单位代表共计100余名专家学者参加了此次大会。中国税务学会副会长兼秘书长蔡宇宣布了中国税务学会中青年税收研究会的成立，中国税务学会副会长李万甫当选为会长。中国人民大学吕冰洋教授、中国社会科学院财经战略研究院张斌研究员、国家税务总局科研所李平研究员分别发表了题为“中国税收制度演进逻辑与改革：从嵌入企业到嵌入社会”“税收治理现代化的内涵与目标”“数字经济下新商业模式的税收治理”的演讲。与会学者就“税收职能与税收治理”“减税降费与征管创新”“税收与区域协调发展”等议题进行了学术交流与研讨。

（中央财经大学科研处供稿）

“培育中国经济增长新动能”国际研讨会　9月17日，“培育中国经济增长新动能”国际研讨会在国务院发展研究中心召开，国务院发展研究中心、财政部与世界银行集团联合发布三方最新合作成果《创新中国：培育中国经济增长新动能》报告。报告提出，中国需要培育增长新动能以应对生产率的挑战，加大改革力度，在经济中进一步促进创新。国务院发展研究中心副主任隆国强主持会议，国务院发展研究中心副主任张军扩、财政部副部长邹加怡、世界银行集团亚太区高级副行长维多利亚·克瓦在会上先后致辞。

（国务院发展研究中心办公厅科研处郭巍供稿）

财务理论前沿2019年学术研讨会　9月21日，由中国财政杂志社主办，《财务研究》编辑部和中央财经大学会计学院承办的“财务理论前沿2019年学术研讨会”在中央财经大学召开。中国财政科学研究院副院长白景明研究员、清华大学于增彪教授、中国人民大学王化成教授、北京大学王立彦教授、北京工商大学王斌教授、对外经济贸易大学汤谷良教授、南京大学李心合教授、中央财经大学孟焰教授、北京国家会计学院院长秦荣生教授、山东财经大学副校长綦好东教授等围绕“经济高质量发展与财务理论创新”分别作主题报告。与会学者就股利税改革、混合所有制改革、内部人举报制度、创新驱动型并购和审计师职能、官员晋升激励与市场化进程、内部控制与企业金融化、企业产能过剩、控股股东股权质押和问询函等问题研究分享了各自成果与经验。此次财务理论前沿学术研讨会的召开为全国会计财务领域学者提供了学术思想交流的优秀平台。

（中央财经大学科研处供稿）

庆祝中央财经大学建校70周年企业家论坛　9月21日，以“新经济　新企业　新金融”为主题的“庆祝中央财经大学建校70周年企业家论坛”在中央财经大学举行。中央财经大学校长王瑶琪、副校长史建平，京东方科技集团股份有限公司董事长陈炎顺、副总裁齐铮，北京中财龙马资本投资有限公司董事长雷杰，东兴证券股份有限公司副总经理银国宏，北京中关村科学城建设股份有限公司副总经理蔡志航，中央财经大学研究员刘姝威等近百名各界精英出席了本次论坛。

与会代表就中国企业的成长、实现金融行业与实体经济的良性互动、新一轮科技革命浪潮带来的机遇与挑战等话题进行了深入交流与探讨，分别指出创新是企业活下去并走向成功的唯一路径，在以大数据、人工智能和云计算等为代表性技术的驱动下，未来业绩增长将更多依赖于技术突破、模式升级和业态创新。

此次论坛邀请业界领袖、行业翘楚汇聚一堂，通过思想碰撞和深度交流，前瞻解读新经济、新企业、新金融的发展变革和未来趋势，深刻剖析业界最新动态，加速新旧动能转换，助推中国经济高质量发展。

（中央财经大学科研处供稿）

2019 年北京洪堡论坛　9 月 21—22 日，2019 年北京洪堡论坛在对外经济贸易大学举行。论坛由对外经济贸易大学主办，德国欧洲经济研究院、德国马丁路德哈勒维滕贝格大学、德国弗劳恩霍夫协会、上奥地利应用科学技术大学、宝马（中国）、百度（中国）、北京祥龙集团等单位联合承办。

2019 年北京洪堡论坛以“绿色经济、文化传承、人工智能”为主要议题，并对相关热点话题进行了多领域、多角度、全方位的探讨。16 场主题论坛以绿色能源与高质量发展、德语语料库与语言学在中国、语言与媒体、文化传承与社会实践、气候变化与空气污染、可持续商业发展、一带一路汉语推广等议题为主题，各方专家学者进行了精彩的报告及热烈的讨论。来自中国、德国、奥地利、美国、土耳其、日本等国的 500 余名知名专家学者和政商界人士以及对外经济贸易大学师生参加论坛。

（对外经济贸易大学科研处供稿）

首届智能投资学术研讨会　10 月 15 日，首届智能投资学术研讨会在首都经济贸易大学举办。会议以“变”为主题，探讨投资过程中监管、策略、交易和风控等方面的智能化问题，旨在为智能投资领域的广大专家学者及企业提供一个广泛交流与合作的学术平台。本次会议由首都经济贸易大学量化金融研究中心理事会主办、管理工程学院承办。参加会议的有北京市金融促进发展中心主任周超、副主任邹捷，中阅资本管理股份公司总经理孙建波，北京航空航天大学韩立岩教授等近百位专家学者。

首都经济贸易大学量化金融研究中心研究员康跃以“证券行业知识图谱模型和实践”为题作了主题报告。着重展示了量化金融研究中心开发的国内 A 股市场证券投资知识图谱，已实现了公司搜索、行业搜索、概念搜索、产品搜索、机构搜索和人搜索等功能，拥有数据获取技术、爬虫和文本提取、图数据库的设计和数据存储、自然语言处理技术、Django 和 Newmodel 可视化框架等核心技术。目前，正在进行智能问答和个性化推荐的研究。

通联数据股份有限公司另类数据团队负责人李立分别以“另类数据在投资中的应用”和“风险模型在量化领域的应用”为题作了报告，首先介绍了将招聘数据、商超数据和新闻舆情等应用于宏观研究、行业研究、基本面追踪等领域的研究成果。其次介绍了通联风险模型在拟合优度、偏差统计量和 Q 统计量的检验、事前风险和事后风险对比等方面的优势，尤其在行业分类上、底层数据、因子构造等方面的独特之处。

首都经济贸易大学量化金融研究中心成员童少鹏作了题为“松耦合策略与交易系统应用”的报告。介绍了高频交易的模式与执行，并进行了生动的演示。首都经济贸易大学量化金融研究中心成员张京作了题为“证券行业的智能文本热点挖掘”的主题报告。对背景概述、数据来源与标注、深度神经网络的构建与训练以及文本热点挖掘方法 4 个部分进行了阐述。首都经济贸易大学量化金融研究中心成员陈振松作了题为“数据驱动的量化择时方法”的主题报告。

大会最后，韩立岩、孙建波、康跃、中国石油天然气集团企业年金理事会资产配置专家乔巍和北京华诺投资管理有限公司量化投资工作负责人朱保川参与了智能投资对话。5 位嘉宾从各自从事的领域和角度出发，围绕智能投资的策略选择、智能交易、风险管理及债券、期权等领域进行了深入交流。

（首都经济贸易大学科研处供稿）

《北京财经发展报告（2019—2020）》发布会暨北京高质量发展学术研讨会　10 月 16 日，由北京市哲学社会科学北京财经研究基地和中央财经大学财经研究院主办的《北京财经发展报告（2019~2020）》发布会暨北京高质量发展学术研讨会在中央财经大学举办。来自北京市社会科学界联合会、北京市哲学社会科学规划办公室、国家发展改革委产业经济与技术经济研究所、北京市发展改革委协同政策规划处、北京大学首都发展研究院、北京大学经济学院、中国人民大学财政金融学院、中国社会科学院工业经济研究所、北京环境交易所、社会科学文献出版社等的特邀嘉宾以及中央财经大学师生 50 余人参会。与会专家对《北京财经发展报告（2019~2020）》提出了诸多宝贵意见，同时围绕北京如何高质量发展探讨了北京人口政策、京津冀世界级城市群等问题。

（中央财经大学科研处供稿）

人工智能与产业未来学术研讨会　10 月 19 日，由中国社会科学院经济研究所主办，中国社会科学院经济研究所微观经济学研究室承办的“人工智能与产业未来学术研讨会”在北京举行。来自学界、产业界和智库的专家学者就人工智能发展的影响、中国人工智能发展趋势和相关的公共政策议题进行了探讨与交流。

中国社会科学院经济研究所微观经济学研究室主任杜创主持会议开幕式，中国社会科学院国际合作局局长王镭出席会议并致辞。受黄群慧所长委托，中国社会科学院经济研究所党委副书记、副所长朱恒鹏代表主办方致辞。深圳市人民政府发展研究中心黄虎城处长等出席会议。

会议第一单元为经济、产业议题。北京大学光华管理学院的翁翕教授、南开大学经济与社会发展研究院产业经济研究所所长杜传忠教授、中国社会科学院工业经济研究所资源与环境室主任杨丹辉研究员、中国宏观经济研究院市场与价格研究所研究员郭丽岩、阿里云研究中心高级战略专家崔昊分别作了《联邦学习之激励机制设计》《新一代人工智能与我国要素生产率的提升》《人工智能：应用场景与价值创造》《智能化产业跨界融合与市场拓展潜力研究》《中国企业2020：一切AI即服务》的发言。

会议第二单元是政策和法律议题。百度公共政策研究院执行院长张丽君，腾讯研究院法律研究中心副主任、首席研究员蔡雄山，中国社会科学院经济研究所微观经济学室主任杜创研究员分别作了《人工智能产业实践中的政策法律问题初探》《人工智能法律与伦理思考》《产业政策VS竞争政策——关于人工智能发展的政策讨论》的发言。

（中国社会科学院办公厅刘玉杰供稿）

第八届中国工业发展论坛暨“新中国工业70年”学术研讨会　10月20日，由中国社会科学院工业经济研究所主办的第八届中国工业发展论坛暨“新中国工业70年”学术研讨会在北京召开。中国工业发展论坛是由中国社会科学院工业经济研究所主办的一年一度的重要的学术活动，旨在探讨中国工业发展的重大问题，本年度的主题是“新中国工业70年”。来自国务院发展研究中心、科学技术部、工业和信息化部、国家信息中心、国务院国有资产监督管理委员会等多个研究机构的学者300余人参加了研讨会。

（中国社会科学院办公厅刘玉杰供稿）

中美经贸关系发展论坛暨中国美国经济学会2019年学术年会　10月25—26日，中美经贸关系发展论坛暨中国美国经济学会2019年学术年会在对外经济贸易大学召开。本次论坛以“中美建交40周年：中美经贸关系回顾与展望”为主题，由中国美国经济学会主办，对外经济贸易大学国家（北京）对外开放研究院承办，武汉大学美国加拿大经济研究所、对外经济贸易大学区域国别研究院协办，同时得到了《世界经济》《宏观质量研究》《中国高教研究》等期刊的大力支持。

来自全国众多知名高校、研究机构、金融企事业界的200多名专家学者、参会代表以及对外经济贸易大学师生积极参加论坛。本次论坛分为开幕式、主旨报告、分论坛报告和闭幕式4个重要环节，通过主旨报告和分论坛研讨，就中美经贸关系的过去、现在和未来，进行了交流。

（对外经济贸易大学科研处供稿）

《经济蓝皮书夏季号：中国经济增长报告（2018—2019）》发布会　10月29日，由中国社会科学院经济研究所与社会科学文献出版社共同主办的《经济蓝皮书夏季号：中国经济增长报告（2018—2019）》发布会在北京召开。

中国社会科学院经济研究所研究员张平、刘霞辉、袁富华、张自然等，社会科学文献出版社副总编辑周丽等出席会议并发言。会议就2018—2019年中国经济增长情况进行了研讨，对2019年中国经济进行了展望，并发布了《经济蓝皮书夏季号：中国经济增长报告（2018—2019）》。

蓝皮书认为，2019年中国的城市化率必将突破60%，由城市人口集聚推动的服务业和消费比重不断上升，城市化正在成为中国发展的新引擎。短期外部冲击和经济新常态开启了中国由高速增长向高质量发展的路径转换，其核心是从大规模物质生产的目标导向转向“以人民为中心”的目标导向，通过人力资本积累、经济个体的链接与互动推动创新发展，形成“消费结构升级—人力资本积累—创新效率提升”的良性循环和跨期补偿机制。但是，高端服务业和要素升级普遍具有跨期特征，同时结构服务化过程存在风险和不确定性，为了保持可持续的城市化，需要打破原有路径依赖，以制度完善和深化改革为依托，增强经济体制韧性，提升资源配置效率。实现高质量发展需要增强经济韧性，弥补消费升级短板，提高制度质量，激励创新与实现可持续增长，弥补自身发展短板，完成高质量增长转型，建立现代治理体制。

（中国社会科学院办公厅刘玉杰供稿）

“新中国七十年经济发展的理论与实践”学术研讨会暨中国经济发展研究会第二十一届年会 11月2—3日，“新中国七十年经济发展的理论与实践”学术研讨会暨中国经济发展研究会第二十一届年会在北京举行，会议由北京师范大学经济与工商管理学院承办。来自中国社会科学院、北京大学、清华大学、中国人民大学、北京师范大学、中央民族大学、复旦大学、浙江大学、南开大学、武汉大学、吉林大学、国防大学等40多所高校的百余位经济学家、学者出席，《人民日报》《光明日报》《管理世界》《经济学动态》《经济与管理研究》等多家媒体和期刊代表参加会议。

（北京师范大学社科处供稿）

第五届贸易强国论坛暨新中国成立70周年世界贸易发展高层研讨会 11月9日，北京工商大学举办第五届贸易强国论坛暨新中国成立70周年世界贸易发展高层研讨会。党委书记黄先开出席会议并致辞。来自商务部、中国社会科学院、清华大学等40余家政府部门、研究机构、高校、企业的专家学者和《中国社会科学》《世界经济》等20余位期刊编辑部负责人以及北京工商大学经济学院师生200余人参加了此次会议。经济学院院长倪国华主持开幕式。

对外经济贸易大学国际经济贸易学院院长、全国国际贸易学科协作组副秘书长洪俊杰教授，国家统计局原副局长、清华大学管理学院许宪春教授，东北财经大学党委书记夏春玉教授，河北经贸大学原校长纪良纲教授，商务部电子商务和信息化司原巡视员聂林海，江西财经大学研究生院院长袁红林教授，北京师范大学经济与工商管理学院副院长蔡宏波教授，中国社会科学院经济研究所研究员、《经济学动态》编辑部主任杨新铭，利丰研究中心副总裁钱慧敏等专家、学者就“中美贸易摩擦”“制造业转型升级问题”“跨境电商对我国外贸转型升级”等议题展开研讨。

（北京工商大学科学技术处供稿）

中国人民大学金融学科第三届年会（2019） 11月9日，以“全球变局下的中国金融开放：路径选择”为主题的中国人民大学金融学科第三届年会（2019）召开。本次会议由中国人民大学主办，财政金融学院、商学院、经济学院、汉青经济与金融高级研究院、重阳金融研究院、金融与证券研究所、中国普惠金融研究院联合承办。来自中国人民大学金融学科师生、兄弟院校单位、金融领域专家学者、媒体界代表近400人与会。中国人民大学党委书记靳诺作开幕式致辞，中国人民大学副校长吴晓球、清华大学五道口金融学院教授谢平、中国社会科学院学部委员余永定、中金公司董事总经理、管委会成员黄海洲分别作主题演讲。中国人民大学财政金融学院院长、重阳金融研究院院长兼执行理事庄毓敏主持开幕式。财政金融学院副院长赵锡军主持午餐会环节。下午，年会开设了两场平行论坛，共发布了10份中英文学术报告。平行论坛一发布了5份学术报告，分别是《数字金融能力与反贫困》《FDI和高科技品进口对中美贸易结构的影响——基于门限模型的分析》《资本市场双向开放、跨境股票交易和AH股溢价》《央行注入的是“流动性”还是“时间”？——美联储在金融危机时期的货币政策分析》《基于风险管理动机的慈善捐赠受到正式保险合约影响吗？——来自董事高管责任保险“替代”公司慈善捐赠的证据》。平行论坛二发布了其他5份学术报告，分别为 *Coping with Two Exchange Rates of a Single Currency*；*The Chinese experience of unconventional monetary policy*；*Bank liquidity creation, network contagion and systemic risk*：*Evidence from Chinese listed banks*；*The effect of mandatory CSR disclosure on trade credit*；*Macroeconomic Risk, Expected Market Return, and the Cross-Section of Stock Returns*：*A Data-mining Perspective*；*What Do A Billion Observations Say About Distance and Relationship Lending*?

（中国人民大学科研处供稿）

“金融风险防范、创新与可持续发展”双边研讨会 11月11日，由中国社会科学院和澳大利亚麦考瑞大学主办，中国社会科学院金融研究所、国际合作局和麦考瑞大学商学院联合承办的“金融风险防范、创新与可持续发展”双边研讨会在北京举行。中国社会科学院金融研究所副所长胡滨研究员以及澳大利亚麦考瑞大学商学院执行院长史蒂芬·布拉默教授作开幕式致辞。中国社会科学院及澳大利麦考瑞大学的专家学者和学生代表近百人参加了会议并就相关议题进行学术研讨。

第一单元，围绕“金融周期与风险防范”，中国社会科学院金融研究所《金融评论》编辑部主任程炼研究员和银行研究室主任李广子副研究员分别对中国"Fintech发展和互联网金融风险"以及"银行业风险"进行了分析，澳大利亚麦考瑞大学商学院副院长维托·莫利卡副教授和风险分析研究中心副主任斯特芬·特鲁克教授分别从"沪港通价格限制的'磁吸效应'"和"系统性金融风险全球监测早期预警"进行研讨。

第二单元，聚焦"金融科技与金融创新"，中国社会科学院金融研究所法与金融研究室副主任尹振涛副研究员和金融市场研究室董昀副研究员分别就"监管科技的理论与实践"以及"金融科技发展的中国经验"进行研讨，澳大利亚麦考瑞大学金融决策实验室主任阿贝·辛格高级讲师和应用金融系田钢教授先后分享了"金融科技研究和项目概况"以及"监管者在股市中的监督作用"的研究心得。

第三单元，关注"可持续发展与相关政策安排"，中国社会科学院金融研究室结构金融研究室主任何海峰副研究员、金融实验研究室副主任蔡真副研究员以及公共政策研究中心朱凤梅助理研究员分别就中国"构建大国开放经济绿色金融政策体系""房地产市场风险与长效机制建设""医疗保障制度转型"分享了相关研究成果，澳大利亚麦考瑞大学可持续与环境金融研究中心玛蒂娜·里奈陆艾特教授、健康经济研究中心主任亨利·卡特尔从"环境金融"和"税收优惠对澳大利亚健康保险的影响"进行了研讨。本次研讨会增进了中澳两国研究界在金融科技、金融创新、风险防控等领域的相互交流，加深了双方对于可持续发展及相关政策安排的理解与认同，有助于共同实现现代经济金融的高质量发展。

（中国社会科学院办公厅刘玉杰供稿）

北京市第二十次统计科学讨论会　11月15日，北京市统计学会召开北京市第二十次统计科学讨论会，主题为"新时代统计改革与发展"。中国统计学会常务副会长、国家统计局总统计师曾玉平为大会致辞并作主题报告，北京市统计局局长蒋力歌、国家统计局北京调查总队总队长徐荣华出席大会并致辞。北京市统计学会副会长、首都经济贸易大学教授纪宏主持。

大会邀请北京市统计学会副会长、中国人民大学教授高敏雪，北京市经济社会调查总队总队长张铁军、国家统计局北京调查总队高级统计师王守琪、中国科学院系统所研究员张新雨等以"政府统计的初心与使命""拓展国民经济核算领域服务现代化经济体系建设""大数据背景下行政记录与居民收支调查数据整合研究""大数据时代的多模型方法"为题作主题报告。

本次大会共征集论文94篇，根据论文内容设置了首都战略发展研究、高质量发展研究、可持续发展研究、民生领域监测研究、统计方法制度研究、大数据应用研究6个分会场，邀请部分优秀青年论文作者分享研究成果和经验。与会者围绕会议主题及京津冀协同发展、北京城市新总规背景下的布局规划、统计方法制度改革创新、大数据统计应用等问题开展了热烈的讨论与交流。与会者纷纷表示，此次科讨会内容丰富、信息量大，促进了成果分享交流，拓宽了研究视野和思路，有效推进了统计科研创新与发展。

北京市统计学会理事及政府统计系统、高等院校、科研院所、企事业单位等方面代表共计230余人参加会议。

（北京市统计局研究所供稿）

金融供给侧改革与第七届金融风险论坛　11月21日，由首都经济贸易大学金融学院、《经济研究》杂志社、首都经济贸易大学金融风险研究院联合主办的金融供给侧改革与第七届金融风险论坛在首都经济贸易大学召开。作为金融供给侧改革和金融风险领域的学术交流盛会，本次会议旨在聚焦中国国内外经济环境日益复杂和严峻背景下金融供给侧改革，关注中国金融风险年度状况和金融热点问题，促进首都经济贸易大学金融学科的发展，以此更好地服务于金融决策部门、服务于国家智库的建设。首都经济贸易大学副校长王永贵、《经济研究》杂志社社长张永山等出席会议并致辞。

中国社会科学院经济研究所裴长洪研究员从自由贸易试验区的概况和自由贸易试验区的金融改革问题两方面介绍了中国自由贸易试验区。中国人民大学张成思教授作了题为"经济增长的困境与金融政策改革"的主题演讲。对外经济贸易大学吴卫星教授以银行理财产品的募集期为切入点，深入探讨了金融产品的设计问题。广东外语外贸大学易行健教授作了题为"世界各国宏观杠杆率快速上升的经验证据——对中国降杠杆的启示"的主旨演讲。金融学院周晔教授从微观角度出发分享了商业银行贷款损失准备的三大相机抉择计提行为。金融学院院长尹志超作了题为"互联网金融与家庭收入风险"的主题演讲。以上主旨演讲，对自由贸易试验、金融政策改革、金融产品设计、家庭投资决策、宏观审慎等多个热点问题进行了深入剖析。接下来的分组论文研讨，分别在金融开放与金融市场、金融政策与金融市场、商业银行 3 个分会场进行，作者和参会嘉宾就论文进行了交流讨论。

（首都经济贸易大学科研处供稿）

第六届科学监管与监管科学论坛　11 月 22 日，由首都经济贸易大学、中国市场监督管理学会主办，《中国行政管理》《中国市场监管研究》《经济与管理研究》《中国市场监管报》协办，首都经济贸易大学城市经济与公共管理学院、工商行政与市场监管研究所、公共治理与公共政策研究中心承办的第六届科学监管与监管科学论坛在北京召开。本届论坛以“高质量发展与市场监管：挑战与回应”为主题，围绕新时代市场监管的重大问题进行了深入交流。来自政府部门、高校、科研机构的 100 多位专家学者和研究生参加了会议。教育部“长江学者”奖励计划特聘教授、首都经济贸易大学副校长王永贵出席论坛并代表学校致辞。

论坛开幕式由首都经济贸易大学城市经济与公共管理学院院长张国山主持。在开幕式上，中国市场监督管学会秘书长李红旭，中国行政管理学会副秘书长、中国行政管理杂志社社长张定安，首都经济贸易大学原副校长曲德森，东北大学原副校长娄成武先后致辞，就市场监管领域的重大问题、举办市场监管论坛的重要意义等进行了深入交流。

本次论坛设置了主题演讲、平行论坛和研究生论坛等 3 个单元内容。

主题演讲第一阶段，武汉大学质量发展战略研究院院长程虹、中央网信办国家计算机网络与信息安全管理中心科技委原副主任罗建中、中国人民大学公共管理学院张成福教授、清华大学公共管理学院蓝志勇教授、中共中央党校（国家行政学院）领导科学研究中心副主任邱霈恩教授分别围绕“市场监管技术创新的治理现代化”“互联网+监管”“走向良好的政府监管”“中国特色社会主义新时代新监管理论之探”“关于监管构成的管窥与共探”等主题进行了发言。第二阶段的主题演讲由首都经济贸易大学城市经济与公共管理学院副院长彭文英主持，原国家工商总局企业监督管理局巡视员徐晓东、首都经济贸易大学城市经济与公共管理学院麻宝斌教授、中共中央党校（国家行政学院）公共管理教研部胡仙芝研究员、中国人民大学公共管理学院刘鹏教授分别围绕“完善以信用为核心的市场监管体系的思考”“以公正促公平：新时代市场监管的价值取向与行为选择”“市场信用监管的政府责任及其机制实现”“监管科学：西方经验与中国启示”等问题进行了交流。第三阶段的主题演讲由张国山主持，北京工商大学经济学院周清杰教授、对外经济贸易大学公共管理学院副院长吕维霞教授、北京工商大学经济学院冯中越教授、北京师范大学数字经济与法律研究中心主任汪庆华教授、首都经济贸易大学城市经济与公共管理学院刘智勇教授、对外经济贸易大学青岛研究院副院长王树文分别以“制度性摩擦成本、营商环境与企业成长——基于新三板企业 2013 年—2017 年的数据”“地方政府服务创新内部监管机制研究”“我国经济高质量发展与规制治理”“平台监管与监管平台——基于《电子商务法》实施效果的分析”“高质量发展形势下市场监管主要矛盾分析与监管的新转型思考”“自贸区高质量发展与海关监管机制创新研究”为题进行了交流。

本次会议的平行论坛包括“监管改革与基层执法”“监管模式创新”“康养服务与食药监管”3 部分。

（首都经济贸易大学科研处供稿）

第九届中国商贸流通企业发展论坛暨大数据下组织变革高峰会议　11 月 23 日，第九届中国商贸流通企业发展论坛暨大数据下组织变革高峰会议在北京举行，主题为“大数据与人工智能背景下的组织变革”。

北京物资学院副校长翁心刚在论坛上指出，大数据技术的运用将给经济社会的众多领域带来巨大变化。以商贸流通领域来说，基于供应链协同一体化的新型流通业态不断涌现，生产与流通、流通与消费的有机联系愈加紧密，为满足消费个性化多样化需求的精准营销、精准配送得到有效实现。

首都经济贸易大学教授黄津孚表示，大数据有助于发现真相，探索真理，有助于对价值生产和实现过程实现精准控制和获取真效。中国人民大学教授、博导王凤彬从具体案例分析阐述如何对现实进行提炼与归纳形成理论构建。全国高校人工智能与大数据创新联盟秘书长朱启明认为，区块链构建价值互联网。北京物资学院商学院党委书记、教授魏国辰指出，大数据技术引发零售企业转型变革，主要体现在四方面：催生新的商业模式变革；聚焦精准营销与需求场景；

洞察客户，促进零售企业满足客户定制化、个性化需求；优化供应链与商品管理。北京物资学院商学院人力资源系教授李广义提出将人工智能引入人力资源管理，运用人工智能对知识型员工进行绩效管理，绩效考核会因人工智能的引入而焕然一新。

（北京物资学院科研处供稿）

第十三届期货论坛·期货市场创新与教育高端研讨会 11月23日，由北京物资学院主办，北京物资学院经济学院、北京物资学院期货研究所、北京物资学院期货证券行业校友会承办，一德期货有限公司、北京悟源资产管理有限公司、冠通期货股份有限公司、首创期货有限公司、国信证券股份有限公司、民生期货有限公司、首创京都期货有限公司协办的第十三届期货论坛在北京举行，主题为“期货市场创新与教育高端研讨会”。

北京物资学院副校长刘永胜教授、北京物资学院经济学院党政负责人、中国农业大学常青教授、中国期货业协会原副会长李强教授、北京邮电大学陈晓华教授、北京工商大学胡俞越教授、中国期货业协会投教部主任董文旭主任、大连商品交易所赵亮博士等与部分期货公司业界高管，以及北京物资学院师生共100多人参与会议。

参会的期货与证券业界精英、专家学者等就行业共同关心的境内外期货、证券市场热点问题进行了深入交流，针对期货市场创新、行业发展、人才培养和教育等相关问题共同研讨，为行业发展和高校社会使命的发挥献计献策。论坛同时举行了“北京物资学院中国投资者教育与保护研究中心”揭牌仪式。北京物资学院副校长刘永胜教授、中国期货业协会投教部主任董文旭、北京物资学院经济学院党政负责人共同为投保研究中心揭牌。

（北京物资学院期货研究所供稿）

经济学动态·大型研讨会2019 11月23日，由中国社会科学院经济研究所主办、《经济学动态》杂志社承办的“经济学动态·大型研讨会2019”在北京举行。会议主题聚焦“新中国70年经济建设成就、经验与中国经济学创新发展”。中国社会科学院副院长、学部委员蔡昉，中国社会科学院学部委员、经济研究所原所长张卓元，武汉大学原校长顾海良出席研讨会并先后作主题演讲。中国社会科学院经济研究所所长、《经济学动态》主编黄群慧致辞。会议开幕式由中国社会科学院经济研究所党委副书记、副所长朱恒鹏主持。

研讨会还举办了两场圆桌论坛。第一场圆桌论坛由中国社会科学院经济研究所副所长张晓晶主持。7位学者围绕“新中国70年经济建设成就与经验”这一主题展开讨论。中国社会科学院学部委员吕政认为，从新中国国防科技工业发展的历程和承接来看，没有前30年的基础也就没有后40年国防工业的跨越式发展。中国社会科学院学部委员汪同三认为，研究多种要素对产出的贡献，才能具体落实党的十九届四中全会提出的按贡献决定报酬的机制。北京大学经济学院教授平新乔认为，需要把社会主义原则与市场经济配置规则更好地结合起来。中国社会科学院经济研究所原所长裴长洪认为，对世界的形势要有准确的判断，中国仍然处在大有作为的战略机遇期，要坚持全方位对外开放。清华大学政治经济学研究中心主任蔡继明认为，多种生产要素参与分配的理论基础是价值理论。中国社会科学院人口与劳动经济研究所所长张车伟从中印比较的角度指出，要站在中国自身发展的轨道上去认识和总结今天的成就。

第二场圆桌论坛由《经济学动态》常务副主编胡家勇主持。7位学者围绕“新中国70年经济学创新与发展”这一主题展开讨论。中国社会科学院学部委员金碚从逻辑的范式层面上分析了经济学的发展。中国人民大学原副校长林岗认为，中国经济理论的发展中最有用的是党和人民在解决自身实际问题中总结的理论。中国财政科学研究院研究员贾康认为，经济学的创新和发展需要马克思主义基本原理的正本清源和继承发展。四川师范大学原党委书记丁任重认为，70年来中国对“发展”这一概念的理解，是一个有变化的演进过程。中国社会科学院城市发展与环境研究所副所长杨开忠认为，在经济学理论、分析方法和经济政策中应纳入地理空间要素。首都经济贸易大学经济学院教授杨春学认为，70年来，政治经济学的方式、中国的宏观经济学、经济学的语言和分析工具发生了根本性的变化。湖南科技大学副校长刘友金认为，有效应对第五次国际产业转移需要理论和实践的创新。

与会学者以“从计划到市场：70年经济体制转型”“从非平衡到平衡：70年经济发展战略转型”“青年学者论坛”为主题在3个分论坛上展开了热烈的学术讨论。与“经济学动态·大型研讨会2019”同日举办的，还有“经济学前沿理论研讨会暨经济学动态编辑部第五次审稿专家座谈会”“第六届经济学学术期刊创新发展论坛”。

（中国社会科学院办公厅刘玉杰供稿）

中国宏观经济论坛（2019—2020） 11月30日，中国宏观经济论坛（2019—2020）在中国人民大学举行。中国人民大学校长、国家发展与战略研究院院长刘伟，中国社会科学院学部委员、中国区域经济学会会长、《中国经营报》社社长金碚，清华大学经济管理学院院长白重恩，国务院参事、当代经济学基金会理事长夏斌，中国人民大学副校长吴晓球，中国人民大学副校长刘元春，中国人民大学一级教授、经济研究所联席所长、中国宏观经济论坛联席主席杨瑞龙，中国人民大学经济研究所联席所长、中国宏观经济论坛联席主席、中诚信集团董事长毛振华，中国人民大学经济研究所副所长、中诚信国际信用评级有限公司董事长闫衍，中国人民大学研究生院常务副院长刘凤良，中国人民大学应用经济学院院长郑新业，中国人民大学经济学院常务副书记兼副院长王晋斌，中国人民大学应用经济学院副院长黄隽等重量级嘉宾出席论坛。中国人民大学副校长刘元春代表论坛研究团队发布了论坛主报告《结构调整攻坚期的中国宏观经济》。与会嘉宾就2019—2020年的中国宏观经济形势进行了深入的研讨和交流。中国宏观经济论坛创立于2006年，由中国人民大学国家发展与战略研究院、中国人民大学经济学院、中诚信国际信用评级有限公司联合主办，由中国人民大学经济研究所承办。

（中国人民大学科研处供稿）

首届物流与供应链国际学术会议 11月30日—12月1日，由北京物资学院主办、承办的以“智慧供应链管理与创新研究”为主题的“2019年物流与供应链国际会议”在北京召开，会议得到中国物流学会的大力支持。

150余位国内外管理科学与系统工程学界及相关学科的知名学者与会，一起探讨当前智慧化时代的供应链管理与创新理论前沿和社会热点问题，交流各自最新研究成果，整合优秀的学术资源，解决现实问题。30日上午，全体报告大会由北京物资学院副校长何明珂主持。

葡萄牙里斯本大学教授弗朗西斯科，德国巴登符腾堡州双元制大学教授阿明，日本爱知学院大学、教授丹下博文，香港物资采购与供销学会会长吴惠群分别作《物流网络设计中的多周期随机设施选址问题》《物流服务提供商如何创新？历史形式与未来展望》《促进日本物流业和供应链的高效管理》《智慧供应链管理与创新》的报告。

12月1日上午，北京交通大学、教授华国伟，葡萄牙里斯本大学、教授弗朗西斯科，中国物流与采购联合会采购与供应链专家委员会副主任史文月，《中国流通经济》主编、教授郝玉柱，北京交通大学教授孙会君，南开大学教授李响分别作《易货交易中的报童问题》《计算机与运筹学：如何发表?》《智慧时代的供应链创新：机会及挑战》《〈中国流通经济〉来稿要求及热点选题》《科研论文撰写的体会与建议》《国际期刊JMOM简介与物流供应链国际期刊发表》的报告。

（北京物资学院物流学院供稿）

第十一届中国经济前瞻论坛 国务院发展研究中心指导，中国经济时报社、国研经济研究院主办的第十一届中国经济前瞻论坛于11月30日在北京举行，论坛的主题是“‘十四五’展望与高质量发展”。全国政协副主席辜胜阻出席开幕式并发表了题为“新形势下创新驱动高质量发展”的主旨演讲。国务院发展研究中心党组书记马建堂、商务部原部长陈德铭在开幕式上分别作主旨演讲。国务院发展研究中心副主任、党组成员王安顺主持开幕式。

辜胜阻在主旨演讲时指出，当前中国在全球技术创新格局中处于“领跑”“并跑”“跟跑”并存的状态。我们要扬长避短，形成先发优势，用好比较优势，实施“非对称”技术赶超。他提出5条建议：一是构建关键核心技术攻关新型举国体制，将集中力量办大事的制度优势与超大规模的市场优势充分结合；二是健全稳定、多元化的基础科学研究投入机制，鼓励企业加大投入，发挥大学在原始创新中的作用；三是完善企业协同合作、产学研深度融合的技术创新体系，推进科技成果转化与应用，打造技术“备胎”；四是加强科技人才的培养与激励，弘扬科学精神和工匠精神；五是积极参与国际科技合作与竞争，参与全球创新治理。

马建堂在主旨演讲中表示，做好明年中国经济工作的一个非常重要领域，就是通过深化改革，切实优化营商环境，从而进一步激发经济内生动力。好的营商环境，可用8个字概括其标志，即“运营便利、负担轻便”。“运营便利”指企业注册登记便利、投资建设便利、生产经营便利以及市场退出便利。“负担轻便”指非税负担要近乎于零；税收负担要轻、要简；社会保障支出要适当。他建议用第三方机构对全国将近300个地级市进行营商环境评价。

中国经济前瞻论坛创办于2008年。本届论坛为期1天，当天下午召开“2019中国农村金融创新峰会”和“网络经济新业态展望分论坛”。多位政府代表、企业家和专家围绕分论坛主题进行深入探讨。当天晚上，举行了中国经济时报社创刊25周年纪念交流活动。

（国务院发展研究中心办公厅科研处郭巍供稿）

国际经济与贸易学科发展2019年高峰论坛 11月30日，由中央财经大学国际经济与贸易学院主办的国际经济与贸易学科发展2019年高峰论坛在中央财经大学举办。本次高峰论坛主题为“历史视角下的中美经贸关系与中国经济高质量发展”。来自中国社会科学院经济研究所、北京大学经济学院、中国人民大学经济学院、对外经济贸易大学国际经济研究院、中国外汇投资研究院、财政部政研室国际处、安信证券股份有限公司、中央财经大学等专家学者60余人参加论坛。中央财经大学副校长史建平教授出席会议并致辞，与会专家就中国经济高质量发展和历史视角下的中美经贸关系等两个问题开展了讨论。在本次论坛上，面对新形势、新格局，国际经济与贸易领域的专家学者将充分发挥才能和智慧，响应时代需要，为国民经济社会发展贡献力量。

（中央财经大学科研处供稿）

新中国经济学70年——中国百所大学经济学院院长论坛 12月7—8日，北京大学经济学院召开“新中国经济学70年——中国百所大学经济学院院长论坛”，系统回顾和科学总结新中国70年经济建设的理论探索和发展实践，展望新时代雄伟篇章，为中国迈向高质量发展阶段贡献力量。

全国政协副主席、北大经济学院兼职教授辜胜阻，北京大学党委常务副书记、经管学部主任于鸿君，北京大学党委副书记、纪委书记叶静漪出席论坛开幕式。出席论坛的领导和嘉宾还有教育部金融类教指委主任委员王广谦，教育部经贸类教指委主任委员赵忠秀，国家开发银行行长欧阳卫民，中国中车集团有限公司党委书记、董事长刘化龙，中国航空油料集团有限公司党委书记、董事长周强，中国民生银行股份有限公司董事长洪崎，奥园集团有限公司党委书记、总裁郭梓宁，同景集团董事长吴先红。来自全国136所经济学院校的158位院长，来自兄弟院校、科研院所的在校师生以及校友等400余人参加了论坛。

同时，为促进国内高校院系经济学科人才的培养与引进，在博士生和用人单位之间搭建交流平台，本论坛特设立“百所经院人才招聘会”环节。全国百所经济学院及中国银行、农业银行、奥园集团等单位参加了招聘，招聘会吸引了国内外近千名博士生、博士后参加。

（北京大学社会科学部供稿）

第十八届WTO与中国学术年会 12月8日，由对外经济贸易大学、中国WTO研究会主办，对外经济贸易大学中国世界贸易组织研究院承办的第十八届WTO与中国学术年会在对外经济贸易大学举行。

自2002年以来，“WTO与中国学术年会”已连续成功举办18届，是国内外相关领域专家讨论WTO问题、多边经贸合作、全球经济治理、全球化与中国经济发展等多项议题的重要平台，为政策制定和学术研究提供了许多有益的信息和崭新的视角。

本次年会有财政部原副部长朱光耀，中国WTO研究会会长崇泉，原日本驻新加坡、法国大使Yoichi Suzuki，WTO秘书处环境司司长Aik Hoe Lim，WTO秘书处参赞王晓东、中国WTO研究会副会长霍建国等20位嘉宾学者参会。参会嘉宾发表主旨演讲，并就“WTO的当前危机：争端解决机制的存亡”“中美关系的近期缓和：双方的缓兵之计?”“WTO的长期前途：各方视角”3个议题，对WTO的危机、中美贸易关系、WTO的未来进行了全方位的探讨。此外，还有来自国内外各大高校、各研究机构的学者以及多国使馆工作人员200多人参会。

（对外经济贸易大学科研处供稿）

中国应用经济学年会（2019） 12月8日，在国务院学科评议组应用经济学组的指导下，主题为“推进改革开放，激发经济活力”的中国应用经济学年会（2019）在北京举办。本次会议由中国人民大学主办，中国人民大学财政金融学院、应用经济学院承办。国家发展与改革委员会副主任兼国家统计局局长宁吉喆，中国人民大学校长刘伟，国务院学位委员会办公室副主任、教育部学位管理与研究生教育司司长洪大用，中国人民大学副校长吴晓球，东北财经大学校长吕炜，江西财经大学校长卢福财，国务院第七届学科评议组应用经济学组成员白重恩、李俊生、曲振涛、冯根福、肖红叶、林木西、张秋生、张桥云等出席会议。全国高校应用经济学学科学术带头人、青年学者代表、中国人民大学师生、业界专家以及媒体等参加会议。

（中国人民大学科研处供稿）

首届政治经济学前沿论坛暨《政治经济学前沿报告（2019）》发布会　12月8日，中国社会科学院当代中国马克思主义政治经济学创新智库、全国中国特色社会主义政治经济学研究中心举办的首届政治经济学前沿论坛暨《政治经济学前沿报告（2019）》发布会在北京召开。中国社会科学院经济研究所所长黄群慧研究员、社会科学文献出版社总编辑杨群编审以及来自北京大学、中国人民大学、清华大学等科研院所的40余位专家学者出席论坛并发言。中国社会科学院经济研究所副所长、中国社会科学院当代中国马克思主义政治经济学创新智库常务副理事长胡乐明教授主持本次论坛。

中国社会科学院经济研究所所长黄群慧研究员、社会科学文献出版社总编辑杨群编审为论坛致辞。中国社会科学院经济研究所张旭教授和社会科学文献出版社经管分社总编辑陈凤玲编审就《政治经济学前沿报告（2019）》的编写工作进行了介绍。

中国人民大学经济学院邱海平教授、四川大学经济学院院长蒋永穆教授、辽宁大学经济学院院长谢地教授、西北大学经济管理学院院长吴振磊教授分别发言。

与会的其他各位专家学者围绕《政治经济学前沿报告（2019）》和当前政治经济学研究的前沿问题也进行了讨论。大家纷纷表示，中国政治经济学学界应携手合作，不断推进政治经济学的研究和教学工作，为中国经济社会发展建言献策。

会议期间，黄群慧与杨群为中国社会科学院当代中国马克思主义政治经济学创新智库的首批30位特约研究员颁发聘书。

（中国社会科学院办公厅刘玉杰供稿）

第一届国际林业经济与政策高峰论坛　12月8—10日，由北京林业大学和国际林联第九组主办，北京林业大学经济管理学院具体承办，由国家林业和草原局经济发展研究中心、中国林业经济学会、亚太森林恢复与可持续管理网络、国际竹藤组织、东北林业大学经济管理学院、南京林业大学经济管理学院、中南林业科技大学商学院、西南林业大学经济管理学院、福建农林大学经济学院、华南农业大学经济管理学院、浙江农林大学经济管理学院及中国林业科学研究院科技信息研究所共同发起的第一届国际林业经济与政策高峰论坛在北京召开。国家林业和草原局副局长刘东生，北京林业大学校长安黎哲，国家林草局经济发展研究中心副主任王月华，中国林业经济学会秘书长王前进，国际竹藤组织副总干事陆文明，国际林联第九组、*Forestry Policy and Economics* 杂志主编代表尹润生教授等出席会议。

此次论坛设主会场1个和分会场3个，同期举办了首届亚太青年林业论坛。来自国家林业和草原局经济发展研究中心、中国林业经济学会、国际竹藤组织、国际林联第九组，以及来自美国、加拿大、德国、瑞典、新西兰等国家及国内10余所院校的专家学者参加会议，围绕中国林业产业发展回顾与展望、美国国有林生态系统服务评估、绿水青山提质增效的产业路径与展望、可持续资源管理中的公私伙伴关系、森林与气候变化、自然行动议程与热带雨林联盟、1978年以来中国集体林经营等内容进行交流，旨在搭建林业经济国际化交流平台，共同探讨林业发展规律，跟踪林业改革热点，交流国内外相关理论与实践成果，理解和适应国际化发展的需求，以助力中国林业健康快速发展。

（北京林业大学经济管理学院供稿）

第二届中国金融学术与政策论坛暨新中国成立七十周年金融发展论坛　12月14日，由《经济研究》杂志社、*Journal of Empirical Finance* 编辑部共同主办，金融学院与中国金融研究所承办的“第二届中国金融学术与政策论坛暨新中国成立七十周年金融发展论坛”在对外经济贸易大学开幕。对外经济贸易大学党委副书记李茂国，中国人民银行研究局局长王信等专家、学者出席开幕式。来自国内外学术机构、金融业界的专家学者与国内重点高校的师生近200人参加本次论坛。开幕式由对外经济贸易大学金融学院院长邹亚生教授主持。

本次论坛共设4个英文分论坛、4个中文分论坛。来自数十所国内高校的专家学者在一天半的时间里，对从286篇学术论文中遴选出的12篇英文论文、

16篇中文论文进行点评与讨论。论文涉及金融市场信息理论、公司金融、信用市场、宏观政策与金融体系、中国投资者、资产定价、自然实验与金融、银行体系与风险等多个领域。海内外金融行业人士与专家学者各抒己见，阐述各自对金融理论的理解，分享金融实务的经验，聚焦于当前金融政策与金融学术的发展动向。

本次论坛秉持通过与会专家学者对理论和方法的探讨和对实务应用的分享，让学术、政策和实务相互碰撞交流的主旨，为国内外金融学者、政策制定者和金融从业者提供了一个交流金融理论、政策和实务最新动态的平台，对推进中国金融理论的发展创新，促进中国金融体系的健康发展，具有重要作用。

（对外经济贸易大学科研处供稿）

2019—2020中国经济年会 12月14日，由中国国际经济交流中心主办的“2019—2020中国经济年会”在北京举行。年会聚焦“保持经济稳定健康发展，决胜全面建成小康社会”，与会者学习解读中央经济工作会议精神，并就“深化供给侧结构性改革，确保经济稳中有进”“加快落实区域发展战略，构建高质量发展新动力源”“推动创新驱动发展和更高水平对外开放”等议题深入讨论。

中国国际经济交流中心理事长曾培炎出席会议，中国国际经济交流中心常务副理事长魏礼群主持主论坛。中央财经委员会办公室分管日常工作的副主任韩文秀，国家发展改革委副主任兼国家统计局党组书记、局长宁吉喆，商务部副部长、国际贸易谈判副代表俞建华，中国人民银行副行长陈雨露，全国政协常委、金砖国家新开发银行首席经济学家、清华大学教授李稻葵等分别发言。

与会代表认为，今年以来，面对国内外风险挑战明显上升的复杂局面，全党全国贯彻党中央决策部署，坚持稳中求进工作总基调，以供给侧结构性改革为主线，推动经济高质量发展。今年中国各项宏观调控目标符合预期，三大攻坚战取得关键进展，改革开放迈出重要步伐，供给侧结构性改革继续深化，科技创新取得新突破，广大人民群众得到更多实惠、获得更多幸福、提升更多安全感，保持了经济持续健康发展和社会和谐稳定。当前中国正处在转变发展方式、优化经济结构、转换增长动力的攻关期，经济下行压力加大；当前世界经济增长持续放缓，仍处在国际金融危机后的深度调整期，世界大变局加速演变的特征更趋明显，全球动荡源和风险点显著增多。但中国经济稳中向好、长期向好的基本趋势没有改变。明年是全面建成小康社会和“十三五”规划收官之年，要实现第一个百年奋斗目标，经济工作还是“稳”字当头，应按照中央经济工作会议精神，坚定不移贯彻新发展理念，坚决打好三大攻坚战，确保民生特别是困难群众基本生活得到有效保障和改善，继续实施积极的财政政策和稳健的货币政策，着力推动高质量发展，推动形成重点突出、优势互补高质量发展的区域经济布局，大力实施创新驱动，深化经济体制改革，推进更大范围、更宽领域、更深层次的高水平对外开放。

会议强调，要全面深入贯彻落实党的十九届四中全会精神和中央经济工作会议的部署，持续推进高质量发展和供给侧结构性改革，扩大高水平开放。要抓住机遇，把握主动，扎实工作，迎难而上，为确保全面建成小康社会和“十三五”规划圆满收官而不懈奋斗。

中央和国务院有关部门、部分省市领导，专家学者和智库代表等300余人与会交流。

（参见《光明日报》2019年12月16日第9版）

国家对外开放研究院国家风险研究中心成立暨学术研讨会 12月21日，国家对外开放研究院国家风险研究中心成立暨学术研讨会在对外经济贸易大学举行。对外经济贸易大学校长夏文斌、党委副书记李茂国、副校长王强、国家对外开放研究院执行院长林桂军、国家发展改革委国际合作中心副主任崔琳、原军委联合作战指挥中心主任等出席会议。来自国家部委、高校、业界以及校内各部门、各高校的100多位专家学者参加会议。中心揭牌启动仪式由对外经济贸易大学副校长王强主持。

国家风险研究中心执行主任李力进行了工作报告，指出中心将以强化国家风险评估能力为宗旨，为国家战略规划与实施提供高质量社会支撑，并对中心未来发展进行了规划与展望。国家风险研究中心首席科学家赵昌会进行了主题演讲，指出在时代瞬息万变、世界格局面临质变的背景下，巧妙利用国际体系，将全球化本身作为力量源泉，是国家风险研究的应有之义。

学术研讨会环节由国家风险研究中心执行主任李力主持，与会专家学者围绕国家风险研究与评估的相关议题展开交流与讨论，就国家风险研究的国内外形势和背景、国家战略需求、未来发展趋势等进行了深入的研讨与观点碰撞，并对国家风险研究中心的发展建设提供了宝贵的意见建议。

国家对外开放研究院国家风险研究中心正式启动建设，将在学校与国家发展改革委国际合作中心的指导支持下，以国家任务和市场需求为牵引，凝聚经济信息力量，强化国家风险评估能力，争取产出高质量研究成果，开展国家风险研究人才培养，更加精准有效地服务国家进一步扩大对外开放的国家战略，为国家实施“一带一路”建设提供风险评估保障和智力支撑。

（对外经济贸易大学科研处供稿）

第十届经济学前沿论坛（2019）　12月28日，由中央民族大学经济学院、中国人民大学中国经济改革与发展研究院、辽宁大学东北振兴研究中心、中国兴边富民战略研究院、经济科学出版社与中国人民大学中国民营企业研究中心联合主办的“第十届经济学前沿论坛（2019）”在中央民族大学举行，主题为“中国经济回顾和展望”。

中国社会科学院经济研究所所长，《经济研究》主编黄群慧，中国宏观经济研究院副院长、中国人民大学中国经济改革与发展研究院毕吉耀教授，清华大学社会科学学院政治经济学研究中心主任、全国人大财经委委员蔡继明教授，中国人民大学经济学院党委书记、院长刘守英教授，《经济学动态》常务副主编胡家勇，中国财经传媒出版集团副总经理吕萍，经济科学出版社党委书记、经济科学出版社社长李洪波，中国人民大学中国改革与发展研究院常务副院长高德步教授，中央民族大学党委副书记、校长黄泰岩等专家领导出席本次论坛。

专家学者围绕“中国经济回顾和展望”这一主题，分别以“中美贸易摩擦与当前经济形势”“结构转型的本质”“宏观经济形势及发展导向”“劳动生产力与价值量正相关原理的应用及扩展”“加快完善社会主义市场经济体制”“中国宏观经济回顾与展望”为题进行主题演讲。

（中央民族大学经济学院供稿）

社会学（含人口学）

《人口与劳动绿皮书：中国人口与劳动问题报告No. 19》发布会　1月3日，中国社会科学院人口与劳动经济研究所与社会科学文献出版社共同举办的《人口与劳动绿皮书：中国人口与劳动问题报告No. 19》发布会在北京举行。

绿皮书的主要观点如下：中国人口发展面临六大趋势性重大转折。其中包括劳动力变化趋势的转折、人口抚养比变化趋势的转折、生育政策的转向和生育率的回升、老龄化动力机制的转换、城镇化已进入中后期发展阶段、人口负增长时代即将到来；互联网使用对中低收入人群有重要影响。绿皮书通过研究发现：第一，个体有互联网使用行为可以使个体年劳动收入增加46.52%；第二，互联网使用对中低收入人群有显著影响，对高收入人群没有显著影响。具体来说，使用互联网让处在25%和50%分位数上的就业者的年工资水平分别提高了11950.23元和8371.39元；第三，使用互联网的中高技能劳动者收入提高了83.39%，远高于总体样本回归结果，使用互联网对低技能劳动者没有显著影响；数字经济带来就业市场新变化——数字技能成为基本就业技能、就业方式越来越弹性化、就业机会发生巨大变化、产业就业结构和区域就业结构受到显著冲击；在劳动力市场中处于相对弱势的地位的非标准就业群体是未来劳动力市场建设和改革的一个重要领域。

（中国社会科学院办公厅刘玉杰供稿）

《社会保障绿皮书（2019）》（中国社会保障发展报告）发布会暨中国社会保障发展七十年学术研讨会　2月22日，首都师范大学管理学院与中国社会科学院民族学与人类学研究所、社会科学文献出版社在北京联合主办《社会保障绿皮书（2019）》（中国社会保障发展报告）发布会暨中国社会保障发展七十年学术研讨会。会议由中国社会科学院民族学与人类学研究所所长、中国社会科学院大学教授、博士生导师王延中主持。中国社会科学院副院长、学部委员高培勇为发布会致辞并发表主旨演讲。在主旨演讲中，高培勇基于财政视角对70年来中国社会保障的发展进行了分析。全国人大常委、中国社会保障学会会长、中国人民大学教授郑功成发表主旨演讲，从“老有所养”的内涵、老龄社会结构的变化与挑战、构建高质量的养老保障制度等3个方面畅谈中国社会保障发展的70年。社会科学文献出版社谢寿光社长介绍了《社会保障绿皮书（2019）》编辑出版情况，肯定了《社会保障绿皮书（2019）》取得的成绩。中国社会保障学会副会长、浙江大学教授何文炯，中国社会保障学会副会长、西南财经大学教授林义，吉林大学宋宝安教授，西北大学席恒教授，中国社会科学院房连泉研究员等著名社会保障专家作了主题发言。与会专家学者还就中国社会保障发展70年的经验与规律进行了总结，对中国社会保障的未来改革进行了展望。

（首都师范大学社科处供稿）

人口普查调查方法研讨会　3月12日，由中国社会科学院人口与劳动经济研究所、国家发展和改革委员会、国家统计局、联合国人口基金会驻华代表处共同主办的人口普查调查方法研讨会在北京召开。来自北京大学、中国人民大学、西安交通大学、中国社会科学院、中国人口与发展研究中心等高校和科研机构的专家学者，国家发展和改革委员会、教育部、国家统计局和国家卫生与健康委员会疾控中心等行政管理部门人员，以及联合国人口基金会和联合国儿童基金会等驻华国际组织项目官员等参加会议。与会人员围绕国内外人口普查调查方法进行研讨，为中国2020年全国人口提供理论与方法参考。

（中国社会科学院办公厅刘玉杰供稿）

“网络时代的新青年”学术研讨会　4月27日，北京师范大学北京文化发展研究院在北京举办“网络时代的新青年”学术研讨会，来自高等院校、科研机构等单位的专家学者围绕网络时代青年新机遇进行交流研讨，北京大学青年研究中心主任蒋广学、北京师范大学新闻传播学院执行院长喻国明、中国人民大学社会学系教授赵延东、北京师范大学北京文化发展研究院执行院长沈湘平、北京师范大学思想政治工作研究院院长冯刚、北京网络文化协会会长庹祖海等作主题发言。

与会专家一致认为，互联网为新时代中国青年赋能赋权，要努力推动科技与文化的深度融合，不断创新产品形态，提供更多具有国际竞争力的文化精品，传播社会正能量，让网络成为促进青少年发展的好助手，为新时代的中国青年建功立业筑路铺桥。

（参见《光明日报》2019年6月3日第16版）

中国农村经济形势分析与预测研讨会暨《农村绿皮书（2018—2019）》发布会　4月28日，由中国社会科学院农村发展研究所、社会科学文献出版社和中国社会科学院城乡发展一体化智库共同主办的“中国农村经济形势分析与预测研讨会暨《农村绿皮书（2018—2019）》发布会”在中国社会科学院召开。中国社会科学院副院长、党组成员蔡昉，国务院发展研究中心农村部部长叶兴庆，农业农村部农村经济研究中心主任宋洪远，国家统计局农村社会经济调查司司长黄秉信，社会科学文献出版社副总编辑蔡继辉，中国社会科学院学部委员、农村发展研究所原所长张晓山，农村发展研究所原所长李周，农村发展研究所副所长黄超峰等领导和专家以及中国社会科学院农村发展研究所、国家统计局等单位参加绿皮书写作的研究人员、部分工作人员，国内外媒体记者参加了会议。会议由农村发展研究所所长魏后凯主持。

《农村绿皮书（2018—2019）》总结了2018年中国农业农村经济的特点，对2019年的农业农村经济形势进行展望，并对新型职业农民培育、农村土地制度改革、农村宅基地闲置情况、农地和农房融资担保等热点问题的研究结论进行了总结。

农村发展研究所所长魏后凯对会议作了总结。

（中国社会科学院办公厅刘玉杰供稿）

“新时代社会建设与社会学学科发展”主题学术活动　北京工业大学文法学部、北京市陆学艺社会学发展基金会、中国社会科学院社会学研究所、中国社会科学院社会发展战略研究院、社会科学文献出版社、中国社会学会社会建设研究专业委员会、北京社会管理研究基地于2019年6月1日在北京工业大学联合主办了以“新时代社会建设与社会学学科发展”为共同主题的学术活动，既为推进社会建设与社会学发展研究领域的学术交流，也为纪念中国著名社会学家、中国社会科学院社会学研究所前所长、北京工业大学人文社会科学学院前院长陆学艺先生。来自全国各地的专家学者和教师学生逾百人出席了此次学术活动。活动共包括3个环节：陆学艺先生塑像揭幕仪式，“新时代社会建设与社会学学科发展”学术研讨会以及第六届“社会学优秀成果”学术委员会评奖会议和

《陆学艺文集》（暂定名）编委会会议。

（北京工业大学科发院人文处张爱民供稿）

第九届中国社会治理论坛　7 月 6 日，由北京师范大学中国教育与社会发展研究院主办，北京师范大学中国社会管理研究院承办，北京市委社会工作委员会、中国社会工作联合会协办的第九届中国社会治理论坛在北京举行。全国政协原副主席李金华和北京师范大学党委书记程建平致辞。

围绕“中国社会治理现代化：70 年回顾与前瞻”的主题，国务院研究室原主任、北京师范大学中国社会管理研究院/社会学院院长魏礼群分别从治理理念、制度体系、社会体制、方式手段、社会结构、运行状态、社会景象 7 个方面梳理 70 年社会治理的进展与成就，总结了推进社会治理现代化的经验与启示：必须始终坚持党的全面领导，坚持以人民为中心，充分体现中国基本国情，全面深化社会领域改革开放，推动社会建设和其他建设协同发展，打造现代社会治理新格局，正确处理治理和民生，维稳与维权，活力和秩序，法治、德治、自治的基本关系。与会专家学者共同回顾历史成就，展望前进方向，为构建富有活力的新型社会治理体制，打造共建、共治、共享的社会治理格局贡献真知灼见。

（参见《光明日报》2019 年 7 月 7 日第 6 版）

《中国农村发展报告（2019）》发布会暨农业农村优先发展高层论坛　7 月 24 日，由中国社会科学院农村发展研究所、中国社会科学院城乡发展一体化智库和中国社会科学出版社共同主办的“《中国农村发展报告（2019）》发布会暨农业农村优先发展高层论坛”在中国社会科学院召开。中国社会科学院副院长、党组成员高培勇，国务院研究室农村司司长张顺喜，农业农村部农村经济研究中心主任宋洪远，北京市农林科学院院长李成贵，中国社会科学院学部委员、农村发展研究所原所长张晓山，农村发展研究所原所长李周等领导专家出席会议并作发言。会议分别由农村发展研究所所长魏后凯和农村发展研究所党委书记杜志雄主持。

与会专家就当前“三农”形势、深化制度改革、农业农村优先发展等内容展开了讨论。来自“三农”领域的专家以及农村发展研究所、社会科学文献出版社部分工作人员，国内外媒体记者等 90 余人参加了会议。

（中国社会科学院办公厅刘玉杰供稿）

“转型中国与中国社会学：学科 · 理论 · 实践——纪念中国社会学恢复重建四十周年”学术研讨会　8 月 28—29 日，由中国人民大学社会与人口学院、社会学理论与方法研究中心、中国调查与数据中心联合举办的“转型中国与中国社会学：学科 · 理论 · 实践——纪念中国社会学恢复重建四十周年”学术研讨会在中国人民大学召开。中国人民大学党委书记靳诺，全国人大社会建设委员会副主任、中国社会科学院学部委员、中国社会学会学术委员会主任李培林，国务院学位办副主任、教育部学位管理与研究生教育司司长洪大用，中国社会学会会长、上海研究院第一副院长李友梅出席开幕式并致辞。国际著名社会学家杜克大学讲席教授林南、康奈尔大学讲席教授倪志伟、斯坦福大学讲席教授周雪光，以及来自国内外社会学教学和研究机构的 110 余位学者参加了此次会议。会议开始前，靳诺会见了出席会议的部分嘉宾。本次学术研讨会共包括 12 场主旨演讲和 16 个会议分论坛。在主旨演讲中，12 位学者从不同角度对中国社会学恢复重建 40 年的社会转型理论与实践进行深入解读，并对中国社会学的未来发展方向与研究议题进行了引领性讨论。本次会议的分论坛涵盖社会学学科的重要研究领域与分支学科，包括社会分层与流动、现代化、城市治理、乡村发展、社会网络、工作就业、经济社会学、教育社会学、文化社会学、历史社会学、社会学理论、社会研究方法等。大家积极参与讨论，就不同的问题发表自己的看法与观点。

（中国人民大学科研处供稿）

“学科自信：走进世界的中国社会学”学术研讨会　9 月 7—8 日，由中国社会科学院社会政法学部主办、中国社会科学院社会学研究所承办、北京市陆学艺社会学发展基金会协办的“学科自信：走进世界的中国社会学”学术研讨会在北京召开。会议是社会学界第一次专门以学科自信为主题的学术讨论会，旨在立足于中国社会发展的历史与现实，推进与国际社会学乃至世界多元文化的对话与会通，提升中国社会学的国际话语权，增强中国社会学学科自信。

（中国社会科学院办公厅刘玉杰供稿）

“老龄化背景下的中日家庭变迁与社会支持”国际学术研讨会　9 月 21 日，由中国社会科学院日本研究所主办、中国社会科学院社会学研究所协办的“老龄化背景下的中日家庭变迁与社会支持”国际学术研讨会在北京召开。来自京都大学、东京大学、中央大学、关西大学、九州大学等日本多家大学以及民政部、北京协力人口与社会发展研究所、中国人民大学、中央财经大学、北京外国语大学、上海社会科学院、华中科技大学、南开大学、南京大学、中山大学、哈尔滨师范大学的专家学者、媒体代表共计80余人出席了研讨会。

研讨会共分“老龄化社会和家庭面临的新课题”“照料与性别”“代际关系及其变迁”“养老、福利与家庭政策”4个单元，旨在探讨老龄化、少子化的背景下，同属东亚文化圈的中日两国在应对少子老龄化和家庭变迁方面各自的问题和经验。

（中国社会科学院办公厅刘玉杰供稿）

第三届国家治理研究智库高端论坛（2019） 10月11日，由中国社会科学院社会政法学部、中国社会科学院国家治理研究智库主办，中国社会科学院新闻与传播研究所承办的第三届国家治理研究智库高端论坛（2019）在北京举行。中国社会科学院副院长、党组成员高培勇，中国社会科学院国家治理研究智库理事长李培林出席会议并致辞。

此次论坛分为“意义和价值：国家治理研究指标构建的必要性”“国家治理研究的指标体系构建：基于社科院的经验”“负责任和创新：指标体系建立的准则”“数据获取：指标体系建设所需要的数据支持”4个单元。来自中国社会科学院法学研究所、国际法研究所、政治学研究所、社会学研究所、社会发展战略研究院、民族学与人类学研究所、新闻与传播研究所的12位专家学者在各单元作了主题发言。

新闻与传播研究所所长唐绪军在作论坛总结时说，9月24日习近平总书记在主持中央政治局第十七次集体学习时强调，要继续沿着党和人民开辟的正确道路前进，不断推进国家治理体系和治理能力现代化。作为国家治理研究智库的专家学者，我们一定要学会掌握大数据、运用大数据，为推进国家治理体系和治理能力现代化贡献我们的智慧。

中国社会科学院科研局局长马援，信息情报研究院党委书记、院长王灵桂，社会发展战略研究院院长张翼，社会学研究所党委书记穆林霞、所长陈光金，政治学研究所党委书记房宁、所长张树华，法学研究所所长陈甦，国际法研究所所长莫纪宏，民族学与人类学研究所所长王延中，新闻与传播研究所党委书记赵天晓、副所长季为民及各所代表和媒体记者近百人参加了此次论坛。

（中国社会科学院办公厅刘玉杰供稿）

2019中国工会·劳动关系论坛 10月12日，2019中国工会·劳动关系论坛在中国劳动关系学院举行。本届论坛的主题为“数字经济·体面劳动·工会改革”，是建校70周年校庆的重磅学术活动之一。中华全国总工会党组成员、经费审查委员会主任李晓钟，国务院参事室特约研究员、中国劳动学会会长、国家人社部原党组副书记、常务副部长杨志明，中华全国总工会研究室主任吕国泉，中国劳动和社会保障科学研究院副院长莫荣，中国劳动关系学院党委书记刘向兵，副校长刘玉方出席会议。来自德国、澳大利亚、日本、韩国，北京交通大学、上海财经大学、首都经济贸易大学、福州大学、湘潭大学等国内外高校、科研院所，部分工会干校以及地方工会等100余位专家、学者参加了论坛。李晓钟主任、刘向兵书记先后致开幕辞，刘玉方副校长主持开幕式。

本届论坛先后举行了3场主题演讲，18位国内外专家作大会发言。中国劳动关系学院党委常委、工会学院院长杨冬梅教授、国际交流合作处处长乔健副教授、林燕玲教授分别主持了3场论坛。中国劳动关系学院党委常委、科研处处长燕晓飞教授作论坛总结。本届论坛共收到会议论文30余篇，与会者畅所欲言、讨论热烈、交流充分，促进了国内外学者在工会和劳动关系学术领域的交流。

（中国劳动关系学院科研处供稿）

第五届栗林社会学青年论坛 10月19—20日，由中国社会科学院社会学研究所、中国社会科学院社会发展战略研究院联合主办，《社会学研究》《社会》《社会发展研究》《青年研究》《中国青年研究》等学术期刊协办的第五届栗林社会学青年论坛在北京召开。

栗林社会学青年论坛始于2015年，由中国社会科学院社会学研究所发起，旨在推动社会学学科基本建设，促进青年社会学学者的学术交流。开幕式上，来自中国社会科学院、北京大学、清华大学、中国人民大学、浙江大学、上海大学、华南理工大学等高校和科研院所的社会学青年学者在论坛作了主旨发言，中国社会科学院的何蓉、杨典、葛道顺研究员以及华中师范大学的符平教授进行了点评。

论坛还设立了5个分论坛：流动（移民）与劳动

过程；社会治理与国家治理；经济与组织；婚姻、家庭与性别；社会心理与文化。来自中国社科院、清华大学、北京大学、南京大学、中山大学、武汉大学、上海大学等 30 多所高校的 50 余位青年学者在论坛上进行了精彩发言和讨论。栗林论坛自公开征稿以来，论坛组委会收到了 100 余篇选题精致、故事新颖、论证严谨的高水平学术论文。经过论坛学术评议委员会对投稿论文的认真甄选和评审，确定入选论文 50 余篇。最终由论坛青年学术评议组匿名投票，评出投稿给栗林论坛的高质量论文 6 篇。

（中国社会科学院办公厅刘玉杰供稿）

第二届人口发展战略研讨会　11 月 12 日，以“人口老龄化与大城市养老服务体系建设”为主题的第二届人口发展战略研讨会在北京召开，全国政协副主席、农工党中央常务副主席何维，北京市政协主席吉林在开幕式上致辞。

何维致辞指出，推进大城市养老服务体系建设，要推动居家社区机构养老相结合、医养康养相衔接的养老体系建设；要将服务理念从以治病为中心转变为以健康为中心；要完善政策体制机制保障，实现政府、社会、家庭等共同发力；要弘扬尊老、孝老、敬老文化，发挥老年群体优势，推进养老事业和养老产业融合发展。农工党中央积极响应、深入贯彻中共十九大精神，将人口问题置于政治、经济、社会、文化、生态等更广阔的领域开展研究，并创办人口发展战略研讨会，努力将其打造成为一个学术界与实务界互动交流的桥梁、民主党派与社会各界凝聚共识的平台。希望与会同志以解决问题为导向，围绕会议主题建睿智之言、献务实之策。

吉林致辞说，人口发展战略意义重大，事关全局，对于文明延续、社会进步、经济发展有着深远的影响。希望本届研讨会为养老立法、养老规划等顶层设计提供有益的理论研究，为构建让老年人有归属感的服务体系提供有价值的建议，为发展养老服务产业提供切实可行的经验借鉴。

农工党中央、国家卫生健康委、中国社会科学院及北京市领导出席。

（参见《北京日报》2019 年 11 月 13 日第 1 版）

“农村发展与农业生产方式转型”国际学术研讨会　11 月 18—19 日，由农村发展研究所主办的“农村发展与农业生产方式转型”国际学术研讨会在北京召开。中国社会科学院副院长高培勇出席会议并发表演讲，农村发展研究所所长魏后凯致辞并作主题报告，农村发展研究所党委书记杜志雄作主题报告及会议总结。来自农村发展研究所、中国农业大学、中国人民大学、南京农业大学、清华大学、北京大学，以及英国、德国、韩国等国内外知名专家等约 100 人参加了会议。会议围绕发展与反贫困、制度改革与区域发展、土地流转的历史与现状、非农就业与城镇化、可持续发展与食物安全、知识生产与教育、人才与基层组织振兴、农业生产方式转型等议题进行了研讨。

（中国社会科学院办公厅刘玉杰供稿）

“城乡发展与社会治理现代化”研讨会　12 月 7 日，由国务院参事室社会调查中心、中央民族大学民族学与社会学学院共同主办的“城乡发展与社会治理现代化”研讨会在北京举办。会上揭晓了第三届“费孝通田野调查奖”获奖名单，并宣布第四届“费孝通田野调查奖”征文活动启动。

第三届“费孝通田野调查奖”征文活动历时 7 个月，收到稿件约 4000 篇，选题涉及快递小哥、家政工、网约车司机等社会群体，以及居家智慧养老、器官捐献移植等社会行为。经过初筛、审阅、终审、公示等环节，最终评选出一等奖 5 篇、二等奖 10 篇、三等奖 21 篇、优秀奖 18 篇。

（参见《人民日报》2019 年 12 月 10 日第 12 版）

法　学

首届全球治理卓越法律人才培养高端论坛　3 月 16 日，由中国法学会法学教育研究会和对外经济贸易大学法学院联合主办的“首届全球治理卓越法律人才培养高端论坛”在对外经济贸易大学举行。中国法学会副会长、中国法学会法学教育研究会会长张文显教授出席了会议。本次论坛以“全球治理卓越法律人才培养”为主题，来自北京大学、中国人民大学、中国政法大学等40余所高校法学院的专家学者围绕“全球治理卓越法律人才培养模式探索”“全球治理卓越法律人才培养课程设置”“全球治理卓越法律人才培养实践分享”等相关议题进行了交流。

（对外经济贸易大学科研处供稿）

4·15全民国家安全教育日专家研讨会 4月12日，“4·15全民国家安全教育日专家研讨会”在中国社会科学院召开。

研讨会由北京市委全面依法治市委员会守法普法协调小组、北京市委国安办、北京市委宣传部、北京市司法局、北京市法学会联合主办，中国社会科学院法学所、国际法研究所协办，法学研究所法治宣传教育与公法研究中心承办。会议围绕国家安全教育，以及数据安全、经济安全、人民安全、国家安全法域外适用、中国海外安全利益保护、反恐法等国家安全重点领域的重要法律问题进行研讨。

北京市法学会副巡视员刘朝茂致开场辞并主持会议研讨。中国社会科学院国际法研究所所长莫纪宏研究员以“数据安全的立法保障”为题进行了发言。中国社会科学院法学研究所法治战略研究部李忠主任作题为“加强国家安全教育的几点思考”的发言。清华大学于安教授以“国家经济安全的保障”为题进行了发言。首都师范大学郑贤君教授的发言题目为“人民安全是国家安全的宗旨之内涵解读”。中国社会科学院国际法研究所刘小妹研究员的发言题目为“国家安全法域外适用的若干问题”。中国政法大学林鸿潮教授作题为“反恐行政执法中的比例原则”的发言。中国社会科学院国际法研究所副研究员戴瑞君作题为“中国海外安全利益保护”的发言。

（中国社会科学院办公厅刘玉杰供稿）

两岸共同市场建设中的法律问题学术研讨会 4月19日，由中国法学会海峡两岸法学研究会与中国政法大学比较法学研究院、港澳台法学研究所联合主办的“两岸共同市场建设中的法律问题”研讨会于中国政法大学召开。会议邀请来自海峡两岸法律、经济、社会等领域的专家学者，共同探讨建设两岸共同市场中的法律问题，以期促进两岸经济融合、共同发展。此次会议也是比较法学研究院“比较法传承与发展”暨建院十周年系列学术活动首场研讨会。

研讨分为3个阶段：第一阶段以“开拓两岸共同市场的制度与法律路径”为议题；第二阶段以“开拓两岸共同市场的法律障碍与权益保护”为议题；第三阶段主题为“开拓两岸共同市场的法律服务”。通过本次会议，两岸同仁对“两岸共同市场建立”的必要性与紧迫性有了进一步认识，并就建构中具体的法律问题展开了针对性的讨论。

（中国政法大学科研处供稿）

第二届海事法治圆桌会议 4月19日，“第二届海事法治圆桌会议”在北京召开。会议由中国社会科学院国际法研究所主办，最高人民法院“一带一路”司法研究基地承办。来自最高人民法院、交通运输部、中国社会科学院等司法系统、政府部门、科研机构、行业协会、学会、仲裁机构、相关企业和律师界的60余名代表参加了会议。会议围绕“船舶污染损害赔偿责任”立法和“船舶污染损害赔偿责任”实务问题进行了讨论。会议认为，《海商法》修改要充分借鉴国际公约，但是要理解公约条款原意，不能以讹传讹；修订稿要注意相关章节的协调关系，建议可以组织司法界人士，从司法审判实践角度出发，对修订稿提出相关建议。

（中国社会科学院办公厅刘玉杰供稿）

《证据科学论纲》首发式暨证据科学理论研讨会 5月20日，由中国政法大学证据科学研究院主办的《证据科学论纲》首发式暨证据科学理论研讨会在中国政法大学召开。中国政法大学终身教授、证据科学研究院名誉院长陈光中教授，中国政法大学证据科学研究院教授、证据科学研究院名誉院长张保生教授作了会议基调发言。来自北京大学、中国人民大学、中国政法大学、中国社会科学院法学研究所、四川大学、吉林大学、中国人民公安大学、西南财经大学、南京审计大学、福建师范大学等机构的40多位代表参加了本次研讨会。与会代表围绕证据科学论纲、证明的理论与实践问题、科学证据、以审判为中心的证据制度、证据科学前沿问题等6个专题展开深入而热烈的讨论。

张保生教授指出，《证据科学论纲》的十章八论为学术界提供了一个可供批判的靶子。随着未来研究的深入，希望有更多学者加入证据科学的研究队伍，共同推进中国证据法治建设。

（中国政法大学科研处供稿）

首届财税公益诉讼研讨会　5月25日，首届财税公益诉讼研讨会在首都经济贸易大学召开。本届论坛由中国法学会财税法学研究会主办，首都经济贸易大学法学院承办。来自全国各地的高校学者、法官、检察官、律师等齐聚一堂，围绕财税公益诉讼法律实务、法学理论以及司法制度优化等内容展开讨论。

论坛“个案研讨”环节，共有4位嘉宾进行演讲，讨论的第一个案例是“兰州市检察院诉兰州税局不履行法定职责”案，第二个案例是“检察院诉粮食局、财政局案”。

（首都经济贸易大学科研处供稿）

商标法律制度完善相关问题研讨会　6月15日，由中国社会科学院知识产权中心和中国知识产权培训中心联合主办的商标法律制度完善相关问题研讨会在北京举行。来自最高人民法院、国家知识产权局、天津市高级人民法院、北京知识产权法院、清华大学、中央财经大学、华东政法大学、中华商标协会等全国各地高等院校和研究单位的专家学者和实务工作者50余人参加了研讨会。

研讨会开幕式由中国社会科学院知识产权中心李明德教授主持，国家知识产权局条法司吕志华副司长、中国知识产权培训中心孙玮主任作开幕致辞。

第一阶段主题为“商标法全面修改重点问题”，由国家知识产权局条法司条法二处胡安琪处长主持，中国社会科学院知识产权中心管育鹰教授、华东政法大学王莲峰教授、中央财经大学杜颖教授、中华商标协会课题组的吴传涛先生和沈春湘先生等作主题发言。

第二阶段主题为“商标法适用中的实践”，由万慧达北翔集团黄晖博士主持，最高人民法院民事审判第三庭郎贵梅法官、清华大学吴伟光副教授、暨南大学许清博士、中国社会科学院大学刘晓春博士、中国社会科学院知识产权研究中心张鹏博士作主题发言。

第三阶段主题为“商标法与关联制度的理论探讨”，由中国社会科学院知识产权中心的周林教授主持，由苏州大学董炳和教授、天津大学管荣齐副教授、西南政法大学邓宏光教授、日本知识产权研究所井手李咲博士、国家知识产权局发展研究中心顾昕博士作主题发言。

在研讨会闭幕式上，中国社会科学院知识产权中心李明德教授、管育鹰教授作总结发言。

（中国社会科学院办公厅刘玉杰供稿）

中国财经法治论坛（2019）　6月17日，由中央财经大学法学院主办的中国财经法治论坛（2019）在中央财经大学举行。来自全国人大、最高人民法院、最高人民检察院、财政部、司法部、商务部、国家市场监管总局等法治实践部门的专家以及来自北京大学、清华大学、中国人民大学、武汉大学、中国政法大学、吉林大学等高校的学者出席论坛。

论坛邀请全国人大常委会委员、全国人大监察和司法委员会副主任委员徐显明教授，中国人民大学常务副校长王利明教授，最高人民法院审判委员会副部级专职委员贺小荣分别作主题演讲。与会学者围绕“依法治国的新理念新思想新战略”“民法典编纂对产权保护的重要意义”“法治是最好的营商环境”“完善产权保护制度依法保护产权”等问题进行了交流与探讨。

（中央财经大学科研处供稿）

“科技与法律：人工智能的法律思考”学术研讨会　6月18日，由中国政法大学比较法学研究院主办、《比较法研究》编辑部承办的“科技与法律：人工智能的法律思考”学术研讨会在北京举行。来自《中国社会科学》《法学研究》《中国法学》《新华文摘》《中共中央党校（国家行政学院）学报》《环球法律评论》《法学杂志》《法学家》《中外法学》《清华法学》《政法论坛》《比较法研究》等期刊的资深编辑和来自山东大学、西安交通大学、安徽大学、重庆大学、中国政法大学等单位的专家学者共60余人参加会议。

中国政法大学副校长时建中教授，中国社会科学院法学研究所副所长周汉华研究员，中国社会科学院法学研究所张广兴研究员出席会议并致辞。会议对提交的论文进行了评析，对与人工智能相关的法律问题进行了深入的研讨。此次研讨会也是“比较法传承与发展”暨中国政法大学比较法学研究院建院十周年系列学术活动之一。

（中国政法大学科研处供稿）

“新中国70年：学术期刊与法治进程”学术研讨会　6月29日，由《中国政法大学学报》编辑部主办、东方毅集团和方象知产研究院协办的“新中国70年：学术期刊与法治进程”学术研讨会在北京举行。

《中国政法大学学报》主编曹明德教授主持开幕式。中国政法大学副校长时建中、中国政法大学科研处处长栗峥、方象知产研究院理事长訾英韬以及东方毅集团董事长东方毅先后致辞。

研讨会邀请到来自学术界、期刊界和实务界的嘉宾，就学术期刊与法治进程的相关问题展开交流，共分4个单元：

第一单元讨论“学术期刊与社会进步”，由中国政法大学教务处副处长王强主持。第二单元聚焦于“学术期刊与社会进步”，由中国政法大学刑事司法学院院长汪海燕主持。第三单元以“法学研究与法治进程”为主题，由天津大学法学院院长、中国法学会环境资源法研究会副会长孙佑海主持。第四单元聚焦于“法治实践与理论期许”，由北京市法学会研究室主任王秀海主持。

《中国政法大学学报》副主编陈景善主持了会议闭幕式。

（中国政法大学科研处供稿）

美国法上的长臂管辖权专题研讨会　7月11日，国际法学院院庆三十周年系列活动——美国法上的长臂管辖权专题研讨会在中国政法大学举行。本次专题研讨会由中国政法大学国际法学院和中国国际法学会联合主办，中国国际法学会会长黄进教授，中国政法大学国际法学院院长孔庆江教授，国际法学院霍政欣教授、马呈元教授、朱利江教授、祁欢教授、范晓波教授等和来自各个知名法学院校的专家学者围绕长臂管辖权的相关议题展开了深入讨论。

研讨会分为4个议题：长臂管辖权的概念、性质与功能，长臂管辖权的实践，美国长臂管辖权的国际合法性，中国的应对与建设。

（中国政法大学科研处供稿）

“一带一路”营商环境、法律风险与法律服务高端论坛（2019）　7月28日，由中国社会科学院法学研究所、法学研究所私法研究中心主办的“‘一带一路’营商环境、法律风险与法律服务高端论坛（2019）”在北京举行。“一带一路”领域专家学者及相关企业法务负责人，围绕“一带一路”沿线国家营商环境、法律风险等相关问题及解决方案、发展前景展开讨论。

在主论坛上，与会专家和企业法律负责人建议，相关主体要提升自身法律风险管控能力，要以全球化的视野和思维，更加重视风险管控工作，把法律风险评估与市场评估、技术评估放到同等重要的位置，要把风险管理嵌入项目前中后全业务流程，确保风险管控贯穿于项目前期尽职调查、立项决策、谈判签约和施工运营等全过程中，将风险降到最小。

论坛上还介绍了由中国法制出版社承建的“‘一带一路’投资与贸易法律服务平台”。该平台主要包括7个模块，即前沿理论库、国情研究库、域外法律法规库、我国政策法规库、国际合作库、典型案例库、争端预防与解决库，旨在为相关机构在“一带一路”投资与贸易过程中遇到的法律问题提供好智力支持和决策服务。

论坛还分设了能源矿产类、物流贸易类、信息科技类、文化教育类、工程建设类、银行金融类6个分论坛，探讨这6个领域内“一带一路”投资与贸易相关法律问题。

（中国社会科学院办公厅刘玉杰供稿）

“法适用视角的民法典编纂”研讨会　7月29日，由中国社会科学院法学研究所私法研究中心主办的“法适用视角的民法典编纂”研讨会在北京召开。会议邀请了来自清华大学、北京大学、中国人民大学、北京航空航天大学、北京理工大学、中国政法大学、华东政法大学、西南政法大学、西北政法大学、上海交通大学、上海财经大学、天津大学、山东大学、苏州大学、海南大学、广东外语外贸大学、中国社会科学院法学研究所等高等院校、科研单位的专家学者，共计50余人参会。全国人大宪法和法律委员会委员、中国社会科学院学部委员、中国法学会民法学研究会常务副会长孙宪忠研究员出席了会议。

研讨会开幕式由中国社会科学院法学研究所民法室主任、中国法学会民法学研究会副会长谢鸿飞研究员主持，中国社会科学院学部委员孙宪忠研究员作题为“追求民法科学性是我们当代的使命”的致辞。

研讨会分5个专题研讨环节：

专题研讨一对民法典整体立法思维和物权编立法技术进行了讨论，由中国社会科学院法学研究所邹海林研究员主持。清华大学耿林副教授作题为“民法典制定中的哲学理念”的发言；中国政法大学于飞教授作题为“三权分置在民法典物权编上的法律表达”的发言；上海财经大学李宇副教授作题为“增强民事财产法体系开放性的若干建议”的发言。

专题研讨二对民法典合同编中债与合同相关规范进行了讨论，由中国人民大学法学院高圣平教授主持。清华大学韩世远教授作题为“合同法的现代化”

的发言；河南财经政法大学徐强胜教授作“合同编二审稿‘合同订立’章部分的商法解读”的发言；苏州大学李中原教授作题为“共有之债的理论解析”的发言。

专题研讨三对合同编与物权编规范细节进行了讨论，由海南大学法学院教授刘道远主持。山东建筑大学郝丽燕副教授作题为“违约方解除权的误区”发言；上海交通大学副教授庄加园作题为“留置抗辩权的构建”的发言。

专题研讨四对民法典侵权责任编规范进行了讨论，由华东政法大学韩强教授主持。苏州大学方新军教授作题为“侵权责任抗辩事由的融贯性”的发言；北京航空航天大学李昊副教授作题为“侵权责任编评注与侵权责任案例汇编”的发言。

专题研讨五对民法典婚姻家庭编及继承编进行了讨论，由中国社会科学院法学研究所薛宁兰研究员主持。山东大学法学院王丽萍教授对民法典婚姻家庭编草案提出建议；上海财经大学法学院叶名怡教授对夫妻财产协议类型作出了阐释；中国社会科学院法学研究所邓丽副研究员提出应建立立体收养制度体系。

（中国社会科学院办公厅刘玉杰供稿）

第十八届中日比较法研讨会　9月4日，第十八届中日比较法研讨会在中国社会科学院举行。会议由中国社会科学院法学研究所主办，主题为“新技术与法”，来自日本早稻田大学，清华大学，中国人民大学，北京大学，中国政法大学，中国社会科学院法学研究所、国际法研究所的近40名中日学者参加会议。会议围绕“新技术与商法”“新技术与民法”“新技术与刑法”“新技术与诉讼法”等前沿议题展开研讨。

中国社会科学院法学研究所副所长周汉华研究员主持研讨会开幕式。中国社会科学院学部委员、法学研究所所长陈甦研究员在开幕式上致辞。早稻田大学比较法研究所副所长黑沼悦郎教授在开幕式上代表日方学者致辞。

研讨会共分为4个单元。主题分别为“新技术与商法”“新技术与民法”“新技术与刑法”“新技术与诉讼法”。

（中国社会科学院办公厅刘玉杰供稿）

中德刑事法前沿问题国际研讨会　9月15日，由中国政法大学刑事司法学院主办、中国政法大学刑事司法学院刑法学研究所承办的“中德刑事法前沿问题国际研讨会”在京召开。

研讨会邀请了来自德国马普外国和国际刑法研究所阿尔布莱希特教授，帕绍大学博伊尔克教授，奥斯纳布鲁克大学葛祥林教授，波鸿鲁尔大学艾克斯坦教授、格肯洋教授，马尔堡大学普实克教授等德方专家学者。同时，来自北京大学、清华大学、中国人民大学、北京师范大学、中国政法大学、天津大学、西安交通大学、中国矿业大学、湖南大学等10余所高校的刑法学专家以及京内高校30余名博士生、硕士生共同参与。

会议开幕式由中国政法大学刑事司法学院副院长赵天红教授主持，中国政法大学曲新久教授、德国马普外国和国际刑法研究所阿尔布莱希特教授分别致辞。会议共分为5个主题研讨单元，包括刑罚量刑规则、帮助他人自杀问题研究、特殊诈骗问题研究、电脑游戏中犯罪问题以及刑法中的风险评估。

第一单位议题为“刑罚量刑规则”。第二单元议题为“帮助他人自杀问题研究”。第三单元议题为“特殊诈骗问题研究”。第四单元议题为“电脑游戏中犯罪问题”。第五单位议题为“刑法中的风险评估”。

（中国政法大学科研处供稿）

中国—拉美国家国际法治论坛　9月21日，中国社会科学院国际法研究所主办，中国社会科学院法学研究所法治宣传教育与公法研究中心、中国民主法制出版社法律应用分社、社会科学文献出版社和盈科律师事务所联合承办的“中国—拉美国家国际法治论坛”在北京举行。全国人民代表大会社会建设委员会副主任、中国社会科学院学部委员李培林，中国社会科学院科研局局长马援，社会科学文献出版社社长谢寿光，中国社会科学院法学研究所、国际法研究所联合党委书记陈国平，墨西哥国立自治大学教授赫克托·安都乐·奥罗佩扎·加西亚，盈科律师事务所全球合伙人杨琳出席会议并致辞。来自全国人大、中国社会科学院、社会科学文献出版社、盈科律师事务所、中国民主法制出版社、国际关系学院、北京理工大学、香港大学、中国政法大学、吉林大学、中国劳动关系学院、首都经济贸易大学、南昌大学法学院的领导和专家，以及来自秘鲁、墨西哥、智利、哥伦比亚、阿根廷、克罗地亚、德国的学者共60余人出席本次论坛。中国社会科学院国际法研究所所长莫纪宏研究员主持开幕式。

中外学者分别就中拉合作构建人类命运共同体、中拉人权观与人权保障、“一带一路”倡议与中拉法律交流、国际法秩序维护与中拉合作参与、国际经济秩序变革与中拉合作应对等议题进行深入交流探讨。

（中国社会科学院办公厅刘玉杰供稿）

“一带一路”国际法治论坛 10月12日，中国社会科学院国际法研究所主办，中国社会科学院法学研究所法治宣传教育与公法研究中心、中国民主法制出版社法律应用分社、社会科学文献出版社和盈科律师事务所联合承办的“‘一带一路’国际法治论坛”在北京举行。中国社会科学院副院长、学部委员高培勇，中国社会科学院法学研究所、国际法研究所联合党委书记陈国平，韩国公法研究会前会长、韩国岭南大学教授朴仁洙，盈科律师事务所创始合伙人、全球合伙人、全球董事会主席梅向荣，巴西马拉尼昂州检察院检察官、巴西联邦马拉尼昂大学教授柴湾出席会议并致辞。中国社会科学院国际法研究所所长莫纪宏研究员主持开幕式。

中国社会科学院国际法研究所副所长柳华文研究员主持论坛主旨发言环节。中联部当代世界研究中心主任、“一带一路”国际智库合作联盟理事会秘书长金鑫以“‘一带一路’建设中的法律风险认识与防范”为题，韩国岭南大学教授朴仁洙以“第四次工业革命下的国际合作与法治发展”为题，中国社会科学院西亚非洲研究所副所长王林聪研究员以“中非合作与中国非洲研究院”为题，辽宁大学副校长杨松教授以“‘一带一路’倡议下国际投资争议协同治理机制的构建”为题，北京理工大学法学院院长李寿平教授以“现代国际法中的国际合作原则”为题，盈科全球董事会执行主任杨琳以“法治建设与外国投资”为题，中国社会科学院国际法研究所廖凡研究员以“国家主权、正当程序与多边主义”为题作主旨发言。

“一带一路”国际法治论坛系国际法研究所十周年所庆系列学术活动之一，来自中国、日本、韩国、印度、巴西、意大利等国高校、科研机构和实务界的50余位专家学者与会研讨。中外学者就“一带一路”与国际法治创新、“一带一路”争端解决与国际商事仲裁、“一带一路”经贸法律风险与防范、“一带一路”法律共同体合作机制等议题展开研讨。

（中国社会科学院办公厅刘玉杰供稿）

“新中国劳动法70年：历史、选择与趋势”学术研讨会 10月14日，“新中国劳动法70年：历史、选择与趋势”学术研讨会在北京举行。研讨会由中国劳动关系学院法学院、劳动法与工会法研究中心主办，中国社会法学院研究会及劳动法学分会指导举办。校党委书记刘向兵出席会议。来自中华全国总工会、人社部劳科院、北京市第二中级人民法院、三亚市劳动人事争议仲裁院、北京市兰台律师事务所等单位的40余位专家，来自德国波恩大学、北京大学、中国人民大学、清华大学、吉林大学、中国社会科学院、武汉大学、中国政法大学等近20所高校的学者参加研讨。

会上，还举行了中国劳动法文库首卷及《中国劳动关系学院校庆法学文集》的发布会。刘向兵和叶静漪教授共同为新书发布揭幕。

（中国劳动关系学院科研处供稿）

第二届“生态文明与自然资源法治——全国林业和草原法治建设”研讨会 10月19日，第二届“生态文明与自然资源法治——全国林业和草原法治建设学术研讨会”在北京举办。会议由北京林业大学主办。北京林业大学人文学院、草业与草原学院联合承办。来自最高人民检察院、国家林业和草原局、内蒙古自治区人民政府、北京市第一中级人民法院、东北师范大学、东北林业大学、中国地质大学（武汉）等26家管理机构、高等院校和社会组织的林业和草原法治研究领域的60余名代表参加了会议。

北京林业大学校长安黎哲、国家林业和草原局办公室副主任李淑新出席了开幕式并致辞，指出，“山水林田湖草”是一个生命共同体，森林和草原法治建设作为桥梁和纽带，连接了“生态文明”和“依法治国”两大国家战略。希望会议能够为林业和草原法治保障提供有针对性的实践对策和强有力的理论支撑，为国家生态文明制度体系建设贡献出更多的北林智慧和北林方案。

内蒙古自治区人民政府原副主席郝益东、最高人民检察院三级高级检察官刘家璞、国家林业和草原局草原管理司副司长李拥军、北京市第一中级人民法院行政庭庭长薛峰等4位专家作了主旨发言。与会专家共同研讨生态文明时代背景下的“全国林业和草原法治建设”，就林业与草原法治方面的权利设计、利益保护、制度构建、规则执行、法律适用、责任追究等实体和程序性规则进行了深入探讨，分享了不同研究领域的最新研究成果。

“生态文明与自然资源法治学术研讨会”每年举办一届，今年以“全国林业和草原法治建设”为学术研讨主题，广泛征集了学术论文，并已结集成册，将作为“面向生态文明的林业和草原法治”丛书系列出版发行。

（北京林业大学人文学院供稿）

2019年海峡两岸暨港澳法律发展学术研讨会　10月25—26日，“2019年海峡两岸暨港澳法律发展学术研讨会”在北京大学举办。中国台湾地区“中研院”法律学研究所副所长简资修研究员、张永健研究员、许家馨副研究员、吴全峰副研究员，澳门大学法学院税兵教授、朱琳琳高级导师，香港大学法学院张宪初教授、刘雯婷讲师，华东政法大学陈越峰教授，上海财经大学法学院胡凌副教授，中国海洋大学法学院戴昕教授，中国人民大学法学院丁晓东副教授、熊丙万副教授，北京师范大学法学院汪庆华教授，中国社会科学院大学法学院韩伟副教授，北京大学法学院院长潘剑锋教授、副院长薛军教授、刘银良教授、陈永生教授、高薇副教授，院长助理彭錞助理教授、余佳楠博士后共同出席会议。本次研讨会以“信息时代的法律与法学”为主题，分6个单元进行讨论。

（北京大学社会科学部供稿）

“回顾与前瞻：中国法律史学研究七十年”学术研讨会　10月26—27日，由中国政法大学法律史学研究院主办、中国法律史学会中国法制史专业委员会协办的“回顾与前瞻：中国法律史学研究七十年”学术研讨会在北京召开。

此次会议旨在回顾七十年来中国法律史学研究进程、总结研究方法、交流学术新见、前瞻学科发展，来自中国政法大学、中国社会科学院、北京大学、清华大学、中国人民大学、北京师范大学、吉林大学、武汉大学、南京大学、华东政法大学、中南财经政法大学、海南大学、西北政法大学、上海师范大学等28所高校或研究机构的百余名专家学者共襄盛会，提交学术论文50篇，其中29篇进行了专题报告。

（中国政法大学科研处供稿）

构建人类命运共同体与国际法治国际研讨会　10月30日，中国社会科学院国际法研究所建所10周年的构建人类命运共同体与国际法治国际研讨会在北京举行。本次国际研讨会由中国社会科学院主办，中国社会科学院国际法研究所承办，盈科律师事务所、中国民主法制出版社法律应用分社、社会科学文献出版社协办。中国社会科学院院党组成员、副院长高培勇，全国人大常委会法制工作委员会副主任许安标，最高人民法院副院长杨万明，世界贸易组织上诉机构前主席张月姣，联合国国际法委员会委员黄惠康等出席会议并致辞。中国法学会副会长、中国国际法学会会长黄进以“新中国七十年的国际法治实践”为题，联合国贸易法委员会秘书长安娜·朱宾·布雷特以“多边主义与可持续发展”为题，海牙国际私法会议秘书长克里斯托弗·伯纳斯科尼以“海牙国际私法会议对有效多边主义的贡献”为题，中国社会科学院国际法研究所原所长陈泽宪以“人类命运共同体：国家法治与国际法治”为题作主旨发言。与会专家学者还围绕“现代国际法基本理论”“‘一带一路’建设”“国际私法新发展”“人权法的发展与实践”“国际经贸合作”“国际法上的个人”“空间、海洋法治”“国际商事争端解决”“监管与发展”“可持续发展”“国际争端解决”“国际贸易争端”等议题展开深入研讨。

来自联合国和世界贸易组织有关机构的专家，以及来自中国、美国、英国、法国、德国、巴西、韩国、瑞士、瑞典、俄罗斯、加拿大、匈牙利、澳大利亚、新西兰、塞尔维亚、埃塞俄比亚以及中国台湾、中国香港等近20个国家和地区的120余名专家学者出席会议。

（中国社会科学院办公厅刘玉杰供稿）

中俄立法的发展与完善国际学术研讨会　11月2日，中国政法大学比较法学研究院与黑龙江大学法学院在北京联合举办了中俄立法的发展与完善国际学术研讨会。来自中俄两国多所高校和机构的专家学者及专门从事对俄业务的律师共60余人参会。

会议开幕式由比较法学研究院王志华教授主持。中国政法大学校长马怀德教授、俄罗斯功勋法学家远东联邦大学Коробеев А. И. 教授、黑龙江大学法学院院长哈书菊教授和比较法学研究院解志勇教授先后致辞。

与会学者围绕“私法”“刑法”“宪法行政法”“理论与实践”4个单元进行专题讨论。私法专题部分，中俄学者对俄罗斯民事立法的历史与现状进行了回顾分析，并探讨了对中国正在制定的民法典的借鉴意义。刑法专题单元，中俄学者的讨论主要围绕俄罗斯刑事立法对中国法的影响，俄罗斯的死刑废除以及刑事责任年龄等问题。宪法行政法专题部分，中俄学者主要讨论了苏维埃时期的宪法监督制度以及行政程序立法在俄罗斯的发展等问题。最后一个理论与实践单元，涉及比较法的一般理论和各种具体制度以及在实践中的应用，学者们尤其关注两国的经济立法和未来发展趋势。

（中国政法大学科研处供稿）

社会变迁与刑法学发展——庆祝新中国成立70周年学术研讨会　11月2—3日，中国社会科学院法学研究所主办的“社会变迁与刑法学发展——庆祝新中国成立70周年学术研讨会”在中国社会科学院举行。来自中国社会科学院、北京大学、清华大学、中国人民大学、中国政法大学等全国40余所高校、科研院所和全国人大常委会法工委、最高人民法院、最高人民检察院、公安部、司法部等实务界近百名专家参加研讨。

会议开幕式由中国社科院法学研究所刑法室主任刘仁文研究员主持，中国社会科学院法学研究所所长陈甦研究员、最高人民法院李少平副院长、最高人民检察院童建明副检察长、全国人大常委会法工委原副主任郎胜先生、北京大学法学院储槐植教授、中国刑法学研究会常务副会长陈泽宪研究员分别致辞。

会议围绕新中国成立70年来中国刑法的回顾，刑法扩张与刑法立法观，罪刑关系与刑罚结构的完善，网络犯罪前沿问题，大数据、人工智能与刑法，刑事一体化与立体刑法学，民刑交叉与行刑衔接问题等议题进行研讨。

（中国社会科学院办公厅刘玉杰供稿）

数字正义与在线争议解决论坛　11月3日，由中国政法大学仲裁研究院、中国政法大学法治信息管理学院共同主办的“数字正义与在线争议解决论坛”在中国政法大学举办，该场论坛也是“2019中国仲裁周”系列活动之中国政法大学专场。最高人民法院信息中心主任许建峰，司法部公共法律服务管理局仲裁处处长石海，北京互联网法院庭长赵长新，与中国国际经济贸易仲裁委员会、中国海事仲裁委员会、一邦国际网上仲调中心等数十家国内与香港仲裁机构代表，与来自北京大学、北京师范大学等高校和电子证据、区块链、人工智能等相关领域专家学者参会。中国政法大学副校长时建中出席论坛，并与仲裁处处长石海分别致辞。论坛由仲裁研究院秘书长兼副院长姜丽丽和法治信息管理学院执行院长李净分别主持。法制日报社、金律良言等媒体参会报道。

与会嘉宾对“数字正义”的社会需求基础、法律人工智能的实现方案以及相关问题的法理探讨进行了讨论，回应了论坛的3个议题：数字正义之基：数字时代的纠纷及其解决需求；数字正义之路：在线争议解决（ODR）的法律人工智能之路；数字正义之论：在线争议解决（ODR）法理问题探讨。

（中国政法大学科研处供稿）

中国社会科学论坛（法治·2019年）“新时代的中国民法典”　11月14—15日，中国社会科学院主办，中国社会科学院法学研究所承办的中国社会科学论坛（法治·2019年）“新时代的中国民法典”在北京举行。来自中国、芬兰、德国、意大利、加拿大、俄罗斯、波兰等国家高校和科研机构的四十余名学者与会研讨。

中国社会科学院法学研究所国际法研究所联合党委书记陈国平博士主持论坛开幕式。中国社会科学院学部委员、法学研究所所长陈甦研究员和芬兰赫尔辛基大学前校长托马斯·威廉姆森教授在开幕式上致辞。论坛设置了民法典的新发展，民法典中的物权法，民法典中的合同法，民法典中的侵权法，民法和商法的关系，民法与劳动法、环境法的关系等六个主题研讨单元。

（中国社会科学院办公厅刘玉杰供稿）

“互联网+与人工智能时代的法律危机”国际学术会议　11月15日，由中国政法大学中欧法学院主办的年度国际学术会议“互联网+与人工智能时代的法律危机”国际学术会议在北京举行。

本次研讨会聚焦人工智能应用对法律带来的机遇和挑战等前沿问题，汇集国内外相关领域的专家、司法审判一线人员和实务界精英，就“人工智能的法律挑战”“人工智能时代的知识产权，智能合约和平台监管”“公共和个人治理结构中的人工智能”等话题展开深入讨论。

中国政法大学校长马怀德、中国政法大学中欧法学院联合管理委员会中方联席主席，司法部原部长张福森、汉堡大学法学教授尤翰林、欧盟驻华代表团首席参赞Johan Vandromme等应邀出席会议并致辞，来自中国和欧洲的20余位专家、学者、审判人员参加会议并发表主题报告。会议开幕式由中国政法大学副校长时建中主持。

（中国政法大学科研处供稿）

“新中国法治建设七十年：回顾与展望”学术研讨会 11月16日，由中国社会科学院法学研究所主办，中国社科院法学所国际法所法治战略研究部承办的“新中国法治建设七十年：回顾与展望”学术研讨会在北京召开，来自全国人大常委会法工委、最高人民法院、最高人民检察院、中共中央党校（国家行政学院）、中国社会科学院、中国法学会、国家法官学院、中国人民大学、国际关系学院、天津大学等部门和单位的四十多位专家学者参加了会议。中国社科院法学所国际法所法治战略研究部主任李忠主持开幕式。最高人民法院原审判委员会副部级专职委员胡云腾、中国法学会法治研究所副所长王伟国、中国社科院法学所研究员熊秋红分别致辞。会议围绕宪法发展七十年、行政法治七十年、刑事法治七十年、党内法规建设七十年的议题进行了研讨。

（中国社会科学院办公厅刘玉杰供稿）

数字经济下的监管与合规研讨会 11月18日，由中国社会科学院国际法研究所主办，中国社会科学院国际法竞争法中心承办的数字经济下的监管与合规研讨会在中国社会科学院举行，研讨会由中国社会科学院国际法研究所竞争法中心主任王晓晔研究员主持。来自工业和信息化部赛迪研究院政策法规所、中国社会科学院大学、中国政法大学、北京师范大学、北京工商大学、网易、滴滴、腾讯公司、阿里巴巴集团、美团、北京水滴公司、中国社会科学院等部门和单位二十多位专家学者参加了研讨会。

北京工商大学法学院剌森副教授、中国社会科学院大学韩伟副教授、北京水滴公司法务部法律专家张必义、中国社会科学院国际法研究所竞争法研究中心副主任兼秘书长黄晋副研究员作了专题报告。浙江清华长江三角研究院法治与社会治理研究研究中心执行主任郝作成、中国社会科学院大学经济学院副院长李石强研究员进行评议。专题讨论环节，工业和信息化部赛迪研究院政策法规所陈全思副所长、中国社会科学院法学研究所王晓晔研究员、网易公司竞争事务部法律顾问郑双石等围绕政府及相关部门应当如何有效协调对平台企业的监管；中国在强调竞争政策基础地位的同时，如何发挥产业政策、贸易政策、投资政策和金融政策在经济活动中的作用；如何完善互联网平台企业的合规建设；如何完善消费者保护制度等议题进行交流。

（中国社会科学院办公厅刘玉杰供稿）

北京市法学会农村法治研究会2019年学术年会暨新农村土地制度改革论坛 11月30日，“北京市法学会农村法治研究会2019年学术年会暨新农村土地制度改革论坛”在北京举办。会议由北京市法学会农村法治研究会主办，北京林业大学人文社会科学学院、北京农学院文法与城乡发展学院联合承办。来自农业农村部、北京法学会、北京市人民检察院、中国人民大学、中国社会科学院、中国政法大学、中国农业大学等23家管理机构、高等院校和社会组织的农村土地法治研究领域的60余名代表参加会议。

与会专家共同研讨“三权分置”法制背景下的“农村土地制度改革”，就农村土地制度改革方面的权利设计、利益保护、制度构建、规则执行、法律适用等实体和程序性规则进行了深入探讨，分享了不同研究领域的最新研究成果。

（北京林业大学人文学院供稿）

第四届“中国与东亚”国际学术研讨会 12月14—15日，由中国政法大学政治与公共管理学院主办的第四届“中国与东亚”国际学术研讨会在北京举行。此次会议的主题是“‘一带一路’倡议与区域合作”，来自北京大学、清华大学、中国人民大学、华侨大学、中国国际问题研究院等10余所高校、智库以及日本、韩国、俄罗斯、丹麦、马尔代夫等国共60余位学者提交论文并参加了研讨。

本次会议分为开幕主旨演讲、分论坛研讨和闭幕主旨演讲3个环节。

在历时两天的会议中，不仅有60余位专家学者提交论文和参与研讨，还有来自新华社、中国外文局、社会科学文献出版社等新闻媒体的记者和评论人出席和聆听会议，并刊发了相关报道。同时，学院研究生深度参与了本次学术会议，并在会议上总结汇报了国际政治系研究生学术论坛的具体情况。“中国与东亚”国际学术研讨会是依托中国政法大学政治与公共管理学院国际政治学科的研究优势，经教育部审批，由中国政法大学主办的系列高端学术论坛，目前举办了4届，自举办以来在学术影响力和社会影响力方面均取得了良好成效，进一步提升了政治与公共管理学院乃至中国政法大学在国内外学术界的知名度。本次会议由政管学院国际政治系、中国政法大学周边安全研究中心和朝鲜半岛研究中心共同承办，并计划将本次会议在学理研究和政策分析等方面产生的高质量成果进一步完善并择优出版会议论文集。

（中国政法大学科研处供稿）

国家治理与新型法治智库建设研讨会 12月28日，由中国社会科学院国家高端智库主办，中国社会科学院法学研究所、国际法研究所协办，中国社会科学院国家法治指数研究中心承办的国家治理与新型法治智库建设研讨会在北京举行。研讨会开幕式由中国社会科学院国家法治指数研究中心主任田禾主持。中国社会科学院法学研究所所长陈甦、中国社会科学出版社总编辑魏长宝和贵州省社会科学院院长吴大华分别致辞。主题演讲环节，中国社会科学院国际法研究所所长莫纪宏、中国社会科学院国际法研究所副所长柳华文、中国社会科学院法学研究所法治国情调研室主任吕艳滨、上海社会科学院法学研究所所长姚建龙和浙江省社会科学院副院长陈柳裕，分别围绕“智库在社会治理中的助力作用”“进一步加强国际法研究和运用”“学术研究推动法治进步”“国家治理现代化的法治纬度”“省级社科院法治智库建设的困境与思考”发表演讲。主题发言环节，与会专家学者分别围绕“国家治理与地方法治智库建设”和“地方法治创新与社科院法学研究”进行研讨。

来自中国社科院和全国21个省（自治区、直辖市）24家地方社科院的领导和专家共60余人参加会议。

（中国社会科学院办公厅刘玉杰供稿）

历史学（含中共历史、中外史、考古）

“新时代背景下出土文物的保护和利用”座谈会 首都师范大学文化研究院于1月23日召开“新时代背景下出土文物的保护和利用”座谈会。全国政协副主席、民进中央常务副主席刘新成，民进中央办公厅主任朱效利，首都师范大学党委书记郑萼，民进中央参政议政部副部长姚立迎，首都师范大学社科处处长王德胜等出席会议。座谈会由文化研究院常务副院长李焕喜主持，副院长乔卉、张翔以及全体研究人员参加会议。校内外多名专家受邀发言。

原中国历史博物馆常务副馆长孔祥星，全国政协委员、南京大学文化与自然遗产研究所所长贺云翱，中国社科院考古研究所杜金鹏，北京市文物研究所所长白岩，河南省文物考古研究院副院长魏兴涛，北京大学考古文博学院赵朝洪，首都师范大学历史博物馆馆长袁广阔，博物馆发展研究中心主任钱益汇等专家分别就座谈主题发言，针对出土文物的保护和利用工作存在的问题提出了建议和意见。

（首都师范大学社科处供稿）

“纪念五四运动一百周年”国际学术研讨会 4月27日，中国社会科学院中国历史研究院近代史研究所、中国现代文化学会联合主办的“纪念五四运动一百周年”国际学术研讨会在北京举行。

与会者认为，五四运动是中国近现代史上具有里程碑意义的重大事件，五四精神是五四运动创造的宝贵精神财富。在学术界，“五四运动”和“五四精神”一直是广受关注的研究课题。五四运动是在世界资本主义进入帝国主义阶段、中国深处半殖民地半封建社会深渊的时代背景下爆发的，是一场以先进青年知识分子为先锋、广大人民群众参加的彻底反帝反封建的伟大爱国革命运动，它为马克思主义在中国的传播开辟了道路，开启了知识青年与工农大众相结合的青年运动方向，为中国共产党成立做了思想上干部上的准备。五四运动虽已过去百年，但其所孕育的以爱国、进步、民主、科学为主要内容的五四精神历久弥新，成为实现中华民族伟大复兴的强大精神力量。

（参见《人民日报》2019年5月7日第9版）

五四运动与新时代——纪念五四运动100周年学术研讨会 5月5日，北京大学习近平新时代中国特色社会主义思想研究院举办了“五四运动与新时代——纪念五四运动100周年学术研讨会”。北京市委常委、教育工委书记王宁，共青团中央书记处书记徐晓，中共中央宣传部宣教局副局长常戌，北京市委副秘书长郑登文，北京市委教育工委常务副书记郑吉春，中国社会科学院原副院长李慎明教授、中央党史研究室原副主任沙健孙教授等出席会议。北京大学党委书记邱水平、校长郝平等领导班子成员、相关院系部门负责人、200 多名学生代表参加会议。来自校内外的专家学者围绕五四运动与五四精神主题进行研讨，指出要以习近平新时代中国特色社会主义思想为指导，团结校内外研究力量开展五四运动及中国近现代史研究，向党和国家提供富有时代性、前瞻性、原创性和重大影响力的思想理论成果。

（北京大学社会科学部供稿）

《史苑学步：史学与理论探研》新书发布暨学术研讨会　5 月 15 日，《史苑学步：史学与理论探研》新书发布暨学术研讨会在北京举行。会议由北京师范大学历史学院、教育部人文社会科学重点研究基地北京师范大学史学理论与史学史研究中心共同主办。

中国社会科学院学部委员廖学盛、陈祖武、陈启能，北京师范大学资深教授刘家和、瞿林东，北京师范大学历史学院教授陈其泰、郑师渠，中国社会科学杂志社副总编辑李红岩，北京大学历史学系教授朱孝远，北京师范大学历史学院院长杨共乐，南开大学历史学院教授杨巨平，中国人民大学历史学院教授牛润珍，陕西师范大学历史文化学院教授王成军，浙江大学历史系教授陈新，《北京师范大学学报》主编蒋重跃，以及北京师范大学历史学院师生代表 50 余人参会。与会专家围绕近日由北京大学出版社出版的刘家和先生新作《史苑学步》及史学史与史学理论相关问题展开研讨。

（参见《光明日报》2019 年 6 月 10 日第 14 版）

全国主要史学研究与教学机构联席会议首届年会　5 月 28 日，中国历史研究院主办的“全国主要史学研究与教学机构联席会议首届年会”在北京召开。本次会议以推动新时代中国特色历史学学科体系、学术体系、话语体系快速构建为主题，重点围绕联席会议制度、新时代中国历史学发展规划纲要等议题展开讨论。来自全国多家主要史学研究与教学机构的 90 余位代表参会。

中国社会科学院副院长、中国历史研究院院长高翔指出，中国历史研究院积极打造“全国主要史学研究与教学机构联席会议制度”，在综合考虑学科发展、地区特点、科研与教学机构平衡等基础上，从全国众多史学研究与教育机构中遴选出 32 家机构作为联席会议成员单位。

会议认为，新时代历史研究必须以习近平新时代中国特色社会主义思想和党的十九大精神为根本指导思想。历史学工作者应该认真学习领会习近平总书记致中国社会科学院中国历史研究院成立的贺信以及习近平总书记关于历史科学的系列重要论述精神，站在新时代的制高点上，反思和反观人类历史，把握人类历史发展规律，从对历史的深入思考中汲取智慧，发挥历史学传承文明、启迪未来，知古鉴今、资政育人的作用；推出具有中国特色、中国风格、中国气派的研究成果，构建具有新时代中国特色的历史学学科体系、学术体系和话语体系，为国家建设和社会发展提供史学智慧。

会议一致认为，此次联席会议为全国历史学研究工作者提供了有效交流平台，促进了历史学研究与教育机构之间的沟通交流，为中国历史科学的融合发展、新时代中国特色历史学学科体系、学术体系和话语体系建设发挥了推动作用。

（参见《人民日报》2019 年 6 月 17 日第 9 版）

中国历史研究院首批 5 个非实体研究中心揭牌仪式　6 月 11 日，由中国社会科学院中国历史研究院主办的“中国历史研究院首批 5 个非实体研究中心揭牌仪式”在北京召开。中国社会科学院院长、党组书记谢伏瞻，中国社会科学院副院长、党组成员兼中国历史研究院院长、党委书记高翔，中国社会科学院秘书长、党组成员赵奇出席会议并为 5 个非实体研究中心揭牌。高翔主持揭牌仪式。

首批 5 个非实体研究中心是由中国历史研究院主办的全国性非实体研究中心，主要成员单位来自全国高校和研究机构，集中了中国历史研究领域的精锐力量。这 5 个非实体研究中心是“中国历史学学科体系、学术体系、话语体系研究中心”“近代以来中国历史学知识体系研究中心”“甲骨学研究中心”“中华文明与世界古文明比较研究中心”“海外中国历史文献研究中心”。

（中国社会科学院办公厅刘玉杰供稿）

百年回看五四运动——北京大学纪念五四运动 100 周年人文论坛　6 月 22—23 日，北京大学历史学系、北京大学五四运动研究中心、北京大学人文学部联合主办“百年回看五四运动——北京大学纪念五四运动100周年人文论坛”。来自全国各地和海外的70多位专家学者汇聚一堂，交流五四运动研究的最新成果。

论坛开幕式于6月22日上午在北京大学第二体育馆举行，论坛召集人历史学系教授欧阳哲生宣布会议开始并介绍与会嘉宾与学者，北京大学副校长、哲学系教授王博出席并致辞。10余位专家学者发表专题演讲，分享研究最新成果和思考。来自中国社会科学院、鲁迅博物馆、北京大学等高校、科研单位的专家学者分别作了发言。22日下午和23日上午会议进行了分组发言和讨论。与会学者分别围绕“国际视野中的五四运动”“五四运动与中国现代社会政治”“五四运动与现代中国思想文化”“五四运动与现代教育、科学、宗教”“五四时期历史人物与思想研究”“五四新文学、新学术研究”6个专题展开讨论，多位学者进行了专题分享。

（北京大学社会科学部供稿）

“巴尔干与第二次世界大战”国际学术研讨会 7月7—8日，首都师范大学文明区划研究中心举办“巴尔干与第二次世界大战”国际学术研讨会。来自教育部、外交部、中联部等各部委，萨格勒布大学、北京大学等国内外高校，《光明日报》、新华社等媒体，《世界历史》等期刊共26家单位的65名中外专家学者参加了会议。

文明区划研究中心主任梁占军教授主持开幕式。开幕式由来自首都师范大学、中国社会科学院、中国人民大学等单位的7位重要嘉宾致辞。主题演讲和主旨演讲环节中，来自克罗地亚萨格勒布大学、挪威科技大学、首都师范大学、国际关系学院、南开大学等高校、研究单位的专家进行了专题演讲，内容涉及巴尔干的历史困局、二战对巴尔干的历史和现实影响、巴尔干对二战的推动和表现、研究二战期间巴尔干的视野等。在学术分组讨论环节，共有来自北京大学、新华社、中国国际广播电台等单位的17位专家学者发言。发言涉及土耳其、罗马尼亚、阿尔巴尼亚、南斯拉夫二战时期的历史及其争议问题、巴尔干的国际关系、中国与巴尔干的合作进展及挑战等。

（首都师范大学社科处供稿）

英国社会史研讨会 8月24—25日，由北京师范大学历史学院主办、北京师范大学历史学院世界近现代史研究中心承办的英国社会史研讨会在北京举行。此次研讨会对当下英国社会史研究的前沿性问题进行了研讨交流，并对筹备中的《英国社会史丛书》书稿进行讨论。本次研讨会由北京师范大学历史学院分党委书记郭家宏教授主持，中国英国史研究会名誉主席、北京大学区域与国别研究院院长钱乘旦教授，南京大学历史学院闵凡祥教授，南京师范大学出版社编辑郑海燕等专家学者30余人出席研讨会。

钱乘旦先生在研讨会开幕式致辞中指出，此次研讨会所讨论的课题体现了当下英国社会史研究的新趋势，具有很强的专业性和方向性。多位青年学者以团队研究形式进行社会史研究并计划形成专题丛书的探索，不仅整合了学术力量，提升了青年学者的学术能力，更发掘了潜在优秀课题，为新时期的英国史研究提供了有益的思路。

（北京师范大学社科处供稿）

学习习近平总书记关于历史科学重要论述理论研讨会 8月26日，由中国历史研究院主办的“学习习近平总书记关于历史科学重要论述理论研讨会”在北京召开。

中共中央政治局委员、中央书记处书记、中宣部部长黄坤明出席研讨会并讲话。他强调要坚持正确方向，强化使命担当，深入研究中国历史文化，深刻把握历史发展规律，潜心治学、以史鉴今、资政育人，努力开创新时代中国史学繁荣发展新局面。原中央文献研究室常务副主任金冲及，原中央党史研究室副主任沙健孙，求是杂志社原社长李捷，华中师范大学原党委书记马敏，中国历史研究院历史理论所所长夏春涛，中国历史研究院世界历史研究所副研究员吕厚量等专家学者代表先后作了发言。来自全国史学界150余名专家学者围绕主题从不同角度畅谈了自己的学习体会。

大家认为，习近平总书记关于历史科学的重要论述，贯通学史、治史、用史的方方面面，体现着当代中国共产党人对历史和历史科学的深刻把握，彰显着高度的历史自觉和历史意识、宽广的历史视野和大历史观、强烈的文化自信和历史担当，是新时代中国史学研究的重要指针和基本遵循。新时代对史学发展提出了新的更高要求，在实现中华民族伟大复兴的征途上，历史研究不能缺席，也不会缺席。我们要深入学习领会习近平总书记关于历史科学的重要论述，继承弘扬中国史学优良传统，在理论创新、经世致用、学科融合、服务公众等方面下功夫，推动构建中国特色历史学学科体系、学术体系、话语体系。

（参见《光明日报》2019 年 8 月 31 日第 6 版）

中共中央北京香山革命历史丛书出版首发式　9 月 13 日，中共中央北京香山革命历史丛书出版首发式在北京图书大厦举行。北京市委常委、宣传部部长杜飞进出席并讲话，他指出，“中共中央北京香山革命历史丛书”是北京市香山革命历史“八个一”传播工程项目，是“十三五”国家重点图书出版规划项目，填补了新中国成立史研究的空白。丛书的出版发行，标志着北京红色文化内涵挖掘迈出了坚实一步，对于加强北京红色文化建设、打造北京红色文化品牌、做好首都文化这篇大文章具有重大意义。

中共北京市委党史研究室、北京市地方志编纂委员会办公室主任李良介绍了丛书编写情况，北京出版集团总经理曲仲重点介绍了丛书出版的情况。据悉，该丛书由中共北京市委党史研究室、北京市地方志编纂委员会办公室组织编写，原中央文献研究室常务副主任杨胜群、中央党史和文献研究院原院务委员张树军担任主编，由北京出版集团北京人民出版社出版。

北京市新闻出版局局长王野霏、北京发行集团总经理龙晓雯以及党史研究专家，丛书部分作者以及青少年读者代表参加了新书首发式。北京市海淀实验中学的同学现场朗诵了丛书的精彩片段，并获赠该套丛书。原中央文献研究室常务副主任杨胜群充分肯定了这套丛书的价值与意义。

（中国社会科学院办公厅刘玉杰供稿）

“中国边疆研究 70 年”发布会　9 月 18 日，为全面总结新中国成立 70 年来中国边疆研究的发展历程及学术成就，中国社会科学院中国历史研究院、科研局在北京举办“中国边疆研究 70 年”发布会。发布会由中国历史研究院副院长李国强主持，来自全国的专家学者和新闻媒体记者约 80 人参会。

中国社会科学院学部委员、中国历史研究院中国边疆研究所所长邢广程发布了中国边疆研究 70 年总体情况。他从重大理论问题研究、档案文献整理、知古鉴今功能发挥、多学科融合、学术平台和学术队伍建设等几方面系统回顾总结了新中国成立 70 年来中国边疆研究的发展历程和学术成就，同时，对新时代中国边疆研究进行了展望。

邢广程所长指出，目前中国边疆研究已成为学术界重视的“显学”之一，正在形成边疆研究的合力，共同推进中国边疆学学科建设。当前，国内外形势发生深刻复杂变化，中国边疆地区发展既有宝贵的机遇，也面临着安全、稳定、发展的诸多挑战，党和国家对中国边疆研究者提出更高要求。

（中国社会科学院办公厅刘玉杰供稿）

首届新时代史学理论论坛　9 月 21 日，“首届新时代史学理论论坛”在中国历史研究院召开，会议回顾了新中国 70 年史学理论研究的重大成就，总结了新中国 70 年史学理论研究的经验教训，展望了新时代史学理论研究的新愿景。中国社会科学院副院长、党组成员，中国历史研究院院长、党委书记高翔同志出席并作重要讲话。

史学理论研究，是历史科学不可或缺的重要组成部分。史学理论工作者必须自觉地站在时代前列，顺应历史潮流，将个人学术研究与中国特色社会主义的伟大实践、与国家的前途命运紧紧联系在一起，通过持续的系统性的学术研究，不断丰富和完善马克思主义史学理论和方法，为当代国家治理和当代中国繁荣进步，提供更为坚实的史学支撑。

来自全国史学研究与教学机构的专家学者近百人参加了此次会议。

（中国社会科学院办公厅刘玉杰供稿）

中国历史研究院学术委员会、学术咨询委员会成立大会暨首次学术委员会会议　9 月 24 日，中国历史研究院学术委员会、学术咨询委员会成立大会暨首次学术委员会会议在北京召开。中国社会科学院副院长、党组副书记王京清出席会议并讲话。中国社会科学院副院长、党组成员，中国历史研究院院长、党委书记高翔主持会议。中国历史研究院学术咨询委员会主任、国家清史编纂委员会主任、中国人民大学教授戴逸，中国历史研究院学术咨询委员会委员、北京师范大学历史学院教授郑师渠，中国历史研究院学术委员会委员、中山大学党委书记陈春声，中国历史研究院学术委员会副主任、中国历史研究院副院长李国强等专家学者在会上先后发言。

与会专家围绕认真贯彻落实习近平总书记在致中国社会科学院中国历史研究院成立的贺信中提出的重大任务、推动新时代中国史学融合发展、更好发挥“两委会”功能等展开了交流。大家一致认为，中国历史研究院学术委员会和学术咨询委员会应认真学习领会习近平总书记致中国社会科学院中国历史研究院成立的贺信和习近平总书记关于历史科学的系列重要论述精神，围绕统筹协调指导全国史学研究力量、促进跨学科融合发展、发挥史学经世致用功能三项中心任务，在课题方向、研究重点、研究方法与组织等方面广开言路，努力开创新时代中国史学新境界。专家们表示，要提高政治站位、立足学术前沿，脚踏实地、加倍努力，以主人翁精神开展工作，不辜负习近平总书记和党中央重托，不辜负人民厚望。

中国历史研究院学术委员会负有统筹中国历史学研究、做好重大研究项目规划与评审、指导历史教科书编写等重要职责，具有推动中国历史学发展规划、学科建设、人才培养、项目评审、成果鉴定等重要作用。成立大会结束后，召开了中国历史研究院首次学术委员会会议。

（参见《光明日报》2019 年 10 月 14 日第 14 版）

庆祝中华人民共和国成立 70 周年史学成就展 9 月 25 日，在国庆节即将来临之际，中国历史研究院以院属各单位为依托，联合全国主要史学研究与教学机构联席会议首批成员单位，在北京共同举办以“史学 70 载 共筑中国梦”为主题的“庆祝中华人民共和国成立 70 周年史学成就展”，全面梳理新中国史学发展的基本脉络，系统总结新中国史学研究的成长历程，完整展现新中国史学研究取得的辉煌成就，热情讴歌中国史学繁荣发展的新时代。

中国社会科学院副院长、党组成员兼中国历史研究院院长、党委书记高翔为展览揭幕。中宣部理论局、国家文物局政策法规司、中国历史研究院相关单位领导参加开幕式并参观展览。

本次展览位于中国历史研究院西阙一层的临展厅。展览设置了考古研究展区、古代史研究展区、近代史研究展区、世界史研究展区、边疆史研究展区、理论研究展区、32 家联席单位展览和特设展览区域——殿堂成就，共 8 个展区。各展区分别展出了中国历史研究院的考古研究所、古代史研究所、近代史研究所、世界史研究所、中国边疆研究所、历史理论研究所建所以来取得的重大学术成果、学术活动、领域内专家和 32 家全国主要史学研究与教学机构联席会议首批成员单位的主要学术成果，以及 50 位史学界学术大师的主要学术成就。

本次展览特设殿堂成就区，以陈垣、徐旭生、郭沫若、黄文弼、顾颉刚、范文澜等学术大师之名向新中国 70 年来取得的辉煌成就致敬。

（中国社会科学院办公厅刘玉杰供稿）

庆祝中华人民共和国成立 70 周年书系出版发布座谈会 9 月 25 日，中国社会科学院在北京举办庆祝中华人民共和国成立 70 周年书系（以下简称书系）出版发布座谈会。中国社会科学院副院长、党组成员蔡昉出席活动并致辞，中国社会科学院秘书长、党组成员赵奇主持座谈会。书系编撰工作领导小组成员、编撰工作委员会成员、协调工作小组成员、各册图书主编和主要参与者，以及 20 多家媒体记者参加了座谈会。

书系编撰工作自 2018 年底启动，分为国家发展建设史和哲学社会科学学术研究史两个序列。书系共 30 册，首批 13 册图书由中国社会科学出版社正式出版发行。

（中国社会科学院办公厅刘玉杰供稿）

学习贯彻习近平总书记庆祝中华人民共和国成立 70 周年系列重要讲话精神座谈会 10 月 2 日，中央党史和文献研究院、中国中共文献研究会、中国中共党史学会、中国中共党史人物研究会、中国马克思恩格斯研究会、中国国际共产主义运动史学会在北京联合举办学习贯彻习近平总书记庆祝中华人民共和国成立 70 周年系列重要讲话精神座谈会。

来自中央党史和文献研究院及该院主管 5 个学会的领导、专家结合党史、新中国史，就党的十八大以来改革开放和社会主义现代化建设取得的历史性成就、党和国家事业发生的历史性变革，谈了学习习近平总书记庆祝中华人民共和国成立 70 周年系列重要讲话精神的认识和体会。

中国中共文献研究会会长、中央党史和文献研究院原院长冷溶指出，要认真落实习近平总书记“用中国理论解读中国实践”的重要指示和要求，在深刻解读“马克思主义为什么行”“中国共产党为什么能”“中国特色社会主义为什么好”等方面发挥学会的独特优势和作用。中国中共党史学会会长、中国中共党史人物研究会会长、原中央党史研究室主任欧阳淞指出，中华人民共和国成立 70 年的历史，印证了“没有共产党，就没有新中国”这一朴素真理。党的领导是中华人民共和国 70 年发生历史巨变的决定性因素。中国特色社会主义进入新时代，必须毫不动摇坚持和完善党的领导，毫不动摇把党建设得更加坚强有力。中央党史和文献研究院院长曲青山指出，习近平总书记的重要讲话，深刻阐述了中华人民共和国成立的伟大意义，深刻总结了中华人民共和国 70 年的光辉历程、辉煌成就和宝贵经验，深刻剖析了党和国家事业发展面临的新形势、新任务、新要求。要深入学习贯彻习近平总书记重要讲话精神，深刻领会其丰富内涵，坚持中国共产党领导，坚持人民主体地位，坚持中国特色社会主义道路，全面贯彻执行党的基本理论、基本路线、基本方略，不断满足人民对美好生活的向往，不断创造新的历史伟业。要在新的历史起点上做好新时代党史和文献工作，努力打造与大党大国地位相称的党的历史和理论研究高端平台，不辱新时代赋予的崇高使命。

大家一致认为，习近平总书记的重要讲话深情回顾了中华人民共和国 70 年波澜壮阔的历史，鲜明回答了 70 年历史性变革中所蕴藏的内在逻辑，明确指出了前进征程上团结奋斗的方向。

（参见《光明日报》2019 年 10 月 30 日第 11 版）

“商周国家与社会”国际学术研讨会　10 月 11—14 日，由北京师范大学历史学院商周文明研究中心主办的“商周国家与社会国际学术研讨会”在北邮科技大厦举办。著名先秦史学家、北京师范大学历史学院教授晁福林先生和北京师范大学历史学院院长杨共乐教授分别致辞。著名先秦史学家、北京大学历史学系朱凤瀚先生和以色列希伯来大学尤锐教授分别作了主题演讲。与会学者既有享誉海内外的知名专家，也有初露头角的青年学者。本次国际学术研讨会得到了以色列希伯来大学、澳大利亚麦考瑞大学、美国宾夕法尼亚大学、日本东京大学、香港大学、澳门大学、北京大学、中国历史研究院、南开大学、天津师范大学、中山大学、山东大学、吉林大学、中国人民大学、中国国家博物馆、中国社会科学杂志社等众多兄弟高校和科研机构学者们的大力支持。

（北京师范大学社科处供稿）

“苏秉琦与中国考古学：反思与展望”学术研讨会　10 月 12—13 日，“苏秉琦与中国考古学：反思与展望”学术研讨会在北京大学举办。该会议由北京大学考古文博学院、北京大学中国考古学研究中心联合主办。北京大学党委书记邱水平，国家文物局副局长关强，北京大学文科资深教授严文明，北京大学考古文博学院教授李伯谦，中国社会科学院学部委员、中国考古学会理事长王巍，中国社会科学院考古研究所副所长朱岩石，辽宁省文物考古研究院名誉院长郭大顺，苏秉琦先生长子苏恺之以及 100 余位国内外考古文博机构及高校代表出席会议开幕式。

苏秉琦先生是新中国考古学的主要奠基人，是考古学“中国学派”的倡导者，是北京大学考古学科的创办人。他以“区系类型”为手段，以探索中国文明起源和重建中国古史为目的，以探索人与自然的和谐为最高目标，诠释中国考古学的学科定位和终极使命。该会议以纪念苏秉琦先生诞辰 110 周年为契机，旨在号召当今考古工作者与学生深入学习理解苏秉琦先生的学术思想，并以此为基础，探讨中国考古学在中华民族伟大复兴新时代的核心使命与发展方向。

（北京大学社会科学部供稿）

2019 世界史研究高峰论坛　10 月 19—20 日，在世界历史所成立 55 周年之际，由中国历史研究院世界历史所主办、以“人类命运共同体视域下的世界历史研究”为主题的“2019 世界史研究高峰论坛”在北京举办。来自全国十多所高校、科研机构的 40 余位专家出席会议并发言。专家围绕“人类命运共同体视域”下如何推动世界历史研究的发展、如何构建世界史学科三大体系等专题进行了研讨。

论坛由世界历史所党委书记罗文东研究员主持，中国社会科学院原副院长武寅研究员与世界历史所所长汪朝光研究员先后致辞。

论坛分为 7 场发言，主题分别为：如何构建世界史学科三大体系；世界史研究 70 年；欧美国家的历史与史学；中东、非洲史研究；世界史中的国际关系研究；古代史研究；全球治理与学科创新。与会学者们还对人文科学与社会科学的各自属性、微观研究与碎片化研究的界限等进行了讨论。

（中国社会科学院办公厅刘玉杰供稿）

第四届“近代文化与近代中国”学术研讨会　11 月 2—4 日，由北京师范大学历史学院中国近现代史研究中心举办的第四届“近代文化与近代中国”学术研讨会在北京召开。来自中共中央党校（国家行政学院）、中国社会科学院、北京大学、清华大学、中国人民大学、北京师范大学、复旦大学、南开大学、南京大学等高校和科研院所的 70 余位专家学者与会。

与会专家分别围绕“了解世界，反思传统，筑起坚实的文化自信”“晚清公羊学的理论创造活力”“新文化运动与中国近代的文化走向”“五四时期婚姻变革的基点与滥觞”“京津报纸舆论对南京国民党政权的观察”“关于革命史的形成、建构与发展的历史思考”等主题，对近代文化与近代中国研究相关的政治、经济、文化、社会、外交、宗教等内容以及近代文化研究的理论、方法和视野进行了热烈交流。

“近代文化与近代中国”学术研讨会是北京师范大学历史学院中国近现代史研究中心于2007年创立的学术论坛。论坛每四年举办一届，旨在立足近代文化与近代中国研究前沿，汇聚国内外专家学者，交流最新研究成果，研讨最新动态和学术趋势，推动近代文化与近代中国研究的持续和纵深发展。

（参见《光明日报》2019年12月16日第14版）

“深刻学习领会习近平总书记关于新中国历史若干重大论断”专题学习座谈会 11月8日，中央党史和文献研究院召开“深刻学习领会习近平总书记关于新中国历史若干重大论断”专题学习座谈会。

中央党史和文献研究院学术和编审委员会主任陈理、中共中央党校（国家行政学院）中共党史教研部教授沈传亮、中央党史和文献研究院第一研究部副主任王玉强、中国社会科学院近代史研究所副所长金民卿、北京大学马克思主义学院教授程美东、清华大学马克思主义学院教授欧阳军喜等专家学者，围绕新中国成功的道路因素，怎样理解只有中国共产党才能领导中国，中国共产党理论武装的优良传统和宝贵经验，新中国70年的发展在同期发展中国家中处于领先地位的数据支撑，为什么说“中华人民共和国的成立是中华民族发展史上的伟大事件”，如何以习近平总书记关于党史，新中国史重要论述为指导进一步加强改进新时代高校中共党史“必修课”、如何认识“人民是共和国的坚实根基，人民是我们执政的最大底气”，传承红色基因与国家文化安全等相关议题进行了深入研讨，交流了学习体会。

与会专家指出，习近平总书记非常重视党史和新中国史的学习研究宣传工作。我们要以习近平总书记的重要论述为指导，做到知史爱党、知史爱国，做到常怀忧党之心、为党之责、强党之志。

（参见《光明日报》2019年12月25日第11版）

加强学科建设：构建学术年鉴评价体系研讨会暨首届年鉴主编论坛 11月15日，中国社会科学院科研局和中国社会科学出版社在北京联合举办“加强学科建设：构建学术年鉴评价体系研讨会暨首届年鉴主编论坛”。

中国社会科学院党组成员、当代中国研究所所长、马克思主义研究院院长姜辉，中国社会科学院秘书长、党组成员赵奇出席会议并致辞。来自高校和科研院所的学术年鉴主编和编辑部主任40余人参加会议，与会专家学者围绕学术年鉴如何助力学科体系、学术体系、话语体系建设等议题展开研讨。

目前，连续出版的“中国社会科学年鉴系列”多达30种，既涵盖创办于改革开放之初的《世界经济年鉴》《中国历史学年鉴》《中国新闻年鉴》《中国文学年鉴》《中国哲学年鉴》《中国考古学年鉴》《中国人口年鉴》等，也包括进入21世纪以后创办的《马克思主义理论研究与学科建设年鉴》《中国经济学年鉴》《中国社会学年鉴》《中国民族研究年鉴》《中国地方志年鉴》等，还有自中国社会科学院实施学术年鉴工程以来新创办的《全国社会科学院年鉴》《中国新闻传播学年鉴》《中国生态文明建设年鉴》《中国艺术学年鉴》《中国管理学年鉴》等。从当今世界出版业来看，中国是第一个出版系列哲学社会科学学术年鉴的国家，中国社会科学出版社也是出版学术年鉴品种最多的出版社。

（中国社会科学院办公厅刘玉杰供稿）

“海外中国学研究”学科建设研讨会 11月16日，由中国社会科学院历史理论研究所海外中国学研究室、中国社会科学院国际中国学研究中心、中国历史研究院中国历史学学科体系学术体系话语体系研究中心联合主办的“海外中国学研究”学科建设研讨会在北京召开。来自中国社会科学院、上海社会科学院、北京大学、北京外国语大学、华东师范大学、北京语言大学、北京第二外国语大学、北京联合大学、江西教育出版社等高校、研究机构和出版代表的20多名学者参加了本次会议。与会学者围绕着“海外汉学史与海外中国学史的研究新进展”“海外中国学研究学科发展的新成果”“海外中国学研究领域在研重大课题信息交流”“进一步推动海外中国学研究的思路与举措”等议题进行研讨。

中国社会科学院历史理论研究所党委书记张冠梓、中国社会科学院国际中国学研究中心副主任何培忠、中国社会科学院国际中国学研究中心副主任唐磊、北京大学历史学系教授欧阳哲生、北京外国语大学历史学院教授柳若梅等在会上先后发言。

（中国社会科学院办公厅刘玉杰供稿）

第五届郭沫若中国历史学奖颁奖仪式 11月20日，第五届郭沫若中国历史学奖颁奖仪式在北京举行。本届评奖委员会主任、中国社会科学院院长、党组书记谢伏瞻出席并讲话。中国社会科学院副院长、党组成员、中国历史研究院院长高翔主持颁奖仪式。

第五届评奖委员会由来自中国社会科学院、中国科学院、北京大学、清华大学、中国人民大学等科研机构和高等院校的21位著名专家学者组成。评奖对象为2011年1月—2017年12月出版的中国历史（下限到1949年中华人民共和国成立）研究领域，包括通史、断代史、专史（含科技史）、考古学、古文字学和古人类学方面的优秀专著和工具书。经过个人申报、评奖委员会三轮评选、公示，清华大学李学勤主编的《清华大学藏战国竹简（壹—柒）》等42部学术成果获奖。其中，一等奖1部、二等奖6部、三等奖12部和提名奖23部。前4届郭沫若中国历史学奖由中国社会科学院郭沫若纪念馆承办。第五届评奖工作由中国社会科学院古代史研究所（中国历史研究院古代史研究所）承办。

第五届郭沫若评奖委员会委员、郭沫若同志亲属及家乡代表、中国郭沫若研究会代表、中国社会科学院相关研究院所代表、部分获奖作者代表、相关出版社责任人及责任编辑等各界人士300余人参加颁奖仪式。

（中国社会科学院办公厅刘玉杰供稿）

中外联合考古项目工作会议 12月23日，由国家文物局主持召开的中外联合考古项目工作会议在北京举行。会议旨在全面梳理2019年中国科研机构和高校赴外开展联合考古工作的最新进展，以及外国机构在中国开展的涉外考古调查、发掘和合作研究项目，研究、部署下一阶段中外合作考古工作，不断提升中外合作考古工作水平，促进世界文明交流互鉴。

国家文物局和有关出版社的相关领导出席会议。

来自中国社会科学院考古研究所，国家文物局水下文化遗产保护中心，河南、陕西、四川、云南、甘肃等省文物考古研究所，以及西北大学、吉林大学、四川大学等高校的12位负责或参与中外合作考古项目的学者代表发言，总结各项目的进展情况和学术成果，深入探讨在推进“一带一路”建设、构建人类命运共同体的时代背景下，中国考古学和广大考古工作者的历史责任与使命。

在乌兹别克斯坦、哈萨克斯坦、吉尔吉斯斯坦、塔吉克斯坦等中亚各国，老挝、斯里兰卡等南亚各国，以及俄罗斯、蒙古，甚至尼罗河畔的埃及、人类发源地之一的肯尼亚、沙漠王国沙特都留下了中国考古人的身影。据初步统计，2019年中国开展中外联合考古项目46项，包括赴外考古项目38项，外国考古团队在中国境内合作考古项目8项；延续性项目33项，新开展项目13项；涉及亚洲、非洲、欧洲、美洲20多个国家，40余家国外科研机构、博物馆、大学等。中国考古“走出去”的步伐日益坚实稳健，赴外考古工作渐成规模。

（中国社会科学院办公厅刘玉杰供稿）

中国人民大学民国史研究院挂牌仪式暨“民国史研究再出发”高端论坛 12月28日，中国人民大学民国史研究院挂牌仪式暨“民国史研究再出发”高端论坛在中国人民大学老校区一层大厅举行。中国人民大学校长刘伟，中国人民大学一级教授、国家清史编纂委员会主任戴逸，原中共中央文献研究室常务副主任金冲及，中国历史研究院近代史研究所所长王建朗，中国人民大学副校长朱信凯，以及来自中国历史研究院近代史研究所、北京大学、北京师范大学、南京大学、南开大学等科研机构和兄弟高校的知名专家学者应邀出席，中国人民大学历史学院近百名师生亦参加了仪式和论坛。刘伟、戴逸、金冲及、朱信凯共同为新成立的中国人民大学民国史研究院挂牌。民国史研究院以推动新时期“民国史研究再出发”为己任。在接下来的高端论坛环节中，与会学者围绕这一主题发表了学术演讲。民国史研究院的成立，将成为中国人民大学中国史乃至整个历史学科建设的一个新契机和新起点。

（中国人民大学科研处供稿）

民族学 宗教学

《满学论丛（1-8辑）》编辑出版座谈会 7月15日，北京市社会科学院满学研究所举办《满学论丛（1-8辑）》编辑出版座谈会。中国社会科学院、中国第一历史档案馆、北京大学、中央民族大学、辽宁民族出版社、北京市社会科学院的相关领导、专家以及新闻媒体参加出版座谈会。《满学论丛》是由北京市社会科学院满学研究所主办、赵志强研究员主编的一套学术论文集。自2011年创编以来，至今已出版8辑，由辽宁民族出版社出版发行，共计刊发各类文章175篇。《满学论丛》刊发的文章内容几乎涵盖了与满学相关的各个领域，涉及满族历史、语言、文化等。其作者群涵盖了国内外老中青几代人，既有专题成果的展示，又及时反映最新的研究成果、学术动态。北京市社会科学院党组成员、副院长田淑芳，辽宁民族出版社吴昕阳副总编辑分别致辞；北京市社会科学院满学研究所研究员、《满学论丛》主编赵志强回顾了论丛的创办过程、特色及取得的成果；编委会专家中国社会科学院古代史研究所研究员定宜庄、北京大学历史学系教授徐凯、中国社会科学院近代史研究所研究员刘小萌、中国第一历史档案馆研究馆员吴元丰、中央民族大学历史文化学院教授赵令志分别发言。论丛作者代表滕绍箴、王鸿莉进行交流发言。

（北京市社会科学院满学所供稿）

“中国少数民族非物质文化遗产保护与民族地区社会发展”学术研讨会 9月22—24日，由教育部人文社会科学重点研究基地中央民族大学中国少数民族研究中心、少数民族事业发展协同创新中心、少数民族非物质文化遗产研究中心共同举办的“中国少数民族非物质文化遗产保护与民族地区社会发展”学术研讨会在中央民族大学召开。文化和旅游部非物质文化遗产司、国家民族事务委员会文化宣传司、中央民族大学的有关领导出席会议。来自云南大学、西藏民族大学、北方民族大学、青海民族大学、贵州民族大学、吉首大学、湖北民族大学等16个省区市20家机构的40余名代表参加了此次研讨会。

专家学者和非遗工作者围绕少数民族非遗保护的实践经验、少数民族非遗保护的能力建设、少数民族非遗的传承发展、少数民族非遗的传播方式、少数民族非遗保护与民族地区社会发展等多个议题展开研讨，涉及的民族地区广泛、非遗事项众多，提出了非遗的生态性、文化遗产系统、传承人身体传承、社会科学实验方法、互联网大数据分析等新观点、新思路、新方案。

（中央民族大学中国少数民族研究中心、
少数民族事业发展协同创新中心供稿）

基督宗教研究论坛（二零一九）暨基督宗教研究的中国性学术研讨会 10月18—20日，由中国社会科学院基督教研究中心主办，北京大学中国社会与发展研究中心、中央民族大学宗教研究院、福建师范大学中国基督教研究中心联合承办的“基督宗教研究论坛（二零一九）暨基督宗教研究的中国性”学术研讨会在中央社会主义学院举行。来自中央统战部、中国社会科学院、北京大学、上海社会科学院、中国人民大学、复旦大学、中央民族大学等单位的90余位专家、学者参加会议。

大会开幕式由中国社会科学院基督教研究中心副主任刘国鹏副研究员主持，中国宗教学会会长、中国社会科学院世界宗教研究所的卓新平研究员，中国社会科学院基督教研究中心主任唐晓峰研究员分别致辞。中国社会科学院世界宗教研究所王美秀研究员、中央民族大学宗教研究院院长游斌教授、北京大学社会学系卢云峰教授发表主旨演讲。中央统战部、上海社会科学院有关负责同志出席了开幕式。

会上，不同研究方向的专家学者在各分论坛展开研讨。“基督宗教的全球化与区域发展史研究分论坛”对基督宗教的全球化与区域历史空间、基督宗教的全球化与本地文化、基督宗教的全球化与区域文化叠合等议题进行交流。“基督宗教与跨宗教、跨文化研究分论坛”从跨学科、跨宗教、跨文化的视角出发，对基督宗教历史学、哲学、思想史以及基督宗教经典文本分析、翻译译本等方面展开研讨与比较对话。“当代中国社会中的基督宗教研究分论坛”则按当代中国基督宗教、基督宗教与社会、基督宗教现当代神学等主题进行分组发言与讨论。

（中国社会科学院办公厅刘玉杰供稿）

敦煌与丝路文明·宗教学专题论坛　10 月 22 日，为弘扬优秀传统文化，推进敦煌学研究，坚定文化自信，由中国社会科学院世界宗教研究所、中国宗教学会主办的“敦煌与丝路文明·宗教学专题论坛”在中国社会科学院世界宗教研究所举行。开幕式由中国社会科学院世界宗教研究所赵文洪书记主持，所长郑筱筠致辞。

论坛共分为“敦煌与佛教”“敦煌与道教”“敦煌与宗教艺术”“敦煌与丝路文明”4 个专题论坛，来自中国社会科学院世界宗教研究所、敦煌研究院、兰州大学、四川大学、故宫博物院、中国社会科学院古代史所、中国社会科学院文学所、暨南大学等近 20 余个科研单位和高等院校的 60 余位专家学者参加了会议。

敦煌研究院杨富学研究员、马德研究员，兰州大学敦煌学研究所刘永明教授，四川大学道教与宗教文化研究所张泽洪教授，陕西师范大学人文社会科学高等研究院沙武田教授，故宫博物院孟嗣徽研究员分别发表了《论敦煌多元文化的共生与互动》《敦煌文书 P. 2865 号〈太上洞玄灵宝五炼生尸妙经〉研究》《论敦煌历史文化的包容精神》《西夏佛教一面相——西夏时期净土思想对敦煌石窟功德和功能的新诠释》《道教的民间化及其文化意义与影响——以敦煌道教为核心》《敦煌残画〈护诸童子十六女神〉》6 篇专题论文，提出了诸多相关研究方向的重要概念、学术观点以及最新研究成果。

（中国社会科学院办公厅刘玉杰供稿）

“国际视野下的少数民族教育：历史、理论、政策与实践”国际论坛　11 月 23 日，由中央民族大学主办，中央民族大学教育学院承办，伦敦大学学院（UCL）教育学院国际教育历史研究中心、中央民族大学多元文化教育研究中心、国家民委人文社科重点研究基地“中国少数民族教育研究基地”、国家民委“国别与区域研究中心”协办的“国际视野下的少数民族教育：历史、理论、政策与实践”国际论坛在中央民族大学举行。国家民委教育科技司司长田联刚，教育部民族教育发展中心主任郭岩，中央民族大学副校长宋敏教授，北京师范大学资深教授、著名教育学家顾明远先生先后发表讲话。

（中央民族大学国际教育学院供稿）

跨宗教交流与构建人类命运共同体国际研讨会　12 月 11 日，中国宗教界和平委员会主办的“跨宗教交流与构建人类命运共同体国际研讨会”在北京召开。亚洲宗教和平会议代表以及来自 10 个国家的宗教和平组织代表、宗教界人士及专家学者共 30 多人参会。

全国政协副主席、中国宗教界和平委员会主席帕巴拉·格列朗杰在致辞中表示，当今世界，各国相互依存不断加深，人类已形成休戚与共的命运共同体。面对前所未有的挑战，更需要不同文明、不同信仰交流互鉴，以文化文明的力量凝聚共识，汇聚力量，引领世界共同应对挑战，迈向美好未来。

各方参会代表主要围绕“宗教与生态文明”“宗教的文化价值”“宗教与社会和谐”进行交流研讨，分享了不同宗教、不同国家在应对全球性挑战方面的理念和实践。

（参见《人民日报》2019 年 12 月 12 日第 7 版）

城市科学

“城市研究的范式与方法”——第二届京沪城市论坛暨“首都文化研究丛书”首发式　4 月 13 日，由北京师范大学北京文化发展研究院、北京建筑大学北京建筑文化研究基地等单位联合举办的“城市研究的范式与方法”——第二届京沪城市论坛暨“首都文化研究丛书”首发式在北京举办。来自中国社会科学院、北京大学、清华大学、复旦大学等高校与研究机构的 40 余名专家学者参加了论坛。

“首都文化研究丛书”主编沈湘平介绍说，丛书以古都文化、红色文化、京味文化、创新文化为 4 个分册，对首都文化进行深入细致的研究和阐释，总结其发展过程中的经验和教训。与会专家就城市的本质内涵及其外延进行了深入探讨，特别把城市研究的中国化视为重要思考内容，并聚焦城市化过程中出现的种种实际问题，如在互联网时代如何重新审视城市与乡村之间的复杂网络关系，如何立足现代科技发展，从智慧城市建设角度看未来城市发展的可能性等。

（参见《北京日报》2019 年 4 月 22 日第 14 版）

京津冀协同发展 5 周年学术研讨会暨《北京高质量发展报告（2018—2019）》发布会 4 月 26 日，由北京市哲学社会科学北京财经研究基地和中央财经大学财经研究院主办的京津冀协同发展 5 周年学术研讨会暨《北京高质量发展报告（2018—2019）》发布会在北京举办。来自国家发展改革委员会宏观经济研究院、中国社会科学院、北京市发展改革委员会、联合国环境署、北京大学、北京师范大学以及中央财经大学的 50 余名师生参加会议。与会专家围绕“京津冀协同发展 5 周年”主题进行了探讨，认为未来京津冀协同中，注重人口净流出的政策可能诱发逆城市化效应，在户籍方面应注重区域人力资本积累以及人口结构的统筹考量，在工业化进程方面应考虑工业新形态的空间布局，探索实现高质量发展的可持续路径。未来在关注京津冀高质量发展的过程中，应当注重区域制度创新的优势发挥，强化资源集聚效应，充分挖掘区域潜力，实现高质量发展目标。

（中央财经大学科研处供稿）

中国城市百人论坛 2019 年会 6 月 2 日，由中国社会科学院、中国科学院、中国工程院共同主办，中国科学院承办的“中国城市百人论坛 2019 年会”在北京举行。会议主题为“未来理想城市：生态、智慧和人文”。全国人大常委会副委员长、民盟中央主席、中国科学院副院长丁仲礼，中国社会科学院院长、党组书记谢伏瞻，中国工程院院长、党组书记李晓红，中国科学院院士、中国工程院院士、清华大学教授吴良镛，中国工程院院士潘云鹤等出席会议并讲话。

丁仲礼指出，城市化还在不断深化，而城市在促进社会繁荣和生活便利的同时，也带来了诸如交通拥堵、环境污染、贫富分化等问题，让人们对未来城市产生了更多的思索和期盼。虽然每个人心中的理想城市不尽相同，但让城市因生态而美丽、因智慧而宜居、因人文而厚重，是一个普遍认可的发展方向。

谢伏瞻指出，城镇化是现代化的必由之路，城镇化与工业化互融共进，构成现代化的两大引擎。推动城镇化是解决三农问题的重要途径，是推动区域协调发展的重要支撑，是扩大内需和促进产业升级的重要抓手，对全面建成小康社会、全面建设社会主义现代化强国具有重要的现实意义和深远的历史意义。

吴良镛表示，改革开放以来，中国城镇化进程中呈现出建设规模大、速度快、涉及面广等特点。要自觉发展人居科学，以人为核心，科学建设有序空间和宜居环境，并以融贯综合的思想，突破原有专业分割和局限，初步建立一套以人居环境建设为核心的空间规划设计方法和实践模式，为建立包括国土空间规划体系在内的国家规划体系提供坚实的科学基础。

潘云鹤表示，中国的数字经济正在向智能化转型。经济智能化转型需要重视以下 5 个方面，即产品的智能化、企业运行的智能化、块状经济的网络平台化、城市经济生态的智能化、城市与经济的协同进化。而中国要建设智能城市不仅要完成城镇化，而且要完成工业化，同时还要完成城市绿色化以及农村现代化。

（中国社会科学院办公厅刘玉杰供稿）

第十七届北京两界联席会议高峰论坛 6 月 11 日，以“智慧交通：京津冀协同创新与发展”为主题的第十七届北京两界联席会议高峰论坛在北京交通大学召开。论坛由北京市科学技术协会，北京市社会科学界联合会、北京市哲学社会科学规划办公室联合主办，北京交通大学，北京人文交通、科技交通、绿色交通研究基地，北京综合交通发展研究院共同承办。北京交通大学教授、中国工程院院士、首都高端智库“北京综合交通发展研究院”首席专家宁滨作主旨报告。国家发展改革委城市和小城镇改革发展中心智慧低碳处主任郑明媚、北京市交通发展研究院研发中心主任缐凯、中央财经大学政府管理学院教授崔晶、21 世纪经济研究院高级研究员定军、北京交通大学经济管理学院荣朝和教授作了主题报告。北京市科学技术协会党组成员、副主席田文，两界顾问吴季松、王友彭、张开逊、张明国，以及两界学会代表、新闻媒体代表参加了本次论坛。

（市社科联、市社科规划办学术活动部供稿）

十四五·中国城市发展论坛 6 月 22 日，以“十四五中国城市发展·重大问题与理论创新”为主题的十四五·中国城市发展论坛在中国人民大学召开。中国人民大学校副校长贺耀敏出席并致辞。来自全国各地 180 多位学者、政府官员共同探讨城市发展的重大现实和理论创新问题。政协十二届全国委员会社会和法治委员会原副主任王巨禄，中国社会科学院研究员杨开忠、中国社会科学院农村发展研究所所长魏后凯、中国城市科学研究会理事长仇保兴、浙江大学公共管理学院教授石敏俊、南开大学经济与社会发展研究院院长刘秉镰、中国人民大学区域与城市经济研究所所长文余源等专家学者先后作大会主题发言。十四五·中国城市发展论坛由中国人民大学应用经济学院联合《经济学动态》编辑部、《经济地理》编辑部和《城市发展研究》编辑部发起和主办，由全国经济地理研究会、中国人民大学京津冀协同发展研究院和中国区域科学协会区域经济学专业委员会协办。本次论坛旨在推动学界对中国城市化和城市经济问题的研究，加强城市经济研究者之间的交流，为十四五期间中国城市发展贡献学术智慧。

（中国人民大学科研处供稿）

2019 京津冀蓝皮书“打造创新驱动经济增长新引擎”信息发布会　6 月 30 日，由首都经济贸易大学和社会科学文献出版社共同举办的 2019 京津冀蓝皮书“打造创新驱动经济增长新引擎”信息发布会在首都经济贸易大学举行。北京市社会科学界联合会党组书记、北京市哲学社会科学规划办公室主任、首都高端智库理事会副理事长张淼，社会科学文献出版社社长谢寿光，首都经济贸易大学党委书记冯培及来自京津冀三地各界的领导、专家、学者出席会议。

张淼在致辞中指出，京津冀协同发展是国家重大发展战略，是学术研究的重大时代命题。谢寿光在致辞中指出，“皮书”研创和出版已成为中国特色新型智库建设的重要抓手和智库成果重要的发布平台，京津冀蓝皮书 5 次获得优秀“皮书”一等奖。

中国社会科学院城市发展与环境研究所副所长、中国区域科学协会会长杨开忠，中国人民大学原区域与城市经济研究所所长、全国经济地理研究会会长孙久文分别就“发挥天津引领京津冀协同发展的中心作用”“京津冀协同发展与世界级城市群建设”进行了主旨演讲。

首都经济贸易大学经济学院教授、京津冀蓝皮书主编祝合良对“京津冀打造全国创新驱动经济增长新引擎”进行了信息发布。

（首都经济贸易大学科研处供稿）

2019 年北京国际大都市清洁空气行动论坛　7 月 8—9 日，2019 年北京国际大都市清洁空气行动论坛在北京召开。世界多国和地区负责空气质量和气候变化的官员和专家齐聚一堂，共同分享治理经验。

副市长杨斌在开幕式致辞中表示，解决北京市的生态环境问题，需要世界各大城市的智慧，同时我们也会讲好北京故事、贡献北京经验，为世界更多城市特别是发展中国家城市，提供借鉴。

论坛首日的主题为“清洁空气与应对气候变化行动”，中国工程院院士、清华大学环境学院院长贺克斌教授系统地介绍了过去 20 年来北京市大气污染治理的实践和成效。

来自联合国环境署，巴黎、伦敦、柏林、东京、首尔、曼谷、乌兰巴托、中国香港等国际大都市，美国加州和意大利伦巴第大区等典型地区的负责空气质量和气候变化的官员和专家，以及国际国内长期关注北京空气质量改善进程的专家参会。大家共同分享国际大都市空气质量改善和温室气体减排措施、进展及中长期规划和远景展望，为北京市精准施策、有效开展大气污染防治和应对气候变化工作提供国际经验和建议。

（参见《北京日报》2019 年 7 月 10 日第 2 版）

中国社会学会 2019 年学术年会城乡社区治理论坛　7 月 13—14 日，由中国社会学会主办、云南大学民族学与社会学学院承办的主题为“回溯与前瞻：社会学与中国社会变迁”的中国社会学会 2019 年学术年会城乡社区治理论坛在云南大学开幕。云南大学党委书记林文勋致欢迎词，中国社会学会会长李友梅致开幕词，全国人大常委、中国社会学会学术委员会主任李培林讲话。来自北京大学、清华大学、中国社会科学院、中国人民大学等高校与科研机构近 2000 名专家学者参加了本次年会。北京市社会科学院社会学所在本次年会上举办了城乡社区治理论坛，编撰发布《中国社会学会 2019 年学术年会城乡社区治理论坛论文集》，并组织了论坛的学术研讨。来自河南大学、东北师范大学、中央民族大学、中共北京市委党校等机构的学者学生以及来自基层社区的社会工作者参加了本次论坛。江树革、李晓壮、陈学金作了学术发言。

（北京市社会科学院社会学所供稿）

“新版北京总体规划的编制与实施”报告会　9 月 11 日，北京市社会科学界联合会、北京市哲学社会科学规划办公室“新版北京总体规划的编制与实施”报告会，来自首都高端智库和北京市哲学社会科学研究基地的近百名专家学者参加。

北京市城市规划设计研究院副院长石晓冬应邀对

《北京城市总体规划（2016年—2035年）》的编制与实施作了细致、专业、重点突出的解读，并与参会专家进行了交流研讨。

本次报告会作为北京市社会科学界联合会、北京市哲学社会科学规划办公室组织开展首都新型智库培训的重要组成部分，旨在贯彻落实习近平总书记对首都工作的系列重要讲话精神，促进首都高端智库和北京市哲学社会科学研究基地专家学者深入了解北京，围绕“建设一个什么样的首都，怎样建设首都”这一重大时代课题进行研究，多出高质量研究成果。

（市社科联、市社科规划办智库工作部供稿）

2019空间规划与城市治理北京论坛 9月25—26日由中国城市科学研究会城市治理专业委员会主办，北京工业大学空间规划与治理研究中心承办的“2019空间规划与城市治理北京论坛”，在北京召开。

本届论坛以“高品质空间塑造，现代化空间治理”为主题，由开幕式、主旨演讲以及以“空间规划与治理的理论与方法”为主题的分论坛一和以“微空间治理”为主题的分论坛二构成。论坛邀请杨开忠、叶裕民、林坚、谭纵波等16位国内空间规划与城市治理领域的专家进行了演讲与讨论。北京工业大学建筑与城市规划学院院长张健教授主持论坛的开幕式，北京工业大学副校长杜修力出席论坛并致辞，中国城市科学研究会副秘书长徐志君致辞。共有200余人参加了论坛。

（北京工业大学科发院人文处张爱民供稿）

第七届“运输与时空经济论坛”国际会议 10月11—13日，由北京交通大学经济管理学院、首都高端智库“北京交通大学北京综合交通发展研究院”主办，北京交通发展研究院、中国技术经济学会、中国铁道学会、重庆交通大学、北京交通发展研究基地合办的第七届“运输与时空经济论坛”国际会议在北京交通大学召开。校长王稼琼、北京市交通委员会总规划师王众毅、北京市公安交通管理局秩序处处长刘吉光出席开幕式。

交通运输部、北京交通大学、英国皇家工程学院、荷兰阿姆斯特丹大学、英国利兹大学、高德地图智慧交通行业中心等单位的专家学者参加了此次论坛并讲话。

围绕“城市交通可持续发展”主题，专家们分别从新型出行模式、物流创新、区位交通和土地利用，生活方式、行为和可持续交通选择，智能交通技术，环境和社会因素对交通和物流的影响，可持续的交通治理和政策等方面开展交流。

（北京交通大学人文社会科学处供稿）

京津冀金融研究联盟2019年会暨京津冀金融发展论坛 10月24日，由京津冀金融研究联盟、首都经济贸易大学金融学院主办的京津冀金融研究联盟2019年会暨京津冀金融发展论坛在北京召开。作为京津冀金融研究联盟的年度学术交流盛会，本次会议旨在聚焦京津冀金融研究热点问题，深入探索京津冀金融领域协同发展之道，以此促进京津冀地区高校之间的交流与合作，服务国家智库建设。

中国社会科学院杨开忠研究员、中国人民大学张成思教授、北京师范大学胡海峰教授、中央财经大学李建军教授、国务院发展研究中心发展战略和区域经济研究部卓贤研究员、首都经济贸易大学尹志超教授等发表主旨演讲。

杨开忠从雄安新区的发展定位、发展逻辑、发展前景3个方面重点介绍了雄安新区的发展建设。张成思作了题为“突破经济增长的困境”的主旨演讲。胡海峰重点介绍了如何打造中国韧性资本市场。李建军作了题为“‘一带一路’与企业第四利润源”的主旨演讲。卓贤分享了关于城市人口、就业和政策的几点思考。尹志超作了题为“移动支付能否成为消费升级的助推器?”的主旨演讲。

人民网、中国网、《经济日报》、《中国社会科学报》、每日经济新闻等媒体代表对此次会议进行了报道。

（首都经济贸易大学科研处供稿）

2019年中国建筑学会建筑史学分会年会暨学术研讨会 11月1—3日，中国建筑学会建筑史学分会和北京工业大学共同主办“2019年中国建筑学会建筑史学分会年会暨学术研讨会”。中国建筑学会于1953年10月23日成立，学会从其创设之初就与中国的现代化建设命运相系。中国建筑学会建筑史学分会于1978年成立并任命单士元先生为主任委员，1993年恢复学术活动后，召开了建筑史学分会成立大会暨第一次学术报告年会。史学分会的成立将全国建筑史学工作纳入有组织有学科建设的轨道，同时也标志着建筑史学科大发展的新阶段的开始。值此中国建筑学会成立66周年之际，举办此次年会以探讨当下建筑史研究与历史建筑保护的相关议题，珍视学会自身的学术传统，评述学会在新中国建设事业发展过程中所发挥的作用及其历史地位，缅怀为学会工作作出杰出贡献的先辈，以应对未来的挑战，更好地发挥建筑学会的积极作用，推动学科发展，促进学术交流。

此次会议以“近 70 年建筑史研究与历史建筑保护——中华人民共和国建国七十周年纪念”为主题，在新时代语境下，对中国营造学社成立 90 年纪念、建筑史教学研究新探、建筑史学史研究、历史文化名城名镇名村及街区研究与保护、历史建筑研究保护与利用、文物建筑修缮及利用和传统村落保护与实践等领域的问题展开多维度、多层面、有深度的讨论和交流。

（北京工业大学科发院人文处张爱民供稿）

第六届京津冀协同发展研讨会　11 月 11—12 日，由北京市社会科学界联合会、天津市社会科学界联合会、河北省社会科学院（河北省社会科学界联合会）共同举办，中共沧州市委宣传部、沧州市社科联承办的第六届京津冀协同发展研讨会，在沧州市举行。本次研讨会以“新突破·新起点·新作为”为主题，全面总结了 5 年来京津冀协同发展在承接非首都功能疏解工作有序推进，交通、生态、产业 3 个重点领域实现率先突破，基本公共服务均等化水平不断提高等重点问题上取得的重大进展，交流研讨了新成效、新经验、新思路，探讨了三地协同创新发展的路径与对策。京津冀社科联和三地社科界专家学者共 80 余人参加了会议研讨。

（市社科联、市社科规划办学术活动部供稿）

第二届首都发展高端论坛：老城·新城·都市圈　11 月 16 日，由中国人民大学首都发展与战略研究院（以下简称“首发院”）主办的“第二届首都发展高端论坛：老城·新城·都市圈”在中国人民大学举行。本次论坛以“新城发展与老城更新”为主题，清华大学、中国人民大学、中国社会科学院、中国城市规划设计院等多位国内专家学者以及来自美国、日本、英国、法国、德国、荷兰、澳大利亚、印度、巴基斯坦等国专家学者共同探讨首都治理之道。中国人民大学党委书记、首发院院长靳诺出席论坛并致辞，中国人民大学副校长、首发院学术委员会主任刘元春主持开幕式。中国人民大学科研处处长，国家发展与战略研究院执行院长严金明主持“论坛 I：都市圈治理与区域协同”。墨尔本大学建筑建设规划（ABP）学院副院长韩笋生教授主持“论坛 II：新城发展与规划建设”。中国人民大学首发院副院长张杰主持“论坛 III：老城更新与社会重构”。中国人民大学公共管理学院秦波教授主持“圆桌论坛：首都城市治理——比较与借鉴”。来自国内外的专家学者、政府官员、学生和媒体人士代表共计 200 余人参会。

（中国人民大学科研处供稿）

首届智能社会治理论坛暨第五届民生论坛　11 月 19 日，中国人民大学举办首届智能社会治理论坛暨第五届民生论坛，围绕智能社会治理面临的新形势新挑战新理念进行跨学科、跨领域研讨。中国科学技术协会书记处书记、副主席孟庆海，民盟中央副主席、北京市政协副主席、民盟北京市委主委程红，中国人民大学党委书记、智能社会治理研究中心主任靳诺出席论坛。论坛开始前，靳诺、中国人民大学校长刘伟会见了与会嘉宾，党委副书记郑水泉陪同会见并主持论坛。在随后的主题演讲中，中国人民大学高瓴人工智能学院执行院长、智能社会治理研究中心执行主任文继荣等 11 位专家学者围绕人工智能技术为经济、社会、法律、新闻传播等领域带来的深刻变化和社会治理议题作主题演讲。中国科学技术协会调研宣传部部长郭哲作总结发言。下午，与会专家围绕“数字经济的发展与规制”“数字化、互联网与社会整合”“人工智能社会交往与人的自由发展”“智能时代的法治化治理”4 个主题开展了圆桌对话。本次论坛由中国人民大学主办，中国科学技术协会、民盟北京市委共同支持，民盟中国人民大学委员会，中国人民大学智能社会治理研究中心、国家发展与战略研究院、高瓴人工智能学院、文化科技园承办。民盟北京市委专职副主委宋慰祖等出席论坛。来自中国人民大学、浙江大学、西安交通大学、中国科学院大学、华东政法大学等高校和科研院所，国家互联网应急中心等政府部门，阿里巴巴集团、腾讯集团、字节跳动等企业的专家学者与业界人士，以及中国人民大学师生代表 300 余人参加论坛。

（中国人民大学科研处供稿）

京津冀食品安全智库联盟成立大会暨食品安全现代化治理年会　12 月 7 日，由中国农业大学北京食品安全政策与战略研究基地牵头主办的“京津冀食品安全智库联盟成立大会暨食品安全现代化治理年会”在北京举行。来自国家市场监督管理总局、农业农村部、北京市市场监督管理局、北京市教委等行政管理部门，以及京津冀食品安全智库联盟发起单位、国内高校与科研院所共计50余名专家学者参加了本次会议。

联盟目标是以京津冀地区为核心研究阵地，推动地区与全国范围内食品安全现代化治理体系与治理能力建设与完善；促进社科基地、实验室、中心等智库的协同创新、共商共建、资源共享等跨智库协作；以联盟形式扩大在食品安全治理中各机构和社科智库的影响力。

中国农业大学、国家市场监督管理总局、北京市教委、北京市市场监督管理局和联盟发起成员单位代表共同为联盟揭牌。

国家市场监督管理总局、农业农村部、食品安全相关政府部门代表、社会科学界代表等多位领导和专家学者针对食品安全治理的现状与措施、食品安全标准体系建设、社会科学在其中的作用作特邀报告。

北京市食品安全监控和风险评估中心、北京食品科学研究院、北京工商大学、天津科技大学、河北农业大学、河北经贸大学、吉林大学等部门的10位专家学者围绕“食品安全现代化治理”主题分别作发言，从中国食品产业发展、食品监管技术、相关主体的食品处理行为以及政府监管的角度进行研讨。基地首席专家、联盟首届理事长白军飞教授对本次会议进行了总结。虽然中国食品安全的形势持续向好，但面向现代化，食品安全治理还有很长的路要走。鉴于此，联盟成员当站在理论高度认真思考、提炼、总结适合中国国情与特点的食品安全治理经验与理论，为促进中国食品安全治理现代化、构建食品安全话语体系不懈努力。

（中国农业大学科学技术发展研究院供稿）

首都高端智库北京交通发展论坛暨北京交通蓝皮书发布会　12月14日，由首都高端智库“北京交通大学北京综合交通发展研究院”主办，北京市哲学社会科学北京交通发展研究基地、北京产业安全与发展研究基地、北京物流信息化研究基地共同协办的“首届首都高端智库北京交通发展论坛暨北京交通蓝皮书发布会”在北京交通大学举行，主题为“北京交通高质量发展”。北京市社会科学界联合会党组书记、北京市哲学社会科学规划办公室主任、首都高端智库理事会副理事长张淼，北京市交通委员会副主任容军，北京基础设施投资公司党委书记、董事长张燕友，北京市公交集团总经理朱凯出席论坛。

交通运输领域知名专家学者、企业家围绕“北京交通高质量发展”，以不同视角探讨交流首都交通发展之道，共同为首都交通发展、交通强国建设建言献策。会上发布了《北京交通发展综合报告—2019》蓝皮书，该蓝皮书就北京交通高质量发展的相关内容进行详细分析与论述，所提出的政策建议对北京交通发展具有现实指导意义。

来自首都高端智库“北京交通大学北京综合交通发展研究院”以及北京交通发展研究基地、北京产业安全与发展研究基地、北京物流信息化研究基地的研究人员和研究生代表，新华社、中新社、《人民日报》、《光明日报》、北京电视台等16家新闻媒体代表，共200余人参加了本次论坛。

（北京交通大学人文社会科学处供稿）

第十届中国交通高层论坛　12月15日，创办于2005年的“中国交通高层论坛”在北京交通大学召开第十届会议，主题为“探索新时期交通发展路径，落实交通强国建设纲要”。论坛创始人之一、北京交通大学张国伍教授，交通运输部党组成员兼总规划师、综合规划司司长王志清，中国工程院副院长何华武，交通运输部总工程师周伟，北京交通大学校长王稼琼、兼职教授王庆云，交通运输部政策研究室副主任舒驰，国务院发展中心研究员魏际刚，北京交通发展研究院院长郭继孚等出席论坛。

本届论坛共举行了9场大会报告和6场平行论坛报告。来自中国工程院、北京交通发展研究院、国务院发展研究中心、清华大学的专家学者围绕高速磁浮发展路径思考、新时代物流强国战略等内容展开研讨，并结合中国交通运输实践，探讨了当前加快交通强国建设的重点任务。

（北京交通大学人文社会科学处供稿）

深入学习贯彻党的十九届四中全会精神，深化党建引领首都基层社会治理研讨会　12月19日，北京市党建研究会召开深入学习贯彻党的十九届四中全会精神，深化党建引领首都基层社会治理研讨会。全国党建研究会会长李景田出席并讲话，北京市党建研究会会长杜德印致辞。

李景田在讲话中充分肯定了北京市在推进党建引领基层治理方面取得的成绩，他指出，要认真学习贯彻习近平新时代中国特色社会主义思想，不断加强党建引领基层治理体制机制创新，创造出更多可学习、可复制的经验，为推进改革开放事业作出新的更大贡献。

北京市委常委、组织部部长魏小东指出，全市党建研究系统要把深入学习宣传贯彻党的十九届四中全会精神作为当前和今后一个时期的重要政治任务，聚焦党建引领首都基层社会治理的有效路径，深化“吹哨报到”改革、完善“接诉即办”机制，健全城乡基层治理体系、落实基层治理相关条例等重点问题深入开展研究，切实提升研究质量，以丰富的理论研究成果助推首都治理能力提升。

7 位专家和实践工作者围绕完善首都基层治理新格局进行了交流研讨。

（参见《北京日报》2019 年 12 月 20 日第 3 版）

语言学　文学

“面向未来：中文学科建设与学术创新”研讨会　4 月 11 日，“面向未来：中文学科建设与学术创新”研讨会在北京大学举行。北京大学校长郝平出席会议并致辞。本次研讨会旨在贯彻落实习近平总书记关于高等教育的重要指示，加快“双一流”建设，响应服务于增强国家文化自信、国家基础研究重大问题的需求，实现高等教育内涵式发展。

参加此次会议的还有各兄弟高校中文学科院系领导及专家学者，相关学部、院系、职能部门以及师生代表 300 余人。

郝平在致辞中回顾了北京大学中文学科的发展历程。自 1910 年始，北京大学中文学科的建设与发展始终与国家和民族的命运、社会转型发展血肉相连，始终立足于服务国家文化自信和解决国家基础研究重大问题需求。中文系主任陈晓明在题为“内涵式发展的学科建设”的主题报告中，介绍了中文系拟组建的“中国古典学平台”“现代思想与文学研究平台”“语言与人类复杂系统研究平台”3 个学科平台的建制方案。中文系将以 3 个平台为载体逐步形成学科群的理念，以语言学为中坚，努力夯实古典基础，并突出关注现代思想和文学新变的能力。与会专家们在中文学科建设发展的学术共同体中充分研讨、决策，达成 3 点共识：中文学科发展必须服务于国家文化繁荣和发展，服务于国家文化自信建设；中国语言文学基础学科重大问题的研究，将会极大促进中国语言文学发展繁荣和国家文化自信建设；呼吁相关部门将中文学科发展和基础性建设、投入、架构放在国家文化发展之要，母语纯正创新关系国家文化自信安全，国家文化自信安全关系国家文化之安全。

（北京大学社会科学部供稿）

“比较文学视野下的藏族当代文学翻译及其研究”学术研讨会　由中央民族大学藏学研究院主办、中央民族大学科研处“2019 年度青年学术团队引领计划项目”支持的“比较文学视野下的藏族当代文学翻译及其研究”学术研讨会于 4 月 20—21 日在中央民族大学召开。此次会议主要发言人有青海省作家协会副会长、青海省民族文学翻译协会副会长兼秘书长龙仁青先生，西藏民族大学文学院教授徐琴女士，中国藏学研究中心副研究员、藏族著名作家拉先加先生，青海民族出版社《章恰尔》杂志资深编辑、文学评论家切蒋先生，西藏大学文学院副教授、藏族著名诗人夏吾才旦先生，青海民族大学文学与新闻传播学院副教授祁发慧女士，中央民族大学藏学研究院教授、博士生导师扎巴先生等 20 余位。此外，中央民族大学藏学研究院党总支书记邓光奇先生、副院长周拉教授、千木滚教授、央珍副教授、完麻加副教授等 200 多名在校师生参加了此次会议。

研讨会历时两天，旨在推动中国多民族文学共同发展、丰富中华民族文学构成。围绕大会主题“比较文学视野下的藏族当代文学翻译及其研究”设有如下 5 个议题：中国多民族文学格局中的藏族当代文学、跨学科视域下的藏族当代文学研究、藏族当代母语文学的汉译及其传播、藏族当代文学的外语翻译研究、当代藏语翻译文学研究。

（中央民族大学藏学研究院供稿）

具身语言——人工智能时代的语言科学国际会议　5 月 24—26 日，“具身语言——人工智能时代的语言科学国际会议”在北京召开。本次会议由北京科技大学的外国语学院、当代语言科学研究中心主办，北京市材料科学知识工程重点实验室、北京语言大学外国语学部协办。会议主题为“开创人工智能语言科学新时代，承接具身语言研究方法新使命”。会议邀请来自全世界多个国家具身语言研究和应用领域知名学者，通过举办9场主旨报告和6个分论坛共计21场主题发言，针对当前人工智能时代对语言科学前沿研究提出的重要时代性、使命性、哲学性、科学性的现实命题进行多角度探讨与展望，对当前语言对人类进步、对社会文化发展、对人工智能时代所提出的各种哲学思潮的碰撞与使命性挑战等系列相关热点焦点问题进行交流研讨。

（北京科技大学科学技术研究院供稿）

“中国文学研究70年”学术研讨会 5月26—27日，中国社会科学院文学研究所在北京召开“中国文学研究70年”学术研讨会。国内文学研究领域的知名学者分别从马克思主义文艺理论、中国古代文学和现当代文学研究领域进行了充分研讨，探讨如何发挥马克思主义文艺理论的指导作用，更好地将马克思主义批评研究方法应用到批评实践；如何发扬中国叙事传统，讲好中国故事；如何建构中国特色文学理论。

与会学者认为，中国特色文学理论应从5个方面理解：其一，它是由中国学者建构、在中国本土产生、有着自己独立品格和内在完整性的文学理论；其二，它是以马克思主义为指导、贯穿了马克思主义文艺精髓的文学理论；其三，它是建立在中国现实和中国文学现实之上、符合中国人的审美习惯、继承了中国古代文化与文论的全部精华的文学理论；其四，它是具有国际视野、融合了西方文化与文论的精华并使之中国化的文学理论；其五，它是具有当代性、创新性、开放发展的文学理论。这5个方面的统一，就是中国特色文学理论。

与会者表示，全面回顾总结中国文学研究70年，梳理中国文学学科的发展历史，是增强理论自信、文学自信的有效方式，是进一步夯实中国文学发展基础、切实推进中国文学再创辉煌的重要途径，也是新时代文学研究工作者切实加强中国文学学科体系、学术体系、话语体系建设，讲好中国文学故事，推动中国文学研究走向世界的重要使命。

（参见《光明日报》2019年5月28日第10版）

第十五届国际汉语教学学术研讨会 6月28—30日，第十五届国际汉语教学学术研讨会在北京师范大学举办。本次会议由北京师范大学、美国塔夫茨大学主办，美国罗德岛大学、纽约城市大学、佛蒙特大学、外语教学与研究出版社协办，北京师范大学汉语文化学院承办。世界汉语教学学会会长、北京师范大学汉语文化学院院长许嘉璐、北京师范大学学术委员会主任韩震参会并致辞。

本次研讨会的主题是“汉语国际教育的跨学科发展研究”，来自世界五大洲的15个国家和地区的252名专家学者参加了本次大会，围绕汉语国际教育、中华文化传播、跨文化交际交流等相关议题进行了深入研讨，展示了相关领域的前沿热点问题及最新研究成果。

（北京师范大学社科处供稿）

第二届英语自然文学与生态批评高端论坛 7月14日，北京林业大学举办第二届英语自然文学与生态批评高端论坛。论坛由北京林业大学外语学院教授、外国文学与生态文化研究中心负责人南宫梅芳主持。与会专家来自美国爱达荷大学、山东大学、中国人民大学、北京语言大学、南京大学。北京林业大学外语学院党委书记段克勤教授等领导出席了开幕式。

来自国内外近50所高等学校的80多名专家学者围绕“自然文学与生态批评”议题展开研讨，内容包括：小说、诗歌、散文等题材的作品中反映的生态思想、自然观、环境正义思想、生态女性主义思想等；经典文本中的自然叙事；生态文本的生态诗学和美学研究；对自然文学的新趋势、新理论的探讨；生态文学与现实政治的互动；生态文本的翻译研究。

（北京林业大学外语学院供稿）

纪念罗常培先生诞辰120周年学术座谈会暨罗常培先生铜像揭幕仪式 8月9日，纪念罗常培先生诞辰120周年学术座谈会暨罗常培先生铜像揭幕仪式在中国社会科学院召开。中国社会科学院副院长、党组成员高翔出席会议并讲话。会议由语言研究所党委书记陈文学主持。中国社会科学院民族学与人类学研究所副所长尹虎彬、北京语言大学原党委书记李宇明、中国社会科学院语言研究所所长刘丹青分别致辞。来自中国社会科学院语言研究所、中国社会科学院民族学与人类学研究所、国家语言文字工作委员会、北京大学、中央民族大学、北京语言大学等科研机构、高校共60余位学者参加了本次会议。

罗常培先生（1899年8月9日—1958年12月13

日）是中国著名语言学家、教育家，开创新中国语言学事业的学术领袖，中国科学院语言研究所首任所长、中国科学院哲学社会科学学部委员。罗先生的主要学术领域是音韵学，并在实验语音学、汉语方言学、民族语言调查、社会语言学等众多领域都做出了开创性的贡献。高翔副院长、刘丹青所长为罗常培先生铜像揭幕。

会上还举行了罗常培语言学奖颁奖典礼。本届罗常培奖的获奖者是：二等奖获奖者黄河（上海大学）、白鸽（中国人民大学）；三等奖获奖者曾南逸（中央财经大学）、严菡波（上海外国语大学）、华毛加（青海民族大学）。

（中国社会科学院办公厅刘玉杰供稿）

新时代诗歌座谈会　8月27日，由光明日报社、北京大学习近平新时代中国特色社会主义思想研究院、文艺报社、诗刊社联合主办的“新时代诗歌座谈会”在北京大学举行。

北京大学中国诗歌研究院名誉院长谢冕，北京大学习近平新时代中国特色社会主义思想研究院副院长韩毓海，中国艺术报总编辑康伟，文艺报总编辑梁鸿鹰，北京大学中文系教授贺桂梅，南开大学文学院教授罗振亚，鲁迅文学奖诗歌奖获得者汤养宗，中国文艺评论家协会副秘书长周由强，北京外国语大学教授汪剑钊等与会并围绕新时代诗歌的时代性、人民性、主体性和美学建构等问题进行了研讨。

会议认为，新时代的诗人、评论家，要对时代有敏锐的洞察力，要有概括力，对时代有本质的把握，要有创造力，用诗人的方式来表现这个时代，真正体现出时代自信；有大视野的诗人才可能有大情怀，才可能写出大诗。同时，还举办了“新时代诗论奖”颁奖及《新时代诗歌百人读本》首发式。

（参见《光明日报》2019年8月29日第9版）

改革开放四十年中国文艺理论建设暨《文艺研究》创刊四十周年学术研讨会　11月9—10日，“改革开放四十年中国文艺理论建设暨《文艺研究》创刊四十周年学术研讨会”在北京举行。活动由中国艺术研究院主办，旨在纪念《文艺研究》创刊40周年，并围绕“中国文艺理论前沿问题”等主题进行研讨。

《文艺研究》创刊于1979年5月，回顾《文艺研究》的历史发展，不仅可以总结改革开放以来中国文艺理论研究的发展历程，梳理曾经引起广泛讨论的重大议题，还能够探讨目前热议和集中研究的前沿问题，展望中国文艺学、美学的未来发展图景。

文化和旅游部副部长张旭，原文化部副部长、中国艺术研究院原院长王文章，中国艺术研究院院长、党委书记韩子勇，来自全国40余所高校和科研机构的资深学者，以及《中国社会科学》《新华文摘》《文学评论》等期刊的100余名代表与会并参与交流。

与会学者分别围绕“改革开放四十年文艺理论建设历史回顾”“中国文艺理论前沿问题”“中西文论比较问题”“《文艺研究》与文艺理论期刊建设”等四个议题进行了专题发言和交流互动。叶朗、朱立元、刘纲纪、杜书瀛、张玉能、曾繁仁等著名美学家、文艺理论家，分别就马克思主义美学在当代中国的发展、新时期以来文艺理论建设的回顾与反思，以及重要学术刊物所应承担的使命等问题发表了看法。他们希望，《文艺研究》能够在今后的发展中，引领中国文艺理论研究界建设具有中国特色、中国风格、中国气派的学科体系、学术体系和话语体系，为中国文艺学、美学的发展和繁荣作出更大的贡献。

（参见《人民日报》2019年11月13日第12版）

“传承·创新·引领”外语学科发展高层论坛　11月17日，由北京大学外国语学院主办的“传承·创新·引领”外语学科发展高层论坛在北京大学召开。清华大学、复旦大学、上海交通大学、南京大学、浙江大学、北京外国语大学等53所高校的外语学科负责人、学者代表，10余所国内外国语学校的代表，北京大学外国语学院师生共计160余人齐聚一堂，深入研讨如何在构建人类命运共同体理念引领下建设中国外语学科，以更好地应对人才培养与学术话语创新这一重大课题。

北京大学外国语学院胡壮麟教授、王邦维教授，浙江大学许钧教授、北京外国语大学王克非教授、南京大学王守仁教授、上海外国语大学查明建教授分别作主旨报告。与会专家学者围绕外语学科的价值与学科边界、外语学科的改革与内涵建设、外语学科的人才培养体系创新、中外人文交流与国际学术话语体系建设等对外语学科发展具有重要意义的议题展开交流，并在如何深化新时代背景下的外语学科改革、创新外语学科发展理念、建设外语学科发展共同体等方面凝聚智慧、达成共识。

（北京大学社会科学部供稿）

文化艺术（含民俗）

古瓷今说——叶喆民先生纪念座谈会　1月5日，为纪念清华大学美术学院教授、杰出的艺术史论家、古陶瓷学家、书法家叶喆民，“古瓷今说——叶喆民先生纪念座谈会”在清华大学举办。本次座谈会由清华大学美术学院主办，艺术史论系、陶瓷艺术设计系联合承办，并得到了故宫博物院、首都师范大学美术学院的支持。叶喆民家属代表、清华美术学院师生，来自艺术史论界、文博界、陶瓷界的知名专家学者总计130余人出席了本次活动。

纪念座谈会上，艺术史论系副主任郭秋惠和院史办张京生介绍了《叶喆民文集》的编撰情况。随后，来自校内外的16位嘉宾作专题发言。与会嘉宾表示，叶喆民一生专注中国古陶瓷与书法史论研究，投身工艺美术与书法教育事业，始终“学而不厌、诲人不倦”。他的著作文论、书法创作与治学精神将永远为后人铭记。会上，河北省邯郸市人大常委会委员、磁州窑学会会长庞洪奇宣布将在磁州窑历史博物馆为叶氏家族建立专题陈列馆。河南省平顶山市宝丰县副县长部现营宣布将在汝窑遗址博物馆为叶喆民先生建立专题纪念馆。

（清华大学文科建设处供稿）

“一带一路”背景下中国与巴基斯坦文化交流与传播研讨会　4月2日，由中国传媒大学外国语言文化学院主办、中国传媒大学巴基斯坦研究中心承办的“一带一路”背景下中国与巴基斯坦文化交流与传播研讨会在中国传媒大学举办。本次研讨会就中巴人文交流的相关政策、内涵、途径、意义等议题进行了研讨。中国传媒大学领导，巴基斯坦伊斯兰共和国大使馆官员，文化传播领域的巴基斯坦籍学者、资深媒体人，巴基斯坦研究领域的国内专家与智库学者、巴基斯坦研究中心的工作人员，巴基斯坦在校留学生等20余人参加了本次研讨会。

来自巴基斯坦伊斯兰共和国大使馆的特邀嘉宾致辞。中国传媒大学段鹏副校长、外国语言文化学院李佐文院长分别致辞。强调随着“一带一路”战略的推进，文化融通将在政治互信、经济相容、打造“中巴命运共同体”中发挥关键作用，为中巴经济走廊建设提供有力支撑。中国传媒大学巴基斯坦研究中心作为一个专业性学术智库机构，不仅致力于高品质、专业性的巴基斯坦国别研究，而且将充分依托学校的传媒资源优势，协调中巴两国学者之间、媒体之间的人文交流互动，促进高级别、高质量的学术对话。

（中国传媒大学外国语言文化学院供稿）

首都师范大学跨文化跨媒介研究中心成立暨新媒体文学研讨会　4月13日，首都师范大学文学院举办首都师范大学跨文化跨媒介研究中心成立暨新媒体文学研讨会。首都师范大学党委书记郑萼、社科处处长王德胜出席会议。来自中国社会科学院、北京大学、中国人民大学、北京师范大学、中国传媒大学等十几家大学科研机构的学者，《中国妇女报》、中国网等媒体以及合作单位代表参加了会议。

党委书记郑萼、文学院院长马自力分别代表学校和文学院致辞，中国民间文艺家协会分党组书记邱运华讲话，电子工业出版社总编兼华信研究院院长刘九如宣布将与中心合作研究课题。会上金元浦、方维规等10位学者发言，来自加拿大的Mr. Kitay就语言文化交流问题进行了专题发言。研究中心主任易晓明教授介绍了中心的构成和近期研究计划，宣读了所聘梅罗维茨等一批国外荣誉教授的名单，推介了中心的文化实践平台——“裸故事”。

（首都师范大学社科处供稿）

“网络时代的新青年”学术研讨会　4月27日，北京师范大学北京文化发展研究院在京举办“网络时代的新青年”学术研讨会，来自高等院校、科研机构等单位的专家学者围绕网络时代青年新机遇进行交流研讨，北京大学青年研究中心主任蒋广学、北京师范大学新闻传播学院执行院长喻国明、中国人民大学社会学系教授赵延东、北京师范大学北京文化发展研究院执行院长沈湘平、北京师范大学思想政治工作研究院院长冯刚、北京网络文化协会会长庹祖海等作主题发言。

与会专家一致认为，互联网为新时代中国青年赋能赋权，要努力推动科技与文化的深度融合，不断创新产品形态，提供更多具有国际竞争力的文化精品，传播社会正能量，让网络成为促进青少年发展的好助手，为新时代的中国青年建功立业筑路铺桥。

（参见《光明日报》2019 年 6 月 3 日第 16 版）

2019 京津冀印刷文化创意产业发展论坛　5 月 17 日，由北京印刷学院、中国印协创意设计专业委员会主办，北京印刷学院设计艺术学院、上海印搜文化传媒股份有限公司、北京绿色印刷包装产业技术研究院承办的“2019 京津冀印刷文化创意产业发展论坛”在北京举行。政界、学界、业界代表 90 余人出席了论坛。围绕“印刷文创产业发展”主题，设计艺术学院执行院长张彬，印搜传媒总经理覃子喻，北京印协秘书长张廷海等与会嘉宾分别从顶层设计、产业内涵、理论构建、市场现状、平台搭建、与资本市场结合等方面进行了探讨和分析。

（北京印刷学院设计艺术学院供稿）

北京印刷学院国际新媒体产教研融合研究院成立暨“新媒体在产教融合国际发展中的应用”高峰论坛　5 月 17 日，北京印刷学院国际新媒体产教研融合研究院成立仪式举办，同期举办“新媒体在产教融合国际发展中的应用”高峰论坛。

韩国朝鲜大学教授委员会委员长柳荣泰、文化艺术产业研究院院长金钟京，教育部动画与数字媒体教学指导委员会秘书长，中国传媒大学动画学院院长黄心渊，北京迪生数字娱乐科技股份有限公司总经理李洪新，以及韩国东明大学、北京师范大学、水晶石公司、中国虚拟现实与可视化产业技术创新战略联盟等单位的专家、企业家及学生代表约 150 人参加了本次活动。学校校长罗学科出席并致辞。

国际新媒体产教研融合研究院以北京印刷学院新媒体学院和韩国朝鲜大学文化艺术产业研究所为合作主体，研究院秘书处设于北京印刷学院，旨在通过建立教育界、产业界、学术界与国内外各级政府共同参与的中国教育改革创新和全球教育合作交流平台，培养新媒体产业转型升级急需人才，形成适应新媒体发展需求的合理人才结构。研究院在运行过程中，将充分发挥学校在“创意设计 艺工融合”方面的办学优势与特色，通过引入来自教育界、产业界的新媒体思维、国际视野和实践经验，完善需求导向的人才培养模式，提升新媒体应用人才的培养质量。柳荣泰教授作了题为“科学与产业价值的思维转换”的主旨报告。

（北京印刷学院新媒体学院供稿）

第八届中国休闲体育 · 北京论坛　5 月 30 日—6 月 2 日，第八届中国休闲体育 · 北京论坛在首都体育学院召开。本届会议由中国体育科学学会体质与健康分会与首都体育学院共同主办，首都体育学院休闲与社会体育学院承办。本届论坛共有 45 个单位，来自西安体育学院、成都体育学院等 11 所体育类院校和北京大学等综合类院校的 80 余名校外专家学者及 200 名校内师生参加了会议。本次会议的主题是“休闲、健康与社会发展”，包含大会报告、分论坛、户外骑行和徒步教学交流等环节。

6 月 1 日上午论坛正式开幕。来自首都体育学院、中国体育科学学会体质与健康分会、中国高等教育学会体育专业委员会、西安体育学院、成都体育学院、国家体育总局体育科学研究所体医融合促进与创新研究中心、中国社科院财经战略研究院等单位的领导出席了开幕式。

大会主报告环节，钟秉枢教授作了题为“认识体育文化，发展休闲体育”的报告；郭建军博士作了题为“体医融合是全民健身与全面健康深度融合的必由之路”的报告；魏翔博士作了题为“闲暇资本与健康资本研究——来自健身行业的评判”的报告。

1 日下午，分论坛从“休闲与健康”“休闲与社会发展”两个方面展开讨论。

（首都体育学院科技处供稿）

中国大运河智库联盟成立一周年成果发布暨大运河智库观察家观察员 60 人论坛　6 月 6 日，由北京物资学院、中国大运河智库联盟秘书处主办，北京物资学院大运河研究院承办的中国大运河智库联盟成立一周年成果发布暨大运河智库观察家观察员 60 人论坛在物资学院举行。出席论坛的领导嘉宾有通州区委常委、宣传部部长汤一原，通州区委宣传部常务副部长陈立军，北京物资学院校长王文举，北京物资学院大运河研究院相关人员以及《人民日报》《光明日报》《经济日报》等相关媒体。会议发布了《新时代中国大运河文化带建设总报告》等成果，公布了中国大运河智库 60 人论坛总召集人、执行召集人和观察家、观察员名单，签署并宣读了中国大运河智库 60 人论坛“北京共识”。包括：中国大运河智库 60 人论坛服务党中央、国务院和大运河流域省（市）委、省

（市）政府决策，将密切跟进大运河文化保护好、传承好、利用好的顶层设计安排，回应现实关切，注重身体力行，树立系统思维，强调整体观念。

会议公布的《新时代中国大运河文化带建设总报告》，选取中国大运河文化带建设的时间跨度为2017年2月至2019年5月31日，对京、津两市及冀、鲁、苏、浙、豫、皖六省关于大运河文化带建设的重大政策安排进行了量化统计与内容分析，主要为：北京以城市副中心串联式规划建设为指向；天津以演绎大运河历史文脉为抓手；河北以文化遗产保护传承为宗旨；山东以挖掘齐鲁文化资源为本位；江苏以建设大运河示范区为己任；浙江以串珠成链的大运河景点为载体；河南以发展文化旅游产业为建设方向；安徽以优化空间格局引导大运河文化带建设。

（北京物资学院科研处供稿）

首都文化与北京全国文化中心建设——第21次北京学学术年会 6月22日，北京市哲学社会科学北京学研究基地在北京联合大学召开“首都文化与北京全国文化中心建设——第21次北京学学术年会”，与会学者就北京全国文化中心建设指标体系构建、路径，北京中轴线的价值、保护以及南北延长线的规划，北京古都地理空间与风貌规划等展开了交流和讨论。

学者们认为，北京应加强凝聚荟萃（集聚力）、辐射带动（影响力）、创新引领（创新力）、传播交流（互动力）和服务保障功能（保障力）等5个方面的能力。认为，“历史性城镇景观”以动态的历史层积性、文化关联性以及平衡保护与发展的视角，将北京的过去、现在与未来通过这条“文化之脊”有机联系起来。

（参见《北京日报》2019年7月8日第14版）

第五届媒介素养教育国际学术会议 6月29—30日，第五届媒介素养教育国际学术会议在北京召开。本次会议由中国传媒大学主办，中国传媒大学传播研究院承办。会议围绕“跨界·融合·创新——数字时代的媒介素养与人的全面发展”这一主题，将媒介素养教育与健康生活、城市发展、网络安全密切联系，探讨媒介素养教育的不同领域，关注不同人群的媒介素养教育，旨在深化媒介素养教育理论研究和实践探索。

中国传媒大学副校长段鹏、中国网络社会组织联合会副秘书长邢发亮出席开幕式，中国传媒大学传播研究院院长李舒教授主持开幕式。来自中国社会科学院、清华大学、中国人民大学、北京师范大学、南京师范大学、华南师范大学、哈尔滨工业大学、中国传媒大学等40多名中国学者，加拿大瑞尔森大学、西班牙庞培法布拉大学、纳米比亚信息局、肯尼亚郎歌大学、巴基斯坦旁遮普中央大学等10余名外国学者、业界代表汇聚一堂，就技术创新引发的各种理论创新、模式创新和未来发展，以及媒介素养教育实践进行碰撞和交流。

会议共安排了1个主会场、3个分会场和6个主题论坛，英国媒介素养教育专家 David Buckingham、加拿大学者 Clara C. Feliciati、西班牙学者 Carlos A. Scolari，中国学者胡智锋、张开、卜卫、彭兰、李月莲、林子斌、张艳秋、臧海群等发表了主题演讲。

（中国传媒大学传播研究院张开供稿）

2019印艺融合创新论坛：实施印艺融合，推进绿色环保印刷 7月26日，2019中国印刷业创新大会同期重要活动之一，由北京印刷学院和北京印刷技术协会联合举办的“2019印艺融合创新论坛：实施印艺融合，推进绿色环保印刷”在北京举行。

此次论坛以绿色、融合、创新为主题，以印刷为媒介，以创意设计推动产业升级，绿色化发展。中宣部印制发行局副局长、一级巡视员王泉，中国印刷技术协会副会长褚庭亮，北京印刷学院党委书记高锦宏、党委副书记彭红，印刷出版与艺术设计领域的专家学者、业界代表等百余人出席了此次活动。论坛由设计艺术学院党委书记史民峰主持。

印刷业是文化产业的重要组成部分。伴随印刷功能的拓展，文化创意和设计服务与印刷业，在互联网和数字技术环境下，已密不可分，形成产业链的上下游。注重文化创意和设计服务，是印刷业应对同质化竞争、提升产品附加值的重要抓手，也是培育发展新动能、引导发展新潮流的重要方向。印艺融合创新论坛，关注实施印艺融合，不断推进绿色环保印刷新发展。

（北京印刷学院设计艺术学院供稿）

老字号的传承与创新高峰论坛 8月14日，人民网在北京主办“老字号的传承与创新高峰论坛”，专家和业内人士围绕加强老字号品牌工艺传承等话题展开讨论。

专家认为，近年来线上消费快速发展，老字号企业应主动加强电商经营，打造网络热销品牌，拓展老字号产品的消费群体。

本次论坛发布了《京津老字号创新实践典型案例研究报告》。报告认为，一些老字号品牌注重研发新工艺、开拓新市场，令老字号企业重放光彩。比如，老字号品牌稻香村根据不同节气饮食特征，推出二十四节气系列食品，并设计具有文化内涵的包装；荣宝斋将木版水印作品转印在成品扇面上，制作出“绢本宫扇”和“纸本折扇”，让非遗艺术走进百姓的日常生活。

（参见《人民日报》2019 年 8 月 21 日第 19 版）

中华人民共和国成立初期国家形象设计展　9 月 5 日，由北京国际设计周组委会和清华大学美术学院主办的中华人民共和国成立初期国家形象设计展，作为 2019 北京国际设计周主题展览在中华世纪坛艺术馆开幕。北京国际设计周组委会秘书长、北京市委宣传部副部长赵磊，北京国际设计周组委会办公室主任、北京市国有文化资产监督管理办公室副主任董殿毅，清华大学美术学院书记马赛、副院长方晓风，北京国际设计周组委会办公室常务副主任、北京歌华文化发展集团有限公司党委书记、总经理李丹阳出席开幕活动。北京市委常委、宣传部部长杜飞进一行在开幕式后参观展览。

展览以案例的形式，系统梳理、深入分析当年国家形象的设计历程与设计思想。在展示国家形象设计的同时，将与提高人民生产生活相关的重要设计纳入展览，鲜活而立体地展现这一时期的时代风貌。展览将突出历史性、文献性、系统性、学术性和体验性，系统展示许多珍贵的档案文献、设计图纸与历史照片。

（清华大学文科建设处供稿）

“图书馆 · 与时代同行”国际学术研讨会　9 月 9 日，为庆祝国家图书馆建馆 110 周年，“图书馆 · 与时代同行”国际学术研讨会在北京召开。国内外近 300 位专家学者围绕新时代图书馆发展的热点问题、先进理念、前沿技术等进行学术交流。

文化和旅游部部长雒树刚在致辞中指出，国家图书馆秉承“传承文明，服务社会”的宗旨，与时代同进步，与民族共命运，经过一代又一代员工的艰苦努力和拼搏奋斗，在保存国家和民族文明成果，传承和弘扬中华优秀传统文化，全面提高公民科学文化素质，促进国际文化交流交往等方面发挥了重要作用。国家图书馆馆长饶权强调，110 年来，国家图书馆坚持“备群书，供众览”，在继承南宋以来历代皇家和官府藏书的基础上，历代馆员广采博收，众多名家大家倾情捐赠，形成了规模宏富、撷英集萃的馆藏资源。国家图书馆 110 年的发展历程，既是中国图书馆事业砥砺奋进的历史缩影，更是近代以来中华民族复兴之路的历史缩影。

国家图书馆的前身是 1909 年 9 月 9 日设立的“京师图书馆”。如今的国家图书馆，承担着国家总书库、国家书目中心、国家古籍保护中心和国家典籍博物馆的职能。

（参见《光明日报》2019 年 9 月 10 日第 11 版）

使命与担当：中国乡村美术教育发展战略论坛　10 月 10 日，由首都师范大学美术学院主办，亚洲美术教育研究发展中心和教育部课程教材发展中心“美术学科传承中华优秀传统文化研究”课题组承办的“使命与担当：中国乡村美术教育发展战略论坛”在北京召开。开幕式上，首都师范大学纪委书记李中奇、美术学院院长韩振刚教授、尹少淳教授分别致辞。开幕式由美术学院常建勇书记主持，上午和下午的论坛演讲环节分别由首都师范大学段鹏副教授和房斐老师主持。来自各地区关注乡村美育发展的政府工作人员、高校师生及中小学教师、基金会、公益组织、研究机构、校外机构的教育工作者、志愿者等共 200 余人参加了此次会议。

在论坛中，教育部基础教育课程教材发展中心办公室主任陈云龙以“当前我国课程改革的定位与发展趋势”为题，阐述了在信息化时代中国课程改革的总体规划和发展脉络；尹少淳教授作了题头“乡村美术教育之思”的发言，从城乡差距探因、城乡之别、乡村美术教育落后的表现以及改善乡村美术教育四方面进行阐述；北京师范大学梁玖教授的《三问“先在”的乡村美术教育“作为个性”》报告，表达了当下与未来美术教育的重要意义；中央戏剧学院副教授何韵兰作了有关乡村美育建议的报告；“蒲公英行动”美术教育专项课题负责人谢丽芳以“蒲公英行动与乡村美术教育”为题，分享了对“蒲公英行动”中教育实践与课程开发的深度思考；中央美术学院艺术管理与教育学院美术教育学系主任陈淑霞教授在《为生活而艺术——沿河中心小学支教项目》的发言中，强调了“艺术生活化，生活艺术化”的美术教育观；北京荷风艺术基金会创始人李风分享了艺术教育与乡村振兴的相关内容；“蒲公英行动”课题组暑期夏令营负责人陈卫和教授以“美育，乡村学校的希望”为题，分享了新时代中小学课程育人的重要性。

（首都师范大学社科处供稿）

新时代语境下文化创意产业的挑战与机遇暨《燕京创意文化产业学刊》创刊十周年研讨会 10月25日，新时代语境下文化创意产业的挑战与机遇暨《燕京创意文化产业学刊》创刊十周年研讨会在北京召开。此次会议由首都师范大学文学院文化产业系、创意产业与传媒文化研究中心、文化研究院承办，由北京观恒文化发展研究院、云南大学文化发展研究院、长安大学长安文化产业研究中心协办，共有来自国内各大高校、政府部门、文化企事业单位的70余名专家学者携文参会研讨。

在中国进入新时代文化建设背景下，互联网、人工智能、5G即将掀开新篇章，学界与业界对文化创意产业的研究提出了更多的要求。会上围绕中国文化产业如何“走出去”，视听产业如何适应网络时代进行转型，“文旅”与“文创”如何更好地服务于公众，5G给文化产业带来了哪些新契机展开了交流与研讨。

（首都师范大学社科处供稿）

清华大学首场文科沙龙 10月25日，清华大学首场文科沙龙在校内举办。沙龙以“国家形象——实质、象征与表达”为主题，通过演讲破题和对谈深描，阐释中国国家形象在历史和当代的实质构成、象征符号及表达途径。校长邱勇、副校长彭刚出席活动。美术学院教授马赛，新闻学院教授范红，人文学院教授戚学民3位嘉宾作了分享并进行交流。

邱勇在致辞中表示，建设世界一流大学包括建设世界一流的文科，一流的文科建设是清华一流大学建设的重要内容，不可分割。清华文科的形象至少包含三重要素，一是要有人文大师，二是要有人文思想，三是要有人文交流。文科沙龙对于提升清华文科形象具有重要的作用。

在专家对谈环节，3位嘉宾分别从自己的专业角度出发，阐释不同学科视角下的“国家形象”。随后，现场嘉宾和与会师生进行自由交流，就历史发展中的中国形象、哲学视角下的中国形象及当代青年与民众如何实现国家认同等问题进行讨论。

清华大学文科沙龙致力于促进校内人文、社科和艺术等领域之间的跨学科对话，通过多学科思想的交锋碰撞，推动学科间的融会与贯通。

（清华大学文科建设处供稿）

第四届北京文化产业与出版传媒研究基地学术年会暨“文化产业高质量发展”论坛 10月26日，由北京文化产业与出版传媒研究基地、北京印刷学院主办，《科技与出版》杂志社协办，北京印刷学院经济管理学院、新闻出版学院、文化产业安全研究院承办的第四届北京文化产业与出版传媒研究基地学术年会暨“文化产业高质量发展”论坛在印刷学院召开。

中国人民大学教授金元浦、中国新闻出版研究院院长魏玉山、中国中医药出版社社长范吉平、中国社会科学院大学教授吉富星、北京工商大学教授王国顺、浙江工业大学教授石东坡、机械工业出版社副社长陈海娟、中国盲文出版社副总编沃淑萍、北京印刷学院党委书记高锦宏等专家领导出席了本次论坛。北京印刷学院经济管理学院院长李治堂主持开幕式。

本次论坛以新中国成立70周年新闻出版业高质量发展研究、文化产业“走出去”的理论探索与高质量发展研究、数字时代传统出版和新兴出版融合发展研究、数字时代全民阅读实现路径与机制研究等为主题，进行了交流与研讨。

（北京印刷学院经济管理学院供稿）

首都国际机场壁画文献展研讨会 10月31日，为庆祝新中国成立70周年，纪念首都国际机场壁画落成40周年，首都国际机场壁画文献展研讨会在清华大学举行。此次研讨会是机场壁画落成40周年以来的第一次系统研讨会，研讨会由清华大学美术学院主办，美术学院副院长、《装饰》杂志主编方晓风和中国美协壁画艺委会副主任、绘画系郗海飞先后主持。院长鲁晓波、院党委书记马赛、当年首都机场壁画的创作者、绘制者及参与者、亲属和美术界专家学者、美术学院师生及媒体代表相聚一堂，参观机场壁画文献展，探讨首都国际机场壁画的艺术成就及其对当下艺术创作、艺术教育的启示等，具有重要的历史意义与现实价值。

清华大学美术学院教授杜大恺、张敢和中央美术学院教授殷双喜、王颖生进行主旨发言。杜大恺认为机场壁画是国家意志和时代精神的反映，是改革开放的先声与象征，是中国现代美术史的一次重要突破。既有艺术与工艺的结合，也有审美范式的变化，创作语言的更新。王颖生从机场壁画谈到中国美协壁画艺委会的历史，由此展望中国现代壁画创作的未来发展。张敢的发言以“中国现代艺术的转折点”为题，对比中西不同的壁画传统，总结中央工艺美术学院的学术传统，并提出机场壁画保护与研究的问题。

主旨发言之后，与会嘉宾先后简短发言，从不同的角度讨论机场壁画的创作历程、艺术特点、社会影响、历史意义，并建议清华美术学院将机场壁画打造成学院的重要品牌，协调各方力量对机场壁画进行保护；通过不同学科的交叉合作，进行系统的文脉梳理与深入的艺术研究。

（清华大学文科建设处供稿）

新闻美术产品的传播力研讨会　10月31日，由光明日报社主办的新闻美术产品的传播力研讨会在北京举办。会上，专家就新闻媒体如何与各大美术院校合作，打造出更多服务人民、讴歌时代、适用于全媒体传播的新闻美术产品，提出思考和建议。

中国文联副主席、中央文史研究馆副馆长冯远认为，“新闻美术”是一个很好的想法，可以包括科学家、医生、工人、农民等各行各业的极为广泛的作者，也可以包括油画、版画、电脑绘画等多种风格的作品。中国国家画院院务委员、中国画学会副会长、画家谢志高指出，用最普及的、符合大众心理的形式，图解新中国70年来老百姓生活的变化，让人想起延安时期的木版版画，体现了一种大众化的、视觉化的力量。中国新闻漫画研究会会长张耀宁认为，漫画具有丰富的想象力和感染力，非常适合用来表现70年来人民生活的变化。中国新闻漫画研究会副会长兼秘书长、中国新闻漫画网总编辑郑华卫分析，新闻美术产品更侧重受众的接受性，这是衡量其是否成功的重要标准。画家代表、首都师范大学中国画系副主任王海滨、天津师范大学美术与设计学院教研室主任姜金军等也参与了研讨。

《光明日报》副总编辑张碧涌表示，从你创作我报道到共同策划、生产、传播，从编辑办报到专家办报，我们生产出了一批适应新时代要求的新闻美术产品，开辟了新闻媒体与美术界深入合作的“光明模式”。希望更多的专家、优秀创作力量加入，壮大我们的主力军队伍，推动“新闻+美术+全媒体”深度融合。

（参见《光明日报》2019年11月2日第5版）

中华文明与中国道路学术论坛　11月1日，中华文化学院（中央社会主义学院）与库恩基金会在京联合举办中华文明与中国道路学术论坛。

20余位中外知名学者围绕“中华文明的核心要义”“多元文明的交流互鉴”“中华文明与构建人类命运共同体”等议题，发表观点、对话交流。中央社会主义学院党组书记潘岳，库恩基金会主席罗伯特·库恩，国际儒学联合会国际联络委员会副主任、美籍学者田辰山，北京大学历史系教授钱乘旦，中国社会科学院政治学研究所党委书记房宁，山东大学政治学与公共管理学院院长贝淡宁，北京大学法学院教授强世功，伦敦国王学院中国研究教授兼研究所所长克里·布朗，北京大学人文讲席教授安乐哲，哈佛大学费正清中国研究中心主任宋怡明，北京大学社会学系教授、博雅讲席教授马戎，美国对外关系委员会亚洲研究主任易明，中国社会科学院学部委员张蕴岭对文化传统与道路选择、中国经验与世界贡献、制度优势与治理效能、读懂中国与理解世界、全球挑战与中国责任进行了深度读解。

（参见《光明日报》2019年11月25日第16版）

首届“音创未来：跨界人才与产业繁荣”国际论坛　11月9日，由清华大学和中国传媒大学主办的首届“音创未来：跨界人才与产业繁荣”国际论坛在清华大学举办。论坛吸引了近400位业内人士、高校师生与会。原国家新闻出版广电总局（国家版权局）政策法制司司长王自强、教育部国际司政策法规处处长舒刚波、清华大学副校长彭刚、中国传媒大学副校长刘守训、中国传媒大学音乐与录音艺术学院院长李俊梅、清华大学艺术教育中心主任赵洪作为嘉宾代表出席并致辞。

论坛围绕人才培养、版权保护、科技融合、艺术投融资、乐器制造等板块，就当前音乐产业内发展取得的成果基础与未来的发展可行路径，进行了交流。随着音乐市场门槛的降低与信息的共享化推进，音乐平台与音乐人的关系悄然发生了变化。互联网平台以不断提升的服务同音乐人进行音乐内容资源的置换，二者实现了初步的价值共生。而音乐人在收入、版权、演出等方面仍旧缺乏足够保障，需要更有效的产业生态和音乐人行业组织共同推动。“音乐+科技”的应用方面，则需要注重用科技服务于音乐内容，着眼于用户体验，探索、把握音乐科技与消费场域的结合方式，明确好音乐科技的发展方向与产业定位。人才教育方面，充足的专业的音乐版权、音乐市场、音乐科技、音乐投融资人才是推动中国音乐市场走向专业化的基石，而当前音乐教育的培养体系与音乐市场需求的匹配度仍较低，音乐市场部分人才缺口较大，主要体现在音乐商业人才的匮乏以及高校人才培养的课程设置还处于探索阶段。

论坛开幕式上，中国传媒大学教授张丰艳发布了《2019 中国音乐人报告》。

（中国传媒大学音乐与录音艺术学院供稿）

首都师范大学国际文化学院建院 20 周年暨跨文化教育研究院成立一周年——“跨文化+”交叉学科高峰论坛 11 月 13 日，首都师范大学国际文化学院建院 20 周年暨跨文化教育研究院成立一周年——“跨文化+”交叉学科高峰论坛在北京举行。北京语言大学原党委书记、语言资源高精尖创新中心主任李宇明，中国广播艺术团副团长张高翔，北京大学对外汉语学院院长赵杨，复旦大学外国语言文学学院原院长曲卫国，北京师范大学国际与比较教育研究院副院长滕珺，北京大学教育学院教授施晓光，北京师范大学文学院教授刁晏斌等领导和老师出席了会议。

徐志宏在致辞中指出，跨文化教育研究院作为研究和咨询机构，主要研究跨文化教育的综合性、战略性、前沿性问题。

本次论坛主要围绕“跨文化+”交叉学科的主题展开，研讨内容包括“跨文化+”教育、“跨文化+”传播、“跨文化+”人工智能等。

（首都师范大学社科处供稿）

第十届东北亚民族文化论坛国际学术研讨会 11 月 16—17 日，第十届东北亚民族文化论坛国际学术研讨会在中央民族大学召开。本次大会由中央民族大学民族学与社会学学院、东北亚民族文化研究所主办，中国民族学学会东北亚民族文化研究会、The Convergence Institute for Multicultural Studies、中蒙游牧民族文化与历史民族学研究中心、中央民族大学影视人类学研究中心共同承办。

本次大会以“‘一带一路’背景下东北亚区域社会发展”为主题，国内外 80 余名专家学者出席了本次大会。杨圣敏等 7 位专家先后为大会作主旨报告。杨圣敏教授在《东北亚地区合作发展前景的试分析》中指出“一带一路”倡议旨在推动经济全球化，构建人类命运共同体，实现全球共同繁荣发展。单泰陆通过《路标：蒙古和世界》讨论乐器进行世界不同区域的比较研究。李娜仁高娃教授通过《连续性与连接性：蒙医药知识传递》讨论全球化背景下蒙医药传承与发展。小长谷有纪教授讨论了蒙古马的毛色分类及命名原理。金永洵教授在《全球化和国际合作背景下的公民教育》中总结当前公民教育的特点及发展方向。朝鲁萌教授在《从 Kharakhrum 通往 Sarai 的路》中，讨论蒙古人对丝绸之路形成、发展乃至区域经济一体化发挥的重要作用。吉尔亚纳·多尔季耶娃教授在《卡尔梅克音乐形式》中，讨论了卡尔梅克、埃文基、雅库特和少数西伯利亚突厥人之间的文化互渗性。主旨发言后，会议进行了 4 场分组讨论，第一会场围绕跨境经贸合作、东北亚国际文化交流、国际旅游与合作议题进行了讨论；第二会场就“一带一路”倡议、少数民族文化变迁与传承、乡村振兴等议题进行了讨论；第三会场就非物质文化遗产、东北亚地区口述史研究进行了讨论；第四会场就东北亚影像民族志进行了专题讨论。

（中央民族大学民族学与社会学学院供稿）

纪念孔子诞辰 2570 周年国际学术研讨会暨国际儒学联合会第六届会员大会 11 月 16 日，纪念孔子诞辰 2570 周年国际学术研讨会暨国际儒学联合会第六届会员大会开幕式在北京召开。国家副主席王岐山出席大会开幕式并致辞。

王岐山代表习近平主席、代表中国政府对会议召开表示诚挚祝贺。王岐山表示，新中国的辉煌成就，凝结着中华文明的智慧和精华。中华文明推崇的“小康”“大同”“天下为公”，与今天我们为之奋斗的中国特色社会主义事业息息相通；中华文明推崇的“重民”“安民”等民本思想，与今天我们坚持的“以人民为中心”“全心全意为人民服务”一脉相承；中华文明推崇的“仁义礼智信”，与今天我们倡导的家国情怀、责任担当乃至社会主义核心价值观交相辉映；中华文明推崇的“和而不同”“协和万邦”，与今天我们主张的开放合作、推动构建人类命运共同体的理念思致相因。中华文明始终是中华民族生生不息的源头活水。

王岐山强调，习近平主席在国际儒联第五届会员大会上发表重要讲话，为弘扬儒学文化和一切优秀传统文化的思想精华，推动不同文明的互学互鉴指明了方向。站在新的历史起点，我们将以习近平新时代中国特色社会主义思想为指导，从中华传统文化中汲取智慧，同时尊重世界上所有文明，为人类文明进步不断作出贡献。要加强交流、互学互鉴，促进各种文明因地制宜、交流互鉴、顺时应势、永续相传。要深入挖掘、兼收并蓄，努力发掘中国和世界上不同时代、不同文化的思想精华，让中华文明更加发扬光大，让人类文明更加绚丽多彩。要寻根溯源、探究本质，进行追本溯源的比较探究，加深对世界历史与现实的认识。要与时俱进、创新发展，对不同文明进行比较、鉴别、吸收，从优秀传统文化中汲取思想智慧，共同造福中国人民和世界人民。希望国际儒联以儒学为纽带，走向世界、了解世界，为推动人类文明进步贡献更多智慧和力量。

（参见《人民日报》2019 年 11 月 17 日第 1 版）

首届学科建设发展论坛暨数字媒体艺术北京市重点实验室学术研讨会　11 月 19 日，由北京印刷学院研究生院、科研处以及新媒体学院联合主办的新媒体学院首届学科建设发展论坛暨数字媒体艺术北京市重点实验室学术研讨会在印刷学院举行。中共中央宣传部文化体制改革与发展办公室副主任李建臣、清华大学美术学院院长鲁晓波、北京邮电大学数字媒体艺术设计学院院长李学明、武汉理工大学艺术与设计学院院长潘长学出席论坛，并在学术研讨会上作主题发言。校长罗学科，科研处处长、新媒体学院领导班子及师生百余人参加论坛。会议由新媒体学院院长杨虹主持。

论坛围绕“设计学学科建设方向、战略与路径”“高校学科建设典型案例与模式”等相关议题展开讨论。

鲁晓波发表了题为“艺术与科学融合，赋能未来创新”的演讲。李学明在题为“智能时代设计的机遇与挑战”的演讲中围绕“人工智能”“设计面临的机遇与挑战”“设计学科的建设与发展”3 个方面，介绍了“机器学习”“深度学习”“图像风格迁移”“视频图像翻译”“人工辅助的三维建模”等可应用的技术。潘长学为大家讲述了“不同设计场域下的设计教育方法”。

（北京印刷学院新媒体学院供稿）

2019 北京文化创新研讨会　11 月 23 日，由首都经济贸易大学主办的“2019 北京文化创新研讨会”在北京举行。围绕“5G 时代新闻传播与文化传承”主题，研讨会邀请到北京师范大学新闻传播学院执行院长、长江学者喻国明，全国政协委员、联通研究院党委书记及院长张云勇，全国政协委员、商务印书馆总经理于殿利，中央广播电视总台央广网副总编、总台评论员王健，全国政协委员、《北京日报》副总编李学梅等学界、业界重量级嘉宾到场，就“5G 时代的媒体生态”“5G 时代的社会文化传承、重构”“5G 时代新闻传播建设与发展”等具体议题作主题发言。首都经济贸易大学师生代表等约 80 人参加会议。

作为首都经济贸易大学学术品牌活动之一，“北京文化创新研讨会”每年都会结合最新社会发展形势，提出切合社会要求的主题和议题，从文化建设与创新、文化传播与交流角度，结合北京市社会文化建设、新闻传播学科建设，以及促进文传学院科学研究，邀请校内外政产学研专家到场，共同开展交流研讨。

（首都经济贸易大学科研处供稿）

13—20 世纪中央欧亚历史与文化国际学术研讨会　11 月 23—24 日，由中央民族大学历史文化学院和中国边疆民族历史与地理研究基地主办、日本早稻田大学中央欧亚历史文化研究所和蒙古国国立大学人文学院协办的 13—20 世纪中央欧亚历史与文化国际学术研讨会在中央民族大学举行。来自日本早稻田大学和日本东洋文库、蒙古国立大学和蒙古国社科院、韩国釜山大学，以及中国人民大学、北京师范大学、南开大学、复旦大学、东北师范大学、内蒙古大学、内蒙古民族大学和中央民族大学，以及中国历史第一档案馆、中国社会科学院等国内外高校和科研院所的近 60 位专家学者参加了会议。日本早稻田大学中央欧亚历史文化研究所的柳泽明教授、蒙古国国立大学人文学院教授德力格尔杰尔格乐、中央民族大学历史文化学院尚衍斌教授、中国人民大学清史研究所成崇德教授、中国第一历史档案馆吴元丰研究员在会上进行了主旨发言。会议围绕 4 个主题开展学术研讨会。第一单元，主要以蒙元时期为研究对象；第二单元主要讨论明末清初蒙古诸部内部情形和与外界的联系；第三单元则涉及清朝对蒙古、西藏的制度和政策；第四单元则包括了游牧—农耕关系、考古学、人类学、与周边国家关系等诸多内容。

（中央民族大学历史文化学院供稿）

新时期我国文化治理现代化的战略选择——学习贯彻十九届四中全会精神研讨会　12 月 8 日，由中国传媒大学、商务印书馆与中国文化产业协会共同主办的“新时期我国文化治理现代化的战略选择——学习贯彻十九届四中全会精神研讨会”在商务印书馆召开。来自清华大学、北京大学、中国传媒大学等40余所高校、科研机构以及文化管理部门近百人围绕“新时期我国文化治理现代化的战略选择”，从“新时期文化产业发展的体制机制创新研究”“新时代中国特色文化发展理论体系建设研究”等8个角度，对新时代中国特色社会主义文化建设、国家文化治理体系与治理能力现代化建设提出对策思考。

由商务印书馆编辑出版、中国传媒大学文化产业管理学院院长范周教授新著《中国文化产业研究丛书》6卷本正式结集出版面世。

（中国传媒大学外国语言文化学院供稿）

首届中国红色文化品牌和服务创新研讨会暨“中国红色文化品牌30人论坛”成立大会 12月12日，由中国社科院大学品牌领导力研究中心主办的首届中国红色文化品牌和服务创新研讨会暨“中国红色文化品牌30人论坛”成立大会在北京举行。主题为探讨如何发掘中国红色文化的品牌价值，促进中国红色文化传播。

中国社会科学院大学林维副校长、首都经济贸易大学原校长文魁教授、中国社科院财经战略研究院副院长夏杰长教授、北京文化创意产业促进中心梅松主任，中国集邮总公司副总经理顾军等领导和嘉宾出席。

中共中央党校（国家行政院）祝彦教授，对外经济贸易大学张梦霞教授，中央财经大学文化与传媒学院院长魏鹏举教授，中国纪录片导演、中国电视艺术家协会电视行业委员会副主任李成才，中央广播电视总台韩晓伦导演、中国人民抗日军政大学陈列馆馆长杨树和中国科学院地理科学与资源研究所邓昭明博士后在研讨会上作主旨发言。来自北京、天津、河北、山东、武汉、湖南和上海等地的10余家红色博物馆、纪念馆、陈列馆的馆长或主要负责人参加会议并发言研讨。主旨发言环节由中国社会科学院大学品牌领导力研究中心执行主任、中国社科院大学经济学院刘慧副教授、首都经济贸易大学中国品牌研究中心高级研究员、中国社会科学院大学品牌领导力研究中心副主任关冠军博士共同主持。

研讨会主旨发言结束后，举行了《红色文化品牌塑造：理论与实践》新书发布和中国红色文化品牌30人论坛及青年论坛的启动仪式。

（中国社会科学院大学科研处供稿）

第二届感官、记忆与认同学术研讨会 12月15日，由中央民族大学民族文化多样性研究中心、北京市高校中国特色社会主义理论研究协同创新中心（中央民族大学）、中央民族大学民族学与社会学学院共同主办的第二届感官、记忆与认同学术研讨会在中央民族大学召开。中央民族大学党委常委、副校长麻国庆出席研讨会开幕式并致辞。麻国庆结合中国传统文化、古代丝绸之路（香料之路）和鄂伦春族禁猎带来的社会变迁等现实的例子，指出这种新的转变对于族群关系、族群认同、民族的交往与整合以及社会问题的研究都有着丰富且重要的意义。

中国香港中文大学教授张展鸿、清华大学教授张小军、中央民族大学教授巫达在开幕式上进行了主旨发言。西南民族大学教授蔡富莲、西北民族大学博士生导师牛乐、兴义民族师范学院副教授陈永邺、山东理工大学副教授陈晓宇、安徽师范大学讲师丁玲作了大会报告。来自各地高校的教师和研究生围绕大会主题作了分组报告。来自中央民族大学、香港中文大学、清华大学、复旦大学、中国人民大学等31家高校和研究机构的学者共计100余人参加研讨会。本次研讨会体现出当今人类学民族学研究方向的一种新的视角，即由传统的结构的研究转向身体、认知和心态秩序的跨学科研究。

（中央民族大学宣传部供稿）

第二届北京南海子文化论坛 12月21日，第二届北京南海子文化论坛在中国人民大学举行。该论坛由北京市委宣传部指导，中国人民大学、天津大学、《光明日报》编辑部、中国第一历史档案馆、国家图书馆、故宫博物院、中央文化和旅游管理干部学院、北京市文物局、北京市园林绿化局、北京市大兴区政府、北京经济技术开发区管委会等共同主办。

北京市大兴区委副书记、区长王有国，中国人民大学副校长朱信凯，《光明日报》编委常成出席并致辞。

专家围绕南海子的保护、传承与发展等，探讨如何将南海子地区打造成“首都新国门”“国际会客厅”。会上，著名历史学家、《百家讲坛》主讲人阎崇年，古建筑学家王其亨，国家级非物质文化遗产“古琴艺术”传承人王鹏被聘为新国门文化大使。

与论坛同步举行的“南海子文化专题展”，其中《南苑总绘全图》首次对外公开展示，5幅南海子样式雷图档首次亮相，首批南海子文创产品“麋鹿手办”惊喜现身，全国首个南海子主题数字博物馆正式开馆。

（参见《光明日报》2019 年 12 月 24 日第 4 版）

管理学（含人才学、信息学）

第一届首都治理论坛暨首届首都治理最佳实践评选启动仪式　5 月 28 日，由中国人民大学首都发展与战略研究院主办的“第一届首都治理论坛暨首届首都治理最佳实践评选启动仪式”在中国人民大学举办。论坛旨在为学者搭建全国性的平台，吸引更多学者关注首都治理的实践，共同探讨首都治理问题，建立有效的沟通合作，推动首都治理体系和治理能力的现代化。

中国人民大学党委书记、首都发展与战略研究院院长靳诺，北京市社会科学界联合会副主席、首都高端智库理事会副理事长李翠玲，中国人民大学党委副书记郑水泉出席活动并致辞。中国人民大学公共政策研究院执行院长毛寿龙、清华大学公共管理学院副院长朱旭峰、北京大学政府管理学院教授杨立华等多位专家围绕属地管理的秩序维度、中央方针与城市创新、中国大城市治理框架等议题进行了交流探讨。复旦大学朱春奎教授、厦门大学于文轩教授、上海交通大学韩志明教授、南开大学吴晓林教授、中国人民大学马亮副教授、中国人民大学李文钊教授就北京在全球城市创新网络中的角色、新加坡社区治理、上海城市的精细化管理、首都社区治理的未来走向、城市间的政策学习、新时代首都治理的未来展望等作发言。有学者总结了首都社区治理的基础和特点，认为每个地方的社区治理风格都不同，首都未来的社区治理应以稳定为首，推动治理结构的中长期改革，实现上下联动、左右整合，促进公共服务的联合生产，优化资源配置机制，搭建智慧治理平台。有学者认为，城市精细化管理超越了传统的粗放式管理形态，在理念上信奉理性和科学，在过程上强调治理过程的全面标准化管理，在主体上倡导多元共治，是城市发展的必由之路。今后城市精细化管理的重心应当逐渐从地域性管理转向流动性治理，从技术性管理转向情感性治理，平衡政府部门的职能划分，提升城市管理的公共性。

论坛启动了首届首都治理最佳实践评选活动。开展首都治理最佳实践评选，旨在梳理首都治理的新理念、新经验、新做法，探寻具有首都特色、辐射全国、国际接轨的可推广、可复制首都治理的最佳实践。

（摘自《北京日报》2019 年 6 月 10 日第 14 版）

第十二届中国管理科学大会暨新中国成立 70 周年管理创新成就盛典　6 月 26 日，由中国管理科学研究院主办，中国管理科学研究院企业管理创新研究所承办，北京新闻文化研究所、《发现》杂志社联办的“第十二届中国管理科学大会暨新中国成立 70 周年管理创新成就盛典”在北京召开。第十届全国政协副主席李蒙致辞并宣布本次大会开幕，第十二届全国人大常委会副委员长张宝文讲话。在为期 2 天的大会中，参会代表围绕“新中国 70 年管理科学辉煌成就”“产学研协同创新”“新时代高质量发展”三大领域及相关课题展开深入探讨。会议同期还举办了中国管理科学研究院 33 年产学研成果展。

（北京物资学院物流学院供稿）

“面向 2049 年的中国管理学发展”学术论坛暨纪念《经济管理》创刊 40 周年研讨会　7 月 6 日，中国社会科学院工业经济研究所主办、《经济管理》杂志社承办的“面向 2049 年的中国管理学发展”学术论坛暨纪念《经济管理》创刊 40 周年研讨会在北京举行，来自 100 多所高校和相关研究机构的 300 多位专家学者参加了此次会议。

与会专家指出，改革开放是中国充分发挥后发优势的关键。中国改革成功的内在逻辑在于：创立一种新的制度——社会主义市场经济体制；建立有效的激励机制，极大调动人们的积极性；形成充分竞争的市场环境，提高要素配置效率，激发人口红利、技术后发红利、要素低成本红利，形成整体后发优势；通过深化改革降低制度性交易成本，将更多资源配置到创新型生产活动中；建成全国统一的大市场，使潜在经济优势得到有效发挥；探索适合中国国情的宏观调控模式，保持宏观经济稳定。面向未来，应进一步完善公平竞争制度和产权制度，深化土地制度改革、户籍制度改革、国有企业改革、科技体制改革，强化激励相容的动力机制，激发各个层面创新创造的积极性。

（参见《人民日报》2019 年 10 月 14 日第 9 版）

首届“中国青年管理学者论坛·工商管理论坛” 9 月 18 日，首届“中国青年管理学者论坛·工商管理论坛”在首都经济贸易大学召开。此次会议由《管理世界》和《经济与管理研究》支持，首都经济贸易大学主办。来自北京大学、清华大学、中国人民大学、浙江大学、中山大学、中南大学等近 50 所国内高校和科研机构的专家学者和首都经济贸易大学部分师生参加了此次会议。

国务院发展研究中心张文魁作题为“经济增长之梯与大企业踏板”的报告。他在报告中指出，由各国的发展轨迹来看，国家经济进入增长之门不难，但攀登增长之梯尤为艰难，其难度来自于转型升级、创造力提升以及与前沿国家的水平竞争。在攀登增长之梯过程中，保持外向竞争的大企业会起到关键的踏板作用。中国人民大学商学院院长毛基业分享了题为“构建有国际影响的原创管理理论——突破方向与路径”的报告。首都经济贸易大学副校长王永贵分享了题为“顾客定制的研究与实践”的报告。论坛设置创新与技术管理、并购与公司战略、组织行为与市场营销、财务与公司治理 4 个分论坛。

（首都经济贸易大学科研处供稿）

工业和信息通信业管理会计发展论坛 11 月 9 日，由工业和信息化部工业文化发展中心主办、首都经济贸易大学承办的“工业和信息通信业管理会计发展论坛”在北京举办。论坛以推动管理会计发展为宗旨，论道管理会计的应用和发展，深入分享和探讨企业管理会计应用的先进经验。

上海财经大学潘飞教授作了题为“目标成本管理的教学与实践”的报告。北汽集团财务部部长萧枭的报告题目为“基于战略地图的全面预算管理体系构建与应用”。会计学院杨世忠教授作了题为“管理会计案例教学经验分享”的报告。远光软件股份公司高级副总裁李美平作了“关于智慧财务最新实践”的报告。北京航空航天大学经济管理学院邹艳作题为“基于项目化管理的案例大赛经验分享”的报告。东华软件股份公司王砚丹以“业财一体化经营管控平台搭建思路及案例分享”为题进行了报告。中央财经大学刘俊勇教授作了题为“平衡计分卡的中国实践”的报告。上海视野价值管理软件有限公司董事长陈国庆的报告题为“以战略为导向，以价值为核心，建立企业全面预算管理体系”。中车株洲电力机车有限公司副总经理成春明以“财务共享的运用效果与展望”为题进行了报告。南京理工大学经济管理学院温素彬教授作了题为“智能管理会计是未来管理的核心”的报告。万华化学集团股份有限公司李宏伟分享了万华化学基于 FSSC 平台的全价值链业财融合实践成果。

（首都经济贸易大学科研处供稿）

第三届中国政府战略与公共政策论坛 11 月 24 日，由中国管理现代化研究会政府战略与公共政策研究专业委员会、中央财经大学政府管理学院共同主办的第三届中国政府战略与公共政策论坛以“智能时代的战略管理”为主题，在中央财经大学举行。西交利物浦大学执行校长席酉民教授、中国科学院虚拟经济与数据科学研究中心主任石勇教授、北京大学首都发展研究院院长兼首席专家李国平教授作主题报告。本届论坛立足当前时代特征，围绕生态组织管理、大数据经济、政府治理改革、中国城市协同发展、企业与行业发展等议题开展学术研讨，搭建了学界、政界和商界翘楚沟通交流的平台，为探讨智能时代的战略管理提供经验与启示，更为推动国家治理体系与治理能力现代化贡献智慧与力量。

（中央财经大学科研处供稿）

教育学　心理学

《新时代高校劳动教育论纲》发布暨高校加强劳动教育研讨会　2月23日，中国劳动关系学院与社会科学文献出版社联合举办的《新时代高校劳动教育论纲》发布暨高校加强劳动教育研讨会在北京召开。中华全国总工会党组成员、经费审查委员会主任李晓钟，社会科学文献出版社社长谢寿光，中国高等教育学会原会长瞿振元，国务院参事室特约研究员、国家人社部党组原副书记、常务副部长、中国劳动学会会长、国务院农民工工作办公室原主任杨志明，中国职业技术教育学会常务副会长刘占山，中国教育学会副会长、清华大学原副校长谢维和，中国教育科学研究院副院长曾天山等领导和专家，学校党委副书记、校长刘向兵，副校长刘玉方、刘丽红出席会议，《新时代高校劳动教育论纲》课题组成员以及部分师生、新闻媒体记者共50余人参加会议。

刘丽红以“新时代高校劳动教育的四个理论与实践问题”为题作成果发布报告。研究认为，新时代将劳动教育提升到与德智体美并列的地位，将其独立为国民教育体系之专门一部分，有其合理性、必要性，这既是对劳动教育本身的有效加强，也是对德智体美教育的有力支撑。新时代劳动教育具有目标新、内容新、对象新、手段新的特点，高校劳动教育应特别强调劳动科学知识的系统学习，要特别强化与现有人才培养体系的有机融入。基于上述认识，课题组研究提出了加强新时代高校劳动教育的总体思路：以全面提升五大劳动素养为核心目标，统合劳动教育的三大任务；以“1+8劳动教育实施体系”为途径，强化劳动科学知识的系统学习和与现有高校人才培养体系的有机融入；以“3+1劳动教育保障体系”为条件，强调扎实推进高校劳动教育应落实好各种内外部保障因素。

《新时代高校劳动教育论纲》于2019年2月由社会科学文献出版社出版发行。

（中国劳动关系学院科研处供稿）

第六届全国人本心理咨询与治疗学术大会　5月10—11日，第六届全国人本心理咨询与治疗学术大会在北京师范大学举行。会议主题为“人本主义心理咨询与治疗‘再出发’——科学与人文的融合、研究与实践的对话”，由中国心理学会临床与咨询心理学专业委员会和北京师范大学心理学部联合主办。来自国内外50多所院校人本主义心理学领域的专家学者、高校师生、社会从业者将近200人参加了开幕式。

会议期间，大会组织了“提升希望水平的团体辅导”“人本主义去向案例督导”等10个主题工作坊，邀请了数十名各领域的专家分享了最新研究成果和工作经验。专家们就“人本主义咨询实证研究”“人本主义咨询理论与实践”“个人成长与专业发展”3个主题进行了报告。

（北京师范大学社科处供稿）

“亚洲教育的多样性和共同关切”主题沙龙　5月16日，“亚洲教育的多样性和共同关切”主题沙龙在首都师范大学举办，该沙龙是2019年亚洲文明对话大会“维护亚洲文明多样性”分论坛的重要分支活动。来自日本、韩国、马来西亚、美国、德国等国内外高校、研究机构的专家学者与首都师范大学相关院系师生共计120余人济济一堂，交流有关教师教育改革的探索与实践。首都师范大学国际合作交流处处长韩梅主持了沙龙。

此次沙龙由两个单元构成。单元一的主题是“全球化与亚洲教育的核心认同——亚洲教育的传统、多样性与创新”。北京师范大学顾明远教授、美国明尼苏达大学德鲁斯校区历史系方强教授、首都师范大学宁强教授进行了主旨发言，上海师范大学国际比较教育研究院院长张民选教授、马来西亚亚太研究学会会长王琛发教授、德国不来梅孔子学院外方院长谢妮教授、首都师大初等教育学院院长刘慧教授参与了对谈环节。首都师范大学研究生院常务副院长梁占军教授进行了点评。

单元二的主题是“亚洲教师教育改革与教育发展”。首都师范大学校长孟繁华教授、日本中部大学副校长辻本雅史教授、韩国釜山教育大学校长吴世福教授作主题发言，北京师范大学教育学部副部长李芒教授、首都师大教师教育学院院长田国秀教授、韩国釜山教育大学教育研究所所长李硕熙教授参与了对谈环节。首都师范大学教育学院院长蔡春教授进行了点评。

与会专家认为，亚洲教育有着独特的优良传统，形成了充满活力、特色鲜明的教育文化，在新的全球化背景下焕发了新的生机。教师是教育的第一资源，教师的质量直接决定着国家整体的教育水平，因此教师教育改革是教育改革的重要领域，教师教育研究是教育研究的重要领域。亚洲教育文化的重要特征是尊师重教。在新一轮世界教育范式变革中，亚洲各国都高度重视教师教育的改革和研究，努力推进教师教育范式变革，并以此来推动教育改革与发展。

（首都师范大学社科处供稿）

中国心理学会经济心理学专业委员会第一届学术年会 5月17—19日，由中国心理学会经济心理学专业委员会和中央财经大学社会与心理学院联合主办的中国心理学会经济心理学专业委员会第一届学术年会在中央财经大学召开。来自几十家高等院校、科研机构和企事业单位的共计130余位代表参加。

本次会议以“新时代·心经济”为主题，议题涵盖当今中国现实中的经济心理学问题、宏观经济背景下的个体心理及行为、金钱财富与个体心理和幸福的关系、营销和消费心理学研究、金融证券及投资心理学研究、经济决策研究、以经济心理学理论及成果为基础的助推研究等多个领域。本次大会旨在推动经济心理学在中国的传播和发展，促进不同研究领域的相互融合与碰撞，完善经济心理学的学科版图，培养专业人才，服务国家、服务社会。

（中央财经大学科研处供稿）

学习习近平总书记关于教育的重要论述——“九个坚持”新理念新思想新观点研讨会 5月25日，学习习近平总书记关于教育的重要论述——“九个坚持”新理念新思想新观点研讨会在中国人民大学召开。本次研讨会由中国人民大学与中国教育报刊社的《中国高等教育》共同主办，由中国人民大学教育学院承办，中国人民大学出版社协办。中国人民大学党委书记靳诺，中国教育报刊社党委书记、社长翟博出席会议并致辞。教育部教育发展研究中心副主任马陆亭、中国教育电视台原党委书记张剑出席会议并作主旨发言。中纪委驻中国科学院纪检组原组长、中国科学院大学马克思主义学院院长王庭大，山西省人大党组成员、副秘书长、山西财经大学原党委副书记顾昭明，北京化工大学党委书记袁自煌，江南大学党委书记朱庆葆，兰州大学党委书记袁占亭，西南政法大学党委书记樊伟，首都师范大学校长孟繁华等多位高校负责人和专家学者作专题发言。

（中国人民大学科研处供稿）

新时代行业特色高校的使命担当与发展路径研讨会 6月15日，中国高等教育学会与中国劳动关系学院联合举办的“新时代行业特色高校的使命担当与发展路径”研讨会召开。中华全国总工会党组成员、经费审查委员会主任李晓钟，中国高等教育学会副会长兼秘书长康凯出席会议并讲话。

来自中央民族大学、华中科技大学、北京邮电大学、中国政法大学、北京化工大学等全国10余家知名行业特色高校领导与高教研究学者，应邀出席会议并作主题发言。北京电子科技学院党委书记鲍遂献、中华女子学院党委书记李明舜、大连海事大学党委书记郑少南、北京体育大学副校长高峰等担任各单元主持人。来自全国82所行业特色高校的代表参加会议。

（中国劳动关系学院科研处供稿）

教育政策执行学术研讨会 2019 6月19日，由中国教育政策评估研究中心主办的“教育政策执行学术研讨会2019”在北京举行。本次会议的主题是“教育政策执行的问题与创新”。来自全国10余所高校以及科研院所的30余名专家学者以及首都师范大学师生代表参加。首都师范大学首席教授劳凯声作《教育政策执行的合法性研究》报告；马陆亭作《教育政策制定与执行的原则》报告；中国教育科学研究院邓友超作《在什么意义上是“执行了的政策”》报告；清华大学朱旭峰教授从公共政策视角探讨了教育公平的问题；教育部教育发展中心政策评估部王蕊主任以“规范校外培训机构政策执行的案例研究”为题，分享了自己的观点；中国人民大学杨宏山教授对政策执行中的府际学习制度进行了探讨。薛二勇教授的发言题目是“教育政策执行的层级治理体制机制”；赵新峰教授作了题为“京津冀区域协同发展的政策工具分析：基于2014—2018的政策文本”的报告；李孔珍教授基于这些年的思考作《新时代教育政策执行的要义》报告。沈阳师范大学邓旭教授作《新时代我国教育政策执行问题的新思考》报告，华南师范大学彭虹斌教授作了题为“传统文化教育政策执行的困境与建议——以儒家核心文化为例”的报告，北京师范大学培训学院徐志勇副院长作了题为“象征性教育政策执行的案例研究”的报告。

沈阳师范大学祁型雨教授作题为“教育政策试验：影响政策执行有效性的重要因素”的报告，沈蕾娜博士和乔鹤博士分别探讨了政策工具视野下的美国卓越人才培养的实施策略和欧洲高等教育国际化政策及其实践策略。

蒋建华教授和毕正宇副教授分别探讨了舆论与教育政策的关系和教育政策执行的概念、本质和理论基础。

（首都师范大学社科处供稿）

“高等师范教育 70 年：使命与挑战”学术论坛　10 月 12 日，“高等师范教育 70 年：使命与挑战”学术论坛在首都师范大学举办，来自 37 所师范院校，5 所综合大学以及多所中小学、社会团体的 150 余名代表参会。论坛围绕新时代一流师范大学建设、师德师风建设与人才培养、高等师范教育国际化 3 个专题展开交流与研讨。

主论坛采取对话交流形式。首都师范大学教育学科首席专家、校学术委员会主任劳凯声教授，北京师范大学副校长陈丽，南京师范大学党委书记胡敏强，湖南师范大学副校长黎大志、首都师范大学校长孟繁华围绕“新时代一流师范大学建设”，全面分析国内外现状，展望改革创新美好前景。中国教育学会秘书长杨银付研究员就“师德师风建设与人才培养”与东北师范大学副校长徐海阳、安徽师范大学校长张庆亮、辽宁师范大学党委书记宫福清、浙江师范大学副校长李伟健、北京市第四中学校长马景林、首都师范大学附属中学校长沈杰共同探讨发展机遇、分享先进经验。北京大学文东茅教授、天津师范大学校长钟英华、上海师范大学副校长李晔、河南师范大学副校长李学志、青海师范大学副校长赵海兴围绕“高等师范教育国际化”展开对话，谋求共赢发展。

（首都师范大学社科处供稿）

首届中国哀伤研究与干预国际研讨会　10 月 12—13 日，由北京师范大学心理学部主办、中国心理卫生协会及江苏省大学生心理危机预防与干预研究中心协办的首届中国哀伤研究与干预国际研讨会在北京师范大学举办。

本次研讨会的主题为“哀伤研究与干预：当下和展望”。来自国际国内哀伤和创伤领域的知名专家学者、高校相关专业师生、精神卫生医护人员、社会工作者等共计 400 余人参加会议。与会专家学者围绕丧亲人群的身心健康状况、丧亲人群的心理危机干预与哀伤辅导、中国传统文化视角下的丧亲经历、哀伤反应与延长哀伤障碍的诊断、延长哀伤障碍的心理病理学机制、近代哀伤理论与干预方法、姑息治疗与临终关怀、儿童及青少年哀伤干预、中国计划生育特殊家庭心理健康及社会保障体系的构建等主题，采用大会主旨报告、专题报告、张贴报告、工作坊、特别论坛等多种方式，就当前哀伤研究与干预领域的最新成果和前沿动态展开交流与探讨。

会议共举办了 7 场大会主旨报告、14 场专题论坛、9 场会中工作坊、4 场特别论坛、1 场晚间沙龙以及一场颁奖典礼。此外，大会还进行了哀伤学组的筹备会，推动中国哀伤研究和干预事业走向专业化和规范化。

（北京师范大学社科处供稿）

第十一届学校改进与伙伴协作学术研讨会　10 月 17—20 日，第十一届学校改进与伙伴协作学术研讨会在首都师范大学举办。来自中国内地及港澳台地区的 300 余名专家学者、高校教师、中小学教师代表汇聚一起，共商共研共议高等教育与基础教育的深层次双向互动。

在大会主题报告环节，首都师范大学副校长杨志成、华东师范大学基础教育改革与发展研究所教授杨小微、香港中文大学教育研究所前副所长黄显华、台湾淡江大学教育学院院长潘慧玲、澳门城市大学教育学院院长李树英、北京师范大学教师教育研究中心副主任宋萑等专家围绕学校改进与伙伴关系的未来逻辑、行动研究等作专题报告。华东师范大学基础教育改革与发展研究所所长李政涛、台湾教育研究院课程及教学研究中心研究员杨俊鸿、东北师范大学初等教育学院院长刘学智、首都师范大学教育学院副院长张爽、西北师范大学教育学院院长刘旭东、首都师范大学教师教育学院教授苏尚锋等围绕教育实践、育人价值等作专题发言。

（首都师范大学社科处供稿）

2019 年小学教师教育国际会议　10 月 24—25 日，以“走近·对话·共享——多元取向小学教师教育理论与实践”为主题的 2019 年小学教师教育国际会议在首都师范大学召开。本次会议由首都师范大学、中国教育国际交流协会教师教育国际交流分会主办，首都师范大学初等教育学院承办，教育部小学教师培养教学指导委员会提供学术支持。会议有来自中国、澳大利亚、芬兰、法国、匈牙利、冰岛、日本、韩国、瑞士、美国等 10 个国家的 300 余位专家学者参加。源自 102 个不同单位（其中包括 78 所大学）的与会者齐聚一堂。

会议设有 3 个主论坛和 3 个分论坛。3 个主论坛分别以国际视野、中国经验、多元共享为主题。主论坛上，北京师范大学顾明远教授、美国密歇根州立大学彭恩霖教授、韩国首尔国立大学白淳根教授、日本东京学艺大学岩田康之教授、芬兰赫尔辛基大学文德教授、北京师范大学教育学部部长朱旭东教授、首都师范大学校长孟繁华教授、东北师范大学教育学部刘学智教授、天津师范大学教育学部杨宝忠教授、湖南第一师范学院刘志敏教授、南京晓庄学院曹慧英教授、临沂大学李中国教授、首都师范大学初等教育学院院长刘慧教授、匈牙利罗兰大学初等与学前教育学院副院长乔堡·西科斯先生、澳大利亚悉尼大学默瑞·普林特教授、日本创价大学副校长铃木将史教授、冰岛大学教育学院扬·卡亚兰教授、澳门城市大学教务长李树英教授，以及分论坛上 24 位与会学者围绕小学教师培养理念与模式、未来小学教师教育发展路向、小学教师教育质量保障议题进行分享和研讨，形成了多元取向的小学教师教育新理念、新思路和新策略。

（首都师范大学社科处供稿）

2019 年学校技术教育国际研讨会 10 月 31 日—11 月 1 日，2019 年学校技术教育国际研讨会在北京召开。本次研讨会由首都师范大学教育学院主办，北方工业大学信息学院、北京教育科学研究院基础教育教学研究中心协办。大会吸引了来自超过 20 所高校的教师代表，70 所中小学教师、教研员代表，以及来自美国、荷兰、日本和韩国的多位外籍特邀嘉宾共约 150 余人参会。

本次研讨会以“科技发达时代的学校技术教育学科转型：国际趋势与中国探索”为主题，围绕“技术教育政策与改革发展”“劳动与技术教育改革与发展”“STEM 教育与创客教育研究”“技术教师教育与教师专业发展”4 个分论坛议题开展研究探讨。大会分为两日进行，包括主旨发言、分论坛讨论、观摩课研讨等多个环节。

荷兰德尔夫特理工大学马克·德瑞福教授、北京师范大学余胜泉教授、美国弗吉尼亚理工大学约翰·G·威尔斯教授、南京师范大学教育科学研究院顾建军教授、北方工业大学邢志强教授，分别围绕 STEM 教育中的技术教育、工业教育的现状与未来，STEM 学习的内涵与特征、整合性 STEM 教育范例等多角度进行了主旨发言。日本广岛工业大学竹野英敏教授，清华大学刘兵教授，深圳市龙岗区教育局特级教师吴向东老师，首都师范大学教育学院方海光教授、丁邦平教授，天津市教育科学研究院马开剑教授，北京教育科学研究院孟献军主任，汕头大学赖小林教授，分别聚焦技术素养、STEM 学习内在机制、技术课程理念导向、技术教育学科转型等内容，引发在场老师与同学们诸多思考。来自荷兰的初中技术教师斯内扎娜和首都师大二附中的杨杰老师分别展示了两节技术课。

（首都师范大学社科处供稿）

健康中国背景下学校心理学的使命与挑战学术研讨会 11 月 2—3 日，以“健康中国背景下学校心理学的使命与挑战”为主题的学术研讨会在首都师范大学召开。本次会议由首都师范大学初等教育学院和心理学院共同主办，中国心理学会学校心理专业委员会、首都师范大学儿童发展研究中心协办。来自美国、比利时以及国内 13 个省、市、香港特区的高校师生、中小学校长、教师及相关机构代表计 220 余人参加了会议。

主会场特邀 10 个主报告，中国人民大学心理研究所所长俞国良教授、美国加州州立大学倪虹教授、山东师范大学校党委副书记张文新教授、首都师范大学燕京学者王美芳教授、香港大学教育心理学社会科学项目负责人沈嘉敏博士、东北师范大学心理学院院长盖笑松教授、中国人民大学雷雳教授、比利时莫扎特脑科学实验室 Jozef Vervoort 教授、辽宁师范大学心理学院副院长刘文教授、北京大学学生心理健康教育与咨询中心副主任徐凯文副教授等 10 位学者就心理健康教育的政策演进和中国道路，美国、中国和香港地区学校心理学学科发展状况，校园欺凌，小学生心理虐待，青少年人生观以及网络，APPM 与心理促进等主题进行了报告。在 3 个分论坛上，17 位专家就学校心理学学科建设与人才培养、南北学校心理健康教育经验分享及循证的个体发展与学习指导 3 个主题进行分享。

（首都师范大学社科处供稿）

第二届全国高等师范院校历史教师教育论坛 11月2—3日，北京师范大学历史学院举办第二届全国高等师范院校历史教师教育论坛。北京师范大学历史学院马卫东教授、郑林教授，中国人民大学附属中学正高级教师李晓风老师分别作“教育变革中的师德养成”“促进学生历史学科核心素养关键能力发展的教学改进研究”“讲述法在中学历史教学中的地位”主旨发言。

（北京师范大学社科处供稿）

第五届首都学前教育论坛 11月22日，首都师范大学学前教育学院主办的第五届首都学前教育论坛——“幼儿园教师艺术教育能力提升的理论与实践”论坛召开。本次论坛吸引了来自北京师范大学、华东师范大学、南京师范大学、中国音乐学院等高校的专家，以及北京市各区教研员、教学实践基地幼儿园园长和各届校友200余人前来参会。

主旨报告环节中，首都师范大学美术学院教授尹少淳作了《儿童美术：内涵、价值和方法》的报告。南京师范大学学前教育系教授许卓娅作了《幼儿园教师的音乐教育能力培养》的报告。中国音乐学院教授张天彤作了《让梦想插上艺术的翅膀——如何成为一名合格的幼儿园教师》的报告。首都师范大学音乐学院教授高洁作了《艺术教育面临的机遇和挑战》的报告。

随后，与会专家学者分为4个分论坛进行了深入研讨，分别为“幼儿园教师艺术教育素养与培养路径”“幼儿园教师培养中的艺术教育课程建设”“幼儿园教师艺术教育能力培养的国际经验与本土行动”“融合取向的幼儿园教师艺术教育能力培养”。

（首都师范大学社科处供稿）

第十五届中国青少年发展论坛（2019） 11月29—30日，以“新中国成立70年青少年发展与青少年工作”为主题的第十五届中国青少年发展论坛（2019）在北京举行。受共青团中央书记处第一书记贺军科委托，共青团中央书记处书记傅振邦出席论坛，并在开幕式上作主旨报告。本届论坛由中央团校和中国青少年研究中心、中国青少年研究会联合主办，开幕式由中国青少年研究会会长、中国青少年研究中心主任王义军主持，中央团校党委常委、副校长，中国青少年研究会副会长陆玉林主持闭幕式。

中央团校特聘教授、中国青少年研究中心研究员李玉琦，全国共青团青年工作研究基地执行主任、上海高校智库·复旦大学政党建设与国家发展研究中心主任郑长忠分别作了题为“从新中国70年共青团历史理解习近平总书记关于共青团工作的重要论述”“新中国70年中国青年发展的历史逻辑”的主旨演讲。论坛发布了2019年中国青年运动、青年学科建设和重点青年群体等方面研究的重要成果。中央团校青年发展战略研究院副教授徐先艳代表研究团队发布《中国特色新型青年学科建设的理论进路》成果。

来自全国27个省、区、市的高等院校、科研院所、党校系统和共青团系统的专家学者及青少年工作者近200人到会，围绕论坛主题进行了广泛而深入的交流和探讨。

（中央团校科研部供稿）

2019年首都教育论坛 12月24日，由北京市关心下一代工作委员会、北京教育系统关工委和首都师范大学主办，北京市关工委家庭教育研究中心、首都基础教育研究基地、学前教育学院和教育学院承办的2019年首都教育论坛——家校社共育：北京行动在北京举行。首都基础教育界代表，在京高校师生代表，以及新华社、《光明日报》、中国网、中国教育网等多家媒体记者共计180余人出席了本次论坛。

本次论坛围绕“家校社共育的责任与使命”“家校社共育的理论与思考”“家校社共育的问题与经验”“家校社共育的实践与创新”等议题进行了深入对话和研讨。全国政协常务委员兼副秘书长、民进中央副主席朱永新，江西省教科所所长吴重涵，学前教育学院院长康丽颖，北京十二中校长李有毅，北京四中原校长刘长铭，中关村第三小学校长刘可欣，首都师大附中校长沈杰，首都师大附小校长宋继东和附属幼儿园园长王异芳相继发言。9个主题报告回应了当前家校社共育理论与实践的核心议题与热点问题，深刻洞察了家校社共育的理论探索，系统梳理了家校社共育的实践模式。

（首都师范大学社科处供稿）

综合（含新闻、国际关系、其他）

《国际战略与安全形势评估 2018/2019》发布暨国际形势研讨会 1月16日，由中国现代国际关系研究院主办的《国际战略与安全形势评估 2018/2019》发布暨国际形势研讨会在北京举行。全国政协常委、港澳台侨委员会副主任、原国务院侨务办公室主任裘援平和中国现代国际关系研究院原院长陆忠伟分别致辞。

《国际战略与安全形势评估 2018/2019》是中国现代国际关系研究院自 2001 年推出跨年度分析报告的第十八本。该书对 2018 年风云变幻的国际形势及影响深远的热点问题进行了全面梳理、系统总结和深刻阐释，对 2019 年国际形势发展趋势和走向作出科学预测及评估。

在研讨环节，来自国内高校及科研机构的 20 多位知名专家学者就“中美贸易摩擦与全球经济走势”“大国关系调整与国际格局演变”“周边安全形势与国际热点走向”“全球治理与中国战略选择”等问题进行了深入讨论。

（参见《人民日报》2019 年 1 月 17 日第 17 版）

第二十七届、第二十八届、第二十九届万寿论坛 2月28日，由中共中央对外联络部与中国人民大学联合主办的第二十七届万寿论坛在北京举行。本届论坛主题为“人类命运共同体构建与世界社会主义发展”，旨在通过中国共产党与各国共产党的思想交流，架设理念互动桥梁，促进知识经验共享，助力世界社会主义发展和人类进步事业。来自欧美、拉美地区的 10 国 13 个共产党的领导人与中方专家学者围绕论坛主题进行了深入交流。

4月27日，由中共中央对外联络部、清华大学联合主办，中共中央对外联络部研究室、清华大学全球共同发展研究院承办的第二十八届万寿论坛在清华大学苏世民书院达理礼堂举行。本届万寿论坛的主题为“一带一路：新型全球化与全球治理”，与会的多国前政要、政党代表、大学校长、专家学者等百余位代表围绕论坛主题进行了深入的交流。

6月25日，由中共中央对外联络部主办、中国传媒大学承办，第二十九届万寿论坛以“世界大变局与习近平外交思想”为主题在北京举行。

万寿论坛由中共中央对外联络部于 2016 年初发起主办，下设万寿讲堂、万寿对话、万寿圆桌等多个特色板块，旨在依托政党外交渠道，聚焦新型南南合作等重要议题，为各国政党政要、智库学者、民间组织代表等提供一个开放包容、深入交流、互学互鉴的国际对话平台，为构建人类命运共同体、建设更加美好世界作出贡献。

（参见《人民日报》2019 年 6 月 26 日第 7 版，《光明日报》2019 年 3 月 1 日第 12 版、2019 年 5 月 20 日第 16 版）

“一带一路”国别咨询研讨会 3月27日，由对外经济贸易大学“一带一路”PPP 研究中心与中国国际工程咨询协会国别咨询委员会、丝路青年论坛共同主办的“一带一路”国别咨询研讨会在对外经济贸易大学举行。研讨会以“一带一路”中欧合作新契机为主题，邀请商务部原驻欧洲相关国家的经商参赞、财政部 PPP 中心专家、国家级智库专家及 10 多家在欧洲开展业务的企业代表，就意大利加入“一带一路”倡议后如何加强与欧洲国家一起在“一带一路”框架下开展三方合作等议题展开研讨。

丝路青年论坛顾问委员会副主席、全国工商联原副主席沈建国，财政部金融司原司长、中国国债协会会长、“一带一路”PPP 发展研究中心联席主任孙晓霞，中国国际工程咨询协会会长、国别咨询委员会主任委员，原驻加蓬、摩洛哥使馆经济商务参赞王淑敏，对外经济贸易大学副校长丁志杰，中国土木集团有限公司原董事长吴万良等政府、学校、企业的 50 多人出席研讨会。研讨会由对外经济贸易大学研究生院院长、中心执行主任吴卫星主持。

（对外经济贸易大学科研处供稿）

中国特色哲学社会科学学术话语建构与期刊高质量发展研讨会 3月28日，《党政研究》杂志编辑部、首都师范大学共同举办的“中国特色哲学社会科学学术话语建构与期刊高质量发展研讨会”在北京举行。与会者围绕如何提升学术话语建构能力、学术期刊如何高质量发展等问题进行了研讨。

与会者指出，构建中国特色哲学社会科学学科体系、学术体系、话语体系，是新时代中国哲学社会科学发展的重要任务。当前，从中国哲学社会科学研究现状看，一些领域还处在学习和引进西方话语的阶段，这与中国经济社会发展水平、综合国力不相适应。构建中国特色哲学社会科学话语体系，关键是要用中国话语总结和表达我们所取得的成就、所积累的经验、所形成的规律性认识，用中国话语解读中国实践。构建中国特色哲学社会科学话语体系，学术期刊大有可为。学术期刊要有使命感和责任感，为形成中国话语提供平台，努力实现高质量发展。

（参见《人民日报》2019 年 5 月 6 日第 13 版）

“一带一路”与中捷民心相通论坛 4 月 9 日，由光明日报社和捷克文学报社共同主办、上海市人民政府新闻办公室和浙江省人民政府新闻办公室共同协办的“一带一路”与中捷民心相通论坛在北京举行。论坛由光明日报社副总编辑沈卫星主持。来自中捷两国政府、文化教育界、体育界、商务机构等百余名代表共话中捷友谊，就两国间的合作进行充分交流研讨。

捷克总统泽曼为论坛发来贺信表示，习近平主席提出的“一带一路”倡议已经成为新时期全球最大的构想之一，这一非凡成就的关键词是“连通”，参与“一带一路”倡议的国家将成功实现这一目标梦想。

光明日报社总编辑张政介绍了《光明日报》与《捷克文学报》在“阅读中国+”项目中进行合作，通过在捷克当地出版专版及专刊介绍当代中国风貌，在当地引起了积极反响。推动中捷民心相通是两国媒体应当承担的社会责任，可以帮助两国人民跨越空间的阻隔，继续增进交流了解，成为真正的知心之交。

捷克文学报社长帕维尔表示，得益于与光明日报的合作，文学报向捷克读者从很多有趣的方面展示中国及其生活，比如“一带一路”倡议和传统中医，这是一项有意义的工作，未来的合作肯定会继续。

中宣部国际联络局局长张烨、外交部欧洲司参赞俞磊也分别致辞指出，习近平主席提出的“一带一路”倡议产生了广泛而深远的国际影响。中方高度重视发展同捷克的友好合作关系，此次论坛的举办，为庆祝中捷两国建交 70 周年营造良好氛围，为中捷两国人民搭建了一个增进交流、加深了解、巩固传统友谊的平台，充分体现了两国主流媒体应有的社会责任。中方愿同捷方一道，增进政治互信，深挖合作潜力，造福两国人民。

中国作家协会书记处书记鲁敏和捷克文学报总编辑比莱克作了主旨发言。中国美术家协会分党组书记徐里、中国前驻捷克大使马克卿、人民文学出版社副总编肖丽媛，以及捷克文学报主编雅娜、捷克《经济学人》杂志前主编费亚拉、捷克 PPF 集团中国区总裁卢米尔·马龙等代表，围绕“中捷民心相通有着历史渊源”“文学与艺术传播是中捷民心相通的桥梁”“中捷民心相通走向多领域”3 个议题进行了研讨。

（参见《光明日报》2019 年 4 月 10 日第 12 版）

“面向 21 世纪的区域与国别研究：世界经验与中国范式”国际研讨会 4 月 12—13 日，北京大学区域与国别研究院主办“面向 21 世纪的区域与国别研究：世界经验与中国范式”国际研讨会，来自 20 多个国家和地区 50 位国际学者和 100 多位国内高校及科研单位的专家学者参会，探讨区域与国别研究的理论、方法与经验。会议由北京大学副校长王博主持，教育部国际司副司长徐永吉、俄罗斯总统特别代表维尼阿明·波波夫（Veniamin Popov）、法国巴黎东方语言文化学院院长马努埃尔·弗朗克（Manuelle Franck）、研究院院长钱乘旦致辞。

（北京大学社会科学部供稿）

第二届“一带一路”国际合作高峰论坛 4 月 25—27 日，第二届“一带一路”国际合作高峰论坛在北京召开。国家主席习近平出席开幕式并发表主旨演讲。他指出，从亚欧大陆到非洲、美洲、大洋洲，共建“一带一路”为世界经济增长开辟了新空间，为国际贸易和投资搭建了新平台，为完善全球经济治理拓展了新实践，为增进各国民生福祉作出了新贡献，成为共同的机遇之路、繁荣之路。事实证明，共建“一带一路”不仅为世界各国发展提供了新机遇，也为中国开放发展开辟了新天地。

本届论坛主题为“共建‘一带一路’开创美好未来”，包括开幕式、领导人圆桌峰会、高级别会议以及 12 场推动务实合作的分论坛，并首次举办企业家大会，为工商界对接合作搭建平台。来自 150 多个国家和 90 多个国际组织的各界嘉宾出席论坛，为推动共建“一带一路”走深走实、构建人类命运共同体集思广益、凝聚共识。

4月27日，第二届“一带一路”国际合作高峰论坛在北京雁栖湖国际会议中心举行圆桌峰会。共40个国家和国际组织的领导人出席圆桌峰会，围绕本届论坛主题，就推进互联互通、加强政策对接以及推动绿色和可持续发展等议题深入交换意见，达成广泛共识，并通过了《共建“一带一路” 开创美好未来——第二届“一带一路”国际合作高峰论坛圆桌峰会联合公报》。

随后，习近平会见中外记者，介绍第二届“一带一路”国际合作高峰论坛圆桌峰会情况和主要成果。

在此次论坛筹备进程中和举办期间，各方达成了283项务实成果，包括签署政府间合作协议，开展务实项目合作，发起成立专业领域多边对话合作平台，发布共建“一带一路”进展报告、高峰论坛咨询委员会政策建议报告等。论坛期间举行的企业家大会吸引了众多工商界人士参与，签署了总额640多亿美元的项目合作协议。

作为此次论坛成果之一，“一带一路”国际智库合作委员会4月24日在北京成立。习近平向大会致贺信。“一带一路”国际智库合作委员会由新华社研究院联合中国社会科学院、中国国际经济交流中心等7家中国智库和保加利亚“一带一路”全国联合会、非洲经济转型中心等8家外国智库发起倡议成立。

（中国社会科学院办公厅刘玉杰供稿）

第九届亚洲研究论坛 4月29日，由中国社会科学院亚洲研究中心主办，世界经济与政治研究所承办的第九届亚洲研究论坛在北京召开。论坛的主题是“新形势下的东北亚合作”。来自美国、俄罗斯、日本、韩国、哈萨克斯坦、英国等国家以及中央党校、中国社会科学院、复旦大学、国际关系学院、中国现代国际关系研究院、吉林大学、延边大学、吉林省社会科学院、青岛大学的40余位专家学者，紧紧围绕新形势下的东北亚政治、安全、经贸合作以及“一带一路”与各国发展战略的对接等议题展开深入研讨。

中国社会科学院副院长高翔、韩国高等教育财团事务总长朴仁国出席开幕式并致辞。中联部前副部长于洪君、中国社会科学院学部委员张蕴岭、哈萨克斯坦KIMEP大学校长方灿荣等在会议上作了主旨演讲。会议客观深入地总结了东北亚合作的历史、现状以及当前存在的问题，详细论述了继续推动东北亚合作的必要性、可行性和新的发展机遇。会议在主论坛后设两个平行分论坛，与会学者从专业研究领域和不同视角对东北亚经贸合作、“一带一路”倡议与各国发展战略如何对接等问题进行了广泛而深入的探讨和交流。

（中国社会科学院办公厅刘玉杰供稿）

首届文化外交理论与实践学术研讨会 5月11日，首届文化外交理论与实践学术研讨会在外交学院召开。该研讨会由外交学院英语系主办。研讨会以“十八大以来的文化外交：连通中国与世界”为主题，来自中国社会科学院、北京大学、同济大学、中国传媒大学、辽宁大学、外交学院等国内高校和科研院所的专家学者40余人与会交流。

上午的主旨演讲分两个环节，分别讨论理论与实践视野中的文化外交。在第一阶段的大会主旨发言中，外交学院副院长孙吉胜、中国社会科学院美国研究所所长吴白乙、北京大学国际关系学院外交学与外事管理系主任张清敏、中国传媒大学传播研究院李智就中国外交的文化自觉、文化外交的主体性与客体性统一、文化外交的再定义以及文化外交的研究范式等理论问题作了精彩发言。

第二阶段的发言围绕中国文化外交的实践展开。中国前驻德国使馆参赞白阳和文化与旅游部国际局政研处副处长朱宏斌分别从中国海外文化中心建设和文化软实力的角度对自党的十八大以来中国文化外交实践中的新举措作了深入的讨论。

当天下午，与会学者围绕“多元视角下的文化外交”这一主题展开研讨，内容涉及美国文化外交、中美文化外交实证研究、中国与周边国家文化外交、中非数字电视合作、“一带一路”体育外交、跨文化语境下对中国大学生文化认同的实证研究等多个方面。外交学院“中国文化外交”科研项目组成员也进行了成果总结和汇报。该课题对中国文化外交的历史沿革进行回顾，系统梳理党的十八大以来中国对美国、英国、法国、日本、印度、巴西和南非等国家文化外交的实践，探讨当前中国文化外交中的重要理论和实践问题，由此提出具有针对性的政策建议。

（外交学院英语系供稿）

亚洲文明对话大会 5月15—22日，亚洲文明对话大会在北京举行。亚洲47个国家以及域外其他国家的政府官员和文化、教育、影视、智库、媒体、旅游等领域的代表共计2000余人参加大会相关活动。大会举办了规模盛大的亚洲文化嘉年华和丰富多彩的亚洲文明周活动。

大会设置了6个平行分论坛，主题分别为“亚洲国家治国理政经验交流”“维护亚洲文明多样性”“文化旅游与人民交往”“亚洲文明传承与发扬的青年责任”“亚洲文明全球影响力”“亚洲文明互鉴与人类命运共同体构建”。大会在广泛凝聚各方共识基础上，发布会议共识文件。同时，参加大会的中外机构签署一系列多边、双边倡议和协议，发布一批重大项目成果和研究报告，形成了一批推动文明交流互鉴的务实举措和合作成果，共4大类26项。

（参见《光明日报》2019年5月25日第2版）

“中国经典学术著作在国际传播中的机遇和挑战”高端论坛 5月25日，中国社会科学院科研局与荷兰博睿学术出版社共同主办的“中国经典学术著作在国际传播中的机遇和挑战”高端论坛在北京举行，中国社会科学院秘书长、党组成员赵奇到会致辞。

本次论坛邀请了中国社会科学院知名学者、译者及院属出版单位的出版编辑代表共60余人，围绕学术成果转换、话语体系构建、经典著作传播、学术出版合作等主题进行了深入交流和讨论，就中国学术“走出去”如何发挥先行示范作用、中国学术“走出去”如何坚持中国特色、学术出版如何实现本土化翻译等许多方面取得共识。参会机构还就“中国社会科学院文库”的翻译出版、译者遴选推荐、中外出版机构合作等方面达成多项合作意向。

（中国社会科学院办公厅刘玉杰供稿）

2019清华财经新闻论坛 5月28日，清华大学新闻与传播学院主办的“2019清华财经新闻论坛”召开。来自中央财经大学、中国传媒大学、对外经济贸易大学、春雨医生、财新传媒、经济观察报、美国国家公共电台、彭博新闻社等国内外学界、业界的专家共同参与论坛，围绕“报道可持续发展与健康传播”展开分享与讨论。

清华大学新闻与传播学院副院长、全球财经新闻项目主任杭敏介绍，可持续发展与健康传播议题广受关注，论坛的举办旨在探讨这一世界性议题在中国语境下的意义以及新闻媒体面临的困境与机遇。

清华大学新闻与传播学院访问学者、美国国家公共电台记者马瑞林·吉瓦科斯（Marilyn Geewax）说，全球化背景下的政治、经济、社会问题变得越来越复杂，记者应将宏大议题分解开来，讲述与读者更息息相关的、有吸引力的故事。

清华大学全球财经新闻项目联合主任邓瑞克（Rick Dunham）认为，记者在注意问题与现象之外，更应有创造性、批判性的思维，对全球性的话题作本地化的阐释，加以背景说明、原因分析、数据比较等，并进一步思考解决方案。

纽约市立大学麦格劳财经新闻中心主任詹姆斯·萨森（Jane Sasseen）介绍说，传媒学刊《哥伦比亚新闻评论》与杂志《国家》发起倡议，呼吁媒体对气候变化等重要议题投入足够关注，寻找与读者日常生活密切相关的故事，选择最佳的叙述方式和报道工具。

彭博新闻社高级编辑、清华大学全球财经新闻项目兼职教授李·米勒（Lee Miller）展示了彭博终端的多项数据调查与研究，他说，新闻能够让改变发生，让世界变得更好。“一则新闻报道就像是一块投入湖水的石子，它能激起涟漪，也能掀起波浪。”

《北京周报》高级可视化编辑派姆·托比（Pam Tobey）则从数字技术的角度讲述了可持续发展与健康传播的报道方法。她强调，数据的合理使用，能够更好地让读者了解他们尚未知晓的新闻事实。

（清华大学文科建设处供稿）

话语、国际安全与全球治理研讨会暨第三届国家安全话语传播高峰论坛 6月15日，“话语、国际安全与全球治理研讨会暨第三届国家安全话语传播高峰论坛”在外交学院召开。研讨会由外交学院世界政治话语研究中心、外交学院英语系和杭州师范大学当代中国话语研究院联合主办。来自外交学院、国防大学、中国社会科学院、中国政法大学、北京外国语大学、国际关系学院等国内高校和科研院所的专家学者40余人与会交流。

外交学院副院长孙吉胜与杭州师范大学当代中国话语研究院院长施旭代表主办方分别致开幕辞。开幕式由外交学院英语系主任石毅主持。

孙吉胜在开幕式讲话中指出，自党的十八大以来，中国对全球安全问题日益重视，而话语是建构安全问题、认知安全问题的一个重要因素，也会对全球安全治理产生影响，亟需学术界对相关议题开展深入研究，这正是本届高峰论坛选择“话语、国际安全与全球治理”为主题的重要出发点。

施旭教授在致辞中表示当前话语安全的重要性日益突出，希望本次研讨会的举办能够深化学界在话语、安全与治理方面的认识，并且推动国内在国家安全研究、国际安全研究、国际治理方面的理论拓展与丰富。

学术研讨部分由主旨发言和4个分论坛组成，主题涉及话语与国际安全理论，话语、安全化与非传统安全，话语与国际安全话语传播和话语与全球安全治理等方面。

（外交学院英语系供稿）

“中国发展　世界机遇”中国社会科学论坛年会　6月23—24日，由中国社会科学院主办，中国社会科学院国际合作局、中国社会科学院社会发展战略研究院承办的“中国发展　世界机遇”中国社会科学论坛年会在北京召开。来自多国科学院、知名智库、高端科研机构的代表及知名专家学者与会。

中国社会科学院副院长高翔、泰国国家研究理事会秘书长宋斯维莱、塔吉克斯坦科学院副院长阿卜杜拉赫蒙·穆哈马德、哥斯达黎加驻华大使帕特里夏·罗德里格斯·奥尔凯梅耶等出席会议开幕式并致辞。

中国社会科学院社会发展战略研究院院长张翼，肯尼亚非洲政策研究所所长、首席执行官彼得·卡戈万加，中国社会科学院俄罗斯东欧中亚研究所所长孙壮志等分别发言。

对中华人民共和国成立70年来在经济增长、社会进步、科技创新、国际合作等各方面取得的伟大成就，与会专家学者给予了高度赞扬，认为中国发展取得成功的原因在于走中国道路、走和平发展道路。各国赞赏中国大力推进更高层次对外开放，推动共建“一带一路”，期待中国发展为世界带来更大机遇。

（中国社会科学院办公厅刘玉杰供稿）

发布《新媒体蓝皮书：中国新媒体发展报告 No.10（2019）》　6月25日，中国社会科学院新闻与传播研究所和社会科学文献出版社在北京共同发布《新媒体蓝皮书：中国新媒体发展报告 No.10（2019）》。中国社会科学院副院长、党组成员高培勇，中华全国新闻工作者协会党组书记、常务副主席胡孝汉出席并分别致辞。中国社会科学院科研局副局长吕嵩崧、社会科学文献出版社总编辑杨群出席并发言，蓝皮书主编、中国社会科学院新闻与传播研究所所长唐绪军作主题报告。

唐绪军盘点了2018年中国新媒体发展的五大热点：政务新媒体呈高质量发展趋势，重大主题报道成为媒体融合实践场，县级融媒体中心建设上升为国家战略，网络直播和短视频行业发展途径各异，5G+4K为新媒体行业发展提供了新契机。

蓝皮书就中国新媒体未来发展趋势提出了十大展望：数字经济成为我国经济高质量发展的核心动力；人工智能和5G商用将开启智能互联新时代；以短视频为代表的网络视频业发展势头强劲；工业互联网蓬勃发展，传统产业加速数字化转型升级；互联网巨头多向布局，竞争边界趋于模糊；网络空间主流意识形态建设将得到进一步加强；信息消费将成为最具活力的消费领域；新零售向深层次数字化发展；粉丝经济成为互联网经济的重要商业模式；网络扶贫持续走向深入。

（中国社会科学院办公厅刘玉杰供稿）

2019金砖国家智库国际研讨会　6月26日，主题为“全球治理与多边主义”的2019金砖国家智库国际研讨会在北京举行，来自金砖国家的智库学者就相关议题进行了深入探讨。

国务院发展研究中心副主任隆国强作主旨演讲。他表示，全球治理规则的制定既要充分体现不同国家之间的平等，也要兼顾发达国家和广大发展中国家的利益。随着新兴市场国家和发展中国家在全球贸易投资中的地位不断提升，新技术不断催生新的经贸活动，现有的多边贸易规则需要改革以适应形势变化。各国应站在提高运行效率和维护权威性的角度看待世贸组织改革，增强多边贸易规则体系效率。金砖国家是新兴市场国家和发展中国家代表，可以将世贸组织改革作为金砖国家合作的新领域，共同开展研究。

中共中央对外联络部研究室主任、金砖国家智库合作中方理事会秘书长栾建章表示，目前全球治理体系与国际形势变化的不适应、不对称前所未有，造成日益严峻的治理赤字，突出表现为改革赤字、规则赤字、责任赤字等现实问题。为改变这种局面，我们应秉持共商共建共享的原则推动国际治理体系变革。金砖国家应加强团结合作，共同捍卫多边主义，共同推进国际关系民主化，共同发出更多“金砖声音”、提出更多“金砖方案”，也希望金砖智库为此贡献更多智慧。

中外学者一致认为，推进全球治理，国际共识、协调和合作不可或缺。金砖国家有在全球治理中发挥更大作用的共同愿望，应加强同其他新兴市场国家、发展中国家和国际组织的合作，共同反对保护主义、单边主义、霸凌主义，维护开放型世界经济体系，引导全球治理进程，维护新兴市场国家和发展中国家利益。

（参见《人民日报》2019 年 6 月 28 日第 3 版）

习近平外交思想理论研讨会　7 月 11 日，中共中央对外联络部与光明日报社在北京联合举办习近平外交思想理论研讨会。研讨会由中联部研究室、光明智库、光明网承办。来自全国各地高校、智库、研究机构的近百位专家学者参加。中共中央对外联络部部长宋涛、《光明日报》总编辑张政出席开幕式并致辞。开幕式由中联部副部长郭业洲主持。

与会嘉宾就习近平外交思想的科学内涵与理论体系、哲学基础与文化渊源、时代特征与世界意义等议题深入交流，在学懂、弄通、做实上下功夫，不断推动对习近平外交思想的学习贯彻往深里走、往心里走、往实里走。与会者认为，习近平外交思想的科学内涵深刻、理论体系完整、哲学基础丰厚、文化渊源深厚，既是当代国际关系理念的突出创新成果，也是中国向全人类贡献的重要思想公共产品。我们要以习近平外交思想为指引，积极推动构建新型国际关系，携手打造人类命运共同体，不断开创中国特色大国外交新局面。

（参见《光明日报》2019 年 7 月 12 日第 1 版）

连通中西暨《中外出版原著选读》首发式暨“一带一路”2019 学术出版论坛　8 月 18 日，由北京师范大学主办，北京师范大学新闻传播学院、北京师范大学新闻传播学院出版科学与文化研究中心、牛津国际出版中心承办，中国印刷博物馆、北京师范大学出版集团、牛津布鲁克斯大学孔子学院协办的连通中西暨《中外出版原著选读》首发式暨“一带一路”2019 学术出版论坛在北京师范大学举行。

论坛上首发亮相的《中外出版原著选读》分为“中国卷”和“外国卷”，按“出版思想”“出版载体”“出版符号”“出版技术”“出版活动及成就”“出版制度及版权”六大板块要素编著，选取古往今来中外原著 140 篇，并加导读和阐释。《中外出版原著选读》的出版为学习、研究中外出版史、出版文化，乃至东西方文明交流互鉴，提供了较大便利。

此次论坛是在“一带一路”倡议下，连通东西文明的一次“交流”和“互鉴”，为中西方在学术出版领域的进一步沟通和交流提供了契机。大会安排了两场分论坛，邀请了中国与外国出版方面的学者围绕“学术出版的中西联动及前瞻”这一主题，就学界与业界，东方与西方的连通以及良性互动进行对话研讨。

（参见《光明日报》2019 年 8 月 19 日第 10 版）

中非智库论坛第八届会议　8 月 25—27 日，中非智库论坛第八届会议在北京举行。约 400 位来自中非双方的政府官员、智库学者、媒体代表围绕“落实中非合作论坛北京峰会成果”这一重要议题进行了深入广泛的探讨，为全面推动北京峰会成果落实，携手构建更加紧密的中非命运共同体建言献策。

本届中非智库论坛设 3 个分论坛，与会人士就“携手构建更加紧密的中非命运共同体”“共建‘一带一路’与《非盟 2063 议程》紧密对接”“中非智库媒体交流合作与中非话语权建设”3 个分议题展开深入研讨。

中非双方的智库代表结合当前国际形势、发展中国家团结合作关系和中非关系发展历史等，就构建更加紧密的中非命运共同体、共建“一带一路”、落实中非合作“八大行动”、总结中非合作论坛成功经验、推动中非合作提质增效、打造中非联合研究交流计划“增强版”、加强中非治国理政经验交流，以及如何共同应对西方攻击抹黑中非合作等话题进行讨论与阐述。

会议由中非合作论坛中方后续行动委员会秘书处主办，浙江师范大学非洲研究院承办，中国非洲研究院和中国国际问题研究院协办。

（中国社会科学院办公厅刘玉杰供稿）

西部高校、民族院校新闻传播学科院长论坛　9 月 6 日，首届西部高校、民族院校新闻传播学科院长论坛在中央民族大学召开。来自云南大学、广西大学、宁夏大学，以及国家民委 5 所直属院校的新闻传播院系院长、主任齐聚一堂，探讨西部高校、民族院校新常闻传播学科建设、专业建设与人才培养所面临的挑战与问题。中央民族大学党委常委、副校长宋敏，学院资深教授白润生出席论坛。

论坛首先就西部高校、民族院校新闻传播学科的建设经验与问题进行探讨。与会嘉宾认为，西部高校和民族院校为国家和西部地区培养了大量扎根本土人才，在服务国家“一带一路”、脱贫攻坚、区域发展、跨境传播等方面作用明显，但西部高校、民族院校在发展中普遍存在着共性的问题，表现在社会层面对西部高校、民族院校贡献认知不足，自身建设面临资源配置不均衡，办学主体性不足，学科自信不足等现实瓶颈与制约因素。经过充分讨论，与会嘉宾达成基本共识，论坛发起与参与高校应本着发展与建设理念，共享经验，共促发展，携手共建，共同服务于国家和民族地区社会发展。

“西部高校、民族院校新闻传播学科院长论坛”由中央民族大学倡议，西安交通大学、兰州大学、云南大学、广西大学、内蒙古大学、宁夏大学，以及国家民委直属院校等12所高校联合发起。论坛同时设立“知行奖”，表彰在新闻传播教学、研究领域作出重要贡献的教师、教学成果、科研成果，以及学术优秀、知行合一的本科生与研究生，以期凝聚力量，形成西部高校、民族院校新闻传播学科教师发展与学生培养的共享平台、专业建设与学科建设的共促平台。

（中央民族大学新闻与传播学院供稿）

“澜湄合作中的非传统安全合作”国际学术研讨会 9月16日，“澜湄合作中的非传统安全合作”国际学术研讨会在北京举行。中国社会科学院科研局副局长郭建宏、中国外交部澜沧江—湄公河合作中国秘书处一秘周云良、中国社会科学院亚太与全球战略研究院副院长叶海林出席开幕式并致辞。

中国社会科学院学部委员、山东大学国际问题研究院院长张蕴岭就区域合作与非传统安全作主旨演讲。张蕴岭指出，安全合作是区域合作的重要内容。澜湄次区域非传统安全合作是基于需要和可行的必然选择。随着新技术的发展，澜湄次区域内新安全问题逐渐凸显，主要表现为网络安全问题。为促进澜湄次区域内安全合作取得进一步发展，张蕴岭建议，要建立务实、可操作的合作机制；根据领域建立基于协商合作的专门委员会；建立澜湄合作框架下的网络信息合作中心；借鉴湄公河巡航机制的经验建立应急安全合作机制。

研讨会就澜湄区域的跨界非传统安全挑战、国际合作与澜湄非传统安全治理等议题进行了具体探讨。

（中国社会科学院办公厅刘玉杰供稿）

“一带一路”倡议与非洲一体化发展国际研讨会 9月16日，“一带一路”倡议与非洲一体化发展国际研讨会在北京举行。来自非洲10个国家及国内有关部门和研究机构、大专院校的政府官员、专家学者、媒体人士及企业代表等100余人参会。中国社会科学院副院长、中国非洲研究院院长蔡昉和非洲社会科学研究发展理事会前副会长、喀麦隆雅温得第一大学教授恩科洛·福埃出席会议并致辞。中国非洲研究院常务副院长李新烽主持开幕式。

蔡昉指出，非洲一体化有利于增强各国经济内生增长能力，也有利于以集体力量应对外部风险，开展国际经济合作。当然，地区一体化具有复杂而矛盾的多层次诉求，在发展的过程中还会遇到诸多问题与挑战，不仅非洲，世界其他地区都概莫能外。因此，继续深入推进非洲一体化不仅需要非洲内部的不懈努力，也需要借助外部力量，协力推进。近年来，中国一直积极推动中非共建“一带一路”，中国的“一带一路”倡议将与非洲的《2063年议程》稳步实现对接。中非共建“一带一路”将成为推动非洲地区一体化的重要手段和有效方式。

恩科洛·福埃表示，大国应该建立一种相互尊重、求同存异、互利共赢的新关系模式。“一带一路”倡议是古丝绸之路的发展与延伸，是连接亚非文明的桥梁。习近平主席提出的“一带一路”倡议让世界看到了中国的决心和愿景，中非是在平等对话之上建立关系。中国在建设中非关系上作出了实质的贡献，也为促进非洲一体化的融合，走向合作共赢，对抗分裂主义、保护主义做出了示范。

会议研讨的主要议题有“‘一带一路’倡议助推非洲一体化进程”“非洲基础设施建设中的中国因素”“非洲工业化与中非产能合作”。

（中国社会科学院办公厅刘玉杰供稿）

第二届中斯冰雪论坛 10月14—16日，由斯洛文尼亚卢布尔雅那大学和首都体育学院共同主办的第二届中国—斯洛文尼亚冰雪论坛在斯洛文尼亚首都卢布尔雅那举行。斯洛文尼亚副总理兼教育、科学体育部长 Jernej Pikalo，中国奥委会主席、国家总局局长苟仲文，卢布尔雅那大学校长 Igor Papič，卢布尔雅那大学体育学院院长 Damir Karpljuk，斯洛文尼亚奥委会主席 Bogdan Gabrovec，中国驻斯洛文尼亚使馆政务参赞李强华先生以及体育总局办公厅、外联司、冬运中心，斯洛文尼亚滑雪协会主席等领导出席了此次论坛。论坛邀请了斯洛文尼亚体育科技、冰雪运动、体育市场营销、体育场馆经营与管理、运动员技能与机能分析等多个领域的知名专家出席并作学术报告。首都体育学院代表团由齐力新副校长带队，运动健康学院院长李京诚、休闲与社会体育学院院长董杰、国际教育学院院长钱雯参加。科研代表团包括吴昊教授、左伟博士等。北京体育大学、哈尔滨体育学院等国内院校应邀参加论坛。

本次论坛主题为"科技冬奥、教育冬奥、产业冬奥"。论坛分为主报告、专题会议、圆桌论坛 3 个板块。

（首都体育学院科技处供稿）

日本形势与中日关系学术研讨会　10 月 15 日，由中国社会科学院日本研究所、中日经济研究中心主办的"日本形势与中日关系"学术研讨会在北京举行。来自中国国际问题研究院、南开大学、中国现代国际关系研究院等单位的 40 余位专家学者与会。

会议围绕多边视角下日本区域合作及中日经济关系、消费税增税对日本经济的影响、中美贸易摩擦背景下日本对华直接投资动向、日本政治形势及政策走向、日本内阁改组及其影响、日本对外关系变化趋势等议题展开讨论。

（中国社会科学院办公厅刘玉杰供稿）

第二届全国县级融媒体中心建设高峰论坛　10 月 18 日，北京大学新媒体研究院主办，中国电视艺术家协会媒体融合推进委员会、中国电影电视技术学会台网协作发展专业委员会协办的第二届全国县级融媒体中心建设高峰论坛在北京大学举办。

与会者认为，建设县级融媒体中心对于全国融媒体发展具有基础性和关键性作用，有助于加强县域治理，为推进国家治理体系和治理能力现代化打牢基层基础。要顺应信息技术飞速发展的时代大势，进一步抓好县级融媒体中心建设，创新传播理念、内容生产、传播形态，实现信息内容、技术应用、平台终端、管理手段共融互通，不断提升传播力、引导力、影响力、公信力，充分发挥县级融媒体中心的公共信息枢纽作用，更好引导群众、服务群众，推动形成健康向上的基层网络生态。

（参见《人民日报》2019 年 11 月 6 日第 13 版）

第五届中国与土耳其关系国际学术研讨会　10 月 23 日，第五届"中国与土耳其关系"国际学术研讨会在北京举行。此次研讨会由中国社会科学院国际合作局与中国社会科学院西亚非洲研究所共同主办。来自土耳其外交部、土耳其驻华使馆和伊斯坦布尔梅迪波尔大学、中国社会科学院、中国现代国际关系研究院、《人民日报》、上海国际问题研究院、上海外国语大学、上海大学、四川外国语大学、西北大学、浙江外国语学院等大专院校、研究机构和相关部门的政府官员、专家学者以及媒体人士约 50 人出席会议。会议围绕"全球视野下的中国与土耳其战略关系"这一主题展开交流讨论。

中国社会科学院西亚非洲研究所副所长王林聪研究员主持了研讨会开幕式。中国社会科学院国际合作局副局长周云帆、土耳其驻华大使阿卜杜拉卡迪尔-埃敏·奥恩及土耳其外交部战略研究中心主席乌弗克·乌鲁塔什分别致辞。

（中国社会科学院办公厅刘玉杰供稿）

2019 年可持续发展论坛　10 月 24—25 日，2019 年可持续发展论坛在北京举行，主题为"落实 2030 年可持续发展议程：我们在行动"。论坛由中国外交部指导，国务院发展研究中心、联合国经济和社会事务部、联合国南南合作办公室、联合国驻华系统和北京市人民政府联合主办，中国国际发展知识中心承办。

本次论坛为期 2 天，共设 5 个主题环节，从政府、企业、国际组织、智库和社会组织等主体角度，探讨各方落实 2030 年议程的行动和经验，并专题研讨"一带一路"与 2030 年议程协同增效路径。论坛还举行了可持续发展企业伙伴圆桌会，《中国落实 2030 年可持续发展议程进展报告 2019》国内发布仪式，以及可持续发展主题公园暨文化包容性教育基地揭牌仪式。

本次论坛形成两项重要成果：一是 2019 年可持续发展论坛大会倡议——世和园倡议；二是可持续发展企业行动倡议，这是中国跨国企业推动落实 2030 年议程的首次集体声明，亚布力论坛作为企业家自组织代表，是本次倡议行动的合作机构。

中国国家主席习近平、联合国秘书长古特雷斯分别为本次论坛发来贺信。韩正副总理会见了出席论坛的主要境外代表，全国政协副主席李斌在论坛开幕式上发表主旨演讲。国务院发展研究中心党组书记、中国国际发展知识中心主任、论坛主席马建堂，联合国副秘书长刘振民分别在论坛开幕式上致辞、在闭幕环节作总结发言。国务院发展研究中心副主任王安顺、张军扩、张来明、隆国强、王一鸣，联合国南南合作办公室副主任王晓军，中国国际发展知识中心常务副主任贡森，英国发展研究院院长梅丽莎·利奇分别主持论坛各环节。

（国务院发展研究中心办公厅科研处郭巍供稿）

“变化中的亚洲 2019”国际研讨会　10 月 26—27 日，“变化中的亚洲 2019”国际研讨会在外交学院召开。此次国际研讨会由外交学院与德国全球和区域研究所联合主办。来自外交学院、德国全球和区域研究所、印度国防研究与分析所、美国弗吉尼亚大学、南京大学、国际关系学院、欧盟亚洲中心、汉堡联邦国防大学、德国国际政治和安全事务研究所等高校和研究机构的 20 余位专家学者参加了会议。

与会学者围绕“多极世界中的全球和区域治理——理论与实践”“亚洲及其他地区的联通战略——前进之路”“双边关系与区域合作”“中国、印度和美国的国内政治与外交政策”等议题展开了热烈的研讨。

（外交学院科研处供稿）

“亚洲新地缘政治”圆桌会议　11 月 1 日，“亚洲新地缘政治”圆桌会议在外交学院召开。来自清华大学、国际问题研究院、中国社会科学院、中国现代国际关系研究院、外交部等机构专家及外交学院教师代表参加了本次会议。

会议分成上午和下午两个分论坛。上午，印度前国家安全顾问希夫尚卡尔·梅农大使（Amb. Shivshankar Menon）发表主旨演讲。梅农大使以“印度与亚洲地缘政治：过去与现在”为题，阐述了亚洲新地缘政治形成的动力、形态及政策和理论意义。下午，马来亚大学 Ngeow Chow Bing 博士和菲律宾学者 Aaron Jed Rabena 博士分别发表自己的研究成果。Ngeow Chow Bing 博士以“中美之间的东南亚：对世界和地区秩序的影响”为题，从东南亚的视角提出了对世界秩序和地区秩序的看法。Aaron Jed Rabena 博士的发言题目为“中国与周边国家的领土争端对亚洲地区秩序的影响”，着重分析了中国处理与邻国领土争端的方式和影响。随后，专家们围绕自由秩序、中国秩序观、中国应对领土争端的政策等议题展开讨论。

（外交学院亚洲研究所供稿）

“联通、互动、型塑：城市国际交往与全球影响力建构”学术研讨会　11 月 11 日，“联通、互动、型塑：城市国际交往与全球影响力建构”学术研讨会在北京举办。此次研讨会由外交学院、上海国际问题研究院主办，上海民间外交研究基地合办，北京对外交流与外事管理研究基地承办。来自北京市委宣传部、北京市办事办公室、上海市人民对外友好协会、全国友协等部门领导，和来自中国社会科学院、北京师范大学、北京外国语大学、外交学院、上海国际问题研究院、上海外国语大学等高校和科研院所的专家学者，以及北京对外交流与外事管理研究基地学术委员、专家咨询委员和研究员代表参加了本次会议。

会议围绕 4 个主题进行了深入研讨。在第一主题中，中共北京市委宣传部副部长、北京市人民政府新闻办公室主任徐和建和上海市人民对外友好协会副会长景莹先后以“推进北京全球影响力建设展现新时代大国首都国际形象”和“上海民间外交助力全球城市建设”为题作发言，介绍北京、上海城市国际影响力传播的有益实践和宝贵经验。北京师范大学新闻与传播学院执行院长喻国明和中国社会科学院城市与竞争力研究中心副主任刘彦平分别围绕着增强城市国际传播能力、打造城市品牌等议题作了主题发言。

随后，与会嘉宾围绕“城市国际交往与民间外交”“北京国际交往中心建设”“北京参与‘一带一路’建设”等议题发言，并进行了热烈讨论。

与会学者一致认为，当前中国与世界的关系正在发生历史性的变化，在中国与世界的互动过程当中，多主体、多维度网络状的城市国际交往，也是中国参与全球治理的一个重要支点。过去的历史和现实都已经充分证明北京、上海等城市可以通过国际交往平台机制建设，激发城市多元主体的活力，为实现人类共同发展和城市繁荣贡献中国智慧和力量。

（北京对外交流与外事管理研究基地供稿）

2019 中国经济外交形势学术研讨会　11 月 24 日，由国际经济学院、经济外交研究中心、中国国际关系学会经济外交研究分会共同主办的“2019 中国经济外交形势”学术研讨会在国际交流中心举行，来自商务部综合司、国家发展与改革委员会国际司、财政部国际经济关系司、商务部国际贸易经济合作研究院和外交学院等机构的多位专家学者参会。

研讨会分为 3 个主题发言与讨论。第一部分的主题是 2019 年经济外交工作总结。商务部综合司谭亚波、国家发展与改革委员会国际司施鸿猷、财政部国际经济关系司唐新科、商务部国际贸易经济合作研究院对外贸易研究所副所长竺彩华分别以“2019 年国际经贸形势与中国对外经贸关系”“我国发展面临的外部环境与经济外交”“中国多双边对外财经交流新动向”“全球数字贸易规则之争与中国应对”为题进行发言。

第二部分的主题是中国与主要国家和地区经济外交发展形势。中国国际问题研究院世界经济与发展研究所副所长王瑞彬副研究员、对外经济贸易大学经济外交研究中心执行主任王宏禹副教授、中非发展基金经理高然及外交学院徐梅教授、胡再勇教授、张翠珍副教授、崔绍忠副教授分别就中日韩、中美、中欧、中非、中国—金砖国家经济关系发展的新特点等话题进行发言。

第三部分的主题是中国在不同领域经济外交发展的新特点。外交学院国际经济学院樊莹教授、欧明刚教授、闫世刚教授等分别就共建“一带一路”与中国经济外交新战略、中国涉外金融形势与金融开放新发展、中国在能源资源领域的经济外交、投资外交的内源性与制度化、我国对外劳务派遣的特点与现状、跨国城市群——“一带一路”均衡发展的关键节点、全球价值链时代国际经贸规则转型、外国智库眼中的亚投行、世界主要经济体财税现状的比较分析、中国对外农业合作的发展特点等发言。

（外交学院国际经济学院供稿）

第二届全国哲学社会科学道德和学风建设论坛　11月27日，第二届全国哲学社会科学道德和学风建设论坛在北京召开。本届论坛由中国社会科学院主办，北京市社会科学院承办。来自中央文明办、中共中央党校（国家行政学院）、中国社会科学院、省级地方社会科学院、省级地方党校（行政学院）、高校、科研机构、军队院校等单位的领导和专家，以及媒体代表共约260人参加论坛。中国社会科学院副院长、党组副书记王京清，中共北京市委常委、市委宣传部部长杜飞进出席开幕式并致辞。中国社会科学院历史学部主任、学部委员王巍，教育部学风建设委员会副主任委员、吉林大学哲学社会科学资深教授孙正聿，北京师范大学学术委员会主任、教授韩震，中共中央党校（国家行政学院）社会和生态文明教研部副主任、一级教授吴忠民，贵州省社会科学院院长、研究员吴大华，北京市社会科学院党组书记、教授唐立军围绕“中华民族伟大复兴进程中学者的使命与担当”论坛主题分别作大会发言。本届论坛向全国发起了“恪守学术道德、弘扬优良学风”的倡议，号召全国哲学社会科学工作者：坚持正确方向，坚守学术理想；立足中国实践，构建中国理论；弘扬优良学风，奉献学术精品；遵守学术规范，坚守道德底线；抵制学术不端，捍卫学术尊严；提升道德修养，引领社会风尚。

（北京市社会科学院科研处供稿）

2019中国公共外交论坛：合作共赢与中国故事
11月27日，“2019中国公共外交论坛：合作共赢与中国故事”在中国人民大学举行。近30位来自政界、学界、业界的专家学者出席了此次论坛。与会专家们围绕如何通过“多元公共外交”推动合作共赢、如何通过“媒体公共外交”进一步讲好“中国故事”两大议题展开深入探讨。此次论坛由中国人民大学国家发展与战略研究院、中国互联网新闻中心联合主办，由中国人民大学新闻学院协办。

（中国人民大学科研处供稿）

第四届中印智库论坛　11月28—29日，由中国社会科学院和印度世界事务委员会共同主办的第四届中印智库论坛在北京举行。中国社会科学院院长谢伏瞻、中国外交部副部长罗照辉、印度世界事务委员会总干事拉加万，以及来自中印两国的专家学者150余人出席会议。

谢伏瞻指出，学术和智库交流作为中印人文交流的重要组成部分，是两国互学互鉴发展经验的重要渠道。两国学术和智库机构开展深入交流和对话，将促进双方全方位相互沟通与理解，发现两国合作的契合点和新空间，推动实现两国互利共赢和共同发展。

罗照辉表示，中印智库论坛是中印两国间层级最高、规模最大的机制化智库交流平台，对增进两国相互了解与合作具有重要意义。新世纪以来，中印关系取得长足发展，迸发出日益强劲的内生动力，呈现出高层交往日益频繁、多边事务合作密切、合作潜力逐步释放、人文交流方兴未艾的新特点。未来，双方应增进互信、妥处分歧、共谋发展，探索一条发展中大国和平交往、共同发展的相处之道，为亚洲和世界贡献正能量。

拉加万指出，印度和中国作为两个最大的发展中国家和10亿以上人口级别的新兴市场经济体，是世界经济增长的重要引擎，在促进世界多极化、经济全球化方面肩负着重要责任。当前世界经济增长疲软、复苏乏力，双方更应加强在双边和多边体制内的合作，建立多维度合作伙伴关系，促进全球经济发展。出席论坛的中印两国专家学者围绕构建中印更加紧密的发展伙伴关系、中印发展战略和发展经验、中印文明交流与互鉴等议题，展开深入交流与研讨。

（中国社会科学院办公厅刘玉杰供稿）

“一带一路”基础设施建设与制造强国建设协同发展论坛　11月30日，以“探索路径、拓展空间、协同发展”为主题的“一带一路”基础设施建设与制造强国建设协同发展论坛在对外经济贸易大学举行。

十二届全国政协副主席、CF40常务理事会主席陈元出席论坛并讲话。工业和信息化部原部长、中国工业经济联合会会长李毅中，工业和信息化部副部长王志军，国家发展与改革委员会副秘书长赵辰昕，中国工业经济联合会执行副会长路耀华、中国工业经济联合会执行副会长兼秘书长、党委书记熊梦，对外经济贸易大学党委书记蒋庆哲、校长夏文斌、副校长王强，中联部、外交部、国家发展改革委、工信部、商务部、国务院国资委、国台办等部门领导，三一重工股份有限公司总裁向文波，中国中车集团有限公司总经理孙永才，全国工商联副主席、正泰集团股份有限公司董事长南存辉以及“一带一路”与制造强国建设领域代表性企业主要负责人出席了论坛。

陈元强调，在科技创新领域中国需要通过自主创新来解决国内关键技术受制于人的状况。李毅中表示，“制造强国”和“一带一路”建设的命门是掌握核心技术与关键技术。这就要求我们重视基础研发与原始创新，着力组织开展国家、行业、产业3个层面的科技创新攻关，继续为建设“制造强国”而不懈努力。

论坛上，与会嘉宾研讨了中国实体经济与制造业发展的前进方向，对中国“一带一路”基础设施建设与制造强国建设协同发展的进一步实践具有重要意义。

（对外经济贸易大学科研处供稿）

“外交学理论前沿：问题与前景”圆桌讨论　12月9日，北京对外交流与外事管理基地与外交学院举办“外交学理论前沿：问题与前景”圆桌讨论。来自美国明尼苏达大学德鲁斯分校、南加利福尼亚大学、北京大学、清华大学、中国人民大学、中国国际问题研究院、中国社科院、外交学院等学术机构的专家学者出席了会议。

美国明尼苏达大学德鲁斯分校政治系教授Geoffery. P. Sharp、南加利福尼亚大学国际关系学院教授Brian C. Rathbun分别发表了主旨演讲。Sharp教授分析了当前外交学研究出现的几个新趋势：“旧”外交学研究的式微，对公共外交以及社交媒体重要作用等问题的研究兴趣在持续增加，以及重视实践理论、将理性行为-心理学研究同一线调研相结合的新研究方法、性别研究视角等，他认为，研究者和外交实践者应进行更为密切的沟通，对太空外交、人工智能和量子计算研究等领域给予更多关注。Rathbun教授主要讲述了在国家间实力对比差别不大和利益目标不一致的情况下，影响国家间外交谈判的几个因素。他提出了三种风格的外交形式，即民族主义式的强制性讨价还价、自由主义式的理性对话以及现实主义式的务实外交。其中，强制外交与务实外交是基于“价值索取”的自我导向型外交，理性对话则是基于“价值创造”的社会导向型外交。北京大学外交学系主任张清敏教授、清华大学社会科学学院副院长赵可金教授、中国人民大学国际关系学院尹继武教授等学者与两位发言专家进行了交流讨论。

（北京对外交流与外事管理研究基地供稿）

国际贸易体系变革背景下的中国与俄罗斯贸易政策研究国际研讨会　12月10日，由中国社会科学院世界经济与政治所主办的“国际贸易体系变革背景下的中国与俄罗斯贸易政策研究”国际研讨会在北京召开。会议是中俄国际合作课题的中期研讨会，联合课题组的中方主持人为中国社会科学院世界经济与政治研究所姚枝仲副所长，俄方主持人为俄罗斯圣彼得堡国立大学经济系世界经济教研室主任谢尔盖·苏德林教授（Sergei Sutyrin）。中国社会科学院学部委员、世界经济与政治研究所所长张宇燕，中国社会科学院国际合作局欧亚处代表余剑飞，以及中俄国际合作项目课题组的专家学者参加了研讨会。

研讨会议题主要分为两个部分：第一部分是国际贸易体系变革与中俄两国的地位与作用，第二部分是中俄两国贸易合作与发展，双方就11个题目进行了深入的研讨。

（中国社会科学院办公厅刘玉杰供稿）

国际城市媒体北京论坛　12月13日，由北京市政府新闻办联合中国记协、中国公共外交协会、北京广播电视台举办的国际城市媒体北京论坛举行。

主论坛上，北京市委常委、宣传部部长杜飞进作题为“以媒为‘媒’互通互鉴 架设国际城市合作共赢的友谊之桥”的主旨演讲。他表示，北京论坛是致力于促进城市媒体合作发展、国际城市持久友好、各国民心相通的平台，希望各国媒体共同探讨媒体深度融合发展新课题，强化合作交流，讲好城市故事，架设民心相通之桥，共创城市美好未来，持续扩大构建人类命运共同体的共识基础。来自俄罗斯塔斯社、北京日报社等国内外主流媒体高层和专家学者探讨了全球化背景下国际城市媒体面临的机遇和挑战。分论坛上，与会嘉宾围绕“全球化语境下的媒体合作与国际传播”“技术变革与媒体趋势”议题深入讨论。

论坛发布了《国际城市媒体联合倡议》，与会各方一致同意持续推进国际城市媒体深度交流、合作共赢，促进国际城市友好往来、文明互鉴、民心相通，在构建人类命运共同体中扩大媒体朋友圈，共同深化各方媒体务实合作，共同打造协作发声的传播新格局，共同谱写国际城市发展新篇章。

中国公共外交协会副会长胡正跃、中华全国新闻工作者协会书记田玉红出席。

（参见《北京日报》2019 年 12 月 14 日第 2 版）

中国智库国际影响力论坛 2019　12 月 17 日，由中国人民大学、光明日报社主办，中国人民大学重阳金融研究院、光明日报智库研究与发布中心、国家外文局当代中国与世界研究院、中国网、《智库理论与实践》杂志社承办的“中国智库国际影响力论坛 2019”在中国人民大学举办。

光明日报社总编辑张政，《中国日报》总编辑周树春，中国网总编辑王晓辉，中联部原副部长于洪君，外交部原副部长何亚非，中国人民大学校长刘伟，国家外文局当代中国与世界研究院院长于运全，中国科学院文献情报中心副主任、《智库理论与实践》主编刘细文等围绕以智库之力助推国际关系新秩序形成、以智库研究提升国家软实力、以智库声音回答“时代之问”进行交流探讨。

在“中美博弈与智库责任”“新时代的中国智库国际话语权”“大变局下的机制改革与智库国际化”3 个分论坛上，专家学者围绕“新时代的中美智库关系”“国际舆论战与中国智库责任”“大变局背景下的中国智库思想对外传播”“机制创新与智库国际化建设”“地方智库与国际发声”等话题展开研讨。专家们认为，越是环境复杂，越要保持战略定力、坚定不移办好自己的事。智库界和哲学社会科学界要与时代同步伐，与世界同步调，努力回答好时代之问，为经济社会发展提供强有力的理论支持和智力支撑。

（参见《光明日报》2019 年 12 月 18 日第 4 版）

“去极端化——对话与合作”国际研讨会　12 月 20 日，由中国友谊促进会和中国社会科学院中国边疆研究所共同举办“去极端化——对话与合作”国际研讨会在北京召开。

全国政协社会与法制委员会副主任、中国友谊促进会理事长陈智敏出席并致辞。与会嘉宾围绕去极端化经验和国际合作等议题展开研讨交流，认为各国应在《联合国宪章》和国际法基础上加强去极端化方面的对话与合作。

来自俄罗斯、日本、印度、巴基斯坦、哈萨克斯坦、中国及上合组织等近 30 个国家和国际组织的 60 多位前政府官员、外交官、专家学者参与了研讨。

（参见《光明日报》2019 年 12 月 21 日第 8 版）

第二届新兴市场 30 国（E30）发展研讨会　12 月 21 日，北京师范大学新兴市场研究院主办的第二届新兴市场 30 国（E30）发展研讨会举办。

国务院法制办原副主任、中国法学会副会长甘藏春，中国社会科学院学部委员、中国边疆研究所所长邢广程，中国社会科学院欧洲研究所党委书记、所长吴白乙，中国社会科学院财经战略研究院党委书记闫坤，中国社会科学院俄罗斯东欧中亚研究所副所长孙力，中国财经报社总编辑苗福生，中国国际问题研究院发展中国家研究所所长王友明，中国社科院拉美研究所区域一体化研究员杨志敏，中国社科院亚太与全球战略研究院副研究员张中元，金砖智库秘书长冯兴科，世界银行中国局高级经济学家马钦等嘉宾以及来自北师大新兴市场研究院的研究人员等出席研讨会并发言。

与会专家学者对新兴市场 30 国的经济、治理、资源、环境、社会、营商环境、结构、规模等 8 个方面的发展情况进行了深入交流研讨，分析评估了 30 国的单向和综合发展水平，对于做好与新兴市场各国之间的政策沟通协调和战略对接、对企业更好地选择投资国与投资方向、进一步深化新兴市场相关研究等具有重要意义。研讨会旨在为推进南南合作和共建“一带一路”提供新的支撑，为促进世界各国共同发展做出新贡献。

（北京师范大学社科处供稿）

2019年中国国际关系学会年会 12月27日，2019年中国国际关系学会年会在北京召开。年会主题为“百年大变局与中国特色大国外交”。来自外交部、北京大学、中国国际问题研究院、上海国际问题研究院、察哈尔学会、吉林大学、国际关系学院、南京大学、外交学院等单位的110余名代表出席会议。外交部乐玉成副部长、政策司姜学斌副司长、外交学院齐大愚、徐坚等出席会议。

乐玉成对2019年的国际形势与中国外交进行了总结。他强调，在当前国际秩序、国际结构和国际力量对比发生变化的背景下，中国仍需保持开放大门，增进与世界的利益融合。

国际关系学会王帆副会长作学会年度工作报告，并指出2020年，学会将继续加强热点问题跟踪研究，积极开展国际交流合作，培养青年人才，为未来蓄力。

贾庆国、刘德斌、陶坚、朱锋四位副会长分别就国际秩序与国际体系转变、百年变局的历史经验与现实启迪、国家治理体系、中美关系等议题进行了主旨发言。

（中国国际关系学会供稿）

·机　　构·

概　　述

本栏目记述了2019年北京地区7所高等学校和1所党校新增机构的介绍，6所高等学校及中共北京市委讲师团主要领导成员的变更情况。

已刊机构补充介绍

对外经济贸易大学

校领导或成员变更情况

2019年8月30日，教育部人事司司长张东刚，北京市委教育工委常务副书记郑吉春，以及教育部、市委教育工委相关部门负责人出席对外经济贸易大学干部教师大会。大会宣布教育部党组相关任免的决定，夏文斌任对外经济贸易大学党委副书记、校长。

科研（教学）机构

1. 对外经济贸易大学公共文化服务研究中心

宗旨：充分发挥学校在公共文化政策、文化产业和休闲旅游等方面的学科优势，通过建立“政、产、学、研”相结合的机制，全方位整合各种资源服务于北京市乃至全国的基层公共文化建设，促进相关产业和项目的培育和集聚，对政府公共文化政策的制定提供智力支持，引导各种社会主体贯彻公共文化建设的发展战略。

主要任务：研究领域主要涉及公共文化服务和文化创意研究等方面。研究中心承担了北京市东城区民盟区委的研究课题《关于利用首都功能核心区腾退和闲置空间开展社区文化服务的研究》，深入调查研究了关于首都核心区腾退空间利用于社区文化建设的相关问题。2019年，研究中心举办多场学术会议，重点突出利用北京市公共文化艺术资源服务于新时代精神文明建设等问题，努力为推进北京文化中心建设作出应有的贡献。

主要行政负责人：邵鹏

2. 对外经济贸易大学健康医疗大数据研究中心

宗旨：通过校内外合作的方式，搭建健康大数据的研究平台，开展大数据在健康医疗领域的专业应用。探索教师队伍的建设和人才培养，面向全校以及社会层面提供统计方法咨询和培训服务。

主要任务：以学术研究和项目合作为主，充分利用各种渠道和资源搭建一个健康大数据的研究平台。开展大数据在健康医疗领域的理论和应用研究。

主要行政负责人：刘立新

3. 国家对外开放研究院国家风险研究中心

宗旨：在国家发展和改革委员会国际合作中心和对外经济贸易大学国家对外开放研究院统一领导下，以国家机关赋予的任务为牵引，以凝聚经济情报力量、强化国家风险评估能力为宗旨，以市场化运作为形式，助力全面提升我国走出去企业的费效比率，为国家战略规划与实施，提供高质量智慧支撑。

主要任务：以满足国家对外开放重要需求为核心使命，以市场为导向，紧紧围绕情报分析和国家风险研究能力提升，发挥好“五个支撑”作用：构建国家风险评估核心能力，为国家职能部门提供决策支撑；协调经济情报信息力量，助推行业体系建设，为“一带一路”国际合作提供情报支撑；打造市场化战略咨询能力，为“一带一路”企业在国家风险方面提供化险支撑；依托贸大平台，发挥专家优势，深化国家风险研究和一流学科专业建设，为成建制、大规模、制度化的风险业务培训提供智力支撑；形成相关信息数据集成能力，为各级国际事务研究和决策提供数据支撑。

研究方向：着眼中国各级政府业务部门、机构团体、企业公司等在他国投资发展和人身财产面临的现实或可能威胁，开展情报分析与国家风险评估研究，设置情报信息数据搜集、集成与分析，国家风险研究与评估两个基本单元，构建信息采集、情报搜集、情报分析、动态报告、分类分析、综合研究、定期报告和系列刊物的研究环节与工作链条。

主要行政负责人：袁兵

4. 文化与旅游研究基地

宗旨：旨在成为中国文化发展、旅游发展的理论创新和政策设计基地，成为中国文化规划、文化政策、文旅发展方面高层次人才培养的重要基地。

主要任务：发挥国家文化与旅游规划和文化与旅游政策高端智库作用，深入开展文化和旅游领域重大理论与现实问题研究，为文化和旅游高质量发展提供重要支撑，服务中国特色社会主义文化建设事业，服务中国文化走出去大业；积极承接地方文化旅游规划和文化政策研究项目，服务地方文化旅游发展和文化政策制定；构建国际文化政策学界交流与合作研究的高端平台，成为国际著名的文化与旅游政策研究和人才培养机构。

主要内容：依托于国家文化和旅游部、对外经济贸易大学两个平台，面向国内外两个研究视野，展开对于文化战略与文化政策、区域文化规划、文旅融合发展、文化贸易等问题的理论及应用研究，积极探索相关领域的理论创新与实践创新，以求带动国家文化发展理论研究水平的拓展和提升。

主要行政负责人 ：吴承忠

（对外经济贸易大学科研处供稿）

中国政法大学

2019 年新成立科研机构、研究基地

1. 全面依法治国研究院

全面依法治国研究院成立于 2019 年 4 月 23 日，是学校设立的在编科研机构，主要任务是加强“依法治国”理论与实践研究，加速构建中国特色社会主义法治理论体系，培养全面依法治国所急需的卓越法治人才，建设全面依法治国一流高端智库，推进国家治理现代化，为服务国家“四个全面”战略布局提供法治保障。

院长：黄进

2. 人工智能法治研究院

人工智能法治研究院成立于 2019 年 9 月 18 日，是学校与校外合作共建的新型研究机构，主要任务是推动人工智能发展战略实施和人工智能相关法律的立法修法进程，培养新时代复合型法治人才，打造世界一流综合性人工智能法治学术平台。

院长：栗峥

3. 军民融合法治研究院

军民融合法治研究院成立于 2019 年 9 月 18 日，是学校与校外合作共建的新型研究机构，主要任务是推动军民融合发展战略实施和《军民融合发展法》立法进程，积极探索德法兼修高素质法治人才的培养模式。

4. 检察公益诉讼研究基地

检察公益诉讼研究基地成立于 2019 年 9 月 17 日，是学校与最高人民检察院合作共建的高层次研究基地。研究基地的成立是检察机关职能调整、业务转型和理念革新背景下推动检察理论创新发展的一项重要举措，研究基地的建设将打破高校和社会体制壁垒，将知识教学和实践教学相结合，将优质实践资源引入高校，推动法学理论与司法实务工作优势互补、合作共赢。研究基地的发展规划，是从不同法学部门角度研究检察公益诉讼领域面临的理论和实践问题，积极建言献策，与最高人民检察院和北京市人民检察院，以及外省市的检察机关保持密切的交流与合作

关系。

基地主任：王灿发

5. 广播电视研究基地

广播电视研究基地成立于 2019 年 9 月 17 日，是学校与国家广播电视总局合作共建的高层次研究基地。研究基地借助学校雄厚的学术资源，打造开放、共享的广播电视政策法规研究的专业智库。以平台为基础，国家广播电视总局和中国政法大学将在广播电视立法，广播电视政策法律专家库组建、广播电视领域前沿科学研究和人才培养等方面开展更为深入的合作，汇聚学界业界的专家学者，形成智囊团，为推进广播电视法治政府建设，培养广播电视法律人才献计献策。

基地主任：姚泽金

6. 未成年人事务治理与法律研究基地

未成年人事务治理与法律研究基地成立于 2019 年 9 月 17 日，是学校成立全国首个研究未成年人事务治理的高层次研究基地，主要任务是聚焦未成年人事务治理研究，以未成年人立法、未成年人司法、未成年人福利、未成年人保护、青少年法治教育等领域为核心，将开展基础研究与应用研究及政策建议研究，承接第三方评估或者督导，配合未成年人事务法律法规和政策性文件起草，设立学生实习基地，定期举办全国性未成年人法学论坛，组织专题性研讨会，发布未成年人事务治理蓝皮书等。

基地主任：李红勃

7. 应急管理法律与政策研究基地

应急管理法律与政策研究基地成立于 2019 年 11 月 8 日，是学校与应急管理部合作共建的高层次研究基地，主要任务是围绕应急管理事业改革发展中心任务和“1+4”应急管理法律体系，开展前瞻性、针对性、储备性研究，综合运用法治思维和法治方式，持续推进应急管理理论创新、实践创新和制度创新，健全研究成果应用机制，适时将研究成果转化为应急管理政策措施和法规标准，积极推动中国应急管理政策法规标准工作改革创新。

基地主任：林鸿潮

8. 市场监管法治研究基地

市场监管法治研究基地成立于 2019 年 12 月 2 日，是学校与国家市场监督管理总局合作共建的高层次研究基地，主要任务是巩固深化市场监管改革成果、破解市场监管难题、优化营商环境的重要举措，加强法治理论和实践研究，厘清市场监管理论基础、内在逻辑和整体思路，为国家依法监管、科学监管奠定良好的基础的重要环节。研究基地建设的方向，在于分析研究市场监管实践中的新情况、新问题及热点难点问题，运用法治思维和法治方式，提升立法质量和效率，推动新形势下市场监管工作改革创新，积极应对经济科技发展变革带来的新挑战，坚决守住食品药品等安全底线。

基地主任：时建中

（中国政法大学科研处供稿）

中央民族大学

科研（教研）机构

1. 文学院

文学院办学历史悠久，人文传统深厚，是中央民族大学最早设立的教学科研单位之一，其办学历史可以追溯到 1941 年延安民族学院的教育处。中国民族语文研究开创者、著名语言学家闻宥先生，著名古典文学学者、李白研究专家裴斐先生等先后在此弘文励教。1986 年，学院获中国语言文学一级学科硕士学位授予权；2006 年，获中国语言文学一级学科博士学位授予权；2011 年，获批为北京市重点学科。学院现设有汉语言文学 1 个本科专业，中国古代文学、中国现当代文学、汉语言文字学、文艺学 4 个硕士学位点，中国古代文学、中国现当代文学、汉语言文字学 3 个博士学位点及中国语言文学博士后流动站，形成了完备的本科、硕士、博士人才培养体系。2019 年，为适应学校“双一流”建设发展需要，加强体质机制创新，推动学术力量整合，促进学科交叉融合，学校对中国语言文学学科相关院系进行调整，在原文学与新闻传播学院汉语言文学专业的基础上成立文学院实体机构。

学院现有教职员工 39 人，专任教师 32 人，教授 11 人，副教授 12 人，高级职称教师占 71%，拥有博士学位教师占 94%，形成以资深教授为骨干、以中青年学者为主体的高水平教师队伍。多位教师先后入选教育部新世纪优秀人才支持计划、北京高校青年英才计划、国家民委中青年英才培养计划，获得北京市教学名师、北京市优秀教师、教育部宝钢优秀教师、北京市青年优秀骨干教师等荣誉称号，教学成果多次获得北京市优秀教学成果一、二等奖。

文学院目前主要行政负责人为杨天舒副院长（主持行政工作）。

2. 新闻与传播学院

中央民族大学的新闻传播教育起始于20世纪60年代早期开办的民族干部新闻研究班，是国内较早开办新闻学教育的高校之一。2019年，为适应学校“双一流”建设发展需要，加强体质机制创新，推动学术力量整合，促进学科交叉融合，学校对中国语言文学学科相关院系进行调整，在原文学与新闻传播学院新闻传播类专业的基础上成立新闻与传播学院实体机构。目前，中央民族大学新闻与传播学院拥有新闻传播学一级学科硕士点（含新闻学、传播学两个二级学科硕士点）、新闻与传播专业学位硕士点。学院现有博士生导师1人，学术硕士导师7人，专业硕士导师29人，业界导师40人。

学校新闻传播学科立足国家民族院校办学定位与优势，在人才培养和科学研究中坚持主流和特色相结合，立足国家与民族地区社会发展需求。新闻学学科研究方向包括新闻史论、融媒体新闻实务方向、民族新闻传播；传播学科研究方向包括传播理论与应用方向、广播影视传播方向和新媒体方向。自设学科“民族影视与非遗数字化传承”通过多学科交叉已初步形成稳定的学术团队，取得了较好的学术研究成果。近年来，新闻传播学科在科学研究方面不断突破，2015年以来，累计立项国家社科基金项目和省部级项目10余项，产出了一批较有质量的科研成果。科学研究多次获北京市社科优秀成果二等奖、国家民委社会科学研究二、三等奖。

学院是中国新闻史学会少数民族新闻传播史研究委员会首任会长单位、中国新闻史学会常务理事单位；是中国高校影视学会民族影视研究委员会副会长单位，设有中国高校影视学会民族影视创研中心。学院与北京市民委合作成立有中国民族影视研究中心，与中央广播电视总台民族节目中心合作成立有“民族语言广播听评基地”，院级科研平台还包括中国新闻传播研究中心、新媒体研究中心等。

学院现任院长赵丽芳教授。

3. 中国少数民族语言文学学院

中国少数民族语言文学学院是中央民族大学中国语言文学学部的组成单位。学院前身是始建于1952年的语文系，是中央民族大学历史最为悠久的院系之一。2019年，为适应学校“双一流”建设发展需要，加强体质机制创新，推动学术力量整合，促进学科交叉融合，学校对中国语言文学学科相关院系进行调整，成立中国少数民族语言文学学院实体机构。学院现有各民族师生1500余人，设有蒙古语言文学系、藏语言文学系、维吾尔语言文学系、哈萨克语言文学系、朝鲜语言文学系、南方少数民族语言文学系等6个教学系和中国民族语文应用研究院非独立科研平台，是国内规模最大、民族语言齐全的中国少数民族语言文学教学科研单位。

学院设有中国语言文学一级学科博士学位授权点（2005年）和中国语言文学博士后流动站（2002年），教育部文科基础学科人才培养和科学研究（中国少数民族语言文学）基地（1986年）、国家级和北京市级特色专业（2008年）、教育部人才培养模式创新实验区（2008年），国家民委人文社会科学重点研究基地——中国少数民族语言研究基地（2014年），具有雄厚的学科建设基础。中国少数民族语言文学学科是中国语言文学一级学科下的二级学科，是学校两个国家级重点学科之一，是“双一流”重点建设学科。全院共有4个二级博士学位授予点，1个一级学科硕士授予点，4个二级硕士学位授予点。

学院教学与研究领域涉及中国少数民族语言文学、语言学及应用语言学、中国古典文献学、比较文学与世界文学等4个二级学科，覆盖汉藏、阿尔泰、南岛、南亚、印欧等五大语系、100多种语言、30多种民族文字、50多个民族的文学与文献，具有良好的学术传统优势和综合比较研究优势。

目前，学校党委常委、副校长石亚洲教授兼任学院党委书记，学院院长钟进文教授是学科带头人，格日勒图是学院常务副书记，学院另有5位副院长，三位副书记。

4. 藏学研究院

2019年7月，经学校院系调整后，藏学研究院由教学科研机构调整为独立的科研平台，定位为以培养博士研究生、硕士研究生为主的高级藏学人才的培养基地和藏学研究基地。半个世纪以来，藏学研究院已为国家培养了一大批各个层次的专门人才，有的已成为西藏和各个藏区地方各级领导人才，有的已成为藏学界的专家学者。学院现有教授2人、副教授5人，讲师2人，博士生导师3人（外聘导师1人），硕士生导师4人，多名教师有国外留学、研究交流的经历。

藏学研究院研究生教育有硕士点和博士点，硕士点有藏族语言文学、藏族历史和藏族宗教文化3个研究方向，博士点有藏族历史、藏族文化史、藏族宗教研究等研究方向。目前在校硕士研究生141人、博士生 24 人，其中博士留学生 2 人。

藏学研究院直属党支部书记、院长为苏发祥教授。

5. 国家民委民族美术创意创新研究中心

国家民委民族美术创意创新研究中心为校级非独立科研平台，挂靠美术学院，中心主任为中央民族大学美术学院院长芮法彬教授。中心依托中央民族大学雄厚的民族艺术研究成果及实践资源，整合全国人才资源，开展民族文化艺术理论与实践创新案例研究，为国家民委提供相关决策咨询，为民族美术与文化艺术行业发展提供智力支持，为民族地区文化艺术产业发展提供规划建议，为民族文化艺术学术研究者提供合作平台，以前瞻性理论与创新性技术推动民族美术与文化艺术产业发展，打造服务于民族地区新兴产业发展的基础设施，成为民族文化艺术创新发展的国家级行业智库。

6. 中国兴边富民战略研究院

中国兴边富民战略研究院（China Institute for Vitalizing Border Areas and Enriching the People，简称 VBEP）由国家民委经济发展司、教育科技司和中央民族大学三方共同创建，是国家民委批准设立的高端智库，办公地址设在中央民族大学。

研究院是以习近平新时代中国特色社会主义思想为指导，立足国家战略，以“兴边富民”为特色研究领域，聚合社会各界资源和力量而打造的高端智库，是国家兴边富民行动研究的重镇。

研究院成立于 2019 年 4 月，以打造“理论研究高地、决策咨询重镇、高端论坛载体、社会服务平台、边境数据中心”为目标，立足“五位一体”总体布局，服务国家战略，服务边疆地区经济社会发展和对外开放。

研究院形成了“总院—分院—基地”三位一体的发展模式，在边疆九省区设置分院、研究基地和固定观察点。目前已经设立了中国兴边富民战略研究院内蒙古分院（内蒙古师范大学），在新疆霍尔果斯市、西藏曲水县建立了研究基地和固定观察点。

国家民委经济发展司司长张志刚、国家民委教育科技司司长田联刚、中央民族大学校长、资深教授黄泰岩为研究院联席院长，中央民族大学经济学院院长、二级教授张丽君为执行院长。

7. 铸牢中华民族共同体意识研究院

铸牢中华民族共同体意识研究基地是由中央四部委联合设立，依托有关“双一流”高校和具有相关学科一级博士学位授权点的民族高校及党校、科研院所建设的重要民族研究机构，是服务决策、学术创新、培养人才的国家级科研创新平台。中央民族大学铸牢中华民族共同体意识研究院为首批入选基地。

研究院由中央民族大学党委书记张京泽兼任院长，党委常委、副校长麻国庆教授兼任常务副院长、首席专家。研究院依托民族学一流学科等优势特色学科，集中专门骨干力量着力深入开展中华民族共同体意识理论和实践研究，为党和国家提供决策咨询，促进民族学等学科的创新发展。基地将以习近平新时代中国特色社会主义思想为引领，增强“四个意识”，坚定“四个自信”，做到“两个维护”，以铸牢中华民族共同体意识为主线，全面贯彻党的民族理论和民族政策，建设具有中国特色、中国风格、中国气派的民族研究学科体系、学术体系和话语体系，为实现中华民族伟大复兴的中国梦提供重要智力支撑。

（中央民族大学科研处供稿）

中共北京市委党校

科研（教研）机构

马克思主义学院：院长由校委委员张军兼任，童萍任常务副院长，主要研究方向是马克思主义基本原理、习近平新时代中国特色社会主义思想的理论体系与北京实践、意识形态理论与实践，硕士学位点有马克思主义基本原理、马克思主义中国化、思想政治教育。

学术团体（本单位内的）

超大城市治理研究中心：由中共北京市委党校和北京市城市管理委员会共建，旨在打造新时期超大城市治理研究的专业性平台，推动城市治理领域理念和思想的创新，开创首都城市治理实际工作的新局面，从而在理论与实践层面全面提升首都超大城市治理水平与能力，助力国家治理体系和治理能力现代化建设。

（中共北京市委党校科研处供稿）

北京交通大学

校领导成员变更情况

2019 年 3 月 1 日，黄泰岩任北京交通大学党委书记；因另有任用，曹国永不再担任北京交通大学党委书记。

2019 年 5 月 5 日，王稼琼任北京交通大学校长、党委副书记，宁滨不再担任北京交通大学校长、党委副书记。

补充介绍

北京交通大学北京综合交通发展研究院2016年成立，2017年入选首批“首都高端智库”建设试点单位。首席专家为北京交通大学校长王稼琼教授。首都高端智库自批复建设以来，始终秉持“特色鲜明”和“定位清晰”两个核心建设理念，以市委市政府决策需求为导向，充分发挥交通研究优势与特色，紧密围绕首都综合交通重大战略问题开展研究。创办内刊《交大智库建言》，定期发布研究成果，报送市委市政府领导和有关部门参阅；打造智库自有品牌“首都高端智库北京交通发展论坛”，推进北京交通高质量发展，助力交通强国建设；组织出版《北京交通发展综合报告》（蓝皮书），全面展示智库研究成果。

2019年新增科研（教研）机构

1. 组建国际教育学院。不再保留国际教育交流中心。

国际教育学院具体职能为：负责来华留学（包括来华交换生）管理，包括招生、外事管理（签证、居留）、社会管理等事项，预科生的教学与管理，专业生的汉语类课程教学，留学生的就业指导及日常管理等工作；涉外培训（包括国家轨道交通技术教育与服务中心的涉外培训工作）。

2. 组建川藏铁路研究院，负责组织开展与川藏铁路建设和运营相关的研究工作。不再保留川藏铁路研究中心。

（北京交通大学人文社会科学处供稿）

北京林业大学

科研机构

马克思主义学院成立于2016年1月，主要承担全校思想政治理论课教学工作以及马克思主义理论及相关专业人才培养、学科建设、科学研究、社会服务等任务。2019年，马克思主义理论一级学科硕士学位授权点增设“党的建设”二级学科，目前下设马克思主义基本原理、马克思主义中国化研究、思想政治教育及党的建设4个二级学科。2019年12月，哲学一级学科硕士学位授权点经学校学科布局调整至马克思主义学院，生态文明建设与管理交叉学科博士学位授权点由马克思主义学院牵头，与人文学院共建。

（北京林业大学科技处供稿）

北京物资学院

校领导成员变更情况

2019年8月30日，中共北京市委任命王文举同志为北京物资学院党委书记。

2019年11月19日，中共北京市委任命刘军同志为北京物资学院党委副书记、院长。

（北京物资学院科研处供稿）

中共北京市委干部理论教育讲师团

领导成员变更情况

11月8日下午，石勇同志任中共北京市委干部理论教育讲师团团长（副局级），免去梁家峰同志中共北京市委干部理论教育讲师团团长职务，调北京市丰台区工作。

（中共北京市委干部理论教育讲师团供稿）

首都经济贸易大学

2019年新成立教研机构

5月10日成立管理工程学院（英文名称：School of Management and Engineering）。

校领导成员变更情况

1. 市委、市政府任命王永贵为首经贸党委常委、副校长。

2. 成立商务学院

11月20日成立商务学院。任命田新民为商务学院院长。

（首都经济贸易大学科研处供稿）

外交学院

校领导成员变更情况

外交部任命徐坚同志为外交学院院长，免去秦亚青同志的院长职务；任命高飞同志为外交学院副院长。

（外交学院科研处供稿）

中国社会科学院大学

校领导成员变更情况

1. 离任

王伟光：中国社会科学院大学校长

张　江：中国社会科学院大学第一副校长

2. 变动

王京清：中国社会科学院大学（中国社会科学院研究生院）党委书记

张政文：中国社会科学院大学（中国社会科学院研究生院）党委常务副书记，中国社会科学院大学校长，中国社会科学院研究生院副院长

王新清：中国社会科学院大学（中国社会科学院研究生院）党委副书记，中国社会科学院大学副校长，中国社会科学院研究生院院长

王　兵：中国社会科学院大学（中国社会科学院研究生院）党委副书记、纪委书记，中国社会科学院大学副校长，中国社会科学院研究生院副院长

林　维：中国社会科学院大学副校长，中国社会科学院研究生院副院长

张树辉：中国社会科学院大学副校长，中国社会科学院研究生院副院长

张　波：中国社会科学院大学副校长、中国社会科学院研究生院副院长

（中国社会科学院大学科研处供稿）

中国传媒大学

新成立的新型研究机构

1. 媒体融合与传播国家重点实验室

媒体融合与传播国家重点实验室聚焦基础研究和应用基础研究，重点提升媒体融合与传播领域原始创新能力，解决媒体融合与传播领域的重大关键问题，推动高新科学技术在媒体融合与传播领域的迭代升级进程，助推高新科学技术驱动媒体融合与传播模式创新步伐，提升媒体领域维护意识形态安全与政治安全的技术保障能力，打造国家级媒体融合与传播领域高精尖人才培养平台。重点实验室的总体目标是创建媒体融合与传播理论及服务模式，引领媒体融合与传播领域的科研创新，搭建媒体融合与传播领域的先导实验环境，培养媒体融合与传播领域的高精尖人才，服务中国特色的媒体融合向纵深发展。重点实验室的主要任务是聚焦媒体融合领域重大科学前沿问题、国家重大需求，超前开展可能引发重大变革的基础研究和应用基础研究，并形成媒体融合传播系统研究和媒体融合领域高精尖人才培养模式。

2. 孔子学院传播研究中心

孔子学院传播研究中心为塑造孔子学院在全球的公共形象提供基础研究和决策咨询。中心坚持问题导向，遵循国际传播规律，协助建设媒介融合环境下孔子学院立体多元的全球传播体系；协助孔子学院面向目标国政府、知识精英和普通大众，主动发布信息、阐明立场、回应争论、消除误会。为孔子学院全球发展营造良好的舆论环境，建构高认知度和认同度的孔子学院公共形象。借助中国传媒大学相关学科优势，整合校内资源，服务孔子学院公共形象建设，全方位开展舆情监测与研究，公关策划与传播，公共形象创意，媒介素养培训及相关领域的学术研究、咨询服务、人才培养等工作，举全校之力，打造服务国家“走出去”战略的高端智库。

3. 人类命运共同体研究院

人类命运共同体研究院旨在发展成为推进人类命运共同体建设的国家智库，打造全球传播与治理的高水平国际学术平台，助推世界文明交流互鉴的传媒研究机构。研究院将在全球建设合作性质的人类命运共同体海外学术研究基地，推进人类命运共同体建设的全球传播；创建人类命运共同体国际学术联盟，与国内外政产学研机构密切合作，创新学术平台及智库发展合作模式；举办世界文明交流对话大会，创办具有国际影响力的中英文学术期刊，发布权威学术报告；推动公共外交发展，培养国内外全球传播与全球治理高端人才。研究院将把握大势，顺应潮流，与时俱进，创新发展，为推进人类命运共同体建设而努力。

4. 国家治理研究院

国家治理研究院紧扣党和国家的战略要求，突出问题导向、应用导向，面向国家治理重大需求，面向国民经济社会长远发展和建设，研究中国国家治理现代化面临的重大问题，产生具有影响力的高水平成果，展开人才培养，为坚持和完善中国特色社会主义制度，推进国家治理体系和治理能力现代化提供科学有力的决策参考和理论支撑。研究院秉持咨政报国的情怀，不断增强善谋远谋的本领，大力弘扬求实创新的精神，为破解难题找“钥匙”，为推动发展找“良方”，力求在“新特优”上多下功夫，努力建设成为中国特色、世界知名的新型智库。

（中国传媒大学科学研究处供稿）

·大　事　记·

2019 年

1月

1日　“学习强国”学习平台上线仪式在北京举行，中共中央政治局常委、中央书记处书记王沪宁出席仪式并宣布平台正式上线。中共中央政治局委员、中宣部部长黄坤明出席上线仪式并讲话。

（摘自《人民日报》2019 年 1 月 2 日第 1 版）

3日　中国社会科学院中国历史研究院在北京成立。中共中央总书记、国家主席、中央军委主席习近平发来贺信，代表党中央表示热烈的祝贺，向全国广大历史研究工作者致以诚挚的问候。

（摘自《人民日报》2019 年 1 月 4 日第 1 版）

同日　中国社会科学院人口与劳动经济研究所在北京发布《人口与劳动绿皮书：中国人口与劳动问题报告》。

（摘自《光明日报》2019 年 2 月 11 日第 16 版）

8日　中国行政管理学会第七次代表大会在北京召开，国务委员兼国务院秘书长肖捷出席会议并讲话。大会选举产生了中国行政管理学会第七届理事会及领导集体，选举清华大学公共管理学院教授江小涓为中国行政管理学会会长；选举清华大学公共管理学院教授彭宗超为中国行政管理学会副会长。来自全国各地方学会、政府部门、高校、科研院所的代表 300 余人参加会议。

（摘自《人民日报》2019 年 1 月 10 日第 2 版）

10日　《光明日报》理论部、学术月刊编辑部和中国人民大学书报资料中心在北京联合召开 2018 年度中国十大学术热点发布会暨哲学社会科学学术研究展望论坛，正式发布 2018 年度中国十大学术热点。

（摘自《光明日报》2019 年 1 月 11 日第 1 版）

12日　由国务院发展研究中心指导，中国经济时报社、中国经济新闻网、国研经济研究院主办的第十届中国经济前瞻论坛在北京举行。全国政协副主席辜胜阻，国务院发展研究中心主任、党组副书记李伟，工业和信息化部部长苗圩，科技部党组成员、副部长李萌等就会议主题“新时代改革开放与产业变革机遇”作主旨演讲。开幕式由国务院发展研究中心党组书记马建堂主持。

（摘自《光明日报》2019 年 2 月 11 日第 16 版）

同日　由中国社会学会主办，北京师范大学中国社会管理研究院/社会学院、中国社会学会学术传播专业委员会承办的中国社会学会新春论坛暨京津冀社会学界“新中国 70 周年社会治理回顾与思考”座谈会在北京召开。会上举行了第五届“中国社会学会年度好书推荐”（2019）活动启动仪式。

（北京师范大学社科处刘娜供稿）

同日　“‘发现乡村教师，助力乡村教育’研讨会暨《乡村教师口述史系列》丛书新书发布会”在北京举行。发布会由北京师范大学中国民族教育与多元文化研究中心、教育学部教师口述史研究中心、广西教育出版社共同主办，中国教育学会名誉会长顾明远、中国教育学会会长钟秉林等出席。

（北京师范大学社科处刘娜供稿）

16日　清华大学与中国科学技术协会共建的科技发展与治理研究中心在北京成立。清华大学公共管理学院院长江小涓担任中心主任，中国科学院动物研究所所长周琪院士担任中心学术委员会联席主任。科技发展与治理学术研讨会同日举行。

（摘自《光明日报》2019 年 2 月 11 日第 16 版）

20 日　“当前国际法热点问题”研讨会在北京召开。会议由中国社会科学院法学研究所、国际法研究所主办。研讨会围绕中美经贸摩擦、域外管辖/长臂管辖、外国人旅行自由、国际人权法新动向等当前国际法热点问题进行了讨论。

（中国社会科学院办公厅刘玉杰供稿）

21 日　通州区文化委员会组织编写的《大运河文化带·通州故事丛书》发布，该书涵盖大运河通州段历史、文化、民间民俗等方面内容，书写了通州古城的历史文脉，为大运河文化带建设提供文化支持。

（摘自《北京日报》2019 年 1 月 21 日 第 6 版）

同日　清华大学公共管理学院组织召开智库建设与发展座谈会，校党委书记陈旭、党委副书记向波涛、校长助理彭刚出席会议。公管学院院长江小涓主持会议。

（清华大学文科建设处供稿）

22 日　由中国社会科学院俄罗斯东欧中亚研究所、社会科学文献出版社和中国社会科学院上海合作组织研究中心联合主办的《中亚黄皮书：中亚国家发展报告（2019）》发布会在北京举行。报告指出，2019 年，中亚地区将保持良好的发展态势，“一带一路”建设将继续拉动该地区经济发展。

（摘自《光明日报》2019 年 2 月 11 日第 16 版）

23 日　由中国人民大学重阳金融研究院、中国人民大学中美人文交流中心主办的“中美人文交流 40 年：历程、经验与挑战”研讨会暨报告发布会在北京举行。

（摘自《光明日报》2019 年 2 月 11 日第 16 版）

25 日　张文显和陈光中担任顾问、王奇才主编的《中国法学大事记 1978—2018》一书由法律出版社出版。

（摘自《人民日报》2019 年 2 月 21 日第 9 版）

30 日　中共北京市委党史研究室、北京市中共党史学会召开纪念北平和平解放 70 周年座谈会。

（北京市委党史研究室、
北京市地方志编辑委员会办公室供稿）

2 月

13—14 日　由中国社会科学院经济学部、科研局、智库建设协调办公室主办的中国社会科学院国家高端智库论坛暨 2019 年经济形势座谈会在北京举行。

（摘自《光明日报》2019 年 4 月 15 日第 16 版）

16 日　中国经济 50 人论坛 2019 年年会在北京举行。与会学者围绕“如何实现‘稳就业、稳金融、稳外贸、稳外资、稳投资、稳预期’，保持经济长期向好”主题展开探讨。

（摘自《光明日报》2019 年 4 月 15 日第 16 版）

19 日　由中央民族大学经济学院、中国人民大学中国经济改革与发展研究院、经济科学出版社和中国人民大学中国民营企业研究中心联合举办的“2018 年中国经济研究热点排名”发布会在北京举行。中国经济研究热点课题组负责人、中央民族大学校长黄泰岩教授介绍并发布了中国经济研究热点排名。

（摘自《光明日报》2019 年 2 月 21 日第 11 版）

20 日　按照《中共北京市委办公厅关于印发〈北京市社会科学界联合会机关、北京市哲学社会科学规划办公室职能配置、内设机构和人员编制规定〉的通知》（京办字〔2019〕46 号），北京市社会科学界联合会机关、北京市哲学社会科学规划办公室合署办公，实行一套工作机构、两个机关名称。

（市社科联、市社科规划办人事部供稿）

同日　北京市习近平新时代中国特色社会主义思想研究中心专家咨询座谈会在北京市社会科学界联合会召开。北京市社会科学界联合会党组书记、北京市哲学社会科学规划办公室主任、研究中心常务副主任张淼出席会议并讲话。北京市社会科学界联合会副主席、研究中心执行副主任李翠玲主持会议。李忠杰、汪同三、齐彪、杨金海、孙代尧等专家就 2019 年度课题指南编制工作和“首都当代中国马克思主义论坛 2019”研讨主题发表意见。

（市社科联、市社科规划办理论研究部供稿）

23 日　清华大学经济管理学院互联网发展与治理研究中心与全球领先的职场社交平台 LinkedIn（领英）中国联合发布了《粤港澳大湾区数字经济与人才发展研究报告》。报告基于官方统计数据和领英中国人才大数据样本，分析了粤港澳大湾区数字经济与人才发展现状、人才流动特点等多个维度，并通过对标国际知名湾区，力图帮助粤港澳各级政府规划人才培养路径，打造人才整体的核心竞争力，助力粤港澳跻身世界级湾区。

（清华大学文科建设处供稿）

26 日　由中国人民大学重阳金融研究院编写的《深化金融强国意识，完善“一带一路”金融服务》研究报告在北京发布。报告针对金融供给不足问题，提出打造“一带一路”投融资平台，建立“一带一路”政府与社会资本合作（PPP）国际合作网络等对策建议。

（摘自《光明日报》2019年4月15日第16版）

3月

1日　由中宣部、教育部和全国哲学社会科学工作办公室设立的国家社科基金特别委托项目课题“马克思主义新闻观研究”成果《马克思主义新闻观十二讲》，由高等教育出版社出版发行。

（摘自《人民日报》2019年3月2日第6版）

4日　中共中央总书记、国家主席、中央军委主席习近平看望了参加全国政协十三届二次会议的文化艺术界、社会科学界委员，并参加联组会，听取意见和建议。他强调，新时代呼唤着杰出的文学家、艺术家、理论家，文艺创作、学术创新拥有无比广阔的空间，要坚定文化自信、把握时代脉搏、聆听时代声音，坚持与时代同步伐、以人民为中心、以精品奉献人民、用明德引领风尚。

（摘自《人民日报》2019年3月5日第1版）

5日　北京市习近平新时代中国特色社会主义思想研究中心人才工作咨询座谈会在北京市社会科学界联合会召开。北京市社会科学界联合会党组书记、北京市哲学社会科学规划办公室主任、研究中心常务副主任张淼出席会议并讲话，北京市社会科学界联合会副主席、研究中心执行副主任李翠玲主持会议。部分专家和部分高校科研处、人事处负责同志就“首都当代中国马克思主义理论人才计划工作方案”进行座谈研讨。

（市社科联、市社科规划办理论研究部供稿）

8日　北京科学教育馆协会成立暨京津冀科学教育馆联盟发起大会在北京召开。北京市副市长隋振江出席会议并讲话。首批成员单位共75家，中国科学院系统6家、高校17家、公共服务37家、企业15家，包括中国科技馆、中国科学院古脊椎动物与古人类研究所、中国铁道博物馆等。

（摘自《北京日报》2019年3月12日 第5版）

16日　“近代文化研究的拓展与深化——龚书铎先生学术思想研讨会”在北京师范大学召开，来自中国社会科学院、北京大学、中国人民大学、北京师范大学、南开大学等高校和科研院所的30余位专家学者参加。

（北京师范大学社科处刘娜供稿）

同日　中国人民大学、北京理工大学、中国农业大学、北京外国语大学、中央音乐学院、中央美术学院、中央戏剧学院、中央民族大学和延安大学这9所诞生于延安的高校自愿组成联合组织，发起成立了延河高校人才培养联盟，其成立大会暨第一次联席会议在延安举行。联盟成员高校领导签署了联盟合作协议，联盟首届轮值主席由北京理工大学校长张军院士担任。

（中国人民大学科研处供稿）

同日　最高人民法院2018年度司法研究重大课题《大数据时代数据权利保护研究》开题论证会与数据权利保护研讨会在清华大学法学院举行。

（清华大学文科建设处供稿）

18日　中共中央总书记、国家主席、中央军委主席习近平在北京主持召开学校思想政治理论课教师座谈会并发表重要讲话，向全国大中小学思政课教师致以诚挚的问候和崇高的敬意。

（摘自《人民日报》2019年3月19日第1版）

同日　“中华谱牒文化研究基地”成立大会在北京国家数字出版基地举行，30余位专家学者出席。谱牒基地由中国国家图书馆原馆长詹福瑞担任主任，首都师范大学电子文献研究所所长尹小林担任执行主任，并聘请马自力、左东岭、赵敏俐、洪波等专家担任学术指导委员会委员。

（首都师范大学社科处供稿）

19—20日　中国法学会第八次全国会员代表大会19日上午在人民大会堂开幕。习近平、李克强、栗战书、王沪宁等党和国家领导人到会祝贺。中共中央政治局委员、全国人大常委会副委员长王晨当选中国法学会会长。会议通过了《关于中国法学会第七届理事会工作报告的决议》《关于修改〈中国法学会章程〉的决议》。陈训秋被推举为中国法学会常务副会长。会议选举产生了中国法学会副会长、秘书长、常务理事、理事，聘请了新一届学术委员会主任、副主任、委员。

（摘自《人民日报》2019年3月20日第1版、3月21日第4版）

20日　国家主席习近平在人民大会堂会见美国哈佛大学校长巴科。孙春兰、杨洁篪、王毅参加会见。

（摘自《人民日报》2019年3月21日第1版）

21日　首都教育系统学习贯彻习近平总书记在学校思想政治理论课座谈会上重要讲话精神座谈会在清华大学举行，市委常委、教育工委书记王宁出席。本市将尽快建成思想政治理论课教学案例库，坚持首善标准办好学校思政课。

（摘自《北京日报》2019 年 3 月 22 日 第 2 版）

22 日　北京市委市政府召开本年度首次专家学者座谈会，就“如何扩大消费，促进北京消费结构升级”听取意见建议。市委书记蔡奇主持会议并讲话，市委副书记、市长陈吉宁，市人大常委会主任李伟，市政协主席吉林出席参加座谈。李稻葵、张立群、顾学明、宋瑞、陈彦斌、张文中等 6 位专家学者就提升消费品质、优化消费供给、消费政策支撑等提出意见建议。

（摘自《北京日报》2019 年 3 月 23 日第 2 版）

23 日　由北京市鸿儒金融教育基金会、中央财经大学国际金融研究中心和中央财经大学金融学院联合主办的鸿儒大讲堂活动在中央财经大学学术会堂举行。2001 年诺贝尔经济学奖得主哥伦比亚大学的约瑟夫·斯蒂格利茨教授与到场近千名观众分享了他对 21 世纪全球化面临的挑战方面的洞见。

（北京市鸿儒金融教育基金会供稿）

25 日　陈甦、田禾主编的《法治蓝皮书·中国法治发展报告（2019）》由社会科学文献出版社出版。

（摘自《人民日报》2019 年 3 月 25 日第 10 版）

26 日　第二届中国地情论坛暨全国地方志“一体两翼”工程成果发布会在北京举行。来自各省（自治区、直辖市）地方志机构主要负责人，“一体两翼”工程撰稿人、联络员及特邀专家学者等 150 余人与会并展开研讨。会上发布了《中国地情报告（2018）》《中国方志发展报告（2018）》《中国年鉴发展报告（2018）》，展现了全国地方志“一体两翼”工程 2018 年取得的丰硕成果。

（摘自《光明日报》2019 年 5 月 6 日第 14 版）

27 日　国务院新闻办公室发表《伟大的跨越：西藏民主改革 60 年》白皮书。

（摘自《光明日报》2019 年 3 月 28 日第 1 版）

同日　全国历史学专家学者学习贯彻习近平总书记贺信精神座谈会在北京召开。中国社会科学院副院长、党组成员兼中国历史研究院院长、党委书记高翔出席会议并讲话。来自全国历史研究与教学机构的古代史、近代史、世界史、考古、边疆学等领域的近 50 位专家学者与会。

（中国社会科学院办公厅刘玉杰供稿）

28 日　由中国社会科学院“一带一路”研究中心、中信改革发展研究基金会、中国社会科学院大学欧亚高等研究院共同编撰的《“一带一路”建设发展报告（2019）》在北京发布。

（摘自《光明日报》2019 年 4 月 15 日第 16 版）

29 日　中国人民大学—路易斯大学全面战略合作伙伴协议签署仪式举行。中国人民大学校长刘伟，路易斯大学校长安德里亚·普伦奇佩，意大利经济发展部副部长迈克·杰拉奇出席并致辞。路易斯大学与中国人民大学签署的战略合作伙伴协议包括 3 个主要的部分：促进学生交流、促进学术研究的合作、促进学校政策方面的沟通。

（中国人民大学科研处供稿）

4 月

1 日　中国社会科学院和俄罗斯远东联邦大学共建的俄罗斯研究中心揭牌仪式暨“中俄地方合作：新规划、新前景”研讨会在北京举行。本次活动由中国社会科学院主办，中国社会科学院国际合作局、俄罗斯东欧中亚研究所共同承办，并得到中国国际文化交流中心的大力支持。揭牌仪式后，在俄罗斯东欧中亚研究所举行了“中俄地方合作：新规划、新前景”研讨会。

（中国社会科学院办公厅刘玉杰供稿）

3 日　中国人民大学 2019 年国家高端智库建设工作会议在北京举行。

（摘自《光明日报》2019 年 5 月 20 日第 16 版）

3—4 日　由国务院新闻办公室主办，中国传媒大学中国纪录片研究中心、中国国际电视台共同承办的 2019·中国（国际）纪录片论坛在北京举办，并举行了“一带一路”纪录片学术共同体揭牌仪式。“一带一路”纪录片学术共同体被正式列入国家对外公布的第二届“一带一路”国际高峰论坛成果清单。

（中国传媒大学电视学院供稿）

9 日　中国非洲研究院成立大会在北京举行。国家主席习近平致贺信，表示热烈祝贺，希望中国非洲研究院汇聚中非学术智库资源，增进中非人民相互了解和友谊，为中非和中非同其他各方的合作集思广益、建言献策，为促进中非关系发展、构建人类命运共同体贡献力量。中共中央政治局委员、中央外事工作委员会办公室主任杨洁篪出席大会，宣读习近平主席贺信并致辞。中非政府部门代表、学术机构、智库、社会知名人士及非洲驻华使节约 350 人出席大会。

（摘自《人民日报》2019 年 4 月 10 日第 4 版）

同日　由中国社会科学院主办的中国非洲研究院

成立大会暨中非合作与人文交流学术研讨会在北京举行。中共中央政治局委员、中央外事工作委员会办公室主任杨洁篪；莫桑比克前总统希萨诺；非盟人力资源和科技委员安杨；塞内加尔地方高级行政委员会副主席萨瓦内等出席大会。会议研讨的主要问题有“一带一路”倡议与中非经贸合作、中非文明互鉴与人文交流、中非安全合作、构建更加紧密的中非命运共同体等。

（中国社会科学院办公厅刘玉杰供稿）

13日　在2019年国际货币基金组织与世界银行春季年会上，由对外经济贸易大学全球价值链研究院组织撰写的第二期全球价值链发展报告《全球化背景下的科技创新、供应链贸易及劳动者》正式发布。

（对外经济贸易大学科研处供稿）

同日　智能投顾与法律研讨会暨《智能投顾与法制研究报告》发布会于中国政法大学召开。此次研讨会由中国政法大学互联网金融法律研究院主办，百度公共政策研究院协办。

（中国政法大学科研处供稿）

15日　盘古智库在北京发布《“一带一路”节点国家态度研究》系列丛书首册，就印度、韩国、土耳其、印尼、英国、白俄罗斯、意大利、巴基斯坦等国家对“一带一路”的态度进行了研判，并就中国与其开展合作提出了建议。

（摘自《光明日报》2019年5月20日第16版）

17日　中国人民大学重阳金融研究院、外文出版社在北京联合举办共建“一带一路”全球合作共赢主题研讨会暨《“一带一路”这五年的故事》系列图书发布会。与会者围绕“提供世界机遇深化‘一带一路’国际合作”和“讲好中国故事共建‘一带一路’行稳致远”两个主题展开对话。

（摘自《光明日报》2019年5月20日第16版）

22日　中国人民大学举行高瓴人工智能学院（Gaoling School of Artificial Intelligence）成立大会。该学院是中国人民大学二级学院，承担人工智能学科的规划与建设，开展本学科和相关交叉学科领域的本、硕、博人才培养和科学研究工作，以推动人工智能基础性理论和技术研究、人工智能与人文社会学科交叉融合以及前沿产业创新实践应用为使命，将作为中国人民大学建设“精干的理工科”的重要一环。

（中国人民大学科研处供稿）

23日　由新华社研究院联合15家中外智库共同发起的“一带一路”国际智库合作委员会在北京宣告成立。“一带一路”国际智库合作委员会设有理事会，由16家发起方组成，新华社社长、新华社研究院院长蔡名照为理事长。理事会设有秘书处，由新华社研究院负责日常运作。成立大会上，中共中央宣传部、中国社会科学院有关负责人先后致辞，4家中外发起方负责人、6位中外智库学者代表先后发言。来自59个国家、两个国际组织的约130家智库共200多名专家学者出席成立大会。

（摘自《人民日报》2019年4月25日第4版）

同日　国务院发展研究中心与中国进出口银行在北京联合发布《中国推进“一带一路”绿色金融发展的理念与实践》报告，报告上篇为中国推进“一带一路”绿色金融发展提出政策建议；下篇介绍了中国进出口银行践行绿色金融理念的工作，并以典型项目为案例，展现了“一带一路”绿色金融发展成果。

（摘自《光明日报》2019年5月20日第16版）

同日　中国政法大学成立中国政法大学全面依法治国研究院。

（中国政法大学科研处供稿）

同日　《公共机构节能条例》实施十年评估报告专家研讨会在北京举办。会议由中国社会科学院法学研究所、国际法研究所，国家机关事务管理局公共机构节能管理司联合主办，中国社会科学院法学所法治宣传教育与公法研究中心、北京市法学会立法学研究会承办。

（中国社会科学院办公厅刘玉杰供稿）

25日　由商务部国际贸易经济合作研究院编纂的中英双语《中国“一带一路”贸易投资发展报告2013—2018》《中欧班列贸易通道发展报告2019》在第二届“一带一路”国际合作高峰论坛“贸易畅通”分论坛上发布。该院与联合国开发计划署联合编纂的中英双语《中国“一带一路”境外经贸合作区助力可持续发展报告》在“境外经贸合作区”分论坛上发布。

（摘自《光明日报》2019年5月20日第16版）

26—28日，由中国地理信息产业协会大运河工作委员会主办，嘉兴学院浙江省红色文化研究与传承协同创新中心、嘉兴市社会科学界联合会、首都师范大学北京文化带研究院、水资源安全北京实验室、国信司南（北京）地理信息技术有限公司共同承办的“2019年大运河文化带建设专题研讨会”在嘉兴召开。

（首都师范大学社科处供稿）

29日　由北京非物质文化遗产发展基金会主办的“文化记忆　璀璨京城——北京非物质文化遗产汇报展览”在中国政协文史馆开幕，展出近百名非遗项目传承人 230 余件作品。第十二届全国政协副主席刘晓峰，北京市社会科学界联合会党组书记、常务副主席、北京市哲学社会科学规划办公室主任张淼等领导出席开幕式。

（市社科联、市社科规划办学会管理部供稿）

30 日　纪念五四运动 100 周年大会在北京人民大会堂隆重举行。中共中央总书记、国家主席、中央军委主席习近平在会上发表重要讲话强调，五四运动以来的 100 年，是中国青年一代又一代接续奋斗、凯歌前行的 100 年，是中国青年用青春之我创造青春之中国、青春之民族的 100 年。新时代中国青年运动的主题，新时代中国青年运动的方向，新时代中国青年的使命，就是坚持中国共产党领导，同人民一道，为实现“两个一百年”奋斗目标、实现中华民族伟大复兴的中国梦而奋斗。

（摘自《光明日报》2019 年 5 月 1 日第 1 版）

5 月

4 日　北京大学“纪念五四运动一百周年”——马克思主义在中国的早期传播学术研讨会暨《马藏》首发仪式在英杰交流中心阳光大厅举行。活动发布了由北京大学马克思主义学院组织编纂、系统呈现马克思主义在中国传播、接受和发展的历史文献典籍——《马藏》的第 1 部第 1 卷至第 5 卷。

（北京大学社会科学部供稿）

5 日　中共中央党史和文献研究院编辑的《习近平关于“三农”工作论述摘编》一书，由中央文献出版社出版，在全国发行。

（摘自《人民日报》2019 年 5 月 6 日第 1 版）

8 日　中央民族大学古籍资源库正式上线试用。本数据库是“中央级普通高校改善基本办学条件专项资金”项目的建设成果，主要依托图书馆丰富的古籍资源，以支持和促进学校学科教学和科研的发展为目标，收录有馆藏珍善本以及全国各公共、专业及高校图书馆比较稀见的古籍。第一期试运行共发布古籍影像 365 部 677044 页，其他数据将陆续添加入库，供读者阅览。

（中央民族大学科研处供稿）

同日　中国著名经济学家、经济管理专家、教育家，原中共中央顾问委员会委员，原国家计划委员会副主任，原国家经济委员会副主任、党组副书记，中国人民大学原校长袁宝华同志辞世。

（摘自《光明日报》2019 年 6 月 24 日第 11 版）

11 日　中国生态经济学学会林业生态经济专业委员会在北京林业大学经济管理学院落地揭牌。林业生态经济专业委员会是中国生态经济学学会 10 个专业委员会之一，挂靠于原林业部和国家林业局，在全国林业生态经济建设方面发挥了重要作用。本次落地揭牌将依托北京林业大学在林业生态经济研究领域的成果、农林经济管理学科发展和“双一流”建设的进程，大大推动学会的发展，全面支持中国的林业生态经济建设。

（北京林业大学科技处供稿）

13 日　由新华出版社出版的综合性普及读物《中国国情读本（2019 版）》面向全国发行。该书由中华人民共和国年鉴社编纂，共分 6 编：第一编图说中国，第二编国情概况，第三编国情特载，第四编专题国情，第五编魅力国情，第六编年度大事。作为“最符合当下国情的图书”之一，该书已被列入中国图书“走出去”基础目录（二期）。

（摘自《光明日报》2019 年 5 月 14 日第 3 版）

同日　“大美亚细亚——亚洲文明展”开幕式在中国国家博物馆举行。“大美亚细亚——亚洲文明展”是亚洲文明对话大会系列文化活动之一，由文化和旅游部、国家文物局主办，中国国家博物馆和中国文物交流中心承办。

（摘自《北京日报》2019 年 5 月 14 日 第 2 版）

14 日　国家主席习近平在第二届“一带一路”国际合作高峰论坛开幕式上的主旨演讲《齐心开创共建“一带一路”美好未来》单行本，由人民出版社出版，即日起在全国新华书店发行。

（摘自《光明日报》2019 年 5 月 15 日第 1 版）

16—18 日　国际人工智能与教育大会在北京召开。国家主席习近平向大会致贺信。18 日，国际人工智能与教育大会在北京闭幕。来自全球 100 多个国家、10 余个国际组织的约 500 位代表汇聚一堂，共同探讨全球教育的未来发展之路，并通过成果文件《北京共识》。此次大会由中国教育部、联合国教科文组织、中国联合国教科文组织全国委员会、北京市人民政府共同主办。

（摘自《人民日报》2019 年 5 月 17 日第 1 版）

（摘自《光明日报》2019 年 5 月 19 日第 5 版）

同日　在国家体育总局、北京冬奥组委指导下，北京体育大学和光明日报社在北京联合主办第二届冬奥文化前沿论坛。会议聚焦“冬奥遗产战略与城市可持续发展”主题。

（摘自《光明日报》2019 年 6 月 24 日第 16 版）

同日　北京市社会科学界联合会召开社会组织意识形态工作专项培训暨秘书长会议。北京市社会科学界联合会党组书记、常务副主席、北京市社会科学界联合会主任张淼同志主持会议并讲话，北京市社会科学界联合会机关处级以上干部和所属社会组织秘书长140余人参会。会议邀请市委党校常务副校长王民忠同志作意识形态专题辅导报告，并就有关论坛、讲座及重大主题活动申报工作进行部署。

（市社科联、市社科规划办学会管理部供稿）

17—21日　“2019·北京社会科学普及周暨西城区第八届社会科学普及周”在北京大观园举办。本届社科普及周以“大力弘扬社会主义核心价值观　推进新时代文明实践中心建设”为主题。开幕式上，社科专家代表发起“开展社科普及、推进文明实践”倡议，举行了为“新时代文明实践社科普及服务队”授旗仪式。

（摘自《北京日报》2019年5月18日第2版）

同日　北京印刷学院成立国际新媒体产教研融合研究院，“新媒体在产教融合国际发展中的应用”高峰论坛同期举行。

（北京印刷学院宣传部供稿）

20日　由国家民委经济发展司、教育科技司和中央民族大学共建的中国兴边富民战略研究院在中央民族大学知行堂举办成立大会暨首届中国兴边富民论坛。中国兴边富民战略研究院是国家民委支持设立的高端智库，由国家民委经济发展司、国家民委教育科技司和中央民族大学三方共建，以中央民族大学经济学院为依托。

（中央民族大学科研处供稿）

同日　传承与创新——纪念吴宗济先生诞辰110周年语音学研讨会在中国社会科学院召开。中国社会科学院科研局局长马援，语言所所长刘丹青，科大讯飞高级副总裁、研究院院长胡国平等出席了会议并讲话。

（中国社会科学院办公厅刘玉杰供稿）

21—22日　中宣部理论局学习宣传贯彻习近平新时代中国特色社会主义思想系列研讨会2019年第一场研讨会“人民是共和国的坚实根基”专题研讨会在江西省南昌市举办。北京市社会科学界联合会副主席、市习近平新时代中国特色社会主义思想研究中心执行副主任李翠玲，研究中心秘书处王海腾参加会议。

（市社科联、市社科规划办理论研究部供稿）

23日　2019年度国家社科基金项目评审工作会议在北京召开。来自全国各地的300多位知名专家学者会聚一堂，围绕哲学社会科学战线如何深入学习贯彻习近平新时代中国特色社会主义思想，积极回应时代要求和人民期待，创造哲学社会科学发展新业绩，为国家发展和民族复兴提供坚实学理支撑展开深入研讨。中共中央政治局委员、中宣部部长黄坤明出席会议并讲话，强调哲学社会科学战线要深入学习贯彻习近平新时代中国特色社会主义思想，坚持正确方向，树立责任担当，积极回应时代要求和人民期待，创造哲学社会科学发展的新业绩，为国家发展和民族复兴提供坚实学理支撑。

（摘自《人民日报》2019年5月24日第4版）

（摘自《光明日报》2019年06月05日 第11版）

25日　由北京师范大学北京文化发展研究院主办的“大国·大时代·个体命运”学术研讨会在北京师范大学召开。

（摘自《北京日报》2019年6月10日第14版）

26日　由国务院发展研究中心指导、中国发展出版社主办的“一带一路”国际合作发展论坛在北京举行。论坛以“发挥智库作用，推动对话协商，助力‘一带一路’”为主题。国务院发展研究中心副主任隆国强到会致辞并作主旨演讲。阿联酋、白俄罗斯、加纳等多国驻华大使出席论坛并发言。

（摘自《人民日报》2019年5月28日第12版）

26—29日　以“创新发展　数说未来”为年度主题的2019中国国际大数据产业博览会举办。会议期间，发布了由大数据战略重点实验室研究编著的《大数据蓝皮书：中国大数据发展报告No.3》等研究成果；举行了由中国行政体制改革研究会等单位承办的“数字中国：新时代　新动能　新发展”论坛等专题研讨。

（摘自《光明日报》2019年6月24日第16版）

28日　近日，中共中央办公厅、国务院办公厅印发了《关于进一步弘扬科学家精神加强作风和学风建设的意见》，并发出通知，要求各地区各部门结合实际认真贯彻落实。

（摘自《人民日报》2019年6月12日第1版）

同日　北京市召开哲学社会科学优秀成果奖表彰座谈会，市委常委、宣传部部长杜飞进出席并讲话。北京市第十五届哲学社会科学优秀成果奖日前揭晓，此次评选共有208项优秀成果获奖。

（摘自《北京日报》2019年5月29日第2版）

同日　由中国社会科学院美国研究所主办，政治研究室承办的“法院与治理”学术研讨会在美国研究所会议室中国社会科学院召开。来自中共中央党校（国家行政院）、中国社科院法学研究所、中国政法大学、北京师范大学和本所的专家学者围绕“法院与治理”议题，从法院与法治关系，不同主权体制下的司法审查、律师在法院治理中的作用等不同方面介绍了各自的研究成果并进行了学术交流。

（中国社会科学院办公厅刘玉杰供稿）

同日　北京市第十五届哲学社会科学优秀成果奖表彰座谈会召开，市委常委、宣传部长杜飞进出席并讲话，市委宣传部常务副部长赵卫东主持会议。市人力社保局副局长荀连忠宣读了“北京市第十五届哲学社会科学优秀成果奖表彰决定”，北京市社会科学界联合会党组书记、北京市哲学社会科学规划办公室主任张淼汇报了本届评奖情况，瞿林东、魏道儒、刘石、陶文昭、孙代尧、廉思等6位获奖代表分别作了主题发言。各系统评奖委员会代表、获奖代表和首都社科专家学者80余人参加了会议。北京市哲学社会科学优秀成果奖两年评选一次，本届评奖经个人申报、单位推荐、系统初评、专项复核、复评、总评、公示、审定等程序，共评出优秀成果208项，其中特等奖4项，一等奖41项，二等奖163项。

（市社科联、市社科规划办成果转化部供稿）

29日　中国社会科学院数量经济与技术经济研究所和社会科学文献出版社在北京联合发布《经济蓝皮书春季号：2019年中国经济前景分析》。

（摘自《光明日报》2019年6月24日第16版）

同日　“中国广告四十年”丛书发布会暨“百年百城·大国精神”项目启动仪式在中国广告博物馆举行。此次活动由中国传媒大学广告学院、国家广告研究院、中国广告博物馆以及中国新闻史学会与史志传播研究委员会联合发起，邀请中国广告协会、中国商务广告协会、中国广告主协会、社会科学文献出版社代表以及业界和学界的专家学者出席。

（中国传媒大学广告学院供稿）

6月

1日　北京市陆学艺社会学发展基金会召开了第六届“社会学优秀成果奖”学术委员会，经过评议和二轮投票，从2016—2017年的社会学成果中评选出优秀著作3部、优秀论文6篇。

（北京市陆学艺社会学发展基金会供稿）

4日　北京市社会科学院与社会科学文献出版社联合举办的《北京文化发展报告（2018—2019）》新闻发布会暨学术研讨会在北京市社会科学院举办。北京市社会科学院党组书记唐立军教授、社会科学文献出版社蔡继辉副总编辑出席会议并致辞。

（北京市社会科学院文化所供稿）

5日　由中国社会科学院主办的国家高端智库论坛“中美经贸摩擦问题与出路”研讨会在北京举行。中国社会科学院院长、党组书记谢伏瞻主持会议，有关专家学者、国内主流媒体代表150余人参加会议。

（摘自《光明日报》2019年7月15日第16版）

同日　北京市中国特色社会主义理论体系研究中心2015年、2016年、2017年7项课题成果鉴定会在北京市社会科学界联合会召开。北京市社会科学界联合会副主席、北京市习近平新时代中国特色社会主义思想研究中心执行副主任李翠玲主持会议。张峰、文魁、吴波、孙代尧、王传利等评审专家参加会议。会议评出良好成果3项，合格成果4项。

（市社科联、市社科规划办理论研究部供稿）

6日　第十四届北京端午诗会颁奖活动在北京民政教育管理学院举行。北京诗词学会党支部书记长张桂兴，会长李福祥，常务副会长褚宝增，副会长李葆国、张志勇、张脉峰、赵发洪、赵清甫，秘书长马旭升，北京诗词学会部分诗友及获奖代表200多人出席颁奖大会并参加诗词讲座。

（北京诗词学会陆奇供稿）

9日　中共中央发出关于印发《习近平新时代中国特色社会主义思想学习纲要》的通知。

（摘自《人民日报》2019年6月10日第1版）

11日　北京市社会科学院与社会科学文献出版社联合举办的《北京蓝皮书：北京经济发展报告（2018—2019）》新闻发布会暨学术研讨会在北京市社会科学院召开。北京市社会科学院党组成员、副院长赵弘研究员主持会议。社会科学文献出版社蔡继辉副总编辑出席会议并致辞。

（北京市社会科学院经济所供稿）

12日　《北京公共服务发展报告（2018—2019）》发布暨学术研讨会在北京市社会科学院举行。该书是北京市社会科学院蓝皮书系列丛书之一，由北京市社会科学院管理所长施昌奎研究员任主编，毕娟、罗植为副主编。社会科学文献出版社皮书分社社长邓泳红、社会科学文献出版社皮书分社副总编辑吴敏等参加会议。

（北京市社会科学院管理所供稿）

13日　中国社会科学院和中华人民共和国国史学会的“陈云与当代中国”研究中心在北京联合召开了纪念陈云同志诞辰114周年座谈会。陈云同志长子、“陈云与当代中国”研究中心顾问、第十二届全国政协副主席陈元出席会议，并就“一带一路”倡议等大家关心的问题作了报告。会议由国史学会会长、中国社会科学院原副院长、“陈云与当代中国”研究中心理事长朱佳木主持。

（中国社会科学院办公厅刘玉杰供稿）

14日　北京大学城市治理研究院发起的首届“中国城市治理创新奖”（2018—2019）在北京举办并揭晓优胜奖和入围奖。按照创新程度、重要程度、效益程度、参与程度、推广程度等标准，最终创建儿童友好型城市、“多规合一”改革试点、居民区分类治理清单模式、“三治融合”探索城市治理新路径、“五位一体”智慧城管、掌上云社区：城市基层大数据治理创新等10个地方城市治理创新项目被评为优胜奖。

（摘自《北京日报》2019年7月8日第14版）

同日　由北京师范大学外国语言文学学院、中国高校外语学科发展联盟、上海外语教育出版社联合主办的“中国高校外语学科发展联盟师范类院校委员会成立大会暨首届师范类院校外语学科发展研讨会”在北京师范大学英东学术会堂举行。来自全国50多所师范类院校外语院系的学科代表和教师代表参加。

（北京师范大学社科处刘娜供稿）

16日　庆祝《光明日报》创刊70周年座谈会在北京举行，中共中央政治局委员、中宣部部长黄坤明在会上宣读习近平的贺信并讲话。他说，要认真学习贯彻习近平总书记重要指示精神，牢记初心使命、勇于担当作为，深入宣传阐释党的创新理论，用心建设知识分子的精神家园，奏响团结奋进的时代强音，以内容建设和媒体融合的新优势，把《光明日报》办成底蕴深厚、特色鲜明、影响广泛的思想文化大报。

（摘自《光明日报》2019年6月17日第1版）

同日　“中国特色艺术与传媒理论体系构建——第三届中国艺术与传媒学术期刊主编论坛”在北京师范大学京师学堂拉开帷幕。本次论坛由北京师范大学与中国文艺评论家协会主办，学校艺术与传媒学院和“中国文艺评论基地”承办。资深教授、中国文化国际传播研究院院长黄会林等嘉宾出席。

（北京师范大学社科处刘娜供稿）

17日　教育部办公厅印发通知，启动开展首届全国高校思政课教学展示活动。据悉，这是新中国成立70年来，首次以教育部名义组织开展此项活动，活动将集中展示近年来全国高校思政课优质课堂建设成果，并表彰一批优秀思政课教师。

（摘自《光明日报》2019年7月4日第8版）

19日　由教育部区域与国别研究基地北京师范大学俄罗斯研究中心、北京师范大学外国语言文学学院和莫斯科国立大学俄语语言与文化学院联袂策划的“俄语教师联合发展中心”成立大会暨揭牌仪式在北京师范大学举行。北京师范大学副校长周作宇为莫斯科国立大学副校长塔季扬娜·卡尔塔娃颁发客座教授聘书，两人共同为中心揭牌。

（北京师范大学社科处刘娜供稿）

同日　北京市社会科学院与社会科学文献出版社联合举办的《北京蓝皮书：北京社会治理发展报告（2018—2019）》新闻发布会暨学术研讨会北京市社会科学院举办。北京市社会科学院综治所所长、社会治理发展报告主编袁振龙研究员主持会议。社会科学文献出版社副社长谢炜等相关人员出席了发布会。

（北京市社会科学院综治所供稿）

20日　由中国国际问题研究院编著的《国际形势和中国外交蓝皮书（2019）》在北京发布。

（摘自《光明日报》2019年6月23日第12版）

23日　中国人民大学国家发展与战略研究院主办的“新中国成立70年，国家治理体系变革逻辑”报告发布会在北京举行，发布会通过报告形式梳理总结了新中国成立70年中国国家治理体系变革的重大内容。

（摘自《光明日报》2019年7月15日第16版）

同日　由清华大学中国经济思想与实践研究院主办的清华大学中国与世界经济论坛——“中美摩擦下的中国经济”在清华园举办。院长李稻葵代表研究院发布了《再掀改革开放热潮、提振发展信心活力、击退逆全球化寒流》的宏观经济预测报告。

（清华大学文科建设处供稿）

26日　北京市委讲师团、天津市习近平新时代中国特色社会主义思想讲师团、河北省委讲师团联合组织的“壮丽七十载　协同谱新篇”宣讲活动启动仪式暨首场报告会日前在通州区会议中心举办，三地专家学者同台共话新中国成立70周年特别是京津冀协同发展战略实施五年来三地的发展变化，通州区

300 余名党员干部现场聆听了报告。

（摘自《北京日报》2019 年 7 月 15 日第 2 版）

29 日　中国边疆民族历史研究院揭牌仪式在中央民族大学知行堂举行，来自国家民委、中国社会科学院、中央民族干部学院、中国藏学研究中心、中国第一历史档案馆以及北京大学、中国人民大学、南开大学、南京大学、内蒙古大学、吉林师范大学、中央民族大学、美国阿克伦大学等科研院所及国内外高校的领导和专家学者 50 余人参加揭牌仪式。

（中央民族大学科研处供稿）

30 日　由首都经济贸易大学联合京津冀三地专家共同研创的《京津冀发展报告（2019）——打造创新驱动经济增长新引擎》在北京发布，对京津冀协同发展的成效、经验进行梳理，对未来路径进行分析，并给出对策建议。

（摘自《光明日报》2019 年 7 月 15 日第 16 版）

7 月

1 日　由复旦大学中国研究院主办、清华大学社会治理与发展研究院联合主办的第三届思想者论坛（2019）在北京举行。论坛紧扣“百年变局：70 年共和国道路与世界格局重构”主题，吸引了国内外众多学者。

（摘自《光明日报》2019 年 9 月 23 日第 16 版）

5 日　《山·水·道——西山永定河文化带考》纪录片成果发布会在首都师范大学国际文化大厦顺利举行。发布会由首都师范大学文化研究院常务副院长李焕喜主持。

（首都师范大学社科处供稿）

11 日　中共中央对外联络部与光明日报社在北京联合举办习近平外交思想理论研讨会。与会嘉宾就习近平外交思想的科学内涵与理论体系、哲学基础与文化渊源、时代特征与世界意义等议题深入交流。

（摘自《光明日报》2019 年 9 月 23 日第 16 版）

同日　中国人民大学基础教育处、基础教育研究中心成立仪式举行。中国人民大学校长刘伟，常务副校长、人大附中联合总校校长王利明，副校长朱信凯出席仪式。

（中国人民大学科研处供稿）

12 日　首都知识界学习贯彻习近平总书记致光明日报贺信精神座谈会在市委组织部北京专家联谊会召开。北京市社会科学界联合会党组书记、北京市哲学社会科学规划办公室主任、北京市习近平新时代中国特色社会主义思想研究中心常务副主任张淼，光明日报社副总编辑李春林出席会议并讲话。光明日报社北京记者站负责同志传达习近平总书记致光明日报贺信精神。首都知识界代表李玮、贾立群、王珏、徐志宏、陈东、张海涛、王涛等专家围绕学习贯彻习近平总书记致光明日报贺信精神作交流发言。

（市社科联、市社科规划办理论研究部供稿）

13 日　原中国民法经济法研究会会长、中国法学会民法学研究会名誉会长王家福，因病逝世。

（摘自《光明日报》2019 年 7 月 15 日第 3 版）

14 日　无党派人士、著名哲学家、哲学史家、中国社会科学院荣誉学部委员、中国社会科学院世界宗教研究所研究员、博士生导师余敦康因病逝世，享年 90 岁。

（摘自《光明日报》2019 年 7 月 15 日第 3 版）

15 日　为庆祝中华人民共和国成立 70 周年，中央宣传部理论局组织撰写了 2019 年通俗理论读物《新中国发展面对面》。该书由学习出版社、人民出版社联合出版。

（摘自《光明日报》2019 年 7 月 16 日第 1 版）

15—16 日　京津冀高校思想政治工作队伍学习宣传习近平新时代中国特色社会主义思想研讨会在北京师范大学举行。本次研讨会由中共北京市委教育工作委员会宣教处指导，高校思想政治工作队伍培训研修中心（北京师范大学）主办，北京化工大学、南开大学、河北师范大学、高等教育出版社高校思想政治工作队伍培训研修中心协办。

（北京师范大学社科处刘娜供稿）

16 日　纪念中国文联、中国作协成立 70 周年座谈会在人民大会堂举行，中共中央政治局委员、中宣部部长黄坤明在会上宣读习近平的贺信并讲话。中国文联和中国作协均成立于 1949 年 7 月。中国文联由 56 个团体会员组成，现有全国性文艺家协会个人会员 13.5 万人。中国作协有团体会员 46 个，个人会员 1.2 万人。

（摘自《人民日报》2019 年 7 月 17 日第 1 版）

19 日　由国家新闻出版署举办的新闻出版业科技与标准重点实验室管理工作会在北京举行，会议公布了 2018 年度全国新闻出版业科技与标准重点实验室考评结果，北京印刷学院牵头的“新闻出版领域关键技术应用研究与服务综合实验室”获评优秀重点实验室。

（北京印刷学院宣传部供稿）

29 日　北京大学国际汉学家研修基地国际合作

项目“中华文明传播史”启动。北京大学校长郝平、副校长王博、国际汉学家研修基地主任袁行霈、美国伊利诺伊大学香槟校区教授蔡宗齐、商务印书馆党委书记李平等出席仪式。

（北京大学社会科学部供稿）

8月

3日 由国务院发展研究中心等联合举办的“数字文化产业迈入新时代——数字文化课题成果发布会”在北京举行，会上发布了《中国数字文化产业发展趋势研究报告》。

（摘自《光明日报》2019年9月23日第16版）

7日 中国宏观经济研究院举办以“坚定信心 有效应对美国极限施压”为主题的研讨会，专家学者表示，应对中美经贸摩擦升级，要以中国经济发展的“稳”应对美国的“变”。

（摘自《光明日报》2019年9月23日第16版）

12—14日 第一届新结构经济学教学研究师资培训研讨班暨招聘会举办，国内外130余所高校的300多名教师、博士生参加，教育部高教司司长吴岩等致辞。会上发布国内首部新结构经济学教材《新结构经济学导论》。

（北京大学社会科学部供稿）

13日 由光明日报社光明智库主办的“明辨是非，理性自信应对美国极限施压”主题研讨会在北京举行。与会者围绕“谁才是全球金融稳定破坏者”“中国经济运行、金融发展的态势与底气”“中美经贸关系前景研判与有效应对”等议题展开讨论。

（摘自《光明日报》2019年9月23日第16版）

14日 中共中央办公厅、国务院办公厅印发了《关于深化新时代学校思想政治理论课改革创新的若干意见》，并发出通知，要求各地区各部门结合实际认真贯彻落实。

（摘自《光明日报》2019年8月15日第1版）

16日 第十届茅盾文学奖在北京揭晓。评奖委员会经过第6轮投票，产生了5部获奖作品，梁晓声的《人世间》、徐怀中的《牵风记》、徐则臣的《北上》、陈彦的《主角》、李洱的《应物兄》5部长篇小说获得该项殊荣。

（摘自《光明日报》2019年8月17日第1版）

17日 “国之重器献礼国庆——《中国出土青铜器全集》成果发布会”在北京举行。该成果是考古科研成果的集中展现，是中华文化的重要典籍。全书共20卷，按省（区、市）编排，收录先秦与汉代青铜器5000余件，其中很多是第一次公布。

（北京大学社会科学部供稿）

20日 习近平总书记关于加强和改进人民政协工作的重要思想北京研究基地成立揭牌仪式暨基地建设座谈会举行。北京研究基地是经北京市习近平新时代中国特色社会主义思想研究中心挂牌认定的研究基地之一，旨在围绕学习贯彻习近平总书记关于加强和改进人民政协工作的重要思想，团结和凝聚在北京专家学者，整合科研资源，组建研究队伍，发挥协同创新优势，努力成为理论研究排头兵和宣传阐释重要阵地。

（摘自《北京日报》2019年8月21日第1版）

21日 中国社会科学院国家全球战略智库、社会科学文献出版社和中国国际文化交流中心联合主办“国家全球战略智库系列专题报告”新书发布暨研讨会，发布《中国：引领包容性世界经济增长潮流》等研究成果。

（摘自《光明日报》2019年9月23日第16版）

22日 2019年印刷出版文化国际研讨会在北京召开，北京印刷学院为协办单位。研讨会以“印刷出版文化与人类文明进步”为主题，首开国际印刷出版文化研讨和交流先河。

（北京印刷学院宣传部供稿）

同日 《习近平新时代治国理政的历史观》发布会在北京举行。中国社会科学院秘书长、党组成员赵奇出席发布会并讲话。

（中国社会科学院办公厅刘玉杰供稿）

24日 中国民办教育论坛在北京师范大学举办。会上发布了《2019中国民办教育蓝皮书》。

（北京师范大学社科处刘娜供稿）

24—25日 由中国社会科学院学部主席团主办、中国社会科学院古代史研究所承办、中国社会科学院徽学研究中心协办的“2019年中国社会科学论坛：徽州与明代中国国际学术研讨会”在北京举办。会议主题包括“徽州文书、文献研究”“徽州文化研究”“徽州与明代的政治、经济与社会研究”等。

（中国社会科学院办公厅刘玉杰供稿）

25日 由中国轻工业联合会、中国农工党中央文化体育工作委员会、北京非物质文化遗产发展基金会共同主办，北京非物质文化遗产发展基金会承办的“壮丽七十年 奋斗新时代——非物质文化遗产汇报展”在北京民族文化宫展览馆开幕。第十二届全国政协副主席刘晓峰，北京市社会科学界联合会党组书记、常务副主席、北京市哲学社会科学规划办公室主任张淼等领导出席开幕式，中国工艺美术大师非遗传承基地大师、国家级非遗传承人、省级非遗传承人、中国工艺美术大师、中国工美行业艺术大师、省级工艺美术大师等150余人参加活动。本次汇报展共展出近百名非遗项目传承人500余件作品。

（市社科联、市社科规划办学会管理部供稿）

28日　清华大学公共管理学院城市更新与治理研究中心（以下简称“研究中心”）捐赠暨揭牌仪式在公管学院举行。研究中心依托清华公管学院，致力于城市更新发展中的全局性、综合性、战略性课题开展理论和应用研究、政策咨询、学术交流、人才培养、技术服务等活动，旨在提高中国城市更新研究与实践水平，为中国城市化进程提供可以借鉴的理论探索与实践总结，推动城市更新、产城融合的科学发展、和谐发展、绿色发展。

（清华大学文科建设处供稿）

31日　中共中央印发了《中国共产党宣传工作条例》（以下简称《条例》），并发出通知。通知指出，宣传工作是党的一项极端重要的工作，是中国共产党领导人民不断夺取革命、建设、改革胜利的优良传统和政治优势。制定颁布《条例》，体现了以习近平同志为核心的党中央对宣传工作的高度重视，标志着宣传工作科学化规范化制度化建设迈上新的台阶。通知要求，各级党委（党组）要把学习贯彻《条例》作为一项重要政治任务，抓好宣传解读和督促检查，进一步加强党对宣传工作的全面领导，确保党中央关于宣传工作的重大决策部署落到实处。

（摘自《人民日报》2019年9月1日第1版）

9月

1日　经中共中央批准，中共中央党史和文献研究院编辑的《十九大以来重要文献选编》上册，由中央文献出版社出版，即日起在全国发行。

（摘自《光明日报》2019年9月2日第1版）

3日　中国宏观经济研究院、韩国对外经济政策研究院共同举办第十七届中韩经济合作研讨会。研讨会以“深化中韩经贸合作路径研究”为主题，围绕自由贸易试验区、第三方市场和金融等专题开展交流。

（摘自《光明日报》2019年10月21日 第16版）

5日　中国历史研究院“中国历史学研究70年”发布会在北京举行。作为新中国70年史学成就系列发布会的第一场，此次发布会对新中国成立70年来中国历史学科的发展历程及学术成就进行了全面总结。来自全国的近百位相关领域专家学者出席了此次会议。

（摘自《光明日报》2019年10月14日第14版）

6—8日　由首都师范大学历史学院、中国社会科学院简帛研究中心、日本奈良文化财研究所、日本木简学会、韩国木简学会、韩国国立庆州文化财研究所共同举办的“首届中日韩出土简牍研究国际论坛暨第四届简帛学的理论与实践学术研讨会”在北京召开。研讨会的议题包括“中日韩新出简帛介绍与整理研究前沿”“简帛整理的国际统一标准制定与研究”“简帛学理论的总结与创新”等。来自中日韩三国70余位专家学者参会。

（中国社会科学院办公厅刘玉杰供稿）

7日　为庆祝中华人民共和国成立70周年，由文化和旅游部、国家文物局主办的“中华传统文化典籍保护传承大展”在国家典籍博物馆开展。此次展览汇集了全国20多个省40余家公藏单位、30余位私人藏书家的珍贵藏品330余种。

（摘自《光明日报》2019年9月8日第1版）

7—8日　中国社会科学院当代中国研究所主办的第四届当代中国史国际高级论坛在北京会议中心举办。论坛主题为“现代化视野下的当代中国70年”。中国社会科学院副院长、党组副书记王京清出席开幕式并讲话。当代中国出版社总编辑曹宏举在会议开幕式上作了《新中国70年》等主题图书的新闻发布。

（中国社会科学院办公厅刘玉杰供稿）

13日　由中国社会科学院大学、中国社会科学院国际合作局、中国社科院国家全球战略智库联合主办的“一带一路”青年学者国际论坛在北京举行。论坛聚焦“‘一带一路’与合作发展”，探讨“一带一路”语境下的中国与世界。

（摘自《光明日报》2019年10月21日 第16版）

16日　由首都师范大学文学院与北京大学中文系联合共建的首都中文学科高精尖创新中心日前在北京揭牌成立。未来，双方有望通过该中心的建设推进师资队伍建设、人才培养、科学研究与社会服务等多方面合作。

（摘自《北京日报》2019年9月18日第9版）

同日　教育部举行首批11家国家教材建设重点研究基地工作启动会暨授牌仪式。会上，教育部党组成员、副部长郑富芝依次为11家基地授牌，中国人民大学副校长杜鹏代表学校接领了国家高校经济学教材建设重点研究基地标识牌。

（中国人民大学科研处供稿）

17日　由国务院发展研究中心、财政部、世界银行集团联合主办的“培育中国经济增长新动能”国际研讨会在北京举行。会上发布了三方最新合作成果《创新中国：培育中国经济增长新动能》。

（摘自《光明日报》2019年10月21日第16版）

同日　中国政法大学成立中国政法大学检察公益诉讼研究基地、中国政法大学广播电视研究基地、中国政法大学未成年人事务治理与法律研究基地、中国政法大学未成年人事务治理与法律研究基地。

（中国政法大学科研处供稿）

同日　北京市人大常委会与首都经济贸易大学、中央财经大学签署合作框架协议，共同建立北京市人大预算监督研究基地。北京市人大常委会主任李伟为两校授牌，北京市人大常委会副主任李颖津，秘书长刘云广出席活动。首都经济贸易大学党委书记冯培、校长付志峰等参加活动。

（首都经济贸易大学科研处供稿）

17—18日　由中国社会科学院主办，中国社会科学院数量经济与技术经济研究所承办的第八届全球能源安全智库论坛在北京举行。论坛以“创新与绿色方案”为主题，与会学者围绕“一带一路”倡议的回顾与展望、新能源的电力系统安全、新形势下的中国能源转型等问题进行研讨。

（摘自《光明日报》2019年10月21日第16版）

18日　中国政法大学批准成立中国政法大学军民融合法治研究院、中国政法大学人工智能法治研究院。

（中国政法大学科研处供稿）

20日　由首都经济贸易大学和社会科学文献出版社共同举办的2019中央商务区产业蓝皮书信息发布会举办。CBD研究基地首席专家王曼怡教授主持信息发布会。中国社科院学部委员张卓元、首都经济贸易大学科研处处长姚东旭教授致辞。首都经济贸易大学、国务院发展研究中心单位有关专家进行了主旨演讲。

（首都经济贸易大学科研处供稿）

21日　北京师范大学外国语言文学学院主办的新中国70年外语基础教育论坛“回顾与展望”在北京举行。

（北京师范大学社科处刘娜供稿）

23日　北京外国语大学非洲学院和亚洲学院揭牌。

（摘自《北京日报》2019年9月24日第5版）

24日　中国历史研究院学术委员会、学术咨询委员会成立大会暨首次学术委员会会议在北京召开。成立大会结束后，召开了中国历史研究院首次学术委员会会议。

（中国社会科学院办公厅刘玉杰供稿）

同日　中国社会科学院世界历史所主办的庆祝中华人民共和国成立70周年暨世界历史所建所55周年座谈会在北京市举行。会议的主题是“庆祝中华人民共和国成立70周年暨世界历史所建所55周年”。

（中国社会科学院办公厅刘玉杰供稿）

25日　中国历史研究院网站与新媒体上线发布会在北京举行。本次上线的中国历史研究院网站和新媒体矩阵共包括六大平台：中国历史研究院网、中国历史研究网、中国历史研究院微信订阅号、中国历史研究院微博账号、历史中国微信订阅号和史学中国微博账号。

（中国社会科学院办公厅刘玉杰供稿）

同日　中国社会科学院文学研究所“二十世纪海内外中文文学”重点学科在北京召开“中国现当代文学史料研究”工作坊。来自中国社会科学院、北京大学、南京大学、中国人民大学等高校及来自《新文学史料》杂志社的相关专家学者受邀与会并作主题发言。

（中国社会科学院办公厅刘玉杰供稿）

同日　由联合国贸易和发展会议主办、中国社会科学院世界经济与政治研究所承办的2019年联合国《贸易与发展报告》北京站发布会在中国社会科学院举行，主题是“为全球绿色新政融资”。

（中国社会科学院办公厅刘玉杰供稿）

26日　由中国社会科学院社会政法学部、中国社会科学院国家治理研究智库主办的第三届国家治理研究智库高端论坛（2019）在北京举行。论坛以“大数据与国家治理研究：指标构建与数据获取”为主题，共60余人参会。

（摘自《光明日报》2019年10月21日第16版）

同日　由北京大学和国家档案局共同举办的“锦瑟万里　虹贯东西——中外丝绸之路历史档案文献展开幕式暨图录发布会”隆重举行。中央档案馆、国家档案局局长李明华，中国第一历史档案馆馆长孙森林、副馆长胡忠良，北京大学校长郝平、副校长王博，北大“海上丝绸之路”项目首席专家、历史学系教授荣新江出席并完成图录发布。图录精选国内外120件（组）“丝绸之路”历史档案，集中呈现了16—20世纪初中国与“丝绸之路”沿线国家和地区广泛开展经贸人文交流的历史佳话。

（北京大学社会科学部供稿）

同日　中共北京市委宣传部与中国传媒大学签署《中共北京市委宣传部与中国传媒大学共建新闻传播学部框架协议》，确定继续围绕研究习近平总书记关于党的新闻舆论工作的重要论述、组织常设舆情研究机构、推进北京区域融媒体建设等方面，开展部校共建的目标与任务。

（中国传媒大学电视学院供稿）

27日　北京大学经济学院经济史学系成立大会举行。北京大学校长郝平、党委常务副书记于鸿君、相关职能部门负责人以及国内外经济史学界数十名专家学者受邀出席本次成立大会。与会人员就建设经济史学科、加强经济史学研究等问题进行了讨论。北京大学经济史学系的成立对于北大经济史学科的发展具有重要意义。

（北京大学社会科学部供稿）

同日　《“一带一路”沿线国家经典诗歌文库》（第一辑）发布会暨诗歌译介与中外文明互鉴高端论坛举行。“一带一路”沿线部分国家驻华使馆代表、北京大学党委书记邱水平出席活动并致辞。“文库”由北京大学外国语学院、北京大学中国诗歌研究院和作家出版社合作推动建设，遴选“一带一路”沿线各国的诗歌精华名作，从各语种原文诗歌直接编选并翻译，兼有原创性研究和填补空白的翻译特点，对诸多国家的文学史书写具有开创性的价值。

（北京大学社会科学部供稿）

28日　中国社会科学院工业经济研究所和中国社会科学院京津冀协同发展智库（雄安发展研究智库）主办的“京津冀协同发展学术研讨会暨京津冀协同发展智库理事会会议”在天津滨海新区举行。会上，工业大数据联合实验室揭牌成立。

（摘自《光明日报》2019年10月21日第16版）

29日　由北京大学国家发展研究院主办的第三届气候变化经济学对话在北京举行。来自经济学界和环保气候学界的专家学者以“中国经济结构转型及能源革命、气候变化与环境保护战略”为主题展开讨论。

（摘自《光明日报》2019年10月21日第16版）

10月

8日　改革开放40周年之际，北京大学推出《改革开放四十年与中国社会科学》丛书，共10卷本，立足北大，聚焦法学、经济学、社会学、政治学、教育学、图书情报学、国际政治学、马克思主义理论、人口学等学科发展，对中国社会科学40年的发展进行概览、分析、总结和前瞻，是中国社会科学学者对新中国成立70周年的最好献礼。

（北京大学社会科学部供稿）

同日　国内高校第一座普希金纪念碑在首都师范大学落成，以庆祝中华人民共和国成立暨中俄两国建交70周年、首都师范大学建校65周年、普希金诞辰220周年，进一步深化中俄人文领域的合作交往和中俄两国新时代全面战略协作伙伴关系。

（首都师范大学社科处供稿）

10日　由中共中央党史和文献研究院编写的《中华人民共和国大事记（1949年10月—2019年9月）》由人民出版社出版。

（摘自《人民日报》2019年10月11日第4版）

12日　著名的数学家、教育家和社会活动家，中国民主同盟的杰出领导人，第九届、十届全国人民代表大会常务委员会副委员长，中国民主同盟第七届、第八届、第九届中央委馆员会主席，第九届中央委员会名誉主席，欧美同学会原会长，北京大学原校长，中国共产党的优秀党员丁石孙同志，因病于14时35分在北京逝世，享年93岁。

（摘自《人民日报》2019年10月13日第1版）

同日　光明网、中央财经大学中国互联网经济研究院和清华大学中国经济思想与实践研究院在2019中国国际数字经济博览会上隆重发布《中国互联网经济影响力报告（2019）》（以下简称《报告》）。《报告》由中国网络社会组织联合会提供业务支持，从互联网经济在中国的发展、互联网经济规模测算及其对中国经济的贡献、中国互联网经济快速发展的动因及问题与挑战4个方面，全面评估了互联网经济在中国经济版图中的地位。

（摘自《光明日报》2019年10月13日第2版）

13日　中华人民共和国国史学会在北京召开学习习近平总书记“国庆70周年”大会重要讲话座谈会。中华人民共和国国史学会会长、中国社会科学院原副院长朱佳木主持会议并讲话。

（中国社会科学院办公厅刘玉杰供稿）

16日　由北京市社会科学院与社会科学文献出版社联合举办的《北京社会发展报告（2018—2019）》蓝皮书宣传推介会暨学术研讨会在北京市社会科学院召开。北京市社会科学院院党组成员、副院长鲁亚、社会科学文献出版社副总编辑童根兴出席新闻发布会并致辞。

（北京市社会科学院社会学所供稿）

17日　“一带一路”民族艺术教育联盟2019年度理事会会议暨“一带一路”国家民族艺术创新发展专题研讨会在北京顺利召开，来自近20所联盟理事单位的30余名理事代表出席会议。“一带一路”民族艺术教育联盟在成立不到1年的时间里，建立了音乐、舞蹈、美术3个专业委员会，形成了完整的章程体系、讨论了翔实的《三年远景规划书》，规划了殷实的“双百千万工程”建设任务，扎实地做了很多基础工作。会上，全体联盟理事代表讨论了《关于“一带一路”民族艺术教育联盟推选理事单位理事的说明》《关于“一带一路”民族艺术教育联盟组建专家库的说明》《“双百千万工程”评选办法和评选标准》，就“一带一路”民族艺术教育联盟建设任务、发展规划及独特性等问题展开交流。

（中央民族大学科研处供稿）

18日　中国人民大学国际组织学院揭牌仪式在明德主楼举行。国际组织学院致力于国际组织学科建设、国际组织人才培养输送与国际组织研究，为中国人民大学学生与国际组织相关的学习实践提供引导、支持和保障。

（中国人民大学科研处供稿）

19日　由北京师范大学、光明日报社主办，郎平体育文化与政策研究中心、光明智库等机构承办的“新时代的中国女排精神高端论坛”在北京举行。中国女排主教练郎平及来自文化、体育、教育等领域的专家学者对女排精神作深入解析。

（摘自《光明日报》2019年12月9日第16版）

19—20日　中国现代文学研究会与首都师范大学新文化运动研究中心联合主办的“君子豹变：戊戌至五四的思想与文学”在北京举行。会议的主题是“戊戌至五四的思想与文学”，研讨的主要问题有“清末民初的学人与文人”“清末民初的思想新变”等。

（中国社会科学院办公厅刘玉杰供稿）

20日　北京大学与故宫博物院、敦煌研究院在故宫博物院召开战略合作座谈会并签署合作协议。北京大学党委书记邱水平、校长郝平，故宫博物院院长王旭东，共和国勋章获得者、敦煌研究院名誉院长樊锦诗，敦煌研究院院长赵声良出席活动。

（北京大学社会科学部供稿）

22日　北京师范大学经济与工商管理学院和山西经济出版社联合主办“新中国70周年经济发展论坛暨《中国经济70年》发布会”。中国社会科学院荣誉学部委员汪海波、中国人民大学商学院资深教授邓荣霖等嘉宾出席。

（北京师范大学社科处刘娜供稿）

同日　由中国社科院文学研究所、陕西省作家协会、人民文学出版社联合主办的“卅年重聚说路遥——纪念路遥诞辰七十周年”座谈会在中国社会科学院召开。中国社会科学院文学研究所所长刘跃进，中国社会科学院文学研究所党委书记张伯江，陕西省作家协会党组书记、常务副主席钱远刚，人民文学出版社社长臧永清，当代室全体研究人员参加了会议。

（中国社会科学院办公厅刘玉杰供稿）

23日　北京大学与敦煌研究院在北京大学签署合作协议，北京大学—敦煌研究院敦煌学研究中心正式成立。

（北京大学社会科学部供稿）

24日　中国人民大学国家发展与战略研究院年度研究报告《推进生态文明体系建设和绿色发展》在北京发布。报告建议完善生态文明治理机制和监管体系，提升政府生态环境治理的决策力和执行力，构建以政府为主导、企业为主体、社会组织和公众共同参与的环境治理体系。

（摘自《光明日报》2019年12月9日第16版）

24—25日　由国务院发展研究中心、北京市政府、联合国有关机构举办的2019年可持续发展论坛在北京举行。聚焦落实2030年可持续发展议程，来自政府、企业、国际组织、智库等的官员和学者共同探讨发展良策。

（摘自《光明日报》2019年12月9日第16版）

24—27日　第三届中国北京国际语言文化博览会（简称“语博会”）在中国国际展览中心盛大举行，北京印刷学院展区亮相北京语博会现场。北京印刷学院展区分为奥运设计、为国庆设计和创意设计汇3个主题版块。充分展示了北京印刷学院“艺工融合创意设计”的发展定位，体现了北京印刷学院服务北京“四个中心”建设，以及在文化创意以及语言文字方面所取得的成绩。

（北京印刷学院宣传部供稿）

25日　中国经济理论创新奖（2019）评选投票结果出炉。经201位经济学家、著名经济院校和国内研究机构负责人、主要经济和学术媒体负责人以记名投票方式评选，中国人民大学荣誉一级教授卫兴华、南京大学教授洪银兴、清华大学经济管理学院创新创业与战略系教授魏杰为主要贡献人的“国家调节市场、市场引导企业的经济运行机制研究”名列第一，获得第九届中国经济理论创新奖。

（清华大学文科建设处供稿）

同日　国家民委民族美术创意创新研究中心揭牌仪式在中央民族大学举办。

（中央民族大学科研处供稿）

同日　由国家语委支持、北京市语委主办、首都师范大学承办的第三届中国北京国际语言文化博览会主论坛——“语言智能与语言多样性”国际语言文化论坛举办。

（首都师范大学社科处供稿）

26日　中国宏观经济研究院和国家开发银行研究院联合22家研究机构，在北京举办长江经济带高质量绿色发展智库联盟成立仪式暨“十四五”时期长江经济带高质量绿色发展研讨会。

（摘自《光明日报》2019年12月9日第16版）

同日　由北京文化产业与出版传媒研究基地、北京印刷学院主办的第四届北京文化产业与出版传媒研究基地学术年会暨“文化产业高质量发展”论坛召开。本次论坛以新中国成立70周年新闻出版业高质量发展研究、文化产业“走出去”的理论探索与高质量发展研究、数字时代传统出版和新兴出版融合发展研究、数字时代全民阅读实现路径与机制研究等为主题，进行了交流与研讨。

（北京印刷学院宣传部供稿）

同日　主题为“优化营商环境，创新流通法制”的“第十二届中国经济—法律论坛暨市场流通法制论坛（2019）”在北京物资学院举行。论坛由北京物资学院和中国商业法研究会共同主办，北京物资学院法学院、北京物资学院流通法律与政策研究中心、中国商业法研究会流通法专业委员会、《商业法评论》编辑部共同承办。

（北京物资学院科研处供稿）

27日　由中国政法大学主办、北京滴慧律师事务所协办的中国政法大学法商大数据研究中心成立大会暨首届中国法商大数据高峰论坛在中国政法大学召开。论坛围绕“大数据时代的民商经济法发展”和“大数据与制度创新”两个主题进行了研讨。

（中国政法大学科研处供稿）

29日　由商务部国际贸易经济合作研究院主办的2019年中国开放与发展论坛在北京召开。本次论坛以“高水平开放高质量发展”为主题，与会人员围绕打造改革开放新高地、促进形成强大国内市场等议题开展讨论。

（摘自《光明日报》2019年12月9日第16版）

同日　北京世界城市研究基地2019年学术年会暨市情研究论丛（第3辑）新书发布会在北京市社会科学院举行，本次会议主题为“世界级城市群与首都高质量发展”。

（北京市社会科学院市情中心供稿）

同日　首都师范大学举行人工智能教育研究院成立大会。

（首都师范大学社科处供稿）

30日　由中国社会科学院主办、中国社会科学院国际法研究所承办的“构建人类命运共同体与国际法治”国际研讨会在北京举行。与会者围绕“现代国际法基本理论”“‘一带一路’建设”“国际私法新发展”“人权法的发展与实践”“空间、海洋法治”等议题展开研讨。

（摘自《光明日报》2019年12月9日第16版）

11月

1日　纪念甲骨文发现120周年座谈会在人民大会堂举行，会上宣读了习近平的贺信。中共中央政治局委员、国务院副总理孙春兰在会上讲话。有关专家代表和教育部、河南省负责同志在座谈会上发言。1899年甲骨文的发现是中华文明乃至人类文明发展史上的一件大事。甲骨文是汉字的源头，是千年中华文明的标志，具有崇高的象征意义。作为世界四大古文字之一，甲骨文也为推动世界文明进程作出了巨大贡献，成功入选联合国教科文组织“世界记忆名录”。

（摘自《光明日报》2019年11月3日第1版）

同日　中华全国新闻工作者协会主办的第二十九届中国新闻奖评选结果揭晓。来自全国各级各类媒体的346件作品获中国新闻奖，其中特别奖5件、一等奖60件（含10件新闻名专栏）、二等奖108件、三等奖173件。中华全国新闻工作者协会将于近期举办第二十九届中国新闻奖颁奖报告会，为特别奖、一等奖获奖者颁奖。

（摘自《光明日报》2019年11月2日第5版）

同日　清华大学公共管理学院全球学术顾问委员会（简称“学术顾问委员会”）成立大会暨第一次会议在清华大学举行。当天下午，中共中央政治局委员、国务院副总理孙春兰在人民大会堂会见了清华大学公共管理学院全球学术顾问委员会外方代表。十三届全国人大常委会副委员长、民盟中央主席、中国科学院副院长丁仲礼，十三届全国政协副主席、致公党中央主席、中国科学技术协会主席万钢，顾问委员会中方主席、十二届全国政协副主席、中国人民银行原行长周小川出席大会。清华大学校长邱勇，党委书记、校务委员会主任陈旭陪同会见并出席大会。

（清华大学文科建设处供稿）

2日　由北京师范大学教育学部主办的“马克思主义与教育：东方与西方”中外学者高端论坛在学校召开。

（北京师范大学社科处刘娜供稿）

1—3日　由北京大学、北京市教育委员与韩国高等教育财团主办的“北京论坛2019：文明的和谐与共同繁荣——变化世界与人的未来”国际性学术会议举办。其中，北京大学考古文博学院负责“世界的脉搏——丝绸之路考古与古代文明”分论坛的筹办，邀请来自英国牛津大学、荷兰莱顿大学、伊朗德黑兰大学等单位的16位专家学者发表报告。配合论坛主题，北京大学与新疆维吾尔自治区文物局于2019年11月1日—2020年2月28日在北京大学赛克勒考古与艺术博物馆联合举办“千山共色——丝绸之路文明特展”。

（北京大学社会科学部供稿）

9日　北京互联网法院与北京师范大学互联网发展研究院联合主办的“互联网司法治理研究中心”成立仪式暨“互联网司法与国家治理现代化高峰论坛”在北京举行。

（北京师范大学社科处刘娜供稿）

同日　《迁徙的人　变动的城——大数据视角下的中国城镇化》新书在国务院发展研究中心发布。这是国务院发展研究中心宏观经济研究部与百度地图的联合报告。该书的重要结论包括：我国密度法城镇化率高于行政区划法城镇化率；依托大数据更能识别真实的城市群分布；西北缺少一个具有带动力的城市群；北京和上海都市圈人口分布呈现“内极密外极疏”和时空失衡的特征；大数据显示首都功能疏解正在取得初步成；推动都市圈发展是缓解高房价难题的可行之道；城市人口增长由“南北均衡”转向“南快北慢”；大城市46%的外来人口来自三线城市；低出生率和劳动力净输出共同解释了东北人口减少；我国城市经济发展与人口流动基本呈现倒U型关系。

（国务院发展研究中心办公厅科研处供稿）

10日　由苏尼特左旗旗委、旗人民政府和中央民族大学联合举办的内蒙古苏尼特左旗《非物质文化遗产中央民族大学校园展》在中央民族大学博物馆开幕。

（中央民族大学民族博物馆供稿）

11日　中国中共党史学会第八次全国会员代表大会、中国中共党史人物研究会第五次全国会员代表大会在北京举行。大会审议通过了新的章程，选举产生了新一届理事会。中央党史和文献研究院院长曲青山当选中国中共党史学会第八届理事会会长。中央党史和文献研究院原院务委员张树军当选中国中共党史人物研究会第五届理事会会长。来自中央党史和文献研究院、中共中央党校（国家行政院）、中国社会科学院、国防大学、军事科学院及全国党史和文献工作部门的会员代表约220人参加会议。

（摘自《人民日报》2019年11月12日第11版）

同日　由北京工业大学区块链研究中心、经济与管理学院、应用数理学院、信息学部、北京科学与工程计算研究院、北京现代制造业发展研究基地、北京工业大学教育基金会联合主办的北京工业大学第三届区块链技术与应用研讨会在北京举办。来自中国科学院、香港城市大学、北京大学等高校研究单位的专家学者共有80余人参加。

（北京工业大学科发院人文处供稿）

14日　中国电视艺术交流协会视听艺术教育专业委员会成立仪式和首届会员代表大会在中国传媒大学新国际交流中心举行。

（中国传媒大学艺术研究院供稿）

15日　中国科学院大学与中国社会科学院大学战略合作框架协议签约仪式在北京举行。会议签署了《中国科学院大学—中国社会科学院大学战略合作框架协议》。根据协议，双方将本着“协同创新、优势互补”的原则，发挥双方的特点和优势开展全面战略合作，坚持立德树人、服务国家需求，为国家创新驱动发展战略作出贡献。

（中国社会科学院大学科研处供稿）

同日　卓越新闻传播学人才培养研讨会暨中央民族大学新闻与传播学院成立仪式在中央民族大学举行，来自北京大学、清华大学、北京师范大学、中国人民大学、复旦大学、华中科技大学、中国传媒大学等全国 30 所高校的新闻传播院系负责人，学校职能部门负责人、校友代表、荣休教师代表和学院师生近 200 人参加会议，共话卓越新闻传播学人才培养的路径、共同见证中央民族大学新闻与传播学院的成立。

（中央民族大学科研处供稿）

同日　俄罗斯科学院（Российская Академия Наук，РАН）公布新人选外籍院士名单，清华大学社会科学学院国际关系研究院院长、清华大学文科资深教授阎学通当选该院国际关系领域外籍院士，成为中国首位获得这一称号的国际关系学者。俄罗斯科学院是俄罗斯联邦的最高学术机构，是主导全国自然科学和社会科学基础研究的中心。俄罗斯科学院研究实力雄厚，在自然科学、工程技术、社会科学和人文学科的基础研究中均取得了众多世界一流成果。

（清华大学文科建设处供稿）

同日　北京印刷学院新媒体学院举办首届学科建设发展论坛暨数字媒体艺术北京市重点实验室学术研讨会。论坛围绕“设计学学科建设方向、战略与路径”“高校学科建设典型案例与模式”等相关议题展开讨论。

（北京印刷学院宣传部供稿）

16 日　“第三届国际青年人文对话大会”在对外经济贸易大学举办。本次活动由对外经济贸易大学、北京市习近平新时代中国特色社会主义思想研究中心主办，研究中心对外经济贸易大学研究基地等单位承办。活动主题为“人类命运共同体与青年全球领导力”。

（市社科联、市社科规划办理论研究部供稿）

20 日　中国当代文学研究会在北京市举行“当代文学四十年：见证与回望——中国当代文学研究会成立四十周年座谈会”。会议的主题是“中国当代文学研究会成立四十周年”，研讨的主要问题有“四十年来文学研究的问题与走向”“中国当代文学研究会的历史沿革”等。

（中国社会科学院办公厅刘玉杰供稿）

21 日　北京市习近平新时代中国特色社会主义思想研究中心 2019 年度项目立项工作会在北京市社会科学界联合会召开。北京市社会科学界联合会党组书记、北京市哲学社会科学规划办公室主任、研究中心常务副主任张淼出席会议并讲话。北京市社会科学界联合会副主席、研究中心执行副主任李翠玲主持会议。各项目责任单位科研管理部门、各研究基地有关负责同志、研究中心秘书长工作人员共 50 余人参加会议。

（市社科联、市社科规划办理论研究部供稿）

同日　北京师范大学教育学部中国儿童博物馆教育研究中心揭牌仪式暨研究成果发布会在北京举行。

（北京师范大学社科处刘娜供稿）

同日　由北京市社会科学院和社会科学文献出版社共同举办的《北京国际交往中心发展报告（2019）》媒体推介会在北京市社会科学院举办。北京市社科院党组成员、副院长鲁亚出席并致辞，北京市社科院外国所所长、《北京国际交往中心发展报告（2019）》主编刘波主持开场并主旨发言，外国所各成员作专题发言，会议邀请来自学术界、媒体的嘉宾参与发言点评。

（北京市社会科学院外国所供稿）

22 日　由中国社会科学评价研究院主办的第六届全国人文社会科学评价高峰论坛在北京举行。来自中国社会科学院、政府相关部门、多家高校、学会等的专家学者出席论坛。

（摘自《光明日报》2020 年 1 月 20 日第 16 版）

同日　2019 中国设计节在北京印刷学院开幕。设计节由光华设计基金会、中国创新设计产业战略联盟、北京印刷学院、国家新媒体产业基地主办，由中船文科、金日酷媒等机构联合主办。

（北京印刷学院宣传部供稿）

22—25 日　中国文学批评研究会联合中国社会科学院大学在北京举办“中国文学批评研究会第二次会员大会暨‘中国文学批评七十年’学术研讨会”。会议的主题是“中国文学批评七十年回顾与反思”，研讨的主要问题有“中国文学批评的现代性历程”“多学科视野中的文学批评”等。

（中国社会科学院办公厅刘玉杰供稿）

27 日　由中国社科院主办的第二届全国哲学社会科学道德和学风建设论坛在北京召开。论坛向全国发起了“恪守学术道德、弘扬优良学风、践行科研诚信”的倡议。

（中国社会科学院办公厅刘玉杰供稿）

同日　北京市科学技术研究院推进国家治理体系和治理能力现代化理论研讨会暨北京市习近平新时代中国特色社会主义思想研究中心北京市科学技术研究

院研究基地授牌仪式在北京市科学技术研究院召开。北京市社会科学界联合会党组书记、北京市哲学社会科学规划办公室主任、研究中心常务副主任张淼出席会议并讲话。

（市社科联、市社科规划办理论研究部供稿）

同日 北京师范大学科学教育研究院宣布成立。在北京师范大学教育学部成立十周年庆典上，十二届全国人大常委会副委员长严隽琪、十三届全国政协教科卫体委员会主任袁贵仁、北京师范大学校长董奇、中国教育学会名誉会长顾明远、中国教育学会会长钟秉林、中国科学院大连化学物理研究所杨学明院士等人为研究院揭牌。下午，北京师范大学首届科学教育论坛暨科学教育研究院合作共建签约仪式在北京师大厦举行。

（北京师范大学社科处刘娜供稿）

29日 由北京大学文研院与故宫博物院共同举办的“故宫与故宫学”系列学术活动启动。故宫博物院院长王旭东、北京大学党委副书记叶静漪出席启动仪式并致辞。首场讲座《故宫文物南迁及其意义》由故宫博物院原院长、故宫研究院院长郑欣淼研究员主讲。2020年起，北京大学文研院还将联合历史学系、艺术学院，邀请故宫资深专家在校开设一系列精品课程。

（北京大学社会科学部供稿）

同日 由中国文化国际传播研究院、会林文化基金与英文期刊《中国文化国际传播（ICCC）》联合主办，《文艺研究》《现代传播》《电影艺术》合办的“中国与世界：当代中国文化影响力生成国际论坛”在北京师范大学京师大厦举行。论坛邀请来自美国、法国、塞尔维亚、澳大利亚、越南、阿根廷等国的嘉宾，与国内专家学者共计60余位参加。

（北京师范大学社科处刘娜供稿）

同日 中国传媒大学人类命运共同体研究院揭牌仪式在图书馆圆形报告厅举行。人类命运共同体理论是习近平新时代中国特色社会主义思想的重要组成部分。来自联合国教科文组织、中国、英国、德国、巴西、黑山共和国、坦桑尼亚、埃塞俄比亚、巴基斯坦等国际组织和国家的外交使节、智库和企业领导人、大学校长等50余位嘉宾及学校党委领导班子、学校机关直属各部门、各学院领导、留学生代表参加了成立仪式。

（中国传媒大学科研处供稿）

同日 中国社会科学出版社在北京召开《当代中国学术思想史》丛书出版座谈会暨编委会会议。中国社会科学院院长、党组书记谢伏瞻出席并讲话。中国社会科学院副院长、党组成员高翔主持会议。中国社会科学院原副院长李培林出席会议。《当代中国学术思想史》丛书以马克思主义为指导，对中华人民共和国成立以来中国哲学社会科学各学科的历史发展、当前状况和前沿动向进行系统回顾、总结和反思，共涉及20多个一级学科，以及部分二级学科和其他专题显学。丛书各卷执笔者均为中国社会科学院和全国重点高校各学科的学科带头人和著名学者。自2008年启动，到2018年，前后历时11年，共出版35部著作。2019年，中国社会科学出版社组织对《当代中国学术思想史》进行修订，共推出20卷。

（中国社会科学院办公厅刘玉杰供稿）

12月

1日 由北京师范大学中国教育与社会发展研究院、浙江大学区域协调发展研究中心联合主办的中国职业教育服务“一带一路”建设论坛在北京师范大学举办。来自教育部职业教育与成人教育司、国际合作与交流司的有关领导，北京师范大学、浙江大学、清华大学、中国人民大学、浙江省教育改革与发展研究院等科研院校的专家学者，多个省市教育部门相关工作负责人，以及数十家职业院校代表共200余人参加。

（北京师范大学社科处刘娜供稿）

同日 中央民族大学法学专业设立40周年之民族院校法学专业发展论坛在中央民族大学礼堂成功举行。

（中央民族大学科研处供稿）

2日 中国政法大学成立中国政法大学市场监管法治研究基地。

（中国政法大学科研处供稿）

3日 由鲁迅文化基金会与北京师范大学文学院共同主办的“2019鲁迅文化论坛·北京师范大学分论坛”在北京师范大学英东学术报告厅举行。

（北京师范大学社科处刘娜供稿）

5日 北京网络视听研究院成立仪式暨2019年北京优秀网络视听节目发布活动在北京举办。北京市广播电视局党组书记、局长杨烁代表研究院向爱奇艺、优酷、抖音、快手、中国传媒大学、北京师范大学、中国（北京）星光视听产业基地7家单位授予首批

“北京网络视听研究院协同创新实验室”铜牌。

（中国传媒大学戏剧影视学院朱传欣供稿）

6 日　北京市人大常委会与中国政法大学签署合作框架协议，共同建立“中国政法大学立法研究院”暨“北京市人大常委会立法研究基地”。市人大常委会主任李伟出席启动会并讲话。

（北京市人大常委会研究室供稿）

同日　“人民教育家”国家荣誉称号与“最美奋斗者”荣誉称号获得者、我国著名马克思主义经济学家、中国人民大学荣誉一级教授卫兴华逝世，享年 95 岁。

（摘自《光明日报》2019 年 12 月 7 日第 5 版）

7 日　由北京市哲学社会科学中国化马克思主义发展研究基地和中国戏曲学院共同主办的“中国传统艺术与社会主义核心价值观建设学术研讨会”在北京大学举行，来自戏曲、曲艺行业的艺术家和文化、哲学、媒体行业的专家学者，以风趣幽默的语言剖析了中国传统艺术与社会主义核心价值观之间密切的关系。

（摘自《北京日报》2019 年 12 月 8 日第 2 版）

9 日　市委市政府召开专家学者征求意见会，就做好 2020 年重点工作听取意见建议。市委书记蔡奇主持会议并讲话，市委副书记、市长陈吉宁，市人大常委会主任李伟，市政协主席吉林出席。余淼杰、穆荣平、廉思、曹允春、文魁 5 位专家学者围绕推动高质量发展、建设怀柔综合性国家科学中心、完善首都城市治理体系、推进自贸区建设、推动首都“四个中心”功能建设与北京经济发展有机融合等提出意见建议。

（摘自《北京日报》2019 年 12 月 10 日第 1 版）

同日　由中国社会科学院主办，中国社会科学院科研局、工业经济研究所、宏观经济研究中心和社会科学文献出版社共同承办的“2020 年《经济蓝皮书》发布会暨中国经济形势报告会”在北京举行。

（中国社会科学院办公厅刘玉杰供稿）

10 日　北京大学历史学系钱乘旦教授主编的《英帝国史》（8 卷本）正式出版。本书打破了以西方话语为主导的英帝国史研究模式，创造出中国学者自己的解释体系，填补了国内学界对英帝国史整体研究的空白。

（北京大学社会科学部供稿）

同日　2019 年度国家艺术基金艺术人才培养项目“传统印刷工艺创造性转化设计人才培养”作品展开幕式在中国印刷博物馆举行。本次展览由北京印刷学院与中国印刷博物馆主办，中国自然辩证法研究会科学与艺术专业委员会协办。展览内容基于由校馆联合申报的国家艺术基金项目的培训成果，是对中国传统印刷工艺的一次集中展示，同时也是对传统印刷工艺转化与再创造可能性的典型体现。

（北京印刷学院宣传部供稿）

12 日　第十五届（2019）光华龙腾奖颁奖典礼在人民大会堂小礼堂举行，本届光华龙腾奖之中国设计青年百人榜、中国设计业十大杰出青年、新中国成立七十周年中国设计 70 人特别奖等重要奖项获奖者揭晓。

（清华大学文科建设处供稿）

15 日　由北京大学国家发展研究院主办的第四届国家发展论坛在北京大学举行。在“全球变局与国家发展”的大主题下，专家学者分别就“全球变局与中美关系”“实体经济融资与金融监管”等具体议题展开深入讨论。

（摘自《光明日报》2020 年 1 月 20 日第 16 版）

同日　“北京大学—圆明园研究中心”成立仪式举行。北京大学副校长王博、海淀区副区长张若冰、北京大学相关职能部门及院系代表出席成立仪式。

（北京大学社会科学部供稿）

同日　首都师范大学画院成立仪式暨首届学术提名展在中国国家画院美术馆举办。

（首都师范大学社科处供稿）

21 日　国家对外开放研究院国家风险研究中心成立暨学术研讨在北京举行。会议进行了国家对外开放研究院国家风险研究中心揭牌启动仪式。

（对外经济贸易大学科研处供稿）

23 日　中国社会科学院主办，中国社会科学院科研局、社会学研究所、社会科学文献出版社承办的 2020 年《社会蓝皮书》发布暨中国社会形势报告会在北京举行。

（摘自《光明日报》2020 年 1 月 20 日第 16 版）

24 日　国家文化和旅游研究基地——北京师范大学国家公共文化发展研究中心揭牌仪式在北国剧场举行。文化和旅游部公共服务司副司长白雪华，北京师范大学副校长周作宇，资深教授、中国文化国际传播研究院院长黄会林，校友会副会长陈光巨出席活动。白雪华、周作宇共同为研究中心揭牌。陈光巨为中心顾问委员与特聘研究员颁发聘书，黄会林受聘为研究基地学术委员会主任。

（北京师范大学社科处刘娜供稿）

25日 经中共中央党史和文献研究院审定，《胡锦涛文选》（全三卷）线装本由线装书局出版，即日起在全国发行。

（摘自《光明日报》2019年12月26日第1版）

同日 中国传媒大学通识教育中心、阳明书院、修辞学堂揭牌仪式在中国传媒大学图书馆举行。

（中国传媒大学艺术研究院供稿）

27日 由中国社会科学院当代中国研究所和科研局主办、当代中国出版社协办的《新中国70年》出版座谈会在北京召开。中国社会科学院、中国国家档案局、中国国家博物馆、中共中央党史和文献研究院等单位的专家学者出席会议并讲话。全书共47万字，插图57幅，其中一些是目前公开发行的最权威的照片。该书分为探索篇、改革篇和强国篇三部分，叙述了新中国1949—2019年这70年波澜壮阔的历史。

（中国社会科学院办公厅刘玉杰供稿）

28日 中国传媒大学国家治理研究院启动仪式暨研究员聘任仪式在北京举行。中国传媒大学党委书记陈文申和中国传媒大学国家治理研究院院长周惠分别代表学校党委和国家治理研究院作了讲话，同时宣布副院长和19名研究员的任命并颁发聘书。会上，国家治理研究院还与相关单位签订了战略合作协议。

（中国传媒大学科研处供稿）

29日 中国设计教育论坛暨2019年中国高等教育学会设计教育专业委员会年会在北京印刷学院顺利举行。本次论坛由中国高等教育学会设计教育专业委员会与北京印刷学院共同主办，北京印刷学院设计艺术学院承办。论坛邀请了设计艺术教育领域的多位专家学者，共同探讨如何进一步贯彻落实新时代国家教育发展规划和战略，推动设计教育的传承与变革。

（北京印刷学院宣传部供稿）

·附　　录·

概　述

本栏目记述2019年北京地区17所高等院校和1所党校人文社会科学研究基本情况统计，包括研究人员情况、课题研究情况和研究成果情况。

北京地区社科研究单位（部分）2019年人文社会科学研究基本情况统计表

北京大学2019年度人文社会科学研究基本情况统计表

学科门类	研究人员情况（人）						课题研究情况（项）				研究成果情况（部/篇）		
	合计	教授	副教授	讲师	助教	初级	合计	基础研究	应用研究	其他	出版著作（部）	发表论文（篇）	获奖成果（省部级及以上）（项）
合计	1496	582	557	315	42	0	1779	865	912	2	292	2644	24
管理学	96	41	29	24	2	0	309	61	248	0	11	356	1
马克思主义	23	11	8	3	1	0	64	60	4	0	22	126	3
哲学	66	37	19	5	5	0	55	50	5	0	40	203	1
逻辑学	5	3	1	0	1	0	0	0	0	0	0	0	0
宗教学	13	9	2	1	1	0	6	5	1	0	2	12	1
语言学	162	40	83	37	2	0	30	23	6	1	19	128	3
中国文学	74	42	29	3	0	0	67	63	4	0	23	243	2
外国文学	147	39	57	49	2	0	41	37	4	0	6	98	0
艺术学	30	21	6	3	0	0	37	22	15	0	9	115	2
历史学	90	47	24	13	6	0	58	48	10	0	36	82	1
考古学	54	24	19	11	0	0	130	71	59	0	0	4	0

续表

学科门类	研究人员情况（人）						课题研究情况（项）				研究成果情况（部/篇）		
	合计	教授	副教授	讲师	助教	初级	合计	基础研究	应用研究	其他	出版著作（部）	发表论文（篇）	获奖成果（省部级及以上）（项）
经济学	198	75	70	44	9	0	227	67	160	0	5	220	4
政治学	81	28	33	20	0	0	151	110	41	0	11	63	1
法学	105	51	32	21	1	0	188	61	127	0	37	310	3
社会学	66	33	19	13	1	0	141	58	83	0	23	205	1
民族学	1	0	1	0	0	0	7	2	5	0	2	5	0
新闻学与传播学	30	13	13	2	2	0	68	39	29	0	0	110	0
图书、情报、文献学	143	34	51	53	5	0	52	45	7	0	21	152	0
教育学	42	21	20	1	0	0	131	31	100	0	21	189	1
统计学	9	3	5	1	0	0	1	0	1	0	0	0	0
心理学	6	2	3	1	0	0	0	0	0	0	0	0	0
体育学	55	8	33	10	4	0	16	12	3	1	4	23	0

（北京大学社会科学部供稿）

中国人民大学2019年度人文社会科学研究基本情况统计表

学科门类	研究人员情况（人）						课题研究情况（项）				研究成果情况（部/篇）		
	合计	教授	副教授	讲师	助教	初级	合计	基础研究	应用研究	其他	出版著作（部）	发表论文（篇）	获奖成果（省部级及以上）（项）
合计	1650	684	658	285	23	0	6159	2238	3885	36	397	3435	41
管理学	252	92	104	50	6	0	1485	346	1124	15	68	665	4
马克思主义	36	17	15	4	0	0	236	168	68	0	11	210	6
哲学	83	49	24	9	1	0	168	124	44	0	32	223	2
逻辑学	0	0	0	0	0	0	0	0	0	0	0	0	0
宗教学	16	8	5	3	0	0	2	2	0	0	1	48	0
语言学	90	15	45	28	2	0	53	46	7	0	19	54	0
中国文学	74	36	25	13	0	0	212	178	34	0	15	127	2
外国文学	13	7	4	2	0	0	10	9	1	0	0	0	0
艺术学	35	5	21	9	0	0	32	24	8	0	11	69	0
历史学	92	45	29	18	0	0	191	147	44	0	11	167	3
考古学	16	5	8	3	0	0	74	41	33	0	3	31	1
经济学	382	192	143	47	0	0	1623	440	1127	11	62	656	11

续表

学科门类	研究人员情况（人）						课题研究情况（项）				研究成果情况（部/篇）		
	合计	教授	副教授	讲师	助教	初级	合计	基础研究	应用研究	其他	出版著作（部）	发表论文（篇）	获奖成果（省部级及以上）（项）
政治学	69	37	24	8	0	0	126	60	66	0	26	88	3
法学	129	62	55	12	0	0	550	177	369	4	60	326	4
社会学	69	28	36	4	1	0	487	146	339	2	22	194	1
民族学与文化学	0	0	0	0	0	0	0	0	0	0	0	0	0
新闻学与传播学	65	28	29	8	0	0	232	84	148	0	17	164	0
图书馆、情报与文献学	85	21	31	31	2	0	205	75	130	0	13	124	2
教育学	63	13	17	22	11	0	151	55	96	0	8	115	0
统计学	38	17	14	7	0	0	254	73	177	4	8	62	2
心理学	16	5	9	2	0	0	31	18	13	0	10	100	0
体育科学	27	2	20	5	0	0	37	25	12	0	0	12	0

（中国人民大学科研处供稿）

北京师范大学2019年度人文社会科学研究基本情况统计表

学科门类	研究人员情况（人）						课题研究情况（项）				研究成果情况（部/篇）		
	合计	教授	副教授	讲师	助教	初级	合计	基础研究	应用研究	其他	出版著作（部）	发表论文（篇）	获奖成果（省部级及以上）（项）
合计	1268	449	435	384	0	0	4468	2893	1575	0	425	2856	22
管理学	80	32	26	22	0	0	405	256	149	0	25	248	2
马克思主义	39	14	14	11	0	0	110	98	12	0	6	72	1
哲学	44	22	10	12	0	0	125	110	15	0	14	150	2
逻辑学	2	0	1	1	0	0	1	1	0	0	0	0	0
宗教学	3	2	1	0	0	0	5	5	0	0	0	9	0
语言学	106	29	44	33	0	0	135	78	57	0	26	140	0
中国文学	71	30	22	19	0	0	161	134	27	0	80	170	1
外国文学	24	7	11	6	0	0	23	23	0	0	0	0	0
艺术学	88	27	26	35	0	0	180	131	49	0	34	201	1
历史学	67	29	23	15	0	0	176	161	15	0	28	147	3
考古学	5	2	3	0	0	0	20	20	0	0	0	4	0

续表

学科门类	研究人员情况（人）						课题研究情况（项）				研究成果情况（部/篇）		
	合计	教授	副教授	讲师	助教	初级	合计	基础研究	应用研究	其他	出版著作（部）	发表论文（篇）	获奖成果（省部级及以上）（项）
经济学	94	35	29	30	0	0	336	212	124	0	24	199	5
政治学	19	8	7	4	0	0	42	35	7	0	0	21	0
法学	96	39	31	26	0	0	360	220	140	0	44	190	0
社会学	40	14	16	10	0	0	172	128	44	0	14	74	1
民族学	6	1	2	3	0	0	24	16	8	0	4	28	0
新闻学与传播学	26	10	5	11	0	0	78	47	31	0	5	84	0
图书、情报、文献学	16	4	8	4	0	0	39	23	16	0	4	72	0
教育学	272	80	99	93	0	0	1507	898	609	0	99	684	6
统计学	20	6	9	5	0	0	79	65	14	0	0	60	0
心理学	101	42	28	31	0	0	425	193	232	0	13	212	0
体育学	49	16	20	13	0	0	65	39	26	0	5	91	0

（北京师范大学科研处供稿）

中央民族大学2019年度人文社会科学研究基本情况统计表

学科门类	研究人员情况（人）						课题研究情况（项）				研究成果情况（部/篇）		
	合计	教授	副教授	讲师	助教	初级	合计	基础研究	应用研究	其他	出版著作（部）	发表论文（篇）	获奖成果（省部级及以上）（项）
合计	826	239	251	320	10	6	267	151	117	6	103	803	24
法学	142	47	48	47	0	0	82	43	39	0	31	268	8
管理学	53	22	22	9	0	0	23	5	18	0	7	58	0
教育学	64	15	22	25	1	1	18	5	10	1	3	48	2
经济学	57	23	20	14	0	0	28	6	20	2	7	66	2
历史学	45	19	10	16	0	0	28	25	2	1	6	54	2
文学	235	61	65	106	2	1	60	52	8	0	26	209	7
艺术学	185	34	55	85	7	4	28	6	20	2	9	70	2
哲学	45	18	9	18	0	0	0	9	0	0	14	30	1

（中央民族大学科研处供稿）

中国政法大学 2019 年度人文社会科学研究基本情况统计表

学科门类	研究人员情况（人）						课题研究情况（项）				研究成果情况（部/篇）		
	合计	教授	副教授	讲师	助教	初级	合计	基础研究	应用研究	其他	出版著作（部）	发表论文（篇）	获奖成果（省部级及以上）（项）
合计	954	324	364	258	5	2	3519	520	2999	0	208	1182	4
管理学	41	16	12	13	0	0	162	9	153	0	12	43	0
马克思主义	25	4	12	9	0	0	87	25	62	0	1	66	0
哲学	36	15	15	6	0	0	50	29	21	0	4	39	0
逻辑学	0	0	0	0	0	0	0	0	0	0	0	0	0
宗教学	5	2	0	3	0	0	9	4	5	0	1	1	0
语言学	99	17	45	35	2	0	108	17	91	0	7	89	0
中国文学	15	2	5	8	0	0	13	8	5	0	0	40	0
外国文学	7	1	2	3	1	0	7	3	4	0	2	3	0
艺术学	7	3	3	1	0	0	12	3	9	0	1	3	0
历史学	20	2	10	8	0	0	33	17	16	0	4	27	0
考古学	0	0	0	0	0	0	0	0	0	0	0	0	0
经济学	45	14	19	12	0	0	103	13	90	0	10	73	0
政治学	57	24	19	13	0	1	121	31	90	0	7	79	1
法学	477	205	178	94	0	0	2596	331	2265	0	151	622	3
社会学	23	4	10	8	0	1	52	16	36	0	2	34	0
民族学与文化学	0	0	0	0	0	0	0	0	0	0	0	0	0
新闻学与传播学	30	7	11	11	1	0	128	11	117	0	2	35	0
图书馆、情报与文献学	35	4	7	23	1	0	3	1	2	0	0	1	0
教育学	3	0	1	2	0	0	30	2	28	0	3	25	0
统计学	0	0	0	0	0	0	3	0	3	0	0	0	0
心理学	0	0	0	0	0	0	0	0	0	0	0	0	0
体育科学	29	4	15	9	0	0	2	0	2	0	1	2	0

（中国政法大学科研处供稿）

中央财经大学2019年度人文社会科学研究基本情况统计表

学科门类	研究人员情况（人）						课题研究情况（项）				研究成果情况（部/篇）		
	合计	教授	副教授	讲师	助教	初级	合计	基础研究	应用研究	其他	出版著作（部）	发表论文（篇）	获奖成果（省部级及以上）（项）
合计	1204	212	443	451	36	0	2263	383	1880	0	91	1031	4
管理学	276	62	96	106	12	0	571	76	495	0	22	242	0
马克思主义	26	7	10	9	0	0	49	31	18	0	0	0	0
哲学	9	3	1	5	0	0	10	4	6	0	1	7	0
逻辑学	4	1	3	0	0	0	2	1	1	0	0	0	0
宗教学	0	0	0	0	0	0	2	1	1	0	0	0	0
中国文学	18	8	1	8	1	0	14	4	10	0	0	65	0
外国文学	69	6	30	33	0	0	22	9	13	0	0	22	0
艺术学	17	1	2	14	0	0	18	5	13	0	2	23	0
历史学	7	2	2	3	0	0	3	3	0	0	0	6	0
考古学	0	0	0	0	0	0	0	0	0	0	0	0	0
经济学	490	137	178	162	13	0	985	114	871	0	46	384	3
政治学	12	0	6	6	0	0	6	2	4	0	0	0	0
法学	83	15	36	31	1	0	299	62	237	0	16	148	1
社会学	28	11	11	5	1	0	58	13	45	0	0	0	0
民族学与文化学	0	0	0	0	0	0	1	1	0	0	0	0	0
新闻学与传播学	19	2	9	8	0	0	24	9	15	0	0	0	0
图书馆、情报与文献学	14	3	0	11	0	0	21	0	21	0	0	0	0
教育学	40	4	6	23	7	0	104	24	80	0	4	67	0
统计学	30	5	15	10	0	0	41	17	24	0	0	4	0
心理学	25	2	14	8	1	0	20	6	14	0	0	11	0
体育科学	37	5	23	9	0	0	13	1	12	0	0	52	0

（中央财经大学科研处供稿）

对外经济贸易大学 2019 年度人文社会科学研究基本情况统计表

学科门类	研究人员情况（人）						课题研究情况（项）				研究成果情况（部/篇）		
	合计	教授	副教授	讲师	助教	初级	合计	基础研究	应用研究	其他	出版著作（部）	发表论文（篇）	获奖成果（省部级及以上）（项）
合计	1097	243	331	450	72	1	1136	336	800	0	107	1131	13
管理学	239	48	61	109	20	1	311	89	222	0	26	261	3
马克思主义	62	8	7	27	20	0	33	16	17	0	3	27	1
哲学	1	0	1	0	0	0	4	4	0	0	1	6	0
逻辑学	0	0	0	0	0	0	0	0	0	0	0	0	0
宗教学	0	0	0	0	0	0	0	0	0	0	0	0	0
语言学	159	23	63	61	12	0	77	46	31	0	13	49	1
中国文学	18	4	10	4	0	0	22	22	0	0	4	22	0
外国文学	37	6	12	14	5	0	18	15	3	0	2	18	1
艺术学	3	0	0	2	1	0	0	0	0	0	1	2	0
历史学	1	0	0	1	0	0	9	8	1	0	0	7	0
考古学	0	0	0	0	0	0	0	0	0	0	0	0	0
经济学	367	108	109	146	4	0	427	58	369	0	33	491	4
政治学	40	8	16	14	2	0	23	7	16	0	0	32	1
法学	82	29	18	35	0	0	102	32	70	0	14	86	1
社会学	2	0	1	1	0	0	13	3	10	0	3	22	1
民族学	0	0	0	0	0	0	0	0	0	0	0	0	0
新闻学与传播学	8	0	3	4	1	0	19	9	10	0	0	9	0
图书、情报、文献学	20	1	4	14	1	0	5	0	5	0	0	7	0
教育学	11	2	1	6	2	0	34	13	21	0	4	45	0
统计学	24	6	14	4	0	0	35	11	24	0	2	42	0
心理学	0	0	0	0	0	0	0	0	0	0	0	0	0
体育学	23	0	11	8	4	0	4	3	1	0	1	5	0

（对外经济贸易大学科研处供稿）

中国传媒大学2019年度人文社会科学研究基本情况统计表

学科门类	研究人员情况（人）						课题研究情况（项）			
	合计	教授	副教授	讲师	助教	初级	合计	基础研究	应用研究	其他
合计	1560	247	457	772	72	12	4833	1299	3534	0
管理学	208	22	73	102	10	1	196	72	124	0
马克思主义	16	4	5	5	2	0	82	33	49	0
哲学	12	2	6	4	0	0	3	2	1	0
逻辑学	1	0	0	1	0	0	0	0	0	0
宗教学	0	0	0	0	0	0	1	0	1	0
语言学	167	16	52	87	12	0	192	59	133	0
中国文学	47	9	25	13	0	0	132	62	70	0
外国文学	22	1	5	15	0	1	5	3	2	0
艺术学	486	80	122	249	29	6	919	283	636	0
历史学	8	2	3	3	0	0	19	6	13	0
考古学	0	0	0	0	0	0	0	0	0	0
经济学	28	9	12	7	0	0	118	18	100	0
政治学	37	7	9	18	3	0	27	14	13	0
法学	26	2	5	18	0	1	27	8	19	0
民族学与文化学	2	1	0	1	0	0	11	6	5	0
社会学	4	1	2	1	0	0	49	13	36	0
新闻学与传播学	430	86	119	207	15	3	2825	646	2179	0
图书馆、情报与文献学	16	0	8	8	0	0	13	7	6	0
教育学	32	4	7	20	1	0	197	58	139	0
统计学	0	0	0	0	0	0	5	2	3	0
心理学	3	0	0	3	0	0	3	2	1	0
体育科学	15	1	4	10	0	0	9	5	4	0

（中国传媒大学科学研究处供稿）

北京科技大学 2019 年度人文社会科学研究基本情况统计表

研究人员情况（人）						课题研究情况（项）				研究成果情况（部/篇）		
合计	教授	副教授	讲师	助教	初级	合计	基础研究	应用研究	其他	出版著作（部）	发表论文（篇）	获奖成果（省部级及以上）（项）
473	74	182	213	4	0	857	524	326	7	6	232	0

（北京科技大学科学技术研究院供稿）

北京交通大学 2019 年度人文社会科学研究基本情况统计表

学科门类	研究人员情况（人）						课题研究情况（项）				研究成果情况（部/篇）		
	合计	教授	副教授	讲师	助教	初级	合计	基础研究	应用研究	其他	出版著作（部）	发表论文（篇）	获奖成果（省部级及以上）（项）
合计	969	178	333	431	26	1	1492	570	918	4	57	352	6
管理学	363	96	121	132	13	1	587	193	392	2	29	87	0
马克思主义	30	6	10	13	1	0	77	64	12	1	7	65	4
哲学	11	2	6	2	1	0	8	6	2	0	1	3	0
逻辑学	0	0	0	0	0	0	0	0	0	0	0	0	0
宗教学	0	0	0	0	0	0	0	0	0	0	0	0	0
语言学	123	6	47	66	4	0	33	21	12	0	3	8	0
中国文学	3	0	2	0	1	0	3	1	2	0	0	0	0
外国文学	10	2	2	5	1	0	3	3	0	0	2	14	0
艺术学	83	9	31	43	0	0	209	73	136	0	2	45	0
历史学	3	1	2	0	0	0	3	1	2	0	2	7	0
考古学	0	0	0	0	0	0	0	0	0	0	0	0	0
经济学	136	28	46	62	0	0	357	102	255	0	11	69	2
政治学	17	2	9	6	0	0	12	5	7	0	0	2	0
法学	44	8	17	17	2	0	64	26	38	0	0	22	0
社会学	7	3	1	3	0	0	36	13	22	1	0	0	0
民族学	1	0	1	0	0	0	4	4	0	0	0	0	0
新闻学与传播学	19	1	4	14	0	0	47	27	20	0	0	27	0
图书馆、情报与文献学	42	2	9	30	1	0	5	3	2	0	0	0	0
教育学	22	7	8	6	1	0	15	9	6	0	0	3	0
统计学	7	2	1	3	1	0	10	7	3	0	0	0	0
心理学	12	2	2	8	0	0	15	8	7	0	0	0	0

续表

学科门类	研究人员情况（人）						课题研究情况（项）				研究成果情况（部/篇）		
	合计	教授	副教授	讲师	助教	初级	合计	基础研究	应用研究	其他	出版著作（部）	发表论文（篇）	获奖成果（省部级及以上）（项）
体育科学	36	1	14	21	0	0	4	4	0	0	0	0	0

（北京交通大学人文社会科学处供稿）

首都师范大学2019年度人文社会科学研究基本情况统计表

学科门类	研究人员情况（人）						课题研究情况（项）				研究成果情况（部/篇）		
	合计	教授	副教授	讲师	助教	初级	合计	基础研究	应用研究	其他	出版著作（部）	发表论文（篇）	获奖成果（省部级及以上）（项）
合计	1145	234	458	432	17	4	176	121	55	0	107	734	7
管理学	40	7	19	13	0	1	12	5	7	0	5	44	0
马克思主义	30	3	16	9	2	0	3	2	1	0	5	43	0
哲学	41	16	11	14	0	0	7	7	0	0	3	19	0
逻辑学	0	0	0	0	0	0	0	0	0	0	0	0	0
宗教学	1	0	1	0	0	0	0	0	0	0	0	0	0
语言学	206	19	77	109	1	0	9	5	4	0	7	55	1
中国文学	83	28	33	22	0	0	16	13	3	0	9	90	1
外国文学	57	13	12	32	0	0	1	1	0	0	0	21	0
艺术学	182	36	80	61	5	0	9	6	3	0	12	76	0
历史学	80	33	23	23	1	0	24	19	5	0	30	105	2
考古学	10	3	3	4	0	0	7	7	0	0	1	7	0
经济学	21	1	14	6	0	0	2	1	1	0	1	6	0
政治学	20	6	6	8	0	0	3	3	0	0	2	5	1
法学	29	5	10	14	0	0	14	8	6	0	1	21	0
社会学	16	3	9	4	0	0	8	6	2	0	1	6	0
民族学与文化学	0	0	0	0	0	0	0	0	0	0	0	1	0
新闻学与传播学	9	1	5	3	0	0	4	4	0	0	0	4	0
图书馆、情报与文献学	44	2	19	21	2	0	1	1	0	0	1	2	0
教育学	193	43	91	55	2	2	51	29	22	0	25	166	2
统计学	2	0	0	1	1	0	0	0	0	0	0	0	0

续表

学科门类	研究人员情况（人）						课题研究情况（项）				研究成果情况（部/篇）		
	合计	教授	副教授	讲师	助教	初级	合计	基础研究	应用研究	其他	出版著作（部）	发表论文（篇）	获奖成果（省部级及以上）（项）
心理学	50	14	21	15	0	0	5	4	1	0	1	51	0
体育科学	31	1	8	18	3	1	0	0	0	0	2	12	0

（首都师范大学社科处供稿）

北京工业大学 2019 年度人文社会科学研究基本情况统计表

学科门类	研究人员情况（人）						课题研究情况（项）				研究成果情况（部/篇）		
	合计	教授	副教授	讲师	助教	初级	合计	基础研究	应用研究	其他	出版著作（部）	发表论文（篇）	获奖成果（省部级及以上）（项）
合计	637	77	242	312	6	0	652	159	493	0	45	463	0
管理学	107	19	49	36	3	0	171	40	131	0	7	161	0
马克思主义	46	8	16	22	0	0	31	19	12	0	7	38	0
哲学	2	0	1	1	0	0	5	4	1	0	0	7	0
语言学	89	0	27	62	0	0	15	9	6	0	0	16	0
中国文学	6	1	4	1	0	0	1	1	0	0	1	5	0
外国文学	2	0	1	1	0	0	2	2	0	0	0	3	0
艺术学	136	13	45	77	1	0	95	16	79	0	12	59	0
经济学	64	11	29	24	0	0	104	19	85	0	6	56	0
政治学	1	0	1	0	0	0	1	0	1	0	0	1	0
法学	30	2	9	18	1	0	14	3	11	0	2	6	0
社会学	31	5	13	12	1	0	109	27	82	0	7	48	0
新闻学与传播学	14	0	5	9	0	0	6	0	6	0	0	10	0
图书馆、情报与文献学	29	8	10	11	0	0	5	1	4	0	0	7	0
教育学	27	8	10	9	0	0	81	15	66	0	2	34	0
统计学	5	0	2	3	0	0	6	1	5	0	0	0	0
心理学	1	0	0	1	0	0	4	1	3	0	1	0	0
体育科学	47	2	20	25	0	0	2	1	1	0	0	12	0

（北京工业大学科发院人文处供稿）

北京林业大学2019年度人文社会科学研究基本情况统计表

研究人员情况（人）					课题研究情况（项）				研究成果情况（部/篇）		
合计	教授	副教授	讲师	助教、初级	合计	基础研究	应用研究	其他	出版著作（部）	发表论文（篇）	获奖成果（省部级及以上）（项）
417	76	226	79	36	164	70	92	2	6	314	2

（北京林业大学科技处供稿）

北京物资学院2019年度人文社会科学研究基本情况统计表

学科门类	研究人员情况（人）						课题研究情况（项）				研究成果情况（部/篇）		
	合计	教授	副教授	讲师	助教	初级	合计	基础研究	应用研究	其他	出版著作（部）	发表论文（篇）	获奖成果（省部级及以上）（项）
合计	384	62	149	164	9	0	156	17	139	0	45	258	2
管理学	150	34	58	55	3	0	88	13	75	0	17	126	1
马克思主义	20	3	8	9	0	0	3	0	3	0	0	5	0
哲学	2	0	0	2	0	0	2	2	0	0	0	0	0
逻辑学	0	0	0	0	0	0	0	0	0	0	0	0	0
宗教学	0	0	0	0	0	0	0	0	0	0	0	0	0
语言学	47	2	20	24	1	0	0	0	0	0	2	8	0
文学	11	1	3	7	0	0	0	0	0	0	5	2	0
艺术学	3	1	0	2	0	0	0	0	0	0	0	1	0
历史学	3	0	1	2	0	0	0	0	0	0	0	0	0
考古学	0	0	0	0	0	0	0	0	0	0	0	0	0
经济学	78	17	30	30	1	0	39	1	38	0	9	70	1
政治学	2	0	0	0	2	0	0	0	0	0	0	1	0
法学	23	2	9	12	0	0	11	0	11	0	5	23	0
社会学	2	0	0	2	0	0	1	0	1	0	0	0	0
民族学与文化学	0	0	0	0	0	0	1	1	0	0	2	0	0
新闻学与传播学	2	0	0	1	1	0	0	0	0	0	0	1	0
图书、情报、文献学	0	0	0	0	0	0	0	0	0	0	0	6	0
教育学	12	1	3	7	1	0	1	0	1	0	0	3	0
统计学	8	1	5	2	0	0	9	0	9	0	4	12	0
心理学	2	0	1	1	0	0	0	0	0	0	0	0	0

续表

学科门类	研究人员情况（人）						课题研究情况（项）				研究成果情况（部/篇）		
	合计	教授	副教授	讲师	助教	初级	合计	基础研究	应用研究	其他	出版著作（部）	发表论文（篇）	获奖成果（省部级及以上）（项）
体育学	19	0	11	8	0	0	1	0	1	0	1	0	0

（北京物资学院科研处供稿）

北京印刷学院 2019 年度人文社会科学研究基本情况统计表

学科门类	研究人员情况（人）						课题研究情况（项）				研究成果情况（部/篇）		
	合计	教授	副教授	讲师	助教	初级	合计	基础研究	应用研究	其他	出版著作（部）	发表论文（篇）	获奖成果（省部级及以上）（项）
合计	382	47	126	181	28	0	257	54	203	0	41	174	0
管理学	56	10	17	24	5	0	45	5	40	0	6	40	0
马克思主义	11	1	5	4	1	0	1	0	1	0	1	5	0
哲学	6	1	5	0	0	0	0	0	0	0	0	0	0
逻辑学	0	0	0	0	0	0	0	0	0	0	0	0	0
宗教学	0	0	0	0	0	0	0	0	0	0	0	0	0
语言学	39	2	12	20	5	0	1	1	0	0	1	2	0
中国文学	12	0	5	7	0	0	4	3	1	0	1	2	0
外国文学	9	2	0	6	1	0	0	0	0	0	0	0	0
艺术学	105	12	38	47	8	0	98	17	81	0	12	33	0
历史学	6	1	2	3	0	0	2	2	0	0	0	1	0
考古学	0	0	0	0	0	0	0	0	0	0	0	0	0
经济学	14	0	4	10	0	0	12	1	11	0	2	5	0
政治学	3	0	1	1	1	0	1	0	1	0	0	2	0
法学	6	1	1	3	1	0	1	0	1	0	0	0	0
社会学	3	0	0	3	0	0	1	1	0	0	0	0	0
民族学	0	0	0	0	0	0	0	0	0	0	0	0	0
新闻学与传播学	61	14	20	24	3	0	81	21	60	0	16	73	0
图书、情报、文献学	17	1	3	13	0	0	5	2	3	0	0	1	0
教育学	8	0	3	3	2	0	1	1	0	0	1	4	0
统计学	2	1	0	1	0	0	0	0	0	0	0	0	0
心理学	0	0	0	0	0	0	0	0	0	0	0	0	0

续表

学科门类	研究人员情况（人）						课题研究情况（项）				研究成果情况（部/篇）		
	合计	教授	副教授	讲师	助教	初级	合计	基础研究	应用研究	其他	出版著作（部）	发表论文（篇）	获奖成果（省部级及以上）（项）
体育学	24	1	10	12	1	0	4	0	4	0	1	6	0

（北京印刷学院宣传部供稿）

中央团校（中国青年政治学院）2019年度人文社会科学研究基本情况统计表

学科门类	研究人员情况（人）						课题研究情况（项）				研究成果情况（部/篇）		
	合计	教授	副教授	讲师	助教	初级	合计	基础研究	应用研究	其他	出版著作（部）	发表论文（篇）	获奖成果（省部级及以上）（项）
合计	89	16	36	36	0	0	35	13	22	0	12	71	1
管理学	6	0	2	4	0	0	0	0	0	0	0	10	0
马克思主义	20	3	12	5	0	0	2	2	0	0	1	28	1
哲学	7	2	3	2	0	0	0	0	0	0	3	4	0
语言学	1	1	0	0	0	0	0	0	0	0	0	0	0
中国文学	1	1	0	0	0	0	1	0	1	0	0	0	0
外国文学	1	0	0	1	0	0	0	0	0	0	0	0	0
历史学	1	1	0	0	0	0	0	0	0	0	0	0	0
经济学	2	1	0	1	0	0	0	0	0	0	0	1	0
政治学	3	1	0	1	0	0	4	3	1	0	0	3	0
法学	4	1	3	0	0	0	1	0	1	0	1	3	0
社会学	27	4	13	10	0	0	23	8	15	0	5	17	0
新闻学与传播学	1	0	0	1	0	0	0	0	0	0	0	1	0
图书馆、情报与文献学	9	1	2	6	0	0	0	0	0	0	0	1	0
教育学	5	0	1	4	0	0	4	0	4	0	2	3	0
体育科学	1	0	0	1	0	0	0	0	0	0	0	0	0

［中央团校（中国青年政治学院）科研部供稿］

中国社会科学院大学2019年度人文社会科学研究基本情况统计表

学科门类	研究人员情况（人）						课题研究情况（项）				研究成果情况（部/篇）		
	合计	教授	副教授	讲师	助教	初级	合计	基础研究	应用研究	其他	出版著作（部）	发表论文（篇）	获奖成果（省部级及以上）（项）
合计	263	45	101	112	0	0	350	311	39	0	37	308	2

续表

学科门类	研究人员情况（人）						课题研究情况（项）				研究成果情况（部/篇）		
	合计	教授	副教授	讲师	助教	初级	合计	基础研究	应用研究	其他	出版著作（部）	发表论文（篇）	获奖成果（省部级及以上）（项）
管理学	29	3	8	18	0	0	52	47	5	0	9	27	0
马克思主义	7	0	3	4	0	0	17	17	0	0	0	15	1
哲学	7	2	2	3	0	0	6	6	0	0	0	5	0
逻辑学	0	0	0	0	0	0	0	0	0	0	0	0	0
宗教学	0	0	0	0	0	0	0	0	0	0	0	0	0
语言学	22	2	9	11	0	0	18	18	0	0	7	25	0
中国文学	33	5	15	13	0	0	25	25	0	0	3	27	1
外国文学	8	0	5	3	0	0	1	1	0	0	0	1	0
艺术学	3	0	1	2	0	0	0	0	0	0	0	12	0
历史学	5	2	2	1	0	0	5	5	0	0	0	9	0
考古学	0	0	0	0	0	0	0	0	0	0	0	0	0
经济学	33	8	14	11	0	0	67	54	13	0	4	49	0
政治学	8	2	1	5	0	0	15	14	1	0	1	9	0
法学	41	11	21	9	0	0	56	44	12	0	8	54	0
社会学	17	4	6	7	0	0	21	16	5	0	2	20	0
民族学与文化学	0	0	0	0	0	0	0	0	0	0	0	1	0
新闻学与传播学	29	6	11	12	0	0	37	34	3	0	3	31	0
图书馆、情报与文献学	7	0	1	6	0	0	3	3	0	0	0	2	0
教育学	2	0	1	1	0	0	17	17	0	0	0	8	0
统计学	1	0	1	0	0	0	0	0	0	0	0	0	0
心理学	0	0	0	0	0	0	0	0	0	0	0	1	0
体育科学	11	0	5	6	0	0	10	10	0	0	0	12	0

（中国社会科学院大学科研处供稿）

中共北京市委党校2019年度人文社会科学研究基本情况统计表

学科门类	研究人员情况（人）						课题研究情况（项）				研究成果情况（部/篇）		
	合计	教授	副教授	讲师	助教	初级	合计	基础研究	应用研究	其他	出版著作（部）	发表论文（篇）	获奖成果（省部级及以上）（项）
合计	155	24	58	73	0	0	47	20	27	0	22	297	11
马克思主义	6	0	4	2	0	0	3	3	0	0	1	8	0
哲学与文化	12	1	5	6	0	0	4	4	0	0	2	17	3
经济学	19	4	10	5	0	0	5	1	4	0	2	53	1
政治学	11	1	4	6	0	0	4	3	1	0	1	28	0
党史党建	14	3	8	3	0	0	5	2	3	0	3	53	3
公共管理	15	4	6	5	0	0	7	1	6	0	0	9	1
领导科学	8	1	3	4	0	0	4	2	2	0	3	30	0
法学	12	2	4	6	0	0	3	1	2	0	2	13	1
社会学	18	6	6	6	0	0	3	1	2	0	6	63	1
外语	7	1	4	2	0	0	0	0	0	0	0	1	0
历史学	1	1	0	0	0	0	0	0	0	0	1	7	1
编辑出版学	2	0	1	1	0	0	0	0	0	0	0	1	0
图书、情报、文献学	18	0	2	16	0	0	8	2	6	0	1	14	0
计算机工程	12	0	1	11	0	0	1	0	1	0	0	0	0

（中共北京市委党校供稿）

·索　引·

1. 本索引为主题词索引，又称内容分析索引。主题词（标目）以《北京社会科学年鉴2020》正文中出现的文章名、学科名、科研课题名、获奖成果名、机构名称、会议名称、活动名称等为主。

2. 本索引按汉语拼音音序排列。以汉字打头主题词按首字的音序、音调依次排列，音序相同时，则以第二个字排序。以阿拉伯数字开头的排在索引的最前面。

3. 本索引的文字部分为主题词，主题词之后的阿拉伯数字表示所在正文中的页码（地址项）。主题词后有多个页码的，表示该主题词均在这些位置出现。

4. 特载、大事记、附录、正文中的表格、前插图片等内容不在索引范围内。

阿拉伯数字

B

C

D

E

F

G

H

J

K

L

M

N

O

P

Q

R

S

T

W

X

Y

Z